毛澤東妙用典故撷粹

吴直雄◎著

人民出版社

《毛泽东妙用典故精粹》编委会

作者在女儿吴昱的陪同下参观王安石纪念馆

作者简介

吴直雄，江西萍乡市人，历经学生、农民、工人、教师、机关干部等。1968年大学毕业后至中国人民解放军0484部队锻炼并分配在地专机关从事文教、知青、办公室等多项工作。学习与工作之余，为部队、工厂、机关、学校、医院等单位绘制毛泽东巨幅画像及针灸穴位图谱数百幅，书写楹联数百幅。10年后调入江西大学（今之南昌大学）学报编辑部任文学、历史学责任编辑，研究员。现为中国毛泽东诗词研究会常务理事、中国文化名人研究会副会长、南昌大学人文学院硕士研究生导师、嘉应学院客座教授、赣南师范学院中文系特聘教授。自1978年以来，审编并出版文稿、书稿等1500余万字；在国家级、省级等刊物上发表文学、史学、编辑学等论文200余篇；出版《毛泽东楹联艺术鉴赏》《毛泽东妙用诗词》《楹联巨匠毛泽东》《实用标点符号手册》《中国谜语概论》《古今诗谜百首欣赏》等著作12部，总计论著字数600余万；发表楹联作品数十幅，创作并书写的楹联书法作品为有关书刊发表和有关纪念馆收藏；获全国古籍优秀图书奖、华东地区优秀图书奖、江西省社会科学研究和江西省高校社会科学研究等不同层次不同学科奖励，含一、二、三等奖40余个。于1992年以后先后破格为副研究员、研究员。《世界名人录》《中华人民共和国英模大辞典》《中国当代楹联艺术家大辞典》《中国诗词著作家辞典》等数十种辞书中有传。

出版说明

中华文明五千年，典籍如海穷无边。这数不清、理不尽的典籍，犹如一条源远流长的知识巨川，铸就了中国这一举世无双的典故大国，展示了一个世界文明古国的丰富历史文化内涵。

中国典故，是中国语言的璀璨瑰丽之珠，是中国文化中的一种涵蕴丰富、信息光彩耀眼、具有极强美学价值的精华，是中华民族智慧的结晶……人们通过对典故的妙用，能使作品流光溢彩，用典是中华文化最高水准的重要表现形式之一。故而，在中国，用典高手如林，诸如李白、杜甫、苏轼、黄庭坚、辛弃疾……然而，毛泽东用典有古今用典高手无法企及的特点与理论，这就是：诗文用典挥笔神，下笔言语妙天下；数量质量冠古今，思深意远博众长；蕴涵深刻为现实，用典之作意境新；"垂范"后世树榜样，千古传流永菲芳。

然而，毛泽东与中国典故的关系如何？毛泽东怎样妙用典故？毛泽东在其经典著作中计用了多少典故？经毛泽东所妙用的典故，与其时及今后的人们有着什么样的关系？如此等等，虽然不少专家学者都称赞毛泽东运用典故绝妙，甚至连外国学者也赞不绝口，然至今无人就毛泽东妙用典故作出系统而专门的研究。有鉴于此，本书以A、B、C三卷，拟对于上述问题全方位、多角度地进行探讨。

A卷《运用典故数千年 聚讼纷纭解奥玄——中国典故研究（主要以毛泽东妙用典故为例）概说》。首次从理论上比较系统地探索了中国典故之定义、典故之分类、典故之形成、用典之手法、用典之特色、典故与文本之阐释关系问题、典故之解读问题、典故之古今状况、典故与成语俗语歇后语等等之关系、典故之原义与其派生义、用典与接受、用典与"抄袭""剽窃"乃至是否要用典等一系列问题进行了探讨，与此同时，对于毛泽东用典之缘由、基本内容、基本形式、基本手法、思想风格与艺术特色进行了研究，并就建立毛泽东典故学和中国典故学，提出了较深层次的思考，给人们以较深的启迪。

B卷《诗坛联坛如椽笔 千载用典数第一——毛泽诗词、楹联用典探妙概说》。就毛泽东用了典故的87首诗词、68副楹联的用典缘起、典故内容、用典探妙分别进行了系统品评、鉴赏与探讨。从妙用典故的角度，揭示了毛泽东的诗词、楹联为什么能够风靡当世而久盛不衰的重要缘由之所在。

C卷《聚玉缀英成文妙 精彩精深典意浓——毛泽东在其论著中用典探妙概说》。分别就《毛泽东选集》（第1—4卷，人民出版社1991年版）《毛泽东著作选读》（新编本上下册，人民出版社1986年版）《毛泽东新闻工作文选》（新华出版社1983年版）《毛泽东书信选集》（人民出版社1983年版）中的近三百篇用典文章，就其用典缘起、典故内容、用典探妙进行论说，以期对毛泽东用典精妙之所在，予

以全面的揭示与评析，从用典的角度展现毛泽东文章的中国作风和中国气派，展现毛泽东所妙用典故的重要教育意义与其擅长用典之密切关系。

吴直雄研究员以其勤奋治学的精神与坚持不懈的毅力，研究毛泽东与中国诗文书法由来已久。其《毛泽东妙用典故精粹》自列入江西省社会科学"十五"规划项目之后，他便夜以继日地奋笔三年，以数十万字论文结题；然他一鼓作气、马不停蹄，排除困难与干扰，得以完成这部全方位、多角度研究毛泽东妙用典故的学术性、实用性具兼的著作。这是他继《毛泽东妙用诗词》（上下册，92万字）《楹联巨匠毛泽东》（80万字）之后的又一部两百余万字的力作。

妙典令人赏不厌，雄文长留天地间。书稿的生命力源于读者的充分接受和尽情分享。本书是著者拟将其作为"毛泽东妙用典故精粹"或是"毛泽东典故学"抑或是"毛泽东经典诗文典故鉴赏辞典"，向广大读者献上的一份薄礼。从本书的索引来看，它又是一本以毛泽东所妙用的典故为基础、别具特色的"典故、典例、名言、格言、箴言、名诗、名联、警句、佳句、秀句、隽语大辞典"。其学术价值、阅读功能、收藏意义、实用效果如何，敬请广大读者不吝赐教！

序一

用典妙笔铸精品 资政育人好教材

——吴直雄《毛泽东妙用典故精粹》

吴 正 裕

毛泽东在论及中国近代史时，曾以其动情而极富深意的笔调揭示道："我国从19世纪40年代起，到20世纪40年代中期，共计105年时间，全世界几乎一切大中小帝国主义国家都侵略过我国，都打过我们，除了最后一次，即抗日战争，由于国内外各种原因以日本帝国主义投降告终以外，没有一次战争不是以我国失败、签订丧权辱国条约而告终。其原因：一是社会制度腐败，二是经济技术落后。"（《毛泽东著作选读》（新编本）下册，第848页）

中华民族是一个有着五千余年文明历史的民族，是一个以爱好和平但又不畏强暴著称的民族。从鸦片战争到毛泽东逝世的130多年的中国近现代史，是一部中华民族的优秀儿女不甘使美丽的国土沦为殖民地、不甘做屈辱的奴隶而奋起的反抗史，是一部为了推翻腐败社会制度、改变我国经济技术落后状况而经受着血与火的战争洗礼的奋斗史，是一部最后在以毛泽东为首的中国共产党的领导下，终于完成了民主革命与社会主义革命任务并开始社会主义建设的胜利史。

《毛泽东选集》、《毛泽东著作选读》、《毛泽东新闻工作文选》、《毛泽东书信选集》、《毛泽东诗词集》等，这是毛泽东的最为基本的著作，是经过中共中央毛泽东选集出版委员会、中共中央文献研究室等单位的诸多专家、学者之手而认真编辑出版的。这些著作，就是以毛泽东为首的中国共产党人擎起先烈们救国救民的大旗，带领着中华民族的优秀子孙，前仆后继、浴血奋战，终于推翻了压在中国人民头上的帝国主义、封建主义、官僚资本主义三座大山的统治，带领中国人民艰苦奋斗、自强不息、排除万难朝着伟大的社会主义道路奋勇前进的真实历史记录。这些著作，承传着民族优秀传统文化，把握着时代的脉搏，纳百年风云于笔底，是伟大的中国共产党人和伟大的中国人民在奋斗中的最为动人的展现，是激励爱国情操、铸就中华民族之魂的经典，是历史伟人毛泽东留给我们最为宝贵的财富，这，无疑是资政育人的最好教材。

伟人虽已逝，诗文永传世。毛泽东的这些著作，作为资政育人的好教材，其深刻的内容有一大特色，就是他借助妙用典故予以生动形象而富于魅力的表述，有一

语天然万古新之妙。我国著名语言学家邢福义教授说："就现代汉语而言，半个多世纪以来……影响最大、最具代表性的书面语言，无疑是毛泽东著作的语言。"（邢福义主编：《毛泽东著作语言论析》，湖北教育出版社1993年版，第1页）就毛泽东著作语言中的使事用典而言，毛泽东以其下笔用语之神，以其"雄视万代驾驭古今之妙，既继承前人爱用典、擅长用典的传统，又在前人用典的基础上有所发展、有所创新。……使古典文学在其著作中获得了崭新的活力与新的生命，引领人们走入一座中华文化艺术瑰宝的殿堂，激活了典故中沉积着一个伟大民族永远不灭，自强不息的精魂，这是前无古人而又能后启来者的。"（吴直雄：《关于建立毛泽东典故学的思考》，《南昌大学学报》2004年第3期）

　　早在1988年元旦之后，全世界获得诺贝尔奖的人士，云集于巴黎发表了一份庄严的宣言。宣言说："人类如果要在21世纪生存下去，就必须回到2500年前去汲取孔子的智慧。"（陈玉书：《百年香港与中华文化》，《人民政协报》1995年9月30日第3版）"孔子的智慧"，是历史悠久的中华文化、中华文明的象征，是人类的骄傲与荣光。这些获得诺贝尔奖的人类的优秀儿女，以他们杰出的头脑，洞见孔子智慧的精华所在，乃在情理之中，他们对中华文化有其高度的评价、向往和追求亦是理所当然。孔子智慧诚然堪夸，然而它较之于中国典籍文化的智慧，孔子智慧只算是其中闪光耀眼的一珠而已。

　　众所周知：中国不仅是诗的国度，而且是世界上典故无与伦比的大国。放眼中国之典故，当以恒河沙计。这些难以计数的典例故实，是中华民族智慧的璀璨结晶，是中华最高水准文化的具体展现。毛泽东是伟大的马克思主义者，他所运用的这些中国典籍智慧，决不是书斋式的。他于1938年10月"在党的六届六中全会上提出，要'使马克思主义在中国具体化'，马克思主义只有'和我国的具体特点相结合并通过一定的民族形式才能实现'"（中共中央文献研究室：《关于建国以来党的若干历史问题的决议注释本》，人民出版社1983年版，第479页）。他又说："求新并非弃旧，要吸取旧事物中经过考验的积极的东西。"（[俄]尼·费德林：《我所接触的中苏领导人》，周爱琦译，新华出版社1995年版，第15页）毛泽东运用典籍、典故之妙，为我们树立了光辉的榜样，就连外国学者也不禁感慨与叹服。这正如有的西方学者所说："他（毛泽东）阐述共产主义的著作，善于运用中国历史上的典故，富于文采，从而使共产主义非常通俗易懂而易于为他的同胞们所接受。"（[美]施拉姆：《毛泽东传》，红旗出版社1987年版，第191页）毛泽东所妙用的这些典故，涉及中国乃至世界的政治、经济、军事、文化、社会生活、人情世态等诸种智慧的方方面面。他借助这些典故的运用，或是高扬爱国主义的情操，或是展现自强不息的志气，或是承传中华传统的美德，或是紧扣当时的社会现实问题以科学的诠释……　这既是毛泽东对中国传统文化的回顾与评说，更是他擅长调动与激发典故中的这些智慧，以增强诗文的政治与艺术感染力的绝妙手法。妙用这种重要而特殊的"语料"，是言之明白易懂、论之深厚有物、道之妙趣无穷的"再度创作"，是中华民族为争取独立自由解放的精神凝聚，是中华民族自强不息、奋发图强的复兴旋律，是借古砺今、厚古薄今、古为今用的绝唱，是从不同角度将中华民族优秀传统及其灿烂文化在血与火的历练中对民族精魂与民族丰碑的铸就。

　　吴直雄研究员历经数载不懈的努力，终于撰成了这部两百余万言的《毛泽东妙用典故精粹》。他从毛泽东妙用典故的角度，深刻揭示了毛泽东思想永远闪光、魅力无穷之所在，并精彩阐释了毛泽东诗文最为集中地凝聚着的中华民族的伟大精神。而这种精神是我们的民族魂，正是中华民族坚忍不拔、不屈不挠、勇敢无畏的民族精神与时代精神的妙合。毛泽东不愧为让中华民族智慧巧妙铸入现代人心灵的一代高手。读一读毛泽东所妙用典故的这些精美语言，领悟毛泽东所妙用典故的真谛所在，确能启人心智。从这个意义上来说，《毛泽东妙用典故精粹》一书，同样不失为资政育人的辅助性好教材。

　　吴直雄研究员与我相交多年，深知他潜心研究毛泽东的著作、诗词和楹联等造诣精深，著述颇丰，曾拜读过他的大作。这部《毛泽东妙用典故精粹》，是他呕心沥血的力作，特向读者郑重推荐。是为序。

2005年9月26日　于中共中央文献研究室

序二

学术实用同相济 一书在手好处多

——吴直雄《毛泽东妙用典故精粹》

周 声 柱

吴直雄研究员的又一宏论崇著——《毛泽东妙用典故精粹》，就要公开面世，可喜可贺！

中国典故，是中华民族历史文化的瑰宝，它蕴含着异常丰富的历史文化信息和浓浓郁香、哲理深邃的民族色彩。故而可以说，中国典故是中华民族文化的"信息块"与"活化石"，是中华民族的智慧结晶。如果这仅仅是从典故的本身而言的话，那么如何用典，如何去激活这些语言的"活化石"，如何发挥这些"信息块""活化石"的作用，则是个人智慧的绝妙展现。

吴直雄研究员的《毛泽东妙用典故精粹》一书，以两百余万言的篇幅，首先在中国典故的历史、定义、特色、用法、深层意蕴等一系列问题进行系统地精心研究的基础上，进而以《毛泽东选集》、《毛泽东著作选读》、《毛泽东新闻工作文选》、《毛泽东书信选集》、《毛泽东诗词集》等中的用典语料为主要素材，揭示了作为一位思想家、理论家、军事家、哲学家、教育家、史学家、书法家、文章家、大诗人、语言学家、用典艺术大师毛泽东妙用典故的大智慧，展现了毛泽东使事用典所达到的登峰造极地步。读罢是书，真正地感受到了毛泽东妙用典故，无论在数量上还是质量上，真可谓是前无古人、后人惊叹！

《毛泽东妙用典故精粹》，是笔者目前所仅见的一部最具特色、且是经一人之手、选毛泽东一人所用之典而完成的大型理论学术与实用相济的典故巨著，其学术价值与实用价值更属笔者所见相关著作中的首屈一指之作。具体表现在下列几个方面：

一是本书从典故理论溯源追流入手，广涉典故和使事用典的各个方面的理论与实践，并在此基础上阐发着作者言之成理的诸多独特见解。如从典故学的角度出发，连类而及，明确地提出并论证了接受美学中的诸多理论中国早于西方，集大成者当为毛泽东；又如从典故所处的层面，提出了"大"典故与"小"典故、相对性典故与绝对性典故的概念。这一观点与概念的提出及其言之有理的论述，大大地有利于我们对于涉典诗文理解的反思与欣赏。与此同时，论及毛泽东用典的各个层面，可谓相辅相成。从这个角度来看，《毛泽东妙用典故精粹》也是一部名符其实的"毛泽东典故学"，也可以说是一部主要以毛泽东一个人用典为例的"中国典故学"。

二是本书从毛泽东的上述5部大著中的443篇用典诗文书信中，探索出毛泽东的3474余处所用之典的典故辞条，直雄同志并以约9948条典源、典例相辅而略诠释之。从这个角度来看，本书又是一部围绕中国革命和中国建设而取典的、富于特定意义的"中国实用典故辞典"或曰"毛泽东经典诗文用典示范大辞典"，也是中华传统文化的一个特殊的高品位的载体，它有如一部智慧人生的经典格言。是书在手，可以说是我们找到了学好文言的一个最佳的工具。

三是本书以A、B、C三卷为总纲，以精妙的7字联语式句子总括该卷的主旨，以副题展示所要探讨的该卷主要内容，接着予以简要的概论式论说该卷所探用典之精髓所在，给人以总览会意之妙。然后又以上述同样的形式，将所要研讨的各卷的内容及其所要研讨的中国典故理论和毛泽东的用典概况简要地概括之，同样给人以分览会意之妙。继而又就毛泽东的443篇用典诗文，以大致相对的7字句为主标题，于诗文的主标题之后配之以相关文字作为副标题，凸显了该诗文或书信的内容。这真可谓是：主题副题两行字，引领读者识真谛。紧接着在主标题之下标"用典缘起"，以极为简练的文字勾勒出所要探讨的毛泽东该作（或是诗、或是文、或是书信、或是报道、或是改作……）的写作背景。尔后，又标"典故内容"，找出该诗文所有的典故及其该典故的典"源"与"流"之典例，让人一望便能将该诗文所用之典故及该典的"源""流""典例"了然于胸。最后，再标"用典探妙"，揭示毛泽东在此诗文中的主要的用典之法、用典的多层内蕴之所在，进而从用典的角度，展现毛泽东用典之妙。这又是《毛泽东妙用典故精粹》一书在写作与编排上的一大特色。

四是本书在每篇的探妙诗文所标的"典故内容"中，作者鉴于在大多数情况下，毛泽东的用典，多是用"聚锦参合选优法"，故须找出毛泽东所用该典故的"源"与"流"，这将会大大地有利于人们对于毛泽东所用该典的理解与品味。同时也考虑到这也是一种学术积累、是学术价值根基之所在，毋庸置疑，这是大大地有利于广大读者的。为此，作者在所标的"典故内容"一节中，将毛泽东所用的每一个典故，都尽其之可能，找出毛泽东所用该典故之"源"与"流"以及该典故"变相"后的"典形"（作者有时称其为"母子典"），这些"源"或"流"或"典形"及其各自所用之典例，均嵌藏于相当多的经典著作的典例之中，作者将其标引出来，构成这部学术著作的有机组成部分，其意义是不言自明的。再是作者在"用典探妙"一节中，也运用了相当多的典故语言和其他格言、秀句、名言、箴

下过不少功夫的。这也是对典故的多角度、深层次的探索与开掘，也是这部《毛泽东妙用典故精粹》与其他典故类著作相比时的特色独显之处。

五是鉴于上述两种情况，自然而然地使本书中出现了与其他一般书籍所不可能具备的、数量竟达14000之多的典故、典例、名言、格言、箴言、名诗、名联、警句、佳句、秀句、隽语……　文章不易写，名句更难求。名言、名句、名典，是经过历朝历代名人大手笔精心锤炼、长期传扬、不断增值下来的学术成果和文化成果的积累，是无价之宝，是金玉之闪光，是智慧之源泉，是宝贵之财富。本书可谓荟萃了典故名言之精华，填补了典故研究史上之空白。本书作者看准了此书的这一特点所构成的优势，于是在本书的结尾将其以"笔画索引"表现之，这就使本书具有"典故、典例、名言、格言、箴言、名诗、名联、警句、佳句、秀句、隽语大辞典"的特质。

六是本书充分地考虑到读者们的"时间如金"及对本书的阅读与使用实际，为了让该书的这些特色方便读者以充分的利用和把握，在编排上作出了与其他书稿不同的大胆尝试。这就是以"目录概要"为"总目"（或曰"简目"），让读者一览"总目"，即可把握全书的主要内容之所在。以"目录细编"为"分目"，让读者一览"分目"，即可从速地"扫描"所要阅览的篇、章、节乃至某一具体之典故的具体运用情况，让人历历在目，可达按"目"索骥之效。这在信息"爆炸"的时代，就是没有专门时间读完这部两百余万言的著作，也是没有关系的，只要书在案头，待要细读或是查询某一典故的内容或是其运用的具体情况时，翻"目"即见，这实在是便捷的事。从这一角度上来看，是书又可称得上是一部"毛泽东经典诗文妙用典故精粹鉴赏辞典"。

水滴积多可成海，胸罗典故学问深。丰富多彩的中国典故，折射出了社会生活中的方方面面。初读是书，有如步入一座珍藏艺术瑰宝的殿堂，让人领悟到了毛泽东著作中所凝聚着的民族传统文化的智慧之所在，激活着我们的思维，加深着我们对于毛泽东诗文真谛深层次的理解。深感其"学术实用同相济，一书在手好处多"。我相信，《毛泽东妙用典故精粹》这一雅俗共赏的巨制，将是从大学生到小学生，从机关干部到广大的工农兵群众，以及社会上所有的读者们陶冶性情、增长知识、开阔眼界、从事写作、加强修养、丰富思想、升华精神的良师益友与案头伴侣。

我与直雄同志相见相识于30年前他积极参与创建中共江西省党史学会之时，熟悉了解于他常求教于谷霁光教授（时我为谷老校长助手）之日，相处共事于本人到任于南昌大学学报编辑部之所。

直雄同志工作经历十分丰富,当过农民、工人、教师。他大学毕业后,进入部队大学生连锻炼,尔后即从事地专机关的教育、知青、党的中心工作等达10年之久,在工作中已是独显其才华。1978年调入江西大学(今合并为南昌大学)学报编辑部。正置年轻有为的他,朝气蓬勃地接手编辑部的文、理科学报的编务、编辑工作和大量的行政事务工作,凭着他的能力,皆圆满地独自完成这些工作任务。至1985年,新陈代谢、"老将"们先后退离,直雄同志则勇挑文学、历史学责任编辑的重担。在工作中总是将自己的才智发挥到极致。在责编文、史文稿的同时,夜以继日地挤时间就中共党史、中国民间文学、编辑学、中国诗联学等着手研究。并不时涌动才思、触发灵感、笔不辍停。先后在《党的文献》《中共党史研究》《民间文学论坛》《中国出版》《语文建设》等国家级、省级刊物上发表各类文论200余篇,在国家级、省级出版社出版专著12部。总计出版论著字数600余万,同时任南昌大学文学院中文系中国古代2003、2004、2005级的硕士研究生导师。这对于已责编出版文史文稿约达1500万字研究员来说,可谓硕果累累,为《南昌大学学报》(人文社会科学版)连续进入"中文核心期刊"作出了重要贡献。这是一个何等巨额的工作量啊!然远不止于此:据笔者所知,直雄同志在毛泽东诗文研究上,尚有250万字的论著正在逐步地完成中,在中国诗文研究上,亦有近200万字的论著待写,在中国小说研究上,一部近100万字的论著亦在其奋斗日程中"排队"。这也许正是直雄同志惜时如金的原因之所在。毛泽东不仅属于中国,也同时属于世界。我国著名的党史研究专家、博士生导师张静如教授说:"研究毛泽东,国人之任。利国利民,意义重大。"(张静如:《毛泽东研究全书·序》,长春出版社1997年版)

　　《毛泽东妙用典故精粹》出版之际,直雄同志诚邀我为之作序,虽勉为其难,仍不揣浅陋,乐而为之,特写了如上文字。愿直雄同志关注健康,战胜来自各个方面的困难、再接再厉、捷报频传。直雄同志的系列新著,本人翘首以盼!

2008年10月1日　于南昌大学学报编辑部

自序

石韫美玉而山晖 水怀明珠川自媚

——《毛泽东妙用典故精粹》

吴 直 雄

大名人胡适曾提出过有名的"八不主义"（即胡适在其《文学改良刍议》一文中提出的"须言之有物""不摹仿古人""须讲求文法""不作无病之呻吟""务去滥调套语""不用典""不讲对仗""不避俗字俗语"八条建议），其中的"一不"，就是"不用典"。尽管在不同声音的反驳下，他也曾作出过这样或那样的解说，但毕竟因其名气太大，此论还是颇具影响。

笔者以为，这对处于有五千年辉煌历史的文明古国的中国人来说，要在行文和讲话中不用到典故，从某一种意义上来说，这就有如一个人，要用自己的双手拔着自己的头发要离开地面一样之不可能！就说胡适所提出不用典的名篇《文学改良刍议》吧，这篇文章仅六个字的题目，其中就有两个字属于用典。且看史式先生那击中要害的分析："夫刍议者，刍荛之议也。何谓'刍荛'？刍者割草，荛者砍柴，割草砍柴，意谓樵夫。刍荛之议，就是来自草野的意见，是乃假客气的自谦之词也。《诗》曰：'询于刍荛'。唐张说文曰：'臣自度刍议，十不一从'。胡适坚决反对文言，反对用典，则此'刍议'，文言耶？是典耶？真是地道的自相矛盾。"（史式：《汉语成语研究》，四川人民出版社1979年版，第112—113页）

据笔者所考，我国自有诗文以来，人们便将大量的典故夹杂其中。不少的文人学者，在他们的诗文论著中，都恰如其分地运用典故，使他们的著作熠熠生辉，有的还永为后世所传颂。这样的事例随处可见（本书在后面将会广为涉及，此不一一举例）。

宋时江西诗派的重要人物黄山谷在其《答洪驹父书》中有云：

老杜作诗，退之作文，无一字无来处；盖后人读书少，故谓韩杜自作此语耳。古之能为文章者，真能陶冶万物，虽取古人之陈言入于翰墨，如灵丹一粒，点铁成金也。

山谷的"无一字无来处"以及其"点金成铁"之语，揭示了用典与撰写妙文之间的真谛之所在，揭示了名人名言名篇佳什之传播特点之所在，遂成千古名言。

清人袁枚则有其用典心得。他说："人有典而不用，犹之有权势而不逞也。"

（《随园诗话》卷1）"人闲居时，不可一刻无古人；落笔时，不可一刻有古人。"（同上书卷10）"不学古人，法无一可；竟似古人，何处着我？"（《小仓山房诗文集》）此乃用典之高论。因为他揭示了用典之必须、用典的根本之法的用典该达到的效应。

为什么会出现人们非要用典这样一种现象呢？笔者以为：这就是因为典故是一种文化精萃的积累所致。

就世界范围而言，世界各国学者对于典故均十分重视，是有其深刻原因的。我国著名学者蒋孔阳教授是把典故视为一件很有意义的大事，他十分透彻地剖析道：

……典故是各民族语言宝库的珍品、文化积累的精萃。从中可以领略生活在我们这个星球上的各个民族的历史与传说、各国人民的智慧与幽默。它们又是各具风采的民俗博物馆，从中可以看到各民族一张张富有个性的脸。从修辞学角度讲，各国成语典故不仅有其共性：形象、简炼、寓意深刻、机智幽默，而且有其各各不同的个性。它们以不同的方式构词成句，赋予语言以精辟的哲理与审美的感受。（王国荣、吴克礼、张坚、郭志坤、童威主编：《世界成语典故辞典》[序言]，文汇出版社1989年版）

就我国的客观历史实际而言，陈元晖先生称：

古典文学包括古代成语、典故、隽语、俗语等等，作为我国民族文化的重要组成部分，历来受到人们的重视与喜爱，特别是在青年人以及国外汉学研究者中，日益表现出特殊的浓厚兴趣。为此，古往今来有许多学者致力其业。……我国古代成语典故、隽语名言、俚俗格谚，浩如烟海，散见于大量书面语言之中。这些古籍，仅以四库全书中的经史子集四部而论，据统计有63853种之多，有的说还不只此数。（章俗、谷超编撰，陈元晖、苏蓟审校：《成语典故源流故事赏析辞书》[序言]，教育科学出版社1990年版）

由此可见，典故，实际上是一笔宝贵的文化遗产，是典籍中的闪光部分。如何对待这些文化遗产？亦即是如何对待典故的问题。对此，毛泽东是有其精辟论述的，这些论述，毋庸置疑，也当是教导我们如何运用典故的指导性原则。毛泽东挥动其哲理之笔十分辩证地写道：

我们必须继承一切优秀的文学艺术遗产，批判地吸收其中一切有益的东西，作为我们从此时此地的人民生活中的文学艺术原料创造作品时候的借鉴。有这个借鉴和没有这个借鉴是不同的，这里有文野之分，粗细之分，高低之分，快慢之分。所以我们决不可拒绝继承和借鉴古人和外国人，哪怕是封建阶级和资产阶级的东西。（毛泽东：《在延安文艺座谈会上的讲话》（1942年5月））

俗话说：观今宜鉴古，无古不成今。这里，毛泽东着重地谈到了批判地继承文

学艺术遗产的重要性，而典故，正是祖国文化遗产中的精华部分。我以为，上述这一论述，理所当然地适应我们如何对待典故这一问题。

中国的典故，是中国文化遗产中的一个重要组成部分，那么，如何去批判地继承这一文学艺术遗产呢？继承批判这一文学艺术遗产有什么样的作用呢？毛泽东是将这样一个问题与中国革命联系一起进行阐述的。毛泽东紧扣当时中国革命的社会现实分析道：

学习我们的历史遗产，用马克思主义的方法给以批判的总结，是我们学习的另一任务。我们这个民族有数千年的历史，有它的特点，有它的许多珍贵品。对于这些，我们还是小学生。今天的中国是历史的中国的一个发展；我们是马克思主义的历史主义者，我们不应当割断历史。从孔夫子到孙中山，我们应当给以总结，承继这一份珍贵的遗产。这对于指导当前的伟大运动，是有重要的帮助的。共产党员是国际主义的马克思主义者，但是马克思主义必须和我国的具体特点相结合并通过一定的民族形式才能实现。马克思列宁主义的伟大力量，就在于它是和各个国家具体的革命实践相联系的。对于中国共产党说来，就是要学会把马克思列宁主义的理论应用于中国的具体的环境。成为伟大中华民族的一部分而和这个民族血肉相联的共产党员，离开中国特点来谈马克思主义，只是抽象的空洞的马克思主义。因此，使马克思主义在中国具体化，使之在其每一表现中带着必须有的中国的特性，即是说，按照中国的特点去应用它，成为全党亟待了解并亟须解决的问题。洋八股必须废止，空洞抽象的调头必须少唱，教条主义必须休息，而代之以新鲜活泼的、为中国老百姓所喜闻乐见的中国作风和中国气魄。把国际主义的内容和民族形式分离起来，是一点也不懂国际主义的人们的做法，我们则要把二者紧密地结合起来。在这个问题上，我们队伍中存在着的一些严重的错误，是应该认真地克服的。（毛泽东：《中国共产党在民族战争中的地位》（1938年10月14日））

在论及典籍与新文化密切的继承关系时，毛泽东以其富于哲理的辩证之笔揭示道：

中国的长期封建社会中，创造了灿烂的古代文化。清理古代文化的发展过程，剔除其封建性的糟粕，吸收其民主性的精华，是发展民族新文化提高民族自信心的必要条件；但是决不能无批判地兼收并蓄。必须将古代封建统治阶级的一切腐朽的东西和古代优秀的人民文化即多少带有民主性和革命性的东西区别开来。中国现时的新政治新经济是从古代的旧政治旧经济发展而来，因此，我们必须尊重自己的历史，决不能割断历史。但是这种尊重，是给历史以一定的科学的地位，是尊重历史的辩证法的发展，而不是颂古非今，不是赞扬任何封建的毒素。对于人民群众和青年学生，主要地不是要引导他们向后看，而是要引导他们向前看。（毛泽东：《新民主主义论》，《毛泽东选集》第2卷，第707—708页）

在如何对待中国的文化遗产这个问题上，在具体地对待中国典故这一个问题上，毛泽东还谆谆教导我们说：

我们还要学习古人语言中有生命的东西，由于我们没有努力学习语言，古人语言中的许多还有生气的东西我们就没有充分地合理地利用。当然我们坚决反对去用已经死了的语汇和典故，这是确定了的，但是好的仍然有用的东西还是应该继承。（毛泽东：《反对党八股》，《毛泽东选集》第3卷，第837—838页）

在这段话中，毛泽东将典故与语汇放在同等的地位上去看待，足见他是何等注重对于典故的发掘、学习、继承和运用！

毛泽东在否定"国粹论""中体西用""全盘西化"论等一些不正确的论调的同时，提出了"古为今用""洋为中用""推陈出新""百花齐放，百家争鸣"等一系列作为我们党发展科学文化的明确的方针政策，这些方针政策，亦是我们如何对待中国典故和如何运用中国典故时所必须遵循的最为基本的准则。

在如何使用祖国的语言上，毛泽东为我们树立了光辉的榜样，尤其是在如何运用中国的典故方面，毛泽东是为典范。

早在1912年，因毛泽东酷爱中国历史和中国文学，从而引起了同样酷爱历史和文学的国文教师胡汝霖先生的高度注意。这位胡先生是前清甲午恩科进士，曾当过候补道台及10多年的知县，这10多年的知县，使他目睹了清朝政府的腐败无能。辛亥革命风云起，他曾积极响应。这位胡先生学问高深，其文章的名气很大，用典十分高明。毛泽东很喜欢和尊崇胡先生诙谐、信手拈来就能活用典故的本领。胡先生的活用典故，给了青少年时期的毛泽东以深刻的影响与熏陶。（参见杨庆旺：《毛泽东和他的平民朋友》，中央文献出版社2001年版）

由于毛泽东具有无与伦比的、深厚的中国史学和中国文学的功底，更由于毛泽东是一位伟大的马克思列宁主义者，他在运用典故方面，同样具有中国作风和中国气魄。这一中国作风和中国气魄，尤其表现在他对于马克思列宁主义精髓的的阐说与运用上，这正如石仲泉所言：

用中国古诗、典故、成语、民谚等来解释马克思主义哲学的基本观点，不仅使抽象的哲学观点通俗化，而且使之具有浓郁的中国民族特色。……毛泽东发挥了这个特色，大量列举中国事例，用适合中国人民习惯的语言和表达方式来阐释马克思主义哲学，为马克思主义哲学的中国化和民族化提供了经验。（石仲泉：《毛泽东的艰辛开拓》（增订本），中共党史出版社1992年版）

毛泽东平生读书破万卷，行文用典如有神。1949年5月7日，周恩来在其《学习毛泽东——在中华全国青年第一次代表大会上的报告第三部分节录》一文中由衷地赞叹道：

毛主席开始很喜欢读古书，现在毛主席作文章，讲话，常常运用历史经验教训，运用得最熟练。读古书使他的知识更广，更博，更增加了他的伟大。（《学习毛泽东》，上海人民出版社1979年版，第3页）

　　毛泽东的伟大体现在多个方面，在诗文讲话中运用典故之妙，就是其伟大方面的一种体现，毛泽东用典，用得恰当，用得灵活，用得精彩，有如锦上添花似的用出了新意。这正如周恩来所说，这"更增加了他的伟大。" 毛泽东运用典故，无丝毫牵强之感，更难见雕琢之痕。他常常借助于对于典故的运用，穿越遥远的时空，最终又巧妙地挪近时空，将典故与复杂的社会现实恰如其分地结合起来。或给人以启迪，或给人以兴奋，或给人以机趣，或给人以知识，或给人以深深的思考，或挪近你与他的距离，使你能感受到一代伟人的无穷魅力…… 毛泽东运用典故的无穷魅力，甚至连当时在中央苏区发号施令、不懂汉语且对毛泽东百般打击压制的洋顾问李德也留下了不可磨灭的印象。他在其《中国纪事》一书中这样写道：

　　给我印象最深的当然是毛泽东。……在很少的几个庆祝会上，我们见面时很随便。在这种场合，他总是保持一种威严而谨慎的态度，总是鼓励别人喝酒、说话和唱歌，他自己则在谈话中插进一些格言（李德的所谓格言，据笔者所接触到的有关李德与毛泽东见面时的谈话资料，多是毛泽东所妙用的典故。——引者注），这些格言听取来好像是无关紧要的，但有一定的含义。

　　其实，毛泽东运用典故，不仅仅就是有一定的含义而已。施拉姆在其《毛泽东》一书则更为明确地写道：

　　他（毛泽东）阐述共产主义的著作，善于运用中国历史上的典故，富于文采，从而使共产主义非常通俗易懂而易于为他的同胞们所接受。（[美]施拉姆：《毛泽东》，红旗出版社1987年版，第191页）

　　毛泽东不只是从中国古老文化中吸取了丰富多彩遗产的军事家、政治家、书法家…… 而且也是大文章家和语言学家。毛泽东擅长于妙用典故，表现在方方面面。当他与人交谈时，运用典故不仅脱口而出，而且绘声绘色，有一语道破、一语中的之妙。在他的诗文、讲演中运用中国文化古籍中的典故，可谓信手拈来，"假如我们从《毛泽东选集》上去查，就会发现他引用的中国古籍，范围很广，计有《论语》、《孟子》、《国语》、《老子》、《左传》、《孙子》、《列子》、《吕氏春秋》、《新序》、《淮南子》和《史记》、《汉书》等二十四史，《资治通鉴》以及《山海经》、《封神榜》、《论衡》、《文选》、《水浒》、《西游记》、《聊斋志异》、《红楼梦》等，其中引《孟子》、《论语》处最多。"（张国基：《五四运动回忆录》（续），中国社会科学出版社1979年版，第94页）正因为这些精妙的典故能够妙入其诗文，故而使其诗文、演说闪烁着独具特色的异样光彩。

我们细心地剖析毛泽东所妙用典故，不难发现，从某种意义上来讲，我们简直可以说，是毛泽东开启了运用中国历史典故为社会现实服务的人类心灵之桥，是毛泽东为我们树立了从中国历史入手大做现实文章的表率与典范。

　　江泽民在党的十六大报告中指出：民族精神是一个民族赖以生存和发展的精神支撑，在五千多年的发展中，中华民族形成了以爱国主义为核心的团结统一、爱好和平、勤劳勇敢、自强不息的伟大民族精神。毛泽东作为我党我军和全国人民的卓越领导者，同时也是中华民族精神的承传者和中华先进文化的创新者，在领导伟大的中国人民推翻帝国主义、封建主义、官僚资本主义的革命斗争的诗文讲话中，他所妙用的典故和中国传统文化的精华，以马克思列宁主义为指导，注重融入、弘扬和培育伟大的民族精神，铸就了井冈山精神、长征精神、西柏坡精神、抗美援朝精神、雷锋精神、焦裕禄精神、大庆精神、"两弹一星"精神…… 使我党我军和全国革命人民始终保持昂扬向上的无产阶级革命斗志，从而能够不断地从一个胜利走向一个胜利！

　　对于这一点，人们是有其深切的体会的。如我国老一辈革命家薄一波在谈到毛泽东充分吸取丰富典籍，用于治理国家大事时，他这样深情地写道：

　　我国有文字记载的历史长达五千年，拥有着世界上任何国家都无与匹敌的浩瀚的古代文化典籍。50年代中期，我听他说过，他在读二十四史，并信心十足，不信二十四史读不完。在古籍这个海洋里，他涉猎广泛，功底深厚，知识渊博，而记忆力又特别强。他从古籍里吸取了大量的材料，以丰富自己的思想，吸取治理国家和社会的一些有关的启示和借鉴。运用起来，常似信手拈来，得心应手，脱口成章。他的著作、演说所以能豁人耳目，沁人心脾，同他具有渊博的历史知识而又巧妙地运用这些知识有着密切的关系。（薄一波：《若干重大决策与事件的回顾》（下卷），中共中央党校出版社1993年版）

　　毛泽东的诗文、演说艺术光昭日月；毛泽东的诗文、演讲研究遍及五湖四海。今尽笔者之能力所翻查到的文史资料，笔者认为，毛泽东运用典故之数量、之精妙，可以说是前不见古人，后未见有来者的。然而，作为一种独特语言现象的毛泽东诗文、演讲中的典故，作为一种重要创作手法的毛泽东妙用典故，作为一种泽被环宇的毛泽东典故文化现象，特别是对于毛泽东所用典故的界定，对于毛泽东即席演讲以及与人谈话中的妙用典故，人们却缺乏系统的了解与研究。

　　鉴此，笔者拟就毛泽东诗文、讲话等情况中的典故的界定、毛泽东用典的缘起、毛泽东用典的基本内容、毛泽东用典的基本手法、毛泽东用典的艺术特色等一一进行探妙；对毛泽东诗词、楹联中的典故进行探妙；对毛泽东著作（限于篇幅，仅取毛泽东最为基本的著作，也是人们常读常用的《毛泽东选集》《毛泽东著

作选读》《毛泽东新闻工作文选》《毛泽东书信选集》《毛泽东诗词集》等）中的典故进行探妙。而对毛泽东批注、题词、谈话、演说等情况中的典故，虽然本人已经收集了这方面的大量材料，并曾着手写入是书，但考虑本书的篇幅实在太大，只也留作以后再行探讨。通过对上述诸多内容的探妙，以便人们对于中国典故和毛泽东妙用典故的情况有一个系统的了解，从中学习到妙用典故的方式方法，并从中获取多个方面的教益。同时通过对毛泽东妙用典故的探讨，以期求得对中国典故有一个总体上的把握和对中国典故的特色有进一步的深刻的领会。

毛泽东所运用的典故，有如一座巍峨而宏丽的艺术殿堂，有如镶嵌在其诗文中的璀璨珠玉。珠宝无价玉闪光。毛泽东的妙用典故和毛泽东对于运用典故的一系列论说，已经形成了一个十分科学的体系，很有深入研究的必要。

基于上述诸多情况的论述，笔者以为，在此基础上，丰富多彩的中国典故和诸多的典故理论论说，应当继续不断地进行深入研究，应当专门设立一门学科——中国典故学。

《毛泽东妙用典故精粹》一书，就是通过对对典故定义的界定，典故与成语、俗语、歇后语等之间的联系与区别，诗文讲话中典故的固有妙处，诗文讲话中用典的妙处，对于毛泽东妙用典故的若干实例的分析、品评、探妙，揭示出毛泽东在诗文中妙用典故主要方面的基本内容与形式，以及妙用典故的基本手法和妙用典故的思想风格与艺术特色，从而向人们展现了一代伟人毛泽东在各种各样的氛围中，是如何将中外这样一些珠宝似的典故恰如其分地"妙嵌"在自己的行文与讲话之中的，从这个意义上来说，这就是毛泽东给我们如何用典以示范。从这个意义上来说，本书实可视为一部"毛泽东典故学"，同时又为建立"中国典故学"的试步之作。从本书的写作体例来看，本书又是第一部"毛泽东经典诗文妙用典故精粹示范辞典"和"典故、典例、名言、格言、箴言、名诗、名联、警句、佳句、秀句、隽语大辞典"，这是十分方便读者查阅、学习和借鉴的。然文章的好坏，书稿的成功与否，是"要看效果，自古以来都是看效果作结论的"（毛泽东：《同新闻出版界代表的谈话》（1957年3月10日），《毛泽东新闻工作文选》，第191页）。

基于书稿的成功是要"看效果作结论"亦即是要读者作结论这一现实要求，首先，本书所取妙用典故的"选本"中文章，是毛泽东一生最为基本的著作，是在国内国际上影响甚巨的著作，也是发行数量相当之大的著作。对于这些著作中的典故，虽说不少学者早已关注，且有"毛泽东著作中的成语典故"一类的作品出版，但是，据笔者所见，这些作品基本上没有来得及就典故的问题进行理论上的系统探讨，因而，在这些作品中必然会将毛泽东的用典文章中不少重要的典故多有遗漏，这就造成难于有系统的整理挖掘与探索。

鉴此，笔者首先将典故在理论上细作探索，再在此基础上，以确定对毛泽东用典诗文中的典故的取舍，同时将这些用典诗文中的典故，予以系统地溯源探妙，以保障本书对所取用的典故，在进行溯源探妙时能有言之成理的学术"支撑"。其次，本书的撰写与编排体例，是完全能方便读者和为读者服务的。

统观全书，笔者以为，本书力争展示有如下特色：

一是有其较高的学术价值：因为本书就中国典故与毛泽东妙用典故提出了作者自己认为言之成理学术观点。

二是有其较高的阅读价值：因为本书有大量的引人入胜典例故实和毛泽东幽默风趣地妙用它们中所隐含的故事与生动的情节。

三是有其较高的教育价值：因为毛泽东妙用的这些典故所涵盖的是中国共产党领导中国人民推翻"帝""封""官"的统治、彻底打败日本侵略者、进行伟大的社会主义革命和建设的基本内容，展现了一代伟人历史的、政治的、军事的、人际的、外交的方方面面的，并透过他对典故的运用洞察现实的智慧与见解，以及对党和国家大事的深邃而又慎密的思考。读一读毛泽东所妙用的这些典故和本书对于毛泽东妙用的这些典故的语浅情深耐人寻味的品评与鉴赏，能使我们在学习妙用典故的同时，潜移默化地受到多方面的教育。

四是有其工具价值：因为本书中所涉、所收、所用的典故、典例、名言、格言、箴言、名诗、名联、警句、佳句、秀句、隽语等，以及典故理论与典故常识所确定的范围涉及上下几千年，这些精警妙句，涉及哲学、政治、经济、军事、思想、文化、教育、为人之道乃至养生之道，这无论是在数量还是质量上，都能够满足读者常用的基本需求。

五是本书有其收藏价值：因为本书的编排体例与装帧，有利于传统文化的普及与弘扬，有利于学术学问的参考，有利于查询的省时，置之案头方便随时取用查阅。

以上五个方面，使本书有别于目前所有的关于"毛泽东著作中典故"一类的文稿和其他所有的"典故辞典"一类的书稿。它完全适合于广大工人、农民、战士、学生和干部阅读，同时对于史学家、政治家、研究员、教授、文学工作者也当可于案头备之。

笔者期盼它将以自己的显著特色，闪耀于"书海"之中，并能够接受读者和经受时间的考验。毛泽东逝世后，留给中国乃至世界的是一波波毛泽东热潮，毛泽东影响的人，数以几十亿计。笔者期盼广大读者喜欢是书。如能如此，则笔者深感荣幸之至！

初稿于2005年，定稿于2008年

目录概要

1

目录细编

【A卷】

运用典故数千年　聚讼纷纭解奥玄
——中国典故研究（主要以毛泽东妙用典故为例）概说

3

【B卷】

诗坛联坛如椽笔　千载用典数第一
——毛泽东诗词、楹联用典探妙概说

5

8

9

10

12

14

15

毛泽东妙用典故精粹

16

17

19

23

25

27

28

29

毛泽东妙用典故精粹

33

39

毛泽东妙用典故精粹

41

43

55. 指斥奸佞陈时政　冒死对策志愤然

毛泽东妙用典故精粹

48

毛泽东妙用典故精粹

51

54

57

59

61

63

毛泽东妙用典故精粹

69

71

毛泽东妙用典故精粹

72

毛泽东妙用典故精粹

79

81

毛泽东妙用典故精粹

83

86

89

毛泽东妙用典故精粹

【C卷】

聚玉缀英成文妙　精彩精深典意浓

——毛泽东在其论著中用典探妙概说

一　巩固红色新政权　奔赴抗日最前线

91

95

96

99

101

103

109

二　"全民族实行抗战"　打退反共新高潮

113

119

毛泽东妙用典故精粹

120

121

123

125

毛泽东妙用典故精粹

127

129

134

135

毛泽东妙用典故精粹

毛泽东妙用典故精粹

138

139

147

毛泽东妙用典故精粹

149

203. 目前抗日的策略　是"争取时局好转"

151

毛泽东妙用典故精粹

153

三　彻底打败侵略者　"愚公移山""山"终移

155

毛泽东妙用典故精粹

157

159

162

163

165

毛泽东妙用典故精粹

168

169

毛泽东妙用典故精粹

他日悔之，不亦晚乎）/0760

（权待他鹬蚌相持俱毙日，

　　也等咱渔人含笑

　　再中兴）/0760

（黄雀延颈欲啄螳螂）/0760

（螳螂袭蝉雀在后，只恐

　　有人还笑君）/0760

（乌龟王八）/0760

（物以类聚）/0760

（朱三王八竟言功）/0760

（各以类聚，不相杂也）/0760

（自古道：物以类聚）/0760

（今日果不其然）/0761

（不可开交）/0761

（便气得不可开交）/0761

（如获至宝）/0761

（袖出"寂照庵"三字，

　　如获至宝）/0761

（十全十美）/0761

（其验十全）/0761

（似宋小官一般，到也

　　十全之美）/0761

（更觉得同花小红一式

　　一样，毫无二致）/0761

（偷偷摸摸）/0761

（想俺两个偷偷摸摸的）/0761

（滔天之罪）/0761

（滔天之罪，理合法更凌迟）/0761

（东看群贼鹬蚌之势，吾

　　然后为秦人之渔父矣）/0760

（螳螂捕蝉，黄雀在后）/0760

（异鹊从而利之）/0760

（螳螂捕蝉，黄雀在后，

　　挟弹者又在其后）/0760

（乌龟忘八）/0760

（总有两三个乌龟王八跟

　　了来）/0760

（方以类聚，物以群分）/0760

（如藤倚树，物以类聚）/0760

（果不其然）/0761

（我就说嫂妇有这个好意，

　　果不其然）/0761

（这天直把三荷包乐得

　　不可开交）/0761

（见夷吾如获至宝）/0761

（看了一看，如获至宝）/0761

（十全为上，

　　十失一次之）/0761

（岂不是十全其美）/0761

（毫无二致）/0761

（一模一样）/0761

（就和前日梦里揪他的

　　师姑一模一样）/0761

（滔天大罪）/0761

（稍正滔天之罪）/0761

171

223. 揭露日寇新阴谋　批判亲日之倾向

　　　——毛泽东在《评国民党十一中全会和三届二次国民参政会》中所用典故探妙……

173

毛泽东妙用典故精粹

175

177

毛泽东妙用典故精粹

228. 评蒋介石的演说　揭露其反共阴谋

181

用典探妙 ·· （0792）

185

188

189

191

193

195

197

256．"人民的革命战争"　"到了一个转折点"

199

201

262. "要依靠人民群众" "反对只依靠少数"
　　　——毛泽东在《对晋绥日报编辑人员的谈话》中所用典故探妙…………（0839）

203

毛泽东妙用典故精粹

205

毛泽东妙用典故精粹

208

209

212

213

215

219

（这药死公公的罪名犯在
　十恶不赦）/0890
（甘言蜜语）/0890
（美语甜言）/0890
（甜言软语）/0890
（甜语花言）/0890
（用甘言美语哄他到此）/0890
（甜言美语是一药）/0891
（一个家美语甜言
　话不投）/0891
（甜言软语，长记那时）/0891
（试问甜言软语）/0891
（被吴大郎甜言媚语，轻轻
　款款，扳将过来）/0891
（甜言蜜语，劝了一回）/0891
（当面只是甜言蜜语）/0891
（他嘴里一时甜言蜜语）/0891
（往往而群居，
　无可奈何）/0891
（放下屠刀，
　立地成佛）/0891
（飐下屠刀，立地成佛）/0891
（佛家所谓放下屠刀，
　立地成佛）/0891
（孽海茫茫，回头是岸；放
　下屠刀，立地成佛）/0891
（回头是岸）/0892
（回头便是岸，
　从此出沉沦）/0892
（无所施其伎）/0892
（无所施其伎俩矣）/0892
（那饭热气腾腾的）/0892
（深仇大恨）/0892

（不在此限）/0890
（甜言蜜语）/0890
（甜言美语）/0890
（甜嘴蜜舌）/0890
（甜言媚语）/0890
（甘言美语，诡辞无名）/0890
（甜言美语却安存）/0891
（别人行甜言
　美语三冬暖）/0891
（你不用和我
　甜嘴蜜舌的了）/0891
（甜言软语哄动他
　夫妻二人）/0891
（把那甜言花语心口
　全然不应）/0891
（甜言蜜语甘如饴）/0891
（无可奈何）/0891
（既被他连累，也
　无可奈何了）/0891
（抛下操刀，
　便证阿罗汉果）/0891
（放下屠刀，立便成佛）/0891
（放下屠刀，立地成佛，
　汝不闻之乎）/0891
（此非放下屠刀，
　立地成佛么？）/0891
（苦海无边，回头是岸）/0892
（业海洪波，回头是岸）/0892
（何难回头是岸）/0892
（医巫无所施其伎）/0892
（热气腾腾）/0892
（热气腾腾的端过来）/0892
（深仇积恨）/0892

223

225

227

229

231

235

毛泽东妙用典故精粹

237

239

毛泽东妙用典故精粹

241

242

243

（天下大势，分久　　　　　　　（话说天下大势，分久

245

253

毛泽东妙用典故精粹

255

257

258

261

不知平地有深坑）/0992　　　　　　（盲人瞎马，夜半临池）/0992

（瞎马临池夜可惊）/0992　　　　　　（夜行无烛，瞎马临池）/0992

（夜以继日）/0993　　　　　　　　　　（夜以续日）/0993

（夜以接日）/0993　　　　　　　　　　（夜以继昼）/0993

（以夜继日）/0993　　　　　　　　　　（以日继夜）/0993

（夫贵者，夜以继日）/0993　　　　　　（是以昼夜思量）/0993

（仰而思之，夜以继日）/0993　　　　　（酒池肉林，夜以继日）/0993

（思之经月，夜以继日）/0993　　　　　（倍道兼行，夜以续日）/0993

（女子织，夜以接日）/0993　　　　　　（而陛下远猎山林，

（以昼力夜，以夜继日）/0993　　　　　　夜以继昼）/0993

（以夜继日焉）/0994　　　　　　　　　（苦心焦思，以日继夜）/0994

（打成一片）/0994　　　　　　　　　　（亦患未得

（老僧四十年方　　　　　　　　　　　　打成一片耳）/0994

　打成一片）/0994　　　　　　　　　　（不闻不问）/0994

（也就不闻不问，　　　　　　　　　　（一概付之不闻不问）/0994

　焉有是理）/0994　　　　　　　　　　（董仲舒）/0994

（正其谊不谋其利，　　　　　　　　　（正谊明道）/0994

　明其道不计其功）/0994　　　　　　　（董子曰："正其谊不谋其利"）/0994

（夫仁人者，正其谊不谋其　　　　　　（后儒乃云："正其谊不谋其

　利，明其道不计其功）/0994　　　　　　利，明其道不计其

（明其道不计其功）/0994　　　　　　　　功"过矣）/0994

（仁人正谊不谋利，明道不计功）/0994

（学也，禄在其中）/0994　　　　　　　（禄在其中）/0994

（耕也，馁在其中矣；　　　　　　　　（竟不能禄在其中）/0994

　学也，禄在其中矣）/0994　　　　　　（禄在其中，抑亦前事）/0994

（古之学者，禄在其中）/0994　　　　　（食之者众，生之者寡，

（况禄在其中，可无尚钦）/0994　　　　　用之者疾，为之者舒）/0994

263

335. 战略上藐视敌人　战术上重视敌人

——毛泽东在《关于帝国主义和一切反动派是不是真老虎的问题》中所用典故探妙

267

七 语妙情真的宝卷 精彩精深的鸿文

340．用革命工作事实 "打破反革命宣传"

277

349. "今天来整顿三风"　"要好好利用报纸"

281

285

287

毛泽东妙用典故精粹

289

291

八　真挚感人的遗产　光彩照人的丰碑

297

299

387. "慨然御侮"义声播　"奋力边陲"中外钦

304

307

309

400. "停止自杀之内战"　"早上抗日之战场"

311

312

313

毛泽东妙用典故精粹

315

415.　"国民党骂人之作"　"鸦鸣蝉噪"可喷饭

321

毛泽东妙用典故精粹

325

327

329

毛泽东妙用典故精粹

331

A卷

运用典故数千年　聚讼纷纭解奥玄
——中国典故研究（主要以毛泽东妙用典故为例）概说

人所共知，运用典故有许多好处，如可以扩充话语的容量，可以引导人们产生事物的今昔之比、古今之比，可以在典故的基础上引出新论，可以加强语言的说理论证力度，可以提升话语诸多方面的表达效果，等等。

然而，典故产生于何时呢？如果仅从"典故"这一词语最早正式出现之始算起，即从《后汉书·东平宪王苍传》中的"事过典故"算起，则有近2000年的历史，如果从典故定义中说的"典故"就是"诗文中引用的古代故事和有来历出处的词语"算起，则典故的运用有数千年的历史。我们随时可以找到大量的例证。如："早在两千四百多年前的春秋时期，其时的外交人才（相当于现代的外交部长、大使、公使或参赞一类的官员）的遴选是相当慎重的，要求'才''德''学'俱兼。其中的'学'，极为重要的一项是必须熟谙'六艺'。而'六艺'的重要方面是'诗'，是否娴于用诗，是春秋外交人才遴选的一个重要条件。……《诗》是春秋外交语言的奇葩，以《诗》代言，赋《诗》明志是春秋外交的一大特色。《诗》是春秋外交的一大特色。……《左传》引《诗》达123起……"（吴直雄：《毛泽东妙用诗词》，京华出版社1998年版，第1—2页）如果以此算起，则用典也有2400余年。

在这漫长的用典历史中，由运用典故而时常引发出若干学术问题，真可谓资深古博多奥玄，聚讼纷纭难定论。尽管如此，我国还是用典大家辈出，然笔者通观古今之用典大家，当数毛泽东为最，主要表现在：其用典手法纷呈，技法娴熟，用典作品数量之多，内容之丰富、风格之多样、形式之完备、技巧之精湛，其用典之效果可给人以情感美之熏陶、形象美之体味、人格美之感召、意境美之品味、语言美之启迪、画图美之想象、哲理美之领悟、战斗精神之激励……这一切，都是古今大家所无法比拟的。故而笔者在探讨、论证、解说中国典故中的种种疑难与玄奥的同时，多是以毛泽东妙用典故为例，就数千年以来人们在运用典故中所产生的问题提出言之成理的看法。

一 界定典故多歧义 《辞海》定义应补充

——论典故的定义

什么叫典故？一方面，尽管《辞海》对其早有界定，然人们对其定义自有看法，致使典故的定义多达10余种。

这些"自有看法"的定义，提出了不少的问题，给人们研究典故开拓了视野、开启了思路，无疑于典故的深入研究大有裨益。

另一方面，《辞海》中的"典故"条作为一个条目的定义，它经受了时间的考验，目前，它仍然是一个不失为稳妥的定义，是我们辨别典故、界定典故、运用典故时可以大胆遵循的。

但是，笔者在对典故、主要对毛泽东所妙用的典故进行研究之后，发现典故还应有"时限性"和"新创型"。如果能将这两点写入典故的定义之中，则可以有效地避免"典故"与其"语言家族"中的其他"兄弟"容易混同。这两个问题，笔者将在后文中专门论及。

试览典故之视阈，若要对其进行研究，首先就得对其定义进行界定。什么叫典故？这是一个古老而常论常新的话题。千万别小看这只是五个字的提问之句，然可不是一个轻松的答题！

为什么这么说呢？因为典故的使用历史久远，对于典故这一概念的研究历史也较为久远；并且对于典故的研究，往往会涉及到语言学、文学、文字学、民俗学乃至史学等诸多领域。诚如我国著名学者邢福义先生所言：

典故的研究，是一个颇有资历的课题。然而，课题虽老，却还有尚未一试的视角和尚未到达的境界；更何况，毛泽东以他那特有的风格，在运用典故的过程中表现出了一些富于个性的特征，使典故的运用增添了新的研究价值。（邢福义主编：《毛泽东著作语言论析》，湖北教育出版社1993年版，第467页）

典故的研究是如此的重要，特别是毛泽东所用之典故有如此新的研究价值。然而，迄今为止，在《中国图书馆分类法》中，成语、俗语、谚语、歇后语等，均有其"归属"和"地位"，而典故作为中国语言的精华、人类智慧的结晶这么一种重要的语言现象，竟难觅"典故"一词、难见其一席之地。单就对于典故定义的界定而言，仍然歧义多多，意见不一。有鉴于此，笔者不揣谫陋，就典故的定义略谈看法，以为引玉之砖。

（一）典故定义界定之历史考察

任何一个概念或定义的出现，它必须有大量的现象和事实作为基础。同样，典故这一概念出现之前，它必然会有大量的用典现象出现在人们的语言文字之中。从人们大量的用典事例中，我们可以看到如下几种情况：

1. 2500余年前即已出现的"典"即可视为典故

如果从"典"字的出现和用典证言的历史事实来看，中国典故名称的出现，当在2500余年以前。《左传·昭公十五年》载云：十二月，晋荀跞如周，葬穆后，籍谈为介。既葬，除丧，以文伯宴，樽以鲁壶。王曰："伯氏，诸侯皆有以镇抚王室，晋独无有，何也？"文伯揖籍谈。对曰："诸侯之封也，皆受明器于王室，以镇抚其社稷，故能荐彝器于王。晋居深山，戎狄之与邻，而远于王室，王灵不及，拜戎不暇，其何以献器？"王曰："叔氏，而忘诸乎！叔父唐叔，成王之母弟也，其反无分乎？密须之鼓与其大路，文所以大蒐也。阙巩之甲，武所以克商也。唐叔受之，以处参虚，匡有戎狄。其后襄之二路，鏚钺、秬鬯，彤弓、虎贲，文公受之，以有南阳之田，抚征东夏，非分而何？夫有勋而不废，有绩而载，奉之以土田，抚之以彝器，旌之以车服，明之以文章，子孙不忘，所谓福也。福祚之不登叔父，焉在？且昔而高祖孙伯黡司晋之典籍，以为大政，故曰籍氏。及辛有之二子董之，晋于是乎有董史。女，司典之后也，何故忘之？"籍谈不能对。宾出，王曰："籍父其无后乎！数典而忘其祖。"

这段对话的意思是说：晋国大夫籍谈出使周朝，周景王（公元前544—前520年）说其他诸侯国均有礼品器物敬赠周王朝，为什么惟独晋国没有？籍谈的理由是晋国不曾受到过王室的赏赐，所以无物可献。于是景王以典事指证晋自其祖上以来，世世代代都得到过王室的赏赐，责怪籍谈身为记载典籍的后代，怎么就忘记了这些典事的记载呢？这是景王以"典实证言"批驳籍谈的辩解。亦是"数典忘祖"这一典故的由来。

事实上，引典证言，引典入文，在中国古代典籍中是随处可见的。如"牛郎织女"的故事传说，则被系统地运用于《诗经·小雅·大东》之中云："维天有汉，监亦有光。跂彼织女，终日七襄。虽则七襄，不成报章。皖彼牵牛，不以服箱。"

民间神话与传说亦常见之于《楚辞》之中。东汉王逸《楚辞章句序》云："故智弥盛者言其博，才益多者其识远。屈原之词，诚博远矣。自终没以来，名儒博达之士，著造词赋，莫不拟则其仪表，祖式其模范。"清人刘熙载《艺概·赋概》中云："长卿《大人赋》出于《远游》，《长门赋》出于《山鬼》。"

从用典的角度来看，在汉赋中常常用到楚辞典。而据有关研究专家统计：

《论语》引用《诗经》、《尚书》各2次；《左传》引用《国语》77次，引用诸子著

作67次；《孟子》引用《诗经》26次，引用《尚书》2次；《荀子》引用《诗经》70次，引用《尚书》12次，引用《易经》3次；《史记》引用更多，仅引用《战国策》就达90次。真是举不胜举。（墨玉：《古典诗文的用典》，《昭通教育学院学报》1994年第1期，第58页）

据清人赵翼《陔余丛考》统计，《左传》引诗217条（除个别逸诗外，其余全部见于今本《诗经》）。本人又粗略地统计了一下，书中引出诗句的地方有140处左右；只提赋某诗，没有引出诗句的约80处；亦有不属于这两种情况的数处，我把它们归之为"其他"。（杨素萍：《试论〈左传〉中的引诗、赋诗及其他》，《阜阳师范学院学报》2001年第1期，第23页）

2. "典故"一词的正式出现

有如此多的用典典例，典故的名称与定义必然会应时而出。终于，在《后汉书·东平宪王苍传》中，便出现了"典故"一词。其中有云：亲屈至尊，降礼下臣，每赐宴见，辄兴席改容，中宫亲拜，事过典故。

这里的"典故"，其一是言汉章帝在礼节上于祖辈的典章旧制上有所超过，亦可理解为已经经过的事成了典故。从上述这一角度来考虑，笔者在研究中国谜语，在撰写《中国谜语概论》的过程中，记得唐人段成式在《酉阳杂俎》中曾给谜语下过一个简明扼要的定义，称"时时预人凶衰，皆谜语，事过方晓"。"事过方晓"即为"谜"，这从总体上来说，是谜语一个最为基本的定义。同样，"事过典故"，典者，典范也；故者，故事、成例也。作为"典故"的一个最基本定义来说，我以为也是成立的。这是前贤为典故下定义之始。作为典故的一个总的概念，我以为还是可以的。

及至魏晋南北朝时期，玄风炽盛，士林中人尤重学养之修炼。这一时期用典的技巧已经到了非常出色的境地。别说诗歌的用典已经精妙异常，就是在小说中的用典也具化古通今、融化无迹、自然浑成、形完神足之妙。

如南朝宋刘义庆的《世说新语》，据有关考察统计，其用典数量和涉及典籍之多，都达到令人惊异的程度：

对《世说》中的典故，我们姑且以西汉作为"时代限断"来进行考察，据笔者初步统计，《世说》涉及西汉以前的典籍共36种，用典总次数为325次。具体情况是：《史记》（59次），《诗经》（40次），《论语》（37次），《庄子》（35次），《礼记》、《左传》（各19次），《周易大传》（15次），《尚书》、《淮南子》（各13次），《老子》（11次），《孟子》（7次），《周易》（5次），《尔雅》、《战国策》、《吕氏春秋》、《韩诗外传》（各4次），《山海经》、《周礼》、《孝经》、《春秋公羊传》、《楚辞》（各3次），《孙子兵法》、《尚书大传》、《荀子》、《国语》、《吴越春秋》、《说苑》（各2次），《韩非子》、《墨子》、《灵枢经》、《法言》、《新书》、《列仙传》、《新序》、《夏小正》和《风赋》（各1次）。显然，西汉以前的主要典籍，《世说》都涉及了。（范子烨：《"小说书袋子"：〈世说新语〉的用典艺术》，《求实学刊》1998年第5期，第87页）

这一时期的用典水准，在正史中亦不泛记载。《北史·邢邵传》中有云：

每公卿会议，事关典故，邵援笔立成，证引该洽……

据此，我们也许可以说，这就是运用典故相当纯熟且记入正史的较早的书面记录。

南齐时，我国著名的文艺评论家刘勰（约465—约532年），在其著名的《文心雕龙·事类》中有云：

事类者，盖文章之外，据事以类义，援古以证今者也。昔文王繇《易》，剖判爻位：既济九三，远引高宗之伐；明夷六五，近书箕子之贞。斯略举人事，以征义者也。至若胤征羲和，陈《政典》之训；盘庚诰民，叙迟任之言。此全引成辞，以明理者也。然则明理引乎成辞，征义举乎人事，乃圣贤之鸿谟，经籍之通矩也。……经籍深富，辞理遐亘。嗣如江海，郁若昆、邓。文梓共采，珲珠交赠。用人若己，古来无懵。

刘勰的"事类"，就是"用事""用典"。这一段精悍的文字，实际上就是刘勰对用典之缘起、用典之历史、典故之来源、用典之方法、用典之要求等，均有其精当的论说。可以说这就是刘勰"用典概论"。他将用典的历史上推至《周易》，是很有见地的。刘勰的"引乎成辞"及"举乎人事"，实乃指有来历、有出处、有某一独特含义词语和有人物故事情节的典故。用典是圣贤之大块文章、经书写作中的通常规范。这，也许就是对用典进行系统研究之滥觞。

吾师李蓁非在其《文心雕龙释译》一书中，对"事类"作了这样的解说：

事类——征引言古事，以证实今说。简言之，就是用事用典。旧事旧典以及成语旧言，都是有力的论据，古人用之者很多。在骈丽文中，为了配成对偶句，用得更多。用事用典，多半能够用简短的言词讲清楚复杂的事理，因而成为一种重要的修辞手段。（江西人民出版社1993年版，第477页）

李老师从典故与修辞的角度去诠释刘勰的这一篇文章，无疑扣住了刘勰《事类》这一篇文章的精神实质。

与刘勰同一时代的钟嵘（466—518年），在他的名著《诗品》中指出：

若乃经国文符，应资博古，撰德驳奏，宜穷往烈，至乎吟咏情性，亦何贵于用事？

这里讲到了用典之法在于灵活，在于视文章的内容而定，而不是"吊书袋"。

由此可见，早在1400年以前，先贤们对于运用典故的问题，已有十分独到的认识。

至有唐一代，用典于诗文，已成极为普遍的现象，其间用典高手众多。如李白、杜甫、李商隐等等，都是用典高手中的杰出代表人物。他们在其诗文中所妙用的典故，至今仍然能给我们以深刻的启迪，甚至令不少研究者赞颂不已。至于用典数量之大，更是

令人惊叹异常。仅仅是一部《全唐诗》，其中所用典故就达6700多条。（李德清：《浅谈典故的翻译》，《内蒙古民族大学·社会科学版》，2004年第4期，第104页）

延至有宋一代，除了黄庭坚擅长于用典、且有"夺胎换骨""点铁成金"的名言之外，当时的不少"诗话"中亦常提及用典。如南宋人魏庆之的《诗人玉屑》，他在书中将"用事"独标为目，以36个小标题论及用典的各个方面。诸如"不可有意用事""反其意而用之……"这就为我们今天研究典故提供了有益的理论借鉴。由上可知，先贤们一般都是视"用事"为"用典"的。而"用典"名称的由来，据吴礼权先生考证："肇始于元人王构的《修辞鉴衡》。"（吴礼权：《"用典"的定义及其修辞学研究——评《用典研究》，《武汉大学学报·人文科学版》2008年第1期，第125页）

降及明清两代，亦有一些涉及典故的著作，如《典故纪闻》、《文章一贯》、《龙文鞭影》、《幼学琼林》等等。这些著作，对于用典亦是颇有研究的，亦为我们提供了其时人们用典情况之一斑。

当代知名学者周振甫先生的《诗词例话》，则以"仿效和点化""用事"为题，论及用典。据笔者看来，其"仿效与点化"，多是谈及语典，其"用事"，多是论及事典。先生对于前人的用典之妙，均有其自己的精妙分析与论述。然典故毕竟不是先生整部书稿的专论，我们当然不能要求先生面面俱到、给我们提供用典中所遇到问题的全面而完整的答案。（参见《周振甫文集》第2卷，中国青年出版社1999年版，第342页）

（二）典故定义界定研究之现状考察

往后的一些论文、论著论及典故，似乎都未能超出周振甫先生论说的基本范畴。但周先生并未就什么叫典故下过一个明确的定义。那么，到底什么叫典故？截至目前，对于这个问题，可谓仁者见仁、智者见智。就笔者手头资料的大致梳理，可分为八种类型、十一种意见。尽管这些类型如此不一，意见如此有别，表述方式不拘一格，但是这些意见对于典故定义的深入研究探讨还是大有裨益的。

1. 成语为语典、事典为典故类型

这一类型是在界定典故定义时，将典故局限于事典，而将成语全部视为语典。如：

典故：习用的固定词组、句子的原式及其变式，语言简练，意思精辟，表现力强而有故事可据者为典故，或称事典。成语：习用的固定词组、句子的原式及其变式，语言简练，意思精辟，表现力强而无故事者为成语，或称语典。（余清逸：《古汉语成语典故辞典·后记》黑龙江人民出版社1989年版，第1161页）

这一定义，得到过有关名家的首肯。黑龙江人民出版社则称：成语和典故合编是余清逸同志首创，……很好地解决了"典故"、"成语"、"事典"、"语典"的问

题，一目了然……"典故"十分明显地包括在"成语"之中，"成语"中又包括了"典故"。余清逸同志集诸家之说，综各家之长，较为明确地下了定义。（同上书《编辑说明》，第1页）

黑龙江人民出版社转述的和余清逸先生关于典故的这一定义均十分明确地将成语视为语典。笔者以为，典故主要包括事典与语典两大类，"典故"不可能完全包括在"成语"之中，"成语"也不可能完全包括"典故"。如果按上述定义，这就将典故局限于事典，而去掉了语典，这就将典故的内容丢失了一大半；如果视典故包括事典与语典即成语，显然不符合客观事实，其源于将成语视为语典之不妥。

其一：因为成语与语典二者的概念是有差别的。语典重"有来历出处"，而成语重群众性及其固定形式，如"四字格"之类的形式等。如果将二者等同而视，则易使典故取例混乱。

其二：视成语为语典，一方面会扩大典故的范畴，会将许多不具典故性质的、可从字面理解的成语划入典故，诸如一些通俗的，找不到有独特典意出处的某些成语，它们就不能视为典故。例如由刘玉凯、齐云霞编注，上海文艺出版社1997年6月出版的《中国俗成语》，收通俗成语8000条，基本上是不能视为典故的成语。所以视成语为语典，显然有失偏颇。

其三：视成语为语典，另一方面又会缩小典故的范畴，会将许多有来历有出处的不具成语形式的典故排斥于典故之外，诸如"旧雨""生死海""弦上箭"之类，类似这样不具成语特征的语典在诸多典故辞书中随处可见，故视成语为语典，显然不妥。

2. 特殊语词类型

这里所谓特殊类型，是在将典故界定时，所强调的是典故为特殊词语。如：如果要给我们今天所研究的"典故"进行界定，那么它指古代诗文引用的有来历、有出处、有派生义的特殊语词。所谓来历，指该信息自身的来龙去脉。所谓出处，指该信息最初的、明确的、唯一的（少数例外）文字载体。派生义，指该典故语词有引申义、比喻义、借代义等。（朱学忠：《典故研究之我见》，《淮北煤炭师院学报》1999年第2期，第87页）

这样一个定义是《辞海》典故定义中第二部分内容的具体阐释与深化，无疑，对于人们加深对"典故"条定义中第2部分内容的理解是大有帮助的。但是将"典故"条定义中的第1部分"典制和掌故"一概排斥于"典故"定义之外，似欠妥当。

3. 分析判断类型

这些类型是虽未将典故定义明确地进行界定，但在具体认定与评说什么是典故时，还是说到了研究者自己对什么是典故的看法，而这样的看法是与《辞海》"典故"条定义是多有相左之处的。此种情况亦不少见。

典故，在古诗文中是一种常见的语言现象。即使在今天，汉语中不少词汇、成语、

7

俗语中都源自典故。窃以为应从三个方面来看待。一是从字面可得义者，这些词语虽出之于典，但可作为一般词语看待。如：死灰复燃、安步当车、自相矛盾、后来居上、唇亡齿寒、满城风雨、短兵相接、一丘之貉、再接再励之类。虽然如此，但我们亦应该从语源上考察其出处，以便运用起来得心应手。如："再接再励"本自孟东野与韩愈作的《斗鸡联》中，"争扑深未解，嗔睛时未息；一喷一醒然，再接再砺乃"。（砺同厉）即斗鸡时鸡一再磨其喙。明乎此，就不会将"厉"误写作"砺"了。二是从字面不可训得其意，则必目之为典。如：围魏救赵、祸起萧墙、图穷匕现、执牛耳、东道主之类。它多是概括古代一则掌故、一段历史故事，不解其本事则不足明其义者。三是介乎上述二者之间，从词义看似可解，然字字落实又颇费力，故亦必明其所自，但大可不必视为典故。如：司空见惯，出自《本事诗·情感》，也见于《唐宋遗史》。唐人刘禹锡任苏州刺史，司空（官名）请其赴宴，命歌女劝酒，刘心情不舒，赋诗云："高髻云鬟宫样装，春风一曲杜韦娘。司空见惯浑闲事，断尽苏州刺史肠。"诗人对此场面甚不习惯，而"司空"却是见惯了的，后以比喻对习惯事物，不以为物，不以为奇。"如火如荼"这一成语源自《国语·吴语》，春秋末，吴王夫差同晋定公争霸，夫差欲显示武力以压服定公，一日夜，将吴军三万人列成方阵，中军白衣、白甲、白羽箭、白旗。"望之如荼"（荼，开白花的茅草）；左军皆赤，"望之如火"；右军皆黑，"望之如墨"。定公惧，尊吴王为盟主。后人将此景简括为"如火如荼"以形容声势浩大，情绪高昂……杜撰等皆属此类。用典，是我国古代文学作品中一个突出现象。就作者当时说，也可谓"古为今用"。用典的关键在于其本身的"生命"。用得好，一可收言简意赅之效，一可以"引古语或往事可以为吾说之证"。因此，我们必须理解它、正确地掌握它，并慎重地运用它。（徐得仁：《谈用典》，《太原师专学报》1993年第3期，第25—26页）

笔者认为，徐得仁先生的这一段论述的重要意义，在于他将典故视为一种常见的语言现象，这就将典故的重要性充分地肯定下来，因为是一种语言现象，谁要回避不用典，这都是不可能的事。笔者在文章中之所以引徐先生论文中这么长长的一大段，主要是认为：徐先生在这一大段的分析中，反映了他对《辞海》典故定义的主要部分——"诗文中引用的古代故事和有来历出处的词语"的不同界说。易于造成人们对《辞海》典故定义界定的混乱。其中的第二段，当是无可非议的，而第一、三段的举例分析，似有失偏颇。

笔者认为，"从字面可得义者，这些词语虽出之于典，但可做为一般词语看待"一语，这只是就作者自己水平而定是否是典故，也就是说，在高水平的读者看来，这些词语虽出之于典，但他们一看就明其意义，故而不是典故。这是不妥的，这些词语既然出于典，它们就应该是典故，它们是不能以某一读者是否"从字面可得义者"为转移的。因为词语"从字面可得义者"是因人而异的，对于知识渊博的人来说，许多典故，他们均能从字面可得其义，而对大多数人来说，恐难以从字面上得其义。因此，词语出于典者，则应视为典故。不能因读者是否一看知其义而定。因为这样一来，典故就无法下一个固定的定义。故而"死灰复燃、安步当车、自相矛盾、后来居上……再接再励之类"，都应算典故，其中已为多数人一看可得其义者，它仍有其语源，有其故实，它们未改典故自身之特征。只不过是成语性质的典故或曰典故性质的成语罢了。

据此，"三是介乎上述二者之间，从语义看似可解，然字字落实又颇费力，故亦必明其所自，但大可不必视为典故"者，更应视为典故，所举不是典故的二例"司空见惯"和"如火如荼"，当是标准的典故，因为这两句成语，都有其故事情节，不能"大可不必视其为典故"，它当属成语性质的典故或云典故性质的成语（典故与成语之关系，下文再论）。当今的一些典故辞典将其收入不是没有道理的。如江西人民出版社1988年5月出版、印数达26100册的《中小学学生常用典故图画集》，就同时收有这两个典故。在其他的一些典故辞书中也收有这两个典故。

4. 简化定义并提及用典是创作手法与修辞现象类型

这些类型是将典故定义的内容简化为事典与语典，同时从典故在诗中的功用角度出发，提及典故的运用是创作手法与修辞现象。

古人写诗作文往往喜欢援引前人的事迹或摘取古代典籍中的词句来阐明自己的观点。这就是所谓的运用典故，简称为用典。刘勰《文心雕龙·事类》说："据事以类义，援古以证今。"其中的"据事"和"援古"，指的就是诗文创作中的用典。用典是作家在写作中常用的一种方法，而古代作家尤其喜欢用典。从修辞的角度看，用典也是一种引用，简单地说，用典就是引经据典。刘勰该篇还将用典分作两类，一是"举人事以徵文"，一是"引成辞以明理"。王力先生主编的《古代汉语》，将前者称为"稽古"，把后者称为"引经"……根据内容来看，典故可分为事典和语典两类。事典指引用历史故事，运用前人事迹，从中藉某种特定含义来表达作者情怀，这就是王力称"稽古"……语典指选用古代的经书的词句或"圣贤"的言论、截取前人语句构成新词，来阐释自己的观点，即王力先生所说的"引经"……（朱安义：《谈古代诗文的用典》，《贵州教育学院学报》1995年第1期，第29－30页）

朱安义先生对典故所下的定义，汲取了古人对于典故所下的定义中的精华部分，同时明确地将典故的运用与创作手法、修辞手法挂上了钩，且有一定的论说，无疑对于深化人们对于典故定义的理解是有所裨益的。

5. 半取典故定义并质疑用典问题与用典前景类型

这些类型是从用典的角度出发，对《辞海》"典故"定义下的典故内容在当今运用过程中所遇到的种种问题作出归纳，实际上是对《辞海》"典故"定义主要内容部分提出的某种质疑。

　　什么是用典？《辞海》的解释是：诗文中引用的古代故事和有来历出处的词语。古人喜欢用典，古代诗文中，用典随处可见……用典的成立，需要有一个前提，就是作者所用之典必须是读者能够理解的。如果读者读不懂，那么这些典故就成了饭中的砂子，只能起到硌牙的作用。在古代的2000多年中，中国人读的都是四书五经，文化背景相同，对典不存在任何理解上的障碍，因此用典能起到一种默契于心、意味隽永的效果。而对现代人来说，用典开始出现了一点问题。由于100多年来，中西文化急剧碰撞，中国社会的变化天翻地覆，四书五经已经不再作为学生的必读之书，因此许多古代的典故趋于消亡……但与此同时，大量新的典故又在不断产生。这些新典故有一些是近100多年来产生的，还有一些是从国外引进的。前者如"鸦片战争"、"辛亥革命"等，后者如"十月革命"、"滑铁卢"等。但是，与古代的典故相比，新的典故产生得快，消亡得也快……如今，典故很难像古代那样历经数千年而不变。由于一方面害怕古代的典故读者读不懂，而新的典故又变动太快，难以把握，因此在人们写诗作文时就尽量少用典。这样的诗文尽管具有明白晓畅、通俗易懂的特点，但同时也丧失了用典所带来的含蓄蕴籍文约意丰的韵味。当然，不可否认，即使在今天，也有很多诗文用典用得很妙，但是像古代那样把用典当作一种文章不可或缺的要素，因而大量用典的情形毕竟已经不复存在。同时，由于商业因素的介入，为了吸引尽可能多的读者，诗文只好日趋通俗，同时也就日趋单薄。更令人迷惘的是，诗文中英文夹杂，拗口难读的文章(有时还夹杂着一些令人匪夷所思的网络符号)正异军突起，尤其是在计算机类图书和网络世界中遍地开花。这种文章，欲求其明白晓畅而不可得，更遑论含蓄蕴藉。在这类文章中谈用典，似乎已经显得多余。在网络时代，还要不要用典？又怎样用典？这个问题已经不期然地摆在人们的面前。（李晓晔：《用典琐谈》，《中国新闻出版报》2000年11月23日第2版）

　　典故定义与用典紧密相关。李晓晔先生这篇1000多字的短文，虽说只取典故定义中的第二部分内容展开论述，但还是可以说抵得上一篇长篇大论。在这一篇短论之中，他在指以往用典的辉煌历史的同时，提出了典故的定义问题；提出了作者用典与读者对典故的接受问题；提出了用典现象的前提问题；提出了用典的式微问题；提出了新典以及新典的消亡问题；提出了在网络时代要不要用典的问题。这些问题，的确已经不期然地摆在了我们面前。对此，笔者拟以专论提出自己的看法，此不赘言。

6. "有来历有出处的词语"属非典故类型

　　这些类型多是凭借作者自己在对典故的分析研究基础上，提出其"典故"定义，并阐释删除《辞海》典故定义中的有关内容的理由。如陈学祖先生言：典故之名由来已久。最早见于《后汉书·东平宪王苍传》："亲屈至尊，降礼下士，每赐宴见，辄兴席改容，中宫亲拜，事过典故。"（《辞海》《辞源》《汉语大辞典》）这种对于典故的注释是自东汉以来传统的泛典论的典故内涵之延续。凡是有来历出处的词语都将之作为典故。传统的典故内涵之界定不但过于笼统和模糊，而且不能反映用典修辞现象的实际。作为修辞意义上的用典之典故应该指"典例故实"或"诗文中引用的古代故事"。严格修辞学意义上的典故之内涵更精确地来说，必须囊括以下几层意思：第一，典故必定是古代的"典例故实"，是古人的成败得失或行为价值取向的历史沉淀，且这种历史沉淀已成为一种具有文化蕴涵的价值符号；第二，典故的"典例故实"必须有其产生的历史文本并具有故事性内涵；第三，特别重要的是，典故作为一种具有特定内涵的价值符号，在文化形态上，具有一定的稳定性，已可以用作一个具有表情达意功能的符号代码，无论作家对它如何表述，其内涵均如词义般基本固定；第四，在诗词文中具有深层含义，即言外之意，不能依字面意思直解。只有符合这四层意思，才是修辞学中严格意义上的典故。（陈学祖：《典故内涵之重新审视与稼轩词用典之量化分析》，《柳州师专学报》2000年第3期，第16－17页）

陈学祖先生是一位年轻有为的博士后，他的立论是十分新颖的。但是他在论述中将"有来历有出处的词语"一律排斥于典故之外，他在自己的这篇文章中富于激情地写道："那些'有来历有出处的词语'为什么不是典故呢？"学祖先生为此进行了一定的分析，与学祖先生论典故定义不十分紧要的其他内容，笔者不想过多地就其分析而作分析。学祖先生在给典故下的定义中，明确地指出"诗文中引用的古代故事"是典故，这是不错的。但是我们不要忘记，"诗文中引用的古代故事"中的诗文，它们也是有来历有出处的词语或诗词句，况且，有不少有其出处的诗文或词语，本身就是具有"典例故实"的性质和特点，如果将"有来历有出处的词语"排除在典故之外的话，这样一来就将《辞海》《汉语大辞典》等辞书给典故下的完整的定义删节了三分之一，这恐怕是值得慎重考虑的。再是将典故定义限定在"修辞学中严格意义上的典故"，亦恐是典故定义上的一大缺憾。笔者近与长期从事古典文学教学与研究的丁毅教授论及典故，他在来信中云："典故，……经是典、史是故……"这样对典故的诠释，便妙将"有来历有出处的词语"纳入典故的定义之中了。

7. "以往"类型

这里所谓以往类型，就是视典故为以往的事与以往说过的话这样一种类型。

典故，顾名思义，就是过去发生的事或过去说过的话。而不论是过去的事还是过去的话，都是在特定语境中发生的，即涉及特定的人、人与人之间或人和事物之间的关系，等等。同样，说写者的话语也是在特定的语境中发生的（我们把这个语境叫现实语境），也涉及特定的人和参与者之间的各种关系，等等。说写者引用典故时，不管是意识到还是没有意识到，都会不可避免地把典故语境带进来与现实语境构成一个对照。如果这二者恰好有某种同构关系，那么现实语境中的人物就会自动在典故语境中对号入座，从而产生言外之意，即蕴含……（罗积勇：《用典研究》，武汉大学出版社2005年

此论通俗易懂，基本上说到了典故的特征之所在，但过于"灵活"，不十分便于操作与界定。因为这"特定的人、人与人之间或人与事物之间的关系"是难以选定一个标准的。而"过去发生的事或过去说过的话"，更是没有明确的时限。笔者以为，前不"久"也可以视为"过去"，而这样的"过去发生的事或过去说过的话"，是难以说成是典故的。这里有一个同代人说过的话与干过的事能不能视为典故的问题，这是一个值得深入讨论的问题。

8. 应是熟语类型

这里所谓"应是熟语类型"，即如黄弗同先生称：

从现代语言学观点看，典故应属于熟语学研究范围。……典故应是熟语的一个层次，但有其特点。（黄弗同：《论典故——代序》，载黄弗同：《古诗词常用典故例释》，武汉大学出版社1986年版，第1页）

笔者以为，熟语的概念是明确的，典故的概念也是较为明确的，将典故视为熟语的同一个层次，似有不妥。

9. 基本遵循《辞海》"典故"定义类型

这些类型占有相当数量，它们尽管与《辞海》"典故"定义的表述方式有异，但所界定的定义的内容大致相同。品味与分析这些定义，对于人们加深对《辞海》"典故"定义的特定内涵的理解颇有帮助。如袁世全先生认为：严格意义上的典故，即狭义典故，就是"两有"（即作者说的有来历出处，有派生义——引者），它与一部分典故性成语重合，用法为曲用或婉曲表达，或通过派生义；广义典故（也可称泛典故、准典故）至少应"一有"（有来历出处），往往与掌故（狭义）重合。"（袁世全：《典故辞典总体设计的一个探索——十一论辞书框架：关于"两无两有"的立目原则》，《安徽教育学院学报》2000年第1期，第62页）

笔者认为，袁世全先生多年致力于"中华典故大辞典"的编撰工作和研究工作，将典故分为狭义与广义两种，蕴含了《辞海》对于典故所下定义的内容，也许对于涵盖典故丰富的内涵是大有帮助的，他的这些提法，对于加深人们对《辞海》"典故"定义的理解是会大有裨益的。

又如葛兆光先生言：本文试图撇开中国传统文学观念中对典故的是非评价而仅仅把它作为一种艺术符号来剖析，因此，首先要解释的是以下这样一个"二律背反"式的命题——正题：作为艺术符号的典故，乃是一个个具有哲理或美感内涵的故事的凝聚形态，它被人反复使用、加工、转述，而在这种使用、加工、转述过程中，它又融摄与积淀了新的意蕴，因此它是一种很有感染力的符号。它用在诗歌里，能使诗歌在简练的形式中包容丰富的、多层次的内涵，而且使诗歌显得精致、富赡而含蓄。——反题：这些符号，正因为它有古老的故事及流传过程中积累的新的意义，所以十分复杂晦涩，就好像裹了一个不溶于任何液体的外壳的药丸子，药再好，效果也等于零，因此它是一种没有艺术感染力的符号。它在诗歌中的镶嵌，造成了诗句的不顺畅，不自然，难以理解，因而造成了诗歌的生硬晦涩、雕琢造作。（葛兆光：《论典故——中国古典诗歌中一种特殊意象的分析》，《文学评论》1989年第5期，第20页）

笔者以为，作者在这一篇文章中的论典故，是为其论"中国古典诗歌中的一种特殊意象的分析"服务的，故其将典故定义为一种艺术符号，从而有利于自己展开论述。这是作者的高明之处。因为这样既可避免世人关于典故定义的"纠缠"，以"正题""反题"的两个方面，十分客观地、艺术地分析了古往今来人们对于典故的看法、运用情况等等问题，以及造成这一些情况或问题的原因。作者虽然宣称"试图撇开中国传统文学观念中对典故的是非评价而仅仅把它作为一种艺术符号来剖析"，其实，作者在这一篇文章中，将自有典故以来的诸多是是非非都说明白了。这是笔者目前所见到的关于论典故方面的一篇妙文。

再如匡达人先生称："什么是典故呢？各种新旧辞书解释不一。我认为，典故是诗文中经常引用的、有来历出处又为人们所公认的故事或词语。它的历史可以追溯到文字产生前，它源于社会生活实践，早于文字就在民间口头流传了。比如有了丢羊补牢不算晚的生活经历，才会产生文字的'亡羊补牢犹未晚也'的典故。"（匡达人：《对联典故初探》，《对联》2002年第10期，第2页）

笔者认为，匡达人先生在给典故下定义时，在囊括《辞海》给典故下定义的内容中加上了"经常引用的"、"又为人们所公认的"等修饰语，这就给典故的定义增加了不确定性，因为什么叫"经常引用的"和什么叫"又为人们所公认的"这样的修饰语的本身是很不确定的和难以明确界定的。这样一来，反而模糊了典故的定义。但是，匡达人先生在论及典故的起源时，则颇有见地。

（三）《辞海》"典故"定义应稳定、应遵循、应补充

笔者在上面列举了人们对于典故定义的八种类型和十一种各自有别的意见与定义。尽管这些定义与《辞海》"典故"条的定义多有相异乃至相左之处，但是，对于人们对典故定义的探索和加深理解，还是大有作用的。那么到底什么叫典故？

笔者认为：界定典故多歧义，《辞海》定义应稳定、应遵循、在研究中发现其特质应补充（这里先谈目前应稳定、应遵循的问题。后面专门论述在研究该定义后，为什么要适当地补充其内容）。1979年5月上海辞书出版社出版的《辞海》（修订本，词语分册［上］）第275页载云：［典故］1.典制和掌故。《后汉书·东平宪王苍传》："亲屈

至尊，降礼下臣，每赐宴见，辄兴席改容，中宫亲拜，事过典故。"《宋史·宋敏求传》："熟于朝廷典故。"   2.诗文中引用的古代故事和有来历出处的词语。

为什么说尽管人们对于典故的定义见仁见智，而《辞海》给典故下的定义仍然可以遵循呢？

1.《辞海》典故的定义，基本上能够反映典故所特有的本质属性

《辞海》的刊行，始于1936年。这一典故定义，经过几代学者、历经半个多世纪而成就的精品之作。这当是一个经典式的定义，是在反复考察古今典故的定义和其运用的情况下而给定的，是有其权威性的。这一定义，我们从本文"典故定义界定之历史考察"中可知，它包融了古代故事，延用了古代名人名言，兼纳了古今人们用典的社会实践而成。这是能够基本上反映典故的特有本质属性的。

2.《辞海》典故的定义，基本上得到了人们普遍的认同和广泛的接受

（1）从典故类辞书来看。

笔者查阅了不少的辞书和相关的典故辞典之类书籍和相关的典籍，它们给典故下的定义绝大多数是与《辞海》给典故下的定义完全一致或基本相一致的。笔者不以为这是抄袭，这诸多的专家学者是经过反复考虑后，而不能在给典故下定义时再来一个"标新立异"，故而只能以《辞海》给典故下的定义为基础，而给自己编辑的辞书中的"典故"下定义，这样一些定义，是万变不离《辞海》"典故"定义其宗的。人们对于这一定义，可谓已经是"约定俗成"了，在没有提出该定义有特别不妥之处的情况下，是不能也不必轻易地变更其定义的。

比如吕薇芬在其《全元散曲典故辞典·范宁〈典诠丛书〉序》中有云：

典故就是诗文中引用古代故事和前人用过的词语，有来历和出处的，一般分为事典和语典。（吕薇芬：《全元散曲典故辞典·范宁〈典诠丛书〉序》，湖北辞书出版社1985年版，第1—2页）

这里给典故所下的定义，亦是以《辞海》"典故"条的基本内容为准绳的，也就是说，一整套的《典诠丛书》的取典标准也是以《辞海》"典故"条为取舍标准的。

又如，由我国著名学者舒新城、沈颐、徐元浩、张相主编，1947年3月出版的《辞海》典故定义是：谓故事也。《后汉书·东平宪王苍传》："陛下至德广施，慈爱骨肉，每赐宴见，辄兴席改容，中宫亲拜，事过典故。"《北史·邢邵传》："每公亲会议，事关典故，邵援笔立就，证引赅洽。"

32年之后，1979年版《辞海》典故的定义在原有基础上作了系统的补充与完善，使其内容更为简练而明确。尤其值得注意的是在定义中加上了"有来历出处的词语"为典故这一为人有所"非议"的内容。这是慎重的和有根据的。

一是尊重了古今诸多论典专家学者视"有来历出处的词语"为语典的客观事实；

二是正视了古今诸多用典实践者对语典妙用的客观现实；

三是考虑了先贤对语典研究与重视的客观历史。事实上，"语典"或曰"典语"，早在三国时，吴国的陆景就撰有"典语十卷、典语别二卷"。从后人辑佚的典语来看，实乃为有来历出处的语典，可见，语典早已为先贤所注重并进行了一定的研究，故而能成此书。由此可见，在典故的定义中加入"有来历出处的词语"，世人是无可厚非的。

事过9年之后，有影响的《汉语大词典》出版了。其中关于典故的定义，基本上遵循了1979年版《辞海》中典故的定义，增补了例句，深化了其内容。该书的"典故"定义写道：典故① 典制和成例。故，故事，成例。《后汉书·东平宪王苍传》："亲屈至尊，降礼下臣，每赐宴见，辄兴席改容，中宫亲拜，事过典故。"《北史·高隆之传》："隆之性好小巧，至于公家羽仪，百戏服制，时有改易，不循典故，时论非之。"宋代王谠的《唐语林·补遗四》："压角之来莫究其始，开元礼及累朝典故并无其文。"② 诗文等作品中引用的古代故事和有来历出处的词语。清代昭梿的《啸亭续录·大戏节戏》："其时典故如屈子竞渡，子安题阁诸事，无不谱入，谓之月令承应。"清代赵翼的《瓯北诗话·查初白诗一》："语杂诙谐皆典故，老传著述岂初心。"老舍《茶馆》第三幕："青是山，绿是水，花花世界"，又有典故，出自《武家坡》。

事过11年之后。《辞海》又一次修订时，只增加了赵翼的《瓯北诗话·查初白诗一》中的这两句诗。可见，《辞海》典故定义的编撰是经过反复推敲后重下此定义的。

（2）从论文论著来看。

让我们再看一些论及与典故相关的论文乃至一些经典式的名著，这些作者在论及典故、分析与典故相关的问题时，亦是万变不离《辞海》关于"典故"定义的宗旨。笔者拟选取一些论文、论著为证并试作说明。

一是袁世全先生的《典故辞典总体设计的一个探索——十一论辞书框架：关于"两无两有"的立目原则》一文，他在开篇之首即将自己关于取典的总体设计与《辞海》"典故"条紧相呼应。作者写道："两无两有"立目原则是典故辞典（包括非典故辞典如《辞海》《辞源》《中文大辞典》的典故条目）选词立目的历史和现状的呼唤……（载《安徽教育学院学报》2000年第1期，第62页）

笔者细阅其文，觉得其"两无两有"的原则，与《辞海》"典故"定义的内容是并行不悖的。

二是葛兆光先生的《论典故——中国古典诗歌中的一种特殊意象的分析》这篇妙文，笔者拜读之后体味到，尽管作者是将典故视为一种艺术符号去论述典故的，但他并没有抛开《辞海》"典故"定义这一根"准绳"。他在其文章的开头就举《红楼梦》为例写道：《红楼梦》第18回《皇恩重元妃省父母，天伦乐宝玉呈才藻》中写到元妃省

亲，宝玉应命作诗，有"绿玉春犹卷"一句，宝钗一眼瞥见，便劝他改去——"宝玉见宝钗如此说，便拭汗说道："我这会子总想不起什么典故出处来。"宝钗笑道："你只把绿玉的玉字改作'蜡'就是了。"宝玉道："绿蜡可有出处？"宝钗悄悄地咂嘴点头笑道："亏你今夜不过如此，将来金殿对策，你大约连赵钱孙李都忘了呢！——唐朝韩翊咏芭蕉诗头一句'冷烛无烟绿蜡干'都忘了么？"宝玉听了，不觉洞开心意……且不说宝玉胶柱鼓瑟地有些学究气，也不说宝钗自呈才博地把钱翊的诗张冠李戴地算到了韩翊的名下，值得注意的倒是，中国古典诗论里尽管有那么多对用典的讽刺贬斥，中国古典诗歌创作中却依然那么喜欢用典，而忘了典故居然与忘了《百家姓》能扯到一块儿，可见典故在中国古典诗歌创作中的位置并不像理论家们所说的那么低。（载《文学评论》1989年第5期，第20页）

就目前人们对于典故争议的情况而言，有的学者对于《辞海》》"典故"条中的"有出处的词语"视为"典故"持异议，而葛兆光先生在这里妙引曹雪芹视"有出处的词语"为典故，同时自己也表明了这也是用典的观点。这就给了我们以深刻的启示，对于先贤和世人沿用成习的结论和观点，即把有出处有来历的词语视为"典故"的观点，要予以否定是应取慎重态度的。

三是墨玉在其《古典诗文的用典》一文中称：根据内容看，典故可分为事典和语典两类。（墨玉：《古诗文的用典》，《昭通教育学院学报》1994年第1期，第58页）

通篇文章计约9000字，作者在论述古诗文运用典故时，基本上是以《辞海》"典故"条中的"典故"定义为准绳而展开论说的。

四是银秀凤在其《〈毛泽东选集〉中的成语典故运用探微》一文中写道：典故是诗文中引用的故事或有来历的词句。

笔者通览全文，作者也基本上是遵循《辞海》"典故"条中的"典故"定义对《毛泽东选集》中的典故进行评说的。类似以上的情况还不少，上面仅举四例。

（3）从对外翻译上来看。

典故的对外翻译是否也是以《辞海》"典故"条为圭臬呢？且看下例：陈剑静、李特夫在其《古典诗词中双关与典故的英译》一文中称：用典，又称用事引证，即引用或活用前人说过的话，或文学作品中记载的故事、神话等，用以比喻现实，写情怀，从而体现出简洁含蓄、发人深思的艺术效果。其实是中国古典诗歌中常用的技巧之一，恰如刘勰在《文心雕龙》中所说"事类者，盖文章之外，据事以类义援古以证今者也"。（杜黎均：《文心雕龙文学理论研究与翻译》，北京出版社1983年版，第53页）由于典故中常蕴含着丰富的历史文化内涵，其在文学作品中已成为了传承民族文化的一种重要手段。"古事已成典故，则一典已自有一意，作诗者借彼之意，写我之情，自然倍觉深厚，此后诗人不得不用书卷也"（朱徽：《中英比较诗艺》，四川大学出版社1996年版，第155

页），典故之深义对本土读者时常构成理解上的障碍，更何况对外国读者呢？典故翻译的难点就在于其历史文化内涵的传达和译文读者的理解。（陈剑静、李特夫：《古典诗词中双关与典故的英译》，《广西教育学院学报》2002年第3期，第43页）

这一大段文字表明，典故的翻译亦是以《辞海》"典故条"的定义为圭臬的。

（4）从外国人对中国典故的认同来看。

外国人如何对待中国的典故？他们同样得以《辞海》"典故条"去对待中国的诗文，别无他路。

［美］詹姆斯·阿·海陶玮著，张宏生译的《陶潜诗歌中的典故》一文，这位哈佛大学的中国文学教授、美国科学和艺术科学院成员，在他的这一篇文章中，也是遵循《辞海》"典故条"的定义去寻觅着陶渊明诗歌中的典故的。（参见［美］詹姆斯·阿·海陶玮：《陶潜诗歌中的典故》，张宏生译：《九江师专学报》1990年第2期，第44－45页）

（5）从诸多专家学者一致肯定的《用典研究》一书的选例实际来看。

罗积勇先生出版的《用典研究》，是他的博士学位论文，"写成后送交校外专家北京师范大学的王宁教授、复旦大学的宗廷虎教授、华中师范大学的周光庆教授等评审，得到诸位先生的肯定和称赞，提交答辩时，答辩委员们一致将这篇论文评为'优秀'。现在，武汉大学出版社经过有关专家的审查、评定，决定资助出版，是对这篇博士学位论文的再一次肯定，更是对罗积勇同志本人的鼓励。"（郑远汉：《用典研究·序》）笔者细心拜读全书，尤其注意其中引例详明的出处，发现罗先生没有一例不是遵循《辞海》"典故"条定义而引证的。

3. 《辞海》中的典故定义，并不与下列现象相抵牾

下列现象不应是影响人们遵循《辞海》"典故"定义的缘由。事情总是一分为二的。人们在赋诗作文时，多是按照《辞海》"典故条"的定义这一架构去用典的，或者说经历数代学者们的精心探索，在《辞海》中以"典故条"的定义总结出了人们在诗文中的用典规律。但是，当我们在阅读诗文时，的确会遇到某些词语是不是典故的迷惘与困惑。造成这样一种情况的原因是多方面的，我们决不能因此而将"有来历出处的词语"这一构成"典故"定义的关键组成部分去掉。且看下列几种情况，便知其详。

（1）文本作者无意用典，而实际上又用了典的情况。

诗文作者在创作时，并不是有意识地借用先贤的词句，他们只是一种与前贤的"偶合""暗合"、或曰"智慧上的碰撞"、或曰"英雄所见略同"而已。或是由于作者知识渊博，虽无意用典，但在创作时，典故随其挥笔而至而自己亦不知觉。凡有写作经验的作者，每当自己的灵感被触动而得到意外的佳词妙句，往往也会产生"得句疑人有"的想法。事实上，我们在就同一命题征联时，当所征联语汇总后，往往会有完全相同的

联语出现在发起者手中的情况，这也许就是一种"暗合"吧。当读者读到有这样一种情况的诗文时，那些知识面特别渊博的读者，也许他们在此时所发现的是"有来历有出处的词语"，这有时也许会与作者的创意不合，因而产生困惑与迷惘。遇到这样一种情况，我想，读者不要过多地在阅读时进行自己猜测式的"二度创作"即可，能读懂文本就行了。当然，如果读者的"二度创作"，比文本的创作者的创意更妙、更深透，那当然更是好事，大可不必因此而废去《辞海》"典故条"中的"有来历出处的词语"这一"典故"定义中的一个重要组成部分。对于这个问题，笔者在本书后文的毛泽东"聚锦参合选优式"运用典故法中还会有更为详尽的论说，此不多赘。

（2）文本作者有意用典而读者又未发觉用了典的情况。

诗文作者在创作时，有意地借用先贤的词语或是有意用上一个事典。因为任何一个读者都是难以读尽世间书的，有时对于作者有意镶嵌于诗文中的典实故事或是有来历出处的词语，是一时难以发现的。遇到这样一种情况，这是一时没有办法的事。笔者以为，这大可不必"草木皆兵、小心翼翼"，我看只要能够读得懂就可以了。笔者在撰写《毛泽东妙用典故精粹》这一书稿时，毛泽东所妙用的典故也不是一眼即知的。其中不少典故的发现，是在多读之后才发现的，每一发现是令我惊叹惊喜乃至感概不已！比如毛泽东《七绝·刘蕡》中的："千载长天起大云，中唐俊伟有刘蕡。"其《七律·洪都》中的："鬓雪飞来成废料，彩云长在有新天。"这四句诗读来可谓通俗易懂，但一旦知晓"大云"与"彩云长在"的典意，则会令人感奋不已，因为这时的我，对于毛泽东的这些诗句有了较为深一层次的体味！笔者在找出这四句诗中所用典故的出处后，也许对读者深入理解毛泽东的这两首诗的深层意蕴是有帮助的。亦是大可不必因此而将《辞海》"典故"条中的"有来历出处的词语"这一个重要的构成部分去掉。

（3）文本作者所用之典，仅仅是"有来历出处的词语"，而读者又未发觉的情况。

诗文作者在创作时，出现了读者认为是没有"典例故实"的词语，也许仅仅是"有来历出处的词语"，这样的情况是否就可以将《辞海》"典故"条中的"有来历出处的词语"这一条去掉？我看也是不行的。因为这一"有来历出处的词语"，即使没有一点"典例故事"性，但它多多少少还是可以给读者带来一定的知识量与信息量的，当读者一旦知是"有来历出处的词语"后，则会倍觉亲切，一经玩味，便会发现新意。因为从阐释的角度来看，这一语典的词语或曰"现用语"属第一层符号语词的表层意义；这一"现用语"的来历出处、当属第二层符号原始意义和隐指的深层意义。所以，没有来历出处、没有人物故事去"引渡"人们认识隐含的深层意义的词语就构不成典故，而这"有来历出处"，正是"引渡"人们认识这一词语隐含的深层意义的关键，当然也是区别是否"典故"的要素。对于这一点，我想不少学者是有同感的。

笔者曾在自著的《楹联巨匠毛泽东》一书中品评、注释、鉴赏王蘧常老先生在杜甫诞生1270周年，应成都杜甫草堂主事之约，于1982年为杜甫草堂所题的一副联语时，就曾经遇到这样一个问题。王老先生的联语是：

> 劲节参天，力开诗世界；
>
> 商声满地，爱住楚村墟。

笔者在鉴赏这一副楹联时，重点放在"劲节参天""商声满地""爱住楚村墟"上面，而对于"力开诗世界"一句，虽说有"面熟"之感，觉得大家一看就懂，也就没有多去思考它是否是语典。只是在鉴赏时这样写道："……王蘧常先生的'劲节参天'之妙，就妙在紧承了这些杜诗之意，同时，又隐寓着诗人在穷困的种种打击下，仍然有如劲松一般，真不愧是参天的大树。何以证之？王老先生紧接着一句是：'力开诗世界。'前人评杜诗，言'以时事入诗，自杜少陵始'。诗人岂止是作诗，简直是用自己忧国忧民的血和泪，真实地反映了唐王朝由盛转衰的社会现象，开'诗史'之先。这也许就是王老先生上联的丰富意蕴之所在。"就上联而言，笔者这样品评与鉴赏，是说得通的。当书稿已经出版时，笔者稍有点时日翻宋诗，当我读至王禹偁的《日长简仲咸》一诗时，诗中有"子美集开诗世界"一句，我不由为之惊喜异常，这也许就是王老先生"力开诗世界"的"根由"呀！王禹偁的《日长简仲咸》，是其贬谪商州任团练副时沉郁悲愁、感概苍凉、"怨而不怒"之作。他借读书以消愁。诗中的"子美集开诗世界"，我以为有如下三层意思：

一是用"开诗世界"盛赞杜甫，这是从广义上赞杜甫其人其诗的，可谓独具慧眼；

二是言子美诗集打开了子美的诗世界和开启了自己写诗的诗世界。这就是"没有气，他写诗？"大有愤怒、郁忧、愁苦出诗人的意味；

三是有借写杜甫怀才不遇，以表自己的悲凉心境之情怀。

"力开诗世界"这是一句有来历有出处的语典，从严格的意义上来讲，它没有"典例故事"，也就是某些同志说的不能算是"典故"。但是它是"有来历出处的词语"，能"引渡"本人认识"力开诗世界"在王蘧常先生联语中的深层意义。因此，"有来历出处的词语"是能构成典故的。倘若笔者当时发现了它，必然会将"力开诗世界"与王禹偁诗有如此密切的关系予以揭示，这样一来，王老先生的这一副楹联，也许蕴涵要深刻丰富一些。

下面我们再来看两首名诗：

> 三十年前/你从柳树梢头望我
>
> 我正年少/乡色正好/你圆/人也圆
>
> 三十年后/我从椰树梢头望你
>
> 你是一杯/乡色酒/你满/乡愁也满
>
> ——江苏籍台湾诗人舒兰《乡色酒》

天上一个月亮/水里一个月亮

天上的月亮在水里/水里的月亮在天上

低头看水里/抬头看天上

看月亮，思故乡/一个在水里/一个在天上

——湖北籍旅美台湾诗人彭帮帧《月之故乡》

（这两首诗均引自吴志昆：《游子们的歌——台湾诗歌艺术手法分析》，《萍乡教育学院学报·社会科学版》1990年第2期，第48页）

上面两首新诗富于哲理、韵味无穷、平实晓畅、诗意隽永。之所以有如此好的审美效应，则正是作者妙用了典故的原因。但是，即使作者或是读者不知道用了典故，同样能够获取上述审美情趣的愉悦，而一旦得知用了典故，则几乎能够获取"双重"的审美愉悦。且看《乡色酒》，实际上融铸了唐人杜甫的《月夜忆舍弟》和宋人欧阳修的《生查子》与苏轼的《水调歌头》的典意。

《月夜忆舍弟》云：

> 戍鼓断人行，边秋一雁声；
>
> 露从今夜白，月是故乡明。
>
> 有弟皆分散，无家问死生；
>
> 寄书第不达，况乃未休兵。

《生查子》云：

> 去年元夜时，花市灯如昼。月上柳梢头，人约黄昏后。
>
> 今年元夜时，月与灯依旧。不见去年人，泪满春衫袖。

《水调歌头》云：

> 明月几时有？把酒问青天。不知天上宫阙，今夕是何年？我欲乘风归去，唯恐琼楼玉宇，高处不胜寒。起舞弄清影，何似在人间？
>
> 转朱阁，低绮户，照无眠。不应有恨，何事长向别时圆？人有悲欢离合，月有阴晴圆缺，此事古难全！但愿人长久，千里共婵娟。

舒兰的《乡色酒》，运用拟人化与比喻的手法，暗以杜甫与欧阳修和苏轼这三人之诗为典，高度地融化了三位先贤诗中之典意，极写了游子之思、之愁、之盼、之无可奈何！知其用典，则《乡色酒》的双重审美效应令人品味不尽！而彭帮帧的《月之故乡》，则是暗以唐人李白的《静夜思》（床前明月光，疑是地上霜。举头望明月，低头思故乡）和唐人于良史的《春山夜月》（春山多胜事，赏玩夜忘归。掬水月在手，弄花香满衣。兴来无远近，欲去惜芳菲。南望钟鸣处，楼台深翠微）为典，撮取二诗中的典意，运用重复的手法，将游子们的思乡心、惆怅情尽情地洒入读者的心田，调动着读者的情感，与读者一道激起共鸣！我们只要知其用典，则其审美情趣，便有如此一举两得之妙！

事实证明，1979年版的《辞海》"典故"条的定义还是经受了种种批评或人们将它予以重新界定、反复审视的考验。20年后在重新修订的1999年版《辞海》"典故"条的定义几乎没有什么变化，仅仅是在该条目的末尾加上了"赵翼《瓯北诗话·查初白诗一》："语杂诙谐皆典故，老传著述岂初心'"而已。笔者认为：《辞海》"典故"条中的"……有来历出处的词语"是不能轻易舍弃的。典故定义尽管多有歧义，《辞海》"典故"条中"典故"的定义是可以为我们所遵循、并在鉴别什么是典故和运用时大胆地使用的，《辞海》"典故"条中"典故"的定义的内容，在目前相对的稳定是有益而无害的。

综上所述，笔者认为：《辞海》"典故条"中的"……有来历出处的词语"是不能轻易舍弃的。典故定义尽管多有歧义，《辞海》"典故条"的定义目前是可以为宗的。因此，这就决定了笔者在本书中所论及的毛泽东妙用典故的取典的基本范畴，必然亦是遵循《辞海》"典故条"中的"典故"定义为取舍的。

二 语海之中"家族"多 区别"融通"应探索
——典故与成语、俗语、谚语、歇后语等之间的区别与"融通"

典故、成语、俗语、谚语、歇后语等，它们均是语言海洋中的主要"家族"，这些"家族"的区别是明显的，但它们之间的联系，有时又是紧密的。因而人们在运用它们时常会遇到这样或那样的问题，出现这样或那样的矛盾现象，据笔者手头的资料所及，这些问题和矛盾现象虽然引起了专家学者们的注意，但是并未有人进行深入的专门探索。

（一）问题的提出

典故、成语、俗语、谚语、歇后语等，是语言海洋"家族"中的重要成员，从人们给它们所下的定义来看，它们之间的区别是显而易见的，按照人们给它们下的定义，它们之间是不应出现某些"混同""交叉""融通"现象的。然而当人们论及典故或编撰这些方面的论著时，却往往要涉及到成语、俗语、谚语、歇后语等语言形式。具体表现在如下四大方面的问题，必须认真审视。

1. 定义不同是事实，混合"列队"亦客观

诚如前述，典故、成语、俗语、谚语、歇后语等，各自的定义是不同的，其区别是明显的。长期以来，在古今不少关于典故的论著与辞书中，往往可以看到典故、成语、俗语、谚语、歇后语（还有格言、名句、名言、警句、惯用语等，上述问题论述清楚了，

这些问题则迎刃而解，故不一一论列)在这些论著或辞书中互见，也就是说，在一些典故的专著、辞书中，有时可见到成语、俗语、谚语、歇后语，其中歇后语则多是以示义部分或说明部分出现，（以下同此）等等。反之，在一些成语、俗语、谚语、歇后语的论著或辞书中，同样不时可以见到典故的身影，这都是不可否认的客观事实。

2. 名家力主划界线，界线实在难分清

面对典故、成语、俗语、谚语、歇后语等有时会出现"你中有我，我中有你"的现象，不少专家学者呼吁要将他们划清楚界线。如我国知名学者王力先生、吕叔湘先生均有此意。王锳先生写道：编典故辞典必然会碰到的一个问题，便是典故和成语的划界问题(其实并不只是成语，还包括引者提及的某些特殊情况中的俗语、谚语、歇后语等——引者)。这个问题无论在理论上实践上，目前都还没有很好解决。吕叔湘先生说："典故和成语是分不清的"；王力先生曾经认为有必要把两者区别开来，但又说两者之间的界限也不是很清楚的……（王锳：《〈历代典故辞典〉读后》，《语文建设》1994年第11期，第36页）

王力先生还指出：

运用"成语和典故，统称为用典"……《汉语史稿》588页注释中指出，成语和典故"有必要把它们区别开来"，"当然，二者之间的界限也不是很清楚的。"（卢卓群：《成语研究和成语词典的编纂》，《湖北大学学报·哲学社会科学版》1991年第5期，第53－60页）

刘叶秋先生等专家在1995年2月编撰的《成语熟语词典·序例》中也指出，成语与典故，成语和俗语、俚语，很难有严格的界线。

据此，探讨典故与成语等的区别与"融通"就显得不可或缺了。

3. "家族"成员"融通"时，"融通"成员冠何名

典故，作为一种重要的语言现象与修辞现象，在语言的海洋中，它与成语、俗语、谚语、歇后语之间，到底是什么关系？它们之间有些什么联系？它们之间在某一种特殊情况下的相互"渗透""融通"是否属正常现象，如果是正常的不可避免的现象，又该怎样称呼它们比较合适？据笔者所见，这些问题尚未引起人们充分的关注和重视，亦未见有人专门进行过系统的论述。因而有的人见到在典故中出现成语、俗语、谚语、歇后语等现象时百思不得其解。

4. 典故成语应有别，成语难将"典"包容

我们只要稍微留心一下涉及到典故与成语、俗语、谚语、歇后语方面的论著与辞书，特别是关于典故与成语方面论著与辞书，乃至考试的出题，均不加论说地编撰着，如《新民晚报》在2003年3月17日第12版以《成语典故列入高考必考内容》为题载云：教育部今年首次将成语典故列入高考语文必考内容……

读完全文，给人的印象是：似乎成语典故是一码事。有的典故方面的辞书的书名，干脆来一个"二者得兼"。如《成语典故辞典》《成语典故》之类的书名与成语典故之类的命题，随处可见。让人可以理解为是一本成语与典故方面的"辞典"，或可视为成语中的典故"辞典"，或是视为对"成语典故"的解答。更有直截了当地称成语就是语典者云："成语：习用的固定词组、句子的原式及其变式，语言简练，意思精辟，表现力强而无故事者为成语，或称语典。"（余清逸：《古汉语成语典故词典·后记》，黑龙江人民出版社1989年版，第1161页）

也有据《现代汉语词典》及1979年版的《辞海》为"典故"与"成语"所下的定义推而下结论者云："若此，则'典故'十分明显地包括在'成语'之中，'成语'中又包括了'典故'……"（出处同上书中的《编辑说明》）

对此提法，笔者以为不妥。至于为什么不妥，笔者在前面的《界定典故多歧义 〈辞海〉定义应遵循——论典故的定义》中，已经作了论析，此不赘言。但是由此可知，梳理清楚典故与成语、俗语、谚语、歇后语等之间的区别与某些特殊情况下的紧密联系，当属十分必要。

有鉴于此，笔者试就上述问题作出探讨，阐说一己之见，以期求正于方家与同仁。

（二）从典故、成语、俗语、谚语、歇后语各自定义的角度对比，看典故与成语、俗语、谚语、歇后语等之间的区别与在某一种特殊情况下的紧密联系

要探讨典故与成语、俗语、谚语、歇后语之间的区别与在某一种特殊情况下的紧密联系，先得从它们各自的定义上去把握它们的异同。要知这些定义的异同，先让我们来看一看这些定义内容的本质特征。对于典故、成语、俗语、谚语、歇后语的定义问题，各种各样的辞书、论著对其均有大同小异的界说，为不使论说复杂化，笔者在这里仅以上海辞海出版社1999年9月出版的《辞海》中对上述这些语海中的"家族"定义的异同去进行比较分析。则它们之间的区别与在某一种特殊情况下的紧密联系便会自然而然地显示出来。

1. 成语、俗语、谚语、歇后语等的定义，侧重于其在语海中的文字表现形式及其功能

《辞海》"成语"定义是：熟语的一种。习用的固定词组。在汉语中多数由四个字组成。组织多样，来源不一。所指多为确定的转义，有些可从字面理解，如"万紫千红"、"乘风破浪"；有些要知道来源才能懂，如"患得患失"出于《论语·阳货》，"守株待兔"出于《韩非子·五蠹》。

《辞海》"俗语"定义是：也叫"俗话"、"俗言"。流行于民间的通俗语句，带有一定的方言性。包括谚语、俚语、惯用语等。

《辞海》"谚语"定义是：熟语的一种。流传于民间的简练通俗而富有意义的语句，大多反映人民生活和斗争的经验。如"人多力齐推山倒，众人拾柴火焰高"等。

《辞海》"歇后语"定义是：熟语的一种。多为群众熟识的诙谐而形象的语句。运用时可以隐去后文，以前文示义，如只说"围棋盘里下象棋"，以示"不对路数"；也可以前后文并列，如"芝麻开花——节节高。"

这些定义中的"谚语"与"歇后语"，都说它们是熟语中的一种。那么，什么叫熟语？《辞海》定义是：语言中固定的词组或句子。使用时一般不能任意改变其组织，且要以其整体来理解语义。包括成语、谚语、格言、惯用语、歇后语等。

由上面这几个定义可知，成语、俗语、谚语、歇后语等，它们之间既区别明显又难于干净利索地绝然明确分开，我国如此，外国亦如此。如阿拉伯成语通常包括成语、谚语和格言三大语言形式。（蔡伟良、周顺贤：《阿拉伯文学史》，上海外语教育出版社1998年版，第17页）

这些定义都是从这些语海"家族"的"定型"性、"民间"性等文字的表现形式及其功能这样的角度去下定义的。成语偏重于"习用""四字格"的组成形式；俗语偏重于其"约定俗成的群众性"和"通俗性"；谚语偏于"民间性"；歇后语偏重于其"群众性"。"熟语"则概括了它们的这些共同特征。以上这些定义，基本是就语海中的这些语言"家族"的文字表现形式与表层特征及其基本的功能而下的。

2. 典故的定义侧重于其在语海中的具体内容与具体出处，所强调的是其语源

与上述语言海洋中的语言"家族"的定义相比，"典故"的定义又如何？

《辞海》典故定义是：

①典制和掌故。《后汉书·东平宪王苍传》："亲屈至尊，降礼下臣，每赐宴见，辄兴席改容，中宫亲拜，事过典故。"《宋史·宋敏求传》："熟于朝廷典故。" ②诗文中引用的古代故事和有来历出处的词语。赵翼《瓯北诗话·查初白诗一》："语杂诙谐皆典故，老传著述岂初心。"

这一定义的角度与成语、俗语、谚语、歇后语有着显而易见的区别，它是偏重从这一语言形式的实际内容与出处即语源而给定的，重点是在对其语源与实际内容的表述。

其一，所谓"典制"，按《辞海》"典制"的定义，在典故中当是指"典章制度"方面的内容；

其二，按《辞海》"掌故"定义为"旧制"；"旧例"，掌管礼乐制度故实的"汉代官名"，其所指内容亦是十分明确的；

其三，出自所谓"诗文中引用的古代故事和有来历出处的词语"，则其所指的内容同样明确而具体，同时也是区别成语、俗语、谚语、歇后语等的一个至关重要的条件。因为只有搞清楚了典故的语源，方知其原始的含义，才能理解用典文本之处的意思，而如果只知其含义，不去对照其出处，则有可能会望文生义或是误读，从而难于真正揭示文本用典真谛之所在，易犯"以己之昏昏"，强求"使人昭昭"的错误。罗积勇先生在论及用典时说："典故，就是过去发生的事或过去说过的话。而这些事和这些话，都是在特定语境中发生的，即涉及特定的人，人之间的关系。同样，现实中说写者的话语也是在特定的语境中发生的（我们把这个语境叫现实语境），也涉及到特定的人和参与者之间的各种关系。用典时，会把典故语境带进来与现实语境构成一个对照。如果这二者从某一角度看恰好有某种同构关系，那么现实语境中的人物就会自动在典故中对号入座，从而产生蕴含。"（罗积勇：《用典中的蕴含之研究》，《华中科技大学学报·人文社会科学版》2002年第4期，第89页）

这里所探讨的"蕴含"，实际上就是用典，而要产生蕴含，就必须要知道典故的出处。有了这个出处，才能知晓特定的语境、特定的人、特定的人与人之间的关系，这样才谈得上用典。

注重典故的出处，并非今日始。曹雪芹在其《红楼梦》第17、18回中，就借助宝玉与宝钗的对话，谈到了掌握典故出处的对于日后"金殿对策"考取功名的重要性。曹雪芹写道：宝玉见宝钗如此说，便拭汗道："我这会子总想不起什么典故出处来。"宝钗笑道："你只把'绿玉'的'玉'字改作'蜡'字就是了。"宝玉道："'绿蜡'可有出处？"宝钗见问，悄悄的咂嘴点头笑道："亏你今夜不过如此，将来金殿对策，你大约连'赵钱孙李'都忘了呢！……"

如果再往上溯，汉末之曹操更是重典故出处的典型人物。据南朝宋人范晔《后汉书·孔融传》传载："初，曹操攻屠邺城，袁氏父子多见侵略，而曹丕私纳袁熙妻甄氏。融乃与操书，称'武王伐纣，以妲己赐周公。'操不悟，后问出何经典，对曰：'以今度之，想当然耳。'"

这就是"想当然"一典的来由。故事说，公元200年，袁绍在官渡为曹操所败。公元204年曹操攻入邺城，曹丕便乘机将袁绍的儿子袁熙漂亮的夫人甄氏抢来纳而为妻。此事为孔融所不满，便杜撰妲己与周公事暗责曹操。曹操一时不悟其意，问及出典。笔者以为，作为饱有学问、精通军事的曹操，并非不知孔融之意，而是借问该典故的出处给予合情合理的反击而已！

有时就是一句平平常常、一看就懂的话，表面看来，它根本就不是什么典故，但是，当知其出处，则典意浓浓，给人以无限的情趣。

我们平常骂那些徇私枉法的贪官污吏，一般均冠之以狗官。然这个"狗官"竟出自

汉灵帝刘宏之口。这个昏君开始喜欢玩马，玩够了马后玩驴，玩厌了之后就玩狗。有一次，灵帝让其近侍给狗戴上进贤冠，腰系上官带，并将狗牵上金殿。这个昏君见状，哈哈大笑地对文武百官说道："狗官来了，狗官来了。"文武百官啼笑皆非、尴尬不已。"狗官"之名从此传扬民间。老百姓便将那些纵情淫乐、酒色无度、贪污腐败、鱼肉百姓、荒唐无羁的官员统称为"狗官"。（参见赵贵强：《"狗官"语出有典》，《团结报》1994年11月16日）知此典之出处，当老百姓骂某一贪官污吏为"狗官"时，则会对某一种腐败现象产生一种深意的理解。

又如："老表"一语，这也是个异常平凡的词语，说到"老表"，一般人都会想到江西人，为什么说"老表"就是江西人呢？对于大多数人来说，只能是不甚了了。但是，一旦知道出处，则会牢记难忘。因为这里隐含着一个情趣无限的民间传说故事。

元末，有一次朱元璋率部与元军大战，结果，朱元璋大败，他身负重伤单骑逃到江西康山，当地贫苦农民得知他是农民起义军首领，便将他藏在山洞之中，供他衣食、帮他治疗。朱元璋得以很快康复。临别之时，感激不已。乡亲们说："要是你将来当了皇帝，恐怕就认不得我们穷人了！"朱元璋连忙回答说："如果真有那一天的话，你们只管来找我。"众乡亲则说："皇宫大院的，我们穷人又哪能进得去？"朱元璋却一本正经地说："你们就说是朱元璋的老表来找就行了。"久经奋战，朱元璋果然当上了皇帝。有一年，江南大旱，江西尤为严重。当时农民们还要按夏秋两季向朝廷交纳赋税，同时还要按丁口服徭役。乡亲们在无法生存的情况下想起了"朱老表"。出乎意料，这个"朱老表"居然召见了他们，询问了他们的疾苦，减免了江南这一年的赋税。农民们无不高兴地说："朱元璋真成我们的老表了！"此后，"老表"一语便成了江西人的代称（参见汪良飞：《为什么称江西人为"老表"》，《光华时报》1993年12月17日）。当我们知道"老表"的来历和典实，则"老表"一语，在我们的心目中就会独具一番情趣。

由此可见，出处在典故中的重要性，因为有了这个出处，它可为我们提供知道生成这个典故词语的契机，为我们形成联想以丰富的文化背景，为我们在运用这个词语时，提供了准确把握的重要条件。

因此，《毛泽东妙用典故精粹》一书中的典故，就锁定在出处的"时限"（留后专论）上。这是笔者在论及用典这个问题时顺便提及本书的取典标准，凡是找到了大概符合典故"时限"且有出处的，笔者都将其当典故而用之。不用或不想找出处的，它可能不符合典故"时限"且已经通俗化地成为了成语、俗语、谚语、歇后语之类的语料了。笔者所认定的这样的典故，有的已经在意义上和形式上与成语、俗语、谚语、歇后语之类的语料重合了，姑且分别称其为以成语形式出现的典故、俗语形式出现的典故、谚语形式出现的典故和歇后语形式出现的典故。"湖北大学古籍研究所编的《汉语成语大词典》（中华书局2002年版）的收词量为17000条，既是成语又是典故的有1000余条……"（杨薇：《论成语与典故的异同》，《语文研究》2003年第4期，第40页）正是因为这种重合，往往使人们对它们这些"兄弟姐妹"一时难以分辨！同时我们还应看到：成语、俗语、谚语、歇后语等，都有一个约定俗成、相沿习用的特点。这个特点的形成，往往有一个较长的过程。

典故却不然，它的出现往往会是由使用者的社会经验、知识量、才华等情况随之而产生、运用。如毛泽东在《将革命进行到底》中写道："美国官方人士现在不但热心于中国的'和平'，而且一再表示，从1945年12月莫斯科苏美英三国外长会议以来，美国就遵守着'不干涉中国内政的政策'。应该怎样来对付这些君子国的先生们呢？"（《毛泽东选集》第4卷，人民出版社1991年版，第1377页）

毛泽东在这段话里，用了《山海经·海外东经》卷3中的"君子国"中之民"好让不争"的典故，同时也兼用清人李汝珍《镜花缘》第10回、第11回关于"君子国"典故中的讽刺意味。将美帝国主义这帮虚伪透顶的侵略者进行了辛辣地讽刺。

这样的典故，笔者在以往的政论中是查不到的。毛泽东将中国远古的民间传说和小说中演绎出来的故事兼而用之，但其讽刺效应有如投枪匕首之锋利。实际上，这些君子国的先生们，当年不仅干着分裂中国的勾当，而今仍然不时玩弄着他们这些自以为得计的伎俩。毛泽东的这种讽刺，当然仍有其重要的现实意义。

据此，笔者以为，从典故的产生这一情况而言，典故，有时是用典者凭借自己的文化素养和创作之需要，而随时可使典籍成为典故；有的典故，其文字的表现形式，本身就是成语、俗语、谚语、歇后语、惯用语等等。

说到这里，笔者想起了一次参观西汉古尸时所产生的"惊异"：在笔者老家，当说到一个人去干一件非常危险的事，此事甚至于有可能危及生命时，不直接说此人将有可能会"死"掉，而是说"你要去向阎王报到吧？"。将"死"说成"向阎王报到"，这是"死"的一种委婉而又富于艺术的形象说法，谁还会介意其中的"典意"？当讲解员讲到这个古尸当年是个不小的官，并随即用讲解鞭指向其墓中出土的一张"向阎王的报到证"，并念着这张报到证的内容，说他（这个古尸）带了多少牛、马、土地、仆从……向阎王去报到。此时，本人立即回忆起老家这句话，也想起了"七十三，八十四，阎王不请自己去"的说法，也许这话就是来自2000多年前的民俗故事，没想到这样十分通俗易懂的"土话"（俗话），竟有如此典意。"向阎王报到""阎王不请自己去"，从某一种意义上说来，这就是典故形式的俗语，或说是俗语形式的典故。因此，从知其出处这一角度来看，典故的数量远胜于成语、俗语、谚语、歇后语等。

从上述诸定义，我们十分清楚地看到了典故与成语、俗语、谚语、歇后语之间的定

27

义角度的明显区别。而正是因为其定义的角度不同，这就"掩盖"了它们之间的种种联系，或曰相互间的"渗透"与"融通"的关系，或曰其交叉与重合的关系。

这就是说，典故中的这几个方面中的任何一个内容，往往会以成语、俗语、谚语、歇后语之类的形式出现。限于篇幅，每一语海"家族"，试举一例说明。

成语如"一朝一夕"，为王涛等人所编的《中国成语大辞典》，上海辞书出版社1989年5月版第1568页收入。而由楚庄任顾问，周心慧等主编的《中外典故大词典》，科学出版社1989年7月版第18页视为典故收入。

这是不是相互抵牾？不是，二者皆不错。从成语定义的角度来看，它是定型了的地地道道的"四字格"形式的成语，而从典故定义是锁定其出处的角度来看，它是"有来历出处的词语"，这"一朝一夕"首次出于《易·坤·文言》。其中有云："臣弑其君，子弑其父，非一朝一夕之故，其所由来者渐矣。"此又纯属典故。

俗语如"五百年前是一家"，郝长留的《常用俗语词典》，北京出版社1996年版第445－446页收入。而杭州大学中文系《古书典故辞典》编写组编著的《古书典故辞典》，江西人民出版社1984年9月版第81页收入。

从俗语定义的角度来看，它是"流行于民间"的地地道道的俗语，而从典故定义的角度来看，它是"有来历出处的词语"，这"五百年前是一家"，出自元代郑廷玉《忍字记》楔子。其中有云："可不道一般树上无有两般花，五百年前是一家"。无疑当属典故。

谚语如"三十六计，走为上计"，亦作"三十六策，走为上计"，"三十六策，走是上计"为张毅编著的《常用谚语词典》，上海辞书出版社1990年10月版第51页收入。而《古书典故辞典》第29页则将其视为"典故"收入。

从谚语的定义角度来看，"三十六计，走为上计。亦作三十六策，走为上计""三十六策，走是上计"，极具民间的那种简练性与通俗性，将其归属于谚语是准确无误的，而从典故定义的角度来看，它是事典，同时亦为语典，二者俱兼，其语其事见《南齐书·王敬则传》。其中有云："敬则仓卒东起，朝廷震惧。东昏侯在东宫议欲叛，使人上屋望，见征虏亭失火，谓敬则至，急装欲走。有告敬则者，敬则曰：'檀公三十六策，走是上计，汝父子唯应急走耳'。"将其划为典故亦与典故的定义合榫对缝。

歇后语如"周幽王点烽火台——千金一笑"，为孙治平等编注的《中国歇后语》，上海文艺出版社1988年6月版第249页收入。并且作者还在这条歇后语后注其来历与出处云："周幽王，西周末代统治者。点烽火台事见《史记·周本纪》。"从作者所注明的这一条歇后语的来历与出处来看，更为通俗的说法当可写为"周幽王点烽火台——为博一笑"，或是"周幽王点烽火台——耗费千金博一笑"，或是"周幽王点烽火台——美人一笑",或是"周幽王点烽火台——耗费千金为博一笑"而由楚庄任顾问的《中外典故大词典》第75页去掉这条歇后语的"周幽王点烽火台"这一示义部分,只取其说明部分"千金一笑"收入。然从这条歇后语和这个典故来看,它们均是"有来历出处的词语",而且来历出处完全相同,但前者是重形式而划归歇后语,后者则是重出处来历去将这条歇后语的示义部分"周幽王点烽火台"和说明部分"千金一笑"均可划入典故,可谓各得其所。

在论及典故与成语的本质区别时,王吉辉先生有其可信的分析。从他的分析所得出的结论中,我们同样可以窥见典故与俗语、谚语、歇后语等的区别。他在1997年第2期的《汉语学习》发表的《典故与成语》中写道:"典故的表现形式不是典故的本身,……成语亦只不过是概括典故的一种表现形式而已。因为就一个典故而言,表现这个典故的形式可以五花八门,如晋人车胤家贫无油,收集萤火虫装在绢袋中照明夜读的故事,凝缩成的表现形式就有'囊萤照读、收萤、集萤、聚萤、读书萤、映萤、车胤囊萤'等。"……因此,典故与成语是"不同的两个概念"。它们之间的区别,本质上看,典故是非语言单位,而成语恰恰相反。

笔者以为,王吉辉先生的这个典故与成语的本质区别的论断,是击中的"典故与成语"的区别问题的实质的,同样适应于典故与俗语、谚语、歇后语等的区别。

而史式先生对于成语与典故的关系,则有其简洁的概括。他写道:"一、成语与典故之间的关系密切。二、但是成语与典故之间不能划等号。因为成语是从语言形式与功能这个角度上所产生的概念,典故是从语源这个角度上所产生的概念。"(史式:《汉语成语研究》,四川人民出版社1979年版,第99页)

通过对典故与成语、俗语、谚语、歇后语定义的不同角度和语料例子的分析可知:在典故与成语、俗语、谚语、歇后语的论著或辞书中,我们不仅可以看到成语、俗语、歇后语等的区别,同时也可以看到,它们之间在某一种极为少数的特殊情况下(成语是个例外,它是在相当多的情况下与典故紧密相联的)有"互见""渗透""融通""交叉""重合"现象当是正常的、必然的。

（三）从典故、成语、俗语、谚语、歇后语的"初始"概念及其来源的历史考察,看典故与成语、俗语、谚语、歇后语之间的区别与在某一种极为少数的特殊情况下(成语是个例外,它在相当多的情况下与典故紧密相联系,且相当多的成语本身就是以成语形式出现的典故)的紧密联系

要了解典故与成语、俗语、谚语、歇后语之间在某一种极为少数的特殊情况下(成语

是个例外，它是在相当多的情况下与典故紧密相联系）的紧密联系，还必须考察其"初始"概念及相关的语料例证，通过对它们的"初始"概念及有关的语料例证的历史考察，我们便会更为清楚地知道它们之间在某一种极为少数的特殊情况下（成语是个例外，它是在相当多的情况下与典故紧密相联系）的某些必然联系。为此，笔者试就从典故、成语、俗语、谚语、歇后语的初始概念出发，依次将他们进行举例分析，以明其在某一种极为少数的特殊情况下（成语是个例外，它是在相当多的情况下与典故紧密相联系）紧密联系，以说明某种特殊情况下它们之间互见"融通"的原因之所在。

1. 从典故与成语的初始概念及语料来源之例，看它们之间的紧密联系及在论著、辞书中互见"融通"的原因所在

由我国著名学者舒新城、沈颐、徐元浩、张相主编，于民国36年（即1947年）出版的《辞海》典故定义是：谓故事也。

在这"谓故事也"之后，编撰者引用了两条例证。

一是《后汉书·东平宪王苍传》中的"陛下至德广施，慈爱骨肉，每赐宴见，辄兴席改容，中宫亲拜，事过典故。"这里的"事过典故"，具体是讲汉章帝在礼节上于祖辈的典章旧制上有所超过，亦可理解为当是指已经过去的事件、事情、说过的话语、言及的故事等等，当与"谓故事也"相扣合。

二是《北史·邢邵传》中的"每公亲会议，事关典故，邵援笔立就，证引赅洽"。这里虽说主要是论及运用典故之事，但其中言及的典故，亦主要是"谓故事也"。而与下面成语定义中的"谓古语也"，有着天然的密不可分的联系。

且看1936年出版的《辞海》称"成语"，古语常为今人所引用者曰成语。或出自经传，或来自谣谚，大抵为社会间口习耳闻，为众所熟知者。

这一定义的界说是扣住成语内容的历史特点的，可以说，它隐括了来源于历史故事、古代寓言、古代典章辞句等方面的成语内容部分。无疑是有道理的。与上述典故的初始定义有其相近之处，故而其联系必然密不可分，乃至互见"融通"。

既然成语是古语，那么那些源自于寓言故事的成语，如"自相矛盾"，源自《韩非子·难势》中一个卖矛又卖盾的人的故事。这样的成语，就是具有典故性质的以"四字格"为表现形式的成语。

那些来自古诗文的成语，如"切磋琢磨"，源自《诗经·卫风·淇奥》："有匪君子，如切如磋，如琢如磨。"它是这一诗句的节缩，本指将骨角玉石作精加工，用以比喻做学问时的研究商讨或为人的品德的砥砺。从语典的角度来看，它亦属典故性质的成语。

那些来自历史传记的成语，如"负荆请罪"，源自《史记·廉颇蔺相如列传》，讲的是廉颇为了赵国的利益，检讨了自己逞一时之强，要羞辱蔺相如的错误行为，光着上

身，背负荆条，到蔺相如家请罪的故事，显而易见，这是一个典故性质的成语。

有源自轶闻遗事的成语，如"名落孙山"，源自宋人范公偁《过庭录》所载的轶闻遗事。说宋朝有个叫孙山的人去应举，考取了末名举人。家乡有人问自己一同与孙山同去应考的儿子考上了没有，孙山没有正面回答，只是吟了两句诗："解名尽处是孙山，贤郎更落孙山外。"末名之外当然是未考上。但这样的回答颇耐人寻味。这也是典故性质的成语。

有源自神话传说的成语，如"与虎谋皮"，源自《太平御览》卷208引《符子》的传说。言在周朝时，有人想做一件价值千金的贵重皮衣，便去与狐狸商量借其狐皮，话刚开口，狐狸们便逃之夭夭了。后改用为"与虎谋皮"。客观事实也是如此，因为与恶人办事，要他放弃其个人利益是办不到的。从典故的定义来看，这条成语也是一条典故性质的成语。

成语是"古语"，极大多数有其来历和出处，这种有来历出处的成语，从典故的定义来看，它们就是典故，就是成语性质的典故，或曰与成语相重合的典故。为了使这种成语在当典故运用时显示其"两兼"功能，笔者扣住其所具有的典故性质，称其为成语形式的典故或曰成语性质的典故。

由此可知，典故与成语之间的联系是密不可分的，这是毫无疑问的事。但是不是所有的成语都具有典故性质？当然也不一定。实事上有的成语本身的语源就浅显易懂，如"不三不四"，如果我们不去寻找其出处，几乎无人不懂，可视其为一般性质的成语。但一旦要查找其出处，则情况就不同了。"不三不四"，源于《水浒传》第7回。其中有云："智深见了，心里半疑忌道：'这伙人不三不四，又不肯近前来，莫不要攧洒家？"这"不三不四"，就是"有来历出处"的成语形式的典故了。因为这伙"不三不四"的拨皮就有了鬼鬼崇崇的众多的人物形象，在给读者可以产生联想的同时，与作者所要表述的现实中的人物相类比，可以加深读者的印象。也许施耐庵当时取用此语时，就是一句典源更早、且当时就已通俗易懂的俗话。因此，这样的成语，当我们不"追究"其典故性时，可视其为"纯正"的成语，但一旦要找到其出处，它就是成语形式的典故。所以，在品味某些特定的句子中的"成语"时，将其视为典故，也是可以的，因为它借助出处，将人物、故事、形象等典意传达给了读者，能给读者以更形象生动的印象和深刻的理解。

由上可知，从典故与成语的初始概念及例子的源始来看，相当多的成语与典故有其难以割舍的联系。有的成语，我们知其来历出处，则对于其理解与运用是不可或缺的。这样的成语，我们姑且称其为典故性质的成语，或曰成语形式的典故，它们在成语中占据相当的数量。而对某些成语，十分通俗易懂，它们在群众的使用过程中经过时间的淘炼，已经完全通俗化了。如"不三不四""千呼万唤"之类，知与不知其来历出处一般

都关系不大，故而在其前面或后面就不必加"典故"之类的话语以修饰之，但是，在品析某些有特定语境的句子时，则要视具体情况而定，如上面所说的"不三不四"，我们搬出其出处，则可见人物描绘的形象化，在分析问题时，能够加深人们对于"现实"语句的理解，则又有必要称其为典故性质的成语或成语形式的典故。

2. 从典故与俗语的初始概念及语料来源之例，看它们之间在某一种极为少数的特殊情况下（俗语形式的成语是个例外，它在相当多的情况下与典故紧密相联系）的紧密联系及在论著、辞书中互见"融通"的原因所在

俗语，早在《礼记·大学》释文中称是"谚、俗语也"。《礼记》，这一儒家经典，系秦汉以前的论著。其时所论之俗语，今天看来当为古语也，从这个意义上来说，可见俗语其中亦多为古语，既多为古语，它必然与典故有其密切联系。现就其源流试作分析。

俗语，多是群众的口头语，故被人认为，"历来无典"。（陶西坤：《俗语探源》，《语文学习》1993年第11期，第36页）

其实不然，我们探其来源，自然会发现它在某一种极为少数的特殊情况下（成语是个例外，它是在相当多的情况下与典故紧密相联系）与典故亦有"融通"的现象。其主要来源有以下几个方面：

一是来源于群众生活、生产斗争实践的精警之语且为群众所习惯运用的。如"三句话不离本行""一个巴掌拍不响""一个女婿半个儿"等等（郝长留：《常用俗语词典》，北京出版社1996年版，第367、482、488页），这样的俗语，其本身就是生活现象的直观式记录，几乎无来历出处可考，但它们说理深刻而明白。这样的俗语，如果没有进入特定的语境，当然与典故没有多大的关系。

二是来源于文人书面语转化而成，为群众所习惯运用的。如"黄梅天十八变"、"女大十八变"，系由《易经》中的"十有八变而卦"转化而来（周剑：《俗语三源》，《湖北师范学院学报》1996年第4期，第84－89页）。这样的俗语，万变不离其宗，算是有来历出处的俗语，它与语典"十有八变而卦"相关相切，当是典故性质的俗语，或曰俗语形式的典故。

三是来源于佛教文化的。如"明里观音菩萨，暗里牛头夜叉"（出处同上），在佛教中，观音是救苦救难的大菩萨，牛头夜叉是传说中的地狱恶鬼。在某种意义上来说，这也是有来历出处的故事，因而这一句俗语当是典故性质的俗语或曰俗语形式的典故。

四是来源于中国历史故事的。如"姜太公八十遇文王"（郝长留：《常用俗语词典》，北京出版社1996年版，第189页），这里说的是吕尚到年老时方为周文王所看中，并被委任为军师的历史故事。显然这是典故性质的俗语或曰以俗语形式出现的典故。

五是来源于因音而变的。如"拖油瓶"，本为旧时"拖有病"即指欲再婚妇女带有前夫的孩子这样一种特定的社会现象和故实，同样可以视为典故性质的俗语或称为以俗语形式出现的典故。

综上可见，从俗语的初始概念及诸多语料之例的来源来看，在上述为数不多的特殊情况下的俗语与典故相关相切。因此，在识别和认定什么是典故时，也不必为其是俗语这一表现形式所拘限，关键还是要看其有否出处和在其出处中的语境与现时语言的关系情况。有的俗语，它只不过是以俗语形式出现的典故，或称典故性质的俗语罢了。

3. 从典故与谚语的初始概念及语料来源之例，看它们之间在某一种极为少数的特殊情况下（谚语形式的成语是个例外，它在相当多的情况下与典故紧密相联系）的紧密联系及在论著、辞书中互见"融通"的原因所在

人们对于谚语的论说历来众说纷纭。《尚书·无逸》称："俚语曰谚"。《礼记·大学》释文称："谚，俗语也。"《国语·越语》云："谚，俗之善谣也。"《左传·隐公十一年》释文云："谚，俗言也。"《说文解字·注》云："谚，传言也，从言，彦声。"刘勰《文心雕龙·书记》云："谚，直语也。"从先贤们对谚语所下的定义中，往往粗略地将俗语与谚语等同而视，从其口头流传性这个角度来看，这不是没有道理的。从前面我们所论及俗语与典故关系密切的情况来看，可以推断，谚语亦多为古语，当同样在某一种极为少数的特殊情况下与典故的关系密不可分。

事实也是如此。唐启运先生将谚语分为"目治的语言"即"写的语言"和"耳治的语言"即"说的语言"（唐启运：《成语·谚语·歇后语·典故概说》，广东人民出版社1981年版，第55页）两大类。现在让我们从这两大类型中取例来看看谚语与典故之间的关系。

笔者细考张毅编著的《常用谚语词典》，该"词典"总计3200余条，约48万字，其中不少是以洗炼、形象、生动的"耳治的语言"，概括人们生活、生产、斗争中经验规律的谚语。如"一口吃不成个胖子"（张毅：《常用谚语词典》上海辞书出版社1990年版，第3页），"一个妇女一面锣，三个妇女半台戏"（同上书第4页），"一个雷，天下响"（同上书第6页）"交人交心，浇花浇根"（同上书第202页）等等，这样的谚语，当是"说的语言"。都是人们生活实践经验的总结，尽管说理深透，但与典故是没有多大关系的。而"一日纵敌，数世之患。"（同上书第9页），"今朝有酒今朝醉"（同上书第114页）"时来风送滕王阁，运去雷轰荐福碑"（同上书第224页），"取得经来唐僧受，惹下祸来行者担"（同上书第254页）。这是本人从中任意选取的四条谚语。"一日纵敌……"条，源自《左传·僖公三十三年》中的话语；"今朝有酒……"条，源自唐人罗隐《自遣》诗；"时来风送……"条，源于神话传说；"取得经来……"条，是小说《西游记》中唐僧与孙悟空的故事的高度概缩。这样的谚语，当属"写的语言"。在这部"词典"占据了一定数量，由此可见，谚语与典故关系在某一种极为少数的特殊情况下的密

不可分，这样的谚语，我们姑且称之为典故性质的谚语或曰以谚语形式出现的典故。

4. 从典故与歇后语的初始概念及语料来源之例，看它们之间在某一种极为少数的特殊情况下（歇后语形式的成语是个例外，它在相当多数的情况下与典故紧密相联系）的紧密联系及在论著、辞书中互见"融通"的原因所在

歇后语大致有两大类型。即文人中盛行的和民间口头上流传的。其中尤以文人中盛行的与典故关系密不可分。探其初始，文人歇后语"从已发现的资料看，文人歇后语在魏晋时代出现，魏之曹植、晋之陶渊明都以'友于'表示'兄弟'——曹植《求通亲表》：'今之否隔，友于同忧。'陶渊明《庚子岁从都还》：'一欣待温颜，再喜见友于。'"（孙治平、黄尔逸：《中国歇后语·前言》，上海文艺出版社1988年版，第2页）由此可见，文人歇后语一出现，就与典故紧密地挂上了勾。至于民间歇后语，尽管其表达形式独特，但它与典故的关系也是相关相切的。笔者不想过于详作论说，仅取孙治平等著的《中国歇后语》数例简作说明。《中国歇后语》一书，48.6万字，收集了15万条歇后语，笔者筛选了2万条有使用价值的歇后语，拟对其简作考察。亦发现有极为少数的歇后语的示义部分与典故相关，如果去掉其解释部分，其示义部分就是典故。如"马谡用兵——言过其实"（同上书第53页），"王母娘娘的蟠桃——老果果"（同上书第59页），"汉光武起兵——捉奸"（同上书第114页），"百里奚饲牛拜相——人不可貌相"（同上书第145页），"晏子斗楚王——不亢不卑"（同上书第316页）等等。这些歇后语示义部分可以说就是典故。由此可知，歇后语在构成时，在某一种极为少数的特殊情况下，往往和典故密不可分。这样的歇后语，我们姑且称之为典故性质的歇后语，当其示义部分与说明部分均为典故，或示义部分与说明部分同为一事、同为一个整体时，我们或可称其为以歇后语形式出现的典故，如"周瑜打黄盖——两厢情愿""韩信点兵——多多益善""曹刿论战——一鼓作气""姜太公钓鱼——愿者上钩""八仙过海——各显神通""张果老倒骑驴——向后看"。据笔者考察，这样的歇后语形式典故，多是出自历史故事、神话传说之类。

（四）从典故与成语、俗语、谚语、歇后语之间的"转化"，看典故与成语、俗语、谚语、歇后语之间的区别与在某一种极为少数的特殊情况下的紧密联系

语言是不断地发展变化的，典故与成语、俗语、谚语、歇后语之间的关系，从来就不可能是泾渭分明的，随着时间的推移有时也不会是绝对不变的，处在发展变化之中，则是客观的。它们之间有时在某一种极为少数的特殊情况下还会出现交叉与"转化"的现象，这就是说，有的典故虽然出自古代典籍，但在群众的使用过程中，它完全通俗化了，它可以"转化"为成语、或俗语、或谚语、或歇后语等。反之，有的有来历有出处的成语、俗语、谚语、歇后语，随着时间的推移陶冶，它们亦将"转化"为典故，这就是典故与成语、俗语、谚语、歇后语等，既有明显区别，在某一种极为少数的特殊情况下的又有紧密联系，这就是它们常在典故等论著和辞书互见"融通"的原因之所在。这种现象虽说是在某一种极为少数的特殊情况下的甚至只有某些特例，虽说不曾有人专门进行过论述，但在探讨它们之间的区别与相互联系时，将这一现象提出来并试作说明研究，还是颇有价值的。

1. 从典故与成语在某一种特殊情况下的交叉"转化"，看它们之间的紧密联系，及在论著、辞书中互见交叉"融通"的原因所在

前面我们论及的典故性质的成语、或曰成语形式的典故，从交叉"转化"的角度来说，实质上就是典故与成语之间的、在某一种极为少数的特殊情况下的一种相互的交叉"转化"。

笔者在这里所论的典故与成语的交叉"转化"，是指少数的某些典故有时可以不考虑其典故性，直接当成语使用。

"声东击西"这一典故性质成语，现在人们在使用时，常不会顾及其典故性。故诸多的成语辞典将其收为成语，很少见有典故辞典将其收入的。其实它是"有来历出处"的典故。西汉刘安《淮南子·兵略训》云："故用兵之道，示之以柔而迎之以刚，示之以弱而乘之以强，为之以歙而应之以张，将欲西而示之以东，先忤而后合，前冥而后明。若鬼之无迹，若水之无创。故所向非所之也，所见非所谋也。举措动静，莫能识也。"又见唐人杜佑《通典·兵典六》："声言击东，其实击西。"因"声东击西"这一典故将其"来历出处"中的内容概括得形象生动、言简意明，人们在理解它时，可以不必顾及其"来历出处"，故这一典故完全"转化"成为成语了。

同样，有的成语，因时代的发展和使用中不断变化，它也有可能逐渐地凸显其所具有的"典故性"而成为典故性质的成语。如"漏泄春光"这一条成语，在提倡学习旧体诗词的年代，这一条成语几乎人人皆懂、几乎不具有"典故性"。但是在当代它失去了"社会间口习耳闻，为众所熟知"的特征后，不是专治古典诗词之学的人对于"漏泄春光"的本义和派生义就不一定知晓，要知其意，必得读一读杜甫的《腊日》诗和王实甫《西厢记》一本二折中的某些句子了。这则成语，实际上成了一则以典故形式出现的成语，或曰成语性质的典故。

最能说明典故"转化"为成语的生动而典型之例，恐怕要数"天花乱坠"一语了。刘亚丁在其《"天花乱坠"典出考》一文中对"天花乱坠"的典故出处进行了考证，作者在这篇文章中，指出视"天花乱坠"为成语的有：上海辞书出版社1977年版《辞海·语词分册》、上海辞书出版社1988年第1版、2001年第17次印刷《学生古汉语词

典》、商务印书馆2001年修订第3版《新华词典》、江西人民出版社1985年版的《分类成语词典》、上海辞书出版社1987年版的《中国成语大辞典》、新世界出版社1989年版的《中国成语分类大词典》、上海教育出版2001年第1版(新世纪版)《成语小词典》等书；其引例中视"天花乱坠"为成语典故的有：教育科学出版1990年版《成语典故源流故事赏析辞书》；其引例中视"天花乱坠"为典故的有：江西人民出版社1984年版《古书典故辞典》。作者翻检了梁人慧蛟《高僧传》，《高僧传合集》等不少著作，最后指出："天花乱坠"的出处，似不如注《心地观经·序品》准确。（刘亚丁：《"天花乱坠"典出考》，《四川大学学报》2003年第3期，第93—94页）

从作者那精细考证其出处的内容和作者所设的题目来看，"天花乱坠"当属典故无疑。但诸多辞书视其为成语，这只能是典故性质的成语或曰以成语形式出现的典故。从中，我们亦可清楚地看到典故与成语的"转化"情况之一斑。故上述辞书依据自己收纳标准而收之，当强调其成语特征时视其为成语，当强调其典故特质时，视其为典故，我以为是可以的。

2. 从典故与俗语之间在某一种极为少数的特殊情况下的交叉"转化"，看它们之间的紧密联系及在论著、辞书中在某一种极为少数的特殊情况下的互见"融通"的原因所在

如前所述，典故中有以俗语形式出现的典故、或曰典故性质的俗语。从交叉"转化"的角度来看，实际上就是典故与俗语间的一种相互的交叉"转化"。

笔者在这里所论的典故与俗语间的交叉"转化"，是指少数的某些典故可以不顾及其典故性，直接当俗语使用。如"千军易得，一将难求"，其本自《东周列国志》中言秦穆公始终任用孟明视之事。现在人们只取人才难得之义，一般都不会顾及此语之来历与出处了。

同样，有的俗语，因时代的发展变化和使用中的不断变化，它就有可能凸显来历与出处的重要性，从而凸显其"典故性"，这就是我们常说的典故性俗语或曰以俗语形式出现典故了。

如"近水楼台先得月"，陶西坤《俗语探源》，《语文学习》1993年11期，第198页，《常用俗语词典》等，均收为俗语，而《古书典故辞典》则收为典故。又如"坐山观虎斗"，由楚庄任顾问的《中外典故大词典》将其视为典故收入，而上海市红楼梦学会、上海师范大学文学研究所1988年5月编辑，由上海古籍出版社出版的《红楼梦鉴赏辞典》中将其与"借刀杀人"一起视为俗语收入。我以为这四本辞书各自分别将其收入，都没有错，但也说明，曾被人们视为俗语的"坐山观虎斗""近水楼台先得月"，随着时间的推移，其流传于民间的通俗性在逐渐减弱，人们在使用过程中，它的典故性愈来愈凸显出来了。

说到俗语"转化"为典故，有的并非自今日始。且看诸多典故辞书将收为典故的"依样画葫芦"的由来。据宋人魏泰《东轩笔录》卷1载：翰林学士陶谷见宋太祖赵匡胤不太重视办理文墨的臣子，就请亲近赵匡胤的人去推荐自己。太祖听后笑之曰："颇闻翰林草制，皆检前人旧本，改换词语，此乃俗所谓依样画葫芦耳，何宣力之有？"陶谷知道后，就写了一首诗自嘲："官职须由生处有，才能不管用时无。堪笑翰林陶学士，年年依样画葫芦。"这则有趣的故实如实地记下了俗语"依样画葫芦"化而为典故的经过，这是颇为耐人寻味的。

3. 从典故与谚语之间在某一种极为少数的特殊情况下的"转化"，看它们之间的紧密联系及在论著、辞书中在某一种极为少数的特殊情况下的互见"融通"的原因所在

典故与谚语之间也没有一条不可逾越的鸿沟。随着时间的推移、时代的变化，它们之间在某一种极为少数的特殊情况下，也会出现少量的"转化"现象。这种现象亦并非自当今日始。为省篇幅，笔者试举一例说明之。且看《红楼梦鉴赏辞典》（同上书）第319页"续貂"典故条写道："续貂（见第76回）'狗尾续貂'的省语。貂是古代王公显宦的冠饰。晋赵王司马伦专朝，封爵极滥，貂尾不够用，以至用狗尾代替，当时有谣谚说：'貂不足，狗尾续。'见《晋书·赵王伦传》。后人常以'狗尾续貂'或'续貂'指事物前后不相称。这里是妙玉自谦所作不敢与黛玉湘云并列比美。"这里十分明白记叙了谚语概括典事而"转化"为典故的客观实际。

4. 从典故与歇后语之间在某一种极为少数的特殊情况下的"转化"，看它们之间的紧密联系及在论著、辞书中在某一种极为少数的特殊情况下的互见"融通"的原因所在

因为歇后语的表现形式一般分为前后两个部分，故而典故与歇后语之间的"转化"形式也比较特别，常见的有三种样式。

第一种是由前后两个部分即示义与说明部分各自均为典故"转化"成一条歇后语的。前一个典故陈述具体的故实，后一个典故作出更为精练的说明，以揭示其本意之所在。而说明部分（这说明部分尽管有时其所说明的内容、范围大于示义部分，如下面的"依样画葫芦""大义灭亲"即是）大都为典故辞书所收录。如"司马炎废魏帝——依样画葫芦"（孙治平、黄尔逸：《中国歇后语》，上海文艺出版社1988年版，第115页）"吕布杀董卓——大义灭亲"（同上书第159页）"荆轲献督亢——图穷匕首见"（同上书第267页）。这三条典故性质的歇后语的前一部分"司马炎废魏帝""吕布杀董卓""荆轲献督亢"都可以在史书和小说中找到其情节生动的故事，而"依样画葫芦""大义灭亲""图穷匕首见"则均可见到被收入于相当多的典故辞书之中，如由楚庄任顾问、周心慧等主编的《中外典故大词典》，就将其一并收入。这种形式的语料，前后两个部分

既可当成一个典故使用，也可将前后两个部分各自当典故使用，亦可当成一条歇后语使用。

第二种情况是只有前一个部分是典故，后一部分不是典故，这后一部分仅仅是前一部分的说明的歇后语，如"司马懿进葫芦谷——绝处逢生"（同上书第115页）。或者前一部分不是典故，而说明部分是典故的歇后语，如"军事家写论文——纸上谈兵"（同上书第178页）这样的歇后语语料，从运用的角度来看，截取其中的典故内容则可为典故，这样的歇后语是具有典故性质的歇后语。

第三种情况是有的歇后语本身就是一个完整的典故，甚至截取其示义部分就可成为典故，如"八仙过海——各显其能"（唐启运：《成语·谚语·歇后语·典故概说》，广东人民出版社1981年版，第93页），因其说明部分不必说出，人们同样可以领会，在民间，"八仙过海，各显其能"、"八仙过海，各显神通"之类的话，人人会说，人人皆懂。于是只取其示义部分，即是一个典故。故诸多典故书将其收入。如余清逸主编，黑龙江人民出版社1989年1月版的《古汉语成语典故词典》就将其收入。

综览上述可见，典故因其与成语、俗语、谚语、歇后语等语海"家族成员"的定义角度不同，而成语、俗语、谚语、歇后语等其"初始"概念与典故之间的联系十分紧密，且典故与成语、俗语、谚语、歇后语等之间在某种特定的条件下，还会出现"转化"现象。这样一来，典故与成语、俗语、谚语、歇后语等，在上述特定情况下，它们之间的界线有时就会被打破，它们之间那种互为渊源、相互包容、你入我化的现象就在所难免。因而，在典故之类的论著或辞书中，因其编著者所强调的角度不同，这就不可避免地出现有某些成语、俗语、谚语、歇后语等现象，这是不足为奇的；同样，在成语、俗语、谚语、歇后语等之类的论著或辞书中，也因其编著者所锁定的角度不同，亦难免出现有典故的现象，这也当属正常。但上述形式的语海"家族"，毕竟与其"纯正"的或曰"标准定义"中的语例有一定的差别。为了表现这种差别，我们可以在文字中或"心目"中在该语海"家族"的前面加上一个修饰语，如在有关典故的论著或辞书中，当遇到以成语形式出现的典故，我们为了与其他的"纯正"的"标准"定义中的典故有所区别，不妨称其为成语形式的典故或曰典故性质的成语。

古之《增广贤文》有云："山中也有千年树，世上难逢百岁人。"尽管现在能逢的百岁之人不为少数，但人生毕竟有限而书难尽读，所读之书更难尽记，况且人的经历千差万别，知识量也是高下不一，常被人尊称为"活词典"的人物，毕竟只能是凤毛麟角。因此，对于某些具有典故性质的成语、俗语、谚语、歇后语等语海中的"家族"成员，出现在来历出处详明的"典故"之类的辞书中时，我们不必拘泥而视，求全而评，而是要看其是否有利于广大的读者，方为上策，是为确评。

（五）从典故的产生及其与成语、俗语、谚语、歇后语等之间的区别，看各类辞书给典故定义之不足

1. 典故有"现成型"和"即兴新创型"之别，是区别其在"语海"家族中不同点的一大显著标志

前面，我们依据目前国内极大多数辞书，对典故的定义注重"出处"的特点，明确地区分了典故与成语、俗语、谚语、歇后语等之不同及其相互"融通"之情况。笔者以为，在给典故下定义时，还应该点明典故与上述诸种特殊语言的一大不同之点的显著区别，这就是，典故有"现成型"和"新创型"之别，而语海中的上述"家族"，则不具有"新创型"这样明显的特点。我想这也是区别典故与语海中其他"家族"的一个重要不同点之一。

何谓"现成型"典故？笔者以为，所谓"现成型"典故，就是说，它们是人们惯用已久的典故，且大多数被收入典故类辞书之中。包括成语形式的典故，俗语形式的典故，谚语形式的典故，歇后语形式的典故，等等。它们是人们使用已久的典故。极大多数辞书，如从《现代汉语词典》对成语、俗语、谚语、歇后语的定义来看，对成语，强调的是"人们长期以来习用的"，对俗语，所强调的是"广泛流行的定型的"，对谚语，强调的是"在群众中间流传的"，对歇后语，强调的是它们的组成形式。

何谓"新创型"典故？笔者以为，所谓"新创型"典故，就是说，它们往往是用典者情之所致，依据其讲话或撰写诗文的需要及其所具有的古典文学的功底，即兴而新创的典故。这样的典故，虽说亦是出自古典，但不是人们惯用过的典故。亦即不是辞书上所收入的典故。

毛泽东在抨击美国官方人士的虚伪时用了"君子国"一典。又如，毛泽东在评说蒋介石国民党反动派是如何看重他们的军队时，用的"贾宝玉的命根"一典。再如，为了强调要实事求是和要坚持调查研究，毛泽东用了"李逵式官长"一典，还有，毛泽东在批判奴隶思想时，所创用的"贾桂"一典。如此种种，都属"新创型"典故。典故具有"新创型"的这一特点，是区别其与其他"家族"成员最为显著的标志之一。

2. 典故可以不时"随机变形"，这也是区别其在"语海"家族中不同之点的又一显著标志

人们在讲话时，由于语境的不同，在写文章时，由于角度的不同，特别是在创作诗词之时，由于字数、韵律、平仄、对仗等等情况的不同，在运用典故时，就不可"死板硬套"用上一个字数、字序完全不变的典故，而是结合自己的创作实践、现实生活和个人创作风格，对原有典故不得不或缩而略之、或颠而倒之、或拆而散之、或扩而充之、或杂而糅之、变而通之地加以改造、加以"随机变形"，达到"化腐为奇""化旧为

新"……为我所用。这样的例子可谓举不胜举。如本书中的《神州彩云时时在；大地处处换新天——毛泽东在〈七律·洪都〉中所用典故探妙》中，毛泽东就是按其创作需要，随机调整典故的字数、字序而用的。如其中的"闻鸡起舞"，可用"闻鸡舞""鸡鸣起舞""起舞闻鸡""舞剑闻鸡"，由于诗要精练字数，毛泽东就只能用"闻鸡"二字为典，这"闻鸡"二字，就是"闻鸡起舞"一典的随机变形而来。有的典故，它可随机变形出数十个字数、字序不同典形来。这在本书和其他典故辞书中是可随便找到若干例证的，此不赘述。值得一提的是：成语虽然也有"随机变形"的情况。但成语多是强调"习用固定""结构、字面、字数"的定形性。

在论及这个问题时，笔者想引下面一段文字为证，这对于我们深入理解典故的随机变形，无疑是最好的说明。

古代诗词之美还有一个突出的特点，就是化用典故。因为受诗词体式的限制，诗人在引用某个出典时可以在文面上作加工，不必恪守形式（与成语运用不同）。如同样典出"张翰见秋风起因思吴中莼菜羹、鲈鱼脍，当即弃官还乡"一事，辛弃疾除有"休说鲈鱼堪脍，尽西风，季鹰归未？"还有"意倦须还，身闲贵早，岂为莼羹鲈脍哉？"而唐代高适在《秦中送李九赴越》中却是"镜水君所忆，莼羹予旧便。"李白《行路难》三首之三"君不见，吴中张翰称达生，秋风忽忆江东行。"此典在《历代典故辞典》的"典形"一栏列80种变化格式，"示例"一栏举证也有35例之多。典故变式运用使诗词作品诗意曲折，诗意解读增加断续点，这有如中国书法国画中的"飞白"效果，笔断意连，无疑是一种艺术品格的提升。（孙玉华：《古代诗词用典的美学意义》，《江苏工业学院学报》2005年第2期，第50页）

作者在这里不仅说到典故在变化后的"典形"情况，而且换新角度、以中国书法国画中的"飞白"作比，将其美学意义凸显出来，无疑是颇有见地的。

3. 典故有一个"断代"问题或曰"时限"问题，是区别其在"语海"家族中不同点的第三个显著标志

用典，为今人架设了与古代先贤的对话平台。何谓古代？这就提出了典故应有一个"断代"、"时限"的问题。汉代人视"三代"为古代，唐人视秦汉为古代，今人视清以前各代为古代。这个问题，笔者在前面已有详论，此不赘。但在这里是将典故的这一特点，视为其与"语海"中其他家族相区别而提出来。

三 巧用一典出新境 妙用一典胜千言
——毛泽东妙用典故的缘由探妙

毛泽东为什么喜欢运用典故？对于这样一个问题，笔者在A卷开篇之初，就毛泽东是关注祖国优秀文化遗产的典范，是继承祖国优秀文化遗产的典范，是为了适应中国革命和建设的需要，是自幼受到祖国优秀传统文化的熏陶等方面进行了粗略的论说。上述说到底，只能是从原则上予以阐明而已，只是就毛泽东个人爱用典的角度去论说而已。

本章所要论述的是，必须从总体上来揭示，运用典故到底有些什么好处？

主张在诗文中"不用典"，这并不是胡适的"发明"。千百年来，有人批评甚至有人反对运用典故，而实际上人们运用典故的现象则是随处可见，反对者自己有时也被弄到尴尬的地步。如《滹南遗老集·卷22·新唐书辨》中，载金人王若虚批评宋人宋祁"肆意雕镌"，而摒弃前人成句不用，以至弄巧成拙，今录如下：

宋子京不识文章正理，而惟异之求，肆意雕镌，无所顾忌，以至字语诡僻，殆不可读。"当断不断，反受其乱"，成言也，陈叔达尝引以谏高祖，而子京则曰："失而不断，反蒙其乱。""蓬生麻中，不扶自直"，成言也，高宗尝举以告刘祎之，而子京则曰："蓬在麻，不扶而挺"。柳楚贤闻高祖兵兴，说太守尧君素曰："君子见几而作，不俟终日，转祸为福，今其时也。"子京复略其辞曰："君子见几而作，俟终日耶？"其膏肓之病类如此。

由此可见，回避用典是不行的，而反对用典则更是错了。

这又是为什么？解答了上述这些问题，对毛泽东妙用典故的缘由的探讨问题便可迎刃而解，同时亦可以给人们对于运用典故的这一个争论千百年的问题，有一个总体的认识。要比较全面地回答这一个问题，笔者以为，必须搞清楚如下三个方面的问题：一是典故本身的内容问题；二是毛泽东本人对于中国外国典故的接受问题；三是用典的好处问题。

（一）中华文明五千年 中华妙典万万千
——毛泽东妙用典故的缘由探妙之一

1. 典故是人类智慧 诗文用典难回避
——毛泽东妙用典故的缘由之一

典故，是人类智慧的结晶，是人类文化的精华，是语言文字中的璀璨明珠。尽管如此，大名人胡适就在其"八不"主义中，其中"一不"就是不用典。但主张在诗文中"不用典"这并不是他的发明。千百年来，有人批评甚至反对运用典故，而实际上人们

运用典故的现象随处可见，有时则难于避免。甚至反对者自己有时也被弄到尴尬的地步。古有《潭南遗老集·卷22·新唐书辨》中所载的宋祁为例，近代有语言大师胡适先生即是。

从《辞海》"典故条"的定义来看，典故的内容包括下面三大块：

第一块是指"典制和掌故"。对于一个有5000年文明的中华民族来说，所具有的"典制"和"掌故"谁人可以精确统计？

第二块是指"诗文中引用的古代故事"。诗文中引用过的古代故事到底有多少？在笔者看来，至今未见有人统计过，到底有多少？恐怕也是一个未知数。

第三块是指"诗文中引用的有来历出处的词语"。虽说有朱祖延先生独树一帜地编纂出版过《引用语大辞典》（武汉出版社2000年版），洋洋170余万字，恐怕要穷尽"诗文中引用的有来历出处的词语"并尽收入这一本《引用语大辞典》中，也会深感为难甚至是难以办到的。

上述这三个大的方面的内容，具体地牵涉到人学、为政、修身、自强、戒忌、娱乐、子女、读书、求富、学术、立志、事业、人事、科学等等诸多方面。更何况不少的典故有其派生义，这样一来，中国典故的内容就更为丰富多彩了。

对于一个拥有5000年历史文明的中国来说，中国的典故已经不是用几本大辞典可以尽收的。

典故涉及面如此之广，其运用的发展之势如此"兴旺"，与其在诗文中的运用有如下四大妙处不无关系。

（1）中国典故之妙，妙就妙在它已经成了一种蕴含独特内容的一种语言现象。

人们通过对诗文或讲话中的某些典故的理解，往往能够探知这一个典故所隐藏在后面那带有本质特点的东西，从而揭示出客观事物最为本质的矛盾，这是一种蕴含着独特内容的语言现象。

比如"三过其门而不入"，其本事出《孟子·离娄下》。其中有云："禹、稷当平世，三过其门而不入。"又据《史记·夏本纪》云："禹伤先人父鲧功之不成而受诛，乃劳身焦思，居外十三年，过家门不敢入。"这一则夏禹治水的故事，用之于今，便成了赞扬一个人公而忘私、勤于职守的代名词，只取其比喻之义了。

（2）中国典故之妙，妙就妙在它已经成了蕴含独特旨趣的一种修辞现象。

典故既然是蕴含独特内容的一种语言，语言是有其修辞作用的，理所当然，典故语言也是有其独特的修辞作用的。或比喻、或夸张、或双关、或对偶……借助典故的这种修辞作用，往往能够强化语意、活跃气氛，给诗文增添无穷的魅力。

比如"五岭逶迤腾细浪，乌蒙磅礴走泥丸。"（毛泽东《七律·长征》）其中的"走泥丸"，典出《汉书·蒯通传》中的"坂上走丸"。"走泥丸"一典，在这里，是说那乌蒙山虽然气势雄伟，但在我红军指战员看来，不过是滚动着的小小的泥丸子而已。其夸张之妙，将我红军指战员的英雄气概作了尽情的描绘。

又如毛泽东在《改造我们的学习》中所用解缙的名联云："墙上芦苇，头重脚轻根底浅；山间竹笋，嘴尖皮厚腹中空。"这既是用典，也是对偶的借用。将只会背诵教条、并无真才实学的主观主义与教条主义者的嘴脸，作了形声毕肖的描绘与深刻的批判，同时又颇富艺术感染力。

再如岳飞的名词《满江红》中的名句："壮志饥餐胡虏肉，笑谈渴饮匈奴血。"就是岳飞对《汉书·王莽传》中所载校尉韩威请缨出击匈奴的壮语的化用。其语云："以新室之威，而吞胡虏，无异口中蚤虱。臣愿得勇敢之士五千人，不赍斗粮，饥食虏肉，渴饮其血可以横行。"岳飞取其中一语为典，用作夸张之语，其爱国之情怀，跃然纸上！真可谓"千载下读之，凛凛有生气焉"（清人陈廷焯《白雨斋词话》）。

罗积勇先生的《用典研究》一书，多是从修辞角度研究用典，在该书中辟有专章谈"用典的修辞效果"，并指出，所谓用典："就是指这样做要达到什么样的修辞目的，包括在语篇中想借此实现一个什么样的功能，想在叫说者那里引起一个什么样的效果。"（《用典研究》，第285页）

（3）中国典故之妙，妙就妙在它是一种蕴含独具其妙的文化现象。

人们通过对诗文或讲话中的某些典故的理解，往往能品味出这个典故中所蕴含着独具其妙的诸多文化内涵，启迪着人们的思维。

比如汉高祖刘邦论得天下的那一段名言——"夫运筹帷幄之中，决胜千里之外，吾不如子房（张良，字子房）；镇国家，抚百姓，不绝粮道，吾不如萧何；连百万之军，战必胜，攻必取，吾不如韩信。此三者，皆人杰也，吾能用之，此吾所以取天下也。项羽有一范增而不能用，此其所以为我擒也。"刘邦的这一段话，融纳了曾经风起云涌的楚汉之争，包含了一代人杰张良智慧的故事；亦隐括了名相萧何治理天下的种种妙策；更有绝代将星韩信令人永难忘却的战功以及令人扼腕而叹的悲剧；当然，人们也永远不会忘记刘邦的狡诈和项羽的凶残与刚愎自用。这一人所共知的典中含典的典故，而今，它已经超越了时空，成了从谏如流、知人善任、将能而君不御、"居高声自远""鞭长尤能及"的"巧妙"的工作方法了。

从某种意义上说来，一个人往往有时就是一部书，一部书就是一部活的社会历史。比如"连战其人"就是如此：在其出生前两个月，"即1936年6月，其祖父连横在上海重病将逝，知悉其儿媳临盆在即，深感国家多难，眼见日寇入侵，中日必将一战，连横油然兴起'惟有挺身而抗方得恢复国家'之叹，临终时对子、媳叮嘱曰：'中日必将一战！假如生的是男孩，就叫"连战"，因为它除了寓有自强不息的意义之外，还有克敌致胜、光复故国、重整家园的希望！'"（《连战其人》，载《三明侨报》2005年4月23

日）一个人的命运，是与国家与民族的社会进程密切相关的，连战之名，就是得名"为国家挺身而战"。统而言之，现当代社会或是历史上的每一个独特的人物的名字的背后，都承载着他波澜壮阔的人生：从中国的秦皇、汉武、唐宗、宋祖、成吉思汗……甚至到略有名气的每一个历史人物，或是没有什么名气的人物，但一旦当其与某些事件相结合、与某些特别人物相关联、与某些独特地点发生关系、与某些区域的名物特征等等情景相结合，都可以形成有趣的、有意义的典故文化现象与典故文化的蕴含，这种蕴含，一旦嵌入诗文，则会产生其独特的典故文化效应。

说到典故文化，在这里值得特别一提的是，地处中原腹心之地的邯郸市委领导和学者们，十分看重国脉绵延200余年，有着2000多年古城个性、特色、文化底蕴深厚的国家历史名城——邯郸。这座列于战国七雄之一的赵国国都，曾在中国历史上上演了一幕幕威武雄壮的史剧，那灿若星辰般的英雄人物在邯郸造就了异常丰富的"正义、悲慨、智慧、进取等集中体现中华民族精神的特质"。这"是一个比较突出的现象，颇值得关注研究"的典故文化瑰宝。邯郸市委领导和邯郸的学者们，召集京、津、冀、鄂、齐、陕、晋、豫和河北省相关市（地）102位专家、学者以及邯郸15个部门和大专院校等单位，于2005年12月16日至17日，在这个典故之都研讨邯郸典故文化，市委领导和专家学者们以其敏锐的眼光，看中了邯郸典故可服务于邯郸的经济文化建设的特质，及时提出了邯郸"典故文化强市"战略，让博大精深的邯郸典故支撑起这座久负盛名的文化名城，这是在全国660座城市中的燦然升起的一道闪光耀眼的美丽风景，是古今中外用典史上的盛况空前的伟大创举！（依据《2005（中国·邯郸）成语典故研讨会纪要、王雁《解读赵国成语典故的文化内涵》，载《邯郸学院学报》2006年第2期等资料而写）

（4）中国典故之妙，妙就妙在它有的还隐含着一种特殊的思维方式。

人们通过对诗文或讲话中的某些典故的理解，往往能领悟到其中的某种特殊的思维方式方法，于人之创作或处理问题以有益的帮助。

比如"推敲"一典，讲的是唐代诗人贾岛到京城应考时，骑在毛驴上想到了两句诗："鸟宿池边树，僧敲月下门。"最初想用"推"字，又想用"敲"字，一时犹豫不决，就在驴上反复吟哦，时时用手作"推"和"敲"的姿势，思想集中到了诗句上，不知不觉冲犯了大官韩愈的仪仗队。韩愈问明了缘由之后，便停下马来想了好久，对他说，还是用"敲"字好。（见宋胡仔《苕溪渔隐丛话前集》卷19引《刘公嘉话》）

这一典故后来便成了人们反复琢磨研究的"代名词"。然这一典故所带我们的"信息"又决不是仅仅是"琢磨研究而已"，他反映了人们在生活中的一种特殊的思维方式。对于这一点，秦和先生有其细致的分析和形象的描绘，他写道：

此公（即贾岛）正端坐在京城长安街的驴背上。那么，贾岛此刻的精神意会即想象中的自我也是安坐在驴背之上吗？如果是这样的话，他面对着眼前的茫茫虚空，"推"什么又"敲"什么呢？可见，此时的贾岛正是所谓"神不守舍"，他的精神自我在想象中……的隐士幽居之所的门外。如果再进一步追问，此时贾岛想象之中的自我是以旁观者的身份在静观着诗中描绘的僧人的一举一动吗？这只要看看他"时时引手作推敲之势"的动作就可以明白，他的想象自我并不是一个处于客位的旁观者，而是一个主动的参与者，即他想象中的自我在主动扮演着僧人的动作，换句话说，此时诗人的想象自我正寄寓于他所想象的形象——僧人的形体之中，以形象的身份、处境去模拟、体验当时所面临的具体情境。那么，此时诗人的理性自我是否完全丧失了呢？文中"遂于驴上吟哦"一语透露了个中消息。所谓"吟哦"，当然不会是站在隐士门外的僧人所应有的动作，而只是诗人自己在反复斟酌比较"推敲"二字艺术效果时的外在表露。可见，此时诗人的理性自我并未完全丧失，它正悄悄地躲在幕后，审视着、比较着、评判着形象的言行举动是否合乎情理，艺术价值如何，从而决定弃取。从以上对"推敲"典故叙述话语的分析可以看出，这一典故中隐含着一种颇为独特的思维方式。创作者一方面通过想象将自我寓于形象之中，以形象的身份、处境去行动，去体验，一方面又在思考判断着这样作的情理逻辑和艺术价值。这种独特的思维方式，我们可以称之为"寓象思维"。……寓象思维，就其实质而言，属于形象思维的范畴，是形象思维的具体方式之一。（秦和：《从"推敲"典故看一种特殊的思维方式》，《石家庄师范专科学校学报》2000年第1期，第31—32页）

秦和先生在这里就这一典故而提出的寓象思维现象，不仅仅是在这一个典故之中，同样在文学创作中也普通存在，这是一个很值得细作研究的一种特殊的思维现象。我们在诗文中读到某些典故时，何尝不会产生这样的"寓象思维"。妙用了典故的诗文，之所以能使诗文意蕴深厚，之所以说读者在品评妙用了典故的诗文是属于"二度创作"，这正是用典诗文能使读者产生"寓象思维"之果。

（5）中国典故之妙，妙就妙在它富有派生意义、乃致旧典不时可以翻新与再度传播之妙。

所谓派生意义之妙，就是派生出新意。比如"嫦娥奔月"，其本意出自东汉张衡《灵宪》。其云："嫦娥，羿妻也，窃西王母不死之药而服之，奔月。……遂托身于月，是为蟾蜍。"蟾蜍就是"癞哈蟆"。这是令人作呕的丑陋形象。但是"嫦娥奔月"中的月里"嫦娥"，这位偷吃不死之药弃夫而去心灵丑陋的女子，最后的派生意义是一位貌美而心灵更美的大美人。特别是毛泽东的"万里长空且为忠魂舞"妙句一出，嫦娥美绝了，她还是中国革命的同情者、支持者呢！她为"杨柳"二位忠魂的到来而翩翩起舞相迎。此时的月中嫦娥，是人们多么向往的美妙形象！"嫦娥"在毛泽东这首诗中派生意义的产生，亦是"嫦娥"这一旧典典意的翻新与再次传播。

所谓旧典翻新与再度传播之妙。就是说因一个古旧之典而产生出新的故事、新的典

45

意和笑话，而这新的故事、新的典意或笑话往往不只是博人一笑，而是能说明一个新的问题，在说明一个新的问题之时，则这个旧典便得到了再度的传播。

比如五代时孙光宪在其《北梦琐言》中云："节度使韩简，性粗质。每对文士，不晓其说，心常耻之。乃召一孝廉，令讲《论语》。及讲至为政篇，明日谓诸从事曰：'仆近知古人淳朴，年至三十方能行立。'外有闻者，无不绝倒。"孔子"三十而立"之语典，本指人到三十岁当是功业有所成就之时。这里的"立"，当是建功立业之"立"。这位节度使大人，视"立"为站立行走之意，岂不是"不学无术"的绝妙故事和天大的笑话，而就是这样一个故事和笑话，便将孔子的"三十而立"再度进行了传播。

既然如此，作为一个中国人，要想在诗文、谈话中，回避经过千百年来人们反复精练过的、具有语言精华之称的典故，这可以说是件不可能的事。当然，用典要用得灵活，要用得恰如其分，此谓之妙用。是否妙用，是否将典故的妙处展示在诗文、讲话之中，这不在典故的本身，而在乎用典者。

值得说明的是，笔者在这里是专谈用典之妙。并不是说，凡是美文、妙诗、佳词、珍品联语等，就一定用了典故。诗文之妙与否，还关涉到其他诸多的因素。且看唐人骆宾王的年少之作《咏鹅》云："鹅、鹅、鹅，曲项向天歌，白毛浮绿水，红掌拨清波。"年仅7岁的骆宾王擅长抓住白鹅的典型特征，将诗写得情趣盎然、清新自如。又如唐人李绅的《悯农》诗云："锄禾日当午，汗滴禾下土。谁知盘中餐，粒粒皆辛苦。"作者在其诗中，不仅仅是怜悯农夫之辛苦，其落笔重在对不知稼穑艰难的纨袴子弟的谴责与讽刺。上述这样的作品，虽不曾用什么典故，同样能人见人爱、家喻户晓，流传于古今中外。南唐后主李煜的词作，清丽流畅，珍品传世名作甚多，虽不大用典，亦同样能永传不衰，垂光虹霓，辉映千古。

总而言之，典故无论是在状物写景、伤时感事、酬谊抒情、述志抒怀、揭露现实等等方面，一旦妙用，都能起到一般词语所无法起到的作用。

2. 万里之河能探源　千寻之木可见根
——毛泽东妙用典故缘由之二

诚如笔者在前文中所述，中国典故在诗文、讲话中有其固有的五大妙处，而人们在诗文、讲话中运用典故时则时常能显现这些方面的五大妙处。然而，要将典故的这些精妙之处展现在自己的诗文之中，谈何容易。而毛泽东作诗、行文、演讲用典，大都能即兴而用，脱口而出，有信手拈来之妙。考察古今活用典故的众多高手，当推毛泽东为第一。据电脑屏幕显示："古典文学，占毛著总量的13.7％。"（李欣、周广翔：《毛泽东"走"入微机世界》（报告文学），《文艺报》1993年12月25日）由此可见，毛泽东在其著作中所用典籍之多。唯独毛泽东用典能独为第一的原因何在？

（1）能通晓中国古今典籍，是毛泽东在诗文、讲话中成功地活用典故的根本条件。

我国有的典故历经数千载，不断地出现其派生新意。然不管它怎么变化，它有如万里之河，总有其源；又有如千寻之木，总可寻根。而要灵活地运用它，必通晓其源、周知其根，才能批判地继承其民主性的精华，剔除其封建性的糟粕，才能正确地对待我国的古代文化遗产，才能理清楚典故语言文化的渊源关系，才能得心应手地活用中国的典故，才能彻底摆脱用典时出现"吊书袋"的毛病。这就要求人们必须通晓中国古今典籍，而毛泽东正是这样的伟大人物。产生这样擅长用典的第一流的高手，是具有其如下条件的。

1）先生的言传身教，给毛泽东活用妙用典故以深刻影响与熏陶。

毛泽东自幼熟读"经书"的同时，尤其贪婪精读中国历代的古典小说。早在1912年，因毛泽东酷爱中国历史和中国文学，引起了同样酷爱历史和文学的国文教师胡汝霖先生的高度关注。这位胡先生是前清甲午恩科进士，曾当过候补道台及10多年的知县。这10多年的知县，使他目睹了清政府的腐败无能，辛亥革命风云起，他曾积极响应。这位胡先生学问高深，其文章的名气很大，用典十分高明。毛泽东很喜欢胡先生的幽默诙谐和信手拈来地活用典故。胡先生的活用典故，给了青少年时期的毛泽东以深刻的影响与熏陶。（参见杨庆旺：《毛泽东和他的平民朋友》，中央文献出版社2001年版）

2）能扎扎实实地做学问，是毛泽东能活用妙用典故的根基。

毛泽东融汇百家之学说，扎扎实实地做学问。他称一个人的学问与智慧，"有获有不获，则积不积之故也。今夫百丈之台，其始则一石耳，由是而二石焉，由是而三石四石，以至于万石焉。学问亦然。今日记一事，明日悟一理，积久而成学。高以下基，洪由纤起，在乎人之求之而已。等积矣，又有大小偏全之别，庀千山之材而为一台，汇百家之说而成一学，取精用宏，根茂实盛……台积而高，学积而博，可以为至矣"（《〈一切入一〉序》［1917年夏］，载中共中央文献研究室、中共湖南省委《毛泽东早期文稿》编辑组编《毛泽东早期文稿》，1990年版，第82页）。毛泽东正是这样以其惊人的毅力做学问的。因而他早在青年时期打下了深厚的学术根底，这正如他的老师符定一说："当时，你是学生中读古典文学最多的一个，好多诗歌、诗赋、散文，甚至连小说，你都能大段大段地背下来，我们老师有时背后说，'毛润之的古文知识，有些方面可能还超过我们呢'！"（严农：《无间师生 亲密战友（上）——毛泽东和符定一》，《党史文汇》2005年第2期，第13页）毛泽东在做学生时期，就夯实了这样坚实的古典文学基础，这就为他在吟诗作文、演说谈话中活用典故打下了根基。

（2）超乎寻常的记忆力，为毛泽东在诗文、讲话中能成功地活用妙用典故奠定了基础。

毛泽东具有极强的记忆力，既与其天份相关，又与其艰苦努力、勤奋学习不止的精

神相关相切。

1)毛泽东天资聪颖，自幼至老均有超常的记忆力，这是他能在诗文、讲话中成功地活用妙用典故的重要条件。

不少专家学者也具有深厚的古典文学的基础，但是他们在诗文、讲话中能成功活用典故的现象并不多见。是何原因，是他们不想用典吗？不是。据笔者考察，多是记忆力一般，他们只能记一个大概。而在诗文、讲演中用典又多是情之所致、即兴而用，等不得他们去翻查古籍，核对典实。相反，毛泽东却具备了不必翻检原著即能活用的记忆能力。这一点，凡是接触过毛泽东、或是读过毛泽东著作、听过毛泽东即席演讲的人，都叹服他超乎寻常的记忆力。这方面的生动事例是举不胜举的。

比如1938年8月，鲁迅先生纪念委员会编辑的20卷本《鲁迅全集》，这是我国首次出版《鲁迅全集》。这部全集是在上海编辑印刷出版的。全集印装别致、做工精细，在每册的版权页上注明为"非卖品"，仅印200套编号发行的"纪念本"。既是"非卖品""纪念本"，校对和编辑都是特别用功的。当毛泽东读到《鲁迅全集》第4卷，《二心集》中的《唐朝的钉梢》中这样一段文字："那里面有张泌的《浣溪纱》调十首，其九有云：晚逐香车入凤城，东风斜揭绣帘轻，慢回娇眼笑盈盈。消息未通何计从，便须佯醉且随行，依稀闻道太狂生。"毛泽东此时果断地将"从"字改为"是"字。据中华书局出版的《全唐诗》卷898所载，的确是"是"字，而非"从"字。至1981年新版《鲁迅全集》时才改正。毛泽东这样超常的记忆力是惊人的(参见吴直雄：《毛泽东妙用诗词》(上、下)，京华出版社1998年版，第28-29页)。这样超常的记忆力，正是毛泽东在诗文、演讲中能成功地活用典故所具的必备条件。

2)毛泽东终生勤学苦读与其超常的记忆力相辅相成，这是他能在诗文、讲话中成功活用妙用典故的必然之果。

一个人仅有超常的记忆力，没有勤学苦读、广涉经史典籍，其所记典籍必然有限。而光有勤学苦读、穷极经史典籍，记不住、记不牢，要成功地活用典故往往只能是一句空话。毛泽东的超常记忆力与他的勤学苦读是相辅相成的，他既广涉典籍又能牢牢记住，这必然会结出活用典故的丰硕之果。具体体现在以下几方面。

①涉典广博，终老不衰。

毛泽东自小至老精读典籍。他自发蒙时起，就熟读《三字经》《论语》《孟子》《诗经》《春秋》《左传》《史记》《日知录》等，后来又熟读《近思录》《四书集注》《资治通鉴》等等。从此读书不辍，怀着博览古籍的强烈欲望，自上古史《尚书》到《二十四史》《清史稿》等，无不通读、精读。

②阅典内容，更重实践。

毛泽东所阅读之书，其内容十分广泛。正史野史、小说戏剧、逻辑宗教、诗词书法、地方志书，等等，总之，对于古今中外有字之书，无所不读。更为值得我们学习的是，毛泽东早在青年时期，就非常自觉地注重对于"无字之书"的"攻读"，注重读书与游历结合，注重理论联系实际。这正如他在《讲堂录》中所说："闭门求学，其学无用，欲从天下国家万事万物而学之，则汗漫九垓，遍游四宇尚已。农事不理，则不知稼穑之艰难，休其蚕织，则不知衣服之所衣。""马迁览潇湘，登会稽，历昆仑，周览名山大川，而其襟怀乃益广"，"游者岂徒观览山水而已哉？"毛泽东就是这样通过广涉有字之书与无字之书。借以了解社会、深入社会、研究社会、洞悉社会，古为今用。

③读典方法，有利记忆。

毛泽东的读典籍方法是多种多样的。

一是能认真听取老师的正确意见而读。如毛泽东在学生时期就写得一手好文章，但国文教师袁仲谦仍觉美中不足，建议他多读古文。为此，他买下了《诗经》《楚辞》《韩昌黎全集》《苏轼文集》等古典名著，读了又读，这样反复攻读，达到牢记于心的程度，从此大有长进。

二是读书不怕艰苦、不讲条件。在简陋的阁楼中读、在油灯下读、在放牛时读，在征战的马上吟诵，在病中也读、在窑洞中读、在飞机上读、在列车上也读，有时甚至在吃饭睡觉时挤时间读书。知识广博，一通百通，也是他能够增长记忆的一个重要方法。毛泽东的保健医生亲眼见证了毛泽东是怎样苦读的，他这样写道："毛泽东的工作是那样繁忙，他能有多少时间看书学习呀？！宋朝著名的文学家欧阳修挤时间读书的方法，称之谓：'三上'，即'马上''枕上'及'厕上'，其实这种'三上'早就被毛泽东用得淋漓尽致了。毛泽东在睡前、醒后、工作中的间隙、视察工作路上，都手持书卷，津津有味地读着。同时，他把看书当作解决消除脑力劳动疲劳的良方秘药。这大概也是毛泽东的一个创造吧。……1976年9月8日毛泽东在与病魔、死神的搏斗中，在极度困难痛苦的情况下，看文件、看书多达11次之多，累计有两小时五十分之久。毛泽东一生中最后一次看文件达30分钟，是在当天的16时37分。此后，病情加重，插上了鼻咽管。这正如他说的'饭可以一日不吃，觉可以一日不睡，书不可以一日不读'。"（王鹤滨：《走近伟人：毛泽东的保健医生兼秘书的难忘回忆》，长征出版社2004年版，第236—243页）

三是毛泽东在读书的过程中，养成了"不动笔墨不读书"的良好习惯。一动笔墨，就要思索，在思索中可以加深理解、增长记忆。

四是有"质疑"、"商榷"的好习惯。俗谓"尽信书则不如无书"（《孟子·尽心下》），这是先贤们的由衷之言与经验教训。毛泽东在读书上、特别是在读古籍时，时有批注评点，在其批注评点中，展示其读书的心得体会。在这些心得中，多有对于原作观点的提问质疑、引申补充、点评批判……这样的心得体会，是其精读的结果，也是他

能将内容牢记于心的重要原因之所在。

五是找人切磋，增强记忆、加深理解，提高读书效果。在这一方面，毛泽东是有不少典型的事例的。写到这里，笔者立刻联想到，就是在血与火的战争时期，一有点儿空隙，毛泽东就抓紧一切能利用的时间读书学习。这样的典型事例是不少的，也是古今不多见的。

如在江西苏区东固革命根据地的毛泽东，其时战火纷飞，他仍不忘读书做学问。"'名教乐地'是渼陂一个书斋，也是当年毛泽东旧居的配套建筑，据村民介绍，毛泽东经常在此看书，并常与旧居前一位魏老秀才在此读书，切磋学问。书斋里有一副至今保留完好的对联：'万里风云三尺剑，一庭花草半床书。'"（邓洪武等：《渼陂古建筑的文化艺术及其价值——江西古村落群建筑特色研究之三》，《南昌大学学报·人文社会科学版》2004年第2期，第106页）当我们看到这段文字，品味这副对联，且又身处毛泽东的这所旧居，怎么不会轻而易举地联想到这副古对联不正是毛泽东戎马中切磋学问、挤时间读书生活的生动写照吗？这"半床书"，不正是毛泽东后来进入中南海，其居室里四处是书，其一张五尺宽的床上，床上三分之二的地方放着书的情景的再现吗？！毛泽东的读书方法还很多很多，他的这些方法的养成和运用，都有利于加强其记忆。

通过上述，我们足以领悟到毛泽东的勤学苦读，是与其超常的记忆力是相辅相成的，是他能在诗文、讲话中成功地活用典故的必然之果的真谛之所在。

（3）在接受多方面学术思想的同时，能运用马列主义学说和观点进行比较、鉴别典籍，是毛泽东在诗文、讲话中成功地活用典故的关键之所在。

诗文、讲话中活用典故的问题，从某种意义上说，是一个如何对待祖国文化遗产的问题。在这个问题上，毛泽东有一系列的马克思列宁主义理论阐释和用典实践为我们树立了光辉的榜样。

1)毛泽东能成功地活用妙用典故，在于他能用马克思列宁主义学说和观点作为思想指导。

早在1920年冬，毛泽东就从政治上把工人们组织起来，在这项工作中，马克思主义理论和俄国革命史的影响就开始对他起到指导作用。他说："我第二次到北京期间，读了许多关于俄国所发生的事情的文章。我热切地搜寻当时所能找到的极少数共产主义文献的中文本。有三本书特别深刻地铭记在我的心中，使我树立起对马克思主义的信仰。我接受马克思主义，认为它是对历史的正确解释，以后，就一直没有动摇过……到了1920年夏天，我已经在理论上和某种程度的行动上，成为一个马克思主义者，而且从此我也自认为是一个马克思主义者了"。（《毛泽东1936年同斯诺的谈话（关于自己的革命经历和红军长征等问题）》，人民出版社1980年版，第39页）

毛泽东这样的马克思主义者，又非同于一般的马克思主义者，他是一位能够使马克思主义完全中国化的马克思主义者，用一位美国学者的形象说法，就是，"毛泽东使马克思主义脱离了其欧洲血统，使它获得了中国的出生证。毛泽东也迫使西方人认清自己的份量。'看不起中国文化的时代应当完结了。'"（[美]罗斯·特里尔：《毛泽东的后半生》曾胡、廖康、陈舜兴、张明译，李维国、孟光校，世界知识出版社1989年版，第3页）

正是由于毛泽东的这种脱离了欧洲血统，完全中国化了的马克思主义，在如何运用马克思列宁主义的观点，来对待中国的文化遗产，如何运用马克思列宁主义的观点来指导运用典故的具体实践这些方面，毛泽东都有过不少指导性的论述。

如1938年10月14日，毛泽东在《中国共产党在民族战争中的地位》以及尔后的《在延安文艺座谈会上的讲话》等著作和谈话中，有过十分精辟的论断，同时，毛泽东在自己的诗文、演说中的用典实践，都是我们要成功地运用典故的指导思想，和活用典故应当遵循的理论尺度及学习的榜样。

2）毛泽东能成功地活用妙用典故，还在于他在能够运用马克思列宁主义学说和观点对典故进行比较、鉴别。

能够接受多方面的学术思想，最终选择了马克思列宁主义的学说进行比较、鉴别，这就是毛泽东最为成功地在诗文中活用典故的关键之所在。对于这个问题，中外学者对此都有一致的客观详说。美国学者施拉姆在其《毛泽东》一书中明确地写道：毛泽东"阐述共产主义著作，善于运用中国历史上的典故，富于文彩，从而使共产主义非常通俗易懂而易于为他的同胞们所接受。"石仲泉在其《毛泽东的艰辛开拓》一书中称："用中国古诗、典故、成语、民谚等来解释马克思主义哲学的基本观点，不仅使抽象的哲学观点通俗化，而且使之具有浓郁的中国民族特色……毛泽东发挥了这个特色，大量列举中国事例，用适合中国人民习惯的语言和表达方式来阐释马克思主义哲学，为马克思主义哲学的中国化和民族化提供了经验。"这些评说，都十分明确而客观地将毛泽东用典与马克思列宁主义的理论、思想在中国的传播所作的巨大贡献说得一目了然。从用典这个角度上去看，这样的巨大贡献，可以说是空前绝后的。

总而言之，毛泽东是如此的酷爱中国的历史和文化典籍，加之他又有非凡的记忆力，又能够以马克思列宁主义学说作为指导，怎么不会成为一位精通中国历史文化典籍的大师呢？！怎么不会在其几百万字的浩浩著作中，古典文学占其"总量的13.7%"呢？！（李欣、周广翔：《毛泽东'走'入微机世界［报告文学］》，《文艺报》1993年12月25日）又怎么不会对中国的典故察其源、知晓其根、最终灵活地为毛泽东所用呢？这正如邓立勋先生所言："用典，是一种随时根据写作需要灵活选用古事、古语来解释现实的方法，但如果对古代文化缺乏热情，缺乏批判继承的科学态度；如果没有渊博的学识、对古籍的熟悉没有达到一定程度，而要像毛泽东这样上千次精当地运用典故，那是

不可想象的。"(邓立勋：《毛泽东用典·前言》，海南出版社1993年版，第2页)

3. 借一典可以剀今　用一典得以托喻
——毛泽东妙用典故缘由之三

众所周知，华文，是人类智慧的文字；华语，是中华民族语言文化的精华之一。而中华民族文化中的典故，它是中华民族文化的一个重要组成部分，是中华民族语言文化中的耀眼明珠。典故，在诗文、讲话中的运用有其诸多的好处和巨大作用，这正是大多数人喜爱运用典故的缘由。那么运用典故到底有些什么样的好处和作用呢？大体说来，有以下几个方面：

（1）活用一个好典故　一语破的句惊人

典故，从某一种意义上说来，它是一个民族文化、历史的传承，是一个民族思想文化的积淀和历史的浓缩，是一个民族极其宝贵的精神财富。这样的典故，往往除了其所具有的表层意义或称其为宣示义之外，还有其深层意义或称其隐示义。这样的典故如果运用得活，实有"一语破的句惊人"之妙。

比如"1975年冬天，毛泽东要求邓小平主持一次政治局扩大会议，作出一个肯定文化大革命'七分成绩，三分错误'评价的决议。可是邓小平在这样重大的原则问题上，对毛泽东也不肯让步。他又是言简意赅地回答：'由我主持写这个决议不适宜。我是桃花源中人，不知有汉，遑论魏晋。'他宁可被再一次打倒，也不在原则问题上做交易。"（《邓小平的语言特色》，《报刊文摘》2002年8月）邓小平对于毛泽东这一要求的回答，既一语破的，同时在当时的历史条件下，可谓出语使人惊。毛泽东所发动的文化大革命是错误的，但是他却视文化大革命是他平生所办的一件重大之事，要求邓小平主持中央政治局扩大会议作出肯定性的评价，邓小平没有正面回答为什么不适宜由他来主持召开这样一个会议的问题，而是运用了"世个桃源"这样一个典故，便将所要表达的问题，虽只用十几个字，可全都讲清楚了，真可谓一语破的，完全抵得上一篇大文章。

"世外桃源"一语，典出东晋人陶渊明《桃花源记》。该记中云："……自云先世避秦时乱，率妻子邑人来此绝境，不复出焉，遂与外人间隔。问今是何世，乃不知有汉，无论魏晋。"陶潜（372－427），字渊明。任彭泽县令时，因不满官场习气而归隐，他所写的《桃花源记》称，在东晋孝武皇帝太元年间，武陵这个地方一个打鱼人驾船打鱼，当他路迷桃源山林村时，他发现了一个小洞口，便朝这一小洞口划了进去，奇迹出现了：眼前田野广阔，土地肥沃，桑竹葱绿，道路四通。这里鸡犬之声相闻，男女老少自由自在，一派幸福安居乐业景象。原来这里的人们是为避秦之大乱而来到此处的，他们与世隔绝，不知秦之后有汉，更不知道汉朝之后又有魏与晋了。

这样一个小故事，其本意是讲理想境界中的生活安乐以及与世之隔绝。邓小平妙在没有完全运用这一典故的比喻意义，而是表示自己根本就没有参与这一场"文化大革命"，是不适宜主持政治局扩大会议参与肯定"文化大革命"的。邓小平妙用这一典故是意味深长的，展现了他宁可再一次被打倒，也不会在原则问题上做交易的人格品德。毛泽东在1973年12月12日的中共中央政治局会议上，正式建议邓小平参加中央军委工作，出任总参谋长。毛泽东还对大家说："我请了一位军师，出任总参谋长。他办事比较果断，也是你们的老上司，他叫邓小平。"并当大家的面对邓小平说："我送你两句话，叫做'柔中寓刚；绵里藏针'。外面和气一点，内部是钢铁公司。"（参见吴直雄：《毛泽东楹联艺术鉴赏》，当代世界出版社1995年版，第124页）毛泽东曾经称赞邓小平的这一席话，在邓小平答复毛泽东的这一要求的话语和态度中，亦充分地展现出来。

（2）妙用一个好典故 拓展思维意蕴深

一般说来，典故均有其多重意蕴，一旦经过运用高手的妙用，即可使诗文或话语思绪开阔、意蕴精深。这实际上是一种再创作。从某种意义上来说，是一个典故派生意义派生的开始。这也许就是黄庭坚所说的"夺胎换骨""点铁成金"之妙吧！

试看杜甫的《望岳》诗中有名句云："会当凌绝顶，一览众山小。"这里的"一览众山小"，与"会当凌绝顶"结合起来，是多么的有气魄！其意境又是多么的开阔啊！他写了登临者们的心境，给了任何一位读者以无穷无尽的美的享受。但是人们不应忘记，这一妙句来自杜甫的妙用典故，来自杜甫巧妙地传承了前贤的名言。《孟子·尽心上》中有云："孔子登东山而小鲁，登泰山而小天下。"孟子之言的本身，看似记孔夫子登山一事，实含十分丰富的哲理，给人以无穷无尽的联想。孟子的这一名言，也可以说是两句妙诗，但只能算"记事诗"，它没有气势，然而，这两句名言，到了老杜手中，一经其点化，则气势雄宏，意蕴精深。老杜不愧为用典高手！

又如，当蒋介石败退台湾，再次读到毛泽东的《中国革命战争的战略问题》中的一段话时："谁人不知，两个拳师放对，聪明的拳师往往退让一步，而蠢人则其势汹汹，劈头就使出全副本领，结果却往往被退让者打倒。"在这里，毛泽东实际上是妙用了《水浒传》第9回中的"林冲棒打洪教头"这一典故。这一典故，意蕴浓厚，让蒋介石读后感慨万千，并作出了沉痛的反思，同时认识到自己非败不可！（参见1993年12月23日《中国青年报》）

（3）巧用一个好典故 故实领你入佳境

有5000年中华文明史的祖国，无数的历史故事永留世人的心中，这无数的历史典故，千万别以为它尽是陈迹，它随着历史的不断演进，亦不断地展示出其无穷的生命力。往往就是这一段"陈迹"，它可以引领你渐入佳境，使你得到启示，受到教育，心甘情愿地领受前贤的鞭策。

且看陆游《黄州》诗中有"君看赤壁终陈迹，生子何须似仲谋"。辛弃疾《南乡

子·登京口北固亭有怀》词中有云"天下英雄谁敌手？曹刘。生子当如孙仲谋！"叶剑英元帅《远望》（1965年秋）［在大连·棒槌岛］中有名句云"景升父子皆豚犬，旋转还凭革命功"。在这三首著名的诗词中都提到了"孙仲谋"（叶帅是暗暗地提及），都用了下面这样一段令后人刻骨铭心、永难忘却的故事，它有如一座警钟，告诫着世人。

《三国志·吴书·吴主传》注引《吴历》说，曹操有一次与孙权对垒，见吴军军容整肃，孙权仪表堂堂，威风凛凛，乃谓然而叹曰："生子当如孙仲谋，刘景升（刘表）儿子若豚犬耳！"这一名言铭记于古今人物之心。也常被化用于他们之口，用以抒发平生事业中的某一种胸意。借助他们用典所抒发之感慨，留给后人以深刻的启迪。

《旧五代史·庄宗纪》中云："梁祖闻其败也，既惧而叹曰：生子当如是，李氏不亡矣！吾家诸子乃猪犬耳。"在《通鉴纪事本末》中有记云，李存勖进取大梁之前，"帝遗魏国夫人刘氏，皇子继岌归兴唐，与之决曰：事之成败，在此一举，若其不济，当聚吾家于魏宫而焚之。"毛泽东在读到这一段文字之后，很是激赏，对于这样一种破釜沉舟的豪气，毛泽东挥笔而批曰："生子当如李亚子。"（张贻玖：《毛泽东读史》，中国友谊出版公司1992年版，第138页）

这样一段动人的典实，在陆游的诗里，反其意而用之，将自己面对大宋江山日沦敌手，自己有心为国而身处孤危，即使"生子似仲谋"，又有何用呢？诗人借助这一典故的反用，将自己"有心杀敌，无力回天"的愤慨之情，表达得淋漓尽致。

这样一段动人的典实，在辛弃疾的词中，则是顺其意而用之，辛弃疾之时，大宋可怜的半壁江山，已在风雨飘摇之中。然南宋统治者仍然醉生梦死，只图享乐。辛弃疾大声疾呼收复河山、力举北伐中原。然而换来的只是打击和冷落。诗人面对懦弱无能的南宋统治者，悲愤至极，发出了"生子当如孙仲谋"的呐喊。这一"生子当如孙仲谋"，虽是避祸之语，却仍然有如投枪和匕首，刺向卖国的投降派，这也是对南宋最高统治者的莫大讽刺和嘲笑。

这样一段动人的典实，在叶帅的诗中，就典故的本身而言，虽说只是明用了"刘景升儿子皆豚犬耳！"这一典故，但是这一句是这一整个典故的后一段，因为这是人们尽知的典故，用了后一段，人们也就会明知第一段，这一暗用绝妙，丰富了叶帅诗的内涵；"文革"之时，"龙生龙，凤生凤，老鼠生儿打地洞"，这是反动的血统派最为形象的表达语言。曾是"龙""凤"后代的刘表，他本身就如猪犬，怎能期望带出"龙""凤"之子孙。故俗云："有其父必有其子"，这是仅就问题的一个方面而言。"刘景升儿子皆豚犬耳"，子之无能，亦说明刘景升之无能，毛泽东曾批注刘表是"虚有其表"。（周溯源：《毛泽东评点古今人物》，红旗出版社1998年版，第97页）

叶帅的"景升父子皆豚犬"丰富并扩大了原有典故的内涵。就叶帅诗的本身而言，他是针对当时的国际反华恶浪而言，特别是在斯大林逝世之后，赫鲁晓夫自上台与其下台的种种表演和国际形势的变化，"景升父子皆豚犬"所涵盖的内容涉及国际国内，其锋芒之所向，无敌可挡。故而毛泽东非常喜欢叶剑英的这首《远望》诗，能够十分清楚地背诵出来。还曾提毫手书此诗，并将诗意一句一句地讲述给他们(子女)听。他们记得其中毛泽东最欣赏的是"景升父子皆豚犬，旋转还凭革命功"两句。(参见李智舜：《毛泽东与十大元帅》，中共中央党校出版社1994年版，第295页)

读完这样的诗词中的典故，让人在品味中渐入佳境，几如一个典故的故事内容本已"结束"，但随着我们的灵活运用，这个典故的内容却又在新增中"开始"。曹操孙权对垒的故事，令人回味；朱梁与后唐之争的惨烈场面，让你如在眼前；"上马击狂胡；下马草军书"、"位卑未敢忘忧国"的陆游的悲剧，令你扼腕而叹；从北而南、曾"打尽天下无敌手"的大英雄辛弃疾的慷慨悲歌，850余年以来仍不绝于耳；叶帅的妙句则尽现了伟大的中华民族，尤其是在近现代与一切反华恶势力的斗争中崛起、强大，将永远自强不息！中华民族的优秀子孙，永远超越孙仲谋！

(4) 恰当用好一典故　语言可感又可亲

中国的典故，内容极为广泛，它几乎涉及到人物世事等各个方面，有时恰当地运用好一个典故，能使你的语言可感可亲，富于表现力。

比如，"若说：何以对付敌人的庞大机构呢？那就有孙行者对付铁扇公主为例。铁扇公主虽然是一个厉害的妖精，孙行者却化为一个小虫钻进铁扇公主的心脏里去把她战败了。柳宗元曾经描写过的'黔驴之技'，也是一个很好的教训。一个庞然大物的驴子跑进贵州去了，贵州的小老虎见了很有些害怕。但到后来，大驴子还是被小老虎吃掉了。我们八路军新四军是孙行者和小老虎，是很有办法对付这个日本妖精或日本驴子的。目前我们须得变一变，把我们的身体变得小些，但是变得更扎实些，我们就会变成无敌的了。"(毛泽东：《一个极其重要的政策》(1942年9月7日)，《毛泽东选集》第3卷，人民出版社1991年版，第882—883页)

毛泽东在这里连用了两个典故，一个是吴承恩的《西游记》第59回"孙行者对付铁扇公主"的故事；一个是"黔驴技穷"的典故。这两个典故的主旨都是意在说明，我们决不能以庞大的机构对付敌人的庞大机构，我们应反其道而行之，要实行精兵简政，这就是说，要以精而小的机构对付敌人，我们的小机构，我们的八路军新四军，有如孙行者所变化的小虫，有如贵州的小虎，敌人有如貌似强大而又厉害的铁扇公主和蠢驴，他们是摆脱不了失败与被消灭的命运的。

毛泽东的这一整段论述，将一个十分复杂而又一时不是几段话容易说清楚的大问题，只用了两个典故作比喻，就将这一复杂的问题说得一清二楚，论证富于形象性，让读者易于认识和理解我们为什么要以"小"对"大"这一复杂的问题的哲理性。语言爱憎分明，可感可亲，是论反对日本帝国主义策略的理论的升华，让人读后对于战胜那可

恶的日本狗强盗信心倍增。

（5）娴熟得体用典故　简练文字显神通

一个典故，虽说只是短短几个字或一句话或一个人名，可是在某一意义上来说，它是一段历史事件的再现，或是一个神话故事的记叙，或是名人名言的高度浓缩……总而言之，典故中蕴含着前贤丰富的思想感情，它是一种"浓缩"语言，不管是用于诗文中或是讲话中，都能起到精炼语言字句的作用，一个妙典用于诗文句之中，往往能达事半功倍之效。

试看李商隐的《安定城楼》一诗。诗云：

迢递高城百尺楼，绿杨枝头尽汀洲。

贾生年少虚垂泪，王粲春来更远游。

永忆江湖归白发，欲回天地入扁舟。

不知腐鼠成滋味，猜意鹓雏竟未休。

安定是当时的郡名，在今甘肃省泾川县北，乃泾原节度使之治所，唐开成三年（863），作者在此地做了泾原节度使王茂元的女婿，婚后应博学鸿词科考试未中，心中十分失意而作此诗。诗中的二、三、四、三联全是用典，作者借助用典，表达自己虽然科场失意，但仍然壮志凌云。联中的每一个典故都可写成一个短篇。"贾生年少虚垂泪"，言贾谊上书汉文帝论政议政事。书中击中当时社会弊病，有"可为痛哭者一，可为流泪者二，可为长叹者六"诸语，上书时的贾谊正当年轻有为之时，可是汉文帝根本就听不进去，贾谊只能是"虚垂泪"而已，与贾谊同样年轻的作者，应试博学鸿词科，期冀为国为民一展大才，然而科场腐败，大才难为一用，李商隐只好在诗中借贾生以表达自己内心的不满和苦闷了。

"王粲春来更远游"，东汉末年的又一大才王粲，少年时即才华出众，为"建安七子"中才华之卓著者。他年仅17岁，为避京城之乱而到荆州投奔刘表，刘表虚有其表，他是不会真正重视人才的，王粲羁留荆州达15年之久均得不到重用，当然不会有什么作为。他曾于春日登当阳城楼，写下了有名的《登楼赋》，赋中那惆怅的愁思借助抒情而展现出来。李商隐与王粲一样，寄人篱下，怀抱积极用世之志而忍受的失意与冷落。作者在这里用"王粲登楼"一典，真是妙绝！

"永忆江湖归白发，欲回天地入扁舟"，此处用范蠡故事一典。春秋时代的范蠡，事于越国，子胥扶吴灭越，范蠡辅佐越王勾践，用尽自己的智慧，经十年生聚，以回天之力"既雪会稽之耻""乃乘扁舟，浮于江湖"（《史记·货殖列传》）。李商隐所处之唐王朝，内外交困、摇摇欲坠，面对这样的国势，诗人并非追求名利，只求像范蠡一样，用自己的才华、以回天之力框扶社稷，而后归隐于江湖。这是一个正直的知识分子面对千疮百孔的唐王朝的爱国心的剖露。

"不知腐鼠成滋味，猜意鹓雏竟未休"，这里用了《庄子·外篇·秋水》中的一则寓言故事。故事说，惠施为梁相时，传闻庄子要取代其相位，一阵惊恐之后，便在城里到处捉拿庄子，搜捕了三天三夜。庄子实在没有办法，只好主动去见惠施，坦诚地对惠施说：与凤凰同类的鹓雏，它不是练实不吃，不是甘泉不饮，从来就不会将猫头鹰口中那腐败的死老鼠当作美味而羡慕的。庄子在这里以与凤凰同类的鹓雏自比，以猫头鹰比惠施，以腐鼠比梁国的相位，告诫惠施别以小人之心度君子之量。李商隐借助这样一个典故，表白自己应试的目的并不是贪恋名利，与王茂元之女成婚，决无朋党之见，自己只不过借科考入仕为国出力而已。正告猜测忌者、排挤打击者别当猫头鹰，别当惠施这样的小人了。

李商隐的这几句诗，通过用典，说清楚了个人宏伟志向，道尽了个人遭受打击压抑的苦楚，还击了政敌的中伤，向世人展现了鄙视一切功名利欲和势利小人的精神面貌。由于李商隐的巧妙用典，使这一首诗抵得上一大篇直陈胸意的论说文。

（6）得心应手用典故　曲径通幽生妙趣

中国的典故，涉及到方方面面的内容。有的典故用于诗文中顿能平添趣味。

比如，"平儿一面和宝钗湘云等吃喝，一面回头笑道：'奶奶，别只摸的我怪痒的。'李氏道：'嗳哟！这硬的是什么？'平儿道：'钥匙。'李氏道：'什么钥匙？要紧体己东西怕人偷了去，却带在身上。我成日家和人说笑，有个唐僧取经，就有个白马来驮他；刘志远打天下，就有个瓜精来送盔甲；有个凤丫头，就有个你。你就是你奶奶的一把总钥匙，还要这钥匙作什么。'平儿笑道：'奶奶吃了酒，又拿了我来打趣着取笑儿了。'"这么一段话连用了两个典故，这本来就是一段颇具情趣而又颇具深意的对话，再用上这样富于情趣的典故，更为妙趣横生。这一段话语中用了如下两个典故。

"有个唐僧取经，就有个白马来驮他"，这一典故出自《西游记》第15回《蛇盘山诸神暗佑　鹰愁涧意马收缰》。其大意是说，去西天取经的唐僧骑了一匹白马西行，但此马乃"东土来的凡马"，终究难得到达"灵山福地"。于是南海菩萨遂命敖闰龙王三太子玉龙在鹰蛇涧里等候，为的是要"为东土取经人做个脚力"。这个玉龙因久候而腹中饥馁，误食了途径涧边的唐僧白马。孙悟空请来了南海菩萨，菩萨便将玉龙点化成白马，驮着唐僧历尽险山恶水、千般辛苦，终于到达了西天。这是一个动人的、充满着奇趣的神话故事。故事中的白马与孙悟空、猪八戒、沙和尚一样，均具有"预设性"，均各自扮演着自己的角色，他们之间的关系是谁也离不开谁。《红楼梦》中李纨将平儿比作这部小说中的白马，意指凤姐是离不开平儿的。从而使小说写得颇富妙趣。

"刘智远打天下，就有个瓜精来送盔甲"。这一典故出自《白兔记》第15出《看瓜》中的故事。刘智远——五代北汉高祖。在元末明初的南戏《白兔记》（又名《刘知远》《刘智远白兔记》）讲的就是他的故事。这一神话故事中的"瓜精送盔甲"，也是带

有"预设性"的。李纨将平儿比作是凤姐的"钥匙",也是用以说明凤姐离不开平儿。

这两个典故的连用,一是说明平儿办事尽心尽意、真心恳恳;二是用以增强人物谈话的趣味性。这种趣味性,一是来自这两个神话故事的本身,二是来自人物谈话时的调侃。这一小小的情节,十分有力地配合了曹雪芹在第39回"村姥姥是信口开合,情哥哥偏寻根究底"所要构建的气氛。

(7)特殊环境用典故 避免麻烦击要害

相当多的中国典故,具有派生性与多义性。这一特点往往能在某些特殊环境、特殊场合得到人们的充分运用,这不管是某些人际交往或是某种特殊的外交场合等等情况,时可显见。

如辛弃疾,自绍兴三十二年(1162)率部归宋17年来,他的恢复中原、抗击金军的主张,始终为南宋统治者所冷落,南宋小朝廷对于这样一个胸怀大志、才华横溢的志士,只是让他当当无权的闲官。爱国诗人有志难伸。面对残酷文字狱和腐败社会现实,诗人只能借助在诗词中的用典以发泄内心的忧愤。

辛弃疾在其《摸鱼儿·淳熙己亥,自湖北漕移湖南,同官王正之置酒小山亭,为赋》词中,以"长门事,准拟佳期又误",借汉武帝陈皇后失宠之典故,比喻自己有志难伸的失意;在其《满江红·江行和杨济翁韵》词中,以"吴楚地,东南坼。英雄事,曹刘敌。被西风吹尽,了无陈迹",化用杜甫《登岳阳楼》中的"吴楚东南坼",暗用可与曹操、刘备相抗衡的人名典——孙权。以"了无陈迹"一语,对南宋小朝廷的无能与腐朽以抨击。

而当辛弃疾"沙场秋点兵"终化为一场春梦时,则在其《永遇乐·京口北固亭怀古》词中,用赵国名将廉颇之典,发出了"廉颇老矣,尚能饭否?"的悲叹!而在其《南乡子·登京口北固亭有怀》词中,再次运用孙权这个人名典,以及其所兼及的一系列历史典实,发出了"年少万兜鍪,坐断东南战未休。天下英雄谁敌手?曹刘。生子当如孙仲谋!"这简直是对几代自甘屈膝乞和、觍颜事敌的南宋小朝廷、小皇帝的有力鞭答!

词人正是通过妙用典故,发泄了对南宋小朝廷苟且偷安的强烈不满,以词中之血泪浇铸心中的无尽块垒,展现了自己的一片赤诚的爱国情怀,却没有因此而祸及其身,的确值得庆幸!

又如,南朝宋人刘义庆《世说新语·规箴》中记有:"王绪、王国宝相为唇齿,并上下权要。王大(王忱)不平其如此,乃谓绪曰:'汝为此欷歔,曾不虑狱吏之为贵乎?'"这样简短的话语中的"狱吏之为贵乎?"典出《史记·绛侯周勃世家》。其中载云:周勃为汉王朝的建立,可谓劳苦功高,官封绛侯、丞相等要职,后被人诬为造反,入狱后常被小小的狱吏所凌辱。不得已,周勃以千斤黄金送与狱吏,狱吏便出谋让他平反复位。出狱后的周勃感慨不已地说："吾尝将百万军，然安知狱吏之贵乎！"在王绪、王国宝专权得意忘形之时，如果王大直言示警，则会"好心没好报"，甚至会危及与他们之间的关系。而以周勃一生中最倒霉时说的这句话去警示专权而又自以为得计的王绪、王国宝，既保护了自己，又警省劝诫了这二人，可谓其用典有一石二鸟之妙。

毛泽东对于典故这些与一般话语所具有的不同优势的特点，则更是发挥到了极致。

如1957年11月2日至21日，毛泽东率领中国代表团第二次出访苏联。"苏共中央在两个会议结束时举行宴会，招待各国党的代表团。毛泽东祝酒说：'我们开了两个很好的会，大家要团结起来，这是历史的需要。中国有句古语：两个泥菩萨，一起打碎，用水调和，再做两个。我身上有你，你身上有我。'"（郭思敏：《我眼中的毛泽东》，河北人民出版社1990年版，第119页）

毛泽东在这里所说的古语，实际上就是以元人管道升的《我侬曲》为典概缩而成的妙用。全典云："你侬我侬，忒煞多情；/情多处，热似火。/把一块泥，捻一个你，塑一个我，/将咱两个一齐打破，用水调和；/再捻一个你，再塑一个我。/我泥中有你，你泥中有我；与你同生一个衾，死同一个椁。"毛泽东借助这个讲夫妻关系的典故，说明全世界各国共产党之间的关系应是平等的密切的。这是对其时的苏联共产党，以老子党身分出现所冒出来的不良倾向、这样一个敏感问题的巧妙批评，既表明了我党的立场，又达到了从批评中求团结的目的，同时，又将因此而可能伤及两党的关系进行了有效的避免。所以在宴会上当即赢得了全场的一片热烈的掌声。

4.爱国是民族精魂　统一乃民心所向
——毛泽东妙用典故缘由之四

自从1840年以来，世界各国列强肆无忌惮地瓜分中国、掠夺中国。尤其是日本帝国主义，最为凶恶猖狂。发动了一系列侵华战争，使中国人民陷入了前所未有的民族灾难，在世界人民和中国人民面前犯下了永世难救的滔天罪行：1874年进犯我台湾，1894年蓄意挑起甲午战争并乘机吞并台湾，1904年发动日俄战争侵犯我东北领土和主权，日本狗强盗叫嚣着，要征服世界，必须先征服中国。要征服中国，必须先征服东北。1931年即策动"九一八事变"并占领我东北三省，1935年制造华北事变，鲸吞中国的勃勃野心迅速膨胀，1937年7月7日，日军炮轰宛平县城，进攻卢沟桥，发动了全面的、野蛮的侵华战争。侵略者先后践踏了我国大片广袤的美好土地，占据了大部分重要城市，日寇无恶不作……

在亡国灭种的危机关头，历来崇尚正义、爱好和平的中国人民，更是不会畏惧强暴、不会屈服来自任何的外来的种种压力。在"中华民族历史上最伟大的民族英雄毛泽东（胡耀邦语）"（陆剑杰：《论毛泽东功过评价中的辩证关系》，《中共党史研究》2000年第4期，第31页）和中国共产党的领导下，一切不愿意做奴隶的人们毅然奋起，英

勇抵抗，有决心、有力量将日本帝国主义赶出中华大地。

5000年来的伟大中华民族自强不息、历经种种磨难，在他们的奋斗中，涌现出了无数的英雄人物，他们可歌可泣的业绩、典实，足以激励其优秀炎黄子孙努力奋斗。"文章合为时而著，歌诗合为事而作"（唐人白居易《与元九书》），前贤那些充满着智慧的典例故实的运用，同样是能为时而用的。毛泽东作为伟大民族英雄人物，理所当然地妙用这些典例故事于诗文之中，用以开启人们的智慧、激励人们的斗志，推翻压在中国人民头上的三座大山，为中国人民的彻底解放服务。

（1）"唤起工农千百万" 一切权力归工农

由于清政府的腐败无能，致使近一百多年来的中华民族陷入了深重的灾难之中，为了救国救民、为了改变这种悲惨的局面，一百多年来的中华优秀儿女进行了英勇的奋斗，但均未能寻找到符合中国国情的正确道路，因而难于取得彻底的胜利。毛泽东认真地总结和充分地汲取了前贤的经验教训，以其大智慧、大魄力，找到了战胜反动派的三大法宝。"唤起工农千百万"，组建人民自己的政府。为了取得革命的成功，为了发动广大的工农群众起来斗争，毛泽东写下了大量的诗文。在这些诗文中用了大量的典故。用典的目的是为了更好地表现现实社会和斗争。而面对所要发动的广大工农兵群众，毛泽东运用了不少的典故，而这些典故的特点，大多数为豁人耳目的熟典，这些熟典，为工农兵群众所理解、所接受。对于提高工农兵群众的觉悟，号召他们投身到火热的革命斗争之中，起到了巨大的作用。这在《中国社会各阶级的分析》、《湖南农民运动考察报告》等系列中均有论述，此不多赘。

（2）熔铸民魂壮志气 彻底打败侵略者

诚如前述，由于日寇的野蛮入侵，致使中华民族遭到了空前的浩劫。面对日本狂寇"三个月内灭亡中国"的叫嚣，一时间"亡国论""恐日症""唯武器论"甚嚣尘上。蒋介石在执行其"攘外必先安内"的不抵抗的反动政策的同时，"面对日本的武装侵略，国民党当局吓破了胆，到处散布'亡国论'，说什么'中国武器不如人，战必败，再战必亡'。蒋介石本人也在那里哀叹：'现在日本所恃的是……有准备齐全的武力，而我们却一点没有准备'；'依现在的情形看，他只要发一个号令，真是只要三天之内，就完全可以把我们中国要害之处都占领下来，灭亡我们中国'。"（周溯源：《论毛泽东的无产阶级彻底革命精神》，《衡阳师专学报·社会科学版》1992年第2期，第2页）中国"枪不如人，炮不如人，教育训练不如人，机器不如人，工场不如人，拿什么和日本打仗呢？"（冯玉祥：《我所认识的蒋介石》，黑龙江人民出版社1980年版，第30页）

在民族存亡的生死关头，毛泽东与上述观点截然相反，他作为中国人民的儿子，作为中华民族的伟大英雄人物，他从来是藐视一切侵略者的，因为他清楚地看到了伟大的中华民族的巨大潜能。他谈到国际援助这个问题时指出：我们中华民族有同自己的敌人血战到底的气概，有在自力更生的基础上光复旧物的决心，有自立于世界民族之林的能力。（《毛泽东选集》第1卷，人民出版社1991年版，第161页）

又说："中国人民，百年以来，不屈不挠、再接再励的英勇斗争，使得帝国主义至今不能灭亡中国，也永远不能灭亡中国。……英勇的中国人民必然还要奋战下去。不到驱逐日本帝国主义出中国，使得中国得到完全的解放，这个奋斗是决不会停止的。"（《毛泽东选集》第2卷，人民出版社1991年版，第632页）

在整个抗日战争时期，毛泽东写下了大量的不朽诗文，在这些诗文中，毛泽东妙用了不少中华民族英烈的可歌可泣的典例故实，留下了不少的用典的闪光名句，鼓舞着中华民族的优秀儿女精忠报国、英勇杀敌，最后夺取了抗日战争中的一个又一个的光辉胜利。本书对这些精妙之典，作了专门的鉴赏探妙。此不重复。

（3）"宜将剩勇追穷寇" 建设美好新中国

随着抗日战争的彻底胜利，蒋介石反动派在美帝国主义的支持下，发动了内战。毛泽东大智大勇，不怕种种压力，领导伟大的中国人民与美蒋反动派作了坚决的斗争。同时庄严宣告："中国必须独立，中国必须解放，中国的事情必须由中国人民自己作主张，自己来处理，不容许任何帝国主义国家再有一丝一毫的干涉。"（《毛泽东选集》第4卷，人民出版社1991年版，第1465页）

宜将剩勇追穷寇，挥军直捣总统府，典例故实先贤智，解决问题出效应。解放全中国后，不断取得中国革命和建设上的伟大胜利。在这期间，毛泽东写下了不少的光辉著作，在这些著作中，为论述的需要，为了汲取先贤们的智慧，毛泽东古为今用、推陈出新、发掘并创造性地运用了大量的典例故实。这些用典的生动事例和精妙的典故，除了在毛泽东的诗文中起到经典语言的作用外，在解决革命与建设中的实际问题时，亦显现出相应的效应。本书均有探妙鉴赏，此不一一阐述。

关于用典的好处，还有很多。罗积勇先生在其《用典研究》中，主要是从修辞的角度，指出用典可以增强说服力，增加话语的权威性，可以产生鲜明、强烈的艺术效果，增强话语典雅性的效果，使被叙说被描写的对象更显典型，使用了典故的语言有委婉含蓄之美，隐晦朦胧之美，言简意赅之美，有时还具有趣味性、滑稽性、讽刺性效果等等。这一系列的效果，笔者在对毛泽东443篇用典文章的探妙中，将会一一涉及，故不再予以举例评析论说。

综上所述，从中国典故的本身来看：中国的典故，应是中国语言的"全息块"与"活化石"。所谓"全息块"，借用莫彭龄先生论成语的话来说就是"用'全息块'这个名词，也是一种比喻说法，意思是成语是语言文化的'缩影'。我们以成语中较完整保留了古汉语特点来说明其'全息块'的特点。……从上述一些例子我们可以看出，

在成语中，使动用法这一语法现象还是比较普遍和完整的。由此可以表明成语具有'全息块'的特点。"作者在这里主要是从语法现象去分析说明的，在作者所举的这些例子中，如果从古代文明信息的角度去考察，同样会发现，这些例子亦蕴含着中国古代文明的相当多的信息；所谓的"活化石"，同样借用莫彭龄先生论成语的话来说就是"'化石'一般指古代生物的遗体、遗物或遗迹埋藏在下变成的与石头一样的东西。而'活化石'是指现代的某些保留了古代生物的一些特征。我们说成语是语言的'活化石'，是指成语一方面在现代汉语中广泛使用(这就是所谓的"活")，另一方面它又比较系统地保留了古代语言文化的遗迹(这就是所谓的"化石")。"(以上均引自莫彭龄：《汉语成语新论》，《新华文摘》2001年第4期，第139、140页)

笔者以为，典故的内容包括了典故性的成语(即以成语形式出现的典故)，而具有典故性的成语在成语中所占有的数量是相当多的。因而关于"全息块"与"活化石"的特征，典故不仅均一一具备，而且它所涉及的内容要比成语广泛的多(笔者在前面已经论及，此不赘述)。

典故，它是中国语言文化的精华。戴长江先生将成语典故提到这样一个高度："一个国家的语言文学中，成语典故的多少，往往是这个国家的精神文明程度、文化历史宝藏丰富程度的标志。"(戴长江：《典故与典故语辞的释义》，《淮北煤师院学报》1996年第2期，第118页)我以为是中肯剀切之言。

同样，从上述诸方面的内容来看，中国的典故，它还是中国诗文中的一种十分重要的创作方法，同时也是人们演说谈话中的一种常用的表达方式，古今皆如此。

毋庸讳言，用典好处可数千道万。作为一位一生酷爱学习酷爱文章，国学基础非常扎实、记忆力惊人，学富五车精经史，百家万卷藏于胸的伟人，毛泽东一生爱好运用典故、擅长运用典故，诗文辞采蕴古韵，妙用典故为苍生，此乃理所当然。

四 胸罗妙典万万千 驱策调遣任自然
——毛泽东妙用典故的基本内容与基本形式

毛泽东在其诗文中运用典故的基本内容主要是事典与语典。事典与语典计可概括为"有运用中外历史事件的事典"、"也有运用古代传说的事典"和"有运用名人名言的语典"等五个方面；而在具体运用典故时，则主要是"有以句子形式出现的典故"、"有以谚语形式出现的典故"和"有以短语形式出现的典故"等八种基本形式。

在中华民族的开化史上，伟大的中华民族产生了许许多多思想家、科学家、发明家、政治家、军事家、文学家、艺术家……各行各业都涌现出了他们所专长之事，造旨均至于极顶，使中华文明成为世界文明史上耀眼闪光的圣贤。正是他们的辉煌业绩，为中华文明积累了丰富的典籍，同时也留下了难以数计的典故，如由李建龙主编、中国言实出版社2002年9月版的《中华典故》，里面所载的主要事典就达500万言。笔者细观此书，这些事典，主要是中华民族有史以来比较大的历史事件、故实。如再细而录之，如再加入语典，则2000万言也难以穷尽，即便如此，对于我国无与伦比的典故宝库而言，也许，不过是九牛一毛而已。

这些典故，在人们的反复使用与转述过程中，不断地产生其派生义，融摄着、沉淀着崭新的意蕴。典故，就是在这样运用的过程中，逐渐地成为了我国精美语言中的闪光钻石。

这样数量众多的典故，毛泽东胸藏无数，他在使用时有如囊中取物，易如反掌，他在行文、赋诗、演说、谈话中驾驭典故，有如韩信用兵，多多益善，驱策调遣，任其自然。这些典故，常常是毛泽东用来阐明自己观点、丰富诗文谈话内容、借以增强其诗文讲话表现力度的重要手段。

这里有必要一提的是，毛泽东在诗文运用典故的过程中，往往是多个方面的典故内容与多种形式的典故同时会在其脑海中出现，然后选优而用（不少前贤和时贤用典大家亦当如此），笔者称其为"聚锦参合选优法"，这是前贤和时贤大家以及毛泽东诗文用典创作中的一个重要方法。何谓"聚锦参合选优法"对于这一问题，本人于后自有专论，此不赘。

再是诗词中用典，典故词语有时必须服从格律，故而毛泽东在诗词中用典较文论中用典常多变化，论证起来较为复杂。在本书中，为了论说的明晰与便于读者理解，论题虽有"在诗文中"四字，但选例均为毛泽东的行文或谈话，以一典一事一议成文。尽管如此，这些运用典故的内容和基本形式同样适应毛泽东的诗词用典。

了解毛泽东所使用典故的基本内容与形式，是我们深入探讨毛泽东运用典故最为基本情况的十分重要一环。而我们要搞清楚毛泽东运用典故的基本内容，就必须对毛泽东所运用的典故进行最基本的分类。

（一）诗文讲话常用典 事典语典两淂兼
——毛泽东妙用典故的基本内容

典故，从内容上来分，可以总括为两大类，这就是事典和语典。毛泽东诗文中运用的典故，从总体上来分析，亦当是这样两大类。

所谓事典，用《辞海》中的话来说，就是指"典制和掌故"以及"诗文中引用的古代故事"。

毛泽东在运用事典时，常常是借用这些事典中所特有的含义，用以表达自己的某一种情怀、阐释自己的某一种观点。为了论述的简省，下面列举数项，每项选一例或两例以说明之。

1. 运用中国历史事件的事典

比如："楚汉成皋之战、新汉昆阳之战、袁曹官渡之战、吴魏赤壁之战、吴蜀彝陵之战、秦晋淝水之战等等有名的大战，都是双方强弱不同，弱者先让一步，后发制人，因而战胜的。"（《毛泽东选集》第1卷，人民出版社1991年版，第204页）

毛泽东在这一段文章中引用了六个古代战例。这些事典中的"楚汉成皋之战"，事见司马迁《史记·高祖本纪》、《史记·项羽本纪》；"新汉昆阳之战"，事见司马光等所编《资治通鉴·汉纪》；"袁曹官渡之战"，事见《后汉书·袁绍列传》、《资治通鉴·汉纪》；"吴蜀彝陵之战"，事见《资治通鉴·魏纪》；"秦晋淝水之战"，事见《资治通鉴·晋纪》。

这六大古代战例，都是中国历史上有名的战例，这些战例一个共同的特点，正如毛泽东所总括的："都是双方强弱不同，弱者先让一步，后发制人，因而战胜的。"毛泽东在这里运用这些事典，并不仅仅是"讲古"，而是要指导当时的战争。当时的红军与国民党军相比，是十分弱小的。但是弱小的是能够战胜强大的。毛泽东在这些所要揭示的是革命战争的辩证法以及其战略与策略问题。毛泽东在这里所用事典所揭示的真理，是令人深信不疑的。他借古砺今，在这里讲的是如何对付蒋介石国民党反动派的问题。

那么，如何对付日本狗强盗？且看毛泽东又是如何运用古代战例这些事典的，"主观指导的正确与否，影响到优势劣势和主动被动的变化，观之强大之军打败仗、弱小之军打胜仗的历史事实而益信。中外历史上这类事情很多。在中国如晋楚城濮之战，楚汉成皋之战，韩信破赵之战，新汉昆阳之战，袁曹官渡之战，吴魏赤壁之战，吴蜀彝陵之战，秦晋淝水之战等等；外国如拿破仑的多数战役，十月革命后苏联内战，都是以少击众，以劣势对优势而获胜。都是先以自己局部的优势和主动，向着敌人局部的劣势和被动，一战而胜，再及其余，各个击破，全局因而转成了优势，转成了主动。在原占优势和主动之敌则反是；由于其主观错误和内部矛盾，可以将其很好的或较好的优势和主动地位，完全丧失，化为败军之将，亡国之君。"（《毛泽东选集》第2卷，人民出版社1991年版，第491页）

毛泽东在这一大段里，增加了国内两个古战例。这就是"晋楚城濮之战"，事见《史记·晋世家》；"韩信破赵之战"，事见《史记·淮阴侯列传》。同时还增加了"拿破仑的多次战役"和"十月革命后的苏联内战"。这些战役，只要翻阅一下世界史，即可详知其内容。毛泽东在这里援引的这些中外战例事典，都是古今风云变幻的著名大战，其中丰富无比的历史经验，就是他"都是以少击众"至"亡国之君"这一大段的无懈可击的主要论据，也是只有坚持"持久战"才能战胜强大日本侵略者的重要理由，读后不能不令人折服。

2. 运用古代传说的事典

比如，"七月赣敌进攻，八月湘赣两敌会攻井冈山，边界各县的县城及平原地区尽为敌据。为虎作伥的保安队、挨户团横行无忌，白色恐怖满城乡"。（《毛泽东选集》第1卷，人民出版社1991年版，第62页）

例中的"为虎作伥"，实乃古代神话传说。典出明人张自烈的《正字通》。传说老虎咬了人之后，此人之魂魄不敢散去，从此便成了这只老虎的奴隶，名曰"伥鬼"。这个"伥鬼"紧随老虎左右并充当老虎出去谋食的前导，如若行路之时遇到陷阱，则带着老虎绕开而行，称呼老虎为"将军"，虎死则哭泣。

"为虎作伥"，这是一个极富感情色彩的典故性质的成语。毛泽东将这一典故性质的成语用在这里，用以描绘蒋介石国民党反动派军队的帮凶——保安队、挨户团以及纷纷反水的富农与党内的投机分子等反动势力，是十分生动形象的，对其讽刺是异常辛辣的。

以上仅就毛泽东用事典略举几例。在毛泽东的诗文中，还相当多地用到了语典。所谓语典，就是"诗文中引用的有来历出处的词语"。笔者理解，这里所讲的有来历出处的词语，一般当是诗词名句和富有典型意义的词语，能"引渡"人们认识到这一词语所隐含深义和运用者的所指意义的词语。毛泽东在其诗文中运用语典，同样有其精彩之笔。

3. 运用名人名言的语典

比如，"盖自汪精卫倡言反共亲日以来，张君劢、叶青等妖人和之以笔墨，反共派、顽固派和之以摩擦。假统一之名，行独霸之实。弃团结之义，肇分裂之端。司马昭之心，固已路人皆知矣。"（《毛泽东选集》第2卷，人民出版社1991年版，第722页）

例中的"司马昭之心，固路人皆知矣"，典出《三国志·魏书·高贵乡公髦传》，言曹操的曾孙曹髦。他不甘心当司马氏的傀儡，曾对其尚书王经等人说，司马昭叛逆的心，所有的人都是知道的了。于是率宿卫数百人攻打司马昭，终归为昭所杀。

毛泽东在这一段话中引用曹髦的名言，这也是众所周知的典故。用在这里重在揭露和谴责一切反共派、顽固派和反共亲日分子的反革命行为，早已昭然若揭，不仅通俗易懂，而且显得十分有力，真可谓鞭辟入里。

4. 运用诗、词、名句的语典

比如，"一天上午，中南海里花红柳绿，阳光灿烂，毛泽东在他的办公室里召开会议，听取有关人士对全国文艺界情况的汇报。当他听完周扬与茅盾的发言后，忽然问道：'前不久，一位名为姚雪垠的作者在《新观察》上发表了一篇散文，题目叫《惠泉

吃茶记》，你们看过没有？'‘我没有注意到。'茅盾与周扬说：‘我建议你们找来看看'。毛泽东说：‘这篇文章写得很好，很讲求艺术技巧。'随后，他又问周扬与茅盾：‘作者姚雪垠，你们知道不？'周扬回答说：‘30年代就是作家，现在的政治态度为中间偏左！'‘在抗日战争时期，他曾经写过轰动一时的小说。'茅盾补充说。‘看来姚雪垠很会写文章。'毛泽东用一种肯定的语气说，随后似乎又感到有点美中不足，‘但他的文章也有毛病，阅后给人一种"众人皆醉我独醒"的感觉。恐怕作者有知识分子的清高吧。'……"（孙琴安、李师贞：《毛泽东与名人》，江苏人民出版社1993年版，第857—958页）

例中的"众人皆醉我独醒"，出自屈原的《渔父》诗。这一句诗是屈原与渔父对话时说的。渔父问屈原为什么会遭到流放？屈原回答说："举世皆浊我独清，众人皆醉我独醒。"这一句话的表层意义是说，人们都肮脏而只有我干净，大家都醉了而只有我清醒；其深层的而具体的意思是说，楚国的政治已经腐败到了极点，而我却要独守情操，不肯同流合污，所以落到这个地步。

毛泽东在评价姚雪垠文章之不足时，选用这一语典，转而用作这是知识分子的清高，这是十分形象而富有新意的。他将姚雪垠在写作时将自己"独立"于众人之外的态度进行了有分寸的批评，其用典之自如，由此可见一斑。

5. 运用文学作品内容中的"事典"与语典

毛泽东运用文学作品中的语典，常见者则以《三国演义》、《水浒传》、《西游记》、《红楼梦》、《聊斋志异》为多。

比如，在《论持久战》中说："但是我之包围好似如来佛之手掌，它将化成一座横亘宇宙的五行山，把这几个新式孙悟空——法西斯侵略主义者，最后压倒在山底下，永世也不得翻身。"而在《一个极其重要的政策》中这样说："何以对付敌人的庞大机构呢？那就有孙行者对付铁扇公主为例。铁扇公主虽然是一个厉害的妖精，孙行者却化作一个小虫钻进铁扇公主的心脏里去把她战败了。"

又如，《在中国共产党第七届中央委员会第二次全体会议上的报告》中则说："我们既然允许谈判，就要准备在谈判成功以后许多麻烦事情的到来。只要我们精神上有充分的准备，我们就可以战胜任何兴妖作怪的孙行者。"孙悟空故事的正反多次而用，形象而生动地将所要说明的问题的实质揭示在人们的眼前，有其无可反驳的论辩力。

至于《红楼梦》中的语典，毛泽东在书面和口头语中，亦是常用。比如，《在中国共产党第八届中央委员会第二次全体会议上的讲话》中说："‘舍得一身剐，敢把皇帝拉下马。'这是古人有言，其人叫王熙凤，又名凤姐儿，就是她说的。"毛泽东借此语典，以说明作为一个革命者，要有为革命而牺牲一切的精神。又说："我们的古人林黛玉讲，‘不是东风压倒西风，就是西风压倒东风。'现在呢，不是阳风阳火压倒阴风阴

66

火，就是阴风阴火压倒阳风阳火。"毛泽东在这里妙用黛玉之语以推演出新典，用以说明路线斗争没有调和的余地。在典故语言的运用上，可谓妙绝千古！

（二）诗文讲话常用典 形式不拘显效能
——毛泽东诗文、讲话中运用典故的9种基本形式

中国的典故，有如一条无穷无尽的长河，源远而流长，其事典、语典浩如烟海。其表现形式，灵活多样，显现了它的无穷生命力和别具一色的实用性。

毛泽东是"古为今用"的文坛巨擘，对于典故诸多表现形式，成竹在胸，运用起来得心应手。常见其运用内容是借助如下一些表现形式。

1. 以句子形式出现的典故

比如，"我们的文艺工作者需要做自己的文艺工作，但是这个了解人熟悉人的工作却是第一位的工作。我们的文艺工作者对于这些，以前是一种什么情形呢？我说以前是不熟，不懂，英雄无用武之地。什么是不熟？人不熟……如果群众的语言都不懂，还讲什么文艺创作呢？英雄无用武之地，就是说，你的一套大道理，群众不赏识。在群众面前把你的资格摆得越老，越像个'英雄'，越要出卖这一套，群众就越不买你的账。你要群众了解你，你就要和群众打成一片，就得下决心，经过长期的甚至痛苦的磨练。"（《毛泽东选集》第3卷，人民出版社1991年版，第850—851页）

例中的"英雄无用武之地"，典出《三国志·蜀书·诸葛亮传》。这里为"英雄无所用武"，而《资治通鉴·汉献帝建安十三年》写作"英雄无用武之地"。这是诸葛亮在劝说孙权抗击曹操时说的话，言刘备在曹操攻破荆州之后，刘备虽是英雄，但"英雄无用武之地"。孙权如若与刘备联合抗曹，则刘备与东吴的英雄们就有了用武之地，抗曹定能成功。

"英雄无用武之地"一语，长期以来，一直是人们用以比喻一个人有本领、有才华而得不到施展的"代名词"，它有极强的生命力，几乎成了人们的口头语。毛泽东在这一大段话中，两次引用这一句子，具有极强的说服力。第一次引用时，重在描绘到达延安的知识分子造成"英雄无用武之地"的原因；第二次引用时，重在指出解决"英雄无用武之地"的办法。这一通俗易懂的典故，经毛泽东有"层次"地连续运用，令人心地为之一明，眼睛为之一亮，胸襟为之开朗。

2. 以谚语形式出现的典故

比如，"送是可以的，但要有条件。什么条件呢？就是跟我走。美国人在北平，在天津，在上海，都洒了些救济粉，看一看有什么人愿意弯腰拾起来。太公钓鱼，愿者上钩。嗟来之食，吃下去肚子要痛的。"（《毛泽东选集》第4卷，人民出版社1991年版，

第1495页）

例中的"太公钓鱼，愿者上钩"，典出《武王伐纣平话》（卷中），言姜太公在渭水边上，用无饵直钩放在离水面三尺之上钓鱼，并说："负命者上钩来！"《桃花扇》第24出："[副净]我老汉多病年衰，也不望什么际遇了。今日我要躲过，求二位遮盖一二。[外]这有何妨？太公钓鱼，愿者上钩。"其意指凡事皆出于自愿。

这一条以谚语形式出现的典故，广传于民间。毛泽东在这里指出美帝国主义的所谓救济，实际上就是一种让人上钩的阴谋、一种让人中其鬼计的圈套，属"嗟来之食"，是吃不得的。这是对"施食"者其险恶用心和一种形象的描绘，一种有力的鞭笞和深刻的揭露。确能促人猛省。

3. 以短语形式出现的典故

比如："'……用兵的最后目的仍在求得和平的恢复'。……美国官方人士现在不但热心中国的'和平'，而且一再表示，从1945年12月莫斯科苏美英三国外长会议以来，美国就遵守着'不干涉中国内政的政策'。应该怎样来对付这些君子国的先生们呢？……"（《毛泽东选集》第4卷，人民出版社1991年版，第1377页）

例中的"君子国"这个以短语形式出现的典故，典出《山海经·海外东经》卷3中的"君子国"中之民"好让不争"的典故，以及清人李汝珍的《镜花缘》（第10回、第11回)中所演绎的君子国之民好让不争的故事。在这部小说中的"君子国"，是一个"好让不争"、"惟善为宝"、"耕者让畔，行者让路"的"礼乐之邦"，是一个"出高价买低货"、"多出钱少买货"乃至"因让而争"的"绝妙美地"。笔者以为，这是李汝珍的正话反说，这是对丑恶已极的社会现实的反面描绘。

毛泽东的这一典故的运用，有如一把锋芒毕露的匕首，直刺这些"君子国"的先生们的胸膛，撕开了他们所谓"不干涉中国内政"的画皮。他们的所谓"不干涉中国内政"，只不过是一派谎言而已。中国的近百年史和当时的社会现实，都说明了这一点：他们，无时无刻在做着瓜分中国的美梦！这就是当时历史的客观事实。

4. 以歇后语形式出现的典故

比如，"假如你们也没有什么对付日本人的'蒙汗药'、'定身法'，又没有和日本人订立默契，那就让人们正式告诉你们吧：你们不应该打边区，你们不可以打边区。'鹬蚌相争，渔人得利'，'螳螂捕蝉，黄雀在后'，这两个故事是有道理的。"（《毛泽东选集》第3卷，人民出版社1991年版，第905页）

例中的"鹬蚌相争，渔人得利"与"螳螂捕蝉，黄雀在后"，均是以歇后语形式出现的典故。"鹬蚌相争，渔人得利"，出自《战国策·燕策》。言赵惠文王拟攻打燕国。谋臣苏代劝赵王说，他在过易水时，看见一蚌正在张开硬壳晒太阳，不料一只鹬用嘴去吃蚌的肉，蚌以硬壳死死地夹住鹬的长嘴。鹬说，今天不下雨，明天不下雨，你就是一个死蚌了。蚌反驳说，今天不放你出来，明天也不放你出来，你就是一只死鹬。鹬与蚌正相持不下时，打鱼的人看到了，将他们一起捉了去。这一个寓言故事终于使赵王省悟，于是打消了攻燕的想法。

"螳螂捕蝉，黄雀有后"，典出《庄子·山木》，又见汉人刘向《说苑·正谏》。典意是说，春秋时的吴王寿梦想去攻打楚国，并声明，胆敢劝阻者立刻处死。有一个年轻的侍从官心生一计，他连续三个早上怀揣弹子手拿弹弓在后花园里游逛着，并故意让吴王看到。吴王见其每天是一身的露水，不解其意地问他这是什么意思。这个侍从官便说：他看见园里的一棵树上有一只蝉，正在饮露高歌，十分得意。然其不知，有一只螳螂正在慢慢从它的背后向它靠近，要去捕捉它呀！而这一只聚精会神要去捕蝉的螳螂，它根本就不知道身旁还有一只黄雀正在窥视它们呢！蝉——螳螂——黄雀，它们都是只看到一个独自的"我"呀！它们又哪里知道，一个手持弹弓的我正在期待着"一弹三物"呢？！吴王顿时省悟，遂摆攻楚之意。

这两个歇后语形式的典故，都是说明只看到眼前的利益是要大祸临头的。毛泽东在这里将这两个歇后语形式出现的典故在此连用，具有其强调作用。他在正告蒋介石国民党，如果你们不是汉奸的话，就决不能进攻边区。如果硬要这样蛮干，硬要干蠢事，那么，"鹬"、"蚌"、"蝉"、"螳螂"、"黄雀"之祸，就在你们眼前。这两个典故的连用，可谓别出心裁、用心良苦，这是多么有力的警告啊！

5. 以成语形式出现的典故

比如，"就其基本的精神说来，就其革命的意义说来，请读者们想一想，哪一件不好？说这些事不好的，我想，只有土豪劣绅们吧！很奇怪，南昌方面传来消息，说蒋介石、张静江诸位先生的意见，颇不以湖南农民的举动为然。湖南的右派领袖刘岳峙辈，与蒋、张诸公一个意见，都说：'这简直是赤化了！'我想，这一点子赤化若没有时，还成个什么国民革命！嘴里天天说'唤起民众'，民众起来了又害怕得要死，这和叶公好龙有什么两样！"（《毛泽东选集》第1卷，人民出版社1991年版，第41—42页）

例中的"叶公好龙"这一典故性质的成语，出自西汉刘向《新序·杂事》，言有叶公子高好龙，整个房子里到处都雕龙绘龙，然而当真龙出现时，他却吓得魂不附体。这是一个极富于讽刺意味的寓言故事，是一个寓言式典故。后来成了一个成语，比喻嘴上说得好听，而心里并不喜爱。

毛泽东以此典故性质的成语，为"嘴里天天说'唤起民众'，而实际上当'民众起来了又害怕得要死'"的蒋介石之流画像，极富于讽刺意味，将其假革命的嘴脸彻底揭穿。

6. 以词语形式出现的典故

比如："……来破坏农民运动。湖南的湘乡、湖北的阳新，最近都发生地主利用农

民反对打菩萨的事，就是明证。菩萨是农民立起来的，到了一定时期农民会用他们自己的双手丢开这些菩萨，无须旁人过早地代庖丢菩萨。"（《毛泽东选集》第1卷，人民出版社1991年版，第33页）

例中的"代庖"这一个典故出自《庄子·逍遥游》，本是言尧要让天下给许由的故事，许由在推辞时说的一句话。意为厨师虽不做饭菜，那么掌管祭祀的人也不可能放下祭器代他下厨。后来人们便用以比喻越过自己的工作范围，去干别人的事。

毛泽东在这里是指要破除迷信，要铲除菩萨，一定要启发群众的觉悟，才能有好的效果。否则的话，工作是要失败的。毛泽东在这里用上"代庖"一词，使语言十分精练，表意十分确切。

7. 以一段散文形式出现的典故

比如："要使全国人民有这样的信心：中国是中国人民的，不是反动派的。中国古代有个寓言，叫做'愚公移山'。说的是古代有一位老人，住在华北，名叫北山愚公。他的家门南面有两座大山挡住他家的出路，一座叫太行山，一座叫做王屋山。愚公下决心率领他的儿子们要用锄头挖去这两座大山。有个老头子名叫智叟的看了发笑，说是他们这样干未免太愚蠢了，你们父子数人要挖掉这样两座大山是完全不可能的。愚公回答说：我死了以后有我的儿子，儿子死了，又有孙子，子子孙孙是没有穷尽的。这两座山虽然很高，却是不会再增高了，挖一点就会少一点，为什么挖不平呢？愚公批评了智叟的错误思想，毫不动摇，每天挖山不止。这件事感动了上帝，他就派了两个神仙下凡，把两座山背走了。现在也有两座压在中国人民头上的大山，一座叫做帝国主义，一座叫做封建主义。中国共产党早就下了决心，要挖掉这两座山。我们一定要坚持下去，一定要不断地工作，我们也会感动上帝的。这个上帝不是别人，就是全中国的人民大众。全国人民大众一齐起来和我们一道挖这两座山，有什么挖不平呢？"（《毛泽东著作选读》上册，人民出版社1986年版，第597页）

例中的"愚公移山"这一典故，出自战国·郑·列御寇《列子·汤问篇》。"愚公移山"是人们概括《列子·汤问篇》17个故事中第2个故事的话语，遂成一典故，用以表示人们不怕困难的雄伟气魄和坚强毅力。

毛泽东在这里古为今用，他以散文的形式，将这个故事娓娓道来，并生发出无限新意。他在这里一方面继承古意，同时又将"愚公"、"大山"、"上帝"在新的历史条件下进行了重新定位，他将中国共产党和其领导的全中国人民比之于有愚公一般的雄心壮志和英雄的气魄；另一方面将帝国主义和封建主义比作是压在中国人民头上的两座大山；再一方面是将人民群众比作上帝。如此，帝国主义和封建主义这两座大山，怎能不被推翻呢？毛泽东在这里只用了这么一个短短寓言故事，将发动人民大众能够取得革命胜利的深奥道理，以浅显通俗的方式揭示出来，足见其用典之妙。

8. 以诗词句形式出现的典故

比如，1954年10月26日，"在会见访华即将回国的印度总理尼赫鲁时，毛泽东引用了屈原'悲莫悲兮生别离，乐莫乐兮新相知'的诗句来表达自己的心情，接着又向客人介绍说：屈原是中国一个伟大的诗人，他在2700多年前写了许多爱国的诗，政府对他不满，把他放逐了。最后屈原没有出路就投河而死。"（陈晋：《毛泽东与文艺传统》，中央文献出版社1992年版，第178页）

例中的"悲莫悲兮生别离，乐莫乐兮新相知"，典出屈原《九歌·少司命》。其意是，——悲啊！最悲的是人生之别离；乐啊！最乐的莫过于新的相知。这两句诗道尽了人生中在离别与新相知时的一种共同的特有感受。

毛泽东在告别尼赫鲁时吟咏此诗，充分表达了与尼赫鲁新相知的快乐和即将别离时的深厚情谊。这样一种独具特色的外交辞令，实有一典胜千言之妙。

9. 以整首诗词形式出现的典故

比如，本书《59.胸怀世界发感慨 "饕蚊成阵"思愚公——毛泽东在《七绝·仿陆放翁》中所用典故探妙》中，则是以陆游整首《示儿》诗为典故而翻新传扬出自己的新作。先贤以及毛泽东这样的用典作品多处可见。

从典故的表现形式来看，毛泽东所运用的典故，除了上面所道及的这些之外，还有运用一首词中的词句、楹联、人名、帝王将相名号、民谣、俗语、乃至小说内容的概括为典……限于篇幅，实难尽言其妙，此不一一列举。

中国的典故，它是在中华民族文化中长期积淀起来的、涵盖着经济、政治、军事、文化、科技、外交等等的方方面面，它记录了中华民族的某些文化心理与思维方式，它是中华民族语言的一个重要组成部分，而中华民族的典故文化语言，在某一种意义上说来，它亦是中华民族精神的一种体现。

我们概览毛泽东运用典故的基本内容，对于我们进一步理解什么是典故以及典故的应用，将会是大有裨益的。

毛泽东是一位伟大的领袖人物，也是一位诗文大家，"正由于他有政治家、革命家的博大胸怀、无坚不摧的毅力和丰富的感情世界，所以他才有高屋建瓴的文章学见解，才能写出那种气脉涌动、格调高亢、感情激越、力度千钧的文章……总览他的文章，其文笔气势或如大江东去，奔腾汹涌，一泻千里；或大开大阖，汪洋肆溢，光华四射。有人说他是文章的高山，有人誉他是文章的海洋，我看都有不过分。"（祝向东：《毛泽东研究的新领域、新发展——读〈毛泽东与文章学〉》，《河南师范大学学报》1994年第6期，第66页）

笔者以为，毛泽东的诗文之所以有如此高深的造诣，其原因是多方面的，然综览其运用典故之大概内容可知，其中的一个重要原因之一，就是与他擅长古为今用、洋为中

用、推陈出新妙用活用典故无不相关相切。

五　天机云锦用在我　剪裁妙处非刀尺
——毛泽东妙用典故的基本手法探妙

综览全书可见，典故，仿佛是一颗颗多棱面的宝玉，当诸多光点映照时，其变幻莫测的闪光璀璨烂漫，缤纷耀眼。用上它，可以言志抒怀、阐说道理、论说政见、鉴史鼓气、慰藉战友、激励同志、互通心声、增强友谊、陶冶情操……为了使诗文的艺术形式华美艳丽精巧，艺术内蕴纯厚深刻，作者在妙用典故时，必须采取多种多样的用典艺术手法，方能达到上述效果。说到用典手法之妙，清人朱庭珍有如下一段精彩之言：

大抵用典之法，在融化剪裁，运古语若己出，毫无费力之痕，斯不受古人束缚矣。正用不如反用，明用不如暗用。或借宾以定主，或托虚以衬实。死事则用之使活，熟事则用之使生。渲染则波澜叠翻，熔铸则炉锤在握。驱之以笔力，驭之以才情，行之以气韵，俾自在流出，如鬼斧神工，不可思议，而一归于天然，斯大方家手笔矣。杜陵句云："美人细意熨贴平，裁缝灭尽针线迹。"放翁云："天机云锦用在我，剪裁妙处非刀尺。"皆个中精诣也，学者详之。（《筱园诗话》）

毛泽东才思横溢，胸藏万典任吞吐，挥笔落句神来。在其诗文、讲话中，其运用典故精到的程度，不仅完全达到了恰如朱氏所引杜甫与陆游诗语所喻之用典之妙，而且大大超越了朱氏所崇尚的杜甫、陆游妙用典故的这种"灭尽针线迹"、"剪裁妙"的独特境界。

我们要知毛泽东用典之妙，必须探讨其用典手法之妙，而要知其用典手法之妙，首先就得对其用典诸多手法进行分类。而在对用典手法的分类方面，古往今来的学者均进行过有益的探索与总结。然不管人们怎么探索、不管人们怎样去将典故分类，迄今为止，总是有难于尽人意之处。

笔者认为，毛泽东的用典，是一个科学的体系，无论在数量上还是在质量上和用典的方法上，都是前无古人的。故将其典故用法进行分类，便可使人们对于中国典故的种类从用典的角度有一个总体的把握，便可使人们对于典故的用法，有一个系统的概念和系统的深刻理解，便可使人们对于典故的运用之法有所借鉴、有所继承、甚至有所创新，从而能更好地将典故运用于诗文讲话之中。

怎样去认识、去归纳毛泽东的用典之法？其中一项十分重要的工作，就是对其用典手法进行比较全面的分类。

严格地说来，将毛泽东的用典手法大致地进行分类，是研究中国典故和毛泽东妙用典故的一项最为基础性的工作，它对于全面揭示典故的概念、内涵及其外延，对于从理论上将典故的运用加以提升，对于深入理解典故及其运用典故的本质属性，对于深入理解典故与语言和修辞及其创作等的关系，都能为人们提供有益的启迪与可资的借鉴。与此同时，借助对毛泽东用典手法的分类，将大大有助于对毛泽东所用之典故的特性和价值的认识，有助于对某些典故演进之规律以把握，有助于理解毛泽东妙用典故的艺术个性与特质，有助于探求毛泽东用典的广博与精切的语言艺术特色，有助于掌握毛泽东对于中国典故用法的创新之妙。

谈到典故的分类，我国著名学者陈寅恪的一段名言，也是适应毛泽东妙用典故分类的目的和要求。他说："治文史学者，必就同一性质题目之作品，考定其作成之年代，于同中求异，异中见同，为一比较分析之研究，而后文学演化之迹象，与夫文人才学之高下，始得明了。否则模糊影响，任意批评，恐终不能有真知灼见也。"（陈寅恪：《元白诗笺证稿》，上海古籍出版社1978年版，第45页）

据笔者考察比较，毛泽东的用典之法较之以往用典大家，是用典之法中最为齐全、最为典型的。毛泽东的用典，真可谓取前人用典之"精髓"，经其改造出新，给后人输出了最为新鲜之"血液"。因此，以毛泽东用典之法为例进行分类，是对于用典之法进行较为系统的分类的一种尝试，是有其理论价值、认识价值和实用价值的。

手法的分类，从理论上来讲，就是将用典手法进行析离类分，就是指要分什么和怎样分的问题。这事看来容易，动起手来却谈何容易！手法的分类，决不是诸多手法的罗列，是有其内在规律的。笔者细览毛泽东的用典诸法，发现它是"千姿百态"的，因而，将其进行分类，应是多侧面的、角度不一的、标准不一的，当然结果也是不一的；正因为毛泽东的用典手法是"千姿百态"的，所以用多种手法去分类，势必有时会出现某种交叉的现象，我们决不能将这种交叉现象视为重复。相反，透过这种交叉现象，也许会对毛泽东的用典手法、用典特征有着更为准确的了解；毛泽东用典手法的"千姿百态"，不是一堆杂乱无章的野草，而是其内在联系紧密、内在逻辑榫合的璀璨乐章，因而其分类当是有层次性的。

将毛泽东的用典方法进行分类，还有一个与前人所用典故的一个最大的不同点，就是，毛泽东的诗文讲话中的用典，体现了毛泽东的思想，凡是与毛泽东有所接触的人对此都有很深的体验。

王安娜在《中国——我的第二故乡》中这样写道："那时候的谈话不用说，在以后的谈话中……代替了马克思主义经典的，是他在自己的谈话中，经常引用中国古代小说作为比喻，而且常引用诗歌和在群众中流行的成语……从中国听众的角度来说，毛泽东的话比起许多党的理论家那些罗列许多抽象词句的难以理解的演说通俗易懂得多。毛泽东的言谈是农民与学者、普通常识与高度智慧的综合。他的讲话对我充满着魅力。"（黄

丽镛：《毛泽东读古书实录》，上海人民出版社1994年版，第3—4页）

王安娜在这里谈到了毛泽东的讲话，对于中国人民的巨大吸引力以及对她所产生的无穷魅力。其原因是什么？从王安娜的回忆内容中可知，毛泽东的讲话有如此效果，实际上是他在相当程度上擅长运用典故的结果。

对于这一点，曾长期在毛泽东身边工作的逄先知在谈到毛泽东读中国的文史书，擅长"古籍新解，古为今用"时，深有体会地写道：毛泽东从阅读大量的古籍中，批判地汲取和继承了中国古代的优秀文化。对于中国古代的优秀文化，像他那样熟悉的，不仅在中国共产党领导人中，就是在近代的革命家中，都是不多见的……根据我长期接触毛泽东读古书的情况，根据大量的文献资料记载，我认为毛泽东读古书有两个显著特点：一是用历史唯物主义的观点阅读和解释中国古书的内容，我在这里把它称作"古籍新解"；一是汲取古书中的精华，有的还赋予新的含义，为现实斗争服务，这就是我们常说的"古为今用"。（龚育之、逄先知、石仲泉：《毛泽东的读书生活》，生活·读书·新知三联书店1986年版，第199—201页）

笔者以为逄先知的这一段话，与王安娜的讲话内容都是对于毛泽东运用典故的内容、艺术效果等作了较为深刻具体的阐释，亦是对毛泽东为什么能用中国人民最常用与最熟悉的典故，去阐述马列主义的原因的深刻揭示。因此，将毛泽东的用典方法进行分类，还有其异乎寻常的政治教育意义。

从笔者所掌握的毛泽东用典的总体数量和其用典内容的深度与广度来看，毛泽东的用典堪称前无古人，实可永远明鉴来者。毛泽东用典之多、之妙、在前人用典的范式下不时有所突破，当然与他知识渊博、记忆力特强等诸多方面的情况相关相切、相辅相成，是他擅长用典的基础，还在于他掌握运用典故方法之妙。了解毛泽东运用典故的种种手法，对于我们全面认识中国典故、深刻理解毛泽东思想、研究毛泽东思想，均多有裨益。

毛泽东是怎样将中国与外国的典故运用于其诗文与讲话中的？为了解其用典方法之大概，鉴于上述，笔者拟从"宏观角度"、"微观角度"、"创作手法与修辞手法角度"、"运用典故的目的与作用角度"、"典故所处的层次与位置角度"等五大方面进行分类。从这样的角度去对毛泽东用典法进行分类，因每一种用典手法都不一定是绝对"纯粹"的，这样的分类虽难于绝对全面，甚至有时会存在某种用典，有时会同在一个"平面"上而出现相类似的重合交叉现象。尽管如此，它对于我们从多个角度探讨毛泽东的用典之法、从多个角度探讨毛泽东活用巧用中国典故，去阐释马克思列宁主义的观点与方法还是很有帮助的。

按照上述分类，可见毛泽东的41种用典方式方法，就是"明用典故法"、"暗用典故法"、"正用典故法"、"反用典故法"、"正意正用典故法"、"正意反用典故法"、"正意贬用典故法"等诸法。

（一）从"宏观"角度看毛泽东妙用典故的基本手法

用典，其分类有多种多样。从典故总体内容上去看，或曰从典故内容的"宏观"角度上去看，有典故的内容表现形式和典故的典意两大方面初略探寻用典之手法。就典故的内容表现形式，有典故的明用与暗用之法。

所谓明用，就是借古以明今。毛泽东在运用典故时，十分明确点出其所用之典的出处何在，即指出所用之典所出何书、所出何篇目章节，此乃何人所云……。

所谓暗用，正好与明用相反，就是在运用典故时，所用典故的出处均不明言，甚至将所用之典的原文进行改造、组成新词、变出新意，所用之典融于作者的诗文讲话之中，不露什么痕迹，有如盐溶解于水中，尝之有盐味，而不见盐属何等之形。

这样的典故，一般的读者并不是一眼就可看出来的。这正如清人薛雪《一瓢诗话》中言："作诗用事，要如释语；水中著盐，饮水乃知。"

就典故所表现的实际内容的意义而言，有典故的正用与反用。

所谓正用，就是说，作者所选用的典故的本来的意义，与作者所要表达的文意基本上一致，这就是元代陈绎曾《文说》中所言："正用：故事与题事正用者也。"明代费经虞《雅论》中所言："用事之法，有正用者，故事与题事相同是也。"明代高崎《文章一贯》中所言："正用：本题的正必用之事。"这些提法虽说为时较早，但基本上还紧切了正用典故之旨。

所谓反用，就是说，作者所选用的典故的本来意义，而作者在其使用时是用其与之相反的意义，就是"反其意而用之"的意思。

现在让我们从"宏观"层面，来看毛泽东运用典故的基本手法。

1. 妙嵌典故入诗文　"子曰""诗云"出处明
####　　——毛泽东的"明用"运用典故法

用典，又叫引经据典。人们在论证一个问题的时候，为了论证自己观点的正确性，往往会借助一些意义相同或相近的典故事例，对自己的立场观点进行说明论证，借以增强自己论点正确性与说服力。这在诗文与讲话中是一种常见的用典手法。这在毛泽东的诗文中也是屡见不鲜的。

比如，"所谓矛盾在一定条件下的同一性，就是说，我们所说的矛盾乃是现实的矛盾，具体的矛盾，而矛盾的相互转化也是现实的、具体的。神话中的许多变化，例如《山海经》中所说的'夸父追日'，《淮南子》中所说的'羿射九日'，《西游记》中所说的孙悟空七十二变化和《聊斋志异》中许多鬼狐变人的故事等等，这种神话所说的

矛盾的互相变化，乃是无数复杂的现实矛盾的互相变化对于人们所引起的一种幼稚的、想象的、主观幻想的变化，并不是具体的矛盾所表现出来的具体的变化。"(《毛泽东选集》第1卷，人民出版社1991年版，第330—331页)

毛泽东在论说矛盾的变化时，为了比照各种各样不同情况矛盾的变化，为了让人们正确地认识客观现实、具体矛盾之间的相互转化情况，以及它们与神话故事中所描绘的种种矛盾的变化情况的某一联系与区别，毛泽东连续运用了"夸父追日"、"羿射九日"、"孙悟空七十二变"、"鬼狐变人"等四个典故，毛泽东将这些典故的出处，都十分明确地告诉了读者，这就是明用。

其妙在于，这些典故，对于大多数人来说，都是通俗易懂的，同时也是富于趣味性的，读者只要略一回味这四个典故，就能很快理解毛泽东所谈论的这一哲学命题的精神实质。即使有的读者并不全知这四个典故，他们只要找到这几部书，很快就可以得知这些典故的详细内容，当然也就能够很快领会毛泽东在这一段论述中的要旨之所在。

2. 融铸新词出新意　巧运神思不露痕
——毛泽东的"暗用"运用典故法

上面所论述的明用典故，其好处是方便读者查找典故的原文，其不理想之处是，有时运用在诗文中显得"生硬"，特别是在作诗、填词、制联之时，因诗词联语要求高度精练之故，就很难在其中标明出处。因此，在相当多的情况下，人们所追求的是暗用典故。

因为暗用典故，只要运用得好，就能达到"了无痕迹"、"典如己出"的独特境界。故宋人方回赞云："用事工者如己出。"(《王直方诗话》引方回语) 清人王士祯则崇尚"作诗用事以不露痕迹为高"(《池北偶谈》卷12)。清人方东树《昭昧詹言》卷11中则称："大家用事，若不知其用事者，此其妙也。用事全见瘢痕，视不典而不足于用事者虽贤，去大家境界远矣。"而诗圣杜甫对于暗用典故之妙，则说得更为生动形象，他将其暗用典故之妙，比之于"如盐着水，饮水乃知盐味"(宋人蔡绦《西清诗话》引杜甫之语)。清人袁枚在其《随园诗话》中云："用典如水中着盐，但知盐味，不见盐质。"

毛泽东在暗用典故之时，十分娴熟地达到了上述名家所说的这样一种美妙的境界。

比如，毛泽东的《菩萨蛮·大柏地》中有："赤橙黄绿青蓝紫，谁持彩练当空舞？雨后复斜阳，关山阵阵苍。"这几句词中的"雨后复斜阳"，不熟悉唐诗人温庭筠的词者，根本就不会知道这"雨后复斜阳"是毛泽东暗用了温庭筠的《菩萨蛮》词中的"雨后却斜阳"，因为毛泽东用得了无痕迹，一般的读者是难于"察觉"的。但即使读者不知道，也同样知晓毛泽东这几句词的词意。谁不知这是毛泽东在描绘阵雨过后苍山翠；斜阳映射彩虹悬。这是一幅多么美丽壮观的山水画！

但是，如果读者知道"雨后复斜阳"是暗用了温庭筠的"雨后却斜阳"的话，那么毛泽东的这几句词的深层精妙之处，就会立刻显现在你的眼前。

温词中的"雨后却斜阳"的前后句是，"南园满地轻絮，愁闻一霎清明雨，雨后却斜阳，杏花零落香。"这里所表现的是，雨打杏花堆轻絮；心闲无聊逸趣生。而毛泽东词中用了"雨后复斜阳"的这几句词，所表现的则是，斜阳彩虹关山翠；革命斗志更昂扬。毛词与温词，二者的情调与心态各具其妙。一个是尽显忆往昔峥嵘，革命乐观、积极向上之妙；一个是尽展听雨而发愁，局限于个人、闲愁无聊之趣。而在精神状态上，真可谓天壤之别！

3. 典意文意妙相契　相辅相成文意深
——毛泽东的"正用"运用典故法

关于典故的正用，在毛泽东的诗文中也是随处可见的。因为正用是典故的本意与作者所要表达的文意基本一致，这样一来，所正用的典故决不是作者将典故文意的重复，而是作者借助典故换一个角度来加强自己的文意，从而使自己所要论证的问题，理由更加充分，文章的意蕴更加明晰有说服力。

比如，"蒋氏如欲在抗日问题上徘徊，推迟其诺言的实践，则全国人民的革命浪潮将席卷蒋氏以去。语曰：'人而无信，不知其可。'蒋氏及其一派必须深切注意。"（《毛泽东选集》第1卷，人民出版社1991年版，第247页）

例中的"语曰"即《论语》中所说："人而无信，不知其可"，典出《论语·为政篇》。这是孔夫子说的话，其意是说，作为一个人，如果不讲求信用，不诚实，不知道他将是怎样可以做人啊！

毛泽东在其整段话里指出，蒋介石一伙必须要兑现他们在西安时所接受的联共抗日的一切救亡条件，否则的话，人民是决不会答应的。毛泽东为了强调文意，加强自己的论证语气，正用了孔夫子的名言，再次警告了蒋氏及其一派。毛泽东正用典故是灵活多变的，他在这里是先提出自己的论点，后运用典故以加强自己的论辩，紧接着下面一段却是先运用典故，然后在这一典故的基础上展开自己的论述。

又如，"共产党的'言必信，行必果'，十五年来全国人民早已承认。全国人民信任共产党的言行，实高出于信任国内任何党派的言行。"（《毛泽东选集》第1卷，人民出版社1991年版，第247页）

例中的"言必信，行必果"，典出《论语·子路篇》。其典意是，孔夫子回答子路关于"怎么样才可以称得上做'士'的问题"？这"言必信，行必果"，就是达到"士"的标准中的一条。其意就是说，作为"士"，讲话一定要守信任，办事一定要坚决而果断。

毛泽东在这一段话里，先运用典故作为自己立论的论点，然后在这一论点的基础上

进一步作出论述，阐明我党的言行一致，用以警告蒋介石一派必须实践自己的诺言。这样用典是有历史深度感的，因而也是非常有说服力的。

4. 化石为玉成金巧　反弹琵琶曲亦妙
——毛泽东的"反用"运用典故法

人们在运用典故之时，一般追求活用，这活用之中又以反用为高，"反用"，就是反典故之原意而用之，也就是说，不用该典故的本身的意义，或者说是世人对于这一典故所公认的意义，这就是人们通常所说的"反其意而用之"、"翻前人之作"。以表达作者与原典故意思相反的思想感情与对人对事的独特见解。宋代魏庆之《诗人玉屑》中有云："直用其事，人皆能之，反其意而用之，非学业高人，……何以臻此！"反用之妙，妙在能去陈旧之言，换之以全新之意，这本身就是一种创新，这就是所谓的"反用为优"。曹雪芹在《红楼梦》第64回中，借宝钗之口，将反用作了精到的阐说。他写道：

作诗不论何题，只要善翻古人之意。若要随人脚踪走去，纵使字句精工，已落第二义，究竟算不得好诗。即如前人所咏昭君之诗甚多，有悲挽昭君的，有怨恨延寿的，又有讥汉帝不能使画工图貌贤臣而画美人的，纷纷不一。后来王荆公复有"意态由来画不成，当时枉杀毛延寿"；永叔有"耳目所见尚如此，万里安能制夷狄"。二诗俱能各出己见，不与人同。

毛泽东在用典时，在反用典故方面，堪称高手。比如，毛泽东《卜算子·咏梅》[1961年12月]词云："风雨送春归，飞雪迎春到。已是悬崖百丈冰，犹有花枝俏。俏也不争春，只把春来报。待到山花烂漫时，她在丛中笑。"

毛泽东每"读放翁诗词，如遇知己"（参见刘汉民：《毛泽东与陆游作品》，《党史文汇》1998年第8期），在其诗题之下，明确地标示他的这一首词是"读陆游咏梅词反其意而用之"。陆游一生很喜欢梅花，在他一生的近万首诗词中，就写有100余首关于咏梅花的诗词，而其中的《卜算子·咏梅》则是他的名篇佳作。其词云尔："驿外断桥边，寂寞开无主。已是黄昏独自愁，更著风和雨。　无意苦争春，一任群芳妒。零落成泥碾作尘，只有香如故。"如果从用典的角度来看的话，陆游的词就是一个"大"典故，是毛泽东这一首词的出典。当是全局性的用典或曰整体性用典。

陆游的这一首词，是他一生力主抗金，要求北伐中原，收复失地之作。但他终生都遭受到投降派的打击与排挤，他无可奈何，没有办法，亦是其郁郁而不得其志之作。正如毛泽东的这一首词在其内部传阅时的几句话所云："陆游北伐主张失败，投降派打击他，他消极颓废，无可奈何，因作此词。"（参见蔡清富、吴万刚、黄辉映：《毛泽东与中国古今诗人》，岳麓书社1999年版，第308页）在这一首词中，他只能是借赞赏梅花来展示自己一生不改力主抗战初衷的志向和坚定的意志。毛泽东的这一首词"反其意而用之"，妙就妙在虽与陆游词同题、同调、同一艺术表现手法，但与陆游词的立意迥然不同。毛泽东是伟大的马克思列宁主义者，他在面临国内遭受到严重经济困难的情况下，在国际上遭受到帝国主义和各国反动派的大肆攻击下，在当时的苏联领导人对中国肆意施压的情况下，他借赞梅花，用以表现伟大的中国共产党人敢于斗争、敢于藐视一切阶级敌人和一切困难的无产阶级先锋战士的光辉形象，从而使这一首词具有深刻的现实意义和史诗般的历史意义。

此词之妙，还妙在词中多重用典，如果说毛泽东对陆游词的"反其意而用之"是一重用典或曰全局性用典的话，那么他在这一首词中的"待到山花烂漫时，她在丛中笑"，则是又一重的局部性的"反其意而用之"的用典，其所表现的是对敌斗争胜利后的高涨的革命情绪。这里所谓局部性用典，是指南宋女词人严蕊的《卜算子》词中有"待到山花插满头，莫问奴归处。"从某一种意义上来说，毛泽东在其词的末尾的这两句，在字面与句式上是套用了严蕊的这两句，但严蕊的词是风尘女子的自陈身世之语，而毛泽东的这两句的句意与此是毫不相关，而是另出新意的"反其意而用之"，是伟大的马克思列宁主义的革命胜利信心的全方位展现，是对敌斗争胜利后的革命情绪高涨的展现。

5. 典故皆有明确意　意中含意别有情
——毛泽东的"曲用"运用典故法

所谓曲用典故，简单地说，就是从典故的一个侧面去取用典意，以表达用典者所要表达的深层意蕴。曲用典故之法，一般地说来，没有明用、暗用、反用那样好懂。但在其实质上，可以说是一种非常特殊的暗用。现先举一前人之例如下：

宋人苏轼《江城子·密州出猎》词云："老夫聊发少年狂，左牵黄，右擎苍，锦帽貂裘，千骑卷平冈。为报倾城随太守，亲射虎，看孙郎。　酒酣胸胆尚开张，鬓微霜，又何妨。持节云中，何日遣冯唐？会挽雕弓如满月，西北望，射天狼。"

苏轼在这首词中多处用典，表达自己要为国效命疆场的雄心壮志。其中的"射天狼"，当属曲用典故。"天狼"即天狼星，它是出自《晋书·天文志》中的一个星名，一名犬星，此星"主侵掠"。表面上看来，它没有什么典意。但是联系"射天狼"的前面，有"西北望"一语，北宋时的西北有什么需要"射"（抵御）的，辽与西夏也，其时为北宋之劲敌，这样一来，"射天狼"的典意不言自明，苏轼忠心报国的雄心壮志便跃然纸上。同样，毛泽东也多熟用曲用典故之法。

如毛泽东的《七绝·五云山》："五云山上五云飞，远接群峰近拂堤。若问杭州何处好，此中听得野莺啼。"

诗中的"若问杭州何处好"一语，表面上看，它是没有用什么典，也没有什么典意。其实是用了典故。前人有咏西湖诗中妙句"天下西湖三十六，就中最好是杭州"，

毛泽东承接此句典意，曲而用之出新句曰"若问杭州何处好"，将着眼点归入五云山的美景之中，真乃妙无痕迹。

以上的几种运用典故的手法，是从"宏观"上、总体上来看的，在读完上述毛泽东运用典故的五种情况之后，我们对于毛泽东运用典故的一般情况已经有了一个大致的了解。

（二）从"微观"角度看毛泽东妙用典故的基本手法

所谓"微观"角度看用典，就是说，在"宏观"角度谈用典的基础上，就典故的内容形式与典故之典意再予以细分的角度去品析用典的手法。

运用典故，是增强语言说服力的重要手段，可以说它是使语言得以精妙、简练的一种艺术手法，同时也是一种重要的修辞方式与艺术创作手段。因此，我们还有必要从更为细致的方面进行分析，即从"微观"的方面进行分析。以便我们对毛泽东用典的手法有更深入的理解，以便我们对于毛泽东的著作为什么会有如此大的艺术感染力有进一步的理解。

对于用典的"微观"分析，先贤也是非常重视的，多见他们从细微的角度对用典进行分析评说、归纳总结。

如元代陈绎曾在其《文说》中将用典之法分为9类，这就是：

正用：故事与题事正用者也。反用：故事与题事反用者也。借用：故事与题事绝不类，以一端相近而借用之者也。暗用：用故事之语意，而不显其名迹。对用：经题用经事，子题用子事，史题用史事；汉题用汉事，三国题用三国事；韩柳题用韩柳事；佛老题用佛老事。此正法也。扳用：子史百家题用经事。此扳前证后，亦正法也。比用：庄子题用列子，柳文题用韩文，亦正用之变也。倒用：经题用子史；汉题用三国。此有笔力者能之也。泛用：于正题中乃用裨官、小说、俗说、戏谈、异端、鄙事为证，非大笔力者不敢用，变之又变也。

又如明代高崎在其《文章一贯》中，将用典之法分为14类，这就是：

正用：本题的正必用之事。历用：历事故事，排比先后。列用：广引故事，铺陈整齐。衍用：以一事衍为一节而用之。援用：顺引故事，以原本题之所始。评用：引故事，因而评论之。反用：引故事，反其意而用之。活用：借故事于语中，以顺道今事。设用：以相之人物而设言今事。借用：事与本说不相干，取其一端近似者而借之。假用：故事不尽如此，因取其根，别生枝叶。藏用：用事而（不）显其名，使人思而自得之。暗用：用古事古论暗藏其中，若出诸己。有逐段引证者：如东坡《祭韩魏公文》之类是也。今变其法，或上、或下、或错综，皆不拘。

陈绎曾、高崎这种用典的分类之法，虽说有"互为包融"的现象，即其中的某一些分类方式方法是"你中有我，我中有你"，这在客观上是难以避免的，但有些分类手法还是颇为精当、评说亦中肯綮。仅举此二人对于用典的分类，就足以说明，我们的前贤在用典方面已经相当的成熟，而对于用典方法的研究，已经引起高度的重视，并达到相当的水准，其重要价值还在于，这对于历代否定用典之论是一个彻底的否定。因为这些用典方式方法和用典之理论，是在综合前人大量用典实践上，加以理论的总结。无疑，对于我们全面地了解用典与用典的手法，是大有裨益的。

如果我们从"微观"的角度来看毛泽东运用典故的话，那么，可以说，毛泽东尽量借用前人的用典手法，并在此基础上有自己的创新。笔者试从如下一些方面进行归纳并举例略作分析。

从中国典故的典源之意来看，毛泽东的用典之法常见有（为了给人在用典方法上的一个总体印象，下面的用典方法序号一概承上）：

6. 正意正用一典故　说明问题有根据
——毛泽东的"正意正用"运用典故法

所谓典故的正意正用，就是说，所要运用的典故的本来意思是什么，则在运用时其意思也是什么。

比如，"讲到长征，请问有什么意义呢？我们说，长征是历史记录上的第一次，长征是宣言书，长征是宣传队，长征是播种机。自从盘古开天地，三皇五帝到如今，历史上曾经有过这样的长征吗？"（《毛泽东选集》第1卷，人民出版社1991年版，第149－150页）

例中的"盘古开天地"，典出宋人李昉等所编的《太平御览》所引《三五历记》。"三皇五帝"，典出《史记·五帝本纪》等典籍。这是两个在民间众所周知的神话传说，是人们在幻想中赞颂我们的祖先首次征服大自然的颂歌，用它来说明"首次""最早"，无疑有无可辩驳的说服力和深厚的历史感。张国焘曾经诬蔑红军北上长征，这是毛泽东对其诬蔑的有力批驳。就这一典故的内容而言，盘古开天地属人类历史上的第一次，红军北上长征也是中国革命史上的第一次。从用典故的角度来看，这是毛泽东用正意用典以增强说服力并做到恰到好处的典例。

7. 正意反用一典故　事理明晰新意出
——毛泽东的"正意反用"运用典故法

所谓典故的正意反用，就是说，将典故的本来的意思反其意而用之。"反其意而用之"是不容易的。反用的本身，就带有创新之意。

比如，"唐朝的韩愈写过《伯夷颂》，颂的是一个对自己国家的人民不负责任、开小差逃跑、又反对武王领导的当时人民的解放战争、颇有些'民主个人主义'思想的伯夷，那是颂错了。"（《毛泽东选集》第4卷，人民出版社1991年版，第1495－1496页）

例中的《伯夷颂》，本是韩愈在自己遭受打击时，借歌颂伯夷不随波逐流以发泄自己不满的一篇文章。当然，文章中的伯夷是一个正面人物形象。据笔者所知，在毛泽东未用这个典故之前，"伯夷"和"叔齐"似乎一直是有傲然骨气的正面人物的形象，世世代代对其予以高度的评价。如在山西永济县南的首阳山建的伯夷叔齐二仙庙。其庙联云："几根傲骨头，撑持天地；两个饿肚腹，包罗古今。"这副联语将伯夷、叔齐的品格推到了崇高道德的顶峰！而毛泽东在这里将韩愈文章中的正面（当然也包含对这副古名联）事例人物反其意而用之，"伯夷"这一人物在毛泽东的笔下成了一个反面人物。毛泽东立刻将这样一个人物与当时社会上的一些有"民主个人主义"思想的人物联系起来进行分析，指出这些"伯夷式"的人士和那些一时认不准前进方向的人们，在大是大非面前要认清方向，要站到人民的立场上来，决不能为帝国主义所拉拢，对帝国主义不能抱任何幻想，要准备战斗。这样一来，毛泽东的这一段论说便新意顿出，不得不令人信服，不得不使人们的双眼为之一亮。

8. 正意贬用一典故　文章生动情趣多
——毛泽东的"正意贬用"运用典故法

所谓正意贬用，就是说，将原来不带贬意的典故，使其本来意义具有某一种贬意，以达到作者所要表达的意思。

比如，"'互通情报'。就是说，党委各委员之间要把彼此知道的情况互相通知、互相交流。这对于取得共同的语言是很重要的。有些人不是这样做，而是像老子说的'鸡犬之声相闻，老死不相往来'，结果彼此之间就缺乏共同的语言。"（《毛泽东选集》第4卷，人民出版社1991年版，第1441页）

例中的"鸡犬之声相闻，老死不相往来"，典出《老子·80章》。老子在这一章里，设计出了一个"小国寡民"的理想小王国，这里的人民过着逍遥自在的幸福生活，彼此之间没有所求，直至老死也可以不相往来。这样的理想王国，这样的理想生活，是具有一定的故事性和趣味性的，但这是完全不可能的。毛泽东在自己的文章里，以其嘲讽针砭的角度引用这一典故，并将它纳入火热的革命斗争之中，让它与"互通情报"对立起来，不仅阐明了不"互通情报"的危害性，而且增强了语言的趣味性，能够给读者以难忘的印象。

9. 正意拆用一典故　言简意赅语意明
——毛泽东的"正意拆用"运用典故法

所谓典故的正意拆用，就是说，在不改变典故本来意思的情况下，将这一典故的字句予以分拆以论证自己的观点。

比如，"那种假统一论，不合理的统一论，形式主义的统一论，乃是亡国的统一论，乃是丧尽天良的统一论。他们要把共产党、八路军、新四军和民主的抗日根据地消灭，要把一切地方的抗日力量消灭，以便于统一于国民党。这是阴谋，这是借统一之名，行专制之实，挂了统一这个羊头，卖他们一党专制的狗肉，死皮赖脸，乱吹一顿，不识人间有羞耻事。"(《毛泽东选集》第2卷，人民出版社1991年版，第719页)

例中的"挂羊头卖狗肉"，典出《晏子春秋·内篇》。本作"悬牛首卖马肉"。原是讲齐国的国君灵公要求宫内的女子都穿上男子汉的衣服，结果宫外的女子都穿上男子汉的衣服，灵公屡禁不止，便将这样一件事问晏子。晏子回答他说，你叫宫内的女子穿男子汉的衣服，而又要禁止外面的女子这样做，这就好像在门上挂着牛头，可又在门内卖着马肉呀！你要禁止外面的女子这样做，为什么不叫宫内的女子不这样做呢？大概是"挂羊头卖狗肉"比"悬牛首卖马肉"更为通俗易懂的原因吧，人们多爱运用"挂羊头卖狗肉"一语以揭示表里不一的现象。《铁拐李》第4折有"悬羊头，卖狗肉，赖人财"的说法。这一典故历经演变，是人们用来比喻以次充好，或以好的名义为幌子，实际上在干坏事。

毛泽东在这一段话里，将这一典故语前后拆而用之，取以好的名义为幌子而实际上在干坏事这一比喻义，彻底揭露国民党反动派所叫喊的统一就是他们所挂的"羊头"，是假的旗号，而他们所要卖的狗肉就是一党专制，是反共反人民的勾当，他们"不识人间有羞耻事"才是真。毛泽东将这典故予以分拆，并在其分拆之后各自附上所要论说的事情，从而能使论点论据言简意赅而又论证有力，起到揭露无余的作用。

10. 正意析用一典故　说理透彻又严谨
——毛泽东的"正意析用"运用典故法

所谓正意析用，就是指沿用典故的本来意义，但在运用时是对此典故进行分析而用。

比如，"'灭此朝食'的气概是好的，'灭此朝食'的具体计划是不好的。因为中国的反动势力，是许多帝国主义支持的，国内革命势力没有聚积到足以突破内外敌人的主要阵地以前，国际革命势力没有打破和钳制大部分国际反动势力以前，我们的革命战争依然是持久的。"(《毛泽东选集》第1卷，人民出版社1991年版，第234页)

例中的"灭此朝食"，典出《左传·成公二年》。是齐侯"余姑剪灭此而朝食"的缩略之语。理其文意，就是要立刻将敌人消灭再说的意思。

毛泽东在这一段话语中，肯定那些希望能够"灭此朝食"的人们的动机是好的，但这仅仅是动机而已，毛泽东在对中国国内革命的势力和国际上的革命势力进行详细的分析之后，指出中国的革命战争只能是持久战，而决不能是速决战。否则，就会是像中国历史上的齐侯一样，以惨遭失败而告终。毛泽东在这里将这一典故的两个方面进行分析说理，是何等的透彻，其论证又是何等的严明。

11. 正意扩用一典故　典生新意语境新
——毛泽东的"正意扩用"运用典故法

所谓正意扩用，就是说，在不改变典故的本来意义的情况下，将典故的本来意义予以扩展，使典故生出新意，使所要说的话语产生新的意境。

比如，"菩萨是农民立起来的，到了一定的时候农民会用他们自己的双手丢开这些菩萨，无须旁人过早地代庖丢菩萨。共产党对于这些东西的宣传政策应当是：'引而不发，跃如也。'"（《毛泽东选集》第1卷，人民出版社1991年版，第33页）

例中的"引而不发，跃如也"，典出《孟子·尽心上》。是孟子与公孙丑对话时说的一段话中的一句，其意是说，善于教习射箭的人，他往往是手持着箭，拉满弓，作出一副射箭的样子而已，让他的学生们从中去领悟。

毛泽东在运用这一个典故时，以孟子谈教射箭的话语去指导、去启发我们的共产党干部如何作宣传、如何去教育群众。这是对"引而不发，跃如也"这一典故正面意义的巧妙运用。但我们只要联系上下文，不难发现，毛泽东在这"引而不发，跃如也"这一典故的运用时，对于这一典故进行了扩用，他赋予了"引而不发，跃如也"而不能"越俎代庖"的新意，这一新意，实际上就是对于前面"代庖"这一典故的内容的补充与强调。

12. 贬意贬用一典故　言语犀利分量重
——毛泽东的"贬意贬用"运用典故法

所谓典故的贬意贬用，就是说，将带有贬意的典故，用在将要被贬斥的对象身上。这样的典故如运用得妙，能使文句的用语精练，一箭中鹄有分量。

比如，"他们有点骂人了，骂洋人叫'洋鬼子'，骂军阀叫'抢钱司令'，骂土豪劣绅叫'为富不仁'。"（《毛泽东选集》第1卷，人民出版社1991年版，第5页）

例中的"为富不仁"，典出《孟子·滕文公上》。是孟子答滕文公问为国之事时用以批判阳虎的话。阳虎认为，若要发财致富，就不能讲仁义；要讲仁义，就不能发财致富。这一句话具有广泛的影响，是人们对于那些靠使坏主意发家致富的人的一种指责。

毛泽东在这里将这个贬义词予以贬用，使其用语显得十分的精当。文中的四个"骂"字，排列有序，环环相扣，骂得有理有据，"为富不仁"一典入文，对"洋鬼子""军阀"和土豪劣绅来说，有如重棒一击。

13. 贬意褒用一典故　入情入理态度明
——毛泽东的"贬意褒用"运用典故法

所谓贬意褒用，就是说，典故其本身的意义带有一定的不大好的评价的意思，而在运用这一典故时，不是按其原来不好的评价的意思，却是使之转而具有赞扬之意。

比如，"在第二时期内，必须建立农民的绝对权力。必须不准人恶意地批评农会。

必须把一切绅权都打倒，把绅士打在地下，甚至用脚踏上。所有一切所谓'过分'的举动，在第二时期都有革命的意义。质言之，每一个农村都必须造成一个短时期的恐怖现象，非如此决不能镇压农村反革命派的活动，决不能打倒绅权。矫枉必须过正，不过正不能矫枉。"（《毛泽东选集》第1卷，人民出版社1991年版，第17页）

例中的"矫枉过正"，亦称"矫枉过直""矫枉过中""矫枉过当"。早于《后汉书》的《越绝书·篇叙外传记》就称为"矫枉过直"。"矫枉过正"典出范晔《后汉书·仲长统传》。"矫枉过正"一典，是东汉末年思想家仲长统《理乱篇》中的一句话，是作者在分析封建王朝盛衰、人民受其害中的一句话。其意是说，在纠正错误时过了头、超出了一定的限度。亦即是"过分"的意思。

毛泽东在这一段话中，在当时那种特定的环境与条件下，赋予了"矫枉过正"以崭新的革命内容，将这一带有贬意的典故语，褒而用之。在分析中国农村的社会现实后，指出这样一种"矫枉过正"是当时革命的需要，是打乱农村剥削阶级旧章法、旧秩序的需要。他提出"矫枉必须过正，不过正不能矫枉"，重在化颇有贬意的"矫枉过正"为有褒扬之意而用之。

14. 贬意拆用一典故　事理明白又生动
——毛泽东的"贬意拆用"运用典故法

所谓贬意拆用典故，就是说，将具有贬意的典故的内容分拆出来，结合所要阐述的问题进行论述，则往往可以获取很好的论证效果。比如，"马克思主义者看问题，不但要看到部分，而且要看到全体。一个虾蟆坐在井里说：'天有一个井大。'这是不对的，因为天不止一个井大。如果它说：'天的某一部分有一个井大。'这是对的，因为合乎事实。"（《毛泽东选集》第1卷，人民出版社1991年版，第149页）

例中的"井底之蛙"或曰"坐井观天"，典出《庄子·秋水篇》。这是众所周知的一个带有讽刺意味的典故，它对于那些见识短浅的人物，是一个生动的写照。毛泽东在这段文章里，并没有直截了当地用"井底之蛙"或"坐井观天"，如果直接地用，反而要费不少的笔墨才能把自己"马克思主义者看问题，不但要看到部分，而且要看到全体"的命题说清楚道明白。但是作为语言学家的毛泽东敏捷地选择了这个典故，不过他并不将这个典故搬而用之，而是将虾蟆拟人化，即模拟虾蟆的话将这一典故拆而用之。先是将此话来一个否定，后是通过逻辑推理，将此话进行肯定。这样一来，毛泽东的论证便哲理明白而且形象生动。这对于张国焘等人所说的中央红军失败了的不实之词，是一个很有力的批判。

15. 贬意析用一典故　"峰回路转"创新说
——毛泽东的"贬意析用"运用典故法

所谓贬意析用，就是说，将一个具有贬意性质的典故，在使用时予以分析综合，使

原来的典意发生变化，用以达到论证自己的观点或是创造一种新说。

比如，"任何一种东西，必须能使人民群众得到真实的利益，才是好的东西。就算你的是'阳春白雪'吧，这暂时既然是少数人享受的东西，群众还是在那里唱'下里巴人'，那末，你不去提高它，只顾骂人，那就怎么样骂也是空的。现在是'阳春白雪'和'下里巴人'统一的问题，是提高和普及统一的问题。不统一，任何专门家的最高级的艺术也不免成为最狭隘的功利主义；要说这也是清高，那只是自封为清高，群众是不会批准的。"（《毛泽东选集》第3卷，人民出版社1991年版，第864－865页）

例中的"阳春白雪"和"下里巴人"，典出《文选·对楚王问》。典意是说，楚国的顷襄王问宋玉，说宋玉的行为是不是有不检点之处。娴于言对的宋玉回答楚王时，以唱歌中的曲子的高下作为比喻。将《下里》、《巴人》视为低级的，将《阳春》、《白雪》视为高级的。从而得出曲高和寡的结论。继而，又将自己比作凤凰、鲲鱼，把群众比作麻雀、泥鳅之类。从而巧妙地为自己的"不检点"问题作出有力的辩解。综览其说，由此而可得知，《下里》、《巴人》是具有一定的贬意。

毛泽东在其文章中，经过将这两个典故进行分析论说，去掉了宋玉在论辩时的褒贬之意，化"阳春白雪"为"提高"之意，化"下里巴人"为"普及"之意，结合当时的情况，在对某些知识分子的"阳春白雪"式的清高进行了分析批判之后，十分巧妙地借助"阳春白雪"、"下里巴人"中的"高下"之分，把普及与提高的关系形象地表述出来。由论"阳春白雪"、"下里巴人"的笔势和思路，自然而然地进入到论提高与普及了，这种写法和用典之法，使讲话有"峰回路转"、"柳暗花明"之妙，也是笔者在研究典故的运用中所罕见的。

16. 贬意扩用一典故　批判语言有力度
——毛泽东的"贬意扩用"运用典故法

所谓贬意扩用，就是说，在运用具有贬意的典故时，为了加强作者的写作意图的表述，适当地加入带有贬意性质的词语，以强调作者的写作意图。

比如，"宗派主义者不把老干部看作党的宝贵资本，大批地打击、处分和撤换中央和地方一切同他们气味不相投的、不愿盲目服从随声附和的、有工作经验并联系群众的老干部。他们也不给新干部以正确的教育，不严肃地对待提拔新干部(特别是工人干部)的工作，而是轻率地提拔一切同他们气味相投的、只知盲目服从随声附和的、缺乏工作经验、不联系群众的新干部和外来干部，来代替中央和地方的老干部。这样，他们既打击了老干部，又损害了新干部。（《毛泽东选集》第3卷，人民出版社1991年版，第986－987页）

例中的"气味相投"，典出宋代葛长庚《水调歌头》："天下云游客，气味偶相投。暂时相聚，忽然云散水空流。"又见，明代冯维敏《不伏老》第3折。语云："止有老友梁太素，隐居南山之麓，不屑小就，正与小生气味相投。""气味相投"这一典故，在这一段文字中是不具贬意的。仅指脾气、志趣相同、合得来而已。但随着时代的发展，在其演变中逐渐具有了贬意，如坏的脾气、志趣合得来，化成了"臭味相投"之意。

毛泽东在这一段文章的论述中，对宗派主义者深恶痛绝，在运用"气味相投"这一典故之前与之后，都扩用了不少与"气味相投"具有相反意义或同具贬意的词语。在"气味相投"之前与之后，用了"气味不相投"、"不愿盲目服从随声附和"等字词。而在"气味相投"之后，用了"只知盲目服从随声附和……"毛泽东在写作这段文字时，将"气味相投"这一贬义的典故语前后予以扩用，揭示了宗派主义的种种表现形式和其特点，揭示了宗派主义对中国革命事业的种种危害及其反动本质，这就大大增强了对于宗派主义的批判力度。

（三）从创作手法与修辞手法角度，看毛泽东妙用典故的基本手法

典故，从总体方面来看，是由事典与语典两大方面构成。但是，事典与语典也只能是大致地分类而已。而实际上，事典中有时隐藏于语典之内，语典也有时隐藏在事典之中，这二者之间，相当多的情况是，你中有我、我中有你。

为了对运用典故的基本手法有个更为全面的了解，本人拟从创作手法与修辞手法运用的角度，对毛泽东运用典故的基本手法从这一角度予以大概的分类与探讨。

17. 摘取佳句用典故　为己论说添论据
——毛泽东的"摘取佳句"运用典故法

所谓摘取佳句用典，就是说，从古人的诗文中有选择性地摘取上下紧相联系的、为作者自己所需要的佳言妙句，使之成为作者自己的诗文中的一个句子，用以为自己的文论增添论据，以说明问题。从创作手法和修辞手法的角度来说，摘句也是引用的一种形式。

比如，"讲到学习运动，古人讲过：'人不通古今，马牛而襟裾'。就是说：人不知道古今，等于牛马穿了衣裳一样。什么叫'古'？'古'就是'历史'，过去的都叫'古'，自盘古开天地，一直到如今，这个中间过程就叫'古'。'今'就是现在。我们通现在是不够的，还需通过去。延安的人要通古今，全国的人要通古今，全世界的人也要通古今，尤其是我们共产党员，要知道更多的古今。通古今就要学习，不但我们要学习，后人也要学习，所以学习运动也有它的普遍性和永久性。"（《毛泽东文集》第2卷，人民出版社1991年版，第117页）

"人不通古今，马牛而襟裾"，典出唐朝韩愈《符读书城南》诗中，也是后人收入《增广贤文》中的句子，因而具有其通俗性。毛泽东在摘取这两句诗之后，以此为证据，并就这两句诗进行了创造性的鉴赏与解释，紧紧地结合当时的革命斗争现实，把开展学习运动的重要性提到了一个全所未有的新高度。

18. 集句成文用典故　为己言谈增情趣
——毛泽东的"集句"运用典故法

所谓集用佳句用典，就是说，作者从古人的诗文中，将其上下并不连贯的佳句挑选出来，使之成为作者自己诗文中的一个句子，用以说明自己的创作意图，以增添作品的情趣或感染力。从创作手法和修辞的角度来看问题，集用也是引用的一种形式。

比如，1964年2月13日，"在春节座谈会上，毛泽东曾一本正经地说：'听说溥仪生活不太好，每月只有180多元薪水，怕是太少了吧！'说到这里，毛泽东转向在场的章士钊说：'我想拿点稿费通过你送给他改善生活，不要使他"长铗归来乎食无鱼"，人家是皇帝嘛！'"（王永盛、张伟：《毛泽东的语言艺术》，山东大学出版社1991年版，第158页）

例中的"长铗归来乎食无鱼"，典出《战国策·齐策四》。其典意是讲孟尝君手下的一个叫冯谖的门客，歌以"长铗归来乎食无鱼"，以表示自己对孟尝君所给予的生活待遇之不满。毛泽东在与章士钊谈话时，念及溥仪的生活水平，以十分幽默的语气集用《齐策》中冯谖之歌，一表对溥仪生活的关心；二表关心人要主动、要诚心诚意，不要等到人家叫困难时再来解决；三显毛泽东高超的语言艺术，集用名句于言谈之中，使其言语表达富于情趣、有深度和力度且富于历史感。

19. 引句成文用典故　为己文论添活力
——毛泽东的"引句"运用典故法

所谓引用佳句用典，就是说，作者从古人的诗文中，将其上下连贯佳句或是一段精妙的内容挑选出来，使之成为作者自己诗文中的一个组成部分，用以表现作者的创作意图，或使之成为其论说的证据，或为其增添文论的文彩……从创作手法与修辞的角度来看，引用古诗文联语是用典中较为常见的一种形式。

比如，"有一副对子，是替这种人画像的。那对子说：'墙上芦苇，头重脚轻根底浅；山间竹笋，嘴尖皮厚腹中空。'对于没有科学态度的人，对于只知背诵马克思、恩格斯、列宁、斯大林著作中的若干词句的人，对于徒有虚名并无实学的人，你们看，像不像……"（《毛泽东选集》第3卷，人民出版社1991年版，第800页）

例中的"墙上芦苇，头重脚轻根底浅；山间竹笋，嘴尖皮厚腹中空"，典出明朝解缙所创作的一副名联。这一副名联在中国民间也很有影响。解缙以治学严谨著称，他平生就看不起那些徒有虚名而并无真才实学的人。传说有一次，一个并无真才实学的秀才要与他对对联，该秀才的出联是："牛跑驴跑跑不过马；鸡飞鸭飞飞不过鹰。"这样的对联，解缙听后只能是一笑了之，于是解缙作了毛泽东所引用的这一副对联回敬他。

毛泽东在这一段文字中，一字不省地引用解缙的这一副对联，使毛泽东的这一整段批判文字充满了活力，对于批评那些只知背诵理论词句而并无真才实学的人，这是最好、最形象，因而也是用以批判最为深透有力的一个典故材料。

20. 浓缩概括用典故　诗文精练意蕴深
——毛泽东的"浓缩概括"运用典故法

所谓浓缩概括用典，就是说，将较为长的事典或语典，将其典意浓缩概括用于自己的诗文之中，用以表情达意。从创作手法与修辞的角度来看，人们通常又称之为暗引。而就用典而言，人们通常称之为暗用典故。

比如，1957年11月2日至21日，毛泽东率领中国代表团第二次出访苏联。"苏共中央在两个会议结束时举行宴会，招待各国党的代表团。毛泽东同志祝酒说：'我们开了两个很好的会，大家要团结起来，这是历史的需要。中国有句古语：两个泥菩萨，一起打碎，用水调和，再做两个。我身上有你，你身上有我。'"（郭思敏：《我眼中的毛泽东》，河北人民出版社1990年版，第119页）

例中的"两个泥菩萨，一起打碎，用水调和，再做两个。我身上有你，你身上有我"，典出元人管道升的小诗《我侬曲》。其曲是："你侬我侬，忒煞情多；情多处，热似火。把一块泥，捻一个你，塑一个我，将咱两个一齐打破，用水调和；再捻一个你，再塑一个我。我泥中有你，你泥中有我；与你生同一个衾，死同一个椁。"对比毛泽东所说的话，我们可以知道，其话就是浓缩概括这一首小曲而成的。而这一首小曲，实际上就是一个典中含典的典故，就用典者来说，这支小曲是一个典故。而这支小曲，其背后又有典故（即一个故事）。

这个典故的背后内容是说，元代的大书法家赵孟頫拟纳妾，这位书法大家又不好直说，于是作曲示意，其中有曲句云："岂不闻王学士有桃叶、桃根，苏学士有朝云、暮云？我便多娶几个吴姬、越女无过分。"并安慰她说："你年纪已过四旬，只管占住玉堂春。"十分贤惠多才的管夫人不便发作，遂作此曲以回示。这一首曲，十分有效地制止了赵孟頫风流艳事的发生。

毛泽东在大会上的讲话中，十分简明扼要地浓缩概括了这一首曲子，亦即是高度地浓缩了这一个典故的内容，使原来的曲子显得更为精练简明，曲意在新的条件下，其意蕴更为精深。毛泽东的这一段讲话，正是借助浓缩这一典故，将全世界的无产阶级政党之间这样一种利益一致、奋斗目标一致的关系，以十分幽默风趣而又不失严肃认真的方式表达出来，同时也暗含着对大国沙文主义的批判。这一典故的妙用，令各国无产阶级领导人为之倾倒，赢得了大会全场的一片热烈的掌声。

21. 开扩拓展用典故　旧典可成好"素材"
——毛泽东的"开扩拓展"运用典故法

所谓开扩拓展用典，就是说，往往取用好的典故为诗文讲话的素材，通过将其开扩拓展，将这样一个旧的典故，或在其前头予以加字词，或在其末尾予以加字词，或在其中段予以加字词。这样，将其化而为一个具有全新内容的诗文或讲话材料。

比如，"但我们所说的中国革命高潮快要到来，决不是如有些人所谓'有到来之可能'那样完全没有行动意义的、可望而不可即的一种空的东西。它是站在海岸遥望海中已经看得见桅杆尖头了的一只航船，它是立于高山之巅远看东方已见光芒四射喷薄欲出的一轮朝日，它是躁动于母腹中的快要成熟了的一个婴儿。"（《毛泽东选集》第1卷，人民出版社1991年版，第106页）

例中的"可望而不可即"，就诗句而言及其在诗中的本来意义而言，其典出自明人刘基《诚意伯文集·登卧龙山写怀二十八韵》中的一组诗。其诗云："白云在青天，可望不可即。浩歌梁甫吟，忧来凭胸臆。"其诗之意是说，我的远大理想，有如白云在天，可望不可即，难于实现啊！只有常吟诸葛亮所作的梁甫吟，以解心中之忧！毛泽东在对中国革命持悲观失望主义的林彪等人进行批评教育时，引用"可望不可即"一语时，并在其前加写悲观主义者的话语和观点，使"可望而不可即"一语，将其与"有到来之可能""没有行动意义"连读时，一则可以加强这一段话语的语势，从而使"红旗到底能打多久"的悲观主义者的论调富于形象化；二则扣合了刘基的诗的本意；三则可以为后文中的三个"它是"储势，毛泽东手持彩笔饱蘸彩墨，一笔而下时，即是一幅壮丽无比的革命蓝图。从而使自己的论述十分有力，产生了令人们不得不坚信星星之火、可以燎原的宣传效果，形成了双方的观点和看法的强烈对比，给人以深刻的教育。

关于"可望而不可即"一语，明人宋濂《危孝子传》中亦有"视吾贞眆，则若威风之翔于千仞，可望而不可即，得与失又为何如哉。"清人吴趼人《二十年目睹之怪现状》第98回："所以虽是牛鬼蛇神的妓女，他见了就如海上神仙一般，可望而不可即的了。"这里的"可望而不可即"与刘基的"可望不可即"，有一定的语意差距，其所在之意境，都与毛泽东所要表现的林彪等人悲观失望情境不十分吻合。故而用语典之首出——刘基之诗品析之。

22. 置换字词用典故　满足行文之所需
——毛泽东的"置换字词"运用典故法

所谓置换字词用典故，就是说，将原有的典故，在不改变其字词多少的情况下，在原有的典故中置换入用典故作者所需要的字词，从而达到作者自己的创作目的。这样一种情况，在语典的运用中表现尤为突出。

比如，"青年毛泽东在学校曾有'毛奇'之称。毛奇(MOIKT)系德国时普鲁士著名将领，在普法战争中功绩卓著。同学们以此称他，谐其音以表奇特之士的意思。因他常对人说：'丈夫要为天下奇(此乃宋代王庭珪送胡邦衡诗句)，即读奇书，交奇友，创奇事，做个奇男子。'毛泽东这种特立独行的人格主张，反映出朝气蓬勃的人生观和高昂的奋斗意志。"(陈晋：《毛泽东与文艺传统》，中央文献出版社1992年版，第79页)

例中的"丈夫要为天下奇"，典出宋人王庭珪《送胡邦衡之新州贬所二首》［其二］。其诗云："大厦元非一木支，欲将独力柱倾危。痴儿不了公家事，男子要为天下奇。当日奸谀皆胆落，平生忠义只心知。端能饱吃新州饭，在处江山足护持。"这一首诗中的胡邦衡即胡铨，因丞相秦桧主和，他大胆上疏请杀秦桧和使臣王伦、参政孙近。其文激动人心而传诵一时。故而触怒了秦桧，被贬监于广州盐仓。后除名编管新州。一时间士大夫畏罪莫敢与之谈话，唯有诗人王庭珪激于忠愤作此诗相送，以致坐讪谤。全诗赞胡铨之忠义，斥秦桧之误国。尤其是"痴儿不了公家事，男子要为天下奇"两句，前刺秦桧，后称胡铨，对比强烈，讥讽辛辣。毛泽东在运用此句之时，我们知此句之出典，一方面可知毛泽东对于前贤的奋斗精神之敬仰；另一方面，将男子置换为丈夫，"丈夫"含有"大丈夫"之意，这一置换，使整句更富有英雄之气，与下面所讲说的"读奇书、交奇友、创奇事、做个奇男子"紧相契合且避开了与"奇男子"的重出，充分显现了青年毛泽东的人格主张、世界观、人生观以及奋斗意志。

23. 颠倒语序用典故　妙言秀句堪称道
——毛泽东的"颠倒语序"运用典故法

所谓颠倒语序运用典故法，就是为了适应语境的某种特殊的需要，将典故语言的语序颠倒。这样的用典之法，称其为颠倒语序法。这也是造成一个典故，有时会出现多种典形的重要原因之一。

比如，在毛泽东《渔家傲·反第二次大"围剿"》中的"为营步步嗟何及"中的"为营步步"一典，实为"步步为营"一典的语序颠倒。毛泽东在这首未定稿中，原为"步步为营嗟何及"，改"步步为营"为"为营步步"，增强了这一典故语的新颖感，因而更富于胜利后的调侃味和对敌的讽刺味。

又如，在毛泽东《七律·和柳亚子先生》中"牢骚太盛防肠断，风物长宜放眼量"中的"肠断"，就是语典"断肠"的倒序；而在《七律二首·送瘟神》中"春风杨柳万千条，六亿神州尽舜尧"中的"舜尧"两个人名典，就是"尧舜"的倒序。毛泽东的倒序，则是为了协律选韵的需要。

24. 相近相关"成块"用　醒目突出感受深
——毛泽东的"块状"运用典故法

所谓相近相关"成块"用，就是块状运用典故的一种手法，就是将两个或两个以上的意义相关或相近的典故，紧挨一起形成典故的块状连续地运用，笔者称其为"块状"

毛泽东妙用典故精粹

运用典故法。这样的用典，特别能够加强语言的气势、加强论辩力度。比如，"楚汉成皋之战、新汉昆阳之战、袁曹官渡之战、吴魏赤壁之战、吴蜀彝陵之战、秦晋淝水之战等等有名的大战，都是双方强弱不同，弱者先让一步，后发制人，因而战胜的。"（《毛泽东选集》第1卷，人民出版社1991年版，第204页）

这一系列以弱胜强的典故战例，形成了一个典故的大块状，有其气势磅礴、无可辩驳、让人不得不信服的论证力。

25. 多个典故连续用　说明问题有重点
——毛泽东的"连续"运用典故法

所谓连续运用典故法，与块状运用典故法颇有相似之处，所不同的是所运用的典故，不一定是典意相近的典故语，它可以是典意不同甚至相反的典故语。其作用是所论说的问题重点突出、明白准确。

比如，"现在是'阳春白雪'和'下里巴人'的统一问题，是提高和普及统一的问题。"（《毛泽东选集》第3卷，人民出版社1991年版，第865页）

这里连续而用的两个典故，其典意是相反的，一个喻"提高"，一个喻"普及"，对比明晰，表意重点突出、明白准确。

26. 典故常蕴多义性　派生出新妙双关
——毛泽东的"双关"运用典故法

所谓双关运用典故法，就是说，用典者充分利用某些典故语除了其字面意义和该典的典源本义之外，还有其派生意义造成典故语的双关意义的一种用典手法。这种双关之典，往往有"言在此而意却兼及彼"之妙。这个问题初次谈及不大好懂，选取实例分析后就会自然明白。

比如，毛泽东在其《七绝二首·纪念鲁迅八十寿辰》（其二）："鉴湖越台名士乡，忧忡为国痛断肠。剑南歌接秋风吟，一例氤氲入诗囊。"

例中的"诗囊"，就具有派生的双关之意义。"诗囊"一典，原指李贺作诗的一种方法。据唐人李商隐的《李长吉小传》载：唐李贺常"背一古破锦囊，遇有所得，即书投囊中"。而这里的"诗囊"，就不是完全意义上的李贺"诗囊"，它派生出了是诗歌的精华之意义，特指鲁迅继承历史上陆游与秋瑾的爱国诗风之意，将陆游与秋瑾的爱国诗风，融会于自己的诗歌创作之中。"诗囊"一典，在毛泽东这首七绝中，既关涉了"诗囊"之本义，又妙合了鲁迅诗歌爱国之渊薮。这种将典故语的双关运用之妙，颇能令人品味得趣、深思后知创作之旨！

又如，毛泽东在其《贺新郎·别友》中的："今朝霜重东门路，照横塘半天残月，凄清如许。"

诗中的"东门"与"横塘"均有双关之妙。"东门"与"横塘"，一为写实，因为毛泽东写此诗时，当时和杨开慧就住在长沙小吴门外清水塘22号。这个小吴门就是长沙老市区的"东门"，清水塘亦即"横塘"，这在毛泽东的词中是可以这样坐实的。而"东门"与"横塘"又关涉到毛泽东与杨开慧相恋相爱、离愁别恨交聚之所。且看《诗经》中的《出其东门》、《东门之墠》、《东门之池》、《东门之杨》等，古乐府中有《东门行》，南明宋人鲍照有拟乐府《东门行》等等，在这些诗歌中，可谓奏响着一曲曲的"东门恋歌"；"横塘"亦多出现在诗词中表达男女恋情。如唐人崔颢的《长干行》中的"君家何处住？妾住在横塘"，前蜀牛峤的《玉楼春》中有"春入横塘摇浅浪，花落小园空惆怅"，宋人贺铸《青玉案》中有"凌波不过横塘路，但目送芳尘去，锦瑟年华谁与度？"宋人赵师侠的《双头莲令》中有"红苞翠盖出横塘，两两斗芬芳"等等，都是妇女居所之借指和情意浓浓恋情之表达。知此双关之意，读后令人回味无穷！

27. 胸藏"锦绣"佳句来　无心栽花花自开
——毛泽东的"聚锦参合选优式"运用典故法

这是用典中一种常见的方式方法，也是人们不大关注的方式方法，这一方式方法的运用，将会牵涉到诗文中的用典后对于诸多问题的解说，故有必要详细一论。

何谓"聚锦参合选优式"运用典故法？在探讨这个问题之前，先有必要看一看诗歌史上的下列现象或曰作诗经验：宋人吴曾在其《能改斋漫录》卷8中有云：前辈读诗与作诗既多，则遣词措意皆相像以起，有不知其然者。

吴曾这段话语的意思，在后来的《红楼梦》第48回中，曹雪芹借黛玉与香菱的对话，以作诗的体会说得更为详尽具体。曹雪芹写道：

你只听我说，你若真心要学，我这里有《王摩诘全集》，你且把他的五言律读一百首，细心揣摩透熟了，然后再读一二百首老杜的七言律，次再李青莲的七言绝句读一二百首。肚子里先有了这三个人作了底子，然后再把陶渊明、应玚、谢、阮、庾、鲍等人的一看。你又是一个极聪明伶俐的人，不用一年的工夫，不愁不是诗翁了！

被人们称为诗神的毛泽东，于1929年9、10月在闽西养病期间，有时教贺子珍学习诗词。他在回答妻子贺子珍如何能写好诗时，通俗地解说道："写诗不难，要多读、多背诗，叫'熟读唐诗三百首，不会写诗也会吟'。"（刘汉民：《毛泽东诗话词话书话集观》，长江文艺出版社2002年版，第25页）

为什么"熟读唐诗三百首，不会写诗也会吟"呢？且看下面的一种解说。因为这一种解说与"聚锦参合选优式"运用典故之法有诸多的相通之处，故笔者引于下：

古语说："熟读唐诗三百首，不会作诗也会吟。"两句古谚确实包含着一定的道理。首先，通过熟读可以准确掌握各种诗体。其次，熟读也可以使学诗者体味各种诗体一般适宜于表现何种题材、情绪，具有何种特色，如"五言绝尚真切，质多胜文；七言

绝尚高华，文多胜质"（胡应麟《诗薮》）等等，以便选择最恰当的形式，充分抒发诗情。再次，熟读也便于揣摩谋篇布局、熔铸意境的技巧。但是我以为，"熟读唐诗三百首"的最大好处是可以熟悉古典诗歌的常用语，这是从"不会吟诗"走向"也会吟"的捷径。诗歌用语是构成诗篇的基本材料，正如砖对于大厦之不可或缺。因而，掌握丰富的诗歌词汇是写出大量风格多样的诗的基本条件之一。（夏晓虹：《诗界十记》，浙江文艺出版社1991年版，第82页）

　　将这一段话借用来解说"聚锦参合选优式"用典之法，可以说有"借花献佛"之妙。因为在这一大段的解说中，"首先"与"其次"所列出的这两种情况，完全适合"聚锦参合选优式"用典之法。而"再次"中所陈述的这些理由，同样完全适合"聚锦参合选优式"的用典法，因为古典诗歌中的常用语，其中就包含了大量的典故语。在这里道出了这样一个作诗的规律，即功到自然出好诗。

　　且看《楚辞·云中君》中有句曰："浴兰汤兮沐芳。"《楚辞·渔父》中有："新沐者必弹冠，新浴者必振衣。"到了李白的《沐浴子》中则有："沐芳莫弹冠，浴兰莫振衣。"句中的"沐芳""弹冠""浴兰""振衣"出处明矣！这有可能是李白有意嵌藏用典，亦可能是他无意用典，因为其"读书破万卷，胸藏典故多，一旦诗兴起，落笔典自来"的结果，这亦是前贤与时贤们的深切体会。如果多读、多记、多背前贤和时贤乃至时人的诗文话语，一旦遇到诗兴喷涌，则妙诗佳句自然而成。

　　说到要多读、多记前贤时贤的诗文话语，也许人们能够理解，但提及记下时人的话语，则人们多不理解，这里笔者引下清人袁枚在其《随园诗话》中记下的一段作诗的经验体会：

　　村童牧竖，一言一笑，皆吾之师，善取之，皆成佳句。随园担粪者，十月中，在梅下喜报云："有一身花矣！"余因有句云："月映竹成千'个'字，霜高梅孕一身花。"余二月出门，有野僧送行，曰："可惜园中梅花盛开，公带不去。"余因有句云："只怜香雪梅千树，不得随身带上船。"（引自于忠善：《古文百篇译释续编》，天津人民出版社1984年版，第195页）

　　这就是向大众学习语言、积累素材、开启文思的典型之例。

　　所以说，掌握了前贤和时人的作诗论文的方式方法，必然会有大量的富于典意的作诗习文的资料的积累，加之又有自己的丰富的生活素材，就会如毛泽东在谈创作《忆秦娥·娄山关》中的名句"苍山如海，残阳如血"的由来和体会时所说的那样，是在战争中积累了多年的景物观察，一到娄山关这种战争胜利和自然景物的突然遇合，就造成了他自以为颇为成功的这两句话。（中共中央文献研究室编：《毛泽东诗词集》，中央文献出版社2003年版，第47页）

　　基于上述，现在让我们回到毛泽东的聚锦参合选优式用典的问题。

所谓聚锦参合选优式运用典故法，就是因为毛泽东精通文史典籍，熟读了大量的诗词歌赋文章，"他能全文背诵的诗词不计其数，所以他在写古诗词时，从不翻书，而是凭着自己过人的记忆。"（谢德萍：《大笔一挥天地惊——论毛泽东书法艺术》，陕西人民出版社1998年版，第226页）正因为有着极强的记忆力，这就在他的头脑中储存了丰富无比、美如织锦般的前代与同代富于典意的诗词名文佳句可供参考、可供传承、可供改造、可供加工、可供选优、可供提炼、可供创新、最终参考离合成诗成文，传颂于世。这是毛泽东妙用聚锦参合选优式用典法写出妙诗妙文的基础，也是古今诗文大家妙用聚锦参合选优式用典法写出千古名篇的重要条件。

所以毛泽东一旦诗文之兴到来，前贤、时人们那些有如锦缎之美的妙句、佳词、典故等等，便会自然而然地浮现其脑际，一道涌现其笔端，此时的毛泽东便可参合（即参考离合）前贤时贤的作品的体裁、题材、表现手法、优选词语和典故，经过一番的参考、不时的分离与组合，就会伴随着他的生活体验而熔铸出自己词语妙文，这些跃然于纸上的精品，就会有"不啻自其口出"（刘勰：《文心雕龙·事类》）之妙。

这些经过参考、分离、品味、优选，最后而出珍品的诗文，其中那美如织锦般的典故语词，有的是毛泽东着意妙嵌其中的，有的则是他无意而"捎带"入诗词、妙文和讲话中的。

这种现象，只要我们细读毛泽东的诗文，是能够体味出来的。这正如我国著名作家、诗人冰心，在读了毛泽东诗词后，深有体会地说，毛泽东的诗词创作是"自然倾吐"，她这样写道："我一向认为毛主席写诗词，不像我们祖国古往今来的诗人、词人那样，是'做'的，'填'的。毛主席的诗词是他在革命斗争时期和社会主义建设时期，随时随地的思想感情，采用古典诗词的文字形式的自然倾吐，它们像爆发的火山一样，红光冲天；像奔流的巨瀑一样，浪花飞溅！他对于古典诗词有很深的爱好和修养，出口成章，大气磅礴，豪迈精深。"（冰心：《毛泽东诗词鉴赏一得》，载臧克家主编《毛泽东诗词鉴赏》，河北人民出版社1992年版，第293页）

笔者将毛泽东的这种创作诗文妙用古典之法称其为"聚锦参合选优式"用典法。冰心的这种心得体会，正是她对于毛泽东能得心应手地妙用"聚锦参合选优式"用典之法的原因及其效果的形象解说。

这种用典之法，是毛泽东及古今著名诗人常用之法，这种用典之法，亦曾引起毛泽东的注意。1953年3月，他在读完鲁迅的《湘灵歌》时，注意到其"末句'太平成象盈秋门'后，在旁边批注：'从李长吉来。'李长吉就是唐代诗人李贺。李贺《自昌谷到洛后门》中有'九月大野白，苍岑竦秋门'"（谢德萍：《大笔一挥天地惊——论毛泽东书法艺术》，人民出版社1991年版，第226－227页）。虽说这种运用典故词语的现象有可能众人知之，但人们并没有引起足够的重视，并没有专门论及，我想，这也是时有

人问及为什么一首诗词，人们在考其句子之"来历"时，诸多出句难于"统一"的缘由之所在。这种"聚锦参合选优式"用典创作诗词文赋之法，因这种"织锦"般的典故词语（亦有作诗的富于典故意义的常用词语）不时妙入其中，既有作者之本意，也有作者之无意，这也就是造成"诗无达诂"之原因所在的重要方面，故笔者在此多举几例说明之。

比如，毛泽东在其《七古·送纵宇一郎东行》中的"年少峥嵘屈贾才，山川奇气曾钟此"。由于诗词的精练要求所致，诗中大量的典事及其含有典意的诗词句，必然是概缩前人妙语而入。

且看"年少"，据全句内容，当是出自《史记·屈原贾生列传》："廷尉乃言贾生年少，颇通诸子百家之书……""峥嵘"，唐人杜荀鹤《送李镡游新安》诗中有"邯郸李镡才峥嵘，酒狂诗逸难干名"，宋人陆游《秋风亭拜寇莱公遗像》中有："豪杰何心后世名，材高遇事即峥嵘。巴东诗句澶州策，信手拈来尽可惊。""屈贾才"，即屈原与贾谊，他们都是才华横溢、年轻有为的俊杰，这在《屈原贾谊列传》等资料中均有记载。可以说，"年少峥嵘屈贾才"一句，兼熔了上述有如"织锦"般的典故词语。而"山川奇气曾钟此"这一诗句，则有兼合下列典故词语之妙。唐人柳宗元《马退山茅亭记》中有"盖天钟秀于是，不限于遐裔也"；唐人王勃《滕王阁序》中有"物华天宝，龙光射斗牛之墟；人杰地灵，徐孺下陈蕃之榻"；清人曾国藩《题东山书院联》云："涟水湘山俱有灵，其秀气必钟英哲；圣贤豪杰都无种，在儒生自识指归。"上述这些妙文妙联，都是毛泽东熟记于心的，笔者在《楹联巨匠毛泽东》一书中曾考证，毛泽东对曾国藩此联，尤为欣赏，故有理由说，"山川奇气曾钟此"一句，确有兼合上述诸妙典、诸多佳句句意之妙。

又如，毛泽东在其《七律·答友人》中有名句"洞庭波涌连天雪"，我们看到与此相关的前人名句就不少。唐人刘长卿《自夏口至鹦鹉洲夕望岳阳寄元中丞》诗中有"汉口夕阳斜度鸟，洞庭秋水远连天"；唐人贾至《初至巴陵与李十二白裴九同泛洞庭湖三首》（其二）中有"枫岸纷纷落叶多，洞庭秋水晚来波"；唐人杜甫《秋兴八首》（其一）中有"江间波浪兼天涌，塞上风云接地阴"；唐人韩愈《八月十五夜赠张功曹》中有"洞庭连天九疑高，蛟龙出没猩鼯号"。这在大多数人看来，一般都会这样地认定：毛泽东的"洞庭波涌连天雪"，当是兼熔了"洞庭秋水远连天"、"洞庭秋水晚来波"、"江间波浪兼天涌"、"洞庭连天九疑高"的精华而成的精品之句。但是，对于"洞庭波涌连天雪"的由来，毛泽东却有自己明确的解说，他说："我的几首歪词，发表以后，注家蜂起，全是好心。一部分说对了，一部分说得不对，我有说明的责任……'洞庭波'，取自《楚辞》中的《九歌·湘夫人》：'洞庭波兮木叶下'。"（中共中央文献研究室编：《毛泽东诗词集》，中央文献出版社2003年版，第223－255页）毛泽东在这里明确地指出"洞庭波涌连天雪"中的"洞庭波"的由来，那么，"洞庭波涌连天雪"中的"连天雪"当是兼合下列各句而成，或是毛泽东自创而成。唐人李白的《横江词》中有"浙江八月何如此，涛似连山喷雪来"；唐人孟浩然的《与颜钱塘登樟亭望潮作》中有"惊涛来似雪，一座凛生寒"；唐人刘禹锡的《浪淘沙》中有"须臾却入海门去，卷起沙堆似雪堆"。宋人苏轼的《望海楼晚景》中有"海上涛头一线来，楼前指顾雪成堆"；如果从用典的角度来考虑，毛泽东的"涌连天雪"，当是糅合了上述名贤状写浪成雪诸句而成，或因毛泽东阅历丰富，又常爱搏击大风大浪，说是他人生的深切体会之句，并非刻意用典，也是可以的。

　　"聚锦参合选优式"用典之法，是不是仅仅用于诗词联语的创作？也不尽然，对于一位有着深厚文化底蕴的文章大家、用典高手而言，就是在政论文、书信等文体中，亦可见其"聚锦参合选优式"用典法的运用之妙。

　　如本书的第324题，《"分清敌我的问题""分清是非的问题"——毛泽东在〈关于正确处理人民内部矛盾的问题〉中所用典故探妙》。笔者指出，毛泽东在该篇名著中这样写道："老子在二千多年以前就说过：'祸兮福所倚，福兮祸所伏。'"而《老子·五十八章》中是这样说的："祸兮福之所倚，福兮祸之所伏。"毛泽东说此名言出自老子，其实更严格地是出自汉代贾谊的《鵩鸟赋》。该赋中云："祸兮福所倚，福兮祸所伏，忧喜集于门兮，吉凶同域。"毛泽东的引言比老子少了一个字，而与贾谊之语一字不差。是毛泽东说错了？是注家们注错了？都不是。从用典的角度来看，贾谊所用之典来自老子，毛泽东点明其引语来自老子，是道及了这个典故之源。注家们注其出自老子，也是注其典故之源。这是不错的。毛泽东精通老子，更爱读贾谊之文之赋。当其用老子之语典时，诸多涉及类似"祸兮福之所倚，福兮祸之所伏"的犹如织锦一般典形，便会在其脑海中如影片镜头般的一一"回放"，此时的他，便可选取其中更为精警简练的入文，于是就有了用典语与其所注明之出处中的典故语有字的多寡之别，于是就有了诸多同一诗词注释本的千差万别。这也就不足为奇。故笔者认为，这种"聚锦参合选优式"用典之法，常可致诗词妙句难以达诂之境地，同时也是作者创作才华最好的展示机会，杜甫有诗云："读书破万卷，下笔如有神。"（《奉赠韦左丞丈二十二韵》）这两句诗十分辩证地解释了"聚锦参合选优式"用典法。"神"何来之？来自"读破万卷书"，来自行万里路而获取知识的社会实践。正因为这样才有了综合前人的大量的典故资料本领，加之自己的丰富阅历，便可创作出全新的传世佳句。历代名贤是这样，毛泽东也是这样，在其诗文中给中华民族留下了不少的名言妙句！这是一笔宝贵的财富，也是笔者多列举典形于典源之后的主要原因之一。

（四）从运用典故的目的与作用，看毛泽东妙用典故的基本手法

我国著名学者范文澜先生有名联云："板凳要坐十年冷；文章不写一句空。"对于一般人来说，坐十年冷板凳容易做到，而要做到"文章不写一句空"是不能轻而易举办到的，这里有多方面因素，有多种多样的方法是需要艰苦努力训练才能达到的。其中在诗文中妙用典故，也不失为一法。运用典故，可以深化文章之主题，可以烘托情境，可以增添文化背景与内涵。从这个角度看毛泽东用典，又是别有一番妙趣的。

28. 诸典同时纳笔下　集中阐明一问题
——毛泽东的"多典一用"运用典故法

所谓多典一用运用典故法，就是说，用典者为了集中说明一个问题，往往"调动"多个典故、从不同的角度去阐明一个问题，往往能给人以深刻难忘的印象之妙。

比如，"由阎罗天子、城隍庙王以至土地菩萨的阴间系统以及由玉皇上帝以至各种神怪的神仙系统——总称之鬼神系统（神权）。"（《毛泽东选集》第1卷，人民出版社1991年版，第31页）

在这条例句里，毛泽东为了说明神权对中国农民的压迫与控制，集中地"调用"了"阎罗天子"、"城隍庙王"、"土地菩萨"、"玉皇大帝"、"上帝"等五个神名典故，是他们在天上地下、从古今中外，压迫、羁绊、控制着中国的农民。这诸多神名典故的集中运用，构成了一幅凶神恶煞的压迫农民的魔鬼神怪图，则中国农民所受的神权压迫之深重便凸显在读者的眼前，令人永世难忘。

29. 一典变意多次用　褒贬臧否有异同
——毛泽东"一典变意多次用"的运用典故法

所谓一典变意多次运用，就是说，毛泽东在运用某些典故之时，同样一个典故，用在不同的诗文中，其典意是不固定的，完全随着毛泽东的表意而变化着典故的典意。这决非一般的用典者所能为之。而毛泽东却能自如运用，如"鲲鹏"一典，且看下列诸例。

毛泽东在《七古·送纵宇一郎东行》（1918年4月）中有："君行吾为发浩歌，鲲鹏击浪从兹始。"这里的"鲲鹏"用的是褒义，借指罗章龙能像鲲鹏一样、破浪乘风、展翅翱翔；毛泽东在《蝶恋花·从汀州向长沙》（1930年7月）中有："六月天兵征腐恶，万丈长缨要把鲲鹏缚。"这里的"鲲鹏"一典，其典意为巨大的恶魔，泛指强大的敌人；毛泽东在《七律·吊罗荣桓同志》（1963年12月）中有："斥鷃每闻欺大鸟，昆鸡长笑老鹰非。"这里的"大鸟"亦即"鲲鹏"。这里的"鲲鹏"一典，所用的是"鲲鹏"的正面形象，是革命者的高大形象；毛泽东在《念奴娇·鸟儿问答》（1965年秋）

中有："鲲鹏展翅，九万里，翻动扶摇羊角。"这里的"鲲鹏"一典，则是对革命者高大形象的礼赞，全是褒义。

这样"一典变意多次用，褒贬臧否各不同"的用典之法，在毛泽东的诗文中，我们是常可见到的，这样灵活地变化典意，以随心意地喻今人今事的用典手法，真可谓深得用典之三昧。

30. 讲述故事用典故　指人指事有情节
——毛泽东的"讲述故事"运用典故法

所谓讲述故事用典，就是结合作者所要表达的内容，不直接将简短的一句话的典故用在诗文或讲话之中，而是将这一个典故词语的所原有的故事，用讲故事的形式表述出来，使其情节融会于行文或话语之中，用以暗示、特指、比照、评价、说明、阐述某一事件或现象等。

这样的用典方法，一般都通俗易懂、形象生动、富有情趣，是毛泽东提倡行文、讲话要通俗易懂的一贯主张的体现，是毛泽东接近工农兵群众、了解工农兵、理解工农兵的一种用典方式与方法。

毛泽东将比较深奥的典故用讲故事的方式，用在著作、讲话中是随处可见的。可以说，这是毛泽东在用典方式方法上的新创造。

比如，"党委的领导，是集体领导，不是第一书记个人专断……一切事情，第一书记一个人说了就算数，这是很错误的。哪有一个人说了就算数的道理呢？……这样的第一书记，应当叫做霸王，不是民主集中制的'班长'。从前有个项羽，叫做西楚霸王，他就不爱听别人的不同意见。他那里有个范增，给他出过些主意，可是项羽不听范增的话。另外一个人叫刘邦，就是汉高祖，他比较能采纳各种不同的意见。有个知识分子叫郦食其，去见刘邦。初一报，说是读书人，孔夫子这一派的。回答说，现在军事时期，不见儒生。这个郦食其就发了火，他向管门房的人说，你给我滚进去报告，老子是高阳酒徒，不是儒生。管门房的人进去照样报告了一遍。好，请。请了进去，刘邦正在洗脚，连忙起来欢迎。郦食其因为刘邦不见儒生的事，心中还有火，批评了刘邦一顿。他说，你究竟要不要取天下，你为什么轻视长者！这时候，郦食其已经六十多岁了，刘邦比他年轻，所以他自称长者。刘邦一听，向他道歉，立刻采纳了郦食其夺取陈留县的意见。此事见《史记》郦生陆贾列传。"（《毛泽东著作选读》（新编本，下册），人民出版社1991年版，第820－821页）

毛泽东在这里选取用"两王"——西楚霸王与汉王相争中，一个是刚愎自用，结果演出"别姬"的悲剧；一个是从谏如流，结果是一统天下。试想，这样的故事，没有文化的人听了会觉得新奇有趣；没有看过《史记》中这段故事的人，听了之后，也会想找来此书一读；有文化的知识分子，听了谁不会觉得挺值得回味。接着，毛泽东进而以楚

99

汉相争中这两位"第一把手"各自的特点，各自的故事，去比照我们的某些第一书记，便会极富情节、极富教育意义。这不是用一般的简单语典或事典所能达到的如此奇妙教育效果的。

31. 典故入文文增辉　解说到位显精妙
——毛泽东的"解说典故"运用典故法

所谓解说典故用典法，就是说，毛泽东在用了一个典故之后，接着就对该典故进行十分到位的解说，不仅解说该典故之典意，而重在解说毛泽东自己所要表述之意。毛泽东的这种解说典故法，就所用之典故的本身而言，往往能使所用之典的典意有所提炼、有所升华，有所创新，从而使表意精彩异常、语言熠熠生辉；对于读者而言，则有利于与读者的交流感更为贴近，这就大大有利于读者对所用典故的理解与接受。

比如，"既然必须和新的群众的时代相结合，就必须彻底解决个人和群众的关系问题。鲁迅的两句诗，'横眉冷对千夫指，俯首甘为孺子牛'，应该成为我们的座右铭。'千夫'在这里就是说敌人，对于无论什么凶恶的敌人我们决不屈服。'孺子'在这里就是说无产阶级和人民大众。一切共产党员，一切革命家，一切革命的文艺工作者，都应该学鲁迅的榜样，做无产阶级和人民大众的'牛'，鞠躬尽瘁，死而后已。"（《毛泽东选集》第3卷，人民出版社1991年版，第877页）

例句中的"横眉冷对千夫指，俯首甘为孺子牛"这是一个典中含典的典故。运用这样的典故表意，必须进行解说，这一典中含典的典故语，经毛泽东的解说，语言升华到了一个全新的境界，影响着一代又一代的革命者。

更有对典故语中的字词进行解说，使其古意完全成今意。比如，"这种态度，就是有的放矢的态度。'的'就是中国革命，'矢'就是马克思列宁主义。我们中国共产党人所以要用这根'矢'，就是为了要射中国革命和东方革命这个'的'的。这种态度，就是实事求是的态度。'实事'就是客观存在着的一切事物，'是'就是客观事物的内部联系，即规律性，'求'就是我们去研究。"（《毛泽东选集》第3卷，人民出版社1991年版，第801页）

毛泽东在这里对于典故语"有的放矢"、"实事求是"的精到解说，给人以清晰明了而难以忘怀的印象。

32. 行文用典有情境　情景交融读不厌
——毛泽东的"烘托情境"运用典故法

所谓烘托情境运用典故法，就是当典故的运用者在其情绪高涨的特定情境中，其精警之妙随思而至，举笔即成，与其所要表达之意妙相融合，烘托其所要表达之情境。这样的用典，独具艺术效果。

比如，"假如你们也没有什么对付日本人的'蒙汗药'、'定身法'，又没有和日本人订立默契，那就让我们正式告诉你们吧：你们不应该打边区，你们不可以打边区。'鹬蚌相持，渔人得利'，'螳螂捕蝉，黄雀在后'，这两个故事，是有道理的。……可痛也夫！可耻也夫！"（《毛泽东选集》第3卷，人民出版社1991年版，第905页）

在这一段斥责、质问与批判国民党反动派的文字中，毛泽东共用了"蒙汗药"、"定身法"、"鹬蚌相持，渔人得利"、"螳螂捕蝉，黄雀在后"四个各具情节、各有故事的典故。这四个典故的运用，烘托了讽刺嘲笑、庄谐相济的情境，使整段文字有相错成句、文采横溢、起伏变化、跌宕多姿之妙！

33. 选用典故详考虑　深化主题有招数
——毛泽东的"深化主题"运用典故法

所谓深化主题运用典故法，就是指典故的运用者，借助典故以起意，并不为典意典形所拘，尽快地将典意为己所用，使典意化为己意，这就尽快地紧扣进而深化了所论证的主题。

比如，"这两种人都凭主观，忽视客观实际事物的存在。或作讲演，则甲乙丙丁、一二三四的一大串；或作文章，则夸夸其谈的一大篇；无实事求是之意，有哗众取宠之心。华而不实，脆而不坚。自以为是，老子天下第一，'钦差大臣'满天飞。"（《毛泽东选集》第3卷，人民出版社1991年版，第800页）

毛泽东在这段话中，依次用了"夸夸其谈"、"实事求是"、"哗众取宠"、"华而不实"、"自以为是"、"老子天下第一"、"钦差大臣"七个典故，这七个典故，有的是成语形式的典故，它们都从各个不同的角度，表现了主观主义者们的某一个侧面的形象特征，读后均可以让你从周围复杂的人生社会中找到可以对号入座的"偶像"，给你以难忘的印象，这也就一步一步地深化着所要展示的对主观主义者批判的主题。

34. 内蕴丰赡显厚重　名作千古雄千秋
——毛泽东的"增添文化背景和文化内涵"运用典故法

所谓增添文化背景和文化内涵运用典故法，就是说，在诗文中运用看似多余的典故，实则将典故中所具有的文化背景与内涵，"渗透"用典者所要表现的思想内容之中。使人读罢有韵味无穷之妙！

比如，"在人民解放军伟大的胜利的攻势下，南阳守敌王凌云于四日下午弃城南逃，我军当即占领南阳。南阳为古宛县，三国曹操与张绣曾于此城发生争夺战。后光武帝刘秀，曾于此地起兵，发动反对王莽王朝的战争，创立了后汉王朝。民间所传二十八宿，即刘秀的二十八个主要干部，多是出生于南阳一带。"（《毛泽东新闻工作文选》，人民出版社1991年版，第263页）

毛泽东在这段文字中，从"南阳为古宛县"至"多是出生于南阳一带"，全是典籍故实，其中人名典就达28个之多。这些典故、典实、故事的加写，增添南阳的文化背景

与文化内涵，使人读罢有其深厚的历史文化之感，一个兵家必争之重镇，一个人文荟萃之要地，通过这段文字便跃然纸上！蒋介石为什么如此重视对南阳的严防死守之谜，亦即迎刃而解！真可谓是"绝非闲笔百余字，画龙点睛妙穿插"。

35. 典故内涵本丰富 演绎论证意境新
——毛泽东的"逻辑推理"运用典故法

所谓逻辑推理运用典故法，就是说，在运用典故时，运用逻辑推理的方式，将所用之典故进行逻辑推理，演绎出典故的新意，使典故的典意为自己的论题服务的一种用典方法。

比如，"人总是要死的，但死的意义有不同。中国古时候有个文学家叫做司马迁的说过：'人固有一死，或重于泰山，或轻于鸿毛。'为人民利益而死，就比泰山还重，替法西斯卖力，替剥削人民和压迫人民的人去死，就比鸿毛还轻。张思德同志是为人民利益而死的，他的死是比泰山还要重的。"（《毛泽东选集》第3卷，人民出版社1991年版，第1004页）

毛泽东的《为人民服务》这篇文章，是追悼、缅怀与赞扬因烧炭的炭窑崩塌而牺牲的、中央警卫团战士张思德的崇高精神品质的。毛泽东借助对自己所运用的典故的严密的逻辑推理，将张思德牺牲的人生价值揭示在世人的眼前，这样的逻辑推理用典法，具有极强的说理性。

36. 活龙活现译典意 陶冶聪慧幽默生
——毛泽东的"暗译典故入文"运用典故法

所谓暗译典故入文运用典故法，就是说，在诗文中（主要是文），依据行文的需要，将言简意赅、意蕴深厚的典故不直接引入文中，而是暗暗地、使人一时难于察觉将所要妙用之典故，予以生动形象地翻译于文中。文贵精而忌繁，将本是精警的典故翻译后入文，这本是写文章之大忌。但是，任何事情都有其两面性和特殊性。在某种特别的情况下，直接将典故入文还有不如妙译其典意入文来得生动形象和幽默。

比如，"马克思列宁主义理论和中国革命实际，怎样互相联系呢？拿一句通俗的话来讲，就是'有的放矢'。'矢'就是箭，'的'就是靶，放箭要对准靶。马克思列宁主义和中国革命的关系，就是箭和靶的关系。有些同志却在那里'无的放矢'，乱放一通，这样的人就容易把革命弄坏。有些同志则仅仅把箭拿在手里搓来搓去，连声赞曰：'好箭！好箭！'却老是不愿意放出去。这样的人就是古董鉴赏家，几乎和革命不发生关系。马克思列宁主义之箭，必须用了去射中国革命之的。"（《整顿党的作风》，载《毛泽东选集》第3卷，人民出版社1991年版，第819—820页）

毛泽东在这一段发人深省的文字里，用了一段嘲讽革命队伍中那些"古董鉴赏家"般的同志是如何"脱离"革命实际的。为了更生动地描绘和教育这些同志，毛泽东并不直接将典故"引而不发"或"开弓不放箭"或"只拉弓，不放箭"择一而用，而是将它们综合意译成文插入文中。这样一来，可以取得如下效果：一是避免了用典入文时出现可能的"生硬"；二是可以使典意引用得更为精当恰切。因为这三个典故，除了比喻虚张声势、故作姿态的一种狡猾的应付手段的贬义之外，还有比喻作好准备待机行事之褒义。这样的典故，经毛泽东意译成文插入文中之后，"作好准备，待机行事"之褒义消失殆尽，所剩者，只有嘲讽之贬义也；三是意译典意入文可强调毛泽东自己的创作主旨，借助对这类"古董鉴赏家"的形象描绘，增添了文章的幽默情趣，调节了与这些人之间的关系，让某些类似这号"古董鉴赏家"的人在毛泽东赋人以愉快的幽默嘲讽中陶冶自己的聪慧，受到教育与启迪。

37. 切姓切名切人事　千秋万代砺后昆
——毛泽东的"切姓切名切人事"运用典故法

大海无边水有源，大树入云有须根。同姓同名有豪杰，凝聚之力代代传。世人均有自己的祖先，均有自己的姓氏名号。每个人的姓氏、名字、事迹，如若将其与先祖中的名人显绩为典，巧妙与现实中的后人业绩勾连起来有目的地类比之，一旦用得妥贴恰到好处，不仅能达到人际关系中的和谐美，而且能产生独特的、情趣盎然的用典艺术效果。

切姓切名切事用典，古虽有之，仅笔者所见，当以毛泽东用得最为灵活多变。何谓切姓切名切人事用典，就是让典故中的有名人物与现实中的人物，或以其姓相切，或以其名相切，或以其事迹相切，或是三者同时相切。以达到理想的用典艺术效果。

中国的各个姓氏中，自有其金枝玉叶之根，均有一代宗师式的著名大人物。如有联云：太伯推位肇基梅里万世师表称至德，季子让国躬耕延陵百代帝王颂嘉贤。（福建省福清市玉塘吴氏宗祠联）联中的"太伯推位"，这一典故说的是，周太王古公亶父，有长子太伯，次子仲雍，三子季历。按照王位将由长子接替的常规。太伯方可接替周太王之位。但三个儿子相比较，周太王认为第三个儿子最贤，更为可喜的是，他生子姬昌，有帝王之像。周太王古公亶父很想将王位传给季历，以便待姬昌兴周（姬昌，即后来的周文王）。谦和仁德、深明大义、胸怀宽广的太伯洞悉父意曾三次推让王位给三弟。为了推让顺利成功，最后太伯带着仲雍来到今无锡一带，与当时的所谓"荆蛮"融合。更为难能可贵的是，当周太王亶父逝世时，太伯便和仲雍从千里迢迢的"荆蛮"之地赶加去"赴丧"。期间，期间季历要求将王位还给太伯，太伯坚辞不受，"赴丧"之后，即返回"荆蛮"之地为民谋福祉。孔子在《论语·泰伯》中赞曰："泰伯其可谓至德也已矣，三以天下让，民无得（德）而称焉。"

"季子让国"，这一典故说的是，太伯在"荆蛮"之地创建了吴国。传至吴王寿梦时。寿梦生有四个儿子。长子诸樊，次子余祭，三子余眛，四子季札最幼而贤。寿梦仿

先祖古公亶父之举，拟传贤而不传长，要立季札为嗣。时值春秋后期，立嫡长子为继统的原则已经牢固确立。为了国家的稳定与巩固。季札继先祖太伯之遗风，先后四次推让王位，使吴国政权稳定、社会和谐安宁。季札的让位并非归隐。而是为了吴国人的许多大事。特别是在吴王余祭四年（公元前544年）。他奉命出使鲁、齐、郑、卫、晋等国时，为吴国立下了不朽功勋。故司马迁在《史记》中赞曰："延陵季子之仁心慕义无穷。"

这两个典故，是享誉古今中外的吴氏先祖美德，其所形成的泰伯—季札精神，是激励后人和谐相处的动人典事，是一副绝妙的切姓祠联。

又如，一统江山明社稷；四书经典宋宗贤。这一副切姓联语，上联言明朝开国皇帝朱元璋事迹，下联道南宋思想家、教育家朱熹成就。这些切姓联语悬之于门，实可勉励后代子孙们奋进。毛泽东的切姓切事典的运用，更有其精妙特色。如，"50年代，毛泽东常到武汉视察，与李达有过多次晤谈。毛泽东字润之，李达字鹤鸣，他们见面，彼此都以字相称。他们在东湖第一次见面时，李达想改口喊'主席'，可又不习惯，便一连'毛主'了好几次，'席'字还没有跟上来。毛泽东便说：'你主、主、主什么？我从前叫过你李主任（指中共一届中央局宣传主任）吗？现在我叫你李校长好不好？你过去不是叫我润之，我叫你鹤鸣兄？'他们入座后，李达说：'我很遗憾，没有同你上井冈山，没有参加二万五千里长征。'毛泽东说：'你遗憾什么？你是黑旋风李逵，你比他还厉害，他只有两板斧，你有三板斧。你既有李逵之大忠、大义、大勇，还比他多一个大智。你从'五四'时期，直到全国解放，都是理论界的'黑旋风'，胡适、梁启超、张东荪、江亢虎这些'大人物'都挨过你的'板斧'。你在理论界跟鲁迅一样。'"

（王昌连：《幽默的毛泽东》，海南出版社1992年版，第89页）

在这个例子中，我们可以看到：毛泽东以《水浒传》中的小说人物李逵的姓紧切李达的姓，以李逵的忠、义、勇，并从其惯用的武器——"板斧"的打击对象中表现出来。这与李达这位无产阶级知识分子惯用其武器——大理论家的笔及其抨击对象，以表现其对党和人民的忠、义、勇和智。给李达以莫大的鼓舞和高度评价。

何谓切名切事用典。就是说，让历史典故人物之名和事迹与现实社会中的人物名字及事迹相切，以达到评说现时人物之目的。

又如，中国人民解放军许光达大将，其战功赫赫，但他从不居功自傲。中华人民共和国建国之初，他自动上书要求降衔，表现出了一位身经百战的老将，在名利地位面前的高风亮节和宽广的襟怀。毛泽东得知这个情况后，在一次中央军委会议上，举起许光达要求降衔的申请书，激动地说："这是一面明镜，共产党人自身的明镜！"当彭德怀插话说：这样的报告许光达连写了三次时，毛泽东点头会意说："不简单哪，金钱、地位和名誉，最容易看出一个人，古来如此。"（朱介元、林维吉、冯宝石：《中国人民解放军第一次授衔二三事》，《人民政协报》2001年8月17日）他还说："五百年前，大将徐达，二度平西，智勇冠中州；五百年后，大将许光达，几番让衔，英名天下扬。"（田永清：《大将夫人的遗嘱》，《光明日报》2004年9月1日）

徐达、许光达，其名字中共有一"达"。毛泽东借助他们名字中各有一"达"的特点，将他们的"名"和他们各自的功绩智慧紧相扣合。对于徐达，朱元璋曾在赏赐徐达"胜棋楼"时作联纪其功云："破虏平蛮，功贯古今人第一；出将入相，才兼文武世无双。"而许光达，从1935年参加革命到1969年逝世，为我党我军做了大量的工作，可谓劳苦功高。毛泽东暗用五百年后有贤者出的典意，借助古今名将的同名，拉近时空，凸显了许光达大将"几番让衔"崇高品格中的亮点。

毛泽东妙用切姓切名之典是灵活多样的。本书第142题中的《"世侄"情深同吊奠 戎幕奋飞共驱日——毛泽东在〈挽郭朝沛联〉中所用典故探妙》也是典型的一例，此不再赘。

（五）从所用典故所处的层面和所在的具体位置，看毛泽东妙用典故的基本手法

从典故所处的层面和所在的具体位置来看，毛泽东妙用典故的方法，有"大"典故运用法、"小"典故运用法、"相对性的大典故"运用法与"绝对性的小典故"运用法四种。这四种典故运用法，或称之为典故的整体性运用法、典故的部分性运用法、相对性的局部性典故运用法与绝对性典故运用法。抑或曰典故的全局性运用法、典故的局部性运用法、典故的相对局部性用法与绝对性的局部性典故运用法。

笔者的上述阐述，看来"复杂"，但我们只要一接触实例，对于典故所处的四个层面上的用法，也就会了然于胸。

从典故所处的层面和所处的具体位置，去分析典故和探讨运用典故之法，在以往的典故论著中，并未引起人们的关注。其实，这是典故运用中一个十分重要的问题，是高屋建瓴地研究典故、分析典故、品鉴典故和把握典故的不可或缺的方法和途径。且看下面各例，我们自可领略古今用典情况之大概。

38. 以典为题不稀奇　一典实可驭全篇
——毛泽东的"大"典故运用典故法

所谓"大"典故，就其所处的位置和作用而言，是一个统领全篇的整体性或曰全局性的典故。这样的典故，在诗文中并非鲜见。因是首次专门提出这样一个概念，为使人们易于理解和有一个深刻的印象，现分别就诗和文各举一例如下：

毛泽东的《七绝·贾谊》云："贾生才调世无伦，哭泣情怀吊屈文。梁王堕马寻常

事，何用哀伤付一生。"

对于这样一首诗题为"贾谊"的诗，从典故学的角度来看，"贾谊"已经不是一个普通的名字，他是一个人与事迹相合的人名典故，且"占据"在诗题这样一个总体性位置。正是这样一个人名典故，因其处在诗题这样一个关键层面，它就成了统领着全诗的所有内容和诗中所运用的所有的典故的一个"大"典故。作者在诗中不管怎样叹咏其人、称颂其事，赞美其诗，讴歌其文，感惜其才，乃至在诗中用典等等，都必须是服从"贾谊"这个"大"典故中上述某些方面的典事。我们只要读一读毛泽东的这首诗，同时读一读《汉书·贾谊传》，就会体味到"贾谊"这个"大"典故，在诗中所起到的统领全诗的突出作用。

又如，毛泽东的《愚公移山》这篇文章。其题目就是一个"大"典故。毛泽东充分运用、发挥和挖掘"愚公移山"这个典故的典意、比喻义、象征义，以其神妙之笔，鼓舞和号召中国共产党人和中国人民，将帝国主义、封建主义、官僚资本主义这三座压在中国人民头上的大山，挖平移走。

毛泽东的这个"大"典故的运用，将十分深奥的道理说得深入浅出而又通俗易懂。可谓用典千古之高手。

39. 典故修饰部分文 服务全篇有效应
——毛泽东的"小"典故运用典故法

前面提到了"大"典故用法，相对"大"典故用法而言，"小"典故用法就比较好理解了。所谓"小"典故用法，就其所处的层面、位置和作用而言，就是服务于诗文某一部分、某一段落的一种典故用法。这样的"小"典故用法，或曰其为局部性典故运用法，或曰其为部分性典故运用法，这是我们比较常见的一种典故用法。尽管常见，因是首次提出这样一个概念，为使人们易于领会和有一个深刻的印象，亦分别就诗和文各举一例说明如下：

毛泽东的《菩萨蛮·大柏地》（1933年夏）云："赤橙黄绿青蓝紫，谁持彩练当空舞？雨后复斜阳，关山阵阵苍。 当年鏖战急，弹洞前村壁。装点此关山，今朝更好看。"

毛泽东在这首词中用了两个典故，均属"小"典故用法。一是"雨后复斜阳"，它是唐人温庭筠《菩萨蛮》词中的"雨后却斜阳"的化用。这一典故语，虽然不能统摄全词，却可上管"赤橙黄绿……当空舞"二句，下束"关山阵阵苍"一句。而"装点"与"妆点"音同义近，当可视为典出南朝陈后主《三妇艳诗》"小妇初妆点，回眉对月钩"句中"妆点"一语典的截用。"装点"一典，它修饰着毛泽东这首词的下阕，展现了毛泽东乐观主义的革命战争观。

又如，"柳宗元曾经描写过的'黔驴技穷'，也是一个很好的教训。一个庞然大物的驴子跑进贵州去了，贵州的小老虎见了很有些害怕。但是到了后来，大驴子还是被小老虎吃掉了。我们的八路军新四军是孙行者和小老虎，是很有办法对付这个日本妖精或日本驴子的。目前我们得变一变，把我们的身体变得小些，但是变得更加扎实些，我们就会变成无敌的了。"（《毛泽东选集》第3卷，人民出版社1991年版，第883页）

这是毛泽东在《一个极其重要的政策》中的一段文字里所运用的"黔驴技穷"、"孙行者"两个典故，是两个"小"典故，这两个"小"典故，均起比喻作用，是修饰"精兵简政"这个极其重要的政策的，这两个"小"典故，虽不能统摄全篇，但却有效地服务于整篇文章，增强了文章的论辩力，给人们以深刻的印象！

40. "横看成岭侧成峰" "典位"层次各不同
——毛泽东的"相对性大典故"运用典故法

笔者在这则短文中取用一句苏轼的看山哲理名句为题，意在喻指从不同的层面、角度去观察典故用法时，我们就会发现，前面的"大"典故用典法与"小"典故用典法，只是从一个总体层面去看典故的用法而已。其实，要知用典多面目，层层揭示可求真。我们如果再细而观之，则典故的用法，仍然还有细微的不同之处。这里要谈的是"相对性大典故"的用典法。

所谓"相对性大典故"，就是说，在一句典故性诗词楹联或一段典故性话语之中，它含有两个或两个以上的典故，这样一句典故性诗词楹联或一段典故性话语藏有多个典故的用法，笔者名其为"相对性大典故"用法。这样的"相对性大典故"，不是全局性的"大"典故，如本书中"愚公移山"这样的典故，作为毛泽东在中国共产党第七次全国代表大会上的闭幕词，题目《愚公移山》是个大典故，然而它仅仅是毛泽东在中国共产党第七次全国代表大会上所作的政治报告的一部分，据此看文中的"愚公移山"在所处的位置，它就只能是"相对性大典故"。它只能是局部性质的"小"典故。又如本书217题《"缩小自己的机构"；是极重要的政策——毛泽东在〈一个极其重要的政策〉中所用用典故探妙》中的含有"黔驴技穷"和"孙行者对付铁扇公主"两个典故的这样一段话语。它是相对性大典故，但它不是"绝对性的小典故"（下文论及）。

比如，"一代天骄，成吉思汗，只识弯弓射大雕。"（毛泽东《沁园春·雪》）在这一句典故性的词句中，就含有"胡者，天之骄子"（《汉书·匈奴传上》）、"成吉思汗"（人名典）、"尝从世宗于洹桥校猎，见一大鸟，云表飞扬。光引弓射之，正中其颈。此鸟形如车轮，旋转而下至地，乃大雕也。世宗取而观之，深壮异焉。丞相属邢子高叹曰：'此射雕手也！'"（《北齐书·斛律金传》附斛律光）毛泽东的这一整句典意浓浓的词，就隐含了三个典故，这就是笔者所说的"相对性大典故"，这是古今用典中常见的一种用典之法。

再看，毛泽东所归纳的司马迁的名言云："人固有一死，或重于泰山，或轻于鸿

107

毛。"（《为人民服务》，《毛泽东选集》第3卷，人民出版社1991年版，第1004页）这是一句典意极浓的典故语，也是一种"相对性的大典故"用法。它的典故意义表现在如下几个方面：一是整句话，经毛泽东提炼，是一句较司马迁原话更为精断的典故语；二是从毛泽东所提炼的此语以及对此语的"推演解说"来看，他除了在司马迁的话语的基础上进行加工提炼外，还有可能兼合了"今轲常侍君子之侧，闻烈士之节，死有重于泰山，有轻于鸿毛者，但问用之所在耳"（或可谓汉人无名氏所作《燕丹子》）、"天下有事，则匹夫之言，重于泰山"、"天下无事，则公卿之言轻于鸿毛"（宋人苏轼《制科策》）、"公举而取制，是以国权轻于鸿毛，而积祸重于丘山"（《战国策·楚策四》）等等相关的先贤名言熔铸其中。故可以认为，这也是毛泽东的一段"相对性的大典故"的用典方法。

41. 剖析用典诸层面　层层揭示细求真
——毛泽东的"绝对性小典故"运用典故法

前面提到了"大"典故运用典故法、"小"典故运用典故法和"相对性的大典故"运用典故法。细细地品味所有的用典之法，从典故所处的层面及其作用来看，还有一种典故用法，这就是"绝对小典故"用典法。所谓"绝对小典故"用典法，就是说，在一段典故性话语或是一句典故性的诗词楹联中，只用了一个局部性的典故，而且这个典故，在大多数情况下，它只是说明或修饰其所在话语或是其所在的诗词楹联句。这样的典故，笔者为了有别于上述这些典故运用之法，而称其为"绝对性小典故"运用典故之法。

比如，"在国难中惹起内讧，江河不洗古今憾；于身危时犹明大义，天地能知忠烈心。"（《毛泽东挽平江惨案烈士联》）上联中的"江河不洗古今憾"，就是语典"江河不洗古今恨"的变用，在当时为了继续坚持维护国共两党的抗日统一战线的历史情况下，毛泽东妙用此典，十分有分寸地表达对于国民党反动派挑起内讧的愤懑；下联中的"天地能知忠烈心"，就是语典"天地能知忠义心"的变用，高度地赞扬了我新四军驻湖南平江县嘉义通讯处的领导和工作人员人格的高尚、风格的大度和对党的事业的赤胆忠心。而这两个语典，均出自宋人陆游的《王给事饷玉友》诗中之句。

又如，"地主重重压迫，农民个个同仇。"（毛泽东《西江月·秋收起义》）在这句诗里，只有一个典故，这就是"同仇"（《诗经·秦风·无衣》："修我戈矛，与子同仇"）。这个典故只是修饰这一词句的，以其强烈的对比，富于形象性地表达了压迫逾烈、反抗逾激这一社会规律。

以上是毛泽东运用典故的五大方面的类型，计约41种方法。我们在阅读有关毛泽东的论著时，还会看到毛泽东运用典故时，各种各样的新颖的用典方式方法。毛泽东那形形色色、多彩多姿的用典法，将会引领我们进入到哲理无穷、美感无限、内涵丰富、多彩多姿的典故世界。

上述五大方面的用典类型和41种用典手法，谈不上是穷尽性质的分类，只能是笔者粗略地作的归纳，但仅从这41种用典手法来看，我们便可以窥见毛泽东用典手法之大概。

上述的五大方面的用典类型和41种用典手法，仅仅是就毛泽东用典手法的单个方面的运用情况而言的。其实，在运用典故的时候，相当多数情况下是多种手法的综合运用。笔者为了使人们对于毛泽东用典情况有一个全面而清晰的了解，只好抽出其中比较突出的方面，以其单一的形式、单一的例证去论说。

这五大方面的用典类型和41种用典手法，仅就毛泽东一个人的诗文与讲话而言，能达到如此完备的地步，在笔者看来，这真是前难见古人，而后足以启迪来者。

六　陈醯佳酿香愈醇　新翻杨柳绿意浓
——毛泽东妙用典故的思想风格与艺术特色探妙

悠悠5000年文明史，典籍浩淼如烟海、如广袤星空，真可谓多得难以胜数。中国的典故，经历了数千年以来人们的反复运用与转述，在保存其原意的同时，又派生出了不少的新意，因而中国的典故，有着很大的包容量。

毛泽东知识渊博，他在运用典故的时候，有其精妙的、运用自如、得心应手的艺术手法，展现着他用典的特有的思想风格。

俗语说："艺高人胆大"、"艺高精品多"。诚如上述，毛泽东的用典方法达41种之多。毛泽东的用典思想风格与用典的艺术特色往往紧相切合。如用典有评论、不为典所囿、通俗易懂、自如调遣古人古事，为我所用等等方面的思想风格，均与其艺术特色相得益彰。

毛泽东有那么多、那么好的用典的艺术手法，其用典的思想风格与艺术特色，同样独树一帜，很有其探索的研究价值。

客观地说，用典的手法与用典的思想风格、艺术特色之间，是没有一条"鸿沟"的，它们之间还是有着千丝万缕的联系。我们在探讨其用典手法之时，实际上已经隐隐可见其用典的思想风格与艺术特色了。只是因为探讨的角度不同，未能专门提及其用典的思想风格与艺术特色罢了。让我们看一看毛泽东妙用典故的思想风格与艺术特色绚丽多姿的庐山真面目！

如何全面了解毛泽东用典的思想风格与艺术特色？如何能够让人知其用典的思想风格与艺术特色的庐山真面目？因为毛泽东用典方面的思想风格与艺术特色多，笔者还需

与探讨其用典手法一样，必须从"宏观"与"微观"两个方面去作分析，也许可以窥见其用典的思想风格与艺术特色之大概。

（一）从"宏观"的角度看毛泽东用典的思想风格与艺术特色

所谓"宏观"角度看毛泽东用典的思想风格与艺术特色。就是说，从总体上看毛泽东用典的思想风格与艺术有些什么与众不同的特色。据笔者手头所掌握的资料，主要表现在如下几个方面：

1.选用典故数量多　所涉范围广而博

所谓"取用典故数量多，所涉范围广而博"。就是说，毛泽东用典之量很大，所用之典的涉及面十分广泛。明人王冀德《曲律》有云：诗文"不在用事，亦不在不用事……要在多读书，多识故实，引用得的确，用得恰好"，毛泽东书读得多，故实识得多，典故用得好，主要从如下几个主要方面得到足够而充分的体现。

一是凡是可以用典说明问题、简省文字之处，毛泽东往往能使人妙而不觉地用上十分得体的典故。毛泽东凡是在能用典之处，其典便可应时而出，由此可见其用典量之大。比如，"这种人发财观念极重，对赵公元帅礼拜最勤，虽不妄想发大财，却总想爬上中产阶级地位。"（《毛泽东选集》第1卷，人民出版社1991年版，第5页）

当毛泽东评及"小资产阶级"想发财的心态时，不失幽默、切合语境地请出了人人可知的"赵公元帅"。这个"赵公元帅"，是我国民间共同祭祀的大财神。在元明时期有一无名氏在其神话《绘图三教源流搜神大全·赵元帅》中，称其有"买卖求财，公能使之宜利和合"的赐财功能，因而为世人所崇奉。自宋代以来，他就成了招财进宝的大神仙。毛泽东的这一典故的运用，使这一段话语显得形象而生动，而且义理精深地展现了对那些一心妄想发大财、发横财当上中产阶级的人批判风格。

二是在凡是能够连用典故以便获得好的艺术效果之处，毛泽东都可以如囊中取物似的连用典故。由此我们可见毛泽东用典量之大、用典密度之大。

比如，"取缔特务机关。特务机关之横行，时人比诸唐之周兴、来俊臣，明之魏忠贤、刘瑾。彼辈不注意敌人而以对内为能事，杀人如麻，贪贿无艺，实谣言之大本营，奸邪之制造所。使通国之人重足而立，侧目而视者，无过于此辈穷凶极恶之特务人员。"（《毛泽东选集》第2卷，人民出版社1991年版，第724页）

毛泽东在讲到国民党的特务机关时，立刻在文中用了四人名典故，这四个人名，是中国历史上最为凶狠的特务，他们几乎成了一切卑鄙、无耻、凶残、阴险、酷吏、刽子手、恶魔的代名词，是世世代代为人们所诅咒的鹰犬与恶棍。

在文中所说的周兴，是唐朝武则天手下有名的酷吏，他在管理讼事时，数千人遭其陷害；来俊臣也是武则天手下阴险凶恶的鹰犬，这个鹰犬以打击残害他人致死为能事，其诬陷手段惨绝人寰；明朝光宗、熹宗时的魏忠贤，未发迹时就是一个无赖、恶少。这个无赖在得势后，令东厂特务横行朝野，杀人如麻；明朝孝宗、武宗时期的刘瑾，特别狠毒狡诈，利用特务机关四处作恶，冤案堆积如山。其中的"杀人如麻""贪贿无艺"则是其罪恶行径的形象记录，而"重足而立侧目而视"，正是民众对他们敢怒不敢言的表征。

毛泽东在这不足百字的论述中就连用七个典故，将这七个"名词"用在国民党特务的头上，用以说明国民党特务的横行霸道、肆意作恶，实有"四典"胜千言之妙。

三是取用典故广博，给人以极大的信息量和论说的缜密之感。根据姜观吾先生的粗略统计，"翻开《毛泽东选集》，从1卷到5卷，在这130多万字的著作中，旁征博引的历史典籍极多，如《左传》、《吕氏春秋》、《史记》、《汉书》、《后汉书》、《资治通鉴》、《老子》、《庄子》、《列子》、《四书》、《五经》、《山海经》以至《孙子兵法》等等，涉及的人物既有政治家、军事家、文学家、科学发明家，又有农民起义领袖；既有本国的，也有外国的，真是古今中外，兼收并蓄……"（姜观吾：《学习毛泽东的历史观》，《盐城师专学报》1993年第4期，第12页）

又据刘高潮先生对毛泽东诗词用典的初步统计："毛泽东诗词用典的取材不但在时空上与众不同，而且不拘一格，取自于各种不同体裁的文章，凡是能合其情、表其意、注其思的，就犹如大海拾贝，博采广引。在诗词所运用的70个典故中，有寓言1个，民谣31个，诸子散文11个，历史散文1个，史书11个，诗词赋35个，志怪、老人、传奇小说4个（按分类统计，当是98个——引者）。这些五彩缤纷的典故，就像一支训练有素的军队，任诗人调遣，在诗词中起到了画龙点睛突出题意的作用，其中尤为突出的是唐诗词句的借用，占全部典故的四分之一强。读起来，触目皆是，令人眼花缭乱，我们不得不佩服诗人知识的渊博。"（刘高潮：《不拘一格 推陈出新——浅谈毛泽东诗词的用典艺术》，《毛泽东思想研究》1989年第2期，第91—92页）

由此可以推之，毛泽东所用之典故的典源范围之广，思想性之强，艺术水平之高，真是令人吃惊的。

事实上，笔者在本书中论及毛泽东所妙用的典故就达 3470 余个之多，如果从辞书的角度来看，说这就是古今中外以一个人用典故的一本妙用典故的实用典故大辞典，也是不为过的。

2. 选用典故典型化　予人印象永难忘

所谓"选用典故典型化，予人印象永难忘"。就是说，综观毛泽东的用典，在大多数的情况下，是用作论证事理或用以阐明自己的观点。因此，他所选用的典故语料，基

本上是属于典型化的典故语料。这样的典故语料，一般都是生动活泼、具有浓郁的故事性、深刻的哲理性和特殊的时代性意义，因而能给人以深刻难忘的印象。

再是毛泽东本人是一位出色的语言学家和历史学家，他对于这样一些典故，理解深透、运用娴熟、恰当好处。这样一来，毛泽东所运用的典故，必然会具有极强的说服力，必然会具有极大的感染力，这就必然会给人们留下不可磨灭的印象。

比如，"一类所谓朋友，他们自称是中国人民的朋友；中国人中间有些人也不假思索地称他们做朋友。但是这种朋友，只能属于唐朝李林甫一类。李林甫是唐朝的宰相，是一个有名的被称为'口蜜腹剑'的人。现在这些所谓'朋友'，正是'口蜜腹剑'的朋友。这些人是谁呢？就是那些口称同情中国的帝国主义者。"（《毛泽东选集》第2卷，人民出版社1991年版，第657页）

"口蜜腹剑"，典出《资治通鉴·唐纪》，这位上了"品位"的宰相级大奸臣。《资治通鉴》的作者在《唐纪》中对其奸诈之作为揭露无遗。作者在其文中用了"口有蜜，腹有剑"一语，将李林甫一生的所作所为，概括得恰如其分而又形象生动。

毛泽东将这样一位众所周知、众所痛恨的奸相中的典型人物揪出来与帝国主义者相类比，毋庸置疑，对于鞭笞近百年以来帝国主义者对中国人民所犯下的滔天罪行，有如铁鞭一笞，有如重拳一击。在当时的历史条件下和极其复杂的国内外的阶级斗争中，毛泽东所选用的这个典故，并借助精当的分析评说，让帝国主义者本相毕露地降伏在毛泽东的如椽笔下，有益于中国人民擦亮眼睛、提高警惕、分清敌友、以免上当，真不愧为是令人永世难忘的金玉良言。

3. 选用典故灵又活　引人入胜耐思量

所谓"选用典故灵又活，引人入胜耐思量"。就是说，在运用典故时，毛泽东能够在自己深入把握典故的本义和派生意义以及自己要表达的思想内容的基础上，不是机械地、而是灵活自如地，按照自己所要表达的论题主旨，合榫对缝地用上恰如其分的典故。这样活用典故，并不是所有有知识量的人都能够做到的。还因为毛泽东擅长洞明社会事件的变化，学养深厚，知识渊博，能够从社会事件的表相看到其本质所在，而且记忆力惊人。他胸中所藏之典故，有海纳百川之量，更兼融会贯通之妙。所以当毛泽东该拟用的典故一到他的笔下，一旦用上去，便会立刻活了起来。

毛泽东的这种用典之"活"，主要表现在，要么使其论述与其所用之典故融为一体，使你难见其用典之痕；要么使其论述显得精警而有威慑之力；要么使其话语简明扼要、凝练而意深；要么使其叙述评说引人入胜；要么使其论述给人以丰富的知识和无穷的审美的联想……

比如，"他甚至用《西游记》中的人物来讲解'坚定正确的政治方向，艰苦朴素的工作作风，灵活机动的战略战术'。他说：唐僧这个人，一心一意去西天取经，遭受了九九八十一难，百折不回，他的方向是坚定不移的。但他也有缺点：麻痹、警惕性不高，敌人换个花样就不认识了。猪八戒有许多缺点，但有一个优点，就是艰苦。臭柿胡同就是他拱开的。孙猴子很灵活，很机动，但他最大的缺点是方向不坚定，三心二意……。毛泽东还特别提到那匹白马：它不图名，不为利，埋头苦干，把唐僧一直驮到西天，把经取了回来，这是一种朴素、踏实作风，值得我们效法。并以此锻造出他1961年11月17日写出的《七律·和郭沫若同志》中的一些警句：'僧是愚氓犹可训'、'金猴奋起千钧棒'、'今日欢呼孙大圣'。"（王永盛、张伟：《毛泽东的语言艺术》，山东大学出版社1991年版，第130页）

"坚定正确的政治方向，艰苦朴素的工作作风，灵活机动的战略战术。"这是延安时期的抗日军政大学的教育方针，如何把这三句带有经典性的话语讲深讲透，看似容易说时难。如果仅仅是照其字词去进行解说，则易于导致枯燥无味。娴于辞令的毛泽东巧妙地突破常人的解说，他十分灵活地"请来"了《西游记》中唐僧、猪八戒、孙悟空和白龙马四位神仙。这四位神仙在《西游记》一书中曾各显法术，他们的性格、特点也就深深地印在中国老百姓的心中。毛泽东通过对他们各自的性格特点、优缺点的分析与评说，将抗大的教育方针与之联系起来，进行了形象而生动的阐释，给学员们以终生难忘的印象。由此可见，毛泽东用典的灵活程度是令人难以想象的。

4. 选用典故重创新　评析引申具得兼

所谓"选用典故重创新，评析引申具得兼"，就是说，毛泽东在运用典故之时，不是生搬硬套地用典故，而是有分析、有批判、有引申、有补充、有加工地运用典故，这是一种高层次的、飞跃升华形式的用典。能够这样运用典故，确非一般学者所能为。而在创造性地运用典故方面，毛泽东确是行家里手。上述各例，已经多是涉及毛泽东富于创造性地用典，下面再举例予以说明。

一是"以小见大"，升华典故的本来意义。所谓"以小见大"，就是以典故中的一件小事，去说明一个大的问题。比如，"谁人不知，两个拳师放对，聪明的拳师往往退让一步，而蠢人则其势汹汹，辟头就使出全副本领，结果却往往被退让者打倒。《水浒传》上的洪教头，在柴进家中要打林冲，连唤几个'来''来''来'，结果是退让的林冲看出洪教头的破绽，一脚踢翻了洪教头。"（《毛泽东选集》第1卷，人民出版社1991年版，第203页）

关于"林冲一脚踢翻了洪教头"的故事，典出《水浒传》第9回。这是《水浒传》中人所共知的一个故事。毛泽东在运用这个故事时的创新之处在于其"以小见大"，这么一个比武当中的小经验，恐怕一般武术师都懂。但是毛泽东就是用这么一个小故事，将其提升到"战略退却"的大问题上来，将其提升到一个大的军事原则上来，将其提升到反对"左"倾教条主义和具有"速胜论"错误观点的大问题上来。使用这样一个小典

故，有效地为当时的政治服务和革命战争服务。

二是赋典故以新义。这就是说，有的典故，本来仅仅是一个小故事或是一种民俗的叙写，毛泽东却在运用中能够赋予其崭新的意义。

比如，"'军队有确实的保障'——这是买办地主阶级的命根，虽然已被可恶的人民解放军歼灭了几百万，但是现在还剩下一百几十万，务须'保障'而且'确实'。倘若'保障'而不'确实'，买办地主阶级就没有了本钱，'法统'还是要'中断'，国民党匪帮还是要灭亡，一切大中小战犯还是要被捉拿治罪。大观园里贾宝玉的命根是系在颈上的一块石头，国民党的命根是它的军队，怎么好说不'保障'，或者虽有'保障'而不'确实'呢？"（《毛泽东选集》第4卷，人民出版社1991年版，第1382—1383页）

"贾宝玉的命根子"，典出《红楼梦》第3回。《红楼梦》在其后的25回、94回、117回中，均写到了贾宝玉颈上这一块石头的得与失。得之，则宝玉平平安安，整个贾府也能相安无事；失之，则宝玉疯疯癫癫，有时竟会不省人事。从而把整个贾府闹得个沸沸扬扬、丧魂落魄，大祸临头。在《红楼梦》中，写贾宝玉颈上这块石头的得失，这是中国一种民俗在《红楼梦》中的形象写照，亦是众所周知的曹雪芹的得意之笔。

宝玉颈脖子上的这块石头，一到毛泽东的笔下，就将其与蒋介石的军队并排而类比之，赋予其以讽刺嘲弄意义和全新的政治意义。这不仅是对蒋介石国民党反动派的辛辣讽刺，而且告诫人们，没有人民的军队，就没有人民的一切。消灭国民党反动派的军队就是革命胜利的根本保障。我党我军对于战犯的求和要百倍警惕，千万不要让其假和谈之名，行保存反革命实力阴谋之实。

毛泽东这样紧紧扣住蒋介石这个对象适度地用典、创造性地用典，并取得异乎寻常的艺术效果，达到了炉火纯青的地步。

（二）从"微观"的角度看毛泽东用典的思想风格与艺术特色

上面是从总体上、从"宏观"的角度看毛泽东用典的思想风格与艺术特色。为了对毛泽东用典的思想风格与艺术特色有更为进一步的深入理解。笔者拟从"微观"的角度来品味毛泽东用典的思想风格与艺术特色。

5. 死典活用出意境　化腐为奇显风神

毛泽东在谈到用典时有言："当然我们坚决反对去用已经所谓死了的语汇和典故，这是确定了的，但是好的仍然有用的东西还是应该继承。"（《毛泽东选集》第3卷，人民出版社1991年版，第837—838页）死典活用，非千古高手而不能为之。毛泽东正是这样的用典高手。所谓"死典活用出意境，化腐为奇显风神"，就是说，一些死去了的、腐朽了的典故，经过作者的艺术处理，在特定的语言环境里，在运用的过程中，将其"救活"、化其腐朽之处为神奇鲜活。这样的典故，同样可以取得十分可喜的艺术效果。

比如，"我国过去是殖民地、半殖民地，不是帝国主义，历来受人欺负。工业不发达，科学水平低，除了地大物博，人口众多，历史悠久，以及在文学上有部《红楼梦》等等以外，很多地方不如人家，骄傲不起来。但是，有些人做奴隶做久了，感觉事事不如人，在外国人面前伸不直腰，像《法门寺》里的贾桂一样，人家让他坐，他说站惯了，不想坐。在这方面要鼓点劲，要把民族自信心提高起来，把抗美援朝中提倡的'藐视美帝国主义'的精神发展起来。"（《毛泽东著作选读》（下册），人民出版社1986年版，第742—743页）

"《法门寺》里的贾桂"，典出旧京戏《法门寺》。描写明武宗时专权的宦官刘瑾随皇太后去法门寺拈香，在那里审理一宗案件的过程。贾桂其人是刘瑾的亲信奴才。这出戏中有这样一个情节：郿坞县县令赵廉向贾桂行贿，贾桂就在刘瑾面前为赵廉说情开脱。当赵廉去见刘瑾时，刘瑾叫赵廉坐，赵廉请贾桂也坐，贾桂回答说："您倒甭让，我站惯了。"

贾桂的这一句答话，充分表现了他的奴才性，是对其奴才相十足的形象描绘。从典故的角度来看，贾桂其人、其事、其语均是腐败秽行的典型，这当然只能算是一个死了的典故，是一个腐朽了的典故，是一个不管放在什么地方也不好用甚至不能用的典故。然而，毛泽东却能发现它运用到当时中国的某些崇洋媚外的人身上的价值，便将其化腐朽为神奇。他讲到要提高民族自信心时，先对那种以为外国人事事皆好、什么都好、奴性十足的人进行批判，他的批判方式并不用严厉的措辞，而是顺手拈出了"《法门寺》里的贾桂"与其进行类比、进行描绘，将那些做奴隶做久了、感觉事事不如人、在外国人面前直不起腰、失去了民族自信心的人的满身全是奴颜媚骨的奴才相，借助贾桂这一典型的奴才相作比喻予以形象的揭示。使贾桂那"您倒甭让，我站惯了"的典意，在毛泽东的讲话中熠熠闪光添彩，加深了感染力和论证力。这样的讽刺批判，可谓入木三分。"《法门寺》里的贾桂"这一死了的典故、这一谁也不会当作一回事的不起眼的典故，在毛泽东的笔下被激活了起来，在人民群众的心目中也就被激活了起来！其教育意义是一般的论说所无法比拟的。

毛泽东曾经有言："向古人学习是为了现在的活人，向外国人学习是为了今天的中国人。"（《毛泽东著作选读》（下册），人民出版社1986年版，第752页）毛泽东变死典为活典，化腐朽为神奇，这正是他向古人、向外国人学习是为了现在的中国人的具体体现，为我们树立了妙用典故的榜样。

6. 微言大义含哲理　余味无穷有意蕴

所谓"微言大义含真理，余味无穷意蕴深"地运用典故，就是说，运用言辞精微、道理深刻的典故，去表达、论证自己的观点，并使其余味无穷、意蕴深刻。

比如，"第五次反'围剿'的序幕已拉开了。毛泽东忧心忡忡，他曾气愤地对前去看他的人说：'中国革命这个宝押在一个外国人身上了。世界上哪有咯样的搞法？要不得嘛！他李德那一套在外国也许还可以，在中国根本行不通嘛，什么打法哟？防御战对堡垒战，这叫做'叫花子和龙王爷比宝'，必输无疑罗！……"（李恒阳：《红军洋顾问秘事》，《星火》1991年2、3期合刊，第47页）

"叫花子和龙王爷比宝"，又叫"叫化子比神仙"，是比喻两者之间相差很大。其典出自《狮子吼》第3回："讲到那村的布置，真是世外桃源，文明雏本，竟与祖国截然两个模样。把以前的中国和他比起来，真是俗话所谓'叫化子比神仙'了。""叫化子"，有的地方又称"叫花子"，神仙和龙王爷的居住地，都是人们在想象中藏宝如山之所、万寿无疆、永远快乐之地。这样的境界，在《西游记》等小说中，都有形象而生动的描绘。尤其是《西游记》中孙悟空龙宫借宝一节，写得那神奇的宝贝令人目不暇接，印象永难忘却。因此，"叫花子和龙王爷比宝"也就成了一个以常用谚语形式出现的典故。

在1928年5月的一天，毛泽东与朱德在攻占永新城后曾说："红军是要饭的，国民党不仅是国王，而且是龙王。红军就用龙王桌子上的能抢到的东西来满足自己的需要。"（王昌连：《幽默的毛泽东》，海南出版社1992年版，第15页）毛泽东在这里用衣不蔽体、终日饥饿的"叫花子"喻指当时弱小的红军，以"龙王爷"喻指当时财力和武器等方面均占有绝对优势的白军，以"叫花子和龙王爷比宝"来喻指红军与白军拼消耗，去论证这样一种打法"必输无疑"，这是十分形象、深刻无比而又通俗生动的，是富有哲理而又余味无穷的论说。

7. 紧贴时代之脉搏　义理精深见宏博

所谓"紧贴时代之脉搏，义理精深见宏博"地运用典故，就是说，所运用的典故都极具时代性，是为着中国的革命和建设事业服务的。毛泽东曾说，学习古人是为了现在的活人，学习外国人是为了今天的中国人。纵览毛泽东一生的革命生涯，其行文、赋诗、演说，无不是为了中国能早日进入世界强国而努力奋斗这个现实服务的。所以其用典之时，无不紧贴着时代的脉搏，无不显现其用典义理之精深，无不显现毛泽东知识之宏博。

比如，"宜将剩勇追穷寇，不可沽名学霸王。"（毛泽东：《七律·人民解放军占领南京》）

这两句名诗里当是反用、暗用了四个典故。一是"穷寇勿追"；二是"沽名钓誉"；三是"沐猴而冠"；四是"仁义"亡身的宋襄公。

"穷寇勿追"，其言意为对于走投无路之敌，不能穷追猛打。典出《孙子·军事》："穷寇勿追，此用兵之法也。"又《后汉书·皇甫嵩传》："嵩进兵击之。卓曰：'不可。兵法，穷寇勿追，归众勿追'。"毛泽东在这里反用其典，紧贴时代之要求，提出要狠打落水狗，不能给敌人以立足、喘息之机会，给那些对敌人持"仁慈"观点以及对帝国主义者有恐惧心理者，以当头棒喝。应运时代的潮流和人民的要求，誓将中国革命进行到底。

"沽名"即有"沽名钓誉"之意，意为用欺骗手段猎取名声或赞誉。"沽名钓誉"当由"沽名"与"钓誉"合义而成。"沽名"出自《论语·宪问》中子贡问孔子云："有美玉如斯，蕴椟而藏诸，求善价而沽诸？"孔子云："沽之哉！沽之哉！我待假者也。"子贡与孔子师生之间的对答，即有"沽名"之意。据此语意，《后汉书·逸民列传序》中，认为那些所谓逸名隐者"彼虽硁硁有类沽名者，然而蝉脱嚣埃之中，……异乎饰智巧以逐浮利者乎！"意即这些人鄙浅苟且，装腔作势，目的在于赚取名利。"钓誉"即由"钓名"而来，"名"与"誉"古同义。《管子·法法》云："钓名之人，无贤士焉；钓利之君，无王主焉。贤人之行其身也，忘其有名也；王主之行其道也，忘其成功也。""沽名钓誉"典出金人张建《高陵县张公去思碑》："非若沽名钓誉之徒，内有所不足，急于人闻，而专苛责督察，以其当世之知。"元人宫天挺《死生交范张鸡黍》第3折："自恨我奔丧来后，又不是沽名吊（钓）誉没来由。"明人朱权《荆钗记》传奇："妾今移心改嫁，前日投江，乃沽名钓誉也。"这是一个用得比较多的典故性质的成语或曰成语形式的典故。毛泽东在这里是概缩暗而用之，即是说，我们不能沽名钓誉，不能像项羽那样博得鸿门宴上施刘邦以仁义那样的虚名，而是要将革命进行到底。

从表面上来看，"不可沽名学霸王"中的"霸王"一典当是明用。然而"西楚霸王"项羽一生的典例故实很多，根据"沽名"一典的典意，更多的成分当是隐指项羽被人讥为"沐猴而冠"的故实。"沐猴而冠"，意为讥讽人虚有仪表，若猕猴着衣戴帽，徒具人之形而已。典出《史记·项羽本纪》。其中有云："人或说项王曰：'关中阻山河四塞，地肥饶，可以霸。'项王见秦宫室皆以烧残破，又心怀思欲东归，曰：'富贵不归故乡，如衣绣夜行，谁知之者！'说者曰：'人言楚人沐猴而冠耳，果然！'项王闻之，烹说者。"在毛泽东的这一诗句里，暗用了"沐猴而冠"中的"富贵不归故乡，如衣绣夜行，谁知之者！"的句意。当然也暗用了项羽在"鸿门宴"中空取"仁义"之名而放走了刘邦，最终为刘邦所败、自刎乌江之典意。

中国的历史丰富多彩。在中国历史上，除了项羽自称西楚霸王之外，往上推之，亦有以假意让位，以"仁义"起家，欲以"仁义"称霸，欲以"仁义"扬名，并以"仁义"指挥战争，终以"仁义"败亡难圆霸主梦的宋襄公。毛泽东是大军事家，是用典的

高手。其一句"不可沽名学霸王",句中的"霸王",实有"一石二鸟"之妙。

毛泽东两句诗中四个典,虽是纳中国历史的千古风云,然均跳动着时代的脉搏,实可抵得上一篇万言论文。

8. 深入浅出人人懂　喜闻乐见易记诵

所谓"深入浅出人人懂;喜闻乐见易记诵"地运用典故,就是说,擅长于选取浅显易懂的典故,去说明深刻的道理或阐释艰深的内容;或是某些典故虽然内容比较艰涩,但是在运用时,以浅显的语言予以表述出来,让人喜闻乐见、易记易诵易理解。深入浅出地运用典故,是毛泽东用典艺术中最为显著的一大特色。

比如,"多少一点困难怕什么。封锁吧,封锁十年八年,中国的一切问题都解决了。中国人死都不怕,还怕困难吗?老子说过:'民不畏死,奈何以死惧之。'"(《毛泽东选集》第4卷,人民出版社1991年版,第1496页)

"民不畏死,奈何以死惧之",典出《老子·七十四章》。典意为:老百姓不怕死,为什么用死去威吓他们呢?这又有什么用呢?!

毛泽东运用这一典故的目的是,当中国人民的革命将要取得全面胜利之时,以美帝国主义为首的帝国主义国家,企图以封锁等手段,将即将要成立的中华人民共和国扼杀在襁褓之中。毛泽东在这里借用老子的这一名言,向所有的帝国主义者发出了严重警告,显现了中国人民顶天立地的硬骨头精神。

毛泽东所选用的这一典故,虽说是几千年前老子的话,但是,对中国相当多的老百姓来说,已很明白。不仅如此,毛泽东在运用这一典故的前面,已经有了一小段充满着感情和义愤的论说,这一小段论说,实际上是对老子话的解说,人们读了这一段论说,不仅懂得老子话的含义,而且能够加深对这一典故的理解。

又如,"有无认真的自我批评,也是我们和其他政党互相区别的显著标志之一。我们曾经说过,房子是应该经常打扫的,不打扫就会积满灰尘;脸是应该经常洗的,不洗也会灰尘满面。我们同志的思想,我们党的工作,也会沾染灰尘的,也应该打扫和洗涤。'流水不腐,户枢不蠹'是说它在运动中抵抗了微生物或其他生物的侵蚀。对于我们,经常地检讨工作,在检讨中推广民主作风,不惧批评和自我批评,实行'知无不言,言无不尽','言者无罪,闻者足戒','有则改之,无则加勉',这些中国人民的有益格言,正是抵抗各种政治灰尘和政治微生物侵蚀我们同志的思想和我们党的肌体的唯一有效的方法。"(《毛泽东著作选读》下册,人民出版社1986年版,第592—593页)

"流水不腐,户枢不蠹"是一句古话,"户枢"即门轴,"不蠹",即不为虫所蛀蚀。典出《吕氏春秋·尽数》:"流水不腐,户枢不蝼。"(唐代马总《意林》"不蝼"作"不蠹")宋人张君房《云笈七签》称:"流水不腐,户枢不蠹,以其劳动不息也。"这一关于重在讲养生之道的古语，毛泽东用在这里比喻党的思想建设，实有古意添新之妙。然而，这样的古话，对于当时文化水平不高的工农兵干部来说，这八个字所含的哲理当是较为艰涩难懂的。但是，毛泽东在引用这一古语之前，已经在阐释这八个字作出了"铺垫"，为人们全面理解这八个字的本义和将赋予的新意打下了基础；在引用了这八个字之后，毛泽东立刻对其本义进行了阐释。在此基础之上，毛泽东再用这八个字的诠释义比照我党的政治思想建设工作，使这八个字的新意顿出，且富于历史感和厚重感，给予人们难忘的印象。当人们此时透彻地理解"流水不腐，户枢不蠹"的本义和新意之后，反过来，"流水不腐，户枢不蠹"这短短的八个字，又高度地浓缩与概括着我党政治思想工作特色之妙。记住这八个字的本义和其派生意义，则我党区别于其他政党的批评与自我批评的要旨，亦能牢记于心间、鞭策于行动。

9. 以故为新不雷同　标新立异为人民

所谓"以故为新不雷同；标新立异为人民"地运用典故，就是说，在运用典故的时候，虽然典故的本身是属陈旧的内容，但是在运用它们的时候，将它们化而为新的内容，即使是运用同样一个旧的典故，从来就不会为旧典所束缚，也不会出现雷同的现象，能给人以标新立异的感觉，产生很好的艺术效果。

毛泽东曾经指出："任何一种东西，必须能使人民群众得到真实的利益，才是好的东西。"又说："像中国这样大的国家，应该'标新立异'，但是，应该是为群众所欢迎的标新立异。为群众所欢迎的标新立异，越多越好，不要雷同。"（《毛泽东论文艺》（增订本），人民文学出版社1992年版，第53、95页）

毛泽东是这样说的，同时他也是这样实践的，尤其表现在运用典故方面，有时候甚至于同样一个典故能够在不同的场合中表示不同的意图，赋予不同的意境。让我们来比较一下毛泽东在如下的四处所用的同一个"鲲鹏"之典，其用典的以故为新之妙与标新立异之巧就会凸显在读者的眼前：

一是："……君行吾为发浩歌，鲲鹏击浪从兹始。……"（毛泽东《七古·送纵宇一郎东行》（1918年））

二是："六月天兵征腐恶，万丈长缨要把鲲鹏缚。……"（毛泽东《蝶恋花·从汀州向长沙》（1930年7月））

三是："……斥鷃每闻欺大鸟，昆鸡长笑老鹰非。……"（毛泽东《七律·吊罗荣桓同志》（1963年12月））

四是："鲲鹏展翅，九万里，翻动扶摇羊角。……"（毛泽东《念奴娇·鸟儿问答》（1965年秋））

毛泽东在这四首诗词中都用了"鲲鹏"一典。"鲲鹏"，中国古代神话中的一种巨大的鸟。典出《庄子·逍遥游》："穷发之北，有冥海者，天池也，有鱼焉，其广数千

里，未有知其修者，其名为鲲。有鸟焉，其名为鹏，背若泰山，翼若垂天之云，抟扶摇羊角而上者九万里，绝云气，负青天，然后图南，且适南冥也。斥鴳笑之曰：'彼且奚适也！我腾跃而上，不过数仞而下，翱翔蓬蒿之间，此亦飞之至也，而彼且奚适也！'"但是，毛泽东在运用此典之时，虽说都是用了"鲲鹏"一典，但是绝无雷同之处，却有标新立异之妙。

第1处所用之"鲲鹏"，重在描绘、想象，用其比喻之义，其意所指是，战友罗章龙从此开始了像鲲鹏展翅那样的学习和战斗生活，可谓鹏程万里，给战友以鼓励和勉怀。这里的"鲲鹏"，毛泽东用的是"鲲鹏"的正面意义。

第2处所用之"鲲鹏"，重在用其比喻之义，意为一切反动派和国民党反动势力，只能是貌似强大而已。没有什么了不起，总有一天要被我红军所持的万丈长缨所缚。这里的"鲲鹏"，成了反面形象。毛泽东在这里所用的是"鲲鹏"的反面意义，有意含"道高一尺，魔高一丈"之妙。

第3处所用之"鲲鹏"，重在其对比之妙。毛泽东在这里全部运用了《庄子·逍遥游》这一则寓言故事，通过"鲲鹏"与"斥鴳"的对比，凸显了罗荣桓元帅的高大形象。

第4处所用之"鲲鹏"，不仅全部运用《庄子·逍遥游》这一则寓言故事，而且进行了故事新编，让"鲲鹏"与"蓬间雀"对起话来，并表示他们对于战争的不同态度，从而达到讽刺与嘲笑赫鲁晓夫和勃列日涅夫之流的目的。

仅此一例，我们足以见之，毛泽东妙用典故真是到了以故为新不雷同、标新立异为我用的出神入化的程度。

10. 数典并用健笔挥　出蓝胜蓝文势壮

所谓"数典并用健笔挥；出蓝胜蓝文势壮"地运用典故，亦即是典故的连用，就是说，在使用典故的时候，不是用一个典故，而是两个或两个以上的典故同时并用。这样运用典故，本当是典故的一种运用手法，笔者在这里重在品析其用典的思想风格与艺术特色。这样连用典故，往往可以增强诗文的艺术感染力、增强诗文的雄宏气势，给人以犹如玉盘走珠，坂上走丸、闪光多彩之感。

毛泽东在其诗文讲话中的数典并用，所运用之典，较之原来的典故，均有青出于蓝而胜于蓝的艺术效果，为增强其诗文讲话的艺术感染力和展现其思想风格及诗文讲话的气势起到了很好的作用。

比如，"……江山如此多娇，引无数英雄竞折腰。惜秦皇汉武，略输文采；唐宗宋祖，稍逊风骚。一代天骄，成吉思汗，只识弯弓射大雕。俱往矣，数风流人物，还看今朝。"（毛泽东：《沁园春·雪》[1936年2月]）

毛泽东在这半片词中，竟然连用了九个典故，其中有五个著名的历史人物典故，四个词语典故。

这五个人名典故是：曾经一统中国的秦始皇；曾经彻底击败匈奴的汉武帝；曾经开创大唐贞观盛世的李世民；曾经弥平五代之乱的赵匡胤；曾经显赫一时、惊动世界、一统版图横跨欧亚大陆的成吉思汗。

这四个词语典故是："折腰"，典出旧题西汉人刘歆撰，经考证，晋人葛洪《西京杂记》："夫人善为翘袖折腰之舞。"又见，《晋书·陶潜传》："吾不能为五斗米折腰。"又见，宋人刘克庄《沁园春·寄九华叶贤良》："当年目视云霄，谁信到凄凉今折腰。""一代天骄"，典出《汉书·匈奴传》（《汉书》卷94）。其中有云："胡者，天之骄子也。"毛泽东词中的"天骄"，就是"天之骄子"的缩略语。"射大雕"，典出《北齐书·斛律金传》附斛律光："尝从世宗于洹桥校猎，见一大鸟，云表飞扬。光引弓射之，正中其颈。此鸟形如车轮，旋转而下至地，乃大雕也。世宗取而观之，深壮异焉。丞相属邢子高叹曰：'此射雕手也！'""风流人物"，典出宋代苏轼《念奴娇·赤壁怀古》。其中有云："大江东去，浪淘尽，千古风流人物。"毛泽东词中的"数风流人物"，就是"千古风流人物"的置换而用。

正是因为有这五个人名典故和四个有出处的典故词语嵌入词中，毛泽东借助一个"惜"字，以金线穿珠之法，轻而易举地将古代中国颇为出色的五个帝王的名号以及其业绩与不足"串联"起来，虽说这些人物的时间、空间、朝代各不同，虽说他们的功业大小、性格特点各不一，然将他们"串联"起来并通过对比与评析，以其委婉幽默而又意味深长的笔调，将他们尽展于读者的眼前。可以断言：如果不是这九个典故的兼连妙用，这一首词的气势要达到如此雄浑豪放，思想风格要达到如此高洁健美，艺术效应要达到如此魅力无穷，几乎是不可能的。

以上，仅仅是毛泽东妙用典故的思想风格与艺术特色之一斑。其实，毛泽东运用典故的思想风格与艺术特色远不止这十个方面。我们如果再换新角度作细致而深入的探索，也许还可以看到和体味到，毛泽东妙用典故色彩绚丽、雄视千古的思想风格与思接千绪的艺术特色和更多的令人神往的美妙境界。

七 中国典故如烟海 理当建立一学科
——关于建立毛泽东典故学并为中国典故学的建立试步的若干问题的思考

毛泽东一生所用之典故，数量质量冠及古今，这些典故已融入人们的生活之中，并不断地显现其无穷魅力。毛泽东运用典故之研究，成果丰硕但仍待深入。毛泽东所用之

典故，是毛泽东的"二度创作"，对于人们在用典中所遇到的诸多疑难问题给予了深深的启迪。可以说，毛泽东是一位自创系统用典理论的大师和擅长用典的高手。

中国典故，是中国人民智慧的结晶，根植于中华民族的经验世界之中，经历了漫长的风云岁月风沙暴雨的冲刷，凝定着中华民族文化发展的历程，不断地成为升华着中华民族经验和文化发展中的有价值部分的载体，而随着时代的发展展示其新容。从某种意义上来说，它荟萃了中国文化的精华，是中华文化中鲜艳瑰丽的花朵。范宁称：

一个国家的语言文学中成语典故多，往往可以作为测量该国精神文明的标尺，并标志着这个国家的文化历史宝藏的丰富（吕薇芬：《全元散曲典故辞典·范宁〈典诠丛书〉序》，湖北辞书出版社1985年版，第5页）。

在我国的古典文学作品中，典故处处可见，可以说是一个运用典故的世界。在这样一个世界中，我国不少的语言、诗词、小说大师所以能留下名垂千古的不朽之作，不能不说与他们擅长活用典故大有关系。

如唐之诗仙李白、诗圣杜甫、诗豪刘禹锡、诗鬼李贺、诗魔白居易，等等，他们在运用典故上都达到了炉火纯青的地步。仅杜甫一人之诗的用典就达到令人吃惊的地步。韩成武、贺严在谈到杜甫用典的情况时这样写道：

有些时候，情感比较曲折、复杂，直言难以述尽；或对社会、人生的事理进行议论，发表意见，正言难以阐明；或为人物立传，评价传主一生功绩，在这种情况下，使用典故就是情势所需的了。杜甫的一些长篇五古、排律，如《北征》、《八哀诗》、《夔府抒怀四十韵》、《秋日夔府咏怀一百韵》、《壮游》等大型的叙事性、议论性的作品，大量使用历史掌故和传说。此外，还大量地使用经书、史书、子书语典，据金启华先生统计，杜诗使用《诗经》、《尚书》、《礼》、《易》、《春秋左氏传》、《论语》的语典多达180处；使用《史记》、《汉书》、《后汉书》、《三国志》、《晋书》、《宋书》、《南史》等史书语典43处；使用《老子》、《庄子》、《关尹子》、《荀子》、《尹子》、《韩非子》、《列子》、《吕氏春秋》、《淮南子》、《法言》、《牟子》、《抱朴子》、《颜氏家训》、《文中子》等各家句意55处；至于化用前代诗人的诗句，如屈原、宋玉、曹操、曹丕、曹植、孔融、蔡琰、王粲、刘桢、应瑒、陈琳、嵇康、阮籍、傅玄、裴秀、陆机、潘岳、潘尼、张载、张协、左思、孙楚、刘琨、郭璞、卢谌、孙绰、殷仲文、陶渊明、谢灵运、谢惠连、谢瞻、谢庄、颜延之、鲍照、王融、谢朓、沈约、江淹、吴均、任昉、王训、梁武帝、梁简文帝、梁元帝、阴铿、沈炯、王褒、何逊、江总、庾信，以及初唐诗人虞世南、沈宋、四杰等，竟有571处。杜甫在这类诗中如此频繁地使用这些事典和语典，是情势使然，如不以古比今，如不使用前人语句、化用前人诗句，便不能把他（或他人）复杂的生活经历和个人曲折的思想感受准确地表达出来。
（韩成武：《杜诗艺谭》，河北教育出版社2002年版，第81—82页）

由此笔者统计，诗圣用典量竟达849处之多，其用典数量之多、用典之妙、将前贤诗文传播之广，可谓劳苦功高，堪称用典高手了。

然尽管如此，但纵览毛泽东之用典情况，我们可以看到，毛泽东所运用的典故，不论从哪一个角度上来看，均是很有特色的。

毛泽东的用典有雄视万代驾驭古今之妙，既继承前人爱用典、擅长用典的传统，又在继承前人用典的基础上有发展、有创新，从而达到最佳的传播。

毛泽东的用典，使古典文学在毛泽东的著作中获得了崭新的活力与新的生命，引领人们走入一座中华文化艺术瑰宝的殿堂，激活了典故中沉积的一个伟大民族永远不灭、自强不息的精魂，它警醒着对中华民族百年苦难已经淡忘的人们，激励着每一位为中华民族复兴而艰苦奋斗着的战士。毛泽东的用典，是前无古人而又能后启来者的。

毛泽东的用典，体现了毛泽东的文化观，而"毛泽东新民主主义文化观是毛泽东文化观中较成熟的思想和理论形态，是以毛泽东为代表的中国共产党人关于新民主主义文化思想的集体智慧结晶，而且对社会主义文化建设也具有重大的指导意义"（《新华文摘》2000年第6期，第187页）。因此，对于毛泽东的用典进行专门的研究，对于加深理解以毛泽东为代表的中国共产党人关于新民主主义的文化思想，是有其重要意义的。

基于上述，笔者以为，毛泽东的运用典故，应当成为一门学问——姑且称之为"毛泽东典故学"，并为建立"中国典故学"试步予以专门的研究。

笔者拟从下列一些方面，提出自己的想法、理由与思考。

（一）思考之一：使事用典动情思，数量质量冠古今

用典妙来无过熟。这就是说，典故要用得好，用得活，首先，必须十分精熟于典故。毛泽东以其"殖学深厚"的功底，以其丰富的经历和敏锐的思维，以其对于马克思列宁主义的深层次领会，面对源远流长的中国传统文化有着广泛的癖好，对于中国传统文化中的精华——中国典故，可以说是烂记于胸。故而其诗文讲话形象生动，使事用典博采众长，纵横捭阖情思涌动，多彩多姿耀然辉光。古今卓然识见的一位伟大的政治家的风度和文化性格，亦在引经据典中得到了充分的展示。

1. 从对毛泽东诗文讲话中所用典故之粗略估计与总体分析，看建立毛泽东典故学之必要

要专门把一个人的用典情况当做一门学问来进行研究，仅有笔者在上面的一系列的论述还是不够的。首先必须要对毛泽东一生到底运用了多少典故有一个大概的了解。那么，毛泽东一生到底用了多少典故呢？这么一个问题，对于任何一位才华横溢的人来说，都是不可能有一个精确的答案的。因为我们不可能将毛泽东一生的所有文章、诗

词、楹联、演说、谈话等全部收集后进行分析。

但是，我们还是能够知其大概的。据笔者所知，目前关于毛泽东一生共写了多少文章，有如下几种说法。

一是说毛泽东自1912年写《商鞅徙木立信论》开始，有70余年的写作生涯，据有关研究者统计：毛泽东一生写了5000多篇大大小小的文章，其中公开发表的就达2088篇之多，采用过60多种文章体式（祝向东：《毛泽东研究的新领域、新发展——读〈毛泽东与文章学〉》，《河南师范大学学报》1994年第6期，第66页）。我们如果以此为据，从最保守的角度去估算，每一篇文章仅按4个典故的话，毛泽东在这5000余篇的文章里就用了20000个典故。

二是据2004年1月13日《光明日报》载张静如《评价〈毛泽东著作版本编年纪事〉》一文中所统计，毛泽东自1912年到1976年间撰写和发表9000余篇文章。同样取每篇文章运用了4个典故的话，毛泽东在这9000余篇文章里，就用了36000个典故。

朱祖延先生一部洋洋200万字的《引用语大辞典》，算来也不过是6000条引用语（朱祖延：《引用语大辞典》，武汉出版社2000年版）。仅就毛泽东这36000个典故，予以品评、分析、探源、寻流，如果每条典故以500字的篇幅进行论说，则恐怕没有1800余万字是无法完成的。

对于中国历史中不少人物的用典情况的讨论是不少的，除了对唐时诸如李白、李贺、李商隐、杜甫等用典大家的用典情况予以探讨之外，最为显著之例当是对宋人黄庭坚用典的品评与分析，古今之人对其用典褒贬不一或褒贬同具，如王诃鲁先生云：

黄诗选材，用典赅博，其诗呈现与杜诗一样的"浑涵汪茫，千汇万状"的状态。仅就任渊在《山谷内集》（715首）注中所指出的典籍统计，就有400多种，可见他的诗用典范围之广及典故符号出处之僻。难怪清人赵翼说"山谷则书卷比坡更多数倍，几乎无一字无来历。"（《瓯北诗话》卷11）

山谷用典踵事增华，比苏诗有过之而无不及，这方面山谷可称得上宋诗甚至中国古诗人之珠穆朗玛峰。山谷之所以能登上这个最高峰，除主观原因之外，与诗人客观上有条件"任力耕耨，纵意渔猎"有关，这条件是，由于印刷术的演进，宋朝的文化典籍比前代更为普及，宋人所承受的文化遗产比秦汉、六朝和隋唐更为浩博（王诃鲁：《论黄庭坚诗中的典故符号》，《江西社会科学》1999年第1期，第86页）。

尽管如此，然山谷诗文中的典故毕竟距离我们的时代太远，其所用之典要成其为一学，无论是从思想性还是从实用性的价值上来看，都显得非常之有限，这是无法与毛泽东所用之典相比拟的。单就用典的数量而言，如果说山谷仅仅是一个人，不好与毛泽东相比较的话，让我们来看一看《全唐诗》。一部《全唐诗》达900卷，收诗48900余首，作者2200余人。（《全唐诗·出版说明》，上海古籍出版社1992年版）这部《全唐诗》

共用了多少典故呢？据统计："《全唐诗》中用典达6700条。"（李德清：《浅谈典故的翻译》，《内蒙古民族大学学报·社会科学版》2004年第4期，第104页）而毛泽东诗文中的用典达36000个，其用典数量、用典风格、用典手法等，已形成一个独特的用典科学体系，仅就上述情况而言，以毛泽东诗文中这36000个典故为基础，将毛泽东运用典故专设为一门学问予以研究就是很有必要的了。

2. 从对毛泽东诗文讲话中所用典故古今对比之具体分析，看建立毛泽东典故学之必要

如果说，上面是从总体的情况来分析的话，那么，从具体的用典情况来看又如何呢？关于毛泽东的具体用典之情况，笔者在诸多论文中论述颇多，但没有将毛泽东用典与前贤用典作过具体细致的比较。现还是以用典"可称得上中国古诗人之珠穆朗玛峰"的山谷为例作一对比吧！山谷那一首《和答钱穆父咏猩猩毛笔》云：

> 爱酒醉魂在，能言机事疏。
>
> 平生几两屐？身后五车书。
>
> 物色看《王会》，勋劳在石渠。
>
> 拔毛能济世，端为谢杨朱。

此诗用典历来为评论家所推许。8句用了8个典，真是无一字无来历。第1句中的"爱酒"，典出东晋常璩《华阳国志》，言猩猩爱喝酒、爱穿屐。猎人知其性，投其所好，将酒与屐放在路上诱而捕之；第2句中的"能言"，典出《礼记·典礼上》，言猩猩能言，不离禽兽；第3句中的"两屐"，典出《晋书·阮孚传》，传中有阮孚之言"未知一生能著几两屐？"；第4句中的"五车书"，典出《庄子·天下》，中有"惠施多方，其书五车"；第5句中的"王会"，典出《逸周书·王会篇》，中有"王城既成，大会诸侯及四夷也"；第6句中的"石渠"，典出班固《西都赋》，中有"天禄、石渠，典籍之府"；第7句中的"拔毛"，典出《孟子·尽心上》，中有"杨氏为我，拔一毛而利天下，不为也"；第8句中的"杨朱"，典出《列子·杨朱》，中有"今禽子问杨朱曰：'去子体之一毛以济世，汝为之乎'？杨子曰：'世固非一毛之所济。'"王诃鲁先生称之为"当选典归一，众美辐辏"（王诃鲁：《论黄庭坚诗中的典故符号》，《江西社会科学》1999年第1期，第86页）。由此可见，黄庭坚之用典，确实非同寻常。

如果说，黄庭坚用典可称得是一座珠穆朗玛峰的话，那么，毛泽东的用典则可称得上是数座珠穆朗玛峰。笔者综合本书所论，之所以说毛泽东用典可称得上是数座珠穆朗玛峰，是有如下理由的：

一是毛泽东从理论上确立了用典的必要性与重要性。典故是典籍中的精华之所在。毛泽东对待中国典籍的一系列的理论指导方针，对于典故的运用都是完全适应的。

二是毛泽东将典故的运用与学习，提高到了与语言的学习和运用同等的地位。这是

毛泽东的一大创建。

三是毛泽东所运用、所创用的典故，绝大多数都是为中华民族与世界列强浴血奋战的诗文而用，是为社会主义革命、社会主义建设事业的诗文而用，是为祖国的前途和命运而用，是为激发着中华民族自强不息的民族精神而用，或是为充满对反动派、对侵略者的血泪满襟控诉而用……这样的典故，至今仍不失其重要的教育意义。从中华民族自遭受列强蹂躏至崛起的整个历史进程来看，从毛泽东在这些著作中大量运用和创造的典故又多是这些光辉著作中最为闪光耀眼之所在来看，这样的典故是有其永恒历史价值的。

四是毛泽东的用典，用得好、用得活、用得妙，用得通俗易懂，能为广大人民群众所接受。其用典之妙，往往是一典一个大智慧，如有神助之妙！

五是毛泽东用典数量之多、用典手法之妙，也是前无古人、后未见来者的。

上述五点足见，毛泽东是一位自创用典系统理论的用典大师和用典圣手。

试看一下毛泽东的一次讲话，他一口气就用上三四十个典例、故事，而妙在其言人人能懂。这就不能不令用典专行们惊叹与折服：

1958年5月，在党的八届二次会议上，毛泽东作了《破除迷信 解放思想》的讲话，为了说明年轻人可以干大事，他一口气从中国和外国历史上举了三四十个年青有为、发明创造的事例。从科学共产主义创始人马克思、恩格斯，到佛教始祖释迦牟尼，到中国的至圣先师孔夫子；从汉朝政论家、历史学家贾谊、到晋朝的哲学家王弼、到唐朝的大诗人王勃、李贺，到宋朝的抗金名将岳飞；从战国甘罗13岁当丞相，到晋朝13岁的荀灌娘搬兵救父，等等。对这些历史人物的家世、业绩、生卒年月，他侃侃而谈，了如指掌。毛泽东对历史掌故的这种惊人熟悉，使当时在场的历史学家范文澜瞠目结舌，大为惊讶。毛泽东列举历史人和事，使与会的听众大受教益，对他讲述的观点，印象更加深刻（王学坚：《毛泽东与中国历史——毛泽东与中国传统文化之二》，《昌维师专学报》1994年第3期，第35页）。

由此可见，毛泽东运用典故，可谓冠绝古今。因此，我们可以说，将毛泽东运用典故当做一门学问、列为一个学科来研究是完全可以的，也是很有必要的。

（二）思考之二：思深意远博众长，千古传流永菲芳

曹丕在其《论典·论文》中称："盖文章，经国之大业，不朽之盛事。"唐人杜甫在其《偶题》诗中亦言"文章千古事"。这些名人名言，从写诗作文的重要性和影响力这个角度来说，是有道理的。故古往今来，人们对于写诗作文的炼字炼句都十分注意。唐人卢延让在其《苦吟》诗中有千古名句："吟安一个字，捻断数茎须。"所言的是作

诗炼句之辛劳，也形象地描绘了诗人为炼字炼句心神专注的情景。毛泽东在诗文讲话中妙用典故时，由于他才华盖世，记忆力惊人，当然不至于像卢延让所描绘的那样"捻须"苦吟。但是他是很注重选典炼字的，尤其是能够精选先贤典故之精华并融会妙纳在其用典之文中。故而毛泽东的诸多用典之句至今魅力无穷，亦将传流千古。

3. 从毛泽东在诗文讲话中活用了典故的语言在诸多辞书中的影响，看建立毛泽东典故学之必要

中国的典故，笔者曾经论及它是中国语言中闪光的钻石，是中国语言中的"全息块"，是中国语言中的"活化石"，是中华5000年文明的记录与展现，是中国语言中的精华与中国人民智慧的结晶。这样的语言精华，凡是用了典故且用得得体的，其语言必然显得精练厚重、其形式必然显得活泼生动、其内容必然显得丰富多彩，因而有含金量，必然是极富表现力，真可谓有笔下言语妙天下的审美情趣。

笔者对毛泽东的诗文、讲话中的语言作了必要的研究，有如下初步的理解与特别的关注。这就是，在毛泽东的语言中，广泛地融入社会生活、且在人民群众中影响甚巨的，极大多数是毛泽东在其中妙用了典故的语言。可以从下面几个方面领略其精妙之所在。

一是毛泽东在其诗文、讲话中运用了典故的，极大多数都被收入了各类辞书，这说明了毛泽东所运用的典故，是极富生命力的。

二是我们将这些辞书中的典故，联系毛泽东所运用的具体例子稍作分析，就会立刻发现毛泽东运用典故的创造性所给予我们的深刻的启示。

比如：上海辞书出版社1989年5月版的《中国成语大辞典》，其中那些属于典故性质的成语，相当多数当是因为毛泽东在其诗文讲话中所运用且在广大群众中产生了深刻影响而成为了成语，这只要对照一下比较古老的成语辞书便会知晓。如"有则改之，无则加勉""言者无罪，闻者足戒""知无不言，言之不尽""四体不勤，五谷不分"等等，随处可见。

毛泽东在其诗文、讲话中，不仅用到了这些典故的本来意义，而且大多数赋予了其创新的意义。

三是毛泽东的诗文中凡是融入了典故的诗文句，有不少被编入辞书。不少辞典中收的新词条，有的就是毛泽东运用了典故的语句。

比如：朱祖延的《引用语大辞典》，其中就收有毛泽东的"不爱红装爱武装""粪土当年万户侯""风景这边独好""数风流人物，还看今朝""弹指一挥间""往事越千年""一唱雄鸡天下白""已是悬崖百丈冰，犹有花枝俏""战地黄花分外香"……（见该书的第38、169、169－170、583、619、664、783、808、878页）。

又如：《中国成语大辞典》，其中就收有毛泽东的"艰苦奋斗""岿然不动""人

不犯我，我不犯人""失败是成功之母"……（王涛、阮智富等：《中国成语大辞典》，上海辞书出版社1989年版，第594、702、1012、1123页）。

再如：《军事成语》一书，据笔者所考，其中收入的毛泽东的军事成语，相当多数是有其来历的典故性质的成语。作为在一个人的一生事业成就中所创造的成语，在一本含有古今3000余年的军事成语集中，其被编入之多、所占比重之大，不仅反映了毛泽东在军事上的继承与创新，也反映了毛泽东所创新的具有典故性质的成语所具有的无穷魅力。兹录如下，诸如"一不怕苦，二不怕死""一触即发""力争主动，力避被动""力求全歼，不使漏网""与其失之过迟，不如失之过早""不计一城一地之得失""不斗则已，斗则必胜""不打无准备之仗，不打无把握之仗""瓦解敌军""化劣为优""化零为整""化整为零""分兵以发动群众，集中以应付敌人""以十当一""以多胜少""可乘之隙""打得赢就打，打不赢就走""召之即来，来之能战，战之能胜""伤其十指不如断其一指""全民皆兵""备战、备荒、为人民""各个歼敌""官兵一致""围而不打，隔而不围""围城打援""兵民是胜利之本""局部优势""枪杆子里面出政权""拥干爱兵""拥政爱民""明于知彼，暗于知己""明于知己，暗于知彼""官兵互教，兵兵互教""持重待机""战略上藐视敌人，战术上重视敌人""临机处置""待机破敌""突然袭击""诱敌深入""乘敌不备""敌进我退，敌驻我扰，敌疲我打，敌退我追""集中兵力""集中驻止""善观风色，善择时机"（苏若舟、柯理：《军事成语》，山西人民出版社1983年版，第1、14、25、26、42、72、72、72、88、93、94、103、113、116、147、153、171、216、222、227、227、243、285、286、300、319、325、329、330、339、339、374、397、412、413、429、446、448、479、482、573、573、575页）。

四是毛泽东在自己的诗文中融入了典故诗文句，有被取作书名的，在报刊杂志上用作标题的，则更是举目而见。如书名《星火燎原》，中国人民解放军战士出版社出版，1959年12月毛泽东题写了书名；用作标题名的，我们经历了文化大革命这一代人仍然清晰地记得："文化大革命中毛泽东无诗，但他那些诗的口号却发挥了战斗鼓角的作用，那些诗句的社会应用价值空前看涨，最后泛滥成一片红海洋：'独有英雄驱虎豹，更无豪杰怕熊罴'、'金猴奋起千钧棒，玉宇澄清万里埃'、'四海翻腾云水怒，五洲震荡风雷激'、'为有牺牲多壮志，敢教日月换新天'、'宜将剩勇追穷寇，不可沽名学霸王'……这些诗句得到了新的解释。多如牛毛的红卫兵造反派组织以'征腐恶'、'战地黄花'、'百万雄师'、'金猴'等命名。毛泽东诗词被当做符咒，发挥着超文艺功能，鼓舞人们去横扫一切。"（周啸天：《毛泽东诗词纵横谈》，《成都师专学报》1990年第2期，第51页）

4. 从毛泽东在诗文讲话中活用了典故的语言在当今仍然魅力无穷，看建立毛泽东典故学之必要

典故要用得好、用得妙、用得活，一般来说是要有较为高深的学问和丰富的经历的，这是问题的一个方面；另一方面，还必须有驾驭学问的才能和经历。这样的用典诗文与活语，当是可以传流千古的。如李白、杜甫、李贺、李商隐等诸多传世名作名句，皆与他们妙用了典故相关相切。

毛泽东更是一位古往今来站在5000年中国璀璨文化基石上、统贯古今的用典高手。他对中国典故是批判继承而用，在运用中多是有所超越、锐意创新。故其诗文讲话中的用典作品可谓魅力永在，传世的名篇、名诗、名词、名句数量可观。

长期以来，不少报刊书稿的文章，广为采用毛泽东诗词句为题目。如果说，毛泽东的这一些相当多的用了典故的诗词句在当时对社会产生了极大影响的话，如周啸天《毛泽东诗词纵横谈》中所言"'一万年太久，只争朝夕'，横扫的结果是生产力与社会积累的大破坏，国民经济濒于崩溃的边缘"，那么，在改革开放的今天，毛泽东的诸多运用了典故的诗词又怎么样呢？客观事实是，仍然以其无穷的魅力展现在读者的眼前。

如"中文系毛主席诗词学习小组：《粪土当年万户侯——读〈沁园春·长沙〉》，《湖南师范学院学报》1976年第4期"，"陈靖：《风卷红旗过大关——学习毛主席诗词笔记》，《云南日报》1978年9月7日"，"［澳门］胡培周：《六亿神州尽舜尧——毛泽东诗词的历史唯物主义观点》，《毛泽东诗词研究丛刊》［第1辑］中央文献出版社2000年版"，"《江草江花处处鲜》，《江西日报》1995年12月25日"。

笔者近见以毛泽东的"风景这边独好"为主标题的国家四种主要报纸，在短短的三个月内，便"六现"报端。如：2002年10月19日《中国教育报》的一则标题是《风景这边独好——山西省屯留县一中跨越式发展纪实》；2002年10月28日《中国教育报》的一则标题是《风景这边独好——记跨进新世纪的西安美术学院》；2002年10月31日《人民日报》的一则标题是《风景这边独好——龙口市加强城市规划建设管理纪实》；2002年11月1日《光明日报》的一则标题是《风景这边独好——湖南省隆回二中创建省级重点中学纪实》；2002年12月18日《中国教育报》的一则标题是《壮乡风景这边独好》；2002年12月27日《中国新闻出版报》的一则标题是《风景这边独好——北京日报报业集团印务中心印象记》。

而《人民日报》在1997年11月的5日、7日、9日、12日、13日、29日，就分别将"谁持彩练当空舞""不可沽名学霸王""神女应无恙""今日缚住苍龙"（改用）"金秋时节读华章"（改用）用作文章的主标题。在2002年12月19日，就将毛泽东的"而今迈步从头越"相继而用，一为《而今迈步从头越——庆祝福建省晋江市建市10周年》；一为《而今迈步从头越——记丹阳市新区人民医院、妇幼保健院院长张志康》。

至于报刊、杂志、书稿中以点化毛泽东诗文中蕴涵着典故的妙句为题的，为毛泽东诗词诗意词意作画的，为毛泽东诗词谱曲的，以毛泽东诗词为内容进行书写书法的，以毛泽东含典意的诗词句妙设谜语谜题的……几乎随处可见。

毛泽东诗文讲话中的经典语言，尤其是这些运用典故的精美语言，依然陶冶人们的情操，鼓舞着人们的斗志，为我国的改革开放奏响着前进的号角，为社会主义的精神文明作出新的奉献！哲人虽已逝！诗文永流传！因此，建立毛泽东典故学，深入研究毛泽东的用典艺术实属必然与必要。

5. 从毛泽东在诗文讲话中活用了大量的史书内容所具有的历史学意义和现实意义，看建立毛泽东典故学之必要

世人论及典故，多是视其为一种语言。笔者在本书中论中国典故，也多是从语言、修辞等角度去予以阐释。在这一部分所要谈的是用典的历史学意义和现实意义。

鉴于人们一提及典故，一般容易局限在以上两个方面。其实，一谈到典故和运用典故的问题，无不牵涉到历史和现实问题，人们所撰写的典故类书稿，其选材多是从先秦到元明清的历代典籍。有鉴于此，为了开阔视野，这里先引用一则用典故事："1983年钱伟长先生应福建省委书记项南同志之邀访问福建，在参观闽江上的马尾港时发现，这个1975年耗资六亿元修建的军港，因港址选择不当（未考虑科氏力效应），已经严重淤塞，弃用已达七年之久，有人提出迁建新港。先生去现场仔细勘察之后，马上想起读过的古书中提到的'束水攻沙'之策，提议用乱石从闽江对岸向江中抛投造乱石堤，堤长约200米，用急流冲去泊位区的淤沙，不必营造钢筋混凝土大坝，用土法即可收'束水攻沙'之效。项南同志当即批准此议，只动用了闽江木船搬运抛投乱石，历时一个月，耗资仅百万，大功告成：即将报废的港口复活了，迄今未发生淤积问题。"（戴世强：《浅论钱伟长学术思想中的人文精神》，载《上海大学学报·社会科学版》2006年第1期，第15页）

"束水攻沙"实为一典，这个典例是中华民族独有智慧的展现，它缘自西汉王莽时期的张戎所提出的一个科学结论，完善传播、实践与运用于汉、金、明、清等历朝水利专家。在高科技飞速发展的当代，中华民族这一古老科技典故，为钱伟长先生所充分激活，省时、省工、节料、节费，这就是"专家一席话，救活一军港"，如果从用典的角度来写这一用典实例，就是"专家妙用典，军港得再生"。

众所周知：毛泽东是一位历史知识渊博的政治家，读书是他一生的爱好，而读史书，可以说是他的嗜好。他一生扎扎实实地读完了《二十四史》《资治通鉴》等一系列的史书，甚至稗官野史也要细读精研。我们只要略微看一看毛泽东的用典诗文，或是听一听毛泽东的演说谈话，就会发现毛泽东的用典，还有一个与众不同的最大特点：他所运用典故，其中相当多数是直接源于史书，且直接运用到社会变革实践。或是运用史料

批注古今人物，或是借助历史战例分析对敌斗争，或是用史论及科学技术，或是用典妙论自然科学现象，或是对史学家提出要求……毛泽东的读史、用史、用典为我们作出了表率，研究毛泽东妙用典故中的妙用史实，有其重要的历史意义和深远的现实意义。

更难能可贵的是，毛泽东不仅自己读史，还号召全党都要"学点历史"，将读不读史，提高到与学习马克思列宁主义理论的同等高度，提高到中国革命能不能取得胜利的高度。

比如，在抗日战争极端繁忙的年代，毛泽东指出：

一切有相当研究能力的共产党员，都要研究马克思、恩格斯、列宁、斯大林的理论，都要研究我们民族的历史，都要研究当前运动的情况和趋势；并经过他们去教育那些文化水准较低的党员。特殊地说，干部应当着重地研究这些，中央委员和高级干部尤其应当加紧研究。指导一个伟大的革命运动的政党，如果没有革命理论，没有历史知识，没有对于实际运动的深刻的了解，要取得胜利是不可能的。（《毛泽东选集》第2卷，第532－533页）

毛泽东还提醒我们对于中国历史学习的严重不足，他指出：

学习我们的历史遗产，用马克思主义的方法给以批判的总结，是我们学习的另一任务。我们这个民族有数千年的历史，有它的特点，有它的许多珍贵品。对于这些，我们还是小学生。今天的中国是历史的中国的一个发展；我们是马克思主义的历史主义者，我们不应当割断历史。从孔夫子到孙中山，我们应当给以总结，承继这一份珍贵的遗产。（《毛泽东选集》第2卷，第533－534页）

对于这种学习历史的严重不足情况，到了什么样的程度呢？毛泽东警醒并严厉地批评那些不学习历史的人们而这样写道：

不论是近百年的或古代的中国史，在许多党员的心目中还是漆黑一团。许多马克思列宁主义的学者也是言必称希腊，对于自己的祖宗，则对不住，忘记了。认真地研究现状的空气是不浓厚的，认真地研究历史的空气也是不浓厚的。……对于自己的历史一点不懂，或懂得甚少，不以为耻，反以为荣。特别重要的是中国共产党的历史和鸦片战争以来的中国近百年史，真正懂得的很少。近百年的经济史，近百年的政治史，近百年的军事史，近百年的文化史，简直还没有人认真动手去研究。……就是不要割断历史。不单是懂得希腊就行了，还要懂得中国；不但要懂得外国革命史，还要懂得中国革命史；不但要懂得中国的今天，还要懂得中国的昨天和前天。"（《毛泽东选集》第3卷，第797－801页）

面对这种状况，以毛泽东为首的党中央作出决定：

现在我们党的中央做了决定，号召我们的同志学会应用马克思列宁主义的立场、观点和方法，认真地研究中国的历史……（《毛泽东选集》第3卷，第814页）

毛泽东不仅自己读史用史，还督促、关心、帮助、指导自己的部下、亲戚、子女也要学好历史。如：他在给毛岸英的信中这样写道：

你要看历史小说，明清两朝人写的笔记小说（明以前笔记不必多看）……"（《毛泽东书信选集》第285页）

毛泽东的读史，并不限于上述部分，他对于与读史学史有关的古籍整理、史学界的学术研究、史学家的论著乃至博物馆事业，等等，都倾注了自己的心血，仅就其在著作中的用典，则正如有的专家所统计：

翻开《毛泽东选集》，他旁征博引了大量的历史典籍，如《左传》、《吕氏春秋》、《史记》、《汉书》、《资治通鉴》、《礼记》、《易经》、《论语》、《孟子》、《老子》、《庄子》、《孙子》、《列子》、《山海经》，等等。涉及的历史人物，既有著名的政治家、军事家、文学家、学者、诗人，如：曹操、孙武、司马迁、韩愈、朱熹等；又有佞臣奸相，如：魏忠贤、李林甫、刘瑾、秦桧等。既有在中国被尊为"圣人"的孔夫子、"亚圣"的孟夫子；又有外国著名的科学家、发明家哥白尼、达尔文等。对于中国历史上的农民起义领袖，如：陈胜、吴广、朱元璋、李自成、洪秀全等，毛泽东则倾注着更大的热情关注。对于中国历史上许多著名的战役，如楚汉的成皋之战、新汉的昆阳之战、袁曹的官渡之战、吴蜀的彝陵之战、秦晋的淝水之战等成败得失的评述，也都多次出现在他的著作和讲话中。在《毛泽东诗词选》中，同样可以读到他对秦皇汉武、唐宗宋祖的评论；读到他不忘曹操的碣石遗篇；读到他歌颂共工为胜利的英雄；读到他要人们记取项羽失败的教训，穷寇宜追，把革命进行到底，等等。在经他审阅修改的新闻稿件中，引用的史例也不少……（张贻玖：《毛泽东读史》，中国友谊出版公司1991年版，第1—2页）。

毛泽东在其诗文、讲话中的用典，从某种意义上说来，正是得益于他对于中国历史的娴熟于心的准确把握，他在用典中所运用的大量史实，他关于读史用史的一系列论述与决定，不仅有其重要的历史意义，在今天，同样有其重要的现实意义。对于典故学中运用史籍的研究来说，这还是一个全新的课题，是用典研究中的一大无人问津的空白，从这个意义上说来，建立毛泽东典故学，同样是十分必要的。

（三）思考之三：用典研究论著多，成果丰硕待深入

典故之用，既可增强诗文讲话自身的文化底蕴，丰富诗文讲话的表现能力，同时也是著作者的才华与驾驭语言能力的展示。毛泽东在其著作中所用的典故，理所当然地会引起人们的关注。对于其用典的研究状况，我们可以从如下三个方面来探析。

6. 从关于对毛泽东著作中的典故研究的著作上来考察，看建立毛泽东典故学之必要

由于国民党反动派长期以来的攻击与诬蔑，他们把中国共产党的领导者们，说成是一批无知无能的造反者，是一批愚氓，妙用"典故"这样高雅的艺术，在他们看来共产党人是不会懂得的。其实，道人愚者自正愚，道人丑者丑不觉，道人恶者自作恶。人世间这种反常现象是时常存在的，最为典型的一例是他们抓住毛泽东的《沁园春·雪》中的典故对这首名词进行丑诋（关于毛泽东的《沁园春·雪》中的用典研究，笔者在本书的第18题："雄视古今数千载；典评帝王抒心声——毛泽东在《沁园春·雪》中所用典故探妙"中有专论，此仅仅略说）。对于毛泽东诗文讲话中的典故，自从毛泽东著作的问世，就引起了世人的高度重视，特别是毛泽东的《沁园春·雪》一词在重庆的发表，有的人便根据毛泽东在该词中的典故，大做文章，大肆攻击毛泽东有封建帝王思想……郭沫若、陈毅等革命者则给予了有力的反击与批驳，并由此而演化成中国现代文学史上一场不算小的斗争。直到1958年毛泽东为《沁园春·雪》作注时，人们才彻底明白其用典之意。毛泽东云："雪：反封建主义，批判二千年封建主义的一个侧面。文采、风骚、大雕，只能如是，须知这是写诗呵！难道可以谩骂这一些人们吗？别的解释是错的。末三句，是指无产阶级。"（刘汉民：《毛泽东诗话词话书话集观》，长江文艺出版社2002年版，第161页）然尽管如此，直至今天，仍有人从毛泽东在该词中的用典，推断出这是帝王思想，这就不得不令人要继续挥笔辨析澄清。上述这些情况，从某种意义上来说，这就是对毛泽东诗文中用典的探讨与研究的开篇与继续。

毛泽东的著作集结出版之后，有的同志便对其中的典故产生了浓厚的兴趣并着手进行研究。由于种种历史的原因，或是出版利润率等方面的考虑，其研究成果搁置时间为期较久。正如陈钧同志在其《毛泽东选集典故·自序》所写："50年代末期，在戎马生涯中，因为战斗的需要，对《毛泽东选集》论及军事的有关篇章，产生了浓厚的兴趣。为了弄清其中所举历史上一些著名的战役，不得不在古代典籍中下一番工夫。比如：找到出处，作些必要的注释等。集少成多略有所得。于是，战友们建议：将《毛泽东选集》中所引文章、典故，进行一次全面的注释；对出处古文，作白话翻译；以便自己和广大青年进一步学好毛泽东著作的有关章节。……"几经曲折与努力，"一部用功6载，搁置28年的通俗学术读物，终于和读者诸君见面了"（陈钧：《毛泽东选集典故·自序》，中国广播电视出版社1992年版）。在笔者看来，这就是我国目前毛泽东著作（一至四卷）中关于典故研究的第一本研究时间、期待出版时间较长的正式出版的毛泽东用典著作。

事实上，在"文化大革命"期间，人们对于毛泽东著作中的典故，就有不少人在着手研究，在打倒四人帮之后，关于毛泽东典故方面的著作，据笔者所见，有北京大学中

文系汉语专业撰写的《〈毛泽东选集〉成语典故注释》，并于1977年8月由人民出版社出版；有山东师范学院聊城分院中文系《汉语成语词典》编写组撰写的《〈毛泽东选集〉里的成语故事》，于1978年5月由中国少儿出版社出版；有四川社会科学院哲学研究所毛泽东哲学思想研究室编的《毛泽东八篇著作成语典故人物简注简介》，于1982年9月由重庆出版社出版。

尔后，又有由王玉琮、卢玉珂主编的《毛泽东著作典故集注》出版（中国工人出版社1992年版）。在这一部著作中，增加了《毛泽东农村调查文集》、《毛泽东新闻工作文选》、《毛泽东著作选读》（两卷集）、《毛泽东书信选集》等的历史典故、成语、古语、古词等。这在毛泽东的著作方面内容有所增加，当然，选典的范围就有所增加。一年以后，陈琦等选编了《毛泽东的语言艺术——妙用成语典籍》，于1993年3月由辽宁人民出版社出版。一个月之后，邓立勋所著的《毛泽东用典》一书由海南出版社出版，是书虽说只有28万字，但以对毛泽东所用之典故的分析见长。

又过了一年之后，由马济彬、贺新辉著的《毛泽东诗文词语典故辞典》出版（中央文献出版社1994年版）。这一部著作，在选材的内容上，较《毛泽东著作典故集注》增加了《毛泽东诗词选》《毛泽东军事文选》《毛泽东哲学批注集》中的典故，当然，在选典的范围上又大大地向前迈进了一步。

黑龙江省牡丹江市的王大伦、冯超先生，早在1966年就关注、研究《毛泽东选集》中的典故，数十载锲而不舍，终于撰成有859条典故、45万字的《毛泽东选集中的成语典故》，于2002年6月由黑龙江人民出版社出版，本书的选典以精细、全面、系统而见长。

到2004年1月，陶永祥先生主编的《毛泽东笔下的诗文典故》出版。这部25万字的著作，收典涉及《毛泽东文集》（1—8卷）。这部由人民出版社出版的书稿，取典的范围大大地扩充了。同年7月，陈绍伟编著的《毛泽东诗词辞典》，由长江文艺出版社出版。这部24万字的著作，其中涉及"诗典"，陈绍伟先生在书中介绍的对毛泽东诗词进行评著的著作，就达142部之多。

这是笔者目前尽力所能看到的11部关于毛泽东运用典故的著作。11部著作，各具千秋，各有侧重，其印数均相当可观，可见读者对这11部著作是认可的，同时也说明了毛泽东著作中的典故对于人们是具有无穷魅力的。但是这些著作，多是偏重就书中之典而谈典，仍然有一个急待进一步深入研究的问题。

7. 从关于对毛泽东著作中的典故研究的论文上来考察，看建立毛泽东典故学之必要

近年来，涉及毛泽东著作中典故研究的论文不少，诸如周啸天在《成都师专学报》1990年第2期发表的《毛泽东诗词纵横谈》，颗义在《昭通教育学院学报》1994年第1期发表的《毛泽东同志对古体诗词发展的贡献》，张延在《承德民族师专学报》1995年第

1期发表的《毛泽东诗词是"古为今用"的典范》，李左人在《四川行政学院学报》2002年第3期发表的《毛泽东诗词对中国传统文化的创新》……在这一些论文中，都说到了毛泽东对于典故的运用。

也有的论文是专门论述毛泽东运用典故的，诸如黄世贤在《求实》1994年第1期发表的《毛泽东著作典故的运用与毛泽东的文化性格》，徐祝林在《鞍山师范学院学报》1995年第3期发表的《毛泽东诗词用典艺术探幽》。然而，笔者所见到的这样专门研究毛泽东诗文讲话中的典故的论文是不多的。近几年也有一些关于毛泽东诗文中的典故研究方面的论文发表，但毛泽东诗文中的典故是一个"大富矿"，这些研究是远远不够的，仍急待不断深入挖掘。

8. 从关于毛泽东著作在国内外的影响及其相关研究与毛泽东著作典故研究的对比上来考察，看建立毛泽东典故学之必要

毛泽东诗文、讲话中的典故，是一个十分丰富多彩的课题，它再现了我国民族文化的博大精深。然而它同毛泽东著作的影响以及人们对毛泽东著作的其他方面的研究相比，显得相对滞后，如：就毛泽东论著的总体研究而言，早在1992年，就有同志统计过：

大量翔实和比较可靠的毛泽东思想的研究资料开掘；出现了众多的毛泽东思想研究机构，不仅有全国性的组织，还有好多地方组织，学术刊物和研究人员，学术活动丰富多彩，已出版的专著有300多本，发表的论文达6000多篇……（桑维军：《毛泽东热的形成及其理论思考》，《社会纵横》1992年第5期，第14、16页）。

就国内毛泽东诗词的专项研究而言：

据初步掌握，国内出版的讲解、赏析和研究毛泽东诗词的专著已有400部之多，发表的论文约2300篇，在社会上反响较大的论著已屡屡出现（郭思敏：《国内毛泽东诗词研究综述》，《学术研究》2002年第5期，第126页）。

仅就毛泽东诗词的印行情况而言，不管图书市场的情况怎么变化，毛泽东诗词一类的图书销路总是比较看好的，且不提在1967年至1968两年出版各类毛泽东诗词的图书就达200余种，就是据有关专家统计：

进入90年代，各种新的毛泽东诗词注释本不断涌现，平均每年有10余种版本问世。……这里收录的毛泽东诗词专集、注释本，计有691种。……本书尽可能收录了1957年10月至2000年8月间国内外500多家出版社和机构出版的毛泽东诗词版本1048种，其中汉文版897种，少数民族版13种，外文版112种，对照文版21种，盲文版5种。据我所知，毛泽东诗词版本的数量远不止于此，还有许多版本，尤其是"文革"时期群众组织印行的非正式出版物，多流行于民间，各地图书馆未尽收藏，有的已经散失，致使目前弄清毛泽东诗词版本的确切数字，已属不易。（李晓航：《毛泽东书目提要》，中国文联出版

公司2000年版，第3页）

这些图书的发行量非同一般，如由臧克家主编的《毛泽东诗词鉴赏》一书，4年之内就印行了180000册。

毛泽东诗词在海外，除了有数十种文字翻译出版外，其发行量同样令人惊叹不已。美国著名华裔女作家聂华苓及其丈夫美国学者保罗·恩格尔合译的《毛泽东诗词》，1972年出版于纽约。夫妇俩对于毛泽东诗词在国外的发行情况有所了解。聂华苓曾经颇为感慨地说：

据说已经售出的毛泽东诗集达75000000册，完全比得上有史以来所有用英语写作的诗人的诗集的总和。（蔡瑛：《人去诗情在——〈毛泽东诗话〉评介》，《新国风诗刊》2001年第4期，第15页）

毛泽东的研究还反映到了网上。特别是"毛泽东"三个字频繁地出现在网上，不仅有"毛泽东博客"，而且有各式各样以"毛泽东"命名的网站。"毛泽东"在网上魅力无穷，一个在2000年开通的"毛泽东思想"网站，至2006年3月，其点击量竟超过1亿次（参见《大家文摘报》，2006年9月15日）。

毛泽东的著作在海内外的影响是如此之巨大，而其中的典故，在其著作、尤其是诗词中占有显著的分量，对其典故进行系统之研究，对于人们全面理解毛泽东、全面理解毛泽东著作的精髓和准确翻译介绍毛泽东，均是不可或缺的。因此，对于毛泽东是如何将古今中外意蕴深厚的典故，化为对读者具有魅力无穷、精妙绝伦的美妙语言的，就显得大有进一步深入研究的必要。对要确立毛泽东妙用典故的一门学科来讲，仅仅是靠上面这样一些关于典故的研究，那是远远不够的。

（四）思考之四：蕴涵深刻为现实，"二度创作"意境新

典故的运用不在于守成。守成，易使典意腐朽僵化，而是在于用典时的创新，只有创新，方能使所用之典产生新的生命力，才能使典故在与现实的结合过程中，不断地得到传播。笔者在论及"蕴涵深刻为现实，'二度创作'意境新——关于建立毛泽东典故学的深层思考之四"这个问题之前，先让我们看一看前贤用典这种"二度创作"的情况，以加深我们对于毛泽东用典当是其"二度创作"的深刻理解。

宋人晏殊《蝶恋花》词中有句云："昨夜西风凋碧树。独上高楼，望尽天涯路。"晏殊的《蝶恋花》是写闺阁中女子对远行之心上人的思念之情的。此三句颇为情深，有突出的人物形象。宋人柳永《凤栖梧》词中有句云："衣带渐宽终不悔，为伊消得人憔悴。"柳永的《凤栖梧》通首写男女之间的无限情意，这两句形象地将男女之间的痴情痴意描绘到了极至。宋人辛弃疾《青玉案·元夕》写在元夕之夜灯节美景，可谓笔笔精

彩，特别是其中的："众里寻他千百度，——蓦然回首，那人却在，灯火阑珊处。"竟把所要寻觅的心上之人顿现眼球之内的惊喜、幸福而又具辛酸之感的瞬间妙入笔端，可谓神来之笔。然而令人惊异的是：更有用典大家王国维将这三位词作高手的名句浑然一体地纳于笔下，变成了用以论成就大事业、大学问的"三境界"。他这样写道：

古今成大事业、大学问者，必经过三种之境界："昨夜西风凋碧树。独上高楼，望尽天涯路。"此第一境也。"衣带渐宽终不悔，为伊消得人憔悴。"此第二境也。"众里寻他千百度，回头蓦见，那人正在（这两句可能是误记或所据版本不同所致——引者），灯火阑珊处。"此第三境也。此等语皆非大词人不能道。然遽以此意解释诸词，恐为晏、欧诸公所不许也（陈鸿祥：《人间词话，人间词注评》，江苏古籍出版社2002年版，第76页）。

王国维的这种借用典之法独创著名的成大事业与做学问"三境界"说，对人生在对科学与艺术的追求、奋斗过程中有所发明、有所创造、有所成就的情境作了深刻的揭示，已成千古不朽的学术名论。这一千古不朽的学术名论，从用典的角度上来看，也是一种绝妙的"夺脱换骨"的"二度创作"，给我们对于用典中的"二度创作"以生动而形象的理解。

毛泽东作为一位革命家、政治家、军事家和伟大的诗人，他的妙用典故的"二度创作"，不仅仅是表现在学术上，更多的则是表现在借助用典，将马列主义的伟大思想与中国革命的实践妙相结合，使其成为中国化的革命理论以指导实际斗争，因而从这个角度来考察，很有建立毛泽东典故学的必要。下面从两个方面简作分析。

9. 从毛泽东诗文讲话中的典故是毛泽东的"二度创作"上来考察，看建立毛泽东典故学之必要

典故，作为一种特殊的语料，所谓特殊，就是说，它们的本身，或是一个独立的故事，或是一个表示某一种特定意义、有来历有出处的词语。有的典故，其本身就具有独立的审美价值，给人们带来浓厚的兴趣。当人们一旦运用到它的时候，它就会借助其出处，让读者的思维与其出处中所潜隐的内容，自然而然地挂上钩，从而为运用者和读者服务，它就会表现出运用者所需要的新的意义，或曰之为派生意义。因此，典故的运用，其实际上就是运用者的一种"二度创作"和接受者的"再度创作"。

所谓"二度创作"，就是说，在原有典故内容的基础上，运用者将其置入一定的语言环境之中，用以表现时代的特征，或是尽情地舒展自己的想象，或是让自己的语言内容丰富、流畅而自然，或是用以展现语言的壮美与情感之美……从而产生用典者所要预设的某一种派生意义，这样一种派生意义，也许就是杨义先生所说的："一般说来，直觉是始生性文化现象，用典是再生性文化现象。"他接着以李白为例这样写道：

直觉与用典，是诗学领域的两种文化现象。一般说来，直觉是始生性文化现象，用

典是再生性文化现象。比如"池塘生春草，园柳变鸣禽"，是谢灵运登池上楼的直觉。但据传他梦见族弟谢惠连，似有神助而拾得此句，因而李白《送舍弟》云："他日相思一梦君，应得池塘生春草。""这就成了用典，成了对谢直觉的再生性处理。"（杨义：《直觉的魅力与流水用典——李白诗歌的诗学思维》，《佳木斯大学学报》1999年第4期，第37页）

这样一种派生意义，除了充分地表达了作者的用典意图之外，还给予读者以丰富的联想余地，亦即是读者的"再度创作"（下将专门论及）。具体到毛泽东的用典，尽管其用典内涵确定而明晰，但还是留给了读者深入理解和想象的余地。其诗词创作尤其如此。可以说，凡是毛泽东用了典故的地方，这就是毛泽东的一种"夺脱换骨"式的"二度创作"，这种用典式的"二度创作"，给我们拓宽了用典研究的视域。

10. 从毛泽东诗文讲话中的典故亦是读者的再度创作上来考察，看建立毛泽东典故学之必要

典故的运用包含了创作与接受的双向内蕴。这种接受，既有实用基础上的接受，也有审美基础上的接受。正因为如此，所以"典故"的妙用是毛泽东的"二度创作"，而其价值的实现有待于读者的阅读理解。而读者的阅读理解接受，是创作者文本即毛泽东的用典文本不可替代的再度创作重新领会的过程。清人赵翼《闲居读书作》一诗云：

> 人面仅一尺，竟无一相肖。
>
> 人心变如面，意匠独夐造。
>
> 同阅一卷书，各自领其要。
>
> 同作一题文，各自擅其妙。

此诗可谓读书、论文、鉴赏心得的绝妙之作，它深刻而形象地揭示了读者的接受活动是一个再创作过程的真谛之所在。据刘汉民《毛泽东诗话词话书话集观》一书所载，当毛泽东与周世钊谈到解诗时，毛泽东说：

我认为对诗词的理解和解释，不必要求统一，事实上也不可能求得统一。在对某一首诗或词的理解和解释上，往往会出现理解和解释人的水平超出原作者水平的情况，这是不足为奇的。（长江文艺出版社2002年版，第276页）

且看鲁迅《自嘲》诗中的"千夫指""孺子牛"，与毛泽东读后对"千夫指""孺子牛"的理解这一典型之例吧：

毛泽东《在延安文艺座谈会上的讲话》中说："千夫在这里就是说敌人，……孺子在这里就是说无产阶级和人民大众，一切共产党员，一切革命家，都应该学习鲁迅的榜样，做无产阶级和人民大众的牛。"鲁迅的幽默自嘲诗，在政治家眼里竟成了对革命者与群众关系的论述，成了无产阶级战士立场坚定爱恨分明的自白。即使鲁迅是革命战士，在请亚子先生教正的条幅上何至于写此表态文字。而据鲁迅致友人信看，"千夫

指"不过是说"上海文坛小丑，造作蜚语，力施中伤。""孺子牛海婴而已。"读者尽可有不同理解，也可加己意引申利用，但非作者原意。不过毛解一出，众人就多千口一词了。且鲁迅诗句竟成了政治问题。1944年1月山东文协给中央总文委电报，就"千夫"是否指"大众"而请示。而2月8日回电中，毛坚持"鲁迅虽借用'千夫指'古典字面，但含义完全变了"，即坚持指敌人。（刘逢敏：《关于毛泽东论鲁迅的随想——纪念鲁迅诞辰120周年》，《张家口师专学报》2001年第4期，第16—17页）。

这就是鲁迅用"千夫指"、"孺子牛"典故的"夺胎换骨"的"二度创作"意义，是毛泽东阅读鲁迅诗中典故的再度创作最为典型的一例。特别是联中的"孺子牛"，经毛泽东接受后的再度创作，既是实用性的，亦是审美性的，虽说已经超越了该典故的本义，变成了一种"孺子牛"精神——即崇高的奉献精神了。对此，尽管至今有人不肯认同，但笔者认为：如果我们从接受者的再度创作的角度来看，这是无可厚非的。

由上可知，如果说毛泽东的用典也是他的一种"二度创作"的话，那么，如同鲁迅用"千夫指""孺子牛"典故一样，他的用典只是完成这种"创作"的一个部分（二度创作），另一部分还必须由读者（即接受者）来完成。作者用典得于其心，读者理解其典会之以意，触类而旁通，就是说，读者积极地参与用典者文字的精神创造，方能提高用典文字的质量。更具体地说来，就是读者在毛泽东用了典故（包括有来历有出处的词语）的地方的基础上，依据自己的生活阅历和各方面的经验及知识水平，发挥自己阅读欣赏的主观能动性，重新建构审美客体的积极接受活动。这种接受活动，除了对于毛泽东所用典故的主观意图进行充分的理解与领会之外，还会对毛泽东的用典文句的主客观命意进行发掘，全方位地进行探索，在接受中甚至有超越，由此及彼地进行联想、理解、比较、分析……从而领会其创作之旨意，或曰其赋予的派生意义。这正如邢福义先生在论及毛泽东用典时说：

（当毛泽东将）典故要置在特定的语言环境之中，通常就会出现两种互相融贯互相影响的效果：一是诱发读者的丰富联想，从而大大增加语词的感染力量和文化容量；二是"使人想起许多思想"，从而形成《文心雕龙·隐秀篇》所赞扬的"文外之重旨"。例如，我们读到"嗟来之食，吃下去肚子要痛的"一句，眼前会立即浮现出黔敖与饿者叠映的形象，不为五斗米折腰的陶渊明的形象，饿死不领救济粉的朱自清的形象，乃至不食周粟的伯夷叔齐的形象，等等，脑子里会"想起许多思想"，气节、人格、自尊、爱国主义，等等。这些形象互相感染，这些思想互相发明，最后熔化在一起，爆发出强烈的震撼力量。（邢福义：《毛泽东著作语言论析》，湖北教育出版社1993年版，第470—471页）

应当承认，这种震撼力量的获得，正是读者在毛泽东用典文字基础上再度创作后的结果。

毛泽东诗文、讲话中所妙用的典故，是为中国人民革命和建设服务的典故，是用马克思列宁主义观点对其进行过改造的典故，是蕴涵着毛泽东思想的典故，它广涉政治、经济、军事、文化、社会等各个方面。当我们读完其所用的典故之后，所爆发的当然是指导我们当今革命和建设的、为使我国尽快成为社会主义强国的强烈的震撼力量。可见，毛泽东诗文讲话中所用之典，与以往诸多用典大家所用之典，有着本质不同的意义，这也是我们为什么要进一步研究毛泽东运用典故、建立毛泽东典故学之依据与所在。

从毛泽东本身用典十分通俗易懂的客观实际来看，这也许就是毛泽东一贯十分注意和一贯倡导的，说话要看听众，写文章要看对象的重要原因之一；这也许就是毛泽东的用典，不管怎么样高深或生僻的典故，一旦毛泽东用上，就会变得通俗易懂起来的原因之一；这也许就是毛泽东的用典，从内容到形式，都是富有中国特色、能展示出一位真正的用典大家的风范原因之所在吧！因此，从上述"再度创作"这一种意义说来，毛泽东所用之典故，决不是"吊书袋"式地为展现才华、为用典而用典，其所用之典，均具有极大的包融性和派生性。在古今的用典大家中，是最具典型性的第一家。这就是我们为什么说要将毛泽东运用典故，专门设为一门学科并作出专门研究的缘由之所在。

对于读者亦是毛泽东诗文讲话中的典故的"再度创作"者这个问题，邢福义先生从典故符号的阅读与解释这一个角度出发，是有其更为精到的论说的。在其所主编的书中这样写道：

我们认为，典故，特别是毛泽东著作中的典故，具有双重符号的性质：它的第一层符号是语词，即"现成用语"，语词符号的所指是隐含着特定意义的人物故事；它的第二层符号是人物故事，人物故事符号的所指是隐含着的同时又是具有一定程度的社会约定性的深层意义。所以，简单地说，"语词——人物故事——深层意义"，是毛泽东著作典故的基本结构模式。其中的人物故事既是语词符号的所指，同时又是另一个意义上的能指，指代隐含着的深层意义；否则，典故就不能成其为典故。……一旦毛泽东援引某些人物故事，把它作为符号，使之成为典故，他实际上都是从自己的文化视界出发，以一种符号活动的方式，解释文化传统，借鉴文化传统，描摹文化传统。哲学解释学的创建人伽达默尔认为："语词并不只是符号，在某种较难理解的意义上说，语词几乎就是一种类似于摹本的东西"，使原型得以表现和继续存在。……如果移用这段话来说明典故，特别是毛泽东著作典故的性质，是最恰当不过的了。典故正是文化传统特定侧面的摹本，是保存文化传统的水库，因此，一旦人们阅读典故，解释典故，无论是他自觉的还是不自觉的，实际上也同样是在从历史赋予自己的文化视界出发，根据自己的理解将典故这个摹本还原为传统那个原型，从而既对文化传统作出自己的创造性解释，同时又对典故引用者关于文化传统的回顾和理解作出新的解释，这是运用典故、解释典故的本质特征。"(邢福义:《毛泽东著作语言论析》,湖北教育出版社1993年版,第468－472页)。

据此可知,毛泽东在其诗文讲话中所用的典故,是毛泽东的"二度创作",同时亦是读者(接受者)的再度创作与再度传播。这样的理解,中国是这样,外国也是这样。这正如一位爱好中国诗和中国文化的美国学者,在其谈到对中国诗和中国文化时,充满着富于经验与深刻理解而感慨地说道:"……'要有伟大的诗人,也必须要有伟大的读者'……在那些伟大的读者中,每一个人,尽其所能,顺乎自然,都是诗人。"([美]威特·柏纳著《诗与文化》,周添成译,《华侨大学学报·哲学社会科学版》1994年第2期,第88页)。因此,我们将毛泽东的用典,当做一个专门的学科予以专门研究就确实显得十分必要的。

(五)思考之五:"垂范"后世树榜样,解疑答难启迪深

古往今来,人们对于要不要运用典故?该怎样去用典?一直是有争论的。笔者认为,这样一些争论是正常的,但不是不可以得到解决的。

首先,对于要不要用典的问题,笔者借助对于胡适提出的"不用典"的问题,通过对毛泽东的用典探讨,已经有了用典无法避免的系统的阐释,而就本文的相关论述中,亦有明确的论述,在此就不多赘言了。

现在的问题是该怎样去用典和在用典中出现的一些新情况的问题。这里大概有六个方面的问题需要研究与讨论。一是关于"堆砌典故释典烦"的问题;二是关于"用典生僻解典难"的问题;三是关于"语言的碰撞"问题;四是关于用典中某些旧典趋于"消亡"和某些新典的"短命"问题;五是"典故"有无一个"时限"问题;六是关于网络时代要不要用典和怎样用典的问题;七是关于用典中存在的一个不容回避的严肃的法律问题。我想,对于这些问题的认识与解决,通过对于毛泽东的用典的品评与分析,是基本上可以得到解决的。

11. 从关于"堆砌典故释典烦"的问题,看建立毛泽东典故学之必要

"文中堆砌典故释典烦",这是我们在阅读一些文本时,常听到或见到人们对某些用典者的批评言语。尤其是一些翻译者为之叫苦,这样一个问题,可以说是一个简单的问题,也可以说是一个复杂的问题。

为什么说是一个简单的问题呢?这里往往有一个读者对象的问题。如果说,对于一个古典文学研究者来说,一句诗词或一段古文中,多用几个典故,在他看来,此段诗文简练、达意、内蕴丰赡,其结论很可能是称赞作者用典之妙;而对于其他方面的学者或一般的读者,遇到一句诗或一段文章中多用了几个典故,也许因急于要读懂,费去了他

不少查找典故的时间或者他根本上就无从下手去查找典故，在他看来，这是一个"复杂"的问题，其结论是这些诗文在堆砌典故，难读、难懂！甚至于认为不知其所云。比如西汉邹阳《狱中上梁王书》中有：

昔玉人献宝，楚王诛之；李斯竭忠，胡亥极刑。是以箕子佯狂，接舆避世，恐遭此患也。

这里仅仅只有7个短短的句子，就有6句属于用典句。如果对于这些用典一点也不懂得，或是觉得查寻费力，说这就堆砌典故，是邹阳在向梁王卖弄本事，似也说得过去。但是，如果我们一看就懂或是一查即知：所谓"昔玉人献宝，楚王诛之"，乃言楚人卞和献玉——"和氏璧"之典，知此典，即知此文意；所谓"李斯竭忠，胡亥极刑"，乃言李斯竭忠为秦，却为赵高所陷害，秦二世将其腰斩于咸阳之典事；所谓"箕子佯狂"，乃言商纣王荒淫无道，其叔箕子屡谏不听，箕子恐有杀身之祸，借装疯以避之；所谓"接舆避世"，乃言楚人陆通（字接舆），面对楚国的混乱局面，深感难以挽回，于是佯装疯癫而不肯出来做官。

我们了解了邹阳在这里所运用的典故，不能不称赞其用典之妙，其妙在用那简省的文字，十分有力地论证了自己在开篇中关于"臣闻忠无不报，信不见疑，臣常以为然，徒虚语耳"的观点，十分深刻地表明了自己上梁王书的本意，实乃精妙之言。

又如：李商隐因诗歌中多用典故、而被人贬称为"獭祭鱼"。孔平仲在《谈苑》中有云："李商隐为文，多检阅书册，左右鳞次，号獭祭鱼。"正是其用典之多而妙，在被人讥嗤的同时，亦受到人们的赞扬。且看他的《隋师东》诗：

> 东征日调万黄金，几竭中原买斗心。
> 军令未闻诛马谡，捷书惟是报孙歆。
> 但须鸑鷟巢阿阁，岂假鸱鸮在泮林。
> 可怜前朝元菟郡，积骸成莽阵云深。

这一首诗所要表达的内容：一是要揭露军阀的叛乱；二是要描绘朝廷征伐无方所造成社会的严重破坏。在宝历大和间横海节度使李全略死，其子李同捷叛乱，朝廷急于平叛成功，竭尽其财力以供军需，参征之将骄奢淫逸、军威不整、谎报军功，朝臣们短于见识、奉承掩饰，致使大好河山成了尸骸成莽的战场。这样一来，要在一首诗中表达这么多的内容，更何况又不能露骨地指斥昏君的无能，这就有很大的困难。于是李商隐就在诗中连用了"斩马谡"、"擒孙歆"、"凤凰巢阿阁"、"飞鸮集泮林"、"武帝元封三年开高句丽"（即公元前108年癸酉汉武帝元封三年夏，朝鲜降汉，朝鲜尼谿相参使杀朝鲜王右渠降汉。汉以其地玄菟（今辽宁清原附近）郡、乐浪（今朝鲜平壤南）、临屯（今朝鲜咸镜南道南部）、真番（今朝鲜开城一带）四郡封之史事）。"积骸满阱"六个典故，形成了一组批判系列，从而达到全诗的创作目的。

如果此诗不用这一系列的典故，就无法展现其诗的艺术魅力。如果李商隐不用古事责今，而是笔锋所向，直言当今朝廷腐败无能，则有性命之虞矣。

至于他的《咏史》名篇：

> 历览前贤国与家，成由勤俭破由奢。
>
> 何须琥珀方为枕，岂得真珠始是车。
>
> 运去不逢青海马，力穷难拔蜀山蛇。
>
> 几人曾预南薰曲，终古苍梧哭翠华。

这首诗全用典：

"历览前贤国与家，成由勤俭破由奢"，典出《韩非子·十过》中由余答秦穆公问古代君王使国兴亡之原因。由余认为：由于勤俭而会使国家兴盛，由于奢侈而使国家败亡；

"何须琥珀方为枕"，典言南朝宋武帝刘裕得人所献琥珀枕时，将其捣碎为诸将配金疮药；"岂得真珠始是车"，言战国时魏惠王与齐威王会晤时，惠王在威王前夸耀有10颗直径一寸的珍珠，一颗就能照亮前后12辆车子。齐威王则言其宝是有贤臣在朝，他们可照亮千里之遥，岂止十二辆车；

"运去不逢青海马"，则是暗用时运不济，难逢伯乐，纵使有青海千里驹亦难为人所寻见。将青海马视为典故是有其来由的："青海湖一带所产的马在春秋战国时代就很出名，当时被称为'秦马'。古代名著《诗经》曾描写过'秦马'的雄壮和善驰。以后，隋唐时代，这里产的马经过与'乌孙马'、'血汗马'交配改良，发展成为独具特色的良马。它不仅以神骏善驰而驰名，而且以能征惯战而著称。"（《青海湖》，《都市消费报》2006年5月17日（B6版））；

"力穷难拔蜀山蛇"，典出《华阳国志·蜀志》，言蜀国五壮士迎秦国美女时，山洞拔蛇，导致山崩地裂的故事；

"几人曾预南薰曲"，典用舜弹五弦，唱南薰曲，大治天下事；"终古苍梧哭翠华"，典用舜帝南巡而死于苍梧之野事，暗指唐文宗死葬章陵。

全诗通过用典，将诗人自叹、自悲、哀国、伤时、愤懑之情作了尽情的展露，这样的用典，同时也是对自己悲愤危险处境的一种保护。

诗词是语言艺术高妙的展现，篇幅特别短小，故而为使用语言相当精练的文体，同时又是一种受到各种制约最多的文体。而在诗中妙用典故，则往往是扫除上述制约，达到给人以审美情趣的重要手段。当然，在扫除上述制约的同时，也会给人读诗设置"障碍"，给人以"陌生"之感，然而，"人类心理却都爱好富于变化的刺激，大抵唤起意识必须变化，保持意识底觉醒状态也是须要变化的。若刺激过于齐一无变化，意识对它便将有了滞钝、停息的倾向。"（《陈望道文集》第2卷，上海人民出版社1980年版，第

42页）从某种意义上来说，镶嵌有典故的诗文，其中的典故表意，往往是含而不露，这就"迫使"读者去索解其中的典意与文意，要索解就是对于读者的一种"富于变化的刺激"，这就有利于读者"保持意识底觉醒状态"，这是适合读者的这种心理需求的。勤奋的读诗者正是凭借自己的解典能耐，面对"典故"这面"镜子"，展示自己的思维、分析、想象、知识面等诸多方面的能力，驰骋于解典这个智力王国，去体味用典作品那种风神远韵的审美特质，而从中获得愉悦和审美的享受。

李商隐在这两首诗里，可谓神笔添妙彩，就是得益典故之妙用。试想，不用这些典故，此诗有如此深厚意蕴吗？说李商隐诗之妙者，也许正是与其妙用典故大有关系。也许这正是人们称赞李商隐诗独显"博奥"的缘由之所在！

故而笔者认为，对于他人的用典，绝对不能轻率地批评这是堆砌典故，恐怕还是先解剖解剖自己为好。而对于用典的"他人"，当然应该尽量做到用典的大众化，像毛泽东那样，诗文讲话所用之典要看对象，尽量做到用典能使人人都懂，或不解典意也能懂其所说、所吟、所写之意。

当然，如果为用典而用典，东拉西扯地滥用典，这样的作品是没有艺术品位的，终究会难以存世，或是会遭到世人抨击的。如明人李梦阳的《塞垣鹧鸪词》云：

秦时明月玉弓悬，汉塞黄河锦带连。

都护羽书飞翰海，单于猎火照甘泉。

莺闺燕阁年三五，马邑龙堆路十千。

谁起东山谢安卧，为君谈笑靖烽烟。

全诗均是唐诗化用而成，将王昌龄的"秦时明月汉时关"，高适的"校尉羽书飞翰海，单于猎火照狼山"，李白的"但用东山谢安石，为君谈笑静胡沙"，尽纳入己诗，诗作虽说颇有气势，但诗的旨趣不甚明朗，被人们讥为"抄袭"，似势在必然。

古人有这样用典故的失误之例，当今亦不乏有人步其"后尘"。且看杭州的新西湖杨公堤上的部分灯杆上挂着的牌子，其上印有这样四句诗：

烟雨朦胧空带月，山色空蒙雨亦奇。

欲把西湖比西子，淡妆浓抹总相宜。

对于这样一首诗，一般人也许仅仅是一眼扫过而已，但是对于每一位知诗的人来说，这就必然会造成疑惑，往往会因心里犯疑因出于责任感而放心不下。如有读者王文先生就是这样。他为了探个究竟，便认真地做了下面一系列工作，他这样写道：

我找时间去了趟图书馆，折腾了整整一天，几乎把苏轼诗集及有关资料全捋了一遍，结果是三个字："没异文"。随后我又请教了一位专门研究苏轼诗歌的专家，结果还是三个字："没异文"。这是怎么回事？解铃还需系铃人，我打了一个电话给新西湖的管理部门，一位"知情人士"的回答给我解开了疑团。原来，设计路灯时，有人提议用一首诗表现西湖的美景，自然而然想到了苏轼的《饮湖上初晴后雨》。但路灯的美丽是展现在夜幕下的，而苏轼的这首诗却不是表现夜境的，于是就把"水光潋滟晴方好"改成了"烟雨朦胧空带月"。夜幕下的一轮圆月，不时露出湖面，这不是人间仙境吗？（王文：《杨公堤上糊涂诗》，《咬文嚼字》2004年第6期，第9页）

从用典的角度来看，这当是剥体式的一种整体性用典法，不过没有用好，真可谓是"生吞活剥"。何谓"生吞活剥"？这正如王文接着所写：

想法很好，但"烟雨朦胧"能否特指夜色，本身已是一个问题。更成问题的是，苏轼原诗第一句写的是晴天，第二句写的是雨天，这样，后面的"淡妆浓抹"才能前后呼应起来。改诗却接连两句写雨，逻辑关系大乱。再说改了以后，两个"雨"字重复，两个"空"字重复，"朦胧""空蒙"词义重复，这也是诗歌忌讳的。所以，我只能说这是一首"糊涂诗"。（王文：《杨公堤上糊涂诗》，《咬文嚼字》2004年第6期，第9页）

王文先生对于这首"糊涂诗"的错误之所在的评点，从用典的角度上来说，实际上也是对东拉西扯地滥用典故的到位简析与批评。我们只要研究一下毛泽东的用典实例，就会得到深刻的启迪，就可以避免上述所出现的问题。言云："言之无文，行而不远。"（《左传·襄公二十五年》）用典不当，难以传播！同时也就失去了用典的意义。

12. 从关于"用典生僻解典难"的问题，看建立毛泽东典故学之必要

我们一谈到典故的运用问题，人们也会提到一个用典是否生僻的问题。其实，关于用典生僻的看法，是与关于用典堆砌的问题有着千丝万缕联系的，这都与读者相关相切。现举一典型事例剖析之。古今之人，对于黄庭坚的用典，言其用典生僻者众，称赞其为用典之笔绝妙者亦众。

斥其用典生僻者，多有其人，如宋人魏泰《临汉隐居诗话》有云：山谷"专求古人未使之事，又一二奇字，缀葺成诗，自以为工。其实所见之僻也。故句虽新奇，而气乏深厚"；南宋张戒在其《岁寒堂诗话》中斥之曰："补缀奇字""冶容大甚"……实乃"诗人中一害"；明人李东阳《麓堂诗话》曰："熊蹯鸡跖，筋骨有余，而肉味绝少……黄鲁直诗，大抵如此"；王夫之在其《姜斋诗话》卷下则云："人讥'西昆体'为獭祭鱼，苏子瞻、黄鲁直亦獭耳！彼所祭者，肥油江豚；此所祭者，吹沙跳浪之鳍鲨也。除却书本子，则更无诗。"这一些论调，至今仍有其深刻影响。凡是人们论及用典生僻，多是必举黄庭坚为例。

赞其用典之笔妙者，亦大有人在，如南宋胡仔在其《苕溪渔隐丛话》（后集卷三下）借蔡绦之语，称黄庭坚用典驾驭自如、用典能出新意，有如出自其肺腑之言。所引之语云："妙脱蹊径，言谋鬼神，唯心中无一点尘，故能吐出世间语。"对其用典评价何其

高也！清人翁方纲则对指斥黄庭坚用典者予以反驳，说你们这些人不是合格的读者，不识货……在其《复初斋文集》（卷29）《跋山谷手录杂事墨迹》中言："鄱阳许尹序曰：'其用事深密，以儒、佛、虞初、稗官之说，隽永鸿宝之书，牢宠渔猎，取诸左右，后生晚学，此秘未睹，夫古事非出僻书典故，亦非难事，何秘之有乎'？吾乃叹此言之深中后人痼疾，而积学之非易也。"

由上观之，读用典之诗文，有一个读者的"识货"水平和一个兴趣爱好的问题。像宋人魏泰、张戒，明人李东阳和清人王夫之这样的学者，不能说他们是因读不懂而批评黄山谷，恐怕是"青油炒菜，各人所爱"罢了，只能说他们不爱好读黄山谷的用典之诗文罢了。但笔者认为，大家多数情况还是一个读者识典的水平之高下的问题。

说到这里，有一种"奇特"的现象，那些反对用典者们，其实，他们自己也是用典的"积极分子"。这种现象确实颇为令人玩味。

如王夫之，尽管他对苏轼、黄庭坚的诗文的用典的批评是如此的尖锐，而他自己在诗文评点等论著中，同样用典博洽，征引之书不下30余部（参见涂波：《王夫之诗学研究》之博士学位论文）。

更为典型的例子是岳珂（公元1183－1234年）在其《桯史·稼轩论词》中说：当他提出《永遇乐·京口北固亭怀古》中"用事多"之后，稼轩（公元1140－1207年）大喜，"酌酒而谓坐中曰：'夫君实中余痼，'乃味改其语，日数十易，累月犹未竟。"这里说明了三个问题：

一是岳珂不爱好用典，或是对用典没有什么研究，识典水平不高；

二是辛弃疾为人谦虚，尊重后辈的意见；

三是《永遇乐·京口北固亭怀古》确实是辛词中的绝唱。尽管辛弃疾谦虚，尽管辛弃疾是语言艺术大师级人物。此词用典，已经达到炉火纯青的境地，有一字千金之妙，何能易典而改？故对于用典，是不能只凭个人的兴趣爱好妄加评点的。

对于用典，不管是"青油炒菜，各人所爱"也好；不管是"用典的成立，需要有一个前提，就是作者所用之典必须是读者能够理解的。如果读者读不懂，那么这些典故就成了饭中的砂子只能起到硌牙的作用"（李晓晔：《用典琐谈》，《中国新闻出版报》2000年11月23日，第3版）也好；抑或是视典故为一种艺术符号，称"这些符号，正因为它有古老的故事及流传过程中积累的新的意义，所以十分复杂晦涩，就好像裹了一不溶于任何液体的外壳的药丸子，药再好，效果也等于零，因此它是一种没有艺术感染力的符号。它在诗歌中的镶嵌，造成了诗句不顺畅，不自然，难以理解，因而造成了诗歌的生硬晦涩、雕琢造作"（葛兆光：《论典故——中国古典诗歌中一种特殊意象的分析》，《文学评论》1989年第5期，第20页）等情况也好。这些情况，就是葛兆光先生《论典故——中国古典诗歌中一种特殊意象的分析》中所设计的"二律背反"式的命题中的"反题"。这样的标准是任何用典者都无法把握的。那怎么办呢？典故还是要用的，典故是可以用的，用典的好处是诱人的。用典是否生僻，是要受到用典作品的效果的检验的。这里还有一个作者与读者"互动"的问题：对于用典者来说，关键是要用得好、用得活、用得妙、用得通俗易懂；对于读者来说，关键是要多读书，勤查资料，不要自己知识贫乏，反责他人。

然中国典故，浩若烟海，谁也不能通透无遗。即使您是"鸿儒大师"，也不过是您的专业范围内有其名而已。面对无边无际的典故之海，您所知之典只不过是"沧海一粟"罢了。这就只有妙用工具书，解决作者(用典者)与读者(解典者)之间文化之对应关系的差异，做到在创作中运用典故得心应手如己出，在阅读时遇到典故理解文意不被阻隔。就像北京大学张岱年这样的著名学者，面对典故，他也不是一看就知晓的。怎么解决这个矛盾呢？他也得要借助工具书。为此，他感慨尤深地说：

我们中国有几千年的文化历史，几千年的学术史。自古以来，典故很多。"五四"新文化运动新文学其中有一条就是"不许用典"，现在我们也说最好不用典。古人的文章是有很多典的，我们看古代的著作会碰到很多典故，那就需要查典故，这个典故什么意义，就该查一查。所以现在确实需要一个典故、名句大成，把古代的典故、名句收集起来，并能很方便地进行检索，这对于读古书会带来很大的方便。(《中华语汇通检》引起专家关注(专家论谈)，《中华读书报》2002年2月6日，第3版)

笔者比较古今之人用典，毛泽东当为第一用典妙笔，如何才是用得好、用得活、用得妙呢？毛泽东的用典为我们提供了榜样，笔者在《万里之河可探源，千寻之木能见根——试论毛泽东诗文讲话中活用典故之源》《胸藏典故万万千，驱策调遣任自然——试论毛泽东在诗文讲话中运用典故五个方面的基本内容与9种基本形式》《天机云锦用在我，剪裁妙处非刀尺——试论毛泽东诗文讲话中运用典故的41种基本手法》《陈醅佳酿香愈醇，新翻杨柳绿意浓——试论毛泽东诗文讲话中运用典故的思想风格与艺术特色》等文论均多阐释。因此，将毛泽东运用典故当作用典的一门学科专门研究是颇有必要的。

13. 从关于"语言的碰撞"问题，看建立毛泽东典故学之必要

在科学的研究上，每当科学家在攻坚同一个项目时，有时候在某种特殊情况下，他们在攻克同一个"难关"中，会同时有其新的发现或发明；在军事上，"英雄所见相同"的现象并不罕见；在诗文的写作时，也免不了有"巧合""偶合""暗合"的现象发生。比如以《真心搞马列，地覆又天翻》为题，去评论朱德诗的同题文章就有五篇，分别发表在1977年和1978年的《安徽师大学报》(作者薛彬)、《新疆文艺》(作者范德武)、《人民文学》(作者张爱萍)、《云南日报》(作者施远)、《重庆日报》(作者关世才)。这样一种"碰撞"实际上是一种"智慧的碰撞"。"得句疑人有"这样的创作心态，正是上述现象在创作者心中的反映。

我们在探讨诗文的用典时，有的诗句、文句，有可能并不是用典，也可能是创作者与前贤在用句上的一种"暗合"。遇到这样一种情况，我想，品析诗文的读者们，也就没有必要硬要将某些句子与典故拉在一起。我们在探讨毛泽东的诗文用典时，对于这样一个问题亦是值得注意。切忌牵强附会，这是问题的一个方面。另一方面，探讨研究毛泽东诗文讲话中的用典，也有一个读者在鉴赏研究中的再理解、再度创作的问题，对毛泽东诗文讲话中的语词有时会联系到与这一语词相关的典故，去进行分析、品味，我看也不必对读者过分苛求与指摘，只要能有利于对毛泽东诗文本的全面正确的理解即可。

人们在研究毛泽东诗文讲话中的用典时，对于这个所谓"语言的碰撞"问题，上述研究态度都为我们提供了有益的借鉴。

14. 从关于用典中某些旧典趋于"消亡"和某些新典的"短命"问题，看建立毛泽东典故学之必要

李晓晔先生在其《用典琐谈》一文中提出了某些旧的典故在趋于消亡和新的典故的"消失"的问题。他在文中这样写道：

在古代的2000多年中，中国人读的都是四书五经，文化背景相同，对典故不存在任何理解上的障碍，因此用典能起到一种默契于心、意味隽永的效果。而对于现代人来说，用典开始出现了一点问题。由于100多年来，中西文化急剧碰撞，中国社会的变化天翻地覆，四书五经已经不再作为学生的必读之书，因此许多古代的典故趋于消亡。例如，我们还可能理解"旧时王谢堂前燕，飞入寻常百姓家"中的王谢指的是什么人，但知道"至竟息亡缘底事，可怜金谷堕楼人"诗句中究竟所用何典的人就不多了。古代典故的逐渐减少，意味着传统离我们越来越远。不过，虽然一些古代的典故在消亡，但是与此同时，大量新的典故又在不断产生。这些新的典故有一些是近100多年来产生的，还有一些是从国外引进的。前者诸如"鸦片战争"、"辛亥革命"等，后者诸如"十月革命"、"滑铁卢"等。但是，与古代的典故相比，新的典故产生得快，消失得也快。像五六十年代流行的什么"客里空"、"三支两军"等等，现在已经鲜为人知了……（李晓晔《用典琐谈》，《中国新闻出版报》2000年11月23日，第3版）。

笔者录下这么一段，就是觉得这是一个十分现实而又客观的问题，是值得我们深思的问题。但是，笔者认为，这是一种正常的现象。因为典故从广义上来看，在某一种意义上说来，它是一种历史的记录，不过这一种记录是以历史"语料"的形式存在罢了，是诸多历史故事、故实的高度浓缩罢了。它作为一种语言而存在，作为一种修辞手段而存世，作为一种特殊的文化现象而存在，是一个又一个的时代的产物，有其难以"动摇"的稳定性。"三四百年前莎翁的原著，当代英国人已大部分看不懂。"（庄连枝：《华文：智慧的文字》，《广东社会科学》1998年第1期，第133页）而中文则几乎没有这种弊病，有的典故语存世已经几千年了，至今仍活生生地出现在人们的诗文讲话之

中，这样的鲜活之例，在本书中也是举不胜举的。它不管人们忘不忘记它，都客观地存在着，故有"化石"之称，一旦有"知遇之主"妙用它，它就会被"激活"起来，变成"活化石"，在其"主人"的作品中闪现着耀眼的光芒。

毛泽东在诗文讲话中所用的典故，查其典源，在一般人看来，这只不过是"化石"而已，但正是这些"化石"，不是一到毛泽东这位"知遇之主"的笔下，便会被"激活"起来而独放异彩吗？因此，典故的消失得快与慢，这只是相对而言，但它作为"语料"或曰"化石"，作为一种修辞的手段，一旦遇有高手，它就会有如"物遇故主"般被使用得得心应手、活灵活现地"飞舞"在其诗文讲话之中，为其"主人"的诗文讲话增色添彩。

再是对于任何一个人来说，要想知晓古今之典故，而且运用自如，这恐怕是很难的事，但是，到目前为止，各式各样的典故辞书在逐渐地完备起来，它像我们的一些历史之类的典籍一样，为人们的用典与查典提供了极大的方便。更为便捷的是，现代电脑技术在飞速发展，人们将大量的典故收集起来制成光盘，我们一遇到自己不懂的典故，只要在电脑中用鼠标点击所要的典故，则所需要的典故及其内容，就会展现在您的眼前！有了这一系列的成果作为基础，我想，旧典故的"消亡"和新典故的"消失"是不足为虑的。埋藏于地下数千年的古文物，我们都可以挖掘考证出来展现其价值之所在，而今只要有典籍在、典故在，总是会有人用得上、查得出的。如曾被誉为"中华民族的英雄乐章"的岳飞的《满江红》，曾被不少专家学者误读、误解，几乎被认为是"狼视异族""伤害了少数民族的感情"的作品，待我国"一代词宗"唐圭璋先生发现这是用典后，这种误读误解所造成的影响方得以消除。本书在第18题"雄视古今数千载；典评帝王抒心声——毛泽东在《沁园春•雪》中所用典故探妙"中已有评说，此不多赘。

又如宋苏轼的《琴诗》：

若言琴上有琴声，放在匣中何不鸣？

若言声在指头上，何不于君指上听？

此诗初看似痴人说梦（清学者纪晓岚也曾加以批评，认为它不应该是苏轼的作品），其实此诗是有所本的。《楞严经》云："譬如琴瑟琵琶，虽有妙音无妙指，终不能发。"苏轼此诗说明了"此有则彼有，此无则彼无；此生则彼生，此灭则彼灭"（《中阿含经》）的佛理，是一首哲理性很强的好诗。（武谊嘉：《佛教对中国古典诗歌发展的积极影响》，《成都大学学报》2004年第3期，第41—42页）

武谊嘉先生是从佛教给诗歌注入了新的内容这个角度，去论证苏轼这首哲理诗之妙趣的。我们从典故学的角度来看，可知明典是何等的重要。不知出典，读此诗时，确如痴人说梦，就是像纪晓岚这样的大学者也会误读误判，不知其中之典故内容，更是无从谈论其玄思佛理了！

149

張君梅先生在论及《琴诗》时，则进一步追根溯源，从（日本）高楠顺次朗，渡边海旭的《大正新修大藏经》的第1、2、12、19册查到了四个说琴声故事，指出了《琴诗》的典事渊源，这对人们体味《琴诗》那深广之旨趣，是不无裨益的（参见张君梅：《苏轼〈琴诗〉与佛经譬喻》，载《惠州学院学报》社会科学版2006年第4期，第85—87页）。

由此可见，只要典籍、典故在，我们随时可用可查，不能因某些旧典的"消亡"和新典的"短命"而发愁。我们在学习与解读毛泽东诗文讲话中所运用的诸多典故，当我们为理解毛泽东所用之典的深层意义寻其典源时，不就是依靠典故辞书而解决困难的吗？

15. 从关于典故有无一个"断代"问题或曰"时限"问题，看建立毛泽东典故学之必要

李晓晔先生在其《用典琐谈》中提出了一个"像五六十年代流行的什么'客里空'、'三支两军'等等"的新典问题。这就明确地提出了"典故研究"中的一个重要问题，即典故的"断代"问题或曰"时限"的问题。

笔者以为，这个问题看似一般，其实不可忽略、不可回避，它直接涉及如何用典及何为典故的问题。如果典故没有一个"时限"，用典就会等同于一般的"引用"。

从典故的诸多定义来分析，人们强调的多是"诗文中引用的古代故事和有来历出处的词语"，这里所突出的是"古代"的意思。笔者所涉及的绝大多数的用典者对典故取舍、运用与评析，亦多是持"典故，是古代文献典籍中储存的、为古人创作所广为征引的一类特殊的语料群，它的历史由来已久"（郭蓉：《典故研究文献综述》，《上饶师范学院学报》2006年第1期，第48页）这样的取舍观点。

如罗积勇先生在撰写《用典研究》之前，就明确限定自己的取典范畴，他写道："从语言方面分析用典，是现代修辞学的任务。现代修辞书一般把用典称为'引用'。本书之所以不用'引用'之名，是因为本书主要以古代作品为对象，而用典现象与古人崇经（经典）的文化思想有关，其所引用的一般为典籍、经典，所追求的修辞效果一般为权威、典雅和曲折，故习称为用典。而'引用'这一术语未能反映这样的涵义，并且容易跟平常说的引用和语法概念'引用'混淆。所以，本书不采用'引用'，而采用'用典'这个术语。"（罗积勇：《用典研究·绪论》，第1页）作者在撰写是书时，其取典范围十分谨慎，他不用"引用"一语，这是十分科学的，因为"引用"的范畴比"用典"的范畴要宽泛得多。而他只将"用典"这种"引用"限定在"主要以古代作品为对象"上，这就紧扣了"典故"这一定义。

又如：在全国660多个城市中，作为国家级历史文化名城并以典故之多而著称的邯郸市，召集来自中国社会科学院等方方面面的专家在邯郸召开邯郸典故学术研讨会，市

委领导亲临会场，在研讨会上提出了典故兴市和典故的界定问题（既要以典故兴市，这就理所当然地要对典故的时限作出界定）等问题。从会议讨论和本人细看相关专家的发言，以及郝在朝先生为配合会议撰写出版的38万字收录近1600条的《邯郸成语典故集》（中华工商出版社出版）收录原则及作品的实际情况来看，就根本不收什么"新典"。

南朝梁人刘勰《文心雕龙·事类》："事类者，盖文章之外，据事以类义，援古以证今者也。"这里的"援古以证今"的"古"，就是指古语或古事。诸多的《文心雕龙》校译著作对这句话也是理解为"用古事古语以达今意"的。李蓁非的《文心雕龙释译》释为"援引古人来验证今人的方法……《易经》、《书经》早就用过……"清人赵翼在其《瓯北诗话》卷10中云："古事已成典故，则一典已自有一意，作诗者借彼之意，写我之情，自然倍觉深厚。"从典故定义、上述论著和现时出版诸多典故辞书的取典实际来看；从赵翼视典故为古事，今人定义典故亦强调"古代"这个概念，今人取典亦注重取古代语典事典来看；从辞书如《现代汉语词典》定义"古代"为"过去距离现代较远的时代（区别于"近代、现代"）。在我国历史分期上多指19世纪中叶以前"来看；从人们考察用典与古籍整理来看，亦是明确地强调典故是古代产物。如王光汉先生称："典故是我国悠久文化的产物，也是我国悠久文化的组成部分。我国古代的文学作品，大量运用典故，可以说是一个用典的世界。"（王光汉：《考察用典与唐诗整理》，《安徽教育学院学报·哲学社会科学版》1995年第3期，第46页）

从相关历史论著定义古代为"远古至公元1840年"的实际情况来看。"典故"应有一个大致的"断代"问题或曰"时限"问题。

典故与古籍关系密不可分，典故是典籍中的语言精粹。笔者以为，古籍的"断代"下限，实可为确定典故的下限所取法。"古籍小组在讨论制定规划时，李一氓提出，将'古籍'涵义的下限定在辛亥革命，即，古籍的范围应包括民国以前的（笔者阅有关材料，这个"民国以前"，当不含"民国"——引者）全部历史文献。这一符合实际的见解和意见，得到专家学者的普遍赞同，为古籍整理开拓了新领域。"（李格：《陈云与古籍整理》，《史学史研究》2005年第4期，第5页）笔者以为，"古籍"的这个下限，完全可以定为典故的下限。这样一来，有的先生提出"今典"这一概念，这有没有必要，就是一个值得考虑的问题。而有的关于《毛泽东选集》中的典故书籍，已经将"鲁迅反对八股""对于左翼作家联盟的意见""鲁迅的遗嘱"等都算做典故，这实在是个值得研究讨论的问题了。

有鉴于此，笔者在本书中的取典时限，基本上是限定在清末民初以前。从毛泽东大量的用典典例中，我们在给定典故这个概念或取典时，明确以"古籍"含义下限为"典故"的下限"时限"，实在是可以的。

16. 从关于网络时代要不要用典和怎样用典的问题，看建立毛泽东典故学之必要

李晓晔先生在其《用典琐谈》的结尾写道："在网络时代，还要不要用典？又怎样用典？这个问题已不期然地摆在了人们的面前。"

笔者以为，中国的典故。作为一种语言的"全息块""活化石""语言中的钻石"，作为涵盖了相当一部分成语、俗语、谚语、歇后语、人名、事件、故事等的重要"语料"的"信息库"，它会无时不刻地进入我们的民族语言之中，这当然包括了我们的网络时代的语言，这是毫无疑义的。当然，与诗词等文体相比，用典的情况可能相对要少得多，这和我们在非网络时代一样，也要视文体而论。如《南昌晚报》2003年3月30日14版的标题：《美战争规则——只许州官放火　不许百姓点灯》，该报在同年6月10日16版的标题：《伊战曝出"潘金莲"案，美大兵横刀夺爱引发情杀》，该报在同年的7月14日9版的标题：《南昌量贩式KTV火过了头——同室操戈　相煎何急　价格战打成一团》，等等，当这样的文字进入网络，其中"只许州官放火，不许百姓点灯"和"潘金莲"以及"同室操戈　相煎何急"这样的典故，不也是精彩的网络语言吗？

毛泽东的诗文讲话，可谓众体皆备，他公开发表的9000余篇文章中，采用过多种多样的文章体式。在他的这些文章中，相当数量的是用典的。我想，这就是对于网络时代要不要用典的重要启迪与回答。

17. 从关于用典中存在的一个不容回避的严肃的法律问题，看建立毛泽东典故学之必要

用典与"抄袭""剽窃"，怎么会牵扯到一起来呢？初听颇觉奇怪，然而客观事实确实如此。如果从宋人黄庭坚用典遭人指摘批判算起，这个问题的论争可谓已近千年之久。然而除了争论不休之外，长期以来，几乎无人系统地作出评判。现在法纪严明，"抄袭""剽窃"是犯法的。因而对此问题必须评论、认真探讨，以别是非，实在刻不容缓。

（1）用典作品常被人们与"抄袭""剽窃"画上等号，似成定论的古今状况。

笔者在学报编辑这个岗位上，可谓为时久矣！耳闻目睹不少学者将用典作品视为"抄袭""剽窃"之作。若不细察，还以为这是确论而误判来稿。因为人们在运用典故的时候，特别是在运用语典的过程中，当引用（典籍）、点化、集用、概缩、藏引、延展、增用、截用、反用或剥用前人作品成为自己之诗文时，往往这样一种作品最容易被人视其为"抄袭"或曰"剽切"，因而遭到指摘或是惹出官司，这样的事例是古今随时随处可见到的（下面在论述中会选例提及），然细而察之，笔者却不能苟同。

这个问题也是从古至今、均未有人专门就此问题进行深入探讨的，然而这个问题又是人们在用典的过程中无法回避的。就是对于毛泽东的用典，笔者也曾听到过某些人的

一些议论，有的则在互联网上发表文章，概括指摘毛泽东诗词者们的言论云："毁之者则责难其'帝王思想'，指其语象粗豪重复明，袭用前人成句，质疑其某些重要篇目的版权，直欲摘下其诗人桂冠。"（毛翰：《王者之气与大同之梦——从头品读毛泽东诗词》）。这些论调的核心之点，简而言之，几乎是明说毛泽东抄袭了。有鉴于此，笔者拟对此问题试作探讨。

宋词中引用、点化、反用前人（尤其是唐人）诗入词，几乎是一种常见现象。而黄庭坚还因有这方面的至理名言曰："夺脱换骨""点铁成金"。因此而挨批最为厉害者当首推先贤黄庭坚。

古人说他"抄袭""剽窃"者众，今人说他"抄袭""剽窃"者亦不在少数。金人王若虚在《滹南诗话》（卷3）中云：

鲁直论诗有夺胎换骨、点铁成金之喻，世以为名言，以予观之，特剽窃之黠者耳。鲁直好胜，而耻其出于前人，故为此强辞而私立名字。

清人冯班在《纯吟杂录》中云：

夺脱换骨，宋人谬说，只向古人集中作贼耳。

当今大学者刘大杰教授在其《刘大杰古典文学论文选集》中则断然而言道：

他的所谓点铁成金，是取古人之词，加以点化；夺脱换骨是袭古人之意，加以形容。表面似乎是推陈出新，实际是教人蹈袭剽窃。

此论影响深远。有的学者更有具体分析黄庭坚"抄袭""剽窃"之例，但又不理解像黄庭坚这样一位"文抄公"怎么会是大学者、大诗人、江西诗派领袖。现试举评山谷诗一例，因该例多有情趣，且十分典型，短小而精悍，故引全文简作分析。桂向明在其《"抄袭"大师黄庭坚》一文中写道：

读《容斋随笔》，在《黄鲁直诗》题下有这样一段文字：徐陵《鸳鸯赋》云："山鸡映水那相得，孤鸾照镜不成双。天下真成长会合，无胜比翼两鸳鸯。"黄鲁直《题画睡鸭》曰："山鸡照水空自爱，孤鸾舞镜不成双。天下真成长会合，两凫相依睡秋江。"全用徐语点化之，末句尤精工。又有《黔南十绝》，尽取自乐天语，其七篇全用之，其三篇颇有改易处。乐天《寄行简》诗，凡八韵，后四韵云："相去六千里，地绝天遐然。十书九不达，何以开忧颜！渴人多梦饮，饥人多梦餐。春来梦何处，合眼到东川。"鲁直翦为两首，其一云："相望六千里，天地隔江山。十书九不到，何用一开颜？"其二云："病人多梦医，因人多梦赦。如何春来梦，合眼在乡社！"乐天《岁晚》诗七韵，首句云"霜降水返壑，风落木归山。冉冉岁将晏，物皆复本源。"鲁直改后两句七字，作"冉冉岁华晚，昆虫皆闭关。"这等于一次大曝光。黄庭坚已经构成侵权行为，好在当年没有作家权益保障委员会，否则，原作者或其后人完全可以和黄对簿公堂，打一场稳操胜券的官司。奇怪的是，像黄庭坚那样的大师级人物况如此明目张胆

地抄袭别人作品，难道他不怕贻羞后世吗？原来，这发源于他错误的诗歌主张："老杜作诗，退之作文，无一字无来处；盖后人读书少，故谓韩、杜自作此语耳。古之能为文章者，真能陶冶万物，虽取古人之陈言入于翰墨，如灵丹一粒，点铁成金也"。于是，他老先生不避嫌疑，公然剽窃。平心而论，黄氏抄袭之作不乏点铁成金的例子，却不足为训。然而，黄庭坚还是黄庭坚，他是江西诗派的领袖，吕本中说"歌诗至于豫章（黄庭坚）始大"，自然是过誉，但这位山谷老人在文学史上仍占有宝贵的一页。由此可见，世上事不能一概而论，既有似是之非，也有似非之是，读者要有自己的判断。（桂向明《"抄袭"大师黄庭坚》，《南昌晚报》1997年10月16日，第3版）

作者在这篇精妙的短文中，列举了黄庭坚几处"抄袭"的典型诗例，"抄袭剽窃最严重的就是字抄句袭。"（于根元等：《语言漫话》，上海教育出版社1981年版，第187页）。故黄庭坚被人们称为"抄袭"大师。这篇短文所反映的正是作者从"抄袭""剽窃"的法律、法规角度看黄庭坚的某些诗作，而在下"抄袭"与"剽窃"的结论同时，作者面对古今之人称颂黄庭坚的诗词成就，尊崇其为江西诗派领袖的客观事实，又不得不持疑惑不解的态度，这是一篇持疑虑心态断定黄庭坚"抄袭""剽窃"的具有代表性的典范之作。

（2）用典作品不能与"抄袭""剽窃"画等号的理由。

就上述所举黄庭坚的作品而言，人们以此为例，将用典作品与"抄袭""剽窃"画等号是不妥的。其理由如下。

笔者以为，从用典的角度来看不能视黄庭坚为"抄袭""剽窃"。

"抄袭""剽窃"，为古今之人所耻。黄庭坚对于用典，是不是抄袭与剽窃，有其自己的清醒认识，对于自己的提法，有其精到的解说。且看其说：

自作语景难，老杜作诗，退之作文，无一字无来处。盖后人读书少，故谓韩、杜作此语耳。古之为文章者，真能陶冶万物，虽取古人之陈言入于翰墨，如灵丹一粒，点铁成金也。（黄庭坚：《答洪驹父》）

诗意无穷，而人之才有限。以有限之才，追无穷之意，虽渊明、少陵之不得工也。然不易其意而造其语，谓之换骨法；窥其意而形容之，谓之夺胎法。（宋人惠洪：《冷斋夜话》卷1载黄庭坚语）

山谷言学者若不见古人用意处，但得其皮毛，所以去之更远。如"风吹柳花满店香"，若人复能为此句，亦未是太白。至于"吴姬压酒劝客尝"，"压酒"字他人亦难及。"金陵子弟来相送，欲行不行各尽觞"，益不同。"请君试问东流水，别意与之谁短长"，至此乃真太白妙处，当潜心焉。故学者要先以识为主。如禅家所谓"正眼法"者直须具此眼目，方可入道。（宋人范温：《潜溪诗眼》"学诗贵识"条）

黄庭坚主张的是（因诗书相通，笔者姑且用之）：

兰亭虽是真行书之宗，然不必一笔一画以为准。（《豫章黄先生文集》卷28，《又跋兰亭》）

随人作计终后人，自成一家始逼真。（《山谷诗外集补》卷2，《以右军书数种赠丘十四》）

黄庭坚对于"抄袭""剽窃"，不仅在理论上划清了界线。更为主要的，还是他基本上实践了他自己"点铁成金""夺胎换骨"的理论。笔者以为，这种"点金成铁""夺胎换骨"后的作品，就是对古人作者的改造与创新，是一种对前贤作品的极妙传播。因为他在传播前贤的作品的同时，也成就了"自我"。正如称其为"抄袭"大师的桂向明也说黄庭坚"全用徐语点化之，末句尤精工"，所以我们不能称其为"抄袭""剽窃"，因为点化作品与"抄袭""剽窃"的作品不是同一概念的作品。桂向明之所以在断定黄庭坚"抄袭""剽窃"的同时，又持疑虑之态，正说明了这一点。笔者则以子之矛攻子之盾而证之，也许是更为有力的说明。

再是徐陵的《鸳鸯赋》或是白乐天的《黔南十绝》《寄行简》《岁晚》。在黄庭坚时代的诗人们，当多是了解的，黄庭坚化用上述诗而成己作，等于引用或化用的出处是详明的，有明确的出处，并未略人之美，因此，我们最多只能称黄庭坚诗是上述诗之剥体之作而已，而不能称其这样的用典作品为"抄袭""剽窃"之作。

其三是黄庭坚的《题画睡鸭》或改白诗之作。虽然取用了徐陵、白居易诗作中的句子或句意，但他用来描绘的表现的是自己要赋予的意向，赋予了自己的新意、揭示了画意、开创了新境，诗画互补、诗味浓郁。这正如殷光熹先生所言：

黄庭坚主观上是想一反晚唐以来的陈言俗调，显出自身的特点。所以他在材料的选择上，尽量避免熟烂俗套、生吞活剥，力求变化出奇。这在诗境的开拓、语言的独创、反对庸俗化等方面都是有意义的。正如他说："文章最忌随人后"，"随人作计终后人"……黄庭坚在取古人"陈言"或现成诗句进行重新拆卸组装的同时，往往自出新意，艺术性更高，有些诗，确有"点铁成金"之妙。（殷光熹：《"点铁成金"和"点金成铁"》，《字词天地》1985年第1期，第18—19页）

其《题画睡鸭》诗，当属点"银"成"金"之作吧！据此，我们也不能说他是"抄袭"或"剽窃"。

其四是评说有准绳，事实为根据。通过对其作品的具体考察可知，说黄庭坚"抄袭""剽窃"是不符合事实的。李泽民先生经过考察后说：

从黄庭坚的诗歌创作来看，"夺胎换骨"、"点铁成金"说，也并非提供"蹈袭剽窃"，说他的诗有不少是"模拟、剽窃"之作，是不符合实际的。他的近2000首的诗中约有三分之二都是来源于现实生活的。所谓"点铁成金"、"夺胎换骨"之作只是极少一部分。在这些诗中点化前人作品也基本上做到了"以故为新"。（李泽民：《黄庭坚

"点铁成金"说评析》，《语文月刊》1987年第1期，第21页）

李泽民先生从"借用前人的词语""点化前人的诗句""化用前人的诗意""借用前人的语句结构方式"四个方面进行了分析，论述了黄庭坚诗中点化前人作品也基本上做到了"以故为新"。黄庭坚亦是名重古今的大书法家。他喜欢书写前人的名诗名句，后人编纂不慎，误为其诗而收入其集子中，这当然不能说是黄庭坚在"抄袭""剽窃"，这一点，李泽民先生也指出来了。

高锋先生通过对黄庭坚的用典研究后指出其用典之妙说：

黄诗的用典不仅显示出其学识的渊博，而且使作品增强了感情的厚度和思致的深度，具备了苍劲古朴的风味，让人咀嚼不尽，沉吟再三。……黄诗的用典左右逢源，不仅扩大了语言载体的涵量，为诗歌表达提供了更多的可能性；而且由于翻新出奇，又能激起读者阅读上的新奇感和兴奋感。（高锋：《论黄庭坚诗歌的用典》，《镇江师专学报》2001年第3期，第13页）

可见，他们对黄庭坚的研究是深入的，是可信的。指出了黄庭坚的用典之作有自己的个性，说其"抄袭""剽窃"是站不住脚的。

今人如此，古人亦早有"公道"者。如：

宋人张耒在《柯山集》（卷18）《读鲁直诗》中赞黄庭坚"不践前人旧行迹，独惊斯世擅风流"。

宋人严羽在其《沧浪诗话》赞曰："宋诗至东坡、山谷始出己意以为诗，唐人之风变矣。"

清人方东树在其《昭昧詹言》卷10、卷12中先后论及山谷诗曰：山谷"领略古法生新奇""山谷立意。求与人远""又贵奇，凡落想、落笔，为人人意中所能到者，忌不用。""山谷之妙，在乎迥不犹人，时时出奇，故能独步千古，所以可贵。""山谷之妙，起无端，接无端，大笔如椽，转折如龙虎，扫弃一切，独提精要之语。"

我想，对山谷诗如此推崇，这就是对其"夺胎换骨""点铁成金"的一种肯定，这当是这些评论家对山谷诗研究的由衷之言，也是实事求是之语。

其五是类似黄庭坚这样借诗用典或曰剥用成诗者，泱泱乎神州赤县，自古就是诗人国度。这种现象古今随处可见，有其发展历史，并非黄庭坚始创，亦非黄庭坚绝后。

由黄庭坚用典上溯至《诗经》，就有历史传说、神话故事入诗，后来的屈宋骚体，神话传说、历史事件常入其诗，两汉文人诗作，亦不乏用典，待汉末建安，由于诗章之盛，典故入诗乃为常事，曹操诗之用典尤以其《度关山》《短歌行》《善哉行》独得其妙。及至魏晋南北朝以典抒情、说理随处随时亦可见，用典之风未衰。尤其是骈文的用典，独显其妙。"南朝骈文的用典经历了由宋至陈日益圆熟的发展过程。刘宋时期，骈文中用典渐趋增多，较魏晋时期繁密而成熟得多。'自宋代颜延之一下，侈言用事。'

钟嵘《诗品序》："'颜延、谢庄，尤为繁密。'刘宋文帝时期，因为用典可使文章典丽雅致，所以骈文一般被认为典雅的正式文章。……齐梁时代的骈文用典和刘宋相比多而更为成熟，骈文作家大都能做到用典入化，造语自然。……梁代后期至陈代，骈文用典的数量大为增加，用典技巧圆熟。这时期的许多骈文差不多句句用典，甚至连写景叙事也用典。如庾信入北前之作《春赋》和徐陵的《玉台新咏序》。这种风气的代表人物是徐陵和入北前的庾信，他们是六朝骈文作家中最成功的，代表了南朝用典的两座高峰。在用典方面，他们的突出特点是用典自然灵活，又杂以白描常语，因此畅达而几无生涩之感。……南朝有关用典类书多达三十多种，可谓洋洋大观"（徐中原：《南朝骈文用典探析》，《咸阳师范学院学报·社会科学版》2007年第1期，第83－86页）。到唐代，用典之风更为盛行，用典之法则更超前代，更为精熟老到。这都为黄庭坚提出"无一字无来历""点铁成金"的用典理论与实践打下了坚实的基础。

诚如上述：早在黄庭坚之前，类似黄庭坚这样的用典作品已是如此之多，让我们来读一首唐人神秀（606－706）的诗作：

> 身是菩提树，心如明镜台。
>
> 时时勤拂拭，莫遣有尘埃。

慧能紧接着的一首是：

> 菩提本无树，明镜亦非台。
>
> 本来无一物，何处惹尘埃。

神秀是禅宗五祖弘忍的上座弟子，而慧能出身贫寒是个舂米的下等僧。弘忍要寻觅新的传人，要众僧作法偈，以观修行。弘忍并不考虑慧能出身低下且有"剽窃""抄袭"神秀诗的语句之嫌，而是赏识慧能诗的创新精神，为此而给慧能受法衣，为禅宗六祖（吴直雄：《毛泽东妙用诗词》下册，京华出版社1998年版，第977－979页）。

又如，王勃的《滕王阁序》中往往是数典连用，气势磅礴。特别其中的千古名句"落霞与孤鹜齐飞，秋水共长天一色"，就是对庾信《华林园马射赋》中的"落花与芝盖齐飞，杨柳共春旗一色"一语的化用与传播，而庾信则又是对刘峻《辩命论》中的"火炎昆岳，砾石与琬琰俱焚，严霜夜零，萧艾与芝兰共尽"一语的化用与传播。

还如黄庭坚所说的"老杜作诗，退之作文，无一字无来处；盖后人读书少，故谓韩、杜自作此语耳"。这里说的多是指杜甫、韩愈诗文中的用典，而奉宋之命使金的吴激一首名词《人月圆》。其词云：

南朝千古伤心事，犹唱后庭花。旧时王谢，堂前燕子，飞向谁家？恍然一梦，仙肌胜雪，宫髻堆鸦。江州司马，青衫泪湿，同是天涯。

全词竟是将唐人杜牧的《泊秦淮》，唐人刘禹锡的《乌衣巷》，唐人白居易的《琵琶行》中的名句，将其去头、去尾、缩中得到"犹唱后庭花。旧时王谢，堂前燕子，飞

向谁家？……江州司马，青衫泪湿，同是天涯"入词，这些词句，尽管"似曾相识"有来处，但在表达作者对故国的哀思与怀恋之情上，令人读后不禁会扼腕而叹，心潮不禁会为之起伏难平。

至于唐人刘禹锡的《陋室铭》，因其脍炙人口，历朝历代为人所剥用出个性独特、令人捧腹、有新内容、有表现力度、褒贬色彩浓郁的诸多名篇佳作，诸如《贪官铭》、《文章铭》、《公仆铭》、《教室铭》、《酒疯铭》等，不一而足。

凡有名诗名词名篇佳作，往往其剥体便随之而出，这可谓司空见惯。这种用典的现象发展到后来有一发不可收拾之势。难道我们能将这些作品与"抄袭""剽窃"画上等号吗？

对于先贤黄庭坚的作品是不是"抄袭""剽窃"，不少学者均有明确的态度，并对"抄袭""剽窃"说以有力的申辩批驳。

如莫砺锋先生的《黄庭坚"夺胎换骨"辩》，当是一篇妙文，并指出了"学习前人的构思方式""模仿前人的诗意""借用前人的辞句"，显示了黄庭坚"点铁成金"的妙用。（该文载《中国社会科学》1983年第5期）

（3）用典作品不是"抄袭""剽窃"，既有事实根据，又有理论依据。

关于用典作品不是"抄袭""剽窃"，既有事实根据又有理论依据的问题。除上述诸多例证的分析说明之外，其实在分析用典作品当属"二度创作"这个问题时，已经就此问题在理论上作了相关的论说。现再试举几个更为明显突出的例证予以进一步的论证。

其一，从毛泽东及古今名人对用典作品的评析事实根据来看，用典之作不是"抄袭""剽窃"。

如清代大名人阮元所作的大观楼长联。其中大部分字、词、句、结构、气势等，均是沿袭孙髯翁联而作。但今人从用典的角度来看，却是视为典型的用典之作。

生于清康熙年间，大约卒于清乾隆三十九年(1774)的滇中名士孙髯翁为云南昆明大观楼写了一副长联。其联云：

五百里滇池，奔来眼底。披襟岸帻，喜茫茫空阔无边！看：东骧神骏，西翥灵仪，北走蜿蜒，南翔缟素。高人韵士，何妨选胜登临。趁蟹屿螺洲，梳裹就风鬟雾鬓；更蘋天苇地，点缀些翠羽丹霞。莫孤负四围香稻，万顷晴沙，九夏芙蓉，三春杨柳。

数千年往事，注到心头。把酒凌虚。叹滚滚英雄谁在？想：汉习楼船，唐标铁柱，宋挥玉斧，元跨革囊。伟烈丰功，费尽移山心力。尽珠帘画栋，卷不及暮雨朝云；便断碣残碑，都付与苍烟落照。只赢得几杵疏钟，半江渔火，两行秋雁，一枕清霜。

孙髯翁此联。上联示作者心旷神怡之喜，同时携手读者进入风景如画的人间仙境；下联以辩证的眼光傲视王侯功业，抒发了终老林泉之下的文人雅士的无限感慨。在封建专制下对封建帝王发出此等否定语，可谓大胆！果然在事隔半个多世纪以后，被《清史稿》称之为"身历乾嘉文物鼎盛之时，主持风云数十年，海内学者奉为山斗焉"的名位重天下的阮元（1764－1849）在任云贵总督时，他读完长联曾给梁章钜写信，批评孙髯翁此联，是以正统之汉唐宋元，伟烈丰功，总归一空为主，岂不駪駪乎说到我朝。这是指摘长联影射了大清朝，遂仗势摘下原联，代之以自己的篡改联。其联云：

五百里滇池，奔来眼底。凭栏向远，喜茫茫波浪无边。看：东骧金马，西翥碧鸡，北倚盘龙，南驯宝象。高人韵士，惜抛流水光阴。趁蟹屿螺洲，衬将起苍崖翠壁；更蘋天苇地，早收回薄雾残霞。莫辜负四围香稻，万顷鸥沙，九夏芙蓉，三春杨柳。

数千年往事，注到心头，把酒凌虚，叹滚滚英雄谁在想：汉习楼船，唐标铁柱，宋挥玉斧，元跨革囊。爨长蒙酋，费尽移山气力。尽珠帘画栋，卷不及暮雨朝云；便藓碣苔碑，都付与苍烟落照。只赢得几杵疏钟，半江渔火，两行鸿雁，一片沧桑。

阮元之作在气势上、内涵上难以与孙髯翁之作相媲美，文气呆滞不协调，阉割了长联的内容和精神，将"伟烈丰功"改为"爨长蒙酋"，更是牵强附会乱用典。阮元之联一出，昆明人为之哗然，纷加斥责。时人借阮元字芸台谐其音为"软烟袋"并作诗刺之云："软烟袋不通，萝卜韭菜葱，擅改古人对，笑煞孙髯翁。"民意不可欺，民心不可移。阮元一离任，孙联又重立。人们对阮联意见那么大，以明目张胆地"抄袭""剽窃"孙联为己作批之，是批判阮元的最好的武器，可是没有一人说他是"抄袭""剽窃"。

毛泽东对孙联也是称颂不已，他多次圈阅品评，对阮元的篡改联，从用典的创作手法上斥阮元改联为"点金成铁"，赞孙联"从古未有，别创一格"。（吴直雄：《毛泽东楹联艺术鉴赏》，当代世界出版社1995年版，第277－283页）毛泽东反用黄庭坚"点铁成金"一语，评阮联，并不说他是"文抄公"，可见他也不认为阮元是"抄袭""剽窃"孙联，而是出于政治目的，将孙联剥用或曰用典用得不妥而已。因此，只是根据用了前人的一些字词或句意，不看创作的新意和创作目的而下"抄袭""剽窃"的论断是有失偏颇的。

其二，从近现代当代名人学者、领袖人物的用典作品的创作实践和理论依据来看，用典之作不是"抄袭""剽窃"。

关于这些方面的作品，不少是众所周知的：如李大钊的赠杨子惠联"铁肩担道义，妙手著文章"，只是改明人杨椒山"铁肩担道义，辣手著文章"中的一个"辣"字，则全联的旨趣大变。

又如：鲁迅的"脱帽怀铅出，先生盖代穷。头颅行万里，失计造儿童"，"阔人已骑文化去，此地空余文化城。文化一去不复返，古城千载冷清清。青年队队前门站，晦气重重大学生。日薄榆关何处抗，烟花场上没人惊"，"煮豆燃豆萁，萁在釜下泣——

我烬你熟了，正好办教席"！鲁迅的这些诗均自有来处。第一首来自清诗人王士祯《咏史小乐府》中的一首，第二首来自唐人崔颢的《黄鹤楼》，第三首即传说的曹植的《七步诗》。鲁迅的这些作品，幽默而辛辣，有如投枪和匕首，刺向腐败的国民党反动派及其御用文人。

再如：毛泽东的这种形式的作品亦不少。广为人知的有："群山万壑赴荆门，生长林彪尚有村。一去紫台连朔漠，独留青冢向黄昏。""豫章西望彩云间，九派长江九叠山。高卧不须窥石镜，秋风怒在叛徒颜"。（吴美潮、周彦瑜：《毛泽东送给林彪的两首古诗》，《毛泽东思想研究》1994年第2期，第77－78页）

前一首来自杜甫的《咏怀古迹五首》其三中的前四句——"群山万壑赴荆门，生长明妃尚有村。一去紫台连朔漠，独留青冢向黄昏。"

毛泽东在这里只将"明妃"改换成"林彪"，则诗中的"荆门"关扣合林彪的出生之地——湖北；"一去紫台"扣合林彪逃离中南海紫禁城这一重大事件；"连朔漠""留青冢"更是与林彪摔死于蒙古的温都尔汗的朔方大漠之所合榫对缝。

后一首来自明人李攀龙的《怀明卿》——"豫章西望彩云间，九派长江九叠山。高卧不须窥石镜，秋风憔悴侍臣颜。"

毛泽东在这里只将"憔悴待臣"换成"怒在叛徒"，则毛泽东对祖国山河之情、对自己失察之悔、对曾是"侍臣"般的"朋友"之蔑视与愤慨便跃然纸上。

毛泽东也有直接摘取诗句为联的作品，如以"出师未捷身先死；长使英雄泪满襟"挽革命烈士陈子博（吴直雄：《毛泽东楹联艺术鉴赏》，当代世界出版社1995年版，第151－152页），就是唐人杜甫《蜀相》诗的最末两句。

而毛泽东的书赠叶剑英元帅联"诸葛一生惟谨慎；吕端大事不糊涂"，本是明李贽（1527—1602）的自题联语。李贽的自题自用，只不过是自励自警而已。毛泽东多次用此语称颂叶帅，其语意、语境为之大变。用来评价在我党我军在关键时刻为挽救红军、挽救党、挽救毛泽东的生命而屡立奇功，既虚怀若谷、照顾大局，又无私无畏、大智大勇、品格高贵、功彪史册的叶剑英元帅，可谓精妙至极，将永远激励后人。（吴直雄：《毛泽东楹联艺术鉴赏》，当代世界出版社1995年版，第161－163页）

也许有人会问，这不是"抄袭""剽窃"吗？不！这也是用典的一种创作手法，我们不必为伟人讳，因为这种用典创作手法，早在我国春秋时期就已经普遍使用。对于这种借古诗表己意的用典创作手法。朱自清先生引清人劳孝舆《春秋诗话》卷1中的话语总结道："古人所作，今人可援为己诗；彼人之诗，此人可廋为自作，期于'言志'而止。"（《朱自清古典文学论文集》上册，上海古籍出版社1981年版，第207页）

同样能给人以深深启迪的是：为了迎接香港回归这一伟大的历史时刻，于1996年10月至1997年3月，举办了一次"回归颂"中华诗词大赛。24000余名参赛者，地域遍及大陆各省区、海外20多个国家和地区，有效作品达50000余首。这次大赛年龄最小者，是河南某地的一位7岁学童，其诗已被评委会特评为"诗苗奖"。其诗曰：

> 打跑小老鼠，莫教吱吱响。
>
> 响时惊了梦，不得到香港。

其诗的诗情、诗意、诗趣皆妙！（王国钦：《中华诗词纵横谈》，《中国新闻学院学报》1997年第2期，第43页）此诗所剥用的"母题"是唐人金昌绪的《春怨》诗。其诗是：

> 打起黄莺儿，莫教枝上啼，
>
> 啼时惊妾梦，不得到辽西。

此诗借梦写厌战情绪，写思妇思念征夫之苦、之怨、之切。写得生动形象而逼真。而七岁学童之诗，尽管在字词上形式上与金昌绪诗有着紧切的联系，但其立意、境界、含蕴、视角是落在香港回归这一举世瞩目的大事上，其爱国之情，情洒满纸，这显然是金诗所无法比拟的。难道中华诗词学会、中华诗词杂志社、中央电视台以及河南诗词学会等20余家学术机构和新闻单位，会拘泥于所谓"改头换面"的"抄袭""剽窃"而不给特评"诗苗奖"吗？显然不能。因为他们考虑的正是这7岁童也在妙用典故，而且其作品确有很好的政治效应和艺术效果。

综上所述，试问：运用这样的用典手法所创作的用典诗联或曰剥体诗、联，均能借用前人作品，翻新变意，紧扣现实，咀嚼生味，让人读后进入角色、引起共鸣，受到教育，这样古为今用、垂鉴于后世的用典作品，能说是"抄袭""剽窃"吗？我以为不能！因为其表意与原诗原联已是两码事。这就是明人费经虞《雅论》中所言："借用者，故事与题绝不相类，以一端相近而借之也。"上述这些用典之例，当是创作的一种形式，有全借，如毛泽东挽陈子博联和赠叶剑英联语；有剥用或曰套用，如"打走小老鼠"一诗。但这些典故借用所指用的具体目标落到典故的派生意义上和所指的不同的具体事件上去了，是一个新的创作过程，其作品的风格和意义已不属于原作者了，是化古而不泥古表现现实生活、反映时代精神、独有其文质和情采的推陈出新之作，因而有其创新的意义。所以，将上述情况的用典作品只是拘守原有之典意而将其与"抄袭""剽窃"等量齐观是不妥的、是错误的。

其三，从当代诗人用典故创作的作品来看，我们不仅不能说这是"抄袭""剽窃"，有的还是一种新的诗体的催生。

在论及这个问题时，笔者不想多费笔墨，只直接转引两首诗以为明证。

其一云：《原著·柳宗元〈江雪〉》——

一株株古老的树/遭遇到残忍的利斧/葱郁的林区满目苍荑/——千山鸟飞绝//田亩荒芜/植被已严重破坏/咆哮的山洪浊浪怒吼/——万径人踪灭//没有了放排的号子/没有了

161

粗犷的山歌/没有了百兽的争鸣/——孤舟蓑笠翁//森林瘦成一双双筷子/夹着城里的美味佳肴/护林老汉伤心地蹲在堤岸/——独钓寒江雪。

其二云：《原著·李白〈怨情〉》——

一个乡下妹子/住在城里的别墅/成了金屋的娇/——美人卷珠帘//流行的时装摆满了衣柜/父母却衣衫褴褛/宠物恹恹欲睡/——深坐颦蛾眉//初恋的王子没有了消息/发"工资"的老板在陪着爱妻/无边的孤独蚕食着青春妙龄/——但见泪痕湿//欲拨的电话传出一片盲音/同龄人都沉醉在温暖的家室/窗外海涛一声声撕心裂肺/不知心恨谁。

以上两首诗均转引自陈卫《〈国粹精点〉互文性写作与文体建构》（《福建师范大学学报·哲学社会科学版》2008年第1期，第56、59页）。从用典的角度来看，作者王飞跃是在运用"分拆式全局性"用典的手法，进行着自己别出心裁的诗歌创作。何谓"分拆式全局性"用典？就是说，作者以古人（这里是柳宗元与李白）之诗，一字不改地引入己诗，但是是分拆而用。作者书名曰《国粹精点》，仅从这两首而言，当是以"国粹"（典故）"精点"（精心评点所见之人、所见之事、所见之物、所见之现象……）作者用其带有几分幽默之笔，揭示某些地方的滥砍滥伐现象和讽刺某些违法乱纪"包二奶"的不自重、不自尊、不道德的现象。每写一小段诗，则用古诗句的高度精练的概括性精心评点之，挪近时空，将古事今事融为一体，用以警示人们应高度警醒这种现象出现的恶果！用语虽说浅显，可意蕴十分深邃，有余味无穷之妙！这种新奇的用典创作，将新诗与旧体诗予以巧妙连接之后，便将一种崭新的诗体呈现在世人的眼前。

（4）属于创作手法和修辞手法的用典作品，与关于"抄袭""剽窃"的法律法规"撞车"现象急待解决。

诚如前述，视黄庭坚的用典作品为"抄袭""剽窃"古今不绝，当然也会影响到当今。但笔者细览古今关于"抄袭""剽窃"的具体定义，与用典创作手法和用典修辞手法的理论与实践相比，似乎显得比较简单粗疏。这样一来，就容易出现在认定时与用典作品"撞车"的现象。因此，"抄袭""剽窃"的界定当有更具体的内容和细致的标准才是。

其一，"抄袭""剽窃"的界定，当应有更为具体的内容和更为详细的标准，以有利于是否触犯法律的认定。

从上述所论的情况来看，本文已将借助用典创作手法和修辞手法而创作的用典作品，不是"抄袭""剽窃"作品，从理论上和创作实践上作了系统的论说，我以为是客观的和实事求是的，不是把着眼点拘泥在字词有多少与被沿袭的作品相同之上，而是定位在那"夺胎换骨""点铁成金"的作品是否真的是"夺胎换骨"和"点铁成金"上，亦即是否真的富有创造性上。然而这仅仅是问题的一个方面。而政策和法规又是怎样去认定"抄袭"与"剽窃"的呢？

（抄袭）将别人的文字劳动成果窃为己有的卑劣行径。窃取的对象既包括已发表的，也包括未发表的。是一种道德败坏的表现。亦称"剽窃"。其手段包括：原文照抄照搬；改头换面，变更原作中的个别字词句；套用原作的主题思想、主要情节。（宋孟寅、马保超、董其芬、崔一润编《实用出版词典》，书海出版社1988年版，第34—35页）

（剽窃）亦称"抄袭"。以照抄的方式将别人的作品(不论已发表还是未发表)的全部或部分窃为己有，并以照抄者名义拿去发表的行为。这种行为在法律上属于侵犯版权罪。"（宋孟寅、马保超、董其芬、崔一润编《实用出版词典》，书海出版社1988年版，第96页）

对于这种界定，据笔者所知，世人均无异议。就连最具有权威性的大型辞书1999年版《辞海》也说：

（抄袭）窃取别人的文章以为己作。《红楼梦》第84回："不能自出心裁，每多抄袭。"

（剽窃）窃取他人的文字以为己作。归有光《与沈敬甫小简》："今世相尚以琢句为工，自谓欲追秦汉，然不过剽窃齐梁之余。"

而据2001年10月31日《人民日报》第7版载：

《中华人民共和国著作权法》（1990年9月7日第七届全国人民代表大会常务委员会第十五次会议通过 根据2001年10月27日第九届全国人民代表大会常务委员会第二十四次会议《关于修改〈中华人民共和国著作权示〉的决定》修正)第五章 法律责任和执法措施 第四十六条 有下列侵权行为的，应当根据情况，承担停止侵害、消除影响、赔礼道歉、赔偿损失等民事责任：……(五)剽窃他人作品的；…… 将他人作品改头换面作为自己作品发表的称为剽窃。抄袭、剽窃既侵犯了原作品作者的权利，也欺骗了社会公众，《著作权法》对其给予严厉的打击。（潘正安：《合法引用参考文献》，《中华读书报》2002年1月9日，第4版）

依据上述法律法规，用典中的摘句手法、集句手法、引用手法、概缩手法、扩变手法、巧易手法、兼连手法、剥用手法、巧续手法等，特别是运用上述手法而创作的诗词作品，笔者遍查有关法律法规发现，当有人径自将其与"抄袭""剽窃"画等号，硬要将其说成是"抄袭"或"剽窃"时，作者有时是有口难辩甚至难逃法网，起诉者确能"打一场稳操胜券的官司"（桂向明：《"抄袭"大师黄庭坚》，《南昌晚报》1997年10月16日，第3版）。因为"抄袭""剽窃"的定义主要是锁定在字、词、句、篇、章的借用上，而没有更为具体地顾及用典中的某些作品的具体使用对象与语境，《辞海》虽然很有眼光地引用了《红楼梦》中"不能自出心裁"这一关键性话语，惜限于篇幅，不可能深入展开论说。如能就虽用前人的字词篇章，却能"自出心裁"者，即非抄袭、剽窃，则其定义的价值就非同一般了。因而世人往往会将某一些用典作品视为"抄袭"

"剽窃"现象予以批判就在所难免了。

笔者考察用典手法的历史，已达数千年之久，而且这种创作手法的运用有着日益发展不可遏止的势头。思其原因，正如我国知名学者杨义教授所言：

中国文字（汉语）是一种超集码的文字，很难在世界上找到另一种文字如汉文字一样，在其背后存在着一种源远流长、新陈交织，有强大的凝集力，又需要不断地激发其活性的文化网络。典故作为这种文化网络中的纠结点，尤其如此，它的创造有其渊源，它的领会、再使用又有其历史。典故作为携带着文化涵量和生命体验的遗传信息单位，被诗人常常用来沟通历史精神与现实生活。典故可以刺激联想，使用得当，不乏一以当十的功能。（杨义：《直觉的魅力与流水用典——李白诗歌的诗学思维》，《佳木斯大学学报》1999年第4期，第9页）

由此可见，典故不得不用，但"抄袭""剽窃"也不得不惩。用典之法是在沿袭中革新，在沿袭中传播，但万变不离前面所述诸法之宗，亦即传播、创新。

据笔者手头的资料，仅就某些人们视为"抄袭""剽窃"样式特别"典型"的剥体诗、联而言，就可出一大本书。在这些作者中，有我们党的领导人如伟大领袖毛泽东和改革开放的总设计师邓小平，以及曾是最高人民法院院长的谢觉哉等。面对这一客观事实，我们的法律研究工作者和文学、语言修辞研究工作者，有着义不容辞的细微研究与确切界定的责任，决不能让用典之作与"抄袭""剽窃"相混，决不能让这类作品上"公说公有理、婆说理更长"的局面再继续下去了！

其二，从《好汉歌》被视为"抄袭""剽窃"之作而引发的舆论之争和对簿公堂的诉讼论辩的具体实践来看，"用典""抄袭""剽窃"的界定，急待深入探讨解决。

一场官司要是打起来，无论是对原告还是被告，都是一件费时、费事、费精力的头疼事。1998年元月，电视连续剧《水浒传》中的主题歌曲《好汉歌》，随着该电视连续剧的播出而唱遍了大江南北。歌儿唱罢，官司乍起。似评说黄庭坚用典一样，言其"剽窃"者有，赞其运用之妙者亦有。1998年5月28日，刘鸿志在《羊城晚报》上发表了《"好汉"与"王大娘"咋就这么像》一文，认为《好汉歌》很像民歌《王大娘补缸》。6月8日，《法制文萃报》另以《〈水浒传〉的主题曲〈好汉歌〉竟是剽窃之作》为题，全文转载了《羊城晚报》的文章。8月5日，《好汉歌》的曲作者赵季平，向北京市朝阳区法院起诉刘鸿志以及《羊城晚报》《法制文萃报》侵害其名誉权。

11月18日上午，朝阳区法院酒仙桥法庭开庭审理此案。出庭的四方代理人各有说法：赵季平的代理人称"《好汉歌》是优秀音乐作品"；刘鸿志的代理人称"文中并无见贬损之意"；《羊城晚报》方面认为"实属正常的艺术讨论"；《法制文萃报》方面称"没有曲解或篡改原文"……"使用'剽窃'一词符合刘文本意"……（计亚男：《〈好汉歌〉唱罢名誉权纠纷乍起》，《光明日报》1998年11月28日，第4版）

该案审判长张维平抓住了创作中的借鉴问题，拟请有关权威部门对《好汉歌》的创造性进行鉴定，这从用典的角度来看，实际也就是一个用典的创新与否的问题。对于这是否是在借鉴中创新的问题早在审理之前，西安音乐学院院长罗艺峰教授在答问中就称：

　　《好汉歌》是一首有自己的创造、又不脱离民族传统的好歌，……实际上，《好汉歌》是作者创作的格调（如开头的起始句）与民间曲调《锯大缸》有机的融汇创造，可谓天衣无缝，恰到好处。……罗艺峰教授还列举了大量的例证，否定《好汉歌》为剽窃之作。（参见胡香：《〈好汉歌〉是否剽窃之作——西安音乐学院院长罗艺峰教授答问》，《信息日报》1998年6月26日）

　　陕西作家协会副主席高建群则以"西部歌王"王洛宾的创作为例（有"西部歌王"之称的王洛宾先生，在60年的艺术生涯中，他整理、改编的作品有300多首，加上自己创作的歌曲，一共是700首左右——引者据1995年11月4日杜冰冰《走近那个生命传奇——王洛宾与他的500年计划》一文所引），以著名诗人李季的《王贵与李香香》五成以上的诗句都是现成的陕北民歌歌词为例，以施耐庵的《水浒传》就是由《荡寇志》先粗疏地记录，最后由施耐庵连缀成篇为例（此处可能作者记忆有误或排印有误——引者注），论说《好汉歌》非"抄袭""剽窃"之作（高建群：《由赵季平想到王洛宾——我谈〈好汉歌〉》，《信息日报》1998年6月26日，第4版）。

　　梁茂春则撰文称赵季平的综合借鉴，正是《好汉歌》的巧妙之处，也是作曲家赵季平高妙之处。作者还以《东方红》、《草原之夜》、《祝酒歌》、《在希望的田野上》等歌曲为例，称《好汉歌》是一曲经过了"脱胎换骨"变化的好歌。（参见梁茂春：《扎根于民间的好歌——读赵季平的〈好汉歌〉》，《光明日报》1998年6月25日，第4版）

　　兵法有云："运用之妙，存乎一心。"（《宋史·岳飞传》）平心而论，用典中的诸多手法的运用，用得不好，确有"抄袭""剽窃"之嫌，故时有运用者自谦、调侃为"偷句"。如鲁迅在作《七律·自嘲》时，自谦其中的"俯首甘为孺子牛"是"偷得半联"。然运用得妙，则会展现出继承发扬、推陈出新的全新的美学效应，亦是识别界定用典与"抄袭""剽窃"的分水岭。据此，判断赵季平的《好汉歌》是否"抄袭""剽窃"同样要看其"曲典"是否"运用之妙"，是否运用得有自己的"个性"。

　　这场官司历经两年之久最终水落石出。据2000年6月6日《江南时报》第8版载，法院援引中国音乐家协会创作委员会称《好汉歌》汲取了民间音乐的精华，"是采用民间音乐素材的再创造，这是专业创作中的手法，正常允许的，几千年在人民群众中流传的民间音乐历来都是作曲家取之不尽，用之不竭的创作源泉，民间音乐是人类共同拥有的财富，任何人都有权依据自己的创作需要在不同地区进行不同形式的运用。所以《好汉

歌》绝不是抄袭之作，是赵季平汲取民间音乐营养创作的。"

　　既然法院亦肯定"《好汉歌》绝不是抄袭之作"，那么有的同志为什么会说是剽窃之作呢？据笔者手头的资料所知，自有人批评黄庭坚多抄袭、剽窃之作以来，一直未有人对抄袭剽窃的概念像用典那样作过十分深入细致的探讨，以致有同志把创造出的新作品视为抄袭、剽窃。我想，对于"抄袭""剽窃"这一概念的全面探讨、详细界定是我们文学工作者和法学工作者义不容辞的责任。在探讨这个问题的时候，看看毛泽东是如何妙用典故，将会给我们以深刻的启迪。

18. 从毛泽东关于批判继承运用典籍（含典故），连类而及的一系列接受美学理论与西方接受美学理论的对比，看建立毛泽东典故学之必要

　　接受美学这个术语曾经是十分时新的。这个术语的德文是Rezeption，源于拉丁文receptio（接受，接纳，接收，收受）。其核心是从接受者视角去研究问题。接受美学从20世纪60年代后期在联邦德国发端，至今经历了40多年，它已经成为一种流派众多、蔚为壮观的文艺新思潮。

　　它的最大特点是突破传统文艺理论的界限，不主张单纯地把文学创作、文学作品或作家作为研究的对象，而要求把研究领域扩大到文学接受活动，探讨文学创作与文学接受、作品与读者间的相互关系、相互影响，进而考察文学被读者接受并产生作用的条件、方式、过程和结果，强调接受活动和接受者在文学的历史与现实进程中的能动作用。

　　作家写出作品是为了供人阅读，文学的唯一对象是读者。文学作品若不经过阅读，只不过是一堆死的印刷纸张。姚斯等人提出："文学史是接受史。"（参见林一民：《西方现代文论》，团结出版社1990年版，第270－312页；林一民：《接受美学——文本·接受心理·艺术视野》，江西高校出版社1995年版等著作）

　　综上所述，一言以蔽之曰：接受美学的一个最为基本的观点——就是作家的"创作意识"的实现，必须依靠读者的"接受意识"。

　　笔者以为，这个问题并非西方的发明和发见。探讨这个问题，不是为了阐明接受美学是谁发明发现的问题，而是有助于加深我们对于这个问题的深刻理解，并从中获得有益的启迪。对于这么一个重大的学术问题，笔者试从以下几个方面简作论说：

　　（1）从中国典故的运用连类而及，看接受美学并非西方的独家专利。

　　中国典故的运用，广义来看，用典就是继承传统经典，以表现现实的一种手法。典故的运用问题，实际上也就是一个接受与传播的问题，它有着丰富的接受美学内涵。从这个角度来看，接受美学并非西方的独家专利。

　　一是从我国古往今来的"接受作品"（对由于阅读文本而"派生"出来的作品，笔者干脆称其为"接受作品"）来看，我国的接受理论的确源远流长。

从我国古往今来的所有文学作品的创作实践和创作结果来看，凡是流传至今的诗歌、小说、文论、戏曲等样式的数不清的作品，其之所以长期以来具有其鲜活的生命力，几乎全是依靠读者强烈的接受意识去完成的。反映到与之相关的"接受作品"，则有"诗话""词话""评话""某某才子评小说""说书""评点校注""正义""注引""演戏足本""续书""著译"之类的著作，举不胜举。在科技飞速发展的当下，则电影、影视"翻新"上述作品的"接受作品"，更是俯拾皆是，如我国四大古典名著的电影、电视作品，风行全球。最近中央电视台所开设的"百家讲坛"上，北京师范大学的康震教授、厦门大学的易中天教授以及其他一些大学的知名教授，他们将"唐诗""三国""老子"等名作，为观众品评得精妙入微，魅力引人，让人久听得趣、细思长智。这里就有教授们对于这些作品的接受与传播，亦有听众对这些作品的接受和对这些教授们讲解品评的接受与传播。

至于后人作品对先贤作品的继承与创新之作，亦是随处可见。本书中那些妙用典故之作，则只是"接受作品"中的一处"小小的亮点"而已。因本书专论用典，此不多赘。

二是在接受理论上，中国的先贤们并非茫然不知，而是多有精妙之论。

我国古典美学中关于接受理论、接受心境、接受方式、接受思维、接受境界、接受移情、接受客体、接受主体、接受意识等论说，可谓源远流长、精彩奇妙。在上述一系列的接受理论问题上，《老子》、《庄子》、《淮南子》、《列子》等一系列著作中均有其精妙论说。还须"值得一提的是中国接受理论，有个科学系统，连锁反应，阶梯上升，六个环节缺一不可，最后天人归一，接受所得，令人陶醉。这是其一。其二，不仅以接受者为中心，而且要求接受者的素质修养极高。其三，接受者参与本文（亦即文本——引者注）再创造，积极主动，神化莫测。对本文的未定点、空白，即召唤结构，有极强烈的解释能力。接受美学的重心正是接受性。""接受美学重视读者确非独家专利。"（参见王德广、宋效华：《中国古典美学关于接受理论》，《东疆学刊·哲学社会科学版》1993年第4期，第63—64页）。

上述之论颇为得理，我国在1400余年前刘勰的《文心雕龙》这部文艺理论和文艺批评专著中的《知音》《辨骚》等篇中，可以看到刘勰对前贤接受美学思想已经略有总结。《知音》篇中，将人的知音与文章的知音放在同等重要的地步，并以其开阔的眼界，以其批判的笔触，指出影响接受的原因是：或是厚古薄今；或是文人相轻；或是信伪迷真；或是作者写作与读者欣赏之水平……与此同时，刘勰开出了解决影响接受的妙方是：一是要览文见情，要以赏花的心态欣赏文章；二是要多方面比较分析品评文章。

《辨骚》一篇，则论及作者作文与读者之论文，将作者与读者联系在一起去论文章之道与赏文之道。并以自己辨析骚体的体会，提出了"酌其奇而不失其真，玩其华而不

坠其实"的品评接受之法。细品刘勰之文论，其实，他不仅仅关注读者一方，亦关注到作者一方，从接受美学的角度去分析刘勰的文论，刘勰有此高明眼光，实属难能可贵。

其实，在中国古代，作家们对于自己的作品与读者的关系问题，早就十分看重，特别是诗人们在其诗中更有其令人刻骨铭心的形象而简明独到的表述。下面略举几例：

汉人无名氏《古诗十九首·西北有高楼》，这整首诗所要展示的，就是诗作者为知音难遇而生发出深深的感叹，尤其是其中的"不惜歌者苦，但伤知音稀。愿为双鸿鹄，奋翅起高飞"，如果从接受美学的角度去观照，就是作者在全身心地期待着自己的作品能够得到别人的理解，有知音来欣赏其价值。特别是最后两句称，在其所期盼的知音难觅时，不如去自由的天地中展翅翱翔，这就把作品的接受理解的期盼推向了极致。晋人葛洪《抱朴子·外篇·喻蔽卷》第43中则提出"音为知者珍，书为识者传"的观点，这对读者接受的重要性作了进一步的强调。唐人贾岛《题诗后》一诗则明白地表示，作品必须要有读者，没有读者的作品，不如掷笔不作。他在吟成"独行潭底影，数息树边身"两句后，接着这样吟道："二句三年得，一吟双泪流。知音如不赏，归卧故山秋。"

如果说上述选例多是一种形象化的说法的话。下面一例，则是到位的数字比喻说法。俗有"三分人品，七分打扮"之说，讲的是一个人自身的漂亮与否，外在的穿着打扮十分重要。诗则有"三分诗，七分读"提法。讲的是作品好坏与否，作品自身的质量固然非常重要，而读者的参与则更为重要。南宋人周密《齐东野语》记录了这样一则有趣的典事：

昔有以诗投东坡，朗诵之而请曰："此诗有分数否？"坡曰："十分。"其人大喜。坡徐曰："三分诗，七分读耳。"

由上见之，先贤们对于自己作品的自身价值，从来就是有其清醒认识的，他们对读者从来就是充满着期待的。

张思齐教授通过对辛弃疾的接受美学思想的分析研究后，意味深长地指出：辛弃疾的接受美学思想"是对西方接受美学的扩大和补充，……西方的接受美学讲究的是读者一方如何接受作者一方，而辛弃疾则以为接受是一种双向的活动"（张思齐：《论辛弃疾的接受美学思想》，《齐鲁学刊》2006年第6期，第71-72页）。笔者以为，此论论据确凿，言之有理。

辛弃疾（1140-1207年），距今已800余年。这就是说，我国在距今800年以前的一位词人的接受美学思想，就已经对被后人"命名"的"接受美学"有扩大和补充了。

三是仅就在中国近现代的接受理论上，无疑也是早于"诞生于20世纪60年代末70年代初的联邦德国"。

我国古代先贤们对接受美学理论有如此精深的见地，显然会惠及历代后学。他们在自己的创作实践和理论探讨中，必然会将其不断地完善起来。

现选取我国早于60年代末关注接受理论并有精辟论述的典型人物——鲁迅的论述简略地归纳于下：

首先，鲁迅明确地提出了作品要读者。早在日本留学时的鲁迅就主张过文艺"要读者"，他说："以为文艺是可以转移性情，改造社会。因为这意见，便自然而然的想到介绍外国新文学这一件事。但做这事业，……要读者。"（《鲁迅全集》第10卷，人民文学出版社1981年版，第161页。下引该书，只标卷数与页码）

其次，鲁迅十分注重读者在接受后的再创作，他十分生动地写道："作者用对话表现人物的时候，恐怕在他自己的心目中，是存在着这人物模样的，于是传给读者的心目中也形成了这人物的模样。但读者所推见的人物，却并不一定和作者所设想的相同，巴尔扎克的小胡须的清瘦老人，到了高尔基头里，也许变了粗蛮壮大的络腮胡子。不过那性格，言动，一定有些类似，大致不差。"（第5卷，第530－531页）

其三，鲁迅十分看重作品的创作效果与接受者的关系，他指出了作品的写作，有"如传神的写意画，并不细画须眉，并不写上名字，不过寥寥几笔，而神情毕肖"，要能使读者"一看就知道这是谁"（第6卷，第382页），作品中的人物要有特色，这样"就可以使别人从谈话里推见每个说话的人物"。（第5卷，第530页）

其四，鲁迅还从接受者的角度，提倡用典型化的方法去写人，"……使读者摸不着在写自己以外的谁，一下子就推诿掉，变成旁观者，而疑心到像是写自己，又像是写一切人，由此开出反省的道路"。（第6卷，第146页）

其五，鲁迅倡导在翻译作品时，必须细心地分析读者对象，让他们能各取所需。事先要考虑到的是接受对象中的具体情况，他主张"首先要决定译给大众中的怎样的读者"，且要考虑他们的文化层次，要"将这些大众，粗粗的分起来：甲，有很受了教育的；乙，有略能识字的；丙，有识字无几的。……就是甲乙两种，也不能用同样的书籍，应当各有供给阅读的相当的书。供给乙的，还不能用翻译，至少是改作，最好还是创作，而这创作又必须并不只在配合读者的胃口，讨好了，读的多就够。"。（第4卷，第381－382页）

其六，鲁迅从接受者的审美角度出发，对于分析和评判作品，有其到位精辟之论。他充分地注意到了接受者的民族差异、所处时代的不同、阶级地位的分别、个体阅历与审美情趣的高下等，并以《红楼梦》为例，给后人留下了千古名言："单是命意，就因读者的眼光而有种种：经学家看见《易》，道学家看见淫，才子看见缠绵，革命家看见排满，流言家看见宫闱秘事……"（第8卷，第145页）

（2）毛泽东对接受美学理论的极度关注及其巨大贡献和影响。

说到毛泽东，某一些人只是注意到他是伟大的政治家、军事家、著名的领袖人物。

对于"他是一个通晓古今的学者"（韩素音语），"他是精通中国旧学的有成就的学者"（斯诺语），"他知识渊博，能与学者论学"（斯特朗语）。（韩素音语、斯诺语、斯特朗语，均出自黄丽镛：《毛泽东读古书实录》，上海人民出版社1994年版，第11—12页）则忽略不论。

由于毛泽东的著名学者身份，未能引起相当多的人的充分注意，因而，他们将毛泽东的系列著作，当做政策文件、领导指示、时事报告的情况多，而对其著作的学术性、理论性、科学性以及其理论价值与现实意义则往往注意不够。

也许正因为如此，对于毛泽东对于接受美学的极度关注及其所产生的巨大影响，则未能一致认同并引起高度的注意。

笔者坚决反对"文化大革命"时期对毛泽东著作的胡乱鼓吹，但对于毛泽东著作的学术理论价值和现实意义，也应有客观的评说和肯定。

特别是在西方对我红色政权的敌视与封锁的情况下，在日本帝国主义的猖狂进攻下，毛泽东在唤起炎黄子孙的民族自尊心给敌寇以有力反击的同时，他并没有忘却对西方的学习，在及时指出了不能"全盘西化"，提出了要"洋为中用"的接受理论。

笔者现仅就毛泽东对接受美学的极度关注及其所产生的巨大影响，列举下列实事并进行论述：

其一，毛泽东在论接受时，不仅顾及了读者的接受，而且顾及到了创作者自己对于先贤的接受，这是对前贤接受美学理论的全面完善与贡献。

毛泽东在论接受美学时，对于前人作品的接受，有一系列的论述，并且提出了对典籍（当然包括典故，笔者觉得也应包括对同代人的作品）的批判与继承的问题，这是毛泽东对接受美学的创新与完备。

在毛泽东的一系列的论著和讲话中，对这一问题有其一系列的论述（本书在论毛泽东对典故、典籍的接受时，多有所引、所论，为省篇幅，故不重述），笔者以为，所谓接受美学，应是包括作家作品对于前代、同代作品的接受，才算完备。

马克思在其《〈政治经济学批判〉导言》中，虽然言简意赅地勾勒出了生产与接受之间的关系，但未能论及如何接受前人已有生产成果与经验的问题，并将其理论运用到文艺领域，当然也就不可能谈到对于前人成果的接受问题。我想这也是毛泽东的外国晚辈"姚斯"们在提出所谓"接受美学"这一理论时，未顾及到的这一理论的一个重要方面。仅凭这一点，这就是毛泽东对于接受美学理论的一大贡献。

更为可喜的事实是：

我们常常可以看到不少的论文题目中有一种这样的模式，诸如《试论某某人的作品对于某某人的作品的批判继承与创新》，逐渐地化为《试论某某人的作品对于某某人作品的接受》，或曰《试论某某人的作品在某某时代的接受探析》，如此种种论题，在学术领地里随处可见。甚至将某某大家的作品与其前辈名家作品，予以对比排列、定量分析，看其接受状况，现今，这类文论乃至书稿，可以说是随处可见。

如，由吉林人民出版社2001年12月出版程继红先生所著的《辛弃疾接受史研究》，作者以40万字的篇幅，论说了800年以来，人们对于辛词的接受观念以及普遍的接受规律。

又如，由上海世纪出版股份有限公司、上海古籍出版社，2006年7月出版发行查清华先生所著的《明代唐诗接受史》，作者以33.3万字的篇幅，"确实做到了对明代唐诗接受史的系统清理和总结，不仅揭示了接受活动所由发生的历史环境，勾画出其三大段六小段的基本进程，还对各个时期、各家各派的唐诗接受观念与方法加以细致的比较分析，对各种接受形态亦均有具体而翔实的考察，其中含有不少作者独到的发现与思考。我尤其欣赏书中有关明代唐诗文献学的认真发掘与重点阐说，这类涉及选诗、编集、汇刻、圈点、评注、考释等多样形式的接受活动，原是我国古典诗学传统里的一大宗遗产，关联到许多方面的文化现象和审美情趣，但由于零散而不成体系，每每为当今论者所忽略"（陈伯海：《明代唐诗接受史·序》）。这就是从接受学视角诗学研究的成功范例。

这不能不说是学者们对于毛泽东接受美学理论创新的认同、实用、阐扬与传播。

其二，除却少数人为艺术而艺术，且世人看不懂的创作者的作品之外，极大多数的作者的创作表达与读者的接受，都应该是互动的、同时并举的。

接受美学的一个核心的观点，就是作家"创作意识"的实现与否，要依靠读者的"接受意识"，就是说，作品能否流行传世，如果没有读者的参与、阅读与认可，"只不过是一堆死的印刷纸张"而已。

且看早于"姚斯"们近30年的毛泽东，他是怎样通俗地论述这一系列问题的吧！

在接受美学理论的指导思想上，毛泽东的接受美学理论至今仍闪烁着耀眼的时代之光：

毛泽东依据当时抗日战争，已经进入到最为艰苦时期的斗争实际，从文艺工作者的立场问题、态度问题、工作对象问题、工作问题和学习问题等诸多实际情况出发，最终将文艺作品的成功与否，锁定在当时的具体接受者为谁的问题上，仅其《在延安文艺座谈会上的讲话》中，开篇就讲到革命文艺的宗旨是要"借以打倒我们民族的敌人，完成民族解放的任务"。而要完成这个伟大的任务，"首先要依靠手里拿枪的军队"，同时"还要有文化的军队"，这是两支一"文"一"武"的军队。打倒当时最凶恶的敌人——日本侵略者，靠的最广大的人民大众，而"文"的军队是如何使作者自己及其作品为广大的人民大众所喜爱？文艺工作者及其作品为他们所"接受"的问题也就凸显出来了。

毛泽东在其《讲话》中，仅"接受者""接受"这两个词语，就曾运用了11次之多（在其他文论中则常用与"接受"意义相关连的"吸收"一语），并明确指出当时的"文艺作品给谁看的问题"，（《在延安文艺座谈会上的讲话》，《毛泽东选集》第3卷，第849页，以下只标《毛泽东选集》中的页码）和当时"基本上是一个为群众的问题和一个如何为群众的问题"（第853页）的重要性。其使之接受的目的，"就是要使文艺很好地成为整个革命机器的一个组成部分，作为团结人民、教育人民、打击敌人、消灭敌人的有力的武器。帮助人民同心同德地和敌人作斗争。"（第848页）

其三，在创作者与接受主体二者的关系问题上，毛泽东的接受美学理论凸显了接受主体的主导地位性。

在接受美学的指导思想确立之后，毛泽东在对创作者与接受主体之间的关系问题上，对他们的要求亦有其一系列的论述。他将作家的成败与接受者的关系、将作品的市场与接受者的关系进行了深刻的揭示，并不时妙用典故并结合自己的经验感受，极为生动地凸显接受者所占有的主导地位幽默地写道："既然文艺工作的对象是工农兵及其干部，就发生一个了解他们熟悉他们的问题。……我说以前不熟，不懂，英雄无用武之地。什么是不熟？人不熟。文艺工作者同自己的描写对象和作品接受者不熟，或者简直生疏得很。……如果连群众的语言都有许多不懂，还讲什么文艺创作呢？英雄无用武之地，……群众不赏识。……越像个'英雄'，越是要出卖这一套，群众就越不买你的账。"（第850－851页）这样的"英雄"，如果要自视为清高的话，"那只是自封为清高，群众是不会批准的"。（第865页）

其四，在对待接受对象的问题上，毛泽东准确地将接受者进行分类，并阐明如此分类的理由，这对于创作者实现让接受者更好地接受，提供了一串科学把握自己作品的金钥匙。

分类，有利于对事物的总体把握和对事物总体了解，同时也有利于对事物总体规律的领悟、发现乃至掌握。毛泽东是对事物分类的行家里手。

在《毛泽东选集》的首卷、首篇、首句就是："谁是我们的敌人？谁是我们的朋友？这个问题是革命的首要问题。"这里将敌、我、友进行分类，一下子就扣住了人们的心弦，给人以警醒。

在20世纪70年代初期，面对美、苏两个超级大国争霸世界日趋紧张激烈的局面，毛泽东又及时地提出了著名的"三个世界"划分的光辉战略思想，即美国苏联为第一世界，亚洲、非洲、拉丁美洲和其他地区的发展中国家为第三世界，处于这两者之间的发达国家为第二世界。"对主席第一次提出这样精辟的划分三个世界的观点，卡翁达表示敬佩和赞成"（王伯福主编：《毛泽东轶事大观》，山东人民出版社1997年版，第168页）。毛泽东对于国际斗争势力作出这样的划分，展现了毛泽东的国际战略思想，给我们把握国际斗争的总体导向以清醒的认识，"震动了1975年4月召开的联合国大会第六届特别会议，受到全世界人民的欢迎，为世界反霸斗争和世界和平作出了新的重大贡献。"（《毛泽东轶事大观》，第168页）

在创作者如何使自己的作品为接受者所接受的问题上，毛泽东同样科学地将接受者进行了分类。他依据当时斗争的客观实际，对当时的主要接受者即人民大众，也进行了如下分类。这样进行分类，有利于创作者了解各种接受对象的期待视界，并在此基础上发现和掌握自己的作品如何为接受者所接受的规律。

在国家分裂、民族矛盾异常尖锐的当时，毛泽东并没有完全沿用列宁文艺应当"为千千万万劳动人民服务"（《列宁全集》第12卷，人民出版社1987年版，第96页）这样一句话，而是对于当时的接受对象作了这样恰如其分的两次分类，并阐述了他的分类理由。

他在对接受者进行首次分类时这样写道："工作对象问题，就是文艺作品给谁看的问题。在陕甘宁边区，在华北华中各抗日根据地，这个问题和在国民党统治区不同，和在抗战以前的上海更不同。在上海时期，革命文艺作品的接受者是以一部分学生、职员、店员为主。在抗战以后的国民党统治区，范围曾有过一些扩大，但基本上也还是这些人为主，因为那里的政府把工农兵和革命文艺互相隔绝了。在我们的根据地就完全不同。……我们的文艺工作者，应该向他们好好做工作。"（849—850页）

毛泽东在这里的分类，是将接受者进行了地域性的层次性的分类。这种分类，使文艺工作对自己的接受对象有一个全面而清醒的了解。

接着，毛泽东又具体地就接受者的状况进行了分类，他说："什么是人民大众呢？最广大的人民，占全人口百分之九十以上的人民，是工人、农民、士兵和城市小资产阶级。所以我们的文艺，第一是为工人的，这是领导革命的阶级。第二是为农民的，他们是革命中最广大最坚决的同盟军。第三是为武装起来了的工人农民即八路军、新四军和其他人民武装队伍的，这是革命战争的主力。第四是为城市小资产阶级劳动群众和知识分子的，他们也是革命的同盟者，他们是能够长期地和我们合作的。这四种人，就是中华民族的最大部分，就是最广大的人民群众。"（855—856页）

这样将接受者进行如此到位的分类与分析，充分地展现了毛泽东接受美学理论的科学性，为创作者的作品在接受者中获得最佳的接受效果，指出了一条极佳的途径。

其五，作者的作品，是否有读者，直接地关涉到作品的成败兴衰。在接受美学理论对于创作者，该如何更好地实现接受者的接受的问题上，毛泽东为创作者指引了一整套的方式方法，简括起来，主要有如下几个方面。

①先当学生，忠实代言。

一般地说来，作品要为最大多数的读者所接受，创作者必须是首先了解自己的接受

对象，只有了解了他们，才能知晓其期待视域，才能成为他们的忠实代言人，只有成为了他们的忠实代言人式的作品，创作成品才能成为他们所关心所喜读的作品，才能对他们产生"驾驭效力"。在这个问题上，毛泽东有其不少精到的论述，他富于逻辑地写道："一切革命的文学家艺术家只有联系群众，表现群众，把自己当作群众的代言人，他们的工作才有意义。只有代表群众才能教育群众，只有做群众的学生才能做群众的先生。如果把自己看作群众的主人，看作高居于'下等人'头上的贵族，那末，不管他们有多大的才能，也是群众所不需要的，他们的工作是没有前途的。……任何一种东西，必须能使人民群众得到真实的利益，才是好东西。"（第864－865页）

毛泽东从来不忘如何当好忠实代言人的问题。后来《在中国共产党全国宣传工作会议上的讲话》中，毛泽东又进一步告诫全党："当着自己写文章的时候，不要老是想着'我多么高明'，而要采取和读者处于完全平等的地位的态度。……你的架子摆得越大，人家越是不理你那一套，你的文章人家就越不爱看。"（第5卷第413页）

②深入生活，探寻源泉。

创作者要使自己的作品在接受者中具有某种"驾驭效力"，要能忠实成为他们的代言人，还必须要有创作的源泉，有了创作的源泉，才有创作的灵感。对于人们常提及的创作的源泉，毛泽东同样将其进行明确的分类，这就是"源"与"流"的分类。他反复强调的是："人民生活中本来存在着文学艺术原料的矿藏，这是自然形态的东西；是粗糙的东西，但也是最生动、最丰富、最基本的东西；在这点上说，它们使一切文学艺术相形见绌，它们是一切文学艺术的取之不尽、用之不竭的唯一的源泉。这是唯一的源泉，因为只能有这样的源泉，此外不能有第二个源泉。"（第860页）

在当时如火如荼的抗日战争中，毛泽东要求文艺工作者到抗日的现实生活中去。这正如他有一次在给鲁迅艺术学院的师生们的讲话中说的那样："你们'要下去，要到人民生活中去，走马看花，下马看花，起码是走马看花，下马看花更好'。'文艺是团结人民、教育人民、打击日本帝国主义的武器'，'你们要好好看书学习，还要学习民间的东西。''无产阶级的文艺工作者到革命斗争中去，同时学习人民群众的语言'。……'你们鲁艺是个小观园，……我们的女同志不要学林黛玉，只会哭。我们的女同志比林黛玉好多了，会唱歌，会演戏，将来要到前方打仗。抗日民主根据地就是大观园。你们的大观园在太行山、吕梁山'"（孙国林：《毛泽东与抗战文艺》，《延安大学学报·社会科学版》2005年第3期，第98－99页）。而对于前人和同代人的作品，毛泽东将其划分为"流"，并由此论及了对于这些"流"的接受问题。

③改造文风，有的放矢。

创作者必须痛下决心改正自己陈旧的创作手法和表现技巧的单调，"空话连篇，言之无物……真是'懒婆娘的裹脚，又臭又长'。……无的放矢，不看对象。……语言无味，像个瘪三"（第833—837页）等毛病，明确要求"'艺术作品要有内容，要适合时代的要求、大众的要求。作品好比饭菜一样，要既有营养，又有好的味道……文艺作品要注重营养，也要有好的内容，还要有动人的形象和情节，要贴近实际生活，否则人们也不爱看'。艺术工作者要'有远大的理想、丰富的生活经验、良好的艺术技巧'，'这三个条件缺少任何一个便不能成为伟大的艺术家'"（孙国林：《毛泽东与抗战文艺》，《延安大学学报·社会科学版》2005年第3期，第99页）。只有这样，方能"代之以新鲜活泼的、为中国老百姓所喜闻乐见的中国作风和中国气派"（第844页），创作者的作品就会符合接受者的"接受意识""期待视界"，其作品就会得到接受者的充分接受、受到接受者的充分肯定。

④顾及对象，普及提高。

毛泽东在其著作中，在其对于接受对象进行了分类，并对他们作了政治的社会的具体分析之后，运用了不少典故作比喻，谈到写文章、作演说，要顾及接受对象时说："要想到你究竟为什么人写东西，向什么人讲话。"（第843页），要"有的放矢"，要看对象，不能"无的放矢"，不能"对牛谈琴"，要"到什么山上唱什么歌"，要"看菜吃饭，量体裁衣"，不能"下笔千言，离题万里"，并号召人们"用为群众事业而奋斗的战士们的语言来和群众讲话，这些战士们的每一句话，每一个思想，都反映出千百万群众的思想和情绪"（第842页），要"把群众政治家的意见集中起来，加以提炼，再使之回到群众中去，为群众所接受，所实践"。（866页）

⑤期待视野，拓展有序。

就文学艺术的创作而言，一般地说来，文艺工作者多是就自己所掌握的材料进行创作加工成作品，这些作品，多是作者以自己的审美期待予以观照。如果这种审美观照与读者的审美需求彼此矛盾而不能在互动中统一，无法牵引读者。那么，这样的作品很可能失去读者而导致失败。如何去解决这些矛盾？这是困绕不少文艺工作者的一个头痛大问题。

如何破解这一问题？毛泽东以"曲高和寡"的事实，高屋建瓴地对接受对象作出了中肯的分析。指出对于接受对象的期待视野，要有序地拓展。在论及对于根据地广大革命群众的普及与提高时，毛泽东对于他们的接受问题，又提出分步接受的方式方法，指出，"对于他们，第一步还不是'锦上添花'，而是'雪中送炭'。"（第862页）并以"阳春白雪"和"下里巴人"两个典故为喻，形象而生动地谈普及与提高的关系问题时写道："就算你的是'阳春白雪'吧，这暂时既然是少数人享用的东西，群众还是在那里唱'下里巴人'，那末，你不去提高它，只顾骂人，那就怎么骂也是空的。现在是'阳春白雪'和'下里巴人'统一的问题，是提高和普及统一的问题。"（第865页）普及与提高，要顾及接受对象的需要与期待，"曲高和寡"的精要之旨妙然而出矣！

⑥古为今用，洋为中用。

在当今之世，广义地说来，任何一种不朽的文学艺术作品，它都有一个对古代、当代乃至国外诸多作品的接受、整合、熔铸、再度出新，成为富于作者个人特色和时代精神的作品。这就有一个文艺工作者对于古代文化和外国文化的接受和如何去接受的问题。在这两个重大而复杂的问题上，毛泽东以其最简练的语言高度地概括为两句话："古为今用""洋为中用"。

在"古为今用"的问题上，毛泽东在指出"只有农民和手工业工人是创造财富和创造文化的基本的阶级"，（第625页）是他们创造了中国灿烂的传统文化的同时，他又指出这些传统文化的复杂性，这就是其"精华"与"糟粕"并存，对待这些遗产，既要反对用民族虚无主义的办法去一律排斥，又要反对用封建复古主义全盘吸收。明确地提出了在批判地继承的基础上的"古为今用"。为此，毛泽东有过不少的经典性的论说。如他写道："中国长期的封建社会中，创造了灿烂的古代文化。清理古代文化的发展过程，剔除其封建性的糟粕，吸收其民主性的精华，是发展民族新文化提高民族自信心的必要条件；但是决不能无批判地兼收并蓄。……是给历史以一定的科学的地位，是尊重历史的辩证法的发展，而不是颂古非今，不是赞扬任何封建的毒素。对于人民群众和青年学生，主要地不是要引导他们向后看，而是要引导他们向前看。"（707—708页）毛泽东对于中国古代文化的接受运用的实事求是的分析，真不愧是指导人们正确对待和运用典籍的至理名言。

中华民族胸怀宽广，这是中华文化之所以博大精深重要原因之一，具体表现在它对待外来文化的吸收或曰接受或曰融会上，"中国人对外族异文化，常抱一种活泼广大的兴趣，常愿接受而消化之，把外面的新材料来营养自己的旧传统。中国人常抱著一个'天人合一'的大理想，觉得外面一切异样的新鲜的所见所值，都可融会协调，和凝为一。这是中国文化精神最主要的一个特性。"（钱穆：《中国文化史导论（弁言）》，商务印书馆1994年版，第205页）在如何对待外国文化的问题上，如果说钱穆明确地指出了中国文化对于外来文化极具包容性的话，那么毛泽东则对于外来文化则具有其系统论述和明确的方针政策。

首先是，明确地论说了为了中国革命和建设的需要，为了发展我国先进文化的需要，指出了学习外国文化的必要性和迫切性。

毛泽东这样说道："中国应该大量吸收外国的进步文化，作为自己文化食粮的原料，这种工作过去还做得不够。这不但是当前的社会主义和新民主主义文化，还有外国的古代文化，例如各资本主义国家启蒙时代的文化，凡属我们今天用得着的东西，都应该吸收。"（706—707页）

为什么学习外国文化显得如此迫切呢？毛泽东客观地指出："近代文化，外国比我们高，要承认这一点。……我们接受外国的长处，会使我们自己的东西有一个跃进。……中国的文化应该发展。外国的乐曲不会听，不会奏，是不好的。外国作品不翻译是错误的，像西太后反对'洋鬼子'是错误的。要向外国学习，学来创作中国的东西。……你们是学西洋的东西的，是'西医'，是宝贝，要重视你们，依靠你们。不要学西洋的东西的人办事，是不对的。要承认他们学的东西是进步的，要承认近代西洋前进了一步。不承认这一点，只说他们教条主义，不能服人。"（《毛泽东著作选读》（新编本），第751—753页）

其次是，强调了学习外国文化应具有广泛的内容。

毛泽东这样写道："我们的方针是，一切民族、一切国家的长处都要学，政治、经济、科学、技术、文学、艺术的一切真正的东西都要学"（毛泽东：《论十大关系》，《毛泽东选集》第5卷，第285页）。他还着重指出："外国的许多东西都要去学，而且要学好，大家也可以见见世面。……我们要熟悉外国的东西，读外国书。……要向外国学习科学的原理。……民族形式可以掺杂一些外国东西。……要把外国的好的东西都学到。比如学医，细菌学、生物化学、解剖学、病理学，这些都要学。……应该学外国的近代的东西，学了以后来研究中国的东西。……外国有用的东西，都要学到……中国的和外国的，两边都要学好。半瓶醋是不行的，要使两个半瓶醋变成两个一瓶醋。"（《毛泽东著作选读》（新编本），第746—752页）

第三是，在如何学习外国文化的态度上，指出既要反对盲目照搬的"全盘西化"，又要反对对外国文化的盲目排斥。

毛泽东十分肯定地指出："所谓'全盘西化'的主张，乃是一种错误的观点。"（707页）"艺术上'全盘西化'被接受的可能性很少"（《毛泽东著作选读》（新编本），第746页）。又指出："对于外国文化，排外主义的方针是错误的，应当尽量吸收进步的外国文化，以为发展中国新文化的借镜；盲目搬用的方针也是错误的，应当以中国人民的实际需要为基础，批判地吸收外国文化。"（1083页）

第四是，善于总结学习外国文化的经验，坚持批判地吸收，"洋为中用"。

毛泽东明确地指出："一切外国的东西，如同我们对于食物一样，必须经过自己的口腔咀嚼和胃肠运动，送进唾液胃液肠液，把它分解为精华和糟粕两部分，然后排泄其糟粕，吸收其精华，才能对我们的身体有益，决不能生吞活剥地毫无批判地吸收。……形式主义地吸收外国的东西，在中国过去是吃过大亏的"（707页）。对于学习外国文化，后来，毛泽东又深有体会地说道："必须有分析有批判地学，不能盲目地学，不能一切照抄，机械搬运。他们的短处、缺点，当然不要学。……过去我们一些人不清楚，人家的短处也去学。当学到以为了不起的时候，人家那里已经不要了，结果栽了个斤斗，像孙悟空一样，翻过来了。"（《毛泽东选集》第5卷，第285页）

在延安时期，毛泽东在其口头讲话中，当谈到如何继承中外一切优秀文化遗产时，不无风趣幽默而形象地归纳为："'古今中外法'，譬喻说：屁股坐在中国的现在，一手伸向古代，一手伸向外国"（邓绍基：《毛泽东与他的"古今中外法"》，《人民日报》1993年12月16日）。在1964年9月27日的《致陆定一》信中，毛泽东将如何接受古代文学艺术和外国文学艺术的问题，又作出了最为简练而精断的高度概括：这就是"古为今用，洋为中用"。

由上知之，毛泽东关于接受美学的一系列理论阐述，其论说时间是早于西方的，其论说视野开阔明晰，亦是远胜西方的，其论说之深度与广度，较之西方也是更为全面的。故笔者认为，毛泽东的接受美学理论，是中国传统接受美学理论的全面继承与创新，是中国接受美学理论的奠基，是当代中国文学艺术中值得珍视的一笔可贵的精神财富。这不是笔者对毛泽东接受美学理论的故意拔高，不少中国学者和西方学者亦均有公论。

如童庆炳认为："毫不夸张地说，毛泽东正是提出'接受美学'主要思想的第一人。"（童庆炳：《毛泽东与"读者意识"》，《华中师范大学学报·人文社会科学版》2005年第6期，第92页）游小波则说："从文艺创作与读者接受的联接点来把握文艺的审美价值，是毛泽东对马克思主义美学的一大贡献，大大丰富了美学思想宝库。……在美学史上，毛泽东最早自觉地把接受提高到价值主体的地位，并对其进行系统、科学的理论阐发。西方一些比较严肃、公正的学者都充分肯定了毛泽东这一贡献"（游小波：《试论毛泽东的审美价值观》，《福建师范大学学报》1992年第2期，第17页）。这正如"澳大利亚学者庞尼·麦克杜尔在《中外文学研究参考》1985年第6期上撰文评论毛泽东的文学观时曾着重指出，马克思主义文学理论对读者问题的注意是不多的，在西方的文学研究中，对读者问题兴趣的增长，也只是近20年来的事，而毛泽东却是第一个把读者问题提到文学创作的重要地位的人，关于这方面的论述，是他的《在延安文艺座谈会上的讲话》中最重要、最有创造性的论述，也高于现代西方马克思主义文艺理论家。"（黄琴：《雅俗共受教　千古留风骚——毛泽东联语赏析》，《青海师专学报》1986年第2期，第19页）

笔者所撰的这部《毛泽东妙用典故精粹》，就典故如何为接受者所接受的一系列问题的论述与实践，毛泽东都为我们树立了光辉的榜样。同时庞尼·麦克杜尔这一公正结论也就是本书论接受最为有力的佐证。如果我们能就毛泽东的用典理论与其接受美学理论再作深入的研究，我想，关于毛泽东的接受美学理论，也许将会有更新的收获。

19. 从先贤和毛泽东大量地妙用典故所承传的中国传统文化精华的独特传播现象和惊人的传播效果，看建立毛泽东典故学之必要

在探讨这个论题之前，笔者拟引用解放军总政文化部前部长、现任中国作家协会副

主席的徐怀中先生的一段话，以让读者了解中国典故之承传原因和运用效果以及传播之魅力所在，这对人们理解这一论题，我想是不无意义的。徐怀中先生说他曾接待过一位来访的捷克艺术家，当他们的谈话涉及中国的成语典故时，徐先生写道：

这位捷克朋友最初听到成语典故，简直难以置信，为什么短短几个字的发音，竟然包含那样丰富的内容，以至让翻译花费了许多口舌，也只是译出一个大意。他在叹服之余，要翻译为他抄录了许多成语典故，一一背诵下来。据说在某些外国语种中，也有类似的成语典故，但不像汉语中使用这样通常，也完全比不上我们的成语典故如此高度凝炼和精妙。中国方块字实在是得天独厚，有许多方面的优越性，自如地运用成语典故，便是其中一个重要方面。汉字至今仍保留了它的根基——象形性。这种以形表意的方块字，当之无愧是世界上最为简约最为明确的文字。方块字作为形、音、义的统一体，主要采取单音词为基础，一字对应一音，一个字词对应一义，具有灵活的的层层组合构词和发展词汇的功能。较之以音表意的印欧语系文字，它含有更加浓缩的大信息量和深刻的历史内涵。所以语言学家们说，汉字具有"多维编码"性质。加之汉字的词序十分严格，借助于千变万化而又在法度之中的特定词序，可以准确表达出种种复杂含意和极其微妙的情感。这就为运用成语典故创造了最理想的条件，这是西方语言文字望尘莫及的。现在，国内外出现了汉字"重新发现"热。一位英国学者预言，汉语将成为声控计算机第一语言，他相信，总有一天全世界的人们将必修汉语。随着汉字汉语将在更大范围内发挥其优越性的下一个世纪的到来，中国成语典故的深厚意蕴和艺术魅力，也必将为更多的人们所认识（郝在朝：《邯郸成语典故集·徐怀中序》，中华工商联合出版社1997年版，首页）。此段"序语"，实则解说了中国典故具有极强的传播生命力的原因之所在。

本书在前面已经论述了用典的历史源远流长，自先秦以降及至唐宋元明清尔后历朝历代，用典大家不断涌现出来，他们借助妙用典故，撰写出了摇曳多姿、熠熠生辉的不朽篇章，以其惊人的用典艺术效果，熏陶着、启迪着一代又一代的炎黄子孙。

先贤们早在《诗经》《周易》《尚书》《庄子》《孟子》《左传》《史记》《汉书》等典籍中用典已经习以为常。

刘勰、魏庆之、陈绎曾、高崎等，对于用典已进行了必要的理论总结。

李白、杜甫、韩愈、李商隐、苏轼、黄庭坚等诗词大家，更是将典故妙用得出神入化。

小说家、小说评点家们同样是用典与传播典故文化的大家，这更值得细赋一笔。

如：罗贯中的《三国演义》首回词曰：

滚滚长江东逝水，浪花淘尽英雄。是非成败转头空：青山依旧在，几度夕阳红。白发渔樵江渚上，惯看秋月春风。一壶浊酒喜相逢：古今多少事，都付谈笑中。

这一首词，以其雄浑的气势，洒脱的豪情，尽纳杜甫《登高》中"不尽长江滚滚来"之诗意和苏轼《念奴娇》中"大江东去，浪淘尽、千古风流人物"的词意，读罢《三国演义》全篇，回味这首词中的妙句，对其与全书的内容相得益彰的扣合之妙及其奇特的传播效应，不禁令人慨叹不已。

从传播学的角度来看，这首词对于杜甫诗和苏轼词的传播，并非首次来自《三国演义》，据我国著名学者张璋所考，此词出自明代大文学家杨慎在其《历代史略词话》中所创作的《临江仙》，是清代康熙年间被毛宗岗、杭永年引入《三国演义》的，这种引入或曰用典，就是对杨慎词的一次极妙的传播。对于毛、杭二位评点家用典手法之高妙和对杜诗、苏词、杨词传播效果之奇特，张璋先生不无感慨地说道：

《三国演义》在我国文学史上，是一部首开局面的长篇历史小说。经过罗贯中、毛宗岗等人的整编、修订、评说，久传于世，长盛不衰，真可谓"人间一大奇书"也。而其奇特之效应，是与诗词的引用分不开的。往往在人物的描绘、气氛的烘托及结构的起落转换等方面，运用诗词，加以点缀，已收到绝妙的效果。而这首《临江仙》开场，对于《三国演义》来说，犹如锦上添花、画龙点睛耳！此一移花接木之功，应归于清代著名评论家毛宗岗。（吴直雄：《毛泽东妙用诗词》，第347页）

张璋先生对于毛宗岗用典之巧、影响之大、传播效果之奇的评说，可谓有一语中的，揭示真谛，尽中肯綮之妙！

小说家曹雪芹在其《红楼梦》中的用典，又是别具特色。仅就其诗词对唐诗的用典而言，就有对李贺等人诗的诠释与阐发，有对蔡京等人诗的借鉴与运用，有对白居易等人诗的继承与创新，有对王梵志诗的集用，有对宋之问诗的化用，有对李商隐、岑参、张籍、韩偓、李远、顾况、许浑、杜甫、高适、皇甫冉、王维、王昌龄、杜牧、齐已、崔颢、李贺、卢纶、李颀、郑谷、刘禹锡、李白、高蟾、六祖慧能、袁郊、韦庄、罗隐、李群玉、王勃、韩愈、温飞卿、张祜、刘希夷、张若虚、崔涂、王涣、江妃、李绅、刘长卿、李邕、张演等诗人诗作的袭用、点化、提炼与升华，从而获得了异乎寻常的将唐诗化入曹雪芹作品的用典传播效应。（参见朱盛桂：《惊世骇俗〈红楼梦〉 千丝万缕唐诗情——试论〈红楼梦〉对唐诗的运用》，《南昌大学学报·人文社会科学版》2005年第6期，第123－130页）

朱盛桂先生在其文章的结尾这样写道：

除了上述，还有单句模仿唐诗样式的，有寓意借鉴唐诗意象的……限于篇幅，不再多赘。总而言之，唐诗是中国诗史上的一座丰碑，探讨和疏理《红楼梦》文本中的唐诗"情韵"，这对于理解《红楼梦》为何200多年来魅力无穷，并能成为一门文学研究中的显学——"红学"、乃至"曹学"，当是有所启迪、有所裨益的。

张浩逊先生则在《苏州大学学报·哲学社会科学版》2006年第2期上发表《〈红楼

梦〉与唐诗》，指出：《红楼梦》与唐诗的关系密切。它表现在对唐诗佳句的引用、化用；书名、人名的命名；故事细节的移植；小说中的诗词受唐诗影响；书中人物对唐诗的高度评价……

朱盛桂先生此语和张浩逊先生的综论。从用典与传播的视角来看，可谓切中了用典中对于名人文化的不断提炼、时常翻新、在创新中积累、在积累中不断传播，并由此产生文化传播增值效应之妙谛所在。

清初重要诗人吴伟业，字梅村，其作品风华绮丽，激荡苍凉，不少名篇曾传诵一时。其诗之所以如此受到世人青睐，与其用典亦不无关系，有黎城靳荣藩字介人者，"以十年之功，为之笺释，几于字栉句梳，无一字无来历。"（清人赵翼：《瓯北诗话·吴梅村诗》）

在发掘前贤对于先贤诗的用典式传播中，高琦先生扎扎实实地做了一件很有意义的工作。他写道："《牡丹亭》的文学语言确有独到之处，其间大量化用古典诗词，特别是下场诗采用了'集唐'句来吻合人物剧情，达到诗与意会，言随意转，余音回荡，扣人心弦的境界，增强了剧作的艺术感染力，使《牡丹亭》成为一朵艺术奇葩。"他经过精心的研讨，发现"《牡丹亭》剧作共有'集唐'诗近300句，涉及唐代诗人120多人"。还"特将读本中下场诗'集唐'句逐条查对，订正补校，标注出处，列出原诗，为'汤学'研究者和唐诗爱好者提供一份原始资料"（高琦：《〈牡丹亭〉读本的缺憾与完善——徐朔方笺校本下场诗'集唐'句标注订校之一》，《东华理工学院学报·社会科学版》2004年第2期第13页）。高琦先生"完善"的意义，还在于揭示了汤显祖的《牡丹亭》通过用唐诗典传播唐诗所作出的有益贡献。

上述之类的例子，是举不胜举的。先贤们竭心尽力将前人（多为名家的精品）之典，经过自己的不断加工"锻铸"，广泛地用于自己的诗文之中，这是中国用典文化对于中国优秀传统文化的一种绝妙的传播传统。

从本书所论，我们可以清楚地看到，毛泽东不仅继承了这一传统，而且是这一优秀传播传统的集大成者。

之所以这样说，是因为他不仅在理论上对中国典籍（当然包括典故）的评价、运用等有系统的指导性论述，而且在诗文创作中的用典实践中，手法灵活妙无比，效果惊人属空前。他均能将先贤的精品借助用典，使这一优秀的传播传统发扬光大之。

因而，如果从传播学的角度入手，研究用典和用典文化的传播现象，不能不说是我们尚待深入的重要课题之一。从这个角度出发，笔者以为，建立毛泽东典故学实属必要。

综览上文所述，试看古今用典。笔者以为，毛泽东是一位屹立于中华5000年文化典籍之上娴于用典的顶尖高手，毛泽东的用典，不论是从其用典的系统理论上看，还是从其用典之数量上看，或是从其用典手法上看，或是从其用典之思想风格与艺术特色上

看，或是从其用典的承传与传播范围上看，也不论是从与用典先贤们的纵向比较上看，还是从横向比较看，抑或是从平行比较乃至其影响力的比较上来看，毛泽东堪称古往今来用典之"垂范"。

所谓"垂范"，亦即毛泽东的用典，多为"垂范"精彩之笔，是人们学习如何妙用典故的"金针度人"的最好选本和资政育人的好教材；毛泽东之用典，是毛泽东思想的一个重要内容，是中华民族文化精华的展现，是增强中华民族文化凝聚力的典范；毛泽东用典之法以及其用典的思想风格与艺术特色，当可为今人和后人"垂范"之师，是叩开浩瀚典籍大门、让典籍为大众服务的金钥匙；毛泽东所用之典，在中国用典的历史上，将是一块永远闪灼着霞光异彩的"垂范"后人的里程碑。

毛泽东的用典有其丰富的智慧，有其动人的故事，有其社会革命斗争的方方面面的闪光新意，其所用之典，是镶嵌在瑰宝上永不褪色的耀眼明珠。"毛泽东是特定历史环境中民族精神中民族精神的人格化身，他是'民族大我'与'个体小我'的有机结合，也是典籍文化与民族文化的有机契合点。"（桑维军：《毛泽东热的形成及其理性思考》，《社科纵横》1992年5期，第16页）

中国的典故，不论是从其定义、内容上看，还是从创作手法和修辞手法等角度上看，它最富中国典籍文化与民族文化的特色，因而研究毛泽东所用典故，是我们弘扬与传播中华传统文化、研究毛泽东、研究中国典籍文化与民族文化的一个重要途径和契合点；对毛泽东思想的形成与传播，对毛泽东思想的中国特色、民族风格、民族气魄的形成的理解，对毛泽东的知识结构和才能气质的形成，对其思维方式与论说方法的形成，都有不可忽略的作用。毛泽东的用典决非属于过去，它不仅拥有辉煌的今天，更拥有其流泽遗芳的灿烂明天！因此，建立毛泽东典故学，实有必要，实属毛泽东研究中的一个重要课题。

俗云："观今宜鉴古，无古不成今。"只有"承上"，才能"启下"，只有"继往"，才能"开来"；关注用典，就是关注现实，用于当今，必将传播后世。

这正如毛泽东所说："往事可追，文学遗产像我们祖先的血统一样，留给了我们。现在的许多珍品来自过去。维护传统并非保留冷却了的灰烬，而是保留火种，加以发展，取得活力。旧与新……它们不仅相邻，而且彼此相联，这是一种相互渗透的活的联系过程。……在当今的中国报刊文章中，来自古书中的引文、格言、警句以及从古代哲理散文中摘录的文言语录比比皆是。它们是今天文章中不可分割的部分，有助于当代作家更准确、生动、形象地表达思想。否则，中国的语言就贫乏、刻板、没有文采。……'求新并非弃旧，要吸取旧事物中经过考验的积极的东西'"（［俄］费德林：《费德林回忆录：我所接触的中苏领导人》，新华出版社1995年版，第27—28页）。这一段精美的语言，实际上也是对用典与承传、用典与传播的精心精彩精深的阐释！

有5000年中华文明的中华文化，经过考验的积极的东西可谓琳琅满目，堪称世界之最，为世界有识之士所珍视、所推崇、所敬仰。早在1988年元旦之后，全世界获得诺贝尔奖的人士，云集于西方文明的都会——巴黎，发表了一份庄严的宣言。宣言说：

人类如果要在21世纪生存下去，就必须回归到2500年前去汲取孔子的智慧。"孔子的智慧"是什么？是历史悠久的中华文化和中华文明的象征，是人类的光荣与骄傲。而这些诺贝尔奖获得者，又是人类杰出的头颅，是人类优秀的儿女。他们对于中华文化的评估、呼吁、向往和追求，反映了世界发展的趋势和走向。（参见陈玉书：《百年香港与中华文化》，《人民政协报》1995年9月30日，第3版）

据2003年4月23日《中华读书报》15版载：

最近，经传统文化爱好者胡祖尧多方查实，证明物理学诺贝尔奖获得者阿尔文博士在1988年1月的诺贝尔奖获得者巴黎集会的发言"人类要生存下去，就必须回到25个世纪以前，去汲取孔子的智慧"确有其事。

孔子智慧诚堪夸，但它也只能是中华典故文化智慧中的一部分而已。放眼中国典故之阈，中国典故当以恒河沙计，而对于典故之定义、典故的分类、典故形成、用典手法、用典特色、典故与文本阐释关系问题、典故的解读问题、典故的古今状况、典故与成语（与俗语、谚语、歇后语等）的关系、典故的原义与派生义、用典与"抄袭""剽窃"、用典与接受、用典与传播，乃至是否要用典等成堆复杂的问题均待不断深入研究，急待形成一专门的学问。我想，笔者的《毛泽东妙用典故精粹》，当为建立毛泽东典故学起步，当为中国典故学的建立试步。

八　凸显特色巧编排　一书数用可兼得
——《毛泽东妙用典故精粹》的撰写与编排体例

本书写到这里，既是A卷的结尾，又是B卷C卷的开篇。因B卷C卷的体例与A卷略有所别，故须在这里略谈本书的撰写与编排体例问题，以便在使A、B、C三卷的写法进行有效衔接的同时，又要做到"三好"，即好读、好查、好用，这就需要读者对笔者书稿的撰写与编排体例有一个总体的把握。

一般说来，一部书稿的编排体例，只须在书的扉页列出一、二、三、四……几点说明即可。然本书有其独特性，牵涉的问题远比一般书稿要多，故有系统说明的必要。

诚如前述，据有关学者初略统计，毛泽东自1912年到1976年间，撰写并发表9000余篇文章。笔者今以《毛泽东妙用典故精粹》中的B卷C卷中所用典故为例，这两大卷中，共有四百多篇文章、约于三千多处涉及典故与相关的典形、典例约达近万条之多。如果

将毛泽东这9000余篇文章中所用的典故和所涉及相关典形典例——厘清，则是一个巨额的数字。邢福义先生有云：

前人研究典故的著作，如林如云，成绩斐然。我们要以此为起点，在典故研究中辟出新径，掘出新意，关键在于认识和把握好典故的双重符号性质——这是一个十分重要而前人又未充分注意的问题，然后或从符号学的角度，或从语用学的角度，或从解释学的角度，或从接受美学的角度，进行多侧面的描写、分析和开掘。在这一意义上，本文只算是提出了一个新问题，拟定了一个新的视角。真正深入的研究，还有待于他日他人。（邢福义：《毛泽东著作语言论析》，湖北教育出版社1993年版，第483页）

本书最后定名为《毛泽东妙用典故精粹》（原名为《中国典故研究——主要以毛泽东的经典诗文妙用典故为例》，后又拟名为《毛泽东妙用典故》），这就决定了下列几大研究任务：

第一，必须是在考辩清楚什么是典故的大前提下，确立取典的基本标准，再从毛泽东的诗词、楹联、经典论著等著述中取典，去进行必要的品评、比较和分析，多角度、多方位地对毛泽东妙用典故进行比较深入的研究。从中去阐发自己的学术见解，以使《毛泽东妙用典故精粹》成为一部特色独具的专门性的学术著作；

第二，因为毛泽东妙用典故的本身，具有量大、灵活、融铸、继承、创新、传播等方方面面特点。毛泽东如何在其诗文中妙用典故？将其撰成一书，其本身就是一部引导人们如何运用典故的专门性典故辞典；

第三，要剖析毛泽东用典为何是妙用，即用得好，用得活，就必须从符号学、语用学、解释学、接受美学等多种角度对毛泽东著作中的典故进行分析探讨。从而将毛泽东著作中的用典的独特手法、独特的思想风格与艺术特色揭示出来，展现在读者的眼前。

书稿的内容与读者的需求，决定了书稿编排的形式与体例，而编排的形式与体例，是书稿的有机组成部分，更应该强化书稿内容的表述、显现书稿独特的文化含量与品位、有利读者的阅读、方便读者的查寻需求。

上述这些关系是辩证的、"互动"的，它同时又决定书稿的存亡与兴衰。因此，笔者要圆满地完成上述三大任务，在保障书稿内容能为广大读者、研究者所关注、有兴趣、能充分运用之外，还必须在写作体例上反复思考、妙作安排，以兼顾不同层次、不同要求的读者、研究者的翻检之需。

鉴于上述，故笔者拟用下列写作方式和编排方式。

（一）缘起出处重简明　赏析探妙在求真
——《毛泽东妙用典故精粹》的撰写与编排体例之一

一般说来，要对毛泽东所运用的典故进行研究，首先必须按照典故的定义，找到所要进行研究的毛泽东相关著作中所用之典故，然后就这一典故，指明其最为原始的出处，再进行简要的阐述与必要的注释，再在此基础上进行分析探妙，指出其用典的精妙真谛之所在。但这只是一种通常的写法。这种写法有下列两大不可避免的毛病。

一是毛泽东的每篇用典诗文，都有其由来，有其当时的社会历史背景，即笔者在书稿中用以表述这种由来和历史背景的"用典缘起"。这个"用典缘起"，它不是孤立于著作之外而独立存在的，人们为了引出对毛泽东所用之典故进行分析，这里往往会有不少的文字叙述，但这个"用典缘起"又是不可或缺的。正如毛泽东所说："读诗词时，要了解诗人当时的身份、地位，写诗的历史背景，从文字的表面看它所指的含义，不了解诗人的本意，也就不晓得诗的价值，那还有什么意思呢"（刘汉民：《毛泽东诗话词话书话集观》，长江文艺出版社2002年版，第294页）。对于诗文的品评、探妙，又何尝不是如此呢？这样一来，就会无形中增加书稿的篇幅。

二是在找出典故之后，在指出其原始出处的同时，通常是要进行必要的注释与说明，这样往往也会出现大量的篇幅。这对于出版者和读者来说，都将是一个负担，具体地说，就是会增加出版成本和购书费用，以及过多地占用读者阅读的时间。

该如何避免这两大毛病而又使本书具有多重功能呢？

1. 改进编排的体例，写法力图有创新

本书要避免上述问题，必须在编写体例上、写作方法上有所突破和创新。为此，笔者拟"宏观"地用一个能扣住该诗（文）题旨的七字对偶句为一提玄钩要的总题，以一个能直接切入该诗（文）中心内容的句子为副题。借以揭示本篇诗文所要探讨的典故的中心内容，给读者对于所要探讨的该篇诗文中的典故内涵和作用有一个总体的印象。接着是"微观"地在具体的"用典缘起""典故内容""用典探妙"三组内容里，对于毛泽东用了典故的该诗文所要探讨的问题，则既"分工"十分明确而又互相关联，以便于借助它们之间的这种关联，从而使读者明了所要探讨的该篇诗文中的典意之所在。只有这样，才有可能充分地做到对该典故不必作出解释说明而节省文字，才有可能让读者既完全知晓该典故的典意和所用之妙，才有可能更好地为读者阅读与查寻提供方便。因为：

在"用典缘起"四字之后，——概括用典诗文的简要内容，尽快引出所要探讨的该篇诗文之要义，避免了对于全文的引用，得以节省篇幅。

在"典故内容"四字之后，——将该书中所用之典的原始出处的典例、流变过程中

的典形、典例一一列举，通过这些典例的列举，笔者一般不必用或尽可能地少用文字解说，读者就可知其典源、典形、懂其典意、洞悉其演变经过，以便加深对该诗文或该诗文句的理解，使读者熟悉该诗文或诗文句的典故和词语的分离与组合情况，有利于他们对这一诗文或这一诗文句的继续研究。由此带来了资料的原始性与广泛性，从而扎下本书学术价值的根基，展现出历代用典者用典的高超技巧，使本书具有学习和传播典故文化多重功能的辞书效应。苏联女诗人安娜·阿赫玛托娃在《没有主人公的叙事诗》中，形象地表达了各个时代之间那种微妙的相传承的辩证关系的诗句云："过去孕育着未来的嫩芽，未来闪烁着过去的余辉。"王蒙在谈过去、现在和未来三者的辩证关系时说："所有的现在对于过去都是未来，对于未来都是过去；所有的过去对于更远的过去都曾是未来，对于当时，它又是现在，对于现在它又是过去；所有的未来对过去，它是很远的未来，对于更远的未来，它又是过去"（王蒙：《〈红楼梦〉与现代文论》，《上海大学学报·社会科学版》2007年第2期，第5页）。笔者借用他们那富于哲理的诗意语言，表述典故之"源"与其"流"、"流"与其"变"之间的承传关系云："典源之例蕴含着旧时的风云文采，旧时风云文采熔铸了当下新形的形貌形态不一的典例。"

这样一种辩证关系，毛泽东在论中国的象形文字时，有其更为富于哲理的艺术表达："象形文字的路从明天通向昨天，而给予今天的，则是过去的明天"（[俄]费德林著，《我所接触的中苏领导人》，周爱琦译，新华出版社1995年版，第27页）。在典源与典例及其典源流变之例之间，同样存在这种辩证的哲理关系。故而，借助这些典故的典源和典形之例，我们则会同时从中获取如下好处：

一可感受到各个时代运用此典的其时的新意与风格。

二可更加有利于加深对典源、典形和毛泽东所用之典的深入理解。

三可知晓毛泽东所用该典，在其历史进程中的典意扩缩变化之况与情感色彩之变，以及典意不时出新之状。

四可尽情地欣赏这些典例之文采。因为运用这些典故之典例，绝大多数均是其时其地的用典高手所创作的精妙精彩之句，是典故语言妙用之范例。这些范例，时常蕴涵着当时社会经济与文化之状况，读者体味其丰富的文化含量和领悟其中的文化信息，实可陶冶情操、增长知识。

五可印证与诠释毛泽东用典之主旨，辅助性地论说了其选典之要旨，从而可加深理解与领会毛泽东所运用该典的精妙精深之所在。

2. 抓住妙用之关键，凸显用典精彩笔

毛泽东在诗文中所用之典，据其文意与典意，多见其形象生动、精彩风趣、底蕴无穷，有的用典之句，虽说片言只语，往往是"吉光留片羽，芳泽惠人间"，大有"一语为重百金轻"之妙。而毛泽东的用典诗文，有的用典达数十余处，如果面面俱到，反而

难见重点。为此，本书在用典探妙一节中，多是选取其中用典的精彩之笔品味、探讨、分析之。或是在"典故内容"中某些特别的典例后"点评"一笔。或是综合用典显著特点概括之。

在"用典探妙"四字之后，——其内容是全篇之重要组成部分。它重在展示毛泽东在该文中用典最为精彩妙笔。现选择下面一例说明之。

73.神州时时彩云在　大地处处换新天

——毛泽东在《七律·洪都》中所用典故探妙

用典缘起：

1965年12月24日，毛泽东来到南昌，住在赣江边的一座宾馆，写下了《七律·洪都》。其诗云："到得洪都又一年，祖生击楫至今传。闻鸡久听南天雨，立马曾挥北地鞭。鬓雪飞来成废料，彩云长在有新天。年年后浪推前浪，江草江花处处鲜。"在这首诗中用了下列典故。

典故内容：

祖生击楫至今传。祖生击楫，亦即"祖逖之誓""中流击楫""击楫中流""击中流楫"。——典出《晋书·祖逖传》。该传中有云：晋元帝时"藩王争权，自相诛灭，遂使戎狄乘隙，毒流中原。……帝乃以逖为奋威将军、豫州刺史，（逖）仍将本流徙部曲百余家渡江，中流击楫而誓曰：'祖逖不能清中原而复济者，有如大江！'辞色壮烈，众皆慨叹。"又见，宋人张榘《安庆模·和孙霁》词："中流击楫酬初志，此去君王高枕，应暗者，使万里尘清，谁逊周公谨。"又见，清人陈确《与吴裒仲书》："忆壬辰春与仲木令兄选择往返钱塘，两人中流击楫，莫肯以千秋让人。"又见，宋人范成大《次韵袁起岩提刑游金、焦二山二首（其一）》："别有英雄怀古意，他年击楫誓中流。"又见，宋人刘过《上金陵章侍郎二首（其一）》："半面旌旗佳丽地，十州鼓角郁葱边。便当击楫中流誓，莫使鞭为祖逖先。"又见，宋人张孝祥《水调歌头·闻采石战胜》："我欲乘风去，击楫誓中流。"又见，宋人李好古《江城子》词："馘名王，扫沙场，击楫中流，曾记泪沾裳。"又见，明人王世贞《鸣凤记·夏公命将》："击楫中流志莫移，恢土宇复整华夷。"又见，清人孔尚任《桃花扇》第18回："长江不限天南北，击楫中流看誓师。"又见，宋人赵善括《醉蓬莱·辛卯生日二首（其二）》："有志澄清，誓击中流楫。谈笑封侯，雍容谋国，看掀天功业。"

闻鸡久听南天雨。闻鸡，亦即"闻鸡舞""闻鸡起舞""鸡鸣起舞""起舞闻鸡""舞剑闻鸡"。——典出《晋书·祖逖传》："与司空刘琨俱为司州主簿，情好绸缪，共被同寝，中夜闻荒鸡鸣，蹴琨觉曰：'此非恶声也。'因起舞。"又见，宋人柴望《送马太初之越》："明日不知群上马，中宵谁与共闻鸡。"又见，明人蓝智《秋夕怀王长文》："揽衣谁念闻鸡舞，拔剑终期汗马功。"又见，《旧唐书·韩滉

传》：“今见播逐，恐失人心，人心一摇，则有闻鸡起舞者矣。”又见，宋人松洲《念奴娇·题中山楼》：“击楫誓清，闻鸡起舞，毕竟英雄得。”又见，金·元好问《木兰花慢六首（其四）》：“故家人物，慨中宵、拊枕忆同游。不用闻鸡起舞，且须乘月登楼。”又见，明人张昱《看剑亭为曹将军赋》诗云：“闻鸡起舞非今日，对酒闲看忆往年。”又见，明人沈德符《万历野获编补遗·祝唐二赋》：“欢娱嫌夜短，惟求却日挥戈；寂寞恨更长，那计闻鸡起舞。”又见，清人孙雨林《皖江血·兴学》：“闻鸡起舞心还壮，造时势，先鞭不让。”又见，清人蒲松龄《夜坐悲歌》：“半夜闻鸡欲起舞，把酒问天天不语。”又见，清人谭嗣同《和仙槎除夕感怀》：“有约闻鸡同起舞，灯前转恨漏声迟。”又见，清人西周生《醒世姻缘》第7回：“今当边报猝闻，羽书旁午，……闻鸡起舞，灭此朝食，正当其会。”又见，宋人范成大《送同年万元亨知阶州三首（其二）》：“古来百战功名地，正是鸡鸣起舞时。”又见，宋人张元干《卜算子四首（其三）》：“万古只青天，多事悲人境。起舞闻鸡酒未醒，潮落秋江冷。”又见，清人康有为《明夷阁与梁铁君饮酒语旧事竟夕》：“冷吟狂醉到天明，舞剑闻鸡意气横。”听雨。——典出《诗经·郑风·风雨》：“风雨如晦，鸡鸣不已。”又见，唐人李商隐《宿骆氏亭寄怀崔雍崔衮》：“秋阴不散霜飞晚，留得枯荷听雨声。”又见，唐人李端《听夜雨寄卢纶》：“暮雨萧条过凤城，霏霏飒飒重还轻。闻居此夜东林宿，听得池荷多少声！”又见，宋人陆游《临安春雨初霁》诗中有：“小楼一夜听春雨，深巷明朝卖杏花。”又见，其《十一月四日风雨大作》：“夜阑卧听风吹雨，铁马冰河入梦来。”又见，宋人蒋捷《虞美人·听雨》：“少年听雨歌楼上，红烛昏罗帐。壮年听雨客舟中，江阔云低断，雁叫西风。　而今听雨僧庐下，鬓已星星也。悲欢离合总无情，一任阶前点滴到天明。”

立马曾挥北地鞭。有暗用“著先鞭”“先吾着鞭”“先我着鞭”“先着鞭”“祖生鞭”“先鞭”“着鞭”之意。立马。——典出唐人杜甫《严公枉驾草堂诗》：“竹里行厨洗玉盘，花边立马簇金鞭。”又见，南宋人崔与之《水调歌头·题剑阁》：“万里云间戍，立马剑门关。”又见，金·完颜亮《吴山诗》：“移兵百万西湖上，立马吴山第一峰。”又见，明人周清源《西湖二集》第2卷：“万里车书合会同，江南岂有别疆封？提兵百万西湖上，立马吴山第一峰。”又见，清人严遂成《三垂冈》：“英雄立马起沙陀，奈此朱梁跋扈何！”“著先鞭”等典。——典出《晋书·刘琨传》：“（琨）与范阳祖逖为友，闻逖被用，与亲故书曰：‘吾枕戈待旦，志枭逆虏，常恐祖生先吾着鞭。’”又见，清人曾朴《孽海花》第18回：“我国若不先自下手，自办银行，自筑铁路，必被外人先我着鞭，倒是心腹大患哩！”又见，南朝梁人阮孝绪《七录序》：“（刘）杳有志积久，未获操笔，闻余已先着鞭，欣然会意，凡所钞集，尽以相与；广其闻见，实有力焉。”又见，唐人李白《赠宣城宇文太守兼呈崔常侍御》：“多逢剿绝儿，先著祖生鞭。"又见，宋人朱熹《送张彦辅赴阙》："一朝决策向中原，著鞭宁许他人先？"又见，宋人范成大《画工李友直为余作冰天桂海二图……戏题》："许国无功浪着鞭，天教饮识汉山川。"又见，宋人楼钥《叔韶弟上连桂堂榜会群从》："须信后生尤可畏，要当争着祖生鞭。"又见，《三国演义》第60回："大丈夫处世，当努力建功立业，着鞭在先。"

彩云长在有新天。——典出明人冯梦龙《喻世明言》卷29："窗外日光弹指过，席前花影座间移。……世间好物不坚牢，彩云易散琉璃脆。"又见，《红楼梦》第5回："霁月难逢，彩云易散。心比天高，身为下贱。风流灵巧招人怨。寿天多因毁谤生，多情公子空牵念。"上述诸句，均是叹好景不长、寿年不永、前途堪伤！显然，毛泽东的"彩云长在有新天"是反其意而用之。

年年后浪推前浪。亦即"年年后浪催前浪"的变化而用。——典出唐人刘禹锡《浪淘沙（其九）》："流水淘沙不暂停，前波未灭后波生。"又见，刘禹锡《乐天见示伤微之、敦诗、晦叔三君子，皆有深分，因成是诗以寄》："芳林新叶催陈叶，流水前波让后波。"又见，宋人刘斧《青琐高议·孙氏记》："（周默为柬别孙氏曰）我闻古人之诗曰：长江后浪催前浪，浮世新人换旧人。"又见，宋人释文珦《过苕溪》："只看后浪催前浪，当悟新人换旧人。"又见，元人关汉卿《单刀会》第2折："俺哥哥称孤道寡世无双，我关某疋马单刀镇荆襄，长江，今经几战场，却正是后浪催前浪。"又见，明人张錬《双溪乐府·正宫端正好·贺对山舅得逸子》："小孙儿又觉安详，看家声后浪催前浪。"又见，《永乐大典·张协状元》："长江后浪推前浪，一替新人趱旧人。"又见，清人周希陶《重订增广》："江中后浪催前浪，世上新人赶旧人。"元人王子一《误入桃源》："水啊，抵多少长江后浪推前浪；花啊，早则一片西一片东，岁月匆匆。"

江草江花处处鲜。——典出唐人杜甫《哀江头》："人生有情泪沾臆，江水江花岂终极？"又见，唐人元稹《江花落》："江花何处最肠断，半落江流半在空。"又见，杜甫《愁》："江草日日唤愁生，巫峡冷冷非世情。"

用典探妙：

毛泽东的这一首诗的最大特色之一是：借助对典故的改用、变用、暗用、缩用、反用、创用以概述往事，以叙写情怀，借助对这些改造了的典故的运用，将全诗要"不顾年迈""闯新路"的主题思想凸显出来。

毛泽东在这8句诗中计用了8个典故，所涉及与典故相关的诗文达数十处之多。借助这些典故的妙用，表现了毛泽东虽到晚年，仍不改其"梅花精神鲲鹏志"，要"挑战年迈力探索"，要继续闯出一条社会主义革命和社会主义建设的崭新之路。

毛泽东情系江西这一块红色的土地。由"到得洪都又一年"这飞逝而去的时间，生

发出了无限的感慨。这么一句诗，隐含着毛泽东自1921年至1934年间，在江西开创中国革命的第一块红色根据地，所经历的无数次的血与火的生死考验与战斗回忆。到此，毛泽东神思妙想，由今及古、由近及远，进而由我党的艰苦创业，联想到曾为豫州刺史、有志杀敌报国的东晋名将祖逖，发出了"祖生击楫至今传"的由衷赞叹！在这里，毛泽东不是搬用"中流击楫"这一典故，而是将"中流击楫"改成"祖生击楫"，这一典故的改用，有使典故表意显得更为通俗易懂、直截了当、自创新的典形之妙！同时亦为下面两个典故即"闻鸡起舞""先吾着鞭"的妙用起到了铺垫作用，可谓有典典相扣之妙。

毛泽东紧扣自己从史料中概括新的典形"祖生击楫"，并由此及彼地联想到祖逖的好友刘琨共同立志为国效力、相互勉励、闻鸡起舞、深恐"祖鞭先著"的故事。写出了"久听南天雨"释抒悲愁意绪与"曾挥北地鞭"那样一种"创业艰难百战多"非凡壮举。在这里，毛泽东出于诗句精练的需要，采用了缩用与暗用相结合的用典之法。"闻鸡起舞"一典，他只是截用（亦即是缩用）了"闻鸡"二字，读者一看"闻鸡"，一般均可知晓乃是"闻鸡起舞"的截缩而用，而"著吾先鞭"一典，则用得"隐蔽"，有暗用之妙。为了战胜国民党反动派，为了赶走日本帝国主义，以毛泽东为首的党中央带领着中华民族的优秀儿女们挥鞭北上，以唯恐"祖鞭先著"的竞取精神，争先恐后地为中华民族的伟大革命事业而英勇献身！

"祖鞭先着"的暗用之妙，妙在使诗句意蕴宏深而精妙；妙在这不光是毛泽东的回忆，它更是毛泽东不顾年迈的雄心壮志的展示；亦妙在又为下面诗句的内容作了铺垫。

毛泽东在其后面的诗句中，虽说有"冀雪飞来成废料"这样看似自嘲、调侃与幽默慨叹之句，但是，我们只要看一看毛泽东在这一句之前所用的"祖生击楫""闻鸡起舞""祖鞭先着"以表其雄心壮志的典故，再看一看后面的"彩云长在有新天"对"彩云易散"喻好景不长一语的反用，以及"年年后浪推前浪""江草江花处处鲜"这些典意深深的佳句的连用，就会知道，虽说毛泽东这时已经步入了老年，但其雄心依旧、壮志不减。他憧憬未来美如画图，情系彩笔绘"新天"。

在这三句诗中，毛泽东又将唐人刘禹锡、宋人文珦等诗人诗中的"后浪催前浪"的典意糅合成诗，同时变用了"江水江花岂终极"等前人诗的句意成己之句，吟出了"年年后浪推前浪，江草江花处处鲜"这样的妙句。这样的妙句，同样将"当悟新人换旧人""世上新人赶旧人"暗含其中。因为这些诗是富于哲理的，这样一来，毛泽东便将这些诗中的哲理巧妙地融入了自己的诗中，展现了他所设计的"新天"必然前景灿烂！在后四句诗中这样三个典故的运用，实有画龙点睛之妙！

以上，仅仅是笔者就毛泽东在诗中所运用的几个典故所作的分析。但如果就毛泽东对中国古典诗词的娴熟程度而言，这8个典故所牵涉到的如"击楫中流志莫移""闻鸡起舞非今日""闻鸡起舞心还壮""半夜闻鸡欲起舞""舞剑闻鸡意气横"等诗文妙句，对于成就毛泽东这一首中富于情感、韵味悠长、哲理深蕴的妙句，不能不说是有其深刻影响的。

由上例可知：用典之妙莫过熟。因为毛泽东对中国典故的精熟，所以当他在用到某一个典故之时，便会有不少与这一个典故相关的典形、典例在其脑海中"回放"，这就是毛泽东能用"聚锦参合选优式"用典法运用典故的基础。有了这个基础，他便可在其"回放"的过程中，有反复"筛选""提炼""过滤"的余地，让自己的用典新句增色增值，从而步入辉煌，这就是毛泽东"聚锦参合选优式"用典成佳句之缘由所在，同时也是毛泽东诗词句被世人广泛引用之缘由所在。

同样由上例可知：如果笔者在探妙毛泽东用典时，为了省下篇幅而只列出一个毛泽东所用之典故和一个典例，则不仅会使得读者难以领会毛泽东用典之深厚蕴涵，而且会不符合毛泽东用典主要手法的实际，即与毛泽东用典主要是运用——"聚锦参合选优式"用典法相悖，更会有"孤证"之嫌，此其一；再是，用典虽说是以典故之源的典例作为基础，但这仅仅是基础而已，人们在用典之时，往往还要参看与此典源相关的典形典例，因此，必须也有必要列出多个典形典例。

我想，任何一位读者，当读完"典故内容""用典探妙"这两节之后，对于毛泽东在这一首诗中所用的8个典故，以及笔者所列举的多个相关典形，是会深知其典意，同时也会领悟毛泽东用典的新意所在。故而在"用典缘起"与"典故内容"中，虽尽可能地简省了相应的解说性文字，但读了"用典缘起""典故内容""用典探妙"中的这些互相关联的文字后，毛泽东的用典之妙，自会心领神会。

再是在这例的"用典缘起"中，因是一首诗，所占用的文字不多。为了分析之便和资料查寻之利而引用了全诗。如果是一篇文章，则只能是以几句简略的话，道出其用典之缘起，指出该文章所据的版本与页码，而不可能、也不必去引用相关的文字。至于如何去展示所用的该典故的本身之妙与毛泽东对于这个典故的运用之妙，则借助"典故内容"与"用典探妙"，当是完全可以圆满得到解决的。

（二）简目细目兼索引 一览编排胸了然
——《毛泽东妙用典故精粹》的撰写与编排体例之二

诚如前述，毛泽东在其诗文中所用之典故，完全可以构成一部如何妙用典故的具有多重功能的工具书。

1.特点功能多样化，目录必须分"简""细"
本书的任务是要探讨中国的典故理论以及毛泽东如何妙用典故。要达此目的，必须

解决下列问题：

一是必须首先认定什么是典故？并就典故中的一系列理论与实际问题作出探讨，以确定本书对于毛泽东著作中的典故取舍；

二是毛泽东的这几部主要著作中有些什么样的典故？一共用了多少典故；

三是毛泽东是如何去妙用这些典故的。

只有这样，才能系统地探索毛泽东是如何妙用典故，才能给读者以启示。由于本书的宗旨是要完成上述三大任务，因此，本书撰写必然会具有如下诸多特点与功能。

其一：本书是一部主要以毛泽东个人在其10部经典著作中运用典故为基础的、探讨用典理论与创作实践中方方面面的、比较与众不同的典故研究的著作。

所谓与众不同，就是书中的典故，大多数有其较早之"典源"，大多数有其发展变化之"脉络"——"流"，亦即不同的"典形"。

其二：本书还必须是一部引导人们如何妙用典故的著作。

其三：本书使诸多读者认为：是他们迄今仅见的一部以一个人如何妙用典故的学术型、学习型与实用型相结合大型的著作。

其四：因本书中的"典故内容"含有不少的典例，在这些典例中，多是中国的名人名家的用典妙句。这些妙句，多是警句、佳句、妙句、格言、箴言、隽语等。

其五：本人在分析毛泽东妙用典故之时，亦引用了为数不少的名人名篇妙句。这些名人名言、佳句与毛泽东所用之典，以及"典故内容"中的名人典故妙句，一旦荟萃于本书的索引之中，它就形成了一部富有特色的、用典精妙的大辞典。

其六：本书所探讨的毛泽东妙用的典故，均取自《毛泽东诗词集》（亦选取了部分毛泽东楹联）、《毛泽东选集》、《毛泽东著作选读》（上下册）、《毛泽东新闻工作文选》、《毛泽东书信选集》，这是毛泽东一生最为经典性的诗文。因此，这就决定了本书的用典、选典均出自经典著作且文体较为齐全的研究典故的著作。

其七：上述毛泽东的这些著作，是毛泽东最为基本的经典著作，它展现了作为政治家、革命家、理论家、思想家、哲学家、军事家、教育家、外交家、历史学家、散文大家、书法大家和诗人的独特风范，是集中体现毛泽东思想的著作。它基本上涵盖了毛泽东以及以毛泽东为首的党中央，带领中国人民推翻帝国主义、封建主义和官僚资本主义在中国的统治并取得伟大胜利的基本内容；它涵盖了毛泽东以及以毛泽东为首的党中央，带领中国人民，进行伟大的社会主义革命和社会主义建设中的基本内容。对于这个问题，毛泽东曾有过多次说明。他说：

你们一定要用毛泽东思想，我也可以同意，因为党总要找个代表。毛泽东思想不是我一个的，都是从你们大家来的，我把它综合起来，把它概括起来，你们叫毛泽东思想也可以。（石仲泉：《为什么把毛泽东思想同毛泽东同志晚年所犯的错误区别开来，是

十分必要的》，载《光明日报》1981年9月6日）

又说：

（毛泽东思想）这不是我一个人的思想，是千百万先烈用鲜血写出来，是党和人民的集体智慧。（中共北京市委党校理论研究室：《四十年来关于毛泽东思想的一些提法》，载《红旗》1981年第2期，第32页）

在谈到《毛泽东选集》时，也说：

《毛选》哪是我一个人的著作啊，《毛选》里的这些东西，是群众教给我们的，是付出了流血牺牲的代价的。（中共中央文献研究室：《关于建国以来党的若干历史问题的决议》（注释本），人民出版社1985年版，第487页）

而毛泽东在这些文章中，所选取和所妙用的这诸多的典故，是其诗文中言简意赅的点睛之笔，提升了文意、升华了义理、传播了中华民族传统文化和弘扬了中华民族精神，且与中国革命事业和建设事业相关相切，亦"是党和人民的集体智慧"的绝妙展现，因而必然均能给人以文学艺术上、道德修养上、政治思想上等多方面的教育。因此，人们在检索、查寻、阅读、欣赏运用本书中的典故的过程中，必然会潜移默化地受到上述诸多方面的熏陶。因而，在本书的撰写与编排上，亦应是为体现上述宗旨服务的。

怎样才能体现上述宗旨呢？就编排上而言，必须从目录与索引上下工夫，必须加强本书的检索功能：

因为本书的内容涵盖面较广，篇幅较大，从多数读者读书、用书实际情况来说，本书又是人们案头的常备之书，而在信息"爆炸"的时代，除同行的专业人员之外，对大多数读者来说，是没有专门时间去读完这样一部240余万字著作的，但是在日常生活中、在读书和写作时，也许常常会用到或是需要查阅本书中的某些内容。

为了让本书的基本内容和主要特色方便读者充分利用和把握，在本书的编排上，笔者作出了与其他书稿不尽相同的尝试：

其一：设立《目录概要》（或称"总目"，或曰"简目"），这样一来，读者只要一览《目录概要》，对于全书所涵盖的主要内容和写法特色，则可了然于胸。

其二：因本书在专论毛泽东诗文中的典故之前，费了相当篇幅论及了中国典故的方方面面，论及了毛泽东443余篇诗文中的用典，仅就这两大方面的内容而言，就涉及典故、典例、典事、用典之妙处、用典之典源、相关之典形、典故之"变化"、典故之历史、典故之源流、用典之手法、主要用典理论等。这些均与典故相关的内容，笔者称其为本书的"典容量"。本书的"典容量"仅从索引看就总计达14000条之多。面对这一数字颇大"典容量"，为了让读者一眼即可"扫描"书中的编、章、节，乃至每一个典故和该典故的流变运用情况等，笔者特设《目录细编》（或曰"分目"）。有了这个"分

目"，它实际上就是一部十分特别的、理论与用典实例结合的、用典的典源与典形同具的"毛泽东妙用典故精粹"的理论书与"毛泽东经典诗文典故精粹鉴赏辞典"同具兼用的辞书。

其三：为使读者真正对本书的内容能"一览胸了然"，在"分目"的处理上采取下列方式方法。

例如，笔者为了方便读者尽快地了解序和A卷《运用典故数千年　聚讼纷纭解奥玄——中国典故研究（主要以毛泽东妙用典故为例）概说》中所提及的各个论述部分中的内容，尽是做到将"序"和"概说"中从"一级标题"到"二级标题"到"三级标题"到"四级标题"一并列入目录之中，使全书纲目昭然；而在B卷《诗坛联坛如椽笔千载用典数第一——毛泽东诗词、楹联用典探妙概说》理论部分中的"一级标题"到"二级标题"到"三级标题"一并列入，以便于读者一览这些提玄钩要的标题，则可知毛泽东在诗词楹联中的用典的总体情况。而且能具体到每一首诗、每一首词、每一副楹联的用典情况以及与"典源""典故流变后之典形"的关系，则毛泽东所妙用的典故之句的精髓，便让人一看大致可知矣！

现在笔者再以前面（即例73）这一首诗为例，在"分目"中以如下样式表现之：为方便读者了解毛泽东在这首诗中，到底用了些什么典故及其用典句之精髓所在，同时方便查寻"用典缘起""典故内容""用典探妙"，故而在"分目"中拟以如下方式出现（选用下例）：

73.神州时时彩云在　大地处处换新天

——毛泽东在《七律·洪都》中所用典故探妙……………………………………（410）

用典缘起：……………………………………………………………………………（410）

典故内容：……………………………………………………………………………（410）

（祖生击楫至今传）/410　　　（中流击楫）/410

（祖逖之誓）/410　　　　　　（击楫中流）/410

（击中流楫）/410　　　　　　（中流击楫酬初志）/410

（两人中流击楫）/410　　　　（他年击楫誓中流）/410

（便当击楫中流誓）/410　　　（击楫誓中流）/410

（击楫中流志莫移）/410　　　（击楫中流看誓师）/410

（誓击中流楫）/410　　　　　（闻鸡久听南天雨）/410

（闻鸡）/410　　　　　　　　（闻鸡起舞）/410

（鸡鸣起舞）/410　　　　　　（闻鸡舞）/410

（起舞闻鸡）/410　　　　　　（舞剑闻鸡）/410

（中宵谁与共闻鸡）/410　　　（揽衣谁念闻鸡舞）/410

　　至于C卷《聚玉缀英成文妙　精彩精深典意浓——毛泽东在其论著中用典探妙概说》这样一大卷，则在"分目"中以B卷相同的方式入目。我想，这样一来，对于读者来说，或是查阅用典理论阐说，或是查寻典故的源流等，均较为快捷方便。

2. 写作遇到诸问题，表现形式灵活用

说到这里，还有下列一些问题有必要作出说明：

一是本书中的有些典故的取名问题。

毛泽东所妙用的典故，广涉5000年来典籍之精品。他不光是一般的引经据典，而是别出心裁地融古入今。他在不少地方的用典，并不是简单地化用或变用一个词、一句话、一个历史故事……他为了使自己所用的典故能更好地服务于广大人民群众、服务于当时的革命斗争。他在运用典故时，甚至是在某种情况之下，十分得体地讲述一个或多个神话，一个或多个故事，一段或多段小说的情节。遇到这样一种不拘一格、开拓创新用典的情况时，则是无典故辞书可查、可考、可依。这时，笔者就只能是自撰典故之名了。如本书中的"五指山压孙悟空"之类。

二是本书中存在着一个"重用典故"的问题。

关于本书的重用典故，这是一个不容回避的问题。在本书中的所谓"重用典故"，是指下面两个方面的情况。

其一：是指本书的取用典故时的重选问题。

首先是典故的重选与必要。本书中的选典，均出自《毛泽东诗词集》（笔者还选用了毛泽东部分用了典故的楹联作品）、《毛泽东选集》、《毛泽东著作选读》（新编本上下册）、《毛泽东新闻工作文选》、《毛泽东书信选集》中。可以肯定地说，在这些著作中，毛泽东有时是会不可避免地要用到同一个典故的。这样同一个典故，要不要一一选用呢？如果选用，不是一种重复吗？笔者经反复考虑，决定一一取用。因为虽是同一个典故，它们是出现在不同的语言环境中，有着不同的用典对象，其典意、其表达方式、其指向是不尽相同的，将其一一取用，这就大大有利于我们对于毛泽东妙用同一个典故的对比与对这个典故的深层理解。

比如本书分析到的神话人名典故"孙悟空"，毛泽东就多次妙用，每次妙用，每次出新，透过这种"重用"，我们可以看到毛泽东用典的刻意渲染之妙、铺排色彩之妙、"违反常规"之妙、重用得趣之妙、精心调遣之妙、巧于安排之妙。故而毛泽东所重用的典故，不仅不是一种重复，而且是毛泽东重用典故的新创。

再就是重用典故，也是我们对毛泽东运用这个典故的语言心态的一种分析，是我们对毛泽东那种独特的气质、个性、修养，乃至精神世界的一种探讨，亦是毛泽东审美流变的一种展示。因为"语言是人的心理现实，对某一词汇的频繁使用，表明他具有与之对应的心理常态"（王兆鹏：《唐宋词史论》，人民文学出版社2000年版，第207页）。通过品味毛泽东所重用的典故，我们可以看到毛泽东在重用时各个不同的独特新颖切入视角、个性鲜明的表达风格，把马克思列宁主义精华巧妙地融入伟大的中华文化、新人耳目的高超手法。众所周知：实事求是、群众路线、独立自主，是毛泽东思想活的灵魂的三个基本点，是毛泽东思想的精髓，也是毛泽东毕生高举的马克思列宁主义大旗。因此，涉及上述三个方面的重复而用、并在重用中不断增值、熠熠闪光的典故必然要相对要多一些。

故而笔者以为，这样的重用，对于我们理解毛泽东"彼时彼地"的用典心态、用典对象、用典目的、用典效果，等等，是有其特殊价值的。

其二：是指本书对某些典例的重用问题。

首先是由于笔者考虑到本书的篇幅达两百余万字之多。一般说来，相当多的读者只是将其备于案头，以待查阅之用。如果笔者在指明该典故的典例的出处时，仅仅是将这个"重用"典故的典例的出处，标示一次作者的所在朝代，所撰书名，而当在其后所重出的这个典故的典例重新选用时，只是说参见某某页，或者干脆不予标示，这当然可以省下一点儿篇幅，但是，对于读者或学者来说，可就吃苦头了。对于这一点，笔者是深有体会的：

一种情况是，在本人的案头，就有一些大部头的书籍，我实在是没有时间一一细读，但是，又是必备之书，当本人要查寻、要查阅该书中的某一问题、某一词条、某一书名、某一作者、某一朝代、某一条例证等具体情况时，虽说很快地查到了，但是，其作者是谁？是何朝代之人？出自何种典籍？等等，却一时间均未能立即见到。这是为什么呢？究其原因，一般说来，相当多的情况是：出版者要省篇幅，以降低出版成本，当然作者也只好遵命。这样一来可苦了作为使用者的我，因为我要知该段文字或该例证、是出自何朝代何人何书时，出版者或作者只让含有这同一例证的该书中，仅出现一次或干脆不予重出，而我当时又必须尽快地掌握上述内容时，要么从通读该书中求得，要么再看相关的其他书籍求得，这就大大地降低了该书的实用价值。

另一种情况是，本书取用典故当遇到必须重选时，如果不适当地配之一些重用的典例，就难以全面领会重用了的典故在该段文字中的精妙之所在。有的虽说在其重选典故之处写有见某某页之类的字样，但其翻检之劳，实在是费工费时，当有的页码出错时，真是令我哭笑不得！鉴于上述，为了读者、学者的运用理解之便，省去其翻检查寻之劳，同时也考虑到本书的每段文章的相对独立性，以便于读者理解运用，笔者在标示本书中重用典故的典源、典故中的典例出处时，依据具体情况，有的则不省其作者名、作者的年代名、书名，等等，这虽说对于本书的篇幅小有所增，但对于读者和运用者们时间的节省，则是无法计算的。故而本书会出现这种不得不"重复"之的情况。况且笔者手头有的大著也早有这样"重用"的先例，的确当要翻检所需之时既省时又到位。

再就是某一典故的"重出"，其重选的典例视情况而定，未必一定一一重选，有时还可能会增添新的典例。如重出的"百家争鸣"一典，其典例，有的按"常规"取自《汉书·艺文志》，有的则上溯至《荀子·解蔽》，有的则下及清人俞樾的《春在堂随

笔》。这样去处理典故、典例的重出，我想于读者是会有一定帮助的。

　　试想：如若不出现上述这种典故无法避免的"重用"和典例的重选，在书稿仅以见"某某页"去表示之，则会令人不堪资读！

　　三是本书中有些典故，是不是真正意义上的典故问题？

　　对于典故的名称，对于典故的取舍，可以说自典故的运用以来，人们难得有一个统一认识。有鉴于此，笔者在撰写此书时，就必须要认真地考虑这样一个根本性的问题，故而在本书的A卷之首，笔者便专辟两章，以《界定典故多歧义；〈辞海〉定义当补充——论典故的定义》《语海之中"家族"多；区别"融通"应探索——典故与成语、俗语、谚语、歇后语等之间的区别与"融通"》为题，就"典故定义的历史考察"，"典故定义之研究现状考察"，"《辞海》中典故的定义应稳定、应遵循、应补充"等一系列问题进行了研究，对于这些问题的研究，回答了本书中的有些典故是不是真正意义上的典故的问题。且本书的取典选例，绝大多数是锁定在清朝以前的典故典例，为了多数读者对所选典故的理解需要，只有限地选了少量的民国初年的。至于所谓"今典"的问题，笔者实际上已有否定性意见，也许有人还会有不同意见，就只好留作以后再作专门的讨论研究吧！

　　四是本书中的有些典故浅显易懂、明白如话，可谓众所周知，为什么还要将其当作典故楬橥于书中呢？这是不少读者常会持疑问态度的问题。这个问题在本书中虽有论述，但在这里仍有单列之必要。

　　笔者以为，典故与其他词语的最大区别，主要是在于其出处，其次是在于典故的产生有"现成形"与"新创形"。运用者就是依据"现成形"典故与"新创形"典故的出处，借以找到精到表意的契机，用它将"以往"与现实挂上钩，以表达自己的创作意图；而阅读者亦是借助这个出处，求得对于用典者所用此典的"古与今"的一个对比，从而加深对于所运此典的深入理解，求得对于这个典故词语所生发的"流变"的情况，乃至得知某些文化学术的发展状况，因此而激发出种种联想，从而有利于对文本深度把握。

　　比如"实事求是"一典，谁人不知、何人不晓。其典出自《汉书·河间献王德传》，就不一定众所周知了。其中有云："河间献王德，以孝景前二年立，修学好古，实事求是。"当时的意思仅仅是讲汉景帝的第三个儿子喜欢搜集整理资料，治学严谨，依据事实去考辨真伪而已。而到了毛泽东妙用此典时，几乎将其发挥到了极致，对该典每次运用，都有其深意、新意、情意、乃至富于诗意的、精到的充满创意的、惠泽后人的解说，其根本意义则是讲按客观规律去认识事物，办事要一切从实际出发，并逐渐地将其要旨升华到这是我党的思想方法和思想路线问题，和是我党应有的一贯作风问题。由此可知：不少发行量大、影响面广的典故辞书，将人们常见的"一刀两断""一不做，二不休""一言难尽""人山人海""千篇一律""千方百计""一草一木"等视为典故选入，这实在是不足为奇。

总而言之，不管某些典故是多么的简单明白，一旦知晓其出处，便能将所用之典与所用之事挂上钩，便知其用典之蕴涵、之变化，便能领略古典今事之新奇、之新意、之要旨所在！

五是关于本书的"典源典例"与"典形典例"及其校对的问题。

其一：关于"典源典例"的问题。

"典源"，当是典故的首见典例。凡是一个真正作学问的人，都有一个切身的体会，这就是"说有易，道无难"。

所谓"说有易"。就是说，有，当是自己所见过之物、之书、之人、之事……所见过之一切客观事实，要说它有，是因为见过，当然是容易的事。

所谓"道无难"。就是说，自己没有见到过的一切客观的事物，你要说它无，这就不是轻而易举的事了，这是不能随便断言的。因为人世上的万事万物，你没有见过的是举不胜举的，你没有读过、没有见的书也是数不胜数的。因为你没有见过，难道别人都没有见过吗？你没有读过，难道别人也没有读过吗？这就是"道无难"之根本所在！

因此，本书中的所谓"典源典例"，就笔者的学力所致，也许，笔者书中的某个"典源典例"，确在更早的地方就已经出现过，这是完全可能的事。因而，本书中所谓"典源"以及典例，也只能是相对之言而已。我想读者是能够理解的。

其二：关于出现"多个典形和多个典例"的问题。

一个典源，之所以能够以"典"的方式存在下去，正是因为其本身就是一种智慧的结晶，一种特别事例、一个特别的形象（如为了批判奴隶主义思想，毛泽东新创了"贾桂"一典），等等。它们往往是以精练的语言，说出了深刻的哲理，有其存在下去的必要，有其承传永久的价值。但是，人们在运用它的时候，不可能是将其字词死硬地照搬，在相当多数的情况下，必须是依据自己运用时的实际情况，只能是用其典意，故而当一个最为原始典故的出现之后，只要其使用价值在，千百年来在世人广泛运用传播的过程中，往往会出现形貌、形态不同的典形，特别是在诗词中的用典，更是不能搬用，因而不同的典形就会有可能随时出现。笔者在"典故内容"中，为了使读者加深对于毛泽东所用典故的理解，为了使读者全面了解毛泽东所使用该典故的变化情况，有时会将毛泽东所用之典故的不同典形之典例，视具体情况举例其中。

其三：关于"典源典例"与"典形典例"的校对问题。这是一个非常重要的问题。这里关涉到下列两种情况。

一种情况是：不管是"典源典例"还是"典形典例"，其校对都是一个重要而又细致的问题。笔者在选用"典源典例"和"典形典例"时，凡是能够利用已有成果的，都

会充分地予以利用。但是，在校对时，一般尽量做到要找到原著进行校对。

另一种情况是：限于本人的财力和精力，凡涉本书中典故之书实难尽读，更无力尽购尽藏，当遇到"典源典例"，"典形典例"难以找到其原著进行核对时，本人则尽量找来两个或两个以上的已有成果对照校对，当其中的内容有不尽一致的时候，笔者会再一次地找寻原著，在实在找不到的情况下，就借助网上查寻，若在网上查无此书，最后只好凭着自己的分析取舍"定案"，以期甄别所认定的典故典例援引之误。有的辞书或著作，尽管出自名家和名牌出版社，有时也常见出错，有的书籍，甚至有时让人难以分辨它是否为盗版！一条典例，校对时一旦遇到上述麻烦，让人几天，甚至一年也不得安宁，只有最后认定为十分妥当之后，始能心甘自安。个中滋味，真如在水之鱼，"冷暖自知"！

（三）典故名言重源流 学术积累显特色
——《毛泽东妙用典故精粹》的撰写与编排体例之三

为了更好地探索毛泽东妙用典故，为了使本书更好地为广大读者服务，笔者在撰写《毛泽东妙用典故精粹》时，必须对其所用之典寻源追流。

1. 寻源追流好处多，积累传播成自然

对毛泽东所用之典故寻源追流，有如下诸多的好处：

一是只有寻源追流，才能知晓毛泽东所用该典故的发展变化情况。

如前面的"实事求是"一典的运用，笔者当毛泽东在本书中"首次"运用时，尽量"一次性"地将其"源"与"流"，与"典源"相异的"典形"——列出，以利读者深刻理解与灵活运用；当毛泽东在本书中"第二次"运用它时，本人视读者对于毛泽东用典的理解与运用的需要，考虑是否有必要"重用"其相关"典形"与相关"典例"，如有新的"典形"和新的典例发现，则视理解与运用之需要，尽量加进去。这样一来，则毛泽东所用该典的发展变化情况，尽可做到"一览无遗胸了然"！如上述"实事求是"这一典例就是如此，此不重赘。

二是只有寻源追流，才能对毛泽东的诗文、讲话中的用典妙句之妙，作出恰如其分的判断。

毛泽东用典的一个显著的特点之一是：数典连用成新句，新句即成经典语。

笔者在品味分析毛泽东的诗文、讲话中的某些用典诗句和用语之时，往往要涉及对诸多典故进行分析，否则，难得知晓毛泽东用典之真谛所在。这里就会出现如下两种情况：

其一：有的诗句是由多个典故的概缩或扩变组合而成，即毛泽东是运用"聚锦参合

选优式"用典法而成的用典之句。遇到这样多典概缩或多典扩变组合而成的诗句或话语，尽管它是新句，因其全是由典故而构成，为使读者了解毛泽东该诗句妙用典故之全貌，拟将其所用之典与该新句，一并归入典故"分目"和书后的《本书典故、典例、名言、格言、箴言、名诗、名联、警句、佳句、秀句、隽语笔画索引》（以下统称"索引"）之中，以备读者查寻之用，以充分体现和利用本书的辞书特质。

比如：毛泽东的《七律·答友人》（1961年）中的"斑竹一枝千滴泪"一句，句子是由"斑竹""斑竹一枝千点泪"两个典故重合而构成的新句，"斑竹一枝千滴泪"，尽管是毛泽东的新创之句，但因其典意浓浓，笔者将其视为特殊情况的典故句，或曰是以这重合之典故为"母典"所生成的"子典"，或曰是一种新的"典形"，或曰是以"母典"为常见典所演绎而成的一种变式之典。事实证明，毛泽东这样的用典之句，因其典意浓浓，意蕴特别深刻，故相当多数（尤其是这样的诗词句）被人们引作书名、题目，被引作讲话与文论中的论据，从某种意义上说来，这就是今人视其为"经典之句"或曰所谓"新典"而用。故而将其列入"分目"与书后的"索引"之中，是有利于读者查阅与运用的。

其二：有的用典之语，看似是比较平常之句，因而不太易于发现，这算不算是典故呢？

这里所说的看似是比较平常之句，不太易于发现。有两种情况：

一种情况是：本来就是典故，笔者却一时难以发现。

比如在《毛泽东书信选集》第561页中有云：章士钊说："北京解放后，一日，主席毛公忽见问曰：'闻子于逻辑有著述，得一阅乎？'予蹴躇答曰：'此书印于重庆，与叛党有关，吾以此上呈一览，是侮公也，乌乎可？'公笑曰：'此学问之事，庸何伤！'"这一段精彩的文言对话，看似无典故，实则典意浓浓。其中"庸何伤"一语，可谓妙绝。"庸何伤"一典，它隐括了汉人崔瑗《座右铭》中的"隐心而后动，谤议庸何伤？"的部分句意，和宋人刘过《怀古四首·为知己魏倅元长赋兼呈王永叔宗丞戴少望》中的诗句"文章诚可传，毁辱庸何伤？"，以及宋人文天祥《五月十七日夜大雨歌》中的"但愿天下人，家家足稻粱！我命浑小事，我死庸何伤！"的部分诗意和所借用的字面意义。这既是毛泽东对章士钊的《逻辑指要》一书的肯定，也是对章士钊想赠送《逻辑指要》给毛泽东而又心存顾虑的有效消除。

另一种情况是：毛泽东的变意式用典，因一般人不太容易发现其典意导入了诗文，故而不太易于发现是用典。比如毛泽东在《致柳亚子》（1949年5月21日）中有"……英雄所见，略有不同"一句。这"英雄所见，略有不同"，初看起来，这那里有什么典意，不过是一句平常话而已。实际上，其典源、典形就不少，它实际上也应算作典故，它是典故语"英雄所见略同""达者所见略同""所见略同"的一种"变意式"用法，"英雄所

见，略有不同”一语，可谓典意浓浓，同样可视为是"英雄所见略同""达者所见略同""所见略同"诸典重合而用所生成的"新典"，或曰"变式典"，或曰"子典"，或曰是以上述典故重新组合生成的一种新的"典形"。故而笔者将"英雄所见，略有不同"与"英雄所见略同""达者所见略同""所见略同"一并列入《分目》与书后的《索引》之中，也许对开阔读者的眼界、增加对这一典故的用法的认识会有所帮助。

三是只有寻源追流，才能深刻揭示毛泽东的诗文、讲话中的用典艺术特色之美。

典故的来源极广，或出自神话，或出自传说，或出自寓言故事，或源自文献，或源自名著，或源自历史人物，或源自历史事件，等等。而毛泽东的用典，往往涉及政治、军事、文化、经济、文学、艺术、社会、宗教、人际交往、中外交流、科学技术等方面。因此，用典与解典，就和上述情况相关相切。

就某些典故而言，如果不追其源，不了解其之所以能成其为典故的特定历史背景，不了解之所以能成其为典故的丰富内涵，则用典者见到此典，就会有如盲人瞎马，难以开启是否妙用典故之步，而解典者则更会似"老虎咬天，无从下口"。

就某些典故而言，如果用典者与解典者不追其"流"，就不可能知其发展变化中精彩演绎之情况，而一旦用此典或解此典，有时就会难以用得到位，有时其解典效果就会如隔靴搔痒，不得要领，甚至会闹出笑话。

当我们面对所用之典，一旦追其"流"，因其用典者是依据典源之本义，或是依据其相对立意义，或是结合其相关典的比较意义，或是依据其引申意义，或是依据其典故的语言结构，或是依据其语法与修辞功能，或是依据其所指对象，等等，运用者在考虑典源的上述诸多因素之外，同时结合其彼时彼地、深层次地挖掘典源的特定内涵而用，则其所用之典，自然会是会在典源的基础上，有一个精彩的升华。这个升华，或是有典故意义上的变化与引申，或是有典形上的拓展与浓缩，或是有其典故语词结构上的演化……这种"流"，有时甚至会成为内容上"一语破天机"式的用典的典范之例，它们多为历代用典高手的精心之句。这种"流"，是对典源核心意义的进一步的阐释，是"典源"核心意义的一种延续与补充，同时也是为"母典"提供了在不同朝代、不同时空的搭配信息。这种"流"的"积聚"，就自然而然地告知了先贤们用典的某些信息量，告知了历代先贤用典的精彩演变过程，对于我们了解前人运用此典的文化品位，能获得一个总体性的把握。而毛泽东的用典，相对于其用典的大多数情况来说，均是在原有典故和先贤运用此典的基础上，对所用典故的批判继承，在批判继承中有所超越的"推陈出新"，而且其所用之典，极大多数则是未被后人所超越，多有妙不可言、一典之重百金轻之妙。

鉴此，笔者在"典故内容"中，将毛泽东所用典故之典源与其"流变"，以及那些典意浓浓的毛泽东的用了典故的经典之句，一并列出，这便给了读者对毛泽东用典与先贤们之用典以对照比较之便，这样一来，读者只要一览该典源之例句、"流变"之例句，对照一下毛泽东所用典故之句，则毛泽东所用典故的来龙去脉，其精彩高明之处，其用典艺术之美，其所增益的典意厚度，其所拓宽的视野，等等，便凸显在我们的眼前！

只有寻源追流，才能展示本书的较强的实用特色和学术积累特色。所谓较强的实用特色和学术积累特色，下面几种情况就是充分的体现。

2. 范例多出名家手，营造佳句富契机

每个典故的"典源"的本身，就是"以往之事"并由此构成的"陈言妙句"。而能铸就这些"以往之事"与"陈言妙句"之人，其本身多是"不朽之人"，故其"以往之事"或是其"陈言妙句"能以典故（典故之源，亦即智慧之源和经验的凝聚）的形式留存于后世。正是因为这样的典故之例，或曰被人们视为典范之句，它往往是可以给后人开辟一个新视野，提供了一种崭新的眼光，给运用者提供了营造精警新句的契机，乃至形成了某一种专用手法。而后来每一个营造这些典例中的用典之人，又均是其时其地的用典的"能人高手"，这些充满着智慧的"能人高手"，他们总是依据其所处时代的总体形势之所需，依据其所处时代的社会文化成就和其本人之所需，创作出自己富于新意的用典之句。这个典故例句，即是一个典故的典源之"流"。在"典故内容"中，本书除了寻找出典源的例句之外，均收集两个以上的典例，亦即有多个典故之"流"。在这多个"流"之后，加上毛泽东所妙用的典故之例，即是本书中该典故的最终之"流变"。本书中的典源之例与典故"流变"之诸多典例，是这些高手们的人生感悟、理解与其智慧结晶的惊人妙句。

借此，可以使读者看到前贤的用典角度、用典的语境、用典的承接与传播关系，甚至发现用典之高下，均是告诉人们如何用好典故的生动教材，故曰本书有其较强的实用特色。

比如："中国古时候有个文学家叫做司马迁的说过：'人固有一死，或重于泰山，或轻于鸿毛。'为人民利益而死，就比泰山还重，替法西斯卖力，替剥削人民和压迫人民的人去死，就比鸿毛还轻。张思德同志是为人民利益而死的，他的死是比泰山还要重的。"（第1004页）这是毛泽东在《为人民服务》中的一段千古名言。也是毛泽东妙用典故的最为典型而闪光的一例。因为这一段的用典是采用典中含典的运用"相对性大典故"的用典之法，故笔者有必要将其中的典故一一标示出来，其中有两段典故语，对于我们理解毛泽东的用典之妙，启迪我们如何用典都是大有帮助的。

这就是《燕丹子》卷下载云："今轲常侍君子之侧，闻烈士之节，死有重于泰山，有轻于鸿毛者，但问用之所在耳。"还有司马迁的《报任安书》中云："人固有一死，死有重于泰山，或轻于鸿毛，用之所趋异也。"我们将这两段文字与毛泽东所用之典故

后面这一大段话语，只要略作比较，就会有如下启发：即是使我们可以深刻地领悟到，毛泽东是怎样推演、化用典故的，我们应当如何活用典故，毛泽东已经给了我们典型的示范。

再就是对比《燕丹子》卷下与《报任安书》中的这两段典故语，笔者以为，毛泽东在撰写评说张思德的这段话时，完全有可能既妙用了《燕丹子》中的这一段典故语，又妙用了《报任安书》中这一段典故语，而且有可能运用《燕丹子》中的这一段典故语的可能性更大，因为《燕丹子》中的"但问用之所在耳"，较之《报任安书》中的"用之所趋异也"，更切合毛泽东所推演的"为人民利益而死……他的死是比泰山还要重的"这一大段话。

那么，毛泽东为什么不用"《燕丹子》说过"呢？笔者以为，《燕丹子》一书，作者不详，或是汉朝人，他有可能出生在司马迁之前，亦有可能出生在司马迁之后。作者不详，就更谈不上言说的权威性，用之，则说服力有限。而这一语言典故，冠之以司马迁的大名，其论证力和说服力则不可限量！这在选典取材上，毛泽东又为人们用典树立了榜样！

3. 聚珍加工用好典，"古语今说"底蕴深

这就是说，人们每一个典故的运用，都是彼时彼地的一种"古为今用"，是一种智慧的积累、一种"古语今说"的接受、一种"袭用古意"的加工、一种"升级换代"的出新、一种"推陈出新"的传播，也即是中国语言宝库的不断丰富的一种方式。这样每一次的"古为今用"，都是在原典的基础上的引申义、比喻义、借代义，乃至典形变化与典意"推陈出新"的展现，都是运用者继承前人、锻炼思维、彰往察今的智慧积累和学术的积累，所谓"文章从古不同时，诗语警人笔亦奇"（《后山集·赠秦观兼简苏迨》）之意是也！这就是本书"典故内容"力图达到学术积累"自然天成"之努力。为便于理解，今试举例以说明之。

比如：在毛泽东《关于正确处理人民内部矛盾的问题》中有："老子在二千多年以前就说过：'祸兮福所倚，福兮祸所伏。'"注为："见《老子·五十八章》。"（《毛泽东著作选读》（新编本）第793页所记与第885页之注与此完全相同）这当然不能说有错。因为毛泽东在"祸兮福所倚，福兮祸所伏"的前面说了"老子在二千多年以前就说过"，很显然毛泽东只是取老子言语之语意而说的，但他在所引之语又与老子的原话有两个"之"之差，而与贾谊说的"祸兮福所倚，福兮祸所伏"（见贾谊：《鹏鸟赋》）则无一字之别。笔者在"典故内容"中将"祸兮福所倚，福兮祸所伏"之"源"与"流"一一列出，这无疑能增强本书的学术积累和学术信息量，对于读者深入地理解毛泽东所运用的这一典故的深刻哲理是会有帮助的，对于《毛泽东选集》的注释专家来说，同样有其参考价值。

4. 好诗妙文常用典，用典诗文如好诗

妙文好诗时有精警妙句。这些精警妙句，多是经贤人、名家们披沙拣金、反复锤炼的"语不惊人死不休"的精彩佳句，甚至是"二句三年得，一吟双泪流""读书破万卷，下笔如有神"、"聚锦参合选优"而成的千古名言。这些万古千秋、光彩夺目、步入了其时代辉煌的千古绝唱，其哲理深邃，其思想光辉，其文化含量，其独特品位，其展示的用法与信息，闪烁耀眼，令人振奋，催人奋进。

而其中毛泽东的精警妙句，相当多的则更是中国革命史诗般的妙句，它蕴涵着革命与建设的时代风云，是烽烟滚滚中英雄们唱出的时代赞歌。这样的用典名句，它充满着中华民族的自豪感，展现了中华民族不畏强暴、不断进取的革命精神，具有深远的历史意义和社会现实意义。这样的精警妙句，积累了民族文化的精华，弘扬了国学，是时间长河中经过历代用典名家"升级换代"大浪淘沙后留下的金子。一旦妙而用之，可以增强语言的表现力，可以丰富中国语言宝库，可以起到中国语言精华承上启下的作用，可以使诗文作品流传久远，可以使文论论说铿锵有力，可以使小说细节形象，人物鲜活，可以催生出精美的新句，这无疑是大大地有利于读者接受的。

5. "世间好句世人共"，荟萃尽入索引中

本书为了探寻毛泽东的用典之妙，在论说的过程中，不时地用到先贤和当今高手警策妙句，为了更好地展示本书的学术积累特色，同时，鉴于任何鸿儒大师，亦不过如沧海一粟，更何况"神龟虽寿，犹有竟时"，人生苦短，极权难抗。天才在勤，勤在积累，积累要炼，炼则有本。故笔者着意彰显古今贤人所创造传播妙句之绩，为来者活用妙句、创新用典而鸣锣开道；故借助本书的结尾，实录毛泽东及前贤之名言妙语，展现其智慧之广博精深，荟萃其用典思维成果，以开阔来者的认知思路，以见毛泽东创新性用典传播前贤名人文化精华的全过程。所以将全书中的所有经过千淘万洗的典故、典例、名言、格言、箴言、名诗、名联、警句、佳句、秀句、隽语，纳入本书的索引之中。

宋时"文章太守"欧阳修在其《送徐生之渑池》中有云："文章无用等画虎，名誉过耳如飞蝇。"要记牢那么多的名言名句，对于大多数人来说，往往有过目即忘、空虚依旧之叹，故细作此索引，以补人们记诵之不足。这一索引中的妙句，广涉读书惜阴、教育成才、修身为公、壮志爱国、交谊执法、治军防患、爱情健康、成败得失、人生态度、人情世态、文学写作、景物场面，等等。宋人苏东坡在其《次韵孔毅甫集古人句见赠五首》中说："世间好句世人共。"让读者、研究者在有闲之时，翻而识之、查而解之、解而诵之、诵而背之、背而习之，也许时而乐在其中矣！这样一种文化积累，我想是有助于读者参考运用的。

唐人杜甫有云："文章千古事，得失寸心知。"笔者撰成是书，虽说有苦心钻研之

劳，但绝非赤手空拳、平地起楼头，而是参考了古今诸贤大量的论文、论著，在尽可能的情况下，笔者均详细地标明引用参考之出处。但有的地方则因受本书的体例所限，如某些典例、典形的来源，就参考了不少典故类、成语类辞书、论著，有的本人虽然重新经过了考释，即使如此，亦难忘前贤、同仁之功。因限于篇幅，就不可能将所有的出处一一彰列。为聊补不足，故笔者在本书的"索引"之后尽量列出主要参考书目，以谢先贤和相关学者同仁！

B卷

诗坛联坛如椽笔　千载用典数第一
——毛泽东诗词、楹联用典探妙概说

　　本书在A卷中以《运用典故数千年　聚讼纷纭解奥玄——中国典故研究（主要以毛泽东妙用典故为例）概说》为总题，从《界定典故多歧义　〈辞海〉定义应补充——论典故的定义》、《语海之中"家族"多　区别"融通"应探索——典故与成语、俗语、谚语、歇后语等之间的区别与"融通"》、《巧用一典出新境　妙用一典胜千言——毛泽东妙用典故的缘由探妙》、《胸罗妙典万万千　驱策调遣任自然——毛泽东妙用典故的基本内容与基本形式》、《天机云锦用在我　剪裁妙处非尺刀——毛泽东妙用典故的基本手法探妙》、《陈醅佳酿香愈醇　新翻杨柳绿意浓——毛泽东妙用典故的思想风格与艺术特色探妙》、《中国典故如烟海　理当建立一学科——关于建立毛泽东典故学并为中国典故学的建立试步的若干问题的思考》、《凸显特色巧编排　一书数用可兼得——〈毛泽东妙用典故精粹〉的撰写与编排体例》等8个方面，总体上就典故的定义、典故与其"家族"成员之间的区别与联系、毛泽东妙典故的基本范畴、毛泽东妙用典故的缘由、毛泽东妙用典故的基本内容、毛泽东妙用典故的基本手法、毛泽东妙用典故的艺术特色、毛泽东妙用典故的深层思考、毛泽东妙用典故的撰写体例、本书的取典标准等等，较为系统地论及了典故及"毛泽东妙用典故"的一般情况，而专门地就毛泽东某一文体、某一诗文的用典情况尚未涉及。

　　对于毛泽东诗词与毛泽东楹联而言，在国内外影响极大，特别是毛泽东诗词，有精致典雅、高贵大方的《毛泽东诗词手迹》黄金宝书出版，为人们争相购买收藏。

　　有不少的世界级著名画家，创作以毛泽东诗词为主题的画作，这些作品为人们所钟爱而进入千家万户，特别是傅抱石创作的毛泽东诗意画，其中8幅面积不大的作品，"在2003年秋天北京的一场书画拍卖会上，……一件8开册页打破了中国近代书画的拍卖纪录，创造了1980万元的'天价'"（傅二石：《傅抱石的毛泽东诗意画》，《中华读书报》2004年10月13日），这不仅是画家画技的高超，同时也是人们对毛泽东诗词的一种酷爱。

　　特别值得一提的是：经国家相关部门批准公开按编号发行的《东方红——毛泽东油画·诗词彩色金银币》，被国家外事部门指定为专用国礼，该套纪念币为1金10银共11枚，分别由3克999纯金和310克999纯银铸成，绝版限量发行1976套。纪念币的正面是毛泽东油

画（彩色），依次为《从胜利走向更大胜利》、《开国大典》、《毛主席去安源》、《井冈山会师》、《问苍茫大地谁主沉浮》、《毛主席视察广东农村》、《在大风大浪中前进》、《三军过后尽开颜》、《而今迈步从头越》、《铜墙铁壁》、《贫农的儿子》；纪念币的背面是毛泽东诗词，分别是《七律·到韶山》、《沁园春·雪》、《贺新郎》、《西江月·井冈山》、《沁园春·长沙》、《卜算子·咏梅》、《水调歌头·游泳》、《七律·长征》、《忆秦娥·娄山关》、《人民解放军占领南京》、《清平乐·六盘山》；毛泽东的这些诗词手迹和有关毛泽东的这些油画，均获得了很高的收藏价值，仅巨幅国宝油画《在大风大浪中前进》的"原作市场估价已达3000万元以上"（参见《南昌晚报》2006年12月12日第5版）。仅隔半年，《人民日报》、《解放军报》、中央电视台等多家权威媒体对毛泽东纯金《至尊墨宝》在北京的首发式作了报道，作为建军80周年的至高献礼，这是国家的收藏纪念活动中的盛事。毛泽东诗词纯金四条屏由中国文化出版社和中国藏协会监制发行，再现了伟人手迹神韵，集收藏性、独特性、艺术性和鉴赏性于一体（《南昌晚报》2007年6月26日）。由此可见，毛泽东诗词及与毛泽东相关的书画收藏价值，真可谓：古往今来世无比，诗画墨宝创空前！

在音乐界，不少的音乐界名家组织《毛泽东诗词交响合唱音乐会》，让那烁烁华章、煌煌诗情形成诗与歌交织的壮丽画面，而久演不衰。

在韶山、在庐山、在杭州……均有毛泽东诗词碑亭，乃至在茶杯上都出现那笔走龙蛇的毛泽东诗词书法作品，……各种毛泽东诗词的研究著作，更是丰富多彩。

然而，就毛泽东的诗词与楹联中的用典情况而言，虽说有一些文论常有所涉及，但是，就笔者之所见，似未见有人专门地予以探讨。

实际上，毛泽东诗词与毛泽东楹联，有承中国古典诗词、楹联之前，启当代中国诗词、楹联发展创新之后之妙。

在国外对毛泽东有东方诗神之称，赞毛泽东诗词的影响为当今世界之最。毛泽东诗词有如此之大的影响力，探其原由，是多方面决定的，而与其妙用典故关系甚大。

至于毛泽东在其诗词、楹联中的用典艺术手法与艺术特色，本书在A卷中所探讨的毛泽东妙用典故的艺术手法与毛泽东妙用典故的艺术特色两章中基本涵盖，故在此卷中不再赘及。

笔者拟在这一卷中，在先论清楚上述提及的毛泽东诗词在国内、国际的具体影响等问题之后，再就毛泽东的每首诗词、每一副楹联中如何具体地妙用典故的情况予以系统论述。

为了节省篇幅和方便读者阅读，笔者拟就毛泽东的每一首用典诗词或每一幅用典楹联为一题，就其用典之妙予以探讨。

一 承古典诗联之前 启当代诗联之后
——毛泽东诗词、楹联在国内的影响概说

毛泽东是伟大的政治家、军事家，是政治家诗人、是诗人政治家。因此，就毛泽东诗词与毛泽东楹联的思想内容而言，无庸置疑，毛泽东诗词与毛泽东楹联，是毛泽东思想的艺术结晶。

"一切伟大的诗人都是伟大的创造者，不仅在其艺术领域是如此的，而且在语言领域也是如此的。他不仅有运用，而且有重铸和更新语言使之形成新的样式的力量"（李定广、陈学祖：《试论"稼轩式用典"的美学意蕴》，《江淮论坛》2003年第2期）。诗词称圣手，楹联为巨匠的毛泽东，具有超常的妙用典故的智慧，他运用典故广博且精当，作为一位伟大的诗人，他的诗词与楹联，一旦写成，就特色显著，凡是运用了典故的诗词楹联，就是一种具有高层形而上的用典美的艺术珍品。因而具有多方面的巨大影响，是"诗史丰碑"（1994年12月，李鹏总理为中国毛泽东诗词研究会成立的题词）。就其诗词与楹联的艺术形式和艺术内涵而言，毛泽东诗词与楹联，其影响最大之处，莫过于其诗词与楹联的创作，有"承前启后之妙"，即承古典诗词、楹联之前，开启当代诗词、楹联创作之风之后。

（一） 承古典诗联之前

所谓艺术形式与艺术内涵的承前，就其诗词而言，毛泽东的诗词绝大多数是中华民族传统的古体诗词，即多为唐宋以来已经基本定型五言、七言与长短句，以古风、绝句、律诗、歌行，以赋、比、兴等手法予以表现之；就其楹联作品而言，大多数是中华民族传统的平仄相协调楹联作品。中国楹联学会会长马萧萧曾说：

毛泽东同志以他高瞻远瞩的革命气概和他对于古典诗词的深厚功力与超群才能，不但创作了大量为人咏诵不已的革命诗词，也撰写了不少广为传诵的佳联妙对。从他青少年时期的对联中，即可看出他的胸怀与才能。他的挽联更是词亲情切，感人肺腑。他的对联，往往不拘一格，有时典雅严整，有时又以大白话或革命口号入联，却依然对仗工整，不失格律，读来别有韵味，分外动人，真是大手笔（《对联》杂志，1994年第7期）。

这就是说，毛泽东在诗词与楹联作品的创作上，完全地继承民族传统，他的这些作品，是根植于中国社会和中国历史的土壤上，也就是说，是根植于祖国大地和广大的人民群众之中的。

（二）启当代诗联之后

所谓艺术形式与艺术内涵的启后，就其诗词而言，毛泽东并不为古典所束缚。他反复强调和倡导我们说：

我们的要求则是政治和艺术的统一，内容和形式的统一，革命的政治内容和尽可能完美的艺术形式的统一（毛泽东：《在延安文艺座谈会上的讲话》，《毛泽东选集》第3卷，第869—870页）。

毛泽东自己的诗词、楹联创作正是遵循这三个"统一"的，而要遵循这三个"统一"，就不可能为古典诗词的种种陈规所囿，就要批判地吸收古诗词中一切有用的东西，这正如他所说：

对于中国和外国过去时代所遗留下来的丰富的文学艺术遗产和优良的文学艺术传统，我们是要继承的，但是目的仍然是为了人民大众。对于过去时代的文艺形式，我们也并不拒绝利用，但这些旧形式到了我们手里，给了改造，加进了新内容，也就变成革命的为人民服务的东西了（毛泽东：《在延安文艺座谈会上的讲话》，《毛泽东选集》第3卷，第855页）。

在这一些思想的指导下，毛泽东在1965年7月21日《致陈毅》的信中曾说："因律诗要讲平仄，不讲平仄，即非律诗。"这是毛泽东尊重中国律诗创作传统的表现。但毛泽东也曾说过：

旧体诗有许多讲究，音韵、格律，很不易学，又容易束缚人们的思想，不如新诗那样"自由"，这是一方面。但另一方面，旧体诗词源远流长，不仅像我这样的老年人喜欢，而且像你这样的中年人也喜欢。我冒叫一声，旧体诗词要发展，要改革，一万年也打不倒。因为这种东西，最能反映中华民族和中国人民的特性和风尚，可以兴观群怨嘛，哀而不伤，温柔敦厚嘛……（董志英：《毛泽东轶事》，昆仑出版社1989年版，第251页）。

这是毛泽东在尊重传统诗词的同时，从来就不曾忘记要发展、要改革、要在改革中发展的谆谆教导。这是毛泽东在这里辩证地谈到了旧体在创作上的"优""劣"，他根据我国的客观实际，针对当代广大青少年的知识量和性格特点，他在《致臧克家等》同志的信中指出旧体诗词：

这些东西，我历来不愿意正式发表，因为是旧体，怕谬种流传，贻误青年……。

毛泽东并不因为自己喜好创作旧体诗词而不顾及其他形式的诗歌。他在《致克家等》的信中继续写道：

诗当然应以新诗为主体，旧诗可以写一些，但是不宜在青年中提倡，因为这种体裁束缚思想，又不易学（毛泽东：《致臧克家等》（1957年1月12日），《毛泽东文艺论集》，中央文献出版社2002年版，第308页）。

毛泽东在《致陈毅》的信中，对于诗的写作谈了他一系列的看法，他在信中号召人们："要作今诗，则要用形象思维方法，反映阶级斗争与生产斗争，古典绝对不能要。"他肯定了"民歌中倒是有一些好的"，他预言："将来趋势，很可能从民歌中吸引养料和形式，发展成为一套吸引广大读者的新体诗歌。"毛泽东通过自己的诗词创作实践，写出了光辉永驻的灿烂诗篇，为我国当代诗词创作了一代史诗，开我国一代诗风，给予了我国当代诗歌创作以深远的影响！

同样，在中国楹联的创作上，由于长期以来的影响，我国不少的楹联作者比较片面地强调旧平仄，比较机械地把中国楹联的创作与写作近体诗等同而视。毛泽东却是对旧的楹联作法抒以改造，正如楹联专家马萧萧所言，毛泽东在写作楹联之时，他有时还敢于用大白话，有时甚至大胆地突破"要严守平仄"这个戒律。笔者在1998年曾就自己所看到的、而且多是在公开刊物上发表了的70余副毛泽东楹联作品，按照"一三五不论，二四六分明"的常规予以划定其平仄，毛泽东楹联中不拘于平仄的就达50多副，占毛泽东楹联总数的71.4%。而在毛泽东平生中所圈阅、所引用、所评点、所赞赏的楹联作品，其中不拘平仄的亦为数不少，而这样的楹联作品，其思想性和艺术性同样可与严守平仄的高水平的楹联作品等同而视。这样不拘平仄的楹联作品，往往在广大的农村、工厂拥有极其广阔的市场，这，也许就是毛泽东为我们开楹联创作之风，为我们怎样让中国楹联这一古老的、独特文学艺术形式更好地为广大的人民大众服务，树立的光辉的榜样！

100多年以前，恩格斯在评价意大利诗人但丁时这样说道：

封建的中世纪的终结和近代资本主义纪元的开端，是以一位大人物为标志的。这就是意大利人但丁，他是中世纪最后一位诗人，同时又是新时代的第一位诗人（蔡清富：《新世纪的雄伟华章》，载何火任、蔡清富、吴正裕主编：《毛泽东诗词丛刊》（第1辑），中央文献出版社2000年版，第27页）。

与此同时，恩格斯期望：一个新的历史纪元在开始。意大利是否会给我们一个新的但丁来永志这无产阶级新纪元的诞生呢（恩格斯《共产党宣言》1893年意大利文版序言）。在几十年之后的新的历史纪元，的确出现了一位表现无产阶级革命胜利的伟大诗人，但他没有出现在西方的意大利，而是诞生于东方文明古国的中国。他，就是政治家兼诗人的毛泽东同志。

蔡清富先生所言完全符合我国诗词创作与楹联创作的实际。毛泽东的诗词与楹联的创作理论、创作实践、创作风格等等，都为我们指出了方向，树立了榜样。回顾中国的近现代史和中国的诗词、楹联创作历史，毛泽东就是这样承中国古典诗词与楹联创作之前，启当代诗词、楹联创作之后的伟大诗人。

毛泽东的诗词与楹联创作，令中外独步，吴奔星先生在总结了毛泽东的诗词论述和

诗词创作实践后，称毛泽东使"新诗与旧诗：从势不两立到协调发展"（见1996年9月6日《文艺报》吴奔星的文章）。这诚如张炯先生《在巨人的光环下》一书所写："一代诗风是一代历史土壤的产物。现代中国从贫弱的受凌辱的半封建半殖民地经过人民的不屈不挠的革命斗争，从而使一个伟大民族重新站起来，雄视整个世界并阔步向光明美好的未来迈进，这样的时代一定要产生豪迈奔放、刚强磅礴的诗魂。毛泽东是这种时代诗魂的代表。他的诗风影响于当代乃至后世，是理所当然的。"

毛泽东诗词、楹联弘扬了爱国的传统，凝集了民族的精神，其魅力是永久而长存的。胡乔木同志于1986年为人民文学出版社选编《毛泽东诗词选》50首时，在回答有人为什么要花那么大精力去从事这一项工作时说，毛主席的诗词将比他的文章更能传诸后世。不管图书市场的情况怎么样变化，毛泽东诗词、楹联一类的图书销路总是比较看好的，且不提毛泽东的诗词在1967至1968两年出版各类毛泽东诗词的图书就达200余种，据有关专家统计，就是：进入90年代，各种新的毛泽东诗词注释本不断涌现，平均每年有10余种版本问世。……这里收录的毛泽东诗词专集、注释本，计有691种。……本书尽可能收录了1957年10月至2000年8月间国内外500多家出版社和机构出版的毛泽东诗词版本1048种，其中汉文版897种，少数民族版13种，外文版112种，对照文版21种，盲文版5种。据我所知，毛泽东诗词版本的数量远不止于此，还有许多版本，尤其是"文革"时期群众组织印行的非正式出版物，多流行于民间，各地图书馆未尽收藏，有的已经散佚，致使目前弄清毛泽东诗词版本的确切数字，已属不易（内含毛泽东的楹联著作——引者注）（李晓航：《毛泽东诗词书目提要》，中国文联出版公司2000年版，第3页）。

这些图书的发行量亦是可观的，如1996年河北人民出版社5月出版、由臧克家主编的《毛泽东诗词鉴赏》一书，4年之内就印行了180000册。一部书就有如此大的发行量，那么，这么多版本的毛泽东诗词、楹联方面的图书，其发行印数就更是可想而知了！这就是毛泽东诗词、楹联在国内影响巨大的明证。

二　尊毛泽东为诗神　赞其诗世界之最
——毛泽东诗词、楹联在国外的影响概说

毛泽东的诗词、楹联创作不仅是在国内影响深远，在国外的影响同样巨大。在这个问题上的事例多多，如笔者的《毛泽东楹联艺术鉴赏》（臧克家题签，当代世界出版社1995年版），在德国法兰克福图书博览会上，就引起了不少国外读者的关注和爱好。然不必赘述，只须从下面两个方面的情况得到充分的说明。

（一）国外学者高度评说毛泽东诗词、楹联

一是国外不少知名学者爱读、爱评、爱用、爱编、爱译毛泽东的诗词和对毛泽东的诗词充满着感情。

如：吉林人民出版社1992年5月出版的《毛泽东文艺思想全书》载，诗人朱子奇说：我认识的一代大诗人吉洪诺夫、苏尔科夫、聂鲁达、希克梅特、纪廉、内兹瓦和维尔什宁等，在他们的诗文中，热情歌颂毛泽东，还积极翻译评介毛泽东诗词，并引用他的诗句作为自己诗文的题记或序言。苏联诗人吉洪诺夫曾说，他到了中国，见到了东方巨人，又读了诗人的辉煌诗篇，燃起了他新的诗火。他送我的诗集《五星照耀着绿色大地》中，有一首《中国人》的诗头题记，就写着："数风流人物，还看今朝。——毛泽东：《沁园春·雪》"（该书第1188页）。

由此可见，毛泽东诗词在世界的影响之巨，他的诗词在世界人民心目中是处何等重要的地位！

又如：蔡清富先生在他的《新世纪的雄伟华章》一文中说：海外学者大多认为，毛泽东是当之无愧的"中国的伟大诗人"，在现代诗坛具有特殊的地位，他的诗是中国传统文化和现代社会政治融为一体的独特的艺术珍品。法国汉学界把对毛泽东诗词的翻译、研究，视为对"当代东方一代诗神的深入探寻"，日本学者武田泰淳说：毛泽东诗词"是强有力的政治领导人的诗词，他的诗词令人难以忘怀，我无法摆脱想读它的愿望。……他的诗词的优美近乎是像火与水、天与地合为一体迸发出威力无穷的奇观"（何火任、蔡清富、吴正裕主编：《毛泽东诗词研究丛刊》（第1辑），中央文献出版社2000年版，第33页）。

这里有外国学者谈读毛泽东诗词的体验、感想、评说，是他们的由衷之言，有他们的景仰之情！

再如：据王丽娜女士调查了解：早在30年代，美国进步女作家、著名新闻记者史沫特莱在她所写的访问延安的报告中，就对毛主席作为诗人的才华不胜称赞。美国著名诗人、传记作家罗伯特·佩恩1946年到延安采访，他以极大的兴趣寻求在延安出版的毛泽东诗词集《风沙诗词》，同时，还与毛主席特别交谈了有关诗词的问题。1960年……，为了使毛泽东诗词更好地在法国读者中传播，法国汉学权威戴密微教授重新译了毛泽东诗词十首，1965年在巴黎出版。戴密微对中国诗歌的优秀传统和毛泽东诗词的高度艺术性无比敬佩，……曾在《中国文学艺术中的山岳》一文中写道："中国文学发现山并从中吸取艺术力量比我们足足早了1500多年……山岳从未间断过给中国诗人以灵感。现代最伟大的一位诗人毛泽东主席在其小令（按指《十六字令三首》）里道出了山给人以坚忍不拔的启示。"1969年法国又出版了法国著名学者居伊·布罗索莱的法译本《毛泽东

诗词三十八首》，……译者在此书的导言中写道：深受古典文化滋养的毛泽东的诗词犹如"竖立在某个地方或出现在某个特定环境中的碑石，标志着毛泽东的一生，因而也标志着近半个世纪中国的历史，成为鼓舞中国人民的典范和象征。"……英译本《毛泽东诗词》……这些译本在西方都有较大的影响。……被西方学界誉为"划时代出版物"的《葵晔集：中国历代诗词曲选集》，……此书自1975年在纽约出版后多次再版，并指定为美国大学教材，其中选译毛泽东诗词8首。……1957年莫斯科外文出版社出版了由著名汉学家费德林和艾德林合译的《毛泽东诗词18首》；同年真理出版社又出版了由费德林翻译和作跋的《毛泽东诗词18首》。费德林在跋文中指出："毛泽东诗词没有标语口号，没有教条，每一首诗词都是一个美的世界。"在德国、意大利、匈牙利、日本、朝鲜、越南等等世界各地，都有毛泽东诗词集的出版。毛泽东诗词已经传遍全世界（王丽娜：《毛泽东诗词在国外》，《人民日报》（海外版）1994年12月23日）。

王丽娜研究员的这一篇文章简直就是一篇"毛泽东诗词在国外影响小史"，她全面地介绍了毛泽东诗词在国外学者和人民心目中的地位与影响，这种地位和影响，与国内相比，是毫不逊色的。

（二）国外读者欢喜诵读毛泽东诗词、楹联

我们只要看一看毛泽东诗词在国外翻译的普遍性与其发行量，就知毛泽东诗词在全世界人们心目中的影响力。

对于毛泽东诗词在国外翻译的普遍性，其实在王丽娜研究员的文章中已经初步道及。现据蔡清富先生统计：毛泽东诗词还被译成多种外国文字在世界各地广泛传播，译文有：英、法、俄、德、意、日、西、葡、匈、捷、朝、越、希腊、罗马尼亚、世界语等（蔡清富：《新世纪的雄伟华章》，载何火任、蔡清富、吴正裕主编：《毛泽东诗词研究丛刊》（第1辑），中央文献出版社2000年版，第33页）。

又据公木等专家统计：在很多年前，苏联人民就已经知道，毛泽东不但是一个伟大的政治家，而且还是一个天才诗人。在1955年以前，毛泽东的诗词就已经译成俄文，并且出版了各种不同的版本和译文。除俄文外，还有乌克兰、奥塞梯文、布里亚特文、乌兹别克文、巴什基里亚文、哈卡斯文、楚瓦文、吉尔吉斯文、雅库梯文等，译者都是著名的诗人和中国学家。……波兰的《新文学周刊》在1957年第14期里，以第1版整版和第2版半版的篇幅，刊登了我国《诗刊》发表的18首毛泽东诗词的波兰文译文，影印刊出了毛泽东给臧克家等的信的首页，并附全部译文。……在捷克斯洛伐克、德国、保加利亚、匈牙利、越南、蒙古、英国、美国、新西兰、法国、意大利、日本、印度、印尼、叙利亚、丹麦、比利时、巴基斯坦等国家都有毛泽东诗词的译文（参见公木：《诗人毛

泽东·掌故佳话》，珠海出版社1999年版，第136—140页）。

全世界的人们用这么多的文字翻译毛泽东的诗词，其发行量当然会是可观的。

至于毛泽东诗词译文在国外的发行量的具体数字，则是令人吃惊的。美国著名华裔女作家聂华苓及其丈夫美国学者保罗·恩格尔合译的《毛泽东诗词》，1972年出版于纽约。他们俩对于毛泽东诗词在国外的发行情况是有所了解的。聂华苓曾经颇为感慨地说：据说已经售出的毛泽东诗集达7500万册，完全比得上有史以来所有用英语写作的诗人的诗集的总和（蔡瑛：《人去诗情在——‘毛泽东诗话’评介》，《新国风诗刊》2001年第4期）。

这个发售量，在某一种意义上说来，就是一个读者数量。毛泽东诗词集在国外有如此多的读者，这又充分地说明了毛泽东诗词的魅力达到了无与伦比的地步！

三 诗词楹联多典故 承前启后树榜样
——毛泽东诗词、楹联中妙用典故概说

综上所述可见，毛泽东的"诗作已成为我们民族的文化瑰宝，成为人类文化史上一颗璀璨的明珠。在今天的世界上，有着巨大的影响"（毛岸青、邵华：《〈毛泽东诗词选〉序言》（新英汉对照），《光明日报》1993年11月19日）。毛泽东诗词之所以有如此大的影响力，有其诸多方面的缘由，就政治思想上而言，毛岸青与邵华在其简短的序言中已经作了精练的概括。他俩写道：

父亲是革命家，也是诗人。他的诗，非文人墨客的遣兴之作。"诗言志"，父亲诗中的一题、一景、一人、一事，无不记述着中国革命发展的可歌可泣的英雄业绩。古往今来，有"史诗"一说，父亲的诗篇，连贯起来，可谓中国革命的不朽史诗。父亲是富于感情的人，情感升华为诗，诗就有了生命。大悲大喜，大雅大俗，均寄托了他对人民的情怀。读他的诗，就是理解他这个人（出处同上）。

纪鹏同志则将毛泽东诗词归纳为五个特点，这就是"题材广阔、丰实"；"以诗史的大手笔抒写武装斗争与社会主义革命、建设的壮丽画卷"；"高尚磊落的胸襟反映在与友人赠答、迎送、唱和的诗中"；"诗中蕴藏睿智、深邃的人生哲理"；"诗中洋溢拼搏、奋斗、进取、向上的崇高美，给人以激励与必胜的信心"（《中国新闻出版报》1997年6月20日）。

但是，毛泽东诗词的影响力如此之巨，还有其艺术表现手法这一重要方面的原因。毛泽东在诗词创作中，调动了诸多的艺术手法。而在这诸多的艺术手法之中，其中最富有特色的艺术手法，笔者以为，这就是毛泽东在其诗词中的妙用典故。

毛泽东诗词发表惊天下，与其独出心裁用典紧相关。毛泽东诗词、楹联中的用典，达到了盛况空前的地步。

中国有如恒河沙数丰富而多彩的典故，是毛泽东诗词和楹联创作中的肥沃土壤与万用俱全的"丝绸"、"织锦"。又鉴于诗词、楹联是最为精炼、最为传神、最为博雅、涵盖容量最丰富的文体，故而决定了毛泽东在其诗词、楹联创作中，必须要多用典故，而其用典之法，又必须是重在运用"聚锦参合选优式"的用典之法，而正是这种方法的运用，才能使毛泽东的诗词、楹联有上述独特的艺术效果的锦绣华章，才能产生众人认可且经受了时间考验的传世名句。我们在毛泽东诗词与楹联所用典故的作品中可以看到：毛泽东诗词、楹联所妙用的典故，几如玑珠宝石镶嵌其中，而典故内容中的"典源"、"典形"与"典例"，则有如从大量的"丝绸"、"织锦"中挑选而来，经过毛泽东的提炼、加工妙用尽情地展现其作品承前启后的艺术魅力，为这些诗词楹联增添着绚丽的光彩。

鉴于上述情况，笔者拟对毛泽东诗词与楹联中的用典一一探讨。

1. "凭割断愁丝恨缕" "苦情重诉"话爱心
——毛泽东在《贺新郎·别友》中所用典故探妙

用典缘起：

1923年4月，毛泽东因湖南军阀赵恒惕的通缉，被迫别离爱妻杨开慧与刚出生的儿子毛岸青。在临别之际，毛泽东写下了《贺新郎·别友》。其词云："挥手从兹去。更那堪凄然相向，苦情重诉。眼角眉梢都似恨，热泪欲零还住。知误会前番书语。过眼滔滔云共雾，算人间知己吾和汝。人有病，天知否？今朝霜重东门路，照横塘半天残月，凄清如许。汽笛一声肠已断，从此天涯孤旅。凭割断愁丝恨缕。要似昆仑崩绝壁，又恰像台风扫寰宇。重比翼，和云翥。"在这一首词中用了下列典故。

典故内容：

挥手从兹去。——典出南朝宋人刘铄《拟行行重行行》："眇眇陵上道，遥遥行远之，回车背京里，挥手从此辞。"又见，唐人李白《送友人》："挥手自兹去，萧萧班马鸣。"又见，晋人刘琨《扶风歌》："挥手长相谢，哽咽不能言。"又见，宋人张孝祥《水调歌头·金山观月》："挥手从此去，翳凤更骖鸾。"

更那堪凄然相向。——典出唐人王建《凉州行》："养蚕缫茧成匹帛，那堪绕帐作旌旗。"又见，宋人邵雍《暮春吟》："林下居常睡起迟，那堪车马近来稀。"又见，宋人辛弃疾《贺新郎·别茂嘉十二弟》词："绿树听鹈鴂，更那堪、鹧鸪声住，杜鹃声切。"又见，宋人柳永《雨霖铃》："多情自古伤离别，更那堪冷落清秋节。"又见，元人马致远《双调夜行船》："红尘不向门前惹，绿树偏宜屋角遮，青山正补墙头缺；更那堪竹篱茅舍。"又见，元人《送春小令（双调·楚天遥带过清江引）》："花开人正欢，花落春如醉，……愁共海潮来，潮去愁难退，更那堪晚来风又急。"

眼角眉梢都似恨。——"眼角眉梢"，亦即"眉尖眼角"、"眉梢眼角"。——典出明人李开先《郑月莲秋夜云窗梦》："眉尖传恨，眼角留情，神前盟誓，袖里香罗。"又见，《红楼梦》第63回："芳官吃得两腮胭脂一般，眉梢眼角，添了许多丰韵。""都似恨"——典出唐人李白《忆旧游寄谯郡元参军》："问余恨别知多少？落花春暮争纷纷。"又见，唐人杜甫《春望》："感时花溅泪，恨别鸟惊心。"毛泽东则以人的五官变化写恨，更为形象生动逼真。

欲零还住。——典出唐人陆龟蒙《别离》："丈夫非无泪，不洒离别间。"又见，宋人欧阳修《诉衷情》："拟歌先咽，欲笑还颦，最断人肠。"又见，宋人苏轼《水龙吟》："困酣娇眼，欲开还闭。"又见，宋人李清照《凤凰台上忆吹箫》："多少事，欲说还休。"又见，宋人辛弃疾《水龙吟》："停觞不御，欲歌还止。"又见，其《丑奴儿·书博山道中壁》："而今识尽愁滋味，欲说还休。"

知误会前番书语。——典出唐人元稹《菟丝》："人生莫依倚，依倚事不成。君看菟丝蔓，依倚榛与荆。下有狐兔穴，奔走亦纵横。樵童砍将去，柔蔓与之并。"元稹的诗，在这里成了典中之典。诗的由来是：杨开慧与毛泽东的感情十分深厚，当毛泽东要离家去广州时，杨开慧也要去广州照顾毛泽东，毛泽东考虑到她还要照顾孩子，就没有同意，并写了元稹的这首诗给她，从而引起了误会。

过眼滔滔云共雾。——典出汉人东方朔《楚辞·七谏·谬谏》："年滔滔而自远兮。"又见，宋人苏轼《吉祥寺僧求阁名》："过眼荣枯电与风，久长那得似花红。"又见，苏轼《王君宝绘堂记》："见可喜者，虽时复蓄之，然为人取去亦不复惜也。譬之烟云之过眼，百鸟之感耳，岂不忻然接之，然去而不复念也。"又见，宋人赵蕃《观祝少林所藏画》："烟云过眼还收去，怯似凭阑立久时。"又见，宋人戴复古《再赋惜别，呈李实夫运使》："此去怕无相见日，因风或有寄来书；云烟过眼时时变，草树惊秋夜夜疏。"又见，清人洪亮吉《北江诗话》卷6："亦如名人书画，过眼云烟，未有百年不易主者。"

天知否。——典出《史记·屈原贾生列传》："人穷则反本，故劳苦倦极，未尝不呼天也。"又见，宋人苏轼《代滕甫辨谤乞郡书》："疾痛则呼天，穷窘则号地。盖情发于中，言无所择。"又见，元人陆元圭《点绛唇·情景四首》（其四）："柳带青青，攀向行人手。天知否？白头相看守，破镜重圆后。"

今朝霜重东门路。霜重。——典出唐人李贺《雁门太守行》："半卷红旗临易水，霜重鼓寒声不起。"东门路。——典出《诗经》中的写男女爱情地名的诗题如

217

《东门之墠》、《出其东门》、《东门之枌》、《东门之池》、《东门之杨》等。古乐府曲中有《东门行》："出东门，不顾归。"又见，唐人白居易《秦中吟·不致仕》："寂寞东门路，无人继后尘。"又见，宋人周邦彦《浪淘沙》："晓阴重，霜凋岸草，雾隐城堞。南陌脂车待发，东门帐饮乍阕。"

照横塘半天残月。横塘。——典出南朝梁人萧纲《药名诗》："朝风动春草，落日照横塘。"又见，唐人崔颢《长干行》："君家何处住，妾住在横塘。"又见，前蜀人牛峤《玉楼春》："春入横塘摇浅浪，花落小园空惆帐。"又见，宋人曾巩《城南》："雨过横塘水满堤，乱山高下路东西。"又见，宋人吴文英《莺啼序》："横塘棹穿艳锦，引鸳鸯弄水。"又见，宋人贺铸《青玉案》："凌波不过横塘路，但目送芳尘去，锦瑟年华谁与度。"又见，宋人张先《倾杯·横塘水静》："横塘水静，花窥影，孤城转。"又见，宋人蔡伸《风流子·韶华惊腕》："无奈锦鳞杳杳，不渡横塘。"又见，宋人范成大《横塘》："年年送客横塘路，细雨垂杨系画船。"又见，宋人赵师侠《双头莲令》："太平和气兆嘉祥，草木总成双。红苞翠盖出横塘，两两斗芬芳。" 残月。——典出宋人梅尧臣《梦后寄欧阳永叔》："五更千里梦，残月一城鸡。"又见，宋人柳永《雨霖铃》："今宵酒醒何处？杨柳岸、晓风残月。"

凄清如许。凄清。——典出西晋人潘岳《秋兴赋》："月朦胧以含光兮，露凄清以凝冷。" 如许。——典出宋人张宗瑞《谒金门》："楼外垂杨如许碧，问春来几日。"又见，宋人范成大《盘龙驿》："行路如许难，谁能不华发？"又见，宋人柳永《临江仙》："问怎生禁得，如许无聊。"

肠已断。亦即"肠断"、"断肠"。——典出南朝梁人江淹《别赋》："是以行子肠断，百感凄恻。"又见，唐人白居易《长恨歌》："行宫见月伤心色，夜雨闻铃肠断声。" 唐人李白《清平调》："一枝红艳露凝香，云雨巫山枉断肠。"又见，唐人孟郊《汴州离乱后忆韩愈、李翱》："会合一时哭，别离三断肠。残花不待风，春尽各飞扬。"又见，宋人黄庭坚《寄贺方回》："解作江南断肠句，只今惟有贺方回。"又见，宋人吴淑姬《惜分飞》："一片征帆举，断肠遥指苕溪路。"又见其《祝英台近》："断肠曲曲屏山，温温沈水，者是归看承人处。"又见，元人马致远《天静沙》（秋思）："夕阳西下，断肠人在天涯。"

天涯孤旅。——典出宋人柳永《倾怀》："想绣阁深沉，争知憔悴损，天涯行客。"

要似昆仑崩绝壁。亦即"共工触不周之山"的暗用。——典出《淮南子·天文训》："昔者共工与颛顼争为帝，怒而触不周之山，天柱折，地维绝。天倾西北，故日月星辰移焉；地不满东南，故水辽尘埃归焉。"汉人高诱注："不周山，昆仑西北。"宋人张元干《贺新郎·送胡邦衡待制谪新州》："底事昆仑倾砥柱，九地黄流乱注？"

昆仑。——典出晋人张华《博物志》卷1引《河图括地象》曰："昆仑山广万里，高一万里，神物之所生，圣人仙人之所集也。"又见，唐人陈子昂《感遇》诗云："昆仑见玄凤，岂复虞云罗！"

比翼。亦即"比翼齐飞"的缩用。——典出《尔雅·释地》："南方有比翼鸟焉，不比不飞。"又见，汉人韩婴《韩诗外传》："南方有鸟名曰鹣，比翼而飞，不相得不能举。"又见，三国魏人曹植《送应氏》："愿为比翼鸟，施翮起高翔。"又见，三国魏人阮籍《咏怀诗八十二首（其十二）》："愿为双飞鸟，比翼共翱翔。"又见，唐人刘妙容《宛转歌二首》："愿为双鸿鹄，比翼共翱翔。"又见，唐人白居易《长恨歌》："在天愿作比翼鸟，在地愿为连理枝。"又见，明人冯梦龙《喻世明言》卷23："意似鸳鸯飞比翼，情同鸾凤舞和鸣。"

和云翥。——典出《楚辞·远游》："鸾鸟轩翥而翔飞。"又见，汉人无名氏《古诗十九首·西北有高楼》："愿为双鸿鹄，奋翅起高飞。"又见，唐人韩愈《石鼓歌》："鸾翔凤翥众仙下，珊瑚碧树交枝柯。"

用典探妙：

毛泽东的这一首词写于遭受军阀迫害、奉中央通知赴广州参加国民党第一次全国代表大会、离妻别子之际。这里有别离之情、有反抗迫害之激愤、有对中国革命充满必胜之信心……如何来表达当时这样一种心情呢？毛泽东不愧是用典的高手，他妙用典故，展示了诚挚的友谊革命志、夫妻别离忠贞情；他借助典故的运用，表达了为探索救国救民的真理，别妻离子动诗情。

毛泽东用数组典故，组成了几组特写"镜头"，表达了下面的几种动人的场面与情怀。

一是运用置换典故之法，以凸现送别之主题。毛泽东将李白《送友人》中的"挥手自兹去"换成"挥手从兹去"。李白的这一句诗是表现别离时的神态和情态的，毛泽东所换之句依然保留了李白诗中的诗意，但是，毛泽东是将这一句诗放在全词的开篇之首，而不是像李白一样放在全诗之末尾。这样一来，一下子就点了诗的题旨，将《贺新郎·别友》的送别主题凸现在读者的眼前。

二是运用取用典故典意与句式之法，以凸现送别之情态和神态。在这一首词中，毛泽东运用这一种手法是比较多的。他将"更那堪鹧鸪声住"更换成"更那堪凄然相向"，既用了辛词中的一部分字词，又承袭了其词之意。辛词中的"更那堪鹧鸪声住"，以鹧鸪啼叫的悲切凄凉不堪忍受，比喻别离茂嘉十二弟的难堪。毛泽东的"更那堪凄然相向"，则更显笔力超常，他将与杨开慧双方难以忍受的凄凉都搬上了画面。这样的别离就显得异乎寻常了！

毛泽东继续运用此法，连续地将"欲开还闭"、"欲说还休"、"欲歌还止"这样

的古典句式句法纳入己词之中，进一步地描绘了别离时的神情，显得特别的形象而生动，同时也是"更那堪凄然相向，苦情重诉。眼角眉梢都似恨"的总括，也是别离之苦的高潮！

夫妻相伴，难免会小有误会之处，古人有云："黯然销魂者，唯别而已"，在人生生死别离之际，有什么误会不能消除呢？！毛泽东再用取典之意用典之句式句法，将苏轼的"过眼荣枯电与风"化而用之，苏诗之句为：要视荣枯之事如电如风一般一忽儿而过，毛泽东将其化为：要将人生相处中的所有的误会，像滔滔的云与雾一样尽快地消散。毛泽东词中的"滔滔"二字，使人如见云雾"滔滔"飞驰，颇富形象性！其句意之涵盖量较之苏句就要大得多，且为下句"算人间知己吾和汝。人有病，天知否？"作了铺垫。

毛泽东的这一首词的上片是重在写离情的，下片之首是写离别之景与革命精神的。毛泽东还是运用上述用典之法，将"落日照横塘"、"妾住在横塘"、"凌波不过横塘路"中的"横塘"拿来活而用之，暗指当时曾住之小吴门外清水塘，以"残月"配其景，真是"凄清如许"之景。毛泽东在这里并没有只停留在写景上，马上又回到了情，取"是以行子肠断，百感凄恻"之句意，将"肠断"拆而用之为"肠已断"，特别是"汽笛一声肠已断，从此天涯孤旅"两句，更有对"断肠人在天涯"一句扩写之妙，极显了汽笛一声之际的离情之痛、之伤、之惆怅，真是情景交融，绝妙！

毛泽东的别离诗词，从来就不会为写别离而写别离，他最终的落脚点，还是要写为革命而别离！为胜利而别离！为推翻一个旧世界而别离！但毛泽东在自己的诗词中绝不会因此而大呼口号。他以暗用典故之法，将"共工触不周之山"之典，融化成"要似昆仑崩绝壁"，要将旧世界打个落花流水，要做扭转乾坤的英雄。我们可以以他在为《渔家傲》一词的自注中作证。他自注道："诸说不同。我取《淮南子·天文训》，共工是胜利的英雄。你看，'怒而触不周之山，天柱折，地维绝。……'，他死了没有呢？没有说。看来没有死。共工是确实胜利了。"这就是毛泽东"要似昆仑崩绝壁"的真意之所在。

毛泽东展望未来，要在革命的斗争之中，共同战斗，要在革命胜利之时，共享欢乐。毛泽东将"比翼齐飞"、"比翼共翱翔"、"在天愿作比翼鸟"、"鸾鸟轩翥而翔飞"暗用于"重比翼"、"和云翥"之中，暗指夫妻别后重聚、一同飞向幸福的云天，自由地翱翔！

毛泽东的这一首词用典的最大特点是，妙用了古诗、词、赋中离情、别情、别景中的佳句妙句以及地名典故中双关特别意义，如"横塘"、"东门"等地名典，写了自己别妻离子之凄苦，但并未陷入这种凄凄惨惨戚戚之中，相反，而是以此为铺垫，写出了一位伟大革命者的人情、儿女情、夫妻情和无与伦比的革命豪情！从毛泽东这一首词中的妙用典故，我们可以清楚地看到毛泽东妙用古典和对古典的巧妙突破。

2.注昔峥嵘岁月稠 同学少年风华茂
——毛泽东在《沁园春·长沙》中所用典故探妙

用典缘起：

毛泽东自1913年进入湖南省城长沙之后，在湖南第四师范和第一师范连续读了5年半书。这是极不平凡的岁月。在这里，毛泽东初步树立了救国救民的伟大政治理想。他在1925年写下的《沁园春·长沙》中，充分地表达了这种志向。这一首词是："独立寒秋，湘江北去，橘子洲头。看万山红遍，层林尽染；漫江碧透，百舸争流。鹰击长空，鱼翔浅底，万类霜天竞自由。怅寥廓，问苍茫大地，谁主沉浮？　携来百侣曾游。忆往昔峥嵘岁月稠。恰同学少年，风华正茂；书生意气，挥斥方遒。指点江山，激扬文字，粪土当年万户侯。曾记否，到中流击水，浪遏飞舟？"在这一首词中用了下列典故。

典故内容：

独立寒秋。——典出唐人杜甫《乐游园歌》："此身饮罢无归处，独立苍茫自咏诗。"又见，其《独立》："天机近人事，独立万端忧。"又见，宋人苏轼《赤壁赋》："飘飘乎，如遗世独立，羽化而登仙。"

看万山红遍。——典出唐人杜牧《山行》："停车坐爱枫林晚，霜叶红于二月花。"又见，清人周之琦《好事近·舆中杂书所见》词四首其二："看万山红叶。"

层林尽染。——典出元人王实甫《西厢记》："碧云天，黄叶地，晓来谁染霜林醉，都是离人泪。"

百舸争流。——典出汉人扬雄《方言》卷9："南楚湘江，凡船大者谓之舸。"三国魏人嵇康《琴赋》："尔乃颠波奔突，狂赴争流。"又见，南朝宋人刘义庆《世说新语·言语》："千岩竞秀，万壑争流。"

鹰击长空，鱼翔浅底。——典出《汉书·五行志》："立秋而鹰隼击，秋分而微霜降。"又见，宋人李昉等《太平御览》卷14《天部》："季秋霜始降，鹰隼击。"又见，《诗经·旱麓》："鸢飞戾天，鱼跃于渊。"又见，三国魏人曹植《情诗》："游鱼潜渌水，翔鸟薄天飞。"又见，唐人储光羲《钓鱼湾》："潭清疑水浅，荷动知鱼散。"又见，郦道元《水经注·湘水》引《湘中记》："湘川清照五六丈，下见底，石如樗蒲矢，五色鲜明，白沙如霜雪。"又《湘中记》引谚云："昭潭无底橘洲浮。"

怅寥廓。——典出楚·屈原《楚辞·远游》："下峥嵘而无地兮，上寥廓而无天。"又见，西汉人司马相如《大人赋》："下峥嵘而无地兮，上寥廓而无天。"又

见，唐人杜甫《桔柏渡》："孤光隐顾盼，游子怅寂寥。"

谁主沉浮。——典出《庄子·知北游》："天下莫不沉浮，终身不故。"又见，唐人高适《飞龙曲上陈左相》："折腰知宠辱，回首看沉浮。"

峥嵘岁月。——典出南朝宋人鲍照《舞鹤赋》："岁峥嵘而愁暮。"又见，唐人杜甫《敬赠郑谏议十韵》："筑居仙缥缈，旅食岁峥嵘。"又见，宋人苏轼《巫山》："瞿塘迤逦尽，巫峡峥嵘起。"又见，宋人陆游《十二月二十九日夜半雨雪作披衣起听》诗："岁月惊峥嵘。"又见，宋人秦观《阮郎归》："乡梦断，旅魂孤，峥嵘岁又除。"

同学少年。——典出唐人杜甫《秋兴》："同学少年多不贱，五陵衣马自轻肥。"

风华正茂。——典出唐人温庭筠《中书令裴公挽歌词》："王俭风华首，萧何社稷臣。"又见，《南史》卷19《谢晦传》："时谢琨风华，为江左第一。"

书生意气。——典出《史记》卷62《管晏列传》："意气扬扬，甚自得也。"又见，《史记·李将军列传》："广意气自如，益治军。"又见，唐人杜甫《赠王二十四侍御》："由来意气合，直取性情真。"又见，唐人高适《酬贺兰大夫》："鲁连真义士，陆逊岂书生。"

挥斥方遒。挥斥。——典出《庄子·田子方》："夫至人者，上窥青天，下潜黄泉，挥斥八极，神气不变。"　方遒。——典出《后汉书》卷91《左周黄列传论》："往车虽折，而来轸方遒。"又见，南朝宋人鲍照《是浔阳还都道中作》："鳞鳞夕云起，猎猎晓风遒。"

指点江山。——典出唐人杜甫《咏怀古迹》："最是楚宫俱泯灭，舟人指点到今疑。"又见，唐人白居易《东南行一百韵寄通州元九侍御等》："时遭人指点，数被鬼揶揄。"又见，元人萨都剌《念奴娇·石头城》词："指点六朝形胜地，唯有青山如壁。"

激扬文字。——典出《后汉书·臧洪传》："洪辞气慷慨，闻其言者，无不激扬。"又见，《旧唐书·王珪传》："至如激浊扬清，嫉恶好善，臣于数子，亦有一日之长。"又见，南朝梁人江淹《恨赋》："及夫中散下狱，神气激扬。"

粪土当年万户侯。"粪土"——典出《左传·襄公十四年》："卫侯其不得入矣！其言粪土也。"又见，《史记·货殖列传》："贵出如粪土，贱取如珠玉。"又见，汉人王充《论衡·非韩》："利欲不存于心，则视爵禄犹粪土矣。"又见，《后汉书·李杜列传》："其顾视胡广、赵戒，犹粪土也。"又见，唐人罗隐《秦中富人》："粪土金玉珍，犹嫌未奢侈。"　"万户侯"——典出《史记·李将军列传》："汉文帝谓李广曰：'惜乎！子不遇时，如令子当高帝时，万户侯岂足道哉！'。"又见，北周·庾信《拟咏怀》（其十八）："寻思万户侯，中夜忽然愁。"又见，唐人王维《陇头吟》："身经大小百余战，麾下偏裨万户侯。"又见，宋人刘克庄《沁园春·梦孚若》："使李将军，遇高皇帝，万户侯何足道哉！"又见，元人白朴《双调沉醉东风·渔夫》："傲杀人间万户侯，不识字烟波钓叟。"又见，明人何景明《鲁连》诗："不受万户侯，长揖千乘君。"又见，明人周清源《西湖二集》第1卷："他年名上凌云阁，岂羡当时万户侯。"又见，清人黄遵宪《和周郎山珉见赠之作》："噫嘻乎儒生读书不识羞，动夸虎头燕颔径取万户侯。"

中流击水。——典出《庄子·逍遥游》："鹏之徙于南溟也，水击三千里。"又见，《晋书·祖逖传》：祖逖率军北伐，"渡江，中流击楫而誓曰：'祖逖不能清中原而复济者，有如大江！'辞色壮烈，众皆慨叹。"

用典探妙：

这一首词是毛泽东在1925年9月离开长沙的前夕所作。诗人独自登楼，感慨万千，情景交融地抒发了自己雄浑而苍凉的内心世界，展现了诗人的非凡气度。

诗人这一创作动机和创作原则的实现，是通过写景与抒情来展示的，而其写景与抒情，又与其妙用典故关系甚大。在写景时，诗人采取如下两种用典手法。

一是取用现成的语典之典意，改动个别字之后，用于自己的写景之句，这样既用了以往的写景句的句意，又借用了其中的部分语词。如将"看万山红叶"改用为"看万山红遍"，虽说只是一字之差，既承有原来的"看万山红叶"之意，更有其超"看万山红叶"之意蕴，因为"红叶"只是拘限于"叶"而已，而"红遍"则不尽含有"红叶"，而是所有皆红。这一秋景之美，是何等之妙！给人之感受，是何等的深刻！

二是在运用写景语典之时，略取用其中之词语，重在取用其语典之典意。如"晓来谁染霜林醉"，这是一句写林经霜之后之美及人所看见时的感受的美语。毛泽东将其用于己词，当然不能搬用，他只是取用其中的"林"、"染"二字，便尽取其句意。毛泽东的"层林尽染"，有效地配合了前句"看万山红遍"，将秋景之美写到了极处！下面的许多写景句，几乎都是这样妙用语典的。如"南楚湘江，凡船大者谓之舸"，"尔乃颠波奔突，狂赴争流"。毛泽东则在用其部分语词的同时，重在用其意，自成妙句"百舸争流"；以"季秋霜始降鹰隼击"，"游鱼潜渌水，翔鸟薄天飞"，而自成妙句"鹰击长空，鱼翔浅底"。以"万类霜天竞自由"作结。一幅美如画的秋景图便展现在广大读者的眼前！以"上寥廓而无天"，而自成妙句"怅寥廓"，抒写了诗人面对美丽如画的秋景而发出"谁主沉浮？"的无限感慨。

祖国的大好河山，到底由谁来主其沉浮？品味毛泽东通过下片词的用典，我们可以找到其明确的答案！这里的用典又有其特色。

首先是有反用语典其意之妙。"岁峥嵘而愁暮"，毛泽东取其中的"岁峥嵘"而反其"愁暮"之意，成其妙句"忆往惜峥嵘岁月稠"；"万户侯"其古意为众人之所望，

含褒意。而毛泽东贬而用之，成妙句为"粪土当年万户侯"，与"峥嵘岁月"互补，显现了毛泽东及其战友们的斗争精神！

其次是取用典故中的部分语词而侧重在用其典意之妙，以表现毛泽东的鲲鹏气度和战友们奋斗精神。将庄子"天下莫不沉浮，终身不故"那沉浮升降，新新相续之意，化为"谁主沉浮"以言志，借以开启词的下阙。将"同学少年多不贱，五陵衣马自轻肥"，"王俭风华首，萧何社稷臣"，"意气扬扬，甚自得也"，用其中的句意，取用其中的关键语词，自成"恰同学少年，风华正茂；书生意气"，展现了当年同学为了救国救民努力学习、关心社会、慷慨激昂的豪迈爽朗风格与气概；取"挥斥八极，神气不变"、"傲杀人间万户侯"之语意与其中的部分语词，成妙句"挥斥方遒"、"粪土当年万户侯"，以展现当年那种血气方刚、百侣共创新民学会、敢于"粪土当年万户侯"的气质；取"中流击楫"化而为"到中流击水"，既为游泳之写实，更是用于直抒胸臆，以表达青年毛泽东及一批有志为国为民献身的革命者当年就要平定中原、要以身许国、要解放全中国的一片情怀。

3.崔诗李诗各千秋 一阙毛词冠古今
——毛泽东在《菩萨蛮·黄鹤楼》中所用典故探妙

用典缘起：

在1927年的"4·12"事变前夕，由于陈独秀执行了右倾机会主义的错误路线，给当时的中国革命带来了严重的危机。就在这样的政治背景下，毛泽东登临黄鹤楼，面对滔滔江水，凭栏眺望，顿觉心潮起伏，热血沸腾。挥笔而赋："茫茫九派流中国，沉沉一线穿南北。烟雨莽苍苍，龟蛇锁大江。　　黄鹤知何处？剩有游人处。把酒酹滔滔，心潮逐浪高！"在这一首词中用了下列典故。

典故内容：

黄鹤楼。暗含"仙人乘鹤歇此楼"、"费祎驾鹤憩此楼"、"荀环学仙遇神仙"、"橘皮画鹤鹤起舞"。——典出"仙人乘鹤歇此楼"的民间神话传说。——这是一个有趣的神话传说。这一传说的出典有诸多的"版本"。如《南齐书·州郡志》卷下载，很古之前，有一个叫王子安的神仙，他骑乘一只黄鹤云游四方。在他飞临武汉上空之时，发现此地有一座雄伟的高楼，便降其黄鹤在此楼休息，不一会儿，又乘黄鹤飘然而去。此一说也！又见，"费祎驾鹤憩此楼"的民间传说。——典出《太平寰宇记》卷112《武昌府》载：三国时的蜀中费祎成了仙之后，常会乘鹤来武昌的这一座楼上休息。于是此楼成名了。又见，"荀环学仙遇神仙"的民间传说。——典出南朝梁人任昉《述异记》。言名士荀环多年学仙。有一次，他到黄鹤楼上休息，偶然见一气度不凡的仙人驾鹤而来，二人便一同饮酒吟诗。不久，仙人又乘鹤飞天而去，转眼便杳无踪影。为了纪念仙人驾鹤临此地，因而建造了"黄鹤楼"。又见，"橘皮画鹤鹤起舞"这样一个民间传说。——相传在武汉的蛇山脚下，有一个辛氏酒店。店主人虽说贫寒，可是心地善良为人忠厚。有一天，一个衣着破烂的道人在此讨吃酒饭。这个老道人天天在此喝酒，又没有钱可付。就这样不知不觉地喝了一年，老道在将要离开之际，从地上拾取一块黄橘皮，在墙上画了一只黄鹤，并对辛氏说："酒客一至即拍手，墙上黄鹤就跳舞。"说完飘然而去。辛氏酒店就靠这黄鹤伴舞从此发了大财。10年之后，道人又至，即行招鹤下墙，乘鹤而去。对此，辛氏感慨万千，便在此地建造了"黄鹤楼"，以谢道人的赐财之恩。

茫茫九派流中国。茫茫。——典出古乐府《敕勒歌》："天苍苍，野茫茫，风吹草低见牛羊。"又见，晋人陆机《叹逝赋》："咨余今之方殆，何视天之茫茫。"又见，明人林章《登黄鹤楼作》："望里山川是楚乡，美人何处水茫茫。" 九派。——典出南朝宋人鲍照《登黄鹤矶》："三崖隐丹磴，九派引沧流。"又见，唐人李白《金陵望汉江》："汉江回万里，派作九龙盘。横溃豁中国，崔嵬飞迅湍。"又见，唐人王维《汉江临眺》："楚塞三湘接，荆门九派通。江流天地外，山色有无中。"又见，唐人皇甫冉《送李录事赴饶州》："山从建业千峰远，江至浔阳九派分。"又见，清人钱澄之《登黄鹤楼》："矶边日落千帆渡，树里湖通九派平。"

烟雨莽苍苍。烟雨。——典出唐人刘禹锡《竹枝词》："巫峡苍苍烟雨时，清猿啼在最高枝。"又见，唐人杜牧《江南春绝句》："南朝四百八十寺，多少楼台烟雨中。" 莽苍苍。——典出《庄子·逍遥游》："适莽苍者，三飡而反，腹犹果然。"唐人成玄英疏："莽苍，郊野之色，遥望之不甚分明也。"又见，宋人陆游《哀郢》："章华歌舞终萧瑟，云梦风烟旧莽苍。"

龟蛇锁大江。——典出"灵龟练蛇锁苍龙"的古老传说。相传很古的时侯有两条苍龙在武汉一带兴风作浪，黎民百姓受尽其害。他们正在叫天天不应，呼地地不灵之时，正好治水的大禹在南方巡视到此。大禹见此情景，马上调兵遣将与这两条苍龙展开搏斗。他手下的灵龟、练蛇二将英勇善战，最终擒拿了二龙。在二龙求饶之际，大禹听取了老百姓的意见，要二龙将功补过，叫二龙将"云梦泽"中的洪水引入东海。遵照老百姓的意见，二龙马上化为长江和汉水，从此滔滔洪水流入了东海。富有治水经验的大禹就要告别老百姓了，但他生怕二龙等他一走就会复发害人的旧病，即令灵龟与练蛇化山锁江，以监视二龙，守望着长江、汉水日日夜夜滚滚流入东海！宋人李清照《凤凰台上忆吹箫》·："念武陵人远，烟锁秦楼。"又见，宋人刘克庄《真州北山》："遥怜钟阜诸峰好，闭锁行宫九十年。"

黄鹤知何处？剩有游人处。——典出唐人崔颢《黄鹤楼》诗："昔人已乘黄鹤去，

此地空余黄鹤楼；黄鹤一去不复返，白云千载空悠悠。"又见，唐人贾岛《黄鹤楼》："青山万古长如旧，黄鹤何年去不归？"又见，唐人卢郢《黄鹤楼》："黄鹤何年去杳冥？高楼千载倚江城。"

把酒酹滔滔。——典出《后汉书·张奂传》："以酒酹地。"又见，唐人李白《山人劝酒》："举觞酹巢由，洗耳何独清。"又见，宋人苏轼《菩萨蛮·赤壁怀古》："人间如梦，一樽还酹江月。"又见，《诗经·小雅·四月》："滔滔江汉，南国之纪。"又见，《诗经·大雅·江汉》："江汉浮浮，武夫滔滔。"

用典探妙：

古往今来，题咏"黄鹤楼"的诗词不少，而最有名者，当数大名人崔颢与李白所题的诗称杰。唐朝大诗人崔颢有七律云："昔人已乘黄鹤去，此地空余黄鹤楼。黄鹤一去不复返，白云千载空悠悠。晴川历历汉阳树，芳草萋萋鹦鹉洲。日暮乡关何处是，烟波江上使人愁。"崔颢诗妙用黄鹤楼的传说，叙写所见之茫茫景象，引出阵阵乡愁，表达了延绵不绝的情思，可谓千古一绝！

为了显现崔颢其诗之妙，人们还以李白题诗的故事衬托之。其云：传说有一天，李白来到黄鹤楼，也想题诗一首。读了崔颢诗之后，他写下了两句诗表其意："眼前有景道不得，崔颢题诗在上头。"然李白毕竟是唐代的大诗人，他似乎要与崔颢诗相抗。当他来到南京凤凰台之后，仿崔颢《黄鹤楼》写有《登金陵凤凰台》。其诗云："凤凰台上凤凰游，凤去台空江自流。吴宫花草埋幽径，晋代衣冠成古丘。三山半落青天外，二水中分白鹭洲。总为浮云能蔽日，长安不见使人愁。"这是两首各具千秋的妙诗，它们为世人留下了评说不尽的话题。

待千余年之后，毛泽东在特定的历史背景之下，题写《菩萨蛮·黄鹤楼》，不能不使人想起千余年以来人们爱在黄鹤楼题诗的故事，更是会回忆起唐代这二位大诗人精妙的题诗留句。这就是毛泽东所题之词的选题用典之妙之一。

黄鹤楼名显，天下故事多，"仙人乘鹤歇此楼"、"费祎驾鹤憩此楼"、"荀环学仙遇神仙"、"橘皮画鹤鹤起舞"等，都是很有故事性和趣味性的，且多为众所周知而又脍炙人口，因而选此题成词是颇能引人注目的，这就是所选选题用典之妙之二。

龟蛇锁大江，远涉大禹治水的传说和长江汉水成名之由，毛泽东只用了"龟蛇锁大江"5个字，就将这一动人的神话故事隐括于内，这是毛泽东在词中妙用神话入词的精妙之处，也是这一首词用典之妙之三。

如果说上面是毛泽东妙用事典的话，则就全词而言，在语典的运用上，同样妙笔生花，通首《菩萨蛮·黄鹤楼》，只用两句"黄鹤知何处？剩有游人处"，便将崔颢诗的前四句化用进去，由此可见毛泽东这一首词的涵盖量之大，这是毛泽东用典之妙之四。

在遣词造句方面，亦展现了毛泽东用句精练之妙。鲍照的"九派引沧流"，李白的

"横溃豁中国"，毛泽东选用其中之词纳用其中之意，以此写出了长江之水之浩淼气势！这也是毛泽东意用与词用语典的高妙处。

综上所述可知，正是由于毛泽东在其词中多处妙用典故，使其词令人百读不厌，使其词远超崔、李，具有永久的魅力！

4. "黄洋界上炮声隆" 吴尚王均逃匆匆
——毛泽东在《西江月·井冈山》中所用典故探妙

用典缘起：

1928年8月29日，湘敌吴尚与赣敌王均，趁毛泽东率部去赣西南迎回受挫的红28团之际，再度"会剿"井冈山革命根据地。在敌人占据了所有的县城和平原地区的情况下，留守井冈山的红军部队准备迎战敌人的"会剿"。30日早晨8时左右，湘敌吴尚部向黄洋界发起攻击，黄洋界保卫战打响了。我红军利用刚刚修好的"八二炮"，一发命中敌人的指挥所。敌人以为我红军的主力部队回到了井冈山，吓得纷纷逃命。在夜色中，吴尚的三个团逃回酃县，王均的一个团逃回永新。9月，毛泽东率部回到了井冈山，在欣喜之余，挥笔写下了《西江月·井冈山》。其词云："山下旌旗在望，山头鼓角相闻。敌军围困万千重，我自岿然不动。早已森严壁垒，更加众志成城。黄洋界上炮声隆，报道敌军宵遁。"在这一首词中用了下列典故。

典故内容：

山下旌旗在望，山头鼓角相闻。——典出唐人卢纶《腊日观咸宁王部曲娑勒擒豹歌》："山头瞳瞳日将出，山下猎围照初日。"又见，《孙子兵法》卷7《军争》："言不相闻，故为鼓铎；视不相见，故为旌旗。"又见，《卫公兵法》（卫公即唐朝名将李靖）："使士卒目见旌旗，耳闻鼓角，心存号令。"又见，唐人杜甫《北征》："回首凤翔县，旌旗晚明灭。"又见，其《阁夜》："五更鼓角声悲壮，三峡星河影动摇。"

岿然不动。——典出《孙子兵法》卷7《军争》："不动如山。"唐人杜牧注为"闭壁屹然，不可摇动也。"又见，汉人王延寿《鲁灵光殿赋》："自西京未央、建章之殿，皆见隳坏，而灵光岿然独存。"唐人李善注："高大坚固貌。"

森严壁垒。——典出唐人杜牧《朱坡》："偃塞松公老，森严竹阵齐。"又见，宋人范成大《次韵郊祀庆成》诗："百神森壁垒。"又见，《六韬·王翼》："修沟堑，治壁垒。"又见，《史记·黥布传》："深沟壁垒，分卒守徼乘塞。"

众志成城。——典出《国语·周语下》："上作器，民备乐之，则为和。今财亡民罢（即"疲"），莫不怨恨，臣不知其和也。且民所曹好，鲜其不济也；其所曹恶，鲜其不废也。故谚云：'众心成城，众口铄金。'"三国吴人韦昭注曰："众心所好，莫

之能败，其固如城也。"事言公元前522年时，周景王不听臣子的规劝，铸造大钟（乐器）而劳民伤财。当铸成之后，有乐官说其声和谐，另一位乐官却说：天子铸乐器，若人们都高兴，则可称之为和谐，而因铸钟劳民伤财，百姓无不怨恨，怎能称之为和谐呢？人们均喜好之事，是没有不成功的，而人们讨厌的事，则少有不失败的。所以有谚语说，万众一心，则坚如城堡难于摧毁，众人不满之口，可以融化金钟。

报道敌军宵遁。——典出《左传·成公十六年》："王曰：'天败楚也夫！余不可以待。'乃宵遁。"又见，《晋书》卷79《谢玄传》："余众弃甲宵遁。"书中记载谢安率领晋军与前秦苻坚大军战于淝水，谢安妙用奇谋诈骗苻坚大军，结果以8000之军，大败苻坚号称100万的劲旅。苻坚惨遭失败，人人胆战心惊，落得个"余皆弃甲宵遁"、风声鹤唳、草木皆兵的地步。又见，南朝宋人傅亮《宋公九锡册文》："狡寇穷衄，丧旗宵遁。"

用典探妙：

毛泽东的这一首词的最大特点是：几乎处处用典而不见其典，人人读后皆懂，但愈探讨，意愈深邃。现就毛泽东此诗予以品评探讨。

首先是套用式用典之妙。所谓套用式用典，简言之就是用前人诗句、词句、文句之句式、句意成己之句。如当宝玉题大观园对联为"吟成荳蔻才犹艳，睡足酴醾梦也香"时，贾政说这是套用"书成蕉叶文犹绿"而成，不足为奇。众人说道："李太白'凤凰台'之作，全套'黄鹤楼'，只要套得妙。如今细评起来，方才这一联，竟比'书成蕉叶'犹觉幽娴活泼"（《红楼梦》第17回至18回）。这实际上是曹雪芹的用典手法理论上的自圆其说。具体到这一首词，一是既套用语典的句式，又妙用其句意。首句"山下旌旗在望，山头鼓角相闻"，在句式上就是套用了"山头瞳瞳日将出，山下猎围照初日"的句式；从句意来说，也可以说是沿用了这种句式的句意。这一种描绘捕猎场面的句式，表现了红军面对强敌来攻，以捕猎猛禽猛兽之勇猛和藐视强敌之来犯心绪，用此语典，甚妙，此其一。

二是有典中含典之妙。"山下旌旗在望，山头鼓角相闻"还将语典"言不相闻，故为鼓铎；视不相见，故为旌旗"，"使士卒目见旌旗，耳闻鼓角，心存号令"，用其中之语词，兼用其中之语意。此其妙之二。

三是借语典新造典语之妙。将语典"不动如山"，改用为"岿然不动"，更富于形象感，展现出了我红军将士面对强劲之敌那种坚强不屈、威武挺拔的英雄气概。此为其妙之三。

四是截用语典组成新句之妙。将"百神森壁垒"，在用其句意的同时，妙用"截长补短"之法，去"百神"二字，将"森壁垒"扩而用之成"森严壁垒"，叙写我军坚守之态，这就是，早已修牢了工事，红军阵地是坚不可破的，仅以"森严壁垒"四字就形象地道出。大有形象、简明、生动之妙，此其四。

五是沿用典故性质的成语之妙。如果说，"早已森严壁垒"是写客观的备战情况的话，这里即是写人心之态，即红军的军心状态。在强敌来犯之际，不仅没有半点畏缩情绪，反而"更加众志成城"，井冈山黄洋界的保卫战的军心民心是如此之坚，那有不能破敌之理？此乃其妙之五。

六是在妙用古代以少胜多的著名战例的同时，还套用其中的形象妙句"余众弃甲宵遁"，句意相同，句式相同，战例相似，战绩相似。淝水之战，一举击败强秦，使其"宵遁"而稳定了晋之江山。黄洋界一战，使革命摇篮井冈山固若金汤，同时开创了以创建革命政权的战争入词的首篇之例。黄洋界保卫战将与淝水之战一样均可载入史册。此乃其妙之六。

毛泽东的一首《西江月·井冈山》，脍炙人口、通俗易懂，将传诵千古，之所以能够如此，笔者以为，这与毛泽东在这一首词中，用典而不见典，既可人人读懂，又有久可挖掘的深层意蕴大有关系，而之所以能够如此，这又与毛泽东在用典问题上能"运用之妙，存乎一心"是密不可分的。

5.军阀美梦成黄粱 分田分地我军忙
——毛泽东在《清平乐·蒋桂战争》中所用典故探妙

用典缘起：

1929年的秋天，当时正是中国的军阀们混战甚烈之时，其时有旧军阀之间的混战，有新军阀之间的混战，有旧军阀与新军阀之间的混战，亦有新旧军阀联合与另一新军阀之间的混战。而其中战事较大、较烈者，当是南京的蒋介石与控制武汉的广西派（桂系）之间的战争，史称"蒋桂战争"，他们中的任何一方都妄图独霸天下。而其时红军，不仅在井冈山一带创建革命根据地，而且利用军阀混战的间隙创建了闽西革命根据地。在这样的大好革命形势之下，毛泽东挥笔写下了《清平乐·蒋桂战争》。其词是："风云突变，军阀重开战。洒向人间都是怨，一枕黄粱再现。红旗跃过汀江，直下龙岩上杭。收拾金瓯一片，分田分地真忙。"在这首词中用了下列典故。

典故内容：

风云突变。——典出《后汉书·皇甫嵩传》："将军权重于淮阴，指扌为足以振风云。"又见，南朝梁人庾信《入彭城馆》："年代殊氓俗，风云更盛衰。"又见，唐人杜甫《中夜》："故国风云气，高堂战伐尘。"又见，宋人张耒《雨望赋》："飘风击而云奔，旷万里而一蔽。"

一枕黄粱再现。亦即"黄粱梦"、"黄粱一梦"。——典出唐人沈既济《枕中

记》。所言的是，在唐开元七年，有一个叫卢生的人，在邯郸的一个客店里遇到一个叫吕翁的道士。卢生向他诉说着自己穷困而不得志，以求助于吕翁。其时店主人正在做着小米饭。这时的吕翁便给了卢生一个枕头，叫卢生枕着睡。卢生入睡之后，立刻进入了升官发财、飞黄腾达的境地。可待他一觉醒来之时，店主人家所蒸的黄粱米饭还没有蒸熟呢！　宋人李曾白《沁园春·送乔宾王》词："一枕黄粱，满头白发，屈指旧游能几人。"又见，宋人吴潜《蝶恋花·吴中赵园》："回首人间名利局，大都一觉黄粱熟。"又见，清人袁枚《三月二日八十自寿》诗："一枕黄粱梦太长，凭人唤醒又何妨。"

收拾金瓯一片。收拾。——典出唐人李山甫《上元怀古》："南朝天子爱风流，尽守江山不到头。总是战争收拾得，却因歌舞破除休。"又见，宋人岳飞《满江红》词："待从头收拾旧山河，朝天阙。"　金瓯。——典出唐人李德裕《明皇十七事》："上命相，先以八分书姓名，以金瓯覆之。"又见，《南史·朱异传》。"（梁武帝言）我国家犹如金瓯，无一伤缺，承平若此，今便受地，讵是事宜？脱至纷纭，悔所无及。"又见，宋人刘克庄《咏史》（其二）："保惜金瓯未必非，台城至竟亦灰飞。"又见，明人周清源《西湖二集》第2卷："云海尘清，山河影满，桂冷吹香雪。何劳玉斧，金瓯千古无缺。"又见，明人冯梦龙《警世通言》卷32："太平人乐华胥世，永永金瓯共日辉。"

用典探妙：

毛泽东在这一首词中所用典故不多，但异常精妙。其妙有三：

一是用典作为比喻之妙。毛泽东在妙用"一枕黄粱再现"之前，叙写了军阀混战给人民带来的是无限的痛苦，在这样的现实面前，要想霸占天下，这只能是做梦罢了。这是一个什么梦？毛泽东选用了"一枕黄粱"这样一个典故，就比一般的直说"这是做梦"多了好几重的意蕴。其意蕴是：军阀们有如卢生在白日做梦，这正如民间的口头语所言"做梦娶媳妇，尽想好事做"。这种比喻，具有辛辣的讽刺意味：军阀的混战，给老百姓带来的只是痛苦，因此，你们这些无恶不作的军阀要想独霸天下、一统中国，这只能是做梦而已，这一典故运用于此，具有极强的逻辑性。同样，毛泽东在下阕用了"金瓯"一典，亦是一个精妙的比喻。比喻祖国的大好河山（金瓯）由于军阀的混战，而被弄得支离破碎。这也是十分形象的比喻。"红旗跃过汀江，直下龙岩上杭"、"分田分地真忙"，因此，我工农红军"收拾金瓯一片"是正义之举，是为民造福、为民除害。这也是极富逻辑性的用典。

二是用典有化腐朽为神奇之妙。"一枕黄粱"之典，有其多重典意，其主要还讲人生如梦。这当然是消极的、腐朽的。但毛泽东善于从旧典中"剥取有价值的成果"（恩格斯《自然辩证法》），用于军阀混战的结果，这就给这个旧典故赋予了新的生命力。

这真是：化腐为奇称高手，神话故事换新颜！

三是典故入词生妙趣，舒展想象意蕴深之妙。毛泽东在这一首词中的"一枕黄粱"、"金瓯"，都具有双重意义。一重是可以将读者引入这两个典故的原始故事情节中去领会其妙趣，这就是给了读者一重舒展丰富想象的空间；又一重是毛泽东将这两个典故引入词中，同时也就将读者引入了当时的历史现实之中，给予了读者以舒展想象思索现实的余地。当事者或是其时的读者读后，觉其历史事实历历在目；当今的读者读后，亦能体味其时之情之景！其感染力和说服力自是令人感慨不已，从而受到教育和鼓舞。

6.九月初九重阳节 诗情激荡胸臆间
——毛泽东在《采桑子·重阳》中所用典故探妙

用典缘起：

1929年10月10日傍晚，正在上杭养病的毛泽东与贺子珍住进了上杭城南汀江北岸的一幢三层小楼"临江楼"。次日就是重阳节，毛泽东与贺子珍一同登上了三楼的平台。极目眺望，成《重阳》一词的上阕，后来又成全词。其词是："人生易老天难老，岁岁重阳。今又重阳，战地黄花分外香。一年一度秋风劲，不似春光。胜似春光，寥廓江天万里霜。"在这首词中用了下列典故。

典故内容：

人生易老天难老。——典出唐人李贺《金铜仙人辞汉歌》："衰兰送客咸阳道，天若有情天亦老。"《诗经·鲁颂·泮水》："既饮旨酒，永锡难老。"又见，宋人张先《千秋岁》："天不老，情难绝；心似双丝网，中有千千结。"又见，宋人吴潜《满江红·豫章滕王阁》中有："岁月无多人易老，乾坤虽大愁难着。"又见，明人陈继儒《小窗幽记》中有："黄叶无风自落，秋云不雨长阴。天若有情天亦老，摇摇幽恨难禁。惆怅旧欢如梦，觉来无处追寻"（此词当是陈继儒截引宋人孙洙词的一部分以表意）。又见，清人郑板桥《忆秦娥》："……日如有恨，天胡不老。"

岁岁重阳。"岁岁"。——典出唐人卢照邻《长安古意》："寂寂寥寥扬子居，年年岁岁一床书。"又见，唐人刘希夷《代白头吟》："年年岁岁花相似，岁岁年年人不同。"又见，唐人李欣《题卢五旧居》："忆君泪落东流水，岁岁花开知为谁？"
"重阳"。——典出《续齐谐记》："汝南桓景随费长房学，长房谓曰：'九月九日汝家当有灾厄，急宜去，令家人各作彩囊盛茱萸以系臂，登高，饮菊花酒，此祸可消。'景如言，夕还，见鸡犬牛羊一时暴死。"这是一个节日典故。重阳，又曰重九，即中国阴历的九月九日，古时以"九"为阳，九月九日则是两阳相重，故曰"重阳"。唐人杜

甫《九日》诗云："重阳独酌杯中酒，抱病起登江上台。"

战地黄花分外香。——典出《礼·月令》："鞠有黄花。"又见，《淮南子》："季秋之月，……菊有黄花。"又见，唐人李白《九日龙山歌》："九日龙山饮，黄花笑逐臣。"又见，唐人岑参《行军九日思长安故园》诗："遥怜故园菊，应傍战场开。"又见，唐人孟浩然《过故人庄》："待到重阳日，还来就菊花。"又见，宋人辛弃疾《鹧鸪天·寻菊花无有戏作》："黄花何处避重阳？要知烂熳开时节，直待西风一夜霜。"又见，宋人杨万里《九日郡中送白菊》诗："若言佳节如常日，为底寒花分外香。"又见，清人陈维崧《虞美人·无聊》词："好花须映好楼台，休傍秦关蜀栈战场开。"又见，清人张煌言《野人饷菊有感》："战罢秋风笑华物，野人偏自献黄花。已看铁骨经霜老，莫遣金心带雨斜。"

一年一度秋风劲。——典出唐人施肩吾《古别离二首》（其一）："所嗟不及牛女星，一年一度得相见。"又见，唐人贯休《蜀王登福感寺塔三首》（其三）："一年一度常如此，愿见文翁百度来。"又见，宋人陈无咎《失调名》（无咎，号龙坛居士。生平不详）词："一年一度春来，何时是了？花落花开浑是梦，只解把人引调。"又见，宋人徐一初《摸鱼子》："对茱萸、一年一度，龙山今在何处？"又见，晋人陆机《文赋》："悲落叶于劲秋，喜柔条于芳春。"

不似春光，胜似春光。——典出清人叶申芗《本事词》卷之上记宋人苏轼小词一首中的词句云："不似秋光，只与离人照断肠。"又见，宋人张炎《一剪梅》："恨君不似江楼月，……恨君却似江楼月。"

用典探妙：

毛泽东在这一首词中用典的最大的特点是"反其意而用之"，其次才是句式上的化用。

首先是反其意而用之妙。

原来的语典"天若有情天亦老"，在全诗中主要是表达诗作者李贺际遇之难与情怀之悲的，宋人吴潜的"岁月无多人易老，乾坤虽大愁难着"，则是他登上滕王阁后，不是兴趣勃然，而是一片悲愁心冷之意，明人陈继儒用"天若有情天亦老"，亦是表惆怅失意之心境，郑板桥在其《忆秦娥》中的"日如有恨，天胡不老？"则是面对青春不再，时光难永驻的惋惜与无奈。而毛泽东的"天若有情天亦老"，则是言人生变化快，而自然的变化则是缓慢的。这就是说人有尽时，而宇宙无穷，所以难老，故当珍惜时光、不断进取，大有意趣顿然一新之妙。

"遥怜故园菊，应傍战场开"、"好花须映好楼台，休傍秦关蜀栈战场开"，这些诗词句，均是在特定历史时期的反战情绪的表露。而毛泽东则是以"人生"破题而出，紧扣"人生"这一大命题，在抒发"人生易老天难老，岁岁重阳，今又重阳"的无限感慨后，若是其他诗人，接下来的是，很可能会联系自己的多病之躯与受压之境，可能会发出悲秋之叹。而此时的毛泽东虽说是受到"左"倾机会主义者的打击排挤，但他却胸襟旷达，心系战场，心系人民革命战争的成败。他由眼前金黄秋菊花与战地的弹花相系，吟出了"战地黄花分外香"的奇句，这是毛泽东对于革命战争的歌颂，对于革命战争胜利的喜悦之情的表露，是毛泽东的革命英雄主义和革命乐观主义的展现，使这首词的意境超越古今诗词高手。毛泽东的这种"飞越"式联想，是不是笔者牵强附会的过度鉴赏呢？不！笔者有"史"为证："在一次反'围剿'的战役以后，在打扫战场的过程中，毛泽东和舒同第一次见面了。毛泽东握着舒同的手说：'早就知道你了，在《红星报》上看过你的字，读过你的文章。'毛泽东还从地上捡起一颗弹壳，深情地说：'这就是战地黄花啊！……'"（吴直雄：《毛泽东妙用诗词》（上），京华出版社1998年版，第533页）

"一年一度得相见"、"一年一度常如此"、"一年一度春来，何时是了？"、"不似秋光，只与离人照断肠"，其语调、其意气，都是低沉的。毛泽东则是"一年一度秋风劲，不似春光。胜似春光"，其意相反，其语调高亢，紧承上阕，借助似叠非叠，似重复而实不重复的句式变化，将词的重点落在革命根据地的秋天之绚丽斑斓而又多彩多姿上。这真是"斧头镰刀开创新乾坤"的一个侧面啊！此时的诗人毛泽东已经完全消隐了"个人"的患病之躯，则展现的却是一位"开创新乾坤"关心中国革命前途的"大我"和英豪！呈现的是一代伟人对革命前途无限美好的必胜信念。

其次是句式上的创新之妙。

诗句的创作是为诗的主题服务的。毛泽东对于这些语典中的语词均有所取用，但他是在取用中变新，其变新之句，均是为其反其意服务的。经过毛泽东所创用的词句，与原语典中的诗词句，几乎是了无痕迹。所有的句子，显现了毛泽东大无畏精神之所在，都是为凸现毛泽东对革命事业的必胜与乐观情怀服务的，这也是毛泽东用典在这一首词中的一大妙处。

7.红四军顶风冒雪 战水南大败唐逆
——毛泽东在《减字木兰花·广昌路上》中所用典故探妙

用典缘起：

1930年2月14日，毛泽东等人颁发了《关于占领吉安建立江西苏维埃政府》的命令。由朱德、毛泽东所率领的红四军拟先占领吉水，然后一举拿下吉安。但此时的蒋介石却派出重兵驻守于吉水，其中由国民党的独立15旅旅长唐云山盘踞吉水。这个小军阀虽说十分狡猾，但终究难逃我红军的"诱敌深入"之计，于吉水之水南之地被我红军全部消

灭。毛泽东的这一首词就是写于我红军拟奔袭吉安的途中。其词是："漫天皆白，雪里行军情更迫。头上高山，风卷红旗过大关。　　此行何处？赣江风雪迷漫处。命令昨颁，十万工农下吉安。"在词中用了下列典故。

典故内容：

风卷红旗过大关。——典出唐人岑参《白雪歌送武判官归》诗："纷纷暮雪下辕门，风掣红旗冻不翻。"

用典探妙：

毛泽东在这一首词中的"风卷红旗过大关"，在其未最后发表时，完全是借用"风掣红旗冻不翻"这样一个原句的，这可见之毛泽东的诗稿手迹。后来由借用改为化用，变为"风卷红旗过大关"，可以说这是飞跃式的化用典故。

其妙之处是，"风掣红旗冻不翻"一句妙则妙矣，但所写的是我国西北塞外的天寒地冻之雪景，与我国江南的雪景多有不合之处。改用为"风卷红旗过大关"，就比较切合我国江南的风雪之景，此其一。

"风掣红旗冻不翻"，只是局限于写天寒地冻之景，而"风卷红旗过大关"则是富于动态的描写，写出了我工农红军在风雪途中急行军的情景，画出了红军急行军途中的广昌、宁都、吉水等山地多有关隘的险峭画图。此乃其妙之二。

毛泽东在这一首词中虽说只用了这样一个典故，但这一典故的运用，却有画龙点睛之妙，它有力地凸显了我红军指战员的英雄气概和大无畏的奋斗精神。

8.蒋冯阎中原大战　征腐恶朱毛用兵
——毛泽东在《蝶恋花·从汀州向长沙》中所用典故探妙

用典缘起：

1930年的蒋介石、冯玉祥、阎锡山在中原爆发大战。蒋介石为了对付冯、阎的军队，从湖南、湖北、江西调出了大批用来"围剿"红军的正规部队。这就造成了我红军作战与开辟革命根据地的有利条件。而正是在这样的有利条件之下，1930年6月至9月期间，"立三路线"把持了党中央，错误地提出了"会师武汉，饮马长江"的口号，毛泽东对当时的"立三路线"在执行的过程中进行了抵制。在这样的历史背景下，毛泽东创作了《蝶恋花·从汀州向长沙》。其词云："六月天兵征腐恶，万丈长缨要把鲲鹏缚。赣水那边红一角，偏师借重黄公略。百万工农齐踊跃，席卷江西直捣湘和鄂。国际悲歌歌一曲，狂飙为我从天落。"在这首词中用了下列典故。

典故内容：

天兵。——典出《汉书·扬雄传》："天兵四临，幽都先加。"又见，《文选》李善注："天兵，言兵威之盛如天也。"又见，唐人李白《胡无人》："天兵照雪下玉关，虏箭如沙射金甲。"又见，其《塞下曲》："塞虏乘秋下，天兵出汉家。"又见，唐人韩愈《元和盛德诗》："天兵四罗，旟常婀娜。"又见，《西游记》第51回："玉帝即令李天王父子，率领众部天兵，与行者助力。"

万丈长缨要把鲲鹏缚。终军请受长缨。亦即"请长缨"、"请缨"、"长缨"。——典出《汉书·终军传》中言："南越与汉和亲，乃遣军使南越，说其王，欲令入朝，比内诸侯。军自请愿受长缨，必羁南越王而致之阙下。"就是说，终军要求去南越担任使者，陈说利害，要南越王归顺汉朝，作诸侯。不然的话，我终军持长绳缚南越王入朝请罪。又见，唐人魏徵《述怀》："请缨系南越，凭轼下东藩。"又见，唐人杜甫《岁暮》："天地日流血，朝廷谁请缨。"又见，唐人祖咏《望蓟门》："少小虽非投笔吏，论功还欲请长缨。"又见，宋人梅尧臣《送李泾州审言》（其二）："勇脱区区簿书内，壮心应欲请长缨。"鲲鹏。——典出《庄子·逍遥游》。其中有云："穷发之北有冥海者，天池也。有鱼焉，其广数千里，未有知其修者，其名为鲲。有鸟焉，其名为鹏，背若太山，翼若垂天之云，抟扶摇羊角而上九万里，绝云气，负青天，然后图南，且适南冥也。"鲲鹏，就是古代传说中的这种大鱼、大鸟。又见，唐人杜甫《泊岳阳城下》："图南未可料，变化有鲲鹏。"又见，宋人林逋《赠煅药秀才》："鲲鹏懒击三千水。"

偏师借重黄公略。偏师。——典出《左传·宣公十二年》："彘子以偏师陷。"又见，晋人潘岳《关中》："旗盖相望，偏师作援。"借重。——典出宋人王洋《贺郑侍郎知镇江府启》："方北道有往来之便，而南徐实控扼之区，为其当冲，聊以借重。"

席卷江西直捣湘和鄂。席卷。——典出《战国策·楚策一·张仪为秦破纵连横》："虽无出甲兵，席卷常山之险。"又见，汉人贾谊《过秦论》："有席卷天下、包举宇内、囊括四海之意，并吞八荒之心。"又见，南朝陈人徐陵《檄周文》："叱咤而平宿豫，吹嘘而定寿阳，席卷江淮，无淹弦望。"直捣。——典出《宋史·岳飞传》："直捣黄龙府，与诸君痛饮耳。"又见，宋人岳飞《送紫岩张先生北伐》："长驱渡河洛，直捣向幽燕。"

国际悲歌歌一曲，狂飙为我从天落。——典出唐人杜甫《乾元中寓居同谷县作歌七首》诗："有客有客字子美，白头乱发垂过耳。岁拾橡栗随狙公，天寒日暮山谷里。中原无书归不得，手脚冻皴皮肉死。呜呼一歌兮歌已哀，悲风为我从天来！"唐人韩愈《寄崔二十六立之》中有："举头庭树豁，狂飙卷寒曦。"又见，明人陈子龙《岁晏仿子美同谷七歌》（其七）中有云："呜呼七歌兮歌不息，青天为我无颜色。"

用典探妙：

毛泽东在这一首词中的用典是很有特色的。其特色之一是正用与反用于一个句

子——"万丈长缨要把鲲鹏缚"中的巧妙结合运用。句子中的"万丈长缨"就是正用了"终军自愿请缨"之典，以展现我红军指战员要扫除国民党反动派统治的英雄气概。再是句子中的"鲲鹏"，在原典中是颇有气势的大鱼大鸟形象，基本上当属正面形象，在这一句中，毛泽东将其反意而用之，将其与"腐恶"对应，视为蒋介石国民党反动派的一时之强大。以"鲲鹏"之大映衬出我手持"万丈长缨"的红军指战员的豪气干云。真有"道高一尺，魔高一丈"之妙。这样正用与反用结合，有力地凸显了我红军指战员的高大形象。

其妙之二是，杜甫的"呜呼一歌兮歌已哀，悲风为我从天来"，是用以描绘他流离失所、老病穷愁生涯，而又悲伤激愤的妙句。毛泽东套用其句式，反其意而用之，用以表现革命战争的崇高与神圣。这又是毛泽东在用典时的一种飞跃性的点化而用。

9.鲁涤平并进长驱 张辉瓒龙冈受首
——毛泽东在《渔家傲·反第一次大"围剿"》中所用典故探妙

用典缘起：

蒋介石并不甘心于在进剿红军的历次战争中的惨败，在其与冯、阎的中原大战获胜之后，立刻调兵遣将进攻苏区，于1930年11月，以江西省主席鲁涤平为总司令，以张辉瓒为前线总指挥，率10万之众围剿我中央苏区。结果，中我"诱敌深入"之计，于12月30日，张辉瓒所率9000余敌在永丰龙冈被歼。张辉瓒血债累累，在公审后被杀。蒋介石的第一次"围剿"以惨遭失败而告终。为此，毛泽东于1931年春创作了这一首词。其词云："万木霜天红烂漫，天兵怒气冲霄汉。雾满龙冈千嶂暗，齐声唤，前头捉了张辉瓒。　　二十万军重入赣，风烟滚滚来天半。唤起工农千百万，同心干，不周山下红旗乱。"在这首中用了下列典故。

典故内容：

不周山下红旗乱。共工头触不周山。不周山——典出《淮南子·天文训》、《国语·周语》、《史记》司马贞补《三皇本纪》等。又见，《山海经·大荒西经》："西北海之外，大荒之隅，有山而不合，名曰不周。"又见，《离骚》："路不周以左转兮，指西海以为期。"

用典探妙：

毛泽东在这一首词中的用典颇为奇妙。

其妙之一是：用典、列典又注典，给读者对于毛泽东用此神话故事的用意与目的，以清晰明白之感。这在诗词创作中是不多见的。

毛泽东以"关于共工头触不周山的故事"为题作注云：

《淮南子·天文训》："昔者共工与颛顼争为帝，怒而触不周之山，天柱折，地维绝。天倾西北，故日月星辰移焉；地不满东南，故水潦尘埃归焉。"

《国语·周语》："昔者共工弃此道貌岸然也，虞于湛乐，淫失其身，欲壅防百川堕高堙庳，以害天下。皇天弗福，庶民弗助，祸乱并兴，共工用灭"（韦昭注："贾侍中（按指后汉贾逵）云：共工，诸侯，炎帝之后，姜姓也。颛顼氏衰，共工氏侵陵诸侯，与高辛氏争而王也。"）。

《史记》司马贞补《三皇本纪》："当其（按指女娲）末年也，诸侯有共工氏，任智刑以强，霸而不王，以水乘木，乃与祝融战，不胜而怒，乃头触不周山崩，天柱折，地维缺。"

毛按：诸说不同。我取《淮南子·天文训》，共工是胜利的英雄。你看，"怒而触不周之山，天柱折，地维绝。天倾西北，故日月星辰移焉；地不满东南，故水潦尘埃归焉。"他死了没有呢？没有说。看来没有死，共工是确实胜利了。

其妙之二是，毛泽东在三个说法不一的典故中取其所需的同时，将所取之典故的内容依据逻辑分析，延伸典故的内容并作出符合逻辑的新的解释，使这一神话故事为毛泽东的创作主题服务，用以赞扬我红军指战员就是当代的共工，要将蒋介石国民党反动派打他个落花流水，要将压在中国人民头上的"三座大山"彻底推翻。毛泽东在这一首词的结尾用共工头触不周之山之典，是极富感情色彩的生花妙笔！

其妙之三是，妙引战士口语又蕴含古诗韵味。词中的"前头捉了张辉瓒"，是当时红军战士活捉张辉瓒一传十、十传百，欢呼雀跃的口语。据当时参与实战的郭化若将军回忆："参谋处长跑回总部指挥所报告毛泽东同志，毛泽东同志随即从黄竹岭下山，沿大路向龙凤走去，沿途听到许多通信人员和后勤人员高兴地喊着：'捉到张辉瓒啦！''前面捉到张辉瓒啦！'《渔家傲·反第一次大"围剿"》中'齐声唤，前头捉了张辉瓒'。正是此时此景的写真"（郭化若：《远谋自有深韬略》，人民出版社1980年版，第28页）。历史往往会与现实有某些相似。读罢这样生动传神的口语，不得不使您回忆起唐人王昌龄的名篇《从军行》："大漠风尘日色红，红旗半卷出辕门。前军夜战洮河北，已报生擒吐谷浑。"这不能不说"前头捉了张辉瓒"深含着这首古诗的韵味。

10.何应钦步步为营　蒋介石痛哭失声
——毛泽东在《渔家傲·反第二次大"围剿"》中所用典故探妙

用典缘起：

蒋介石在第一次"围剿"惨遭失败之后，于1931年4月调集重兵20万众，对红一方面军和中央革命根据地进行了第二次大"围剿"。由何应钦为总司令，以步步为营垒、处处筑碉堡的战术向中央根据地推进。我红军指战员运用毛泽东"先打弱敌"之法，粉碎了蒋介石所谓"三个月内消灭共军"的计划，取得了第二次反"围剿"的伟大胜利。蒋介石在南昌召开的高级军官会议上，气得痛哭失声，只有大骂手下无能、何应钦不尽职。毛泽东于1931年夏创作了这一首词。其词云尔："白云山头云欲立，白云山下呼声急，枯木朽株齐努力。枪林逼，飞将军自重霄入。七百里驱十五日，赣水苍茫闽山碧，横扫千军如卷席。有人泣，为营步步嗟何及！"在这首词中用了下列典故。

典故内容：

白云山头云欲立，白云山下呼声急。——典出唐人杜甫《白帝》："白帝城中云出门，白帝城下雨翻盆。"又见，唐人岑参《轮台歌奉送封大夫出师西征》："轮台城头夜吹角，轮台城北旄头落。"又见，唐人刘禹锡《竹枝词》："白帝城头春草生，白盐山下蜀江清。南人上来歌一曲，北人陌上动乡情。"云欲立。——典出《史记·天官书》："阵云欲立。"

枯木朽株齐努力。枯木朽株。——典出《史记·鲁仲连邹阳列传》："故有先人谈，则以枯木朽株，树功而不忘。"又见，《史记·司马相如传》："猝然遇轶材之兽，骇不存之地，犯属车之清尘，舆不及还辕，人不暇施巧，虽有乌获逢蒙之技，力不能用，枯木朽株尽为害矣。"又见，西汉人邹阳《自狱中上梁孝王自明书》，邹阳自谦地说，"故无因而至前，虽出隋珠和璧，怨结而不见德。有人先谈，则枯木朽株树功而不忘。"《古代兵略·天地》中说："得其人，即枯木朽株皆可为敌难。"

飞将军自重霄入。飞将军。——典出西汉人司马迁《史记·李将军列传》。言："广居右北平（今河北省东北部一带），匈奴闻之，号曰'汉之飞将军'，避之数岁，不敢入右北平。"又见，唐人王昌龄《出塞》："但使龙城飞将在，不教胡马度阴山。"重霄，即九重霄，亦即"九重天"。典出《汉书·礼乐志》。唐人颜师古注："天有九重。"《汉书·周勃传》："兵事上神密。……诸侯闻之，以为将军从天而下也。"又见，北周·庾信《同卢记室从军》中有："地中鸣鼓角，天上下将军。"又见，唐人王勃《滕王阁序》："层峦耸翠，上出重霄。"

横扫千军如卷席。笔阵横扫千人军。——典出唐人杜甫《醉歌行》："词源倒流三峡水，笔阵横扫千人军。" "卷席"亦即"席卷"——典出《诗经·邶风·柏舟》："我心匪席，不可卷也。"又见，汉人贾谊《过秦论》："有席卷天下、包举宇内、囊括四海之意，并吞八荒之心。"

为营步步嗟何及。"为营步步"即"步步为营"。——典出明人罗贯中《三国演义》第71回。言："黄忠即日拔寨而进，步步为营；每营住数日，又进。"又见，明人张岱《石匮书后集·烈帝纪》："我师困，宜驻师分据要害，步步为营。" 嗟何及。——典出《诗经·王风》："啜其泣矣，何嗟及矣。"又见，宋人朱熹《诗集传》："何嗟及矣，言事已至此，未如之何，穷之甚也。"又见，汉乐府《古辞》："枯鱼过河泣，何时悔复及！作书与鲂鲟，相教慎出入。"又见，宋人辛弃疾《水龙吟》（昔时曾有佳人）："但啜其泣矣，啜其泣矣，又何嗟及。"又见，元人赵孟頫《岳鄂王墓》："南渡君臣轻社稷，中原父老望旌旗。英雄已死嗟何及，天下中分遂不支。"又见，金、元人元好问《即事》："燃脐易尽嗟何及，遗臭无穷古未闻。"

用典探妙：

毛泽东在这一首词虽用典颇多，但用得很妙，很有情趣，很有章法，有多处用典而了无典之痕迹之妙。

其妙之一是：套用前人诗的句式、句势与句意，用以描绘大战在即的情景，其时风起云涌，云如人立，猖狂之敌一片呐喊之声在步步逼近，有让读者如临其境、如见其情、如观其景之妙。词的开首二句是"白云山头云欲立，白云山下呼声急"，就是这样生动地录下了临战在即的场面，大有"渔阳鼙鼓动地来"之势。这样一种句式、句势与句意，是有其先例的。如杜甫的"白帝城中云出门，白帝城下雨翻盆"，岑参的"轮台城头夜吹角，轮台城北旄头落"。杜甫写云写雨，岑参写出征临战，都写得奇崛而雄浑、动人心魄。毛泽东在汲取前人的艺术手法后，加用了拟人化的手法——大战在即的情景，连云彩也觉察到了，这就将临战前的局势，写得更加有气势，更加危急逼人，为下一步写我红军指战员之勇猛伏下了重重的一大笔。

其妙之二是，正用语典与事典，高度地概括了我红军指战员与敌作战的勇猛，这里写得有情景、有形象。所谓的有情景，就是正用"枯木朽株"一典，毛泽东与我红军指战员们草木皆可为兵。所谓有形象，就是一句"飞将军自重霄入"，红军指战员似从天而降，这是多么形象的一笔，同时也是当时实景的白描。正如胡哲峰所言："毛泽东率黄公略在攻击前进行实地考察，发现东固通向中洞的南侧，还有一条小路，毛泽东立即令黄公略率红三军沿这条小路秘密前进。这一行进路线的改变，使红三军缩短了行程，争取了时间，对歼灭敌公秉藩师起了重要作用。由这条小路悄悄前进的红三军突然进至中洞南侧，处在居高临下的有利地形，待公秉藩师离开中洞时，突然从山上猛攻下来，使毫无准备的敌人陷入一片混乱之中。毛泽东咏第二次反'围剿'词中有'飞将军自重

霄入'一句，即指这件事"（胡哲峰：《毛泽东武略》，人民出版社2001年版，第327页）。正如郭化若将军回忆那样："敌军官兵面对突如其来的我军，莫名其妙，惊呼'你们是从天上飞下来的呀！''飞将军自重霄入'就是此时此景逼真的写实"（《远谋自有深韬略》第49－50页）。时任红一方面军三军九师参谋长的耿飚曾参与此战。他写道："我们立刻从这条小路插过去，迅速到达中洞，和红七师、红八师一道围歼了公秉藩师。一个成了俘虏的敌军官瞪着惊疑的眼睛说：'娘呀！你们是从天上掉下来的？'这就是毛泽东同志在《渔家傲》中所描写的：'飞将军自重霄入。'这个'重霄'并非'天上'，而正是这条名不见地图的崎岖小路"（耿飚：《毛泽东的光芒永照我心》，《缅怀毛泽东》，中央文献出版社1993年版，第46页）。上阕的起句用杜甫、岑参句的句意与句势突兀而至，结句则用"飞将军"一典，画龙点睛而收。妙绝！

其妙之三是，有不知其然而然之妙。下阕的用典，可以说是化用了"笔阵横扫千人军"、"步步为营"、"何嗟及矣"三句语典，但在更多的成分上，则是有不知其然而然之之妙。因为毛泽东精于古籍、典故，这样的句子早已娴熟于心，此其一。更为重要的则是势所必然，因为"七百里驱十五日，赣水苍茫闽山碧"，这样的征战速度，以"横扫千军如卷席"一笔总括乃是诗人头脑中自然流出的可能性最大。再是"步步为营"与"嗟何及"，既是语典，更是现实，"步步为营"乃何应钦的战略战术，"有人泣""嗟何及"，亦是当时蒋介石及其将官们战败后的实情实景。毛泽东在这时里用这些语典，故曰有不知其然而然之之妙。这是极富讽刺性的精妙之语。真乃非诗家大手笔难以为之！

11."围魏救赵"破"会剿"　歼灭追敌迎新春
——毛泽东在《菩萨蛮·大柏地》中所用典故探妙

用典缘起：

1929年1月初，为了击破强敌对井冈山革命根据地的"会剿"，红四军采取"围魏救赵"之策，由毛泽东、朱德率红四军撤离井冈山，取攻赣州或吉安之势，追敌回援，以解井冈山之围。然敌人对红四军采取穷追猛打之策，置红四军于艰难险阻之中。当敌人追至瑞金县北50里的大柏地附近时，毛泽东发现：追敌只剩下两个团了，而此地正是伏击敌人最为理想之所。毛泽东引诱敌人至此，聚而歼之，以走出井冈山之后，第一次歼两个团的一大胜利欢度1929年的新春佳节。然而自王明路线把持中央之后，毛泽东处处受到排挤，毛泽东被免军职。1933年5月毛泽东路过大柏地时，旧地重游，感慨万千，于这一年夏天写下了这一首词。其词云："赤橙黄绿青蓝紫，谁持彩练当空舞？雨后复斜阳，关山阵阵苍。　当年鏖战急，弹洞前村壁。装点此关山，今朝更好看。"在这首词中用了下列典故。

典故内容：

雨后复斜阳。——典出唐人温庭筠《菩萨蛮》词："南园满地堆轻絮，愁闻一霎清明雨。雨后却斜阳，杏花零落香。"

关山阵阵苍。——典出无名氏《木兰辞》："万里赴戎机，关山度若飞。" 北周·庾信《周柱国大将军长孙俭神道碑》："风云积惨，山阵连阴。"又见，唐人王维《陇西行》："关山正飞雪。"又见，唐人杜甫《登岳阳楼》："戎马关山北，凭轩涕泗流。"又见，宋人赵抃《和韵前人初出锁头》诗："淮木林林脱，霜鸿阵阵飞。"

装点此关山。典出宋人华岳《登楼晚望》："展开风月添诗料，装点江山归画图。""装点"亦即妆点。"装点"与"妆点"音同义近。——典出南朝陈后主《三妇艳诗》："小妇初妆点，回眉对月钩。"

用典探妙：

毛泽东的这一首词是回忆之作，上阕写眼前所见之景，下阕在写眼前之景的同时，抒发感慨与想象。

毛泽东的这一支写景的彩笔并没有放过对前人写景妙笔的的借鉴。温词中的"雨后却斜阳"，写的是闺中女子独处春睡起后的生活情态，算是颇有生气的佳句。毛泽东将其改换一字为"雨后复斜阳"，则此句的面貌一新，一是解释了"赤橙黄绿青蓝紫，谁持彩练当空舞？"的原因，乃"雨后复斜阳"所产生的"虹"所致；二是只有"雨后复斜阳"，方有"关山阵阵苍"之美。此句在上阕中实有画龙点睛之妙。

关山阵阵苍，则有抽取撮合"山阵连阴"、"霜鸿阵阵"语典中的语词、句意之妙。写出了雨后群山连绵、有如军阵层层，写出了在大柏地眺望山景之美和诗人那平静而又暗含激情之心态。而"装点"一典的妙用，使毛泽东的革命者的乐观主义精神跃然纸上。

12.饱经风霜为革命 身处逆境志昂扬
——毛泽东在《清平乐·会昌》中所用典故探妙

用典缘起：

1933年9月，经过四次"围剿"中央革命根据地均惨遭失败的蒋介石，调集了50万军队，发动了对中央革命根据地的第5次大"围剿"。此时的毛泽东仍然没有军职，仍旧处于赋闲的逆境。敌人进攻频频得手，中国革命危机万分！1934年7月，毛泽东到会昌参加粤赣省委扩大会议，于23日，他在天刚蒙蒙亮之时，率粤赣省委、省军区负责人及警卫人员到会昌山登高，不禁感慨万千，因而在这一年夏天填写这一首词。其词云："东方

欲晓，莫道君行早。踏遍青山人未老，风景这边独好。会昌城外高峰，颠连直接东溟。战士指看南粤，更加郁郁葱葱。"在这首词中用了下列典故。

典故内容：

莫道君行早。——典出宋人释道原《景德传灯录》卷22："谓言侵早起，更有夜行人。"又见，清人李渔《觉世名言十二楼·夏宜楼》第3回引古语："莫道君行早，更有早行人。"又见，清人周希陶《重订增广》："莫道君行早，更有早行人。"又见，清人石玉昆《三侠五义》第30回中有："展爷道：'借得出来便好，他若不借，必然将灯吹灭，便可借来。'丁二爷听了，不觉诧异道：'展大哥，此话怎讲？'展爷笑道：'莫道人行早，更有早行人。'便将昨晚之事说明。"这是一句诗化了的俗谚，也是一句具有典故性质的俗谚，人们在运用时，有时会有个别字作变更。

踏遍青山人未老。——典出《左传·僖公二十八》："且楚师老矣！"又见，唐人唐彦谦《道中逢故人》中有："愁牵白发三千丈，踏入青山几万重。"又见，宋人陆游《渔家傲·寄仲高》："寄语红桥桥下水，扁舟何日寻兄弟？行遍天涯真老矣，愁无寐，鬓丝几缕茶烟里。"所表现的是一种士大夫式对于漂泊生活的无奈与感慨。又见，宋人辛弃疾《清平乐·独宿博山王氏庵》中有："平生塞北江南，发来华发苍颜。"所表现的平生南征北战雄心难灭，而南宋小朝廷的苟安消磨了一代雄才的英雄气，只落得个白发森森竟可哀！苍老衰颜对镜叹！又见，《高丽史·乐志》："祝高龄，后天难老。"

会昌城外高峰，颠连直接东溟。——典出唐人李白《当涂赵炎少府粉图山水歌》："峨眉高出西极天，罗浮直与南溟连。"又见，其《古风》（其十一）："黄河走东溟，白日落西海。"清人王琦注有颜延年诗云："日观临东溟。"

更加郁郁葱葱。——典出汉人王充《论衡·吉验》："城郭郁郁葱葱。"又见，《后汉书·光武帝纪》："气佳哉，郁郁葱葱然！"旧指王气之佳，后又转而指树木之葱茂。又见，东汉人刘珍《东汉记·光武帝纪》称，刘秀在春陵（今湖北枣阳，当时属南阳郡，刘秀的家乡）时，望气者说春陵城中有喜气，曰："美者，王气！郁郁葱葱。"又见，唐人王勃《临高台》："高台四望同，帝乡佳气郁葱葱。"又见，明人冯梦龙《喻世明言》卷35："长安此去无多地，郁郁葱葱佳气浮。"

用典探妙：

毛泽东在这一首词中所用典故不多，且均是语典，但还是颇有特色的。

其一是：引用具有典故性质的民间俗谚入词，使词具有古朴自然流畅之美。毛泽东在这一首词中开篇第二句就引用"莫道君行早"，统摄三位清人的句意，将这一流传于民间的形象通俗而富有意味的俗谚入词，使这一首词的流畅古朴通俗之美和毛泽东拂晓爬山的愉快心境，尽情地展现在读者的眼前。

其二是：反用前贤的语典，赋原典以新的感情色彩。俗有"愤怒出诗人"、"苦难出诗人"、"死亡威胁出诗人"之说。心灵上的创作、苦痛与郁闷有时可以成为诗人的创作源泉。此时，"左"倾机会主义当权者剥夺了毛泽东的实际发言权和军事指挥权，特别是在博古的支持下，李德掌握了中央的军事指挥大权后，"崽卖爷田心不痛"，"中国革命这个宝押在一个外国人身上了。世界上哪有咯样的搞法？要不得嘛！他李德那一套在外国也许还可以，在中国根本行不通嘛，什么打法哟？防御战对堡垒战，这叫做'叫花子和龙王爷比宝'，必输无疑罗"（李恒阳：《红军洋顾问秘事》，《星火》1991年第2、3期，第17页）。这话不久就被铁的事实所证实：中央苏区被"左"倾机会主义当权者"基本被搞光了"，剩下就只有远征了，心情能不郁闷吗？毛泽东在这首词的自注中也说："1934年，形势危急，准备长征，心情又是郁闷的。这一首清平乐，如前面那首菩萨蛮一样，表露了同一心境"（中共中央文献研究室编：《毛泽东诗词集》，中央文献出版社2003年版，第226—239页）。基于上述情况，故有的研究者认为："'踏遍青山人未老'，掩卷思之，其中难道就没有词人在逆境中艰难跋涉的孤寂身影吗？陆游《渔家傲·寄仲高》有句云：'行遍天涯真老矣。愁无寐，鬓丝几缕茶烟里。'唐彦谦《道中逢故人》云：'愁牵白发三千丈，踏入青山几万重。'他们是正面写愁，毛泽东则是从反面写罢了。毛泽东是有愁有感的人，……明明'我怀郁如焚'，却还要说'战士指看南粤，更加郁郁葱葱'。词人内心的悲苦，难道不已经跃然纸上？这些地方，倒颇有些像沈德潜所云：'转作旷达，弥见沉痛矣'"（叶显林，周小滨：《毛泽东诗词书法赏析》，人民文学出版社2006年版，第138页）。笔者以为此说有误，有必要一论。"踏遍青山人未老"不是反面写愁，而是反用典故。反用典故，在这里就是反唐彦谦诗句之意和反陆游词句之意而用之。宋人魏庆之《诗人玉屑》云："直用其事，人皆能之，反其意而用之，非学业高人，……何以臻此！"毛泽东尽管当时遭受到打击，但他坚信"马列至言皆妙道，细思越读越分明"，"遵从马列无不胜"，"深信前途会伐柯"（《董必武诗选》，人民文学出版社1977年版，第273页）。正因为毛泽东是坚定的马克思列宁主义者，故而能将唐彦谦的"踏入青山几万重"、陆游的"行遍天涯真老矣"和辛弃疾的"平生塞北江南，归来华发苍颜"，化而为"踏遍青山人未老"，这就没有半点"唐彦谦式"、"陆游式"的沮丧情怀，更没有辛弃疾叹年老发白、体衰颜苍的悲观失意。有的只是"与天奋斗其乐无穷，与人奋斗其乐无穷，与地奋斗其乐无穷"的革命进取精神和乐观主义情怀；有的只是气吞山河的宏大气势，故而能"军情急迫驱征马，诗兴常于马上发"、能"逆境赋诗显精神"、能"踏遍青山诗雄奇"、能将"中华词史开新篇，独领风骚越百年"；故而能在苦涩艰难的岁月就科学地预言："20年后，革命一定能够胜利"（谢才寿：《毛泽东井冈山预言：20年后革命一定胜利》，《党史文苑》2007年第10期，第16页）。所以，毛泽东能够反用典故，反用

之妙，妙在务去陈旧之言以出全新之意，这就是前贤所谓的"反用为优"之意。毛泽东是反用典故的高手，其反意就不可能有愁苦之意了，何况在后面补上了妙句"风景这边独好"呢！何愁之有？倒是丁毅教授说得妙："读这首词每个人都容易感受到一种豪迈的情感，……字面上仅仅表现为些微的感慨，而这感慨又统摄在豪迈的英雄气概之中，并且成为显示这种英雄气概的有力导体"（丁毅：《毛泽东诗词创作七期论》，载王希文主编：《毛泽东诗词研究》，黑龙江人民出版社2003版，第168－169页）。这也是毛泽东在逆境中"写诗就要写出自己的胸怀和情操，这样才能引起读者的共鸣，才能使人感奋"（刘汉民：《毛泽东诗话词话书话集观》，长江文艺出版社2002年版，第169页）的独特实践。

其三是：对于以成语形式出现的语典的摘用之妙。当此之时，革命根据地已经危在旦夕，但南面仍然是一片光明。毛泽东在词的结尾摘用"郁郁葱葱"，完全妙合了"郁郁葱葱"的原始意义和转化意义，这就是，在南面不仅树木茂盛，而且人民的革命斗争气势，仍然在不断高涨，革命的道路是曲折的，革命的前途是光明的。有的是："中国是一个大国——东方不亮西方亮，黑了南方有北方，不愁没有回旋的余地"的远大眼光。

13.巍峨群山情独钟　借山言志气雄宏
　　——毛泽东在《十六字令三首》中所用典故探妙

用典缘起：

自1934年10月以来，毛泽东随中央红军主力长征，经过福建、江西、广东、湖南、广西到贵州，所经过的崇山峻岭是难以数计的。毛泽东在这无数的山水中，再一次地体会到了山的高险、奇、峻……聚无数的"山印象"，于1934年至1935年间，在长征的途中吟成了这一首小令。其小令云：

"其一　山，快马加鞭未下鞍。惊回首，离天三尺三。　其二　山，倒海翻江卷巨澜。奔腾急，万马战犹酣。其三　山，刺破青天锷未残。天欲堕，赖以柱其间。"在这三首小令中用了下列典故。

典故内容：

离天三尺三。——典出《湖南民谣》（见毛泽东原注）："上有骷髅山，下有八宝山，离天三尺三。人过要低头，马过要下鞍。"又见，《太平御览》卷4："俗云：武功太白，去天三百尺。"又见，唐人李白《蜀道难》："连峰去天不盈尺，枯松倒挂倚绝壁。"又见，宋人贺铸《渔家傲·荆溪咏》："南岳去天才尺五。"又见，清人顾祖禹《读史方舆纪要》卷87："谚云：高霄（岭名）慵隔，去天三尺。"

快马加鞭未下鞍。快马加鞭，亦即"快马亦须鞭"、"快马不须鞭"、"骏马加鞭"。——典出宋人王安石《送纯甫如江南》："此去还知苦相忆，归时快马亦须鞭。"又见，宋人饶节《次韵镜上人》："到底输他真定力，暮途快马亦须鞭。"又见，宋人陈师道《赠寇国宝三首》（其一）："口拟说诗心已解，世间快马不须鞭。"又见，宋人文天祥《发东阿》："贪程频问堠，快马缓加鞭。"明人徐𤱶《杀狗记》第17出《看书苦谏》："何不快马加鞭，径赶至苍山，救取伯伯。"又见，元人关汉卿《关大王独赴单刀会》第4折："光阴似骏马加鞭，浮世似落花流水。"

惊回首。——典出北朝人庾信《和侃法师三绝诗》："回首河堤望，眷眷嗟离绝。"又见，唐人张籍《祭韩愈》诗："月中登高滩，星汉文垂芒；钓车掷长线，有获齐骥惊。3"又见，宋人苏轼《定风波》词："回首向来萧瑟处，归去，也无风雨也无晴。"又见，宋人秦观《满庭芳》："山抹微云，天粘衰草，……多少蓬莱旧事，空回首，烟霭纷纷。"

倒海翻江卷巨澜。"倒海翻江"亦即"江翻海倒"、"江翻海沸"、"搅海翻江"。——典出宋人王安石《泊姚江》（二首其一）："山如碧浪翻江去。"又见，宋人陆游《夜宿阳山矶》："五更颠风吹急雨，倒海翻江洗残暑。"明人无名氏《哪吒三变》头折："瞅一眼江翻海沸，喝一声地惨天昏。"又见，明人罗贯中《三国演义》第12回："金鼓齐鸣，喊声如江翻海沸。"又见，清人钱彩《说岳全传》第29回："虎踞深林，顷刻江翻海倒；蜂屯三滏，一霎时火烈烟飞。"第75回，其中有云："直杀得……倒海翻江波浪滚。"又见，元人马致远《荐福碑》："他那里撼岭巴江，搅海翻江，树倒摧崖。"　卷巨澜。——典出隋人李巨仁《登名山篇》："叠峰如积浪。"又见，唐人岑参《与高适薛据同登慈恩寺浮图》："连山若波涛，奔凑似朝东。"

奔腾急。——典出《后汉书·和帝纪》："奔腾阻险，死者继路。"又见，唐人韩愈《南山》："或翻若船游，或决如马骤。"又见，金人王特起《绝句》："山势奔腾如逸马。"

万马战犹酣。万马。——典出宋人范成大《谒南岳》："湘中固多山，夹岸万马屯。"又见，宋人辛弃疾《沁园春·灵山齐庵赋时筑偃湖未成》："叠嶂西驰，万马回旋，众山欲东。"　战犹酣。——典出唐人杜甫《丹青引赠曹将军霸》："褒公鄂公毛发动，英姿飒爽来酣战。"

刺破青天锷未残。——典出《庄子·说剑》："天子之剑，以燕溪石城为锋，齐岱为锷。"又见，北魏人郦道元《水经注》卷3《河水》三："连山刺天。"又见，南朝梁人吴均《与施从事书》："绝壁干天，孤峰入汉。"　唐人杜甫《夔州歌十绝句》（其四）："赤甲白盐俱刺天，闾阎缭绕接山巅。"又见，唐人柳宗元《与浩初上人同看山寄京华亲故》："海畔尖山似剑铓，秋来处处割愁肠。"又见，宋人杨亿《成都》：

"青山路险剑为峰。"

天欲堕，赖以拄其间。——典出《列子·天瑞篇》："杞国有人，忧天地崩坠。"《楚辞·天问》："八柱何当？东南何亏？"汉人王逸注："言天有八山为柱。"又见，唐人徐坚等编《初学记》卷5《地部》上《总载地》引《河图括地象》："昆仑山为天柱。"又见，汉人东方朔《神异经》："昆仑有铜柱焉，其高入天，所谓天柱也。"又见，《战国策》："大冠若箕，修剑拄颐。"又见，《淮南子·天文训》又载共工头触不周之山，致使山崩倾，天柱折的神话。毛泽东在这里兼而用之。

用典探妙：

在红军长征的途中，毛泽东"一路上依然是在崇山峻岭中穿行。山连着山，一山更比一山高，一山更比一山雄，一山更比一山险。山，几乎成了红军官兵生活的一部分，成了红军官兵最亲密的朋友和最实在的仇人，成了红军官兵生命的一部分，从而也成了诗人毛泽东的灵感源泉"（陈晋：《文人毛泽东》，上海人民出版社1998年版，第113页）。毛泽东在这首《十六字令三首》中是怎样写山的呢？笔者以为，毛泽东在这一首小令中写山获得了极大的成功，其原因是多方面的，而其中妙典故写山是其成功的一大要素，他借用典故的运用，将山之高险、起伏、神奇写得活灵活现，从而凸显了我红军将士的大无畏的革命精神。且看其用典写山之妙。

一是取用先贤写山之妙句于小令之中，借用其中的数字句，用以写山之高耸，是这一首小令用典成功之妙处之一。前贤写山的名句多多，如"武功太白，去天三百尺"、"南岳去天才五尺"、"高霄慵隔，去天三尺"，在这些名句中，都以数字写山之高，这是最妙不过的了，精通中国典籍的毛泽东汲取了这一长处，他巧妙地借用湖南民谣中的现成之句"离天三尺三"，给读者以"九霄日月可摩肩"之感，这就将山之高写到了极处，从而将红军指战员之英勇顽强作了充分的展现。

二是镶嵌典故于小令之中，写出了战斗之惨烈与群山起伏如浪的壮阔之美妙。"倒海翻江"本是形容相互刺杀之激烈，毛泽东用上此典既保留了其战斗之惨烈的语意，以与"万马战犹酣"一语相照应，同时赋予了形容山势起伏连绵的新意，颇具生动性。毛泽东将其镶嵌于小令之中，辅之"卷巨澜"、"奔腾急"，这就将"万里云山齐到眼"的群山壮阔气势展现在读者的眼前，我红军征战的难辛亦就不言而喻了。

三是取用前贤语典之意，扩展想象而用之，将山之神奇，写到了极处。"连山刺天"、"其高入天所谓天柱也"、"赤甲白盐俱刺天"，这是实感，亦是夸张，用上此句，山之神异、之奇伟，已经足够读者领略其中之妙趣了，然而，毛泽东在此基础上进而再展想象，辅之以刺天之山其"锷未残"，本是摇摇欲坠之天，全依赖它这擎天之柱——撑着！红军指战员在长征途中所经过之山就是这样的神奇无比。则我红军指战员之勇，实乃天下无敌！

四是反用前人语典之妙。毛泽东在其原注中告诉我们，在这一首小令里，他借用了湖南民谣。从其所标示出来的民谣来看，他不是一般的借用，而是借用当中有反用。民谣中有"人过要低头，马过要下鞍"句，毛泽东反其意而用之，在如此高险的山面前，红军指战员不低头、不下鞍，而是"快马加鞭"，这是何等的气魄！我红军指战员们履险如夷的豪迈气概则跃然纸上。

总而言之，毛泽东在这首小令中，借助于妙用典故，将山之高、之险、之坚实劲峭得到了尽情的展现，与此同时，更是将红军指战员之勇、之顽强、之坚定……充分地映衬出来。这一首小令，可以说是写出了山的精神，更写出了人的精神；它是山的颂歌，更是人的颂歌！

14.两下遵义破雄关 "柳暗花明又一村"
——毛泽东在《忆秦娥·娄山关》中所用典故探妙

用典缘起：

1935年1月，我红军指战员攻下遵义城之后，在遵义召开了政治局扩大会议。在会上确立了以毛泽东为代表的新的中央领导，结束了"左"倾冒险主义对党和红军的领导。正如毛泽东在为此词的自注中所言："万里长征，千回百折，顺利少于困难不知有多少倍，心情是沉郁的。过了岷山，豁然开朗，转化到了反面，柳暗花明又一村了。以下诸篇，反映了这一种心情。"这年2月，红军二渡赤水，再攻娄山关、再占遵义城。毛泽东想起了一个多月前的情景，遂赋此词。其词云："西风烈，长空雁叫霜晨月。霜晨月，马蹄声碎，喇叭声咽。   雄关漫道真如铁，而今迈步从头越。从头越，苍山如海，残阳如血。"在这首词中用了下列典故。

典故内容：

长空雁叫霜晨月。长空。——典出唐人杜牧《登乐游原》："长空澹澹孤鸟没，万古销沉向此中。" 霜晨月。——典出唐人温庭筠《商山早行》："鸡声茅店月，人迹板桥霜。"又见，其《菩萨蛮》："江上柳如烟，雁飞残月天。"又见，宋人蒋捷《虞美人·听雨》："江阔云低断，雁叫西风。"

马蹄声碎。——典出唐人岑参《卫节度赤骠马歌》："弄影行骄碧蹄碎。"又见，唐人刘言史《春游曲》（二首其二）："碧蹄声碎五门桥。"

喇叭声咽。——典出唐人李白《忆秦娥》："箫声咽，秦娥梦断秦楼月。"又见，唐人韦庄《江城子》："角声呜咽，星斗渐微茫。"

从头越。——典出宋人岳飞《满江红》："待从头，收拾旧山河，朝天阙。"

残阳如血。——典出唐人杜甫《喜雨》诗："春旱天地昏，日色赤如血。"又见，

清人李宝嘉《南亭诗话·庄谐诗话》卷4："夕阳如血过西楼。"

用典探妙：

毛泽东的这一首词的用典之妙，是很有必要进行探讨的。笔者以为，毛泽东的这一首词的用典，应从如下两个方面来探讨。

一是毛泽东取先贤语典的典意及其语典中的语词入自己之词，有了无痕迹之妙。

杜甫诗中的"弄影行骄碧蹄碎"，是叙写马蹄之声清脆错落的，毛泽东的"马蹄声碎"，可以说是对杜甫的这一句诗的高度浓缩；同样，"喇叭声咽"，也可以说是对于李白的"箫声咽"的扩变而成。据郭永文主编的《毛泽东诗词故事》一书所载：毛泽东"面对关口吟起唐代大诗人李白的《忆秦娥》一词来：'箫声咽，秦娥梦断秦楼月……。''好，润之，你何不步李白的韵，来一首大作。'朱德听完这首苍茫、凄凉、雄浑的词后，高兴地说。……毛泽东蓦地想起一个月前的情景，意味深长地对朱德说：我步《忆秦娥》韵，填了阙新词，以作纪念：'西风烈……，'朱德听后说：'好！多壮观的词啊，……'"（《毛泽东诗词故事》，中央文献出版社1999年版，第91—93页）。 由此可见，毛泽东在填这一首词时，是汲取了李白词中"典意"的。

二是毛泽东在取先贤语典的典意及其语典中的语词入己词的同时，是有其丰富的生活体验为依据、为基础的，故其用典有天衣无缝之妙。

毛泽东在其词的下阕，写出了其得意妙句"苍山如海，残阳如血"。这"残阳如血"，无疑是妙用了"日色赤如血"、"夕阳如血过西楼"中的语词和句意。任何一个饱读诗书的人，他要创作出佳词妙句，他还必须要有丰富的生活体验，这正如毛泽东所说："作为观念形态的文艺作品，都是一定的社会生活在人类头脑中的反映产物。革命的文艺，则是人民生活在革命作家头脑中的反映的产物。人民生活中本来存在着文学艺术原料的矿藏，这是自然形态的东西，是粗糙的东西，但也是最生动、最丰富、最基本的东西；在这点上说，它们使一切文学艺术相形见绌，它们是一切文学艺术的取之不尽、用之不竭的唯一的源泉。这是唯一的源泉，因为只能有这样的源泉，此外不能有第二个源泉。有人说，书本上的文艺作品，古代的和外国的文艺作品，不也是源泉吗？实际上，过去的文艺作品不是源而是流，是古人和外国人根据他们彼时彼地所得到的人民生活中的文学艺术原料创造出来的东西"（毛泽东：《在延安文艺座谈会上的讲话》，《毛泽东选集》第3卷，第860页）。 而毛泽东正是有其丰富的生活体验，又有其丰富的中国典籍方面的广博知识，这就是说，他具备了上述这两个方面的创作条件，故而他在谈到"苍山如海，残阳如血"的创作时说，"是在战争中积累了多年的景物观察，一到娄山关这种战争胜利和自然景物的突然遇合，就造成了他自以为颇为成功的这两句话"（中共中央文献研究室编：《毛泽东诗词集》，中共中央文献出版社1996年版，第54页）。 这就是"源"与"流"妙合得天衣无缝的精品之作，同时也给了我们生动而深刻的启迪——要有丰富的生活实践，方能很好地融会贯通中国古典文化精粹，方能将中国的古典文化改造与翻新。

15.铁流二万五千里 纵横中国十一省
——毛泽东在《七律·长征》中所用典故探妙

用典缘起：

中国工农红军自1934年10月到1935年10月的长征，历经闽（福建）、赣（江西）、粤（广东）、湘（湖南）、桂（广西）、黔（贵州）、川（四川）、滇（云南）、康（当时的西康省）、甘（甘肃）、陕（陕西）等11个省，长驱25000余里，历经天险无数、战斗无数，取得经验教训无数。毛泽东于1935年10月间，创作了这一首诗。其诗是："红军不怕远征难，万水千山只等闲。五岭逶迤腾细浪，乌蒙磅礴走泥丸。金沙水拍云崖暖，大渡桥横铁索寒。更喜岷山千里雪，三军过后尽开颜。"在这首诗中用了下列典故。

典故内容：

万水千山只等闲。万水千山，亦即"千山万水"。——典出唐人贾岛《送耿处士》："一瓶离别酒，未尽即言行。万水千山路，孤舟几月程。"又见，唐人宋之问《至端州驿见杜五审言……题壁，慨然成咏》："岂意南中歧路多，千山万水分乡县。云摇雨散各翻飞，海阔天长音信稀。"又见，唐人戎昱《送吉州阎使君入道二首》（其二）："莫遣桃花迷客路，千山万水访客难。"又见，《西游记》第15回："这万水千山，怎生走得！……怎历得这万水千山？怎到得那灵山佛地？"又见，清人毛兰芳《咏滴水洞》："七二芙蓉族南岳；庆源南岳峰头落。磅礴苍苍数百里，万水千山隐隐跃。……" 等闲，即"等闲视之"。——典出唐人孟郊《送淡公十二首》中有："兹焉激切句，非是等闲歌。"又见，唐人白居易《琵琶行》："今年欢笑复明年，秋月春风等闲度。"又见，唐人张谓《湖中对酒作》："夜坐不厌湖上月，昼行不厌湖上山。眼前一樽又常满，心中万事如等闲。"又见，宋人陆游《鹧鸪天》："元知造物心肠别，老却英雄似等闲。"又见，宋人朱熹《春日》："等闲识得春风面，万紫千红总是春。"又见，明人罗贯中《三国演义》第96回："孔明曰：'前锋破敌，乃偏裨之事耳。今令汝接应街亭，当阳平关冲要道路，总守汉中咽喉，此乃大任也，何为安闲乎？汝勿以等闲视之，失吾大事，切宜小心在意！'魏延大喜，引兵而去。"又见，明人冯梦龙《醒世恒言》卷9："等闲识得军情事，一着成功定太平。"

走泥丸，亦即"下阪走丸"、"阪上走丸"、"走丸下阪"、"下阪丸"、"走丸"。——典出汉人荀悦《前汉记》："君计莫若以黄屋朱轮以迎范阳令，使驰鹜乎燕

赵之郊，则边城皆喜，相率而降。此由以下阪走丸也。"又见，《汉书·蒯通传》："边城皆将相告曰：'范阳令先下，而身富贵'，必相率而降，犹如阪上走丸也。"又见，《后汉书·隗嚣传》："王元谓隗嚣曰：'元请一丸泥为大王东封函谷关。'"又见，五代人王仁裕《开元天宝遗事·走丸之辩》："张九龄善谈论，每与宾客议论经旨，滔滔不竭，如下阪走丸也。"又见，唐人韦应物《易言》："投石入水岂有碍，走丸下阪安得留？"又见，南朝宋人鲍照《观漏赋》："时不留乎激矢，生乃急于走丸。"又见，清人赵翼《挽唐再可》："流光下阪丸，暮景穿缟弩。"又见，清人林则徐《出嘉峪关感赋》："谁道崤函千古险，回看只见一丸泥。"

更喜岷山千里雪。——典出唐人李世民《饮马长城窟行》："瀚海百重波，阴山千里雪。"

三军过后尽开颜。三军。——典出《左传·襄公十一年》。"三军"一说的概念多多。一是春秋时，大国多设三军，如晋称中军、上军、下军；楚称中军、左军、右军。三军各设将、佐，而以中军为三军统帅；齐、鲁、吴亦设上、中、下三军。这里是指军队的总体编制。二是《商君书·兵守》中言守城之法："三军：壮男为一军，壮女为一军，男女之老弱者为一军，此之谓三军也。"这里的三军是，以壮男为战，壮女为守，老弱收集供应食物，以全力对敌。这里是讲守备之法。三是《孙子·军争》："故三军可夺气，将军可夺心。"这里是指军队的总称。四是《论语·述而》："子行三军，则谁与？"《论语·子罕》："三军可以夺帅也，匹夫不可夺志。"这里的"三军"当是军队的通称；五是今称海、陆、空军为三军。唐人李白《战城南》诗中有："万里长征战，三军尽衰老。" 开颜。——典出唐人李白《酬岑勋……以诗见招》："开颜酌美酒，乐极忽成醉。"又见，唐人杜甫《宴王使君宅》诗："自吟诗送老，相劝酒开颜。"又见，宋人陆游《鹧鸪天》："贪啸傲，任衰残，不妨随处一开颜。元知造物心肠别，老却英雄似等闲。"

用典探妙：

毛泽东的这一首诗有其空前之处，要知其用典之妙，先看我国两大名人论此诗。

一是周振甫言，红军长征是震惊中外的重大事件，"像这样空前伟大的历史事件，具有这样伟大而深刻意义和长征，作者却能用56个字来写它，这是具有多么高度概括的艺术手腕。古代的大作家很少敢用一首律诗来写各个时代复杂而重大的题材，即使那种题材远远比不上长征的复杂而具有伟大意义。像杜甫写的《秋兴》八首、《诸将》五首，也要用连章体来写，别的更不用说了。从这里，不能不使人惊叹作者具有极高度的艺术概括力"（周振甫：《毛泽东诗词欣赏》，上海书店1995年版，第67页）。

二是郭沫若在1965年为《长征》一诗所写的跋文中则说："毛主席长征诗，写于1935年10月，寓有战略上藐视困难，战术上重视困难之深意。视五岭之逶迤如腾细浪，视乌蒙之磅礴如走泥丸，此藐视困难也。忆及金沙江之巧渡，大渡河之抢渡，则是重视困难也"（公木：《诗人毛泽东·注释赏析》，珠海出版社1999年9月版，第95—96页）。

以上两位大名人对于《长征》一诗各自从自己的角度进行了评析，此种评析，至为精要。而毛泽东的这一首《长征》诗，之所以有如此大的政治效果和艺术效果，与其用典之妙不无关系。

其一是毛泽东妙取具有典故性质的语典中的语词及其典意入己诗之妙。

如将"万水千山"、"等闲"、"走泥丸"三词语及其中的典意，融入己诗，所展现的正是我红军指战员，对无穷之困难只是等闲视之，其革命壮志何其大也！其在诗中的涵盖长征精神意蕴则是何其深也！

其二是反用之妙。

首先是诗题"长征"即诗中的"远征"典意的反用之妙。唐人王昌龄的《从军行》有名句云："秦时明月汉时关，万里长征人未还。"清人林则徐的《出嘉峪关感赋二首》中有："严关百尺界天西，万里行人驻马蹄。"先贤笔下的"长征"、"远征"，要么"人未还"，要么"驻马蹄"，而红军的万里长征，则是一往无前，"三军""尽开颜"。再是反用李白的"万里长征战，三军尽衰老"和杜甫诗"相劝酒开颜"之典意。因为"万里长征战，三军尽衰老"状写的是疲惫不堪之师的情态，而"自吟诗送老，相劝酒开颜"，无宁说是开颜，实乃借酒消愁、叹老悲衰也！我红军指战员在遇到"岷山千里雪"这样最为困难的时刻，不见愁容却是喜色，三军小视它并战而胜之尽情地开颜而笑，这种对于困难的藐视与革命的英雄主义和革命的乐观主义精神，正是借助反用前贤诗之典意，而尽情地得到了展示。

16. "千秋功罪"试评说 "太平世界"同凉热
——毛泽东在《念奴娇·昆仑》中所用典故探妙

用典缘起：

毛泽东曾自注《念奴娇·昆仑》云："夏日登岷山远望，群山飞舞，一片皆白。"有感于此，毛泽东诗兴大发，于1935年10月而作此词。其词是："横空出世，莽昆仑，阅尽人间春色。飞起玉龙三百万，搅得周天寒彻。夏日消溶，江河横溢，人或为鱼鳖。千秋功罪，谁人曾与评说？　　而今我谓昆仑：不要这高，不要这多雪。安得倚天抽宝剑，把汝裁为三截？一截遗欧，一截赠美，一截还东国。太平世界，环球同此凉热。"在这首词中用了下列典故。

典故内容：

昆仑（三出）。——典出《河图》："昆仑，天中柱，气上通天。"汉人东方朔《海内十洲记》云："昆陵即昆仑，中狭上广，故曰昆仑。"昆仑，在《尚书》、《山海经》、《吕氏春秋》、《国语》、《史记》、《淮南子》等典籍中都有各式各样的记载，已形成了一种神奇的文化现象。又见，唐人陈子昂《感遇》："昆仑见玄凤，岂复虞云罗！"

横空出世莽昆仑。横空。——典出唐人韩愈《荐士》："横空盘硬语，妥帖力排奡。"又见，宋人苏轼《西江月》："照野弥弥浅浪，横空隐隐层霄。"又见，宋人陆游《梦中忽作从戎之兴戏作之三》："十万貔貅出羽林，横空杀气结层阴。"出世。——典出《隋书·经籍志四·佛经》："每一小劫，则一佛出世。"又见，《水浒传》第53回："拿翻李逵，打得一佛出世，二佛涅槃。"

莽昆仑。——典出《楚辞·九辩》："莽洋洋而无极兮，忽翱翔之焉薄。"又见，唐人杜甫《秦州杂诗》："莽莽万重山，孤城山谷间。"

阅尽人间春色。——典出宋人赵长卿《青玉案》："恍如辽鹤归华表，阅尽人间巧。"又见，唐人李白《塞下曲》诗："五月天山雪，无花只有寒，笛中闻折柳，春色未曾看。"又见，明人周清源《西湖二集》卷2："山头草木四时春，阅尽岁寒长不老。"

悟空智灭熊熊火（暗用）。——典出明人吴承恩《西游记》中，孙悟空智斗牛魔王与铁扇公主，从铁扇公主处借得巴蕉扇，煽灭800里火焰山中的故事。

飞起玉龙三百万，搅得周天寒彻。亦即变用"战退玉龙三百万，败鳞残甲满天飞"而成。——典出宋人胡仔《苕溪渔隐丛话》前集卷54引《西清诗话》云："华州狂子张元，天圣（宋仁宗1023—1031年）间坐累终身，每托兴吟咏，如雪诗：战退玉龙三百万，败鳞残甲飞满天。"玉龙。——典出唐人吕岩《剑画此诗于襄阳雪中》："岘山一夜玉龙寒，凤林千树梨花老。"又见，宋人范成大《次韵尧章雪中见赠》中有："玉龙阵长空，皋比忽先犯。鳞甲塞先飞，战逐三百万。"

大禹开渠治水（暗用）。——典出《史记·夏本纪》。言"禹伤先人父鲧功之不成受诛，乃劳身焦思，居外十三年，过家门而不敢入。"大禹终于疏通了九河，使人们在那些只会有鱼鳖的地方安居乐业地生活着。

人或为鱼鳖。——典出《左传》（昭公元年）："微禹，吾其鱼乎？"又见，《后汉书·光武帝纪》："赤眉今在河东，但决水灌之，百万之众可使为鱼。"又见，南朝梁人刘峻《辨命论》："空桑之里，变成洪川。历阳之都，化为鱼鳖……火炎昆岳，砾石与琬琰俱焚，严霜夜零，萧艾与芝兰共尽。虽游、夏之英才，伊、颜之殆庶，焉能抗之哉！"其意是说：在（河南）空桑这个居民聚居之乡里，沦为了一片汪洋。在（安徽）历阳城都，陷于湖下，人变为鱼鳖……火燎昆仑山，沙砾石块与美玉被一同烧毁了；严霜于夜里降落，蒿艾与香草均已凋零。虽然有子游、子夏这样才华横溢之人，有伊尹、颜回这样诸多之贤，岂能抗拒这样如此之灾害？！又见，唐人杜甫《潼关吏》："哀哉桃林战，百万化为鱼。"又见，宋人陆游《入瞿塘登白帝庙》诗："天不生斯人，人皆化鱼鼋。"

安得倚天抽宝剑。——典出战国楚人宋玉《大言赋》："方地为舆，圆天为盖。长剑耿介，倚天之外。"又见，唐人李白《大猎赋》："于是擢倚天之剑。"又见，李白《临江王节士歌》："白日当天心，照之可以事明主。壮士愤，雄风生，安得倚天剑，跨海斩长鲸。"又见，唐人李益《五原过胡儿饮马泉》："几处吹笳明月夜，何人倚剑白云天！"又见，宋人辛弃疾《水龙吟·过南剑双溪楼》："举头西北浮云，倚天万里须长剑。"又见，清人陈恭尹《为严藕渔宫允题绿端砚》："别向人前开宝匣，倚天原自有青萍（宝剑之名）。"又见，清人高鹗《甘省奏捷拟凯歌》："倚天长剑如虹气，一路风声卷渭河。"

用典探妙：

毛泽东的这一首词，写得出色异常。其构想之奇、其笔力之健、其意境之妙、其气魄之雄、其寓意之深，无与伦比，真称得上是"横空出世"之作。而有如此的政治和艺术效果，这与毛泽东妙用典故不无关系。

一是一典统领全词之妙。

"昆仑"这个地名典故，它已不是一个一般的地名，它是中国神话传说的发祥之地，亦是各种历史文化传说重要载体，如由昆仑引出西王母的种种传说，引出女娲的种种传说，并由此而演生出各种神奇的传说。毛泽东在这首词中，以昆仑为题，并在词中三出"昆仑"一典，这样的用典，有利于其词中丰富想象的合理性，有利于其词中浪漫想象的充分发挥，有利于将"昆仑"一典人格化，这就使此典统率全词有合榫对缝之妙。

二是暗用神话故事之妙。

毛泽东在这一首词中，没有出现唐三藏路阻火焰山，孙悟空三调芭蕉扇扇灭火焰山之火的故事，但是在这一首词中，通过毛泽东写昆仑山之雪，而暗隐出这一个神奇的故事在其中。毛泽东后来在其自注中说："夏日登岷山远望，群山飞舞，一片皆白。老百姓说，当年孙行者过此，都是火焰山，就是他借了芭蕉扇灭了火，所以变白了。"也证实了这一点，这就增强了这一首词的神奇性和故事性。再是在这一首词中又暗用了大禹开渠治水的古老典故，毛泽东在其词中没有那明确的语言说到大禹治水，但是，他借助妙用深含典意语词，隐含着大禹治水的美妙传说，人们是不难体味到的。这一首词中妙用了这两个传说故事，足见毛泽东在创作此词时的设想之奇妙，诗人的想象力是何等的神奇！

三是反用前贤诗句（语典）之妙。

对于李白之"春色未曾看"一句，毛泽东反其意而用之，将昆仑人格化，让昆仑吐出"阅尽人间春色"之语，这就"极写了昆仑俯瞰人世沧桑几千万年的恒久时间，仿佛追溯一部人类史，却无半分流逝变幻之慨，满是诗人独有的雄奇达观之情"（公木：《诗人毛泽东·注释赏析》，珠海出版社1999年9月版，第99页）。

四是化用前贤诗词句，取用其中的语词与语意，以组己词而出新句新意之妙。

如"阅尽人间巧"、"战退玉龙三百万，败鳞残甲满天飞"，毛泽东取用其中的语词语意，自成"阅尽人间春色"、"飞起玉龙三百万"，将昆仑雪山之俊、之伟、之雄、之奇，写得生动而形象。这一动静结合、且为"夏日消溶，江河横溢，人或为鱼鳖"作了铺垫的妙句，如若毛泽东不注出处，乃非诗词里手，实难见其痕。

又如将"微禹，吾其鱼乎？"、"人皆化鱼鼋"、"化为鱼鳖"、"长剑耿介，倚天之外"、"于是擢倚天之剑"、"安得倚天剑"，取其中的语词、用其中的语意，分别成妙句"人或为鱼鼋"、"安得倚天抽宝剑"，这就在列数昆仑之罪后，提出了自己"安得倚天抽宝剑"的缘由，充分地展现出了词人那逼人之锐气和豪迈的襟怀。这就写活了昆仑，同时亦写活了豪情满怀、凌驾于昆仑之上、将典故熔铸成壮丽诗篇的词人自己。

17.工农红军志冲天 长缨在手缚苍龙
——毛泽东在《清平乐·六盘山》中所用典故探妙

用典缘起：

在宁夏南部的固原县有一座主峰高达2928米的六盘山。1935年10月，在我英勇的红军指战员们越过这座名山之后的一天，毛泽东几经吟诵后，挥笔写就名篇《清平乐·六盘山》。词云："天高云淡，望断南飞雁。不到长城非好汉，屈指行程二万。六盘山上高峰，红旗漫卷西风。今日长缨在手，何时缚住苍龙？"在这首词中用了下列典故。

典故内容：

望断南飞雁。南飞雁，暗含"雁足传书"之典。——典出《汉书·苏武传》，苏武出使匈奴，被拘于北海牧羊达19年之久。后匈奴与汉和亲。"汉求武等，匈奴诡言武死。后汉使复至匈奴，常惠请其守者与俱，得夜见汉使，具自陈道，教使者谓单于，言天子射上林中得雁，足系有帛书，言武等在某泽中。使者大喜，如惠言以让单于。单于视左右而惊，谢汉使曰：'武等实在。'"晋人潘岳《秋兴赋》："蝉嘒嘒而寒吟兮，雁飘飘而南飞。"又见，唐人李白《送友人游梅湖》："莫惜一雁书，暗尘坐胡越。"

又见，唐人王维《寄荆州张丞相》诗："目尽南飞雁，何由寄一言。"又见，唐人权德舆《和河南罗主簿送校书兄归江南》诗："断云无定处，归雁不成行。"所表现的是对于兄弟分离的惋惜之情。又见，宋人黄庭坚《宜阳别元明用觞字韵》诗："千林风雨莺求友，万里云天雁断行。"这两句诗的上句用《诗经·小雅·伐木》中的"嘤其鸣矣，求其友声"一语，比喻朋友同气以相求。下句用《礼记·王制》中的"父之齿，随行，兄之齿，雁行"一语，比喻兄弟彼此相离或出行有序之意。望断。——典出唐人陈深《济南赵君成南使羁留三纪得还其犹子录其遗事求诗为赋一绝》："年年望断雁南征。"又见，宋人秦观《虞美人》："高城望断尘如雾，不见联骖处。"又见，秦观《满庭芳》："伤情处，高城望断，灯火已黄昏。"又见，宋人辛弃疾《木兰花慢·滁州送范倅》："目断秋霄落雁，醉来时响空弦。"又见，宋人汪元量《湖州歌》："夕阳一片寒鸦外，目断东南四百州。"又见，宋人晁端礼《望海潮》中有："烟素敛晴空，正望迷平野，目断飞鸿。"又见，宋人柳永《卜算子慢》："雨歇天高，望断翠峰十二。"

不到长城非好汉。——典出唐人刘肃《大唐新语·举贤》："则天问狄仁杰曰：'朕要一好汉使，有乎？'……仁杰曰：'靳州长史张柬之，其人虽老，真宰相材也。'"清人陈鳣《恒言广证·卷1·询刍录》："匈奴闻汉兵，莫不畏者，称为汉儿，又曰好汉。"又见，宋人苏轼《诸公饯子敦轼以病不往复次前韵》："人间一好汉，谁似张长史。"又见，宋人刘克庄《贺新郎》词："未必人间无好汉，谁与宽些尺度？"

屈指行程二万。——典出唐人杜甫《甘林》："我哀易悲伤，屈指数贼围。"又见，宋人陈造《赤口滩》："路可屈指计。"

今日长缨在手，何时缚住苍龙。——典出南宋人刘克庄《贺新郎》词："问长缨何时入手，缚将戎主？"又见，明人沈周《从军行》："左贤早待长绳缚，莫遣论功白发生。"又见，《汉书·终军传》："终军自愿请缨。"言武帝派他出使南越，让南越王臣服汉朝，终军即自请说，"愿受长缨"，如果南越王不肯臣服汉朝，一定要把南越王抓送到朝廷来。　苍龙。——典出《吕氏春秋》卷1《孟春纪》："乘鸾辂，驾苍龙。"是谓青色大马。又见，《汉书·王莽传》："苍龙癸酉。"唐人颜师古注："苍龙，太岁也。"旧时方士以为凶神。又见，《后汉书·张纯传》："苍龙甲寅。"唐人李贤注："苍龙，太岁也。"旧称为一种恶霸般的凶神。又见，《史记·天官书》："东宫苍龙。"《索隐》："案《文耀钩》云：东宫苍龙，其精为龙也。"是为东方七宿的总称。又见，唐人李商隐《鄠杜马上念〈汉书〉》："世上苍龙种，人间武帝孙。小来惟射猎，兴罢得乾坤。"又见，元人袁桷《张虚靖圜庵扁曰归鹤次韵》："红羊赤马悲沧海，白虎苍龙俨大庭。"

用典探妙：

毛泽东在这一首词中用典不是很多，但用得精，用得有特色。

一是综合取用语典中的语词与典意成自己的词句，用以表现红军在长征中的特定景色与自己的特定心态。

古诗中的"目尽南飞雁"、"断云无定处，归雁不成行"、"万里云天雁断行"、"望断清波无双鲤"、"目断飞鸿"等，均有思友、思兄弟之意，而其中的语词均可抽取组成"望断南飞雁"这一妙句。联系当时红军长征的具体情况，其时在长征途中，是多支红军部队分头北上，还有在南方留守下来的不少红军指战员仍在与国民党反动派浴血奋战。毛泽东的"望断南飞雁"，与前面的"天高云淡"相配，不仅有更为辽阔舒展空间之感，而且更为深刻地表达了毛泽东借"雁行"、"雁足传书"之典，"见雁思乡信"，表达了对不在一道行进的红军战友，特别是仍旧留在南方的战友的关切之情。毛泽东在这里的用典，有将人物形象、人的心态和景物描写巧相结合之妙。

二是毛泽东在这首词中的用典，有选用语典的语词与典意之妙。

"今日长缨在手，何时缚住苍龙？"在语词、语势与语意上，可以说就是刘克庄"问长缨何时入手，缚将戎主"一语的最为巧妙的化用。

三是选取典故中适合自己解释的内容，用以表达词人所要批判的事件与人物。

在中国的某一些典故中，往往具有多种解释，在运用这样的典故时，必须要善于选用其中的特定内容，方能很好地为自己的创作目的服务。"苍龙"一典，在中国的典籍当中，就有三种以上的解释。毛泽东妙取"苍龙"为凶神恶煞这一说法，以此用作比喻，用以表示红军在1935年10月上旬在突破敌人的封锁线、打垮了敌人的骑兵部队，胜利地越过六盘山之后的作战目标——就是要制服蒋介石。当然，红军北上是要抗日的，但是蒋介石是要消灭红军，要执行他的所谓"攘外必须先安内"的反动政策。因此，这里的"苍龙"，理所当然地应是指蒋介石。但不少诠释者认为"苍龙"是指日本帝国主义，故而毛泽东自注道："苍龙：蒋介石，不是日本人。因为当前全副精神要对付的是蒋不是日。"这里的"缚苍龙"，同时也是我红军指战员们，对于中国革命充满着必胜信心的表现。

18.雄视古今数千载 典评帝王抒心声
——毛泽东在《沁园春·雪》中所用典故探妙

用典缘起：

1945年10月间，毛泽东亲赴重庆与蒋介石进行谈判，其间，柳亚子多次向毛泽东求诗。10月7日，毛泽东手书《沁园春·雪》赠柳亚子。这一首词是毛泽东率领红一方面军1936年2月，由陕北东渡黄河进入山西省西部过清涧，其时毛泽东初到陕北，2月7日抵达袁家沟，一路大雪纷飞，踏雪行军，是日住在白治民家挥笔写下此词。全词是："北国风光，千里冰封，万里雪飘。望长城内外，惟余莽莽；大河上下，顿失滔滔。山舞银蛇，原驰蜡象，欲与天公试比高。须晴日，看红装素裹，分外妖娆。　江山如此多娇，引无数英雄竞折腰。惜秦皇汉武，略输文采；唐宗宋祖，稍逊风骚。一代天骄，成吉思汗，只识弯弓射大雕。俱往矣，数风流人物，还看今朝。"在这首词中用了下列典故。

典故内容：

山舞银蛇，原驰蜡象。——典出唐人韩愈《咏雪·赠张籍》诗："日轮埋欲侧，坤轴压将颓。岸类长蛇扰，陵犹巨象豗。"

须晴日。——典出宋人刘过，《沁园春》："须晴去，访稼轩未晚，且此徘徊。"（毛泽东手书此词时为"须晴日"，见叶显林、周小滨编著：《毛泽东诗词书法赏析》，人民文学出版社2006年3月版，第435页）。

折腰。——典出《晋书·陶潜传》："郡遣督邮至县，吏白应束带见之。潜叹曰：吾不能为五斗米折腰，拳拳事乡里小人邪？"又见，唐人杜甫《官定后戏赠》："不作河西尉，凄凉为折腰。"又见，宋人刘克庄《沁园春·寄九华叶贤良》："当年目视云霄，谁信到凄凉今折腰。"

看君才未数，曹刘敌手……（暗用）——典出宋人辛弃疾《沁园春·答杨世长》："看君才未数，曹刘敌手；风骚合受，屈宋降旗，谁说相如，平生自许，慷慨须乘骅骝归。"

五百里滇池，奔来眼底……（暗用）——清人孙髯《大观楼·长联》："五百里滇池，奔来眼底。披襟岸帻，喜茫茫空阔无边！看：东骧神骏，西翥灵仪，北走蜿蜒，南翔缟素。……九夏芙蓉，三春杨柳；数千年往事，注到心头。把酒凌虚，叹滚滚英雄谁在？想：汉习楼船，唐标铁柱，宋挥玉斧，元跨革囊。……两行秋雁，一枕清霜。"

风骚。——典出《宋书·谢灵运传论》："原其飙流所始，莫不同祖风骚。"又见，清人赵翼《瓯北诗钞·绝句》："江山代有才人出，各领风骚数百年。"

天骄，亦即"天之骄子"。——典出《汉书·匈奴传》（《汉书》卷94）："南有大汉，北有强胡。胡者，天之骄子也，不为小礼以自烦。"毛泽东词中的"天骄"，就是"天之骄子也"的缩略之语。又见，唐人陈子昂《感遇》："籍籍天骄子，猖狂已复来。"又见，唐人李白《塞下曲》："弯弓辞汉月，插羽破天骄。"又见，宋人贺铸《六州歌头·少年侠气》："思悲翁，不请长缨，系取天骄种，剑吼西风。"

射大雕。——典出《史记·李将军列传》："生得一人，果匈奴射雕者也。"又见，《北齐书·斛律金传》附斛律光："尝从世宗于洹桥校猎，见一大鸟，云表飞扬。光引弓射之，正中其颈。此鸟形如车轮，旋转而下至地，乃大雕也。世宗取而观之，深

壮其异焉。丞相属邢子高叹曰：'此射雕手也！'"

风流人物。——典出《晋书·卫玠传》："此君风流名士，海内所瞻。"又见，南朝宋人刘义庆《世说新语·赏誉》："卿风流俊望，真后来之秀。"又见，唐人杜甫《丹青引赠曹将军霸》："英雄割据虽已矣，文采风流今尚存。"又见，宋人苏轼《念奴娇·赤壁怀古》："大江东去，浪淘尽、千古风流人物。故垒西边，人道是、三国周郎赤壁。"

秦皇。——即秦始皇嬴政（公元前259—前210年）。公元前年仅13岁时继位，在李斯等谋臣的协助下，他统一六国，建立了中国历史上第一个统一的封建大国。但他不重视文化知识。曾焚书坑儒。

汉武。——即西汉武帝刘彻（公元前156—前87年）。他在位50余年，曾削弱诸侯势力，推行盐铁法，并曾以卫青、霍去病为大将，北扫匈奴，除我北方边患。他早年比较注重经济文化，但是晚年迷信神仙道术。总体看他，其文采略逊。北周·庾信《温汤碑》："秦皇余石，仍为雁齿之阶；汉武旧陶，即用鱼鳞之瓦。"

唐宗。——即唐太宗李世民（公元599—649年）。他在隋末劝父李渊起兵反隋之后，历经征战，在27岁时发动玄武门之变后不久即帝位。他采取了一系列政策使国力增强，史称"贞观之治"。但晚年连连对外用兵、在内营造宫室，加深了阶级矛盾。太宗能诗，但风骚稍逊。

宋祖。——即宋太祖赵匡胤（公元927—976年）。太祖在为中国的统一方面作出了贡献。他先后灭荆南、南汉、南唐、后蜀等割据势力。他本是后周的殿前都点检，系武人出身，于诗书较之李世民更为逊色。

成吉思汗。——即元太祖铁木真（公元1162—1227年）。他能骑善射，于1206年统一蒙古之后，制定了一系列的政治、军事、法律等方面的制度，为社会的发展打下了基础。他曾两次伐金、曾剿灭法剌子模、侵入忻都（印度）等地，在喀勒喀河（今顿河）击败斡罗斯（俄罗斯）联军。1226年夏进攻西夏取胜。不久假道南宋、灭亡金朝。元太祖武功赫赫，确为一代天骄。

用典探妙：

毛泽东的《沁园春·雪》，是一首以江山起笔，从帝王着眼，"言志"、"言情"、"言美"、"论古"、"论今"、"论史"，雄视千古，豪放壮美的词中绝唱。然自从蒋介石及其御用文人攻击毛泽东的《沁园春·雪》（以下简称《雪》）有"帝王思想"以来，此种说法，因种种原因，阴影难散。因此，此文实须详论。其实，从毛泽东《雪》词的种种用典之妙的情况来看，从岳飞的名词《满江红》（怒发冲冠）的用典之妙，而被不少文史大家、乃至学术界泰斗式人物所误解误读误批，而造成的严重恶果来看，所谓《雪》词有"帝王思想"之说，亦纯属荒谬妄评。因而，此词的用典之妙，有必要细作探讨。

（一）"帝王思想"之说谬，重新探讨有必要。

1945年10月间，毛泽东亲赴重庆与蒋介石进行谈判。其间，柳亚子多次向毛泽东求诗。10月7日，毛泽东手书《沁园春·雪》赠柳亚子。这年的11月，此词经过传抄后，为重庆《新民报晚刊》发表，一时间则被广大人民群众所传诵、品评，同时被译成多种文字惊动国外。

1. 蒋介石攻击《雪》词："称王称霸"、"帝王思想"。

毛泽东的这一首词，在山城引起轰动，在万人争诵的一片欢呼称赞声中，亦有诋毁噪音杂于其中，其中歪曲、丑诋而又最为惑人的一招是：因毛泽东在《雪》词中用典评判了我国历史上几位著名的帝王，不少人就别有用心地说毛泽东的这首词有"帝王思想"，而始作俑者，当首推蒋介石及其谋士陈布雷。且看：蒋介石就曾怀着嫉恨心理，"不相信这是毛泽东的词……他找来了谋士陈布雷，这是一位替蒋介石起草文稿的文人，他对中国诗词的了解当然比蒋介石多得多。蒋介石问：'布雷先生，你看毛泽东这首《沁园春》词是他作的吗？'尽管蒋介石希望陈布雷说出'不是'二字，但是陈布雷是一个忠实于主人的文人，他觉得不能对蒋介石撒谎，于是他说：'是的。'回答使蒋介石感到失望，他又问：'布雷先生，你觉得这首词写得如何？''气度非凡，真有气吞山河如虎之感，是当今诗词中难得的精品啊！''难道就没有不尽人意之处，譬如说音韵、对历史人物的评价方面？'蒋介石千方百计想找出一点差错，以平衡自己妒嫉的心理。'嗯，我细看了看，没有什么毛病，至于对历史人物的评价嘛，因为是诗词，也只能这样说了。据我所知，毛泽东对中国古代文学和古代历史是非常精通的，填词作诗，算不得什么难事。''我看他的词有帝王思想，他想复古，想效法唐宗宋祖，称王称霸。'蒋介石突然又评价起毛泽东的词来，眼睛死盯着陈布雷，似乎这是不可争辩的事实。'这个嘛，倒是有。'陈布雷小心答道"（《蒋介石与毛泽东的〈沁园春·雪〉》，《文汇报》1992年10月13日）。对于《雪》词首次作出了否定性批判，一主一仆在《雪》词有"帝王思想"的问题上，终于统一了思想。

《后汉书·马寥传》中有云："楚王好细腰，宫中多饿死"。《孟子·滕文公上》云："上有好者，下必有甚焉者矣。"于是蒋介石的御用文人及其所控制的报刊、舆论，对毛泽东的这首词便群起而攻之。"国民党内一些死硬分子见毛泽东这首词在社会上影响太大，便指使特务和舆论机关大肆造谣，诬蔑毛泽东是'草寇'、'不学无术'，说毛泽东作不出这么好的词，《沁园春·雪》是出自柳亚子之手，是毛泽东请柳亚子代的笔"（辛夫：《国民党在毛泽东〈沁园春·雪〉发表之后》，载周永林编著：《〈沁园春·雪〉论丛》，重庆出版社2003年12月版，第100页）。与此同时，他们紧锣密鼓地在重庆报刊上发表了31首诗词，其中"国民党骂人之作"21首。一伙由国民

党豢养的御用文人，他们把攻击矛头主要指向毛泽东和共产党（尹凌：《毛词〈沁园春·雪〉的唱和之争》，《重庆社会主义学院学报》2002年第1期，第35页），而"在当时的《大公报》、《中央日报》、《和平日报》、《益世报》上接连刊出的所谓唱和、评论之作中，却被曲解为'帝王思想'，有的更直接用'草莽英雄，林泽豪杰'的词句公然骂出口"（郭永文：《毛泽东诗词故事》，中央文献出版社1999年版，第126—127页）。"从12月8日至12日，国民党行政院文官长吴鼎昌控制的《大公报》还刊出一篇题为《我对中国历史的一种看法》的长文，攻击毛泽东此词有'帝王思想'。在不长的时间里，重庆的反动报刊发表所谓'和词'近30首，攻讦文章10余篇，其势汹汹，不亦乐乎"（苏桂主编：《毛泽东诗词大典》，广西人民出版社1997年版，第126页）。有的人也因此而对此词产生误解。如柳亚子云："中共诸子，禁余流播，讳莫如深，殆以词中类似帝王口吻，虑为意者攻讦之资；实则小节出入，何伤日月之明"（陈东林：《毛泽东诗史》，中共中央党校出版社1997年版，第104页）。随着时间的推移，"而以毛泽东自比为帝王的，不仅党内有此顾虑，柳亚子所谓'中共诸子'，自然不是无稽之谈，而国民党也正是以此为罪责。甚至就连国外许多研究毛泽东的专家学者们，也因此引出'毛泽东——帝王'这一理论，作为学术心得而载之于他们的专著。……正是'今朝'（即"数风流人物，还看今朝"——引者注），有这深一层的含义，所以这才引起许多人认为这阕词是反映了毛泽东的帝王思想"（万文武：《介体——诗艺之灵魂——兼论〈沁园春·雪〉的双层意象构筑》，载何火任、吴正裕主编：《毛泽东诗词研究丛刊》第2辑上册，中央文献出版社2005年版，第347—353页），因而引起长期的争议，可谓久讼难息。

2. 毛泽东反击："骂人之作，可以喷饭"，《雪》词"是反封建的"。

毛泽东及一批革命家面对蒋介石的"称王称霸"、"帝王思想"的指摘，面对蒋介石所控制的舆论工具和他的一大批御用文人的一片鼓噪之声，愤怒之余，挥笔应战，痛斥蒋介石和其"权门食客"，应"革面洗心，迷途知返"（陈毅：《沁园春·斥国民党御用文人》），郭沫若当即以"说甚帝王，道甚英雄，皮相轻飘"（《沁园春·和毛泽东韵》其二）对"帝王思想"之说以抨击之。毛泽东在读到蒋介石国民党反动文人的攻讦之作后，则一言以蔽之曰："……国民党骂人之作，鸦鸣蝉噪，可以喷饭"（毛泽东：《致黄齐生》（1945年12月29日），载《毛泽东书信选集》，人民出版社1983年版，第262页）。在时隔十二三年之后，毛泽东又从诗词的创作角度自发其新见妙说。据毛泽东的国际问题秘书林克在其《忆毛泽东学英语》一文中说："毛泽东还谈到他自己写的几首词的主题思想。1957年5月21日，他在学英语休息时说，《沁园春·雪》这首词是反封建的。'惜秦皇汉武，略输文采；唐宗宋祖，稍逊风骚'，是从一个侧面来批判封建主义制度的。只能这样写，否则就不是写词，而是写历史了。"1958年12月21日，毛泽东在其《毛主席诗词十九首》的书眉上对《沁园春·雪》批注道："《雪》：反封建主义，批判2000年封建主义的一个反动侧面。文采、风骚、大雕，只能如是，须知这是写诗啊！难道可以谩骂这一些人吗？别的解释是错的。末三句，是指无产阶级。"从某种意义上来说，这是毛泽东对于所谓"帝王思想"说的一次针锋相对的总体答复。

3."帝王"一说影响深，重评《雪》词应求真。

《沁园春·雪》是毛泽东诗词中的精品，也是古今词林中前无古人、今人叹服的千古绝唱。其思想性之强烈、政治性之高超、艺术性之精湛，为中外所瞩目。然而据笔者手头所掌握的资料和所见所闻，虽然毛泽东和相当多的人们对"帝王思想"之说众口否定之、批判之，但蒋介石的"帝王思想"之说在某些人们的思想上并未得到彻底消除，特别是在"文化大革命"中，毛泽东不仅多次发表称颂秦始皇的谈话，他还"多次以超过秦始皇为傲，可见他并不反对秦始皇。……而如他说的，是'马克思加秦始皇'"（万文武：《介体——诗艺之灵魂——兼论〈沁园春·雪〉的双层意象构筑》，载何火任、吴正裕：《毛泽东诗词研究丛刊》第2辑上册，中央文献出版社2005年版，第353—354页）。林彪的《"571工程"纪要》直接将毛泽东比作"秦始皇"，说："……实际上他已成了当代的秦始皇"（《"文革"中郭沫若与毛泽东》，《文摘报》1997年12月7日）。毛泽东在1973年挥笔写诗批评郭沫若，在诗中对秦始皇称颂不已，其《七律·读〈封建论〉呈郭老》（1973年夏）云：

> 劝君少骂秦始皇，　　焚坑事业要商量，
>
> 祖龙魂死秦犹在，　　孔学名高实秕糠。
>
> 百代都行秦政法，　　"十批"不是好文章。
>
> 熟读唐人《封建论》，莫从子厚返文王。

（徐涛：《毛泽东诗词全编》，湖北教育出版社1995年版，第381页）

在某些人们的头脑中，本来就并未抹去毛泽东《沁园春·雪》有"帝王思想"的阴影，这样一来，反而加深了他们对毛泽东《雪》词有"帝王思想"的看法。正因为如此，对毛泽东的《沁园春·雪》有封建"帝王思想"的说法，从此并未见专文予以系统论述了，更未见有人专文从用典的角度来系统剖析所谓"帝王思想"之说，实属别有用心之论。因此，探讨毛泽东的这一首词的用典之妙，是彻底否定毛泽东及其所领导的中国共产党人有"帝王思想"之关键所在。所以，探索毛泽东这一首词的用典，求证其创作的真实意蕴，便显得十分必要。

（二）《雪》词的全局性用典：有典中含典与综合用典相结合之妙，而全词与"帝王思想"之说无关。

毛泽东在谈到"苍山如海，残阳如血"的创作时说："是在战争中积累了多年的景物观察，一到娄山关这种战争胜利和自然景物的突然遇合，就造成了他自以为颇为成功

的这两句话"（中共中央文献研究室编：《毛泽东诗词集》，中央文献出版社1996年版，第54页）。毛泽东知识渊博，当他策马挥鞭来到曾是群雄逐鹿的秦晋高原时，古今众多的英雄豪杰的辉煌之业，奋战之迹，自然而然地会映入他的脑海之中。往昔群雄争相逐鹿，今之风流人物挥戈退日，于是毛泽东神思飞动，历史风云纳笔底，笔走龙蛇天地惊，北国风光更显奇。这便有了这篇目承万里思往事，驱策山原比天公，内涵丰富盖古与今，大气沉雄势磅礴，令人生发无穷想象，用典十分奇特的咏《雪》词作。

毛泽东的这一首词，在用典上有其十分突出的特点，即全局性用典与局部性用典紧密结合。剖析其用典之妙，则可知"帝王思想"之说荒谬之所在。

所谓全局性用典，就是说，毛泽东的这一首词，从其词作的总体上，以前人作品为典，化用前人词作的词意乃至句法句式与句势，其典意有统摄全词之妙。全局性用典中的所谓典中含典，就是说，毛泽东在这一首词中，就其具体的词句方面而言，既有总体上化用前人诗词中的句式句法与字词之妙，又有总体上化用前人诗联创作立意之妙。具体到就毛泽东的这首词而言：

1.用前人借古颂今的用典之法，以颂当今之风流人物。

诗词乃文中精品，语短而句精，句精才有其包容量，要使诗词意蕴深厚，包容古今，用典当为首选之法。《沁园春·雪》这种词因多有对仗之句，故前人填词时常常连用典故以表达其深厚的意蕴。辛弃疾《沁园春·答杨世长》就是连续妙用人名典故之法，以凸显杨世长这个人物之才能。辛弃疾其词云：

我醉狂吟，君作新声，倚歌和之。算芬芳定向，梅间得意，轻清多是，雪里寻思。朱雀桥边，何人会道，野草斜阳春燕飞。都休问，甚元无霁雨，却有晴霓。

诗坛千丈崔嵬。更有笔山墨作溪。看君才未数，曹刘敌手；风骚合受，屈宋降旗，谁识相如，平生自许，慷慨须乘驷马归。长安路，向垂虹千柱，何处曾题。

辛弃疾在其词的上阕，言情绘景，下阕一连历举了曹植、刘桢、屈原、宋玉、司马相如五位大文豪，以颂扬在妙笔如林，香墨如溪，崔嵬千丈诗坛中的杨世长。在笔者看来，杨世长与曹、刘、屈、宋、司马相如难于同列，但辛弃疾以此作为创作手法，却是无可厚非。而毛泽东的《沁园春·雪》，上阕绘所见之景，下阕以"江山如此多娇"紧承上阕，以"引无数英雄竞折腰"引出旧时风流人物，这就是为了批判2000年以来封建主义的一个反动侧面，连续列举了五个封建帝王，最终以凸显当代挥戈退日的风流人物——伟大的中国人民、伟大的中国共产党。他写道："惜秦皇汉武，略输文采；唐宗宋祖，稍逊风骚。一代天骄，成吉思汗，只识弯弓射大雕。"这在词作的句式上、气势上以及写作思路上等方面，都有其化用辛词之妙迹可寻。不过毛泽东在批判封建帝王的同时，是为了歌颂当今的无产阶级和劳动人民即其词中的风流人物，较之辛词则更为恰切。其境界比辛词开阔、其立足点之高更是为辛词所无法比拟。这是毛泽东妙用典故的一个方面，是一种映衬式用典的写作手法的妙用，与所谓"帝王思想"之说毫无瓜葛。

2.用前人作联用字用典之法，以描绘眼前所见之景、评价往古之事。

毛泽东在《沁园春·雪》这一首词中的语式和词语的排列气势上，又是以清人孙髯翁的《大观楼长联》为一总体性的"大"典故，兼及化用《大观楼长联》中的写作方式、方法、结构、语势与联意。孙髯翁在其联语中，上联"五百里滇池，奔来眼底。披襟岸帻，喜茫茫空阔无边！"至此，孙髯翁以一个领词"看"字，引领出在大观楼所见之一系列的美妙景色："东骧神骏，西翥灵仪，北走蜿蜒，南翔缟素。……"在此基础上抒发了作者的无穷感慨，写得气势磅礴神彩飞扬。毛泽东在其"雪"词里，在描绘了"北国风光，千里冰封……"之后，同样是以一个领词"望"字，展现出自己在秦晋高原所见雪景中那具有中华民族精神凝聚力和象征意义的长城、黄河等种种富于动态感的昂扬奋发的奇观异景，并同样在所见雪景的基础上大抒感慨。孙髯翁其下联是"数千年往事，注到心头。把酒凌虚，叹滚滚英雄谁在？"以一个领词"想"字，揭示出一系列的中国历史故事与事件，这就是"汉习楼船，唐标铁柱，宋挥玉斧，元跨革囊。……"并在此基础上抒发了孙髯翁对人、对事、对历史等的一系列看法，最终以"断碣残碑""都付与苍烟落照。只赢得几杵钟声，半江渔火，两行秋雁，一枕清霜"等语词，对汉武、唐宗、宋祖、世祖等中国历代帝王的所谓功业予以全盘否定，因而惹来大清重臣、名高位显的阮元的指责与篡改。毛泽东的《雪》词，下阕在"江山如此多娇，引无数英雄竞折腰"之后，则是以一个领词"惜"字，引领出中国历史上的几位著名帝王及其千古功业，在一一予以客观的评断之后，即抒作者的无限感慨，这就是：千古功业在，帝王名位显，异代不同时，风流看今朝。明确地提出了"数风流人物，还看今朝"的石破天惊的观点。在这一点上，毛泽东虽说"全盘"继承了髯翁联的结构和创作手法，但在思想境界上比之于孙髯翁则远胜几筹，因为孙髯翁只是对封建帝王之业以蔑视而已，他看不到社会的前景，看不到历代帝王功业对于中华民族大一统的积极方面。毛泽东对自己所选取的中国这几位千古大帝在肯定他们、称赞他们是旧时代的"风流人物"的同时，只是指出其不足之处，而在他的眼中，所看到的是在伟大的中华民族、伟大的无产阶级面前，猖獗而疯狂的倭奴只能是逞一时之强而已！这是何等的远大眼光！何等的云水襟怀！何等的学识！！这正如清人沈德潜在《说诗晬语》中所云："有第一等襟抱，第一等学识，斯有第一等真诗！"

毛泽东一生对孙髯长联情有独钟，称其为"亘古未有，别创一格"之作，批阮元的篡改联是"死对，点金成铁"。直至晚年对孙髯翁的这一副长联仍能倒背如流（吴直雄：《楹联巨匠毛泽东》，广东人民出版社2003年版，第882页），足见这一副楹联对于他创作的影响之大。故而在他的这一首名词中对于此联方能有如此飞跃性的点化之妙。这是毛泽东从总体上妙用典故的又一个方面。

清有权倾朝野的阮元之辈，指摘孙髯翁长联"骎骎乎说到我朝"，遂仗权借势摘下此联；国统区则有蒋介石及其御用文人，妄加有《雪》词及共产党人以"帝王思想"之罪，对该词以诬蔑诋毁之：其腐朽而反动之封建内核，何其相似乃尔！

毛泽东的这一首词，之所以有如此大的气势，与其从总体上沿用了辛词与孙联的写作手法和借用了其创作气势，是大有关系的。这就充分地显现了毛泽东这一首词，在总体上的用典之成功与精妙，而与所谓"帝王思想"确乃风马牛不相及。为什么也有同志在读这首词时会认为毛泽东有"帝王思想"呢？李尔重所言就是对这种说法的最好答案。他说："《沁园春·雪》的后阕显然借鉴了云南大观楼长联的句法，也赋予了新的内涵。……不了解毛泽东是什么样的时代人物和他对历史的推进的巨大贡献，一句话，不懂毛泽东，就绝不可能懂毛泽东同志的诗词，这就很容易从皮毛上去推敲其一句一字，陷入常见的'浅析'、'评述'之类的泛论"（李尔重：《关于学习毛泽东同志诗词的一封信》，载湖北省炎黄文化研究会、毛泽东诗词研究会编《毛泽东诗词研究》（第1辑），1999年3月版，第3页）。 这里，笔者再补充一点，不懂毛泽东《雪》词中的用典，则必然会陷入误读、误论、歧解、妄评。

（三）《雪》词的局部性用典：有巧取前贤佳句成词之妙，而全词与"帝王思想"一说毫不相干。

所谓局部性用典，就是说，毛泽东的这一首词在总体性、全局性用典的同时，词中不少的句子均有用典的现象。其所用之典只能是修饰其用典句的本身。下面笔者所分析的句子用典情况即可足见其局部性用典之妙，而与"帝王思想"毫不相干。

1.妙取前贤"雪"诗之句式与句意，用以描写所见雪景之妙。

唐人韩愈《咏雪赠张籍》诗中有妙句云："岸类长蛇扰，陵犹巨象豗。"是写大雪之后的地形地貌的，其中的蛇象比喻雪后之山野是十分形象的。毛泽东的"山舞银蛇，原驰蜡象"，在某种意义上来说，就是韩愈这一妙句的化用，这一化用，不仅取用其中的语词，而且袭用其中的句意。但是，毛泽东所妙用之句更有气势、更为通俗且为写后文中的英雄们为此而"折腰"作出了铺垫。

2.数典连用有增强全词的气势之妙。

毛泽东借助一个领词"惜"字引出几位古代帝王，并以金线穿珠之法，轻而易举地将中国五大著名的帝王的名号以及其业绩与不足，仅用短短的几个字就"串联"起来了，虽说这些人物所处的时间、空间、朝代各不相同，虽说他们功业的大小各有高下，虽说他们的性格特点各具千秋，然而，将他们串联起来进行对比与评析，加之以毛泽东用其委婉幽默而又意味深长的笔调，将他们的历史贡献与不足尽展于读者眼前。可以断言：如果不是将这5个人名典故串联而用，则这一首词的气势要达到如此雄浑的境地是不可能的。

3. 人名典故与语言典故的缩略而用，有丰富全词意蕴之妙。

众所周知，诗词是语言精华的荟萃，要在一首诗词中表达诸多的内容，这就要有一种精练语言、概缩语言的功夫，这就必须将原来称谓较长的人名典故和词语典故加以缩略，方能进入诗词、方能有韵律感与节奏感、方能适应诗词格律的要求。毛泽东不愧是一位语言学大家，帝王名号是有其丰富文化功能的。中国历史上的秦始皇、汉武帝、唐太宗、宋太祖、成吉思汗等，每一个都可以写成几本厚厚的书，这样的人名，其本身就可视为一种文化。将这样的人名概缩典入《雪》词，可以丰富作品的内容，精妙的用典可以使全词凸显其沉雄的气韵和博大的境界，这样的人名用典可以使人展开联想，让读者在记忆中捕捉群雄的生命印记，感慨历史的沧桑巨变，从而激起读者的感奋。昔日英雄之子孙精神亦然在，当今风流人物热血滚滚奔流，难道能为眼前凶恶的倭奴所蹂躏？所沾污？所征服吗？……他们的丰功伟绩和赫赫威名，永远激励后人，让"三个月征服中国"的倭奴狂言见鬼去吧！

毛泽东将昔日的风流人物以"折腰"一典统摄之。晋人陶渊明有"不为能五斗米折腰"的豪壮之语，毛泽东则用"折腰"统摄众帝王和英杰们，以证祖国山河之美，写得是何等的深刻。而语典"胡者，天之骄子也"，"大江东去、浪淘尽，千古风流人物""生得一人，果匈奴射雕者也"，这些要入《雪》词之语，必须要有一翻缩略的功夫。这么多的典实，一到毛泽东的笔下，均被精练缩略成妙词妙句，使全词内容的涵盖量之广、包容量之大，达到令人吃惊的程度。

（四）中华典故堪叹妙，"帝王"一说早该休！

也正是由于毛泽东在这首词中对于典故的高度精练与缩略，方能借典故成石破天惊之语，抒振聋发聩之见，发睥睨群雄之论，给一些好心的人（诸如柳亚子先生等）造成误解，诗无达诂嘛！柳亚子先生一时未曾从《雪》词用典的方式方法上领悟过来，这是可以理解的。同时也给一些别有用心的人以扰乱人心歪曲《雪》词主题思想以"把柄"，说毛泽东这首词有"帝王思想"，或骂之曰"草莽英雄，林泽豪杰"。

对此，笔者以为，好心人误解毛泽东有"帝王思想"，主要是对中华典故的妙用方式方法与效果不大理解的问题，而蒋介石及其御用文人攻讦毛泽东《雪》词有"帝王思想"，则是其本质属性所决定。

1. 《沁园春·雪》是毛泽东人民英雄群像观的展示，是挥戈退日、一统中华大地的英雄誓言。

毛泽东在论及中国近代史时，曾以动情而极富深意的深沉笔调写道：

"自从1840年英国人侵略中国以来，接着就是英法联军进攻中国的战争，法国进攻中国的战争，日本进攻中国的战争，英国、法国、日本、沙皇俄国、德国、美国、意大利、奥地利等八国联军进攻中国的战争，日本和沙皇俄国在中国领土内进行的战争，

1931年开始的日本进攻中国东北的战争，1937年开始继续了8年之久的日本进攻中国全境的战争，最后是最近3年来表面上是蒋介石实际上是美国进攻中国人民的战争"（《毛泽东选集》第4卷，人民出版社1983年版，第1484页）。

为了把我国尽快地建设成为社会主义的现代化的强国，在时隔14年之后，毛泽东又深情而深刻地揭示道：

"我国从19世纪40年代起，到20世纪40年代中期，共计105年时间，全世界几乎一切大中小帝国主义国家都侵略过我国，都打过我们，除了最后一次，即抗日战争，由于国内外各种原因以日本帝国主义投降告终以外，没有一次战争不是以我国失败、签订丧权辱国条约而告终。其原因：一是社会制度腐败，二是经济技术落后"（《毛泽东著作选读》下册，人民出版社1983年版，第848页）。

中华民族是一个有着5000年文明历史的民族，是一个爱好和平但又不畏强暴的民族。从鸦片战争到毛泽东逝世的130多年的中国近现代史，是一部中华民族的优秀儿女、不甘使美丽的国土沦为殖民地、不甘做屈辱的奴隶而奋起的反抗史，是一部为了推翻腐败社会制度、改变我国经济技术落后状况、而经受着血与火的战斗洗礼的奋斗史，是一部最后在以毛泽东为首的中国共产党的领导下，终于完成了民主革命与社会主义革命任务的胜利史。这期间，中华民族在生死存亡的大决战中，所涌现的风流人物，再不是秦皇汉武式，也不是唐宗宋祖式，更不是成吉思汗式，而是要彻底推翻帝国主义、封建主义和官僚资本主义，创建一个伟大的社会主义强国的风流人物英雄群体。在这个风流人物的英雄群体中，毛泽东就是他们的杰出代表。这正如马克思所引例言云：

"每一个社会时代都需要有自己的伟大人物，如果没有这样的人物，它就要创造出这样的人物来"（中共中央编译局编：《马克思恩格斯选集》第1卷，人民出版社1972年版，第450页）。

在亡国指日可数的清末，面对一盘散沙封建军阀割据的统治现状，比毛泽东大6岁一心想乘势做封建皇帝的蒋介石，在日本振武学校学习军事时，给他的表兄单维则寄的照片上赋诗言志云：

> 腾腾杀气满全球，力不如人万事休。
> 光我神州完我责，东来志岂在封侯。

（江建高：《毛泽东诗词引发的故事》，《湖南文史》2000年第3期，第23页）

青年毛泽东当时是否读过蒋介石（蒋诗写于1907年之后不久）的这首诗，笔者一时无法考证，在蒋介石赋诗之后，毛泽东于1910年秋即抒"欲与天公试比高"之志写诗赠别父亲，诗云：

> 男儿立志出乡关，学不成名死不还。
> 埋骨何须桑梓地，人生无处不青山。

（徐涛：《毛泽东诗词全编》，湖北教育出版社1995年版，第389页）

同年秋在东山学堂读书时又赋《咏蛙》诗云：

独坐池塘如虎踞，绿杨树下养精神。

春来我不先开口，哪个虫儿敢作声？

（同上书第387页）

在1915年5月7日，日本帝国主义当局向中国的袁世凯政府发出最后通牒，强令袁接受使中国丧权辱国的21条，并气焰嚣张地限令48小时答复。5月9日，袁世凯居然出卖民族利益，接受了日本帝国主义的无理要求。此等令人悲痛不已的消息传出，激起了全国人民的公愤。要富国强兵，一洗国耻之责，激励鞭策着每一个有志于国的炎黄子孙。毛泽东在湖南第一师范教员石广权编写的《明耻篇》书稿上题诗明志：

五月七日，民国奇耻。

何以报仇，在我学子。

（同上书第391页）

在其《讲堂录》摘抄孟子之语寄志："……欲平治天下也，如欲平治天下，当今之世，舍我其谁也。"在1925年秋的蒋介石已是跃上握有生杀大权的政治舞台上的一路诸侯了，这时的毛泽东在其《沁园春·长沙》词中，则发出了"怅寥廓，问苍茫大地，谁主沉浮"这种"粪土当年万户侯"，"舍我其谁"的由衷之叹！当蒋介石代表"帝"、"封"、"官"的利益，整合起"帝"、"封"、"官"的力量，"志岂在封侯"、"腾腾杀气"对付共产党和革命人民之时，毛泽东即在党的著名的"八七"会议上，一语千钧，举座皆惊地提出了"枪杆子里面出政权"的光辉论断，并实践其以武装的革命对付武装的反革命的伟大理论，创建了全国第一个红色政权——井冈山革命根据地。"1945年，毛泽东在赴重庆谈判的前夕，对一位来访者说：蒋先生总以为'天无二日，民无二主'，我不信邪，偏要出两个太阳给他看看"（伊为民：《数风流人物，还看今朝——从毛泽东诗词看毛泽东的英雄观》，《安徽教育学院学报》1993年第4期，第3页）。毛泽东代表广大革命人民利益，在与代表封建阶级、官僚资产阶级、帝国主义利益的蒋介石和日本帝国主义的反复较量中，终于"一个诗人赢得了一个新中国"（臧克家主编：《毛泽东诗词鉴赏·前言》，河北人民出版社1992年版，第1页），将倭奴赶回了日本，蒋介石只得龟缩于台湾作"诸侯"了。

人民群众是历史的创造者，历史人物必须反映人民群众的要求与意愿才能有所作为。毛泽东对《雪》词主题思想的解说，称人民大众为真正主宰历史的"风流人物"，与其后来说的"六亿神州尽舜尧"，"五帝三皇神圣事，骗了无涯过客。有多少风流人物？盗跖庄屩流誉后，更陈王奋起挥黄钺"，"人民，只有人民，才是创造世界历史的动力"一样，是其闪光思想的最为耀眼的光亮闪现，是无可厚非的。从用典的角度来

267

看，秦皇、汉武、唐宗、宋祖、成吉思汗，都是伟大的中华民族大一统的英雄人物。中华民族的统一，是人心所向，是中华文化所追求的价值观，中华民族"大一统"是其中一个十分重要的方面。一心想做封建帝王声称"天无二日"的蒋介石要统一中国版图，难道作为无产阶级的革命领袖，作为伟大的中华民族爱国者的代表人物毛泽东，在国家分裂、外寇入侵、国土沦丧、民心思统一的情况下，要一统中华大地就不可以吗？是谁"称王称霸"，是谁有"帝王思想"，不是昭然若揭了吗！毛泽东就是这个伟大时代所创造出来的伟大人物，他的"惜秦皇汉武，略输文采，……数风流人物，还看今朝"，这正是中华民族抗击外寇、追求国家一统的雄心壮志的艺术表达方式，"是要在中国这个多娇的江山上，做马克思主义换言之亦即共产主义之创业的始祖，然后二世、三世，使马克思所创立的共产主义在中国长此下去，以至无穷世"（万文武：《介体——诗艺之灵魂——兼论〈沁园春·雪〉的双层意象构筑》，载何火任、吴正裕主编：《毛泽东诗词研究丛刊》（第2辑）上册，中央文献出版社2005年版，第354页）的理想追求，是伟大的中华民族精神最集中的抒发，是人民英雄群像的塑造，是对今朝英豪的礼赞。毛泽东的《沁园春·雪》中的多重用典，确实是一种创作手法，是中华民族崇尚大一统精神内涵的成功挖掘。说《雪》词有"帝王思想"，纯系荒谬妄评。

2. 中华典故涵蕴深，致使名词讼至今，"岳"、"毛"用典警人心。

历史有时往往会有惊人的相似之处。《雪》词的写作背景、遭际等，与岳飞的《满江红》词就有颇多相似之处。而从其相似的遭际到典故的破解，则充分说明"帝王思想"一说亦属误读之果。

一是这两首词作的写作时代背景上的相似。

民族英雄岳飞的名词《满江红》写于"靖康耻，犹未雪"、大宋山河半壁失之后；"中华民族历史上最伟大的民族英雄毛泽东"（胡耀邦语，见陆剑杰：《论毛泽东功过评价中的辩证关系》，《中共党史研究》2000年第4期，第31页）的《沁园春·雪》写于挥戈退日、国家分裂、中华民族面临亡国灭种的危难之时，这两首词虽然写作时间相距800余年，但均是一曲豪气冲天的英雄颂歌，均是在词史上交相辉映的雄伟丰碑。

毛泽东一生钟爱岳飞的这首词："据毛泽东晚年身边工作人员回忆，他时常神情严肃，拍桌击节高声吟诵岳飞这首词。1975年8月，他接受摘除眼睛白内障手术时，让人放《满江红》词唱片，他听着铿锵的乐曲，神情镇定地接受手术。早在20世纪50年代，他曾手书这首词"（费正刚、董学文主编：《毛泽东圈注史传诗文集成：诗词卷》，吉林人民出版社1996年版，第604页）。"……直到他病危和弥留之际，还要张玉凤给他……播放上海昆剧院录制的岳飞的《满江红》唱片"（王永盛：《毛泽东与中国古代典籍》，《河南教育学院学报》1994年第4期，第8－12页）。"《雪》词"刊出山城动，蒋介石垂头丧气道："这比打一个大败仗还丢脸"（江建高：《毛泽东诗词引发的故事》，《湖南文史》2000年第3期，第25页）。而"岳词"一直"激励着千古中华民族的爱国心。抗日战争时期，这首词世低沉而雄壮的歌音，更使人们领受到它的伟大的感染力量"（周汝昌：《岳飞〈满江红〉鉴赏》，《唐宋词鉴赏词典》（南宋·辽·金卷），上海辞书出版社1991年版，第1298页）。

二是这两首名词的遭际亦颇为相似。

毛泽东的《沁园春·雪》因用典关人所不解，而被斥为"帝王思想"（上已专论，此不赘），甚至被疑为非毛泽东所作（江建高：《毛泽东诗词引发的故事》，《湖南文史》2000年第3期，第24页），笔者亦曾向有关学者解释过"《雪》词非毛泽东所作"纯属误传误解。岳飞的《满江红》，甚至连著作权也曾被学术界泰斗式人物所剥夺：这就是近代大学者余嘉锡，在《四库提要辨证》中，提出《满江红》非岳飞所作的种种疑问；再就是上世纪词学大家夏承焘发表的《岳飞〈满江红〉词考辨》，不但重申余嘉锡之论，而且推断是明代边将文士的假托之作；还有红学家兼词学家俞平伯，提出是"后人即据飞本传而为之"（李元洛《一由高歌说到今——也谈岳飞的〈满江红〉》，《羊城晚报》2002年1月14日）。

三是这两首词的用典皆因未为人们所未察觉，故而一再挨批的处境相似。

上述论调被铁的事实澄清之后，一波稍平，风浪又起。岳飞的这首词，几乎被当今某些名家学者因不解其中典故而被打入有"罪"之作的冷宫。这个问题笔者不想多赘，为省篇幅，再用贤者所论，仅引两段文论以说明之，且看周桂峰批驳文章中的一段云：

王富仁先生便曾在1994年发表《诗与英雄》一文，从内容与审美的多重角度提出了新的看法："就诗论诗，岳飞这首词并不能算作上乘之作，它的思想有些空洞，感情有些浮露，给人的不都是美的精神的享受。……我每次读岳飞的这首词，当读到'壮志饥餐胡虏肉，笑谈渴饮匈奴血'的时候，心里便有一种不太舒服的感觉。……将人肉如饿鬼一般地大嚼大咽，一边喝人血狂笑嘶叫，就便令人胆寒"（周桂峰：《时代之子与时代之声——也谈岳飞的〈满江红〉》，《集美大学学报·哲学社会科学版》2004年第2期，第74—75页）

王富仁和其他一些先生之所以误读误解，关键还是没有注意岳飞这位用典高手的用典如盐入水难见盐其妙处之所在，且看：

曾被誉为"中华民族的英雄乐章"其激越慷慨的爱国主义情怀，足振懦顽，"千载下读之，凛凛有生气焉。"（《白雨斋词话》）岳飞的《满江红》词，"自问世以来，可谓家喻户晓，注家必选。然而其中一联的用典，却数百年未为人知，以致一度聚讼纷纷。这就是岳飞词下阕"壮志饥餐胡虏肉，笑谈渴饮匈奴血"的壮语。两句字面了无语痕，似一读即解，故注家、读者皆未索寻用典与否，对岳词素多争论。对这两句词，曾有人从民族大家庭团结的角度提出：它"狼视异族"，"伤害了少数民族的感情"，甚

269

至有人考证岳家军死处求生食人肉事。其实，这儿是用典，是一种文学手段的妙用，以吐诉词人的某一意念。《汉书》卷99（中）《王莽传·中》载：校尉韩威请缨出击匈奴，壮语曰："以新室之威，而吞胡虏，无异口中蚤虱。臣愿得勇敢之士五千人，不赍斗粮，饥餐虏肉，渴饮其血，可以横行。"岳飞巧拈史书故事成语入词，以"胡虏"、"匈奴"蔑称入侵的金兵，作夸张语气，抒激烈情怀，形象地表白了岳飞对残害中原人民、犯下血腥罪行的金朝统治集团的切齿痛恨和渴望其横行敌阵、席扫千军、一雪靖康奇耻的无畏气概。若不知此处用典虚举之势，就易误解"（周少雄：《于无声处觅典故

水中品盐会新意——漫话唐宋诗词名篇的若干出典》，《浙江师范大学学报》1993年第3期，第40页）。

这一用典实例的发见，解除了围绕人们头脑中数百载的迷惑，让人们洞见岳飞撰写此词的爱国激情，这是我国毕生治词学，熟读万卷书的"一代词宗"唐圭璋先生的一大创见和贡献。同理可证，毛泽东在《沁园春·雪》词中评点古之风流人物——秦皇汉武、唐宗宋祖、一代天骄成吉思汗之不足，正是为了映衬今之风流人物的一种用典的高明写作手法，是他率部东征日寇、誓挽狂澜的英雄气概的真情宣泄，从某种意义上来说，也是对虎食狼吞祖国山河的日寇发射的惊天响箭。"岳"词"毛"词的用典，可谓达到了炉火纯青的最高境界！

综览上述，由是知之，对妙用典故的忽略，导致对名词理解的错位，实在令人警省，而攻击毛泽东和中国共产党人有"帝王思想"之说，实可以休矣！对《雪》词的误传、误读、误解亦当消除矣！！

19. "不可沽名学霸王" "人间正道是沧桑"
——毛泽东在《七律·人民解放军占领南京》所用典故探妙

用典缘起：

1949年4月21日，毛泽东与朱德总司令发出了《向全国进军的命令》。在命令中号召解放全中国，要坚决、彻底、干净、全部地歼灭中国境内一切敢于抵抗的国民党反动派。我中国人民解放军百万雄师在西起江西湖口、东至江苏江阴1000余里的战线上强渡长江天险，并于4月23日占领国民党反动政府的"首都"南京城。毛泽东闻知这一喜讯，即兴创作了这一首雄视千古之诗。不久，中央军委用电报将此诗发向全国各路大军，极大地鼓舞了全军将士的士气。这一首诗是："钟山风雨起苍黄，百万雄师过大江。虎踞龙盘今胜昔，天翻地覆慨而慷。宜将剩勇追穷寇，不可沽名学霸王。天若有情天亦老，人间正道是沧桑。"在这一首诗中用了下列典故。

典故内容：

钟山风雨起苍黄。钟山风雨。——典出明人傅作霖《决绝词》："钟山风雨今依旧，夜夜铜驼泣草莱。" 苍黄。——典出南朝梁人孔稚珪《北山移文》："岂期终始参差，苍黄翻覆，泪翟子之悲，恸朱公之哭。"又见，唐人杜甫《新婚别》诗："誓欲随君去，形势反苍黄。"又见，唐人韩愈《南山诗》："苍黄忘遐眺，所瞩才左右。"诗中之苍黄即仓皇，有急遽失措之意。《墨子·所染篇》："墨子见染丝者叹曰：'染于苍则苍，染于黄则黄；所入者变，其色亦变。'"东汉人许慎《说文解字》清人段玉裁注："苍黄者，匆遽之意，刈获贵速也。"

百万雄师过大江。百万雄师。——典出《三国演义》第48回《宴长江曹操赋诗 锁战船北军用武》："吾自起兵以来，与国家除凶去害，誓愿扫清四海，削平天下；所未得江南也。今吾有百万雄师，更赖诸公用命，何患不成功耶！"

虎踞龙盘今胜昔。虎踞龙盘亦即"龙盘虎踞"。——典出汉人刘胜《文木赋》："枝条摧折，既剥且刊，见其文章，或如龙盘虎踞，复以鸾集凤翔。"又见，北朝周人庾信《哀江南赋》："昔之虎踞龙盘，加以黄旗紫气。"又见，唐人李白《永王东巡歌（其四）》："龙盘虎踞帝王州，帝子金陵访古丘。"又见，唐人许浑《途经秦始皇墓》："龙盘虎踞树层层，势入浮云亦是崩。一种青山秋草里，路人唯拜汉文陵。"又见，宋人辛弃疾《念奴娇·登建康赏心亭，呈史留守致道》词："虎踞龙盘何处是？只有兴亡满目。"又见，《毛氏族谱》："一钩流水一拳山，虎踞龙盘在此间。"又见，元人张可久《双调·湘妃怨·次韵金陵怀古》："龙盘虎踞山如画，伤心诗句多。"宋人李昉《太平御览》引《吴录》："钟山龙盘，石头虎踞，此帝王之宅。"所道是三国时的诸葛亮看到吴国都城建业的地势后所说的赞叹之语。今胜昔。——典出《南史·李膺传》载，梁武帝问曰："今李膺何如昔李膺（案：东汉时有一李膺）？"膺对曰："今胜昔。"又见，元人萨都剌《满江红·金陵怀古》词："空怅望，山川形胜，已非畴昔。"

天翻地覆慨而慷。天翻地覆。——典出唐人刘商《胡笳十八拍》诗："天翻地覆谁得知，如今正南看北斗。"慨而慷。——典出汉末·曹操《短歌行》："慨当以慷，忧思难忘。"又见，晋人左思《杂诗》："壮齿不恒居，岁暮常慨慷。"又见，唐人韩愈《卢郎中云夫寄示送盘谷子诗两章歌以和之》："闭门长安三日雪，推书扑笔歌慨慷。"又见，《桃花扇·听稗》："一声拍板温而厉，三下渔阳慨以慷。"又见，孙中山《虞美人》："吉光片羽珍同璧，潇洒追秦七。好诗读到谢先生，另有一番天籁任纵横。五陵待客赊豪兴，挥金为革命。凭君纽带作桥梁，输送侨胞热血慨而慷。""慨而慷"在毛泽东诗中当表激昂悲壮之意。

宜将剩勇追穷寇。剩勇。——典出《左传·成公二年》："欲勇者，贾余余勇。"

271

是齐将高固向人们夸耀战绩时说的话。余勇亦即剩勇。　追穷寇。——典出《孙子兵法·军争篇》："穷寇勿迫。"又见，《逸周书·武称解》："穷寇勿格。"又见，《后汉书·皇甫嵩传》："兵法：穷寇勿追，归众勿迫。今我追国，是迫归众、追穷寇也。困兽犹斗，蜂虿有毒，况大众乎！"

　　不可沽名学霸王。"沽名"即"钓名"、"沽名钓誉"、"沽名吊誉"、"沽名干誉"、"沽名徼誉"、"沽名邀誉"、"钓名沽誉"、"沽吊"。——典出唐人李白《鸣皋歌送岑征君》："吾诚不能学二子沽名矫节以耀世兮，固将弃天地而遗身。"又见，《管子·法法》："钓名之人，无贤士焉。"又见，《三国志·刘廙传》南朝宋人裴松之注引《廙别传》："吾观魏讽，不修德行，而专以鸠合为务，华而不实，此直撹世沽名者也。"又见，《后汉书·逸民传序》："彼虽硁硁，有类沽名者。"又见，《汉书·公孙弘传》："位在宰相封侯，而为布被脱粟之饭，奉禄以给故人宾客，无有所余，可谓减于制度，而率下笃俗者，与内富厚而外为诡服以钓虚誉者殊科。"又见，唐人孙樵《孙可之集·逐痁鬼文》："复有公孙宏者，克己沽名，饰情钓声（亦即誉）。"又见，金·张建《高陵县张公去思碑》："非若沽名钓誉之徒，内有所不足，急于人闻，而专苛责督察，以祈当世之知。"又见，元人宫大用《死生交范张鸡黍》第3折："自恨我奔丧来后，又不是沽名吊誉没来由。"又见，明人张凤翼《灌园记·齐王拒谏》："我只道你只不过是沽名钓誉，却不道长他的志气，灭我的威风。"又见，明人王贞《鸣凤记·驿里相逢》："风尘奔走，愁肠与谁剖？追想我昔日纠劾仇贼，岂是沽名干誉，也只要三策安邦国，一剑诛豪右。"又见，明人冯梦龙《警世通言》卷4中有："生已沽名衒气豪，死犹虚伪惑儿曹。"又见，《清史稿·童华传》："世宗召见，责以沽名干誉，对曰：'臣竭力为国，近沽名；实心为民，近干誉。'"又见，宋人阙名《儒林公议》下："至于微小之事，耳目不接，则不敢喋喋，上烦圣听，以沽名徼（即求的意思）誉也。"又见，明人周清源《西湖二集》："也有道周必大是个呆鸟，怎生替人顶缸，做这样呆事？也有道周必太是个极奸诈之人，借此沽名邀（邀，求得之意）誉。"又见，《清史稿·迈柱传》："国家经制钱粮，岂可意为增减？若此税不当收，潢当请豁免，何得以公代指完，沽名邀誉。"又见，宋人李新《上皇帝万言书》："独于借书乞火居下位，不能媚上官以钓名沽誉。"又见，宋人蔡绦《铁围山丛谈》："范文实温，吾所畏友，然不护细行。吾以时士议勉之，元实怒曰：'我不解今时士大夫，不使人明目张胆直道而行，率要作匿情诡行，似王莽日事沽吊。是谁倡此！岂世之美事耶？'"霸王。——典出《左传》《史记》。据其载录，当有二位霸王因沽"仁义"之名而败。春秋五霸之一的宋襄公与楚人战于泓，在楚人正渡河至半时，襄公之将皆要求出击，襄公反对，说这样做是不仁不义，要等到楚人渡河列阵之后再战，结果襄公大败。再是自称西楚霸王的项羽。一是当其进入秦都咸阳之时，有人建议他据此以便一统天下，他却说，"富贵不归故乡，如衣绣夜行，谁知之者！"遂引兵而东，分封诸侯。在鸿门宴上，他怕负不仁之名而不杀刘邦。正因为他多次坐失统一的良机，最终为刘邦所败，只落得个"霸王别姬"的下场。

天若有情天亦老。——典出唐人李贺《金铜仙人辞汉歌》："……衰兰送客咸阳道，天若有情天亦老。携盘独出月荒凉，渭城已远波声小。"又见，宋人孙洙《河满子·秋思》："怅望浮生急景，凄凉宝瑟余音。目送连天衰草，夜阑几处疏砧。黄叶无风自落，秋云不雨常阴，天若有情天亦老，摇摇幽恨难禁；惆怅旧欢如梦，觉来无处追寻。"又见，宋人贺铸《行路难》："缚虎手，悬河口，车如鸡栖马如狗。白纶巾，扑黄尘，不知我辈可是蓬蒿人？衰兰送客咸阳道，天若有情天亦老。"又见，宋人万俟咏《忆秦娥·别情》中有："天若有情在亦老，此情说便说不了。"

人间正道是沧桑。人间正道。——典出《老子》："道可道，非常道。"又见，《礼记·中庸》："中者天下之正道，庸者天下之正理。"沧桑，即"沧海桑田"——典出《神仙传》卷7。这近似于一个有趣的神话故事，言"仙人王方平降蔡经家，命使者往请麻姑，后麻姑至，自云：接待以来，已见东海三为桑田，向到蓬莱，水浅，浅于往者会时略半也，岂将复还为陵陆乎？"世人多以"沧海桑田"概叹世态与人事之变，以抒发内心的无限情感。唐人卢照邻《长安古意》诗："节物风光不相待，桑田碧海须臾改。"言世事无常、人生如梦之意。又见，明人汤显祖《牡丹亭》第31出："乍想起琼花当年吹暗香，几点新亭，无限沧桑。"唐人储光羲《献八舅东归》："沧海变桑田。"又见，清人黄遵宪《奉命为美国总领事留别日本诸君子》诗："廿年多少沧桑感，尽日凭栏首重搔。"

用典探妙：

毛泽东的这一首雄视千古的七律，所涉及的典事达20余处之多，整首诗可谓句句用典，可谓多彩多姿。然而，其诗之气势、意蕴，对于大多数人来说，还是可以领悟的。这，对于一般的用典者来说，是难于办到的，我以为，这就是毛泽东用典的最大成功之处。之所以能够如此，这就在于毛泽东的处处用典处处妙。毛泽东在这一首诗中的用典，表现出如下显著特点：

一是正用典故妙遣词，因而使得用典之句的视点高，且多有能生发新意之妙。

如"苍黄"一典，本意是变化之快。毛泽东用之于表现当时的革命形势变化之快，即以中国革命的红色政权，取代蒋介石国民党反动派的白色恐怖统治之快，这样的运用，比"苍黄"一典的本意的视点就要高得多。

又如"百万雄师"、"虎踞龙盘"、"天翻地覆"、"慨以慷"、"余勇"、"沧桑"六典，毛泽东通过自己妙遣字词，都使其所用典之诗句，比原含典之句的视点与意蕴要高得多。从而强调了解放了的南京城确实今非昔比，强调了中国人民解放军力量之

273

大，强调了我党我军解放全中国是顺应历史的潮流的革命行动。

二是毛泽东的反用典故之妙。

古今兵法，多是强调"穷寇勿追"、"穷寇勿迫"，大概是怕"困兽犹斗"而使自己遭受损失吧！就当时的具体情况而言：自1948年9月至1949年1月，我军连续取得辽沈、淮海、平津三大战役的胜利，国民党军主力150余万已经被我军歼灭。当此之时，国民党反动派一面玩弄"和平"阴谋，以争取反扑时间；国内一些民族资产阶级右翼分子，在帝国主义者的唆使之下一步，以所谓的"穷兵黩武总要不得"为由，吁请我党我军接受这种所谓的"和平"；国外的一些好心的朋友也劝说我党不要打过长江去，以免导致帝国主义干涉而引起世界大战。面对此情此景，毛泽东明察秋毫，他吸取了中国千年历史之经验，反其劝说之"潮流"，在诗中反用"穷寇勿追"一典于诗，提出"宜将剩勇追穷寇"，指出不要为这些"浮云"遮住了眼睛，补之以"不可沽名学霸王"的历史教训，这就擦亮了中国人民的眼睛，使蒋介石国民党反动派玩弄假"和平"真备战的阴谋破产。又如前而"今胜昔"，亦是反用"已非畴昔"，使句意的精神面貌为之一变，使人们的精神为之振奋。这样用典，真有一典胜千言之妙。

三是死典活用出新意之妙。

死了的典故一般是不大好用的。这里所谓死了的典故，就是指语典"天若有情天亦老"句。为什么说它是死了的语典呢？且看"天若有情天亦老"句的写作背景即知。作者李贺此诗写于因病辞官由京赴洛途中寄其"恨别伤离"情绪于金铜仙人，言铜人辞汉，清泪潸然，青天如若有情，见此当销魂。这样的句子当作语典，实乃无用之死句。要说是死句，这是一"死"。又有《司马温诗话》言："李长吉歌'天若有情天亦老'，奇绝无对，石曼卿对'月如无恨月常圆'人以为勍敌。琦细玩二语，终有自然勉强之别，未可同例而称矣。"（清人王琦：《李贺诗歌集注》）难得找到与之相对的妙句，看来这是二"死"。

毛泽东将"天若有情天亦老"调到前面，用作整首诗的尾联。1964年1月27日毛泽东对英译者解释这一句时说："这是借用李贺的句子。与人间比，天是不老的。"针对上两句"宜将剩勇追穷寇，不可沽名学霸王"而言，就是说，如果天老爷也会沽名钓誉起来，那么天也会老起来了。毛泽东在李贺的这一句诗后对之以"人间正道是沧桑"，这样一来，李贺的"天若有情天亦老"这一"绝对"，最终为毛泽东所妙对。这就充分地表达了"宜将剩勇追穷寇，不可沽名学霸王"的雄心壮志，表达了推翻蒋介石国民党的反动统治、将中国革命进行到底，是人间正道、是顺应了历史的潮流的正义行动。毛泽东将"天若有情天亦老"这一两处皆"死"之句，从两处救活，从而在救活的过程中赋予了崭新的意义，足见诗人之功力。

四是在旧典中生发出新意之妙。

如诗中的"沧桑"一典，世人多以其抒世事无常变、人生忽如一梦之感慨，而毛泽东诗中的"沧桑"，则是富有新意的。就是说，沧海桑田之变是正道，变化才是绝对的，对于中国革命来说，其改天换地的历史车轮滚滚向前，这是任何反动势力也无法阻挡的。

20.和诗谏友情义深　用典诱导暖人心
——毛泽东在《七津·和柳亚子先生》中所用典故探妙

用典缘起：

1949年3月18日，柳亚子作《感事呈毛主席》一诗云："开天辟地君真健，说项依刘我大难。夺席谈经非五鹿，无车弹铗怨冯驩。头颅早悔平生贱，肝胆宁忘一寸丹！安得南征驰捷报，分湖便是子陵滩。"毛泽东得柳诗之后，于1949年4月29日作和诗云："饮茶粤海未能忘，索句渝州叶正黄。三十一年还旧国，落花时节读华章。牢骚太盛防肠断，风物长宜放眼量。莫道昆明池水浅，观鱼胜过富春江。"在这首词中用了下列典故。

典故内容：

落花时节读华章。——典出唐人杜甫《江南逢李龟年》："正是江南好风景，落花时节又逢君。"又见，五代人韦庄《清平乐》词："门外马嘶郎欲别，正是落花时节。"

肠断。亦即"断肠"。——典出汉末曹操《蒿里行》："生民百遗一，念之断人肠。"　汉末·蔡琰《胡笳十八拍》："雁高飞兮邈难寻，空断肠兮思愔愔。"又见，南朝宋人刘义庆《世说新语·黜免》："桓公入蜀，至三峡中，部伍中有得猿子者，其母缘岸哀号，行百余里，不去，遂跳上船，至便即绝。破视其腹中，肠皆寸寸断。"又见，南朝·江淹《别赋》："是以行子肠断，百感凄恻。"又见，唐人白居易《长恨歌》："行宫见月伤心色，夜雨闻铃肠断声。"又见，五代南唐人李煜《清平乐》："别来春半，触目愁肠断。"又见，明人杨慎《宿金沙江》："江声月色那堪说，肠断金沙万里楼。"又见，其《锦津舟中对酒别刘善充》："北风胡马南枝鸟，肠断当筵蜀国弦。"又见，明人冯梦龙《警世通言》卷10："惆怅楚云留不住，断肠凝望高唐路。"

莫道昆明池水浅。莫道。——典出唐人刘禹锡《和令狐相公别牡丹》："莫道两京非远别，春明门外即天涯。"　昆明池水。——典出唐人杜甫《秋兴八首》："昆明池水汉时功，武帝旌旗在眼中。"

观鱼胜过富春江。观鱼即"濠梁观鱼"、"诸葛观鱼"。濠上观鱼——典出南朝宋

人刘义庆《世说新语·言语》："简文入华林园，顾左右曰：'会心处不必在远，翳然林水，便自有濠濮想也，觉鸟兽禽鱼自来亲人。'""濠濮间想"亦即"濠梁观鱼"：指庄子在濠水、濮水之上那种自由自在、悠然自得的出世思想。《庄子·秋水》："庄子钓于濮水，楚王使大夫二人往先焉，曰：'愿以境内累矣！'庄子持竿不顾，曰：'吾闻楚有神龟，死已三千岁矣，王以巾笥而藏之庙堂之上。此龟者，宁其死为留骨而贵乎？宁其生而曳尾于涂中乎？'二大夫曰：'宁生而曳尾涂中。'庄子曰：'往矣！吾将曳尾于涂中！'……庄子与惠子游于濠梁之上。庄子曰：'鲦鱼出游从容，是鱼之乐也。'惠子曰：'子非鱼，安知鱼之乐？'庄子曰：'子非我，安知我不知鱼之乐？'" 诸葛观鱼——典出《三国演义》第85回《刘先主遗诏托孤儿 诸葛亮安居平五路》。其中有云："后主乃下车步行，独进第三重门，见孔明独倚竹杖，在小池边观鱼。……孔明大笑，扶后主入内室坐定，奏曰：'五路兵至，臣安得不知？臣非观鱼，有所思也。'……"又见，《周书·孝闵帝纪》："帝欲观鱼于昆明池，博士姜须谏，乃止。" 富春江，这是一个地名典，暗喻隐居之地。富春江在浙江的中部，是钱塘江自桐庐至萧山县闻堰段的别称。两段风景如画。东汉时光武帝的朋友严光，不愿出山做官，曾在此地隐居钓鱼，典事见《后汉书·严光传》。宋人范仲淹《严先生祠记》赞云："云山苍苍，江水泱泱，先生之风，山高水长。"

用典探妙：

这是一首劝友式的和诗，因而其所用之典的显著特点是极具针对性，几乎都是围绕着唤起感情、增进友谊、劝导朋友这一主旨服务的。

一是选取前贤写"喜"之句，变化其句、拓展其典意，以增进与朋友的情感。

毛泽东在诗的开首两句即是忆旧日与柳亚子之交情，仅仅这样两句，就将作者与柳亚子往昔之情深展现在双方的眼前。这真是长期不见，感情依旧。毛泽东在三十一之后又回到了京城，这是一喜，而"落花时节读华章"，则是喜上加喜了。毛泽东在关键一联上妙用杜甫的"落花时节又逢君"的惊喜之句，承其句意，将其化为"落花时节又逢君"，由杜甫在逃难之时见旧友的那种悲伤的惊喜，化而为推翻反动政权后又读老友的华章那种双喜临门之喜，这真是喜出望外、喜形于色、喜中含喜。这种喜，还包含了对于老友词章的推重与赞美。就这么一句用典，便牢牢地架起了领袖与诗人之间的友谊之桥，将领袖与诗人的感情距离再一次拉得很近很近。可以说，领袖与诗人的情感是融为一体了。

二是以典对典之妙，是毛泽东在这一首诗中的最大的特点。

柳亚子是一位大诗人和书家，他的字一般难认，他有的诗一般人也难懂。他在这一首诗中表达了他生气很大，借助典故表意，用典自如，一吐心中之不快。其诗之末句，可谓达到了牢骚的顶点了。在其诗的最后说，他要学东汉的严光，用"子陵滩"一典，说自己要避世而隐居起来。

毛泽东在与柳亚子的感情贴近了之后（这是劝友的基础），套用刘禹锡诗句"莫道两京非远别，春明门外即天涯"的句式，取用杜甫诗"昆明池水汉时功"中的语词，句句贴心劝友，字字倾注深情，晓知以礼、以诗传情，末句用典点题，妙用"观鱼"诸典，暗用地名典"富春江"与柳亚子的地名典"子陵滩"暗暗相扣。指出在昆明湖观鱼要胜过富春江。与柳诗中的"安得南征驰捷报，分湖便是子陵滩"中的典故相对应，柳诗中的这两句是牢骚的高潮，毛泽东的这两句则是动人的情感达到了极致。这真是妙用一典三冬暖。柳亚子折服了，牢骚没有了，误解消除了。柳老先生读罢毛泽东的和诗之后，感动万分，欣喜地接受了毛泽东的劝慰，立即写了一首《次韵奉和毛主席惠诗》以回赠，其诗之末云："昆明池水清如许，未必严光忆富江。"

21.国庆盛典庆盛世 同堂观戏共唱和
——毛泽东在《浣溪沙·和柳亚子先生》中所用典故探妙

用典缘起：

在1950年10月3日的国庆盛典的晚会上，毛泽东与柳亚子都应邀观看这场晚会，此时，正好柳亚子坐在毛泽东的前排。在这精彩的晚会上，毛泽东心情颇为激动。他对柳亚子说："这样的盛况，亚子先生何不填词志盛？我来和。"对于毛泽东的盛情，柳亚子立即诗情涌动，马上就在自己的请柬上填词一首，其名曰《浣溪沙》。词云："火树银花不夜天，弟兄姊妹舞翩跹，歌声唱彻月儿圆。　不是一人能领导，那容百族共骈阗？良宵盛会喜空前！"词填完后，在其前写有小序云："十月三日之夕于怀仁堂观西南各民族文工团、新疆文工团、吉林省延边文工团、内蒙文工团联合演出歌舞晚会，毛主席命填是阕，用记大团结之盛况云尔！"词呈毛泽东之后，次日，毛泽东和词云："长夜难明赤县天，百年魔怪舞翩跹，人民五亿不团圆。　一唱雄鸡天下白，万方乐奏有于阗，诗人兴会更无前。"在这首词中用了下列典故。

典故内容：

长夜难明赤县天。长夜难明——典出屈原《悲回风》："思不眠以至曙，终长夜之曼曼。"又见，春秋齐·宁戚《饭牛歌》："从昏饭牛薄夜半，长夜漫漫何时旦。"又见，晋人陶渊明《饮酒》："披褐守长夜，晨鸡不肯鸣。"又见，唐人杜甫《茅屋为秋风所破歌》："自经丧乱少睡眠，长夜沾湿何由彻。"又见，南唐人李煜《捣练子》："无奈夜长人不寐，数声和月到帘栊。"　赤县——典出《史记·孟子荀卿列传》："以为儒者所谓中国者，于天下乃八十一分居其一分耳。中国名曰赤县神州，赤县神州内自有九州，禹之序九州是也，不得为州县数。"又见，南朝梁人江淹《游黄蘗山》：

"南州饶奇怪，赤县多灵仙。"又见，唐人李白《赠宣城赵太守悦》诗中有："赤县扬雷声，疆（强）项闻至尊。"又见，晚清人梁启超《论小说与群治之关系》："此天下万国凡有血气者莫不皆然，非直吾赤县神州之民也。"

百年魔怪舞翩跹。百年魔怪。——典出自1840年以来所有的"帝"、"封"、"官"这些妖魔鬼怪，在神州大地飞扬跋扈，将中国沦为半封建半殖民地社会的所有典实。在某种意义上来说，这是一个极度浓缩典例故实的语典。舞翩跹。——典出晋人左思《蜀都赋》："纤长袖而屡舞，翩跹跹以裔裔。"又见，唐人杜甫《西阁曝日》："流离木杪猿，翩跹山颠鹤。"毛泽东词中的"百年魔怪舞翩跹"是写"帝、封、官"之类的魔鬼张牙舞爪、趾高气扬、为所欲为之丑态。

一唱雄鸡天下白。——典出唐人李贺《致酒行》："我有迷魂招不得，雄鸡一声天下白。"又见，清人黄遵宪《夜起》："正望鸡鸣天下白，又惊鹅击海东青。"

用典探妙：

毛泽东的这一首词有两大亮点。这两大亮点是由柳词而生发出来的，是与柳词相比较而显现出来的。柳亚子的这一首词写得浅显明白、通俗易懂。他描绘了晚会的空前盛况，歌颂了党和毛泽东的英明领导。是一首优美之词。但毛泽东所奉和之词，在具备了柳词特点的同时，其意蕴更为深邃。之所以如此，这与毛泽东的妙用典故密切相关。

一是毛泽东词的上阕紧承柳词的下阕词的词意，取用"思不眠以至曙，终长夜之曼曼"、"长夜漫漫何时旦"、"纤长袖而屡舞，翩跹跹以裔裔"三语典之语词与典意，成"长夜难明赤县天，百年魔怪舞翩跹"两句，将旧中国百鬼夜行、群魔乱舞、磨牙吮血的恐怖景象勾勒出来了。回答了这就是"人民五亿不团圆"的根源之所在。这就使词的意蕴与涵盖量，具有非一般之文论与诗词所能比拟之妙。

毛泽东的这一首词的下阕却承柳词的上阕之意，写得更加奇妙与雄浑。有如此之效果，亦是借助于用典。毛泽东将李贺的"雄鸡一声天下白"略易字词字序，成妙句"一唱雄鸡天下白"。天亮了，黑暗过去了，旧中国由黑暗直向光明了！一句"一唱雄鸡天下白"，实有统领柳词全首之妙，亦有统领"万方乐奏有于阗，诗人兴会更无前"之妙。因为只有旧中国从此走向光明，才有这样幸福的热闹场面。

22.魏武挥鞭越千年 "东临碣石有遗篇"
——毛泽东在《浪淘沙·北戴河》中所用典故探妙

用典缘起：

1954年的夏天，中央统一安排领导人去北戴河避暑。有一天，在北戴河的海面上大浪滚滚之时，毛泽东顶着狂风巨浪下海游泳。在这里，毛泽东写下了《浪淘沙·北戴河》。其词云："大雨落幽燕，白浪滔天，秦皇岛外打鱼船。一片汪洋都不见，知向谁边？　往事越千年，魏武挥鞭，东临碣石有遗篇。萧瑟秋风今又是，换了人间。"在这首词中毛泽东用了下列典故。

典故内容：

白浪滔天。——典出《书经·尧典》："浩浩滔天。"又见，《尚书·益稷》："洪水滔天，浩浩怀山襄陵。"又见，宋人张炎《西子妆》："白浪摇天，青阴涨地，一片野怀幽意。"又见，宋人普济《五灯会元》卷12载"潭州衡岳寺奉能禅师语录"："须弥顶上，白浪滔天。大海波中，红尘满地。"

知向谁边。——典出唐人孟棨《本事诗·情感第一》："战袍经手作，知落阿谁边？"

往事越千年，魏武挥鞭。曹操征乌桓（暗用）。——东汉末，由于当时社会的动乱，北边的乌桓逐渐强大因而汉王朝对其失控，乃至成为边患。公元205年，曹操与袁绍在官渡决战，结果，强大的袁绍被曹操击败，袁绍死后，他的三个儿子袁谭、袁熙、袁尚又先后为曹操各个击破。袁谭被杀之后，袁熙、袁尚即投奔乌桓，依附蹋顿王，不时入塞袭击曹操所置命官。曹操深知，要南扫刘备、孙权，要统一中国，必须先去北方边患。为此，而必须先扫平乌桓这一股割据势力。曹操经过精心的谋划，听取了董昭、郭嘉等谋士的建议，于建安十二年（207年）七月冒雨进军，在田畴的帮助下，从卢龙口翻越白檀之险。八月，翻越白狼山，与乌桓军展开了一场遭遇战，曹操军冒死苦战，蹋顿被杀，乌桓大败，20余万之众投降曹操。曹操乘胜远征辽东，袁熙、袁尚被杀。这年9月，曹操扫平了割据势力，平定了三郡乌桓后，从柳城班师而还，于建安十三年（208年）正月回到了邺城。

东临碣石有遗篇。——典出汉末曹操《观沧海》诗：曹操在扫平三郡乌桓之后，在班师的途中，好不高兴，当他于9月下旬的一天来到碣石山安营扎寨之时，他登上了山的主峰，在观海看山中，为大自然的美景所陶醉。回到驻地，心中久久不能平静，心中诗情激发，挥笔写下了有名的《观沧海》。其诗云："东临碣石，以观沧海。水何澹澹，山岛竦峙。树木丛生，百草丰茂。秋风萧瑟，洪波涌起。日月之行，若出其中；星汉灿烂，若出其里。幸甚至哉，歌以咏志。"这就是曹操名垂千古的"遗篇"。

萧瑟秋风。——典出战国楚人宋玉《九辩》："悲哉秋之为气也！萧瑟兮草木摇落而变衰。"又见，汉末人曹操《观沧海》诗中的"秋风萧瑟"。诗句叙写诗人所见之秋景及其诗人的感受。又见，魏人曹丕《燕歌行》诗中有："秋风萧瑟天气凉，草木摇落露为霜。"这是《燕歌行》的开首的两句。诗写一个女子思念远在他方的丈夫。开首的这两句则由秋景起兴，从而唤发出幽思与悲怆。

换了人间。——典出汉末人曹操《蒿里行》："铠甲生虮虱，万姓以死亡。白骨露

于野，千里无鸡鸣。生民百遗一，念之断人肠。"毛泽东的这一首词是在想到"碣石遗篇"而写，这一"换了人间"，有承曹操此诗之意而发。又见，南唐人李煜《浪淘沙》词："帘外雨潺潺，春意阑珊。罗衾不耐五更寒。梦里不知身是客，一晌贪欢。　　独自莫凭栏，无限江山，别时容易见时难。流水落花春去也，天上人间。"毛泽东的"换了人间"，有置放"天上人间"而成之妙，更有反李煜词句典意之妙。这正如1962年4月21日毛泽东在他谈到写这一首词的缘起时所说："李煜写的《浪淘沙》都是婉约的，没有豪迈的。因此，他以《浪淘沙》的词牌写了一首豪迈的词"。（龚育之、逄先知、石仲泉：《毛泽东的读书生活》，生活·读书·新知三联书店1986年版，第259页）

用典探妙：

毛泽东的这一首词，其上阕重在写景，但景中含情。其下阕重在怀古，做到了情景的结合。而全词的终结是要赞美新时代。之所以能完满地完成上述写作目的，与毛泽东妙用典故是大有关系的。

毛泽东在这一首词中的用典有三大方面的特点与妙处，这就是：

（一）毛泽东点化前贤诗句成自己的词句，用以叙写自己所见之景物之妙。

"浩浩滔天"、"白浪滔天"，都是形容水势之广大的。毛泽东将"白浪滔天"借来一用，不仅写出了白浪"盖天而来"的气势，而且有承接前句"大雨落幽燕"和接续后句"秦皇岛外打鱼船"之妙，同时也为"一片汪洋都不见，知向谁边？"作了铺垫。将"知落阿谁边"缩用其句、取用其意，而成"知向谁边"，表达了毛泽东对于打鱼船在风浪中的去向的关切与对于渔民勇敢精神的赞赏，有读后令人回味无穷之妙趣。毛泽东在上阕这样点化前贤之句为己句，写景抒情可谓恰到好处！

（二）事典、语典纳于一词，以展现语言的精警之妙。

毛泽东在下阕则重在怀古。毛泽东的怀古仅用了三句话，这就是"往事越千年，魏武挥鞭，东临碣石有遗篇"，就将曹操当年远征乌桓平"割据"、登山赋诗留遗篇的长篇史实尽纳其中，不失为遣词造句的精警之妙。更为主要的是，毛泽东的怀古，不是无的放矢地在发思古之幽情，而是借怀古去赞美当今这个新时代。在这一阕里，他综合地取用了"秋风萧瑟"、"秋风萧瑟天气凉"中的语词语意，妙用倒序之法，而成"'萧瑟秋风'今又是"这一惊人之句，这是毛泽东在将历史等同于现实吗？不，毛泽东是在说，当年的景物大致依旧，而社会制度则完全不同，是"换了人间"的崭新的社会主义社会了，是人民当家作主的社会性了。毛泽东在这里的"换了人间"，大有"数风流人物，还看今朝"之妙！

（三）全词总体风格上的反用之妙。

毛泽东的这一首词，在总体艺术风格上，是属豪放风格词，大有反用李煜婉约风格之妙。据林克回忆，毛泽东在作《浪淘沙》是有意将小令写作词，有意反李煜的《浪淘沙》的缠绵婉约之道而行之的。他说李煜写的《浪淘沙》都是婉约的，没有豪放的。因此，他以浪淘沙的词牌写了一首豪迈的词。我们试将"大雨落幽燕，白浪滔天"与"帘外雨潺潺，春意阑珊"；"萧瑟秋风今又是，换了人间"与"流水落花春去也，天上人间"作一对比，就可以看出毛泽东确实是有意这样做，他的反其意、反其风格而用之，是何等的出色与成功（参见公木：《诗人毛泽东·掌故佳话》，珠海出版社1999年版，第70页）。毛泽东的这一首可谓场面浩大、意境雄浑、史事悠远、气势阔大、用典洒脱，让人如见瀚海在激荡、如见撼天动之画图，给人以阳刚之美、浩翰之气概的美的享受。

23.巫山云雨已截断 人间奇迹神女惊
——毛泽东在《水调歌头·游泳》中所用典故探妙

用典缘起：

1956年6月1日的中午，毛泽东从武昌岸边长江大桥8号桥墩附近下水，至汉口的湛家矶江面上船，游泳2小时，计14公里。6月3日下午2时许，则从汉阳鹦鹉洲附近下水，到武昌八大家江面上船，他又游了14公里。6月4日，从汉阳游到武昌，其间毛泽东创作了这一首词。其词云："才饮长沙水，又食武昌鱼。万里长江横渡，极目楚天舒。不管风吹浪打，胜似闲庭信步，今日得宽余。子在川上曰：逝者如斯夫！ 风樯动，龟蛇静，起宏图。一桥飞架南北，天堑变通途。更立西江石壁，截断巫山云雨，高峡出平湖。神女应无恙，当今世界殊。"在这首词中用了下列典故。

典故内容：

才饮长沙水，又食武昌鱼。——典出《三国志·吴书·陆凯传》："宁饮建业水，不食武昌鱼。宁还建业死，不止武昌居。"三国时的吴国，在吴主孙皓当国之时，曾有迁都于武昌的想法，陆凯上疏谏阻，这是陆凯所录之童谣，十分晓畅明白地表达了他和当时的人们对于迁都有武昌的不悦情绪。人们亦用此谣表示安土重迁之意。又见，北周·庾信《奉和永丰殿下言志》："还思建业水，终忆武昌鱼。" 长沙水。——典出毛泽东自注："民谣：常德德山山有德，长沙沙水水无沙。所谓无沙水，地在长沙城东，有一个有名的'白沙井'。"又见，白沙古井联：旧时，长沙城南白沙井近旁有一座龙王庙，庙门两侧有副对联，上联"常德德山山有德"，下联就是"长沙沙水水无沙"。（吴直雄：《楹联巨匠毛泽东》，广东人民出版社2003年版，第603页）

极目楚天舒。极目。——典出汉末·王粲《登楼赋》："平原远极目兮，蔽荆山之高岑。"又见，唐人杜甫《泛江》诗："方舟不用楫，极目总无波。"又见，其《野望》："射洪春酒寒仍绿，极目伤神为谁携？"又见，宋人宋庠《重展西湖二首》（其

一）：“凿开鱼鸟忘情地，展尽江河极目天。”又见，宋人朱熹《濯足万里流》诗：“极目沧江晚，烟波殊未休。”又见，朱熹《登紫霄绝顶》诗：“江湖空极目，不尽古人愁。”又见，朱熹《安仁晓行》诗：“归心怀往路，极目向平芜。”又见，宋人戴复古《江阴浮远堂》：“最苦无山遮望眼，淮南极目尽神州。”又见，朱熹《奉题张敬夫春风楼》诗：“凭栏俯江山，极目眇云汉。”又见，清人黄中璜《登清渭楼二首》中有云：“极目烟霞里，相迎树色丛。” 楚天舒。——典出宋人柳永《雨霖铃》：“念去去千里烟波，暮霭沉沉楚天阔。”又见，宋人吴曾《能改斋漫录》所载幼卿《浪淘沙》中的词句有：“极目楚天空，云雨无踪。”以上“极目”一词，均有尽目力之所极而望之的意思。

胜似闲庭信步。胜似。——典出《长生殿》：“海南所产，胜似涪州。” 闲庭。——典出明人汤显祖《牡丹亭·惊梦》：“袅晴丝，吹来闲庭院，摇漾春如线。”

信步。——典出宋人苏轼《连日与王忠玉、张全翁游西湖……》：“与君皆无心，信步行看竹。”又见，宋人陆游《龟堂杂兴》：“曳杖东风信步行，岁阳偏向竹间明。”

子在川上曰：逝者如斯夫。——典出《论语·子罕》：“子在川上曰：逝者如斯夫，不舍昼夜！”子即孔夫子。汉人郑玄注：“逝，往也。言凡往者如川上之流也。”皇侃疏：“逝，往之去之辞也。孔子在川水之上，见川流迅迈，未尝停止，故叹人年之往去，亦复如此，旧我非今我，故云逝者如斯夫者也。斯，此也。夫，语助也。日月不居，有如流水，故云不舍昼夜也。”

龟蛇静。灵龟练蛇锁苍龙（暗用）。——典出黄鹤楼的神话传说，见本书《菩萨蛮·黄鹤楼》词中的用典探妙一文。

天堑变通途。天堑。——典出《南史·孔范传》：“长江天堑，古来限隔，虏军岂能飞度？”在隋将伐陈时，孔范向陈后主所说的话。又见，唐人李白《金陵》：“金陵空壮观，天堑净波澜。”又见，宋人柳永《望海潮》：“云树绕堤沙，怒涛卷霜雪，天堑无涯。”又见，清人王士祯《晓雨后登燕子矶绝顶作》：“洒泪重悲天堑险，浴凫飞燕满汀洲。”

截断巫山云雨。巫山云雨，亦即“高唐云雨”、“云雨”。——典出《昭明文选》所载战国楚人宋玉《高唐赋》。其中有言：“昔者楚襄王与宋玉游于云梦之台，望高唐之观，其上独有云气，……王问玉曰：‘此何气也？’玉对曰：‘所谓朝云者也。’王曰：‘何谓朝云？’玉曰：‘昔者先王尝游高唐，怠而昼寝，梦见一妇人，曰：妾巫山之女也，为高唐之客，闻君游高唐，愿荐枕席。王因幸之。’去而辞曰：‘妾在巫山之阳，高丘之阴，旦为朝云，暮为行雨，朝朝暮暮，阳台之下。旦朝视之，如言。故为立庙，号曰朝云。’”这是一个动人的神话故事。在旧时多指男女之间的爱情。 五代晋人和凝《何满子》词二首其二中有：“空教残花依依，目断巫山云雨。”又见，唐人李白《清平调》三首其二中有云："一枝红艳露凝香，云雨巫山枉断肠。"这里以喻指唐明皇与杨贵妃的情事。又见，唐人李群玉《赠人》："曾留宋玉旧衣裳，惹得巫山梦里香。云雨无情难管领，任他别嫁楚襄王。"这里用以描绘失恋者之心情。又见，清人钱彩《说岳全传》第35回："十二巫山云雨会，襄王今夜上阳台。"这里则是喻指喜结良缘。

神女应无恙。神女。——典出同"巫山云雨"。神女，又指神女峰望霞峰，是巫山十二峰之一。宋人李昉等《太平广记》引《集仙录》载云：神女瑶姬，原为西王母之女，曾在巫山佐大禹治水。功成，化而为神女石，伫立于峰顶，人称其为神女峰。又见，唐人李商隐《无题》："神女生涯元是梦，小姑居处本无郎。"这里则由神女庙、宋玉的《神女赋》演绎出深含妙趣的诗句。又见，元人王和卿《仙吕·醉中天·别情》散曲有："一自巫娥去后，云迷楚岫，玉箫声断南楼。"亦是写神女之美貌。清人曹雪芹《红楼梦·十二支曲（乐中悲）》："终久是云散高唐，水涸湘江。"这里借神女事喻指史湘云丈夫之早亡于人世。无恙。——典出《战国策·齐策四》："威后问使者曰：'岁亦无恙耶？民亦无恙耶？王亦无恙耶？'"

用典探妙：

毛泽东的这一首词，在其上阕写他长江游泳，在其下阕写将来长江的宏伟建设。写得既典雅又雄浑，平实而又豪放。这与毛泽东在其极富想象中妙用典故不无关系。

毛泽东在这一首词中的用典，所涉之典实达20余处之多。总体上来说，其用典有"夺胎换骨、点铁成金"之妙。其所用典故之妙，具体说来，主要表现在下面这些方面。

（一）童谣古语千余年，翻用其意意新鲜。

毛泽东在词的开首两句就是"才饮长沙水，又食武昌鱼"，在语句的句式上和句意上，都有反意化用"宁饮建业水，不食武昌鱼；宁还建业死，不止武昌居"之妙。童谣的本意是对于迁都武昌的不满，而毛泽东之词句则是意境新鲜。他一表从长沙至武汉之行踪，二表视察湖南与湖北之愉悦，其意境是全新的。同样，古语"长江天堑，古来限隔……"，道尽了长江乃天险也。毛泽东同样反其意而用之，言"天堑变通途"，这是何等的气魄！又是何等的令人振奋。毛泽东在这一首词中的反用典故，真有"童谣古语千余年，翻用其意意更鲜"之妙。

（二）取词变意组妙句，叙写畅游之豪情。

关于涉及"极目"之类的句子，在我国的典籍中可以说是很多的，如笔者在典故内容一节中之所举。毛泽东是博古通今的，类似这样的句子，可以说，他都是很熟悉的。但这些句子，不论从那一个角度来看，其格调都是不高的，且多富忧愁之意。特别是幼卿的"极目楚天空"一句，则更富哀伤、悲凄、怅然若失之意。毛泽东对这些句子加以改造，取用其中之语词，改变其语意，使之为己之新句服务。以幼卿的这一句为例

而言，毛泽东将其"空"字易之为"舒"字，幼卿的"空"、"踪"押韵，毛泽东的"鱼"、"舒"押韵，改易之后极富韵律美。更为突出的是，将毛泽东在畅游长江时而侧游、时而仰游所见楚天那阔宽广之景，以及自己心情之愉快表现致尽。这正如1957年2月11日毛泽东在致黄炎培的信中高兴地写道："游长江二小时飘三十多里才达彼岸，可见水流之急。都是仰游侧游，故用'极目楚天舒'为宜"（《毛泽东书信选集》，人民出版社1983年版，第522页）。毛泽东在这一首中这样用典，真有"取词改意组妙句，极写畅游之豪情"之妙趣！

（三）往过来续天地化，道体本原无停息。

对于《论语》中的"子在川上曰：'逝者如斯夫！不舍昼夜。'"一语，注家多多。除了笔者在前面所引用之有关注释之外，其有名之注如朱熹"集注"所言："天地之化，往者过，来者续，无一息之停，乃道体之本原也。然其可指而易见者，莫如川流，故如此发以示人。欲学者时时察省，而无毫发之间断也。"又云："程子（程颐）曰：此道体也，天运而不已，日往则月来，寒往则暑来，水流而不息，物生而不穷，皆与道为体。运乎昼夜，未尝已也。是以君子法之，自强不息，及其至也，纯亦不已焉。"毛泽东在其词中所引《论语》之言，不仅包含了朱熹之言中所隐含的哲理，阐发了"往过来续天地化，道体本原无停息"之妙趣、妙道，而且将其中的自强不息的精神发挥到了极致，他一扫陈子昂那种"前不见古人，后不见来者，念天地之悠悠，独怆然而涕下"之悲怆，以及苏轼那种"哀吾生只须臾，羡长江之无穷"那种追怀往古寄愁情、感叹当今悲前景的矛盾与苦闷，而是赋予其崭新的时代精神，展示了毛泽东为了创建美好的未来，既然是时不我待，我们决不能仅仅发出"逝者如斯夫"的一般的感慨，我们就是要以只争朝夕的革命精神去建设社会主义。

毛泽东在这一首词的上阕结尾摘引此语，既是上阕的结尾，更是为下阕写建设作好了铺垫。同时好展现了毛泽东在引用古名言那种"夺胎换骨"的本领，使这一古名言再展其出新之妙！再展其积极奋进的人生境界之妙！

（四）古老神话出新意，千年神女换新装。

自"巫山云雨"这一典故出来之后，这一"神女"其实并不光彩，她要么去为"王者"自荐枕席，从而成为人们的谈资笑料；要么成为人生爱情悲剧人物的象征；要么成为某些轻薄文人笔下的黄色而低下的美人儿……然而神女一到毛泽东的笔下，毛泽东在取用"巫山云雨"、"云雨巫山枉断肠"、"神女生涯元是梦"等等妙句中的语词为语料之后，将"巫山云雨""回归"为大自然中的云雨，从而一扫数千年以来某些人们强加给神女的一切黄色的淫秽色彩和"不实之辞"，还神女以美丽动人的纯贞本色。让这样纯贞美妙之神女来欣赏祖国的社会主义建设新面貌，让这样的天仙讴歌祖国的翻天覆地的变化，该是何等的令人欢欣鼓舞！又该是何等的令人神往！

毛泽东在其下阕，除了隐用"灵龟练蛇制服苍龙"一典之外，重在妙用"巫山云雨"与"神女"之典，以其画龙点睛之笔，用其风流的笔调、擅着鲜明的色彩、展现高雅的情趣、创建优美的意境，将革命的浪漫主义精神与革命的现实主义精神高度地凝聚起来，赋予神女以优美动人之容姿，让她为祖国的变化而惊讶，让她为大江截流的成功而动容，让她的理想色彩去展现出伟大的社会主义的新的时代风貌！

24.超越时空颂忠魂 慰藉英灵感天地
——毛泽东在《蝶恋花·答李淑一》中所用典故探妙

用典缘起：

李淑一是杨开慧的好友，早在20世纪20年代就与毛泽东相熟悉。1950年1月17日她给毛泽东去过一信，告之杨开慧牺牲的情景及自己的近况。4月18日她就得到了毛泽东深情的回信。1957年1月，毛泽东的诗词18首在《诗刊》创刊号上发表，李淑一读后，就将其作于1933年夏悼念丈夫柳直荀的《菩萨蛮·惊梦》寄给毛泽东。其词云："兰闺索寞翻身早，夜来触动离愁了。底事太难堪？惊侬晓梦残。　征人何处觅？六载无消息。醒忆别伊时，满衫清泪滋。"毛泽东于1957年5月11日作有一首《蝶恋花·答李淑一》词回赠。这一首是："我失骄杨君失柳，杨柳轻飏直上重霄九。问讯吴刚何所有，吴刚捧出桂花酒。　寂寞嫦娥舒广袖，万里长空且为忠魂舞。忽报人间曾伏虎，泪飞顿作倾盆雨。"在这一首词中用了下列典故。

典故内容：

重霄九。亦即"九重"、"九层云外"、"九重天"。——典出《礼记·月令》："毋出九门"，汉人郑玄注："天子九门者，路门也，应门也，雉门也，库门也，皋门也，城门也，近郊门也，远郊门也，关门也。"即九重城门，指天子所居之地，是可望而却步、而不可即的极高深之处。又名"九重城"、"九重门"、"九门"。这也是出现在不少的神话与典故书籍中的诸种说法。"九层云外"即"九霄云外"，——典出晋人葛洪《抱朴子·畅玄卷》："其高则冠盖乎九霄，其旷则笼罩乎八隅。"又见，唐人杜甫《春宿左省》："星临万户动，月傍九霄多。"又见，唐人刘禹锡《同乐天登栖灵寺塔》诗，其中有"步步相携不觉难，九层云外倚栏干。忽然笑语半天上，无限游人举眼看"。这也比喻天上的极高之处。天有极高处吗？当然无法丈量，也有一点儿神话味。"九重天"，——典出《汉书·礼乐志》。唐人颜师古注："天有九重。"

问讯吴刚何所有，吴刚捧出桂花酒。问讯。——典出《后汉书·清河孝王庆传》："庆多被病，或时不安，帝朝夕问讯，进膳药。"又见，晋人陶渊明《桃花源记》："便要还家，设酒杀鸡作食。村中闻有此人，咸来问讯。"又见，唐人杜甫《送孔巢父

谢病归游江东兼呈李白》："南寻禹穴见李白，道甫问讯今何如？" 吴刚。——典出唐人段成式《酉阳杂俎》卷1《天咫》等资料，是中国古代的神话人物。相传月中有桂树，高500丈。汉朝西河人吴刚，因学仙有过而被罚入月宫中砍伐桂树。此树随砍随合，这个吴刚只好天天砍树了。唐人李商隐《同学彭道士参寥》："月中桂树高多少，试问西河砍树人。" 吴刚伐桂（暗用）。——典出唐人段成式《酉阳杂俎·天咫》："旧言月中有桂，有蟾蜍。故异书言月桂高五百丈，下有一人常砍之，树创随合。人姓吴名刚，学仙有过，谪令伐树。"唐人杜甫《一百五日夜对月》："斫却月中桂，清光应更多。"吴刚，又称吴质。唐人李贺《李凭箜篌引》："吴质不眠倚桂树，露脚斜飞湿寒兔。" 何所有。——典出汉人民歌《陇西行》："天上何所有，历历种白榆。"桂花酒。——亦作桂酒，典出《楚辞·九歌·东皇太一》："蕙肴蒸兮兰藉，奠桂酒兮椒浆。"东汉人王逸注："桂酒，切桂置酒中也。"又见，魏人曹植《仙人篇》："玉樽盈桂酒，河伯献神鱼。"

　　寂寞嫦娥舒广袖。嫦娥。——典出西汉人刘安《淮南子·览冥训》等资料。中国古代神话中的月神名，又名"常娥"、"恒娥"、"姮娥"，"后羿之妻"。嫦娥奔月（暗用）。——典出西汉人刘安《淮南子》卷6《览冥训》："羿请不死之药于西王母，姮娥窃以奔月。"意为后羿从西王母那里求到了长生不老之药，却被其妻子姮娥偷吃了，便羽化而成仙，飞奔月宫而去。因西汉文帝刘桓的谐名讳，遂将姮娥改为嫦娥。嫦娥奔月的故事，既古且新，它不断地为人们所丰富、所完善。后又发展到由自私自利变为替后羿射日除旱，宁可牺牲自己的幸福、吃仙丹飞入月宫取神箭、为民谋利益的典型人物。唐人李白《把酒问月》："白兔捣药秋复春，嫦娥孤栖与谁邻？"又见，唐人杜甫《月》："斟酌嫦娥寡，天寒耐九秋。"又见，唐人李商隐《嫦娥》："嫦娥应悔偷灵药，碧海青天夜夜心。"又见，宋人韩驹《念奴娇》："桂华疏淡，广寒谁伴幽独。"舒广袖。——典出《韩非子·五蠹》："长袖善舞，多财善贾。"又见，唐人李白《高句骊》诗："金花折风帽，白马小迟回。翩翩舞广袖，似鸟海东来。"又见，唐人高适《听张立本女吟》："危冠广袖楚宫妆，独步闲庭逐夜凉。"

　　伏虎，亦即"伏虎降龙"、"降龙伏虎"。伏虎。——关于降伏孽龙制伏老虎这一方面的民间传说和故事颇多，主要是用来说明力量很大。《续高僧传》卷16："（僧稠）闻两虎交斗，咆响震岩，乃以锡杖中解，各散而去。"毛泽东在这一首词中，是指中国共产党领导中国人民推翻了蒋家王朝的反动统治。伏虎降龙。——典出元人马致远《任风子》第2折："学师傅伏虎降龙，跨鸾乘凤。"又见，元人郑德辉《醉思乡王粲登楼》第2折："异日须为将相材……伏虎降龙志不改。"又见，《封神演义》第82回："伏虎降龙为第一，擒妖缚怪任纵横。" 降龙伏虎。——典出宋人依托唐人吕洞宾《浪淘沙》："修成功行满三千，降得火龙伏得虎。"又见，明人诸圣邻《大唐秦王词话》第48回："秦王道：'父皇，经目之事，犹恐未真，传来言语，岂可深信？臣想秦琼、尉迟恭投唐之时，费尽降龙伏虎之心，方才得他归顺，如今岂就容易反唐？……'"又见，元人马致远《黄粱梦》第1折："出家人长生不老，炼药修真，降龙伏虎。"又见，《西游记》第80回："我是大唐来的，我手下有降龙伏虎的徒弟。"

泪飞顿作倾盆雨。——典出唐人杜甫《白帝》："白帝城中云出门，白帝城下雨翻盆。"又见，宋人苏轼《介亭饯杨杰次公》诗中有："孤峰尽处亦何有，风廻响答君听取，黑云白雨如倾盆。"宋人黄庭坚《鹊桥仙·席上赋七夕词》："一年尊酒暂时同，别泪作，人间晓雨。""倾盆"。典出唐人韩鄂《岁华纪丽》卷2《雨》"倾盆"注："大雨"。倾盆雨即像倒盆中之水一样，指瓢泼大雨。

用典探妙：

毛泽东的这一首词，以革命的现实主义和革命的浪漫主义相结合的创作方法，运用美丽的神话传说典故，将读者引入到了一个无限优美的艺术境界之中，充分地表达了毛泽东对于革命烈士的无限深情。令人读后倍感亲切、倍受教育、深受鼓舞。

毛泽东的这一首词之所以有如此成功的艺术效果，与其妙用典故是分不开的。

（一）有将神话故事增情节、添新意之妙。

吴刚被处分而伐桂、嫦娥偷药而飞天，是这两个神话的最基本的内容。这样的神话故事，虽然为历代的著名诗人所妙用，但基本上难脱这两个神话基本内容的巢臼，如李白的"白兔捣药秋复春，嫦娥孤栖与谁邻？"李商隐的"嫦娥应悔偷灵药，碧海青天夜夜心"等等。可是这样的古老的神话故事，几千年以来不少的大诗人、大学问家，多是沿用其本来意思而用，难见有创新而用者。就是这样连在广大的中国农村都家喻户晓的古老神话、古老故事，一到毛泽东手里，他即巧运神思，合理联想，将其增添情节、增添内容，在现实生活的基础上，合情合理地使这两个神话传说成为沟通历史与现实之桥。于是，在毛泽东的笔下，吴刚这个被处罚伐桂树的罪人，一跃而成了酿桂花美酒的神匠；嫦娥也不是因偷吃神药、背叛丈夫而飞入月宫为人所耻辱的仙娥，而是人间正义事业的同情者与支持者。正因为吴刚伐桂与嫦娥奔月，因毛泽东的合理联想而增添了如此生动的情节，因而这两个神话故事也就出了新意。这样两位神仙被毛泽东调动起来了，他们成了同情革命和支持革命的神仙，这是毛泽东妙用典故的最为大胆之笔。理所当然，当杨开慧、柳直荀两位革命烈士的忠魂升入月宫之时，吴刚与嫦娥因为这两位革命者的事迹所感动，他们的忠魂刚一光临，一个捧酒相迎，一个则蹁跹起舞……这是何等动人的场面！借助这样的想象，借助忠魂与神仙共饮、共舞这样动人场面的描写，便将毛泽东及全体革命人民对革命烈士的无限敬仰之情怀，注入到了天上神仙的心目之中。毛泽东对于战友的崇敬与悼念，毛泽东那至善至美爱情与革命的友情，便得到了最为完美的展现！

没有这样提炼升华式地妙用典故，没有这样能使神人合一、主客交融的用典妙笔，要达到如此至真、至善、至美的艺术效果是令人不可想象的！

（二）妙用语典意境新。

在这一首词中的语典妙用，表现在下列几个方面：

一是"九重霄"或曰"九霄"。毛泽东在这首词里没有搬用，而是将其颠倒而用，将其中的"九"字调后，使词中的句子押韵顺口好读，具有韵律之美。

二是由于给吴刚伐桂、嫦娥奔月增添了新的内容和新的意境，因而词中的"问讯吴刚何所有，吴刚捧出桂花酒。寂寞嫦娥舒广袖，万里长空且为忠魂舞"，均有反用"吴刚伐桂"、"白兔捣药秋复春，嫦娥孤栖与谁邻？"、"嫦娥应悔偷灵药，碧海青天夜夜心"之妙。

三是有取用语典中的语词"九重"、"桂花酒"、"翩翩舞广袖"、"一年尊酒暂时同，别泪作，人间晓雨"、"降龙伏虎"、"倾盆大雨"这一些语句、词句之语词与语意，构建成"神人合一"、"神魂共欢"、"主客合一"、"忠魂登月会神仙"、"天上泪化人间雨"的优美意境之妙。

25.余江消灭血吸虫　欣然命笔《送瘟神》
——毛泽东在《七律二首·送瘟神》中所用典故探妙

用典缘起：

毛泽东在1958年"读6月30日《人民日报》，余江县消灭了血吸虫。浮想连翩，夜不能寐。微风拂煦，旭日临窗。遥望南天，欣然命笔"，于1958年7月1日挥笔而就《七律二首·送瘟神》。其诗云："（其一）绿水青山枉自多，华佗无奈小虫何！千村薜荔人遗矢，万户萧疏鬼唱歌。坐地日行八万里，巡天遥看一千河。牛郎欲问瘟神事，一样悲欢逐逝波。（其二）春风杨柳万千条，六亿神州尽舜尧。红雨随心翻作浪，青山着意化为桥。天连五岭银锄落，地动三河铁臂摇。借问瘟君欲何往，纸船明烛照天烧。"在这两首诗中用了下列典故。

典故内容：

《送穷文》（暗用）。——是唐朝韩愈的抑郁而不得志之作。其文从寻常的祭祀活动开始。依古代传说，高辛氏之子一生艰苦，人称"穷子"。他死于晦日。人们为了纪念他，便在这一天以稀饭、破衣来祭他，名之曰"送穷"。韩愈的送穷，是借与穷鬼的对话、借人情与鬼气，以指斥社会的腐败、时代的黑暗，从而抒发内心的郁闷与不平。

浮想联翩。——典出西晋人陆机《文赋》："浮藻联翩，若翰鸟缨缴而坠曾云之峻。"

夜不能寐。——典出汉人无名氏《古诗十九首·明月何皎皎》："明月何皎皎，照我罗床帏。忧愁不能寐，揽衣起徘徊。"又见，魏人阮籍《咏怀》："夜中不能寐，起坐弹鸣琴。"又见，南朝宋人谢灵运《岁暮》："殷忧不能寐，苦此夜难颓。"又见，五代南唐人李煜《捣练子令》："无奈夜长人不寐，数声和月到帘栊。"

瘟神。亦作"疫神"，又作"瘟鬼"、"疫鬼"。——典出东汉人蔡邕《独断》。其中称：瘟神本是颛顼的儿子。旧时迷信，认为施术驱逐瘟神，可以除去瘟病。"瘟神"，是我国古代神话中专门以瘟疫害人的一种鬼神。"瘟神"，也借以形容作恶多端或面目可憎之人。《红楼梦》第39回："那里是什么女孩儿，竟是一位青脸红发的瘟神爷。"元人在《三教搜神大全》中将瘟神一一坐实，言：隋文帝时有五力士现于空中，其身披五色袍，各执一物。一人执杓、罐，一人执皮袋并剑，一人执扇，一人执锤，一人执火壶。帝问太史张居仁：这是何神？主何灾福？居仁回答说：这是五方瘟神，春瘟张元伯，夏瘟刘元达，秋瘟赵公明，冬瘟钟仕贵，总管中瘟史文业。

华佗。——典出《三国志》卷29《魏书·方技传》等资料。华佗（？—208年）汉末医学家。又名旉，字元化，沛国谯（今安徽亳县）人。精于内、外、妇、儿、针灸各科，外科尤为擅长。

绿水青山枉自多。——典出唐人杜甫《征夫》："十室几人在，千山空自多。路衢唯见哭，城市不闻歌。"又见，宋人李昉《太平广记》卷309"蒋琛"条引《湘王歌》："渺渺烟波接九嶷，几人经此泣江篱？年年绿水青山色，不改重华南守时。"元人马致远《拨不断》曲中有云："龙楼凤阁都曾见，绿水青山任自然。"又见，元人白朴《天净沙·秋》："孤村落日残霞，轻烟老树寒鸦，一点飞鸿影下。青山绿水，白草红叶黄花。"又见，明人诸圣邻《大唐秦王演义》第8回："眼看红日沉西去，不觉冰轮出海东。天外月圆仍已缺，世间花谢又花红。玉堂金马如春梦，富贵繁华总是空。绿水青山千古在，桑田变海有谁逢。"

华佗无奈小虫何。——典出宋人辛弃疾《定风波·席上送范廓之游建康》词："听我一尊醉后歌，人生无奈别离何。"

千村薜荔人遗矢。千村薜荔。——典出《离骚》："揽木根以结茞兮，贯薜荔之落蕊。"又见，唐人杜甫《兵车行》："君不闻汉家山东二百州，千村万落生荆杞。"又见，唐人柳宗元《登柳州城楼寄漳、汀、封、连四州刺史》诗："惊风乱飐芙蓉水，密雨斜侵薜荔墙。"又见，五代人谭用之《秋宿湘江遇雨》诗："秋风万里芙蓉国，暮雨千家薜荔村。" 人遗矢。即"一饭三遗矢"。——《史记·廉颇蔺相如列传》中有："然与臣坐，顷之，三遗矢矣。"言赵国良将廉颇屡立战功，为赵孝成王所信任。但赵悼襄王继位之后，用乐乘代其位。廉颇负气出走魏国，闲居于大梁。在赵国多次受到秦国的打击而无力还击的情况下，又想起用廉颇，但顾虑他已经老了，就派出一名使者前

去观察。奸臣郭开便贿赂使者，使者因受贿赂，便编造事实说，廉将虽老，然饭量不错。只不过在一顿饭的工夫，就离席去拉了三次屎。这种活灵活现的编造，终使赵王上当以为廉颇老了、不中用了。虽老犹健的廉颇心有报国之志而难以实现。

万户萧疏鬼唱歌。——典出唐人杜甫《兵车行》："新鬼烦冤旧鬼哭，天阴雨湿声啾啾。"其《除架》："束薪已零落，瓠叶转萧疏。"又见，唐人李贺《秋来》："秋坟鬼唱鲍家诗，恨血千年土中碧。"又见，唐人李商隐《曲江》："望断平时翠辇过，空闻子夜鬼悲歌。"又见，《宋书》卷19《乐志》中云："晋孝武太元中，琅邪王轲之家有鬼哥（同"歌"）《子夜》。"又见，清人蒋士铨《李家寨晓发》诗云："鸡声催落月，客路断魂时。破庙狐吹火，孤坟鬼唱诗。晓寒怜仆病，道远惜驴疲。残梦犹堪续，徐行正未迟。"又见，《红楼梦》第5回《游幻境指迷十二钗　饮仙醪曲演红楼梦》："到头来，谁把秋捱过？是看那，白杨村里人呜咽，青枫林下鬼吟哦。更兼着，连天衰草遮坟墓。"又见，清人王渔洋大品评《聊斋志异》时写道："姑妄言之妄听之，豆棚瓜架雨如丝，料应厌作人间语，爱听秋坟鬼唱时。"

坐地日行八万里。坐地——典出汉人刘向《说苑·杂言》："齐景公问晏子曰：'寡人自以坐地，二三子皆坐地，吾子独搴草而坐之，何也？'"日行八万里。——典出唐人李商隐《瑶池》："八骏日行三万里，穆王何事不重来？"又见，宋人陆游《贫甚，作短歌排闷》："地上去天八万里，空自呼天天岂知。"

牛郎欲问瘟神事。牛郎。亦即"牛郎织女"。——"牛郎"，本指天上的"牛郎星"；"织女"，本指天上的"织女星"。关于牛郎与织女的故事，在民间流传久远，曾编入以往的小学课本。言牛郎在其老牛的帮助之下，与织女成亲。后来受到了天帝的干涉，只能让她们七月七日相会一次。南朝梁人宗懔《荆楚岁时记》："七月七日为牵牛织女聚会之夜。……"又见，明人冯应京《月令广记》卷14《七月令》载："天河之东有织女，为天帝之女，年年劳役，织云锦天衣。帝怜其独处，许嫁河西牵牛郎。嫁后遂废织纴。帝怒，责令归河东。但使一年一度相会。"《诗经·小雅·大东》："……跂彼织女，终日七襄。虽则七襄，不成报章。睆彼牵牛，不以服箱。………"诗中提到了三颗织女星与明亮的牵牛星。又见，东汉民歌《古诗十九首·迢迢牵牛星》："迢迢牵牛星，皎皎河汉女。纤纤擢素手，札札弄机杼。终日不成章，泣涕零如雨。……"又见，魏人曹丕《燕歌行》："牵牛织女遥相望，尔独何辜限何梁。"

逐逝波。——典出五代人欧阳炯《江城子·晚日金陵》词："六代繁华，暗逐逝波声。"

春风杨柳万千条。——典出唐人白居易《杨柳枝》十首之九中云："一树春风千万枝，嫩于金色软于丝。"又见，宋人王安石《壬辰寒食》："客思似杨柳，春风千万条。"又见，宋人刘子翚《汴京纪事二十首》（其七）："夜月池台王傅宅，春风杨柳太师桥。"又见，民国初年·佚名《春联》："大地转新机，一片红霞迎晓日；普天开广运，万条绿柳舞春风。"

六亿神州尽舜尧。——典出《孟子·告子下》："人皆可以为尧舜。""尧舜"，尧即唐尧；舜即虞舜。他们都有是中国古代传说中圣贤明君。可以说是圣贤的代名词。

红雨随心翻作浪。红雨。——典出唐人李贺《将进酒》："况是青春日将暮，桃花乱落如红雨。"又见，唐人孟郊《同年春宴》："红雨花上滴，绿烟柳际垂。"又见，唐人刘禹锡《百舌吟》："花枝满空迷处所，摇动繁英坠红雨。"又见，唐人殷尧藩《襄口阻风》："鸥散白云沉远浦，花飞红雨送残春。"又见，唐人戴叔伦《兰溪棹歌》："兰溪三日桃花雨，半夜鲤鱼来上滩。"（桃花雨即"红雨"）又见，宋人王安石《书湖阴先生壁》诗："一水护田将绿绕，两山排闼送青来。"又见，宋人苏轼《哨遍》："斝月临眉，醉霞横脸，歌声悠扬云际。任满头红雨落花飞。渐鸡鹊楼西玉蟾低。尚徘徊、未尽欢意。"又见，宋人僧如晦《卜算子》："风急桃花也解愁，默默飞红雨。"又见，元人萨都剌《同曹克明清照日登北固山次韵》："白日少年骑马过，红雨满城排面来。"

借问瘟君欲何往？——典出唐人李白《戏杜甫》："借问因何太瘦生？只为从来作诗苦。"又见，唐人杜甫《后出塞》："借问大将谁？恐是霍嫖姚。"又见，唐人杜牧《清明》："借问酒家何处有？牧童遥指杏花村。"又见，宋人欧阳修《玉楼春》："高楼把酒愁独语，借问春归何处所？"

纸船明烛照天烧。民间祛灾除鬼（暗用）。——这是古老的事典亦是一种古老的民俗。宋人孟元老的《东京梦华录》、清人赵翼的《陔余丛考》等著作中多有记载。早在汉代之时，张衡在其《东京赋》中就有记叙。他写道："尔乃卒岁大傩，殴除群厉。……煌火驰而星流，逐赤疫于四裔。"晋人司马彪在其《续汉书》卷五《礼仪》写道："先腊一日大傩，谓之逐疫。……持炬火，送疫出端门。……五营骑士传火弃洛水中。"这样一种民俗，在某些地方仍然可见。唐人韩愈《送穷文》："主人使奴婢结柳作车，……缚草为船。"

用典探妙：

虽说毛泽东的这两首诗是众所周知的，然而所涉典事从诗题到诗的结尾达20余处之多，这恐怕不是人人都注意到了的。就是这样两首涉典那么多的诗，可以说是家喻户晓、人人皆知、人人能懂，这就是毛泽东用典的最大妙处。具体地说来，可从下面四大方面作出分析：

（一）有全局性用典以统率全诗之妙。

所谓全局性用典之妙，就是说，毛泽东取"瘟神"一典为题，暗用《送穷文》的典意与文意，围绕"瘟神"这一个民俗兼神话使事用典，围绕"瘟神"这个全局性典故生

发出想象，以描写人间与血吸虫病数千年的斗争，以及消灭血吸虫为害人间的悲欢，进而重在歌颂伟大的社会主义制度的无比优越性之妙。毛泽东正是借助"瘟神"一典的妙用，以统率全诗的创作主旨。

（二）有典中用典之妙。

毛泽东在运用语典时，有取其语词、取其典意、取其句式、取其句势，或反取其意而用，以组成全新的、为我所用的佳句之妙。毛泽东在这两首诗中的用典，往往是运用下列一些创作手法的：

一是取用语典之句式、句势或句意以成新句之妙。

如诗题《送瘟神》，就是用韩愈《送穷文》这一语典的句式的。周振甫先生有其精断的分析，他这样写道："这两首诗的题目《送瘟神》，是有所仿效的。韩愈有《送穷文》，是送穷鬼的。'送瘟神'与'送穷鬼'相似。送瘟神用'纸船'，送穷鬼'结草为船'，也用仿制的船，亦相似。不过结果不同……"（周振甫：《毛泽东诗词欣赏》，上海书店出版社1995年版，第121页）

又如从陆机的"浮藻联翩"到毛泽东的"浮想联翩"；从"十室几人在？千山空自多"、"听我一尊醉后歌，人生无奈别离何"到"绿水青山枉自多，华佗无奈小虫何"，从"贯薜荔之落蕊"、"暮雨千家薜荔村"、"三遗矢矣"到"千村薜荔人遗矢"，从"秋坟鬼唱鲍家诗"、"空闻子夜鬼悲歌"到"万户萧疏鬼唱歌"，从"八骏日行三万里"、"地上去天八万里"到"坐地日行八万里"，从"暗逐逝波声"到"一样悲欢逐逝波"，从"一树春风千万枝"到"春风杨柳万千条"，从"桃花乱落如红雨"到"红雨随心翻作浪"，从"两山排闼送青来"到"青山着意化为桥"等，毛泽东的这些新成之佳句，都有取用相关语典中语词、句式、句势或语典的典意而成新句之妙。这样一些佳句，既蕴含了原有语典的丰富内涵，更显现出新的时代特色，因而有其永久的魅力。

二是取用语典之时，不是顺其意而用之，而是反意而用。

如"年年绿水青山色"、"绿水青山任自然"、"绿水青山千古在"，都是形容山水景色秀美的妙句，毛泽东摹写患有血吸虫地区的山水时，取上述妙句之句意，以"枉自多"而反其意，则血吸虫为害之大、之烈，便作了高度的概括。

（三）取用人名典故入诗，使之产生"三对比"之妙，由于有这"三对比"，因而使这两首诗富有深刻的表现力，从而增强这两首诗的艺术性和思想性。

作为人名典的华佗，在某一种意义上来说，他是一切医学水平高明人物的代表；同样，尧舜，在一定意义上来说，他们是所有善良的人们梦寐以求的、崇敬不已的圣贤明君的代表。毛泽东将这些名人典故入诗，在诗中所产生的艺术作用是十分巨大的，也是一般的人名入诗所不能取代的。

一是华佗与小虫的对比。千古名医华佗，对于小小的血吸虫都是无可奈何的，由此可见消灭血吸虫病之难和血吸虫为害人间时间之长、之惨烈。而今，在中国共产党的领导之下，血吸虫病害终于铲除了。这就说明了中国共产党的伟大，无疑，大地增强了这两首诗的思想性。这是"一对比"之妙！

二是将尧舜比之于在中国共产党领导下的全国劳动人民，一方面有坐实孟子"人皆可以为尧舜"之妙，另一方面又有称赞在中国共产党的领导之下，解放了的中国劳动人民其潜力无比之妙！这是"二对比"之妙！

三是产生了古之名医华佗及古之圣贤（包括中国历代开明的帝王）与今之尧舜对比之妙。数千年以来，中国的华佗们和中国历代开明的帝王们，他们对于血吸虫病均是无能为力的，而当今的中国劳动人民则一举消灭了血吸虫病。这大有"看风流人物还看今朝"的气慨和妙趣！这是"三对比"之妙！

（四）毛泽东用"瘟神"、"牛郎织女"、"民间驱鬼"这些十分通俗易懂的神话故事、典实入诗，在创作上达到了革命的浪漫主义和革命的现实主义有机结合之妙。做到人神合一为歌颂当代尧舜服务之妙。

"牛郎织女"的神话，是数千年以来爱情悲剧创作的重要母题，无论是戏曲、诗词或是小说创作，几乎都未能脱此"巢臼"。如"牵牛织女遥相望，尔独何辜限何梁"之类的相思之苦和"金凤玉露一相逢，便胜却人间无数"之类的相见之欢，这"牛郎织女"的古老神话，一到毛泽东的笔下，便旧貌变新颜、旧典出新声。诗人在"坐地日行八万里，巡天遥看一千河"作"巡天游"之后，一联"牛郎欲问瘟神事，一样悲欢逐逝波"随其神思妙想骤然而出，便使人神合而为一、人神对话、人神共悲欢。天上的这位牛郎，他是深知"牛瘟"等瘟疫之苦的，他也过问起血吸虫危害人民的疾苦来了，崭新的革命内容便在诗中显现！

"瘟神"一典，可以说是统领全诗，诗由写"瘟神"而起，其间，有"瘟神"肆意施虐人间的悲惨画面，更有"六亿神州"与"瘟神"搏斗的动人情景。可谓人神（瘟神）搏斗、亦幻亦真、美妙多姿。这种人神之战的结果，使"瘟神"无处而逃，终致"瘟神"于死地。

这样一来，天与地、人与神都统一于全诗；这样一来，便奏响了当代"华佗"与当代"舜尧"的颂歌；这样一来，全诗高超的艺术技巧和全新的思想内容，通过妙用典故，也就达到了无与伦比的地步，令人读后确实精神振奋、积极昂扬、乐观向上。

293

26.桑梓情深堪回顾 故乡新貌唱赞歌
——毛泽东在《七律·到韶山》中所用典故探妙

用典缘起：

1959年6月25日下午，毛泽东住进了韶山的松山招待所。次日清早，毛泽东便为父母扫墓。这一天，他还看了自己的故居、拜访了邻居、与韶山学校师生合影留念、到韶山水库游泳、晚上宴请乡亲们并了解情况。虽然夜深人静，毛泽东仍然无法入睡。他感慨万千、思绪难平、诗情如潮，经反复吟咏，挥笔而成《七律·到韶山》。其诗云："别梦依稀咒逝川，故园三十二年前。红旗卷起农奴戟，黑手高悬霸主鞭。为有牺牲多壮志，敢教日月换新天。喜看稻菽千重浪，遍地英雄下夕烟。"在这首诗中用了下列典故。

典故内容：

别梦依稀咒逝川。别梦依稀。——典出晋人谢灵运《行田登海口盘屿山诗》："依稀采菱歌，仿佛含嚬容。"又见，唐人张泌《寄人》："别梦依依到谢家，小廊回合曲阑斜。多情只有春庭月，犹为离人照落花。"这是诗人写自己在梦中来到了所爱戴的人的家里。 逝川。——典出《论语·子罕》："子在川上曰：逝者如斯夫，不舍昼夜！"又见，南朝宋人鲍照《松柏篇》："东海迸逝川，西山导落晖。"又见，唐人李白《古风》其十一中有云："逝川与流光，飘忽不相待。"诗人在其诗中叹时光易逝、容颜易老。又见，唐人温庭筠《苏武庙》："茂陵不识封侯印，空向秋波哭逝川。"这是诗人在叙写苏武归汉之后，已物是人非。他面对秋天之流水，哭吊早已崩逝的先皇。

用典探妙：

毛泽东在这一首七律之中的用典，主要是语典的运用之妙。前贤的这些语典，几乎都是写久别后的苍桑之感与叹时光之流逝之速。

毛泽东的这一首七律，其开首一句记写桑梓深情，就是通过这时光的流逝而抒发其这样一种感慨的。因此，毛泽东的这一句诗，在其意境上是尽取上面《论语》中孔夫子话语之语意和上面三首诗中关于时光飞逝的诗意，同时为"故园三十二年前"这一妙句作出铺垫。

毛泽东在"别梦依稀咒逝川"的语料构成上，同样有取用前贤语典中的语词成新句之妙。

毛泽东将"别梦依依到谢家"、"空向秋波哭逝川"等句取其语词，抒以改造熔铸，而成自己的新句。这一些语词成新句之后，"依依"化而为"依稀"，表现了毛泽东对于别离32年之久的故乡那悠悠往事的追怀与依恋；而另一方面，将"哭"化而为

"咒",表现了诗人的感慨是与过去的苦痛是交织于一起的,表明了诗人对于旧社会黑暗、苦难、恐怖统治的种种往事的憎恨的难以磨灭。

毛泽东在这一首七律中,仅仅是"别梦依稀咒逝川"这一句妙用典故,便将其悲喜心绪、人生之感慨破题而出,这一用典之句,对于提挈全诗有着十分重要的作用。

27.陶令理想千余年 神州大地今实现
——毛泽东在《七律·登庐山》中所用典故探妙

用典缘起:

1959年6月29日,毛泽东登上了庐山的高处,诗情奔涌,于1959年7月1日写就《七律·登庐山》。其诗云:"一山飞峙大江边,跃上葱茏四百旋。冷眼向洋看世界,热风吹雨洒江天。云横九派浮黄鹤,浪下三吴起白烟。陶令不知何处去,桃花源里可耕田?"在这首诗中用了下列典故。

典故内容:

冷眼向洋看世界。——典出清人袁枚《随园诗话》卷16:"一双冷眼看世人,满腔热血酬知己。恨我相见今犹迟,湘江倾盖缔兰芝。"又见,清人洪昇《长生殿·献发》:"冷眼静看真好笑。"

热风吹雨洒江天。——典出唐人张若虚《春江花月夜》:"江天一色无纤尘,皎皎空中孤月轮。"又见,唐人王建《宫词》一百首之三十三中有句云:"春风吹雨洒旗杆,得出深宫不怕寒。"又见,宋人柳永《八声甘州》:"对潇潇暮雨洒江天,一番洗清秋。"

云横九派浮黄鹤。云横。——典出唐人韩愈《左迁至蓝关示侄孙湘》:"云横秦岭家何在?雪拥蓝关马不前。" 九派。——典出《文选·郭璞〈江赋〉》:"源二分于崛崃,流九派乎浔阳。"又见,南朝宋人鲍照《登黄鹤矶》诗:"九派引江流。"又见,唐人王维《汉江临眺》:"楚塞三湘接,荆门九派通。"又见,明人李攀龙《怀明卿》:"豫章西望彩云间,九派长江九叠山。" 《十三经注疏》本《尚书·禹贡》"九江"注:"江于此州界分为九道。"毛泽东在1959年12月29日的一封信上说:"九派,湘、鄂、赣三省的九条大河。究竟哪九条,其说不一,不必深究。" 浮黄鹤。——"黄鹤"见毛泽东《菩萨蛮·黄鹤楼》中关于"黄鹤"中的诸典故。又见,唐人李白《望黄鹤山》:"东望黄鹤山,雄雄半空出。四面生白云,中峰倚红日。""浮黄鹤",意谓武汉的黄鹤楼浮现于云端。庐山的大汉阳峰,高约1500公尺,世有在"月明风清之夜,可观汉阳灯火"之说。

浪下三吴起白烟。三吴。——典出多处。《通典·州郡》言指会稽、吴兴、丹阳;

《水经注》言指吴兴、吴郡、会稽；《指掌图》言指苏州、常州、湖州；《名义考》言指苏州，东吴也，润州，中吴也，湖州，西吴也。毛泽东在1959年12月29日的同一封信中说："三吴，古称苏州为东吴，常州为中吴，湖州为西吴。"可见毛泽东当是从《名义考》取典。　起白烟。——典出唐人刘禹锡《途中早发》诗："水流白烟起，日上彩云生。"

陶令不知何处去，桃花源里可耕田？陶令。——典出《南史》等资料。陶令即陶潜（365—427年），一名渊明，字元亮，东晋诗人。他曾做过彭泽县令，故曰陶令。他在辞官后归耕于庐山脚下。　桃花源。——典出东晋人陶渊明《桃花源诗并记》。"桃花源"是陶渊明在其《桃花源记》中所描绘的一个理想境界。据说有人在秦末避乱来到了武陵深山之间，在这里组成了一个与世隔绝的社会，直到晋朝时才为一个渔人沿溪探源时所发现。记中云："忽逢桃花林，夹岸数百步，中无杂树，芳草鲜美，落英缤纷。渔人甚异之，复前行，欲穷其林。林尽水源，便得一山。"进入山口就是桃源社会。在这样一个理想社会里，人们过着"相命肆农耕，日入从所憩。桑竹垂余荫，菽稷随时艺。春蚕收长丝，秋熟靡王税"的自由理想生活。唐人李白《古风五十九首》（其三十一）："一往桃花源，千春隔流水。"又见，清人顾炎武《桃花溪歌赠陈处士梅》："陶君有五柳，更想桃花源。"

用典探妙：

毛泽东的这一首诗原有小序云："1959年6月29日登庐山，望鄱阳湖、扬子江，千峦竞秀，万壑争流，红日东升，成诗八句。"由此看来，这是一首饱含革命内容的抒情诗。诗人以观庐山诸景点为中心、以其对于祖国山河无限热爱激越充沛情感，建构了一幅社会主义祖国山河的宏美艺术画图。而之所以能有如此艺术效果，与毛泽东妙用典故密切相关。

（一）毛泽东的这一首诗气势宏阔，是与毛泽东巧妙地纳用含有数字的语典入诗相关相切的，这些含有数字的语典，其本身就很有气势，毛泽东将其用在诗中，与其他词语妙相结合，构成了诗句的宏大气势。

如"九派"一典，一条大江奔腾向前就够显气势，而九派之流，则气势磅礴。由此而建构成的"云横九派浮黄鹤"，将"九派"之上那云烟浩渺与"黄鹤"浑然一体，其气势是何等的宏阔壮美！

又如"三吴"一典，一吴之地已是够大了，而三吴之地更是广阔无边。毛泽东在用三吴一典时，配之以"起白烟"一典，则那茫茫然一片的无垠气势便有让读者了然于胸之妙。

（二）毛泽东的这一首诗所构建的画图之美，是与其取用前贤语典的句式、句势与句意之妙紧密相连的。毛泽东在这一首诗中的不少语词及其诗句的句式、句势与句意是借用了前贤的。不过毛泽东不是一般的搬用，而是有选择地进行改造而用，有效地为建构以观庐山景点为中心的宏美的艺术画图服务。

如前贤们的"流九派乎浔阳"、"九派引沧流"、"豫章西望彩云间，九派长江九叠山"、"一双冷眼看世人，满腔热血酬知己"、"东望黄鹤山，雄雄半空出。四面生白云……"等等，毛泽东在构思"冷眼向洋看世界""云横九派浮黄鹤，浪下三吴起白烟"这些佳句时，都取用过其中的语词，套用过其中的句式、句势或句意。但是因为毛泽东的立意高远、心境开阔，他上写天、下写地、西眺而东望，所组之画面宏阔而壮丽，气势不同凡响，令人有叹为观止之妙！毛泽东在1964年1月27日对英译者解释时，也点出了自己借用前贤句式、句势与句意的一点情况，他说"……'九派'指这一带的河流，是长江的支流。明朝李攀龙有一首送朋友的诗《怀明卿》：'豫章西望彩云间，九派长江九叠山。高卧不须窥石镜，秋风憔悴侍臣颜。'……"

（三）毛泽东的这一首诗之所以能予人以不尽的联想之美感，是与其将人名典故与物名典故的入诗之妙相联系的。

如"黄鹤"一典，毛泽东的一句"云横九派浮黄鹤"，这一"黄鹤"一入诗，就有令人想象无穷之妙。是"黄鹤"翱翔浓云之上？还是"黄鹤"一楼在云中时涌时现？抑或是与"黄鹤"相关的诸仙在云间欣赏祖国大地之美景…… 毛泽东自己对妙用"黄鹤"一典的诗句也是较为满意的。他在1964年1月27日对英译者说："……有几句较好一些的，例如'云横九派浮黄鹤'之类。"

又如"陶令"这一人名入诗，就大大地丰富了这一首诗的内蕴。一是陶渊明是晋时最为有名的大诗人，将其大名"请进"诗中，谁不会想起他《饮酒》中的名句"采菊东篱下，悠然见南山（庐山）"的名篇、名句呢？毛泽东的这一句诗的涵盖量就有上承东晋、下启当代之妙；二是陶渊明是"不为五斗米而折腰"、憎恨腐败而不得不归隐庐山脚下耕田的大诗人，在当今大好的社会主义制度下，他又到哪里去了呢？他会有何感受呢？这真是有思接千绪之妙！三是"陶令"在诗中一出，即为下句起了铺垫作用——谁不会想起他的名篇《桃花源记》呢？

毛泽东的这一首诗之所以耐读，在于其用典有想落天地之外、紧联于现实之中之妙。

"桃花源"一典，是一个比较特殊的典故，之所以说它特殊，笔者以为，它是一个语典与事典俱而兼之的典故。它里边不少的语句、语段，均是很好的语典，它里面所记之事，又是很能说明问题的事典。毛泽东将"桃花源"一典切入诗句之中，一扫前贤在用此典时，借其隐居发泄对当时现实之不满，或是叹羡其清高自许而与之"神交"……大诗人王维、韦应物、韩愈、王安石、苏东坡、黄庭坚等等，皆如此而已！唯有毛泽东在运用此典时跳出了这一窠臼。他是面带微笑地、既肯定又似否定与反问的语气问陶。

你的无租、无税、无压迫、无剥削的空想田园里可耕田吗？此句抚今思昔之情有如横空而出，一下子就切入了现实，即陶令那种没有剥削、没有压迫的理想，只有在共产主义的历史条件下才能实现！革命的现实主义与革命浪漫主义借助于毛泽东这样的遐想相结合！令人读后不禁浮想联翩，有回味无穷之妙！

28.青春英气诗中现　借像尽意奇志显
——毛泽东在《七绝·为女民兵题照》中所用典故探妙

用典缘起：

1960年12月的某一天早晨，小李到毛泽东的菊香书屋去送文件。正在她要离开之际，毛泽东问她有没有参加民兵组织，她回答说参加了，还从随身带的一本笔记本里拿出一张自己在民兵训练时扶枪而立的照片给毛泽东看。毛泽东在看到了这一张照片后，略一沉思，诗兴不禁而发，便在一本书的空白处写下了这样一首诗送给小李，并在其手书末写有"为女民兵题照。　1960年12月　毛泽东"。1961年2月经过修改定稿之后正式发表。其诗是："飒爽英姿五尺枪，曙光初照演兵场。中华儿女多奇志，不爱红装爱武装。"在这首诗中用了下列典故。

典故内容：

飒爽英姿五尺枪。——典出唐人杜甫《丹青引赠曹将军霸》："丹青不知老将至，富贵于我如浮云。开元之中常引见，承恩数上南薰殿。褒公鄂公毛发动，英姿飒爽来酣战。"又见，其《画鹘行》："高堂见生鹘，飒爽动秋骨。"又见，清人黄宗宪《题黄佐廷赠慰遗像》："不将褒鄂画凌烟，飒爽英姿尚凛然。"

不爱红装爱武装。——典出唐人杜甫《江畔独步寻花七绝句》其五："桃花一簇开无主，可爱深红爱浅红？"又见，宋人朱熹《次韵秀野早梅》："可可红芳爱素芳，多情珍重老刘郎。"又见，清人曹雪芹《红楼梦》第78回："丁香结子芙蓉绦，不系明珠系宝刀。"又见，清人何绍基有诗云："不爱红莲爱白莲，一塘开近绿杨边"（笔者一时未能查见此诗，引自易孟醇《毛泽东诗词笺析》（增订本），湖南大学出版社1996年版，第194页）。又见，近人宁调元《秋夜怀人》："不拜英雄拜美人，求时欲见宰官身。"　《木兰诗》中有："阿妹闻姊来，当户理红装。"

用典探妙：

毛泽东的这一首七绝通俗、易懂、易背、易记、押韵、顺口，将我国女民兵的形象写得神采飞动，看似不用任何典故，实则两处用典，通过这两处用典，使女民兵青春英气诗中现，昂扬意气奇志显。真有了无痕迹之妙。

毛泽东在这一首七绝中的用典，主要是用语典。其所用语典之妙，就妙在切合古今人物之原形，又远远地超越了古今人物之原形，使其诗具有普遍的现实意义。

诗的首句"飒爽英姿态五尺枪"，探其"根源"，与"英姿飒爽来酣战"、"飒爽英姿尚凛然"密不可分。一是毛泽东取用了其中的"飒爽英姿"重组了新句"飒爽英姿五尺枪"，二是取用了原句之中的句意。杜甫与黄遵宪之诗句，都有描绘褒国公段志元、鄂国公尉迟敬德之像，毛发飞动、神采奕奕，他们都仿佛要飞奔疆场、为保卫祖国去鏖战。在这一点上，"飒爽英姿五尺枪"的女民兵，与古之英雄人物是相同的。而当今那矫健的体态、那焕发的精神、那风姿豪迈的英雄气概，（她）他们所要保卫的则是社会主义祖国，在这一点上，则是当今的中华民族的优秀儿女与古之英雄人物是不相同的，这是对古之英雄人物形象的一大超越，毛泽东所塑造的不是一两个英雄形象，而是塑造了当代女英雄矫健英武的英雄群像，所凸现的是中国全体女民兵的飞扬神采，给人以当代巾帼英雄美的艺术感受。

如果说毛泽东的前一句的用典，是重在从人物的精神面貌上去赞颂当代中华儿女的青春英雄气概的话，那么对"可爱深红爱浅红""可爱红芳爱素芳""当户理红装"的化用，使之成为"不爱红装爱武装"，则是重在从神态与打扮上完善这一英雄群像。

将"可爱深红爱浅红"、"可爱红芳爱素芳"、"不系明珠系宝刀"化为"不爱红装爱武装"，前贤的三句，一写桃花，一写梅花，一写人的装饰，均是讲花的开放情景与花之习性以及人的打扮。而毛泽东套用这三句后所成之"不爱红装爱武装"，则是对女民兵心灵美的内心世界的形象描绘。

当毛泽东写完这一首诗之后，他将这一首诗"送给了小李，并亲切地对她说：你们年轻人就是要有志气，不要学林黛玉，要学花木兰、穆桂英噢"（柏华：《毛泽东诗词全集（91首）全译全析》，成都出版社1959年版，第256页）。由此可见，毛泽东的"不爱红装爱武装"的所取之典意，则是重在取"当户理红装"、"不系明珠系宝刀"的句式与典意。这一用典之句，正是"中华儿女多奇志"的一个重要注脚，同时也是爱革命武装不爱华美浓艳的漂亮服装打扮的美好内心世界的揭示。

29.逸思云飞扬意绪 如橼健笔绘美景
——毛泽东在《七律·答友人》中所用典故探妙

用典缘起：

大概在1961年5到6月间，毛泽东的老友、老同学乐天宇、李达、周世钊与他有诗词等方面的交往，引起了毛泽东对家乡、老朋友和老同学的怀念之情，遂写有《七律·答友人》。其诗云："九嶷山上白云飞，帝子乘风下翠微。斑竹一枝千滴泪，红霞万朵百重衣。洞庭波涌连天雪，长岛人歌动地诗。我欲因之梦寥廓，芙蓉国里尽朝晖。"在这

首诗中用了下列典故。

典故内容：

九疑山上白云飞。九嶷山的传说（暗用）。——典出《史记》等资料。九嶷山即九疑山，又叫苍梧山，是五岭之一的萌渚岭的支脉，在湖南宁远县南60里之地。其山有九峰，形状相似，故曰九疑。相传舜南巡至此，病死后葬在山上。又见，《海内南经》云："苍梧之山，帝舜葬于阳。"又见，《海内经》云："南方苍梧之丘，苍梧之渊，其中有九疑山，舜之所葬，在长沙零陵界中。"又见，《史记·五帝本纪》："践帝位39年，南巡狩，崩于苍梧之野，葬于江南九疑，是为零陵。"又见，北魏人郦道元《水经注·湘水》："（九疑山）蟠基苍梧之野，峰秀数郡之间，罗崖九举，各导一溪，岫壑负阻，异岭同势，游者疑焉，故曰九疑山。"又见，宋人李昉《太平御览》引《郡国志》："九疑山有九峰：一曰丹朱峰；二曰石城峰；三曰楼溪峰，形如楼；四曰娥皇峰，峰下有舜池……；五曰舜源峰，此峰最高，上多紫兰；六曰女英峰，舜墓于此峰下；七曰箫韶峰，峰下即象耕鸟耘之处；八曰纪峰……；九曰纪林峰……。有九水，七则流归岭北，二则翻注广南。"　关于九嶷山的说法还颇多，记载不一，十分有趣。如山峰多少之争，又如峰名之说各异，等等，恕不一一列举。

帝子的传说（暗用）。——典出《楚辞》等资料。由于舜帝之死，这就引出了帝子的神话传说。帝子，《楚辞》云："帝子降兮北渚，目眇眇兮愁予。"东汉人王逸注："帝子谓尧女也。尧二女娥皇女英，随帝不反，堕于湘水之渚，因为湘夫人。"《山海经·中次十二经》："洞庭之山……帝之二女居之。"

斑竹的传说（暗用）。——由于舜帝之死，惹出二妃伤心哭泣而致死，进而又由这伤心之泪落于竹上，遂成有名之斑竹。晋人张华《博物志》云："尧之二女，舜之二妃，曰湘夫人。舜崩，二妃啼，以泪挥竹，竹尽斑。"为了使读者对"湘妃泪痕成斑竹"这则神话和斑竹成因有更全面的了解，也为了使读者对九嶷山的生态有所了解，从而有助于对这一首的全面理解，加之诸多解说中均不见载，特录斑竹成因如下，我以为是有意义的。斑竹的科学成因。——"湘妃泪痕成斑竹"，这是一则十分美妙动人的神奇故事，在民间流传千百年、家喻户晓影响甚广，是植物史上的一朵奇葩。毛泽东的"斑竹一支千滴泪"，有令人如见其景、如感其情之妙。其实，斑竹即为一般的苦竹，只是它在其生长过程中，因一种含有酸性根的细青苔寄生于竹杆之上，经过细青苔根部的长期腐蚀，这竹杆之上便留有宛若天造的精美斑痕。当人们砍下竹子、擦拭掉青苔之后，"泪痕"斑斑的竹子便呈现在你的眼前了。由于竹子上有如此美妙的斑痕，这就成了高档的竹编工艺品难得的上等原材料。而苦竹之所以能成为斑竹，是九嶷山得天独厚的环境条件所致，这就是周围群山环绕，而中央为深沉的腹地，且竹林外围为森林保护层，竹林内少光避风，即使在无雨天气，竹枝上也常形成水珠自行滴落。在这样的小气候环境里，竹林内才会有这样大量的含有酸性根的细青苔寄生于苦竹之上。没有这样的特殊的小气候环境，就不可能有这样奇妙的泪竹产生（参见《斑竹"泪痕"从何来》，《解放日报》1995年8月27日）。这也充分说明祖国山河的独特之美！

九嶷山上白云飞。——典出《全汉文》载蔡邕《九嶷山碑》："岩岩九嶷，峻极于天。触石肤合，兴播建云。"又见，汉武帝《秋风辞》："秋风起兮白云飞，草木黄落兮雁南飞。"又见，唐人李白《远别离》："九疑联绵皆相似，重瞳孤坟竟何是？"又见，后魏人刘骘《虞帝庙》："白云生绝壑，斑竹锁疏林。"又见，明人李氏《登楼》："明月不知沧海暮，九嶷山下白云多。"

帝子乘风下翠微。——典出《楚辞·九歌·湘夫人》："帝子降兮北渚，目眇眇兮愁予。"又见，晋人左思《蜀都赋》："郁蓁蓁以翠微，崛巍巍以峨峨。"又见，北周·庾信《和宇文内使春日游山》："游客恒春辉，金鞍上翠微。"又见，唐人陈子昂《同宋参军之问梦赵六赠卢陈二子之作》："晓雾望嵩岳，……氤氲涵翠微。"又见，其《薛大夫山亭宴序》："披翠薇而列坐，左对青山；俯盘石而开襟，右临澄水。"又见，唐人李白《下终南山过斛斯山人宿置酒》："却顾所来径，苍苍横翠微。"又见，唐人杜牧《九日齐山登高》："江涵秋影雁初飞，与客携壶上翠微。"

斑竹一枝千滴泪。——典出晋人张华《博物志》卷8："尧之二女，舜之二妃，曰湘夫人。舜崩，二妃啼，以涕挥竹，竹尽斑。"又见，唐人李白《远别离》："苍梧山崩湘水绝，竹上之泪乃可灭。"又见，唐人刘禹锡《潇湘神》二首其二："斑竹枝，斑竹枝，泪痕点点寄相思。"又见，唐人刘禹锡《泰娘歌》："如何将此千行泪，更洒湘江斑竹枝。"又见，唐人高骈《湘浦曲》："帝舜南巡去不返，二妃幽怨水云间。当时珠泪垂多少？直到而今竹尚斑。"又见，唐人李商隐《泪》："湘江竹上痕无限，岘首碑前泪几多。"又见，唐人齐己《江上夏日》："故园旧寺临江水，斑竹烟深越鸟啼。"又见，唐人郎士元《送李敖湖南书记》："入楚岂忘看泪竹，泊舟应自爱江枫。"又见，宋人柳永《忆帝京》："系我一生心，负你千行泪。"又见，宋人苏轼《江城子·别徐州》："欲寄相思千点泪，流不到，楚江东。"又见，清人马位《湘中弦》："九疑山青云梦绿，千年血泪啼斑竹。"又见，清人洪昇《稗畦集·黄式序出其祖母顾太君诗集见示》："斑竹一枝千点泪，湘江烟雨不知春。"

红霞万朵百重衣。——典出《九歌·东君》："青云衣兮白霓裳，举长矢兮射天狼。"又见，三国魏人曹植《五游咏》诗："披我丹霞衣，袭我素霓裳。"又见，南朝齐人谢朓《七夕赋》："霏丹霞以为裳。"又见，唐人李白《清平调》："云想衣裳花想容，春风拂槛露华浓。"又见，唐人李白《梦游天姥吟留别》诗："霓为衣兮风为马，云之君兮纷纷而来下。"又见，唐人杜甫《复愁十二首》（其二）："月生初学扇，云细不成衣。"又见，唐人李义府《堂堂词》："镂月成歌扇，裁云作舞衣。"又

见，唐人张祜《题王右丞相山水障》："山光全在掌，云气欲生衣。"又见，宋人苏轼《潮州韩文公庙碑》："天孙为织云锦裳，飘然秉风来帝傍。"毛泽东的妙句"红霞万朵百重衣"，除了受到上述佳句句意、词语的影响外，"也受到了周世钊《江城子》的影响，其'红霞万朵百重衣'句，就有周世钊'万朵红霞荡漾碧波前'句的浓重痕迹"（吴美潮《毛泽东〈七律·答友人〉所和的"友人"原词》，载《党的文献》2007年第1期，第79页。吴美潮先生在这篇文章中所考证提供的原词，对于理解毛泽东的这首诗很有价值，现录于后：1960年10月1日，周世钊到韶山，写下的《江城子·国庆日到韶山》词是："良辰佳庆到韶山，赤旗边，彩灯悬，万朵红霞荡漾碧波前。似水人流流不尽，腾语笑，久留连。夜来场上响丝弦，鼓填填，舞翩翩。革命斗争唱出好诗篇。唱到牺牲多壮志，人感奋，月婵娟。"）。

洞庭波涌连天雪。——典出《九歌·湘君》："驾飞龙兮北征，邅吾道兮洞庭。"又见，《九歌·湘夫人》："嫋嫋兮秋风，洞庭波兮木叶下。"又见，《九歌·湘君》："桂棹兮兰枻，斫冰兮积雪。"又见，唐人刘长卿《自夏口至鹦鹉洲夕望岳阳寄元中丞》诗："汉口夕阳斜度鸟，洞庭秋水远连天。"又见，唐人贾至《初至巴陵与李十二白裴九同泛洞庭湖三首》其二："枫岸纷纷落叶多，洞庭秋水晚来波。"又见，唐人杜甫《秋兴八首》其二："江间波浪兼天涌，塞上风云接地阴。"又见，其《岁晏行》："岁云暮矣多北风，潇湘洞庭白雪中。"又见，唐人韩愈《八月十五夜赠张功曹》："洞庭连天九疑高，蛟龙出没猩鼯号。"又见，唐人元稹《遭风二十韵》："坐惊四面云屏合，又见千峰雪浪堆。"又见，南唐人李煜《渔父》："浪花有意千重雪，桃李无言一队春。"又见，宋人苏轼《念奴娇·赤壁怀古》："惊涛拍岸，卷起千堆雪。"

长岛人歌动地诗。——典出唐人杜甫《寄李十二白二十韵》："笔落惊风雨，诗成泣鬼神。"又见，唐人白居易《长恨歌》："渔阳鼙鼓动地来，惊破霓裳羽衣曲。"又见，其《李白墓》："可怜荒垅穷泉骨，曾有惊天动地文。"又见，唐人李商隐《瑶池》："瑶池阿母绮窗开，黄竹歌声动地哀。"又见，唐人谭用之《秋宿湘江遇雨》："渔人相见不相问，长笛一声归岛门。"

我欲因之梦寥廓。——典出屈原《楚辞·远游》："下峥嵘而无地兮，上寥廓而无天。"唐人李白《梦游天姥吟留别》诗："我欲因之梦吴越，一夜飞渡镜湖月。"又见，宋人辛弃疾《水调歌头》："我志在寥阔，畴昔梦登天。"

芙蓉国里尽朝晖。——典出唐人谭用之《秋宿湘江遇雨》诗："秋风万里芙蓉国，暮雨千家薜荔村。"又见，唐人杜甫《秋兴八首（其三）》："千家万山静朝晖，日日江楼坐翠微。"

用典探妙：

毛泽东的这一首诗，借助"梦境"写故乡之变化，写社会主义祖国的无限美好，正如佛雏所言："以无边逸兴，运生花彩笔，传湘娥之优美，状洞庭之寥廓，答长岛友人之豪兴，颂今日楚国之朝晖。全诗仪态万方，逸韵横生，极飞动，极缛丽，气吞云梦，秀搴芙蓉。我想，如果今日而有冯夷起舞，汀灵鼓瑟，他们定会撤去那些古调哀音，而欣然奏出一曲'芙蓉国里尽朝晖'的吧"（公木：《毛泽东诗词鉴赏》，长春出版社1996年版，第204页）。毛泽东的这一首诗之所以写如此之好，与其句句用典之妙是不无关系的。

（一）对于九嶷山的古代神话传说典故的改造之妙。

古往今来，人们对于九嶷山葬舜帝、死娥皇女英、湘妃泪竹的传说，在此基础上，编织了各式各样的神话故事，但是，都难脱其舜病死、娥皇女英殉情沉江而死、泪滴竹而成斑……这样的悲剧人物、悲剧命运之窠臼。但是，就是这样一些神话人物，一入毛泽东的笔端，她们在"旧貌变新颜"的社会主义祖国美景的感召下，均"活"了起来。且看"九嶷山上白云飞，帝子乘风下翠微，斑竹一枝千滴泪，红霞万朵百重衣"，原来她们并没有死，她们告别了流泪的岁月，她们乘着清凉之香风、身着霞光万道之彩衣、驾着祥云来到了人间，欣喜地欣赏着"洞庭波涌连天雪，长岛人歌动地诗"的社会主义祖国那建设的热气腾腾的场面和远远强于仙境般的大好江山。在这里，毛泽东就彻底地冲破了文学大师屈原、鲁迅等人关于"湘夫人"、"湘妃竹"之类的神话传说的悲剧式描绘。这是毛泽东对于神话传说之类的典故运用的一大创造。

这样一来，这些神话人物便都有从其悲惨的命运之中脱化出来了，她们带着强烈的时代气息翩然入诗，同时也为诗人的故乡美、祖国美增添了无限的色彩。

（二）对于大量的语典的成功改造妙用。

如果说毛泽东对于神话传说的成功改造有营造有我之境，使神话故事为我所用的话，那么，在对待前贤妙语的改造上，同样有为我所用之妙。在这不多的八句诗中，除去毛泽东妙用了神话传说之外，几乎是句句用典，甚至有的诗句有多重用典、典中含典之妙。因为这一首诗的诗句句句含典，且有一句纳有多典之语词、语意之意向，故笔者拟就逐句用典探讨其妙。

"九嶷山上白云飞"，有取多位前人之语典中的语词语意，加以改造出新之妙。

"岩岩九嶷，峻极于天。触石肤合，兴播建云"，这里是客观地记述"九嶷山上白云飞"之成因的。"秋风起兮白云飞""九嶷山下白云多"，汉武帝的"秋风起兮白云飞"，有一定的气势、有动态之感，但后面一句是"草木黄落兮雁南归"，则寄伤感之情。李氏的上下句是"明月不知沧海暮，九嶷山下白云多"，写的是作者所见之景，仅此而已。但是，这些句子，一到毛泽东的笔端，纳其语词、取其意境、赋予新意，而成新句"九嶷山上白云飞"，就有给人以白云在翻滚、飘飘然若藏有神仙之境之感，拉开神仙即将降到人间之帷幕，为"帝子乘风下翠微"一句作出了铺垫。

303

"帝子乘风下翠微"，有纳神话故事入诗、取前贤语典语词与典意入诗之妙。屈原的"帝子降兮北渚，九疑缤兮并迎"、"帝子降兮北渚，目眇眇兮愁予"的妙句，已将神仙入诗，这是他的一种创造，在这一点上，毛泽东是取其神妙手法的，在语词上也多所取用。但是毛泽东的"帝子乘风下翠微"，在气势上、在动态感上就要远胜一筹，在这里的帝子是乘风而下、是高兴而下、是为看人间美景而下、是迎合了作者那愉快的心境而下，大有人神合一之妙。

"斑竹一枝千滴泪"，在承前贤纳用斑竹的传说入诗的同时，有反用前贤们诗的诗意之妙。"斑竹枝，斑竹枝，泪痕点点寄相思"、"如何将此千行泪，更洒湘江斑竹枝"、"斑竹一枝千点泪，湘江烟雨不知春"，平心而论，这些纳入了斑竹传说入诗的诗句都写得很妙，但是从其前后句及其在整首诗的作用来看，其意境是有一定的局限性的，它们或是局限于解释前后句，或是用以说明其前后之景。

毛泽东的"斑竹一枝千滴泪"，虽说取用这些句中的主要语词、沿用了泪竹成因的传说，但是他写得更有动态之感。尤其是他是反其意而用之，使其意境远远地胜于前贤所有之句。"斑竹一枝千滴泪"，在过去是相思之泪、是伤心之泪、是无限悲苦之泪。旧的时代一去不复返了，人间发生了翻天覆地的变化，这泪当是幸福与激动之泪，因为下句的"红霞万朵百重衣"，写的就是帝女高兴着彩衣之事，这就是最好的注脚。

对于这两句诗，毛泽东曾说："《七律·答友人》，'斑竹一枝千滴泪，红霞万朵百重衣'，就是怀念杨开慧的。杨开慧就是霞姑嘛！可是现在有些解释就不是这样，不符合我的思想"（杨建业《在毛主席身边读书——访北京大学中文系讲师芦荻》，《光明日报》1978年12月29日）。这里，诗人有将仙女与杨开慧之忠魂合而为一之妙，将过去的伤心之泪化而为今日之幸福泪，隐含着对霞姑杨开慧深切怀念之情！

"红霞万朵百重衣"，有取用前贤诗句语词与语意之妙。毛泽东在1964年1月27日曾对英译者口头解释时说："'红霞'，指帝子衣服。"屈原的"青云衣兮白霓裳"，曹植的"披我丹霞衣"，谢朓的"霏丹霞以为裳"，李白的"云想衣裳花想容"，均是写帝子所着的衣裳或是人们所想象的、有如彩霞般的、绚丽多彩的美丽衣裳。毛泽东的"红霞万朵百重衣"，在取用上述语典语词与语意的同时，借助"百"、"万"这两个数字，将帝子（或曰霞姑）之彩衣，写得更有气势、更为华贵，这就使欢乐气氛更浓、怀念之情更深！

"洞庭波涌连天雪"，可以说是取用了前贤诸多语典之精华，在描绘洞庭湖水烟波浩淼之气势和那拍击云天的雪浪上，有有过之而无不及之妙。

刘长卿的"洞庭秋水远连天"，极写了洞庭湖湖水水天相接、浩淼横阔的气势，贾至的"洞庭秋水晚来波"，极写洞庭秋晚、湖浪击枫叶、渺无涯际的情景，杜甫的"江间波浪兼天涌"，极写了长江夔州与巫峡一带的江水奔腾东向的情状，韩愈的"洞庭连天九疑高"，极写了九疑山之高耸、洞庭湖水之浩瀚。对于这些诗句，毛泽东是了然于胸的，无疑他的"洞庭波涌连天雪"，在写作的语词取用上、语意与气势上是借鉴过这些名句的。然而，毛泽东更钟情于楚辞，当要具体地坐实到他诗句中的"洞庭波"的来历时，他有十分明确的回答说："'洞庭波'，取自《楚辞》中的《九歌·湘夫人》：'洞庭波兮木叶下'"（中共中央文献研究室编：《毛泽东诗词集》，中央文献出版社1996年版，第260页）。毛泽东在这里只是说"洞庭波"的来历，至于"涌连天雪"四个字，我以为是兼纳了前面诸多语典的语词、语意与气势的。故而"洞庭波涌连天雪"，在描绘洞庭水势之浩淼、波涛之汹涌等方面，有使人如临其境、如见其形、如睹其状之妙。

前贤的上述五句，在创作的动因上，他们基本上是为浇心中之块垒而作，故而基调不高，而毛泽东之诗则是歌颂社会主义祖国的，故而有心绪高涨、生气勃勃、视野宏阔之妙！

"长岛人歌动地诗"，在诗句的句式与句势上，是取用了李商隐"黄竹歌声动地哀"一句的，而在诗意上，则是反用其意。李商隐所赋的是哀乐，而毛泽东所赋的则是一片惊天动地的人间欢欣鼓舞之歌。这在意境上就有远胜李商隐一筹之妙。

"我欲因之梦寥廓"，在句式、句势上，完全借用了李白的"我欲因之梦吴越"一句，不过毛泽东是活用，他将其"吴越"换之以"寥廓"，这就不仅完全适合《七律·答友人》一诗的意境，而且使其在该诗中具有上承"洞庭波涌连天雪，长岛人歌动地诗"、下启"芙蓉国里尽朝晖"之妙。

"芙蓉国里尽朝晖"，当是毛泽东取用语典"秋风万里芙蓉国"中的语词、语意与句势而成的佳句。平心而论，"秋风万里芙蓉国"是有其博大深远意境的，但因是"秋风万里"而显生机不够，毛泽东换之以"尽朝晖"，则其意境更为壮阔、气象更为高远，芙蓉国里霞光万道、朝晖一片，故乡充满了朝气与生机，这是多么的壮美，祖国的山河是如此多娇！

总览全诗，从毛泽东妙典故这一角度来看，正是他妙用了典故，使其革命浪漫主义与革命现实主义得以能妙相结合，使其创作视野得以广泛地开拓，从而有助于他写那流光溢彩、传流千古的名篇！

30.二度创作显大志 攀登险峰得胜利
——毛泽东在《七绝·为李进同志题所摄庐山仙人洞照》中所用典故探妙

用典缘起：

1961年9月9日，毛泽东再上庐山，鉴于当时国内那严峻的经济形势，以及苏联对我国的经济封锁与政治攻击等方面的各种压力，毛泽东欣然在李进（江青）名为仙人洞照上题诗一首。其诗云："暮色苍茫看劲松，乱云飞渡仍从容。天生一个仙人洞，无限风光在险峰。"在这首诗中用了下列典故。

典故内容：

吕洞宾居仙人洞的传说（暗用）。——庐山仙人洞有一种传说，这就是关于"八仙"吕洞宾曾居此洞的故事。在庐山牯岭西的佛手岩下，有一个高约2丈、深广各达三四丈可供上百人休息的大洞。这个洞因吕洞宾曾居住过而得名。洞内设有"纯阳殿"，供奉吕洞宾。人们盼望他能为民谋福兴利。

周颠隐居于庐山的传说（暗用）。——江西建昌人周颠有一次与朱元璋一道行军，在朱元璋正要过长江之时，突遇风浪，朱元璋不敢冒险过江，周颠说"不要怕"，一会儿果然风平浪静。朱元璋顺利过了长江，周颠遂隐居于庐山。

朱元璋化险为夷思周颠（暗用）。——朱元璋在鄱阳湖曾以二十余万众与陈友谅的六十余万众大战，结果，朱元璋被打得大败。在慌乱之中，朱元璋逃往庐山，正当追兵如潮而至之时，朱元璋却被一条其深难测的山涧所阻。正在等死之际，只听一声大吼，山涧间一条飞龙自当为桥，朱元璋过桥之后，飞龙升天，陈友谅军只能是望涧而叹。朱元璋料想是周颠仙人施行法术救其性命，愈来愈思念周颠仙人了。

天池寺的传说（暗用）。——朱元璋称帝后，有一次得了热病。正在危急之时，有和尚言奉周颠等仙人之命送药来了。朱元璋吃后便康复了。为感周颠救命之恩，便将周颠仙人住过的庐山天池寺重建一新。

白鹿升仙台的传说（暗用）。——在仙人洞对面的一个小山包上，这个周颠仙人骑乘着一只白鹿升天而去，这就是白鹿升仙台的来历。朱元璋于公元1393年在这里修造了一个石质结构的亭子，并为这周颠仙人铭文立碑一块，名曰"御碑亭"。亭柱上有联记其景云："四壁云山九江棹，一亭烟雨万壑松。"

无限风光在险峰。——典出唐人李益《行舟》："闻道风光满扬子，天晴共上望江楼。"又见，唐人罗隐《蜂》诗："不论平地与山尖，无限风光尽被占。"

用典探妙：

摄影照片，犹如画一幅图画，这也是一种创作。人们在其上面题诗，这和在画上题诗一样，当是属二度创作。毛泽东的这一首题照诗看似没有用一个典故，其实不然，其用典还是自有其妙的。

（一）选典之妙。

在李进的这一幅照片上，占据镜头中心位置是御碑亭和隐含着上述一些传说的景点。毛泽东断然地舍弃这一个与白鹿升仙关系密切的主景点——御碑亭，而取隐含的镜头景点仙人洞，这是很有见地的最佳选择。一是封建帝王的所谓"御碑亭"，是一通骗人鬼话，不宜入诗。二是"仙人洞"这个地名典中隐含着多个通俗的神话传说，给读者以丰富的想象余地，读之余味无穷。在庐山的高处仙人洞外有一棵苍松，洞前有一巨石上刻"纵览云飞"四个大字，这种景象与传说，不仅知者颇多，而且正妙合了"暮色苍茫看劲松，乱云飞渡仍从容。天生一个仙人洞，无限风光在险峰"四句诗的表层意义与深层意义，同时亦有兼示诗句的深层哲理之妙。

（二）用典之妙。

毛泽东对于罗隐这一位诗人是十分关注的，他多次评说过罗隐，对于罗隐的诗也是娴熟于心的。罗隐《蜂》诗中的"无限风光尽被占"，所写的正是蜜蜂孜孜不倦以求后所获得的勤劳之果，诗句隐含着深层的哲理。毛泽东取用这一语典中的主要语词与语意入诗，正妙合了马克思在《资本论》法文译本的序和跋中的哲理名言："在科学上面是没有平坦的大路可走的，只有那在崎岖小路的攀登上不畏劳苦的人，才有希望到达光辉的顶点。"也正如毛泽东在《关于正确处理人民内部矛盾问题》里所说："在社会主义事业中，要想不经过艰难曲折，不付出极大努力，总是一帆风顺，容易得到成功，这种想法，只是幻想。"毛泽东的这一处用典，有紧扣其《七绝·为李进同志题所摄庐山仙人洞照》诗的主旨之妙。

31.唐僧之肉不当剐 四度创作创意新
——毛泽东在《七律·和郭沫若同志》中所用典故探妙

用典缘起：

1961年10月18日，郭沫若观看了浙江省绍兴剧团进京献演的《孙悟空三打白骨精》。在其感慨之余，于10月25日写了一首七律《看〈孙悟空三打白骨精〉》作为观后感送绍兴剧团。其诗云："人妖颠倒是非淆，对敌慈悲对友刁。咒念金箍闻万遍，精逃白骨累三遭。千刀当剐唐僧肉，一拔何亏大圣毛。教育及时堪赞赏，猪犹智慧胜愚曹。"当郭沫若的诗传到了毛泽东那里后，毛泽东深有所感，于1961年11月17日便写了下面这一首七律《和郭沫若同志》。其诗云："一从大地起风雷，便有精生白骨堆。僧是愚氓犹可训，妖为鬼蜮必成灾。金猴奋起千钧棒，玉宇澄清万里埃。今日欢呼孙大

圣，只缘妖雾又重来。"在这首诗中用了下列典故。

典故内容：

孙悟空三打白骨精（全局性用此典，或曰以"孙悟空三打白骨精"为一"大"典故）。——典出《西游记》第27回。

一从大地起风雷。风雷。——典出《易·说卦》中有："动万物者莫疾乎雷。挠万物者莫疾乎风。""天地定位，山泽通气，雷风相薄，水火相射。""雷以动之，风以散之，雨以润之，日以烜之。"又见，清人龚自珍《己亥杂诗》（其一百二十五）："九州生气恃风雷，万马齐喑究可哀。"

便有精生白骨堆。——典出明人吴承恩《西游记》第27回"尸魔三戏唐三藏　圣僧恨逐美猴王"。中载："山高必有怪，岭峻却生精。"这一回讲唐僧师徒四人去西天取经时，在白虎岭遇上了妖精。这妖精始变美女——次化老妇——再变老翁，以便接近唐僧，乘机吃了他。然均被孙悟空一一看破，将其打杀，使唐僧幸免于难。在《西游记》这一本神话小说中，原来这个黄袍老妖怪是一堆白骨所化，被孙悟空打杀后，白骨的背梁上有一行字，叫做"白骨夫人"。

僧是愚氓犹可训。僧即唐僧。——典出《西游记》。唐僧即唐三藏。在《西游记》中，唐僧是由金蝉子转世、经过十世修行的圣僧，是一个十分仁慈的僧人，若能吃其肉，可以长生不老，这对于一切的妖魔鬼怪当然是有吸引力的。《西游记》中的唐僧总是上妖精的当。

妖为鬼蜮必成灾。鬼蜮。——典出《诗经·小雅·何人斯》："为鬼为蜮，则不可得。有靦面目，视人罔极。作此好歌，以极反侧。"《毛传》："蜮，短狐也。"陆德明《释文》："状如鳖，三足，一名射工，俗名水弩，在水中含沙射人，一曰射人影。"　唐人白居易《读史》："含沙射人影，虽病人未知。"又见，宋人欧阳修《自歧江山行至平陆驿》："水涉愁蜮射，林行忧虎猛。"　宋人范成大《讲武城》："阿瞒武虣盖刘孙，千古还将鬼蜮论。"　清人黄宗宪《逐客篇》诗："鬼蜮实难测，魑魅乃不若。"

金猴奋起千钧棒。金猴。——典出《西游记》，即孙悟空、孙大圣。在《西游记》中，他因大闹天宫而被太上老君投入八卦炉中，他不仅没有被烧死，反而炼成铜头铁臂、火眼金睛，可以识别一切妖魔鬼怪。一说猴属申，申在五行中配金，故又称为金猴。因为孙悟空大闹天宫之后，返回花果山，自称"齐天大圣"，以与玉皇大帝对抗，故又称其"孙大圣"。　千钧棒。——典出《西游记》第3回"四海千山皆拱伏；九幽十类尽除名"之中。"千钧棒"亦即"金箍棒"。这里有一个孙悟空龙宫借宝的故事，即孙悟空经过与东海龙王的一翻较量之后，龙王屈服，孙悟空从东海龙王那里借得了天河镇底神珍铁，这镇海神珍铁，"……两头是两个金箍，中间乃一段乌铁；紧挨箍有镌成的一行字，唤做'如意金箍棒'……"（第3回）。这"金箍棒"虽说重13500斤，然在孙悟空手中可大可小，能长能短，运用自如，是一件十分神奇的兵器。

玉宇澄清万里埃。——典出《后汉书·党锢传》载范滂："慨然有澄清天下之志。"又见，宋人张君房《云笈七签》："太薇之所馆，天帝之玉宇也。"又见，金·董解元《西厢记诸宫调》卷5："是夜玉宇无尘，银河泻露。月华铺地，愈增诗客之吟。"

用典探妙：

如果说浙江省绍兴剧团据《西游记》第27回所创作的《孙悟空三打白骨精》是《西游记》中有关情节的二度创作的话，那么郭沫若据《孙悟空三打白骨精》所创作的《七律·看〈孙悟空三打白骨精〉》则是三度创作，而毛泽东又据郭老之诗创作的《七律·和郭沫若同志》则当是四度创作了。如果从整首诗的取材角度来看，因整首诗均取材于《西游记》第27回《尸魔三戏唐三藏　圣僧恨逐美猴王》这样一个全局性的典故，所以当是全局性用典，或曰整体性用典，故而可以说，诗中的每一句均可视为用典之句。

毛泽东四度创作的这一首七律，在运用典故方面，十分精妙、别具特色。

（一）有用神话故事比照现实生活的论政议政之妙。

在毛泽东的这一首诗中，孙悟空三打白骨精的基本故事情节是没有变化的。具体地说来，孙悟空的灵巧、唐僧的愚昧仁慈、白骨夫人的狡猾多变、千钧棒的威力无穷等等故事情节没有因诗而变。但是我们只要看一看诗中的"一从大地起风雷"，就是说自从祖国大地革命风雷起，妖精便应时而生了，这是无法避免的必然现象。于是在如何对付这一伙妖魔鬼怪的方式方法与态度上，革命者与中间派就不一样了。这从诗的表层意义来看，毛泽东以神话故事入诗以议政论政也是一清二楚的。

如果我们联系一下当时的斗争实际，对其创意则更是心知肚明。毛泽东的这一首诗的写作时间是1961年11月17日，正是苏联十月社会主义革命的伟大节日，当时的中苏两国已经开始了论战，并把两党之间的争论变为国家争端，苏联对中国施加政治上、军事上和经济上的巨大压力，迫使我们不得不进行反对苏联大国沙文主义的正义斗争（参见《中国共产党中央委员会关于建国以来党的若干历史问题的决议》）。联系当时的这些国际斗争的实际情况略作分析，我们不难看出诗中的"精生白骨"的指向是什么！

妙用神话故事比照社会现实，论政议政、赋予神话故事以新意，这就是毛泽东运用神话故事的一大妙处。

（二）运用神话故事的生动故事情节，尽情地舒展想象，使诗有风趣、幽默而又深刻之妙，这是毛泽东运用神话典故入诗的又一大特色。

《西游记》中孙悟空、唐三藏、白骨精的种种故事情节，在中国的老百姓心目中，

自有其爱憎。毛泽东将这些神话人物写进诗内，让这些神话人物在其诗中再一次进行"斗争"，再一次进行"表演"，确能开启人们理想的思绪，确能使诗富有感染力，确能让人们会心的一笑，并在这样会心的微笑中领会毛泽东在诗中所寄寓的深层意蕴。

（三）再就是毛泽东在运用语典时，在取用语典的语词与语意上颇有特色，具体地说来，就是富于感情色彩之妙。

"一从大地起风雷"，叙写了革命风雷迅速而起，是取用了"动万物者，莫疾于雷。挠万物者，莫疾于风"和"九州生气恃风雷"中的语词与语意而成的，表达了诗人对于革命风雷迅起的欣慰之情。

"玉宇澄清万里埃"，当是取用了"玉宇无尘，银河泻露"中的语词与语意而成的佳句，表达了诗人对于正义斗争必胜的喜悦与高兴。

"妖为鬼蜮必成灾"，当是取用了"为鬼为蜮，则不可得"等诗句的语词与句意而成的诗句。鬼蜮是一种变换阴谋手法害人的鬼怪，是"早蓄害人之心"的白骨精一类的人，对他们只有斗争才能取胜。

总而言之，毛泽东在运用神话典故和语典时，都显得十分精当而有分寸感，因而能恰到好处地表现自己所作诗的主旨，形象而生动地展现出在运用中的创意。

32.感悟陆游咏梅词 反意而用谱新曲
——毛泽东在《卜算子·咏梅》中所用典故探妙

用典缘起：

毛泽东一生喜爱诗词，尤其爱读爱国诗人的诗作。1961年12月27日，当他读完陆游的《卜算子·咏梅》之后，联系到陆游的一生，感悟颇深，遂作注云："作者北伐主张失败，皇帝不信任他，卖国分子打击他，自己陷于孤立，感到苍茫寂寞，因作此词。"然后，毛泽东"反其意而用之"，也写下了这样一首同名、同调、同格式、同结构，而情调与意境迥异的咏梅词。其词云："风雨送春归，飞雪迎春到。已是悬崖百丈冰，犹有花枝俏。　俏也不争春，只把春来报。待到山花烂漫时，她在丛中笑。"在这首词中用了下列典故。

典故内容：

反其意而用之。——典出宋人严有翼《艺苑雌黄》："文人用故事，有直用其事者，有反其意而用之者。……直用其事，人皆能之；反其意而用之者，非学业高人，超越寻常拘挛之见，不规规然蹈袭前人遗迹者，何以臻此？"

风雨送春归……（整首）——典出宋人陆游《卜算子·咏梅》："驿外断桥边，寂寞开无主。已是黄昏独自愁，更著风和雨。　无意苦争春，一任群芳妒。零落成泥碾作尘，只有香如故。"

风雨送春归。——典出宋人蔡伸《卜算子》："风雨送春归，寂寞花空委。"又见，宋人范成大《初夏三绝·呈游子明王仲显》："东君不解惜芳菲，料峭寒中一梦非。剪尽牡丹梅子绽，何须风雨送春归。"又见，宋人僧如晦《卜算子》："有意送春归，无计留春住。"又见，《警世通言·唐解元出奇玩世》（明人唐寅：《黄莺儿》）："风雨送春归，杜鹃愁，花乱飞，青苔满院朱门闭。"又见，南唐人李煜《乌夜啼》："林花谢了春红，太匆匆。无奈朝来寒雨晚来风。"又见，宋人苏轼《和秦太虚梅花》："不如风雨卷春归，收拾余香还畀昊。"又见，宋人陈德武《蝶恋花·送春》："风雨相催，断送春归去。"又见，宋元人无名氏《京本通俗小说》卷10《碾玉观音》："原来这春归去，是东风断送的。有诗道：'春日春风有时好，春日春风有时恶。不得春风花不开，花开又被风吹落。'苏东坡道：'不是东风断送春归去，是春雨断送春归去。'有诗道：'雨前初见花间蕊，雨后全无叶底花。蜂蝶纷纷过墙去，却疑春色在邻家。'"又见，宋人辛弃疾《摸鱼儿·暮春》："更能消几番风雨，匆匆春又归去。"又见，其《贺新郎》："送春归，一番新丝，猛风暴雨。"又见，宋人康与之《风入松》词："一宵风雨送春归，绿暗红稀。"

已是悬崖百丈冰。——典出汉人东方朔《神异经》："北方层冰万里，厚百丈。"又见，唐人岑参《天山雪歌送萧治归京》："晻霭寒氛万里凝，阑干阴崖千丈冰。"又见，其《白雪歌送武判官入京》："瀚海阑干百丈冰，愁云惨淡万里凝。"

犹有花枝俏。——典出宋人晏几道《庆春时》："梅俏已有花来信，风意犹寒，南楼暮雪。"

俏也不争春。——典出宋人叶梦得《临江仙》："不与群芳争艳，化工独许寒梅。"又见，清人叶申芗《霜天晓角·梅花》："开向百花头上，又岂为占春忙？"

只把春来报。——典出唐人杜甫《腊日》："侵陵雪色还萱草，漏泄春光有柳条。"又见，宋人王安石《梅花》："墙角数枝梅，凌寒独自开。遥知不是雪，为有暗香来。"又见，宋人黄庭坚《虞美人》："天涯也有江南信，梅破知春近。"又见，宋人陈亮《梅花》："欲传春信息，不怕雪里埋。"又见，宋人柳永《白苎》："昨夜江梅，漏泄春消息。"又见，宋人李弥逊《十样花》："陌上风光浓处，第一寒梅先吐，等得春来也，香销减，态凝伫。"又见，宋人杜安《世折红梅》："春消息，夜来陡觉，红梅数枝争发。"又见，元人钟嗣成《四时佳兴》："梅花漏泄阳和信，才残腊又新春。"

待到山花烂漫时。——典出唐人陈子昂《大周受命颂·庆云章》："南风既薰，丛芳烂漫，郁郁纷纷。"又见，宋人严蕊《卜算子》："待到山花插满头，莫问奴归去。"又见，北周·庾信《杏花》诗："依稀映村坞，烂漫开山城。"又见，南朝齐人

谢朓《咏兔丝》诗:"烂漫已万条,连绵复一色。"又见,唐人杜甫《十二月一日三首》(其二):"春花不愁不烂漫,楚客惟听棹相将。"又见,其《追酬故高蜀州人日见寄》:"锦里春光空烂漫,瑶墀侍臣已冥寞。"又见,唐人皇甫松《杨柳枝》:"烂漫春归水国时,吴王宫殿柳丝垂。"又见,唐人韩愈《山石》:"山红涧碧纷烂漫,时见松枥皆十围。"

她在丛中笑。——典出南朝宋人鲍照《梅花落》:"念其霜中能作花,露中能作实,摇荡春风媚春日。"又见,元人元淮《立春日赏红梅之作》:"青枝绿叶何须辨,万卉丛中夺锦标。"

用典探妙:

这是两首十分有名的《卜算子·咏梅》词。它们各自独具神韵,各有其极高的艺术价值。但是由于时代不同、作者不同,尽管其同题、同调、同格式、同结构,相比较之下,毛泽东的这一首词独有其如下精妙之处,为陆游和其他作者的《卜算子·咏梅》词所难于企及。

毛泽东的这一首词,因陆词而触发,是属二度创作,是一首反意剥体诗,有处处反其典意而用之之妙,有反出了新意、推陈出新之妙。

(一)对陆游《卜算子·咏梅》词的总体上的反其意而用之的用典之妙。

首先,这一首词所采用的是反意剥体用诗的艺术手法,亦即全局性的反意用典手法。在沿用陆游词之题、之调、之结构、之格式的基础上,而造意完全相反。这就是所谓处处反其典意而用之。这就是说,毛泽东的整首《卜算子·咏梅》的词意,有处处反陆游的整首《卜算子·咏梅》词之典意之妙。

这种总体上的用典之妙,须从陆游作其词时的背景与心境来分析,这正如毛泽东在其词旁所作之注云:"作者北伐主张失败,皇帝不信任他,卖国分子打击他,自己陷于孤立,感到苍茫寂寞,因作此词。"词作以自己在迟暮之年、颠沛流离于羁旅行役途中的"驿外断桥边"的孤单的落梅自喻,以表现自己报国无门的凄惨际遇和顽强的抗争精神。读完此词,我们仿佛听到了词人发出"典金错刀白玉装,夜穿窗扉出光芒。丈夫五十功未立,提刀独立顾八荒"的呐喊与不甘屈服的忧愤怒吼,而大材遭贬的诗人除了展现自己的高尚人格之外,也只能是如此而已,宋王朝在昏庸之主和投降派的把持下,最终也只能是走向灭亡,可谓咎由自取、活该如此。

而毛泽东作此词的背景与心境,则正如郭沫若在其《"待到山花烂漫时"》一文中所说:"当时是美帝国主义和他的伙伴们进行反华大合唱最嚣张的时候,我们的处境好像很困难,很孤立,不从本质上看问题的人便容易动摇。主席写出了这首词来鼓励大家,首先是在党内传阅的,意思就是希望党员同志们要擎得住,首先成为毫不动摇、毫不害怕寒冷的梅花,为中国人民做出榜样。斗争了两年,情况逐渐好转了,冰雪的威严逐渐减弱了，主席的诗词才公布了出来。不用说还是希望我们继续奋斗，使冰雪彻底解冻，使山花遍地烂漫，使地上永远都是春天。"郭老的评说，这就从毛泽东的这一首词在整体是对陆游词的反其意而用之那种具有推陈出新之妙作出了最好的诠释。

（二）在相关的句意有对陆游词句的反其意而用之之妙。

再就是毛泽东的《卜算子·咏梅》，不仅仅是从整体意义上是对陆游词的总体上用典的反其意而用之，而且与陆游词的句意亦有反其意而用之之妙。这，我们只要细细地品味一下各自相对应的句意，便能一清二楚。陆游面对宋王朝那昏庸皇帝和投降议和者们的打击，只能发出"无意苦争春，一任群芳妒"的悲叹，也只能是"零落成泥碾作尘，只有香如故"式的抗争。毛泽东面对国内外一切强敌，则是蔑视与反击，所发出的是"俏也不争春，只把春来报"的战而胜之的胜利信息，其斗争的结果是"待到山花烂漫时，她在丛中笑"的彻底胜利的微笑与欣慰！一位伟大的无产阶级革命家的宏伟气度，透过那充满生机咏梅词跃然于纸上！

（三）在相关句子的句意上的对其他前贤诗词句的反意而用之妙。

还有一点是，毛泽东的这一首词在组句用典上，亦是反其意而用之，有师其词而反其意之妙！宋人严有翼的《艺苑雌黄》中有云："直用其事，人皆能之，反其意而用之者，非识学素高，超越寻常拘挛之见，不规规然蹈袭前人陈迹者，何以臻此？"

毛泽东知识渊博，遍览古今，他"读书破万卷，下笔如有神"。在他的这一首咏梅词组词成句时，取用了大量的前人语典而成己句。他对于这些语典的取用，大多数来说，是取用其语词成句而反其意而用之以达己意。

"风雨送春归"一句，毛泽东当是取用过下列一些语典中的语词并反其意而成的佳句。如"风雨送春归"、"何须风雨送春归"、"林花谢了春红，太匆匆，无奈朝来寒雨晚来风"、"不如风雨卷春归，收拾余香还界昊"、"原来这春归去，是东风断送的"、"更能消几番风雨，匆匆春又归去"、"一宵风雨送春归，绿暗红稀"等。我们没有理由不相信，毛泽东的"风雨送春归"，是取用了上述语典中的语词而成此佳句的，但是毛泽东是反其意而用之的。上述各句，对于春去多表惜春、伤春、低沉与无奈之情。就拿与陆游同时代的蔡伸（1088—1156年）的"风雨送春归"来分析一下吧！其《卜算子》云："风雨送春归，寂寞花空委。枝上红稀地上多，万点随流水。　翠黛敛春愁，照影临清泚。应念韶华惜荐颜，洒遍胭脂泪。"全词是枝上花稀、红随流水、闲愁阵阵、惜韶华难久、洒遍胭脂泪。这是何等的悲愁格调？！而毛泽东则是"风雨送春归，飞雪迎春到"，此句一出，则一扫上述词句的悲凉之意，所表达的则是对于春去春来的无限喜悦之情，并为下句"犹有花枝俏"作出了铺垫，为勾勒一幅美丽的梅花傲雪图着下了重彩的第一笔，这就是对于上述惜春之意的反用的艺术效果！

"已是悬崖百丈冰"，当是毛泽东取用了"阑干阴崖千丈冰"与"瀚海阑干百丈

冰"中的语词而成的妙句。但是岑参的这些诗句，只是在描绘与渲染极度的寒冷而已，观其前后诗句，不难见到作者的某种无奈与友人别离的悲伤。而毛泽东在其"已是悬崖百丈冰"后补之以"犹有花枝俏"，同样一扫前贤尽写严寒之意，补出的是梅花凌寒霜而花枝艳俏的美景，这又是何等的令人心旷神怡！

"待到山花烂漫时"，毛泽东当是取用了"待到山花插满头"、"春花不愁不烂漫"、"山红涧碧纷烂漫"、"烂漫开山城"等秀句中的语词而成的妙句。而在意境上，上述这些诗词句的意境都不是高妙的，特别是严蕊的那一句，后面是"莫问奴归处！"是在伤心地诉说不幸而已。毛泽东的"待到山花烂漫时，她在丛中笑"，不仅给人以春天美的享受，而更为主要的是，毛泽东赋予了它以战胜当时所说的修正主义的深层意蕴，从而使这一句子的意境是全新的、鼓舞人心的、激励斗志的，因而有使前贤们的佳句难以比拟之妙。

总而言之，读罢陆游与毛泽东的这两首《卜算子·咏梅》，毛泽东的反其意而用之，以梅花之俏丽"反"陆词之愁绪，使其词源于古人而高于古人，从而有青出于蓝而远胜于蓝之妙，其意境之美有感人心脾之妙，其音乐之美有悦人双耳之妙，其画图之形美则有双目喜见之妙！

33.冬云压雪隆冬至 严寒之中富生机
——毛泽东在《七律·冬云》中所用典故探妙

用典缘起：

1962年的国际局势十分复杂多变，美帝国主义不断掀起反华大合唱，印度军队的武装入侵，国外有近40多个兄弟党发表决议、文章指责中国共产党。在这样的历史背景下，毛泽东于1962年12月26日挥笔写下了《七律·冬云》一诗。诗云："雪压冬云白絮飞，万花纷谢一时稀。高天滚滚寒流急，大地微微暖气吹。独有英雄驱虎豹，更无豪杰怕熊罴。梅花欢喜漫天雪，冻死苍蝇未足奇。"在这首诗中用了下列典故。

典故内容：

白絮飞。——典出南朝宋人刘义庆《世说新语·言语》。晋代的谢安与子侄辈讲论文义，恰遇天降瑞雪，遂问："白雪纷纷何所拟？"侄儿谢朗说："撒盐空中差可拟。"侄女道蕴说："未若柳絮因风起。"后遂多以"柳絮"比喻雪片；又叹赏谢道蕴才思敏捷，称其为"柳絮才"。宋人苏轼《谢人见和雪后……》诗有"渔蓑句好真堪画，柳絮才高不道盐"句。

大地微微暖气吹。——典出唐人杜甫《小至》："天时人事日相催，冬至阳生春又来。"

独有英雄驱虎豹，更无豪杰怕熊罴。——典出《尚书·牧誓》："勖哉夫子，尚桓桓，如虎如貔，如熊如罴。"又见，汉人司马相如《天子游猎赋》："生貔豹，搏豺狼，手熊罴，足野羊。"三国吴人韦昭注："生，谓生得之也。"《正义》："搏，击也。"郭璞曰："手足，谓拍蹹杀之。"又见，杜甫《石龛》："熊罴哮我东，虎豹号我西。"又见，唐人鲍溶《读淮南李相行营至楚州诗》："已分舟楫归元老，更使熊罴属丈人。"又见，唐人李商隐《重有感》："岂有蛟龙长失水，更无鹰隼与高秋。"又见，前蜀花蕊夫人《述国亡》："十四万人齐解甲，更无一个是男儿。"又见，宋人陆游《十五日》："天宇更无云一点，谯门初报鼓三通。"　毛泽东当是连类而及地正用、反用、兼而用之上述妙句之句势、句式而成己之佳句。

梅花欢喜漫天雪。——典出宋人王安石《梅花》："墙角数枝梅，凌寒独自开。遥知不是雪，为有暗香来。"又见，宋人陆游《落梅》："雪虐风饕愈凛然，花中气节最高坚。"又见，宋人林逋《山园小梅》："疏影横斜水清浅，暗香浮动月黄昏。"又见，明人高启《梅花》："雪满山中高士卧，月明林下美人来。"

用典探妙：

毛泽东的这一首诗的用典，主要是表现在熔铸语典之妙。

一是暗用"柳絮才"一典，使诗句的涵蕴显得简明而丰富。前贤为叹咏白雪，演绎出以柳絮而代之的一段颇有韵味的故事。毛泽东在其诗句中不直用"白雪"，因为这样会显得直露而少韵味；亦不直用"柳絮"，这样会有生搬硬套、落人窠臼之嫌。毛泽东创用"白絮飞"这一新词入诗，既暗含"柳絮才"的故事，又切合己诗之意境，十分形象地勾勒了万花纷谢、雪压冬云之时那白雪茫茫纷纷扬扬之景！同时亦隐寓着当时那严峻的国际政治背景，真有一击二鸣之妙！

二是取用语典"天时人事日相催，冬至阳生春又来"的典意，成佳句"高天滚滚寒流急，大地微微暖气吹"，有点明"否极泰来"的深刻哲理之妙。杜甫诗句所写到的是"冬至阳生"的必然的自然现象，毛泽东的"高天滚滚寒流急，大地微微暖气吹"承杜甫诗句之意，十分形象地描绘了这样一种必然的客观规律，写出了残冬的严寒与新春的征兆。从这一点上来说，是承杜甫诗句诗意的。但是毛泽东的这两句诗，赋予了更为深层的寓意，即是说，尽管一切反华势力是如此的猖狂，但他们已是强弩之末，大好的革命形势就要到来了。这就使诗的品位大大地提高了，使诗句紧紧地扣住了诗作抗击一切反华势力、鼓舞人们斗志的创作主题。

三是在句式、句势与句法上，毛泽东的"独有英雄驱虎豹，更无豪杰怕熊罴"，有取用李商隐的"岂有蛟龙长失水，更无鹰隼与高秋"等诗句句式、句势与句法并反用其意之妙。李商隐的这两句诗，写的是唐文宗为宦官们所制约，失去了实权，而在这样的情况下，不见有勇猛忠诚之将像鹰隼搏击在秋空中的鸟雀一样去驱逐宦官之害。李商隐

的这两句诗，其文势一气贯下，极写当时社会政治上的悲哀气氛。毛泽东取用其句式、句势与句法，建构了内容全新的妙句。他以"虎豹"、"熊罴"喻指当时在政治上、经济上与军事上对我施压的帝国主义与霸权主义；以"英雄"、"豪杰"喻指中国共产党和伟大的中国人民。诗句前用"独有"，后面呼之以"更无"，在句式与句法上与李诗颇为相似，在语势上比李诗则更为坚定强烈、更为高亢有力，在典意上则有反其意而用之之妙。这样一来，那睥睨群小、笑傲人世的中国人民那种大丈夫的英雄群像便栩栩如生地再现在人们的眼前。

34.国际风云重有感 言志唱和《满江红》
——毛泽东在《满江红·和郭沫若同志》中所用典故探妙

用典缘起：

在1963年的新春，郭沫若有感于当时的国内外形势，写了一首《满江红·1963年元旦抒怀》的词，发表在这一年的1月1日的《光明日报》上。其词云："沧海横流，方显英雄本色。人六亿，加强团结，坚持原则。天垮下来擎得起，世披靡矣扶之直。听雄鸡一唱遍寰中，东方白。 太阳出，冰山滴；真金在，岂销铄？有雄文四卷，为民立极。桀犬吠尧堪笑止，泥牛入海无消息。迎东风革命展红旗，乾坤赤。"当时尚在广州的毛泽东看到了这一首词之后，面对自50年代以来的国际国内的形势，心潮激荡、诗兴勃发，遂成此词。其词云："小小寰球，有几个苍蝇碰壁。嗡嗡叫，几声凄厉，几声抽泣。蚂蚁缘槐夸大国，蚍蜉撼树谈何易。正西风落叶下长安，飞鸣镝。 多少事，从来急；天地转，光阴迫。一万年太久，只争朝夕。四海翻腾云水怒，五洲震荡风雷激。要扫除一切害人虫，全无敌。"在这首和词中用了下列典故。

典故内容：

蚂蚁缘槐夸大国。亦即"南柯一梦"、"南柯梦"、"一枕南柯"、"蚂蚁缘槐"、"槐根一梦"、"槐安之梦"、"南柯"、"一南柯"、"蚁梦"等等的活用。——典出唐人李公佐的《南柯太守传》。传中言：有一个名叫淳于棼的人家住广陵，他家的房子南边有一棵大槐树。在他生日的那一天，他渴多了酒，醉后便在这棵大槐树下睡着了，这时的他已经来到了大槐安国，国王一见到了他便将其招为驸马，不久就官至南柯太守。他在这里一转眼就过了20年，生有五男二女，荣华富贵到了极点。此后他统兵作战失败，公主又因病而死，淳于棼便被国王遗送还乡。醒来之后，时见日影方斜，只不过刚过中午，身旁余樽犹在。这时，淳于棼左右查看之时，才发现身旁的大槐树下有一个蚁穴，许多的蚂蚁正在槐树上下爬着呢！宋人黄庭坚《戏答荆州王充道烹茶》："为公唤觉荆州梦，可待南柯一梦成。"又见，其《蚁蝶图》："胡蝶双飞得意，偶然毕命网罗，群蚁争收坠翼，策勋归去南柯。"又见，宋人范成大《题城山晚对轩壁》："一枕清风梦绿萝，人间随处是南柯。"又见，宋人张元干《兰溪舟中寄苏粹中》："三径已荒无蚁梦，一钱不值有鸥盟。"又见，宋人辛弃疾《鹧鸪天·睡起即事》："不知更有槐安国，梦觉南柯日未斜。"又见，元人关汉卿《鲁斋郎》："几时能够再得相逢，则除是南柯梦儿里。"

蚍蜉撼树谈何易。蚍蜉撼树。——典出唐人韩愈《调张籍》诗："蚍蜉撼大树，可笑不自量。"意为以藐小之身撼庞大之物，决难实现、自不量力。又见，《敦煌变文集·李陵变文》："我今日五十步卒，敌十万之众军，何得蚊蚋拒于长风，蝼蚁捋于大树。" 谈何易。——典出东汉人班固《汉书·东方朔传》。传中言："吴王曰：'可以谈矣，寡人将辣意而览焉。'先生曰：'于戏！可乎哉？可乎哉？谈何容易！夫谈有悖于目拂于耳谬于心而便于身者，或有说（悦）于目顺于耳快于心而毁于行者，非有明王圣主，孰能听之？'吴王曰：'何为其然也？中人已上可以语上也，先生试言，寡人将听焉。'"这一段话是这样说出来的：汉武帝为招揽人才，宣称给予有才之人以一定的地位，于是东方朔求见武帝，武帝让他住在馆舍里待命，久不见任用。东方朔便作《答客难》一文，假托"非有先生仕于吴"以表达政见，于是引出了上面这一段话。其意是说，吴王对非有先生言：你远道来到吴国，对我有什么批评意见，可以谈吗？我一定躬听。于是非有先生说：唉呀！可以呀！可以呀！发表意见可不是一件容易的事！有的主张逆于耳目违背于心意，但却有利于身的，有的主张悦于耳目称于心意，但对行为有害，不是英明的君主是不乐意听的。吴王说：你为什么这样说呢？论语上说，中上一流的人就可以同他讲比较高一级的道理，你说说看，我一定听。又见，西汉人桓宽《盐铁论·箴石》中有云："……贾生（谊）有言曰：'悬言则辞浅而不入，深言则逆耳而失指'，故曰'谈何容易'。且谈不易，而况行之乎！"春秋战国两汉之时，其"谈"即是"谏"，就是臣向君王谏言、士向权贵提出批评，这不是一件容易的事，搞得不好就要人头落地。今多指事情之难以办成。又见，清人纪昀《阅微草堂笔记》："此亦臆度之词，谈何容易乎？"

正西风落叶下长安。——典出唐人贾岛《忆江上吴处士》诗："秋风吹渭水，落叶满长安。"又见，宋人沈唐《霜叶飞》："更萧索，风吹渭水，长安飞舞千门里。"又见，宋人周邦彦《齐天乐》："渭水秋风，长安落叶。"又见，辛弃疾《玉楼春》："至今有句落人间，渭水秋风黄叶满。"

飞鸣镝。——典出《史记·匈奴传》："单于有太子名冒顿，后有所爱阏氏，生少子。而单于欲废冒顿而立少子，乃使冒顿质于月氏。冒顿既质于月氏，而头曼急击月氏。月氏欲杀冒顿，冒顿盗其善马，骑之亡归。头曼以为壮，令将万骑。冒顿乃作鸣镝，习勒骑射。令曰：鸣镝所射而不急射者，斩之。行猎鸟兽，有不射鸣镝所射者，辄

斩之。已而冒顿以鸣镝自射其善马，左右或不敢射者，冒顿立斩不射善马者。居顷之，复以鸣镝自射爱妻，左右或颇恐，不敢射，冒顿又复斩之。居顷之，冒顿出猎，以鸣镝射单于善马，左右皆射之。于是冒顿知其左右皆可用。从其父头曼猎，以鸣镝射头曼，其左右亦皆随鸣镝而射杀头曼，遂尽诛其后母与弟及大臣不听从者。冒顿自立为单于。"鸣镝，就是来自这样一则血腥的父子争帝位的故事。南朝宋人裴骃《集解》："汉书音义曰：镝，箭也，如今鸣箭也。三国吴人韦昭注曰：矢镝飞则鸣。"韦昭《吴鼓吹曲》12篇其2《汉之季》："飞鸣镝，接白刃。"

多少事。——典出宋人陈与义《临江仙·夜登小阁，忆洛中旧游》："古今多少事，渔唱起三更。"又见，明人杨慎《历代史略词话》："古今多少事，都付笑谈中。"

光阴迫。——典出南朝梁人刘孝胜《冬日家园别阳羡始兴》："且欣棠棣集，弥惜光阴遽。"迫、遽同义。

只争朝夕。——只争。典出唐人杜荀鹤《自遣》："百年身后一丘土，贫富高低争几多？"又见，宋人杨万里《舟中夜坐》："与月隔一簟，去天争半篷。"朝夕。——典出《论语·里仁》："朝闻道，夕死可矣！"此言时间之快速也。《易·坤·文言》："臣弑其君，子弑其父，非一朝一夕之故，其所由来者渐矣。"这是从其反面形容时间之短暂的。

用典探妙：

《满江红·和郭沫若同志》是毛泽东的又一首名词，词中所用典故通俗明白易懂，而寓意十分深刻，对敌的讽刺十分辛辣，有如投枪、有如匕首般的锐利！

毛泽东的用典是怎样去取得如此艺术效果的呢？

（一）赋予典故以典型的、战斗的时代特征，使所用之典能够紧切时代脉搏，从而使所用之典故有如投枪匕首之妙。

毛泽东在其词的开首的几句"小小寰球……"，紧承郭沫若《满江红》词之词意，这就拉开了对敌斗争与讽刺之序幕，言诋毁我党的小丑们不过碰壁的苍蝇而已。下面所用"南柯一梦"，其本意是言人生如梦，但毛泽东因将此典放置在当时这一特定的历史时代之内，则是指所有的反华小丑和妄图称霸世界的大国沙文主义者，实际上不过是在做着淳于棼式的"蚂蚁附马"的美梦罢了！这一讽刺，可谓有入骨三分之妙！

因为毛泽东在词的开首就给词注入了明显的时代特色，故而在其词中后面所熔铸的"蚍蜉撼树"、"谈何容易"、"飞鸣镝"、"只争朝夕"诸典，都有如发射出一枝枝的响箭，无情地射向对我施压、妄图称霸世界的霸权主义者。这正如毛泽东在1964年1月27日对英译者所口头解释的："'飞鸣镝'，指我们进攻。'正西风落叶下长安'，虫子怕秋冬。形势变得很快，那时是'百丈冰'，而现在是'四海翻腾云水怒，五洲震荡风雷激'了。从去年起，我们进攻，九月开始写文章：一评苏共中央的公开信"（《一评苏共中央的公开信》，即1963年9月6日《人民日报》编辑部和《红旗》杂志编辑部发表的《苏共领导同我们分歧的由来和发展·评苏共中央的公开信》——引者注）。

（二）擅长改造熔铸典故，虽然是正取其典意，但因为练句精妙，使其所成新句有内蕴丰瞻、警策深刻、形象生动、富于哲理之妙。

"蚂蚁缘槐夸大国"，既蕴含着"南柯一梦"的整个故事，又描绘了妄图称霸世界的霸权主义者的可笑，在幽默中带着讽刺，其讽刺味则更为辛辣。

"蚍蜉撼树谈何易"，则可谓一句诗含两个典，一是涵盖了当年韩愈在《调张籍》中用"李杜文章在，光焰万丈长。不知群儿愚，那用故谤伤。蚍蜉撼大树，可笑不自量"抨击指摘李白、杜甫者诗的诗意，指出诽谤者的无能、无用与可笑；"谈何意"，就是"谈何容易"，即难于办到。这些典故用之于当今，典典都是命中一个目标——反华的小丑们，要用造谣中伤来整垮中国共产党，是一种自不量力的愚蠢行为，永远办不到！

"正西风落叶下长安，飞鸣镝"，亦含两个典故，使整个诗句具有涵蕴饱满、且富于战斗性之妙！

"正西风落叶下长安"，是毛泽东对贾岛的"秋风吹渭水，落叶满长安"两句的概缩与熔铸，贾岛诗所渲染的是秋日的萧瑟苍凉与悲秋凄惨之景，毛泽东将其缩而用之，用来喻指反华势力的衰败和没落，可谓神奇而形象；"飞鸣镝"则正是反击之箭，是当时世界上反殖民主义和霸权主义斗争风起云涌的战斗的号角！

"只争朝夕"，熔铸了"朝闻道，夕可死矣"与"一朝一夕"这两条语典中时间快速的典意，用字有极为精审之妙。1964年1月27日毛泽东对英译者口头解释"一万年太久，只争朝夕"时说："你要慢，我就要快，反其道而行之。你想活一万年？没有那么长。我要马上见高低，争个明白，不容许搪塞。但其实时间在我们这边，'只争朝夕'，我们也没有那么急。"这是紧擂的战鼓、急吹的军号，是斗争的策略，更是革命家襟怀与气度的展现！

毛泽东在这一首词中，借助典故的运用，练就了不少深含哲理的名句，这些名句光彩夺目，永远鼓舞人心！

毛泽东妙用典故精粹

35.感慨万端寄哀思 情谊无限动天地
——毛泽东在《七律·吊罗荣桓同志》中所用典故探妙

用典缘起:

1963年12月16日下午2时37分,中国人民伟大的儿子、无产阶级忠诚的革命战士,罗荣桓元帅不幸因病在北京逝世。正在主持中共中央政治局常委会的毛泽东得知这一消息之后,悲痛逾常,带头起立默哀。之后,他说:罗荣桓同志逝世了,一个人数十年如一日,忠于党的路线,很不容易啊!罗荣桓同志是很有原则的人,他对敌狠,不背后议论人。党内要有原则,原则精神。会后,毛泽东亲莅医院向罗荣桓的遗体告别。在此后的几天中,他一直沉浸在哀思之中。在悲痛的激情中,毛泽东写下了《七律·吊罗荣桓同志》。其诗云:"记得当年草上飞,红军队里每相违。长征不是难堪日,战锦方为大问题。斥鷃每闻欺大鸟,昆鸡长笑老鹰非。君今不幸离人世,国有疑难可问谁?"在这首诗中用了下列典故。

典故内容:

记得当年草上飞。——典出宋人陶谷《五代乱离记》。说是唐末农民起义军首领黄巢在失败之后,于洛阳落发为僧,并曾绘像题诗为:"记得当年草上飞,铁衣著尽著僧衣。天津桥上无人知,独倚栏干看落晖。"又见,宋人吴曾《能改斋漫录》中有云:"犹忆当年草上飞,铁衣脱尽持僧衣。天津桥上无人识,独倚栏杆看落晖。"黄巢诗当自有其典,为加深对"记得当年草上飞"的理解,特录于下:唐人元稹《智度师》二首有云:"四十年前马上飞,功名藏尽拥禅衣。石榴园下擒生处,独自闲行独自归。""三陷思明三突围,铁衣抛尽衲禅衣。天津桥上无人识,独凭栏干望落晖。"

红军队里每相违。——典出唐人王维《赠綦毋潜落第还乡》:"置酒长安道,同心与我违。"又见,宋人苏轼《八声甘州》:"约他年东还海道,愿谢公雅志莫相违。"

战锦方为大问题。——典出唐人李白《越中览古》:"越王勾践破吴归,义士还家尽锦衣。宫女如花满春殿,只今惟有鹧鸪飞。"

斥鷃每闻欺大鸟。——典出《庄子·逍遥游》:"有鸟焉,其名为鹏,背若泰山,翼若垂天之云,抟扶摇羊角而上者九万里;绝云气,负青天,然后图南,且适南冥也。斥鷃笑之曰:'彼且奚适也!我腾跃而上,不过数仞而下,翱翔蓬蒿之间,此亦飞之至也!而彼且奚适也?'"又见,明人冯梦龙《醒世恒言》卷2:"斥鷃不知大鹏,河伯不知海若。圣贤一段苦心,庸夫岂能测度?"

昆鸡长笑老鹰非。——"昆鸡"亦古时所说的"鹍鸡"、"鶤鸡"。典出《尔雅·释畜》:"鸡三尺为鶤。"《楚辞·九辩》:"雁廱廱而南游兮,鹍鸡啁哳而悲鸣。"《汉书·司马相如传·上林赋》:"蹴玄鹤,乱昆鸡。"唐人颜师古注引三国魏张揖曰："昆鸡似鹤，黄白色。"亦作鸡。南朝梁人刘孝绰《乌夜啼》诗中有："鹍弦且辍弄，鹤操暂停徽。"又见，唐人刘禹锡《冬夜宴河中李相公中堂，命筝歌送酒》诗中云："朗朗鹍鸡弦，华堂夜多思。帘外雪已深，坐中人半醉。翠娥发清响，曲尽有余意。酌我莫忧狂，老来无逸气。" "鹰与鸡"。典出吴岩译《克雷洛夫寓言》："……'老鹰凭什么让人那末尊敬它呢？它那飞行的样子呀，啊呀呀；当然罗，那就是它的本来面目嘛！这可没有什么了不起，我也能飞……'被它的噜噜嗦嗦话搅得烦了，鹰这样回答道：'你说得对，然而还有另外一面：鹰有时的确飞得比鸡棚还要低，可是鸡啊，却从来不以一飞冲天闻名'……"。（江西人民出版社1979年版，第39—40页）

国有疑难可问谁？——南宋人文及翁《贺新郎·游西湖有感》："更有谁、磻溪未遇，傅岩未起？国事如今谁倚仗？衣带一江而已。"

用典探妙：

这是一首吊挽式的政治抒情诗，全诗以忆往事起句，进而回顾历史，历数罗元帅平生最为显赫之大事，后四句重在表现当前，悼念战友、寄托哀思、激励来者，抒发深切的缅怀之情。

这一首虽说只用五个典故，但用得很有特色，全诗中没有出现一个"悲"和一个"痛"字，但悲撼痛楚之情充溢满纸，为再现罗荣桓元帅的革命品格、为表现毛泽东对于战友的深情，起到了一般妙语所难于起到的巨大作用。

（一）"记得当年草上飞"这一语典的引用，有情洒战友心田之妙。

据有关资料考证，黄巢为僧事纯系传闻，因黄巢兵败之后自杀于泰山之狼虎谷。黄巢的这一首，当是后人以元稹《智度师》诗二首为基础变用而成。当属伪托无疑。但毛泽东对于历代农民造反者是取非常同情态度的，毛泽东与罗荣桓同是旧世界的造反者，取用黄巢此诗纪黄巢及革命者与反动派战斗之状，这本身就有革命者情怀的抒发之妙！

（二）"记得当年草上飞"这一语典的引用，有开启和引领全诗之妙。

这一句诗是黄巢用以回忆和记叙自己行走如飞地东征西讨的形象之句。毛泽东将其用于诗篇之首，一是可以生动地用来描绘当年自己与罗荣桓战斗于崇山峻岭与草莽之间那种勇猛情景；二是此句由战斗友谊切入，可以引领全诗，为引出红军时期、长征时期、解放战争时期乃至社会主义革命和建设时期……毛泽东与罗荣桓的友谊和罗荣桓的功勋等等，起到一般句子难于起代的作用。

（三）借助典故故事中原有的对比力度，将典故入诗之后，使诗具有歌颂与弘扬罗荣桓元帅的崇高品质和巨大功勋之妙。

俗语说，不比不知道，一比吓一跳。这都说明运用对比所具有的重要性，实际情况也正是如此。许多名句都是借助对比而显其名的。如：五岳归来不看山，黄山归来不看岳。以显黄山之美；黄金有价人无价，以显示人才之重要；甜言美语三冬暖，恶语伤人

六月寒，以显示语言交际的重要，等等，都有难给人们印象特别深刻的艺术效果。"斥鷃欺大鸟"、"昆鸡笑老鹰"，这两个典故的故事性和哲理性，正是通过"斥鷃"、"昆鸡"的无知来显现其渺小的，而"大鹏"、"老鹰"则是通过其能够鹏程万里和飞入云天而显现其形象的高大的。再将它们一起予以入诗，那么他们在诗中比喻意义就非同一般，"斥鷃"、"昆鸡"就成了那些胸无大志、目光短浅的小人，无疑，"大鹏"、"老鹰"当然是心怀大志、心有人民的罗荣桓同志了，这样一对比，罗荣桓元帅具有伟大的共产主义的远大胸怀的崇高形象就得到了强化，也就栩栩如生地凸显在人们的眼前。

（四）再是有中外典故熔为一炉、兼而用之之妙。

"斥鷃每闻欺大鸟"，这里用的是中国古老的《庄子·逍遥游》中故事，赞颂罗荣桓元帅有如大鹏一般的志气不凡；而"昆鸡长笑老鹰非"，"昆鸡"，在中国典籍中有解，但这句诗更为主要的是重在运用俄国克雷洛夫寓言《鹰和鸡》中故事，毛泽东将罗元帅比喻成能够凌空入云、眼光远大的"鹰"是恰如其分的。读罢此句，不禁令人想起列宁在《沃伊诺夫（安·瓦·卢那察尔斯基）论党同工会的关系一书的序言》中运用这一典故赞扬马克思主义者是鹰、斥责修正主义分子只是工人运动后院粪堆里的一群鸡。列宁这样写道："俄国的无政府主义者和工团主义者，自由派和社会革命党人，请他们不要因为我们批评了倍倍尔而幸灾乐祸吧。我们要告诉这班先生：鹰有时可能比鸡飞得低，但是鸡却永远飞不到鹰那么高"（《列宁全集》第13卷，第151页）。一为诗，一为文，二者实有同工异曲之妙！毛泽东将它们化而入诗，用诗的艺术语言将列宁语意中的哲理表达出来，则其表意能取到异乎寻常的效果。

（五）末句化用"国事如今谁倚仗？"为"国有疑难可问谁？"，有高屋建瓴之妙。

毛泽东一改"国事如今谁倚仗"的责问语气和典意，将罗荣桓将军的不幸逝世，与我党我军及整个中国革命事业联系起来，立足点、视点均很高。这就充分地表达了在国内外多事之秋失去战友的哀思与悲痛，将悼念战友之情升华到一个新的高度！据《叶永烈采访手记》（上海社会科学出版社1993年版）载：大约在罗荣桓逝世之后不久的一天，毛泽东与《红旗》杂志编辑部的一位工作人员谈到罗荣时说："无私利，不专断，抓大事，敢用人，提得起，看得破，算得到，做得完，撇得开，放得下。"毛泽东对罗荣桓的评说，可与这首诗一并参读，亦是我们做人办事值得学习的准则。

（六）"战锦方为大问题"怎么是用典呢？怎么与李白的《越中览古》"挂上勾"呢？因所费笔墨略多，这是本文将这一用典之妙放在最后来讲的原因所在。从用典的角度来看，当是曲用典故之妙。在我国历史上，经过艰苦奋斗成就事业英雄不少，而创业难守业不易、继续开创事业就更难。李白的《越中览古》，用其生动形象精妙之笔，只用四句，则以乐景反衬衰亡之速。

36.囊括古今百余字 评说历史数万年
——毛泽东在《贺新郎·读史》中所用典故探妙

用典缘起：

毛泽东一生都爱好历史、喜读史书、熟悉历史事件。他于1964年春挥笔写下了冠绝千古的《贺新郎·读史》一词。其词云："人猿相揖别。只几个石头磨过，小儿时节。铜铁炉中翻火焰，为问何时猜得，不过几千寒热。人世难逢开口笑，上疆场彼此弯弓月。流遍了，郊原血。　一篇读罢头飞雪，但记得斑斑点点，几行陈迹。五帝三皇神圣事，骗了无涯过客。有多少风流人物？盗跖庄蹻流誉后，更陈王奋起挥黄钺。歌未竟，东方白。"在这首词中用了下列典故。

典故内容：

人世难逢开口笑。——典出《庄子·盗跖》："人上寿百岁，中寿八十，下寿六十，除病瘦死丧忧患，其中开口而笑者，一月之中不过四五日而已矣。"又见，唐人杜甫《醉为马坠诸公携酒相看》："语尽还成开口笑，提携别扫清溪曲。"又见，唐人杜牧《九日齐山登高》："尘世难逢开口笑，菊花须插满头归。"又见，清人杜文澜辑、周少良校点《古谣谚》卷97《陈彦修侍姬梦少年歌》："人生开口笑难逢，富贵荣华总是空。"又见，宋人洪适《满江红·暮雨萧萧》词："人世难逢开口笑，老来更觉流年迫。"又见，宋人胡铨《青玉案》："感节物，愁多少，尘世难逢开口笑。"又见，金·元好问《七律·玄都观桃花》中的诗句。诗云："前度刘郎复阮郎，玄都观里醉红芳。非关小雨能留客，自是桃花要洗妆。人世难逢开口笑，老夫聊发少年狂。一杯尽吸东风了，明日新诗满晋阳。"又见，明人朱鼎《玉镜台记·庆赏》："人世难逢开口笑，问柳寻花，好景休辜负。"

为问何时猜得。——典出五代南唐人冯延巳《鹊踏枝》（十四首其二）："河畔青芜堤上柳，为问新愁，何事年年有？"又见，宋人周邦彦《六丑·落花》："为问花何在？夜来风雨，葬楚宫倾国。"又见，宋人叶梦得《水调歌头》："为问山公何事？坐看流年轻度，拼却鬓双华？"又见，清人无名氏《致母》："挑灯含泪叠云笺，万里缄封报可怜；为问生身亲阿母，卖儿还剩几多钱？"毛泽东当是用"为问"句的句法、句势、句式。

上疆场彼此弯弓月。——典出唐人李白《塞下曲》（其三）："骏马似风飙，鸣鞭出渭桥。弯弓辞汉月，插羽破天骄。"又见，宋人苏轼《江城子·密州出猎》："会挽雕弓如满月，西北望，射天狼。"

流遍了，郊原血。——典出唐人杜甫《垂老别》："积尸草木腥，流血川原丹。"又见，唐人岑参《行军》："积尸若丘山，流血涨丰镐。"又见，唐人李华《吊古战场文》："尸填巨港之岸，血满长城之窟。"

一篇读罢头飞雪。——典出唐人李白《将进酒》："君不见高堂明镜悲白发，朝如青丝暮如霜。"

五帝三皇神圣事。——典出五代人贯休《公子行》诗："稼穑艰难总不知，五帝三皇为何物？""五帝"，据考证，当是中国原始社会末期部落或说是部落联盟中的首领。其说法有多种，一说是：黄帝、颛顼、帝喾、唐尧、虞舜。典出《世本》卷4《五帝谱》。二说是：太皞、颛顼、高辛（帝喾）、唐尧、虞舜。典出《礼记·月令》。三说是：少昊（少皞）、颛顼、高辛（帝喾）、唐尧、虞舜。典出汉人孔安国《尚书序》。"三皇"，是中国古代传说中的古代帝王，有六种说法。一说是：伏羲、神农、黄帝。典出汉人孔安国《尚书序》。二说是：天皇、地皇、泰皇。典出《史记》卷6《秦始皇本纪》。三说是：伏羲、神农、祝融。典出汉人班固《白虎通义·号》。四说是：伏羲、女娲、神农。典出汉人应劭《风俗通义》卷1《皇霸》引《春秋运斗枢》。五说是：虙戏（伏羲）、燧人、神农。典出汉人应劭《风俗通义》引《礼含文嘉》。六说是：天皇、地皇、人皇。典出唐人欧阳询等编纂《艺文类聚》卷11《帝王部》1《天皇氏》引《春秋纬》。　《汉书·晁错传》："臣闻五帝神圣，其臣莫能及，故自亲事，处于法宫之中，明堂之上。"

无涯过客。——典出唐人李白《春夜宴桃李园序》："天地者，万物之逆旅；光阴者，百代之过客。"又见，其《拟古十九首》（其九）："生者为过客，死者为归人。"

有多少风流人物。——典出宋人苏轼《念奴娇·赤壁怀古》："大江东去，浪淘尽，千古风流人物。"

盗跖。——约是齐国与鲁国之间的柳下（今山东之西部）人，春秋末期奴隶起义的领袖人物，其名曰"跖"。"盗"是当时的统治者们强加给他的诬蔑之称号。《庄子·盗跖》中有云："从卒九千人，横行天下，侵暴诸侯。""所过之邑，大国守城，小国入保。"《荀子·不苟》中有云："盗跖吟口，名声若日月，与舜、禹俱传而不息。"由此可见其英武异常。据文献记载，在山东省的泰山、山西的平陆、陕西的华阴等处，传说有其墓；河南之濮阳、山西之太原有其传说与遗迹。

庄蹻。——是战国时楚国的奴隶起义军领袖人物。楚怀王二十八年（公元前301年），齐、韩、魏三国在垂沙一战大败楚国，庄蹻乘机率众起义。据《荀子·议兵》载，他把楚国打得"分而为之四"，后入滇池称王。

陈王奋起黄钺。——陈王即"陈胜"。陈胜（？—公元前208年），字涉，阳城（今河南登封东南）人。秦二世元年（公元前209年），这个雇农出身的陈胜被征戍边，同吴广在蕲县大泽乡（今安徽宿县西南）率戍卒900之众起义。起义军达数万之众，并在陈县（今河南淮阳）称王，创建了"张楚"政权，故称陈王。陈胜、吴广开创了农民大起义的先例，树起了第一面中国农民起义的大旗。　黄钺——典出《尚书·周书·牧誓》："王左仗黄钺，右秉白旄以麾。"又见，《史记·周本纪》："武王自射之，三发而后下车，以轻剑击之，以黄钺斩纣头，县大白之旗。"

歌未竟，东方白。——典出唐杜甫《东屯月夜》："日转东方白，风来北斗昏。天寒不成寐，无梦有归魂。""又见，唐人李商隐《酒罢，张大彻索赠诗。时张初效潞幕》诗："葛衣断碎赵城秋，吟诗一夜东方白。"又见，宋人苏轼《前赤壁赋》："相与枕藉乎舟中，不知东方之既白。"又见，宋人洪适《满江红·暮雨萧萧》："酒醒时、枕上一声鸡，东方白。"

用典探妙：

这是一首雄视天下的史诗，有涵咏天地、气吞中外之妙。在中国的词坛上，古往今来，咏史之词并不算少，但在题材上，在写法上，在涵盖量上，据笔者所见，大多是就一人、一事抒情言志而已。而像毛泽东这样一词仅仅115个字，却能囊括了古今万事、评说历史上下百万年、展示出光辉灿烂的历史唯物主义的伟大篇章者，几乎无人与之堪匹。毛泽东之所以能前无古人地挥洒横天大笔，写出全面揭示历史本来面目的光辉篇章，其原因是多方面的，但与其在这一首词中大量地运用典故，使其有着丰富的内蕴的关系，是十分之密切的。

毛泽东在这首仅仅115个字的词中，所涉及的典故达20个之多，在这20个典故中，主要是语典（前贤诗词）与人名典，其用典如排兵布阵、变化无穷。这首词的主要特色是改变原典之感情色彩，用典写景状物、用典议论抒情。

（一）毛泽东运用典故，有层次清楚地串联历史、叙写历史之妙，更有运用典故评说历史之妙。

且看其词的上阕：毛泽东从原始社会开笔，寥寥几笔就勾画了几个社会的基本形态"不过几千寒热"之后，他没有那"皓首穷经"式的叹谓，而是如马克思那样，"凡是人类社会所创造的一切，他都用批判的态度加以审查，任何一点也没有忽略过去"（列宁《青年团的任务》），立即用语典"人世难逢开口笑"、"……其开口而笑者，一月之中不过四五日而已"、"尘世难逢开口笑"、"人生开口笑难逢"谈人生得失、显人生之感伤意境的色彩，在借用"人世难逢开口笑"入词的同时，妙取上述诸语典之典意；又取语典"会挽雕弓如满月"、"积尸草木腥，流血川原丹"之语词与典意，糅合而成妙句"人世难逢开口笑，上疆场彼此弯弓月。流遍了，郊原血。"这是十分形象的描绘，亦是深刻的议论。这议论，亦包括了他早在1929年九十月间说的"'尘世难逢开

325

口笑'，意思是人生的哲学，是斗争的哲学。阶级斗争，革命斗争……"（刘汉民：《毛泽东诗话词话书话集观》，长江文艺出版社2002年版，第25页）中的深刻内容。这议论，同样深含着毛泽东在1949年说的"中国的历史就是接连不断的国内战争和对外战争史。……采取武装斗争的方式进行人民革命是不可避免的。中国共产党人对此坚信不移，因而在任何牺牲面前都未却步。革命的胜利使人民站起来了，挺起了腰杆……"（[俄]费德林著，马贵凡译《毛泽东、斯大林会见目击记》，《中华读书报》2002年9月4日）这样经典式的高度概括。这样一来，全词就既十分含蓄而又显露地把一部社会史就是阶级斗争史，有声、有色、有血、有火、有人物、有刀光、有剑影、有纷争、有场面、波澜壮阔地展现在世人的眼前。是对从猿到人、人类社会出现之后的社会实质上的总体上的高度艺术的概括，实有"以少总多，情貌无遗"（刘勰《文心雕龙·物色篇》）之妙。

（二）毛泽东运用典故不仅有串联历史、有使历史现象形象化之妙，同时亦有揭示历史的发展规律之妙。

毛泽东在这一首中的整个下阕，只用"一篇读罢头飞雪，但记得斑斑点点，几行陈迹"点读史之题外，下列各句，几乎全是用典。

其中的人名典故就有"三皇"、"五帝"、"盗跖"、"庄蹻"、"陈王"。在运用这些人名典故的时候，毛泽东的观点十分鲜明，反用"臣闻五帝神圣"，指出"五帝三皇神圣事，骗了无涯过客"，以否定的口气对封建时代为封建帝王立传予以彻底的否定。

"盗跖"、"庄蹻"的入词，他们的斗争事迹也就同时入词，因而"盗跖庄蹻流誉后"其斗争的形象性也就入了词，"更陈王奋起挥黄钺"一句，使人既能联想武王伐纣的壮观场面，又似乎看到了陈胜率领大军举旗挥钺杀向秦廷的情景。毛泽东在词中称他们才是真正的"风流人物"，这是对"五帝三皇神圣事"的进一步否定，这仿佛使我们又读到了毛泽东的下列著名论述："地主阶级对于农民的残酷的经济剥削和政治压迫，迫使农民多次地举行起义，以反抗地主阶级的统治。从秦朝的陈胜、吴广、项羽、刘邦起，中经汉朝的新市、平林、赤眉、铜马和黄巾，隋朝的李密、窦建德，唐朝的王仙芝、黄巢，宋朝的宋江、方腊，元朝的朱元璋，明朝的李自成，直至清朝的太平天国，总计大小数百次的起义，都是农民的反抗运动，都是农民的革命战争。……在中国封建社会里，只有这种农民的阶级斗争、农民的起义和农民的战争，才是历史发展的真正动力"（毛泽东《中国革命和中国共产党》，《毛泽东选集》第2卷，第625页），给予了这些世世代代受到贬损的人物在褒扬，给予了历史唯物主义的正确回答。

毛泽东以斗争之"歌未竟，东方白"结尾，画龙点睛地传出崭新时代前进之声，这就是对历代造反的起义者们事业的彻底肯定，是对千百年来社会历史发展规律的揭示！如果没有这些内蕴如此丰富、能代表当时一个时代特色的人名典故入词，要想用这么十几个字去揭示有如此重大意义的规律性的命题是令人不可想象的！

（三）有语典为人名典故服务之妙。

如果说毛泽东的这一首词的上阕中的诸多语典，是为熔铸"人世难逢开口笑，上疆场彼此弯弓月。流遍了，郊原血"，起到描写人类阶级斗争历史状况的形象化的作用的话，那么，毛泽东的这一首词的下阕，在语典（更为具体地说，实际上是古典诗词）的运用上，有语典直接地为典故中的人物服务之妙。

一是自古以来，人们都是言三皇五帝的神圣不可否定，而毛泽东对他们进行了大胆的否定，指出"五帝三皇神圣事"，这只不过是"骗了无涯过客"而已。而"骗了无涯过客"一句，正是"百代之过客"一语的化用而来。

二是自古以来，凡是农民起义者，都被封建统治阶级骂为乱臣贼子，皆可以杀无赦。而毛泽东在词中将这一颠倒的历史、冤案再一次予以彻底的否定。他化用"千古风流人物"为"有多少风流人物"，称"盗跖"、"庄蹻"、"陈胜"等等起义领袖和劳动人民为风流人物，是真正的英雄！

三是"歌未竟，东方白"，是取"日转东方白"、"吟诗一夜东方白"、"不知东方之既白"诸语典的典意与语词而成的佳句，是全词的画龙点睛之笔，它紧扣全词之题旨，并为其题意服务。它象征着一曲人类阶级斗争之歌尚未唱完，而人类的解放已经呈现在眼前。这是对数千年以来的历史创造者的缅怀，是对他们最终迎来了胜利的曙光的歌颂！真不愧是冠绝古今的咏史名篇！

37.情深似海寻故地　凌云一曲抒壮怀
——毛泽东在《水调歌头·重上井冈山》中所用典故探妙

用典缘起：

1965年5月下旬，毛泽东在巡视了大江南北之后，重上了阔别38年之久的井冈山。22日，他先到黄洋界和茨坪。在茨坪居住的日子里，了解了井冈山地区的水利、公路建设和人民的生活，会见了当年的老红军、烈士家属、机关干部和群众，于25日写下了《水调歌头·重上井冈山》。其词云："久有凌云志，重上井冈山。千里来寻故地，旧貌变新颜。到处莺歌燕舞，更有潺潺流水，高路入云端。过了黄洋界，险处不须看。　风雷动，旌旗奋，是人寰。三十八年过去，弹指一挥间。可上九天揽月，可下五洋捉鳖，谈笑凯歌还。世上无难事，只要肯登攀。"在这首词中用了下列典故。

典故内容：

久有凌云志。——典出《后汉书·冯衍传》："衍少事名贤，经历显位，怀金垂紫，揭节奉使，不求苟得，常有陵（凌）云之志。"又见，唐人杜甫《戏为六绝句》

诗："庾信文章老更成，凌云健笔意纵横。"又见，唐人崔珏《哭李商隐》（其二）："虚负凌云万丈才，一生襟抱未曾开。鸟啼花落人何在，竹死桐枯凤不来。"

到处莺歌燕舞。莺歌燕舞，亦即"燕舞莺歌"。——典出明人陈子龙《二郎神·清明感旧》："韶光有几，催遍莺歌燕舞。"又见，元人杨景贤《西游记》杂剧3本第9出："山光明媚，柳色妖妖，莺歌巧韵，燕舞纤腰。"又见，唐人杜甫《忆幼子》诗："骥子春犹隔，莺歌暖正繁。"又见，唐人孟郊《伤春》："千里无人旋风起，莺啼燕语荒城里。"又见，宋人苏轼《锦被亭》词："烟红露绿晓风香，燕舞莺啼春日长。"明人陈耀文《花草粹编》载郑意娘《胜州令》："梦回听，乳莺调舌，紫燕竞穿帘幕。"又见，《词谱》载万俟咏《三台》："乍莺儿百啭断续，燕子飞来飞去。"又见，元人关汉卿《杜蕊娘智赏金线池》楔子："语若流莺声似燕，丹青，燕语莺声怎画成？"

更有潺潺流水。——典出三国魏人曹睿《步出东门行》诗："弱水潺潺，叶落翩翩。"又见，唐人王维《自大散以往，深林密竹磴道盘曲四五十里，至黄牛岭见黄花川》："飒飒松上雨，潺潺石中流。静言深溪里，长啸高山头。"又见，宋人欧阳修《醉翁亭记》："山行六七里，渐闻水声潺潺。"

风雷动，旌旗奋。——典出清人龚自珍《己亥杂诗》第125首："九州生气恃风雷，万马齐喑究可哀。"又见，宋人辛弃疾《鹧鸪天》词："壮岁旌旗拥万夫，锦襜突骑渡江初。"

是人寰。——南朝宋人鲍照《舞鹤赋》："去帝乡之岑寂，归人寰之喧卑。"

弹指一挥间。——典出唐人司空图《偶书》："平生多少事，弹指一时休。"又见，宋人高僧法云《翻译名义集》引《神祇律》："二十念为一瞬，二十瞬为一弹指。"又见，《翻译名义集》卷2《时分》引《阿毗达磨俱舍论》："壮士一弹指顷六十五刹那。"又见，宋人辛弃疾《念奴娇》："江南酒贱，光阴只在弹指。"又见，宋人陈人杰《沁园春·丁酉岁感事》："刘表坐谈，深源轻进，机会失之弹指间。"又见，清人黄遵宪《游潘园感赋》："弹指须臾千载后，几人起灭好楼台。"

可上九天揽月。——典出战国楚人屈原《少司命》："孔盖兮翠旌，登九天兮抚彗星。"又见，其《离骚》："指九天以为正兮，夫唯灵修之故也。"又见，《孙子·形》："善攻者，动于九天之上。"又见，唐人李白《宣州谢朓楼饯别校书叔云》诗："俱怀逸兴壮思飞，欲上青天览明月。"又见，其《望庐山瀑布》："飞流直下三千尺，疑是银河落九天。"

可下五洋捉鳖。——典出唐人欧阳询等编纂《艺文类聚》卷96《鳞介部》上《鳖》引晋人潘尼《鳖赋》："有东海之巨鳖，乃负山而吞舟。"又见，元人康进之《李逵负荆》："管教他瓮中捉鳖，手到拿来。"又见，清人方城培《雷峰塔·获脏》："不若小的悄悄即刻就去，瓮中捉鳖，手到拿来。"

谈笑凯歌还。——典出晋人左思《咏史》："吾慕鲁仲连，谈笑却秦军。"又见，唐人李白《永王东巡歌》："但用东山谢安石，为君谈笑静胡沙。"又见，宋人苏轼《念奴娇·赤壁怀古》词："谈笑间、樯橹灰飞烟灭。"又见，宋人陆游《出塞四首借用秦少游韵》："壮士凯歌归，岂复赋国殇。"又见，元人佚名《薛仁贵征辽事略》："鞭敲金镫转，人唱凯歌回。"又见，明人冯梦龙《喻世明言》卷21："喜孜孜鞭敲金镫响，笑吟吟齐唱凯歌回。"又见，明人周清源《西湖二集》卷1："鞭敲金镫响，人唱凯歌还。"

世上无难事，只要肯登攀。——典出明人吴承恩《西游记》第2回："世上无难事，只怕有心人。"

用典探妙：

毛泽东的这一首词，一写当时革命形势之一派大好，二抒要将无产阶级革命进行到底的壮志豪情。

围绕上述写作意图，毛泽东在这一首词中，运用了大量的典故，但是，全词并不因为运用了大量的典故而晦涩艰深难懂，相反，而是通俗易懂，做到了人人基本上能懂，这是毛泽东总体上用典的一大妙处；再所涉及之典达22处之多，而多数人却读而不觉，这是毛泽东在这一首词中总体上用典的又一大妙处。

毛泽东在这一首词中用典的上述两大妙，笔者以为，是由下面四个方面的用典之妙而促成的。

（一）选用典故之妙。

毛泽东在这一首词中所选用、所涉及的典故，其本身就比较通俗易懂。

如"……凌云之志"、"……莺歌燕舞"、"……水声潺潺"、"……弹指"、"……瓮中捉鳖，手到拿来"、"世上无难事……"等等。当毛泽东将这些典故的语词与典意用于自己的词作之中时，当然也就具有通俗易懂之妙。

（二）化难为易之妙。

所谓化难为易之妙，就是说，毛泽东在其所选用的典故中，有的典故虽说比较艰涩难懂一点。

如"……，登九天兮抚彗星"，乃典出屈原《九歌·少司命》。其解说就不一，一说是登上九天，手抚彗星，为儿童扫除灾难；一说是怀王背齐助秦，如登上九天去镇抚妖祸，其后果可知！当然，毛泽东的"可上九天揽月"，可能还借用过李白的"欲上青天览明月"，但在句形、句式、句意上，在毛泽东对屈著的特别爱好上，取用"登九天兮抚彗星"的可能性还是要大一些。李白的诗还好理解一些，屈原的这一句诗，对一般读者来说，就不那么好理解了。然而，这些诗句一旦毛泽东妙用，化而为"可上九天揽

月"，就通俗易懂了。到天上去抚摸明月，就是撇开原来语典的不通俗字词，或是说用不着去管这两句语典，这样一来，词中之语词谁又不懂？而其气势之大，则远胜屈原与李白之句矣！

（三）取用不少语典中的亮丽语词和语意，并强化其典意，使所成的词句有描绘革命形势大好之妙。

如"催遍莺歌燕舞"、"莺歌暖正繁"、"燕舞莺啼春日长"、"……水潺潺"、"……闻水声潺潺"等等。毛泽东从这些秀句中取其亮丽语词，取其描绘美景、美声、美意之典意，通过自己的巧妙配以相关之词，强化词句的美妙亮丽之意，成新句"到处莺歌燕舞"、"更有潺潺流水"，再配之以"高路入云端。过了黄洋界，险处不须看"，这就充分地展现了社会主义祖国的山好、水好、路好、人更好，真有"旧貌变新颜"之妙！

（四）取用语典中的富于豪情的语词、语意，强化其典意中的豪迈气势，重组新句，使词语具有能抒发将无产阶级革命进行到底的豪情壮志之妙。

如"常有凌云之志"、"凌云健笔意纵横"、"九州生气恃风雷"、"壮风旌旗拥万夫"、"归人寰之喧卑"、"……一弹指"、"光阴只在弹指"、"弹指须臾千载后"、"登九天兮抚彗星"、"欲上青天览明月"、"……瓮中捉鳖，手到拿来"、"谈笑却秦军"、"……谈笑静胡沙"、"谈笑间、樯橹灰飞烟灭"、"世上无难事……"等等。这一些语典，其本身通过赞志、赞勇、赞猛、赞智慧、写胸襟、写气度、写力量，自有其逼人气势。毛泽东将其语词、语势、典意，妙取用、巧搭配，强化其气势，成"久有凌云志……风雷动，旌旗奋，是人寰。……弹指一挥间。可上九天揽月，可下五洋捉鳖，谈笑凯歌还"诸句，句句气势雄健、句句声调高扬、句句显其豪壮。读罢这些词句，有如听完一曲激情满怀的交响曲，使人不禁革命豪情涌动、热血沸腾。再加之以"世上无难事，只要肯登攀"与首句"久有凌云志"紧相呼应，铿锵有声。在读完全词之后，大有令人生命的活力顿增、激越气势澎湃、凌云壮志不可遏止之妙！

38. 燕雀安知鸿鹄志　鲲鹏精神永传扬
——毛泽东在《念奴娇·鸟儿问答》中所用典故探妙

用典缘起：

鉴于20世纪60年代以来国际斗争的复杂与尖锐，特别是1963年8月5日，苏、美、英三国在莫斯科签署了《禁止在大气层、外层空间和水下进行核武器试验条约》，企图借此约束我国研制核武器。赫鲁晓夫则散布一系列害怕战争的言论，美帝则对我国发出战争威胁。在这样的历史背景下，毛泽东于1965年秋写下了《念奴娇·鸟儿问答》。其词云："鲲鹏展翅，九万里，翻动扶摇羊角。背负青天朝下看，都是人间城郭。炮火连天，弹痕遍地，吓倒蓬间雀。怎么得了，哎呀我要飞跃。　　借问君去何方，雀儿答道：有仙山琼阁。不见前年秋月朗，订了三家条约。还有吃的，土豆烧熟了，再加牛肉。不须放屁，试看天地翻覆。"在这首词中用了下列典故。

典故内容：

鲲鹏展翅九万里，亦即"鹏程万里"、"鹏霄万里"、"万里鹏程"、"鹏程"。——典出《庄子·逍遥游》："北冥有鱼，其名为鲲。鲲之大，不知几千里也。化而为鸟，其名为鹏。鹏之背，不知其几千里也；怒而飞，其翼若垂天之云。是鸟也，海运则将徙于南冥。南冥者，天池也。《齐谐》者，志怪者也。《谐》之言曰：'鹏之徙于南冥也，水击三千里，抟扶摇而上者九万里，去以六月息者也。'……风之积也不厚，则其负大翼也无力。故九万里，则风斯在下矣，而后乃今培风；背负青天而莫之夭阏者，而后乃今将图南。蜩与学鸠笑之曰：'我决起而飞，枪榆枋，时则不至，而控于地而已矣。奚以九万里而南为？'……'穷发之北有冥海者，天池也。有鱼焉，其广数千旦，未有知其修者，其名为鲲。有鸟焉，其名为鹏，背若泰山，翼若垂天之云，抟扶摇羊角而上者九万里，绝云气，负青天，然后图南，且适南冥也。斥鴳笑之曰：彼且奚适也？我腾跃而上，不过数仞而下，翱翔蓬蒿之间，此亦飞之至也。而彼且奚适也？……'"又见，唐人唐彦谦《别留四首》（其一）："鹏程三万里，别酒一千钟。"又见，唐人李中《献张拾遗》："献替频陈忠誉播，鹏霄万里展雄飞。"又见，宋人楼钥《送袁恭安赴江州节推》："只从卧内叙离怀，恋恋掺袪仍握手；鹏程万里兹权舆，平时义方师有余。"又见，宋人道潜《次韵孔天瑞秀才见寄》："来岁如今好时节，看君高步蹑鹏程。"又见，宋人葛立方《减字木兰花·四姪过省候庭试》："摇毫铸藻，纵有微之应压倒。万里鹏程，南省今书淡墨名。"又见，宋人李清照《渔家傲》："天接云涛连晓雾，星河欲转千帆舞。……九万里风鹏正举。风休住，蓬舟吹取三山去！"又见，元人王实甫《点绛唇·混江龙》："投至得云路鹏程九万里，先受了雪窗萤火二十年。"

翻动扶摇羊角，亦即"直上扶摇"、"扶摇直上"、"扶摇"。——典出同上《庄子·逍遥游》。又见，唐人李白《上李邕》："大鹏一日同风起，扶摇直上九万里。"又见，唐人刘禹锡《两如何诗谢裴令公赠别二首》（其二）："终期大冶再熔炼，愿托扶摇翔碧虚。"又见，唐人褚载《鹤》："沙鸥浦雁应惊讶，一举扶摇直上天。"又见，宋人刘辰翁《浣溪沙》（其五）："直上扶摇须九万，满前星斗共昭回。"　羊角，即旋风。《幼学琼林》："闪电号曰雷鞭，旋风名为羊角。"

背负青天。——典出同上《庄子·逍遥游》。

炮火连天。——典出清人吴趼人《二十年目睹之怪现状》第16回："继之又道：'这不过演放两三响已经这样了，何况炮火连天，亲临大敌呢，自然也要逃走了'。"

蓬间雀。——典出同上《庄子·逍遥游》。

仙山琼阁。——典出南北朝人陶弘景《水仙赋》："层城瑶馆，缙云琼阁，黄帝所以筵百神也。"又见，唐人白居易《长恨歌》："忽闻海上有仙山，山在虚无飘渺间，楼阁玲珑五云起，其中绰约多仙子。"

天地翻覆，亦即"天翻地覆"。——典出晋人陆机《君子行》："休咎相乘蹑，翻覆若波澜。"又见，唐人刘商《胡笳十八拍（第6）》："怪得春光不来久，胡中风土无花柳；天翻地覆谁得知，如今正南看北斗。"又见，宋人汪元量《燕山九日》："天翻地覆英雄尽，暑往寒来岁月催。"

用典探妙：

毛泽东的这一首词的用典十分的精妙而又独具特色，真有"庄周寓言两千载，今续新篇永传流"之妙。

毛泽东的这一首词的用典精妙之处多多，总括起来，则主要表现在下列三大方面：

（一）取用"大"典故之妙。

所谓取用"大"典故之妙，即全局性典故的运用之妙。毛泽东在这一首词中，总体上取用了《庄子·逍遥游》这一个寓言形式的典故，然后在这一典故的基础之上，生发出无穷想象的同时，紧紧地落实当时的国际国内严肃的斗争之中去，将所要论说的主旨，将所要抨击的对象巧妙地纳入词中，一一给予评说、给予讽刺，尽情地展现了无产阶级革命家的雄伟气魄。

（二）取用"大"典故中之语词为词句，使整首词具有紧切原来典故的典意又出新意之妙。

诗词的用典，能使读者一读之后即能明白其所用典故之出处，这是有利于读者对诗词的理解和展示作者的创作意图的。毛泽东的这一首词，是要借"鸟儿的对话"去表现国际、国内斗争这一重大题材。但诗词不同于政论，政论中用典，有时可以作注，诗词用典，最好是不作注，而是要使典故熔铸其中，有如盐溶于水，不见其形而又能知其味、解其意，这才是用典的高明之处，也是表现创作意图的绝妙之处。毛泽东借助庄子这一则寓言故事中的鸟儿对话，要借得精妙、借得贴切，他采取的办法是直接取典故中的语料成词。在词的开篇组词时即取用这则寓言故事中的词语成自己的词句。如"鲲鹏展翅"一句，即是概缩"穷发之北有冥海者，天池也。有鱼焉，其广数千里，未有知其修者，其名为鲲。有鸟焉，其名为鹏，背若太山，翼若垂天之云"之意而成之首句；"鲲鹏展翅九万里，翻动扶摇羊角"，即是"抟扶摇羊角而上九万里"的取词、取意而成之次句；"背负青天朝下看"一句，即是"……负青天，然后图南……"一语中取词、取意而成之句。这样一来，两千多年前的庄子这一则有趣的寓言故事就被纳入了毛泽东的这一首词中，庄子这一则寓言故事中"大"与"小"的强烈对比的哲理内核亦将为毛泽东的创作目的服务。这是毛泽东在这一首词中妙用庄子寓言中的寓意，用得得意的第一笔！

（三）有仿用典故作品之文风而又能自标新格之妙。

用庄子寓言作品之典，光有这精妙的第一笔是远远不够的。擅长于妙用典故的毛泽东，在庄子这一寓言故事的基础上开始了他浓抹重彩的第二笔，这就是充分地利用庄子这一则寓言故事中"大"与"小"的强烈对比，立刻仿用庄子的文风，注入自己的思想感情，联系当时与所有的国内、国际的言论与行动，并攫取其具有典型特色的话语入词进行故事新编，从而充分地展现自己的创作意图。这就是这一首词成功的关键之所在和精妙之所在。

毛泽东真不愧为诗词的第一作手。在他的笔下，如今的鲲鹏看到是什么呢？已经不是两千余年前的什么"野马也，尘埃也，生物之以自相吹也。天之苍苍，其正色邪？"（《庄子·逍遥游》）那种混沌之状。他紧贴当时现实形象地描绘道：那乘风而飞的鲲鹏看到的"都是人间城郭。炮火连天，弹痕遍地，吓倒蓬间雀。"毛泽东笔下的蓬间雀也开始与鲲鹏对话了，他已经不是两千年前那样敢于对鲲鹏进行嘲笑，而是发抖地说："怎么得了，哎呀我要飞跃"。这鲲鹏意向——正义者的高大、小雀儿的代表——反华者的渺小便比衬而出。可谓形象而又生动至极！

诗词难于达诂，一般不好坐实。但这也不是绝对的。如果我们要坐实一下的话，也是很有趣味和很有意义的，因为当年被批判的赫鲁晓夫确也以雀儿自比，1959年9月21日，赫鲁晓夫在美国圣约瑟市计算机工厂举行的宴会上讲话说："山鹬约请鹌鹑到他那里去做客。他们之间进行了这样的谈话。山鹬说：'唉，你在田野里生活得怎么样？那里很干燥，没有水。而我在这沼泽里，我们这里很好。'鹌鹑回答说：'你在沼泽里都快腐烂了，你不了解陆地，请看，我们这里多好——阳光普照，鲜花遍地。'山鹬和鹌鹑谁也不了解谁，都认为自己正确……你们认为你们的生活方式最好，我们认为我们的生活方式最好。时间会证明，谁坐在沼泽里，谁在天空里飞翔"。（公木：《毛泽东诗词鉴赏》，长春出版社1996年版，第314页）

如果说，赫鲁晓夫曾以雀自喻飞跃的话，那么他面对全世界被压迫人民、被压迫民族的武装斗争的态度又是怎么样呢？同样也是可以坐实的。"赫鲁晓夫当年曾说：'任何争取民族解放的局部战争都会蔓延成世界大战'（1960年9月在联合国大会的演说）。'当代的区域性战争是很可怕的事，因为任何区域性战争的星星之火都会蔓延成世界大战火焰'（1960年7月在维也纳的讲话）。'要是让战争爆发，那么，许多国家简直从地球上消灭'（1960年4月在前苏联巴库的讲话）"。（张仲举：《毛泽东诗词全集译注》，陕西人民出版社2000年版，第198页）

毛泽东以生物拟人，将2000余年前庄子的典故根植于当年社会政治之中。如果说，一句"怎么得了，哎呀我要飞跃"，正是当年赫鲁晓夫一伙，被当年世界革命之风云吓

破了胆的形象写照的话，那么，毛泽东将2000余年前庄子的幻想与当年世界社会现实融为一体的精彩之笔还在后头。

这一首的下阕是以鲲鹏发问始、以鲲鹏答问终，整个下阕全是毛泽东仿用庄子的语调新编的寓言故事。毛泽东所新编的这一则寓言续作，也是他创造性地妙用典故最为生动的手笔，其内容是全新的，其针对性是极强的，它以雀儿的答话为内容，概缩熔铸了陶弘景赋句与白居易的诗句为"仙山琼阁"当作雀儿答话的开首之句，这就暗示了所谓"不见前年秋月朗，订了三家条约。还有吃的，土豆烧熟了，再加牛肉"这只不过是在做着那虚无缥缈的美梦而已。它有如投枪直刺雀儿的要害之处。词的结尾以"不须放屁，试看天地翻覆"为断语，展现了大鹏的怒斥如匕首之锐，体现了中国共产党人有气贯长虹、有以其生命力的奔涌去吞没前进中的一切障碍之势，从而使这一首词达到了光耀全球的境界。

然而令人回味无穷的是，雀儿的话在下阕中同样是可以一一坐实下来的：词中的"不见前年秋月朗，订了三家条约。还有吃的，土豆烧熟了，再加牛肉"，这就是"1963年8月5日，苏、美、英三国在莫斯科签订了《禁止在大气层、外层空间和水下进行核武器试验条约》。这个条约旨在剥夺其他国家为抗拒核讹诈而试验核武器的权利，维护几个核大国的核垄断，以利于他们对全世界进行霸权主义统治。……1964年4月1日，赫鲁晓夫在匈牙利一家工厂讲话时说，'福利共产主义'是'一盘土豆烧牛肉的好菜'"。（张仲举：《毛泽东诗词全集译注》，陕西人民出版社2000年版，第196页、199页）

在整个下阕中，毛泽东对于雀儿目光短浅的言论，进行了彻底的否定。其一是用"仙山琼阁"这一虚无飘渺语典借雀儿之口以讽刺式的否定；其二是用"不须放屁"这一句最通俗的普通老百姓的口语用藐视的口气予以否定，以"试看天地翻覆"展望未来。

39.易昌陶英年早逝 毛泽东悼友情深
——毛泽东在《五古·挽易昌陶》中所用典故探妙

用典缘起：

1915年3月间，湖南省立第一师范学校的学生、毛泽东的同班好友易昌陶不幸病逝于家中，5月23日，学校为他开了追悼会。毛泽东为悼念好友写了挽诗《五古·挽易昌陶》。其诗云："去去思君深，思君君不来。愁杀芳年友，悲叹有余哀。衡阳雁声彻，湘滨春溜回。感物念所欢，踯躅南城隈。城隈草萋萋，涔泪侵双题。采采余孤景，日落衡云西。方期沆瀁游，零落匪所思。永诀从今始，午夜惊鸣鸡。鸣鸡一声唱，汗漫东皋上。冉冉望君来，握手珠眶涨。列嶂青且茜，愿言试长剑。东海有岛夷，北山尽仇怨。荡涤谁氏子，安得辞浮贱。子期竟早亡，牙琴从此绝。琴绝最伤情，朱华春不荣。后来有千日，谁与共平生？望灵荐杯酒，惨淡看铭旌。惆怅中何寄，江天水一泓。"在这首诗中用了下列典故。

典故内容：

去去思君深。去去。——典出《文选》载汉人苏武《古诗之三》："参辰皆已没，去去从此辞。"又见，三国魏人曹植《杂诗六首》（其二）："类此游客子，捐躯远从戎。毛褐不掩形，薇藿常不足。去去莫复道，沉忧令人老。"又见，唐人王勃《白下驿饯唐少府》："去去如何道，长安在日边。"又见，唐人孟郊《感怀》："去去勿复道，苦饥形貌伤。"又见，宋人柳永《雨霖铃》："念去去千里烟波，暮霭沉沉楚天阔。"又见，《西游记》第17回："去去还无住，如如自有殊。"其意为越来越远。

愁杀芳年友。愁杀。——典出唐人杜甫《南极》："离乱多醉尉，愁杀李将军。"又见，其《月三首》："若无青嶂月，愁杀白头人。"又见，唐人张说《邺都引》："试上铜台歌舞处，惟有秋风愁杀人。"又见，唐人岑参《胡笳歌送颜真卿使赴河陇》："吹之一曲犹未了，愁杀楼兰征戍儿。" 愁杀，当是口头语愁死、愁坏之意，至今民间亦常用。芳年。——典出唐人卢照邻《长安古意》："借问吹箫向紫烟，曾经学舞度芳年。"

悲叹有余哀。——典出汉人无名氏《古诗十九首·西北有高楼》："一弹再三叹，慷慨有余哀。"又见，相传汉人苏武《别诗四首》（其二）："丝竹厉清声，慷慨有余哀。"又见，三国魏人曹植《七哀》诗："上有愁思妇，悲叹有余哀。"又见，明人冯梦龙《警世通言》卷9："吓蛮书草见天才，天子调羹亲赐来。一自骑鲸天上去，江流采石有余哀。"

衡阳雁声彻，湘滨春溜回，亦即"衡阳雁断"（暗用）。——典出元人高则诚《琵琶记·官邸忧思》："湘浦鱼沉，衡阳雁断，音书要寄无方便。"又见，明人周清源《西湖二集》卷8："臣身愿作衡阳雁，一度秋风一度归。"又见，唐人王勃《滕王阁序》："雁阵惊寒，声断衡阳之浦。"人们在解释"衡阳雁声彻，湘滨春溜回"时，多数著作未能将这两句联系一起来解释，或者避而不解。解释者们认为："湘滨春溜回"是"春水的急流回旋"、"水深而回"。笔者认为：如果"湘滨春溜回"是指"春水的急流回旋"、"水深而回"的话，这就使"衡阳雁声彻"一句"孤立"起来了。故而以为，"湘滨春溜回"一句，更为主要的不是讲春水的急流回旋，而是指群雁等待春天到来之时就要回归北方，这里的"湘滨春溜"谓春天已经到来了，北飞到衡阳的群雁在呼唤着要回到"老家"北方了。毛泽东见此而有所感、有所思。所感、所思的是我们要展翅高翔的一群学友中从此就少了一位大才——易昌陶啊！

笔者为什么作出这样的解释呢？实际上是毛泽东在这里暗用了"衡阳雁断"这一典故。因为衡阳县的南部有回雁峰，为南岳72峰之首北雁南飞到此即止，故而得名。由于回雁峰以北处于冬季10度等温线以北，宜于大雁留居。衡阳以北，地势低平，不仅有广阔的洞庭湖面，而且沼泽港汊纵横，水库、池塘、水田密布，又极少封冻，适宜于大雁生栖。若再南飞，气温高于10度，于迁飞有抑制作用，若再远翔南海，则体力难持，故大雁多是南飞到回雁峰即止。关于大雁南飞到止即止之事，古人多有道及，且多见之于记载。有谜底为"大雁"的一首谜语诗形象地描绘了这一规律："春风一夜到衡阳，楚水燕山万里长。莫道春来又归去，江南虽好是他乡"。（吴直雄：《古今诗谜百首欣赏》，陕西人民教育出版社1989年版，第187页。此谜语诗与明人王恭《春雁》仅有个别字的不同。王恭《春雁》诗是："春风一夜到衡阳，楚水燕山万里长；莫怪春来便归去，江南虽好是他乡。"）

感物念所欢。——典出三国魏人曹植《赠白马王彪》："涕泣洒衣裳，能不怀所欢。"

踟蹰南城隈，城隈草萋萋。踟蹰。——典出战国楚人宋玉《神女赋》："奋长袖以正衽兮，立踟蹰而不安。"又见，《荀子·礼论》："（大鸟兽）过故乡，则必徘徊焉，鸣号焉，踟蹰焉。"又见，南朝宋人谢灵运《君子有所思行》："踟蹰周名都，游目倦忘归。"又见，唐人顾况《游子吟》："浮云蔽我乡，踟蹰游子吟。"草萋萋。——典出《楚辞·招隐士》："王孙游兮不归，春草生兮萋萋。"又见，南朝宋人谢灵运《悲哉行》诗："萋萋春草生，王孙游有情。"又见，唐人崔颢《黄鹤楼》："晴川历历汉阳树，芳草萋萋鹦鹉洲。"

涔泪侵双题。涔泪。——典出南朝梁人江淹《谢法曹赠别》诗："芳尘未歇席，涔泪犹在袂。"双题。——典出南朝宋人谢惠连《捣衣诗》："微芳起两袖，轻汗染双题。"

采采余孤景。采采。——典出《诗经·曹风·蜉蝣》："蜉蝣之翼，采采衣服。"又见，《诗经·春风·蒹葭》："蒹葭采采，白露未已。"

方期沆瀁游。沆瀁游。——典出晋人左思《吴都赋》："㳽溶沆瀁，莫测其深，莫究其广。"

零落匪所思。零落。——典出战国楚人屈原《离骚》："惟草木之零落兮，恐美人之迟暮。"又见，三国魏人曹植《箜篌引》："生存华屋处，零落归山丘。"又见，宋人陆游《卜算子·咏梅》："零落成泥碾作尘，只有香如故。"又见，明人冯梦龙《醒世恒言》卷4："老拳毒手交加下，翠叶娇花一旦休。好似一番风雨恶，乱红零落没人收。"匪所思。——典出《周易·涣》："元吉，涣有丘，匪夷所思。""匪所思"即是"匪夷所思"的缩略语，其意为不是根据常理所能够想象得到的。诗意为易昌陶之死是意想不到的事。

午夜惊鸣鸡。亦即"闻鸡起舞"（暗用）。——典出《晋书·祖逖传》："与司空刘琨俱为司州主簿，情好绸缪，共被同寝。中夜闻荒鸡鸣，蹴琨觉曰：'此非恶声也。'因起舞。"毛泽东追忆当年与易昌陶曾怀"闻鸡起舞"的救国之志，今好友早逝，半夜闻鸡，思及不见"起舞"之友，故而惊心。

汗漫东皋上。汗漫。——典出《淮南子·俶真》："甘瞑于溷澜之域，而徙倚于汗漫之宇。"又见，唐人李白《庐山谣寄卢侍御虚舟》："先期汗漫九垓上，愿接卢敖游太清。"东皋。——典出东晋人陶渊明《归去来辞》："登东皋以舒啸，临清流而赋诗。"又见，晋人潘岳《秋兴赋》："耕东皋之沃壤兮，输黍稷之余税。"

冉冉望君来。——典出《离骚》："老冉冉其将至兮，恐修名之不立。"

关山塞骥足。关山。——典出《木兰辞》："万里赴戎机，关山度若飞。"又见，南朝陈人徐陵《关山月》："关山三五月，客子忆秦川。"塞骥足。——典出战国楚人屈原《哀郢》："惨郁郁而不通兮，蹇侘傺而含戚。"又见，汉人扬雄《反离骚》："骋骅骝以曲囏兮，驴骡连蹇而齐足。"《晋书·王接传》："王接才调秀出，见赏知音，惜其夭枉，未足骥足，嗟夫！"又见，《三国志·蜀志·庞统传》："庞士元非百里之才也，使处治中别驾之任，始当展其骥足耳。"

愿言试长剑。——典出屈原《九歌·东皇太一》："抚长剑兮玉珥，璆锵鸣兮琳琅。"《诗经·卫风·伯兮》："愿言思伯，甘心疾首。"又见，《诗经·邶风·二子乘舟》："愿言思子，中心养养。"又见，晋人陶渊明《停云》并序："愿言不从，叹息弥襟。""愿言怀人，舟车靡从。""愿言不获，抱恨如何。"又见，清人厉鹗《晚登韬光绝顶》："永怀白侍郎，愿言脱尘鞅。"

东海有岛夷，亦即"岛夷战旅顺"（暗用）。——典出：19世纪末至20世纪初，是中华民族最为黑暗的岁月。逐渐沦为殖民地、半殖民地的中华大地，被岛夷（笔者诂且指当时所有的帝国主义者）们所侵占、所瓜分。1904—1905年，日本帝国主义与俄国帝国主义为了独占中国的东北而在旅顺爆发了日俄大战。1904年2月8日，日军袭击占据旅顺的俄国舰队。10日，日俄宣战，战争的结果是1905年1月日军占据旅顺口；3月在沈阳附近击败俄国陆军主力；5月击溃俄军波罗的海舰队，从此日俄共同瓜分中国的东北。腐败无能的清政府坐视虎狼的瓜分。这是日本帝国主义大举入侵中国之始。岛夷。——典出《书·禹贡》："冀州岛夷皮服，扬州岛夷卉服。""岛夷"，自鸦片战争，一般后泛指所有的外国侵略者。清人黄遵宪《冯将军歌》："何物岛夷横割地，更索黄金要岁币。"

北山尽仇怨。——典出《诗经·小雅·北山》："陟彼北山，言采其杞。……溥天之下，莫非王土。率土之滨，莫非王臣。"又见，"……从整个诗旨看，《北山》与

'全国'两个概念可说是风牛马不相及。但我认为，从'北山'而联想起《北山》诗中的'溥天之下，莫非王土，率土之滨，莫非王臣'这样的名句，是可以的。而且，诗中的'偕偕士子，朝夕从事'、'王事傍傍'、'旅力方刚，经营四方'，与毛泽东同时写的'胡虏多反复，千里度龙山，腥秽待洗涤'，也在词义上、意境上有近似之处。诗贵联想，凭联想而使诗情驰骋于古今上下四方。所以，我认为，'北山尽仇怨'一句，反映的是全国人民对'岛夷'的同仇敌忾的情绪。上下两句，一气贯之。……北山一词，《诗经》凡六见，其余五处均见《小雅·南山有台》：'南山有台，北山有莱'……《毛诗》和《诗集传》都说：'兴也。'由此可以旁证，北山在《诗经》中均非地名"。（易孟醇：《北山、东皋及其他》，《南昌大学学报》（人社版）2000年第1期，第131页）

荡涤谁氏子。荡涤亦即涤荡。——典出《淮南子·泰族》："圣人之治天下，非易民性也，拊循其所有而涤荡之。"又见，《史记·乐书》："而万民咸荡涤邪秽，斟酌饱满，以饰厥性。"又见，《后汉书·陈宠传》："荡涤烦苛之法。"又见，汉人无名氏《古诗十九首·东城高且长》："荡涤放情志，何为自结束？" 谁氏子。——典出三国魏人曹植《白马篇》："借问谁家子，幽并游侠儿。"又见，唐人韩愈《谁氏子》："非痴非狂谁氏子，去入五屋称道士。白头老母遮门啼，挽断彩袖留不止。翠眉新妇年二十，载送还家哭穿布。"

子期竟早亡，牙琴从此绝，亦即"伯牙破琴"、"高山流水"的暗用与扩用。——典出《吕氏春秋·本味》："伯牙鼓琴，钟子期听之，方鼓琴而志在太山，钟子期曰：'善哉乎鼓琴，巍巍乎若太山。'少选之间，而志在流水，钟子期又曰：'善哉乎鼓琴，汤汤乎若流水。'钟子期死，伯牙破琴绝弦，终身不复鼓琴，以为世无足复鼓琴者。非独琴若此也，贤者亦然。虽有贤者，而无礼以接之，贤奚由尽忠？犹御之不善，骥不自千里也。"又见，唐人牟融《写意二首》（其一）："高山流水琴三弄，明月清风酒一樽。"又见，宋人晁补之《李成季得阎子常古琴作》："昔人流水高山手，此意宁从弦上有？"又见，宋人张扩《次韵程伯寓司业见寄道旧》："君今雅意在流水，谁是子期知此音？"又见，宋人陈渊《谒满处冲归以诗赠之》："阳春属和从来少，流水知音不必多。"

琴绝最伤情。——典出同上。

惨淡看铭旌。惨淡。——典出唐人岑参《白雪歌送武判官归京》诗："瀚海阑干百丈冰，愁云惨淡万里凝。"铭旌。——典出唐人李白《上留田行》："昔之弟死兄不葬，他人于此举铭旌。"

江天水一泓。——典出晋人郭璞《江赋》："极泓量而海运，状滔天以淼茫。"又见，唐人杜甫《刘九法曹郑瑕丘石门宴集》："晚来横吹好，泓下亦龙吟。"又见，唐人李贺《梦天》："遥望齐州九点烟，一泓海水杯中泻。"

用典探妙：

据湖南出版社1990年7月出版的《毛泽东早期文稿》载：1915年6月25日，毛泽东在《致湘生信》中说："同学易昌陶君病死，君工书善文，与弟甚厚，死殊可惜。校中追悼，吾挽以诗，乞为斧正。"信中抄录了这一首诗。

这一首诗虽说是毛泽东学生时期的作品，却不同凡响。李锐评说毛泽东为挽易昌陶所写的这一首五言古风"可以与汉乐府媲美"（刘汉民：《毛泽东诗话词话书话集观》，长江文艺出版社2002年版，第4页），此言十分恰切。

毛泽东的这一首五古总计40句，十分逼真地叙写了思友之情切、别友之痛楚、悲友之感伤、忆友之真挚、祭友之痛惜。毛泽东的这一首五古之所以写得这样好，除了他的创作视野开阔、立意高远之外，在调动用典手法上也起到了重要作用。

（一）大量地取用语典中富于悲哀情调的语词与典意入诗成新典，使诗句富于悲哀伤悼之情，以表别友之痛楚、悲友之感伤！

如："去去从此辞"、"愁杀李将军"、"愁杀白头人"、"惟草木之零落兮"、"愁云惨淡万里凝"等等。毛泽东巧取之些诗词句中富于悲哀之意的词语与诗词中的悲痛之语意妙入自己的诗句之中，从而使自己诗句含有这些语料之句，均富有别友之痛楚、悲友之感伤之意。尤其是曹植的"悲叹有余哀"一句，毛泽东将其全部用于诗中。曹植的本意是叙写少妇对于长期在外的丈夫的思念与哀怨的，所表达的是曹植借少妇之哀、之怨、之恨，以表示自己被打击、被迫害的愤懑与不平。毛泽东将其用于己诗，则对象全变矣！是用之于哀悼富有才华的同学，是用之于志同道合、要为国为民洗雪帝国主义者强加在中华民族头上耻辱的战友，则所思念、所哀伤之情不仅不变，而是更深、更切、更能唤起世人悲愤之同感！

（二）选用语典中诸多"物像"语料、语词典意入诗成新典，以表思友之情切及以往友谊之深厚。

本人所谓"物像"语料、"物像"典意，就是说在语典中的一些表达人物、动物之情状的语典入诗。

人类思友、思乡，动物顾念同类、恋恋不舍故土之情，等等，这是最令人感怀不已的。毛泽东将这样的语典取用其中语词、典意用之于诗，是他用典最为成功之处之一。

如"衡阳雁断……"、"雁阵惊寒，……"、"立踯躅而不安……"、"（大鸟兽）过故乡，则必徘徊焉，鸣号焉，踯躅焉"、"王孙游兮不归……"、"……潸泪犹在袂"、"……轻汗染双题"等等。这些语典，都有人物或动物之动作、情态、形象，人物、动物亦如此。毛泽东从此失去了救国救民、心怀大志的好同学、好战友，将这些语典用之于诗，其中特别是将"伯牙破琴"一典入诗，可谓语典、事典同时入诗，使人

物、事件在诗中的作用各展其妙，则其思友之情是何等之切、何等的富有深厚的意蕴，读者读罢此典，对于毛泽东与易昌陶的感情深度，便是可想而知了！

（三）借助语典写梦境，则忆友情怀之真挚自会有映人眼帘之妙。

俗话说：日有所思，夜有所梦。将怀念友人之事写入梦境之中，这本身就是对友人的最好怀念。

毛泽东在叙写梦中与友相见之时，取用了语典中的"汗漫……"、"东皋……"、"……冉冉其将至兮"入诗，补之以"握手珠眶涨"一句，便将与亡友相见时的情感逼真地再现于读者的眼前！

苏轼在梦中悼念亡妻中的名句是令人刻骨铭心的。尤其是其中的"……夜来幽梦忽还乡……相顾无言，惟有泪千行"（苏轼《江城子》）表现了"此时无声胜有声"的沉痛之感。毛泽东则是在鸣鸡起舞之时，二人同会于东皋、握手相对、泪水满眶。无言？不尽之言？不尽情怀！从而使得诗意更具蕴籍深沉之妙。

（四）借助语典中的贬称入诗言志。

毛泽东在这一首诗中调用了我国"岛夷"这一语典中的贬称入诗，并借助"抚长剑兮……"、"北山……"等语典的运用，充分表达了对侵略者的藐视和与其斗争到底、坚决铲除的决心。这就使这一首挽诗具有崭新的思想境界之妙。

40.深入社会行千里 诗绘游历景如画
——毛泽东在《七津·游学途中》中所用典故探妙

用典缘起：

1917年的暑假，毛泽东邀同萧子升从长沙出发，徒步旅行。他们穿着草鞋，背着包袱、雨伞，漫游了宁乡、安化、益阳、沅江、长沙5县。毛泽东在梅城还游览了孔圣庙、培英堂、东华阁、北宝塔等名胜古迹……毛泽东还写了一首七律。其诗云："骤雨东风过远湾，滂然遥接石龙关。野渡苍松横古木，断桥流水动连环。客行此去遵何路，坐眺长亭意转闲"（萧三：《毛泽东同志的青少年时代和初期革命活动》，中国青年出版社1980年版，第50—51页。陈晋：《毛泽东的文化性格》、柏华：《毛泽东诗词全集（91首）全译全析》、张仲举：《毛泽东诗词全集译注》等，与此基本相同）。在这首诗中用了下列典故。

典故内容：

野渡苍松横古木。——典出唐人韦应物《滁州西涧》："春潮带雨晚来急，野渡无人舟自横。" 宋人寇准《春日登楼怀归》："野水无人渡，孤舟尽日横。"又见，宋人谢逸《江城子》："野渡舟横，杨柳绿阴浓。"又见，明人冯梦龙《喻世明言》卷

11："野渡舟横，杨柳折残枝。怕见苍山千万里，人去远，草烟迷。"

断桥流水动连环。——典出宋人陆游《卜算子·咏梅》词："驿外断桥边，寂寞开无主。"

坐眺长亭意转闲。——典出南朝宋人谢灵运《登池上楼》诗："倾耳聆波澜，举目眺岖嵚。"又见，南朝陈人庾信《哀江南赋》："十里五里，长亭短亭。"又见，唐人李白《菩萨蛮三首》（其二）："何处是归程？长亭连短亭。"又见，宋人万俟咏《长相思·山驿》："短长亭，古今情。"又见，明人冯梦龙《醒世恒言》卷10："萍水相逢骨肉情，一朝分袂泪俱倾。骊驹唱罢劳魂梦，人在长亭共短亭。"

用典探妙：

毛泽东的这一首诗，虽说缺了两句，但联贯起来读时，依然明白如话、极富动态之感，仍能将读者带入身坐长亭赏山观水之境界。之所以有这样的艺术效果，与毛泽东的用典相关相切。

首先是，毛泽东有化用前人诗句入诗、浑然天成之妙。

无论是韦应物的"野渡无人舟自横"，还是寇准的"野水无人渡，孤舟尽日横"，画家们均可将其绘成引人入胜之画。毛泽东取这两句之语料与典意新铸己诗"野渡苍松横古木"，将野渡岸边苍松横斜之态与水边倒影的苍松横斜"静态"美，描绘出湘江山水之美，实有妙手偶得、浑然天成之趣！

其次是，将古诗典意入诗，使诗有信手拈来之妙。

毛泽东这一首诗中的"野渡"、"断桥"、"长亭"等，都含若干古诗之典故意象，这些典故意象的入诗，使毛泽东的这一首诗有深得中国古典诗三昧之妙，让人读来古意浓浓、诗意醇厚。

其三是，有古诗典故意象入诗出新之妙。

如果说毛泽东仅仅是将古诗典故意象入诗而成诗，那将是失败之诗。因为韦应物诗句表闲逸淡泊之情，抒怀才不遇之意，寇准之句显凄楚落寞之感，陆游之句更是失意之吟，而以豪放著称的李白的这句词也只能是羁旅思乡之愁交织相融而显悲凉……。毛泽东所继承的是他们诗句的极高艺术性，而以"意转闲"三字入诗，则全诗新意顿出，所表达的则是漫游欢悦与高涨的兴致。毛泽东在与萧瑜化装成"乞丐"的"游学"途中，还记下了他们露宿沙岸的韵语："沙滩为床，石头当枕，蓝天作帐，明月为灯"（叶显林、周小滨：《毛泽东诗词书法赏析》，人民文学出版社2006年版，第29页）。这是何等的愉悦、何等的气魄。将其与《游学途中》参读，实可获得新的理解。

41.胸中襟抱怀日月 自砺互勉心智开
——毛泽东在《七古·送纵宇一郎东行》中所用典故探妙

用典缘起：

罗章龙于1915年与毛泽东初次交往时曾用过"纵宇一郎"这样一个化名。1918年4月，罗章龙要去日本，在即将告别之际，新民学会在长沙北门外的平浪宫聚餐为其饯行。毛泽东以"二十八画生"的笔名作此诗为其饯别壮行。其诗云尔："云开衡岳积阴止，天马凤凰春树里。年少峥嵘屈贾才，山川奇气曾钟此。君行吾为发浩歌，鲲鹏击浪从兹始。洞庭湘水涨连天，艟艨巨舰直东指。无端散出一天愁，幸被东风吹万里。丈夫何事足萦怀，要将宇宙看稊米。沧海横流安足虑，世事纷纭从君理。管却自家身与心，胸中日月常新美。名世于今五百年，诸公碌碌皆余子。平浪宫前友谊多，崇明对马衣带水。东瀛濯剑有书还，我返自崖君去矣。"在这首诗中用了一系列典故。

典故内容：

云开衡岳积阴止。——典出唐人韩愈《谒衡岳庙遂宿岳寺题门楼》："喷云泄雾藏半腹，虽有绝顶谁能穷？我来正逢秋雨节，阴气晦昧无清风。潜心默祷若有应，岂非正直能感通？须臾静扫众峰出，仰见突兀撑青空。紫盖连延接天柱，石廪腾掷堆祝融。"又见，宋人苏轼《韩文公庙碑》中据此诗有赞语云："能开衡山之云"（全句为："故公之精神能开衡山之云而不能回宪宗之惑"）。又见，其《答仲屯田次韵》："清风卷地收残暑，素月流天扫积阴。"又见，元人刘因《登镇州阳和门》诗："北望云开岳。"又见，清人黄道让《七律·重登岳麓》："西南云气开衡岳，日夜江声下洞庭。"又见，清人黄道让《去麓宫楹联》："西南云气来衡岳，日夜江声下洞庭"（清人何绍基手书）。又见，清人黄本骐《云中望岳歌》："衡峰崔嵬云蓬蓬，蟠云出没如飞龙。一峰南走一峰北，一峰西矗一峰东。一峰窈窕瀹秋雨，一峰晃漾如流虹。一峰倒挂虬松绿，一峰远射扶桑红。……扫开云雾出真岳，恨无精诚感圆穹。……。"

天马凤凰春树里。天马凤凰。——典出《乾隆长沙府志·山川》载：岳麓山群峰中有大、小天马山，附近又有凤凰山。春树。亦即"春树暮云"、"暮云春树"。——典出唐人杜甫《春日忆李白》："渭北春天树，江东日暮云。何时一樽酒，重与细论文。"后遂成"暮云春树"或"春树暮云"典故，言南北两地相隔，见景而生情，怀念故人。又见，清人程允升《幼学琼林故事·朋友宾主》："落月屋梁，相思颜色；暮云春树，想望丰仪。"

年少峥嵘屈贾才。年少。——典出《史记·屈原贾生列传》："廷尉乃言贾生年少，颇通诸子百家之书。文帝召以为博士。是时贾生年二十余，最为少。每诏令议下，诸老先生不能言，贾生尽为之对，人人各如其意所欲出。诸生于是乃以为不能及也。……" 峥嵘。——典出唐人杜荀鹤《送李镡游新安》诗："邯郸李镡才峥嵘，酒狂诗逸难干名。"又见，宋人陆游《秋风亭拜寇莱公遗像》："豪杰何心后世名，材高遇事即峥嵘。巴东诗句澶州策，信手拈来尽可惊。" "屈贾"即屈原与贾谊。屈原（约公元前353—278年）。——战国楚国人，名平，字原。他年轻有为、才华横溢。文学上有《离骚》、《九章》、《九歌》、《天问》等著作光耀于世；政治上，22岁入兰台宫，26岁任三闾大夫，35岁出任左徒。他博闻强记、娴于辞令，主张选贤任能、联齐抗秦，但遭谗被贬，为国忧愤至极而投汨罗江自沉，是有名的爱国大诗人。贾谊（公元前200—168年）。——西汉洛阳人，年18即被文帝召为博士，在这个专门管理讨论和制定国家各种礼仪、法规、议论朝政的官位上，大展其才华，深得文帝赏识，曾一年中超迁为太中大夫。后遭谗被贬，在为梁王刘胜太傅时，因梁王骑马摔死，震惊、伤心、自责而死，时年33岁。贾谊是我国历史上的大政治家和大文学家，有《贾谊集》传世。

山川奇气曾钟此。——典出唐人柳宗元《马退山茅亭记》："盖天钟秀于是，不限于遐裔也。"又见，唐人王勃《滕王阁序》："物华天宝，龙光射斗牛之墟；人杰地灵，徐孺下陈蕃之榻。"清人曾国藩《题东山书院联》："涟水湘山俱有灵，其秀气必钟英哲；圣贤豪杰都无种，在儒生自识指归。"其中的"钟"为聚集的意思。笔者在《楹联巨匠毛泽东》一书中，考证知毛泽东是很欣赏曾国藩的这一副对联的，故认为"山川奇气曾钟此"一句，有熔铸此联之妙。

君行吾为发浩歌。——典出《楚辞·九歌·少司命》："望美人兮未来，临风恍兮浩歌。"又见，唐人李白《春日醉起言志》："浩歌待明月，曲尽已忘情。"又见，唐人杜甫《自京赴奉先县咏怀》诗："取笑同学翁，浩歌弥激烈。"又见，唐人李颀《采莲》中有："浩歌发空与，清波生漪涟。"又见，清人龚自珍《己亥杂诗》："陶潜诗喜说荆轲，想见《停云》发浩歌。"又见，清人高鹗《怀龙二丈朴存》："应忆长安侣，因风发浩歌。"

鲲鹏击浪从兹始。——典出《庄子·逍遥游》："北溟有鱼，其名为鲲，鲲之大，不知其几千里也。化而为鸟，其名为鹏。鹏之背不知其几千里也，怒而飞，其翼若垂天之云……《谐》之言曰：'鹏之徙于南溟也，水击三千里。'"

洞庭湘水涨连天。——典出唐人刘长卿《自夏口至鹦鹉洲夕望岳阳寄元中丞》诗："汉口夕阳斜度鸟，洞庭秋水远连天。"又见，唐人贾至《洞庭送李十二赴零陵》诗："今日相逢落叶前，洞庭秋水远连天。"

艨艟巨舰直东指。——典出《旧五代史·贺环传》："以艨艟战舰扼其中流。"又见，宋人朱熹《泛舟》："昨夜江边春水生，艨艟巨舰一毛轻。"

无端散出一天愁。无端。——典出《宋书·谢晦传》："血诚如此，未知所愧，而凶狡无端，妄生衅祸。"又见，唐人韩愈《落花》："无端又被春风误，吹落西家不得

归。"又见，唐人刘禹锡《浪淘沙九首》（其二）："无端陌上狂风急，惊起鸳鸯出浪花。"又见，唐人杜牧《送故人归山》："三清洞里无端别，又拂尘衣欲卧云。"

要将宇宙看稊米。——典出《庄子·秋水》："计中国之在海内，不似稊米之在太仓乎？"又见，唐人白居易《和思归乐》："人生百岁内，天地暂寓形。太仓一稊米，大海一浮萍。"又见，宋人辛弃疾《哨遍·秋水观》："何言泰山毫末，从来天地一稊米。"

沧海横流安足虑。沧海横流，亦即"横流沧海"、"横流"。——典出晋人范宁《春秋穀梁传集解序》："孔子睹沧海之横流，乃喟然而叹……"唐人杨士勋疏曰："沧海横流，喻害万物之大。"又见，晋人葛弘《抱朴子·外篇·正郭卷第46》："虽在原陆，犹恐沧海横流，吾其鱼也。"又见，《晋书·王尼传》："洛阳陷，避乱江夏……常叹曰：沧海横流，处处不安也。"又见，晋人袁宏《三国名臣序赞》："沧海横流，玉石俱碎。"又见，金人元好问《壬辰十二月车驾东守后即事》诗："秋风不用吹华发，沧海横流要此身。"又见，清人顾炎武《广宋遗民录序》："古之人学焉而所得，未尝不求同志之人，而况当沧海横流，风雨如晦之日乎？"又见，清人丘逢甲《陈伯潜学士以路事来粤相晤感赋二首》（其一）："三十年来万事非，天涯沦落识公迟。横流沧海无安处，故国青山有梦思。"又见，南朝宋人谢灵运《述祖德诗二首》（其二）："万邦咸震摄，横流赖君子。"

管却自家身与心。——典出《礼记·大学》："古之欲明明德于天下者，先治其国。欲治其国者，先齐其家。欲齐其家者，先修其身。欲修养其身者，先正其心。欲正其心者，先诚其意。……"

胸中日月常新美。——典出《礼记·大学》："汤之盘铭曰：'苟日新，日日新，又日新。'"又见，宋人黄庭坚《答友求学书》："古人之学问高明，胸中如日月。"又见，其《颐轩诗》："泾流不浊渭，种桃无李实。养心去尘缘，光明生虚室。"

名世于今五百年。——典出《孟子·公孙丑下》："五百年必有王者兴，其间必有名世者。……如欲平治天下，当今之世，舍我其谁也？"宋人朱熹注："自尧舜至汤，自汤至文武，皆五百余年而圣人出。名世，谓其人德业闻望，可名于一世者，为之辅佐。"又见，明人周清源《西湖二集》卷1："天目山高两乳长，龙飞凤舞到钱塘。海门一点异峰起，五百年间出帝王。"清人舒位《卧龙冈作》："其间王者有名世，天下英雄惟使君。"又见，清人彭玉麟《题南京莫愁湖联》："王者五百年，湖山具有英雄气；春光二三月，莺花全是美人魂。"

诸公碌碌皆余子。——典出《史记·平原君虞卿列传》："毛遂左手持盘血而右手招十九人曰：'公相与歃此血于堂下。公等碌碌，所谓因人成事者也。'平原君已定从而归，归至于赵，曰：'……毛先生一至楚，而使赵重于九鼎大吕。毛先生以三寸之舌，强于百万之师。……'"事在战国之时，秦大军急围赵国都城邯郸，赵公子平原君前往楚国求援，拟选门下食客文武双全者20人一道出行，结果只选出了19人。这时，在人们看来是无名之辈的毛遂自荐同往，其他的19人均小视而笑。到了楚国，楚王不肯出兵相助，其他19人对此毫无办法。这时，毛遂按剑胁迫楚王，并晓以出兵与不出兵的利害，终于使楚王答应与赵国结盟。在歃血定盟之时，毛遂对其余19人说了上面这样的话。又见，《后汉书·祢衡传》："大儿孔文举，小儿杨德祖，余子碌碌，莫足数也。"又见，宋人刘克庄《沁园春·梦孚若》："天下英雄，使君与操，余子谁堪共酒杯？"

衣带水，即"一衣带水"。——典出《南史·陈后主纪》："隋文帝谓仆射高颎曰：'我为百姓父母，岂可限一衣带水不拯之乎？'"又见，《宋史·潘美传》："进次秦淮时，舟楫未具。美下令曰：'美受诏提骁果数万人，期于必胜，岂限次一衣带水而不径度乎？'"又见，唐人唐彦谦《汉代》诗："不因衣带水，谁觉路迢迢。"

东瀛濯剑有书还。东瀛。——典出清人俞樾《东瀛诗记》。濯剑。——典出唐人贾岛《侠客》："十年磨一剑，霜刃未曾试，今日把示君，谁有不平事？"又见，唐人李白《上安州裴长史书》："乃仗剑去国，辞亲远游，南穷苍梧，东涉溟海。"又见，唐人韩愈《赴江陵中寄赠翰林学士》："雷焕掘宝剑，冤氛消斗牛；兹道诚可尚，谁能借前筹。"又见，金人元好问《木兰花慢》："记书剑，入西州。"又见，其《赠答平阳仇舜臣》："沧海骊珠能几见，半城龙剑不终藏。"又见，金人吴激《风流子》："书剑忆游梁，当时事，底事不堪伤。"

我返自崖君去矣。——典出《庄子·山木》："送君者皆自崖而反，君自此远矣！"

用典探妙：

毛泽东的这一首七古，在他的诗词中是一首独特之作。毛泽东诗词研究专家刘汉民教授称："他为送罗章龙东渡日本写的一首七言古风，放在唐代同类体裁的诗篇中，也是可以称之为优秀之作的。毛泽东已经具备一位诗论家所必备的甚是深厚的文学素养了"。（刘汉民：《毛泽东诗话词话书话集观》，长江文艺出版社2002年版，第4页）

笔者以为，此言极是。毛泽东在这一首七古中运用了大量的典故，从毛泽东所运用的这些典故中，我们也可以看到这首古风堪称优秀之作，也可以看出青年毛泽东所具备的诗论家的深厚文学素养。其用典之妙主要表现在如下四个方面：

（一）从毛泽东所用典故的大致范畴来看，有诗、词、经、史、传记、文论等，可谓有均能兼而用之之妙。

从上述"典故内容"的出处来看，毛泽东的用典范畴涉及大量前人的诗、前人不少的词的化用、意用，有对《庄子》、《孟子》、《史记》、《汉书》、《礼记》等中的

语词、语意的取用，并将其溶于诗中，建构起了这一首七言古风的多姿多彩的艺术境界，以及十分丰富的内蕴。

如果没有读书破万卷的实践、没有博闻强记的素质、没有深厚的文史功底，那来下笔如此之神奇、那来信手拈来即恰到好处之妙？

（二）从毛泽东所用典故的主要内容来看，所涉及前贤诗词等各种典故多多，大"有不自知其然"而然之之妙。

毛泽东的这一首诗中（毛泽东的其他诗词也常见这种现象，笔者曾在"聚锦参合选优式"用典法中，专门提出来论述过。故在这里仅略举三例分析之），往往一句涉及多个语典，让人难于确指毛泽东具体用了那一个或是多个的综合运用。

如首句"云开衡岳积阴止"，所涉的语典就有"喷云泄雾藏半腹……"、"能开衡山之云"、"北望云开岳"、"西南云气开衡岳"、"西南云气来衡岳"等五个之多，你能明确地说毛泽东所用之语典是哪一个或是哪能几个吗？这正是"聚锦参合选优式"用典成诗的一个显著的特征。

又如"沧海横流安足虑"，所涉之典可能是"孔子睹沧海之横流……"，也可能是"沧海横流，处处不安也"，更可能是"沧海横流要此身"等等！

再如"东瀛濯剑有书还"，如果从作者的这一首送行诗的写作目的来看，是要自砺互勉，作者自己与即将出国的罗章龙均要练就本领，为充满内忧外患的中华民族雪耻。据此，当是妙用了"十年磨一剑……"这一语典的典意，这是说得通的；假若从中华民族古传之习俗来看，则吴开有教授对于此句的这一段分析亦当无懈可击。他这样写道："东瀛濯剑有书还：东瀛：本指东海；因日本在中国之东，且隔海，故也称日本。清俞樾选编日本诗作就题为《东瀛诗记》。濯剑：洗剑，代指到达日本后洗刷旅途中所沾染的尘埃。古代士子远游，随身带剑。李白《上安州裴长史书》：'乃仗剑去国，辞亲远游，南穷苍梧，东涉溟海。'金代吴激《风流子》词：'书剑忆游梁。'元好问《木兰花慢》词：'记书剑，入西州。'毛诗是由此风习构思出来，非写实。此句是向友人叮咛道：您一到日本，就给我们写信啊！有书还：有书信寄回。这是送别时的人之常情、人之常辞。"（吴开有：《毛泽东〈七古·送纵宇一郎东行〉笺赏》，《昭通教育学院学报》（综合版）1994年第1期，第47页）

毛泽东诗词的用典出现这种"不自知其然而然之"之妙的现象（当然也包括其他诗家的诗词用典，只不过是一个多与少之差、有与没有之分、有妙与不妙之别而已）的原因是什么呢？笔者以为有二：

一是人生智慧的"碰撞"所致。这里，笔者不想多作说明，只想引一段以往说过的话作答："在文学创作（包括诗歌创作）乃至科学研究中，常见有智慧的'碰撞'现象，有的人称这种现象为'偶合'或曰'同构'。在社会生活中，人们对问题的分析，也有不谋而合之时，往往以'英雄所见略同'概括之。这几乎是一个可以成立的规律……"（吴直雄：《毛泽东妙用诗词（上、下）·后记》，京华出版社1998年版，第1246页）毛泽东在其所创作的诗词中，有的句子几与前贤的相同、或相似、或取前贤之语料、语意，这仅仅是从"句句有来历"、运用"聚锦参合选优式"用典法这一角度来看的，这是问题的一方面；另一方面，则是毛泽东炼句时的智慧与前贤不谋而合之果。

二是毛泽东精通文史典籍，且有其特强的记忆力。一旦吟咏诗词之时，前贤们的妙句、妙词、妙典……，自会涌其脑际、展现其笔端，下笔之时，就有"不啻自其口出"（刘勰《文心雕龙·事类》）之妙。或曰"前辈读诗与作诗既多，则遣词措意皆相像以起，有不自知其然者"（宋人吴曾《能改斋漫录》卷8）之妙！

前人诗词创作的经验也说明了这一点。正如曹雪芹借黛玉之口所言："香菱因笑道：'我这一进来，也得了空儿，好歹教给我作诗，就是我的造化了！'……黛玉道：'什么难事，也值得去学！……''你只听我说，你若真心要学，我这里有《王摩诘全集》，你且把他的五言律读一百首，细心揣摩透熟了，然后再读一二百首老杜的七言律，次再李青莲的七言绝句读一二百首。肚子里先有了这三个人作了底子，然后再把陶渊明、应场、谢、阮、庾、鲍等人的一看。你又是一个极聪敏伶俐的人，不用一年的工夫，不愁不是诗翁了'"（曹雪芹《红楼梦》第48回"滥情人情误思游艺　慕雅女雅集苦吟诗"）。这里讲的也是熟读前人之诗词之后，前人精词妙语自然会涌现笔端。从后面香菱所作的诗来看，确实如此。本书在A卷中谈到毛泽东的"聚锦参合选优式"用典法，在这一首诗中，其"聚锦参合选优式"用典得到了典型的展现。

有一次，贺子珍要毛泽东教她写诗。毛泽东说："写诗不难，要多读、多背诗，叫'熟读唐诗三百首，不会写诗也会吟'。"（刘汉民：《毛泽东诗话词话书话集观》，长江文艺出版社2002年版，第25页）这里也是讲多读熟读之后，前人的写作方式、方法、秀句、妙词等自然而然地会启迪学诗者的。

（三）从毛泽东所用的典故的基本手法来看，所涉及的前贤诗词典故，一旦为毛泽东所用，便大有脱胎换骨、点铁成金之妙。

毛泽东在这一首七古之中，运用了相当多的语典，但这些语典在毛泽东的笔下，它只能是语料，前贤的诗词句不论多好、多美，这对毛泽东来说，它只能是"流"，而决不能代替毛泽东的创作。毛泽东不在于搬用或是仿用前贤的精妙之句，而是要在前贤们的基础上有所突破、有所创新、有所超越，要做到这一点，就要对前贤的妙句进行革新与创造。现仅举两例予以说明之。

如首句"云开衡岳积阴止"，这是对当时客观实际情况的描绘，因为罗章龙的《椿园载记》中有注云："我东行前，连日阴雨，轮船起碇时，积阴转晴。"而在成句上，则取用了韩愈、苏轼、刘因、黄道让等人的妙句中的语词和因积阴转晴的喜阅之典意。

347

从表面上看，毛泽东的这一句几乎全是对前人妙句，特别是黄道让"西南云气开衡岳"一句的沿袭，毛泽东在1961年12月26日《致周世钊》的信中说："……'西南云气来衡岳，日夜江声下洞庭'。同志，你处在这样的环境中，岂不妙哉？"（《毛泽东书信选》，第588页）。其实不然，黄道让的这两句诗，只不过是其诗的闪光点而已，其全诗充满了年华老去的无穷悲凉之意，格调是不高的。而毛泽东此句则是大气磅礴，一扫送别的悲酸之情，起到了振起全篇、开全诗气势奔放、旷达乐观、奋发豪迈、格调高雅的首道闸门的作用。

又如"沧海横流安足虑"一句，不管是"孔子睹沧海之横流……"，或是"沧海横流，处处不安也"，还是"沧海横流要此身"等等，均是讲政局的动荡、人心的不稳。而罗章龙拟东渡日本之时的中国，正是中国各派军阀混战之时，祖国人民处于水深火热之中，用"沧海横流"一词入诗，正是对这种局势的最好概括。但是毛泽东将这一词语用之于诗中之时，在其后所补上的是"安足虑"，这就使整句诗一扫前人用此语时的那种仅仅是概叹发愁的情绪，而是要藐视这一切，对此是不足为虑，这就不仅仅是鼓励罗章龙出国之后集中精力安心学习而已，更为主要的是展示了毛泽东对于改造中国社会的信心和勇气。我们似乎可以说，毛泽东对当时中国的大乱，已经树立起了达到大治的雄心壮志。

（四）从毛泽东所用典故的总体立意来看，诗中所涉及前贤的某些典故，尽管其本意是难合时宜的，有的甚至是腐朽的。但是即使是这样的典故，一到毛泽东的笔下，便翻出新意，显现其立意高远、用世积极之态，实有化腐朽为神奇之妙！

下面试举两例说明之。

如"要将宇宙看稊米"一句，就是来自《庄子·秋水》中的"计中国之在海内，不似稊米之在太仓乎？"其意是说，中国在海内只不过如一稊米而已，何况一个人呢？那更是微不足道的了。基于此，则一切事物的大小、贵贱都能只是相对而言了，故而只能听其自然，无须辩析论说，所展现的是一种无为、与世无争的态度。在世界列强鲸吞中国的土地、欺压我国人民、中华民族面临亡国灭种的最危险时候，如果人们采取庄周的态度那就完蛋了！毛泽东将此句中的"稊米"之意写进了自己的诗中，但是他变化了庄周之本意，他是号召人们要有把大而无际的宇宙视其为"稊米"之微的气慨，有此气魄，就敢于起来担当天下大事的胆量，就不怕封建军阀、就不怕帝国主义势力，就敢于将落后的中国改造成先进的中国……。所以说，毛泽东"要将宇宙看稊米"一句，对于庄周之言有化腐朽为神奇之妙！

又如"名世于今五百年"，所用之典就是《孟子》的"五百年必有王者兴，其间必有名世者"的名言。这是最为典型的帝王思想、典型的圣贤创造历史的观点。孟子所说的王者就是商汤、周武之类的雄主；孟子所说的名世者就是伊尹、周公之类的名臣。而毛泽东在其诗中，将圣贤、名世者定格为人民大众，定格为立志改造中国、改造世界的当代青年和新民学会的会员们。正是他们"粪土当年万户侯"，正是他们能力名世、才华横溢，他们要改造中国和改造世界。由此可见，毛泽东将这一句化腐朽为神奇，有不露痕迹、立意高远、启人遐思之妙！

42.挚爱深情深似海 词碑永铭于心中
——毛泽东在《虞美人·枕上》中所用典故探妙

用典缘起：

毛泽东与杨开慧于1920年冬结婚。1921年春夏之间，毛泽东到岳阳、华容、南县、常德、湘阴诸县考察，这一首词当是毛泽东在新婚初别后之作。这一首词于1957年2月7日由李淑一向毛泽东提及，1961年毛泽东将这首词写给卫士张仙朋保存，后又几经修改，于1973年交给为他保存诗稿的护士长吴旭君用毛笔抄清。这半个多世纪以来，一直铭刻在毛泽东心灵深处挚爱着杨开慧的词碑是："堆来枕上愁何状，江海翻波浪。夜来天色总难明，寂寞披衣起坐数寒星。晓来百念都灰尽，剩有离人影。一钩残月向西流，对此不抛眼泪也无由。"在这首词中用了系列典故。

典故内容：

堆来枕上愁何状。——典出《古诗十九首》（孟冬寒气至）："愁多知夜长，仰观众星列。"又见，南唐人李煜《虞美人》词二首其二："问君能有几多愁，恰似一江春水向东流。"又见，宋人欧阳修《踏莎行》："离愁渐远渐无穷，迢迢不断如春水。"又见，宋人范仲淹《御街行》："愁肠已断无由醉，酒未到，先成泪。"又见，宋人李清照《武陵春》："只恐双溪舴艋舟，载不动许多愁。"又见，宋人贺铸《青玉案》："试问闲愁都几许，一川烟草，满城风絮，梅子黄时雨。"

夜长天色总难明。——典出《诗经·关雎》："窈窕淑女，寤寐求之。求之不得，寤寐思服。优哉游哉，辗转反侧。"又见，南唐人李煜《捣练子令》词："无奈夜长人不寐，数声和月到帘栊。"

晓来百念都灰尽，亦即"百念皆灰"、"万念俱灰"、"百念灰冷"、"百念俱冷"。——典出清人魏秀仁《花月痕》第38回："我如今百念皆灰，只求归见老母。"又见，清人李宝嘉《中国现在记》第3回："官场上的人情，最是势力不过的。大家见抚台不理，谁来理我呢，想到这里，万念俱灰。"又见，宋人欧阳伯威《绝句（四首之一）》："年来百念成灰冷，无语送春春自归。"又见，宋人释惠洪《石门文字禅·寂音自序》："涉世多艰，百念灰冷。"又见，宋人陈亮《送陈给事去国启》："百念俱冷，事忽动其隐忧。"又见，南朝梁人何逊《相送》诗："客心已百念，孤游重千里。"

一钩残月向西流。——典出唐人白居易《客中月》："晓随残月行，夕与新月宿。"又见，唐人韦庄《菩萨蛮》："红楼别夜堪惆怅，香灯半卷流苏帐。残月出门时，美人和泪辞。"南唐人李煜《相见欢·无言独上西楼》："无言独上西楼，月如钩。寂寞梧桐深院锁清秋。"又见，宋人梅尧臣《梦后寄欧阳永叔》诗："五更千里梦，残月一城鸡。"又见，宋人晏几道《虞美人》："初将明月比佳期，长向月圆时候盼人归。"又见，宋人秦观《南歌子》词："水边灯火渐人行，天外一钩残月带三星。"又见，宋人柳永《雨霖铃》："今宵酒醒何处？杨柳岸、晓风残月。"又见，宋人吴文英《唐多令》："何处合成愁？离人心上秋。"

用典探妙：

毛泽东对于杨开慧钟情一生，愈到晚年其情愈来愈烈。这一首几经毛泽东精心修改之作，是毛泽东平生中所作的唯一一首婉约词，亦是非同寻常的一首。在这一首词中，毛泽东将自己的愁状、愁人、愁思、愁眉、愁因、离愁之苦向自己的心上人进行了淋漓尽致的倾吐。这种情感倾诉得如此充分动人，借助典故的运用起到了很重要的作用。

（一）取前贤言愁妙句之语词与语意，组成新句，并在此基础上借助对人物动作情态的描绘，有淋漓尽致地表达对于心上人杨开慧的挚爱深情之妙。

比如"愁多知夜长"，这是凭借人的心态来写愁绪的，虽是佳句，但没有形象性；"问君能有风多愁，恰似一江春水向东流"，这一句较上一句又进了一步，言愁之多有如一江滔滔奔流的春水，富有形象性；"载不动许多愁"，喻愁之多以舟去载也载不动，亦别有特色；而"愁肠已断无由醉，酒未到，先成泪"，较之上述诸写愁之句，则有"更上一层楼"之妙。毛泽东的"堆来枕上愁何状"，取上述四句言愁之句意和个别语词成句，言其愁成堆于满枕，取李煜词的问话口气，取范仲淹写愁之动作，引出"江海翻波浪"一语，借海浪之气势、动态，写其愁思之大、之深邃、之难耐、之猛烈，较之上面四句则更为新奇、更见起伏之态，这便令人可感可触。这一首词的开篇一句"堆来枕上愁何状"，作为在旧典典意上所新成的典故句，其所表达的愁思似大海之波涛滚滚而来，远远地超越了前人言愁之佳词妙句。

（二）套用前贤句式取用其句意组成新句，并补之以个人的动作写愁思之态，有表现对杨开慧的挚爱之情的富于形象性之妙。

李煜的"无奈夜长人不寐"，可以说将"愁多知夜长"写到了极致。毛泽东在"夜长天色总难明"之后，补之以"寂寞披衣起坐数寒星"，大有《古诗十九首·明月何皎皎》中"忧愁不能寐，揽衣起徘徊"之意味，且连数三个动作，将愁思之情寄于动作之中，形象地表达了对杨开慧的深切思念这一创作主题。

（三）取用前贤思念的语词、语意，添用"否定"手法，有凸显其愁思之妙。

"客心已百念"、"年来百念成灰冷"写别离后思念之切乃人之常情，毛泽东在这

毛泽东妙用典故精粹

350

里反其意而用之，"晓来百念都灰尽"了，这不反常了吗？毛泽东下句则补以"剩有离人影"，这在写思念之情上，又远远地超越了前贤。是在久思成梦后的梦乡中见到了开慧？还是百思后心目中只剩有开慧这一美好的人物形象呢？读者尽可想象！尽可猜测！由此，则毛泽东心目中对杨开慧的感情，通过对前贤词句的反用而得到了充分的显现。

（四）通过对前贤写景、写愁句的语词与典意的取用，再一次借助对自己心态与动作的描绘，有将对杨开慧的思念之情的描写进入到高潮之妙。

"五更千里梦，残月一城鸡"，梦友思友至鸡鸣，可谓友情切切；"今宵酒醒何处？杨柳岸晓风残月"，愁思何其重也！"天外一钩残月带三星"，星夜是何等的凄清宁静！"愁肠已断无由醉，酒未到，先成泪"愁思何其苦也！毛泽东取上述妙句之精华，练成"一钩残月向西流，对此不抛眼泪也无由"，将对杨开慧的思念之情推上了不可遏止的最高潮！世之所谓"英雄有泪不轻弹，只因未到伤心处"、"儿女情长，英雄气短"，毛泽东是人不是神，是大英雄，他当然同样有儿女情长，但他却是英雄气壮。这泪，感人、灼人，富有震撼力！

毛泽东的这一首词仅仅56个字，在妙用语典的基础上，创造性地借助人物动作——"披衣"、"起坐"、"数寒星"、"离人影"、"对月洒泪"等等，将战友之深情倾心相吐，将爱之火花绽放全词，同时也将婉约词注了新的艺术生命力。

351

43.向罗霄中段进发 在湘赣边界扎根
——毛泽东在《西江月·秋收起义》中所用典故探妙

用典缘起：

1927年的大革命失败以后，中国共产党于这一年的8月7日在汉口召开了紧急会议，决定发动农民在秋收季节举行武装起义。毛泽东即以中央特派员的身份，在湖南省的东北部与江西省的西北部组织领导农民、工人和一部分北伐军，成立了一支工农革命军，于9月9日在江西省的修水、铜鼓，湖南省的平江、浏阳一带发动了武装起义。这一支革命队伍在遭到了敌人的围击之后，于10月间决定向罗霄山脉中段的井冈山地区挺进，并成功地在井冈山创建了第一个中国农村革命根据地。在艰难的转战之中，毛泽东写下了这一首词。其词云："军叫工农革命，旗号镰刀斧头。匡庐一带不停留，要向潇湘直进。 地主重重压迫，农民个个同仇。秋收时节暮云愁，霹雳一声暴动。"在这首词中用了下列典故。

典故内容：

同仇。即"与子同仇"、"同仇敌忾"、"敌忾同仇"的缩用。——典出《诗经·秦风·无衣》："岂曰无衣？与子同袍。王兴于师，修我戈矛。与子同仇。"又

见，清人赵翼《瓯北诗钞·阅邸抄贼……大获全胜，喜赋（其二）》："勒成部伍如军令，战死沙场亦鬼雄；都是国家培养出，同仇敌忾到儿童。"又见，清人魏源《寰海十首》其十："同仇敌忾士心齐，呼市俄闻十万师。"又见，清人梁章钜《归田琐记·讪亲》："金川虽云小丑，而老师糜饷，克捷无期；凡在臣子，皆有同仇敌忾之念。"清人陈康祺《郎潜纪闻初笔·剿夷谕》："原望中外臣庶，敌忾同仇，除边患而壮国威，在此举也。"又见，《清史稿·李宗羲传》："如蒙皇上乾纲立断，速谕停工，天下臣民，知皇上有卧薪尝胆之思，必共振敌忾同仇之气。"

暮云愁。——典出唐人温庭筠《过陈琳墓》："石麟埋没藏春草，铜雀荒凉对暮云。"又见，宋人欧阳修《圣无忧》词："珠帘卷，暮云愁，垂柳暗锁青楼。"又见，元人赵孟頫《后庭花破子》词："歌声起暮鸥，乱云愁。"

霹雳。——典出汉人枚乘《七发》："其根半死半生，冬则烈风漂霰飞雪之所激也，夏则雷霆霹雳之所感也。"又见，唐人李白《梦游天姥吟留别》："列缺霹雳，邱峦崩摧。"又见，唐人杜甫《热》："雷霆空霹雳，云雨意虚无。"又见，宋人辛弃疾《破阵子·为陈同甫赋壮词以寄之》："马作的卢飞快，弓如霹雳弦惊。"又见，明人高启《忆昨行，寄吴中故人》："狐裘蒙茸欺北风，霹雳应手鸣雕弓。"

用典探妙：

秋收起义部队进军井冈山，从此走上了一条以武装的革命反对武装的反革命、进行工农武装割据、运用农村包围城市的崭新的中国革命道路。这一首词是对这一重大事件的形象描述与记录。

这一首词通俗易懂，表面上看根本没用什么典故的词。其实不然，在词的下阕是运用了不少语典的。之所以用了典故而为人所不觉，这正是毛泽东用典的"平中见奇"之妙。

如果说词的上阕是写我工农革命军进军之情况的话，则下阕是写起义的原因与声势。在毛泽东的老家韶山一带有民谣云："农民头上三把刀，税多租重利息高；农民眼前三条路，逃荒讨米坐监牢。"这就是"地主重重压迫"的形象写照。有此原因，则必有反抗压迫的结果。在写反抗压迫的结果时，毛泽东妙用了"与子同仇"与"同仇敌忾士心齐"等诗句中的语词与典意，将起义之声势写得有声有色，大有箭在弦上不得不发之势！亦是为"霹雳一声暴动"伏下重重的一笔。

在点明起义的时间与描绘起义的气氛上，毛泽东则连连用典。前贤的"暮云愁"或"歌声起暮鸥，乱云愁"，只能是个人的闲愁而已，毛泽东将这个"暮云愁"纳入其诗，则是两个阶级、革命与反革命的生死大搏斗，大有展现"黑云压城城欲摧"的悲壮之妙。其境界是何等的宏阔、激越！而"霹雳一声暴动"一句，则囊括了"列缺霹雳，邱峦崩摧"（李白《梦游天姥吟留别》）、"雷霆空霹雳，云雨意虚无"（杜甫

《热》）、"马作的卢飞快，弓如霹雳弦惊"（辛弃疾《破阵子·为陈同甫赋壮词以寄之》）中的所有典意，将压迫之深重、反抗之激烈的中国武装革命的巨大风暴作了生动而形象的描绘。

人们不知其用典之意，同样是会感悟到这一首诗的雷霆万钧之气势。而一旦了解其用典之典源与典意，则更能深切地体会这首词那种典雅的意蕴。

44.指挥若定怀大略 叱咤风云彭将军
——毛泽东在《六言诗·给彭德怀同志》所用典故探妙

用典缘起：

1935年10月19日，历经千难万险中国工农红军陕甘支队到达陕北苏区边境吴起镇，正要与陕北红军会师之际，蒋介石驻宁夏、甘肃马鸿逵、马鸿宾部的5个骑兵团，合计近1万之众，妄图趁我立足未稳之时，打我一个措手不及。为了将追敌歼灭于陕北苏区之外，毛泽东、周恩来、彭德怀、叶剑英等领导当晚进行了研究，彭德怀亲赴前线勘察地形、分析敌情，制订了设伏歼灭敌人的方案。21日大清早，便一举打退了敌人的先遣骑兵团。当其4个团扑来之时，彭德怀带领部队分头痛击，打得敌人人仰马翻，歼敌1个团，击溃3个团，俘敌700余人，缴获战马近千匹。此役结束了红军2万5千里长征的最后一仗，保障了中央红军与陕北红军的胜利会师。毛泽东得到这一胜利的消息后，诗兴大发，当即挥笔写下了这一首诗。其诗云："山高路远坑深，大军纵横驰奔。谁敢横刀立马？唯我彭大将军！"在这首诗中用了下列典故。

典故内容：

纵横驰奔，亦即"纵横驰骋"的变用。——典出宋人谢尧仁《张于湖先生集序》："以至唐末诸诗人，雕肝琢肺，求工于一首一字间，在于人力固可以无恨，而概之前数公纵横驰骋之才，则又有间矣。"这里的"纵横驰骋"，是讲在运用文字上的自如功夫，而毛泽东的"纵横驰奔"，则是运用于率部冲锋陷阵、毫无阻挡之势。

横刀立马，亦即"挥戈跃马"、"跃马横戈"、"横枪跃马"、"横枪立马"之意。"横戈"。——典出唐人杜甫《别唐十五诫因寄礼部贾侍郎》诗："胡星坠燕地，汉将仍横戈。"又见，明人戚继光《马上作》："一年三百六十日，多是横戈马上行。" 清人玩花主人《缀白裘·鸣凤记·辞阁》："且自挥戈跃马，奋武扬骁，破强寇，如削草。"又见，清人查慎行《题镇远中河寺后石洞》："岂知跃马横戈地，犹有晨钟暮鼓声。"又见，元人陈以仁《雁门关存孝打虎》："见一人披袍摑甲，嗔忿忿横枪跃马。"又见，清人成德《送荪友》："平生纵有英雄血，无由一溅荆江水；荆江日落阵云低，横戈跃马今何时。"又见，《三国演义》第25回："颜良横刀立马于门旗

下；见宋宪马至，良大喝一声，纵马来迎。"又见，《三国演义》第42回："长坂桥头杀气生，横枪立马眼圆睁。一声好似轰雷震，独退曹家百万兵。"

大将军。——典出元人郑德辉《三战吕布》第3折："托赖着真天子百灵咸助，大将军八面威风。"又见，明人董毅《碧里杂存》卷上："圣天子六龙护驾，大将军八面威风。"又见，明人冯梦龙《警世通言》卷21："圣天子百灵助顺，大将军八面威风。"

用典探妙：

这是一首通俗易懂、言简意远的六言诗。这一首诗确实看不出用了什么典故，但是，毛泽东是伟大的军事家、文学家，他精通中国的历史、精通中国的古籍和中国的古典小说。对于古今中外获取将军中的最高称号的"大将军"们的能征善战的事迹他是了然于胸的，对于描绘古今中外能征善战的大将军们的诗词句他同样是娴熟于心的。当他看到彭德怀自参加红军以来，特别是在长征途中，不怕山高水险，率军纵横驰奔，尤其是一举击败马家骑兵之后，也许"汉将仍横戈"、"多是横戈马上行"等描绘英武战将雄姿的诗句和"大将军八面威风"（元郑德辉：《三战吕布》第3折）那形容大将声势慑人、威风十足诸多妙句在其头脑中闪现，立刻吟出了"谁敢横刀立马？唯我彭大将军！"这样雷霆万钧的诗句。这一妙句溶汇并超越了古今描绘大将军英姿中的精要。这两句诗的用典真有"不自其然而然之"之妙！

毛泽东对于这两句诗是十分看重的，对彭大将军的功劳是十分赞许的。据《彭德怀自述》所记：当彭德怀收到这一首诗后，他将"唯我彭大将军"改为"唯我英勇红军"退还给了毛泽东。但是，在1947年3月，当胡宗南大举进攻陕北，而军区司令员贺龙尚未回到延安之前，彭德怀主动请战。"沙家店战役整整打了三天三夜。……毛泽东那三天三夜没出屋，没上炕，抽了5包烟，喝了几十杯茶，累了就在帆布躺椅上养养。8月22日，战役胜利结束，毛泽东兴奋地致电朱德、刘少奇及各大区首长。发完电文，挥毫给彭德怀题了12个大字：'谁敢横刀立马，唯我彭大将军'"。（雷英夫口述、陈先义执笔：《在最高统帅部当参谋——雷英夫将军回忆录》，《南昌晚报》1998年8月18日）

45.风云际会人物新　纤笔一枝抵精兵
——毛泽东在《临江仙·给丁玲同志》中所用典故探妙

用典缘起：

丁玲于1930年加入"左联"，1932年加入中国共产党，1933年5月在上海被国民党秘密绑架。但由于她是知名作家、有社会声望，在宋庆龄、蔡元培、鲁迅、杨杏佛、罗曼·罗兰等国内外进步人士的声援之下，国民党反动派一时未能对她下毒手，而将其软禁于南京达3年之久。1936年9月，经党组织多方努力而逃离虎口，秘密地经上海、北平、西安，终于在这年的11月到达陕北之保安，从此开始了她新的战斗生活。在她到达保安不久，毛泽东、周恩来、张闻天、博古等中央领导人便在一间大窑洞里为她的到来举行了欢迎会。1936年12月12日"西安事变"后，丁玲又随军南下，去前敌司令部，于这一月的30日，她在庆阳收到毛泽东用电报发来的词作——《临江仙》。1937年初，丁玲回到延安，毛泽东又手书该词送她。其词云："壁上红旗飘落照，西风漫卷孤城。保安人物一时新。洞中开宴会，招待出牢人。纤笔一枝谁与似？三千毛瑟精兵。阵图开向陇山东。昨天文小姐，今日武将军。"在这首词中用了下列典故。

典故内容：

落照……孤城，由"落日孤城"、"孤城落日"化用而成。——典出南朝梁人萧纲《和徐录事见内人作卧具》："密房寒日晚，落照度窗边。"又见，唐人卢纶《长安春望》："川原缭绕浮云外，宫阙参差落照间。"又见，唐人李白《菩萨蛮》："西风残照，汉家陵阙。"又见，唐人王维《送李太守赴上洛》："驿路飞泉洒，关门落照深。"又见，唐人王之涣《凉州词》："黄河远上白云间，一片孤城万仞山。"又见，唐人杜甫《秋兴八首（其二）》："夔府孤城落日斜，每依北斗望京华。"又见，唐人高适《燕歌行》："大漠穷秋塞草衰，孤城落日斗兵稀。"又见，宋人范仲淹《渔家傲》："千嶂里，长烟落日孤城闭。"又见，金人元好问《江月晃重山》诗："塞上秋风鼓角，城头落日旌旗。"

纤笔一枝谁与似？三千毛瑟精兵。——典出毛泽东《一二九运动的伟大意义》一文中引"拿破仑语"（中共中央文献研究室编：《毛泽东文集》第2卷，人民出版社1993年版，第257页）："一枝笔可以当得过三千支毛瑟枪。"又见，孙中山1922年8月24日《与报界的谈话》："犷常言谓：'一枝笔胜于三千毛瑟枪。'"又见，宁调元《某报出版祝词》诗（1909年作）："一线光明漏旧京，九州生气走春霆。微言未绝阳秋在，毛瑟千枝撼可曾？"

阵图。——典出《北史·陈元康传》："从神武于芒山，将战，遗失阵图，元康冒险求得之。"又见，唐人李商隐《井络》："井络天彭一掌中，漫夸天设剑为峰。阵图东聚烟江石，边柝西悬雪岭松。堪叹故君成杜宇，可能先主是真龙。将来为报奸雄辈，莫向金牛访旧踪。"又见，《宋史·兵九》："朕尝览近日臣僚所献阵图，皆妄相眩惑，无一可取。"

昨天文小姐，今日武将军。——典出金·周昂《北行》二首其二："竞夸新战士，谁识旧书生？"

用典探妙：

这是毛泽东平生中唯一一首创作并书赠给女作家的词作，同时也是毛泽东成功地描绘与塑造中国现代新女性的英雄形象的词作。全词激情满怀地表达了他对丁玲的欢迎与

赞许之情。这一首词有如此艺术效果，与毛泽东的妙用典故是分不开的。

首先是，妙取前贤语典中的语词与典意，从而使所成新句富有历史感、边塞味、悲壮韵、气象宏阔的苍凉美感，并与后面所创作的词句产生对比之妙趣！

李白的"西风残照……"，杜甫的"夔府孤城落日斜……"，高适的"……孤城落日斗兵稀"，范仲淹的"长烟落日孤城闭"，元好问的"塞上秋风鼓角，城头落日旌旗"等等。这些诗句或词句，无论其本身或是在其原诗词之中，都具有历史感、悲壮感、苍凉感、边塞风味，因而毛泽东取其语词、典意所成的新句"壁上红旗飘落照，西风漫卷孤城"，同样具有上述风味。如果将词句中的"红"字换成一个"旌"或"战"字，则与唐宋边塞诗无二。但是毛泽东不仅在这两句中用了一个"红"字，而且紧接的三句是"保安人物一时新。洞中开宴会，招待出牢人。"这些在红旗指引下的新人物，他们在祖国古代抗击入侵者的边塞之地要干什么？！他们是在以毛泽东为首的党中央的领导之下，要发动人民群众、聚集中华民族的优秀子孙，去打倒国民党反动派，要驱逐当今的倭寇——日本帝国主义。整个上阕所造成的对比，实能给人以无穷想象之妙！实有紧扣当时抗日斗争现实之妙！

其次是，意用前贤语典典意与语词成词，使词句产生强烈对比之妙趣！从而充分地表达对新人物来革命圣地延安的期待与赞许之情。

"纤笔一枝谁与似？三千毛瑟精兵"，实际上是对"一枝笔可以当得过三千毛瑟枪"与"一枝笔胜于三千毛瑟枪"、"毛瑟千枝撼可曾"诸句的"拆"写与意用。俗语说"三军易得，一将难求"。像丁玲这样的著名文豪来到抗日前线施展文才武略，这"一枝笔"确非三千毛瑟精兵可比，亦是毛泽东"在我们为中国人民解放的斗争中，有各种的战线，就中也可以说有文武两个战线"，"我们要战胜敌人，首先要依靠手里拿枪的军队。但仅仅有这种军队是不够的，我们还要有文化的军队，这是团结自己、战胜敌人必不可少的一支军队"（《在延安文艺座谈会上的讲话》）这一些名言的诗意的表述！

其三是，活用典故词语，有引出词的结尾名句之妙。

丁玲来到延安，不仅用手中之笔与国民党反动派和凶残的日寇作战，而且随军南下到前敌司令部参与实战。在这首词中，毛泽东用了"阵图开向陇山东"，以引出妙句"昨天文小姐，今日武将军"。"阵图"，作为一个历史上的典故词语，本来"是对阵法用符号标识后，制成的一整套方案，也是对阵法的一种图文化、静止化、象征性的描绘"（陈峰、王路平《北宋御制阵法、阵图与消极国防战略的影响》，载《文史哲》2006年第6期，第119页）。毛泽东的"阵图开向陇山东"中的"阵图"，显然用的是"阵图"的字面意义，泛指丁玲所在的红军部队，是按照红军总指挥部领导所制定战略战术意图前往"陇山东"对敌作战。

其四是，取用前贤语典的典意与句式、句势组成新句，以达到强烈对比之妙！

毛泽东在词的结尾，取用了金人周昂诗句"竞夸新战士，谁识旧书生？"的句式、句势、典意与意境，所组成的新句"昨日文小姐，今日武将军"，有将丁玲在白区斗争与在根据地前线斗争产生的强烈对比之妙。同时借助这种对比，将丁玲英姿飒爽的精神风貌和光彩照人的形象活脱脱地展现在读者的眼前，成功地完成了对丁玲这一人物形象的刻画与塑造，从而使人们对整个解放区的我军指战员的精神面貌以耳目一新之感！

46.名将出征赋"采薇" "王师出境岛夷摧"
——毛泽东在《五律·挽戴安澜将军》中所用典故探妙

用典缘起：

戴安澜为一代抗日名将。自抗战军兴，他在徐州会战、武汉会战、昆仑关大战等诸多战役中战绩辉煌。1942年5月率部赴缅甸抗击日寇，不幸在密林中敌埋伏，身负重伤后牺牲。国民政府追授他为陆军中将。1943年4月1日，国民政府在广西全州的香山寺为其举行了国葬。毛泽东从延安拍去电报，寄送了1943年3月写就的这首五律，遥祭壮士英魂。其诗云："外侮需人御，将军赋采薇。师称机械化，勇夺虎罴威。浴血东瓜守，驱倭棠吉归。沙场竟殒命，壮志也无违。"在这首诗中用了下列典故。

典故内容：

外侮需人御。——典出《诗经·小雅·常棣》："兄弟阋于墙，外御其务。"又见，《左传·僖公二十四年》："其怀柔天下也，犹恐有外侮。" 务者，侮也。外侮，日寇也。全句是妙指国共合作共同抗日之意。

将军赋采薇。——典出《诗经·小雅·采薇》："采薇采薇，薇亦作止。曰归曰归，岁亦其止。靡室靡家，玁狁之故。不遑启居，玁狁之故。……"其意为春天到了去采薇菜，盼望远征在外的人儿回来啊！但因玁狁之侵犯，已经国破家亡了。要生存啊！就要抵御玁狁的入侵！因此《采薇》成了出征时的战歌。又一说是文王遣送兵士出征的乐歌。又见，《左传·文公十三年》中有："文子赋《采薇》之四章。"又见，唐人王绩《野望》诗："相顾无相识，长歌怀采薇。"

勇夺虎罴威。——典出《尚书·牧誓》："尚桓桓如虎如貔，如熊如罴于商郊。"

沙场竟殒命。——典出唐人王翰《凉州词》："醉卧沙场君莫笑，古来征战几人回。"

用典探妙：

毛泽东的这一首诗以寥寥数句，便勾勒戴安澜将军慷慨赴敌、以身殉国的崇高的爱国主义和国际主义的英雄形象。在用典方面很有特色。

其一是：用典有神奇渊雅之妙。

所谓"神奇渊雅之妙"，表现在三个方面。第一个方面，表现在典意的取用上，就是说，取用了《诗经·小雅·采薇》诗中征战抵御外敌入侵之本意入诗，而成妙句"外侮需人御，将军赋采薇"；第二个方面，表现在句式与句势的取用上，就是说，"将军赋采薇"取用了"文子赋《采薇》……"、"长歌怀采薇"的句式与句势而成；第三个方面，表现在"外侮需人御，将军赋采薇"两句诗隐含了戴安澜将军出征前的行动与诗歌创作，展现了这两句诗有其崭新的丰富内蕴之妙。这两句诗所实指的是：当1942年初戴安澜接到入缅甸作战的军令之后，他效仿岳飞、文天祥，亲自为部队谱写气壮山河的军歌《战歌行》和1942年3月1日两首七绝。其《战歌行》的歌词云：

> 弟兄们！向前走，弟兄们！向前走！
> 五千年历史的责任，已落在我们的肩头，
> 落在我们的肩头。
> 日本强盗想要灭亡我们的国家，
> 奴役我们的民族，
> 我们不愿做亡国奴！
> 我们不愿做亡国奴！
> 只有誓死奋斗，
> 只有誓死奋斗，
> 只有誓死奋斗，
> 兄弟们！大胆向前走，
> 敌机在我们头上盘旋，
> 炮弹在我们头上飞过，
> 兄弟们，大胆向前走。
> …………
> 兄弟们大胆向前走！
> 拼死杀敌虽死也光荣。
> 兄弟们，大胆向前走！
> 要做那轰轰烈烈的奇男子。
> 打倒日本强盗，
> 才显得我们的好身手，
> 打倒日本强盗，
> 才显得我们的好身手。
> …………

两首七绝是：

其 一

万里旌旗耀眼开，王师出境岛夷摧。

扬鞭摇指花如许，诸葛前身今又来。

其 二

策马奔车走八荒，远征功业迈秦皇。

澄清宇宙安黎庶，先挽强弓射夕阳。

"外侮需人御，将军赋采薇"，与戴安澜将军的《战歌行》及两首七绝的内容和创作背景实乃有丝丝入扣之妙。（以上所引之《战歌行》与七绝二首，均参见郭永文主编《毛泽东诗词故事》，中央文献出版社1999年版，第274—276页）

其二是：用典有统领全诗之妙。

所谓用典有统领全诗之妙，就是说，"外侮需人御，将军赋采薇"，作为诗的开头两句，破题而出写出戴安澜将军的正义之师同仇敌忾而出征，而后引出了一系列的大战，给日寇以重创。极写了我军奋不顾身、视死如归的革命精神，一直写到戴安澜将军的以身殉国、盖棺论定。

其三是：用典有反用典意之妙。

所谓反用典意之妙，就是说《尚书·牧誓》中的熊罴，其本意是指战士的勇猛善战，是褒义。在诗中则是反其意为贬义。实际上，日寇的数百万貔貅，在当时也是世界上最凶恶、最残忍、最狂妄、最可耻、最狡猾的法西斯军队，而我戴安澜将军的正义之师，则能压倒其狂妄不可一世的反动气焰。这一反其意而用之妙，就妙在不仅表现了我抗战将士的英勇，同时亦为"浴血东瓜守，驱倭棠吉归"二句作好了铺垫。

总而言之，毛泽东的这一首五言律，用典少而突出，其突出之处就是表现在能使典意内蕴丰富、语意清新精深。

47.胡宗南进犯延安 毛泽东转战陕北
——毛泽东在《五律·张冠道中》所用典故探妙

用典缘起：

1947年3月中旬，胡宗南指挥国民党军14万余众，向中共中央所在地延安大举进攻。3月18日晚，毛泽东率领中共中央机关撤离，随后，他在陕北延川、清涧、子长、子洲、靖边等县转战。在千里的转战途中，毛泽东马背吟成五律一首云："朝雾弥琼宇，征马嘶北风。露湿尘难染，霜笼鸦不惊。戎衣犹铁甲，须眉等银冰。跚蹰张冠道，恍若塞上行。"在这首诗中用了下列典故。

典故内容：

朝雾弥琼宇，征马嘶北风。——典出唐人李华《吊古战场文》："积雪没胫，坚冰在须。鸷鸟休巢，征马踟蹰。缯纩无温，堕指裂肤。" 琼宇。即"琼楼玉宇"、"玉宇琼楼"。——典出晋人王嘉《拾遗记》："翟乾祐于江岸玩月，或问：'此中何有？'翟笑曰：'可随我观之。'俄见琼楼玉宇烂然。"又见，宋人苏轼《水调歌头·中秋》："我欲乘风归去，又恐琼楼玉宇，高处不胜寒。"又见，明人屠隆《彩毫记·游玩月宫》："琼楼玉宇光笼罩，顷刻飞身到，星河逼绛霄。"又见，明人冯梦龙《醒世恒言》卷38："琳宫贝阙，飞檐长接彩云浮；玉宇琼楼，画栋每含苍雾宿。"

征马嘶北风。——典出《古诗十九首·行行重行行》："胡马依北风，越鸟巢南枝。"又见，《文选》李善注引《韩诗外传》："《诗》云：'代马依北风。'"又见，南朝梁人江淹《别赋》："驱征马而不顾，见行尘之时起。"又见，唐人虞世南《出塞》："凛凛边风急，萧萧征马烦。雪暗天山道，冰塞交河源。雾锋黯无色，霜旗冻不翻。耿介倚长剑，日落风尘昏。"又见，唐人郭知运《凉州》（五首其二）中有："征马长思青海北，胡笳夜听陇山头。"又见，《资治通鉴·长庆元年》："（刘总）又献征马五千匹。"又见，孙中山《七绝一首》："咸来意气不论功，魂梦忽惊征马中。漠漠东南云万叠，铁鞭叱咤厉天风。"

霜笼鸦不惊。——典出民间谜底为"山水画"的古诗谜中的两句："春去花常在，人来鸟不惊。"又见，唐人李敬方《题黄山汤院》："沙暖泉长拂，霜笼水更温。"又见，唐人韩偓《半醉》："云护雁霜笼澹月，雨连莺晓落残梅。"

戎衣犹铁甲，须眉等银冰。——典出唐人杜审言《赠苏味道》："边声乱羌笛，朔气卷戎衣。"又见，唐人杜甫《重经昭陵》："风尘三尺剑，社稷一戎衣。"又见，《吕氏春秋·贵卒》："赵氏攻中山，中山人之多力者曰吾丘鸠，衣铁甲、操铁杖以战，而所击无不碎，所冲无不陷……"又见，北朝民歌《木兰诗》："朔气传金柝，寒光照铁衣。"又见，唐人岑参《白雪歌送武判官归京》诗："将军角弓不得控，都护铁衣冷犹着。"又见，唐人杜甫《茅屋为秋风所破歌》："布衾多年冷似铁，娇儿恶卧踏里裂。"又见，《封神演义》第88回："重衾无暖气，袖手似揣冰。败叶垂霜蕊，苍松挂冻铃。地裂因寒甚，池平为水凝。鱼舟空钓线，仙观没人行。樵子愁柴少，王孙喜炭增。征人须似铁，诗客笔如零。皮袄犹嫌薄，貂裘尚恨轻。蒲团僵老衲，纸帐旅魂惊。莫讶寒威重，兵行令若霆。"这是一首极写在冰冻地裂的隆冬、姜子牙艰苦行军之情景的诗。毛泽东的"戎衣犹铁甲，须眉等银冰"，有锤炼"征人须似铁"这一妙句并兼及全诗之妙。

踟蹰张冠道。——典出《诗经·邶风·静女》："爱而不见，搔手踟蹰。"又见，汉人李陵《与苏武诗》："屏营衢路侧，挚手野踟蹰。"又见，三国魏人曹植《赠白马王彪》："欲还绝无蹊，揽辔止踟蹰。"又见，晋人陆机《答张士然》："逍遥春王圃，踟蹰千亩田。"踟蹰亦作"踟躇"。又见，南朝梁人江淹《别赋》："知离梦之踟蹰，意别魂之飞扬。"踟蹰亦即踟蹰之意。又见，唐人储嗣宗《早春》："踟蹰历阳道，乡思满南枝。"

用典探妙：

毛泽东的这一首诗，有如一幅朝雾弥漫、北风阵阵、霜露浓浓、人喊马嘶，情景非同一般艰苦行军图。这一构图的画面，总体上是参考了李华的《吊古战场文》中的有关段落，即毛泽东采用了全局性用典的手法。就是说，以《吊古战场文》中的这一特定段落为一"大"典故，同时借用相关语典中的语词与典故、典意而成的。这就是此诗的用典之妙。

李华的《吊古场文》以凭吊古战场起兴，描绘了战争给人民带来的无限苦难。其中的"积雪没胫，坚冰在须。鸷鸟休巢，征马踟蹰。缯纩无温，堕指裂肤"一段，所描写的是积雪之深、深到陷没人的小腿，所结之冰冻冰住了人的胡须。那平常凶猛的鸷鸟也冷得躲避在巢里不肯出窝，那一惯能征善战的军马也徘徊不肯向前。人们着在身上的棉衣也难于保住一点儿暖气，被冻得手指都会有会掉落、肌肤开着裂痕……这就是毛泽东的这一首诗所用的这一全局性的典故。

所谓全局性的用典，就是说，如果将这一段文字的内容与毛泽东的《五律·张冠道中》相对照，笔者以为，毛泽东的这一首诗从总体上来看，它就是对李华的这一段骈文典意的扩写，这也许是毛泽东在张冠道中所遇情景、与这一段古内容大致相似而有意成诗以为之，抑或是"不自主其然而然之"所致。这就是毛泽东的这一首诗的总体用典之妙。

当然，在一些具体的句子的遣词成句过程中，还是借了一些前人语典中的语词与典意的。

如"朝雾弥琼宇"中的"琼宇"，可谓是苏轼"又恐琼楼玉宇，高处不胜寒"中的"琼楼玉宇"一典的缩用。

又如"霜笼鸦不惊"一句，亦可以说是"人来鸦不惊"以及李敬方、韩偓等人的语典的糅合变化而用。

再如"戎衣犹铁甲，须眉等银冰"，我们不能说没有"都护铁衣冷犹着"、"布衾多年冷似铁"、"征人须似铁"中典意的提炼，而"踟蹰"一典的运用，可以说是对"踟蹰历阳道"诗句的化用，也可以说是行军途中又一个特写镜头的再现。

但不管怎么说，这一首诗的用典是颇有其特色的，其根本特点就是以一段骈文为主进行扩写成诗，这在毛泽东诗词的用典中，就一以一段骈文作为全局性典故而用，当是其精妙的用典一例！

48.调敌主力攻绥德 暗渡陈仓复蟠龙
——毛泽东在《五律·喜闻捷报》中所用典故探妙

用典缘起：

1947年3月，胡宗南占据延安这一座空城之后，以离延安70余里之地的蟠龙镇为其补给基地。胡宗南虽然在占据延安后狂妄一时，但他发现并未见到我军主力，于是四处寻找我军主力并要与我主力决战。当时蒋介石误以为我军主力集结绥德一带并将东渡黄河，便令胡宗南率9个旅向绥德进犯。我军以一部与之节节相抗，同时又作仓皇撤退状，将敌之主力引至米脂、绥德一带。此时之敌距蟠龙远矣，而我军则以4个旅的兵力全力攻打蟠龙，守敌6700余众难于抗拒而被全歼，旅长李昆岗被活捉，大批的军用物资为我军所获。从此，陕北的战局被我军彻底扭转。毛泽东得此捷报，于1947年9月29日前后喜而赋诗云："中秋步运河上，闻西北野战军收复蟠龙作：'秋风度河上，大野入苍穹。佳令随人至，明月傍云生。故里鸿音绝，妻儿信未通。满宇频翘望，凯歌奏边城。'"在这首诗中用了下列典故。

典故内容：

大野入苍穹。大野。——典出唐人杜甫《遣兴》："地卑荒野大，天远暮江迟。"又见，其《登兖州城楼》："浮云连海岱，平野入青徐。"又见，宋人苏轼《上枢密韩太尉书》："所见不过数百里之间，无高山大野可登览以自广。" 苍穹。——典出《诗经·王风·黍离》："悠悠苍天，此何人哉？"又见，唐人岑参《与高适薛据登慈恩寺浮图》："四角凝白日，七层摩苍穹。"又见，唐人杜甫《冬守行》："禽兽已毙十七八，杀声落日回苍穹。"

明月傍云生。——典出唐人张若虚《春江花月夜》："春江潮水连海平，海上明月共潮生。"又见，唐人李白《送友人入蜀》诗："山从人面起，云傍马头生。"

故里鸿音绝。故里。——典出南朝梁人江淹《别赋》："视乔木兮故里，决北梁兮永辞。"鸿音，亦即"鸿雁传书"的缩用。——典出《汉书·苏武传》，中有云："昭帝即位数年，匈奴与汉和亲，汉求武等，匈奴诡言武死。后汉使复至匈奴，常惠请守者与俱，得夜见汉使，具自陈道，教使者谓单于言：'天子射上林中得雁，足有系帛书，言武等在某泽中。'使者大喜，如惠语让单于，单于视左右而惊。谢汉使曰：'武等实在。'"由此可见，鸿雁并未传书，是汉使"以诡治诡"而取胜。但"鸿雁传书"却已成了人们喜闻乐见的典故。又见，唐人杜甫《春望》："烽火连三月，家书抵万金。"又见，唐人李商隐《离思》："朔雁传书绝，湘篁染泪多。"

用典探妙：

蟠龙之战，对于敌我双方均至关重要。对于敌人而言，从此失去了在西北战场的辖重之所，败局已定；对于我军来说，从此彻底扭转了西北战局，掀开了反攻的局面。作为大军事家、大战略家的毛泽东当然了解此战之重大意义；作为大诗人的毛泽东，理所当然会喜而赋诗。这一首诗是通过写景、写心绪来突出对蟠龙大捷意义而进行赞颂的。全诗明白好懂，但多处妙用典故表情达意，不乏用典之妙笔。

（一）暗用典故表亲情之妙。

毛泽东在这一首诗中暗用典故，表"每逢佳节倍思亲"之情、表思妻儿心情之切。儿女情长人人有，毛泽东不是一尊神，是人！以"鸿音"暗代"鸿雁传书"，表思亲人之切甚妙，使"故里鸿音绝，妻儿信未通"一句的内涵有丰富多彩之妙。因为：一是在这一句里暗隐了"鸿雁传书"的动人故事，这一故事，足以表达毛泽东此时的情意；二是也有坐实当时的实际情况之妙。因为"沙家店战役结束不久，江青在跟随作者转战陕北途中去山西接女儿李讷，此时尚未归来；作者在转战中行踪不定，又无法与儿子毛岸英、毛岸青通信，因此说'妻儿信未通'"。（张仲举：《毛泽东诗词全集译注》，陕西人民出版社2000年版，第247页）

（二）选用语典出新意之妙。

毛泽东的这一首五律计有8句。可以说，前7句都是写景、写情的。这些写景写情句子，在句式、句势与典意的取用上，是参考了"浮云连海岱，平野入青徐"（杜甫《登兖州城楼》）、"云傍马头生"、"烽火连三月，家书抵万金"（杜甫《春望》）等语典的。但是毛泽东是决不会因循守旧，他总是会在前人的基础上自出新意。他在最末一句妙用"转笔"，其笔锋陡转而转出了新意，他一句"凯歌奏边城"便由写自己一跃而为写"闻西北野战军收复蟠龙"了，至此，我们会清楚地看到，前7句几乎都是为最后一句服务的。诗人毛泽东在这一首诗中所有的用典出新也就出在这里。

毛泽东研究专家陈晋在论及此诗时有一段话说得很精彩，笔者以为可以当体会毛泽东用典之妙以参考。陈晋写道："《五律·喜闻捷报》……笔调类于杜甫在'烽火连三月'中写的离乱之作。'故里鸿音绝，妻儿信未通'直是杜诗的化用，出于毛泽东的手笔，则别样珍贵。于战乱直白道出'家书抵万金'般想妻念儿之心，欣喜之状是'白日放歌须纵酒，青春作伴好还乡'，甚至畅快设想，'即从巴峡穿巫峡，便向襄阳向洛阳'，而毛泽东的表现则是'满宇频翘望，凯歌奏边城'，儿女之情陡然转向风云之气，回到政治家和军事家的本色"（陈晋：《文人毛泽东》，上海人民出版社1997年版，第272—273页）。品味这一段论述，对于理解毛泽东用典艺术高妙之处，实会有更为具体的体味和更为深刻的领悟与理解。

49.妙香山上红旗飘 和平之歌同声唱
——毛泽东在《浣溪沙·和柳亚子先生》中所用典故探妙

用典缘起：

1950年中华人民共和国国庆1周年的10月4日5日两晚，柳亚子在中南海怀仁堂观看《和平鸽》舞剧的演出，有感而填《浣溪沙》。词云："'中央戏剧学院舞蹈团演出《和平鸽》舞剧，戴爱莲女士导演兼饰主角，四夕至五夕，连续在怀仁堂奏技。再成短调，欣赏赞美之不尽矣！'　白鹤连翩奋舞前。工农大众力无边。推翻原子更金圆。战贩集团仇美帝，和平堡垒拥苏联。天安门上万红妍！"11月，当毛泽东读到柳亚子这一首词之日，正是抗美援朝战争在积香山、妙香山等地击败以美帝为首的侵略军，取得第1次战役胜利捷报传来之时，于是毛泽东喜而步柳词原韵填词和柳亚子。其词云："颜斶齐王各命前，多年矛盾廓无边，而今一扫新纪元。最喜诗人高唱至，正和前线捷音联，妙香山上战旗妍。"在这首词中用了下列典故。

典故内容：

颜斶齐王各命前。——典出《战国策·齐策》，其中有云："齐宣王见颜斶曰：'斶前！'斶亦曰：'王前！'宣王不悦。左右曰：'王，人君也。斶，人臣也。王曰"斶前"，斶亦曰"王前"，可乎？'斶对曰：'夫斶前为慕势，王前为趋士。与使斶为慕势，不如使王为趋士。'王忿然作色曰：'王者贵乎？士贵乎？'对曰：'士贵耳！王者不贵！'"对于颜斶那骨鲠狷介的高士风度与无畏气质，今人有自号"含川斋主"者作嵌名联赞之曰：

> 颜敢命王前，王者何如寒士贵；
>
> 斶辞居我右，我公不羡寡人荣。

用典探妙：

毛泽东的这一首词是步韵题赠和答柳亚子的。全词感情激荡澎湃地表达了对团结和睦气氛和初战报捷的无限喜悦之情。词以一个历史典故成句开篇，在用典上有翻新历史典故、熔铸历史风云于现实斗争之中之妙。

要知毛泽东的用典之妙，且先看这个历史典故的具体内容：在《战国策·齐策四》之中，记载了齐宣王召见颜斶的故事。齐王命颜斶到他的前面来，这对一般人来说，被国王召见已经是诚惶诚恐了，而意想不到的是，竟然是颜斶要齐王到他的面前来。二者之间便形成了僵局，于是便各陈述自己的理由。在齐王和其他的臣子们看来，一国之主是至高无上的，理所当然是颜斶要到齐王面前去。而在颜斶看来，他若像其他臣子那样诚惶诚惶地来到齐王跟前，则是一种趋炎附势行为，而如果齐王到他跟前来，则说明齐王能够礼贤下士。通过这一段对话，一位在王权逼人的社会里，居然敢于挑战王权、傲骨凛然的高士形象便跃然于纸上。

　　毛泽东在其词的开篇妙用此典，其包容量是很大的，他决不仅仅是为了讲一个故事。他要说的是古有不把王权放在眼里的高士颜阖，今有在蒋介石国民党反动派面前正义耿介之士柳亚子。说起柳亚子这个老同盟会员，蒋介石要他听从其反革命主张，而他却要蒋介石听从他的革命主张，为此，他与蒋介石国民党反动派互不相让地斗争了一辈子。1926年他敢于抨击蒋介石的《整理党务案》，并向我党建议暗杀蒋介石，说不杀蒋介石将会"一夫不杀血成河"（见柳亚子：《恭谒孙中山之灵堂有感》）；1941年因谴责蒋介石一手制造"皖南事变"而被开除了党籍；在解放战争时期，他为反对蒋介石发动内战而奔走呼号而处处遭受迫害……。

　　在人民取得革命胜利后的今天，这位高风亮节之士，紧跟中国共产党的各项政策，他的这一首《浣溪沙》就是明证，同时亦是毛泽东与柳亚子长期交往的深厚友谊的展示。

　　毛泽东在这一首词中的这一个典故的妙用，大有一典蕴含千言万语、一典兼纳古今历史风云之妙！

50.诗词交注六十载　"第一诗友"常唱和
——毛泽东在《七律·和周世钊同志》中所用典故探妙

用典缘起：

　　"纵观周世钊的诗词史，在众多的诗友中，毛泽东是他的第一诗友。同样，纵观毛泽东的诗词史，在众多的诗友中，周世钊是他的第一诗友。人称，周世钊与毛泽东是诗交最早（1915年，甚至更早）、诗交时间最长（60年，甚至更长）、谈诗论词信件最多、酬唱奉和颇欢的互为'第一诗友'的诗友"（吴美潮、周彦瑜：《互为"第一诗友"的毛泽东与周世钊》，《毛泽东思想研究》2000年第3期）。1955年6月20日，陪同毛泽东登岳麓山等地的周世钊写了《七律·从毛主席登岳麓山至云麓宫》以纪其事云："滚滚江声走白沙，飘飘旗影卷红霞。直登云麓三千丈，来看长沙百万家。故园几年空兕虎，东风遍地绿桑麻。南巡喜见升平乐，何用书生颂物华。"毛泽东在收到周世钊的诗作之后，于这一年的10月4日奉和一律。其诗云："春江浩荡暂徘徊，又踏层峰望眼开。风起绿洲吹浪去，雨从青野上山来。尊前谈笑人依旧，域外鸡虫事可哀。莫叹韶华容易逝，卅年仍到赫曦台。"在这首诗中用了下列典故。

典故内容：

　　春江浩荡暂徘徊。春江。——典出唐人张若虚《春江花月夜》："春江潮水连海平，海上明月共潮生。"又见，宋人苏轼《惠崇春江晚景》："竹外桃花两三枝，春江水暖鸭先知。"　暂徘徊。——典出晋人陶渊明《饮酒》："徘徊无定止，夜夜声转

悲。"又见，唐人骆宾王《同辛簿简仰酬思玄上人林泉》诗："林泉恣探历，风景暂徘徊。" 浩荡。——典出晋人潘岳《河阳县作》："洪流何浩荡，修芒郁岩峣。"又见，唐人李白《梦游天姥吟留别》："青冥浩荡不见底，日月照耀金银台。"又见，唐人杜甫《奉赠韦左丞丈二十韵》："白鸥没浩荡，万里谁能驯。"

又踏层峰望眼开。——典出宋人王安石《登飞来峰》诗："不畏浮云遮望眼，只缘身在最高层。"又见，宋人岳飞《满江红》："抬望眼，仰天长啸，壮怀激烈。"

风起绿洲吹浪去。——典出唐人包佶《对酒赠故人》诗："月送人无尽，风吹浪不回。"

尊前谈笑人依旧。——典出唐人马戴《赠友人边游回》："尊前语尽北风起，秋色萧条胡雁来。"又见，唐人韦应物《淮上喜会梁川故人》诗："欢笑情如旧，萧疏鬓已斑。"又见，宋人欧阳修《惠泉亭》诗："使君今是尊前客，谁与山泉作主人。"又见，宋人石孝友《忆秦娥》词："尊前欢笑，梦中寻觅。"又见，宋人周邦彦《绮寮怨》词："尊前故人如在，想念我，最关情。"又见，宋人杨无咎《探春令》词："尊前重约年时伴，拣灯词先按。"又见，宋人叶梦得《醉蓬莱》词："尊前为我，重翻新句。"

域外鸡虫事可哀。——典出南朝梁人萧纲《大爱敬寺刹下铭》："思所以功超域外，道迈寰中。"又见，唐人杜甫《缚鸡行》诗。诗云："小奴缚鸡向市卖，鸡被缚急相喧争。家中厌鸡食虫蚁，不知鸡卖还遭烹。鸡虫于人何厚薄？吾叱奴人解其缚。鸡虫得失无了时，注目寒江倚山阁。"又见，宋人周紫芝《渔家傲》："遇坎乘流随分了，鸡虫得失能多少。"

莫叹韶华容易逝。——典出唐人白居易《香山居士写真》诗："勿叹韶华子，俄成皤叟仙。"又见，唐人李贺《嘲少年》："荣枯递转急如箭，天公岂肯为公偏。莫道韶华镇长在，发白面皱专相待。"又见，宋人秦观《江城子》："韶华不为少年留，恨悠悠，几时休。"

卅年仍到赫曦台。——典出《楚辞》："陟升皇之赫戏兮，忽临睨夫旧乡。""赫戏"亦即"赫曦"。全句意为我升上了光辉灿烂之天空，忽然下看瞟见了故乡。表思乡之意。明人王守仁《望赫曦台》诗："安得轻风扫微霭，振衣直上赫曦台。"

用典探妙：

人生易老天难老，奉和唱酬友谊深。诗交长达六十载，诗友唱和赋新作。毛泽东与周世钊曾是同窗学子、学会会友，曾有过共事的岁月……；他们有过肝胆相照、唱酬奉和达60余年坚贞不渝的友谊。早在1917年，湖南一师学友会改选，周世钊被选为文学部部长。文学部活动最多的是写诗填词，并互相赠阅修改。当时，毛泽东一次就送给周世钊50首诗词（参见周彦瑜、吴美潮：《毛泽东与周世钊的诗词唱和》，《团结报》2007年4月3

日）。毛泽东的这一首和诗，正是借助记游写景抒情，来表达他们之间那种互励共勉的一片绵绵深情的。"文生于情，情寓于文"，在遣词用典上亦是为上述创作主题服务的。

毛泽东的这一首诗，从表面上来看，除"鸡虫得失"一典比较显见之外，其用典是很少的。其实，在语典的运用上并不算少，只不过是在改造熔铸前人语典上有盐溶于水而难见痕迹之妙而已。

比如"春江浩荡暂徘徊，又踏层峰望眼开"两句，在取用语典的语词与典意上，就与"风景暂徘徊"、"青冥浩荡不见底"、"不畏浮云遮望眼，只缘身在最高层"有着难于割舍的联系，更为具体地说，就是取用这几句诗中的语词与典意，以表达登高望远的开阔胸怀，同时亦写出下面两句作出铺垫，有环环相扣之妙。

又如"风起绿洲吹浪去"一语，在句子的构成上，在典意的取用上，不能不说是取用了包佶的"风吹浪不回"一典。"风吹浪不回"，简而言之，就是"风吹浪去"，毛泽东只不过在其中加有"起绿洲"而已。但这样一加，则暮春之时节、阵阵之春风、层层之绿浪、青春之气息……，这样美妙的意境、这样美妙的画图，作者那愉悦的心态，则是包佶之句所不可企及！

如果说前四句是纪登临远眺、重在写景以抒情妙用了典故的话，则后四句是纵论天下大事以寄情抒怀、以表友情之浓重、以展现毛泽东丰富而壮美的感情世界。这些艺术效果的取得，同样是借助对于语典的妙用。

比如"尊前谈笑人依旧"，这是最富有人情味的诗句，特别是人到老年吟及此句，不能不会唤起人的绵绵情意。炼出如此妙句，对于精通中国古诗词的毛泽东来说，大有综合"尊前欢笑"、"尊前故人……"、"尊前重约年时伴……"、"尊前为我……"、"尊前语尽……"、"使君今是尊前客……"、"欢笑情如旧"等等语典的语词与典意成己句而又了无痕迹之妙，或曰"不自主其然而然之"之妙。

下句"域外鸡虫事可哀"，则是缩用"鸡虫得失"一典有评时论政之妙！隐指国际上一些首脑们如"鸡虫得失无了时"般的争议实为可哀！大有举重若轻、"冷眼向洋看世界"的风范！

结尾两句"莫叹韶华容易逝，卅年仍到赫曦台"，重写友情、写故乡情，亦重在互相勉励。就语典的运用上来说，同样纳有"勿叹韶华子，俄成皤叟仙"、"莫道韶华镇长在"、"振衣直上赫曦台"、"陟升皇之赫戏兮"中的语词与典意，写出了游兴正浓之态，写得友情深似海，展现出了昂扬意气。已经62岁的毛泽东面对老年发出了挑战！提出卅年后要"振衣直上赫曦台"，同时也回应了周世钊《七律·随从毛主席登岳麓山》全诗。

综观全诗，笔者以为，这一首艺术魅力无穷抒情述怀寄赠诗，之所以如此别具一格，与毛泽东妙用典故有如盐溶水了无痕的笔力是密不可分的。

51.即兴吟咏四十字 七大景致诗中藏
——毛泽东在《五律·看山》中所用典故探妙

用典缘起:

1955年夏秋之交,毛泽东来到杭州工作、休养,其时他已经是年过花甲的老人了。医生据他的年龄与身体状况,要求他多安排一些游泳、爬山、跳舞之类的活动,以增加运动量而达到健身的目的。其间,毛泽东除了游钱塘江之外,还多次登临西湖附近的名山,为我们留下了数首即兴之作(孙东升:《毛泽东在杭州登山赋诗——读新发表的毛泽东〈诗四首〉》,《光明日报》1993年12月20日)。其中的一首《五律·看山》是:"三上北高峰,杭州一望空。飞凤亭边树,桃花岭上风。热来寻扇子,冷去对佳人。一片飘飘下,欢迎有晚鹰。"在这首诗中用了下列典故。

典故内容:

杭州一望空。——典出明人邓林《杭州北高峰联》:"江湖俯看杯中泻;钟磬声从地底闻。"

冷去对美人。——典出屈原《离骚》:"惟草木之零落兮,恐美人之迟暮。"又见,宋人苏轼《赤壁赋》:"渺渺兮予怀,望美人兮天一方!"

一片飘飘下,暗用"飞来峰的传说"等。——典出《战国策·楚策四》:"奋其六翮而凌清风,飘摇乎高翔。"又见,三国魏人曹植《洛神赋》:"髣髴兮若轻云之蔽月,飘飘兮若流风之回雪。"又见,唐人杜甫《独立》:"空外一鸷鸟,河间双白鸥。飘飘搏击便,容易往来游。"又见,明人田汝成辑撰《西湖游览志》:"……云间飞来峰,峭然眉睫上。气势欲翔舞,秀色无千嶂。……——僧慧洪诗"(上海古籍出版社1980年版,第126页)。又见,明人董其昌《题杭州冷泉亭联》:"泉自几时冷起?峰从何处飞来?""灵鹫向云中隐去:奇峰自天外飞来"。(明人田汝成《西湖游览志》辑有飞来峰之由来。联为佚名《题杭州飞来峰联》)

"飞来峰的传说"。——关于飞来峰其名由来的传说故事有二:一是说,西僧慧理在晋咸和元年(326年)登上这一座山时,见此山怪石森立、似骇豹蹲狮,异木根生石外、矫若龙蛇……于是感慨而叹曰:"此乃中天竺国灵鹫山之小岭,不知何以飞来,仙灵隐窟,今复尔否"(典出明人田汝成:《西湖游览志》,第125页)。故是峰又称灵鹫峰。其二说是:"另有传说济公居灵隐寺时,一天,忽然算到有一座山要飞坠于此,于是劝说当地老百姓搬迁,大家不信,济公便佯装'抢亲',诱使村民出村追赶,刚好山从天降,遂免遭压顶之祸。故以'飞来'名峰"。(此一传说引自苏渊雷主编:《绝妙好联赏析辞典》,上海辞书出版社1994年版,第150页)

用典探妙：

毛泽东意趣驰骋、想象丰富地将这一首写山景之诗写得情景交融、灵气盎然、神妙而飞动。从写景记情这一角度来看，此诗当是一首绝妙的山水诗；从写作手法来看，这一首诗中嵌藏着"北高峰"、"杭州"、"飞凤亭"、"桃花岭"、"扇子岭 "、"美人峰"、"飞来峰（又名灵鹫峰）——属暗藏"这样7个名称，当属嵌藏诗。这样一种体例的诗，在毛泽东诗词中迄今为止当为人们所仅见，因而显得弥足珍贵。

这一首诗初看是未用一典，细细品味之后，实则多处用典，这就是毛泽东用典犹如盐溶于水、难见盐之形，而水中盐味实足的高妙之处的又一次显现。

首先是，毛泽东擅长于用取语典中之语词、典意成诗之妙。

比如开首的"三上北高峰，杭州一望空"两句，毛泽东是借助视觉将杭州城的城景尽收眼底之妙扣题而出，这就将北高峰之高、所见景色之多、诗人心境之愉悦尽情地展现在读者的眼前。与此同时，亦为写下面各句作出了铺垫，因为正是作者登高才能望远，那"飞凤亭"、"桃花岭"、"扇子岭"、"美人峰"、"灵鹫峰"才理所当然地是诗人目力所及之景。

毛泽东的这"三上北高峰，杭州一望空"是否有用典的可能呢？笔者以为这两句与邓林的"江湖俯看杯中渲；钟磬声从地底闻"一联，虽说在字面上是毫无一字相同，但在意境上、在构思上、在写作手法上几乎有天然相合之妙。邓联之意在于突出北高峰之高，邓林便将山下的钱江西湖比为一杯倒下去的水、将山下灵隐寺的钟磬之声说成仿佛是从地底传来，这在视觉、听觉的运用上是功夫独到的。这种独到的功夫，展现了毛泽东"运用之妙，存乎一心"的用典之法。他在妙用邓联联意的基础上以自己更为新奇的构思，不落窠臼地创作出了自己的新奇之句。

其次是，概缩前贤诗意、联意成句的功夫独到，有言简意赅之妙。

这里要说的主要是指"一片飘飘下"的成句之妙。不少先生以为此句的构成是借用了"奋其翮而凌清风，飘摇乎高翔"、"空外鸷鸟……飘飘搏击便……"中的语词成句的，这当然有一定的道理。但在解释这一句时，说"一片飘飘下"中的"一片"是"指秋风中的落叶，'下'字明写落叶……"，笔者以为值得考虑。前贤有诗云"……云间飞来峰，峭然眉睫上。气势欲翔舞，秀色无千嶂……"；前贤有联云"……峰从天外飞来"；又有佚名联云"灵鹫向云中隐去；奇峰自天外飞来"；如此等等。我以为毛泽东的"一片飘飘下"，当是概缩上述诗意或联意而成的妙句，所写的"一片飘飘下"当是指"灵鹫峰或曰飞来峰"一大片地飘然而下，其诗意、其意境、其气势，是与上述诗联完全一致的，亦是与"欢迎有晚鹰"相榫合的。因为一片树叶与翱翔的晚鹰是没有什么关系的。

其三是，毛泽东的暗用典故，有三击三鸣之妙。

毛泽东在写这一首诗的时候，其心境是十分愉快的，其诗兴是十分高涨的，因而其联想是十分神奇的。在他游兴未减而归之时，他想象奇特地吟出了"欢迎有晚鹰"一句收尾，给人以品之余味无穷之妙。这既是对上述语典典意的又一次高度地浓缩，也是对飞来峰再一次形象的描写。此乃一击一鸣之妙！

"欢迎有晚鹰"是暗写飞来峰的，这就不能不使读者联想高僧慧理称赞飞来峰峰峦之突兀、怪石之嶙峋、风景之绝异的名言——此乃天竺之灵鹫飞来——并证之曰：此峰中有黑、白二猿修行于洞中，于洞口一呼，果二猿应声而出……。"欢迎有晚鹰"一语，这是多么有趣的诗句啊！此乃二击二鸣之妙！

飞来峰的来历被人们演绎出济公救人的神奇故事，这就给这座名峰抹上了一层闪光的异彩。读罢"欢迎有晚鹰"，济公和尚那潇洒多趣的怪异神妙的形象，怎能不会给人以艺术美的享受呢？此乃三击三鸣之妙！

52. 莫干名山天下闻 即兴口占成佳篇
——毛泽东在《七绝·莫干山》中所用典故探妙

用典缘起：

在与《五律·看山》同一背景条件之下，毛泽东还创作有《七绝·莫干山》一诗。其诗云："翻身复进七人房，回首峰峦入莽苍。四十八盘才走过，风驰又已到钱塘。"在这首诗中用了下列典故。

典故内容：

莫干山，暗用"干将莫邪"。——典出《太平御览》卷343引《吴越春秋》中有云："干将者，吴人，与欧冶子同师俱作剑。前献剑一枚，阖闾得而宝之，以故使干将造剑二枚，一曰干将，二曰莫耶。莫耶者，干将之妻名也。干将作剑，采五山之精，合六合之英，候天伺地，阴阳同光，百神临观，天气下降，而金铁之精未流。莫耶曰：'子以喜为剑闻于王，王使子作剑三年不成者，其有意乎？'干将曰：'吾不知其理。'莫耶曰：'夫神物之化，须人而成，今夫子作剑得无当得人而后成？'干将曰：'昔吾师之作冶也，金铁之颖不消，夫妻俱入冶炉之中。'莫耶曰：'先师亲烁身以成物，妾何难也。'于是干将夫妻乃断发揃（剪下）指，投之炉中。使僮女（一作子）三百鼓橐（鼓橐，就是拉风箱鼓风助冶）装炭，金铁乃濡，遂成剑。阳曰'干将'，而作龟文；阴曰'莫耶'，而作漫理（呈随意状）。干将匿其阳出其阴而献之阖闾。阖闾甚惜之。"这一传说又见之于《列士传》、《搜神记》、《拾遗记》等书，或谓干将、莫邪为楚人，其铸剑事诸书所载不尽一致，但是后人为了纪念干将、莫邪夫妻的铸剑功劳，便将他们俩铸剑的这个地方叫做莫干山，现成了著名的旅游景点和避暑胜地。在莫干山的景点——剑池旁的峭壁上刻有11个繁体大字——周吴干将莫邪夫妇磨剑处，干将、莫邪从此也成了著名宝剑的代称。人们还据此演绎出了"三王冢"的故事。我们的大文豪鲁迅先生还创作了《铸剑》。（见鲁迅：《故事新编·铸剑》，人民文学出版社1973年版）

回首峰峦入莽苍。回首。——典出西汉人司马相如《封禅文》："昆虫闿怪，回首面内。"又见，南唐人李璟《浣溪沙》词："回首绿波三楚莫，接天流。"莽苍。——典出《庄子·逍遥游》："适莽苍者，三飡而反，腹犹果然。"唐人成玄英疏："莽苍，郊野之色，遥望之不甚分明也。"又见，唐人柳宗元《邕州柳中丞作马退山茅亭记》："是山崒然起于莽苍之中。"又见，清人厉鹗《晚登韬光绝顶》："小阁俯江湖，目极但莽苍。"

风驰又已到钱塘。风驰，即"风驰电掣"。——典出西周·吕望《六韬·龙韬·王翼》。其中有云："奋威四人，主择材力，论兵革，风驰电掣，不知所由。"又见，唐人王邕《怀素上人草书歌》："忽作风驰如电掣，更点飞花兼散雪。"又见，明人张四维《双烈记·开宗》中有云："袖中三尺剑，叹空自光芒贯日，倘一时离匣，风驰电掣，扫除妖魅。"这里均是形容其快速有如刮风和闪电一样。到钱塘。——典出明人冯梦龙《喻世明言》卷21："天目山垂两乳长，龙飞凤舞到钱塘。海门一点巽峰起，五百年间出帝王。"又见，其《警世通言》卷6："冒险过秦关，跋涉长江，崎岖万里到钱塘。举不成名归计拙，趁食街坊。 命塞苦难当，空有词章，片言争敢动吾皇。敕赐紫袍归故里，衣锦还乡。"

翻身复进七人房。……——典出唐人李白《早发白帝城》："朝辞白帝彩云间，千里江陵一日还。两岸猿声啼不住，轻舟已过万重山。"

用典探妙：

（一）在创作方法上，有取用李白《早发白帝城》诗表喜悦畅快的典意和笔法的空灵飞动之妙。

这一首诗是毛泽东在游览了莫干山之后的归途中的即兴口占之作。用孙东升同志的话来说："这是一首写'行'的诗……表现了诗人极高的兴致和对周围事物极好的感受"。（孙东升：《毛泽东在杭州登山赋诗——读新发表的毛泽东〈诗四首〉》，《光明日报》1993年12月20日）

如果说，李白的《早发白帝城》，是李白乘座小舟走水陆的名篇的话，那么，毛泽东的这一首《七绝·莫干山》则是乘坐汽车走陆路的佳篇。如果我们以李白的这一首为全局性语典的话，则毛泽东在创作方法上，有取用李白诗表喜悦畅快的典意和空灵飞动笔法之妙，但他们写得各具千秋。且看毛泽东是如何运用《早发白帝城》这个全局性典故的：

李白诗以其韵味见长，毛泽东的这一首诗则在诗中概缩运用了"风驰电掣"这一语

典，使"四十八盘才走过，风驰又已到钱塘"与"两岸猿声啼不住，轻舟已过万重山"几有异曲同工之妙。

毛泽东在其诗中开首一句，还创造性地运用了"七人房"一语，并与"回首峰峦入莽苍"一句相配，使语显幽默而富空灵之妙。

尽管如此，但和李白的《早发白帝城》相比，毛泽东的这一从莫干山坐车回杭州这一段路程诗则更显质朴之妙。

（二）选题用典之妙。

其次是诗题"莫干山"，虽说不是毛泽东有意用典，但是此诗题本身就含有"干将莫邪"、"三王冢"这样类似神话故事般的典意，看此题，则知其典实，知其典实，同样能给读者以丰富的知识和无穷的联想。

在中国的历史上，吴越之争、吴楚之战，曾是你争我夺、风云不断，乃至不少小说亦将干将、莫邪之神剑闪耀其间而独显魅力，这也可以说是毛泽东选题用典之妙吧！

53.五色彩云环山绕 林间野莺枝头啼
——毛泽东在《七绝·五云山》中所用典故探妙

用典缘起：

在与《五律·看山》同样的背景条件下，毛泽东又创作了《七绝·五云山》。其诗云："五云山上五云飞，远接群峰近拂堤。若问杭州何处好，此中听得野莺啼。"在这首诗中用了下列典故。

典故内容：

五云山上五云飞，妙用"五色彩云的传说"。——典出古今论及五云山的有关诗词、对联及文论。如"西湖群山中，有一座高达385米的五云山。这里山高林密，云层低绕，传说因为曾有五色彩云在山顶盘旋，很长时间不散去，所以取名'五云山'；也有的说是因为从山上五口井中看天上的云彩倒影，形状各异，所以称'五云山'"（郭永文主编：《毛泽东诗词故事》，中央文献出版社1999年版，第312页）。又：《西湖游览志》第24卷中记其景并释其成因云："五云山，去城南20里，高数百丈，周15里，五峰森列，驾轶云霞，盘曲而上，凡72湾。俯视南北两峰，若双锥朋立。长江带绕，西湖鉴开，帆樯扰扰烟雾间，若鸥凫出没。上有天井，大旱不枯。宋时，每岁腊前，寺僧必捧雪表进，黎明入城中，霰犹未集，盖其地物高寒云。钱思复登五云山诗：'普觉遗衣久不传，五云故色尚苍然。'"又见，唐人李白《登金陵凤凰台》："凤凰台上凤凰游，凤去台空江自流。"又见，清人许承祖《五云山》："石磴千盘传碧天，五云辉映五峰巅。"

若问杭州何处好。——典出唐人高适《塞上闻笛》诗："借问梅花何处落？风吹一夜满关山。"又见，宋人王安石《乌塘》诗："试问春风何处好？辛夷如雪柘冈西。"

宋人苏轼诗："湖山深秀有何处？水月池中桂影多。"（载《西湖游览志》）"天下西湖三十六，就中最好是杭州"（见《西湖揽胜》，浙江人民出版社1979年版，第14页，"西湖掌故"一栏中的无名氏歌颂西湖的作品）。

此中听得野莺啼。——典出唐人戎昱《移家别湖上亭》诗："黄莺住久浑相识，欲别频啼四五声。"

用典探妙：

毛泽东的这一首七绝通俗易懂、机趣天成，短短四句，山水、云彩、堤岸、野莺等景象尽纳其中，读后给人顿觉赏心悦目之妙。

对于这样一首精妙而明白易懂之诗，人们一般都不会想到毛泽东在其中多处妙用了典故。其用典之妙妙在何处呢？

（一）首先是，将民间传说与语典句法、句式兼而用之之妙。

所谓兼而用之之妙，就是说，"五云山上五云飞"一句，妙纳了五云山五色彩云成因的两种传说成句的同时，还同时取用了李白"凤凰台上凤凰游"这种叠用名词的创作手法，因而使这一句因含传说而多趣、因叠用而具回环之美。

（二）其次是，取用语典问话句式、句法的同时，承接式反意暗用语典，使全诗有不落前人窠臼之妙。

古往今来，吟咏杭州、吟咏西湖的诗词多难胜数。尤其是苏轼的《饮湖上，初晴雨后》诗，毛泽东称："苏东坡抓住了西湖的几点特色：'水光潋滟晴方好，山色空蒙雨亦奇。欲把西湖比西子，淡妆浓抹总相宜。'晴天的水，雨天的山，一浓抹，一淡妆，确是西湖之美啊。……今日阳光下群芳争艳的苏堤，就是'水光潋滟晴方好'的浓抹之时啊。苏东坡这首《饮湖上，初晴雨后》实在绝了，我不敢造次"。（刘汉民：《毛泽东诗话词话书话集观》，长江文艺出版社2002年版，第93页）而要避让前贤出新意，这对任何一位诗人来说，都是对其诗才、智慧、阅历的一个考验。作为政治家诗人、诗人政治家的毛泽东自有其与众不同之法。在这一首诗中，前两句已经获得了极大的成功，这三四句就是关键了，而关键的关键就在乎这第三句。此句在此诗中的作用，真有如大元帅入敌阵，杀出了重围则生则胜，杀不出重围则伤则亡。毛泽东在这关键的一句中采取三种手法以跳出重围。

一是转笔之法，毛泽东写到此处笔锋一转，便使诗另开生面（此不属用典姑且不多论）。

二是取用语典中的问话之法，借以问出新意。

前人的"借问梅花何处落？""试问春风何处好？""湖山深秀有何处？"等等，

其间话句式句法均为毛泽东所妙用而成新句"若问杭州何处好？"，这就有既紧承上句、又开启了下句而另辟蹊径之妙。

三是承接式地反意暗用语典之妙。

毛泽东"面对杭州的美景，他的诗兴不由而起。他先让秘书为他搜集历代吟咏杭州名胜的诗词供自己吟赏，同时也在构思着自己的作品，以遣兴抒怀。在他看来，西湖之美已被前人写尽了，很难再写出新意来。自己要作诗，只有避让前贤，才不致落入俗套。因此，他决定着墨于自己终生情有所钟、兴有独寄的'山'了"。（郭永文主编：《毛泽东诗词故事》，中央文献出版社1999年版，第313页）毛泽东要避让前贤，并不是说他不会借鉴前贤。前人言"天下西湖三十六，就中最好是杭州"，这里说的是杭州的西湖是普天之下最好、最美的西湖。古人云：仁者乐山、智者乐水。人们的眼光各异，毛泽东一生同样对水也是情有独钟的，而在这里他是要写山。他为了凸显五云山山景之奇妙，故而在这里他似乎不同意"天下西湖三十六，就中最好是杭州"之说，因而暗反其意并暗承其典——"就中最好是杭州"，吟咏出了"若问杭州何处好？"一句，这一妙句顿使全诗新增亮点，其妙是：这似乎是对前人"就中最好是杭州"的深层叩问！又似乎是自问！更似乎是对前人妙句"就中最好是杭州"的接续！有如层层剥笋、壳落见肉之妙。最后照应"黄莺住久浑相识，欲别频啼四五声"一典，以静听深山野莺声声啼为最动人、最富妙趣之句意作结，从而使这一首诗意满气足地在精彩纷呈的所有吟咏杭州、吟咏西湖的诗作中显得特别闪光耀眼、熠熠生辉！

54.势极雄豪钱塘潮 浪涛壁立天际来
——毛泽东在《七绝·观潮》中所用典故探妙

用典缘起：

1957年9月，毛泽东在杭州于11日（农历8月17日）乘车去海宁七里庙观赏了钱江秋涛的胜景之后，乘着诗兴写下了《七绝·观潮》。其诗云："千里波涛滚滚来，雪花飞向钓鱼台。人山纷赞阵容阔，铁马从容杀敌回。"在这首诗中用了下列典故。

典故内容：

观潮，即观"钱江潮"，暗用"钱江潮的传说和故事"。——"子胥含冤怒作潮"、"龙王引来钱江潮"、"万箭齐发镇神妖"、"高宗惊潮为追兵"、"鲁智深'圆寂'潮信"等等。

世界一流钱塘潮，流经千古传说多：

一曰："子胥含冤怒作潮"——伍子胥是春秋时楚国人，因楚王对其全家的迫害而逃到吴国。他曾协助吴王破楚平越，等到吴王夫差当政时，越王勾践请和，他劝吴王夫差拒绝议和并停止伐齐。太宰伯嚭从中进谗，子胥渐被夫差疏远，后又被夫差赐死。临死之际，他对人说："抉吾眼，悬吴东门之上，以观越寇之入灭吴也。"夫差闻之大怒，将其尸沉于江。不久越乘吴之不备而灭吴。子胥屈死怒未消，一旦怒发便驱水为涛。宋人王莹《群书类编故事·子胥扬涛》引《临安志》卷3记载了这个民间故事。宋人陆游《送子龙赴吉州掾》诗："汝行犯胥涛，次第过彭蠡。"又见，明人李攀龙《挽王中丞》："属镂不是君王意，莫作胥江万里涛。"

二曰："前胥后种"二度潮——吴越古今故实多，名人遭际亦涉潮。清人黄景仁有诗云："吴颠越蹶曾几时，前胥后种谁见知？潮生潮落自终古，我欲停杯一问之？"诗中的"前胥后种谁见知"，说的就是二度潮，言为越王勾践复国的大夫文种被越王赐死后，伍子胥从海上驾潮而来，冲开了文种的坟墓，将文种带走。这两位生前分别属于敌对国家、且被赐死同一把剑下的大夫，死后得以携手同游于海上（参见尹人：《一样观潮多样情》，载《文汇报》1997年9月7日）。在这样的神话故事里，寄托着世人对前贤为国为民而遭千古奇冤几多同情！蕴含着世人对那些阴毒心狠的帝王的无比愤懑！

三曰："龙王引来钱江潮"——相传很古之时，有个巨人钱大王在此煮盐成山。当他挑盐在钱塘江边休息时，因困乏而睡。当此之时，东海老龙巡江，水随龙王而涨，将其盐山溶化入水。大王一觉醒来盐不见，气得用扁担击水使江海翻滚起来，顿使海中鱼虾遭殃、龙王爷寝食不安。龙王实在经受不起，答应将海水晒盐还；答应用潮水呼啸声声高，以免大王久睡而不觉（"觉"即"醒"），从此涨潮潮声啸，致有举世闻名的钱江潮。

四曰："万箭齐发镇神妖"——潮水久涨而成祸，老百姓的房屋、田地时常为其所淹；潮水久祸而出妖，有一潮神与龙王串通一气，当人们修堤坝以防潮水来侵袭之时，他们便将堤坝一一冲垮，老百姓只有叫苦连天。事到唐末钱镠镇杭之时，他摸清楚了这个妖神在他每年8月18日生日那天最爱在潮头骑马肆意作恶，钱镠早已备有万名弓箭手"伺候"江边。这妖神作恶从未受阻，他那知今日碰上了对手，得意忘形、一如既往又要兴风作浪时，不料钱镠大吼一声"看箭"，顿时万箭齐发朝妖神射去，一共射了三万支利箭，潮头缩回去了！潮神逃命了！江堤修起来了！人民安居乐业了！人逢喜事精神爽，每逢8月18日，人们习惯于去观潮，唯见潮水潮神汹涌来，须臾悻悻龟缩而去！

五曰："高宗惊潮为追兵"——北宋宣和七年（1125年），已被南下的金兵追得如惊弓之鸟的宋高宗赵构于1129年从建康到杭州，歇于钱塘江边的归德院。一日，睡至夜半，忽闻门外一片喧嚣，好似千军万马，大吃一惊，以为金兵杀到，慌忙欲逃。后知乃潮声鼎沸，实乃虚惊一场。为掩饰其丑态，手书"潮鸣"二字赐归德院，并赋歪诗一首。今仍有"潮鸣寺巷"一地名。

六曰："鲁智深'圆寂'潮信"。——《水浒全传》第119回写到鲁智深"圆寂"前时有一段生动的故事："且说鲁智深自与武松在寺中一处歇马听候，看见城外江山秀丽，景物非常，心中欢喜。是夜月白风清，水天共碧，二人正在僧房里，睡至半夜，忽听得江上潮声雷响。鲁智深是关西汉子，不曾省得浙江潮信，只道是战鼓响，贼人生发，跳将起来，摸了禅杖，大喝着，便抢出来。众僧吃了一惊，都来问道：'师父何为如此？赶出何处去？'鲁智深道：'洒家听得战鼓响，待要出去厮杀。'众僧都笑将起来道：'师父错听了！不是战鼓响，乃是钱塘江潮信响。'鲁智深见说，吃了一惊，问道：'师父，怎地唤做潮信响？'寺内众僧，推开窗，指着那潮头，叫鲁智深看，说道：'这潮信日夜两番来，并不违时刻。今朝是八月十五日，合当三更子时潮来。因不失信，谓之潮信。'鲁智深看了，从此心中忽然大悟，拍掌笑道：'俺师父智真长老，曾嘱付与洒家四句偈言，道是逢夏而擒，俺在万松林里厮杀，活捉了个夏侯成；遇腊而执，俺生擒方腊；今日正应了听潮而圆，见信而寂，俺想既逢潮信，合当圆寂。众和尚，俺家问你，如何唤做圆寂？'寺内众僧答道：'你是出家人，还不省得佛门中圆寂便是死？'鲁智深笑道：'既然死乃唤做圆寂，洒家今已必当圆寂。……'"

千里波涛滚滚来。——典出唐人李白《横江词》："浙江八月何如此，涛似连山喷雪来。"又见，其《送王屋山人魏万还王屋》："挥手杭越间，樟亭望潮还。涛卷海门石，云横天际山。白马走素车，雷奔骇心颜。"又见，唐人孟浩然《与颜钱塘登樟亭望潮作》："百里闻雷震，鸣弦暂辍弹。府中连骑出，江上待观潮。照日秋云迥，浮天渤澥宽。惊涛来似雪，一座凛生寒。"又见，唐人姚合《杭州观潮》："楼有章亭号，涛来自古今。势连沧海阔，色比白云深。怒雪驱寒气，狂雷散大音。浪高风更起，波急石难沈。鸟惧多遥过，龙惊不敢吟。坳如开玉穴，危似走琼岑。但褫千人魄，那知伍相心！岸摧连古道，洲涨踏丛林。跳沫山皆湿，当江日半阴。天然与禹凿，此理遣谁寻？"又见，唐人刘禹锡《浪淘沙》："八月涛声吼地来，头高数丈触山回。须臾却入海门去，卷起沙堆似雪堆。"又见，唐人罗隐《钱塘江观潮》："怒声汹涌势悠悠，罗刹江边地欲浮。"又见，宋人苏轼《望海楼晚景》："海上涛头一线来，楼前指顾雪成堆。"又见，元人仇远《观浙江潮》："万马突围天鼓碎，六鳌翻背雪山倾。"又见，明人李攀龙《送子相归广陵》："落日千帆低不度，惊涛一片雪山来。"又见，清人朱彝尊《满江红·钱塘观潮和曹侍郎韵》："乍见云涛银屋涌，俄惊地轴轰雷发。"又见，清末民初·王国维《蝶恋花·辛苦钱江水》："潮落潮生，几换人间世。千载荒台麋鹿死，灵胥抱愤终何是！"又见，其《虞美人·杜鹃千里啼春晓》："海门空阔月皑皑，依旧素车白马夜潮来……人间孤愤最难平，消得几回潮落又潮生。"

雪花飞向钓鱼台。钓鱼台，严光垂钓（暗用）。——典出《后汉书·严光传》载，严光字子陵，曾是汉光武帝刘秀的同窗好友。他辅佐刘秀登基之后，尽管刘秀多次召其任职，他就是不肯出来做官，隐居于富春江畔钓鱼。后人名其钓鱼处为严陵濑，又曰子陵滩。后人为了纪念他，名其钓台为严子陵钓鱼台。毛泽东诗中的钓鱼台典出于此。

人山，即"人山人海"。——典出《西湖老人繁胜录》："四山四海，三千三百。衣山衣海，卦山卦海，南山南海，人山人海。"又见，《水浒全传》第51回："每日有那一般'打散'，或戏舞，或是吹弹，或是歌唱，赚得那人山人海看。"

铁马从容杀敌回。——典出《南齐书·孔稚珪传》："铁马风驰，奋威沙漠。"又见，唐人赵嘏《钱塘》："一千里色中秋月，十万军声半夜潮。"又见，唐人常建《塞下》："铁马胡裘出汉营，分麾百道战龙城。"又见，宋人陆游《书愤》："楼船夜雪瓜洲渡，铁马秋风大散关。"又见，其《十一月四日风雨大作》："夜阑卧听风和雨，铁马冰河入梦来。"又见，清人吴廷桢《观潮》："倏忽奔腾万马狞，鸥夷蹴踏来窈冥。"又见，清人宋实颖《八月十八日观潮》："岸断风回万马来。"

用典探妙：

说到钱塘观潮，《武林旧事》卷3《观潮》中这样写道："浙江之潮，天下之伟观也。自既望至18日为最盛。方其远出海门，仅如银线；既而渐近，则玉城雪岭，际天而来。大声如雷霆，震撼激射，吞天沃日，势极雄豪。杨诚斋诗云'海涌银为郭，江横玉系腰'者是也。"南宋人周密在这一段中写"观潮"写得十分精妙。唐人姚合《杭州观潮》也写得形象具体。诗云："楼有章亭号，涛来自古今。势连沧海阔，色白比云深。怒雪驱寒气，狂雷散大音。浪高风更起，波急石难沉。鸟惧多遥过，龙惊不敢吟。坳如开玉穴，危似走琼岑。但褫千人魄，那知伍相心！岸摧连古道，洲涨踏丛林。跳沫山皆湿，当江日半阴。天然与禹凿，此理遣谁寻？"周密、姚合的这些诗文，细细读来，可将人的思绪引入"观潮"的境界之中，可以给人一种美的享受。但是因其诗文较长，一时难于记诵，事过久后易于忘却。毛泽东的这一首诗仅仅四句，便将江潮之汹涌壮阔，形象地展现在世人的眼前，颇具一种雄豪气概。真可谓妙笔生花，好记好背，令人久久难忘。之所以如此精练难忘，我以为与毛泽东妙用典故相关相切。

第一是：妙用事典入诗，使诗意趣盎然、给人印象深刻难忘之妙。

"观潮"，是钱塘自古以来名震遐迩的胜举，加之江潮的奇异，对于其形成之原因，在人类科学不发达的时代自然是不可理解，那么种种神话、故事、传说定会自然而然地产生。

毛泽东以"观潮"为其诗题，诗题的本身就深蕴典意。那么，"子胥含冤怒作潮"、"龙王引来钱江潮"、"万箭齐发镇神妖"、"高宗惊潮为追兵"、"鲁智深'圆寂'潮信"这样妙趣无穷的神话故事，自然而然地会印入读者的脑际；而"万箭齐发射神妖"这样壮观的民俗活动或者说民间传说，同样会勾起人们美妙的联想。仅就上

述两点，毛泽东的这一首《七绝·观潮》就给了我们终生难忘的深刻印象。

毛泽东以"观潮"为其诗题，人们自然而然地会想到钱塘江岸的"观潮亭"，进而会自然而然地想到"观潮亭"上的前人名联："声驱千骑疾；气卷万山来。"这一副妙联中已经写到了铁骑千万之势，已经写到了江涛如山，显而易见，对于加深毛泽东《七绝·观潮》诗的理解和难忘印象是有其重要作用的。

再是毛泽东在这一首诗中还用上了"钓鱼台"这样一个典故，可谓非同寻常之笔。

因为一，严光有功而不求官、严光淡泊名利、严光傲视那些自以为是的官场官僚、严光的高风亮节、严光的长寿而终等等，素为相当多的后人所景仰，毛泽东在诗中用上此典，其诗理所当然地会给人不可磨灭的印象！

因为二，毛泽东用"钓鱼台"一典，让人不能不想起"钓鱼台"的典实——钓鱼台旧有东西两台，东台传为严光隐居垂钓处；西台为南宋末谢翱哭文天祥处。宋人范仲淹建严光祠于台下，下临七里泷峡谷，当你登山俯瞰江流潆回，白帆点点，景色诱人。祖国的人文之盛，于世界之最，就"钓鱼台"而言，还有名台二个，一为陕西省宝鸡县东南的磻溪上的周姜子牙钓鱼台；二为江苏省淮安县北的汉韩信钓鱼台。这样一些钓台，其人其景，都给人留下了不可磨灭的印象。毛泽东将"钓鱼台"写入其诗，怎能不给人以难忘的印象呢？

因为三，以"钓鱼台"一典入诗，使诗句显夸张气势之妙。这里笔者引姜光斗先生的一段精妙品析为证："次句比喻江涛的形态与威力，'雪花飞向钓鱼台'，从海宁到严子陵钓台约有300多公里，诗人运用夸张手法，写出了江涛的威力之大，可以直接飞到300多公里外的钓鱼台。首句用赋笔，次句用典故，又显示出写法上的变化"（吴功正主编：《毛泽东诗词鉴赏》，江苏古籍出版社2001年版，第231页）。一眼可望600里，实非毛泽东之目力可及，也许当时亦未带上这样的望远镜。姜光斗之评，是乃确评！

第二是：取用语典典意入诗，使诗的包容量增大而又言简意赅，给人以易记、易诵、难忘之妙。

钱塘江潮千万年，观潮诗词万万千。毛泽东此诗之所以独树一帜、独出心裁，他是吸取了前贤的优秀成果的。具体而言，他是取用了相关语典中的语词、典意、句式、句势与句法的。

如首句"千里波涛滚滚来"，熟悉中国古典诗词的毛泽东是兼纳了前人创作成果。诸如"浙江八月何如此，涛似连山喷雪来"（唐人李白《横江词》诗）、"八月涛声吼地来，头高数丈触山回"（唐人刘禹锡《浪淘沙》）、"海上涛头一线来，楼前指顾雪成堆"（宋人苏轼《望海楼晚景》）等等，在句式、句势、句法、典意、语词上，均为毛泽东所恰如其分地取用。不过，毛泽东在自己的诗句中加用"千里"这一具体的数字，在气势上和语感上就更胜前贤一筹。

如末句"铁马从容杀敌回"，诗人是在概缩了典故性质的"人山人海"这一成语写成"人山纷赞阵容阔"后吟咏而出的。在这一句中诗人用了"阵容"一语，已经将潮流之势与铁骑军容之势挂上了勾，已经为下一句蓄势。语典中的"十万军声半夜潮"（唐人赵嘏《钱塘》）、"铁马胡裘出汉营，分麾百道战龙城"（唐人常建《塞下》）、"楼船夜雪瓜洲渡，铁马秋风大散关"（宋人陆游《书愤》）、"夜阑卧听风吹雨，铁马冰河入梦来"（宋人陆游《十一月四日风雨大作》）等等，均是有气势的写军阵之妙句。在句法、句式、句势、语词、典意上，毛泽东是妙而选用之，不过，前贤之妙句均是出征戍守，在气势上是难于与毛泽东之句争高下的。因为毛泽东的铁马军阵，是人山人海去欢迎的军阵，可见其军阵是相应的壮阔；同时又是从容杀敌而回的军阵，可见其军阵之威武。毛泽东将这样的军阵比之于钱江之潮，给观过钱江潮者以同感，给未观过钱江潮者，同样会有可感之妙。

总而言之，毛泽东的这一首观潮诗，在其用典上特色别具。尤其是诗题"观潮"中的"钱塘潮"与取典"钓鱼台"，既是典故，同时又是旅游景点。单单凭此一点，就将钱塘江潮那凌空而来之宏伟气势写得汪洋恣肆，再一次显现了毛泽东诗词创作通过妙用典故，使浪漫主义与现实主义妙相结合的高超艺术！

55.指斥奸佞陈时政 冒死对策志愤然
——毛泽东在《七绝·刘蕡》中所用典故探妙

用典缘起：

毛泽东一生酷爱读史书，有时读史读到心情激动、感受深深之时，他会情不自禁地赋诗寄慨。1958年他在读《旧唐书·刘蕡传》时，他对于刘蕡的策论很是赞赏，旁批"超特奇"。他在这一年写的《七绝·刘蕡》一诗云："千载长天起大云，中唐俊伟有刘蕡。孤鸿铩羽悲鸣镝，万马齐喑叫一声。"在这一首诗中用了下列典故。

典故内容：

刘蕡。——刘蕡（？—842年），《旧唐书》、《新唐书》、《中国人名大辞典》（臧励和等编著）中均有其传记。据《新唐书》卷178所载：刘蕡，字去华，幽州昌平人，客梁、汴间。明《春秋》，能言古兴亡事，沉健于谋，浩然有救世意。擢进士第。太和四年百人庭策，刘蕡面对当时社会现实，在对策中，不畏杀戮之祸，全面系统地痛陈时弊，提出良策。难能可贵的是，刘蕡指斥奸佞，针砭弊政，揭示隐患，痛斥藩镇裂土为王，抨击宦官专权乱政，同情民间疾苦热切希望报效朝廷。他这样做，并非不知祸之将至。这正如他在对策中所言："昔晁错为汉削诸侯，非不知祸之将至，忠臣之心，壮夫之节，苟利社稷，死无悔焉。臣非不知言发而祸应，计行而身戮，盖痛社稷之危，

哀生人之悔，岂忍姑息时忌，窃陛下一命之宠哉？昔龙逢死而启商，比干死而启周，韩非死而启汉，陈蕃死而启魏。今臣之来也，有司或不敢荐臣之言，陛下又无以察臣之心，退必戮于权臣之手，臣幸得从四子游于地……"《旧唐书·刘蕡传》载："是岁，左散骑常侍冯宿、太常少卿贾𫠊、库部郎中庞严为考官，三人者，时之文士也，睹蕡条对，叹服嗟悒，以为汉之晁（错）董（仲舒），无以过之。"但由于刘蕡能敢于直谏，这三位考官虽对刘蕡敬佩不已，然摄于宦官权势，终不敢录取，而士人读其词，莫不感激流涕。令狐楚、牛僧孺节度山南东西道，皆表其于幕府，授秘书郎，以师礼礼之。而宦人深嫉恨蕡，诬之以罪，贬其为柳州司户参军而卒。

大云。——典出西汉人京房《易飞候》："视四方，常有大云，五色具而不雨，其下贤人隐。"又见，《晋书》卷12："视四方常有大云五色具者，其下贤人隐也。"又见，《尚书大传》。相传在舜将禅位给禹之时，与同僚们共唱《卿云》之歌曰："卿云烂兮，糺缦缦兮，日月光华，旦复旦兮。"清人玉花堂主人《新编雷峰塔奇传》卷5中有："灿烂卿云绕帝京，幽芳兰蕙达彤庭。九天丹诏遥颁下，步向雷峰度上升。"又见，清人孔尚任《桃花扇·先声》："（内问介）请问那几种祥瑞？（屈指介）河图出，洛出书，景星明，庆云现……件件俱全，岂不可贺！"东汉人郑玄注："卿，当为'庆'。"大云亦含庆云之意，古时视为祥瑞之云气，其下必有贤人隐之，乃将降吉祥于国家之象。

孤鸿铩羽悲鸣镝。孤鸿。——典出晋人阮籍《咏怀》："孤鸿号外野，朔鸟鸣北林。"又见，元人周权《湘中》诗："有怀谁与言，注目孤鸿秋。"孤鸿，孤单失群的大雁。铩羽。——典出南朝梁人刘峻《与宋玉山元思书》："是以贾生怀琬琰而挫翮，冯子握璵璠而铩羽。"又见，南朝宋人鲍照《拜侍郎上疏》："铩羽暴鳞，复见跳跃。"又见，唐人骆宾王《早秋出塞寄东台详正学士》："南图终铩翮，北上遽催辕。"又见，唐人杜甫《敬寄族弟唐十八使君》："鸾凤有铩翮，先儒曾抱麟。"铩翮，即鸟类的翅羽遭到了摧残之意。又见，清人蒲松龄《聊斋志异·叶生》："榜既放，依然铩羽。"铩羽，意为失意、受挫。 鸣镝。——典出南朝梁人丘迟《与陈伯之书》："一旦为奔亡之虏，闻鸣镝而股战，对穹庐以屈膝。"鸣镝。为一种响箭。

万马齐喑叫一声。万马齐喑，亦即"万马皆喑"。——典出宋人苏轼《三马图赞引》："振鬣长鸣，万马皆喑。" 言指骏马颈上的鬃毛一抖动并嘶叫之时，其他的马都鸦雀无声。又见，明人朱权《太和正音谱》上："马东篱之词，如朝阳鸣凤。"其词典雅清丽，可与《灵光》《景福》而相颉颃。有振鬣长鸣，万马皆瘖（"瘖"同"喑"）之意。又见，清人龚自珍《己亥杂诗》："九州生气恃风雷，万马齐喑究可哀。" 叫一声。——典出《旧唐书·刘蕡传》中所载在宦官专权之时，朝廷上下"万马齐喑"的政治局面中，唯有刘蕡敢于痛陈宦官专权的危害性，敢于劝谏皇帝杀了这些干政的阉人。这个"叫一声"，当是暗用此典实。

用典探妙：

刘蕡冒死对策并对专权的宦官进行指斥，曾名动一时；刘蕡最终被诬而死，也曾名动一时。不少人为其鸣不平，如李商隐曾为哭悼刘蕡写下了不少动人心弦的诗句，诸如："平生风义兼师友，不敢同君哭寝门"、"上帝深宫闭九阍，巫咸不下问衔冤"、"一叫千回首，天高不为闻"、"已为秦逐客，复作楚冤魂。并将添恨泪，一洒向乾坤"……。事隔千余年之后，毛泽东读史时再度为刘蕡的爱国心所感动而赋诗以赞之。其诗在用典上别有其特色。

（一）诗题与诗中两次出现人名之典"刘蕡"，妙用这个全局性的"大"典故，有凸显刘蕡历史功绩及其现实意义之妙。

刘蕡这一人名典故的出现，自然而然，刘蕡的事迹及其历史贡献亦会展现在世人的脑际，这就是中华民族优秀人物最可贵的品质给后人的激励。刘蕡这样的品德，怎么不会召示后人要正直、要有所作为。

（二）再是取用语典中的典意与典型的语词成典型之句，有用简练之句以凸现刘蕡一生悲剧形成之妙。

毛泽东在这一首七绝中的前两句在赞颂了刘蕡为俊伟之才后，紧接就用转笔，叙写了刘蕡的遭遇。取"……注目孤鸿秋""……依然铩羽""……闻鸣镝……"等语典之语词与典意而成"孤鸿铩羽悲鸣镝"，则刘蕡一生的悲惨际遇，便尽现于读者的眼前，有句精而容量大之妙！而"万马齐喑叫一声"，显然尽纳了"振鬣长鸣，万马齐喑"的中称赞之意与"万马齐喑究可哀"中的悲愤之意，使诗句有激越悲怆、风格壮丽之妙。

（三）在用典上，还有一个鲜见的特色是妙用典故的隐示意义，或曰是妙用"隐示性用典法"，或曰是妙用"曲用式用典法"。

诗的开篇就显示出了这个特点。其首句云："千载长天起大云。"但大云入诗古今稀，"众云"入诗常可见。诸如："白云"、"闲云"、"彩云"、"祥云"、"青云"、"碧云"、"紫云"、"黑云"、"乌云"、"黄云"、"红云"、"浮云"等等，是常可见于诗的。而"大云"入诗，为笔者所仅见，故而一般人都不认为这是什么典故，以为它是一个非常平常的词语，其实，在这首诗中出现的"大云"，它不是孤立而用，它要隐示着"其下贤人隐"。这个贤人是何人？其典意则紧扣着"中唐俊伟有刘蕡"这种瑞气、喜气之象。这似是作者在自问自答，然其用典如盐入水，真有难见盐之痕迹之所在之妙。如果改用"千载长天起庆云"或"千载长天起卿云"，当然亦可，但其诗中的典意会略显露一些，"庆云"、"卿云"虽有五彩缤纷、瑞气飘摇之意，终不如"大云"通俗平易。毛泽东用"大云"为典入诗，则"千载长天起大云，中唐俊伟有刘蕡"的诗意可理解为：千载长天起大云，大云底下隐贤人，贤人就是在宦官专权的黑

暗统治下，敢于不怕谋害、大叫一声的俊伟人物刘蕡。

毛泽东不愧是古为今用的凌云高手。对于毛泽东的这一首诗的创作目的，当今著名的毛泽东研究专家陈晋有过这样令人留连难忘的笔墨："这首诗写于1958年，不知是当时的什么现象，让毛泽东对千年以前剪除宦官的呼声如此共鸣，也许只是史家的一般感慨。但可以肯定的是，对刘蕡这类如鲁迅笔下那孤独前行的'过客'人物，晚年毛泽东总是情有独钟"（陈晋：《文人毛泽东》，上海人民出版社1997年版，第660页）。我国著名的已故老诗人公木则言："这首绝句实则咏古以自况，可以看作是诗人在暗淡的心境下发出的仰天'悲鸣'和凄厉长啸，诗人的感受和刘蕡的遭际越过时空达成了共鸣"（公木：《诗人毛泽东·注释赏析》，珠海出版社1999年版，第199—200页）。这，通过毛泽东在这一首诗中妙用典故的品味，个中妙谛真趣，都留给人们以深深的启迪与思考！

56. "捡拾烟尘"数千年 赋诗称颂楚屈原
——毛泽东在《七绝·屈原》中所用典故探妙

用典缘起：

继1958年创作《七绝·刘蕡》诗，过了3年之后的1961年秋，毛泽东又写下了一首题为《屈原》的七绝。其诗云："屈子当年赋楚骚，手中握有杀人刀。艾萧太盛椒兰少，一跃冲向万里涛。"在这首诗中用了下列典故。

典故内容：

屈子当年赋楚骚。屈子，即"屈原"。——典出《史记》等资料。屈原（公元前340—前278年）即诗中的屈子，名平，字原。战国时楚国人，是我国最早有名的大诗人。在他辅佐楚怀王之时，曾任左徒、三闾大夫，后遭谗去职。到楚顷襄王时，进一步遭谗被毁而遭流放。在面对楚国危亡之时，一再提策表忠心救楚，然楚国的顷襄王昏庸无道，奸佞当朝，屈原的政治理想根本无法实现，在救国无望、悲愤至极的时刻，屈原以生命与昏庸腐败势力相抗争而投汨罗江自沉。楚骚——即《离骚》。《离骚》这一部作品当是屈原遭谗遭毁离开郢都后所创作。汉代司马迁等人认为："离"为遭遇之意；"骚"为忧之意，因遭忧而赋此诗。其诗主要含有两个方面的内容：一表屈原对于楚国政治命运的关心，和要求改革弊政的决心；二是诗人在其忠心遭谗而被流放之后，借助神游等方式表达自己的爱国深情永不变，同时表以身殉志的决心与壮志。楚骚，其内容深邃丰富。这是一部书名，在诗中也可视为一个词语典故。

手中握有杀人刀。——典出清人佚名《掌故演义》第1回："手中一枝笔，杀人不见血。"

艾萧太盛椒兰少。艾萧，亦即萧艾。——典出《诗经·王风·采葛》："彼采萧兮，一日不见，如三秋兮！彼采艾兮，一日不见，如三岁兮！"又见，《离骚》："何昔日之芳草兮，今直为此萧艾也。"又见，晋人陶渊明《饮酒》（其十八）："幽兰生前庭，含熏待清风。清风脱然至，见别萧艾中。"又见，唐人李白《于五松山赠南陵常赞府》："为草当作兰，为木当作松。兰秋香风远，松寒不改容。松兰相因依，萧艾徒丰茸。……"又见，宋人魏了翁《过屈大夫清烈庙下……》诗中有："椒兰自昭质，不肯化艾萧。" 椒兰，亦即申椒与兰草。——典出《离骚》："杂申椒与菌桂兮，岂维纫夫蕙茝。"《离骚》："扈江离与辟芷兮，纫秋兰以为佩。……览椒兰其若兹兮，又况揭车与江离！"椒兰，在这里是指芳草。

一跃冲向万里波。——典出《楚辞·怀沙》："知死不可让，愿勿爱兮。"又见，唐人汪遵赋《屈祠》诗中有："至今祠畔猿啼月，了了犹疑恨楚王。"又见，唐人周昙咏《屈原》诗中有："江上流人真浪死，谁知浸润误深诚。"又见，唐人陆龟蒙《离骚》中有："岂知千丽句，不敌一谗言。"

用典探妙：

屈原人格高风亮节，屈原事迹光昭日月，屈原作品永垂青史，数千载以来为世人所称颂；屈原的诗赋和其伟大的爱国主义精神，影响着一代又一代的炎黄子孙；悼念屈原的诗词、歌赋、楹联等等，不计其数；研究屈原及其作品的研究专著也不胜枚举，然大多数均不离"离骚者，犹离忧也"这一总体基调。毛泽东一生喜爱屈原及其作品，他是在反复阅读了各种版本的《楚辞》和对屈原有了深入的研究之后，他写出了这样一首脱前人之窠臼与众不同的诗。这一首诗在用典上亦有其与众不同的艺术特色。

（一）其中最为突出的一点是全局性，或曰"大范围"的用典之妙。

笔者的所谓全局性或曰"大范围"用典之妙，就是说，这一首诗在用典上，不是拘泥于某一事、某一个词、某一句诗……，而是有时妙用整个人一生的事迹，整篇作品的典意等等。这种情况虽说毛泽东在以往的用典中也有过这样的现象，如"秦皇、汉武、唐宗、宋祖、成吉思汗"等等，但这一首诗尤显突出的是以屈原一人遭际成诗。

毛泽东在诗题与诗句中妙用"屈原（屈子）"与"楚骚"这样的人名典故与词语典故，整体纳用了屈原一生的典型事迹和楚骚中的典意，有突出屈原这一位伟大的爱国主义者的形象和其在文学上的伟大贡献之妙，同时亦有为下句作出铺垫之妙。

毋庸多论，屈原的名字与屈原的离骚，谁人不知、何人不晓。毛泽东的首句就直切将其入诗，给人以横空而出之感，有凸显屈原高大形象之妙！

（二）有反用楚骚典意与前贤诗意之妙。

在屈原的所有作品中，其基调皆是言王之不聪、奸佞当道，致使其政治主张难于实现。历代极大多数的诗文亦是承此基调赋诗论文，如"至今祠畔猿啼月，了了犹疑恨楚

王"、"江上流人真浪死，谁知浸润误深诚"、"岂知千丽句，不敌一谗言"等等，不一而足。而毛泽东均反用意而用之，这就是"反用为优"的具体体现吧！因而他的这一首诗面目全新、前人从未道及、从未想到、令世人为之一惊的妙句——手中握有杀人刀！这刀，即屈原"手中一枝笔"，杀奸佞坏人影响力"不见血"之刀。可以说，当权者握有的生杀大权之刀，更是因为屈原的作品有如刺向腐朽王朝和奸佞们的利刃，这刀，又是真理之刀。这刀，就是毛泽东在圈点《关于枚乘〈七发〉》中所言"骚体是有民主色彩的，属于浪漫主义流派，对腐败的统治者投以批判的匕首。屈原高踞上游"（费振刚、董学文主编：《毛泽东圈注史传诗文集成》（文赋卷）吉林人民出版社1996年版，第529页）的形象艺术表达。毛泽东这样反用前人典意，可谓击中要害、击中其时之弊。这是毛泽东解释屈原其人之所以难见容于当时之世的千古妙言！

（三）精选屈原作品中的词语及相关内容成诗之妙。

精选所要刻画对象（屈原）诗歌作品中的词语成诗，往往能加深对刻画对象称颂的意蕴。"艾萧太盛椒兰少"一句，是取用语典"户服艾以盈要兮，谓幽兰其不可佩"（《离骚》）、"何昔日之芳草兮，今直为此萧艾也"（《离骚》。诗中的"艾"以及后一句诗中的萧艾，亦即艾萧，均为贱草，实隐指奸佞小人）、"苏粪壤以充帏兮，谓申椒其不芳"（《离骚》。诗意为他们这一伙小人取粪土充入香囊，而说申地的香木不香，隐指近小人而远离贤人君子）、"览椒兰其若兹兮，又况揭车与江离？……"（《离骚》。诗中的椒兰，亦是指香草）中的语词与典意成句，甚至可以说是有取用整部楚辞中的典型的典意成句之妙。

因为整部楚辞都是以椒兰之类的香草以配忠贞，而以贱草臭物喻奸佞小人。从这个意义上来说，此句有纳用整部楚辞中的典意成句之妙，从而使这一句具有丰富的内蕴！

"一跃冲向万里涛"一语，有兼纳"知死不可让，愿勿爱兮。明告君子，吾将以为类兮"（《楚辞·怀沙》。是讲诗人伤心至极，他不停地哀泣着，世人对他的不了解和楚王的昏庸，使他失望到了极点。诗人想到，只有以死明志，才不辱前哲）中的典意成句之妙。

但是，从总体来看，整篇《怀沙》就是屈原对楚国统治彻底绝望的一首情感激越、质朴无华的绝命词。从总体意义上来说，毛泽东的"一跃冲向万里涛"，就是《怀沙》一篇典意的最为形象概括，也是屈原英勇无畏气概、光辉高洁、高大形象的展现！

总览全文可见，正因为毛泽东是用典的大手笔，他能够"大范围"、全局性地妙用典故，不拘泥于某一具体的字词、字句，却又能尽化屈原诗句中的关键性语词与典意成己句，因而使其诗能破古人称颂屈原诗文之藩篱，将这位历史悲剧人物给予了充分的肯定，写出独步诗坛之《七绝·屈原》。爱国主义是屈原作品的灵魂，屈原以身殉志的大丈夫气概，是其爱国主义的最集中的展现，毛泽东的这一首诗，将屈原的爱国主义灵魂，化成了永远激励后人的民族精神力量。

57.绍兴自古名士多　当数鲁迅最堪豪
——毛泽东在《七绝二首·纪念鲁迅八十寿辰》所用典故探妙

用典缘起：

毛泽东在其一生中多次论及鲁迅，在其一生中喜读鲁迅著作，对其评价极高，他们之间的心是相通的。1961年毛泽东写下了纪念鲁迅80寿辰的七绝二首。其诗云："其一：博大胆识铁石坚，刀光剑影任翔旋。龙华喋血不眠夜，犹制小诗赋管弦。　其二：鉴湖越台名士乡，忧忡为国痛断肠。剑南歌接秋风吟，一例氤氲入诗囊。"在这两首诗中用了下列典故。

典故内容：

刀光剑影。——典出南朝梁人吴筠《战城南四首（其四）》："剑光挥夜电，马汗昼成泥。"又《边城将》："刀含四尺影，剑抱七星文。"

龙华喋血不眠夜。——作为一"新"的典故而言，系指国民党反动派于1931年2月7日深夜，在上海的龙华，秘密地在龙华警备司令部杀害了柔石、李伟生、殷夫、胡也频、冯铿五位"左联"作家在内的23位革命青年。为此，鲁迅彻夜难眠，后来，常在不眠之夜，一口气挥笔写下了《为了忘却的纪念》等系列控诉文章和有如比首式的诗歌。

小诗。——作为一个典故语而言，"小诗"出于鲁迅的《无题》诗，同时亦系指鲁迅与此同时所写的《无题》诗。其诗云："惯于长夜过春时，挈妇将雏鬓有丝。梦里依稀慈母泪，城头变幻大王旗。忍看朋辈成新鬼，怒向刀丛觅小诗。吟罢低眉无写处，月光如水照缁衣。"

鉴湖越台名士乡。鉴湖。——这是一个深含典意的地名。就地名而言，它是在浙江省绍兴市城西南两公里的地方，附近有陆游晚年的饮酒吟诗处——快阁。绍兴在清末最为有名的女革命家秋瑾（1875—1907年）就自号鉴湖女侠。越台——即越王台，是越王勾践为报仇复国而建立的招贤台。南朝梁人任昉《述异记》卷上："吴既灭越，栖勾践于会稽之上，地方千里。勾践得范蠡之谋，乃示民以耕桑，延四方之士，馆贤士，今会稽有越王台。"　名士乡——作为一个典故语，在这里特指：绍兴是人杰地灵之所，其地名是与我们民族许多杰出人物的英名并列的。"从古代越国到晚清的2000多年历史中，这里人才辈出，群星灿烂，涌现了许多著名的政治家、思想家、文学家和科学家。春秋战国时期的越王勾践和他的谋士文种、范蠡，东汉的唯物主义思想家王充和学者严子陵，魏晋南北朝时期的书法家王羲之和诗人谢灵运，唐代的诗人贺知章，南宋爱国诗

人陆游，明清时期的书画家徐渭、陈洪绶、赵之谦、任伯年和我国图书馆学先驱祁承
邺，散文家张岱，理学家刘宗周，曲律学家王骥德，医学家张景岳，历史学家章学诚，
晚清的革命志士秋瑾、徐锡麟、陶成章、蔡元培，都在这里生活过。绍兴是我国文化革
命伟人鲁迅的故乡，又是无产阶级革命家周恩来的祖籍……"（《古城绍兴》，浙江摄
影出版社1992年7月版，第4—5页）。唐人杜甫《陪李北海宴历下亭》有诗云："海右此
亭古，济南名士多。"

忧忡为国痛断肠。忧忡，即忧心忡忡。——典出《诗经·召南·草虫》："示见君
子，忧心忡忡。"又见，宋人王禹偁《待漏院记》："忧心忡忡，待旦而入。九门既
启，四聪甚迩。"又见，元人贡师泰《杂体八首》（其一）："卧病荒江上，忧心何忡
忡？"又见，明人冯梦龙《喻世明言》卷11："尺书手捧到川中，千里投人一旦空。辜
负高人相汲引，家乡虽近转忧忡。"断肠。——典出三国魏人曹操《蒿里行》诗："生
民百遗一，念之断人肠。"又见，汉人蔡琰《胡笳十八拍》："雁高飞兮邈难寻，空断
肠兮思愔愔。""日东月西兮徒想望，不得相随兮空断肠。"又见，唐人李白《清平
调》："一枝红艳露凝香，云雨巫山枉断肠。""断肠"作为一典故，比喻令人十分悲
痛，而在李白这一诗中，则又表荡气回肠，有"销魂"之意。"断肠"。——其本意当
来自"断肠猿"一事。南朝宋人刘义庆《世说新语·黜免》："桓公入蜀，至三峡中，
部伍中有得猿子者。其母缘岸哀号，行百里不去，遂跳上船，至便即绝。破视其腹中，
肠皆寸寸断。"唐人元稹《哭女樊四十韵》："马无生角望，猿有断肠鸣。"

剑南歌接秋风吟。剑南歌。——典出宋人陆游《剑南诗稿》，其书中收入了陆游全
部诗作9000余首，相当多的诗均充满着报国杀敌的英雄气概。如"少携一剑行天下，晚
落空村学灌园"、"逆胡未灭心未平，孤剑床头铿有声"、"壮心未与年俱老，死去犹
能作鬼雄"等等。秋风吟。——当是典出秋瑾有名的《秋风曲》与绝命诗句。其《秋
风吟》是："秋风起兮百草黄，秋风之性劲且刚。能使群花皆缩首，助他秋菊傲秋霜。
秋菊枝枝本黄种，重楼叠瓣风云涌。秋月如镜照江明，一派清波敢摇动？昨夜风风雨雨
秋，秋霜秋露尽含愁。青青有叶畏摇落，胡鸟悲鸣绕树头。自是秋来最萧瑟，汉塞唐关
秋思发。塞外秋高马正肥，将军怒索黄金甲。金甲披来战胡狗，胡奴百万回头走。将军
大笑呼汉儿，痛饮黄龙自由酒。"其《秋海棠》中有诗句云："平生不藉秋风力，几度
开来斗晚风。"其《吊吴烈士樾》中有："卢梭文笔波兰血，拼把头颅换凯歌。"当秋
瑾被清政府杀害前所吟的绝命词是："秋风秋雨愁煞人。"绍兴名士的爱国主义精神，
可谓一脉相承。

一例氤氲入诗囊。一例。——典出《公羊传·僖公元年》："此非子也。其称子
何？臣子一例也。"其中的"一例"即一律、一概之意。氤氲。——典出唐人张九
龄《湖口望庐山瀑布》诗："灵山多秀色，空水共氤氲。"又见，唐人温庭筠《觱篥

歌》："情远气调兰蕙薰，天香瑞彩含纟因缊。"纟因缊亦即"氤氲"。诗中的"氤氲"本指云烟浓盛的样子，在毛泽东的这一首诗中，当是指这些绝妙绝美的爱国主义的诗章多而且精粹，均是中国文学史上可"入诗囊"的精品。诗囊，亦即锦囊诗——是装诗稿的袋子。言唐李贺事。典出唐人李商隐《李长吉小传》，说李贺"恒从小奚奴，骑蹇驴，背一古破锦囊，遇有所得，即书投囊中。及暮归，太夫人使婢受囊出之，见所书多，辄曰：'是儿要当呕出心乃已尔。'上灯，与食，长吉从婢取书，研墨叠纸足成之，投他囊中。非大醉及吊丧日，率如此。" 宋人苏轼《次韵王晋卿奉诏押高丽燕射》："锦囊诗草勤收拾，莫遣鸡林提夜光。"又见，宋人陆游《春日杂赋》："退红衣焙熏香冷，古锦诗囊觅句忙。"

用典探妙：

毛泽东曾称："鲁迅在中国的价值，据我看要算是中国的第一等圣人。孔夫子是封建社会的圣人，鲁迅则是现代中国的圣人。"（毛泽东：《论鲁迅》，《毛泽东文集》第2卷，人民出版社1996年版，第43页）毛泽东在这两首诗中的第一首里，重在称颂鲁迅在白色恐怖中，敢于直面现实，从容地与蒋介石国民党反动派作坚决的斗争。所取用典事皆为今人所共知、明白易懂。

然而，毛泽东称颂鲁迅并未就此止笔，而是要溯其爱国主义精神的历史承传，从而使诗的意蕴更为丰富。在第二首中，毛泽东所用典故的最大特点是暗用之妙！

所谓"暗用"之妙，就是说，毛泽东在其第二首诗中，以地名"鉴湖"暗藏陆游、秋瑾这两个名人的典事；以景点名"越台"引出勾践的典事；以词语"名士乡"涵盖了绍兴乃人杰地灵之所；以"剑南歌"、"秋风吟"展示绍兴的爱国主义诗章之多。从表面上来看，"鉴湖"、"越台"、"名士乡"、"剑南歌"、"秋风吟"等都不是典故，但其内容中都隐含着山川灵秀出人才，正是这些名人，为了祖国、为了人民，曾"忧忡为国痛断肠"而掀起的历史风云里，暗藏着无数值得人们永远吟咏的"一例氤氲入诗囊"诗章与典事，让人们通过这样简练的句子，看到了绍兴2000余年以来的一条爱国主义的红线的承传实况，也让人们看到了绍兴之所以能够产生像鲁迅这样的伟大人物的历史与现实的基础。毛泽东这样追本溯源"论绍兴"，实际上就是对鲁迅80寿辰的最好纪念，从而使这首诗具有重要的社会政治意义与壮美的艺术价值。

58. 诗心两颗永相通 剥旧铸新感怀深
——毛泽东在《七津·改鲁迅诗》中所用典故探妙

用典缘起：

1935年12月5日，鲁迅为许寿裳题有《七律·亥年残秋偶作》。其诗是："曾惊秋

肃临天下，敢遣春温上笔端。尘海苍茫沉百感，金风萧瑟走千官。老归大泽菰蒲尽，梦坠空云齿发寒。竦听荒鸡偏阒寂，起看星斗正阑干。"1959年毛泽东在读鲁迅的这一首诗，与鲁迅先生一样的"所怀者深"，因而剥用此诗为："曾警秋肃临天下，竟遣春温上舌端。尘海苍茫沉百感，金风萧瑟走高官。喜攀飞翼通身暖，苦坠空云半截寒。悚听自吹皆圣绩，起看敌焰正阑干。"在这首诗中用了下列典故。

典故内容：

曾警秋肃临天下。——典出鲁迅《七律·亥年残秋偶作》。本书所论及的毛泽东妙用典故，多是论其中清末民初以前的典故。对于近现代的一些典故，一般来说，大多数人还该是知晓的，故而笔者基本上不予论及。然而，鉴于毛泽东的这一首"剥体诗"中多典故这样一个角度出发，笔者将鲁迅先生的这一首诗，就视其为一个"全局性典故"予以论说，同样，在本书中，尔后遇及毛泽东的剥体诗，其所剥之诗，均视为这样一种典故予以论析，恕不一一说明。

秋肃，即"秋气肃杀"。——典出《汉书·礼乐志》："秋气肃杀。"又见，汉人无名氏《汉古歌》："秋风萧萧愁杀人。出亦愁，入亦愁，座中何人，谁不怀忧？令我白头。胡地多飙风，树木何修修。离家日趋远，衣带日趋缓。心思不能言，肠中车轮转。"

尘海苍茫。尘海。——典出清人张问陶《庚申岁暮书怀》："尘海只愁多聚散，劳生何暇计穷通。"苍茫。——典出唐人李白《关山月》："明月出天山，苍茫云海间。"又见，唐人杜甫《发秦州》："磊落星月高，苍茫云雾浮。"又见，清人厉鹗《雨宿永兴寺》："横窗双绿萼，交影入苍茫。"

金风萧瑟，即"秋风萧瑟"。金风。——典出唐人戎昱《宿湘江》："金风浦上吹黄叶，一夜纷纷落客舟。"萧瑟。——典出战国楚人宋玉《九辩》："悲哉秋之为气也！萧瑟兮草木摇落而变衰。"秋风萧瑟。——典出汉末·曹操《观沧海》："秋风萧瑟，洪波涌起。"

阑干。——典出古乐府《善哉行》："月没参横，北斗阑干。"又见，唐人白居易《琵琶行》："夜深忽梦少年事，梦啼妆泪红阑干。"

用典探妙：

鲁迅先生的《亥年残秋偶作》，这是他一生中的最后一首诗作，是他面对日寇鲸吞我国领土的狼子野心、而国民党反动派不予抵抗，却残酷镇压抗日军民的现实的彻底揭露与有力的鞭笞，同时也表现了先生对于祖国前途、人民命运的关切及对于中国革命必胜的坚定信念。受诗者许寿裳在《〈鲁迅旧诗集〉跋》中云："此诗哀民生之憔悴，状心事之浩茫，感慨百端，俯视一切，栖身无地，苦斗益坚，于悲凉孤寂之中，寓熹微之希望焉！"实属知心者之确评妙论。

毛泽东与鲁迅两心息息相通。从诗的创作手法角度来看，这是毛泽东的一首剥体诗。从用典的角度来看，这是毛泽东的全局性或曰总体性的用典之法。所谓总体性的用典之法，就是说，不仅仅是以其诗中某一句为语典，而是总体上全局性地以他人的全诗为一"大"典故而用之。其用典之妙就妙在与鲁迅先生一样，是：百感交集积心头，万种思绪现笔底。同样是忧国忧民、以天下为己任的全新之作。

毛泽东在自己的这一首剥体诗中，一共改动了鲁迅诗中的22个字，但所改之诗已经脱离了旧体，句句抒发出了崭新之意。

知其每句所改之新，便知全诗创新之妙，亦即知其每一句诗的用典之妙。让我们看看毛泽东的改句之新之妙吧！

"曾警秋肃临天下，竟遣春温上舌端"，虽说毛泽东只改了"惊"为"警"——"敢"为"竟"——"笔"为"舌"三个字，但将当时的天下大事——1959年9月赫鲁晓夫访美、赫鲁晓夫与艾森豪威尔相互巧言令色，相互说谎讨好的嘴脸活画出来。其政治讽刺之妙到了无以复加的地步！

"尘海苍茫沉百感，金风萧瑟走高官"，虽说只改"千"为"高"。鲁迅诗中的"走千官"，是指在日寇的铁蹄蹂躏祖国河山之时，在蒋介石国民党反动派政府中，数以千计的官僚们为了自己的利益如鸟兽散，他们那里去管人民的痛苦和祖国山河的破碎！毛泽东改"千"为"高"，此高官当然不是缩居台湾的国民党政府高官，而是挥舞霸权大棒的高官——赫鲁晓夫。这一字之改，可谓新意顿出。

"喜攀飞翼通身暖，苦坠空云半截寒"，在这里，毛泽东承鲁迅"老妇大泽菰蒲尽"之意蕴，独创新句，同时将后句改了3个字，将赫鲁晓夫可悲下场揭示得一览无遗，事实上也证明了毛泽东的科学预见。在这两句中，对赫鲁晓夫将自食恶果作了极为生动的描绘，毛泽东的改用之妙，可谓存乎一心！

"悚听自吹皆圣绩，起看敌焰正阑干"，毛泽东在这两句中，套用了鲁迅的"竦听荒鸡偏阒寂，起看星斗正阑干"，其新句对于赫鲁晓夫访美所谓成果的自欺欺人的自吹，以美到处出兵挑起战火的铁的事实予以了有力的驳斥与冷漠的嘲笑。

如果说，鲁迅诗是对当年的国民党反动派政客们的丑恶面目彻底揭露的话，那么毛泽东的这一首剥体诗则是当年国际上的美苏首脑相互勾结、妄图称霸世界的险恶用心的彻底批判！而这种揭露之深刻、批判之犀利，则正是毛泽东总体妙用、句意妙用、字词妙用鲁迅诗的创作艺术之果。

59.胸怀世界发感慨　"饕蚊成阵"思愚公
——毛泽东在《七绝·仿陆放翁》中所用典故探妙

用典缘起：

1958年12月21日在文物出版社刻印的大字本《毛主席诗词19首》书眉上写下这样的说明："鲁迅1927年在广州，修改他的《古小说钩沉》，然后说道：'于时云海沉沉，星月澄碧，饕蚊遥叹，予在广州。'从那时到今天，31年了，大陆上的饕蚊灭得差不多了，当然，革命尚未全成，同志仍需努力。港台一带饕蚊尚多，西方世界饕蚊成阵。安得起全世界各民族千百万愚公，用他们自己的移山办法，把蚊阵一扫而空，岂不伟哉！试仿陆放翁曰：人类今闲上太空，但悲不见五洲同。愚公尽扫饕蚊日，公祭无忘告马翁"（诗据陈晋主编：《毛泽东读书笔记解析》（下册），第1339页）。在诗中用了下列典故。

典故内容：

人类今闲上太空。……——典出宋人陆游《示儿》："死去原知万事空，但悲不见九州同。王师北定中原日，家祭无忘告乃翁。"

愚公，亦即含"愚公移山"之意。——典出《列子·汤问》中所记的寓言故事。传说古代有一位北山愚公，已年近90了。因太行、王屋二山阻碍其出入，他就想将山铲平。有人笑他，他说："虽我之死，有子存焉；子又生孙，孙又生子；子又有子，子又有孙。子子孙孙，无穷匮也，而山不加增，何苦而不平？"这是人定胜天、不怕困难，做事毅力顽强的比喻与象征。宋人张耒《山海》："愚公移山宁不智，精卫填海未必痴。深谷为陵岸为谷，海水亦有扬尘时。"又见，明人阎尔梅《赠孟依之》："试作移山解，愚公未必愚。"又见，清人黄宗羲《张苍水墓志铭》："愚公移山，精卫填海，常人藐为说铃，贤圣指为血路也。"

用典探妙：

凡是对古典诗词有所了解的人，几乎没有谁不会熟悉陆游的这一首《示儿》诗了。这是陆游在其85岁临终前的一首绝笔诗，是诗人爱国主义精神的绝唱。这一首绝命诗自其面世以来，感动和激励着历代的炎黄子孙。

毛泽东以陆游的这一首诗作为全局性典故，亦即"大"典故。虽说是用其诗体和诗韵，但毛泽东以"饕蚊"指代反动派，以"马翁"指代无产阶级革命的伟大导师马克思，以"愚公"指代广大的革命人民大众。这就在诗的意境和创作主题上，有升华原诗意境与创作主题之妙，充分地展现毛泽东那无比坚定的共产主义信念。

在创作手法上，虽说毛泽东沿用了陆游欲扬先抑、提炼概括、飞跃跳动的创作手法，然陆游是一位手无寸权的老人，面对大宋王朝失去的大半壁江山，其诗作只能是苍凉、悲愤与沉郁。而毛泽东是无产阶级革命家，是站在世界无产阶级革命的制高点上看全球的革命形势，所寄托的是无产阶级革命彻底胜利的情怀，因而在诗的创作风格上有一反陆游诗苍凉、悲愤与沉郁之妙，而显现的是豪迈乐观气概。毛泽东用其生花之笔，以陆游这首《示儿》诗为"大"典故"新翻杨柳"，妙借陆游之词为典，力辟新蹊径，用出了自己的崭新闪光之政治寓意、深深的诗情之意，尽情地展现了自己无限坚定的共产主义信念！

60. 年少借花显意志 独具慧眼咏"指甲"
——毛泽东在《五言诗·咏指甲花》中所用典故探妙

用典缘起：

1907年夏，毛泽东写有这样一首诗："百花皆竞放，指甲独静眠。春季叶始生，炎夏花正鲜。叶小枝又弱，种类多且妍。万草披日出，惟婢傲火天。渊明爱逸菊，敦颐好青莲。我独爱指甲，取其志更坚"。（刘汉民、舒欣：《毛泽东诗词对联书法集观》，长江文艺出版社1998年版，第215页）在这首诗中用了下列典故。

典故内容：

渊明爱逸菊。——典出宋人周敦颐《爱莲说》："晋陶渊明独爱菊，自李唐以来，世人盛爱牡丹。"又见，东晋诗人陶渊明以爱菊闻名。他在《饮酒二十首》中有名句："采菊东篱下，悠然见南山。"又见，宋人辛弃疾有《水调歌头·渊明最爱菊》："渊明最爱菊，三径也栽松。……皎皎太独立，更插万芙蓉。……诗句得活法，日月有新工。"

敦颐好青莲。——北宋哲学家周敦颐，喜爱莲花。他的《爱莲说》是千古名篇，特别是其中的"出淤泥而不染，濯清涟而不妖"，世世代代为人们所传诵。其主旨在于勉励世人要自尊自爱，要有高尚的人格。

用典探妙：

毛泽东写这一首诗时还不满14岁，但这一首诗就足显其诗才与意志。全诗以对比之法写出了指甲花（即凤仙花）的特性、形态、风神。到临近诗的结尾的第九、十两句，有化用辛弃疾"渊明最爱菊"以及有高度浓缩周敦颐《爱莲说》中的"晋陶渊明独爱菊"、"噫！菊之爱，同予者何人？"之妙，在这首短短的诗中，妙用人名典故兼及人物的特性爱好，并以己与前贤的爱好对比，这样的用典大有独显个人人格志向、并给人以深刻印象之妙。

61.应付嘲讽显胆量 睥睨阔少气势雄
——毛泽东在《七绝·咏蛙》中所用典故探妙

用典缘起：

1910年秋，已经考入湘乡县东山高等小学堂读书的毛泽东，曾作有《咏蛙》诗一首。其诗云："独坐池塘如虎踞，绿杨树下养精神。春来我不先开口，哪个虫儿敢作声。"在这首诗中用了下列典故。

典故内容：

独坐池塘如虎踞。……——典出清人郑正鹄《咏蛙》："小小青蛙似虎形，河边大树好遮荫；明春我不先开口，哪个虫儿敢作声。"（对于这一首的出典，其说不尽一一。笔者反复比较各说，而取黄飞英说，诗见黄飞英《〈咏蛙〉诗作者是谁？》《中国青年报》1988年5月22日）

用典探妙：

要知毛泽东这一首诗之妙，必须知道其"母体"诗之妙。郑正鹄之诗，实则是一首题画诗。话说清末湖北英山名士郑正鹄，因其身段偏于矮小，更兼相貌不扬，在其初受天水县令之时，当地一班心怀鬼胎的官吏与巨富，有意想作弄他一下，以杀一杀"新官上任三把火"这个新官的锐气。于是他们经过一番策划，请来了一名画工，画了一幅《青蛙图》，画的是在河边的一棵大柳树的树荫之下，有一只张口的奇蛙。画后就送到县衙去，请这位县大人题诗。郑正鹄将画卷一展开，就深知其来者不善，遂不假思索，同样暗藏寓意地当众题了一首《七绝·咏蛙》诗。郑正鹄在天水任上，通达民情，秉公办事，严惩贪官污吏，成为清末"廉洁奉公"的清官之一（此据黄飞英之文）。

毛泽东初到东山小学，当然不是像郑正鹄一样去做官，但这个东山小学绝非一般的小学，正如毛泽东回忆他在这个小学的一段生活时所言："这是我第一次到离家50里以外的地方去。那时我16岁。……我以前从没见过这么多孩子聚在一起。他们大多数是地主子弟，穿着讲究；很少农民供得起子弟上这样的学堂。我的穿着比别人都寒酸。我只有一套像样的短衫裤。学生是不穿大褂的，只有教员才穿，而洋服只有'洋鬼子'才穿。我平常总是穿一身破旧的衫裤，许多阔学生因此看不起我。可是在他们当中我也有朋友，特别有两个是我的好同志。其中一个现在是作家，住在苏联。（这"其中一个"即萧三——引者注）……人家不喜欢我也因为我不是湘乡人。在这个学堂，是不是湘乡本地人是非常重要的，而且还要看是湘乡哪能一个乡来的。湘乡有上、中、下三里，而上下两里，纯粹出于地域观念而殴斗不休，彼此势不两立。我在这场斗争中采取中立态度，因为我根本不是本地人。结果三派都看不起我。我精神上感到很压抑"（斯诺：《西行漫记》，第112—113页）。在这样的历史条件下，在这样的环境之中，毛泽东以郑正鹄诗为一"大"典故而剥用郑正鹄之诗，实有应付嘲笑打击、壮己胆气之妙！

毛泽东自小就是颇有志气的，这一首七绝改作，借用"蛙"、"虫"、"气候"三者之关系，有展示毛泽东自强不息、个性独特、志向远大、睥睨群小的雄伟气概之妙！故其国文教师谭咏春先生批之曰："诗似君身有仙骨，寰观气宇。似黄河之水，一泻千里"（陶柏康：《诗人毛泽东探源》，《党校文献情报》1993年第11期，第20页）。

62.熔铸三家《题壁诗》 锐气如虹冲斗牛
——毛泽东在《七绝·留父亲》中所用典故探妙

用典缘起：

1910年秋，毛泽东走出韶山。在临别父母之际，他留诗一首夹在父亲每天必看的账簿里。其诗云："孩儿立志出乡关，学不成名誓不还。埋骨何须桑梓地，人生无处不青山"（中共中央文献研究室编、金冲及主编：《毛泽东传（1893—1949）》，中央文献出版社1996年版，第8页）。在这首诗中用了下列典故。

典故内容：

孩儿立志出乡关。……——典出我国古代（约宋以后）的一位叫月性和尚的《题壁诗》："男儿立志出乡关，学若不成死不还。埋骨何期坟墓地，人间到处有青山"（见徐涛：《毛泽东诗词全编》，湖北教育出版社1995年版，第390页）。又见，（日）西乡隆的诗作："男儿立志出乡关，学不成名死不还。埋骨何须桑梓地，人生无处不青山"（见高菊村、陈锋、唐振南、田余粮：《青年毛泽东》，中共党史资料出版社1990年版，第17页。逄先知主编：《毛泽东年谱（1893—1949）》所载同此）。又见，（日）释月性《题壁》："男儿立志出乡关，学若无成不复还；埋骨何期坟墓地，人间到处有青山"（郑松生：《毛泽东与美学》，福建教育出版社1992年版，第41页）。在这首诗中用了下列典故。

用典探妙：

前人的三首诗，到底那一首为最早，一时无法考证，故那两首当为"剥体诗"也一时无法定论。但这无关紧要，因为毫无疑问，博古通今的毛泽东的这一首诗，当是以这三首诗为母题的全局性用典的剥体诗。

毛泽东的这一首剥体诗，较之前三首中的任何一首，都具有其超越之妙。

（一）有针对性极强之妙。

毛泽东能走出乡关这一步是非常之不容易的。由于毛泽东的成绩特好，东山小学的老师与校长都主张他到长沙考中学深造，但遭到了父亲的阻挠。后来在舅父与老师们的劝说之下，好不容易才得到了父亲的同意，因而，这一首诗就不是一般的表态诗，它有

其极强的针对性。它是孩儿给父亲的决心书与立志书，更是向学习与前进道路将要遇到困难的宣战书！

（二）有继承与发扬前人三首诗那种毅然、决然艰苦奋斗立大志之妙。

前人的这三首诗，令人读后都有一种令人精神为之一震、催人奋起的力量。毛泽东的这一首是在前人三首诗的基础上，只是改动了少许的、使之能够切合自己意图的字词。在中国当时社会如此黑暗腐朽的情况下，有这样的青年吟出如此妙诗，这是要有何等的志气！故其老师李漱清读了之后，一味地竖起大拇指称道："好诗，好诗，石三伢子硬是有志气"。（王中华：《毛主席的诗教——写于毛泽东诞辰100周年》，《平原大学学报》1993年第4期，第16页）。

（三）有豪气冲天之妙。

在前人的三首诗中，都提到了"学"与"死"的问题。人生之大事，莫过于一生一死。人，凡事到了以一死相拚相搏之时，则足见其决心之大、豪气之足。毛泽东自有学好本领的为国为民之志，诗中虽未出现一个"死"字，但后三句均含"死"之意，足见其为学决心之大与奋斗豪气之十足！故当陈独秀听了毛泽东背诵这一首诗后，"面露惊喜之色，连声称赞：'锐气十足，真是好诗'"。（孙琴安、李师贞：《毛泽东与名人》，江苏人民出版社1993年版，第121页）

63.亡国灭种寇情急　华夏子孙誓诛妖
——毛泽东在《四言诗·懦夫奋臂》中所用典故探妙

用典缘起：

毛泽东的诸多著作文情并茂，不少文章中夹杂有诗、有联、有赋等文体。在日本帝国主义占领东北并大举进攻中国之时，毛泽东在1936年《致高桂滋》信中的"嘤其鸣矣，求其友声。暴虎入门，懦夫奋臂"，就为不少毛泽东诗词集正式当四言诗收入。我以为是可以的。在这首诗中用了下列典故。

典故内容：

嘤其鸣矣，求其友声。——典出《诗经·小雅·伐木》："伐木丁丁，鸟鸣嘤嘤。出自幽谷，迁于乔木。嘤其鸣矣，求其友声。……"

暴虎。——典出《诗经·郑风·大叔于田》："大叔于田，乘乘马。执辔如组，两骖如舞。叔在薮，火烈具举。袒裼暴虎，献于公所。……"

懦夫。——典出《左传·僖公二年》："宫之奇之为人也，懦而不能强谏。"又见，《荀子·礼论》："苟怠惰偷懦之为安，若者必危。"又见，唐人李白《陈情赠友人》诗云："懦夫感达节，壮士激青衿。"

奋臂。——典出《史记·张耳陈余列传》："陈王（陈胜）奋臂，为天下倡始。"

用典探妙：

从诗的角度来看，这是一首团结统一抗战诗，是一首激励炎黄子孙奋臂抗战诗，是持正义者自救与抗争的呼吁，是信中"谁谓秦中无人而曰甘亡国奴之辱乎"一语的诗化。虽说只有四句，但在用典方面颇有特色。

（一）借用语典之妙。

"嘤其鸣矣，求其友声"，在《诗经》中，其本意是指鸟儿嘤嘤地叫着鸣着，是在求其朋友之声音，其指代之意可能是念朋友亲戚故旧。但这一语典引入该诗，则显然是指在亡国灭种之祸到来之际，旨在寻求奋起抗日之友。这样恰当的用典，实有翻出新意之妙。

（二）引用语典中的语词、典意成诗，有比喻形象生动之妙。

以"暴虎"比喻凶残的日寇、以"懦夫奋臂"比喻华夏子孙抗击自卫的激昂振奋和抗敌决心之坚定，同样形象生动。"暴虎"一典，来自"袒裼暴虎，献于公所"，在这首诗里，同样隐含要有赤手空拳的勇气捉住日本帝国主义侵略者这只"暴虎"之意；"懦夫奋臂"实由"陈王奋臂"而来，同样隐含有要像当年老百姓在陈胜率领下抗暴秦那样抗击日本侵略者。这样一来，毛泽东的这一首四言诗就显得特别言简意深了。

64.润色加工《别赋》句 革命豪情蕴诗中
——毛泽东在《四言诗·剥续〈别赋〉》中所用典故探妙

用典缘起：

1939年7月9日，毛泽东在延安为陕北公学作题为《三个法宝》的演讲中，说到江淹的《别赋》，由《别赋》而联想到听众，即兴吟诗云："春草碧色，春水绿波，送君延安，快之如何"（陈晋：《毛泽东与文艺传统》，中央文献出版社1992年版，第378页）。在这首诗中用了下列典故。

典故内容：

春草碧色。……——典出南朝人江淹《别赋》："春草碧色，春水绿波。送君南浦，伤之如何！"

用典探妙：

江淹的《别赋》，乃文采极佳的主情之作，其中诸多段落，均可独立成联、成诗。赋的开首一句道其主旨云："黯然销魂者，唯别而已矣！"毛泽东在给学生们的演讲中说："江淹做了很多好文章，有一篇叫《别赋》，里面有很好的话，但是伤感流泪的话。最为人们熟记的有'春草碧色，春水绿波，送君南浦，伤之如何'。多么伤心流

泪，文笔很好。我们今天不需要这样写，改一下，作为‘春草碧色，春水绿波，送君延安，快之如何’”（费正刚、董学文主编：《毛泽东圈注史传诗文集成·文赋卷》，吉林人民出版社1996年版，第585页）。毛泽东这样一改，可谓妙笔生花，改出了新的景象、赋出了新的意境、顿生了革命豪情，有升华江淹诗句作为诗作主题之妙！

毛泽东演讲的听众，极大多数是离开父母兄弟、告别妻儿子女、冲破国民党封锁、奔赴抗日大本营延安后，又将上前线与日、伪、顽决战的革命青年学生和干部。毛泽东深通他们的心理，在讲话中提出江淹赋，撮出赋中的名言为典，活剥这一最佳诗句，实有评江赋之不足、紧扣与拨动广大听众心弦、共同奏响抗日的时代赞歌之妙！

65.作诗不易集诗难　借句成诗在瞬间
——毛泽东在《题"羿楼纪念册"诗》中所用典故探妙

用典缘起：

1948年5月5日，毛泽东宴请柳亚子，并邀请朱德作陪。三位诗人在纵论时局的同时，畅谈着历代名家、名篇、名句。诗人柳亚子赴宴时即随身携去"羿楼纪念册"于席散后请毛泽东、朱德题词。毛泽东的题词别具一格，是由席间所论及的名句组成的一首集句诗。其诗云："池塘生春草，空梁落燕泥。竹外桃花三两枝，春江水暖鸭先知"。（冯锡刚：《聆听再三欣不寐——朱德与毛泽东的诗交》，《党史文苑》1994年第3期，第17页）在这首诗中用了下列典故。

典故内容：

池塘生春草。——典出南朝宋人谢灵运《登池上楼》："池塘生春草，园柳变鸣禽。"

空梁落燕泥。——典出隋人薛道衡《昔昔盐》："暗牖悬蛛网，空梁落燕泥。"

竹外桃花三两枝，春江水暖鸭先知。——典出宋人苏轼《惠崇春江晚景二首》（其一）："竹外桃花三两枝，春江水暖鸭先知；蒌蒿满地芦芽短，正是河豚欲上时。"

用典探妙：

俗语说，作诗已是不易、集句成诗更难。因为要将别人现成的句子，一字不动地拿来表达自己的意思，这确是难，非诗词高手则难于下笔。从用典的角度来看，这一首诗就是由借用典故而成的诗。

这一首集句诗有如下几点妙处：

一是有名人、名篇、名句瞬间综合成诗之妙。

谢灵运、薛道衡、苏轼，分别是南朝宋、隋朝、北宋才名出众的大手笔；《登池上楼》、《昔昔盐》、《惠崇春江晚景》三首诗，分别是他们名震历代的名篇之一；而毛泽东所取的这四句诗，又分别是为历朝历代的人们传颂不已的名句。宋人吴可《学诗》中云："春草池塘一句子，惊天动地至今传"，金人元好问《论诗三十首》之二十九首中有云："池塘春草谢家春，万古千秋五字新"；清人宋湘《说诗八首》之六中有云："池塘春草妙难寻，泥落空梁苦用心。"这样的集句诗，确令人回味无穷之妙。

二是有反其意而用之之妙。

谢灵运《登池上楼》中的"池塘生春草"，是为《登池上楼》这篇郁郁不得志之作服务的，意为那繁生之春草，撩动诗人的不是快乐之意，而是离群、独处、生悲、思归之情。薛道衡《昔昔盐》中的"空梁落燕泥"，是为这首少妇空守闺房的思夫诗服务的，是破败情景的写照。毛泽东将其集而成诗，则完全是写春草长绿了，春燕飞回了，已经完全除去了原诗那种悲愁之意，用了其字面写春天到来之意，预示着祖国大地回春了，人民就要获得解放了！

三是有领袖、元帅、诗人喜悦心情的集中表现之妙。

其一有表三人共宴心情欢快之妙。其二有表人民革命胜利在即之妙。其三有表实情实景之妙，因为共宴之日也恰在春天。

四是有内涵无比丰富之妙。

所谓这一首集句诗的内涵有无比丰富之妙，就是说，这一首诗中隐含着生动的故事情节。其用典之妙，就妙在典故有深意，能给予读者以丰富的知识和有回味的联想，并从中得到美的享受。

"池塘生春草"，在毛泽东的这首集句诗中，本是一典，然其妙在典中含典。《南史·谢惠连传》中云："惠连年十岁能属文，族兄灵运嘉赏之，云：'每有篇章，对惠连辄得佳语，尝于永嘉西堂思诗，竟日不就，忽梦见惠连，即得池塘生春草，大以为工。'"原来此句乃梦中所得。这在平常人看来，虽说是神奇可笑之事，但有这样动人的故事情节，品味之，实有妙趣。在诗家看来，这并非无稽之谈，因为谢灵运为求此佳句，日思不得，夜想乃必然，想而成梦，梦生灵感出秀句，实乃在所必然。当代诗家陈东白先生《提练》诗中有云："莫道作家痴，千吨矿石一克诗，甘苦心自知。"又有《杭州北高峰》之三云："灯下蕴词章，山居夜雨透新凉，枕诗入梦香"（陈东白：《东白汉俳集》，香港金陵书社出版公司2001年3月版）。东白与灵运俱得佳句乃达到同一境界。这样的诗，怎能不给予读者以美的享受呢？！

"空梁落燕泥"，在毛泽东的这首集句诗中亦是一典，然同"池塘生春草"句一样典中含典。薛道衡因其才名显露，深为隋炀帝所忌恨，将其缢杀。唐人刘餗《隋唐嘉话》中云："炀帝善属文，而不欲人出其右。司隶薛道衡由是得罪。后因事诛之，曰：'更能作空梁落燕泥否？'"在这短短的几句话中，炀帝的凶残忌妒，薛道衡的才华卓绝凸然彰显，借助这一典实故事，使这一首集句诗的蕴含丰富无比，读之思之妙趣无穷！

66. "大家要团结起来" "这是历史的需要"
——毛泽东在《两个泥菩萨》中所用典故探妙

用典缘起:

1957年11月2日至21日,毛泽东率领中国代表团第二次出访苏联。当"苏共中央在两个会议结束时举行宴会,招待各国党的代表团,毛泽东同志祝酒说:我们开了两个很好的会,大家要团结起来,这是历史的需要。中国有句古语:两个泥菩萨,一起打碎。用水调和,再做两个。我身上有你,你身上有我'"(吴直雄:《毛泽东妙用诗词》上册,京华出版社1998年版,第525页)。在这首诗中用了下列典故。

典故内容:

两个泥菩萨。"才女用诗止风流"(暗用)。——典出元人管夫人《我侬曲》的创作故事:元代大书法家赵孟𫖯的妻子管道升贤惠多才,善画竹、兰、梅,亦工山水、佛像画,又擅诗词歌赋曲。这个赵孟𫖯却想着要纳妾,又不便直说,就以曲示意。其中有:"岂不闻王学士有桃叶、桃根,苏学士有朝云、暮云?我便多娶几个吴姬、越女无过分。"还安慰她:"你年纪已过四旬,只管占住玉堂春。"管夫人见此,也不便发起来,乃作《我侬曲》:"你侬我侬,忒煞多情;情多处,热似火。把一块泥,捻一个你,塑一个我,将咱两个一齐打破,用水调和;再捻一个你,再塑一个我。我泥中有你,你泥中有我;与你同生一个衾,死同一个椁。"又见,明人陈所闻编《南宫词记·锁南枝》:"傻俊角,千帆低不度,惊涛一片雪山来。千帆低不度,惊涛一片雪山来。""和块黄泥儿捏咱两个。捏一个儿你,捏一个儿我,捏得来一似活托;捏得来同床歇卧。将泥人儿摔破,着水儿重和过,再捏一个你,再捏一个我;哥哥身上有妹妹,妹妹身上有哥哥。"

用典探妙:

上述两个出典,都十分形象生动地说明了夫妻关系、哥妹关系之密不可分。

毛泽东纳上述二典之典意、同时妙取其中之语词成诗,有简明扼要、好记、好解之妙。不管是管道升之曲,还是陈所闻之词,都写得十分生动多趣,但要很快地记下来,对一般人来说,并非易事,经毛泽东的再创作,不仅保留了其中的妙趣,而且变得简明扼要了,这就十分切合大会的读者对象——各国的听众。

再是,不论是管夫人的曲,还是陈所闻的词,它们都深含哲理、深含辩证法。毛泽东之诗是在二者的基础上的再度创作,保留了其深含哲理和辩证法的内核之妙。用它来阐明无产阶级政党之间的关系密不可分,实有形象生动、说理深刻之妙,亦是毛泽东在祝酒词中"我们开了两个很好的会,大家要团结起来,这是历史的需要"(郭思敏:《我眼中的毛泽东》)这一话语的最好总结。

67.年逾古稀评古诗　活剥李诗论林彪
——毛泽东在《七绝·剥李攀龙〈怀明卿〉》中所用典故探妙

用典缘起:

1972年10月2日,在毛泽东即将进入80大寿之时,已年逾古稀的周世钊与毛泽东在中南海畅谈,其中谈到了两首古诗。当谈到林彪问题时,毛泽东与周世钊都极度愤慨。毛泽东剥用了李攀龙的一首诗,并说将此诗送给林彪是最恰当不过的。这一首诗是:"豫章西望彩云间,九派长江九叠山。高卧不须窥石镜,秋风怒在叛徒颜"(参见周彦瑜、吴美潮:《毛泽东与周世钊》,吉林人民出版社1993年版,第187—188页)。在这首诗中用了下列典故。

典故内容:

豫章西望彩云间。——典出明人李攀龙《怀明卿》:"豫章西望彩云间,九派长江九叠山。高卧不须窥石镜,秋风憔悴侍臣颜。"又见,唐人李白《早发白帝城》:"朝辞白帝彩云间,千里江陵一日还。"又见,其《宫中行乐词》:"只愁歌舞散,化作彩云飞。"

九派长江九叠山。——典出宋人乐史《太平寰宇记》卷111:"庐山……其山九叠,川亦九派。"又见,晋人郭璞《江赋》:"源二分于崌崃,流九派乎浔阳。"又见,唐人皇甫冉《送李录事赴饶州》:"山从建业千峰远,江到浔阳九派分。"又见,唐人李白《庐山谣寄卢侍御虚丹》:"庐山秀出南斗傍,屏风九叠云锦张。"

石镜。——典出北魏人郦道元《水经注·庐江水》:"(庐)山东有石镜,照水之所出。有一圆石,悬崖明净,照见人形,晨光初散,则延曜入石,毫细必察,故名石镜焉。"又见,南朝梁人任昉《述异记》:"日林国有神药数千种,其西南有石镜方数百里,光明莹彻,可鉴五藏六府,亦名仙人镜。"

用典探妙:

毛泽东的这一首诗是一首剥体诗。从用典的方法这一角度来看,毛泽东所采用的是以李攀龙这诗为典的全局性用典手法而成己诗的。体味全诗,与以下几首剥体诗一样,独显毛泽东和毛泽东为诗的个性。

明卿即吴国伦,是李攀龙的朋友,同为明"后七子"。吴国伦因忤奸相严嵩而遭贬于江西南康(今江西星子县一带)。这是李攀龙思念友人而成的一首七绝诗。

毛泽东只将李攀龙的这一首诗的末句改动四个字,则有诗意全变、完全为批判林彪反党集团的现实斗争服务之妙!

首先是,李诗是思念朋友的诗,毛泽东将"憔悴侍臣"化为"怒在叛徒",则有对

"侍臣"般的"朋友"林彪的辛辣讽刺与无情批判之妙。

其次是，李攀龙诗中用了好几个典故，毛泽东有借典而用并赋"高卧不须窥石镜"以新意之妙。"高卧不须窥石镜"一句，其本意是说，明卿不须要对着镜子照看自己，我（李攀龙）可以想象您的愁苦憔悴之状。毛泽东的"高卧不须窥石镜"，则有林彪反党集团终究还是暴露了，而且有了应得的可耻下场，我（毛泽东）再也不会有安全之虑了。

其三是，李攀龙诗中的"秋风"，意指秋风肃杀、令人生愁，由此而想到朋友"明卿"的处境、心情与形象。毛泽东诗中的"秋风"则与林彪在1971年9月13日（正是秋天）机毁人亡于蒙古的温都尔汗地区，这在时间上有对榫合缝之妙！同时亦有拟人化之妙——连秋风也为林彪的叛党叛国而愤怒了！

68.选诗半首易两字 林彪结局隐其中
——毛泽东在《七绝·剥用〈咏怀古迹〉（其三）》中所用典故探妙

用典缘起：

与上面剥用李攀龙诗的同一时间，毛泽东正与周世钊谈兴正浓之时，他再次诗情涌动，又以杜甫的半首诗为母体，剥用了这半首诗。其诗云："群山万壑赴荆门，生长林彪尚有村。一去紫台连朔漠，独留青冢向黄昏。"在这首诗中用了下列典故。

典故内容：

群山万壑赴荆门。——典出唐人杜甫《咏怀古迹》五首其三："群山万壑赴荆门，生长明妃尚有村。一去紫台连朔漠，独留青冢向黄昏。画图省识东风面，环佩空归夜月魂？千载琵琶作胡语，分明怨恨曲中论。"

明妃。昭君出塞（暗用）——典出《汉书》《后汉书》等资料。明妃即王嫱，西汉皇妃，人称明君或曰明妃，字昭君，南郡秭归（今之湖北）人，汉元帝时入宫。匈奴呼韩邪单于于竟宁元年（公元前33年）入汉求和亲，王嫱自请嫁匈奴。临别之时，元帝方知其美丽动人。入匈奴后，被尊为宁胡阏氏。呼韩邪死后，从胡俗，为后单于阏氏。她葬于匈奴，其墓草四季常青，故称青冢。元人张养浩《双调·清江引》："昭君路迷关塞雪，蔡琰胡笳月，行事惟心知，新恨凭谁说？"又见，元人张可久《双调·湘妃怨》："汉和番昭君去，越吞吴西子归，战马空肥。"

紫台。——典出南朝梁人江淹《恨赋》："明妃去时，仰天太息。紫台稍远，关山无极。君王兮何期，终芜绝兮异域。"这里是指帝王的住所。

青冢。——《归州图经》："胡中多白草，王昭君冢独青，号曰青冢。"后当坟墓的泛指。《才调集·八》于武陵《有感》诗中有云："四海故人尽，九原青冢多。"又见，唐人张乔《书边事》诗中有："春风对青冢，白日落梁州。"又见，宋人陆游《古意》："何时青冢月，却照汉家营。"

用典探妙：

与上一首诗一样，也是一首剥体诗，从用典的手法来看，亦是全局性的用典。杜甫的这一首怀古诗，在尽力勾勒出群山万壑赴荆门的壮阔奇景的基础上，以暗自比托之法，思想深沉地叙写了汉元帝时期王昭君的悲剧，尤其是在借写王昭君的怨恨之情的同时，抒发了诗人的思乡情怀与感慨。

毛泽东只取其诗的半首（即前四句），只变更这半首诗中的两个字，即将"明妃"更换成"林彪"，则有诗意全变、隐指林彪一生悲剧结局之妙！

首先是，"群山万壑赴荆门，生长林彪尚有村"，"林彪"这一名字代"明妃"，"荆门"就在湖北，这就有暗暗地扣合林彪籍里之妙！

其次是，由于"林彪"名姓的入诗，则原来的"一去紫台连朔漠，独留青冢向黄昏"两句，就有将林彪的叛逃路线、丧生之地进行了精练概括之妙！因为"一去紫台"就成了逃离中南海紫禁城之意，而"连朔漠"则成了林彪摔死在朔方大漠之中的意思了。

毛泽东的这一首诗，是对林彪叛党叛国行径的绝妙批判。取诗半首改两字，林彪下场隐其中，这是古今中外诗歌史上的一大奇迹！

69."心听"、"心读"芦川词 宣泄抒发战友情
——毛泽东在《贺新郎·剥用张元干〈送胡邦衡待制赴新州〉悼董必武同志》中所用典故探妙

用典缘起：

1975年4月2日，董必武同志在北京逝世。董老一逝世，当年中国共产党第1次全国代表大会的13位代表中，唯独毛泽东仅存。毛泽东"很难过，不吃东西，也不说话，整整叫人放了一天这首词的唱片。他时而躺着听，时而用手击拍，神情悲痛，并将词中'更南浦，送君去'，改为'君且去，休回顾'，说原来的太伤感了"（费正刚、董学文主编：《毛泽东圈注史传诗文集成（诗词卷）》，吉林人民出版社1996年版，第593页）。毛泽东改后之词当是："梦绕神州路。怅秋风，连营画角，故宫离黍。底事昆仑倾砥柱，九地黄流乱注。聚万落千村狐兔。天意从来高难问，况人情、老易悲难诉！君且去，休回顾。凉生岸柳催残暑。耿斜河、疏星淡月，断云微度。万里江山知何处？回首对床夜语。雁不到，书成谁与？目尽青天怀今古，肯儿曹恩怨相尔汝？举大白，听《金

缕》。"在这首词中用了下列典故。

典故内容：

梦绕神州路。……——典出南宋人张元干《送胡邦衡待制赴新州》词："梦绕神州路。怅秋风，连营画角，故宫离黍。底事昆仑倾砥柱，九地黄流乱注？聚万落千村狐兔。天意从来高难问，况人情，老易悲难诉！更南浦，送君去。凉生岸柳催残暑。耿斜河、疏星淡月，断云微度。万里江山知何处？回首对床夜语。雁不到、书成谁与？目尽青天怀今古，肯儿曹恩怨相尔汝？举大白，听《金缕》。"

神州。——典出《史记·孟子荀卿列传》引邹衍曰："中国名曰赤县神州，赤县神州内自有九州……中国外如赤县神州者九，乃所谓九州也。"

故宫离黍。——典出《诗经·王风·黍离》："彼黍离离，彼稷之苗。"写周平王东迁之后，其故都镐京荒废，周朝志士见宫殿旧址为庄稼所代替，念国亡而不忍离去故作此诗。后世之人以此景、此诗代指对故国的怀念之情。又见，宋人苏轼《周公庙》："至今游客伤离黍，故国诸生咏雨濛。"

底事昆仑倾砥柱，九地黄流乱注。——典出《神异经》、《水经注》、《淮南子》等书。如《淮南子·地形训》即言："河水出昆仑东北陬。"这诸多著作称：相传昆仑山有铜柱，其高入天，故称其为天柱。古代共工与颛顼争帝位，共工怒触不周山，天柱折。大禹治水之时，破山通河，河水环山而过，山在水中如柱。张元干在这里将昆仑之天柱与黄河之砥柱连类而书之。

天意从来高难问，况人情，老易悲难诉。——典出唐人杜甫《暮春江陵送马大卿公恩命追赴阙下》诗："天意高难问，人情老易悲。"意为皇帝身处高位，其心难测，报国之心无处诉说，悠悠苍天！人老怎不生悲！

更南浦，送君去。——典出战国楚人屈原《九歌·河伯》："子交手兮东行，送美人兮南浦。"又见，南朝梁人江淹《别赋》："送君南浦，伤如之何！"

回首对床夜语。——典出唐人杜甫《将赴剑南寄别李剑州弟》诗："戎马相逢更何日？春风回首仲宣楼。"又见，唐人白居易《招张司业》诗："能来同宿否？听雨对床眠。"

雁不到，书成谁与？暗用"衡阳雁断"。——典出元人高则诚《瑟琶记·官邸忧思》："湘浦鱼沉，衡阳雁断，音书要寄无方便。"在衡阳，有"回雁峰"，雁至"回雁峰"则止。胡铨所要去的地方是广东的新兴县，远在衡阳之南，故云。

恩怨相尔汝。——典出唐人杜甫《醉时歌》："忘形到尔汝，痛饮真吾师。"又见，唐人韩愈《听颖师弹琴》诗："昵昵儿女语，恩怨相尔汝。"尔汝，亲密的相称之意。

举大白，听《金缕》。——汉人刘向《说苑》："魏文侯与大夫饮酒，使公乘不仁为觞政，日饮不爵者，浮以大白。"　大白，即斟满的酒樽。《金缕》即《金缕曲》，亦为《贺新郎》，又名《金缕歌》。

用典探妙：

张元干，字仲宗，号芦川居士，是宋代有名的爱国词人。毛泽东对于他的这一首词是由衷的喜爱，曾三次圈阅。词因胡铨上书反对宋金议和并请斩王伦、秦桧、孙近而遭贬，张元干送别而作。词的上阕由梦中原故土开篇，叙悲言惨，纳万里于尺幅之中，表达了词人送友的深沉感慨。然而在这一阕中的结尾，伤感之情到了极点，"天意从来高难问，况人情、老易悲难诉！更南浦，送君去"，连用了两个典故，把悲痛、悲愤写到了绝处、推向了高潮。毛泽东将"更南浦，送君去"改为"君且去，休回顾"，意为：老友，你且去吧！不必三心二意地回顾了！这样，有以昔日的乐观态度对友，并减去过分感伤、更显情深似海之妙！

毛泽东要改这两句词的原因和修改情况，有比费振刚、董学文更为细致的记载。这一详细记载，十分生动地表述了他们之间的战友情怀："为什么要改这两句？事隔多年从毛泽东身边工作人员的回忆中我们才了解到：1975年4月，董必武逝世，国家又一'砥柱'倾倒了，那一天，毛泽东非常难过，一整天就没有吃东西，也不说话，让工作人员将《贺新郎》录音整整放了一天。过不了几天，毛泽东就把《贺新郎》词中的最后两句改为：'君且去，休回顾'，让录制组重录……"（《报刊文摘》2003年12月24日）。听曲改词寄情悲，悲、情尽在听、改中，这是毛泽东表达战友情怀的独特方式！这种方式呈现在读者眼前，亦令读者可感可听情融其中！

下阕写景、写情，写眼前之景、写万里河山之景，写对床夜语之友情、写书信难达之苦情，写失地不收、忠臣遭贬的悲愤之情。但结句又一扫悲哀之意，有大气磅礴之势，令人读来悲凉慷慨，抑塞磊落之气充溢于胸。这正是符合毛泽东个性特征的，也正符合毛泽东对老友驾鹤西归的安慰与劝导，也符合毛泽东对失去战友深沉情感的宣泄与抒发。毛泽东之所以"心读"、"心听"此曲以致到心追神往的地步，这在感情的表达上，可谓有"借佛花献佛"之妙！

70.《梁甫吟》中巧用典　完善典故妙成诗
——毛泽东在《七言古绝·续李白〈梁甫吟〉》中所用典故探妙

用典缘起：

1973年7月4日，毛泽东在与王洪文、张春桥的谈话中谈及李白的《古风》与《梁甫吟》。毛泽东却从这首诗中引出这样的看法："这首诗大段是讲秦始皇了不起，'秦王

扫六合，虎视何雄哉！挥剑决浮云，诸侯尽西来。'只是屁股后头搞了两句：'但见三泉下，金棺葬寒灰。'就是说他还是死了。你李白呢？尽想做官！结果充军贵州。白帝城遇赦，于是乎'朝辞白帝彩云间'。《梁甫吟》说现在不行，将有希望，'君不见高阳酒徒起草中'，'指挥楚汉如旋蓬'。那时是神气十足。我加上几句，比较完全：'不料韩信不听话，十万大军下历城。齐王火冒三千丈，抓了酒徒付鼎烹。'把他下油锅了"（陈晋：《毛泽东之魂》，吉林人民出版社1993年版，第225页）。在这首诗中用了下列典故。

典故内容：

君不见高阳酒徒起草中。——典出唐人李白《梁甫吟》："长啸《梁甫吟》，何时见阳春？君不见朝歌屠叟辞棘津，八十西来钓渭滨。宁羞白发照清水，逢时壮气思经纶。广张三千六百钓，风期暗与文王亲。大贤虎变愚不测，当年颇似寻常人。君不见高阳酒徒起草中，长揖山东隆准公。入门不拜骋雄辩，两女辍洗来趋风。东下齐城七十二，指挥楚汉如旋蓬。狂客落魄尚如此，何时壮士当群雄！……"

不料韩信不听话，十万大军下历城。齐王火冒三千丈，抓了酒徒付鼎烹。亦即"郦生被烹的故事"。——典出《史记》、《汉书》、《前汉演义》等资料。这些书中言：大将韩信奉刘邦之命，往赵地招兵击齐。郦食其独请命于汉王刘邦，奉命使齐，经过他一番口舌，齐王撤防并领70余城归汉。不料后来韩信用蒯彻之谋复又攻齐。齐王以为自己受食其之骗、怒火中烧而烹了郦食其。

用典探妙：

毛泽东的这一首接续诗，明白易懂，但用典妙处多多。

首先是，承接性用典，有纠正李白用典出偏差之妙。

在李白的诗中，为了寄托自己的理想与抱负，除用了姜子牙八十遇文王一典之外，还用了郦食其归汉见刘邦及归汉后要求出使齐国并说动齐王归顺汉朝的两个典故，也许是为了表现自己在日后仍有机会施展才华，便只用郦食其使齐时开初成功而有意省略了其最后遭烹的失败事实。

第一个是郦食其以"酒徒"的身份见刘邦时归汉的典故；第二个是郦食其贪功说动齐王归汉的典故。就是这一次，郦食其不仅没有"东下齐城七十二，指挥楚汉如旋蓬"，而是就在他踌躇满志之时，风云突变，韩信大军杀入齐都，招来"齐王火冒三千丈"，这个郦生纵有千张巧嘴，也难免遭烹。毛泽东的接续诗，实有纠正李白用典出偏之妙。

其次是，有幽默调侃之趣与引人入胜之妙。

一个人的知识量大到出奇的程度时，往往在论说问题之时，会不时自然而然地冒出幽默调侃之语。李白在这一首诗中的用典出偏，据笔者所见，似从来未见有人指出过。

毛泽东在念完李白之诗后，敏锐地发现了李诗用典的偏离之处，接着就说，"那时是神气十足。我加上几句，比较完全"。这"神气十足"一语，有兼说郦生与李白之妙。而"我加上几句，比较完全"，幽默调侃之趣顿生，有引人入胜之妙！

其三是，有展现个人学术观点和晚年复杂心绪之妙。

李白对秦始皇的评价是够高的了，只因在后两句说秦始皇还是死了，引来了毛泽东的批判与续诗，点画出了郦生、李白各自的尴尬之处和悲剧性格之弱点而出现喜剧性的情趣（对读者来说，应是这样的结果）。从学术上来看，这是毛泽东的学术观点的一种表达方式；从毛泽东作为政治诗人的特有眼光与特有角度来看，也可以说是他对李白这样的纯粹诗人心态的超越与轻视，同时也不能不说是他晚年复杂心绪的一个侧面的展示！

71.南京路上好八连　革命精神代代传
——毛泽东在《杂言诗·八连颂》中所用典故探妙

用典缘起：

自1949年5月进驻上海南京路的中国人民解放军某部八连，14年来身居闹市而一尘不染，他们勤勤恳恳、克己奉公、热爱人民、助人为乐……，他们是人民军队的楷模。1963年4月25日，国防部批准授予驻上海某部八连为"南京路上好八连"的光荣称号。这一年的8月1日，毛泽东写下了这一首诗。其诗云："好八连，天下传。为什么？意志坚。为人民，几十年。拒腐蚀，永不沾。因此叫，好八连。解放军，要学习。全军民，要自立。不怕压，不怕迫。不怕刀，不怕戟。不怕鬼，不怕魅。不怕帝，不怕贼。奇儿女，如松柏。上参天，傲霜雪。纪律好，如坚壁。军事好，如霹雳。政治好，称第一。思想好，能分析。分析好，大有益。益在哪？团结力。军民团结如一人，试看天下谁能敌。"在这首诗中用了下列典故。

典故内容：

好八连，天下传。……——典出宋人贺铸《六州歌头》："少年侠气，交结五都雄。肝胆洞，毛发耸。立谈中，死生同。一诺千金重。推翘勇，矜豪纵。轻盖拥，联飞鞚，斗城东。轰饮酒垆，春色浮寒瓮，吸海垂虹。间呼鹰嗾犬，白羽摘雕弓，狡穴俄空。乐匆匆。　似黄粱梦。辞丹凤，明朋共，漾孤篷。官冗从，怀倥偬，落尘笼。簿书丛，鹖弁如云众，供粗用，忽奇功。笳鼓动，渔阳弄，思悲翁。不请长缨，系取天骄种，剑吼西风。恨登山临水，手寄七弦桐，目送飞鸿。"又见，东汉人苏伯玉妻《盘中诗》："山树高，鸟鸣悲；泉水深，鲤鱼肥；空仓雀，常苦饥。吏人妇，会夫希。出门望，见白衣；谓当是，而更非。还入门，中心悲；北上堂，西入阶；急机绞，杼声催；

长叹息，当语谁？君有行，妾念之；出有日，还无期；结巾带，长相思。君忘妾，未知之；妾忘君，罪当治；妾有行，宜知之。黄者金，白者玉；高者山，下者谷；姓为苏，字伯玉；人才多，知谋足；家居长安身在蜀，何惜马蹄归不数！羊肉千斤酒百斛，令君马肥麦与粟。今时人，知不足；与其书，不能读；当从中央周四角。"又见，三国吴人韦昭《吴铙歌·汉之季》："汉之季，董卓乱。桓桓武烈应时运。义兵兴，云旗建。厉六师，罗八阵。飞鸣镝，接白刃。轻骑发，介士奋。丑虏震，使众散。劫汉主，迁西馆。雄豪怒，元恶愤。赫赫皇祖功名闻。"

如松柏。——典出《论语·子罕》："子曰：'岁寒然后知松柏之后凋也。"又见，《孔子家语·终记解》："树松柏为志高。"又见，《荀子·大略》："岁不寒，无以知松柏；事不难，无以知君子。"又见，《史记·伯夷列传》："岁寒，然后知松柏之后彫；举世皆浊，清士乃见。"又见，三国魏人刘桢《赠从弟》："亭亭山上松，瑟瑟谷中风。风声一何盛，松枝一何劲。冰霜正惨凄，终岁常端正。岂不罹凝寒，松柏有本性。"又见，晋人陶渊明《饮酒》："青松在东园，众草没其姿。凝霜珍异类，卓然见高枝。连林人不觉，独树众乃奇。"又见，唐人刘禹锡《将赴汝州途出浚下留辞李相公》诗："后来富贵已零落，岁寒松柏犹依然。"又见，明人无名氏《鸣凤记·夫妇死节》："岁寒松柏当朝选，忠臣要剖葵心献。"

如霹雳。——典出《初学记·汉·崔寔·正论》："州郡记，如霹雳；得诏书，但挂壁。"又见，唐人王维《老将行》："汉兵奋迅如霹雳，虏骑奔腾畏蒺藜。"

军民团结如一人，试看天下谁能敌。——典出唐人骆宾王《代李敬业讨武氏檄》："请看今日之域中，竟是谁家之天下。"

用典探妙：

毛泽东在这一首杂言诗中，运用口语、排比、比喻等诸多的写作手法，将中国人民解放军的英雄群像展现在人们的眼前。在运用典故上亦有其特色。

在句法、句势上，有取用苏伯玉妻《盘中诗》与贺铸《六州歌头》词和《吴铙歌·汉之季》的写法之妙。

《盘中诗》作为杂体诗的一种，毛泽东是反复地熟读与圈划过的，我们只要对比一下《杂言诗·八连颂》的句式与句法，就可以明显看到毛泽东对于此诗的借鉴。而贺铸的《六州歌头》一词，钟振振教授曾有过详细的评析，称其是有点有染、有虚有实、有抽象、有形象、雄姿壮彩、立体于向我们展现了一轴弓刀武侠的生动画卷。称其"……不但以笔力雄健警拔、神采飞扬腾骞见长，'不为声律所缚，反能利用声律之精密组织，以显其抑塞磊落，纵恣不可一世之气概'……本调长达39句、143字，……而贺铸却平上去三声通叶，连珠炮也似一气用韵34句，句短韵密，急管繁弦，读来恰如天风海雨飘然而至，惊涛骇浪此伏彼起，激越的声情在跳荡的旋律中得到了体现，两者臻于完美的统一"（《唐宋词鉴赏辞典》（唐·五代·北宋卷），上海辞职书出版社1991年版，第942页）。这一画卷的这些艺术特色的形成，正是作者借助大量的短促而有力的三字句，同时运用比喻、排比等写作手法得以实现的。毛泽东的《杂言诗·八连颂》共40句，语气连贯地、字句铿锵有力地如连珠炮地不断射出，在这一点上与贺铸词的写法亦何其相似乃尔！运用旧的形式抒写新的内容，这正是毛泽东妙用典故的高超之处。

对于毛泽东分别以《盘中诗》与贺铸《六州歌头》以及《吴铙歌·汉之季》为"大"典故，借鉴其句式、句法而成《杂言诗·八连颂》一诗，张晶教授称："此诗有论者认为是一首民歌体的新诗。其实，这属于古体诗中的的杂言诗，深受汉乐府民歌《盘中诗》（苏伯玉妻作）的影响。《盘中诗》全诗大都为三言，并有几句七言。《八连颂》只有两句七言，其余都是三言，与《盘中诗》相类似。毛泽东读过《盘中诗》，还批注'熟读'二字"（张晶：《八连精神的热情礼赞——〈杂言诗·八连颂〉赏析》，吴正裕主编，李捷、陈晋副主编：《毛泽东诗词全编鉴赏》，中央文献出版社2003年版，第581页）。这一评说，正是对毛泽东以《盘中诗》为"大"典故，借用其句式句法从诗的写作角度一种恰切的表述。萧永义教授则从作诗的赋比兴角度，亦有其对此诗的中肯的分析。他说："毛泽东以赋为主，其中亦略有比兴的《八连颂》显然继承发扬了《六州歌头》等豪壮词的声律特色而不露痕迹。例如用入声韵、韵位密，等。……此不可不知"（萧永义：《毛泽东诗词史话》，东方出版社1996年版，第309页）。萧光乾先生则认为："这首诗只用两句七言，余为三言，杂为一章，显受《铙歌》影响"（萧光乾：《读〈毛泽东诗词集〉注释随笔》，载何火任、蔡清富、吴正裕主编：《毛泽东诗词研究丛刊》（第一辑），中央文献出版社2000年版，第445页）。体味一下张晶、萧永义、萧光乾三位先生的评说，细读一下《盘中诗》与《六州歌头》及《汉之季》，我们便可更为深刻地领悟到毛泽东在写作《杂言诗·八连颂》的全局性用典之妙！

再是毛泽东在其诗之中的"如松柏"、"如霹雳"亦可视妙用了典故。特别是在结尾之句，以其豪壮激昂的气势写下了名句"军民团结如一人，试看天下谁能敌"！在句式、句势与典意上，亦有取用"请看今日之域中，竟是谁家之天下"之妙，尽展了毛泽东对于当时国际反华势力的挑衅，有胸罗雄兵百万、稳操胜券的英雄主义的宏伟气概。

72.抒改天换地之感 发憧憬未来之情
——毛泽东在《念奴娇·井冈山》中所用典故探妙

用典缘起：

1965年5月25日，毛泽东在井冈山的茨坪住了7天。在这7天中，他写了《水调歌

头·重上井冈山》和《念奴娇·井冈山》。其《念奴娇·井冈山》词云："参天万木，千百里，飞上南天奇岳。故地重来何所见，多了楼台亭阁。五井碑前，黄洋界上，车子飞如跃。江山如画，古代曾云海绿。   弹指三十八年，人间变了，似天渊翻覆。犹记当时烽火里，九死一生如昨。独有豪情，天际悬明月，风雷磅礴。一声鸡唱，万怪烟消云落。"在这首词中用了下列典故。

典故内容：

参天万木。——典出唐人王维《送梓州李使君》诗："万壑树参天，千山响杜鹃。"又见，唐人杜甫《古柏行》："霜皮溜雨四十围，黛色参天二千尺。"又见，唐人杜甫《涪城县香积寺官阁》："含风翠壁孤云细，背日丹枫万木稠。"

江山如画。——典出宋人苏轼《念奴娇·赤壁怀古》词："江山如画，一时多少豪杰！"又见，宋人苏轼《念奴娇·中秋》词："江山如画，望树中历历。"又见，宋人柳永《双声子》："江山如画，云涛烟浪。"又见，李烈钧1934年5月在山东青州的《题蓬楼阁联》："攻错若石，同具丹心扶社稷；江山如画，全凭赤手挽乾坤。"

弹指一挥间，亦即"一弹指"。——典出《翻译名义集·时分·刹那》："俱舍云：'壮士一弹指顷六十五刹那。'"又见，《翻译名义集》引《僧祇律》："二十念为一瞬，二十瞬为弹指。"又见，唐人白居易《禽虫十二章》诗："何异浮生临老日，一弹指顷报恩仇。"又见，唐人司空图《偶书》诗之四："平生多少事，弹指一时休。"又见，宋人苏轼《过永乐文长老已卒》诗："三过门间老病死，一弹指顷去来今。"又见，宋人陈人杰《沁园春·丁酉岁感事》："刘表坐谈，深源轻进，机会失之弹指间。"又见，清人纪昀《阅微草堂笔记·滦阳消夏录三》："奋然鼓楫，横冲白浪而行。一弹指顷，已抵东岸。"

天渊地覆，亦"天翻地覆"之意。——典出《庄子·列御寇》："夫千金之珠，必在九重之渊。"又见，唐人刘商《胡笳十八拍》："天翻地覆谁得知，如今正南看北斗。"又见，宋人陆游《读书示子遹》："望古虽天渊，视俗亦冰炭。"又见，宋人文天祥《立春》诗："天翻地覆三生劫，岁晚江空万里囚。"又见，明人凌濛初《二刻拍案惊奇》卷13："世间人事常改，变怪不一，真个是天翻地覆的事。"

犹记当年烽火里。——典出宋人辛弃疾《永遇乐·京口北固亭怀古》词："四十三年，望中犹记，烽火扬州路。"

九死一生，亦即"九死余生"、"十死一生"、"十生九死"、"一生万死"、"百死一生"、"万死一生"。——典出屈原《离骚》："亦余心之所善兮，虽九死其犹未悔。"唐人刘良注："虽九死无一生，未足悔恨。"又见，宋人真德秀《再守泉州劝谕文》："父母生儿，多少艰辛，妊娠将免（娩），九死一生；乳哺三年，饮母膏血。"又见，元人吴讷《昱关行》："自知九死不一生，犹卷朱旗战原隰。"又见，元人王仲文《救孝子》杂剧第一折曲词《赚煞尾》："您哥哥剑洞枪林快厮杀，九死一生不当个耍。"又见，《水浒传》第93回："我本郓城小吏，身犯大罪，蒙众兄弟千枪万刀之中，九死一生之内，屡次舍着性命，救出我来。"又见，金人元好问《秋夜》诗："九死余生气息存，萧条门巷似荒村。"又见，汉人贾谊《新书·匈奴》："爱好有实，已诺可期；十死一生，彼必将至。"又见，《汉书·外戚传·孝宣许皇后》："妇人免乳（产子）大故（大事），十死一生。"又见，唐人韩愈《八月十五夜赠张功曹》诗："洞庭连天九疑高，蛟龙出没猩鼯号。十生九死到官所，幽居默默如藏逃。"又见，宋人陈亮《谢胡参政启》："拾一生于九死，宁勿药无妄之灾；付万事于大公，岂施恩不服之所！"又见，明人李开先《从军行》："骸骨山前相撑挂，兵家胜负乃其常。不似今番太惨烈，一生万死最堪伤。"　《北史·杜弼传》："诸勋人触锋刃，百死一生，纵其贪鄙，所取处大。"又见，唐人元稹《叙诗寄乐天书》："夏多阴霾，秋为痢疟，地无医巫，药石万里，病者有百死一生之虑，夫何以仆之命不厚也如此？"又见，汉人司马迁《报任少卿书》："夫人臣出万死不顾一生之计，赴公家之难，斯已奇矣。"又见，唐人独孤及《为杭州李使君论李藏用守杭州功表》："挺身履险，出万死一生之地，与贼转战。"又见，宋人黄庭坚《代宜州党皇城遗表》："至于万死一生，不敢瞻前顾后。"又见，《东周列国志》第84回："臣万死一生，此来非同容易。"又见，清人陈天华《狮子吼》第2回："有当时一个遗民，于万死一生之中，逃出性命，做了一本《扬州十日记》，叙述杀戮之惨。"

天际悬明月。——典出唐人唐太宗李世民《经破薛举战地》："心随朗月高，志与秋霜洁。"又见，唐人杜甫《后出塞》五首其二："中天悬明月，令严夜寂寥。"

一声鸡唱。——典出唐人李贺《致酒行》："我有迷魂招不得，雄鸡一声天下白。"

用典探妙：

毛泽东的这一首词，充满了豪情壮志，寄予着无限的感慨。其内涵丰富，但明白易懂。所用之语典，都有不自主其然而然之之妙。

细细品味全词，这就是说，毛泽东并不是刻意要嵌入什么典故到自己的词中，而是因为毛泽东平时熟读中国的古典诗词，一到见景生情之时，古诗词中的语词与典意便会应其时而出，妙合于其词句之中。

如由"万壑树参天"到"参天万木"，苏轼的"江山如画"到毛泽东的"江山如画"，这本身就是井冈山林海美景的再现，毛泽东在写这一首词时，上述这些妙语中的语料典意，均会自然而然地跃入毛泽东的笔底。

再如从"……犹记，烽火……"、"虽九死其犹未悔"，到"犹记当时烽火里，九死一生如昨"，这实际上就是当年井冈山革命斗争的真实记录，毛泽东来到井冈山感慨

万端，这样的句子涌现其笔端乃顺乎自然。

中国革命经历无数先烈的艰苦奋斗，黑暗过去了，解放后的中国如"天际悬明月"般的碧空如洗、晴空万里，眼前是"雄鸡一声天下白"的一片光明，这"天际悬明月"实乃"中天悬明月"置换而成，这"一声鸡唱"则有概缩"雄鸡一声天下白"之妙。

前人有云："熟读唐诗三百首，不会吟诗也会吟。"大概讲的也是指在诗词的创作过程中不自觉地妙用前贤语料、典意之现象吧！

73.神州彩云时时在　大地处处换新天
——毛泽东在《七律·洪都》中所用典故探妙

（见选例187—191页）

74."神都有事"狂飚起　"凭阑听雨"有所思
——毛泽东在《七律·有所思》中所用典故探妙

用典缘起：

在中国革命发展的重要历史关头，毛泽东巡视南方，1966年5月15日至6月15日在杭州；途经长沙于17日到达韶山滴水洞，在住了11天之后，28日赴武汉。他所见深有所感，于这一年6月间的一天写下了《七律·有所思》这一首诗。其诗云："正是神都有事时，又来南国踏芳枝。青松怒向苍天发，败叶纷随碧水驰。一阵风雷惊世界，满街红绿走旌旗。凭阑静听潇潇雨，故国人民有所思。"在这首诗中用了下列典故。

典故内容：

凭阑静听潇潇雨。——典出唐人韩偓《中秋禁值》："星斗疏明禁漏残，紫泥封后独凭栏。"又见，《诗经·郑风·风雨》："风雨潇潇，鸡鸣胶胶。"又见，唐人高适《东征赋》："鸿雁飞兮木叶下，楚歌悲兮雨潇潇。"又见，南宋人岳飞《满江红》词："凭栏处、潇潇雨歇。"又见，宋人陆游《十一月四日风雨大作》："夜阑卧听风吹雨，铁马冰河入梦来。"

故国人民有所思。——典出唐人杜甫《秋兴八首（其四）》："鱼龙寂寞秋江冷，故国平居有所思。"

用典探妙：

毛泽东的这一首诗，是在要搞"文化大革命"的前夕，对于党内形势作了错误的估计的一首诗作。尽管如此，但正如诗家易孟醇编审所言："此诗熔事、景、情、理于一炉，对仗精工，造语老成，风格则于深沉中有轻快，于怒发时有欣慰，真实地表达了诗

人发动'文化大革命'的思想活动"。（易孟醇：《毛泽东诗词笺析》（增订本），湖南大学出版社1996年版，第256页）

这一首诗有如此好的艺术效果，与其在诗的收尾两句妙用典故大有关系。

陆游的"夜阑卧听风吹雨"与岳飞的"凭栏处、潇潇雨歇"，都是面对祖国山河破碎之时，所吟出的激情感慨、颇富苍凉之感的名句。毛泽东将这两句的语词与语意兼连而用之，使其"凭栏静听潇潇雨"一句富有沉郁苍凉之妙。这正如龚育之所言："岳飞这首词是一首悲壮的词。岳词中有一句'待从头、收拾旧河山'，从某种意义上说，毛泽东同志发动'文化大革命'是不是也有从头收拾河山的壮怀呢？这样的壮怀，不能不带有悲壮的味道，也就是不能不带有沉郁和苍凉的一面"。（龚育之：《关于〈有所思〉》，《光明日报》1996年10月19日）

杜甫的"故国平居有所思"，在其《秋兴八首》中有其承前启后的重要作用，是引出后面四首之中的关键性句子。毛泽东只是将其换了两个字，以"人民"巧易"平居"，得"故国人民有所思"为全诗的结尾，使其有紧承全诗、充分表达诗人思念祖国人民的情怀之妙，有点题之妙。

所谓有紧承全诗、充分表达诗人思念祖国和人民的情怀之妙，用龚育之同志的话来说，就是："说这首诗最会引人注目，有两个原因：一是从诗的艺术境界上来说，这首诗是这17首诗中最出色的一首，是堪同'正编'中那些脍炙人口的名篇在艺术上相提并论的一首（这是理论界一位擅长写诗的老同志说的，我很赞成这个评价）；二是从诗的历史背景上来说，这首诗是反映作者在中国革命发展的重要的历史关头的复杂心境的又一首。……不管怎样，归根到底，毛泽东同志写《有所思》，从他的主观意愿来说，所思的是：故国和人民。"（龚育之：《关于〈有所思〉》，《光明日报》1996年10月19日）因此，"故国人民有所思"的创作立意、诗句的境界、视野的开阔与高度之妙，则是"故国平居有所思"所难以企及的。

411

所谓扣题之妙，就是说，毛泽东的结尾之句中的"有所思"，与诗题中的"有所思"紧相照应，展现了作者的创作意图与心境。再是"有所思"本为汉乐府中写男女之爱的鼓吹曲辞，而毛泽东的"有所思"，则是思故国、思人民，这就有翻新旧题、赋旧题以崭新的政治思想内容之妙。

75.纸短情长评贾谊 言简意赅见史识
——毛泽东在《七绝·贾谊》中所用典故探妙

用典缘起：
据蔡清富、吴万刚、黄辉映所著的《毛泽东与中国古今诗人》一书载，毛泽东在

"文革"期间（极可能是在"文革"初年），赋有《七绝·贾谊》一诗。其诗云："贾生才调世无伦，哭泣情怀吊屈文。梁王堕马寻常事，何用哀伤付一生。"在这首诗中用了下列典故。

典故内容：

　　贾谊。——典出《汉书》等资料。贾谊即诗中的贾生，于公元前200年至公元前168年在世，河南洛阳人，是西汉著名的政论家、文学家与诗人。他一生幸在官场也悲在官场。初被汉文帝召为博士，不久迁为太中大夫，可谓幸在官场；当文帝想任他为公卿时，终遭大臣周勃、灌婴等人的打击与排挤，贬为长沙王太傅，后郁郁哭泣而死，真可谓悲在官场。

　　贾生才调世无伦。——典出唐人李商隐《贾生》诗："宣室求贤访逐臣，贾生才调更无伦。"又见，唐人郎士元《闻吹杨叶者二首》（其二）："天生一艺更无伦，寥亮幽音妙入神。"

　　哭泣情怀吊屈文。——典出汉人贾谊《上疏陈政事》："臣窃惟事势，可为痛哭者一，可为流涕者二，可为长太息者六，若其他背理而伤道者，难遍以疏举。"又见，其《吊屈原赋》："侧闻屈原兮，自沉汨罗。造托湘流兮，敬吊先生……"毛泽东诗中的"哭泣情怀"当含有上述二义，而"吊屈文"，当是含有"敬吊先生"之文与赋之题《吊屈原赋》及赋中内容之意。又见，唐人刘长卿《长沙过贾谊宅》诗："汉文有道恩犹薄，湘水无情吊岂知。"又见，清人查嗣瑮《贾太傅祠》诗："陈书痛比秦庭哭，作赋情同楚奏哀。"又见，清人李篁仙《长沙贾谊故宅》联云："当年有痛哭流涕文章，问西京对策孰优，惟董江都后来居上；今日是长治久安天下，幸南楚故庐无恙，与屈大夫终古相依。"

　　梁王堕马寻常事。梁王堕马。——典出《汉书》等资料，系指贾谊被贬为长沙王太傅后四年，即公元前175年，又被汉文帝召入长安，令其为他最喜爱的小儿子梁怀王刘胜的太傅。不过几年，这个刘胜堕马而死。寻常。——典出唐人刘禹锡《乌衣巷》："旧时王谢堂前燕，飞入寻常百姓家。"

　　何用哀伤付一生。何用。——典出唐人杜甫《曲江二首》："细推物理须行乐，何用浮名绊此身。" 哀伤付一生。——典出《史记·屈原贾生列传》："贾生自伤为傅无状，哭泣岁余，亦死。"又见，《汉书·贾谊传》："谊自伤为傅无状，常哭泣。"一年多后而逝，时年仅33岁。

用典探妙：

　　毛泽东的这一首诗，只是短短的四句，既是对贾谊的称赞与哀悼，同时亦有对贾谊充当"愚忠"牺牲品的惋惜与批评。这一首诗之所以仅仅四句而内容如此之丰富，与毛泽东的全局性用典和句句妙用典故相关相切。

毛泽东的这四句诗的用典，可以认为前两句是妙用语典，后两句妙用事典，而诗题为《贾谊》，则是以人名"贾谊"为一"大"典故，有统揽全诗主旨之妙。

　　首先是，巧用语典赞贾谊之才智。

　　在这一首诗的诗题和诗的前两句，用了人名典故"贾谊"和语典"贾生才调更无伦"、"《吊屈原赋》及其中的相关语料"，以及"汉文有道恩犹薄，湘水无情吊岂知"、"陈书痛比秦庭哭，作赋情同楚奏哀"中的典意。这么多的语料与典意被毛泽东所糅合成诗，使这两句诗有内蕴丰富之妙！

　　具体而言，"贾生才调更无伦"一句，既含有人名典故"贾生"，同时又是一语典，毛泽东将其中的"更"改为"世"，其妙有二：一是"更无伦"一语，仅仅是对汉文帝所求之贤者的比较而言，而"世无伦"则是对世上诸贤的比较，有举世无双之意，这样一来，可见毛泽东对于贾谊的评价之高；二是将"贾生才调世无伦"放在全诗之首，如果不改"更"为"世"，则难明确比较对象，会缺乏逻辑性。

　　"哭泣情怀吊屈文"一语，兼纳了《吊屈原赋》以及"汉文有道恩犹薄，湘水无情吊岂知"、"陈书痛比秦庭哭，作赋情同楚奏哀"中的语料与典意，有形象展示贾谊才华出众与具有"愚忠"、"迂腐"、"脆弱"一面的个性特征之妙！同时也为下面两句诗的创作作了铺垫。

　　其次是，妙用事典惜"英俊天才"死不得值。

　　毛泽东在后面两句诗中用了两个事典，一是"梁王堕马"，一是贾谊因梁王堕马而哭泣一事。毛泽东在这两个事典之中，分别用了两个通俗易懂的词语，这就"寻常事"与"何用付一生"，这个词语分别用在这两个事典之中，有强烈对比之妙，毛泽东的惜才之心切与叹才之愚钝跃然纸上，给予读者以深深的启迪与思考。

76.切中肯綮发议论 独出心裁咏贾谊
　　——毛泽东在《七律·咏贾谊》中所用典故探妙

用典缘起：

　　据蔡清富、吴万刚、黄辉映所著的《毛泽东与中国古今诗人》一书中言：毛泽东一生未曾忘记过贾谊。步入"古稀"之年，他又因回眸贾谊其人其事而诗兴骤起，在其赋有《七绝·贾谊》之后，诗兴犹酣，或仍觉诗意未尽，故又挥毫赋下《七律·咏贾谊》。其诗云："少年倜傥廊庙才，壮志未酬事堪哀。胸罗文章兵百万，胆照华国树千台。雄英无计倾圣主，高节终竟受疑猜。千古同惜长沙傅，空白汨罗步尘埃。"在这一首诗中用了下列典故。

413

典故内容：

少年倜傥廊庙才。少年倜傥。——典出《汉书·贾谊传》等资料：（贾谊）年十八，以能诵诗书、属文称于郡中。河南守吴公闻其秀才，召置门下，甚幸爱。文帝初立，闻河南守吴公治平为天下第一，故与李斯同邑，而尝学事焉，征以为廷尉。廷尉乃言："谊年少，颇通诸家之书。"文帝召以为博士。是时谊年二十余，最为少。每召令议下，诸老先生未能言，谊尽为之对。人人各如其意所出，诸先生于是以为能。文帝说（悦）之，超迁，岁中至太中大夫。毛泽东说他"一天升了三次官"（陈晋主编：《毛泽东读书笔记解析》（下册），广东人民出版社1996年版，第1210页）。又见，汉人司马迁《报任安书》："古者富贵而名磨灭，不可胜计，唯倜傥非常之人称焉。"倜傥，乃卓异不凡之态。又见，《三国志·魏书·王粲传》："（阮籍）才藻艳逸，而倜傥放荡。"廊庙才。——典出《国语·越语下》："夫谋之廊庙，失之中原，其可乎？"又见，《后汉书·孟尝传》："廊庙之宝，弃之沟渠。"又见，《新唐书·张行成传》："行成体方正，廊庙才也。"又见，《宋书·裴松之传》："裴松之廊庙之才，不宜久尸边务，今召为世子洗马。"廊庙，借指朝廷之意。又见，唐人白居易《雪中晏起偶咏所怀》："上无皋陶伯益廊庙材，既不能匡君辅国治生民。"

壮志未酬事堪哀。——典出唐人李频《春日思归》："壮志未酬三尺剑，故乡空隔万重山。"又见，宋人吴潜《南乡子》（其二）："壮志世难酬，丹桂红蕖又晚秋。多少心情多少事，都休。"又见，元人钟嗣成《录鬼簿·廖毅》："恨苍穹不与斯人寿，未成名一土丘，叹平生壮志难酬。"又见，明人尹耕《白杨口》："壮志未酬人欲老，寒林落雾心茫然。"又见，明人李开先《悼静泉李淑荐秀才》："买有薄田家稍裕，未酬壮志恨难平。"

胸罗文章兵百万。——典出《三国志·魏书·崔浩传》："……其胸中所怀，乃逾于甲兵。"又见，宋人朱熹《五朝名臣言行录》引《名臣传》："今小范老子腹中自有数万兵甲。""小范"即镇守延安防西夏入侵的范仲淹，此语乃夏人所言。又见，《宋人轶事汇编·范仲淹》："袁桷题文正像云：'甲兵十万在胸中，赫赫英名震犬戎。'又见，宋人杨万里《送广帅秩满官丹阳》诗中有："北门卧护要耆英，小试胸中十万兵。"又见，孙中山1922年8月24日《与报界的谈话》。更早缘自拿破仑语。其云："一支笔可以当得过三千支毛瑟枪"。（《毛泽东文集》第2卷，人民出版社1996年版，第257页）

胆照华国树千台。胆照，即"肝胆相照"、"肝胆照人"。典出宋人文天祥《与陈察院文龙书》："所恃知己肝胆相照，临书不惮倾倒。"又见，清人徐熊飞《义士行》："汪君意气何嶙峋，肝胆照人久更真。"华国。——典出《国语·鲁语上》："妾不衣帛，马不食粟，人其以子为爱，且不华国乎？"毛泽东在这里当指使国家繁华光耀之意。树千台。——典出汉人贾谊《治安策》等论著。树千台，就是要设立众多的诸侯国。这一典故涵盖了十分丰富的内容。汉人应劭《汉官仪》云："汉因秦制，故尚书为中台，谒者为外台，御史为宪台。"是为三台。诗中的"千台"为官署的泛指。刘邦为了巩固自己的统治，在诛杀功臣的同时，大封刘姓子孙为王。正是刘邦这样分封，致使汉王朝危机四伏。这些同姓王的势力不断强大，与中央分庭抗礼。天下大乱的形势正在逐渐形成。贾谊以其敏锐的政治眼光，在其《治安策》中指出："欲天下之治安，莫若众建诸侯而少其力。力少则易使以义，国小则亡邪心。"就是说，为了加强中央集权，分封更多的诸侯王国，从而分散与削弱各大诸侯国的实权，使其无力叛乱。

雄英无计倾圣主。雄英。——典出三国魏人曹植《大司马曹休诔》："年没弱冠，志在雄英。"又见，明人陈继儒《珍珠船》卷3："四海脱有微风摇之者，雄英之魁，卿其人矣。""雄英"者，出类拔萃之人也。无计倾圣主。——典出《史记·屈原贾谊列传》、《汉书·贾谊传》等资料，言贾谊得不到汉文帝的完全信任与支持的一系列史实。

高节终竟受疑猜。高节。——典出《庄子·让王》："高节戾行，独乐其志。"又见，晋人左思《咏史八首》（其三）："功成耻受赏，高节卓不群。"终竟受疑猜。——典出《史记·屈原贾谊列传》、《汉书·贾谊传》等资料，言贾谊受到周勃、灌婴等一班老臣的疑忌、打击。宋人张耒《贾生》："逐得洛阳年少去，白头绛灌亦何为！"又见，清人杨季鸾《贾太傅祠》："闻道绛灌高冢上，于今秋草亦荒凉。"又见，清人左杏庄有《贾谊故居》联云："绛灌亦何心？辜负五百年名士；沅湘犹有恨，凭吊千万古骚人。"

千古同惜长沙傅，空白泪罗步尘埃。暗用了"梁王堕马"、"屈子投江"的典故。——典出见前之《七绝·贾谊》与《七绝·屈原》。

用典探妙：

毛泽东的这一首诗，可以说是：生发议论缘自历史事实，吊古惜才情结尽展笔端。对于一个名留千古的前贤的评论，一般都必须涉及典事，诗评贾谊必须借助史实为据，因而大量地用典是不可避免的。

毛泽东在这一首诗中用典的最大特色主要是以"贾谊"这个人名典故为"大"典故，即全局性典故而展开议论与描写的同时"暗用"典故，以及事典与语典的交相而用。

第一是，暗用事典有独出心裁之妙。

所谓暗用事典之妙，主要表现在："少年倜傥廊庙才"，从暗用典故的角度来看，可以说是毛泽东高度地浓缩暗用了笔者在"典故内容"中所引出的《汉书·贾谊传》记贾谊事的这一段话；而"胆照华国树千台"中的"树千台"则暗隐了笔者引出的"树千台"典事；"千古同惜长沙傅，空白泪罗步尘埃"两句，更是了无痕迹地将"梁王堕

马"与"屈子投江"二典暗入其中。细细品味，毛泽东的每一句诗几乎都暗隐了典事，从而使整首诗内蕴富赡、几乎有包容贾谊一生重要生活史事之妙！

第二是，暗用语典有超越出新之妙。

所谓暗用语典有超越出新之妙，就是说，所暗用的语典在语意上比原语典的语意面貌一新。比如"壮志未酬事堪哀"一句，源自"壮志未酬三尺剑"等诗句。这些诗句的本意，或仅仅是指古代戍边的指战员们，春日思归的急切与军务缠身的矛盾，以及能以军务为重的思想情操而已；或是对于平生未能完成未竟事业抒发无限感慨而已。能够做到这个"而已"或是有此"而已"之感，已经是够不简单了。而毛泽东的"壮志未酬事堪哀"，潜含着赞誉具有政治上的远见卓识、能赛过统兵百万、韬略高超的军事家的贾谊，却惨遭周勃、灌婴等人的打击，又因梁王堕马自伤，结果步屈原之后尘哭泣而死等等内容。其内容的涵盖量之大为"壮志未酬三尺剑"等语所不能比拟，其照应结尾的"千古同惜长沙傅，空白泪罗步尘埃"两句诗之妙，亦为"壮志未酬三尺剑"等妙句所能企及。

又如"胸罗文章兵百万"一句，当是暗用了"……其胸中所怀，乃逾于甲兵"、"……腹中自有数万兵甲"、"……小试胸中十万兵"、"一枝笔可以当得过三千支毛瑟枪"等等之中的语料与典意，但在语句的精练程度上、在对人物的评价高度上、在对该人物对于后世社会的影响上，较之原来的这一些句子都有所超越、都有出新之妙！

第三是，有将事典与语典交融而用之妙。

事典与语典交融而用，是毛泽东诗词用典中的一个独特之点，而在这一首诗中犹显突出。笔者的所谓事典与语典交融而用，就是说，毛泽东在构思成一句诗的过程中，在该句诗中，同时既用了语典也用上了事典。就以诗的结尾两句为例吧。这两句诗，诚如前述，分别用了事典"梁王堕马"、"屈子投江"，但亦可以说，也同时暗用了语典"万顷重湖怨去国；一江千古属斯人"（清人李元度《题泪罗县屈子祠》）、"绛灌亦何心，辜负五百年名士；沅湘犹有恨，凭吊千万古骚人"（清人左杏庄《题贾谊故居联》）、"窃攀屈宋宜方驾，恐与齐梁作后尘"（唐人杜甫《戏为六绝句》）中的语词与典意。在诗句中将语典事典交融而用，非精通中国古典诗词、楹联与古籍者，没有大知识者，何能事典与语典交融而用？何能炼出此等妙句？何能使诗句的内蕴有如此丰富地包融古今之妙？

77.宝剑锋从磨砺出 德业修治日日新
——毛泽东在《四言诗·给罗章龙赠言》中所用典故探妙

用典缘起:

1918年4月,新民学会决定派罗章龙东渡日本留学。在临行之际,毛泽东曾以"二十八画生"的笔名写了七言古风《送纵宇一郎东行》一诗相赠之外,临别之时还写了类似四言诗的赠言。其诗云:"若金发砺,若陶在钧。进德修业,光辉日新"(何联华:《毛泽东诗词新探》,武汉出版社1995年版,第261页)。在这首诗中用了下列典故。

典故内容:

若金发砺,……光辉日新。——典出晋人张华《励志诗》九章其九:"若金受砺,若泥在钧。进德修业,辉光日新。"

若金发砺。——典出《尚书·商书》:"若金,用汝发砺。"

进德修业。——典出《周易·乾·文言》:"子曰:'君子进德修业。忠信,所以进德也;修辞立其诚,所以居业也。'"又见,宋人陆九渊《与刘深文书》:"大者不难卑身搏位以下之,但当孜孜进德修业。"

用典探妙:

这是毛泽东手书给罗章龙的临别赠言。从诗的角度来看,也是一首四言诗,有好几本毛泽东诗词将其当四言诗收入是有其道理的,因为这四句诗是毛泽东从张华的《励志诗》中摘出来略作改动而成。从用典的角度来看,全诗是以张华诗为典,这当属"全局性"用典。毛泽东所取用的这四句诗,是张华诗中的精华所在,有励己勉人、用语淳淳之妙。毛泽东在这一首四言诗中,仅仅四句就有两句用了典故。

"若金发砺"有概缩、熔铸、选用语典"若金,用汝发砺"中的语词与典意之妙,重在勉励罗章龙砥砺革命意志,造就自己成为有益国家的大才。"若陶在均"则是前一句典意的补充。

"进德修业"有切人、切事、切时的恰当引用之妙。所谓切人,就是说,罗章龙有学习的上进之心。所谓切事,就是说,此语的引用切合罗章龙出国深造之事。所谓切时,就是说,此语切合罗章龙出国留学饯行之时。

这样用典成诗的临别赠言,正如2300年前之荀子所言:"赠人以言,重于金石珠玉。"

78.出语沉着脱凡俗 笔力矫健至性流
——毛泽东在《四言诗·祭母文》中所用典故探妙

用典缘起：

1919年10月5日（农历8月12日），毛泽东的母亲文七妹病逝。毛泽东在长沙闻此噩耗速回韶山奔丧，于10月8日，毛泽东席地而坐，面对孤灯，以泪和墨成祭母之文云："呜呼吾母，遽然而死。寿五十三，生有七子。七子余三，即东民覃。其他不育，二女二男。育吾兄弟，艰苦备历。摧折作磨，因此遘疾。中间万万，皆伤心史。不忍卒书，待徐温吐。今则欲言，只有两端：一则盛德，一则恨偏。吾母高风，首推博爱。远近亲疏，一皆覆载。恺恻慈祥，感动庶汇。爱力所及，原本真诚。不作诳言，不存欺心。整饬成性，一丝不诡。手泽所经，皆有条理。头脑精密，劈理分情。事无遗算，物无遁形。洁净之风，传遍戚里。不染一尘，身心表里。五德荦荦，乃其大端。合其人格，如在上焉。恨偏所在，三纲之末。有志未伸，有求不获。精神痛苦，以此为卓。天乎人欤？倾地一角！次则儿辈，育之成行。如果未熟，介在青黄。病时揽手，酸心结肠。但呼儿辈，各务为良。又次所怀，好亲至爱。或属素恩，或多劳瘁。小大亲疏，均待报赍。总兹所述，盛德所辉。以秉悃忱，则效不违。致于所恨，必补遗缺。念兹在兹，此心不越。养育深恩，春晖朝霭。报之何时？精禽大海。呜呼吾母，母终未死。躯壳虽隳，灵则万古！有生一日，皆报恩时。有生一日，皆伴亲时。今也言长，时则苦短。惟挈大端，置其粗浅。此时家奠，尽此一觞。后有言陈，与日俱长。尚飨"。（引自徐涛：《毛泽东诗词全编》，湖北教育出版社1995年版，第305－306页）在这首诗中用了下列典故。

典故内容：

呜呼吾母。呜呼，亦即"呜呼哀哉"。——典出《诗经·大雅·旻》："昔先王受命，有如召公，日辟国百里；今也，日蹙国百里。於乎（亦即"呜呼"）哀哉，维今之人，不尚有旧。"又见，《左传·哀公十六年》："孔丘卒，公诔之曰：……茕茕余在疚，呜呼哀哉……"。又见，《三国志·魏书·文帝纪》裴松之注引《魏氏春秋》："惟黄初七年五月七日，大行皇帝崩，呜呼哀哉。"又见，唐人韩愈《祭柳子厚文》："念子永归，无复来期，设祭棺前，矢心以辞。呜呼哀哉，尚飨！"又见，唐人刘禹锡《祭柳员外文》："魂兮来思，知我深旨。呜呼哀哉！尚飨！""尚飨"，即希望死者之灵魂来飨用祭品之意。

因此遘疾。——典出《三国志·蜀书·诸葛亮传》："如何不吊，事临垂克，遘疾陨丧！朕用伤悼，肝胆若裂。"

吾母高风。高风亦即"高风峻节"、"高风亮节"。——典出东汉人冯衍《显志赋》：“沮先圣之成论兮，[美]名贤之高风；忽道德之珍丽兮，务富贵之乐耽。”又见，西晋人夏侯湛《东方朔画赞序》：“睹先生之县邑，想先生之高风。”又见，宋人胡仔《苕溪渔隐丛后集·楚汉魏六朝上》：“余谓渊明高风峻节，固已无愧于四皓，然犹仰慕之，尤见其好贤尚友之心也。”指品德高尚。又见，明人茅维《苏园翁》：“……说先生是当今一人，管、乐流亚，又道先生高风亮节，非折简所能招。”

首推博爱。——典出唐人韩愈《原道》：“博爱之谓仁，行而宜之之谓义。”

一皆覆载。——典出《庄子·天地》：“夫道，覆载万物者也，洋洋乎大哉！”又见，《庄子·德充符》：“夫天无不覆，地无不载。”又见，《礼记·中庸》：“天之所覆，地之所载。”意为天地可养育包容万物，毛泽东在诗中是喻指母爱可包容一切。

整饬成性。——典出《三国志·蜀志·许靖传》：“……知足下忠义奋发，整饬元戎，西迎大驾，巡省中岳。”

一丝不诡，当是“一丝不苟”的变用。——典出明人吴敬梓《儒林外史》第4回：“见世叔一丝不苟，升迁就在指日。”

手泽所经。——典出《礼记·玉藻》：“父没而不能读父之书，手泽存焉尔。”唐人孔颖达疏：“谓其书有父平生所持手之润泽存在焉，故不忍读也。”又见，北齐人颜之推《颜氏家训·文章》：“潘岳《悼亡赋》：乃怆手泽之遗。”诗中指母亲所经办之事。

事无遗算。——典出三国魏人曹植《王仲宣诔》：“与君行止。算无遗策，画无失理。”又见，晋人陆机《辨亡论》：“谋无遗算，举不失策。”又见，《金史·太祖本纪》：“太祖数年之间，算无遗策。兵无留行。”又见，清人梁启超《中国积弱溯源论》：“岂不以为算无遗策，天下人莫余毒乎？”

物无遁形。——典出晋人陆机《汉高祖功臣颂》：“鬼无隐谋，物无遁形。”

不染一尘，即“一尘不染”。——典出《清史稿·路振扬传》：“奏入，上嘉之，曰：‘向闻振扬操守廉洁，今览此奏，非一尘不染者不敢言也。’”诗中与出典均是说人品高洁，丝毫不曾沾染坏习气之意。又见，宋人张耒《柯山集·腊初小雪后圃梅开》：“一尘不染香到骨，姑射仙人风露身。”

五德荦荦。五德——典出《孙子兵法·计篇》：“将者，智、信、仁、勇、严也。”三国魏人曹操注：“将宜五德备也。”儒家则是以仁、智、礼、义、信为人的五种品德。 荦荦。——典出《史记·天官书》：“此其荦荦大者，若至委曲小变，不可胜道。”

乃其大端。——典出《礼记·礼运》：“故礼义者也者，人之大端也。”

三纲之末。三纲，即“三纲五常”。——典出《论语·为政》：“殷因于夏礼……周因于殷礼。”三国魏人何晏注引汉人马融曰：“所因，谓三纲五常。”又见，汉人班

固《白虎通·三纲六纪》："三纲者，何谓也？谓君臣、父子、夫妇也。……故《礼纬含文嘉》曰：'君为臣纲，父为子纲，夫为妻纲。'"又见，宋人朱熹《论语集注》引马融语后加案语云："三纲，谓君为臣纲，父为子纲，夫为妻纲；五常，谓仁、义、礼、智、信。"又见，元人贾仲明《萧淑兰情寄菩萨蛮》第2折："先生九经皆通，无书不读，岂不晓三纲五常之理？"又见，元人揭傒斯《杨楚经字说》："夫日月星辰，天之经也；长河大岳，地之经也；五常三纲，人之经也。"又见，清人纪昀《阅微草堂笔记·滦阳消夏录三》："顾形不自变，随心而变，故先读圣贤之书，明三纲五常之理，心化则形亦化矣。"三纲之末，即夫为妻纲。

儿辈……成行，变用"儿女忽成行"。——典出唐人杜甫《赠卫八处士》："昔别君未婚，儿女忽成行。"

介在青黄。"青黄"，有"青黄不接"之意。——典出宋人欧阳修《言青苗第二劄子》："若夏料钱于春中俵散，犹是青黄不接之时。"又见，宋人彭龟年《乞权住湖北和籴疏》："臣已令本府将现籴未足米数，且权住籴，以待回降，庶使青黄不接之交，留得此米，接济百姓。"又见，清人翟灏《通俗编》："元典章，诏云：即目正是青黄不接之际，按黄谓旧谷，青谓新秧。"毛泽东在祭文中的"青黄"，重在讲母亲逝世时，子女尚未完全长大成人。

病时揽手。——典出《红楼梦》第18回："命他近前，携手揽于怀内。"

或多劳瘁。——典出《诗经·小雅·蓼莪》："哀哀父母，生我劳瘁。"东汉人郑玄笺："瘁，病也。"

以秉悃诚。——典出《汉书·王褒传》："陈见悃诚，则上不然其信。"

念兹在兹。——典出《尚书·虞书·大禹谟》："念兹在兹，释兹在兹。"

春晖朝霭。"春晖"即"寸草春晖"、"春晖寸草"。——典出唐人孟郊《游子吟》诗："慈母手中线，游子身上衣。临行密密缝，意恐迟迟归。谁言寸草心，报得三春晖。"又见，清人丘逢甲《山中有鸟鸣，昼夜不绝，声名曰早归，以声似也，诗以寄意二首（其一）》："何曾寸草报春晖，琴剑天涯负彩衣。"又见，清人黄景仁《题洪稚存机声灯影图》："画中咫尺逼亲舍，南望白云千里深。未能一笑酬苦节，空此春晖寸草心。"

精禽大海，亦即变用"精卫填海"。——典出《山海经·北山经》："发鸠之山，其上多柘木，有鸟焉：其状如鸟，文首，白喙，赤足，名曰'精卫'，其鸣自詨。是炎帝之女，名曰女娃。女娃游于东海，溺而不返，故为精卫，常衔西山之木石，以堙于东海。"这是一个民间神话故事。相传炎帝的女儿淹死于东海，其灵魂化为精卫鸟，这只鸟儿经常衔西山之木、石去填东海。这是永无终止的事。在诗中用以比喻报答母亲是无止境的事。又见，晋人陶渊明《读山海经》诗："精卫衔微木，将以填沧海。"又见，唐人聂夷中《客有追叹后时者，作诗勉之》："君看构大厦，何曾一时成……精卫一微物，犹恐填海平。"又见，唐人王建《精卫词》诗："精卫谁教尔填海？海外石子青磊磊。"又见，宋人刘过《呈陈总领（其四）》："商蚷驰河河可凭，精卫填海海可平。物情大忌不量力，立志亦复嘉专精。"又见，金人元好问《壬辰十二月车驾东狩后即事五首（其二）》："高原水出山河改，战地风来草木腥。精卫有冤填瀚海，包胥无泪哭秦庭。"又见，元人陶宗仪《辍耕录·贞烈》："皇天如有知，定作血面请，愿魂化精卫，填海使成岭。"

与日俱长，亦即"与日俱增"。——典出宋人吕祖谦《为梁参政作乞解罢政事表二首（其二）》："疾疹交作，眊然瞻视……涉冬浸剧，与日俱增。"又见，《清史稿·圣祖纪三》："万国安，即朕之安，天下福，即朕之福，祝延者当以兹为先。朕老矣，临深履薄之念，与日俱增，敢满假乎？"

用典探妙：

对于这一篇四言诗形式的祭文，毛泽东的塾师、族兄毛宇居在这一首四言诗形式的祭文抄件后批之曰："此文脱尽凡俗，语句沉着，笔力矫健，皆是至性流露，故为之保存，以为吾宗后辈法。"这一批语道尽了此文之妙。此文有如此之妙，这与用典颇为相关。

全诗大概可分为5个段落，每段用典各显其妙。

（一）用典有承前启后之妙。

第1段当是从"呜呼吾母"始至"待徐温吐"止。在这一段中，只用了两个语典的部分语词。

一是截用了"呜呼哀哉"中的语词"呜呼"并带入了其典意，使这一引领全诗之首句具有悲哀感叹之妙，这就为全诗定下了悲怆的悼念基调；

二是截用了"遘疾陨丧"中的"遘疾"道出母亲"遽然而死"的原因，这一语典语料的截用，在这一段中有承前启后之妙。

（二）用典有使祭文内蕴深厚之妙。

第2段当是从"今则欲言"始至"倾地一角"止。在这一大段中，在赞颂母亲的高尚与伟大方面，用了近13个语典中的语词与典意。语典用得最多的当是赞母亲之德泽。在这里有对语典的截用、化用与借用。其中从语典中截用出了"高风"、"博爱"、"整饬"、"手泽"、"戚里"、"荦荦"、"大端"数词，化用出了"一丝不诡"、"事无遗算"两句，借用了"物无遁形"、"一尘不染"两句，这些语典、语词与典意的运用，有使诗意内蕴丰富之妙，同时亦将母亲仁、智、礼、义、信的诸多美德作出尽情的展示之妙。在写母亲一生之偏恨上，虽说只是截用了语典中"三纲五常"中的"三纲"这一语词，但是这是关键的一语词，抓住了母亲偏恨之关键所在，有愤怒声讨不合理的

旧社会制度之妙。

（三）用典有凸显慈母形象之妙。

第3段当是从"次则儿辈"始至"均待报赉"止。这一大段是叙写母子亲情以及与好亲至友之间的友爱相处，在这一段虽说只截用出了"揽手"、"劳瘁"二语词以及"牵进"这二语词之典意，写母亲病危时难舍子女的情景，以及在生时对亲友们的友好态度，用以突出母亲形象之高大外，诗中所截用的"成行"这一语料，实有"昔别君未婚，儿女忽成行"的诗意，以展现母亲多子女之操劳苦辛。

（四）用典有强调报答母恩之妙。

第4段当是从"总兹所述"始至"精禽大海"止。在这一段里，除了截用出"恫忧"用以表示要继承母亲的美德，再用"春晖"表示母亲养育之恩如大海之外，诗中还借用了"念兹在兹"一语典，大有永沐深恩永当相报之妙！更为精妙的是以"精禽大海"一语，将神话故事"精卫填海"妙纳成句，则报答母亲之诚心，便有凸显之妙！

（五）用典有展现母子亲情之妙。

第5段当是从"呜呼吾母"始至结尾。这一段用典不多，主要是写母亲的美德远不止这些，母亲的美德永存，母亲的精神品质永存，母亲永垂不朽！其中化用了典故性成语"与日俱增"为"与日俱长"尤显精妙。意为与母亲要说的话有如日月一样永恒无期，则有再一次总括与展现母子情深如海、再增感染力之妙！

总而言之，毛泽东的这一首祭悼诗的内蕴是异常之丰富的，其之所以丰富，正是由于他大量地截用、化用与借用了大量的语典中的语词并承用了其中的典意所致。尤其值得一提的是，毛泽东在这一首四言诗式祭诗中，还截用"三纲五常"中的"三纲"这一语词与典意入诗，对封建的"三纲五常"进行了有力的批判与抨击，这就有别于以往人们的任何一首祭悼式运用了典故的诗，确实当为"后辈法"。

79.进军赣南破会剿 宣传宗旨告四方
——毛泽东在《四言诗·红军第四军司令部布告》中所用典故探妙

用典缘起：

1929年1月14日，毛泽东与朱德为了打破敌人对井冈山的会剿，率领我红军主力第28团、第31团和军部特务营、独立营共3600余人，从井冈山的茨坪、小行洲出发，拟向赣南挺进。在下山进军的途中，毛泽东用四言诗的形式，为红军第四军司令部起草了一个布告。其内容是："红军宗旨，民权革命。赣西一军，声威远震。此番计划，分兵前进。官佐兵夫，服从命令。平买平卖，事实为证。乱烧乱杀，在所必禁。全国各地，压迫太甚。工人农人，十分苦痛。土豪劣绅，横行乡镇。重息重租，人人怨愤。白军士兵，饥寒交并。小资产者，税捐极重。洋货越多，国货受困。帝国主义，哪个不恨？国民匪党，完全反动。口是心非，不能过硬。蒋桂冯阎，同床异梦。冲突已起，军阀倒运。饭可充饥，药能医病。共党主张，极为公正。地主田地，农民收种。债不要还，租不要送。增加工资，老板担任。八时工作，恰好相称。军队待遇，亟须改订。发给田地，士兵有份。敌方官兵，准其投顺。以前行为，可以不问。累进税法，最为适用。苛税苛捐，扫除干净。城市商人，积铢累寸。只要服从，余皆不论。对待外人，必须严峻。工厂银行，没收归并。外资外债，概不承认。外兵外舰，不准入境。打倒列强，人人高兴。打倒军阀，除恶务尽。统一中华，举国称庆。满蒙回藏，章程自定。国民政府，一群恶棍。合力铲除，肃清乱政。全国工农，风发雷奋。夺取政权，为期日近。革命成功，尽在民众。布告四方，大家起劲"（引自苏桂主编：《毛泽东诗词大典》，广西人民出版社1997年版，第479—481页）。在这首诗中用了下列典故。

典故内容：

声威远震，亦即"声威大震"、"天威远震"变用而来。——典出《资治通鉴·唐高祖武德元年》元人胡三省注引《蒲山公传》："纵事不成，声威大振（通"震"），足得官家胆摄，不敢轻相追讨。"又见，清人赵翼《纪梦》："行间纪律阵演蛇，马上骁雄手接雁；声威大振刀槊鸣，号令一施旗帜变。"又见，唐人权德舆《贺破吐蕃表》中有："陛下圣略通神，天威远震。势同破竹，如火燎原。"

横行乡镇。在诗中亦即"横行霸道"之意。——典出《荀子·修身》："劳苦之事则偷儒转脱，饶乐之事则佞兑而不曲……横行天下，虽达四方，人莫不弃。"意为遍行天下而不见受阻。又见，《周礼·秋官·野庐氏》："野庐氏掌达国道路至于四畿……禁野之横行径逾者。"又见，《红楼梦》第9回："（贾瑞）又助薛蟠图些银钱酒肉，一任薛蟠横行霸道，他不但不去管约，反'助纣为虐'讨好儿。"意为胡作非为、蛮不讲理。

饥寒交并。又作"饥冻交切"、"饥寒交迫"、"饥寒交切"、"饥寒交凑"。——典出宋人洪迈《夷坚丙志·鱼肉道人》："（黄元道）父母欲其死，置于室一隅，饥冻交切，然竟不死。"又见，清人袁枚《续子不语》："母呼其子曰，吾数十年来，饥寒交迫，不萌他念者，望汝成立室家，为尔父延一线也。"又见，清人李中孚《与董郡伯》："今兹关中之荒，近世罕见……隆冬及春，饥寒交迫，生机穷绝。"又见，宋人王谠《唐语林·政事上》："高祖时，严甘罗，武功人，剽劫，为吏所拘，上谓曰：'汝何为作贼？'对曰：'饥寒交切，所以为盗。'上曰：'吾为汝君，使汝穷乏，吾之罪也。'赦之。"又见，《宋书·袁湛传》："不敦其本，则末业滋章；饥寒交凑，则廉耻不立。"以上均为衣食无着、困苦不堪之意。

口是心非。——典出汉人桓谭《新论·辨惑》："道必当传其人，得其人，道路相遇辄教之；如非其人，口是而心非者，虽寸断支解，而道犹不出也。"又见，晋人葛洪《抱朴子·微旨》："若乃憎善好杀，口是心非，背向异辞，反庆直正，虐害其下，欺罔其上；叛其所事，受恩不感……凡有一事，辄是一罪。"又见，明人王玉峰《焚香记·陈情》："谁想他暗藏着拖刀之计。一谜价口是心非。"又见，《水浒传》第73回："俺哥哥原来口是心非，不是好人了也。"

同床异梦，亦即"异梦同床"、"同床各梦"、"各梦同床"、"连床各梦"。——典出清人查慎行《吴西斋农部次前韵见贻……再叠韵答之》："人生去住各有志，异梦何必非同床。"又见，宋人陈亮《与朱元晦秘书·乙巳春书之一》："然犹说长道短，说人说我，未能尽畅抱膝之意也。同床各做梦，周公且不能学得，何必一一说到孔明哉！"又见，清人纪昀《阅微草堂笔记·槐西杂志一》："虽琵琶别抱，已负旧恩，然身去而心留，不犹愈于同床各梦哉？"又见，宋人释惠洪《祭觉林山主文》："如宿逆旅，各梦同床。"又见，清人王夫之《腊梅》："连床各梦还同调，冻蝶迷香记浅深。"以上各典，其意均为比喻各人有各人的想法。

积铢累寸，亦即"铢积寸累"、"铢积丝累"、"铢寸积累"、"寸积铢累"、"寸累铢积"。——典出清人李曾珂《墨余录·跋》："因念为文之家，积铢累寸，终其身或不成帙。"又见，宋人朱熹《答薛士龙》："方与同志一二友朋，并心合力，以从事于其间，庶几铢积丝累，分寸跻攀，以幸其粗知理义之实。"又见，宋人赵德麟《侯鲭录》卷4："寒女之丝，铢积寸累；天步所临，云蒸雷起。"又见，宋人陈亮《金元卿墓志铭》："及其为家也，以俭勤自将，铢积寸累，迄用有成。"又见，清人梁启超《曾文正公嘉言钞序》："不求近效，铢积寸累。"又见，宋人刘克庄《弟媳林氏墓志铭》："孺人持家俭，铢寸积累，稍广新畬，故居士无鄙事之累。"又见，明人朱国祯《涌幢小品·龙湫》："自壬寅迄己卯四十余年，寸积铢累，崇圣遗墟及郡中坛宇，焕然一新。"又见，宋人尤袤《报恩光孝寺僧堂记》："憔悴辛勤，寸累铢积，乃建众寮，乃营丈室。""铢"是我国古代极小的重量单位，24铢为1两，意为积少成多、喻事成之不易。

除恶务尽，亦即"除恶务本"、"除莠务尽"。——典出《尚书·泰誓下》："树德务滋，除恶务本。"又见，《左传·哀公元年》："树德莫如滋，去疾莫如尽。"又见，唐人张说《故括州刺史赠工部尚书冯公神道碑》："夫其善于钩钜，长于衿带，法严令峻，人宽吏急，当官而行，不避谗愬之口，除恶务本，不求恺悌之誉。"又见，《明史·吴时来传》："臣窃谓除恶务本。"又见，清人夏敬渠《野叟曝言》第71回："唐以屡赦而成藩镇之祸，蔓草难图，除恶务尽。"又见，清人昭梿《舒文襄公末节》："然川、楚之役，初有欲招抚者，以致贼人蔓延日炽，反不如公之除莠务尽为善。""莠",喻恶人、坏人。

用典探妙：

以四言诗的形式写易记易诵的红军布告，借以向没有文化或文化水平极低的广大穷苦老百姓宣传我党我军的革命宗旨，这是毛泽东的一大创举，用通俗易懂的四言诗句写布告，同样是毛泽东的一大创举，因而这就决定了这一首四言诗的用典必须人人能懂。在这一首诗中，毛泽东的选典之妙也就在这里。

一是巧妙变用典故性质的成语入诗，使诗句能起到揭露敌人、打击敌人、号召人民起来革命的作用。

如"横行乡镇"，就是由"横行天下"、"横行霸道"变用而来，它仍隐含着上述两句典故性成语的典意。这三句短语，实际上是对土豪劣绅所作所为的大写真。而"饥寒交并"一语，同样隐含了"饥寒交迫"、"饥寒交切"之意，这也是对旧军队士兵生活痛苦不堪的写真。而"声威远震"的红军，就是他们解除痛苦的希望与靠山。这样的妙语，说到了工农兵群众的内心深处，这对于宣传工农红军革命的宗旨，可谓有恰到好处之妙！

二是典故性质成语的借用之妙。

在这一首四言诗中，毛泽东借用了"口是心非"、"同床异梦"、"积铢累寸"、"除恶务尽"四个典故性质的成语，这些典故性质的成语可以说是老百姓一听就懂的，但是，"口是心非"用于描绘"国民匪党"的本质、"同床异梦"用于揭示"蒋桂冯阎"四大军阀混战之原因、"积铢累寸"用于展示"城市商人"积累财产的艰辛、"除恶务尽"用以表达我党我军对"打倒军阀"的坚强决心，均有明白如话、合榫对缝之妙。

80.民族智慧的化身 国家一统的象征
——毛泽东在《四言诗·祭黄帝陵》中所用典故探妙

用典缘起：

1936年12月12日的"西安事变"之后，蒋介石接受了停止内战和联共抗日的条件。1937年2月，抗日民族统一战线开始形成。1937年4月5日，统一战线各方代表在黄皇陵举行了一次民族扫墓祭典，林伯渠献上了由毛泽东写的这一篇祭文，次日以《苏维埃代表林伯渠参加民族扫墓礼典》为题，发表于延安的《新中华报》上。1992年《诗刊》以题为《祭黄帝陵》全文转载。诗前的小序是："中华民国二十六年四月五日，苏维埃政府主席毛泽东、人民抗日红军总司令朱德，敬遣代表林祖涵，以鲜花时果之仪致祭于中华民族始祖轩辕黄帝之陵，而致词曰：'赫赫始祖，吾华肇造；胄衍祀绵，岳峨河浩。聪明睿知，光被遐荒；建此伟业，雄立东方。巨变沧桑，中更蹉跌；越数千年，强

邻蔑德。琉台不守，三韩为墟；辽海燕冀，汉奸何多。以地事敌，敌欲岂足；人执笞绳，我为奴辱。懿维我祖，命世之英；涿鹿奋战，区宇以宁。岂其苗裔，不武如斯；泱泱大国，让其沦胥。东等不才，剑屦俱奋；万里崎岖，为国效命。频年苦斗，备历险夷；匈奴未灭，何以为家。各党各界，团结坚固；不论军民，不分贫富。民族阵线，救国良方；四万万众，坚决抵抗。民主共和，改革内政；亿兆一心，战则必胜。还我河山，卫我国权；此物此志，永矢勿谖。经武整军，昭告列祖；实鉴临之，皇天后土。尚飨！'"在这首诗中用了下列典故。

典故内容：

黄帝陵。——典出《史记》等资料。黄帝陵在陕西省的黄陵县城北的桥山。这里千年古柏成林，郁郁葱葱，树高参天，黄帝庙即建在这个优美的山上。黄帝，姬姓，号轩辕氏、有熊氏，是中原各族的首领。在阪泉，他打败炎帝，在涿鹿，他击杀蚩尤。传说他发明了养蚕、舟车、文字、音律、医学、算数等。他肇造了光辉灿烂的中华文明，奠定了伟大中华民族的根基，是中华民族的共同始祖。"根据大量的历史文献记载和文物佐证，隶属河南省会郑州的新郑市是中华人文始祖轩辕黄帝出生、创业、建都之地。5000年前，轩辕黄帝在中原新郑一带修德振兵、扶万民、度四方、融炎帝、一统天下，建都有熊新郑，带领先民们创文字、织丝帛、定历律、制舟车、造指南、撰《内经》等，奠定了中华民族的根基，肇造了光辉灿烂的中华文明"（《人民日报》2008年3月12日第14版）。

赫赫始祖。——典出《诗经·小雅·节南山》："赫赫师尹，民具尔瞻。"又见，《诗经·大雅·常武》："赫赫明明，王命卿士。"又见，《荀子·劝学》："无惛惛之事者，无赫赫之功。"《仪礼·丧服》："诸侯及其大祖，天子及其始祖所自出。"

吾华肇造。——典出《尚书·周书·康诰》："用肇造我区夏，越我一二邦以修……"又见，《三国志·蜀志·谯周传》："因余之国小，而肇建之国大。"又见，清帝乾隆《沈阳故崇政殿联》："念兹戎功，用肇造我区夏；慎乃俭德，式勿替有历年。"

聪明睿知。——典出《礼记·中庸》："唯天下至圣，为能聪明睿知。"又见，《韩非子·解老》："聪明睿知，天也；动静思虑，人也。"

光被遐荒。——典出《尚书·尧典》："光被四表，格于上下。"又见，《贞观政要·魏徵·十渐不克终疏》："陛下贞观之初，无为无欲，清静之化，远被遐荒。"

世变沧桑，亦即"沧海桑田"。——典出晋人葛洪《神仙传》："（麻姑谓王方平曰）自接侍以来，见东海三为桑田。向到蓬莱，水乃浅于往者略半也，岂复为陵乎！"又见，唐人夏方庆《谢真人仙驾还旧山》："天上辞仙侣，人间忆旧山。沧桑今已变，萝蔓尚堪攀。"又见，清人彭而述《再登黄鹤楼》："回首沧桑生感慨，孙、刘兴废几茫然。"又见，唐人储光羲《献八舅东归》诗："独往不可群，沧海变桑田。"又见，宋人戴复古《贺新郎·兄弟争涂田而讼，歌此词主和议》："一片泥涂荒草地，尽是鱼龙故道。新堤上，风涛难保。沧海桑田何时变，怕桑田未变人先老。休为此，生烦恼。"又见，元人许有壬《贺新郎·次吕叔泰南城怀古》："野水芙蓉香寂寞，犹似当年怨女。长啸罢，中天凝伫。沧海桑田寻常事，附冥鸿、便欲飘飘举。回首后，又千古。"又见，明人张景《飞丸记·梨园鼓吹》："白衣苍狗多翻覆，沧海桑田几变更。"又见，明人冯梦龙《喻世明言》卷18："桑田变沧海，沧海变桑田。穷通无定准，变换总由天。"

中更蹉跌。——典出《汉书·游侠传》："苦身自约，不敢差跌。"又见，《汉书·朱博传》："功曹后常战栗，不敢蹉跌，博遂成就之。"

强邻蔑德。——典出《国语·周语中》："而蔑杀其民人，宜吾不敢服也。"又见，《尚书·周书·君奭》："又曰无能往来兹迪彝教，文王蔑德降于国人。"

琉台不守。——典出《清史稿》等资料。琉，即琉球群岛。台，即台湾。不守，即守不住。清光绪五年，日本发兵强占琉球，不久，台湾诸岛亦为日寇所占。

三韩为墟。——典出《三国志》、《魏书·东夷传》、《后汉书·东夷传》等资料。在汉朝之时，朝鲜南部之西曾为马韩、之东曾为辰韩、之南曾为弁韩，故称三韩。这里代指朝鲜。又见，唐人杜甫《奉赠太常张卿均二十韵》："方丈三韩外，昆仑万国西。"又见，明人陆云龙《新镌出像通俗演义辽海丹忠录》："怒难平，眉半斗，肠九折，泪双流。拼此身，碎首毡裘。还悲还恨，三韩失陷，倩谁收？身亡城覆，向九原，犹自贻羞。"

辽海燕冀。——典出唐人李贺《南园十三首》（其六）："不见年年辽海上，文章何处哭秋风。"燕，战国时国名，今河北北部与辽宁之西端。冀，即河北省。以地名兼典事。

命世之英，亦即"命世之才"。——典出《孟子·公孙丑下》："五百年必有王者兴，其间必有名世（即"命世"）者。"又见，《汉书·楚元王传赞》："圣人不出，其间必有命世者焉。"又见，汉人李陵《答苏武书》："其余佐命立功之士，贾谊亚夫之徒，皆信命世之才。"又见，唐人皮日休《鲁望昨以五百言见贻过有褒美内揣庸陋弥增愧悚因成一千言上述吾唐文物之盛次叙相得之欢亦迷和之微旨也》诗中有："大风荡天地，万阵黄须膻。纵有命世才，不如一空弮。"又见，《三国演义》第1回："时人有桥玄者谓（曹）操曰：'天下将乱，非命世之才不能济，其在君乎？'"

逐鹿奋战。——典出汉人司马迁《史记·五帝本纪》等资料：逐鹿之战，是讲黄帝与蚩尤之战。"蚩尤作乱，不用帝命。于是黄帝乃征师诸侯，与蚩尤战于逐鹿之野，遂禽杀蚩尤。"黄帝与炎帝的坂泉之战以及与蚩尤的逐鹿之战，是中华民族史中的重大事

件。由于黄帝的胜利，从此炎黄两族及部分九黎族结为一体，共同开发黄河流域，华夏族开始合成，汉民族得以确立。

区宇以宁。——典出汉人班固《两都赋》："区宇若兹，不可殚论。"又见，汉人张衡《东京赋》："区宇乂宁，思和求中。"

岂其苗裔。——典出屈原《离骚》："帝高阳之苗裔兮，朕皇考曰伯庸。"

不武如斯。——典出《左传·襄公二年》："君师不武，执事不敬，罪莫大焉。"

泱泱大国。——典出《韩非子·外储说右上》："美哉，泱泱乎，堂堂乎！"又见，《左传·襄公二十九年》："美哉，泱泱乎，大风也哉！"

让其沦胥。——典出《诗经·小雅·雨无正》："若此无罪，沦胥以铺。"又见，《宋书·武帝纪》："终古帝居，沦胥戎虏。"

东等不才。——典出《左传·成公三年》："臣实不才，又谁敢怨？"又见，《三国志·蜀志·诸葛亮传》："若嗣子可辅，辅之；如其不才，君可自取。"又见，明人宗臣《报刘一丈书》："何至更辱馈遗，则不才益将何以报焉！"

剑屦俱奋。——典出《左传·宣公十四年》："屦及于窒皇，剑及于寝门之外。"事在春秋之时，楚庄王遣史齐国，途经宋国，为宋人所杀害。庄王为之大怒，急着要出兵报仇雪恨，不等穿屦佩剑便挥袖往宫外奔走要发兵报仇。

为国效命。——典出《史记·魏公子列传》："今公子有急，此乃臣效命之秋也。"又见，《三国志·魏书·陈思王植传》："窃不自量，志在效命，庶立毛发之功，以报所受之恩。"

匈奴未灭，何以为家。——典出《史记·卫将军骠骑传》："匈奴未灭，无以家为也。"又见，《汉书·霍去病传》："匈奴不灭，无以家为也。"

还我河山，即"还我山河"、"还我江山"。——典出宋人赵与时《宾退录》："徽宗尝梦吴越钱王引徽宗御衣云：'我好来朝，便留住我，终须还我山河，待教第三子来。'"又见，宋时岳飞曾手书的"还我河山"四字，流传至今。今杭州岳飞庙中岳飞像上方悬挂仿岳飞手书"还我河山"匾。又见，明人周清源《西湖二集》卷1："物各有主，吾侪候许久，今日定要还我江山，方始干休。"又见，《义和团谣》："还我河山还我权，刀山火海爷敢钻。那怕皇上服了外，不杀洋人誓不完。"

永矢勿谖。——典出《诗经·卫风·考槃》："独寐寤言，永矢弗谖。"

经武整军，亦即"整军经武"。——典出《左传·宣公十二年》："见可而进，知难而退，军之善政也；兼弱攻昧，武之善经也。子姑整军而经武乎？犹有弱而昧者，何必楚。"又见，《晋书·文帝纪》："以庸蜀未宾，蛮荆作猾，潜谋独断，整军经武；简练将帅，授以成策。始践贼境，应时摧陷。"

实鉴临之，皇天后土。——典出《尚书·武成》："予小子其承厥志。……告于皇天后土、所过名山大川曰：……"又见，《左传·僖公十五年》："君履后土而戴皇天，皇天后土，实闻君之言。"又见，战国楚人宋玉《九辩》："皇天淫溢而秋霖兮，后土何时而得漧？块独守此无泽兮，仰浮云而永叹！"又见，晋人李密《陈情表》："臣之辛苦，非独蜀之人士及二州牧伯所见明知，皇天后土，实所共鉴。"又见，《封神演义》第7回："我姜氏素秉忠良，皇天后土，可鉴我心。"古称天为皇天，大地称为后土。

用典探妙：

毛泽东的这一首祭文式的四言诗，虽说过去已经66个年头了，然而今天读来，中华民族那强烈的自信心、自尊心、自豪感，那极大的凝聚力和时代的气息，那对海内外炎黄子孙的巨大吸引力和纪念人文初祖、建设中华民族精神家园的号召力，等等，读后仍然令人热血沸腾、肃然起敬、感奋不已！之所以有如此好的艺术效果，这与毛泽东在诗中妙用典故是分不开的。

全诗除以"黄帝陵"这个地名兼人名这一"大"典故去统领全诗之外，还以大量的地名典兼事典浓缩诗中，以述中国因百年之积弱，为日寇等帝国主义国家所强占华夏子孙的领土，从而唤起炎黄子孙奋起抗击之斗志。全诗诗意可分为四个段落，每段都大量地妙用了典故，为其团结抗日的创作意图服务。因是四言诗，语句较短，因而在用典上，以"截用"为多。所谓"截用"，就是从事典或是语典中，截用其关键性的语词为语料，以隐含其原典中的典意，使诗作精练且内蕴丰富。我想，这是这一首诗用典的最大特点与精妙之处，也是黄帝文化中最为闪光耀眼的名篇。

（一）用典有唤起民族自豪感之妙。

第一段当是从"赫赫始祖"始，至"雄立东方"止。毛泽东在这一段的用典，有歌颂与展示华夏始祖——黄帝开基鸿业的伟大历史贡献、唤起民族自豪感之妙。

具体而言，在这一段中的用典，多是截用前贤语典中的关键词语为语料并用其"赫赫明明"的典意成句，如截用"赫赫"以修饰"始祖"黄帝，开笔就展现了我始祖的显赫。当时世界上还是一片蛮荒之时，我祖就一统中原，用其"聪明睿知""肇造"了"吾华"，从而奠定了华夏之始。将这样几个语典的语词及其典意入诗，品味原典与新成之句，读罢令人自豪感顿生，实有唤起后人面对小小日寇的蔑视之情！

（二）用典有浓缩中国百年屈辱史之妙。

第二段当是从"巨变沧桑"始，至"我为奴辱"止。毛泽东在这一段中的用典，有对中国近百年屈辱史的高度浓缩之妙。从写作的角度来看，有为下一段"拉弓蓄势"之妙。

在这大段中，毛泽东截用了"沧桑"、"蹉跌"二语，一笔带过了中华民族有数千年的历史，转到了近百年间日人的崛起、给中华民族带来灾难的惨痛，重用史事"琉台

429

不守"、"三韩为墟",入寇"辽海燕翼",形象地说明了日寇入侵之速,有令每一个不愿当亡国奴的炎黄子孙为之警醒之妙!

（三）用典有激励炎黄子孙奋起抗争之妙。

第三段当是从"懿维我祖"始,至"让其沦胥"止。这一段有列数始祖文治武功赫赫、激砺炎黄子孙与日寇 决一死战的大无畏的英雄气概之妙!

在这一段中,毛泽东妙用事典"涿鹿之战",展现了始祖的勇武;以"苗裔"之典意,隐指炎黄子孙;以"不武"之语词带出语典"君师不武,执事不敬,罪莫大焉"（《左传·襄公二年》）,指出在日寇猖獗之时,懦弱不勇武是不行的,这有违始祖之精神与美德;以语典"美哉,泱泱乎,堂堂乎!"（《韩非子·外储说右上》）之语词"泱泱"修饰中国,以"沦胥"一语词带出语典"终古帝居,沦胥戎虏"（《宋书·武帝纪》）中的典意。整整一大段,有如妙用"激将之法",当伟大的中华民族在面对日寇的猖狂进犯之时,有箭在弦上不得不发之妙!

（四）用典有誓死驱寇于国门之外之妙。

第四段当是从"东等不才"始至结尾,有开弓放箭之妙!日寇当是"靶子",则抗日之政策、抗日之办法、抗日之意志、抗日之决心就是射向日寇这个"靶子"、击败日寇之锐箭。

在这一大段中,毛泽东以"不才"（《左传·成公三年》中有"臣实不才"）之典意自谦,化用"屦及窒皇,剑及于寝门之外"（《左传·宣公十四年》）的典意成"剑屦俱奋",形象地展现了中华儿女要报仇杀敌、要抗击日寇心情的急切;以志在为国"效命"（《三国志·魏书·陈思王植传》中有"志在效命"）之典意展示我党我军抗日的实际行动;略变"匈奴未灭,何以为家"、"还我河山,卫我国权"这些民族英雄的警世名句,选用其语词、全用其典意,与后面"永矢勿谖"、"经武整军"、"皇天后土"三典紧相配合,有展现雄心壮志、表示巨大决心、发出响亮号召、撼动人们心魄、誓死将日寇驱逐于国门之外之妙。

81.中国妇女齐奋发 抗日能顶半边天
——毛泽东在《四言诗·题〈中国妇女〉之出版》中所用典故探妙

用典缘起:

《中国妇女》是延安时期中共中央和中央妇女工作委员会,为指导全国妇女运动而创办的一种刊物。1939年6月1日毛泽东为《中国妇女》杂志创刊号所题的词是一首四言诗。其诗云:"妇女解放,突起异军。两万万众,奋发为雄。男女并驾,如日方东。以此制敌，何敌不倾？到之之法，艰苦斗争。世无难事，有志竟成。有妇人焉，如旱望云。此编之作，伫看风行。"在这首诗中用了下列典故。

典故内容：

突起异军。亦即"异军突起"、"异军特起"、"苍头起异军"。——典出《史记·项羽本纪》："（东阳）少年欲立婴（陈婴）便为王。异军苍头特起。"南朝宋人裴骃《集解》引汉人应劭曰："苍头特起，言与众异也；苍头，谓士卒皂巾，若赤眉、青领，以相别也。"唐人司马贞《索引》引如淳曰："特起，犹言新起也。"又见，清人谈迁《闻胶州警念故相国高氏》："累卵难为守，殃鱼且及池；苍头军突起，丞相客安施？""异军"亦作"苍头军"。又见，《清史稿·傅弘烈传论》："弘烈异军特起，又与莽依图相失，势孤，遂困于承荫。"又见，清人丘逢甲《次韵陈汝臣见赠四首（其四）》："漠漠寒云雁叫群，哀吟楚些怨湘君。乾坤牢落诗人老，何日苍头起异军？"

奋发为雄，即变用"奋发有为"、"发奋有为"而成。——典出《元史·陈祖仁传》："孰不欲奋发有为，成不世之功。"又见，清人郑板桥《与舍弟书十六通》："一旦奋发有为，精神不倦，有及身而富贵者矣，有及其子孙而富贵者矣，王侯将相岂有种乎？"又见，清人李宝嘉《官场现形记》第35回："（何孝先）连连夸奖他有志气：'能够如此奋发有为，将来有什么事不好做呢！'"又见，清人吴敬梓《儒林外史》第39回："你也可以借此报效朝廷，正是男子汉发奋有为之时。"《左传·襄公二十一年》："是寡人之雄也。"又见，唐人刘禹锡《奉送裴司徒令公》："行色旌旗动，军声鼓角雄。"

男女并驾。并驾，亦即"并驾齐驱"、"齐驱并驾"、"齐趋并驾"。——典出南朝梁人刘勰《文心雕龙·附会》："是以驷牡异力，而六辔如琴；并驾齐驱，而一毂统辐。"又见，宋人阙名《宣和画谱·道释一》："何长寿与范长寿同师法，故所画多相类，然一源而异派，论者次之。至于并驾齐驱，得名则均也。"又见，清人李汝珍《镜花缘》第28回："原来国王因近日本处文风不及邻国，其能与邻邦并驾齐驱者，全仗音韵之学。"又见，清人张南庄《何典》第8回："（豆腐西施）虽不能与臭花娘并驾齐驱，却也算得数一数二的美人了。"又见，宋人张戒《岁寒堂诗话》卷下："气象廓然，可与《两都》、《三京》齐驱并驾矣。"又见，清人刘鹗《老残游记》第11回："甲寅以后为文明华敷之世，虽灿烂可观，尚不足与他国齐趋并驾。"

如日方东，即"如日方升"的变用。——典出《诗经·小雅·天保》："如月之恒，如日之升，如南山之寿，不骞不崩。"又见，汉人张衡《冢赋》："如春之卉，如日之升。"

以此制敌，何敌不倾。——典出唐人骆宾王《代李敬业传檄天下文》："以此制敌，何敌不摧；以此攻城，何城不克！"

世无难事。即"世上无难事"、"天下无难事"。——典出宋人陈元靓《事林广记》卷9:"世上无难事,人心自不坚。"又见,元人关汉卿《绯衣梦》4折:"常言道:世上无难事,厨中有热人。"又见,《西游记》第2回:"祖师道:世上无难事,只怕有心人。"又见,宋人秦观《李训论》:"天下无难事,得其人则易于反掌。"又见,明人朱国祯《涌幢小品·除妖》:"余谓守此四句,天下无难事,无变事。"又见,《红楼梦》第49回:"可知俗话说:天下无难事,只怕有心人。"

有志竟成,亦即"有志者事竟成"、"有志事竟成"、"有志竟成"。——典出《后汉书·耿弇传》:"帝谓弇曰:'将军前在南阳建此大策,常以为落落难舍,有志者事竟成也。'"又见,明人凌濛初《二刻拍案惊奇》第2回:"周老夫妻见了媳妇一表人物,两心快乐。方信国能起初不肯娶妻,毕竟寻出好姻缘来,所谓'有志者事竟成'也。"又见,宋人陆游《雪夜作》:"但思被重铠,夜入蔡州城;君勿轻癯儒,有志事竟成。"又见,宋人楼钥《送王知复宰建德》:"勇决有如此,端是英雄姿;有志事竟成,不后一年期。"又见,清人查慎行《同声山侄过罗饭牛礼洲草堂,别后赋寄,用昌黎寄卢仝韵》:"先生老向尘埃里,有志竟成高滔矣。"又见,清人李汝珍《镜花缘》第10回:"不意去岁大虫压倒房屋,媳妇受伤而亡。孙女怄恨,……要替母亲报仇,自制白布箭衣一件,誓要杀尽此山猛虎,方肯除去孝衣。果然有志竟成,上月被他打死一个。"又见,清人夏敬渠《野叟曝言》第146回:"改日须酿公分,畅谈一日,以贺素史有志竟成也。"

有妇人焉。——典出《三国志·吴书·吴主传》:"彼有人焉,未可图也。"

如旱望云。——典出《孟子·梁惠王下》:"民望之,若大旱望云霓也。"又见,《孟子·滕文公下》:"民之望之,若大旱之望雨也。""云霓"亦作"雨",亦省作"霓"。又见,宋人高登《上渊圣皇帝书》:"人人翘首拭目,以待事息,而睹维新之政,大旱望霓,莫此为急。"又见,明人凌濛初《二刻拍案惊奇》第32回:"这边朱景先家里,日日盼望消息,真同大旱望雨。"

伫看风行。——典出屈原《离骚》:"悔查道之不察兮,延伫乎吾将反。"又见,唐人李白《菩萨蛮》:"玉阶空伫立,宿鸟归回急。"又见,《后汉书·臧宫传赞》:"电扫群孽,风行巴、梁。"

用典探妙:

毛泽东的这一首诗,对于中国妇女在中国人民的解放事业中的巨大贡献作了充分的肯定,是对中国妇女在打倒日本帝国主义、打倒汉奸、打倒一切反动势力的艰苦斗争精神的鼓励。全诗约分为四个段落,每一段都妙用了典故性质的成语,每一个典故性质的成语在其段意中均各显其妙。

(一)用典有总体上评说中国妇女力量大之妙。

第1段当是从"妇女解放"始至"奋发为雄"止。在这一段中，毛泽东妙用了两个典故性质的成语。以"突起异军"这一典故性质的成语倒序入诗，赞颂解放的中国妇女，是一支在抵抗敌、伪、顽的斗争中的新生力量，寥寥四字，有中国妇女高大形象凸显之妙！接着，在"两万万众"之后，化用典故性质的成语"奋发有为"为"奋发为雄"，更为形象、更为生动，有再次彰显解放了的两亿中国妇女力量大之妙！

（二）用典有赞扬中国妇女潜力之妙。

第2段当是从"男女并驾"始至"何敌不倾"止。在这一段中，毛泽东暗用"并驾齐驱"这一典故性质的成语，化用了典故性质的成语"如日方升"为"如日方东"，变用了骆宾王《讨武曌檄》中"以此制敌，何敌不摧"这一名句，进一步赞颂了解放了的中国妇女的巨大潜力，使这些诗句的句意与效力有"妇女能顶半边天"的气势之妙！

（三）用典有重在勉励中国妇女之妙。

第3段当是从"到之之法"至"有志竟成"止。在这一段的结尾，毛泽东妙用了"世上无难事"与"有志竟成"这样两个典故性质的成语，这看似平常之语，然实有其辩证关系之妙。就这么四句诗，首先讲到要取得胜利，就要艰苦奋斗，而要艰苦奋斗，就要立志，有了革命的志气，必然会取得革命的胜利。

（四）用典有点题之妙。

第4段就是诗的末尾四句。在这一段的结尾，毛泽东没有运用典故性质的成语，而是化用典故，有化典成诗之妙！他将"彼有人焉"化而成"有妇人焉"，将"若大旱之望雨"化而成"如旱望云"，这就将《中国妇女》这一杂志创办的必要性以及它在中国妇女心目的地位与作用，尽情地展现出来，有形象生动之妙！

82.玄妙精巧意朦胧 晏难确解韵味醇
——毛泽东在《四言诗·赠尼克松》中所用典故探妙

用典缘起：

1972年美国总统尼克松突然作出了出人意料的决定，亲自访问中华人民共和国并会见毛泽东。中美关系史上掀开了崭新的一页。尼克松的7天访问，在国际政治史上，被称作"改变世界的一周"。"为欢迎尼克松的到来，毛赠写了一首深奥难懂的诗：'老叟坐凳，嫦娥奔月，走马观花'"。（[美]R·特里尔著，刘路新、高庆国等译，胡为雄校：《毛泽东传》，河北人民出版社1992年版，第447页）在这首诗中用了下列典故。

典故内容：

嫦娥奔月。——典出《淮南子·冥训》等资料。嫦娥，是中国古代传说中月神的名字，又称作"姮娥"，是后羿的妻子。汉文帝刘恒时，因避讳，改"姮"为"嫦"。

典云："羿请不死之药于西王母，姮娥窃以奔月。" 一说是帝俊之妻，典见《山海经·大荒西经》。

走马观花，亦即"走马看花"。——典出唐人孟郊《登科后》诗："春风得意马蹄疾，一日看尽长安花。"又见，明人于谦《喜雨行》："但愿风调雨顺民安业，我亦走马看花观帝京。"

用典探妙：

毛泽东的这一首三句四言诗，就其表面而言，是谁也看得懂的。他是说：老头儿坐在凳子上，嫦娥奔向月宫，走马观花地参观。但联系起来其深层意思是在讲什么？因语意朦胧，实难确解其意。又因毛泽东不曾有过解释，竟成了一首无题（题为引者加）的"朦胧诗"了。因是一首特别的诗，故引两种解说于后，也许有利于我们对毛泽东在这一首诗中的用典之妙的理解：

特里尔云："坐在凳子的老人是帝国主义。嫦娥（一位公元之前3000年的神话人物，她飞到月宫里去以躲避她那令人作呕的丈夫）是人造卫星的象征。尼克松本人在中国的简短旅行就像是在走马观花。毛赞扬他的客人。尼克松至少看了看这个中央帝国，他不像那种典型的帝国主义，首脑仅仅舒服地坐在凳子上"。（[美]R·特里尔著，刘路新、高庆国等译，胡为雄校：《毛泽东传》，河北人民出版社1992年版，第447页）

金汝平云："据尼克松和他的顾问猜测，'老叟坐凳'可能是诗人的自我描写，一个老人，他历经了革命斗争中的生生死死，历经了人生历程中的风霜雨雪，冷眼向洋看世界，'嫦娥奔月'可能是暗示当时的美国卫星上天，'走马观花'则暗暗讽刺尼克松来中国也不可能真正了解中国的情况，只不过是'走马观花'而已。如此看来，这里依然流露出一个伟人的民族自信，以及'阅尽人间春色'的非凡气度"（金汝平：《毛主席的一首"朦胧诗"》，《中华读书报》2002年9月11日）。

笔者以为，这一首诗主要是比喻尼克松粗略地观察情况和了解情况，同时亦有对尼克松访华的得意以及心情愉快的形容与描绘。至于其更深层次的意义，也可借用毛泽东评说"李义山无题现在难下断语"时说过的话——"暂时存疑可也"。（刘汉民：《毛泽东诗话词话书话集观》，长江文艺出版社2002年版，第293页）

由上述解释，其用典之妙不言自明，这就是：

"嫦娥奔月"一典，有比喻人类卫星上天、人类登上月球之妙！

"走马观花"一典，则有兼指尼克松访华心情得意愉快与只看到外象而不及细究底蕴之妙！

83.嬉笑怒骂脱口出 通俗质朴明如话
——毛泽东在《七律·忆重庆谈判》中所用典故探妙

用典缘起：

1945年8月，毛泽东从延安来到重庆，和周恩来、王若飞等同志一起，与国民党进行和平谈判。毛泽东从重庆回到延安后，还写了下面这样一首诗，当时传抄甚广，因而这一首诗出现在出版物上时，略有个别字词的不同。公木同志的《诗人毛泽东·注释赏析》一书注意到了这样一个情况，故而根据诗意做了校订，现据其校订过的诗录于下：《七律·忆重庆谈判》（1945年11月）："有田有地皆吾主，无法无天是尔民。重庆有官皆墨吏，延安无土不黄金。炸桥挖路为团结，夺地争城是斗争。遍地哀鸿遍地血，无非一念救苍生。"在这首诗中用了下列典故。

典故内容：

无法无天。——典出清人曹雪芹《红楼梦》第56回："殊不知他在家里无法无天，大人想不到的话偏会说，想不到的事偏会行。"又见，清人孙雨林《皖江血·逼供》："无法无天，争名争利，人命视同儿戏。"又见，清人李宝嘉《官场现形记》第15回："统领的兵，一个个无法无天。"

墨吏。——典出《左传·昭公十四年》："己恶而掠美为昏，贪以败官为墨，杀人不忌为贼。"墨，在这里是指污。墨吏，即贪官污吏。

遍地哀鸿，亦即"哀鸿遍地"、"哀鸿遍野"、"哀鸿满路"。——典出《诗经·小雅·鸿雁》："鸿雁于飞，哀鸣嗷嗷。"遍地哀鸿，喻指在战乱中的灾民们流离失所、呻吟呼号。又见，清人查慎行《雪后平溪道中》："斑白逢人愁铤兽，萑苻何地集哀鸿。书生亦有伤时泪，袖湿征鞭裹朔风。"又见，清人汤斌《睢沐二邑秋灾情形疏》："今春卖儿卖女者，有售无受，以故哀鸿遍野，硕鼠兴歌。"又见，清人张集馨《道光戊申》："本年江湖泛涨……哀鸿遍野，百姓其鱼。"又见，清人黄侃《水龙吟·秋花》："天涯吟望，哀鸿遍地，都成愁侣。"又见，清人梁启超《新罗马》："嗳呀，我记得历史上的罗马何等殷阗繁盛，怎么今日却是哀鸿遍野，春燕无归，满眼凄惶。"又见，清人洪昇《长生殿·收京》："堪惜，征调千家，流离百室，哀鸿满路悲戚。"又见，孙中山《挽刘道一》："半壁东南三楚雄，刘郎死去霸图空。尚余遗业艰难甚，谁与斯人慷慨同！塞上秋风悲战马，神州落日泣哀鸿。几时痛饮黄龙酒，横揽江流一奠公"。（此诗为毛泽东的萍乡名师汤增璧代笔）

用典探妙：

毛泽东的这一首诗，可以说是用口语写成，诗的含义，只要看一看毛泽东在1945年8月13日写的《抗日战争胜利后的时局和我们的方针》、1945年8月26日的《中共中央关于

同国民党进行和平谈判的通知》，以及1945年10月17日《关于重庆谈判》三篇文章，尤其是文章中的"……我们没有交出军队，所以没有合法地位，我们是'无法无天'。我们的责任是向人民负责。""我们是针锋相对，寸土必争，绝不让国民党轻轻易易地占我们的地方，杀我们的人"等等，通晓文章中的这些内容，我们就可全知毛泽东写这一首的旨意之所在。

在用典方面的最大特色是其选典之妙，妙在所取用的典故属成语性质的典故，因而能使全诗具有通俗易懂之妙。

如"无法无天"、"遍地哀鸿"，尽管各有其出典，然它们早已大众化了，谁人不懂？而"墨吏"，读者若知其出典，当然在理解上也许会更深透，然而，即使不知出典之所在，读者亦能猜知其诗意。"墨吏"，贪心之黑如墨也！

84.洞察秋毫观世界 独立主权不可侵
——毛泽东在《七律二首·读报有感》中所用典故探妙

用典缘起：

1959年11月和12月间，面对当时的世界形势，毛泽东在杭州召开小型的国际形势讨论会前后，写有《七律二首·读报有感》。其诗云："其一 反苏忆昔闹群蛙，今日重看大反华。恶煞腐心兴鼓吹，凶神张口吐烟霞。神州岂止千重恶，赤县原藏万种邪。遍找全球侵略者，仅余中国一孤家。 其二 托洛斯基到远东，不战不和逞英雄。列宁竟撤头颅后，叶督该拘大鹫峰。敢向邻居试螳臂，只缘自己是狂蜂。人人尽说西方好，独惜神州出蠢虫。"（诗据陈晋：《文人毛泽东》，上海人民出版社1997年版，第511页，经笔者核对由吴正裕主编、中央文献出版社2003年12月出版的《毛泽东诗词全编鉴赏》中的这两首诗，与笔者所引陈晋书中的这两首诗，均无误。又据2003年1月10日《文汇读书周报》曾宪新：《王实味问题公开平反记略》一文中的"历史资料解密说明一切"一节中载："……1988年8月4日，塔斯社公布《苏共中央政治局重新研究30至40年代和50年代初迫害材料委员会公报》，为'托洛茨基—季诺维也夫反苏总部'、'托洛茨基反苏总部'彻底平反。……公报还宣布，指控所谓'托洛茨基反苏总部'、'进行背叛活动、间谍活动、破坏活动和危害活动、恐怖活动'，'是毫无根据的，而该案件的材料是捏造的。并不存在托洛茨基反苏总部'，'并撤销该案'。"毛泽东诗中的"托洛斯基"即"托洛茨基"。作为历史、诗史，本书只能沿用当时的历史谈诗。特此说明。——引者）在这首诗中用了下列典故。

典故内容：

恶煞……凶神，即"凶神恶煞"的拆用。——典出元人无名氏《桃花女破法嫁周公》第3折："今日他出门之时，正与日游神相触，便不至死也要带伤；上车又犯着金神七杀，上路又犯着太岁，遭这般凶神恶煞，必然扳僵身死了也。"又见，清人钱彩《说岳全传》第27回："一声炮响，这几位凶神恶煞，引着那十万八百长胜军，蜂拥一般，杀入番阵内。"又见，清人吴趼人《情变》第7回："他向来最胆小，我父亲凶神恶煞般跑来捉我，不知他吓得怎样了。"

神州……赤县。"神州"、"赤县"亦或"神州赤县"、"赤县神州"的拆用。——典出南朝宋人刘义庆《世说新语·言语》："（王导愀然变色曰）当共戮力王室，克复神州，何至作楚囚相对。"南朝梁人江淹《游黄蘗山》："南州饶奇怪，赤县多灵仙。"又见，《史记·孟子荀卿列传》："中国名曰赤县神州，赤县神州内自有九州。"又见，金人元好问《四哀诗·李钦叔》："赤县神州坐陆沉，金汤非粟祸侵寻；当官避事平生耻，视死如归社稷心。"又见，明人屠隆《彩毫记·游玩月宫》："尚自隔红云帝座遥，却下见赤县神州小。"又见，清人吴趼人《糊涂世界》序："名山大川之间，赤县神州之外，无远勿届，不期而然。"又见，《晋书·武帝纪》："海内版荡，宗庙播迁。帝道王猷，反居文身之俗；神州赤县，翻成被发之乡。"又见，宋人刘子翚《试梁道士笔》："因念神州赤县半没埃秽中。"腐心。——典出《史记·刺客列传》："此臣之日夜切齿腐心也。"

孤家，即"孤家寡人"的截用。——典出《老子·三十九章》："是以侯王自谓孤、寡、不穀，此非以贱为本邪？"又见，清人曾朴《孽海花》第65回："因为案情重大，并且是积案累累的，就办了一个就地正法。云岫的一妻一妾，也为这件事，连吓带痛的死了。到了今日，云岫竟变成了个孤家寡人了。"据清人赵翼《陔余丛考》卷36《寡人》与《称孤》条载：孤、寡又都是君王的一种自谦之称。

不战不和。——典出清人无名氏《讽叶名琛不抵抗联》："不战，不和，不守，古之所无；唔死，唔降，唔走，今也罕有。"

叶督该拘大鹫峰。——典出《清史稿·叶名琛传》等资料。叶督，即叶名琛（1807—1859），湖北汉阳人，字昆臣，道光进士，曾为陕西兴安知府、山西雁平道、广东布政使等职。咸丰二年（1852年）因镇压广东凌十八起义有功而被升任两广总督兼通商大臣，曾屠杀10余万民众。就是这样一个刽子手，当1857年英法联军进攻广州时，他事前不作准备，临战不肯抵抗，以致广州为英军占领，次年1月被俘，2月押解至印度加尔各答，尔后死于此地。"大鹫峰"，即印度的灵鹫山，为佛说法之地。诗中以此代指印度。

螳臂，即"螳臂当车"。——典出《庄子·人世间》："汝不知夫螳螂乎，怒其臂以当车辙，不知其不胜任也。"又见，西汉人韩婴《韩诗外传》："齐庄公出猎，有螳螂举足将搏其轮，问其御曰：'此何虫也？'御曰：'此是螳螂也。其为虫，知进而不

知退，不量力而轻就敌。'庄公曰：'此为人必为天下勇士矣。'于是回车避之。"又见，元人刘诜《草虫诗》："角蜗吐腥螳臂怒，蜻蜓翼剪吴绡素。"又见，明人无名氏《四贤记·解绶》："劝恩台装聋作哑，休得要螳臂当车。"又见，清人李汝珍《镜花缘》第18回："谁知腹中虽离渊博尚远，那目空一切，旁若无人光景，却处处摆在脸上。可谓'螳臂当车，自不量力。'"又见，清人俞万春《荡寇志》第112回："正是泰山压卵，不须辗转之劳；螳臂当车，岂有完全之理。"又见，清人马寿龄《纪张殿臣总戎近事》："贼闻公来走且僵，入城拟作螳臂当。"又见，清人梁启超《新罗马·党狱》："尔等螳臂当车，岂非飞蛾送死。"

用典探妙：

毛泽东的这两首七律，以其轻蔑之笔调和冷嘲热讽之反语口吻对反华者们展开了痛快淋漓的揭露与批判，表现了他在反华逆流中对于时局的深层思考。在用典上的最大特色是对典故性质的成语的"拆用"与"截用"之妙。

（一）拆用成语形式的典故入诗，使诗句具有对偶之妙。

"凶神恶煞"与"赤县神州"，本来均是成语形式的典故。毛泽东将它们拆而用之，使"恶煞"与"凶神"、"神州"与"赤县"依依对应起来，在"凶神"与"恶煞"及"神州"与"赤县"各自的后面"统领"着"兴鼓吹"、"吐烟霞"和"千重恶"、"万种邪"，高度地浓缩了帝国主义者对我中国共产党和中国革命人民的诅咒与诬蔑，从而使上下诗句有互文见反讽攻击者之妙，同时为结尾两句作出了铺垫。

（二）"截用"语典入诗，使诗具有内蕴丰赡之妙。

毛泽东在这两首诗中，除了用了人名典"叶名琛"与地名典"大鹫峰"关于叶名琛的典事组成典故语"叶督该拘大鹫峰"之外，对于其他的典故均是"截而用之"，这就有使诗的语言内蕴显得更为丰富之妙。

笔者在这里所谓"截用"，就是说，在其诗句的用典，为了诗的表达的需要，一般都是"截而用之"。如诗句中的"腐心"，即含"切齿腐心"（语出《史记·刺客列传》）之典意，则反华势力的处心积虑之态毕现！而"唯余此处一孤家"中的"孤家"，正是"孤家寡人"一典中语词的截用，不仅仅是使诗句简练，更有其对于反华势力的攻击与诬蔑的反击与反讽之妙。

（三）语典的运用具有两兼之妙。

其时的情况是：1959年10月31日，赫鲁晓夫在其最高苏维埃会议上攻击中国党执行"不战不和的托洛斯基主义"，毛泽东在诗中以"不战不和"这个特别的典故语入诗，一有引用赫鲁晓夫话语之意，二有引用《讽叶名琛不抵抗联》中语典典意之妙。由此向人们展示"不战不和"与"螳臂（当车）"在第二首诗中所具有的反击与反讽作用，同样有入木三分之妙。在此就不再一一分析了。

85.国际风云时变幻 恢宏观世以诗评
——毛泽东在《七津·读报有感》中所用典故探妙

用典缘起：

1960年5月1日，就在赫鲁晓夫拟赴巴黎参加美、英、法、苏的四国首脑会议之时，美国的U—2型高空侦察机入侵苏联领空搞间谍活动而被苏军击落。美苏间的蜜月是如此的短暂，这样具有讽刺意味的素材再一次激发毛泽东的诗兴。在1960年6月13日，毛泽东所写的读报诗云："托洛斯基返故居，不战不和欲何如？青空飘落能言鸟，黑海翻腾愤怒鱼。爱丽舍宫唇发紫，戴维营里面施朱。新闻岁岁寻常出，独有今年出得殊"（诗据吴正裕主编：《毛泽东诗词全编鉴赏》，中央文献出版社2003年版，第653页）。在这首诗中用了下列典故。

典故内容：

不战不和。——典出同上一诗。

能言鸟，亦即"能言鹦鹉"。——典出《汉书·武帝纪》所载，汉武帝元狩二年，"南越献驯象、能言鸟。"唐人颜师古注曰："'能言鸟'即'鹦鹉'也，今陇西及南海并有之。"又见，《礼记·曲礼上》："鹦鹉能言，不离飞鸟；猩猩能言，不离禽兽；今人而无礼，虽能言，不亦禽兽之心乎？"又见，唐人张说《广州萧都督入朝过岳州宴饯得冬字》："孤城抱大江，节使往朝宗。果是台中旧，依然水上逢。京华遥比日，疲老飒如冬。窃羡能言鸟，衔恩向九重。"又见，宋人罗大经《能言鹦鹉》："上蔡先生云：'透得名利关，方是小歇处。今之士大夫何足道，能言之鹦鹉也。'"

用典探妙：

毛泽东以其讽嘲兼幽默之笔，对美、苏争霸过程中的一幕又一幕的闹剧予以了绘声绘色的描写。在用典上有旧典对新喻和一典多义之妙。

（一）有旧典对新喻之妙。

所谓旧典对新喻之妙，就是说，以汉武帝元狩二年南越向汉王朝晋贡"能言鸟"一事典，与毛泽东新造的比喻——苏联击中U—2型飞机的黑海舰队即"愤怒鱼"妙相对应、对仗。

（二）一典多义之妙。

所谓一典多义之妙，这里所说的是指这首诗中的"能言鸟"的多义，这只鸟，一喻美国的U—2型间谍飞机；二喻飞机上被俘的驾驶员鲍尔斯，他并不肯为了保密而自尽，他供出了从事间谍活动的一切，亦可谓"能言"矣。

细细品味全诗，其针对性之强、其战斗性烈，真如投枪、恰似匕首。

439

86. 思绪纵横数千载 就事论事评孔丘
——毛泽东在《五言诗·批郭沫若尊孔》中所用典故探妙

用典缘起:

1973年5月,江青到中南海去看望毛泽东。毛泽东拿起一部《十批判书》送给江青,并笑着说:"我的目的是为了批判用的。"未等疑惑的江青开口,毛泽东又顺口吟出了一首小诗:"郭老从韩退,不及柳宗元。名曰共产党,崇拜孔二先"(张仲举:《毛泽东诗词全集译注》,陕西人民出版社2000年版,第419页)。在这首诗中用了下列典故。

典故内容:

韩退,亦即"韩愈"。——典出《旧唐书》、《新唐书》等资料。韩愈(公元768—824年),字退之,即毛泽东所简称"韩退"的由来,是我国唐代有名的散文家、诗人、哲学家,邓州南阳(今属河南)人,世称韩昌黎。在哲学上维护儒家之"道统",思想上尊儒排佛,在文学上力反六朝以来的淫靡文风,提倡散体,倡导古文运动。其代表作有《原道》、《原毁》、《师说》、《南山》等。有《韩昌黎集》行世。

柳宗元。——典出《旧唐书》、《新唐书》等资料。柳宗元(公元773—819年),字子厚,河东(今山西永济)人。贞元九年(公元793年)进士,中博学宏词科,任监察御史,与刘禹锡等同属王叔文革新集团。在提倡政治革新失败之后,被贬为永州司马,后迁柳州刺史,是古文运动的主将,与韩愈齐名,并称为"韩柳"。他是唐代杰出的文学家、哲学家,在其政治思想上,表现了其进步的历史观。

孔二先,亦即"孔子"。——典出《史记》等资料。孔子(公元前551—前479年),因在家排行第二,故而毛泽东戏称其为孔二先生。又因为诗中字数所限,故而省称为"孔二先"。他是我国春秋末期杰出的大思想家、大教育家。字仲尼,是鲁国陬邑(今山东曲阜)人,其先世为宋国贵族。初为委吏和乘田等职,后周游列国,聚徒讲学,曾任鲁国司寇,同时摄行相事。有弟子3000,身通六艺者72人。他的主要言行由其弟子记录下来,编成《论语》一书。他删节史书,曾改订鲁国史官所编《春秋》。他是儒家的创始者。

用典探妙:

毛泽东的这一首五言诗通俗易懂、明白如话。对于毛泽东当时所提倡的"批林批孔"运动,以及"王张江姚"反革命集团利用这一运动兴风作浪的历史已经过去30年了。诗的内容一看便知,不必陈述。对于诗中的用典,却并未引起人们的足够重视。

这一首短诗在用典上的最大特点是:在写作上以人名典故兼及该人名的故实,以代指其人名的政治学说中的某一方面,从而使诗的表意有简练、透彻又不泛幽默之妙。

韩愈的学说涉及到学术领域中的方方面面,孔夫子的学说涉及到学术领域中的不少方面，柳宗元的学说亦涉及到学术领域中的不少方面。但据毛泽东此诗的创作背景，显然是指韩愈、孔夫子和柳宗元在对待社会的变革方面。韩愈"尊儒"；孔夫子对于当时的社会变革是极为不满，他总是想恢复西周社会诸侯分封的所谓盛世；而柳宗元则是认为郡县制优于诸侯分封制。毛泽东在浩如烟海的史料中，理出韩愈、孔子与柳宗元各自的学术观点和政治态度，并将其名姓嵌入诗中，显然是借助他们三人的不同学术观点和政治观点的对比，以批判郭沫若的所谓"尊儒反法"的倾向。

87.有感赋诗呈郭老 晚年推重秦始皇
——毛泽东在《七津·读〈封建论〉，呈郭老》中所用典故探妙

用典缘起：

"1973年，毛泽东几乎是连珠炮似的向中国人、外国人宣告他批孔扬秦的观点。……8月5日，毛泽东给江青念了自己刚写就的后来题为《读〈封建论〉呈郭老》一诗：'劝君少骂秦始皇，焚坑事业要商量。祖龙魂死秦犹在，孔学名高实秕糠。百代都行秦政法，十批不是好文章。熟读唐人封建论，莫从子厚返文王'"（陈晋：《毛泽东之魂》，吉林人民出版社1993年版，第280—281页。又据吴正裕主编的《毛泽东诗词全编鉴赏》，中央文献出版社2003年版，第660页）。在这首诗中用了下列典故。

典故内容：

秦始皇。——典出《史记》等资料。秦始皇（公元前259—前210年），即"嬴政"，秦王朝的建立者、政治家，秦庄襄王之子，公元前246至前210年在位。在其亲政之后，平定叛乱，免吕不韦之职，尔后兼并六国，一统全国。废分封制，实行郡县制；颁发"使黔首自实田"令，按占田数纳税；统一法律、度量衡、货币与文字；修建驰道，以加强交通；北击匈奴、修长城；南定百越守五岭……禁止儒生评论时政，下令销毁民间兵器，焚烧各国史书与民间所藏经典及诸子书籍，坑死儒生460多人。在秦始皇的统治下，老百姓苦不堪言。秦始皇死后不久，即有陈胜、吴广的农民大起义。

焚坑事业，即"焚书坑儒"、"燔书坑儒"、"焚书坑"、"秦坑"、"秦焚"。——典出《史记·秦始皇本纪》等资料。公元前213年，秦始皇用李斯之建议，下令除秦记、医药、农事等书外，将民间所藏之《诗》、《书》及百家书等诸多典籍，尽焚烧之；次年，又命御史案问诸生"为妖言以乱黔首"状，于咸阳坑杀儒生达460余人。汉人孔安国《尚书序》："及秦始皇灭先代典籍，焚书坑儒，天下学士，逃难解散，我先人用藏其家书于屋檐。"又见，《陈书·儒林传序》："秦始皇焚书坑儒，六学（即《诗》、《书》、《易》、《礼》、《乐》、《春秋》）自此缺矣。"又见，唐人贾

至《旌儒庙颂》："窃善攘誉，师心徇惑，焚书坑儒，万古凄恻。"又见，《汉书·地理志下》："并六国，称皇帝，负力怙威，燔书坑儒，自任私智。"又见，唐人章碣《焚书坑》："坑灰未冷山东乱，刘项原来不读书。"又见，唐人李商隐《赠送前刘五经映三十四韵》："屋壁余无几，焚坑逮可伤。"又见，清人丘逢甲《日蚀诗》："直教天变不足畏，流祸且恐过焚坑。"又见，清人顾炎武《子德李子闻余在难将赴燕中告急作诗赠之》："喜犹存卜璞，幸不蹈秦坑。"又见，清人赵翼《题棕亭见和长篇后即赠》："岂无郢唱能飞雪，未到秦焚已化烟。"

祖龙魂死秦犹在。祖龙，亦即"秦始皇"。——典出《史记·秦始皇本纪》：三十五年坑儒，三十六年……秋，使者从关东夜过华阴平舒道，有人持璧遮使者曰："为吾遗滈池君。"因言曰："今年祖龙死。"使问其故，因忽不见，置其璧去，使者奉璧以闻。始皇……使御府视璧乃二十八年行渡江所沈璧也。次年，"始皇崩于沙丘。"南朝宋人裴骃《集解》引《苏林》曰："祖，始也；龙，人君象。谓始皇也。"这里所说的是一个近似神话的故事：言公元211年，滈池君（水神）变化为人，拿着秦始皇沉江之璧交与秦国的使者，并告之祖龙（秦始皇）将死。第二年，秦始皇果然死于沙丘平台（即今河北广宗西北大平台）。晋人潘岳《西征赋》："忆江使之反璧，告亡期于祖龙。"又见，唐人李白《古风·郑客西入关》："璧遗滈池君，明年祖龙死。"这里的"祖龙"，成了秦始皇的代称。又见，唐人温庭筠《湖阴词》诗中有云："祖龙黄须珊瑚鞭，铁骢金面青连钱。"这里的"祖龙"，借代开国之君。

孔学名高实秕糠。孔学。孔，即"孔子"。——典出同上一篇。孔学即孔夫子创立的儒家学说。秕糠，亦即"糠秕"。"穅秕"。——典出《庄子·逍遥游》："是其尘垢秕糠，将犹陶尧、舜者也。"又见，北朝北周人颜之推《颜氏家训·省事》："守门诣阙，献书言计，率多空薄，高自矜夸，无经略之大体，咸秕糠之微事。十条之中，一不足采。"又见，唐人杜佑《杜城郊居王处士凿山引泉记》："栖迟衡茅，秕糠爵禄。"又见，《晋书·孙绰传》："绰性通率，好讥调。尝与习凿齿共行，绰在前，顾谓凿齿曰：'沙之汰之，瓦石在后。'凿齿曰：'簸之飏之，糠秕在前。'"又见，南朝宋人刘义庆《世说新语·排调》："王文度（即王坦之）、范荣期（即范启）俱为简文所要。范年大而位小，王年小而位大。将前，更相推在前，既移久，王遂在范后。王因谓曰：'簸之扬之，糠秕在前。'范曰：'洮之汰之，沙砾在后。'"

百代都行秦政法。——典出唐人柳宗元《封建论》："秦制之得，亦以明矣。继汉而帝者，虽百代可知也……"

莫从子厚返文王。子厚，即"柳宗元"——典出同上一篇。《封建论》，是柳宗元的著作。在这一篇文章中，他认为郡县制是历史发展之必然。他反对世袭特权、反对藩镇割据、强调维护国家统一。文王。——典出《史记》等资料。文王即周文王姬昌，其生卒年不详，周的国王、政治家。季历子，商纣时为西伯，亦称伯昌，曾被纣王囚于羑里。他在位50年，分封诸侯始于周王朝。

用典探妙：

对于这一首诗，毛泽东研究专家陈晋在引出这一首诗的前面，写下了一段令人值得品味的话。这一段话对于人们理解毛泽东这一首诗的诗意和用典之妙大有帮助，今录于后。陈晋在其《毛泽东之魂》的第280页这样写道："孔夫子和秦始皇，这两位老去千年的一'文'一'武'，在20世纪70年代的中国政治生活中，竟成了风云交错的气象坐标，扮演了如此对立的角色。于是，批林，必须连带批孔；更要肯定秦始皇为代表的法家。"

毛泽东在这一首诗里，其用典也是十分精妙的，主要是运用典故的代指之妙。具体表现在下列方面：

一是人名典故的互代之妙。

如秦始皇与祖龙，虽说讲的都是秦始皇一人，但能使诗意纯厚且能给人不重复之感。

二是某些词语的指代、暗含典事之妙。

"秦犹在"、"秦政法"都有指代与暗含"郡县制"之意，从而为批判"儒学"、"《十批》"（即《古代研究的自我批判》、《孔墨的批判》、《儒家八派的批判》、《稷下黄老学派的批判》、《庄子批判》、《荀子批判》、《名辩思潮的批判》、《前期法家的批判》、《韩非子的批判》、《吕不韦与秦王政的批判》）立论，并与"孔学名高实秕糠"、"《十批》不是好文章"形成强烈的对比之妙，使自己的观点特显明确。

三是以人名典故"子厚"指代《封建论》中赞颂郡县制这一典事，以文王指代"分封制"这一典事，从而使诗句表意有精练、幽默之妙。

就"莫从子厚返文王"一句而言，句中的"子厚"与"文王"，已经不是一个一般的人名典故，他们各自成了一个时代政治主张的象征，因而在这一句诗作为全诗的结尾，其用典实有画龙点睛与不乏幽默谐谑之妙！

总而言之，毛泽东在这一首诗中，通过对典故的指代妙用，将其赞成秦始皇、不赞成孔子的当时的学术观点作了淋漓尽致的表述。

88. 身修而后可齐家　家齐而后能治国
——毛泽东在《对邹培春联》中所用典故探妙

用典缘起：

时年8岁的毛泽东待私塾先生邹培春离开教室之机，带领同学们在水塘中游泳。邹先生发现后以对"对子"处罚之。邹先生出"濯足"，毛泽东对之以"修身"（李锐：《毛泽东早年读书生活》，辽宁人民出版社1992年版，第175页）。在这副楹联中用了下

列典故（含出联者所用之典）。

典故内容：

濯足。——典出《孟子·离娄上》："清斯濯缨，浊斯濯足矣。"又见，《楚辞·渔父》："沧浪之水清兮，可以濯吾缨；沧浪之水浊兮，可以濯吾足。"又见，唐人李颀《东京寄万楚》："濯足岂长住，一樽聊可依。"又见，明人冯梦龙《警世通言》卷6："朵朵峰峦拥翠华，倚云楼阁是傍家。凭栏尽日无人语，濯足寒泉数落花。""濯足"还隐含有归隐之意。

修身。——典出《礼记·大学》："欲齐其家者，先修其身。……身修而后齐家，家齐而后国治，国治而后天下平。"又见，元人无名氏《九世同居》第1折："父亲，有甚修身齐家的事，训教你儿者。"

用典探妙：

这一副应对式对联之妙，表现在如下三个方面。

首先是，先生出对用典，学生答对亦用典。此联之妙，就妙在以典故对典故。

其次是，对联的一般要求是最好能够平仄相对，而这一副对联正好有平仄相协之妙。

其三是，上下联虽说都是两个字，但却是两个典，典中所含内容都是十分丰富的，因而这一副对联有内蕴丰赡之妙。

89.借典评典成联妙　"禅让"原来是"逼宫"
——毛泽东在《评点"'集解'段落"联》中所用典故探妙

用典缘起：

毛泽东在读《三国志集解·魏文帝本纪》中的段时，以联为批，其批语联是："尧幽囚；舜野死"（中共中央文献研究室编：《毛泽东读文史古籍批语集》，中央文献出版社1993年版，第140页）。在这副楹联中用了下列典故。

典故内容：（毛泽东所批的这一段话"司马懿劝进"本身也是一个典故，为使读者了解用典之妙，故而一并列出该典）：

司马懿等人劝进。——典出清人卢弼《三国志集解·魏文帝本纪》："督军御史中丞司马懿，侍御史郑浑、羊秘、鲍勋、武周等言：'夫大人者，先天而天弗违，后天而奉天时，天时已至，而犹谦让者，舜、禹所不为也。故生民蒙救济之惠，群类受育长之施。今八方颙颙，大小注望，皇天乃眷，神人同谋。十分之九以委质，义过周文，所谓过恭也。'"

尧幽囚，舜野死。——典出唐人李白《远别离》："或云尧幽囚，舜野死。"

用典探妙：

这一副对联是毛泽东读史时的截诗句为联，用以对于这一段史实所发出的一种感慨。这样一种感慨的表达方式实在精断。从毛泽东妙用典故的角度来看，有如下妙处。

一有借典评典成联之妙。

何谓借典评典成联？因为，从这一段史事来看，可以概括成"司马懿等劝进"一典；从语典与事典的角度来看，李白诗句可谓语典事典具兼，同样是一妙典；从"尧幽囚，舜野死"话语的构成情况来看，它本身又是一副极妙的对联。这样借典评典成联，有言简意赅之妙。

二有内蕴深邃、说理透彻之妙。

所谓内蕴深邃、说理透彻之妙，在这里，就是说，毛泽东用"尧幽囚，舜野死"一典，极具针对性地将这种虚伪的把戏撕个粉碎。

魏文帝手下的一批官僚们，为了他们各自的利益，一方面逼汉献帝快快地下台，另一方面迎合着曹丕急于想当皇帝的心理劝进。他们搬出了所谓尧禅让于舜，舜禅让于禹的典实为理论根据。这是何等的虚伪狡猾。尧、舜在他们衰年时的首脑宝座的处理情况，一说是禅让；一说是被囚、被流放。毛泽东均取后一说，并借李白诗说出，其所批之内蕴是何等的丰富，其说理之透，可谓有不言自明之妙。毛泽东的"尧幽囚，舜野死"的点评是有根据的，"因为在西晋太康二年（公元281年），有人盗发魏襄王墓，所获竹简中有'纪年'13篇，记载从尧舜到战国的史事，与传统说法大有出入。'纪年'中说：'夏族的尧本想把王位传给儿子丹朱，但是夷族的舜起而反对。通过一场政变，舜囚尧而杀丹朱。这些记事后来被称之为《竹书纪年》，时间在儒家经典之前，其真实性显然高于儒家经典，……"（史式：《尧舜禅让是真是假》，《团结报》2003年11月1日）。儒家学者鉴于战国时期各国为争王位而编造的尧舜禅让的故事，收效甚微，相反，而是为历代野心家所利用，他们借禅让以篡权。毛泽东的"尧幽囚，舜野死"的评点，可谓是一针见血、入木三分的揭露与批判。

90 "循序渐进"必有成 "水滴石穿"志坚韧
——毛泽东在《赠妹联》中所用典故探妙

用典缘起：

毛泽东在青年时代曾撰写了一副对联赠其妹毛泽建。其联云："绳锯木断；水滴石穿"（李姿臻：《指点江山 激扬文字——毛泽东联语浅析》，《南都学坛》1991年第2期，第30页）。在这副楹联中用了下列典故。

445

典故内容：

绳锯木断，水滴石穿。——典出宋人罗大经《鹤林玉露·一钱斩吏》卷10："乖崖援笔判曰：'一日一钱，千日一千，绳锯木断，水滴石穿。'"又见，《汉书·枚乘传》："泰山之溜穿石，单极之绠断干，水非石之钻，索非木之锯，渐靡使之然。"又见，后汉人孔臧《与子琳书》："人之进道，唯问其志，取必以渐，勤则得多。山涧至柔，石为之穿。"又见，南朝梁人刘勰《刘子·崇学》："水非石之钻，绳非木之锯，然而断穿者，积渐之所成也。"又见，宋人释惠洪《请殊公住云峰》："有竟于立事，而事之竟成……似水滴石，积之以日，而石自穿。"又见，明人朱之瑜《与奥村德辉书》："谚曰：'绳解木断，水滴石穿。'夫绳非木之锯，水非石之钻也，盖积渐使然耳。今足下年十八，政前圣志学之期，果能真积力久，岂虑有不断之木，不穿之石哉？"唐人周昙《咏史诗·晋门吴隐之》："徒言滴水能穿石，其那坚贞匪石心。"又见，元人胡助《诚铭》："积实之久，表里如一；滴水涓涓，可使石穿。"

用典探妙：

毛泽东的这一副对联，是教导其妹毛泽建该如何读书的。整副对联是由两条典故性质的成语构成，其妙处在于：

首先是，联语的比喻象征意义有简明易懂之妙。以绳子去锯断木头、以柔弱而又微不足道的滴水去滴穿石头，这种比喻象征成功者意志的坚忍不拔和品格的顽强不屈是何等的形象生动。用这样的精神去对待学习与事业，哪有不成功之理！

其次是，联语有反用出新之妙。这一副联语是一副摘句联，它在原句中是讲"一日一钱，千日一千"积少而成多、所贪必巨。而所摘之句则是一反原句之语意，是言工作讲学习的。这就又是一番意思了。

其三是，联语所叙写的是人们生活中的自然现象，有易记易懂、内蕴丰赡、富于哲理性与科学性之妙。

91.摘句成联鼓士气　"而今迈步从头越"
——毛泽东在《题军旗联》中所用典故探妙

用典缘起：

为了反抗蒋介石国民党反动派的大屠杀，在毛泽东与卢德铭的率领下，于1927年9月9日，在湘赣边界组织爆发了秋收起义。毛泽东在军旗上题写的联语是："旗开得胜；马到成功"（唐意诚：《毛泽东写的军旗对联》，《对联》1988年第4期，第9页）。在这副楹联中用了下列典故。

典故内容：

旗开得胜，马到成功。"旗开得胜"亦即"旗开取胜"、"弓开得胜"。——典出元人关汉卿《齐夫人庆赏五侯宴》楔子："俺父亲手下兵多将广，有五百义儿家将，人人奋勇，个个英雄，端的是旗开得胜，马到成功。"又见，元人李文蔚《蒋神灵应》第2折："显威灵神兵扶助，施谋略旗开得胜。"又见，明人无名氏《聚兽头》第1折："临阵曾经恶战场，两军挑战取英昂，旗开取胜敌兵怕，英雄敢战铁衣郎。"又见，明人诸圣邻《大唐秦王词话》卷3："且说马三保、段志玄旗开取胜，马到成功，收军回营参见，秦王大喜。"又见，清人钱彩《说岳全传》第80回："虎旅桓桓士气盈，旗开取胜虏尘清。"马到成功。——典出元人郑光祖《程咬金斧劈老君堂》楔子："准备着马到成功定太平，统领雄兵远去征。"又见，元人郑廷玉《楚昭公》中有云："管取马到成功，奏凯回来也。"又见，元人张国宾《薛仁贵荣归故里》楔子："凭着您孩儿学成武艺，智勇双全，若在两阵之间，怕不马到成功。"

用典探妙：

"旗开得胜，马到成功"一语，是两句典故性质的成语，这两句典故性质的成语，在不少论著中都是连用的，几乎成了人们的口头语了，因而具有通俗易懂、易记易背之妙。

这是一副典故性质的成语联语，正因为其是成语，大多数人已经不大注意其典故性及其出处。但是一旦"追"及其诸多典故性出处，除上面的出处之外；还有如"今本朝有一名将官，姓岳名飞，见今统领大军，要收复河北之地，近日边上报来，道是个旗开得胜，马到成功"（明人无名氏《精忠记·临湖》），等等。联系古义、想及新义，则这一副摘句联的意蕴丰厚，语意出新之妙及教育意义之大便不言自明。

92."学者仰之如泰山" 世人崇之为楷模
——毛泽东在《挽蔡元培联》中所用典故探妙

用典缘起：

1940年3月5日，蔡元培先生在香港逝世，毛泽东为其写的挽联是："学界泰斗；人世楷模"（汪少琳、吴直雄：《中国楹联鉴赏辞典》，百花洲文艺出版社1991年版，第414页）。在这副楹联中用了下列典故。

典故内容：

学界泰斗。"泰斗"即"泰山北斗"、"北斗泰山"、"山斗"、"斗山"、"北斗"。——典出《新唐书·韩愈传赞》："唐兴，韩以六经之文，为诸儒倡，自愈没，其言大行，学者仰之如泰山，北斗云。"又见，宋人楼钥《恭题汪迭所藏高宗宸翰》：

"至今学者尊敬，真有泰山北斗之望。"又见，宋人吕颐浩《与范正兴书》："顷在陕右有轴，因兵火失之'今再获见，如拨云雾而睹泰山北斗也。'"又见，辛弃疾《水龙吟·甲辰岁寿韩南涧尚书》："况有文章山斗，对桐阴、满庭清昼。"又见，清人恽敬《答姚秋农书》："五史梦中题孔子庙棂星门柱联有'泰山北斗，景星庆云'之语，敬意如此者，士之望、人之瑞，一代不过数人。"又见，金人元好问《玉峰魏丈哀挽》："只缘大事存遗蒉，重为斯文惜主盟。北斗泰山初未减，秋霜烈日凛如生。"又见，清人李宝嘉《官场现形记》第27回："然而杭州人总靠他为泰斗，有了事不能不告诉他；其实他除掉要钱之外，其余之事是一概不肯管的。"又见，李宝嘉《文明小史》第23回："学生是仰慕大帅的贤声，如同泰斗，出于心悦诚服的。"又见，宋陆游《东斋杂书》："学者学圣人，斯须不容苟。百年乐箪瓢，千载仰山斗。"又见，清人赵翼《故吏部尚书汪文端公》："吾师松泉公，一代斗山仰。"又见，元人胡炳文《水调歌头·为杨志行寿》："吾道以为元气，学者仰如北斗，聊复振儒台。来岁紫微阁，阊阖看天开。"

人世楷模。——典出《礼记·儒行》："今世行之，后世以为楷。"又见，《后汉书·卢植传》："故北中郎将卢植，名著海内，学为儒宗，士之楷模，国之桢干。"又见，《后汉书·党锢列传序》："天下楷模李元礼，不畏强御陈仲举，天下俊秀王叔茂。"又见，晋人左思《咏史八首》："巢林栖一枝，可为达士模。"又见，梁朝简文帝《与湘东王书》中有："斯实文章之冠冕，述作之楷模。"

用典探妙：

这一副联语之妙，就妙在纳诸多典故的语词与典意成联，在联语的构建上，有对典故语词的删削和典意的承传之妙；在联语的立意上，分别从学术和人格两个方面对蔡元培一生的巨大贡献作了高度的概括，有联短而精深内蕴异常丰富之妙。

93.群芳斗艳姿各异 跳出窠臼赋新篇
——毛泽东在《题中国戏曲研究院成立联》中所用典故探妙

用典缘起：

1951年4月3日，中国戏曲研究院成立，毛泽东为该院的题词。人们亦视其为一副绝妙的联语："百花齐放；推陈出新"（李默主编：《新中国大博览》，广东旅游出版社1995年10月版，第55页）。在这副楹联中用了下列典故。

典故内容：

百花齐放。——典出清人褚人获《隋唐演义》第28回："陛下要不寂寞，有何难哉！妾等今夜虔祷天宫，管取明朝百花齐放。"

推陈出新，亦作"翻陈出新"、"出陈易新"、"刊陈出新"。——典出《淮南子·天文训》："姑洗者，陈去而新来也。"又见，宋人费衮《梁溪漫志·张文潜粥记》："吴子野劝食白粥，云能推陈致新，利膈养胃。"又见，清人毛奇龄《〈丹井山房诗集〉序》："且推陈出新，若惟恐尘言之殢其笔者。"又见，清人方薰《山静居诗话》："诗固病在窠臼，然须知推陈出新，不至流入下劣。"又见，清人张云璈《米谷》："仓储所积谷，本为不虞设。有敛必有散，取盈不取缺。推陈而出新，其理自可彻。"又见，清人林则徐《酌筹平粜量抚极贫片》："向因久贮在仓，恐致霉烂，故有推陈易新，存七出三之例。"又见，清人袁枚《随园诗话》卷4之4："题古迹能翻新出陈最妙。……凡事不能无弊，学诗亦然……人能取诸家之精华，而吐其糟粕，则诸弊尽捐……"。又见，宋人刘克庄《题跋·姚镕康县尉文稿》："右姚君杂著一卷……刊陈出新，变俗趋雅，斫华返质，……天下之名作也。"

用典探妙：

这是众所周知的两句成语，然而它是具有典故性质的成语。从上述典故的出处及其演变情况，我们可以看到：其本来的意思基本上都有就事论事的，毛泽东将其化而为联，其妙在于：

一是将"百花齐放"用以比喻整个社会与文艺界的繁荣，有将典故性成语引申、扩用之妙！

二是在"推陈出新"本意的基础上，有赋予其新意之妙。这就是说，我们对于前人的一切成果，都要继承创新地运用。

毛泽东的这一副联语式题词的本身，就是对典故性质的成语的活用，他为我们如何运用前人的成果树立了榜样。

94.论文论武称高手 恭谦灵活讲原则
——毛泽东在《赠邓小平联》中所用典故探妙

用典缘起：

1973年2月20日，邓小平同志返回了北京，恢复了党的组织生活和国务院第一副总理职务。12月15日，毛泽东在中共中央政治局会议上，正式建议邓小平参加中央军委工作并任总参谋长时，给邓小平送了两句话同时也是一副很好的联语。其联语是："柔中寓刚；绵里藏针。"（杜忠明：《毛泽东的对联艺术》，大连出版社1996年版，第76页）在这副楹联中用了下列典故。

典故内容：

柔中寓刚。——典出《老子·第36章》："天下之至柔，驰骋天下之至坚，无有

449

入于无间。"意为柔弱胜于刚强，这是老子的一个重要思想。又见，《后汉书·藏宫传》："《黄石公记》曰：'柔能制刚，弱能制强。'柔者德也，刚者贼也，弱者仁之助也，强者怨之归也。"唐人李贤注谓黄石公："即张良于下邳所见老父出一编书者。"又见，明人沈采《千金记·抱怨》："看起来这兵法不过是柔能制刚，弱能胜强，以逸待劳，能勇能怯之意。"

绵里藏针，亦即"针藏绵里"、"绵里针"、"绵中刺"、"绵里裹针"、"绵里裹铁"、"纯绵裹针"。——典出清人西周生《醒世姻缘传》15回："当日说知心，绵里藏针。险过远水与遥岑。何事腹中方寸地，把刀戟，摆森森？"又见，清人玩花主人《缀白裘·一棒雪·搜杯》："针藏绵里笔中刀，末世人情难料！"又见，元人石君宝《曲江池》第2折："笑里刀剐皮割肉，绵里针剔髓挑筋。"又见，《金瓶梅词话》第20回："这西门庆听见他会说话儿，聪明乖觉，越发满心欢喜……谁知这小伙儿绵里之针，肉里之刺，常向绣帘窥宝玉，每从绮阁窃韩香。"又见，元人王实甫《西厢记》第3本第4折："得了个纸条儿，恁般绵里针，若见玉天仙怎生软厮禁？"又见，元人秦简夫《东堂老劝破家子弟》第1折："那里面藏圈套，都是些绵中刺，笔中刀。"又见，清人杨伦《杜诗镜铨·前出塞九首（其九）》注："从军十余年，能无分寸功？隐见得不偿失，借军士口中逗出，总是绵里裹针之法。"又见，清人蓝瑛等《图绘宝鉴续纂·僧石溪》："画奇创，字有绵里裹铁意，律诗清古。"又见，清人沈德潜《说诗晬语》上："歌行转韵者，可以杂入律句，借转韵以运动之，纯绵裹针，软中自有力也。"又见，清人盛大十一《溪山卧游录》："故必于平中求奇，纯绵裹铁，虚实相生。"

用典探妙：

这是毛泽东用来称赞邓小平同志的一副联语。联语之妙就妙在变用典故出新意，并能使联语完全能够切合所称赞的邓小平同志的实际。

所谓变用典故之妙，是指变用典故字数与典意之妙。毛泽东将"柔胜刚"、"柔能制刚"化而为"柔中寓刚"，这与上述两个典故相比，虽说保留了某些相同的字词的部分意思，但还是与原来的典意大有区别，这里的"柔"变成了和气与灵活性，"刚"变成了办事的原则性了；毛泽东将"绵里针"、"绵里藏针"等化入联语，取"绵里针"、"绵里藏针"等的柔中寓刚之意，使下联与上联互为补充，强调邓小平办事的原则性。这是何等的精妙啊！

因为"柔中寓刚；绵里藏针"来源于典故"柔胜刚"、"柔能制刚"、"绵里针"、"绵里藏针"等成语形式典故之典意成联，而这些典故语虽说典意相似，但有的含有某种贬意，故而，毛泽东唯恐人们误解其意，对这一副联语还作了进一步的说明："……毛泽东对大家说：'我请了一位军师，出任总参谋长。他办事比较果断，也是你们的老上司，他叫邓小平。'并当着大家的面对邓小平说：'我送你两句话，叫做"柔中寓刚；绵里藏针"。外面和气一点，内部是钢铁公司'"（唐意诚：《毛泽东赠联邓小平周小舟》，《对联》1990年第1期，第16页）。毛泽东的这一段说明，无疑是对"柔中寓刚；绵里藏针"的绝妙注脚。

95.幸福如波涛奔腾 寿命似南山久长
——毛泽东在《贺斯大林寿联》中所用典故探妙

用典缘起：

1949年12月21日是斯大林70寿辰，毛泽东为他写的寿联是："福如东海；寿比南山"（巫祖才：《毛泽东制联的对立统一思想》，《对联》1994年第1期，第16页）。在这副楹联中用了下列典故。

典故内容：

福如东海，寿比南山。"福如东海"亦即"福如海渊"。——典出《敦煌变文集·长兴四年中兴殿应圣节讲经文》："寿等松椿宜闰益，福如东海要添陪。"又见，明人沈受先《三合记·合欢》："愿冯君福如海渊，愿冯君寿比泰山。"又见，明人柯丹邱《荆钗记·庆诞》："齐祝赞，愿福如东海，寿比南山。" 寿比南山，亦即"南山之寿"、"寿如南山"、"南山寿"、"南山"。——典出《诗经·小雅·天保》："如月之恒，如日之升，如南山之寿，不骞不崩。"又见，《三国志·王朗传》："（上疏）若常令少小之缊袍，不至于甚厚，则必咸保金石之性，而比寿于南山矣。"又见，《南史·齐豫章王嶷传》："嶷谓上曰：'古来言愿陛下寿比南山，或称万岁，此殆近貌言。如臣所怀，实愿陛下极寿百年亦足矣。'"又见，宋人李昉《太平广记·庾杲之》引《谈薮》："齐武帝尝谓群臣曰：'我后当何谥？'莫有对者。王俭因目庾杲之对。杲之对曰：'陛下寿比南山，与日月齐明；千载之后，岂是臣子轻所度量。'时人称其辩答。"又见，三国魏人曹操《陌上桑》诗："景未移，行数千，寿如南山不忘愆。" 南朝齐人王融《三月三日曲水诗序》："上陈景福之赐，下献南山之寿。"又见，唐人魏元忠《银潢宫侍宴应制》："愿奉南山寿，千秋长若斯。"又见，宋人梅尧臣《十二月十二日喜雪》诗："宫中才人承圣颜，捧觞称寿呼南山，三公免责百姓喜，斗酒十斤谁复悭。"

用典探妙：

（一）选典之妙。

毛泽东所写的这一副对联，不是一般的对联，它是一副赠送苏联最高元首斯大林的寿辰联。怎么样写和写什么好，这是毛泽东必须首先考虑的一大问题。富于中华特色的东西同时也就是在世界上最为璀璨东西，对联就是中华文化和世界文化中独一无二的艺

术珍贵品，在对联中最为传统、最富有民族特色的又算是寿辰联，而在寿辰联中最为典型一副当是"福如东海；寿比南山"的这一副了。毛泽东为斯大林所书写的这一副寿辰联，除了毛泽东的书法之妙外，就在于其用最能表达中国人民祝愿斯大林同志多福多寿的联语的取选之妙。

斯大林功高、寿长，年逢70又正逢做寿，毛泽东赠送此联，有切人、切事、切景之妙。

（二）用典寓意深刻之妙。

"福如东海，寿比南山"这一副对联，均有形象生动、寓意深刻之妙。以东海之大、之浩瀚无比，喻人生福之多多，这是够形象生动的了。而"寿比南山"一语，则更为形象生动、寓意丰赡。据陈平原《"寿比南山"的"南山"在哪里？》一文载："据考证南山指的是山东省益都县的云门山，因在城南，故亦称'南山'。山上有一大红的'寿'字赫然镌刻在顶峰的崖壁上。字首直指云端，字脚似踏壁底。此'寿'字出于明嘉靖年间衡王府管家周全的手笔。"字的笔锋似龙飞天门，形如虎跃凤阁，赠送这样的寿联给斯大林，则中国人民的祝愿之意，尽在其中矣！

事实也是如此。这一副对联在苏联曾引起了观众的无比兴奋的围观。人们在啧啧称赞的同时，忙着抄写、拍照和合影留念……（郭思敏、华一民：《我眼中的毛泽东》）

对于这样一副中华民族传统的祝寿联语，毛泽东早在1928年的井冈山时期，就曾妙用其独特的表情达意功能。今录之以作参读，也许能让我们对于毛泽东赠斯大林联语有其更深刻的领会：1928年1月23日，毛泽东为井冈山革命根据地的王佐副团长的母亲所写的寿联是："寿比罗霄不老松；福如龙潭上流水"。（钟恒：《井冈山斗争时期的红色文化》，《党史文》2006年第11期第45页）联语以井冈山地处罗霄山脉的"罗霄"置换"南山"，以井冈山的小"龙潭"置换"东海"，这都是当地老百姓所十分熟悉的地方，使人读后可感可亲、魅力无穷！

96. "天下可马上得之" 然 "不可马上治之"
——毛泽东在《送许世友联》中所用典故探妙

用典缘起：

许世友是毛泽东的爱将。毛泽东曾赠送许世友的联语是："随陆缺武；绛灌少文"（张世安：《毛泽东名联趣话》，山东人民出版社1994年版，第75页）。在这副楹联中用了下列典故。

典故内容：

随陆缺武，绛灌少文。"随"即"随何"。——典出《汉书》等资料。"随何"，生卒年不详，是汉初善辩之士，劝说淮南王英布归汉有功，任护军中尉。 "陆"即"陆贾"。——典出《汉书》等资料。"陆贾"，生卒年不详，是汉初的政论家与辞赋家。楚（今江苏徐州）人，曾说服南越王赵佗臣服于汉。力倡儒家之学的同时，不忘辅之以老庄的"无为而治"的思想。著有《新语》等。"天下可马上得之，不可马上治之"的名言，就是他曾向刘邦提出的著名论调。此语揭示了一个治世的深刻哲理，为加深理解这一副联语，资录原文，以共品味之。陆贾"时时前说称《诗》《书》。高帝骂之曰：'乃公居马上得之，安事《诗》《书》。'贾曰：'马上得之，宁可以马上治之乎？汤、武逆取而以顺守之，文武并用，长久之术也'"（新刊《新语·序》）。"绛"即"周勃"。——典出《汉书》等资料。周勃（？—前169年），汉初名臣，从刘邦起兵，以军功而封绛侯，后在平叛中屡有功劳，任右丞相。"灌"即"灌婴"。——典出《汉书》等资料。灌婴（？—前176年），从刘邦转战各地，因军功而封颖阴侯，后曾任丞相。

随陆缺武，绛灌少文。——典出《晋书·刘文海载记》："常鄙随、陆无武，绛、灌无文。"又见，孙中山《挽黄兴联》："常恨随陆无武，绛灌无文，纵九等论交到古人，此才不易；试问夷惠谁贤，彭殇谁寿？只十载同盟有今日，后死何堪？！" 清人赵翼《刘石庵相公……恭纪三律（其三）》："韦平有传难专美，绛灌无文敢媲功。"

453

用典探妙：

毛泽东的这一副联语，可以说是全用典故组成，要说其妙，也正是妙在此处。

首先是，有截用、点化《晋书》中词语和孙中山挽黄兴联语之妙。

毛泽东从《晋书》和孙中山联语中截出"随陆无武，绛灌无文"，并将"绛灌无文"点化为"少文"。我们知道，绛灌虽说是武将，但后来均为丞相，不可能无文，毛泽东将其说成少文，是符合实际情况的，足见毛泽东史识之深，也可见毛泽东用典制联之妙。

其次是，有极强针对性之妙。

许世友将军出身贫苦农民家庭，他在青少年时期是没有条件读书的，但他参加革命后，身为上将，担任着党的重要领导职务，当然，革命事业对他的文化要求就非同一般了。毛泽东以汉初四大名人的事迹、成就为典成联，对于勉励、鞭策许世友要进一步刻苦学习可谓恰到好处。

其三是，"随陆无武；绛灌少文"一联，联语本身，有强烈对比之妙。

通过对比，显现了文武得兼的重要性。对一个国家来说是这样，在常备不懈的同时，是不能不重视总体文化水平的提高的。对于一个人来说，能够文武兼备也是重要的。

97.如太阳刚刚升起 似弦月愈来愈满
——毛泽东在《贺张母寿联》中所用典故探妙

用典缘起：

1950年，张维的母亲80大寿，毛泽东为其母所送的贺寿联是："如日之升；如月之恒"（张世安：《毛泽东名联趣话》，山东人民出版社1994年版，第70页）。在这副楹联中用了下列典故。

典故内容：

如日之升，如月之恒。——典出《诗经·小雅·天保》："如月之恒，如日之升，如南山之寿，不骞不崩。如松柏之茂，无不尔或承。"

用典探妙：

毛泽东的这一副贺寿联完全是以一个语典成联，其妙在于：

一是选典之妙。

毛泽东所选用的这一个语典，自"如月之恒"始至"无不尔或承"止，都是讲的祝福、长寿之类的话。而"如月之恒，如日之升"正是其中的名句，这一名句可以引领下面四句话，则毛泽东的祝福、祝寿之意尽含其中。

二是倒序之妙。

毛泽东在运用 这一个语典之时，并没有完全照搬，而是将这两句倒序而用之，就有展示人生如日升、人老如月夜这样一种生命规律之妙。

三是寄意深刻之妙。

张维一家在黑暗的旧社会曾为中国革命作出过贡献。现在解放了，张母虽说年80，终于迎来了新社会，其生命有如初升的太阳、旺盛生机永保持，将焕发出新的光芒；其寿有如明月，永远久长！

98.李立三回乡革命 毛泽东喜迎贵客
——毛泽东在《出对李立三联》中所用典故探妙

用典缘起：

1921年11月中旬，李立三因在法国的革命行动而被遣送回国。回国后，党中央委派其回湖南从事工人运动。毛泽东在长沙见到李立三后，喜出望外地出一上联云："洞庭有归客"，李立三立即对之云："潇湘迎故人"（唐意诚：《毛泽东联话寓深情》，《对联》1986年第6期，第2页）。在这副楹联中用了下列典故。

典故内容：

洞庭有归客，潇湘迎故人。——典出南朝梁人柳恽《江南曲》："汀洲采白苹，日暖江南春。洞庭有归客，潇湘逢故人。故人何不返？春花复应晚。不道新知乐，只言行路远。"

用典探妙：

毛泽东与李立三多年不见，他们相见时，以联句的方式表达他们之间的革命友谊的高兴的心情，特显高雅。这一副联语，在用典方面是颇有特色的。

首先是总体上的用典之妙。

这一副联语在用典上，从总体情况来说，有另辟蹊径、出句与对句均为用典且同用一诗中的语典之妙。这不须说明，只要一看典故的出处便知。

其次是跳出原典典意的出新之妙。

要知这一方面的妙处，且看柳恽的《江南曲》全诗："汀洲采白苹，日落江南春。洞庭有归客，潇湘逢故人。'故人何不返？春华复应晚。''不道新知乐，只言行路远。'"诗中讲的是久居洞庭的游子，在归途至潇湘时与故人相逢。游子问故人为何还不返乡，故人不言己有新欢之乐，只言归途之远。这样一问一答的小插曲，表现了游子的归心与故人的冷漠麻木。而毛泽东的"洞庭有归客"与李立三的"潇湘迎故人"，则是指李立三与毛泽东均是"故人"、是知己、是老战友，与毛泽东所指的"归客"李立三，他们这两位革命战友在久别重逢后借诗表达喜悦与友谊。特别是将"逢"字改为"迎"字，友情顿即凸显，这是他们高尚情操借吟对句的绝妙展现！

99.江河可移我胯下 蚂蚁炎然为波臣
——毛泽东在《赠周小舟联》中所用典故探妙

用典缘起：

约在1938年的一天，毛泽东吟赠一联送周小舟，其联云："江河移胯下；蚂蚁做波臣"。（刘汉民、舒欣：《毛泽东诗词对联书法集观》，长江文艺出版社1997年版，第316页）在这副楹联中用了下列典故。

典故内容：

胯下。——典出《史记·淮阴侯列传》："淮阴屠中少年，有侮信者，曰：'若虽长大，好带刀剑，中情怯耳。'众辱之曰：'信能死，刺我；不能死，出我胯下。'于是信熟视之，俯出胯下，蒲伏。一市人皆笑信，以为怯。"这就是人们常爱讲述的"胯下辱"的故事。又见，唐人韩偓《息兵》诗："暂时胯下何须耻，自有苍苍鉴赤诚。"又见，《晋书·刘乔传》："至人之道，用行舍藏，胯下之辱，犹宜附就，况于换代之嫌，纤介之蚌哉！"又见，宋人陆游《忆荆州旧游》诗："君不见将军昔忍胯下辱，京兆晚为人所怜。"又见，元人陈基《淮阴杂兴（其一）》："老来易感山阳笛，年少休轻胯下人。"又见，明人凌濛初《初刻拍案惊奇》卷8："胯下曾酬一饭金，谁知剧盗有深情。"又见，清人孔尚任《桃花扇·逮社》："看是何人坐头上，是当日胯下韩侯。"毛泽东联中的胯下，就是指"胯下"，并不带上述典意，但读后则会联想到这些典意。

波臣。——典出《庄子·外物》："我东海之波臣也，君岂有斗升之水而活我哉？"谓水族中的臣仆奴隶，后亦指被水淹死的人。又见，南朝齐人谢朓《辞随王子隆笺》中有："荣立府庭，恩加颜色。沐发晞阳，未测涯涘；抚膺论报，早誓肌骨。不悟沧溟未运，波臣自荡。"又见，清人汪中《哀盐船文》："亦有没者善游，操舟若神，死丧之神，从井有仁，旋入雷渊，并为波臣。"这里的"波臣"，当指淹死之人。又见，清人王士祯《跋边习诗集二则》："大水之后，藏书尽复波臣，独此集以高阁幸免。"这里的"波臣"当指水神。

用典探妙：

这是一副戏赠联语。戏赠联语，必然有其幽默调侃情趣之妙。毛泽东有时是喜欢开开玩笑的，有一天，他与周小舟一起在延河边上散步，有一个仅三四岁的小孩子在一旁小便，便吟了这样一副联语给周小舟。联语在其表层意思上将这小孩子"胯下"的尿流喻为"江河"，将被尿流冲动的蚂蚁说成"波臣"，这样描绘的情景、这样生动的比喻，不能不撩人神思顿开并大发一笑。

这一副联语，如果看其深层隐意，则更有其寓意深邃之妙。在这副联语用了两个典故，一为"胯下"，实则隐含了"胯下辱"之典意，告之以人生之哲理、人生之某一种策略——小不忍则乱大谋。二为"波臣"一典，古人设想水族中也有君、臣、奴隶之分，在今天的人们看来，这是一种幽默的情趣而已，而在毛泽东的联语中，似有直解为随波逐流之臣的意思。从毛泽东在当年对周小舟的高度评价来看，当是对周小舟在与国民党反动派的斗争中，有使"江河移胯下"的勇气、有使"蚂蚁做波臣"的策略的高度赞扬。

100.国乱必然思良将 家贫期盼有贤妻
——毛泽东在《赠陈云联》中所用典故探妙

用典缘起：

在1959年6月，正当国家经济处于困难时期，毛泽东吟赠了这样一副对联给陈云同志："国乱思良将；家贫念贤妻"（唐意诚：《毛泽东楹联辑注》，湖南省楹联编：

《今古对联》丛书之三1993年版，第48页）。在这副楹联中用了下列典故。

典故内容：

国乱思良将，家贫念贤妻。——典出《史记·魏世家》："先生尝教寡人曰：'家贫则思贤妻，国乱则思良相。'"又见，南北朝人鲍照《代出自蓟北门行》："时危见臣节，世乱识忠良。"又见，唐太宗李世民《赐萧瑀》："疾风知劲草，板荡识诚臣。"又见，清人周希陶《重订增广》（岳麓书社1989年版，第12页）"国乱思良相，家贫思贤妻。"

用典探妙：

毛泽东的这一副赠陈云联语，是《增广》中关于"国乱思良相，家贫念贤妻"诸多种字词稍异的说法中的一种。从上述出典的演化过程来看，是人们长期治国治家的深刻体会的总结，有其典意内涵十分丰富之妙。此其一。

陈云同志曾是从事经济工作的领导和专家。当国家在经济工作中出现严重困难时，毛泽东就会自然而然地想到陈云同志，同时也是他在列举了一大堆这样或那样的困难现象所发出的一番感慨后的总结性话语，因此这一副联语，从这样一种角度来说，有其极强的针对性之妙，同时也是毛泽东要启用陈云同志来主持经济工作的一种绝妙的表达方式。

457

101.赤胆忠心为救国 常恐祖生鞭先著
——毛泽东在《赠周世钊联》中所用典故探妙

用典缘起：

毛泽东与周世钊"互为第一诗友"。大约在1917年在湖南省立第一师范读书时，毛泽东曾赠诗周世钊。周世钊只回忆起其诗中的一联是："侯季多肝胆；刘卢自苦辛"（唐意诚：《毛泽东楹联辑注》，第30页）。在这副楹联中用了下列典故。

典故内容：

侯季多肝胆，刘卢自苦辛。"侯"即"侯嬴"。——典出《史记》等资料。侯嬴（？—前257年），魏国人，战国时信陵君（魏无忌）的门下食客。 "季"即"季布"。——典出《史记》等资料。季布，生卒年不详，楚人，汉初时为游侠。肝胆，亦即"肝胆相照"。——典出《史记·淮阴侯列传》："臣愿披腹心，输肝胆，效愚计。"又见，南宋人文天祥《与陈察院文龙书》："所恃知己肝胆相照，临书不惮倾倒。"又见，王恽《诸人酬咏既已，复和前韵》："平生肝胆向人尽，不是悲愁强自宽。" "刘"即"刘琨"。——典出《晋书》等资料。刘琨（公元271—318年），字越石，西晋将领、诗人，中山魏昌（今河北无极）人。"卢"即"卢谌"。——典出《晋

书》等资料。卢谌（公元288—329年），字子谅，范阳涿（今河北涿县）人，东晋将领。苦辛。——典出汉人无名氏《古诗十九首·今日良宴会》："无为守穷贱，轗轲长苦辛。"又见，魏人曹植《赠白马王彪》："苦辛何虑思？天命信可疑。"又见，唐人李颀《渔父歌》："白首何老人，蓑笠蔽其身。……而笑独醒者，临流多苦辛。"又见，唐人白居易《苦热》诗中有："朝客应烦倦，农夫更苦辛。"

用典探妙：

毛泽东的这一副联语，出自其赠周世钊诗，惜其诗难以找寻，但仅就此联，亦能窥见毛泽东与周世钊当年的友情及其救国之心。

这一副联语的用典颇具特色。

全联仅仅是短短十个字，人名典故达四个之多，有以人名典故隐事表意之妙。

所谓人名典故隐事表意，就是说，毛泽东因碍于诗的字数，不可能将所要用的人物的典型事件写入诗中，甚至人名的全称也不可能写入诗中，于是只有在诗中借点出人名之姓，以姓代名指事。一般来说，这是不可思议的事，但是，通过诗中所写入的其他内容，人们还是可以领会到毛泽东在其诗联中所写的人物是谁。

"侯季多肝胆"，通过"肝胆"一语，我们可以知晓毛泽东联中的"侯季"，当是指侯嬴与季布。侯嬴，这个大梁夷门的守门小吏，年70才被信陵君迎为上宾，在信陵君窃符救赵这一伟大的创举中，他深明大义，曾扮演过重要的角色，最后乃至献出了宝贵的生命，展现了一位忠肝义胆、肝胆相照的豪杰之士英雄形象；季布，这一位游侠，亦曾名重一时，时人曾给以"得黄金百斤，不如得季布一诺"的美誉，也是一位肝胆相照之士。毛泽东以"侯季多肝胆"一语，借人名典故隐事喻与周世钊之间那种肝胆相照的亲密友谊，可谓妙绝！

"刘卢自苦辛"，刘琨，为了国事，曾有"常恐祖生先吾着鞭"的豪壮之语。卢谌，曾事刘琨，且与刘琨有唱和之作。他们二位为国劳苦、壮志未酬、忧危悲愤，他们为国奋斗的苦辛精神，当为后世范。"苦辛"一语，当是对"刘卢"一生为了报国而自我奋斗精神的高度概括。毛泽东在给周世钊的诗联中用此一句，当有互相勉励、鞭策、共进之妙。

102.谁言"奸雄欺人"语 实乃冤枉大英雄
——毛泽东在《评"武帝纪"注文联》中所用典故探妙

用典缘起：

毛泽东在读了清末卢弼评说"武帝纪"的一段注文后，写了这样一副评点联语："魏帝营八极；蚁观一祢衡"（吴直雄：《楹联巨匠毛泽东》，广东人民出版社2003年版，第232页）。在这副楹联中用了下列典故。

典故内容：

魏帝营八极，蚁观一祢衡。——典出唐人李白《望鹦鹉洲悲祢衡》诗："魏帝营八极，蚁观一祢衡。黄祖斗筲人，杀之受恶名。吴江赋《鹦鹉》，落笔超群英。锵锵振金玉，句句欲飞鸣。鸷鹗啄孤凤，千春伤我情。五岳起方寸，隐然讵可平？才高竟何施，寡识冒天刑。至今芳洲上，兰蕙不忍生。"八极。——典出《荀子·解蔽》："明参日月，大满八极，夫是之谓大人。"又见，清人高其倬《蓟州新城》："此州实险要，世界方升平。长驱控八极，内地固所轻。"

用典探妙：

这是毛泽东的一副评点联，其联的创作是因卢弼在裴松之注《魏书·武帝纪》时的一段引文的批注而起。

毛泽东在看了卢弼的批注后，心有不平而挥笔，毛泽东因此而作的评点联，有借典评典成联、言简意赅表意之妙。

其所以言妙，且看如下情况：裴松之在注"武帝纪"时引了《魏武故事》中曹操关于《让县自明本志令》中的一些心里活动话语。卢弼读此，大为不满，指责这是奸雄之语、是志骄气盛、是言大而夸……对此，毛泽东挥笔题联云："魏帝营八极，蚁观一祢衡。"毛泽东的这一题联，有借花献佛之妙，而这种"借花献佛"之法，有李白对曹操的合理评说，更是毛泽东的一种观点的表述，这就有双重肯定最后否定之妙。借大诗人李白评曹操诗，毛泽东引而用之以再评曹操，对卢弼之批文以彻底的否定，无疑是十分有力的。

毛泽东对卢弼注文所批注的全文是："此篇注文，贴了魏武不少大字报，欲加之罪，何患无词。李太白云：'魏帝营八极，蚁观一祢衡。'此为近之"（张贻玖：《毛泽东读史》，中国友谊出版公司1992年版，第64页）。毛泽东在批注中用李白诗联为证，无疑是对卢弼"欲加曹操之罪"的有力批判。

103.进取新职志难伸 退隐林泉心不甘
——毛泽东在《评谢灵运联》中所用典故探妙

用典缘起：

毛泽东在读谢灵运《登池上楼》一诗之后，题联评之曰："进德智所拙；退耕力不任"（吴直雄：《楹联巨匠毛泽东》，广东人民出版社2003年版，第235页）。在这副楹联中用了下列典故。

典故内容：

进德智所拙，退耕力不任。——典出南朝宋人谢灵运《登池上楼》诗："潜虬媚幽姿，飞鸿响远音。薄霄愧云浮，栖川怍渊沉。进德智所拙，退耕力不任。徇禄反穷海，卧疴对空林。衾枕昧节候，褰开暂窥临。倾耳聆波澜，举目眺岖嵚。初景革绪风，新阳改旧阴。池塘生春草，园柳变鸣禽。祁祁伤豳歌，萋萋感楚吟。索居易永久，离群难处心。持操岂独古，无闷征在今。"

用典探妙：

毛泽东的这一副联语，从评点的角度来看，其特点是有抽诗人诗中之联评诗人之诗兼评诗人之妙。

所谓抽联评诗之妙，就是说，毛泽东的这一副评点联是从谢灵运的《登池上楼》诗中抽出来的。这一首《登池上楼》是一首尽表仕途失意、进退矛盾之心之作，而最为典型则是其中的"进德智所拙，退耕力不任"一联。毛泽东抽取这一联评说此诗特点，可谓有合榫对缝之妙。

所谓有抽联评诗人之妙，就是说，以此联评说谢灵运也有恰如其分之妙。谢灵运其人乃东晋名将谢玄之孙，袭封康乐公。刘裕代晋后降为康乐侯，同时遭权臣所忌，致陷于打击、排挤的漩涡中痛苦、矛盾而不能自拔。毛泽东的这一副评点联，有形象而生动地描绘和刻画谢灵运生命后期的这一种处境和心态之妙。

104. 是非曲直积数载 一联相赠暖三冬
——毛泽东在《赠陈毅联》中所用典故探妙

用典缘起：

自1943年以来，陈毅同志在新四军工作时，多次遭到饶漱石排挤、诬陷……直到1955年3月，党的全国代表会议通过了《关于高岗、饶漱石反党联盟的决议》，陈毅遭诬陷的真相大白。毛泽东给陈毅的赠联是："路遥知马力；事久见人心"（张世安：《毛泽东名联趣话》，山东人民出版社1994年版，第150页）。在这副楹联中用了下列典故。

典故内容：

路遥知马力，事久见人心，亦作"路遥知马力，日久见人心"。——典出宋人陈元靓《事林广记》卷9："路遥知马力，事久见人心。"又见，元人无名氏《争报恩》第1折："则愿得姐姐长命富贵，若有些好歹，我少不得报答姐姐之恩，可不道路遥知马力，日久见人心。"又见，《封神演义》第20回："臣暗使心腹，探听真实，方知昌是忠耿之人。正是所谓'路遥知马力，日久见人心。'"清人周希陶《重订增广》："路遥知马力，事久见人心。"又见，戏曲传统剧目《路遥知马力》。云：有一个叫马力的

460

人，进京投亲遇盗，为路遥这么一个人所救，并结拜为兄弟。路遥变卖家产助马力进京，马力在京有功而为官，后来路遥却因家遭火灾，一下子就一贫如洗，只好进京投奔马力，马力热情相款待。有一天，路遥饮酒而醉，马力则外出办事了。这个路遥醒来，不见了马力，以为马力忘恩负义，一气之下回到了老家。只见旧居焕然一新，知是马力所为，乃知马力情深如故。这里的"路遥"、"马力"都成了人物。另有一种妙趣。

用典探妙：

"路遥知马力，事久见人心"，这是一副俗语式典故式联语，毛泽东在多处用到这一副联语，如在《论持久战》中，他用这一副联语说明游击战的威力；在评点《辩证唯物论教程》时，他用"路遥知马力"说明"质"与"量"的关系，化深奥的"洋文"为浅显好懂。在陈毅同志多年遭饶漱石诬陷而真相大白的情况下，毛泽东将这一副俗语联语送陈毅，对于陈毅与饶漱石多年的是非曲直、谁是谁非的问题，有说理深刻、比喻恰当、形象而富于意味之妙。对于陈毅来说，得此赠联，有一联暖三冬之慰。

105.毛简臣口出奇联 毛泽东快速而对
——毛泽东在《对老师联》中所用典故探妙

用典缘起：

毛泽东的老师毛简臣有事离开了一下教室，毛泽东就跳到讲台上演说起来。毛简臣发现这个情况后，出了一副对联的上联要毛泽东对，对得好则可免罚。出联与对联是："跳跳跳跳下地；飞飞飞飞上天"（张世安：《毛泽东名联趣话》山东人民出版社1994年1月版，第11页）。在这副楹联中用了下列典故。

典故内容：

跳跳跳跳下地；飞飞飞飞上天。——典出明人蒋焘《对祖父联》："三跳跳下地；一飞飞上天。"

用典探妙：

毛泽东的这一副对老师联，有承用原故事联语的语词与典意之妙。

据无官等所著《对联故事》一书载：在明朝成化年间，有一个聪明、能诗善对的少年蒋焘，在一次与祖父一起游佛寺时，他三步便跳下十几级台阶。祖父见景而吟："三跳跳下地。"他立刻对出下联："一飞飞上天。"联语中的"跳"与"飞"均富有"平步青云"之意。

毛泽东的这一副对老师联与这一副联语十分类似，在承用原典语词与典意的基础上，只是添加和变幻了几个字，使其完全适合了对对联免罚的情景，同样是一副妙联。

106.春暖花开春光好　珠联璧合是吉日
——毛泽东在《贺婚联》中所用典故探妙

用典缘起:

1915年春,毛泽东为同班同学廖延璇、皮述莲结婚所写的婚联是:"二月梅香清友;春风桃灼佳人"(曾伯藩:《我国传统婚联写作漫议》,《南昌职业技术师范学院学报》1991年第2期,第81页)。在这副楹联中用了下列典故。

典故内容:

桃灼佳人。——典出《诗经·周南·桃夭》:"桃之夭夭,灼灼其华。之子于归,宜其室家。"

用典探妙:

这一副婚联将同学成婚的时节、情景、人情尽纳12个字之中,有短小精悍、不落俗套、言简意深之妙。

在用典上,则有"'桃灼佳人'四字浓缩一首诗"入联之妙。

联语中的"桃灼佳人",实则出自"桃之夭夭,灼灼其华。之子于归,宜其室家",有浓缩这一首诗中关于"桃树叶茂枝繁而桃花绚丽、这美丽的姑娘嫁到夫家就会和顺而美满"之意,这种良好的祝愿入联,大有其增添联语的祝愿之意和其丰富的内蕴之妙。

107.八舅母不幸逝世　毛泽东认可挽联
——毛泽东在《挽八舅母联》中所用典故探妙

用典缘起:

1937年4月2日,毛泽东的八舅母逝世,毛泽东认可由刘霖生所作的挽联是:"问到旧栽桃李;已成大树将军"(唐意诚:《毛泽东楹联辑注》,湖南省楹联学会编:《今古对联》丛书之三,1993年版,第65页)。在这副楹联中用了下列典故。

典故内容:

桃李,亦即"桃李满天下"、"桃李遍天下"。——典出汉人韩婴《韩诗外传》卷7:"魏文侯之时,子质仕而获罪焉,去而北游,谓简主曰:'从今已后,吾不复树德于人矣。'简主曰:'何以也?'质曰:'吾所树堂上之士半,吾所树朝廷之大夫半,吾所树边境之人亦半。今堂上之士恶我于君,朝廷之大夫恐我以法,边境之人劫我以兵,是以不复树德于人也。'简主曰:'噫!子之言过矣。夫春树桃李,夏得荫其下,秋得食其实。春树蒺藜,夏不可采其叶,秋得其刺焉。由此观之,在所树也。'"又见，宋人司马光等《资治通鉴·唐纪23》："（狄）仁杰又尝荐姚元崇、监察御史曲阿桓彦、太州刺史敬晖等数十人，率为名臣。或谓仁杰曰：'天下桃李，悉在公门矣。'仁杰曰：'荐贤为国，非为私也。'"又见，唐人刘禹锡《答王侍郎放榜》诗："礼闱新榜动长安，九陌人人走马看。一日声名遍天下，满城桃李属春官。"又见，唐人白居易《春和令公〈绿野堂种花〉》诗云："令公桃李满天下，何用堂前更种花。"又见，明人焦竑《玉堂丛语·荐举》："杨一清于时政最称为通练……爱乐贤士大夫，与共功名，朝有所知，夕即登荐，以是桃李遍天下。""天下桃李"、"满城桃李"、"桃李满天下"、"桃李遍天下"中的"桃李"，均指选拔、荐用的人才或所教育的学生。

大树将军。——典出《南史·冯道根传》："武帝常指道根示尚书令沈约，美其口不论勋。约曰：'此陛下之大树将军也。'"又见，宋人李昉《太平御览》卷423引《东观汉记》："冯异字公孙，为人谦退，与诸将相逢，辄引车避道。每止顿，诸将共论功伐，异常屏止树下，军中号'大树将军。'"意为将领为人谦和而不争。又见，宋人陈与义《雷雨行》："小游太一未移次，大树将军莫振功。"

用典探妙：

像毛泽东著作中的名言"虚心使人进步；骄傲使人落后"一样，本为毛泽东的秘书田家英添加之句，这一句为毛泽东所赞赏、所认可，当为毛泽东之句是完全可以的。同样，这一副联语虽说为刘霖生所代作，亦为毛泽东所认可，当毛泽东的对联亦是可以的。

这一副联语两句用了两个典故，其妙在于：

"桃李"一典入联，有兼及对八舅文玉钦和八舅母文赵氏对少年毛泽东的关心、培养、照料之情的追念、感激之妙。

"大树将军"一典入联，则有不负八舅和八舅母辛苦教育培养、终结硕果之妙。

总之，"桃李"、"大树将军"入联，联系毛泽东的一生成长情况和其巨大贡献，这一副挽联之用典，确有切人、切事之妙。

108.柯棣华积劳病逝 毛泽东挥笔挽联
——毛泽东在《挽柯棣华联》中所用典故探妙

用典缘起：

伟大的国际主义战士、印度医生柯棣华，为了中国人民的抗日事业，积劳成疾而于1942年12月9日病逝。毛泽东为其所撰写的挽联是："全军失一臂助；民族失一友人"（张世安：《毛泽东名联趣话》，山东人民出版社1994年版，第107—108页）。在这副檻联中用了下列典故。

典故内容：

失一臂助。——典出《旧唐书·薛元超传》："高宗幸东都，太子于京师监国，因留元超以侍太子。帝临行谓元超曰：'朕之留卿，如去一臂。但吾子未闲庶务，关西之事，悉以委卿。'"又见，《三国演义》第97回《讨魏国武侯再上表　破曹兵姜维诈献书》："孔明跌足而哭曰：'子龙身故，国家损一栋梁，吾去一臂也。'众将无不挥涕。"又见，第44回："虽刀斧加头，不易其志也！望孔明助一臂之力，同破曹贼。"

用典探妙：

毛泽东的这一副联语，通俗易懂、明白如话。看似没有用典，实则有用典无痕之妙。凡是对《三国演义》有所了解的人都知道：赵子龙一生对于蜀国的贡献可以栋梁相比，赵子龙对于蜀国的发展该是何等的重要。故子龙身亡，孔明在跌足而哭的同时，说出了"国家损一栋梁，吾去一臂也！"的话。毛泽东的"全军失一臂助"，实有取用上述典故语词与典意之妙！使"全军失一臂助"这一简明的话语具有深厚的内蕴，从而突出了柯棣华的病逝对于中国革命的损失之重！

109.开国创业建树多　功成养痈衰亡速
——毛泽东在《评"南史"注文联》中所用典故探妙

用典缘起：

毛泽东在读《南史》的作者李延寿的一段评论梁武帝的文字时，写有这样一副评点联语："时来天地皆同力；运去英雄不自由"（吴直雄：《楹联巨匠毛泽东》，广东人民出版社2003年版，第273页）。在这副楹联中用了下列典故。

典故内容：

时来天地皆同力，运去英雄不自由。——典出唐人罗隐《筹笔驿》诗。

用典探妙：

毛泽东的这一副联语，是一副以典评典的评点联语，其妙处亦在于此。

一是毛泽东的"借佛花献佛"的表达方式之妙。

"时来天地皆同力，运去英雄不自由"是罗隐之诗，其诗云："抛掷南阳为主忧，北征东讨尽良筹。时来天地皆同力，运去英雄不自由。千里山河轻孺子，两朝冠剑恨谯周。唯余岩下多情水，犹解年年傍驿流。""时来天地皆同力，运去英雄不自由"在诗中是关键性的一句，叙写了诸葛亮奋斗的一生中的前后两个阶段的不同，对于诸葛亮奋斗的一生有着高度的概括作用。毛泽东将这一典故评说梁武帝的一生之奋斗，同样有概括其一生前后不同情况之妙。且看李延寿在评论梁武帝时是这样说的："他即帝位后，除军事、经济上有建树外，还'制造礼乐，敦崇儒雅'。但他'留心俎豆，忘情干戚，溺于释教，弛于刑典'，最后终因宗室子弟相互倾轧残杀，错误地接受北魏侯景的降服，引狼入室，导致梁室的覆灭。开国创业贵为天子的梁武帝，竟卑微屈辱地饿死于侯景的囚室。李延寿说："自古拨乱之君，固已多矣，其或树置失所，而以后嗣失之，未有自己而得，自己而丧。追踪徐偃之仁，以致穷门之酢酷可为深痛，可为至戒乎。'徐偃是西周徐国国君，强大时有36国向他朝贡，被称为东方霸主"（张贻玖：《毛泽东读史》，第73页）。由此可见，毛泽东借"时来天地皆同力，运去英雄不自由"一典成联概括梁武帝一生成败，是何等的恰切，何等的精当。

二是有典意简洁、深刻之妙。

毛泽东将"时来天地皆同力，运去英雄不自由"一联评点于此，使人们不仅对于梁武帝一生事业成败有一个总括性的了解，同时也会使人将梁武帝一生事业的成败与诸葛亮一生事业的成败，自然而然地会产生一个比较，这就加深了人们对于李延寿的这一段评语的进一步理解，给人以刻骨铭心的深刻印象。毛泽东对罗隐的这两句诗，可谓情有独钟、常用常新。据宗道一在1998年第3期的《文史精华》上发表的《毛泽东与王海蓉一家》所载：当1967年夏，王力因发表臭名昭著的"八七"讲话，煽动外交部造反派夺权终致下台。毛泽东谈及此事时对王海蓉脱口吟出了"时来天地皆同力，运去英雄不自由"。毛泽东用这两句话点评王力倒行逆施、多行不义必自毙而为历史所抛弃的下场，可谓精妙至极。毛泽东对这样曾红极一时"精英"的嘲弄讽刺，让人永难忘却，实有一典胜千言之妙。

三是有隐含人生哲理和人生辩证法之妙。

像梁武帝这样自己创业自己败业的帝王，在中国5000年文明史上是不多见的现象。这样的败亡现象，是有其辩证法的。我国民间常以"时"、"运"二字通俗地表达这种辩证现象，小说家、诗词家们则用此语描绘人生际遇。如元人张可久《卖花声·客况》曲："十年落魄江滨客，几度雷轰荐福碑。"《金瓶梅词话》第31回中有："白马血缨彩色新，不来亲者强来亲。时来顽铁皆光彩，运去良金不发明。"清人阮葵生《茶余客话》卷18中有："……谚语亦有'时来风送滕王阁，运去雷轰荐福碑'之语。"《增广》中的"时来铁似金，运去金成铁。"清人褚人获《隋唐演义》第14回："蔡刺史又吩咐库吏：'动本府项下公费银一百两包封，送罗老将军令亲秦壮士为路费。'这是：时来易觅金千两，运去难赊酒一壶"，就是这种辩证法现象的通俗表达。而罗隐的"时来天地皆同力，运去英雄不自由"就是对于诸葛亮成功与后期北伐的坎坷不顺的辩证评析。李延寿对梁武帝的成败的分析，就是符合这样一种辩证法的，毛泽东以"时来天地皆同力，运去英雄不自由"这一深含辩证法之语典批之，就是对李评的一种认同与感慨。这是何等的精妙！

110.初唐四杰创新骈 王勃诗文堪激赏
——毛泽东在《批注王勃联》中所用典故探妙

用典缘起：

毛泽东喜读《初唐四杰集》，对其中王勃的诗文尤为激赏。在激赏之时，也许那些反对者的"声音"也同入脑际，于是毛泽东挥笔写下了1000余字的批语，其中有联语一副夹杂其中而批之。其联云："王杨卢骆当时体；不废江河万古流"（吴直雄：《楹联巨匠毛泽东》，广东人民出版社2003年版，第274页）。在这副楹联中用了下列典故。

典故内容：

王杨卢骆当时体。——典出唐人杜甫《戏为六绝句》："王杨卢骆当时体，轻薄为文哂未休。""王"即王勃；"杨"即"杨炯"；"卢"即"卢照邻"；"骆"即"骆宾王"。此四人谓之初唐四杰。

不废江河万古流。——典出唐人杜甫《戏为六绝句》："尔曹身与名俱灭，不废江河万古流。"

用典探妙：

毛泽东的这一副联语是为王勃等人鸣不平的。这一副为王勃等人鸣不平的联语是一副集句联，是集自杜甫《戏为六绝句》（其二）中的前后两句诗而成的联语。其妙在于：

"王杨卢骆当时体"，有展现毛泽东评读作者作品的观点与方法之妙。

毛泽东曾说："读诗词时，要了解诗人当时的身份、地位，写诗的历史背景，从文字的表面看他所指的含义，不了解诗人的本意，也就不晓得诗的价值，那还有什么意思呢"（刘汉民：《毛泽东诗话词话书话集观》，长江文艺出版社2002年10月版，第294页）。 毛泽东取杜甫的"王杨卢骆当时体"为上联而批，正是他的上述观点的最为简练的表达和对哂笑"王勃、杨炯、卢照邻、骆宾王"这四杰为文者的人们的有力批判，同时也是他上述读诗评诗人观点的阐扬。

"不废江河万古流"，有进一步肯定自己的上述观点和自己关于四杰的一系列论述之妙。

"不废江河万古流"，在杜甫来说，是对四杰诗文的肯定与赞扬，对毛泽东来说，除了承杜甫之意外，还有对自己评判作者诗文的观点的进一步肯定。同时，我们还应看到，毛泽东在评王勃诗文时说："这个人（指王勃——引者）高才博学，为文光昌流丽，反映当时封建时的社会动态，很可以读。……为文尚骈，但是唐初王勃等人独创的新骈、活骈，同六朝的旧骈、死骈，相差十万八千里，他是七世纪的人物，千余年来，多数文人都是拥护初唐四杰的，反对的只是少数"（龚育之、逄先知、石仲泉：《毛泽东的读书生活》，第216页）。毛泽东所集的下联"不废江河万古流"，正是对自己上述论说的进一步强调与说明。

111. "一群人终于坚持" "到隆冬犹在江中" ——毛泽东在《题游泳联》中所用典故探妙

用典缘起：

毛泽东在1958年12月21日，对文物出版社出版的《毛泽东诗词十九首》记下了自己在1917年的一副游泳联。其联云："自信人生二百年；会当水击三千里"（庄胜贤、秦宇云、尹志清：《毛泽东联语浅释》，漓江出版社1999年版，第116页）。在这副楹联中用了下列典故。

典故内容：

自信人生二百年，会当水击三千里。人生二百年。——典出华人《毛泽东与诗人萧三》一文：那时萧三等人所见的一日本人的书名曰《人生二百年》。会当。——典出唐人杜甫《望岳》："会当凌绝顶，一览众山小。" 水击三千里。——典出《庄子·逍遥游》："……鹏之徒于南冥也，水击三千里，抟扶摇而上者九万里。"

用典探妙：

毛泽东的这一副联语，基本上是由典故组成，其用典之妙表现在于下两个方面：

有展现壮志凌云、气概豪迈声震寰宇之妙。

"人生七十古来稀"、"人生不满百"等语，数千年以来深深地扎根于每一个中国人的脑海之中。在中国人被帝国主义者视为"东亚病夫"的黑暗岁月，毛泽东在联语中喊出了"自信人生二百年"，上联该是何等的气派；"水击三千里"一典入联，使人们自然而然地联想起《庄子·逍遥游》中的大鹏形象，联语的壮志凌云之态、大气磅礴之举跃然纸上。

有大略地状写实际、勾勒游泳锻炼目标之妙。

说这一副联语有状写实际、勾勒目标之妙，人们一般不大好理解。笔者以为，这一副联语，与毛泽东的"坐地日行八万里，巡天遥看一千河"有一定的相似性。"坐地日行八万里，巡天遥看一千河"是气概豪迈之语，这是人们很能体味到的，此不必赘言。但人们认为仅仅是出语雄奇而已，是难以坐实其具体内容的。于是毛泽东在1958年10月25日给周世钊的信中这样解释道："地球直径约12500公里，以圆周率3.1416乘之，得约4万公里，即8万华里。这是地球的自转（即一天时间）里程。坐火车、轮船、汽车，要付代价，叫做旅行。坐地球，不付代价（即不买车票），日行80000华里。问人这是旅行么，答曰不是，我一动也没有动。真是岂有此理！囿于习俗，迷信未除。完全的日常

467

生活，许多人却以为怪。巡天，即谓我们这个太阳系（地球在内）每日每时都在银河系里穿来穿去。银河一河也，河则无限，'一千'言其多而已。我们人类只是'巡'在一条河中，'看'则可以无数。"毛泽东这样一种富于幽默情趣的解释，当然是无懈可击的。

同样，"自信人生二百年，会当水击三千里"，也不仅仅是豪迈之言，它也应当有其一定的科学解释的。

首先是有其书证的：时人蒋维乔在其《废止朝食论》中说人可以活两百岁。又据华人《毛泽东与诗人萧三》一文载，毛泽东与萧三在湖南一师读书时，"萧三和毛泽东对日本学者所写的《人生二百年》一书十分喜爱，对书中宣扬人生可活200岁的乐观观点十分相信。后来，毛泽东……仍对之坚信不已"（《新闻出版报》1993年6月12日）。最近，我国著名心血管病专家、研究员洪昭光教授在其学术报告《让健康伴随着您》也说："按照世界卫生组织的定义：65岁前算中年人，65岁至74岁算中老年人，75岁至90岁才算正式老年人，90岁至120岁算高龄老年人。……人的寿命最短100岁，最长175岁，……"这样，离"人生二百年"的差距也不是太大。俄罗斯国家健康研究所生物节律研究室主任沃尔科夫经过科学分析论证认为："人的寿命就是280年"（郑建新：《人的寿命应是280年——水分流失导致过早亡》，《江西法制报》2003年4月25日）。

至于"会当水击三千里"，按照毛泽东一生不忘游泳，"直到隆冬，犹在江中"这样锻炼的进度去推算，"水击三千里"也不是不可能的事。

因此，笔者说"自信人生二百年，会当水击三千里"有大约状写实际、勾勒游泳锻炼目标之妙。

毛泽东在吟咏出这副游泳联的前两年（即1915年夏），曾以仿《离骚》体的形式写有《游泳启事》，其诗云："铁路之旁兮，水面汪洋；深浅合度兮，生命无妨。凡我同志兮，携手同行；晚餐之后兮，游泳一场。"启事一经贴出，报名踊跃，很快就组成了一支百余人的游泳大队（参见叶显林、周小滨：《毛泽东诗词书法赏析》，人民文学出版社2006年版，第25页）。这首杂言骚体诗，与毛泽东的游泳联参读，实可加深我们对其诗其联的理解。

112.撰写对联为游学 体味人生不花钱
——毛泽东在《赠王熙联》中所用典故探妙

用典缘起：

1917年暑假，毛泽东与萧子升借写对联为生活手段，游学于湖南的长沙、安化、益阳、沅江、宁乡5县。在告别宁乡的好友王熙时，毛泽东留赠一联给王熙，其联云："爱君东阁能延客；别后西湖赋予谁"（于俊道、李捷：《毛泽东交往录》，人民出版社1991年版，第338页）。在这副楹联中用了下列典故。

典故内容：

爱君东阁能延客，别后西湖赋予谁。东阁，亦即"东閤"。——典出《汉书·公孙弘传》卷58："时上方兴功业，娄举贤良。弘自见为举首，起徒步，数年至宰相封侯，于是起客馆，开东閤（同"阁"）以延贤人，与参谋议……"。唐人颜师古注："閤者，小门也。东向开之，避当庭门而引宾客，以别于掾史属官也。"又见，唐人李商隐《九日》诗："郎君官贵施行马，东阁无因再得窥。"又见，宋人苏轼《九日次韵王巩》："闻道郎君闭东阁，且容老子上南楼。"又见，元人王实甫《西厢记》第2本第2折："今日个东阁玳筵开。"又见，《西厢记》第2本第4折："俺娘昨日个大开东阁。"上述中的"东阁"，原指在庭东开小门迎宾客，以表示不与属员一般的待遇，后因以表示款待宾客之所。 爱君东阁能延客。——典出宋人苏轼《寄馏合刷瓶与子由》诗："寄君东阁闲烝栗，知我空堂坐画灰。" 别后西湖赋予谁。——典出宋人苏轼《和晁同年九日见寄》诗："古来重九皆如此，别后西湖付与谁。"

用典探妙：

毛泽东的这一副联语，可谓典中含典，一般人并不能一看能解其意，但他是看对象而作的。因为王熙是毛泽东的同学，其文化水平当是很高的，毛泽东用上这样的典故成联，有"心有灵犀一点通"之妙，更能表达同学间的深厚情谊。

首先是，典故原是表宾客情、兄弟情、同科情，用这样的典故成联，则联语在表情上有情更浓、情更深、情无限之妙！

"东阁延客"是高规格的，用上此典，则主客之情在联语之中已积集了一层；"爱君东阁能延客"，句出苏轼寄赠弟子由之句，兄弟之情又加上了一层；"别后西湖赋予谁"，句出苏轼寄赠同科应试考取功名的晁端彦之句，同科之情添加了一层。毛泽东将这三层情感熔铸于一联，其表情达意可谓妙有千古。

其次是，化用典故无痕，有天然浑成之妙！

"爱君东阁能延客，别后西湖赋予谁"两句，分别沿用了"寄君东阁闲烝栗"和"别后西湖付与谁"的结构、构思、语词、典意，虚指与实情妙相结合，赋予了联语以新意，即使不懂毛泽东在这里是用了典，同样可以领悟毛泽东与王熙同学留赠的这一副联语所要表达的深厚情感。

113.诸葛亮鞠躬尽瘁 陈子博孤胆献身
——毛泽东在《挽陈子博联》中所用典故探妙

用典缘起:

面对湖南军阀赵恒惕越来越反动的现实,共产党员陈子博决心为民除害。1922年8月的一天,他孤胆一身,系带炸弹,弹炸赵恒惕。在敌人戒严大搜捕时,他躲入粪池,不幸中毒而牺牲。毛泽东为其所撰的挽联是:"出师未捷身先死;长使英雄泪满襟"(胡华主编:《中央党史人物传·陈子博》(25卷),陕西人民出版社1985年版,第55页)。在这副楹联中用了下列典故。

典故内容:

出师未捷身先死,长使英雄泪满襟。——典出唐人杜甫《蜀相》:"丞相祠堂何处寻?锦官城外柏森森。映阶碧草自春色,隔叶黄鹂空好音。三顾频烦天下计,两朝开济老臣心。出师未捷身先死,长使英雄泪满襟。"

用典探妙:

这一副联语是杜甫用来称赞诸葛亮的,是众所周知的一首名诗中的一副名联。1600余年之后,毛泽东将其借来当作陈子博的挽联,实有借名人、名典挪近时空比照、称颂当代英雄人物之妙!

诸葛亮一生的事业是要北定中原、统一全中国,救苍生于水火。然命运多舛,六出祁山,五丈原头巨星遽落,令千古仁人志士失声痛哭、扼腕而叹!

陈子博作为一个中国共产党的党员,他一生事业是在中国共产党的领导下,要打倒帝、封、官,解放全中国,为中国人民的革命事业而奋斗。然而在革命的道路上,陈子博壮志未酬,同样永垂千古。

诸葛亮与陈子博虽说所处时代不同,但他们的未竟事业,都后继有人,他们的精神、他们的品格、他们的意志,将永昭后世。借助这样一副联语一比照,则联语意蕴自然深邃,人们的惋惜、悲痛、赞叹之情定会油然而生。

114.驻军黄陂反"围剿" 嵌名寄意挟风云
——毛泽东在《题黄陂联》中所用典故探妙

用典缘起:

在第2次国内革命战争期间,江西省宁都县的黄陂小镇成了我党我军的一个重要反"围剿"阵地。毛泽东对这个小镇怀有深情,他曾在此地题联:"黄虎出洞吠白犬;陂水长流锁蛟龙"(谢仁生、谢凤文:《陂水长流人欢笑》,《人民日报》1993年11月28

日）。在这副楹联中用了下列典故。

典故内容：

锁蛟龙，暗隐"许真君计锁蛟龙"、"旌阳宫铁树镇妖"。许真君计锁蛟龙。——典出余悦等《江西民俗文化叙论》，《光明日报》1995年10月版等相关资料：在江西民间，因晋人许逊（即许真君）治水有功，因而长期受到人们的祭祀、祈祷、顶礼膜拜，并演绎出各式各样的民间传说脍炙人口，其神迹亦随处可见。这里的"计锁蛟龙"讲的是这样一个故事：因孽龙（蛟龙）兴洪水为害人间，许真君与其大战七天七夜。孽龙此时腹中饥肠难耐，便化为一美少年一飞而逃，来到了一个面馆。一个老妪笑容可掬地给他送了香气扑鼻的面条，难耐一时之饥的孽龙一口吃下，面刚入腹，一刹那就化为一根长长的铁锁链，将这孽龙牢牢地锁在其身旁的铁柱上。道高一尺魔高一丈。此时，老妪现出了原样——"她"就是许真君。旌阳宫铁树镇妖。——典出明人冯梦龙《警世通言》卷40。在这一卷中，冯梦龙将许逊与孽龙斗智、斗法，最后计锁孽龙的故事写得惟妙惟肖。

用典探妙：

在土地革命战争时期，毛泽东、朱德曾率我中国工农红军三次生活与战斗在江西宁都的黄陂。毛泽东的这一副联语，以嵌名"黄陂"而突出地名"黄陂"的作联手法，借助精妙的比喻——将红军喻为出山之虎，将白匪军喻为白犬。这是人们能够很快领会的。而"陂水长流锁蛟龙"一联，就不大好理解了，蛟龙得水，则神气活现，怎能是"锁"住蛟龙呢？这里实在是有暗用典故之妙。

毛泽东妙用了"许真君计锁蛟龙"一典，将长流不断的黄陂水比喻成闪光之铁链锁，将蛟龙比喻成为害人间的蒋介石国民党反动派，这样暗用典故为比喻，使整副联语内蕴丰富而又妙趣无穷。

471

115.红线女请求题字　毛泽东兴到笔挥
——毛泽东在《赠红线女联》中所用典故探妙

用典缘起：

因著名粤剧演员红线女请求毛泽东为她写几个字，1958年12月1日，毛泽东为她题联云："横眉冷对千夫指；俯首甘为孺子牛"（张贻玖：《毛泽东和诗》，中央文献出版社1998年版，第83页）。在这副楹联中用了下列典故。

典故内容：

横眉冷对千夫指，俯首甘为孺子牛。——典出鲁迅《自嘲》诗："运交华盖欲何求，未敢翻身已碰头。破帽遮颜过闹市，漏船载酒泛中流。横眉冷对千夫指，俯首甘为孺子牛。躲进小楼成一统，管它冬夏与春秋。"

千夫指，亦即"千人所指"、"千夫所指"。——典出《汉书·王嘉传》："里谚曰：'千人所指，无病而死。'臣常为之寒心。"即为众人所指责之意，意为众怒难犯。又见，唐人柳泽《上睿宗书》："岂不谓爱之太极，富之太多，不节之以礼，不防之以法，终转吉为凶，变福为祸。谚曰：'千人所指，无病自死。'不其然欤？"又见，唐人范质《诫儿侄八百字》："虽然一家荣，岂塞众人议？颙颙十目窥，龊龊千人（夫）指。"又见，清人赵翼《感事四首（其一）》："姓名久属千夫指，气焰俄消一寸灰。"又见，清人叶兰《纪事新乐府·且弥缝》："呜呼！古人有一言，其理深且旨：千夫所指不病死，尔乎胡为不闻此？"又见，清人章炳麟《联省自治虚置政府议》："千人所指，其倾覆可立而期。"

孺子牛。——典出《左传·哀公六年》："女（汝）忘君之为孺子牛，而折其齿乎？"晋人杜预注："孺子，荼也。景公尝衔绳为牛，使荼牵之。荼顿地，故折其齿。"

甘为孺子牛。——典出清人洪亮吉《北江诗话》："同里钱秀才有三子，溺爱过甚，不令就塾。饭后即引与嬉戏，惟恐不当其意。尝记其柱帖云：'酒酣或化庄生蝶；饭饱甘为孺子牛。'"

用典探妙：

"横眉冷对千夫指；俯首甘为孺子牛"一联，自鲁迅《自嘲》诗出，即引起了世人的高度关注。解释不尽一致，冯雪峰称："毛主席认为'俯首甘为孺子牛'中的'孺子'系指无产阶级和人民大众，我承认这是一种天才的解释……"（孙琴安、李师贞：《毛泽东与名人》，江苏人民出版社1993年版，第688页）。毛泽东本人是十分欣赏这两句诗的，他不仅有自己的解释，而且常书赠与人。

从用典的角度来看，毛泽东书赠此联有借典寄意之妙。

毛泽东《在延安文艺座谈会上的讲话》中说："鲁迅的两句话，'横眉冷对千夫指，俯首甘为孺子牛'，应该成为我们的座右铭。'千夫'在这里就是说敌人，对于无论什么凶恶的敌人我们决不能屈服。'孺子'在这里就是说无产阶级和人民大众。一切共产党员，一切革命家，一切革命的文艺工作者，都应该学习鲁迅的榜样，做无产阶级和人民大众的'牛'，鞠躬尽瘁，死而后已。"红线女请求毛泽东题字，毛泽东书赠此联，就是寄意于红线女，希望她为人民的戏剧事业奉献出自己的聪明才智。

"横眉冷对千夫指，俯首甘为孺子牛"一联，是由多个典故组成的联语，故而毛泽东题赠此联，有典中含典、典典出新、新意叠加之妙。

所谓典中含典之妙，就是说，这一副联语，是由多个典故组成。从用典的角度来看，"横眉冷对千夫指，俯首甘为孺子牛"本身就是一个典故，而其中又含有三个典故：这就是，"千夫指"一典；"孺子牛"一典；"饭饱甘为孺子牛"一典。这四个典各有其丰富多彩的内蕴，构成了这一副联语的典中含典之妙。

所谓典典出新、新意叠加之妙，就是说，在每一个典故原意的基础上，鲁迅将其赋予了新意，毛泽东又在鲁迅用典的基础上，再一次赋予了新意，这就是新意叠加之妙。"千夫指"，原指众怒难犯，千夫当是大众。而鲁迅的联中的"千夫"，则是敌人，毛泽东在其解释中将"千夫"之意进一步明确化，毛泽东与鲁迅均有反用"千夫"一典之妙。"孺子牛"与"饭饱甘为孺子牛"之典，其原意均是陈腐不堪的。鲁迅将其化腐朽为神奇而用之，其新意顿出，毛泽东在此基础之上，将"孺子牛"三字，字字确而解之，赋予了"孺子牛"以全新的意义。真可谓有新意叠加之妙。

116. 谦虚谨慎顾大局 大智大勇显高风
——毛泽东在《赠叶剑英联》中所用典故探妙

用典缘起：

1935年8月的长征途中，毛泽东书赠毅然将张国焘企图分裂党的阴谋汇报中央的叶剑英一联是："诸葛一生惟谨慎；吕端大事不糊涂"（巫祖才：《毛泽东制联的对立统一思想》，《对联》1994年第1期）。在这副楹联中用了下列典故。

典故内容：

诸葛一生惟谨慎，吕端大事不糊涂。诸葛，即"诸葛亮"。——典出《三国志·蜀书·诸葛亮》等资料。诸葛亮（公元181—234年），三国蜀汉政治家、军事家，字孔明，琅邪阳都人（今山东沂南）人。吕端。——典出《宋史·吕端传》等资料。吕端（公元935—1000年）字易直，幽州安次（今属河北）人，北宋大臣。 诸葛一生惟谨慎。——典出《三国演义》第95回："……'诸葛亮平生谨慎'……'亮平生谨慎'……'此人料吾生平谨慎'……"。吕端大事不糊涂。——典出《宋史·吕端传》："宋太宗曰：'端小事糊涂，大事不糊涂。'"

诸葛一生惟谨慎；吕端大事不糊涂。——典出明人李贽《自题联》。

用典探妙：

明代思想家、文学家李贽的这一副自题联语写得好，但仅仅作为自励、自警、自勉而用之，所以并不彰显，乃至在相当的一段时间内，人们还误为毛泽东所作。但是，当毛泽东当作典故运用之后，此联不仅彰显，而且名气大盛。何以如此？笔者以为，当是毛泽东的用典之妙所致。

首先是，这一副联语有典中含典、典典出新，教人自励、自警、自策、自强不息之妙。

所谓典中含典之妙，就是说，"诸葛一生惟谨慎；吕端大事不糊涂"，其本身就是一个好的语典。而在这个语典中，又是由人名典故"诸葛亮""吕端"，和语典"诸葛亮平生谨慎"、"大事不糊涂"构成的,这样的典中含典的典故,其内蕴较之一般的典故是要更为丰富的。

所谓典典出新之妙,就是说,这样的典故,只要一用,便会新意顿生,因为用了这些典故于一定的对象时,它就会产生新的教育意义,对李贽、对读者,均是如此。

所谓有教人自励、自策、自警、自强不息之妙,就是说,典故中的人物及其事迹,其业绩和其行为准则,对于作者与读者,都能产生上述的这些激励作用。

其次,也是更为主要的是,有切人、切事、切情、切景之妙。

毛泽东妙用这一典故联语,是重在比拟叶剑英的为人和高贵品格的。每当在党和人民的事业将要出现重大损失危险关头和将要受到邪恶势力挑战的关键时刻,叶剑英元帅都是不顾个人安危、不计个人得失挺身而出,进行机智而勇敢的斗争并屡建奇功。在叶剑英入党之前,为中国革命就立下了汗马功劳。他在蒋介石发动"4·12"反革命政变的白色恐怖中入党之后,为党的事业屡建奇功。如:在1927年的南昌起义前夕,是他,使汪精卫加害叶挺、贺龙的阴谋破产;在1935年8月的红军长征途中,是他,使张国焘分裂党的阴谋难以得逞;特别是在"文化大革命"中,他大智大勇,与林彪集团、与"四人帮"进行了坚决的斗争,对稳定全国、全军起了重大作用,尤其是在周恩来、朱德、毛泽东相继逝世后,是他,为一举粉碎江青反革命集团起到了核心人物的作用……。叶剑英的功勋将永铭史册。"有一次,毛泽东用手摸摸自己的脑袋,风趣地对人说:'叶剑英在关键的时候是立了大功的。如果没有他,就没有这个了。'还说:'他救了党,救了红军,救了我们这些人'"(王伯福主编:《毛泽东轶事大观》,山东人民出版社1997年版,第191页)。故而说,这一副联语用之于叶帅,确有其切人、切事、切情、切景之妙。这正如毛泽东所说:"吕端大事不糊涂,剑英足以当之"。(周溯源:《毛泽东评点古今人物》,红旗出版社1998年版,第769页)。

总而言之,李贽的这一副联语,因毛泽东的题赠而更为彰显,更因为叶帅的受赠以及和叶帅的人格、品德、盖世功勋的吻合而大放异彩、名流千古、妙绝千古!

117. "江南多临观之美" "滕王阁独为第一" ——毛泽东在《赠邵华联》中所用典故探妙

用典缘起:

大约在20世纪60年代的某一年的9月17日,毛泽东与子女们谈话时,言及《滕王阁序》,兴之所至,悬肘挥毫,为儿媳邵华书写了一联,联云:"落霞与孤鹜齐飞;秋水共长天一色"。(王捷南:《毛泽东的家事》,春秋出版社1987年版,第11—12页)在这副楹联中用了下列典故。

典故内容:

落霞与孤鹜齐飞,秋水共长天一色。——典出唐人王勃《滕王阁序》:"豫章故郡,洪都新府。……时维九月,序属三秋。……舸舰迷津,青雀黄龙之轴。云销雨霁,彩彻区明。落霞与孤鹜齐飞,秋水共长天一色。渔舟唱晚,响穷彭蠡之滨……请洒潘江,各倾陆海云尔。"

用典探妙:

这一副联语是写秋天到来之时,于黄昏时分登临南昌"滕王阁"所见美景的。有人未登阁、人未见景但读联则有如亲临其阁见景之妙,因为联中的"落霞"、"孤鹜"、"秋水"、"长天"已经构成了美丽的画面。

用典有形成三个画面的对比之妙。

"落霞与孤鹜齐飞,秋水共长天一色",来自语典"落花与芝盖齐飞,杨柳共春旗一色"(南朝梁人庾信(513－581年)《华林园马射赋》)。而庾信之语,笔者以为,当来自南朝梁人刘峻(462－521年)《辩命论》:"火炎昆岳,砾石与琬琰俱焚;严霜夜零,萧艾与芝兰共尽。"王勃一联写的是秋景,庾信一联绘的则是暮春之景,刘峻所说的是灾祸的可怕。这三个画面均十分生动,对偶颇有特色,三相对照,其承传关系,一目了然,品味这些妙句,均能给人以美的妙趣与享受。

有一个新的典故的构成之妙。

所谓构成新典之妙,这就是说毛泽东题书滕王阁来历之妙。毛泽东大约是1966年以前赠儿媳邵华之联,而滕王阁是1988年才完成基础工程的。毛泽东那体大力足、运笔如行云流水、奔放豪爽的狂草又是怎么书联滕王阁的呢?原来毛泽东留赠邵华的墨宝是重建滕王阁时,从邵华将军那儿索来后放大的。

毛泽东所书典故联的放大之妙。

一般说来,字体放大后会变形,尤其是草书放大后会失势、会松散。然而,毛泽东的书字不怕放大,即使是草书也不怕放大,放大后反而是更有气势。这就是滕王阁毛泽东的草书放大联"落霞与孤鹜齐飞;秋水共长天一色"的草书书法之妙。这种妙趣在书法界也是不多见的,也许正是毛泽东书法神妙之处吧!

118.杭州风景美如画 伟人心系战友情
——毛泽东在《觅江华联》中所用典故探妙

用典缘起:

有一次毛泽东到杭州,急于要见江华同志。当毛泽东见到江华时,随口吟出妙联一副。联云:"山寺月中寻桂子;杭州城里觅江华"(文三毛:《毛泽东巧对古人句》,

《中国楹联报》2001年11月23日）。在这副楹联中用了下列典故。

典故内容：

山寺月中寻桂子。——典出唐人白居易《忆江南三首》（其二）："江南忆，最忆是杭州。山寺月中寻桂子，郡亭枕上看潮头。何日更重游？"

用典探妙：

毛泽东在这一联中，以一个语典引出下联，使这一副联语显得十分别致，其用典就显得别出心裁之妙。要知其妙，还得对"山寺月中寻桂子"有一定的理解。

在唐朝时，杭州西北的武林山、天竺山上建有灵隐寺和天竺寺，其时在两山广植桂树，每当中秋时分，在山径上、在寺院内外，桂花缤纷、花香扑鼻、沁人心脾。更有神话传说云：在丹桂飘香的时节，会有桂蕊自月宫里降落此地，幸运儿可以拣拾而得之！这种神仙之果，何等的贵重！谁不想幸而得之，故而诗人有"在郡六百日，入山十二回。宿因月桂落，醉为海榴开"（《留题天竺灵隐两寺》）。其寻见之心态可想而知！其寻见之难度亦可想而知！毛泽东以"山寺月中寻桂子"为上联，下联配之以"杭州城里觅江华"，则其联意若贯珠、其急见战友江华之心而当见到江华时的高兴情景便不言自明，全联因其用上这一语典，使联语有内蕴深厚、清新俊逸、幽默风趣之妙！

119.纳古今风云于联 抒忧国忧民之慨
——毛泽东在《赠邱锋联》中所用典故探妙

用典缘起：

毛泽东在多病的晚年，有一次给他身边的工作人员邱锋送了一副对联："风云帐下奇儿在；鼓角灯前老泪多"。（唐意诚：《毛泽东楹联辑注》，湖南省楹联学会编：《今古对联》丛书之三，1993年版，第52页）在这副楹联中用了下列典故。

典故内容：

风云帐下奇儿在；鼓角灯前老泪多。——典出清人严遂成《三垂冈》："英雄立马起沙陀，奈此朱梁跋扈何！只手难扶唐社稷，连城犹拥晋山河。风云帐下奇儿在，鼓角灯前老泪多。萧瑟三垂冈下路，至今人唱《百年歌》。"

用典探妙：

从楹联的角度来看，这一副联语当是摘句联，从典故的角度来看，当是一副典故联，即以整个语典为一联。

这一副联之妙，其最为显著之处就在于毛泽东的选典之妙。

严遂成的这一首诗是他路过李克用、李存勖当年曾苦战之地——"三垂冈"一带，他有感于人生兴衰而作。诗中的"风云帐下奇儿在，鼓角灯前老泪多"，是最能表达当时李克用心里状态的佳句。诗句是说：战争风云此伏彼起，自己已经衰老，然整顿山河自有奇儿在，可谓在悲怆中寄予希望。由于毛泽东要发动"文化大革命"，他在晚年时因林彪、江青反革命集团兴风作浪，给社会造成了诸多不安定因素，毛泽东的心情是沉重的，但对国家的前途又是充满希望的。以此两句纳古今风云、抒忧国忧民之感慨为联送邱锋，正是他当时心境的最佳表达方式。

120.部下患病悲叹日 书联正其人生观
——毛泽东在《赠朱德魁联》中所用典故探妙

用典缘起：

1964年9月，当毛泽东得知司机长朱德魁身患重病且情绪低落时，他书赠一联："人生自古谁无死，留取丹心照汗青"（吴直雄：《楹联巨匠毛泽东》，广东人民出版社2003年版，第308页）。在这副楹联中用了下列典故。

典故内容：

人生自古谁无死，留取丹心照汗青。——典出南宋人文天祥《过零丁洋》："辛苦遭逢起一经，干戈寥落四周星。山河破碎风飘絮，身世浮沉雨打萍。惶恐滩头说惶恐，零丁洋里叹零丁。人生自古谁无死，留取丹心照汗青。"又见，宋人胡梦昱《步王卢溪韵》："存取丹心照碧汉，任他黄口闹清班。非求美誉传千古，不欲浮生愧两间。"

用典探妙：

"人生自古谁无死，留取丹心照汗青"，当是文天祥汲取了胡梦昱佳句中的精华而成，这一用典之句是中华诗史上的气贯长虹的千古名句。毛泽东选取此书联送朱德魁，有"对症下药"之妙！

因为当时朱德魁身患久治难愈的肝炎，心情不好、情绪低落，总在琢磨着自己是否已经离死期不远了。毛泽东知道他这一种情况之后，既送钱又派医学专家为他治病，针对他这样一种情绪赠送了这一副联语，并说："'人生自古谁无死，留取丹心照汗青。'死都不怕，还有什么可怕的，更不怕养不好病了"（刘汉民：《毛泽东诗话词话书话集观》，长江文艺出版社2002年版，第240页）。这一副富于艺术感染力的联语，辩证地说明了生与死的关系，它激励着历代仁人志士，为国、为民、为正义事业而奋斗、而献身。这一副联语的精神境界与朱德魁因病而悲观的情绪形成了鲜明的对照，这是对朱德魁的鞭策与激励，是他精神上治病的一剂良药。朱德魁从中汲取了力量，端正了自己的人生观，按照毛泽东进行中西结合治疗肝炎的建议积极治病，果然，后来疾病奇迹般地康复了。

121.毛泽东见画出对 郭沫若神速而联
——毛泽东在《出对郭沫若联》中所用典故探妙

用典缘起：

全国解放之后，有一次毛泽东请齐白石到家里作客，并请来郭沫若作陪。在毛泽东家里，齐白石请毛泽东与郭沫若在自己的一幅画上题字。毛泽东题的首句正好是一上联，郭沫若便速对上了下联。这一副联语是："丹青意造本无法；画圣胸中常有诗"（冯峰鸣：《毛主席与齐白石争画》，《信息日报》1994年7月19日）。在这副楹联中用了下列典故。

典故内容：

丹青意造本无法。——典出宋人苏轼《石苍舒醉墨堂》诗："人生识字忧患始，姓名初记可以休。何用草书夸神速，开卷惝恍令人愁？我尝好之每自笑，君有此病何能瘳！自言其中有《至乐》，适意无异《逍遥游》。近者作堂名'醉墨'，如饮美酒消百忧。乃知柳子语不妄，病嗜土炭如珍羞。君如此艺亦云至，堆墙败笔如山丘。兴来一挥百纸尽，骏马倏忽踏九州。我书意造本无法，点画信手烦推求。胡为议论独见假，只字片纸皆藏收？不减钟张君自足，下方罗赵我亦忧。不须临池更苦学，完取绢素充衾裯。"

画圣胸中常有诗。——典出宋人陆游《湖山寻梅》（二首其二）："小雪湖上寻梅时，短帽乱插皆繁枝。路人看者窃相语，此老胸中有诗。归来青灯耿窗扉，心镜忽入造化机。墨池水浅笔锋燥，笑拂吴笺作飞草。"

丹青意造本无法；画圣胸中常有诗。——典出清人梁同书《频罗庵集》，"集"中有："我书意造本无法；此老胸中常有诗。"这是清乾隆十七年进士梁同书的一副集句联。

用典探妙：

毛泽东出对郭沫若联的这一副联语，是一副绝妙的点化联语。我们可以说是毛泽东与郭沫若二人各自点化了苏轼与陆游的诗句而成，也可以说是他们各自点化了梁同书这一副集句联的上下联语而成。这一副联语其妙处在于：

"丹青意造本无法"一联之妙，就妙在既涵蕴了"我书意造本无法"中讲书法艺术熟能生巧的最高境界，更是客观地反映了白石老人画艺已经到了无法之中有至法的境界，有深入祖国绘画艺术传统而又能不囿于传统之妙。这是毛泽东评画、赏画高水准的极妙展现。

"画圣胸中常有诗"一联，同样涵盖了"此老胸中常有诗"一句的意蕴，更为客观表述了画家原来是诗人这样一个事实。这一句联语，其妙含三：一是揭示了诗、书、画三种不同的艺术，对于一个高档次的画家来说，往往有着十分密切的内在联系，而且他们往往是均能得而兼之的，对于白石老人来说，就是如此。二是说明了白石老人本来就是一位诗作丰硕的大诗人，只不过其诗名为其画名所"掩"罢了！三是"画圣胸中常有诗"一联，评说了白石老人此画充满着诗情画意，亦隐含着赞叹白石老人颇富诗才之妙。

毛泽东与郭沫若之联，有总体上从绘画技艺、绘画水准、绘画效果、画家人品、画家画风等全面评说齐白石之妙。

122.寻访旧都到许昌 抚今追昔吊曹操
——毛泽东在《应对罗章龙联》中所用典故探妙

用典缘起：

1918年农历8月的一天，毛泽东、罗章龙、陈绍休一行三人来到许昌游览魏都旧墟。在游览的过程中，他们联句成对。毛泽东应对罗章龙的联语是："横槊赋诗意飞扬；《自明本志》好文章"（沈世昌、沈长胜：《毛泽东凭吊魏都史考与浅析》，《毛泽东思想研究》1994年第4期，第132页）。在这副楹联中用了下列典故。

典故内容：

横槊赋诗意飞扬。"横槊赋诗"。——典出《旧唐书·杜甫传》引唐人元稹《唐故工部员外郎杜君墓系铭序》："建安之后，天下文士遭罹兵战，曹氏父子鞍马间为文，往往横槊赋诗，故其遒壮抑扬、冤哀悲离之作，尤极于古。"又见，宋人苏轼《前赤壁赋》："舳舻千里，旌旗蔽空。酾酒临江，横槊赋诗，固一世之雄也。"又见，宋人陆游《秋晚登城北门》诗："横槊赋诗非复昔，梦魂犹绕古梁州。"又见，清人钱彩《说岳全传》第44回："宋营船上，灯球密布，甚是欢喜，不觉有曹公赤壁横槊赋诗的光景。"又见，清人康有为《自布加利亚入史马尼亚境……感俄突旧战》诗："横槊且赋诗，英雄迹如昨。"意飞扬。——典出明人冯梦龙《醒世恒言》卷11："少游此时意气扬扬，连进三盏，丫鬟拥入香房。"又见，明人张溥《五人墓碑记》："然五人当刑也，意气扬扬，呼中丞之名而詈之，谈笑以死。"

《自明本志》。——典出三国魏人曹操《让县自明本志令》。《让县自明本志令》，又名《述志令》，是曹操写的一道公文、自传性质的重要文章，表明自己无篡汉之心，并奉还"夏阳、柘、苦（今河南之太康县、柘城县、鹿邑县）三县户二万"。

用典探妙：

这一副联句诗式的联语，是赞扬曹操的。两联用了两个典，有典典赞颂曹操之妙。

"横槊赋诗意飞扬"一联，我们只要看一看上述典故性质成语的出典，就知其有展现曹氏父子当年英雄形象之妙。

"《自明本志》好文章"一联，有节缩性用典，以具体展现曹操功业之妙。

所谓"节缩性用典"之妙，就是说，为了适应精练诗的语言之需要，将《让县自明本志令》节缩成《自明本志》，同样能表明和概括这一篇文章的大概内容。

所谓"有具体展现曹操功业"之妙，就是说，曹操的这一篇文章是他在一统北方后、政权日益巩固时所写。将这一典故性文章名入联，显然有展现曹操的功业之妙。至于说是"好文章"，我们在读后不仅可知此文之妙，就是连最反对曹操的卢弼，在读后也评说是"文词绝调也"。在当时国乱民穷的社会现实中，毛泽东、罗章龙赞颂曹操的功业，其寄意是深刻的。

123.慷慨激昂抒意绪 夕阳残照赋悲怆
——毛泽东在《出对罗章龙联》中所用典故探妙

用典缘起：

继上同一出处。毛泽东在对完罗章龙之联后，立即出一联由罗章龙对。这一副联语是："萧条异代西田墓；铜雀荒沦落夕阳。"在这副楹联中用了下列典故。

典故内容：

萧条异代西田墓。萧条异代。——典出唐人杜甫《咏怀古迹五首》（其二）："摇落深知宋玉悲，风流儒雅亦吾师。怅望千秋一洒泪，萧条异代不同时。江山故宅空文藻，云雨荒台岂梦思？最是楚宫俱泯灭，舟人指点到今疑。" 西田墓，亦即"曹侯之墓"、"西陵墓田"。——典出三国魏人曹操《让县自明本志令》："后征为都尉，迁典军校尉，意遂更欲为国家讨贼立功，欲望封侯作征西将军，然后题墓道言'汉故征西将军曹侯之墓'，此其志也！"又见，《乐府诗集·相和歌词六》引《邺都故事》："曹操遗命诸子把自己遗体葬在邺之西岗，要妾伎住在铜雀台上，早晚供食，每月初一、十五在灵帐前奏乐唱歌，诸子时时瞻望西陵墓田。"

铜雀荒沦落夕阳。铜雀，即"铜雀台"、"铜爵台"。——典出《三国志·魏志·武帝纪》："建安十五年，冬，作铜爵台。"即指东汉十五年，曹操命人在邺城建了一座高台，作为歌舞宴游之所，周围殿宇达120间，在其楼顶铸就15尺高的大铜雀，雀舒翼若起飞之状，故名铜雀台。又见，唐人张说《邺都引》："试上铜台歌舞处，惟有秋风愁杀人。"又见，唐人杜牧《赤壁怀古》："折戟沉沙铁未销，自将磨洗认前朝；东风不与周郎便，铜雀春深锁二乔。"又见，元人赵庆善《凭阑人·春日怀古》曲："铜雀台空锁暮云，金谷园荒成路尘。"又见，元人卢挚《蟾宫曲·邺下怀古》曲："笑征衣伏枥悲吟，才鼎足功成。铜爵春深，软动歌残。"铜雀荒沦，即"铜雀荒凉"、"铜雀荒台"。——典出唐人温庭筠《过陈琳墓》："词客有灵应识我，霸才无主始怜君。石麟埋没藏春草，铜雀荒凉对暮云。"又见，清人完颜崇实《刘备墓联》："一抔土，尚巍然，问他铜雀荒台，何处寻漳河疑冢？三足鼎，今安在？剩此石麟古道，令人想汉代官仪。" 落夕阳。——典出唐人李白《忆秦娥》："西风残照，汉家陵阙。"又见，宋人欧阳修《醉翁亭记》："已而夕阳在山，人影散乱，太守归而宾客从也。"又见，元人马致远《天净沙·秋思》："夕阳西下，断肠人在天涯。"又见，明人孙友篪《过古墓》："行人欲问前朝事，翁仲无言对夕阳。"

用典探妙：

这一副联语，几乎全是用典写成，且其中诸多典故均涉及"荒台"、"陵墓"典事，这就使全联在感怀魏武往事，对比眼前情景的同时，颇富悲凉、怆桑、厚重之感。其用典之妙处在于：

"萧条异代西田墓"一联，系由杜甫的《咏怀古迹五首》（其二）中的"萧条异代"与浓缩了曹操话语的"西田墓"构成，富有颂魏武功业和浓浓的怀古情调之妙！

"铜雀荒沦落夕阳"一联，有以"铜雀"一典展魏武当年功业显赫之妙，而配之以"荒沦落夕阳"，则使全联有"西风残照，汉家陵阙""夕阳西下，断肠人在天涯"那种思前贤而不见的悲怆、感慨韵味之妙！

481

124.春心与雪梅同放 诗情共联兴竞发
——毛泽东在《赏梅联》中所用典故探妙

用典缘起：

1932年12月，贺子珍陪伴毛泽东在福建汀州养病。有一天，他们二人来到北山欣赏雪梅。漫山遍野的雪梅诱发了毛泽东的诗情联兴，他情不自禁地吟有一联云："春心乐于花争发；与君一赏一陶然"（余伯流、陈钢：《毛泽东在中央苏区》，中国书店1993年版，第380页）。在这副楹联中用了下列典故。

典故内容：

春心乐于花争发。——典出唐人李商隐《无题》诗："飒飒东风细雨来，芙蓉塘外有轻雷；金蟾啮锁烧香入，玉虎牵丝汲井回。贾氏窥帘韩掾少，宓妃留枕魏王才；春心莫共花争发，一寸相思一寸灰。"

与君一赏一陶然。——典出晋人王羲之《兰亭集序》："虽无丝竹管弦之盛，一觞一咏，亦足以畅叙幽情。"又见，宋人辛弃疾《水龙吟·盘园》："一花一草，一觞一咏，风流杖履，野马尘埃，扶摇下视，苍然如许。"又见，清人戴名世《陈某诗序》："陈君时时与樵夫渔父野老相狎，一觞一咏，悠然自得。"又见，清人黄景仁《和吴二

江帆赠诗》："一觞一咏话绸缪，乐事都忘岁月遒。"

用典探妙：

这一副联语，写出了大自然的勃勃生机，写出毛泽东与贺子珍二人的愉快心情。其用典之妙在于：

"春心乐于花争发"有反用语典"春心莫共花争发"典意、取用其语词之妙。

李商隐的"春心莫共花争发，一寸相思一寸灰"，前一句是对相悦、相亲、相思情感的一种抑制，而后一句"一寸相思一寸灰"，则是对相思后果的悲伤性的描写，作者的心情是何等的消沉、何等的苦痛。毛泽东只将李商隐句中的"莫共"改为"乐于"，其意则完全相反，所表现的是春天的美好、心情的畅快，"心花"有如报春的梅花一般怒放。

"与君一赏一陶然"一联，就典意而言，当是"虽无丝竹管弦之盛，一觞一咏，亦足以畅叙幽情"（晋人王羲之《兰亭集序》），诸语典描绘欢乐情景的典意的意用，也可以说是对"一寸相思一寸灰"语典语意的反用。"一寸相思一寸灰"，言心灰意冷、心如死灰，这是何等的沉痛、何等的悲观与失望。而"与君一赏一陶然"一联，所表现的又是何等的高兴与兴奋，真有"一觞一咏话绸缪，乐事都忘岁月遒（将尽之意）"的意趣与境界，毛泽东与贺子珍完全与报春之雪梅融为一体了，其精神令人振奋，其病容为之一扫，其面貌容光焕发。

125. "大跃进"刮共产风　"医圣语"对症下药
——毛泽东在《赠同志联》中所用典故探妙

用典缘起：

在1959年6月，正当"大跃进"大刮共产风造成国民经济比例失调之时，毛泽东赠联搞经济工作的同志。其联是："胆欲大而心欲小；智欲圆而行欲方"（张世安：《毛泽东名联趣话》，山东人民出版社1994年版，第152页）。在这副楹联中用了下列典故。

典故内容：

胆欲大而心欲小，智欲圆而行欲方。——典出《旧唐书·孙思邈传》。又见，《淮南子·主术训》，其中载有："凡人之论，心欲小而志欲大，智欲圆而行欲方，能欲多而事欲鲜。"又见，宋人苏轼《贺杨龙图启》："举大体而不论小事；务实效而不为虚名。"

用典探妙：

毛泽东的某些联语，往往是前人的妙联妙语，不过经毛泽东之口说出后，所指有了新的对象，他不是简单的引用与转述，而是给予了这些妙语妙联以新的定位，使其新增了亮点。这里用孙思邈的话语为联赠同志，其实也是一副很好的哲理联语。在河南鹤壁市西面的五严山上，传说有一个孙思邈住过的"医圣洞"，其洞旁有一联语就是："胆欲大而心欲小；智欲圆而行欲方。"

从毛泽东的赠联和出典来看，这一副联语有典上加典之妙。

所谓典上加典之妙，就是说，这一联语的内蕴十分丰赡，它上起《淮南子》，中经孙思邈，再至"医圣洞"成联，又到毛泽东在"大跃进"的特殊年代用以赠同志。溯其源流，可谓是历经数千载的中华民族智慧的结晶；眼观实况，此联又确有新增亮点之妙。

这一副联语深含哲理、富于辩证法，因而有其广泛用途之妙。

笔者之所以这样说，就是说，这一副联语，在为人处世、办事决策等等方面均可用上。余不多加赘述，仅引《毛泽东武略》一书的作者评说刘伯承元帅的一段话语于下："毛泽东引用唐朝著名医学家孙思邈的话，说：'胆欲大而心欲小，智欲圆而行欲方。'这有点类似刘伯承谈到决策时说的：'接受任务，要有包天胆略；在部署和指挥作战时，要像描花绘朵的姑娘那样认真细心。'说的都是决策者要有胆有识"（胡哲峰：《毛泽东武略》，人民出版社2001年版，第299页）。刘伯承元帅的这一段话语，实际上就是对"胆欲大而心欲小，智欲圆而行欲方"一联的绝妙解释和灵活运用，同时也说明了毛泽东妙用"胆欲大而心欲小，智欲圆而行欲方"一联，并非自"大跃进"始。

126.工人运动入低潮 "弯弓待发"取守势
——毛泽东在《题安源工会联》中所用典故探妙

用典缘起：

1923年的"二七惨案"后，毛泽东为安源工会题赠一联语是："俱人盖世英雄汉；乐以忘忧让三分"（张世安：《毛泽东名联趣话》，山东人民出版社1994年版，第57页）。在这副楹联中用了下列典故。

典故内容：

俱人盖世英雄汉。"盖世英雄"亦即"英雄盖世"、"英才盖世"、"盖世无双"。——典出《韩非子·解老》："能御万物则战易胜敌，战易胜敌而论必盖世；论必盖世，故曰'无不克'。"又见，《史记·项羽本纪》："力拔山兮气盖世，时不利兮骓不逝。"又见，《三国志·蜀志·诸葛亮传》："田横，齐元壮士耳，犹守义不辱，况刘豫州王室之胄，英才盖世，众士仰慕，若水之归海，若事不济，此乃天也，安能复为之下乎！"又见，《水浒传》第60回："背后之言不可堪，得饶人处且饶人。虽收芒砀无家客，殒却梁山主寨身。诸将缟衣魂欲断，九原金镞恨难伸。可怜盖世英雄骨，权厝荒城野水滨。"又见，清人钱彩《说岳全传》第9回："只因那相州节度刘光世，先有一书送与宗留守：说得那岳飞人间少有，盖世无双，文武全才，真乃国家之栋梁。"

乐以忘忧让三分。乐以忘忧。——典出《论语·述而》："叶公问孔子于子路，子路不对。子曰：'女奚不曰：其为人也，发愤忘食，乐以忘忧，不知老之将至云尔。'"又见，元人王实甫《丽堂春》第3折："似这等乐以忘忧，胡必归欤！"又见，元人钱霖《哨遍》："一味的骄而且吝，甚的是乐以忘忧。"

用典探妙：

1923年的"二七惨案"之后，反动派势力猖獗一时，全国工人运动处于低潮。安源工人运动的力量虽然强大，但面对全国局势，毛泽东还是提出了要"盘马弯弓"、"弯弓待发"以待大好形势到来的策略。而这一副联语就是这种策略的具体体现。在用典上，别看只是一副七字联，可妙用了两个成语形式的典故。

上联中的"盖世英雄"由"英才盖世"等变用而来，有激励安源工人保存革命斗志和肯定安源工人运动以往斗争取得了巨大成绩之妙。

下联中的"乐以忘忧"一典，有向工人们展现要暂且退让、减少损失、养精蓄锐、以利日后斗争的高明策略之妙。

该联之妙，还妙在妙嵌"俱乐"（部）二字，隐指安源工人俱乐部要有其巧妙的斗争策略。

127.世间万般皆下品 苦读勤劳方为高
——毛泽东在《赠机关、学校、部队联》中所用典故探妙

用典缘起：

1939年9月25日，毛泽东在陕甘宁边区机关、学校、部队秋收动员大会上讲话，指出："……第二，看不起劳动是不对的。世界上最有学问的人第一是工人农民，'万般皆下品，唯有读书高'的观点是不对的，应当改为'万般皆下品，唯有劳动高'"（逢先知主编：《毛泽东年谱》中卷（1893－1949），人民出版社、中央文献出版社1993年版，第139页）。这"万般皆下品；唯有劳动高"，自新中国成立以来，就成了一副人们常贴于门旁的名联。在这副联语中用了下列典故。

典故内容：

万般皆下品，唯有劳动高。——典出宋人汪洙《神童诗》："天子重英豪，文章教尔曹。万般皆下品，唯有读书高。"又见，明人高则诚《琵琶记》第10出："（生）名传金榜换蓝袍。（净）酒醉琼林志气豪。（丑）世上万般皆下品。（末）思量惟有读书

高。”

用典探妙：

毛泽东的这副赠联，只改了两个字，即有纠2400余年以来片面观点之妙。

"万般皆下品，唯有读书高"的片面观点，如果上溯其源，则可及孔夫子（前551－前479年）。孔子鄙视"学稼"、"学圃"，他的学生樊迟（须）向他问稼（即问如何种田的事）、问圃（问如何种好菜的事），孔子答以"吾不如老农"、"吾不如老圃"，并感叹道："小人哉！樊须也"（《论语·子路》）。这就是"樊迟问稼"典故的由来。故人称其"四体不勤，五谷不分。"《论语·微子》载云："子路从而后，遇丈人，以杖荷蓧。子路问曰：'子见夫子乎？'丈人曰：'四体不勤，五谷不分，孰为夫子？'植其杖而芸。"因此说，毛泽东的这一副赠联，有扫荡只提倡读书、乃至读死书的片面观点之妙。

读书是学习，使用也是学习，而且是更重要的学习。读书与使用，辛苦搞科研，也是一种艰苦的劳动，知识分子是特殊的劳动者。苦读、勤奋，是中国人民最可宝贵的优秀品质。因此，"万般皆下品，唯有劳动高"，在新历史条件下，仍有其时代意义。

128. "参"马列主义之"禅" "悟"中国革命之"道"
——毛泽东在《赠红军大学学员联》中所用典故探妙

用典缘起：

延安时期，红军大学设在古代边陲要塞的保安城外的山洞里。这些荒废不知多少年代的山洞，积满了厚厚的羊粪、腐草和兽骨。我们师以上的"红大"学员们，自己动手，清理好卫生后，便自制了石黑板、石粉笔、石桌、石凳、石床、石枕，甚至连油灯都是石头制的。毛泽东去看望这批学员时，称赞这种自力更生、因陋就简地建立"最高学府"的精神，同时风趣地说："古人云，洞中方七日，世上几千年。你们可成了神仙了，好好'修炼'吧！天下无事，你们就在这里'参禅悟道'；天下大乱，你们就出洞下山，救苦救难"（耿飚：《毛泽东的光芒永照我心》，《缅怀毛泽东》编辑组：《缅怀毛泽东》，中央文献出版社1993年版，第56页）。毛泽东那风趣的话语中，包含着赠送"红大"学员的一副精美的对联："洞中方七日，世上已千年。"在这副对联中用了下列典故。

典故内容：

洞中方七日，世上已千年。——典出南朝梁人任昉《述异记》，其中所言：晋朝人王质入山砍柴，见有两个童子弈棋。童子以枣核与之，食之不饥，一局棋终，王质的斧柄已腐烂；回到家乡，则百年已过。后世之人即以"烂柯"，以代指时移事变，日月漫

長。"洞中方七日，世上已千年"当祖此。唐人刘禹锡《酬乐天扬州初逢席上见赠》诗中有云："怀旧空吟闻笛赋，至乡翻作烂柯人。"又见，唐人戎昱《送吉州阎使君入道二首》其一云："他年方相访，莫作烂柯棋。"又见，唐人元稹《春分投简阳明洞天作》诗云："菌生悲局促，柯烂觉须臾。"又见，宋人陆游《野寺》诗云："西窗一看枯棋罢，归去还忧烂斧柯。"又见，其《甲寅元日予七十矣酒间作短歌示子》："我昔自蜀归，百年已过半，观棋未终局，回视斧柯烂。"又见，元人鲜于必仁《双调·折桂令·棋》曲："烂樵柯石室忘归，足智神谋，妙理仙机。"这个神话故事与诗均论及时日。唐人太上隐者《答人》诗云："偶来松树下，高枕石头眠；山中无历日，寒尽不知年。"到了吴承恩创作的《西游记》中，这种时空的错位变化又以诗句神话结合而出之。《西游记》第1回中有："夜宿石崖之下，朝游峰洞之中。真是'山中无甲子，寒尽不知年'。"又见，《西游记》第77回："如来道：'菩萨之兽，下山多少时了？'文殊道：'七日了。'如来道：'山中方七日，世上几千年。不知在那厢伤了多少生灵，快随我收他去。'……"。又见，明人冯梦龙《醒世恒言》卷38："举目仔细一观，有恁般作怪的事！一座青州城正临在北窗之下，见州里人家，历历在目。又见所住高大屋宅，渐已残毁，近族旁支，渐已零落，不胜慨叹道：怎么我出来得这几日，家里便是这等一个模样了？……一路想道：古诗有云：'山中方七日，世上已千年。'果然有这等异事！我从开皇四年，吊下云门穴去，往还能得几日，岂知又是唐高宗永徽五年，相隔七十二年了。……观棋曾说烂柯亭，今日云门见烂绳。尘世百年如旦暮，痴人犹把利名争。"

用典探妙：

如果说"烂柯"与"山中方七日，世上已千年"二典，被冯梦龙将《李道人独步云门》的故事演绎得妙趣无穷的话，那么，毛泽东的用典，则有紧切"红大"校景和当时抗日蓬勃发展的大好形势之妙。

其一：所谓有紧切校景之妙，就是说，毛泽东将"山中方七日，世上已千年"改一字为"洞中方七日，世上已千年"，便巧妙地将"红大"校舍中的"石黑板、石粉笔、石桌、石凳、石床、石枕"与神话小说中的"仙境"相切，从而展现了我红军干部不怕艰苦、不怕困难的大无畏的革命乐观主义精神。

其二：所谓紧切当时抗日蓬勃发展的大好形势之妙，就是说，"红大"干部们在"洞中"学习之时，社会上的抗日形势已经有了一日千年的发展变化，一旦革命急需，这批学好了马列主义的精英就要奔赴抗日的最前线了。这正如耿飚所体会的那样："毛主席所说的'参禅'，是'参'马列主义之'禅'；他说的'悟道'，是'悟'中国革命之'道'。也就是说，毛主席要求我们通过学习，掌握马列主义和中国革命的道理，以便将来更好地从事革命工作，并带着马列主义这个锐利武器投入即到来的抗日战争"

（同上书第56页）。

经过毛泽东改用后的"洞中方七日，世上已千年"和"参禅"、"悟道"的创新解说，影响十分深远，甚至成了革命烈士勇斗群魔的武器。如罗广斌、杨益言的《红岩》中，就记载了革命烈士身处渣滓洞监狱中贴出迎接1949年新春的对联：

洞中才数月；世上已千年。

歌乐山下悟道；渣滓洞中参禅。

这些春联，在抗日时期，是震慑国民党投降派的惊雷，是直刺日本侵略者匕首；在重庆即将解放之日，则是射向国民党特务的投枪。

129.为扭转被动局面　朱德亲自上火线
——毛泽东在《赠朱德联》中所用典故探妙

用典缘起：

1935年1月，在遵义会议召开之时，中央红军面临异常险恶的形势。为了扭转战场上的被动局面，朱德决定亲自上火线。对此，毛泽东焦虑万分。他和红军总部其他首长，决定为将去战斗一线的将士举行仪式。据李智舜所著《毛泽东与十大元帅》一书载："朱德快步走向毛泽东，毛泽东也赶忙紧走几步，两手紧紧握在一起。朱德十分激动，连声说：'不必兴师动众。不必兴师动众。礼重了。'毛泽东当即说道：'礼应如此。礼应如此。桃花潭水深千尺，不及你我手足情嘛。祝总司令多打胜仗、多抓俘虏。'"毛泽东的话语中有一副即兴联语：桃花潭水深千尺；不及你我手足情。在这副联语用了下列典故。

典故内容：

桃花潭水深千尺，不及你我手足情。——典出唐人李白《赠汪伦》诗："李白乘舟将欲行，忽闻岸上踏歌声。桃花潭水深千尺，不及汪伦送我情。"手足情，即"手足之情"。——典出唐人李华《吊古战场文》："谁无兄弟，如足如手。"又见，宋人苏辙《为兄轼下狱上书》："臣窃哀其志，不胜手足之情，故冒死一言。"

用典探妙：

这副联语之妙，妙在对李白诗句的置换之妙。如果毛泽东只是引用"桃花潭水深千尺，不及汪伦送我情"，则有"生吞活剥"之嫌，而在"不及汪伦送我情"中只置换"汪伦送"三字，则"桃花潭水深千尺"所喻感情之深，则十分精到地、百分之百地落实到朱德毛泽东身上，使联语意蕴深刻而丰赡。真可谓"运用之妙，存乎一心"。妙在是心底情感的情不自禁的流淌，妙在是多年战友情怀的激发喷涌。

487

130. "赵"、"刘"起义英雄事 同情付与批注间
——毛泽东在《批注〈平河北盗〉联》中所用典故探妙

用典缘起：

毛泽东在读《明史纪事本末》第45卷《平河北盗》一节最后一页的空白上，写有批注云："吾疑赵风子、刘七远走，并未死也。天津桥上无人识，闲依栏杆看落晖。得毋像黄巢吗"（张贻玖：《毛泽东读史》，中国友谊出版公司1992年版，第112—113页）。其中的诗联"天津桥上无人识；闲依栏杆看落晖"用了下列典故。

典故内容：

天津桥上无人识，闲依栏杆看落晖。——典出《全唐诗》第11函。其诗云："记得当年草上飞，铁衣著尽著僧衣。天津桥上无人识，独倚栏杆看落晖。"

用典探妙：

用典有凸显农民起义领袖赵风（疯）子、刘七英雄形象之妙，寄托了作者对于农民起义英雄的无限情怀。

《全唐诗》中的这首诗是咏黄巢的。黄巢起义是否失败？正史说他败退泰山狼虎谷，为敌军所追及，自刎而死；野史说他逃脱未死，最后落发为僧，寄托着穷苦老百姓不愿意他们所爱戴的英雄落得个身首异处的可悲结局，反映了社会上对反动统治阶级强烈不满的社会心理，遂有此诗。同样，赵风子、刘七亦有是否死去的不同看法。

精通中国历史的毛泽东，为什么不取正史之定论而偏偏取野史之说呢？在探讨其用典之妙的同时，必须了解毛泽东的特殊的感情经历：毛泽东对于中国的农民起义，自小就倾注着一种独特的情怀。在论说毛泽东为何妙用此典之时，有必要引用他的一段深沉的回忆。他说道："这时，湖南发生了一件事情，这件事影响了我一生。在我读书的那个小学堂外边，我们学生看到许多豆商从长沙回来。我们问他们为什么都离开长沙。他们告诉我们城里发生的一个大暴动的情况。那年发生了严重的饥荒，在长沙有成千成万的人没有吃的。饥民派了一个代表团到抚台衙门请求救济。但抚台傲慢地回答他们说：'为什么你们没有吃的？城里有的是。我就从来没有饿过。'当抚台回答的话传到人们耳朵里的时候，他们怒不可遏。他们举行了群众集会，并且组织了一次游行示威。他们攻打巡抚衙门，砍断了作为官厅标志的旗杆，赶走了抚台。在这以后，抚台衙门一个姓庄的特派大员骑了马出来，告诉人们说政府将采取步骤帮助他们。姓庄的这个许愿显然是有诚意的，可是皇帝不喜欢他，并且谴责他同'暴民'勾结，结果他被革职。来了一个新抚台，立即下令逮捕暴动的领袖，其中许多人被杀头，他们的头被挂在旗杆上示众，作为对今后的'暴民'的警告。这件事在我们学校里讨论了许多天，给我留下了深刻的印象。大多数学生都同情'叛乱分子'，但他们仅仅是从旁观者的立场看问题。他

们并不明白这同他们自己的生活有什么关系。他们只是单纯地把它看作一件耸人听闻的事件而感到兴趣。我却从此把它记在心上。我觉得跟'暴民'在一起的也是些像我自己家里人那样的普通人，对于他们受到的冤屈，我深感不平。……"（《毛泽东1936年同斯诺的谈话（关于自己的革命经历和红军长征等问题）》，人民出版社1980年版，第11—12页）。

由上可见：毛泽东自小就懂得，历代农民起义皆是官逼民反所致。世间只有野蛮腐败的官吏，没有野蛮无理的百姓（所谓"暴民""盗贼"）。因此，当毛泽东提笔批注《平河北盗》一节时，也许此时的他，并没有抹去儿时的记忆。他对赵风子、刘七等农民起义者们所饱含的冤屈，深感不平。倾情他们能像黄巢一样"并未死也"，寄意于他们能像黄巢一样"天津桥上无人识，闲依栏杆看落晖"。毛泽东将"独倚"改为"闲依"，使人物更显生动，倾注着毛泽东几多同情的笔墨啊！真可谓"英雄虽死忠魂在，落霞辉映长桥间"。这是一幅多么优美的画图！

131.胸怀坦荡如大海 人民利益为准绳
——毛泽东在《赠刘思齐联》中所用典故探妙

用典缘起：

毛岸青、邵华曾情深无限地回忆道："爸爸特别喜爱的岸英哥哥，也是斯大林十分赏识的苏联红军中尉，牺牲在朝鲜战场上。……姐姐曾请求将岸英哥哥的遗体迁回国来，爸爸却摇摇头说：'青山处处埋忠骨，何必马革裹尸还。不是还有千千万万志愿军烈士安葬在朝鲜吗？'爸爸的胸怀像那坦荡无垠的大海。他的爱与憎总是以人民的利益为准绳。美帝国主义者夺去了千千万万中华优秀儿女，其中包括他心爱的年轻的儿子的生命，但是为了中国人民的根本利益，为了中美两国人民的友好往来，又是他不以旧怨为念，亲手打开了中美建交的大门"（毛岸青、邵华：《滚烫的回忆》，中国青年出版社编：《难忘的回忆——怀念毛泽东同志》，中国青年出版社1985年1月版，第249—250页）。毛泽东在回答刘思齐的话语中回赠了一副联语："青山处处埋忠骨；何必马革裹尸还。"在这副精妙的联语中用了下列典故。

典故内容：

青山处处埋忠骨。——典出宋人苏轼《系御史台狱寄子由二首》中有："是处青山可埋骨，他年夜雨独伤神。"又见，宋人陆游《醉中出西门偶书》中有："青山是处可埋骨，白发向人羞折腰。"又见，清人徐氏女《题西湖岳飞墓联》："青山有幸埋忠骨；白铁无辜铸佞臣。"又见，毛泽东《留赠父亲》诗中有："埋骨何须桑梓地，人生无处不青山。"

何必马革裹尸还。马革裹尸，亦即"裹尸还"、"裹尸归"、"裹尸入"、"裹尸马革"、"裹尸"、"裹马革"、"马革裹"、"裹革"、"包马革"、"马革"。——典出《后汉书·马援传》："援军还，将至，故人多迎劳之。平陵人孟冀，名有计谋，于坐贺援。……援曰：'方今匈奴、乌恒尚扰北边，欲自请击之。男儿要当死于边野，以马革裹尸还葬耳，何能卧床在儿女子手中邪！'冀曰：'谅为烈士，当如此矣。'"南朝梁人何逊《见征人分别》："且当横行去，谁论裹尸入。"又见，唐人李益《塞下曲》："伏波惟愿裹尸还，定远何须生入关。"唐人张籍《妾薄命》诗："汉家天子平四夷，护羌都尉裹尸归。"又见，宋人陆游《寓叹》："裹马革心空许国，不龟手药却成功。"又见，其《陇头水》："裹尸马革固其常，岂若妇女不下堂？"又见，宋人辛弃疾《满江红·汉水东流》："马革裹尸当自誓，蛾眉伐性休重说。"又见，宋人汪元量《杭州和林石田》："人谁包马革，子独取羊裘。"又见，清人赵翼《阅邸报秦楚蜀三省同时奏捷》诗："裹尸马革三坛祭，锡命龙章五等分。"又见，清人魏象枢《甲申闯贼陷宁武周总兵战死》："裹尸不愧真男子，擐甲曾闻有妇人。"又见，清人吴伟业《寄房师周芮公先生》诗："老臣裹革平生志，往事伤心尚铁衣。"又见，清人蒋士铨《梅花岭吊史阁部》诗："号令难安四镇强，甘同马革自沉湘。"又见，清人沙天香《战歌》："人生自古谁无死，马革裹尸是英雄。"又见，清末·黄遵宪《悲平壤》："翠翎鹤顶城头堕，一将仓皇马革裹。"又见，近代人徐锡麟《出塞》："只解沙场为国死，何须马革裹尸还！"

用典探妙：

伟大的中华民族在与外寇抗争中，他们的英雄气概英雄壮举永留史诗之中，激励着中华民族一代又一代的优秀子孙！毛泽东的这一副联语，不论上联还是下联，均妙在高度精练了古今英雄人物为国捐躯的冲天志向和豪气，给人以巨大的教育和鼓舞作用之妙！

具体而言，上联"青山处处埋忠骨"，蕴含着苏轼的旷达、陆游的坦荡、徐氏女对岳飞的钦敬，更有毛泽东自己的宏伟抱负、志向和胸襟。读罢上联，这既是对思齐的慰藉，更是对岸英的深情勉怀！

下联"何必马革裹尸还"，紧承上联，由马援的英雄豪言壮语发端，囊括自汉以下诸多仁人志士以"马革裹尸"的为国壮举及世人对这些英雄人物的礼赞，由此由古及今，毛泽东反用"马革裹尸还"一典，在原有赞语的基础上，再出新意。"何必"一语，力重千钧，凸显毛岸英的共产主义精神和国际主义精神的崇高伟大。这是希求"马革裹尸还"的古今英雄人物所无法比拟的。

132．"莫愁前路无知己，西出阳关多故人"
——毛泽东在《赠红军指战员联》中所用典故探妙

用典缘起：

1935年8月的一天，红军长征至陇西附近时，部分人对"围剿"还心存余悸。毛泽东吟联以赠曰："莫愁前路无知己，西出阳关多故人"（参见令狐笔如：《毛泽东联语集锦》，《对联》2006年12期第11页）。在这副联语中用了下列典故。

典故内容：

莫愁前路无知己。——典出唐人高适《别董大》："千里黄云白日曛，北风吹雁雪纷纷；莫愁前路无知己，天下谁人不识君？"

西出阳关多故人。——典出唐人王维《渭城曲》："渭城朝雨浥清尘，客舍青青柳色新；劝君更进一杯酒，西出阳关无故人。"

用典探妙：

这副赠联有取名人名诗成联，且有正用反用具为得兼之妙。

联语的首句出自名人高适的名诗。毛泽东拉近时空，正用诗意：意指我工农红军乃正义之师，名满天下，同志哥，放心地前进吧！我们的朋友遍天下，我们的支持者遍天下！

下联出自名人王维的名诗。所取其诗句的本意是说：朋友，再饮一杯酒吧，待到走出西边的阳关，大家相聚畅饮的机会不再，因为过了阳关则是举目无亲。毛泽东将此名句反其意而用之，将"无"改为"多"，则上下联的联意相贯，我工农红军的支持者遍天下。这对因屡遭国民党反动派"围剿"而心有"余悸"的战友，是莫大的教育和鼓舞。

133．"道不同不相为谋"　"离凡离圣离"因果
——毛泽东在《赠周恩来扇联》中所用典故探妙

用典缘起：

林彪覆灭后，诸多刊物披露："林彪覆灭前，周总理将林彪的情况秘密地向毛泽东作出书面汇报。毛泽东阅后，沉思良久，随即将四句话写在一把白色丝绸折扇上，即叫警卫员将扇送给周总理。上面写道：'各求各志，各行各路；离凡离圣，离因离果。'总理一看，豁然明白，这四句话恰是一副联语"（李姿臻：《指点江山　激扬文字——毛泽东联语浅析》，《南都学坛·社会科学版》1992年第2期）。在这副扇联中用了下列典故。

典故内容：

各求各志，各行各路。——典出《史记·伯夷列传第一》："子曰：'道不同，不相为谋。'亦各从其志也。"又见，汉人王粲《咏史诗》："人生各有志，终不为此移，同知埋身剧，心亦有所施。"又见，《三国志·魏书·邴原传》裴松之注引《原别传》："人各有志，所规不同，故乃有登山而采玉者，有入海而采珠者。"又见，明人无心子《金雀记·投笔》："此乃人各有志，志各不同。"又见，清人查慎行《吴西斋农部次前韵见贻……再叠韵答之》："人生去住各有志，异梦何必非同床。"

离凡离圣，离因离果。凡，即"凡人"。——典出汉人陆贾《新语·辨惑》："夫流言之并至，虽真圣不敢自安，况凡人乎？"这里的凡人，系指一般的平庸之辈。又见，清人吴敬梓《儒林外史》首回："将相神仙，也要凡人做。"这里的凡人是指世俗之人，以与"仙人"相对应。圣，即"圣人"。圣人有多种解说，结合后面"因果"，当从佛家语去理解。——典出唐人道世编撰《法苑珠林·受请圣僧》："设斋奉请，并有征瑞，圣人通感，不可备载。"这里的圣人，当是佛教、道教对于佛祖、上仙的尊称。因果。——典出《涅盘经·矫陈品》："三世因果，循环不失。"又见，《梁书·范缜传》："贵贱虽复殊途，因果竟在何处？"其意为佛教轮回之说，善因得善果，恶因得恶果。

用典探妙：

这副联语的用典，对于林彪的行为及其后果，有科学预见之妙。上联"各求各志，各行各路"，是高度浓缩了《史记》等前贤的名言而成的妙句，是对林彪当面喊万岁，背后搞阴谋的严厉批判，也是"人各有志，不可勉强。天要下雨，娘要嫁人，有什么办法呢？"（唐意诚：《毛泽东楹联辑注》）的哲理阐说。下联"离凡离圣，离因离果"，从佛学哲理上进一步批判林彪背离人民的根本意志，将没有好下场。有"善有善报，恶有恶报，不是不报，时辰未到"（《醒世恒言》卷33）的哲理预见。

134.带领干部到田间 妙语双关对双关
——毛泽东在《对私塾先生联》中所用典故探妙

用典缘起：

1934年2月的一天，毛泽东带领干部在田间劳动休息时，有一私塾先生出一语意双关的上联，毛泽东即同样用语意双关之联为下联。其联语云："涓涓溪流，岂能作浪？星星火炬，可以燎原"（刘献璋：《毛泽东撰联播火种》，《对联》1991年第4期，第4页）。在这副楹联中用了下列典故。

典故内容：

星星火炬，可以燎原，即"如火燎原"、"星火燎原"、"星星之火，可以燎原"、"星星之火"。——典出《尚书·盘庚上》："若火之燎于原，不可向迩，其犹可扑灭。则惟汝众自作弗靖，非予有咎！"又见，明人张居正《答云南巡抚何莱山论夷情》："究观近年之事，皆起于不才武职、贪婪有司及四方无籍奸徒窜入其中者激而构搧之，星星之火，遂成燎原。"又见，明人贺逢圣《致族人书》："天下事皆起于微，成于慎，微之不慎，星火燎原，蚁穴溃堤。吾畏其卒，故怖其始也。"又见，清人张云璈《杀贼篇》："后来官畏贼，贼来官退贼愈逼。星星之火能燎原，涓涓之滴成巨渊。本期扑灭在旦夕，岂料毒流经岁年。"又见，清人孙士毅《纪盗》："捷书旦夕报神州，草泽岂容仍啸聚；星星之火涓涓泉，不忧一家忧一路。"

用典探妙：

这一副联语颇有特色。一问一答，问者语带双关之意，答者用典，同样语带双关之意以对。问者只是见溪流起意而问，没有用什么典故。毛泽东则用典以答，而在用典上有反其意用之之妙。"星星火炬，可以燎原"，从表面上看，是承用"如火燎原"的典意和其中的部分语词。实则不然，从各自的句意来看，毛泽东是有反用上联其典意之妙。

商汤的都城原来在亳，到其第九代孙盘庚时，已经迁都多次了。盘庚当权后，要将都城迁至殷，因而遭到王公们的反对，盘庚对此十分生气，在对这些王公大臣进行批评时，举例说燎原之势的大火，人们也是可以扑灭的，坏现象再多，同样也是可以铲除的。权衡如火燎原的完整意义，毛泽东的"星星火炬，可以燎原"是有反用"如火燎原"的整体意义的妙联，所展现的是革命的大好形势有不可阻挡之妙。

135.棒打鸳鸯逼离散　十年重逢喜结缘
——毛泽东在《贺乐能、凤珠成婚联》中所用典故探妙

用典缘起：

1934年7月下旬的一天，在毛泽东的关怀下，乐能主持与凤珠喜结良缘。在婚礼上，毛泽东妙言中含一联道贺："十年重逢，喜龙得凤；历尽劫难，破镜重圆"（余伯流、陈钢：《毛泽东在中央苏区》，中国书店1993年1月版，第513页）。在这副楹联中用了下列典故。

典故内容：

破镜重圆，即"破镜重合"。——典出宋人李昉《太平广记·气义》："陈太子舍人徐德言之妻，后主叔宝之妹，封乐昌公主，才色冠绝。德言为太子舍人，方属时乱，

恐不相保，谓其妻曰：'以君之容，国亡必入权豪之家，斯永绝矣。倘情缘未断，犹冀相见，宜有以信之。'乃破一镜，各执其半，约曰：'他日必以正月望，卖于都市，我当在即，以是日访之。'及陈亡，其妻果入越公杨素之家，宠嬖殊厚。德言流离辛苦，仅能至京，遂以正月望访于都有市，有苍头卖半镜者，大高其价，人皆笑之。德言直引至其居，予食，具言其故，出半镜以合之。乃题诗曰：'镜与人俱去，镜归人不归。无复嫦娥影，空留明月辉。'陈氏得诗，涕泣不食。素知之，怆然改容，即召德言，还其妻。"唐人孟棨《本事诗·情感》与此大致相同。又见，宋人周文谟《念奴娇》："杨柳楼台歌舞地，长记一枝纤弱。破镜重圆，玉环犹在，鹦鹉言于昨。秦筝别后，知他几换弦索。"又见，明人凌濛初《二刻拍案惊奇》卷9："若果如此，真是姻缘不断。古来破镜重圆，钗分再合，信有其事了。"又见，元人陆文圭《点绛唇·情景四首（其四）》："闷托香腑，泪痕一线红膏溜。将身错就。枉把鸳鸯绣。柳带青青，攀向行人手。天知否？白头相看守。破镜重圆后。"又见，清人纪昀《阅微草堂笔记》卷23："破镜重合，古有其事。若夫再娶而仍元配，妇再嫁而未失节，载笈以来，未之闻也。"此典皆比喻夫妻分离后又重新团圆。《景德传灯录》卷17："破镜不重圆，落花难上枝。"

用典探妙：

在这一副联语中，虽说只用一典，然这一典故"破镜重圆"有统领全联之妙，也就是说，有统领乐能、凤珠这一对夫妻由其悲惨命运到幸福结合的全过程之妙。

所谓"破镜重圆"一典有统领全联之妙，就是说，联语中的"十年重逢"、"历尽劫难"、"喜龙得凤"这些句子，最终一点，都落到了"破镜重圆"上，悲剧最后成了"天下有情人终成眷属"这样一幕喜剧，给人以美的享受。

所谓"有统领乐能、凤珠这一对夫妻由悲惨命运到幸福结合的全过程"之妙，因为这里也有一个动人的"破镜重圆"的故事。

话说毛泽东1934年7月下旬住在离瑞金38里的"云山古寺"时，他与这个寺里见识广博、才华横溢、年方30多的乐能主持，在谈诗论文、说经讲道等方面均谈得十分投机，他们相处非常融洽。有一天，乐能在山中遇一恶徒追逼一少妇，乐能见义勇为，将其解救出来，见其无路可走，只得将其安顿在寺里。毛泽东得知此事，便劝说乐能将其纳为内助。不料在洞房花烛夜，乐能发现她竟是自己昔日的情人。

话分两头，原来乐能在10年前是广东一位富家的少爷，名叫龙书文，与丫环凤珠苦苦相恋。因为"门不当、户不对"，龙父心生一计，将龙书文送往波兰留学，待龙书文学成回国，凤珠早已被赶出了龙家之门，传说已经投海自杀。龙书文为了对抗家父的蛮不讲理，出家当了和尚。然"月老"不忘这对有情人，凤珠跳海后，大难不死、为人所救，沿途辗转、流落瑞金。途中为抗强暴凌辱逃出了虎口，为乐能所救。十年不见，狼狈出逃，"龙""凤"相遇，虽是以往恋人，一时难认，洞房花烛，互道身世，悲喜交集，倾诉衷肠，一言难尽。毛泽东知此，惊喜万分，诗情联兴顿涌心头，妙联一副嵌一典，"破镜重圆"贺新婚！

136.同学逝世遭不幸 感怀国事书挽联
——毛泽东在《挽同学联》中所用典故探妙

用典缘起：

1917年在湖南一师学习时，有一同学不幸逝世，毛泽东深有所感，题一挽联是："与其苟且偷生，生无足道；非为奋斗而死，死有余哀"（刘汉民、舒欣：《毛泽东诗词对联书法集观》，长江文艺出版社1998年版，第288页）。在这副楹联中用了下列典故。

典故内容：

苟且偷生，亦即"偷生苟活"。——典出《后汉书·戴凭传》："（凭谢曰）臣无謇谔之节，而有狂瞽之言，不能以尸伏谏，偷生苟活，诚惭圣朝。"又见，《三国志·吴主传》南朝宋人裴松之注引《吴书》："（秦旦与黄疆等议曰）今观此郡，形势甚弱；若一旦同心，焚城烧郭，杀其长吏，为国报耻，然后伏死，足以无恨。孰与偷生苟活为囚虏乎？"又见，宋人王令《与杜子长书》："令贫无资，身术从礼，有责不敢易。受寒饿死，惧辱先人后，以故苟且偷生。"又见，明人陆采《明珠记·禁怨》："自家只因一时忠愤，违忤权奸，陷身天牢内，……幸得大理寺官员，怜我无罪，时时周给衣食，苟且偷生。"苟且偷生，是一条典故性质的常见成语，意为只图眼前利益、眼前的安逸，得过且过，勉强地生存下去。

死有余哀。——典出《汉书·路温舒传》："盖奏当之成，虽咎繇听之，犹以为死有余辜。"又见，三国魏人曹植《七哀》诗："上有愁思妇，悲叹有余哀。""死有余哀"当是由"死有余辜"与"悲叹有余哀"糅合而成。

用典探妙：

毛泽东面对当时国家民族处于危机四伏的时刻，看到同学的逝世而生发出无限感慨，抒发了对于"生""死"的独特看法。而这一种看法，正是其借助典故的妙用得以恰当的表达。

首先是妙将典故性质的成语"苟且偷生"入联，提出人生中的一种生存方式，紧接着就将这一种生存方式用"生无足道"一语予以彻底的否定，形成"顶针"辞格，有给人以印象深刻之妙。

其次是换字变用成语形式典故"死有余辜"为"死有余哀"和化用语典"悲叹有余

哀"，组成新句"死有余哀"，使其兼具"死有余辜"与"悲叹有余哀"二典中的典意，其内蕴变得更为丰富。意含在中华民族处于危难之时，这样"不敢于奋斗"而死，其死是死不足惜、死得可悲可叹的。这就不仅仅是与"非为奋斗而死"形成"顶针"之妙，同时更有加深人们对于"非为奋斗而死"的深刻认识之妙。

读罢此联，毛泽东的生死观、人生观、价值观尽含其中矣！

137.雾绕青山美如画　红旗招展动情思
——毛泽东在《对老者联》中所用典故探妙

用典缘起：

1934年1月16日，毛泽东带领干部在瑞金沙洲坝乌石垅劳动时，有一老者见雾绕青山偶出一上联，毛泽东为劳动的红旗飘扬所感速对下联。其联语是"雾锁高山，哪个尖峰可出？火烧原野，这杆红旗敢行"（刘献璋：《毛泽东撰联播火种》，《对联》1991年第4期，第4页）。在这副楹联中用了下列典故。

典故内容：

雾锁高山，哪个尖峰可出？——典出《秀才对县官》："云锁山头，哪个尖峰敢出？日穿洞壁，这条光棍难拿"。（载梁石、梁栋：《中国古今巧对妙联大观》，中国文联出版公司1991年版，第246页）

用典探妙：

这一副联语通俗易懂，但细细思考，却深含哲理。之所以如此，妙就妙自有其出典。

首先是这一副联语所隐含之典故富有趣味性与哲理性之妙，因而老者与毛泽东所撰之联同样富于趣味性和故事性之妙。

相传过去有一个穷秀才因为为人写状子而受到牵连。官府将其带到大堂之上，这秀才大叫"冤枉"！这个县官口拈一联云："云锁山头，哪个峰尖敢出？"面对这突如其来一联，这秀才不假思索云："日穿洞壁，这条光棍难拿！"这位县官为其才所打动，将穷秀才留在身边当公差了。可以说，县官之联是在借"云锁山头，哪个尖峰敢出？"一语显示其可一掌遮天的权力之大，你这个穷秀才有冤屈可叫你无处申辩。穷秀才的"日穿洞壁，这条光棍难拿！"更是富于巧思，一语双关、形象而生动，亦是对县官的胡作非为的警告。上下联均隐机趣、颇富哲理，因而老者与毛泽东的这一副妙用此典之联必然同样有此写作效应。

其次是老者与毛泽东的这一副联语的点化之妙。

老者的"雾锁高山，哪个尖峰可出？"可以说只是将县官的"云锁山头，哪个尖峰敢出"略改数字成联，当然其点化手法是精妙的。而毛泽东的点化则并未完全照穷秀才的"日穿洞壁，这条光棍难拿"予以点化，因为秀才的应对虽妙，但多少带有一点儿被动式应付，锋芒毕竟略显不足。毛泽东的"火烧原野，这杆红旗敢行"一联，既点化县官之出联，又点化穷秀才之对联，既用县官联中之字词与典意，同时亦用穷秀才联中之字词与典意，使其语显雄强，在气势上有主动"出击"之妙！

138. "重瞳子"乌江自刎 "眇一目"山河一统
——毛泽东在《评点〈徐州怀古〉联》中所用典故探妙

用典缘起：

1957年3月19日，毛泽东在经徐州到南京的飞机上，与工作人员谈元朝诗人萨都剌的《徐州怀古》，并在书上写有一副评点联语："项羽重瞳，犹有乌江之败；湘东一目，宁为赤县所归"（杜忠明：《毛泽东的对联艺术》，大连出版社1996年版，第49页）。在这副楹联中用了下列典故。

典故内容：

项羽重瞳。项羽。——典出《史记》等资料。项羽（前232—前202），名籍，字羽，下相（今江苏宿迁西）人，楚国贵族，秦末农民起义领袖。重瞳。——典出《史记·项羽本纪》："吾闻之周生曰：'舜目盖重瞳子。'又闻项羽亦重瞳子，羽岂其苗裔邪！"旧时既用以指舜同时亦指羽。又见，唐人李白《远别离》："九疑联绵皆相似，重瞳孤坟竟何是？"又见，唐人徐汇《偶书》："高皇冷笑重瞳客，盖世拔山何所为。"又见，清人王士祯《虞美人·本意》："拔山盖世重瞳目，眼底无秦鹿。"

乌江之败，即"乌江自刎"或"自刎乌江"。——典出《史记·项羽本纪》等资料。公元前202年，项羽中韩信的"十面埋伏"之计，被围于垓下（今安徽灵璧东南），后突围至乌江（今安徽和县东北）。乌江亭长要他渡过乌江，以图东山再起，他以无面目再见江东父老，自刎而亡。

湘东一目。湘东，即湘东王萧绎。——典出《南史》等资料。湘东王萧绎（508—554年），梁武帝第七子，曾封湘东王。他"眇一目"，即湘东王只有一只眼睛。《南史·梁元帝徐妃传》："妃以帝眇一目，每知帝将至，必为半面妆以俟，帝见则大怒而出。"唐人李商隐《南朝》："休夸此地分天下，只得徐妃半面妆。"

宁为赤县所归。——典出《后汉书》卷46《邓禹传》附邓顺："训抚接边民，为幽部所归。"

用典探妙：

这是毛泽东论历史人物时，抒发感慨的一副评点联语，其用典之妙在于：

497

以人名典故带出人物的生理特点、事业成败成联，使联语产生强烈的对比之妙与引人入胜之妙。

西楚项羽与湘东王萧绎，都有显著的生理特点，项羽有重瞳，可谓天生有帝王之相，而萧绎则是一个"独眼龙"。这在人物形象上因产生了强烈的对比，故能给人们以十分深刻的印象。

有重瞳又如何呢？虽然"重瞳"乃帝王之相，且一度功勋盖世，但终因刚愎自用，而兵败乌江、自刎身亡。萧绎虽说只有一目，但好学成才，曾一举平定侯景之乱，恢复先帝基业，即位江陵。这同样能给人们以深刻的印象。

毛泽东的这一副评点联语还有其紧扣评点对象，有补充词意、生发新意之妙。

所谓紧扣评点对象之妙，有补充词意、生发新意之妙，就是说，毛泽东的这一副评点联是针对元人萨都剌的《木兰花慢·彭城怀古》一词的。萨都剌在这一首词中，抒发了自己空怀雄心壮志、人生匆匆、百年如寄的惆怅之感，而在词中，对于项羽着墨最多。如"想铁甲重瞳，乌骓汗血，玉帐连空。楚歌八千兵散，料梦魂、应不到江东。……"毛泽东的上联"项羽重瞳，犹有乌江之败"，有概括补充"想铁甲重瞳……"这一段词意之妙。

但毛泽东的赋诗为文，是决不会步人"后尘"、陈陈相因的。他的下联"湘东一目，宁为赤县所归"则有生发新意之妙。因为萨词只是想当年，项羽气吞万里如虎，对于他为何难以成就功业之因，没有着墨、没有解说，更谈不上评说了。毛泽东的"湘东一目，宁为赤县所归"，意为萧绎能宁边安国，乃"重瞳"不及"一目"也。可以说既是对项羽"楚歌八千兵散"之因的解说，更是对项羽刚愎自用后果的批判。

139.罗宗瀚遭敌毒手 志未酬名垂千古
——毛泽东在《挽罗宗瀚联》中所用典故探妙

用典缘起：

1926年，国民党左派罗宗瀚同志被北洋军阀毒死。毛泽东所作的挽联是："羡哲嗣政教长才，竟成千古；叹吾党革命先锋，又弱一个"（唐意诚：《毛泽东楹联辑注》，第62页）。在这副楹联中用了下列典故。

典故内容：

又弱一个，亦作"又一个弱"。——典出《左传·昭公三年》："齐公孙灶卒，司马灶见晏子，曰：'又丧子雅矣。'晏子曰：'惜也，子雅不免，殆哉！姜族弱矣，而妫将始昌。二惠竞爽，犹可，又弱一个焉，姜其危哉！'"这里所讲的是：齐惠公有两个孙子（即文中的"二惠"），一是公孙灶（字"子雅"），一是公孙虿（字"子尾")。二人皆刚强爽朗(即"竞爽")。二惠之一的子雅之死,削弱了姜姓齐国,而将使妫姓的陈国昌盛起来,晏子为之惋惜。又见,宋人刘克庄《祭林元晋武博文》:"西山之门,存者几人;又弱一个,莫赎百身。"又见,清人赵翼《扬州哭秋园之讣》:"老去朋旧稀,晨星日寥落,何当远耗来,又惜一个弱。"

用典探妙:

罗宗瀚是毛泽东的同学,是坚持国共合作、支持工农运动、积极致力于革命工作的国民党左派,在其短暂的一生中,在政治工作、教育工作、革命工作诸多方面,表现了他的杰出才华。毛泽东在这副挽联中,以"又弱一个"之典,不仅仅哀叹与惋惜其不幸被害,同时又因"又弱一个"之典暗含"二惠竞爽"一典的典意,这就兼赞了罗宗瀚的杰出才华,与挽联的首句"羡哲嗣政教长才"妙相呼应,可谓有一典兼二意之妙。

140.萧三借书有条件 莫逆之交因妙联
——毛泽东在《对萧三联》中所用典故探妙

用典缘起:

1910年下半年的一天,当毛泽东得知萧三同学有一本《世界英雄豪杰传》时,他前去借看。这萧三可不比一般人,他自有借规——非要对出他的出联,否则别想借书。毛泽东应对萧三的一副联语便成了一副绝妙之联。全联是:"目旁是贵,瞆眼不会识贵人;门内有才,闭门岂能纳才子"(赵志超:《萧三——第一位写毛泽东传的人》,《退休生活》1991年第9期,第41页)。在这副楹联中用了下列典故。

典故内容:

门内有才,闭门岂能纳才子。——典出清人黄瑞《对小姐联》:"门内有才,虽闭户潜修,月月有朋门口问;穴中固鸟,倘窝居远徙,山山飞出穴力穷。"这副对联里隐藏有一个这样的故事:黄瑞在清雍正九年(1731年)进京赶考时,不幸途中遇盗被抢,只落得个两手空空,不得不沿途求乞进京。有一日行至一座李姓别墅,当其上门求乞时,小姐出有上联,黄瑞从速对出了下联。小姐将"门"、"才"合成为"闭"字,"月"、"月"合成为"朋"字;黄瑞则将"穴"、"鸟"合成为"窝"字,"山"、"山"合成为"出"字,"穴"、"力"合成为"穷"字。这一副拆合字联语实有构思精巧之妙。又见,旧时一先生《对学生联》:"门内有才何闭户;寺边无日不逢时。"这一副旧时古联亦隐藏一个对联故事:相传有一个调皮的学生总想见识一下自己的私塾先生的才学。在一天的晚上,当私塾先生刚刚关门时,他便在门外用上联借口去问功课。这位私塾先生自知其有指桑骂槐之意,然出对巧妙,先生在又恼又喜之际,速成下联以示警戒之意。出对以"门"、"才"合成"闭"字,应对以"寺"、"日"合成繁

499

写的"時"字。出对应对可谓各尽其妙。

用典探妙：

当时就读东山学校的毛泽东是一个贫困的农家子弟，穿着破旧，萧三则是世代书香门第。毛泽东去向他借书，自然不会高兴，故其出联深含讽刺、嘲笑之意。毛泽东则既要借到书，但也要不失人格，故其应对在展现才华的同时，亦有不失分寸地予以反诘与责难，使萧三听联后折服而感自愧，故而速速借书，二人不断加深了解后，遂成莫逆之交。

毛泽东可谓古旧联话烂熟于心，有点化前人联语为己联而又难见痕迹之妙。毛泽东取用了古联中的"门内有才"成"闭"字的语料、典意与手法，摒弃了古联就事论事的被动答对之法，改之以反诘责问而又不卑不亢，展现了毛泽东用语机巧、待人绵里藏针之妙。

141. "读不在三更五鼓" "功只怕一曝十寒"
——毛泽东在《自勉联》中所用典故探妙

用典缘起：

毛泽东在湖南第一师范读书时，作有一副自勉，其联云："贵有恒，何必三更起五更眠；最无益，只怕一日曝十日寒"（张贻玖：《毛泽东的书房》，工人出版社1987年9月版，第106页）。在这副楹联中用了下列典故。

典故内容：

贵有恒，何必三更起五更眠；最无益，只怕一日曝十日寒。——典出明人胡居仁《自勉联》："苟有恒，何必三更眠五更起；最无益，莫过一日曝十日寒。" 贵有恒（苟有恒）。——典出汉人崔瑗《座右铭》："行之苟有恒，久久自芬芳。" 三更起五更眠。——典出清人何德刚《春明梦录》卷下："天皆未明，即见小王公纷纷下学。儒者本有'三更灯火五更鸡'之语。"又见，清人颐琐《黄乡球》第16回："从前只把三更灯火五更鸡，埋头在八股试帖小楷的各种事情，以为是能吃苦了。"又见，清人李玉《永团圆》第2折："我一面织绢，你一面读书。古人云：'三更火，五更鸡。'不可将有限光阴，轻轻抛掷了。"又见，清人彭元瑞《书斋联》："何物动人，二月杏花八月桂；有谁催我，三更灯火五更鸡。"又见，清人陶澍《四川彭县摩云书院联》："化雨无私，忆往昔踏雪来过，曾话春风一席；摩云有志，愿诸生凌霄直上，勿忘灯火三更。"

一日曝十日寒，即"一暴十寒"。——典出《孟子·告子上》："虽有天下易生之物也，一日暴（曝）之，十日寒之，未有能生者也。"意为晒一天，冷十天，即使最容易生长的植物也会难以生长起来。后演变为指工作与学习没有恒心、时冷时热、努力少而荒废多的这种不良习惯和不良现象。又见，宋人朱熹《朱子全书·论语（学而时习之）》："一暴十寒，终不足以成其习之之功。"又见，明人朱舜水（朱之瑜）《题安积觉逐日功课自实薄》："学者用功，须是渐进而不已，日计则不足，岁计则有余，若一暴十寒，进锐退速，皆非学也。"又见，清人宣鼎《夜雨秋灯录·珠妓情殉》："所与游者，多非益友，酒食游戏相征逐者，趾错于庭，纵有二三老成持重者施以针砭，而一暴十寒，终归无益。"

用典探妙：

胡居仁的自勉联是一副名联，毛泽东的这一副自逸联语也是一副名联。胡居仁的联语用了典故"一暴十寒"，意蕴深刻。从用典的角度上来看，毛泽东的这一副联语在承用了典故"一暴十寒"的基础上，有将胡居仁这一联语当作一条"大"典故点化而用之妙。其妙表现在：

一是更为通俗易懂之妙。

从用典的角度来看，毛泽东当是将胡居仁之联当一个"大"典故，即全局性的典故而用。胡居仁之联虽说一般人都能读懂，但毛泽东将其"苟"字化而为"贵"字；将其"莫过"一语化而为"只怕"二字，则其语意更为强烈，更为明白通俗，完全是大众化的语言了。

二是更富于逻辑性之妙。

胡居仁之联中"三更眠五更起"，毛泽东将其化而为"三更起五更眠"，尽管写的都是学习的刻苦，这似乎是没有什么区别。但细细想来，"三更眠五更起"对于一般人来说，似难于办到，因为这正是人们酣睡之际。而"三更起五更眠"，则更合人们之常理。从这一角度来看，毛泽东的这一副用典联语更富于逻辑之妙。

三是用典有质疑传统读书法的反用之妙。

联语中的"何必三更起五更眠"，是对传统读书法的大胆质疑。旧诗有"三更灯火五更鸡，正是男儿立志时"（钱剑夫主编：《中国古今对联大观》，上海文艺出版社1998年1月版，第804页）的说法，也有"三更灯火五更鸡"、"三更火，五更鸡"的苦读习惯，对于这样有损身心健康的苦读方式方法，毛泽东以"何必"予以否定，在其联语中反用"三更灯火五更鸡"之典意而强调读书重在一个"恒"字。这与郭沫若"读不在三更五鼓，功只怕一曝十寒"（汪少林、杭丹：《书的知识手册》，百花洲文艺出版社1990年版，第232页）的读书观点，实乃有异曲同工之妙。

501

142.饱学士特才试智 毛泽东诚服其心
——毛泽东在《对夏默庵联》中所用典故探妙

用典缘起：

1917年的暑假期间，毛泽东"游学"来到湖南的安化县，前去拜访该县的饱学之士、劝学所所长夏默庵。夏默庵自视甚高，根本瞧不起这位三次要求一见的"游学"先生。在万般无奈之际，于青案之上飞笔书联试才，以能对出其联去决定接见与否。才华横溢的毛泽东自然不会败在其一联之下。他们的联语是："绿杨枝上鸟声声，春到也，春去也？青草池中蛙句句，为公乎，为私乎"（于俊道、李捷：《毛泽东交往录》，人民出版社1991年版，第338页）。在这副楹联中用了下列典故。

典故内容：

青草池中蛙句句，为公乎，为私乎，暗用"晋惠闻蟆"。——典出《晋书·惠帝纪》卷4："帝又尝在华林园，闻虾蟆声，谓左右曰：'此鸣者为官乎，私乎？'或对曰：'在官地为官，在私地为私。'及天下荒乱，百姓饿死，帝曰：'何不食肉糜？'其蒙蔽皆此类也。"

用典探妙：

这位饱学之士真称得上"才高八斗"、饱学平生，所出上联，可谓"绝对"。其老辣之笔、其矜恃之态、其含蓄问春、其讥讽之意，大有拒毛泽东这位游学之士于门外之意。

毛泽东虽说年纪轻轻，但其才学已远在其上。他的下联则有暗用"晋惠闻蟆"一典为联之妙。在毛泽东的这一副下联中，既用"晋惠闻蟆"一典中的语词，又用这一典故中的典意，以问对问、以讽对讽、以辣对辣、以寓意对寓意，但难见其用典之痕，使这位饱学之士为之一惊，不得不折服毛泽东的才学，热情相待。

143."大小五井金銮殿" "万夫莫开五大关"
——毛泽东在《大井住房门联》中所用典故探妙

用典缘起：

1928年新年，毛泽东在他大井住房的大门框贴的春联是："行州府，茨坪县，大小五井金銮殿；会打仗，会打圈，万夫莫开五大关"（钟恒：《井冈山斗争时期的红色文化》，《党史文苑》2006年第11期，第45页）。在这副门联中用了下列典故。

典故内容：

金銮殿，亦即"金銮"。——典出唐人李白《赠从弟南平太守之遥》其一："承恩

502

初入银台门，著书独在金銮殿。"又见，唐人白居易《山中与元九书因题后》诗："忆昔封书与君夜，金銮殿后欲明天。"又见，元人白仁甫《花月东墙记》："脱却旧布衣，直走上金銮殿。"又见，唐人李德裕《长安秋夜》诗："内宫传诏问戎机，载笔金銮夜始归。"又见，唐人韩偓《感事三十四韵》诗："紫殿承恩久，金銮入直年。""金銮殿"，本是唐朝一宫殿名，后泛指皇帝的宫殿。

万夫莫开。——典出《淮南子·兵略训》："一人守隘，而千人弗敢过也。"又见，唐人李白《蜀道难》："剑阁峥嵘而崔嵬，一夫当关，万夫莫开。"又见，《三国演义》第86回："曹真兵出阳平关，赵子龙拒住各处险道，果然'一将守关，万夫莫开'。"又见，清人俞万春《荡寇志》第91回："那兖州府城东镇阳关，两山陡立，中夹泗河，峻险异常，真是一夫当关，万夫莫开。"

用典探妙：

毛泽东的这副门联的用典，有充满着幽默、乐观情趣之妙。

上联言井冈山革命根据地的建设，幽默地称"行州"、"茨坪"建设得像府第、州县一般好，而大小五井则更是建设得似金銮殿一般的美、一般的固若金汤。"金銮殿"一典，重在取其比喻意义之妙，形象生动而又通俗易懂。

下联道这些胜利果实的取得，来源武装割据，而武装割据的成功，来源于对敌斗争的正确的战略战术。"会打仗，会打圈"一语，浓缩了下面一段十分经典的内容："我们三年来从斗争中所得的战术，真是和古今中外的战术都不同。用我们的战术，群众斗争的发动是一天比一天扩大的，任何强大的敌人是奈何我们不得的。我们的战术就是游击的战术。大要说来是：'分兵以发动群众，集中以应付敌人。''敌进我退，敌驻我扰，敌疲我打，敌退我追。''固定区域的割据，用波浪式的推进政策。强敌跟追，用盘旋式的打圈子政策。''很短的时间，很好的方法，发动很大的群众。'这种战术正如打网，要随时打开，又要随时收拢。打开以争取群众，收拢以应付敌人。三年以来，都是用的这种战术"（《毛泽东选集》第1卷，第103－104页）。更兼有固若金汤的黄洋界、朱沙冲、桐木岭、双马石、八面山五大哨口的军事建设，所谓"会打圈"，就是如毛泽东在1929年4月13日的《前委来信》（摘要）中所言："强敌来了，就用盘旋式的打圈子政策对付他。""万夫莫开"一典，实乃取"一夫当关，万夫莫开"的整体喻意，既是形容，更具写实之妙！

503

144.一代宗师驾鹤去 挥泪敬挽哭先生

——毛泽东在《挽杨昌济联》中所用典故探妙

用典缘起:

1920年1月17日上午5时,病魔夺去了杨昌济这位正直的大学者的宝贵生命。1月25日,杨先生灵停法源寺,蔡元培、李大钊、杨度等名人及其生前好友设祭追悼,许多人都送了挽联。毛泽东的挽联是:"忆夫子易箦三呼,努力努力齐努力;恨昊天不遗一老,无情无情太无情"(张世安:《毛泽东名联趣话》,山东人民出版社1994年1月版,第87页。在张世安先生所录下的这一副联语中,"恨昊天不遗一老"中的"遗"为"遣"。从用典的角度来看,此"遣"当为"遗",故笔者改"遣"为"遗"。特作说明)。在这副楹联中用了下列典故。

典故内容:

恨昊天不憖遗一老。——典出《诗经·小雅·十月之交》:"不憖遗一老,俾守我王。"又见,《左传·哀公十六年》:"孔子卒,公诔之曰:'昊天不吊,不憖遗一老,俾屏予一人在位。'"又见,汉人蔡邕《陈太丘碑文》:"天不憖遗一老,俾屏我王。"又见,宋人秦观《曾子固哀词》:"天不憖遗一老兮,固缙绅之所伤。"又见,明人张岱《祭外母刘太君文》:"乃天不憖遗一老,镜石先生痛罹水厄。"

用典探妙:

毛泽东的这一副挽联,写得形象生动而又情真意切。尤其是联中的一处用典,有切合敬挽者与被挽者各自身份之妙,有囊括"天不遗一老"这一典故古时此典语词与典意之妙。

所谓切合敬挽者与被挽者各自身份之妙,杨昌济是毛泽东最尊敬的长辈与导师,而"天不遗一老",其意为上天不肯暂时留下这样一位可敬的老人。毛泽东将此典用于自己的挽联之中,正切合学生与先生之间各自的身份。

所谓有囊括古时此典语词与典意之妙,就是说,毛泽东的"恨昊天不遗一老",不仅用了古时此典中的语词,而且他的整个下联"恨昊天不遗一老,无情无情太无情",几乎将笔者在上述所列的出典中那悲伤责天、怨天的典意尽纳联语之中,从而使联语的内蕴独显深厚之妙。

504

145.平江惨案中外惊 临危不惧大义明
——毛泽东在《挽平江惨案烈士联》中所用典故探妙

用典缘起:

1939年6月12日,蒋介石国民党反动派一手制造了震惊中外的"平江惨案"。毛泽东以中共中央的名义所撰写的挽联是:"在国难中惹起内讧,江河不洗古今憾;于身危时犹明大义,天地能知忠烈心"(张世安:《毛泽东名联趣话》,山东人民出版社1994年版,第99页)。在这副楹联中用了下列典故。

典故内容:

江河不洗古今憾。——典出宋人陆游《王给事饷玉友》:"散发萧然蒲苇林,马军送酒慰孤斟。江河不洗古今恨,天地能知忠义心。无侣有时邀落月,放狂连夕到横参。玉船湛湛真秋露,却恨鹅儿色尚深。"

天地能知忠烈心。——典出同上。

用典探妙:

"平江惨案"轰动全国、震惊海外,激起了全国抗日军民的极大愤慨。在对蒋介石国民党反动派进行揭露谴责的同时,我党我军为了抗战的大局,对这一事件的处理充分地展现了我党我军的抗战战略思想,因而在用典上也有充分的展现,表现了毛泽东的用典之精妙高超。

这一副联语总共四句,其中上下联的后两句均是用典,用典的"份量"是很重的。

"江河不洗古今憾",有对陆游的"江河不洗古今恨"的改用之妙。

"江河不洗古今恨",是陆游对于收复失地、一统中原的壮志难酬个人之恨、民族之仇的苦痛抒发。毛泽东的"江河不洗古今憾",则是对蒋介石国民党反动派"在国难中惹起内讧"的最为严厉的批判。在日寇凭陵、国难方殷的关键时刻,挑起内讧的蒋介石国民党反动派,"江河不洗"其丑恶行径,他们将被永远地钉在历史的耻辱柱上。

"天地能知忠烈心",亦有改用"天地能知忠义心"之妙。

虽说"天地能知忠烈心"也是只改动陆游"天地能知忠义心"句中一字。"天地能知忠义心"一语,这是陆游个人对于宋王朝那忠义之心无处报的苦痛的呐喊。毛泽东的"天地能知忠烈心",则是对所有在"平江惨案"中牺牲的战友,为了坚持抗日民族统一战线这一大义而献身的褒奖,他们的行动、他们对革命的忠心,天地可鉴,将永远光照日月、永垂不朽、流芳青史!

毛泽东还撰有一副《挽平江惨案烈士联》,可与此联参读。现引于后:

日寇凭陵,国难方殷,枪口应当对外;

吾人主战,民气可用,意志必须集中。

505

（引自吴直雄：《楹联巨匠毛泽东》，广东人民出版社2003年版，第404页）

联中的"日寇凭陵"，当用唐人高适《燕歌行》中的"山川萧条极边土，胡骑凭陵杂风雨"之典意，这也是非常恰切的。

146.台儿庄痛击日寇 守孤城将军献身
——毛泽东在《挽王铭章联》中所用典故探妙

用典缘起：

在1938年的台儿庄大战中，为了保障此战的胜利，王铭章率5000健儿孤军深入，固守滕县孤城，1938年3月17日与日军展开激战，以全部为国捐躯的代价，阻止侵华日军矶谷谦介的第10师团沿津浦线长驱南下。毛泽东为其所撰的挽联是："奋战守孤城，视死如归，是革命军人本色；决心歼强敌，以身殉国，为中华民族争光"（董志英：《毛泽东轶事》，昆仑出版社1989年版，第137页）。在这副楹联中用了下列典故。

典故内容：

视死如归。——典出《管子·小匡》："平原广牧，车不结辙，士不旋踵，鼓之而三军之士视死如归。"又见，《韩非子·外储说左下》："三军既成陈（同"阵"），使士视死如归，臣不如公子成父。"又见，《史记·范雎蔡泽列传》："是故君子以义死难，视死如归；生而辱不如死而荣。"又见，三国魏人曹植《白马篇》："捐躯赴国难，视死忽如归。"清人李汝珍《镜花缘》第50回："阿妹真是视死如归，此时性命已在顷刻，你还斗趣！"

以身殉国，亦即"以身许国"、"以身报国"。——典出三国蜀人诸葛亮《将苑·将志》："见利不贪，见美不淫，以身殉国，壹意而已。"又见，晋人陆机《晋平西将军孝侯周处碑》："左右劝退，处按剑怒曰：'此是吾效节授命之日，何以退为！大臣以身殉国，不亦可乎！'"又见，《宋书·沈文秀传》："（伯宗曰）丈夫当死战场，以身殉国，安能归死儿女手中乎！"又见，《晋书·周札传》："既悟其奸萌，札与臣等便以身许国，死而后已，札亦寻取枭夷。"又见，《梁书·羊侃传》："久以汝为死，犹复在邪？吾以身许国，誓死行阵，终不以尔而生进退。"又见，宋人秦观《任臣下》："夫骨鲠自信以身许国，不为利害之所挠屈者所谓大节也。"又见，清人冯桂芬《赠骑都尉刘君家传》："君之以身许国，志在必死邪？"又见，《魏书·辛雄传》："卿等备位纳言，当以身报国。"

用典探妙：

这一副联语重在写王铭章的事迹，写得明白如话。其用典之妙在于，所用之典故，皆是典故性质的成语。"视死如归"与"以身殉国"相对而用，有凸显王铭章将军斗争意志之坚与斗争决心之大之妙。

147. 积劳成疾为抗日　舍身报国树典型
——毛泽东在《挽杨裕民联》中所用典故探妙

用典缘起：

1939年7月21日，杨裕民同志终因长期转战于抗日前线而积劳成疾，病逝于山西屯留。毛泽东为他写的挽联是："国家在风雨飘摇之中，对我辈特增担荷；燕赵多慷慨悲歌之士，于先生犹见典型"（羊烂：《毛泽东同志挽烈士联》，《益阳师专学报》1984年第2期，第74页）。在这副楹联中用了下列典故。

典故内容：

风雨飘摇。——典出《诗经·国风·豳风·鸱鸮》："予羽谯谯，予尾翛翛。予室翘翘，风雨所漂摇，予维音哓哓！""漂摇"即"飘摇"。又见，宋人范成大《送文处厚归蜀类试》："死生契阔心如铁，风雨飘摇鬓欲丝。"又见，宋人郑清之《念奴娇·菊》："多少风雨飘摇，夫君何素，晚节应难改。"又见，明人归有光《杏花书屋记》："（周）孺允兄弟数见侵侮，不免有风雨飘摇之患；如是数年，始获安居。"又见，清人吴敬梓《遗园》："风雨飘摇久，柴门挂薜萝。"又见，清人珠泉居士《续板桥杂记·徐二》："壬寅仲冬，便道过访，虽座上客满，不异曩时，而风雨飘飖（同"摇"），渐觉朱颜非昔矣。"

燕赵多慷慨悲歌之士。——典出唐人韩愈《送董邵南序》："燕赵古称多感慨悲歌之士。董生举进士，连不得志于有司，怀抱利器，郁郁适兹土。"又见，唐人钱起《逢侠者》："燕赵悲歌士，相逢剧孟家。寸心言不尽，前路日将斜。"意为自古以来，在燕、赵一带有很多慷慨激昂的豪侠义士。

用典探妙：

毛泽东的这一副联语是为一位党外革命的爱国人士而写，用语显得特别亲切。在用典上同样有一种唤起特别的亲切情感之妙。

上联以"风雨飘摇"一典描绘当时国家多难，为凸显杨裕民的英雄行为作出铺垫；下联的"燕赵多慷慨悲歌之士"，是毛泽东取用唐朝韩愈《送董邵南序》的开首一句的语词与典意而成的妙句。此句之妙，妙在切合杨裕民里籍、业绩，可以唤起与杨裕民及其亲属和同人的亲情、亲切之感，同时为称颂杨裕民再一次作出了很好的铺垫。因为河北、山西一带古为燕、赵之地，古往今来，这里的英雄豪杰无数，而为抗日事业殉国的杨裕民先生"犹见典型"，这就将杨裕民的评价提到了古今豪杰数第一的高度。这种古为今用的灵活写作手法，实在是为人们用典树立了榜样。

507

148. "万里跋涉"为抗战 "一腔热血"显精神
——毛泽东在《挽白求恩大夫联》中所用典故探妙

用典缘起：

据张世安所著《毛泽东名联趣话》载，1939年11月12日因抢救伤员感染中毒，国际主义战士白求恩牺牲于河北定县。这年12月1日在延安举行的追悼会上，毛泽东所写的挽联是："万里跋涉，树立国际和平，堪称共产党员模范；一腔热血，壮我抗战阵垒，应作医界北斗泰山。"在这副联语中用了下列典故。

典故内容：

北斗泰山，亦即"泰山北斗"。——典出《新唐书·韩愈传赞》："自愈没，其言大行，学者仰之如泰山北斗云。"又见，宋人吕颐浩《与范正兴书》："顷在陕右有四轴，因兵火失之，今再获见，如拨云雾而睹泰山北斗也。"又见，金人元好问《玉峰魏丈哀挽》："只缘大事存遗藁，重为斯文惜主盟。北斗泰山初未减，秋霜烈日凛如生。"

用典探妙：

这一副挽联通过对白求恩大夫勇于奋斗，为了中国人民的抗日事业不怕牺牲、甘洒热血的英雄业绩的称赞，重在歌颂了白求恩大夫崇高的国际主义精神。但是，白求恩毕竟是一位大夫，他的这种崇高的品德，正是通过其在抗日的最前线为抗日战士治疗的精湛医术去展现的。在联语的结尾，毛泽东用了"北斗泰山"这样一个典故，这就从医德、医风、医疗技术方面，展现了白求恩大夫这位共产主义战士那不同凡响的巨大贡献！

149. "深悲未遂平生志" "没世宁交壮士心"
——毛泽东在《挽易咏畦联》中所用典故探妙

用典缘起：

1915年3月间，毛泽东的好友易咏畦不幸病逝。在5月23日的追悼会上，毛泽东送的挽联是："胡虏多反复，千里度龙山，腥秽待漰，独令我来何济世；生死安足论，百年会有役，奇花初苗，特因君去尚非时"（李锐：《毛泽东早年的一首诗》，《解放日报》1992年3月10日）。在这副楹联中用了下列典故。

典故内容：

千里度龙山。——典出南朝宋人鲍照《学刘公干体五首》（其三）："胡风吹朔雪，千里度龙山。"又见，明人陈子龙《念奴娇·和尚木春雪咏兰》："问天何事，到春深，千里龙山飞雪。"

生死安足论。——典出唐人白居易《续座右铭》："自顾行何如，毁誉安足论。"又见，南宋人文天祥《正气歌》："是气所磅礴，凛烈万古存。当其贯日月，生死安足论！"

用典探妙：

毛泽东的这一副挽联写于中华民族将要惨遭亡国灭种的关键时刻，同时也是中华民族的优秀儿女，为救亡图存，奋起反抗侵略者和所有民族败类最为激烈的时刻。在这一副联语中，毛泽东两处用了语典。

"千里度龙山"，在鲍诗中本是写飞雪随风覆盖大地势头之迅猛，毛泽东将此典借用于联语中，在其前面加有"胡虏多反复"，这就将当时帝国主义侵略者吞并我神圣领土之情势作了形象的描述，有唤起人们猛然醒悟之妙，同时亦为下列各句的展开有作出了铺垫之妙。

"生死安足论"，完全是用民族英雄文天祥之语词与典意，这就特别富有号召力和震撼人心之力，大有抒发有志之士早已置生死于度外的英雄气概之妙。

可与毛泽东用典称颂易咏畦之联相参读的，还有毛泽东的老师杨昌济先生的挽易咏畦联云：

> 遗书箧满，铁笔痕留。积瘁损年华，深悲未遂平生志；
> 湘水长流，岳云依旧。英灵怀故国，没世宁灰壮士心。

150. "世侄"情深同吊奠 戎幕奋飞共驱日
——毛泽东在《挽郭朝沛联》中所用典故探妙

用典缘起：

1939年7月5日，郭沫若的父亲郭朝沛先生病逝，享年86岁，毛泽东创作了这副挽联予以悼挽。这副联语是以毛泽东、王明、秦邦宪、吴玉章、董必武、叶剑英、邓颖超等以"世侄"的名义联名而送。联语是："先生为有道后身，衡门潜隐，克享遐龄，明德通玄超往古；哲嗣乃文坛宗匠，戎幕奋飞，共驱日寇，丰功勒石励来兹"。（余章瑞、余东东：《中华对联鉴赏》，人民日报出版社1989年版，第83页）

典故内容：

有道后身。有道。——典出《孟子·尽心上》："孟子曰：'天下有道，以道殉身；天下无道，以身殉道。未闻以道殉乎人者也。'"又见，明人傅山题山西沁源县《郭泰祠联》云："侯不得友，王不获臣，自是神仙人物；隐不违亲，贞不绝俗，合称有道先生。" 后身。——典出宋人李昉等辑《太平御览》卷360引《裴子语林》："张衡之初死，蔡邕母始孕。此二人才貌相类，时人谓邕是衡之后身。"又见，唐人李白

509

《答湖州迦叶司马》："湖州司马何须问，金粟如来是后身。"又见，唐人孟棨《本事诗·情感》："沙场征戍客，寒苦若为眠。战袍经手作，知落阿谁边？蓄意多添线，含情更著棉。今生已过也，重结后身缘。"又见，清人梁绍壬之父《大儿前身联》："大儿孔文举，小儿杨德祖；前身陶彭泽，后身韦苏州。"

衡门。——典出《诗经·陈风·衡门》："衡门之下，可以栖迟。泌之洋洋，可以乐饥。"衡门，以横木为门，喻居室之陋，家境之贫，亦指隐者之所。又见，汉人陆贾《新语·慎微》："意怀帝王之道，身在衡门之里，志国八极之表。"又见，唐人高适《酬卫八雪中见寄》："雪中望来信，醉里开衡门。"又见，唐人岑参《因假日归白阁西草堂》："胜概纷满目，衡门趣弥浓。"又见，唐人杜甫《遣兴三首》（其三）："劝汝衡门士，忽悲尚枯槁。"又见，宋人辛弃疾《踏莎行·赋稼轩·集经句》："小人请学樊须稼。衡门之下可栖迟，日之夕矣牛羊下。"

勒石，亦即"勒铭"。——典出《后汉书·窦宪传》："宪秉遂登燕然山，去塞三千里，刻石勒功，纪汉威德。"又见，唐人窦威《出塞曲》："会勒燕然石，方传车骑名。"又见，唐人姚合《送任畹评事赴沂海》："孟坚勒燕然，岂独在汉朝。"又见，唐人吴融《绵竹山四十韵》："勒铭燕然山，万代垂芳郁。"又见，明人陈子龙《出塞曲》（其三）："军中拜印礼，幕下勒铭才。"又见，柳亚子《金缕曲·南社同人会于武林泛舟西湖》词："铁骑长驱河朔清，勒石燕然山里。"又见，其《次韵答沫若》："天禄著书余事耳，燕然勒石亦豪哉。"

用典探妙：

这一副挽联之妙，妙在它充分地展现了中国文化积淀之深和毛泽东腹笥之厚。毛泽东在这副挽联中，妙用匿姓而又切姓的用典之法，因而使这副联语产生了挪近时空，让联中主人翁及其后人，以与其古时的同姓贤人"同歌共舞"，因而使这副挽联产生了异乎寻常的艺术效果。

一是联语以匿姓匿名形式的切姓用典法的运用之妙，这就是暗切郭姓，赞郭沫若之父，使联语有独到的修辞效果。这副联语并未出现郭泰之姓名，然首句"先生为有道后身"，"有道"一语隐指：郭泰的著述流播四方，有用于当世。在延熹九年（166年），太常赵典举郭泰为"有道"，郭泰的名望极高，这就将郭泰与郭朝沛勾连起来。"后身"是佛家语，佛教有"三世"之说，即前身、今身、后身。相对于前身而言，"后身"乃"转世之身"。"转世之身"一语，在人的交际之中以及在文学的创作上，逐渐地化为某人的才情相貌，恰似前代的某人的一种比喻说法。联中的"有道"，暗指郭氏先贤"有道先生"——郭泰（公元128－169年）处于汉末乱世，虽为太学生首领，不就官府征召，后归乡里。党锢之祸起，遂闭门教授，生徒达数千人。先贤的"后身"——郭朝沛，身处军阀混战之乱世，同样为人正直，热心公益事业，注重儿辈教育，德高而望重，被人尊为乡里贤达，在其享年和社会身望等方面，可谓超越了往古前贤。

二是妙切郭姓，颂郭沫若本人。"有道先生"郭泰，文才高深，为太学生首领，郭氏的后起之秀郭沫若，则不但是一代文坛宗匠，而且从戎抗日，其文学之成就、抗日之功勋，足以勒石励后人。

长江后浪推前浪，一代新人超旧人。郭先贤有功于朝廷，郭氏后人则超越了其先贤。毛泽东在这副挽联中，以匿姓匿名而又切姓的用典之法，给读者以深深的启迪与思考，借褒扬郭朝沛、郭沫若父子其有名的先祖的同时，实有让联语接受者在感到与先祖同受荣耀之时，而受到异乎寻常的莫大鼓舞之妙！

151.化劣为优反"围剿"　由弱变强擒敌酋
——毛泽东在《题第一次反"围剿"誓师大会联》中所用典故探妙

用典缘起：

1930年12月25日，我工农红军在江西宁都小布召开了第一次反"围剿"誓师大会。毛泽东为大会所题的联语是："敌进我退，敌驻我扰，敌疲我打，敌退我追，游击战里操胜算；大步进退，诱敌深入，集中兵力，各个击破，运动战中歼敌人"（郭化若：《"诱敌深入"活捉张辉瓒》，《星火燎原》（选编之二），中国人民解放军战士出版社1979年版，第70页）。在这副楹联中用了下列典故。

典故内容：

敌进我退，敌驻我扰，敌疲我打，敌退我追……大步进退，诱敌深入，集中兵力，各个击破。——典出《孙子兵法·计篇》："强而避之，怒而挠之，卑而骄之，佚而劳之。"又见，《孙子兵法·军争篇》："善用兵者，避其锐气，击其惰归。"又见，明人无名氏《草庐经略·游兵》："游兵者，谓其兵无定在也。必士果锐而骑超捷，将勇悍而善应变。时而东复时而西，时而出乎时而入；敌怒而迎，我引而退；敌倦而息，我临而扰；击其左复击其右，击其前复击其后；击其懈弛而无备，仓卒难救；抄其谷食，焚其积聚，劫其辎重，袭其要城，取其别营，绝其便道；或朝或暮，伺敌之隙，乘间取利，飘忽迅速，莫可踪迹。"

操胜算，亦即"操必胜之数"、"操必胜之券"、"稳券"、"胜算"。——典出《管子·明法解》："故明主操必胜之数，以治必用之民；处必尊之势，以制必服之臣。"又见，《孙子兵法·计篇》："夫未战而庙算胜者，得算多也；未战而庙算不胜者，得算少也。多算胜，少算不胜，而况于无算乎？吾经此观之，胜负见矣。"又见，《史记·平原君列传》："且虞卿操其两权，事成，操右券以责；事不成，以虚名德

君。"又见，清人林则徐《覆奏永昌汉回情形片》："务当筹画万全，操必胜之权（权亦即作券）相机攻剿。"

用典探妙：

1930年11月，蒋介石调集10万强敌，对我中央革命根据地进行了一次大规模的"围剿"，其时我中央红军仅有4万。如何对付强敌，经过激烈的争论，最后确定了毛泽东的战略方针政策。毛泽东的这一副对联，就是其对敌方针政策的最集中的体现。

毛泽东在这一副对联中的"敌进我退，敌驻我扰，敌疲我打，敌退我追"这一"十六字诀"，实际上就是对《孙子兵法》，《草庐经略·游兵》这些相关段语典的高度概括与浓缩，也是对1928年1月提出的"坚壁清野，敌来我退，敌走我追，敌驻我扰，敌少我攻"的对敌作战原则的总结。这样的联语，有易记、易懂、易写、易领会之妙。就是一些没有什么文化的红军指战员，均能烂熟于心，并根据他们所在的根据地的实际，去创造符合彼时彼地的作战口诀和指挥原则。如在洪湖地区提出了："你来我飞，你去我归，人多则跑，人少则搞。"在湘鄂赣边区则提出了："彼集我散，彼散我集，昼伏夜出，化整为零。"

在敌强我弱的情况下，它是完全符合歼灭敌人保存自己的活的辩证法的。实践也充分证明，第一次反"围剿"的结果是强敌之首脑人物张辉瓒被俘，其9000余人无一漏网。

毛泽东对自己的这副对联中所高度概括的战术，曾在《星星之火，可以燎原》中有过精辟的论述。他这样写道："用我们的战术，群众斗争的发动是一天比一天扩大的，任何强大的敌人是奈何我们不得的。"他在《中国革命战争的战略问题》中进一步分析道："十六字诀包举了反'围剿'的基本原则，包举了战略防御和战略进攻的两个阶段，在防御时又包举了战略退却和战略反攻的两个阶段。"品味这两段精到的兵法论述，毛泽东的这副联语的用典之妙、解典之透和实践运用之活，实能开人之心扉、启人之心智、动人之情怀，实可让人体会用典之三昧，让人牢记难忘！

152. "大局岂堪重破坏" "忠魂何忍早游离"
——毛泽东在《挽张淮南联》中所用典故探妙

用典缘起：

在抗日战争时期的国民党代表张淮南先生，于1941年的8月11日病逝。这年的11月9日在重庆举行的追悼会上，毛泽东所送的挽联是："大计赖支持，内联共，外联苏，奔走不辞劳，七载辛勤如一日；斯人独憔悴，始病热，继病疟，深沉竟莫起，数声哭泣已千秋"（任喜民：《对联艺术》，宁夏人民出版社1985年版，第46页）。在这副楹联中用了下列典故。

典故内容：

斯人独憔悴。——典出唐人杜甫《梦李白二首》："冠盖满京华，斯人独憔悴。"

千秋，暗用"千秋万岁"、"千秋万古"等典意。——典出《韩非子·显学》："今巫祝之祝人曰：'使若千秋万岁。'千秋万岁之声聒耳，而一日之寿无征于人，此人所以简巫祝也。"又见，《战国策·楚策一》："乐矣，今日之游也。寡人万岁千秋之后，谁与乐此矣。"又见，《史记·梁孝王世家》："上与梁王燕饮，尝从容言曰：'千秋万岁后，传于王。'"这里的"千秋万岁"是婉言帝王之死，亦泛指死。又见，三国魏人阮籍《咏怀诗·十九》："千秋万岁后，荣名安所知？乃误羡门子，噭噭今自蚩。"又见，晋人陶渊明《拟挽歌辞三首》："千秋万岁后，谁知荣与辱。但恨在世时，饮酒不得足。"又见，南朝梁人江淹《恨赋》："置酒欲饮，悲来填膺。千秋万岁，为怨难胜。"这里的"千秋万岁"，意为历经年代长久。又见，唐人杜甫《梦李白二首》："千秋万岁名，寂寞身后事。"又见，唐人刘长卿《哭陈歙州》："千秋万古葬平原，素业清风及子孙。"又见，唐人杜牧《悲吴王城》："千秋万古无消息，国作荒原人作灰。"又见，宋人汪元量《越州歌二十首（其六）》："师相（贾似道）平章误我朝，千秋万古恨难消。"这里的"千秋万古"，意为千年万代之久远。毛泽东联语中的"千秋"，主要是用来形容张淮南虽死，然其革命精神与革命事业永世长存。

用典探妙：

毛泽东在这一副对联中计用了两个典故。这两个典故在这一副联语既有承上启下之妙，又有刻画与描写张淮南为抗日事业鞠躬尽瘁的那种特有形象之妙，更具有总括性赞叹其为抗日事业名垂千古之妙。

所谓有承上启下之妙和有描写其为抗日事业鞠躬尽瘁的那种特有形象之妙，就是说，上联叙写了张淮南先生在抗日事业中的巨大贡献，以至于积劳成疾，一句"斯人独憔悴"就是他积劳成疾原因之所在，以及其逝世缘由的说明，更是这样一种病态的形象描绘，同时亦是张淮南在抗日事业中所作贡献的肯定与赞颂。

所谓更具有总括性赞叹其为抗日事业名垂千古之妙，就是说，毛泽东在这副楹联的结尾，用上了"数声哭泣已千秋"一句，这里的"千秋"一典，典意特别的丰富。这里的"千秋"，不仅仅是婉言张淮南的病逝，更隐含了张淮南是为中华民族的抗日大业而死，他死得重于泰山，他的事迹、他的名声将千秋万古，千秋万岁之名将永垂青史。

对于张淮南的不幸病逝，我党不少高级领导人均有联语相挽，以表示对时局的看法和对张淮南病逝的叹挽，这些挽联，可为人们深入理解毛泽东挽张淮南联参读。如叶剑英元帅当年所写的挽联是：

豺虎尚纵横，大局岂堪重破坏；

巴渝多雾瘴，忠魂何忍早游离。

153. "有为国士先我去"　"后起英豪相继来"
——毛泽东在《挽叶挺等烈士联》中所用典故探妙

用典缘起：

据《实用对联大全》、《中华对联鉴赏》等楹联书和史书所载：1946年4月8日，中国共产党政协代表王若飞、政协宪草审议委员会代表秦邦宪，因国民党推翻政协协议，从重庆回延安向党中央报告和请示，因其时天气恶劣，飞机至山西兴县黑茶山失事。其时在飞机上的有前新四军军长、在不久前获释的叶挺将军，解放区职工联合会筹备会主任邓发，中国共产党中央委员王若飞、秦邦宪，第18集团军总部中校参谋李绍华，副官魏万吉、赵登俊等同志，与美军机械师4人一同罹难。在4月19日延安的追悼会上，毛泽东所创作的挽联是："天下正多艰，赖斗争前线，坚持民主，驱除反动，不屈不挠，惊听凶音哀砥柱；党中留永痛，念人民事业，惟将悲苦，化成力量，一心一德，誓争胜利慰英灵。"在这副挽联中用了下列典故。

典故内容：

不屈不挠，亦即"不挠不屈"。——典出《汉书·叙传下》："乐昌笃实，不挠不屈。"

砥柱，亦即"底柱"、"中流砥柱"。——典出《晏子春秋·谏下》："吾尝从君济于河，鼋衔左骖，以入砥柱之中流。"又见，宋人张孝祥《王提举》："落木纷披，凛长松之独立，颓波浩渺，屹砥柱于中流。"又见，宋人朱熹《与陈侍郎书》："方群邪竞逐，正沦消亡之际，而二公在朝，天下望之，屹然若中流之底柱，有所恃而不恐。"又见，明人无名氏《鸣凤记·忠良会边》："砥柱中流，不避延陵剑。"又见，明人丁鹤年《自咏》："长淮横溃祸非轻，坐见中流砥柱倾。"

一心一德，亦即"一德一心"。——典出《尚书·泰誓》："乃一德一心，立定厥功，惟克永世。"又见，宋人欧阳修《太尉王文正公神道碑铭》："文考中宗，一德一心，克终厥位，有始有卒，其可谓全德元老矣。"又见，清人羽衣女士《东欧女豪杰》第2回："总要我们平民一心一德，这却什么事情做不来！"

用典探妙：

这是毛泽东所撰写的一副长联。联语高度地概括了"四八"烈士们，在为争取中国人民的解放事业的彻底胜利所立下的汗马功劳。尤其是在这副联语中所运用的三个典故，有如三个闪光之珠镶嵌在联语之中，将这些革命精英在中国革命中的突出作用与贡献凸显出来，让人们在追悼叶挺将军等革命烈士的丰功伟绩的同时，能深感其极富感染力与号召力之妙！

为了告慰英灵，当时叶剑英、何香凝、陈毅、张云逸、黎玉等革命领导人均作有挽联予以悼念。何香凝所写的挽联是：

哭老友战友哀有为国士先我去；

勉青年壮年盼后起英豪相继来。

154. 康联名世字千金 删改"二十"更奇神
——毛泽东在《删改后的康有为"三潭印月"碑亭联》中所用典故探妙

用典缘起：

康有为曾在杭州西湖"三潭印月"碑亭创作了一副名联。其联云："岛中有岛，湖外有湖，通此卅折画桥，览沿堤老柳，十顷荷花，食莼菜香，如此园林，四洲游遍未尝见；　霸业销烟，禅心止水，阅尽千年陈迹，当朝晖暮霭，春煦秋阴，山青水绿，坐忘人世，万方同慨更何之。"毛泽东将此联删改去"二十"个字并手书之，后于2004年9月在"三潭印月"立碑（这副改了二十字并重新书写的联语，亦可视为毛泽东的剥体联作，故笔者将其探妙之），删改的联语是："岛中有岛，湖外有湖，通此卅折画桥，食莼菜香，如此园林，四洲游遍未尝见；霸业销烟，禅心止水，历尽千年陈迹，山青水绿，坐忘人世，万方同慨欲何之。"在这副联语中用了下列典故。

典故内容：

四洲，即四大洲。——典出《大唐西域记》等资料：佛经上称世上有四大洲：东胜身洲（东毗提河洲）、南赡部洲（阎浮提洲）、西牛货洲（瞿陀尼洲）、北俱卢洲（郁单越洲）。又见，《西游记》首回写作："感盘古开辟，三皇治世，五帝定论，世界之间，遂分为四大部洲：曰东胜神洲，曰西牛贺洲，曰南赡部洲，曰北俱芦洲。

禅心止水。禅心。——典出唐人李欣《题璿公山池》："片石孤峰窥色相，清池皓月照禅心。"禅心，佛家语，谓清静寂定之心境。又见，《西游记》第23回："三藏不忘本，四圣试禅心。"止水。——典出《庄子·德充符》："人莫鉴于流水，而鉴于止水。"止水，即静止不流动的水。因为止水澄清，可以照鉴，后人用以喻心境宁静，胸怀纯洁。唐人白居易《长庆集·临登右常侍制》中有："朴中沉厚，心无诡诈，介圭不饰，止水无波。"又见，其《玩止水》诗："动者乐流水，静者乐止水。"

陈迹。——典出《庄子·天道》："夫六经，先王之陈迹也。"又见，晋人王羲之

515

《兰亭序》："向之所欣，俯仰之间，已为陈迹。"

坐忘。——典出《庄子·大宗师》："堕肢体，黜聪明，离形去知，同于大通。"意为端坐而全忘一切是非、物我差别的一种精神状态。又见，唐人白居易《睡起晏坐》："行禅与坐忘，同归无异路。"

用典探妙：

康有为的这副楹联，实属联中上品，改易一字，可值千金，就是连毛泽东这样的楹联巨匠，对此联也是赞叹不已。据张贻玖所著《毛泽东和诗》一书的第80页载，毛泽东在批注大观楼长联后，连类而及地写道："……近人康有为于西湖作一联，颇可喜。"兴之所致，还凭记忆书写之。又据刘汉民、舒欣所著的《毛泽东诗词对联书法集观》一书的第267－269页载：1954年春，毛泽东在杭州西湖的三潭印月读到近人康有为书写的这副长联，感叹地说："景情融洽，佳作、佳作！"并笑对秘书林克说："林克，劳驾你把它记下来，回去研究！"毛泽东所说的"回去研究"，并不是随便说说而已。时隔四年之后，他将康联删改了20个字，并意气纵横、笔走龙蛇地书写之。书法见2004年9月在三潭印月所立联碑。

细细品味康联和毛泽东的删改联，笔者以为有如下之妙。

一是改典有力避重复与一般化之妙。

按照典故划分的时限，康联中的句子基本上可视其为典故之句。毛泽东将上联中的"览沿堤老柳，十顷荷花"删之。毛泽东为什么要这样删呢？笔者以为：就整个西湖一带的联瓌而言，苏堤老柳、十顷荷花，是一种重复。如江庸的《题杭州灵隐寺联》云："古迹重湖山，历数名贤，最难忘白傅留诗，苏公判牍；胜缘结香火，来游初地，莫虚负荷花十里，桂子三秋。"至于西湖联中含"苏堤春晓"之作，亦不泛见，故而毛泽东删之，乃其理所当然。上联已删两句，而在下联与上联对应的"当朝晖暮霭，春煦秋阴"就非删不可了。况此句较为一般，删后使联语变得短些，但更精悍。

二是在下联中换字之后，有使联句显得更为精切之妙。

下联将"阅"字改为"历"字，别小看这一改动，"阅"、"历"二字，看似意义相同，实则有些微之别。用"历"，在这里有统指之意。"历尽"即多次经历之意。"阅"，在这里就是"看"的意思，而且一般不与"尽"相搭配，故"历尽"比"阅尽"更为精当。"更"，当有"更替"之意，因"更替"而生发感慨，似与前面的坐忘人世小有不协，而改"更"为"欲"，不仅用语更显洒脱，且与"坐忘人世"则有丝丝入扣之妙。

155.所痛战争风云急　中原我军丧栋梁
——毛泽东在《挽彭雪枫联》中所用典故探妙

用典缘起：

1944年9月11日，彭雪枫在河南夏邑与日、伪、顽军作战时，不幸牺牲。1945年2月7日，中共中央和八路军总部在延安中央大礼堂为他所举行的追悼会上，毛泽东为他撰写的挽联是："二十年艰难事业，即将彻底完成，忍看功绩辉煌，英名永存，一世忠贞，是共产党人好榜样；千万里破碎山河，正待从头收拾，孰料血花飞溅，为国牺牲，满腔悲愤，为中华民族悼英雄"（邹光忠主编：《实用对联大全》，中国物资出版社1990年版，第761页）。在这副楹联中用了下列典故。

典故内容：

破碎山河，亦即"山河破碎"。——典出南宋人文天祥《过零丁洋》："山河破碎风飘絮，身世浮沉雨打萍。"

正待从头收拾。——典出宋人岳飞《满江红》："壮志饥餐胡虏肉，笑谈渴饮匈奴血。待从头收拾旧山河，朝天阙。"

用典探妙：

彭雪枫同志是我党我军的重要领导人，他的牺牲，是我党我军的一个重大损失。毛泽东的这一副挽联，简明扼要地概括了彭雪枫同志一生的革命英雄事迹。在下联开首两句的连用典故，有紧扣当时客观形势之紧迫和承前启后，以及痛惜英雄牺牲非时、凸显其在中国革命中的重要作用之妙。

"破碎山河"、"待从头收拾旧山河"二语，是从文天祥、岳飞的名句中抽取而成的新句。毛泽东将此句扩变而成"千万里破碎山河，正待从头收拾"，有如下诸多精妙之处。

一是用典紧扣了当时的革命形势之妙。

1944年，正是我党我军力量不断壮大之时，同时也正是日、伪、顽势力末日终将到来之际，这正是祖国的破碎山河正待我党我军收拾重整之时。

二是用典有承前启后之妙。

就是说，下联开首的这两句，承接了上联的基本内容——这样的英雄人物，正是重整旧山河的重要人物。开启了下联的内容——这样重要的人才，可惜牺牲了，令人悲痛。

三是用典有凸显彭雪枫在革命事业中的重要作用之妙。

在宋代中原大片土地为金所占领的情况下，岳飞的"待从头收拾旧山河"一语，展现了岳飞的雄心壮志和他在抗金事业中的重要作用。毛泽东将这一语典扩而化用为

"千万里破碎山河，正待从头收拾"，同样有展现彭雪枫同志在整个民族的解放事业中的重要作用之妙。

彭雪枫是我党我军跃马挥戈身经百战、文韬武略威名永扬的一代名将，他的不幸牺牲，是我党我军的一大损失。现录中共中央的两副记录其主要业绩的挽联，以与毛泽东的用典挽联一并参读：

遗爱满江淮，八百里山河增颜色；
功勋在祖国，千百万同志共仇雠。

为民族，为群众，二十年奋斗出生入死，功垂祖国；打日本，打汉奸，千百万同胞自由平等，泽被长淮。（以上均引自南阳地委党史委、镇平县委党史委：《一代名将彭雪枫》，《卧龙论坛》1994年第5期，第25页）

毛澤東妙用典故精粹

吴直雄◎著

人民出版社

《毛泽东妙用典故精粹》编委会

C卷

聚玉缀英成文妙 精彩精深典意浓
——毛泽东在其论著中用典探妙概说

中国不仅是诗的国度，亦是文章古国和文章大国。笔者在A卷《运用典故数千年 聚讼纷纭解奥玄——中国典故研究（主要以毛泽东妙用典故为例）概说》中，谈到毛泽东一生至少共写有9000多篇文章。笔者细考这其中的主要文章，有如下显著特点：

一是毛泽东的这些文章，均为时而写而用，承我国"尚实用"之优秀传统。关于文章尚实用，古人在这方面的论述是不少的。如唐人白居易在其《与元九书》中有言："文章合为时而著，歌诗合为事而作。"为了推翻帝封官三座压在中国人民头上的大山，为了建设强大的社会主义祖国，毛泽东就当时国内外的重大情况、紧迫问题、尖锐矛盾等，从政治的、军事的、经济的、文化的、外交的等等方面挥笔而为文，以指导其时的斗争、建设实际，闪耀其伟大的毛泽东思想的智慧与光芒；

二是毛泽东的这些文章，不论是长文还是短文，均是精悍而简洁，承我国"尚简练"之优秀传统。关于文贵精、贵简练，我国不少文章家均有其妙论。宋人陈骙在其《文则》中在论及文章内容时写道："事以简为上，言以简为当。言以载事，文以著言，则文贵其简也。"毛泽东在关于为文尚简练的问题上，有其更为全面系统的论述。他形象地描绘那些好作无实际内容长文者道："或作讲演，则甲乙丙丁、一二三四的一大串；或作文章，则夸夸其谈的一大篇。无实事求是之意，有哗众取宠之心。"（《毛泽东选集》第3卷，第800页）他还发出指示道："我们应该研究一下文章怎样写得短些，写得精粹些。……长而空不好，短而空就好吗？也不好。我们应当禁绝一切空话。但是主要的和首先的任务，是把那些又长又臭的懒婆娘的裹脚，赶快扔到垃圾桶里去。"（《毛泽东选集》第3卷，第834页）又说："写完后至少看两遍，竭力将可有可无的字、句、段删去，毫不可惜。宁可将作小说的材料缩成速写，决不将速写材料拉成小说。"（《毛泽东选集》第3卷，第844页）毛泽东的文章，尚简崇实，该长则长、该短则短，内容丰富，堪称美文，为我们讲话、写文章树立了光辉的榜样。

三是毛泽东的这些文章，文采灿然闪光，承传了我国文章尚文采的优秀传统。为文讲话崇尚文采，是我国的优秀传统。一部内容关涉到2700余年前的《左传》，就提倡为文

要有文采。《左传·襄公二十五年》中就指出为文时、文采的重要性。其中有云:"言之无文,行而不远。"《左传》文字优美,记事详明,至今魅力无穷。对于文章要有文采,毛泽东更有其形象表述。他将毫无文采的文章定为罪状。他这样写道:"党八股的第四条罪状是:语言无味,像个瘪三。上海人叫小瘪三的那批角色,也很像我们的党八股,干瘪得很,样子十分难看。如果一篇文章,一个演说,颠来倒去,总是那几个名词,一套'学生腔',没有一点生动活泼的语言,这岂不是语言无味,面目可憎,像个瘪三吗?……"(《毛泽东选集》第3卷,第837页)毛泽东的诗文语妙情真、文采奕奕、美不胜收。有其笔力千钧、形象宏伟、雄浑壮阔、动静得兼的崇高之美与绘画之美;有其中外历史纪实性与深刻性的壮丽史诗之美;有其用笔典雅、味中有味、象中寓象、意外寓意的含蓄之美;有其口语俗语入文、深入浅出、深浅互藏、明白如话、如诗如歌的音乐之美兼晓畅之美;有其形神兼备、纵横捭阖、虚实相生、情景交融、生动灵活、下笔严谨、对仗精工的神韵之美与章法之美;更有其充满爱国情怀、共产主义理想无比坚定、挑战日伪蒋顽等国内外一切反动派的无私无畏、情系人民群众的人格之美。

悠悠乎中华3000余年的文章史,其名篇佳作浩如烟海延续至今,灿如繁星的文章大家的作品影响至今。毛泽东的这些妙文,除了他汲取了先贤们那崇尚实用、崇尚简练、崇尚文采的精髓之外,他的这些文章还大量地汲取了先贤们大量地运用典故的经验。在运用典故的同时,还调动了借代、委婉、讽喻、夸张、比喻、重复、设问、对偶、比拟、双关、顶针、摹绘等等所有能使文章达到实用、简练、富于文采的一切手法,直抒己意,有"如风行水上,自然成文"(清人刘毓崧《古谣谚序》)之妙。

一般说来,运用了典故的文论是比较难懂的,但是,毛泽东的一贯主张是:"革命的文化人而不接近民众,就是'无兵司令',他的火力就打不倒敌人。为达此目的,文字必须在一定的条件下加以改革,言语必须接近民众,须知民众就是革命文化的无限丰富的源泉。"(《新民主主义论》,《毛泽东选集》第2卷,第708页)又说:要"以通俗的言语解释许多道理给工人群众听","多载些生动的文字,切忌死板、老套,令人看不懂,没味道,不起劲。"(《〈中国工人〉发刊词》,《毛泽东选集》第2卷,第727、728页)对于这个问题,早在井冈山时期,毛泽东对"军委、前委、特委发布的文告,他要亲自修改,有时还亲自动手,要求文告既要表情达意,又要通俗易懂。他曾对前委秘书江华说:'我们的宣传对象是老百姓,是普通的士兵,不是大学问家,我们要用老百姓的话来写文章,写标语。'"(钟恒《井冈山斗争时期的红色文化》,《党史文苑》2006年第11期,第43页)毛泽东正是这样的语言文字的改革者与实践者,他的这种改革实践,单就在运用典故方面而言,就为我们起到了表率作用。凡是他运用了典故的文章,除了给某些特殊人物,如文化水准特别高的或是有他的某种特别需要的之外,绝大多数都是通俗易懂的。即使有的典故比较深奥,人们联系其上下文还是能知其语意和典意的；有的用典之文，尽管人们懂其语意，然而这些运用了典故的文论，在相当多数的情况下，却是一般人所不易觉察到的，它有如盐溶于水，难见其盐之形，只能品其中之味。然而，当我们将这些典故的典源找出来之后，再与毛泽东的话语予以对照，我们就会发现毛泽东这一句话语的更深一层所提升的文意，更为精妙之处所升华的义理，体味到其用典之处言简意赅而又恰到好处，有画龙点睛之妙。这正是："能于浅处见才，方是文章高手。"（清人李渔《闲情偶记》）也诚如赵朴初先生所言："毛主席最善于运用古典，正用，反用，廓大，引申，驱使某一典故在人们联想中所形成的印象，为作品的主题服务。"（刘建屏主编：《新编毛泽东诗词鉴赏》，江苏文艺出版社2005年版，第194页）毛泽东的用典，时常不拘一格，独出心裁，以使其文内容新、体式新、文例新、语言活、见解深。因此，对于毛泽东论著中的典故，很有必要找出其典故之源（典源）和典故之流（典形），品析其在毛泽东这一句话语的精妙之处，揭示其在毛泽东这一句话语中的深层意义之所在。有鉴于此，系统地对毛泽东论著中的典故进行探讨就显得很有必要。

笔者在B卷《诗坛联坛如椽笔　千载用典数第一——毛泽东诗词、楹联用典探妙》中，就毛泽东在诗词、楹联中运用的典故，以及该典故的典源、相关典形情况进行了比较系统的探寻、品析、鉴赏与探妙，以揭示毛泽东在诗词、楹联所运用的典故的深层意蕴之所在，以帮助读者深刻领会毛泽东诗词、楹联为什么人见人爱的缘由之所在。

笔者在C卷中，拟亦就毛泽东在其论著中所运用的典故，以及该典故的典源和相关的典形进行比较系统的探寻、品析、鉴赏与探妙。但是笔者在C卷中，其写作形式与表现方法与B卷是略有不同的。

为什么呢？众所周知：诗词、楹联是所有文体中最为短小精悍的文体，尽管有时一句诗、一句词或一句楹联隐含着多个典故，然而它毕竟短小，故一首诗、一首词或一副楹联，不管其中隐含着多少典故，均可以一个总标题统摄之，并可以将该诗或该联录于"用典缘起"之中。而毛泽东的论著书信，尽管有不少是短小精悍之文，但相当多的则是气势磅礴、力透纸背的长篇名著。在这些论著之中，毛泽东妙用了不少的典故。而笔者虽说也是用一个总标题去统摄之，但要将其原文录入"用典缘起"之中是绝对办不到的，这一点，读者当是能够理解的。

面对上述情况，该怎么办呢？笔者以为，这是没有多大关系的。因为在C卷中的毛泽东论著，都是毛泽东最为基本的经典论著，也是我们最容易找到的常备之书。笔者尽量地做到拟一个主标题以统摄该篇论著之中的用典主旨，以一个录入了用典之文的题目的一句子为副标题，而当在难于这样做的时候，并机动灵活地视文章中运用典故的实际情况，在"典故探妙"一节中，有时也拟定相应的小标题去统摄运用了典故的这一篇相关的文章内容，去揭示毛泽东在这一篇文论中妙用典故的精蕴之所在；而在主标题的撰写

上，为了相对准确地表述全文的内容及其用典的主旨，尽量选择毛泽东著作中笔者所要探妙的该篇中的警句、妙句、关键句为主标题，以破折号将副标题标示之，整个标题中如若用了毛泽东的原话，则以引号标示之。

例如在品鉴、欣赏、探讨毛泽东《向国民党的十点要求》一文中的典故之妙时，这篇文章是毛泽东为延安民众讨汪大会起草的通电。笔者所取的能统摄全文主旨的标题，就是毛泽东在该文中的句子。其题为《"为挽救时局危机"；"陈救国大计十端"——毛泽东在〈向国民党的十点要求〉中所用典故探妙》。如果在文中一时难以选到合适当主标题的文句，则自撰七字句而为之。

为了尽量地减少篇幅。笔者拟仍采用下列探寻用典精妙的方式——用典缘起：诚如上述，因为本书探妙的毛泽东著作书信，在社会上流行广泛，读者一般都比较容易找到，故不能像毛泽东的诗词、楹联那样直接引用出来，而只能是用简短的几句话，引出文章之名而已；再是笔者在尔后的"典故内容"中，将毛泽东所用之典故，首先以"书出某某页"的形式标明其所在页码；而在"用典探妙"中，则是紧扣毛泽东这一篇或篇中的某一段论著的原文的，即使读者一时找不到这一段原文，在看了"用典探妙"之后，同样能够理解毛泽东这一段原文的用典本意及其精妙之所在。故而在C卷中的"用典缘起"就不抄原文，也没有必要抄原文，也不可能抄下原文。笔者只能是概略地就其创作缘起、以及要探妙的内容简要几句作出说明。

其次是——典故内容：要领会毛泽东用典之文的深层意蕴之所在，就必须找出毛泽东在这一段文章中所用典故，以及该典故的出处之所在。这里的"毛泽东在这一段文章中所用典故的出处之所在"，有必要包含如下四个方面的内容：

一是毛泽东所用之典故在其文章中的出处。因为只有标明了这个出处，不仅方便读者找到毛泽东所用典故的所在之具体之页码，而且可以让读者一眼即能看到毛泽东在文章中的每一页的用典之具体情况，同时也可以避免笔者过多地引用毛泽东用典之处的原文，这样一来就可以为本书节省不少的篇幅，故而笔者在"典故内容"中的某一具体的典故之后，先标"典故——书出该文的所在页码"；

二是这个"典故——书出该文的所在页码"中的这个典故，因毛泽东用典灵活且富于创造性，这样一来，势必出现有如下三种情况：因为在毛泽东论著中的典故，不少已经不是典源中的典故，而是毛泽东经过自己创新、加工、变用、提升了的典故，所以笔者在"典故内容"中只标毛泽东在其著作中的典故，如标"长驱直入"一典，毛泽东有时将其缩用为"长驱"，笔者就标其为"长驱"，而在紧接"长驱"之后，标出"亦即'长驱直入'"。人名典故如"黄巢式"、"李闯式"，因毛泽东在其人名之后加了一个"式"字，这就将黄巢、李闯王的斗争形式与特点也包括进去了，这就只能是直接标为"黄巢式"、"李闯式"，此其一；

而有的典故如"坐井观天"，在毛泽东著作中并未用这样四字格样式出现，而是以宣讲解说这个寓言故事主要内容形式去运用的，为了文字的简省，笔者视具体情况，就将其所用的这个故事典"恢复原状"为"坐井观天"，为了读者理解的方便，有时看情况将该典故的不同的几种说法（即一个典故的相关典形），有选择性地一一标示出来。此其二；

毛泽东在运用典故之时，有时以一段小说故事为喻，如在《论持久战》一文中的"……那就还有第三种敌我包围，这就是侵略阵线与和平阵线的关系。敌以前者来包围中、苏、法、捷等国，我以后者反包围德、日、意。但是我之包围好似如来佛的手掌，它将化成一座横亘宇宙的五行山，把这几个新式孙悟空——法西斯侵略主义者，最后压倒在山底下，永世也不得翻身。"（《毛泽东选集》第2卷，第472－473页）笔者细读其文，为了文字的简省而将该段文字提练出两个典故，这就是"如来佛之掌"与"五指山压孙悟空"，此其三。

三是指毛泽东所用的该典故之"本源"之所在。因为只有找到了毛泽东所运用的典故的这个"本源"出处，才能了解该典故的原始意义，只有理解了这个典故的原始意义，才能更深刻地体味到毛泽东在这一段文论中用典时，所结合客观实际而赋予该典故的崭新意义。这里所说的典故"本源"（即典源）存在两个问题：

这些"典源"的内容，多为古文，这些古文，一般都不难理解，但也有一些不仅不好理解，而且与其前后文关联甚为密切，如果引出前后文，则会显得过于繁杂且占篇幅过多。对于出现这种情况的典源引语，笔者拟在其引文后略作译释，或是在用典探妙的分析中兼讲其文意，总之，就是要使读者读懂，以方便理解。此其一；

毛泽东所用的该典故，有的其典源的本身并不就是在字词句上就与毛泽东所用的该典故的样式完全一致，但其意思与该典源有着紧密的联系。这样的典源，从某种意义上来说，它就是毛泽东所运用的这个典故的"母典"，笔者将这个"母典"、有时也将由"母典"演绎出来的"子典"一一标示出来，这就可以让读者清楚地看到这个典故的整个演化的过程，和毛泽东在运用它们时的提练传播情况。作为读者，了解这一个典故的典源的演化过程或是知晓毛泽东的提练过程，对于理解毛泽东是如何妙用典故是大有帮助的。有鉴于此，笔者在"典故内容"这个范畴之内，根据具体情况，如果典故语的字词或是典故的基本内容，与毛泽东所用的典故语基本相同的话，笔者即同"毛泽东诗词、楹联"中的"典故内容"的编排写作方式一样，以"又见"等形式胪列出来，这不仅是一种学术积累，而且可以使读者深入理解毛泽东所用该典故之妙，同时，也有利于人们对这一个典故的古典文意的本身的理解，和新的"典形"的产生传播情况的理解。此其二。

四是在一些在不同篇章中典故的重出问题，因为毛泽东是将其用在不同的语境中，

故有其不同的对象和不同的意义，同时为了简省读者为了解其典源、典形的翻检之劳，和不打断阅读的连贯性（除了上下篇所用的同一典故在下一篇只标"典出同上一篇"之外），不得不重标其"典源"与"子典"或曰"典形"之出处，这种做法，笔者在其他著作中已经采用过，其阅读效果是理想的。同时，近见其他一些部头较大的著作也是采用此种方法处理的。

总之，在典故内容这一栏内，笔者尽量做到使读者能很快找到毛泽东在文章中所用典故的所在页码，同时又能尽快知晓该典故的典源之所在和演化、提练过程之所在，能理解该典源中的古文之义，以期对该典故在历代的意义演化过程有一个总体的把握，这样一来，就使典故内容方面，因其典源语料的保留及其演化过程的展现，这就有利于本书的学术价值的保障与显现，并进而理解毛泽东在此处的用典精妙之所在，从而使本书的学术价值得到进一步的提升。

再次是——用典探妙：笔者的"用典探妙"，主要是要对毛泽东所用典故之手法、之意义、之效果等，进行多方面探索、多角度品评、系统地分析与鉴赏，或是就某一突出的方面以品评、以鉴赏、以探妙，以方便人们对于毛泽东用典之妙有一个较为深层次的理解，同时也是对于如何运用典故以具体的领会，最后达到对于典故的运用有一个大体上的把握，进而对于毛泽东的文论深入浅出而又幽默风趣的用典给读者以精神上的陶冶，同时也对他那精辟深邃的思想有着深刻的领悟。

C卷的用典探妙著作的范畴、内容等，主要有下列几个方面：

一是探妙《毛泽东选集》第1至5卷中的典故。第1至4卷所采用的是人民出版社1991年6月版，第5卷所采用的是人民出版社1977年4月版（现已不再发行）；

二是探妙《毛泽东著作选读》（新编本上下册）中的典故，所采用的是人民出版社1986年8月版；

三是探妙《毛泽东新闻工作文选》中的典故，所采用的是新华出版社1983年12月版；

四是探妙《毛泽东书信选集》中的典故，所采用的是人民出版社1983年12月版。

上述这些著作，是目前在全国各地最为流行和最为常见的毛泽东著作，也是影响最大、发行量最大、读者面最广的著作。这些著作，不仅仅在广大人民群众中影响最大，就是"一些导师对《毛泽东选集》推崇备至……'每次在写大文章前都要读一读毛选。'"（李朱：《哪些书影响经济学者？》，《光明日报》2003年6月12日）因为："《毛泽东选集》'是一部关于中国近代以来革命历史的百科全书，在世界观和认识论方面影响了中国数代人。书中的许多至理名言……对于我们治学做人都有深刻的指导意义。'……'《毛泽东选集》内容广泛、思想深邃、富有哲理、充满辩证法，在启迪智慧，学会由表及里、由此及彼、去粗取精、去伪存真去观察、分析问题方面，使我终生受益。'……毛泽东'言简意赅、通俗尖刻的文风，气势磅礴的诗词，对我们这一代人的影响是持久和深远的。'"（李朱：《"百名博导阅读书目"分析报告》，《中华读书报》2003年12月24日）就是在一些外国元首中，《毛泽东选集》同样引起他们的高度重视。如委内瑞拉总统查维斯，他称自己精读了《毛泽东选集》，中国之事，他能如数家珍。他称毛泽东的著作情深意浓、气象万千、可与日月争辉（2005年1月16日，水均益在中央电视台"高端访问"中访问查维斯时，查维斯总统所言）。至于新近出版的《毛泽东文集》、《建国以来毛泽东文稿》、《毛泽东军事文集》等毛泽东论著，尽管在全国范围同样流行极广，且其同样妙用了不少的典故，这些著作中所妙用的典故，亦是十分的精美，尽管笔者已经全部觅聚，并着手系统探妙，但最终考虑到要像对上述著作一样细细地写出，本书的篇幅必然太大，是一般出版社难以承印出版的，故只好将其留与日后，化为笔者的其他相关的研究著作之中。

为了能使C卷总体内容眉目清晰，笔者拟如下列（如第1卷）这种样式，即每卷以一总题统摄全卷，并对该卷作出总体的简要介绍，以利读者对于该卷的用典情况有一个粗略的了解。然后再就该卷中每一用典之篇进行探妙。

一 巩固红色新政权 奔赴抗日最前线
——毛泽东在《毛泽东选集》第1卷中所用典故探妙

《毛泽东选集》第1卷编入了第一次国内革命战争时期和第二次国内革命战争时期毛泽东的重要文章，计有18篇。这18篇文章计有16篇于397处用了典故。这些典故，绝大多数都是围绕如何发动群众，如何战胜蒋介石国民党反动派和如何将凶恶的日本法西斯强盗赶出中华大地的论述服务的。这些典故形象生动、内涵丰富，极具说服力和感染力，真可谓是：精妙典故堪激赏，继承创新手段高。

下面按文章的先后顺序，拟将毛泽东在这一卷中所用之典故予以探妙。

156.详析各阶级状况 划清谁为敌我友
——毛泽东在《中国社会各阶级的分析》中所用典故探妙

用典缘起：

毛泽东在1925年12月1日写下了《中国社会各阶级的分析》这篇文章，为了分析"谁是我们的敌人？谁是我们的朋友？"这个中国革命的首要问题。他对中国社会各阶级的经济情况作了详尽的分析。在分析的过程中用了下列典故。

典故内容：

附庸。——书出第3页。典出《孟子·万章下》："天子之制，地方千里。公侯皆方百里，伯七十里，子男五十里，凡四等。不能五十里，不达于天子，附于诸侯，曰附庸。"《礼记·王制》中亦载此语。

赵公元帅。——书出第5页（两出）。典出元明间无名氏《绘图三教源流搜神大全·赵元帅》："姓赵，讳公明。钟南山人也。自秦时避亡山中，精修至道。功成，钦奉玉帝旨为神霄副帅。……买卖求财，公能使之宜利和合。……故上天圣号为高上神霄五府大都督，……上清正一玄坛飞虎金轮执法赵元帅。"

为富不仁。——书出第5页。典出《孟子·滕文公上》："……阳虎曰：'为富不仁矣，为仁不富矣。'"又见，清人蒲松龄《聊斋志异·纫针》："富室黄某亦遣媒来，虞恶其为富不仁，力却之。"

不寒而栗。——书出第6页。典出《史记·酷吏列传》："是日皆报杀四百余人，其后郡中不寒而栗，猾民佐吏为治。"又见，《汉书·杨恽传》："下流之人，众毁所归，不寒而栗。"

青黄不接。——书出第6页。典出宋人欧阳修《言青苗第二劄子》："若夏料钱于春中俵散，犹是青黄不接之时。"又见，《元典章·户部·仓库》："即日正是青黄不接之际，各处物斛涌贵。"

竭蹶。——书出第7页。典出《荀子·儒效》："故近者歌讴而乐之，远者竭蹶而趋之。"

聊以卒岁。亦即"何以卒岁"。——书出第7页。典出《诗经·豳风·七月》："无衣无褐，何以卒岁？"又见，《左传·襄公二十一年》："……人谓叔向曰：'子离于罪，其为不知乎？'叔向曰：'与其死亡若何！《诗》曰：优哉游哉，聊以卒岁。'知也。"

如牛负重。——书出第7页。典出《佛说四十二经·佛言诸沙门行道，当如牛负重行深泥中》："勿起妄念，如牛负重，于深泥中。"

叫苦不迭。——书出第7页。典出宋元间人无名氏《大宋宣和遗事》："徽宗叫苦不迭，向外榻上忽然惊觉来，吓得浑身冷汗。"又见，《水浒传》第20回："黄安听得说了，叫苦不迭，便把白旗招动，教众船不要去赶，且一发回来。"

不相上下。——书出第7页。典出唐人陆龟蒙《甫里集·蠹化》："桔之蠹……翳叶仰啮，如饥蚕之速，不相上下。"又见，清人曾朴《孽海花》："一个令郎，字忠华，年纪与你不相上下，并不考究应试学问，天天是讲着西学哩！"

别无长物。亦即"无长物"、"家无长物"、"身无长物"、"室无长物"、"他无长物"。——书出第8页。典出南朝宋人刘义庆《世说新语·德行》："……后大闻

526

之，甚惊，曰：'吾本谓卿多，故求耳。'对曰：'丈人不悉恭，恭作人，无长物。'"又见，明人凌濛初《二刻拍案惊奇》卷39："其家乃是个贫人，房内只有一张大几，四下一看，别无长物。"又见，唐人张说《唐故左庶子赠幽州都督元府君墓志铭》："及启手归全，遗言薄葬，家无长物。"又见，宋人杨万里《笃庵》："故老谈李仙，昔日上寥廓。随身无长物，止跨一只鹤。"又见，宋人楼钥《知复州张公墓志铭》："不好华饰，图史之外，他无长物。"又见，金人元好问《赠答赵仁甫》："南冠牢落坐贫居，却为穷愁镂著书。但见室中无长物，不闻门外有轩车。"

用典探妙：

毛泽东在1925年12月1日所写的《中国社会各阶级的分析》一文中，为了分析和描绘各阶级的生活状况和经济状况，共于12处用了典故。这些典故，基本上是属于引用式用典。这一些典故的运用，有深化毛泽东这一篇论文的主题之妙，有丰富论文的内容之妙，有实事求是、言必有据之妙，有助于论证自己所提出的"谁是我们的敌人？谁是我们的朋友？"这一论点之妙。且看下列各典，是如何增强论文说服力和论证的权威性的。

"附庸"一典，本是战国时期孟子回答卫国大夫北宫锜关于周朝的等级制度中的一段话中之语。"附庸"其本意是讲附属于大国的小国，广而言之，就是指依附别的事物而生存的事物。在这第1卷的第3页，是讲"在经济落后的半殖民地的中国，地主阶级和买办阶级完全是国际资产阶级的附庸，其生存和发展，是附属于帝国主义的"。毛泽东在这里运用"附庸"一典，就将地主阶级和买办阶级的阶级本质揭之于世，也就将中国革命的主要矛头所向说得一清二楚。毛泽东妙用此典，有恰到好处之妙。

"赵公元帅"一典，本是一个民间的传说人物。他有多重的"法力"，在中国的民间取其"求财如意"一点，被捧为财神。毛泽东在第1卷的第5页中，运用此典去描绘小资产阶级中的右翼想发财的心态和他们对于革命怀疑之态，有通俗易懂且形象生动之妙。

"为富不仁"一典，本是孟子答滕文公关于如何治理国家的方法中讲到的话语。现在被广泛地用作不安好心地榨取他人而发财致富的人的刻薄行为。毛泽东运用此典去表现小资产阶级中的一些人对于洋人、军阀、土豪劣绅的不满和对中国革命取中立态度的原因。有追根究底、合榫对缝之妙。

"不寒而栗"一典，本是讲汉武帝的酷吏义纵在治理定襄时，一日杀人400，使定襄城内人人心惊胆寒之事。毛泽东妙用此典用以描绘小资产阶级中的左翼对于生活下降的惶恐之态，进而分析他们对于中国革命的态度，毛泽东妙用此典，使这一段文字分外精神。

"青黄不接"、"聊以卒岁"、"如牛负重"、"叫苦不迭"、"不相上下"、

"别无长物"，均是以成语形式出现的典故，这样的典故，尽管人们一看能懂，但追溯其典源，对于我们理解半无产阶级、无产阶级的生活状况以及他们对于中国革命的积极性之高的缘由之所在，有着难以磨灭的印象。

总而言之，毛泽东在这一篇文章中多处用典，有如多个历史人物在为其论点说话辨理，使其文章具有理直气壮、雄辩有力之妙，大大地提升了文章的表达效果。

157.打倒土豪和劣绅 "一切权力归农会"
——毛泽东在《湖南农民运动考察报告》中所用典故探妙

用典缘起：

1927年3月间，毛泽东写下了《湖南农民运动考察报告》一文，为了说明"农民问题的严重性"，提出了"打倒土豪劣绅，一切权力归农会"的命题。在论证这一系列问题时用了下列典故。

典故内容：

见所未见，闻所未闻。——书出第12页。典出西汉人扬雄《法言·渊骞》："七十子之仲尼也，闻所不闻，见所不见。"又见，《史记·郦生、陆贾列传》："越中无足与语，至生来，令我日闻所不闻……"又见，隋人薛道衡《隋高祖功德颂序》："至于振古未所有，图籍所不载，莫不见所未见，闻所未闻。"又见，唐人穆员《工部尚书鲍防碑》："言或有犯，投之不疑焉，公曰：'使上闻所未闻，圣朝之瑞也'。"又见，清人曹雪芹《红楼梦》第118回："那袭人此时真是闻所未闻，见所未见。"

暴风骤雨。——书出第13页。典出《老子》第23章："故飘风不终朝，骤雨不终日。"又见，明人吴承恩《西游记》第69回："有雌雄二鸟，原在一处同飞，忽被暴风骤雨惊散。"

罗网。亦即"天罗地网"、"地网天罗"。——书出第13页。典出元人施惠《幽闺记》："离天罗，入地网，逃生无计。"又见，《西游记》第6回："见那天罗地网，密密层层。"又见，明人梁辰鱼《浣纱记·谏父》："头颅尽白，谁知陷在地网天罗。"又见，清人钱彩《说岳全传》第25回："地罗天网遍地排，岳侯撞入运时乖。"

贪官污吏。——书出第13、14、29、33、34页（六出）。典出元人无名氏《鸳鸯被》第4折："一应贪官污吏，准许先斩后奏。"

指手画脚。——书出第13页。典出明人施耐庵《水浒传》第14回："刘唐大怒，拍着胸前叫道：'不怕，不怕'便赶上来。这边雷横便指手画脚也赶拢来。"又见第75回："见这李虞侯、张干办在宋江面前指手画脚，你来我去，都有心要杀这厮，只是碍着宋江一个，不敢下手。"

急风暴雨。亦即"疾风暴雨"。——书出第14页。典出《淮南子·兵略训》："何谓隐之天？大寒甚暑，疾风暴雨，大雾冥晦，因此而为变者也。"

顺之者存，逆之者灭。——书出第14页。典出《庄子·盗跖》："顺吾意则生，逆吾意则死。"又见，《史记·太史公自序》："夫阴阳四时、八位、十二度、二十四节，各有教令，顺之者昌，逆之者不死则亡，未必然也，故曰'使人拘而多畏。'"

落花流水。亦即"流水落花"。——书出第14页。典出唐人高骈《访隐者不遇》诗云："落花流水认天台，半醉闲吟独自来。"又见，唐人李群玉《奉和张舍人送秦炼师归岑公山》诗云："兰浦苍苍春欲暮，落花流水怨离襟。"又见，清人曹雪芹《红楼梦》第4回："这薛公子的混名，人称他呆霸王，最是天下第一个弄性尚气的人，而且使钱如土，只打了一个落花流水。"又见，五代南唐人李煜《浪淘沙》词云："独自莫凭阑，无限江山，别时容易见时难。流水落花春去也，天上人间。"

扫地以尽。亦即"扫地俱尽"。——书出第14页。典出《汉书·魏豹、田儋、韩信传赞》："秦灭六国，而上古遗烈扫地尽矣。"又见，《晋书·儒林传序》："惟怀逮愍，表乱弘寻，衣冠礼乐，扫地俱尽。"

悬心吊胆。亦即"提心吊胆"。——书出第15页。典出明人凌濛初《初刻拍案惊奇》卷19："小娥道：'小妇人冤仇在身，日夜提心吊胆，岂有破绽露出在人眼里？'"又见，明人吴承恩《西游记》第17回："众僧闻得此言，一个个提心吊胆，告天许愿。"

无家可归。——书出第15页。典出《旧五代史·明宗纪》："辛己，诏拣年少宫人及西川宫人并还其家，无家可归者，任从所适。"

街谈巷议。——书出第15页。典出《汉书·艺文志》："小说家者流，盖出于稗官，街谈巷语，道听途说者之所造也。"三国时·如淳注："街谈巷语，其细碎之言也。王者欲知闾巷风俗，故立稗官，使称说之。"又见，汉人张衡《西京赋》："街谈巷语，弹射臧否……"又见，三国魏人曹植《与杨修书》："今往仆少小所著辞赋一通，相与夫街谈巷说，必不可采。击辕之歌，匹夫之思，未易轻弃也。"

一言以蔽之曰。——书出第15页。典出《论语·为政》：在评论《诗经》时孔子说："诗三百，一言以蔽之曰：'思无邪'。"

满城风雨。——书出第15页。典出宋人僧人惠洪《冷斋夜话》卷4："黄州潘大临工诗，多佳句，然甚贫。东坡、山谷尤喜之。临川谢无以书问有新否，潘答书，曰：'秋来景物件件是佳句，恨为俗氛所蔽翳。昨日闲卧，闻觉林风雨声，欣然起，题其壁曰："满城风雨近重阳"。忽催租人至，遂败意，止此一句奉寄。'闻者笑其迂阔。"

为所欲为。——书出第16页。典出《资治通鉴·周纪》威烈王二十三年："预让又漆身为癞，吞炭为哑。行乞于市，其妻不识也。行见其友，其反识之，为之泣曰：'以子之才，臣事赵孟，必得近幸。子乃为所欲为，顾不易耶？何乃自苦如此？求以报仇，

529

不亦难乎！"

矫枉过正。——书出第16、17页。典出《汉书·诸侯王表》："……藩国大者夸州兼郡，连城数十，宫室百官同制京师，可谓矫枉过其正矣。"又见，《后汉书·仲长统传》："逮至清世，则复入于矫枉过正之检，老者耆矣，不能及宽裕之俗……"又见，《三国志·魏志·和洽传》注："孙盛曰：'矫枉过正'，则巧伪滋生。"又见，《南史·王琨传》："琨避讳过甚，父名怿，母名恭，以并不得犯，时咸谓矫枉过正。"

罚不当罪。——书出第17页。典出《荀子·正论》："夫德不称位，能不称官，赏不当功，罚不当罪，不详莫大焉。"

从容不迫。——书出第17页。典出《诗经·小雅·都人士》："彼都人士，狐裘黄黄。其容不改，出言有章。"又见，《庄子·秋水》："儵鱼出游从容，是鱼之乐也。"又见，《礼记·中庸》："诚者天下之道也。诚之者人之道也。诚者不勉而中不思，而得从容中道圣人也，诚之者择善而罪执之者也。"意为人在办事时，不因事急而紧张以至失去主张，而是有条不紊地进行着。后经逐渐演化而成"从容不迫"。又见，宋人张守《再论守御并乞豫措置六宫百司府库札子》："徐为后图，则进周旋，庶几简易而不烦，从容而不迫矣。"又见，宋人陈元晋《上曾知院书》："谢安固已逆轻之矣，从容不迫，使刘牢之以北府精兵迎击于前。"又见，清人吴趼人《二十年目睹之怪现状》第25回："这个人在公堂上又能掉文，又能取笑，真是从容不迫。"

文质彬彬。——书出第17页。典出《论语·雍也》："质胜文则野，文胜质则史，文质彬彬，然后君子。"意为一个人当其朴实有过于文采，不免粗野，而其文采有过于朴实，则又不免虚浮。只有当其朴实与文采得兼适当，这样才可以称得上是君子，才能表现其有学问有风度。又见，唐人杨炯《和刘长史答十九兄》："风标自落落，文质且彬彬。"又见，元人黄唐臣《贬黄州》："现如今御史台威风凛凛，怎敢向翰林院文质彬彬。"又见，元人郑德辉《翰林风月·楔子》："那生他文质彬彬才有余。"

温良恭俭让。——书出第17页。典出《论语·学而》："子禽问于子贡曰：'夫子至于是邦也，必闻其政，求之与？抑与之与？'子贡曰：'夫子温、良、恭、俭、让以得之。夫子之求之也，其诸异乎人之求之与？'"意为当孔子的学生子禽问孔子的学生子贡时说，当我们的老师每到一个国家时，就了解该国的政事，这是先生求来的还是别人告诉他的呢？子贡回答说，因为他老人家温和、善良、恭敬、节俭、谦让而获得的。先生的这种获得的方法，也许与别人的获得方法不一样吧！

根深蒂固。亦作"根深柢固"。——书出第17页。典出《老子·五十九章》："有国之母，可以长久。是谓根深、蒂固、长生久视之道。"又见，《韩非子·解老》："树木有蔓根，有直根。根者，书之所谓'柢'也。柢也者，木之所谓建生也；蔓根者，木之所以持生也。德也者，人之所以建生也；禄也者，人之所以持生也。今造于理者，其持禄也久，故曰：'深其根'；固其道者，其生日长，故曰：'固其柢'。柢固则生长，根深则视久，故曰：'深其根，固其柢，长生长视之道也'。"此语用以比喻基础牢固、难以动摇的意思。

矫枉必须过正，不过正不能矫枉。——书出第17页。典出同"矫枉过正"。

总而言之。——书出第15、18页。典出《汉书·货殖传》："商相与语财利于市井。"唐人颜师古注："凡言市井者，市，交易之处；井，井汲之所；故总而言之也。"又见，《汉书·高帝纪》："不能完父兄子弟。"颜师古注："乡邑之人，老及长者父兄之行，少及幼者子弟之党，故总而言之。"又见，《旧唐书·李百药传》："总而言之，爵非世及，用贤之路斯广。"又见，清人吴趼人《糊涂世界》："总而言之，只要事情成功，我是无不恪遵台命的。"

发号施令。——书出第18页。典出《尚书·冏命》："出入起居罔有不钦，发号施令罔有不臧。"又见，《淮南子·本经训》："发号施令，天下莫不从风。"又见，《淮南子·原道训》："夫能理三苗，朝羽民，徙裸国，纳肃慎，未发号施令而移风易俗者，其唯心行者乎！"

浩浩荡荡。——书出第19页。典出《尚书·尧典》："帝曰：咨！四岳，汤汤洪水方割，荡荡怀山襄陵，浩浩滔天。……"文中的"浩浩""荡荡"都是尧帝讲述当时洪水情况的话。又见，宋人范仲淹《岳阳楼记》："予观夫巴陵胜状，在洞庭一湖。衔远山，吞长江，浩浩荡荡，横无际涯。朝晖夕阴，气象万千，此则岳阳楼之大观也。"

上无片瓦，下无插针之地。——书出第20页（两出）。典出《荀子·儒效》："彼大儒者，虽隐于穷阎漏屋，无置锥之地，而王公不能与之争名。"又见，《汉书·食货志上》："富者田连阡陌，贫者亡立锥之地。"又见，《新唐书》卷35《五行志二》："成都童谣曰：'头无片瓦，地有残灰'。"又见，宋人释道原《景德传灯录·扬州丰化和尚》："问：上无片瓦，下无卓锥，学人向什么处立？"又见，明人冯梦龙《古今小说·简帖僧巧骗皇甫妻》："我上无片瓦，下无立锥，丈夫又不要我，又无亲戚投奔，不死更待何时？"

中坚。——书出第21页。典出《东观汉记·陈俊传》："上赐俊绛衣三百领，以衣中坚同心之士。"

道不拾遗。——书出第22页。典出西汉人刘向《战国策·秦策一》："道不拾遗，民不妄取，兵革大强，诸侯畏惧。"又见，司马迁《史记·商君列传》："行之十年，秦民大说（悦），道不拾遗，山无盗贼，家给人足。民勇于公战，怯于私斗，乡邑大治。"又见，《韩非子·外储说左上》："子产退而为政，五年国无盗贼，道不拾遗。"又见，《史记·循吏列传》："三年，门不夜关，道不拾遗。"

夜不闭户。——书出第22页。典出《礼记·礼运》："是故谋闭而不兴，盗窃乱贼

531

而不作，故外户而不闭，是谓大同。"《三国演义》第87回："两川之民，忻乐太平，夜不闭户，路不拾遗。"

所作所为。——书出第22页。典出《太平经》（合校本91）："各有短长，各有所不及，各有所失。故所为所作，各异不同。"清人曹雪芹《红楼梦》第16回："自此凤姐胆识愈壮，以后所作所为，诸如此类，不可胜数。"又见，清人石玉昆《三侠五义》第3回："二弟从前所作所为，我岂不知，只是我做哥哥的，焉能认真？"

鱼肉农民。——书出第24页。典出《史记·张仪列传》："毋为秦所鱼肉也。"又见，《后汉书·仲长统传》："于是骄逸自恣，鱼肉百姓，以盈其欲。"又见，清人吴趼人《二十年目睹之怪现状》第98回："无非是包揽词讼，干预公事，鱼肉乡里。"

为富不仁。——书出第24页。典出同上一篇。

颜面扫地。——书出第25页。典出同"扫地以尽"。

坐卧不宁。——书出第25页。典出《后汉书·马皇后纪》："忧惶昼夜，不安坐卧。"又见，《周书·姚僧垣传》："大将军襄乐公贺兰隆先有气疾，加以水肿，喘息奔急，坐卧不安。"又见，《封神演义》第7回："心下踌躇，坐卧不安，如芒刺背。"

罪恶昭著。——书出第25页。典出宋人赵善括《严赏罚奏议》："虽纵欲害民，怙势而贪利，罪恶昭著，无以上达。"

耳目甚多。——书出第25页。典出清人李绿园《岐路灯》第52回："潭相公要回去须从我后门出去。街上耳目众多，怕人看透行藏，便有谣言风波。"又见，清人石玉昆《三侠五义》第16回："只是目下耳目众多，恐有泄漏，实属不便。"

可见……一斑。——书出第26页。典出南朝宋人刘义庆《世说新语·方正》："管中窥豹，时见一斑。"又见，五代人韦庄《又玄集序》："管中窥豹，但取一斑。"

罪大恶极。——书出第26页。典出宋人欧阳修《纵囚论》："刑入于死者，乃罪大恶极。"

杀人不眨眼。——书出第26页。典出宋人释普济《五灯会元》卷8《元通缘德禅师》："大将军曹翰部曲渡江入寺，禅者惊走，师淡坐如平日。翰至，不起不揖，翰怒诃曰：'长老不闻杀人不眨眼将军乎？'师熟视曰：'汝安知有不惧生死和尚邪？'"

一命呜呼。——书出第26页。典出《老残游记》第15回："谁知这个女婿，去年七月感了时气，到了八月半边，就一命呜呼哀哉死了。"又见，清人石玉昆《三侠五义》第1回："谁想乐极生悲。过了六年，刘后所生之子，竟至得病，一命呜呼。"

囤积居奇。——书出第26、27页（三出）。典出《史记·吕不韦列传》："吕不韦贾邯郸，见而怜之，曰：'此奇货可居也。'"

水泄不通。——书出第27页。典出宋人释普济《五灯会元·慧明禅师》："佛法若也，水泄不通，便叫上座，无安身立命处。"又见，宋人释道原《景德传灯录》："德山门政，水泄不通。"

唯命是听。——书出第30页。典出《左传·宣公十二年》："孤不天，不能事君，使君怀怒，以及敝邑，孤之罪也。敢不唯命是听。"这"唯命是听"是战败了的郑伯对楚庄王说的话。

代庖。即"越俎代庖"。——书出第33页（两出）。典出《庄子·逍遥游》："庖人虽不治庖，尸祝不越樽俎而代之矣。"传说尧帝曾想让帝位于许由，许由以"厨师虽不去管厨房的事，但掌管祀祭的人是不会超越他所管的范围去代替厨师的工作"这样一个比喻说法而谢绝尧帝的禅让。此语后来用作包办代替的意思。

阎罗天子。即"阎罗王"。——书出第31页。典出《隋书·韩擒虎传》："其邻母见擒门下仪卫甚盛，有同王者，母异而问之。其中人曰：'我来迎王。'忽然不见。又有人疾笃，忽惊走至擒家曰：'我欲谒王。'左右问曰：'何王也？'答曰：'阎罗王。'擒子弟欲挞之，擒止之曰：'生为上柱国，死作阎罗王，斯亦足矣。'因寝疾，数日竟卒，时年五十五。"文中的"擒"即隋朝的开国名将韩擒虎。这里讲的是一个神话故事。说韩擒虎的邻居大妈有一天看到韩擒虎的门下有仪仗侍卫，颇似王侯一样的规格。这老人家奇而问之，答是来迎接大王的，话毕不见。又有人重病，忽然惊至韩擒虎家，说是要见大王。侍卫问是什么王，回答说是"阎罗王"。韩擒虎的子弟要鞭打他，韩擒虎阻止说："生为上柱国，死作阎罗王，平生足矣！"不久便卧病而亡，终年55岁。中国的"阎罗王"可谓神话多多。有"十殿阎罗"之说，如北宋名相寇准，名臣范仲淹都被称为"阎罗王"，更有包青天称为"阎罗包老"等等。

城隍庙王。即"城隍"、"城隍神"。——书出第31页。典出《易经·泰》："城复于隍，勿用师。""城隍"原是指城外的一种无水的护城壕，后渐化城市的保护神。如《北齐书·慕容俨传》："……城中先有神祠一所，俗号'城隍神'，公私每有所祈祷。于是顺士卒之心，乃相率祈请，冀获冥祐。……"这里讲的是北齐文宣帝天保六年，忠勇过人的大将慕容俨镇守郢城事。这慕容俨在敌人的重重包围下，安定民心军心，顺应军心民意，当官府和民众去"城隍神"庙中祈祷时，他也率部前往祈求暗中保祐。后来多次获得守城的胜利。"城隍神"也是历代有变。又见，宋人陆游《嘉泰会稽志》载，会稽的城隍神是越州总管庞玉。又见，《宋史·苏缄传》载，南宁与桂林的城隍是苏缄。又见，明人冯应京《月令广义》称燕都的城隍为文天祥。等等。

土地菩萨。即"土地神"。——书出第31页。典出汉时纬书《孝经援神契》："社者，土地之神，能生五谷。社者，五谷之总神。土地广博不可遍敬，故封土为社而祀之，以报功也。"我们的祖先崇拜土地，有联语云："土能生白玉；地可产黄金。"这最能说明问题。客观实际也是如此，因为没有了土地就没有了家园。土地一神也是不断有所变化。唐之书圣张旭，宋之民族英雄岳飞均依次被奉为常熟与临安的土地神。明清

533

时无名氏的《土地宝卷》中的土地神竟成了与玉帝斗法的英雄人物。土地一神，后来演变成了处处皆有的"地保"之类的小神。

玉皇上帝。即"昊天金阙至尊玉皇上帝"简称"玉皇"、"玉帝"、"玉皇大帝"。——书出第31页。典出《市上玉皇本行集经》，是道教中最有地位、最有职权、最大的神。神话中赋予他总管上、中、下三界和四方、四维上、下十方，以及胎生、卵生、湿生、化生这四生，还兼管天、人、魔、地狱、畜生、饿鬼这门道中的一切祸福。可谓法力无边，权倾宇宙。吴承恩在《西游记》中对这个玉皇大帝有着形象化的描绘。

关圣帝君。即三国时蜀汉名将关云长。——书出第33至34页。典出《三国志·蜀书·关羽传》。"关圣帝君"是明朝神宗皇帝朱翊钧给他加的封号，其全称是"三界伏魔大帝、神威远镇天尊关圣帝君"。是一个家喻户晓的历史人物与神话人物。

观音大士。即"观音菩萨"。——书出第34页。典出《道藏》本《搜神记·南无观世音菩萨》："昔有一国王，号曰'妙庄王'。三女，长妙音，次妙缘，又次妙善。善，即菩萨也。王令其赘，不从。逐之后花园，居之白雀寺。尼僧苦以搬茶运水，鬼使代之。王怒，命焚寺，寺僧俱毁于焰，而菩萨无恙如初。命斩之，刀三折。命缢以白练带，忽黑雾遮天，一白虎背之而去尸多林。青衣童子侍立，遂历地府、过奈何桥，救诸苦难，还魂再去尸多林。太白星君化一老人，指与香山修行。后，庄王病恶，剜目断臂救王。王往礼之，尔时道成，空中现千手千眼灵感观世音菩萨奇妙之相，永为香山显迹云。"这一个神话故事，颇有点情趣。说妙庄王有三个女儿，小女妙善违反了妙庄王叫她招女婿的旨意。就将她赶到后花园，住在白雀寺，寺里的尼姑让她干搬茶运水的苦事，而鬼使却为之代劳。这事又惹怒了妙庄王，命令火烧白雀寺，尼姑们均难幸免，可她却完好无损，国王就政令杀了她，可刀砍不死，刀却被折断了三次。国王无奈，命令用白练带勒死她，此时突然黑雾蔽天，跑出一只老虎将她背到了尸多林这个地方。早有青衣童子等候，陪她神游地府，过了奈何桥，拯救了不少受苦受难之人。之后又回到了尸多林。此时，太白星君指点她去香山修行。后来妙庄王身患怪疾，妙善即剜自己之眼、断自己之手臂相救。当妙庄王去答谢她时，她早已修炼成功，在空中显现出千手千眼灵感观世音菩萨的奇妙体态，永远成了香山的奇妙圣迹。这个救苦救难的观世音菩萨在中国民间是影响很大的。

口实。——书出第33页。典出《国语·楚语下》："使无以寡君（即楚昭王）为口实。"

引而不发，跃如也。——书出第33页。典出《孟子·尽心章句上》："公孙丑曰：'道则高矣，美矣，宜若登天然，似不可及也；何不使彼为可几及而日孳孳也？'孟子曰：'大匠不为拙工改废绳墨、羿不为拙射变其彀率。君子引而不发，跃如也。中道而立，能者从之。'"意为当孟子的学生公孙丑问到道是高不可攀的，为什么不将它变成可以达到的程度，以激励人们去努力办到呢？孟子回答说，高明的掌墨师不会因工人的笨拙而改变曲直的标准，有名射手后羿也不会因为拙劣的射手而改变其射箭的标准姿势。教导他人的名师，他只是拉满弓不发射而示意，摆出一副跃跃欲试的样子而已，让学习的人去体会。有能力的人便可跟随而进。唐人韩愈《雉带箭》有诗句云："将军欲以巧伏人，盘马弯弓惜不发。"

穷乡僻壤。亦作"穷陬僻壤"。——书出第34页。典出明人李时勉《北京赋》："穷陬僻壤，无一物之不遂。"又见，清人吴敬梓《儒林外史》第9回："穷乡僻壤，有这样读书君子，却被守财奴如此凌虐，足令人怒发冲冠。"

不翼而飞。亦为"毋翼而飞"、"无翼而飞"。——书出第34页。典出《管子·戒弟》管仲对桓公说过："无翼而飞者，声也。"又见，《晋书·鲁褒传》："无翼而飞，无足而走，解严毅之颜，开难发之口。"又见，《战国策·秦策三》："闻三人成虎，十夫楺椎，众口所移，毋翼而飞，故曰，不如赐军吏而礼之。"又见，清人吴趼人《近十年之怪现状》："紫旒摇头带笑道：'不见得，倘有甚靠不住，兄弟的一万金就不翼而飞了。'"

弊绝风清。又作"风清弊绝"。——书出第36页。典出宋人周敦颐《拙赋》："上安下顺，风清弊绝。"意为各种坏事绝迹，社会风气良好。

诸如此类。——书出第38页。典出《晋书·刘颂传》："诸如此类，亦不得已已。"

不胜枚举。——书出第38页。典出清人钱大昕《十驾斋养新录·艺文志脱漏》第7卷："而宋人撰述不见于志者，又复不胜枚举。"又见，清人李宝嘉《官场现形记》第19回："他的人虽忠厚，要钱的本事是有的，譬如钦差要这人八万拉达传话出来，必说十万；这道台同人家讲，必说十二万，他俩已经各有二万好赚了。诸如此类，不胜枚举。"

漫山遍野。——书出第38页。典出明人罗贯中《三国演义》第13回："于是李傕在左，郭汜在右，漫山遍野拥来。"

一呼百应。亦称"一呼百诺"——书出第38页。典出明人西周生《醒世姻缘传》第94回："他如今做了这几年官，前呼后拥，一呼百诺的，叫人奉承惯了的性儿。" 又见，清人孔尚任《桃花扇·哭主》："罗公独坐当中，一呼百诺，掌着生杀之权。"

不逞之徒。——书出第39页。典出《左传·襄公十年》："初，子驷为田洫，司氏、堵氏、侯氏、子师氏皆丧田焉，故五族聚群不逞之人，因公子之徒以作乱。"这里讲的是子驷在划分大夫们的封地时，因少给了司氏、堵氏、侯氏、子师氏土地，于是他们便联合反对子驷的余党发动叛乱。又见，《后汉书·史弼传》："外聚剽轻不逞之徒，内荒酒乐，……"这是史弼上书向桓帝刘志告发桓帝之弟渤海王刘悝要谋乱说的

话。

重利盘剥。——书出第40页。典出《红楼梦》第105回："好个重利盘剥很该全抄，请王爷就此坐下，叫奴才去全抄来，再候定夺罢。"

叶公好龙。——书出第42页。典出西汉人刘向《新序·杂事》："叶公子高好龙，钩以写龙，凿以写龙，屋室雕文以写龙。于是天龙闻而下之，窥头于牖，施尾于堂。叶公见之，弃而走，失其魂魄，五色无主。是叶公非好龙也。好乎似龙而非龙者也。"这是一个人人皆知的寓言故事。又见，明人冯梦龙《警世通言》卷18："从来资格困朝廷，只重科名不重人。楚士凤歌诚恐殆，叶公龙好岂求真。若还黄榜终无分，宁可青衿老此身。铁砚磨穿豪杰事，春秋晚遇说平津。"

用典探妙：

毛泽东在撰写这篇著名的《湖南农民运动考察报告》时，计于67处用了典故。这些典故在整篇文章的论说中，起到了异乎寻常的作用，显现了如下五光十色的妙处。

一是正意正用典故，使所表现的内容有用语精练、形象生动之妙。

所谓正意正用，就是说，用典故之本意或曰正面意义于典故之中，如："暴风骤雨"、"贪官污吏"、"落花流水"、"无家可归"这些久经流传的成语形式的典故，毛泽东将其镶嵌在自己的话语之中，将农民的革命潜力展现在世人的面前，将反革命势力的必然下场揭示出来，以"浩浩荡荡"写农民游行集会的声势，这样正用典故，均能给人以形象化之感；

以"所作所为"总括农民的革命活动，有承上启下、颇显简练之妙；以"罪恶昭著"、"罪大恶极"、"一命呜呼"、"杀人不眨眼"等成语形式的典故，概括土豪劣绅的恶行，颇富感情色彩，有为农民的革命行动张本之妙；

以"水泄不通"描绘谷米之多，以"唯命是听"、"坐卧不宁"再现农民群众团体的权威之大，以"穷乡僻壤"、"不翼而飞"表现在农民协会的努力下政治教育的普及之速；

以"弊绝风清"、"诸如此类"、"不胜枚举"、"漫山遍野"、"一呼百应"、"不逞之徒"、"重利盘剥"等成语形式的典故的运用，不仅使语言丰富多彩，而且大有展现农民协会功劳无比之妙；再是"叶公好龙"一典故的运用，对于揭露蒋介石之流口头上革命、而实际上畏惧革命和反对革命的本质，有如投枪和匕首一样犀利地解剖出来了，让世人一看即知。这一系列的成语形式典故的妙用，只要我们略知其典意，就会明显地感到毛泽东妙用这些典故使整段文字的情境能生动起来奥妙之所在。

二是增删变用典故，使所用之典故有通俗易懂、更为紧切文意之妙。

所谓增删变用典故，就是为了使所用之典故完全"适应"文章中的话语，将典故原有的"形貌"略作变动而用。如："见所未见，闻所未闻"、"急风暴雨"、"顺之者存，违之者灭"、"扫地以尽"、"悬心吊胆"等，其"形貌"均与其原典略略有意，但其典意是不变的。但更为通俗易懂、更切文意。如由"鱼肉百姓"化而为"鱼肉农民"，就有更为直切明确之妙；

由"耳目众多"化而为"耳目甚多"，虽说一字之差，用词就显得很有分寸之感；

由"上无片瓦，下无立锥"化而为"上无片瓦，下无插针之地"，不仅通俗易懂，而且在表现农民为什么有那么强烈的革命积极性这一点上，有不言自明之妙。

三是重用典故，所谓重用典故，就是一个典故重复地运用了两次以上。典故的重用，往往有强调文意、加深读者印象之妙。

如毛泽东在第1卷第20页中的"上无片瓦，下无插针之地"就用了两次，这对于强调农民的革命积极性之原因之所在，实可给人们以深刻的印象；

又如在这一卷中第26至27页中的"囤积出奇"，就重复用了三次，第一次用"囤积出奇"，所表现的是一项政策的一部分，第二次用"囤积出奇"，表现的是对这一政策的坚决执行情况，第三次用"囤积出奇"，所表现的是只执行这一政策的效果，不仅对反对"囤积出奇"有强调作用，同时亦有层次清楚之妙；

再如在这一卷的第33页中"代庖"的重复而用，亦有强调"代庖"是要不得的作用，这里的重复而用，即使不理解"代庖"的典意，读者也可知道其包办代替的意思。

四是连用神名典故，所谓连用，就是将两个或两个以上的典故接连而用，以形成神话人物系列，大有将严肃的社会现实纳入历史纵深中加以观照之妙，从而加强论证的深度与力度。

毛泽东在这一卷的第31页中，连用了"阎罗天子"、"城隍庙王"、"土地菩萨"、"玉皇上帝"五大神话人物之名，这不仅涵蕴着这些人物故事性，更为主要的是从民俗学的角度出发，揭穿这些为封建宗法服务的神权人物的反动性。在第33至34页，毛泽东连用"关圣帝君"、"观音大士"，这也是民间老百姓最信奉的神话人物，毛泽东将他们与农民协会加以对比，让广大的农民群众在历史纵深的对比观照中，开阔了眼界提高了觉悟。这样连用神话人物予以历史的推理、进行历史的深层思考，这样深厚的历史蕴藏，实有启人心智之妙。

158.分析边界的形势 坚持井冈山斗争
——毛泽东在《井冈山的斗争》中所用典故探妙

用典缘起：

毛泽东在1928年11月25日所撰写的《井冈山的斗争》一文，是当时他写给中共中央的一个报告。在这一个报告的行文中，为了汇报"湘赣边界的割据和八月失败"和"割

据地区的现势”等等情况和问题，毛泽东用了下列典故。

典故内容：

有所恃而不恐。亦即“有恃无恐”。——书出第57－58页。典出《左传·僖公二十六年》：“……齐侯曰：‘室如悬磬，野无青草，何恃而不恐？’（展喜）对曰：‘恃先王之命……恃此以不恐。’齐侯乃还。”事言公元前634年，齐孝公赴鲁国北部地区受灾领兵伐鲁。当齐军进入北部边境之时，鲁国派出展喜以劳军的方式去劝说齐侯退兵。就在齐军尚未入鲁境之时，展喜抢先来到齐军驻地见齐孝公。孝公说：我大军压境，鲁国人害怕了吧？展喜说：只有小人才害怕，君子是不会害怕的。孝公说：鲁国王室已经穷得如悬挂着的空磬一样，粮食菜食一空如洗，你们凭什么说不害怕？展喜即引历史以证之说：我所凭借的就是齐、鲁两国的先王之命。过去周公旦忠心耿耿辅佐成王，却遭到兄弟之间的谗言。成王得之真相后告诫约定世代子孙不得互相残杀。此乃有《尚书》为证。成王的盟誓一直是由齐国的国君主持这司盟之职。后有桓公，又约定诸国如有不践盟誓者，天下可以共诛之。是桓公继承了先齐大师的遗愿而拯救诸侯于危难之中。正因为如此，各国的诸侯是多么盼您能发扬先王的传统啊！所以鲁国连城墙也不去修固，都说您刚刚即位9年哪会背离传统？如果不是这样，您怎么对得起先王的在天之灵呢？您是不会这样干的呀！正因为如此，所以鲁国君臣们都感到有所仗恃才感到一点儿也不害怕呢！孝公听后，自觉无理，便率部回国。

不知所终。——书出第61页。典出《国语·越语下》：“（范蠡）遂乘轻舟以浮于五湖，莫知所终极。”又见，《后汉书·逸民传》：“俱游五岳名山，竟不知所终。”

为虎作伥。——书出第62页。典出宋人李昉《太平广记》卷430《马拯》：“伥鬼，被虎所食之人也，为虎前呵道耳。”又见，宋人孙光宪《北梦琐言逸文》卷4《周雄弊虎》：“凡死于虎、溺于水之鬼号为伥，须得一人代之，虽闻汎言，往往而有。”宋人苏轼《渔樵闲话》：“猎者曰：‘此伥鬼也，乃畴昔尝为虎食之人，既已死矣，遂为虎之役。’”这是“为虎作伥”一典在宋时的传说。到了明代，张自烈《正字通》：“世传虎吃人，人死，魂不敢他适，辄隶事虎，名伥鬼。虎行求食，伥必与俱，为虎前导，遇途有伏穽，则迁道往；呼虎曰将军，死则哭之。”又见，明人郎瑛《七修类稿》：“人为虎食，魂从于虎，字书谓之‘虎伥’。亡解（不敢离虎），凡虎之初入，则引导以避其凶。故猎者捕虎，先设汤、饭、衣、鞋于前，以为使之少滞，则虎不知，以落机阱。则否，为虎发机，徒费猎心也。及虎为人所捕，又哀号于其所在，昏夜叫号，以为无复望虎食人也。”又见，清人筱波山人《爱国魂·骂奴》：“为虎作伥，无复生人之气。”又见，清人蔡东藩《民国通俗演义》第35回：“为虎作伥，危害国家。”“为虎作伥”这样的民间传说，说的是某些人本来就是受害者，其受害之后又来害人，用于说明社会中的某些怪异现象，是难得的形象比喻。

横行无忌。——书出第62页。典出明人罗贯中《三国演义》第13回："其时李傕为大司马，郭汜自为大将军，横行无忌，朝廷无人敢言。"

大谬不然。——书出第64页。典出东汉人班固《汉书·司马迁传》载司马迁《报任少卿书》："仆以为戴盆何以望天，故绝宾客之知，忘室家之业，日夜思竭其不肖之才力，务一心营职，以求亲媚于主上。而事乃有大谬不然者。"这是司马迁在当李陵降于匈奴之后，因司马迁自己出于公心为李陵事进行了解说，而遭腐刑。因而愤恨不已说出来的一段话。意为自己本为好意进言，而后果竟然如此荒谬不堪，离奇得简直是出乎意料。

难乎为继。——书出第65页。典出《礼记·檀弓上》："孔子曰：'哀则哀矣。而难为继也。'"又见，明人海瑞《驿传议·中策下策》："目前勉强，终必疲亡，故曰下策。然居今之世，难乎其继也。"又见，清人李渔《笠翁偶集·种植部·罂粟》："牡丹谢而芍药继之，芍药谢而罂粟继之，皆繁之极，盛之至者也，欲继三葩，难乎其为继也。"

刻不容缓。——书出第67页。典出《清史稿·高宗纪》："乙卯、谕曰：'江南水灾地亩涸出，耕种刻不容缓。'"又见，清人李宝嘉《官场现形记》第53回："但是今时这两件事都是刻不容缓的，所以……"又见，清人李汝珍《镜花缘》第40回："胎前产后以及难产各症，不独刻不容缓，并且两命攸关。"

名不副实。——书出第71页。典出东汉末祢衡《鹦鹉赋》："据名实之不副，耻才能之无奇。"又见，三国魏人刘劭《人物志·效难》："中情之人，名不副实，用之有效，故名由众退，而事从事章。"

名副其实。亦即"名实相副"。——书出第72页。典出三国魏人曹操《与王修书》："君澡身浴德，流声本州，忠能成绩，为世美谈，名实相副，过人甚远。"又见，《后汉书·孔融传》："文举盛叹鸿豫名实相副，综达经学，出于郑玄。"又见，宋人范祖禹《唐鉴·玄宗下·天宝八年》："故夫孝子慈孙之欲显其亲，莫若使名副其实而不浮。"

冷冷清清。——书出第78页。典出宋人李清照《声声慢》："寻寻觅觅，冷冷清清，凄凄惨惨戚戚。"

日中为市。——书出第78页。典出《周易·系辞下》："日中为市，致天下之民，聚天下之货，交易而退，各得其所。"又见，汉人焦延寿《焦氏易林》之《丰》之《贲》："日中为市，各持所有。交易资贿，函珠怀宝。心悦欢喜。"指古时在太阳当头做买卖。这里是指在偏僻之地的贸易之所。在井冈山地区俗称"当圩"。

不可胜数。——书出第80页。典出《庄子·秋水》："子不见夫唾者乎？喷则大者如珠，小者如雾，杂而下者，不可胜数也。"

席卷。——书出第80页。典出汉人贾谊《过秦论》："有席卷天下，包举宇内，囊括四海之意。"

卷土重来。——书出第81页。典出《全唐诗》卷523载唐人杜牧《题乌江亭》诗云："胜败兵家事不期，包羞忍耻是男儿。江东子弟多才俊，卷土重来未可知。"

地利人和。——书出第81页。典出《孙膑兵法·上编·月战》："天时、地利、人和，三者不得，虽胜有殃。"又见，《孟子·公孙丑》："天时不如地利，地利不如人和。"又见，《三国志·吴书·董袭传》："讨虏承基，大小用命，张昭秉政事，袭等为爪牙，此地利人和之时也，万无所忧。"

自拔来归。亦即"自拔归"。——书出第81页。典出《新唐书·李勣传》："俄为窦建德所陷，质其父，使复守黎阳。三年，自拔来归。从秦王战东都，战有功。"这里说的是李勣率部去镇压窦建德的起义军被陷。李勣父子投降。起义军押其父，令其继续驻防黎阳。唐高祖武德三年（620年）李勣背叛起义军，重归李渊，并随从秦王李世民继续镇压起义军。又见，明人张岱《石匮书后集·流寇死战诸臣传》："刘国能……事母至孝，母以其为贼，不乐，国能请自拔归明，乃诣豫抚常道立投诚，道立招抚之。"

用典探妙：

毛泽东在《井冈山的斗争》这一篇名著中虽说只用了16个典故。且这些典故多为成语形式的典故，故而绝大多数都是通俗易懂。但在表意上均做到了无堆砌冗繁之感、有恰到好处之妙。具体表现在下列方面：

一是对于"有恃无恐"这一成语形式的典故语的拆用，有充分表现毛泽东的战略眼光之妙。将"有恃无恐"拆用镶嵌为"有所恃而不恐"，在表意的语气上有进一步强调军事割据的重要意义之所在。在词意上有反贬意为正意之妙。

二是在描绘某些"左"倾政策及当时的客观困难给井冈山革命根据地所造成损失时，所运用成语形式的典故语言，极富形象性和极富批判力。如用"不知所终"写第29团自由行动的恶果，有令人警醒之妙；用"大谬不然"批判取消党代表制度的错误，实有千钧之力；用"难乎为继"、"刻不容缓"、"名不副实"、"日中为市"表井冈山根据地要巩固要不断发展的急切之情可谓有跃然纸上之妙。

三是在刻画反动势力情景的用典上，如"为虎作伥"、"横行无忌"等的选用，有极富形象性和极富感情色彩之妙。

四是在展望革命前景的选用成语形式的典故时，有极富分寸感之妙。毛泽东面对在井冈山坚守的艰难现实，从来就不会悲观失望。以"卷土重来"、"地利人和"、"自拔来归"诸典用于结尾，有展望革命前景鼓舞斗志之妙。

159. "批评要注意政治" "创造出新的红军"
——毛泽东在《关于纠正党内的错误思想》中所用典故探妙

用典缘起：

毛泽东在1929年12月所撰写的《关于纠正党内的错误思想》一文的"关于主观主义"和"关于流寇思想"两节中，为了批判主观主义和肃清流寇思想在红军中的影响，运用了下列典故。

典故内容：

无所措手足。——书出第92页。典出《论语·子路》："刑罚不中，则民无所措手足。"又见，《陈书·后主纪》："自画冠既息，刻吏斯起，法令滋章，手足无措。"

谨小慎微。——书出第92页。典出《礼记·缁衣》："子曰：'君子道人以言，而进人以行。故言必虑其所终，而行必稽其所敝，则民谨于言而慎于行。'"这里是讲为官要用好话去开导手下之人，教育他们要谨慎一些，所以，说话必须考虑后果，行为要看是否败坏。这样一来，民众说话就会谨慎，行为就会检点。又见，《荀子·大略》："尽小者大，慎微者著。"又见，《淮南子·人间训》："圣人敬小慎微，动不失时。"又见，清人李宝嘉《官场现形记》第56回："可巧抚台是个守旧人，有点糊里糊涂，而且一向是谨小慎微。"

与日俱增。——书出第93页。典出宋人吕祖谦《为梁参政作乞镌罢政事表二首》（其二）："疾疹交作，眊然瞻视，……涉冬浸剧，与日俱增。"又见，《清史稿·圣祖纪三》："万国安，即朕之安，天下福，即朕之福，祝延者当以兹为先。朕老矣，临深履薄之念，与日俱增，敢满假乎？"

流寇。——书出第94页（五出）。典出《明史·流贼传》："流寇蔓延，几危社稷。"

招兵买马。亦称"招军买马"。——书出第94页。典出宋人朱熹《承相李公奏议后序》："招兵买马，经理财赋，分布要害，缮治城壁。"又见，元人高文秀《刘玄德独赴襄阳会》："依着恁兄弟，则在古城积草囤粮招军买马。"又见，元人无名氏《聚兽牌》一折："今有汉三公子刘文叔，在白水村兴兵聚义，招军买马，积草屯粮，欲要重兴汉室。"又见，明人无名氏《白兔记》："马跨征鞍将挂袍，柳梢枝上月儿高，将军未挂封侯印，腰下常悬带血刀。自家姓岳名勋，官拜节度使之职，如今四方离乱，民遭涂炭，士民荒凉。朝廷有旨，着俺招兵买马，积草聚粮，正是'君王有难思良将，人到中年忆子孙'。……"

招降纳叛。——书出第94页。典出《宋史·刘光世传》："楚州破，命光世节制诸镇，力守通泰。完颜昌屯承楚，光世知其众思归，欲携贰之，乃铸金银铜钱，文曰：

'招纳信宝'。""招纳信宝"后化而"招降纳叛"。又见，清人褚人获《隋唐演义》第60回："徐懋功道：'殿下招降纳叛，如小将辈俱是异国得侍左右，今日杀雄信，谁复有来降者？'"

黄巢式。——书出第94页。典出《旧唐书·黄巢传》。黄巢（？—884年），曹州冤句（今山东菏泽）人。世代贩盐。善骑射，好任侠，粗通书传。乾符二年（公元875年）率众响应王仙芝起义。王仙芝于五年战死后其为领袖，称冲天大将军，年号王霸。其一生转战江西、浙西、浙东、福建、岭南，攻克广州，后又入湖南，沿湘江而下，经鄂州东行，渡长江、淮河，进军淮北，后又攻克洛阳，入长安，即皇帝位，国号大齐，年号金统。不久，被推尊为承天应运启圣睿文宣武皇帝。金统四年（883年）为李克用所败，撤出长安，旋即攻蔡州（今河南汝南）围陈州（今河南淮阳）300日不下。次年，退至泰山狼虎谷，敌军追及，自刎而亡。黄巢之败有多种原因，其中最为主要的一条是没有巩固的革命根据地。黄巢一生转战数千里，被历来的封建统治者蔑称为"流寇"。这种没有巩固革命根据地的做法，被称为流寇主义。由上可知："黄巢式"即黄巢起义那种没有稳固的革命根据地的革命形式，其结果必然走上失败之路。

李闯式。即"李自成"式。——书出第94页。典出《明史·流贼列传》。李自成（1606—1645年），明末杰出的农民起义领袖。陕西省米脂李继迁寨人。童年曾为地主放羊，后为银川驿卒。崇祯二年（1629年）起义，为闯王高迎祥部下之闯将。次年，高迎祥战死，其为闯王。十一年在潼关战败之后，仅率刘宗敏等十余人伏于商雒山中。次年，出山再起。十三年被困于巴西鱼腹山，率50余骑突围进入河南后，他用李岩等提出"均田免赋"的纲领而得人心，起义部队发展到百万之众，成了农民起义军中的主力。崇祯十六年（1643年）在襄阳建立政权，称为新顺王。同年占领西安。次年正月建立大顺政权，年号永昌。不久克北京，推翻了明王朝的统治。明将吴三桂引清兵入关后，迎战不利，退出北京，在河南、陕西一带抗击。永昌二年（1645年）在湖北省通山九宫山为地主武装所击杀。李自成之败的原因也是多方面的，其中一个重要原因亦是长期的流动作战没有巩固的根据地所致。同样可知，"李闯式"，即指李自成起义那种没有巩固的革命根据地的革命形式，最终在训练有素且拥有稳固的东北根据地的清军的穷追猛打之下而酿成了悲剧。

用典探妙：

毛泽东在这三段文论中所用典故的最大特点是具有极强的针对性。

在批判主观主义和个人主义这两段文字中，毛泽东针对主观主义者在开展党内批评时，不注意大的方面，而只注意小的方面，在这一段文字中引用了"无所措手足"这一语典，这一语典属于正意引用，描绘了受批评者在接受这样的批评之后这样一种左右为难的形态，颇富形象生动之妙。接着，将"谨小慎微"一典正意贬而用之，将这样一种批语方式的恶果进行了有力的揭示，有令人警醒之妙。而在谈到个人主义的问题时，用了成语形式的典故"与日俱增"，充分地说明了离队思想的严重程度。

在批判流寇思想这一段不足400字的论述中，共用了5个典故，其中3个语典，两个人名典。这3个语典十分形象生动地将流寇主义的表现形式有生动描绘之妙。而两个人名典故，都是中国历史上著名农民领袖人物，他们曾是中国历史上叱咤风云、号令如山、建立过政权的人物，正是他们犯有流寇主义思想的错误，结果使他们已经到手的大部分江山得而复失。况且这种流寇主义的行为已为今日的环境所不许可。毛泽东的这两个人名典故的运用，是批判流寇主义思想的有力证据。在这一段文字中的5个典故的妙用，使这一段文字很有气势、很有历史的丰厚感，当然也就有借用历史人物为其论点说话的深度和力度。

160. 中国革命的高潮 喷薄欲出如红日
——毛泽东在《星星之火，可以燎原》中所用典故探妙

用典缘起：

毛泽东在1930年1月5日所写的《星星之火，可以燎原》，是毛泽东为答复林彪散发的一封对红军前途究竟应该如何估计的征求意见的信。在这封信中，毛泽东批评了当时林彪以及党内一些同志对时局估量的一种悲观思想。信中用了下列典故。

典故内容：

星星之火，可以燎原。亦即"星火燎原"。——书出第97、99、102页（四出）。典出《尚书·盘庚上》卷2："汝曷弗告朕，而胥动以浮言，恐沈于众。若火之燎于原，不可向迩，其犹可扑灭。则惟汝众，自作弗靖，非予有咎。"这一段话讲的是殷帝盘庚自黄河北迁到河南西亳，而其臣民安土重迁，颇多怨言。为此，盘庚告诫他们，勒令遏止那些关于迁都的流言蜚语，指出坏事是易于滋长的，这就好像野火烧着了草原一样，等到烧着了，就会使人不敢靠近，又怎么样去救灭呢？假若真的到了这种地步，正像你们所造成的那种不安定的局势，那就不是我的过错了，而是你们咎由自取了。又见，南朝宋人范晔《后汉书·周纡传》："夫涓流虽寡，浸成江河；爝火虽微，卒能燎野。"这里讲的是东汉和帝刘肇的皇太后是窦宪的妹妹，窦宪执掌朝政后专横跋扈，和帝用计处死了窦家兄弟，但还留有窦环在朝。御史周纡对此十分不放心，劝说和帝斩草除根，要将窦环杀了，于是说了上述这些比喻性的话。又见，明人张居正《答云南巡抚何莱山论夷情》："究观近年之事皆起于不才武职，贪黩有司四方无籍奸徒窜入其中者，激而沟扇之，星星之火，遂成燎原……"

皇皇不可终日。——书出第101页。典出《礼记·表记》："君子不以一日使其躬儳

毛泽东妙用典故精粹

焉，如不终日。"又见，《汉书·扬雄传·甘泉赋》："徒回回以徨徨兮，魂固眇眇而昏乱。"又见，三国魏人曹操《秋胡行》："徨徨所欲，来到此间。"又见，南朝宋人刘义庆《世说新语·言语》："（魏文）帝曰'卿面何以汗？'（钟）毓对曰：'战战惶惶，汗出如浆。'"又见，清人文康《儿女英雄传》第39回："今女母氏又见背，有茕茕焉不可终日势，凡货财筋力之扎，翁悉锐身任之。""皇皇"亦即"徨徨"之意。

干柴烈火。——书出第102页。典出明人周清源《西湖二集·侠女散财殉节》："这烈火干柴怎地瞒。"又见，明人凌濛初《二刻拍案惊奇》第11回："怎当得他每两下烈火干柴，你贪我爱，各自有心，竟自由搭上了。"又见，明人冯梦龙《醒世恒言》第8卷："（乔太守援笔判道）弟代姊嫁，姑伴嫂眠……移干柴近烈火，无怪其燃，以美玉配明珠，适获其偶。"又见，清人西周生《醒世姻缘传》第72回："谁知魏三村是干柴烈火，如何肯依？"

为渊驱鱼。——书出第102页。典出《孟子·离娄上》："故为渊驱鱼者，獭也；为丛驱爵（雀）者，鹯也；为汤武驱民者，桀与纣也。"

敌进我退，敌驻我扰，敌疲我打，敌退我追。——书出第104页。典出明人无名氏《草庐经略·游兵》："敌怒而迎，我引而退；敌倦而息，我临而扰；……伺敌之隙，乘间取利，飘忽迅速，莫可踪迹。"

可望而不可即。——书出第106页。典出唐人宋之问《明河篇》："明河可望不可亲，愿得乘槎一问津。"又见，明人刘基《登卧龙山写怀二十八韵》："白云在青天，可望不可即。浩歌梁甫吟，忧来凭胸臆。"又见，明人宋濂《危孝子传》："视吾贞昉，则若威风之翔于千仞，可望而不可即，得与失又为何如哉。"又见，清人吴趼人《二十年目睹之怪现状》第98回："所以虽是牛鬼蛇神的妓女，他见了就如海上神仙一般，可望而不可即的了。"

用典探妙：

毛泽东在这一篇文论之中，虽说所用典故不多，然各尽其妙。

"星星之火，可以燎原"一典，在文章中四次出现，每次出现，可以说是其妙不同。

一是用作题目，当可视为本文中的一个"大"典故，必具有醒目和总揽全文主题之妙。因为林彪的信的主题是：在革命处于极困难之时，看不到中国革命的前途，提出红旗到底能打多久的悲观失望论调，而毛泽东的题目"星星之火，可以燎原"，就从根本上十分形象地答复了他的悲观失望论调之根本错误；

二是在文中的第99页出现时，先是承认"1927年革命失败以后，革命的主观力量确实大为削弱了"，但这不是革命的实质，毛泽东用"星星之火，可以燎原"一典，就有深刻揭示中国革命的前途和实质、以及对悲观失望论调的彻底否定之妙；

三是在这篇文章的末尾两次出现，在语言的运用上，有先缩后拆之妙。先是概缩为"星火燎原"，这一概缩语典的出现，实有总结与描绘"中国是全国都布满了干柴，很快就会燃成烈火"一语之妙。再是在最后将"星星之火，可以燎原"一语，拆为"星火""燎原"，不仅是总括了末尾段段意之妙，而且有诵读的节奏感之妙，更有回应和总结全段前段文字开启后一段文字之妙。而典故"敌进我退，敌驻我扰，敌疲我打，敌退我追"，可以说是对"星星之火，可以燎原"的原因的精妙阐释。

"皇皇不可终日"一典，用以形容当时中国社会的混乱状况，可谓有恰到好处之妙。联系"皇皇不可终日"这一典故语的语源演变情况，更使人们能够体味到毛泽东用此语典的力度与深度。

"干柴烈火"一典，后人多是用以比喻男女关系之间的情欲，毛泽东将其"返璞归真"，在直用其原始意义的同时，将其拆开并镶嵌相关的内容而用之，妙喻当时中国社会矛盾之烈，有恰如其分、形象逼真之妙。而"为渊驱鱼"一典对于反动派的凶残，可谓比喻精妙。

"可望而不可及"一典的运用，有"开扩拓展用旧典，旧典化成好'素材'"之妙。毛泽东巧妙地接过与概括悲观主义者认为中国革命的前途是"可望而不可及"的悲观论调，并在此基础上提出中国革命"它是站在海岸遥望海中已经看得见桅杆尖头了的一只航船……"的论点，大有强烈对比、论说批判均能力及千钧。

161.坚决反对搬本本 解决问题靠调查
——毛泽东在《反对本本主义》中所用典故探妙

用典缘起：

毛泽东为了批判当时党内的"左"倾机会主义者和红军中的教条主义思想，于1930年5月写下了《反对本本主义》这篇名文。在这篇文章中用了下列一些典故。

典故内容：

冥思苦索。——书出第110页。典出明人胡应麟《诗薮·外编二》："灵运诸佳句，多出深思苦索。"

每事问。——书出第110页。典出《论语·八佾》："子入太庙，每事问。或曰：'孰谓鄹人之子知礼乎？入太庙，每事问。'子闻之，曰'是礼也。'"这里讲的是说鲁国举行祭祀周公的大典时，孔子前往助祭。他一进庙，就去问管事的人关于各种祭祀礼仪之事。于是有人便说，谁说孔子知礼呀？为什么他一进太庙就去问管事的人呢？孔子听到后说，这不正是我知礼的表现吗！

李逵式的官长。——书出第112页。典出《水浒传》第73回《黑旋风乔捉鬼　梁山泊

双献头》。在这一回中，描写李逵与燕青一道，在天色已晚之时，来到四柳村一个大庄院里借宿，当庄主狄太公请李逵为其女儿驱鬼时，这李逵在为太公捉鬼时，没头没脑地将奸夫与太公的女儿一起给砍了。当他们一起来到离荆门镇不远的一个大庄院歇息时，闻知庄主刘太公刘太婆的女儿被宋江强夺为妻时，李逵一来到梁山泊，不问青红皂白，面对宋江的问候，却是"睁圆怪眼，拔出大斧，先砍倒了杏黄旗，把'替天行道'四个字扯做粉碎，众人都吃了一惊。宋江喝道：'黑厮又做甚么？'李逵拿了双斧，抢上堂来，径奔宋江……"在这一回里，多处描写李逵不做半点调查研究，懵懵懂懂乱处置一顿。这是《水浒传》中一个不作调查研究的典型人物。

盛衰荣辱。——书出第113页。典出《周易·杂卦》："损、益、盛衰之始也。"又见，《周易·系辞上》："枢机之发，荣辱之主也。"又见，明人方孝孺《文会疏》："虽盛衰荣辱，所遇难齐，而道德文章，俱垂不朽。"

短兵相接。——书出第115页。典出屈原《九歌·国殇》："操吴戈兮被犀甲，车错毂兮短兵接。旌蔽日兮敌若云，矢交坠兮士争先。"又见，《史记·季布栾布列传》："丁公为项羽逐窘高祖彭城西，短兵接。"这里讲的是在楚汉战争时期，刘邦败走彭城，项羽的部将丁公穷追不舍，由于两军相距颇近，长兵器难于施展，只能用短兵器厮杀。又见，《宋书·刘铄传》："遂登尸以陵城，短兵相接，宪锐气愈奋，战士无不一当百，杀伤万计。"

一成不变。——书出第115页。典出《礼记·王制》："刑者，型也。型者，成也。一成而不可变。故君子尽心焉。"唐人孔颖达疏："容貌一成之后，若以刀锯凿之，断者不可续，死者不可生，故云一成不变。"

不求甚解。——书出第116页。典出《陶渊明集》中所载《五柳先生传》："先生不知何许人也，亦不详其姓字。宅边有五柳树，因以为号焉。闲静少言，不慕荣利；好读书，不求甚解，每有会意，便欣然忘食。"这里的"不求甚解"，系指把握大意。后化为贬意，表示不深入细致的意思。

空洞。——书出第116页。典出南朝宋人刘义庆《世说新语·排调》："此中空洞无物，然容卿辈数百人。""空洞无物"也简作"空洞"。宋人黄庭坚《题王仲弓兄弟巽亭》中有："世纷甚峥嵘，胸次欲空洞。"在这里意指襟怀旷达，后来转为说话、写文章无实际内容。毛泽东的"空洞乐观"，当是指没有什么根据的不切实际的盲目乐观之意。

饱食终日。——书出第116页。典出《论语·阳货》："饱食终日，无所用心，难矣哉！"又见，汉人王充《论衡·别通》："自孔子以下，至汉之际，有才能之称者，非有饱食终日无所用心也，不说《五经》则读书传。"又见，南朝梁人萧统《答湘东王求文集及诗苑英华书》："陟龙楼而静拱，掩鹤关而高卧，与其饱食终日，宁游思于文林。"又见，《魏书·李彪传》："虽不能光启大录，庶不为饱食终日耳。"

老生常谈。——书出第116页。典出《三国志·魏志·管辂传》："颙曰：'此老生之常谭（谈）'。"又见，唐人刘知几《史通·志书》："若乃前事已往，后来追证，课彼虚说，成此游词，多见老生常谈，徒烦翰墨者矣。"

大声疾呼。——书出第116页。典出唐人韩愈《韩昌黎全集·后十九日复上宰相书》："愈闻之，蹈水火之求免于人也，不惟其父兄子弟之慈爱，然后呼而望之也；将有介于其侧者，虽其所憎怨，苟不至乎欲其死者，则将大其声疾呼，而望其仁之也。"这里说的是韩愈中了进士后，久未见用，便连续给宰相赵憬等人上书。上文的内容是说，我听说遭遇到水火之灾祸，向人求救时，不一定都得有父母兄弟般这样的关系，才去为其奔走呼号，而在其旁的人即便平时有怨仇，但只要是不希望他去死，亦会去为其呼喊，希望他能解除困苦。我学习行善已经好几年了，愚笨得不知路途之险阻，为了生存，一刻不停地行走在水火一般的灾难之上，既险而急，于是放声呼喊以求人解救，阁政当该听得见吧？！

假手于人。——书出第118页。典出《尚书·伊训》："皇天降灾，假手于我有命。"又见，《左传·隐公十一年》："天祸许国，鬼神实不逞于许君，而假手于我寡人。"又见，《后汉书·吕布传》："诸将谓布曰：'将军常欲杀刘备，今可假手于（袁）术。'"又见，《三国志·魏书·庞淯传》南朝宋人裴松之注引皇甫谧《列女传》："今三弟早死，门户泯绝，而娥亲犹在，岂可假手于人哉！"又见，《旧五代史·晋书·高祖纪》："朕虽无德，自行敕后已是数月，至于假手于人，也合各有一件事敷奏，食禄于朝，岂当如是。"

用典探妙：

毛泽东在《反对本本主义》这一篇文章中，所用的12个典故，几乎每一个典都是为着强调要注重调查研究，要反对本本主义这一命题服务的。而这些典故的运用是颇有层次的。

一是如"短兵相接"、"一成不变"，所要讲的是阶级斗争十分复杂，而事物又是不断地在变化，这两个典故的运用，实有强调调查研究的必要性之妙；

二是如"冥思苦索"、"不求甚解"、"老生常谈"，所讲的是调查研究之不应有的做法，大有强调调查研究的态度之妙；

三是如"每事问"、"李逵式的官长"、"假手于人"，则有告之人们调查研究的方法之妙；

四是如"大声疾呼"一典的运用，则有警醒人们凡事必须要调查研究。

毛泽东所运用的这些典故，绝大多数均是成语形式的典故，这些典故大都通俗好懂，但是都有其深刻的历史背景，当我们品味其历史背景，同时联系毛泽东所写的文

547

字，更能加深我们对毛泽东的论述的体验与感受。如"李逵式的官长"一典，不仅形象生动，而且教育深刻，凡事不搞调查研究，就会像李逵一样"闹出许多的纠纷"，工作就会受损，事业就会失败。这样的典故，读了之后，让人终身难忘。

162.为革命战争胜利 "须注意经济工作"
——毛泽东在《必须注意经济工作》中所用典故探妙

用典缘起：

毛泽东出席了在1933年8月12日至15日在瑞金召开的中央革命根据地南部17县经济建设大会，并在会上作了题为《粉碎五次"围剿"与苏维埃经济建设任务》的报告，《必须注意经济工作》是这个报告中的一个部分。为了论述经济工作的重要性，在这一篇文章中用了下列典故。

典故内容：

专心一意。亦作"专心一志"。——书出第120页。典出《汉书·翟方进传》："其专心一意毋怠，近医药以自持。"又见，《荀子·性恶》："今使涂之人伏术为学，专心一志，思索孰察，加日悬久，积善而不息，则通于神明，参于天地矣。"

不理不睬。亦即"不愀不保"、"不瞅不睬"。——书出第124页。典出明人苏复之《金印记·周氏回家》："女婿功名不遂回家，一家人不愀不保。"又见，清人吴敬梓《儒林外史》第54回："陈木南看见他不瞅不睬，只得自己又踱了出来。"

敷衍塞责。——书出第124页。典出清人张集馨《道咸宦海见闻录》："委员共知其事体之难，而严令愿为恪遵，委勘几及年余，始克竣事，半数敷衍塞责。"又见，清人谭嗣同《报贝元征》："而肄业不过百数十人，又不过每月应课，支领奖饩，以图敷衍塞责。"

用典探妙：

毛泽东在这一篇文章中只用了三个成语形式的典故。

一是"专心一意"的运用，属正用典故反面推理式的妙用。在毛泽东运用"专心一意"这一个典故的句子中，是运用了"专心一意"的本来意义，但在整个句子中，则有反面推理之妙。这就是说，如果不去注重经济工作，则我们就不能专心一意去打击敌人。无疑，"专心一意"的妙用，有强调注意经济工作的重要性之妙。

二是"不理不睬"与"敷衍塞责"的运用，有为官僚主义者对于动员群众消极怠工画像之妙，留给读者以十分丰富的想象。

163.要打破敌人封锁 须做好经济工作
——毛泽东在《我们的经济政策》中所用典故探妙

用典缘起：

1934年1月22日至2月1日，毛泽东出席了在江西瑞金召开的第二次全国工农兵代表大会，在会上作了一个长达40000字的报告。《我们的经济政策》一文就是这个报告的一部分。在这篇文章中只用了下列两个典故。

典故内容：

民穷财尽。——书出第130页。典出《水浒传》第91回："又值水旱频仍，民穷财尽，人心思乱。"又见，清人顾炎武《答徐甥公肃书》："以今所睹国维人表，视昔十不得二三，而民穷财尽，又倍蓰而无算矣。"

饥寒交迫。——书出第134页。典出宋人王谠《唐语林·政事上》卷1："高祖时，严甘罗，武功人，剽劫，为吏所拘。上谓曰：'汝何为作贼？'对曰：'饥寒交切，所以为盗。'"

用典探妙：

毛泽东在这一篇文章中虽说只用了两个典故，且都是成语形式的典故。这两个典故的运用，在文章中都有场面烘托之妙，为文章增添了感情色彩。"民穷财尽"一典，承前，有总括国民党军阀统治下的中国经济状况之妙。启后，则有反击国民党军阀造谣惑众之妙。使整段话语语气强烈、气氛浓烈。"饥寒交迫"一典的运用，有描绘当时中国经济浩劫的惨烈，可谓形象逼真，从而进一步烘托了搞好经济工作迫在眉睫这一场景上的氛围，具有鞭策人们努力奋斗的作用。

164.要"关心群众生活" 要"注意工作方法"
——毛泽东在《关心群众生活，注意工作方法》中所用典故探妙

用典缘起：

这一篇文章，是毛泽东在1934年1月22日至2月1日，参加在江西瑞金召开的第二次全国工农兵代表大会上所作报告结论中的一部分。在这篇短论中，虽说只用了三个典故，但别有特色。

典故内容：

柴米油盐。——书出第137、138页（两出）。典出宋人吴自牧《梦粱录》记有柴、米、油、盐、酒、酱、醋、茶。又见，元人武汉臣《玉壶春》第1折："早晨起来七件

事，柴米油盐酱醋茶。"又见，元人兰楚芳《粉蝶儿·思情》："苟要咱称了心，则除是要到家，学知些柴米油盐价，怎时节闷减愁消受用茶。"又见，明人唐伯虎《除夕口占》："柴米油盐酱醋茶，般般都在别人家。岁暮清闲无一事，竹堂寺里看梅花。"

真心实意。亦称"真心诚意。"——书出第138、139页（三出）。典出元人无名氏《百花亭》第3折："常言道海深须见底，各办着个真心实意。"又见，清人李绿园《歧路灯》第28回："又连各色小事件，扣算只费二千金，这也是他们大商真心诚意置办。"

铜墙铁壁。——书出第139页（五出）。典出元人无名氏《谢金吾·楔子》："随他铜墙铁壁，也不怕不拆倒了他的。"又见，《水浒传》第48回："宋江自引了一部分人马转过独龙冈后面来看祝家庄时，后面都是铜墙铁壁把得严整。"

用典探妙：

毛泽东在这一篇短文中只用了三个成语形式的典故。其用典虽少，然而典故重用的次数多，因而功效极大。为什么会有这么大的功效呢？这主要取决于毛泽东在这一篇短文中的用典手法之妙。

本文的最大特点是毛泽东的重复用典，这对于"关心群众生活，注意工作方法"这一命题的论证具有反复申述作用，因而具有强调其文章论点之妙。

"柴米油盐"是人生存最为主要的食品，毛泽东在文章中就这么一个问题有着细致的论说，且在文中两次出现，有强调和突出的作用；

"真心实意"一典在文中三次出现，且有转换论述对象之妙，除了具有强调作用之外，更显其逻辑性之妙。就是说，要得到人民群众真心实意的拥护，就得真心实意地为群众服务；

"铜墙铁壁"一典在文中五次重复而用，首先是对国民党的堡垒政策的所谓的"铜墙铁壁"的彻底否定，然后是对人民群众力量这个"铜墙铁壁"的赞扬与肯定，颇富层次性与逻辑性之妙。

毛泽东在这里所用的这三个成语形式的典故，能给读者一个十分清晰的印象。这就是关心并解决人民群众"柴米油盐"等等问题，"真心实意"地为人民群众服务，我们就能构建起真正的"铜墙铁壁"，我们就能粉碎国民党反动派的所谓的"铜墙铁壁"，我们就能无敌于天下！

165.评说长征之胜利 纵论对日之策略

——毛泽东在《论反对日本帝国主义的策略》中所用典故探妙

用典缘起：

毛泽东在1935年12月27日所写的《论反对日本帝国主义的策略》一文，是红军长征取得重大胜利后，在陕北瓦窑堡党的活动分子会议上所作的报告。在这个报告中，毛泽东为了更生动地论述反对日本帝国主义策略，妙用了下列典故。

典故内容：

势不两立。——书出第144页。典出《韩非子·人主》："故有术不必用，而势不两立，法术之士焉能无危？"又见，《战国策·楚策》："楚强则秦弱，楚弱则秦强，此其势不两立。"

风头一时。——书出第147页。典出清人曾朴《孽海花》第3回："不是弟妄下雌黄，只怕唐兄印行的《不息斋稿》虽风行一时，决不能望《五丁阁稿》的项背哩！"

一模一样。亦即"一般无二"。——书出第148页。典出元人高道宽《逍遥令》："真大道，脱体做神仙。两个一般无二样，功成行满玉皇宣。鹤驾赴朝元。 浮空去，万法总无言。我本独超三界外，玄元不二妙真全。寰海度人船。"又见，《西游记》第35回："那魔见了大惊道：'他葫芦是那里来的？怎么就与我的一般……纵是一根藤上结的，也有个大小不同，偏正不一，却怎么一般无二？'"又见，清人吴敬梓《儒林外史》第54回："今日抬头一看，却见他黄着脸，秃着头，就和前日梦里揪他的师姑一模一样，不觉就懊恼起来。"

狰狞面孔。——书出第148页。典出清人蒲松龄《聊斋志异·鹰虎神》："郡城东岳庙，在南郭大门左右，神市丈余，俗名鹰虎神，狰狞可畏。"

坐井观天。或称"井底之蛙"、"井底之见"、"井中视星"、"井底鸣蛙"、"井底哈蟆"等。下面仅举两个典例。——书出第149页。典出《庄子·秋水》："陷（坎）井之蛙谓东海之鳖曰：'吾乐与！出跳梁乎井干之上，入休乎缺甃之崖，赴水则接腋持颐，蹶泥则没足灭跗，还虷蟹与蝌蚪，莫吾能若也。且夫擅一壑之水，而跨跱坎井之乐，此亦至矣，夫子奚不时来入观乎！'东海之鳖，左足未入，而右膝已絷矣。"这个寓言故事是说，进入废井里的一只青蛙，有一次遇见了一只东海来的鳖，这只青蛙说道：你看我是多么的快乐！高兴之时可在井栏上跳跃，累了可在井砖上休息，或是露头泡在水里，或是在泥地里散步也是很舒服，那些蚌蟹与蝌蚪怎能比得上我呢？我成了这里的主人，你来观赏一下吧！东海之鳖听了这样的美言，也想进去一下。可是左脚尚未伸进去，右脚却被井栏绊住了。又见，东汉人刘珍《东观汉记·马援传》："子阳，

井底蛙耳，而妄自尊大！不如专意东方。"这里说的是马援去见在据汉称帝的老友公孙述（字子阳）。公孙述摆着大架子高踞殿上。马援十分生气地说了上面这些话后就走了。

　　盘古开天地。——书出第150页。典出宋人李昉《太平御览·三五历记》："天地浑沌如鸡子，盘古生其中。万八千岁，天地开辟，阳清为天，阴浊为地，盘古在其中，一日几变。神于天，圣于地。天日高一丈，地日厚一丈，盘古日长一丈。如此万八千岁，天数极高，盘古极长。故天去地几万里。"这一民间传说是说：在天地未分开之前，整个宇宙有如一个鸡蛋似的浑沌气团，盘古就孕育在其中，与天地同时而成长。长到了18000年之后，盘古变成了一个顶天立地的巨人，从此天地得以分开。意即这就是世界的开端。

　　三皇五帝。——书出第150页。典出《周礼·春官·外史》："掌三皇五帝之书。"又见，元人佚名《薛仁贵征辽事略》："三皇五帝夏商周，秦汉三分吴魏刘，晋宋齐梁南北史，隋唐五代宋金收。"又见，《东周列国志》开篇词："道德三皇五帝，功名夏后商周；英雄五霸闹春秋，顷刻兴亡过手！　青史几行名姓，北邙无数荒邱；前人田地后人收，说甚龙争虎斗。"关于"三皇""五帝"的详细出典，本书《囊括古今百余字；评说历史数万年——毛泽东〈贺新郎·读史〉所用下列典故探妙》中的"三皇""五帝"有专门解说，此不多赘。

　　艰难险阻。亦称"险阻艰难"——书出第150页。典出《周书·梁御传论》："史臣曰：'梁御等负将率之材，蕴骁锐之气，遭逢丧乱，驰骛干戈，艰难险阻备尝，而功名未立。"又见，《左传·僖公十三年》："晋侯在外十九年矣；而果得晋国，险阻艰难备尝之矣。"

　　长驱。亦即"长驱直入"。——书出第150页。典出三国魏人曹操《劳徐晃令》："吾用兵三十余年，及所闻古之善用兵者，未有长驱径入敌围者也。"又见，清人陈忱《水浒后传》第107回："自此，卢俊义等无南顾之忧，兵马长驱直入。"

　　单兵独马。亦即"单枪匹马"、"匹马单枪"。——书出第154页。典出五代楚人汪遵《乌江》诗："兵散弓残挫虎威，单枪匹马突重围。"又见，宋人释道原《景德传灯录·汝州南院和尚》："问：'匹马单枪来时如何？'师曰：'待我斫棒。'"又见，宋人释普济《五灯会元》："慧觉谓皓泰曰：'埋兵掉斗，未是作家，单枪匹马，便请相见。'"

　　法宝。——书出第155页。典出清人无名氏《薛仁贵征东》第25回："……盖苏文见破了飞刀，急得面如土色，叫声：'小蛮子，你敢破我法宝，本帅与你势不两立，……'"在中国的不少神话小说中，经常出现这种能制服对方或者杀死对方的宝物。人们却以"法宝"一语，用作比喻，以表示某一工具的效应、办法的灵验、经验的可靠。

浩浩荡荡。亦即"浩浩汤汤"。——书出第155页（两出）。典出《尚书·尧典》："汤汤洪水方割，荡荡怀山襄陵，浩浩滔天。"又见，唐人韩愈《宿龙宫滩》："浩浩复汤汤，滩声抑更扬；奔流疑激电，惊浪似浮霜。"又见，宋人范仲淹《岳阳楼记》："衔远山，吞长江，浩浩荡荡，横无涯际。"这里的"浩浩汤汤"，多是水势之汹涌浩大。又见，《淮南子·精神训》："芒然仿佯于尘垢之外，而逍遥于无事之业，浩浩荡荡乎，机械之巧，弗载于心。"这里的"浩浩荡荡"多是指空旷寥廓之状。又见，《水浒传》第55回："呼延灼摆布三路兵马出城：前军开路韩滔，中军主将呼延灼，后军催督彭玘。马步三军人等，浩浩荡荡，杀奔梁山泊来。"这里的"浩浩荡荡"，主要是指声势与规模之大。

千千万万。亦称"万万千千"——书出第155页（两出）。典出唐人杜牧《晚晴赋》："千千万万之状容兮，不可得而状也。"又见，明人冯梦龙《警世通言》卷40："那棍儿被孙行者讨去，不知那猴子打死了千千万万的妖怪。"又见，汉人王充《论衡·自然》："天地安得万万千千手，并为万万千千物乎？"又见，元人无名氏《归来乐》："眼底事抛却了万万千千，杯中物直饮到七七八八。"

孤家寡人。——书出第155页。典出《礼记·玉藻》："凡自称，小国之君曰孤。"又见，《孟子·梁惠王上》："寡人之于国也，尽心焉耳矣。"又见，清人吴趼人《二十年目睹之怪现状》第65回："到了今日，云岫竟变成了个孤家寡人了。"中国历代封建帝王，都喜欢称孤道寡，以示其无人可与之相比。

为渊驱鱼，为丛驱雀。——书出第155页。典出《孟子·离娄上》："孟子曰：'桀纣之失天下也，失其民也；失其民也，失其心也。得天下有道：得其民，斯得天下矣；得其民有道：得其心，斯得其民矣；得其心有道：所欲，与之，聚之。所恶，勿施，尔也。民之归仁也，犹水之就下、兽之走圹也。故为渊驱鱼者，獭也；为丛驱爵者，鹯也；为汤、武驱民者，桀与纣也。……'"这一段话讲的是民心得失的利害关系。说夏桀与殷纣之所以失去天下，就是因为失掉了民心。接着谈到了取得民心的办法与效果。同时评说了给商汤与周武王赶来的正是夏桀、殷纣"为渊驱鱼，为丛驱雀"的结果。这一段话是千古名言。可是那些昏庸的家伙哪里听得进呢？历代垮台的帝王无不是由失去民心开始走向灭亡的命运。

威迫利诱。亦即"威胁利诱"。——书出第156、157页。典出北齐人刘昼《新论·大质》："不可以威胁而变其操，不可以利诱而易其心。"

纵横捭阖。——书出第156、157、158页（四出）。典出汉人刘向《战国策序》："是以苏秦、张仪、公孙衍、陈轸、（苏）代、（苏）厉之属，生从（纵）横短长之说，左右倾侧，苏秦为从，张仪为横，横则秦帝，从则楚王，所在国重，所去国轻。"又见，周·鬼谷子《鬼谷子·捭阖》："捭之者，开也，言也，阳也；阖之者，闭也，

默也，阴也。"又见，南宋人晁公武《郡斋读书志·纵横家类》中言：苏秦、张仪拜隐居于颍川阳城的鬼谷子为师，这鬼谷子便传授给他们"捭阖之术"。又见，宋人李文叔《书战国策后》："《战国策》所载，大抵皆纵横、捭阖、谲诳、倾夺之说也。"

挑拨离间。——书出第156页。典出《北史·长孙晟传》："内怀猜忌，外示和同，难以力征，易可离间。"

血战到底。——书出第161页。典出唐人杜甫《送灵州李判官》："血战乾坤赤，氛迷日月黄。"

自力更生。——书出第161页。典出《史记·平津侯主父列传》："元元黎民得免于战国，逢明天子，人人自以为更生。""自力更生"一语，当由此演化而来。

光复旧物。——书出第161页。典出《晋书·桓温传》："廓清中畿，光复旧京。"又见，宋人辛弃疾《美芹十论》："臣愿陛下姑以光复旧物而自期。"

春秋无义战。——书出第161页。典出《孟子·尽心下》："孟子曰'春秋无义战。彼善于此，则有之矣。征者，上伐下也，敌国不相征也。'"这一段话的意思来自孟子的学生公孙丑问梁惠王是怎么样一个人时说的话。孟子说：春秋之世，大凡战争的起因，都是大国、强国对于小国、弱国的奴役，或是因为王者弃礼义、贪利益在盛怒之下所致，一向来就没有禁暴救乱之类的战争，故曰春秋无义战。梁惠王就是这种不仁的人。这个时代都是为了土地相互混战，无正义可言。

休戚相关。——书出第161页。典出《国语·周语下》："晋孙谈之子适周……晋国有忧未尝不戚，有庆未尝不怡……为晋休戚，不背本也。"又见，《晋书》卷65《王导列传》："休戚是同。""休"指喜庆、善美；"戚"表忧虑、祸患。《国语》中讲的是被晋厉公排挤而逃到周国的子周，当听到晋国有忧患事时，时时闷闷不乐，当听到有可喜之事时，自己也就高兴。《王导列传》中讲的是王导说他与庾亮的关系是利害相关、生死相依。又见，宋人陈亮《送陈给事去国启》："眷此设心，无非体国；然用舍之际，休戚相关。"又见，明人臧用叔编《元曲选·随何赚风魔蒯通（第1折）》："我想许多功臣，其中只有将军是天子的至亲，必然有个休戚相关之意，故请你来商量。"又见，清人金埴《不下带编》："夫人子于亲，相关休戚；（萧）后有疾痛，而杲（隋炀帝少子）求分痛，真孝子之用心也。"

用典探妙：

毛泽东在这一篇文章中于29处用了典故。这些典故有如玉盘中的明珠，在文章中独闪其光。大致可以从如下几个方面窥见其精妙之所在。

（一）引用典故，有增添文论的文化背景和丰富其文论的内涵之妙。

在毛泽东的这一篇论文中，诸如"势不两立"、"一模一样"、"艰难险阻"、"千千万万"、"浩浩荡荡"、"光复旧物"、"春秋无义战"等，毛泽东通过对其运用，将这些典故的部分思想内容纳入了自己文中的思想，从而使得论文生动而且有说服力。如"势不两立"用于文中，则在抗日战争中为什么要团结小资产阶级的问题就一目了然；又如"光复旧物"用于文中，则表示了伟大的中华民族自古以来就是不屈服于外敌的，日本帝国主义迟早要被我们赶出中华大地。读了这样的文句，给人以丰厚的历史感和莫大的鼓舞。

（二）截用与变用典故，有行文简练且富创新之妙。

所谓截用典故，就是从典故词语中截取关键性的词语为典，以使典故语完全切合行文的内容之需要，并使行文显得生动简练。诸如"三皇五帝"是从"掌三皇五帝之书"中截用而成，"长驱"则是从"长驱直入"中截用而成，然后再将其嵌入文中，使论文内容丰富且有气势，几乎如同己出，有天衣无缝之妙；所谓变用，就是将典故语通过增删成新的典故语，以使典故有换新面目之妙。这种面目一新的典故语，往往显得比原来的典故语更加适合读者对象或论证对象之需要。如"风头一时"是由"风行一时"而来，如果将"风行一时"搬用，显然不妥，而以"风头一时"用在冯玉祥、蔡廷锴、马占山等抗日人物身上，则有恰到好处、形象生动逼真、且更接近群众口语之妙。此外如"狰狞面孔"、"单兵独马"、"威迫利诱"等等变用之典，均有上述妙意。

（三）讲述故事用典故，在讲述故事的同时加入议论，使所要论证的问题有简明扼要、生动形象、通俗易懂且富于极强的批判力之妙。

所谓讲述故事用典故，就是说用典者巧妙地结合其所要表达的内容，不将典故语生硬地嵌入文中，而是将前人已经综合了的这一典故语还原为本源的故事，娓娓道来，在讲述的同时，有目的地契入自己所要阐释的问题，有让人不得不诚服之妙。这里最为典型的是对于"坐井观天"这一典故的妙用。毛泽东在运用这一个典故时，将其分拆成两个部分进行说理。以"一个虾蟆坐在井里说"引出"坐井观天"这一个寓言式故事形式的典故，然后引出"虾蟆"的话——"天有一个井大"进行批判评说，再后以纠正的语气说——"如果它说：'天的某一部分有一个井大。'这是对的，因为合乎事实。"如果说毛泽东仅仅要讲述这样一个老掉了牙的寓言故事，岂不令人可笑！毛泽东用典之妙就妙在这里，这令人可笑的事不是毛泽东，而是以张国焘为首的某些看问题看不到问题的本质的人。我们只要看一看毛泽东接下去的一段论述——"我们说，红军在一个方面（保持原有阵地的方面）说来是失败了，在另一个方面（完成长征计划的方面）说来是胜利了……"毛泽东以讲述"坐井观天"这一寓言故事为契入点，将敌我双方的得失分析得一清二楚，让错误的言论无隐身之地，大有一击二鸣之妙！

（四）神话传说形式典故的运用，有充分肯定长征的意义、鼓舞人心、长我之志气、灭敌威风之妙。

如"盘古开天地"和"三皇五帝"这两个在人民群众之中影响极大的神话传说典

故，毛泽东将其嵌入文中，有承前启后之妙。所谓承前，就是上承了长征的伟大意义的论述；所谓启后，就是开启了"历史上曾经有过我们这样的长征吗？"至"成为一个统一的民族革命战线"一大段的内容。如果说写文章有"文眼"的话，这"盘古开天地"、"三皇五帝"两个神话典故的运用，实有"文眼"之妙！

（五）重用重出用典故，有气势磅礴、对比强烈、论说透彻之妙。

所谓重用重出，就是将一个典故两次以上地运用于文中。比如"千千万万"与"浩浩荡荡"这两个成语形式的典故的运用。前一个"千千万万"与"浩浩荡荡"，用以形容实行了统一战线后的革命力量的强大无比，很有气势、十分形象，仿佛我们就看到了这么一支抗日的生力军；而后一个"千千万万"与"浩浩荡荡"，用以形容破坏了统一战线后的可怕结果，让我们对于"关门主义"的本质看得一清二楚。又如"威胁利诱"、"纵横捭阖"的重出重用，用在第156页，重在描绘反动派的狡猾和对于历史经验的总结；而用在第157页，则重在对反动派故技重演的这种老手法的揭露和对革命者的警醒与留神。

通览全文所用的这26个不同类别的典故，我们可以用得上这样一句话来总结毛泽东在这一篇政论中的用典之妙——天机云锦用在我，剪裁妙处非刀尺。

166.论中国革命特点 谈革命战争策略
——毛泽东在《中国革命战争的战略问题》中所用典故探妙

用典缘起：

为了总结第二次国内革命战争的经验，毛泽东于1936年12月写下了《中国革命战争的战略问题》。据该文的题解说："这是第二次国内革命战争时期党内在军事问题上的一场大争论的结果，是表示一个路线反对另一个路线的意见。"为了论证问题的需要，在这一篇重要著作中，毛泽东于文中118处用了典故（包括重用的典故，为了计算的方便与简省，以上和以下皆同此计算方式）。

典故内容：

一模一样。——书出第172页。典出同上一篇。

削足适履。亦即"截趾适履"、"刖趾适履"、"刻足适履"。——书出第172页。典出西汉人刘安《淮南子·说林训》卷17："骨肉相爱，谗贼间之，而父子相危。夫所以养而害所养，譬犹削足而适履，杀头而便冠。"这里讲的是春秋时，楚灵王领兵灭了蔡国，以其弟弃疾为蔡公。这个蔡公受其臣子朝吴的怂恿挑拨离间，当灵王去打徐国之时，回到楚国杀了灵王的两个儿子，因他还有两个哥哥，不敢立刻为王，便拥立其兄之子——子干为君。当灵王闻知此事而上吊后，便自己为君了，是为平王。在此同一时期，晋献公将骊戎国所献之美女骊姬立为夫人，骊姬就打算将自己的儿子奚齐立为太子，便使出诡计离间献公与太子申生及公子重耳、夷吾的关系。献公信谗而赐申生死，重耳、夷吾只好出逃。《说林训》在评说这两件事时说：这样骨肉相残之事，就如将脚削去一块，以适应鞋子的尺寸、将脑袋削去一块以适应帽子大小一样的愚笨。又见，《后汉书·荀爽传》："截趾适履，孰云其愚。"又见，《三国志·魏志·明帝纪》注引《魏略》："……刖趾适履，刻肌伤骨，把更称说，自以为能。"又见，宋人苏轼《颜阖》："薄俗绚世荣，截趾履之适；所重易所轻，随珠弹飞翼。"又见，宋人陆游《读何斯举黄州秋居杂咏次其韵十首》（其九）："人生天壤间，出处本异趣。释耒入市朝，徒失邯郸步。昔人亦有言，刻足以适履。奈何不自反，忽已迫霜露。""削足适履"还有多种说法。本意为骨肉相残之惨，后演意为委曲自己去迁就不合理之事。毛泽东在这里比作生搬硬套，不实事求是。

一技之长。——书出第173页。典出宋人释道原《景德传灯录》："一技一能，日下孤灯。"又见，清人王士禛《池北偶谈·一技》："近日一技之长，如雕竹则濮仲谦，螺甸则姜千里……"又见，清人郑燮《淮安舟中寄舍弟墨》："愚兄平生谩骂无礼，然人有一才一技之长，一行一言之美，未尝不啧啧称道。"又见，清人陈康祺《郎潜纪闻》："诗凡二十六句，仰见圣人爱惜人才，虽荒江野老，一艺之长，身后犹蒙甄录。"又见，清人梁绍壬《两般秋雨盦随笔·对联》："岂徒学问文章，擅一艺微长，便算读书种子。"又见，清人李汝珍《镜花缘》第64回："凡琴棋书画、医卜星相，如有一技之长者，前来进谒，莫不优礼以待。"

一孔之见。——书出第173页。典出《礼记·中庸》："反古之道。"汉人郑玄注："反古之道，谓一孔之人，不知今王之新政可从。"唐人孔颖达疏："孔为孔穴，孔穴所出事有多途。今惟晓知一孔之人，不知余孔通达，惟守此一处，故云晓一孔之人。"又见，汉人桓宽《盐铁论·相刺》："持规而非矩，执准而非绳，通一孔，晓一理，而不知权衡。"这里讲的是从一个小孔中所见到的，比喻见解狭隘主观。又见，传为老聃的弟子文子《文子·上德》："有鸟将来，张罗待之，得鸟者一目也，今为一目之罗，无时得鸟矣。"又见，《淮南子·说林训》："一目之罗，不可以得鸟，无饵之钓，不可以得鱼，遇士无礼，不可以得贤。"又见，东汉人荀悦《申鉴·时事第二》据"一目之罗"给以发挥：说有一个过路人，看到猎人用一张大网捕雀，他看到一只雀只不过是钻进一个网孔，许多的网孔尚空着。便认为猎人实在是太笨了，何必用那么大的网呢？他认为一只雀只用一个网孔，所余者皆为白费。于是回家编造单孔之网捕雀，结果一无所获。这个故事说明固持己见之可笑。后来为人概括为"一孔之见"。

一成不变。亦即"一成不易"。——书出第173页。典出《礼记·王制》："刑者，侀也；侀者，成也。一成而不可变，故君子尽心焉。"这里是指刑法一经制定，就不可

改变。后来多指墨守成规、不会变通。又见，唐人白居易《太湖石记》："岂造物者有意于其间乎？将胚浑凝结偶然而成功乎？然而自一成不变已来，不知几千万年，或委海隅，或沦湖底。"又见，宋人叶适《上韩提刑》："惟法令制时之要，而经术饰治之余，二者之间，久焉难居，一成不变，无乃过中。"又见，清人梁启超《新史学》："就天然界以观宇宙，则其一成不变，万古不易。"又见，《明史·历志一》："夫天之行度多端，而人之智力有限……惟今古今人之心思，踵事增修，庶几符合。故不能为一成不易之法也。"又见，清人夏敬渠《野叟曝言》第99回："天下无印板文字，而理法固一成不易，岂得以小说而得之。"又见，清人章学诚《文史通义·和州志前志列传序例下》："穷经之业，后或胜前；岂作志之才，一成不易耶？"

至高无上。——书出第174页。典出《淮南子·缪称训》："道，至高无上，至深无下，平乎准，直乎绳，方乎矩。"又见，汉人许慎《说文解字·一部》："天，颠也，至高无上。"

一着不慎，满盘皆输。——书出第175页。典出元人李元蔚《蒋神灵应》第2折："只因一着错，输了半盘棋。"又见，明人冯梦龙《古今小说》卷2："正是：只因一着错，满盘都是空。"又见，明人周清源《西湖二集》卷7："一着不到处，满盘俱是空。"

全功尽弃。——书出第176页。典出《战国策·西周策》："一攻而不得，全功尽灭。"又见，《史记·周本纪》："今又将兵出塞，过两周，倍韩，攻梁，一举不得，全功尽弃。"又见，《五代史补》："今一旦反作脱空汉，前功尽弃，令公之心安乎。"

头头是道。——书出第178页。典出宋人释惟白《续传灯录》卷26："方知头头皆是道。"又见，宋人朱熹《朱子全书》："头头是道，皆握住这道理。"又见，宋人胡仔《苕溪渔隐丛话前集》卷23引《诗眼》："老杜《樱桃诗》云……此诗如禅家所谓信手拈来，头头是道者，直书目前所见，平易委曲，得人心所同然，但他人艰难不能发耳。"又见，《禅宗·颂古联珠通集·赵如观音院从谂禅所》："会得头头皆是道，眼中童子面前人。"又见，宋人严羽《沧浪诗话·诗法》："学诗有三节，其初不识好恶，连篇累牍，肆笔而成；既识羞愧，始生畏缩，成之极难，及其透彻，则七纵八横，信手拈来，头头是道矣！"又见，清人黄宗羲《明儒学案》："头头是道，不必太生分别。"又见，清人姬文《市声》第13回："再看他后面讲那汽机的做法用法，头头是道，语语内行。"头头是道本为佛家语，言其道无所不在。后演化为说话做事颇有条理。

智勇双全。——书出第178页（两出）。典出元人关汉卿《五侯宴》第3折："某文通三略，武解六韬，智勇双全，寸铁在手，万夫不断之勇。"又见，元人张国宾《薛仁贵·楔子》："凭着您孩儿学成武艺，智勇双全，若在两阵之间，怕不马到成功！"又见，明人汤显祖《邯郸记·大捷》："俺国里悉那逻丞相，他智勇双全，一步九算。"

去粗取精，去伪存真。——书出第180页。去粗取精 ——典出清人夏敬渠《野叟曝言》第80回："素臣把经史传记，有益于日用之事，从粗至精，由浅入深，逐渐开示。" 去伪存真。——典出唐人殷璠《河岳英灵集序》："实由主上恶华好朴，去伪存真，使海内词人，翕然尊古，有同风雅，再阐今日。"又见，宋人释惟白《续传灯录·褒禅傅禅师》："权衡在手，明镜当台，可以摧邪辅正，可以去伪存真。"又见，清人阎尔梅《汪仲履〈地理书〉序》："严删明注，去伪存真，既无师心之病，又无泥古之失。"

一相情愿。亦称"一厢情愿"。——书出第180页。典出南朝齐人求那毗地译古印度·僧伽斯那著寓言经书《百句譬喻经·田夫思王女喻》："昔有田夫，游行城邑。见国王女，颜貌端正，世所稀有。昼夜想念，情不能已，思与交通，无由可遂。颜色瘀黄，即成重病。诸所亲见，便问其人，何故如是？答亲里言：'我昨见王女，颜貌端正，思与交通，不能得故，是以病耳；我若不得，必死无疑。'诸亲语言：'我当为汝作好方便，使汝得之，勿得愁也。'后日见之，便语之言：'我等为汝，便为是得，唯王女不欲。'田夫闻之，欣然而笑，谓呼必得。"这个故事描绘了田夫的单相思的情况，而好事者人中戏弄，田夫便认为自己亲往可以成事。这就是"一相情愿"的形象说法，也就是民间歇后语说的形象话："剃头的挑子——一头热。"金人王若虚《滹南遗老集》："晏殊以为柳胜韩。李淑又谓刘胜柳，所谓'一相情愿'。"又见，《梦笔生花·杭州俗语杂对》："一相情愿，两没意思。"又见，清人李汝珍《镜花缘》第65回："蒋春辉道：'他这话也有四字批语。'香云道：'叫做什么？'春辉道：'叫做一相情愿。'"

真知灼见。——书出第180页。典出明人冯梦龙《警世通言》第3卷："真知灼见者，尚且有误，何况其他！"又见，清人江藩《国朝汉学师承记·顾炎武》："两家之学皆深入宋儒之室，但以汉学为不可废耳，多骑墙之见，依违之言，岂真知灼见者哉！"又见，清人李宝嘉《官场现形记》第57回："凡是日与考各员，苟有真知灼见，确能指出枪替实据者，务各密告首府，汇禀本部院。"

初出茅庐——书出第181页。典出《三国志·蜀书·诸葛亮传》以及《三国演义》第39回：言东汉末年，刘备三顾诸葛亮所住的茅屋，请诸葛亮出山，助其打江山。其时刘备兵少力薄，形势危机，诸葛亮一出山，即在博望坡设伏，火烧曹军，曹操遭到惨败。时人以歌颂之云："博望相持用火攻，指挥如意笑谈中。直须惊破曹公胆，初出茅庐第一功。"又见，清人李宝嘉《官场现形记》第56回："傅二棒锤虽然是世家子弟，毕竟是初出茅庐，阅历尚浅，一切都亏王观察指教。"

纸上谈兵。亦即"纸上之兵"。——书出第181页。典出《史记·廉颇蔺相如传》："赵括自少时学兵法，言兵事，以天下莫能当。尝与父奢言兵事，奢不能难，然不谓善。"这里讲的是秦赵"长平之战"事。公元前262年，秦国围韩国上党，秦赵在长平大决战。赵孝成王派出名将廉颇驻守长平。廉颇以守为攻，使秦军屡受挫折。秦国便派人在赵国造谣，说秦国不怕老将廉颇，就怕赵奢之子赵括。赵王为谣言所惑，便撤换了廉颇，派赵括为将。此举正中秦国下怀。丞相蔺相如看破了这个阴谋予以劝阻。赵王不听；赵括之母上书再劝赵王，说赵括虽然熟读兵书，但不会灵活运用。赵王仍然不听。其结果是长平一战，赵括被射死，赵军战死和被活埋者，计450000人。赵国从此大伤元气。这是中国历史上有名的战例。宋人黄庭坚《弈棋二首呈任公渐》："偶无公事客休时，席上谈兵校两棋。"又见，宋人刘克庄《答傅监仓》："少豪颇似括谈兵，老去方惭理未明。"又见，明代朱元璋的翰林学士刘三吾据"纸上谈兵"曾作过一首题为《湘南杂咏》的讽刺诗。其中有名句是"鄂垣仅有湘南地，朝野犹夸纸上兵"。又见，《红楼梦》第76回："可见我们天天是舍近而求远。现有这样诗仙在此，却天天去纸上谈兵。"

世上无难事，只怕有心人。——书出第181页。典出宋人春观《李训论》："天下无难事，只怕有心人。"又见，《西游记》第2回："祖师道：'世上无难事，只怕有心人。'"又见，清人李光庭《乡言解颐》卷3："世上无难事，只怕有心人。"又见，清人王有光《吴下谚联》卷1："此谚有二：一则曰：'世间无难事，止要有心人'。一则曰：'世间无难事，止要老面皮。'有心人取其钻得进，老面皮取其钻不进。"又见，《红楼梦》第49回："可知俗语说：天下无难事，只怕有心人。"

知彼知己，百战不殆。——书出第182页。典出《孙子·谋攻》："故知胜者有五：知可以战与不可以战者，胜；识众寡之用者，胜；上下同欲者，胜；以虞待不虞者，胜；将能而君不御者，胜。此五者，知胜之道也。故曰：知彼知己，百战不殆；不知彼而知己，一胜一负；不知彼，不知己，每战必殆。""殆"者，危险之意也！

有声有色。——书出第182页。典出《吕氏春秋·孟春记》："今有声于此，耳听之必慊，已听之则使人聋，必弗听；有色如此，目视之必慊，已视之则使人盲，必弗视。"又见，《列子·天瑞》："有声者，有声声者；有色者，有色色者。"又见，清人洪亮吉《北江诗话》卷1："写月有声有色如此，后人复何从着笔耶？"又见，清人颐琐《黄绣球》第30回："可泣可歌的事，原要做得有声有色。"

救亡图存。——书出第185页。典出旧题周·鬼谷子《鬼谷子·中经》："圣人所贵道微妙者，诚以其可以转危为安，救亡使存也。"又见，《左传·昭公十八年》："子大叔曰：'宝，以保民也。若有火，国几亡，可以救亡，子何爱焉？'子产曰：'天道远，人道迩，非所及也。'"又见，《史记·淮阴侯列传》："臣闻败军之将，不可以言勇；亡国之大夫，不可以图存。今臣败亡之虏，何足以权大事乎！"又见，清人王先生《论小说与改良社会之关系》："夫欲救亡图存，非仅恃一二才士所能为也；必使爱国思想，普及于最大多数之国民而后可。"

轰轰烈烈。——书出第185页。典出明人瞿式耜《丙戌九月二十一日书寄》："邑中在庠诸友，轰轰烈烈，成一千古之名。"

视若无睹。——书出第187页。典出唐人韩愈《应科目时与人书》："是以有力者遇之，熟视之若无睹也。"

天壤之别。——书出第189页。典出晋人葛洪《抱朴子·论仙》："趋舍所尚，耳目所欲，其为不同，已有天壤之觉、冰炭之乖矣。"又见，清人文康《儿女英雄传》第36回："同一科甲，就有天壤之别了。"

诱敌深入。——书出第195、198、204、206、210、211页（七出）。典出《孙子兵法·计篇》："利而诱之。"杜牧曰：赵将李牧，大纵手人众满野，匈奴小人，佯北不胜，以数千人委之。单于闻之大喜，率众大至。牧多为奇陈，左右夹击，大破杀匈奴十万骑也。又见，《孙子兵法·势篇》："故善动敌者，形之，敌必从之；予之，敌必取之。以利动之，以卒待之。"

径情直遂。——书出第197页。典出《礼记·檀弓下》："礼有微情者，有以故兴物者，有直情而径行者，戎狄之道也。""径情直遂"即由"有直情而行径者"演化而来。

措置裕如。——书出第198页。典出《后汉书·刘苍传》："臣惶怖战栗，诚不自安，每会见，踧踖无所措置。此非所以章示群下，安臣子也。"又见，《宋史·徽宗纪》："令工部侍郎孟揆亲往措置。"措置，安排之意；汉人扬雄《法言·五百》："小以成小，大以成大，虽山川丘陵，草木鸟兽，裕如也。"裕如，从容不迫之意。清人刘坤一《奏疏·提督因疾出缺请旨简放摺》："前署苏松、福山等镇篆务措置裕如，堪以委令署理。"

畏敌如虎。——书出第198页。典出《三国志·诸葛亮传》南朝宋人裴松之注引《汉晋春秋》第35卷："贾诩、魏平数请战因曰：'公（司马懿）畏蜀如虎，奈天下笑何！'"又见，明人徐光启《谨申一得以保全疏》："省兵之饷并以厚战士，以器甲，自然人人贾勇，何至如此畏敌如虎，视营伍如陷阱乎？"

法宝。——书出第199页。典出清人无名氏《薛仁贵征东》第24回："小蛮子，看我的法宝吧！"

万众一心。亦即"万人一心"。——书出第199页。典出《后汉书·傅燮传》："今率不习之人，越大陇之阻，将十举十危，而贼闻大军将至，必万人一心。"又见，《后汉书·朱儁传》："万人一心，犹不可当，况十万乎！"又见，清人金安清《洋务宜遵

祖训，安内攘外，自有成效说》："上下联络，万众一心。"

乘敌不备。——书出第199页。典出《孙子兵法·计篇》："攻其无备，出其不意。"曹操注曰：击其懈怠，出其空虚。

措手不及。——书出第199页。典出元人无名氏《关云长千里独行·楔子》："我和哥哥今夜晚间，领着军兵，直至曹营劫寨，走一遭去，我则杀他个措手不及。"

畏缩不前。——书出第199页。典出宋人魏泰《东轩笔录》："唐介始弹张尧佐，谏官皆上疏，及弹文彦博，则吴奎畏缩不前，当时谓拽动阵脚。"

有备无患。——书出第201页。典出《尚书·说命中》："惟事事乃有其备，有备无患。"又见，唐人李观《吊韩弇没胡中文》："呜呼！有备无患，军志也，戎人安得所暴其诈？！千虑一失，圣人也，韩君是以为之虏。"又见，清人吴趼人《情变》第8回："绳之笑道：'太忙了。那里见过新娘子进门才四个月，便预备这些东西的。'绳之娘子也笑道：'我这个叫做有备无患呢。'"

立于不败之地。——书出第201页。典出《孙子兵法·形》："故善战者，立于不败之地，而不失敌之败也。"

惊惶失措。——书出第202页。典出《北齐书·元晖业传》："孝友临刑，惊惶失措，晖业神色自若。"又见，《后汉书·黄香传》："承诏惊惶，不知所裁。"又见，宋人曾肇《谢史成受朝奉郎表》："养拙藏愚，久已逃于常宪；因人成事，兹复玷于异恩。逊避弗容，惊惶失措。"又见，明人凌濛初《二刻拍案惊奇》卷11："少卿虚心病，元有些怕见他的，亦且出于不意，不觉惊惶失措。"

御敌于国门之外。——书出第203、206、211页。典出《孟子·万章下》："今有御人于国门之外者，其交也以道，其馈也以礼，斯可受御与？""御"者，乃抵挡之意；国门，即国都的城门。把敌人抵御于城门之外。

其势汹汹。——书出第203、235页。典出《荀子·天论》："君子不为小人之汹汹也辍行。"

聪明拳师林教头。——书出第203页。典出《水浒传》第9回《柴进门招天下客　林冲棒打洪教头》：这里讲的是林冲落难来到柴进庄上，不期遇到了来此不久的洪教头，这个洪教头甚是无礼，欺林冲落难到此，定要与之比试。林冲一直礼让，直到忍让不成，不得不与之交手，一眼看出其破绽，一棒扫翻了这个傲慢的洪教头。这真是——林冲冷静识破绽；一棒扫翻洪教头。毛泽东在书中说是"一脚踢翻了洪教头"，有可能是毛泽东所看到的是笔者目前所未见到的版本。

鲁与齐战。亦即"曹刿论战"、"齐鲁长勺之战"。——书出第203页。曹刿，即曹沫，春秋时鲁国的武士。其典事主要出自《左传》。鲁庄公十年（公元前684年），齐国攻打鲁国，他求见庄公，认为庄公取信于民，可以与之一战。当齐鲁之军相遇于长勺这个地方，庄公要出马进击齐军，他加以阻止。当齐军三次冲击鲁军阵地都难以攻破之时，此时的齐军的勇气已经衰竭，他主张进攻，并一鼓作气地击败了强大的齐军。这是中国历史上有名的以少胜多的著名战例。

鲁庄公。——书出第203页。典出《左传》等资料。鲁庄公姬姓。鲁桓公之子。公元前即君位。在位32年。

曹刿。——书出第203页。典出《左传》等资料。曹刿亦即曹翙，又作曹沫。是春秋之时鲁国的武士。鲁庄公十年（公元前684年），当齐攻鲁之时，他看到鲁庄公能得到人民的支持，小国鲁可与大国齐决战。并在他的谋划之下，创造了敌疲我打、以弱胜强的"齐鲁长勺之战"的有名的战例。

左丘明。——书出第203页。典出《二十四史》等资料。是春秋时期杰出的史学家。鲁国人，生卒年不详。一说复姓左丘，名明。一说姓左，名丘明。其双目失明。曾任鲁国太史。可能与孔子同时。

敌疲我打。——书出第203、204页。典出明人无名氏《草庐经略·游兵》："游兵者，谓其兵无定在也。必士果锐而骑超捷，将勇悍而善应变。时而东复时而西，时而出乎时而入；敌怒而迎，我引而退；敌倦而息，我临而扰；击其左复击其右，击其前复击其后；击其懈弛而无备，仓卒难救；抄其谷食，焚其积聚，劫其辎重，袭其要城，取其别营，绝其便道；或朝或暮，伺敌之隙，乘间取利，飘忽迅速，莫可踪迹。"

春，齐师伐我……——书出第203—204页。典出《左传·庄公十年》。即"齐鲁长勺之战"。

取信于民。——书出第204页。典出晋人陆机《豪士赋序》："取信于人主之怀，止谤于众多之口。"

彼竭我盈。——书出第204页（两出）。典出《左传·庄公十年》："……夫战，勇气也，一鼓作气，再而衰，三而竭。彼竭我盈，故克之。"

辙乱旗靡。——书出第204页（两出）。典出《左传·庄公十年》："……吾视其辙乱，望其旗靡，故逐之。"意为车辙错乱，军旗倒地，这是对于一片溃逃景象的描绘。

楚汉成皋之战。——书出第204页。典出《史记·高祖本纪》等。讲的是公元前205年4月，汉王刘邦遭项羽奔袭，于5月退守荥阳（今之河南荥阳西南）、成皋（今之荥阳汜水镇）一带以防御。为此而发生了两年多的楚汉成皋之战。这两年多的一场大战，如果从弱者刘邦由弱化强的角度来看，可分下列几个阶段。

一是刘邦避实就虚调动项羽军、打击项羽军。

公元前205年的刘邦，可以说是孤立无援，而项羽则是兵强马壮、士气正盛。这时的刘邦采纳了谋士张良等人在政治上注意团结内部、重用彭越、韩信等将才，争取与项羽有矛盾的九江王英布归附自己。然后在军事上取正面坚守、敌后骚扰、左右两翼牵制

563

的作战方式。这就是以刘邦为主力，拖住楚军之主力，并使其疲劳之，彭越则攻楚之后路，断其粮道，使其腹背受敌。而韩信则出兵攻打魏、赵、燕、齐等附楚之国，取抄袭楚之老巢彭城之势，此谓之左翼，真有如匕首之锐。而右翼是占据江苏、安徽、江西等地的英布的归汉，则将楚军的侧翼力量死死地拖住。

二是战事频繁不忘根据地的建设，保障了战事的持久迂回之力。

在治蜀的萧何又为刘邦解决了粮草与兵源。这就保障了刘邦与项羽有了相持的时间和力量，刘邦在这样的情况下，就是不与楚军决战，而是千方百计地对楚国的君臣进行挑拨离间，以诈降之计逃出了荥阳后重新集结兵力。以声东击西之术调动项羽主力。此时彭越进攻楚都彭城，迫使项羽首尾难以相顾，所夺之荥阳、成皋又为其失而复得。待楚军击败彭越于公元前204年6月重取荥阳、成皋后，刘邦再一次不与楚军正面决战，而是不断在楚军之两翼与后方加强攻击。公元前204年9月，项羽军腹背受敌，无奈而放弃正面进攻，并攻打彭城以稳定后方。待项羽一走，刘邦则取成皋围楚将钟离昧于荥阳以东，项羽只得回攻成皋，刘邦则凭险不出。此时的项羽军已是疲惫不堪。这时又传来坏消息——这年的11月，韩信攻破了齐国，且歼灭了项羽派去的二十万大军。来回的奔波，楚军的优势业已丧失，而刘邦却在这决定命运的成皋之战中，完成了对项羽的战略包围。项羽不得不与刘邦订立和约。和约只是暂时的平静，自称西楚霸王的项羽离"乌江自刎"的时日已经不远了。

新汉昆阳之战。——书出第204页。典出《资治通鉴·汉纪》等。讲的是公元23年的农民起义军——绿林军立刘玄为帝，国号仍称汉，绿林军改称汉军，同时分兵北伐。其一路围宛城（即今之河南南阳），另一路越宛城占领昆阳（即今之河南叶县）、定陵（即今之河南舞阳）及郾城（即今之河南郾城）。当时称帝的王莽则令王邑、王寻统兵四十二万会同其他新军于这年的5月直取昆阳。汉军该怎么办？

一是死守待援，新军放弃攻打援军主力。

此时昆阳守军只有八九千。与王莽的新朝军相差实在悬殊。但汉军还是决定死守昆阳，与此同时，派出刘秀前往定陵、郾城调兵击敌。当此之时，新莽军中的严尤提出先灭要来增援围城的主力，则昆阳就会不攻自下，而王邑、王寻二将不听，果然猛攻难下。

二是增援得力，新军果然一败涂地。

6月，刘秀援军一万赶到，几经苦战，歼灭王邑、王寻大军。只剩王邑几千残兵狼狈而逃。王莽主力被击溃，于是天下豪杰并起，杀了王莽所设的官吏，沿用汉朝年号，等待朝廷的命令，这就加速了王莽新朝的灭亡。

袁曹官渡之战。——书出第204页。典出《后汉书·袁绍列传》。所讲的是东汉末的公元200年，由于曹操与袁绍两大军事集团的矛盾不可避免。占据险要之地——青、冀、幽、并四州（今之河北、山西、与河南的黄河以北、山东胶州地区），攻守得宜，人力物力比较占优势、拥有雄兵十万的袁绍，与只占兖、豫两州（即今之河南的黄河以南及山东西南地区）条件要差得多且只有二万人马的曹操在官渡（今河南中牟县东北）展开了生死存亡一战。这个战例如果从袁绍所犯下的战略战术错误来看，可分下列几个方面概括：

一是袁绍持强冒进中计，颜良、文丑被杀。

公元200年1月，袁绍自持其强，不顾大将沮授与谋士田丰关于先稳定后方，以其优势拖垮、击败曹操的战略策略。而是以其心腹之将郭图、审配速决灭曹操之法，率部直杀奔曹操的巢穴之所许昌而来。曹操以其主力集结于官渡，与大军集结于黎阳（今之河南浚县东北）的袁绍相抗。工于心计的曹操妙用兵法，在这年2月，当袁绍派出颜良攻白马（今之河南滑县北）时，以声东击西之计，斩了袁绍的大将颜良，当袁绍派文丑来击曹操时，以故意抛弃辎重之计，妙诱文丑之军，使文丑之军大乱，然后击杀文丑，袁绍连折两员名将，曹操一解白马之围，首战告捷。

二是袁绍再次拒谏忠言，优势逐渐丧失。

200年8月，袁绍心急气燥，再次不听沮授不要急于决战的计谋，以其主力冒进于官渡，连营数十里与曹操相抗数月。当此之时，双方均已疲惫，但相比之下，袁绍仍占优势。这时双方的谋士各显高招：袁绍的谋士许攸等自有恶招——请求袁绍乘曹操后方空虚，以轻骑抄占曹操的老巢许昌，再歼曹操主力，惜袁绍不听。曹操的谋士荀彧料定袁绍军亦已力尽，劝曹操坚守待机灭敌，不能退回许昌，果然袁军内部开始分裂动摇。这是袁绍又败了的一着棋。

三是袁绍苦果自食，全军几近覆灭。

200年10月，由于袁绍的刚愎自用、残害忠良，名将、谋士降曹后，被曹操火烧乌巢屯粮基地，一遇曹操反击，即有土崩瓦解之势，袁军七万余众被歼。这个所谓的"四世三公"，乃血统论的典型，实不过如此。从此一蹶不振，不久见了阎王，为世人所笑，为天下所不齿。

官渡一战，为曹操一统北方打下了坚实的基础。关于官渡之战，在《三国演义》第22回《袁曹各起马步三军　关张共擒王刘二将》，第25回《屯土山关公约三事　救白马曹操解重围》，第30回《战官渡本初败绩　劫乌巢孟德烧粮》，第31回《曹操仓亭破本初　玄德荆州依刘表》等回中有着十分详尽和细致、生动的描绘。

吴魏赤壁之战。——书出第204页。典出《资治通鉴·汉纪》等。公元208年，经官渡之战后，曹操一统北方，即便率大军南下，与孙权、刘备在今之湖北江陵和汉口之间的长江沿岸展开了一场大战，是战之果，是曹操未能一统天下，从此形成了三国鼎立的局面。如果从弱者孙权与刘备的角度来看，此战可从下列方面概说。

（一）压境大军八十万，孙、刘联合击曹操。

公元208年7月，曹操挥鞭直取荆州，刘备、刘琦率部两万撤至长江南岸樊口（今之湖北鄂城县西北），曹操在得手江陵（今之湖北江陵）后，号称八十万大军，实为二十万，拟东下进击刘备，与此同时威胁孙权投降。孙权手下的主战派促成了孙权联刘抗曹，孙刘大军不过五万之众。地利、人力等方面，曹操独占绝对优势。

（二）战舰连环利火攻，东风借与周郎便。

公元208年10月，曹军在赤壁（今之湖北嘉鱼东北）与周瑜、刘备水军遭遇，曹军首战告败。因曹军多系北方军士，不习水战，曹操便将战舰用铁环连锁，此等情报被吴将黄盖探知，出奇谋诈降曹操，用船数十艘，装满灌油的芦苇、干柴，趁刮东南风之便，顺风放起火来，与此同时，孙刘联军主力出击，曹军一败涂地。只得率部逃回许昌。典出《三国志》等资料。此战例在民间可谓家喻户晓。《三国演义》一书以第43—50回的篇幅，将这一战役写得活灵活现，而电视剧《三国演义》的演员们，则将众多人物表演得栩栩如生。

吴蜀彝陵之战。又称"猇亭之战"。——书出第204页。典出《资治通鉴·魏纪》等。事在公元222年。是吴、蜀之间为了争夺荆州而发生的大战。如果从战略、战术犯错误的刘备一方来看，此战可简括如下。

（一）刘备拒谏急复仇，志在灭吴夺荆州。

公元220年，曹丕称帝国号魏；221年，刘备称帝国号蜀；222年，孙权称王国号吴。早在公元219年，孙权趁关羽大战曹操之机，派大将吕蒙夺得了荆州，杀了关羽。从此孙、刘矛盾加激。221年7月，刘备不听众谋士谏，执意率全国诸路大军伐吴，势必要夺回荆州，要为关羽报仇。先锋吴班、冯习领四万之众击败吴之守军，占领秭归（今之湖北秭归），进入吴之本土作战。222年2月，刘备的水军占领彝陵（今湖北之宜昌东），其主力抵达猇亭（即今湖北之宜都县北）。大有一口吞吴之势。

（二）陆逊力避敌锋芒，刘备丧失主动权。

面对刘备的进击，孙权在求和不得的情况之下，命陆逊统军五万抵抗。陆逊在蜀军兵多将广、锋芒正盛之时，以坚守不出之计待蜀，刘备总是求战不得，到222年1月至6月间，陆逊使蜀吴之军呈相持状态，此时的刘备进退不得，蜀军锐气大大地受挫，主动权慢慢地在向吴军倾倒。

（三）火烧连营七百里，刘备遗恨在吞吴。

时日渐渐地到了夏天，天热难熬。刘备为避暑热，从巫峡至彝陵连营七百余里，拟待秋季再行进攻。精通兵法的陆逊马上就发现有了可乘之隙，命令士兵举火烧营，七百余里蜀营顿成火海，刘备连夜突围西逃，病死白帝城。杜甫有诗赞诸葛亮时，论及此事赋诗云："功盖三分国，名成八阵图。江流石不转，遗恨失吞吴。"

久经战阵的刘备，因犯下这一破坏联吴抗曹的战略错误，使蜀国元气大伤；陆逊也因以少胜多一战而名声大震。关于吴蜀彝陵之战一事，在《三国演义》中的第81－84回中有着形象生动的描绘，而电视剧《三国演义》，则再现当年血与火的搏斗场景，可谓时时警示着后人。

秦晋淝水之战。——书见第204页。典出《资治通鉴·晋纪》等。这是发生在公元383年东晋与前秦在安徽寿县的一场生死决战。是一场晋弱秦强、而秦败晋胜的富于典型的戏剧性意义的大战。可以从下面几个方面简说。

（一）苻坚挥师百万兵，横扫东晋气势雄。

公元357年，中国北方内迁的游牧民族氏族首领苻坚，以长安为都，一统北方。383年8月，苻坚挥百万之师，以投鞭可断长江之流之势，兵分三路，一路经彭城（今之江苏徐州）南下，此谓之东路；一路沿长江、汉水顺流而下，此谓之西路；苻坚自率主力为中路大军，直指东晋都城建康。可谓布阵万里、声势浩大，企图一举击败偏安江南一隅的司马睿东晋政权，一统全中国。

（二）晋军将帅巧谋划，里应外合得胜利。

面对秦军气吞万里如虎之势，东晋朝野一片惊恐，然宰相谢安却主张坚决抵御。此时晋武帝以谢石为大都督，以谢玄为先锋，率八万之众西进淮河；命桓冲为江州（今之湖北之东与江西之西）刺史，据长江之中游，防止秦军从襄阳方向南下；遣胡彬率五千水军增援寿阳（今之安徽寿县）这一军事要地。383年10月，秦军先锋苻融以三十万之众夺得寿阳，胡彬退守硖石（今安徽之凤台县西）。秦军骁梁成率五万之众渡淝水东进洛涧（今安徽怀远县以南之洛水），完成对胡彬的包围。苻坚在诸路大军尚未会齐之际，即以轻骑兵八千来到寿阳坐镇指挥。谢石得此信息，在洛涧之东坚守不出，以观事态之变。果然苻坚因求战心切，即派出刚从晋军中俘虏的朱序将军前去谢石营中细降。朱序一到谢石帐中，即将秦军实况全部告之谢石，并建议谢石趁秦军尚未会齐之际，从速击溃苻坚军。谢石深以为然。11月，东晋猛将刘牢之以五千精兵夜袭梁成军，梁成战死。其五万之众被歼一万五。正在晋军士气大振之时，谢率其主力全线出击，苻坚见其攻击猛烈，内心十分惊恐，他曾狂言"投鞭可断流"，此时视八公山上草木皆以为是晋军了。这在心理上已经输了一着的苻坚，就沿淝水西岸列阵，隔水与晋军相峙。尽管是相峙，秦军毕竟是强大的，这时深精兵法的谢玄摸透了苻坚骄傲自大、急求决战的心理。以"骄而乘之"之法，派人要求苻坚在西岸让出一小片地方让晋军渡河决战，苻坚自持其强，决定让晋军渡河一半时击杀之，岂知秦军刚刚移军，朱序大喊"秦军败了！"这一喊可不得了！秦军立刻大乱，再也无法控制，晋军强渡淝水，一阵击杀，秦军死亡十之八九。苻坚中了流箭，策马逃命到淮北。

后发制人。——书出第204页。典出《荀子·议兵》："后之发，先之制，此用兵之

要术也。"意为让对方先动手，然后反击制服对方。又见，《汉书·项籍传》："先发制人，后发制于人。"这里意为先下手为强，以取得主动。

敌进我退，敌驻我扰，敌疲我打，敌退我追。——书出第204页。典出明人无名氏《草庐经略·游兵》："游兵者，谓其兵无定在也。必士果锐而骑超捷，将勇悍而善应变。时而东复时而西，时而出乎时而入；敌怒而迎，我引而退；敌倦而息，我临而扰……或朝或暮，伺敌之隙，乘间取利，飘忽迅速，莫可踪迹。"

诱敌深入。——书出第204、206、210、211、211页（五出）。典出《孙子兵法·计篇》："利而诱之。"

以一当十，以十当百。——书出第205、225、225页。典出《战国策·齐策一》："必一而当十，十而当百，百而当千。"又见，《史记·项羽本纪》："楚战士无不一以当十，楚兵呼声动天，诸侯军无不人人惴恐。"

勇猛果敢。——书出第205页。典出《汉书·翟方进传》："内有不仁之性，而外有俊材过绝于人，勇猛果敢，处事不疑。"

乘胜直追。——书出第205页。典出《战国策·中山策》："魏军既败，韩军自溃，乘胜逐北，以是之故能立功。"又见，《周书·独孤信传》："贼不虞信兵之至，望风奔驰溃，乘胜逐北，径至城下，贼并出降。"北，乃败逃之意，逐，乃驱逐追赶之意。乘胜逐北，就是乘胜追击溃败逃跑之敌。

先发制人。——书出第206页。典出《史记·项羽本纪》：会稽太守殷通对项梁说："江西皆反，此亦天亡秦之时也。吾闻先发制人，后则为人所制。"又见，《汉书·项籍传》："先发制人，后发制于人。"

养精蓄锐。——书出第208、213页。典出《三国演义》第34回："荀彧曰：'大军方北征而回，未可复动。且待半年，养精蓄锐，刘表、孙权可一鼓而下也。'"又第96回："不如以现在之兵，分命大将，据守险要，养精蓄锐。"

以逸待劳。——书出第208、213页。典出《孙子兵法·军争篇》："以近待远，以逸待劳。以饱待饥，此治力者也。"又见，《后汉书·冯异传》："夫攻者不足，守者有余，今先据城，以逸待劳，非所以争也。"

避其锐气，击其惰归。——书出第209页。典出《孙子兵法·军争篇》："故三军可夺气，将军可夺心。是故朝气锐，昼气惰，暮气归。故善用兵者，避其锐气，击其惰归，此治气者也。以治待乱，以静待哗，此治心者也。以近待远，以逸待劳，以饱待饥，此治力者也。无邀正正之旗，勿击堂堂之阵，此治变者也。"

无隙可乘。——书出第209页。典出南朝梁人沈约《宋书·律历志二》："臣其律七曜，咸始上元，无隙可乘。"又见，明人李贽《续焚书·与周友山》："正兵法度森严，无隙可乘，谁敢邀堂堂而击正正，以取灭亡之祸欤！"

乘敌之隙。——书出第209页。典出同上，当属"无隙可乘"、"可乘之隙"之变用。

可乘之隙。——书出第209页。典出《三国演义》第14回："（陈）宫曰：'小沛原非久居之地。今徐州既有可乘之隙，失此不取，悔之晚矣。'"

示形。——书出第209页。典出《孙子·计篇》："兵者，诡道也。故能而示之不能，用而示之不用，近而示之远，远而示之近。利而诱之，乱而取之，实而备之，强而避之，怒而挠之，卑而骄之，佚而劳之，亲而离之，攻其无备，出其不意。此兵家之胜，不可先传也。"此"示形"实乃"佯动"之意。

声东击西。——书出第209页。典出《韩非子·说林上》："今荆人起兵将攻齐，臣恐其攻齐为声，而以袭秦为实也。不如备之，戍东边。荆人辍行。"又见，周·齐·吕尚《六韬·文韬·兵道》："欲其西，袭其东。"又见，西汉人刘安《淮南子·兵略训》："用兵之道，示之以柔，而迎之以刚，示之以弱，而乘之以强，为之以歙（收敛）而用之以张，将欲西而示之以东。"又见，唐人杜佑《通典·兵典》："声言击东，其实击西。"以上均是言"声东击西"之大意。又见，明人刘基《百战奇略·声战》："凡战，所谓声者，张虚声也。声东而击西，声彼而击此，使敌人不知其所备。则我所攻者，乃敌人所不守也。"秘本兵书《三十六计》第六计就是"声东击西"。

鲁莽灭裂。亦即"卤莽灭裂"——书出第210页。典出《庄子·则阳》："长梧封人问子牢曰：'君为政焉勿卤莽，治民焉勿灭裂。昔予为禾，耕而卤莽之，则其实亦卤莽而报予。'"又见，宋人彭龟年《论续降指挥之弊疏》："而用人之际，卤莽灭裂，一切不问。"又见，宋人辛弃疾《美芹十论·屯田》："卤莽灭裂，徒费粮种，只见有害，未闻获利，此未为策之善。"

日蹙。——书出第211页。典出《诗经·大雅·召旻》："昔先王受命，有如召公。日辟国百里，今也日蹙国百里。"又见，明人冯梦龙《警世通言》卷21："后来见时势日蹙，知大事已去，乃微服潜遁，隐于此山中。"

将欲取之必先与之。——书出第211页。典出《老子·三十六章》："将欲歙之，必固张之；将欲弱之，必固强之；将欲废之，必固兴之；将欲夺之，必固与之；是谓微明。柔弱胜刚强，鱼不可脱于渊，国之利器不可以示人。"意为事情发展到了其极限，就会向着相反的方面转化。又见，《韩非子·说林上》记《周书》载云："将欲败之，必姑辅之，将欲取之，必姑予之。"

从容不迫。——书出第213页。典出《庄子·秋水》："庄子与惠子游于濠梁之上，庄子曰：'儵鱼出游从容。是鱼之乐也。'惠子曰：'子非鱼，安之鱼之乐？'庄子曰：'子非我，安知我不知鱼之乐？'惠子曰：'我非子，固不知子矣；子固非鱼也，子之不知鱼之乐，全矣。'"又见，《礼记·中庸》："诚者不勉而中，不思而得，从容中道，圣人也。"又见，西汉人韩婴《韩诗外传》："动作中道，从容得礼。"又

见，宋人朱熹《朱子全书·论语·学而》："只是说便得自然如此，无那牵强的意思，行是从容不迫。"

固执己见。——书出第213－214页。典出《宋史·陈宓传》："固执己见，动失人心。"

举措失当。——书出第215页。典出《管子·禁藏》："行法不道，众民不能顺；举错不当，众民不能成。""举措"同"举错"。又见，《史记·秦始皇本纪》："忧恤黔首，朝夕不懈。除疑定法，咸知所辟。方伯分职，诸治经易。举错必当，莫不如画。"

变化多端。——书出第215页。典出宋人张君房《云笈七签》卷85："于天柱山得石室内《九丹金液经》，能变化万端，不可胜纪。"又见，明人冯梦龙《古今小说》卷20："这齐天大圣，神通广大，变化多端。"

痛快淋漓。——书出第218页。典出清人文康《儿女英雄传》第20回："即如我在能仁寺救安公子、张姑娘的性命，给他二人联姻以至赠金借弓这些事，不过是我那多事的脾气，好胜的性儿，趁着一时高兴，要作一个痛快淋漓，要出出我自己心中那口不平之气。"

长驱直入。亦即"长驱"、"长驱径入"。——书出第219页。典出同上一篇。

步步为营。——书出第219页。典出《三国演义》第71回："有败军逃得性命，回报黄忠，说陈式被擒。忠慌与法正商议，正曰：'渊为人轻躁，恃勇少谋。可激士卒，拔寨前进，步步为营，诱渊来战而擒之……'黄忠即日拔寨而进，步步为营；每营住数日，又进。"又见，明人张岱《石匮书后集·烈帝纪》："（白广恩曰）我师困，宜驻师分据要害，步步为营。"

无能为力。——书出第219页。典出《左传·僖公三十年》："臣之壮也，犹不如人，今老矣，无能为也已。"又见，清人梁绍壬《两般秋雨盦随笔·史阁部书》："况燕雀处堂，无深谋远虑，使兵饷顿竭，忠臣流涕，顿足而叹，无能为力，惟有一死报国，不亦大可哀乎！"又见，清人纪昀《阅微草堂笔记》卷14："此罪至重，微我难解脱，即释迦牟尼亦无能为力也。"

御敌于根据地之外。——书出第220页。典出同"御敌于国门之外"。系变用"御敌于国门之外"。

持重待机。——书出第220页。典出《晋书·宣帝纪》："持重以候其变。"

率尔。——书出第220页。典出《论语·先进》："子路率尔而对曰：'千乘之国，摄乎大国之间……'。"

居高临下。——书出第220页。典出《淮南子·原道训》："登高临下，无失所秉，履危行险，无忘玄伏。"又见，《旧唐书·柴绍传》："虏居高临下，射绍军中，矢下如雨。"又见，《续资治通鉴·宋高宗绍兴一一年》："敌居高临下，我战地不利。"又见，宋人陈亮《戊申再上孝宗皇帝书》："其地居高临下，东环平冈以为固，西城石头以为重。"

急风暴雨。亦称"疾风暴雨"。——书出221页。典出《淮南子·兵略训》："大寒甚暑，疾风暴雨，大雾冥晦，因此而为变者也。"又见，清人褚人获《隋唐演义》第32回："斧照伯当上三路，如飘泼盆倾，疾风暴雨，砍剁下来。"

尽如所期。亦即"尽如人意"。——书出第221页。典出宋人刘克庄《后村全集·李艮翁礼部墓志铭》："然议者但以为恩泽候挟贵临民，安得尽如人意。"又见，明人海瑞《复华松坡》："生以五月初四之夕抵上新河，公先月二十六日北上，事之不能尽如人意，恰又如此。"

变化难测。——书出第222页。典出唐人韩愈《殿中少监马君墓志》："当是时，见王于北亭，犹高山深林巨谷龙虎，变化不测，杰魁人也。"又见，明人许仲琳《封神演义》第44回："王天君曰：'吾红水阵内夺壬癸之精，藏天乙之妙，变幻莫测。'"

高人一等。——书出第222页。典出《礼记·檀弓上》："献子加于人一等矣。"

左右手。——书出第227页。典出《史记·淮阴侯列传》："人有言上曰：'丞相何亡。'上大怒，如失左右手。"又见，《后汉书·窦融传》："吾与将军如左右手耳。"又见，《北史·周文帝纪》："岳曰：'宇文左丞吾左右手，何可废也。'"

视为畏途。——书出第227页。典出《庄子·达生篇》："夫畏途者，十杀一人，则父子兄弟相戒也，必卒徒，而后敢出焉，不亦知乎。人之所最畏者，衽席之上，饮食之间而不知为戒也，过也。"意为一家父子兄弟十人，假若其中有一人在路上为坏人所杀害了，那么下一次出门时，就会因此而有警惕性，就不会单独出门。然而世上的一些人只是注意了这些明显的小危险，而不在意大的方面。自古以来，不少人则是死于享乐与声色犬马之间，后来的人们却少有记取教训，这实在是太危险了。唐人李白《蜀道难》："问君西游何时还？畏途巉岩不可攀。"

孤立无援。——书出第231、235页。典出《后汉书·班超传》："十八年，帝崩，焉者以中国大丧，遂攻没都护陈睦，超孤立无援。"又见，《三国演义》第47回："周瑜孤立无援，必为丞相所擒。"

不适时宜。亦即"不合时宜"——书出第232、236页。典出《汉书·哀帝纪》："皆违经背古，不合时宜。"又见，宋人王谠《唐语林·补遗一》："代宗车驾自陕府还，真卿请光谒五陵、孔庙，而后还宫。宰相元载谓真卿曰：'公所见虽美，其如不合时宜何？'"

可望不可即。亦即"可望而不可即"。——书出第232页。典出清人吴趼人《二十年目睹之怪现状》第98回："所以虽是牛鬼蛇神的妓女，他见了就如海上神仙一般，可望

不可即的了。" 明人宋濂《危孝子传》："视吾贞昉，则若威风之翔于千仞，可望而不可即，得与失又为何如哉。"

孤军作战。亦称"孤军独战"、"孤军奋战"——书出第234页。典出《隋书·虞庆则传》："由是长儒孤军独战，死者十八九。"

灭此朝食。——书出第234页（两出）。典出《左传·成公二年》："齐侯曰：'余姑翦灭此而朝食！'不介马而驰之。"这里讲的是，在春秋时代，齐顷公攻打鲁国和卫国。鲁、卫求援于晋。公元前589年6月，晋大将却克出援，双方在齐国的鞍地（今之山东历城县附近）发生了大战，史称"齐鞍之战"。齐顷公想到鲁、卫两国都被自己打败，就不把晋军放在眼里。有一次齐军已经准备好了早饭，齐顷公却说打败了晋军以后再来吃早饭。结果齐军在早有准备的晋军面前，被打得落花流水。

旷日持久。——书出第234页。典出《战国策·赵策四》："今得强赵之兵，以杜燕将，旷日持久数岁，令士大夫余子之力，尽于沟垒。"又见，汉人贾谊《新书·连语》："夫薄可以旷日持久者殆未有也。"又见，《汉书·韩信传》："欲战不拔，旷日持久，粮食单竭（即殚竭）。"又见，清人褚人获《隋唐演义》第58回："自来救兵如救火，若照依这样说，迂其途以取之，旷日持久，郑国急切间，何由得解？"

其势汹汹。——书出第234页。典出《荀子·天论》："君子不为小人之汹汹也辍行。"

纵横驰骋。——书出第236页。典出宋人谢尧仁《张子湖先生集序》："以至唐末诸诗人，雕肝琢肺，求工于一言一字间，在于人力固可以无恨，而概之前数公纵横驰骋之才，则又有间矣。"

比宝。亦即"叫化子与龙王爷比宝"。——书出第236—237页。典出《西游记》第2回："悟空笑道：'古人云：愁海龙王没宝哩！你再去寻寻看。若有可意的，一一奉价。"又见，清末·陈天华《狮子吼》第3回："讲到那村的布置，真是世外的桃园，文明的雏本，竟与祖国截然两个模样。把以前的中国和他比起来，真是俗话所谓'叫化子比神仙'了。"

出其不意。——书出第237页。典出《孙子兵法·计篇》："攻其无备，出其不意。"

用典探妙：

毛泽东在这篇论文中，重在总结土地革命战争时期我党武装斗争的经验，重对"左"倾机会主义者在军事上的种种错误。因而在运用典故上，关于军事方面的典故是不少的。总体看来，全篇近115处用了各色各样的典故。这些典故运用得精妙极致，极大地丰富了毛泽东军事思想的理论宝库，使这篇军事论文光照千古。

（一）镶嵌援引用典故，有推陈出新之妙。

毛泽东在这一篇文章中，在文中所引用、所镶嵌的典故占有绝大多数，如"一模一样"、"一成不变"、"至高无上"、"全功尽弃"、"一厢情愿"、"真知灼见"、"纸上谈兵"等等，几近30多个。毛泽东所引用的这些典故，多是以成语形式出现的典故，这些典故，初看一目了然，似乎没有什么特别之处，然而，当我们回顾这些看似人人皆懂的成语形式的典故的典源意义时，就会发现毛泽东妙用后的语言的深度与恰到好处。

一是具体展现在描绘与论证相结合的引用，有形象生动、论说有力之妙。如"一模一样"、"一技之长"、"一成不变"、"全功尽弃"、"头头是道"等，这是看来大多数没有不懂得的成语形式的典故，但是毛泽东将其用在描绘教条主义和主观主义者们的形象上，我们只要回顾一下这些成语形式的典故的典源意义，这些死搬书本、死记教条者的人物形象，就会自然而然地展现在我们的头脑之中。毛泽东运用这些成语形式典故并结合其论证的警示作用，也就深深地印在我们的头脑之中。毛泽东所引用的成语形式的典故，在其文章中，几乎都具有这一特色。

二是具体展现在意义完全相反的典故的引用，有对比强烈、说理深透、给人印象难忘之妙。如"先发制人"与"后发制人"，"以一当十"与"以十当一"等的引用。毛泽东在论述弱者为什么要"后发制人"时，是用在鲁、齐"鞍"之战及"楚汉成皋之战"等六大名战之后。这除了论说我军在当时的历史条件下取"后发制人"的好处之外，同时亦有高度概括整个前一段的论说并开启后一段的论说之妙。紧接着在后面用上了"左"倾机会主义所强调的"先发制人"，则到底是该"后发制人"还是"先发制人"的问题便不言自明了。而对"以十当一，以十当百"与"以一当十，以十当百"的运用，对于说清我军的战略、战术原则，同样和尽其妙。

（二）出神入化用典故，有创新、活用之妙。

所谓出神入化用典故，主要是讲毛泽东飞跃式地点化运用了不少的典故。他或是将原典"变"字、或是增添字词、或是增删字词成典。

如将"一孔之人"变换一字为"一孔之见"，将"只因一着错，满盘都是空"化而为"一着不慎，满盘皆输"，将"去俱存真"、"去伪存真"、"从粗至精"化用为"去粗取精，去伪存真"，将"御人于国门之外"化而为"御敌于国门之外"、"御敌于根据地之外"等等。这些经毛泽东变字、增添、增删字词的典故语，有的成了新的成语形式的典故，

又如"一着不慎，满盘皆输"，经毛泽东妙用之后，冯梦龙的话已经没有什么人记得了，而这"一着不慎，满盘皆输"则被收入了成语一类的辞书之中，同样，"去粗取精，去伪存真"亦被收入相关的辞书，至於"御敌于国门之外"、"御敌于根据地之外"一语，经由毛泽东的论说解释，则已经完全脱去了"御人于国门之外"之本意，成了"左"倾冒险主义者形象代名词。

毛泽东妙用典故之活，真有看菜吃饭、量体裁衣之妙。

（三）一典多出用典故，有形象、生动之妙。

毛泽东在运用典故时，对于某些典故，多有一典多出、将其重复运用的情况。虽说是重复而用，但却有重用出新之妙。

如"御敌于国门之外"一典，在第203页，是用以形象地总括军事冒险主义反对战略退却的言论；在第206页，则是用以形象描绘军事冒险主义者的错误行动，批判之语气颇为强烈；而在第220页，则是在原来变用"御人于国门之外"的基础上，进行了进一步增删，使之成为"御敌于根据地之外"，则更具体化、更富批判性和讽刺味。

又如"敌疲我打"先后在第203、204等页中出现，这多次出现，实有古今灵活地运用与强调"敌疲我打"这一战术的重要性之妙；

再如"以一当十，以十当百"，在第205页中是用以概括军事冒险主义者的蛮干行为的，而在第205页则两次出现此语，第一次指出"以一当十，以十当百"是战略说法，接着指出"以十当一"则是战术。这既是对我党我军战略、战术的科学阐说，同时又是对"左"倾军事冒险主义者的有力批判。

（四）讲解之法用典故，有说理生动之妙。

运用讲解典故之法去运用典故，是毛泽东用典中最有特色的一笔。毛泽东在这篇文章中，为了形象地说明军事冒险主义者"御敌于国门之外"的鲁莽、无知，毛泽东讲述了拳师比武的基本常识，这，本身就是很有吸引力和很有说服力的。在这个基础上，再引出在民间影响极大的《水浒传》中故事。在《水浒传》中有过不少的比武场面，毛泽东选用了林冲智取洪教头这一精彩片断，并在文章中简略地概括其中的故事情节，特别抓住了洪教头在书中三次呼叫"来，来，来！"的狂妄之语，不得不令人想起传中人物的如下情节：第一次是"只见洪教头先起身道：'来，来，来！和你使一棒看！'"；第二次是"洪教头先脱了衣裳，拽起裙子，掣条棒，使个旗鼓，喝道：'来，来，来！'"；第三次是"洪教头喝一声：'来，来，来！'便将棒盖将入来。"洪教头的频频出击，其破绽全部显露在暂时退让的林冲的眼前，其结果是，被林冲一棒扫翻在地。就这么一个通俗而生动的小故事，就将"战略退却……他们的主张是所谓'御敌于国门之外'"这样深奥的道理说得一清二楚，令人心明眼亮。又如，在引用"知彼知己，百战不殆"这句话时，在运用这个典故语之前，讲到了两种人的情况，在这句话之后，从学习和使用、从认识到行动的理论高度，升华了"知彼知己，百战不殆"这句千古名言的理论价值，进一步强调了这一名言的现实指导意义，给人以更深刻的理解。

（五）结合引文用典故，有发掘深邃之妙。

所谓"结合引文用典故"，就是说，在运用了一个典故之后，并不到此为止，而且将有关这个典故的典文全部或部分地引用出来，在作者进行评说分析的同时，也让读者参与评论思考。这也是毛泽东在运用典故中的一大特色。在这篇文章中的第203页，毛泽东运用了人名事典"曹刿论战"这一典故。在引用这个典故之前，毛泽东先讲了"曹刿论战"的由来，紧接着引出"曹刿"的作法及其成就。一般来说，毛泽东将曹刿的战略战术已经完全说清楚了，这似乎是可以了。但是毛泽东还是将《左传·庄公十年》中的"春，齐师伐我。……望其旗靡，故逐之"中的一大段引用出来。

这一大段是讲什么呢？讲的是在公元前684年鲁国与齐国在长勺这个地方发生的一场战争。事由公元前685年，齐桓公在打败鲁庄公后，发现鲁庄公在伺机报仇，于是就想先发制人将鲁国一举歼灭之。于是调集大军进攻鲁国，鲁庄公只好奋起自卫。长勺之战就这样发生了。毛泽东所引用的这一大段，极具故事性和哲理性。在战争的开始，曹刿就请见鲁庄公。鲁庄公在接见他时，曹刿细问了鲁庄公凭什么可以与强大的齐国作战时，鲁庄公说出了他办事的公正，在经过一番论说之后，曹刿认为庄公取得了人民的信任，可以与强齐一战了。

当曹刿与庄公同坐一车与齐军开战时，庄公一看到齐军就要发起进攻。曹刿认为不可以，等到齐军进行了三次进攻之后，曹刿便要求发起进攻了，其结果是齐军被鲁国的军队打得大败。当鲁庄公要乘胜追击时，又被曹刿阻止了。曹刿下车细看了齐军逃跑时的车子印迹后，才作出追击的决定，结果齐军再次被打得大败。

在庄公得胜之后有一点不大理解曹刿的作法，就问曹刿为什么这样指挥作战。曹刿说：打仗是全凭勇气的事。在齐军首次擂鼓时，士气特别旺盛；在齐军第二次擂鼓时，士气就要差一些；到他们第三次擂鼓时，气就泄了。此时我们正好是第一次击鼓，在士气大振之时，去攻击疲劳之师，是能够得胜的。齐国毕竟是一个大国，其军事势力很强，我要防止他们有埋伏，故必察看其车痕是否混乱，混乱旗倒则知无伏兵，故而追击。

毛泽东的这一段引文决非冗赘多余，而是有着重要的意义。这除了典故中的故事有引人入胜、富于哲理之妙之外，亦有典中含典、发掘深邃之妙。

这里的所谓典中含典、发掘深邃之妙，就是说，在这一段引文之中，还隐含着"取信于民"、"一鼓作气"、"再衰三竭"、"辙乱旗靡"四个典故。这四个典故与引文一道，发掘出了"曹刿论战"这一典故中的更为深邃的内容，大有丰富毛泽东关于"敌疲我打"的这一个论点之妙，同时亦有开启下一段论文的内容之妙。

（六）接二连三用典故，大有加强语气、强调论点之妙。

所谓接二连三用典故，就是说将两个或两个以上的典故连续地运用，形成典故之"块状"，以达到显目与加强语气、强调论点之妙。

在毛泽东的这一篇文章中有两种接二连三用典故的情况。一种是典意相近的多个典故的接二连三之用。如第206页的"御敌于国门之外"、"先发制人"的连用，有充分表

现"左"倾军事冒险主义者思想观点的错误之妙。又如第204页的"楚汉成皋之战"至"秦晋淝水之战"，毛泽东一连列举了中国历史上六大著名战例，对于其"双方强弱不同，弱者先让一步，后发制人，因而战胜的"观点进行了有力的论证和强调。

另一种情况是将一个典故的字词进行变化、分拆后接二连三而用，如第209页的"可乘之隙"一典，对于敌人，毛泽东用作"乘敌之隙"，对于我军如若不慎时，则用"可乘之隙"，而对于我军采取诱敌待机时，连用了"无隙可乘"和"可乘之'隙'"，反复地强调了我军诱敌深入之法之精妙。可谓论说细致入微。

（七）依势仿造用典故，有意境全新之妙。

所谓依势仿造用典故，就是说，依照其他典故的"语言气势"和样式，创造出一个新的典故语，这样新创的典故，往往有"神似"兼及"形似"之妙。在这方面，毛泽东是创造新典的能手。如"去粗取精"这一语典，实际上就是毛泽东依照"去伪存真"的语言气势和语句样式仿拟而来，其意是说，将我们所侦察得来的材料，要经过仔细的筛选，才能应用于实际斗争。这一方面向我们传授了处理问题的思维方式方法，另一方面，这一新典与"去伪存真、由此及彼、由表及里"连续而用，大有使语言气势强烈、典意更为明晰、由此悟彼之妙。

（八）执简驭繁用典故，有以少胜多之妙。

所谓"执简驭繁"用典故，就是说，毛泽东仅仅使用一个典故语，就有一典顶千言之妙。比如"比宝"一典，毛泽东的解释是"不是龙王向龙王比，而是乞丐向龙王比，未免滑稽"，这里还隐含着民间的俗语"叫化子比神仙"之意。用"比宝"这样简单一典，对于"左"倾军事冒险主义者要与蒋介石国民党反动派"拼消耗"的主张的批判，充分地论证了在当时的历史条件下，实施"歼灭战"的无比正确，可谓有一针见血、一语胜千言之妙。

总而言之，毛泽东在这篇论著中的用典，可谓横竖烂漫、尽显才情、顺手拈来，有如囊中取物之易。充分地展现了毛泽东用典使事有效地为作品的政治思想内容服务的特色。

167.抗日救亡是大事 岂容蒋氏再徘徊
——毛泽东在《关于蒋介石声明的声明》中所用典故探妙

用典缘起：

1936年12月28日，毛泽东针对蒋介石在1936年12月26日由洛阳抵达南京后所发表的一个声明而写的一篇政论。在这一篇文章中用了下列典故。

典故内容：

置蒋氏于死地。即变用"置之死地"。——书出第245、246页。典出《孙子·九地篇》："投之亡地而后存，陷之死地然后生。"又见，宋人苏舜钦《答韩持国书》："被废之后，喧然未已，更欲置之死地然后为快。"又见，清人浴日生《海国英雄记》下卷："且以朕为难儿，遇事掣肘，故在朝如黄道周之憨纯，何楷之梗直，其不欲置之死地而后快。"

显而易见。——书出第245页。典出宋人王安石《洪范传》："在我者，其得失微而难知，莫若质诸天物之显而易见，且可以为戒也，故'次八曰念用庶证。'"

言必信，行必果。——书出第245、247页（三出）。典出《论语·子路》："子贡问曰：'何如，斯可谓之士矣？'子曰：'行己有耻，使于四方，不辱君命，可谓士矣。'曰：'敢问其次。'曰：'宗族称孝焉，乡党称弟焉。'曰：'敢问其次。'曰：'言必信，行必果，硁硁然，小人哉！抑亦可以为次矣。'"这是孔子的学生子贡问孔子，怎样的行为才能称得上是士时，孔子回答子贡说的话。孔子认为：能够推行自己的主张，如有不善，则有所不为，奉使命而出，不惭为君面，这才是第一流的"士"；族里宗长称其孝道，乡间邻里赞其和顺，可算作次一等的"士"；而那些不以信行义而言必执信，行不相时度宜但却欲为敢为、见识浅薄而又固执己见的小人，也可以算是再次一等的"士"。现在这一句话已经转化为言行一致、肯守信任、能够坚决地执行的意思。

无可讳言。——书出第246页。典出《汉书·元帝纪》："直言尽意，无有所讳。"

名副其实。亦称"名符其实"。——书出第246页。典出《韩非子·功名》："名实相持而成，形影相应而立，故臣主同欲而异使。"又见，清人李绿园《歧路灯》第90回："就是那礼部门口有名的，也要名副其实。"又见，《清史稿·邹鸣鹤传》："贤基品行端正，居官忠直，名副其实。"

实与有力。——书出第247页。典出《史记·孙子吴起列传》："（吴国）西破强楚，入郢，北威齐、晋，显名诸侯，孙子与有力焉。"意为在里面确实出了力。

不谋而合。亦称"不谋而同"。——书出第247页。典出《三国志·魏书·张既传》南朝宋人裴松之注引《魏略》云："今诸将不谋而同，似有天数。"又见，晋人刘琨《劝进表》："冠带之伦，要荒之众，不谋而同辞者动以万计。"又见，晋人干宝《搜神记》第2卷："二人之言，不谋而合。"又见，宋人苏轼《朱寿昌梁武忏赞偈》："如磁石铁，不谋而合。"

席卷。——书出第247页。典出汉人贾谊《过秦论》："有席卷天下，包举宇内，囊括四海之意。"

人而无信，不知其可。——书出第247页。典出《论语·为政篇》："人而无信，不

知其可也。大车无輗，小车无軏，其可以行之哉？"意为，作为一个人，如不守信任，那怎么行呢？如果不守信任，就有如大车没有安上横木輗，小车尚有安上横木的軏，怎么能行走呢？輗是驾牛拉的大车的工具，軏是驾马拉小车的工具。如果没有这两种工具，就无法套住牲口，则车子就无法行走。

用典探妙：

毛泽东在这一篇短论中12处用了典故。这些典故的运用，都是重在督促和警告蒋介石及其一派，必须切实兑现他在西安所接受的联共抗日的全部救亡条件，这些典故镶嵌于文章中，使其论证显得特别有力量。

将"蒋氏"镶嵌于语典之中，有警醒"蒋氏"言行之妙。

毛泽东在这一篇文章中两次以"蒋氏"镶嵌于古时"欲置之死地而后快"这一名言之中，一有让蒋介石及其一派吃一惊吓一跳、不可再反共反人民的警醒作用，二有深刻揭露日本帝国主义者与亲日投降派阴谋之妙。

反复援引"蒋氏"所用之典，有借典用典、增强论辩强度之妙。

毛泽东在其文章中，巧妙地借用蒋介石所运用的语典——"言必信，行必果"。然后引出在抗日战争中许多亟待蒋氏政权解决的问题。这些问题的解决，则蒋介石就是实践了他"言必信，行必果"的诺言，否则就是在欺骗人民、欺骗舆论。其结果将是被人民革命的浪潮席卷而去，就只能走向灭亡。毛泽东的文章写到这里时，以名人、名言、名典"人而无信，不知其可"警告之、批判之，以共产党的"言必信，行必果"告诫之、诱导之。大有使蒋氏在抗日救国这个问题上无法徘徊、无法回避之妙。

多处语典的运用，均有恰到好处、有助于提升论点的论证之妙。

毛泽东除了在上面用了这几个典故之外，还用了多个语典。诸如"显而易见"、"无可讳言"、"名副其实"、"实与有力"、"不谋而合"等。这些成语形式的典故，尽管人们似乎一看就懂，但是，毛泽东将其镶入文章之中，则有如明珠而熠熠闪光。

如以"显而易见"揭示因"西安事变"的和平解决，给日本帝国主义者及中国的讨伐派的失望，可谓有肯切有力之妙；以"无可讳言"、"名副其实"、"实与有力"、"不谋而合"，去评析全国的抗日力量及我党我军在和平解决"西安事变"，在揭破日本帝国主义和中国讨伐派汪精卫、何应钦等的阴谋所起到的巨大作用上，可谓有明辨事实、论理确凿之妙。

168.为民主自由而战 共产党义不容辞
——毛泽东在《中国共产党在抗日时期的任务》中所用典故探妙

用典缘起：

1937年5月3日，毛泽东在延安召开的中国共产党全国代表会议上作了《中国共产党在抗日时期的任务》的报告。在这个报告中用了下列典故。

典故内容：

文恬武嬉。——书出第256页。典出唐人韩愈《平淮西碑》："高祖太宗，既除既治。高宗中睿，休养生息。至于玄宗，受报收功，极炽而丰，物众地大，孽芽其间。肃宗代宗，德祖顺考，以勤以容，大慝适去，稂莠不薅，相臣将臣，文恬武嬉，习熟见闻，以为当然。"这里讲的是唐宪宗元和十年（公元815）正月，彰义节度使吴元谋反。韩愈随同宰相裴度前往平叛成功。韩愈受宪宗之诏而撰此文。其文是说，高祖、太宗皇帝开国治国，经历高宗、中宗、睿宗几代的休养生息。而到玄宗之时，仗着国泰民安，一味追求起享受，至有安史之乱。至肃宗、代宗刚刚平息大乱之后，四海荒芜、老百姓贫困，而那些文臣武将则图安逸淫乐，不把国家大事放在心上，形成习以为常。"恬"即为安逸之意；"嬉"即嬉戏、玩乐之意。又见，宋人陈亮《与章德茂侍郎》："今者文恬武嬉，宜若可为安静之计；揆之时变，恐劳圣贤之驰骛矣。"

饱食终日。——书出第256页。典出《论语·阳货》："饱食终日，无所用心，难矣哉！"这是孔子说的话。

蹈袭阿比西尼亚的覆辙。变用"重蹈覆辙"。——书出第256页。典出《后汉书·窦武传》："今不虑前事之失，复循覆车之轨。"又见，清人褚人获《隋唐演义》第39回："文帝阴灵，白日显现，故此炀帝也觉寒心，不敢复蹈前辙。"又见，《宋史·子砥传》："往者契丹主和议，女真主用兵，十余年间竟灭契丹。今复蹈其辙，譬人畏虎，啗虎以肉，食尽终必食人。"

责无旁贷。——书出第262页。典出《清史稿·袁甲三传》："疏言：'总督程裔宋为守土之臣，责无旁贷。'"又见，清人文康《儿女英雄传》第10回："讲到护送，除了自己一身之外，责无旁贷再无一人。"

义不容辞。——书出第262页。典出明人罗贯中《三国演义》第58回："张昭曰：'可差人往鲁子敬处，教急发书到荆州，使玄德同力抗曹……玄德既为东吴之婿，亦义不容辞。'"

用典探妙：

毛泽东在这一篇文章中的用典虽少，然有特色。主要表现在下列方面：

变化镶嵌用典故，灵活精到出新意。

所谓"变化镶嵌用典故"，就是说，先将典故语抒以改造变化所成自己所适用于表意的词语，然后再镶嵌自己所选定的内容。这样一种用典方式，其结果必然有灵活精到出新意之妙。从"复循覆车之轨"到"复蹈前辙"，又到"复蹈其辙"或曰我们常说的"重蹈覆辙"，最后到毛泽东的"蹈袭覆辙"，其意义都颇为相近，但用其中任何一个抒以"镶嵌"，都没有毛泽东所创用的"蹈袭覆辙"那样精当、那样灵活、那样富有警示作用、那样有创新意义。

连续取典嵌文中，语言雄浑有气势。

毛泽东在这一篇文章中有两处连续地运用了成语形式的典故，使其用典处之文词有气势、有雄浑之美。一处是"文恬武嬉饱食终日"的运用，对蒋介石国民党政权的腐败揭露之深和我党反对之坚决，写得理直气壮。另一处是"责无旁贷和义不容辞"的运用，则将我党我军敢于挑起抗日救国重担的胆略，写得大义凛然。

169."争取千百万群众" 开展抗日的斗争
——毛泽东在《为争取千百万群众进入抗日民族统一战线而斗争》中所用典故探妙

用典缘起：

毛泽东在1937年5月8日所撰的《为争取千百万群众进入抗日民族统一战线而斗争》，是他在延安召开的中国共产党全国代表大会上所作的结论。在这篇文章中用了下列典故。

典故内容：

阴谋诡计。——书出第273页。典出《宋史·余深传》："余深，福州人，元丰五年进士及第。……深谄附蔡京，结为死党，京奸谋诡计得助多者，深为首，摅次之。"这一段话的意思是说，余深在元丰五年考中了进士后，一直在朝中作官。他与当时的权臣蔡京和开封的尹林摅结为一党，互相庇护，狼狈为奸。这"阴谋诡计"当由"奸谋诡计"演绎而成。

不识大体。亦即"不知大体"。——书出第277页。典出《史记·平原君虞卿列传》："太史公曰：平原君，翩翩浊世之佳公子也，然未睹大体。"又见，《旧唐书·刑法志》："臣以至愚，不识大体，倘使平反者数人，众共详覆来俊臣等所推大狱，庶邓艾获申于今日，孝妇不滥于昔时，恩涣一流，天下幸甚。"又见，五代人王定保《唐摭言·四凶》："刘子振，蒲田人，颇富学业，而不知大体。"

忠心耿耿。——书出第277页。典出清人李汝珍《镜花缘》第57回："大公子文芸道：'当日令尊伯伯为国捐躯，虽大事未成，然忠心耿耿，自能名垂不朽。'"

自高自大。——书出第277页。典出北朝齐人颜之推《颜氏家训·勉学》："见人读数十卷书，便自高大，凌忽长者，轻慢同列。"

百折不挠。——书出第279页。典出汉人蔡邕《太尉桥玄碑》："其性庄，疾华尚朴，有百折不挠，临大节而不可夺之风。"

艰苦卓绝。——书出第279页。典出清人方苞《刁赠君墓铭表》："习斋遭人伦之变，其艰苦卓绝之行，实众人所难能。"

用典探妙：

毛泽东在这一篇文章中所用典故不多，且都是成语形式的典故。但是这些典故的运用，如果我们细细品味一下，还是不难发现其特色之所在。这个特色就是每一个典故的出现，它们都是紧扣着文章中的每一个论点的。如"阴谋诡计"一语，是用在"和平问题"这一标题的内容之中的。它有一击多鸣之妙。这就是一表我党我军一贯是光明正大办事，二表对于国民党反动派一贯喜欢搞阴谋诡计的反感与藐视；在"干部问题"这一节中，毛泽东用了"不识大体"、"忠心耿耿"、"自高自大"三典，其妙在批评与赞扬得当。其中的"不识大体"、"自高自大"是对某些同志的批评，而"忠心耿耿"则是对党内优良作风的提倡；在"为争取千百万群众进入抗日民族统一战线而斗争"一节中，毛泽东连用了"百折不挠"、"艰苦卓绝"，这两个成语形式的典故的运用，气势雄浑，有如号角，激励我党我军的全体同志努力奋斗。

170. 失败是成功之母 理论来源于实践
——毛泽东在《实践论》中所用典故探妙

用典缘起：

在探妙毛泽东的《实践论》、《矛盾论》的用典之前，有必要引用1957年毛泽东与曾志的谈话中的一段内容。也许有助于我们对毛泽东写作这两篇名著的创作背景、用典缘起等，有着更深层次的理解。毛泽东说："1932年（秋）开始，我没有工作，就从漳州以及其他地方搜集来的书籍中，把有关马恩列斯的书通通找了出来，不全不够的就向一些同志借。我就埋头读马列著作，差不多整天看，读了这本，又看那本，有时还交替着看，扎扎实实下功夫，硬是读了两年书。""后来写成的《矛盾论》、《实践论》，就是在这两年读马列著作中形成的。"（彭厚文：《建国后毛泽东对自己经历的回顾》，《广西大学学报·哲学社会科学版》2004年第2期第5页）

《实践论》是毛泽东的一篇经典性的哲学著作。正如在这一篇文章的题目下面的注文中所说："毛泽东的《实践论》，是为着用马克思主义的认识论观点去揭露党内的教

条主义和经验主义——特别是教条主义这些主观主义的错误而写的。因为重点是揭露看轻实践的教条主义这种主观主义，故题为《实践论》。"为了论证这些问题，毛泽东用了下列典故。

典故内容：

由浅入深。——书出第283页。典出清人无名氏《杜诗言志》卷4："夫诗之章法起句，必切本题，且由纲到目，由浅入深。"又见，清人夏敬渠《野叟曝言》第80回："素臣把经史传记，有益于日用之事，从粗至精，由浅入深，逐渐开示。"

吃一堑长一智。——书出第284页。典出《左传·昭公二十九年》："平子每岁贾马，具从者之衣屦而归之于乾侯。公执归马者卖之，乃不归马。卫侯来献其乘马，曰启服，堑而死。公将为之椟。"这里说的是：平子每年都要到乾侯这个地方去买马匹，同时将随行而来的人的衣服与鞋子都留下来。有一年，鲁昭公在乾侯这里等待晋国的接见。这时昭公见到平子买马，口称将自己的马卖给平子。要平子付了马钱之后，昭公并未将马给平子。此时，卫侯送上一匹名曰"启服"的好马给昭公，不料在送马的路上，"启服"不幸跌在沟壑中而死。昭公为之而痛惜，要用棺木去葬"启服"。这就是说，受到了一次沟壑跌死的教训，也就增长了防止再次跌死的才干。又见，明人王阳明《与薛尚谦》："经一蹶者长一智，今日之失，未必不为后日之得。"又见，明人冯梦龙《警世通言》卷3："吾辈切记，不可轻易说人笑人，正所谓经一失长一智耳。"

眉头一皱，计上心来。——书出第285页。典出元人纪君祥《赵氏孤儿》第2折："韩厥为何自刎了，必然走了赵氏孤儿，怎生是好？眉头一皱，计上心来，我如今不免诈传灵公的命，把晋国内但是半岁之下、一月之上新添的小厮，都与我拘刷将来。"又见，元人马致远《汉宫秋》第1折："眉头一纵，计上心来。只把美人图点上些破绽，到京师必定发入冷宫，教他受苦一世。"又见，明人冯梦龙《醒世恒言》卷22："洞宾行了一年，没寻人处，如之奈何。眉头一纵，计上心来。"

循此继进。——书出第285页。典出《论语·宪问》："下学而上达。"宋人朱熹注："此但言反己自修，循序渐进耳。""循此继进"，当是由"循序渐进"演化而来。

秀才不出门，全知天下事。——书出第287页（两出）。典出《老子·四十七章》："不出户，知天下；不窥牖，见天道。其出弥远，其知弥少。是以圣人不行而知，不见而名，不为而成。"这是老子"无为而治"思想的一种表述。其意是说：不出门而可知天下的事理；不望窗外就能了解自然的规律。越是外出到处奔走，所知就越少。所以圣人不外出就可以推知事理，不须窥察也可明白事理，不妄为就能成功。又见，东汉人张衡《玄思赋》："不出户而知天下兮，何必历远以劬劳？"又见，清人吴趼人《俏皮话·驴辩》："然则秀才们，看得两卷书，何以便要说：'秀才不出门，全知天下事。'"

　　道听途说。——书出第287页。典出《论语·阳货》："子曰：'道听途说，德之弃也。'"又见，《汉书·艺文志》："小说家者流，盖出于稗官，街谈巷语，道听途说者之所造也。"现在是指一些没有根据的传言或主张。

　　一知半解。——书出第287页。典出南宋人严羽《沧浪诗话·诗辨·四》："诗道亦在妙悟。……有透彻之悟，有一知半解之悟。"又见，清帝乾隆十五年（1750年）御定《唐宋诗醇·论苏轼诗》："询乎独立千古，非一代人之诗也。而陈师道顾谓其初学刘禹锡，晚学李太白，毋乃一知半解欤。"

　　天下第一。——书出第287页。典出《后汉书·李忠传》："三公奏课，为天下第一。"又见，《后汉书·胡广传》："（法）雄因大会诸吏，（法）真自于牖间密占察之，乃指广以白雄，遂察孝廉。既到京师，试以章奏，安帝以为天下第一。"意为东汉时的"举孝廉"因其政治腐败、弄虚作假而为时人所反对、所渺视。东汉安帝（刘祜）南郡太守法雄，为了摆脱这样一种弊端，召集各路应举诸吏集会。叫自己善于慧眼识才的儿子法真暗中在窗后考察。结果胡广这样一个小吏为法真所看中，从而被举为孝廉。进京会试时，胡广的文章被安帝视为天下第一。

　　不自量。亦即"不自量力"。——书出第287页。典出《左传·隐公十一年》："息侯伐郑，郑伯（郑庄公）与战于竟（境），息师大败而还。君子是以知息之将亡也，不度德、不量力、不亲亲、不徵辞、不罕有罪，犯五不韪，而以伐人，其丧师也，不亦宜乎？"这是左丘明在评论一个很小的息国，不根据自己的力量去攻打郑国，以至败灭的情况而说的话语。又见，《战国策·齐策三》："（淳于髡）至于齐，毕报。王曰：'何见于荆？'对曰：'荆甚固，而薛亦不量其力。'"这一段话的意思是说：齐国大夫淳于髡出使楚国，在路过齐国孟尝君的封邑薛（今山东滕县的东南）时，孟尝君将他迎入官邸，对他说：楚军要进攻薛地，请你要设法营救一下。淳于髡深知其意。在他回到齐国的都城临淄时，就对齐王说：楚国人不太通情达理，而孟尝君不自量力。不恮量一下自己能否保住薛地，就在那里立了先王的宗庙，现在楚国人要进攻薛地，恐怕先王的宗庙就要保不住了。于是齐王立刻出兵薛地，从而免于了一场灾难。又见，唐人韩愈《调张籍》诗云："李杜文章在，光焰万丈长。不知群儿愚，那用故谤伤？蚍蜉撼大树，可笑不自量！"

　　你要知道梨子的滋味，你就得变革梨子，亲口吃一吃。——书出第287页。典出清人颜元《四书正误》："如此蔬蔬，虽上智老圃，不知食之物也。虽从形色料为可食之物，亦不知味如何辛也。必箸取之以纳口，乃知此味辛。"

　　不入虎穴，焉得虎子。——书出第288页。典出《后汉书·班超传》："不入虎穴，不得虎子。当今之计，独有因夜以火攻虏使，彼不知我多少，必大震怖，可殄尽也。灭

此虏则鄯善破胆，功成事立矣。"这里说的是东汉班超率36人出使西域，来到了鄯善国。国王开始对他们很热情，但没过几天，却冷淡起来。原来是匈奴派出了一百多的使者也来到了鄯善国，使国王不知所措。于是班超召集随行使者一起饮酒，说出了事情的真相及其危险的处境，决定火攻匈奴使者。班超在动员大家时，说出了"不入虎穴，不得虎子"的豪言壮语。果然不出班超所料而大获全胜，鄯善国王便与汉朝通好了。又见，《三国志·吴志·吕蒙传》："不探虎穴，安得虎子？"又见，《北史·李远传》："'不入兽穴，不得兽子。'策马先进。"又见，《三国演义》第70回："刘封曰：'军士力困，可以暂歇。'忠曰：'"不入虎穴，焉得虎子。"'"这里讲的是老将黄忠在击败魏将夏侯尚、韩浩之后，又要乘胜前进，别人劝他，说是"军士力困，可以暂歇"时，黄忠说出这一豪言壮语后，又冲杀前进，果然大获全胜。

自以为是。——书出第290页。典出《孟子·尽心下》："万章曰：'一乡皆称原人焉，无往而不称为原人，孔子以为德之贼何哉？'曰：'非之无举也，刺之无刺也，同乎流俗，合乎污世，居之似忠信，行之似廉洁，众皆悦之，自以为是，而不可与入尧舜之道，故曰德之贼也。'"又见，《荀子·荣辱》："凡斗者，必自以为是而以人为非也。已诚是也，人诚非也，则是己君子而人小人也。"又见，清人李汝珍《镜花缘》第84回："世人往往自以为是，自夸其能，别人看着，口里虽然称赞，心里却是厌烦。"

发号施令。——书出第290页。典出《尚书·冏命》："昔在文武，聪明齐圣。大小之臣，咸怀忠良；其侍御仆从，罔匪正人。以旦夕承弼厥辟。出入起居，罔有不钦；发号施令，罔有不臧；下民祗若，万邦咸休。"

无源之水，无本之木。——书出第290页。典出《左传·昭公九年》："犹衣服之有冠冕，木水之有本原（源）。"，汉人班固《泗水亭碑铭》："源清流洁，本盛末荣。"又见，宋人陆九渊《与曾宅之书》："今终日营营，如无根之木，无源之水，有采摘汲引之劳，而盈涸荣枯无常。"

闭目塞听。——书出第290页。典出汉人王充《论衡·自纪》："养气自守，适时则酒。闭明塞聪，爱精自保。"

去粗取精。——书出第291页。典出《左传·昭公七年》："蕞尔国，而三世执其政柄，其用物也弘矣，其取精也多矣。"

去伪存真。——书出第291页。典出宋人释惟白《续传灯录·褒禅溥禅师》："权衡在手，明镜当台，可以摧邪扶正，可以去伪存真。"又见，清人阎尔梅《汪仲履〈地理书〉序》："今汪氏取先天后晋唐诸书……严删明注，去伪存真，既无师心之病，又无泥古之失。"

沾沾自喜。——书出第291页。典出《史记·魏其武安侯列传》："桃侯（刘舍）免相，窦太后数言魏其侯。孝景帝曰：'太后岂以为臣有爱，不相魏其？魏其者，沾沾自喜耳，多易。难以为相，持重。'遂不用。"这是汉景帝刘启评说其母窦太后的堂侄魏其侯窦婴的话。有一次，窦太后所喜爱的小儿子刘武（梁孝王）见景帝，景帝就请他和窦太后一起吃饭。在饭桌上，刘启对刘武说：千秋之后，他将传帝位于刘武。这使在场的窦太后高兴不已。可是在场的窦太后的堂侄窦婴当面说出不同意见的话。被触怒了的窦太后从此不让窦婴进宫。这个刚直的窦婴也就托病辞职了。景帝前元三年（前154年），吴王濞等七国谋反。刘启看到刘氏宗室乏人，便派窦婴为大将，与周亚夫一道平定了七国之乱，窦婴因功被封为魏其侯。窦太后便几次要刘启封窦婴为丞相。于是刘启说出了上面这一段话。意为：魏其侯轻浮自满，把事情看得简单，难以肩负丞相之任。又见，宋人黄榦《与张敬父书》："小才小慧，殊不足道，稍足以异于流俗，便沾沾自喜。"又见，清人蒲松龄《聊斋志异·辛十四娘》："会提学试，公子第一，生第二。公子沾沾自喜。"

一得之功。——书出第291页。典出《史记·淮阴侯列传》："愚者千虑，必有一得。"

一孔之见。——书出第291页。典出《礼记·中庸》："生乎今之世，反古之道。"汉人郑玄注："反古之道，谓晓一孔之人，不知今王之新政可从。"唐人孔颖达疏："孔谓孔穴，孔穴所出，事有多涂（途），今唯晓知一孔之人，不知余孔通达，唯守此一处，故云晓一孔之人。"又见，汉人桓宽《盐铁论·相刺》："持规而非矩，执准而非绳，通一孔，晓一理，而不知权衡。"又见，清人谭嗣同《上欧阳中鹄书》："不敢讳短而疾长，不敢徇一孔之见而封于旧说，不敢不舍己从人取于人以为善。"

束之高阁。——书出第292页。典出《晋书·庾翼传》："京兆杜乂、陈郡殷浩并才名冠世，而翼弗之重也，每语人曰：'此辈宜束之高阁，俟天下太平，然后议其任耳。'"卓有治世才能的庾翼，对于当时颇有盛名的杜乂、殷浩十分反感，杜乂是个隐士，有辩才，殷浩是位清谈家，曾是一个败军之将。庾翼曾对人说：这样一种徒有虚名的人，应当将他们捆起来放在高楼之上，等到天下太平了，再来谈对于他们的任用。又见，唐人韩愈《寄卢仝》诗云："春秋三传束高阁，独抱遗经究终始。"

前所未有。——书出第296页。典出宋人欧阳修《六一诗话》第19卷："松江新作长桥制度宏丽，前世所未有。"又见，宋人徐度《却扫编》卷下："国朝不历真相而为相凡七人……而邓枢密洵武以少保领院事而不兼节钺，前所未有也。"

循环往复。——书出第296页。典出《史记·高祖本纪》："三王之道若循环，终而复始。"又见，《北史·魏明帝纪》："阴阳有往复，四时有代谢。"又见，唐人李华《祭亡友故扬州功曹萧公文》："华畴昔之见，贲忝周旋，足下不弃愚劣，一言契合，古称管鲍，今则萧李，有过必规，无文不讲，知名当世，实赖吾人。循环往复，何必忘此。"

用典探妙:

毛泽东的这一篇哲学论文,运用马克思列宁主义认识论与辩证法,总结了我党我军的历史经验与前进中的教训,彻底地揭露和批判了"左"右倾教条主义的种种错误,丰富并发展了马克思列宁主义哲学。在运用典故上,毛泽东纵横驰骋,为阐释毛泽东自己的哲学观点起到了启人心智的重要作用。

大量通俗的成语形式典故的引用,有化俗为"雅"之妙。

毛泽东在这一篇哲学著作中,引用了大量的通俗易懂的成语形式的典故,诸如"由浅入深"、"眉头一皱计上心来"、"秀才不出门,全知天下事"、"不自量"、"道听途说"、"一知半解"、"不入虎穴,焉得虎子"、"自以为是"、"沾沾自喜"、"束之高阁"、"前所未有"、"循环往复"等,这些成语形式的典故,可以说是中国大多数的老百姓都是懂得的,从这个角度上来说,这些典故是十分通俗的,但是这些典故一旦进入毛泽东的文章中,就立刻由俗变得"典雅",且犹如颗颗明珠,在其文章中闪耀着璀璨之光。我们可以任选两例予以品析。

如"眉头一皱,计上心来",毛泽东在这一句话之前,用了"《三国演义》上所谓"这么几个字,就将所有对《三国演义》有了解的人引入到了丰富多彩的三国演义的智慧人物故事之中,为接下去论述"运用概念以作判断和推理"打下了基础。使"眉头一皱,计上心来"不但没有浅俗之感,反而成了这一小段论述中的一个闪光之点。

又如"秀才不出门,全知天下事"一典,这也是众所周知的通俗语典。但是这样一个语典,一到毛泽东的笔下,却新意顿生、哲理深刻。毛泽东首先引用了这一语典,按照人们的一般理解,毛泽东肯定是赞成此说的,然而,毛泽东对于此语以全盘否定,这就一下子调动了人们的思维,吸引着人们一定要读下去,一定要看一看毛泽东是怎样去分析、去否定的。当你读完毛泽东的这一段论述,你就会坚信毛泽东的"离开实践的认识是不可能的"、"你要有知识,你就得参加变革现实的实践"的结论,实乃真理。这样一来,"秀才不出门,全知天下事"一典,通过毛泽东的否定、解说,已经产生出了新意,她在这一段文章中便新增亮点!

"因意改形"用典故,使所用之典与原典有相互启发、触类旁通、增强论说的感染力之妙。

所谓"因意改形"用典故,就是说,毛泽东在运用典故的时候,不是按照典故的原来字数形貌照搬,而是不为原典所束缚手脚,为了用典的需要,有时改变原典的字词。使其适应自己遣词造句、表达胸意之所需。如"吃一堑长一智"、"循此继进"、"无源之水,无本之木"、"闭目塞听"等。这样一些典故,在字词上,都与其原来典故的形貌有所不一。但经毛泽东因意改形之后,虽说意思不曾有什么大的变化,但在具体运用之时,相对原典而言,则有相互启发、触类旁通之妙,对于其所运用之处而言,则有增强论说的感染力之妙。下面选取一例试作论说，以见其妙。

比如"吃一堑长一智"一典，查其源，笔者目前所见只见《左传·昭公二十九年》中的"卫侯来献其乘马，曰启服，堑而死"和王阳明《与薛尚谦》中的"经一蹶者长一智……"，以及冯梦龙《警世通言》中的"……正所谓经一失长一智"。它们与毛泽东的"吃一堑长一智"，显然有着意近形似、相互启发、触类旁通的渊源关系。但是，毛泽东对原典进行了"因意改字"，动了一下"小手术"，经毛泽东改动之后，一是比原典通俗易懂；二是比原典典意更为深邃丰赡，暗含着"吃一次亏"之意；三是用以与前面的"失败是成功之母"连用，加强了文章的气势、增添了文章的说服力和感染力。

再如，为了说明"你要有知识，你就得参加变革现实的实践"这么一个看似简单、却又是相当多的人不大注意的问题，毛泽东妙用了一句十分普通的生活常识性的话语："你要知道梨子的滋味，你就得变革梨子，亲口吃一吃。"岂知，此语正是毛泽东将清初思想家颜习斋"……必箸取之以纳口，乃知此味辛"一段话语，在保持其实践性的哲理的同时，将其高度精练化、形象化、生动化与通俗化的妙用！

171. "事物矛盾的法则" 即对立统一法则
——毛泽东在《矛盾论》中所用典故探妙

用典缘起：

毛泽东于1937年8月所撰写的《矛盾论》，其创作背景和用典的缘起与《实践论》一样，编者在这篇名作的题解中写道："这篇哲学论文，是毛泽东继《实践论》之后，为了同一的目的，即为了克服存在于中国共产党内的严重的教条主义思想而写的，曾在延安的抗日军事政治大学作过讲演。"不过，毛泽东在这一篇哲学论著中，所用的典故比《实践论》要多得多，初计达36处之多。

典故内容：

天不变，道亦不变。——书出第301页。典出《汉书·董仲舒传》："道之大原出于天，天不变，道亦不变。"这里所谓的"天"，一般是指宇宙或自然界。宗教界将其与神同义视之，儒家则赋予其以至高无上的力量，乃至指君王；这里的"道"，按老子的说法，是万物之本原。儒家则将其视为常理，即封建的意识形态。是为封建制度服务的理论，同时也是形而上学、头脑僵化的代名词。

闭关锁国。——书出第302页。典出《易经·复》："先王以至日闭关，商旅不行，后不省方。"意为封闭关口，封锁国境。是用以形容与外界隔绝之意。1639年日本颁布过"锁国令"。又见，隋人卢思道《北齐兴亡论》："三秦勍敌，闭关自守。"又见，宋人无名氏《五代史平话·周史》："河东得山河之险固，有士马之精强……此真霸王

之资也。闭关自守，又何忧乎？”

自始至终。——书出第305页。典出《宋书·谢灵运传》：“以晋氏一代，自始至终，竟无一家之史，令灵运撰《晋书》。粗立条流，书竟不就。”又见，《旧五代史·唐书·明宗纪》：“太祖在太原，骑军不过七千，先皇自始至终马才及万。”又见，宋人孙光宪《北梦琐言》卷20：“先皇帝与汴军交战，自始至终，马数才万。今有铁马三万五千，不能使九州混一，是吾养卒练士将帅之不至也。”

千差万别。——书出第309页。典出宋人释道原《景德传灯录》卷25：“僧问：‘如何是无异底事？’师曰：‘千差万别。’”又见，宋人朱熹《答袁机仲别幅》：“自见得许多条理，千差万别，各有归着，岂不快哉！”

千篇一律。——书出第311页。典出南朝梁人钟嵘《诗品·晋司空张华》：“谢康乐云：张公虽复千篇，犹一体耳。”这里已经出现指公式化、无变化之意。又见，宋人苏轼《答王庠书》：“今程试文字，千人一律，考官厌之。”又见，明人王世贞《艺苑卮言》4：“千篇一律，诗道未成，慎勿轻看，最能易人心手。”又见，明人沈德符《万历野获编·科场·会场搜检》：“至嘉靖末年，时文冗滥，千篇一律，记诵稍多。”

空洞无物。——书出第312页。典出南朝宋人刘义庆《世说新语·下·排调》：“王丞相枕周伯仁膝，指其腹曰：‘卿此中何所有？’答曰：‘此中空洞无物，然容卿辈数百人。’”这里的“空洞无物”是一个故事，讲的是有一次王导丞相指问尚书左仆射周伯仁肚中藏有什么？伯仁说什么也没有，但是像你这种人却可以容纳几百个。表示的气度、有肚量。今意却是指文章写得没有实际内容。又见，宋人王安石《古意》：“青帝九万里，空洞无一物。”又见，宋人苏轼《宝山昼睡》：“七尺顽躯走世尘，十围便腹贮天真。此中空洞浑无物，何止容君数千人。”又见，宋人吴潜《满江红·刘长翁右司席上》：“……照彻肺肝明似水，是中空洞无他物。……老去可怜杯酒减，醉来谩把阑干拍。……”

孙子。——书出第313页。典出《二十四史》等相关资料。孙子即孙武，生卒年不详。字长卿。齐国人。是中国古代杰出的军事家。以兵法求见吴王阖闾，而为吴将，其在任期间，西破强楚，北威齐晋。著有《孙子兵法》。

知彼知己，百战不殆。——书出第313页。典出《孙子·谋攻篇》：“知彼知己，百战不殆；不知彼而知己，一胜一负；不知彼，不知己，每战必殆。”

魏徵。——书出第313页。典出《旧唐书》、《新唐书》等资料。魏徵（公元580－640年）字玄成。馆陶（今属河北）人，是唐初名臣，杰出的政治家。著有《隋书》之序论，《梁书》、《陈书》、《齐书》之总论，主编《群书治要》。

兼听则明，偏信则暗。——书出第313页。典出《管子》卷10《君臣上》：“夫民，别而听之则愚，合而听之则圣。”又见，《荀子·不苟》：“公生明，偏生暗。”

又见，东汉人王符《潜夫论》卷2《明暗》："君之所以明者，兼听也；其所以暗（昏庸），偏信也。"又见，《资治通鉴》卷192《唐纪八·太宗贞观二年》："上（唐太宗）问魏徵曰：'人主何为而明，何为而暗？'对曰：'兼听则明，偏信则暗。昔尧请问下民，故有苗之恶得以上闻；舜明四目，达四聪，故共、鲧、驩兜不能蔽也。秦二世偏信赵高，以成望夷之祸。梁武偏信朱异，以取台城之辱；炀帝偏信虞世基，以致彭城阁之变。其故人君兼听广纳，则贵臣不得拥蔽，而下情得以上通也。'上曰：'善。'"魏徵以大量的中国历史人物事典，论说了"兼听则明，偏信则暗"的哲理。这是中国历史上的至理名言。

三打祝家庄。——书出第313页。典出《水浒传》第47、48、50回。其回目分别是《扑天雕双修生死书　宋公明一打祝家庄》《一丈青单捉王矮虎　宋公明两打祝家庄》《吴学究双掌连环计　宋公明三打祝家庄》。这些回目包含着宋江三打祝家庄的整个过程中的丰富内容，展现了一个个动人的、妙趣无穷的故事。

木马计。——书出第313页。典出德·斯威布著、楚图南译《希腊的神话和传说·特洛亚的故事（下）》，人民文学出版社1958年12月版。其中的"木马计"一节，讲的是古代希腊人，在攻打特洛伊城时，久攻不下，于是他们便伪装撤退，而在其营房里留下一个大木桶。特洛伊人毫不觉察地将其视为战利品搬回了城内。待到夜深人静之时，藏在木马里的希腊勇士们从木马中冲杀出来，特洛伊的军士们毫无戒备。希腊军士来了一个里应外合，很快就攻下了特洛伊城。

粗枝大叶。——书出第313页。典出宋人黎靖德编《朱子语类》："《书序》不是孔安国做，汉文粗枝大叶，今《书序》细腻，只似六朝时人文字。"

一笔勾销。——书出第316页。典出宋人朱熹《五朝名臣言行录》卷5："公取班簿，视不才监司，每见一人姓名，一笔勾之。"又见，宋人陈亮《与章德茂侍郎书（四）》："今只当买一小业于彼，却于垂虹之傍买数间茅屋，时以扁舟寻范、张、陆辈于松、吴江上，以终残年。其他一笔勾断，不复作念矣。"又见，清人夏敬渠《野叟曝言》第140回："驸马既如此说，便把前事一笔勾销，责打之说，我亦不忍，快请出房便了。"

一无是处。——书出第319页。典出宋人欧阳修《欧阳文忠公储·书简·与王懿敏公》："事与心违，无一是处，未知何日遂得释然。"又见，明人张岱《与胡季望》："是犹三家村子，使之治山珍海错，烹饪燔炙，一无是处。明眼观之，只发一粲。"

鉴戒。——书出第319页。典出《国语·楚语下》："人之求多闻善败以鉴戒也。今子闻而弃之，犹蒙耳也。"

概莫能外。——书出第319页。典出《后汉书·西域传》："然好大不经，奇谲无已，虽邹衍谈天之辩，庄周蜗角之论，尚未足以概莫能外。"

迎刃而解。——书出第322页。典出《晋书·杜预传》："（杜预与）众军会议，或曰：'百年之寇，未可尽克。今向暑，水潦方降，疾疫将起，宜俟来冬，更为大举。'预曰：'昔乐毅藉济西一战以并强齐，今兵威已振，譬如破竹，数节之后，皆迎刃而解，无复着手处也。'遂指授群帅径造秣陵。"这里讲的是：晋武帝司马炎咸宁末年（280年），杜预奉命与王浑等人分兵灭吴。所到之处，皆马到成功。杜预想趁势一举灭吴。当时军中有人认为其时南方天气不好，疫疾将起于南方，等到冬天再攻灭吴国为妥。于是杜预说出了上面这大段话。杜预以破竹子作比喻，言破竹只要劈开前几节，余者则会迎着刀刃顺利地破开。又见，宋人王楙《野客丛书·韩信之幸》："其后以之取燕，以之拔齐，势如破竹，皆迎刃而解者。"

如堕烟海。——书出第322页。典出《荀子·富国》："飞鸟、凫雁若烟海。"又见，南朝宋人刘义庆《世说新语·赏誉》："王仲祖……刘谓王曰：'渊源真可！'王曰：'卿故堕其云雾中。'"又见，唐人李白《嘲鲁儒》诗中有句云："问以经济策，茫如堕烟雾。"又见，明人高启《圣姑庙》："冷风几度引舟回，宛似蓬莱隔烟海。"

势均力敌。——书出第322页。典出《南史·刘穆之传》："力敌势均，终相吞咀。"又见，唐人马总《意林》引《尹文子》："两智不能相使，两贤不能相临，两辩不能相屈，力均势敌故也。"又见，宋人司马光《乞裁断政事札子》："群臣有所见不同，势均力敌，莫能相壹者，伏望陛下特留圣意，审查是非。"又见，《宋史·苏辙传》："吕惠卿始谄王安石……及势均力敌，则倾陷安石，甚于雠仇，世尤恶之。"

新陈代谢。——书出第323—324页（四出）。典出汉人刘安《淮南子·兵略训》："若春秋的代谢，若日月有昼夜，终而复始，明而复晦。"又见，汉人蔡邕《笔赋》："新故代谢，四时之次也。"又见，晋人孙绰《兰亭集·后序》："往复推移，新故相换，今日之迹，明复陈矣。"又见，唐人孟浩然《与诸子登岘山》："人事有代谢，往来成古今；江山留胜迹，我辈复登临。水落鱼梁浅，天寒梦泽深；羊公碑字在，读罢泪沾襟。"又见，梁启超《官制与官规》："虽然，官吏新陈代谢，终不可为新进者开其途。"

附庸。——书出第323页（两出）。典出《孟子·万章下》："天子之制，地方千里。公侯皆方百里，伯七十里，子男五十里，凡四等。不能五十里，不达于天子，附于诸侯，曰附庸。"

除旧布新。——书出第324页。典出《左传·昭公十七年》："慧，所以除旧布新也。"唐人孔颖达疏："慧，埽帚也，其形似慧，故名焉。帚所以去尘，慧星像之，故所以除旧布新也。言此星见，必有除旧之事。"又见，《隋书·薛道衡传》："悬政教于魏阙，朝群厉于明堂，除旧布新，移风易俗。"又见，《宋史·天文志》："客星犯之，为除旧布新。"又见，清人黄遵宪《西乡星歌》："除旧布新识君意，灿烂一星光射人。"

　　推陈出新。——书出第324页。典出《淮南子·天文训》："姑洗者，陈去而新来也。"又见，宋人费衮《梁谿漫志·张文潜粥记》："吴子野劝食白粥，云能推陈致新，利膈养胃。"又见，清人方薰《山静居诗话》："诗固病在窠臼，然须知推陈出新，不至流入下劣，此慈溪叶丈凤占之论也。"又见，清人戴延年《秋灯丛话·忠勇祠联》："世传道存文武，志在春秋，为极工切，然不若高江村集句一联，云：'吴宫花草埋幽径，魏国山河半夕阳。'不特推陈出新，饶有别致。而公之义愤，亦于是而稍释矣。"这里所讲的是作者在见到了关羽祠中的对联"道存文武；志在春秋"这样一副过高地评说关羽的对联后，而以联语"吴宫花草埋幽径；魏国山河半夕阳"重评关羽，称高江村此联推陈出新、一反旧论，意境深邃。作者为什么说高江村的这一副联语推陈出新呢？因为"吴宫花草埋幽径；魏国山河半夕阳"一联，不仅在于其集句之妙，还在于它十分艺术地概括了关羽追随刘备起兵——被俘降魏——回归刘备——留守荆州——大破曹仁、于禁——终为孙权所杀。联语所述的关羽一生的客观事实，破除了人们对于关羽的神化、圣化。故曰"推陈出新"。

　　夸父追日。——书出第330—331页。典出《列子·汤问》："夸父不量力欲追日影，逐之隅谷之际。渴欲得饮，赴饮河渭河渭不足，将走北饮大泽，未至道渴而死。"又见《山海经·活外北经》："夸父与日逐走，入日，渴欲得饮，饮于河渭，河渭不足，北饮大泽。未至，道渴而死。弃其杖，化为邓林。"夸父追日，这是一个多么生动有趣的民间传说故事，这是一位多么伟大的传奇英雄。他要与太阳赛跑，他不顾骄阳似火，他不顾口干舌燥，他顶着那烈日不停地追呀追呀，眼看就要追上去了。然而事败垂成，这时的夸父，心中冒火，口渴难熬，这时的他，将黄河之水喝光了，又将渭水一饮而尽，还是难以解其渴。他还要到北方的大湖中去喝一个够呀！可是，这位追日的大英雄，这位饮有海量的伟丈夫，他还没有走到浩瀚的大湖边，就倒下去了！也许是英雄不忘人间、不忘人民吧！英雄所扔下的手杖，顷刻之间便化成了一片葱绿的桃树林，留与后人遮荫。

　　羿射九日。——书出第331页。典出《淮南子·本经训》："逮至尧之时，十日并出，焦禾稼，杀草木，而民无所食。猰貐、凿齿、九婴、大风、封豨、修蛇，皆为民害。尧乃使羿诛凿齿于畴华之野，杀九婴于凶水之上，缴大风于青邱之泽，上射十日而下杀猰貐，断修蛇于洞庭，擒封豨于桑林。万民皆喜，置尧为天子，于是天下广狭险易远近始有道里。"这里讲的也是一个动人的民间传说故事。说是大约在新石器时代的4000年以前，天上有十个太阳，热得使众民无法再生存下去了！地上有声如婴儿啼哭的怪兽猰貐，还有那齿长三尺的怪兽凿齿，又有那九个头的怪兽九婴，更有那起飞时可诱发飓风巨大孔雀大风，那些大野猪和那些能吞食大象的巨蟒修蛇……它们都危及黎民百

姓的生存，当时的人世间可谓多灾多难。多难兴邦出英雄。这时尧出来了。是他指派羿诛杀了凿齿、九婴，收养了大风，射落了九个烈日，同时杀死了怪兽、大蟒和捕捉了野猪。这就使得天下民众高兴万分，尧被众民拥立为皇帝。这里，所说的羿是一位大英雄。

称赞羿的传说还有如下一些典籍：如《山海经·海内经十八》："帝后赐羿彤弓素赠以扶下国。"又如《海外南经》："羿与凿齿战于畴华之野，羿射杀之。"

也有贬责羿的传说与记载。如《论语·宪问》中说羿"不得其死"；《左传·襄公四年》称"羿恃其射也，不修民事而淫于原兽"；在《离骚》中则有"羿淫游以佚畋兮，又好射夫封狐"这样的诗句；在《楚辞·天问》则有"胡射夫河伯，而妻彼雒嫔？""何羿之射革而交吞揆之？"

亦有只记其射技之高超而不界入作者之好恶、不评说其是非功过。如《孟子·告子》中说"羿之教人射，必志于彀"；《荀子·正论》中有"羿蠭门者，天下之善身者也"。

孙悟空七十二变。——书出第331页。典出《西游记》第2回："这猴王也是他一窍通时百窍通，当时习了口诀，自修自炼，将七十二般变化都学成了。"在书中描绘了神猴孙悟空有七十二变化的法术。而写得最为精彩的当数其中的第6回。在这一回中，孙悟空在情急逃走、众神要将其捉拿之时，他为了对付众神仙的追杀：一会儿变成麻雀，一会儿变成了大鹚老，一会儿变成了一条鱼儿，一会儿变成了水蛇，一会儿变成了一只花鸨，一会儿变成了一座土地庙……

鬼狐变人。——书出第331页。典出《聊斋志异》。在蒲松龄的这一部短篇小说集中，鬼狐变人的故事颇多。尤以其中的《画皮》、《小翠》变得颇有特色。《画皮》故事中的人鬼之变可略概括为如下八变：一变：可怜女夜间赶路；王书生为色所迷。讲的是太原的一位王姓书生被恶鬼变化的美女所迷惑，将其引入书房同床共枕。二变：道士惊遇王书生；美人还原为妖精。讲的是王姓书生遇到道士时，道士发现他大难临头。王姓书生终于看到了他的美人是一个厉鬼。三变：厉鬼不知自己已经被识破，又化作美人要会王书生，结果为道士的拂尘所阻。四变：露本相书生遇害；起恨心道士追妖。厉鬼不甘心为拂尘所阻，露出本性，将王书生的胸腹撕开取其心而去。因而为道士所穷追不舍。五变：木剑怒砍老妖妇；妖妇倒地变成烟。道士终于追上妖怪，此时妖怪已经变成了一个老妇人。但已经为道士所识破。道士将木剑朝老妇人砍去，她立刻变为一股浓烟。六变：道士葫芦吸浓烟；妖孽人皮入口袋。当妖怪化为浓烟之后，道士用其葫芦将浓烟吸入自己的葫芦之内，并将妖怪留下的人皮席卷而去。七变：王妻跪地求乞丐；颠狂乞丐辱陈氏。王书生的妻子为了救丈夫的命，在道士的指点之下，去求一个颠狂的乞丐，在吃了乞丐的几个拐杖和吃了乞丐吐的痰之后。颠狂的乞丐一下子变得不知去向。

八变：乞丐痰污变心脏；王书生还阳得救。王陈氏为了救丈夫之命，受了乞丐的一顿羞辱之后，巴不得与丈夫一起死去，正在痛哭之时，也许是乞丐的痰污之故，顿想呕吐，结果呕吐出一颗人心进入丈夫的体内，丈夫竟然渐渐地变还活人了。《画皮》中通过写"变"，作者用以警示着人生！而《小翠》中的狐变人，则是一个颇情趣善恶相报的故事。

千变万化。——书出第331页。典出《列子·周穆王篇》："西极之国有化人来，入水火，贯金石，反山川，移城邑；乘虚不坠，触实不硋。千变万化，不可穷极。"这里讲的是，西方来了一位作幻术之人，他能入水火、通金石、倒置山川、移动城池、能立于空中、能无阻碍地通过实体，千变万化，难以测莫。又见，《列子·汤问篇》："穆王惊视之。趣步俯仰，信人也。巧夫鎮其颐，则歌合律；捧其手，则舞应节。千变万化，惟意所适。王以为实人也……"这里讲的是周穆王遇到了一个叫偃师的能工巧匠，当问到他有些什么本领时，偃师便说：他能选出造出一些东西，可以给穆王看看。到了第二天，穆王见偃师身旁还来了一个人，便问这是什么人，偃师就说这是他造出来的一个能歌善舞者。穆王心意惊异地发现偃师所造的这个行走、弯腰、仰头等等，都与真人一模一样。当摇一摇这个人的下巴，就会唱起合乎旋律的歌来，拨动一下手，这个人就会跳起合乎拍节的舞来。真是千变万化，想要他干什么就可以干什么，……又见，西汉人贾谊《鹏鸟赋》："千变万化兮，未始有极！"又见，《淮南子·俶真训》："若人者，千变万化，而未始有极也。"又见，汉人王延寿《鲁灵光殿赋》："千变万化，事各缪形。"

有始有终。——书出第332页。典出《论语·子张》："君子之道，焉可诬也？有始有卒者，其惟圣人乎？"又见，唐人魏徵《十渐不克终疏》："昔陶唐、成汤之时非无灾患，而称其圣德者，以其有始有终，无为无欲，遇灾则极其忧勤，时安则不骄不逸故也。"

无所不在。——书出第333页。典出《庄子·知北游》："东郭子问于庄子曰：'所谓道，恶乎在？'庄子曰：'无所不在。'"

相反相成。——书出第333页。典出《汉书·艺文志》："诸子十家，其可观者，九家而已。皆起于王道既微，诸侯力政，时君世主，好恶殊方。是以九家之术，蜂出并作，各引一端，崇其所善，以此驰说，取合诸侯。其言虽殊，辟（譬）犹水火，相灭亦相生也；仁之与义，敬之与和，相反而皆相成也。"这是班固所说的话。意为艺文所以分为十家、九家，都是由于王道式微、诸侯力政、时君世主、好恶殊方所致。所以九家之术蠹出并作，各引一端崇其所善，以此驰说去取合诸侯。他们的这些主张之间的关系都是"相生相灭"、"相反相成"的。

用典探妙：

毛泽东在这一篇哲学论著中，有36处用了典故。这些典故在阐释其哲学道理上起到了十分重要的作用。我们可以从不同角度、不同层面去分析、去品评、去揭示毛泽东所运用的这一些典故的精妙之所在。

（一）典故运用重哲理，文典结合哲理明。

所谓"注重哲理性典故的运用"，就是说，毛泽东在这一篇哲学论著中，十分注重对于富有哲理性的典故的运用，以此有力地配合了他的这一篇哲学论著哲理的阐发。在这一篇哲学论著中，毛泽东计在38处用了典故，而其中富于哲理性的典故的运用就达18处之多。如"天不变，道亦不变"、"千差万别"、"千篇一律"、"兼听则明，偏听则暗"、"迎刃而解"、"新陈代谢"、"除旧布新"、"推陈出新"、"千变万化"、"相反相成"等等。

毛泽东十分注重将这些富于哲理性的典故语不失分寸地嵌入自己的论著之中，这样的文典结合式论理，使所用之典与其所撰之文有相辅相成之妙。如在对"两种宇宙观"的论述中，毛泽东在批判西方的形而上学的宇宙观时，他没有忘记对中国的形而上学的错误观点的批判，他将影响中国几千年的典型的形而上学观点——汉朝名儒董仲舒的名言"天不变，道亦不变"引入自己的文论之中，可以说在批判资产阶级形而上学观点的时候，其批判的锋芒上指中国封建社会几千年，这就大大地增强了批判的力度与深度。

再如毛泽东在批判主观偏面性时，引用了唐朝大政治家魏徵的名言"兼听则明，偏听则暗"，这一名人名言，仅从字面来看，就是对于主观片面性的一种有力的批判。然而，此典的运用之妙远不止此。我们决不会忘记此典的出现是有其深刻的历史文化背景的——这就是唐朝名臣魏徵在下这样一个结论性论点时，它包举了在唐朝当时和在唐朝以前的大量的历史事实的。这样丰富的文化背景的丰富的历史内涵，对于说明我们研究问题和处理问题要忌带片面性实有镜子的作用。

此外，像"千差万别"、"千篇一律"、"迎刃而解"、"新陈代谢"、"除旧布新"、"千变万化"、"相反相成"等等，都是一些颇富哲理的语典，用它们去阐释矛盾的发展变化，都有一典胜千言之妙。

（二）军事典故入政论，说理深透有情趣。

笔者在这里所说的"军事典故"，就是指在军事斗争中所形成的一些典故，军事斗争除了是一种政治的经济的较量之外，它还是人们智力的大较量，在智力的较量中必须遵循客观事实、必须遵循辩证法。所以，这样一些典故，往往具有极强的哲理性和故事性。运用这样的典故于政论之中，则往往较之一般典故更富情趣、说理更为深透且富于警示作用。

比如"宋江三打祝家庄"和"木马计"，这两个典故都很有故事性，都有引人入胜之妙。在毛泽东的《矛盾论》中，对于"宋江三打祝家庄"一典，他是采用夹叙夹议的方法并兼及外国的"木马计"，将读者巧妙地引入生动丰富的故事情节之中，当人们知道了这两个故事的演变的前因后果之后，毛泽东那批判主观片面性的观点，便借助他所讲述的生动故事情节，而深深地扎根于人们的头脑之中了。

（三）神话典故入政论，区别联系印象深。

毛泽东在论述"所谓矛盾在一定条件下的同一性，就是说，我们所说的矛盾乃是现实的矛盾，具体的矛盾，而矛盾的互相转化也是现实的、具体的"时，马上就引入了"夸父追日"、"羿射九日"、"孙悟空七十二变"、"鬼狐变人"这样四则神话故事，可谓精妙至极。一是使之具有现实与神话对比的强烈性，有利于加深人们对于现实的变化与神话中的变化的差异的理解；二是借助对于神话故事分析品评，指出神话故事的本质特征之所在，有澄清人们对于神话中的变化与现实中的变化的误解之妙，是毛泽东在这一大段话语中，明确地论证了"神话或童话中矛盾构成的诸方面，并不是具体的同一性，只是幻想的同一性。科学地反映现实变化的同一性的，就是马克思主义的辩证法"，这一科学论断，为我们研究与阅读神话、童话，实有指路明灯之妙。

（四）一个典故多次用，角度不一意境新。

所谓"一个典故多次用"，这里有两层意思：一层意思，就是说，一个典故在这一篇文章中用了，在另一篇文章中也用了一次或多次；另一层意思，就是说，在同一篇文章中一个典故用了两次或两次以上。这样一个典故多次用的情况，给人们的印象往往是重复用典，这对毛泽东来说，这种重复只是一种表面现象。其实，一个典故毛泽东每用一次，其角度、其意境、其方法均是不同的，往往是重用而出新。

这种重复用典的现象，在《毛泽东选集》（第1卷）的其他文章中已经出现过，只是没有专门予以提出来研究而已，在《毛泽东选集》的其他各卷的文章中也会同样出现。现就这一篇文章中的重复用典的现象予以探讨。

首先是同一文章中的一典多用，有强调、警醒之妙。比如"新陈代谢"一典，在第323至324页中，计四处用到。在第323页中三次用到"新陈代谢"，有重在阐释、重在强调之妙。而到了第324页中的"新陈代谢"一典，则重在总括事物规律、换新角度认识事物、警醒世人要用发展变化的眼光看事物之妙。

其次是两篇以上的文章中的一典多用，比如在这一篇文章中的第323页，"附庸"一典就用了两次，这里的"附庸"一典，重在谈资本主义社会与封建主义社会之间的社会地位的转化。用以表示事物的发展变化，给人以生动形象之感，可谓精妙异常。而《中国社会各阶级的分析》一文中的首页所用的"附庸"一典，则仅仅是针对中国当时的"地主阶级和买办阶级"而言的，其着眼点在分析中得出他们对于中国革命将取的态度。前者的"附庸"重在阐释哲理，后者的"附庸"则重分清敌我。又如本书的第313页的"知彼知己，百战不殆"，与本书第182页即《中国革命战争的战略问题》中的"知彼

毛泽东妙用典故精粹

知己，百战不殆"，虽说同是一个典故，但在运用的角度和侧重点上是不大一样的，用毛泽东自己的话来说，第313页的"知彼知己，百战不殆""他说的是作战的双方"，其侧重点在于纠正片面性；而第182页的"知彼知己，百战不殆"，用毛泽东的话来说是："这句话，是包括学习和使用两个阶段而说的……"虽说所用典故相同，而在表达文意上，却是各尽其妙。

二　"全民族实行抗战"　打退反共新高潮
——毛泽东在《毛泽东选集》第2卷中所用典故探妙

　　《毛泽东选集》第2卷编入了抗日战争时期（上）毛泽东的重要文章，计有40篇。这40篇文章中有38篇用了典故，总计约于525处用了典故。这些典故，绝大多数都是围绕如何放手发展抗日力量，如何建立抗日的统一战线，如何击败日本帝国主义的大举进攻，如何抵抗反共顽固派的进攻，以便尽快地将凶恶的日本法西斯强盗赶出中华大地的论述服务的。毛泽东将这些典故，按照其文章的主旨，"调遣"自如，并阐发着深奥的哲理，使其在文章和文句中起到"文眼"的作用，从而在其文论中精光焕彩、独具神韵。妙典不厌细品味，宝贵遗产砺人心。毋忘国耻史为鉴，牢记历史在兴邦。下面就按文章的先后顺序，拟将毛泽东所用之典故予以探妙。

172.抵抗日寇新进攻　"驱逐日寇出中国"
——毛泽东在《反对日本进攻的方针、办法和前途》中所用典故探妙

用典缘起：

　　1937年7月7日，日本帝国主义试图以武力吞并中国，从而发动了卢沟桥事变。针对蒋介石所采取的消极抗日积极反共反人民的反动政策，毛泽东于1937年7月23日写了《反对日本进攻的方针、办法和前途》这篇文章。在这篇文章中用了下列典故。

典故内容：

　　一心一德。亦称"一德一心"。——书出第346页。典出《尚书·泰誓》："乃一德一心，立定厥功，惟克永世。"此语由武王伐纣而来。其意为我们各路大军，要一个心愿、一个目标，为了建立伟大的功业、为了天下的永久安宁，誓要将敌人消灭干净。又见，清人羽衣女士《东欧女豪杰》："总要我们平民一心一德，这却什么事情做不来！"

覆辙。亦即"重蹈覆辙"。——书出第347页。典出《后汉书·范升传》："今动与时戾，事与道反，驰骛覆车之辙，探汤败之后。""覆辙"意为翻车之轮迹。即前车倾覆之路，后车也易倾覆。又见，唐人刘长卿《按复后归睦州赠苗侍御》诗云："羊肠留覆辙，虎口脱余生。"诗中"羊肠"即羊肠小道的省称。

前车可鉴。——书出第347页。典出《荀子·成相》："患难哉！阪为先，圣知不用愚者谋。前车已覆，后未知更何觉时？"其意为：实在是患难啊！以邪术为己之先导，智慧不用，却去听从相术者的说法。前面的车子已经倾倒了，还不知改正，这样的人，何时才能觉悟？又见，《汉书·贾谊传》："鄙谚曰：'不习为吏，视已成事。'又曰：'前车覆，后车诫。'夫三代之所以长久者，其已事可知也。然而不能从者，是不法圣智也。秦世之所以亟绝者，其辙迹可见也；然而不避，是后车又将覆也。夫存亡之变，治乱之机，其要在是矣。"这是贾谊上书汉文帝时所说的话。其意是说，夏、商、周三代统治时间好几百年，而秦至二世而亡，要从中引以为诫。又见，汉人刘向《说苑·善说》："周书曰：前车覆，后车戒，盖其危矣。"又见，汉人桓宽《盐铁论·结和》："前车覆，后车戒，殷鉴不远。"又见，南北朝人王僧虔《戒子书》："吾今悔无所及，欲以前车诫尔后乘也。"又见，清人陈忱《水浒后传》第25回："前车之鉴，请自三思。"又见，清人李汝珍《镜花缘》第98回："……并劝文芸、章荭：'早早收兵；若再执迷不醒，这四人就是前车之鉴。'"

不急之务。——书出第348页。典出《三国志·吴书·孙和传》："诚能绝无益之欲以奉德义之涂，弃不急之务以修功业之基，其于名行，岂不善哉！"又见，《旧唐书·魏知古传》："乖人事，违天时，起无用之作，崇不急之务，群心摇摇，众口藉藉。"又见，清人朱彝尊《衢州府西安县重修学记》："长吏迫于催科，视学舍为不急之务。"

广土众民。——书出第348页。典出《孟子·尽心上》："广土众民，君子欲之，所乐不存焉。"其意为：广大的土地与众多的人民。

精诚团结。——书出第348页。典出《庄子·渔文》："真者，精诚之至也，不精不诚，不能动人。"

尔诈我虞。——书出第348页。典出《左传·宣公十五年》："……宋及楚平，华元为质。盟曰：'我无尔诈，尔无我虞。'"晋人杜预注："楚不诈宋，宋不备楚。"

这一句话语的出现，有一个故事为其由来。公元前594年，物产丰富的郑国是楚国的附庸之国。而其强邻晋国不时对其进行侵扰，并想据为己有。楚国深知其意，于是设计派兵攻打忠实于晋国的宋国，以为这样一来，晋国就无暇救宋，亦无力吞并郑。

计谋一出，楚国为了找到借口，楚庄王便委派曾经杀过宋国国君仆人的申毋畏入齐修聘。而入齐必须要经过宋国，楚庄王又故意不给申毋畏假道于宋的文书。当申毋畏经过宋时，果然为宋所捉拿。当时宋国的执政官华元觉得楚国欺人太甚，便要宋国国君将

这个杀过国君仆人的申毋畏给杀了。正在吃午饭的楚庄王一听这个信息，立即派子反为将兴兵攻宋。然而，宋国军民拼死抵抗，楚庄王攻了九个月也无法攻下宋国。庄王无可奈何，决议撤兵。

这时申毋畏之子申犀便在楚庄王的马前磕头，说：我父知道去齐过宋，必为宋所杀，但是为了大王之命，仍然出使，现在大王攻不下就撤兵，您说话还算数吗？庄王面对事实，无法回答。当时正在为庄王驾车的楚国副主将申叔时给庄王出一妙计，说：我们就在宋国的都城之外造起房子，将走散的农民招回来耕种，表示我们要长期据守。庄王听从了他的计谋。

宋国果然害怕了，于是便派华元趁着夜色混入楚军主将子反的卧室。正和衣而睡的子反被华元推醒，并对子反说：我们的国君叫我将我们的困难告诉你——我们已经没有饭吃，民间已经互相交换儿子杀了充饥；没有柴烧，已经拆散尸骨生火。虽然如此，若要订立最耻辱的城下之盟，则宁可举国牺牲，也不能顺从；若能退兵30里，则我们可以唯楚国之命是听。子反害怕被华元劫杀，就私下与华元订立了盟约，然后再告之庄王。庄王同意后退30里。

于是宋楚得以和解，派华元去作人质。在他们的盟约上写有"我不欺骗你，你也不必防备我"的话。"尔诈我虞"则是反其意而用之。

清夜扪心。——书出第348页。典出唐人白居易《和梦游春》诗云："扪心无愧畏，腾口有谤讟（怨言）。"又见，清人王夫之《陈言疏》："且德复之造端本末，授受机关，抑路人知之，即德复清夜扪心，亦自悉之，臣又何敢过为吹索。"又见，清人朱庭珍《筱园诗话》："诸如此类，岂非词坛干进之媒，雅道趋炎之径！清夜扪心，良知如动，应自忸怩，不待非议及矣。"

变本加厉。——书出第349页。典出南朝梁人萧统《文选·序》："盖踵其事而增华，变其本而加厉，物既有之，文亦宜然。"又见，清人吴趼人《二十年目睹之怪现状》第68回："大约当日河工极险的时候，曾经有人提倡神明之说，以壮那工人之胆，未尝没有小小效验；久而久之，变本加厉，就闹出这邪说诬民的举动来了。"

阳奉阴违。——书出第349页。典出清人李宝嘉《官场现形记》第33回："只见上面写的无非劝戒属员嗣后不准再到秦淮河吃酒住夜，倘若阳奉阴违，定行参办不贷。"又见，清人梁章钜《楹联丛话全编》："阳奉阴违，天有能遮之眼；民穷财尽，地无可剥之皮。"

用典探妙：

毛泽东在这一篇论著中，计有10处用了典故，而所用的这10处典故，几乎全是成语形式的典故。从而形成了通俗易懂、语意分明的总体特色。而从具体的情况来看，又显现了如下特色。

典故的运用，有重在展现我党我军坚决抗战的决心之妙。

毛泽东在其文章中的开首一个成语形式的典故"一心一德"的运用，就将共产党人是如何忠实于自己的抗日宣言和如何拥护蒋介石的抗日宣言展现出来。联系"一心一德"这一典故的历史背景，则我共产党人抗日的决心、信心、壮志和我坚持抗日事业的正义，便扎根于世人的脑际、耀眼历史的篇章。

典故的运用，有历史的厚度感和纵深感之妙。

"覆辙"与"前车之鉴"，都是隐含着丰富的历史事件和大量的成败实例的。毛泽东在这一篇文章中，将这两个富于历史厚度感与历史的纵深感的典故连续而用，这对于蒋介石的消极抗日将要导致的恶果，可以说是一个当头棒喝，给世人以警醒！

典故的运用，有对蒋介石的对日采取不抵抗主义政策的深刻揭露与批判之妙。

在这一篇文章中的"不急之务"、"广土众民"、"精诚团结"、"尔诈我虞"、"清夜扪心"、"变本加厉"、"阳奉阴违"这些成语形式的典故，都是一些极富感情色彩典故，将它们置入文中，结合毛泽东的文句与语境，要么是对蒋介石应该如何抗日的督促，如"不急之务"、"广土众民"之典，所指出的是抗战的办法；而"精诚团结"、"尔诈我虞"、"清夜扪心"、"变本加厉"、"阳奉阴违"诸典，则重在对蒋介石消极抗战的指斥、批判与揭露。

总而言之，毛泽东将这些富于历史经验、知识和真理的典故嵌入文中，均能给世人以警示，有着为其文章增光添彩之妙。

173. "挽救祖国的危亡" "战胜万恶的日寇"
——毛泽东在《为动员一切力量争取抗战胜利而斗争》中所用典故探妙

用典缘起：

1937年8月底9月初，我军组建的115师和120师先后奔赴山西前线抗日。这年的8月22日至25日，毛泽东为中共中央宣传部所起草的《为动员一切力量争取抗战胜利而斗争》一文，在陕北洛川召开的中共中央政治局扩大会议上通过。在这一篇论著中，妙用了下列典故。

典故内容：

底止。——书出第352页。典出《诗经·小雅·祈父》："胡转予于恤，靡所底止。"又见，明人冯梦龙《醒世恒言》卷32："黄生再拜奉上玉马坠，代老叟致意：'今晚求借一宿。'胡僧道：'一宿不难，但尘路茫茫，郎君此行将何底止？'"又见，清人江峰青《题南昌滕王阁联》："有才人一序在上头，恨不将鹦鹉洲踢翻，黄鹤

楼捶碎；叹沧海横流无底止，慨然思班定远投笔，终子云请缨。"

覆辙。——书出第353页。典出同上一篇。

因循坐误。——书出第354页。典出宋人司马光《学士院试李清臣等质问》："庸人之情，喜因循而惮改为，可与乐成难与虑始。"又见，清人侯方域《南省试策四》："因循而不知变计，畏缩不敢奋发。"又见，清人钱泳《履园丛话·围田》："或因田主但知收租，而不修堤岸……或因一圩，虽完全，而同圩有贫富之不等，有公私之相害，而一人之阻隔，以致因循误事。"又见，清人曾朴《孽海花》第24回："威毅伯还在梦里，要等英、俄公使调停的消息哩！照这样因循坐误，无怪有名的御史韩以高约会了全台，在宣武门外松筠庵开会，提议参劾哩！"

责有攸归。亦即"责有所归"。——书出第354页。典出宋人司马光《温国文正司马公集·体要疏》："夫公卿所荐举，牧后所纠劾，或谓之贤者而不贤，谓之有罪而无罪，皆有迹可见，责有所归，故不敢大为欺罔。"又见，宋人朱熹《朱文公文集·答陈允夫》："先有司，然后纲纪立，而责有所归。"

嗟悔无及。——书出第354页。典出《尚书·盘庚上》："乃既先恶于民，乃奉其恫，汝悔身何及？"又见，《汉书·晁错传》："夫以人之死争胜，跌而不振，则悔之亡及矣。"

血战到底。——书出第354页（两出）。典出唐人杜甫《送灵州李判官》诗云："血战乾坤赤，氛迷日月黄。"

贪官污吏。——书出第355页。典出元人无名氏《鸳鸯被》第4折："一应贪官污吏，准许先斩后闻。"又见，明人冯梦龙《喻世明言》卷39："因借府库之资，招徕豪杰，跌宕江淮，驱除这些贪官污吏，使威名盖世。"

精诚团结。——书出第356页。典出同上一篇。

用典探妙：

毛泽东在这一篇文章中计在9处用了典故。这9处的用典，均有强调论点的作用。而特别是在第354页有两处典故的连用，则有使语气雄强、突出论点、开启下文之妙。

如"因循坐误"、"责有攸归"、"嗟悔无及"的连用，便从语言的气势上、责任的分量上、事件的重大上等方面，将中华民族的抗日大业提高到了中华民族生死存亡的最大高度。这对于蒋介石的消极抗日来说，无疑是"将了一军"，而同时为我党所接着要提出的"十大救国纲领"作出了铺垫，同时展现了逻辑性特别严密之妙！

174.要用马克思主义 去克服自由主义
——毛泽东在《反对自由主义》中所用典故探妙

用典缘起:

1937年9月7日,为了阐明党的思想斗争主张,点明自由主义的本质,毛泽东写下了《反对自由主义》一文。在这篇文章中用了下列典故。

典故内容:

轻描淡写。——书出第359页。典出清人文康《儿女英雄传》第17回:"不想这位尹先生是话不说,单单的轻描淡写的给他加上了'寻常女子'这等四个大字,可断忍耐不住了。"又见,清人吴趼人《二十年目睹之怪现状》第48回:"臬台见他说得这等轻描淡写,更是着急。"

一团和气。——书出第359页。典出南宋人朱熹《伊洛渊源录》卷3:"明道终日坐,如泥塑人,然接人浑是一团和气。"这里的明道是指程颢,因学者称其为明道先生。上面是程颢的弟子评说程颢时所说的话。这里"一团和气",意为和霭可亲。后化为贬意。又见,元人无名氏《风月南牢记》:"你是个不诚实材料,悔从前将你托,一团和气尽虚嚣,满面春风笑里刀,不顾朋情生死交。"又见,《水浒传》第19回:"王头领待人接物,一团和气。"

明哲保身。——书出第359页。典出《诗经·大雅·烝民》:"既明且哲,以保其身;夙夜匪解,以事一人。"事由:公元前827年周宣王即位后,能够选贤用能,周室有中兴之象。大臣仲山甫在齐地筑城,以保周室之安全。另一大臣尹吉甫便作《烝民》赞扬仲山甫明事理、辨善恶、分是非,择安去危、操劳不息地辅佐宣王。另一种说法则是相反,意为这是在微讽宣王疏远贤臣。又见,唐人柳宗元《书箕子庙碑阴文》:"是用保其明哲,与之俯仰。"又见,唐人白居易《白氏长庆集·杜佑致仕制》:"尽悴事君,明哲保身,进退始终,不失其道。"

但求无过。——书出第359页。典出清人李宝嘉《中国现在记》第2回:"总而言之,一句话,现在的情形,我不求有功,但求无过。"又见,清人张鸿《续孽海花》第50回:"恐怕这主儿受了压力,把我们辛苦经营的一点儿,一下子翻过来,全功尽弃……现在不求有功,但求无过,先去培养基础才是。"

泰然处之。亦称"处之泰然"、"泰然居之"等。——书出第360页。典出《晋书·王承传》:"是时道路梗涩,人怀危惧承每遇艰险,处之夷然。"又见,南朝宋人刘义庆《世说新语·任诞》:"征西密遣人察之。至日,乃往荆州门下书佐家,处之怡然,不异胜达。"又见,宋人朱熹《四书章句集注·论语·雍也》:"贤哉回也,注:颜子之贫如此,而处之泰然,不以害其乐。故夫子再言贤哉回也;以深叹美之。"又

毛泽东妙用典故精粹

见，宋人李焘《续资治通鉴长编·太祖开宝六年》："枢密副使沈义伦居第卑陋，处之安然。"又见，宋人程颐《河南程氏文集·明道先生行状》："当法令繁密之际，未尝从众，为应文逃责之事，人皆病于拘碍，而先生处之绰然。"又见，宋人刘克庄《后村全集·祭亡室文》："盖艰难险阻，悲忧恐怖，余不能不动于词色者，君处之而坦然。"又见，宋人苏轼《苏东坡集·后集·答王庠书》："瘴疠之帮僵仆者相属于前，然亦有以取之，非寒暖失宜，则饥饱过度，苟不犯此者，亦未遽病也。若大期至，固不可逃又非南北之故矣，以此居之泰然，不烦深念。"又见，宋人陈亮《又壬寅夏（答朱元晦）书》："绍兴有梅雨否？无不插之田否？旱疫之余而重，以此，庙堂虽欲以恬然处之，可乎？"又见，宋人陈亮《王珪确论如何》："太宗方奋然有运天下豪杰之心，使新进迭用事，而玄龄泰然居之，不以进退自嫌。"又见，宋人程颐《二程语录》第2卷："人之于患难，只有一个处置，尽人谋之后，却须泰然处之。"

行若无事。——书出第360页。典出清人李宝嘉《中国现在记》；"见面之后，朱侍郎尚是行所无事，不料这黄仲文面上顿时露出一副羞惭之色。"又见，清人陈确《投当事揭》："苟失其道虽易亦难；苟得其道，虽难亦易……禹之治水，行所无事，得其道故也。"又见，清人梁章钜《归田琐记·鳌拜》；"以势焰熏灼之权奸，乃执于十数小儿之手，如此除之，行若无事，非神武天授，其孰能与王斯！"又见，清人李宝嘉《官场现形记》第47回："我不怕！他要告，先拿他们办了再说……万太尊说罢，行所无事。"

漠然置之。——书出第360页。典出清人钱泳《会稽郡王墓》："故国家有祀祭之典，官吏有防护之册，而为之子孙者，岂忍听其荒废不治，而漠然置之耶！"又见，清人梁启超《少年中国说》："彼而漠然置之，犹可言也；我而漠然置之，不可言也。"

敷衍了事。——书出第360页。典出清人李宝嘉《官场现形记》："胡统领道：'贵府退贼之功，兄弟亦早有所闻。但兄弟总恐怕不能斩尽杀绝，将来而一发不可收拾，不但上宪跟前兄弟无以交代，就着老哥们也不好看，好像我们敷衍了事，不肯出力似的。'"

得过且过。——书出第360页。典出宋人陆游《杂咏四首》（其二）："得过一日且一日，安知今吾非故吾。"又见，宋人朱熹《政训》："今世士大夫，惟以苟且逐旋挨去为事，挨得过时且过。"又见，元人关汉卿《鲁斋郎》四："你那里问我受寂寞。我得过时且自随缘过。"又见，明人陶宗仪《南村辍耕录》卷15《寒号虫》："五台山有鸟，名寒号虫。四足，肉翅，不能飞，其粪即五灵脂。当盛夏时，文采绚烂，乃自鸣曰：'凤凰不如我。'比至深冬严寒之际，毛羽脱落，索然如谷雏。遂自鸣曰：'得过且过。'"

做一天和尚撞一天钟。——书出第360页。典出明人俞弁《逸老堂诗话》卷下引陈声伯《渚山诗话》："近世士大夫遇事退愞，则曰：'过背之后，不知和尚在钵盂在。'其担任者，则曰：'做一日和尚撞一天钟'。"又见，《西游记》第16回："祝拜已毕，行者还只管撞钟不歇。那道人道：'拜已毕了，还撞钟怎么？'行者方丢了钟杵，笑道：'你那里晓得！我是做一日和尚撞一日钟的'。"又见，《金瓶梅》第26回："你怎烦恼不打紧，一时哭的有好歹，却不亏负了你的性命？常言道：'做一日和尚撞一日钟'，往后贞节轮不到你身上了。"又见，清人李宝嘉《文明小史》第7回："孙知府便说：'老哥真是能者多劳，所以如此公忙得很。'傅知县叹了一口气道：'也不过做一天和尚撞一天钟，尽我的职分罢了。'"又见，清人蔡东藩《元史演义》第1回："幸亏玛哈赉体心着意，时常往来，所有家事一切，尽由他代为筹办，所以阿兰郭斡尚没有什么苦况，做一天和尚撞一天钟，也觉得破涕为笑了。"

襟怀坦白。——书出第361页。典出宋人黄榦《黄勉斋文集·七·祭李贯之》："贯之性质粹美，襟怀坦夷，凝静有常。"又见，宋人胡梦昱《竹林愚隐集·象州祭弟利用行十八文》："弟之襟怀磊落，交游敬云。"又见，宋人周必大《益公题跋·三·跋唐子西贴》："不妄与人交，而襟怀洒落，人自爱之。"又见，宋人欧阳澈《飘然集·中·傅岩小酌于草堂，因继前韵寄赠岩叟（其二）》："磊落襟怀造道真，江湖千载自由身。"又见，清人陈文述《放牛行前韵》："董君性仁慈，胸怀亦坦白。"

用典探妙：

一是典故的相对集中运用，有执简驭繁之妙。

毛泽东的这篇短文约2000字，计用了11个典故。而这11个典故的运用，基本上是集中于他所列举的自由主义的11种表现的第1、3、6、7、9种之中。这里平均每一种自由主义的表现形式达到用典有两处之多，这就形成了毛泽东在这篇文章中用典密度特别大的一大特色。毛泽东在列举自由主义的11种表现，是他这篇文章的最为主要的内容，文章之所以只用了约2000字就能写就这样一篇大文章，正是得益毛泽东妙用典故所致，这些典故，往往有一典胜千言的功效，从而能够执简驭繁、以少胜多地将自由主义表现和严重危害揭示在人们的眼前。

二是所用的典故，均有形象生动、给人印象难忘之妙。

这篇文章的用典还有一大妙处是形象生动。几乎每一个典故都与毛泽东所列举的自由主义者的形象丝丝入扣，都有为自由主义者的这一种表现形式画像之妙。

如：在自由主义的第一种表现形式中，毛泽东用了"轻描淡写"、"一团和气"这两个成语形式的典故，这就为那些喜欢拉帮结派、搞"小圈子"的自由主义者勾勒出了他们对于派中人物的"老好人"的一副嘴脸；

又如：在自由主义的第三种表现形式中，毛泽东用了"明哲保身"、"但求无过"这两个成语形式的典故，这就为那些"各人自扫门前雪，莫管他人瓦上霜"的那种只顾

自己、没有原则的自由主义者进行了神形毕肖的描绘。

再如：在自由主义的第九种表现形式中，毛泽东用了"敷衍了事"、"得过且过"、"做一天和尚撞一天钟"这样两成语形式的典故和一个俗语形式的典故，毛泽东在这里不是一般地运用，而是三个连续而用，这不仅是形象生动地进行了描绘，而且在语气上颇带批判的情感色彩，有给人以猛省之妙。

毛泽东在这篇约2000字的文章中所用的这些典故，形象生动、易记易诵，给人们以深刻难忘的印象，这对于人们的自励自警和提高自身的修养，将有着不可估量的影响。

175."统一战线的发展" 我们的前途光明
——毛泽东在《国共合作成立后的迫切任务》中所用典故探妙

用典缘起：

毛泽东在1937年9月29日所写的这篇文章，在回顾第二次国共合作的过程的同时，提出了巩固与扩大抗日民族统一战线的任务的重要性，为了论证自己的观点，用了下列一些典故。

典故内容：

乘机而入。当是"乘虚而入"、"乘隙而入"的变用。——书出第364页。典出《三国演义》第24回："今曹操东征刘玄德，许昌空虚，若以义兵乘虚而入，上可以保天子，下可以救万民。"又见，明人刘基《郁离子·麋鹿》："才不自来，因疑而来，间不自入，乘隙而入，由其明之先蔽也。""乘机而入"，当由上诸典语变用而来。

人心的向背。亦即"人心向背"。——书出第364页。典出《魏书·杨侃传》："今且停军于此以步卒，兼民情向背，然后可行。"又见，《旧唐书·陆贽传》："此乃人心向背之秋，无意去就之际。"又见，《宋史·魏了翁传》："入奏，极言事变倚仗，人心向背，疆场安危，邻寇动静。"又见，《元史·燕木儿传》："人心向背之机，间不容发，一或失之，噬脐无及。"

危机存亡。——书出第366页。典出诸葛亮《出师表》："今天下三分，益州罢（疲）弊，此诚危急存亡之秋也。"

大声疾呼。——书出第366页。典出唐人韩愈《后十九日复上宰相书》："其既危且亟矣，则将大其声而疾呼矣，阁下其亦闻而见之矣，其将往而全之欤，抑将安而不救欤？"又见，清人杨豫成《劝戒词（其五）》："以命博钱愚可痛，身亡家破两无用。大声疾呼为尔醒此不醒之恶梦！"

蹈袭阿比西尼亚的覆辙。扩用"重蹈覆辙"。——书出第366页。典出西汉人韩婴

《韩诗外传》卷5：“前车覆而后车不戒，是以后车覆也。故夏之所以亡者而殷为之，殷之所以亡者而周为之，故殷可以鉴于夏，而周可以鉴于殷。”又见，汉人刘昼《新论·法术》：“立法者譬如善御，察马之力，揣途之数，齐其衔辔，以从其势，故能登阪赴险，无复轶（即辙）之败。”又见，《后汉书·窦武传》：“今不虞前事之失，复循覆车之轨。”

馨香祷祝。——书出第369页。典出《尚书·酒诰》：“弗惟德馨香祀，登闻于天，诞惟民怨，庶群自酒，腥闻在上，故天降丧于殷，罔爱于殷，惟逸。”又见，《尚书·君陈》：“至治馨香，感于神明。黍稷非馨，明德惟馨。”又见，宋人蔡忱《书经集传》：“弗事上帝，无馨香之德以格天，大惟民怨，惟群酗腥秽之德以闻于上，故上天降丧于殷，无有眷爱之意者，亦惟受纵逸故也。”又见，清人谭嗣同《致邹岳生》：“依依天末，住去两点，惟有馨香祷之而已。”“馨香祷祝”，意为虔诚地烧香向神灵祈祷。

与民更始。——书出第370页。典出《庄子·盗跖》：“与天下更始，罢兵休卒。”又见，《汉书·武帝纪》：“其赦天下，与民更始。”其意为与老百姓在一起重新开始。

悔之无及。——书出第370页。典出《左传·哀公六年》：“国之多难，贵宠之由，尽去之而后君定。既成谋矣，盍及其未作也？先诸？作而后悔，亦无及也。”又见，《史记·伍子胥列传》：“愿王释齐而先越，若不然，后将悔之无及。”又见，《后汉书·光武帝纪》：“反水不收，后悔无及。”又见，《后汉书·皇甫嵩传》：“且今竖官群居，同恶如市，上命不行……谗人侧目。如不早图，后悔无及。”又见，《永乐大典戏文·无名氏〈小孙屠·小孙屠牢房送饭〉》：“事到头来，全无区处，受尽凌迟，如今悔之无及。”

借鉴。——书出第371页。典出《淮南子·主术》：“借明于鉴以照之，则分寸可得而察也。”又见，北齐人刘昼《新论·贵言》：“人目短于自见，故借镜以观形。”

存亡绝续。——书出第371页。典出《论语·尧曰》：“兴灭国，继绝世，举逸民，天下之民归心焉。”又见，《穀梁传·僖公一七年》：“桓公尝有存亡继绝之功，故君子为之讳也。”又见，《荀子·王制》：“存亡继绝，卫弱禁暴，而无兼并之心。”又见，《史记·张耳陈余列传》：“将军身披坚执锐，率士卒以诛暴秦，复立楚社稷，存亡继绝，功德宜为王。”又见，《晋书·刘琨传》：“台蒙录召，继绝兴亡，则陛下更生之恩，望古无二。”又见，明人梁辰鱼《浣纱记·允降》：“况我继绝存亡，诸侯尽瞻吴德。”“存亡绝续”与“存亡继绝”、“继绝兴亡”、“继绝存亡”的意思大致相同，都是指复兴将亡之国、延续将绝断之种族的意思。

用典探妙：

毛泽东在这一篇文章中计用了11个典故，这些典故的运用，有紧密配合文章段意表达之妙。

毛泽东的这篇文章主要分为三个大段进行论述。首段重在回顾我党自1933年发表愿意与任何国民党部队订立抗日协定以来中国发生的种种重大变化，指出抗日民族统一战线的无比重要，在这一大段中，毛泽东用了"乘机而入"、"人心向背"两个成语形式的典故，以"乘机而入"指出因有人破坏统一战线的严重恶果是招致"外患乃得乘机而入"，这"乘机而入"一典，可谓具有历史的与现实的警示作用；而"人心向背"一典的运用，在揭示抗日民族统一战线的重大意义方面，有一典力逾千钧之妙。

第二大段主要是论述巩固与发展抗日民族统一战线紧迫性。在这一大段中，毛泽东用了"危机存亡"、"大声疾呼"、"蹈袭阿比西尼亚覆辙"、"馨香祷祝"、"与民更始"、"悔之无及"诸典。这些典故，不管是其中的那一个，都有要求和督促蒋介石的国民党政府要改革政治、实行民主制度，以适应抗日救国的紧迫形势之妙。如"与民更始"与"悔之无及"的相间而用，具有极强的忠告性，否则，只有"蹈袭阿比西尼亚的覆辙"。这些典故的运用，其论辩性之强，可谓有无以复加之妙！

毛泽东在结尾的一段，重在对抗日的国民党人发出呼吁，在这热情的呼吁中，只用"存亡绝续"一典，再一次展现了巩固、扩大抗日民族统一战线的重要性，同时亦有与第二段中的"危机存亡"相呼应之妙。

毛泽东在这一篇文章中所用之典，虽说通俗易懂，但其历史蕴含异乎寻常，让历史典故的昔日风云与抗日救亡的现实情感有着密切的关合之妙，由此可见毛泽东用典笔力之雄健。

176.唤起民众齐抗战 百折不回永奋斗
——毛泽东在《和英国记者贝特兰的谈话》中所用典故探妙

用典缘起：

1937年10月25日，毛泽东就中国的抗战问题，与英国记者贝兰特进行了谈话。在谈话中，为了阐述只有用"全面的全民族的抗战"才能打败日寇的侵略这一论题，毛泽东运用了下列典故。

典故内容：

分崩离析。——书出第375页。典出《论语·季氏》："今由与求也，相夫子。远人不服，而不能来也。邦分崩离析，而不能守也。"又见，宋人司马光《保业》："自周室东迁以来，王政不行，诸侯多僭，分崩离析，不可胜纪。"

唾手而得。——书出第375页。典出战国人黄歇《上书说秦昭王》："王一善楚，而关内二万乘之主注地于齐，齐之右壤可拱手而取也。"又见，《新唐书·褚遂良传》："但遣一二慎将，会锐兵十万，翔螭云翻，唾手可取。"

偿其大欲。——书出第375页。典出《孟子·梁惠王上》："吾何快于是？将以求吾所大欲也。"

横行无忌。——书出第376页。典出《三国演义》第13回："郭汜为大将军，横行无忌，朝廷无人敢言。"又见，清人褚人获《隋唐演义》第75回："他倚了夫家之势，又会谄媚太后，得其欢心，因便骄奢淫佚，与太平公主一样横行无忌。"

秋毫无犯。——书出第376、379页。典出《史记·淮阴侯列传》："大王（刘邦）之入武关，秋毫无所害，除秦苛法，与秦民约，法三章耳，秦民无不欲得大王王秦者。"又见，《史记·项羽纪》："沛公（刘邦）举卮酒为寿，约为婚姻，曰：'吾入关，秋毫不敢有所近，籍吏民，封府库，而待将军。'"又见，《后汉书·岑彭传》："持军整齐，秋毫无犯。"又见，《旧唐书·太宗本纪》："……劳而遣之，一无所受，军令严肃，秋毫无所犯。"又见，唐人李白《永王东巡歌》："秋毫不犯三吴悦，春日遥看五色光。"又见，《三国演义》第2回："玄德曰：'我与民秋毫无犯，那得财物与他。'"

悔之无及。——书出第377页。典出同上一篇。

大声疾呼。——书出第377页。典出同上一篇。

前所未有。——书出第378页。典出宋人欧阳修《六一诗话》："松江新作长桥，制度宏丽，前世所未有。"又见，宋人徐度《却扫编》卷下："国朝不历真相而为相者凡七人……而邓枢密洵武以少保领院事而不兼节钺，前所未有也。"又见，清人王士禛《古诗笺·凡例·七言诗》："（杜甫）七言大篇，尤为前所未有，后所莫及。"又见，清人李汝珍《镜花缘》第84回："如此好令，真是酒席筵前所未有的，妹子恭逢其盛，能不浮一大白！"

胜利之券，必操我手。亦即"稳操胜券"、"稳操左券"。——书出第379页。典出《史记·平原君虞卿列传》："且虞卿操其两权，事成，操右券以责；事不成，以虚名德君。君必勿听也。"这里出现了一个"操右券"；又出，《史记·田敬仲完世家》："楚王欲而无与地，公令秦韩之兵不用而得地，有一大德也。秦韩之王劫于韩冯、张仪而东兵以徇服魏，公常执左券以责于秦韩，此其善于公而恶张子（仪）多资矣。"这里出现了一个"操左券"。

"操右券"——来自公孙龙建议平原君不要听信说客虞卿劝封主张时说的一席话。平原君在毛遂的帮助之下，与楚合纵成功。楚王即命春申君黄歇出兵攻秦救赵。这时魏国的信陵君亦"窃符救赵"。然楚、魏两国之军在未至赵国之时，秦军已经包围了赵国

607

the都城邯郸，邯郸城内弹尽粮绝，已经到了易子而食的地步。在这危机万分的时刻，邯郸的一个管理宾馆的官员李同求见平原君，为他出谋策划，组织了一支3000人的敢死队，李同战死，秦军被迫后退30里。当此之时，楚、魏大军赶到，秦军被迫而退。这时，赵国的说客虞卿拟为平原君去请功。公孙龙知此消息，星夜赶来予以阻止。他说：虞卿的主张不能同意。因为成败与否都会使你被动——事成了，虞卿会操右券说你要求感恩戴德，事不济，又会使你落个虚名。平原君听取了公孙龙的建议，并厚待了他。

"操左券"——事出齐湣王十二年（前290年），齐国攻魏、楚围韩国之时。苏秦之弟苏代游说于齐燕之间而对齐国的田轸说：秦国征服楚与韩，其目的是要压迫魏国，而魏国不敢于东进，目的又是为了孤立齐国，而张仪力主秦国东进征魏，当此之时，齐国可以执其右而责其左，意即让秦、韩均亲近齐国而厌恶张仪这种人贪图多得。南宋人陆游《禽》诗云："人生为农最可愿，得饱正如持左券。"

"操右券"、"操左券"怎么与"稳操胜券"挂上钩呢？原来"券"是为古时的契约或凭证。"操胜券"就是契约或凭证掌握在手中，这就有了必胜的条件与把握。"券"又有"左""右"之分。因为契约或凭证是分为左、右两联的，立约的双方各执一联。"左券"就是左边的一联，属债权的一方，是索取偿还的凭证。"右券"则属右边的一联，是债务一方，负有被索取与偿还之义务。"操左券"、"操右券"逐渐地化为一种比喻性的说法，进而演化为"稳操胜券"。

同甘共苦。——书出第379页。典出《战国策·燕策一》："燕王吊死问生，与百姓同甘共苦。"又见，《淮南子·兵略训》："故将必与卒同甘共苦，侯饥寒，故其死可得而尽也。"又见，明人范受益《寻亲记·发配》："和你同甘共苦，受尽饥寒，谁想道遭磨难也。"

百折不回。亦称"百折不挠"。——书出第382页。典出汉人蔡邕《蔡中郎集（卷1）·太尉乔公碑》："其性庄，疾华尚朴，有百折不挠，临大节而不可夺之风。"又见，明人沈德符《万历野获编·言事》："若思之百折不回，以身殉国，真无愧王文端曾孙。"

用典探妙：

毛泽东在这一篇文章中在12处用了典故。这些典故的运用，可谓宏博广阔、纵浪恣肆，有调遣自如地用典以描绘书写对象、抒胸中情志之妙。

如以"分崩离析"、"唾手而得"称全国抗战后的局面的改变，以"横行无忌"谈严厉地镇压汉奸的必要，以"秋毫无犯"谈军队纪律的标准，以"前所未有"描绘日军在山西八路军活动区所遇到的困难，以"同甘共苦"展现我军的官兵关系，以"百折不回"展示我党我军的抗日决心与信心。这些成语形式的典故的运用，不论是从其表层意义或是其深蕴的历史内涵来看，均无不有取精用宏、恰到好处之妙。

再是在典故中加入生活的体验与感受，以创造新典，使文字凸显生气之妙。

如：毛泽东在论述对付日寇的战略战术时，当讲到"如果大量军队采用运动战，而八路军则用游击战以辅助之"时，毛泽东活用了"操左券"、"操右券"、"稳操胜券"中的典意，独创新典——"胜利之券，必操我手"。这一新典用在此处，既是对对付日寇之法的高度肯定与总结，同时也使文句新增亮点，读来朗朗上口、给人印象难忘。

177. "动员千百万群众" 打倒日本侵略者
——毛泽东在《上海太原失陷以后抗日战争的形势和任务》中所用典故探妙

用典缘起：

1937年11月12日上海失陷，毛泽东在延安党的活动分子会议上，分析了上海、太原失陷后的中国抗战形势。毛泽东在这个报告中用了下列典故。

典故内容：

青黄不接。——书出第389页。典出楚·屈原《九章·橘颂》："青黄杂糅，文章烂兮。"又见，元人官修《元典章·户部·仓库》："即目正是青黄不接之际，各处物斛涌贵。"又见，清人钱澄之《伯仲叹》："明年闻又闰正月，青黄不接哪得餐。"又见，清人吴趼人《二十年目睹之怪现状》第81回："我道：'他既然要吃到湖南米，哪能这样便宜？'作之道：'那不过青黄不接之时，偶一为之罢了；倘使终岁如此，那就不得了了。'"青，乃田中的青苗；黄，乃成熟的谷子。青黄不接，意为陈粮已经吃完，而新谷未熟之时。亦喻指人力、物力、财力一时接济不上。

酒色逸乐。——书出第392页。典出《后汉书·杨秉传》："秉性不饮酒，又早丧夫人，……尝从容言曰：'我有三不惑：酒、色、财也。'"又见，元人马致远《黄粱梦》第1折："酒恋清香疾病因，色爱荒淫患难根；财含富贵伤残命，气竞刚强损陷身。"又见，其第4折："一梦中十八年，见了酒色财气，人我是非，贪嗔痴爱，风霜雨雪。"又见，元人贾仲名《升仙梦》第1折："（纯阳）先将他点化为人，后指引来入仙队，断绝了利锁名缰，逼绰了酒色财气。"又见，明人冯梦龙《警世通言》卷11："李生起而观之，乃是一首词，名《西江月》，是说酒、色、财、气四件的短处：'酒是烧身硝焰，色为割肉钢刀，财多招忌损人苗，气是无烟火药。 四件将来合就，相当不欠分毫。劝君莫恋最为高，才是修身正道。'"又见，清人翟灏《通俗编·妇女》："王祐华川卮（危）辞曰：'财者陷身之阱，色者戕身之斧，酒者毒肠之药，人能与斯三者致戒焉，祸其或寡矣。'"

调虎离山。——书出第393页。典出《西游记》第53回："我使个调虎离山计，哄你出来争战，却着我师弟取水去了。"又见，清人钱彩《说岳全传》第34回："吉青道：'我前回在青龙山中，中了这番奴调虎离山之计。'"我国有名的《三十六计》中的第5计就是"调虎离山"之计。

与日俱增。——书出第396页。典出宋人吕祖谦《吕东莱集·为梁参政作乞解罢政事表》："疾疹交作，目毛然瞻视……涉冬浸剧，与日俱增。"又见，《清史稿·圣祖纪三》："万国安，即朕之安，天下福，即朕之福，祝延者当以兹为先。朕老矣，临深履薄之念，与日俱增，敢满假乎？"

用典探妙：

毛泽东在这篇约6800字的文章中仅用了4个典故，相比他的其他文章而言，所用的典故是不算多的。但是其所用之典还是颇有特色的。其特色就是4个典故中的每一个典故，在文中都起到了"文眼"的作用，都有"以典带文、文典结合"之妙。下面试举两例，简作分析。

如"青黄不接"一典，其本意是讲生活之艰难、吃粮接济不上的状况。毛泽东将这一个典故用在蒋介石的"片面抗战已经无力持久"，而全面地发动全国人民的"全面抗战还没有到来"，在日寇猖狂进攻的情况下，这是一个"危机严重的过渡期"，毛泽东在这一话语的前面，以典故语"青黄不接"修饰之，给人以形象生动、感受深刻之妙。

又如"调虎离山"一典，看似普通、且众所周知其意，毛泽东将此典用于此处，可以说是对我党我军与蒋介石国民党反动派数十年来斗争的高度总结，亦是对蒋介石国民党反动派数十年反共、反人民的深刻揭露，同时也是对当时民族矛盾与阶级矛盾交织的情况下，对我党我军策略的精心指导，当然也是毛泽东在运用"调虎离山"一典之后、所提出的三点得力措施出发点与事实根据，令人不得不叹服！

总而言之，毛泽东在这篇文章中用典虽说不多，但他一旦用典，就能构成其文字的独特历史背景和现实背景，给人以深受教育之妙。

178. "为增强抗日力量" "不得不实行取缔"
——毛泽东在《陕甘宁边区政府 第八路军后方留守处 布告》中所用典故探妙

用典缘起：

为了揭露国民党顽固分子对陕甘宁边区人民利益和统一战线的破坏，为了巩固抗日后方和保护人民利益。毛泽东于1938年5月15日起草了这个布告。在这个布告中用了下列典故。

典故内容:

精诚团结。——书出第401页。典出《庄子·渔文》："真者,精诚之至也,不精不诚,不能动人。""精诚团结"当由此化意而来。

光明正大。——书出第401页。典出宋人黎靖德编《朱子语类·易九》："圣人所说底话,光明正大,须是先理会光明正大底纲领条目。"又见,明人李贽《焚书·答友人书》:"然使其复见光明正大之夫,言行相顾之士,怒又不知向何处去,喜又不知从何处来矣。"又见,清人顾栋高《读春秋偶笔》:"如此,几同俗吏之引例比律,与鲰生之咬文嚼字,圣人心事,光明正大,决不如此。"

不敢告劳。——书出第401页。典出《诗经·小雅·十月之交》:"黾勉从事,不敢告劳。无罪无辜,谗口嚣嚣。"又见,清人刘坤一《书牍·禀张中丞》第2卷:"本司不敢言病,不敢告劳,唯有得一日活,办一日事。"

交口称誉。——书出第401页。典出唐人韩愈《柳子厚墓志铭》:"诸公要人,争欲令出我门下,交口称誉之。"又见,《元史·王利用传》:"利用幼颖悟,弱冠,与魏初同学,遂齐名,诸名公交口称誉之。"

恣意妄为。亦即"恣意妄行"。——书出第402页。典出《三国演义》第120回:"吴主皓自改元建衡,至凤凰元年,恣意妄为,穷兵屯戍,上下无怨。"又见,《清史稿·允禵传》:"允祀在皇考时,恣意妄行,匪伊朝夕,朕可不念祖宗肇造鸿图,以永贻子孙之安乎?"

应接不暇。——书出第402页。典出晋人王献之《镜湖帖》:"镜湖澄澈,清流泻注;山川之美,使人应接不暇。"又见,南朝宋人刘义庆《世说新语·言语》:"从山阴道上行,山川自相映发,使人应接不暇。"又见,唐人白居易《庐山草堂记》:"仰观山,俯听泉,旁睨竹树云石,自辰及酉,应接不暇。"又见,宋人周辉《清波杂志·陶穀》:"陶尚书穀,奉使江南,恃才凌忽,议论间殆应接不暇。"又见,明人冯梦龙《醒世恒言》卷53:"那边才叫'某大叔,有些小事相烦',还未答应时,这边又叫'某大叔,我也有件事儿劳动'。真个应接不暇,何等兴头。"

奸宄。亦即"奸轨"。——书出第402页。典出《尚书·舜典》:"帝曰:'皋陶!蛮夷猾夏,寇贼奸宄。'"又见,《左传·成公十七年》:"乱在外为奸,在内为宄。"又见,《左传·成公十七年》:"德刑不立,奸轨并至。"

严惩不贷。亦即"重惩不贷"。——书出第402页。典出清人方苞《请定经制札子》:"其放米逾数,及私放棉布,守关胥吏兵丁,重惩不贷。"又见,蔡东藩《慈禧太后演义》第14回:"当下宣召内务府总管,训斥一顿,限他年内告成,否则严惩不贷。"

勿谓言之不预。——书出第403页。典出清人李宝嘉《官场现形记》第19回:"凡所

属官吏，有仍蹈故辙，以及有意逢迎，希图尝试者，一经察觉，白简无情，勿谓言之不预也。"

用典探妙：

这是毛泽东所撰写的一个布告，全文计约1300字，共用了9个典故。这些典故的运用，均有以少总多之妙。这就大大地提高了这个布告内容的含量与内容的感情色彩。从而显现了这个布告内容的情感与典故的情感协调一致的独有特色，增强了这个布告的独特感染力。

如，毛泽东在布告的一开头，即以"精诚团结"、"光明正大"、"不敢告劳"、"交口称誉"四个成语形式的典故，十分形象、情感真挚地肯定了自卢沟桥事变以来，实行抗日统一战线所取得的伟大成就，为对国民党顽固分子破坏陕甘宁边区人民的利益、破坏统一战线的种种阴谋活动进行揭露，起到了为下文论述抒以张本的铺垫作用。

接着以"恣意妄为"和"应接不暇"两个成语形式的语典，总括了国民党顽固分子的诸种罪恶活动及其不得人心的必然结果，这里虽说只用了两个典故，然不泛有烘托情境、增强艺术效果之妙。

结尾"严惩不贷"和"勿谓言之不预"两典，感情色彩十分强烈，是我党我军对国民党顽固分子破坏活动的回答与警告，亦是对我们党内一部分同志对于国民党顽固分子的破坏活动持软弱退让态度的教育与对其敢于斗争的激励。

细细地品味布告中的这9个典故，它有如一条金线穿着的9个闪光之珠，将毛泽东这个布告的精粹内容展现在读者的眼前，极富感染力和号召力，唤起着人们的正义之感，并积极地投入到反击国民党顽固分子的破坏活动之中。

179. "防御战中的进攻" "持久战中的速决"
——毛泽东在《抗日游击战争的战略问题》中所用典故探妙

用典缘起：

1938年5月间，为了澄清我们党内外某些同志有轻视游击战争、寄希望于正规战争的思想倾向，毛泽东写了这篇文章，在论述自己的观点时用了下列典故。

典故内容：

出其不意。——书出第409页。典出《孙子·计篇》："攻其无备，出其不意。"又见，《三国志·魏志·杜畿传》："固等势专，必以死战。讨之不胜，四邻应之，天下之变未息也；讨之而胜，是残一郡之民也。且固等未显绝王命，外以请故君为名，必不害新君。吾单车直往，出其不意。固为人多计而无断，必伪受吾。吾得居郡一月，以计縻之，足矣。"这里讲的是曹操扫平袁绍，基本上统一北方之后，在高干据并州为王，河东的卫固、范先与高干暗通，但在表面上只是要求当任为太守。当时曹操即任命杜畿为河东太守以稳定局面。杜畿带了几千人前往，当至达陕津时被阻不许过河。曹操就要派出大部队去，于是杜畿说了上面一段话。意为卫固等人只不过是讨一个太守当当，并未真正造反，我一个人出其不意地去，不出一个月，将其手下人争取过来，则局面就可稳定下来。

大摇大摆。——书出第409页。典出清人吴敬梓《儒林外史》第5回："次日早晨，大摇大摆出堂，将回子发落。"又见，清人刘鹗《老残游记》第16回："将差人一扯，说：'住手！'便大摇大摆地走上暖阁。"

大吹大擂。——书出第409页。典出元人王实甫《丽春堂》第4折："赐你黄金千两，香酒千瓶，就在丽春堂大吹大擂，做一个庆喜的筵席。"又见，元人贾仲明《萧淑兰情寄菩萨蛮》："小的每（其时口语，意为"们"），与我大吹大擂者！"又见，《三国演义》第40回："许褚方欲前进，只听得山上大吹大擂。"

小国寡民。——书出第411页。典出《老子·八十章》："小国寡民，使有什伯之器而不用，使民重死而不远徙。虽有舟舆无所乘之，虽有甲兵无所陈之。使人复结绳而用之。甘其食，美其服，安其居，乐其俗。邻国相望，鸡犬之声相闻，民至老死不相往来。"又见，晋人潘岳《在怀县作》诗（其二）："登城望郊甸，游目历朝寺。小国寡民务，终日寂无事。"又见，宋人陆游《静镇堂记》："如使万物并作，吾与之逝，众事错出，吾为之变，则虽弊精神，劳思虑，而不足以理小国寡民，况任天下之重乎？"

神出鬼没。亦即"神出鬼行"、"神出鬼入"。——书出第411页。典出《淮南子·兵略训》："善者之动也，神出而鬼行。"又见，清人翟灏《通俗编·神鬼·神出鬼没》："黄石公兵略，神出而鬼行。"又见，明人无名氏《伐晋兴齐》第2折："论此人兵法鲜有，才艺无双，运筹帷幄，神出鬼没，人莫能窥。"又见《水浒传》第12回："两位好汉，端的好两口朴刀，神出鬼没！"又见，三国蜀人诸葛亮《阴符经注》："八卦之象，申而用之；六十甲子，转而用之；神出鬼入，万明一矣。"

无奈他何。亦即"无可奈何"、"无奈我何"。——书出第411页。典出《战国策·燕策三》："太子闻之，驰往，伏尸而哭极哀。既已，无可奈何，乃遂收盛樊于期之首，函封之。"又见，宋人晏殊《珠玉词·浣溪沙》："无可奈何花落去，似曾相识燕归来。"又见，清人李汝珍《镜花缘》第84回："我主意拿的老老的，你纵有通天本领也无奈我何。"

渔人打网，纲举目张。——书出第413页。典出《吕氏春秋·用民》："用民有纪有纲，壹引其纪，万民皆起，壹引其纲，万目皆张。"又见，《淮南子·缪称训》："成国之道，工无伪事，农无遗力，士无隐行，官无失法，譬若设网者，引其纲而万目开矣。"

声东击西。——书出第414页。典出唐人杜佑《通典·兵典六》："声言击东，其实击西。"

坐视不理。亦即"坐视不救"。——书出第417页。典出宋人袁燮《陆宣公论》："虽知道之将废，岂忍坐视而不救。"又见，元人郑德辉《㑇梅香》第2折："小生现在颠沛之间，小娘子争忍坐视不救。"又见，《三国演义》第117回："既蜀中危急，孤岂可坐视不救。"又见，清人钱彩《说岳全传》第16回："倘或有失，那奸臣必然上本，反说相公坐视不救。"

流寇。——书出第418—419页（七出）。典出《明史·流贼传》："流寇蔓延，几危社稷。"

前无古人。——书出第420页。典出唐人陈子昂《登幽州台歌》："前不见古人，后不见来者，念天地之悠悠，独怆然而涕下。"又见，宋人洪迈《容斋四笔》卷2："二者皆句语雄峻，前无古人。"又见，宋人刘攽《中山诗话》："文惠喜堆墨书，深自矜负，号前无古人，后无来者。"

首当其冲。亦即"当其冲"、"身当其冲"、"首当"。——书出第420页。典出《汉书·五行志下》："郑以小国摄乎晋、楚之间，重以强吴，郑当其冲，不能修德，将斗三国，以自危亡。"又见，《三国志·公孙瓒传》南朝宋人裴松之注引《献帝春秋》："盖闻在昔衰周之世，僵尸流血，以为不然，岂意今日身当其冲。"又见，明人孙传庭《移镇商雒派防汛地疏》："故臣前议陕抚堵商雒，实当贼首冲；而潼关一路，有晋兵横截陕灵，即诸贼不敢正视。"又见，明人归有光《送柴都事之任浙江序》："杭于寇最逼而首当之，故建督府，调天下兵，四集其境。"又见，梁启超《论各国干涉中国财政之动机》："我国中诸大市镇，其金融机关率皆外人握之，恐慌一起，则此等机关首当其冲。"

真凭实据。——书出第425页。典出清人俞万春《荡寇志》第123回："童贯那厮是个奸臣，只是访他不着真凭实据。"又见，清人李宝嘉《官场现行记》第15回："后头一帮人，也是没有真凭实据的，看见前头的样子，早已胆寒。"又见，该书第17回："二来县里有他们乡下人的甘结领状，都是真凭实据。"

惊惶失措。——书出第428页。典出《北齐书·元晖业传》："孝友临刑，惊惶失措，晖业神色自若。"又见，宋人曾肇《谢史成受朝奉郎表》："养拙藏愚，久已逃于常宪；因人成事，兹复玷于异恩。逊避弗容，惊惶失措。"又见，明人凌濛初《二刻拍案惊奇》卷11："少卿虚心病，元有些怕见他的，亦且出于不意，不觉惊惶失措。"

围魏救赵。——书出第429页。典出《史记·孙子吴起列传》："魏伐赵，赵急，请救于齐。齐威王欲将孙膑，膑辞谢曰：'刑余之人，不可。'于是乃以田忌为将，而孙子为师，居辎车中，坐为计谋。田忌欲引兵之赵，孙子曰：'夫解杂乱纷纠者不控捲，救斗者不搏击，批亢捣虚，形格势禁，则自为解耳。今梁、赵相攻，轻兵锐卒必竭于外，老弱罢于内；君不若引兵疾走大梁，据其于路，冲其方虚，彼必释赵而自救。是我一举解赵之围而收弊于魏也。'田忌从之，魏果去邯郸，与齐战于桂陵，大破梁军。"事由公元前353年，魏军围赵国之京都邯郸。赵国求救于齐国。齐国以田忌为将军，以孙膑为军师前往救赵。田忌拟直取邯郸救赵，孙膑认为：理乱丝乱绳的人，是不能用拳头去打而解决问题的；排解搏斗的人，是不能动手去解决问题的。要拔除其抗拒，须击其空虚，迫使对方的形势不能发展，则危机自解。当今魏国的主力集中在攻打赵国的京都邯郸，则其国内必然空虚，当引兵直取魏国的京都大梁，则魏必自救，这样不仅可解赵国之围，亦疲劳了魏之部队。田忌采纳了孙膑的策略。在魏军回救之时，几乎使魏军全军覆灭。又见，《水浒全传》第64回："倘用围魏救赵之计，且不来解此之危，反去取我梁山大寨，如之奈何？"兵书《三十六计》的第2计就是"围魏救赵"之计。

坚壁清野。——书出第430页（两出）。典出《三国志·魏书·荀彧传》："陶谦死，太祖欲遂取徐州，还乃定布。彧曰：'……且陶谦虽死，徐州未易亡也。彼惩往年之败，将惧而结亲，相为表里。今东方皆已收麦，必坚壁清野以待将军，将军攻之不拔，略之无获，不出十日，则有十万之众未战而自困耳。"又见，《晋书·石勒载记上》："勒所过路次，皆坚壁清野，采掠无所获，军中大饥，士众相食。"又见，《历代名将言行录》卷28引明将袁崇焕语云："坚壁清野以为体，乘间击隙以为用，战虽不足，守则有余；守既有余，战无不足。"

兴高采烈。——书出第432页。典出《文心雕龙·体性》："叔夜（嵇康）俊侠，故兴高而采烈。"这里的"兴高采烈"是刘勰说嵇康这个人性情十分豪放、为人十分耿直，因而其文章多能触景生情，寓意高超、辞章犀利、神采浓烈。这里的"兴高采烈"当是指文章的风格而言的。今之"兴高采烈"，多指人们的兴致颇高、气氛热烈之意。又见，清人李宝嘉《官场现形记》第13回："幸亏一个文七爷兴高采烈，一台吃完，忙吩咐摆他那一台。"

得意忘形。——书出第432页。典出《晋书·阮籍传》："嗜酒能啸，善弹琴，当其得意，忽忘形骸。……"又见，元人鲜于必仁《折桂令·画》曲："韦偃去丹青自少，郭熙亡紫翠谁描，手挂掌坳，得意忘形，眼兴迢遥。"

令行禁止。——书出第434页。典出《逸周书·文传》："兵强胜人，人强胜天，能制其有者，则能制人之有；不能制人之有者，则人制之。令行禁止，王之始也。"又见，《荀子·议兵》："以守则固，以征则强。令行禁止，王者之事毕矣。"

一朝一夕。——书出第434页。典出《易·坤·文言》："臣弑其君，子弑其父，非一朝一夕之故，其所由来者渐矣。"又见，《列子·力命篇》："病非一朝一夕之故，其所由来者渐矣，弗可已也。"

615

用典探妙：

毛泽东在抗日战争之初，针对党内外某些人有小视游击战争，只着眼于正规战争的倾向，写了这篇文章，在这篇才2060余字的短文中，毛泽东于27处用了典故。所用之典故量是比较高的。因而也是很有特点的。其用典之妙，主要表现在下列一些方面。

用典有契合敌我双方客观情况与特点之妙。

毛泽东在这篇文章中，为了揭示为什么不能轻视抗日战争中的游击战，他概略地分析了敌我双方的客观情况，以"小国寡民"去说明貌似强大、不可一世的日本帝国主义的致命弱点，可谓是高度凝练的立骨之典。武装到了牙齿的日本帝国主义，面对地大物博、可以长期坚持作战、且善于开展游击战的中国人民，只能是"无可奈何"。以"出其不意"、"神出鬼没"描绘我方在广袤的祖国大地上灵活机动的游击战给日寇以杀伤，可谓极富形象性和极具鼓舞力量。

用典有契合敌我双方战略战术之妙。

因为日本帝国主义是一个"小而强"的侵略者，他面对土地广袤、坚持抗战的中国人民，采取了"惨无人道"的杀光、烧光、抢光的野蛮政策，我们的平原游击区"首当其冲"地遭其侵害，这是对于日本帝国主义战略、战术的高度概括。面对如此强敌，我们的办法是"坚壁清野"，以"围魏救赵"、"渔人打网，纲举目张"之策将其击溃。这里，实际上将抗日的游击战、正规战与人民战争有机地勾联起来，指出了在整个抗日战争中，轻视游击战争是极其错误的，紧扣了"抗日游击战争的战略问题"这一论文的主旨。

用典极富感情色彩并形成强烈对比之妙。

"大摇大摆"、"大吹大擂"地暴露自己，"坐视不理"地被动作战，不积极防御导致遇敌的"惊惶失措"，"得意忘形"地轻视敌人，等等，都是"出其不意"、"神出鬼没"、"坚壁清野"、"围魏救赵"地用兵之大忌，毛泽东以"大摇大摆"、"大吹大擂"、"坐视不理"这种成语形式、极富感情色彩的典故语与之形成强烈的对比，给人以深刻印象，从而能引以为戒；此外，以军民的"兴高采烈"去展现游击区和游击部队的战绩，以非"一朝一夕"谈到游击部队的纪律的提高，都寄寓毛泽东长期培养训练人民军队的深厚情怀。

毛泽东在这27处所用的典故，其典故的意义饱含了当年艰苦抗战的风云、智慧、经验，亦蕴涵着高层次的形而上之用典美感。

180．"中华民族的壮举"　"惊天动地的伟业"
——毛泽东在《论持久战》中所用典故探妙

用典缘起：

1938年5月26日至6月3日，毛泽东在延安抗日战争研究会上作了讲演，这就是有名的《论持久战》。这是毛泽东自发表《中国革命战争的战略问题》之后又一篇最为重要的军事著作。在这一篇著名的军事理论著作中运用了大量的典故。可以说，这是毛泽东著作中用典最多的一篇论著。

典故内容：

空洞无物。亦简作"空洞"。——书出第440页。典出南朝宋人刘义庆《世说新语·排调》："王丞相枕周伯仁膝，指其腹曰：'卿此中何所有？'答曰：'此中空洞无物，然容卿辈数百人。'"又见，宋人王安石《古意》："帝青九万里，空洞无一物。"又见，宋人苏轼《宝山昼睡》："七尺顽躯走世尘，十围便腹贮天真。此中空洞浑无物，何止容君数百人。"又见，宋人吴潜《满江红·刘长翁右司席上》："照彻肺肝明似水，是中空洞无他物。"又见，宋人黄庭坚《题王仲弓兄弟巽亭》："世纷甚峥嵘，胸次欲空洞。"人们多用"空洞无物"代指文章无实际内容。

似是而非。——书出第442页。典出《庄子·山木》："周将处乎材与不材之间。材与不材之间，似是而非也。"又见，《后汉书·章帝纪》："夫俗吏矫饰外貌，似是而非，揆之人事则悦耳，论阴阳则伤化。"

深沟高垒。——书出第445页。典出《孙子·虚实》："故我欲战，敌虽高垒深沟，不得不与我战者，攻其所必救也。"又见，《韩非子·说林下》："将军怒，将深沟高垒；将军不怒，将懈怠。"又见，《三国志·王基传》："诸军并据深沟高垒，众心皆定，不可倾动，此御兵之要也。"又见，明人沈采《千金记·延访》："若得请兵三万，沿路截之，深沟高垒，慎勿与战，数日之间，必致危困。"

疲于奔命。——书出第445页。典出《左传·成公七年》："尔以谗慝贪惏事君而多杀不辜，余必使尔罢（疲）于奔命以死。"公元前584年，楚庄王同意将申、吕两地封赏给子重，申公巫臣认为申、吕两地乃北方重镇，将其赏掉了，将招致晋、郑的军队兵临汉水，致使庄王改变了主意；大臣子反要娶夏姬，申公巫臣又说娶了夏姬日后会遭不幸，可是不久自己却娶了夏姬。庄王死后，申公巫臣叛楚归晋，还当了晋国的大夫。结果子重、子反便杀死了申公巫臣的族人、没其子女与财产。于是申公巫臣说出了上面的话。意为：你们以谗、贪对待君王并杀死无辜，我将要把你们搞得筋疲力尽以后再叫你们死掉！又见，《后汉书·袁绍传》："乘虚迭出，以扰河南，救右则击其左，救左则击其右，使敌疲于奔命，人不得安业，我未劳而彼已困，不及三年，可坐克也。"以

上"疲于奔命"多指被迫奔走而被搞得疲惫不堪。又见,《左传·襄公二十六年》:"楚罢于奔命,至今为患,则子灵为之也。"又见,《周书·异域传论》:"若乃不与约誓,不就攻伐,来而御之,去而守之;夫然则敌有余力,我无宁岁,将士疲于奔命,疆场苦其交侵。"又见,清人纪昀《阅微草堂笔记》:"久而疲于奔命,怨詈时闻,渐起衅端,遂成仇隙。"这里的"疲于奔命"多指因事多而忙于应付之意。

先天不足。——书出第448、505页。典出清人李汝珍《镜花缘》第26回:"小弟闻得仙人与虚合体,日中无影;又老人之子,先天不足,亦或日中无影。"

失道寡助。——书出第448、449页(含"寡助""多助"计八处)。典出《孟子·公孙丑下》:"域民不以封疆之界,固国不以山谷之险,威天下不以兵革之利,得道者多助,失道者寡助。"这里所讲的是违背了道义,不得人心,必然会使自己陷于孤立无援的境地。

如日方升。——书出第449页。典出《诗经·小雅·天保》:"如月之恒,如日之升。"

不足为据。——书出第450页。典出《三国志·魏书·卫臻传》:"且合肥城固,不足为虑。"又见,.明人李贽《焚书·答陆思山》:"承教方知西事,然倭奴水寇,不足为虑,盖此辈舍舟无能为也。"又见,清人文康《儿女英雄传》第26回:"纵说这话不足为凭,前番我在德州作那个梦,梦见那匹马,及梦中遇着了他,那匹马就不见了。"又见,清人俞万春《荡寇志》第71回:"原来北方风俗,旱地多,妇女们往往骑牲口,不足为奇。"又见,清人吴趼人《二十年目睹之怪现状》第54回:"看见人家阔了,便要打算向人家借钱,这本是官场中的惯伎,不足为奇的。"又见,清人曾朴《孽海花》第4回:"孝琪的行为,虽然不足为训,然听他的议论思想,也有独到处,这还是定庵的遗传性。"这里的"不足为据",意为不能作为凭证或者根据的意思。在语言的形式上,当与"不足为虑"、"不足为凭"、"不足为奇"、"不足为训"等样式,有其密不可分的关系。

寡助多助。——书出第452、453页。典出同"失道寡助"。

啼饥号寒。——书出第455页。典出唐人韩愈《进学解》:"冬暖而儿号寒,年丰而妻啼饥。"又见,清人黄宗羲《大方伯马公救灾颂》:"载米数千,通其呼吸,啼饥号寒,十万余人,如以杯水,救一车薪。"

一丝一毫。亦即"一毫一丝"。——书出第455页。典出宋人欧阳修《会圣宫颂》:"而职我事,而往惟寅,一毫一丝,给以县官,无取于民。"又见,清人李宝嘉《官场现形记》:"利钱好容易讲到二分半,一丝一毫不能少。"

在劫难逃。——书出第455页。典出元人无名氏《冯月兰月夜泣江舟》第3折:"那个是船家将钱觅到,也都在劫数里,不能逃。"又见,清人吴趼人《发财秘诀》第3卷:

"后来王师到时，全城被戮，可见劫数难逃。"这里的"劫"，指劫数，佛教中所说的大灾难，是命中注定、无法逃脱的。

蠕蠕而动。即"蠢蠢而动"、"蠢蠢欲动"、"蠢动"。——书出第455页。典出《荀子·臣道》："忠信以为质，端悫以为统，礼义以为文，伦类以为理，喘而言，臑（通"蠕"）而动，而一可以为法则。《诗》曰：'不僭不贼，鲜不为则。'此之谓也。"又见，南朝宋人刘敬叔《异苑》："掘一黑物，无有首尾，形如数百斛舡（船），长数十丈，蠢蠢而动。"又见，宋人王质《论庙谋疏》："越千里以伐人，而强晋蠢蠢然又有欲动之势，形孤而心摇，必不能久矣。"又见，明人张岱《陶庵梦异·金山竞渡》："金山上人团簇，隔江望之，蚁附蜂屯，蠢蠢欲动。"又见，《三国志·吕岱传》："会武陵蛮夷蠢动，岱与太常潘濬共讨定之。"

狼狈为奸。——书出第455页。典出《博物典汇》："狼前二足短，后二足长。狼无狈不立，狈无狼不行。"又见，宋人丁度等《集韵》卷7："狈，兽名，狼属也；生子，或欠一足，二足者相附而行，离则颠，故猝邊谓之狼狈。"这里的"狼狈"，当指进退困难。如《三国志·蜀志·马超传》："……超不得入，进退狼狈，乃奔汉中依张鲁。"又见，晋人李密《陈情表》："臣欲奉诏奔驰，则以刘病日笃；欲苟顺私情，则告诉不许。臣之进退，实为狼狈。"其次是说相互勾结干坏事。如：唐人段成式《酉阳杂俎·广动物》："或言：狼狈是两物，狈前足绝短，每行常驾两狼，狈失狼则不能动。故世言事乖者称'狼狈'。"大概是因为狼与狈一起常害牲，故而比喻坏人联合一起干坏事。又见，清人褚人获《隋唐演义》第85回："安禄山向同李林甫狼狈为奸。"又见，清人吴趼人《二十年目睹之怪现状》第95回："他此时功名倒也不在心上，一心只愁两年多与童佐阆狼狈为奸所积累的一注钱，万一给他查抄了去，以后便难于得此机会了。"

大势所趋。——书出第455页。典出宋人陈亮《上孝宗皇帝第三书》："天下大势之所趋，非人力之移也。"

人人得而诛之。——书出第456页。典出《庄子·庚桑楚》："为不善乎显明之中者，人人得而诛之。"又见，《孟子·滕文公下》："孔子成《春秋》而乱臣贼子惧。……能言距扬墨者，圣人之徒也。"朱熹注："乱臣贼子，人人得而诛之，不必士师也。"

休戚相关。——书出第456页。典出《国语·周语》："晋孙谈之子周，适周，事单襄公。……晋国有忧未尝不戚，有庆未尝不怡。襄公曰：为晋休戚，不背本也。"在春秋时期，由于晋国有一个时期不养群公子，因而晋襄公的重孙姬周只好去周国侍奉单襄公。姬周虽说身在周国，而不忘晋国之事。晋有庆则喜，有忧即痛。单襄公在病重时告诫自己的儿子说：像姬周这样不忘本的人，你们要好好地对待他，他将来是要主持晋国

的。元人无名氏《赚蒯通》第1折："我想许多功臣，其中只有将军是天子的至亲，必然有个休戚相关之意，故请你来商量。"又见，元人石君宝《曲江池》第4折："岂可委之荒野，任凭暴露，全无一点休戚相关之意。"又见，清人李汝珍《镜花缘》第6回："今日大家既来祖饯，都是休戚相关之人，将来设有危急，岂有袖手之理。"

唯利是图。即"唯利是视"、"唯利是求"、"唯利是从"、"唯利是营"。——书出第456页。典出《左传·成公十三年》："余虽与晋出入，余唯利是视。"又见，《晋书·温峤传》："苏峻小子，惟利是视，残酷骄猜，权相假合。"又见，南朝梁人沈约《奏弹王源》："源频叨诸府戎禁，豫班通彻，而托姻结，唯利是求，玷辱流辈，莫斯为甚。"又见，北朝魏人魏收《孝静帝伐元神和等诏》："狡猾反覆，唯利是从。"又见，《金史·阿离方传》："卿宗室旧人，乃纵肆败法，惟利是营，朕甚恶之。"又见，晋人葛洪《抱朴子·勤求》："名过其实，由于夸诳，内抱贪浊，惟利是图。"又见，明人凌濛初《初刻拍案惊奇》卷20："每见贪酷小人，惟利是图，不过使几家治下百姓，卖儿贴妇，充其囊橐。""惟利是图"即"唯利是图"

一叶障目，不见泰山。——书出第458页。典出扫叶山堂《百子全书》第5册载春秋楚·鹖冠子《鹖冠子·卷上·天则》："昔者有道之取政，非于耳目也。夫耳之主听，目之主明，一叶蔽目，不见泰山；两豆塞耳，不闻雷霆。道开而否，未之闻也。见遗不掇，非人情也。"鹖冠子，周朝时的楚人，因其隐居山中常以鹖鸟之羽毛作为冠饰而名其鹖冠子。他崇尚黄帝、老子的道家学说，同时兼及法家。他的这一段话的意思是讲过去的圣人对待是非，不是仰仗耳闻目睹。他的理由是说，如果一片树叶遮住了眼睛，连泰山也会看不见，用两个豆子塞住了耳朵，连打雷也会听不到。只有懂得了"道"，而感滞塞那是没有的事，看到了丢失而又不去拾取，那也不近人情。又见，唐人欧阳询等辑《艺文类聚》卷85引《鹖冠子》："两叶蔽目，不见太山；双豆塞耳，不闻雷霆。"又见，南朝人梁元帝《金楼子·杂记上》："夫两叶蔽目，不见泰山；两豆塞耳，不闻雷奋，以其专志也。"又见，《宋史·王安礼传》："今以一指蔽目，虽泰、华在前弗之见。"

自以为是。——书出第458页。典出《孟子·尽心上》："自以为是，而不可与入尧舜之道，故曰德之贼也。"

"先生之志则大矣"，先生的看法则不对。——书出第458页。典出《孟子·告子下》："……先生之志则大矣，先生之号则不可。"事由有一个叫宋钘的人要到楚国去，在宋国遇到了孟子。孟子问他到楚国有什么打算。宋钘说：听说秦楚两国要交战，我要去楚国劝说楚王罢兵。若楚王不高兴，我将去秦国见秦王罢兵。两国之间，我总会有所遇逢的。孟子便问他怎样去劝说。宋钘说：我打算说，出兵交战是不利的。于是孟子便发表了一通评论说：先生的志向是很大的，先生的提法却是不可以的…… 孟子说出了一大通理由。

流年。——书出第462页。典出南朝宋人鲍照《登云阳九里埭》："宿心不复归，流年抱衰疾。"又见，唐人杜甫《雨》诗云："悠悠边月破，郁郁流年度。"又见，宋人陆游《书斋联》："万卷古今消永日；一窗昏晓送流年。"又见，其《谢池春》："烟波无际，望秦关何处？叹流年又成虚度。"这里的流年当指年华，有年华如流水易逝之意。旧时算命看相的人称一年的运气为"流年"。又见，宋人陆游《幽居夏日》："形骸已与流年老，诗句犹争造物工。"又见，明人冯梦龙《醒世恒言》卷37："（杜子春谢道）多蒙老翁送我三万银子……想是我流年不利，故此没福消受，以至如此。"毛泽东在文章中所用之"流年"，幽默而风趣，可谓妙兼二义。

卑鄙无耻。——书出第463页。典出清人李宝嘉《官场现形记》第27回："贾某总办河工。浮开报销，滥得保举。到京之后，又复花天酒地，任意招摇，并串通市侩黄某，到处钻营，卑鄙无耻。"

竭蹶。——书出第463页。典出《荀子·儒效》："故近者歌讴而乐之，远者竭蹶而趋之。"

据之为己有。即"据为己有"、"占为己有"。——书出第464页。典出明人李开先《宝剑记》第24出："先从征进，累建大功，童贯占为己有，欺瞒皇上。"又见，明人冯梦龙《醒世恒言》卷2："我故倡为析居之仪，收大宅良田，强奴巧婢，悉据为己有。度吾弟素敦爱敬，决不争竞。"又见，清人蒲松龄《聊斋志异·刘姬》："又以他人之物，占为己有。"

此起彼落。——书出第468页。典出汉人张衡《西京赋》："鸟毕骇，兽咸作，草伏木栖，寓居穴托，起彼集此。"其意为这些鸟兽从那个地方惊直，而停落于此。"此起彼落"、"此起彼伏"当由此演化而来。

半途而废。——书出第468页。典出《礼记·中庸》："君子遵道而行，半涂（途）而废，吾弗能已矣。"又见，《梁书·徐勉传》："况夫名立宦成，半途而废者，亦焉可已已哉！"

法门。——书出第471页。典出《维摩诘经·入不二法门品》："如我意者，于一切法无言无说，无示无识，离诸问答，是为入不二法门。"又见，唐人陈子昂《夏日晖上人房别李参军崇嗣》："遂欲高攀宝座，伏奏金仙，开不二之法门，现大千之世界。"

犬牙交错。——书出第471、474页（五出）。典出《史记·孝文本纪》："高帝封王子弟，地犬牙相制。"又见，《史记·汉兴以来诸侯年表》："汉郡八九十，形错诸侯间，犬牙相临秉其阨塞地利。"又见，东汉人班固《汉书·中山靖王刘胜传》："诸侯王自以骨肉至亲，先帝所以广封连城，犬牙相错者，为盘石宗也。"又见，唐人柳宗元《至小丘西小石潭记》："潭西南而望斗折蛇行，明灭可见。其岸势犬牙差互，不可

其源。"又见，明人冯梦龙《警世通言》卷21："唐初府兵最盛，后变为藩镇，虽跋扈不臣，而犬牙相制，终藉其力。""犬牙交错"当是由"犬牙相制"、"犬牙相临"、"犬牙相错"、"犬牙差互"化义而来。

如来佛之掌。——书出第473页。典出《西游记》第7回《八卦炉中逃大圣　五行山下定心猿》。在这一回中，孙悟空大战诸位神兵天将，无人可以将其制服。玉皇大帝便将如来佛请了出来，且看孙悟空是如何与如来斗法："大圣收了法象，现出原身近前，怒气昂昂，厉声高叫道：'你是哪方善士，敢来止住刀兵问我？'如来笑道：'我是西方极乐世界释迦牟尼尊者……你除了长生变化之法，再有何能，敢占天宫胜境？'大圣道：'我的手段多哩！我有七十二般变化，万劫长生不老，会驾觔斗云，一纵十万八千里。如何坐不得天位？'佛祖道：'我与你打个赌赛：你若有本事，一觔斗打出我这右掌中，算你赢，再不用动刀兵苦争战，就请玉帝到西方居住，把天宫让你；若打不出手掌，你还下界为妖，再修几劫，却来争吵。'那大圣闻言，暗笑道：'这如来十分好呆！我老孙一觔斗十万八千里。他那手掌，方圆不满一尺，如何跳不出去？'急发声道：'既如此说，你可做得主张？'佛祖道：'做得！做得！'伸开右手，却似个荷叶大小。那大圣收了如意棒，抖擞神威，将身一纵，站在佛祖手心里，却声道：'我出去也！'你看他一路云光，无影无形去了。佛祖慧眼观看，见那猴王风车子一般相似不住，只管前进。大圣行时，忽见有五根肉红柱子，撑着一般青气。他道：'此间乃尽头路了。这番回去，如来作证，灵霄宫定是我坐也。'又思量说：'且住！等我留下些记号，方好与如来说话。'拔下一根毫毛，吹口仙气，叫'变'！变作一管浓墨双毫笔，在那中间柱子上写一行大字云：'齐天大圣，到此一游。'写毕，收了毫毛。又不妆尊，却在第一根柱子根下撒了一泡猴尿。翻转觔斗云，径回本处，站在如来掌内道：'我已去，今来了。你教玉帝让天宫与我。'……大圣吃了一惊道：'有这等事！有这等事！我将此字写在撑天柱子上，如何却在他手指上？莫非有个未卜先知的法术。我决不信！不信！等我再去来！'好大圣，急纵身又要跳出，被佛祖翻掌一扑，把这猴王推出西天门外，将五指化作金、木、水、火、土五座联山，唤名'五行山'，轻轻的把他压住。众雷神与阿傩、迦叶，一个个合掌称扬道：善哉！善哉！"

五指山压孙悟空。——书出第473页。典出同上。

天罗地网。——书出第473页（两出）。典出南朝齐人释僧顺《三破论》："解脱天罗，销散地网。"又见，元人无名氏《锁魔镜》第3折："天兵下了天罗地网者，休要走了两洞妖魔。"又见，《水浒传》第2回："（王进）说道：'天可怜见，惭愧了我子母两个，脱了这天罗地网之厄。'"又见，《西游记》第6回："见那天罗地网，密密层层，各营门提铃喝号，将那山围绕的水泄不通。"

惊天动地。——书出第474页。典出唐人白居易《李白墓》诗云："采石江边李白坟，绕回无限草连云，可怜荒垅穷泉骨，曾有惊天动地文，但是诗人多薄命，就中沦落不过君。"又见，宋人周密《齐东野语》卷17："有无名子作诗，揭之试所云：'鼙鼓惊天动地来，九州赤子哭哀哀。'"又见，元人无名氏《博望烧屯》第2折："火炮响惊天动地，施谋略巧计安排。"又见，明人兰陵笑笑生《金瓶梅词话》第26回："金莲怪道：'因根子，唬的鬼似的，我说什么勾当来，恁惊天动地的。'"又见《红楼梦》第106回："余者丫头们看的伤心，不觉也都哭了。竟无人劝，满屋中哭得惊天动地，将外头上夜婆子吓慌，急报与贾政知道。"

空前……绝后。亦即"超前绝后"、"冠前绝后"、"绝后空前"、"掩前绝后"。——书出第474页。典出唐人张怀瓘《书断·神品》："张芝喜而学焉，转精其巧，可谓草圣，超前绝后，独步无双。"又见，宋人无名氏《宣和画谱·唐·吴道玄》："且顾（恺之）冠于前，张（僧繇）绝于后，而道子乃兼而有之，则自视为如何也。"又见，宋人朱象贤《闻见偶录·男服从军》："古之木兰，以女为男，代父从军，十二年而归，同行者莫知其为女子，歌诗美之，典籍传之，以其事空前绝后也。"又见，清人俞樾《佚诗清奇古怪》其二中有："《南华》又法淮阴战，都是空前绝后来。"又见，清人陈廷焯《白雨斋词话》："蹈扬湖海，一发无余，是其年（陈维崧）短处，然其长处亦在此。盖偏至之诣，至于绝后空前，亦令人望而却步。"又见，《清诗话·师友诗传录》："唐人七言古诗，诚掩前绝后，奇妙难踪。"

亿万斯年。——书出第475页。典出《诗经·大雅·下武》："……于万斯年，受天之祜。……于万斯年，不遐有佐。"又见，《宋史·乐志》："亿万斯年，福禄攸同。" 其意为亿万年之意，喻指时间久长。

决一死战。——书出第476页。典出明人刘伯温《百战奇略·危战》："凡与敌战，陷于危亡之地，当激励将士决死战，而不可怀生，则胜。法曰：'兵士甚陷则不惧。'"又见，《三国演义》第89回："诸将大怒，皆来禀孔明曰：'某等情愿出寨决一死战！'孔明不许。"又见，《清史稿·文宗本纪》："周天爵素称勇敢，所保藏纡青练勇可当一面，独不能与贼决一死战耶？"

有声有色。——书出第478页。典出宋人汪藻《翠微堂记》："其意以谓世之有声有色者，未有不争而得，亦未有不终磨灭者。"又见，清人刘鹗《老残游记》："若求在上官面上讨好，做得烈烈轰轰，有声有色，则只有依玉公办法，所谓逼民为盗也。"又见，清人颐琐《黄绣球》第30回："可泣可歌的事，原要做得有声有色。"这里的"有声有色"，主要是指名声与光彩得兼，外观显赫荣耀。又见，清人阎尔梅《知人论》："其言之出入风雅，有声有色者，其人必强记博闻，善属文、堪备顾问者也。"又见，清人洪亮吉《北江诗话》："（李白、杜甫）写月有声有色，后人复何能着笔耶！"这里的"有声有色"，重在指人的言谈与文章声情并茂、生动而精彩。

灭顶之灾。亦即"灭顶"。——书出第480页。典出《周易·大过》："上六过涉灭顶，凶。无咎。"其意为水漫过头顶。喻指毁灭性的灾难。

汪洋大海。——书出第480页。典出《封神演义》第2回："轰天炮响，振地锣鸣。轰天炮响，汪洋大海起春雷。"又见，清人钱彩《说岳全传》第43回："轰天炮响，汪洋大海起春雷；震地锣鸣，万仞山前飞霹雳。"又见，清人夏敬渠《野叟曝言》第3回："你看湖光山色，霎时间变成汪洋大海。此龙神力，亦不为小。"

南其辕而北其辙。亦即"南辕北辙"。——书出第481页。典出汉人刘向《战国策·魏策四》："魏王欲攻邯郸，季梁闻之，中道而返，衣焦不申，头尘不去，往见王曰：'今者臣来，见人于大行，方北面而持其驾，告臣曰：我欲之楚。臣曰：君之楚，将奚为北面？曰：吾马良。臣曰：马虽良，此非楚之路也。曰：吾用多。臣曰：用虽多，此非楚之路也。曰：吾御者善。此数者愈善，而离楚愈远耳。今王动欲成霸王，举欲信于天下；恃王国之大，兵之精锐，而攻邯郸，以广地尊名。王之动愈数，而离王愈远耳。犹至楚而北行也。"这里讲的是季梁用"南辕北辙"的寓言故事去说服魏王不要攻打赵国都城邯郸的故事。这一段文字有几个关键词组的意思是："中道而返"，意为半路上返回；"衣焦不申"，意为衣服色黄而皱缩；"头尘不去"，意为尘地满头没有洗；"奚为"，意为为什么；"用多"即旅费多；"动欲数"即行动多；"广地尊名"即扩充疆土、提高声望；"南辕"，即车前驾畜的两根直木朝南而行；"北辙"即车子北行的轨迹。又见，《申鉴·杂言下》："先民有言，适楚而北辕者，曰：'吾马良，用多，御善。'此三者益侈，其去楚亦远矣。"又见，唐人白居易《立部伎》："欲望凤来百兽舞，何异北辕将适楚。"

沧海一粟。——书出第481页。典出宋人苏轼《前赤壁赋》："……寄蜉蝣于天地，渺沧海之一粟。哀吾生之须臾，羡长江之无穷。……"

相反相成。——书出第482页。典出《汉书·艺文志》："（诸子九家）其言虽殊，辟（譬）犹水火，相灭亦相生也……相反而皆相成也。"又见，清人钱谦益《贺文司理诗册序》："且天下之事，未有不相反而相成也。"又见，清人魏源《皇朝经世文编五例（其二）》："有利必有害，论相反者或适相成；见智亦见仁，道同归者无妨殊辙。"

适得其反。——书出第484页。典出三国魏人无名氏《释难宅无吉凶摄生论》："时名虽同，其用适反。"

措手不及。——书出第485页。典出宋人无名氏《错斩崔宁》："那同年偶翻桌上书贴，看见了这封家书写得好笑，故意朗诵起来，魏生措手不及，通红了脸。"又见，元人无名氏《杏林庄》第2折："务要杀他个措手不及，片甲不归呵！"又见，《水浒传》第72回："杨太尉倒吃了一惊，措手不及，两交椅打翻地上。"

贯彻始终。——书出第488页。典出清人曾朴《孽海花》第34回："提出仁字为学术主脑，把以太来解释仁的体用变化……对于内学相宗各法门，尤能贯彻始终。"

敌忾心。——书出第489页。典出《左传·文公四年》："诸侯敌王所忾，而献其功，王于是乎赐之彤弓一、彤矢百、玈弓矢千，以觉报宴。"

知彼知己，百战不殆。——书出第490页。典出《孙子·谋攻篇》："知彼知己，百战不殆；不知彼而知己，一胜一负；不知彼，不知己，每战必殆。"

韩信。——书出第491页。典出《史记》等资料。韩信（？—公元前196年），淮阴（今江苏清江西南）人。是我国杰出的军事家。

晋楚城濮之战。——书出第491页。典出《史记·晋世家》。所讲的是：公元前632年春天，晋国为了解救宋国，决定出兵攻打与楚国最为亲近的曹、卫两国，在取得一些胜利之后不久，晋、齐两国结盟，攻卫破曹得胜。但是，楚军仍然围攻宋国不止。晋国便使用计谋让楚国放弃围宋并不与晋国决战。然而身在前线的将军子玉坚持要与晋军决一死战，楚成王内心也不甘就这样让晋国称霸，也就改变了不与晋国一战的主意。于是楚国在攻宋久攻不下的情况下，以十分苛刻的条件与晋国谈判。晋国用先轸之计，孤立楚国并激怒楚国主将子玉。子玉果然率部攻晋，晋国国君重耳曾流亡楚国时，受到过楚成王的款待，重耳为了报答楚成王，曾有如果晋、楚发生战争他就要"退避三舍"（即撤退90里）之诺，并说服晋军将士在楚军进攻时后退了90里。退到了卫国的城濮（今山东濮县南），其时，宋成公、秦穆公的儿子小子慭和齐国大夫国归父、崔夭，也率兵与晋文公会合。当此之时，子玉误以为晋军害怕，毅然要与晋军决战，于是晋、楚城濮之战就不可避免了。其结果是楚军在晋军面前被打得大败，从此也就确立了晋国的霸主地位。

韩信破赵之战。——书出第491页。典出《史记·淮阴侯列传》。公元前204年10月，韩信与张耳仅率军不足三万东下井陉攻赵。赵王歇与成安君陈余率军20万集结于井陉口（今之河北获鹿西南的土门关）列阵决战。当此之时，广武君李左车洞悉韩信远离后方、补给困难和井陉地险路窄有利于赵的特点，便献计于陈余说：韩信所率之军是乘胜而来、锐气十足的军队，其锋芒难当。现井陉乃窄路难行之地，请给我3万军士，让我抄小路断其粮道辎重，并阻其后援，则我可献韩信、张耳之头于帐下，否则，我们必为其所擒拿。陈余根本就听不进李左车的高见，一味死搬兵法。这就为韩信去了李左车之计的这一块心病，同时也为韩信施展谋略打下了基础。经过韩信的一番策划，妙用"背水列阵"、"置之死地而后生"等一系列出奇制胜之策，化劣为优，将20万赵军打得大败，陈余被杀、赵王被活捉。

拿破仑的多数战役。——书出第491页。这是一种概略式、通览一个人物一生主要战事活动情况的用典。其典事指18世纪末19世纪初，法国的拿破仑在与英、普、奥、俄及

625

与欧洲其他的一些国家的作战中，拿破仑的部队在总体上是以少胜多的。

十月革命后的苏联内战。——书出第491页。这也是一种概略式、通览一个国家在一个时期内的战事状况的用典。苏联在十月革命之后，在列宁、斯大林领导下的苏联红军，也是在总体上以少胜多击败国内白匪军，以取得苏联革命政权的巩固的。

楚汉成皋之战。——书出第491页。典出《史记·高祖本纪》等资料。详见《论中国革命特点；谈革命战争策略——毛泽东在〈中国革命战争的战略问题〉一文中所用下列典故探妙》的该典的论说。见本书第563页。

新汉昆阳之战。——书出第491页。典出《资治通鉴·汉纪》等资料。详见同上书该文关于该出典的论说。见本书第564页。

袁曹官渡之战。——书出第491页。典出《后汉书·袁绍列传》等资料。详见同上书该文关于该出典的论说。见本书第564页。

吴魏赤壁之战。——书出第491页。典出《资治通鉴·汉纪》等资料。详见同上书该文关于该出典的论说。见本书第565页。

吴蜀彝陵之战。——书出第491页。典出《资治通鉴·魏纪》等资料。详见同上书该文关于该出典的论说。见本书第566页。

秦晋淝水之战。——书出第491页。典出《资治通鉴·晋纪》等资料。详见同上书该文关于该出典的论说。见本书第567页。

败军之将。——书出第491页。典出赵晔《吴越春秋·勾践入臣外传》："范蠡曰：'臣闻亡国之臣，不敢语政，败军之将，不敢语勇。'"又见，《史记·淮阴侯列传》："臣闻败军之将，不可以言勇；亡国之大夫，不可以图存。"又见，《旧唐书·封常清传》："负斧缧囚，忽焉解缚，败军之将，更许增修。"

亡国之君。——书出第491页。典出《吕氏春秋·谨听》："亡国之主反此，乃自贤而少人。"

八公山上，草木皆兵。——书出第491页。典出《晋书·苻坚载记下》："坚与苻融登城而望王师，见部阵齐整，将士精锐，又北望八公山上草木，皆类人形，顾谓融曰：'此亦劲敌也，何谓少乎！'怃然有惧色。"又见，明人无名氏《四贤记·告贷》："遭家不造，被寇相侵，惊心草木皆兵。"又见，清人曾朴《孽海花》第25回："我听了这话，心里觉得梦兆不祥，也和理翁的见解一样，大有风声鹤唳，草木皆兵之感。"

声东击西。——书出第491、506页。典出《淮南子·兵略训》："故用兵之道，示之以柔而迎之以刚，示之以弱而乘之以强，为之以歙而应之以张，将欲西而示之以东，先忤而后合，前冥而后明。若鬼之无迹，若水之无创。故所乡非所之也，所见非所谋也。举措动静，莫能识也。"又见，唐人杜佑《通典·兵典六》："声言击东，其实击西。"又见，《三国演义》第111回："蜀人或声东击西，指南攻北，吾兵必须分头把守。"

兵不厌诈。——书出第492页。典出《韩非子·难一》："晋文公将与楚人战，召舅犯问之，曰：'吾将与楚人战，彼众我寡，为之奈何？'舅犯曰：'臣闻之，繁礼君子不厌忠信，战阵之间不厌诈伪，君之诈之而已乎。'"这里讲的是晋文公在城濮之战前，因其将要与楚国一战，心中没有把握，便召见晋国大夫舅犯（即《左传》中的狐偃）问计，于是这个舅犯便讲出了兵不厌诈的一番道理。又见，《三国演义》第59回："兵不厌诈，可诈许之；然后用反间计，令韩、马相疑，则一鼓可破也。"

攻其无备，出其不意。——书出第491、492页（"不意"、"出以不意"二语七出，在此文中当是"攻其无备，出其不意"的一种概缩后的典形）。典出《孙子·计篇》："兵者，诡道也。故能而示之不能，用而示之不用，近而示之远，远而示之近；利而诱之，乱而取之，实而备之，强而避之，怒而挠之，卑而骄之，佚而劳之，亲而离之。攻其无备，出其不意。此兵家之胜，不可传也。"

无穷无尽。——书出第492页。典出宋人晏殊《踏莎行》词："无穷无尽是离愁，天涯地角思遍。"又见，明人李贽《续焚书·焦弱侯》："日来与刘晋老对坐商证，方知此事无穷无尽，日新又新，非虚言也。"又见《西游记》第40回："那西天路无穷无尽，几时能到得！"

仁义道德。——书出第492页。典出唐人韩愈《原道》："噫！后之人，其欲闻仁义道德之说，孰从而听之。"又见，清人吴趼人《二十年目睹之怪现状》第101回："还有一种人，自己做下了多少男盗女娼的事，却责成儿子做仁义道德，那才难过呢！"

宋襄公蠢猪式的仁义道德。——书出第492页。典出《左传·僖公二十二年》。事由：公元前638年，宋国的国君宋襄公与强大的楚国作战。已经列好阵势的襄公军队看到楚军正在渡河。这时大司马子鱼说：敌众我寡，我们应趁机发起攻击才是。襄公却说：不可，君子不应该乘人之危去进攻。不久，楚军已经渡河了，但未列成阵势。子鱼再次要求发起进攻。襄公又说：不可，君子不应该攻击不成阵势的军队。等到楚军列成了阵势，襄公才发起进攻，结果宋军大败，襄公大腿受伤，几乎送命。

运用之妙，存乎一心。——书出第494、495页（四出）。典出《宋史·岳飞传》："阵而后战，兵法之常，运用之妙，存乎一心。"公元1122年，年刚20岁的岳飞从军抗金。他冲锋陷阵、经常立功。因而深受抗金名将宗泽的器重，在一次大胜金军的战斗之后，宗泽称赞他说："尔勇智才艺，古良将不能过，然好野战非万全计。"故而送给了岳飞一幅摆阵的图样。这是岳飞在看了宗泽送给他的摆阵图样之后，与宗泽说的话。意为：摆好阵势再出战，此乃作战之常规，但是运用得是否巧妙，则全凭指挥员灵活掌握了。又见，清人吴敬梓《儒林外史》第43回："看看已是除夕。清江、铜仁两协参将、守备禀道：'晦日用兵，兵法所忌。'汤镇台道：'且不要管他，运用之妙，在于一心'……"

审时度势。——书出第494页。典出汉人贾谊《过秦论·下篇》："察盛衰之理，审权势之宜，去就有序，变化应时，故旷日长久，而社稷安矣。"又见，明人沈德符《万历野获编·乡试遇水火灾》："刘欲毕试以完大典，俱审时度势，切中事理。"又见，清人褚人获《隋唐演义》第78回："大凡士人出处，不可苟且，须审时度势，必不可以得行其志，方可一出。"又见，清人洪仁玕《资政新篇》："夫事有常变，理有穷通。故事有今不可行，而不可豫定者，为后之福；有今可行而不可永定者，为后之祸。其理在审时度势与本来强弱耳。"

凡事预则立，不预则废。——书出第495页。典出《礼记·中庸》："凡事预则立，不预则废。言前定，则不跲事前定，则不困。行前定，则不疚。道前定，则不穷。"其意是说，凡是做什么事，都要事先有所计划就能成功，没有计划，则会招致失败。说话做事都是这样，发言事先能够想好，则说话就会顺畅；干事早有计划，则不会造成困境；行动时先有方案，则不会遇到问题时手忙脚乱。

朕兆可寻。——书出第495页。典出《宋史·杨大全传》："陛下自夏秋以来，执政从官之死者皆不信，卒之果然乎？不然乎？建康赵济死，武兴吴挺死，今尚不以为然，则事有几微乎朕兆者，可谏陛下乎？万一变起萧墙，祸生肘腋，陛下必将以为不信，坐受其危亡矣。"

端倪可察。——书出第495页。典出《庄子·大宗师》："假如异物，托于同体；忘其肝胆，遗其耳目；反复始终，不知端倪；芒然彷徨乎尘垢之外，逍遥乎无为之业。"

有进无退。——书出第497、507、508页（含"有退无进"共计四出）。典出《晋书·周处传》："且古者良将受命，凿凶门以出，盖有进无退也。"又见，宋人陆九渊《与刘淳叟书》："平时所喜于淳叟者，徒以志向矗矗，有进无退，今反迟回若此何耶？"又见，明人冯梦龙《东周列国志》第61回："偃丐曰：'军中无戏言！吾二人当亲冒矢石，昼夜攻之，有进无退。'"又见，清人夏敬渠《野叟曝言》第44回："四面贼人，渐裹渐紧，有进无退，誓死不生。"

诱敌深入。——书出第498页。典出《孙子兵法·计篇》："利而诱之。"

可有可无。——书出第499页。典出清人曹雪芹《红楼梦》第20回："宝玉因此把一切男子都看成浊物，可有可无。"

路遥知马力，事久见人心。亦即"路遥知马力，日久见人心"。——书出第500页。典出宋人陈元靓《事林广记》卷9："路遥知马力，事久见人心。"又见，《封神演义》第20回："臣暗使心腹，探听真实，方知昌是忠耿之人。正是所谓'路遥知马力，日久见人心'。"

非同小可。——书出第500页。典出元人孟汉卿《魔合罗》第3折："萧令史，我与你说，人命事关天关地，非同小可。"又见，《水浒传》第29回："这是武松平生的真才实学，非同小可，打得蒋门神在地下叫饶。"又见，清人吴敬梓《儒林外史》第20回："（匡超人）进了郑家门，这一惊非同小可，只见郑老爹两眼哭得通红。"

乘敌之隙（两出）。当是变用"乘间伺隙"、"乘隙而入"而成。——书出第504页。典出晋人傅玄《傅子》："孙策为人明果独断……及权继其业，有张子布（昭）以为腹心……分任授职，乘间伺隙，兵不妄动，故战少败而江南安。"又见，宋人范祖禹《论听政》："陛下初揽政事，乃小人乘间伺隙之时也。"又见，明人刘基《郁离子·麋鹿》："才不自来，因疑而来，间不自入，乘隙而入，由其明之先蔽也。"

一盘散沙。——书出第504页。典出宋人范成大《石湖诗集·亲邻召集强往便归》诗中云："乐天渐老欲谋欢，大似蒸沙不作团。已觉笙歌无暖热，仍嫌风月太清寒。气意说复三而竭，心赏犹于四者难。却恐人嫌情太薄，聊中花作雾中香。"诗中的"大似蒸沙不作团"即"一盘散沙"之意。又见，清人陈天华《狮子吼》第8回："各国的会党，莫不有个机关报；所以消息灵通；只有中国的会党，一盘散沙，一个机关报没有，又怎么行呢？"

先天不足。——书出第505页。典出清人李汝珍《镜花缘》第26回："小弟闻得仙人与虚合体，日中无影；又老人之子，先天不足，亦或日中无影。"又见，孙中山《民族主义》第三讲："一个人不论是受了什么病，不是先天不足，就是未受病之前，身体早起了不健康的原因。"

我乘敌隙。——书出第506页。典出及典意同"乘敌之隙"。

乘我之隙。——书出第506页。典出同上。

可寻之隙。——书出第506页。典出同上。

留得青山在，不愁没柴烧。——书出第507页。典出元人无名氏《看钱奴买冤家债主》第2折："他道我贪他香饵终吞钩，我则道留下青山不怕没柴烧。"又见，明人凌濛初《初刻拍案惊奇》第22卷："七郎愈加慌张，只得劝母亲道：'留得青山在，不怕没柴烧。虽是遭此大祸，儿子官职还在，只要到得任所就好了。'"又见，《红楼梦》第82回："姑娘身上不大好，依我说，还得自己开解着些。身子是根本，俗话说的：'留得青山在，依旧有柴烧。'"

退却战胜拿破仑。——书出第507页。其典事指1812年，俄国面对率50万大军进攻只有20万军队的俄军的拿破仑。俄军放弃并焚毁了莫斯科，自动让拿破仑军队深入，然后断其退路，围而歼之，结果使拿破仑军队只剩2万得以生还。

自相矛盾。——书出第508页。典出《韩非子·难一》："贤舜则去尧之明察，圣尧则去舜之德化，不可两得也。楚人鬻楯（同"盾"）与矛者，誉之曰：'吾楯之坚，物莫能陷也。'又誉其矛曰：'吾矛之利，于物无不陷也。'或曰：'以子之矛，陷子之楯，何如？'其人弗能应也。夫不可陷之楯，与无不陷之矛，不可同世而立。今尧舜

之不可两誉，矛楯之说也。"又见，《魏书·明亮传》："辞勇及武，自相矛盾。"又见，宋人王观国《学林·言行》："圣贤言行，要当顾践，毋使自相矛盾。"

孤注一掷。——书出第508——509、509页（两出）。典出《宋史·寇准列传》："（王）钦若曰：'城下之盟，《春秋》耻之；澶渊之举，是城下之盟也。以万乘之贵而为城下之盟，其何耻如之！'帝愀然为之不悦。钦若曰：'陛下闻博乎？博者输钱欲尽，乃罄其所有出之，谓之孤注。陛下，寇准之孤注也，斯亦危矣。'"这里已经出现了孤注一掷的意思。事由北宋真宗景德元年（1004年）闰九月，契丹国出倾国之兵南下。宋廷以王钦若等主张迁都避敌。新任宰相寇准则主张真宗亲征。并打了胜仗。这时任参知政事的王钦若嫉恨寇准的功劳，在真宗面前说了上面这样一番话。其意为：你听说过赌博这种事吗？赌博之人当其钱要输尽时，就要拿所有的本钱定一输赢，是为"孤注"，寇准一再要你亲征，就是在把你当作"孤注"啊！这实在是危险的事啊！谗言迷弱主；奸佞欺忠良。结果是打了胜仗的宋军却与入侵者——"契丹"订立了屈辱性的和约——"澶渊之盟"。又见，《晋书·孙绰列传》："何故舍百胜之长理，举天下而一掷哉！"又见，《晋书·何无忌列传》："刘毅家无儋石之储，樗蒲（赌博）一掷百万。"这里的"一掷"亦有"孤注一掷"之意。又见，宋人李之仪《姑溪居士文集·彦行和梅诗甚工·辄次元韵》："拟将西子作孤注，对与春工分一掷。"又见，宋人辛弃疾《九议》："持天下之危事，求未尝有之大功，此缙绅之论党同伐异，一唱群和，以为不可者欤？于是乎'为国生事'之说起焉，'孤注一掷'之喻出焉，曰：'吾爱君，吾不为利'，曰：'守成创业不同，帝王匹夫异事。'"又见，元人张宪《玉笥集·澶渊行》："亲征雄谋出独断，孤注一掷先得枭。"又见，清人曾朴《孽海花》第33回："无如他被全台的公愤，逼迫得没有回旋的余地，只好挺身而出，作孤注一掷了，半斤对八两！"

径情直遂。——书出第509页。典出《礼记·檀弓下》："有直情而径行者。"

束之高阁。——书出第509页。典出《晋书·庾翼传》："京兆杜乂，陈郡殷浩并才名冠世，而翼弗之重也，每语人曰：'此辈宜束之高阁，俟天下太平，然后议其用其耳。'"又见，唐人韩愈《寄卢仝》："春秋三传束高阁，独抱遗经究终始。"又见，清人梁启超《变法通议·议科举》："然则出洋学生中之未尝无才，昭昭然矣。顾乃束之高阁，听其自穷自达，不一过问。"

置之不理。——书出第509页。典出清人顾炎武《华阴王氏宗祠记》："人主之于民，赋敛之而已尔，凡所以为厚生正德之事，一切置之不理，而听民之所自为。"

一触即跳。亦即"有触即发"的改用。——书出第509页。典出宋人张咏《乖崖集·鮇鯜鱼赋》："鮇鯜愤悱，迎流独逝，偶物一触，厥怒四起。"这里有"一触即怒"之意；明人李开先《闲居集·原性堂记》："予方有意，触而即发，不知客何所见，适投其机乎？"这里是"触而即发"；清人李渔《笠翁文集·乌鹊吉凶辨》："夫鹊不果吉，乌不果凶，世人亦屡验之，无如喜怒之怀，有触即发。"这里是"有触即发"。这"一触即怒"、"触而即发"、"有触即发"均有"一触即发"之意。毛泽东的"一触即跳"显然是仿用"一触即发"等语而成。

适可而止。——书出第509页。典出宋人朱熹《论语集注·乡党》"不多食"："适可而止，无贪心也。"又见，《东周列国志》："所以然者，由我王能恤民力，适可而止，去其醉饱过盈之心故也。"

不遗余力。——书出第510页。典出《战国策·赵策》："（赵）王曰：'秦之攻我，不遗余力矣。必以倦而归也。'"这一句话是在秦赵长平之役后，秦国打死坑杀赵军45万人之后，秦军在无力占领整个赵国的情况下，提出要赵国割地献城以讲和，当赵孝成王同意大夫楼缓割让土地讲和时，上卿虞卿表示反对。他问赵王：秦国是在打得筋疲力尽的情况下退兵的，还是仍有力量不进攻我们而退兵的呢？于是赵王说出了上面的这几句话。意为秦国进攻我们，是不遗余力的，他们是在筋疲力尽的情况下才退兵的。于是虞卿提出不要割让土地，而应该联齐抗秦。

如意算盘。——书出第510页。典出《汉书·京房传》："臣疑陛下虽行此道，犹不得如意。"又见，清人李宝嘉《官场现形记》第44回："好便宜！你倒会打如意算盘，十三个半月工钱，只付三个月。你同我了事，我却不同你干休。"

野牛冲入火阵。——书出第512页。典出《史记·田单列传》中载：当燕攻齐，并得到了齐国72城之后，仍然继续攻打齐将田单所退守之即墨。"田单乃收城中得千余牛，为绛缯衣，画以五彩龙文，束兵刃于其角，而灌脂束苇于尾，烧其端。凿城数十穴，夜纵牛，壮士五千人随其后。牛尾热，怒而奔燕军，燕军夜大惊。牛尾炬火光明炫耀，燕军视之皆龙文，所触尽死伤。"田单选精锐追杀，复得72城。又见，北周·庾信《哀江南赋》："徒思拑马之秣，未见烧牛之兵。"又见，唐人温庭筠《过华清宫二十韵》："不料邯郸虱，俄成即墨牛。剑锋挥太皞，旗焰拂蚩尤。"又见，宋人马令《马氏南唐书》卷25："（元宗）尝见牛，晚卧美阴。元宗曰：'牛且热矣！'（李）家明乘谈谐曰：'曾遭宁戚鞭敲角，又被田单火燎身。闲向斜阳嚼枯草，近来问喘为无人。'"又见，元人郝经《贤台行》："二城未了昭王俎，火牛突出骑劫诛。"

源源不绝。——书出第512页。典出元人王恽《秋涧全集·题纪伯新詹判如溪诗意》："源源不绝产蛟鼍。"又见，明人沈德符《万历野获编·种羊》："待其大而食之，次年如前法又种，源源不绝。"

打成一片。——书出第512页。典出宋人朱熹《朱子全书·存养》："只要常自提撕，分寸积累将去，久之自然接续，打成一片耳。"

广土众民。——书出第512页。典出《孟子·尽心上》："广土众民，君子欲之，所

乐不存焉；中天下而立，定四海之民，君子乐之，所性不存焉。"

无敌于天下。——书出第512页。典出《孟子·公孙丑上》："信能行此五者，则邻国之民，仰之若父母矣。……如此，则无敌于天下。无敌于天下者，天吏也。然而不王者，未之有也。"

重蹈……覆辙。亦即"更蹈前辙"、"复蹈前辙"、"复蹈其辙"。——书出第512页。典出《后汉书·窦武传》："今不虞前事之失，复循覆车之轨。"又见，宋人陈东《上高宗第一书》："前日之祸，正坐朝廷主议不定，用人不专，狐疑犹豫，遂致大变；今岂可更蹈覆辙？"又见，《东周列国志》第102回："（秦王）遣使至魏修好，并请信陵君。冯驩曰：'孟尝、平原，皆为秦所羁，幸而得免，公子不可复蹈其辙。'"又见，清人褚人获《隋唐演义》第39回："文帝阴灵，白日显现，故此炀帝也觉寒心，不敢复蹈前辙。"又见，清人周亮工《书影》："后人岂不鉴于前车，而仍蹈覆辙耶！"

草芥。——书出第514、515页。典出《孟子·离娄》："视天下悦而归己，犹草芥也。"又见，晋人夏侯湛《东方朔画赞序》："视俦列如草芥。"

用典探妙：

毛泽东的这一篇《论持久战》，是他继《中国革命战争的战略问题》之后，又一篇重要的军事著作，"它同我国古代的《孙子兵法》一起被列为世界十大军事名著之一。"（程郁缀《放歌宝塔山》，《北京大学学报·哲学社会科学版》2006年第4期，第160页）在这篇著作里，他论证了抗日战争为什么是持久战的问题，他彻底地批驳了亡国论与速胜论，提出了持久战的三个阶段，指出了犬牙交错的战争形态，分析了抗日战争诸多矛盾和最为基本的特点等等一系列的问题，指出了这一场战争的最后胜利是属于中国人民，进一步坚定了全中国人民持久抗战的胜利信心与决心，它有如一座大海中的航灯，给中国人民为取得抗战的彻底胜利指明了正确的方向和具体的道路。这一篇重要的军事、政治理论著作，在写作手法上很有特点，特别是在用典上，堪称妙用典故的绝妙之作。

（一）典故用量大且多；依文布典情激活。

就毛泽东这篇文章用典的总体情况而言，其用典的特点是：

典故用量大且多。毛泽东在这篇文章中计在121处用了典故，量大典多的特点在这个数字中得到了充分的展现。所谓"依文布典情激活"，就是说，毛泽东在文字中布设的典故合理而恰到好处、弥见大方，无炫博雅之态，而重在唤起人们的抗战激情、增添抗战必胜的信心。每当典故一用，即文字被激活，给人以战斗的鼓舞。这里我们随便取出一例就可得到充分的说明。

如第500页，毛泽东在讲到游击战的威力时，他是将其与正规战结合一起来讲的，这两者的辩证关系一般是不易讲透的。毛泽东只用了两个典故就将它们两者相辅相成的辩证关系讲得令人心明眼亮。毛泽东这样写道："游击战争没有正规战争那样迅速的成效和显赫的名声"，这就充分地肯定了正规战争的重要性和必要性，接着，毛泽东这样写道："但是'路遥知马力，事久见人心'，在长期和残酷的战争中，游击战争将表现其很大的威力，实在是非同小可的事业。"在这仅有45个字的语句中，毛泽东用了一个俗语形式的典故——"路遥知马力，事久见人心"，和一个成语形式的典故——"非同小可"。这两个典故的运用，就充分地激活了论游击战争的这一小段文字，这两个典故的运用，提升了游击战争在当时中国人民对付日寇的战争中的应有地位，同时也是对于"速胜论"这种不切合中国实际情况的论调以有力批判，更是对于抗战为什么是持久战的有力的论证。

（二）军事典故为主导；抗战必胜办法妙。

毛泽东在撰写这一篇政治、军事理论著作时，切合中国社会的客观实际和特点，运用了大量的涉及政治与军事的典故，笔者初步统计，达72处之多。

如在论及战争的正义与非正义时，毛泽东用了"失道寡助"、"寡助多助"等典故，不仅将中国的抗日战争仅仅是看作一场民族战争，而且是一场国际上的反法西斯战争，这就充分地说明了我们的抗战，决不是孤立的，不仅在全中国是多助，在全世界亦是多助，相反，法西斯分子是反人类的野蛮的战争发动者，他们才是少数，他们属于寡助一方，他们最终是要失败的，古往今来皆如此，这对于坚定中国人民抗战必胜的信心与决心，可谓起到了心明眼亮意志坚的巨大作用，而对于那些亡国论者，当然亦是最为有力的批驳！

如在论及抗战的战略战术时，根据中国的特点，毛泽东运用了大量的涉及战略、战术的典故语。在战略上，毛泽东是藐视法西斯强盗的，且看他是如何用典故来表述人民战争必胜、法西斯强盗必败的吧！毛泽东这样写道："……我之包围好似如来佛的手掌，它将化成一座横亘宇宙的五行山，把这几个新式孙悟空——法西斯侵略主义者，最后压倒在山底下，永世也不得翻身。……形成一个使法西斯孙悟空无处逃跑的天罗地网，那就是敌人死亡之时了。实际上，日本帝国主义完全打倒之日，必是这个天罗地网大体布成之时。这丝毫也不是笑话，而是战争的必然的趋势。"《西游记》中关于如来佛与孙悟空斗法、孙悟空最后惨遭失败的这一段描绘，在中国的老百姓中可以说是深入人心的。毛泽东在这一段文字中所用的"如来佛的手掌"、"五行山压孙悟空"、"天罗地网"这些典故四处而用之，可谓尽人皆知、无人不懂，用在这里以表述反法西斯战争的战略，可谓文采四溢、凝炼优雅、妙绝千古！

而在论述具体战术之时，毛泽东的用典，可谓有得心应手之妙。如写战争中忽视政治动员者用了"南其辕而北其辙"，这是何等的风趣而幽默且深刻；又如写制造敌人错觉时，用了"八公山上，草木皆兵"、"声东击西"、"兵不厌诈"，这是多么的富于故事

633

情节和富于哲理。我党我军所惯用的这一整套战术，曾使日寇如入泥潭而永难自拔！

（三）运用典故散文化；形象生动说理透。

毛泽东在这一篇文章中的行文用典，可谓游刃有余，尤其是其中的散文化形式的用典。所谓散文化形式的用典，就是说，因为有的典故语具有凝固性的结构，对于典故的这一种结构的凝固性，如果直接运用，则会显得有搬用的生硬感，或是无法运用。毛泽东用典的高妙之处在于：他往往在这种具有凝固性典故语的接榫之处，巧妙地将其分离出来，然后在其间插入他所要说的话，从表面上来看，这个典故似乎"消失"了，然典意并没有发生任何变化，而且因毛泽东的妙用，避免了搬用典故所生的生硬感，拓展了典意，有力地推动了他理论阐述的步步深入和富于逻辑性的发展。

如毛泽东在评说第一次世界大战和第二次世界大战时，用了"空前绝后"这一成语形式的典故，如果将这一典故语搬用，则会显得生硬，毛泽东将其插嵌扩而展之，加入他所要说的话，从而借助这样的用典，起到了强调自己话语的准确性和逻辑性作用。毛泽东这样写道：："二十年前的第一次帝国主义大战，在过去历史上是空前的，但不是绝后的战争……"然后再分析第二次世界大战的状况，这一"空前绝后"的分离插嵌而用，有承前启后之妙。

又如毛泽东在论述"不努力于争取一切必要的条件"的严重后果时，用了"重蹈覆辙"一典，毛泽东妙用了离析拓展之法，将"重蹈覆辙"写成了"势必重蹈南京等地失陷之覆辙"，这不仅强调了全军全民政治大动员的重要性，而且对于不发动广大人民群众积极备战的国民党政府，有着其重要的警示作用。

（四）执简驭繁用典故；以半代全意境新。

中国的典故，在其漫长的历史上承担了负载着哪些传统的知识和价值的重要角色。不少典故，并不要使用其全称即可知其典意。如"庄周梦蝶"一典，就有"梦蝶"、"化蝶"等多种说法，这就给用典者以极大的灵活性，往往给用典者在运用时可以"执简驭繁""以用其典中的一半词语"即"以半代全"去创作新的语句、新的意境服务。毛泽东在这篇文章中的这种用法是十分出色的。

比如在第491－492页，毛泽东在7处用到了"出其不意，攻其不备"，但是，毛泽东出于行文的需要，他只用了"不意"一词。让我们来简作品析：文中的"错觉和不意"，实际上是"给敌人制造错觉和对敌人进行出其不意、攻其不备的打击"之意，毛泽东以"不意"代其"出其不意，攻其不备"，使文句有"执简驭繁"之妙；

而在第492页，毛泽东则6处用到了"不意"一词，实则是"出其不意，攻其不备"一典，毛泽东将其化简为"不意"，除了能够起到"以简驭繁"的作用之外，其妙更在于在论述中以创造新的意境，使"出其不意，攻其不备"一典具有极大的涵盖量。

首先，毛泽东对"什么是不意？"的解释，其所指既是说要使敌人"不意"，同时也要防止自己不要造成"不意"，因而这个"不意"实有两兼之妙；

其次，毛泽东在"什么是不意？"之后5处运用了"不意"，实际上是在具体地指导我们怎样去造成敌人的"不意"，以便自己能够"攻其不备"地去打击侵略者。这是毛泽东妙用典故语言的精炼表达方式，同时也是毛泽东活的兵法的精彩妙笔！

（五）军事典故重复用；花开两朵别样红。

笔者所谓的"军事典故重复用；花开两朵别样红"，就是说，同样的军事典故，用在不同的地方，其作用有别。

我们不会忘记，在这篇文章中的"楚汉成皋之战"、"新汉昆阳之战"、"袁曹官渡之战"、"吴魏赤壁之战"、"吴蜀彝陵之战"、"秦晋淝水之战"这六大著名战役，毛泽东在《中国革命战争的战略问题》一文中也用过，这不是重复吗？从表面上来看，这是一种重复，但在其所要说明的问题上来看，从其所要论述的问题的侧重点来看，却不是重复，而是依据情况的不同，在用法上的一种飞跃。因为这六大军事典故，在《中国革命战争的战略问题》一文中，以此六大军事典故用以论说的是"战略退却"、"后发制人"，用以批判的是"左"倾机会主义者的所谓"御敌于国门之外"。这六大军事典故，在这里用得十分精当、十分到位；而在《论持久战》中的这些典故的运用，在运用的范围上，指的是世界性的反法西斯战争，所要论述的重点是优势与劣势、主动与被动的转化，更富于哲学情趣、更富于战略意味。这六个军事典故在这两篇文章中的运用，真可谓有"花开两朵别样红"之妙！

（六）镶典文字重复用；亮点闪烁相辉映。

毛泽东在《论持久战》一文中的第478页，当他谈到"指导战争的人们不能超越客观条件许可的限度期求战争胜利"时，用到了这样的镶典文字："然而他们凭借这个舞台，却可以导演出很多有声有色，威武雄壮的戏剧来。"而在《中国革命战争的战略问题》一文中的第182页，几乎同样用到了这样的镶典文字："然而军事家凭着这个舞台，却可以导演出许多有声有色威武雄壮的活剧来。"此外，还有不少相同的文字，诸如第182页有"提挈全军，去打倒那些民族的和阶级的敌人……"在第478页同样有"提挈全军，去打倒那些民族的敌人……"笔者以为，这两段文字都是讲"战争的游泳术"的，是一段十分精美、诗意浓浓、生动形象且富于号召力的文字，放在这两个不同的地方，论说大致相同的一个问题，虽说有一点重复，但它有如音乐中的二重唱，有能加深人们的印象、加强论说的节奏感之妙，在这两篇重要的军事著作中，有亮点闪烁遥相辉映之妙。

（七）两千年前火牛阵，化寇为牛民为火。

田单在2200余年前所妙用的火牛阵，在民间可谓家喻户晓。这种阵法在军事斗争中不时被运用，就是在红军九打吉安之时，也曾用火牛破敌防线（笔者曾在老红军张贤廷将军家里做客时，谈到他们当时九打吉安城一事，是怎样用火牛冲开敌人壕堑，谈到最

后红军取胜吃牛肉的故事）。九打吉安是毛泽东多次所经历和熟悉的战斗。毛泽东以其丰富的联想，换位思维，重点落在"吉安的火牛破敌防线吃牛肉"、"又被田单火燎身"、"烧牛之兵"诸问题上，也许，这一切均激活了毛泽东联想思维的火花，将日寇比喻成从日本小岛上跑过来的野牛，将愤怒不已的中国人民比喻成熊熊烈火。日本野牛冲入了这样的火阵，它最后只能变成烤野牛了。这样的联想化用，真可谓是妙用无痕迹的用典范例！

181. 经过长期的抗战 我们有光明前途
——毛泽东在《中国共产党在民族战争中的地位》中所用典故探妙

用典缘起：

1938年10月12日至14日，毛泽东在中国共产党第六届中央委员会扩大的第六次全体会议上作了《论新阶段》的政治报告。这是报告的一部分。在这篇约11000字的论著中，为了论说"统一战线中的独立自主"等问题，妙用了下列典故。

典故内容：

责无旁贷。——书出第520页。典出清人林则徐《覆奏稽查防范回空粮船折》："其漕船经过地方，各督抚亦属责无旁贷，着不分畛域，一体通饬所属，于漕船回空，加意稽查。"又见，清人文康《儿女英雄传》第10回："讲到护送，除了自己一身之外，责无旁贷者再无一人。"又见，《清史稿·袁甲三传》："疏言：'总督程矞宋为守土之臣，责无旁贷。"

别有用心。——书出第521页。典出清人吴趼人《二十年目睹之怪现状》第99回："人家都说他过于巴结了，自己公馆近在咫尺，何必如此；王太尊也是说他办事可靠，那里知道他是别有用心的呢。"

言必信，行必果。——书出第522页。典出《论语·子路》："子贡问曰：'何如斯可谓之士矣？'子曰：'行己有耻，使于四方，不辱君命，可谓士矣。'曰：'敢问其次？'曰：'宗族称孝焉，乡党称弟（即"悌"）焉。'曰：'敢问其次？'曰：'言必信，行必果，硁硁然小人哉！抑亦可以为次矣。'"

诚心诚意。——书出第522页。典出明人无名氏《孟母三移》第2折："则为他治国齐家存妙策，诚心正意请贤臣。"《红楼梦》第6回："姥姥你放心，大远的诚心诚意来了，岂有个不叫你见个真佛儿去的呢？"

诲人不倦。——书出第522、535页。典出《论语·述而》："默而识之，学而不厌，诲人不倦，何有于我哉？"

自私自利。——书出第522页。典出宋人朱熹《朱子全书·诸子三·释氏》："此亦见自私自利之规模处。"又见，明人李贽《焚书·王龙溪先生告文》："所怪学道者病在爱身而不爱道，是以不知前人付托之重，而徒为自私自利之计。"又见，明人吕坤《呻吟语·克治》："人生大罪过，只在'自利自私'四字。"又见，清人朱彝尊《处士文君墓志铭》："所行所为，事虚文而寡实行，借以文饰其自私自利之心，亦何取焉。"

大公无私。——书出第522页。典出《吕氏春秋·去私》："尧有子十人，不与其子而受舜；舜有子九人，不与其子而受禹，至公也。"又见，《汉书·贾谊传》："故化成俗定，……国耳（而）忘家，公耳（而）忘私，利不苟就，害不苟去，唯义所在。"又见，汉人贾谊《新书·道术》："无私谓之公。"又见，汉人马融《忠经·天地神明》："忠者中也，至公无私。"又见，清人龚自珍《龚定庵全集·论私》："且今之大公无私者，有杨、墨之贤耶？"又见，清人吴趼人《二十年目睹之怪现状》第61回："这种赌法，倒是大公无私，不能作弊。"

克己奉公。——书出第522页。典出《论语·颜渊》："克己复礼为仁。一日克己复礼，天下归仁焉。"又见，《史记·廉颇蔺相如列传》："以君之贵，奉公如法，则上下平。""克己"与"奉公"合而"克己奉公"。又见，《后汉书·祭遵传》："遵为人廉约小心，克己奉公，赏赐辄尽与士卒，家无私财。"又见，《北史·魏本纪》："自今牧守温良仁俭、克己奉公者，可久于其任，岁积有成，迁位一级。"

不可救药。——书出第522页。典出《诗经·大雅·板》："多将熇熇，不可救药。"唐人孔颖达疏："熇熇是炽盛貌，而言不可救止，故知是多行惨酷毒害之恶，谁能知其祸，如人病甚，不可救以药。"

翻然改进。——书出第522页。典出《孟子·万章上》："汤三使往聘之，既而幡然改曰：'与我处畎亩之中，由是乐尧舜之道。吾岂若使是君为尧舜之君哉，吾岂若使是民为尧舜之民哉，吾岂若于吾身亲见之哉。'""幡然"亦即"翻然"。事出春秋之时，伊尹在某国耕种庄稼。汤武王曾派人拿着礼物去聘请他，于是他就说了上面这一段话。其意是说：我为什么要接受汤的聘礼呢？我怎么不住在田野之中呢，从而以尧舜之道为自得其乐呢？当汤武王三次去请他时，他便改变了态度说：我与其住在田野之中，从而以尧舜之道为自己之乐，何不使现在的君王去做尧舜一样的君王呢！又何不使现在的老百姓去做尧舜时期的老百姓呢！我何不使君王现在就看到这种现象呢？

弃旧图新。亦即"图新弃旧"、"舍旧图新"、"改旧图新"、"革旧图新"、"去旧即新"。——书出第522页。典出唐人韩愈《上宰相书》："忽将弃其旧，而新是图。"又见，宋人苏轼《贾谊论》："贾生，洛阳之少年，欲使其一朝之间尽弃其旧，而谋其新亦已难矣！"又见，宋人陆九渊《与邓文范书》："昨晚得仓台书，谓别后稍弃旧而图新，了然未有所得。"又见，宋人柳开《上叔父评事论葬书》："家本起

之于彼，今将图于新而弃于旧，是若遗其本而取其末者也。"又见，宋人朱熹《答汪叔耕》："足下试一思之，果能舍其旧而新是图，则其操存探讨之方，固自有次第矣。"又见，宋人刘克庄《备对札子》："然则陛下虽有改旧图新之意，果可保其终乎？"又见，其《宝学颜尚书神道碑》："国势岌岌如此，乞下哀动之诏，风厉有位，革旧图新，以回天意。"又见，《宋书·孔灵符传》："小民贫匮，远就荒畴，去旧即新，粮种俱阙，习之既难，劝之未易。"又见，《金史·完颜匡传》："又蒙圣画改输银三百万两，在本朝宜不敢固违，然倾国资财，竭民膏血，恐非大金皇帝弃过图新、兼爱南北之意也。"又见，元人关汉卿《望江亭》第2折："他心里儿悔，悔。你做的个弃旧怜新，他则是见咱有意，使这般巧谋奸计。"又见，《三国演义》第9回："卓（董卓）问肃（李肃）曰：'车折轮，马断辔，其兆若何？'肃曰：'乃太师应给治禅，弃旧换新将乘玉辇金鞍之兆也。'""弃旧图新"、"弃旧而图新"当由上述词语演化而成。

实事求是。——书出第522、523页（三出）。典出《汉书·河间献王传》："河间献王德以孝景前二年立，修学好古，实事求是。从民得善书，必为好写与之，留其真，加金帛赐以招之。"唐人颜师古注："务得实事，每求真是也。今流俗书本云求长长老，以是从人得善书，盖妄加之耳。"河间献王刘德是汉景帝刘启的第三个儿子。此人喜欢搜集整理资料，做学问时能够核实考察真伪，每当得到好书，都能抄写保留正本。他还爱出高价购置图书。又见，宋人刘跂《赵氏金石录序》："东武赵明诚德夫家，多前代金石刻，仿欧阳公《集古》所论，以考书传诸家同异，订其得失，著《金石录》若干卷，别白抵捂，实事求是，其言斤斤甚可观也。"又见，清人李宝嘉《官场现形记》第7回："老弟肚里实在博学。但上头的意思是要实事求是；你的文章固然很好，然而空话大多，上头看了恐怕未必中意。"

远见卓识。——书出第522、523页（三出）。典出明人焦竑《玉堂丛话·调护》："解缙之才，有类东方朔，然远见卓识，朔不及也。"又见，《三国演义》第48回："元直如此高见远识，谅此有何难哉！"

真凭实据。——书出第523页。典出清人俞万春《荡寇志》第123回："童贯那斯是个奸臣，只是访他不着真凭实据。今日我听这珠儿口中的话，大有蹊跷。"又见，清人李宝嘉《官场现形记》第9回："后任虽未查出他纵团仇教的真凭实据，然而为他是前任的红人，就借了一桩别的事情，将他奏参，降三级调用。"又见，《官场现形记》第15回："后头一帮人，也是没有真凭实据的，看见前头的样子，早已胆寒。"

独断专行。即"独断独行"。——书出第526页。典出清人李宝嘉《官场现形记》第12回："你在他手下办事，只可以独断独行，倘若都要请教过他再做，那是一百年也不会成功的。"

置之不理。——书出第526页。典出同上一篇。

置之度外。——书出第526页。典出《后汉书·隗嚣传》："六年，关东悉平。帝积苦兵间，以嚣子内侍，公孙述远据边陲，乃谓诸将曰：'且当置此两子于度外耳。'因数腾书陇、蜀，告示祸福。"事言东汉光武六年，还有甘肃的隗嚣和四川的公孙述两股割据势力，他们并没有忠心归附光武帝刘秀。拘于一时难于对他们用兵的客观实际，刘秀采取暂时将他们放在一边的办法，并向他们发出信函，做出和平共处的姿态，暂时稳住他们。同时拉拢隗嚣、孤立公孙述，继而各个击破。又见，唐人李延寿《南史·谢弘微传》："武帝请诛胐，高帝曰：'杀之则成其名，正应容之度外。'"又见，明人归有光《与王子敬书》："区区得失，早已置之度外。"又见，清人洪棣国《后南柯》卷上："哥哥，吾所以传言令他向东宫讨情，原为可以成就此段机会，不料哥哥置之度外，只管释出周生，全不念及妹子。"

任人唯贤。——书出第527页（两出）。典出《尚书·咸有一德》："任官惟贤材，左右惟其人。"

任人唯亲。——书出第527页（两出）。典出同上。即由"任人唯贤"推演而成。

明知故犯。——书出第528页。典出宋人释普济《五灯会元》卷19："问：'一切含灵具有佛性，既有佛性，为什么却撞入驴胎马腹？'师曰：'知而故犯。'"又见，明人郑若庸《玉玦记·改名》："正是明知故犯，也因业在其中，咎喜，前日颇有家资，因为这李娟奴，两三年间，破费几尽。"又见，清人钱大昕《十驾斋养新录·律诗失粘》："如陆放翁字务观，观本读去声，而当时即有押入平声为放翁所讥者。朱锡鬯诗'石湖居士范成大，鉴曲诗人陆务观'，正用此事，所谓明知故犯，欲自矜其奥博也。"

以售其奸。——书出第528页。典出唐人柳宗元《送娄图南秀才游淮南将入道序》："偷一旦之容以售其伎，吾无有也。"又见，明人归有光《震川别集·二下·河南策问对二道（其一）》："是三者猖狂叫号，以自试于万乘之前，而不自度，且以售其欺冒之奸。"又见，清人青山山农《红楼梦广义》："袭人善事宝玉，宝钗善结袭人，同恶相济，以售其奸。"

胜任愉快。——书出第529页。典出《史记·酷吏列传》："当是之时，吏治若救火扬沸，非武健严酷，恶能胜其任而愉快乎？"

阳奉阴违。——书出第532页。典出清人汤斌《汤子遗书·九·严禁征收钱粮、勒索火耗、私派之弊，以恤民艰、以清赋税告谕》："此等弊窦，在从前督抚历经严禁，稍为敛戢者固有，而阳奉阴违者实多。"又见，清人李宝嘉《官场现形记》第33回："只见上面写的无非劝戒属员嗣后不准再到秦淮河吃酒住夜，倘若阳奉阴违，定行参办不贷。"

口是心非。——书出第532页。典出汉人桓谭《新论·辨惑》："道必当传其人，

639

得其人，道路相遇辄教之；如非其人，口是而心非者，虽寸断支解，而道犹不出也。"又见，晋人葛洪《抱朴子·微旨》："若乃憎善好杀，口是心非，背向异辞，反戾直正……凡有一事，辄是一罪。"又见，明人王玉峰《焚香记·陈情》："谁想他暗地里着拖刀之计。一谜价口是心非。"

放之四海而皆准。——书出第533页。典出汉人戴圣《礼记·祭义》："夫孝，置之而塞乎天地，溥之而横乎四海，施之后世而无朝夕。推而放诸东海而准，推而放诸西海而准，推而放诸南海而准，推而放诸北海而准。《诗》云：'自西自东，自南自北，无思不服'。此之谓也。"这是孔子的弟子在论"孝道"时所说的话。其意是说："孝道"是无限大的，将它直立起来能塞满天地，将它铺展时可横溢四海，将其放于后代，则没有时间的限制，将其推广于东西南北四方都十分适合。它有如《诗经》中所言：东西南北都没有不信服的。

血肉相联。——书出第534页。典出宋人洪迈《夷坚丁志·雷击王四》："趋视之，二百钱仍在其胁下，皮肉与血肉相连。"

层出不穷。——书出第534页。典出唐人韩愈《贞曜先生墓志铭》："神施鬼设，间见层出。"又见，宋人陆佃《适南亭记》："峰峦如削，间见层出。"又见，清人纪昀《阅微草堂笔记·槐西杂志二》："天下之势，辗转相胜；天下之巧，层出不穷。千变万化，岂一端所可尽乎！"又见，清人吴趼人《二十年目睹之怪现状》第42回："继之道：'岂但不能免，并且千奇百怪的毛病层出不穷：有偷题目出去的，有传递文章进号的，有换卷的。'"

学而不厌。——书出第535页。典出《论语·述而》："子曰：'默而识之，学而不厌，诲人不倦，何有于我哉。'"其意是说：要默默地将问题弄清楚，就必须要学习专心、不厌其烦，教诲别人也要不倦怠。这对于我来说，除了这些还有什么呢？

用典探妙：

毛泽东在这篇文章中计于36处用了典故，这些典故的运用，展现了毛泽东运用典故的三大特色。

（一）高度集中用典故；对比强烈印象深。

毛泽东所运用的典故，往往是顺手拈来而为其论述的观点服务的。在一篇文章中，有时难于找到典故，而有时则是大量的典故密集起来去说明一个问题。在这篇文章中论及"共产党员在民族战争中的模范作用"时，他在第522页就集中地在13处用了典故。这些典故尽管多是成语形式的典故，但它们极大多数都是一些高尚人格化的、早已深入人心、有着积极教育意义成语形式语典。如"言必信，行必果"、"诚心诚意"、"诲人不倦"、"大公无私"、"克己奉公"、"实事求是"、"远见卓识"等。可以说它们承载着中华民族数千年高尚品格之"精髓"，毛泽东通过妙用，将其化为"血液"输与当代的共产党人，这些品格和精神，就应当是共产党人模范作用的写照！

再是毛泽东在运用这些成语形式的典故的同时，往往是与其相应的词语或是意义相反的典故、词语结合而用，造成对比之妙。如将成语形式的典故"大公无私"、"克己奉公"与其意义相近的"积极努力"、"埋头苦干"结合而用，而将成语形式的典故"自私自利"与其意义相近的"消极怠工"、"贪污腐化"、"风头主义"结合而用，从而使上下两个句子形成强烈的对比，这就将什么"是最可鄙的"、而什么"才是可尊敬的"作出了明显的对比，从而给人以永远不可磨灭的印象！

（二）浓缩古语成典故；言简意赅真理明。

古语的引用，从用典的角度来看，这也是一种用典。但是，当人们在行文时，如果不加以改造地运用，往往会显得十分呆板而且难于达意。这时，如果遇到了运用典故的高手是决不会不加改造地引用的，而是将其改造成一个新的典故。毛泽东就是这样一个运用典故的高手。他在第533页中称颂马克思、恩格斯、列宁、斯大林的理论时这样写道："马克思、恩格斯、列宁、斯大林的理论，是'放之四海而皆准'的理论。不应当把他们的理论当作教条看待，而应当看作行动的指南。"这一段文字中的"放之四海而皆准"一语，就是毛泽东通过对于一段古语的高度浓缩之后所创造的一个新的典故。

这样一个新的典故，用于肯定马克思、恩格斯、列宁、斯大林的理论的伟大意义，可谓言简意赅真理明，是最为恰当的语词。可是这一语典，却是来自如下一段话，这一段话的本意并非如此。该语来自《礼记·祭义篇》。其中孔子的弟子曾子曰："夫孝，置之而塞乎天地，溥之而横乎四海，施诸后世而无朝夕。推而放诸东海而准，推而放诸西海而准，推而放诸北海而准。诗云：'自西自东，自南自北，无思不服。'此之谓也。"曾子在这一段话中所要讲的是封建孝道具有其普遍意义，天地之间、四海之内，无不以孝道作为人生之准则。从现在的观点看来，其思想意义是完全错误的，而作为一段语典，则是僵死的。毛泽东将这一段语典予以概缩为"放之四海而皆准"这样一个新语典，用之于论述马克思、恩格斯、列宁、斯大林的理论的价值的重大，则其典意全新，真有化腐朽为神奇之妙！

（三）匠心独运释典故；演化典意意境新。

所谓"匠心独运释典故；演化典意意境新"，就是说，毛泽东不是一般性地运用典故，他是在运用典故的同时，不断地解释该典故的典意，在运用和解释典故的过程中，多次地运用该典故，使该典故的典意不断地翻新，并且富于哲理性和逻辑性，从而使自己的论点极具说服力。

如在第522—523页对于成语形式的典故"实事求是"、"远见卓识"的运用就是如此。毛泽东在文中提出"共产党员应是实事求是的模范，又是具有远见卓识的模范"，在这里，毛泽东将"实事求是"与"远见卓识"当作模范共产党员的标准，进而再次运

用这两个典故，但是，这再次运用就不是标准的问题，而是解答一个为什么的问题。这就是毛泽东所说的"因为只有实事求是，才能完成确定的任务；只有远见卓识，才能不失前进的方向。"当毛泽东第三次运用"实事求是"与"远见卓识"时，则是解答怎样才能做到"实事求是"与"远见卓识"的问题了，这就是毛泽东所说的"因此，共产党员又应成为学习的模范……只有向民众学习，向环境学习，向友党友军学习，了解了他们，才能对于工作实事求是，对于前途有远见卓识。"在这里，毛泽东三用"实事求是"与"远见卓识"，次次用法不尽相同，次次用法生出新意，次次用法富于逻辑性，有逻辑严密、说理性极强之妙！

又如在第527页在论证"用干部"时，毛泽东从中国历史的实际出发，列举出"用人唯贤"与"用人唯亲"两大对立的路线，然后对于"用人唯贤"与"用人唯亲"两条路线进行解说、进行褒贬，使这些典故语的内容均落到实处，这种典故新用的说理之法，给人以比照之美感和跌宕起伏之妙趣！

182."束缚自己的手脚" "是完全不应该的"
——毛泽东在《统一战线中的独立自主问题》中所用典故探妙

用典缘起：

《统一战线中的独立自主问题》一文，是毛泽东在中国共产党第六届中央委员会扩大的第六次全体会议上所作的结论的一部分，是针对陈绍禹"一切经过统一战线"的错误口号而提出的正确方针政策。毛泽东在这篇文章中用了下列典故。

典故内容：

有所不为而后可以有为。——书出第538页。典出《孟子·离娄下》："孟子曰：'人有不为也，而后可以有为。'"此语的本意为：一个人不去向别人有所苟求，则才可敢于责备权贵之不仁不义行为。今意则为：要善于区分"不为"与"有为"，要有决策和分析问题的能力。要学会放弃某些可以暂时不去做的事，才能把急待要做的事做好。又见，宋人方勺《泊宅编》卷7："人有所不为，然后可以有为。凡物皆然。"又见，明人耿定向《先进遗风》卷上："《梦醒录》曰：'余按李文正著刘公状，述刘公令瑞昌，其平乱，功甚巨，惠洽于民甚深。'人有所不为也而后可与有为，信哉！"

先斩后奏。含推演之语"先奏后斩"、"斩而不奏"、"不斩不奏"诸语。——书出第539、540页（五出）。典出《后汉书·酷吏列传序》："临民之职，专事威断，族灭奸轨，先行后闻。"其意为：在东汉之时，由于高官不问地方政事，因而在下层的官吏就专权独断。他们不把朝廷放在眼里，就是连灭族这样的大杀戮，也是先行杀了再奏闻上面的皇帝。又见，《汉书·申屠嘉传》："吾悔不先奏，错乃请之。"唐人颜师古注："言先斩而后奏。"又见，宋人吴曾《能改斋漫录》："待要先斩后奏，或先奏后斩耶？"又见，元人关汉卿《窦娥冤》第4折："随处审囚刷卷，体察滥官污吏，容老夫先斩后奏。"又见，元人岳伯川《铁拐李》第1折："圣人差的个带牌走马廉访相公，有势剑铜铡，先斩后奏。"又见，元人无名氏《冯玉兰》第3折："圣人命俺巡抚江南，勅赐势剑金牌，体察奸蠹，理枉分冤，先斩后奏。"又见，《水浒传》第41回："不期戴院长又传了假书，以此黄文炳那厮撺掇知府，只要先斩后奏。""先斩后奏"本只杀人，后亦泛指办理事务。

用典探妙：

毛泽东在这篇约2400字的短论文中，用典虽说不多，但特别精妙、形象特别生动、对典故的发掘独特而深邃。其精妙之处主要表现在如下两个方面。

（一）取孟子思想之合理因素，妙释统战之策略。

孟子的"有所不为而后可以有为"在一定意义上说来是符合辩证法的，他在这一句话中谈到了"不为"与"有为"，是指在某种特殊情况下"不为"与"有为"所具有的相互转换的关系。就是说，在某种情况下的"不为"，就是为了要达到"有为"。

具体到统一战线而言，就是"彼此不挖墙脚，彼此不在对方党政军内组织秘密支部；在我们方面，就是不在国民党及其政府、军队内组织秘密支部"，这就是我们的"不为"而"使国民党安心，利于抗日"，这就是我们的"有为"。毛泽东在这一段话的后面用上典故"有所不为而后可以有为"，具有总结上述话语之妙，同时亦有开启下面一大段论述之妙，即从马克思列宁主义的立场、观点上全面地论证了"帮助和让步应该是积极的，不应该是消极的"，进而对陈独秀、张国焘的投降主义进行了批判，划清了必要的让步与投降主义之间的界线，指出了我们为了抗日的必要让步，正是"为了更好的一跃而后退"。

毛泽东在这里所运用的"有所不为而后可以有为"，成了这一大段文论的"文眼"，让这一负载2300余年传统知识与价值观的名言，再度闪现出耀眼的光彩！

（二）批判王明右倾之滥调，仿用典故言真理。

毛泽东在这一篇文章中的第三部分所要论证的是"'一切经过统一战线'是不对的"。毛泽东在论证这一观点时，用了"先斩后奏"这样一个典故，但是，毛泽东不仅仅论述了我们在什么情况下该"先斩后奏"，更为奇特的是，毛泽东根据我党我军的具体情况和国民党对我党我军的限制等情况，仿用这一个典故词语，进而运用了"先奏后斩"、"斩而不奏"、"不斩不奏"，在典故的运用上，给人以新造鲜活之美感！在复杂事件的论述上，有清晰明瞭之妙！试想，如果不将这一典故进行仿造衍义以变化而用，能将对付国民党的种种策略，用如此简短的文字说明白吗？能将"一切经过统一战

643

线"的右倾投降论调揭批得如此透彻吗？

183. "主要的斗争形式" "是为了准备战争"
——毛泽东在《战争和战略问题》中所用典故探妙

用典缘起：

犯有右倾机会主义错误的同志，他们在否认统一战线中的独立自主的同时，对于我党在战争和战略问题的方针上，同样采取怀疑和反对的态度。为此，毛泽东写下了这篇长达约9000字的论文。在这篇文章中用了下列典故。

典故内容：

一概而论。——书出第548页。典出《楚辞·〈九章·怀沙〉》："同糅玉石兮，一概而相量。"又见，唐人刘知几《史通·叙事》："而作者安可以今方古，一概而论得失。"又见，宋人孙光宪《北梦琐言》卷14："古者文武一体，出将入相。近代裴行俭、郭元振、裴度、韦皋，是也。然而时有夷险，不可一概而论。"又见，清人李汝珍《镜花缘》第95回："小儿惊风，其症不一，并非一概而论。"这里的"概"，即指古代平斗斛的木棍。在解放初期，亦为笔者所见——世人或用小木棍，或用尺。

后顾之忧。——书出第552页。典出北朝魏人魏收《魏书·李冲传》："朕以仁明忠雅，委以台司之寄，使我出境无后顾之忧。一朝忽有此患，朕甚怀怆慨。"事由，在南北朝时，北魏有个名叫李冲的宰相，其人博学多才，且能忠心耿耿地辅佐魏孝文帝。孝文帝每次带兵出征，都将所有的政事交与他。他都能处理得很好，孝文帝是十分放心的。不料李冲在48岁之时暴病而亡。于是，孝文帝说出了上面这一番感慨的话。又见，《宋史·柳开传》："令彼有后顾之忧，乃可制其轻动。"又见，《东周列国志》第62回："灵公曰：'将军为殿，寡人无后顾之忧矣。'"

用典探妙：

毛泽东在这篇文章中虽说只用了两个典故，但这两个典故的运用，还是有其特色的。

"一概而论"这一成语形式的典故的运用，有以典带文、文典结合而用之妙。毛泽东在第549－550页中，所要谈的是"国内战争和抗日战争两个过程和四个战略时期之间，共存在着三个战略的转变"。这两个过程和转变，各有其不同的特点，而构成这些特点又各有其不同的环境和条件，因而我党的军事战略必须与外国不同，毛泽东在论证这样一个复杂的问题时，以"一概而论"嵌入其中，有总览这一段论述的精华之妙！

"后顾之忧"这一成语形式的典故的运用，有为"抗日游击战争的战略地位"这一标题点题之妙。毛泽东在这一大段的论述中，全面地分析了抗日战争中游击战所处的战略地位。他在对游击战争进行了全面的论证后，综合出了开展游击战争的18条好处。这些好处的根本之点，就是在游击战争之中造成敌人的后顾之忧，在造成敌人后顾之忧的同时，不断地积蓄力量，以发展和壮大自己。

184.全国民众奋起日　就是抗战胜利时
——毛泽东在《五四运动》中所用典故探妙

用典缘起：

为了纪念五四运动20周年，1939年5月1日，毛泽东为延安出版的中共中央机关报《解放》写下了这篇文章，在这篇文章中用了下列典故。

典故内容：

一事无成。亦即"一事未成"、"不成一事"、"百事无成"、"事事无成"、"万事无成"。——书出第559页。典出唐人白居易《除夜寄微之》诗："鬓毛不觉白毵毵，一事无成百不堪。"又见，宋人释普济《五灯会元·翠微学禅师法嗣》："一事无成，一生空度。"又见《东周列国志》第72回："员乃投镜于地，痛哭曰：'一事无成，双鬓已斑，天乎，天乎！'"又见，唐人刘得仁《寄无可上人》："省学为诗日，宵吟每达晨。十年期是梦，一事未成身。"又见，唐人白居易《题四皓庙》："若有精灵应笑我，不成一事谪江州。"又见，其《醉吟二首》（其一）："事事无成身老也，醉乡不去欲何归？"又见，唐人刘禹锡《陪崔大尚书及诸阁老宴杏园》："更将何面上春台，百事无成老又催！"又见，戎昱《江城秋霁》："万事无成空过日，十年多难不还乡。"

用典探妙：

毛泽东在这篇短论中只用了一个成语形式的典故——"一事无成"。这个典故的运用，注入毛泽东的生活体验和感受，有一典顶千言之妙！在中华民族到了生死存亡最为危险的时候，如果知识分子不到人民群众中去，不与广大工农民众相结合，不"变为工农民众的宣传者和组织者"，则最终将会一事无成。故而毛泽东在其文章的结尾号召说："全国民众奋起之日，就是抗日战争胜利之时。全国青年们，努力啊！"此乃可谓是令人警醒的至理名言！

185. "延安的青年运动" "青年运动的模范"
——毛泽东在《青年运动的方向》中所用典故探妙

用典缘起：

1939年5月4日，毛泽东在延安青年群众举行的五四运动20周年纪念会上作了《青年运动的方向》的讲演。在这个讲演中用了下列典故。

典故内容：

革命尚未成功，同志仍须努力。——书出第564页。典出孙中山《1923年国民党改组题赠全体同志联》。又见，1925年3月孙中山临终遗嘱之中。这是一句千古名言，亦是一代又一代华夏儿女勇于奋进的口号。

贤人七十，弟子三千。——书出第568页。典出《史记·孔子世家》："孔子以诗书礼乐教，弟子盖三千焉，身通六艺者七十有二人。"其意为：孔夫子教学生诗、书、礼、乐，有3000学生，而能身通六艺——诗、书、礼、乐、易、春秋者，有72个人。又见，清帝乾隆皇帝《题邹县孟庙联》："孔门功冠三千士；周室生当五百年。"

孔子办学。——书出第568页。典出同上。暗用了"樊迟问稼"亦即"樊须学稼""樊须是鄙"。——典出《论语·子路篇》："樊迟请学稼，子曰：'吾不如老农。'请学为圃，曰：'吾不如老圃。'樊迟出。子曰：'小人哉，樊须也！上好礼，则民莫敢不敬；上好义，则民莫敢不服；上好信，则民莫敢不用情。夫如是，则四方之民襁负其子而至矣，焉用稼？'"这一段文字的意思是：有一次，孔子的学生樊迟（名须，字子迟）请教孔子如何种植庄稼，孔子回答说：我不如一个农民。当请教他如何种植蔬菜时，孔子回答说：我不如种菜的。当樊迟退出来之后，孔子就评说道：樊迟真是一个小人啊！当权者讲求礼节，老百姓就没有人敢于不尊敬的；当权者行事正当，老百姓就没有人敢于不服从；当权者讲求诚信，老百姓就没有人敢于不说真话。这样一来，天下四方的老百姓就会用背小儿的布兜背着儿女来投奔了，怎么用得着亲自去种什么庄稼呢？又见，晋人陶潜《劝农》诗："孔耽道德，樊须是鄙。"又见，宋人辛弃疾《踏莎行·赋稼轩集经句》词："进退存亡，行藏用舍。小人请学樊须稼。"

用典探妙：

毛泽东在这篇约5000字的文章中虽说只用了四个典故，但这四个典故用得非常有特色。具体展示在下面两大方面。

（一）取名人名言及其事迹为典，以与延安的现实产生强烈对比之妙。

众所周知，孔子是中国办学的著名人物，司马迁有名言称其成就是："弟子盖三千焉，身通六艺者七十有二人。"毛泽东简括为"贤人七十，弟子三千"。并以此来与到达延安的革命学子的人数相比，从而给人们对于到达延安的革命青年之多以十分深刻难忘的印象。

再就是取孔子的办学方向与延安的办学方针相比，在叙说孔子办学的落后性的同时，一方面开展对全国其他地区办学不讲革命理论、不搞生产劳动落后性的批判，而另一方面，对于来到延安的革命青年和各敌后抗日根据地的青年们，他们不仅学习革命理论，而且参加生产劳动，所以毛泽东说："延安的青年运动是全国青年运动的模范。"通过与孔子办学方针的对比，给中国革命青年以高度的赞扬，这是毛泽东借用典故所造成的对比的又一妙处。

（二）总括式、暗用式与翻译式的说典故法相结合地运用典故，使典故内容有通俗易懂之妙。

这里的所谓"总括翻译式、暗用式用典，使典故内容有通俗易懂之妙"，就是说，毛泽东在用典时，十分灵活自如，他根本就不用典故内容的原文，而是将典故中的关键性词语，用毛泽东自己流转自如的话、亦即是中国老百姓人人能懂的话，将该典故语"樊迟问稼"翻译出来并妙嵌于文中，这样既可不违典故内容的原意，又能做到使读者读来顺畅自然、使整段话语具有通俗易懂之妙。

186."坚持抗战和团结" "反对投降和分裂"
——毛泽东在《反对投降活动》中所用典故探妙

用典缘起：

鉴于日寇的诱降政策及国际投降主义者以牺牲中国去达到对日寇妥协的企图；鉴于中国抗战阵线中有一部分人具有动摇性；鉴于投降派不断制造反共舆论等等情况。毛泽东在1939年6月30日为纪念抗日战争两周年时，写下了《反对投降活动》这篇著作。在这篇文章中用了下列典故。

典故内容：

里应外合。——书出第571页。典出《三国演义》第59回："约定放火为号，共谋马超。杨秋拜辞，回见韩遂，备言其事：'约定今夜放火，里应外合。'"又见，《水浒传》第49回："我们进身入去，里应外合，大事必成。"又见，明人无名氏《云台门》第3折："再请陈州太守马援，太行郅恽等，选日里应外合，若破了巨无霸，便得汉宝中兴也。"又见，明人纪振伦或熊大木著《杨家将演义》第5回："将军暂驻于此，小将单骑杀进城去通信，做个里应外合。"又见，清人陈忱《水浒后传》第17回："过几日，我这里差人去投降，他必然懈怠，我们却去劫寨，那时里应外合，定获全胜。"

无稽之谈。——书出第572页。典出《尚书·大禹谟》："无稽之言勿听，弗询之谋勿庸。"又见，《荀子·正名》："无稽之言，不见之行，不闻之谋，君子慎之。"又

见，宋人郑樵《通志总序》："班固不通，旁行邪上，以古今人物强立差等，且谓汉绍尧运，自当继尧，非迁作《史记》，厕于秦项，此无稽之谈也。"又见，清人壮者《扫迷帚》第23回："愚民听信无稽之谈，以致自取其祸，可为浩叹。"无稽，即无法查考之意。

甜言蜜语。——书出第572页。典出明人冯梦龙《醒世恒言》卷36："卞福坐在旁边，甜言蜜语，劝了一回。"又见，明人凌濛初《初刻拍案惊奇》卷13："那些人贪他是出钱施主，当面只是甜言蜜语，谄笑胁肩，赚他上手。"

坐山观虎斗。——书出第572页。典出《战国策·秦策二》："有两虎争人而斗者，管庄子将刺之，管与止之，曰：'虎者，戾虫；人者，甘饵也，今两虎争人而斗，小者必死，大者必伤，子待伤虎而刺之，则是一举而兼两虎也，无刺一虎之劳，而有刺两虎之名。'"又见，《史记·张仪列传》："亦尝有以夫卞庄子刺虎闻于王者乎？庄子欲刺虎，馆竖子止之曰：'两虎方且食牛，食甘必争；争则必斗，斗则大者伤，小者死；从伤而刺之，一举必有双虎之名。'卞庄子以为然，立须之，有顷，两虎果斗，大者伤，小者死。庄子从伤者而刺之，一举果有双虎之功。"此二说小有差异，而其意思相同。又见，《红楼梦》第16回："咱们家所有的这些管家奶奶，那一个是好缠的？……'坐山观虎斗'，'借刀杀人'，'引风吹火'，'站乾岸儿'，'推倒了油瓶不扶'，都是全挂子的本事。"又见，该书第69回："凤姐虽恨秋桐，且喜借他先发脱二姐，用'借刀杀人'之法，'坐山观虎斗'，等秋桐杀了尤二姐，自己再杀秋桐。"

渔人之利。亦即"渔人得利"。——书出第572页。典出《战国策·燕策》："赵且伐燕，苏代为燕谓惠王曰：'今者臣来过易水，蚌方出曝，而鹬啄其肉，蚌合而钳其喙。鹬曰："今日不雨，明日不雨，即有死蚌。"蚌亦谓鹬曰："今日不出，明日不出，即有死鹬。"两者不肯相舍，渔者得而并擒之。'"又见，明人凌濛初《二刻拍案惊奇》卷16："他日可以在里头看景生情，得些渔人之利。"又见，明人冯梦龙《喻世明言》卷10："这正叫做'鹬蚌相持，渔人得利'。"

甚嚣尘上。——书出第572页。典出《左传·成公十六年》："楚子登巢车以望晋军，子重使太宰伯州犁侍于王后。王曰：'聘而左右，何也？'曰：'召军吏也。''皆聚于中军矣。'曰：'合谋也。''张幕矣。'曰：'虔卜于先君也。''彻幕矣。'曰：'将发命也。''甚嚣，且尘上矣。'曰：'将塞井夷灶而为行也。'"事由：春秋之时，晋国攻打郑国，郑国求救于楚国。公元前575年6月，楚军与晋军在鄢陵相遇。楚军乘晋军清晨无备，迫其列阵作战。楚共王在伯州犁侍从之下，登车望晋军，在观望时与伯州犁交谈着。共王说：晋军喧哗纷乱，地上尘土飞扬。伯州犁说：这是晋军在忙着填平井灶，于军中布阵。"甚嚣尘上"一语，即由"甚嚣，且尘上矣"概缩而来。又见，清人王韬《淞隐漫录·徐仲瑛》："彼此功名之心顿淡，顾以逆旅甚嚣尘上，非养疴所宜，适相识之友有别墅在城南，精舍数椽，颇有泉石花木之胜，堪以养静，遂移居焉。"

兴高采烈。——书出第573页。典出《文心雕龙·体性》："叔夜（嵇康）俊侠，故兴高而采烈。"这里是讲嵇康的文风旨趣高尚、文词犀利。现今多为兴致勃勃、情绪热烈。又见，清人李宝嘉《官场现形记》第13回："幸亏一个文七爷兴高采烈，一台吃完，忙吩咐摆他那一台。"

反其道而行之。——书出第573页。典出《史记·淮阴侯列传》："今大王诚能反其道，任天下武勇，何所不诛？"又见，清人吴趼人《痛史》第14回："贤弟真是了不得！有了这个本事，还是这般虚心。只是宗兄劝你去做教习，你却去做学生，未免反其道而行了！"

莫予毒也。亦即"莫余毒也"、"莫或余毒"、"人莫余毒"。——书出第573页。典出《左传·僖公二十八年》："初，楚子玉自为琼弁玉缨，未之服也。先战，梦河神谓己曰：'畀余，余赐女孟诸之麋。'弗致也。大心与子西使荣黄谏，弗听。荣季曰：'死而利国，犹或为之，况琼玉乎？是粪土也，而何以济师，将何爱焉？'弗听。出告二子曰：'非神败令尹，令尹其不勤民，实自败也！'既败，王使谓之曰：'大夫若入，其若申、息之老何？'子西、孙伯曰：'得臣将死，二臣止之，曰："君其将以为戮。"'及连谷而死。晋侯闻之，而后喜可知也，曰：'莫予毒也已！蒍吕臣实为令尹，奉己而已，不在民矣。'"这一段故事颇有些神话味。其意是说：楚国的令尹成得臣（即文中的子玉）用红色的玉做成马头上的饰物，用玉装饰了一条马带子，未曾用过。他在晋、楚"城濮之战"前，曾梦见河神告诉他：给我吧！我将赐给你一个宋国，让你战胜它并占领它。成得臣并没有送去。其子成大心与部将子西请荣黄前去劝说他，也听不进去。荣黄（亦叫荣季）说：死，要是对国家有利，还是有人去的。何况琼玉呢？这只不过是毫不可惜的粪土啊，但是它可以补益军队，为舍要爱惜它呢？这个成得臣仍然是听不进去。荣黄出来后，告之于成大心与子西说：不是河神要使令尹失败，而是令尹自己不肯热心厚待老百姓，实乃自取其败啊！成得臣在"城濮之战"大败后，楚成王派使者告诉他说：你所带的申、息两地的子弟均战死沙场，你还有什么脸面回国去见这两地的父老呢？子西与成大心对使者说：得臣要自杀，我俩劝阻了他。说国君会给予他应有惩罚。所以他才没有死。成得臣走到楚国的连谷这个地方，还没有得到楚成王赦免其命令，就自尽了！晋文公重耳听到了这个信息之后，高兴地说：没有人与我作对了！成得臣死后，令尹之位由楚大夫蒍吕臣接替，此人只知自保，再也不会向外发展了！又见，明人叶盛《水东日记·邹等诗文》："西州人咸曰：'疾而遇夫诚庄，莫予毒也已。'"又见，宋人刘克庄《西山真文忠公行状》："万一此虏遂亡，莫或余毒，上恬下嬉，则忧不在敌而在我。"又见，清人梁启超《中国积弱溯源论》："彼民贼之

呕尽心血，遍布罗网，岂不以为算无遗策，天下莫余毒乎？"

用典探妙：

毛泽东的这篇文章虽说只有2300字左右，但是用了9个典故。这9个典故用得很有特色。

（一）紧扣时代妙用典，充分发挥典故修辞作用之妙。

中国的典故具有多个方面的作用。毛泽东在这篇文章中的典故运用，充分地发挥了典故的修辞作用，从而对国民党反动派中的汉奸进行了入木三分的揭露与批判，这就使得每一个典故在其文句中独闪其光，亦独显毛泽东那特有的语言风格。如"里应外合"这一个成语形式的典故，它十分形象地描绘了汪精卫这一伙汉奸所犯下的、那为中华民族所永远不可饶恕的罪行。再如"无稽之谈"、"甜言蜜语"、"坐山观虎斗"、"甚嚣尘上"、"兴高采烈"、"莫予毒也"，这些成语形式的典故在文中的出现，都可以使形象描绘生动、对照鲜明，如其中描绘投降派神态的"兴高采烈"一典；或是比喻生动、音韵和谐，如其中批判国际投降主义者的"坐山观虎斗"一典；或是提纲挈领、画龙点睛，如其中评价、揭露、斥责那些认为太平洋会议并非东方慕尼黑的"无稽之谈"一典，如此等等，均能有效地为全文反对投降派的创作主旨服务。

（二）潜藏暗用典故，使典故在行文中展现其和谐之妙。

这里所谓的潜藏暗用典故，就是说，在运用典故的过程中，不直接地将典故搬入行文之中，而将典故只取其典意用于文中。这样的用典之法，非用典之高手而难发为之。毛泽东则自然而然地为之。如文中的"渔人之利"一典，实际上是"鹬蚌相争，渔人得利"一典的潜藏暗用，毛泽东这样用典，一可使"借收渔人之利"一语，与前面的"自己'坐山观虎斗'"一语，形成和谐的对仗、呼应之妙；二可获取加强语言气势之妙！

（三）添加完善典故语，演绎古语出新意。

这里所谓的添加完善典故语，就是说，在运用典故的过程中，当不能直接地将典故搬入行文之中时，将该典故语添而加之，使其典故的运用有了无痕迹之妙。如文中的"反其道而行之"一典，其本来面目就是"反其道"，如果就这样搬入文中，则用语不通。毛泽东在运用这一典故语时，在"反其道"之后添加了"而行之"，这样一来，不仅仅是语言通顺，而且深刻地批判了投降派逆"中华民族的历史任务是团结抗战以求解放"的历史潮流的反动行径。另一方面，"反其道而行之"一典，又有总括其原始出处一大段话语"今大王诚能反其道，任天下武勇，何所不诛？"语意之妙，给人以丰富的联想：联想2000余年之前，中华民族就是一个强大的统一大国，看今朝，岂容小日本和一些民族败类倒行逆施而使金瓯缺？！

187．"必须制裁反动派"　严惩惨案刽子手
——毛泽东在《必须制裁反动派》中所用典故探妙

用典缘起：

在1939年8月1日延安各界人士追悼平江惨案死难烈士的大会上，毛泽东以悲愤的心情发表了题为《用国法制裁反动分子》的演说（编入《毛泽东选集》第2卷时题为《必须制裁反动派》）。在这篇约2000字的演说中用了下列典故。

典故内容：

非同小可。——书出第576页。典出元人孟汉卿《魔合罗》第3折："萧令史，我与你说，人命事关天关地，非同小可。"又见，《水浒传》第29回："这是武松平生的真才实学，非同小可，打得蒋门神在地下叫饶。"又见，清人吴敬梓《儒林外史》第20回："（匡超人）进了郑家门，这一惊非同小可，只见郑老爹两眼哭得通红。"

用典探妙：

毛泽东在这篇演说中尽管只用了一个典故，尽管只是对典故原词原意的运用，但这个典故用在这个位置，将国民党反动派一手制造的"平江惨案"的严重性，提到了其相应的严重程度。使这一成语形式的典故的运用具有强化论证、承前启后、提高表达效果之妙。

毛泽东在运用这一成语形式的典故之前，列数了国民党反动派一手制造"平江惨案"的经过和种种罪行，然后用"非同小可"一典以总括和评说，进而表达了"我们一定要反对，我们一定要抗议"的坚决态度，这一典故的运用，有开启尔后各段内容的阐说之妙。

188．"坚持抗战的立场"　"反对任何的妥协"
——毛泽东在《关于国际新形势对新华日报记者的谈话》中所用典故探妙

用典缘起：

1939年9月1日，毛泽东举行答记者问，在评说苏德互不侵犯协定订立的意义时，用了下列典故。

典故内容：

坐山观虎斗。——书出第581页。典出《红楼梦》第69回："凤姐虽恨秋桐，且喜借他先可发脱二姐，用'借刀杀人'之法，'坐山观虎斗'，等秋桐杀了尤二姐，自己再杀秋桐。"

损人利己。——书出第581页。典出《旧唐书·陆象先传》："为政者，理则可矣，何必严刑树威。损人益己，恐非仁恕之道。"又见，元人高文秀《谇范叔》第4折："则为你损人利己使心机，图着个甚的？"又见，明人冯梦龙《喻世明言》卷9："此乃他人遗失之物，我岂可损人利己，坏了心术？"

损人害己。——书出第581页。当是"损人利己"之变用。

搬起石头打自己的脚。书出第581页。典出清人石成金《传家宝·俗谚》："自搬砖自磕脚。"

迫在眉睫。——书出第582页。典出《庄子·庚桑楚》："老子曰：'问吾见若眉睫之间，吾因以得汝矣。'"又见，《列子·仲尼》："虽远在八荒之外，近在眉睫之内，来干我者，我必知之。"

挺身而出。——书出第582页。典出晋人皇甫谧《列女传》："娥亲挺身奋手，左抵其额，右桩其喉，反复盘旋，应手而倒。"又见，《旧五代史·唐景思传》："后数日，城陷，景思挺身而出，使人告于邻郡，得援军数百，逐其草寇，复有其城，亳民赖是以济。"又见，元人王实甫《西厢记》第2本第3折："前者贼寇相迫……小生挺身而出，作书与杜将军，庶几得免夫人之祸。"又见，《三国演义》第79回："却说曹丕闻曹彰提兵而来，惊问众官；一人挺身而出，愿往折服之。众视其人，乃谏议大夫贾逵也。"

威迫利诱。——书出第582页。典出北齐人刘昼《新论·大质》："不可以威胁变其操，不可以利诱而易其心。"又见，宋人王灼《李仲高石君堂》："利诱威胁拟夺去，仲高誓死君之侧。""威迫利诱"一典，当是由毛泽东概缩上述之意而成。

蹈袭……覆辙。亦即"重蹈覆辙"。——书出第582页。典出《后汉书·窦武传》："（上疏谏曰）今不虑前事之失，复循覆车之轨，臣恐二世之难，必将复及，赵高之变，不朝则夕。"又见，宋人陈东《上高宗第一书》："前日之祸，正坐朝廷主议不定，用人不专，狐疑犹豫，遂致大变；今岂可更蹈覆辙。"

城下之盟。——书出第583页。典出《左传·桓公十二年》："楚伐绞，军其南门。莫敖屈瑕曰：'绞小而轻，轻则寡谋，请无扞采樵者以诱之。'从之。绞人获三十人。明日，绞人争出，驱楚役徒于山中。楚人坐其北门而复诸山下，大败之，为城下之盟而还。"这一被迫而签订的"城下之盟"，事在公元前700年，楚国侵略绞国，楚军久攻绞国的都城而难下，只好在其城的南门驻扎下来。楚国的大将屈瑕献计说：绞国虽小，不可轻敌，轻敌就会少谋略。我军可以一小部分人化装成樵夫上绞国城池最近的地方砍柴，将其引诱出城。第一天，绞人果然出城抓了30个化装的樵夫，第二天，更多的绞国人又出城，结果中了楚军的埋伏。绞国被打败了，只好被迫与楚国订立条约。成了楚国的附庸。又见，《东周列国志》第55回："国有已困之形，人有不困之志。君民效死，与城俱碎，岂肯为城下之盟哉？"又见，清人曾朴《孽海花》第27回："非威毅伯带了赔款割地的权柄去不可！这还成个平等国的议和吗？就是城下之盟了！"

用典探妙：

毛泽东在这篇谈话中，虽说用典只有9处。但其"运用之妙"，可谓"存乎一心"。其最为显著的特色有如下两点。

（一）典故的创用与反用的结合运用之妙。

这里所谓创用，就是说，毛泽东依据谈话的内容和当时社会斗争实际的情况，创造性地运用成语形式的典故，使其表意紧扣形势、更为确切。如"威迫利诱"一典，其来自"威胁利诱"，毛泽东不用"威胁利诱"，而是改"胁"为"迫"，这就兼有威胁、强迫而至被迫之意，虽说只是改动一字，该典故语的内容丰富多了，这就更切合当时张伯伦、达拉第对付第二国际所属的社会民主党的办法与现实。这是对一个成语形式的典故的创用。也有对一个成语形式的典故的创用与反用妙相结合的。如"损人害己"这一个成语形式的典故，是对第581页中的"损人利己"的反用，而对于全篇而言，则是将"威迫利诱"与"损人利己"的创用与反用的妙相结合而用。具体到"损人害己"一典，当将其拆写成"……以损人的目的开始，以害己的结果告终"，则是对"损人益己"、"损人利己"的创用与反用妙相结合而成。

（二）典故的拆用与填充的结合运用之妙。

上面的"损人害己"，也是一种对典故的拆用与填充的妙相结合。而"蹈袭覆辙"一典，则是对"重蹈覆辙"一典的变用。但毛泽东并没有就此搬用，而是进一步地变化而用。他是将其拆开后再填充，使其成为"一部分上层反动分子正在蹈袭第一次大战时的覆辙"这样一个长句，这就将这一典故的历史意义与现实价值妙相结合起来了，这就做到了历史地、立体地、恰当地将"重蹈覆辙"这一典故的活用。

653

189.坚持抗战与团结 反对投降与分裂
——毛泽东在《和中央社、扫荡报、新民报三记者的谈话》中所用典故探妙

用典缘起：

1939年9月16日，毛泽东在与中央社刘尊棋、扫荡报耿坚白、新民报张西洛三记者的谈话中，用了下列典故。

典故内容：

自力更生。——书出第588页（五出）。典出汉人贾谊《论积贮疏》："今驱民而归之农，皆著于本，使天下各食其力。"又见，《史记·平津侯主父列传》："逢明天

子，人人自以为更生。"又见，明人李昌祺《剪灯余话·泰山御史传》："（宋珪）居贫，自食其力，隐田里间，以教授为业，非义不为，人敬惮之。"又见，《汉书·魏相传》："元鼎二年平原、渤海、太山、东郡薄被灾害，赖明诏振捄乃得蒙更生。"又见，《晋书·刘琨传》："则陛下更生之恩，望古无二。""自力更生"一语，当是毛泽东取上述诸典故语之典意合而成之。

亲痛仇快。亦即"亲者痛，仇者快"。——书出第590页。典出东汉人朱浮《为幽州牧与彭宠书》："凡举事，无为亲厚者所痛，而为见仇者所快。"事出：东汉1世纪之时，光武帝手下武将朱浮，其时任幽州（今之河北、辽宁两省和北京市）的地方长官，驻于蓟（今北京市大兴区西南）；而另一武将彭宠在刘秀手下卓有战功，只是任渔阳郡（今北京市密云县西南辖渔阳等12县）的太守为朱浮所管。这个朱浮广纳名士、四处置官，目的在笼络人心，为彭宠所反对，朱浮就向刘秀告彭宠的阴状，刘秀即招彭宠进京，彭宠不从，便带兵进攻朱浮，朱浮便扯起维护朝廷利益的旗号，写下了《为幽州牧与彭宠书》。书中的这一段名言的意思是：不管你做什么事，千万不要让与你亲近的人感觉到痛心，而让仇恨你的人感觉到高兴。

朱浮给彭宠的信。——书出第590页。典出《后汉书·朱浮传》。"朱浮给彭宠的信"即朱浮《与彭宠书》。

横逆。——书出第590页。典出《孟子·离娄下》："孟子曰：'……有人如此，其待我以横逆，则君子必自反也：我必不仁也，必无礼也，此物奚宜至哉？其自反而仁矣，自反而有礼矣，其横逆由是也……'"

欺人太甚。——书出第590页。典出元人郑廷玉《楚昭公》第4折："主公着他做了盟府，又与他一口宝剑，筵前举鼎，欺人太甚。"又见，明人李贽《初潭集·夫妇三》："豫章欺人太甚。"

无法无天。——书出第590页。典出《红楼梦》第33回："贾政便问：'该死的奴才！你在家不读书也罢了，怎么又做出这些无法无天的事来？'"该书第58回："上头出了几日门，你们就无法无天的，眼珠子里就没了人了。"

胡言乱语。——书出第591页。典出宋人释普济《五灯会元·瑞州黄檗志因禅师》："这二老汉，各人好与十三棒。何故？一个说长道短，一个胡言汉语。虽然如是，且放过一著。""胡言汉语"本指在用一少数民族的方言说话时，里面却夹杂有汉语。后逐渐地演化成"胡言乱语"，专指说话毫无根据。元人无名氏《渔樵记》2："你则管哩便胡言乱语，将我厮花白。"又见，清人墨浪子《西湖佳话·雷峰怪石》："怎敢在此胡言乱语，鬼画妖符，妄言惑众。"

大敌当前。亦即"大敌在前"。——书出第591页。典出《后汉书·吴汉传》："诸将谓汉曰：'大敌在前，而分伤卧，众心惧矣！'"又见，宋人刘克庄《后村全集·杜尚书神道碑》："手握重兵，然未尝妄僇一人；虽大敌在前，戈甲耀日，矢石如雨，公意气愈闲暇，无窘遽容。"

用典探妙：

毛泽东在这篇谈话中所用典故虽说不是很多，但是在这篇谈话中所用之典故却是别有特色。其独到之处主要表现在下列两个方面。

（一）新创典故反复用，愈用内涵愈更新。

"自力更生"这一典故语，就笔者目前所能看到的资料而言，诚如前述，它当是毛泽东综合"各食其力"、"自食其力"、"得蒙更生"三个典故语的典意和语词而成的、通俗易懂的新的典故语。这除了它是毛泽东新创这一特点之外，更兼有在使用的过程中的反复而用、愈用内涵愈深新之妙。

首先，毛泽东提出了"中国抗战主要地依靠自力更生"这样一个观点，这里的"自力更生"，既是一个崭新的词语，也是一个全新的典故，它承载着中华民族在数千年以来艰苦奋斗的丰富的内涵，展现在当时抑御外寇的特定现实环境之下，伟大的中华民族抵抗外寇的大无畏的民族精神便跃然纸上。接下来"自力更生"一典连续四出，每出一次均有新意。第一次运用"自力更生"一典时，所展示的是我党我军一贯坚持"自力更生"的光荣历史。第二次运用"自力更生"所要展现的是在新的国际环境下，坚持"自力更生"方针的重要性。第三次运用"自力更生"是对于在新的历史条件下对"自力更生"的主要内容所作出的新的诠释。第四次出现"自力更生"一典，则是重在引出如何实现"自力更生"的办法。通过对于"自力更生"一典的反复运用，赋予了"自力更生"一典以新的生命力。

（二）引用典故寻其源；刷新典故之内涵。

"亲痛仇快"和"朱浮给彭宠的信"两个典故，毛泽东是用在批判汪精卫反蒋、反共亲日、降日时的名言"凡是敌人反对的，我们就要拥护；凡是敌人拥护的，我们就要反对"之后的引用式的用典。这一引用式的用典，对于毛泽东的上述名言而言，是一种高度的概括与总结。这一总括，对于大多数的知识分子而言，毛泽东在这里所引用的"亲痛仇快"和"朱浮给彭宠的信"两个典故，他们当是心领神会的，但是对于绝大多数的工农兵来说，则很难说十分明白，于是毛泽东将"亲痛仇快"和"朱浮给彭宠的信"两个典故，寻其源并还其本意，让人们知道这一典故出处的语言环境，从而使"亲痛仇快"和"朱浮给彭宠的信"两个典故人人能懂，在人人能懂、人人能把握其本来意义的基础上，毛泽东将其上升为一个千万不可忘记的政治原则，这就大大地刷新了"亲痛仇快"和"朱浮给彭宠的信"这两个典故的内涵。至此，我们可以说，"亲痛仇快"和"朱浮给彭宠的信"两个典故，对于自己的同志而言，是一种提醒；对于坚持反共、反人民、不积极抗日的蒋介石国民党反动派而言，则是一种严重的警告；对于反蒋、反

共、亲日、降日的汪伪集团而言，则是一种有力的批判。

再是朱浮在其《与彭宠书》多有名言，这些名言乃"辛灾之言，辞锋甚锐"、"险悁如见其人"（清人李兆洛《骈体文钞》），因为写信者朱浮年少即有才能，是刘秀的得力干将，官封舞阳侯，他一贯骄横自大，欺蔑同僚，与渔阳彭宠交恶。彭宠乃归附刘秀的农民起义军的将领，他虽并无叛心，但他拥兵自重，导致其攻破朱浮所守之蓟城，浮仅以身免。在战前，朱浮自知无法在军事上与彭宠较量，便写了这封文饰自己进谗过错的信，企图不战而屈人之兵。信中的这些名言，多系虚伪之语，这更加激起了彭宠的愤怒，反而加紧进攻。毛泽东在运用这些典故语言时，用其正面的变化了的意义，将其上升为一个政治原则，这是毛泽东用典的升华之妙，有其无穷的感染力量！

190. 赞扬苏联的贡献 揭批美英之阴谋
——毛泽东在《苏联利益和人类利益的一致》中所用典故探妙

用典缘起：

1939年9月28日，在纪念十月社会主义革命22周年之时，毛泽东应中苏文化协会之约，写下了《苏联利益和人类利益的一致》这篇5400余字的文章。在这篇文章中用了下列典故。

典故内容：

一触即发。——书出第594页。典出宋人张咏《鳜鲑鱼赋》："偶物一触，厥怒四起。"又见，明人李开先《原性堂记》："予方有意，触而即发。"又见，清人李渔《乌鹊吉凶辨》："无如喜怒之怀，有触即发。"又见，清人梁启超《论中国学术思想变迁之大势》："积数千年民族之精髓，递相遗传，递相扩充，其机固有磅礴郁积，一触即发之势。"

坐山观虎斗。亦即"卞庄子刺虎"。——书出第594、595页（两出）。典出《史记·张仪列传》："（卞）庄子欲刺虎，馆竖子止之，曰：'两虎方且食牛，食甘必争；争则必斗，斗则大者伤，小者死；从伤而刺之，一举必有双虎之名。'卞庄子以为然，立须之。"又见，《三国志·魏书·张既传》："且宜两存而斗之，犹卞庄子之刺虎，坐收其毙也。"

精疲力竭。亦即"筋疲力尽"、"力尽筋疲"。——书出第594页。典出唐人韩愈《论淮西事宜状》："虽时侵略，小有所得，力尽筋疲，不偿其费。"又见，清人钱彩《说岳全传》第39回："谁知坐下那匹马，力尽筋疲，口吐鲜血，蹲将下来，把高宠掀翻在地。"又见，明人冯梦龙《醒世恒言》卷22："我已筋疲力尽，不能行动。""精疲力竭"即由"力尽筋疲"、"筋疲力尽"变化而来。

人为鹬蚌，己为渔人。即由"鹬蚌相争，渔人得利"变用而来。——书出第595页。典出《战国策·燕策二》："赵且伐燕，苏代为燕谓惠王曰：'今者臣过易水，蚌方出曝，而鹬啄其肉，蚌合而拑其喙。鹬曰："今日不雨，明日不雨，即有死蚌。"蚌亦谓鹬曰："今日不出，明日不出，即有死鹬。"两者不肯相舍，渔者得而并擒之。'"又见，明人冯梦龙《醒世恒言》卷8："李都管本欲唆使孙寡妇、斐九老两家与刘秉义讲嘴，鹬蚌相持，自己渔人得利。"

笑里藏刀。亦即"笑中刀"。——书出第595页。典出《旧唐书·李义府传》："李义府唐初饶阳（今之河北）人，官拜监察御史后任太子舍人吏部尚书中书令。貌状温恭，与人语必嬉怡微笑，而褊忌阴贼。既处权要，欲人附己，微忤意者，辄加倾陷。故时人言义府笑中有刀。"又见，《新唐书·李义府列传》："……时号义府'笑中刀'。又以柔而害物，号曰'人猫'。"又见，唐人白居易《劝酒十四首》："……且灭瞋中火，休磨笑里刀。"又见，唐人白居易《天可度》诗："君不见李义府之辈笑欣欣，笑中有刀潜杀人。"又见，秘本兵法《三十六计》中的第4计即是"笑里藏刀"计。又见，元人孟汉卿《魔合罗》第2折："他把我盂的来药倒，烟生七窍，冰浸四稍，谁承望笑里藏刀，眼见的丧荒郊。"又见，元人关汉卿《单刀会》第1折："那时间相看的是好，他可便喜孜孜笑里藏刀。"又见，《水浒传》第19回："林冲道：'这是笑里藏刀，言清行浊的人！我其实今日放他不过！'"

混为一谈。——书出第596页（三出）。典出唐人韩愈《平淮西碑》："大官臆决唱声，万口和附，并为一谈。"又见，宋人朱熹《朱文公文集·答潘恭叔》："程说自与谢说不同，不可混为一说也，看得程说分明，则自见谢说之非也。"又见，清人梁启超《中国积弱溯源论》："吾国民之大患，在于不知国家为何物，因以国家与朝廷混为一谈。"

滔天罪恶。——书出第597页。典出宋人苏轼《吕惠卿责授建宁军节度副使本州安置不得签书公事》："稍正滔天之罪，永为垂世之规。"又见，明人罗贯中《风云会》第4折："据着你外作禽荒，内贪淫欲，滔天之罪，理合法更凌迟。"又见，宋人周密《齐东野语·景定慧星》："今开庆误国之人，罪恶滔天，有一时风闻劾逐者，则乞酌宽贷施行，以昭圣主宽仁之量。"又见《水浒传》第75回："此贼累辱朝廷，罪恶滔天，今更赦宥罪犯，引入京师，必成后患。""滔天罪恶"当是由"罪恶滔天"倒序而成，同时亦兼有"滔天之罪"之典意。

箪食壶浆以迎红军。——书出第598页。典出《孟子·梁惠王下》："取之而燕民悦，则取之。古之人有行之者，武王是也。取之而燕民不悦，则勿取。古之人有行之者，文王是也。以万乘之国伐万乘之国，箪食壶浆以迎王师，岂有他哉？避水火也。如

657

水益深，如火益热，亦运而已矣。……今燕虐其民，王往而征之，民以为将拯己于水火之中也，箪食壶浆以迎王师。"事由，齐宣王五年攻打燕国，并将其打败了。宣王问孟子说：有人劝我不要灭了燕国，也有人劝我将其吞并之。以一个拥有万乘兵车的大国去攻打有同等力量的大国，且在50天之内就将其打败，这光凭人力是办不到的啊！如果我不将其吞并，上天就会把殃祸降临，吞并它，你认为怎样？于是孟子说了引文中的这一段话。其意是说：如果吞并它会让老百姓高兴，就吞并它。古人就这样做过，周武王便是。如果吞并它，而使燕国的老百姓不高兴，就不要去吞并它，周文王就是这样做的。以齐国这样的大国去攻打燕国这样的大国，燕国的老百姓却用筐盛着干饭，用壶盛着酒来迎接你的军队，难道会有别的用意吗？这只不过是为了躲避那水火般的灾患而已。假如灾患更加深重了，燕国的老百姓就会逃跑，转而希望别人去解救他们了。现在燕王虐待其民，大王前往而征讨之，燕国之民以为大王将拯救他们于水火之中，故而燕国之民用筐盛饭、用壶装酒以迎接大王的军队。又见，三国蜀人诸葛亮《诸葛亮集·为后帝伐魏诏》："有能弃邪从正，箪食壶浆以迎王师者，国有常典，封宠大小，各有品限。"

自力更生。——书出第600页。典出同上一篇。

用典探妙：

毛泽东在这篇约5400字的文论中，虽说只有10处用典，但是其所用之典，同样别具特色。具体展现在用得集中、用得灵活两个方面。

（一）典故的重用与密集而用相结合，在揭批英、美、法帝国主义分子的阴谋上，其锋锐程度有如投枪匕首之妙。

毛泽东在论述苏联利益和人类利益的一致时，在第594—595页中，用了11行的篇幅专门揭批英、美、法推动德国进攻苏联的阴谋。在这11行的文字中，就有5处用了典故。这些典故的运用。

一有揭批深刻之妙。

如"坐山观虎斗"、"人为鹬蚌，己为渔人"这些典故，它们都承载着丰富的历史内涵，向世人昭示英、美、法在侵略者面前所耍弄的阴谋的极大欺骗性与危害性；

二有对英、美、法帝国主义阴险嘴脸刻画形象之妙。

如"让苏、德打得'精疲力竭'之后，它们出来收拾时局""……他们'笑里藏刀'……"这里的"精疲力竭"与"笑里藏刀"的运用，同样承载着历史人物的丰富内涵，向世人敲响警钟，有使人如见帝国主义分子之形、如闻帝国主义分子暗地里做梦之声之妙。

（二）典故的飞跃性化用，有承源创新、灵活新颖之妙。

卡西尔在其《语言与神话》中说："一切伟大的诗人都是伟大的创造者，不仅在其艺术领域是如此，而且在语言领域也是如此的。他不仅有运用，而且有重铸和更新语言使之形成新的样式的力量。"（三联书店1988年6月版，中译本第139页）毛泽东对于典故的飞跃性化用，正是对典故的重铸与更新，独显其用典有承源创新、灵活自如之妙。

如第595页的"人为鹬蚌，己为渔人"，其源自"鹬蚌相争，渔翁得利"一典，毛泽东将其创造性地予以变化而用，使这个古老的典故让人读后具有新鲜之感，使"鹬蚌"双方与"渔人"一方的"阵线"更具明晰之感，从而在揭批英、美、法的所谓"不干涉"的阴谋时，更有力度！

又如第598页的"箪食浆以迎红军"，其源自"箪食浆以迎王师"。"箪食浆以迎王师"，所讲的是战争的正义性与人民性的问题，战争具有正义性和人民性，就会有"箪食壶浆以迎王师"的热烈场面。毛泽东的任何一处用典，都是为社会现实服务的，如果搬用"箪食壶浆以迎王师"，显然不合时宜，而将其点化为"箪食壶浆以迎红军"，这就不仅使"箪食壶浆以迎红军"一典，在负载2300余年前的战争风云的同时，还承载着当今战争风云的现实。这样一来，"箪食壶浆以迎红军"一典，与"箪食壶浆以迎王师"，便互为尺度、互相照应，这就使毛泽东称颂"苏联的战争是正义的、非掠夺的、谋求解放的战争，是援助弱小民族解放、援助人民解放的战争"的这一论断，具有不可动摇的权威性。

191. 治国安民的艺术 战胜敌人的法宝
——毛泽东在《〈共产党人〉发刊词》中所用典故探妙

用典缘起：
1939年10月4日，毛泽东为中共中央所创办的党内刊物《共产党人》撰写了一篇发刊词。在这篇文章中用了下列典故。

典故内容：
出乎意料。亦即"出人意料"、"出人意表"。——书出第602页。典出《南史·袁宪传》："宪常招引诸生与之谈论，新义出人意表，同辈咸嗟服焉。"又见，明人无名氏《赠书记·奉诏团圆》："才貌却相当，缘合未堪奇赏，出人意料，在那错联鸾凤。"又见，清人吴趼人《二十年目睹之怪现状》第72回："我生平第一次进京，头一天出来闲逛，他却是甚么'许久不来'啊，'两个月没来'啊，拉拢得那么亲热，真是出人意外。"

法宝。——书出第606页（三出）。典出《维摩经·佛国品》："法宝普照，而雨甘露，……集众法宝，如诲导师。"这里是称佛法为法宝。后转指一切可宝贵的、特别有用的经验、工具、方法为法宝。

中坚。——书出第611页。典出《后汉书·光武帝纪》："光武乃与敢死者三千人，

从城西水上冲其中坚。"

治国安民。——书出第611页。典出《汉书·食货志上》："财者，帝王所以聚人守位，养成群生，奉顺天德，治国安民之本也。"

不屈不挠。——书出第613页。典出《汉书·叙传下》："乐昌笃实，不桡（桡同"挠"）不诎（诎通"屈"）。"

再接再厉。——书出第613页。典出唐人韩愈《斗鸡联句》："一喷一醒然，再接再厉乃。"

冲锋陷阵。——书出第613页。典出《北齐书·崔暹传》："（高祖握暹手而劳之曰）冲锋陷阵，大有其人，当官正色，今始见之。"又见，《周书·李標传》："標跨马运矛，冲锋陷阵，隐身鞍甲之中。敌人见之，皆曰：'避此小儿。'"

用典探妙：

毛泽东在这篇计约8400字的文章中，只有9处用了典故。这在毛泽东的论著中算是用典不多的一篇。但却是用得最为经典、最为精辟、最有特色的一篇。同时也是人们不大注意毛泽东在这篇文章中用典绝妙的一篇。为什么这样说呢？

首先是重复用典之妙：毛泽东在文章中总结了我党18年以来的历史经验时，重复地三次用了一个典故——"法宝"，这就给人们留下了读后永远难忘的印象。这就是毛泽东所写的："十八年的经验，已使我们懂得：统一战线，武装斗争，党的建设，是中国共产党在中国革命中战胜敌人的三个法宝，三个主要的法宝。这是中国共产党的伟大成绩，也是中国革命的伟大成绩。在这里，让我们对于这三个法宝、三个问题，分别地大略地说一下吧。"这三大法宝，至今在中国的社会主义革命和社会主义建设中为我党所遵循所运用。故曰，毛泽东在这一段话中关于"法宝"这个典故的三次重用，是具有"强调"性的，是最为经典的，是我党所应时刻记取的。

其次是用典的比喻精辟、精切之妙："法宝"一典，其本意是指最可宝贵的、特别有用的经验、工具、方法等等。其具体所指的内容，按照《辞海》的解说，当是：就佛教而言，它是佛教的教典，为构成佛教的佛、法、僧之"三宝"。佛——指创教者释迦牟尼（也泛指一切佛）；法——即佛教教义；僧——指继承、宣扬佛教教义的僧众。"三宝"的又一解说就是：被认为可宝贵的三种事物。（1）《老子》——"我有三宝，持而宝之：一曰慈，二曰俭，三曰不敢为天下先。"（2）《孟子·尽心下》——"诸侯之宝三：土地、人民、政事。"（3）东北流行的话——"吉林三宝，人参、貂皮、乌拉草。""法宝"的另一重要说法是：在神话传说中指神佛魔怪等用来施展法力、战胜敌方的宝物。由上观之，毛泽东取"法宝"的比喻意义，将"统一战线，武装斗争，党的建设"视为中国共产党在中国革命中战胜敌人的三个法宝，三个主要的法宝，其比喻是何等的精辟、精切之妙！

其三是神话典故的暗用之妙：毛泽东在这里的用典最富特色！也许有同志会说，这明明是比喻，怎么说成是用典呢？笔者以为，毛泽东的用典之妙就妙在这里，其妙就妙在暗用典故之妙！也许有同志会问笔者有何根据？我想，笔者意引下面一段话，则毛泽东暗用典故之妙人们就会一目了然：在1939年的7月7日，在华北联合大学的开学典礼上，成仿吾校长请毛泽东去作报告。鉴于当时这所学校马上就要迁往抗日根据地去办学。因此，毛泽东演讲的主要内容就是号召全体学员"深入敌后、动员群众、坚持抗战到底"。在这种情况下，毛泽东在其演讲中，十分风趣地运用了《封神演义》中的典故。毛泽东说："当年姜子牙下昆仑山，元始天尊赠了他杏黄旗、四不象和打神鞭三样法宝。现在你们出发上前线，我也赠你们三样法宝，这就是：统一战线、武装斗争、党的建设。""三样法宝"的说法，在两个多月后毛泽东写的《〈共产党人〉发刊词》中表述为"三个法宝"，并作为中国共产党建党后十八年来历史经验的总结，提请全党牢牢记取。当然，作为党的正式文件，也不会用元始天尊赠姜子牙那"三样法宝"来类比了。（参见刘学琦主编《毛泽东风范词典》，中国工人出版社1991年5月版，第287－288页）但是，熟读《封神演义》的同志，读了毛泽东在《〈共产党人〉发刊词》所提及的三大"法宝"，一般还是会联想到姜子牙下昆仑山所得的"三大法宝"、及其在尔后伐纣战争中所起的巨大作用的。由上可知，毛泽东的"三个法宝"的比喻说法，其来有自，来自他暗用神话中的典故。其暗用之妙，真可谓"存乎一心"、无与伦比！

192.要吸收知识分子 以组织抗战力量
——毛泽东在《大量吸收知识分子》中所用典故探妙

用典缘起：

1939年12月1日，毛泽东为中共中央起草了《大量吸收知识分子》的决定。在这个决定中运用了下列典故。

典故内容：

中坚。——书出第619页。典出同上一篇。

真凭实据。——书出第619页。典出清人俞万春《荡寇志》第123回："童贯那厮是个奸臣，只是访他不着真凭实据。今日我听这珠儿口中的话，在有蹊跷。"又见，清人李宝嘉《官场现形记》第9回："后任虽未查出他纵团仇教的真凭实据，然而为他是前任的红人，就借了一桩别的事情，将他奏参，降三级调用。"该书第15回："后头一帮人，也是没有真凭实据的，看见前头的样子，早已胆寒。"又见，清人彭养鸥《黑籍冤魂》第5回："我本是个安分良民，人家说我私贩鸦片，都是仇扳，没有什么真凭实据。"

用典探妙：

毛泽东在这篇约1800字的决定中，虽说只用了两个典故，其中一个为成语形式的典故，但是，这两个典故的运用，具有极强的针对性，是具有规范意义和法则意义的权威式的典故式表达。我们只要看一看"真凭实据"这一成语形式的典故的出处，我们就会理解毛泽东在谈到洗刷不忠诚分子时所应取的严肃态度。从这个意义上说来，毛泽东在这一处的用典，对于我们的审干工作，的确具有训导意义。

193.艰苦奋斗十八年 领导重任挑在肩
——毛泽东在《中国革命和中国共产党》中所用典故探妙

用典缘起：

1939年冬，毛泽东和在延安的几个同志合写了《中国革命和中国共产党》这一课本。在这个课本中运用了下列典故。

典故内容：

自给自足。——书出第623页。典出《汉书·宣帝纪》："请诸诏省卒徒自给者皆止。御史察计簿，疑非实者，按之。"又见，《三国志·步骘传》："世乱，避难江东，单身穷困，与广陵卫旌同年相善，俱以种瓜自给。"又见，《后汉书·李恂传》："潜居山泽，结草为庐，独与诸生织席自给。"又见，《列子·黄帝》："不施不惠，而物自足；不聚不敛，而己无愆。""自给自足"一典，当是毛泽东综合上述字词与内容而成的新典。

至高无上。——书出第624页。典出成书于战国末期的《文子·符言》："老子曰：'道至高无上，至深无下，平乎准，直乎绳，圆乎规，方乎矩。"又见，《淮南子·缪称训》："道，至高无上，至深无下，平乎准，直乎绳，圆乎规，方乎矩，包裹宇宙而无表里，洞同覆载而无所碍。"又见，汉人许慎《说文解字·一部》："天，颠也，至高无上。"

陈胜。——书出第625页。典出《史记》等史料。陈胜（？—前208年）字涉。阳城（今河南登封东南）人。秦末农民起义领袖。少有大志。为人佣耕。秦末刑政苛暴。公元前209年，被征屯戍渔阳（今北京密云西南），与吴广同为屯长，因遇暴雨而误了期限，按秦法，当斩。被逼在蕲县大泽乡（今安徽宿县西南）率戍卒900起义，一直打到陈县（今河南淮阳），被推为王，并在此建立张楚政权。其时已有数万之众，取赵、魏之地之时，并派周文率主力直取秦之要地——关中。不料周文因孤军深入而战败。秦之名将章邯即攻陈县，陈胜奋战失利，在退至城父（今安徽蒙城西北）为叛徒庄贾所杀。

吴广。——书出第625页。典出同上。吴广（？—前208年），字叔。阳夏（今河南太康）人。出身贫苦农民。在公元前209年被征屯戍渔阳（今北京密云西南），与陈胜同为屯长，因暴雨而误期，按秦法当斩，在被逼的情况下揭竿而起反抗秦二世的残暴统治，建立张楚政权，其为假王并率诸将西征，围攻荥阳（今属河南）。后为部将田臧假借陈胜之命将其杀害。

项羽。——书出第625页。典出同上。项羽，即项籍、西楚霸王（前232—前202年），字羽，是秦末农民起义军领袖。出身楚国贵族，其力能扛鼎，当陈胜、吴广起义之时，他随从叔父项梁在吴（今之江苏苏州）起兵。当项梁战死时，秦将章邯围赵，楚怀王任命宋义为上将军，任命项羽为次将。宋义军至河南安阳畏敌不进，项羽便杀死宋义，率部渡漳水背水而战以救赵，在巨鹿之战中全歼秦军主力。灭秦之后，分封诸侯，自立为西楚霸王。与后，汉王刘邦与其相抗衡，在长达5年的楚汉战争中被战败。他自垓下（今安徽灵璧南）重围突围到乌江边（今安徽和县之东北）自刎而死。

刘邦。——书出第625页。典出同上。刘邦，即刘季、汉高祖（前256—前195年，一说为前247—前195年），字季。是西汉王朝的创建者，是一位政治家。刘邦是江苏沛县人，曾任泗水亭长。陈胜、吴广起义时，他起兵于沛，自称沛公。与项羽同力抗秦。于公元前206年攻占秦都咸阳、推翻秦王朝。因其废除秦时的严刑苛法、约法三章而得到人民的拥护。与此同时，项羽入关，封其为汉王，占据巴蜀、汉中。旋即与项羽相争，击败项羽后建立汉朝。他采取汉承秦制、实行中央集权，以秦律为据，制定汉律九章；他先后扫灭韩信、彭越、英布等异姓王割据势力；他迁六国旧贵族和地方豪强到关中以便控制；他实行重本抑末政策以发展农业生产。这一切措施，均大大地有利于社会经济的恢复与全国的统一。

新市。——书出第625页。典出《二十四史》等资料。是王莽时代的一支农民起义军的名称。这里涉及两位主要的农民起义军领袖。一是王匡，一是王凤。王匡（？—25年），新市（今湖北京山东北）人，新莽天凤四年（公元17年），王匡与王凤等人于绿林山（今湖北当阳东北）率领饥民起义。其后，带领部分起义军进入南阳（今属河南），号称"新市兵"，更始元年（公元23年），率部占领洛阳。王莽政权被推翻之后，刘玄封其为比阳王。不久为刘玄疑忌，乃率部归赤眉军。转投刘秀后，为刘秀的部将所杀。王凤，生卒年不详，绿林起义军领袖。新市人。在昆阳之战时，他坚守危城，歼灭王莽军主力。王莽政权被推翻之后，被刘玄封为宜城王。

平林。——书出第625页。典出同上。是王莽时代的一支农民起义军的名称。这里涉及一位主要的农民起义军将领陈牧。陈牧（？—25年），新莽末期绿林起义将领。平林（今湖北随县东北）人。地皇三年（公元22年）与廖湛等响应"新市兵"在平林起义，号称"平林兵"，后汇合于绿林军。在王莽政权被推翻之后，刘玄封其为阴平王。终为刘玄所忌而被杀。

赤眉。——书出第625页。典出同上。是王莽末期的一支农民起义军的名称。这里涉及一位重要的农民起义领袖樊崇。樊崇（？—27年），新莽末赤眉起义军领袖。字细君。琅邪（今山东诸城）人。天凤五年（公元18年），在莒县（今山东省莒县）发动农民起义。起义军用红色涂眉，号称"赤眉军"。樊崇以骁勇善战被推为领袖。后在成昌（今山东东平西）将王莽军击败，所部发展到十余万众。建武元年（公元25年）攻入长安，歼灭腐败的刘玄政权，立刘盆子为帝。后因粮尽而撤退，为刘秀所包围，被迫投降。不久拟东山再起而被刘秀所杀害。

铜马。——书出第625页。典出同上。正当"新市"、"平林"、"赤眉"这些农民起义军转战于山东、江苏、河南、陕西等地的同时，在黄河以北的广大地区，还有数十支农民起义军。其中以活动于河北、山东交界地区的一支为较大，这就是号称"铜马"的起义军。"铜马"一称号的由来及主要领导者东山荒、秃上、况的生平事迹待考。

黄巾。——书出第625页。典出同上。是东汉末年一支声势浩大的农民起义军的称号。主要涉及张角、张宝、张梁三位农民起义首领。张角（？—184年）黄巾起义军首领。巨鹿（今河北平乡西南）人。创立太平道，称"大贤良师"。在汉灵帝时，借治病以传教，秘密地发展组织。约十余年间，其徒众遍及青、徐、幽、冀、荆、扬、兖、豫八州，人数达数十万之多。于中平元年（公元184年）起义。称"天公将军"。起义军以头缠黄巾为标志，故称"黄巾军"。张角与其弟张梁集幽、冀两州的黄巾军，击败前来镇压的北中郎将卢植于广宗（今河北威县东北），不久又击败东中郎将董卓。惜不久病死。张宝（？—184年），张角之弟。称"地公将军"。当张梁在广宗战死后，率部在下曲阳（今河北晋县西）抗击汉将皇甫嵩，不幸英勇战死。张梁（？—184年），张角之弟。称"人公将军"。在与张角一道击败卢植、董卓之后，在广宗反击皇甫嵩的战斗中，因疏于警戒遭遇夜袭，兵败阵亡。

李密。——书出第625页。典出同上。李密（582—618年）。字玄邃，一字法主。京兆长安（今陕西西安）人。上柱国、蒲山公李宽子。隋末瓦岗起义军领袖。其人多策略。初为隋炀帝宿卫，告病去职、励志读书。杨素对其颇为敬重，令其玄感倾心结交。隋大业九年（公元613年）参与杨玄感起兵反隋，玄感因不用其策而败。大业十二年投奔瓦岗起义军，游说翟让，设计在荥阳大海寺击杀隋将张须陀，为翟让所信任，自统一军，号蒲山公营。第二年，攻克兴洛仓，开仓散粮。继而歼灭隋将刘长恭部，其时拥众10万，被推为全军首领。于巩（今河南巩县）南设坛即位，是为魏公，年号永平。发檄文、数列隋炀帝罪状，击溃隋将王世充所率之东都兵，进据金墉城。用精兵攻克河南大部分郡县，其时李文相、郝孝德、赵君德等多路起义军前来归附。永平二年（公元618年）击败宇文化及，迫其大部分瓦解归降。不久为王世充所败，降唐。唐高祖李渊命其统兵去黎阳招集旧部时反唐，与唐军激战而死。李密深得民心，其死之后，哭者多痛心呕血。

窦建德。——书出第625页。典出同上。窦建德（573－621年）。清河漳南（今山东武城东北）人。其人胆力过人、出身游侠，是河北农民起义军领袖。大业七年（公元611年）隋攻高丽，他为二百人长。因助孙安祖起义而连累家属被杀，于是率部投高鸡泊起义军的高士达部，任司兵。大业十二年为军司马，击杀涿郡通守郭绚。高士达死后，尽领其军10万之众，称将军。大业十三年，在乐寿（今河北献县）称长乐王，年号丁丑。旋即攻占信都、清河等郡。在河间一战，歼灭隋将薛世雄3万余众，次年称夏王，国号为夏，建都乐寿，改年号为五凤。五凤二年（公元619年）迁都洺州（今河北永年东南）。窦建德自奉甚俭，虽居高位，仍素食布衣，每获战利品，分与将士。同时，他还注意任用隋之官僚，曾遣使至洛阳朝见隋越王侗，史载其"每获士人，必加恩遇"。四年，他率军驰援李世民围攻王世充，连下管州、阳翟、荥阳诸地，布阵于牛口。因轻敌，为李世民所败而杀于长安。窦建德得民心。他死后，人民在魏州（今河北大名）建有纪念他的夏王庙。

王仙芝。——书出第625页。典出同上。王仙芝，生卒年不详。濮州（今河南范县）人。唐末农民起义军领袖。年少时为私盐贩。乾符元年（公元877年）在今河南长垣聚数千人起义，称天补平均大将军、海内诸豪都统。次年攻克濮州、曹州（今山东曹县西北），发展到数万余众。其时黄巢起义响应，旋即挥师南下。乾符四年率军攻克今之武昌，回师与黄巢合围宋州（今河南商丘）。转战于今河南、山东、安徽、江西一带。次年在湖北之黄梅被唐将曾元裕击败、被杀。

黄巢。——书出第625页。典出同上。黄巢（？－884年）。曹州冤句（今山东菏泽）人，世世代代贩盐，人称黄六。其人善骑射、略通书传、好任侠，是唐末农民起义领袖。乾符二年率众响应王仙芝起义。王仙芝战死之后，他被推为领袖，称冲天大将军，年号王霸。旋即率部南下，经江西、浙西、浙东、入福建。王霸二年（公元879年），入岭南、克广州，有百万余众。这年10月，回军北伐，入湖南沿湘江而下，经鄂州（今湖北之武昌）东行，渡长江、淮河入淮北，称率土大将军，旋改称天补大将军。王霸三年十一月，克东都洛阳。年底（公元881年初）入长安，即皇帝位，国号大齐，年号金统，旋即被尊为承天应运启圣睿文宣武皇帝。金统四年（公元883年），为李克用击败而撤出，旋攻克蔡州（今河南汝南），进围陈州（今河南之淮阳），久攻300日不下。次年退至泰山狼虎谷为敌军追及，自刎而死。

宋江。——书出第625页。典出同上。宋江，生卒年不详。今属山东之郓城人。北宋农民起义领袖。约在宋徽宗宣和元年（公元1119年）之前，以36人聚众起义，活动于河北、山东一带。其所率之部历十郡而宋军不敢与之相抗。宣和三年二月（一说二年十二月），在攻沭阳（今属江苏）、海州（今江苏之东海），被知海州张叔夜所派伏兵袭

败。四年夏东山再起，与宋将折可存战，失败被俘。

方腊。——书出第625页。典出同上。方腊（？－1121年）。出身雇工。原籍歙州（今安徽之歙县），后迁居睦州青溪（今浙江之淳安）。他利用明教组织群众发动起义，是北宋浙江农民起义军领袖。宣和二年（公元1120年）秋，在漆园誓师，自号"圣公"，年号永乐。以巾饰为标志，分兵出击。其教徒兰溪朱言、吴邦，郯县仇道人，仙居吕师囊，方岩山陈十四，苏州石生，归安陆行儿等均纷起响应，占有六州五十二县。起义军烧寺庙、焚学宫，东南为之震动。方腊主张"划江而守"、轻徭薄税、以宽民力，在十年之内推翻宋王朝。徽宗派童贯领军15万前往镇压、并三次下诏"招抚"。方腊终因寡不敌众而战斗失利。次年夏退至青溪帮源洞和樟桐洞，战败被俘。是年秋于东京（今河南之开封）被杀。

朱元璋。——书出第625页。典出同上。朱元璋（1328－1398年）。即明太祖。幼名重八，又名兴宗，字国瑞。濠州钟离（今安徽凤阳东）人。出身贫农，少时在皇觉寺为僧。他是明王朝的建立者。1368至1398年在位。元至正十二年（公元1352年），朱元璋参加郭子兴所部之红巾军，韩林儿称帝时，任左副元帅。龙凤二年（公元1356年）攻克集庆（今江苏南京），称吴国公，他接受了朱升"高筑墙，广积粮，缓称王"的建议，实行屯田、废除苛政。他击败陈友谅，并于龙凤十年歼灭其残部后，改称吴王。龙凤十二年杀韩林儿。次年俘张士诚，出兵北伐。于1368年定国号为明，年号洪武。同一年攻克大都（今北京）灭元。他普查户口、丈量土地、兴修水利、推行屯田，减轻对工匠的奴役。制订《大明律》，废除宰相之职以加强皇权。办学校、兴科举。分封诸子为王，对功臣勋戚大量赐田，加速了土地的兼并。

李自成。——书出第625页。典出同上。李自成（1606－1645年）。本名鸿基。农民出身。陕西米脂县李继迁寨人。童年时为地主牧羊，后为银川驿卒。是明末著名的农民起义领袖。李自成于崇祯二年（1625年）起义，后为闯王高迎祥部下勇猛而且有胆有识的闯将。崇祯八年的荥阳大会时，他提出了分兵定向、四路攻战之对敌方案，为各部首领所称道。次年，高迎祥死，他称闯王。崇祯十一年潼关战败后，他仅率刘宗敏等10余人隐伏于豫陕边界的商雒丛山之中。次年，出山再起。崇祯十三年，被困于巴西之鱼腹山中，率50骑突围入河南，用李岩等人，提出"均田免税"的纲领，因而深得民心，起义军发展到百万之众，是当时农民起义军的主力。崇祯十六年在襄阳建立政权，称新顺王。与此同时，在河南汝州（今之临汝）歼灭明王朝陕西总督孙传庭之主力，进占西安。于次年正月建立大顺政权，年号永昌。不久占领北京，推翻大明王朝。明将吴三桂引清兵入关合攻起义军，他迎战失利，被迫退出北京，率部在河南、陕西一带抗击。永昌二年（1645年）在湖北通山九宫山为地主武装所杀害。

太平天国。——书出第625页。典出中国近代史中关于"太平天国"中的史料。太平天国革命是中国近代史上最大的一次农民大起义运动。所涉及的主要人物是洪秀全。洪秀全（1814－1864年）。原名火秀，又名仁坤。广东花县人。是太平天国最为杰出的领袖。洪秀全7岁入塾读书，16岁辍学种田，18岁为塾师。道光二十三年（1843年）创立拜上帝会。次年春与冯云山前往广西贵县传教、宣传革命。是年冬返回花县，号召人民信仰上帝、推翻清朝统治，以建立"天下一家，共享太平"的世界。1847年与冯云山于广西桂平县紫荆山区设立拜上帝会机关，先后与杨秀清、萧朝贵、韦昌辉、石达开、胡以晃、秦日纲等组成领导集团。并于1851年1月11日在金田村举行起义，建立太平天国，被推举为天王。同年9月攻克永安（今蒙山），分封东、西、南、北、翼诸王，均为东王杨秀清所节制。次年攻湖南，南王冯云山、西王萧朝贵先后战死，此时，东王杨秀清总揽军政大权。1853年3月定都天京（今南京），派兵北伐与西征，颁发《天朝田亩制度》。由于洪秀全在1856年不善于巩固内部团结，发生了杨秀清、韦昌辉政变与石达开率军出走事件，给太平天国革命运动造成了严重的损失。在提拔李秀成、陈玉成为主将、洪仁玕总管政务后，曾扭转了被动局面，于1860年再次攻破清政府的江南大营，进攻苏常一带。然而，第二次鸦片战争之后，清廷与外国侵略者相勾结，共同镇压革命军。安庆、苏州、杭州等战略要地相继失守，天京被围。当此危亡之时，洪秀全困守孤城、拒绝李秀成突围的建议，最终粮尽援绝。于1864年6月1日天京陷落前一天病殁。演奏出了一曲"天京悲歌"。洪秀全著有《原道救世歌》、《原道醒世训》、《原道觉世训》等。

改朝换代。亦即"改朝换姓"。——书出第625页。典出孙中山《民权主义》："中国历代改朝换姓的时候，兵权大的就争皇帝，兵权小的就争王侯。"

穷乡僻壤。——书出第629页。典出宋人曾巩《元丰类稿·叙盗》："穷川僻壤、大川长谷之间，自中家以上，日暮待钱，无告籴之所。"又见，宋人朱熹《条奏经界状·贴黄》："故州城县郭所在之乡，其产不甚重，与穷山僻壤至有相倍徙者，此逐乡产钱租额，所以本来已有轻重之所由也。"又见，明人李时勉《北京赋》："穷陬僻壤，无一物之不遂。"又见，清人周永年《儒藏说》："穷乡僻壤，寒门寒士。""穷川僻壤"、"穷陬僻壤"、"穷山僻壤"、"穷乡僻壤"，均指偏僻而荒凉之地。

不屈不挠。——书出第632页。典出《汉书·叙传下》："乐昌笃实，不桡不诎。""桡"与"挠"通，其意为弯曲；"诎"与"屈"通，不屈，即不屈服。又见，北朝魏人贾思勰《齐民要术》卷5："白杨性甚劲直，堪为屋材，折则折，终不曲挠。"又见，清人颐琐《黄绣球》第29回："教皇捉了他问，他在堂上不屈不挠，定归开出信教自由的理数。"

再接再厉。亦即"再接再砺"。——书出第632页。典出唐人韩愈《斗鸡联句》引孟郊诗："一喷一醒然，再接再砺乃。"

横冲直撞。——书出第636页。典出《水浒传》第55回："那连环马军，漫山遍野，横冲直撞将来。"

千丝万缕。——书出第639页。典出唐人郑谷《柳》诗中有："会得离人无限意，千丝万缕惹春风。"又见，宋人袁去华《宴清都》词中有："人言雁足传书，待尽写、相思寄与。又怎生、说得愁肠，千丝万缕。"又见，宋人戴石屏《怜薄命》词中有："道旁柳树依依，千丝万缕，拧不住一分愁绪。"

力所不能。——书出第648页。典出东汉人于吉《太平经》第98卷："反复就责而罪之，不原其力所不及。"又见，宋人连文凤《送苟厚夫学正之昌国序》："非厚夫本志也，奈何力有所不逮，技术有所不及，故不暇择地之美恶近远焉。"又见，唐人常衮《代王尚书让官表》："虽欲匍匐就列，支持守官，力所不任，难于自勉。"又见，明人朱国祯《涌幢小品·多目星》："晦翁（朱熹）与吕东莱（祖谦）同读书云谷，日夜说志著述。文公精神百倍，无少怠倦，东莱谒力从事，每至夜分，辄觉疲困，必息而后兴，尝自愧力之不及。"又见，唐人裴铏《传奇·韦自东》："殿宇宏壮，林泉甚佳，盖唐开元中万回师弟子之所建也；似驱役鬼工，非人力所能及。"由上可知："力所不能"，当是由"力所不及"、"力所不逮"、"力所不任"、"力之不及"化用而来；或是由"力所能及"等反用而成。

不足为怪。——书出第650页。典出《墨子·明鬼下》："且《周书》独鬼，而《商书》不鬼，则未足以为法也。"又见，宋人魏庆之《诗人玉屑·诗体上》："字谜、人名、卦名、数名、药名、州名之诗，只成戏论，不足为法也。"又见，宋人刘安世《尽言集·论蔡确作诗讥讪事第六》："诗本是明白已验之迹，便可为据；开具乃委曲苟免之词，不足为凭。"又见，宋人朱熹《朱文公文集·答陈同甫（其九）》："此皆卑陋之说，不足援以为据。"又见，清人马位《秋窗随笔》："盖养之得其宜则繁茂，花开双头，间变异品，理之必然，奚足为怪。"又见，宋人毕仲游《祭范德孺文》："人乐其大而忘其私，不然则公不足为奇。"又见，明人胡应麟《诗薮·续编》："（李献吉驳何仲默书云）君诗如风螭巨鲸，步骤虽奇，不足为训。""不足为怪"当是由"不足为法"、"不足为凭"、"不足为据"、"何足怪哉"、"奚足为怪"、"何足为奇"、"不足为训"等相类似的成语形式的典故词语化用而成。

半途而废。——书出第651页。典出《礼记·中庸》："子曰：'君子遵道而行，半涂（途）而废，我弗能已矣！'"

用典探妙：

毛泽东在这篇约10000余字的文论中在29处用了典故。这些典故的运用，都是非常到位的。之所以运用典故时能够做到非常到位，这与毛泽东能够活用典故、甚至在必要的时候创造一个新的典故语言关系极大。总体上说来，有如下三大方面的特色。

（一）变化处理旧典出新意之妙。

这就是说，借用多个现有的富于典意的词语、或是成语形式的典故，将其略作变化"处理"，以出新意，甚至创造出一个新的成语形式的典故，这是毛泽东在妙用典故中的一大特色。这样一种特色，在毛泽东的论著与讲话中广为存在，在以上的用典探妙中，常可见到，但未能专门品析，在这里试作阐述。

语言，作为一种特殊的社会现象，它是人们认识与思维活动长期抽象化的结果，而作为典故，它是一种特殊的语言，其特殊性在于：它是有其独特来历的，因而，它较之于一般的语言，有其更为丰富的内涵。毛泽东在运用典故的时候，一般来说，他所注重的是通俗易懂、内涵丰富，他是决不会生硬地去"搬用"典故的。而是依据语言表达的需要，有时会在原有富于典意的词语或是原有典故的基础上进行"处理"，使其"变化"成新的、通俗易懂的、深含典意的语言。这种语言，实际上也是一种隐含着"处理"了的多个典意丰富的词语的新的典故，或是"处理"过的典故其典意更为浓郁的新的典故。

比如"自给自足"，这是人所共知的、最为通俗易懂的一句话语，但据笔者所能见到的资料，目前未能见前贤用过这样的话语。学术界有过这样一句名言："说有易，道无难。"但就"自给自足"一语而言，笔者所能查看到的有关辞书，确为毛泽东所首创。但是，这确实是一句成语形式的典故，它隐含着十分丰富的典意。它的典意来自于《汉书·宣帝纪》、《三国志·步骘传》、《后汉书·李恂传》等典籍。此外，如"力所不能"、"不足为怪"，看似民间常能听到的话，却分别隐含着"力所不及"、"力所不逮"、"力所不任"、"力之不及"、"不足为法"、"不足为凭"、"不足为据"、"何足为奇"、"何足怪哉"、"奚足为怪"、"不足为训"等诸多方面的典意。将这样一些成语形式的典故用于其文论之中，所折射出来的丰富的历史意蕴，能使其话语在具有时代感的同时，还具有其历史感乃至于使命感。

（二）选用人名典故之妙。

这就是说，妙选典型性强、知名度大、且富于时代特色的人名典故成文，借助他们具有相同、相类的特点，十分有效地论证了自己的观点，这是毛泽东妙用人名典故的高明之处。

非同一般的人名，他们往往具有时代的特点，他们有的或是能够代表着一个重大事件，或是涵盖着诸多的故事，如此等等。这都隐含着丰富的典意，这样的人名，其本身就是一个典故。毛泽东为了论证"地主阶级对于农民的残酷的经济剥削和政治压迫，迫使农民多次地举行起义，以反抗地主阶级统治"，以及"……只有这种农民的阶级斗争、农民的起义和农民的战争，才是历史发展的真正动力"这样一个论点，毛泽东列举了陈胜、吴广、项羽、刘邦、李密、窦建德、王仙芝、黄巢、宋江、方腊、朱元璋、李

自成等12位农民起义将领，这一张张鲜活的面孔，这一幅幅壮阔的历史画面，这一朝又一朝风起云涌的农民革命斗争，有成功的，更多则是失败了。但是，他们起义的原因，大都是相同的或是相类似的。这一系列人名典故，他们起义的原因与结局，都以铁的事实证明了毛泽东的上述论点的无比正确。

（三）隐示性人名典故的运用之妙。

这就是说，妙选典型性强、知名度大、且富于时代特色的隐示性人名典故成文，借助他们具有相同、相类的特点，十分有力地论证了自己的观点，同样是毛泽东妙用人名典故的高明之处。

这里所要论说的是：什么叫隐示性人名典故？笔者以为：在中国历史上，还有诸多的农民起义军，他们有多个首领，他们或是以所据山寨命名，或是以自己的标识命名。以这种情况称呼的农民起义军，如毛泽东所列举的"新市"、"平林"、"赤眉"、"铜马"、"黄巾"、"太平天国"即是如此。这些农民起义军均有多个名气很大的首领，这些首领的名字，笔者称其为隐示性人名典故。这些人名典故，有的笔者在"典故内容"中提及，有的则未曾提及。如"新市"的首领，出名的就有王匡、王凤、马武等；"平林"出名的首领，就有陈牧、廖湛等；"赤眉"的首领，较有名的有樊崇、逢安、谢禄、徐宣、杨音等；"铜马"出名的首领有东山荒、秃上、淮况等；"黄巾"的著名首领有张角、张宝、张梁、马元义、波才等；"太平天国"的著名首领有洪秀全、杨秀清、萧朝贵、韦昌辉、石达开、胡以晃、秦日纲、冯云山、洪仁玕、李秀成、陈玉成等。这些首领的名字和他们的生动事迹，都会随着他们起义集团的称号由"隐匿"而凸显在读者的眼前，是他们，带领着被暴政逼迫、生活无着的广大农民，给各式各样的剥削者以致命的打击。这一切，同样十分有力地论证了毛泽东关于农民起义作用的光辉论点。

194. 中国的革命事业 需要真正的朋友
——毛泽东在《斯大林是中国人民的朋友》中所用典故探妙

用典缘起：

1939年12月21日，是斯大林60岁生日，为了庆祝斯大林的60岁诞辰，毛泽东在《新中华报》发表了《斯大林是中国人民的朋友》的庆贺性文章。在这篇文章中用了下列典故。

典故内容：

嘤其鸣矣，求其友声。——书出第657页。典出《诗经·小雅·伐木》："伐木丁丁，鸟鸣嘤嘤。出自幽谷，迁于乔木。嘤其鸣矣，求其友声。相彼鸟矣，犹求友声。矫伊人矣，不求友生。神之听之，终和且平。"

李林甫。——书出第657页（两出）。典出《新唐书》、《旧唐书》等资料。李林甫（？—公元752年）。唐宗室。性柔妄而狡黠，擅权术。能书会画，官封晋国公。为官19年，对人表面友善，却暗加陷害，时人称其"口蜜腹剑"。在其掌权之时，朝政日坏，后致安史之乱。

口蜜腹剑。——书出第657页（两出）。典出《资治通鉴·唐纪玄宗天宝元年》："李林甫为相，……尤忌文学之士，或阳与之善，啖以甘言而阴陷之。世谓李林甫口有蜜，腹有剑。"又见，明人王世贞《鸣凤记》第25出："这厮口蜜腹剑，正所谓慝怨而友者也。"

挑拨离间。——书出第658页。典出《北史·长孙晟传》："内怀猜忌，外示和同，难以力征，易可离间。"

用典探妙：

毛泽东在这篇短文中6处用了典故。使其文词有缜密典丽、推古论今之妙！

首先是袭用"嘤其鸣矣，求其友声"这一成句，有构成独特的社会背景、赋古老诗句以新的内涵之妙。

我们知道，《诗经》中的"嘤其鸣矣，求其友声"，本指鸟儿以其嘤嘤的鸣叫，以示要求得友伴。而人们化用其本意，表示人生于世，不能没有朋友。1939年，正是中国人民的抗日战争进入到了最为艰苦卓绝的年代，在这至为关键的时刻，是中国人民不能没有朋友的时刻，是中国人民最需要朋友的时刻。毛泽东在"我们中国人民，是处在历史上灾难最深重的时候，是需要人们援助最迫切的时候"与"我们正是处在这种时候"之间，妙用"嘤其鸣矣，求其友声"，这不仅在这两个句子之间起到了相互关联的作用，而更为重要的是：用这一千古名句，将中国人民的革命事业，与全世界革命人民的革命事业紧密地联系起来了，从而说明了全世界被压迫人民、被压迫民族，都应该是朋友，都要互相支持。

斯大林作为社会主义苏联的伟大首领，他更应该是中国人民的朋友，这正如毛泽东在1936年《致高桂滋》的信中所说："其在国际则联合一切与日本为敌之国家与民族，实为抗日讨卖国贼重要纲领之一，远者姑勿具论，近在西北，则有伟大强立之苏维埃联邦。是国也，有与我共同反侵略目标，有援助中国反帝运动之深长历史，引以为友，实无损而有益，鄙人等当尽力以图之。"这一段话语，当是毛泽东妙用"嘤其鸣矣，求其友声"的绝妙注脚，亦是毛泽东赋"嘤其鸣矣，求其友声"以崭新的内涵！

其次是，妙用具有特指性的典故词语，将历史人物与现实中的诸多人物联系起来，使该典故的运用有一击二鸣之妙。

我们知道，"口蜜腹剑"是具有特指性的。其源于唐朝的大奸相李林甫。我们从上

面典故的出处中可知，其具体内容是说：在唐玄宗时期，曾以李林甫为宰相。此人能书会画，颇有才气。然而，他是个缺德的家伙，是个十足的人间"笑面虎"。他有一整套谄媚逢迎的本领。他竭力吹捧讨好主子唐玄宗，拉拢唐玄宗的心腹宦官并献媚其宠妃，尽力取得这些人的欢心，以保存住自己的地位。正是他靠此卑鄙的手腕，在朝高居相位达19年。就是这样一个家伙，其在位期间，嫉贤妒能。对于能力比自己强的人、或是受到皇帝信任的人、或是地位将要接近自己的人，他都要千方百计地予以排挤、乃至除掉而后快。在平时与人接触，他在表面上总是装出一副平易近人的样子，有时还会说出一大堆令人好听的话语，扮演出一副忠臣良相的面孔，实际上他是一只随时都会吃人的"笑面虎"。然而骗人难于永远，他的伪善面目终为人们所识破，故而世世代代的人都骂他"口有蜜，腹有剑"。

毛泽东在这里用"口蜜腹剑"一典，决不是仅仅是在回味唐朝的历史，他的中心点落在近百年的中国史上，近百年的中国，受尽了这些"口蜜腹剑"的所谓同情中国的帝国主义者的欺骗。这些历史事实，促某些糊涂人清醒的同时，更是对当时那些表面上同情中国革命、同情中国抗日的帝国主义分子的斥责与批判。接着，毛泽东列举了苏联对中国革命与抗日的支持的大量事实，指出他们才是中国人民的真正朋友。所以说，"口蜜腹剑"一典的运用，在这里有一击二鸣之妙。

195.是国际主义精神 是共产主义精神
——毛泽东在《纪念白求恩》中所用典故探妙

用典缘起：

1939年12月21日，毛泽东为八路军政治部、卫生部将要在1940年出版的《诺尔曼·白求恩纪念册》一书中，撰写了《纪念白求恩》一文，在这篇短文中用了下列典故。

典故内容：

不远万里。——书出第659页。典出《孟子·梁惠王上》："王曰：'叟，不远千里而来，亦将有以利吾国乎？'"又见，《管子·小问》："公曰：'来工若何？'管子对曰：'三倍，不远千里。'"又见，《汉书·谷永传》："直言之路开，则四方众贤不远千里，辐凑陈忠，群臣之上愿，社稷之长福也。"又见，《后汉书·儒林传》："不远万里之路，精庐暂建，赢粮动有千百，其耆名高义开门授徒者，编牒不下万人。"又见，晋人王嘉《拾遗记》卷6："门徒来学，不远万里。"

以身殉职。当由"以身殉国"而来。——书出第659页。典出晋人陆机《晋平西将军孝侯周处碑》："左右劝退，处按剑怒曰：'此是吾效节授命之日，何以退为！大臣以身徇（同殉）国，不亦可乎！'"又见，《晋书·周处传》："我为大臣，以身徇国，不亦可乎！"又见，《宋书·沈文秀传》："伯宗曰：'丈夫当死战场，以身殉国，安能归死儿女手中乎！'"

冷冷清清。——书出第660页。典出宋人李清照《声声慢》："寻寻觅觅，冷冷清清，凄凄惨惨戚戚。"

漠不关心。——书出第660页。典出明人朱之瑜《与冈崎昌纯书》："大人君子包天下以为量，在天下则忧天下，在一邦则忧一邦，惟恐民生之不遂。至于一身之荣瘁，禄食之厚薄，则漠不关心，故惟以得行其道为悦。"

麻木不仁。——书出第660页。典出《水浒传》第65回："安道全起来，看见四个死尸，吓得浑身麻木，颤作一团。"这里的"麻木"，是指肢体的某一部分一种发麻发木之感。《黄帝内经素问·痹论》："其不痛不仁者，病久入深……皮肤不营，故为不仁。"又见，《后汉书·班超传》："超年最长，今年七十。衰老被（同疲）病，头发无黑，两手不仁。"这里的"不仁"，是指肢体的某一部分没有了知觉。"麻木"与"不仁"合而为"麻木不仁"，意指于事无动于衷、反应迟钝。明人薛已《医案·总论》："一曰皮死麻木不仁，二曰肉死针刺不痛。"又见，明人周顺昌《周忠介公烬余集·与文湛孝廉书》："我祖宗养士二百余年，风流到今，浑是一团庸靡顽顿之气，结成一个麻木不仁病症，可恨也。"

精益求精。——书出第660页。典出《论语·学而》："诗云：如切如磋，如琢如磨。"宋人朱熹《集注》："言治骨角者，既切之而复磋之；治玉石者，既琢之而复磨之，治之已精，而益求其精也。"又见，明人王夫之《宋论·大宗》："精而益求其精，备而益求其备。"又见，清人陈森《品花宝鉴》第1回："一切人情物理，仲清不过略观大概，不求甚解；子玉则钩深索隐，精益求精。"

见异思迁。——书出第660页。典出《管子·小匡》："少而习焉，其心安焉，不见异物而迁焉。"又见，战国末期《鹖冠子·中·王铁》："耳目不营，用心不分，不见异物而迁。"又见，清人无名氏《照世杯》："切不可半途而废，蹈为山九仞之辙，更不可见异而迁，萌鸿鹄将至之心。"又见，清人袁枚《小仓山房尺牍·与庆晴村都统》："名教中自有乐地，何必见异思迁？"

不足道。——书出第660页。典出《榖梁传·隐公七年》："其不言逆，何也？逆之道微，无足道焉尔。"又见，清人阎尔梅《白耷山人文集·上史阁部书》："又好读古人书，遇古人有气谊、事功、文章者，辄慨然欣慕，其卑不足道者，心鄙夷之。"又见，清人宋荦《漫堂说诗》："南渡后，陆游学杜、苏，号为大宗……其后有'江湖'四灵徐照、翁卷等，专攻晚唐五言，益卑卑不足道。"

自私自利。——书出第660页。典出《晋书》卷55："忧患之接，必生自私，而兴于

毛泽东妙用典故精粹

有欲。自私者不能成其私，有欲者不能济其欲，理之至也。"又见，《列子·杨朱》："大禹不以一身自利，一体偏枯。""自私"与"自利"合而为"自私自利"。宋人朱熹《朱文公集·答汪尚书》："其所自谓有得者，适足为自私自利之资而已。"又见，清人汤斌《汤子遗书·志学约会》："盖自私自利之心，是立人达人之障。"

用典探妙：

毛泽东在这篇著名的短文中计在11处用了典故，这些典故都是通俗易懂的成语形式的典故，然我们一旦探寻其出处，知其典意的由来，顿知这些典故喻意的深邃。这是毛泽东在这篇文章中用典的一个总体特色。而更为具体突出的特色却是表现在如下方面。

将典故嵌入问话之中，有给人以深刻的第一印象之妙。以言行程的"不远万里"和言牺牲精神的"以身殉职"的成语形式的典故的深邃意蕴为主体提出问题——"这是什么精神？"然后展开论述并作出结论——"这是国际主义的精神，这是共产主义的精神，每一个中国共产党员都要学习这种精神。"均有给人以深刻的第一印象之妙。

以褒贬色彩和感情色彩特别强烈的成语形式的典故，与其他词语相对应而用，有给人永难忘却之妙。如"麻木不仁"、"精益求精"、"见异思迁"、"不足道"、"自私自利"入文，并与其他词语相对应，以形成强烈的对比，从而赞扬和凸显白求恩同志的崇高品德，这是毛泽东这篇短文之所以精练深刻的重要原因之所在。如以"麻木不仁"对应"满腔热忱"，以"精益求精"对应"见异思迁"、"鄙薄技术"、"不足道"等。这些成语形式的典故与词语的相对应的运用，都有对比强烈给人永难忘却之妙！

196."举起你的双手吧" "新中国是我们的"
——毛泽东在《新民主主义论》中所用典故探妙

用典缘起：

1940年1月9日，毛泽东在陕甘宁边区文化协会第一次代表大会上作了题为《新民主主义的政治与新民主主义的文化》的讲演。发表于1940年2月15日在延安出版的《中国文化》创刊号上。同年2月20日，改题为《新民主主义论》，于延安出版的《解放》第98、99期合刊发表。在这篇约25000字文章中用了下列典故。

典故内容：

欣欣向荣。——书出第662页。典出晋人陶渊明《归去来兮辞》："木欣欣以向荣，泉涓涓而始流。"又见，宋人楼钥《攻媿集·湖山次袁起岩安抚韵》："平波滟滟新添绿，冻木欣欣欲向荣。"此为草木茂盛之意。又见，清人梁章钜《归田琐记·洪文襄公》："今泉馆人皆欣欣向荣，且有怂恿我辈先施者，姑尽吾礼可乎？"又见，清人曾朴《孽海花》第2回："那中试的进士却是欣欣向荣，拜老师，会同年，团拜请酒，应酬得发昏。"毛泽东在文章中为事业发达、兴旺之意。

愁眉锁眼。——书出第662页。典出《后汉书·王行志》："桓帝元嘉中，京都妇女作愁眉、啼妆、堕马髻、折腰步、龋齿笑。"又见，宋人张端义《贵耳集》下："（道君）坐久，至更初，李（师师）始归，愁眉泪睫，憔悴可掬。"又见，《红楼梦》第62回："那媳妇愁眉泪眼，也不敢进厅来，到阶下便朝上跪下磕头。"又见，元人关汉卿《包待制智斩鲁斋郎》第2折："弄的我身亡家破，赈散人离，对浑家又不敢说是谈非，行行里只泪眼愁眉。"又见，清人吴敬梓《儒林外史》第47回："成老爹气的愁眉苦脸，只得自己走出去回那几个乡里人去了。"又见，清人文康《儿女英雄传》第40回："一时摆上酒来，老爷勉强坐下，……老爷全顾不过来了；只擎着酒杯愁眉苦眼，一言不发的在座上发愣。"又见，清人吴趼人《二十年目睹之怪现状》第102回："只见一个人在那里和亮臣说话，不时唉声叹气，满脸的愁眉苦目。"又见，唐人姚鹄《随州献李侍御二首》（其二）："旧隐每怀空竟，愁眉不展几经春。"又见，唐人戴叔伦《答崔载华》："文案日成堆，愁眉拽不开。"又见，唐人白居易《长安早春旅怀》："此生知负少年春，不展愁眉欲三十。"毛泽东的"愁眉锁眼"，当是由"愁眉泪睫"、"愁眉泪眼"、"泪眼愁眉"、"愁眉苦脸"、"愁眉苦眼"、"愁眉苦目"、"愁眉不展"、"愁眉不开"、"不展愁眉"等诸多成语形式的典故提炼而成。毛泽东在其中加入一个"锁"字，更为形象化。

甚嚣尘上。——书出第662页。典出《左传·成公十六年》："楚子登巢车望晋军……曰：'将发命也，甚嚣，且尘上矣！'"又见，清人王韬《淞隐漫录·徐仲瑛》："自此功名之心顿淡，顾以逆旅甚嚣尘上，非养病所宜，适相识之友有别墅在城南，精舍数椽，颇有泉石花木之胜，堪以养静，遂移居焉。"

首当其冲。——书出第662页。典出《汉书·五行志》："郑以小国摄乎晋、楚之间，重以强吴，郑当其冲，不能修德，将斗三国，以自危亡。"又见，清人梁启超《论各国干涉中国财政之动机》："我国中诸大市镇，其金融机关率皆外人握之，恐慌一起，则此等机关首当其冲。"

门外汉。——书出第662页。典出宋人释普济《五灯会元》卷6载：苏轼游庐山东林寺，作《赠东林总长老》诗："溪声便是广长舌，山色岂非清净身。夜来八万四千谒，他日如何举似人？"僧人圆智见到这首以山川自然喻佛之法身，以溪流不断喻佛之说法的诗，说："若不到此田地，如何有这个消息？"他视苏轼为佛教中人士；而僧人比庵却有不同意见，说苏轼"是门外汉耳！"又见，明人张岱《琅嬛文集·跋寓山注》："区区门外汉，何足以深语。"又见，清人赵翼《游随园题壁》："惟恐长为门外汉，特来亲赋画中诗。"

675

粗枝大叶。——书出第662页。典出清人李汝珍《镜花缘》第16回："老夫于学问一道，虽未十分精通，至于眼前文义，粗枝大叶，也还略知一二。"在这里当是不大精细之意；清人梦麟《淡道人秋色梧桐歌》："粗枝大叶气横出，披拂尽作秋声鸣。"在这里当是直解为叶大茎粗之意；元人石君宝《诸宫调风月紫云庭》楔子："我看不的你这般粗枝大叶，听不的你那里野调山声。"这里当是取其比喻意，言粗犷不细腻。毛泽东在文中的"粗枝大叶"，是其自谦不大精细之意。

引玉之砖。即"抛砖引玉"、"投砖"。——书出第662页。典出明人程登吉《幼学求源》中的传说。言唐朝时的诗人、进士常建，因仰慕赵嘏的诗。他打听到赵嘏将要到吴地灵岩寺游览，于是他先在灵岩寺寺前的墙上题了："清晨入古寺，初日照高林。竹径通幽处，禅房花木深。"这样的诗句，当赵嘏来寺游览时，果然引起了他兴趣，于是挥笔续上："山光悦鸟性，潭影空人心。万籁此俱寂，但余钟磬声。"赵嘏的续诗要比常建的诗好得多，故当时的人评论常建的做法是"抛砖引玉"。常建，唐开元十五年（727年）进士；赵嘏，唐武宗会昌二年（842年）进士。二者相距100余年，这在事实上是不可能的，而在说明以次引好、以粗浅引高超、以拙劣引完美即"抛砖引玉"的这样表现手法上，则是精妙的、恰到好处的。唐人卢纶《卧病寓居龙兴观……因题十四韵寄冯生，并赠乔尊师》："倚玉翻成难，投砖敢望酬。"又见，唐人李端《酬丘拱外甥览余旧文见寄》："投砖聊取笑，赠绮一何妍！"又见，宋人释道原《景德传灯录·赵州观音院从谂禅师》："大众晚参，师云：'今夜答话去也，有解问世者出来。'时有一僧便出，礼拜。谂曰：'比来抛砖引玉，却引得个墼子（土坯子）'"又见，明人李开先《中麓小令仙吕南曲傍妆台》（其83）："兴来直举双钩笔，横扫五花笺。抛砖引玉虽云易，点铁成金亦不难。"又见，秘本兵法《三十六计》中有"抛砖引玉"一计。

千虑之一得。——书出第662页。典出《晏子春秋·内篇杂下》："晏子曰：'婴闻之："圣人千虑，必有一失；愚人千虑，必有一得。"'"又见，《史记·淮阴侯列传》："广武君曰：'臣闻"智者千虑，必有一失；愚者千虑，必有一得"。故曰狂夫之言，圣人择焉。'"又见，宋人陈亮《与王季海丞相书》："丞相苟以为然，则亮又将有裨千虑之一得者，继此以进。"

实事求是。——书出第662、707页。典出《汉书·景十三王传》："河间献王德以孝景前二年立，修学好古，实事求是。"唐人颜师古注："务得事实，每求真是也。"又见，清人梁章钜《浪迹丛谈·焦山鼎铭》："（《毛传》）已先（罗）茗香言之，特茗香实事求是，尤令人拍案称快耳。"

自以为是。——书出第663页。典出《孟子·尽心下》："居之似忠信，行之似廉洁，众皆悦之，自以为是，而不可与入尧舜之道。"又见，《荀子·荣辱》："凡斗者，必自以为是，而以人为非也。"

好为人师。——书出第663页。典出《孟子·离娄上》："人之患，在好为人师。"又见，明人李贽《续焚书·答马历山》："虽各各著书立言，欲以垂训后世，此不知正堕在好为人师之病上。"

向隅而泣。亦即"向隅之泣"、"泣而向隅"、"向隅"、"泣隅"。——书出第665页。典出汉人刘向《说苑·贵德》："圣人之于天下也，譬犹一堂之上也。今有满堂饮酒者，有一人独索然向隅而泣，则一堂之人则不乐矣。"又见，《汉书·刑法志》："谓古人言，作'乡（乡即同"向"）隅而悲泣'。"又见，宋人陈亮《谢陈侍郎启》："宁失不经，忍视向隅之泣！"又见，明人袁宏道《乞归稿》："因思区区浮名，何益人毛发，而使七八十老人，有向隅之泣，其若良心何？"又见，宋人曹彦约《尽心堂赋壬子为同官张汝器司理作》："满堂饮酒以为乐兮，忍一夫悲泣而向隅。"又见，唐人杨巨源《雪中听筝》："谁怜楚客向隅时，一片愁心与弦绝。"又见，明人朱之瑜《祭显考某府君文》："遽服斩衰之重，泣隅何辜？"

可怜虫。——书出第665页。典出北朝民歌《企喻歌四曲》（之四）："男儿可怜虫，出门怀死忧。尸丧狭谷中，白骨无人收。"又见，清人黄遵宪《庚午中秋夜始识罗少珊文仲于矮屋中……时癸酉孟秋也》："男儿竟作可怜虫，等此蓄缩缠窠蚕。"

革命尚未成功，同志仍须努力。——书出第667页。典出孙中山《1923年国民党改组题赠全体同志联》。

一身而二任焉。——书出第674页。典出《汉书·王吉传》："诸侯骨肉，莫亲大王，大王于属则子也，于位则臣也，一身而二任之责加焉。"又见，唐人韩愈《圬者王承福传》："……一身而二任焉，虽圣者不可为也。愈始闻而惑之，又从而思之，盖贤者也。"又见，宋人司马光《辞知制诰第一状》："一身二任，力所不堪。"又见，明人李开先《答耿司寇》："一身而二任，虽孔圣必不能。"

名副其实。——书出第677、709页（两出）。典出《后汉书·黄琼传》："阳春之曲，和者必寡，盛名之下，其实难副。"又见，《三国志·王脩传》注："名实相副。"又见，宋人范祖禹《唐鉴·玄宗下》："故夫孝子慈孙之欲显其亲，莫若使名副其实而不浮。"又见，《清史稿·邹鸣鹤传》："贤基品行端正，居官忠直，名副其实。"

有名无实。——书出第667页。典出《管子·明法解》："乱主则不然，虽有勇力之士，大臣私之，而非以奉其主也；虽有圣智之士，大臣私之，非以治其国也。故属数虽众，不得进也；百官虽具，不得制也。如此者，有人主之名而无其实。"又见，战国人尉缭《尉缭子·兵令下》："聚卒为军，有空名而无实，外不足以御敌，内不足以守国，此军之所以不给，将之所以夺威也。"又见，《国语·晋语八》："宣子曰：'吾有卿之名，而无其实，无以从二三子，吾是以忧，子贺我何故？'"又见，晋人陆机

《五等诸侯论》："逮至中叶，忌其失节，割削宗子，有名无实，天下旷然，复袭亡秦之轨矣。"

循名责实。——书出第677页。典出春秋·邓析《邓析子·转辞篇》："故无形者有形之本，无声者有声之母。循名责实，实之极也；按实定名，名之极也。参以相平，转而相成，故得之形名。"又见，其《无厚篇》："上循名以督实，下奉教而不达。"又见，《淮南子·主术训》："有道之主，灭想去意。清虚以待不伐之言，不夺之事，循名责实。"又见，《韩非子·定法》："今申不害言术，而公孙鞅为法术者，因任而授官，循名而责实，操杀生之柄，课群臣之能者也；此人主之所执也。"又见，《后汉书·王堂传》："庶循名责实，察言观效焉。"又见，《三国志·蜀书·诸葛亮传》："评曰：诸葛亮之为相国也，……庶事精练，物理其本，循名责实，虚伪不齿。""循名责实"，均是指要名实相符之意。

国民生计。——书出第678页。典出宋人郑兴裔《忠肃集·请罢建康行宫疏》："伏望勅下留司即罢其役，国计民生幸甚！"又见，宋人洪咨夔《平斋文集·通李参政启》："国计捉襟而见肘，民生剜肉以医疮。"又见，《明史·王家屏传》："天灾物怪，罔彻宸聪，国计民生，莫关圣虑。"又见，清人蒲松龄《聊斋志异·续黄粱》："蒌菲辄进于君前，委蛇才退于自公，声歌已起于后苑。声色犬马，昼夜荒淫，国计民生，罔存念虑，世上宁此宰相乎！""国计民生"系指国家经济与人民的生活。毛泽东在文中所引用的"国民生计"，当由此化用而来，但其所指之范围更小、更具体。

终天之恨。——书出第679页。典出明人高则诚《琵琶记·一门旌奖》："卑人空怀网极之思，徒抱终天之恨。"又见，明人归有光《震川集·请敕命事略》："以有光之困于久试，祖父皆以高年待之，而竟不及；及先人之方殁，而始获一第，曾不得一日之禄养，所以为终天之恨也。"

费了九牛二虎之力。——书出第681页。典出《列子·仲尼篇》："吾力能裂犀兕之革，曳九牛之尾。"又见，南朝梁人沈骑士《沈氏述祖德碑》："戍生诸梁，字子高，有五虎之威，九牛之力。"又见，元人郑德辉《虎牢关三战吕布》楔子："兄弟，你不知他靴尖点地，有九牛二虎之力，休要放他小歇。"又见，清人吴趼人《二十年目睹之怪现状》第77回："那时我恰好在扬州有事，知道闹出这个乱子，便一面打电报给他，一面代他排解，费了九牛二虎之力，把这件事弄妥了，未曾涉讼。"又见，清人李宝嘉《官场现形记》第21回："后来又费九牛二虎之力，把个戒烟会保住，依旧做他的买卖。"

捷足先登。——书出第682页。典出《史记·淮阴侯列传》："秦失其鹿，天下共逐之，于是高才疾足者先得焉。"这一段名言有其由来：楚汉相争之时，汉大将韩信击败齐王，声势浩大，刘邦担心他有变，封其为齐王以稳住他。韩信谋士蒯通看破了刘邦的用心，劝韩信自立，以与项羽、刘邦三分天下，而后再行统一。精于兵法而失之政治眼光的韩信看不到这一点。助刘邦统一天下之后，果然为吕后用萧何之计所杀，韩信在临终之时叹气说了"悔不听蒯通之谋"的话语。刘邦在平息陈豨的叛乱后，得知韩信此语，即捉来蒯通问斩。蒯通大叫冤枉，说：秦失去了天下，纲纪松弛，函谷关，崤山以东的六国旧地皆反，英雄竞出，以争皇位。本领高强、行动迅猛之人先得天下，乃为常理。跖所养的狗咬尧，并非尧不圣明，而是各为其主罢了。当时我蒯通只知有韩信，而不知有陛下，何况当时拿起武器想做你要做的事的人多得很，难道你都能将他们烹死吗？刘邦感到有理，蒯通得以生还。"疾足者先得"逐渐化而为"捷足先登"。又见，清人叶稚斐《吉庆图·会赴》："所谓秦人失鹿，捷足先登。"又见，《清代北京竹枝词》中有云："飞扬活泼是青年，捷足先登各竞前。"

大名鼎鼎。——书出第682页。典出清人李宝嘉《官场现形记》第24回："老人家说：'你一到京打听人家，像他这样大名鼎鼎，还怕有不晓得的？'"

勿谓言之不预也。——书出第683页。典出清人李宝嘉《官场现形记》第19回："希图尝试者，一经察觉，白简无情，勿谓言之不预也。"其意是说，妄图试一试的人，一旦发现，上奏朝廷，别说事先没有告诉你！

人莫予毒。——书出第683页。典出《左传·宣公十二年》："及楚杀子玉，公喜而后可知也，曰：'莫余毒也已。'"事由春秋时，晋、楚交战，当晋文公得知子玉自杀的消息后，高兴地说：从今以后，再也没有人伤害我了。"莫余毒也"一典，后演化为"人莫予毒"。又见，清末民初·章炳麟《致张继、于右任书》："长此不悟，纵令势力弥满，人莫予毒，亦乃与满洲亲贵等夷。"又见，清人梁启超《饮冰室文集·中国积弱溯源论》："彼民贼之呕尽心血，遍布罗网，岂不以为算无遗策，天下人莫余（予）毒乎？"

一朝一夕。——书出第684页。典出《易·坤》："臣弑其君，子弑其父，非一朝一夕之故，其所由来者渐矣。"又见，唐人陈子昂《复雠议状》："圣人作始，必图其终，非一朝一夕之故，所以全其政也。"

见利忘义。——书出第684页。典出《汉书·樊郦等传赞》："当孝文时，天下以郦寄为卖友者也。夫卖友者，谓见利而忘义也。若寄父为功臣而又执劫，虽摧吕禄，以安社稷，谊存君亲，可也。"又见，《晋书·文明王皇后传》："时钟会以才能见任，后每言于帝曰：'会见利忘义，好为事端，宠过必乱，不可大任。'"又见，唐人王勃《送劼赴太学序》："若意不感慨，行不卓绝，轻进苟动，见利忘义，虽上一阶，履半级，何足恃哉！"又见，《三国演义》第3回："（李肃）曰：'某与吕布同乡，知其勇而无谋，见利忘义。'"又见，清人唐甄《潜书·制禄》："凡人之性，上者有义无利，其次见利思义，其下见利忘义。"

679

跃跃欲试。——书出第684页。典出清人李宝嘉《官场现形记》第35回："一席话说得唐二乱子心痒难抓，跃跃欲试。"

做贼心虚。——书出第684页。典出宋人悟明《联灯会要·重显禅师》："却顾侍者云：'适来有人看方丈么？'侍者云：'有'。师云：'作贼人心虚。'"又见，清人吴趼人《二十年目睹之怪现状》第104回："偏偏那天在公馆里被端甫遇见，做贼心虚，从此就不敢再到端甫处捣鬼了。"

事不宜迟。——书出第684页。典出元人贾仲名《萧淑兰情寄菩萨蛮》第4折："事不宜迟，收拾了便令媒人速去。"又见，《三国演义》第3回："（吕）布沉吟良久曰：'吾欲杀丁原，引军归董卓，何如？'（李）肃曰：'贤弟若能如此，真莫大之功也！但事不宜迟，在于速决。'"又见，《水浒传》第2回："杨春道：'好计！我和你便去，事不宜迟。'"

偷梁换柱。亦即"托梁易柱"、"抽梁换柱"、"移梁换柱"、"换梁易柱"。——书出第685页。典出南朝梁人沈约《为梁武帝除东昏制令》："缇绣草木，朝构夕毁；抚梁易柱，不待匠人。"又见，宋人罗泌《路史发挥·桀纣事多实论》："倒曳九牛，换梁易柱。"又见，《红楼梦》第97回："（李纨）一头走着，一头落泪，想着：'……偏偏凤姐想出一条偷梁换柱之计，自己也不好过潇湘馆来，竟未能少尽姊妹之情，真真可怜可叹！'"又见，清人平步清《霞外捃屑·牮屋》："荐者，谓柱将损坏，欲易之，而惜费不肯改作，以他木旁承之，乃易去其柱，谚目为偷梁换柱。"又见，清人李渔《蜃中楼·乘龙》："蜃楼非是凭空造，权作移梁换柱人。"又见，秘本兵法《三十六计》第25计是"偷梁换柱"计。

煞有介事。——书出第685页。典出宋人陆九渊《语录下》："阜民既还邸，遂尽屏诸书。及后来疑其不可，又问。先生曰：'某何尝不教人读书，不知此后煞有甚事。'"又见，清人徐珂《清稗类钞·上海方言》："像煞有介事。"意为：像是真有这么一回事似的。

毕其功于一役。——书出第685页（三出）。典出孙中山《〈民报〉发刊词》："吾国治民生主义者，睹其祸害于未萌，诚可举政治革命、社会革命毕其功于一役。"这"毕其功于一役"，意为通过一次战役或是一次行动，就将所有的事情全部完成。

日薄西山，气息奄奄，人命危浅，朝不虑夕。——书出第686页。典出西晋人李密《陈情表》："臣密言：臣以险衅，夙遭闵凶。……但以刘日薄西山，气息奄奄，人命危浅，朝不虑夕。臣无祖母，无以至今日；祖母无臣，无以终余年；母孙二人，更相为命。是以区区不能废远。……"李密（224－287年）字令伯，西晋武阳人。其父早亡，其母再嫁，与祖母相依为命。其人博学多才，能言善辩。在蜀汉官至尚书郎、太子洗马。晋灭蜀汉之后，晋武帝招他出任太子洗马，他以报孝祖母为由，向晋武帝上《陈情表》，在《陈情表》中，以其充沛的情感、精妙的言词，叙写了自己自幼的孤苦无援、96岁的祖母疾病缠身，就有如日落西山，呼吸已近微弱，快要接近死亡了，早上活着，夜晚将会怎样？也难以料到！故而请求为老祖母养老送终。全文充分利用封建统治者"以孝治天下"这一幌子，要"以孝养祖母"为由，拒绝晋武帝司马炎的诏令。司马炎也只好答应他暂缓赴任。李密的这几句名言亦有其继承关系。其中的"日薄西山"，典出《汉书·扬雄传》："临汨罗而陨兮，恐日薄于西山。""朝不虑夕"，典出《左传·昭公元年》："老夫罪戾是惧，焉能恤远？吾侪偷食，朝不谋夕，何其长也？"

排山倒海。亦作"回山转海"、"回山倒海"、"倒海排山"。——书出第686页。典出唐人李白《忆旧游寄谯郡元参军》："回山转海不作难，倾情倒意无所惜。"又见，《资治通鉴·齐明帝建武二年》："昔世祖以回山倒海之威，步骑数十万，南临瓜步，诸郡尽降。"又见，宋人陈师道《后山集·刘道原画像赞》："虽一时贵权气焰势力排山倒海，不屈也。"又见，宋人杨万里《六月二十四日病起闻莺》诗："病势初来敌颇强，排山倒海也能当。"又见，元人方回《送丘正之海盐州教授二首》（其二）中有："去年七月朔风潮，倒海排山鼋鳄骄。"又见，清人曾朴《孽海花》第25回："耳中只听得排山倒海的风声。"

雷霆万钧。——书出第686页。典出汉人贾山《至言》："雷霆之所击，无不摧折者；万钧之所压，无不糜灭者。今人主之威，非特雷霆也；势重，非特万钧也。"又见，宋人王令《唐介诗》："信乎介亦壮男子，直能金铁其肝脾。雷霆之怒万钧重，人生之威犹过之。"又见，宋人杨万里《范公亭记》："当公伏阁以死争天下大事，雷霆万钧，不栗不折，视大吏能回天却月者，蔑如也。"

磅礴。——书出第686页。典出《史记·司马相如传》："磅礴四塞，云尃雾散。"又见，《宋史·乐志八》："块圠无垠，磅礴罔测。"

荒谬绝伦。——书出第687页。典出唐人杜甫《丽人行》："炙手可热势绝伦，慎莫近前丞相嗔。"又见，清人龚自珍《语录》："此等依托，乃得罪孔子之尤，荒谬绝伦之作，作者可醢也。""醢"，意为剁成肉酱。又见，清人壮者《扫迷帚》第2回："其说荒谬绝伦，更可付诸一笑。"

洋洋得意。——书出第689页。典出《史记·管晏列传》："拥大盖，策驷马，意气扬扬，甚自得也。"

不偏不倚。——书出第690页。典出宋人朱熹《中庸集注》："中者，不偏不倚，无过不及之名；庸，平常也。"

归根结底。亦即"归根结柢"。——书出第690页。典出清人张南庄《何典》："活鬼只为有几个臭铜钱，才生得一个小鬼……引得酒鬼相打，搅出人性命来。归根结柢，把一场着水人命一盘捵归去。"

东帝西帝。——书出第690页。典出《史记·魏世家》："八年，秦昭王为西帝，齐湣王为东帝，月余，皆复称王归帝。"

东帝。——书出第690页（两出）。典出同上。

西帝。——书出第690页（三出）。典出同上。

齑粉。——书出第691页（两出）。典出《庄子·列御寇》："宋王之猛，非直骊龙也，子能得车者，必遭其睡也。使宋王而寤，子为齑粉夫。"又见，《新五代史·苏逢吉传》："弘肇（史弘肇）怨逢吉异己……逢吉谋求出镇以避之，既而中辍，人问其故，逢吉曰：'苟舍此而去，史公一处分，吾齑粉矣'。"

真心实意。亦即"真心诚意"。——书出第692页。典出元人无名氏《百花亭》第3折："常言道海深须见底，各办着个真心实意，这的是有情谁怕隔年期。"又见，清人李绿园《歧路灯》第28回："又连各色小事件，扣算只费二千金，这也是他们大商真心诚意置买。"

不识时务。——书出第693页（两出）。典出《后汉书·张霸传》："时皇后兄虎贲中郎将邓骘，当朝贵盛，闻霸名行，欲与为交，霸逡巡不答，众人笑其不识时务。"又见，唐人白居易《为人上宰相书》："三代以后，人渐浇讹，皆欲理而不能，岂能理而不欲？魏徵书生，不识时务。信其虚说，必乱国家。"又见，《红楼梦》第99回："我就不识时务吗？若是上和下睦，叫我与他们'猫鼠同眠'吗？"

识时务者为俊杰。——书出第696页。典出晋人陈寿《三国志·蜀志·诸葛亮传》南朝宋人裴松之注引《襄阳记》："刘备访世事于司马德操。德操曰：'儒生俗士，岂识时务？识时务者在乎俊杰。此间自有伏龙、凤雏。'备问为谁，曰：'诸葛孔明、庞士元也。'"又见，《三国演义》第76回："礼毕茶罢，（诸葛）瑾曰：'今奉吴侯命，特来劝谕将军。自古道："识时务者为俊杰"。……幸君侯熟思之。'"又见，明人梅鼎祚《玉合记·拒间》："识时务者为俊杰，请元帅三思。"又见，金人张宇《送田茂卿赴都》诗："从来俊杰知时务，莫为寒窗故纸迷。"

不塞不流，不止不行。——书出第695页。典出唐人韩愈《原道》："斯吾所谓道也，非向所谓才能与道也……然则如之何而可也？曰：不塞不流，不止不行。人其人，火其书，庐其居，明先王之道以道之。"其意是说：不抑止佛家和道家的思想，儒家的思想就不能推行下去。后来则指不破除旧的，则新的就难以建立起来。如宋人黄庭坚《再和元礼春怀十首序》："夫不塞不流，不止不行，此物之情也。"

偃旗息鼓。——书出第697页。典出《三国志·蜀书·赵云传》南朝宋人裴松之注引《赵云别传》："（张飞）翼欲闭门拒守，而云入营，更大开门，偃旗息鼓。公（曹操）军疑云有伏兵，引去。"又见，《旧唐书·裴光庭传》："突厥受诏，则诸番君长必相率而来。虽偃旗息鼓，高枕有余矣。"又见，清人李宝嘉《官场现形记》第50

回："且说那十五位姨太太有五位跟了自己家里的人出去另住，倒也偃旗息鼓，不必表他。"

所向无敌。——书出第698页。典出《史记·项羽本纪》："（项籍）乃谓亭长曰：'吾知公长者。吾骑此马五岁，所当无敌，尝一日行千里，不忍杀之，以赐公。'"又见，《后汉书·张意传》："张意为骠骑将军，讨东瓯贼。意修水战之具，浮海就攻，一战大破，所向无敌。"又见，三国蜀人诸葛亮《心书》："善将者因天之时，就地之势，依人之利，则所向无敌，所击者万全矣。"

奴颜和媚骨。——书出第698页。典出晋人葛洪《抱朴子·交际》："以岳峙独立者为涩吝疏拙，以奴颜婢睐者为晓解当世。"又见，唐人陆龟蒙《江湖散人歌》："我见妇女留须眉，奴颜婢膝真乞丐，反以正直为狂痴。"又见，宋人王禹偁《送柳宜通判全州序》："与夫诣权势，奴颜婢色，因采风谣司漕运者言而得之者远矣。"又见，宋人刘公沆《述怀》诗："奴颜婢舌诚堪耻，羊狠狼贪自合羞。"毛泽东的"奴颜和媚骨"，当是创造性地兼合了上述各典的典意而成新的典故。

冲锋陷阵。——书出第698页。典出《北齐书·崔暹传》："（高祖握暹手而劳之曰）冲锋陷阵，大有其人，当官正色，今始见之。"

剿尽杀绝。——书出第702页。典出元人高文秀《保成公径赴渑池会》第4折："（廉颇云）大夫，小官今日将秦国二将活挟将来了，将众兵斩尽杀绝也。"又见，清人李宝嘉《官场现形记》第14回："胡统领道：'贵府退贼之功，兄弟亦有所闻。但兄弟总怕不能斩尽杀绝，将来一发而不可收拾。'"又见，清人华伟生《开国奇冤·追悼》："惩得我四万万同胞都有我官人抱负，把那无量数的恩铭一个个斩尽杀绝，方泄我心头之恨。""剿尽杀绝"，当由"斩尽杀绝"化用而成。

一败涂地。——书出第702页。典出《史记·高祖本纪》："天下方扰，诸侯并起，今置将不善，一败涂地。"唐人司马贞《史记索隐》释："一朝破败，使肝脑涂地。"又见，《新唐书·永安王孝基传》："夏城坚，攻之引日，宋金刚在近，内拒外疆，一败涂地。"又见，宋人陈亮《酌古论·苻坚》："使坚而不退，则晋之计将出于此，而百万之师一败涂地，天下之人将以为谋略不世出矣。"又见，明人陶宗仪《辍耕录》卷10："郡民老幼皆号泣曰：'杀我总督官。我尚何为生。'壮者助中军殊死战，台军一败涂地，屠其二营。"

排泄其糟粕，吸收其精华。含"剔除其封建性的糟粕，吸收其民主性的精华"。——书出第707页（两出）。典出清人袁枚《随园诗话》卷4："题古迹能翻陈出新最妙。河南邯郸壁上或题云：'四十年中公与侯，虽然是梦也风流。我今落魄邯郸道，要替先生借枕头。'严子陵钓台或题云：'一着羊裘便有心，虚名传诵到如今。当时若着衮衣去，烟水茫茫何处寻？'凡事不能无弊，学诗亦然。学汉、魏文选者，其弊

683

常流于假；学李、杜、韩、苏者，其弊常失于粗；学王、孟、韦、柳者，其弊常失于弱；学元、白、放翁者，其弊常失于浅；学温、李、冬郎者，其弊常失于纤。人能取诸家之精华，而吐其糟粕，则诸弊尽捐。大概杜、韩以学力胜，学之，刻鹄不成，犹类鹜也。太白、东坡以天分胜，学之，画虎不成，反类狗也。佛云：'学我者死。'无佛之聪明而学佛，自然死矣。"

生吞活剥。——书出第707页。典出唐人刘肃《大唐新语·谐谑》："李义府尝赋诗曰：'镂月成歌扇，裁云作舞衣。自怜回雪影，好取洛川妇。'有枣强尉张怀庆好偷名士文章，乃为诗曰：'生情镂月成歌扇，出意裁云作舞衣。照镜自怜回雪影，时来好取洛川妇。'人谓之谚曰：'活剥王昌龄，生吞郭正一。'"这里说的是一个故事。讲唐高宗时的中书令李义府作了一首《白燕诗》，即"镂月成歌扇……"这一首，其时河北枣强（冀县）县尉张怀庆在其诗的每一句前头加上两个字，由五言变为七言，冒充为自己的作品。被时人所讽刺。这一讽刺式的顺口溜中的王昌龄，是指唐玄宗时代的大诗人王昌龄。而郭正一，是指唐高宗时期擅长撰写文辞诏告的郭正一。又见，明人徐渭《奉师季先生书》："大约谓先儒若文公（朱熹）者，著释速成，兼欲尽窥诸子百氏之奥，是以冰解理顺之妙固多，而生吞活剥之弊亦有。"这里的"生吞活剥"，是指不联系实际、生搬硬套别人的经验、方法、理论等。又见，清人黄宗羲《寿李杲堂五十序》："始知今天下另有一番为古文词者，聚敛拆洗，生吞活剥，大言以为利禄之媒。"这里的"生吞活剥"，则是指生硬地搬用别人的言论与文辞。

兼收并蓄。亦即"俱收并蓄"——书出第708页。典出唐人韩愈《进学解》："牛溲马勃，败鼓之皮，俱收并蓄，待用无遗者，医师之良也。"又见，宋人朱熹《己酉拟上封事》："小人进则君子必退，君子亲则小人必疏，未有可以兼收并蓄而不相害者也。"

颂古非今。——书出第708页。典出《史记·秦始皇本纪》："有敢语《诗》《书》者弃市。以古非今者族。"毛泽东的"颂古非今"，当是由"以古非今"化用而出。

用典探妙：

毛泽东在这篇约25000余字的著名文章中，提出了中国新民主主义的政治、经济与文化纲领，为我们勾画了新民主主义社会的美丽蓝图。在这篇文章中，毛泽东于69处用了典故。总体上说来，这69处所运用的典故，有如下几个特点。

（一）意到典出，做到用典有相对集中之妙。

毛泽东的这篇文章，在《毛泽东选集》所有的文章中，算是比较长的一篇，虽说他在69处用了典故，但这些典故的运用，都是意到典出，且都是相对比较集中在《中国向何处去》、《驳资产阶级专政》、《驳"左"倾空谈主义》、《驳顽固派》四节之中。

我们知道：由于毛泽东知识渊博，他胸中所藏之典，可谓万万千千，一旦文意所需，则所需契合文意之典，则会泉涌而出。而典故的运用，有时具有提纲挈领、画龙点睛的作用。比如毛泽东在开篇的《中国向何处去》一节中，这一节不到460个字，毛泽东就用了10个成语形式的典故，这10个典故的运用，有如10颗耀眼的明珠，映人眼帘。它将1940年以来的抗战形势、毛泽东的写作意图等问题，一下子就吸引了读者的目光、紧扣着读者的心弦。有让人非听不可、欲罢不能之妙。

在文中下面的三节中的三个"驳斥"中的用典，也是相对比较集中的，有概括解析、揭示本质之妙。比如《驳"左"倾空谈主义》一节中，共有9处用了典故，且大多数是通俗易懂的成语形式的典故。如用"一朝一夕"揭示新民主主义革命成功的时间之长；用"见利忘义"、"跃跃欲试"、"做贼心虚"揭批丧尽天良的资本家的本质；用"偷梁换柱"、"煞有介事"描绘和揭露这些天良丧尽的资本家攻击共产党的险恶用心；用"毕其功于一役"批驳有些所谓"一次革命论"者的用心和糊涂。这些典故的运用，都将这些纷繁的事物和事理，概括精断、揭示深刻。

（二）翻新典故，力求使其有通俗易懂之妙。

我们知道：典故，是一种特殊的、有其历史渊源的语言现象，因而，它有时不是人人能懂的。特别是在我党我军中，绝大多数都是来自工农兵群众。他们的文化水准不高，因此，在运用典故时，必须出新意，必须通俗易懂。这是毛泽东在用典中与众不同、超古冠今之处，也是这篇文章中的一个最为显著的特色。那末，毛泽东在这篇文章中是如何展现这些特色的呢？

我以为主要是从如下两个方面入手的。

一是完善典故之义，使所用之典的典意明确而通俗。如毛泽东在这篇文章中的第695页中，他论述反动文化不打倒、新文化就建立不起来时，用了韩愈《原道》中"不塞不流，不止不行"一语，这一句话语的本意是说：对于道教与佛教，如果不加以限制，则儒教就难以顺利推行。仅知此本意，要一般工农兵群众去理解不打倒反动文化、新文化就难以建立，仍有一定的难度。"不塞不流，不止不行"一语，到了宋代的黄庭坚手中，他说："夫不塞不流，不止不行，此物之情也。"其意化为不破除旧的，新的就不能建立起来。但是，一般的工农兵群众，即使知此出处，一时也难明其意。抗日战争是中华民族生死存亡一战，近百年来的中国人民受尽了压迫剥削，那能受到良好的教育。这时，毛泽东的用典游刃有余地充分展现了其创作才华。他在"不塞不流，不止不行"的前面加上了"不破不立"这样人人能懂的一语，则"不塞不流，不止不行"与"不破不立"相近的意思，以及黄庭坚的"夫不塞不流，不止不行，此物之情也"的本意，均被毛泽东自然而然引了出来。人们懂了"不破不立"之意，即使"不塞不流，不止不行"的语意不甚明白，对于毛泽东所论之"反动文化不打倒，什么新文化都是建立不起

来的"的论点，也是会一清二楚的。

二是确用典故之意，使所用之典的典意文句之意有合榫对缝之妙。

所谓"确用典故之意"，就是将原来典故中的所具有的十分宽泛的典意，予以明确化，使其完全地切合自己所要表达的文意。比如，毛泽东在这篇文章中结尾部分，即第708页中所谈到如何对待历史的问题时说："……是给历史以一定的科学的地位，是尊重历史的辩证法的发展，而不是颂古非今，不是赞扬任何封建的毒素。"其中"颂古非今"这一成语形式的典故，就是来自《秦始皇本纪》中的名言"以古非今"，但这"以古非今"一语，其意仅仅是用古时的制度、法律等指责当今的各种做法而已。而以古代好的东西去指正当下不正确的东西，这不是不可以的。如果毛泽东搬用"以古非今"成文，则会有表意不清之弊。毛泽东依据其文意，改"以古非今"为"颂古非今"，这个"颂古"，就是颂封建毒素，那当然是绝对不行的。毛泽东在这里的一字之改，足见其驾驭各种用典技巧的娴熟程度，有独辟蹊径、超越前人、横跨历史之妙！

（三）反用典故之意，使所用之典具有幽默讽刺之妙。

刘勰在其《文心雕龙·事类》中言："凡用旧合机，不啻自出其口出；引事乖谬，虽千载而为瑕。"其意是说，大凡用旧辞而又合乎时机，则有如出自自己的口中；如若所引事例而有失原义，虽说能历千载，也只能是瑕疵。这里所谓用事，溯其原义，一般当是正用典故，如若反用典故，势必会"有失原义"，若非用典高手，则必然会出现瑕疵。毛泽东在反用典故方面，充分地从前贤古哲反用典故中吸取了营养，而又技法独出。他借助对典故的反用，赋其文句以幽默讽刺之妙，赋其文句以崭新的内容之妙。

比如，毛泽东在第674页中所用的"一身而二任焉"这一语典，在《汉书·王吉传》和韩愈的《圬者王承福传》中，此语均是褒意（有的论者说在《圬者王承福传》中属贬意，笔者以为，从全文的内容来看，此语仍当属褒意）。毛泽东在评说中国的资产阶级的两面性时，用上了"一身而二任焉"这一语典，这个"一身"，就是指资产阶级；这个"二任"，就是指其有"参加革命的可能性"和"对革命敌人的妥协性"。毛泽东在这里将"人"扩展到一个阶级，将"任"扩展到了这个阶级的本质属性，这就其整个文句内容新颖，而且充满着幽默的机趣、又不乏辛辣的讽刺之妙。这里虽说是对资产阶级阶级属性的政治评说，令人读后一点也不觉得是在枯燥乏味地给资产阶级扣帽子，而是给他们绘了一幅令人难忘的漫画像，叫人爱看、爱读。

如果说上面是对一句语典的反意而用的话，在这篇文章中，毛泽东还有一种对于语典的反用。这就是以意思截然相反的语典接续而用的反用。比如在第693页中的论旧三民主义与新三民主义时，毛泽东连用了两个成语形式的典故——"不识时务"。第一次用"不识时务"，是指旧三民主义"……如果在新时期内，在新民主主义已经建立之后，还要翻那老套；在有了社会主义国家以后，要反对联俄；在有了共产党之后，要反对联共；在工农已经觉悟并显示了自己的政治威力之后，要反对农工政策；那末，它就是不识时务的反动的东西了"。这里的"不识时务"，有列数旧三民主义者的"不识时务"的具体表现和具体内容之妙。第二次用"不识时务"，则是紧切其后。毛泽东这样写道："一九二七年以后的反动，就是这种不识时务的结果。"这次用的"不识时务"，则有总结与重提历史经验教训之妙。紧接着，毛泽东以意思完全相反的语典作结。他写道："语曰：'识时务者为俊杰。'我愿今日的三民主义者记取此语。"毛泽东这一"识时务者为俊杰"，在写作手法上，有笔锋顿转之妙；在语意上，则有警告旧三民主义者之妙。总览毛泽东的这一段话语，可谓主语意新颖、对比强烈，给人以深刻难忘的印象。

（四）拉近时空，比照当世，给汉奸言论以有力抨击之妙。

在批判汪精卫那"夹击中奋斗"的汉奸言论时，毛泽东妙用了"东帝西帝"之典，这个典故讲的是秦昭王与齐湣王时的事。毛泽东在这里拉近时空，在典故与读者中又一次架起了一座历史桥梁，让战国时秦、齐称帝的这段颇为滑稽的历史，与第二次世界大战的历史有机地相链接，将"东帝"喻指日本帝国主义，将"西帝"喻指西方各反法西斯同盟国，以此来论述联俄的三民主义的革命性，彻底地批判汪精卫所谓的"夹击中奋斗"的三民主义，这个典故的运用，拉近了时空，语显幽默风趣，极具讽刺力。

687

197."打倒汉奸汪精卫" "巩固抗日根据地"
——毛泽东在《克服投降危险，力争时局好转》中所用典故探妙

用典缘起：

面对1940年的国际国内形势，毛泽东于1月28日为中共中央起草了对党内的指示。编入《毛泽东选集》时，题为《克服投降危险，力争时局好转》。在这篇文章中用了下列典故。

典故内容：

双管齐下。——书出第713页。典出晚唐人朱景玄《唐朝名画录·神品下·张藻》："（藻）惟松树特出古今，能用笔法。尝以手握双管，一时齐下，一为生枝，一为枯枝……生枝则润含春泽，枯枝则惨同秋色。"又见，宋人郭若虚《图画见闻录》卷5："能手握双管，一时齐下，一为生枝，一为枯干。"这里讲的是绘画时，能够双手各握一支笔，同时并举地作画。后来多是指为办好某一件事，而同时进行或是同时采用两种方法。又见，清人壮者《扫迷帚》第24回："小弟愚见，原思双管齐下，一边将迷信关头，重重戳破，一边大兴学堂，归重德育，使人格日益高贵。"有时也指两种境界同时

再现。又见，清人戚蓼生《石头记序》："一声也而两歌，一手也而二牍，此万万所不能有之事，不可得之奇，而竟得之《石头记》一书……盖声止一声，手止一手，而淫佚贞静，悲戚欢愉，不啻双管齐下也。"

用典探妙：

在这篇短文中，毛泽东虽然只是用了一个成语形式的典故，但这个典故的运用，有着双重意义之妙。一是就其表层意义来说，它有总括当时所要开展与完成党的"一方面……"与"另一方面……"工作任务之妙；二是就其深层意义来说，它隐示着开展与完成上述双重任务的重大意义之妙。意为，不如此地双管齐下，则难于"克服投降危险，力争时局好转"。因此，"双管齐下"在这篇文章中有独显亮点、凝神聚力之妙！

198.团结抗日的力量 "反对反共顽固派"
——毛泽东在《团结一切抗日力量，反对反共顽固派》中所用典故探妙

用典缘起：

1940年2月1日，毛泽东在延安民众讨汪大会上作了讲演，在这篇只有3300余字的文章中用了下列典故。

典故内容：

里应外合。——书出第716页。典出元人杨梓《豫让吞炭》："我劝谏主公不惟不信，又将我言语对二子说，反被韩魏同谋，里应外合，决水淹我军。"又见，明人无名氏《云台门》第3折："再请陈州太守马援，太行郅恽等，选日里应外合，若破了巨无霸，便得汉宝中兴也。"又见，《水浒传》第49回："他必然出来迎接。我们进身入去，里应外合，必成大事。"

乌烟瘴气。——书出第716页。典出清人文康《儿女英雄传》第32回："如今闹是闹了个乌烟瘴气，骂是骂了个破米糟糠。"

丧尽天良。——书出第716、719页（三出）。典出宋人周必大《益公题跋·跋汪圣锡家藏……三帖》："颠倒是非者，岂尽丧其天良哉！"又见，清人钱泳《履园丛话·臆论·利己》："今人既富且贵骄奢矣，而又丧尽天良，但思利己，不思利人，总不想一死后，虽家资巨万，金玉满堂，尚是汝物耶？"

真心实意。——书出第718页。典出宋人曾觌《柳条青·山林堂席上以主人之意解嘲》："倡条冶叶无情，犹为他、千思万忆。据怎当初，真心实意，如何亏得？"又见，元人无名氏《百花亭》第3折："常言道海深须见底，各办着个真心实意。"

结党营私。——书出第718页。典出清人纪昀《阅微草堂笔记·滦阳消夏录四》：

"此辈结党营私，朋求进取，以同异为爱恶，以爱恶为是非……翻云覆雨，倏忽万端。本为小人之交，岂能责以君子之道。"又见，清人李汝珍《镜花缘》第7回："今名登黄榜，将来出仕，恐不免结党营私。"

萎靡不振。亦即"委靡不振"。——书出第718页。典出宋人刘挚《忠肃集·论监司奏》："为使者皆务为和缓宽纵，苟于安静，则事之萎靡不振，法之受敝，不胜言也。"又见，《宋史·杨时传》："若示以怯懦之形，萎靡不振，则事去矣。"又见，宋人赵善璙《自警篇·谏诤》："当今之世，士气萎靡不振。"又见，清人颐琐《黄绣球》第24回："大凡做学生的，原要讲合群，原要有尚武的精神，不可萎靡不振。"又见，宋人马永卿《元城语录》："至嘉祐末年，天下之事，似乎舒缓，萎靡不振。"又见，《明史·冯恩传》："刑部尚书王时中进退昧几，萎靡不振。"

挂……羊头，卖……狗肉。亦即"悬羊卖狗"、"卖狗悬羊"的扩用。——书出第719页。典出《晏子春秋·内篇杂下》："灵公好妇人而丈夫饰者，国人尽服之。公使吏禁之曰：'女子而男子饰者，裂其衣，断其带。'裂衣，断带，相望而不止。晏子见，公问曰：'寡人使吏禁女子而男子饰者，裂断其衣带，相望而不止者，何也？'晏子对曰：'君使服于内而禁之于外，犹悬牛首于门，而卖马肉于内也。公何以不使内勿服，则外莫敢为也。'公曰：'善。'使内勿服，逾月而国人莫之服。" 这里是一个故事。讲的是春秋之时，齐国的国王灵公喜欢其宫内的女子穿着男子的服装。于是，居住在国都内的女子们都爱着男装。对此，灵公不满。便派遣官吏去禁止说：女子要是有着男装者，就要撕烂她的衣服，扯断她腰间系的大带。然而，尽管如此，还是令行难以禁止。等到晏子去朝见他的时候，灵公便将这种情况十分不解地问晏子。这时晏子回答灵公说：您叫宫内的女子穿着男子的衣服，而外面的女子又不让穿。您的这种做法，就好像是在门上挂着牛头，可是在门内卖的却是马肉啊！您为什么不让宫内的女子不这样穿，那么，外面的女子就会不敢这样做了。灵公照着晏子的话这样做了。过了一个月，在国都内的女子再也见不到着男装的了。后来，这一句"悬牛首于门，而卖马肉于内"的话，便逐渐地演变成"挂羊头卖狗肉"，以表示以次充好、借好的名义进行欺骗的行为。晋人司马彪《后汉书志·百官三》南朝梁人刘昭注引《决录注》："悬羊头，卖马脯；盗跖行，孔子语。"又见，宋人释普济《五灯会元·天钵元禅师法嗣》："有般名利之徒，为人天师，悬羊头，卖狗肉，坏后进初机，灭先圣洪范，你等诸人闻恁么事，岂不寒心？"又见，宋人释惟白《续传灯录·明州天童应庵昙华禅师》："从此卸却干戈，随分著衣吃饭；二十年来坐曲录床，悬羊头卖狗肉，知它有甚凭据？"又见，明人无名氏《渔樵闲话》第3折："悬羊头，卖狗肉，胡枝叶，名不正，言不顺，根脚趄。"又见，明人夏暘《葵轩词余·折桂令》（其三）："闲看世态浇漓，卖狗悬羊，面是心非。"又见，清人梁章钜《楹联丛话·无锡县署楹联》："人人论功名，功有实功，名

有实名，存一点掩耳盗铃之私心，终为无益；官官称父母，父必真父，母必真母，做几件悬羊卖狗的假事，总不相干。”“悬”即挂之意。

死皮赖脸。——书出第719页。典出《红楼梦》第24回：“贾芸笑道：‘……还亏是我呢，要是别的，死皮赖脸的三日两头儿来缠舅舅，要三升米二升豆子的，舅舅也就没法儿呢！’”

不识人间有羞耻事。——书出第719页。典出宋人欧阳修《与高若讷（司谏）书》：“足下犹能以面目见士大夫，出入朝中称谏官，是足下不复知人间有羞耻事尔。”又见，宋人李之仪《闲居赋》：“蒙不洁而反以衔鬻，蹈荆棘而不知所避，务浅陋之为夸，而不识人间有羞耻事。”又见，清人谭嗣同《仁学上》：“叛逆者，君主创之以恫喝天下之名。不然，彼君主未有不自叛逆来者也。不为君主，即詈以叛逆。中国人犹自以忠义相夸示，真不知世间有羞耻事矣！”

纸老虎。亦即“纸糊老虎”、“纸虎”。——书出第719页。典出明人潘问奇《五人墓》：“竖刁任挟冰山势，缇绮俄成纸老虎。”又见，《水浒传》第25回：“闲常时，只如鸟嘴卖弄杀好拳棒。急上场时，便没些用，见个纸虎，也吓一交。”又见，清人沈起凤《伏虎韬》第4折：“闲人闪开，纸糊老虎来了。”又见，清人吴趼人《糊涂世界》第2回：“伍琼芳听见把他纸老虎戳破，心上大不高兴。”

用典探妙：

毛泽东的这篇文章，是声讨、批判、揭露汪精卫这个卖国贼的。在这篇文章中，有12处用了典故。这12处所用的典故，都有一个共同的特点：这就是，所选用的典故，不论是其典源之本意，还是典故所产生的新意，都能起到声讨、批判、揭露汪精卫的作用。这些典故的批判力，其锋芒均有如投枪、有如匕首之妙。

如以“里应外合”、“乌烟瘴气”、“丧尽天良”去声讨、批判汪精卫派和国民党的反共顽固派的反动行为，可谓力若千钧！在文章末尾的21行中，毛泽东用了33个“统一”，用以比较我们的“统一论”与汪精卫及国民党顽固派假“统一论”的本质的不同。在文章的最后以“挂了统一这个羊头，卖他们的一党专制的狗肉”、“死皮赖脸”、“不识人间有羞耻事”，这样一些典故语去评说汪精卫国民党顽固派的所谓“统一论”，给其所谓“统一论”从根本上予以彻底的否定，这种妙用典故语言的娴熟技巧，有效地宣泄了全国人民痛恨卖国贼的情感，使整段话语具有荡气回肠的艺术感染力。

199. "为挽救时局危机" "陈救国大计十端"
——毛泽东在《向国民党的十点要求》中所用典故探妙

用典缘起：

1940年2月1日，毛泽东为延安民众声讨汪精卫大会起草了《向国民党的十点要求》的通电。在这个通电中用了下列典故。

典故内容：

为虎作伥。——书出第721页。典出宋人李昉《太平广记·马拯》："伥鬼，被虎所食之人，为虎前呵道耳。"又见，明人张自列《正字通·听雨记谈》："世传虎啮人，人死魂不敢他适，辄隶事虎，名伥鬼。虎行求食，伥必与俱，为虎前导。"又见，清人筱波山人《爱国魂·骂奴》："为虎作伥，无复生人之气。""为虎作伥"，用以比喻"助暴为虐"，为恶人作帮凶。

国人皆曰可杀。——书出第721页。典出《孟子·梁惠王下》："孟子见齐宣王，曰：'所谓故国者，非谓有乔木之谓也，有世臣之谓也。王无亲臣矣，昔者所进，今日不知其亡也。'王曰：'吾何以识其不才而舍之？'曰：'国君进贤，如不得已，将使卑逾尊，疏逾戚，可不慎与？左右皆曰贤，未可也；诸大夫皆曰贤，未可也；国人皆曰贤，然后察之；见贤焉，然后用之。左右皆曰不可，勿听；诸大夫皆曰不可，勿听；国人皆曰不可，然后察之；见不可焉，然后去之。左右皆曰可杀，勿听，勿听；诸大夫皆曰可杀，勿听；国人皆曰可杀，然后察之，见可杀焉，然后杀之。故曰，国人杀之也。如此，然后可以为民父母。'"

这一整段话深蕴哲理，并颇有其现实意义，它不仅是讲一个用人的问题，而且讲到了如何用刑的问题。故而全引并简略译其意。其意思是：有一次，孟子进见齐宣王说：人们通常所说的古老国家，不是指其有多少年代久远的大树，而是指其有世代为其国家建立不朽功勋的众多的贤能大臣。大王您现在已经是没有多少值得信任并能委以重任的大臣了。过去您所提拔的人，如今都被您免职而不知所终了！

于是，齐宣王便问孟子道：对于现在在位的大臣们，我当拿什么样的标准，去识别他们当中那些没有才能的人，再去免除他们的职务呢？

孟子回答说：君王选拔贤臣，在过去被提拔的尊贵者与亲近者被免职而又去向不明的情况下，这就迫不得已取用新臣，要把那些卑贱者提拔在尊贵者之上，将疏远者提拔到亲近者之上。这是要十分慎重的。在这样一种情况下，如果您的左右的人说某某人贤能，并不能立即任用他；如果诸位大夫都说某某人贤能，也不能马上就任用他；假如全国的人都说某某人贤能，就要对他作进一步的考察，亲自看到他确是贤能，然后再去任用他。如果您的左右的人说某某大臣不贤能，您就不能轻信；如果诸位大夫都说某某大

臣不贤能，也不能轻信；假如全国的人都说某某大臣不贤能，那还是要进一步地进行考察，亲自发现他确是不贤能，然后再行罢免。如果您左右的人说某人当斩，不必轻信；如果诸位大夫都说某人当斩，也不必轻信；假若全国的人都说某人当斩，那还要作进一步的调查了解，当看到他确有当斩的实际证据之后，再行处决他。所以说，您能这样做，就是按照全国人民的主张处理问题。您要是能够这样做，就称得上是老百姓的父母。

招摇过市。——书出第721页。典出《史记·孔子世家》："居卫月余，灵公与夫人同车，宦者雍渠参乘，出，使孔子为次乘，招摇过市之。"事出，春秋之时，卫国卫灵公的夫人南子把持朝政。有一次，当孔子来到卫国之时，南子要孔子这位名人去见她。孔子出于礼貌去见了她。南子在一层薄薄的纱帷里接见了孔子。南子在答礼时，其衣服上的佩玉不时发出叮当叮当的声响。孔子的学生子路为此而不高兴，认为南子是一个轻浮的女人，有失学者的尊严。孔子在卫国住了一个多月后的一天，灵公与南子出游，宦官雍渠陪坐在右，孔子则坐在另一边，大摇大摆地在街上经过。又见，明人许自昌《水浒记·邂逅》："你若肯行奸卖俏，何必献笑倚门？你不惜目挑心招，无俟招摇过市。"

窃据要津。——书出第721页。典出《古诗十九首》："何不策高足，先据要路津。""津"为渡口；"要津"，当为重要的渡口。是比喻重要的职位。唐人李白《赠宣城太守悦》："所期要津日，倜傥假腾骞。""窃据要津"，当是由"先据要路津""所期要津日"演化而来。毛泽东在文中是指汪精卫之流窃取了重要的职位。

匿影藏形。亦即"藏形匿影"——书出第721页。典出《邓析子·无厚篇》："为君者，藏形匿影，群下无私；掩目塞耳，万民震恐。"这里的本意是指君王处于昏暗而无法明察的地位。又见，宋人刘克庄《后村全集·与游丞相书》："伏念某粤从罢郡还里，自知罪名稍重，姑以藏形匿影为幸，都无复玷起废之想。"这里的意思则是指隐藏起来，不露形迹、不露真相。

贪官污吏。——书出第721、724页（四出）。典出元人无名氏《玉清庵错送鸳鸯被》第4折："老夫李彦实……敕赐势剑金牌，一应贪官污吏，准许先斩后闻。"又见，明人冯梦龙《喻世明言》卷39："因借府库之资，招豪杰，跌宕江淮，驱除这些贪官污吏，使威名盖世。"又见，清人黄宗羲《南雷文案·子刘子行状上》："而最为民厉者，无如贪官污吏。"

不堪设想。——书出第721页。典出清人曾朴《孽海花》第6回："若不是后来庄芝栋保了冯子材出来，居然镇南关大破法军……中国的大局，正不堪设想哩！"

投畀豺虎。——书出第721页。典出《诗经·小雅·巷伯》："……彼谮人者，谁适与谋？取彼谮人，投畀豺虎。……"其意为，那陷害人的家伙，谁是他的靠山呀？要把那陷害人、说坏话的小丑，揪出来去喂豺狼虎豹！又见，《旧唐书·李林甫传》："彼（李）林甫者，诚可投畀豺虎也。"又见，清人袁枚《续子不语·麒麟喊冤》："原恶其自矜汉学，凌蔑百家，挟天子以令诸侯，故有投畀豺虎之意。"

身体力行。——书出第722页。典出《淮南子·氾论训》："夫绳之度也，可卷而伸也，可直而晞，故圣人以身体之。"《礼记·中庸》："好学近乎知，力行近乎仁，知耻近乎勇。"后来"身体"与"力行"合而成文。指亲自实践，亲身实行。宋人朱熹《四书集注（论语·泰伯）》："身体而力行之。"又见，宋人张洪等编《朱子读书法·虚心涵泳》："但愿更于所闻，身体而力行之，使俯仰之间，无所愧怍。"又见，清人陈确《书示两儿》："读书不能身体力行，便是不曾读书。"又见，清人文康《儿女英雄传》第36回："门生父亲，平日却是认定一片性情，一团忠恕，身体力行。便是教训门生，也只这个道理。"

司马昭之心，固已路人皆知矣。——书出第722页。典出《三国志·魏志·高贵乡公记》南朝宋人裴松之注引《汉晋春秋》："帝见威权日去，不胜其忿，乃召侍中王沈，尚书王经，散骑常侍王业，谓曰：'司马昭之心，路人所知也。吾不能坐受废辱，今日当与卿自出讨之。'"

南辕北辙。亦作"北辙南辕"、"北辕适越"、"北辕适楚"、"北辕南辙"。——书出第722页。典出《战国策·魏策》："今日臣来，见人于大行，方北面而持其驾，告臣曰：'我欲之楚。'臣曰：'君之楚，将奚为北面？'曰：'吾马良。'臣曰：'马虽良，此非楚之路也。'曰：'吾用多。'臣曰：'用虽多，此非楚之路也。'曰：'吾御者善！''此数者愈善而离楚愈远耳！'"其事出战国之时，魏安釐王要去攻打赵国，季梁知道这个消息后，看到其所要达到的目的将与其愿望相反。就讲了这个故事去启发劝说安釐王，阻止了他攻打赵国的举动。故事说：有一个人要到楚国去，可是其所坐的马车却是往北面驾驶。于是季梁便奇怪地向他发问：楚国在南方，你为什么马车往北面驾驶。此人的问答是：一曰其马好，二曰其路费多，三曰其驾国本领高明。这样方向错了，不是离楚国越来越远了吗！又见，唐人白居易《立部伎》："欲望凤来百兽舞，何异北辕将适楚。"又见，宋人程颐《为家君应诏上英宗皇帝书》："以今选举之科，用今进任之法，而欲得天下之贤，兴天下之治，其犹北辕适越，不亦远乎？"又见，宋人刘克庄《悼阿驹七首》（其三）中有："北辙南辕有返期，吾儿掣手去何之？"又见，其《方元吉诗》："南辕湘粤，北辙汴燕。"又见，清人杨潮观《吟风阁杂剧·华表柱延陵挂剑》："所恨南辕北辙，天各一方；从此回首中原，端的离多会少。"又见，清人黄百家《范国雯制义稿序》："其继之者曰：'志图进取，必不可以实学也。'群狐饵鼠，北辙南辕，非惟不得，益相远也。"又见，清人李颙《二曲全集·两庠汇语》："若取程就途，不详讲路程，而曰：'贵行不贵讲'，未有不北

辕南辙，入海而上太行者也。"

厚此薄彼。亦称"厚彼薄此"、"薄此厚彼"——书出第722页。典出宋人洪迈《容斋随笔·四笔序》："而稚子楻，每见《夷坚》满纸，辄曰：'《随笔》《夷坚》，皆大人素所游戏；今《随笔》不加益，不应厚于彼而薄于此也。'"又见，《梁书·贺琛传》："所以然者，出嫁则有受我，出后则有传重，并欲薄于此而厚于彼，此服虽降，彼服则隆。"又见，明人袁宏道《广庄·养生主》："皆吾生即皆吾养，不宜厚此薄彼。"

别有用心。——书出第722页。典出清人吴趼人《二十年目睹之怪现状》第99回："人家都说他过于巴结了，自己公馆近在咫尺，何必如此；王太尊也是说他办事可靠，那里知道他是别有用心的呢。"

物极必反。——书出第722页。典出春秋·辛计然《文子·守弱》："天道极则反，盈即损，日月是也。"又见，春秋楚·鹖冠子《鹖冠子·环流》："美恶相饰，命曰复周；物极则反，命曰环流。"文中之"复周"，即是指回到初始阶段；"环流"，即是循环倒流之意。又见，《淮南子·泰族训》："天地之道，极则反，盈则损。"又见，宋人朱熹、吕祖谦《近思录·道体》："伊川（程颐）曰：……如《复卦》言七日来复，其间元不断续，阳已复生，物极必返，其理须如是。"

官样文章。亦即"官样词章"、"文章官样"。——书出第722页。典出宋人刘子寰《沁园春·庆叶镇》："摘烟雾，引天机组织，官样文章。"又见，宋人李昴英《示儿用许广文韵》："官样词章虽典雅，心腔理义要深几。"又见，宋人何景福《东安即事》："文章官样千机锦，落魄仙人一足靴。"又见，金人王良臣《送任、李二生赴举》："官样文章堆笔底，世情风色候江头。"又见，清人李宝嘉《官场现形记》第18回："下来之后，便是同寅接风，僚属贺喜。过年之时，另有一番忙碌。官样文章，不必细述。""官样文章"，本指旧时衙门里所发布的例行公文，其有固定的格式与套语。现今人们用来指那些徒具形式而不切实际的言论与虚话。

岌岌可危。——书出第723页。典出《孟子·万章上》："咸丘蒙问曰：'语云：盛德之士，君不得而臣，父不得而子。舜南面而立，尧帅诸侯北面而朝之，瞽瞍亦北面而朝之。舜见瞽瞍，其容有蹙。孔子曰：于斯时也，天下殆哉，岌岌乎！不识此语诚然乎哉？'"又见，清人金安清《洋务宜遵祖训安内攘外自有成效说》："溯查顺治年间先后三藩之变，一时国势固岌岌可危。"又见，清人吴趼人《发财秘诀》："其时那米店已经弄得有岌岌可危之像了。"

奔走相告。——书出第723页。典出《国语·鲁语下》："士有陪乘，告奔走也。"又见，唐人韩愈《昌黎集·考功员外卢君墓铭》："起居丈有季曰：'愈能为古文，业其家，是必能道吾父事业，汝其往请铭焉。'立于是奉其父命奔走来告。"又见，宋人张孝祥《寿芝颂代揔得居士上郑漕》："诏下之日，淮民欢呼，奔走相告，自州达之县，自县达之田里，自田里达之穷岩幽谷。"又见，清人颐琐《黄绣球》第3回："街谈巷议，这么三长两短的，起先当作奇闻，后来当作一件大事，奔走相告。"

同归于尽。——书出第723页。典出唐人独孤及《祭吏部元郎中文》："夫彭祖、殇子，同归于尽，岂不知前后相哀，达生者不为叹。"又见，唐人白居易《浩歌行》："去复去兮如长河，东流赴海无回波；贤愚贵贱同归尽，北邙塚墓高嵯峨。"又见，宋人刘挚《忠肃集·乞令苏轼依旧样详定役法奏》："此议之所以同归于尽，一人曰可皆曰可，一人曰是皆曰是，信如此又何以议为哉？"又见，《金瓶梅》第1回："世上人……打不破酒色财气圈子，到头来同归于尽。"又见，清人李宝嘉《中国现在记》第3回："黄仲文气的想要不收，又恐怕退了回去，他不添来，并此二十四两同归于尽，于是忍气吞声收下的。"又见，清人姬文《市声》第14回："只图自己安逸，那管世事艰难，弄到后来，不是同归于尽吗？"

惨不忍闻。——书出第723页。典出清人许叔平《里乘·倪公春岩》："闻甲大喘一声，其气遂绝。两人相视而笑，复解甲缚描画置床上。小人惨不忍睹。复一跃上屋，恨恨而返。至今思之，怒发犹为上指也。"又见，《明刻话本四种·李亚仙》："元和连声呼叫，饥冻之音，惨不忍闻，里面绝无人应。"又见，清人陈天华《狮子吼》第2回："或父呼子，或夫觅妻，呱呱之声，草畔溪间，比比皆是，惨不忍闻。"

荼毒。——书出第723页。典出《尚书·汤诰》："尔万方百姓罹其凶害，弗忍荼毒，并告无辜于上下神祇。"又见，唐人李华《吊古战场文》："秦起长城，竟海为关。荼毒生灵，万里朱殷。"

彰明较著。——书出第723页。典出《史记·伯夷传》："盗跖日杀不辜，肝人之肉，暴戾恣睢，聚党数千人横行天下，竟以寿终。是遵何德哉？此其尤大彰明较著者也。"又见，宋人晁公武《东坡先生祠堂碑记》："惟公当元祐时，起于谪籍……立朝本末，彰明较著者如此，岂有他哉！"又见，清人吴趼人《二十年目睹之怪现状》第29回："把祠内的东西都拿出去卖；起先还是从头偷着做，后来竟是彰明较著的了。"

重蹈。即"重蹈覆辙"的省略，亦即"覆辙"。——书出第723页。典出《后汉书·范升传》："今动与时戾，事与道反，驰骛覆车之辙，探汤败事之后。"《后汉书·窦武传》："今不虑前事之失，复循覆车之轨。"又见，唐人刘长卿《按复后归睦州赠苗侍御》："羊肠留覆辙，虎口脱余生。"又见，宋人陈东《陈少阳集·上高宗第一书》："前日之祸，正坐朝廷主议不定，用人不专，狐疑犹豫，遂致大变；今岂可更蹈复辙？"

衣单食薄。"丰衣足食"的反用——书出第724页。"丰衣足食"典出五代人王定保《唐摭言·贤仆夫》："纵不然，堂头官人，丰衣足食，所往无不克。"

肆无忌惮。——书出第724页。典出宋人朱熹《与王龟龄书》："遗君后亲之论交作，肆行无所忌惮。"又见，《封神演义》第89回："自此肆无忌惮，横行不道，惨恶异常，万民切齿。"

周兴。——书出第724页。典出《旧唐书》等资料。周兴（？—691年）雍州长安（今陕西西安）人。少时即习法律。由尚书省都事累升为司刑少卿、秋官侍郎。武则天临朝，他掌管刑狱，贪暴残酷，专以严刑逼供，杀死大小官吏数千。天授元年（公元690年）任尚书左丞，上疏清除李家宗正属籍。后被指控谋反，在放逐岭南优生学途中为仇人所杀死。

来俊臣。——书出第724页。典出《旧唐书》等资料。来俊臣（651—697年）雍州万年（今陕西西安）人。因告密而为武则天所器重。历任侍御史、左台御史中丞等职。设立推事院，大兴刑狱，与其一党造《告密罗织经》，以用酷刑逼供为能事，前后被其族杀冤死者达1000余家。其人贪赃枉法，又善结死党，同恶相济。后因得罪武氏诸王和太平公主而被处死。

魏忠贤。——书出第724页。典出《明史》等资料。魏忠贤（1568—1627年）。河间肃宁（今属河北）人。明宦官。万历时入宫。泰昌元年（公元1620年）熹宗即位，其为司礼秉笔太监，不久又兼管东厂。与熹宗的乳母客氏相勾结，排斥异己，专断国政。天启五年（公元1625年），兴大狱，杀害东林党人杨涟等。因而激起民愤，导致江阴、苏州等地发生民变。魏忠贤在朝，大权尽归其一人独揽，自称九千岁。其下设有五虎、五彪、十狗等名目从内阁六部至四方督抚，均有其私党。致使明王朝政治日益腐败。崇祯皇帝即位之后，黜其职，置于凤阳，旋命逮治，他在途中惧罪自缢身亡。

刘瑾。——书出第724页。典出《明史》等资料。刘瑾（？—1510年）。本姓谈。明宦官。陕西兴平人。明正德时，掌司礼监，在东厂、西厂外，加设内行厂，使缉事人四出活动，镇压异己。斥逐大臣，纳引私党。诱武宗游宴微行，侵夺民田，增设皇庄达300余处。后因权势太高，宦官张永告其谋反，被处死。

杀人如麻。——书出第724页。典出《史记·天官书》："其后秦遂以兵灭王，并中国，外攘四夷，死人如乱麻。"又见，唐人李白《蜀道难》诗："朝避猛虎，夕避长蛇，磨牙吮血，杀人如麻。"唐人卢仝《苦雪寄退之》："闻道西风弄剑戟，长阶杀人如乱麻。"

贪贿无艺。亦即"贪欲无艺"——书出第724页。典出《国语·晋语八》："及桓子，骄泰奢侈，贪欲无艺，略则行志，假贷居贿，宜及于难。"

重足而立，侧目而视。——书出第724页。典出西汉人刘向《战国策·秦策一》："将说楚（威）王，路过洛阳，父母闻之，清宫除道，张乐设饮，郊迎三十里。妻侧目而视，倾耳而听，嫂蛇行匍伏，四拜自跪而谢。"这里出现了"侧目而视"一语。说的是：战国之时，苏秦到达秦国，用连横的策略游说秦惠王，惠王没有采纳。回到家里时，其"妻不下纴，嫂不为炊，父母不与言"，搞得他颇为狼狈，他说"此秦之过也！"从此，他改变了策略，总结了经验教训。过了一年之后，他到达了赵国，向赵王提出了合纵之策，联合齐、楚、燕、韩、赵、魏六国共同抗秦。赵王接受了他的意见，封其为武安君，拜其为相国。这时他的地位大变，在将要到楚国路过家乡时，父母、妻嫂的态度却是异乎寻常的。又见，《史记·汲郑列传》："黯时与汤论议，汤辩常在文深小苛，黯伉厉守不能屈，忿发骂曰：'天下谓刀笔吏不可为公卿，果然。必汤也。令天下重足而立，侧目而视矣！'"这里讲的是：汉武帝的大臣汲黯与张汤辩论法律时，汲黯曾经气忿的骂张汤说，如果按照张汤的苛法去执行的话。那么，将使天下的人路也不敢走，眼也不敢看人了！意为人们将是敢怒不敢言了！又见，《史记·酷吏列传》："郅行法不避贵戚，列侯宗室见都侧目而视，号'苍鹰'。"又见，汉人桓宽《盐铁论·周秦》："赵高以峻文决罪于内，百官以峭法断割于外，死者相枕席，刑者相望，百姓侧目重足，不寒而栗。"

穷凶极恶。——书出第724页。典出《汉书·王莽传赞》："滔天虐民，穷凶极恶，毒流诸夏，乱延蛮貉。"又见，《三国志·吴书·孙权传》："夫降丧乱，皇纲失叙，逆臣乘衅，劫夺国柄，始于董卓，终于曹操，穷凶极恶，以覆四海。"又见，明人冯梦龙《喻世明言》卷40："表上备说严嵩父子……招权纳贿，穷凶极恶，欺君误国十大罪。"

不可收拾。——书出第724页。典出唐人韩愈《昌黎集·送高闲上人序》："泊与淡相遭，颓堕委靡，溃败不可收拾。"又见，宋人陈亮《龙川文集·问答上》："而不能与天下共其利，则其势必分裂四出而不可收拾矣。"又见，明人沈德符《万历野获编·滇南宝井》："国体至此，已糜烂不可收拾。仅一切付之羁縻，古人不贵异物，有以哉！"这里主要是指事物被破坏到不可救药的地步；又见，宋人真德秀《真西山集·知庆元县承议张公墓志铭》："张叔澄大强项，不可收拾。"又见，清人黄宗羲《绿萝庵诗序》："人世怨毒酸苦之境，陷于心坎，则其发之为诗，当必慷慨而不可收拾。"这里主要是指情感或行动发展到难以约束、无法控制之意；又见，清人李宝嘉《官场现形记》第18回："赵不了顶没用，也分到一百五十两银子，比起统领顶得意的门上曹二爷虽觉不如，在他已经乐的不可收拾了。"这里主要是表示达到了顶点。毛泽东在文中所用的"不可收拾"这一成语形式的典故，细而察之，可谓诸义兼而有之。

大哉言乎。——书出第724页。典出《孟子·梁惠王下》："齐宣王问曰：'交邻国有道乎？'孟子对曰：'有。……《诗》云："畏天之威，于时保之。"'王曰：'大哉言矣！寡人有疾，寡人好勇。'""大哉言矣"，意为先生的话真是高见呀！

视……若无睹。——书出第725页。典出唐人韩愈《应科目时与人书》："是以有

力者遇之，熟视之若无睹也。"其中的"熟视无睹"，意为虽然看见，好像没有看见一样，对于眼前的事物漠不关心。毛泽东在其文中，将其拆而用之。

口头禅。——书出第725页。典出宋人王楙《野客丛书·附录王先生圹铭临终》："平生不学口头禅，脚踏实地性虚天。"又见，明人洪应明《菜根谭》："讲学不尚躬行，如口头禅。"又见，清人宣瘦梅《夜雨秋灯录·博山两贤妇》："耐闻之，抽哀而已，不敢信口头禅。"

信仰扫地。亦即"扫地以尽"、"扫地皆尽"、"扫地而尽"、"扫地将尽"、"扫地无余"、"扫地无遗"。——书出第725页。典出《汉书·魏豹田儋韩信传赞》："秦灭六国，而上古遗烈，扫地尽矣。"又见，《晋书·律历志上》："及元帝南迁，皇度草昧，礼容乐器，扫地皆尽。"又见，《魏书·儒林传序》："礼乐文章，扫地将尽。"又见，宋人欧阳修《欧阳文忠公集·集古录跋尾·范文度模本兰亭序三首》："自唐末干戈之乱，儒学文章，扫地以尽。"又见，《三国志·孙策传》南朝宋人裴松之注引《吴录》："策表曰：'……而（黄）祖家属部曲，扫地无余。'"又见，南朝梁人任昉《天监三年策秀才文三首》："衣冠礼乐，扫地无余。"又见，唐人张鷟《朝野佥载》："安乐公主造百鸟毛裙，以后百官、百姓家效之，山林奇禽异兽，搜山荡谷，扫地无遗，至于网罗杀获无数。"

心所谓危，不敢不告。——书出第725页。典出《左传·襄公三十一年》："抑所谓危，亦以告也。""心所谓危，不敢不告"一语，当由此演化而来。以表示心里认为这样很危险，不能不以言相告之意。

用典探妙：

毛泽东的这篇文章，仅仅是2700字左右，就向国民党当局提出了10个必须处理的问题，这些问题的提出，同时也是对汪精卫与国民党顽固派里应外合地反共和破坏抗日的彻底揭露与谴责。在用典上，可谓独具匠心。

（一）多处用典故，有口诛笔伐重揭批之妙。

毛泽东在这篇短文中，共计在41处用了典故。笔者所谓的"多处用典故"，就是说，毛泽东在其十点要求之中，点点要求中都用了典故。所谓"口诛笔伐重揭批"，就是说，毛泽东在这41处所用之典故，不管是成语形式的典故，或是人名形式的典故，从总体上来看，其中极大多数都是对汪精卫和国民党顽固派疯狂反共反人民、破坏抗日的口诛笔伐。

其中有对汪逆和反共派、顽固派阴谋行为予以揭露的。如用"为虎作伥"、"招摇过市"、"窃据要津"、"匿影藏形"、"司马昭之心，固已路人皆知矣"等等；亦有对汪逆和反共派、顽固派破坏行为予以警告的。如"物极必反"、"同归于尽"、"岌岌可危"、"重蹈覆辙"（概缩为"重蹈"而用）、"不可收拾"等等；还有对汪逆和反共派、顽固派的倒行逆施予以斥责的。如"国人皆曰可杀"、"投畀豺虎"等等。

（二）人名成典故，有历史现实紧相联之妙。

所谓"人名成典故"，就是说，以某些特殊的人名为典故。这里的特殊人名，是指中国历史上某些可以作为特殊词语的人名。这些人名入典或曰成典故，他们可以作为具有某一种特殊意义的代名词。又因为这种人名蕴含着丰富的历史内容，因此，将他们入典，可以使文论的内容将历史与现实紧密地相联系起来，因而，使文论富于历史的厚重之感，从而，其现实批判性就更为强烈！更为锐利！

毛泽东在这篇文章中的第七点要求中写道："七曰取缔特务机关。"列出了人名"周兴、来俊臣、魏忠贤、刘瑾"四人。这四个人名各自一生的恶行，实际上就是造谣、诬告、贪贿、杀人、奸邪、为非作歹、穷凶极恶等一切恶毒行为的代名词，是令人听后毛骨悚然的一切恶人的代名词，是人类社会毒瘤、癌症的代名词。毛泽东将这些历史人物与国民党反动政府中横行人世的特务人物等量齐观而论，其揭批之力度，真有如投枪和匕首之锐！

在运用人名典故方面，在这里还值得一提的是：毛泽东的暗用人名典故之妙。当我们读到"重足而立，侧目而视"这一语典之时，必然会想到张汤这个令生畏的酷吏人名，必然会想到汉武帝时期的汲黯对张汤的申斥，必然会联想到张汤刑法的残酷，如此种种，这都是对国民党反动政府的特务机关不得人心的揭露与描写。"重足而立，侧目而视"融入句中成文，囊括了中国封建专制几千年以来，对于中国老百姓和一切正直的人们的戕害与荼毒。在日寇凭陵、国难待靖之时，这样的特务机关，实属亟宜取缔！毛泽东这样的用典，在其论证时，对于国民党反动派要保留特务机关的种种理由，实有一语力敌千钧之妙！

200."强调团结和进步" "一定要三者合一"
——毛泽东在《必须强调团结和进步》中所用典故探妙

用典缘起：

1940年2月7日，毛泽东在为延安的《新中华报》改版一周年时，写下了《必须强调团结和进步》这篇文章。以强调抗战、团结、进步的三大方针相辅相成，缺一不可。在这篇文章中用了下列典故。

典故内容：

束之高阁。——书出第279页。典出《晋书·庾翼传》："京兆杜义，陈郡殷浩并才名冠世，而庾弗之重也，每语人曰：'此辈宜束之高阁，俟天下太平，然后议其任耳。'"又见，南朝梁人费昶《赠徐郎》："射策徐郎，明经拜爵……车载斗量，束之

高阁。"

贪官污吏。——书出第730页。典出同上一篇。

乌烟瘴气。——书出第730页。典出清人文康《儿女英雄传》第32回: "如今闹是闹了个乌烟瘴气,骂是骂了个破米糟糠。"

用典探妙:

毛泽东在这篇仅800字的短文中,有3处用了典故。其中前两个成语形式的典故,重在对国民党政权中的黑暗与不合理的社会现象的揭露与描绘。而"乌烟瘴气"一典,则有总括与批判国民党政权中的黑暗现象之妙。而反对和扫除这种乌烟瘴气,才能做到抗战团结进步,才能求得抗日事业有进一步的胜利。细细品味这三处所用之典故,确能使全文"抗战团结进步,三者不可缺一"的创作主旨有明白如话之妙!

201.民主自由与抗日 全国人民之所需
——毛泽东在《新民主主义的宪政》中所用典故探妙

用典缘起:

1940年2月20日,毛泽东在延安各界宪政促进会成立大会上,作了题为《新民主主义的宪政》的演说,在这个演说中用了下列典故。

典故内容:

在天之灵。——书出第734页。典出宋人陆游《渭南文集·湖州常照院记》: "遗弓故剑,群臣皆当追慕号泣,思所以报在天之灵。"又见,宋人张守《毗陵集·贺秦左相除太师启》: "固陵复土,而燕在天之灵;长乐还宫,而酬陟岵之望。""在天之灵"一语,是世人对于死者的灵魂与精神的一种尊敬的说法。

不肖子孙。——书出第734页。典出《庄子·天地》: "孝子不谀其亲,忠臣不谄其君,臣子之盛也。亲之所言而然,所行而善,则世俗谓之不肖子;君之所言而然,所行而善,则世俗谓之不肖臣。"又见,《孟子·万章上》: "丹朱之不肖,舜之子亦不肖。"又见,宋人邵雍《伊川击壤集·盛衰吟》: "克肖子孙,振起家门;不肖子孙,破败家门。"又见,清人颐琐《黄绣球》第8回: "我黄家却是这种不肖子孙最多,开了家塾,把这些不肖的教化几个,也是很要紧的事。""不肖子孙",多是指不像其先辈、不成器、难承先辈之业且品行不好的后代。

吹吹打打。——书出第735页。典出清人孔尚任《桃花扇·听稗》: "俺倒去吹吹打打伏侍著他听。"

挂羊头卖狗肉。——书出第736页(两出)。典出《晏子春秋·内篇杂下》: "君使服之于内,而禁之于外,犹悬牛首于门,而卖马肉于内也。"后逐渐演化成"悬羊头,卖狗肉"、"挂羊头，卖狗肉"。

百事大吉。——书出第736页。典出晋人颜幼明注《灵棋经·天佑卦》："此贵者之卦，阴阳得位，无相克伤，百事大吉。"又见，明人田汝成《西湖游览志余·熙朝乐事》："正月朔日，……签柏枝柿饼，以大橘承之，谓之百事大吉。"

天下太平。——书出第736页。典出《礼记·仲尼燕居》："言而履之，礼也；行而乐之，乐也。君子力此二者，以南面而立，夫是以天下太平也。"又见，《吕氏春秋·大乐》："天下太平，万物安宁。"又见，《晋书·华谭传》："今天下太平，四方无事，百姓承德，将就无为而义。"又见，明人冯梦龙《喻世明言》卷12："那时天下太平，凡一才一艺之士，无不录用。"

呜呼哀哉。——书出第737页。典出《诗经·大雅·召旻》："昔先王受命，有如召公，日辟国百里；今也，日蹙国百里。旻乎（即呜呼）哀哉，维今之人，不尚有旧。"又见，《左传·哀公十六年》："孔丘卒，公诔之曰：……旻旻余在疚，呜呼哀哉，尼父，无自律。"这里的"呜呼哀哉"，主要是用以表示悲哀、痛惜、感叹；又见，唐人韩愈《昌黎集·祭柳子厚文》："念子永归，无复来期，设祭棺前，矢心以辞。呜呼哀哉，尚飨！"又见，唐人刘禹锡《祭柳员外文》："魂兮来思，知我深旨。呜呼哀哉！尚飨！"又见，《三国志·魏书·文帝纪》南朝宋人裴松之注引《魏氏春秋》曰："惟黄初七年五月七日，大行黄帝崩，呜呼哀哉！"这里主要是用以表示对死者的哀悼之意；又见，《水浒传》第52回："李逵拿殷天锡提起来，拳头脚尖一发上，柴进哪里劝得住，看那殷天锡时，呜呼哀哉，伏惟尚飨。"又见，《红楼梦》第16回："（秦邦业）将秦钟打了一顿，自己气的老病发了，三五日，便呜呼哀哉了。"这里的"呜呼哀哉"，即是指死的意思。多含有讽刺、诙谐的意味。

不齿于人。——书出第737页。典出《尚书·蔡仲之命》："降霍叔于庶人，三年不齿。"又见，《诗经·鄘风·蝃蝀序》："淫奔之耻，国人不齿也。"，《左传·隐公十一年》："寡人若朝于薛，不敢与诸任齿。"又见，宋人刘克庄《缴秦九韶知临江军奏状》："兼汝孪居乡兜揽公事，人所不齿。"又见，明人沈德符《万历野获编·宦寺宣淫》："比来宦寺，多蓄姬妾……以故同类俱贱之，不屑与齿。"又见，清人毕沅《续资治通鉴·宋纪·徽宗政和元年》："燕人马植，本辽大族，仕至光禄卿，行污内乱，不齿于人。"又见，清人钱泳《履园丛话·科第·立品》："昔江阴有某进士者，少无赖，不齿于人；中试后，乡人不礼焉。"

搬起石头打自己的脚。——书出第737页（两出）。典出宋人法应纂集《禅宗颂古联珠通集·世尊机缘·断桥伦》："自把碌砖空里掷，必端自打自家头；灼然自痛自难说，自着摩拏归去休。"又见，清人石成金《传家宝·俗谚》："自搬砖自磕脚。""搬起石头打自己的脚"这一俗语形式的典故当本此。

一心一意。——书出第737页。典出唐人骆宾王《代女道士王灵妃赠道士李荣》诗："想知人意自相寻，果得深心共一心。一心一意无穷已，投漆投胶非足拟。"又见，宋人仲殊《步蟾宫》词："一心一意同欢笑。两心事，卒难得了！"又见，清人张春帆《宦海》第4回："所以彭宫保便一心一意的料理防守事宜，庄制军便一心一意的料理军需器械。""一心一意"，在这里均是指心思、意向、意念专一，没有别的想法和打算。

损人利己。——书出第737页（三出，一出为"损人害己"当属变用）。典出元人高文秀《谇范叔》第4折："则为你损人利己使心机，图着个甚的？"又见，元人无名氏《陈州粜米》第1折："坐的个上梁不正，只待要损人利己惹人憎。"又见，《西游记》第16回："广智广谋成甚用，损人利己一场空。"

背道而驰。——书出第738页。典出唐人白居易《为人上宰相书》："自贞元以来，斯道寖微，鲜能知者。岂唯不知乎，不行乎，又将背古道而驰者也。"又见，宋人叶适《水心文集·庄子》："又变于俗而趋于利，故其势不得不背道而驰，则君子哀之可也。"

一朝一夕。——书出第739页。典出《周易·坤》："臣弑其君，子弑其父，非一朝一夕之故，其所由来者渐矣。"又见，唐人徐浩《书法论》："张伯英临池学书，池水尽黑，永师登楼不下，四十余年……以此而言，非一朝一夕能尽美。"又见，《晋书·简文三子传》："尔来一朝一夕，遂成今日之祸矣。"又见，宋人李觏《周礼致太平论五十一篇·官人第四》："吏之于民必相知心，然后治也……欲相知心，岂一朝一夕而可哉？"

一手一足。——书出第739页。典出《礼记·表记》："后稷天下之为烈也，岂一手一足哉！"又见，清人梁启超《国家思想变迁异同论》："其得此思想也，非一朝一夕所骤至，非一手一足所幸成，或自外界刺激之，或自内界启牖之。"

用典探妙：

毛泽东在这篇约5400字的演说中，计在18处用了典故。这些典故的运用，有如镶嵌在文章中闪光宝石，有光彩夺目之妙。其用典的主要特点和妙处是：

（一）用典饰文采，形象生动具锋芒。

所谓"用典饰文采，形象生动具锋芒"，就是说，毛泽东在这篇文章中，运用典故美化语言，修饰文采，显现了他行文、演说形象、生动、严谨、精练、具有锋芒、具有针对性和富于论辩力的特有的语言风格，是其妙用典故的一大特色。因为这篇演说，主要是针对蒋介石所谓实行宪政的欺骗宣传的，因此，毛泽东在文章中，首先强调的是要争取独立与民主，而抗日就是为了争取独立。因此，毛泽东妙用典故的这些特色，就主要展示在如下一些方面。

有运用成语形式的典故语言，以责问中国的顽固派搞欺骗人民的所谓宪政。如用"在天之灵"、"不肖子孙"，责问他们是有违孙中山先生遗嘱；有运用成语形式的典故语言，以揭露顽固派。如用"吹吹打打"，揭露顽固派的两面手法；有运用成语形式的典故语言，以告诫人们要警惕顽固派。如用"百事大吉"、"天下太平"、"呜呼哀哉"，提醒善良的人们对于顽固派的所谓宪政，要有所警惕；有用成语形式的典故语言，鼓舞人们的革命斗志。如用"不齿于人"、"损人利己"、"背道而驰"，指出顽固派的必然结果，以鼓舞人们的斗志；有用成语形式的典故语言，指出动员人民大众和艰苦努力的必要性。如用"一朝一夕"、"一手一足"，指出实行新民主主义宪政的艰巨性。毛泽东将这些成语形式的典故镶嵌于演说之中，在阐明事理、揭示事物的本质上，都有提纲挈领、画龙点睛之妙。

(二)用典兼释典，语意通俗又精深。

所谓"用典兼释典，语意通俗又精深"，前者是就毛泽东的用典方法而言的。就是说，毛泽东在运用典故之时，先将所要运用之典镶嵌于文中，紧接着就联系他所要深入论述的问题，在解释典意的同时，将典意与所要论述的问题紧紧地挂上勾。这样一种用典方法，能够取得"语意通俗又精深"的艺术效果。

比如在第736页，毛泽东在批判"中国现在的顽固派"时，他这样写道："他们口里的宪政，不过是'挂羊头卖狗肉'。"毛泽东在这里运用了"挂羊头卖狗肉"这样一个典故，这个典故的运用，有如用投枪和匕首撕开了顽固派假面具的画皮。这对于有相当文化水准的人来说，毛泽东所用之典的典意，已经是心领神会了。但是，毛泽东并未就此搁笔，接着就来了一句"他们是在挂宪政的羊头，卖一党专政的狗肉"。这一句不仅是对"挂羊头卖狗肉"的进一步的诠释，而且将顽固派的所谓宪政，作了进一步解剖，有通俗易懂之妙，更有精深透彻之妙。

又如在第737页中，毛泽东这样写道："我们曾说张伯伦'搬起石头打自己的脚'，现在已经应验了。"毛泽东在这里用了俗语形式的"搬起石头打自己的脚"这个典故，将这个典故用在这里，可谓形象而生动，妙绝千古。对于这个典故，中国的老百姓是无人不懂、人人皆熟知。但是，对于毛泽东将其运用到张伯伦身上的深层蕴含，这就只有对当时国际关系史有所了解的人才能够有确切的理解。于是毛泽东紧接着就张伯伦曾经的一段不光彩的作为进行了表述，将当年的希特勒拟定为是一块又臭又硬"石头"，将当年的张伯伦要将德军这股祸水引向苏联，比喻为"张伯伦过去一心一意想的是搬起希特勒这块石头，去打苏联人民的脚"。可是，张伯伦事与愿违，希特勒的军队要先扫清西欧各国，攻打英国就不可避免了。这是对于一切损人利己者最为有力的讽刺与嘲笑，也是对于所有顽固派的将来的可耻下场的讽刺与嘲笑！

用典缘起：

1940年3月6日，毛泽东为中共中央起草了题为《抗日根据地的政权问题》的对党内的14条指示。在这一篇文章中用了下列典故。

典故内容：

盛气凌人。——书出第742页。典出《战国策·赵策四》："赵太后新用事，秦急攻之，赵氏求救于齐，齐曰：'必以长安君为质，兵乃出。'太后不肯，大臣强谏。太后明谓左右：'有复言令长安君为质者，老妇必唾其面。'左师触詟愿见太后，太后盛气而揖之。"又见，唐人孙元晏《咏史诗·谢澹云霞友》："仗势凌人岂可亲，只将范泰是知闻。缘何唤作云霞友？却恐云霞未似君。"又见，宋人楼钥《汪公行状》："时户部侍郎李公椿年建议行径界，选公为龙游县覆实官，约束严峻，已量之田隐藏亩步，不以多寡率至黥配，盛气临人，无敢忤者。"又见，宋人朱熹《朱文公文集续集·与长子受之》："凡事谦恭，不得尚气凌人，自取耻辱。"又见，明人张岱《琅嬛文集·十叔煜芳》："凡理部务，必力争曲直，稍有掎角，辄以盛气加人，为僚属所畏。"《元诗纪事·赵孟頫〈讥留梦炎诗〉》引杨载《赵孟頫行状》："（叶李）论事厉声色，盛气凌人，若好己胜者，刚直太过，故多怨焉。"又见，清人曾国藩《求阙斋语·家书》："今日我以盛气凌人，预想他日人亦以盛气凌我。""盛气凌人"一语，当与"盛气而揖之"、"仗势凌人"、"盛气临人"、"尚气凌人"、"盛气加人"诸典意义相近。

敷衍塞责。——书出第742页。典出清人张集馨《道咸宦海见闻录》："委员共知其事体之难，而严令愿为恪遵，委勘几及年余，始克竣事，半数敷衍塞责。"又见，清人谭嗣同《报贝元征》："而肄业不过百数十人，又不过每月应课，支领奖饩，以图敷衍塞责。"

心悦诚服。——书出第743页。典出《孟子·公孙丑上》："孟子曰：'以力假仁者霸，霸必有大国；以德行仁者王，王不待大。汤以七十里，文王以百里。以力服人者，非心服也，力不赡也；以德服人者，中心悦而诚服也。如七十子之服孔子也。诗云："自西自东，自南自北，无思不服。"此之谓也。'"这是孟子与家人辩论什么是王道、什么是霸道时说的一段话。其意是说，以强大的武力假托救世安民去征服人家，此为霸道；以仁德治理国家，此为王道。以武力征服人家，人家只能是屈服你的武力，心里并不服你；反过来看，也可说明你没有力量。施仁政而人家服你，那才是心里服你。这有如七十个学子服从孔子一样，是心服。《诗经》中有云：从西到东，从南到北，没有一个地方的人不服从文王。这就是真心的服从。又见，宋人陈亮《与王丞相淮书》：

"独亮之于门下，心悦诚服而未尝自言，丞相亦不得而知之。"又见，元人刘时中《端正好·上高监司》套曲："赴解时弊更多，作下人就做夫，检块数几曾详数，止不过得南新吏贴相符。那问他料不齐，数不足，连柜子一时扛去，怎教人心悦诚服？"又见，清人李汝珍《镜花缘》第23回："小弟若在两位才女跟前称了晚生，不但毫不委曲，并且心悦诚服。"

用典探妙：

1940年3月6日，毛泽东为中共中央起草、后编入《毛泽东选集》时题为《抗日根据地的政权问题》的党内指示。在这个指示中，毛泽东提出了有名的"三三制"政策。这就是："根据抗日民族统一战线政权的原则，在人员分配上，应规定为共产党员占三分之一，非党的左派进步分子占三分之一，不左不右的中间派占三分之一。"为了全面地论证这个政策实施的必要性和其在抗日民族统一战线中的重要作用，毛泽东共用了三个成语形式的典故。这三个典故的运用，在整个指示中，有起"文眼"作用之妙。

"盛气凌人"一典，所要说明的是"保证党的领导权"的方式方法问题，即不是将"三三制"当口号，或"盛气凌人地要人家服从我们"，而是以党的正确政策和自己的模范工作，去说服和教育党外人士，使他们愿意接受党的建议与领导。这"盛气凌人"一典的运用，就是对党内极少数干部工作作风富于形象的描绘与批评，给人以难忘印象！给人以警策！

"敷衍塞责"与"心悦诚服"均在第9条指示之中，一方面是继续对党内干部执行"三三制"的方式方法的指导与教育，另一方面也是中国共产党人坦诚胸怀和伟大气派的展现。有这样坦诚的胸怀和气派，在伟大的抗日战争中，又有什么困难不能克服呢？

毛泽东在这篇约2000字的文章中，虽说只用了三个典故，但这三个典故，有如三颗珍珠，在毛泽东的这些指示中，永远闪烁着不朽的光华！

203.目前抗日的策略 是"争取时局好转"
——毛泽东在《目前抗日统一战线中的策略问题》中所用典故探妙

用典缘起：

1940年3月11日，毛泽东在延安中国共产党的高级干部会议上，以《目前抗日统一战线中的策略问题》为提纲作了报告。在这个报告中用了下列典故。

典故内容：

坐山观虎斗。——书出第744页。典出《史记·陈轸传》："(陈轸谓秦王曰)亦尝有以夫卞庄子刺虎闻于王者乎？庄子欲刺虎，馆竖子止之曰：'两虎方且食牛，食甘必

争，争则必斗，斗则大者伤，小者死，从伤而刺之，一举必有双虎之名。'卞庄子以为然，立须之。有顷，两虎果斗，大者伤，小者死。庄子从伤者而刺之，一举果有双虎之功。"又见，《红楼梦》第69回："凤姐虽恨秋桐，且喜借他先发脱二姐，用借刀杀人之法，坐山观虎斗，等秋桐杀了尤二姐，自己再杀秋桐。"

坚固不拔。——书出第746页。典出宋人苏轼《苏东坡集·晁错论》："古之立大事者，不唯有超世之才，亦必有坚忍不拔之志。"又见，清人羽衣女士《东欧女豪杰》第4回："靠着各位热血至诚，坚忍不拔，百年一日，万人一心，将来定必有一个成功的日子。""坚固不拔"当由"坚忍不拔"而来。

损人利己。——书出第746页。典出元人高文秀《谇范叔》第4折："则为你损人利己使心机，图着个甚的？"

适可而止。——书出第749页。典出宋人朱熹《论语集注·乡党》："'不多食'：适可而止，无贪心也。"

敷衍塞责。——书出第751页。典出同上一篇。

用典探妙：

毛泽东在这篇约6000字的演说提纲中，所用典故只有6处，虽说不多，但还是有其特色。

一是用于揭露批判美帝国主义和国民党中央政府。如以"坐山观虎斗"揭露批判美帝国主义阴险狡猾的本质，和用"损人利己"批判国民党中央政府的政策。这样的成语形式的典故嵌入文中，在当时纷繁复杂的民族矛盾与阶级斗争中，有给人以警省之妙！

二是用于自励、自卫、自强。在《和中央社、扫荡报、新民报三记者的谈话》中，毛泽东妙用顶针连珠之法，创造性地提出了我党我军"人不犯我，我不犯人；人若犯我，我必犯人"自卫原则、自卫策略的名言。在这一篇文章中，毛泽东再一次运用了这一蝉联递接的名言。在这一名言之前，毛泽东用了"坚固不拔"这一成语形式的典故，指出了我党我军在当时的历史条件下，发展进步势力的重要性；在这一名言之后，用了"适可而止"、"敷衍塞责"这两个成语形式的典故，一谈斗争之方式方法，二说在执行"三三制"时的应有态度。在日、伪、顽反共异常猖狂之时，这些成语形式的典故的运用，对于人们充分理解毛泽东提出"三三制"原则和再次重申我党我军的自卫原则，以及"发展进步势力"、"争取中间势力"、"孤立顽固势力"之方针的理解等方面，均能给人以深刻的启迪之妙。

204. "中华民族的兴亡"　"抗日党派的责任"
——毛泽东在《团结到底》中所用典故探妙

用典缘起：

1940年7月5日，毛泽东为延安《新中华报》写了题为《团结到底》，以纪念抗日战争三周年的文章。在这一篇文章中用了下列典故。

典故内容：

……兴亡，……责任。"天下兴亡，匹夫有责"的变用。——书出第759、760页。典出明末清初人顾炎武《日知录·正始》："是故知保天下，然后知保其国，保国者其君其臣，肉食者谋之。保天下者，匹夫之贱，与有责焉耳矣。"（顾炎武还在其客厅中书写堂联云："天下兴亡，匹夫有责。"载吴直雄《中国楹联鉴赏辞典·楹联作法纵横谈——兼及楹联起源和种类》，百花洲文艺出版社1991年5月版，第584页）又见，清人吴趼人《痛史》第10回："天下兴亡，匹夫有责。"又见，清人梁启超《无聊消遣》："顾亭林说：'天下兴亡，匹夫有责。'"

还我河山。亦即"还我山河"。——书出第761页。典出宋人赵与时《宾退录》："徽宗尝梦吴越钱王引徽宗御衣云：'我好来朝，便留住我，终须还我山河，待教第三子来。'"这里讲的是宋太宗赵光义，将吴越王钱俶扣留在汴京，钱俶被迫献出国土，削去国号。后来宋徽宗赵佶曾梦见钱俶向他讨还国土。又见，杭州岳飞庙，有宋人岳飞手书："还我河山。"岳飞的抗金口号亦是："还我河山，复我二主。"冯玉祥《题杭州岳庙联》云："还我河山，一片忠心唯报国；驱尔异族，百年奇耻不同天。"

用典探妙：

毛泽东在这篇约2000字的文章中，只在3处用了典故。这3处所用的典故，均具有震憾人心的感召力！

这3处用典的最大特点是：典故的暗用与明用巧相结合之妙。

所谓暗用，且看：顾炎武"天下兴亡，匹夫有责"的名言一出，就在全中国产生了极大的影响，可以说，它是中华民族优秀分子的传统精神。特别是自鸦片战争以来，中华民族面临着亡国灭种的危险，这一名言便唤起了每一个有良知的中国人，面对强敌奋起抗争，书写了一部又一部可歌可泣的斗争的血泪史。在日、伪、顽猖狂反共反人民，中华民族面临着亡国灭种、最为危险的时刻，毛泽东在文章中两次将"天下兴亡，匹夫有责"，暗用为"中华民族的兴亡，是一切抗日党派的责任，是全国人民的责任，但在我们共产党人看来，我们的责任是更大的"和"现在国难日深，世界形势大变，中华民族的兴亡，我们要负起极大的责任来"。这两处暗用所论述的社会现状，与"天下兴亡，匹夫有责"这一名言产生的历史背景，相互照应、相互生发，有机地融入了现实语

言环境之中，从而产生了震撼人心的力量，鼓舞着所有不愿做亡国奴的人们团结到底，誓将日寇逐出国门！

所谓明用，就是将岳飞的名言"还我河山"直接嵌入文章之中，用民族英雄的精神，鼓舞着中华民族的优秀子孙，克服投降、战胜困难、驱除日寇。

这两个典故，一暗一明地妙嵌入文章之中，不但其本身有着独特的震撼人心的号召力，在这篇2000字的文章中，亦有其画龙点睛、给人以印象深刻之妙！

205.整个抗日战争中 要坚持统一战线
——毛泽东在《论政策》中所用典故探妙

用典缘起：

1940年12月25日，毛泽东为中共中央起草了编入《毛泽东选集》时题为《论政策》党内指示。在这个指示中运用了下列典故。

典故内容：

自力更生。——书出第765页（两出）。典出《礼记·礼器》："食力无数。"元人陈澔集说："食力，自食其力之人。"又见，汉人贾谊《论积贮疏》："今敺（驱）民而归之农，皆著于本，使天下各食其力。"又见，《史记·平津侯主父列传》："元元黎民得免于战国，逢明天子，人人自以为更生。"又见，明人李昌祺《剪灯余话·泰册御史传》："（宋珪）居贫，自食其力，隐田里间，以教授为业，非义不为，人敬惮之。"又见，《东周列国志》第86回："又公族五世以上者，令自食其力，比于编氓。"又见，清人蒲松龄《聊斋志异·黄英》："自食其力不为贪，贩花为业不为俗。人固不可苟求富，然亦不必务求贫也。""自力更生"当是由"自食其力"、"自以为更生"等化意而成。

束手无策。——书出第765页。典出宋人王柏《鲁斋集·书先君遗独善汪公帖后》："士大夫念虑不及此，一旦事变之来，莫不束手无策。"又见，宋人无名氏《五代史平话·唐下》："唐皇又到，仓皇骇愕……诸将相束手无策。"又见，《宋季三朝政要》："（秦）桧死而逆亮（金主完颜亮）南牧，兵号百万，孰不束手无策。"又见，明人凌濛初《二刻拍案惊奇》卷29："小姐已是十死九生，只多得一口气了。马少卿束手无策。"

罪大恶极。——书出第767页。典出宋人欧阳修《欧阳文忠公集·纵囚论》："信义行于君子，而刑戮施于小人。刑入于死者，乃罪大恶极，此又小人尤甚者也。"又见，宋人罗大经《鹤林玉露·补遗》："矫如桧（秦桧）者，密奉虏谋，胁君误国，罪大恶极。"又见，清人褚人获《隋唐演义》第91回："杨国忠召乱起衅，罪大恶极，人人痛恨，仆（王思礼）曾劝哥舒翰将军上表，请杀之，惜其不从我言。"

自给自足。——书出第768页。典出《汉书·宣帝纪》："请诸诏省卒徒自给者皆止。御史察计簿，疑非实者，按之。"又见，《列子·黄帝》："不施不惠，而物自足；不聚不敛，而已无怨。""自给"与"自足"二义成文为"自给自足"。

畏首畏尾。——书出第768页。典出《左传·文公十七年》："古人有言曰：畏首畏尾，身其余几。"又见，《晋书·慕容廆传》："孤军轻进，不足使勒畏首畏尾，则怀旧之士欲为内应，无由自发故也。"又见，宋人邵雍《伊川击壤集·蝎蛇吟》："蛇以首中人，蝎以尾用事。奈何天地间，畏首又畏尾。"

操之过急。——书出第769页。典出《公羊传·庄公三十年》："盖以操之为已慼矣。""已"，甚之意；"慼"，紧迫之意。又见，《汉书·五行志中之下》："遂要崤陜，以败秦师，匹马觭轮无反者，操之急矣。"又见，清人黄宗羲《南雷文案·子刘子行状上》："陛下求治之心，操之过急，不免酝酿而为功利。"又见，清人李宝嘉《文明小史》第1回："第一须用上水磨工夫，叫他潜移默化，断不可操切从事。"

用典探妙：

毛泽东在这篇约5000字的指示中，虽说只有8处用了典故，但仍然是颇具特色。其特色主要表现在：

就毛泽东在这8处所用的成语形式的典故而言，其最大的特点是：十分有力地配合了他在论政策时的分析和所提出的具体政策，极大多数都是集中在对党内成员的思想方法和工作方法，从正反两个方面予以论述、总结和指导。如以"自力更生"去解释我们与国民党政府的政策的根本不同的缘由之所在；用"束手无策"去说明不能执行统一战线之严重后果；用"罪大恶极"总括在锄奸时运用政策的分寸之感；用"自给自足"论述我们的经济政策的出发点；以"畏首畏尾"批评对待知识分子中的不应有的态度；以"操之过急"提醒我们的干部该如何去执行具体政策。

总而言之，这些成语形式的典故，在毛泽东的这篇文章中，用典如"神光所聚"，有映照全篇之妙。毛泽东正是借助这些成语形式的典故的运用，将其丰富的经验和知识、党中央政策的精神实质，语浅意深、十分成功地展现在对党内的指示之中。

206. "为保卫民族国家" 须 "坚持抗战到底"
——毛泽东在《为皖南事变发表的命令和谈话》中所用典故探妙

用典缘起：

1941年1月20日，对国民党反动派发动皖南事变，我党我军和全国人民表示了极大的

愤慨，毛泽东撰写了《为皖南事变发表的命令和谈话》一文，在这篇文章中，用了下列典故。

典故内容：

陷身囹圄。——书出第771页。典出汉人司马迁《报任少卿书》："深幽囹圄之中，谁可告愬者！""囹圄"即牢狱。

殊深轸念。——书出第771页。典出南朝陈人徐陵《檄周文》："轸念过曹，犹感盘餐之惠。""轸念"，意为痛苦地思念。

动魄惊心。即"惊心动魄"。——书出第773页。典出南朝梁人钟嵘《诗品·古诗》："其体源出于《国风》，陆机所拟十四首，文温以丽，意悲而远，惊心动魄，可谓几乎一字千金。"《庚子事变文学集·都门纪变百咏（其末）》："动魄惊心三十天，枪声不断炮声连。"

冒天下之大不韪。——书出第774页。典出《左传·隐公十一年》："不度德，不量力，不亲亲，不征辞，不察有罪，犯五不韪而以伐人，其丧师也，不亦宜乎？""不韪"即不对的意思。这里讲的是公元前712年，息国出兵攻打相邻的郑国，结果战败。于是评论者说：息国攻郑，有五大错误。一不权衡是否讲道德；二不量力而战；三不亲近自己的同族（息、郑同为姬姓）；四不辨是否师出有名；五不察谁是有罪。冒犯了这五大公认不对之处，就去攻打别国，其败不是在情理之中的事吗？清人陈夔龙《梦蕉亭杂记》卷1："李文忠高掌远蹠，才气横溢，三朝元老。然功满天下，谤亦随之。当甲午之役，冒天下之大不韪。"又见，清人陈天华《中国革命史论》："惟一二之枭雄，冲决藩篱，悍然不顾，甘冒天下之大不韪，以求济其私心之所欲。"又见，孙中山《致国民党员书》："充此一念，遂冒天下之大不韪而不恤。""冒天下之大不韪"意为冒犯了天下所有的人所认为的最大的错误；不顾众人的反对，明目张胆地干坏事。

惊天动地。——书出第774页。典出唐人白居易《李白墓》诗："可怜荒陇穷泉骨，曾有惊天动地文。"又见，宋人周密《齐东野语》卷17："有无名子作诗，揭之试所云：'鼙鼓惊天动地来，九州赤子哭哀哀。'"又见，元人无名氏《博望烧屯》第2折："火炮响惊天动地，施谋略巧计安排。"又见，《红楼梦》第106回："满屋中哭声惊天动地，将外头上夜婆子吓慌，急报于贾政知道。"

粗心大意。——书出第774页。典出宋人张洪等编《朱子读书法·熟读精思》："为学读书，须是耐烦细意去理会……粗心大气不得。"又见，清人文康《儿女英雄传》第4回："这是我粗心大意。"

树倒猢狲散。——书出第774页。典出宋人庞元英《谈薮》中载：在秦桧权倾一时之时，曹咏趋炎附势，奉承秦桧，自己也曾因此显赫一时。然而，其妻兄厉德新却不肯依附权势，曹咏为之不满，并威胁之，厉德新不肯屈服。秦桧死后，曹咏随之遭贬新州。

这时曹咏收到厉德新的一封来信，打开一看，是一篇《树倒猢狲散赋》。"树倒猢狲散"，直解是：树倒了，树上的猴子也就散了。喻指核心人物倒了台，依附他的人也就随之而散。又见，元人陶宗仪《南村辍耕录·嘲回回》："阿剌一声绝无闻，哀哉树倒猢狲散。"又见，明人徐渭《雌木兰》第2出："花开蝶满枝，树倒猢狲散。"又见，清人赵翼《瓯北诗钞·感事四首（其四）》："秋风宾客孟尝门，顷刻炎凉局顿翻。往日肉膻趋蚂蚁，只今树倒猢狲散。"又见，《红楼梦》第13回："如今我们家赫赫扬扬，已将百载，一日倘或乐极生悲，若应了那句'树倒猢狲散'的俗语，岂不虚称了一世诗书旧族了？"

悬崖勒马。——书出第775页。典出明人无名氏《牧羊记·小逼》："莫待临崖失马收缰晚，只恐船到江心补漏迟。"又见，清人纪昀《阅微草堂笔记·如是我闻二》："书生曰：'然则子仍魅我耳。'推枕遽起，童亦舾然而去。此书生悬崖勒马，可谓大智慧矣。"

过为已甚。——书出第775页。典出《孟子·离娄下》："孟子曰：'仲尼不为已甚者。'"意为不做得过分，不超出一定的限度。

吾恐季孙之忧，不在颛臾，而在萧墙之内。即"祸起萧墙"。——书出第775—776页。典出《论语·季氏》："今由与求也，相夫子，远人不服而不能来也，邦分崩离析而不能守也，而谋动干戈于邦内。吾恐季孙之忧，不在颛臾，而在萧墙之内也。"这几句话是说：春秋之时，鲁国的大贵族季孙氏要去攻打鲁国的附庸小国颛臾。孔子的两个学生冉有与季路是季孙氏的家臣，他们是支持主子的。孔子劝说他的学生道：季氏攻打臣服鲁国的小国颛臾是不得人心的。我为你们担心的不是小国颛臾，而是深居于萧墙（古代君王宫室中当门的小墙，比喻家中内部）之内的国君，他会允许你们与季孙这一伙人为所欲为吗？人们将这一典事概括为"祸起萧墙"、"萧墙祸起"。又见，汉人焦延寿《易林·豫之随》："忧在腹内，山崩为疾，祸起萧墙，竟制其国。"又见，《水浒传》第25回："大家捏两把汗，暗暗地说道，这番萧墙祸起了。"又见，清人李汝珍《镜花缘》第68回："无如族人甚众，良莠不齐，每每心怀异志，祸起萧墙。"

搬起石头打他们自己的脚。亦即"自搬砖自磕脚"。——书出第776页。典出清人石成金《传家宝·俗谚》："自搬砖自磕脚。"

爱莫能助。——书出第776页。典出《诗经·大雅·烝民》："人亦有言，德輶如毛，民鲜克举之。我仪图之，维仲山甫举之，爱莫助之。衮职有阙，维仲山甫补之。"这是周宣王派遣樊侯仲山甫去治理齐地时，尹吉甫写了一首名为《烝民》的诗送别，在这首送别诗中，尹吉甫赞扬仲山甫是一位贤能之臣。诗中的"爱莫助之"，是说仲山甫到了齐地之后，周王虽说对他很是诚爱，但还是很难给予更为具体的帮助了，这就只有靠他自己了。宋人朱熹注此云："是以心诚爱之，而恨不能有以助之。"又见，宋人阳

枋《上淮阃赵信庵论时政书》："未能一见君子颜色，乃欲撼简编中古人陈烂兵法，冒渎高明，多见其不知量，姑以致爱莫能助之意云尔。"又见，明人冯梦龙《警世通言·王安石三难苏学士》："荆公开言道：'子瞻昨迁广州，乃圣上主意，老夫爱莫能助。子瞻莫错怪老夫否？'"又见，清人蒲松龄《聊斋志异·钟生》："叟大骇曰：'他家可以为力，此真爱莫能助矣。'生哀不已。"

亡羊补牢，犹未为晚。亦即"亡羊补牢"、"补牢亡羊"、"牢补羊亡"。——书出第776页。典出《战国策·楚策》："臣闻鄙语曰：'见兔而顾犬，未为晚也；亡羊而补牢，未为迟也。'臣闻汤、武以百里昌，桀、纣以天下亡。今楚国虽小，绝长续短，犹以数千里，岂特百里哉！"这是楚国的庄辛对曾一度与"幸臣"鬼混的楚顷襄王熊横，说的一大段话中的几句。其意是说：我听得俗话说，看见兔子才回头去找猎狗，还不算晚啊！损失了羊再去修好羊圈，也不算迟啊！古时的商汤、周武王，都是以百里的地方强盛起来而有天下的。而夏桀与商纣王，虽然据有天下，也终于亡国。现在楚国虽说不大，截取长的地方补上短的地方，还有几千里，难道不过百里吗？又见，宋人陆游《剑南诗稿·秋兴之八》："惩羹吹齑岂其非，亡羊补牢理所宜。"又见，其《六言杂兴九首》（其四）："失马讵知非福？亡羊不妨补牢。"又见，宋人陈渊《奉陪龟山先生观修城》："尊俎折冲今可恃，补牢端为念亡羊。"又见，明人沈德符《万历野获编·徐州》："要之是举必当亟行。若遇有事更张，不免亡羊补牢矣。"又见，清人毕沅《春仲东行安会道中感时述事寄兰州当事诸公五首》（其四）："尽心臣下责，惜命上天慈。牢补亡羊后，经营莫更迟。"

怙恶不悛。——书出第776页。典出《左传·隐公六年》："君子曰：'善不可失，恶不可长，其陈桓公之谓乎。长恶不悛，从自及也，虽欲救之，其将能乎！'"事由春秋之时的公元前720年，卫国联合宋国与陈国攻打郑国，陈国本是郑国的友好邻国，故郑庄公向陈国求救，陈桓公不允许。这时，陈国的执政大臣陈公子陀劝说陈桓公援郑，陈桓公不听。郑庄公只好奋勇抵抗，联军难于取胜，只好罢兵。从此，郑、陈结下了冤仇。到公元前717年5月11日，郑国攻陈，大获全胜。对此，《左传》的作者评说道：陈桓公坚持作恶而不改，随之而来的是自取其害，别人是挽救不了的。又见，《金史·许古传》："彼若有知，复寻旧好，则又何求？其或怙恶不悛，举众讨之，顾亦未晚也。"又见，《元史·周自强传》："若能悔悟首实，则原其罪；若迷谬怙恶不悛，然后绳之以法不少贷。"又见，明人文秉《先拔志始》卷下："乃尚有等未尽奸徒，怙恶不悛，密弄线索，或巧布流言蜚语，或写匿名文书，害正常邪，淆乱视听。"

忍无可忍。——书出第776页。典出《论语·八佾》："是可忍也，孰不可忍也。"又见，《三国志·魏书·孙礼传》："（孙礼）因涕泣横流。宣王（司马懿）曰：'且止，忍不可忍。'"又见，《唐史演义》第60回："公主未免挟贵自尊，暖忍无可忍，屡有违言。"又见，清人无名氏《官场维新记》第18回："果然那些学生忍无可忍，闹出全班散学的事来。"

悔之无及。——书出第776页。典出《史记·伍子胥列传》："愿王释齐而先越，若不然，后将悔之无及。"又见，《永乐大典戏文·无名氏〈小孙屠·小孙屠牢房送饭〉》："事到头来，全无区处，受尽凌迟，如今悔之无及。"

自相矛盾。——书出第776页。典出《韩非子·难势》："人有鬻矛与盾者，誉其盾之坚：'物莫能陷也。'俄而又誉其矛曰：'吾矛之利，物无不陷也。'人应之曰：'以子之矛陷子之盾何如？'其人弗能应也。"这是一个人所共知的寓言故事。又见，《北史·李业兴传》："亦作云上圆不方，卿言岂非自相矛盾？"又见，唐人刘知几《史通·诸汉史》："观孟坚《纪》《志》所言，前后自相矛盾矣。"又见，宋人孙光宪《北梦琐言》卷4："（吴融）为僧贯休撰诗序，以唐来惟元（稹）、白（居易）、休师而已。又祭陆龟蒙文，即云海内文章，止鲁望（龟蒙字）而已。自相矛盾，于时不免识者所讥。"

不打自招。——书出第776页。典出明人冯梦龙《警世通言》卷24："刘爷看了书吏所录口词，再要拷问，三人都不打自招。"又见，《西游记》第17回："老孙去暗暗的寻他，只见他与一个白衣秀士，一个老道人，坐在那芳草坡前讲话。也是个不打自招的怪物，……"

用典探妙：

毛泽东在这篇只有3300字的文章中，指出皖南事变，酝酿已久，重在揭露日本和亲日派的阴谋计划。在文章中，共计用了18个典故。这18个典故的运用，围绕着其命令和谈话的主旨，展现出如下特色。

（一）用典重在揭露与批判相结合之妙。

震惊中外的皖南事变发生之后，周恩来曾悲愤地写下了"千古奇冤，江南一叶。同室操戈，相煎何急"的名诗。诗中妙用典故，十分深刻地揭露和批判了国民党亲日派一手制造的这一反革命事变的罪行。毛泽东在这篇命令和谈话中，妙用了不少的成语形式的典故，以命令和谈话的形式，深刻地揭露和批判了一手制造这一反革命事变的罪魁祸首的滔天罪行，使其命令和谈话独显精警、独显批判的穿透力之妙。比如以"陷身囹圄"一典，揭露和批判亲日派的阴谋袭击所造成的我新四军的艰难处境；以"动魄惊心"和"惊天动地"二典，描绘与揭露所谓中日联合"剿共"的"其事至险，其计至毒"；以"自相矛盾"、"不打自招"二典，揭露与批判亲日派混淆视听的欺骗宣传。这些典故词语的妙用，均带着厚重的历史感悟，给人们以思考、以比较、以启迪，从而进一步看清楚日寇和亲日派的反动真面目之所在。

（二）用典重在规劝与警告相结合之妙。

713

基于有"日寇和亲日派总是要失败"的坚定信念，基于"中国其他党派（包括国民党在内）的党员，于民族危亡的巨祸，必有很多不愿意投降和内战的。有些虽然一时受了蒙蔽，但时机一到，他们还有觉悟的可能"，"全国人民的大多数，不愿当亡国奴"等客观事实的科学分析。毛泽东在其命令和谈话中的用典，极有分寸之感。显现了其用典重在规劝与警告相结合运用之妙。比如以"事恐季孙之忧，不在颛臾，而在萧墙之内"、"搬起石头打他们自己的脚"、"爱莫能助"、"亡羊补牢，犹未为晚"等典故，都表现了我党我军的坦诚和奉劝的诚心；以"忍无可忍"、"悔之无及"二典，表达了我党我军在事变之后的工作的仁至义尽；以"冒天下之大不韪"、"树倒猢狲散"、"怙恶不悛"诸典，警告"让日寇和亲日派横行到底"的可耻下场！

（三）用典重在缅怀与表态相结合之妙。

毛泽东在其命令和谈话中，以其悲愤的心情表达了对战友的缅怀之情。如以"殊深轸念"，表达对被害战友的思念；以"不过为已甚"，表示只要亲日派能够改弦易辙，使事态自然平复后的态度。而在整个命令和谈话中，其中所有如匕首和投枪般的具有深刻批判和严重警告性质的典故，则充分地表达了毛泽东对日寇和亲日派的横行不法的无比愤慨，以及对其如若继续横行不法的坚决打击态度。

总而言之，毛泽东在这个命令和谈话中所用的典故，互相发明，互为作用，开阖变化，一动众随，有如阵阵排炮齐轰，对亲日派一手制造皖南事变，进行了彻底的揭露与批判，使全国人民看清楚了这一伙民族败类的丑恶嘴脸。

207.对政治军事压迫 仍应严正的抗议
——毛泽东在《打退第二次反共高潮后的时局》中所用典故探妙

用典缘起：

1941年3月18日，毛泽东为中共中央起草的党内指示、后编入《毛泽东选集》时题为《打退第二次反共高潮后的时局》，在这篇文章中用了下列典故。

典故内容：

顾全大局。——书出第779页。典出清人刘坤一《书牍17·复黎如民》："讵有以按结分拨之款，而偏枯南洋，挪移别用，尚得为顾全大局秉公办事者！"又见，清人吴趼人《二十年目睹之怪现状》第91回："这件事，气呢，原怪不得你气，就是我也要生气的。然而要顾全大局呢，也有个无可奈何的时候；到了无可奈何的时候，就不能不自己开解自己。"

徒劳无功。——书出第779页。典出《庄子·天运》："是犹推舟于陆也，劳而无功。"又见，《吕氏春秋·本味》："求之其本，经旬必得；求之其末，劳而无功。"又见，宋人朱熹《诗集传》《齐风·甫田》第1章注："以戒时人厌小而务大，忽近而图远，将徒劳而无功也。"《西游记》第80回："今被他一篇散言碎语带去，却又不是徒劳而无功？"明人纪振伦或熊大木著《杨家将演义》第15回："孟良、岳胜，英勇难敌，且部下皆是强徒，俱能厮杀，若与死战，徒劳无功，不如设计胜之。"又见，《清史稿·河渠志一》："至北堤上游内有八里系开州辖，若不一律修筑，不惟北堤徒劳无功，而畿辅亦难保不受其患。"

委曲求全。——书出第779页。典出《老子·二十二章》："曲则全，枉则直，洼则盈，敝则新，……古之所谓'曲则全'者，岂虚言哉？"又见，清人刘坤一《书牍7·复刘阴渠》："以时局安危所系，不敢不委曲求全。"

用典探妙：

毛泽东在这篇约只有930个字的短文中，用了3个成语形式的典故。这3个成语形式的典故，所起的作用在于其对国共各自策略的修饰之妙。

典故词语的本身因其有产生的时代背景，因而富于历史的厚重感，再加入运用者赋于其现实感，故而典故词语的本身具有独立的审美价值，所以其修饰作用不同于一般的词语。在这篇指示性的短文中，毛泽东对于蒋介石一系列政策进行评说时写道："但是如果只是形式上的欺骗而无政策上的改变……"对此，毛泽东紧接着就对蒋介石自挂"民族领袖"的桂冠欺骗世人的企图，以"徒劳无功"四字全盘否定之。"徒劳无功"一语，用在这里显得非常到位，对于强化其论证、完善其表达效果，实有精警干练之妙！同样，对于我党我军在反共高潮开始之时所采取的退退政策，毛泽东则以"顾全大局"、"委曲求全"两个成语形式的典故修饰之。这不仅是对于我党当时退让政策的最为恰当的描绘，同时也为下文的展开、即论说这一政策所获得的最大成效作了铺垫和充分的肯定，同时也给读者对于这一退让政策以历史的、立体的、全面的把握。

715

208. "民族矛盾是基本" 斗争岂能简单化
——毛泽东在《关于打退第二次反共高潮的总结》中所用典故探妙

用典缘起：

在国民党发动全国性的第二次反共高潮之时，我党我军展开了针锋相对的斗争。1941年5月8日，毛泽东为中共中央起草了在编入《毛泽东选集》时题为《关于打退第二次反共高潮的总结》的党内指示。在这个指示中用了下列典故。

典故内容：

即以其人之道，还治其人之身。——书出第782页。典出《礼记·中庸》13章："故君子以人治人，改而止。"朱熹注："故君子之治人也，即以其人之道，还治其人之身，其人能改，即止不治。"其意是"为人之道"存于其自身，而君子治人，就是要启发其心中之道，使其易于接受和理解。后来变化为用一个人对付他人的法子，反过来去对付其本人。清人李渔《闲情偶寄·颐养部·疗病》："其人急需之物可以当药。人无贵贱穷通。皆有激切所需之物。如穷人所需者财，富人所需者官。惟其需之甚急，故一投辄喜，喜即病痊。家贫不能致财者，或向富人称贷，伪称亲友馈送，安置床头，予可以喜。未得官者，或急为纳粟，或谬称荐举。是皆即以其人之道，反治其人之身者也。"又见，清人陈忱《水浒后传》第22回："况这班奸党，不知屈害多少忠良。即以其人之道，还治其人之身，极是快心之事。"

粗心大意。——书出第782页。典出宋人张洪等编《朱子读书法·熟读精思》："为学读书，须是耐烦细意去理会……粗心大气不得。"又见，清人文康《儿女英雄传》第4回："俄延了半晌，忽然灵机一动，心中悟将过来：'这是我粗心大意。我若不进去，她怎得出来？'"

针锋相对。——书出第782页。典出清人刘熙载《艺概·经义概》："文要针锋相对：起对收，收对起，起收对中间。但有一字一句不针对，即为无着，即为不纯。"又见，清人文康《儿女英雄传》第12回："（安老爷向公子道）方才听你说起那情景来，他（十三妹）句句话与你针锋相对，分明是豪客剑侠一流人物，岂为才色两字而来？"

引为深戒。当是变用"引以为戒"而来。——书出第782-783页。典出清人李宝嘉《官场现形记》第18回："无奈他太无能奈，不是办的不好，就是闹了乱子回来。所以近来七八年，历任巡抚都引以为戒，不敢委他事情。"

混为一谈。——书出第783页。典出唐人韩愈《昌黎集·平淮西碑》："大官臆决唱声，万口和附，并为一谈。"又见，宋人朱熹《朱文公文集·答潘恭叔》："程说自与谢说不同，不可混为一说也，看得程说分明，则自见谢说之非也。"又见，清人梁启超《中国积弱溯源论》："吾国民之大患，在于不知国家为何物，因以国家与朝廷混为一谈。"

各得其所。——书出第783页。典出《周易·系辞下》："日中为市，致天下之民，聚天下之货，交易而退，各得其所。"这里意为各获其所需之物。又见，《论语·子罕》："（子曰）吾自卫反鲁，然后乐正，《雅》《颂》各得其所。"其意是：孔子说，我从卫国返回鲁国，然后对乐曲进行整理、修订，使《雅》乐和《颂》乐，都各自归为各自的位置。又见，《战国策·秦策三》："（蔡泽曰）富贵显荣，成理万物，万物各得其所。"又见，汉人刘向《新序·杂事》："楚国之所宝者，贤臣也，理百姓，实仓廪，使民各得其所。"这里的"各得其所"，则是说每一个人或曰每一种事物，都得到适当的位置。

用典探妙：

毛泽东在这篇约2880字的指示中，共用了6个成语形式的典故。其中的"即以其人之道，还治其人之身"一典，最富于创造性，表现在下列几个方面。

（一）引用原典而用，语意明确又精当。

毛泽东在分析国民党反动派在掀起第二次反共高潮，当谈到英美派的大地主大资产阶级对付共产党用"一打一拉"的策略时，毛泽东便直接引用了"即以其人之道，还治其人之身"这一语典，然后辅之以"以打对打，以拉对拉"以进一步地阐释之，使我党的这一对付英美派大地主大资产阶级的政策，既理直气壮，又明白精当。

（二）引用原典而用，比喻生动又形象。

毛泽东不仅是一位战略家，同时也是一位宣传鼓动家。他在直接引用"即以其人之道，还治其人之身"这一语典之时，十分巧妙地将其概括为"这就是革命的两面政策"，从而使这一语典具有比喻意义。让人读后易记易懂、更觉其入情入理、哲理深邃，有着出神入化的感召魅力！

三　彻底打败侵略者　"愚公移山""山"终移
——毛泽东在《毛泽东选集》第3卷中所用典故探妙

《毛泽东选集》第3卷，编入了抗日战争时期（下）毛泽东的重要文章，计有31篇。在这31篇文章中，有27篇约于436处用了典故。这些典故的运用，绝大多数都是围绕如何继续发展抗日力量，如何继续巩固和发展抗日的统一战线，以尽快地将日本帝国主义彻底地打败，并尽早、尽快地将其赶出中国的论述服务的。毛泽东将这些典故，依照文章的主旨，或将其提纲挈领、画龙点睛地镶于文中，以启迪人们的思维；或将其阐发观点、褒善贬恶嵌于文中，以鲜明生动地剖析十分复杂的社会现象，并揭示其本质所在；或将其加工改造、不露痕迹地化于文中，以使其语言内容丰赡、涵蕴精警、言近旨远、哲理性与故事性妙合于一体，以展现中华民族语言丰富的表现力和特有的风格……　可以说，毛泽东在这一卷中所用的典故，和前面各卷中所用的典故一样，均可为千古绝唱！下面就按其文章所排列的先后顺序，将其所用之典故予以探妙。

209.重申历史的经验 强调调查重要性
——毛泽东在《〈农村调查〉的序言和跋》中所用典故探妙

用典缘起：

1941年3月17日，毛泽东为了帮助同志们找一个研究问题的方法，特意为《农村调查》的出版写了序言。1941年4月19日，《农村调查》一书在延安出版，毛泽东为该书作了"跋"。毛泽东在其"序言"和"跋"中用了下列典故。

典故内容：

粗枝大叶。——书出第789页。典出宋人黎靖德编《朱子语类》："《书序》不是孔安国做。汉文粗枝大叶，今《书序》细腻，只似六朝时人文字。"又见，清人李汝珍《镜花缘》第16回："老夫于学问一道，虽未十分精通，至于眼前文义，粗枝大叶，也还略知一二。"这里的"粗枝大叶"当是取其概括简略、不精不细的比喻之意；又见，清人梦麟《淡道人秋色梧桐图歌》："粗枝大叶气横出，披拂尽作秋声鸣。"这里的"粗枝大叶"，当是直描树木花草，其枝茎粗壮、叶子阔大之状；又见，元人石君宝《诸宫调风月紫云庭》楔子："我看不的你这般粗枝大叶，听不的你那里野调山声。"又见，清人刘熙载《艺概·诗概》："陆士衡诗粗枝大叶，有失出，无失入，平实处不妨屡见。"这里的"粗枝大叶"，主要是取用其粗犷、不细腻的比喻之义。毛泽东在其文中则主要指办事不认真、不细致的比喻之义。

不求甚解。——书出第789页。典出晋人陶渊明《五柳先生传》："好读书，不求甚解。每有会意，便欣然忘食。"这里的"不求甚解"，意为只求领会要旨，不刻意考究字句。又见，清人李宝嘉《中国现在记》："他于公事上本来是不求甚解的，遂就模模糊糊的画了，交代司官而去。"这里的"不求甚解"，当是指只知晓一个大概，不求得深入的理解。对事情只有一个粗浅的了解而已，也不认真对待。毛泽东在其文中，当是取后一义。

昂首望天。——书出第789页。典出《汉书·灌夫传》："卬（同"仰"亦同"昂"）视天，俯画地。"状写仰着头看天之况。又见，唐人白居易《醉游平泉》："狂歌箕踞酒樽前，眼不看人面朝天。"又见，宋人苏轼《和子由次王巩韵》："简书见迫身今老，樽酒闻呼首一昂。"又见，清人归庄《王大痴像赞》："昂其首，眄其目，举觞而望青天者，是为王大痴。"这里是状写高傲狂放之况。

东张西望。——书出第790页。典出明人冯梦龙《古今小说》第1卷："三巧儿只为信了卖卦先生之语，一心只想丈夫回来，从此时常走向前楼，在帘内东张西望。"又见，清人吴敬梓《儒林外史》第3回："见范进抱着鸡，手里插个草标，一步一踱的，东张西望，在那里寻人买。"

道听途说。——书出第790页。典出《论语·阳货》："子曰：'道听涂（途）说，德之弃也。'"宋人邢昺曾疏注："言闻之于道路，则于道路传而说之，必多谬妄。"又见，《汉书·艺文志》："小说家者流，盖出于稗官。街谈巷语，道听涂（途）说者之所造也。"又见，晋人袁准《正论》："公羊高道听塗（途）说之书，欲以乡曲论圣人之经，非其任也。"又见，唐人柳宗元《与刘禹锡论〈周易〉书》："是见其道听途说，又何能知所谓《易》者也！"又见，清人李汝珍《镜花缘》第53回："妹子道听途说，不知是否？尚求指示。"

闻所未闻。——书出第790页。典出南朝梁人简文帝《大法颂序》："如金复冶，似玉更雕，闻所未闻，得未曾见。"又见，隋人薛道衡《隋高祖功德颂序》："至于振古所未有，图籍所不载，莫不见所未见，闻所未闻。"又见，唐人穆员《工部尚书鲍防碑》："公曰：'使上闻所未闻，圣朝之瑞也。'"

知而不言，言而不尽。——书出第790页。典出《庄子·列御寇》："知道易，勿言难。知而不言，所以之天也；知而言之，所以之人也。"又见，宋人苏洵《衡论上·远虑》："圣人之任腹心之臣也，尊之如父师，爱之如兄弟，握手入卧内，同起居寝食。知无不言，言无不尽。"又见，明人焦竑《玉堂丛语·政事》："至其爱君忧国之心，发于至诚，故知无不言，言无不尽。"又见，清人李渔《闲情偶寄·词曲部·音律》："如此粗浅之论，则可谓知无不言，言无不尽者矣。""知而不言，言而不尽"则可看作"知无不言，言无不尽"的反用。

下车伊始。——书出第791页。典出《礼记·乐记》："武王克殷，反商，未及下车，而封黄帝之后于蓟……下车而封夏后氏之后于杞。"又见，《后汉书·刘宠传》："自明府下车以来，狗不夜吠，民不见吏。"又见，《诗经·鲁颂·有駜》："至今以始，岁其有。君子有谷诒孙子，于胥乐兮。"又见，《隋书·辛彦之传》："时国家草创，百度伊始。""下车"中国古代之官吏，都是乘坐驿车去上任的，故而称官吏初次到任为"下车"；"以始"亦即"伊始"，"伊"为语气助词，为"是"字之意。"伊始"就是刚刚开始的意思。后来二语合而为"下车伊始"，指官吏初次到任。《隋书·刘行本传》："臣下车之始，与其为约。"又见，清人杨潮观《吟风阁杂剧·蒌莱君暮夜却金》："吾今下车伊始，延见诸公，所望集思广益，闻所未闻。"又见，清人百一居士《壶天录》卷上："宁波宗太守湘文，律己爱民，政声卓著，当下车伊始，即自撰一联，悬于门头。"

钦差大臣。——书出第791页（两出）。清人阮葵生《茶余客话·钦差官使》："三品以上用钦差大臣关防，四品以下用钦差官员关防。"又见，清人李宝嘉《官场现形记》第56回："这位钦差大臣姓温，名国，因是由京官翰林放出来的，平时文墨功夫虽好，无奈都是纸上谈兵。"

不可胜数。——书出第791页。典出《墨子·非攻中》："百姓之道疾病而死者，不可胜数。"

一知半解。——书出第791页。典出宋人张栻《张南轩文集·寄周子充尚书》："若学者以想象肚度，或一知半解为知道，而日知之则无不能行，是妄而已。"又见，宋人严羽《沧浪诗话·诗辨》："然语有深浅，有分限；有透彻之悟，有但得一知半解之悟。"

流离失所。——书出第792页。典出《汉书·食货志》："枯旱霜蝗，饥馑荐臻……百姓流离。"又见，《汉书·薛宣传》："岁比不登，仓廪空虚，百姓饥馑，流离道路。"《三国志·何夔传》："自丧乱以来，民人失所。""流离"与"失所"相组合而成"流离失所"，表到处流浪、无安身之处之意。《金史·完颜匡传》："今已四月，农事已晚，边民连岁流离失所，扶携道路，即望复业，过此农时，遂失一岁之望。"又见，《清史稿·杜尔伯特传》："其各加意抚绥，令守分谋生，勿至流离失所。"又见，清人李宝嘉《中国现在记》："只指望老师把这件事挽回过来，叫一般念书的不至流离失所。"

用典探妙：

毛泽东在这篇约3200字的文章中，在13处用了典故。这些典故的运用，重在对某些不了解下情的同志进行形象的描绘与逼真的刻画，给人以不可磨灭的深刻印象之妙。

毛泽东的这篇文章，是针对我们党内当时一些同志粗枝大叶、不求甚解、全然不了解下情，却又肩负着指导革命工作的重任这样一种极为危险的现象而写的。在文章中所运用的成语形式的典故，几乎全是对不了解下情的同志的种种特点进行言简意赅的概括与批评而用的。

如毛泽东嵌入文中的"粗枝大叶"、"不求甚解"、"道听途说"、"下车伊始""钦差大臣"等，就是这些不肯下功夫深入进行调查研究的同志的特点，尤其是"钦差大臣"一典，完全切合由上级委派下去指导工作的某些领导同志。此典的运用，还颇具有一点讽刺的意味，让人们时时提醒自己，下去指导工作时，是决不能去当"钦差大臣"的。而文中所嵌入的"昂首望天"、"东张西望"、"下车伊始"等成语形式的典故，毛泽东结合其在文中相关话语，十分形象地描绘了这些不肯深入作调查的同志在形态上的特点，特别是其中的"昂首望天"一典，本是对某些人的狂傲劲的形象描绘，毛泽东将其创用为不肯接近群众、脱离社会实际，这几乎是在为这些同志勾勒了一幅漫画像！

读完毛泽东的这篇文章，回味一下毛泽东在这篇文章中所运用的这些成语形式的典故，会让我们深刻地领悟到："没有调查就没有发言权"确实是颠扑不破的真理，同时也是犯"左"右倾机会主义错误的症结所在。

210. "改造我们的学习" 倡实事求是之风
——毛泽东在《改造我们的学习》中所用典故探妙

用典缘起：

1941年5月19日，毛泽东在延安干部会议作了后来编入《毛泽东选集》时题为《改造我们的学习》的报告。在这个报告中用了下列典故。

典故内容：

前仆后继。——书出第796页。典出唐人孙樵《祭梓潼帝君文》："会昌五年，夜跻此山，冻雨如泣，滑不可陟，满眼漆黑，索途不得，跛马愠仆，前仆后踣。""踣"，"仆倒"之意。"前仆后继"是反用"前仆后踣"而成。宋人王楙《野客丛书·后宫嫔御》："情欲之不可制如此，故士大夫以粉白黛绿丧身殒命何可胜数，前仆后继，曾不知悟。"又见，《清史稿·曾国荃》："贼悉向东路，填壕而进，前仆后继。"又见，清人秋瑾《吊吴烈士樾》："前仆后继人应在，如君不愧轩辕孙！"

可歌可泣。——书出第796页。典出明人海瑞《方孝孺临麻姑仙坛记跋》："国初方正学先生忠事建文，殉身靖难，其烈之概，无异平复生。追念及之，可歌可泣。"又见，清人华伟生《开国奇冤》卷上："在下买了一本，细细读来，倒也实事实情，写得可歌可泣。"

闭塞眼睛捉麻雀。亦即"掩目捕雀"、"捕雀掩目"。——书出第796页。典出《三国志·陈琳传》："（陈琳谏何进曰）《易》称'即鹿无虞'，谚有'掩目捕雀'。夫微物尚不可欺以得志，况国之大事，其可以诈立乎？"这是灵帝死后，大将军何进的主簿陈琳，在劝谏何进不要召董卓进京时说的话。又见，《后汉书·何进传》："掩目捕雀，夫微物尚不可欺以得志，况国之大事，其可以诈立乎！"又见，唐人吴兢《贞观政要·公平》："为之而欲人不知，言之而欲人不闻，此犹捕雀而掩目，盗钟而掩耳者，只以取消，将何益乎？"又见，宋人杨万里《宋故太保·魏国公京公墓志铭》："上又曰：'不播告书赞，而畀以告身，亦不可乎？'公曰：'是掩目捕雀之喻也。'"

瞎子摸鱼。——书出第796－797页。典出明人沈榜《宛署杂记·民风·瞎摸鱼》："群儿牵绳为圆城，空其中方丈。城中轮著二儿，各用帕厚蒙其目如瞎状。一儿手执木鱼，时敲一声，而旋易地以误之。一儿候声往摸，以巧遇夺鱼为胜。"

粗枝大叶。——书出第797页。典出同上一篇。

一知半解。——书出第797页（两出）。典出同上一篇。

夸夸其谈。——书出第797、800、801、802页。典出《南史·袁淑传》："淑喜夸，每为时人所嘲。"

言必称希腊。亦即从"言必称尧舜"化用而成。——书出第797页。典出《孟子·滕

文公上》："孟子道性善，言必称尧舜。"又见，宋人钱时《两汉笔记》卷11："是故言必称尧舜，而非尧舜之道则不敢陈于王前，一脉相承，如薪传火，无他道也。"又见，清人梁章钜《楹联丛话》卷3："邹县孟庙中，有御题联云：'尊王言必称尧舜；忧世心同切孔颜。'盖乾隆二十二年南巡过邹县时所制。"

想当然。——书出第797－798页。典出《后汉书·孔融传》："初，曹操攻屠邺城，袁氏妇子多见侵略，而操子丕私纳袁熙妻甄氏。融乃与操书，称'武王伐纣，以妲己赐周公。'操不悟，后问出何经典，对曰：'以今度之，想当然耳。'"这里说的是曹丕占袁熙之妻甄氏。孔融对此不满，写信给曹操时，杜撰了武王伐纣后赐妲己给周公的典故表示不满。曹操问他此典出自何处，孔融说是从现在的情况来看，凭想象是会这样。又见，宋人龚颐正《芥隐笔记·杀之三宥之三》："东坡试《刑赏忠厚之至论》，其间有云：'皋陶曰杀之三；尧曰宥之三。'梅圣俞问苏出何书。答曰：'想当然耳。'"

发号施令。——书出第798页。典出《淮南子·本经》："发号施令，天下莫不从风。"

不以为耻。——书出第798页。典出春秋·邓析《邓析子·转辞》："今墨劓不以为耻，斯民所以乱多治少也。"

故纸堆。——书出第798页。典出宋人朱熹《朱文公文集·答吕子约》卷48："岂可一向汩溺于故纸堆中，使精神昏弊，失后忘前而可以谓之学乎？"

生吞活剥。亦即"活剥生吞"。——书出第798页。典出唐人刘肃《大唐新语·谐谑》："李义府尝赋诗曰：'镂月成歌扇，裁云作舞衣。自怜回雪影，好取洛川归。'有枣强尉张怀庆好偷名士文章，乃为诗曰：'生情镂月成歌扇，出意裁云作舞衣。照镜自怜回雪影，时来好取洛川归。'人谓之谚曰：'活剥王昌龄，生吞郭正一。'"又见，明人徐渭《青藤书屋文集·奉师季先生书》："大约谓先儒若文公（朱熹）者，著释速成，并欲尽窥诸子百氏之奥，是以冰解理顺之妙固多，而生吞活剥之弊亦有。"又见，明人张岱《与祁文载》："弟阅《金刚经》诸解，深恨灶外作灶，硬入人语，未免活剥生吞。"又见，清人袁枚《随园诗话》卷1："熊掌豹胎，食之至珍贵者也，生吞活剥，不如一蔬一笋矣。"

谆谆告诫。——书出第798页。典出《诗经·大雅·抑》："诲尔谆谆，听我藐藐，匪用为教，复用为虐。"又见，明人余继登《典故纪闻》："（成祖谕曰）国家号令，使小人畏而不犯可矣……去岁命御史给事中往各处抚安军民，禁止奸慝，导其为善。临遣之际，谆谆告诫，务要安民。"

谬种流传。——书出第798页。典出《宋史·选举志》："至理宗朝，奸弊愈滋……才者或反见遗。所取之士既不精，数年之后，复俾之主文，是非颠倒逾甚，时谓之缪

（谬）种流传。"又见，明人汤显祖《玉茗堂尺牍·答门人邓君迁》："闻君迁笃明无上之理……第时课穿杂，谬种流传，纵浚发于慧心，或取惊于拙目。"

等闲视之。——书出第799页。典出唐人白居易《长庆集·十二琵琶引》："今年欢笑复明年，秋月春风等闲度。"又见，《三国演义》第96回："孔明曰：'前锋破敌，乃偏裨之事耳。今令汝接应街亭，当阳平关冲要道路，总守汉中咽喉，此乃大任也，何为安闲乎？汝勿以等闲视之，失吾大事，切宜小心在意！'魏延大喜，引兵而去。"

有的放矢。——书出第799、801页。典出《诗经·小雅·宾之初筵》："射夫既同，献尔发功。发彼有的，以祈尔爵。"又见，宋人叶适《水心别集·终论》："论立于此，若射之有的也，或百步之外，或五十步之外的必先立，然后挟弓注矢以从之。"

无的放矢。——书出第799页。典出唐人刘禹锡《答容州窦中丞书》："今夫儒者函矢相攻，蜩螗相喧，不啻于彀弓射空矢者，孰为其哉？"又见，清人梁启超《饮冰室合集·文集三二·中日交涉汇评·交涉乎命令乎》："若纯属虚构，吾深望两国当局者声明一言以解众惑，如是，则吾本篇所论纯为无的放矢，直拉杂摧烧之可耳。"

实事求是。——书出第800、801页。典出《汉书·河间献王刘德传》："河间献王德以孝景前二年立，修学好古，实事求是。从民得善书，必为好写与之，留其真，加金帛赐以招之。"唐人颜师古注："务得乃实，每求真是也。"又见，清人江藩《国朝汉学师承记·邵晋涵》："撰述又有《孟子术义》《穀梁正义》《韩诗内传考》《皇朝大臣谥迹录》《辅轩日记》《南江文集》皆实事求是，为学者有益之书。"

哗众取宠。——书出第800页。典出《汉书·艺文志》："然惑者既失精微，而辟者又随时抑扬，违离道本，苟以哗众取宠。"又见，宋人魏了翁《鹤山文集·跋崔次和勉斋铭》："自士习日浮，大抵务记览为词章，以哗众取宠焉尔。"又见，宋人陆游《曾文清公墓志铭》："及时相去位，为程氏学者益少，而公独以诚敬倡导学者，吴越之间，翕然师尊，然后士皆以公笃学力行不哗众取宠为法。"

华而不实。——书出第800页。典出《晏子春秋·外篇·不合经术者》："东海之中，有水而赤，其中有枣，华而不实，何也？"又见，《山海经·中山经·中次七经》："又东七十里，曰半石之山，其上有草焉，生而秀，其高丈余，赤叶赤华，华而不实，其名曰嘉荣。"这里的"华"即"花"，直解为只开花而不结果之意；又见，《左传·文公五年》："天为刚德，犹不干时，况在人乎？且华而不实，怨之所聚也。"又见，《国语·晋语四》："华而不实，耻也。"三国吴人韦昭注："有华色而无实事。"又见，汉人张衡《东京赋》："若仆所闻，华而不实；先生之言，信而有征。"又见，《南史·梁简文帝纪论》："太宗（即梁简文帝）多闻博达，富赡词藻，然文艳用寡、华而不实。"又见，《清史稿·汪廷珍传》："斯人华而不实，何以立朝？""华而不实"，在这里是取其比喻义，言外表好看而其内容空虚。

自以为是。——书出第800页。典出《孟子·尽心下》："居之似忠信，行之似廉洁，众皆悦之，自以为是，而不可与入尧舜之道。"又见，《荀子·荣辱》："凡斗者，必自以为是，而以人为非也。"

老子天下第一。——书出第800页。典出《汉书·贾谊传》："治平为天下第一。"又见，《后汉书·李忠传》："三公奏课，为天下第一。"又见，《后汉书·胡广传》："既到京师，试以章奏，安帝以广为天下第一。"这里的"天下第一"，即独一无二、世上无双的意思，当属褒意。"老子"，在民间是自我称老大的意思，"老子天下第一"，就变成了贬意。其意是说，自己很了不起，天下再没有谁能够比得上。是一种倨傲者的形象。

钦差大臣。——书出第800页。典出同上一篇。

墙上芦苇，头重脚轻根底浅；山间竹笋，嘴尖皮厚腹中空。——书出第800、801页。典出民间传说，版本不一，说法颇多。据刘超文、彭国远、孙贵昌《解缙及其传说》一书载："锦衣卫的头头纪纲心胸狭窄，为人奸猾、险恶，爱告阴状，朝中百官虽然讨厌他，却都怕他，惟有解缙不买他的账。因此，纪纲总想找个机会侮辱解缙。在一次宴会上，纪纲诌了两句歪诗嘲笑解缙曰：'塘里水鸭，嘴扁脚短叫呷呷；洞中乌龟，颈长壳硬矮拍拍。'解缙知道纪纲原来不过是个秀才，因屡考不中，便在家乡与地痞、流氓鬼混，学问无长进，溜须拍马的本领倒很高明，便决定教训他一下，替大家出口怨气，于是解缙离席踱到厅中，当着大家的面，口念一副对联回敬纪纲：'墙上芦苇，头重脚轻根底浅；山间竹笋，嘴尖皮厚腹中空。'纪纲顿时满脸羞红。解缙也由此与纪纲成了冤家。"

徒有虚名。——书出第800页。典出《北齐书·李元忠传》："元忠以为万石给人，计一家只不过升斗而已，徒有虚名，不救其弊，遂出十五万石以赈之。"又见，《三国演义》第95回："（司马懿）打听是何将引兵守街亭。回报曰：'乃马良之弟马谡也。'懿笑曰：'徒有虚名，乃庸才耳。'"

用典探妙：

这个报告全文约5200字。在这一重要报告中毛泽东在32处用了典故。这一篇文章中所用之典故别有特色。

（一）典故的接续而用，有加强读者印象、起到自励自警的作用之妙。

《改造我们的学习》，是毛泽东的一篇十分重要的文章。在这篇文章中，毛泽东充分肯定："中国共产党的二十年，就是马克思列宁主义的普遍真理和中国的具体实践日益结合的二十年。"但是，在党内仍然存在着不注重研究现状、不注重研究历史、不注重马克思列宁主义的应用的主观主义的表现。毛泽东在批评这种不良现象用到典故时，往往是采取接续而用的手法，以加强人们的印象。如在第796至797页中，他将"闭塞眼晴捉麻雀"、"瞎子摸鱼"、"粗枝大叶"、"夸夸其谈"、"一知半解"这5个成语形式的典故接续而用,将党内那种缺乏调查客观实际状况的这种特点,形象而生动地勾画出来,给人以不可磨灭的印象,给人以深刻的教育。又如,在第800页,毛泽东在描绘和批判主观主义时,将"夸夸其谈"、"实事求是"、"哗众取宠"、"华而不实"、"自以为是"、"老子天下第一"、"钦差大臣"这7个典故相连而用,可以说,这就是毛泽东在给具有主观主义作风者画像,可谓揭示深刻、批判有力、讽刺得体,让人能够接受,有给人以自励自警之妙。

(二)典故词语与一般性词语的相对而用,有加强语势、方便记忆、增强论证力度之妙。

众所周知,中国的汉字,是世界上独一无二的富于智慧的文字。汉语产生对偶,从声律上讲,能产生平仄相协之妙;从意义上来讲,能产生意义对比之妙;从语法结构上来讲,能产生匀称统一之妙;从人的思维上来讲,能产生有助于发挥辩证思维作用之妙。毛泽东在这篇文章中,在运用典故时,充分地把握了这一点,因而其用典之妙便充分地展现在其议论之中。他在运用中主要采取了如下两种方式:

一是反意式。这里的所谓"反意式",就是说,当毛泽东在其文章中用了一个成语形式的典故之后,接着就用上一个意义相反的词语,以与其相对应,以产生对偶的效果。如在第798页中的"不以为耻"之后,马上就用了一个"反以为荣"与之相配;如在第799页中的"有的放矢"之后,马上就用上了一个"无的放矢"。这虽说是一种宽泛的对偶形式,但读来有声调铿锵之感,品味有印象深刻、气势雄浑之妙!

二是阐释式。这里的所谓"阐释式",就是说,毛泽东在用了一个成语形式的典故之前或之后,紧挨着就会在其前或其后面用上一个与之相应的词语相配、相对。如在第796页中的"前仆后继"之前有"奋斗牺牲",在"可歌可泣"之前有"救国救民";在第798页的"谬种流传"之后用了"误人不浅";在第800页的"徒有虚名"之后用了"并无实学";在第801页的"夸夸其谈"之后配之以"滥调文章"。毛泽东在这篇文章中的这种宽泛形式的成语形式的典故与词语的阐释式对偶,除了具有上述所论及之妙外,亦有选词造句的光昌流丽、易记易传、辞意激越之妙。直可谓魅力无穷!

(三)典故运用与典故的解说相结合而用,有语意生动明确、精当恰切之妙。

俗话说:"话有多种说,巧说最为妙。"毛泽东的这篇文章,重在论证关于马克思列宁主义的应用的问题上,党内存在着形式主义、教条主义态度与有的放矢、理论联系实际的态度上的分歧。毛泽东在论证这些问题时,尽管已经用到了"解缙的对子"、"有的放矢"、"实事求是"这3个极具针对性的典故,这已经是相当到位的了。但是,毛泽东为了把话说得更透彻、更明晰、更有利于读者的理解,将这3个重要的典故作了特殊的处理,这就是"典故的运用与典故的解说相结合而用"。如在第801页中,毛泽

东将"有的放矢"与"实事求是"拆而分之，然后将其字字落实到具体的问题上。这里我们不妨再引用毛泽东下面这一段精彩的文字——"这种态度，就是有的放矢的态度。'的'就是中国革命，'矢'就是马克思列宁主义。我们中国共产党人所以要找这根'矢'，就是为了要射中国革命和东方革命这个'的'的。这种态度，就是实事求是的态度。'实事'就是客观存在着的一切事物，'是'就是客观事物的内部联系，即规律性，'求'就是我们去研究。……"在这同一页，又以解释解缙的这副对子为总结。他不乏幽默和具讽刺意味地写道："……如果有了这种态度，那就既不是'头重脚轻根底浅'，也不是'嘴尖皮厚腹中空'了。"毛泽东通过对上述三个典故的拆、分、综合及逐一"落实"性的阐释，将典故的具体内容与中国革命、东方革命、人们工作方法、工作态度等等，有机地挂上了钩。真可谓有寓理于情、言简意深、借古道今、循循善诱之妙！

毛泽东的上述用典方式、方法，在其之前与其之后的论著中，都曾巧妙地用到过，只不过在这一篇文章中犹为凸显罢了！

211. 拓展我军的战绩 揭破慕尼黑阴谋
——毛泽东在《揭破远东慕尼黑的阴谋》中所用典故探妙

用典缘起：

1941年5月25日，根据当时的国际国内形势，毛泽东为中共中央写了后来编入《毛泽东选集》中题为《揭破远东慕尼黑的阴谋》的党内指示。在这篇文章中用了下列典故。

典故内容：

慕尼黑阴谋。——书出第804页（两出）。典出《中外典故大词典》（周心慧、邹晓棣、桑思奋主编，科学出版社1989年7月版，第765页）载："1938年9月，英、法、德、意四国首脑在德国城市慕尼黑举行会议并签订了《关于捷克斯洛伐克割让苏台德领土给德国的协定》即慕尼黑协定。协定的实质是，英、法两国企图以出卖捷克斯洛伐克为代价，换取法西斯德国把侵略矛头指向苏联。由于慕尼黑会议是以牺牲他国利益换取一时之苟安的，后慕尼黑阴谋即指为苟安一时而牺牲他国利益，纵容侵略的行为和政策。"

中流砥柱。亦称"砥柱中流"。——书出第805页。典出《晏子春秋·内篇谏下》："（古冶子曰）吾尝从君济于河，鼋衔左骖，以入砥柱之中流。"又见，宋人黄庭坚《豫章文集·跋砥柱铭后》："余观砥柱之屹中流，阅颓波之东注，有似乎君子士大夫立于世道之风波。"又见，宋人朱熹《朱子全集·与陈侍郎书》："群邪竞逐，正论消亡之际，而二公在朝，天下望之，屹然若中流之砥柱，有所恃而不恐。"又见，宋人袁燮《絜斋集·赠京尹八首（其八）》："屹若中流为砥柱，男儿如此是真刚。"又见，宋人刘仙伦《贺新郎·寿王侍郎简卿》："缓急朝廷须公出，更作中流砥柱。"又见，元人萨都剌《雁门集·扬子江送同志》："衮衮诸公立要津，一波才动总精神。满江风浪晚来急，谁似中流砥柱人。"又见，元人丁鹤年《自咏》："长淮横溃祸非轻，坐见中流砥柱倾。"

用典探妙：

毛泽东在这个约700字的党内指示中，计在3处用了典故。这3处之用典，可以说有两大妙处。

一是用典有简省文字、警醒世人、破敌阴谋之妙。

牺牲他人利益以获取好处，是一切腐朽的狡猾的敌人所惯用的手法。"慕尼黑阴谋"这一典事，就将当时的英、法帝国主义者的可耻作为永远地钉在历史的耻辱柱上，同时也永远地昭示人们对这一类阴谋的高度警惕。毛泽东论文的题目和其正文之中，都赫然将"慕尼黑阴谋"镶嵌其中，让人们看到：殷鉴不远、就在眼前。毋庸置疑，这对日美妥协，日、美、蒋之间正在酝酿着的牺牲中国，造成反共、反苏局面的东方慕尼黑阴谋，无疑是以最为精练的文字，进行了无情的彻底揭露和当头一棒。其锋芒有如投枪和匕首直刺新阴谋的制造者们。

二是用典有长自己志气、灭敌人威风、壮我军心、张扬民意之妙。

毛泽东在怒斥了日、美、蒋所制造的一系列谣言之后，列举了我党我军在抗击日本法西斯战争中的一系列的战绩，同时用上了"中流砥柱"一典。北朝魏人郦道元的《水经注·河水四》中写道："砥柱，山名也。昔禹治洪水，山陵当水者凿之，故破山以通河，河水分流，包山而过，山见水中，若柱然，故曰砥柱也。""砥"，是建房立在柱下用以支持立柱的巨石。"中流砥柱"，其比喻意义是坚强不移的可靠之基，是不可动摇的栋梁之材，是抗击潮流侵袭的中坚，亦是能担当重任、支撑危局、揭破阴谋的精英。毛泽东将这一具有深刻比喻意义的"中流砥柱"，用之于抗日战争中由中国共产党所领导的武装和民众，可谓恰到好处。实有灭敌人威风、长我党我军之志气之妙！

727

212."一切力量须集中" "反对共同的敌人"
——毛泽东在《关于反法西斯的国际统一战线》中所用典故探妙

用典缘起：

1941年6月23日，毛泽东为党内写下了、后编入《毛泽东选集》中题为《关于反法西斯的国际统一战线》的指示。在这篇文章中用了下列典故。

典故内容：

背信弃义。——书出第806页。典出汉人枚乘《上书谏吴王》："积德累行，不知其善，有时而用；弃义背理，不知其恶，有时而忘。"又见，汉人桓宽《盐铁论·未通》："为斯君者亦病矣，反以身劳民，民犹背恩（恩亦作信——引者）弃义而远流亡，避匿上公之事。"又见，《北史·周本纪》："背惠怒邻，弃信忘义。"

用典探妙：

毛泽东在这篇仅有约500字的短文中，尽管只用了一个成语形式的典故。然而这个典故却有概括一段重要历史内容的精妙之所在。这就是：在1939年8月23日，苏联与德国在莫斯科签订了《苏德互不侵犯条约》，并且立即生效。这个条约规定：缔约双方互不使用武力，不参加直接或间接反对他方的国家集团；当一方在遭到第三国进攻时，另一方不给第三国任何支持；以和平方法解决缔约国之间的一切争端。其有效期为10年。也就是说，其有效期可到1949年。可是，不到两年的时光，1941年6月22日，法西斯德国就撕毁了这个条约，发动了大规模的进攻苏联的战争。

毛泽东将"背信弃义"这个成语形式的典故用在这里，有简省文字、高度概括史实、并评说该史实之妙！

213.与党外人士合作 决不能把持包办
——毛泽东《在陕甘宁边区参议会的演说》中所用典故探妙

用典缘起：

1941年11月6日，毛泽东就抗日民主政权问题和关于宗派主义的问题，在陕甘宁边区参议会上作了演说。在这个演说中用了下列典故。

典故内容：

各得其所。——书出第808页。典出《易·系辞下》："交易而退，各得其所。"又见，《论语·子罕》："吾自己反鲁，然后乐正，《雅》《颂》各得其所。"又见，《战国策·秦策三》："宣贵显荣，成理万物，万物各得其所。"又见，《汉书·东方朔传》："陛下行之，是以四海之内元元之民，各得其所，天下幸甚！"又见，汉人刘向《新序·杂事》："楚国之所宝者，贤臣也，理百姓，实仓廪，使民各得其所。"

一意孤行。——书出第809页。典出《史记·酷吏列传》："禹为人廉倨。为吏以来，舍毋（无）食客。公卿相造请禹，禹终不报谢，务在绝知友宾客之请，孤立行一意而已。"又见，宋人吴泳《鹤林集·祭陈司业文》："亶一意以孤行，羌众兆之所弃。"又见，清人赵翼《廿二史札记·东汉尚名节》："自战国豫让、聂政、荆轲、侯嬴之徒，以意气相尚，一意孤行，能为人所不敢为，世竞慕之。"又见，清人袁枚《随园诗话》卷3："盖一意孤行之士，细行不矜，孔子所谓'观过知仁'，正此类也。"

盛气凌人。——书出第809页。典出清人曾国藩《求阙斋语·家书》："今日我以盛气凌人，预想他日人亦以盛气凌我。"

称王称霸。——书出第809页。典出三国魏人曹操《让县自明本志令》："设使国家无有孤，不知当几人称帝，几人称王。"又见，宋人刘克庄《后村全集·魏志》："称帝称王非一个，国家不可便无孤。此言只是瞒妪幼，岂有英雄也恁愚？"又见，宋人汪元量《湖山类稿·读史》："刘项称王称霸，关张无命无功。"又见，明人李贽《因记往事》："（林道乾）称王称霸，众愿归之，不肯背离。"

真心实意。——书出第810页。典出元人无名氏《百花亭》第33折："常言道海深须见底，各办着个真心实意。"

用典探妙：

毛泽东在这篇约2000字的演说中，只在5处用了典故。这5处所用之典，均具有极强的针对性。特别是其中的"一意孤行"、"盛气凌人"、"称王称霸"这3个成语形式的典故，可以说是给某些具有狭隘的关门主义或宗派主义作风的同志进行了形象的勾画，这种勾画，简练而明白，易记易懂，是对这些同志教育与批评，对于他们克服自己的关门主义和宗派主义是大有帮助的。

214.用马列主义之箭 "射中国革命之的"
——毛泽东在《整顿党的作风》中所用典故探妙

用典缘起：

1942年2月1日，毛泽东在延安中共中央党校开学典礼上作了演说。这个演说在编入《毛泽东选集》时，其题为《整顿党的作风》。在这篇文章中用了下列典故。

典故内容：

艰苦卓绝。——书出第811页。典出清人方苞《刁赠君墓表》："习斋遭人伦之变，其艰苦卓绝之行，实众人所难能。"

粗枝大叶。——书出第813页。典出宋人黎德靖编《朱子语类·尚书》："《书序》恐不是孔安国做，汉文粗枝大叶，今《书序》细腻，只是六朝时文字。"

熟视无睹。——书出第814、817页。典出晋人刘伶《酒德颂》："无思无虑，其乐陶陶，兀然而醉，豁尔而醒，静听不闻雷霆之声，熟视不睹泰山之形，不觉寒暑之切肌，利欲之感情。"又见，唐人韩愈《昌黎集·应科目时与人书》："若俯首帖耳摇尾乞怜者，非我之志也。是以有力者遇之，熟视之若无睹也。"又见，宋人林正大《括沁园春》词："静听无闻，熟视无睹，以醉为乡乐性真。"又见，清人壮者《扫帚迷》第

19回："相彼小民，既醉生梦死，沉迷不悟；绅衿官吏，亦熟视无睹，漠不关怀。"

名副其实。——书出第816页。典出宋人范祖禹《唐鉴·玄宗下·天宝八年》："故夫孝子慈孙之欲显其亲，莫若使名副其实而不浮。"又见，清人李绿园《歧路灯》第90回："就是那礼部门口有名的，也要名副其实。"又见，《清史稿·邹鸣鹤传》："贤基品行端正，居官忠直，名副其实。"

子曰学而时习之，不亦说乎。——书出第818页。典出《论语·学而篇》："子曰：'学而时习之，不亦说乎？'"这是孔夫子的一句名言。其意为：孔子说：学了，又经常复习它，不也是高兴的吗？

天真烂漫。——书出第819页。典出宋人岳珂《宝真斋法书赞》："予按长史（张旭）以草圣得名，盖其天真烂漫，妙入神品。"又见，元人夏元彦《图绘宝鉴·三·宋人董源》："（源）善画山水，树石幽润，峰峦清深，得山水之神气，天真烂漫，意趣高古。""天真烂漫"，在这里主要是指纯任自然、不做作、不矫饰的意思；又见，元人吴师道《吴礼部诗话》引龚开《高马小儿图诗》："此儿此马俱可怜，马方三齿儿未冠；天真烂漫好容仪，楚楚衣装无不宜。"又见，《红楼梦》第23回："园中那些女子，正是混沌世界天真烂漫之时，坐卧不避，嬉笑无心，那里知道宝玉此时的心事。"又见，清人蒲松龄《聊斋志异·李八缸》："月生又天真烂漫，不较锱铢。""天真烂漫"，在这里主要是表示少年儿童心地之单纯、性情之直率。

有的放矢。——书出第819页。典出《诗经·小雅·宾之初筵》："射夫既同，献尔发功。发彼有的，以祈尔爵。"又见，宋人叶适《水心别集·十五·终论》："论立于此，若射之有的也。或百步之外，或五十步之外的必先立，然后挟弓注矢以从之。"

无的放矢。——书出第819、820页。典出唐人刘禹锡《答容州窦中丞书》："今夫儒者函矢相攻，蜩螗相喧，不啻于彀弓射空矢者，孰为其的哉？"又见，清人梁启超《饮冰室合集·中日交涉汇评·交涉乎命令乎》："若纯属虚构，吾深望两国当局者声明一言以解众惑，如是，则吾本篇所论纯为无的放矢，直拉杂摧烧之可耳。"

把箭拿在手里搓来搓去，连声赞曰："好箭！好箭！"却老是不愿意放出去。亦即"引而不发"、"开弓不放箭"、"只拉弓，不放箭"。——书出第820页。"引而不发"。——典出《孟子·尽心上》："君子引而不发，跃如也。中道而立，能者从之。"又见，《管子·小问》："桓公北伐孤竹，未至卑耳之溪十里，闯然止，瞠然视，援弓将射，引而未敢发也。"又见，清人杨述曾《题陆乾日隶书千文》："当其捉腕时，引而不发有如劲弩悬千斤；及其纵手快，盘空天矫有如鸷鸟摩秋霄。""开弓不放箭"。——典出清人吴敬梓《儒林外史》第13回："告诉他如此这般：'事还是竟弄破了好；还是开弓不放箭，大家弄几个钱有益。'"又见，清人李宝嘉《中国现在记》第10回："我已经到了十天了，样样事情都是开弓不放箭的办法，难道他们还看不出来？" "只拉弓，不放箭。"——典出清人李宝嘉《官场现形记》第18回："老公鼻子里扑嗤一笑道：'现在还有难办的事情吗？……你如今到浙江，事情虽然不好办，我教给你一个好法子，叫做"只拉弓，不放箭"：一来不辜负佛爷栽培你的这番恩典；二来落个好名声，省得背后人家咒骂；三来你自己也落得实惠。你如今也有了岁数了，少爷又多，上头有恩典给你，还不趁此捞回两个吗？'正钦差听了，别的还不在意，倒于这个'只拉弓，不放箭'两句话，着实心领神会。"

灵丹圣药。亦即"灵丹妙药"。——书出第820页。典出元人无名氏《瘸李岳诗酒江亭》第2折："逍遥散澹在心中，灵丹妙药都不用。"又见，明人无名氏《打韩通》第1折："礼拜，俺慈悲梵王，着夫人身安体壮，委的是灵丹妙药世无双。"又见，明人李开先《词谑·山坡羊（其二）》："听的人家来通媒行礼，患病的得了一贴灵丹妙药。"

蒙昧无知。——书出第820页。典出《晋书·阮种传》："臣诚蒙昧，所以为罪。""蒙昧"，其意是指昏昧、不开化，糊里糊涂、不明事理。

畅行无阻。——书出第821页。典出清人梁章钜《浪迹丛谈·三谈·收铜器议》："钱既铸成，令当商每家领去，使民行用……即百姓持此钱以完钱粮，亦一例收之，然后免其疑贰，可以畅行而无碍矣。"

顾全大局。——书出第821页。典出清人吴趼人《二十年目睹之怪现状》第91回："这件事，气呢，原怪不得你气，就是我也要生气的。然而要顾全大局呢，也有个无可奈何的时候，就不能不自己开解自己。"

拉拉扯扯。——书出第822页。典出《西游记》第3回："那两个勾死人只管拉拉扯扯，定要拖他进去。"又见，《红楼梦》第31回："晴雯说：'怪热的，拉拉扯扯的做什么！'"又见，清人曾朴《孽海花》第16回："人家孩子面重，你别拉拉扯扯臊了她，我可不依。"

自以为得计。亦即"自为得计"、"自以为得志"、"自矜得计"。——书出第822页。典出唐人韩愈《昌黎集·柳子厚墓志铭》："一旦临小利害，仅如毛发比，反眼若不相识，落陷阱不一引手救，反挤之，又下石焉者，皆是也。此宜禽兽夷狄所不忍为，而其人自视以为得计；闻子厚之风，亦可以少愧矣。"又见，唐人张鷟《朝野佥载》："（薛稷等）附太平公主，并腾迁云路，咸自以为得志，保泰山之安。"又见，宋人汪藻《浮溪集·奏吕源除两浙转运使、姜仲谦除转运副使不当状》："倚托权势，傲睨视人，施施然自以为得计，而忘其身之丑也。""施施然"中的"施施"与"訑訑"通，"施施然"即喜悦得意之状。又见，宋人丁骘《请禁绝登科进士论财娶妻》："不顾廉耻，自为得计，玷辱恩命，亏损名节，莫甚于此。"又见，明人朱之瑜《朱舜水集·一七》："修身处世，一诚之外更无余事……今人奈何欺世盗名自矜得计哉！"

取长补短。——书出第822页。典出《晏子春秋·内篇问下》："先君能以人之长续其短，以人之厚补其薄。"又见，《孟子·滕文公上》："今藤，绝长补短，将五十里也，犹可以为善国。"又见，《墨子·非命上》："古者，汤封于亳，绝长计短，方地百里。"又见，宋人度正《性善堂稿·条奏便民五事》："旧城堙废之余，截长补短，可得十之五，为工约二万余工，为缗约五十余缗，而城可成矣。"又见，清人梁启超《饮冰室合集·释新民义》："今论者于政治、学术、技艺，皆莫不知取人长以补我短矣。"

不分彼此。——书出第823页。典出宋人陈亮《谢安比王导论》："故安一切以大体弥缝之，号令无所变更，而任用不分彼此。"又见，清人文康《儿女英雄传》第28回："我想叫他们今后不分彼此，都是一样。"

打成一片。——书出第823页。典出宋人朱熹《朱子全书·语类》："只要常自提撕，分寸积累将去，久之自然接续，打成一片耳。"

以邻为壑。——书出第824页。典出《孟子·告子下》："白圭曰：'丹之治水也愈于禹。'孟子曰：'子过矣，禹之治水，水之道也，是故禹以四海为壑。今吾子以邻国为壑。水逆行谓之洚水，洚水者，洪水也，仁人之所恶也。吾子过矣。"其意是说：战国时代，曾任过魏国宰相的白圭（名丹），他在兴修水利、发展生产中有过功绩。不过此人兴修水利的办法是修堤拦洪，不顾及邻国，让水流到邻国去，造成洪水之灾。他在与孟子的对话中，还自夸他治水的功劳超过了"禹"。孟子反驳他说：大禹治水，是疏导洪水入海，而你则是只顾及自己。其治水的结果是将灾害转嫁给邻国，有一点良心的人是不会这样做的，你真是大错而特错啊！又见，清人魏源《湖广水利论》："数垸之流离，与沿江四省之流离，孰重孰轻？且不但以邻为壑而已。"

漠不关心。——书出第824页。典出明人朱之瑜《朱舜水集·与冈崎昌纯书》："大人君子包天下以为量，在天下则忧天下，在一邦则忧一邦，惟恐民生之不遂。至于一身之荣瘁，禄食之厚薄，则漠不关心，故惟以得行其道为悦。"

实事求是。——书出第825页。典出《汉书·河间献王传》："河间献王德，以孝景前二年立，修学好古，实事求是。"

妄自尊大。——书出第825页。典出《后汉书·马援传》："子阳（公孙述字）井底蛙耳，而妄自尊大，不如专意东方。"又见，《三国演义》第117回："（邓艾大怒曰）吾与汝（钟会）官品一般，吾久镇边疆，于国多劳，汝安敢妄自尊大耶！"又见，清人吴敬梓《儒林外史》第1回："王冕接过来看，才晓得危素归降之后，妄自尊大，在太祖面前自称老臣。"

一知半解。——书出第826页。典出宋人张栻《张南轩文集·寄周子充尚书》："若学者以想象臆度，或一知半解为知道，而日知之则无不能行，是妄而已。"

谆谆告诫。——书出第826页。典出明人余继登《典故纪闻》："（成祖谕曰）去岁命御史给事中往各处安抚军民，禁止奸慝，导其为善；临遣之际，谆谆告诫，务要安民。"

藏垢纳污。——书出第827页。典出《左传·宣公十五年》："伯宗曰：'不可。古人有言：虽鞭之长，不及马腹。天方授楚，未可与争，虽晋之疆（强），能违天乎？谚曰：高下在心，川泽纳污，山薮藏疾，瑾瑜匿瑕，国君含垢，天之道也。君其待之。'乃止。"这里有一则故事：公元前595年，楚国攻打宋国。宋国只好向晋国求援。晋景公因怕不出兵，会被人耻笑而拟出兵救援。其大臣伯宗劝阻说：现在正是楚国最为强盛之时，我们怎能与之相对抗呢？俗话说，要全面考虑问题，要等待时机。江河湖泊能够容纳污浊之物，山林草泽可以藏隐毒蛇猛兽，美玉有时也会有瑕疵斑点，作为一国之君，应当能够容忍一时之屈辱，这是自然的事情，请等待时机吧！这就是"藏垢纳污"的原始意思。又见，晋人郗超《奉法要》："受辱心如地，行忍如门阃。地及门阃，盖取其藏垢纳污（污），终日受践也。"后来用作比喻隐藏宽容坏人坏事。又见，清人夏敬渠《野叟曝言》第2回："俺们僧家，与你们儒家一样藏垢纳污，无物不有。"

安之若素。——书出第827页。典出清人陈确《书蔡伯蜚便面》："苟吾心之天定，则贫贱患难，疾病死丧，皆安之若素矣，何不可知之有！"又见，清人范寅《越谚·附论·论堕贫》："贪逸欲而逃勤苦，丧廉耻而习陷谀，甘居人下，安之若素。"又见，清人李宝嘉《官场现形记》第38回："第二天宝小姐酒醒，很觉得过意不去，后来彼此熟了，见瞿太太常常如此，也就安之若素了。"

惩前毖后。——书出第827、828页。典出《诗经·周颂·小毖》："予其惩而毖后患。"孔颖达疏："谓管、蔡误己，以为创艾，故慎彼在后，恐更有患难。"宋人朱熹《诗集传》注："惩，有所伤而知戒也。毖，慎。"又见，明人张居正《答河道吴自湖计河漕》："顷丹阳浅阻，当事诸公毕智竭力，仅克有济，惩前毖后，预为先事之图可也。"又见，《清史稿·冯溥传》："若任胥吏侵盗，职掌谓何？请严定所司处分，惩前毖后。""惩前毖后"，意为受惩于前，以谨慎于后，从而断绝祸患。

治病救人。——书出第827页。典出晋人葛洪《神仙传》："沈羲，吴郡人，学道于蜀，能治病救人，甚有恩德。"

讳疾忌医。——书出第828页。典出《韩非子·喻老》："扁鹊见蔡桓公。立有间，扁鹊曰：'君有疾在腠里，不治将恐深。'桓侯曰：'寡人无疾。'扁鹊出，桓侯曰：'医之好治不病以为功！'居十日，扁鹊复见，曰：'君之病在肌肤，不治将益深。'桓侯不应。扁鹊出，桓侯又不悦。居十日，扁鹊复见曰：'君之病在肠胃，不治将益深。'桓侯又不悦。居十日，扁鹊望桓侯而还走。桓侯故使人问之。扁鹊曰：'疾在腠里，汤熨之所及也；在肌肤，针石之所及也；在肠胃，火齐之所及也；在骨髓，司命之

所属，无奈何也。今在骨髓，臣是以无请也。'居五日，桓侯体痛，使人索扁鹊，已逃秦矣。桓侯遂死。"这就是"讳疾忌医"以这样一个历史故事，表示掩饰缺点错误不肯接受规劝、不愿改正的原始"版本"。又见，宋人朱熹《朱文公文集·与田侍郎书》："此须究其根源，深加保养，不可归咎求节，讳疾忌医也。"又见，清人夏敬渠《野叟曝言》第20回："素娥道：'婢子实不知自己病原，怎肯讳疾忌医。'"

不可救药。——书出第828页。典出《诗经·大雅·板》："多将熇熇，不可救药。"唐人孔颖达疏："故知是多行惨酷毒害之恶，谁能止其祸，如人病甚，不可救以药。"又见，《宋史·钦宗纪赞》："惜其乱世已成，不可救药。"又见，宋人严羽《沧浪诗话·诗辨》："倘犹如此而无见焉，则是野狐外道，蒙蔽其真识，不可救药，终不悟也。"又见，元人周密《癸辛杂识》后集："垢面弊衣，冬烘昏聩，以致糜烂渐尽而不可救药。"

用典探妙：

这是毛泽东的一篇重要演说。在这篇约有12300字的演说中，毛泽东反复强调的是："对于马克思主义的理论，要能够精通它、应用它，精通的目的全在于应用。"毛泽东在论证自己的观点时，计在30处用了典故。这些典故的运用，都十分生动形象地为其论点服务。其中最为显著的特点是：

（一）让典型的典故语言起到"三代"作用，从而使演说富有生动活泼、情趣盎然之妙。

这里说到一个"三代"作用的问题。什么叫"三代"作用？要说明这个问题，首先，我们必须知道：当人们在运用典故之时，这个典故，有时其名其义，可以当彼名彼义之用。这样运用有什么好处呢？简单地说，这种用法可以回避重复之感而有新鲜回味之妙。毛泽东在其文章与演说等文体中，常常妙用此法，只不过笔者在此篇文章中将其提出来予以专门的论说而已。

比如在第818页中，毛泽东运用了语典"子曰学而时习之，不亦说乎"。这是《论语》中开头的一句话，看似是一个平平常常之典，其实其精妙之处有三：一是此语是十分典型的孔子名言，它"典型"到几乎所有的知识分子人人可知能懂，实有代替《论语》一书之书名的作用；二是同样有以名言代替作者孔夫子之妙。因为听众一听到"子曰学而时习之，不亦说乎"，第一反应不仅仅想到的是《论语》，而且立即会想到孔夫子；三是此语有代替了一个时代之妙。旧中国自有孔夫子以来，其人成了旧时代读书人学习的楷模，其书也就成了整个旧时代读书人的必修之课。仅由上述，我们就可以体味到毛泽东运用这个语典，所能起到精练语言之妙！如果是将这个语典直接替换成《论语》，当然，在语意的表达上是可以的，但会显得生硬，因为《论语》是书名，所含内容甚广，而"子曰学而时习之，不亦说乎"一典，具有形象性和学习的具体心得，能产生新鲜之感和给听众认同之感，我们只要细心地读一读这一段用典文字，就会感觉到这段文字在用典后，融进了毛泽东丰富多彩的情感，在其论证中所表现出来的勃勃生机与无穷魅力。这可以说，此处的适时用典，是毛泽东这位演说家与众不同的高妙之处！

（二）重新解释和翻译典故语言，在解释和翻译中增添新意，从而使演说有说理透彻、比喻精辟之妙。

我们在品味毛泽东在《改造我们的学习》一文中的用典之妙时，在该书的第801页，欣赏到了毛泽东对典故"有的放矢"的妙用。毛泽东这样写道："这种态度，就是有的放矢的态度。'的'就是中国革命，'矢'就是马克思列宁主义。我们中国共产党人所要求的这根'矢'，就是为了要射中国革命和东方革命这个'的'的。"这是毛泽东将"有的放矢"，与中国革命和东方革命以及马克思列宁主义的关系，所作出的最为精到的比喻性的解说，亦是指导如何将马克思列宁主义和中国革命的实际运用，最为形象生动的描绘与引导。

在第819页，当毛泽东再一次论及"马克思列宁主义理论和中国革命实际，怎样互相联系"时，毛泽东又一次地用到了"有的放矢"一典，这次的运用较上述的运用，又有了新奇的用法。其新奇之处在于：一是直解"矢"和"的"本意，即"矢"就是箭，"的"就是靶。在这样直解"矢"与"的"的本意的基础上，然后再将"矢"和"的"的本意，与马克思列宁主义和中国革命直接挂上钩，这样的妙喻，能给人以十分深刻和明晰的印象；二是毛泽东在这里将"矢"和"的"的本意直解，还在于他为了将要对革命队伍中那些不良现象的批评作出生动而形象的描绘。这就是对"无的放矢"者，乱放一通之后对革命事业所造成的严重后果，提醒人们要高度注意。这就是对那些理论不联系实际的同志以批评与必要的讽刺。特别是对"引而不发"、"开弓不放箭"、"只拉弓，不放箭"的运用，更显毛泽东妙说典故的高超技巧。这三个典故，均含有褒贬之义，如果径自引而用之，则表意难明、典意难确。毛泽东在这里所要用的是它们的贬义，即应付上级的一种只说不做的办法。毛泽东将其贬义生动地译释解说之，使其所取这些典故的贬义明白如话。他这样形象地描绘道："有些同志则仅仅把箭拿在手里搓来搓去，连声赞道：'好箭！好箭！'却老是不愿意放出去。"毛泽东讽刺这些同志的这种做法，是与革命不发生关系的古董鉴赏家。并紧接着总结地说道："马克思列宁主义之箭，必须用了去射中国革命之的。这个问题不讲明白，我们党的理论水平永远不会提高，中国革命也永远不会胜利。"

毛泽东在第801页所用的"有的放矢"，基本上是针对要"实事求是"来讲的。而在这里所用的"有的放矢"，则主要是针对要理论联系实际来讲的。但是，一旦毛泽东用上，便各自被赋予蕴含、各自被翻出新意。可以说，毛泽东对同一个典故的运用，其运用的结果，其所赋予嵌典文字的审美特征，其所展现的用典谋略，真有如一朵鲜花分两

朵，两朵独向世人显其精妙。由此我们可见毛泽东用典谋略之一斑！

215.必须"反对党八股" 倡求真务实精神
——毛泽东在《反对党八股》中所用典故探妙

用典缘起：

1942年2月8日，毛泽东在延安干部会上作了题为《反对党八股》的讲演，在这篇讲演中用了下列典故。

典故内容：

原形毕露。——书出第830页。典出清人钱泳《履园丛话·朱方旦》："（狐女曰）将衣求印，原冀升天，讵意被其一火，原形已露，骨肉仅存，死期将至。"

老鼠过街，人人喊打。——书出第830页。典出明人徐学谟《归有园尘谈》："吝者自能致富，然一有事则为过街之鼠；侠者或致破家，然一有事则为百足之虫。"又见，明人方汝浩《禅真逸史》："前村后舍，人人怨恶，故取他一个绰号，叫做过街老鼠。"又见，《水浒传》第7回："话说那酸枣门外三二个泼皮破落户中间，有两个为头的，一个叫过街老鼠张三，一个叫青草蛇李四。"

害人不浅。——书出第830页。典出《西游记》第64回："师父不可惜他。恐日后成大怪，害人不浅也。"又见，清人李汝珍《镜花缘》第79回："你要提起'左手如托泰山'这句，真是害人不浅！"

帮闲。——书出第831页。典出《水浒传》第2回："这人吹弹歌舞，刺枪使棒，相扑顽耍，颇能诗书词赋；若论仁义礼智，信行忠良，却是不会。只在东京城里城外帮闲。"

根深蒂固。——书出第831页。典出《淮南子·泰族训》："国主之有民也，犹城之有基，木之有根，根深则本固，基美则上宁。"又见，宋人范成大《送刘唐卿户曹擢第西归六首》（其三）："学力根深方蒂固，功名水到自渠成。"又见，清人陆陇其《陆桴亭〈思辨录〉序》："功利之习浸淫于人心，根深蒂固而不能拔。"

摧毁廓清。亦即"摧陷廓清"、"摧廓"。——书出第833页。典出唐人李汉《唐吏部侍郎昌黎先生韩愈文集序》："呜呼，先生于文，摧陷廓清之功，比于武事，可谓雄伟不常者矣。"又见，宋人陆九渊《与张季悦书》："当有开导扶掖、摧陷廓清之功，乃为进学之验。"又见，清人黄宗羲《南雷文案·刘伯绳先生墓志铭》："当是时，问学者云拥其门，虽所得各有深浅，而山阴慎独宗旨，暴白于天下，不为越中之旧说所乱者，先生有摧陷廓清之功焉。""摧毁廓清"亦有省作"摧廓"者。如：清人赵翼《瓯北诗钞·海龙囤》："五百年来沦异域，一朝摧廓亦奇勋。"

以毒攻毒。——书出第833页。典出唐人神清《北山集·讥异说》："彼盖不知执事净命以声止声，良医之家以毒止毒也。"又见，唐人刘禹锡《因论七篇·鉴药》："善哉医乎，用毒以攻疹(麻疹)，用和以安神。"又见，宋人罗泌《路史·有巢氏》："而劫瘤攻积，巴菽蛆葛，犹不得而后之，以毒攻毒，有至仁焉。"又见，宋人周密《云烟过眼录·鲜于伯机所藏》："骨咄犀，乃蛇角也，其性至毒，而能解毒。盖以毒攻毒也。"这里的"以毒攻毒"，当只是直指用药之法；又见，宋人克勤《圆悟佛果禅师语录·示隆知藏》："以言遣言，以机夺机，以毒攻毒，以用破用。"又见，清人石玉昆《三侠五义》第1回："我何不以毒攻毒，叫陈林掌刑追问，他二人做的事，如今叫一人受苦，焉有不说的道理。"这里的"以毒攻毒"，当主要是指以不良事物的本身去对付不良事物的本身，以恶毒手段去对付恶毒手段。

言之无物。——书出第833、834、842页(六出)。典出《周易·家人》："《象》曰：风自火出，家人。君子以言有物而行有恒。""言之无物"当是此语的反用。又见，清人梁启超《书籍跋·刘蜕集》："言之无物，务尖险，晚唐之极敝也。"

又臭又长的懒婆娘的裹脚。——书出第834页。典出民国初年古今图书局编《古今笔记精华录》："黄妈妈裹脚，又臭又长。言作文不通而又甚长者。"

量体裁衣。亦即"称体裁衣"——书出第834页。典出《南史·张融传》："(太祖)手诏赐融衣，曰：'今送一通故衣，意谓虽故，乃胜新也。是吾所著，已令裁减称卿之体。'"又见，(卧闲草堂本)《儒林外史》36评："非子长之才长于写秦汉，短于写三代，正是其量体裁衣，相题立格，有不得不如此者耳。"

装腔作势。——书出第834、835、836页（五出）。典出清人钱彩《说岳全传》第65回："赵大、钱二，还要装腔作势，地方邻舍俱来替他讨情，二人方才应允。"

得胜回朝。——书出第835页。典出元人无名氏《小尉迟》第2折："老将军，你这么一去，小心在意者，若得胜还朝，圣人自有加官赐赏哩。"又见，明人冯梦龙《醒世恒言》第27卷："终日盼望李雄得胜回朝。"又见，清人寄生氏《五美缘》第80回："再言公主同了丈夫，回朝交旨，又听得三声大炮，二帅率领众军起身，得胜回朝。正是：鞭敲金镫响，人唱凯歌声。"又见，清人李宝嘉《官场现形记》第48回："毕竟土匪是乌合之众，那里经得起这大队人马，不下二个月，土匪也平了，那一带的村庄也没有了。问是怎样没有的，说是早被他三位架起大炮轰的没有了。于是'得胜回朝'。"

实事求是。——书出第836页。典出同上一篇。

无的放矢。——书出第836、842页。典出同上一篇。

莫名其妙。——书出第836页。典出清人吴趼人《二十年目睹之怪现状》第15回："我实在是莫名其妙，我从那里得着这么一个门生，连我也不知道。"

对牛弹琴。——书出第836页。典出《庄子·齐物论》："唯其好之，以异于彼；其

好之也，欲以明之彼。非所明而明之，故以坚白之昧终。"晋人郭象注："是犹对牛鼓簧耳。彼竟不明，故己之道术终于昧然也。"又见，汉人牟融《理惑论》："公明仪为牛弹清角之操，伏食如故。非牛不闻，不合其耳矣。"又见，宋人释惟白《建中靖国续传灯录·汝能禅师》："对牛弹琴，不入牛耳。"又见，《古尊宿语录·云门匡真禅师广录上》："（僧）问：'如何教意？'师云：'撩起来作么生道。'进云：'便请师道。'师云：'对牛弹琴。'"又见，清人李汝珍《镜花缘》第90回："对牛弹琴，牛不入耳，骂的狠好，咱们一总再算帐。"

语言无味。——书出第837页（两出）。典出唐人韩愈《送穷文》："凡所以使吾面目可憎，语言无味者，皆子之志也。"又见，宋人黄庭坚《豫章先生遗文·杂书》："士大夫胸中不时以古今浇之，则尘俗生其间，照镜则面目可憎，对人亦语言无味。"又见，清人文康《儿女英雄传》第7回："那穿红的女子见他这等的语言无味，面目可憎，那怒气已是按纳不住。"

颠来倒去。——书出第837页。典出元人王实甫《西厢记》第3本第2折："将简帖儿拈，把妆盒儿按，开拆封皮孜孜看，颠来倒去不害心烦。"又见，清人李宝嘉《官场现形记》第16回："这天鲁总爷买着便宜货，心上非常之喜，颠来倒去看了几遍，连说便宜。"

面目可憎。——书出第837页。典出同"语言无味"。

枯燥无味。——书出第838页。典出明人胡应麟《诗薮·近体上》："故习杜者，句语或有枯燥之嫌，而体裁绝无靡冗之病。"

应有尽有。——书出第838页。典出《宋书·江智渊传》："时咨议参军谢庄、府主簿沈怀文并与智渊友善。怀文每称之曰：'人所应有尽有，人所应无尽无者，其江智渊乎？'"又见，清人李宝嘉《官场现形记》第12回："横竖用的是皇上家的钱，乐得任意开销，一应规矩，应有尽有。"

津津有味。——书出第840页。典出明人毛以遂《曲律跋》："（王骥德）先生于谭艺之暇，每及词曲，津津乎有味其言之。"又见，明人朱之瑜《朱舜水集·答野节书》："佳作愈读愈觉津津有味，可见理胜之文，大胜他人词致美好也。"又见，清人颐琐《黄绣球》第4回："一直说到那日出门看会以后的情形，张先生听来，觉得津津有味。"

轻重倒置。——书出第840页。典出宋人刘安世《尽言集·论韩玠差除不当第三》："轻重倒置，有害政体。"又见，《明史·孙磐传》："夫女诬母仅拟杖，哲等无罪反加以徒，轻重倒置如此，皆东厂威劫所致也。"

马马虎虎。——书出第840页。典出清人曾朴《孽海花》第6回："只可惜威毅伯只知讲和，不会利用得胜机会，把打败时候原定丧失权利的和约，马马虎虎逼着朝廷签定，人不知鬼不觉依然把越南暗送。"

下笔千言，离题万里。——书出第840页。典出唐人刘长卿《送薛据宰涉县》："雄辞变文名，高价喧时议，下笔盈万言，皆含古人意。"又见，宋人曾巩《元丰类稿·送丰稷》："读书一见若经诵，下笔千言能立成。"又见，明人冯梦龙《醒世恒言》卷7："下笔千言立就，挥毫四座皆惊。"又见，明人东鲁古狂生《醉醒石》第6回："少年博学，诗词书翰，无有不通。真是下笔千言，倚马可待。""下笔千言"与"离题万里"是怎样发生关系的呢？这里有一个有趣的故事：说的是，从前，有一个自以为才高八斗的书生，好舞弄文墨、炫耀其能。世人则表面恭维，讽刺性地叫他为"博士"，他反而自以为是地高兴起来。有一次，他家买了一头驴子，需要写一张买卖契约给卖驴人。就是这样一个"博士"，在写契约时，一共写了三张纸，还未写到一个"驴"字，写的都是一些与买驴无关、离题万里的废话。这便有了"博士买驴"、"三纸无驴"、"下笔千言，离题万里"的典故。北齐人颜之推《颜氏家训·勉学》："问一言辄酬数百，责其指归，或无要会。邺下谚云：'博士买驴，书券三纸，未有驴字。'"

祸国殃民。——书出第840页。典出清人方东树《大意尊行·立行》："古今堕名丧节，亡身赤族，祸国殃民，无不出于有过人之才智者。"

彻头彻尾。——书出第841页。典出宋人程颢、程颐《二程语录》："诚者，物之终始，犹俗说彻头彻尾。"又见，宋人朱熹《朱文公文集·答陈同甫（其九）》："但古之圣贤，从本根上，便有惟精惟一功夫，所以能执其中，彻头彻尾，无不尽善。"

眼高手低。亦即"眼高手生"。——书出第841页。典出清人陈确《与吴仲木书》："譬操觚家一味研穷体理，不轻下笔，终是眼高手生，鲜能入彀。"

志大才疏。——书出第841页。典出南朝宋人刘义庆《世说新语·识鉴》："（周嵩曰）伯仁为人志大而才短，名重而识暗。"又见，《后汉书·孔融传》："融负其高气，志在靖难，才疏意广，迄无成功。"又见，宋人苏轼《扬州谢表》："平生所愿，满足无余。志大才疏，信天命而自遂；人微地重，恃圣眷以少安。"又见，宋人陆游《大风登城时》："才疏志大不自量，西家东家笑我狂。"

自以为是。——书出第842页。典出《孟子·尽心下》："居之似忠信，行之似廉洁，众皆悦之，自以为是，而不可与入尧舜之道。"又见，《荀子·荣辱》："凡斗者，必自以为是，而以人为非也。"

夸夸其谈。——书出第842页。典出《南史·袁淑传》："淑喜夸，每为时人所嘲。"

一针见血。——书出第843页。典出《晋书·陶侃传》："侃以针决之见血。"又见，清人梁启超《近世第一大哲康德之学说》："是故讲学者，苟以真我之自由以外之物为目的，虽有善言，终不免奴隶之学，此康氏一针见血之教也。"

可有可无。——书出第844页。典出清人文康《儿女英雄传》第26回："一般儿大的人，怎么姐姐给我说人家儿，这庚贴就可有可无。"又见，《红楼梦》第20回："（宝玉）因此把一切男子都看成浊物，可有可无。"

再思。——书出第844页。典出《论语·公冶长》："季文子三思而后行。子闻之，曰：'再，斯可矣。'"意为鲁国大夫季文子，遇事均要经过三次考虑后才开始行动。孔夫子听后说，经过两次考虑也就可以了。元人关汉卿《救风尘》："你也合三思而行，再思可矣，你如今年纪小哩，我与你慢慢的别寻个姻配。"

行成于思。——书出第844页。典出唐人韩愈《进学解》："国子先生晨入太学，招诸生立馆下，诲之曰：'业精于勤，荒于嬉，行成于思，毁于随。'"这是韩愈的名言。其意是说：一个人的学业之"精"，来源其勤奋，而学业的荒废，则是源于其嬉戏；事业的成功，决定事先要有细致的考虑，而其失败，往往是由于漫不经心而造成的。

粗心大意。——书出第844页。典出清人文康《儿女英雄传》第4回："俄延了半晌，忽然灵机一动，心中悟将过来：'这是我粗心大意。我若不进去，她怎得出来？'"

耳边风。亦即"过耳风"、"耳旁风"。——书出第845页。典出汉人赵晔《吴越春秋》："富贵之于我，如秋风之过耳。"又见，唐人杜荀鹤《题赠兜率寺闲上人院》："百岁有涯头上雪，万般无染耳边风。"又见，明人冯梦龙《醒世恒言》卷17："因无背后眼，只当耳边风。"又见，其《警世通言》卷4："富韩司马总孤忠，恳谏良言过耳风。只把惠卿心腹待，不知杀羿是逢蒙。"又见，清人李宝嘉《官场现形记》第53回："我说的乃是金玉之言，外交秘诀，老哥，你千万不要当作耳旁风。"

用典探妙：

《反对党八股》，是毛泽东在延安干部会上的一个讲演。在这个讲演中，毛泽东将党八股视为主观主义和宗派主义在党内的重要表现形式。为了彻底清算党八股，毛泽东揭示了党八股的根源，列举了党八股的八条罪状。在这篇约11000字的论述中，毛泽东在文中的47处用了典故。这些典故的运用，或用来批判党八股的危害，或用来表现清算党八股的办法，或用来描绘中了党八股之毒的同志的种种形态……其中用典最具特色的则是：

（一）重复用典故，用典没有"重复感"之妙。

众所周知：在写作和言谈、讲话中，重复地用一个词、一个典故、一句话是应该有所顾忌的。因为这样重复地运用，一般地说来，往往是会令人生厌心烦，造成很不好的表达效果。但是，毛泽东在这篇讲演中，多处重复地运用一个语典，相反，给人以十分深刻而明晰印象。何以有如此的用典之妙？这是需要我们进行具体地作出分析的。

比如"言之无物"这一语典，是一句十分平常的话，在一般的读者心目中，可以说它不是典故，但是，我们追溯其源流，它是《周易》中"言之有物"的反意而用。从这个角度上来看，它自有其意蕴深邃典意。毛泽东将其六用于讲演之中，并将其开列在党八股罪状之首，实有强调之意。为什么六次而用却又无重复之感呢？且看在第833页，毛泽东首用"言之无物"，当然无重复之感，而有言简意赅之妙，因为这是党八股的典型特征，此其一；在第834页，毛泽东四用"言之无物"一典。一用"言之无物"之时，是用来修饰"八股调"的，二用"言之无物"之时，是用来修饰"文章"的，三用"言之无物"之时，是用来修饰"演说"的，四用"言之无物"之时，是用来评说"装腔作势，借以吓人"的恶劣文风的，此其二；在第842页，再用"言之无物"，而是将其升华到一个原则的高度，指出"言之无物"有违列宁的精神。像这样六用"言之无物"一成语形式的典故，用一次确指了一个新的内容，用一次有了一个新的语境，用一次能使这个语典有了新的意蕴。毛泽东是这样高超地活用典故，怎么会给人以重复之感呢！

（二）变换典故之意，用典有自出新意之妙。

这里的所谓"变换典故之意"，就是说，将一个典故的原有典意变换其所指意义之角度，以产生新的典意，从而使这个典故为自己的论证服务。在这篇文章中，最为典型的当是对"对牛弹琴"一典的运用。

"对牛弹琴"一典，据笔者所见，均是用来表示讥笑听者水平不高、视听者为"牛"，且是毛泽东当时的听众中所熟悉、所了解的典故。毛泽东在第836页，在开列党八股"无的放矢，不看对象"的第三条罪状时，运用此典当有看准对象并与之产生共鸣之妙！而在将"对牛弹琴"变换其所指角度，即由讥笑听众转而指向讥笑"操琴者"后，定会给听众以新奇之感，定会给论文增添情趣，当毛泽东赋予"对牛弹琴"以新意的解释之后，定会让听众发出叹服的微笑！

（三）一典之中含多典，用典有含蕴深邃、形象生动、对比强烈之妙。

中国的典故，其来源广泛，内容异常丰富。它或是对神话与寓言、传说的概括，或是对历史事件与人物故事情节的概括，或是对经、史、子、集中名言的摘引、合成、简化……基于上述的缘由，中国的典故，有时会出现一典之中蕴含多个典故之妙。毛泽东在这篇讲演中，就创造性运用了中国典故的这个特点。

比如，第840页在列举、批判党八股"不负责任，到处害人"的第六条罪状时，毛泽东用上了"下笔千言，离题万里"一典。这个典故中的"下笔千言"，正如笔者在所列举其典源时，它有其丰富的内涵，可以说是有才华的文人们"才气横溢"的代名词，毛泽东在其后加之以"离题万里"，则其才气顿有一落千丈、对比强烈之妙。同时这就是对那种"不负责任，到处害人"、"仿佛像个才子"的中党八股之毒极深者的有力批判与讽刺。再是"下笔千言，离题万里"一典，它还隐含着"博士买驴"、"三纸无驴"

这样两个典故，从而使"下笔千言，离题万里"一典的运用极具故事性，因而也就使嵌有该典的这段文字，具有深入浅出、雅俗共赏、老少咸宜的阅读欣赏性。

216. "为什么人的问题" 是 "个根本的问题"
——毛泽东《在延安文艺座谈会上的讲话》中所用典故探妙

用典缘起：

1942年5月2日，毛泽东出席了延安文艺工作者座谈会，在会上发表了讲话。这个讲话与5月23日所作的结论合为一篇，以题为《在延安文艺座谈会上的讲话》编入《毛泽东选集》。在这个讲话中用了下列典故。

典故内容：

同心同德。——书出第849、862、868页（四出）。典出《尚书·泰誓中》："受（纣）有亿兆夷人，离心离德；予有乱臣十人，同心同德。"又见，《国语·晋语》："同德则同心，同心则同志。"

英雄无用武之地。——书出第850、851、876页（三出）。典出《资治通鉴·汉献帝十三年》："今操芟夷大难，略已平定，遂破荆州，威震四海。英雄无用武之地，故豫州遁逃至此。"又见，明人冯梦龙《喻世明言》卷8："李都督虽然骁勇，奈英雄无用武之地。"

语言无味。——书出第851页。典出同上一篇。

不三不四。——书出第851页。典出《水浒传》第7回："智深见了，心里早疑忌道：'这伙人不三不四，又不肯近前来，莫不要撅洒家？'"又见，明人凌濛初《二刻拍案惊奇》卷5："可见元宵之夜，趁着喧闹丛中干那不三不四勾当的，不一而足。"又见，清人吴敬梓《儒林外史》第3回："像你这尖嘴猴腮，也该撒抛尿自己照照！不三不四，就想天鹅屁吃！"又见，清人吴趼人《二十年目睹之怪现状》第91回："随任几年，有时官眷往来，勉强说几句，还要带着一大半苏州土话呢。就是此次和老太太们说官话，也是不三不四，词不达意。"

打成一片。——书出第851页（三出）。典出宋人朱熹《朱子全书·存养》："只要常自提撕，分寸积累将去，久之自然接续，打成一片耳。"

格格不入。——书出第852页。典出《礼记·学记》："发然后禁，则扞格而不胜。"汉人郑玄注："扞，坚不可入之貌……扞格不入也。"唐人孔颖达疏："发谓情欲既生也，扞谓拒扞也，格谓坚强。若情欲既发，而后乃禁教，则扞格于教，教之不复入也，是教弱而欲强，为教不胜矣。"又见，清人陈确《与张考夫书》："弟言极朴直，虽三尺童子读之，皆了然言下，而学道家每格格不入，未知何故。"又见，清人袁枚《小仓山房尺牍·寄房师邓逊斋先生》："物换星移，三十年为一世矣，以前辈之典型，合后来之花样，自然格格不入。"又见，清人无名氏《杜诗言志》卷8："无奈世之于我，格格不入。"

千千万万。亦即"万万千千"。——书出第854、866页。典出汉人王充《论衡·自然》："天地安得万万千千手，并为万万千千物乎？"又见，唐人杜牧《晚晴赋》："千千万万之状容兮，不可得而状也。"

相形见绌。——书出第860页。典出清人吴趼人《二十年目睹之怪现状》第90回："他一个部曹，戴了个水晶顶子去当会办，比着那红蓝色的顶子，未免相形见绌。"又见，清人王韬《淞滨琐话·徐太史》："时公年十六，同母寄养于舅氏杨仁庵家……嗣杨兄弟先后成婚，女亦于归，贵戚高姻，往来豪富，相形见绌，二嫂又目无余子，冷语相侵，公欲归故宅。"又见，清人燕谷老人《续孽海花》第35回："他心里就以你为不安分，不可用，渐渐的疏远你。实在的缘故，恐怕你的才大，相形见绌罢了。"

取之不尽，用之不竭。——书出第860页。典出宋人苏轼《前赤壁赋》："惟江上之清风与山间之明月，耳得之而为声，目遇之而成色，取之无禁，用之不竭。"又见，宋人黎靖德编《朱子语类·孟子·离娄下》："他那源头只管来得不绝，取之不尽，用之不竭，来供自家用。"又见，宋人郑兴裔《郑忠肃公奏议遗集·请罢建康行宫疏》："天地之生财有限，小民之膏血几何，势无取不尽而用不竭之理。"又见，清人李绿园《歧路灯》第75回："况这些物件，在贫道乃是取之不尽而用之不竭的，何足介怀。"

借鉴。——书出第860页（五出）。典出《淮南子·主术训》："夫据干而窥井底，虽达视犹不能见其晴；借明于鉴以照之，则寸分可得而察也。"东汉人高诱注："鉴，镜也。"北齐人刘昼《新论·贵言》："人目短于自见，故借镜以观形。"

锦上添花。——书出第862页。典出宋人黄庭坚《了了庵颂》："又要涪翁作颂，且图锦上添花。"又见，元人无名氏《隔江斗智》第3折："那里是锦上添花，衔一味笑里藏刀。"又见，《水浒传》第19回："林冲道：'今日山寨，天幸得众多豪杰到此相扶相助，似锦上添花，如旱苗得雨。'"又见，清人李渔《意中缘传奇》："人情淡薄、世态炎凉，只喜添锦上之花，谁肯送雪中之炭。"又见，《红楼梦》第118回："贾芸便去回邢王二夫人，说得锦上添花。"

雪中送炭。——书出第862页。典出唐人德行禅师《四字经·甲乙》："雪中送炭。"又见，宋人高登《高东溪集·觅蠹椽》："顾影低徊只自怜，怕寒时耸作诗肩……雪中送炭从来事，况写羁穷觅蠹椽。"又见，宋人范成大《石湖诗集·大雪送炭与芥隐》："无因同拨地炉灰，想见柴荆晚未开。不是雪中须送炭，聊装风景要诗来。"又见，明人凌濛初《初刻拍案惊奇》卷20："这一首诗单道世间人周急者少，继富者多，只有锦上添花，那得雪中送炭？"又见，明人冯梦龙《醒世恒言》卷20："兄

弟同榜，锦上添花；母子相逢，雪中送炭。"

半斤八两。——书出第862页。典出宋人释普济《五灯会元》："秤头半斤，秤尾八两。"又见，宋人释惟白《建中靖国续灯录·法恭禅师》："踏着秤锤硬似铁，八两元来是半斤。"又见，《永乐大典戏文三种·张协状元》："两个半斤八两，各家归去须嗔。"又见，《水浒全传》第107回："众将看他两个本事，都是半斤八两的，打扮也差不多。"

无的放矢。——书出第863页。典出同上一篇。

空中楼阁。——书出第864页。典出唐人宋之问《游法华寺》："空中结楼殿，意表出云霞。"又见，唐人赵璘《曲江上巳》："欲问神仙在何处？紫云楼阁向空虚。"又见，宋人程颐、程灏《二程粹语·圣贤篇》："尧夫（邵雍）襟怀放旷，如空中楼阁，四通八达也。"又见，元人熊禾《熊勿轩集·祀典议》："驾风鞭霆之英杰，非可与准绳规矩之君子同科；空中楼阁，自是宇宙间一卓伟之见。"这里的"空中楼阁"，多是指人格崇高、襟怀旷达。又见，清人李渔《闲情偶寄·审虚实》："实者，就事敷陈，不假造作，有根有据之谓也；虚者，空中楼阁，随意构成，无影无形之谓也。"又见，清人张南庄《何典·序二》："无中生有，萃来海外奇谈；忙里偷闲，架就空中楼阁。"又见，清人王韬《淞隐漫录·仙人岛》："子休矣，忽作是想，徒构空中楼阁。"又见，清人曾朴《孽海花》第21回："但在下这部孽海花，却不同别的小说，空中楼阁，可以随意起灭。"这里的"空中楼阁"，多是指虚构、不切实际的意思。

自知之明。——书出第864页。典出《老子·三十三章》："知人者智，自知者明，胜人者有力，自胜者强。"又见，唐人韩愈《伯夷颂》："夫岂有求而为哉！信道笃而自知明也。"又见，明人李贽《初潭集·兄弟下》："真自知之明，知兄之明也。"又见，清人李汝珍《镜花缘》第90回："这句说的不是你是谁！真有自知之明！"

阳春白雪。亦即"阳春"、"白雪"。——书出第865页（两出）。典出战国楚·宋玉《对楚王问》："客有歌于郢中者，其始曰下里巴人，国中属和者数千人……其为阳春白雪，国中属而和者，不过数十人……引商刻羽杂以流徵，国中属而和者，不过数人而已。"又见，宋人辛弃疾《满庭芳·游豫章东湖再用韵》："柳外寻春，花边得句，怪公喜气轩眉。阳春白雪，清唱古今稀。"又见，唐人李白《答王十二寒夜独酌有怀》："巴人谁肯和《阳春》，楚地犹来贱奇璞。"又见，唐人岑参《和祠部王员外雪后早朝即事》："闻道仙郎歌《白雪》，由来此曲和人稀。"

下里巴人。——书出第865页（两出）。典出同上。"阳春白雪"，属高级的音乐；"下里巴人"，属低级的音乐。清人李绿园《歧路灯》第10回："所以云岫说请看戏，潜斋便怂恿。及见了戏，却也有些意外开豁。谭（谭孝移）、娄（娄潜斋）纯正儒者，那得动意于下里巴人。"

744

轻重缓急。——书出第866页。典出《管子·国蓄》："岁有凶穰，故谷有贵贱；令有缓急，故物有轻重。"又见，宋人朱熹《朱文公文集·答何叔京》："圣人顾事有不能必得如其志者，则轻重缓急之间，于是乎有权矣。"又见，清人夏敬渠《野叟曝言》第56回："遇着义所当为，自宜勇为，不畏鼎镬，不避汤火，但须斟酌轻重缓急，以为申屈进退。"

闭门造车。——书出第866页。典出南唐人静、筠僧《祖堂集·五冠山瑞云寺和尚》："苦欲修行普贤行者，先穷真理，随缘行行，即今行与古迹相应，如似闭门造车，出门合辙耳。"又见，宋人朱熹《中庸·或问》："古语所谓'闭门造车，出门合辙'，盖言其法之同。"这里的"闭门造车"，主要是讲按统一规格，关门造车，其所造之车与道路上所用之车的车辙相合；又见，宋人陈亮《谢陈国知启》："伏念某少览古书，恐遂流于无用；晚更世故，始渐见于难通。岂求田问舍之是专，亦闭门造车之可验。"又见，宋人郑兴裔《忠肃集·合肥志序》："夫事不师古宜今，而欲有为，譬之闭门造车，未见其合，志曷可废乎！"这里的"闭门造车"，当是指单凭主观办事的意思。

自作聪明。——书出第866页。典出《尚书·蔡仲之命》："康济小民，率自中，无作聪明乱旧章。"又见，宋人洪迈《容斋随笔·续笔·州县牌额》："严州分水县故额，草书'分'字，县令有作聪明者，谓字体非宜，自真书三字，刻而立之。"又见，明人余继登《典故纪闻》："太祖与侍臣论用人之道，曰：'……苟自作聪明，而不取众长，欲治道之成，不可得也。'"又见，清人李宝嘉《中国现在记》第9回："郑令虽笨，不至如此，难保不是经手家人自作聪明，所以弄出这样笑话来。"

离心离德。——书出第868页。典出同"同心同德"。又见，明人许仲琳《封神演义》第17回："黎民离心离德，祸生不测。"

无缘无故。——书出第871页（两出）。典出《红楼梦》第44回："（平儿）因又说道：'好好儿的，从那里说起！无缘无故白受了一场气。'"

冷嘲热讽。——书出第872页。典出清人袁枚《牍外余言》："楚公子曲为之会，其时子曲篡国之状人人知之，皆有不平之意，故晋大夫七嘴八舌，冷讥热嘲，皆由于心之大公也。"又见，清人蔡东藩《后汉通俗演义》第20回："郭皇后暗中窥透，当然怀疑，因此对着帝前，往往冷嘲热讽，语带蹊跷。"

大声疾呼。——书出第872页。典出唐人韩愈《后十九日复上宰相书》："其既危且亟矣，则将大其声疾呼矣。"

歌功颂德。——书出第873页。典出《史记·周本纪》："民皆歌乐之，颂其德。"又见，汉人郑玄《诗谱序》："论功颂德，所以将顺其美；刺过讥失，所以匡救其恶。"又见，宋人王灼《再次韵赵子与》诗中有："歌功颂德今时事，侧听诸公出正

745

音。"

冷眼旁观。——书出第873页。典出宋人朱熹《答黄直卿》："故其后复申（王）炎所陈，荐举之说，乃是首尾专为王地，冷眼旁观，手足俱露，甚可笑也。"又见，明人冯惟敏《双调新水令·忆弟时在秦州》："总不如袖手高闲，闭口无言，冷眼旁观。"又见，明人凌濛初《初刻拍案惊奇》卷13："却只是冷眼旁观，任主人家措置。"

二者必居其一。——书出第873页。典出《孟子·公孙丑下》："陈臻问曰：'前日于齐，王馈兼金一百而不受；于宋，馈七十镒而受；于薛，馈五十镒而受。前日之不受是，则今日之受非也；今日之受是，则前日之不受非也。夫子必居一于此矣。'"这里说的是：孟子的学生陈臻对孟子说，先生过去在齐国时，齐王送您黄金一百镒，您却不肯接受；在宋国时，国君送七十镒，您接受了；在薛地，您五十镒也接受了。如果说过去不接受是对的话，则今天的接受就是错了；如果说今天的接受是对的话，则过去的不接受就是错了。这样两种情况，先生必有一种是错误的。陈臻的问话严密，似乎无懈可击。而孟子的回答却滴水不漏。孟子说，他首先肯定无缘无故受赠，是一种收买，而自己是不会被收买的，所以在齐国不能接受馈赠。在宋国，因要远行，故收为路费；在薛地，因在路途中将有危险，需要购买武器，故而接受了。由于情况不同、性质不一，故而不能类比。所以不存在"必居一于此"的结论。

自以为是。——书出第874页。典出同上一篇。

一去不复返。——书出第876页。典出《战国策·燕策三》："风萧萧兮易水寒，壮士一去兮不复还。"又见，唐人崔颢《黄鹤楼》诗："昔人已乘黄鹤去，此地空余黄鹤楼。黄鹤一去不复返，白云千载空悠悠。"

横眉冷对千夫指，俯首甘为孺子牛。——书出第877页。这两句诗，是鲁迅的一首诗中的名句，经毛泽东予以解释与鉴赏之后，可以说，已经是众所周知。但是，这两句诗中典中含典，其中的典故，并非人人皆晓。这两句诗出自鲁迅的《自嘲》。其诗云："运交华盖欲何求，未敢翻身已碰头。破帽遮颜过闹市，漏船载酒泛中流。横眉冷对千夫指，俯首甘为孺子牛。躲进小楼成一统，管它冬夏与春秋。"鲁迅诗中的"横眉冷对千夫指，俯首甘为孺子牛"，隐含有如下六重典意，我们必须予以梳理，以便对于典故的运用之妙，有所了解、有所体会、有所领悟。

一是"横眉冷对"，有从"横眉怒目"中化意而成之意向。五代人何光远《鉴戒录·攻杂咏》："横眉努目强干嗔，便作阎浮有力神。""努"亦即"怒"之意。

二是"千夫指"，亦即"千夫所指"、"千人所指"。典出《汉书·王嘉传》："里谚曰：'千人所指，无病而死。'臣常为之寒心。"又见，唐人柳泽《上睿宗书》："岂不谓爱之太极，富之太多，不节之以礼，不防之以法，终转吉为凶，变福为祸。谚曰：'千人所指，无病自死。'不其然欤？"又见，唐人范质《诫儿侄八百字》

中有云："虽然一家荣，岂塞众人议？颙颙十目窥，龊龊千人指。"又见，清人赵翼《瓯北诗钞·感事四首（其一）》："姓名久属千夫指，气焰俄消一寸灰。"

三是"孺子牛"，典出《左传·哀公六年》："鲍子曰：'汝忘君之为孺子牛，而折其齿乎？而背之也！'"说的是齐景公这个君王，爱其子爱到这样的地步：为了让孩子玩得高兴，他自己装牛，口中衔绳，让孩子手拉绳子，骑在他的背上，孩子跌倒，他的牙齿被扯掉了。

四是"孺子牛"含有新的典意。鲁迅有名言云："我好像一只牛，吃的是草，挤出的是牛奶，血。"（《献词》载1936年11月5日《中流》第1卷第5期。是许广平曾于一首悼念鲁迅的诗里引述过鲁迅的话。见孙玉石著《〈野草〉研究》，第12—13页）这是鲁迅以"孺子牛"自喻，赋予"孺子牛"以新的典意。

五是"俯首甘为孺子牛"，典出清人洪亮吉《北江诗话》卷1：记述其同里的钱秀才，有三子，溺爱过甚、不令就塾。饭后即与之嬉戏，惟恐不当其意。尝记其柱帖云："酒酣或化庄生蝶；饭饱甘为孺子牛。"

六是毛泽东的解释鉴赏与常人的理解，构成了新的典意。在第877页毛泽东说到"知识分子要和群众结合，要为群众服务，需要一个互相认识的过程。这个过程可能而且一定会发生许多痛苦，许多磨擦，但是只要大家有决心，这些要求是能够达到的"时，他引用了鲁迅的这两句诗，并将其品评、鉴赏，以为佐证。毛泽东写道："鲁迅的两句诗，'横眉冷对千夫指，俯首甘为孺子牛'，应该成为我们的座右铭。'千夫'在这里就是说敌人，对于无论什么凶恶的敌人我们决不屈服。'孺子'在这里就是说无产阶级和人民大众。一切共产党员，一切革命家，一切革命的文艺工作者，都应该学鲁迅的榜样，做无产阶级和人民大众的'牛'，鞠躬尽瘁，死而后已。"对此，在1944年1月24日，山东省文协致中央总学委的电报中说："毛主席在延安文艺座谈会的讲话，引用鲁迅两句诗，第一句'横眉冷对千夫指'，解'千夫'为敌人。惟细读原诗所用'千夫指'典故，似即'千夫所指，无病而死'，若然，则千夫是大众，而千夫指的家伙则是敌人。这样的解释，虽不违背毛主席话的精神，但千夫的解释恰恰相反，请问明毛主席电示为盼。"为此，1944年2月8日，毛泽东在为中央总学委起草复山东省文协要求解释鲁迅诗中"千夫指"的含义的电报中指出："鲁迅虽然借用'千夫指'古典的字面，但含义完全变了，你们的解释是不适当的。"（参见逄先知主编《毛泽东年谱》中卷，第494页）冯雪峰感慨地说："毛主席认为'俯首甘为孺子牛'中的'孺子'系指无产阶级和人民大众，我承认这是一个天才的解释，但鲁迅先生的本意只是指海婴"（参见孙琴安、李师贞《毛泽东与名人》第688页）。

座右铭。——书出第877页。典出汉人崔瑗《座右铭》："无道人之短，无说己之长。施人慎勿念，受施慎勿忘……"又见，南朝梁人慧皎《高僧传·支遁》："僧众

百余，常随禀学，时或有惰者，遁乃著座右铭以勖之。"又见，唐人吕延济题注《文选·崔瑗〈座右铭〉》："瑗兄璋为人所杀，瑗遂手刃其仇，亡命，蒙赦而出，作此铭以自戒，尝置座右，故曰座右铭也。"这里说的是：东汉时的崔瑗，他的兄长被人杀了。崔瑗杀死了仇人之后，便逃亡。后来崔瑗遇到了赦免。写下铭文以为自戒之用。因他常将铭文置之座右，故而称之为"座右铭"。

鞠躬尽瘁，死而后已。——书出第877页。典出《论语·乡党》："鞠躬如也，屏气似不息者。"又见，《论语·泰伯》："曾子曰：'士不可以不弘毅，任重而道远。仁以为己任，不亦重乎？死而后已，不亦远乎？'"又见，《水浒全传》第83回："臣披肝沥胆，尚不能补报皇上之恩。今奉诏命，敢不竭力尽忠，死而后已！"又见，《诗经·小雅·北山》："或燕燕居息，或尽瘁国事。"又见，《三国志·诸葛亮传》南朝宋人裴松之注引诸葛亮《后出师表》（《蜀志》卷5）："先帝东连吴越，西取巴蜀，举兵北伐，夏侯授首，此曹之失计，而汉事将成也。然后吴更违盟，关羽毁败，秭归蹉跌，曹丕称帝。凡事如是，难可逆见。臣鞠躬尽力，死而后已。至于成败利钝，非臣之明所能逆睹也。"又见，《三国演义》第97回："……臣鞠躬尽瘁，死而后已；至于成败利钝，非臣之明所能逆睹也。"又见，宋人文天祥《指南录后序》："赖天之灵，宗庙之福，修我戈矛，从王于师，以为前驱，雪九庙之耻，复高祖之业，所谓鞠躬尽力，死而后已，亦义也。"又见，明人王世贞《鸣凤记·二相争朝》："我老臣不能为玉烛于光天，岂忍见铜驼于荆棘，明日奏过圣上，亲总六师，鞠躬尽瘁，死而后已。"又见，清人黄宗羲《巡抚天津右金都御史留仙冯公神道碑铭》："臣兄荷皇上知遇，鞠躬尽瘁，死而后已，不敢言病。"

用典探妙：

这篇毛泽东在延安文艺座谈会上的讲话，全文计约21000字。毛泽东在这篇讲话之中，共在52处（含典中典）用了典故。这些典故的运用，各有其特点。其中最为显著的特点是：

（一）一典多处而用，有处处显特色之妙。

一典多处用，处处显特色。是毛泽东用典中的一大精妙之点。这个精妙之点，在本篇中犹显突出。试以"英雄无用武之地"简作分析。

在第850页中，当毛泽东谈到文艺工作者，对于自己的服务对象——工农兵及其干部不了解、不熟悉时，用上世人平时经常提到的一句话，也即是一句语典，这句语典的本来意义是论军事的，毛泽东在这里却将其用于人与人之间了解与不了解、熟悉与不熟悉的关系。这样的运用，赋予了"英雄无用武之地"以全新的意义，能给读者以新奇之感！有能引起读者以高度重视之妙。

在第851页中，毛泽东又用上了"英雄无用武之地"一典。在这里的运用，毛泽东将其转换到了更为具体的新角度——这就是要熟悉和掌握群众的语言问题。专门谈到学习群众的语言与文艺创作的关系问题。在论述这个问题时，毛泽东特意突出"英雄"二字，对于某些不愿意与工农兵大众的思想感情打成一片的文艺工作者来说，是一种颇富讽刺味的批评与教育，为其自己在后一段文字中的现身说法作了有力的铺垫，特别将"英雄无用武之地"中的"英雄"二字用上引号以"凸显"之，有给人以警醒之妙！

在第876页中，毛泽东再一次地用上了"英雄无用武之地"一典，这一次所用此典，重在指出"英雄无用武之地"的严重后果，有总结和号召我们的文艺工作者要尽快地适应革命环境之妙。

（二）典故当比喻兼对比而用，有透彻分明之妙。

妙用比喻，有奇巧妥贴、形象生动的效果。而妙用对比，则可取得针锋相对、相反相成的妙趣。有的典故语言将其用作比喻和对比地巧妙运用时，能出人意料地表现相当复杂的问题，使这些相当复杂的问题变得透彻而又分明。毛泽东在这篇文章中，多处这样妙用典故，以揭示和概括复杂的事理。下面，我们取毛泽东妙用"阳春白雪"与"下里巴人"为例简作品析。

"阳春白雪"与"下里巴人"本是歌曲。《阳春》与《白雪》是战国时少数人所欣赏的高级歌曲。而《下里》与《巴人》则是当时流传广泛民间歌曲。当楚顷襄王问宋玉是否有行为不检点时，通晓音律的宋玉便以歌曲的高下来比喻思想品格高洁的人往往不为平庸之辈所理解，从而说明为什么自己会被各阶层的人所不称赞的原因，其所辩十分得体，效果极佳。

毛泽东则在谈到普及与提高时，以《阳春》与《白雪》比喻为高级的、提高了的、少数人享用的、高水平的艺术。而以《下里》和《巴人》比喻为民间的、普及了的、大多数人传颂的、被专门家视为低级的艺术。毛泽东的这些比喻，可谓精妙绝伦，有让听众印象深刻、可以终生记住之妙。更为精彩的是：毛泽东在这里不仅仅用了比喻，而且兼用对比。毛泽东以嘲讽的语气写道："就算你的是'阳春白雪'吧，这暂时既然是少数人享用的东西，群众还是在那里唱'下里巴人'，那末，你不去提高它，只顾骂人，那就怎样骂也是空的。……"在这里，毛泽东将"阳春白雪"与"下里巴人"进行了对比，其对比的结果，可谓有"针锋相对、相反相成"之妙。将普及与提高不统一的后果阐发更生动、更深刻，让人们更加清楚地明白：普及与提高的统一势在必行，二者不可偏废。从而，对于毛泽东关于"现在是'阳春白雪'和'下里巴人'统一的问题，是提高和普及统一的问题。不统一，任何专门家的最高级的艺术也不免成为最狭隘的功利主义；要说这也是清高，那只是自封为清高，群众是不会批准的"这一段富有辩证法的内涵丰富的结论，必然会有着令人叹服的感慨与深邃的理解。

（三）将典故的原意加新解而用，有借典树典型之妙。

毛泽东的用典，从来就不会死抠典故的原意，而是不囿于成法，在原有的典故上加上新的解说，让典故与当时的革命现实之间，巧妙地勾连起来，使典故为我所用。毛泽东在讲到文艺工作者要为广大的工农兵群众服务，必须彻底解决个人和群众的关系时，引用了典意丰富的"横眉冷对千夫指，俯首甘为孺子牛"，将"千夫"解作敌人，将"孺子牛"解作无产阶级和人民大众。这样的"二度创作"，尽管如笔者在诠释"横眉冷对千夫指，俯首甘为孺子牛"时，指出了其含有六重典意，且时人多有不可理解之处。但是，通过毛泽东将此典在原意上加上新解之后，鲁迅那一身的正气，那崇高耀眼的光辉，那闪光的榜样的力量，那中国革命文化旗手的高大形象，便随着毛泽东对这两诗中的典故的典意刷新，便凸显在世人的眼前，而且影响着一代又一代的革命的人们。

217. "缩小自己的机构" 是极重要的政策
——毛泽东在《一个极其重要的政策》中所用典故探妙

用典缘起：

1942年9月7日，毛泽东为《解放日报》写下了《一个极其重要的政策》的社论。在这篇社论中用了下列典故。

典故内容：

处之泰然。——书出第881页。典出宋人朱熹《牧斋记》："古之君子一箪食瓢饮而处之泰然，未尝有戚戚乎其心而汲汲乎其言者。"又见，其《四书集注》（论语·雍也）："颜子之贫如此，而处之泰然。"又见，《宋史·杨霆传》："后兵民杂处，庶务丛集，霆随事裁决，处之泰然。"

头重脚轻。——书出第882页。典出明人冯梦龙《喻世明言》卷40："那给事出于无奈，闷着气，一连几口吸尽。不吃也罢，才吃下去时，觉得天在下，地在上，墙壁都在团团转动，头重脚轻，站立不住。"又见，清人夏敬渠《野叟曝言》第146回："文施心软，只得又勉强饮数杯。旧酒新酒，一齐发作，头重脚轻，站不住。"又见，《水浒传》第16回："只见这十五个人头重脚轻，一个个面面厮觑，都软倒了。"

孙行者对付铁扇公主。——书出第882页。典出《西游记》第59回、60回、61回。这三回的回目分别是：《唐三藏路阻火焰山 孙行者一调芭蕉扇》、《牛魔王罢战赴华筵 孙行者二调芭蕉扇》、《猪八戒助力破魔王 孙行者三调芭蕉扇》。这三个回目基本上概括了孙行者对付铁扇公主的办法，生动地描绘了孙行者与铁扇公主斗智斗勇的各种故事。在第59回里，所讲的是：孙行者借扇于铁扇公主。在其经历了几次失败后。当他从灵吉菩萨那儿回到翠云山时，又要到铁扇公主那儿借扇。铁扇公主与他战了几个回合，即用扇子搧孙行者，然而，再也搧不动孙行者了。吓得急收了宝扇，紧关洞门。这时，"行者见他闭了门，却就弄个手段，拆开衣领，把定风丹噙在口中，摇身一变，变作一个蟭蟟虫儿，从他门隙处钻进。只见罗刹叫道：'渴了！渴了！快拿茶来！'近侍女童，即将香茶一壶，沙沙的满斟一碗，冲起茶沫漕漕。行者见了喜欢，嘤的一翅，飞在茶沫之下。那罗刹渴极，接过茶，两三气都吃了。行者已到他肚腹之内，现原身厉声高叫道：'嫂嫂，借扇子我使使！'罗刹大惊失色，叫：'小的们，关了前门否？'俱说：'关了。'他又说：'既关了门，孙行者如何在家里叫唤？'女童道：'在你身上叫哩。'罗刹道：'孙行者，你在那里弄术哩？'行者道：'老孙一生不会弄术，都是些真手段，实本事，已在尊嫂尊腹之内耍子，已见其肺肝矣。我知你也饥渴了，我先送你个坐碗儿解渴！'却就把脚往下一登。那罗刹小腹之中，疼痛难禁，坐于地下叫苦。行者道：'嫂嫂休得推辞，我再送你个点心充饥！'又把头往上一顶。那罗刹心痛难禁，只在地上打滚，痛得他面黄唇白，只叫：'孙叔叔饶命！'行者却才收了手脚道：'你才认得叔叔么？我看牛大哥情上，且饶你性命。快将扇子拿来我使使。'罗刹道：'叔叔，有扇！有扇！你出来拿了去！'行者道：'拿扇子我看了出来。'罗刹即叫女童拿一柄芭蕉扇，执在旁边。行者探到喉咙之上见了道：'嫂嫂，我既饶你性命，不在腰肋之下搠个窟窿出来，还自口出。你把口张三张儿。'那罗刹果张开口。行者还作个蟭蟟虫，先飞出来，丁在芭蕉扇上。那罗刹不知，连张三次，叫：'叔叔出来罢！'行者化原身，拿了扇子，叫道：'我在此间不是？谢借了！谢借了！'拽开步，往前便走。小的们连忙开了门，放他出洞。"

黔驴之技。亦即"黔驴技穷"、"黔驴"。——书出第883页。典出唐人柳宗元《三戒·黔之驴》："黔无驴，有好事者船载以入。至则无可用，放之山下。虎见之，庞然大物也，以为神……他日，驴一鸣，虎大骇，远遁，以为且噬己也，甚恐。然往来视之，觉无异能者。益习其声，又近出前后……驴不胜怒，蹄之。虎因喜，计之曰：'技止此耳！'因跳踉大㘎，断其喉，尽其肉，乃去。"又见，宋人欧阳修《欧阳文忠公集·亳州乞致仕第三表》："昔而少健，黔驴之伎已殚；今也病衰，驽马之疲难强。"又见，宋人李曾伯《代襄阃回陈总领贺转官》："虽长蛇之势若粗雄，而黔驴之技已尽展。"又见，宋人楼钥《王原庆新迁居南堂，以古风求写恕斋二大字并石刻，次韵》中有："夜来纵笔写恕斋，自笑黔驴技止此。"又见，宋人陆游《丁未除夕前二日休假感怀》中云："怨谤相乘真市虎，技能已尽似黔驴。"

用典探妙：

毛泽东在这篇仅约2000字的社论中，所要论述的是一个极其重要的政策问题，在敌强我弱的特殊情况下，我们党不是扩大对敌的机构，而是缩小机构，实行精兵简政，这是一般人所难以理解的。因而，要论述清楚这个问题也是有一定难度的。毛泽东在这篇社论中，七次用到"精兵简政"一语，强调了"精兵简政"的必要性和可能性。在论述

的过程中，更为巧妙的是，将极大多数人所熟知的两个文学典故与"精兵简政"勾连起来，深入浅出地论述了实行"精兵简政"的深奥道理。

（一）用孙行者斗妖精之典，以展现实行"精兵简政"后的机智灵活对敌之妙。

《西游记》是中国老百姓最喜爱的一部神话小说，也是一部家喻户晓、影响深远的小说。而孙悟空借扇铁扇公主过火焰山时，与铁扇公主反反复复的斗争中，设法钻进铁扇公主的肚子里的故事，更是为中国老百姓所喜闻乐道。毛泽东在论述为什么要实行"精兵简政"去战胜日寇这样庞大战争机器的问题上而选用此典，在选用典故上，有通俗易懂、人人理解我党在实行"精兵简政"后，更便于敏捷、机智、灵活地找寻日寇的弱点，最终将其彻底击败，此典的生动形象，说理之深透，实有一典顶千言之妙。

（二）用"黔驴之技"之典，有藐视日寇、鼓舞人心去争取抗战最后胜利之妙。

1942年，日寇在中国的大地上，仍然是猖狂至极，抗日根据地在缩小，而日寇又实行惨绝人寰的"杀光、烧光、抢光"的三光政策，中国的抗战面临极大的困难，处于"黎明前的黑暗"时期。因此，在战略上藐视敌人、在战术上重视敌人的宣传与教育，仍然显得十分重要。"黔驴之技"一典是中国人民所熟知的，它的运用，实有鼓舞我方斗志、灭敌人威风之妙。

（三）将所用的相关典故"对号入座"，实有总括全篇、加强论点论证力度之妙。

这里的所谓"对号入座"，就是说，毛泽东还将典故化作比喻而用。毛泽东在其社论的结尾写道："我们八路军新四军是孙行者和小老虎，是很有办法对付这个日本妖精或日本驴子的。"正是这样的"对号入座"，使这两个典故的典意明确无误、明白如话。这结尾的论说，实属对全文关于要实行"精兵简政"的总结，这种形式的总结，没有半点的政治说教，而是予人以丰富的哲理与联想，读后，对于毛泽东关于要实行"精兵简政"的论说和其深邃的哲理思辨，实可永远地铭刻于心。

218. 斯大林战略英明 希特勒走向灭亡
——毛泽东在《第二次世界大战的转折点》中所用典故探妙

用典缘起：

1942年10月12日，毛泽东为延安的《解放日报》写了《第二次世界大战的转折点》的社论，在这篇社论中用了下列典故。

典故内容：

众叛亲离。——书出第884页。典出《左传·隐公四年》："夫州吁阻兵而安忍，阻兵无众，安忍无亲，众叛亲离，难以济矣。"唐人孔颖达疏："阻恃诸国之兵以求胜而征伐不已，安忍行虐事刑杀过度也。"事由：春秋之时，卫国的公子州吁和他的哥哥桓公，为同父异母兄弟。这个州吁为了篡位而杀了卫桓公，自立为国君。他为了转移国内人们的不满，借口要修先君之积怨，便联合宋、陈、蔡各国，前去征讨过去与卫国打过仗的郑国。当时鲁国的国君鲁隐公对于州吁的做法能否成功一事，问其大夫众仲。众仲说：州吁用这样的办法去解决内部的矛盾，会得不到支持的，其结果是众叛亲离，注定要失败的。又见，《三国志·公孙瓒传》南朝宋人裴松之注引《汉晋春秋》："（袁绍与瓒书曰）既乃残杀老弱，幽土愤怨，众叛亲离，孑然无党。"又见，《晋书·石勒载记上》："幽州饥俭，人皆蔬食，众叛亲离，甲旅寡弱，此则内无强兵御我也。"又见，唐人辛替否《谏造金仙玉真二观疏》："夺百姓之食以养凶残，剥万人之衣以涂土木，于是人怨神怒，众叛亲离。"

土崩瓦解。——书出第884页。典出旧题周·鬼谷子撰《鬼谷子·抵巇》："君臣相惑，土崩瓦解而相伐射；父子离散，乖乱反目，是谓萌芽巇罅。"又见，《史记·秦始皇本纪》："秦之积衰，天下土崩瓦解，虽有周旦之才，无所复陈其巧，而以责一日之孤，误哉！俗传秦始皇起罪恶，胡亥极，得其理矣。"又见，《明史·李善长传》："今元纲既紊，天下土崩瓦解。"又见，《三国演义》第96回："某引兵冲杀十余次，皆不能入。次日土崩瓦解，降者无数。"又见，清人平步青《霞外捃屑》卷7："（陆）逊督促诸军四面蹙之，土崩瓦解，死者万数。"

外强中干。——书出第884页。典出《左传·僖公十五年》："庆郑曰：'古者大事，必乘其产。……今乘异产以从戎事，及惧而变，将与人易。乱气狡愤，阴血周作，张脉偾兴，外强中干，进退不可，周旋不能。君必悔之。'弗听。"事由：公元前646年，"晋饥，秦输之粟；秦饥，晋闭之籴，故秦伯（春穆公）伐晋。"晋军连吃败仗。在秦军深入晋之阵地时，晋惠公换上郑国出产的马，庆郑劝说：古时作战，必用本国出产的马，乘坐别国的马出战，因不服水土、不熟悉环境，一旦遇到意外，就会改变常态，其外表强悍，而其内里虚弱无力。惠公不听，结果在作战时，马陷泥泞之中，惠公即为秦军所俘获。又见，宋人胡继宗《书言故事大全·恶性类》："'外强中干'，徒有外貌。"又见，清人吴趼人《二十年目睹之怪现状》第87回："他一向手笔大，不解理财之法，今番再干掉几万，虽不像从前吃尽当光光景，然而不免有点外强中干了。"

无与伦比。——书出第885页。典出唐人韩愈《论佛骨表》："数千百年已来，未有伦比。"又见，《旧唐书·郭子仪传论》："自秦、汉已还，勋力之盛，无与伦比。"又见，唐人卢氏《逸史·华阳李尉》："置于州，张宠敬无与伦比。"又见，宋人阙名《宣和画谱·李公麟》："考公麟平生所长，其文章则有建安风格，书体则如晋、宋间人，画则追顾、陆，至于辨钟鼎古器，博闻强识，当世无与伦比。"又，宋人张耒《敢言》："此子妒贤忌能，无与伦比。"

有过之无不及。——书出第885页。《国语·周语中》："是三子也，吾又过于四

之无不及。"三国吴人韦昭注:"三子,荀(林父)、赵(盾)、栾(书)也,得却至四人。言己之材优于彼四人也,三人之中无有所不及也。"又见,宋人杨万里《诚斋诗话》:"近世词人,闲情之靡,如伯有所赋,赵武所不得闻者,有过之无不及焉,是得为好色而不淫乎?"又见,清人翁方纲《石洲诗话》:"雁门(萨都剌)风流跌宕,可谓才人之笔。使生许浑、赵嘏间,与之联镳并驰,有过之无不及也。"又见,清人夏敬渠《野叟暴言》第85回:"汾阳八子七婿,世所艳称,文先生年未三十,已举四子,且一旬而得四宁馨,尤为旷见,将来绕膝之祥,但有过之无不及也。"又见,清人袁枚《小仓山房尺牍》卷55:"古人羊舌下泣之仁,励分宅之义,有过之而无不及也。"

后顾之忧。——书出第886页。典出《魏书·李冲传》:"使我出境无后顾之忧。"

诱敌深入。——书出第886页。典出《孙子兵法·计篇》:"利而诱之。"又见,《孙子兵法·势篇》:"以利动之,以本待之。"

扁担没扎,两头打塌。亦即"扁担脱,两头虚"。——书出第886页。典出元人无名氏《合同文字》第3折:"我则道是亲骨血这搭儿里重完聚,一家几世不分居。我将这合同一纸慌忙付,倒着俺做了扁担脱,两头虚。"

再衰三竭。——书出第887页。典出《左传·庄公十年》:"夫战,勇气也。一鼓作气,再而衰,三而竭。彼竭我盈,故克之。"又见,晋人蔡洪《围棋赋》:"或声手俱发,喧哗噪扰,色类不定,次措无已,再衰三竭,锐气已朽,登轼望轼,其乱可取也。"又见,宋人刘克庄《后村全集·江东宪谢郑小保启》:"群嘲众骂之身,不无惩创,再衰三竭之气,未易激昂。"又见,宋人真德秀《真西山集·泉州科举谕士文》:"战虽尚气,犹有再衰三竭之惧。"

离心离德。——书出第887页。典出《尚书·泰誓》:"受有亿兆夷人,离心离德。"又见,《封神演义》第17回:"臣等日夕焦心,不忍陛下沦于昏暗,黎民离心离德,祸生不测。"

余勇可贾。——书出第887页。典出《左传·成公二年》:"齐高固入晋师,桀石以投人,禽之而乘其车,系桑本焉,以徇齐垒,曰:'欲勇者,贾余余勇。'"又见,《隋书·宇文庆传》:"从武帝攻河阴,先登攀堞,与贼短兵接战,良久,中石乃坠,绝而后苏,帝劳之曰:'卿之余勇,可以贾人也。'"

有死老虎可打。亦即"打死老虎"。——书出第888页。典出明人沈德符《万历野获编·补遗》卷1:"当冯珰将败,最初言者,亦不过借司房牵及之耳。未几,追论者连篇累牍,谚云'打死老虎'也。"又见,清人李宝嘉《官场现形记》第28回:"这班穷都,正像一群疯狗似的,没有事情说了,大家一窝蜂'打死老虎'。"

滑铁卢。亦即"滑铁卢的拿破仑"。——书出第888页。参见《中外典故大词典》:"1815年2月,法国前皇帝拿破仑秘密逃离厄尔巴岛,在巴黎重新组成新政府。拿破仑亲率12万大军同反法联军作战。6月18日大战在比利时南部的滑铁卢展开，直到当天深夜，法军寡不敌众，惨败。拿破仑第2次退位，被囚禁在大西洋中的圣赫勒拿岛上。直至1821年病故。正因为滑铁卢战役的失败，拿破仑从此一蹶不振，因此'滑铁卢的拿破仑'一语比喻英雄末路。"（周心慧、邹晓棣、桑思奋主编，科学出版社1989年7月版，第755页）

用典探妙：

毛泽东在这篇约有3400字的社论中，有13处用了典故。这些典故的运用，都为其论述起到了精练文字、丰富内涵的重要作用。而其中最为重要的一点，是毛泽东运用外国典故之妙。

尽管毛泽东在这篇社论中，只在一处用了一个外国典故，但用得妙、用得活、用得巧。这个外国典故就是"滑铁卢的拿破仑"。这个典故的运用，其妙有三：

一是选典之妙。

毛泽东在这篇社论中，主要论述的是希特勒在对苏联的战争。毛泽东在其社论的结论中，要说明希特勒必败无疑，所选用的是拿破仑在欧洲的败亡，以指出希特勒的必然败亡的命运，这个典故的选用，是任何中国典故所不能替代的，故谓选典之妙。

二是用典有客观评说与补正所用之典之妙。

一个典故的构成，是经过人们长期的"锤炼"而成的，故其有一定的"约定成俗"性质，所以，一般人用典，都不会注意到典故的不完整性。毛泽东在运用"滑铁卢的拿破仑"这个典故之时，指出："拿破仑的政治生命，终结于滑铁卢，而其决定点，则是在莫斯科的失败。"这个补充，包含着这么一个重要事实，这就是：在早于"滑铁卢之战"时的1812年，拿破仑以50万大军攻打俄国，当时只有20万左右军队的俄国，以放弃和焚毁莫斯科为代价，将拿破仑的军队诱入俄国本土的纵深处，断其后路、四面包围聚而歼之，最后，拿破仑的50万大军只剩2万人得以逃生。毛泽东不愧为是英明的军事家，这一补充，有丰富"拿破仑的滑铁卢"这一典故内涵之妙。

三是用典有补充典故内容、切中论点要害、加强论说的逻辑性之妙。

所谓"切中论点要害、加强逻辑性"，就是说，毛泽东的这篇社论的论点的要害之处是：拿破仑的政治生命结束的决定点，就在于其攻打俄国的失败，而今天的希特勒政治生命结束的决定点，就在于其攻打斯大林格勒一役。毛泽东将"拿破仑的滑铁卢"一典的内容进行补充，能使拿破仑的失败与希特勒的必然败亡，紧密地关联起来，有效地切中了自己论点的要害，加强了论说推理的逻辑性。让人们有理由坚信：德国法西斯和日本法西斯，正向着它们的墓门一步一步地跨进！

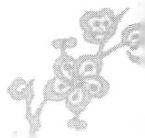

219."自给经济愈发展" 人民赋税愈减轻
——毛泽东在《抗日时期的经济问题和财政问题》中所用典故探妙

用典缘起：

1941年和1942年，由于日本帝国主义的野蛮侵略与国民党反动政府的包围封锁，致使抗日革命根据地的财政经济发生了极大的困难。为了克服这些困难，毛泽东号召根据地的机关、学校、部队尽可能地实行生产自给，以便克服财政经济上的困难。为此，毛泽东在1942年12月陕甘宁边区高级干部会议上作了《经济问题与财政问题》的报告。《抗日时期的经济问题和财政问题》是这个报告中的第一章。在这一章中用了下列典故。

典故内容：

束手待毙。——书出第892页。典出宋人蔡絛《铁围山丛谈》："而握兵柄主国论议者，又多宦人，略不知前朝区处用心，贻厥之谋，但茫然失措，束手待毙，遂终误国家大事。"又见，元人刘一清《钱塘遗事·议迁跸》："宗（泽）学士上书曰：'……危亡之势渐迫，今天下勤王之兵在京屯戍者不下二十万，犹堪一战，岂束手待毙而已哉！"又见，《三国演义》第8回："兵临城下，将至壕边，岂可束手待毙！某虽不才，愿请军出城，以决一战。"又见，《封神演义》第94回："今天下诸侯会兵如此，眼见灭国，无人替天子出力，束手待毙而已。"

地广人稀。——书出第893页。典出《史记·货殖列传》："总之，楚越之地，地广人稀……"又见，《北齐书·魏兰根传》："缘边诸镇，控摄长远。昔时初置，地广人稀。"又见，《元史·食货一》："大德四年，又以地广人稀更优一年，令第四年纳税，凡官田，夏税皆不科。"又见，明人徐元《八义记·灵辄留朔》："此处山深树远，地广人稀，一可安身。"

仁政。——书出第894页（三出）。典出《孟子·梁惠王上》："地方百里可以王。王如施仁政于民，省刑罚，薄税敛，深耕易耨。"

竭泽而渔。——书出第894页。典出春秋·辛计然《文子·上礼》："焚木而畋，竭泽而渔。"又见，《吕氏春秋·义赏》："竭泽而渔，岂不获得？而明年无鱼。焚薮而田，岂不获得？而明年无兽。诈伪之道，虽今偷可，后将无复，非长术也。"这是晋、楚城濮大战时，晋、楚之战打起来之后，晋文公重耳的大夫雍季，为劝阻重耳不要用欺诈的作战手法而说的话。又见，《淮南子·本经训》："焚林而田，竭泽而渔。"又见，清末·黄侃《钞票歌》："尔来乱政思匪夷，竞向邻国呼庚癸，竭泽而渔鱼已劳，裔然大国皆颓尾。"

诛求无已。——书出第894页。典出《左传·襄公三十一年》："（子产对曰）以敝邑褊小，介于大国，诛求无时，是以不敢宁居。"又见，汉人董仲舒《春秋繁露·王道》："桀、纣皆圣王之后，骄溢妄行，侈宫室，广苑囿……诛求无已，天下空虚，群臣畏恐，莫敢尽忠。"又见，宋人包拯《孝肃包公奏议·请出内库钱帛往逐路籴粮草》："况财用一出民间，当今之际，切在安而勿扰之。安之之道，惟在不横赋，不暴役。若诛求无已，则大本安所固哉！"又见，元人揭傒斯《揭曼硕诗集·奉送全平章赴江西》："况复兵饥接，仍闻疫疠缠；诛求殊未已，蟊贼转相挺。""诛求无已"，即是勒索、榨取、没完没了之意。

公私兼顾。亦即"公私两便"、"公私两济"、"公私两利"的变用。——书出第894－895页。典出《汉书·沟洫志》："空居与行役，同当衣食；衣食县官，而为之作，乃两便。"唐人颜师古注："言无产业之人，端居无为，及发行力役，俱须衣食耳。今县官给其衣食，而使修治河水，是为公私两便也。"又见，《晋书·阮种传》："（诏曰）若人有所患苦者，有宜损益，使公私两济者，委曲陈之。"又见，元人马端临《文献通考·征榷》："惟有于要闹坊场之地，听民酝造，纳税之后，从便酤卖，实为公私两利。"

实事求是。——书出第895页。典出《汉书·河间献王传》："河间献王德以孝景前二年立，修学好古，实事求是。"

不痛不痒。——书出第895页。典出《水浒全传》第7回："不痛不痒，浑身上或冷或热；没撩没乱，满腹中又饱又饥。"又见，清人钱彩《说岳全传》第63回："牛通大叫起来道：'你们这班狗头！打得太岁爷不痛不痒，好不耐烦！'"又见，清人吴趼人《二十年目睹之怪现状》第82回："我叫了不觉十分纳闷，怎么说了半天，都是些不痛不痒的话，内中不知到底有甚么缘故。"

各自为政。——书出第895页。典出《诗经·小雅·节南山》："不自为政，卒劳百姓。"又见，《左传·宣公二年》："将战，华元杀羊食士，其御羊斟不与。及战，（羊斟）曰：'畴昔之羊，子为政；今日之事，我为政。'与入郑师，故败。"这里所说的是：在公元前607年，即鲁宣公二年春，郑公子归生伐宋，宋国的华元和乐吕率部与归生战于大棘（今河南之柘城）。在将要作战之时，华元宰杀牛羊分给士兵们吃，因肉食不足，而没有分给其驾车人羊斟。当战斗打响之后，这个羊斟说：上次分肉食品时，有无之权，由你说了算；现在驾车，则是由我说了算。羊斟这个家伙，竟然将自己的主帅华元送进了敌阵。致使华元、乐吕等人被俘。《三国志·胡综传》："（综伪为吴质作降文）诸将专威于外，各自为政，莫或同心。"唐人孔颖达疏引王肃云："言政不由王出也。"

用典探妙：

毛泽东在这篇约3500字的报告中，只在9处用了典故，且均为成语形式的典故，这看似没有什么特点，其实还是有其独特之处的。其中最为显著的一点就是：毛泽东在整篇报告中所要说的是我党在抗日时期的经济问题和财政问题的解决，就是要精兵简政，实行"自己动手，丰衣足食"的自给经济政策，这不仅解决了自己大部分需求，也减轻了人民的负担。在论述这个问题时，所用的"束手待毙"、"地广人稀"、"不痛不痒"、"各自为政"这几个成语形式的典故，都是为了十分精练地表现我党当时的经济财政政策服务的。而"竭泽而渔，诛求无已"这两个成语形式的典故的运用，一方面，是对国民党政府经济财政政策的高度形象的概括，另一方面，更是对国民党靠搜括民财的经济财政政策的辛辣讽刺。用典有让二者的经济财政政策形成强烈对比之妙！

220.一般和个别结合　领导和群众结合
——毛泽东在《关于领导方法的若干问题》中所用典故探妙

用典缘起：

1943年6月1日，中共中央政治局通过了毛泽东起草的《中共中央关于领导方法的决定》。在编入《毛泽东选集》时，其题为《关于领导方法的若干问题》。在这篇文章中用了下列典故。

典故内容：

相形见绌。——书出第898页。典出清人吴趼人《二十年目睹之怪现状》第90回："他一个部曹，戴了个水晶顶子去当会办，比那戴红蓝色的顶子，未免相形见绌。"又见，清人王韬《淞滨琐话·徐太史》："贵戚高姻，往来豪富，相形见绌，二嫂又目无余子，冷语相侵，公欲归故宅。"

自作聪明。——书出第900页。典出《尚书·蔡仲之命》："康济小民，率自中，无作聪明乱旧章。"又见，明人余继登《典故纪闻》："太祖与侍臣论用人之道，曰：'……苟自作聪明，而不取众长，欲治道之成，不可得也。"

轻重缓急。——书出第901页。典出宋人朱熹《朱子全书·诸子一》："其师生之间，传授之际，盖未免裂道与文以为两物，而于轻重缓急、本末宾主之分，又未免于倒悬而逆置之也。"

用典探妙：

毛泽东在这篇文章中，只用了3个成语形式的典故，这三个典故均成了这篇文章的亮点。其中"相形见绌"的运用，展现了干部的使用与提拔过程中的"吐故纳新"之妙！而"自作聪明"与不分"轻重缓急"的运用，都有形象描绘与嘲讽领导者所犯主观主义毛病之妙！

221.质问国民党用兵 揭露其险恶之心
——毛泽东在《质问国民党》中所用典故探妙

用典缘起:

1943年7月12日,毛泽东为延安《解放日报》写了题为《质问国民党》的社论。在这篇社论中用了下列典故。

典故内容:

习以为常。——书出第903页。典出《魏书·临淮王传》:"将相多尚公主,王侯亦娶后族,故无妾媵,习以为常。"又见,宋人释普济《五灯会元·青原思禅师法嗣》:"乡洞獠民畏鬼神,多淫祀,杀牛酾酒,习以为常。师辄往毁丛祠,夺牛而归。"又见,清人张南庄《何典》第7回:"(臭鬼)过了一年半载,转转家乡,留些银钱安了家,又出去了,习以为常。"

肆无忌惮。——书出第903页。典出《礼记·中庸》:"小人之反中庸也,小人而无忌惮也。"又见,宋人陆九渊《与傅子渊……》:"此辈庸妄无知,无足多怪,独怪其敢尔恣肆无忌惮耳。"又见,《元史·卢世荣传》:"居中书数月,恃委任之专,肆无忌惮,视丞相犹虚位也。"

兴高采烈。——书出第904页。典出清人丘逢甲《岭云海日楼诗钞·南园感事诗序》:"前后在事诸子,暇辄为诗钟之会……与会者皆兴高采烈,以此为乐不减古人。"

旗开得胜。——书出第904页。典出元人关汉卿《五侯宴》楔子:"俺父亲手下兵多将广,有五百义儿家将,人人奋勇,个个英雄,端的是旗开得胜,马到成功。"又见,元人李文蔚《破苻坚蒋神灵应》第2折:"显威灵神兵扶助,施谋略旗开得胜。"

蒙汗药。——书出第905页(三出)。典出《水浒全传》第16回:"杨志道:'你这村鸟,理会的甚么!到来只顾吃嘴!全不晓得路途上的勾当艰苦,多少好汉,被蒙汗药麻翻了!'……'……这个客官道我酒里有甚么蒙汗药,你道好笑么?…….'那七个贩枣子的客人,立在松树傍边,指着这一十五人说道:'倒也!倒也!'只见这十五个人头重脚轻,一个个面面厮觑,都软倒了。"

定身法。——书出第905页(三出)。典出《西游记》第5回:"好大圣,捻着诀,念声咒语,对众仙女道:'住!住!住!住!'这原来是个定身法,把那七衣仙女,一个个睖睖睁睁,白着眼,都站在桃树之下。……却说那七衣仙女,自受了大圣的定身法,一周天方能解脱。……'……我等把上会事说了一遍,他就定住我等,不知去向。"

直到如今，才得醒解回来。'"

鹬蚌相持，渔人得利。——书出第905页。典出《战国策·燕策二》："今者臣来，过易水，蚌方出曝，而鹬啄其肉，蚌合而拑其喙。鹬曰：'今日不雨，明日不雨，即有死蚌。'蚌亦谓鹬曰：'今日不出，明日不出，即有死鹬。'两者不肯相舍，渔者得而并擒之。"这个典故在大多数情况下，都是全用，但有时只取其中一半，同样表达彼此双方争持不下，而被第三者钻了空子。明人冯梦龙《喻世明言》卷10："大尹判几条封皮，将一坛金子封了，放在自己的轿前，抬回衙内，落得受用。众人都认道真个倪太守许下酬谢他的，反以为理之当然，那个敢道个不字？这正叫做'鹬蚌相持，渔人得利。'"又见，《明史·外国·占城》："王能保境息民，则福可长享；如必驱兵苦战，胜负不可知，而鹬蚌相持，渔人得利，他日悔之，不亦晚乎。"又见，唐人温大雅《大唐创业起居注》："东看群贼鹬蚌之势，吾然后为秦人之渔父矣。"又见，元人无名氏《气英布》第2折："权待他鹬蚌相持俱毙日，也等咱渔人含笑再中兴。"

螳螂捕蝉，黄雀在后。——书出第905页。典出《庄子·山木》："睹一蝉，方得美荫而忘其身；螳螂执翳而搏之，见得而忘其形；异鹊从而利之，见利而忘其真。"又见，汉人刘向《说苑·正谏》："园中有树，其上有蝉。蝉高居悲鸣，饮露，不知螳螂在其后也；螳螂委身曲附，欲取蝉，而不知黄雀在其旁也；黄雀延颈欲啄螳螂，而不知弹丸在其下也。此三者务欲得其前利，而不顾其后之有患也。"又见，宋人范浚《香溪集·六笑》："客言莫谩笑古人，笑人未必不受嗔；螳螂袭蝉雀在后，只恐有人还笑君。"又见，清人纪昀《阅微草堂笔记·槐西杂志四》："后数年，闻山东雷击一道士，或即此道士淫杀过度，又伏天诛欤？螳螂捕蝉，黄雀在后，挟弹者又在其后，此之谓矣。"

乌龟忘八。亦即"乌龟王八"。——书出第905页。典出清人李宝嘉《官场现形记》第13回："一个局来了，总有两三个乌龟王八跟了来。""王八"一语，是一种骂人的话。人们将乌龟或鳖俗称为"王八"，同时也将娼家男女或是妻子有外遇的人、以及那些品行不端卑鄙龌龊的坏人，统称为"王八"。五代前蜀主王建排行第八，其人少年无赖且惯于偷盗，邻里称他为贼王八。看来，"乌龟王八"一语，还是颇富典意的。金人元好问《杂著》诗（其七）："泗水龙归海县空，朱三王八竟言功。"

物以类聚。——书出第906页。典出《周易·系辞上》："方以类聚，物以群分，吉凶生矣。"又见，《礼记·乐记》："方以类聚，物以群分，则性命不同矣。"唐人孔颖达疏："方以类聚者，方谓走虫禽兽之属，各以类聚，不相杂也；物以群分者，物谓殖生，若草木之属，各有区分。"又见，宋人释普济《五灯会元·温州护国钦禅师》："有句无句，明来暗去，活捉生擒，捷书露布，如藤倚树，物以类聚。"又见，明人冯梦龙《醒世恒言》卷17："自古道：物以类聚。过迁性喜游荡，就有一班浮浪子弟引诱打合。"

果不其然。——书出第906页。典出清人吴敬梓《儒林外史》第3回:"(胡屠户说)我说:姑老爷今非昔比,少不得有人把银子送上门来来给他用,只怕姑老爷还不希罕。今日果不其然。"又见,清人西周生《醒世姻缘传》第22回:"昨日人去请我,我就说嫂妇有这个好意,果不其然。"

不可开交。——书出第906页。典出清人李宝嘉《官场现形记》第2回:"吴赞善听到这里,便气得不可开交。"又见,该书第5回:"这天直把三荷包乐得不可开交,就此与王梦梅做了一个知己。""不可开交"即无法解脱、无法了结之意。

如获至宝。——书出第907页。典出宋人李光《与胡邦衡书》:"忽蜀僧行密至,袖出'寂照庵'三字,如获至宝。"又见,《东周列国志》第16回:"行至草阜,鲍叔牙先在,见夷吾如获至宝,迎之入馆。曰:'仲幸无恙'!即命破槛出之。"又见,清人李汝珍《镜花缘》第87回:"紫芝趁空写了一个纸条,等兰荪走过,暗暗递了过去。兰荪正在着急,看了一看,如获至宝。"

十全十美。——书出第908页。典出《周礼·天官冢宰下·医师》:"岁终,则稽其医事,以制其食,十全为上,十失一次之。"又见,唐人李肇《唐国史补·白岑发背方》:"白岑遇异人传发背方,其验十全。"又见,明人冯梦龙《警世通言》卷22:"(刘翁暗想)自家年纪渐老,止有一女,要求个贤婿以靠终身,似宋小官一般,到也十全之美。"又见,清人陈朗《雪月梅传》第31回:"贤侄出门也得放心,岂不是十全其美。"

毫无二致。——书出第908、909页(三出)。典出清人李宝嘉《官场现形记》第29回:"佘道台见了(王小四子)这副神气,更觉得同花小红一式一样,毫无二致。"

一模一样。——书出第908、909页(三出)。典出清人吴敬梓《儒林外史》第54回:"聘娘子本来是认得的,今日抬头一看,却见他黄着脸,秃着头,就和前日梦里揪他的师姑一模一样,不觉就懊恼起来。"

偷偷摸摸。——书出第908、909页。典出元人李行道《灰阑记》第1折:"我唤你来,不为别事,想俺两个偷偷摸摸的,到底不是个了期。"

滔天大罪。亦即"滔天之罪"。——书出第909页。典出宋人苏轼《吕惠卿责授建宁军节度副使本州安置不得签书公事》:"稍正滔天之罪,永为垂世之规。"又见,明人罗贯中《风云会》第4折:"据着你外作禽荒,内贪淫欲,滔天之罪,理合法更凌迟。"

用典探妙:

毛泽东为了制止蒋介石国民党反动派发动内战的危机,为了共同挽救民族于危亡之中,义正辞严地写下了这篇社论。在这篇约4700字的社论中,共在27处用了典故。毛泽东在这篇社论中,所用的这些典故,均有其特色。其中最显精妙的则是如下两大方面。

761

（一）富于创造性地用典，有加强对敌的辛辣讽刺与斥责批判之妙。

这里的所谓"富于创造性地用典"。具体地说，是指对"蒙汗药"与"定身法"的运用。"蒙汗药"，本是指相传中人吃了便会失去知觉的一种麻醉药。但是，在中国的不少小说家的小说创作中，将"蒙汗药"的"运用"运用到小说的创作之中，形成了十分生动、内涵丰富的故事情节。特别是在《水浒传》中，作者将"蒙汗药"，生动而形象地写入作品之中，形成了不少的故事情节，给"蒙汗药"赋予了浓浓的典意。由于《水浒传》在中国的广泛而深刻的影响，人们只要提到"蒙汗药"一语，则《水浒传》中运用蒙汗药的故事情节，就会像电影一样，一幕一幕闪现在脑海之中。

同样，"定身法"一语，在中国的不少神话小说中，作者都有其妙用。特别是在《西游记》中，孙悟空多次妙用此法，同样赋予了人们丰富想象的"定身法"，以生动的故事情节，从而富有浓浓的典意。所以，"定身法"这个人们想象的法术，由于《西游记》在中国人民中的广泛而深刻的影响，同样会像《水浒传》中的"蒙汗药"一样，从典故的角度来看，只要有人一提到它，它也会有如电影一样，一幕一幕地映现在你的脑海之中，都会使你结合毛泽东所列举的现实问题与之对比，从而加深对毛泽东所列举的现实问题的理解。

毛泽东在这一卷的第905页，仅仅在114个字之中，就将"蒙汗药"与"定身法"分别各自三次出现，三次而用。每一次的出现，每用一次，都是对于蒋介石国民党反动派投降卖国的辛辣讽刺与尖锐的批判。

当毛泽东揭露蒋介石国民党反动派企图削平共产党后，立刻写道："而日本人却被你们的什么'蒙汗药'蒙住了，或被什么'定身法'定住了，动弹不得，因此民族以及你们都不曾被他们'统一'了去……"毛泽东的这一段话，就是颇富幽默地从反面讽刺与嘲笑蒋介石国民党反动派，内战内行，而对于日寇，则是毫无办法！此为"蒙汗药"、"定身法"的一用之妙！

紧接着，毛泽东这样写道："那末，我们亲爱的国民党先生们，可否把你们的这种什么'蒙汗药'或'定身法'给我们宣示一二呢？"毛泽东在这里的用典反问，有如投枪和匕首，直刺蒋介石国民党反动派退出河防、扫荡边区的卖国嘴脸！此为二用之妙！

三用之妙是：毛泽东再次幽默而辛辣地讽刺并正告道："假如你们也没有什么对付日本人的'蒙汗药'、'定身法'，又没有和日本人订立默契，那就让我们正式告诉你们吧：你们不应该打边区，你们不可以打边区。"而更为精妙的是，毛泽东将"蒙汗药"、"定身法"二典与"鹬蚌相持，渔人得利"、"螳螂捕蝉，黄雀在后"二典结合而用，指出打边区的必然恶果是："大好河山，沦于敌手……可痛也夫！可耻也夫！"可谓是对蒋介石国民党反动派企图投敌卖国的深刻揭露与最为严厉斥责！由于妙用了典故，其批判之力有力重千钧之妙！

（二）典故的连用并与典故语意相近的词语相结合而用，有大大加强对敌批判力度之妙。

我们在学习毛泽东以往的文章中，时常可以看到这样一种现象：这就是，毛泽东在其文章中，为了加强文章的气势，往往有大段大段的句式"重复"的现象，其实，我们只要细心地阅读，就会发现其精妙之处，这并不是一种简单的重复，而是在其"重复"中产生对比，在对比中加强语意，在对比中加强批判力度。

比如在本书的第908、909页，也是社论的结尾中，毛泽东为了彻底地揭露、批判乃至斥责蒋介石国民党反动派，他将蒋介石国民党反动派的行为，与日本党、汉奸党的反共、反人民的行为进行了对比。毛泽东在文章中这样写道："老实说吧，我们很疑心你们同那些日本党、汉奸党互相勾结，所以如此和他们一个鼻孔出气，……"接着，毛泽东在列数了日本党、汉奸党和国民党反动派的一系列的所作所为后，依据所列数的内容，三次相间地用上"如此和敌人一模一样，毫无二致，毫无区别"、"何其一模一样，毫无二致，毫无区别至于此极呢？""既然和敌人汉奸的所有这些言论行动一模一样，毫无二致，毫无区别，怎么能够不使人们疑心你们和敌人汉奸互相勾结，或订立了某种默契呢？""一模一样"与"毫无二致"，是两个意义相近的成语形式的典故，这两个成语形式的典故的连用，已使语意和语势均十分强烈，毛泽东犹感不足，在其后还加上了语意相近的词语"毫无区别"，这样一来，毛泽东所要强调、所要批判、所要揭露的事实，通过对比分析与陈述，便复而不厌、赜而不乱地大白于天下。其语气、其气势、其感情，便淋漓尽致地展现在读者的眼前，同时能产生强烈的共鸣。毛泽东在这里将成语形式的典故连用并结合意义相近的词语而用，所产生的艺术效果，真是鬼斧神工、妙不可言！

222.进行减租与生产 拥政爱民掀高潮
——毛泽东在《开展根据地的减租、生产和拥政爱民运动》中所用典故探妙

用典缘起：

1943年10月1日，毛泽东为中共中央写了对党内的指示，编入《毛泽东选集》时，其题为《开展根据地的减租、生产和拥政爱民运动》，在这个指示中用了下列典故。

典故内容：

同生死共存亡。即"生死存亡"、"同生共死"的扩用。——书出第910页。典出《左传·定公十五年》："夫礼，死生存亡之体也。"又见，《孙子兵法·计篇》："兵者，国之大事，死生之地，存亡之道，不可不察也。"又见，五代人王仁裕《开元

天宝遗事》："我婿离家不归，数岁蔑有音耗，生死存亡，弗可知也。"又见，元人无名氏《金水桥陈琳抢妆盒》第2折："亲承懿旨到西宫，生死存亡掌握中。"又见，《隋书·郑译传》："郑译与朕同生共死，间关危难，兴言念此，何日忘之。"

丰衣足食。——书出第911页。典出唐人齐己《病中勉送小师往清凉山礼大圣》："丰衣足食处莫住，圣迹灵踪好遍寻。"

轻而易举。——书出第911页。典出《诗经·大雅·烝民》："人亦有言，德辐如毛，民鲜克举之。"宋人朱熹注："言人皆德甚轻而易举，然人莫能举也。"又见，汉人王充《论衡·状留篇》："草木之生者湿，湿者重，死者枯。枯而轻者易举，湿而重者难移也。"又见，宋人文天祥《文山全集·己未上皇帝书》："惟于二十家取其一，则众轻而易举，州县号召之无难，数月之内其事必集。"

好吃懒做。——书出第911页。典出明人凌濛初《初刻拍案惊奇》卷2："这样好吃懒做的淫妇！睡到这等日高才起来。"又见，《红楼梦》第1回："且人前人后，又怨他不会过，只一味好吃懒做。"

再三再四。——书出第913页（两出）。典出《水浒传》第20回："再三再四，扶晁盖坐了。"又见，清人吴敬梓《儒林外史》第25回："再三再四拉他坐，他又跪下告了坐，方敢在底下一个凳子上坐了。"又见，《红楼梦》第27回："你不谢他，我怎么回他呢？况且他再三再四的和我说了，若没谢的，不许我给你呢。"

用典探妙：

毛泽东在这个约2180字的党内指示中，只在6处用了典故，而且几乎都是成语形式的典故。这些成语形式的典故的运用其显著之点，就是通俗易懂、老少咸宜，毛泽东在运用中所注入的新内容和对其原义的沿用，均在其指示中娓娓道来。

223.揭露日寇新阴谋 批判亲日之倾向
——毛泽东在《评国民党十一中全会和三届二次国民参政会》中所用典故探妙

用典缘起：

1943年10月5日，毛泽东为延安《解放日报》写了题为《评国民党十一中全会和三届二次国民参政会》的社论。在这篇社论中用了下列典故。

典故内容：

席卷。——书出第914页。典出汉人贾谊《过秦论》："有席卷天下，包举宇内，囊括四海之意。"

摇摇欲坠。——书出第914页。典出《三国演义》第104回："是夜，孔明令人扶出，仰观北斗，遥指一星曰：'此吾之将星也。'众视之，见其色昏暗，摇摇欲坠。"又见，清人毛祥麟《墨余录·甲子冬闱赴金陵书见》："至伪殿后，一片瓦砾剩有败屋危墙，皆摇摇欲坠，遂不遍历其境。"

土崩瓦解。——书出第914页。典出《史记·秦始皇本纪》："秦之积衰，天下土崩瓦解。"

走投无路。——书出第914页。典出元人杨显之《潇湘雨》第3折："淋的我走投无路，知他这沙门岛是何处酆都。"又见，《封神演义》第48回："闻太师这一会神魂飘荡，心乱如麻，一时间走投无路。"

一则以喜，一则以惧。——书出第915页。典出《论语·里仁》："子曰：'父母之年，不可不知也。一则以喜，一则以惧。'"其意是说：孔夫子讲，父母的年纪，不可不时常记在心里，一方面为他们的长寿而高兴，一方面为他们的衰老而感到恐惧。

灭顶之灾。——书出第915页。典出《周易·大过》："过涉灭顶，凶。""灭顶"，即水漫过了头顶，显然是毁灭性的灾难。

不可告人。——书出第915页。典出清人陈梦雷《闲止书堂集钞·绝交书》："其于不可告人之隐，犹未忍宣之内于众也。"又见，清人蒲松龄《聊斋志异·贾奉雉》："贾戏于落卷中，集其阘茸泛滥、不可告人之句，连缀成文，俟其来而示之。"

墨汁未干。亦即"墨迹未干"。——书出第916页。典出清人张集馨《道咸宦海见闻录》："吴坤修手书在案，墨迹未干，何以九百金甫经人手，旋即更改，断不能办。"

调兵遣将。——书出第916页。典出《水浒传》第67回："梁中书的夫人，躲在后花园中，逃得性命，便叫丈夫写表申奏朝廷，写书叫太师知道；早早调兵遣将，剿除贼寇报仇。"

又见告了。——书出第916页。典出《汉书·贾谊传》："今吴又见告矣。"意为吴王谋反之事又为人所告发了。

一心一意。——书出第917页。典出唐人骆宾王《代女道士王灵妃赠道士李荣》："想知人意自相寻，果得深心共一心。一心一意无穷已，投漆投胶非足拟。"又见，宋人仲殊《步蟾宫》："一心一意同欢笑。两心事，卒难得了。"又见，清人李宝嘉《官场现形记》："且说钱典史听见这条门路，便一心一意想去钻。"

九霄云外。亦称"九层云外"、"九霄云路"。——书出第917、925页。典出唐人刘禹锡《同乐天登栖林寺塔》："步步相携不觉难，九层云外倚阑干。忽然笑语半天上，无限游人举眼看。"又见，唐人李翱《赠毛仙翁》："从此便教尘骨贵，九霄云路愿追攀。"又见，元人马致远《黄粱梦》第2折："恰便似九霄云外，滴溜溜飞下一纸赦书来。"以上均是言其高的意思；又见，元人吴弘道《中吕·上小楼·章台怨妓》："想起来，甚颇耐，当时欢爱，都撇在九霄云外。"又见，《红楼梦》第28回："黛玉

听了这个话，不觉将昨晚的事都忘在九霄云外了。"这里多是比喻无影无踪的意思。

掩眼法。亦即"胀眼法"、"障眼法"。——书出第917页（两出）。典出《西游记》第27回："只见那行者自南山顶上，摘了几个桃子，托着钵盂，一勤斗点将回来，睁火眼金睛观看，认得那女子是个妖精，放下钵盂，掣铁棒，当头就打。……那怪有些手段，使个'解尸法'，见行者棒来时，他却抖擞精神，预先走了，把一个假尸首打死在地下。……沙僧搀着长老，近前看时，那里是甚香米饭，却是一碣子拖尾巴的长蛆；也不是面筋，却是几个青蛙、癩虾蟆，满地乱跳。长老却有三分信了。怎禁猪八戒气不忿，在傍漏八分唆嘴道：'师父，说起这个女子，他是个农妇……却怎么栽他是个妖精？哥哥的棍重，走将来试手打他一下，不期就打杀了；怕你念甚么《紧箍儿咒》，故意的使个胀眼法儿，变做这等样东西，演幌你眼，使不念咒哩。'"（有的版本写作"障眼法"）

毫无二致。——书出第915页。典出清人李宝嘉《官场现形记》第29回："佘道台见了这副神气，更觉得同花小红一式一样，毫无二致。"

滔天罪行。亦即"滔天之罪"。——书出第919页。典出宋人苏轼《吕惠卿责授建宁军节度副使本州安置不得签书公事》："稍正滔天之罪，永为垂世之规。"

相忍为国。——书出第919页。典出《左传·昭公元年》："鲁以相忍为国也，忍其外，不忍其内，焉用之。"其意是说，鲁国以忍让来治理国家，他是对外忍让，而对国内不忍让，那样有什么用呢？

食言而肥。——书出第919、924页。典出《左传·哀公二十五年》："公宴于五梧，武伯为祝，恶郭重曰：'何肥也？'……公曰：'是食言多矣，能无肥乎？'"事由，公元前470年，鲁哀公在五梧这个地方设宴，鲁哀公的宠臣郭重也参与其宴，因郭重长得肥胖，有一个叫孟武伯的大臣，很妒忌郭重，他借为哀公祝酒时，故意嘲弄郭重说：你为什么吃得这样胖呀？孟武伯这个人，从来是说话不算数的，他常常是今天说的话，明天就不会认账的。哀公是非常讨厌他的。于是哀公接过话题说道：也许他是话吃得太多了，怎么能不肥呢？在宴会上的众多大臣，都明白哀公这句话的意思，顿时哄堂大笑。而孟武伯面红耳赤，自觉无地自容。"食言"一语，《尔雅》释云："食，言之伪也。……言而不行，如食之消尽，后终不行，前言为伪，故通称伪言为食言。"又见，清人夏敬渠《野叟曝言》第115回："绝仕进以全性，你那年到浙江去，已尝言之，我岂食言而肥者乎！"

置……于死地而后快。亦即"置之死地而后快"。——书出第919页。典出宋人苏舜钦《答韩持国书》："昨在京师官时，不敢犯人颜色，不敢议论时事，随众上下，心志蟠屈不开，固已极矣！不幸适在疑嫌之地，不能决然早自引去，致不测之祸……被废之后，喧然未已，更欲置之死地然后为快。"又见，清人江藩《汉学师承记·钱大昕》：

"后世闾里之妇，失爱于舅姑……准之古礼，固有可去之义，亦何必束缚之，禁锢之，置之必死之地以为快乎！"

尽人皆知。——书出第919页。典出清人魏秀《花月痕》第46回："民生颠沛，国帑空虚，尽人能言其实、尽人不敢言其所以然之故。"

心平气和。——书出第920页。典出宋人苏轼《菜羹赋》："先生心平气和，故虽老而体胖。"又见，《宋史·吕祖谦传》："心平气和，不立崖异，一时英伟卓荦之士皆归心焉。"又见，宋人程颐《明道先生行状》："荆公（王安石）与先生虽道不同，而尝谓先生忠信。先生每与论事，心平气和，荆公多为之动。"

连篇累牍。——书出第920页。典出《隋书·李谔传》："（谔上书曰）寻虚逐微，竞一韵之奇，争一字之巧；连篇累牍，不出月露之形；积案盈箱，唯是风云之状。"这里所说的是，隋文帝（杨坚）时，才学过人的治书侍御史李谔，对于当时写文章过分地追求词句华丽，持反对意见，建议文帝下令禁止。

呶呶不休。——书出第920页。典出唐人韩愈《昌黎先生集·言箴》："不知言之人，乌可与言？知言之人，默焉而其意已传。幕中之辩，人反以汝为叛；台中之评，人反以汝为倾。汝不惩邪？而呶呶以害其生邪！"又见，唐人柳宗元《答韦中立论师道书》："岂可使呶呶者早暮咈吾耳骚吾心。""呶呶"，是谓说话时唠唠叨叨，有令人生厌之意。

一网打尽。——书出第922页（两出）。典出《吕氏春秋·异用》："汤见祝网者置四面。其祝曰：'从天坠者，从地出者，从四方来者，皆离（罹）吾网。'汤曰：'嘻，尽之矣！非桀，其孰为此也？'"又见，宋人魏泰《东轩笔录》卷4："刘待制无瑜既弹苏舜钦，而连坐者甚众，同时俊彦，为之一空。刘见宰相曰：'聊为相公一网打尽！'"又见，明人焦竑《玉堂丛语》卷5："文敏犹欲根蔓公门下士，一网打尽。"又见，明人凌濛初《初刻拍案惊奇》卷32："谁知铁生见了门氏也羡慕他，思量一网打尽，两美俱备，方称心意。"

披沥……赤诚。当是"披肝沥胆"、"披沥丹愚"的变用。——书出第923页。典出隋人李德林《天命论》："百辟庶尹，四方岳牧，稽图谶之文，顺亿兆之请，披肝沥胆，昼歌夜吟。"又见，唐人上官仪《卢岐州请致仕表》："披沥丹愚。"又见，宋人司马光《应诏论体要》："虽访问所不及，犹将披肝沥胆，以效区区之忠。"

念念不忘。——书出第926页。典出宋人朱熹《朱子全书·论语》："言其于忠信笃敬，念念不忘。"又见，明人王世贞《鸣凤记·忠佞·异议》："你念念不忘严府，恐被他人笑骂。"

用典探妙：

毛泽东在这篇计约8800字的社论中，在29处用了典故。在这29处所用之典，有两大

767

显明的特色。这两大特色完全是由文章的主旨所决定的。

一是用典的高度集中性之妙。

文中的绝大多数的典故语言，几乎都是用来揭露日寇与蒋介石国民党反动派相互勾结的新阴谋的。毛泽东将这些典故语言适时而得体地镶嵌于其论说之中，有给人以深刻印象之妙。比如：在揭露与批判蒋介石国民党反动派是如何与日寇相配合反共时，毛泽东在第919页这样写道："蒋先生不但食言而肥，而且派遣四五十万军队包围边区，实行军事封锁和经济封锁，必欲置边区人民和八路军后方留守机关于死地而后快。"在这57个字的论述之中，毛泽东就用了两个典故，其中的"食言而肥"一典的运用，有其丰富的内涵，它是对蒋介石过去曾发誓要抗日的种种许愿、种种宣言的彻底背叛的揭露与批判，同时也是对"陕甘宁边区是一九三七年六、七月间共产党代表周恩来同志和蒋介石先生在庐山会见时，经蒋先生允许发布命令、委任官吏、作为国民政府行政院直辖行政区域的"具体所指。紧接着，毛泽东在"置之死地而后快"这一典故语中，添加上"必欲""边区人民和八路军后方留守机关"的具体内容，则蒋介石国民党反动派在日寇大举进攻之时的卑鄙行径，不就昭然若揭了吗？

二是以典故语言为"纲"，有统领整段论述之妙。

比如：在第915页，毛泽东以"一则以喜，一则以惧"这个典故语开头，以"灭顶之灾"结尾。以此去分析国民党人"喜"的是什么！而所"惧"的又是什么！中间的一段文字是对世界形势分析和对国民党政府心态的评述，可谓有入木三分、鞭辟入里、令人叹服之妙！

224."走到群众中间去" "解决群众的问题"
——毛泽东在《组织起来》中所用典故探妙

用典缘起：

1943年11月29日，毛泽东在中共中央招待陕甘宁边区劳动英雄大会上作了题为《组织起来》的讲话。在这个讲话中用了下列典故。

典故内容：

丰衣足食。——书出第929、930页（三出）。典出唐人齐己《病中勉送小师往清凉山礼大圣》："丰衣足食处莫住，圣迹灵踪好遍寻。"又见，五代人王定保《唐摭言》卷15："堂头官人，丰衣足食，所往无不克。"

无敌于天下。——书出第929页。典出《孟子·公孙丑上》："信能行此五者，则邻国之民，仰之若父母矣。率其子弟，攻其父母，自有生民以来，未有能济者也，如此则无敌于天下，无敌于天下者，天吏也。然而不王者，未之有也。"这一段话的意思是：

战国时期的孟子，他作为当时一位伟大的思想家，他主张王道政治。他认为，对士，对于其中那些有才能、有道德的，要使用他们；对商，在其经营时不要征税，若商品滞销，则国家要进行征购；对于旅客，只是稽查而不征税；对于农民，只是要求助耕公田而不再向其征税；对于居民，不征雇役钱和地税。若能真正做到上述五个方面，则邻国之民仰之如父母，则会无敌于天下，无敌于天下的，便可称王称霸并得到天下的拥护。孟子的"无敌于天下"，是指其上述仁政学说而言的。今之"无敌于天下"，是指不畏艰难险阻的勇往直前精神。

必由之路。——书出第932页。典出《孟子·告子上》："仁，人心也；义，人路也。"宋人朱熹注："义者行事之宜，谓人之路，则可以见其为出入往来必由之路，而不可须臾舍矣。"又见，明人海瑞《协济夫役民壮申文》："第淳安县路当徽、饶，使客络绎不绝，据本省论，盐法察院出巡徽州，此必由之路。"又见，《西游记》第59回："那山离此有六十里远，正是西方必由之路，却有八百里火焰，四周围寸草不生。"又见，清人刘鹗《老残游记》第20回："（老残）忽然想到舜井旁边有个摆命课摊子的，招牌叫'安贫子知命'，此人颇有点来历，不如先去问他一声，好在出南门必由之路。"

三个臭皮匠，合成一个诸葛亮。亦称"三个臭皮匠，凑成一个诸葛亮。"、"三个臭皮匠，顶个诸葛亮"、"三个臭皮匠，抵个诸葛亮"、"三个臭皮匠，赛过诸葛亮"、"三个缝皮匠，抵个诸葛亮"、"三个臭皮匠，当个诸葛亮"、"三个缝皮匠，比个诸葛亮"、"三个缝鞋匠，顶个诸葛亮"。——书出第933页。典出清人范寅《越谚》下卷："三个缝皮匠，抵个诸葛亮。《任子》：一人之志（当为"智"——引者），不如众人之愚。此谚当源于此。"又见，清末民初·蔡东藩《清史通俗演义》第58回："想了半日，尚无妙策，就邀了几位幕宾，同议剿匪事宜。三个缝皮匠，比个诸葛亮，竟想出一个奏报北京迅派大员的计策。"这个民间谚语形式的典故。来源于一个民间传说。众所周知：《三国演义》这部小说中的诸葛亮，是一位神通广大、未卜先知、呼风唤雨的大智者。相传吴国的周瑜忌妒诸葛亮的才能，在联合抗击曹操之时，限诸葛亮三天之内造出10万支箭，并叫诸葛亮立下军令状，违令则斩。智慧的诸葛亮，令军士将20只草船插满草把，围上青布，设下草船借箭之计。三个随从建议，还得在每个草船上扎上草人，穿上军衣、戴上军帽，既防曹军识破，又可诱其上钩。诸葛亮采纳了他们的建议，效果颇佳。正好这三个随从都是皮匠出身，故而有"三个臭皮匠，顶个诸葛亮"的民间传说。此种传说，还有一个"版本"：因为古代的鞋子，在其鞋面上的缝合之处，有两道突出的猪皮鞋梁，这是一道技术较高的工序。如果有三个皮匠合作，就是技术不是很高明，也能够缝合好这道用猪皮做的鞋梁，于是就有了"三个臭皮匠，合作一个猪革梁"的说法。久而久之，因"猪革梁"与"诸葛亮"其音相谐，故而留下了

"三个臭皮匠，合成一个诸葛亮"的民间谚语形式的典故。

成千成万。亦即"成千累万"。——书出第933页。典出清人蒋士铨《雪中人·眠雪》："今日数文，明日数文，积趱起来，成千累万。"又见，《清史稿·高士奇传》："凡督、抚、藩、臬、道、府、厅、县及在内大小卿员，皆鸿绪、楷等为之居停，哄骗馈至，成千累万。"

用典探妙：

毛泽东在这篇约5100字的讲话中，仅有7处用了典故。其中最具特色的是对于常用谚语形式的典故的运用。"谚语"，是一种流传于民间、通俗而形象的熟语，毛泽东所运用的这个谚语，它有其出处，有其来历，有其故事性，因而其典意浓郁，毛泽东用上它，除沿袭了其通俗有趣之妙外，更在于毛泽东按照自己的论说要求，将这个谚语形式的典故的内容所作出的解说之妙。笔者所谓的解说之妙，就是说，毛泽东没有搬用这个谚语形式的典故，而是将其中大名鼎鼎的"诸葛亮"，定位于广大的人民群众，定位在每个乡村、每个市镇。这样一来，毛泽东关于共产党员为什么要深入群众、为什么不能脱离群众、为什么要批判官僚主义的问题就不言自明。我们可以这样说，毛泽东将这个典故运用于此，实有一击三鸣之妙！

225.学会分析的方法 "养成分析的习惯"
——毛泽东在《学习和时局》中所用典故探妙

用典缘起：

1944年4月12日在延安的高级干部会议上，1944年5月20日在中央党校第一部的讨论会上，毛泽东作了关于《学习和时局》的讲演。在这个讲演中用了下列典故。

典故内容：

引为鉴戒。亦即"引以为戒"。——书出第938、948页（三出）。典出《国语·楚语下》："人之求多闻善败，以鉴戒也。"其意是说，一个人要多听听有关成功与失败的一些事情，这样是可以警戒自己的。又见，清人李宝嘉《官场现形记》第18回："无奈他太无能耐，不是办的不好，就是闹了乱子回来。所以近来七八年，历任巡抚都引以为戒，不敢委他事情。"

惩前毖后。——书出第938页。典出《诗经·周颂·小毖》："予其惩而毖后患。"宋人朱熹《诗集传》注："惩，有所伤而知戒也。毖，慎。"又见，明人张居正《张文忠公全集·答河道自湖计可漕》："顷丹阳浅阻，当事诸公，毕智竭力，仅克有济，惩前毖后，预为先事之可图也。"

治病救人。——书出第938页。典出晋人葛洪《神仙传》："沈羲，吴郡人，学道于蜀，能治病救人，甚有恩德。"

千方百计。——书出第943页。典出宋人彭龟年《止堂集·论小人疑间两宫，乞车驾过宫面质疏》："然臣窃料，必有植此疑根于陛下之胸中者，见外庭纷纷有奏疏，将千方百计误陛下之听。"

立于不败之地。——书出第943页。典出《孙子·形篇》："故善战者，立于不败之地，而不失敌之败也。"

早出晚归。——书出第944页。典出《战国策·齐策六》："女朝出而晚来，则吾倚门而望；女暮出而不还，则吾倚闾而望。"又见，清人袁于令《西楼记·庭谮》："大相公在外闲游，早出晚归，岂不知首尾。"

袖手旁观。——书出第944、945页。典出唐人韩愈《祭柳子厚文》："子之自著，表表愈伟。不善为斫，血指汗颜；巧匠旁观，缩手袖间。子之文章，而不用世！"柳宗元于唐宪宗元和十四年（819年）十月五日卒于柳州。韩愈在袁州（今江西宜春）满怀悲愤地写了这篇祭文。斥责无能之辈在朝"血指汗颜"，而像柳宗元这样有才华的人，却难为世上所用，以致成为缩手旁观的巧匠。又见，宋人苏轼《朝辞赴定州论事状》："奕棋者胜负之形，虽国工有所不尽，而袖手旁观者常尽之，何则？奕者有意于争，而旁观者无心故也。"又见，宋人刘过《龙洲集·代寿韩平原》："际会风云振古难，十年袖手且旁观；要令邻敌尊裴度，必向东山取谢安。"又见，《红楼梦》第72回："连你还这么开恩操心呢，我倒反袖手旁观不成？"

摇摇欲倒。亦即"摇摇欲坠"、"摇摇欲堕"。——书出第944页。典出《三国演义》第104回："众视之，见其色昏暗，摇摇欲坠。"又见，明人袁宏道《安乡县重修琴堂记》："谢侯莅事之二年，田野辟，讼狱平，耕者有畦，居者有庐，百姓乐乐利利。然所欲兴无不举者，而莅民之堂殊朽蠹，每风雨至，摇摇焉如欲堕。"

无所措手足。——书出第946页。典出《论语·子路》："礼乐不兴，则刑罚不中；刑罚不中，则民无所措手足。"

诸如此类。——书出第947页。典出《晋书·刘颂传》："诸如此类，亦不得已已。"

萎靡不振。亦即"委靡不振"。——书出第947页。典出唐人韩愈《昌黎集·送高闲上人序》："颓堕委靡，溃败不可收拾。"又见，宋人赵善璙《自警篇·谏诤》："当今之世，士气萎靡不振。"又见，宋人马永卿《元城语录》："至嘉祐末年，天下之事，似乎舒缓，萎靡不振。"又见，清人颐琐《黄乡球》第24回："大凡做学生的，原要讲合群，原要有尚武精神，不可萎靡不振。"

趾高气扬。——书出第947页。典出《左传·桓公十三年》："十三年春，楚屈瑕伐罗，斗伯比送之。还，谓其御曰：'莫敖（即屈瑕）必败。举趾高，心不固矣。'"事

771

由：楚武王四十二年（公元前699年），其子屈瑕去攻打罗国。楚之大夫在送屈瑕回家的路上，对其驾车人说：这次攻打罗国必败。你看屈瑕走路，高高地抬起其脚，一副神气十足的样子。足见其对敌人是没有戒心的，自以为谁也不如他。后来，果然为斗伯比大夫所言中。屈瑕战败自杀身亡。又见，明人西周生《醒世姻缘传》第65回："一旦得了横财，那趾高气扬的态度，自己不觉，旁边的人看得甚是分明。"又见，清人孔尚任《桃花扇·设朝》："旧黄扉，新丞相，喜一旦趾高气扬，二十四考中书模样。"

自以为是。——书出第947页。典出《孟子·尽心下》："居之似忠信，行之似廉洁，众皆悦之，自以为是，而不可与入尧舜之道。"又见，《荀子·荣辱》："凡斗者，必自以为是，而以人为非也。"

高高在上。——书出第947页。典出《诗经·周颂·敬之》："命不易哉，无曰高高在上，陟降厥士，日监在兹。"其意是说，其命之吉凶难以改变，莫说那高远不可以闻；天之升降着那众多之士，日日监视在这个地方。又见，《三国志·杨阜传》："（阜上疏曰）陛下当以尧、舜、禹、汤、文、武为法则，夏桀、殷纣、楚灵、秦皇为深诫。高高在上，实监后德。"以上之"高高在上"，其言是指天老爷处在极高之处，可以监视着下界的意思。后转意为身处高位，不深入实际、不了解下情。如：清人袁枚《小仓山房尺牍·答陕西抚军毕秋帆先生》："枚爱而不见，中心殷殷……而高高在上者，未必知人间有此畸士也。"

轰轰烈烈。——书出第948页。典出明人瞿式耜《丙戌九月二十日书寄》："邑中在庠诸友，轰轰烈烈，成一千古之名，彼岂真恶生而乐死乎？诚以名节所关，政有甚于生者。"又见，明人冯梦龙《警世通言》卷40："一个翻江流，搅海水，重重叠叠涌波涛；一个撼乾枢，摇坤轴，轰轰烈烈运霹雳。"又见，清人钱彩《说岳全传》第38回："男儿要遂封侯志，轰轰烈烈做一场。"

心之官则思。——书出第948页。典出《孟子·告子上》："公都子问曰：'钧是人也，或为大人，或为小人，何也？'孟子曰：'从其大体为大人，从其小体为小人。'曰：'钧是人也，或从其大体，或从其小体，何也？'曰：'耳目之官，不思，而蔽于物。物交物，则引之而已矣。心之官则思，思则得之，不思则不得也。此天之所与我者，先立乎其大者，则其小者不能夺也。此为大人而已矣。'"这一段话的意思是说：孟子的学生公都子问孟子说，同是人，为什么有的是君子，有的却是小人？孟子回答说：若按照仁义之心（身体的主要部分）去办事，便会成为大人，若按照口腹（身体的次要部分）去行事，便会成为小人。公都子又问：同样都是人，为什么会是这样呢？孟子回答说：耳、眼、口、腹是不会思考的，因而易于为外界所蒙蔽，一物接着一物去看、去听，易为外物所迷惑引诱。而仁义之心是会用头脑去思考问题的，是能够把握人的善性，这个关于思考的心是天赋予人的。只要将这个主要的仁义之心把握好了，则人的那些耳、目、口、腹之类，就不会为外来之物的引诱而失去人的善性。这样一来，就可以成为君子了。又见，清人李渔《闲情偶寄·居室部·墙壁》："'心之官则思。'如其不思，则焉用此心为哉？"

眉头一皱，计上心来。——书出第948页。典出元人马君祥《赵氏孤儿》第2折："韩厥为何自刎了？必然走了赵氏孤儿，怎生是好？眉头一皱，计上心来。……"又见，明人冯梦龙《醒世恒言》卷3："九妈见他十分坚定，眉头一皱，计上心来。"又见，清人无名氏《薛仁贵征东》第27回："志龙说：'爹爹，我们不破摩天岭，少不得也要死，如何是好？'张士贵眉头一皱，计上心来，说：'我儿，今番摩天岭看来难破，破不成的了。不如……'"又见，该书第29回："仁贵心中一惊……怎把宝弓撒在他手，如何是好？眉头一皱，计上心来。……"

用典探妙：

毛泽东在这个约9100字的讲演中，有19处用了典故。在这个讲演中，所用典故的最显著的特点是：名人名言的新解与俗语形式的典故的结合运用之妙。

这里所谓对"名人名言的新解"，具体地说，就是对孟子这个名人的名言"心之官则思"的新解。笔者在"典故内容"中说到孟子的"心之官则思"，其主要意思是讲一个人的仁义之心，会进行思考。毛泽东对这一句话，赋予了新的解说。他直接而又增添自己的深刻理解说："心之官则思"，就是孟子"对脑筋的作用下了正确的定义。"孟子的"心之官则思"，有其时代的局限性，他的重点是思仁义，毛泽东所理解的"心之官则思"，将其简化为脑筋的作用就是想问题。毛泽东赋予新意的阐释，有效地配合了他关于"开动机器，就是说，要善于使用思想器官"的说法。

更为精妙的是：毛泽东将其赋予了新意解说的"心之官则思"一语，与中国老百姓人人皆知的俗语形式的典故"眉头一皱，计上心来"妙相结合而用。有警句诗云："警句像蜜蜂，三件东西不能少：得有刺，得有蜜，身子还得小。"（《中国俗语大辞典·吕叔湘〈序〉》，上海辞书出版社1996年2月版）这条俗语形式的典故，它短小精悍，它没有刺却有蜜，更有形象。它多是出自戏剧、小说，每当人们用上此语之时，在舞台上，则有生动的人物形象出现，有精美的台词语言；在小说作品之中，在此典的后头，便见用上此语的人物所出的"点子"，这些"点子"，富于趣味性、故事性，凝聚世人的经验。以上，均能给人以智慧。毛泽东在这里用上此俗语形式的典故，有看似平易简略，实则内涵丰富，让人读后深得教诲，进而加深了对于毛泽东所倡导的"要去掉我们党内浓厚的盲目性，必须提倡思索，学会分析事物的方法，养成分析的习惯"以更深刻的理解。

226.　"必将使中国革命"　"达到彻底的胜利"
　　——1945年4月20日中国共产党第六届中央委员会扩大的第七次全体会议通过的《关于若干历史问题的决议》中所用典故探妙

用典缘起：

1945年4月20日，毛泽东主持了中共六届七中全会最后一次会议。这次会议讨论和基本通过了朱德准备向七大作的军事报告，以及中共中央《关于若干历史问题的决议》（因这个决议附于《毛泽东选集》第3卷之中，且这个决议是由毛泽东主持撰写，故文中之用典，姑且以毛泽东妙用典故而探讨之）。在这个决议中运用了下列典故。

典故内容：

艰苦卓绝。——书出第952页。典出清人章炳麟《诸子学略说》："用儒家之道德，故艰苦卓厉者绝无，而冒没奔竞者皆是。"又见，清人方苞《刁赠君墓表》："习斋遭人伦之变，其艰苦卓绝之行，实众人所难能。"

轰轰烈烈。——书出第953、954、998页（三出）。典出同上一篇。

不屈不挠。——书出第954页。典出《汉书·叙传下》："乐昌笃实，不桡不诎。"又见，清人颐琐《黄绣球》第29回："教皇捉了他问，他在堂上不屈不挠，定归开出信教自由的理数。"

永垂不朽。——书出第954页。典出汉人苏武《报李陵书》："向使君服节死难，书功竹帛，传名千代，茅土之封，永在不朽，不亦休哉！"又见，东汉末·蔡邕《蔡中郎集·太傅胡公（广）碑》："扬景烈，垂不朽，仰邃古，耀昆后。"又见，《三国志·三少帝纪（曹髦）》："（诏曰）夫养老兴教，三代所以树风化垂不朽也。"又见，《魏书·高祖纪》："（诏曰）远依往籍，近采时宜，作《职员令》二十一卷。事迫戎期，未善周悉，虽不足纲范万度，永垂不朽，且可释滞目前，厘整时务。"又见，《封神演义》第74回："小将军丹心忠义，为国捐躯，青史简篇，永垂不朽。"又见，清人石玉昆《三侠五义》第19回："就叫范宗华为庙官，春秋两祭，永垂不朽。"

前仆后继。——书出第954页。典出唐人孙樵《祭梓潼神君文》："跛马愠仆，前仆后踣。"又见，清人岭南羽衣女士《东欧女豪杰》第2回："又说这去生死难知，总要前仆后继。"

惩前毖后。——书出第955、970、996页（三出）。典出同上一篇。

治病救人。——书出第955、996页（两出）。典出同上一篇。

前车之覆。亦即"前车之鉴"。——书出第955页。典出《荀子·成相篇》："前车已覆，后未知更何觉时？"又见，《汉书·贾谊传》卷48："鄙谚曰：'前车覆，后车诫。’夫三代之所以长久者，其已事可知也。然而不能存者，是不法圣智也，秦世之所以亟绝者，其辙迹可见也，然而不避，是后车又将覆也。夫存亡之变，治乱之机，其要在是矣。”又见，《旧唐书·王方庆传》："览古人成败之所由，覆前戒后，居安虑危。"又见，《三国志·蜀后主传》南朝宋人裴松之注引王隐《蜀记》："（邓）艾报书云：'……隗嚣凭陇而亡，公孙述据蜀而灭，此皆前世覆车之鉴也。'"又见，清人陈忱《水浒后传》第25回："关胜（谏刘豫）道：'……张邦昌亦受金命册为楚帝，宗留守统兵恢复，张邦昌已被诛了。前车之鉴，请自三思。"又见，清人李汝珍《镜花缘》第98回："……并劝文芸、章荭：'早早收兵；若再执迷不醒，这四人就是前车之鉴。'"又见，清人文康《儿女英雄传》第36回："再要遭际不偶，去作个榜下知县，我便是你的前车之鉴，不可不知。"

后车之鉴。亦即"后车之戒"。——书出第955页。典出清人褚人获《隋唐演义》第52回："秦王道：'孤当初不听先生之谏，致有此难。将来后车之戒，孤当谨之。'"

流寇。——书出第956。典出《明史·流贼传》："流寇蔓延，几危社稷。"

坚强不屈。亦即"坚贞不屈"。——书出第964页。典出《荀子·法行》："坚刚而不屈，义也。"又见，《后汉书·王龚传》："王公束修厉节，敦乐艺文，不求苟得，不求苟行，但以坚贞之操，违俗失众，横为谗佞所构毁。"又见，唐人韦应物《睢阳感怀》："甘从锋刃毙，莫夺坚贞志。"又见，唐人张巡《守睢阳作》："忠信应难敌，坚贞谅不移。无人报天子，心计欲何施！"

慷慨就义。亦即"慷慨赴义"。——书出第964页。典出明人朱鼎《玉镜台记·王敦反》："大丈夫当慷慨赴义，何用悲为！"又见，清人王猷定《梁烈妇传》："材伏哭叩头，举火，烈妇死，三十余人从死，其慷慨赴义如此。"

适可而止。——书出第980页。典出宋人朱熹《论语集注·乡党》："'不多食'：适可而止，无贪心也。"

熟视无睹。——书出第980页。典出晋人刘伶《酒德颂》："无思无虑，其乐陶陶，兀然而醉，豁尔而醒，静听不闻雷霆之声，熟视不睹泰山之形，不觉寒暑之切肌，利欲之感情。"又见，唐人韩愈《昌黎集·应科目时与人书》："若俯首帖耳摇尾而乞怜者，非我之志也。是以有力者遇之，熟视若无睹也。"又见，宋人林正大《括沁园春》词："静听无闻，熟视无睹，以醉为乡乐性真。"又见，清人壮者《扫迷帚》第19回："相彼小民，既醉生梦死，沉迷不悟；绅衿官吏，亦熟视无睹，漠不关怀。"

敌进我退，敌驻我扰，敌疲我打，敌退我追。——书出第983页。典出明人无名氏《草庐经略·游兵》："游兵者，谓其兵无定在也。必士果锐而骑超捷，将勇悍而善应变。时而东复时而西，时而出乎时而入；敌怒而迎，我引而退；敌倦而息，我临而扰；击其左复击其右，击其前复击其后；击其懈弛而无备，仓卒难求；抄其谷食，焚其积

聚，劫其辎重，袭其要城，取其别营，绝其便道；或朝或暮，伺敌之隙，乘间取利，飘忽迅速，莫可踪迹。"

诱敌深入。——书出第983、984页（两出）。典出《孙子兵法·计篇》："利而诱之。"

御敌于国门之外。——书出第984页。典出《孟子·万章下》："万章曰：'今有御人于国门之外者，其交也以道，其馈也以礼，斯可受御与？'"这段话是万章的问话，他是说：如果现在有一个人在城外抢劫到别人的财物，他也按正道与我交往，按礼节给我送礼，这种抢劫来的财物我也能够接受吗？这段话中的"御"，不是"抵御"之"御"，而是拦路抢劫的意思。

气味相投。——书出第986页（两出）。典出宋人葛长庚《水调歌头》："天下云游客，气味偶相投。暂时相聚，忽然云散水空流。"又见，宋人舒邦佐《双峰猥稿·和于湖集茶韵三首（其三）》："气味相投陈与雷，有时煎点两三回。"又见，明人冯惟敏《天香引·送陈震南》："气味相投，必留连尽醉方止。倘遇着个声气相投知音知己，便兼锂累月，款留在家，不肯轻放出门。"又见，清人李汝珍《镜花缘》第62回："前者妹子同表妹舜英进京，曾与此女中途相遇，因他学问甚优，兼之气味相投，所以结伴同行。"

随声附和。——书出第986页（两出）。典出宋人魏了翁《鹤山文集·直前奏六未喻及邪正二论》："人至于忠忱体国，真实用事，则图惟国事之济，言虑所终，事惟其是，而岂肯随声附和，以侥幸万一乎！"

再三再四。——书出第987页（两出）。典出《水浒传》第20回："再三再四，扶晁盖坐了。"

实事求是。——书出第988页。典出《汉书·景十三王传》："河间献王德以孝景前二年立，修学好古，实事求是。"唐人颜师古注："务得事实，每求真是也。"

自高自大。——书出第988页。典出北齐人颜之推《颜氏家训·勉学》："夫学者所以求益耳。见人读数十卷书，便自高大，凌忽长者，轻漫同列。人疾之如仇敌，恶之如鸱枭。如此以学自损，不如无学也。"又见，元人无名氏《自然集·仙吕点绛唇·混江龙》："有一等明师，自高自大，狂言诈语，道听途说，自把他元神昧。全不怕上天照察，也不怕六道轮回。"

夸夸其谈。——书出第988页。典出《南史·袁淑传》："淑喜夸，每为时人所嘲。"

自以为是。——书出第988页。典出同上一篇。

附庸。——书出第989页。典出《孟子·万章下》："天子之制，地方千里。公侯皆百里，子男五十里，凡四等。不能五十里，不达于天子，附于诸侯，曰附庸。"

各色各样。——书出第991页。典出清人李绿园《歧路灯》第87回："却说盛公子一派话儿，把官亲投注的人，各色各样，形容的一个样，……"

华而不实。——书出第995页。典出《晏子春秋·外篇·不合经术者》："东海之中，有水而赤，其中有枣，华而不实，何也？"又见，《国语·晋语四》："华而不实，耻也。"三国吴人韦昭注："有华色而无事实。"

投机取巧。——书出第995页。典出宋人司马光《资治通鉴》卷90："今若偏加除署，是为谨身奉法者失分，侥幸投射者得官。""投射"，即投机射利之意。《史记·货殖列传》："地小人众，故其民益玩巧而事末也。"又见，元人吾丘衍《学古编上》："纵有斜笔，亦当取巧写过。""投机"与"取巧"合而为"投机取巧"。

草率从事。——书出第996页。典出宋人欧阳修《欧阳文忠公集·与冯章靖公（其一）》："某为目疾为梗，临纸草率。"又见，《诗经·小雅·十月之交》："黾勉从事，不敢告劳。""草率"，敷衍马虎之意；"从事"，即是处理事情。"草率"与"从事"合而成"草率从事"，指办事不认真、不细致。清人袁枚《廿二史札记·新唐书本纪书法》："欧公本纪，则不免草率从事，不能为之讳也。"又见，其《廿二史札记·元史人名不画一》："明初修史时，即据其成文编入，不复彼此互订，以归画一，亦可见其草率从事也。"

777

用典探妙：

在这篇《关于若干历史问题的决议》中，计在36处用了典故。这些典故的运用，其中最大的特点是典型的典故词语的"重复"运用之妙。为什么说典型的典故词语的"重复"运用，还能有其妙呢？

我们知道，毛泽东在讨论这个《决议》时曾说：《决议》不但是领导机关内部的，而且是全党性质的，与全国人民有关系的，对全党和全国人民负责任的。哪些政策或哪些部分在群众斗争中证明是适合的，哪些是不对的，如果讲得合乎事实，在观念形态上再现了二十四年的历史，就对于今后的斗争有利益。（参见中共中央文献研究室编：《毛泽东年谱》（1893－1949　中卷），人民出版社、中央文献出版社1993年12月版，第590－591页）正因为《决议》再现了我党在观念形态上的24年的历史，所以在典故、特别是那些典型的典故语言的运用上，对此有着十分密切的、形象的照应与配合之妙。有的典故在这个"决议"中的"重复"运用，可以说，能够真切再现当年那整风学习的情景，能够再现当年如火如荼的斗争场面，能够展现典故中所要表现的事物之间的某种联系。

比如"惩前毖后"一典，在毛泽东的不少讲话和文章中，是经常用到的一典，也是运用得比较典型、不断出新的一典。这个典故，在第955、970、996页中反复地运用着，它突出了我党在整风学习中的宗旨，其根本就是要学习中国革命的历史教训，争取不犯

错误或少犯错误，而决不是要整人。由于这个典故具有其典型性，它不仅仅是在《决议》中多次运用，就是在本书的第827、828、938页中，亦有过精妙的运用。极易使人产生联想和对比，在人们的记忆中仍能回顾当年的学习场面，再读此典，有加深、加固人们对此典典意的进一步理解之妙！

又如在《决议》中的"敌进我退，敌驻我扰，敌疲我打，敌退我追"一典，这不仅是对我党我军长期以来的、对敌斗争的战略战术的进一步肯定，它同时也是对于第104、204页用到此典的一种照应，它不仅有将人们的思绪再一次带入那如火如荼的土地革命战争场景之妙，更有突出和强调运用这种对敌的战略战术无比正确之妙！

再如：在《决议》中的"御敌于国门之外"一典的运用，这是对于进攻中的冒险主义和防御中的保守主义的深刻批判与形象的描绘。给人以不可磨灭的印象。同时也将人们情感带入了在"左"倾路线占统治地位的艰难岁月。在第203、206、220页，毛泽东都对这种"左"倾的指导方式方法进行了尖锐的批判。重读此典，思想当年被迫退出根据地的哀痛之情，可谓刻骨铭心、教育深刻！

总而言之，《决议》中的这些"重复"运用的典故，它们有如《毛泽东选集》中的一个个的闪光点，极易让人们记住，并因此而使人们深受启发！

227."为人民利益而死" "是比泰山还要重"
——毛泽东在《为人民服务》中所用典故探妙

用典缘起：

1944年9月8日，毛泽东不仅为张思德题写了"向为人民利益而牺牲的张思德同志致敬"的挽词，他还在中共中央警备团追悼张思德的会上作了讲演。在这个讲演中用了下列典故。

典故内容：

司马迁。——书出第1004页。典出《汉书》等资料。司马迁（约公元前145年或公元前135年—？），字子长。夏阳（今陕西韩城南）人。是西汉伟大的史学家、著名的文学家与进步的思想家。

人固有一死。——书出第1004页。典出汉人司马迁《报任少安书》："人固有一死，死有重于泰山，或轻于鸿毛；用之所趋异也。"

重于泰山。——书出第1004页。典出或谓汉人作《燕丹子》卷下："今轲常侍君之侧，闻烈士之节，死有重于泰山，有轻于鸿毛者，但问用之所在耳。"又见，汉人司马迁《报任少安书》。又见，宋人苏轼《制科策》："天下有事，则匹夫之言，重于泰山。"又见，明人李贽《焚书·何心隐论》："夫忠孝节义，世之所以死也，以有其名也。所谓死有重于泰山者也。"又见，《东周列国志》第65回："子鲜之誓，重于泰山矣。"

轻于鸿毛。亦称"轻如鸿毛"、"轻若鸿毛"。——书出第1004页。典出同上。又见，《战国策·楚策四》："公举而取制，是以国权轻于鸿毛，而积祸重于丘山。"又见，宋人苏轼《制科策》："天下无事，则公卿之言轻于鸿毛。"又见，明人朱之瑜《朱舜水集·灭虏之策》："遇此千万年难遇之期，而弃之轻于鸿毛，吾谓智者之所不为也。"又见，清人夏敬渠《野叟曝言》第107回："今又全已没，徒问下官之直言，弃父母不顾，死轻于鸿毛，窃为小娘子不取也。"又见，《封神演义》第6回："梅伯死轻如鸿毛，有何惜哉？"又见，《晋书·皇甫谧传》："轻若鸿毛，重若泥沈，损之不得，测之愈深。"

五湖四海。——书出第1005页。典出唐人吕岩《绝句》："斗笠为帆扇作舟，五湖四海任遨游。"又见，宋人释道原《景德传灯录·福州鼓山神晏国师》："鼓山自住三十余年，五湖四海来者向高山顶上看山玩水，未见一人快利通得。"又见，明人杨柔胜《玉环记·韦皋延赏》："外面人说官人有五湖四海之襟怀，经天纬地之才略。"

死得其所。——书出第1005页。典出《魏书·张普惠传》："初，普惠被召……普惠诸子忧怖涕泣。普惠谓曰：'……人生有死，死得其所，夫复何恨！'"又见，《宋书·王僧达传》："臣感先圣格言，思在必效之地，使生获其地，死得其所。"又见，明人朱鼎《玉镜台记·王敦反》："人生自古谁无死，只要死得其所。"

用典探妙：

毛泽东在这篇约1200字的讲演中，提出了一个光辉的思想——即"为人民服务"的思想。在运用典故时，亦是别有特色。主要表现在如下三大方面。

（一）典中含典典意深。

所谓"典中含典典意深"，就是说，我们通过对语典"人固有一死，或重于泰山，或轻于鸿毛"的典源探索可知：这三句语典，它上起战国，下至当今。历经几千年的时代精神的洗礼，兼及诸多名人在他们当时的历史条件下的富于创意的运用，使其一典中兼含多典，从而典意浓浓，蕴涵异常丰富。透过其中的诸多的典意，我们可以看到：这三句话，已经不仅仅是司马迁个人气节和情操的展示，而且是一个民族对于生与死的价值的一种认定与评判，是一种生与死的哲理的辩证思维的阐释，是一种时代精神的升华与结晶。

（二）改造典故典意新。

所谓"改造典故典意新"，笔者说这句话有两层意思。一是说：毛泽东在运用这个典故之时，并没有生硬地搬用这个典故，而是去掉了其中的一个"死"字，毛泽东这样改造而用，使司马迁的这句名言读来更为顺口，因而更易于记忆，易于传播。二是说：

毛泽东在略微将这个典故进行改造之后，他没有局限在司马迁这句话的本来意思上，而是立刻将这句名言予以了新的定位，将其定位在为人民服务和反法西斯的伟大事业上。在运用这个语典之后，毛泽东就将"重于泰山"定位于："为人民利益而死，就比泰山还重"，"张思德同志是为人民利益而死的，他的死是比泰山还要重的"；将"轻于鸿毛"定格于："替法西斯卖力，替剥削人民和压迫人民的人去死，就比鸿毛还轻。"毛泽东将司马迁的这句名言进行了这样的改造之后，可以说，这种为人民服务的思想，是对社会发展进步规律的理性思考与最为深层的揭示，这一重要思想是引导人类社会前进的一面光辉的旗帜和闪亮的航标，同是中国共产党领导集体数十年艰苦奋斗理论的实践开拓与创新，是"生的伟大，死的光荣"最为闪光的一笔。

（三）有一典统率全篇之妙。

所谓一典统率全篇之妙。就是说，"人固有一死，或重于泰山，或轻于鸿毛。"可以看作是一句典故语，即就是说，可以看为一个典故。毛泽东的这篇《为人民服务》，基本上是以这个典故语为基础，在这个基础之上，结合张思德的革命精神、革命行动进行发挥，将这个典故语予以新的解说，在解说中给予其以新的定位，将古人的生死观给予飞跃性的点化，升华成伟大的为人民服务的一种革命精神和民族精神！

228.评蒋介石的演说 揭露其反共阴谋
——毛泽东在《评蒋介石在双十节的演说》中所用典故探妙

用典缘起：

针对蒋介石在双十节发表的演说，毛泽东在1944年10月11日为新华社写了一篇评论，逐条地批驳了蒋介石在演说中的谬论。在这篇评论中用了下列典故。

典故内容：

空洞无物。——书出第1007、1010页。典出南朝宋人刘义庆《世说新语·排调》："王丞相枕周伯仁膝，指其腹曰：'卿此中何所有？'答曰：'此中空洞无物，然容卿辈数百人。"又见，宋人王安石《王文公文集·古意》："帝青九万里，空洞无一物。"又见，宋人苏轼《苏东坡集·宝山昼睡》："七尺顽躯走世尘，十围便腹贮天真。此中空洞浑无物，何止容君数百人。"又见，宋人吴潜《满江红·刘长翁右司席上》："照彻肝胆明似水，是中空洞无他物。"

拒谏饰非。——书出第1007页。典出《荀子·成相》："论臣过，反其施，尊主安国尚贤义。拒谏饰非，愚而上同，国必祸。"又见，《史记·殷本纪》："（帝纣）知足以拒谏，言足以饰非。"又见，《汉书·汲黯传》："然御史大夫（张）汤智足以距谏，诈足以饰非。"又见，《清史稿·洪亮吉传》："今特宣示亮吉原书，使内外诸臣，知朕非拒谏饰非之主，实为可与言之君。"

莫明其妙。亦称"莫名其妙"。——书出第1007、1009页（三出）。典出清人吴趼人《二十年目睹之怪现状》第15回："那信上说了许多景仰感激的话，信末写着'门生张超顿首'六个字。我实在是莫名其妙，我从那里得着这么一个门生，连我也不知道，只好不理他。"又见，其《近十年之怪现状》"我倒莫名其妙，为甚忽然大请客起来？"又见，清人李宝嘉《官场现形记》第10回："等到接在手中一看，见是绍兴来的；魏翩仞莫明其妙，陶子尧却不免心上一呆。"又见，清人文康《儿女英雄传》第9回："这一句话，要问一村姑蠢妇，那自然一世也莫明其妙。"

理直气壮。——书出第1008页。典出明人冯梦龙《古今小说》卷31："我司马貌一生鲠直，并无奸佞，便提到阎罗殿前，我也理直气壮，不怕甚的！"又见，明人冯梦龙《醒世恒言》卷7："（钱青）只为自反无愧，理直气壮，昂昂的步到颜家门首。"

搬起石头打他自己的脚。亦即"自搬砖自磕脚"。——书出第1010页。典出宋人法应纂集《禅宗颂古联珠通集·世尊机缘·断桥伦》："自把碌砖空里掷，必端自打自家头；灼然自痛自难说，自著摩挲归去休。"又见，清人石成金《传家宝·俗谚》："自搬砖自磕脚。"

用典探妙：

毛泽东在他的这一篇约2100字的评论中，有8处用了典故。其中最为有特色的一点是：有分析、有引申、有补充地妙用典故。这里最为显著的一个例子是对"莫明其妙"这个成语形式的典故的妙用。

在第1007页，毛泽东首用"莫明其妙"一典，是属转引，转引蒋介石的这一用语，借以批判蒋介石的拒谏饰非，有批判兼及讽刺之妙。到第1009页，毛泽东再一次转引此语，在转引"莫明其妙"之后，马上反其意而用之，自造了一个与之对立的"已明其妙"，并在这两个词语之后均以"呢"字设问。这一设问，实际上是对蒋介石的亲信们与日寇暗来明往的进一步揭露与批判，亦是对他们一伙企图掩饰其卖国行为的莫大讽刺。毛泽东仍觉语未尽意，将"莫明其妙"其中的"妙"抽出来，再次进行分析、引申并补充自己的语意，又一次用"呢"字设问，则蒋介石及其亲信们的反共、投降、卖国嘴脸，便昭然若揭。

229．"没有文化的军队" 就"是愚蠢的军队"
——毛泽东在《文化工作中的统一战线》中所用典故探妙

用典缘起：
1944年10月30日，毛泽东在陕甘宁边区文教工作者会议上，作了题为《文化工作中

的统一战线》的讲演。在这个讲演中用了下列典故。

典故内容：

欲速则不达。亦即"欲速不达"。——书出第1012页。典出《论语·子路》："子夏为莒父宰，问政。子曰：'无欲速，无见小利。欲速则不达；见小利，则大事不成。'"宋人朱熹在《四书集注》中注云："欲事之速成，则急剧无序，而反不达；见小者之为利，则所就者小，而所失者大矣。"由此可知，孔夫子答子夏的这段话的意思是说：子夏这个人当了莒父（今山东之莒县境内）这个地方的长官，他问孔子该怎样去处理政事。孔夫子告诉他说：不要只图快，不要贪求小利。一味图快，就会达不到你的目的；你要贪图小利，就会办不成大事。又见，《汉书·李寻传》："治国故不可以戚戚，欲速则不达。"又见，唐人崔祐甫《汾河义桥记》："夫来者如斯，其可胜记，欲速不达，式在兹乎。"又见，《宋史·魏仁浦传》："开宝二年春宴，太祖笑谓仁浦曰：'何不劝我一杯酒？'仁浦奉觞上寿，帝密谓之曰：'朕欲亲征太原，如何？'仁浦曰：'欲速不达，惟陛下慎之。'"又见，明人海瑞《又复刘大尹》："巡道有宽限期之议，生以为二三月可完报，不须六月；欲速不达，台端乞更酌之。"

用典探妙：

毛泽东在这篇约1400字的讲演中，只用了一个典故。然而，这个典故用得特别的精妙。其精妙之处表现在两大方面。

其一是选用典故之妙。

毛泽东在这篇讲演中所要强调的是下面两大情况。即"没有文化的军队是愚蠢的军队，而没有文化的军队是不能战胜敌人的。"由此可知，提高军队的文化教育水平是何等的急切，这是"欲速"心理产生的基础；另一情况是："我们的文化是人民的文化，文化工作者必须有为人民服务的高度热忱，必须联系群众，而不要脱离群众。要联系群众，就要按照群众的需要和自愿。一切为群众的工作都是从群众的需要出发，而不是从任何良好的个人愿望出发。"这里就隐含着一个辩证法思想。我们知道，典故有论证事件道理的作用，运用得好，有一典顶千言之妙。而在中国的典故海洋中，相类似典故、俗语是不少的。毛泽东凭着他对中国典籍的熟悉和独到的理解，选用了"欲速则不达"一典。这个典故在典源上所述之史实，有接近毛泽东论述上述情况之妙；这个典故在其哲理思辩上，亦有接近毛泽东所要论述上述问题之妙。因此说，"欲速则不达"一典的选用具有选典之妙！

其二是诠释典故之妙。

典故的运用，选典之妙只是用典的开始。而诠释之妙则往往是用典的关键一着。在文化工作中的统一战线问题上，急于求成要不得，盲动主义必失败。"欲速则不达"一典，就包含了这样一种朴素的辩证法思想。毛泽东在运用这个典故时，将"欲速则不达"中的"速"，作了一分为二的诠释。即一是要"速"；二是这个"速"是具备客观条件的"速"，而不是盲动主义的"速"。并说"在一切工作中都是如此；在改造群众思想的文化教育工作中尤其是如此。"在这里，我们看到：这个在中华文明中已经存在2400余年的闪光典故，经过毛泽东的选用与诠释，大大地激发了其内在活力，释放出了其所积累数千年的十分丰富的美学内涵，展现出了中国人民的伟大智慧！

230. "学会做经济工作" 中国靠我们建设
——毛泽东在《必须学会做经济工作》中所用典故探妙

用典缘起：

1945年1月10日，毛泽东在陕甘宁边区劳动英雄和模范工作者大会上，发表了《必须学会做经济工作》的讲话。在这篇讲话中用了下列典故。

典故内容：

轰轰烈烈。——书出第1016页。典出明人瞿式耜《丙戌九月二十日书寄》："邑中在庠诸友，轰轰烈烈，成一千古之名，彼其真恶生而乐死乎？诚以名节所关，政有甚于生者。"

自力更生。——书出第1016页。典出《史记·平津侯主父列传》："元元黎民得免于战国，逢明天子，人人自以为更生。"

欲速不达。——书出第1017页。典出同上一篇。

衣食丰足。亦即"丰衣足食"。——书出第1019页。典出五代人王定保《唐摭言》卷15："堂头官人，丰衣足食，所往无不克。"

用典探妙：

毛泽东在这篇约4000字的讲话中，只在4处用了典故。其中"欲速不达"的运用与上一篇的"欲速则不达"的运用，还是各有千秋的。在这里的"欲速不达"，毛泽东是将其与"强迫命令"并列而视，是当作一种错误方针的表现形式，以与"耐心说服、典型示范的方针"相对应，有对比显明、精练语言之妙！

231. "世界将走向进步" "决不是走向反动"
——毛泽东在《论联合政府》中所用典故探妙

用典缘起：

1945年4月24日，毛泽东在中国共产党第七次全国代表大会上作了《论联合政府》的政治报告。在这个报告中用了下列典故。

典故内容：

不屈不挠。——书出第1029页。典出《荀子·法行》："坚刚而不屈，义也；廉而不刿，行也；折而不挠（挠），勇也。"又见，《汉书·叙传下》："乐昌笃实，不桡（挠）不诎（屈）。"又见，清人颐琐《黄绣球》第29回："教皇捉了他问，他在堂上不屈不挠，定归开出信教自由的理数。"

再接再厉。书出第1030页。典出唐人韩愈《斗鸡联句》引孟郊诗："一喷一醒然，再接再砺乃。"

背信弃义。亦作"弃义背理"、"弃信忘义"、"弃信违义"。——书出第1036页。典出汉人枚乘《上书谏吴王》："积德累行，不知其善，有时而用；弃义背理，不知其恶，有时而亡。"又见，《北史·周本纪下》："（诏曰）伪主高纬，放命燕齐，怠慢典刑，傲扰天纪，加以背惠怒邻，弃信忘义。"又见，清人陈确《分三秦论》："使（项）羽终杀沛公（刘邦），则不义；自都关中，则不信。弃信违义，而背叛天下之共主，以自行其智，虽得天下，其亡益速。"又见，汉人桓宽《盐铁论·未通》："为斯君者亦病矣，反以身劳民，民犹背恩（"恩"亦作信）弃义而远流亡，避匿上公之事。"

生气蓬勃。亦即"生气勃勃"。——书出第1036页。典出《礼记·月令》："生气方盛，阳气发泄，句者毕出，萌者尽达，不可以内。"又见，南朝梁人钟嵘《诗品》卷下："我诗有生气，须人捉着，不尔便飞去。"又见，汉人贾谊《旱云赋》："遥望白云之蓬勃兮，滃滃澹澹而妄止。"又见，清人梁启超《中国国会制度私议》："全国各方面皆生气勃勃，精力弥满。"

千辛万苦。——书出第1036页。典出《敦煌变文集·父母恩重经讲经文》："前来经文说父母种种养育，千辛万苦，不惮而喧（暄），乞求长大成人，且要绍继宗祖。"又见，元人秦简夫《赵礼让肥》第4折："想当时受尽了千辛万苦，谁承望有今日驷马安车。"

一往无前。——书出第1039页。典出明人孙传庭《官兵苦战斩获疏》："曹变蛟遵臣指画，与北兵转战冲突，臣之步兵莫不一往无前。"

史无前例。——书出第1041页。典出《南齐书·陆慧晓传》："时陈郡谢朏为左长史，府公竟陵王子良谓王融曰：'我府二上佐，求之前世，谁可为比？'融曰：'两贤同时，便是未有前例。'"又见，清人丘逢甲《岭云海日楼诗钞·十二·啸桐北上归……距亡日仅浃旬耳二首（其一）》："牢落文章第一人，天门垂翅竟何因？百年记注无前例，万事枢机有要津。"

坐山观虎斗。——书出第1042页。典出《战国策·秦策二》："有两虎争人而斗者，管庄子将刺之，管与止之，曰：'虎者，戾虫；人者，甘饵也。今两虎争人而斗，小者必死，大者必伤，子待伤虎而刺之，则是一举而兼两虎也，无刺一虎之劳，而有刺两虎之名。"又见，《红楼梦》第69回："凤姐虽恨秋桐，且喜借他先发脱二姐，用'借刀杀人'之法，'坐山观虎斗'，等秋桐杀了尤二姐，自己再杀秋桐。"

手足无措。亦即"无所措手足"。——书出第1043页。典出《论语·子路》："名不正，则言不顺；言不顺，则事不成；事不成，则礼乐不兴；礼乐不兴，则刑罚不中；刑罚不中，则民无所措手足。"又见，唐人韩愈《为韦相公让官表》："承命震骇，心神靡宁，顾己惭觍，手足无措。"又见，《三国演义》第103回："司马懿惊得手足无措。"又见，清人陈忱《水浒后传》第12回："……正犹疑不定，忽报宋兵到了，惊得手足无措。"又见，清人李宝嘉《官场现形记》第15回："庄大老爷奉他们两位炕上一边一个坐下，茶房又奉上茶来。弄得他们二人坐立不安，手足无措，不知如何是好。"

适合时宜。——书出第1043、1051页（两出）。典出《汉书·哀帝纪》："皆违经背古，不合时宜。"又见，宋人王谠《唐语林·补遗一》："代宗车驾自陕府还，真卿请光谒五陵、孔庙，而后还宫。宰相元载谓真卿曰：'公所见虽美，其如不合时宜何？'""适合时宜"，当是"不合时宜"的反用。

民生凋敝。亦即"民生雕敝"。——书出第1045页。典出《左传·昭公八年》："今宫室崇侈，民力凋尽，怨讟并作。"又见，《汉书·循吏传》："孝武之世，外攘四夷，内改法度，民用凋敝，奸轨不禁，时少能以化治称著。"又见，汉人荀悦《汉纪·武帝纪四》："当武帝之世，赋役烦众，民力凋敝。"又见，《清史稿·洪承畴传》："臣受任经略，目击民生凋敝，及上司降卒沿尚观望，以为须先安内，乃可剿外。"又见，《清史稿·穆宗纪一》："江南新复，民生凋敝，有司招徕抚恤之。"

民怨沸腾。——书出第1045页。典出清人赵翼《廿十四史札记·宋初严惩赃吏》："其于不肖官吏之非法横取，盖已不甚深求，继以青苗免役之掊克，花石纲之攘夺，遂致民怨沸腾，盗贼竞起。"又见，清人袁枚《随园诗话补遗》卷10："王荆公行新法，自知民怨沸腾。"又见，清人李宝嘉《官场现形记》第5回："上半年在那里办过几个月厘局，不该要钱的心太狠了，直弄得民怨沸腾，有无数商人来省上控。"

民变蜂起。——书出第1045页。典出《史记·项羽本纪》："陈涉首难，豪杰蜂起。"又见，《汉书·光武帝纪上》："莽末，天下连岁灾蝗，寇盗蜂起。"唐人李贤注："言贼锋锐竞起。锋字或作蜂，喻多也。""民变蜂起"，当由"豪杰蜂起"、"寇盗蜂起"仿意而来。

处心积虑。——书出第1046、1072页（两出）。典出《穀梁传·隐公元年》："何甚乎郑伯？甚郑伯之处心积虑，成于杀也。"又见，宋人曾巩《元丰类稿·太祖皇帝总叙》："盖太祖之于受命，非如前世之君，图众以智，图柄以力，其处心积虑，非一朝一日，在于取天下也。"这里的"处心积虑"，主要表示早就存有某一种想法、某一种

打算。又见，清人李宝嘉《官场现形记》第46回："单说大少爷见老人家有这许多银子，自己到不了手，总觉有点难过；变尽办法，总想偷老头子一票，方才称心。如此者处心积虑，已非一日。"这里的"处心积虑"，重在表示费尽心机、蓄谋已久的意思。

投机取巧。——书出第1046页。典出宋人司马光《资治通鉴》卷90："今若偏加除署，是为谨身奉法者失分，侥幸投射者得官。"又见，《史记·货殖列传》："地小人众，故其民益玩巧而事末也。"元人吾丘衍《学古编上》："纵有斜笔，亦当取巧写过。""投机"与"取巧"合而为"投机取巧"。

自相矛盾。——书出第1047页。《韩非子·难势》："楚人有鬻楯（盾）与矛者，誉之曰：'吾楯之坚，莫能陷也。'又誉其矛曰：'吾矛之利，于物无不陷也。'或曰：'以子之矛陷子之楯何如？'其人弗能应也。"又见，《北史·李业兴传》："亦作云上圆不方，卿言岂非自相矛盾？"又见，宋人王观国《学林·言行》："圣贤言行，要当顾践，毋使自相矛盾。"

源源不竭。亦作"源源而来"、"源源不绝"、"源源不断"。——书出第1048页。典出《孟子·万章上》："欲常常而见之，故源源而来。"宋人朱熹《孟子集注》："源源，若水之相继也。来，谓来朝觐也。"又见，元人王恽《秋涧全集·题纪伯新詹判如溪诗意》："源源不绝产蛟鼍。"

中饱。亦作"中饱私囊"——书出第1048页。《韩非子·外储说右下》："薄疑谓赵简主曰：'君之国中饱。'简主欣然而喜曰：'何如焉？'对曰：'府库空虚于上，百姓贫饿于下，然而奸吏富矣。'"其意是说，于上则国库空虚，于下则老百姓贫穷，于中则富了那些奸滑的官吏。又见，清人李绿园《歧路灯》第7回："小人贪利，事本平常，所可恨者，银两中饱私囊，不曾济国家之实用耳。"

面黄肌瘦。——书出第1048页。典出明人冯梦龙《古今小说》卷4："张远看着阮三面黄肌瘦，咳嗽吐痰，心中好生不忍。"又见，元人无名氏《刘千病打独角牛》第2折："孩儿也，你这般面黄肌瘦，眼嵌缩腮，两条腿恰似麻稭，十个指头有如灯草。你且将息几日去。"又见，元人杨梓《承明殿霍光鬼谏》："觑着他狠似豺狼、蠢似猪羊，眼欺缩肋模样，面黄肌瘦形相。"又见，《水浒传》第6回："智深把包裹解下，放在监斋使者面前，提了禅杖，到处寻去，寻到厨房后面一间小屋，见几个老和尚坐地，一个个'面黄肌瘦'面色发黄，身体消瘦。"

廉耻扫地。——书出第1048页。典出《淮南子·泰族训》："民无廉耻，不可治也。非修礼义，廉耻不立。"当是将"威风扫地"或是"斯文扫地"一语中的"威风"或"斯文"以"廉耻"置换而用。

以身作则。——书出第1048页。典出《诗经·小雅·鹿鸣》："君子是则，是傚（效）。"又见，《论语·子路》："其身正，不令而行；其身不正，虽令不从……苟正其身矣，于从政乎何有？不能正其身，如正人何？"又见，《后汉书·第五伦传》："以身教者从，以言教者讼。"又见，清末·章炳麟《复浙江新教育会书》："凡诸饬身修行之事，盖在以身作则，为民表仪，不闻以口舌化也。"

真凭实据。——书出第1049页。典出清人李宝嘉《官场现形记》第17回："二来县里有他们乡下人的甘结领状，都是真凭实据。"

一心一意。——书出第1049页。典出唐人骆宾王《代女道士王灵妃赠道士李荣》："想知人意自相寻，果得深心共一心。一心一意无穷已，投漆投胶非足拟。"

偷偷摸摸。——书出第1051页。典出元人李行道《灰阑记》第1折："我唤你来，不为别事，想俺两个偷偷摸摸的，到底不是个了期。"

竭尽全力。——书出第1053页。典出《三国志·魏书·贾逵传》南朝宋人裴松之注引《魏略》："竭尽全力，奉宣科法。"

人心之所向。即"人心所向"。——书出第1053页。典出《旧唐书·李建成传》："王珪、魏徵谓建成曰：'殿下但以地居嫡长，爰践元良，功绩既无可称，仁声又未遐布。而秦王勋业克隆，威震四海，人心所向，殿下何以自安？'"又见，《清史稿·宣统皇帝纪》："今全国人民心理，多倾向共和。南方各省既但倡义于前，北方将领亦主张于后。人心所向，天命可知。"

迂回曲折。——书出第1053页。典出清人沈复《浮生六记·闲情寄趣》："多编数屏，随意遮拦，恍如绿阴满窗，透风蔽日，迂回曲折，随时可更。"

意气用事。——书出第1054页。典出明人唐顺之《寄黄士尚书》："弟近来深觉往时意气用事，脚跟不实之病，方欲洗涤心源，从独知处着功夫。"又见，清人赵翼《廿十四史札记·韩世忠》："韩世忠固一代名将，然少年时意气用事，亦多有可议者。"又见，清人陈确《寄吴裒仲书》："所惧伤手足之情者，仍是意气用事，不能至诚相感，故有此患耳。"又见，清人吴敬梓《儒林外史》第46回："至今想来，究竟还是意气用事。"

有意无意。——书出第1059页。典出南朝宋人刘义庆《世说新语·文学》："庾子嵩作《意赋》成，从子文康见问曰：'若有意邪，非赋之所尽若无意邪，复何所赋？'答曰：'正在有意无意之间。'"

天经地义。——书出第1060页。典出《左传·昭公二十五年》："夫礼，天之经也，地之义也，民之行也。天地之经，而民实则之；则天之明，因地之性，生其六气，用其五行；气为五味，发为五色，章为五声。"又见，晋人潘岳《世祖武皇帝诔》："咏言孝思，天经地义；问谁赞事，英彦髦士。"又见，南朝梁人沈约《齐故安陆昭王碑文》："立行可模，置言成范；英华外发，清明内昭。天经地义之德，因心必尽。"又见，唐人杨炯《唐右将军魏哲神道碑》："天经地义，钦承避席之谈；日就月将，虔

奉趋庭之教。"

转弯抹角。——书出第1060页。典出元人秦简夫《东堂老劝破家子弟》："转弯抹角，可早来到李家门首。"又见，《西游记》第23回："磕磕撞撞，转弯抹角，又走了半会，才是内堂房屋。"

毕其功于一役。——书出第1060页。典出孙中山《〈民报〉发刊词》："吾国治民生主义者，睹其祸害于未萌，诚可举政治革命、社会革命毕其功于一役。"

排斥异己。亦即"排挤异己"——书出第1064页。典出《后汉书·范滂传》："有不合者，见则排斥，其意如何？"又见，《晋书·周顗传》："顗见江绩亦以正直为仲堪所斥，知仲堪当逐异己，树置所亲，因出行散，托疾不还。"又见，明人杨士聪《玉堂荟记》卷下："至当路者借以排斥异己，遇有反唇则以优升杜其口。"又见，明人李清《三垣笔记·崇祯》："（袁恺具疏云）凡科道升缺，宜一内一外，如旧制，不得越次外迁，启排挤异己之路。"

贪官污吏。——书出第1064、1069页（两出）。典出元人无名氏《鸳鸯被》第4折："一应贪官污吏，准许先斩后闻。"又见，明人冯梦龙《喻世明言》卷39："驱除这些贪官污吏，使威名盖世。"

一意孤行。——书出第1067-1068页。典出宋人吴泳《鹤林集·祭陈司业文》："亶一意以孤行，羌众兆之所弃。"又见，清人袁枚《随园诗话》卷3："盖一意孤行之士，细行不矜，孔子所谓'观过知仁'，正此类也。"

装模作样。亦称"作模作样"。——书出第1068页。典出唐人释慧然辑《临济慧照玄公大宗师语录》："善知识，不辨是境，便上他境作模作样。"又见，元人无名氏《冻苏秦》第3折："冷酒冷粉冷场，着咱如何近傍，百般妆（装）模作样，讪笑寒酸魍魉。"

法宝。——书出第1068页。典出《薛仁贵征东》第25回："盖苏文心内惊慌，……叫声：'法宝，齐起！'果然八口飞刀连着青光，冒到秦怀玉身上。……叫声：'小蛮子，你敢破我法宝，本帅与你势不两立，不要走，照刀罢！'把赤铜刀往头上劈将下来。""法宝"，是指神话能够制服对方或杀伤妖魔的宝物；用来比喻使用起来特别有效的工具、方法或经验；原指佛教教义与教典。"法宝"一语，在中国不少小说中，经常可以看到作家对其进行神奇地妙用。

搬起石头打自己的脚。亦即"自搬砖自磕脚"。——书出第1068页。典出清人石成金《传家宝·俗谚》："自搬砖自磕脚。"

不肖子孙。——书出第1070、1076页（两出）。典出《庄子·天地》："亲之所言而然，所行而善，则世俗谓之不肖子。"又见，《孟子·万章上》："丹朱之不肖，舜之子亦不肖。"又见，清人颐琐《黄绣球》第8回："我黄家却是这种不肖子孙最多，开了家塾，把这些不肖的教化几个，也是很要紧的事。"

颠倒是非。——书出第1070页（两出）。典出《战国策·赵策二》："（张仪说赵王曰）荧惑诸侯，以是为非，以非为是。"又见，唐人韩愈《唐太学博士施先生墓志铭》："古圣人言，其旨密微，笺注纷罗，颠倒是非。"又见，《东周列国志》第86回："汝在寡人左右，寡人以耳目寄汝，乃私受贿赂，颠倒是非，以欺寡人。"

张牙舞爪。——书出第1075页。典出三国魏人曹植《七启》："于是人稠网密，地逼势胁，哮阚之兽，张牙奋鬣，志在触突，猛气不慑。"又见，《敦煌变文集·附录·新编小儿难孔子》："鱼生三日游于江湖，龙生三日张牙舞爪。"又见，明人凌濛初《初刻拍案惊奇》卷8："有一等做公子的，倚靠着父兄势力，张牙舞爪，诈害乡民，受投献，窝赃私，无所不为。"又见，清人李宝嘉《官场现形记》第55回："见了州官，州判老爷胆子也壮了，张牙舞爪，有句没句，跟着教习说了一大泡。"

随声附和。——书出第1076页。典出《封神演义》第11回："崇侯虎不过随声附和，实非本心。"

一事无成。——书出第1078页。典出唐人白居易《除夜寄微之》："鬓毛不觉白毵毵，一事无成百不堪。"

借镜。——书出第1083页。典出北齐人刘昼《新论·贵言》："人目短于自见，故借镜以观形。"

无所不至。——书出第1084页。典出《论语·阳货》："子曰：'鄙夫可与事君也与哉？其未得之也，患得之；既得之，患失之。苟患失之，无所不至矣。'"其意是说：孔夫子讲，可以和那些品德恶劣的人一起奉事君主吗？这些人在没有得到（官位）的时候，唯恐得不到。当在得到了的时候，唯恐丢失了。如果一个人唯恐丢失掉其官位，他就会没有什么事不会干得出来的。又见，《礼记·大学》："小人闲居为不善，无所不至。"这里的"无所不至"，当是指无所不用其极地什么坏事都会干得出来的意思。又见，《史记·货殖传》："周人既纤，而师史尤甚，转毂以百数，贾郡国，无所不至。"又见，后魏人郦道元《水经注序》："天下之多者，水也。浮天载地，高下无所不至，万物无所不润。"又见，唐人陈子昂《为金吾将军陈令英请免官表》："始年十八，投笔从戎，西逾流沙，东绝沧海，南征北伐，无所不至。"这里的"无所不至"，当是直解为人物或事物，没有其所到达不了的地方之意。

里应外合。——书出第1089页。典出《三国演义》第59回："约定今夜放火，里应外合。"

报仇雪耻。——书出第1089页。典出《战国策·燕策二》："若先王之报怨雪仇，夷万乘之强国。"又见，《淮南子·泛论训》："大夫（文）种辅翼越王勾践，而为之报怨雪耻。"又见，《魏书·崔浩传》："（屈丐）不思树党强邻，报仇雪耻，乃结怨

于蠕蠕，背德于姚兴。"又见，《三国志·吴书·孙策传》南朝宋人裴松之注引《吴历》："收合流散，东据吴会，报仇雪耻，为朝廷外藩。"又见，明人冯梦龙《醒世恒言》卷36："官人果然真心肯替奴家报仇雪耻，情愿相从。只要发个誓愿，方才相信。"

罪大恶极。——书出第1089页。典出宋人欧阳修《纵囚论》："刑入于死者，乃罪大恶极，此又小人之尤甚者也。"

勤勤恳恳。——书出第1091页。典出汉人司马迁《报任少卿（安）书》："曩者辱赐书，教以顺于接物，推贤进士为务。意气勤勤恳恳，若望仆不相师用，而流俗人之言。仆非敢如是也！"这里的"勤勤恳恳"，重在形容忠实而诚恳的意思；又见，汉人扬雄《剧秦美新》："明旦不寐，勤勤恳恳者，非秦之为与！"又见，《三国志·周瑜传》："报德明功，勤勤恳恳。"这里的"勤勤恳恳"，重在形容办事的勤奋、认真、踏实之意。

打成一片。——书出第1091、1095、1096页（三出）。典出宋人释普济《五灯会元·益州青城香林院澄远禅师》："宋（公垱）曰：'大善知识去住自由。'师谓众曰：'老僧四十年方打成一片。'"又见，宋人朱熹《朱子全书·存养》："只要常自提撕，分寸积累将去，久之自然接续，打成一片耳。"这里的"打成一片"，多指诸多不同的事物混合成一起，而成为了一个整体；又见，明人瞿式耜《救刘湘客等五臣疏》："以臣揆之，公论之人，即参疏之人也；而怂恿皇上行法之人，即与参疏之人打成一片者也。"

百战百胜。——书出第1094页。典出春秋·邓析《邓析子·无厚》："庙筹千里，帷幄之奇；百战百胜，皇帝之师。"又见，《管子·七法》："是故以众击寡，以富击贫，以能击不能，以教卒练击驱白徒，故十战十胜，百战百胜。"又见，《孙子·攻谋篇》："是故百战百胜，非善之善者也；不战而屈人之兵，善之善者也。"又见，宋人苏轼《留侯论》："项籍唯不能忍，是以百战百胜而轻用其锋。"这里的"百战百胜"，多为实指，即打一百次仗，就胜一百次，善于作战，每战必胜；又见，《战国策·宋卫》："（外黄徐子曰）臣有百战百胜之术，太子能听臣乎？"又见，明人焦竑《玉堂丛话·品藻》："学士欧阳玄评宋景濂文气韵沉雄，如淮阴出师，百战百胜，志不少慑。"又见，《三国演义》第85回："吾与汝等，共据高城，南临大江，北背山险，以逸待劳，以主制客：此乃百战百胜之势。"这里的"百战百胜"，当主要是讲气势上的所向无敌之意。

惩前毖后。——书出第1094、1096页（两出）。典出《诗经·周颂·小毖》："予其惩而毖后患。"又见，明人张居正《答河道吴自湖计河漕》："顷丹阳浅阴，当事诸公毕智竭力，仅克有济，惩前毖后，预为先事之图可也。"

治病救人。——书出第1094、1096页（两出）。典出晋人葛洪《神仙传》："沈羲，吴郡人，学道于蜀，能治病救人，甚有恩德。"

流水不腐，户枢不蠹。——书出第1096页。典出《吕氏春秋·尽数》："流水不腐，户枢不蝼（《意林》作蠹），动也。形气亦然。""户枢"即"门轴"；"不蠹"即不为虫所蛀蚀。又见，宋人伪托春秋晋人程本《子华子·北宫意问》："流水之不腐，以其逝故也；户枢之不蠹，以其运故也。"又见，《后汉书·华佗传》："人体欲得劳动，但不当使极耳，动摇则谷气得消，血脉流通病不得生，譬如户枢，终不朽也。"又见，宋人张君房《云笈七签》："户枢不蠹，流水不腐，以其劳动不息也。"

知无不言，言无不尽。——书出第1096页。典出《晋书·刘聪载记》："（聪谓王沈等言曰）而今而后，吾知卿等忠于朕也。当念为知无不言，勿恨往日言不用也。"又见，《北齐书·高德政传》："德政与帝旧相昵爱，言无不尽。"又见，唐人陆贽《陆宣公文集·请数对群臣兼许令论事状》："夫知无不言之谓尽，事君以义之谓忠。"又见，宋人苏洵《嘉祐集·衡论上·远虑》："圣人之任腹心之臣也，……知无不言，言无不尽，百人誉之不加密，百人毁之不加疏。"又见，宋人苏轼《苏东坡集·策略第三》："是以知无不言，言无不尽，其所欲用，虽其亲爱可也。"又见，明人王崇庆《元城语录解》："……编历言路，正色立朝，知无不言，言无不尽。"又见，《明史·马文升传》："国家事当言者，即非职守，亦言无不尽。"

言者无罪，闻者足戒。——书出第1096页。《诗经·大序》："上以风化下，下以风刺上，主文而谲谏，言之者无罪，闻之者足以戒，故曰风。"又见，《后汉书·李云传论》："若夫托物见情，因文载旨，使言之者无罪，闻之者足以自戒，贵在于意达言从，理归乎正。"又见，唐人白居易《与元九书》："故闻'元首明、股肱良'之歌，则知虞道昌矣；闻五子洛汭之歌，则知夏政荒矣。言者无罪，闻者足戒。言者闻者，莫不两尽其心焉。"

有则改之，无则加勉。——书出第1096页。典出《论语·学而》："曾子曰：'吾日三省吾身：为人谋而不忠乎？与朋友交而不信乎？传不习乎？'"其意为：孔子的学生曾子说，我每天都再三地反省自己：为人出主意做事情，有没有不尽忠心的地方呢？与朋友交往，有没有不讲信义的地方呢？老师所传授的知识，是否复习了呢？对此，宋人朱熹在其《四书章句集注》中注云："曾子以此三者日省其身，有则改之，无则加勉，其自治诚切如此，可谓得为学之本矣。"又见，《明实录·英宗正统实录六八》："如或受诪谀，纳侵润，则贤受抑，不肖者得志，孰与成功？尔等有则改之，无则加勉。"又见，清人梁绍壬《两般秋雨盦随笔·文庄奏语》："或有以（文庄）公庇护同乡言于上。一日，召公谓曰：'人言尔庇护同乡，后自有则改之，无则加勉。'公顿首对曰：'臣领皇上无则加勉之训。'时服其有体。"

中流砥柱。亦即"砥柱中流"。——书出第1098页。典出《晏子春秋·内篇谏下》："吾尝从君济于河,鼋衔左骖,以入砥柱之中流。"又见,明人丁鹤年有《自咏》诗云:"长淮横溃祸非轻,坐见中流砥柱倾。"

成千成万。亦即"成千累万"、"盈千累万"、"整千累万"、"成千论万"、"累万盈千"。——书出第1098页。典出清人蒋士铨《雪中人·眠雪》："今日数文,明日数文,积攒起来,成千累万。"又见,清人钱泳《履园丛话·五福》："苟能足衣食,知礼节,亦何必盈千累万之富耶?"又见,清人玩花主人《缀白裘初集·后寻亲·后索债》："当初你说广放私债,有整千累万银子在人头上;有你这样伶俐能干的掌事哥,那怕人家不还?"又见,清人李汝珍《镜花缘》第71回:"你到女儿国酒楼去看,只怕异姓姐妹,聚在一处的,成千论万哩。"又见,清人梁廷枏《曲话》卷1:"元人之曲,如今之制义,当时作者,累万盈千,不可数计,此五百余种,大抵皆噪名一时,所以能传之明代。"

用典探妙:

1945年是不平凡的一年,这一年的4月23日至6月11日,中国共产党第七次全国代表大会在延安召开。大会的正式代表547人,候补代表208人,他们代表着1210000党员。这正如毛泽东在开幕词中所指出:中国面临着两个前途和两种命运的斗争,党的任务是要用全力去争取光明的前途和光明的命运,反对另外一种黑暗的前途和黑暗的命运。为此,毛泽东用了约47000字的篇幅,作了《论联合政府》的政治报告。在这个报告中,毛泽东在65处用了典故。这些典故的恰当运用,使毛泽东的报告的观点更为鲜明、生动而形象,语言更为警辟、严密且富于极强的逻辑性,大大地强化了毛泽东对若干论点的论证。毛泽东在其报告中的65处的用典,几乎处处都是有特色的,而其中特色最为显著的是成语形式典故和格言形式典故的连用之妙。

且看在第1045页,当毛泽东在描绘国民党统治区在"坚持独裁统治,实行了消极的抗日政策和反人民的国内政策"的恶果时,毛泽东连用了"民生凋敝、民怨沸腾、民变蜂起"三个成语形式的语典。这三个语典的运用,一是极富层次性之妙,让人们清楚地看到国民党统治区的凋敝之景、怨声载道之景、揭竿而起的反抗之景;二是极富逻辑性之妙,展现了国民党统治区人民由凋敝困苦,到寻知困苦之根后的怨恨,最后到忍无可忍后起来造反;三是极富感染力和批判性之妙,"民生凋敝、民怨沸腾、民变蜂起",这三个成语形式的语典,均是以"民"字打头排列而下,有整齐美、气势壮、感染强之妙,这不仅是对国民党统治区惨状的描绘,更是有如投枪和匕首般的有力批判!

再看在第1096页,当毛泽东谈到中国共产党所提倡的认真的批评和自我批评时,用上了"流水不腐,户枢不蠹"、"惩前毖后,治病救人"这样格言形式的典故,而其尤为特别的是"知无不言,言无不尽"、"言者无罪,闻者足戒"、"有则改之,无则加勉"这些格言形式典故的运用，真是有精选妙排、前无古人、后启来者、统古揽今之妙！

这三条格言式典故的运用有三大妙处。

一是典故的"精选妙排"以形成"典故块"之妙。

何谓"精选妙排"，就是说，这三个典故语的选用，虽说一字未改，但所选都是批评与自我批评的名言，这是十分难得的，没有对于中国古籍的精通，是难以办到的，可谓有精选之妙！其实，精选只是重要的第一步，这三个典故的选取，还有待于对其先后的妙排，"知无不言，言无不尽"这一语典，首出于晋之刘聪，完善于宋之苏洵，均晚于后面两个语典，毛泽东不拘于典故语所产生的时间先后，将其排列在最前面，表示这应当是批评者的态度。而后面两个典故，则依次表示批评者与意见的听取者的态度，有天然妙合之趣。

二是用典有"前无古人、后启来者"之妙。

笔者的所谓"前无古人、后启来者"之妙，就是说，就笔者手头所掌握的资料而言，这样按照批评者——批评者与意见听取者——批评者的意愿与意见听取者的态度，用三个格言形式的典故来表述的，当以毛泽东为首例，这三个格言形式的典故，由于毛泽东的巧妙组合和巧妙排列，现在已被广大人民群众所接受、所运用，已经成了人们在如何对待批评和自我批评的习惯用语，它已经启迪着一代又一代的时代新人。

三是用典有"统古揽今"之妙。

所谓"统古揽今"之妙，就是说，这三个格言形式的典故，其年代上起孔子之时，下至当今之世，它们广泛地为古今之人所运用，并不断生发出新的意境，我们只要检索一下其多种出处，观照一下人们在运用时的具体情景，就会发现历朝历代运用着它们的人们，在不时给它们添加着崭新蕴涵，特别是经毛泽东将这三个格言形式的典故的组合而用，在揽古统今的同时，兼又剥离了对于前人的依傍，自出其石破惊天的创造性，赋予了这三个连用的典故以永久的无穷魅力！

232.立下"愚公移山"志 感动上帝把"山"移
——毛泽东在《愚公移山》中所用典故探妙

用典缘起：

1945年6月11日，毛泽东在中国共产党第七次全国代表大会上，致了在编入《毛泽东选集》时题为《愚公移山》的闭幕词。在这个闭幕词中用了下列典故。

典故内容：

愚公移山。——书出第1101、1102页。典出《列子·汤问》："太行、王屋二山，

方七百里，高万仞。本在冀州之南，河阳之北。北山愚公者，年且九十，面山而居。惩山北之塞，出入之迂也，……遂率子孙荷担者三夫，叩石垦壤，箕畚运于渤海之尾。……河曲智叟笑而止之，曰：‘甚矣，汝之不惠！以残年余力，曾不能毁山之一毛，其如土石何？’北山愚公长息曰：‘汝心之固，固不可彻，曾不若孀妻弱子。虽我之死，有子存焉；子又生孙，孙又生子；子又有子，子又有孙。子子孙孙，无穷匮也；而山不加增，何苦而不平？’河曲智叟亡（无）以应。操蛇之神闻之，惧其不已也，告之于帝。帝感其诚，命夸蛾氏二子负二山，一厝朔东，一厝雍南。自此，冀之南，汉之阴，无陇断焉。”这是一个家喻户晓的寓言故事。是用以比喻意志坚定、不畏艰难险阻、则任何困难也能克服。也是一个寓言故事形式的典故。北周·庾信《哀江南赋》："岂冤禽之能塞海，非愚叟之可移山。"又见，宋人张耒《柯山集·山海》："愚公移山宁不智，精卫填海未必痴。深谷为陵岸为谷，海水亦有扬尘时。"又见，明人阎尔梅《赠孟依之》："试作移山解，愚公未必愚。"又见，清人黄宗羲《张苍水墓志铭》："愚公移山，精卫填海，常人藐为说铃，贤圣指为血路也。"

甘心情愿。亦作"心服情愿"。——书出第1101页。典出宋人王明清《摭青杂说·项四郎》："女曰：‘此事儿甘心情愿也。’遂许之。"又见，元人关汉卿《包待制三勘蝴蝶梦》第3折："（正旦云）罢罢罢，但留的你两个呵，他便死，我也甘心情愿。"又见，清人刘鹗《老残游记》第16回："如果心服情愿，叫他写个凭据来，银子早迟不要紧的。"又见，清人文康《儿女英雄传》第9回："若论他同我的气义，莫讲三万金，便是三十万金，他也甘心情愿，我也用得他的。"

偷偷摸摸。——书出第1102页。典出同上一篇。

子子孙孙。——书出第1102页。典出《尚书·梓材》："惟曰欲至万年，惟王子子孙孙永保民。"又见，《诗经·小雅·楚茨》："子子孙孙，勿替引之。"又见，《列子·汤问》中上引愚公之言有"子子孙孙，无穷匮也。"

用典探妙：

毛泽东的这篇闭幕词仅约1900字，在文中5处用了典故。这里的典故的运用，最有其特色，最为精妙，最为显著的当是：

典型的全局性或曰总体性的典故的运用之妙。所谓全局性典故的运用之妙，就是全文是以"愚公移山"这样一个典故的故事情节展开，并以这个典故的故事情节扣合当时的革命斗争形势结尾，全文赋予了这个典故以崭新的革命内容，赋予了这个典故以全新的革命意义，就是在当前，这种愚公移山的精神，仍有其十分重要的现实意义。

说其用典之妙，其具体的妙处，体现在如下一些方面。

一是在文中引用愚公移山之典，并通过解释其典故之内容，达到一典统揽全篇内容之妙。

因这个典故的本身是一则寓言故事，毛泽东在其讲话中穿插这个有趣的寓言故事，从而使其讲话富于生动性与趣味性，有其引人入胜之妙；再是毛泽东以这个典故为题目，通篇围绕这个寓言故事论说讲话之内容，有一典统率全篇讲话主旨之妙。

二是予典故以寓意添新之妙。

何谓"寓意添新之妙"？我们知道，"愚公移山"之典，其本来的寓意是：干事不畏艰难险阻，毅力坚忍不拔顽强。这是伟大的中华民族的民族精神的具体展现。在中华民族100余年遭受外敌欺压凌辱的当时，毛泽东将帝国主义和封建主义喻为压在中国人民头上的两座大山，将伟大的中国人民喻为上帝，其比喻之妙，其寓意之深，其蕴含之新，其对"愚公移山"之典的改造之巧，可谓有前无古人、后启来者之妙！

三是予典故的哲理以精妙的阐发与引申之妙。

"愚公移山"这个典故，用智叟的观点、即常人的观点来看，人要挖掉几座山，真是难于上青天，至于寄托于"上帝"与"神仙"背走大山，可谓愚不可及，当然"愚公"是十分可笑的。但是，这个典故中蕴含着异常丰富的哲理：即人的繁衍无穷、生齿日繁，而山是相对静止不增高的。从宏观的观点来看，山是最终要被挖通的，这是不争的客观事实。毛泽东将反动的、腐朽的、走下坡路的帝国主义与封建主义喻为两座大山，将前进的、革命的、智慧的中国人民喻为在中国共产党领导下的新时代的"愚公"，则帝国主义与封建主义这样的大山，怎么不会被铲除呢？毛泽东将"愚公移山"中的这个哲理的阐发、引申与揭示，对于坚定中国人民击败国内外反动派、建立一个崭新的新民主主义中国，实有极大的动员与鼓舞作用。事隔19年之后的"1964年3月24日，在同薄一波的谈话中，说到要多读书时，毛泽东又提到：愚公移山，是有道理的，在一百万年或者几百万年以内，山是可以平的。愚公说得对，他死后有他的儿子，子子孙孙一直发展下去，而山不增高，总有被铲平的一天。"（陈晋主编：《毛泽东读书笔记解析》，广东人民出版社1996年7月版，第1191页）这不就是毛泽东对于"愚公移山"中所隐含的积极客观因素和唯物辩证法的再一次阐释吗？这不就是毛泽东对于"愚公移山"的时代精神的铸就吗？在改革开放的今天，学习"愚公移山"精神，品味毛泽东妙用"愚公移山"这一典故的深刻内蕴，这对于激发我们锐意创新、开拓进取、与时俱进、艰苦创业的博大情怀，坚忍不拔地、尽快地将我国建成伟大的社会主义强国而努力奋斗，实有其无穷鼓舞作用！

233．"军队的生产自给" "有重大历史意义"
——毛泽东在《论军队生产自给，兼论整风和生产两大运动的重要性》中所用典故探妙

用典缘起：

1945年4月27日，毛泽东为延安的《解放日报》写了后来收入《毛泽东选集》中题为《论军队生产自给，兼论整风和生产两大运动的重要性》的社论。在这篇社论中用了下列典故。

典故内容：

自力更生。——书出第1105页（两出）。典出《礼记·礼器》："食力无数。"元人陈澔集说："食力，自食其力之人。"又见，汉人贾谊《论积贮疏》："今敺（驱）民而归之农，皆著于本，使天下各食其力。"又见，《史记·平津侯主父列传》："元元黎民得免于战国，逢明天子，人人自以为更生。"又见，《晋书·刘琨传》："台蒙录召，继绝兴亡，则陛下更生之恩，望古无二。"又见，明人李昌祺《剪灯余话·泰山御史传》："（宋珪）居贫，自食其力，隐田里间，以教授为业，非义不为，人敬惮之。"又见，《东周列国志》第86回："又公族五世以上者，令自食其力，比于编氓。"又见，清人蒲松龄《聊斋志异·黄英》："自食其力不为贪，贩花为业不为俗。"又见，《汉书·魏相传》："元鼎二年平原、渤海、太山、东郡薄被灾害，赖明诏振救乃得蒙更生。""自力更生"一语，当是由"自力"与"更生"组合而成，或是"自以为更生"、"人人自以为更生"化用而成。

上下交困。——书出第1105页。典出《清史稿·食货志一》："天府太仓之蓄，一旦荡然，赔偿兵费至四百余兆，以中国所有财产抵借外债，积数十年不能清偿。摊派加捐，上下交困。"

面黄肌瘦。——书出第1106页。典出元人杨梓《承明殿霍光鬼谏》："觑着他狠似豺狼、蠢似猪羊，眼欺缩腮模样，面黄肌瘦形相。"

身强力壮。——书出第1106、1107页。典出《禅宗颂古联珠通集·八·西京光宅寺慧忠国师（唐肃宗时人）》："只知身强力壮，不觉年老心孤。"又见，《水浒传》第14回："原来那东溪村保正，姓晁名盖，祖是本县本乡富户，平生仗义疏财，专爱结识天下好汉。……最爱刺枪使棒，亦自身强力壮，不娶妻室，终日只是打熬筋骨。"又见，清人张南庄《何典》第6回："（辟谷丸）果然入口而化，才过着三寸喉头管，那精神气力，便陡然充足起来，犹如脱胎换骨，霎时间已觉身强力壮。"

矛盾。亦即"自相矛盾"。——书出第1108页（六出）。典出《韩非子·难势》："人有鬻矛与楯（即盾）者，誉其楯之坚，物莫能陷也。俄而又誉其矛曰：'吾矛之

利，物无不陷也。'人应之曰：'以子之矛，陷子之楯，何如？'其人勿能应也。"

生气勃勃。亦即"生气蓬勃"。——书出第1109页。典出《礼记·月令》："生气方盛，阳气发泄，句者毕出，萌者尽达，不可以内。"又见，汉人贾谊《旱云赋》："遥望白云之蓬勃兮，滃滃澹澹而妄止。""生气"与"蓬勃"合而"生气蓬勃"。又见，清人梁启超《中国国会制度私议》："全国各方面皆生气勃勃，精力弥满。"

用典探妙：

毛泽东在这篇社论中，在12处用了典故。这些典故，虽说多是简单明了的成语形式的典故。但在运用的时候，不时显现其精妙之处。

其中最为精妙之处是"矛盾"一典的妙用。毛泽东在这篇社论中，开宗明义地指出这篇社论的主旨就是"论军队生产自给，兼论整风和生产两大运动的重要性"。文中的这些成语形式典故的运用，几乎全是为着论述这个问题服务的。而其中的"矛盾"一典，毛泽东并没有用其典故的本来意义，而是用其由本来意义转化而来的哲学意义，即"矛盾"就是问题与困难，毛泽东在社论的第六、七两段中，将"矛盾"一典六出其中，并且论说了这一系列"矛盾"的解决，均得益于整风运动的开展和生产运动的开展。从而对于"军队生产自给、整风和生产两大运动的重要性"，令人无不信服。

234.揭露美蒋唱双簧 批判美蒋搞阴谋
——毛泽东在《赫尔利和蒋介石的双簧已经破产》中所用典故探妙

用典缘起：

1945年7月10日，毛泽东为新华社写了《赫尔利和蒋介石的双簧已经破产》的评论。在这篇评论中用了下列典故。

典故内容：

拒人于千里之外。——书出第1110页。典出《孟子·告子下》："鲁欲使乐正子为政，孟子曰：'吾闻之，喜而不寐。'公孙丑曰：'乐正子强乎？'曰：'否。''有知虑乎？'曰：'否。''多闻识乎？'曰：'否。''然则奚为喜而不寐？'曰：'其为人也好善。''好善足乎？'曰：'好善优于天下，而况鲁国乎！夫苟好善，则四海之内，皆将轻千里而来告之以善；夫苟不好善，则人将曰："訑訑"、"予既已知之矣"。訑訑之声音、颜色，距（拒）人于千里之外。士止于千里之外，则谗谄面谀之人至矣。与谗谄面谀之人居，国欲治，可得乎？'"这一段话的意思是说：鲁国打算要孟子的学生乐正子去主持朝政。孟子知道后高兴得觉都睡不着。公孙丑就说：乐正子是一位很坚强的人吗？是有其聪明与主见吗？是识见广博的人吗？这些都被孟子否定了。

这时公孙丑就有些不解地说：那么你为什么高兴得睡不着觉呢？孟子回答说：乐正子是喜欢听善言的人。喜欢听善言，用来治理天下都是绰绰有余的。因为喜欢听善言，人们就会从千里之外赶来将善言告诉于他。假如一个人不喜欢听善言，那么他就会这样对别人说：呵呵！这个嘛！我早就知道了！别人只要听听这个呵呵之声和观其脸色，就足以将人拒之千里之外。这样一来，好人好主意均被拒之于千里之外，那些好人善言就不会再来了。而那些善于进谗言、阿谀奉承之人便会与他混同一起，这样，要想治理好国家，办得到吗？又见，清人李宝嘉《官场现形记》第25回："刘厚守因预先听了黄胖姑先入之言，词色之间也就和平了许多，不像前天拒人千里之外了。"又见，清人夏敬渠《野叟曝言》第95回："如能毅然释此夫妇……远人闻之，孰不裹粮而至，否则拒人千里之外，大业何由而成？"

得意忘形。——书出第1110—1111页。典出《庄子·山木》："睹一蝉，方得美荫而忘其身，螳螂执翳而搏之，见得而忘其形，异鹊而利之，见利而忘其真。"又见，《晋书·阮籍传》："嗜酒能啸，善弹琴，当其得意，忽忘形骸。"又见，元人鲜于必仁《折桂令·画》曲："韦偃去丹青自少，郭熙亡紫翠谁描，手挂掌坳，得意忘形，眼兴迢遥。"这里的"得意忘形"，常是指一个人高兴得不得了，达到了忘乎所以的地步；又见，宋人欧阳修《试笔李邕书》："余虽因邕书得笔法，然为字绝不相类，岂得其意而忘其形者邪？"又见，元人丘处机《报师恩》词："得意忘形还朴去，从教人笑不风流。"这里的"得意忘形"，主要是讲文学艺术创作上，只取其精神而不拘其形式之意思。

一唱一和。——书出第1111页。典出《诗经·郑风·萚兮》："萚兮萚兮，风其吹女。叔兮伯兮，倡予和汝。萚兮萚兮，风其漂女。叔兮伯兮，倡予要女。"这是一首女子要求与所亲爱的人一起唱歌的诗。诗以风吹落叶起兴抒情，意境十分优美。其意是说：树叶啊脱啊树叶脱！大风一吹一起又一落。叔啊伯啊你们快快地来啊！你们唱歌啊我来和！树叶啊脱啊树叶脱！风儿一吹飘飘而起啊又回落。叔啊伯啊你们快快地来啊！你们唱歌啊我来和！（参见袁愈荽等《诗经今译》等著）又见，宋人陈昉《颖川语小》下："句法有正有奇，有呼有应。呼应者一唱一和，律吕相宣以成文也。"又见，明人冯梦龙《警世通言》卷34："自此一倡（唱）一和，渐渐情熟，往来不绝。"又见，明人冯梦龙《醒世恒言》卷11："只为如今说一个聪明女子，嫁一个聪明丈夫，一唱一和，遂变出若干的话文。"又见，清人韩邦庆《海上花列传》第42回："玉甫见这光景，一阵心酸，那里熬得，背着云甫，径往后面李秀姐房中，拍凳捶台，放声大恸。再有浣芳一唱一和，声彻于外。"

不计其数。亦作"不知其数"。——书出第1111页。典出《史记·甘罗传》："（张卿曰）武安君南挫强楚，北威燕、赵，战胜攻取，破城堕邑，不知其数，臣之功不如也。"又见，宋人魏了翁《鹤山文集·奏措京湖诸郡》："或谓官兵民在城内者约二十万，而散在四郊者，不计其数。"又见，《水浒全传》第27回："此时哄动了一个阳谷县，街上看的人不计其数。"又见，清人吴敬梓《儒林外史》第30回："尊府是一门三鼎甲，四代六尚书，门生故吏，天下都散满了。督、抚、司、道，在外头做，不计其数。"

像煞有介事。——书出第1111页。典出清人徐珂《清稗类钞·方言类·上海方言》："像煞有介事。"其意自以为能，故意装腔作势，后觑不为怪之谓也。

不三不四。——书出第1111页。典出清人宋长白《柳亭诗话·首善书院》："（阉党倪文焕疏）聚不三不四之人，说不痛不痒之话，作不浅不深之揖，吃不冷不热之茶。"又见，清人吴敬梓《儒林外史》第3回："像你这尖嘴猴腮，也该撒抛尿自己照照！不三不四，就想天鹅屁吃！"这里的"不三不四"，主要是指不伦不类、不像这也不像那之意；又见，明人冯梦龙《古今小说》第5回："圂耐邻里中有一班浮荡子弟，平日见王媪是个俏丽孤孀，闲常时倚门靠壁，不三不四，轻嘴薄舌的狂言挑拨。"又见，明人冯梦龙《醒世恒言》卷34："（孙大娘）也晓得杨氏平日有些不三不四的毛病，只为从无口面，不好发挥出来。"这里的"不三不四"，主要是指不正派、不正经，一般多指男女之间的一种暧昧关系。

一丝一毫。——书出第1112页。典出宋人欧阳修《欧阳文忠公集·会圣公颂》："而职我事，而往惟寅，一毫一丝，给以县官，无取于民。"又见，明人凌濛初《二刻拍案惊奇》卷24："任凭尊意应济多少，一丝一毫尽算是尊赐罢了。"又见，清人李宝嘉《官场现形记》第26回："利钱好容易讲到二分半，一丝一毫不能少。"又见，清人文康《儿女英雄传》第27回："你没受着我一丝一毫好处；师傅受你的好处，可就难说了。"

用典探妙：

毛泽东在这篇约2000字的评论中，计在7处用了典故。这些极大多数的成语形式的典故的运用，虽说通俗易懂，但其充满着丰富的内在活力，对于赫尔利和蒋介石相互勾结，企图"整编"中国共产党的部队、牺牲中国人民利益的丑恶行径，进行了无情的讽刺与揭露。

比如，针对蒋介石的所谓"还政于民"，毛泽东用了孟子"拒人于千里之外"一典，我们只要回味一下孟子的这一句话的来龙去脉，就会知道：蒋介石的所谓"还政于民"，只不过是一句骗人的鬼话而已。

又如，蒋介石与美国的赫尔利梦想着要"整编"中共的军队时，毛泽东用了"得意忘形"这样一个成语形式的典故，当我们读了嵌有这个典故的这一段话时，这个典故的典源中的典事就会浮现在我们的脑际，美、蒋反动派那种忘乎所以的神态、情景以及其

所隐藏着的阴谋与危险性，便会展现在人们的眼前，有警省我们要擦亮眼睛，提高上当受骗的免疫力之妙！

235.赞助反人民势力　赫尔利政策危险
——毛泽东在《评赫尔利政策的危险》中所用典故探妙

用典缘起：

1945年7月12日，毛泽东为新华社写了《评赫尔利政策的危险》一文，在这篇评论中用了下列典故。

典故内容：

得意忘形。——书出第1115页。典出同上一篇。

魔怪。即"妖魔鬼怪"。——书出第1115页。典出元人李好古《张生煮海》第1折："我家东人好傻也，安知他不是个妖魔鬼怪，便信着他跟将去了。"又见，明人冯梦龙《醒世恒言》卷29："眼前见的无非死犯重囚，言语嘈杂，面目凶顽，分明一班妖魔鬼怪。"

用典探妙：

在这一篇约1000字的评论中，毛泽东只用了两个典故。其中有一个是在上一篇评论中用过了的一个典故。为什么笔者还要将其单列出来予以探妙呢？

因为"得意忘形"这个典故，在上下两篇评论中，都属于以局部性形式出现的典故。何谓局部性质的典故呢？就是说，这个典故在其各自所在的文章中，虽说只能是影响这个典故所在的相关文句，在《赫尔利和蒋介石的双簧已经破产》中的"得意忘形"这个成语形式的典故，所表现的是蒋介石对于他所要"整编"中共军队这个阴谋的无比自信；而在这一篇评论中的"得意忘形"，所描绘的则是赫尔利这个帝国主义分子，自以为美国出钱、出枪、出顾问挑起中国内战定能稳操胜券、自以为得计的一幅反动嘴脸。这样一来，"得意忘形"一典，有勾连前后文意、揭露与批判这两个反革命头子的丑恶嘴脸和他们的反动本质之妙。同时，也有与毛泽东所提出的警告形成强烈的对比之妙。毛泽东指出：美蒋这一政策发展下去的话，美国将陷在中国反动派的又臭又深的粪坑里拔不出脚来，将给美国政府和美国人民带来千钧重担与无穷祸害。因此，蒋介石与赫尔利的"得意忘形"的企图，只能是一场春梦，只能是他们反动本质的大暴露而已。

四　战胜美蒋反动派　建设强大新中国
——毛泽东在《毛泽东选集》第4卷中所用典故探妙

　　《毛泽东选集》第4卷，编入了第三次国内革命战争时期毛泽东的重要文章，计有70篇。这70篇文章中，计有56篇用了典故。这56篇用典文章中，约于421处用了典故。这些典故，绝大多数都是围绕如何揭露、批判美蒋反动派歇尽全力发动内战的阴谋，以及当美蒋反动派将内战强加在中国人民的头上时，如何坚决、彻底地打败由美帝国主义出钱、出枪、出顾问人员以帮助蒋介石所发动的全国性大内战服务的。毛泽东将这些凝聚着华夏民族精神的典故，重新激活其所蕴含的哲理形态之美，阐发其启迪世人智慧形态之美，诠释其所具有的教诲劝谕形态之美……　从而，使毛泽东在这一卷中所用的典故，又依据其所针对的不同对象，上升到一个高层次的审美境界。尤其是在这一卷中的最末的《丢掉幻想，准备斗争》、《别了，司徒雷登》、《为什么要讨论白皮书？》、《"友谊"，还是侵略？》、《唯心历史观的破产》这五篇文章中，对于近百年以来，特别是对"最近三年来表面上是蒋介石实际上是美国进攻中国人民的战争"怒加申斥。毛泽东在其中所运用的典故语言，充分地展现了中华民族不畏强暴的革命精神，和毛泽东语言那富于民族精神的独特个性。这些铿锵有力的精美语言，有如出鞘之长剑，直指美蒋反动派的反动面目，进行了彻底的揭露、深刻的批判、愤怒的声讨，将美"帝国主义分子决不肯放下屠刀，他们也决不能成佛"的反动本质作了鞭辟入里的剖析，将美帝国主义分子所制造的、鳄鱼泪式的所谓"友谊"的妖雾驱散以尽，使人们对其反革命嘴脸洞若观火。今天，在国际上斗争十分复杂的情况下，我们重读这些文字，令人倍感亲切，令人心情激动，令人擦亮眼睛，令人明察当今世界风云中的硝烟弥漫缘由之所在，令人一解心头之恨……　因此，我们可以说，毛泽东在这一卷中所用之典，除了要继续清算日本帝国主义所犯下的滔天罪行之外，更为主要的是针对美帝国主义及其走狗蒋介石所发动的反共反人民的内战的反革命行为而用。毛泽东在这一卷中所用之典故，与上述各卷中所用之典故一样，同样是用典中的精品，同样妙绝千古。下面，我们就按文章排列之先后顺序，拟将毛泽东在这一卷中所用之典故予以探妙。

236."人民得到的权利"　"须用战斗来保卫"
——毛泽东在《抗日战争胜利后的时局和我们的方针》中所用典故探妙

用典缘起：
1945年8月13日，毛泽东在延安干部会议上作了题为《抗日战争胜利后的时局和我们

的方针》的讲演。在这个讲演中用了下列典故。

典故内容：

袖手旁观。——书出第1124、1125页（两出）。典出唐人韩愈《祭柳子厚文》："不善为斫，血指汗颜；巧匠旁观，缩手袖间。"又见，宋人刘过《龙洲集·代寿韩平原》："际会风云振古难，十年袖手且旁观。要令邻敌尊裴度，必向东山起谢安。"又见，宋人周密《齐东野语·洪君畴》："应千字文，悉由通进司投进，自知洁其身，而袖手旁观之人，往往察臣之所避而趋之。"又见，《红楼梦》第72回："连你还这么开恩操心呢，我反倒袖手旁观不成？"而宋人苏轼《朝辞赴定州论事状》中的"袖手旁观"一语，则主要是讲双方下棋之时，往往是旁观者清。他在文中写道："奕棋者胜负之形，虽国工有所不尽，而袖手旁观者常尽之，何则？奕者有意于争，而旁观无心故也。"

针锋相对。——书出第1126、1127、1128、1131页（四出）。典出宋人释道原《景德传灯录·天台山德韶国师》："夫一切问答如针锋相投，无纤毫参差相，事无不通，理无不备。"又见，清人刘熙载《艺概·经义概》："文要针锋相对：起对收，收对起，起收对中间。但有一字一句不针对，即为无着，即为不纯。"又见，清人文康《儿女英雄传》第12回："（安老爷向公子道）方才听你说起那情景来，他（十三妹）句句话与你针锋相对，分明是豪客剑侠一流人物，岂为财色两字而来？"

无法无天。——书出第1128页。典出《红楼梦》第33回："贾政便问：'该死的奴才！你在家不读也罢了，怎么又做出这些无法无天的事来？'"

绊脚石。——书出第1129页（两出）。典出《旧约·以赛亚书》："要尊万军之耶和华为圣，以他为你们所当怕的、所当畏惧的。他必作为圣所，却向以色列两家作绊脚的石头，跌人的磐石；向耶路撒冷的居民作为圈套和网罗。许多人必在其上绊脚跌倒，而且跌碎，并陷入网罗被缠住。"这就是所谓"绊脚石"之典，喻指障碍与困难。

大势所趋。——书出第1130页。典出宋人陈亮《上孝宗皇帝第三书》："天下大势之所趋，非人力之所能移也。"

人心所向。亦即"人心所归"。——书出第1130页。典出《晋书·熊远传》："人心所归，惟道与义。"又见，《旧唐书·隐太子建成传》："……秦王勋业克隆，威震四海，人心所向。"

黎明即起，洒扫庭除。——书出第1132页。典出明末清初人朱柏庐《治家格言》："黎明即起，洒扫庭除，要内外整洁。既错便息，关锁门户，必亲自检点。一粥一饭，当思来处不易。半丝半缕，恒念物力维艰。宜未雨绸缪，勿临渴而掘井。"

自力更生。——书出第1132页（两出）。典出《史记·平津侯主父列传》："元元黎民得免于战国，逢明天子，人人自以为更生。"又见，《汉书·魏相传》："元鼎二年平原、渤海、太山、东郡薄被灾害，赖明诏振救乃得蒙更生。"又见，《新唐书·白志贞传》："硁硁自力，有智数。"又见，宋人朱熹《朱子全书·论语七》："此说甚善，正吾人所当自力也。""自力更生"一语，当是综合"自力"、"自以更生"、"得蒙更生"、"自以更生"之意而来。

附庸。——书出第1132页。典出《孟子·万章下》："天子之制，地方千里，公侯皆方百里，伯七十里，子、男五十里，凡四等。不能五十里，不达于天子，附于诸侯，曰附庸。"

外强中干。——书出第1133页。典出《左传·僖公十五年》："庆郑曰：'古者大事，必乘其产，生其水土，而知其人心，安其教训，而服习道。唯所纳之，无不如志，今乘异产，以从戎事，及惧而变，将与人易。乱气狡愤，阴血周作，张脉偾兴，外强中干，进退不可，周旋不能，君必悔之。'"这里讲的是外地所产的马，表面上强壮，因不习本地水土，一旦进入实战，就不适用。"外强中干"一典，后化为表面上好看，实际上很差。又见，宋人杨万里《谢唐德明惠笋》："贩夫束缚向市卖，外强中干美安在？"

自由自在。——书出第1133页。典出唐人慧能《六祖大师法宝坛经·顿渐品第八》："自由自在，纵横尽得，有何可立？"又见，《敦煌变文集·㽵㽵书一卷》："新妇惯唤向村中自由自在，礼宜（仪）不学，女（艺）不爱，只是手提竹笼，恰似傍田拾菜。"又见，明人陶宗仪《南村辍耕录·连枝秀》："赤紧地无是无非，到大来自由自在。识尽悲欢离合幻，打开老病生死关。"又见，《西游记》第44回："出家人无拘无束，自由自在，有甚公事？"

神乎其神。——书出第1134页。典出《庄子·天地》："故深之又深而能物焉，神之又神而能精焉。"又见，清人李汝珍《镜花缘》第75回："向日闻得古人有'神占一课'之说，真是神乎其神。"又见，该书第92回："师母这双慧眼，真是神乎其神，此珠果是大蚌腹中之物。"

用典探妙：

有道是"传神文笔足千秋"。毛泽东在这篇约6300字的讲演中，结合典故的运用，提出了不少著名的论断：如"针锋相对，寸土必争"、"凡是反动的东西，你不打，他就不倒"、"摘桃子的权利"等等。本文虽说只是在19处用了典故，但用得别有特色。现简扼品析于后。

（一）对所用典故进行多次解说，有丰富典故内蕴、刷新典意、带出名句之妙。

比如"袖手旁观"这个成语形式的典故，毛泽东在第1124、1125页中进行了运用。在第1124页中，毛泽东用了"袖手旁观"一典，这里既指蒋介石本人，更是批判蒋介石在抗日战争中的可耻政策，紧接着毛泽东就补充写道："等待胜利，保存实力，准备内

战。果然胜利被等来了，这位'委员长'现在要'下山'了。"毛泽东的这一段解说与补充，让蒋介石的反动政策的反动本质昭然若揭。

在第1125页，毛泽东又用了"袖手旁观"一典，在这一典故的前后，毛泽东用了一大段内容阐释蒋介石的"袖手旁观"政策，是建立在解放区的人民和军队八年来的鲜血的基础上的，否则，"他是旁观不成的。"，今天，这个蒋介石反而要将人民拖入内战的血海，要屠杀人民。毛泽东在这里对"袖手旁观"的解说与补充，将蒋介石的反革命阴谋那令人发指的毒辣，进行了有力的批判与鞭笞！

在第1128－1129页。毛泽东虽然未用"袖手旁观"一典，但因在第1124页中用到了"山上"和"下山"这样两个词语，那么，在第1128－1129页中的"比如一棵桃树，树上结了桃子，这桃子就是胜利果实。桃子该由谁来摘？……我们解放区的人民天天浇水，最有权利摘的应该是我们。"毛泽东的这大段精妙的比喻中，同样出现了"山上"并隐含了"下山"，这就暗暗地与"袖手旁观"一典妙然相连，实际上就是对蒋介石"袖手旁观"的反动政策的又一次尖锐批判与辛辣的讽刺。"下山摘桃子"，在人们的心目中，已经成了由"袖手旁观"而派生出来的"不劳而获"的一个代名词和经典式的名言。

（二）重复用典故，有典典出新境、典典言历史之妙。

具体而言，如本篇中的"针锋相对"这一个成语形式的典故的运用。

"针锋相对"一典，首用于第1126页。可以说，这里的"针锋相对"，是因"蒋介石对于人民是寸土必争，寸利必得"而起，是说我党我军"针锋相对，寸土必争"方针的由来及其针对性的；

在第1127页的"针锋相对，寸土必争"，可以说是这个方针的更为具体化，它引出了我党我军在大革命时期惨遭屠杀的历史，提出了敌人磨刀我磨刀、"何反我亦反，何停我亦停"、"蒋反我亦反，蒋停我亦停"的名言，刷新了"针锋相对"的意境；

在第1128页，毛泽东再一次运用了"针锋相对，寸土必争"这一富于典意的方针，并再一次赋予其历史感和新的时代感，引出了"武化团体"和"文化团体"这一相对应的概念；

在第1131页中的"针锋相对"一典的运用，可以说是在再现没有"针锋相对"的惨痛历史的同时，分析了当前运用"针锋相对"的客观条件，有鼓舞我党政军民斗志之妙。

总而言之，同是"针锋相对"一个典，有四处出现四处新之妙！

（三）一处用典，有多处用其典意并逐渐地增添新意和据此典意出名言之妙。

比如"黎明即起，洒扫庭除"一典的运用，这个典故的本意是打扫卫生，当它一到毛泽东笔下，便增添了新意、焕发出异样的光彩。

首先是，在未用该典之前，毛泽东就开始妙用其典意。在第1131页，毛泽东说："对于中国人民脑子中的落后的东西，我们要去扫除，就像用扫帚打扫房子一样。……"在第1134页，毛泽东与这一段相呼应地写道："……我们队伍中的唯武器论，单纯军事观点，官僚主义、脱离群众的作风，个人主义思想，等等，都是资产阶级的影响。对于我们队伍中的这些资产阶级的东西，也要像打扫灰尘一样，常常扫除。"在这两处，毛泽东虽未明确地用到"黎明即起，洒扫庭除"一典，但是已经将其中的典意妙用其中，不过毛泽东不是搬用，不是套用，而是将其提高到政治思想的高度，这是毛泽东妙用"黎明即起，洒扫庭除"典意的一大创新。

其次是，在未用该典之前，毛泽东在用其典意的同时，将"黎明即起，洒扫庭除"的典意用于政治上的比喻，将反动的东西视为灰尘，并在此基础上提出了"凡是反动的东西，你不打，他就不倒。这也和扫地一样，扫帚不到，灰尘照例不会跑掉"的名言，妙用典意出名言，这又是毛泽东在用典上的一大创新之处。

其三是，在运用这个典故之时，毛泽东不是拘泥于这个典故治家标准，而是在解释典故之时，赋予其更为开阔的视野，赋予其双关之义。毛泽东这样写道："中国有句古话说：'黎明即起，洒扫庭除。'黎明者，天刚亮也。古人告诉我们，在天刚亮的时候，就要起来打扫。这是告诉了我们一项任务。只有这样想，这样做，才有益处，也才有工作做。中国的地面很大，要靠我们一寸一寸地去扫。"毛泽东在用最明白不过的话语，号召我们，不仅要扫家中之灰尘，而且要扫除中国的灰尘，要扫除天下的灰尘。一家不扫，何以扫天下？联系上下文，我们知道：其深层意义当是，要有扫除天下反动派的雄心壮志。

毛泽东在妙用"黎明即起，洒扫庭除"时，将这个典故的历史内容与革命现实妙相融洽，最终让这个古代治家格言，在中国革命的进程中，展现出其耀眼的光辉。

237.抗战将胜利结束 蒋介石挑动内战
——毛泽东在《蒋介石在挑动内战》中所用典故探妙

用典缘起：

1945年8月13日，毛泽东就国民党中央宣传部发言人的谈话，为新华社写了一个评论，这个评论后来在编入《毛泽东选集》时，题为《蒋介石在挑动内战》。在这篇评论中用了下列典故。

典故内容：

荒谬绝伦。——书出第1137页。典出清人龚自珍《语录》："此等依托，乃得罪孔子之尤，荒谬绝伦之作，作者可醢也。""醢"，谓剁成肉酱之意也。又见，清人壮者

《扫迷帚》第2回："其说荒谬绝伦，更可诸一笑。"

独夫民贼。——书出第1137页。典出《尚书·泰誓下》："独夫受，洪惟作威，乃汝世仇。""独夫"，即众叛亲离的统治者，"受"即是纣王之名。又见，唐人杜牧《樊川文集·阿房宫赋》："独夫之心，日益骄固。"又见，杜牧《过骊山作》诗云："黔首不愚尔益愚，千里函关囚独夫。"又见，《孟子·告子下》："今之所谓良臣，古之所谓民贼也。""民贼"，即对于国家人民犯下了大罪之人。又见，清人谭嗣同《仁学》："独夫民贼，固其乐，三纲之名。"

袖手旁观。——书出第1139页。典出同上一篇。

用典探妙：

毛泽东在这一篇约1500字的短评中，只在3处用了典故。而其中的"独夫民贼"一典，对于蒋介石一生的概括来说，可谓有一典胜千言之妙。

"独夫民贼"一典，看其典源所含内容，它是上起商纣，下至中国所有的昏君、暴君的代名词。毛泽东在《蒋介石在挑动内战》一文中，可以说是以此典为主干而展开对蒋介石的评述的。蒋介石自他以镇压革命起家、至抗日战争中的所有表现，无不可以"独夫民贼"总括之，而在中国人民瞬将结束抗日战争之际，他竟冒天下之大不韪要挑起内战，毛泽东以"独夫民贼"称呼之，实有合榫对缝之妙！

806

238.严重警告蒋介石 批判其错误命令
——毛泽东在《第十八集团军总司令给蒋介石的两个电报》中所用典故探妙

用典缘起：

1945年8月13日、16日，毛泽东为第十八集团军总司令写下了两个电报。在这两个电报中用了下列典故。

典故内容：

互相矛盾。亦即"自相矛盾"。——书出第1141页。典出《韩非子·难势》："客有鬻矛与楯者，誉其楯之坚：'物莫能陷也。'俄而又誉其矛曰：'吾矛之利，物无不陷也。'人有应之曰：'以子之矛，陷子之楯，何如？'其人弗能应也。"又见，《魏书·明亮传》："辞勇及武，自相矛盾。"

袖手旁观。——书出第1143页。典出同上一篇。

等闲视之。——书出第1145页。典出《三国演义》第96回："孔明曰：'前锋破敌，乃偏裨之事耳。今令汝接应街亭，当阳平关冲要道路，总守汉中咽喉，此乃大任也，何为安闲乎？汝勿以等闲视之，失吾大事，切宜小心在意！'魏延大喜，引兵而去。"

贪官污吏。——书出第1145页。典出元人无名氏《鸳鸯被》第4折："一应贪官污吏，准许先斩后闻。"

用典探妙：

毛泽东在这两个电报中，仅在4处用了典故。这4处典故，均是局部性质的典故。何谓"局部性质的典故"，就是说，其所用的典故，仅仅是影响其所在的相关句子。如在第1145页中"等闲视之"一典，毛泽东在这个典故的前一个句子中，对于蒋介石挑起内战"提出严重的警告"，而"等闲视之"一典，则是对前一句所提出的严重警告有进一步补充之妙！

239."壮大自己的力量" "内战就可以制止"
——毛泽东在《评蒋介石发言人谈话》中所用典故探妙

用典缘起：

1945年8月16日，毛泽东针对蒋介石的发言人在15日的重庆记者招待会上所说的"委员长之命令，必须服从"、"违反者即为人民之公敌"的一系列谬论，毛泽东为新华社写下了这篇题为《评蒋介石发言人谈话》的评论。在这篇评论中用了下列典故。

典故内容：

失魂落魄。亦作"失魂丧魄"、"失魂荡魄"、"失魄亡魂"。——书出第1149页。典出汉人桓宽《盐铁论·诛秦》："北略至龙城，大围匈奴，单于失魂，仅以身免。"又见，元人无名氏《看钱奴买冤家债主》第2折："饿的我肚里饥失魂丧魄，冻的我身上冷无颜落色。"又见，明人凌濛初《初刻拍案惊奇》卷25："做姊妹的，飞絮飘花，原无定主；做子弟的，失魂落魄，不惜余生。"又见，《红楼梦》第95回："如今看他失魂落魄的样子，只有日日请医生调治。"又见，明人凌濛初《二刻拍案惊奇》卷12："（严蕊）行事最有义气，待人常是真心。所以人见了的，没有一个不失魂荡魄在他身上。"又见，元人张国宾《相国寺公孙合汗衫》第1折："你道他一世儿为人，半世儿孤贫，气忍声吞。何日酬恩，则你也曾举目无亲，失魄亡魂。"

袖手旁观。——书出第1149页。典出同上一篇。

再三再四。——书出第1149页。典出《红楼梦》第27回："你不谢他，我怎么回他呢？况且他再三再四的和我说了，若没有谢的，不许我给你呢。"

一触即发。亦作"触而即发"、"有触即发"。——书出第1150页。典出明人李开先《闲居集·原性堂记》："予方有意，触而即发，不知客何所见，适投其机乎？"又见，清人李渔《笠翁文集·乌鹊吉凶辨》："夫鹊不果吉，乌不果凶，世人亦屡验之，无如喜怒之怀，有触即发。"又见，清人梁启超《论中国学术思想变迁之大势》："积

数千年民族之精髓，递相遗传，递相扩充，其机固有磅礴郁积，一触即发之势。"

独夫民贼。——书出第1150页。典出清人谭嗣同《仁学》："独夫民贼，固其乐，三纲之名。"

无所逞其伎。——书出第1150页。典出《庄子·列御寇》："朱泙漫学屠龙于支离益，单（殚）千金之家，三年技成，而无所用其巧。"又见，《三国志·吴主传》南朝宋人裴松之注引《魏书》载诏答："昔吴汉先烧荆门，后发夷陵；而子阳无所逃其死；来歙始袭略阳，文叔喜之，而知隗嚣无所施其巧。"又见，宋人洪迈《夷坚志·丁志·红叶入怀》："医巫无所施其伎，了不知何物为妖也。"又见，清人薛雪《一瓢诗话》："吾辈定须竖起脊梁，撑开慧眼；举世誉之而不加劝，举世非之而不加沮。则魔群妖党，无所施其伎俩矣。"又见，清人李汝珍《镜花缘》第12回："倘明哲君子，洞察其奸，于家中妇女不时正言规劝，以三姑六婆视为寇仇，诸事预为防范，毋许入门，他又何所施其伎俩？"春秋·辛计然《文子·上义》中有"无所施其策"。《史记·滑稽列传》中有"无所施其才"。宋人欧阳修《欧阳文忠公集·祭刘给事文》中有"无所施其功"。宋人欧阳修《欧阳文忠公集·国子博士薛君墓志铭》中有"无所施其能"。清人叶梦珠《阅世编·宦迹》中有"无所施其诈"。《元史·朵罗台传》中有"无所施其奸伪"。

世袭。——书出第1150页。典出《三国志·魏志·武帝纪》："汉相国参之后。"南朝宋人裴松之注引王沈《魏书》："曹参以功封平阳侯，世袭爵土。"

骨气。——书出第1151页。典出明人冯梦龙《警世通言》卷22："任你十分落泊，还存三分骨气。"又见，清人马曰璐《格言联》："骨气乃有老松格；神妙直到秋毫颠。"

用典探妙：

毛泽东在这篇约2210字的短评中，有7处用了典故。这些典故，多是成语形式的典故，可谓通俗易懂、人见人知。这些典故，亦多是局部性质的典故，它们仅仅影响其所在的文句。这样的用典，看似没有什么精妙之处。其实，细细品味，亦可见其独特之妙。其精妙之处在于毛泽东对典故语言的高度提炼与改造之妙。

让我们来看一看第1150页的"无所逞其伎"一典吧！在这一页中，毛泽东说到对付蒋介石发动内战的办法时写道："……新的内战将是一个灾难。但是共产党认为，内战仍然是可以制止和必须制止的。共产党主张成立联合政府，就为制止内战。现在蒋介石拒绝了这个主张，致使内战有一触即发之势。然而，制止蒋介石这一手，是完全有办法的。坚决迅速努力壮大人民的民主力量，由人民解放敌占大城市和解除敌伪武装，如有独夫民贼敢于进犯人民，则取自卫立场，给以坚决的反击，使内战挑拨者无所逞其伎。"这一段话中的语典"无所逞其伎"，绝妙。主要表现在下列方面：

一是妙在这一段话语的结果的绝妙总结；二是通俗易懂乃至有用典而使人不觉是典之妙；三是这个语典有"统率"下列10个语典而又经过提炼后大大地高于和精于这10个语典之妙。

笔者以为，"无所逞其伎"，无论是在句式句法上，均可以认为是源于"无所施其巧"、"无所逃其死"、"无所施其伎"、"何所施其伎"、"无所施其策"、"无所施其才"、"无所施其功"、"无所施其能"、"无所施其诈"、"无所施其奸"。但是毛泽东在其用典时，他没有生搬硬套其中任何一个，而是在其中改了一个"逞"字，"逞"者，逞能、逞强、逞性、逞凶、逞威风之谓也。这个"逞"用在这里，可谓是这一段话语的一大亮点，它活画了当时的蒋介石自以为得计、自以为打得赢的一副将要逞凶的神态，可谓妙笔传神！

240.造成极好的形势 挫败内战之阴谋
——毛泽东在《中共中央关于同国民党进行和平谈判的通知》中所用典故探妙

用典缘起：
1945年8月26日，正是毛泽东赴重庆与蒋介石进行和平谈判的前两天，毛泽东为中共中央起草了对党内的通知。在这个通知中用了下列典故。

典故内容：
百孔千疮。亦作"千疮百孔"、"百孔千创"、"千孔百疮"。——书出第1153页。典出唐人韩愈《与孟尚书书》："……卒灭先王之法，烧除其经，坑杀学士……新者不见全经，不知尽知先王之事。……汉氏以来，群儒区区修补，百孔千疮，随乱随失，其危如一发引千钧。"又见，清人吴趼人《二十年目睹之怪现状》第88回："我有差使的时候，已是寅支卯粮了；此刻没了差使才几个月，已经弄得百孔千疮，背了一身亏累。"这里的"百孔千疮"，主要是指孔洞与疮口到处皆是，喻指残破缺漏之严重。又见，宋人李昴英《宝祐甲寅宗正卿上殿奏札》："外侮内攻之多虞，百孔千疮之毕露。"这里的"百孔千疮"，主要是说弱点与弊病之多。又见，宋人周必大《跋宋运判晒奏薇藁》："黎庶凋瘵，百孔千创。"又见，清人叶燮《寄时斋弟》："百孔千疮体，医来尚带瘢。"又见，清人李绿园《歧路灯》第75回："实在此时千孔百疮，急切周章不开。"又见，宋人楼钥《攻媿集·送叔韶弟宰华亭》："固知三沿五耳胜，其奈千疮百孔何！"又见，清人梁启超《西政丛书叙》："千疮百孔，代甚一代。"

无可奈何。——书出第1154页。典出《庄子·人间世》："知其不可奈何而安之若命，德之至也。"又见，《战国策·燕策三》："太子闻之，驰往，伏尸大哭，极哀。

既已，无可奈何，乃遂收盛樊於期之首，函封之。"又见，《史记·屈原贾生列传》："其存君兴国而欲反复之，一篇之中三致志焉。然终无可奈何，故不可以反。"又见，唐人白居易《无可奈何歌》："无可奈何兮，白日走而朱颜颓，少日往兮老日摧。"又见，宋人晏殊《浣溪沙》词："无可奈何花落去，似曾相识燕归来，小园香径独徘徊。"又见，清人吴敬梓《儒林外史》第54回："那人跳了一回，无可奈何，只得去了。"

用典探妙：

毛泽东在这个约2000字的通知中，仅用了两个成语形式的典故，虽说这是两个通俗易懂的普通的典故，但它们用于这个通知之中，"百孔千疮"所描绘的是国民党政府的困境，而"无可奈何"所要表达的是我党我军在国民党反动派进攻面前，要有正确的政策，使其对于我党我军的生存处于"无可奈何"的地步。这两个典故，有效地表达了毛泽东通知的主旨，且有前后呼应之妙。

241.一定能排除万难　"达到胜利的目的"
——毛泽东在《关于重庆谈判》中所用典故探妙

用典缘起：

毛泽东在重庆谈判之后，于1945年10月17日在延安干部会上作了后来编入《毛泽东选集》时题为《关于重庆谈判》的报告。在这个报告中用了下列典故。

典故内容：

针锋相对。——书出第1157、1159页（五出）。典出清人刘熙载《艺概·经义概》："文要针锋相对：起对收，收对起，起收对中间。但有一字一句不针对，即为无着，即为不纯。"

大势所趋。——书出第1159页。典出宋人陈亮《上孝宗皇帝第三书》："天下大势之所趋，非人力之所能移也。"

床旁边……安心睡觉。亦即"卧榻之侧，岂容他人鼾睡"的变用。——书出第1160页。典出宋人李焘《续资治通鉴长编·太祖开宝八年》："（徐）铉言李煜事大之礼甚恭，徒以被病，未任朝谒，非敢拒诏也，乞缓兵以全一邦之命。其言甚切至。上与反复数四，铉声气愈厉。上怒，因按剑谓铉曰：'不须多言，江南亦有何罪，但天下一家，卧榻之侧，岂容他人鼾睡乎！'铉皇恐而退。"又见，《红楼梦》第76回："到今日，便扔下咱们，自己赏月去了……你可知宋太祖说的好：'卧榻之侧，岂容他人酣睡？'"又见，清人夏敬渠《野叟曝言》第145回："细按图册，贼已在我掌中，百日之说，犹谦辞耳！昔人云'卧榻之旁，岂容他人鼾睡'，'养痈致患'，猝然一发，势若燎原矣。"

拈轻怕重。亦即"拈轻掇重"。——书出第1161页。典出唐人杨巨源《名姝咏》："阿娇年未多，体弱性能和。怕重愁拈镜，怜轻喜曳罗。"又见，元人无名氏《施仁义刘弘嫁婢》第2折："怎下的着他拈轻掇重，可便扫床也波叠被。"

离乡背井。亦即"背井离乡"、"离乡别井"、"离乡背土"。——书出第1162页。典出汉人焦延寿《易林·井》："桀乱无道，民散不聚，背室弃家，君孤出走。"又见，元人马致远《破幽梦孤雁汉宫秋》第4折："汉昭君离乡背井，知他在何处愁听？"又见，元人贾仲名《吕洞宾桃柳升仙梦》第3折："今日个背井离乡，几时得任满还家？"又见，明人邵璨《香囊记·赶散》："笳鼓喧轰，四方多战争；离乡别井，怎当心战兢。"又见，元人张养浩《南吕一枝花·咏喜雨》："喜万象春如故，恨流民尚在途。留不住都弃业抛家，当不的也离乡背土。""井"，古制八家为一井，引申为家宅。

用典探妙：

毛泽东在这个约5000字的有名的报告中，计在9处用了典故。这些典故的运用，特色独具，主要表现在如下两个方面。

（一）典故的重复运用与典故的妙解相结合，有有效地表达报告的主旨之妙。

毛泽东在这个报告中，对于"针锋相对"这一语典，五次重复而用，"语言是人的心理现实，对某一个词汇的频繁使用，表明他具有与之对应的心理常态。"（参见王兆鹏《唐宋词史论》，人民文学出版社2000年版，第207页）这个典故词语的重复使用，是我党我军与蒋介石国民党反动派长期斗争的经验总结，有反复强调对"针锋相对"这个方针与策略的充分肯定之妙！

更为精妙的是，毛泽东对于"针锋相对"这一典故词语的运用的同时，对其中的关键字"对"，进行了别具情趣的解说。

在第1157页毛泽东运用"针锋相对"时写道："这一回，我们'对'了，……而且'对'得很好……"毛泽东两次将"对"字从"针锋相对"中剥离出来，是对歼灭阎锡山13个师的赞赏与对"针锋相对"方针的肯定，这两个"对"字剥离得各尽其妙！

在第1159页，毛泽东四用"针锋相对"，这里四用"针锋相对"，除了有充分肯定赞扬这个方针政策的正确之外，更为主要是阐释运用这一方针政策的辩证之法，这对于提高我党我军指战员掌握与运用这一方针与策略，有其指导之妙！

（二）意用典故有难见痕迹之妙，更兼讽刺幽默之巧。

何谓"意用典故"，就是说，不明确地引用一个典故，而是只用其典意。这里的意用，可以是讲述典故之大意，也可以是将所要用的这个典故的典意化用而出，这种运用典故之法，多是被称之为暗用。毛泽东的暗用典故之法，往往有难见用典痕迹之妙，更

兼具讽刺幽默之巧。

在第1160页，毛泽东在说明在重庆谈判的过程中，我党为什么要将分布在广东、浙江、苏南、皖南、皖中、湖南、湖北、河南（豫北不在内）等8个省区内的人民军队在抗日战争时期所建立的根据地让出来时，这样写道："为什么要让出呢？因为国民党不安心。人家要回南京，南方的一些解放区，在他的床旁边，或者在他的过道上，我们在那里，人家就是不能安心睡觉，所以无论如何也要来争。在这一点上我们采取让步，就有利于击破国民党的内战阴谋，取得国内外广大中间分子的同情。……"在这一段文字中，毛泽东实际上是以幽默风趣的口吻，将"卧榻之侧，岂容他人鼾睡"的典故，用白话文的形式道出，一是将"卧榻之侧，岂容他人鼾睡"暗用于此，对于这个时时刻刻叫嚣"天无二日"、梦想一统天下的做着帝王梦的蒋介石有其讽刺之妙；二是将"卧榻之侧，岂容他人鼾睡"用白话说出，有用典不见痕迹且人听人懂之妙；三是虽说用典不见痕迹，但是对于有相当文化水准的同志来说，还是能够知晓毛泽东暗用了"卧榻之侧，岂容他人鼾睡"这一典故的，这样一来，毛泽东这一段话说理的透彻、解释的确切、评说的到位，有让人发出心悦诚服之赞叹，真可谓有一典胜千言之妙。

242. "现在的中心问题" 是设法制止内战
——毛泽东在《国民党进攻的真相》中所用典故探妙

用典缘起：

在蒋介石撕毁《双十协定》，致使内战规模日趋扩大之时，毛泽东以中共发言人的名义发表了编入《毛泽东选集》时题为《国民党进攻的真相》的谈话。在这个谈话中用了下列典故。

典故内容：

缓兵之计。——书出第1168页。典出《三国演义》第99回："（张郃曰）孔明用缓兵之计，渐退汉中，都督何故怀疑，不早追之？"又见，清人钱彩《说岳全传》第72回："黑蛮龙骁勇难当，不如用缓兵之计？"这里的"缓兵之计"，多指延缓进攻之策；又见，清人刘鹗《老残游记》第72回："许大决意要杀陶三，监生恐闹出事来，原为缓兵之计。"又见，清人林则徐《会奏谕办英夷情形析》："似知悔罪输诚，然仅托诸空言，沿未见于实事，保非暂作缓兵之计，别生谲诈之谋。"这里的"缓兵之计"，当指拖延时间，目的是要让事态暂时得到缓和，以寻找办法对付之。

人人得而诛之。——书出第1169页。典出清人钱彩《说岳全传》第12回："古言'乱臣贼子，人人得而诛之'。"这是一句名言，它往往与"乱臣贼子"连用。"乱臣贼子"一语，由来颇古，亦为人们所习用，是为名言。《孟子·滕文公下》："昔者，禹抑洪水而天下平，周公兼夷狄，驱猛兽，而百姓宁，孔子成《春秋》，而乱臣贼子惧。"宋人朱熹注："乱臣贼子，人人得而诛之。"又见，《汉书·王莽传赞》："自书传所载乱臣贼子无道之人，考其祸败，未有如莽之甚者也。"又见，《后汉书·董卓传》："李傕谓左右曰：'尚可活不？'俊骂之曰：'汝等凶逆，逼迫天子，乱臣贼子未有如汝者。'傕使杀之。"又见，唐人韩愈《昌黎文集·伯夷颂》："微二子（伯夷、叔齐），乱臣贼子接迹于后世矣。"又见，宋人文天祥《过平原作》："乱臣贼子归何处，茫茫烟草中原土。"

用典探妙：

毛泽东在这个约2000字的谈话中，计在两处用了典故。虽说用典不多，但别有特色。其中一处的用典，特别的精妙。这个典故就是"人人得而诛之"。何以见得？笔者以为，这里的"人人得而诛之"一典的运用，有鬼斧神工之效。

众所周知，在艰苦的八年抗战中，除了日本狗强盗的野蛮屠杀中国人民之外，还有卖国贼汪精卫手下那些助纣为虐的伪军，这些家伙被老百姓蔑称为"黑狗"。就是一伙这样的东西，一律被蒋介石编入国民党军队，这些可以"人人得而诛之"的伪军，摇身一变便成了国民党部队，那么，国民党军队是什么货色，便有令人一览无余之妙。

更为精妙的是："人人得而诛之"一语，它往往是与"乱臣贼子"一语紧相连用的，颇具歇后语特征。说它们其中任何一句，则可知其另句。毛泽东在这里虽说只用"人人得而诛之"，则"乱臣贼子"一语，就不偏不移地扣合在伪军的头上。这里所用的"人人得而诛之"一典，可谓有一击二鸣之妙！

243."布置减租和生产" "减轻人民的负担"
——毛泽东在《减租和生产是保卫解放区的两件大事》中所用典故探妙

用典缘起：

1945年11月7日，毛泽东为中共中央起草了对党内的指示，这个指示在编入《毛泽东选集》第4卷时，题为《减租和生产是保卫解放区的两件大事》。在个指示中用了下列典故。

典故内容：

不违农时。亦即"不夺农时"（两出）。——典出《孟子·梁惠王上》："不违农时，谷不可胜食也。"又见，《旧唐书·李密传》："是以轻徭薄赋，不夺农时，宁积于人，无藏于府。"

用典探妙：

在这个指示中，毛泽东将"不违农时"这个局部性质的典故重复地运用了两次。虽说局部性质的典故只是修饰其所在该段落中的有关句子。但是，经毛泽东的重复运用，就有重在强调"不违农时"的重要意义，以及充分表达"不违农时"在减租和生产与保卫解放区之间的辩证关系。

244.反对国民党进攻 巩固已得之成果
——毛泽东在《一九四六年解放区工作的方针》中所用典故探妙

用典缘起：

1945年12月15日，毛泽东为中共中央起草了后来编入《毛泽东选集》时题为《一九四六年解放区工作的方针》的对党内的指示。在这个指示中用了下列典故。

典故内容：

齐心协力。——书出第1174页。典出明人凌濛初《初刻拍案惊奇》卷24："过不多时，众人齐心协力，山岭庙也自成了。"又见，清人吴趼人《二十年目睹之怪现状》第22回："只要上下齐心协力的认真办起事来，节省了那些不相干的虚糜，认真办起海防、边防来就是了。"

专心致志。——书出第1175页。典出《孟子·告子上》："今夫弈之为数，小数也；不专心致志，则不得也。弈秋，通国之善弈者也。使弈秋诲二人弈，其一人专心致志，惟弈秋之为听，一人虽听之，一心以为有鸿鹄将至，思援弓缴而射之，虽与之俱学，弗若之矣。为是其智弗若与？曰，非然也。"这里所讲的事情是说：下棋算是个小的技艺，如果不专心致志，也就学不到。弈秋这个人是全国有名的棋手。如果让他去教两个人下棋，一个专心致志，一心听弈秋的话，而另一个人虽说也在听着，但心里却在想着天上有一只天鹅就要飞来，想着要拿弓箭去射。这样，纵然是与人家一起学习，其成绩也是不可能会好。是因为其智慧不如人家吗？当然不是。又见，宋人程颐《河南程氏文集·为家君应诏上英宗皇帝书》："陛下诚能专心致志，孜孜不倦，以求贤为事……自然天下向风。"又见，明人陶宗仪《辍耕录·奚奴温酒》："吁，彼女流贱隶耳，一事精至，便能动人，亦其专心致志而然。"

公私兼顾。——书出第1176页。典出《晋书·阮种传》："使公私两济者，委曲陈之。""公私兼顾"当是"公私两济"等词语演化而成。

谆谆告诫。——书出第1176页。典出《诗经·大雅·抑》："诲尔谆谆，听我藐藐。"又见，明人余继登《典故纪闻》："（成祖谕曰）去岁命御史给事中往各处抚安军民，禁止奸慝，导其为善；临遣之际，谆谆告戒（诫），务要安民。"

立于不败之地。——书出第1177页。典出《孙子·形篇》："见胜不过众人之所知，非善之善者也；战胜而天下曰善，非善之善者也。故举秋毫不为多力，见日月不为明目，闻雷霆不为聪耳。古之所谓善战者，胜于易胜者也。故善战者之胜也，无智名，无勇功。故其战胜不忒，不忒者，其所措必胜，胜已败者也。故善战者，立于不败之地，而不失敌之败也。"出现"立于不败之地"这一句话中的这一段话语，有其深刻的哲学道理。其意思是说：预见胜利，不超过一般人所知道的，不算是高明中最为高明的人；经过力战而取得胜利的，世人都会说好，这也不算高明中最为高明的。这就好像是能够举起秋毫算不得力气大，能够看见日月算不得眼明，能够听到雷声算不得耳灵一样的道理。古时所谓善战的人，总是取胜其容易战胜的敌人。所以，善战者，他取得胜利，既显不出其智谋的名声，也难以见到其勇武的功劳。这只因为其取胜是铁定无疑，之所以无疑，是由于其胜利是建立在确实有把握的基础之上，其所要与其作战的敌人已是处于必败的地位了。故而善战者，总是会使自己立于不败之地，同时也不会放过任何一个足以战胜敌人的机会。

用典探妙：

毛泽东在这篇约2200字的党内指示中，只在5处用了典故，且多是成语形式的典故。这里的典故的运用，有一个特点是：前三个成语形式的典故，即"齐心协力"、"专心致志"、"谆谆告诫"，这些成语形式的典故，结合毛泽东的相关话语，基本上都是讲应当采取科学的工作方法和行之有效的工作措施的。从而使语典"立于不败之地"具有凸显的地位之妙！"立于不败之地"一典的凸显，毫无疑问，对于毛泽东关于"一九四六年解放区工作的方针"的精神实质的理解，将会起到特别强调的作用。

245."建立巩固根据地" 战胜国民党进攻
——毛泽东在《建立巩固的东北根据地》中所用典故探妙

用典缘起：

1945年12月28日，毛泽东为中共中央起草了给中共中央东北局《建立巩固的东北根据地》的指示。在这个指示中用了下列典故。

典故内容：

轻而易举。——书出第1179页。典出汉人王充《论衡·状留》："草木之生者湿，湿者重，死者枯，枯而轻者易举，湿而重者难移也。"又见，《诗经·大雅·烝民》："人亦有言，德辑如毛，民鲜克举之。"宋人朱熹注："言人皆言德甚轻而易举，然人莫能举也。"又见，宋人文天祥《己未上皇帝书》："古人抽丁之法……惟于二十家

取其一，则众轻而易举，州县号召之无难，数月之内其事必集。"又见，清人吴趼人《二十年目睹之怪现状》第70回："雪航又道：'不如我和你想个法子罢，轻而易举，绝不费事的，不知你可肯做？'"

打成一片。——书出第1181页。典出宋人释普济《五灯会元》卷15："老僧四十年方打成一片。"又见，宋人朱熹《朱子全书·存养》："只要常自提撕，分寸积累将去，久之自然接续，打成一片耳。"

用典探妙：

毛泽东在这个约2100字的指示中，只有两处用了典故，且都是成语形式的典故。这两个典故从其所赋予的意义来说，都是只能影响其所在句子的局部性的典故。"轻而易举"一典，所要论说的是建立巩固的东北根据地的艰巨性；而"打成一片"一典，则是指明调查研究的方式方法。尽管只是局部性的典故，但它们在整个指示中，因其是有来历有出处且富于感情色彩的典故，故而有加重了所在其言语中的厚重感之妙！

246.粉碎蒋介石进攻 "借此以争取和平"
——毛泽东在《以自卫战争粉碎蒋介石的进攻》中所用典故探妙

用典缘起：

1946年7月20日，毛泽东为中共中央起草了关于粉碎蒋介石进攻、后来编入《毛泽东选集》时题为《以自卫战争粉碎蒋介石的进攻》的党内指示。在这个指示中用了下列典故。

典故内容：

人心归向。——书出第1187页。典出宋人袁燮《絜斋集·绍兴府重建贤牧堂记》："后之作牧者，登斯堂瞻斯像，悚然起敬曰：'是皆有德于民，为世标准，故人心归向如此，吾其不可不自勉乎？'"

自力更生。——书出第1188页。典出《史记·平津侯主父列传》："元元黎民得免于战国，逢明天子，人人自以为更生。"又见，《东周列国志》第86回："又公族五世以上者，令自食其力，比于编氓。"又见，清人蒲松龄《聊斋志异·黄英》："自食其力不为贪，贩花为业不为俗。"又见，《汉书·魏相传》："元鼎二年平原、渤海、太山、东郡薄被灾害，赖明诏振救乃得蒙更生。""自力更生"一典，当是综合"自以为更生"、"自食其力"与"得蒙更生"而成。

立于不败之地。——书出第1188页。典出《孙子兵法·形篇》："故善战者，立于不败之地，而不失敌之败也。"

民不聊生。——书出第1188页。典出《史记·春申君列传》："夫韩魏父子兄弟接踵而死于秦者将十世矣。本国残，社稷坏，宗庙毁，剖腹绝肠，折颈折颐，首身分离，暴骸骨于草泽。头颅僵仆，相望于境，父子老弱系为虏，束手为群虏者，相及于路。鬼神孤伤，无所血食。民不聊生，族类离散，流亡为仆妾者，盈满海内矣。故韩魏不亡，秦社稷之忧也，今王资之攻楚不亦过乎。"这一段话是战国时期春申君黄歇说的。他十分担心秦国一举灭楚，于是便写了一封信给秦昭王。他在信中说了上面这些话。其话之意是：你们秦国侵占了韩魏两国不少的土地，烧毁了他们不少的宗庙，杀害了他们不少的百姓。这两个国家已经被你们秦国破坏得不像个样子了。即便是那些侥幸生存下来的人，亦是亲朋离散、难以生存。他们与秦国的仇恨是很深的，秦国如果不去消灭他们，必有后患。故而秦国应该与楚国联合一起去消灭韩魏才是。果然，秦昭王听从了春申君的话，与楚结盟联合。又见，《史记·张耳陈余列传》："头会箕敛，以供军费，财匮力尽，民不聊生。"又见，宋人朱熹《辞免直秘阁状一》："赤地千里，民不聊生，据罪论刑，岂容幸免。"又见，清人羽衣女士《东欧女豪杰》第1回："奸贼当朝，正人避地，弄得国势危弱，民不聊生。"

用典探妙：

毛泽东在这短短的六点指示中，只是在4处用了典故，且基本上是成语形式的典故。鉴于在指示中多是分析敌我双方的情况，因此，毛泽东在这些指示中的用典的一个显著特色是：指示中的典故语言的典意与其相应的语言有强烈对比、给人印象深刻之妙。

如在第1187页，以"人心归向"与"人心不顺"相对比，古语有云："忧民之忧者民亦忧其忧"、"得民心者得天下。"今民心向我，我军必胜，这是常理，这大有鼓舞人心、激励斗志之妙！

又如在第1188页，以"自力更生，立于不败之地"与"一切依靠外国"相对比；以"艰苦奋斗，军民兼顾"与"贪污腐化"、"民不聊生"相对比。这样一来，两种制度、两种方针的谁优谁劣，便产生了强烈的对比，则谁胜谁负的问题便一目了然了。

247."真正强大的力量" "不是属于反动派"
——毛泽东在《和美国记者安娜·路易斯·斯特朗的谈话》中所用典故探妙

用典缘起：

1946年8月6日，毛泽东在与美国记者安娜·路易斯·斯特朗的谈话中用了下列典故。

典故内容：

大吹大擂。——书出第1194页。典出元人王实甫《四丞相高会丽春堂》第4折："赐你黄金千两，香酒百瓶，就在丽春堂大吹大擂，做一个喜庆的筵席。"又见，《三国演义》第40回："许褚方欲前进，只听得山上大吹大擂。"

乌烟瘴气。——书出第1194页。典出清人文康《儿女英雄传》第32回："如今闹是闹了个乌烟瘴气，骂是骂了个破米糟糠。"又见，清人李宝嘉《文明小史》第57回："金、银两姊妹你要买这个，他要买那个，闹了个乌烟瘴气。"

纸老虎。亦即"纸虎"、"纸糊老虎"。——书出第1194、1195页（五出）。典出《水浒传》第25回："武大抢到房门边，用手推那房门时，那里推得开，口里只叫得：'做得好事！'那妇人顶着门，慌做一团，口里便说道：'闲常时，只如鸟嘴卖弄杀好拳棒。急上场时，便没些用，见个纸虎，也吓一交。'那妇人这几句话，分明教西门庆来打武大，夺路了走。"又见，明人潘问奇《拜鹃堂诗集·五人墓》："竖刁任挟冰山势，缇绮俄成纸虎威。"又见，清人吴趼人《糊涂世界》第2回："伍琼芳听见把他纸老虎戳破，心上大不高兴。"又见，清人沈起凤《伏虎韬》第4折："闲人闪开，纸糊老虎来了！"

归根结蒂。亦即"归根结柢"。——书出第1195页。典出清人张南庄《何典》第2回："（夹缠二先生曰）活鬼只为有了几个臭铜钱，才生得一个小鬼……引得酒鬼相打，搅出人性命来。归根结柢，把一场着水人命一盘捷归去，还亏有钱使得鬼推磨。"

用典探妙：

这是毛泽东关于当时国际、国内形势的一篇十分重要的谈话。在这篇约2700字的谈话中，毛泽东在8处用了典故。其中5处是"纸老虎"一典的反复运用，这种反复运用，实际上是一个精妙比喻的反复妙用，这个比喻反复地对帝国主义的虚弱的本质，从战略的高度进行了形象而生动的描绘和揭示，这是毛泽东将革命人民的一个根本的战略思想，借助"纸老虎"这个典故的反复运用的最为生动而科学的表达，是在战略上藐视敌人的最为形象而生动的展示，是毛泽东用历史唯物主义观点对人们的谆谆告诫。这个典故的妙用，对于毛泽东高瞻远瞩的、深邃的战略思想进行了鲜明和充满诗意的表述，对于在第二次世界大战初期，在国内外对帝国主义、对原子弹患有"恐惧症"的某些人们，无疑是一剂灵丹妙药和清醒剂！

248.要"集中优势兵力" 以"各个歼灭敌人"
——毛泽东在《集中优势兵力,各个歼灭敌人》中所用典故探妙

用典缘起:

1946年9月16日,毛泽东为中共中央军事委员会起草了在编入《毛泽东选集》时题为《集中优势兵力,各个歼灭敌人》的对党内的指示。在这个指示中用了下列典故。

典故内容:

出敌不意。亦即由"出其不意"化用而成。——书出第1199页。典出《孙子·计篇》:"兵者,诡道也……攻其无备,出其不意。此兵家之胜,不可先传也。"又见,《旧唐书·李密传》:"今公拥兵出其不意,长驱入蓟,直扼其喉。"又见,三国蜀人诸葛亮《便宜十六策·治军第九》:"敌欲固守,攻其无备;敌欲兴阵,出其不意。"又见,《后汉书·庞参传》:"参上书曰:'……然后蓄精锐,乘懈沮,出其不意,攻其不备,则边人之仇报,奔北之耻雪矣。'""出敌不意"一语,当是由"出其不意"换字化用而成。

用典探妙:

这篇仅有约2100字指示,是毛泽东的一篇重要的军事论文。在这篇论文中,毛泽东以生动的军事战例,论述了"集中优势兵力,各个歼灭敌人"的战略战术。其中将"出其不意"这个成语形式的军事典故用语换字化用而成"出敌不意",有更为通俗易懂之妙。

与此同时,"出敌不意"这个传统的军事典故语,在其实际上说来,大多数情况下都是连着说的,而且人们用得也相当的多和相当的纯熟,以至说一便知二。说"出其不意",便知"攻其不备"。同样,说"出敌不意",便知"攻敌不备"。它承载着中华民族几千年以来兵学智慧,在某种意义上说来,它是灵活机动的战略战术的一个代名词。在中国人民争取独立而与美蒋反动派的殊死斗争中,经毛泽东的运用,它并不仅仅是一个局部性的说明其所在句子中的一个典故,其灵活机动的精髓实有渗入全篇论文之妙。

249.美帝调解设骗局 揭穿美蒋新阴谋
——毛泽东在《三个月总结》中所用典故探妙

用典缘起:

1946年10月1日,毛泽东为中共中央起草了后来编入《毛泽东选集》时题为《三个月总结》的对党内的指示。在这个指示中用了下列典故。

典故内容：

歼灭敌军一万人，自己须付出二千至三千人的伤亡作代价。亦即"杀人一万，自损三千"。——书出第1207页。典出《元史·洪君祥传》："谚云：杀人一万，自损三千。愿勿废国力，攻夺边城。"又见，《西游记》第5回："大圣道：'胜负乃兵家之常。古人云：杀人一万，自损三千。况捉了去的头目，乃是虎豹、狼虫、獾獐、狐狢之类，我同类者未伤一个，何须烦恼？'"又见，清人周希陶《重订增广》："杀人一万，自损三千。"

公私兼顾。当是由"公私两便"、"公私两济"变用而来。——书出第1208页。典出《汉书·沟洫志》："衣食县官，而为之作，乃两便。"唐人颜师古注："令县官给其衣食，而使修治河水，是为公私两便。"又见，《晋书·阮种传》："若人有所患苦者，有宜损益，使公私两济者，委曲陈之。"

花言巧语。——书出第1209页。典出宋人黎靖德编《朱子语类·论语三》："据某所见，巧言即所谓花言巧语，如今世举子弄笔端，做文字者便是。"又见，元人无名氏《抱妆合》第4折："急得俺忐忐忑忑把花言巧语谩支吾。"这里的"花言巧语"，多是指一味地铺衍而实际内容空泛的话语或言辞；又见，元人关汉卿《鲁斋郎》第3折："谁听你花言巧语，我这里寻根拔树。"又见，《水浒全传》第34回："你兀不自下马受缚，更待何时？划地花言巧语，扇惑军心。"又见，《红楼梦》第69回："休信那妒妇花言巧语，外作贤良内藏奸猾。"这里的"花言巧语"多是指语言虚伪动听而实际是在骗人说谎。

用典探妙：

毛泽东在这篇约3000字的总结中，只用了三个典故。这三个典故的运用，有一明一暗、明暗相结合而用之妙。

所谓一明，是指"花言巧语"这个局部性典故的运用，它十分深刻地揭露了美国帝国主义的所谓调停的实质和蒋介石在一心发动内战的阴谋鬼计。

所谓一暗，是指对于"杀人一万，自损三千"一典的嵌藏暗用之妙。"杀人一万，自损三千"这一千古名言，它揭示古今战争结果的一大规律和战争的残酷性。但是毛泽东并没有搬用此语，而是以战争的经验总结的语气、以解说的方式说出，这就比直接引用"杀人一万，自损三千"一语显得自然得体；再是暗用此典，客观地讲述这一战争规律，是"必须有计划地扩兵，保证主力军经常满员，并大量训练军事干部"的理论与客观的依据，使毛泽东的这一指示的正确性，有无可辩驳的说服力。

250.用百折不回毅力 有计划克服困难
——毛泽东在《迎接中国革命的新高潮》中所用典故探妙

用典缘起：

1947年2月1日，毛泽东为中共中央起草了后来编入《毛泽东选集》时题为《迎接中国革命新高潮》的党内指示。在这个指示中用了下列典故。

典故内容：

公私兼顾。——书出第1216页。典出同上篇。

百折不回。——书出第1216页。典出明人潘彦登《题徽州郡六忠臣诗后》有云："放声大哭谢皋羽，百折不回文天祥。"又见，明人沈德符《万历野获编·言事》："若思之百折不回，以身殉国，真无愧王文端曾孙。"

用典探妙：

毛泽东在这篇约4100字的指示中，只用了两个典故，而且是成语形式的典故。这虽说是一个局部性质的典故，一般说来，它只是修饰和影响其所在之句，但是，它却是出现在整编文章之结尾部分，因而，这一典故却有影响全篇、极富号召力之妙。它在号召全党全军：在前进的道路上，无论遭受什么样的困难和挫折，决不能退缩、决不能屈服，"因为我们是新兴的有光明前途的势力。"

251."保卫陕甘宁边区" "暂时放弃延安"城
——毛泽东在《中共中央关于暂时放弃延安和保卫陕甘宁边区的两个文件》中所用典故探妙

用典缘起：

面对蒋介石国民党反动派对我党我军的进攻。毛泽东于1946年11月和1947年4月，为党内起草了两个文件。在这两个文件中用了下列典故。

典故内容：

日暮途穷。——书出第1219页。典出唐人杜甫《投赠哥舒开府翰二十韵》："几年春草歇，今日暮途穷。"又见，宋人李昉《太平广记·二六五·陈通方》引《闽川名士传》："陈通方登正元进士第，与王播同年。播年五十六，通方甚少。因期集，（陈）抚播背曰：'王老奉赠一第。'言其日暮途穷，及第同赠官也。播恨之。"又见，宋人郭祥正《青山集·将归行》："君不见日暮途穷逆行客，一饷荣华速诛殛。"又见，明人陆采《明珠记·会内》："孤身日暮途穷，镇长愁一命终。幸刑官念我含冤痛，朝夕里好看供。"又见，清人侯方域《癸未去金陵日与阮光禄书》："君子稍知礼仪，何至

甘心作贼！万一有焉，此必日暮途穷，倒行而逆施。"

适得其反。——书出第1219页。典出三国魏人无名氏《释难宅无吉凶摄生论》："时名虽同，其用适反。""适得其反"一语典，当由此演化而来。

自取灭亡。——书出第1219页。典出旧题黄帝撰《阴符经》卷下："沉水入火，自取灭亡。"又见，《晋书·卫瓘传》："事平，朝议封瓘。瓘以克蜀之功，群帅之力；二将跋扈，自取灭亡；虽运智谋，而无搴旗之效，固让不受。"又见，唐人刘蕡《应贤良方正能直言极谏科策》："臣谨按《春秋》书梁'亡'不书取者，梁自亡也。以其思虑错而耳目塞，上出恶政，人为寇盗，皆不知其所以然，以其自取灭亡也。"又见，清人蒲松龄《聊斋志异·聂政》："至于荆轲，力不足以谋无道秦，遂使绝裾而去，自取灭亡。"

用典探妙：

毛泽东在这两个文件中，只用了3个成语形式的典故。这3个成语形式的典故，虽说只是局部性质的典故，虽说只是影响其所在的句子。但是，只要我们将这3个典故联系一起思考与品味，就会发现：

这3个典故对于蒋介石国民党反动派要攻打延安、要召开"国民大会"的目的、后果，有深刻的揭露、警告、预见之妙！

再是，这3个典故均放在文章之首，起首就指出了何以"日暮途穷"？怎么会"适得其反"？为何会"自取灭亡"？有醒目之妙，有为全文展开论述之妙，更有引人必欲读完全文之妙！

252.同敌"周旋一时期"　"然后寻机歼击之"
——毛泽东在《关于西北战场的作战方针》中所用典故探妙。

用典缘起：

1947年4月15日，毛泽东给西北野战兵团发了后来编入《毛泽东选集》时题为《关于西北战场的作战方针》的电报。在这个电报中用了下列典故。

典故内容：

必经之路。亦即"必由之路"。——书出第1222页。典出《孟子·告子上》："仁：人心也；义：人路也。舍路而弗由，放其心而不知其求。"朱熹注："义者行事之宜，谓人之路，则可以见其为出入往来必由之路，而不可须臾舍矣。"又见，明人海瑞《协济夫役民壮申文》："第淳安县路当徽、饶，使客络绎不绝，据本省论，盐法察院出巡徽州，此必由之路。"又见，《西游记》第59回："那山离此有六十里远，正是西方必由之路，却有八百里火焰，四周围寸草不生。"又见，清人珠泉居士《续板桥杂记·下·轶事》："桥北有八角碑亭，乃来去必经之路。"

精疲力竭。亦即"筋疲力尽"。——书出第1222-1223页。典出宋人司马光《田家》诗："筋疲力弊不入腹，未议县官租税足。"又见，明人冯梦龙《醒世恒言》卷22："我已筋疲力尽，不能行动。"又见，清人张南庄《何典》第9回："众阴兵杀了许久，都已筋疲力尽。"

用典探妙：

毛泽东在这封仅有624个字的电报中，用了两个成语形式的典故。同时创造性地总结出了一个著名战术——"蘑菇"战术。

何谓"蘑菇"战术？这就是充分地利用有利的地形和群众条件，与敌人在某一地区周旋，从而使该敌疲劳异常且严重地缺粮，然后将其歼灭之。这两个成语形式的典故，在论说整个"蘑菇"战术中，似闪光亮点，有凸显"蘑菇"战术的精要之妙。"必经之路"，说明了运用"蘑菇"战术的重大意义；而"精疲力竭"一典，则是说明了运用"蘑菇"战术所必需要达到的实战效果。

品味毛泽东所妙用的这两个典故，让我们深深地感受到了"蘑菇"战术的精妙高超，让我们充分地领略到了"蘑菇"战术的妙诀实质之所在。

253."蒋介石卖国政府" "在全民的包围中"
——毛泽东在《蒋介石政府已处在全民的包围中》所用典故探妙

用典缘起：

1947年5月30日，毛泽东在陕北靖边县王家湾为新华社写了后来收入《毛泽东选集》时题为《蒋介石政府已处在全民的包围中》的评论。在这篇评论中用了下列典故。

典故内容：

赤手空拳。——书出第1225页。典出《西游记》第2回："足下踏一对乌靴，不僧不俗，又不像道士神仙，赤手空拳，在门外叫哩。"这里的"赤手空拳"直解为两手空空、一无所有之意；又见，元人关汉卿《陈母教子》第4折："他将那孩儿锦亲身托献。这的是苦百姓赤手空拳，我依家法亲责当面。"这里的"赤手空拳"，当主要是指无任何的东西可以作为凭借。

你死我活。——书出第1225页。典出宋人释普济《五灯会元·护国元禅师法嗣》："临济禅有肯诺意，难续杨歧派，穷厮煎，饿厮炒，大海只将折筋搅，你死我活，猛火铛燃煮佛喋。"这里的"你死我活"，即不是你死就是我活的意思；又见，《水浒全

传》第49回：“孙立道：‘我却是登州的军官，怎地敢做这等事！’顾大嫂道：‘既是伯伯不肯，我们今日先和伯伯拚个你死我活。’”又见，明人冯梦龙《醒世恒言》卷9：“世局千腾万变，转盼皆空，政如下棋的较胜争强，眼红喉急；分明似孙（膑）庞（涓）斗智，赌个你死我活。”这里的“你死我活”，当主要是指斗争之惨烈。

外强中干。——书出第1227页。典出《左传·僖公十五年》：“庆郑曰：‘古者大事，必乘其产，生其水土，而知其人心，安其教训，而服习道。唯所纳之，无不如志。今乘异产以从戎事，及惧而变，将与人易。乱气狡愤，阴血周作，张脉偾兴，外强中干，进退不可，周旋不能，君必悔之。’”

众叛亲离。——书出第1227页。典出《左传·隐公四年》：“夫州吁阻兵而安忍，阻兵无众，安忍无亲，众叛亲离，难以济矣！”又见，《三国志·公孙瓒传》南朝宋人裴松之注引《汉晋春秋》：“（袁绍与瓒书曰）既乃残杀老弱，幽土愤怨，众叛亲离，孑然无党。”又见，唐人辛替否《谏造金仙玉真二观疏》：“夺百姓之食以养凶残，剥万人之衣以涂土木，于是人怨神怒，众叛亲离。”

全军覆灭。亦即“全军覆没”。——书出第1227页。典出《资治通鉴·宋文帝文嘉六年》：“（崔）浩曰：‘……以刘裕之雄杰，吞并关中，留其爱子，辅以良将，精兵数万，犹不能守，全军覆没。号哭之声，至今未已。’”又见，《旧唐书·李希烈传》：“官军皆为其所败，荆南节度使张伯仪全军覆没。”又见，《宋史·崔与之传》：“都统刘琸承密札取泗州，兵渡淮而后牒报。琸全军覆没，与之忧愤，驰书宰相。”

用典探妙：

毛泽东在这篇约2600字的评论中，计用了5个典故，这5个典故，都是成语形式的典故。总体上看来，都是属于肯定性质用典。何谓肯定性质的用典呢？这就是说，毛泽东所用的这些典故，其典意与当今（即1947年9月间的当今）社会现实妙相吻合。从正面十分生动深刻地说明了当时的革命形势。

如在这篇评论的结尾，毛泽东连续地用了“外强中干”、“众叛亲离”、“全军覆灭”3个成语形式的典故。这3个典故，我们只要看一看其典源，它们所要表现的诸多历史事实，都是十分糟糕的，都是表现已经失败或是行将失败的。毛泽东将这些典故用在这里，其所要表现的是美、蒋反动派当时的现状是——失败已成定局。毛泽东用上这些典故去表述这个社会现实，使其所下的这个美、蒋反动派必定失败的结论，有其丰富的内涵之妙，给人以丰富的联想。从而，使这个结论有无可辩驳的厚重事实之感！

254. "不打无准备之仗" "不打无把握之仗"
——毛泽东在《解放战争第二年的战略方针》中所用典故探妙

用典缘起：

这是1947年9月1日毛泽东在陕北佳县朱官寨为中共中央起草的对党内的指示。在这个指示中用了下列典故。

典故内容：

无济于事。——书出第1232页。典出清人钱彩《说岳全传》第13回："宗泽道：'我岂不知贼兵众盛？就带你们同去，亦无济于事。不若舍吾一命，保全尔等罢。'"又见，清人李宝嘉《官场现形记》第52回："就是我们再帮点忙，至多再凑了几百银子，也无济于事。"

用典探妙：

毛泽东在这个指示中，只用了一个成语形式的典故。这个典故，虽说是个局部性质的典故，按理，它只是影响其所在之句。即是说，"国民党虽有征兵百万训练新旅和补充团之计划"，也挽救不了他们覆灭的命运。但是，这个局部性的典故，用在这里，亦有兼及总括"前意"之妙。这里的"前意"，就是说，在"无济于事"一典之前，已经说到了我军共歼敌112万，国民党再使出征兵拉夫的解数，也无济于事了！这里的"无济于事"一典的运用，既是对第一年作战我军胜利辉煌而敌军惨败的高度概括，亦是对国民党反动派在失败后，所采取的一系列措施的蔑视与否定，可谓有一击二鸣之妙！

255. "早日打倒蒋介石" "由黑暗转入光明"
——毛泽东在《中国人民解放军宣言》中所用典故探妙

用典缘起：

1947年10月间，毛泽东在陕北佳县神泉堡为中国人民解放军总部起草了政治宣言。这个宣言在10月10日公布，因而又被称为《双十宣言》。在这个宣言中用了下列典故。

典故内容：

望风披靡。——书出第1235页。典出汉人司马相如《上林赋》："应风披靡，吐芳扬烈。"又见，《汉书·杜周传》："天下莫不望风而靡，自尚书近臣结舌杜口，骨肉亲属莫不股栗。"又见，《元史·张荣传》："辛卯，军至河上，荣率死士宵济，守者溃。诘旦，敌兵整阵至，荣驰之，望风披靡，夺战船五十艘，麾抵北岸，济师，众军继进，乘胜破张、盘二山寨，俘获万余。"又见，明人沈鲸《双珠记·避兵失侣》："吾

自起兵以来，攻城掠地，势如破竹，河北州县，已望风披靡。"

欢声雷动。——书出第1235页。典出唐人令狐楚《贺赦表》："欢声雷动，喜气云腾。"又见，宋人郑兴裔《忠肃集·请蠲扬民缗钱疏》："沟中残瘵尽庆更生，两淮之间欢声雷动。"又见，《水浒传》第108回："满城欢声雷动，降服数万人。"又见，清人吴敬梓《儒林外史》第37回："见两边百姓，扶老携幼，挨挤着来看，欢声雷动。"又见，《清史稿·陈大富传》："城中兵不食月余，仅存皮骨，民饿殍相属。岳斌船粟往哺，欢声雷动。"

忘恩负义。——书出第1236页（两出）。典出宋人赵善璙《自警篇·器量》："唯韩魏公不然，更说到小人忘恩负义，欲己处，辞和气平，如道寻常事。"又见，《水浒全传》第11回："哥哥若不收留，柴大官人知道时见怪，显的我们忘恩负义。"又见，元人杨显之《酷寒亭》楔子："兄弟去了也。我看此人不是忘恩负义的，日后必得其力。"又见，清人张南庄《何典》第9回："岂可瞒心昧己，做那忘恩负义的无良心人。"

以德报怨。——书出第1236页。典出《论语·宪问》："或曰：'以德报怨，何如？'子曰：'何以报德？以直报怨，以德报德。'"这段话的意思是说，有人对孔夫子说：用恩德来报答怨恨，怎么样？孔夫子回答道：那又用什么来报答恩德呢？应该用正直来报答怨恨，用恩德来报答恩德。又见，《史记·游侠传》："及（郭）解年长，更折节为俭，以德报怨，厚施而薄望。"又见，宋人崔鶠《杨嗣复论》："君子不念旧恶，以德报怨；而小人忘恩背义，至以怨报德。"

悔过自新。亦即"改过自新"。——书出第1236、1238页。典出《史记·扁鹊仓公列传》："文帝四年中，人上书言意，以刑罪当传西之长安。意有五女，随而泣。意怒骂曰：'生子不生男，缓急无可使者！'于是，少女缇萦伤父之言，乃随父西。上书曰：'妾父为吏，齐中称其廉平，今坐法当刑。妾切痛死者不可复生，而刑者不可复续，虽欲改过自新，其道莫由，终不可得。妾愿入身为官婢，以赎父刑罪，使得改行自新也。'书闻上，悲其意。此岁中亦除肉刑法。"这里讲的是一个小故事：西汉之初，有一个叫淳于意的著名医生。他是齐地临菑人。后来由于得罪了人而遭人诬告，被关进了牢房之中，将要处以肉刑。淳于意所生的五个女儿哭泣着。淳于意见此而怒骂自己没有男儿可用。小女缇萦为父之言而感伤，便随父西行并上书皇上。言：我深深地痛惜人死而不能复生，受肉刑之手足被砍断而不可能接上。我请求到官府为奴，以赎我父亲之罪过，使他有改过自新的机会。皇上汉文帝看到了缇萦的申诉，就免了淳于意的罪过，还下令废止了肉刑。又见，《史记·吴王濞列传》："（吴王）于古法当诛，文帝弗忍，因赐几杖。德至厚，当改过自新。"又见，《新唐书·冯元常传》："剑南有光火盗，元常喻以恩信，约悔过自新，贼相率脱甲面缚。"又见，《元史·不忽木传》：

"彼能悔过自新，则不烦兵而下矣；如或不悛，加兵未晚。"又见，清人钱彩《说岳全传》第52回："你们不必穷究，待他悔过自新便了。"

奸淫掳掠。亦即"掳掠奸淫"。——书出第1236页。典出清人吴趼人《痛史》第7回："谁知仍是强赊硬抢，掳掠奸淫，无所不至。"

无所不至。——书出第1236页。典出《论语·阳货》："既得之，患失之。苟患失之，无所不至矣。"

怨声载道。亦作"怨声满道"、"怨声盈路"、"怨声载路"。——书出第1237页。典出《诗经·大雅·生民》："……实覃实讦，厥声载路。……"又见，《后汉书·李固传》："开门受赂，署用非次，天下纷然，怨声满道。"又见，《魏书·高肇传》："肇既当衡轴，每事任己，本无学识，动违礼度，好改先朝旧制，出情妄作，减削封秩，抑黜勋人，由是怨声盈路矣。"又见，《旧唐书·张廷珪传》："州县征输，星火逼迫，或谋计靡所，或鬻卖以充，怨声载路，私气未洽。"又见，《宋史·叶梦得传》："时旁郡纠民输镪就籴京师，怨声载道，独颍昌赖梦得得免。"又见，清人李宝嘉《文明小史》第9回："不料是日正值本府设局开捐，弄得民不聊生，怨声载道。"

水深火热。——书出第1237页。典出《孟子·梁惠王下》："以万乘之国伐万乘之国。箪食壶浆，以迎王师，岂有他哉？避水火也。如水益深，如火益热，亦运而已矣。"这一段话的意思是说：大国攻打大国，而其老百姓却拿出自己的食物来欢迎军队，难道还会有别的什么意思吗？只不过是想解脱他们艰难困苦的生活而已。倘若他们的生活更加痛苦深重，那也只不过是由这个统治者换成了另外一个统治者罢了！又见，清人李雨堂《万花楼杨包狄演义》第62回："况陈州连年灾荒，穷困不堪，即有一二富厚之家设法施救穷民，无奈一连六七岁，颗粒无收，人民已是水深火热，目今得皇儿救免征课，实乃万民之幸了。"

贪官污吏。——书出第1237、1238页。典出元人无名氏《鸳鸯被》第4折："一应贪官污吏，准许先斩后闻。"

横征暴敛。——书出第1237页。典出清人吴趼人《痛史》第24回："名目是规画钱粮，措置财赋，其实是横征暴敛，剥削脂膏。"

假公济私。——书出第1237页。典出元人无名氏《陈州粜米》第1折："这是朝廷救民的德意，他假公济私，我怎肯和他干罢了也呵！"又见，明人余继登《典故纪闻》："（太祖谕之曰）毋徒拥虚位，而漫不可否，毋委靡因循以纵奸长恶，毋假公济私以伤人害物。"又见，《红楼梦》第56回："他们虽不敢明怨，心里却都不服，只用'假公济私'的，多摘你几个果子，多掐几枝花儿，你们有冤还没处诉呢。"又见，清人李宝嘉《官场现形记》第47回："那些地方官本来是同绅士不对的，今奉本府之命，又是钦差的公事，乐得假公济私，凡来文指拿的人，没有一名漏网。"

滔天罪恶。亦即"滔天之罪"、"滔天大罪"、"罪恶滔天"、"罪恶通天"。——书出第1237页。典出宋人苏轼《吕惠卿责授建宁军节度副使本州安置不得签书公事》:"稍正滔天之罪,永为垂世之规。"又见,明人罗贯中《风云会》第4折:"据着你外作禽荒,内贪淫欲,滔天之罪同,理合法更凌迟。"明人钱澄之《所知录·永历纪年下》:"因自数其破京城,逼死先帝,滔天大罪,蒙上赦宥,加以爵赏。"又见,宋人周密《齐东野语·景定彗星》:"今开庆误国之人,罪恶滔天,有一时风闻劾逐者,则乞酌宽贷施行,以昭圣主宽仁之量。"又见,明人吴世济《太和县御寇始末·擒恶安民》:"本集积恶万增厚等,乘流寇之乱,杀良为贼,戕害一十六名口,罪恶通天。"

罪大恶极。——书出第1238页。典出宋人欧阳修《欧阳文忠公集·纵囚论》:"信义行于君子,而刑戮施于小人。刑入于死者,乃罪大恶极,此又小人之尤甚者也。"又见,宋人罗大经《鹤林玉露·补遗》:"刭如桧(秦桧)者,密奉虏谋,胁君误国,罪大恶极。"

天涯海角。亦即"天涯地角"、"地角天涯"、"海角天涯"、"天涯海际"、"天涯地隅"。——书出第1238页。典出唐人韩愈《祭十二郎文》:"吾行负神明,而使汝夭。不孝不慈,而不得与汝相养以生,相守以死;一在天之涯,一在地之角;生而影不与吾形相依,死而魂不与吾梦相接,吾实为之,其又何尤!"又见,南朝陈人徐陵《武皇帝作相时与岭南酋豪书》:"天涯藐藐,地角悠悠,言而无由,但以情企。"又见,唐人李商隐《临发崇让宅紫薇》:"天涯地角同荣谢,岂要移根上苑栽?"又见,唐人张南史《月》:"正看云雾秋卷,莫待关山晓没。天涯地角不可寻,清光永夜何超忽!"又见,宋人晏殊《玉楼春·春恨》:"天涯地角有穷时,只有相思无尽处。"又见,南朝陈人徐陵《答族人梁东海太守长孺书》:"燕南赵北,地角天涯,言接未由,但以潜歆!"又见,唐人殷文圭《边将别》:"地角天涯倍辛苦,十年铅椠未酬身。"又见,唐人关盼盼《燕子楼》:"相思一夜情多少,地角天涯不是长。"又见,唐人白居易《春生》:"春生何处暗周游,海角天涯遍始休。"又见,宋人方千里《浪淘沙》词:"谩飘荡,海角天涯,再相见,应怜两鬓玲珑雪。"又见,明人柯丹邱《荆钗记·遣音》:"明日里到海角天涯,一心要传递佳音。"又见,唐人王勃《采莲赋》:"蓬飘梗逝,天涯海际。"又见,宋人范成大《石湖诗集·横溪驿感怀》:"行遍天涯与地隅,筋骸那比十年初。"又见,宋人曾巩《元丰类稿·北归三首(其一)》:"终日思归今日归,着鞭鞭马尚嫌迟;曲台殿里官虽冷,须胜天涯海角时。"又见,宋人葛长庚《沁园春》词:"向天涯海角,两行别泪,风前月下,一片离骚。"又见,宋人张世南《游宦纪闻》卷6:"今之远宦及远服贾者,皆曰'天涯海角',盖俗谈也。"

同流合污。——书出第1238页。典出《孟子·尽心下》:"万子曰:'一乡皆称原人焉，无所往而不为原人，孔子以为德之贼，何哉？'曰：'非之无举也，刺之无刺也，同乎流俗，合乎污世，居之似忠信，行之似廉洁，从皆悦之，自以为是，而不可与人入尧舜之道，故曰"德之贼"也。'"这一段话的意思是说：孟子的学生万章问孟子说，全乡的人都说他们是老好人，他们也是这样处处表现自己是老好人，而孔夫子却说他们是败坏道德之人，这是何故呢？孟子回答道，这种所谓老好人，你要是指摘他，你又说不出他们有什么大的错误；你要去讽刺他，又似乎没有什么好讽刺的地方；这些人只是同流合污；与人相处，好像忠厚老实，他们的行为也好像方正廉洁，大家都喜欢这些人，他们自己也是自我感觉良好。但是，他们与尧舜所提倡的道德标准完全相违背，所以说他们是仁德败坏的人。又见，宋人朱熹《答胡季随书》："细看来书，似已无可得说，……如此则更说甚讲学，不如同流合污，着衣吃饭，无所用心之省事也。"这里的"同流合污"，多是指混同于流俗、随世沉浮，没有自己的节操。又见，清人陈忱《水浒后传》第22回："此数贼者，同流合污，败坏国政。"这里的"同流合污"，当是指与坏人一起干坏事之意。

将功赎罪。亦为"以功补过"、"将功补过"、"将功折过"、"将功折罪"、"将功恕罪"、"以功赎罪"。——书出第1238页。典出晋人王敦《上疏言王导》："以导之才，何能无失！当令任不过分，役其所长，以功补过。"又见，《旧五代史·钱镠传》："（钱元瓘等复遣使自淮南间道上表）既容能改之非，许降自新之路，将功补过，舍短从长。"又见，元人李直夫《便宜行事虎头牌》第3折："既然他复杀了一阵，夺的人口牛羊马匹回来了，这等呵，将功折过，饶了他项上一刀，改过状子，杖一百者。"又见，元人无名氏《隔江斗智》楔子："如今权饶你将功折罪，点起人马，随我追赶去来。"又见，明人凌濛初《初刻拍案惊奇》卷26："便思量一个计较，周全他，等他好将功折罪。"又见，明人冯梦龙《古今小说》第31回："司马貌口出大言，必有大才……若断得公明，将功恕罪；倘若不公不明，即时行罚，他心始服也。"又见，《三国志·吴书·凌统传》："（孙）权壮其果毅，使得以功赎罪。"又见，《三国演义》第51回："今云长虽犯法，不忍违却前盟，望权记过，容将功赎罪。"又见，清人李汝珍《镜花缘》第10回："以善抵恶，就如将功赎罪，其中轻重，大有区别，岂能一概而论。"

用典探妙：

毛泽东在这篇约3000字的宣言中，计在20处用了典故。这些典故，有如镶嵌于玉盘中的珍珠，闪耀着耀眼的光芒，它们为毛泽东所提出的"打倒蒋介石，解放全中国"的口号起到了唤起读者心理的强烈律动并从心底里认同之妙。为什么能有如此效果呢？

一是典故语言与典故语言的对应而用，使话语产生磅礴气势之妙！

如第1235页的"敌人望风披靡，人民欢声雷动"，语势强烈、气势磅礴，令人读之

欢欣鼓舞；又如第1237页的"横征暴敛、假公济私"这两个成语形式的典故的连用，对于蒋介石独裁政权的揭露之深刻，令人读后痛快淋漓。

二是典故语言与非典故语言的对应而用，令人读后有迅速激活情感之妙！

如第1236页的"杀人放火，奸淫掳掠"一语，"杀人放火"虽说不是典故语言，但当其与成语形式的典故语言"奸淫掳掠"对应而用时，便将读者对于蒋介石独裁政权久藏于胸的愤怒之情一下子激活而出；又如第1237页的"贪污遍地，特务横行，捐税繁重，物价高涨，经济破产，百业萧条，征兵征粮，怨声载道"，在这里虽说只有"怨声载道"这一个成语形式的典故，但是，在其前面，毛泽东连用了7个四字格式的一般话语，这7个四字格式的一般话语，既是对"怨声载道"一语的原因解说，亦是对蒋介石独裁政权最为形象的描绘，令人读之，激愤之情油然而生。

总而言之，毛泽东在这个宣言中的典故的妙用，令人读后有能唤起胸中那"打倒蒋介石，解放全中国"的浩然正气之妙！

256. "人民的革命战争" "到了一个转折点"
——毛泽东在《目前形势和我们的任务》中所用典故探妙

用典缘起：

1947年12月25日至28日，毛泽东在陕北米脂县杨家沟中共中央召集的会议上作了后来收入《毛泽东选集》时题为《目前形势和我们的任务》的报告。在这个报告中用了下列典故。

典故内容：

欢欣鼓舞。——书出第1244页。典出《宋史·司马光传》："海内之民，……欢欣鼓舞，甚若更生。"又见，宋人苏轼《上知府王龙图书》："自公始至，释其重荷，而出之于陷阱之中；方其困急时，箪瓢之馈，愈于千金，是故莫不懽忻（欢欣）鼓舞之至。"

一模一样。——书出第1245页。典出清人吴敬梓《儒林外史》第54回："聘娘本来是认得的，今日抬头一看，却见他黄着脸，秃着头，就和前日梦里揪他的师姑一模一样，不觉就懊恼起来。"

人心向背。——书出第1246页。典出宋人叶适《水心文集·别集·君德》："人心之向背，是岂可不留意而详择也！"又见，《宋史·魏了翁传》："入奏，极言事变倚仗，人心向背，疆场安危，邻寇动静。"又见，《元史·燕木儿传》："人心向背之机，间不容发，一或失之噬脐无及。"

得不偿失。亦为"得不补失"、"得不酬失"、"得不偿费"。——书出第1247

页。典出《墨子·非攻》："计其所得，反不如所丧失者之多。"又见，《左传·襄公三年》："君子谓子重于是役也，所获不如所亡。"又见，《三国志·吴书·陆逊传》："权遂征夷州，得不补失。"又见，《后汉书·西羌传论》："军书未奏其厉害，而离叛之状已言矣。故得不酬失，功不半劳。暴露师徒，连年而无所胜，官人屈竭，烈士愤丧。"又见，《后汉书·南蛮西夷列传》："（虞诩奏曰）先帝旧典，贡税多少，所由来久矣。今猥增之，必有怨叛。计其所得，不偿所费，必有后悔。"又见，宋人苏过《斜川集·论海南黎事书》："我特清野以避其锋，使来无所获，得不偿费。"又见，宋人苏轼《和子由除日见寄》："往事今何追，忽若箭已释；感时嗟事变，所得不偿失。"又见，宋人陆游《方德亨诗集序》："有才矣，气不足以御之，淫于富贵，移于贫贱，得不偿失，荣不盖愧，诗由此出，而欲追古人之逸驾，讵可得哉？"又见，明人徐树丕《识小录·孙过庭》："如食多鱼骨，得不偿失，以草书难读故也。"

得失相当。亦即"得失相半"。——书出第1247页。典出《三国志·吴书·全琮传》："夫乘危徼幸，举不百全者，非国家大体也。今分兵捕民，得失相半，岂得谓全哉？"又见，宋人杨万里《乙巳轮对第一札子》："岂无见闻，轻信得失相半，或犯严忤势而以言为讳者乎？"又见，宋人岳珂《桯史·石城堡寨》："又旁筑一城曰堡寨，地皆砥平，相去余数里，虽牵制之势亦不相及，竟不晓何谓，犹不若石城之得失相半也。"

兴高采烈。——书出第1249页。典出南朝梁人刘勰《文心雕龙·体性》："叔夜（嵇康字）俊侠，故兴高而采烈。"这里的"兴高采烈"，是指文章的旨趣高尚、言辞犀利；又见，清人李宝嘉《官场现形记》第13回："幸亏一个文七爷兴高采烈，一台吃完，忙吩咐摆他那一台。"

安于泰山。——书出第1249页。典出汉人枚乘《上书谏吴王》："变所欲为，易于反掌，安于泰山。"又见，汉人焦延寿《易林》卷1："安于泰山，福喜屡臻。"又见，《三国演义》第45回："亮虽居虎口，安于泰山。"

手舞足蹈。——书出第1249页。典出《毛诗序》："诗者，志之所之也，在心为志，发言为诗。情动于中，而形于言；言之不足，故嗟叹之；嗟叹之不足，故永（咏）歌之；永（咏）歌之不足，不知手之舞之，足之蹈之也。"又见，《礼记·乐记》："长言之不足，故嗟叹之；嗟叹之不足，故不知手之舞之足之蹈之也。"又见，《孟子·离娄上》："乐则生矣，生则恶可已也。恶可已，则不知足之蹈之，手之舞之。"又见，《史记·乐书》汉人郑玄注："手舞足蹈，欢之至。"又见，《水浒全传》第39回："宋江写罢，自看了大喜大笑。一面又饮了数杯酒，不觉欢喜，自狂荡起来，手舞足蹈，又拿起笔来，去那《西江月》后，再写下几句诗。"又见，《红楼梦》第41回：

"当下刘姥姥听见这般音乐，且又有了酒，越发喜得手舞足蹈起来。"这里的"手舞足蹈"，当主要是指一个人当高兴到了极点时的神态与情状；又见，唐人刘肃《大唐新语·识量》："陪厕朝贺，手舞足蹈。"又见，唐人李迥秀《奉和幸安乐公主山庄应制》："手舞足蹈方无已，万年千岁奉薰琴。"这里的"手舞足蹈"，所描绘的是臣下朝见时拜舞之情状。

唉声叹气。——书出第1249页。典出《红楼梦》第33回："我看你脸上一团私欲愁闷气色，这会子又唉声叹气，你那些还不足？还不自在？"

作威作福。亦即"作福作威"。——书出第1253页。典出《尚书·洪范》："惟辟作福，惟辟作威，惟辟玉食。臣无有作福作威玉食；臣之有作福作威玉食，其害于而家，凶于而国。"这里的"作福作威"亦即"作威作福"，指独揽大权的意思；又见，《晋书·刘曜传》："君何敢恃宠，作威作福。"又见，《旧唐书·周智光传》："仆固怀恩岂有反状！皆由尔鼠作福作威，帷死不敢入朝。"这里的"作威作福"，主要是讲威权独揽、妄自尊大之意。

公私兼顾。——书出第1255、1256页（两出）。典出《汉书·沟洫志》："衣食县官，而为之作，乃两便。"唐人颜师古注："令县官给其衣食，而使修治河水，是为公私两便。"

举世无敌。——书出第1258页。典出汉人东方朔《答客难》："自以为智能，海内无双。"又见，明人徐渭《英烈全传》第70回："历年既久曾何老，举世无双莫浪夸。""举世无敌"，当是由"海内无双"、"举世无双"等语衍化面来。

檄文。——书出第1266页（三出）。典出《史记·张耳陈余列传》："此臣之所谓传檄而千里定者也。"檄文：古代官方书用木简，长尺二寸，多作征召、晓喻、声讨等用。若有急事，则插上羽毛，称为羽檄。后泛称这类官文书为檄。（参见王玉琼、卢玉珂主编：《毛泽东著作典故集注》，中国工人出版社1992年2月版，第101页。）如：唐人骆宾王有名文《代李敬业传檄天下文》（后又名《讨武曌檄》）。

惊惶失措。亦称"惊惶无措"。——书出第1260页。典出《北齐书·元晖业传》："孝友临刑，惊惶失措，晖业神色自若。"又见，宋人曾肇《谢史成受朝奉郎表》："养拙藏愚，久已逃于常宪；因人成事，兹复玷于异恩。逊避弗容，惊惶失措。"又见，明人凌濛初《二刻拍案惊奇》卷11："少卿虚心病，元有些怕见他的，亦且出于不意，不觉惊惶失措。"又见，《东周列国志》第14回："告以连称作乱之事。遂造寝室，告于襄公，襄公惊惶无措。"

用典探妙：

毛泽东在这篇约12000字的报告中，只在17处用了典故，而且这些典故都可以说是属于通俗易懂的、成语形式的典故。表面上看来，似乎没有什么特色，其实，细细地品味一下，其特色就会显现在您的眼前。其中最明显的一个特色是：将褒化贬、褒中带刺之妙与褒贬对比强烈之妙！

何谓将褒化贬、褒中带刺之妙？就是说，毛泽东将完全是含褒义的典故化为含有贬义的典故而用，并使其隐含讽刺意味。如第1249页中的"兴高采烈"、"安于泰山"、"手舞足蹈"，这都是褒义性质的成语形式的典故，但是，都被毛泽东化褒为贬而用。当我们主动地放弃许多城市之时，我们的敌人却被这些"胜利"冲昏了头脑，蒋介石及其主子美帝国主义毫无觉察，而是"兴高采烈"，自以为"安于泰山"，乃至"手舞足蹈"起来，这些褒义的典故语，在毛泽东的神笔下，全化为贬义，全是对狡猾的敌人那种愚不可及的本质富于形象的绝妙的讽刺。

何谓褒贬的强烈对比之妙呢？上面所讲到毛泽东将"兴高采烈"、"安于泰山"、"手舞足蹈"这些褒义典故语化为贬义的讽刺语而用，这是这些典故语的一个方面。但另一方面，"兴高采烈"、"安于泰山"、"手舞足蹈"，它们毕竟还是褒义的典故语，紧接其后，毛泽东就用上了一个成语形式的典故语——"唉声叹气"。这个"唉声叹气"，与上面的"兴高采烈"、"安于泰山"、"手舞足蹈"，形成了强烈的对比。这一对比，有对蒋介石与其主子美帝国主义"兴高采烈"、"安于泰山"、"手舞足蹈"的彻底否定之妙，同时，亦为"唉声叹气"后面一段文字的叙写，有"提纲挈领"之妙！

257.要反对错误倾向　贯彻好党的政策
　　——毛泽东在《关于目前党的政策中的几个重要问题》中所用典故探妙

用典缘起：

1948年1月18日，毛泽东为中共中央起草了后来编入《毛泽东选集》时题为《关于目前党的政策中的几个重要问题》的决定草案。在这个草案中用了下列典故。

典故内容：

打江山坐江山。——书出第1268－1269页（五出）。典出《三国志·吴志·贺邵传》："割据江山，拓土万里。"《晋书·王导传》："周顗中坐而叹曰：'风景不殊，举目有江山之异！'"清人袁枚《明皇与贵妃》："到底君王负旧盟，江山情重美人轻；玉环领略夫妻味，从此人间不再生。"这里的"打江山坐江山"，由"江山"的典意，引申为"打天下坐天下"的意思。旧时一旦打得了天下，即如《诗经·小雅·北山》中所云："普天之下，莫非王土，率土之滨，莫非王臣。"明末李自成起义失败之后，即有李自成"打江山18年，坐江山18天"的说法。这是对李自成历史悲剧的高度概括。吴庆生在其《毛泽东的"李自成情结"及其启示》一文中，在论及毛泽东的"李自

成情结"时，也曾两次引用"打江山18年，坐江山18天"一典（见《绍兴文理学院学报·社会科学版》2004年第5期，第19—20页）。

公私两利。亦称"公私两济"、"公私两便"。——书出第1269页。典出《晋书·阮种传》："（诏曰）若人有所患苦者，有宜损益，使公私两济者，委曲陈之。"又见，《汉书·沟洫志》："衣食县官，而为之作，乃两便。"唐人颜师古注："令县官给其衣食，而使修治河水，是为公私两便。"又见，宋人刘安世《论役法之弊》："议者以为不议其身，止令输赋，则公私两便，可以久行。"又见，元人马端临《文献通考·征榷》："惟有于要闹坊场之地，听民酝造，纳税之后，从便酤卖，实为公私两利。"

丰衣足食。——书出第1270页。典出唐人齐己《病中勉送小师往清凉山礼大圣》："丰衣足食处莫住，圣迹灵踪好遍寻。"五代人王定保《唐摭言·贤仆夫》："堂头官人，丰衣足食，所往无不克。"

罪大恶极。——书出第1271页。典出宋人罗大经《鹤林玉露·补遗》："矧如桧（秦桧）者，密奉虏谋，胁君误国，罪大恶极。"

用典探妙：

毛泽东在这个约4700字的决定草案中，于文中8处用了典故，其用典的最大特色是：对于带有浓郁典意色彩的"打江山坐江山"一语的妙引妙析之妙。

所谓妙引。就是说，这句由贫雇农"打江山坐江山"的通俗而典型的典故语，一方面，它反映了贫雇农要求推翻旧政权的积极性；另一方面，它也反映了不要党的领导、不要统一战线的严重错误性。毛泽东将这句富于典意的易记易懂话语予以五次重复地引用，有引起人们高度重视之妙。

所谓妙析。就是说，毛泽东从一开始引用此语，就十分严肃地指出这个口号是错误的，然后有如层层"剥笋"，引用一次，就剥离一次，分析一遍，将这个口号错误的"左"倾实质，十分深刻地揭示在人们的眼前，有给人以永难忘怀之妙。

258. "既反对忽视成分" "又反对唯成分论"
——毛泽东在《纠正土地改革宣传中的"左"倾错误》中所用典故探妙

用典缘起：

1948年2月11日，毛泽东为中共中央起草了后来编入《毛泽东选集》时题为《纠正土地改革宣传中的"左"倾错误》的对党内的指示。在这个指示中用了下列典故。

典故内容：

打江山坐江山。——书出第1280页。典出同上一篇。

观望不前。——书出第1281页。典出《史记·信陵君列传》："名为救赵，实持两端以观望。"又见，清末民初·蔡东藩《五代史演义》第6回："接连又得知弟浣密书，教他且勿入朝，入朝必死，他越加恐惧，观望不前。"

熟视无睹。——书出第1281页。典出晋人刘伶《酒德颂》："无思无虑，其乐陶陶，兀然而醉，豁尔而醒，静听不闻雷霆之声，熟视不睹泰山之形，不觉寒暑之切肌，利欲之感情。"又见，唐人韩愈《应科目时与人书》："若俯首帖耳摇尾乞怜者，非我之志也。是以有力者遇之，熟视之若无睹也。"又见，宋人林正大《括沁园春》词："静听无闻，熟视无睹，以醉为乡乐性真。"又见，清人壮者《扫迷帚》第19回："相彼小民，既醉生梦死，沉迷不悟；绅衿官吏，亦熟视无睹，漠不关怀。"

用典探妙：

毛泽东在这个约1300字的指示中，仅在3处用了典故，这3处用典，亦是颇具特色。

其一是选用典故之妙。

这里的所谓选用典故之妙，就是说，选用有代表性典故之妙。具体而言，就是选用"打江山坐江山"一典之妙。这个通俗而典意浓郁的语典，在某种意义上说来，它是一个"左"倾口号的代表，毛泽东在前面的文章中，已经对它的"左"倾实质进行了剖析，毛泽东在这个指示中的再一次引用，是对其错误实质和严重后果进一步进行批判，有促人猛省之妙。

其二是选用的典故语与其前后的相关语相对应，以加深读者印象之妙！

如在第1281页中的成语形式的典故语"观望不前"与"熟视无睹"，毛泽东在"观望不前"之后所配的相关语是"急性病的宣传"；在"熟视无睹"之前所配的相关语是"加以赞扬"。这样的用典，对于毛泽东所要指出的某些错误的倾向，既是生动而形象的描绘，同时又是一针见血的批评。这样通俗好懂的对比语言，给人以永远难忘的印象！

259."新式的整军运动" "使部队万众一心"
——毛泽东在《评西北大捷兼论解放军的新式整军运动》中所用典故探妙

用典缘起：

1948年3月7日，毛泽东为中国人民解放军总部发言人起草了《评西北大捷兼论解放军的新式整军运动》这篇评论。在这篇评论中用了下列典故。

典故内容：

无敌于天下。——书出第1291、1294、1295页（三出）。典出《孟子·公孙丑

上》："如此，则无敌于天下。无敌于天下者，天吏也。"

旗开得胜。——书出第1293页。典出元人关汉卿《五侯宴》楔子："人人奋勇，个个英雄，端的是旗开得胜，马到成功。"

声威大震。——书出第1293页。典出《资治通鉴·唐高祖武德元年》元人胡三省注引《蒲山公传》："纵事不成，声威大振（震），足得官家胆摄，不敢轻相追讨。"又见，《三国演义》第110回："将军功绩已成，声威大震。"又见，清人赵翼《瓯北诗钞·纪梦》："行间纪律阵演蛇，马上骁雄手接雁；声威大振（震）刀槊鸣，号令一声旗帜变。"

纵横驰骋。——书出第1293页。典出宋人谢尧仁《张于湖先生集序》："以至唐末诸诗人，雕肝琢肺，求工于一言一字间，在于人力固可以无恨，而概之前数公纵横驰骋之才，则又有间矣。"

江淮河汉。——书出第1293页。典出《孟子·滕文公下》："禹掘地而注之海，驱蛇龙而放之菹；水由地中行，江、淮、河、汉是也。"这段话的意思是说：舜帝派大禹去治理洪水。大禹便组织老百姓开河道，将洪水引入大海，将龙蛇赶进了大泽之中，这样一来，水就在河道中流动。长江、淮河、黄河、汉水就是这样的河道。

威震全国。当由"威震天下"而来。——书出第1293页。典出汉人桓宽《盐铁论·非鞅》："蒙恬却胡千里，非无功也，威震天下，非不强也。"又见，汉人荀悦《汉记·元帝纪》："今延寿汤所诛，威振（震）天下，虽易之折首，诗之雷霆，不能及也。"又见，宋人张君房《云笈七签》卷100："发金作冶，制为铠甲及剑，造立兵仗刀戟大弩等，威震天下。"又见，《宋书·薛安都传》："薛公举兵淮北，威震天下；不能专用智勇，委付子侄，致败之由，实在于此。"

只有暂时招架之功，并无还手之力。——书出第1293－1294页。典出清人无名氏《续儿女英雄传》第17回："谢标一急，就大嚷着抢上前去，与前面之人杀起来了。一来一往，不到二十回合，欧鹏武艺比谢标强，只杀得谢标有招架之功，无还手之力。谢标知道不是人家的对手，虚砍一刀，撤退就跑。"

万众一心。——书出第1294页。典出《后汉书·傅燮传》："（燮谏耿鄙）今率不习之人，越大陇之阻，将十举十危，而贼闻大军将至，必万人一心。"又见，《后汉书·朱俊传》："（俊谓张超曰）万人一心，犹不可当，况十万乎！"又见，清人金安清《洋务宜遵祖训，安内攘外，自有成效说》："平日之民皆临事之兵，虽一呼而数十万皆集矣。船炮乃呆物，待人用之而灵……如身之使臂，臂之使指，上下联络，万众一心。"又见，民国·许厪父《民国通俗演义》第108回："惟商肆各悬白旗，上面写着……'万众一心，同声呼吁，力抗汉奸，唤醒政府'等语。"

用典探妙：

毛泽东在这篇约2600字的评论中，于10处用了典故。在这篇评论中的用典，有两大明显的特色。

（一）重用"无敌于天下"一典，有统率全篇评论的要旨之妙。

毛泽东在这篇评论中的要旨是什么？细览全文可知：这就是充分肯定中国人民解放军用诉苦和三查方法进行新式整军运动。毛泽东在这篇评论之首，就用典故语"无敌于天下"总括之；紧接着，就以大量的、无可辩驳的事实说明之，开篇的这个"无敌于天下"的典故语，可谓有承前启后之妙。而第1294页与第1295页的典故语"无敌于天下"，则有加强与总括全文的这个要旨之妙！

（二）典型的小说典故语言的扩用之妙。

何谓典型的小说典故语言的扩用之妙？众所周知，中华民族有着十分悠久的史传文学创作传统，在语言上，不少的小说别具特色。毛泽东对于中国的古典小说情有独钟，在其政论著作中，亦有小说典故语言的妙用。在中国的古典小说之中，每当描写勇将搏斗之时，弱的一方在即将败走之际，往往会用上"只有招架之功，并无还手之力"这样的精致妙语，给读者留下了不可忘怀的印象。毛泽东在第1293－1294页中也用上了这一形象的小说典故语，但毛泽东并没有生硬地搬用，而是巧妙地扩而用之。

一是这一典故语言在语言上的扩用。毛泽东在"只有招架之功，并无还手之力"这个小说家惯用的话语之中，加入了"暂时"二字，这就用这一句创造性地运用了的典故语，揭示了美蒋行将走向灭亡的命运！

二是这一典故语言在表意范围上的扩用。据笔者所见，"只有招架之功，并无还手之力"这一语典，其所表现的意义，多是指勇将豪侠个人之间在较量与角力时智力、体力的差距，如老舍《文博士》中有："文博士觉得只有招架之功，并无还手之力了。他心中很难过。"又如在梁斌《红旗谱》中有："别看他嘴巴子笨，说起话来倒很连理，别人想说句话也插不上嘴，江涛只是呆着眼睛看着。像两个人打架，只有招架之功，没有还手之力了。"而毛泽东将这一典故语，用在自己的政论之中，所要表现的是两大政权相较量时即将出现的结果，其表意范围上的扩用，颇为生动、形象而得体。

三是这一典故语言在表意上补充扩用。毛泽东在描绘蒋介石匪帮在与我党我军的大较量中，在用了"只有暂时招架之功，并无还手之力"的同时，紧接着就将这一典故语暗用而补充之。毛泽东在用了这一典故语之后这样写道："或者连招架都没有，只有被我一个一个地歼灭干净。"这就十分生动描绘了美蒋反动派必然可悲的命运。

毛泽东将这一小说语典的扩用，再一次呼应了我党我军通过新式整军后，我党我军"将是无敌于天下"这一典故语的妙用！

837

260."消灭国民党全军" "可能性是存在的"
——毛泽东在《关于情况的通报》中所用典故探妙

用典缘起：

1948年3月20日，毛泽东为中共中央写了《关于情况的通报》一文，在这篇通报中用了下列典故：

典故内容：

熟视无睹。——书出第1298页。典出唐人韩愈《应科目时与人书》："若俯首帖耳摇尾乞怜者，非我之志也。是以有力者遇之，熟视之若无睹也。"

粗心大意——书出第1298页。典出清人文康《儿女英雄传》第5回："俄延了半晌，忽然灵机一动，心中悟将过来：'这是我粗心大意。我若不进去，她怎得出来？'"

稳扎稳打。——书出第1302页。典出清人刘坤一《书牍七·复王雨庵》："现在郑军既已到齐，仍须稳扎稳打，不可轻进求速。"

用典探妙：

毛泽东在这个约有3700字的通报中，只用了三个典故，且都属于通俗易懂的成语形式的典故。粗略地看来，似乎难见其显著特色，但认真地品味，其用典独特之处亦不可忽视。

由于毛泽东的丰富阅历和其广博的知识，在他的头脑中较之常人更易于产生不朽的名言佳句，而在其名言佳句中一旦用上了典故语言，则其格言警句（亦即名言佳句）就会更为精警。如毛泽东在这个通报中说："政策和策略是党的生命，各级领导同志务必充分注意，万万不可粗心大意。"这一段话语曾被载入《毛主席语录》，这一段话语将政策与策略提到了党的生命的高度，这一段话语是我党奋斗几十年用生命和鲜血换来的经验总结。而将成语形式的典故"粗心大意"镶嵌其中，则有如珍珠入玉盘之妙，更使这一格言精警闪光、让人警醒、让人难忘！它有如座右铭，给人心灵以美的浇灌，给人以熏陶、激励与鞭策！

261."反对了右的偏向" "发动了群众斗争"
——毛泽东在《在晋绥干部会议上的讲话》中所用典故探妙

用典缘起：

1948年4月1日，毛泽东在贺龙主持的晋绥干部会上作了演说。在这个讲话中用了下列典故。

典故内容：

仗势欺人。——书出第1306页。典出元人王实甫《西厢记》5本第3折："他凭师友君子务本，你倚父兄仗势欺人。"又见，明人李开先《宝剑记》第33出："贼子无知，仗势欺人敢妄为，百样没仁义，一味趋权势。"

罪大恶极。——书出第1307、1314页（两出）。典出清人褚人获《隋唐演义》（以清初四雪草堂本为底本）第91回："思礼临行，密语陈玄礼道：'杨国忠召乱起衅，罪大恶极，人人痛恨。仆曾劝哥舒翰将军上表请杀之，惜其不从我言。今将军何不扑杀此贼，以快众心？'陈玄礼道：'吾正有此意。'"

不可救药。——书出第1308页。典出《诗经·大雅·板》："多将熇熇，不可救药。"唐人孔颖达疏："故知是多行惨酷毒害之恶，谁能止其祸，如人病甚，不可救以药。"

骄傲自满。——书出第1309页。典出宋人王明清《挥尘后录》卷8："（徐师川）既登宥密，颇骄傲自满。"

有害无益。——书出第1312页。典出《新唐书·张廷珪传》："荆、益奴婢多国家户口，奸豪掠买，一入于官，永无免期。南北异宜，至必生疾，此有损无益也。"又见，《汉书·吾丘寿王传》："以众力捕寡贼，其势必得。盗贼有害无利，则莫犯法，刑错之道也。"又见，宋人朱熹《申免移军治状》："而议者率尔言之，仅同儿戏。不知今日民力凋瘵，州县空竭之际，如何计置得上件钱物给此支用，而劳民动众，为此有害无利之举。""有害无益"一语，当由"有损无益"与"有害无利"换字并兼合其意义而成。

用典探妙：

毛泽东在这篇讲话中，只在6处用了典故。这些典故，都属成语形式的典故，而且它们都是局部性质的典故。这些局部性质的典故，它们都只是影响其所在的句子，如"仗势欺人"一典，它只是表现那些混入党内的坏分子的恶劣作风，但它十分形象而生动地揭示了这些坏人的本质特征。这些典故的运用，虽说是局部性的典故，但是，它们在文章中，均是一个一个的闪光之点，均有其强化其所在句子语意之妙。

262."要依靠人民群众""反对只依靠少数"
——毛泽东在《对晋绥日报编辑人员的谈话》中所用典故探妙

用典缘起：

1948年4月2日，毛泽东对晋绥日报编辑人员进行了谈话。在这篇谈话中用了下列典故。

典故内容：

磨拳擦掌。亦即"摩拳擦掌"。——书出第1318页。典出元人罗贯中《风云会》第2折："你摩拳擦掌枉心焦，休得要乱下风雹。"又见，元人关汉卿《单刀会》第3折："但题起厮杀呵，摩拳擦掌。排戈甲，列旗枪，各分战场。"

发号施令。——书出第1318页。典出《尚书·冏命》："发号施令，罔有不臧。"又见，春秋·辛计然《文子·下德》："内能治身，外得人心，发号施令，天下从风。"又见，《淮南子·原道训》："夫能理三苗，朝羽民，徙裸国，纳肃慎，未发号施令而移风易俗者，其唯心行者乎！"又见，《东周列国志》第70回："但子干在位，若发号施令，收拾民心，不可图矣。"

动手动脚。——书出第1319页。典出清人石玉昆《三侠五义》第14回："掌灯一齐往树上观看，果然有个黑影儿。先前仍以为是树影；后来树上之人见下面人声嘶喊，灯火辉煌，他便动手动脚的。"这里的"动手动脚"，一般是指动弹或举动；又见，《水浒传》第32回："那对席的大汉，见了大怒。看那店主人时，打得半边脸都肿了，半日挣扎不起。那大汉跳起身来，指定武松道：'你这个鸟头陀，好不依本分！却怎地便动手动脚！却不道是："出家人勿起嗔心"！'武行者道……"这里的"动手动脚"，就是指打人；又见，《红楼梦》第32回："（宝玉）一面说，一面禁不住抬起手来，替他拭泪；黛玉忙向后退了几步，说道：'你又要死了！又这么动手动脚的！'"这里的"动手动脚"，当是指不太文雅、举止不太庄重之意。

冷冷清清。——书出第1319页。典出宋人李清照《声声慢》词："寻寻觅觅，冷冷清清，凄凄惨惨戚戚。"

引人入胜。——书出第1319页。典出晋人郭澄之《郭子》："王佛大（王忱）叹道：'三日不饮酒，觉形神不复相亲；酒自引人入胜地耳。'"又见，南朝宋人刘义庆《世说新语·任诞》："王卫军云，酒正自引人着胜地。"又见，《清史稿·髡残传》："画山水奥境奇辟，缅邈幽深，引人入胜。"又见，清人丘逢甲《岭云海日楼诗钞·燕子岩》："入寺复出寺，呀然见洞口……引人渐入胜，平步势不陡。"又见，清人黄虞稷《书影序》："此其中求其能……标新领异，引人入胜者，盖未之有也。"

文武之道，一张一弛。——书出第1321页。典出《礼记·杂记下》："张而不弛，文武弗能也；弛而不张，文武弗为也。一张一弛，文武之道也。"这一段话是由于有一次，孔子的学生子贡去观看年底群众的祭祀活动，看完之后，子贡高兴地去问孔子说：进行祭祀活动的人们大高兴了。他们一个个喝得醉熏熏的，似发了狂一样的又是唱来又是跳，我真的难以明白为什么会是这样的高兴？于是孔子说道：其中的道理你是应当知道的。百姓劳累了一年，难得有这么一天的快乐。假若让老百姓永远得不到休息，即使贤明的周文王和周武王也是办不到的，当然，让老百姓只是休息，文王与武王也是不会这样做的。文王和武王治国的根本之法是让老百姓有劳有逸的呀！

吞吞吐吐。——书出第1322页。典出清人文康《儿女英雄传》第5回："怎么问了半日，你一味的吞吞吐吐，支支吾吾，你把我作何等人看待？"

用典探妙：

毛泽东在这篇谈话中，计在7处用了典故。这7处的典故的运用，在谈话中都有如7个闪光之点，浇灌着读者的心田。而其最为有特色的一典的运用，当数"文武之道，一张一弛"一典的运用。这个典故的运用，计有两大特别之点。

一是对这一典故语的运用时，在其前后进行阐释，有使典故语缩短与读者之间的距离之妙。

"文武之道，一张一弛"，典出《礼记·杂记下》，从其典故意义而言，不是一般读者一下子就可以立刻领会的。于是，毛泽东在这一典故语出现之前，说了"你们的缺点主要是把弓弦拉得太紧了。拉得太紧，弓弦就会断。"在这一典故语运用之后，又说了"现在'弛'一下，同志们会清醒起来。过去的工作有成绩，但也有缺点，主要是'左'的偏向。现在作一次全面的总结，纠正了'左'的偏向，就会做出更大的成绩来。"尽管"文武之道，一张一弛"是一句古老之语，一般的人不能一眼就懂，但是，由于有毛泽东在这一古老之语的前后进行了如此的解释说明，可以说，足以消除读者阅读的语言障碍，使读者能通晓毛泽东运用此典的典意之妙。

二是毛泽东在对"文武之道，一张一弛"这一典故的运用时，有增添新意之妙。

"文武之道，一张一弛"，其典的本意是讲"御民"之术的。就是说，治理民众，有如用弓。弓拉紧了是要放松的，否则久拉不松，弓会断掉；民众要是长久地得不到一点休息，他们就要疲劳，对这些久疲之人是无法进行有效的统治的。对于弓，时拉紧又时放松；对于民，时有劳苦又时有休整。这就是周文王与周武王的治理民众的办法。毛泽东在这里将"文武之道，一张一弛"妙用为科学的工作方法，增添了这一古典的新意，并在广大的人民群众中产生了深远的影响。现在人们在解说"劳逸结合"这一话语之时，无不引用"文武之道，一张一弛"予以说明之，由此可见，是由于毛泽东的运用，使"文武之道，一张一弛"焕发崭新的生命力！

263. "再克洛阳"的电报 "不但适应于洛阳"
——毛泽东在《再克洛阳后给洛阳前线指挥部的电报》中所用典故探妙

用典缘起：

1948年4月8日，毛泽东为中共中央起草了《再克洛阳后给洛阳前线指挥部的电

报》。在这个电报中用了下列典故。

典故内容：

罪大恶极。——书出第1324页。典出宋人欧阳修《欧阳文忠公集·纵囚论》："信义行于君子，而刑戮施于小人。刑入于死者，乃罪大恶极，此又小人之尤甚者也。"

用典探妙：

这是一份政策性极强的电报，其内容不只是适应于洛阳，它也基本上适应于新解放的城市。因此，电报中所用的成语形式的典故，也当是极富政策性。"罪大恶极"这个成语形式的典故语，是一个局部性质的典故语，它在文中所赋予的意义有着极其明确的政策界线之妙。

264. "发展生产的兴趣" "改善农民的生活"
——毛泽东在《一九四八年的土地改革工作和整党工作》中所用典故探妙

用典缘起：

1948年5月25日，毛泽东为中共中央起草了后来编入《毛泽东选集》时题为《一九四八年的土地改革工作和整党工作》的指示。在这个指示中用了下列典故。

典故内容：

江淮河汉。——书出第1329页。典出《孟子·滕文公下》："水由地中行，江、淮、河、汉是也。"

简明扼要。——书出第1330页。典出《新唐书·高崇文传》："鹿头山南距成都百五十里，扼二川之要。"又见，宋人洪迈《容斋随笔·解释经旨》："解释经旨，贵于简明。""简明扼要"当是由"简明"与"扼要"二语组合而成。

不着边际。——书出第1330页。典出《水浒传》第19回："……天色又看看晚了，何涛思想：'在此不着边际，怎生奈何！我须用自去走一遭。'拣一只疾快小船……"这里的"不着边际"，当是指没有着落，挨不上边；又见，清人怨湖月痴子《妙复轩评石头记序》："而此百二十回中，有自相矛盾处，有不着边际处，有故作缺漏处。"这里的"不着边际"，当主要是指言说空洞，不能切合实际之意。

杂乱无章。——书出第1330页。典出唐人韩愈《送孟东野序》："其为言也，乱杂而无章。"又见，明人李开先《闲居集·改定元贤传奇序》："选者如《二段锦》《四段锦》《十段锦》《百段锦》《千家锦》，美恶兼蓄，杂乱无章。"又见，清人沈复《浮生六记·浪游记快》："园为洋商捐施而成，极为阔大，惜点缀各景杂乱无章，后叠山石亦无起伏照应。"

用典探妙：

毛泽东在这个指示中，仅在4处用了典故。这4个典故，都是成语形式的且都为局部性质的典故。这四个典故，其所赋予的典意，均都仅仅是影响其所在的句子。但是，毛泽东在运用这四个典故时，在其设置上还是有其特色的，这就是用典的相对集中性，特别在谈到如何写好报告时，毛泽东在其仅有16个字的夹注中，就用两个成语形式的典故，占全文用典的二分之一，这样相对集中性的用典，能给人以深刻教育、记忆难忘之妙。

265．"只要攻克了锦州"　"你们就有了主动"
——毛泽东在《关于辽沈战役的作战方针》中所用典故探妙

用典缘起：

1948年9月7日与10月10日，毛泽东为中共中央军事委员会起草了给林彪、罗荣桓后来在编入《毛泽东选集》时题为《关于辽沈战役的作战方针》的电报。在这两个电报中用了下列典故。

典故内容：

置……敌于不顾。"置之不顾"的扩用。——书出第1335、1336页（两出）。典出清人李宝嘉《文明小史》第44回："如果听其自然，置之不顾，各家只好把学生领回。"

前所未有。——书出第1336页。典出宋人欧阳修《六一诗话》："松江新作长桥，制度宏丽，前世所未有。"又见，宋人徐度《却扫编》卷下："国朝不历真相而为相者凡七人……而邓枢密洵武以少保领院事而不兼节钺，前所未有也。"又见，清人王士禛《古诗笺·凡例·七言诗》："（杜甫）七言大篇，尤为前所未有，后所莫及。"又见，清人李汝珍《镜花缘》第84回："如此好令，真是酒席筵前所未有的，妹子恭逢其盛，能不浮一大白！"

用典探妙：

毛泽东在这两封电报中只在3处用了典故。其用典的显著特点在于如下几大方面：

一是将一个成语形式的典故语拆离填充而用，有将抽象化为具体之妙！

"置之不顾"这一成语形式的典故，其本意是说，不要去理睬、不要去过问，放着不管。单就这一句话而言，是比较抽象的，而毛泽东将其拆而填充之，化成"置长春、沈阳两敌于不顾"，这就给了接受者以十分明确而具体的印象。

二是将一个成语形式的典故拆离填充而用，有精练语言、丰富典故语言内蕴之妙！

毛泽东在第1335页和第1336页，所要讲明的问题，是要强调攻克锦州、榆关、唐山

的重要性，而要顺利地完成这一战略目标，就必须不顾及长春、沈阳之敌，否则，就会兵力分散。在如何用最简练文字表达上述文意时，毛泽东将"置之不顾"拆离填充而用，这就大大地精练了其所表达的语言文字，同时也大大地丰富和扩充了"置之不顾"这一典故语言的内蕴，给人们以丰富的联想，从而能够加深人们对于为什么要对长春、沈阳置之不顾以更深刻的理解。

三是将一个成语形式的典故拆离填充并重复而用，有强调"置长春、沈阳两敌于不顾"的战略意义之妙！

毛泽东在这两个电报中，两次重复"置长春、沈阳两敌于不顾"，并在每一次的重复运用之时，都进行了精到的分析，故这样的重复，其强调意义显得十分强烈，令人深深地体味到其军事辩证法的博大与精深，坚定了指战员胜利攻克锦、榆、唐的信心与决心。

266. "重要问题的解决" "党委会议做决定"
——毛泽东在《关于健全党委制》中所用典故探妙

用典缘起：

1948年9月20日，毛泽东为中共中央起草了后来编入《毛泽东选集》时题为《关于健全党委制》的决定。在这个决定中用了下列典故。

典故内容：

不可偏废。——书出第1341页。典出宋人胡仔《苕溪渔隐丛话前集·山谷下》："读《庄子》，令人意宽思大，敢作；读《左传》，便使人入法度，不敢容易。二书不可偏废也。"

临机处置。亦即"临机应变"、"随机应变"、"临机制变"之意。——书出第1341页。典出《周书·陆腾传》："太祖谓腾曰：'今欲通江由路直出南奏，卿宜善思经略。'腾曰：'必望临机制变，未敢预陈。'"又见，宋人罗大经《鹤林玉露乙编·临事之智》："大凡临事无大小，皆贵乎智。智者何？随机应变，足以弭患济事者也。"又见，唐人吴兢《贞观政要·任贤·李勣》："勣每行军，用师筹算，临敌应变，动合事机。"又见，唐人吴武陵《上韩舍人行军书》："夫临机制变，又何可数？昔司马宣王征孟达，则八道急攻；征公孙文懿，则舍其锐而趋其虚缓以挠。各从其利也。"

用典探妙：

毛泽东在这个约500余字的决定中，计在2处用了典故。其所用之妙在于用典的高度集中性，即毛泽东将这两个成语形式的典故，集中于文尾的两句话中，这有如两处闪光的灯火，耀入读者的眼帘。让人清楚地明白：党委的集体领导和个人负责，二者是不可偏废的。但军队在作战时和情况需要时，首长有临机处置之权，即遇"特殊情况"，可以"特殊处理"。如此集中用典于结尾，这就十分辩证地、实事求是地点出了"关于健全党委制"的要旨与精髓所在之妙。

267."除去反动分子外"　"应当大批地利用"
——毛泽东在《中共中央关于九月会议的通知》中所用典故探妙

用典缘起：

1948年10月10日，毛泽东为中共中央起草了后来编入《毛泽东选集》时题为《中共中央关于九月会议的通知》的对党内的通知。在这个通知中用了下列典故。

典故内容：

不违农时。——书出第1348页。典出《孟子·梁惠王上》："不违农时，谷不可胜食也；数罟不入洿池，鱼鳖不可胜食也；斧斤以时入山林，材木不可胜用也。"这一段话是孟子回答梁惠王时说的。其意思是说：治理国家的人如果不违背农时，那么，其粮食就会吃不完；不用过密的网下水捕鱼，其鱼鳖之类的水产就吃不完；上山伐木如果有自己的一定计划，那么，其木材就使用不尽。

用典探妙：

毛泽东在这个约5200余字的通知中，只用了一个典故。这是一个局部性质的典故。尽管它只是修饰其所在之句，但是，这个典故带来了两条重要信息。一是其本身的语言信息，此典故几乎家喻户晓，用在这里，它有提醒人们要注意农事季节的重要作用之妙；再就是，这条典故出处来自2300余年前的孟子，就是说，这个典故经历了2300余年的历史检验，它是真理，毛泽东将其妙用如此处，有其无可辩驳的说服力。当人们读完含有这个典故的典例，不能不令人惊叹先贤的智慧。

268.自从有了共产党　革命的面目一新
——毛泽东在《全世界革命力量团结起来，反对帝国主义的侵略》中所用典故探妙

用典缘起：

1948年11月间，毛泽东给欧洲共产党和工人党情报局机关刊物《争取持久和平，争取人民民主！》第21期，写有并发表了题为《全世界革命力量团结起来，反对帝国主义

的侵略》的纪念十月革命31周年的这篇论文。在这篇论文中用了下列典故。

典故内容：

轰轰烈烈。亦为"烈烈轰轰"。——书出第1357页。典出宋人文天祥《沁园春·题张许双庙》："骂贼张巡，同心许远，皆得声名万古香。后来者，无二公之节，百炼之钢。人生翕歘云亡。好烈烈轰轰做一场。使当时卖国，甘心降虏，受人唾骂，安得流芳。"事由唐玄宗安史之乱时，御史中丞张巡起兵抵抗，后与睢阳太守许远共同作战，为贼兵所围。其时，临淮节度使因以往就忌恨张巡的声望，故而见死不救，致使城为贼兵所破，张巡在临死时对贼骂不停口。文天祥途经张、许庙时，深为所感，遂有此词纪事。又见，元人无名氏《气英布》第2折："从今后收拾了喧喧嚷嚷略地攻城，毕罢了轰轰烈烈夺利争名。"又见，明人冯梦龙《警世通言》卷40："叫那雷神今晚将五雷藏着，休得要驱起那号令，放出那霹雳，轰轰烈烈，使一鸣山岳震，再鼓禹门开。"又见，《红楼梦》第107回："不过这几年看着你们轰轰烈烈，我乐得都不管，说说笑笑，养身子罢了。"

焕然一新。——书出第1357页。典出宋人陆游《老学庵笔记》："宣和末，巨商舍三万缗，装饰泗州普照塔，焕然一新。"又见，宋人丘崇《重修罗池庙记》："堂室门序，卑高如仪，焕然一新，观者嗟异。"又见，宋人李之仪《姑溪居士文集·天禧寺新建法堂记》："又建僧堂厨库……各适其正，焕然一新。"又见，宋人陈亮《祭妹夫周英伯文》："木石随在而办，椽瓦随用而足，别为此室庐以焕然一新者，分贤尊之忧责于身也。"又见，宋人杨万里《赠直秘阁彭公行状》："上俞其请，于是室庐戈甲焕然一新，军势整肃，冠于旁郡。"又见，《红楼梦》第53回："两府中都换了门神、联对、挂牌，新油了桃符，焕然一新。"

分崩离析。——书出第1358页。典出《论语·季氏》："今由与求也，相夫子。远人不服，而不能来也。邦分崩离析，而不能守也。"三国魏人何晏《集解》引孔安国曰："民有异心曰分，欲去曰崩，不可会聚曰离析。"又见，唐人崔祐甫《上宰相笺》："孔明以分崩离析之时，事要荒割据之主，不尚能恢弘王度，克广德心。"又见，宋人司马光《保业》："自周室东迁以来，王政不行，诸侯多僭，分崩离析，不可胜纪。"

用典探妙：

毛泽东在这篇论文中只用了3个典故。这3个成语形式的典故，均属于局部性质的典故，它们只是修饰其所在的句子的。但是，从全篇论文来看，这三个成语形式的典故，又有说明全文和高度概括全文主旨之妙。这就是：自从马克思主义诞生以来，以及中国共产党诞生以来，世界革命和中国革命事业轰轰烈烈，革命面目焕然一新；而帝国主义阵营内部则分崩离析。

269.我军得胜入平津 蒋敌有如惊弓鸟
——毛泽东在《关于平津战役的作战方针》中所用典故探妙

用典缘起：

1948年12月11日，毛泽东为中共中央军事委员会起草了后来在编入《毛泽东选集》时题为《关于平津战役的作战方针》的给林彪、罗荣桓的电报。在这封电报中用了下列典故。

典故内容：

惊弓之鸟。亦即"惊弦"、"惊雁落空弦"、"空弦落雁"。——书出第1363、1366页（两出）。典出《战国策·楚策四》："天下合从，赵使魏加见楚春申君曰：'君有将乎？'曰：'有矣。仆欲将临武君。'魏加曰：'臣少时好射，臣愿以射譬之，可乎？'春申君曰：'可。'加曰：'异日者，更羸与魏王处京台之下，仰见飞鸟。更羸谓魏王曰："臣为王引弓虚发而下鸟。"魏王曰："然则射可至此乎？"更羸曰："可。"有间，雁从东方来，更羸以虚发而下之。魏王曰："然则射可至于此乎？"更羸曰："此孽也！"王曰："先生何以知之？"对曰："其飞徐而鸣悲。飞徐者，故疮痛也；鸣悲者，久失群也。故疮未息而惊心未去也。闻弦声，引而高飞，故疮陨也。"今临武君尝为秦孽，不可为拒秦之将也。'"这一段故事是说：战国时期的赵、楚、燕、齐、韩、魏六国曾被告合纵之策以抵抗强秦。赵国为了了解楚国所准备的抗秦布置情况，派出了使臣魏加去见楚国的春申君黄歇。魏加问春申君：楚国物色好了抗秦的主将与否。春申君告诉他说：拟派临武君任主将。魏加对此有不同意见，但又不好直接说出来。于是讲了"惊弓之鸟"这个故事。故事说：从前，在魏国有一个善射高手名叫更羸。他对魏王说：他只要一拉响弓，不必发射箭，就可以让天上的飞雁跌落下来。这时，一只雁从东方飞来了，更羸便对空拉弦虚发一箭。果然，这只雁便跌落下来了。魏王惊问其故并说：你的射箭技术怎能达到如此高超的地步？更羸说：这是一只受过伤还未恢复创伤的雁。我见此雁飞得缓慢，叫声又悲哀。之所以飞得慢，是因为受过伤；其叫声悲，是因为这是一只失群的孤雁。它是必定心惊而恐慌的。当一听到弓弦之声，它必然要振翅高飞以避再受伤害，这就导致伤势发作，因而就跌落下来。说完这个故事之后，魏加对春申君说：临武君过去与秦军作战，是吃过不少败仗的。这次让他当与秦军大战的主帅，就会如惊弓之鸟一样，是难于抵抗秦军的进攻的。又见，《晋书·苻生载记》："伤弓之鸟，落于虚发。"又见，《晋书·王鉴传》："黩武之众易动，惊弓之鸟难安，鉴之所甚惧也。"唐人扬士勖疏："败军之将不可以语勇，惊弦之鸟不可以应弓。"又见，清人李绿园《歧路灯》第81回："绍闻是惊弓之鸟，吓了一跳。"又见，南朝宋人鲍照《代东门行》："伤禽恶弦惊，倦客恶离声。"又见，唐人

陈子昂《落第西还别魏四懔》："转蓬方不定，落羽自惊弦。"又见，唐人白居易《送客南迁》："客似惊鸿雁，舟如委浪萍。"又见，宋人陆游《自述》诗："自笑为农行没世，尚知惊雁落空弦。"又见，陆游《杂兴》（其三）："空弦可落雁，此事盖自昔。"

出敌意外。——书出第1366页。典出《孙子·计篇》："攻其无备，出其不意，此兵家之胜，不可先传也。""出敌意外"当是据此典意而成。

用典探妙：

毛泽东在这封电报中，计在3处用了典故。其用典的显著特点是：将典故用作精辟的比喻之妙。具体而言，就是"惊弓之鸟"一典的比喻之妙。

在第1363页，毛泽东在叙述了蒋军在张家口、新保安、怀来和整个北平、天津、塘沽、唐山诸敌的惨败之后，用上了"惊弓之鸟"一典，将国民党军对于我人民解放军的畏惧之心进行了形象的刻画和绝妙的比喻。这一典故的妙用，大长了我军的志气，大灭了敌人的威风。

在第1366页，毛泽东又重用了"惊弓之鸟"这一典故。这一典故的重用，不仅再一次地揭示了国民党军队的惊恐畏惧之心，但在运用了"惊弓之鸟"这一典故语的前后文中，又点破了国民党军的骨干们总是过高地估计自己的力量的刚愎自用心态。这对于我军胜利完成平津战役的部署，实有鼓舞作用。

270.惊弓之鸟陷重围　从速投降是出路
——毛泽东在《敦促杜聿明等投降书》中所用典故探妙

用典缘起：

1948年12月17日，毛泽东为中原、华东两人民解放军写了后来编入《毛泽东选集》时题为《敦促杜聿明等投降书》的一篇广播稿。在这篇广播稿中用了下列典故。

典故内容：

山穷水尽。——书出第1369页。典出宋人洪咨夔《平斋文集·龙洲免运粮夫碑跋》："山穷水尽之邦，刀耕火种之俗。"又见，清人蒲松龄《聊斋志异·李八缸》："月生固哀之，（李八缸）怒曰：'汝尚有二十余年坎壈未历，即予千金，亦立尽耳。苟不至山穷水尽时，勿望给与也！'"又见，清人李宝嘉《官场现形记》第47回："到得此时，斥革功名，抄没家产都不算，一定还要拷打监追；及至山穷水尽，一无法想。"

全军覆没。——书出第1369页。典出《资治通鉴·宋文帝文嘉六年》："（崔）浩曰：'……以刘裕之雄杰，吞并关中，留其爱子，辅以良将，精兵数万，犹不能守，全军覆没。号哭之声，至今未已。'"又见，《旧唐书·李希烈传》："官军皆为其所败，荆南节度张伯仪全军覆没。"又见，《宋史·崔与之传》："都统刘琸承密札取泗州，兵渡淮而后谍报。琸全军覆没，与之忧愤，弛书宰相。"又见，《东周列国志》第8回："自伐戴一出，全军覆没，孔父嘉只身逃归，国人颇有怨言。"又见，《封神演义》第93回："梅山七怪化成人形，与周兵屡战，俱被陆续诛灭，复现原形，大失朝廷体面，全军覆没；臣等只得逃回。"又见，清人顾炎武《日知录·宦官》："至十四年阳和口之战，太监郭敬监军，诸将悉为所制，师无纪律，而宋谦朱冕全军覆没矣。"

四面八方。亦即"四方八面"。——书出第1369页。典出唐人释慧然《临济慧照玄公大宗师语录·勘辨》："明头来明头打，暗头来暗头打，四方八面来旋风打，虚空来连架打。"又见，宋人杨万里《过百家渡四绝句》（其二）："莫问早行奇绝处，四方八面野香来。"又见，元人关汉卿《玉镜台》第1折："轩车离故乡，走四面八方。"又见，《封神演义》第69回："匹夫！死活不知！四面八方皆非纣有，尚敢支吾而不知天命也！"又见，《红楼梦》第57回："我只愿这会子立刻死了，把心迸出来，你们瞧见了，然后连皮带骨，一概化成一股烟，一阵大风，吹的四面八方，都登时散了，这才好！"

叫苦连天。——书出第1369页。典出明人冯梦龙《古今小说》卷36："（石崇）用杖一击（珊瑚树），打为粉碎。王恺大惊，叫苦连天。"又见，其《警世通言》卷36："赵再理听说，叫苦连天：'罢！罢！死去阴司告状理会！'"又见，《西游记》第55回："你怎么正战到好处，却就叫苦连天的走了？"又见，《红楼梦》第107回："那些跟去的人，谁是愿意的？不免心中抱怨，叫苦连天，正是生离果胜死别，看者比受者更伤心。"又见，清人李宝嘉《官场现形记》第5回："到省之后，当了三年的厘局总办；在人家总可以剩两个，谁知你还是叫苦连天，认不定是真穷还是装穷。"

用典探妙：

毛泽东在这篇不足1000字的广播稿中，计用了四个典故。这四个典故均属成语形式的典故。这些典故的运用，颇具特色。

特色之一是：用典有高度集中性之妙。

毛泽东在这短短的广播稿中，所运用的这四个成语形式的典故，都集中于前500字（即开篇的第1369页）。这四个典故语言，都是对杜聿明等走投无路处境的形象描绘，它们集中于开篇之中，有让杜聿明等听后为之胆战心惊之妙，它们集中于开篇，闪烁着毛泽东妙用典故智慧的思想光芒，闪耀着其运用语言艺术的光彩。

特色之二是：选用典故的强烈感情色彩性之妙。

毛泽东不仅将所用之典故相对集中而用，而且所选用的典故都是颇富情感色彩的。这些令国民党军听了为之晦气、丧气的典故语，都紧承于杜聿明、邱清泉、李弥等人之后，凸显了他们如不投降，只有灭亡客观现实，十分有效地为"敦促杜聿明等投降"的

广播稿的主旨服务。

271.彻底消灭反动派 "将革命进行到底"
——毛泽东在《将革命进行到底》中所用典故探妙

用典缘起：

1948年12月30日，在新年即将到来之际，毛泽东写了后来编入《毛泽东选集》时题为《将革命进行到底》的新年献词。在这篇献词中用了下列典故。

典故内容：

声势汹汹。——书出第1372页。典出《荀子·天论》："天不为人之恶寒也，辍冬；地不为人之恶辽远也，辍广；君子不为小人之汹汹也，辍行。" 声势汹汹当由"气势汹汹"换字而来。

不可一世。亦即"不肯一世"。——书出第1372页。典出宋人黄庭坚《山谷题跋·跋范文正公帖》："范文正公书，落笔痛快沉着，极近晋宋人书。往时苏才翁笔法妙天下，不肯一世人，惟称范文正公书与《乐毅论》同法。"又见，宋人罗大经《鹤林玉露补遗》卷15："荆公少年，不可一世士。独怀刺候濂溪，三及门而三辞焉。"又见，明人焦竑《玉堂丛语》卷8："为翰林庶吉士，诗已有名，其不可一世，仅推何景明，而好薛蕙、郑善夫。"这里的"不可一世"，当是指不肯轻易地赞许同时代的任何人；又见，明人汤显祖《艳异编序》："不佞懒如稽，狂如阮，慢于长卿，迂如元稹，一时不可余，余亦不可一世。"又见，清人曾朴《孽海花》第34回："圆圆的脸盘，两目炯炯有光，于盎然春气里，时时流露不可一世的精神。"又见，清人张笃庆《鹦鹉洲哀辞》："当筵落笔赋《鹦鹉》，生平谩骂膺磔俎。不可一世横千古，乾坤局蹐归黄土。"这里的"不可一世"，当是指狂妄到了极点，目空一切之形态与情态。

半途而废。亦即"半涂而废"。——书出第1375页（两出）。典出《礼记·中庸》："君子遵道而行，半涂而废，吾弗能已矣。"又见，《梁书·徐勉传》："况夫名立宦成，半途而废者，亦焉可以已已哉！"又见，明人徐晞《杀狗记》第5折："是则是三人同结义，怕只怕半途而废。"又见，《三国演义》第114回："臣已得祁山之寨，正欲收功，不期半途而废。"又见，清人李宝嘉《官场现形记》第57回："如果就此请假回国，这里的事半途而废，将来保举弄不到，白吃一趟辛苦。"

杀人不眨眼。——书出第1376页。典出宋人释普济《五灯会元》卷11："问：'如何是大善知识？'师曰：'杀人不眨眼。'"又见，其《五灯会元·庐山圆通缘德禅师》："大将军曹翰部曲渡江入寺，禅者惊走，师淡坐如平日，翰至不起不揖。翰怒诃曰：'长老不闻杀人不眨眼将军乎？'师熟视曰：'汝安知有不惧生死和尚邪！'翰大奇，增敬而已。"又见，清人陈忱《水浒后传》第24回："杨林是个杀人不眨眼的魔头，见了不觉毛发直竖，身子寒抖不定。"又见，清人文康《儿女英雄传》缘起首回："那项王是个杀人不眨眼的魔君，汉王岂不深知。"

仁至义尽。——书出第1376页。典出《礼记·郊特牲》："蜡之祭也，……仁之至，义之尽也。"唐人孔颖达疏："不忘恩而报之，是仁；有功必报之，是义也。"又见，宋人陆游《比秋思》诗之七："虚极静笃道乃见，仁至义尽余何忧。"又见，明人无名氏《冯京三元记·团圆》："恤贫者仁，乐施者义，仁至义尽，实宜宠褒。"

穷凶极恶。——书出第1376页。典出《汉书·王莽传赞》："（莽）乃始恣睢，奋其威诈，滔天虐民，穷凶极恶，毒流诸夏。"又见，《三国志·吴书·孙权传》："皇纲失叙，逆臣乘衅，劫夺国柄，始于董卓，终于曹操，穷凶极恶，以覆四海。"又见，南朝宋文帝《诛徐羡之等诏》："穷凶极虐，荼酷备加。"又见，明人冯梦龙《喻世明言》卷40："表上备说严嵩父子……招权纳贿，穷凶极恶，欺君误国十大罪，乞诛之以谢天下。"

君子国。——书出第1377页。典出《山海经·海外东经》："君子国在其北，衣冠带剑，食兽，使二大虎在旁，其人好让不争。"又见，清人李汝珍《镜花缘》第10回："不多几日，到了君子国，将船泊岸。林之洋上去卖货。唐敖因素闻君子国好让不争，想来必是礼乐之邦……唐敖见了语言可通，因向一位老翁问其何以'好让不争'之故。……又问国以'君子'为名是何缘故……多九公道：'据老夫看来：他这国名以及"好让不争"四字，大约都是邻邦替他取的，所以他们都回不知。刚才我们一路看来，那些"耕者让畔，行者让路"光景，已是不争之意。而且士庶人等，无论富贵贫贱，举止言谈，莫不恭而有礼，也不愧"君子"二字'……"清人梁启超《去国引》："东方古称君子国，种族文教咸我同。"

农夫与蛇。——书出第1377页。典出古希腊之《伊索寓言》。其译意是：有一个农夫在冬天发现了一条冻僵的蛇，他可怜它，拿来将它放在怀里。蛇被农夫温暖过来了，恢复了它的本性，咬了它的恩人，把它害死。这个农夫在即将死去的时候说道：我是该死，怜惜那恶人了。这则故事说明：凶恶的人的本性是不会变的，即使人家对他十分的仁慈。

美女蛇。——书出第1377页。典出古老的民间传说。关于美女蛇的传说，各地不一，但大同小异。其中以鲁迅《从百草园到三味书屋》这一则美女蛇民间传说最为完美。现录于下："长的草里是不去的，因为相传这园里有一条很大的赤练蛇。长妈妈曾经讲给我一个故事听：先前，有一个读书人住在古庙里用功，晚间，在院子里纳凉的时候，突然听到有人在叫他。答应着，四面看时，却见一个美女的脸露在墙头上，向他一笑，隐去了。他很高兴；但竟给那走来夜谈的老和尚识破了机关。说他脸上有些妖气，

一定遇见'美女蛇'了；这是人首蛇身的怪物，能唤人名，倘一答应，夜间便要来吃这人的肉的。他自然吓得要死，而那老和尚却道无妨，给他一个小盒子，说只要放在枕边，便可高枕而卧。他虽然照样办，却总是睡不着，——当然睡不着的。到半夜，果然来了，沙沙沙！门外像是风雨声。他正抖作一团时，却听得豁的一声，一道金光从枕边飞出，外面便什么声音也没有了，那金光也就飞回来，敛在盒子里。后来呢？后来，老和尚说，这是飞蜈蚣，它能吸蛇的脑髓，美女蛇就被它治死了。"（鲁迅：《朝花夕拾》，人民文学出版社1973年版，第42页）

孤立无援。——书出第1378页。典出《三国演义》第47回："周瑜孤立无援，必为丞相所擒。"又见，《东周列国志》第5回："庄公既碍姜氏之面，又度公孙滑孤立无援，不能有为。乃回书卫侯。"

用典探妙：

毛泽东在这篇为1949年所写的《将革命进行到底》的新年献词中，计在10处用了典故。每一处的用典，都显得颇有特色。从全文来看，其中最具特色的，当是民间传说形式的典故和寓言形式的典故的结合运用之妙。

首先是"君子国"一典的运用，有对美帝国主义所谓遵守"不干涉中国内政的政策"以极尽辛辣讽刺之妙！"君子国"一典，经清人李汝珍的《镜花缘》第10回和第11回的形象描绘和渲染，将这样一个"世外天国"的人们那种自愿"出高价买低货"、"多出钱少买货"、"因让而争"种种滑稽可笑的现象，描绘到了极致。在某种特定的环境中，有时要听话听反话，不会当傻瓜。在这里，李汝珍实际上是对社会上这样一种尔虞我诈、包藏祸心的险恶现实的正话反说。这正如鲁迅先生在其《中国小说史略》中所言："然因让而争，矫伪已甚。"可谓一语中的。毛泽东妙称美帝国主义的先生们就是"君子国"的先生们，此典有如匕首一般的锋利，将美帝国主义的狼子野心撕开，有让世人一目了然之妙！

其次是"农夫与蛇"这一寓言形式的典故的妙用。这是一则外国的寓言形式的典故，毛泽东没有只引这个寓言形式典故的题目，而是全文地讲述，这样的表述方式，有让读者全文通晓这一外国典故的内容之妙。然而，毛泽东在这里并不是仅仅是在讲故事，他在这里所要比附的是：毒蛇——就是出钱、出枪、出顾问让中国人打中国人的美帝国主义，就是甘作美帝国主义走狗的蒋介石国民党反动派；而好心的农夫——就是那些没有识破美帝国主义者险恶用心的、仍对其抱有某种幻想的人们。毛泽东在这里所用的"农夫与蛇"一典，对于揭露美、蒋所谓"和平"与"调停"的司马昭之心，对于对美、蒋仍存幻想的人们提高警惕，可谓有一箭双雕之妙！

再次是"美女蛇"一典的妙用。"美女蛇"这个民间传说形式的典故，牢牢地扎根于中国老百姓的心目之中，它蕴涵着汉民族的思维方式，易为中国人民所吸收、所理解。毛泽东取"美女蛇"这个传说典故的邪恶的一面，激活了这一民间传说形式典故的丰富内涵。中国革命尚未成功，各色各样的"美女蛇"仍然大量存在，这对于在全国胜利前夕，那些滋长了和平麻痹思想的人们来说，有敲起警钟之妙！

272.为保存反动势力 战犯蒋介石求和
——毛泽东在《评战犯求和》中所用典故探妙

用典缘起：

为了揭露国民党利用和平谈判来保存反革命实力，毛泽东为新华社写下了一系列的评论文章。这是1949年1月4日发表，后来在编入《毛泽东选集》时，题为《评战犯求和》，是多篇评论的第一篇。在这篇评论中用了下列典故。

典故内容：

休养生息。——书出第1381、1382页（三出）。典出唐人韩愈《平淮西碑》："高祖、太宗，既除既治。高宗、中、睿，休养生息。"又见，明人归有光《震川集·送同年李观甫之任江浦序》："夫今天下所在，独患民贫而上之恤……如江浦者，尤宜休养生息之者也。"又见，明人李贽《续焚书·姚恭靖》："以为我国家二百余年以来，休养生息，遂至今日士安于饱暖，人忘其战争。"又见，清人毕沅《续资治通鉴·宋纪高宗绍兴十年》："许其修睦，因以罢兵，庶几休养生息，各正性命，仰合于天心。"

卷土重来。——书出第1382页。典出唐人杜牧《题乌江亭》诗："胜败兵家事不期，包羞忍耻是男儿。江东子弟多才俊，卷土重来未可知。"又见，宋人王安石《乌江亭》诗："百战疲劳壮士哀，中原一败势难回。江东子弟今虽在，肯与君王卷土来！"这里的"卷土重来"，多是指人马奔跑着卷起尘土，再一次地猛扑过来的意思，亦有失败了之后，重新恢复势力再来之意。又见，明人瞿式耜《先剔遗奸疏》："今主司房考业经处分，而监试何独漏网？且黄部覆，冀他日冒滥京堂，卷土重来，岂一手能障天下之公议乎？"又见，明人无名氏《鸣凤记·夏公命将》："国家重地沦亡久，卷土重来在此行。"又见，清人黄宗羲《翰林院庶吉士子——魏先生墓志铭》："而导之兴狱者阮大铖、傅槐，方改头换面，卷土重来。"

贾宝玉的命根。——书出第1382页。典出《红楼梦》第3回："宝玉便走近黛玉身边坐下，又细细打量一番，因问：'妹妹可曾读书？'黛玉道：'不曾读，只上了一年学，些须认得几个字。'宝玉又道：'妹妹尊名是那两个字？'黛玉便说了名。宝玉又问表字。黛玉道：'无字。'宝玉笑道：'我送妹妹一妙字，莫若"颦颦"二字极妙。'探春便问何出。宝玉道：'《古今人物通考》上说："西方有石名黛，可代画眉之墨。"况这妹妹眉尖若蹙，用取这两个字，岂不两妙！'……又问黛玉：'可也有玉

没有？'众人不解其语，黛玉便忖度着因他有玉，故问我有也无，因答道：'我没那个。想来那玉是一件罕物，岂能人人有的。'宝玉听了，登时发作起痴狂病来，摘下那玉，就狠命摔去，骂道：'什么罕物，连人之高低不择，还说"通灵"不"通灵"呢！我也不要这劳什子了！'吓的众人一拥争去拾玉。贾母急的搂了宝玉道：'孽障！你生气，要打骂人容易，何苦摔那命根子！'……"在整部《红楼梦》中，多次描写到宝玉失玉的严重后果，确实是宝玉的命根子。

骄奢淫逸。亦即"骄奢淫泆"、"骄奢淫佚"。——书出第1383页（两出）。典出《左传·隐公三年》："臣闻爱子，教之以义方，弗纳于邪。骄奢淫佚（逸），所自邪也。四者之来，宠禄过也。"这是春秋时卫国大夫石碏劝谏卫庄公时说的话。其意是说：你喜欢自己的小儿子，就应当教育他走正道。你对他过分地宠爱，就会养成他骄傲奢侈、贪图淫乐安逸的坏习惯，这是邪恶的根源。而今，这骄傲、奢侈、淫乐、安逸四种现象的产生，则正是宠禄过分的缘由之所在。又见，汉人董仲舒《春秋繁露·王道》："观乎鲁庄之起台，知骄奢淫泆（逸）之失。"又见，《后汉书·班彪传》："故成王一日即位，天下旷然太平。是以《春秋》'爱子教以义方，不纳于邪。骄奢淫佚（逸），所自邪也'。"又见，《晋书·杨骏传》："杨骏阶缘宠幸，遂荷栋梁之任，敬之犹恐弗逮，骄奢淫泆（逸），庸可免乎？"又见，《旧唐书·柳泽传》："石碏曰：'臣闻爱子，教之以义方，不纳于邪，骄奢淫逸，所自邪也。'"又见，《宋史·蔡攸传》："攸罪不减乃父，燕山之役，祸及宗社，骄奢淫泆（逸），载籍所无。"

饥寒交迫。——书出第1383页（两出）。典出清人袁枚《续子不语》："母呼其子曰，吾数十年来，饥寒交迫，不萌他念者，望汝成立室家，为尔父延一线也。"又见，清人李中孚《二曲集·与董君伯（其二）》："今兹关中之荒，近世罕见……隆冬及春，饥寒交迫，生机穷绝。"

五体投地。——书出第1383页。典出唐人般剌蜜帝、弥伽释迦、房融共译《楞严经》卷1："汝今难得多闻，不成圣果。阿难闻已，重复悲泪，五体投地，长跪合掌，而白佛言：自我从佛，发心出家，恃佛威神……"又见，唐人玄奘《大唐西域记·三国》："致敬之式，其仪九等：一、发言慰问，二、俯首示敬，三、举手高揖，四、合掌平拱，五、屈膝，六、长跪，七、手膝踞地，八、五轮俱屈，九、五体投地。"这里的"五体投地"，当主要是指一种礼节形式。又见，《梁书·中天竺国传》："今以此国群臣民庶，山川珍重，一切归属，五体投地，归诚大王。"又见，明人卢象昇《与少司成吴葵庵书》："倘一昌言于朝，弟当五体投地，延企何如！"

罪该万死。亦即"罪当万死"、"罪合万死"。——书出第1383页。典出《汉书·东方朔传》："粪土愚臣，忘生触死，逆盛意，犯隆指，罪当万死。"又见，《魏书·房伯玉传》："（伯玉对曰）臣既小人，备荷驱使，缘百口在南，致拒皇略，罪合万死。"又见，《水浒传》第97回："孙安纳头便拜道：'孙某抗拒大兵，罪该万死。'"又见，清人钱彩《说岳全传》第13回："微臣卧病在床，不能接旨，罪该万死。"

为民请命。——书出第1384页。典出《史记·淮阴侯列传》："以足下之贤圣，有用兵之众，据齐，从燕赵，出空虚之地而制其后，因民之欲，西乡之为百姓请命，则天下风走而响应矣，孰敢不听！"唐人颜师古注："齐国在东，故曰西乡。止楚汉之战斗，士卒不死亡，故云请命。"这里意思是说：站在老百姓的立场说话，为他们解除苦难，为他们的利害，要求当权者有所作为。又见，《三国志·魏书·文帝》："以肃承天命。"南朝宋人裴松之注引相国歆等曰："武王亲衣甲而冠胄，沐雨而节风，为民请命。"

用典探妙：

毛泽东在这篇不足3000字的评论中，计在12处用了典故。这些典故的运用，可谓各尽其妙。总的说来，有三个最为突出的特点。

其一是：承接式用典，有"以子之矛，攻子之盾"之妙！

蒋介石这个战犯在求和时，拼凑了各种各样的、冠冕堂皇的所谓理由。如毛泽东在其评论文章的开篇，就引用了蒋介石所说的：求和是"有助于人民的休养生息……"这其中的"休养生息"，就是一个成语形式的典故。毛泽东在批驳和揭露蒋介石这些骗人的鬼话时，承接式地运用了蒋介石所运用过的"休养生息"这个典故。毛泽东这样写道："'有助于人民的休养生息'——'和平'必须有助于已被击败但尚未消灭的中国反动派的休养生息，以便在休养好了之后，卷土重来，扑灭革命。'和平'就是为了这个。打了两年半了，'走狗不走'，美国人在生气，就是稍为休养一会儿也好。"蒋介石在其求和中所拼凑的理由，与其执政时的所作所为是完全矛盾的，他的所谓"有助于人民的休养生息"是假，而要求和以得到喘息之机是真。毛泽东一手接过"休养生息"一典，引用与抽用（两次抽用"休养"一语）结合，对蒋介石求和的险恶用心揭露以尽。

其二是：用典的成双对比，以达到揭露与批判蒋介石求和的目的之所在之妙！

蒋介石所云其求和是为了让："人民能够维持其自由的生活方式与目前的最低生活水准。"毛泽东在批驳其这一谬论时，选用"骄奢淫逸"与"饥寒交迫"这样两个成语形式的典故。这是两个明亮对比十分强烈闪光之点，毛泽东将它们成双对比而用，这就明确地揭示了：以蒋介石为首的剥削者与压迫者的"骄奢淫逸"，正是中国劳动人民"饥寒交迫"之根源。可谓将蒋介石所打着的"人民"的旗号撕裂以尽！

其三是：新创典故而用，有揭示蒋介石求和条件的又一本质特征之妙！

855

毛泽东在以上的用典，均有揭示蒋介石求和的所谓条件的本质特征之妙。而其新创典故而用，在其揭露蒋介石的所谓求和的本质特征上，则有更为新颖、更为深刻之妙！

据笔者目前的知识量所及，笔者以为：我们只要略微翻一翻所涉用典之书籍：有谁将《红楼梦》中贾宝玉脖子上的那一块"通灵宝石"与军队联系在一起呢？这只有毛泽东。百年以来的中国革命，特别是中国共产党诞生以来，吃尽了没有掌握自己的军队之苦。故在1927年8月7日的中央紧急会议上，毛泽东就十分坚定而明确地指出了"须知政权是由枪杆子中取得的"。在1927年8月18日的中共湖南省委第一次会议上的发言时，又强调指出："现在应以百分之六十的精力注意军事运动，实行在枪杆子上夺取政权，建设政权。"（参见中共中央文献研究室编：《毛泽东文集》第1卷，人民出版社1993年12月版，第47—48页）到井冈山时期，毛泽东进一步旗帜鲜明地将上述这一论断概括为"枪杆子里面出政权"。这是无数革命先烈用鲜血换来的革命经验和真理。而反革命政权的赖以存在，正是靠其反革命军队来得以维持的。

毛泽东将蒋介石的中央军，创造性地比喻为是挂在其脖子上的"通灵宝玉"，《红楼梦》中的贾宝玉，一旦失去了日日夜夜挂在其脖子上的"通灵宝玉"，贾宝玉就会"失魂丧魄"，整个贾府就要闹翻天，从此就会不得安宁，贾宝玉的性命就要危在旦夕！同样，蒋介石要是其中央军完了蛋，则其反动政权就要立刻垮台！毛泽东这一创造性地比喻式用典，可谓幽默风趣至极！形象生动至极！揭露批判至极！

273.对"反抗的反动派" "必须坚决" "歼灭之"
——毛泽东在《中共中央毛泽东主席关于时局的声明》中所用典故探妙

用典缘起：

1949年1月14日，中共中央主席毛泽东发表了关于时局的声明，在这个声明中用了下列典故。

典故内容：

无所不用其极。——书出第1387页。典出《礼记·大学》："汤之盘铭曰：'苟日新，日日新，又日新。'《诗》曰：'周虽旧邦，其命维新。'是故君子无所不用其极。"这一段话的意思是说：商汤的浴盆上刻有：清洗心灵如洗澡，如能一天洗掉积垢以自新，就当天天去洗，以便彻底去私欲。又，周书上说，武王曾经对康叔说过：商朝的人民，虽然染有旧习，也有自新趋势，当政者应鼓励这些染有旧习的人去自新。《诗经·大雅·文王》中有言云：周从后稷至今，虽是古老之邦。但文王能够自新新民，所以顺天意做了天子。故自新新民责任的人，是无不用尽其心力的。又见，宋人袁燮《絜斋集·轮对陈人君宜达民隐札子》："凡可以加惠吾民者，无所不用其极。"又见，宋人陆九渊《书与赵宰》："九重勤恤民隐，无所不用其极。"这里的"无所不用其极"，是为褒义；又见，清人钱曾《读书敏求记·徂徕文集》："翻《徂徕集》因思小人欺君，无所不用其极，为之掩卷失声。"这里的"无所不用其极"，当是指干坏事时，无论什么手段都可以使得出来。是为贬义。

敲骨吸髓。亦称"敲骨取髓"、"敲骨剥髓"。——书出第1387页。典出宋人释普济《五灯会元·东土祖师》："自惟曰：'昔人求道，敲骨取髓，刺血济饥，布发掩泥，投崖饲虎，古尚若此，我又何人！'"

水深火热。——书出第1387页。典出《孟子·梁惠王下》："以万乘之国，伐万乘之国，箪食壶浆，以迎王师，岂有他哉！避水火也。如水益深，如火益热，亦运而已矣。"又见，清人李雨堂《万花楼杨包狄演义》第62回："况陈州连年灾荒，穷困不堪，即有一二富厚之家设法施救穷民，无奈一连六七岁，颗粒无收，人民已是水深火热，目今得皇儿救免征课，实乃万民之幸了。"

无穷无尽。——书出第1388页。典出宋人释道原《景德传灯录·池州甘贽行者》："（甘）云：'请上座施财。'上座云：'财施无尽，法施无穷。'"又见，宋人晏殊《踏莎行》词："无穷无尽是离愁，天涯地角寻思遍。"又见，明人刘兑《金童玉女·娇红记》："愁呵！天也似无穷无尽，病呵！似影儿般相趁相逐。"又见，明人李贽《续焚书·焦弱侯》："日来与刘晋老对坐商证，方知此事无穷无尽，日新又新，非虚言也。"又见，《西游记》第40回："那西天路无穷无尽，几时能到得！"

土崩瓦解。——书出第1388页。典出旧题周·鬼谷子撰《鬼谷子·抵巇》："君臣相惑，土崩瓦解而相射。"又见，《史记·秦始皇本纪》："秦之积衰，天下土崩瓦解。"又见，《晋书·石勒载记上》："若大军在郊，必土崩瓦解。"又见，《宋史·孙沔传》："若恬然不顾，遂以为安，臣恐土崩瓦解，不可复救。"

自食其果。——书出第1388页。典出宋人欧阳修《六一居士传》："是将违其素志而自食其言。"又见，《东周列国志》第86回："又公族五世以上者，令自食其力，比于编氓。""自食其果"一语，当是由"自食其言"、"自食其力"换字而成。

众叛亲离。——书出第1388页。典出《左传·隐公四年》："阻兵无众，安忍无亲，众叛亲离，难以济矣。"又见，《三国志·公孙瓒传》南朝宋人裴松之注引《汉晋春秋》："（袁绍与瓒书曰）既乃残杀老弱，幽土愤怨，众叛亲离，孑然无党。"

卷土重来。——书出第1388页。典出同上一篇。

用典探妙：

毛泽东在这个关于时局的声明中，计用了8个成语形式的典故。在其声明中所要阐明的是："在南京国民党反动政府接受并实现真正的和平以前，你们丝毫也不应当松懈

你们的战斗努力。对于任何敢于反抗的反动派，必须坚决、彻底、干净、全部地歼灭之。"本着这一宗旨，在典故的运用上，其显著的特点是：选用的典故，极具两大色彩。

一是选用典故有富于感情色彩之妙。

如"无所不用其极"一典的运用，情感激愤地将国民党反动政府以极端残暴的烧、杀、奸、掠等手段，进行了尽情的揭露与批判。又如"无穷无尽"一典，对于美帝国主义出钱出枪出顾问源源不断地支持蒋介石屠杀中国人民的行为，表现出了极大的愤慨与蔑视，这"无穷无尽"一典，对于蒋介石靠着美国佬而有恃无恐，最终也难逃惨败的命运来说，可谓颇富讽刺意味。

二是选用典故有富于形象色彩之妙。

如"敲骨吸髓"一典的运用，将国民党反动政府残酷地进行剥削、榨取的横征暴敛的形象作了形象的概括，给人以具体可感的视觉形象，并起到了强烈的感染作用。再是"水深火热"、"土崩瓦解"、"众叛亲离"等，均是对于国民党反动派所作所为及其后果的形象概括，又因为它们是成语形式的典故，它们同时又是汉民族久远而丰富的社会生活与深厚的语言文化积淀，人们自然而然地会联系古今，这就更为深刻、形象色彩特别浓烈，从而有助于人们加深对于国民党反动政府的反动本质的进一步的认识。

"艺术的形式就是诉诸感官的形象。"（黑格尔：《美学》第1卷，朱光潜译，商务印书馆1979年版）毛泽东在这个声明中，所选用的这8个色彩特别浓烈的成语形式的典故，可以构成三幅色彩斑斓的画图：一幅是国民党反动派的榨取图；一幅是国民党的兵败如山倒图；一幅是国民党统治区的流民图。因此，对于这样的反动政府，必须推翻，"对于任何敢于反抗的反动派，必须坚决、彻底、干净、全部地歼灭之。"毛泽东所选用的这8个色彩斑斓的成语形式的典故，十分高效地为其声明的主旨服务。

274.评南京政府决议 揭批其和谈阴谋
——毛泽东在《中共发言人评南京行政院的决议》中所用典故探妙

用典缘起：

1949年1月21日，毛泽东以中共发言人的名义，发表了对南京行政院的决议后来编入《毛泽东选集》时题为《中共发言人评南京行政院的决议》的评论。在这篇评论中用了下列典故。

典故内容：

开诚相见。亦即"开心见诚"、"开诚布公"。——书出第1391、1392页（三出）。典出《后汉书·马援传》："（援说隗嚣曰）（光武帝）才明勇略，非人敌也。且开心见诚，无所隐伏，阔达多大节，略与高帝同。"又见，宋人陈亮《论开诚之道》："臣愿陛下虚怀易虑，开心见诚，疑则勿用，用者勿疑。"又见，《三国志·蜀书·诸葛亮传》："诸葛亮之为相国也……开诚心，布公道。"又见，宋人文天祥《己未上皇帝书》："宰相以其开诚布公之岁月，弊弊焉于调遣科隆之间，侍从近臣且日不暇相接矣。"

异想天开。——书出第1392页。典出清人李汝珍《镜花缘》第81回："陶秀春道：'这可谓异想天开了。'"又见，清人吴趼人《二十年目睹之怪现状》第2回："想着这个人扮了官去做贼，却是异想天开，只是未免玷辱了官场了。"

二者必居其一。——书出第1392页。典出《孟子·公孙丑》："前日之不受是，则今日之受非也；今日之受是，则前日之不受非也。夫子必居一于此矣。"

用典探妙：

毛泽东在这篇不足1400字的评论中，在5处用了典故。这5处所用之典故，主要是成语形式的典故。其用典的主要特色是：援引对方所用之典，在重复援引的基础上，将对方毫无诚意的虚伪面孔撕开，从而达到深刻的揭露与彻底的批判之妙。

具体说来，就是三次援引蒋介石所反复说的"开诚相见"一典，并就此作出分析，将国民党反动政府的所谓"决议"自相矛盾之处和毫无谈判诚意虚伪面孔撕得粉碎，在用典上有以子之矛攻子之盾之妙！

275.＂你们激怒了人民＂ ＂因此你们打败了＂
——毛泽东在《中共发言人关于命令国民党反动政府重新逮捕前日本侵华军总司令冈村宁次和逮捕国民党内战罪犯的谈话》中所用典故探妙

用典缘起：

1949年1月28日，毛泽东以中共发言人的名义，针对国民党政府国防部审判战犯军事法庭于1月26日宣判冈村宁次无罪而发表了这个谈话。在这个谈话中用了下列典故。

典故内容：

迫不及待。——书出第1393页。典出清人李汝珍《镜花缘》第6回："且系酒后游戏，该仙子何以迫不及待。"又见，清人李宝嘉《文明小史》第10回："所以迫不及待，就把地保按名锁拿到衙。"又见，清人曾朴《孽海花》第27回："战局日危，迟留一日，即多一日损失，中堂也迫不及待，已定明日请训后，即便启行。"

严惩不贷。——书出第1394页。典出《梁书·陆杲传》："杲尝以公事弹（张）

稷，稷因侍宴诉高祖曰：'陆杲是臣通亲，小事弹臣不贷。'"又见，明人余继登《典故纪闻》："有或违者，必罚不贷。"又见，清人方苞《请定经制札子》："其放米逾数，及私放棉布，守关胥吏兵丁，重惩不贷。""严惩不贷"一典，当由"弹臣不贷"、"必罚不贷"、"重惩不贷"而来。

滔天大罪。——书出第1395页。典出明人钱澄之《所知录·永历纪年下》："因自数其破京城，逼死先帝，滔天大罪，蒙上赦宥，加以爵赏。"

事出有因。——书出第1395页。典出宋人曾敏行《独醒杂志》："（董敦逸上疏）言中宫之废，事有所因，情有可察。"又见，清人玩花主人《缀白裘·六集·四·翡翠园·恩放》："如此说来，事出有因。不好了，这事非同小可，倘若弄假成真，事同叛逆。"又见，清人李宝嘉《官场现形记》第4回："郭道台就替他洗刷清楚，说了些'事出有因，查无实据'的话，禀复了制台。"

勿谓言之不预。——书出第1397页。典出清人李宝嘉《官场现形记》第19回："希图尝试者，一经察觉，白简无情，勿谓言之不预也。"

用典探妙：

毛泽东在这个谈话中只是用了5个典故，而且其中有4个都是通俗易懂的成语形式的典故。这5个典故，从其运用角度来品析，它们均属局部性质的典故，就是说，它们几乎都是只修饰其所在的句子的。虽说如此，但是，毛泽东所选用的"严惩不贷"、"滔天大罪"、"事出有因"三典的运用，极尽贬斥之妙。就是说，利用这些古时贬斥坏事、典意特定的语典，用以贬斥国民党政府所干下的假求和平、勾引日本反动派来华屠杀中国人民的可耻勾当，有紧扣现实、力重千钧之妙！

276."国民党反动卖国" "太违反人民意志"
——毛泽东在《中共发言人关于和平条件必须包括惩办日本战犯和国民党战犯的声明》中所用典故探妙

用典缘起：

1949年2月5日，毛泽东以中共发言人的名义，发表了《中共发言人关于和平条件必须包括惩办日本战犯和国民党战犯的声明》。在这个声明中用了下列典故。

典故内容：

节外生枝。——书出第1400、1401、1402页（六出）。典出宋人朱熹《答吕子约书》："读古人书，直是要虚著心，大著肚，高著眼，方有少分相应，若左遮右拦，前拖后拽，随语生解，节上生枝，则更读万卷书，亦无用处也。"又见，宋人克勤说《圆悟佛果禅师语录》："若据本分草料，犹是节外生枝。"又见，金人李俊民《德老瑞竹二首（其一）》："不念平安犹未报，谁教节外更生枝。"又见，元人杨显之《临江驿萧湘夜雨》第2折："兀的是闲言语甚意思，他怎肯道节外生枝。"又见，元人秦简夫《剪发待宾》第2折："俺那孩儿遥受玉堂金马三学士，你便斗的俺那栋梁材节外生枝。"又见，明人冯梦龙《醒世恒言》卷35："晏官人，田价昨日已是言定，一依分付，不敢短少；晏官人也莫要节外生枝，又更他说。"

理所当然。——书出第1402页。典出隋人王通《文中子·魏相篇》："薛收曰：'辩矣乎？'董常曰：'非辩也，理当然耳。'"又见，宋人黎靖德编《朱子语类》卷60："性不是有一个物事在里面唤做性，只是理所当然者便是性。"又见，宋人袁燮《絜斋集·代武冈林守进治要札子》："省官之说，在今日诚不可缓，而理所当然者，不可不讲也。"又见，宋人陈文蔚《克斋集·朱先生叙述》："是以进退辞受之间，一处以义理之正，苟理所当然，虽圣人所行，不为苟异；理所不然，虽举世趋之，不为苟同。"又见，明人沈采《千金记·讹传》："孩儿，夫妇之情，理所当然。"又见，清人钱彩《说岳全传》第73回："善者福，恶者祸，理所当然；直之升，屈之沉，亦非谬矣。"

如丧考妣。——书出第1403页。典出《尚书·舜典》："二十有八载，帝乃殂落，百姓如丧考妣。"又见，汉人赵晔《吴越春秋·越王无余外传》："尧崩，禹服三年之丧，如丧考妣，昼哭夜泣，气不属声。"又见，宋人司马光《涑水记闻》卷6："陛下不幸北城，北城百姓，如丧考妣。"这里的"如丧考妣"，当是指好像死去了父母一样的焦心着急；又见，宋人释普济《五灯会元·太平懃禅师法嗣》："曰：'此生若不彻去，誓不展此。'于是昼坐宵立，如丧考妣。"这里的"如丧考妣"，是指做事时的意念高度集中、异常专心与专一。

天涯海角。——书出第1403页。典出宋人张世南《宦游纪闻》："今之远宦及远服贾者，皆曰天涯海角。"又见，宋人李清照《清平乐》："今年海角天涯，萧萧两鬓生华。"

大慈大悲救苦救难。——书出第1403页。典出《法华经·譬喻品》："大慈大悲，常无懈倦，恒求善事，利益一切。"又见，《大智度论》："菩萨大慈大悲，于佛为大；佛大慈大悲，真实最大。"又见，唐人慧能《坛经》："弟子今有少疑，欲问和尚，望意和尚大慈大悲，为弟子说。"又见，宋人释普济《五灯会元·七佛》："世尊大慈大悲，开我迷云，令我得入乃作礼而去。"又见，明人袁宏道《锦帆集·与潘去华书》："丈或别有授记耶？抑欲借此以觉愚蒙耶？若尔，则真大慈大悲之用心，非不肖所能窥测也。"又见，《水浒传》第4回："万望长老收录，大慈大悲，看赵某薄面，披剃为僧。"又见，《西游记》第6回："话表南海普陀落伽山大慈大悲救苦救难灵感观世音菩萨，……"

用典探妙:

毛泽东在这篇约2700字的声明中,于10处用了典故,而且多为通俗易懂的成语形式的典故,这些典故语的妙用,大大地激活了它们所在的句子意义,丰富了这些句子的文化内涵。其中最为显著的用典特色是:有接过敌人投射过来之箭用以反刺敌人之妙!

何谓"接过敌人投射过来之箭用以反刺敌人之妙"呢?国民党卖国政府,一方面假叫要和平谈判,另一方面又违反中国人民的意愿,将以冈村宁次为首的260名日本战犯送往日本,同时保护以蒋介石为首的内战罪犯。并批评中国共产党所提出的必须惩办日本战犯和国民党战犯是"节外生枝"。毛泽东在其声明中,便接过"节外生枝"这一有如毒箭般的、射向我党我军的成语形式的典故语,并由此列举出具体事实予以反击。

如在第1401页,毛泽东三用"节外生枝"一典,而且每用一次,就坐实一件国民党反动政府无耻卖国的事实。毛泽东这样写道:"……当着你们如此急切地要求谈判的时候,忽然判决冈村宁次无罪,这难道不是节外生枝吗?在中共要求予以重新逮捕以后,又把他送往日本,并且把其他二百六十名战犯也送往日本,这难道不是节外生枝吗?……"这"节外生枝"一典,有如回投之箭射向敌人,让他们那假求和平谈判,无耻卖国的行径和丑恶的嘴脸彻底地暴露在光天化日之下。

277.击破假和平阴谋 李宗仁处境尴尬
——毛泽东在《四分五裂的反动派为什么还要空喊"全面和平"?》中所用典故探妙

用典缘起:

1949年2月15日,新华社发表了毛泽东所写的后来编入《毛泽东选集》时题为《四分五裂的反动派为什么还要空喊"全面和平"?》的评论。在这篇评论中用了下列典故。

典故内容:

四分五裂。——书出第1408、1410、1411页(五出)。典出周朝齐人吕尚《六韬·龙韬·奇兵》:"四分五裂者,所以击圆破方也。"又见,《战国策·魏策一》:"张仪为秦连横说魏王曰:'魏王地方不至千里,卒不过三十万人,地四平,诸侯四通,条达幅凑,无有名山大川之阻,从郑至梁(魏的国都,故魏又称梁)不过百里;从陈至梁,二百余里,马驰人趋,不待倦而至梁,南与楚境,西与韩境,北与赵境,东与齐境,……魏南与楚而不与齐,则齐攻其东;东与齐,而不与赵,则赵攻其北;不合于韩,则韩攻其西;不亲与楚,则楚攻其南;此所谓四分五裂之道也。"又见,《汉书·邹阳传》:"夫济北之地,东接强齐,南牵吴越,北胁燕赵,此四分五裂之国,权不足以自守,劲不足以扞寇。"唐人颜师古注引晋灼曰:"四分,即交五而裂,如田字也。"这里的"四分五裂"，当主要是指四面受敌，国土易于被敌国分解割裂之意；又见，《三国志·魏志·司马朗传》："洛乃战争四分五裂之地，难以自安。"又见，唐人柳宗元《龟背戏》诗："四分五裂势未已，出无入有谁能知。"又见，唐人萧颖士《为陈正卿进续尚书表》："曹、马以还，曾何足拟，四分五裂，朝成暮败，其间虽晋平吴、蜀，隋举梁、陈，混并未几，危亡荐及。"又见，《旧五代史·僭伪二》："当今海内四分五裂，吾欲南面以朝天下，诸君以为何如？"又见，宋人杨万里《诚斋集·君道上》："隋文帝取周取陈，以混二百年四分五裂之天下。"又见，《东周列国志》第54回："一时鱼奔鸟散，被楚兵砍瓜切菜，乱杀一回，杀得四分五裂，七零八碎。"

土崩瓦解。——书出第1408、1410、1411页（四出）。典出《史记·秦始皇本纪》："秦之积衰，天下土崩瓦解，虽有周旦之才，无所复陈其巧，而以责一日之孤，误哉！俗传秦始皇起罪恶，胡亥极，得其理矣。"这一段话的意思是说，秦国之衰败，至秦二世时已经达到了极点，这就如土之崩塌，瓦之破碎一般，纵使有再大才能的人，也是难以收拾。

搬起石头砸自己的脚。亦即"自搬砖自磕脚"。——书出第1408页。典出宋人法应篆集《禅宗颂古联珠通集·世尊机缘·断桥伦》："自把碌砖空里掷，必端自打自家头；灼然自痛自难说，自著摩挲归去休。"又见，清人石成金《传家宝·俗谚》："自搬砖自磕脚。"

大有人在。——书出第1408页。典出宋人司马光《资治通鉴·隋炀帝大业十一年》："帝至东都，顾眄街衢，谓侍臣曰：'犹大有人在。'意谓向日平杨玄感，杀人尚少故也。"又见，清人尹会一《健余尺牍·与赵广文》："每读一通，为之击节，为之起舞，为之通宵不寐，深喜老成忧国之大有人在也。"

法宝。——书出第1408页。典出《维摩经·佛国品》："法宝普照，而雨甘露，……集众法宝，如诲导师。"佛教中以佛法僧为三宝。以佛法为法宝。后来多是用来指神话传说中佛法魔怪等用以施展法力，战胜对方的宝物。这在小说中最为多见。如清人无名氏《薛仁贵征东》第24回："二人战不到二合，苏文恐怕呼雷豹嘶叫起来不当稳便，就左手提刀，右手挈开葫护盖，口中念动真言，叫声：'小蛮子，看我的法宝吧！'嗖一响，一口柳叶飞刀飞将出来……怀玉见了，吓得魂不附体，……"

有百害而无一利。——书出第1409页。典出清人壮者《扫迷帚》第19回："总而言之，戏会灯市滋游惰之风，贻文明之玷，作奸盗之媒，长嬉戏之习，有百害而无一利。"

不可收拾。——书出第1410页。典出唐人韩愈《送高闲上人序》："泊与谈相遭，颓堕委靡，溃败不可收拾。"

天低吴楚，眼空无物。——书出第1410页。典出元人萨都刺《念奴娇·登石头城》词："石头城上，望天低吴楚，眼空无物。指点六朝形胜地，惟有青山如壁。蔽日旌旗，连云樯橹，白骨纷如雪。一江南北，消磨多少豪杰。　寂寞避暑离宫，东风辇路，芳草年年发。落日无人松径里，鬼火高低明灭。歌舞尊前，繁华镜里，暗换青青发。伤心千古，秦淮一片明月。"

互相矛盾。亦即"自相矛盾"。——书出第1411页（两出）。典出《韩非子·难势》："鬻予与楯（盾）者，誉其楯之坚：'物莫能陷也。'俄而又誉其矛曰：'吾矛之利，物无不陷也。'人应之曰：'以子之矛，陷子之楯，何如？'其人弗能应也。"又见，宋人孙光宪《北梦琐言》卷4："（吴融）为僧贯休撰诗序，以唐来惟元（稹）、白（居易）、休师而已。又祭陆龟蒙文，即云海内文章，止鲁望（龟蒙字）而已。自相矛盾，于时不免识者所讥。"

用典探妙：

毛泽东在这篇约2500字的评论中，计在17处用了典故。可以说，所用的典故是比较多的，同时也特色独具的。我们可以从以下三个方面进行品味其用典之妙。

一是典故语的重叠连用，有突出所要表现的事物和所要强调的事物的本质属性之妙。

毛泽东的这篇评论，在其题目就明确地扣住了所要论说的主旨：即国民党反动派已经是四分五裂，国民党反动派仍然在空喊"全面和平"，其原因何在？为了说明这三个问题，毛泽东在这篇评论文章中的第1408页，将"四分五裂"与"土崩瓦解"重叠连用，有将国民党反动派在军事上、政治上、经济上、文化宣传上的总体崩溃状态凸显于世人眼前之妙；在第1410页，毛泽东又一次将"四分五裂"与"土崩瓦解"重叠连用，则有凸显国民党反动派搞所谓"全面和平"的滑稽可笑之妙；在第1411页，毛泽东则两次将"四分五裂"与"土崩瓦解"重叠连用，则有凸显我党我军我国人民力量的强大和国民党反动派全面陷入绝境之妙。

二是拆用俗语形式的典故，有深揭痛批、辛辣讽刺美蒋反动派的"和平"叫嚣之妙。

在第1408页中，毛泽东将"搬起石头砸自己的脚"这个俗语形式的语典拆开后再填充自己所要表达的内容。字字句句落实到狠揭痛批、辛辣讽刺美蒋反动派的头上。毛泽东这样写道："国民党反动派从今年一月一日开始搬起一块名叫'和平攻势'的石头，原想用来打击中国人民的，现在是打在他们自己的脚上了。或者说得正确些，是把国民党自己从头到脚都打烂了。"毛泽东的这一席话，有如一幅幽默讽刺批判图，通过对"搬起石头砸自己的脚"的拆用，将国民党反动派总体崩溃情景，形象地展现在世人的眼前。

三是以词句语典成文，有描绘国民党反动派的代总统坐守孤城的窘态、情态、心态之妙。

毛泽东在叙写了蒋介石下野于奉化，孙科溜到广州，国民党反动派的"国防部"不在广州，也不在南京。在南京，只有一个坐守孤城的李宗仁代总统。毛泽东没有直言李宗仁是位光杆司令，而是说李宗仁所能看到的东西，"就只剩下了'天低吴楚，眼空无物'。"这文采奕奕的"天低吴楚，眼空无物"语典一出，一有拓开读者思绪之妙。让读者不得不回味萨都剌的名词《念奴娇·登石头城》，六朝之衰败，如在眼前；二有类比之妙。毛泽东从不会为用典而用典，他用典的目的就是为了说明现实。"望天低吴楚，眼空无物"就是当时萨都剌情绪惆怅、心怀惋惜、处境悲凉的客观写照，李宗仁面对当时南京空空荡荡的此情此景，其窘态、情态、心态，与萨都剌相比，可以说是有过之而无不及，毛泽东妙用此典，在表现国民党政要和其代总统李宗仁的心理状况，可谓有形神兼备之妙！

278.国民党的死硬派 没有活命时间了
——毛泽东在《国民党反动派由"呼吁和平"变为呼吁战争》中所用典故探妙

用典缘起：

1949年2月16日，新华社发表了后来编入《毛泽东选集》题为《国民党反动派由"呼吁和平"变为呼吁战争》的评论。在这篇评论中用了下列典故。

典故内容：

连篇累牍。——书出第1413页。典出《隋书·李谔传》："遗理存异，寻虚逐微，竞一韵之奇，争一字之巧；连篇累牍，不出月露之形，积案盈箱，唯是风云之状。"

显而易见。亦即"浅而易见"。——书出第1413页。典出宋人苏洵《嘉祐集·上皇帝书》："天下之事，其深远切至者，自惟疏贱，未敢遽言，而其近而易行，浅而易见者，谨条为十通。"又见，宋人王安石《洪范传》："在我者，其得失微而难知，莫若质诸天物之显而易见，且可以为戒也，故'次八曰念用庶证'。"

如丧考妣。——书出第1413页。典出《尚书·舜典》："二十有八载，帝乃殂落，百姓如丧考妣。"

沁人心脾。亦称"凄入肝脾"、"沁入心腑"、"沁入肺腑"、"沁入心脾"、"凄人心脾"、"爽人心脾"。——书出第1413页。典出三国魏人繁钦《与魏文帝牋》："而此孺子遗声抑扬，不可胜穷……咏北狄之遐征，奏胡马之长思，凄入肝脾，哀感顽艳。"又见，明人沈德符《万历野获编·时尚小令》："比年以来，又有《打枣竿》《挂枝儿》

二曲……举世传颂，沁入心腑。"明末清初·张岱《陶庵梦忆·乳酪》："玉液珠胶，雪腴霜腻；吹气胜兰，沁入肺腑。"又见，清人况周颐《蕙风词话》："此等词一再吟诵，辄沁入心脾，毕生不能忘。"又见，清人黄宗羲《南雷文案·撰杖集·陈苇庵年伯诗序》："陈苇庵先生风度闲绰，早优名辈，诗情所结，若开金石……一唱三叹，凄人心脾。"又见，清人王韬《淞隐漫录·仙人岛》："涧上皆忍冬花，藤蔓纠结，黄白相间，其香纷郁，爽人心脾。"又见，清人王士禛《带经堂诗话·卷首·应制类》："刑书蔚州魏公环溪一诗，极令人感动，诗曰……予谓五六句最沁人心脾。"又见，清人赵翼《瓯北诗话》卷4："眼前景，口头语，自能沁人心脾，耐人咀嚼。"又见，清末民初·王国维《人间词话》："大家之作，其言情也必沁人心脾。"

大慈大悲。——书出第1414页。典出《法华经·譬喻品》："大慈大悲，常无懈倦，恒求善事，利益一切。"又见，《西游记》第6回："话表南海普陀落伽山大慈大悲救苦救难灵感观世音菩萨，……"

口口声声。——书出第1414页。典出宋元人无名氏《京本通俗小说·西山一窟鬼》："只是吃他执拗的苦，口口声声只要嫁个读书官人，却又没这般巧。"又见，元人石君宝《秋胡戏妻》第3折："你待要谐比翼，你也曾听杜宇，他那里口口声声，撺掇先生不如归去。"又见，明人冯梦龙《警世通言》卷24："再说三官在芦苇里，口口声声叫救命。"又见，《红楼梦》第117回："我们家运怎么好？一个四丫头口口声声要出家，如今又添一个来了。"

横行霸道。——书出第1415页（两出）。典出《红楼梦》第9回："（贾瑞）又助着薛蟠图些银两酒肉，一任薛蟠横行霸道，他不但不去管约，反'助纣为虐'讨好儿。"

至死不悟。——书出第1415页。典出后汉人徐幹《中论·慎所从》："是以至死不寤（悟），亦何足怪哉！"又见，晋人葛洪《抱朴子·道意》："求乞福愿，冀其必得，至死不悟，不亦哀哉？"又见，唐人柳宗元《临江之麋》："麋出门，见外犬在道甚众，走欲与为戏，外犬见而喜且怒，共杀食之，狼藉道上，麋至死不悟。"又见，宋人胡仔《苕溪渔隐丛话前集·五柳先生下》："大率才高意远，则所寓得其妙，遂能如此，如大匠运斤，无斧凿痕。不知者疲精力，至死不悟。"

用典探妙：

毛泽东在这篇不到1700字的评论中，计于9处用了典故。这些典故，都属局部性质的典故。它们的运用，都有凸显评论的主题之妙。

这篇评论的主题是彻底揭批国民党一小撮死硬派，为了保护战争罪犯，由"呼吁和平"变为呼吁战争。在这篇评论的第1413、1414页。毛泽东以"连篇累牍"、"如丧考妣"、"沁人心脾"、"大慈大悲"、"口口声声"这5个成语形式的典故语，将国民党反动派以往那种打着"以拯救人民为前提"为幌子、假惺惺地"呼吁和平"的急切之态，作了生动的描绘、辛辣的讽刺、有力的揭露与批判。

事实也确是如此，而一旦我党坚持要求惩办战犯，这一小撮国民党的死硬派，则凶相毕露，他们不再是"呼吁和平"而是呼吁战争了。在该篇评论的结尾，毛泽东两次用了"横行霸道"一次用了"至死不悟"这两个成语形式的典故语，对这些死硬派给予了最为严重的警告。

毛泽东将这8个成语形式的典故语，实际上是分为两组而用，前5个用于揭批、描绘与讽刺，后2个用于揭露一小撮死硬派的反动本质并予以严重警告。8个典故分两组而用，可谓各尽其妙。

279.发动战争罪难逃 惩办战犯理应当
——毛泽东在《评国民党对战争责任问题的几种答案》中所用典故探妙

用典缘起：

1949年2月18日，毛泽东为新华社写下了《评国民党对战争责任问题的几种答案》的评论。在这篇评论中用了下列典故。

典故内容：

显而易见。——书出第1416页。典出同上一篇。

迫不得已。——书出第1416页。典出《汉书·王莽传上》："为皇帝定立妃后，有司上名，公女为首，公深辞让，迫不得已，然后受诏。"又见，明人归有光《震川别集·与陈伯求》："今一月两致书，有所迫不得已也。"

休养生息。——书出第1417、1420页（两出）。典出唐人韩愈《平淮西碑》："高祖、太宗，既除既治；高宗中睿，休养生息，至于玄宗，受报收功，极炽而丰。"

贤达。——书出第1417页（两出）。典出《后汉书·黄宪传》："太守王龚在郡，礼进贤达，多所降致，卒不能缺宪。"

生灵涂炭。亦即"生民涂地"、"生民涂炭"、"生人涂炭"、"涂炭生民"、"涂炭生灵"、"生齿涂炭"。——书出第1417页。典出《尚书·仲虺之诰》："有夏昏德，民坠涂炭。"又见，宋人邵伯温《闻见前录》："自唐季以来数十年间，帝王凡易十姓，兵革不息，生灵涂地。"又见，《梁书·武帝纪》："今昏主恶稔，穷虐极暴，诛戮朝贤，罕有遗育，生民涂炭，天命殛之。"又见，元人张可久《卖花声·怀古二首（其二）》："伤心秦汉，生民涂炭，读书人一声长叹！"又见，北周·庾信《伤心赋》："在昔金陵，天下丧乱，王室版荡，生人涂炭。"又见，明人沈采《千金记·登拜》："狂秦暴虐，涂炭生民。"又见，《旧唐书·长孙无忌传》："今无

忌忘先朝之大德，舍陛下之至亲，听受邪谋，遂怀悖逆，意在涂炭生灵。"又见，《元史·世祖纪五》："若能顺时达变，可保富贵，毋为涂炭生灵，自贻后悔。"又见，宋人黄榦《黄勉斋文集·复陈师复寺丞》："敌犯浮光，其势甚亟，城虽未破，而四出抄掠，生齿涂炭，甚可念也。"又见，《晋书·苻丕载记》："先帝晏驾贼庭，京师鞠为戎穴，神州萧条，生灵涂炭。"又见，《晋书·谯纵传》："（王弥）遂使生灵涂炭，神器流离，邦国轸麦秀之哀，宫宇兴黍离之痛。"又见，《隋书·炀帝纪》："宇宙崩离，生灵涂炭，丧身灭国，未有若斯之甚也。"又见，《东周列国志》第69回："归生曰：'事急矣！臣当拼一命，迳往楚营，说之退兵。万一见听，免致生灵涂炭。'"

不宁唯是。——书出第1417页。典出《左传·昭公元年》："不宁唯是，又使围蒙其先君，将不得为寡君老，其蔑以复。"这里有一个故事。春秋之时，楚国将军公子围与郑国的韦氏订了婚约。公子围想借迎亲之机偷袭郑国，于是就驾着战车率部直奔郑国而来。郑国已经识破了公子围的险恶用心，便阻公子围于城外，让其在城外举行婚礼。公子围的侍从虽眼见其阴谋被识破，但并不死心。就辩解说：凡是到国外迎亲的，哪有在城外举行婚礼的事呀！你们这样做，岂不让天下的人耻笑我们吗？不但如此，还使公子围欺骗了他的先君，得不到君王的信任与重用。如此看来，公子围所受的侮辱真是无以复加了。郑人对于楚人的这种辩解一概不予理睬，就是不让迎亲的队伍入城。公子围没有办法，只好解除武装，一个人进城去与韦氏成婚。"不宁唯是"一语，其意是说：不只是这样。除此之外，仍然有更为重要的因素。

一线生机。亦即"一线之路"、"一线生路"、"生机一线"、"一丝生路"。——书出第1418页。典出宋人罗大经《鹤林玉露·宰相罢》："若借温太真之事，为小人开一线之路，借范尧夫之言，为君子忧后来之祸，则失之矣。"又见，明人袁宏道《去吴七牍·乞改稿四》："抑欲全职名节，为后日留一线之路耶？"又见，明人华阳散人《鸳鸯针》卷1："丁全自知该死，往日过恶，求念乡情，开他一线生路。"又见，清人沈复《浮生六记·坎坷记愁》："芸又欷歔曰：'妾若稍有生机一线，断不敢惊君听闻。今冥路已近，苟不再言，言无日矣。'"又见，清人蒲松龄《聊斋志异·青梅》："庵中但有一丝生路，亦不肯从夫人至此。"又见，清人梁启超《饮冰室文集·政治家之基础与言论家之指针·五段》："惟希望打破现状，以为国家一线生机。"

成千累万。——书出第1418页。典出清人蒋士铨《雪中人·眠雪》："今日数文，明日数文，积趱起来，成千累万。"又见，清人文康《儿女英雄传》第30回："他看着那乌克斋、邓九公这班人，一帮动辄就是成千累万，未免就把世路人情看得容易了。"又见，清人曾朴《孽海花》第26回："再者我的手头散漫惯的，从小没学过做人家的道理。到了老爷这里，又由着我的性儿，成千累万的花。"又见，《清史稿·高士奇传》："凡督、抚、臬、道、府、厅、县及在内大小卿员，皆鸿绪、楷等为之居停，哄骗馈至，成千累万。"

妻离子散。——书出第1418页。典出《孟子·梁惠王下》："吾王之好鼓乐，夫何使我至于此极也？父子不相见，兄弟妻子离散。"又见，宋人辛弃疾《美芹十论·致勇第七》："不幸而死，妻离子散，香火萧然，万事瓦解。"又见，清人钱彩《说岳全传》第15回："鬼泣神号悲切切，妻离子散哭哀哀。"

啼饥号寒。——书出第1418页。典出唐人韩愈《进学解》："冬暖而儿号寒，年丰而妻啼饥。"又见，清人王晫《今世说·七贤媛》："值岁凶，啼饥号寒。"又见，清人黄宗羲《大方伯马公救灾颂》："载米数千，通其呼吸，啼饥号寒，十万余人，如以杯水，救一车薪。"

前所未有。——书出第1418页。典出宋人欧阳修《六一诗话》："松江新作长桥，制度宏丽，前世所未有。"又见，宋人徐度《却扫编》卷下："国朝不历真相而为相者凡七人……而邓枢密洵武以少保领院事而不兼节钺，前所未有也。"又见，清人王士禛《古诗笺·凡例·七言诗》："（杜甫）七言大篇，尤为前所未有，后所莫及。"又见，清人李汝珍《镜花缘》第84回："如此好令，真是酒席筵前所未有的，妹子恭逢其盛，能不浮一大白。"

吞吞吐吐。——书出第1419、1421页（四出）。典出清人文康《儿女英雄传》第5回："怎么问了半日，你一味的吞吞吐吐，支支吾吾，你把我作何等人看待？"

明目张胆。亦即"瞋目张胆"——书出第1419、1421页（三出）。典出《史记·张耳传》："将军（陈涉）瞋目张胆，出万死而不顾一生之计，为天下除残也。"又见，《晋书·王敦传》："今日之事，明目张胆，为六军之首，宁忠臣而死，不无赖而生矣。"又见，宋人王谠《唐语林·方正》："遂良复职，黜仁约为清水令。或慰勉之。仁约对曰：'仆狂鄙之性，假以雄权，而触物便发。丈夫当正色之地，必明目张胆，然不能碌碌为保妻子也。'"又见，《宋史·刘安世列传》："朝廷不以安世不肖，使在言路，倘居其官，须明目张胆，以身任责。"又见，《封神演义》第85回："大丈夫既与同心之友谈天下政事，若不明目张胆倾吐一番，又何取其能担当天下事，为识时务之俊杰哉？"又见，清人李宝嘉《中国现在记》第11回："始而这事还秘密，后来便明目张胆了。"

不可收拾。——书出第1420页。典出唐人韩愈《送高闲上人序》："泊与淡相遭，颓堕委靡，溃败不可收拾。"

滔天大罪。亦即"滔天之罪"。——书出第1420页。典出宋人苏轼《吕惠卿责授建宁军节度副史本州安置不得签书公事》："稍正滔天之罪，永为垂世之规。"

获保首领。——书出第1420页。典出《左传·隐公三年》："若以大夫之灵，得保

869

首领以没，先君若问与夷，其将何辞以对？"

千载难逢。——书出第1420页。典出汉人王褒《四子讲德论》："夫特达而相知者，千载之一遇也；招贤而处友者，众士之常路也。"又见，《南齐书·庾杲之传》："临终上表曰：'……臣以凡庸，谬徼昌运，奖掖之厚，千载难逢。'"又见，宋人王质《雪山集·代虞枢密宴晁制置口号二首（其二）》："千载难逢今日会，一怀且为故人倾。"又见，《红楼梦》第16回："那可是千载难逢的！那时候我才记事儿。"

民不聊生。亦即"人不聊生"。——书出第1420、1421页（两出）。典出《史记·张耳传》："头会箕敛，以供军费，财匮力尽，民不聊生。"又见，《吴越春秋·勾践阴谋外传》："民疲士苦，人不聊生。"

羽毛丰满。——书出第1421页。典出《管子·水池》："形体肥大，羽毛丰茂。"又见，清人无名氏《杜诗言志》第12卷："而彼林丛杂中，有羽毛丰满而栖于奥援者，令人可望而不可即。"

迟迟不行。——书出第1421页（三出）。典出《孟子·万章下》："孔子之去齐，接淅而行；去鲁，曰：'迟迟吾行也，去父母国之道也。'可以速而速，可以久而久，可以处而处，可以仕而仕，孔子也。"这一段话是说：孔子当年离开齐国时，他米还没有淘完，从水里捞起来就走；他在离开鲁国的时候，却说：我们慢一点儿走吧，这是离开自己祖国时所应有的一种态度啊！应该走就快走，须久留就应该久留，应该不当官就不当官，必须当官就要当官。这就是孔子。这里的"迟迟吾行"，就是"迟迟不行"之意。

一口断定。亦即"一口咬定"。——书出第1421页。典出清人玩花主人《缀白裘·初集·二·永团圆·计代》："蔡生一口咬定，说你藏过女儿，拿你监追，三六九比责。"又见，《红楼梦》第86回："知县假作声势，要打要夹，薛蟠一口咬定。"又见，清人无名氏《官场维新记》第1回："先把住持僧慧修，严行审讯，问他将李国斌藏在何处，慧修一口咬定不认得李国斌。"又见，清人朱素臣《十五贯·如详》第11回："真脏十五贯，是尸亲游氏一口咬定，既有脏证，这奸情一发是真了。"

开诚相见。即"开心见诚"。——书出第1422页。典出《后汉书·马援传》："且开心见诚，无所隐伏。"

充耳不闻。亦即"充耳"。——书出第1422页。典出《诗经·邶风·旄丘》："琐兮尾兮，游离之子！叔兮伯兮，褒如充耳！"汉人郑玄笺："充耳，塞耳也。言卫之诸臣颜色褒然，如见塞耳，无闻知也。"又见，清人黄小配《大马扁》卷4："任他说得天花乱坠，总如充耳不闻。"

用典探妙：

毛泽东在这篇不足4800字的评论中，计在33处用了典故。且绝大多数是成语形式的典故。在这一篇评论中的用典，有一个极为明显的特色。这就是引典而评独见深刻之妙！

何谓"引典而评独见深刻之妙"？

一方面，由于国民党反动派为了把战争的责任推给共产党，用了不少歪曲事实的诬蔑之词。用语要精练，一般情况下均会运用到典故，使语言有一定的厚重之感，其诬蔑之词要用得有力有杀气，往往也会在词语中夹带典故语，所以，在这些诬蔑之词中，隐含着不少的成语形式的典故。毛泽东正是引用了这些诬蔑不实之词及其中的典故，"以其之道还治其人之身"予以批驳之，方能达到打击敌人、批判敌人的目的。因而，在这篇评论中所用之典故，有一半以上属于引用语中典故，这些含有典故的引用语中，均能给人们留下国民党反动派是在歪曲事实的深刻印象。这是这篇评论用典的一大特色。

另一方面，毛泽东在批驳国民党反动派的这些歪曲事实的话语时，一是妙引这些歪曲事实的话语中成语形式的典故成文，以批判反驳国民党反动派这些歪曲事实的话语的反动实质，以子之矛攻子之盾，以增强其论辩力之妙。如第1417页的"贤达"一典，第1421页的"民不聊生"、"迟迟不行"等语典，均是来自孙科诬蔑之词中的语典，毛泽东将其借来并"品析"而用，对于孙科来说，是颇有讽刺意味之妙的。这是毛泽东在这篇评论中用典的又一特色。

280.解放军是战斗队 解放军是工作队
——毛泽东在《在中国共产党第七届中央委员会第二次全体会议上的报告》中所用典故探妙

用典缘起：

1949年3月5日至13日，毛泽东主持了在西柏坡召开的中共七届二中全会，并于3月5日作了上述这个报告。在报告中用了下列典故。

典故内容：

原封不动。——书出第1425页。典出元人王仲文《救孝子贤母不认尸》："（赛卢医云）是你的老婆，这等呵，我可也原封不动，送还你吧。"又见，明人凌濛初《初刻拍案惊奇》卷18："丹客厉声问道：'你在此看炉，做了甚事？丹俱败了。'小娘子道：'日日与主翁来看炉，是原封不动的，不知何故？'"又见，明人冯梦龙《古今小说》卷1："（三巧儿）临嫁之夜，兴哥雇了人夫，将楼上十六个箱笼，原封不动，连匙钥送到吴知县船上，交割与三巧儿，当个赔嫁。"又见，明人冯梦龙《醒世恒言》卷30："再说房德的老婆，见丈夫回来，大事已就，礼物原封不动，喜得满脸都是笑靥。"

　　归根到底。亦即"归根结柢"、"归根结蒂"。——书出第1425页。典出清人张南庄《何典》第2回："（夹缠二先生曰）活鬼只为有几个臭铜钱，才生得一个小鬼……引得酒鬼相打，搅出人性命来。归根结柢，把一场着水人命一盘捷归去，还亏有钱能使鬼推磨。"

　　无足轻重。亦称"不足轻重"、"无足重轻"、"何足轻重"、"未足轻重"。——书出第1427页。典出宋人欧阳修《答吴充秀才书》："修材不足用于时，仕不足荣于世，其毁誉不足轻重，气力不足动人。"又见，清人姚元之《竹叶亭杂记》："内阁中书向以得稽察房为要津……人争竞之。自戴文端公入阁……稽察房遂为无足重轻之地矣。"又见，清人文康《儿女英雄传》第18回："你切莫絮叨叨的，问这些无足重轻的闲事。"又见，宋人朱熹《朱文公文集·答陈同父》："顾此腐儒，又何足为轻重。"又见，明末·朱之瑜《朱舜水集·与野节书》："悠悠之口，何足重轻，况此地风波百倍他所乎？"又见，明人沈德符《万历野获编·京考官被劾》："王文成后日功名不必言，即杨廉亦至南礼部尚书，谥文恪，则言官白简，亦未足轻重也。"又见，其《万历野获编·监修实录》："然实录已属僭拟，即欲加隆于列圣之上，徒为识者所哂，无足为轻重也。"

　　任其自流。亦即"听其自流"。——书出第1432页。典出《淮南子·修务训》："夫地势水东流，人必事焉，然后水潦得谷行；禾稼春生，人必加功焉，故五谷得遂长。听其自流，待其自生，则鲧、禹之功不立，而后稷之智不用。"

　　计日程功。——书出第1433页。典出《后汉书·郭伋传》："及事讫，诸儿复送至郭外，问'使君何日当还？'伋谓别驾从事，计日告之。"这里的"计日"，当是指计算时间，或曰数着日子计算着的意思。又见，《礼记·儒行》："程功积事，推贤而进达之。"又见，唐人柳宗元《与李翰林建书》："苟为尧人，不必立事程功。"这里的"程功"，当是指衡量计算着功效之意。"计日"与"程功"结合为"计日程功"。又见，清人梁启超《中国法理学发达史论》："法治国虽进不必骤，而得寸进尺，计日程功。"

　　四分五裂。——书出第1435页。典出周·齐·吕尚《六韬·龙韬·奇兵》："四分五裂者，所以击圆破方也。"

　　讨价还价。亦为"要价还价"。——书出第1435、1436页。典出明人冯梦龙《古今小说》卷1："三巧儿问了他讨价还价，便道：'真个亏你些儿。'"又见，清人吴趼人《二十年目睹之怪现状》第72回："看看那纸色，纵使不是永乐年间的，也是个旧货了。因问他价钱。老者道：'别的东西有个要价还价，这个纸是言无二价的，五分银子一张。'"

　　孙行者对付铁扇公主。——书出第1436页。典出《西游记》第59回："行者辞了灵吉，驾觔斗云径返翠云山，顷刻而至。使铁棒打着洞门叫道：'开门！开门！老孙来借扇子使使哩！'……罗刹慌了，急收宝贝转回，走入洞里，将门紧紧关上。行者见他闭了门，却就弄个手段，拆开衣领，把定风丹嗑在口中，摇身一变，变作一个蟭蟟虫儿，从他门隙处钻进。只见罗刹叫道：'渴了！渴了！快拿茶来！'近侍女童，即将香茶一壶，沙沙的满斟一碗，冲起茶末漕漕。行者见了欢喜，嘤的一翅，飞在茶末之下。那罗刹渴极，接过茶，两三气都吃了。行者已到他肚腹之内，现原身厉声高叫道：'嫂嫂，借扇子我使使！'罗刹大惊失色，叫：'小的们，关了前门否？'俱说：'关了。'他又说：'既关了门，孙行者如何在家里叫唤？'女童道：'在你身上叫哩。'罗刹道：'孙行者，你在那里弄术哩？'行者道：'老孙一生不会弄术，都是些真手段、实本事，已在尊嫂尊腹之内耍子，已见其肺肝矣。我知你也饥渴了，我先送你个坐碗儿解渴！'却把脚往下一登。那罗刹小腹之中疼痛难禁，坐于地下叫苦。行者道：'嫂嫂休得推辞，我再送你个点心充饥！'又把头往上一顶。那罗刹心痛难禁，只在地上打滚，疼得他面黄唇白，只叫'孙叔叔饶命！'行者才收了手脚道：'你才认得叔叔么？我看牛大哥情上，且饶你性命。快将扇子拿来我使使。'罗刹道：'叔叔，有扇！有扇！你出来拿了去！'……"

兴妖作怪。——书出第1436页（两出）。典出明人冯梦龙《醒世恒言》卷13："（府尹）大怒喝道：'叵耐这厮帝辇之下，辄敢大胆，兴妖作怪……'"

功臣自居。——书出第1438页。典出《老子》第2章："生而不有，为而不恃，功成而弗居。""功臣自居"当是"功成弗居"的近音反义而用。

用典探妙：

毛泽东在这个长达近10000字的报告中，只在12处用了典故。这是用典不多的一篇文章。但是，在这个报告中的用典有一个异乎寻常的特点：这就是"孙行者对付铁扇公主"这一典故的反用之妙。

凡是学习过《毛泽东选集》的人，都会清楚地记得：毛泽东在《一个极其重要的政策》一文中的一段精彩的话语："何以对付敌人的庞大机构呢？那就有孙行者对付铁扇为例。铁扇公主虽然是一个厉害的妖精，孙行者却化为一个小虫钻进铁扇公主的心脏里去把她战败了。"毛泽东在这一段话里，是以孙行者妙寻敌人的弱点，以其机敏灵活之法将敌人制服。毛泽东在这里是将这么一个故事妙喻成党中央的"精兵简政"的政策的，是将八路军、新四军比作孙行者的，而将强大的日本帝国主义比作妖精的。毛泽东将这个富于故事情节的典故用比喻，其比喻之切、其教育意义之大、其影响之深，给人以无穷鼓舞之妙！

然而，毛泽东在这里用了同样一个典故作比喻。不过所取该典故的典意是反意而用之，在这里，孙行者的行为成了反面角色，他是阶级敌人在不利之时的一种惯用的手

法。我以为，这样反意而用同样是十分确切而生动。其教育意义是异常深刻的。从某种意义上说来，这个典故，有警省全篇之妙。其妙具体表现在如下方面。

其一是：就"孙行者对付铁扇公主"这个典故所在的段落而言，它有效地重申了谈判成功后我党我军所应有的警惕性。

毛泽东语重心长地写道："我们既然允许谈判，就要准备在谈判成功以后许多麻烦事情的到来，就要准备一副清醒的头脑去对付对方采用孙行者钻进铁扇公主肚子里兴妖作怪的政策。只要我们在精神上有了充分的准备，我们就可以战胜任何兴妖作怪的孙行者。……"毛泽东的这一段话中的这个比喻性的典故，鼓舞着我党我军要在敢于胜利、勇于胜利的同时，不要失去应有的革命警惕性，真可谓是金玉良言，时刻不能忘怀！

其二是："孙行者对付铁扇公主"这个典故，对于全篇而言，它同样有服务全篇之妙。

毛泽东在这个报告中有不少的名言，我们只要摘引两段名言，就可见其与全篇报告之关系中之妙蒂之所在。毛泽东在第1427页中，在谈到与敌人斗争时，这样写道："在拿枪的敌人被消灭以后，不拿枪的敌人依然存在，他们必然地要和我们作拼死的斗争，我们决不可以轻视这些敌人。如果我们现在不是这样地提出问题和认识问题，我们就要犯极大的错误。"品味这一段经典式的名言，毛泽东所用"孙行者对付铁扇公主"这一典故的妙用，可以说是这一段名言的一种形象表达！

在这个报告的结尾，毛泽东激情满怀而又不无警示地写道："因为胜利，人民感谢我们，资产阶级也会出来捧场。敌人的武力是不能征服我们的，这点已经得到证明了。资产阶级的捧场则可能征服我们队伍中的意志薄弱者。可能有这样一些共产党人，他们是不曾被拿枪的敌人征服过的，他们在这些敌人面前不愧英雄的称号；但是经不起人们用糖衣裹着的炮弹的攻击，他们在糖弹面前要打败仗。我们必须预防这种情况。"在这一段名言中，毛泽东所运用的"糖衣炮弹"一语作比，与"孙行者对付铁扇公主"一典作比，用以说明敌人以荫蔽手法对付革命者，实有同工同曲之妙！

281."必须学好'弹钢琴'" "向下面干部请教"
——毛泽东在《党委会的工作方法》中所用典故探妙

用典缘起：

1949年3月13日，毛泽东在中国共产党第七届中央委员会第二次会议上作了结论。在这个讲话中的一部分编入《毛泽东选集》时，题为《党委会的工作方法》。在这篇文章中运用了下列典故。

典故内容：

鸡犬之声相闻，老死不相往来。——书出第1441页。典出《老子·八十章》："小国寡民：使有什伯之器而不用，使民重死而不远徙。虽有车舟，无所乘之；虽有甲兵，无所陈之。使民复结绳而用之。甘其食，美其服，安其居，乐其俗。邻国相望，鸡犬之声相闻，民至老死不相往来。"这一段话的意思是说，国家小、人民少。住得安逸，过得习惯。邻国之间，一直到老了死去，也可以不相往来。

强不知以为知。——书出第1441页。典出《论语·为政》："知之为知之，不知为不知，是知也。"宋人朱熹注："子路好勇，盖有强其所不知以为知者，故夫子告之，曰：'……但所知者，则以为知；所不知者，则以为不知。如此，则虽或不能尽知，而无自欺之蔽。'"又见，清人李汝珍《镜花缘》第18回："强不知以为知，一味大言欺人，未免把人看得过于不知文了。"

不耻下问。——书出第1441页。典出《论语·公冶长》："子贡问曰：'孔文子何以谓之文也？'子曰：'敏而好学，不耻下问，是以谓之文也。'"这一段话的意思是说：在春秋之时，卫国的大夫孔圉其人，为人谦虚而好学，故在其死后，他的谥号叫"文"，被后人称其为孔文子。孔子的弟子对于这种说法不能理解，便去请问孔子。孔子回答他说：孔圉这个人既聪明又肯用功学习，他不以向比自己差的人请教学习而自以为可耻，所以他死后，卫国为表彰他这种虚心好学的精神，故其谥号称"文"。又见，《三国志·刘廙传》："（廙上疏曰）圣人不以智轻俗，王者不以人废言。故能成功于千载者，必以近察远；智周于独断者，不耻于下问，亦欲博采必尽于众也。"又见，晋人葛洪《抱朴子·勤求》："夫读五经，犹宜不耻下问，以进德修业，日有缉熙。"又见，晋人皇甫谧《高士传·挚恂》："既通古今而性复温敏，不耻下问，故学者宗之。"又见，宋人陆九渊《与彭世昌书》："孔文子之所以为文者，在于不耻下问。"又见，清人刘鹗《老残游记》第7回："阁下既不耻下问，弟先须请教宗旨何如。"

发号施令。——书出第1442页。典出《淮南子·本经》："发号施令，天下莫不从风。"

安民告示。——书出第1443页（两出）典出《尚书·皋陶谟》："知人则哲，能官人；安民则惠，黎民怀之。"又见，《荀子·荣辱》："故曰仁者好告示人。告之示之……则夫塞者俄而通也。"又见，《旧唐书·张琇传》："（上谓张九龄等曰）'杀之成复仇之志，赦之亏律格之条。然道路喧议，故须告示。'乃下敕曰：'……不能加以刑戮，肆诸朝，宜付河南府告示决杀。'""安民"与"告示"相合而成"安民告示"。又见，清人金念劬《避兵十日记》："嘱两县速出安民告示，谕令店铺照常开张。"

兵马已到，粮草未备。——书出第1443页。典出明人罗懋登《三宝太监西洋记》第

875

84回："我们多少船只？多少军马？自古道：'军马未动，粮草先行。'这一千两银子，够那个食用？"又见，清人钱彩《说岳全传》第37回："元帅道：'三军未发，粮草先行。目今交兵之际，粮草要紧。……'"毛泽东当是将此典反其意而用之。

五湖四海。——书出第1443页。典出唐人吕岩《绝句》："斗笠为帆扇作舟，五湖四海任遨游。"又见，宋人释道原《景德传灯录·福州鼓山神晏国师》："鼓山自住三十余年，五湖四海来者向高山顶上看山玩水，未见一人快利通得。"又见，明人杨柔胜《玉环记·韦皋延赏》："外面人说官人有五湖四海之襟怀，经天纬地之才略。"

歌功颂德。——书出第1443页。典出《史记·周本纪》："民皆歌乐之，颂其德。"又见，《汉书·王莽传上》："风俗使者八人还，言天下风俗齐同，诈为郡国造歌谣，颂功德，凡三万言。"又见，宋人王灼《再次韵晁子兴诗》："歌功颂德今时事，侧听诸公出正音。"又见，清人曾朴《孽海花》第2回："列圣相承，绳绳继继，正是说不尽的歌功颂德，望日瞻云。"

一无是处。亦即"无一是处"、"全无是处"、"百无是处"、"了无是处"。——书出第1444页。典出宋人欧阳修《与王懿敏公》："事与心违，无一是处，未知何日遂得释然。"又见，宋人辛弃疾《西江月·遣兴》："醉里且贪欢笑，要愁那得工夫。近来始觉古人书，信着全无是处。"又见，宋人辛弃疾《浣溪沙十五首（其一）》："一似旧时春意思，百无是处老形骸，也曾头上戴花来。"又见，清人陈确《寄诸同志（其一一）》："吾辈于道，未窥一二，便觉世士之可笑，一言一动，了无是处。"

用典探妙：

毛泽东在这篇文章中所用典故，虽说只有9处，但是，这篇文章的用典最具特色。其中最大的特点是：反用典故，使其有成为至理名言之妙。

这里最为典型的一典，当是"鸡犬之声相闻，老死不相往来"的反意而用。"鸡犬之声相闻，老死不相往来"一典，在老子李耳的本意来说，就是在经济上自给自足，在政治上"无为"而治，互不交往、更无争斗，是他"小国寡民"的社会理想的表现。毛泽东从党委一班人要互通情报、互相交流，以取得共同的语言，反"鸡犬之声相闻，老死不相往来"而用之，虽说此典距今已有约2400年之久，但其语言仍然是通俗易懂，因而便凸显了"互通情报"的语意以及"互通情报"的重要意义。"鸡犬之声相闻，老死不相往来"一典，经毛泽东的运用之后，大大地提升了其经典性，使其成了妇儿皆知的、不肯互通情报的代名词。

再是"三军未动，粮草先行"、"兵马未到，粮草先行"这一类古典小说中较为多见典故语，可以说，它在人民大众中也当是俗语形式的语典了。毛泽东将其反其意而用之，改写成"兵马已到，粮草未备"，这样反意而用，便凸显了办事、开会等无准备的情景和毫无准备的严重后果，给人以"船到江心补漏迟"的不可磨灭的印象，同时也说明了事前要有"安民告示"的重要性。

总而言之，毛泽东在这篇文章中将典故反意而用，虽说他将其典故语打了引号，但仍有如己作，有毫无"痕迹"、天然浑成之妙！但因是典故，它又自有其渊源、自有其出处，因而它蕴含有其历史意义与现实意义，经毛泽东反意而用，这就具备了增添了其表意的深度与广度之妙！

282.反动派至死不变 "将决定地要灭亡"
——毛泽东在《南京政府向何处去？》中所用典故探妙

用典缘起：

1949年4月4日，新华社发表了毛泽东所写的评论《南京政府向何处去？》。在这篇评论中用了下列典故。

典故内容：

立功赎罪。亦即"立功自赎"。——书出第1445、1446页（三出）。典出《东周列国志》第40回："文公又问赵衰曰：'魏犨与颠颉同行，不能谏阻，合当何罪？'赵衰应曰：'当革职，使立功赎罪。'文公乃革魏犨右戎之职，以舟之侨代之。"

徘徊歧路。亦即"歧路徘徊"。——书出第1445页。典出汉人李陵《与苏武三首（其三）》："携手上河梁，游子暮何之？徘徊蹊路侧，悢悢不得辞。"又见，南齐·谢朓《奉和随王殿下十六首（其十二）》："英威邈如是，徘徊歧路人。"又见，唐人骆宾王《为徐敬业讨武曌檄》："言犹在耳，忠岂忘心？一抔之土未干，六尺之孤安在？傥能转祸为福，送往事居，共立勤王之勋，无废旧君之命，凡诸爵赏，同指山河。若其眷恋穷城，徘徊歧路，坐昧先几之兆，必贻后至之诛。"又见，其《饯郑安阳入蜀》诗："长途君怅望，歧路我徘徊。心赏风烟隔，容华岁月催。"

庆父不死，鲁难未已。——书出第1446页。典出《左传·闵公元年》："齐仲孙湫来省难。书曰'仲孙'，亦嘉之也。仲孙归，曰：'不去庆父，鲁难未已。'公曰：'若之何而去之？'对曰：'难不已，将自毙，君其待之。'公曰：'鲁可取乎？'对曰：'不可，犹秉周礼，周礼，所以本也。臣闻之："国将亡，本必先颠，而后枝叶从之。"鲁不弃周礼，未可动也。君其务宁鲁难而亲之，亲有礼，因重固，间携贰，覆昏乱，霸王之器也。'"这一大段话的意思是说：齐国的大夫仲孙湫奉齐桓公之令，前往鲁国去探视一下鲁国的内乱情况。仲孙湫回国后对齐桓公说：不除掉庆父这个人，鲁国的内乱就不得平息。齐桓公说：怎样才能去掉这个庆父呢？仲孙湫说：庆父一再地制造鲁国的内乱，终将自取灭亡，你还是等一等吧！齐桓公又说：可以乘其乱消灭鲁国吗？

仲孙湫说：不行。因为鲁国还是在秉承着周礼办事，这是治国之根本。我听说，国之将亡，这个根本就要被推翻，然后才能使枝叶枯槁。鲁国不弃周礼治国，由此可见其根本还是牢固的，基其根本牢，你就不要去动摇它。你现在还得帮助鲁国平乱去亲善它，通过亲善它，使其秉挚周公之礼，使其根本更加地牢固；当他们内部互相猜疑、各有二心之时，你就离间之；如果其当权者再度昏迷而致暴乱时，你就可以乘机颠覆之。这就是建立霸王之业者，所应有的一种器量啊！"庆父"，是春秋时期鲁庄公的庶兄。庄公死，公子般即位，庆父便将其暗杀，却让年仅8岁的公子开（闵公）即位。闵公的舅舅齐恒公就于闵公元年派大夫仲孙湫去鲁国探视情况。于是就有了上述君臣之间的一段对话。后来果然不出仲孙湫所料，庆父继续作乱，致使鲁国大乱，最后自取灭亡。这个典事一出，"庆父"从此就成了制造内乱的代名词。又见，《晋书·李密传》："（密）出为温令，而憎疾从事。尝与人书曰：'庆父不死，鲁难未已。'从事白其书司隶，司隶以密在县清慎，弗之劾也。"

国无宁日。——书出第1446页。典出《东周列国志》第11回："宋庄公恨郑入骨，复遣使将郑国所纳金玉，分赂齐、蔡、卫、陈四国，乞兵复仇。……郑厉公欲战，上卿祭足曰：'不可！宋大国也，起倾国之兵，盛气而来，若战而失利，社稷难保，幸而胜，将结没世之怨，吾国无宁日矣！不如纵之。'厉公意犹未决。"

至死不变。——书出第1447页。典出《礼记·中庸》："国无道，至死不变，强哉矫！"又见，宋人楼钥《攻瑰集·雪窦足庵禅师塔铭》："师天资朴厚，见地真实，业履孤峻，苦行坚密，至死不少变。"

拖泥带水。——书出第1447页。典出宋人普济《五灯会元·德山远禅师法嗣》："问：'一棒一喝，犹是葛藤，瞬目扬眉，拖泥带水，如何是直截根源？'"又见，宋人黄庭坚《题渡水罗汉画》："阿罗汉皆具神通，何至拖泥带水如此？"又见，宋人杨万里《竹枝歌七首（其七）》："知侬笠漏芒鞋破，须遣拖泥带水行。"这里的"拖泥带水"，当是直解人在泥水中艰难行走之状。又见，宋人严羽《沧浪诗话·诗法》："意贵透彻，不可隔靴搔痒；语贵脱洒，不可拖泥带水。"又见，宋人黎靖德编《朱子语类·中兴至今日人物上》："秦（桧）曰：'此事不然。我当时做这事，尚拖泥带水，不曾了得。'"这里的"拖泥带水"，当是指言辞不简练、办事不干脆之意。

用典探妙：

毛泽东在这篇仅约2000字的评论中，于8处用了典故，这些典故的运用，有力地配合评论的写作主旨的表达，这就是：敦促南京政府及其代表团，必须尽快地下决心，要么与蒋介石和美帝国主义者站在一起，要么与其决裂、站在人民一边。其中的8处典故，处处闪耀着光辉。特别是"庆父不死，鲁难未已"一典，尤显生动形象、精妙妥帖，让人读过之后，有明亮清晰、终生不忘之妙。更为具体而言，这个典故的运用有如下精妙之处。

一是此典有给读者以丰富的联想之妙。

我们知道：远在2600余年前的庆父，在其鲁国，曾先后杀死了两个国君，是制造内乱的罪魁祸首；而当今的蒋介石战犯集团，自1927年发动"4·12"反革命政变以来，其反共、反人民、反革命为时之久，其罪恶之大，其为害之烈，可谓磬竹难书，远非庆父所不可企及。这就说明了逮捕他们是天经地义的、是正义之举。

二是此典有将为什么要逮捕以蒋介石为首的战犯这一道理说得浅显易懂之妙。

1949年4月之时，在长江以北，国民党大军基本上为我军所歼灭。但国民党反动派仍有"半壁江山"，他们依据长江天险，一方面玩弄和谈阴谋，一方面抵制我党所提出的八项和平条件，特别是抵制惩办战犯这一条件，并于这一年的4月1日，在南京竟敢制造了镇压学生的南京惨案。因此，毛泽东以"庆父不死，鲁难未已"一典妙用于此，这就十分明白而且高度地概括了以蒋介石为首的国民党反动派仍在作垂死挣扎的客观现实。"庆父不死，鲁难未已。战犯不除，国无宁日。"实有字字千钧、句句顶千言之妙。

283.蒋介石拒绝和平 解放军全国进军
——毛泽东在《向全国进军的命令》中所用典故探妙

用典缘起：

在国民党反动政府拒绝签订国内和平协定之后，1949年4月21日，毛泽东起草了后来编入《毛泽东选集》时题为《向全国进军的命令》。在这个命令中用了下列典故。

典故内容：

卷土重来。——书出第1450页。典出唐人杜牧《题乌江亭》诗："胜败兵家事不期，包羞忍耻是男儿；江东子弟多才俊，卷土重来未可知。"又见，宋人王安石《乌江亭》诗："百战疲劳壮士哀，中原一败势难回。江东子弟今虽在，肯与君王卷土来！"又见，明人瞿式耜《先剔遗奸疏》："今主司房考业经处分，而监试何独漏网？且夤缘部覆冀他日冒滥京堂，卷土重来，岂一手能障天下之公议乎？"又见，明人无名氏《鸣凤记·夏公命将》："国家重地沦亡久，卷土重来在此行。"又见，清人黄宗羲《翰林院庶吉士子一魏先生墓志铭》："而导之兴狱者阮大铖、傅櫆，方改头换面，卷土重来。"

怙恶不悛。亦即"长恶不悛"、"长恶罔悛"、"讳恶不悛"、"怙恶不改"。——书出第1451页。典出《左传·隐公六年》："善不可失，恶不可长，其陈恒公之谓乎！长恶不悛，从自及也；虽欲救之，其将能乎？"又见，南宋人叶绍翁《四朝闻见录卷5·戊集·因韩党诏谕中外百官》："是月又降诏：'朕德不明，信任非

人。……矧复长恶罔悛，负国弥甚，疏忌忠说，废公徇私。气焰所加，道路以目。"又见，《后汉书·朱穆传》："昔秦政烦苛，百姓土崩，陈胜奋臂一呼，天下鼎沸，而面谀之臣，犹言安耳。讳恶不悛，卒至亡灭。"又见，《封神演义》第82回："岂得怙恶不改，又率领众仙布此恶阵？"又见，《宋史·王化基传》："若授以远方牧民之官，其或怙恶不悛，恃远肆毒，小民罹殃，卒莫上诉。"又见，《金史·许古传》："彼若有知，复寻旧好，则又何求？其或怙恶不悛，举众讨之，顾亦未晚也。"又见，《元史·周自强传》："若能悔悟首实，则原其罪；若迷谬怙恶不悛，然后绳之以法不少贷。"又见，《明史·曲先卫传》："散即思素狡悍，天子宥其罪，仍怙恶不悛。"又见，明人文秉《先拔志始》卷下："乃尚有等未尽奸徒，怙恶不悛，密弄线索，或巧布流言蜚语，或写匿名文书，害正常邪，淆乱视听。"又见，清人羽衣女士《东欧女豪杰》第2回："野蛮政府怙恶不悛，偏和我们为难，历年以来，不知害了我们多少同志，说来真真令人发指！"

用典探妙：

毛泽东在这篇不足1000字的命令中，只用了两个典故，且都属成语形式的典故。这两个典故，均属局部性质的典故，一般地说来，它们只是影响其所在的句子。然而，这两个局部性质的典故，从整个命令来看，它们同样有顾及全篇命令之妙。

首先看"卷土重来"一典，它除了在其句子中说明国民党反动派拒绝协定的目的之外，对整个命令而言，就是要向全国进军，坚决、彻底、干净、全部地歼灭中国境内一切敢于抵抗的国民党反动派，让其"卷土重来"梦想见鬼去吧！

其次看"怙恶不悛"一典，在其所在的句子而言，它是说，对于那些坚持作恶、不肯悔改的反动派，要缉拿归案，要依法惩办。同样，这个语典所要涵盖的范围，亦完全适应整个命令。

284.迅速消灭反动派 实现全国大统一
——毛泽东在《中国人民解放军布告》中所用典故探妙

用典缘起：

1949年4月25日，毛泽东起草了后来收入《毛泽东选集》时题为《中国人民解放军布告》。在这个布告中用了下列典故。

典故内容：

怙恶不悛。——书出第1457、1458页（两出）。典出同上一篇。

约法八章。化用"约法三章"而成。——书出第1457页。典出《史记·高祖本纪》："（沛公曰）与父老约，法三章耳：杀人者死，伤人及盗抵罪。"又见，《汉书·刑法志》："汉兴之初，虽有约法三章，网漏吞舟之鱼，然其大辟，尚有夷三族之令。"这里的"约法三章"，是指订立三条法律，与民一道相约遵守；又见，宋人刘克庄《沁园春·寄竹溪》："老子衰颓，晚与亲朋，约法三章。有谈除目者，勒回车马；谈时事者，麾出门墙。"又见，元人耶律楚材《怀古一百韵寄张敏之》："约法三章日，恩垂四百基。"又见，《三国演义》第65回："昔高祖约法三章，黎民皆感其德，愿军师宽刑省法，以慰民望。"又见，清人吴趼人《二十年目睹之怪现状》第51回："这位继室夫人生得十分精明强干，成亲的第三天，便和督办约法三章，约定从此以后，不许再娶姨太太。"这里的"约法三章"，当是泛指相约遵守之章程，抑或是对法律的除旧布新之意。"约法八章"，从字词的结构上来看，当是由"约法三章"而来。

量才录用。亦"量才授官"、"量才称职"、"量才叙用"、"量材擢用"、"随材录用"。——书出第1458页。典出《礼记·王制》："凡官民材，必先论之。论辨然后使之，任事然后爵之，位定然后禄之。"又见，《汉书·董仲舒传》："实诚贤为上，量才而授官，录德而定位。"又见，《魏书·郭祚传》："由是事颇稽滞，当时每招怨仇。然后拔用者，皆量才称职，时又以此归之。"又见，晋人常璩《华阳国志》："（文立上言）又诸葛亮、蒋琬、费祎等子孙流徙中畿，各宜量才叙用。"又见，清人李汝珍《镜花缘》第42回："其有情愿内廷供奉者，俟试俸一年，量材擢用。"又见，元人苏天爵《元朝名臣事略·平章廉文正王》："访逮物情，随材录用，人心感激。"又见，《旧五代史·周书·世宗纪》："应行营将士殁于王事者，各与赠官亲与子孙，并量材录用，伤夷残废者，别赐救接。"又见，宋人苏轼《上神宗皇帝万言书》："凡所擘画利害，不问何人，小则随事酬劳，大则量才录用。"又见，其《乞擢用程遵彦状》："伏望圣慈特赐采察，量才录用，非独广搜贤之路，亦以敦厉孝悌，激扬风俗。"

流离失所。——书出第1458页。典出《清史稿·杜尔伯特传》："其各加意抚绥，令守分谋生，勿至流离失所。"又见，清人李宝嘉《中国现在记》："只指望老师把这件事挽回过来，叫一般念书的不至流离失所。"

罪大恶极。——书出第1458页。典出宋人罗大经《鹤林玉露·补遗》："刿如桧（秦桧）者，密奉虏谋，胁君误国，罪大恶极。"

一技之长。亦即"一艺之长"、"一艺微长"。——书出第1458页。典出清人陈康祺《郎潜纪闻·萧尺木画》："诗凡二十六句，仰见圣人爱惜人才，虽荒江野老，一艺之长，身后犹蒙甄录。"又见，清人梁绍壬《两般秋雨盦随笔·对联》："岂徒学问文章，擅一艺微长，便算读书种子。"又见，清人王士禛《池北偶谈·一技》："近日一技之长，如雕竹则濮仲谦……所谓虽小道，必有可观者欤！"又见，清人郑燮《淮安舟中寄舍弟墨》："愚兄平生漫骂无礼，然人有一才一技之长，一行一言之美，未尝不啧

啧称道。"又见，清人李汝珍《镜花缘》第64回："凡琴棋书画，医卜星相，如有一技之长者，前来进谒，莫不优礼以待。"

散兵游勇。——书出第1458页。典出《史记·樊郦滕灌列传》："汉王既至荥阳，收散兵，复振。"又见，清人俞樾《春在堂随笔》："今海内新遭发捻之祸，元气已极敝矣，无业之游民，失职之游勇，伏戎于莽，纷纷皆是。""散兵"与"游勇"合而"散兵游勇"。

公买公卖。——书出第1459页。典出清人李绿园《歧路灯》第107回："大人做道员时，驿上草料豆子，公买公卖，分毫不亏累农户。"

安居乐业。亦为"安家乐业"、"安土乐业"。——书出第1459页。典出《老子·八十章》："甘其食，美其服，安其居，乐其俗。"又见，《汉书·货殖传》："父兄之教不肃而成，子弟之学不劳而能，各安其居而乐其业，甘其食而美其服，虽见奇丽纷华……"又见，《汉书·谷永传》："毋夺民时，薄收赋税，毋殚民财，使天下黎元咸安家乐业。"又见，《汉书·元帝纪》："使天下咸安土乐业，亡有动摇之心。"又见，《后汉书·仲长统传》："安居乐业，长养子孙，天下晏然，皆归心于我矣。"又见，明人冯梦龙《醒世恒言》卷6："一家正安居乐业，不想安禄山兵乱，潼关失守，天子西幸。"

用典探妙：

毛泽东的这个布告，虽说不到1000字，然在其中有11处用了典故。这些典故的运用的最大特点是：将典故的历史性与现实之间的某些相似性妙相结合而用，有效地展现了中国人民解放军进军全国的政策和策略。

何谓"典故的历史性与现实之间的某些相似性的妙用"呢？就是说，毛泽东所运用的典故语，其产生的历史环境与毛泽东所运用其的社会现实，有某些相似之点。比如"约法三章"一典，从其产生之日起，已经历经了2200余年，它既含有订立法律、相约遵守之意，又兼及简单条款的订立之意。毛泽东将其改字而用，写成"约法八章"，这便将"约法三章"与"约法八章"的历史性与现实性紧相勾连，一方面，使"约法八章"这话语具有丰富的内容和厚重的历史之感，另一方面，又有效地展现了我中国人民解放军进军全国的八大条款的无比正确英明！

再看文中的"一技之长"，它是布告中八大条款中的第5条的一个成语形式的典故，这个典故从其运用的角度来看，是一个局部性质的典故，知其出处，便知其有历史的丰富内容和其厚重之感，让人能联想古今，这就能使人更加十分细致地了解到我中国人民解放军对待国民党政权中的旧职人员的具体政策的正确性。

285．"新政治协商会议"　　"共同的政治基础"
——毛泽东在《在新政治协商会议筹备会上的讲话》中所用典故探妙

用典缘起：

1949年6月15日至19日，毛泽东出席了在北平召开的新政治协商会议筹备会。在6月15日的会议典礼上，作了后来编入《毛泽东选集》时题为《在新政治协商会议筹备会上的讲话》。在这个讲话中用了下列典故。

典故内容：

背信弃义。——书出第1464页。典出汉人枚乘《上书谏吴王》："积德累行，不知其善，有时而用；弃义背理，不知其恶，有时而亡。"又见，汉人桓宽《盐铁论·未通》："为斯君者亦病矣，反以身劳民，民犹背恩（亦即'信'之意）弃义而远流亡，避匿上公之事。"

欢欣鼓舞。——书出第1465页。典出《宋史·司马光传》："海内之民……欢欣鼓舞，甚若更生。"又见，宋人黎靖德编《朱子语类·孟子》："当时之人，焦熬已甚，率欢欣鼓舞之民而征之，自是见效速。"

一丝一毫。亦即"一毫一丝"。——书出第1465页。典出宋人欧阳修《会圣宫颂》："而职我事，而往惟寅，一毫一丝，给以县官，无取于民。"又见，清人文康《儿女英雄传》第27回："你没受着我一丝一毫好处；师傅受你的好处，可就难说了。"又见，清人李宝嘉《官场现形记》第26回："利钱好容易讲到二分半，一丝一毫不能少。"

源源不竭。亦即"源源而来"、"源源不绝"。——书出第1466页。典出《孟子·万章上》："欲常常而见之，故源源而来。"宋人朱熹注："源源，若水之相继也。来，谓来朝觐也。"又见，元人王恽《题纪伯新詹判如溪诗意》："源源不绝产蛟鼍。"又见，清人沈德符《万历野获编·种羊》："待其大而食之，次年如前法又种，源源不绝。"

污泥浊水。亦即"浊水污泥"。——书出第1467页。典出三国魏人曹植《七哀诗》："君若清路尘，妾若浊水泥；浮沉各异势，会合何时谐？"又见，唐人韩愈《酒中留上襄阳李相公》："浊水污泥清路尘，还曾同制掌丝纶。"

名副其实。亦即"名实相副"、"名实相称"。——书出第1476页。典出三国魏人曹操《与王修书》："君澡身浴德，流声本州，忠能成绩，为世美谈，名实相副，过人甚远。"又见，《后汉书·孔融传》："文举（孔融）盛叹鸿豫（郗虑）名实相副，综达经学，出于郑玄。"又见，宋人范祖禹《唐鉴·天宝八年》："故夫孝子慈孙之欲显

其亲，莫若使名副其实而不浮。"又见，《清史稿·邹鸣鹤传》："贤基品行端正，居官忠直，名副其实。"又见，清人李绿园《歧路灯》第90回："就是那礼部门口有名的，也要名副其实。"又见，清人李汝珍《镜花缘》第72回："妹子这个名字，叫做有名无实，那里及得尧蓂姐姐弹得幽雅，他才名实相称哩。"

用典探妙：

毛泽东在这个约2700言的讲话中，只用了6个典故，且都是成语形式的典故。但是，其用典还是颇有特色的。其中最为突出的一点是：典故的历史性与现实之间的某些相似性和相反性的结合妙用，有效地凸显了中国人民革命胜利后的光辉前景。

何谓"典故的历史性与现实之间的某些相似性和相反性的结合妙用"？就是说，这样的典故所强调的是典故语的历史性与现实之间的相似性和相反性，从而产生强烈的对比，以凸显革命现实的美好。比如"背信弃义"与"欢欣鼓舞"，这两个典故语均属局部性质典故，它们各自修饰着其所在的句子。在某一种意义上说来，它们有其"相似性和相反性"，这种相似性，一是指古时候人的背信弃义，与国民党反动派的背信弃义，有某些相似之点，古时人的欢欣鼓舞与中国人民对于自己革命胜利有其相似之点。而相反性，是指在当今的历史条件下，这种"背信弃义"和"欢欣鼓舞"与旧时代的"背信弃义"和"欢欣鼓舞"有着本质意义上的不同。故将这种成语性质的典故语的相似性和相反性的妙相结合，它们便从更深层次地深刻地反映了国民党反动派的必败无疑！

又如"污泥浊水"与"名副其实"，这两个成语形式的典故。查其典源，我们可知其历史性与其在现实中的某种勾连关系。这两个典故的结合而用，所展现的是一幅百废待兴的光辉之景！

286.长革命派的志气 灭反动派之威风
——毛泽东在《论人民民主专政——纪念中国共产党二十八周年》中所用典故探妙

用典缘起：

1949年6月30日，为纪念中国共产党成立28周年，毛泽东撰写了《论人民民主专政》。在这篇文章中用了下列典故。

典故内容：

不堪设想。亦即"岂堪设想"。——书出第1469页。典出清人林则徐《钱票无甚关碍，宜重禁吃烟，以杜弊源片》："内地膏脂，年年如此剥丧，岂堪设想！"又见，清人曾朴《孽海花》第6回："若不是后来庄芝栋保了冯子材出来……中国的大局，正不堪设想哩！"又见，清人梁启超《对欧美友邦之宣言》："局势险恶，诚有不堪设想者。"

大同境域。——书出第1469页。典出《礼记·礼运篇》："大道之行也,天下为公,选贤与能,讲信修睦。故人不独亲其亲,不独子其子;使老有所终,壮有所用,幼有所长,鳏寡、孤独、废疾者皆有所养;男有分,女有归。货,恶其弃于地也,不必藏于己。力,恶其不出于身也,不必为己。是故谋闭而不兴,盗窃乱贼而不作。故外户而不闭,是谓大同。"这一段话是孔子在祭祀后出游之时,触景生情、感慨不已。其时言偃在其侧,询问其由。孔子说他是在怀念尧、舜、禹三代"天下有道"。于是接着而说了上面的话。这一段话,实质上是在描绘孔子自己心目中理想社会。

千辛万苦。——书出第1469页。典出《敦煌变文集·父母恩重经讲经文》:"前来经文说父母种种养育,千辛万苦,不惮而喧(暄),乞求长大成人,且要绍继宗祖。"又见,《敦煌变文集·佛说观弥勒菩萨上生兜率天经讲经文》:"富贵儿孙争奉养,贫穷朝夕自营谋。千辛万苦为谁人,十短九长解甚事?"又见,宋人裘万顷《竹斋诗集·灯下偶次前韵》:"北风吹雨夜正寒,北窗吟诗舌欲干。千辛万苦浪如许,饭颗山前谁著汝?"又见,元人关汉卿《五侯宴》第4折:"与人家担水运浆,吃打吃骂,千辛万苦,看看至死,不久身亡。"又见,元人张之翰《元日》:"千辛万苦都尝遍,只有吴淞水最甘。"

雨后春笋。——书出第1469页。典出宋人张耒《食笋》:"荒林春雨足,新笋进龙雏。"又见,宋人赵蕃《过易简彦从》:"雨后笋怒长,春雨阴暗成。"又见,明人汪砢玉《雨后新笋》:"最爱一番新雨过,春泥又见笋穿阶。"

另眼相看。亦即"另眼看待"、"另眼看承"、"另眼相待"。——书出第1470页。典出明人凌濛初《初刻拍案惊奇》卷8:"不想一见大王,查问来历,我等一实对,便把我们另眼相看,我们也不知其故。"又见,清人杨潮观《吟凤阁杂剧·寇莱公思亲罢宴》:"相爷夫人念其旧日,留养府中,多蒙另眼相看,倒也十分自在。"又见,清人李宝嘉《官场现形记》第11回:"大家晓得他与中丞有旧,莫不另眼相看。"又见,明人无名氏《霞笺记·拆情得喜》:"奴婢蒙娘娘另眼看待,实有冤苦在心。"又见,明人冯梦龙《醒世恒言》卷27:"去年出征,拨在老爷部下;因我勇力过人,留我帐前亲随,另眼看承。"又见,其《警世通言》卷22:"刘翁、刘妪见他小心得用,另眼相待,好衣好食的管顾他。"又见,《红楼梦》第7回:"不过仗着这些功劳情分,有祖宗时,都另眼相待,如今谁肯难为他去?"

放之四海而皆准。亦即"放诸四海而皆准"。——书出第1470页。典出《礼记·祭义》:"曾子曰:'夫孝,置之而塞乎天地,溥之而横乎四海,施之后世而无朝夕,推而放诸东海而准,推而放诸西海而准,推而放诸南海而准,推而放诸北海而准。'……诗云:'自西自东,自南自北,无思不服,此之谓也。'"又见,明人宋濂《文原》:

"斯文也，贤者得之，则放诸四海而准。"

取而代之。——书出第1473页。典出《史记·项羽本纪》："秦始皇帝游会稽，渡浙江，梁与籍俱观。籍曰：'彼可取而代也。'梁掩其口，曰：'毋妄言，族矣！'梁以此奇籍。"这一段话有一个来历：少年时期的项羽，学书、学剑皆不成。其叔父项梁为此很是生气。然而项羽却说：书，足以记名姓而已。剑，一人敌，不足学。要学，就学万人敌。项梁见其有抱负，就教其学习兵法。后来项梁因杀了人，就带项羽一起出逃到了吴中（今之江苏的吴县）。公元前210年，秦始皇巡游会稽（今之浙江绍兴东南的会稽山），当其渡过浙江时，项羽项梁一同前往观看。当项羽看到秦始皇巡视的盛况时，便说道：这个皇帝可以拿过来，由我们代他做啊！项梁立刻用手捂住项羽的嘴，说道：不能胡说八道，这是要灭族的啊！又见，元人俞德邻《佩韦斋辑闻》卷1："始皇南巡会稽，高帝时年二十有七，项籍才二十三耳，已有取而代之之意。"又见，《新五代史·杂传·高行周传》："兵过武州，招行珪曰：'守光可取而代也。当从我行，不然，全杀公子。'"

景阳冈上的武松。亦即"武松打虎"。——书出第1473页。典出《水浒传》第23回《横海郡柴进留宾　景阳冈武松打虎》："这武松提了哨棒，大着步，自过景阳冈来。约行了四五里路，来到冈子下，见一大树，刮去了皮，一片白，上面写了两行字……'近因景阳冈大虫伤人，但有过往客商可于巳、午、未三个时辰结伙成队过冈，请勿自误。'武松看了，笑道：'这是酒家诡诈，惊吓那等客人，便去那厮家里宿歇。我却怕甚么鸟！'横拖着哨棒，便上冈子来。……行到庙前，见这庙门上贴着一张印信榜文。武松住了脚读时，上面写道：'阳谷县示：为景阳冈上新有一只大虫伤害人命……各宜知悉。'武松读了印信榜文，方知端的有虎。……武松走了一直，酒力发作，焦热起来。一只手提着哨棒，一只手把胸膛前袒开，踉踉跄跄，直奔过乱树林来。见一块光挞挞大青石，把那哨棒倚在一边，放翻身体，却待要睡，只见发起一阵狂风来。古人有四句诗单道那风：'无形无影透人怀，四季能吹万物开。就树撮将黄叶去，入山推出白云来。'原来但凡世上云生从龙，风生从虎。那一阵风过处，只听得乱树背后扑地一声响，跳出一只吊睛白额大虫来。武松见了，叫声：'阿呀！'从青石上翻将下来，便拿那条哨棒在手里，闪在青石边。那个大虫又饥又渴，把两只爪在地下略按一按，和身望上一扑，从半空里撺将下来。武松被那一惊，酒都做冷汗出了。说时迟，那时快，武松见大虫扑来，只一闪，闪在大虫背后。那大虫背后看人最难，便把前爪搭在地下，把腰胯一掀，掀将起来。武松只一躲，躲在一边。大虫见掀他不着，吼一声，却似半天里起个霹雳，振得山冈也动，把那铁棒也似虎尾倒竖起来只一剪。武松却又闪在一边。原来那大虫拿人，只是一扑，一掀，一剪；三般提不着时，气性自没了一半。那大虫又剪不着，再吼了一声，一兜兜将回来。武松见那大虫复翻身回来，双手抡起哨棒，尽平生气力只一棒，从半空劈将下来。只听得一声响，簌簌地将那树连枝带叶劈脸打将下来。定晴看时，一棒劈不着大虫；原来打急了，正打在枯树上，把那条哨棒折做两截，只拿得一半在手里。那大虫咆哮，性发起来，翻身又一扑，扑将来。武松又只一跳，却退了十步远。那大虫恰好把两只前爪搭在武松面前。武松将半截棒丢在一边，两只手就势把大虫顶花皮肐膌地揪住，一按按将下来。那只大虫急要挣扎，被武松尽气力纳定，那里肯放半点儿松宽？武松把只脚望大虫门面上、眼睛里，只顾乱踢。那大虫咆哮起来，把身底下爬起两堆黄泥，做了一个土坑。武松把那大虫嘴直按下黄泥坑里去，那大虫吃武松奈何得没了些气力。武松把左手紧紧地揪住顶花皮，偷出右手来，提起铁锤般大小拳头，尽平生之力，只顾打。打倒五七十拳，那大虫眼里、口里、鼻子里、耳朵里，都迸出鲜血来。那武松尽平昔神威，仗胸中武艺，半歇儿把大虫打做一堆，却似挡着一个锦皮袋。……"

二者必居其一。——书出第1473页。典出《孟子·公孙丑》："前日之不受是，则今日之受非也；今日之受是，则前日之不受非也。夫子必居一于此矣。"

相提并论。——书出第1474、1477页（两出）。典出《史记·魏其武安侯列传》："相提而论，是自明扬主上之过。"唐人司马贞《索隐》："相提，犹相抵也。"又见，清人袁枚《小仓山房尺牍·寄房师邓逊斋先生（其二）》："而枚则寂处山中，日与麋鹿为群，就有著述，亦不过雕虫篆刻，何足与当代勋臣相提而并论。"又见，清人章学诚《文史通义·浙东学术》："或问事功气节，果可与著述相提并论乎？曰：史学所以经世，固非空言著述也。"又见，清人王蕴章《碧血花·吊烈》："微波先归蔡香君，后降张献忠，节惭冰霜，死轻蝼蚁，比着这蕊芳夫妻殉节，含笑同归，怎能够相提并论呢？"又见，清人文康《儿女英雄传》第27回："如今把他两个相提并论起来，正是艳丽争妍，聪明相等。"

施仁政。——书出第1476、1477页（三出）。典出《孟子·梁惠王上》："梁惠王曰：'晋国，天下莫强焉，叟之所知也。及寡人之身，东败于齐，长子死焉；西丧地于秦七百里；南辱于楚。寡人耻之，愿比死者壹洒之，如之何则可？'孟子对曰：'地方百里而可以王。王如施仁政于民，省刑罚，薄税敛，深耕易耨；壮者以暇日修其孝悌忠信，入以事其父兄，出以事其长上，可使制梃以挞秦楚之坚甲利兵矣。''彼夺其民时，使不得耕耨以养其父母。父母冻饿，兄弟妻子离散。彼陷溺其民，王往而征之，夫谁王敌？故曰："仁者无敌"，王请勿疑！'"这一段的意思是说：梁惠王在孟子的面前诉说他在位受辱的情况，并希望为战死报仇雪耻，该怎样才能做到？于是孟子回答说：有纵横百里之地，就可以使王业兴盛起来。大王如果能够向民众施仁政，减免刑罚赋税，让民众精耕细作；让青壮年平时讲求孝顺父母、敬爱其兄弟，忠诚正直，为人守信，在家用来对待他的父兄，在外用来对待其长辈上司；如能如此，就是用木棒也可以

对付秦国与楚国坚甲利兵了。为什么能够这样呢？因为他们剥夺了民众的生产时间，使得民众难于用耕种所得的粮食来养活自己的父母。父母受冻挨饿，兄弟妻离子散。秦楚两国陷民众于苦难深渊，这时，大王去讨伐他们，有谁来与大王作对呢？所以有老话说：仁德之人，天下无敌。大王就不要疑虑了！

即以其人之道，还治其人之身。——书出第1478页（两出）。典出《礼记·中庸》："故君子以人治人，改而止。"宋人朱熹注："故君子之治人也，即以其人之道，还治其人之身。"又见，清人陈忱《水浒后传》第22回："况这班奸党，不知屈害多少忠良。即以其人之道，还治其人之身，极是快心之事。"

如此而已。——书出第1478页。典出《左传·成公五年》："其如此而已，虽伯宗若之何！"又见，《孟子·尽心上》："无为其所不为，无欲其所不欲，如此而已矣。"

岂有他哉。——书出第1478页。典出《孟子·梁惠王下》："箪食壶浆，以迎王师，岂有他哉，避水火也。"又见，《孟子·告子上》："人之于身也，兼所爱。兼所爱，则兼所养也。无尺寸之肤不养也。所以考其善不善者，岂有他哉！"又见，宋人王安石《诚励诸道转运使经画财利宽恤民部》："彼前世良吏，能纾其民，而官事亦不耗废者，岂有他哉！"

大公无私。亦即"至公无私"、"公平无私"、"公正无私"。——书出第1479页。典出《管子·形势篇》："风漂物者也，风之所漂，不避贵贱美恶；雨漂物者也，雨之所堕，不避大小强弱。风雨至公而无私。"又见，汉人马融《忠经·天地神明》："忠者中也，至公无私。"又见，《战国策·秦策》："商君治秦，法令至行，公平无私，罚不讳强大，赏不私亲近。"又见，《孔子家语》："澹臺灭明，为人公正无私。"又见，清人龚自珍《论私》："且今之大公无私者，有杨、墨之贤耶？"又见，清人吴趼人《二十年目睹之怪现状》第61回："这种赌法，倒是大公无私，不能作弊的。"

光辉灿烂。——书出第1481页。典出《三国演义》第71回："护驾龙虎官军二万五千，分为五队，每队五千，按青、黄、赤、白、黑五色，旗幡甲马，并依本色；光辉灿烂，极其雄壮。"

用典探妙：

毛泽东在这篇近9500余字的专论中，计在19处用了典故。在这篇文章中的典故运用，主要有如下几个方面的显著特点。

其一是：概缩武松打虎的故事成典，巧喻中国人民对付国内外反动派的态度，这样创造性地用典，在表意上特有深刻独到之妙。

一部《水浒传》，在中国人民群众的影响是十分广泛的，而其中的武松打虎一段故事，则更是家喻户晓。只要一提到景阳冈上的武松，那么，景阳冈上那白额吊睛虎形体之大、其发作时之威、其攻击人时之猛、急于吃人时之凶、企图一下子致人于其口中之残……可谓牢牢地印在广大读者的心目之中；俗话说："强中更有强中手。"而面对这样的猛虎，武松决不是一般的猎户。在见到来势汹汹的猛虎时，武松在其没有丝毫怯懦的坦然心态中，展现其惊人之勇，在猛虎的几次袭击时的"躲闪"中，展现出了他那惊人之智，在猛虎使出吃人的最后解数时，武松一跃而上，将其按住一顿拳打脚踢，展现出了他那惊人而神奇的武功，在猛虎命归西天后，武松仍无半点松懈，直到确认猛虎真的命丧黄泉才罢手，充分地展现了武松的胆大心细和高度的警惕性。兵法有云："置之死地而后生。"当猛虎要吃人（即毛泽东所喻的帝国主义及其走狗要置中国革命于惨败的境地时），则中国革命人民（即毛泽东所喻之武松）就要将其彻底地击败。毛泽东借用此典用作比喻，教导我们在对待帝国主义及其走狗时，应取武松的态度和办法。真可谓有独到而形象生动之妙！

其二是：接过敌方的话题重复地用典，有层层批驳敌方谬论，展现我方对敌方针政策之妙。

在第1476页，毛泽东接过敌方骂中国革命人民和革命政党"不仁"时，毛泽东于第1476、1477页中，三次用到了"施仁政"一典。指出了我们党"施仁政"的目的与"施仁政"对象，十分明确而简洁地阐释了人民民主专政的目的、意义和性质。

其三是：针对敌方的指摘用典，将所要批驳的对象填充于典故之中，使变用后的语典与所要批驳的对象，有"牢牢地捆绑在一起"之妙！

在第1478页，毛泽东写道："骂我们实行'独裁'或'极权主义'的外国反动派，就是实行独裁或极权主义的人们。……蒋介石的反革命独裁，就是从这些反动家伙学来的。"在批驳这些反动派时，毛泽东用了"即以其人之道，还治其人之身"这一有名的典故。紧接其后，毛泽东采用了填充式变用典故之法。毛泽东这样写道："我们就是这样做的，即以帝国主义及其走狗蒋介石反动派之道，还治帝国主义及其走狗蒋介石反动派之身。如此而已，岂有他哉！"在"即以其人之道，还治其人之身"一典中，毛泽东将"其人"抽出，将"帝国主义及其走狗蒋介石反动派"填充而入，这就将"帝国主义及其走狗蒋介石反动派"，牢牢地钉在了惯于搞"独裁"和"极权主义"的耻辱柱上。真可谓易记、好懂，是非分明！

287.评美国的白皮书 揭对华政策本质
——毛泽东在《丢掉幻想，准备斗争》中所用典故探妙

用典缘起：

为了评析与揭批美国国务院的白皮书和艾奇逊的信的反动本质，毛泽东于1949年8月

14日，为新华社写了《丢掉幻想，准备斗争》的评论。在这篇评论中用了下列典故。

典故内容：

士大夫。——书出第1485页。典出《周礼·考工记》："坐而论道谓之王公，作而行之谓之士大夫。"汉人郑玄注："亲受其职，居其官也。"这里的"士大夫"，当是指居官而有职之人；又见，《荀子·强国》："不比周，不朋党，倜然莫不明道而公也，古之士大夫也。"这里的"士大夫"，当是指旧时有地位有声望的读书人。

无孔不入。——书出第1485页。典出清人李宝嘉《官场现形记》第35回："况且上海办捐的人，钻头觅缝，无孔不入，设或耽搁下来，被人家弄了去，岂不是悔之不及。"

杀人放火。——书出第1485页。典出元人施君美《幽闺记·绿林寄迹》："强梁勇猛人会一家，杀人放火张威霸。"又见，元人无名氏《鲁智深喜赏黄花峪》第2折："听的道杀人放火偏精细，显出我些英勇神威。"又见，明人洪楩辑刊《清平山堂话本·陈巡检梅岭失妻记》："聚集五七百小喽罗，占据南林村，打家劫舍，杀人放火。"又见，清人钱彩《说岳全传》第55回："他本是杀人放火的主儿。"

青面獠牙。——书出第1485页。典出明人臧晋叔《元曲选·孟汉卿〈魔合罗〉四》："左厢壁一个戴黑楼兜子，身穿着绿襕，手拿着一个管笔，挟着纸薄子。右厢壁一个青面獠牙，朱红头发，手拿着狼牙棒。"又见，明人汤显祖《还魂记·圆驾》："似这般狰狞汉叫喳喳，在阎浮殿见了些青面獠牙，也不似今番怕。"又见，《封神演义》第63回："（姜）子牙见对营门一人，三首六臂，青面獠牙。"又见，明人冯梦龙《古今小说》卷31："只见七八个鬼卒，青面獠牙，一般的三尺多长，从桌底下钻出。"又见，清人曾朴《孽海花》第23回："这一喊，顿时把几个乌嘴油脸的小孩，变了一群青面獠牙的妖怪。"

十恶不赦。——书出第1485页。典出《隋书·刑法志》："开皇元年……又置十恶之条，多采后齐之制，而颇有损益。一曰谋反，二曰谋大逆，三曰谋叛，四曰恶逆，五曰不道，六曰大不敬，七曰不孝，八曰不睦，九曰不义，十曰内乱。犯十恶及故杀人狱成者，虽会赦，犹除名。"又见，唐人张九龄《东风赦书》："大辟罪已下，罪无轻重，咸赦除之，惟十恶死罪，不在此限。"又见，元人关汉卿《窦娥冤》第4折："这药死公公的罪名犯在十恶不赦。"

甜言蜜语。亦即"甘言美语"、"甜言美语"、"美语甜言"、"甜嘴蜜舌"、"甜言软语"、"甜言媚语"、"甜语花言"。——书出第1485页。典出汉人焦延寿《焦氏易林·贲》："甘言美语，诡辞无名。"又见，明人凌濛初《初刻拍案惊奇》卷11："知县随即唤几个应捕，分付道：'你们可密访着船家周四，用甘言美语哄他到此，不可说出实情！'"又见，《敦煌变文集·捉季布传文》："季布得知心里怕，甜言美语却安存。”又见，唐人释灵澈《大藏治病药》：“甜言美语是一药。”又见，元人王实甫《西厢记》3本第2折：“别人行甜言美语三冬暖，我根前恶语伤人六月寒。”又见，明人冯惟敏《海浮山堂词稿·耍孩儿·十自由》：“耳呵，不平言懒待听，耳不听心不忧……一个家美语甜言话不投。”又见，《红楼梦》第35回：“玉钏儿道：‘吃罢，吃罢！你不用和我甜嘴蜜舌的了，我都知道啊！’说着，催宝玉喝了两口汤。”又见，宋人赵长卿《柳梢青》词：“甜言软语，长记那时，萧娘叮嘱。”又见，宋人郭应祥《西江月·度间次潘文叔韵》：“试问甜言软语，何如大醉高吟？杯行若怕十分深，人道对花不饮。”又见，明人凌濛初《二刻拍案惊奇》卷28：“程朝奉动了火，终日将买酒为由，甜言软语哄动他夫妻二人。”又见，明人凌濛初《初刻拍案惊奇》卷2：“滴珠叹了一口气，缩做一团，被吴大郎甜言媚语，轻轻款款，扳将过来。”又见，明人孙梅锡《琴心记·勉拨房赏》：“你风流惹下凄凉运，把那甜言花语心口全然不应。”又见，明人冯梦龙《醒世恒言》卷36：“卞福坐在旁边，甜言蜜语，劝了一回。”又见，明人凌濛初《初刻拍案惊奇》卷13：“那些人贪他出钱施主，当面只是甜言蜜语，谄笑胁肩，赚他上手。”又见，明人徐复祚《宵光记·戕兄》：“甜言蜜语甘如饴，怎知我就里。”又见，《红楼梦》第3回：“他嘴里一时甜言蜜语，一时有天没日，疯疯傻傻只休信他。”

无可奈何。——书出第1486页。典出《史记·酷吏列传》：“复聚党而阻山川者，往往而群居，无可奈何。”又见，清人陈忱《水浒后传》第3回：“大哥同杨太守来拿我，实是一毫不知，既被他连累，也无可奈何了。”

放下屠刀，立地成佛。——书出第1486、1487页（两出）。典出宋人释道原《景德传灯录·法安济慧禅师》：“要似他广额凶屠，抛下操刀，便证阿罗汉果。”“证阿罗汉果”，即“成佛”之意。又见，宋人普济《五灯会元·东山觉禅师》：“广额正是个杀人不眨眼的汉，放下屠刀，立地成佛。”又见，明人彭大翼《山堂肆考·征集》卷1：“屠儿在涅槃会上，放下屠刀，立地成佛。”这里的“放下屠刀，立地成佛”，其意是指停止杀生之类的行为，便很快可以修成正果，系佛家语。又见，宋人黎靖德编《朱子语类》卷30：“今不必问过之大小，怒之深浅，只不迁不贰，是甚力量，便见工夫，佛家所谓放下屠刀，立地成佛。”又见，清人纪昀《阅微草堂笔记·滦阳消夏录四》：“夫佛法广大，容人忏悔，一切恶业，应念皆消。放下屠刀，立地成佛。汝不闻之乎？”又见，清人文康《儿女英雄传》第21回：“从来说‘孽海茫茫，回头是岸；放下屠刀，立地成佛。’你们众人，今日这番行事，才不枉称世界上的英雄，才不枉作人家的儿女。”又见，清人李汝珍《镜花缘》第10回：“此非放下屠刀，立地成佛么？可见上天原许众生回心向善的。”这里的“放下屠刀，立地成佛”，当主要是讲停止作恶，立刻改正，马上就做个好人的意思。

回头是岸。——书出第1487页。典出元人无名氏《度柳翠》第1折："世俗人没来由，争长竞短，你死我活；有呵吃些个，有呵穿些个，苦海无边，回头是岸。"又见，元人无名氏《鱼篮记》第3折："奉劝呆痴汉，只管弄精神，回头便是岸，从此出沉沦。"又见，清人纪昀《阅微草堂笔记·滦阳消夏录四》："业海洪波，回头是岸。"又见，清人李绿园《歧路灯》第63回："世兄果不嫌家伯语重，何难回头是岸；万不可面从腹诽。"

无所施其伎。——书出第1488页。典出宋人洪迈《夷坚志·丁志·红叶入怀》："医巫无所施其伎，了不知何物为妖也。"又见，清人薛雪《一瓢诗话》："吾辈定须竖起脊梁，撑开慧眼；举世誉之而不加劝，举世非之而不加沮。则魔群妖党，无所施其伎俩矣。"

热气腾腾。——书出第1489页。典出明人吴承恩《西游记》第5回："那饭热气腾腾的。"又见，清人李宝嘉《中国现在记》第11回："只见小和尚用一个托盘托了几碗盖碗茶，热气腾腾的端过来。"

深仇大恨。亦即"深仇积恨"、"深仇阔恨"。——书出第1489页。典出元人杨显之《郑孔目风雪酷寒亭》第4折："从今后深仇积恨都消解，且到我荒山草寨权停待。"又见，清人天花藏主人《玉支矶》："这长孙肖，论起来原与兄无甚深仇阔恨，只是容他在此，不免要碍管小姐之事。"又见，清人王濬卿《冷眼观》第10回："他既这样深仇大恨，怎样还说要请他吃大菜呢？""吃大菜"是其时黑话，即"坐牢"之意。

用典探妙：

毛泽东在这篇约4700字的评论中，计于13处用了典故。所用典故是算不多的，且多数都是成语形式的典故。虽说如此，但所用典故还是颇有其特点的。

其特点之一是：成语形式的典故的连续反用，有给敌人的攻击与诬蔑以有力的反击之妙！

比如在第1485页，毛泽东将美帝国主义及其走狗蒋介石反动派对中国共产党和中国革命人民的一系列的攻击诬蔑，口吻逼肖地归纳为十大方面，这十大方面，正好与旧中国几千年来"不赦"的"十恶"相对应，在此基础上，毛泽东顺着这十恶的语气，度人之腹地将贬斥性的成语形式的典故"青面獠牙"与"十恶不赦"连用，将美帝国主义及其走狗蒋介石反动派的语言勾画得活灵活现之妙。正是在此基础之上，毛泽东笔锋一转，紧接着将客观事实一摆，则"青面獠牙"、"十恶不赦"便成了反话反说，祸国殃民、十恶不赦、青面獠牙的，正是美帝国主义及其走狗国民党反动派，毛泽东的这种批判揭露、讽刺嘲弄之法，可谓入木三分之妙。

其特点之二是：同一典故的重用，且与俗语的结合而用，有深揭痛批帝国主义分子虚伪、反动的本质之效，同时有擦亮世人眼睛之妙！

在第1486至1487页，毛泽东提出了两大名言，即毛泽东所说的两条"马克思主义的定律"。其一是："捣乱，失败，再捣乱，再失败，直至灭亡——这就是帝国主义和世界上一切反动派对待人民事业的逻辑，他们决不会违背这个逻辑的。这是一条马克思主义的定律。"其二是："斗争，失败，再斗争，再失败，再斗争，直至胜利——这就是人民的逻辑，他们也是决不会违背这个逻辑的。这是马克思主义的又一条定律。"在论说这两条定律的过程中，两次用上了"放下屠刀，立地成佛"这个典故，这不能不使我们回想到毛泽东在这篇评论中（第1484页）开首的一段中所写下的，自1840年以来，数十个帝国主义国家对于中国人民的烧杀抢掠及在第三次国内革命战争中，"美国出钱出枪蒋介石出人替美国打仗杀中国人的战争"。因此，毛泽东在这里用上"放下屠刀，立地成佛"、"强盗收心做好人"、"帝国主义分子决不肯放下屠刀，他们也决不能成佛"的典故，就会有如闪光之珠，照亮人民群众的心田。其审美实现在于以其连续的刺激，迅速地唤起人民大众思想感情上的强烈律动，进一步看清楚"艾奇逊们"反动本质和险恶之用心。让斗争意志坚定者，更加坚定；让思想一时糊涂者，顿时清醒。从而对毛泽东所提出的两条定律，有深入的理解。真正做到"丢掉幻想，准备斗争"。

288. "出钱出枪出顾问" "助蒋介石打内战"
——毛泽东在《别了，司徒雷登》中所用典故探妙

用典缘起：

1949年8月18日，新华社发表了毛泽东所写的《别了，司徒雷登》的评论。在这篇评论中用了下列典故。

典故内容：

风云人物。当由"风流人物"换字而成。——书出第1492页。典出宋人苏轼《念奴娇·赤壁怀古》："大江东去，浪淘尽，千古风流人物。"又见，金人元好问《王子端内翰山水同屏山赋二诗》（其二）："万里承平一梦间，风流人物与江山。"

如意算盘。——书出第1492页。典出清人李宝嘉《官场现形记》第44回："好便宜，你倒会打如意算盘，十三个半月工钱，只付三个月。你同我了事，我却不同你干休。"又见，清人李宝嘉《中国现在记》第5回："若像你们这样的如意算盘，把人给害掉了，倒说他亏空了银子跑了，那可没有人相信。"

强奸……民意。——书出第1493页。典出清末民初人蔡东藩、许廑父《民国通俗演义》第72回："后来老袁（即袁世凯）强奸民意，凡政绅军商各界，无不有请愿书，独耆硕遗老，尚付阙如，老袁想到王闿运身上，意欲借重大名，列表劝进……"

一干二净。——书出第1493页。典出清人李汝珍《镜花缘》第44回："此山大虫，

亏得骆小姐杀的一干二净，我们才能在此安业。"又见，清人吴趼人《二十年目睹之怪现状》第7回："藩台依言问他，他却赖得个一干二净。"

令人神往。——书出第1493、1494页。典出晋人陆云《答兄机》："神往同逝感，形留悲参商。"又见，明人胡应麟《少室山房笔丛》卷27："今著述湮没，怅望当时蹈海之风，令人神往不已。"又见，清人钱泳《履园丛话·艺能·十番》："忆于嘉庆巳年七月，余偶在京师，寓近光楼，其他与圆明园相近，景山诸乐部尝演习十番笛，每于月下听之，如云傲叠奏，令人神往。"

不得已而求其次。当由"不得已而用之"、"不得已而为之"、"不得已而行之"换字而成。——书出第1494页。典出周代齐人吕望《六韬·文韬·兵道》："圣王号兵为凶器，不得已而用之。"又见，《魏书·高祖纪下》："凡所修造，不得已而为之，不为不急之事损民力也。"又见，宋人欧阳修《归田录》："凡内降恩泽，皆执不行。然以其所执既多，故三执而又降出者，则不得已而行之。"又见，曹靖华《叹往昔，独木桥头徘徊无终期》："凡事不得已而求其次。'鸿沟'上没有'桥梁'只好绕道东京了。"

诲人不倦。——书出第1494页。典出《论语·述而》："默而识之，学而不厌，诲人不倦，何有于我哉！"

冒天下之大不韪。亦即"犯天下之大不韪"。——书出第1494页。典出《左传·隐公一一年》："犯五不韪而以伐人，其丧师也，不亦宜乎？"又见，清人顾炎武《日知录·正始》："自正始以来，而大义之不明，遍于天下。如山涛者，既为邪说之魁，遂使嵇绍之贤，且犯天下之大不韪，而不顾夫邪正之说不容两立。"又见，清人陈夔龙《梦蕉亭杂记》卷1："李文忠高掌远蹠，才气横溢，三朝元老。然功满天下，谤亦随之。当甲午之役，冒天下之大不韪。"又见，清人陈天华《中国革命史论》："惟一二之枭雄，冲决藩篱，悍然不顾，甘冒天下之大不韪，以求济其私心之所欲。"又见，孙中山《致国民党员书》："充此一念，遂冒天下之大不韪而不恤。"

仁义道德。——书出第1495页（两出）。典出《战国策·赵策二》："今重甲修兵，不可以逾险；仁义道德，不可以来朝。"又见，唐人韩愈《原道》："噫！后之人，其欲闻仁义道德之说，孰从而听之。"又见，清人吴趼人《二十年目睹之怪现状》第101回："还有一种人，自己做下了多少男盗女娼的事，却责成儿子做仁义道德，那才难过呢！"

一扫而空。——书出第1495页。典出明人沈德符《万历野获编·紫柏评梅庵》："最后杨复所自粤东起，则又用陈白沙绪余。而演罗近溪一脉，与敬庵同为南京卿贰，分曹讲学，各立门户，以致并入弹章。而楚中耿天台淑台伯仲，又以别派行南中。最后李卓吾出，又独创特解，一扫而空之。"又见，清人夏敬渠《野叟曝言》第1回："'日暮乡关何处是，烟波江上使人愁。'"愁'字将通篇一齐收拾，何等见识，何等气力，精神意兴，何等融贯阔大，抛翻金灶，蹋倒玉楼，将从来题咏，一扫而空。真千古绝调，宜太白为之搁笔也。"

一丝一毫。亦即"一毫一丝"。——书出第1495页。典出宋人欧阳修《欧阳文忠公集·外集·八·会圣公颂》："而职我事，而往惟寅，一毫一丝，给以县官，无取于民。"又见，清人文康《儿女英雄传》第27回："你没受着我一丝一毫好处；师傅受你的好处，可就难说了。"又见，清人李宝嘉《官场现形记》第26回："利钱好容易讲到二分半，一丝一毫不能少。"

书生气。——书出第1495页。典出宋人范成大《次韵宗伟阅番乐》："罢休诗社工夫淡，洗净书生气味酸。"

不识抬举。——书出第1495页。典出元人高则诚《琵琶记·激怒当朝》："这蔡状元不识抬举，恁般一头好亲事作成他，他倒千推万阻。"又见，《西游记》第64回："这和尚好不识抬举！我这姐姐，那些儿不好？……只这段诗材，也配得过你。"又见，《封神演义》第7回："这贱人不识抬举！朕着美人歌舞一回，与他取乐玩赏，反被他言三语四，许多说话。"

太公钓鱼，愿者上钩。——书出第1495页。典出《史记·齐太公世家》："吕尚盖尝穷困，年老矣，以渔钓奸周西伯。……于是周西伯猎，果遇太公于渭之阳，与语大说。"又见，晋人苻朗《苻子·方外》："太公涓钓于隐溪，五十有六年矣，而未尝得一鱼。鲁连闻之，往而观其钓焉。太公涓跪石隐崖，不饵而钓，仰咏俯吟，及暮而释竿。"又见，东晋人干宝《搜神记》卷8："吕望钓于渭阳。文王出游猎，占曰：'今日猎得一狩，非龙非螭，非熊非罴，合得帝王师。'果得太公于渭之阳。与语大悦，同车载而还。"又见，元人无名氏《武王伐纣平话》："当日，姜尚西走至岐州南四十里地，虢县南十里，有渭水河岸，有磻溪之水。姜尚因命守时，直钩钓渭水之鱼，不用香饵之食，离水面三尺，尚自言曰：'负命者上钩来！'姜尚自叹曰：'吾今鬓发苍苍，未遇明主！'尚止北望岐州，想文王是仁德之君，吾在此直钩钓鱼，数载并无一人来相顾。我有心兴周破纣安天下，吾待离了此个明君，恐无似西伯侯有仁德。且守天时。"又见，《封神演义》第23回："武吉道：'前一日，孩儿担柴行至磻溪，见一老人执竿垂钓，线上拴着一个针，在那里钓鱼。孩儿问他："为何不打弯了，安着香饵钓鱼？"那老人曰："宁在直中取，不在曲中求。非为绵鳞，只钓王侯。"孩儿笑他："你这个人也想做王侯……"那老人看着孩儿……'武吉听了母命，收拾径往磻溪来见子牙。"又见，第24回："文王带领众文武出郭，径往磻溪而来。行至三十五里，早至林下。文王传旨：'士卒暂在林外扎住，不必声扬，恐惊动贤士。'文王下马，同散宜生步行，入得林来，只见子牙背坐溪边。文王悄悄的行至跟前，立于子牙之后。子牙明知驾

临，故作歌曰：'西风起兮白云飞，岁已暮兮将焉为？五凤鸣兮真主现，垂竿钓兮知我稀。'子牙作歌毕。文王曰：'贤士快乐否？'……"又见，明人叶良表《分金记·强徒夺节》："自古道得好：'姜太公钓鱼，愿者上钩。'不愿，怎强得也。"又见，清人随缘居士《林兰香》第38回："甘氏道：'众婶娘曾说这个事是姜太公钓鱼，愿者上钩。'"又见，清人孔尚任《桃花扇》第24出："这有何妨，太公钓鱼，愿者上钩。"

嗟来之食。——书出第1495页。典出《孟子·告子》："一箪食，一豆羹，得之则生，弗得则死，嘑尔与之，行道之人弗受。"其意为：一碗饭，一杯羹，吃了就活，不吃就死。如果是不礼貌的施舍，就是过路的饥饿之人，也是不能接受的。又见，《礼记·檀弓下》："齐大饥。黔敖为食于路，以待饿者而食之。有饿者蒙袂辑屦，贸贸然来。黔敖左奉食，右执饮，曰：'嗟，来食！'（饿者）扬其目而视之，曰：'予唯不食嗟来之食，以至于斯也。'从而谢焉，终不食而死。"又见，《后汉书·列女传》："（乐）羊子尝行路，得遗金一饼，还以与妻。妻曰：'妾闻志士不饮盗泉之水，廉者不受嗟来之食，况拾遗求利，以污其行乎！'羊子大惭，乃捐金于野。"又见，唐人杨炯《唐右将军魏哲神道碑》："军井未建，如临盗水之源，军灶未炊，似对嗟来之食。"又见，清人文康《儿女英雄传》第27回："所以宁饮盗泉之水，不受嗟来之食。"

骨气。——书出第1495页。典出南朝梁人钟嵘《诗品》："魏陈思王植诗，其源出于国风。骨气甚高，词采华茂。"这里的"骨气"，当指诗文风格；又见，南朝梁人袁昂《古今书评》："蔡邕书骨气洞达，爽爽有神。"这里的"骨气"，当是指写字的笔力遒劲；又见，南朝宋人刘义庆《世说新语·品藻》："时人道阮思旷（裕）骨气不及右军（王羲之）。"又见，黄庭坚《送石长卿太学秋补》诗："胸中已无少年事，骨气乃有老松格。"这里的"骨气"，主要是指一个人的骨相与气质。今之常用之"骨气"一语，多是指气质刚强之意。

拍案而起。——书出第1495页。典出清人况周颐《蕙风词话》卷1："此时曼声微吟拍案而起其乐何如？"这里的"拍案而起"，当是指高兴与得意的神情；又见，清末民初蔡东藩、许廑父《民国通俗演义》第156回："臧致平得此消息拍案而起道：'刘长胜如此无用，大势去矣。'"这里的"拍案而起"，当是指愤怒到了极点，进而奋起抗争。

横眉怒对。亦即"横眉怒目"、"怒目横眉"、"竖眼横眉"、"竖眉瞪眼"。——书出第1495页。典出五代后蜀人何光远《鉴戒录》引陈裕诗："便作阎浮有力神，福祸岂由泥捏汉。横眉怒目强干嗔，烧香代养弄蛇人。"又见，清人李汝珍《镜花缘》第99回："细细看去，士农工商，三教九流，无一不有……也有怒目横眉在那里恐吓的，也有花言巧语在那里欺哄的……种种恶态，不一而足。"又见，清人杨潮观

《吟风阁杂剧·凝碧池忠魂再表》："这一番带哭带骂，但是降臣降将，一个个满面羞惭，只激得安禄山竖眼横眉，咬牙切齿。"又见，清人李绿园《歧路灯》第42回："那张书办是个精细人，见茅拔茹竖眉瞪眼，不是个好相法。"

　　《伯夷颂》。——书出第1495页。典出唐人韩愈《韩昌黎文集》卷1："士之特立独行，适于义而已，不顾人之是非，皆豪杰之士，信道笃而自知明者也。一家非之，力行而不惑者，寡矣。至于一国一州非之，力行而不惑者，盖天下一人而已矣。若至于举世非之，力行而不惑者，则千百年乃一人而已耳！若伯夷者，穷天地亘万世而不顾者也。昭乎，日月不足为明；崒乎，泰山不足为高；巍乎，天地不足为容也！当殷之亡，周之兴，微子，贤也，抱祭器而去之；武王、周公，圣也，从天下之贤士与天下之诸侯而往攻之，未尝闻有非之者也。彼伯夷、叔齐者，乃独以为不可。殷既灭矣，天下宗周，彼二子乃独耻食其粟，饿死而不顾。由是而言，夫岂有求而为哉？信道笃而自知明也。今世之所谓士者，一凡人誉之，则自以为有余；一凡人沮之，则自以为不足。彼独非圣人而自是如此！夫圣人乃万世之标准也。余故曰，若伯夷者，特立独行，穷天地亘万世而不顾者也。虽然，微二子，乱臣贼子接迹于后世矣。"　　《伯夷颂》一文，经由毛泽东的运用，这篇文章的名声大了起来。其文之意是：士的立身行事是不随波逐流的，这是为了归向正义。不顾别人的议论对与不对，都是特别的人物，他们深信自己的道理正确，而又了解自己。全家反对他，仍能努力地干下去，这样的人少得很。而一国一州的人都反对他，仍能努力干下去的，普天之下只有个别人了。当举世都反对他，仍然不动摇地干下去，这就是千百年来，也只有个别的了！像伯夷那样的人，他不顾绵亘万世的对与不对议论独行其是！那光明的太阳，那皎洁的月亮也比不过其光辉，那高峻的泰山也比不过他的崇高，广阔之天地也难涵其伟大！就在殷王朝灭亡、周王朝兴起之时，那个殷纣王的庶兄微子，当是有道德的，他还抱着祭祀祖先的用具，投诚于武王。圣人武王与周公，率领天下贤人与诸侯去攻打之时，不曾有过什么人表示反对，而那伯夷与叔齐，却以为不可。殷朝灭亡了，天下的人都归顺了周王朝，而伯夷与叔齐，却以吃周王朝的粮食为耻辱，乃至饿死了。如此看来，他们难道还有什么要求才这样做吗？这就是他们坚信自己道理的正确而又明白地了解自己啊！　　现在世上的所谓士，当有一个普通的人称颂他，他就会自以为了不得，当有一个一般的人败坏他，他就会自以为不行。伯夷、叔齐反对武王与周公伐纣，又自以为应该是这样！乃是圣人万世之标准啊！故以为，像伯夷这样的人，不肯随波逐流，不顾万世那对与不对之议论。假若世上没有伯夷、叔齐树立起维护君臣大义的榜样，那么，后世的乱臣贼子，就会无所顾忌地冒出来的。

　　伯夷。——书出第1495页。典出《史记·伯夷列传》等资料。伯夷，是殷商属国孤竹君的长子姓墨名允，字公信。其弟叔齐，名智，字公达。二人在国君的嗣位问题上，

897

互让乃至弃国走。武王伐纣之时，伯夷与叔齐反对武王出兵，待周得天下，二人不食周粟，隐于首阳食薇而致饿死。

民不畏死，奈何以死惧之。——书出第1496页。典出《老子》第74章："民不畏死，奈何以死惧之？若使民常畏死，而为奇者，吾得执而杀之。孰敢？常有司杀者杀，夫代司杀者杀，是代大匠斫；夫代大匠斫，希有不伤其手者矣。"这是老子的一段名言，其意是说：老百姓不怕死，为何要用死去吓唬他们？假若老百姓常是怕死，可那些做坏事的人，我就得捉起他们来杀掉，有谁还敢于再干坏事？平常主管杀人的机关才有权去杀人，而那些代主管杀人机关去杀人，就有如代替木匠去砍木头；那代替代木匠去砍木头者，是少有不会砍伤自己手指的事的。又见，《隋忆·隐逸传·李士谦》："帝王制法，沿革不同，自可损益，无为顿改。今之赃重者死，是酷而不惩也。语曰：'人（唐人避讳李世民，改"民"为"人"）不畏死，不可以死恐之。'"又见，宋人张耒《老子议》："故曰：'民不畏死，奈何以死惧之'，苟为畏死耶！"

如鸟兽散。——书出第1496页。典出《汉书·李陵传》："今无兵复战，天明坐受缚矣；各鸟兽散，犹有得脱归报天子者。"当骁勇善战的汉将李陵（名将李广之孙）率5000士兵深入到浚稽山（戈壁阿尔泰山脉之中段），为30000匈奴军队所围困。李陵奋力厮杀，在其兵尽矢穷、人不满百时，李陵说，我们已经无力再战了，与其坐而待俘，不如大家各自逃命，或许有人能够逃出去，还可向天子报告军情。又见，清人采蘅子《虫鸣漫录》："粤兵素弱，见之即溃，如鸟兽散。"

茕茕孑立，形影相吊。——书出第1496页。典出《左传·哀公十六年》："孔丘卒，公诔之曰：'昊天不吊，不慭遗一老，俾屏予一人在位，茕茕余在疚。'"又见，汉人张衡《思玄赋》："何孤行之茕茕兮，子不群而介立。"又见，《后汉书·苏章传》："子胥虽云逃命，而见用强吴……岂如苏子单特孑立，靡因靡资……比之于（伍）员，不以优乎？"又见，晋人李密《陈情表》："外无期功强近之亲，内无应门五尺之僮，茕茕孑立，形影相吊。"又见，唐人柳宗元《寄许京兆孟容书》："茕茕孤立，未有子胥，荒陬中少士人女子，无与为婚。"

用典探妙：

在毛泽东连续发表的、抨击美国政府反华的外交政策系列评论中，《别了，司徒雷登》也是一篇最为著名的评论。尽管司徒雷登在中国生活了55年，在中国做过不少的工作，但是，他是美国的驻中国大使，是美国在中国的代表，毛泽东要对美国的对华政策进行批判，选取这位美国的代表人物作为批判对象，我看是无可厚非的。

毛泽东在这些系列评论的用典上，这也是用典最为著名的一篇。在这篇约4000余字的评论中，毛泽东于25处用了典故，其所用之典故，在数量上算是比较多的，在用典的特色上更是异常显著的。

特色之一是：分拆典故添新词，美帝本质现原形。

100多年以来的帝国主义对中国的侵略，他们总是打着关心与帮助中国人民的幌子。最著名的有日本帝国主义的所谓"大东亚共荣圈"与其可耻的"皇道乐土"等等。美帝国主义则把对于中国的侵略，说成这是美国的民意，是国际责任。毛泽东一针见血地指出："干涉就叫做担负国际责任，干涉就叫做对华友好，不干涉是不行的。"如：毛泽东在第1493页中的一段中，运用了成语形式的典故"强奸民意"。但是，毛泽东不是一般的引用，而是将其分拆开来后，填充进去新的内容，使美帝国主义的侵略本质裸露原形。艾奇逊说："我相信当时的美国民意……"毛泽东则撕开其遮羞布写道："艾奇逊在这里强奸了美国的'民意'，这是华尔街的'民意'，不是美国的民意。"这样的用典，有如制造了一顶标好了美帝国主义所谓"民意"的高帽，尺寸分毫不差戴在这些帝国主义分子的头上，让世界爱好和平的人们头脑保持清醒和随时提高警惕。从这个意义上来说，毛泽东的这一用典，对于揭露帝国主义的本质，有其深刻的历史意义和现实意义！

特色之二是：连引典故显力度，讽刺之味更浓烈。

毛泽东在这篇评论中，对两个成语形式的典故进行了连续性的运用。这两个成语形式的典故各有不同。在第1493、1494页中的"令人神往"，不是毛泽东所用，而是艾奇逊所用。是什么使艾奇逊"令人神往"呢？这就是"实行大规模的军事干涉，帮助国民党毁灭共产党"，这一"令人神往"的引用，使美帝国主义的险恶用心不攻自破，但美帝国主义这种"令人神往"却是想而不敢，这两处的引用，无不充满了对美帝国主义侵略者的讽刺意味。

在第1495页中的"仁义道德"一典的连续而用，前者是对自由主义或民主个人主义者近视的糊涂思想的高度概括，后者则是对他们近视的糊涂思想的彻底否定。这一典故的连续而用，具有深刻的教育意义和讽刺意味，留给人们以不可磨灭的印象！

特色之三是：引入名篇《伯夷颂》，反弹琵琶成妙曲。

伯夷、叔齐，何许人也？他们二人的故事，在《庄子》和《吕氏春秋》中就有所记载。《史记·伯夷列传》中称：伯夷、叔齐二人，都是殷代孤竹国国君的两个儿子。当国君在位之时，一反立长不立次的传统，想立叔齐为国君。孤竹国王死后，他们二人互让王位，最后谁也不当国王，两人都弃国而逃往周地，等到武王伐纣之时，二人叩马而谏，批评武王伐纣是不仁不孝之举。等到"武王已平殷乱，天下宗周，而伯夷、叔齐耻之，义不食周粟，隐于首阳山，采薇而食之。……遂饿死于首阳山"。对于历史上的这两个人物，孔夫子从其仁孝的观点来看，称其为圣贤。言"伯夷、叔齐不念旧恶，怨是用希，求仁得仁"（《史记·伯夷列传》）。唐朝的韩愈，为了维护唐王朝的统治，撷取伯夷、叔齐笃于"仁"、"孝"、"骨气"与"义气"以自况，用以反击封建统治集

团对他的排斥与打击，表示自己为了国家的利益，"举世非之而不顾"。这是问题的一方面。从这个观点来看，不能说韩愈有什么错！

但是，毛泽东站在更加开阔的视野、更加高远眼光来看，从伯夷、叔齐都不愿为君以致于逃跑了事，从一个更为新兴的王朝代替一个旧王朝是一种进步这样的角度来看。毛泽东对于伯夷、叔齐的这些行为以批判，将《伯夷颂》反其意而用之，并将他们的这些行为与"民主个人主义"者的思想行为予以比照，进而彰扬中国人民的"骨气"提倡应该多写闻一多颂、朱自清颂，这不能不说这是毛泽东用典的绝妙之笔，真可谓是"反弹琵琶成妙曲"。

伯夷、叔齐所笃行的"仁"、"孝"、"骨气"与"义气"，为中国历代不少士人所称颂。在山西省永济县的《伯夷叔齐二仙庙》有两副名联，其一云："竞开宇宙争端，薇蕨馨香，愧对墨态义士；阅尽沧桑变局，河山带砺，难比雷首佳城。"其二是："几根傲骨头，撑持天地；两个饿肚皮，包罗古今。"如此，毛泽东是否对伯夷、叔齐的批判错了？不！笔者不是为伟人讳，在用典的问题上，诚如前述，毛泽东取问题的另一个方面、更新的一个角度，阐发出自己的观点是完全可以的。这正如笔者在前面分析到的，毛泽东运用"孙悟空钻进铁扇公主肚子里"这个典故一样，孙悟空可以是灵活善战的八路军和新四军，也可以是敌对的一方，故笔者以为：用典，重在表情达意而已！

特色之四是：古典名言生新意，鼓舞斗志永向前。

在第1495页，毛泽东在谈到美帝国主义分子的所谓"援助"的实质，毛泽东以"救济粉"这样轻蔑鄙视的语气否定之之后，立即用了"太公钓鱼，愿者上钩"与"嗟来之食"二典，这两个典故，虽说古老，然而通俗。用在这"救济粉"之后，再配之以"吃下去肚子要痛的"一语，颇显幽默轻松，然美帝国主义的所谓"援助"的内核之所在，为毛泽东那犀利之笔一笔撕破！

在第1496页，毛泽东在论及由于帝国主义的封锁给中国人民带来了困难。毛泽东在谈到对待困难的态度时，用了老子的名言："民不畏死，奈何以死惧之。"由此典故，毛泽东紧扣当时的社会现实，阐发其三大观点：一是中国人死都不怕，困难就更不在话下；二是美蒋反动派就是要扼杀中国革命，他们"不但'以死惧之'，而且实行叫我们死"，我们时刻要有此革命的警惕性；三是过去三年的内战，美帝国主义分子出钱出枪出顾问，蒋介石出人，"杀死了数百万中国人"，但他们挽救不了其失败命运。毛泽东在揭露美蒋反动派的罪行时，通过对这一典故语的典意与现实的结合阐发，大大地鼓舞了中国人民战胜前进中的种种困难的斗志。

289.美国发表白皮书 "一部反革命的书"
——毛泽东在《为什么要讨论白皮书？》中所用典故探妙

用典缘起：

1949年8月28日，新华社发表了毛泽东所写的评论《四评白皮书》。这篇评论在编入《毛泽东选集》时题为《为什么要讨论白皮书？》。在这篇评论中用了下列典故。

典故内容：

无可奈何。——书出第1499页。典出《战国策·燕策三》："太子闻之，驰往，伏尸大哭，极哀。既已，无可奈何，乃遂收盛樊於期之首，函封之。"又见，《史记·屈原贾生列传》："其存君兴国而欲反复之，一篇之中三致志焉。然终无可奈何，故不可以反。"又见，唐人白居易《无可奈何歌》："无可奈何兮，白日走而朱颜颓，少日往兮老日摧。"又见，宋人晏殊《浣溪沙》词："无可奈何花落去，似曾相识燕归来，小园香径独徘徊。"又见，清人吴敬梓《儒林外史》第54回："那人跳了一回，无可奈何，只得去了。"

仁义道德。——书出第1500页（两出）。典出同上一篇。

老奸巨猾。——书出第1500页。典出《资治通鉴·唐玄宗开元二十四年》："（李林甫）好以甘言啗人，而阴中伤之，不露辞色，凡为上所厚者，始则亲结之，及位势稍逼，辄以计去之，老奸巨猾，无能逃於其术者。"又见，《宋史·食货志上六》："老奸巨猾，匿身州县，舞法扰民。"又见，清人李宝嘉《官场现形记》第31回："羊统领尚未答言，毕竟孙大胡子老奸巨猾，忙替羊统领出主意。"又见，清人颐琐《黄绣球》卷1："如今这班老奸巨猾的官，专会拿这些话敷衍骗人。"

不得开交。亦即"不可开交"。——书出第1500页。典出清人李宝嘉《官场现形记》第2回："吴赞善听到这里，便气的不可开交了。"又见，清人姬文《市声》第24回："两口子正吵得不可开交。"

法宝。——书出第1500、1503页（五出）。典出清人无名氏《薛仁贵征东》第25回："盖苏文心内惊慌，便说：'什么东西，敢来破我飞刀！'便复念真言，叫声：'法宝，齐起！'……叫声：'小蛮子，你敢破我法宝，本帅与你势不两立……'""法宝"一语，原指佛教教义与教典，亦指神话中能降伏妖魔的宝物。现在多指有特效的武器、方法和经验。

将信将疑。——书出第1501页。典出唐人李华《吊古战场文》："其存其殁，家莫闻之，人或有言，将信将疑。"又见，明人冯梦龙《醒世恒言》卷10："刘奇被人言所惑，将信将疑，作别而回。"又见，清人吴趼人《二十年目睹之怪现状》第80回："张百万此时将信将疑，便留那骗子在家住下。"

如出一辙。——书出第1501页。典出宋人朱熹《朱文公文集·壬午应诏封事》："自宣和、靖康以来，首尾三四十年，虏人专持此计中吾腹心，决策制胜，纵横前却，无不如其意者，而我堕其中，曾不省悟，危国亡师，如出一辙。"又见，宋人洪迈《容斋续笔·名将晚谬》："自古威名之将，立盖世之勋，而晚谬不克终者，多失之恃功矜能而轻敌也。……此四人之过，如出一辙。"这是南宋洪迈对汉将关羽、南北朝西魏王思政、北齐名将慕容绍宗、南朝陈将吴明彻这四人所作的一番评价。又见，明人沈德符《万历野获编·白鹿》："张方以伊、周自命，而举动乃与先朝谄媚诸公，如出一辙。"

与众不同。——书出第1501页。典出《后汉书·袁绍传》唐人李贤注引《先贤行状》："（袁绍谓逢纪曰）冀州人闻吾军败，皆当念吾；唯田别驾（丰）前谏止吾，与众不同，吾亦愧之。"又见，唐人白居易《为宰相〈谢官表〉》："臣今所献，与众不同。伏维圣慈，特赐留听。"又见，宋人李觏《处士陈君墓铭·祭文》："昔我年少，孤贫里中。惟公见遇，与众不同。"又见，清人李汝珍《镜花缘》第27回："何以此方只消数厘，就能立见奇效？可见用药全要佐使配合得宜，自然与众不同。"又见，该书第82回："紫芝道：'这是今日令中第一个古人，必须出类拔萃，与众不同，才觉有趣。'"

充耳不闻。——书出第1502页。典出清人黄小配《大马扁》卷4："任他说得天花乱坠，总如充耳不闻。"又见，清人李宝嘉《官场维新记》第9回："这里袁伯珍只装做充耳不闻，一面出了告示，按户收起捐来。"

千真万确。——书出第1502页。典出清人钱彩《说岳全传》第14回："（岳飞）问道：'你方才这些话，是真是假？恐怕还是讹传？'店主人道：'千真万确，朝廷已差官兵去征剿了。'"又见，清人吴敬梓《儒林外史》第19回："匡超人大惊道：'那有此事。我昨日午间才会着他，怎么就拿了？'景兰江道：'千真万确的事……你若不信，我同你到舍亲家去看款单。'"

布帛菽粟。——书出第1502页。典出《墨子·鲁问》："今使鲁四境之内，大都攻其小都，大家伐其小家，杀其人民，取其牛马狗猪、布帛米粟货财，则何若？"又见，《宋史·程颐列传》："其言之旨，若布帛菽粟然，知德者尤尊崇之。"又见，明人李贽《焚书·复耿侗老书》："布帛菽粟常耳，寒能暖，饥能饱，又何其奇也！"又见，明人张岱《答袁箨庵》："兄看《琵琶》、《西厢》，亦何怪异，布帛菽粟之中，自有许多滋味。"又见，清人郑燮《郑板桥集·补遗·跋西畴诗稿》："观其柬马半槎及崇川诸作，皆布帛菽粟之文，自然高淡，读之反复想见其人。"

不可须臾离。——书出第1502页。典出《礼记·中庸》："道也者，不可须臾离也。可离非道也。"又见，《公羊传·隐公五年》何休解诂："故礼乐者，君子之深教也，不可须臾离也。"又见，《三国志·魏志·高堂隆传》："昔先圣既没，而其遗言余教著于六艺，六艺之文，礼又为急，弗可斯须臾离也者。"又见，《旧唐书·礼仪志一》："是知礼者，品汇之璇衡，人伦之绳墨。失之者辱，得之者荣。造物已还，不可须臾离也。"又见，宋人陆九渊《与李省干》："某试吏于此，颇益自信此学之不可须臾离也。"又见，清人昭梿《啸亭杂录》卷8："公善谋，时斋善战，二公如左右手，不可须臾离。"又见，清人吴趼人《新笑史·视亡国为应有之事》："道之不可须臾离，吾既闻命矣。乃曰：'兴之保代无之。'竟视亡国为应有之事，真是全无心肝。"

手舞足蹈。——书出第1503页。典出《水浒传》第39回："宋江写罢，自看了大喜大笑。一面又饮了数杯酒，不觉欢喜，自狂荡起来，手舞足蹈，又拿起笔来，去那《西江月》后，再写下几句诗。"

九霄云外。——书出第1503页。典出元人马致远《黄粱梦》第2折："恰便似九霄云外，滴溜溜飞下一纸赦书来。"这里的"九霄云外"，当是言其高也；又见，《红楼梦》第28回："黛玉听了这个话，不觉将昨晚的事都忘在九霄云外了。"这里的"九霄云外"，当是喻指无影无踪之意。

用典探妙：

毛泽东在这篇约3500字的评论中，于18处用了典故。这些典故的运用，使整篇评论的文笔传神而生动。在这篇评论中所用之典，其中最为独特的，当是数妙用典故作比喻，使其论述翻出了新意，紧贴其每一个论点的主旨之所在，让整篇文章生辉。

比如：在第1502页从"共产党领导的政府是'极权政府'的话"开始，至第1503页的"教育人民"为止。在这一段中，毛泽东计用了两个典故，其中"法宝"一典，重复三用。毛泽东接过艾奇逊骂共产党领导的政府是"极权政府"这一话题，将人民政府对于反动派镇压这个权利，比作"布帛菽粟"，是不可以须臾离开的东西，亦即是必不可少的手段，这就将人民政府镇压反革命的反抗，进行了形象生动的描绘；将行使这个权利的好处，比作护身的、传家的、万万不可以弃置不用的"法宝"，这就将人民政府行使镇压反革命的反抗、以巩固人民来之不易的政权的重要性这一道理，说得浅显易懂。

毛泽东用"布帛菽粟"妙喻人民政府镇压反动派的必要性，三用"法宝"妙喻人民政府镇压反动派的重要性，有其丰富的思想内涵的哲理，是中国革命实践经验的总结，是毛泽东关于人民民主专政伟大智慧的结晶。

290. "为找侵略的根据" "艾奇逊重复" "友谊"
——毛泽东在《"友谊",还是侵略?》中所用典故探妙

用典缘起:

1949年8月30日,新华社发表了毛泽东写的评论《五评白皮书》。这篇评论在编入《毛泽东选集》时题为《"友谊",还是侵略?》。在这篇评论中用了下列典故。

典故内容:

处心积虑。——书出第1506页。典出《穀梁传·隐公元年》:"段失子弟之道矣,贱段而甚郑伯也。何甚乎郑伯?甚郑伯之处心积虑,成于杀也。"又见,唐人柳宗元《复仇驳议》:"而能以戴天为大耻,枕戈为得礼,处心积虑,以冲仇人之胸,介然自克,死而无憾,是守礼而行义也。"又见,宋人曾巩《元丰类稿·太祖皇帝总叙》:"盖太祖之于受命,非如前世之君,图众以智,图柄以力,其处心积虑,非一夕一日,在于取天下也。"又见,清人李宝嘉《官场现形记》第46回:"单说大少爷见老人家有这许多银子,自己到不了手,总觉得有点难过;变尽方法,总想偷老头子一票,方才称心。如此者处心积虑,已非一日。"

用典探妙:

毛泽东在这篇约2000字的评论中,只用了一个成语形式的典故。别看只用了这么一个典故。可这个典故的运用,有承前启后、一典顶千言之妙。

首先,在处心积虑之前,毛泽东概述了"美帝国主义侵略中国的历史,自从1840年帮助英国人进行鸦片战争起,直到被中国人民轰出中国止,应当写一本简明扼要的教科书,教育中国的青年人"的美国在中国经营105年、亦即侵略中国的105年的历史事实,毛泽东以"处心积虑"一典承前之述,高度地概括之、确凿地评论之,实有一典胜千言之妙!

其次是启后:毛泽东列举了诸多更为具体的、典型的美帝国主义侵略中国、欺压中国人民的事实,将美帝国主义的种种罪行作了扼要的归纳,将美帝国主义屠杀中国人民时,却祭起的"友谊"的遮羞布曝露在光天化日之下。毛泽东用"处心积虑"统领下文,同样有一典胜千言之妙!

291. "中国人在精神上" "由被动转入主动"
——毛泽东在《唯心历史观的破产》中所用典故探妙

用典缘起:

1949年9月16日,新华社发表了毛泽东写的评论《六评白皮书》。这篇评论在编入《毛泽东选集》时题为《唯心历史观的破产》。在这篇评论中用了下列典故。

典故内容：

天下大乱。——书出第1511页。典出《史记·田单列传》："今天下大乱，秦法不施。"又见，《汉书·高帝纪》："前日天下大乱，兵革并起，万民苦殃。"又见，《后汉书·曹节传》："天下大乱，曹节、皇甫幽杀太后，常侍侯览多杀党人，公卿皆尸禄，无有忠言者。"又见，三国蜀人诸葛亮《兵法秘诀》："天下大乱，诸侯争雄。"又见，宋人欧阳修《新五代史·冯道传》："当是时，天下大乱，戎夷交侵，生民之命，急于倒悬。"

一技之长。——书出第1512页。典出清人王士祯《池北偶谈·一技》："近日一技之长，如雕竹则濮仲谦，螺甸则姜千里……装潢书画则庄希叔，皆知名海内……所谓虽小道，必有可观者欤！"又见，清人郑燮《郑板桥集·淮安舟中寄舍弟墨》："愚兄平生谩骂无礼，然人有一才一技之长，一行一言之美，未尝不啧啧称道。"

收回成命。——书出第1512页。典出《诗经·周颂·昊天有成命》："昊天有成命，二后受之。"又见，宋人郑兴裔《忠肃集·辞知庐州表》："恭望皇帝陛下察臣之诚，鉴臣之拙，收回成命，遴选英才，庶微臣免尸位之讥。"又见，清人黄钧宰《金壶七墨·吴门秀士书》："初，林公遣戍，御史陈庆镛抗疏力争，请上收回成命。"又见，清末民初·蔡东藩《五代史通俗演义》第22回："（孟）知祥始欲悔婚，但一时不好渝盟，姑与董璋虚与周旋，约他联名上表，略言：'阆中建镇，绵遂增兵，适启流言，震动全蜀，请收回成命'等语。"

不可逾越。——书出第1512页。典出《左传·襄公三十一年》："门不容车，而不可逾越。"又见，汉人马融《长笛赋》："故聆曲引者，观法于节奏，察变于句投，以知礼制之不可逾越焉。"

盖世无双。——书出第1512页。典出《封神演义》第87回："当时吾师传吾此术，可称盖世无双。"又见，清人钱彩《说岳全传》第9回："你道宗大老爷为何晓得岳飞要来？只因那相州节度使刘光世，先有一书，送与宗留守，说那岳飞人间少有，盖世无双，文武全才，真乃国家之梁栋，必要宗留守提拔。"

开天辟地。——书出第1514页。典出明人无名氏《阴山破虏》第3折："自从那开天辟地，这一场恶战敌，飘荡荡半空招展拥旌旗，齐臻臻万队纵横施剑戟。"又见，清人黄周星《补张灵·崔莹合传》："吾曩者虎丘所遇之佳人，即豫章人也。乞君为我多方访之，冀得当以报我，此开天辟地第一吃紧事也。"

明效大验。——书出第1514页。典出汉人贾谊《上疏陈政事》："此天下所共见也，是非其明效大验邪！"又见，明人宋濂《题〈孝经集注〉后》："此又明效大验见于事为，非止空言而已也。"又见，《清史稿·郭沛霖传》："六年三月，逆贼复陷扬州，终不敢越湾头、万福桥一步，是未堵各坝足以扼贼之明效大验。"又见，清人袁枚

《小仓山房尺牍》第189首："似乎孟子之子，尚不如伯鱼，故不屑教诲……至今卒不知孟子之子为何人，岂非圣贤不甚望子之明效大验哉！"

莫名其妙。——书出第1516页（两出）。典出清人吴趼人《二十年目睹之怪现状》第15回："那信上说了许多景仰感激的话，信末是写着'门生张超顿首'六个字。我实在是莫名其妙。"

争权夺利。——书出第1516页。典出元人马致远《黄粱梦》第1折："想世人争名夺利，何苦如此！"又见，明人冯梦龙《醒世恒言》卷31："邻鸡三唱，唤佳人傅粉施珠；宝马频嘶，催行客争名夺利。""争权夺利"，当由"争名夺利"换字而成。

用典探妙：

毛泽东在这篇5500多字的评论中，对于中国革命的发生和胜利的原因，从理论上进行了精辟的分析与阐说，从而将艾奇逊歪曲中国革命的发生与胜利的原因，进行了体无完肤的批驳及其迷惑世人的险恶用心作了深刻的揭露。全文只在9处用了典故，且都是成语形式的典故。从典故所赋予的意义上看，这些成语形式的典故，又多属局部性质的典故。但是，这些典故，在其所处的句子中，均能起到激活与加深语意的作用。

如"天下大乱"一典，虽说极为通俗，它却十分形象地揭示美帝国主义的本质之所在。他们总是希望或是干脆直接制造其他国家政局的动乱，然后撒点"救济粉"，控制别的国家，从中渔利。

又如"一技之长"、"收回成命"二典，同样看似异常的通俗。但是，它们均有其历史源流，均蕴涵着丰富的文化信息量，它们均能十分形象生动地表现中国共产党具体问题具体分析的政策与策略！

总而言之，这篇评论中所用不多的局部性质的典故，在其所在的句子中，犹如闪光的宝珠镶嵌于华锦之中，或是起到论辩中的警句之作用，或是增加论说的哲理性，等等，均大大地彰显了全文的艺术光彩！

五 胜利辉煌革命路 经验教训亦不忘
——毛泽东在原《毛泽东选集》第5卷中所用典故探妙

原《毛泽东选集》第5卷（现已不再出版发行），收入了中国社会主义革命和社会主义建设时期，毛泽东自1949年到1957年的70篇文章。在这70篇文章中，有47篇约534处用了典故。这些典故的运用，绝大多数都是围绕不断地夺取社会主义革命和社会主义建设胜利服务的。这70篇文章，出版于1977年4月间。其时，党的十一届六中全会尚未召开，当然，《关于建国以来党的若干历史问题的决议》（以下简称《历史决议》）亦未有条件酝酿撰写。而《毛泽东选集》第1至第4卷，是毛泽东思想的集中体现，郭沫若曾赞曰："有雄文四卷，为民立极。"尔后将要品析到的《毛泽东著作选读》（新编本上下册）、《毛泽东书信选集》、《毛泽东新闻工作文选》等著作，都是在《历史决议》后出版的。从这个意义上来说，这一卷《毛泽东选集》与上述选本相比，是比较特殊的一卷。所谓比较特殊，就是说是在我国政治生活极不正常的情况下编辑而成的，在这些论著中，有毛泽东成功的经验，也有其失误的教训。具体地说来，其特殊之处是：这70篇文章中的某些文章中，不可避免地存在有《历史决议》中所指出的问题："……党的工作在指导方针上有过严重失误，经历了曲折的发展过程。……反右派斗争被严重地扩大化了，把一批知识分子、爱国人士和党内干部错划为'右派分子'，造成了不幸的后果。"类似这样的"左"的错误观点，在这一卷的用典中时有突出的显现。薄一波同志在谈到毛泽东运用典籍时，深有所感地写道："我国有文字记载的历史长达五千年，拥有着世界上任何国家都无与匹敌的浩瀚的古代文化典籍。50年代中期，我听他说过，他在读二十四史，并信心十足，不信二十四史读不完。在古籍这个海洋里，他涉猎广泛，功底深厚，知识渊博，而记忆力又特别强。他从古籍里吸取了大量的材料，以丰富自己的思想，吸取治理国家和社会的一些有关的启示和借鉴。运用起来，常似信手拈来，得心应手，脱口成章。他的著作、演说所以能豁人耳目，沁人心脾，同他具有渊博的历史知识而又巧妙地运用这些知识有着密切的关系。但是，当他的思想一旦脱离实际、陷入某些空想的时候，中国史籍中类似五斗米道这种带有农民平均主义色彩的特殊材料，就起了不好的作用了。"（薄一波：《若干重大决策与事件的回顾》（下卷），中共中央党校出版社1993年版，第776页）尤其是在这一卷中，毛泽东在用典时，有时错误地将用典语言的批判矛头用来指导工作、或是指向自己的战友和同志。对于毛泽东在这种情况下所用的典故中所涉及的上述情况，在《历史决议》及相关的文件与材料中以及权威性的《辞海》等辞书中均重新有了结论。虽说在这一卷中所展现的毛泽东用典有其成功和失误，但对今天均有其借鉴的意义，都是我们的财富。故笔者在这一卷的用典探妙中，就不再重复那些失误之处相关内容的评述，一般只是就用典在语言修辞、文化等方面的精妙之处予以探讨与揭示。这一点是有必要作出说明的。再就是，由逄先知同志主持编写的《毛泽东传》（1949—1976）备受关注的原因之一是没有回避毛泽东的错误，并作了比较充分的反映，"文化大革命"在43章中就占据了10个章节。但是逄先知认为这本书最大的突破不在于直言伟人之讳，而在于对这些错误发生脉络的梳理，客观地呈现出这些错误如何在曲折中一步步发展（参见《逄先知说：〈毛泽东传〉不仅仅是历史》，《文摘报》2004年1月4日）。其三是，《毛泽东选集》第5卷虽然不再使用，但仍然是毛泽东著作出版史中不可回避的一笔。鉴于上述几个方面的经验之谈，笔者对第5卷中的用典文章仍认为有必要予以探妙。这也是本卷各篇文章在用典探妙中，与本书其他各篇用

典文章的不同之点。

292. "我们已经站起来" 从此开辟新时代
——毛泽东在《中国人民站起来了》中所用典故探妙

用典缘起：

1949年9月21日，毛泽东在中国人民政治协商会议第一届全体会议上，致了后来在编入《毛泽东选集》第5卷时题为《中国人民站起来了》的开幕词。在这篇开幕词中用了下列典故。

典故内容：

二者必居其一。——书出第4页。典出《孟子·公孙丑下》："陈臻问曰：'前日于齐，王馈兼金一百，而不受；于宋，馈七十镒而受；于薛，馈五十金而受。前日之不受是，则今日之受非也；今日之受是，则前日之不受非也。夫子必居一于此矣。'"

不屈不挠。亦为"不挠不屈"、"不阿不挠"。——书出第5、6页（两出）。典出《荀子·法行》："坚刚不屈，义也……折而桡（挠），勇也。"又见，《汉书·叙传下》："乐昌笃实，不桡（挠）不诎（屈）。"又见，明末·朱之瑜《朱舜水文集·杂著·直内轩》："直者不阿不挠，无偏无倚，在心为正，其身有不修者乎？"又见，清人颐琐《黄绣球》第29回："教皇捉了他问，他在堂上不屈不挠，定归开出信教自由的理数。"

复辟。——书出第5页。典出《尚书·咸有一德》："伊尹既复政厥辟，将告归。"意为商朝大臣伊尹将政权交还给了商王。

永垂不朽。亦为"垂不朽"、"永垂竹帛"、"永在不朽"、"永存不朽"、"垂之不朽"、"永传不朽"。——书出第7页。典出《左传·襄公二十四年》："二十四年春，穆叔如晋，范宣子逆之，问焉，曰：'古人有言曰："死而不朽"，何谓也？'穆叔未对。宣子曰：'昔丐之祖，自虞以上为陶唐，在夏为御龙氏，在商为豕韦氏，在周为唐杜氏，晋主夏盟为范氏，其是之谓乎！'穆叔曰：'以豹所闻，此之谓世禄，非不朽也。鲁有先大夫曰藏文仲，既没，其言立，其是之谓乎！'豹闻之：'夫上有立德，其次有立功，其次有立言。'虽久不废，此之谓三不朽。"事由春秋之时，鲁国的穆叔到晋国去，晋国的范宣子在与之交谈时，问穆叔说：古时有人说，人死了也会不朽。这该怎样解释呢？于是穆叔说：据我所知：最高的是在德行上要有所建树；其次是要建立功业，再就是树立言论。人能够这样，虽然死了，也久久不会被废弃，这就叫做三不朽。又见，汉人蔡邕《蔡中郎集·太傅胡公（广）碑》："扬景烈，垂不朽，仰邃古，耀后昆。"又见，《三国志·三少帝纪（曹髦）》："（诏曰）夫养老兴教，三代所以树风化垂不朽也。"又见,《隋书·史祥传》:"(上闻而大悦,下诏曰)骠骑高才壮志,是朕所知,善为经略,以取大赏,使富贵功名永垂竹帛也。"又见,汉人苏武《报李陵书》:"向使君服节死难,书功竹帛,传名千代,茅土之封,永在不朽,不亦休哉!"又见,《三国志·魏书·二公孙陶四张传》南朝宋人裴松之注引《魏书》云:"遗风余爱,永存不朽。"又见,三国魏人曹丕《铸五熟釜成与钟繇书》:"庶可赞扬洪美,垂之不朽。"又见,南朝梁人简文帝《吴兴楚王神庙碑》:"为不敬太守元景仲稽诸古典,于兹往烈,永传不朽。式树高碑。"又见,《魏书·高祖纪下》:"(诏曰)远依往籍,近采时宜,作《职员令》二十一卷。事迫戎期,未善周悉,虽不足纲范万度,永垂不朽,且可释滞目前,厘整时务。"又见,《封神演义》第74回:"哪吒曰:'小将军丹心忠义,为国捐躯,青史简编,永垂不朽,亦不辜负将军教养之功。'"又见,清人石玉昆《三侠五义》第19回:"就叫范宗华为庙官,春秋两祭,永垂不朽。"

用典探妙:

毛泽东在这篇约2600字的开幕词中,只在4处用了典故。其所用之典故,可以说是不算多的,且都是人所能够理解的通俗的成语形式的典故。均有一典立骨之妙!

所谓"一典立骨",就是说,这三个典故,它们在其所在的段落中,均起到其所在段落中的"骨架"作用。

如"二者必居其一"一典的运用,可以说,它是中华民族百年以来,在反对帝国主义、封建主义和官僚资本主义的斗争形式、斗争道路的必然选择的再一次肯定,也是中华民族百年以来斗争经验的高度总结。

又如"不屈不挠"一典,它在文章中的两次运用,可以说,它是对于中华民族百年以来的斗争精神的充分肯定与高度赞扬,亦是中国革命之所以能够取得胜利的一个重要原因的说明,更是从今以后能够从一个胜利走向一个新的胜利必须发扬的革命传统。

通览全文所用的这三个典故,实有典典立骨之妙!

293.“中国人民大团结” “前途是无限光明”
——毛泽东在《中国人民大团结万岁》中所用典故探妙

用典缘起:

1949年9月30日,毛泽东受中国人民政治协商会议第一届全体会议的委托,起草了后来在编入《毛泽东选集》第5卷时题为《中国人民大团结万岁》的会议宣言。在这个宣言中用了下列典故。

典故内容：

百折不挠。亦为"百折不回"、"百折不磨"、"百挫不折"、"百败不折"。——书出第8页。典出明人潘彦登《题徽州郡六忠臣诗后》："放声大哭谢皋羽，百折不回文天祥。"又见，明人沈德符《万历野获编·言事》："若思之百折不回，以身殉国，真无愧王文端曾孙。"又见，清人姚莹《复杨君论诗文书》："耿耿自矢，百折不回。"又见，明末·朱之瑜《朱舜水集·批新序二十条（其一三）》："屈原忠而被放……至诚为国，百折不磨。"又见，宋人魏了翁《鹤山文集·兴元府新作张魏公虞雍公祠堂记》："而正国救民之心，之死靡他……轧轧忠愤，百挫不折。"又见，宋人陈亮《上孝宗皇帝第二书》："彼之誓不与虏俱生，百败而不折者，诚有以合于天人之心也。"又见，汉人蔡邕《太尉乔玄碑》："其性庄，疾华尚朴，有百折不挠，临大节而不可夺之风。"又见，清人颐琐《黄绣球》第13回："若把这迷信移作正经事，讲正经学问，便成了个百折不挠，自强独立的大丈夫、奇女子。"

再接再厉。又作"再接再捷"、亦即"再接再砺"。——书出第8页。典出唐人白居易《汉将李陵论》："观其始以步卒，深入虏庭，而能以寡击众，以劳破逸，再接再捷，功孰大焉？及乎兵尽力殚，摧锋败绩，不能死战，卒就生降。"又见，唐人孟郊《斗鸡联句》："事爪深难解，嗔睛时未息；一喷一醒然，再接再砺乃。"又见，清人刘坤一《书牍二·禀两省部院》："贼却而复前，我勇再接再厉，贼遂披靡。"

永垂不朽。——书出第10页。典出同上一篇。

用典探妙：

毛泽东在这个约1300字的会议宣言中，计用了三个成语形式的典故。在这个宣言中所用典故之妙妙在"百折不挠"与"再接再厉"的连用，总括了以往革命斗争的客观实际，大有唤起与会者的认同之感与强烈的心理律动之妙，使这两个典故形成"典故块"，从而发挥"典故块"的醒目与强调作用，使其成为全文的两个闪光之点，给读者以永难忘却的记忆！

294.百年英豪堪缅怀 立碑撰文励人心
——毛泽东在《人民英雄永垂不朽》碑文中所用典故探妙

用典缘起：

1949年9月30日，毛泽东为人民英雄纪念碑起草了碑文。在这篇碑文中用了下列典故。

典故内容：

永垂不朽。——书出第11页（四出）。典出同上一篇。

用典探妙：

毛泽东在这篇仅有141个的碑文中，四次重用了"永垂不朽"这一成语形式的典故。众所周知，近百年以来，中华民族饱受帝国主义、封建主义和官僚资本主义这三座大山的压迫。中华民族的优秀儿女，经历了一百多年以来的前赴后继的英勇斗争，直到1949年，在中国共产党和毛主席的英明领导之下，才彻底地推翻了压在中国人民头上的三座大山。1949年9月30日的这一天，是中华民族百年耻辱的终结，亦是中华民族从此重新奋起的一大亮点。碑文中"永垂不朽"重复四次而用，突出了自百年以来，对为中华民族洗刷耻辱而流血牺牲的人民英雄的深切的缅怀之感，强调了中国人民对这些人民英雄的无限崇敬之情。

碑文由近及远一直上溯到1840年，从碑文的题目一直到碑文的结尾，都重复运用了"永垂不朽"一典，更加深了人们对于先烈缅怀之感与崇敬之情的表达，且有首尾呼应、跌宕起伏之妙！

295．"目前的国际情况" "于我们是有利的"
——毛泽东在《为争取国家财政经济状况的基本好转而斗争》中所用典故探妙

用典缘起：

1950年6月6日，毛泽东在中国共产党第七届中央委员会第三次全体会议上，作了后来编入《毛泽东选集》第5卷时题为《为争取国家财政经济状况的基本好转而斗争》的书面报告。在这个报告中用了下列典故。

典故内容：

各得其所。——书出第19页。典出《周易·系辞下》："日中为市，致天下之民，聚天下之货，交易而退，各得其所。"又见，《论语·子罕》："（子曰）吾自卫反鲁，然后乐正，《雅》《颂》各得其所。"又见，《战国策·秦策三》："（蔡泽曰）富贵显荣，成理万物，万物各得其所。"又见，《汉书·东方朔传》："四海之内，元元之民，各得其所，天下幸甚。"又见，汉人刘向《新序·杂事》："楚国之所宝者，贤臣也，理百姓，实仓廪，使民各得其所。"又见，《汉书·宣帝纪》："盖闻上古之治，君臣同心，举措曲直，各得其所。"

不可偏废。亦为"不可偏弃"、"偏废不可"。——书出第20页。典出三国魏人刘廙《政论·备政》："凡此数事，相须而成，偏废则有者不为用矣。"又见，《三国志·杨仪传》："（诸葛亮）深惜仪之才干，凭魏延之骁勇，常恨二人之不平，不忍有所偏废也。"又见，北齐人颜之推《颜氏家训·文章》："宜以古之制裁为本，今之辞

调为末，并须两存，不可偏弃也。"又见，清人永瑢《进旧五代史表》："有薛史以综事迹之备，有欧史以昭笔削之严，相辅而行，偏废不可。"又见，宋人胡仔《苕溪渔隐丛话前集·山谷下》："读《庄子》，令人意宽思大，敢作；读《左传》，便使人入法度，不敢容易。二书不可偏废也。"

用典探妙：

毛泽东在这篇约3900字的报告中，只用了两个典故，而且都是成语形式的典故。从这两个典故的影响来看，均属局部性质的典故。

这里所谓局部性质的典故，就是它们只是修饰与影响其所在文章中的句子。而这两个典故在文章中的出现，所展现不是一般的语言上的修饰，而是一种政策的体现之妙。

如第19页的"各得其所"，重在说明在社会主义性质的国营经济领导之下的公私关系与劳资关系的"各得其所"；而第20页的"不可偏废"，是指肃反政策中对待土匪、特务、恶霸及其他反革命分子的"首恶者必办，胁从者不问，立功者受奖的政策"，在贯彻执行时三者不可偏废。

虽说毛泽东在这个报告中只用了两个成语形式的典故。但是这两个典故，有如闪光之珠点缀于全文之中，彰显其富于政策性的艺术光芒，给听众以深刻的印象！

296.“肃清国民党残余” 争取更大的胜利
——毛泽东在《不要四面出击》中所用典故探妙

用典缘起：

1950年6月6日，毛泽东在中国共产党第七届中央委员会第三次全体会议上，对《为争取国家财政经济状况的基本好转而斗争》这一报告作了后来在编入《毛泽东选集》第5卷时题为《不要四面出击》以解释其战略思想的说明。在这个说明中用了下列典故。

典故内容：

从古未有。亦即"亘古未有"、"亘古未闻"。——书出第21页。典出明人沈德符《万历野获编·戏物》："若解蛇语则更怪矣，此亘古未闻。"又见，清人平步青《霞外攟屑·茹韵香先生》："太青晚作《嘉莲》诗，七言今体至四百余首，亘古未有。"

皇皇不可终日。——书出第22页。典出《礼记·表记》："君子不以一日使其躬儳焉，如不终日。"又见，宋人王质《论庙谋疏》："而华元不得其情，震悼惝栗，奔走求盟，若不可终日。"又见，清人梁启超《变法通议·论金银涨落》："使全球十四万万人，莫不心如悬旌，傈然有不可终日之势。""皇皇"亦即"惶惶"。言心不安之状。《楚辞·九叹·怨思》："征夫皇皇其孰依兮。"又见，《北史·王肃传》："臣庶惶惶，无复情地。"又见，唐人柳宗元《与杨诲之第二书》："到永州七年矣，蚤（早）夜惶惶。"

用典探妙：

毛泽东在这篇约2300字的论说文中，只用了两个成语形式的典故。从其所影响、所修饰的范围来看，这也是两个局部性质的典故。

这两个典故之妙，妙在它在其所在的段落之中的"肯定与否定"的双重作用。所谓"肯定"作用，是指其对这一段落中对中国革命胜利的伟大意义的充分肯定；所谓"否定"作用，是指它对某些同志对于中国革命是一个伟大的胜利"反而不那样感觉"的一种否定。"亘古未有"一典，在这两个段落中，确有典立该段落"骨架"之妙！

297．做"完全的革命派" 其"前途是光明的"
——毛泽东在《做一个完全的革命派》中所用典故探妙

用典缘起：

1950年6月23日，毛泽东在中国人民政治协商会议第一届全国委员会第二次会议上，致了后来在编入《毛泽东选集》第5卷时题为《做一个完全的革命派》的闭幕词。在这篇闭幕词中用了下列典故。

典故内容：

半途而废。亦即"半涂而废"、"中道而归"、"中道而废"、"中途而废"、"半涂而罢"。——书出第27页。典出《后汉书·乐羊子妻传》："妻乃引刀趋机而言曰：'此织生自蚕茧，成于机杼，一丝而累，以至于寸；累寸不已，遂成丈匹，今若断斯织也，则捐失成功，稽废时日。夫子积学，当"日知其所亡"，以就懿德，若中道而归，何异断斯织乎？'羊子感其言，复还终业，遂七年不返。"这里是一个故事，其意是说：在战国时代，有一个叫乐羊的人，他远出求师学习，不到一年的时间就回到了家里。其妻见他突然而归，就问他有什么事就回来了。乐羊说没有什么事，主要是想回家看一看她。这时，乐羊的妻子正在织布机上织布。她一听此说，就将自己所织成的布一剪刀剪断。并说：丝线来自蚕茧，而由织机织成布，是经过一丝一线的积累而成。而今我将其剪断，可谓前功尽弃，真是白费了不少的时日。你在外求学，其知识也是靠日积月累而成。而今你中道而归、半途而废，这与那剪断的布有什么两样呢？乐羊听了妻子的话，颇感惭愧，重新外出求学，一去七年之久，终于学成回家。又见，《论语·雍也篇》："力不足者，中道而废。"又见，《魏书·元英传》："（英表曰）实愿朝廷特开远略，少复赐宽，假以日月，无使为山之功，中途而废。"又见，唐人韩愈《论淮西事宜状》："陛下持之不坚，半涂而罢，伤威损费，为弊必深。"又见，《礼记·中庸》："君子遵道而行，半涂而废，吾弗能已矣。"又见，《梁书·徐勉传》："况夫

名立宦成，半途而废者，亦焉可已已哉！"又见，明人徐畈《杀狗记》第5折："是则是三人同结义。怕只怕半途而废。"又见，《三国演义》第114回："臣已得祁山之寨，正欲收功，不期半途而废。"又见，清人李宝嘉《官场现形记》第57回："如果就此请假回国，这里的事半途而废，将来保举弄不到，白吃一趟辛苦。"

用典探妙：

毛泽东在这篇闭幕词中，只用了一个成语形式的典故。这是毛泽东用典较少的一篇文章。但是，这一成语形式的典故道理丰富而深刻，在整篇文章中起到了人生警句的作用，同时，对这篇"做一个完全的革命派"的闭幕词主旨的阐释，起到了有力的强调作用。

298. "为战胜共同敌人" 而一道 "奋斗到底"
——毛泽东在《中国人民志愿军要爱护朝鲜的一山一水一草一木》中所用典故探妙

用典缘起：

1951年1月19日，毛泽东给中国人民志愿军发出了后来在编入《毛泽东选集》第5卷时题为《中国人民志愿军要爱护朝鲜的一山一水一草一木》的指示。在这个指示中用了下列典故。

典故内容：

一草一木。——书出第33页（两出）。典出《后汉书·应劭传》："春一草枯则为灾，秋一木华亦为异。"又见，宋人邵雍《和君实端明洛阳看花四首（其一）》："洛阳最得中和气，一草一木皆入看。"又见，《红楼梦》第45回："我是一无所有，吃穿用度，一草一木，皆是和他们家的姑娘一样，那起小人岂有不多嫌的？"又见，清人艾衲居士《豆棚闲话·大和尚假意超升》："此公膂力过人，谋多智足，领了五万人马，屯扎河北，颇有纪律，不扰民间一草一木。"又见，清人陈天华《猛回头》："祖宗旧日的土地，失了数百年，仍想争转来，一草一木都不容外族占去。"

休戚与共。亦即"休戚共之"、"同休等戚"、"同休共戚"。——书出第33页。典出《三国志·顾雍传》南朝宋人裴松之注引《吴书》："公（曹操）笑曰：'孤与孙将军（权）一结婚姻，共辅汉室，义如一家，君何为道此？'徽（顾雍母弟）曰：'正以明公与主将义固磐石，休戚共之，必欲知江表消息，是以及耳。'"又见，《三国志·费诗传》："（诗谓关羽曰）且王与君侯，譬犹一体，同休等戚，祸福共之，愚为君侯，不宜计官号之高下，爵禄之多少为意也。"又见，唐人郑仁表《唐故左拾遗鲁国孔府君墓志铭序》："托孤寄命，同休共戚，此义交也。"又见，明人瞿共美《天南逸史·帝幸南宁府》："（瞿留守曰）臣与皇上患难相随，休戚与共，原自不同于诸臣。"

一切大政自得与闻。"又见，清人沈守正《与柴延喜》："奉世来游讲下，便有休戚与共之谊。"又见，孙中山《同盟会宣言》："一切平等，无有贵贱之差，贫富之别，休戚与共，患难相救。"

用典探妙：

毛泽东在这个连同标点共179字的指示中，计用了两个典故。从这个典故所在其句子中的情况来看，它们是一个局部性质的典故，它说明了中国人民与朝鲜人民之间的亲密关系。但是，这两个局部性质的典故与其他形式的局部性质典故还是有所不同，细细品味全文，它的典意同样"渗透"全篇之妙！它说明了我国出兵朝鲜的必然与必要，同样也说明了中国人民志愿军为什么要爱护朝鲜的一山一水一草一木。这两个典故，成了全文的格言警语，而在文中闪耀着中朝人民友谊长青的光彩！

再是典故"一草一木"和"休戚与共"与对其解释性语言"一山一水"和"生死相依"的结合运用，有使其典意进一步通俗化、明确化乃至强化之妙！可以说，这是毛泽东在运用典故时的一大特点。

299．"深入镇压反革命" 要实行群众路线
——毛泽东在《镇压反革命必须实行党的群众路线》中所用典故探妙

用典缘起：

1951年5月间，毛泽东在审阅第三次全国公安会议决议稿时写的后来在编入《毛泽东选集》第5卷时题为《镇压反革命必须实行党的群众路线》的几段指示。在这几段指示中用了下列典故。

典故内容：

家喻户晓。亦为"户告人晓"、"家至户晓"。——书出第39页。典出汉人刘向《列女传·梁节姑姊》："梁节姑姊者，梁之妇人也。因失火，兄子与己子在火中。欲取兄子，辄得己子；独不得兄子，火盛不得复入……妇人曰：'梁国岂可户告人晓也？被不义之名，何面目以见兄弟国人哉！……'遂赴火而死。"这里所说的是一个故事：有一个名叫梁姑姊的妇女，有一天，她家的房屋不慎而失火，她哥哥的一个小孩与她自己的两个小孩都在这失火的屋子里。这时她冲进火海，本想去救出她哥哥的小孩，结果，出来一看，所救的是自己的小孩。这时，大火更猛，已经不可能再冲进去了。她顿时大哭道：这怎么得了啊！我不是要背上自私的罪名了吗？我姓梁的岂能为人户告人晓地笑骂呢？我还有何脸面见人呢？于是她再一次冲入火海之中牺牲了。又见，《旧唐书·魏謩传》："虽然，疑似之间，不可家至户晓。"又见，宋人欧阳修《乞出第三札

子》："臣所谓辨诬谤、全名节者，为中外之人不可家至户晓者尔。"又见，宋人无名氏《宣和书谱·叙论》："昔者帝王坐法宫，垂衣裳，不出九重深密之地，使四方万里朝令夕行，岂家至户晓也哉？以吾有庆赏刑威之柄以驭之而已。"又见，宋人楼钥《缴郑熙等免罪》："而遽有免罪之旨，不可以家喻户晓。"又见，明人余继登《典故纪闻》："太祖尝谓大理寺卿周祯曰：'律令之设……尔等所定律令，除礼乐制度……凡民间所行事宜，类聚成编，直解其义，颁之郡县，使民家喻户晓。'"又见，清人李汝珍《镜花缘》第81回："今日之下，其所以家喻户晓，知他为忠臣烈士，名垂千古者，皆由无心而传。"又见，清人吴趼人《情变》第4回："一人传十，十人传百，区区一个八里铺，能有多大地方，不到几天，便传得家喻户晓。"

草率行事。亦即"草率从事"。——书出第39页。典出宋人欧阳修《欧阳文忠公集·与冯章靖公（其一）》："某为目疾为梗，临纸草率。"又见，《诗经·小雅·十月之交》："黾勉从事，不敢告劳。"又见，清人赵翼《廿十二史札记·新旧唐书本纪书法》："欧公本纪，则不免草率从事，不能为之讳也。"又见其《廿十二史札记·元史人名不画一》："明初修史时，即据其成文编入，不复彼此互订，以归画一，亦可见其草率从事也。"

用典探妙：

毛泽东在这约1600字的几段指示中，只在两处用了两个成语形式的典故。虽说用典不多，可用法比较特别。这就是将"家喻户晓"与"草率从事"大致地相对应而用。使这两个典故各自所关涉的内容，有紧密相连、不可分割之妙！这样的对应而用，就大大地强调了在镇压反革命的整个过程中，所要达到的政策宣传的程度是"做到家喻户晓"和所要掌握政策界线是"反对草率从事"。这样的政治名言和镇反策略，通过这两个成语形式的典故的大致对应而用，令人易记易懂难忘。

300."镇压反革命分子"必须打得稳准狠
——毛泽东在《镇压反革命必须打得稳，打得准，打得狠》中所用典故探妙

用典缘起：

1950年12月至1951年9月间，毛泽东为中共中央起草了关于镇压反革命运动的、后来在编入《毛泽东选集》第5卷题为《镇压反革命必须打得稳，打得准，打得狠》的一些重要指示。在这些指示中用了下列典故。

典故内容：

优柔寡断。亦为"柔茹寡断"、"优柔不断"、"优游少断"。——书出第42页。

典出《韩非子·亡徵》："缓心而无成，柔茹而寡断，好恶无决，而无所定立者，可亡也。"又见，《汉书·元帝纪赞》："而上牵制文义，优游不断，孝、宣之业衰焉。"又见，《元史·李之绍传》："之绍平日自以其性遇事优游少断，故号'果斋'以自励。"又见，清人梁章钜《浪迹丛谈·陈颂南给谏》："倘见贤而不能举，举而不能先；见善而不能退，退而不能远，其端不过优柔寡断，而其后遂贻害于国家，经意深微，不可不察也。"又见，清人李宝嘉《官场现形记》第12回："这位胡统领最是小胆，凡百事情，优柔寡断。"

姑息养奸。亦为"姑息惠奸"。——书出第42页。典出《礼记·檀弓上》："君子之爱人也以德，细人之爱人也以姑息。"又见，汉人王符《爱日篇》："夫养稂莠者伤禾稼，惠奸轨者贼良民……古者唯始受命之君，承大乱之极，寇贼奸轨，难为法禁，故不得不有一赦，与之更新，颐育万民，以成大化。非以养奸活罪，放纵天贼也。"又见，宋人王岩叟《请诏执政裁抑三省人吏侥幸》："臣伏以朝廷之弊，莫甚于容侥幸以养蠹，尚姑息以惠奸。"又见，《清史稿·隆科多传》："孰知朕视为一德，彼竟有二心，招权纳贿，擅作威福，欺罔悖负，朕岂能姑息养奸耶？"又见，清人昭梿《啸亭杂录·徐中丞》："守令来谒，命判试其才，教曰：'深文伤和，姑息养奸，戒之哉！夫律例犹医书《本草》也，不善用药者杀人，不善用律者亦如是之。'"

草率从事。——书出第42页（四出）。典出同上一篇。

罪大恶极。——书出第45页。典出宋人罗大经《鹤林玉露·补遗》："矧如桧（秦桧）者，密奉虏谋，胁君误国，罪大恶极。"

用典探妙：

毛泽东在这几条不足2500字的重要指示中，计于7处用了典故，且均为成语形式的典故。这几处典故的运用，有两大特点。这就是：

一是典故语言的连用与一般词语的对应连用，使言语凸显精警之妙。

如在第42页中，毛泽东将典故语"优柔寡断"与"姑息养奸"连用，接着就配之以"遗祸人民，脱离群众"与之相应，则其因果关系便使人有一目了然之妙！

二是典故语的四次重复而用，有特别突出和强调文意之妙。

如在第43页中1951年3月30日的这一条指示。全文连同标点符号一起，不过197个字。毛泽东在这197个字中就四次用了"草率从事"，这就反复地强调和凸显了在镇压反革命的过程中必须谨慎从事的原因之所在，给人以严格的政策警示。

917

301.批判电影《武训传》 "千古奇丐"重定性
——毛泽东在《应当重视电影〈武训传〉的讨论》中所用典故探妙

用典缘起：

1951年5月20日，毛泽东为《人民日报》写了关于《应当重视电影〈武训传〉的讨论》的社论。在《毛泽东选集》第5卷的编辑时，将其部分进行节录载入该卷之中。在这个节录中用了下列典故。

典故内容：

武训。——书出第46、47页（十出）。典出《中国近百年史辞典》等资料。武训（1837－1896年）原名武七。"训"是清朝政府嘉奖兴办义学的赐名。山东堂邑（今山东冠县）柳林镇西武家庄人。自幼随母行乞，用行乞所积置田和放高利贷作为在堂邑、馆陶、临清所办义学之资。受到清政府的表彰。1896年死于临清义学庑下。武训以其赤贫之身而成功兴办义学之举，是为"千古奇丐"。陶行知称："奇就奇在武训'一无钱，二无靠山，三无学校教育'，是一个目不识丁的乞丐。但是，他'一有合于大众需要的宏愿；二有合于自己能力的办法；三有公私分明的廉洁；四有尽其在我坚持到底的决心。'（陶行知《武训画传·再版跋》）结果成了历史上'行乞人学'的第一人，被誉为'千古奇丐'，'平民教育家'。郭沫若说：'在吮吸别人的血以养肥自己的旧社会里面，武训的出现是一个奇迹'（郭沫若《武训画传·序》）。"（李光耀《武训精神论纲》，《齐鲁学刊》2007年第2期，第11页）

奴颜婢膝。亦为"奴颜婢睐"、"婢膝奴颜"、"奴颜婢色"、"奴颜婢舌"、"奴言婢膝"。——书出第46页。典出晋人葛洪《抱扑子·交际篇》："以岳峙独立者为涩吝疏拙，以奴颜婢睐者为晓解当世。"又见，宋人连文凤《百正集·赠画者》："虎头燕颔今已矣，婢膝奴颜当愧死。"又见，宋人王尔俪《小畜集·送柳宜通判全州序》："与夫诣权媚势，奴颜婢色，因采风谣司漕运者言而得之者远矣。"又见，宋人刘公沆《述怀》诗："奴颜婢舌诚堪耻，羊狠狼贪自合羞。"又见，唐人陆龟蒙《江湖散人歌》："奴颜婢膝真乞丐，反以正直为狂痴。"又见，宋人高登《高东溪文集·谢贺州张守启》："铁石心肠，誓将坚守；奴颜婢膝，固所羞为。"又见，《宋史·陈仲微传》："俯首吐心，奴颜婢膝。"又见，明人王世贞《鸣凤记》第4出："更兼奴颜婢膝，用几许为鬼为蜮的权谋。"又见，《三国演义》第93回："狼心狗行之辈，滚滚当朝；奴颜婢膝之徒，纷纷秉政。"又见，明人冯梦龙《警世通言》卷22："不肯随那叫街丐户一流，奴言婢膝，没廉没耻。"又见，清人吴趼人《二十年目睹之怪现状》第47回："我不像一班奴颜婢膝的，只知道巴结上司。"

用典探妙：

这篇从毛泽东所写的社论中节录约1300字的短文中，虽说只用了两个典故。但是，就是这两个典故，一为人名典故的高"频率"地十次重复而用，有强调和加重对"武训"的批判意味，二是"奴颜婢膝"这一成语形式的典故虽只一次而用，但它用在表现武训一生一囊一钵地行乞、卖艺、售歌等行为和形象上，确有高度概括、描绘简练之妙！它同时也十分深刻地反映了毛泽东对武训的这样一种行为的反感。

有必要连类而及一提的是：毛泽东所发起的对电影《武训传》的一场大批判，对于历史上早已肯定的武训予以否定。致使在这场大批判中，"党报上公开点了43篇赞扬文章、48个作者的姓名，对作者造成了极大的政治压力和精神负担；同时，电影《武训传》的编导，主要演员和以各种形式赞扬过《武训传》和武训文章的同志以及与此事有关的负责人都先后作了检查。"（参见杨林、俞国《试论毛泽东同志对电影《武训传》的批判》，《扬州教育学院学报》2001年第2期，第10页）

对于毛泽东为何把一场原本属于学术和文艺问题的正常讨论，却引向全国范围内的政治声讨的原因与后果。陈晋同志这样评说道："他（毛泽东）批判武训和《武训传》的文字，把武训办义学的'奇举'放在近代中国革命的历史大背景和大走向中来考察，从而提倡用历史唯物主义的观点来认识和反映历史人物，在改造从旧社会过来的知识分子的世界观的同时，推动文艺创作同前进的时代共命运。这在建国初期是必要的有意义的。但是，他一开始就拒弃文化学术讨论的思路，而引导为一场'不由分说'的带有政治倾向的文化批判运动，从而在刚刚起步的新中国文艺界，开了以批判开路去解决创作问题的不好先例。这种搞法，未必能实现他的初衷，消极后果也是明显的。"（陈晋：《文人毛泽东》，上海人民出版社1998年3月版，第314页）

然在1980年，武训和电影《武训传》的讨论终于被《齐鲁学刊》破了禁区。该刊的第4期发表了张经济《希望给武训平反》的文章，之后，《文汇报》、《光明日报》、《羊城晚报》、《天津日报》、《北京晚报》、《西安日报》、《大众日报》等均作了介绍和转载。香港《大公报》和《文汇报》也转载了新闻社的这一电讯稿。1985年9月5日，胡乔木同志在中国陶行知研究会和基金会成立大会上的讲话中指出：解放初期对武训和《武训传》的批判"是非常片面的，非常极端的和非常粗暴的。因此，这个批判不但不能认为完全正确，甚至说也不能认为基本正确。"（载《人民日报》1985年9月6日）1985年12月18日，山东省人民政府呈国务院《关于为武训恢复名誉的请示报告》，同时附了聊城地区行署转呈的冠县人民政府《关于为武训恢复名誉的请示报告》，在此基础上，1986年5月国务院作了《关于为武训恢复名誉的批复》。至此武训的精神最终得到了肯定与弘扬！（参见姜林祥《武训研究的回顾与展望》，《齐鲁学刊》2007年第2期，第5—6页）

302.三大运动的胜利 增强反侵略信心
——毛泽东在《三大运动的伟大胜利》中所用典故探妙

用典缘起：

1951年10月23日，毛泽东在中国人民政治协商会议第一届全国委员会第三次会议上致开幕词，后来在编入《毛泽东选集》第5卷时题为《三大运动的伟大胜利》。在这个开幕词中用了下列典故。

典故内容：

无穷无尽。亦即"无尽无穷"。——书出第50页。典出宋人释道原《景德传灯录·池州甘贽行者》："（甘）云：'请上座施财。'上座云：'财施无尽，法施无穷。'"又见，《封神演义》第45回："你等是闲乐神仙，怎的也来受此苦恼。你也不知吾所练阵中无尽无穷之妙。"又见，宋人晏殊《踏莎行五首（其二）》："画阁魂消，高楼目断，斜阳只送平波远。无穷无尽是离愁，天涯地角寻思遍。"又见，明人李贽《续焚书·焦弱侯》："日来与刘晋老对坐商证，方知此事无穷无尽，目新又新，非虚言也。"又见，《西游记》第40回："那西天路无穷无尽，几时能到得！"

适得其反。亦即"其用适反"。——书出第52页。典出三国魏人无名氏《释难宅无吉凶摄生论》："时名虽同，其用适反。"

用典探妙：

毛泽东在这篇约3200字的开幕词中，只用了两个典故，而且都是成语形式的典故。这两个异常普通的典故，初看起来是没有什么特色的，但是将这两个典故语它们各自所在的句子的句意联系起来分析，我们便会发现它们二者之间的相互呼应之妙！

"无穷无尽"一语，从典故的角度来看，它属于局部性质的典故，它所要说明的是我们的人民民主专政的制度，与资本主义国家的政治制度相比的极大的优越性。而"适得其反"一语，从典故的角度来看，它同样是属于局部性质的典故，它所要论说的是帝国主义国家的虚弱，它们的企图只能是狂妄的和徒劳的。这两个成语形式的典故语，在这个开幕词中一前一后紧相呼应，有如两颗闪亮之珠，照亮人们的心田，增强了革命人民保卫和平、反对侵略的决心与信心。

303.将旧社会的污毒 彻底地清洗干净
——毛泽东在《元旦祝词》中所用典故探妙

用典缘起：

1952年1月1日，毛泽东在元旦团拜会上的《元旦祝词》中用了下列典故。

典故内容：

大张旗鼓。亦为"大张旗帜"。——书出第60页。典出唐人崔融《塞垣行》："是时两军进，东拒复西敌；蔽山张旗鼓，间道潜锋镝。"又见，唐人王仁裕《大散关》："铁索塞门扃白日，大张旗帜插青天。"又见，宋人王偁《东都事略·张叔夜传》："叔夜募死士千人，距十数里大张旗帜，诱之使战。"又见，明人张岱《石匮书后集·王汉传》："汉乃督诸将自柳园夜半渡河，伏兵西岸，檄卜从善等夹击之，斩九十余级，遂入汴，大张旗鼓，为疑兵，追贼至朱仙镇，连战皆克。"又见，清人曾朴《孽海花》第30回："再嫁呢，还是住家，还是索性大张旗鼓的理旧业？这倒是个大问题。"

雷厉风行。亦作"雷动风行"、"风行雷厉"、"雷厉风飞"、"风飞雷厉"。——书出第60页。典出唐人白居易《策林》："上苟好利，则天下聚敛之臣将置力焉。雷动风行，日引月长，上益其侈，下成其私，其费尽出于人，人实何堪其弊？"又见，宋人陆游《剑南诗稿·闻虏政衰乱，扫荡有期，喜成口号》："遗虏游魂岂足忧，汉家方运幄中筹。天开地辟逢千载，雷动风行遍九州。"又见，宋人岳珂《宝真斋书法赞》："昭回之秘天所示，风行雷厉动一世。"又见，明人许自昌《水浒记·纵骑》："官差紧者，为黄巾钩党严者，风行雷厉莫停者，怕鼠窜掉头者，东溪望望忙行也。"又见，清人洪楝园《警黄钟·廷诤》："伏愿速下谕旨，风行雷厉，勿迟疑。"又见，唐人韩愈《潮州刺史谢上表》："陛下即位以来，躬亲听断，旋乾转坤，关机阖开，雷厉风飞，日月清照，天戈所麾，莫不宁顺。"又见，清人龚自珍《皇朝硕辅颂二十首存序》："声灵则雷厉风飞，景运则天翊神赞。"又见，宋人蔡戡《水调歌头·送赵帅镇成都》："趁良时，摅豹略，勇声欢。风飞雷厉，威行逆虏胆生寒。"又见，唐人李观《李元宾文集·古受降城铭序》："云挠雷厉，风行川浮。"又见，宋人曾巩《元丰类稿·亳州谢至任表》："运独断之明，则天清水止；昭不杀之武，则雷厉风行，故能并起百工。"又见，明人凌濛初《二刻拍案惊奇》卷26："且说御史到了福建，巡历地方，祛蠹除奸，雷厉风行，且是做得利害。"又见，清人李渔《蜃中楼·献寿》："大丈夫做事，雷厉风行。"又见，清人李宝嘉《官场现形记》第33回："今天调卷，明天捉人，颇觉雷厉风行。"

用典探妙：

毛泽东在这篇不足650个字的《元旦祝词》中，用了两个典故。这两个典故语，各自都是表达了一种气势、一种力量。将其二者连用，在用以号召开展反贪污、反浪费、反对官僚主义的斗争上，则有气势贯通、酣畅淋漓、意志坚定之妙！

304."靠两条基本政策" "使自己立于不败"
　　——毛泽东在《中共中央关于西藏工作方针的指示》中所用典故探妙

用典缘起:

1952年4月6日,毛泽东为中共中央起草了给西南局、西藏工委并告西北局、新疆分局的党内指示。在这个指示中用了下列典故。

典故内容:

立于不败之地。亦即"立于胜地"。——书出第61页(两出)。典出《管子·七法·为兵之数》:"故不礼不胜天下,不义不胜人;故贤知(智)之君,必立于胜地,故正天下而莫之敢御也。"又见,《孙子·形篇》:"故善战者,立于不败之地,而不失敌之败也。"又见,战国末期《鹖冠子·学问》:"处兵者,威柄所持,立于不败之地也。"又见,宋人辛弃疾《论阻汇为险须藉两淮疏》:"古之为兵者,谓其势如常山之蛇,击其首则尾应,击其尾则首应,系其身则首尾俱应,然其后兵立于不败之地。"

自力更生。——书出第61页。典出汉人贾谊《论积贮疏》:"今敺(驱)民而归之农,皆著于本,使天下各食其力。"又见,《史记·平津侯主父列传》:"元元黎民得免于战国,逢明天子,人人自以为更生。"又见,明人李昌祺《剪灯余话·泰山御史传》:"(宋珪)居贫,自食其力,隐田里间,以教授为业,非义不为,人敬惮之。"又见,《汉书·魏相传》:"元鼎二年平原、渤海、太山、东郡薄被灾害,赖明诏振捄乃得蒙更生。""自力更生"一语,当是由"自食其力"、"各食其力"、"得蒙更生"、"自以为更生"诸典语兼合而成。

残民害理。亦即"残民以逞"、"伤天害理"、"丧天害理"、"害理伤天"、"残贤害善"。——书出第63页。典出《左传·宣公二年》:"君子谓羊斟非人也,以其私憾,败国殄民,于是刑孰大焉。《诗》所谓'人之无良'者,其羊斟之谓乎!残民以逞。"又见,宋人辛弃疾《淳熙己亥论盗贼札子》:"州以趣办财赋为急,县有残民害物之罪,而吏不敢问。"又见,清人黄宗羲《诸敬槐先生八十寿序》:"而上之所用者,莫非残民害物之人矣。"又见,清人蒲松龄《聊斋志异·卷八·吕无病》:"广文朱先生,世家子,刚正不阿,廉得情,怒曰:'堂上公以我为天下之龌龊教官,勒索伤天害理之钱,以吮人痈痔者耶!此等乞丐相,我所不能!'"又见,清人吴趼人《二十年目睹之怪现状》第12回:"这个人也太伤天害理了!怎么拿他老子的尸首暴露一番,来做这个勾当?"又见,清人刘鹗《老残游记》第6回:"只为过于要做官,且急于做大官,所以伤天害理的做到这样。"又见,明末清初·西周生《醒世姻缘传》第34回:"古来达人义士,看得那仁义就似泰山般重,看得财物就如粪土般轻,不肯蒙面丧心,寡廉鲜耻，害理伤天，苟求那不义和财帛。"又见，清人刘鹗《老残游记》第7回："老残与申东造议论玉贤正为有才，亟于做官，所以丧天害理，至于如此，彼此叹息一回。"又见，《三国演义》第22回："而（曹）操遂承资跋扈，恣行凶忒，割剥元元，残贤害善。"由上观之，"残民害理"一典，当是毛泽东兼合"残民以逞"、"残民害物"、"伤天害理"、"害理伤天"、"丧天害理"、"残贤害善"诸典之典意而成。

用典探妙：

毛泽东在这个不足2300字的指示中，计于4处用了典故，用典不算多，但有如下两大特色。这就是：

特色之一：重用典故，有突出与强调方针政策之妙！

在这个指示中，毛泽东仅在第61页就两次用到"立于不败之地"（后一次省用作"立于不败"）。这就凸显与强调了中国人民解放军进驻西藏依靠两条基本政策与争取群众的重要性。

特色之二：改造典故，有创造新典、增强表达效果之妙！

由前面的"典故内容"中的"自力更生"和"残民害理"的由来可知：这些典故语，据笔者目前所能见到的资料而言，当属毛泽东据前人典故语的语词与典意所新创。只要我们细读一下"自力更生"与"残民害理"其所在的句子，其表达效果，均比前人的典故语所要表达的内容更为深刻、更为到位。如"残民害理"一典，它兼合了"残民以逞"、"残民害物"、"伤天害理"、"害理伤天"、"丧天害理"诸义，将它用来形容与描绘西藏上层反动分子的所作所为，实在是有如妙手裁衣，尺寸不差分毫之妙。

923

305."大家要团结起来" 使"国家稳步前进"
——毛泽东在《团结起来，划清敌我界线》中所用典故探妙

用典缘起：

1952年8月4日，毛泽东在中国人民政治协商会议第一届全国委员会常务委员会第三十八次会议上发表了讲话，后来其讲话要点在编入《毛泽东选集》第5卷时题为《团结起来，划清敌我界线》。在这篇讲话中用了下列典故。

典故内容：

天下大定。——书出第66页。典出《汉书·高帝纪》："前日天下大乱，兵革并起，万民苦殃。"又见，三国蜀人诸葛亮《兵法秘诀》："天下大乱，诸侯争雄。"又见，宋人欧阳修《新五代史·冯道传》："当是时，天下大乱，戎夷交侵，生民之命，急于倒悬。""天下大定"，当是由"天下大乱"反意而成。

鲁智深。——书出第68页。典出《水浒传》第3回《史大郎夜走华阴县 鲁提辖拳

打镇关西》、第4回《鲁智深大闹五台山　赵员外重修文殊院》、第5回《小霸王醉入销金帐　花和尚大闹桃花村》、第6回《九纹龙剪径赤松林　鲁智深火烧瓦罐寺》、第7回《花和尚倒拔垂杨柳　豹子头误入白虎堂》、第8回《林教头刺配沧州道　鲁智深大闹野猪林》等回，都活生生地描绘了这个了不起的好汉，是被施耐庵、罗贯中写到了家的、个性突出的英雄人物。就是单凭这些回目中的"大闹"、"火烧"、"倒拔"等描绘英雄形象的字眼，也足以表现这一英雄的非凡之处。如在第4回写他出家后的形态作为时，施耐庵、罗贯中这样写道："话说鲁智深回到丛林选佛场中禅床上，扑倒头便睡，上下肩两个禅和子推他起来，说道：'使不得。既要出家，如何不学坐禅？'智深道：'洒家自睡，干你甚事？'禅和子道：'善哉！'智深裸袖道：'团鱼洒家也吃，甚么'鳝哉'？'禅和子道：'却是苦也！'智深便道：'团鱼大腹，又肥甜了，好吃，那得'苦也'。'……每到晚便换翻身体，横罗十字，倒在禅床上睡，夜间鼻如雷响……"

用典探妙：

毛泽东的这个不足2000字的讲话要点，计用了两个典故，这两个典故虽说均是局部性质的典故。但是，这两个典故用得异常的精妙，尤其"鲁智深"一典故的运用，可谓精妙至极，真可谓有一典之得，全文生色之妙。试以"鲁智深"这一典故简作探妙。

一是有一人之名代众人群体之妙。

众所周知："鲁智深"是中国四大名著之一——《水浒传》中有名的和尚。毛泽东在第68页谈到反对封建主义的土地改革运动中，说其中"受到打击的是住持、长老之类。这少数人打倒了，'鲁智深'解放了"。这里的"鲁智深"就是和尚的代表，毛泽东以"鲁智深"一人之名代"和尚"这个整体，一可以与前面提到的"和尚"二字不相重复，二可以给听众以新鲜之感，从而使其讲话呈现出活力。

二是以"鲁智深"之名代整个和尚群体，有幽默风趣之妙。

《水浒传》中的"鲁智深"，它不仅仅是个人名，它有其丰富的历史积淀、有着丰富的人文内涵。人们只要一听到"鲁智深"这个名字，不仅仅想到的他是一个和尚，而是会联想到他的一系列英雄行为，那一幕幕生动的故事，定会呈现在人们的脑海之中。以"鲁智深"代"和尚"，实可为毛泽东的讲话增强活跃气氛。

毛泽东在第68页中不重复说成"和尚"解放了，而是说成"鲁智深"解放了，这就能使整个句子的语言幽默诙谐、妙趣横生，富于艺术的感染力，能吸引听众的注意，加深他们对于毛泽东讲话的印象。

"鲁智深"这个小说中的人物，是世人所喜欢的反封建官僚、反封建皇帝反得比较彻底的英雄形象之一，从毛泽东对《水浒传》的评价来看，他也是喜爱这位英雄人物的。毛泽东的一句"'鲁智深'解放了"，展示他对几千年来的"鲁智深"们得到解放的一种特定情感，表达了他内心的感受，赋予了"'鲁智深'解放了"这一段话语以特别的感情色彩。

306.向坏人坏事斗争 向"好的典型看齐"
——毛泽东在《反对官僚主义、命令主义和违法乱纪》中所用典故探妙

用典缘起：

1953年1月5日，毛泽东为中共中央起草了后来在编入《毛泽东选集》第5卷时题为《反对官僚主义、命令主义和违法乱纪》的党内指示。在这个指示中用了下列典故。

典故内容：

违法乱纪。亦即"败法乱纪"、"坏法乱纪"。——书出第72、73页（两出）。典出《后汉书·袁绍刘表列传》："（曹操）而便放志专行，威劫省禁，卑侮王僚，败法乱纪，坐召三台，专制朝政。"又见，《礼记·礼运》："故天子适诸侯，必舍其祖庙，而不以礼籍入，是谓天子坏法乱纪。"又见，宋人魏了翁《跋赐潞京恤刑诏书》："小人挟其私意，坏法乱纪。"

熟视无睹。——书出第72页。典出晋人刘伶《酒德颂》："无思无虑，其乐陶陶，兀然而醉，豁尔而醒，静听不闻雷霆之声，熟视不睹泰山之形，不觉寒暑之切肌，利欲之感情。"又见，唐人韩愈《应科目时与人书》："若俯首帖耳摇尾而乞怜者，慧我之志也。是以有力者遇之，熟视之若无睹也。"又见，宋人林正大《括沁园春》词："静听无闻，熟视无睹，以醉为乡乐性真。"又见，清人壮者《扫迷帚》第19回："相彼小民，既醉生梦死，沉迷不悟；绅衿官吏，亦熟视无睹，漠不关怀。"

无法无天。亦即"没法没天"。——书出第73页。典出《红楼梦》第110回："你是那里的这么个横强盗，这样没法没天的！我偏要打这里走！"又见，同上书第33回："你在家不读书也罢了，怎么又做出这些无法无天的事来！"又见，同上书第56回："殊不知他在家里无法无天，大人想不到的话偏会说，想不到的事偏会行。"又见，同上书第58回："上头出了几日门，你们就无法无天的，眼珠子里就没了人了。"又见，清人孙雨林《皖江血·逼供》："无法无天，争名争利，人命视同儿戏。"

用典探妙：

毛泽东在这个不足1500字的指示中，计用了三个典故，且都是成语形式的典故。这样的典故通俗易懂。其中两个典故，都是用在这个指示的第2段中，一个"熟视无睹"，一个"无法无天"，就将某些干部对待官僚主义、命令主义和违法乱纪行为的态度，作了形象的描绘与深刻的批判。而标题和末段均同时运用了"违法乱纪"这一成语形式的典故。将这样简短精悍的典故语入文，实能起到人们在工作中时时自警作用的警语之妙！

307.“批判大汉族主义” 处理好民族关系
——毛泽东在《批判大汉族主义》中所用典故探妙

用典缘起：

1953年3月16日，毛泽东为中共中央起草了后来编入《毛泽东选集》第5卷时题为《批判大汉族主义》的党内指示。在这个指示中用了下列典故。

典故内容：

走马看花。亦作“走马观花”、“看花走马”、“探花走马”、“走马看锦”。——书出第75页。典出唐人孟郊《登科后》诗：“春风得意马蹄疾，一日看尽长安花。”又见，宋人苏轼《东坡乐府·天仙子》：“走马探（亦即“观”）花花发未？人与化工俱不易。”又见，其《秦少游梦发殡而葬之者……因次其韵》：“看花走马到东野，余子纷纷何足数！”又见，宋人杨万里《诚斋集·送孙检正德操龙图出知镇江》：“看花走马绍兴间，彼此春风各少年。”又见，元人王恽《秋涧全集·钱舜举折枝图》：“探花走马醉西域，岁与东风似有情。”又见，明人王冀德《曲律·杂论三九下》：“又只是无中拣有，走马看锦，子细著针砭不得。”以上皆是“走马看花”的几种不同的说法。“走马看花”一典，计有两种表意。一是表达愉悦得意之状。如宋人杨万里《诚斋集·和同年李子西通判》：“走马看花拂绿杨，曲江同赏牡丹香。”又见，宋人刘克庄《后村全集·赐第谢丞相启》：“向春风夸得意，非复走马看花之时；以纪传易编年，徒有绝笔获麟之感。”又见，明人于谦《喜雨行》：“但愿风调雨顺民安业，我亦走马看花观帝京。”“走马看花”一典，还有表示看得不仔细之意。如：明人毕魏《三报恩·嘱托》：“场中看文，如走马看花。”又见，清人吴乔《围炉诗话》：“唐诗情深词婉，故有久久吟思莫知其意者；若走马观花，同于不读。”又见，清人夏敬渠《野叟曝言》第47回：“李姓道：‘吾兄用意甚深，走马看花，未能领略，望勿介意。’”

用典探妙：

毛泽东在这个约700左右的指示中，只用了一个典故。这个典故的运用是十分精妙的。

首先是，这个典故的选用之妙。

“走马看花”一典，对于大多数人来说，都是知道其故事来源于唐朝的孟郊在两次考进士不第后，到46岁的那一年，终于考上了进士。在其考上之后，他立刻骑上快马，飞驰于京城长安的闹市与名胜之处，一天之内将长安全城的名花看尽，以一泄其两次考试不中的失意、压抑之情，以一展其兴奋、激动之态。并一展其诗才，即兴创作《登科后》一诗云：“昔日龌龊不足夸，今朝放荡思无涯；春风得意马蹄疾，一日看尽长安花。"全诗将其升官后的称心如意,写得十分形象而生动。经历千余年而成的典故"走马看花"一典,长期深深地印在人们的脑海之中。毛泽东选用此典,能给人以难忘的印象。

其次是,毛泽东运用此典,并不用其典源之本意,而是用其"粗略、不深入、不仔细"的引申之义。这就十分生动而深刻地强调了作调查研究所应采取的态度,给人以鞭策、以警省之妙!

308."照顾青年的特点" 做好青年团工作
——毛泽东在《青年团的工作要照顾青年的特点》中所用典故探妙

用典缘起:

1953年6月30日,毛泽东在接见中国新民主主义青年团第二次全国代表大会主席团时发表了后来在编入《毛泽东选集》第5卷时题为《青年团的工作要照顾青年的特点》的谈话。在这个谈话中用了下列典故。

典故内容:

曹操。——书出第85页。典出《三国志》等资料。曹操(公元155-220年)。即魏武帝、曹孟德、曹吉利、曹阿瞒。谯(今安徽亳县)人。是三国时著名的政治家、军事家和诗人。

周瑜是个"青年团员"。——书出第85页。典出《三国志·吴书·周瑜鲁肃吕蒙传第九》等资料载:周瑜(公元175—210年),字公瑾。是三国时吴国的名将。庐江舒县(今安徽舒城)人。士族出身。年少之时,即与孙策结为好友,后归属于策,出任建威中郎将,协助孙策创立东吴孙氏政权。孙策死后,与张昭共同辅佐孙权,出任前部大都督。建安十三年(208年),曹操率大军南下,他与鲁肃联合刘备,亲率吴军在赤壁(今湖北之蒲圻西北)大破曹兵。巩固了孙权的地位,从此形成了曹、刘、孙三国鼎立的局面。后病故。周瑜年轻英俊,为人宽宏大度,不计个人的恩恩怨怨,深得部将与他人的拥护,在吴军中人称其为"周郎"。其人风流儒雅,多才多艺,尤精音乐,时人有"曲有误,周郎顾"之誉。

程普。——书出第85页。典出《三国志·吴书·程黄韩蒋周陈董甘凌徐潘丁传第十》等资料载:程普,生卒年待考。字德谋。右北平土垠(今河北丰润东)人。程普从孙策之父孙坚起兵。后助孙策经营江南,战功卓著,在曹操大军南下之际,又助周瑜破曹军于赤壁。官至江夏太守、荡寇将军。

用典探妙:

这个谈话，是毛泽东关于共青团工作的一次有名的谈话。毛泽东对共青团的工作作出了至今仍然应认真执行的、十分重要的指示。在典故的运用上，更是别有特色。这就是：

挪动时空妙用典，古今错位幽默生。

其妙之一是：古今人物年龄的挪动妙用。

程普与周瑜，都是中国历史上1750年以前三国时的有名的战将；而新中国的共青团员们以及比共青团员年龄、资历略老的中央委员们，经毛泽东挪动时空，将他们都放在同一"时代"之内以比照，在给人以幽默风趣加深印象的同时，更能加强毛泽东要注重和培养青年人这一理论观点的阐释。因为1750余年以前，我们的先贤就不拘年老、年少而用，在社会主义社会的今天，"团中央委员尽选年龄大的，年轻的太少，这行吗？"品味毛泽东这段用典之语，就不言而喻了！这是何等的雄辩之词！

其妙之二是：古今人物事迹的挪动妙用。

由于曹操率大军南下攻取东吴。周瑜当上了东吴统帅，程普等老将不服，周瑜屈节容下，根本就不与之计较。而程普却能够实事求是地看到周瑜的杰出军事才干，不得不"敬服而亲重之"，终于老将新帅团结一致，以50000精兵联合刘备一起抗曹，结果曹操300000大军败北。这一故事，在《三国演义》和电视剧《三国演义》演绎得形象生动，有淋漓尽致之妙。毛泽东在谈话中概述了这一段故事的基本内容时说："那时，周瑜是个'青年团员'，当东吴统帅，程普等老将不服，后来说服了，还是由他当，结果打了胜仗。"在中国革命的艰苦历程中，中国革命的胜利，又何尝不是新老干部一道奋斗而取得革命的胜利呢？毛泽东将古今人物的事迹挪动到一起之后，立即幽默风趣地亮出了自己的观点道："现在要周瑜当团中央委员，大家就不赞成！团中央委员尽选年龄大的，年轻的太少，这行吗？自然不能统统按年龄，还要按能力。……"古今事迹不尽相同，而事理一致。人们在毛泽东轻松幽默的的说理中，自会比照与联想，自会领悟于心微笑于口。这样的挪动人物年龄与事迹的时空的用典论说，实有一典胜千言之妙！

309.　"提高劳动生产率"　"公私劳资都有利"
——毛泽东在《改造资本主义工商业的必经之路》中所用典故探妙

用典缘起：

1953年9月7日，毛泽东同民主党派和工商界部分代表进行了谈话。其谈话要点在编入《毛泽东选集》第5卷时题为《改造资本主义工商业的必经之路》。在这篇谈话要点中用了下列典故。

典故内容：

必经之路。亦即"必由之路"。——书出第98页（两出）。典出明人海瑞《协济夫役民壮申文》："第淳安县路当徽、饶，使客络绎不绝，据本省论，盐法察院出巡徽州，此必由之路。"又见，《西游记》第59回："那山离此有六十里远，正是西方必由之路，却有八百里火焰，四周围寸草不生。"又见，清人刘鹗《老残游记》第20回："（老残）忽然想到舜井旁边有个摆命课摊子的，招牌叫'安贫子知命'，此人颇有点来历，不如先去问他一声，好在出南门必由之路。"又见，清人珠泉居士《续板桥杂记·轶事》："桥北有八角碑亭，乃去来必经之路。"

唯利是图。亦即"唯利是视"、"唯利是从"。——书出第99页。典出《左传·成公十三年》："余虽与晋出入，余唯利是视。"又见，《三国志·魏志·吕布传》："吕布有九虎之勇，而无英奇之才略，轻狡反覆，唯利是视。"又见，晋人葛洪《抱朴子·内篇·勤求》："由于夸诞，内抱贪浊，惟（唯）利是图。"又见，明人凌濛初《初刻拍案惊奇》卷20："每见贪酷小人，惟（唯）利是图，不过使几家治下百姓，卖儿贴妇，充其囊橐。"又见，清人颐琐《黄绣球》第5回："原来这黄祸居乡，唯利是图，无恶不作。"又见，北朝魏人魏收《孝静帝伐元神和等诏》："狡猾反覆，唯利是从。"

用典探妙：

毛泽东在这个不足1900字的谈话要点中，计在3处用了典故，且都是局部性质的典故。其用典的一个主要特色是：由所运用的典故语推演出与之对应的话语，使所要表达的内容和所要说明的问题，有简短精练之妙。

如在第99页，毛泽东认为有些资本家"仍然没有改变唯利是图的思想"。这"唯利是图"一典，可以说是对某些资本家剥削本性的高度概括，而在谈到有些工人则与之完全相反，"他们不允许资本家有利可图"。这"有利可图"，从字面上来看，当是从"唯利是图"这一典故语中推演而来的，这就十分简练而生动地将两种相互对立的思想倾向高度地概括出来了。

310.三年的抗美援朝 "取得了伟大胜利"
——毛泽东在《抗美援朝的伟大胜利和今后的任务》中所用典故探妙

用典缘起：

1953年9月12日，毛泽东在中央人民政府委员会第二十四次会议上发表了、后来在编入《毛泽东选集》第5卷时题为《抗美援朝的伟大胜利和今后的任务》的讲话。在这个讲

话中用了下列典故。

典故内容：

铜墙铁壁。亦作"铁壁铜墙"、"铜崖铁壁"。——书出第101、102页（三出）。典出明人崔时佩《西厢记·回春柬药》："我若不守闺门时节呵，总有铁壁铜墙，枉使机关拘禁得紧！"又见，《封神演义》第51回："长弓硬弩护辕门，铁壁铜墙齐队伍。"又见，清人汤斌《汤子遗书·仁和门人沈佳……手述》："今人为学，须持心坚牢，如铁壁铜墙，一切毁誉是非，略不为其所动。"又见，宋人释惠洪《石门文字禅·云庵真净和尚行状》："至于入室投机，则如铜崖铁壁，不可攀缘。"又见，元人无名氏《谢金吾诈拆清风府·楔子》："孩儿此一去，随他铜墙铁壁，也不怕不拆倒了他的。"又见，《水浒传》第48回："宋江自引了前部人马，转过独龙冈后面来看祝家庄时，后面都是铜墙铁壁，把得严整。"又见，清人李绿园《歧路灯》第63回："你休把你那肥产厚业，当成铜墙铁壁，万古不破的。今日损些，明日损些，到一日唰的一声倒了，就叫你没头儿捞摸。"

畅行无阻。亦即"畅行无碍"。——书出第103页。典出清人梁章钜《浪迹丛谈·收铜器议》："钱既铸成，令当商每家领去，使民行用……即百姓持此钱以完钱粮，亦一例收之，然后免其疑贰，可以畅行而无碍矣。"

百里挑一。亦作"十里挑一"、"千中拣一"。——书出第104页。典出《红楼梦》第12回："（凤姐笑道）像你这样的人能有几个呢，十个里也挑不出一个来！"又见，清人张南庄《何典》第10回："活死人来到库中，见十八般武艺一应俱全。千中拣一，只有一枝戳空枪，趁手好使，便拿了回到殿上。"又见，《红楼梦》第84回："都像宝丫头那样心胸儿、脾气儿，真是百里挑一的！"又见，同书第120回："姑爷年纪略大几岁，并没娶过的，况且人物儿长的是百里挑一的。"

施仁政。——书出第104、105页（"施仁政"、"仁政"计十八出）。典出《孟子·梁惠王章句上》："梁惠王曰：'晋国，天下莫强焉，叟之所知也。及寡人之身，东败于齐，长子死焉，西丧地于秦七百里，南辱于楚，寡人耻之，愿比死者壹洒之，如之何则可？'孟子对曰：'地方百里可以王，王如施仁政于民，省刑罚，薄税敛，深耕易耨，壮者以暇日，修其孝悌忠信，入以其事父兄，出以其事长上，可使制梃以挞秦楚之坚甲利兵矣。'"

用典探妙：

毛泽东在这个约3500字的讲话中，计于23处用了典故。这个讲话用典的最大特别之点是：接过他人所用之典，结合社会现实，提出问题，在他人用典的基础上，有生发出大量新意之妙！

"施仁政"一典，是有一部分朋友鉴于收农业税收重了一点而对于中国共产党人的批评。因为这是一种糊涂而且影响极大的错误认识，因此，毛泽东就此一典进行了分析。提出了"仁政"有大小之分、有长远与眼前之别。指出了在当时的特殊情况之下，发展重工业与打败美国侵略者，这就是最大的"施仁政"。并回顾抗日战争时，也有同志提出"施仁政"的问题，同样指出，当时最大的"施仁政"就是打倒日本帝国主义。如果不是这样地注重把重点放在"大仁政"上，我们的事业就要中断，就要失败。通过毛泽东将"施仁政"一典的反复运用与多次分类，将"施仁政"一典分拆出"大仁政"与"小仁政"；"当前利益的"仁政与"长远利益的"仁政；不能出现"照顾小仁政，妨碍大仁政"的偏向等等。

毛泽东通过对"施仁政"一典的反复地分类运用，展现了毛泽东用典的独到之妙，亦是毛泽东对于具体事实善作具体分析的典范之例。

311. "须发展互助合作"　"解决供求的矛盾"
——毛泽东在《关于农业互助合作的两次谈话》中所用典故探妙

用典缘起：

1953年10月26日至11月5日，在中共中央召开的第三次农业互助合作会议上，毛泽东在会前和会议期间，同中共中央农村工作部的负责人进行了两次谈话。在这两次谈话中用了下列典故。

典故内容：

韩信将兵，多多益善。——书出第116页。典出《史记·淮阴侯列传》："上（汉高祖刘邦）问曰：'如我能将几何？'信曰：'陛下不过能将十万。'上曰：'于君如何？'曰：'臣多多而益善耳。'上笑曰：'多多益善，何为我擒？'"又见，明人朱国祯《涌幢小品·于少保》："只一二月间，聚兵教战阵城外者，已二十二万，则守城与各处把截之人，又岂下数十万，分布经略，齐力奋击。此其才真所谓多多益善者。"这里的"多多益善"，是指所带之兵越多越好，其能力不厌其多，兵越多则越能成事。又见，宋人赵善括《应斋杂著·上吉守王舍人启》："虽至匹夫之愚，皆愿受一廛之地，自是多多益善，安能郁郁而久居。"又见，清人吴敬梓《儒林外史》第15回："尚书公遗下宦囊不少，这位公子却有钱癖，思量多多益善，要学我这烧银之法。"又见，清人阮葵生《茶余客话》卷10："大冶如韩信将兵，多多益善。东冶如横潦之水，一洩而尽。若仆则如老僧持戒律，百魔不能破。"这一段是论人之酒量。这里的"多多益善"，意指不怕多，越多越好。

鳏寡孤独。亦作"矜寡孤独"、"孤独鳏寡"。——书出第117、122页（三出）。

典出《礼记·礼运》："矜寡孤独废者皆有所养。"又见，《荀子·王霸》："百姓有非理者如毫末，则虽孤独鳏寡必不加焉。"又见，清人陈康祺《郎潜纪闻·初笔·育婴堂》："自国家忠厚开基，发粟赈饥，岁不绝书，孤独鳏寡，各得其所。"又见，《孟子·梁惠王下》："老而无妻曰鳏，老而无夫曰寡，老而无子曰独，幼而无父曰孤：此四者，天下之穷民而无告者。"又见，《汉书·黄霸传》："鳏寡孤独有死无以葬者，乡部书言，霸具为区处。"又见，汉人焦延寿《焦氏易林》："鳏寡孤独，福禄苦薄，入室无妻，我子哀悲。"又见，《南齐书·高帝（萧道成）纪上》："鳏寡孤独不能自存者，赐谷五斛，府州所领，亦同荡然。"又见，唐人韩愈《原道》："明先王之道以道之，鳏寡孤独废疾者有养之。"又见，《元史·世祖本纪》："诸路鳏寡孤独疾病不能自存者，官给庐舍、薪米。"

群居终日，言不及义，好行小惠，难矣哉。——书出第120页。典出《论语·卫灵公第十五》："（孔）子曰：'群居终日，言不及义，好行小慧，难矣哉！'"这句话的意思是说：孔夫子讲，整天与几个人在一起，所说之话不合乎道义，喜欢卖弄小聪明，这样的人就难办了。然而，梁朝皇侃在其《论语义疏》认为："小慧"应作"小惠"。据此，这句话的意思是说：整天聚集在一起，谈话时不顾及大道理，只是喜欢搞小恩小惠，那就很难有什么成就了！

言不及义。——书出第120页。典出同上。又见，《魏书·阳日列传》："臣位卑识昧，言不及义，属圣明广访，敢献瞽言。"又见，清人吴趼人《二十年目睹之怪现状》第104回："他俩个便无话不谈，真所谓'言不及义'，那里有好事情串出来。"

国计民生。亦即"民生国计"。——书出第120页。典出《明史·王家屏传》："天灾物怪，国计民生，莫关圣虑。"又见，《明史·刘健传》："忧在于民生国计，则若罔闻知，事涉于近幸贵戚，则牢不可破。"

纲举目张。——书出第120页。典出《尚书·盘庚上》："若网在纲，有条而不紊。"又见，《吕氏春秋·用民》："用民有纪有纲，壹引其纪，万民皆起，壹引其纲，万目皆张。"又见，《淮南子·缪称训》："成国之道，工无伪事，农无遗力，士无隐行，官无失法，譬若设网者，引其纲而万目开矣。"又见，东汉人桓谭《新论·离事》："举网以纲，千目皆张；振裘持领，万毛自整。治大国者亦当如此。"又见，东汉人郑玄《诗谱序》："此诗之大纲也，举一纲而万目张，解一卷而众篇明。"又见，宋人朱熹《朱文公文集·资治通鉴纲目序》："大纲既举而监戒昭矣，众目毕张而几微著矣。"宋人张洪、齐　《朱子读书法·虚心涵泳》："乍看极是繁碎，久之纯熟贯通，纲举目张，有自然省力处。"又见，清人冯桂芬《荣氏族谱序》："是谱规橅庐陵，纲举目张，叙次繁简得中，是为谱牒程式。"

欢欣鼓舞。——书出第122页。典出东汉人马融《广成颂》："方涉冬节，农事间隙，……闻钟鼓之音，欢欣喜乐，鼓舞疆畔，以迎和气，招致休庆。"又见，《宋史·司马光传》："海内之民……欢欣鼓舞，甚若更生。"

用典探妙：

毛泽东在这篇约5800字的谈话中，只在9处用了典故。这些典故的运用，都是恰到好处的。而其最大的一个特点是：援引语典自出新解，有紧扣当时的社会现实中的矛盾之妙。

上述特点，在这个谈话中的用典中，表现最为突出的当属在第120页中对孔夫子的名言"群居终日，言不及义，好行小慧，难矣哉"所作出的别样解说。毛泽东为了对他所认为的"'确保私有'是资产阶级观念"进行批判，在援引了孔子的这一段名言之后，对其中的"言不及义"、"好行小惠"、"难矣哉"分别作出自己的解说，这些解说，都分别是针对着他自己认为的不走社会主义道路进行了严厉的批判。毛泽东所解说的"言不及义"，就是不搞社会主义，在这个总体的批判下面，四次论及"行小惠"，将所有认为是"小农经济基础"上的做法，都是在行小惠，以"难矣哉"一语的再次重引结尾，说明搞小农经济的做法是没有前途、没有出路的。这种援引典故语后，基于现实斗争的需要而一一作出新解的用典之法，是毛泽东在这篇谈话中用典的一个最为突出的特色。

312. "真理在我们方面" "就是不可战胜的"
——毛泽东在《在中国共产党全国代表会议上的讲话》中所用典故探妙

用典缘起：

1955年3月21日至31日，中国共产党全国代表会议在北京召开。毛泽东为大会致了"开幕词"并作出"结论"。在其"开幕词"与"结论"中用了下列典故。

典故内容：

轻而易举。——书出第139页。典出宋人朱熹《诗集传·大雅·烝民》："人亦有言，德輶如毛，民鲜克举之。"注："言人皆言德甚轻而易举，然人莫能举也。"

引为鉴戒。亦即"引以为戒"、"鉴戒"。——书出第140页。典出《国语·楚语下》："人之求多闻善败，以鉴戒也。今子闻而弃之，犹蒙了耳也。"又见，清人李宝嘉《官场现形记》第18回："无奈他太无能耐，不是办的不好，就是闹了乱子回来。所以近来七八年，历任巡抚都引以为戒，不敢委他事情。"

光明磊落。亦作"磊落光明"、"磊磊落落"。——书出第140页。典出清人陈康祺《郎潜纪闻初笔·王文端欲用药杀和珅》："公一时忠愤激发，嫉恶若仇，容或偶为此语，揆其心术，仍不失为磊落光明。"又见，《晋书·石勒载记下》："大丈夫行事当

磊磊（"磈"同"磊"）落落，如日月皎然。"又见，唐人韩愈《与于襄阳书》："世之龊龊者既不足以语之，磊落奇伟之人又不能听焉。"又见，宋人黎靖德编《朱子语类》卷74："譬如人，光明磊落底便是好人，昏昧迷暗底便不是好人。"又见，明人王夫之《读通鉴论·汉高帝》："（张良）其忘身以伸志也，光明磊落，坦然直剖心臆于雄猜天子之前。"又见，清人归庄《与潘用微先生书》："大丈夫心事光明磊落，彼此各自信，亦交相信，纵使世人笑我识见不定，举动轻率，亦一听之而已。"又见，清人蒲松龄《聊斋志异·聂小倩》："公子光明磊落，为天人所钦瞩。"

措手不及。亦作"措手不迭"、"凑手不及"、"不及措手"。——书出第141页。典出明人冯梦龙《古今小说》卷21："薛明看见军伍散乱，心中着忙，措手不迭，被钟明斩于马下。"又见，清人夏敬渠《野叟曝言》第23回："那些衙役，把又李等行李，措手不迭的搬进舱去。"又见，明人西周生《醒世姻缘传》第97回："那日经历已是脱了衣裳睡倒了，他挤到屋里，给了个凑手不及，往那里逃避？"又见，明人凌濛初《二刻拍案惊奇》卷31："（王世名）看得明白，飕的钻将过来，喝道：'还我父亲的命来！'王俊不提防的吃了一惊，不及措手，已被世名劈头一刺。"又见，元人无名氏《杏林庄》第2折："务要杀他个措手不及，片甲不归也呵！"又见，明人徐渭《英烈全传》第15回："胡大海赶上，把孙和一斧砍倒。陈明先措手不及，被郭英刺死于马下，踏做肉泥。"又见，《红楼梦》第80回："贾环听了，便去伸手拿那锅子瞧时，岂知措手不及，'沸'的一声，锅子倒了，火已泼灭了一半。"

实事求是。——书出第141页。典出《汉书·河间献王传》："河间献王德以孝景前二年立，修学好古，实事求是。从民得善书，必为好写与之，留其真，加金帛赐以招之。"唐人颜师古注："务得实事，每求真是也。今流俗书本云求长长老，以是从人得善书，盖妄加之耳。"又见，宋人刘跂《赵氏金石录序》："东武赵明诚德夫家，多前代金石刻，仿欧阳公《集古》所论，以考书传诸家同异，订其得失，著《金石录》若干卷，别白抵捂，实事求是，其言斤斤甚可观也。"这里的"实事求是"，主要是指探寻实证，求索真知的意思。又见，清人梁章钜《浪迹丛谈·焦山鼎铭》："（《毛传》）已先（罗）茗香言之，特茗香实事求是，尤令人拍案称快耳。"又见，清人李宝嘉《官场现形记》第7回："老弟肚里实在博学。但上头的意思是要实事求是；你的文章固然很好，然而空话太多，上头看了恐怕未必中意。"这里的"实事求是"，主要是指要按照事物的实际情况，实实在在地办事的意思。

不在话下。——书出第141页。典出明人冯梦龙《古今小说》卷36："（众人）只得出门去赶，那里赶得着？众做公的只得四散，分头各去，挨查缉获，不在话下。"又见，《三国演义》第15回："玄德曰：'屈身守分，以待天时，不可与命争也。'吕布令人送粮米缎匹。自此两家和好，不在话下。"又见，《红楼梦》第30回："那金钏儿含羞忍辱的出去，不在话下。"这里的"不在话下"，主要是在旧小说中，多用来指故事已经告一段落，可暂且不表。又见，元人秦简夫《赵礼让肥》第4折："以下各随次第加官赐赏，这且不在话下。"又见，明人汤显祖《还魂记·闹殇》："哎也，是中秋佳节哩！老爷、奶奶都为我愁烦，不曾玩赏了？这都不在话下了。"又见，明人凌濛初《二刻拍案惊奇》卷2："（小道人自想）适间亲口应承，这是探囊取物，不在话下的了。"又见，明人阮大铖《燕子笺·写像》："各色花都不在话下，只是一朵能语花儿，饶他踏遍曲江，也没处寻得。"这里的"不在话下"，主要是指事物当属理所当然，或是事物轻微得不值一提的意思。

政出多门。——书出第147页。典出《左传·襄公三十年》："其君弱植，公子侈，大（即"太"）子卑，大夫敖（傲），政多门，以介于大国，能无亡乎！"又见，《晋书·姚兴传》："晋主虽有南面之尊，无交响曲御之实，宰辅执政，政出多门，权去公家，遂成习俗。"又见，《梁书·武帝纪上》："（高胄从舅张策曰）政出多门，乱其阶矣。"又见，宋人苏轼《拟孙权答曹操书》："汉自威灵以来，上失其政，政出多门，宦官之乱才息，董卓之祸复兴。"又见，《宋史·王十朋传》："（十朋又言）今权虽归于陛下，政复出多门，是一桧死百桧生也。"又见，《元史·何玮传》："玮曰：'古者一相，专任贤也，今宰执员多，政出多门，转相疑忌，请损之。'不从，遂乞代。"

字斟句酌。亦作"字栉句梳"、"字栉句比"、"字雕句镂"。——书出第148页。典出清人赵翼《瓯北诗话·吴梅村诗》："梅村诗从未有注。近时黎城靳荣藩字介人，以十年之功，为之笺释，几于字栉句梳，无一字无来历。"又见，明人冯梦龙《曲律叙》："（明人王骥德《曲律》卷首）：字栉句比，则盈床无合作；敲今击古，则积世少全才。"又见，明人祁彪佳《远山堂曲品·艳品·钿盒》："所传皆天宝以后事，纵笔于绮丽之场……但字雕句镂，微少天然之趣。"又见，清末民初·刘坤一《致胡筱蘧侍郎》："考献征文，浩如渊海，初稿尚难句斟字酌。"又见，清人纪昀《阅微草堂笔记·滦阳消夏录一》："《论语》、《孟子》，宋儒积一生精力，字斟句酌，亦断非汉儒所及。"

荷花虽好，也要绿叶扶持。——书出第148页。典出明人顾起元《客座赘语》："南部中闾巷中常谚往往有粗俚而可味者，如曰：……'牡丹虽好，绿叶扶持。'"又见，《红楼梦》第110回："独有李纨瞧出凤姐的苦处，也不敢替她说话，只自叹道：'俗话说的，"牡丹虽好，全仗绿叶扶持"，太太们不亏了凤丫头，那些人还帮着吗！……'"

无足轻重。亦作"未足轻重"、"何足轻重"、"何足重轻"、"无足重轻"、"不足轻重"。——书出第149页（两出）。典出明人沈德符《万历野获编·京考官被

劾》："王文成后日功名不必言，即杨廉亦至南礼部尚书，谥文恪，则言官白简，亦未足轻重也。"又见，宋人朱熹《答陈同父（其一）》："顾此腐儒，又何足为轻重！"又见，明人朱之瑜《朱舜水文集·与野节书三十首（其二十二）》："悠悠之口，何足重轻，况此地风波百倍他所乎？"又见，清人姚元之《竹叶亭杂记》："内阁中书向以得稽察房为要津……人争竞之，自戴文端公入阁……稽察房遂为无足重轻之地矣。"又见，宋人欧阳修《答吴充秀才书》："修材不足用于时，仕不足荣于世，其毁誉不足轻重，气力不足动人。"又见，明人沈德符《万历野获编·监修实录》："然实录已属僭拟，即欲加隆于列圣之上，徒为识者所哂，无足为轻重也。"又见，清人梁启超《变法通议·学校余论》："故其中学所设，虽有华文功课一门，不过循例奉行，苟以塞责，实则视为无足轻重之事。"

打成一片。——书出第149、150页。典出宋人释普济《五灯会元·益州青城香林院澄远禅师》："宋（公垱）曰：'大善知识去住自由。'师谓众曰：'老僧四十年方打成一片。'"又见，宋人朱熹《答石子重（其五）》："正要就日用纯熟处识得便无走作，非如今之学者前后自为两段，行解各不相资也；近方见此意思，亦患未得打成一片耳。"又见，朱熹《朱子全书·存养》："只要常自提撕，分寸积累将去，久之自然接续，打成一片耳。"这里的"打成一片"当主要是指事物混同而未成为一个整体的意思。而在"存养"中"打成一片"，则是认为把零散的见解连接、把积累的知识融会贯通起来，就可成为一个体系，形成一个整体，此谓之"打成一片"；又见，明人瞿式耜《救刘湘客等五臣疏》："以臣揆之，公论之人即参疏之人也；而恣愿皇上行法之人，即与参疏之人打成一片者也。"这里的"打成一片"，即比较接近当今"不分彼此"之义。

孔夫子。——书出第151页（三出）。典出《史记》等资料。孔子是春秋末期杰出的思想家、教育家。

五虎将。——书出第153页。典出《三国演义》第73回："封关羽、张飞、赵云、马超、黄忠为五虎大将；魏延为汉中太守。……汉中王大喜，即差前部司马费诗为使，赍捧诰命投荆州来。云长出郭，迎入内城。至公廨礼毕，云长问曰：'汉中王封我何爵？'诗曰：'"五虎大将"之首。'云长问：'那五虎将？'诗曰：'关、张、赵、马、黄是也。'……今汉中王虽有'五虎将'之封，而与将军有兄弟之义，视同一体。"

天昏地黑，日月无光。——书出第153页。典出元人无名氏《武王伐纣平话》："其日坏了太子，感得天昏地暗，日月无光，天雷大震，惨雾漫漫。"

一物降一物。——书出第153页。典出宋人张栻《答曾致虚》："若谓敬为一物，将一物治一物，非惟无益，而反有害。"又见，《西游记》第51回："许旌阳道：'此一时，彼一时，大不同也。常言道一物降一物哩。'"又见，清人文康《儿女英雄传》第21回："你看好个摆大架子的姑娘，好一班陪小心的强盗，这大概就叫作财压奴婢，艺压当行，又叫作一物降一物了。"

法宝。——书出第153页（三出）。典出《维摩经·佛国品》："法宝普照，而雨甘露，……集众法宝，如诲导师。"

兵荒马乱。——书出第155页。典出元人无名氏《李云英风送梧桐叶》第4折："（牛尚书云）一向收留在俺府中为女，也是天数。不然，那兵荒马乱，定然遭驱被掳。"又见，《水浒后传》第25回："我有个哥哥在城里，因兵荒马乱，好几时不曾来。"又见，清人李汝珍《镜花缘》第100回："此时四处兵荒马乱，朝秦暮楚，我勉强做了一部《旧唐书》，那里还有闲情逸志弄这笔墨。"

用典探妙：

毛泽东在这个约12000字的"开幕词"和"结论"中，计于21处用了典故。这些典故，多为通俗易懂的成语形式的典故。初看起来，在这个讲话中的用典是难见特色的，然毛泽东毕竟是用典的高手，讲话中的用典仍有其一大突出之点。这就是：

取小说人物故事为典，比照现实人物，使语言意蕴深厚，且颇富幽默、生动、谐讽之妙！

具体地说来，就是在第153页的"张、张、赵、马、郭五虎将"一语。这五人是："张"，即曾为中共中央东北局第二书记、东北行政委员会人民监察委员会主任的张秀山，"张"，即曾为中共中央东北局第三书记、东北行政委员会副主席、东北人民政府秘书长的张明远，"赵"，即曾为中共中央东北局委员、黑龙江省人民政府主席的赵德尊，"马"，即曾为中共中央东北局委员兼农村工作部部长、高岗窃据国家经济委员会主任时他任秘书长的马洪，"郭"，即曾为中共中央东北局委员兼组织部部长、后去中共中央组织部的郭峰。而《三国演义》中的"关、张、赵、马、黄五虎将"，在三国时期，可谓名声显赫、威震一时，在刘备集团中起到了开创蜀国的重要作用。"关、张、赵、马、黄五虎将"，是刘备集团中的中坚。随着《三国演义》的广泛流传，有其深远的社会影响。他们的事迹和故事，可谓家喻户晓、人人皆知。毛泽东将高岗、饶漱石下面的"张、张、赵、马、郭"五人，以"五虎将"称之，一是对"张、张、赵、马、郭"所犯错误的严重性，以恰如其分的表述，二是将为蜀国立下汗马功劳的"关、张、赵、马、黄五虎将"与高岗手下的"张、张、赵、马、郭五虎将"对应比照之，无不具讽刺、幽默之趣。毛泽东妙典故的语言艺术，可谓精妙至极！

313.我们要"相信群众" "我们应当相信党"
——毛泽东在《关于农业合作化问题》中所用典故探妙

用典缘起：

1955年7月31日，毛泽东在中共中央召集的省委、市委、自治区党委书记会议上作了《关于农业合作化问题》的报告。在这个报告中用了下列典故。

典故内容：

评头品足。亦即"品头题足"。——书出第168页。典出清人壮者《扫迷帚》第15回："两个因有志调查，重又上山。见那良家妇女及各寮娼妓，冶容艳色，踯躅僧房。轻薄少年，多于庙前庙后，评头品足。"又见，清人蒲松龄《聊斋志异·阿宝》："少顷，人益稠。女起遽去，众情颠倒，品头题足，纷纷若狂。"

清规戒律。——书出第168页。典出宋人赞宁《释门正统》："百丈山怀海禅师始立天下禅林规式，谓之清规。"宋人释道原《景德传灯录·洪州百丈山怀海禅师附禅门规式》："或曰：瑜伽论璎珞经，是大乘戒律，胡不依随哉？""清规"，是指佛教所订立的僧尼们必须遵守的规则。"戒律"，指佛教或其他的宗教徒所必须遵守的生活准则。"清规"与"戒律"合而为"清规戒律"，多用来比喻脱离实际，捆绑着人们的手脚，令人难以发挥创造才能的繁琐约束。

前怕龙，后怕虎。亦即"前怕狼，后怕虎"。——书出第169页。典出明人冯惟敏《海浮山堂词稿·清江引·省悟四首（其一）》："明知烟花路上苦，有去路无来路。恶狠狠虎巴心，饿刺刺狼掏肚，俺如今前怕狼后怕虎。"又见，明人金銮（白屿）《锁南枝·风情戏嘲八首（其七）》："心肠儿窄，性气儿粗，听的风来就是雨。尚兀自拨火挑灯。一蜜里添盐加醋。前怕狼，后怕虎；筛破的锣，擂破的鼓。"

惊惶失措。亦作"惊惶无措"、"失措张惶"、"张皇失措"、"惊惶万状"、"惊惶失色"。——书出第174页。典出《东周列国志》第14回："告以连称作乱之事。遂造寝室，告于襄公。襄公惊惶无措。"又见，清人李心衡《金川琐记·山魈》："正惊讶间，内有飞报长公子被鬼迷倒，趋视之，面色如土，口吐白沫不止。惊惶无措，左右急以姜汤灌醒。"又见，金人马钰《满庭芳》："因遇心方开悟，觉从前为作，尽是刀枪，唬得心惊胆颤，远离家乡。……人问着，觉浑身汗流，失措张惶。"又见，元人杨景贤《西游记》第1本第1折："端详了是个不良人物，你看他胁肩谄笑，趋前退后，张皇失措。"又见，宋人陈亮《谢杨解元启》："忧患百罹而未艾，惊慌万状而莫支。"又见，清人李汝珍《镜花缘》第59回："这话登时传到宋良箴耳内，吓的惊惶失色，泪落不止。"又见，清人石玉昆《三侠五义》第73回："……看见开门，以为恶奴前来陷害，不由的惊惶失色。"又见，《北齐书·元晖业传》："孝友临刑，惊惶失措，晖业神色自若。"又见，宋人曾肇《谢史成受朝奉郎表》："养拙藏愚，久已逃于常宪；因人成事，兹复玷于异恩。逊避弗容，惊惶失措。"又见，明人凌濛初《二刻拍案惊奇》卷11："少卿虚心病，元有些怕见他的，亦且出于不意，不觉惊惶失措。"

因地制宜。——书出第186页。典出汉人赵晔《吴越春秋·阖闾内传》："筑城郭，立仓库，因地制宜。"

用典探妙：

毛泽东在这个约8000字的报告中，只是用了5个典故，且都是通俗易懂的成语形式的典故。这5个典故，均是局部性质的典故，它们都是修饰其所在的句子的。如在报告的开头一段。毛泽东先后用了"评头品足"和"清规戒律"，这两个典故语一出，则有营造气氛、刻画世人心态情态、富于文彩地表达毛泽东对于农业合作化的满腔热情之妙。

314.集中多数人智慧 "提高劳动生产率"
——毛泽东在《农业合作化的一场辩论和当前的阶级斗争》中所用典故探妙

用典缘起：

1955年10月11日，毛泽东在中国共产党第七届中央委员会扩大的第六次全体会议上，作了后来在编入《毛泽东选集》第5卷时题为《农业合作化的一场辩论和当前的阶级斗争》的结论。在这个结论中用了下列典故。

典故内容：

麻雀虽小，肝胆俱全。亦即"麻雀虽小，五脏俱全"。——书出第206页。典出清人彭养鸥《黑籍冤魂》："我这回虽是短篇小说，未免也学着样儿，先诌一个引子，以博诸公一笑。正是'麻雀虽小，五脏俱全'。"

周游列国。——书出第206页。典出《史记·孔子世家》所载：孔子在鲁国做了几个月的"司寇"兼代理宰相之后，他便带着他的学生，离开鲁国。先后到了卫国、经宋国到了陈国、蔡国、楚国等地游说讲学。后来又转到了卫国，从卫国回到了鲁国。

孔夫子。——书出第206页。典出同上。

白衣秀士。——书出第207页（两出）。典出元人马致远《岳阳楼》第2折："至如吕岩，当初是个白衣秀士，未遇书生，上朝求官，在邯郸道王化店遇着钟离师父，再三点化，才得成仙了道。"又见，元人罗贯中《风云会》第3折："寡人扮作白衣秀士，私行径投丞相府里，商量下江南收川广之策。"又见，明人冯梦龙《喻世明言》卷11："陛下须与臣扮作白衣秀士，私行街市，方可遇之。"

白衣秀士王伦。——书出第207页（两出）。典出《水浒传》第11、19回：王伦，是

《水浒传》中梁山泊的原头领。其绰号叫"白衣秀士"。他心胸狭隘，妒贤嫉能，为了保住个人的首领地位，先是拒绝、刁难走投无路上梁山入伙的林冲，后又拒绝农民起义领袖晁盖等聚义于水泊梁山，最终为林冲所除。

不可救药。亦作"鲜可救药"、"无可救药"、"难以救药"、"莫可救药"。——书出第207页。典出明人沈宠绥《度曲须知·收音问答》："种种讹舛，鲜可救药。"又见，宋人王安石《赠约之》："君胸寒而痞，我齿热以摇。无方可救药，相值久无憀。"又见，明人王琼《为飞报番蛮攻扑城堡事》："使不乘此殄灭，将来纠众攻破各堡，阻截东路，恐难（以）救药。"又见，明人海瑞《驿传议·上策》："故凡百孔千疮，莫可救药，皆不能节省为之也。"又见，《诗经·大雅·板》："多将熇熇，不可救药。"唐人孔颖达疏："故知是多行惨酷毒害之恶，谁能止其祸，如人病甚，不可救以药。"又见，《宋史·钦宗纪赞》："惜其乱势已成，不可救药。"又见，元人周密《癸辛杂识》后集："垢面弊衣，冬烘昏聩，以致糜烂渐尽而不可救药。"

言不及义。——书出第209页（三出）。典出《论语·卫灵公》："群居终日，言不及义，好行小慧，难矣哉！"又见，《魏书·阳尼列传》："臣位卑识昧，言不及义，属圣明广访，敢献瞽言。"又见，清人吴趼人《二十年目睹之怪现状》第104回："他俩个便无话不谈，真所谓'言不及义'，那里有好事情患出来。"

好行小惠。——书出第209页（三出）。典出同上。又见，《晋书·殷仲堪传》："及在州，纲目不举，而好行小惠，夷夏颇安附之。"

薛平贵。——书出第209页。典出旧时京戏《红鬃烈马》中有一折戏叫《大登殿》。里面虚构了一个唐朝时的薛平贵。这个人在西征西凉国时被俘投降，其后，他勾结西凉国的代战公主，攻破了他自己国家的都城，做了一个国王。在《大登殿》一折中，描绘了他在做国王之时的高兴、舒服的无耻情景。

瓜熟蒂落。——书出第214页。典出《北齐书·陆法和传》："取果自熟，不撩自落，但待侯景熟耳，何劳问也。"这里的"瓜熟蒂落"，是比喻侯景坏事已经做绝了，也就完蛋了。又见，宋人张君房《云笈七签·元气论》卷56："气足形圆，百神俱备，如二仪分三才，体地法天，负阴抱阳，喻瓜熟蒂落，啐啄同时。"又见，《水浒传》第5回："绝险曾无鸟道开，欲行且止自疑猜。光头包裹从高下，瓜熟纷纷落蒂来。"这里的"瓜熟蒂落"用以比喻一种情趣。又见，清人褚人获《隋唐演义》11回："叔宝道：'弟闻自古虎子麟儿，必不容易出胎；况吉人天相，自然瓜熟蒂落，何须过虑？'"

水到渠成。亦作"水到鱼行"。——书出第214页。典出宋人苏辙《龙川别志》上："故天下之士，知为诗赋以取科第，不知其他矣。谚曰：'水到鱼行。'既已官之，不患其不知政也。"又见，明人何孟春《余冬序录》："愚谓'水到鱼行、水到渠成'，其意同也，皆事任自然，时至辄济之意。"又见，宋人释道原《景德传灯录·仰山南塔光涌禅师》卷12："又手问：'如何是妙用一句？'师曰：'水到渠成'。"这里的"水到渠成"，当是直解为水流到的地方，便自然成渠的意思；又见，宋人朱熹《答路德章书二》："所喻水到渠成之说，意思毕竟在渠上，未放水东流时，已先作屈曲准备了矣。"又见，清人夏敬渠《野叟曝言》第47回："这做诗一事，原不是好事，弟于此道，吃了二十年的苦，才得这水到渠成地位。"这里的"水到渠成"，重在用其比喻意思。即指事情的条件成熟，便能自然成功；又见，宋人苏轼《答秦太虚书》："度囊中尚可支一岁有余，至时别作经画，水到渠成，不须预虑，以此胸中都无一事。"又见，宋人范成大《送刘唐卿户曹擢第西归六首（其三）》："学力根深方蒂固，功名水到自渠成。"又见，清人李绿园《歧路灯》第5回："后来，果然办得水到渠成，刀过竹解。"这里的"水到渠成"，喻指自然而然之意。

清规戒律。——书出第215页（五出）。典出同上一篇。

津津有味。——书出第215页。典出清人夏敬渠《野叟曝言》第2回："连那船家亦觉入耳会心，津津有味。"

粗枝大叶。亦作"大叶粗枝"。——书出第217页。典出清人平步青《霞外攟屑·持雅堂诗集》："（《蓼花》云）大叶粗枝不畏风，艳分水国立庭中；年来阅遍繁华色，只有秋花耐久红。"又见，清人梦麟《淡道人秋色梧桐歌》："粗枝大叶气横出，披佛尽作秋声鸣。"这里的"大叶粗枝"和"粗枝大叶"，即是直解其本意：花草树木，其枝茎粗壮，叶子阔大；又见，宋人黎靖德编《朱子语类》："《书序》不是孔安国做，汉文粗枝大叶，今《书序》细腻，只似六朝人文字。"又见，宋人谢梦得《文章轨范·序》："此集皆粗枝大叶之文，本于义理，老于事实，合乎人情。"又见，清人李汝珍《镜花缘》第16回："老夫于学问一道，虽未十分精通，至于眼前文义，粗枝大叶，也略知一二。"这里的"粗枝大叶"，喻指简略、不精细；又见，元人石君宝《诸宫调风月紫云庭·楔子》："我看不的你这般粗枝大叶，听不的你那里野调山声。"又见，清人刘熙载《艺概·诗概》："陆士衡诗粗枝大叶，有失出，无失入，平实处不妨屡见。"这里的"粗枝大叶"，谓粗犷之意。

用典探妙：

毛泽东在这个约15000字的会议结论中，仅在21处用了典故。这些典故的运用，用得较为集中，用得自然、用得活泼。处处体现了其用典的精妙之所在。

其妙之一是：借历史、小说、戏剧人物故事之典的运用，极尽比喻生动、幽默风趣之妙。

比如在第206页中，毛泽东在说到他用了十一天的时间，看了一百二十几篇报告和改写文章与写按语。这不论是从了解情况或是总结经验教训来说，本来是一件很平常的事情，如果就此作一般的陈述，则语显平淡，然而，毛泽东妙运神思，将他的这些做法，

941

与孔夫子的"周游列国"作一比较，并说"比孔夫子走得宽，云南、新疆一概'走'到了"。此典一用，这就给人以丰富的联想，给人们对于毛泽东的这一种做法以高度的注意，同时亦给人们以幽默风趣之感，令人易记、易懂、易理解。

又如在第207页，毛泽东在论及要准许别人革命，两次重用"白衣秀士王伦"这一人名之典，然后将其与当时的高岗相提并论，指出不准许别人革命的严重后果，话语说得幽默而风趣，而所揭示的道理异常深刻，有一典胜千言之妙。

再如在第209页，毛泽东在批评"有些同志老是很喜欢分散主义，闹独立性，甚至闹独立王国，觉得独裁很有味道"时，毛泽东没有口号式批评，在对这种现象进行分析时，妙用了《大登殿》中"薛平贵"这个人物典故，让看过此戏的人联想其人物形象，让没有看过此戏的人通过他对"薛平贵"人物形象的勾勒，给那些闹独立性的同志"画像"，与此同时，通过人们对于"薛平贵"这个人物作为的逐渐了解，亦有对于闹独立性者暗含警告之妙！

其妙之二是：巧妙利用对于典故的重复与分拆，尽显精心安排、刻意渲染事理之妙。

比如在第209页，在批评一些同志不大顾及社会主义的一些政策与纲领时，毛泽东刻意地重复与分拆了"言不及义"和"好行小惠"两个典故。尽管"言不及义"与"好行小惠"在不到两行的文字中各自连续三次出现，但绝不会给人以厌烦之感，反觉论理深刻、重复得趣之妙！

又如在第215页，毛泽东在论及要"反对数不清的清规戒律"，"也要有必要的清规戒律"时，从哲学的高度来看，这本是一个不大容易用简短语言可以说清楚的哲学问题，可是，毛泽东在这只有六行的一小段文字中，精心地将"清规戒律"进行了六次重复与分拆，表面上看来，可谓重复、冗赘、啰嗦之极，然而，经过毛泽东将"清规戒律"极富戏剧化的铺排渲染的艺术处理，便十分有效地化解了"重复"这个历来被著作家视为修辞之大忌所带来的弊病，让人们读后不仅没有重复、啰嗦之感，反而有文采活泼、哲理明晰、意趣盎然之妙！

315.赞扬办社积极性 介绍办社新经验
——毛泽东在《中国农村的社会主义高潮》的"序言"和"按语"中所用典故探妙

用典缘起：

1955年9月至12月，毛泽东主持编辑了《中国农村的社会主义高潮》一书，并为此而写了两篇序言、104篇按语。在编入《毛泽东选集》第5卷时，选辑了其中43篇。在两篇序言和这43篇按语中用了下列典故。

典故内容：

零敲碎打。——书出第220页。典出明人贾凫西《木皮词·引子》："这些话都不过是零敲碎打，信口诌民，也有书本上来的，也有庄家老说古的。"

不可胜数。——书出第225－226页。典出《墨子·非攻中》："百姓之道疾病而死者，不可胜数。"

千真万确。——书出第229页。清人钱彩《说岳全传》第14回："（岳飞）问道：'你方才这些话，是真是假？恐怕还是讹传？'店主人道：'千真万确，朝廷已差官兵去前去征剿了。'"又见，清人吴敬梓《儒林外史》第19回："匡超人大惊道：'那有此事！我昨日午间才会着他，怎么就拿了？'景兰江道：'千真万确的事。……你若不信，我同你到舍亲家去看看款单。'"

颠倒是非。亦作"是非颠倒"。——书出第229页。典出《战国策·赵策二》："（张仪说赵王曰）荧惑诸侯，以是为非，以非为是。"又见，宋人曾巩《南齐书目录序》："然而蔽害天下之圣法，是非颠倒而采摭谬乱者，亦岂少哉！"又见，明人凌濛初《二刻拍案惊奇》第16回："阳世全凭一张纸，是非颠倒多因此。"又见，《清史稿·张伯行传》："伯行居官清正，天下所知。噶礼才虽有余而喜生事，无清正名。此议是非颠倒，命九卿、詹事、科道再议。"又见，唐人韩愈《唐太学博士施先生墓志铭》："古圣人言，其旨密微，笺注纷罗，颠倒是非。"又见，《东周列国志》第86回："汝在寡人左右，寡人以耳目寄汝，乃私受贿赂，颠倒是非，以欺寡人。"

混淆黑白。亦即"混造黑白"、"黑白混淆"。——书出第229页。典出清人夏敬渠《野叟曝言》第4回："人之多言，亦可畏也。倘有混造黑白之人，那时妹子求死不得。"又见，《后汉书·杨震传》："白黑溷（同"混"）淆，清浊同源，天下讙哗，咸曰财货上流，为朝结讥。"又见，宋人刘安世《尽言集·乞罢李常、盛陶中丞侍御史之职》："其或听纳之间，不辨枉直；任用之际，不察忠邪；黑白混淆，是非杂糅。"又见，《明史·聊让传》："曩上皇在位，王振专权，忠谏者死，鲠直者戍，君子见斥，小人骤迁，章奏多决中旨，黑白混淆，邪正倒置。"

成千成万。亦即"整千累万"、"累万盈千"、"盈千累万"、"成千累万"、"成千论万"。——书出第232、248页。典出清人玩花主人《缀折裘初集·后寻亲·后索债》："当初你说广放私债，有整千累万银子在人头上；有你这样伶俐能干的掌事哥，那怕人家不还？"又见，清人杨廷枏《曲话》："元人之曲，如今之制义，当时作者累万盈千，不可数记，此五百余种，大抵皆噪名一时，所以能传之明代。"又见，清人钱泳《履园丛话·五福》："苟能足衣食，知礼节，亦何必盈千累万之富耶？"又见，清人李汝珍《镜花缘》第71回："你到女儿押酒楼戏馆去看，只怕异性姐妹聚在一

处的，成千论万哩。"又见，清人蒋士铨《雪中人·眠雪》："今日数文，明日数文，积攒起来，成千累万。"又见，清人文康《儿女英雄传》第30回："他看着那乌克斋、邓九公这班人，一帮动辄就是成千累万，未免就把世路人情看得容易了。"又见，《清史稿·高士奇传》："凡督、抚、藩、臬、道、府、厅、县及在内大小卿员，皆鸿绪、楷等为之居停，哄骗馈至，成千累万。"

乌烟瘴气。——书出第233页。典出清人文康《儿女英雄传》第21回："这大约要算他平生第一桩得意的痛快事，便是没人来问，因话提话，还要找着唠几句，何况问话的又正是海马周三，乌烟瘴气的这班人，他那性格儿怎生憋得住？"又见同书第32回："如今闹是闹了个乌烟瘴气，骂是骂了个破米糟糠。"又见，清人李宝嘉《文明小史》第57回："金、银两姊妹你要买这个，他要买那个，闹了个乌烟瘴气。"

叶公好龙。——书出第234页。典出汉人刘向《新序·杂事》："叶公子高好龙，钩以写龙，凿以写龙，屋室雕文以写龙。于是天下闻龙而下之，窥头于牖，施尾于堂。叶公见之，弃而还走，失其魂魄，五色无主。是叶公非好龙也，好夫似龙而非龙者也。"又见，《后汉书·崔骃传》："公爱班固而忽崔骃，此叶公好龙也。试请见之。"又见，宋人洪炎《叶少蕴出示郑先觉阅骏图为作长歌》："叶公好尚有祖风，苦爱真龙似画龙。"又见，清人赵翼《岣嵝碑歌》："盲翁扪籥但取似，叶公好龙固为名。"

扬眉吐气。亦作"吐扬眉之气"、"眉扬气吐"、"吐气扬眉"、"伸眉吐气"、"扬眉伸气"。——书出第240页。典出宋人范浚《香溪集·代谢循资启》："不逢照胆之明，曷吐扬眉之气？"又见，明人无名氏《雷泽遇仙》第4折："殿角东，龙墀上，烈烈轰轰做一场，气吐眉扬。"又见，清人天花藏主人《玉支矶》第14回："我长孙肖一贫士，寸眉未扬，一气未吐，即蒙管岳父慨系红丝，管小姐不嫌寒素，真垂青之至者也。"又见，元人汤式《赠人》："借尺地寸阶，进一言半策，那时节吐气扬眉拜丰采。"又见，明人凌濛初《二刻拍案惊奇》卷22："公子听得这一番说话，方才觉得吐气扬眉，心里放下。"又见，清人李汝珍《镜花缘》第16回："此人正在阵中吐气扬眉，洋洋得意，那个还能把他拗得过。"又见，宋人陈亮《与石天民书》："报过二月二十七日得旨引见，竟以何日对乎？所言能开启天听否？当竟用三札。对后有何指挥曲折，幸一见报。士人于被召得见对，遂可以伸眉吐气，亦丈夫遇合之会也。"又见，宋人陈亮《上孝宗皇帝第一书》："不以暇时讲究立国之本末，而方扬眉伸气以论富强，不知何者谓之富强乎！"又见，唐人李白《与韩荆州书》："今天下以君侯为文章之司命，人物之权衡，一经品题，便作佳士。而君侯何惜阶前盈尺之地，不使白扬眉吐气，激昂青云耶？"又见，明人陈汝元《金莲记·外谪》："何须屈膝低头，效彼逢迎妾妇？只合扬眉吐气，做个慷慨丈夫。"又见，清人褚人获《隋唐演义》第11回："愁他则甚？若有变动，吾与兄正好扬眉吐气，干一番事业。"

心悦诚服。亦即"诚服心悦"。——书出第240页。典出宋人刘挚《忠肃集·劾黄隐》："苟非博通经术而有德行者,则不能使学士诚服而心悦之。"又见,《孟子·公孙丑上》："以力服人者,非心服也,力不赡也;以德服人者,中心悦而诚服也。"又见,宋人陈亮《与王季海丞相》："独亮之于门下,心悦诚服而未尝自言,丞相亦不得而知之。"又见,元人刘时中《端正好·上高监司》套曲:"赴解时弊更多,作下人就做夫,检块数几曾详数,止不过得南新吏贴相符。那问他料不齐,数不足,连柜子一时扛去,怎教人心悦诚服?"

鳏寡孤独。——书出第242页。典出《孟子·梁惠王下》:"老而无妻曰鳏,老而无夫曰寡,老而无子曰独,幼而无父曰孤:此四者,天下之穷民而无告者。"又见,《汉书·黄霸传》:"鳏寡孤独有死无以葬者,乡部书言,霸具为区处。"

青黄不接。亦即"青黄不交"、"青黄未接"。——书出第243页。典出宋人苏轼《苏东坡奏议集·奏浙西灾伤第一状》:"若两司争籴,米必大贵,饱饥馑愈速,和籴不行,来年青黄不交之际,常平有钱无米,官吏拱手坐视人死。"又见,宋人王柏《鲁斋集·社仓利害书》:"籴于青黄未接之时,则谷贵而有倍费,是谷贵谷贱,俱为民病也。"又见,宋人欧阳修《言青苗第二札子》:"以臣愚见,若夏料钱于春中俵散,犹是青黄不相接之时,虽不户户阙乏,然其间容有不济者。"又见,宋人彭龟年《止堂集·乞权住湖北和籴疏》:"臣已令本府将现籴未足米数,权且住籴,以待回降,庶使青黄不接之交,留得此米,接济百姓。"又见,《元章典·户部·仓库》:"即目正是青黄不接之际,各处物斛涌贵。"又见,清人吴趼人《二十年目睹之怪现状》第81回:"我道:'他既然要吃到湖南米,那能这样便宜?'作之道:'那不过青黄不接之时,偶一为之罢了;倘使终岁如此,那就不得了了!'"又见,清人文康《儿女英雄传》第33回:"便让玉郎明年就中举人,后年就中进士,离奉养父母,养活这一家,也还远着呢。这个当儿,正是我家一个青黄不接的时候儿,何况我家本是个入不敷出的底子。"

惊天动地。亦作"殷天动地"、"震天动地"、"震天骇地"、"动地惊天"。——书出第245页。典出汉人司马相如《上林赋》:"车骑靁(雷)起,殷天动地。"又见,晋人傅玄《朝会赋》:"于是六钟隐其骇奋,鼓吹作乎云中,及震天而动地,荡海岳而薄风云。"又见,晋人孙子荆《与孙皓书》:"士卒奔迈,其会如林,烟尘俱起,震天骇地。"又见,明人无名氏《阴山破虏》第3折:"夺魁喊声竞起,动地惊天怒似雷,无赛比。"又见,元人关汉卿《感天动地窦娥冤》第3折:"没来由犯王法,不提防遭刑宪,叫声屈,动地惊天。"又见,唐人白居易《李白墓》:"可怜荒垅穷泉骨,曾有惊天动地文。"又见,宋人无名氏《满江红·寿洪教授》:"修月手,凌云气。吞泽量,飞泉思。况声名已自,惊天动地。"又见,宋人周密《齐东野语》卷17:"有无名子作诗,揭之示所云:'鼙鼓惊天动地来,九州赤子哭哀哀。'"又见,元人

无名氏《博望烧屯》第2折："火炮响惊天动地，施谋略巧计安排。"又见，《红楼梦》第106回："满屋中哭声惊天动地，将外头上夜婆子吓慌，急报于贾政知道。"

风平浪静。亦作"平风静浪"、"浪静风平"、"风静浪平"、"波平浪静"、"风休浪静"、"风恬浪静"。——书出第245页。典出清人陈朗《雪月梅传》第10回："昨日江上平风静浪，谅无他虞。"又见，宋人张端义《贵耳集》上："浪静风平月正中，自摇柔橹驾孤篷。"又见，《三国演义》第91回："次日，孔明引大军俱到泸水南岸，但见云收雾散，风静浪平。"又见，元人揭傒斯《揭曼硕诗集·白杨河看月》："波平风静棹歌来，万顷冲融镜而开。"又见，宋人宋祁《景文集·小池》："风休浪静如圆鉴，时有文禽照影飞。"又见，唐人裴铏《传奇·郑德璘》："物触轻舟心自知，风恬浪静月光微。"又见，宋人释普济《五灯会元》卷7："僧问：'风恬浪静时如何？'师曰：'吹倒南墙。'"又见，宋人朱敦儒《西江月（其二）》："闲来自觉有精神，心海风恬浪静。"又见，宋人杨万里《泊光口》诗："风平浪静不生纹，水面浑如镜面新。"又见，明人冯梦龙《醒世恒言》卷40："须臾，雾散云收，风平浪静，满船之人俱各无事，唯有王勃乃作神仙去矣！"又见，清人吴趼人《二十年目睹之怪现状》第17回："我又带上房门，到舱面上看看，只见天水相连，茫茫无际；喜得风平浪静，船也甚稳。"这里的"风平浪静"，就是直解为无风亦无浪的意思。又见，宋人陆九渊《语录》下："因提公昨晚所论事，只是胜心。风平浪静时，都不如此。"又见，清人吴趼人《糊涂世界》第4回："譬如你这一件事，大约也不过化上八千两银子，就可以风平浪静了。"这里的"风平浪静"，是用其比喻意思。言平静无事。

中肯。——书出第248页。典出《元史·王都中传》："都中遇事剖析，动中肯綮。"又见，《明史·张居正传》："间出一语辄中肯，人以是严惮之。"

孔夫子。书出第257页。典出同上一篇。

背后骂樊迟做"小人"。——书出第257页。典出《论语·子路第十三》："樊迟请学稼。子曰：'吾不如老农。'请学为圃。曰：'吾不如老圃。'樊迟出。子曰：'小人哉，樊须也！上好礼，则民莫敢不敬；上好义，则民莫敢不服；上好信，则民莫敢不用情。夫如是，则四方之民襁负其子而至矣，焉用稼？'"这一段话的意思是说：孔子的学生樊迟向孔子请教如何种庄稼。孔子回答说：我不如一个老农民。樊迟又向孔子请教如何种菜。孔子说：我不如老菜农。当樊迟离开之后，孔子说：真是一个小人啊，这个樊须！上面的人爱好礼节，老百姓就不敢不尊敬；上面的人处事合乎情宜，老百姓就不敢不服从；上面的人遵守信用，百姓就不敢不表达真情。只要这样，四方的老百姓就会背着自己的孩子前来投奔了，那里还用得着去种庄稼！

樊迟问稼（暗用）。——书出第257页。典出同上。

前无古人。——书出第257页。典出唐人陈子昂《登幽州台歌》："前不见古人，后不见来者，念天地之悠悠，独怆然而涕下。"这首诗的本意是说：在以前与今后的贤人自己均无缘见到，一人站在幽州台上，遥想绵亘悠悠的无穷无尽的天地宇宙，自觉孤独而渺小，不禁悲怆怆泪流！尔后所演化成的"前无古人"，皆为空前绝后之意。如下：宋人刘攽《中山诗话》："文惠（陈尧佐）喜堆墨书，深自矜负，号前无古人，后无来者。"又见，宋人胡仔《苕溪渔隐丛话前集·杜少陵四》："老杜于诗学，世以谓前无古人，后无来者。然观其诗，大率宗法《文选》。"又见，宋人邵博《河南邵氏闻见后录》："国初，营丘李成画山水，前无古人。"

用典探妙：

毛泽东在这篇约23000字的"序言"和"按语"中，只在文中的18处用了典故，而且绝大多数均是通俗易懂的成语形式的典故。通过这些典故的运用，彰显了毛泽东"序言"和"按语"的说服力和感召力。特别是在第257页《一个在三年内增产百分之六十七的农业生产合作社》一文的按语。毛泽东在这个按语中，暗用"樊迟问稼"一典，将《论语·子路第十三》中的一章中的典型性语典"背后骂樊迟做'小人'"加入这个按语之中，由这个典故开启整个按语，并由此将当地今人与此地的古代大圣人进行对比，以这个典故"孔夫子的故乡"始，以"有兴趣去看孔庙孔林的人们，我劝他们不妨顺道去看看这个合作社"终，用一个典故统览全文，激发人们以"数风流人物，还看今朝"之感慨！

316.关心手工业生产 加快手工业改造
——毛泽东在《加快手工业的社会主义改造》中所用典故探妙

用典缘起：

1956年3月5日，毛泽东在国务院有关部门汇报手工业工作情况时作出一系列指示，在编入《毛泽东选集》第5卷时，题为《加快手工业的社会主义改造》就是其指示的一部分。在这些指示中用了下列典故。

典故内容：

天下大势，分久必合，合久必分。——书出第264页。典出《三国演义》第1回："话说天下大势，分久必合，合久必分：周末七国分争，并入于秦；及秦灭之后，楚、汉分争，又并入于汉；汉朝自高祖斩白蛇而起义，一统天下，后来光武中兴，传至献帝，遂为三国。"

将欲取之，必先与之。——书出第265-266页。典出《老子·微明·三十六章》："将欲歙之，必固张之；将欲弱之，必固强之；将欲废之，必固兴之；将欲夺之，必固

与之；柔弱胜刚强，是谓微明。鱼不可脱于渊，国之利器不可以示人。"又见，《韩非子·说林上》："君予之地，智伯必骄而轻敌，邻邦必惧而相亲。以相亲之兵，待轻敌之国，则智伯之命不长矣。《周书》曰：'将欲败之，必姑辅之，将欲取之，必姑予之。'"这一段话的意思是：在春秋末期，晋国国君智宣子死后，智伯当政，这个智伯一上台，就先逼韩国的国君康子割地，得逞之后，又逼魏国国君魏桓子割地，魏桓子想予以拒绝。谋士任章劝说魏桓子把地割给智伯。任章说了下面的理由：您割给智伯土地，他一定会得意而骄傲起来，骄傲就会轻敌。而邻近的诸侯国一定会畏惧而相互结盟。用结盟的军队以待骄傲轻敌的国家，则智伯的命就不会长久了。《周书》上说，将要彻底搞垮敌人，必须先扶植它。将要永远地得到某一件东西，必须暂时地放弃这件东西。魏桓子听信了任章的话。后来，任章的话应验了。智伯果然贪得无厌、骄横无比，又逼赵国割地，导致为赵、韩、魏所灭。这就是有名的"三家分晋"之战。"将欲夺之，必固与之"和"将欲取之，必姑予之"，即"将欲取之，必先与之"之意。

用典探妙：

毛泽东在这不足2000字的部分指示中，用了两个典故。这两个典故，均为历史上的军事语典。将历史上的军事语典用于谈手工业的社会主义改造，看似风马牛不相及，实则深含哲理，这本身就是毛泽东用典的一大妙处。

这两个典故，从它们与所在句子的关系来看，属局部性质的典故，且看其所用之妙：

毛泽东将《三国演义》首回中的名言"天下大势，分久必合，合久必分"，作为"你们说，在手工业改造高潮中，修理和服务行业集中生产，撤点过多，群众不满意。这就糟糕！现在怎么办？"的答案。可谓有用语活泼、幽默风趣之妙！

《三国演义》中这一段话，深蕴哲理，它说明了在某一时期的历史发展的必然性，这种必然性，为各种矛盾斗争的结果使然。而当时的"修理和服务行业"的过度集中，是不能适应生产发展的，在合并之后再行分点，乃势所必然。毛泽东用这一句哲理丰富的话，去答复在手工业改造中出现过于集中的问题，可以说这是经典语言的最佳选用。

再是毛泽东的这一处用典，似乎并未正面回答问题，而是将读者带入了丰富的历史斗争故事之中，给人以充分的想象空间，品味之后，实有无穷的幽默风趣之妙！如果换上一句"可以适当恢复布点"，当然可以，这样一来，则语言将会索然无味。"天下大势，分久必合，合久必分"的这个语典用在这里，有答案尽在非答之中之妙！

至于"将欲取之，必先与之"一典，在其本身而言，它有其"取"与"予"的相反相成的辩证的哲理关系。毛泽东将其用在论说合作社和国家企业的物资作价问题，可谓精妙至极。即"待合作社的基础大了，国家就要多收税，原料还要加价"，这就"将欲取之"的含意；而"国家将替换下来的旧机器和公私合营并厂后多余的机器、厂房，低价拨给合作社”，这就是“必先与之”的含意。这种因果关系的阐述，用上这一句军事语典，说明问题之透彻，实有一典胜千言之妙！

317.鉴戒苏联的经验　处理好十大关系
——毛泽东在《论十大关系》中所用典故探妙

用典缘起：

1956年4月25日，毛泽东在中共中央政治局扩大会议上作了《论十大关系》的讲话。在这个讲话中用了下列典故。

典故内容：

引以为戒。——书出第267页。典出《国语·楚语下》：“人之求多闻善败，以鉴戒也。今子闻而弃之，犹蒙耳也。”这句话的意思是说：人们之所以要多听到一些有关于成功或失败的事情，是为了要警戒自己。又见，清人李宝嘉《官场现形记》第18回：“无奈他太无能耐，不是办的不好，就是闹了乱子回来。所以近来七八年，历任巡抚都引以为戒，不敢委他事情。”

盘古开天辟地。亦即“盘古开天地”。——书出第271页。典出宋人李昉等《太平御览》第2卷《天部二·天部（下）》引三国吴人徐整《三五历记》：“天地浑沌如鸡子，盘古生其中。万八千岁，天地开辟，阳清为天，阴浊为地，盘古在其中，一日九变，神于天，圣于地。天日高一丈；地日厚一丈，盘古日长一丈。如此万八千岁，天数极高，地数极深，盘古极长，后乃有三皇。数起于一立于三成于五盛于七处于九，故天去地九万里。……”这是一个十分有趣的神话传说。说是世界在其最古、最初始时期，世界上一片浑沌，就像一个巨大的鸡蛋似的。而这个世界的开创者盘古，就孕育在这个大鸡蛋里。他在这个大鸡蛋里费了18000年逐渐地成熟起来、活动起来。盘古一动，这个大鸡蛋就裂开了。蛋里面那些轻而清的似气体的东西，便慢慢地上升化而为天，另一部分重似杂渣一样的东西，则下沉凝结为地。这样一来，天地便有所分开。但是，天与地之间的距离极近。盘古就在这样的天地之间，用其头顶着天，用其脚立于地，连腰也难于直立起来。盘古尽力地支撑着，使天地不致于合拢一起。随后，这个天每日升高一丈，地每日加厚一丈，这个盘古每天也长高一丈，他就这样始终如一地支撑着天与地。这样又过了18000年，已是天高地厚了，中间的距离达到了90000里。盘古的身高也就有了90000里。此时的盘古，就像一座耸立于天地间的大山。此时，天地合拢已是不可能了，盘古的事业完成了，他就倒在地上死了。他死后，又有了神奇的变化：其口中之气，成了风云；其遗音，成了雷霆；其左眼，成了太阳；其右眼，化为月亮；其筋脉，化为道路；其肌肉，化为田地；其头发髭须，化为星辰；其皮肤汗毛，化为草木；其牙齿、骨头、

骨髓……　成了金属、石头、珍珠；其汗水、泪水、唾液，成了雨露和甘霖。这一切的一切，都是盘古奉献给他所开创的美丽世界！"盘古开天地"，真是前所未有！

又要马儿跑得好，又要马儿不吃草。——书出第274页。典出清人和邦额《夜谭随录》卷4："济南某富翁，性极悭吝，乡人号之为'铁公鸡'，谓一毛不拔也。近五旬无子，议纳妾，价欲极廉，而又欲至美。媒笑曰：'翁所谓又要马儿好，又要马儿不吃草也。'"

死心塌地。——书出第280页。典出元人乔孟符《鸳鸯被》第4折："这洛阳城刘员外，他是个有钱贼，只要你还了时，方才死心塌地。他促眉生巧计，开口讨便宜，急饶你泼骨顽皮，也少不得要还他本和利。"这是戏中主人公李玉英对别后重逢的情人所倾诉的话。这个故事是讲河南府尹李彦实为官清正，家境贫寒。他中年丧妻之后，与年方17的女儿李玉英相依为命。当他为人所诬告之后，须去西京（洛阳）申说的盘缠也没有。无奈之下，请玉清庵的尼姑作保，向刘员外借了10两白银，由玉英在借据上画了押。不料李彦实一去不复返，杳无音信。刘员外便乘人之危要与玉英成亲。在万般无奈之下，玉英只好认命，并相约当夜在玉清庵相会。无巧不成书，这个刘员外在来到玉清庵时，被巡夜的更夫误认为贼被捉去见官了。恰在此时，赴京赶考的书生张晋卿正赶来玉清庵投宿，李玉英则以为他就是刘员外予以接待。当他们相互了解之后，遂结为夫妻。在一片温情默默别离话语中，张晋卿应允考中后即会来娶玉英。不料张晋卿一去音信全无。刘员外被释放后逼婚又紧，玉英不从，被沦为酒店奴仆。尔后，张晋卿考中被任为洛阳某县县令。他乔装打扮找到了玉英。玉英就向他诉说了上面的这一席话。又见，《水浒传》第39回："萧让听了，与金大坚两个闭口不言，只得死心塌地，再回山寨入伙。"又见，《西游记》第20回："那呆子纵身跳起，口里絮絮叨叨的，挑着担子，只得死心塌地，跟着前来。"这里的"死心塌地"，主要是指死了心、没有别的打算之意；又见，元人尚仲贤《汉高祖濯足气英布》第1折："那英布归汉了也。我若是不杀他楚使，他怎肯死心塌地肯归降。"又见，《三国演义》第88回："丞相若肯放我弟兄回去，收拾家下亲丁，和丞相大战一场：那时擒得，方才死心塌地而降。"这里的"死心塌地"，主要是指心甘情愿的意思。

高枕无忧。亦即"奠枕而卧"、"安枕而卧"、"高枕安寝"、"高枕而卧"、"高枕安卧"、"高枕无虞"、"高枕不虞"、"高枕无事"、"高枕勿忧"。——书出第281页。典出宋人张守《毗陵集·应诏论事札子》："择要害之地以处之……唇齿辅车之势，则自江而南，可以奠枕而卧也。"又见，《史记·黥布传》："（薛公对曰）使布出于上计，山东非汉之有也；出于中计，胜败之数未可知也；出于下计，陛下安枕而卧矣。"又见，汉人扬雄《谏不受单于朝书》："故北狄不服，中国未得高枕安寝也。"又见，晋人陶渊明《搜神后记·形魂离异》："夫大愕，便入。与妇共视被中人，高枕安寝，正是其形，了无一异。"又见，《战国策·齐策四》："（冯谖曰）狡兔有三窟，仅得免其死耳。今君有一窟，未得高枕而卧也。请为君复凿二窟。"又见，《战国策·魏策一》："（张仪说魏王曰）为大王计，莫如事秦，事秦则楚、韩必不敢动；无楚、韩之患，则大王高枕而卧，国必无忧矣。"又见，汉人贾谊《新书·益壤》："如臣计，梁足以捍齐赵，淮阳足以禁吴楚，则陛下高枕而卧，终无山东之忧矣。"又见，《晋书·段灼传》："臣以为可如前表，诸王宜大其国，增益其兵，悉遣守藩，使形势足以相接，则陛下可高枕而卧耳。"又见，明人李贽《续焚书·杂著汇》："有贤于此，朝廷之上始可高枕而卧，岂可邃以和好自安妥也？"又见，汉人王充《论衡·顺鼓》："何以效之？久雨不霁，试使人君高枕安卧，雨犹自止；止久至于太旱，试使人君高枕安卧，旱犹自雨。"又见，唐人陆贽《请减京东水运收脚价于边州镇蓄军粮事宜状》："兵之奉将，若四支之卫头目；将之守境，若一家之保室庐。然后可以扞寇雠，护氓庶，蕃畜牧，辟田畴，天子惟务择人而用之，则高枕无虞矣。"又见，唐人韩愈《与凤翔邢尚书书》："戎逖弃甲而远遁，朝廷高枕而不虞。"又见，宋人杨亿《论灵州事宜》："度令分守边郡，贼迁可以计日成擒，朝廷可以高枕无事矣。"又见，明人余象斗《四游记·南游记·众臣表奏捉华光》："陛下高枕勿忧，决无反情，华光须在中界，亦有功于陛下。"又见，《敦煌变文集·庐山远公话》："但贱奴若得道安论义，如渴得浆，如寒得火，请相公高枕无忧。"又见，《旧五代史·高季兴传》："（季兴谓宾佐曰）新主百战方得河南，对勋臣夸手抄《春秋》；又竖手指云：'我于手指上头得天下。'如此则功在一人，臣佐何有！且游猎旬日不回，中外之情，其何以堪，吾高枕无忧矣。"又见，明人范受益《寻亲记·相逢》："他那里安然寝睡，高枕无忧，其乐滔滔。"

惩前毖后。——书出第283、284页（两出）。典出《诗经·周颂·小毖》："予其惩而毖后患。"其意为，我要自己警惕好，以谨防后患的到来。又见，明人张居正《答河道吴自湖计河漕》："顷丹阳浅阻，当事诸公毕智竭力，仅克有济，惩前毖后，预为先事之图可也。"又见，《清史稿·冯溥传》："若任胥吏侵盗，职掌谓何？请严定所司处分，惩前毖后。"

治病救人。——书出第283、284页。典出晋人葛洪《神仙传》："沈羲，吴郡人，学道于蜀，能治病救人，甚有恩德。"

幸灾乐祸。亦为"乐祸幸灾"。——书出第284页。典出《左传·僖公十四年》："秦饥，使乞籴于晋，晋人弗与。庆郑曰：'背施无亲，幸灾不仁，贪爱不祥，怒邻不义。四德皆失，何以守国？'"又见，《左传·庄公二十年》："哀乐失时，殃咎必至。今王子颓歌舞不倦，乐祸也。夫司寇行戮，君为之不举，而况敢乐祸乎！"又见，北齐人颜之推《颜氏家训·诫兵》："若居承平之世，睥睨宫阃，幸灾乐祸，首为逆

乱，诖误善良……此皆陷身灭族之本也！。"又见，唐人刘知几《思慎赋》："或幸灾乐祸，或甘死殉生。"又见，明人冯梦龙《警世通言》卷15："幸灾乐祸千人有，替力分忧半个无。"又见，同书卷25："每见吴下风俗恶薄，见朋友患难，虚言抚慰，曾无一毫实惠之加；甚则面是背非，幸灾乐祸，此吾平生所深恨者。"又见，《宋书·沈攸之传》："而攸之始奉国讳，喜见于容，普天同哀，己以为庆。此其乐祸幸灾，大逆之罪一也。"又见，《旧五代史·汉书·隐帝纪中》："天降重戾，国有大丧，奸臣乐祸以图危，群寇幸灾而司隙。"

搬石头……打倒了自己。亦即"自搬砖自磕脚"。——书出第284页。典出宋人法应纂集《禅宗颂古联珠通集·世尊机缘·断桥伦》："自把碌砖空里掷，必端自打自家头；灼然自动自难说，自著摩挲归去休。"又见，清人石成金《传家宝·俗谚》："自搬砖自磕脚。"

知其一不知其二。亦即"知其一未知其二"、"知其一未睹其二"、"知其一不达其二"、"得其一不得其二"、"见其一未见其二"、"识其一不知其二"。——书出第285页。典出汉人扬雄《长杨赋》："若客所谓知其一未睹其二，见其外不识其内也。"又见，宋人苏轼《汉武帝论》："知其一，不达其二；见其利，不睹其害。"又见，《战国策·赵策三》："楼缓曰：'虞卿得其一，未知其二也。'"又见，宋人曾巩《元丰类稿·本朝政要策·南蛮》："今溪洞往往为东南之忧，而议者不谋威略，一欲怀之以利，是见其一而未见其二也。"又见，《庄子·天地》："识其一，不知其二；治其内，而不治其外。"又见，《诗经·小雅·小旻》："不敢暴虎，不敢冯河；人知其一，莫知其他。"其意是说：不敢徒手打老虎，也不敢徒步过河。人们只知此一端，而不知有其他的祸害。又见，《史记·高祖本纪》："高祖曰：'公知其一，未知其二。'"又见，《晋书·赫连勃勃载记》："勃勃曰：'卿徒知其一，未知其二。吾大业草创，众旅未多，姚兴亦一时之雄，关中未可图也。'"又见，《旧唐书·刘子玄传》："臣伏见比者銮舆出幸，法驾首途，左右侍臣，皆以朝服乘马，夫冠履而出，只可配车而行，今乘车既停，而冠履不易，可谓唯知其一，而未知其二也。"又见，宋人苏轼《上文侍中论强盗赏钱书》："比来士大夫好轻议旧法，皆未习事之人知其一不知其二也。"又见，清人江藩《汉学师承记·沈彤》："夫己氏出鄞人万充宗《叔嫂有服辨》示余大笑曰：'子墨守郑学，知其一而不知其二，岂得为礼家乎？'"

像孙悟空一样，翻过来了。亦即"觔斗云"。——书出第285页。典出《西游记》第7回："在第一根柱子根下撒了一泡猴尿，翻转觔斗云，径回本处。"

半信半疑。亦即"疑信相半"、"疑信参半"、"将信将疑"、"半疑半信"。——书出第286页。典出宋人释惠洪《石门文字禅·栽松庵记》："自唐至今，学者疑信相半，不能决也。"又见，宋人魏了翁《鹤山文集·江陵别安抚书》："少之时，有言人之簋簋不饰者，辄咎其诬人；迨所涉世，疑信参半，今则信其有是人也。"又见，唐人李华《吊古战场文》："其存其殁，家莫闻之，人或有言，将信将疑。"又见，唐人元稹《古筑城曲五解（其四）》："因兹请休和，虏往骑来过。半疑兼半信，筑城犹嵯峨。"又见，三国魏人稽康《答释难宅无吉凶摄生论》："苟卜筮所以成相，虎可卜而地可择，何为半信半不信耶？"又见，明人杨慎《洞天玄记》第2折："师傅苦劝弟子回头，弟子半信半疑，若是形山好景，惟恐不实。"又见，明人冯梦龙《古今小说》卷1："（平氏）拆开家信，果是丈夫笔迹，写道……平氏看了，半信半疑。"又见，《金瓶梅》第19回："西门庆听了，半信半疑。"又见，《红楼梦》第94回："一面林之孝家的进来说道：'林之孝测了字回来，说这玉是丢不了的，将来横竖有人送还来的。'众人听了，也都半信半疑。"

《法门寺》里的贾桂。——书出第287页。典出《法门寺》。《法门寺》是一出旧京剧。所描写的是在明武宗时，权倾朝野的宦官刘瑾随太后去法门寺拈香，并在那里审理一宗案件的经过。贾桂是这出戏中刘瑾的亲信奴才。在这出戏中有这么一个情节：郿坞县县令赵廉向贾桂行贿，贾桂受贿后就在刘瑾面前为赵廉说情开脱。当赵廉去见刘瑾时，刘瑾叫赵廉坐，赵廉请贾桂也坐，贾桂回答说："您倒甭让，我站惯了。"

用典探妙：

毛泽东在这个约15000字的讲话中，所用典故不多，只在15处用了典故。其中所用之典的最大特点是小说与戏剧中的人物典故的运用之妙。

其最大妙处之一是：小说与戏剧中人物典故的运用，有形象化与通俗化之妙。

何谓形象化与通俗化？如在第285至286页，毛泽东在说到我们有些同志毫无主见地向别人学习，往往学到苏联和其他社会主义国家的短处，当他们自以为了不起时，人家那里已经不用了；我们设的是文化部、电影局，而苏联是设文化局、电影部，反而说自己犯了原则错误。他们没有料到的是苏联不久也改设了文化部。毛泽东说这些没有头脑地向人家学习的人栽了斤斗。如果单说栽了斤斗，这只能给人们一个一般的印象，但是，毛泽东在"斤斗"之后，马上补说了一句"像孙悟空一样，翻过来了"。众所周知，在《西游记》中孙悟空这个人物的形象是家喻户晓，而其奇特的本领是"觔斗云"，他一个觔斗可达十万八千里，这更人所共知。毛泽东用上这个人物典故之后，就将"完全以'风'为准"去向别人学习的恶果形象化通俗化地表达出来，给人以深刻的教训与永远难忘的警醒！

同样，在第287页，毛泽东在批判有些人的奴隶主义思想、要提高民族自信心时，他将《法门寺》中奴才的典型人物贾桂和他的典型的奴才语言顺手拈入文章之中，这就将某些"在外国人面前伸不直腰"做奴隶做久了的人形象而通俗地呈现在世人的眼前，在形象与通俗中，还隐含着幽默风趣之妙。

其最大的妙处之二是：小说与戏剧中的人物典故的运用，有紧扣讲话主题之妙！

毛泽东《论十大关系》的讲话，其重要主题是：以苏联经验为鉴戒，总结我国的社会主义建设经验，提出探索适合我国国情的社会主义的建设道路的任务。而用孙悟空与贾桂这两个人物典故，借助他们的故事与生动形象的语言，有力地批判对待外国经验学习的盲目性和做人的奴才性，这是对于学习外国的经验总结，也是提高民族自信心的一剂良药。这两个典故，都紧扣了毛泽东的讲话主题，十分形象生动有效地为讲话的精神服务！

318. "打着反共的招牌" "达到侵略" "的目的"
——毛泽东在《美帝国主义是纸老虎》中所用典故探妙

用典缘起：

1956年7月14日，毛泽东与两位拉丁美洲人士谈话。其谈话的一部分，在编入《毛泽东选集》第5卷时，题为《美帝国主义是纸老虎》。在这个谈话中用了下列典故。

典故内容：

纸老虎。亦即"纸糊老虎"、"纸虎"。——书出第289、291、292页（六出）。典出《水浒传》第25回："（潘金莲说道）闲常时，只如鸟嘴卖弄杀好拳棒。急上场时，便没些用，见个纸虎，也吓一交。"又见，明人潘问奇《五人墓》："竖习任挟冰山势，缇绮俄成纸虎威。"又见，清人吴趼人《糊涂世界》第2回："伍琼芳听见把他纸老虎戳破，心上大不高兴。"又见，清人沈起凤《伏虎韬》第4折："闲人闪开，纸糊老虎来了！"又见，清人黄小配《二十载繁华梦》第6回："说我外家是个破落户，纸虎儿吓不得人，杉木牌儿作不得主，这样就该受欺负了。"

用典探妙：

毛泽东在这约2700字的谈话中，只用了一个典故。但这个典故的运用，可谓通俗而又形象，其比喻意义可谓精妙绝伦。这个典故的运用之妙，可从下面两个方面予以品味。

一是一典的六次重复运用，有精心安排、重用得趣之妙！

重复，历来是写作中的一大忌讳。但是，重复地用典，一到毛泽东的话中，便消解了因重复而带来的冗赘、啰嗦之感，而所显现的则是其独具魅力的精辟之妙。

且看第291页。在第三、第五、第六三个小段中，毛泽东就4次用了"纸老虎"一典。为什么不会有重复啰嗦之感反而有精辟之妙呢？

首先让我们看一看第三段中所重复运用的两个"纸老虎"一典吧！在这一段中，毛泽东是从帝国主义脱离人民大众这个本质上进行分析，以提出问题和解答问题的方式，说明美帝国主义就是"纸老虎"的本质之所在，显现了毛泽东论说问题的精辟，这就不会给人们以重复啰嗦之感。

再让我们看一看第五、六两段中所重复的"纸老虎"一典吧！第五段是从社会发展的总体规律上去论说美帝国主义是"纸老虎"，紧接着则是从军事战略角度去论说的，从不同的角度去运用"纸老虎"这样同一个典故，当然不会有重复啰嗦之感，反而会有"横看成岭侧成峰，远近高低各不同"（宋人苏轼《题西林壁》）之妙！

二是选典有富于精断意义的比喻之妙！

我们只要看一看"纸老虎"在《水浒传》、《五人墓》、《伏虎韬》、《二十载繁华梦》中的出处，就可知道："纸老虎"所表达的比喻意义是指貌似强大吓人，而实则空虚无力的人或事物。这个比喻，蕴含着深邃思想性和丰富的哲理性，有着出神入化的独特魅力。毛泽东谈话的题目用作《美帝国主义是纸老虎》。美国是世界头号帝国主义国家，怎么会是纸老虎呢？可谓出语有石破天惊之妙，令人不得不细心一读。

毛泽东在其谈话中，五用"纸老虎"一典的比喻意义，从哲理上、从社会发展史上、从帝国主义的本质上、从战略战术上等诸多方面，进行了中肯而又系统的入情入理分析，展现了一位中国伟人的独特眼光，这一比喻的妙用，有如一颗颗闪光的宝石，照亮着世人的心田，教导人们如何洞悉强敌的本质，鼓舞着反对帝国主义压迫的革命人民的斗志。

319.要"增强党的团结" 要"继承党的传统"
——毛泽东在《增强党的团结，继承党的传统》中所用典故探妙

用典缘起：

1956年8月30日，毛泽东在中国共产党第八次全国代表大会预备会议第一次会议上发表了《增强党的团结，继承党的传统》的讲话。在这个讲话中用了下列典故。

典故内容：

不管三七二十一。亦即"那管三七二十一"。——书出第294、298页。典出明人冯梦龙《古今小说》卷36："张员外走出来分辨时，这些个众军校，那里来管你三七二十一，一条索子扣头，和解库中两个主管，都拿来见钱大王。"又见，同上书卷6："只见申徒泰一匹马一把刀……不管三七二十一，直杀入阵中去了。"又见，明人冯梦龙《醒世恒言》卷34："远远望见岸上有人，打着灯笼走来，恐怕被他撞见，不管三七二十一，撇在河边，奔回家去。"又见，清人吴趼人《二十年目睹之怪现状》第100回："又想道：'怎样能再遇见一个熟人，是坐马车的，那就好了，我就不

管三七二十一，喊住了他，附坐了上去。'"这里的"不管三七二十一"，当主要是指置一切皆不顾之意；又见，明人冯梦龙《警世通言》卷17："赵指挥是武官，不管三七二十一，只要省，便约德称在寺，投刺相见，择日请了下船同行。"这里的"不管三七二十一"，当主要是指不问是非曲直的意思。

一塌糊涂。——书出第294页。典出清人曾朴《孽海花》第30回："与其顾惜场面、硬充好汉，到临了弄的一塌糊涂，还不如一老一实，揭破真情，自寻生路。"又见，清人梁启超《教育与政治》："十年来的政治乃至其他各种公共事业为什么闹得一塌糊涂，病根就在欠这一点点。"

借鉴。——书出第299页。典出《淮南子·主术》："借明于鉴以照之，则寸分可得而察也。"

垂头丧气。——书出第302页。典出唐人韩愈《送穷文》："主人于是垂头丧气，上手称谢。"

患得患失。亦作"患得失"。——书出第302页。典出《论语·阳货》："子曰：'鄙夫可与事君也与哉？其未得之也，患得之；既得之，患失之。苟患失之，无所不至矣。'"其中的"患得之"又见，宋人沈作喆《寓简》东坡解云："患得之"，当作"患不得之"。这段话的意思是说：那些鄙俗的人难道可以与他们共事吗？这样的一些人，当他们还没有得到权势与禄位以侍奉君王时，他们就生怕得不到。当他们得到了了之后，又总是怕失掉自己的这点禄位。如果总是唯恐失权失势，那他们就会什么事情也有可能干得出来的。又见，后汉人王符《潜夫论·爱日》："孔子病夫未之得也，患不得之，既得之，患失之者。"又见，《荀子·子道》："（孔子曰）小人者，其未得也，则忧不得；既已得之，又恐失之。是以有终身之忧，无一日之乐。"又见，唐人韩愈《圬者王承福传》："其贤于世之患不得之而患失之者以济其生之欲，贪邪而亡（无）道以丧其身者，其亦远矣。"又见，宋人汪应辰《文定集·廷试策》："而不贤者，往往旅进而旅退，患得而患失。"又见，宋人李吕《跋晦翁游大隐屏诗》："且知晦翁雅志，未尝不在泉石间，其视富贵，真若浮云。彼世之患得患失者，睹公之诗，能无愧乎？"又见，《宋史·王钦若等传赞》："辣阴谋猜阻，钩致成事，一居政府，排斥相踵，何其患得患失也！"又见，宋人胡宏《胡子知言·好恶》："故患得患失，无所不为。"又见，明人王守仁《徐国昌墓志》："此与世之谋声利，苦心焦劳，患得患失，逐逐终其身，耗劳其神气，奚啻百倍。"又见，清人梁启超《乐利主义泰斗边沁之学说》："货利之乐，往往心计经营，患得患失，其烦恼亦过于贫子。"又见，宋人章甫《自鸣集·秋雨未已，客怀不佳……》："人生真幻戏，归尽同蝼蚁；贪夫患得失，达者今无几。"

前怕龙后怕虎。——书出第302页。典出明人冯惟敏《清江引·省悟四首（其一）》："明知烟花路上苦，有去路无来路。恶狠狠虎巴心，饿剌剌狼掏肚，俺如今前怕狼后怕虎。"又见，明人金銮（白屿）《锁南枝·风情戏嘲八首（其七）》："心肠儿窄，性气儿粗，听的风来就是雨。尚兀自拨火挑灯。一蜜里添盐加醋。前怕狼，后怕虎；筛破的锣，擂破的鼓。"又见，清人八宝王郎《冷眼观》第16回："从来干大事的人，像你这样前怕狼，后怕虎的，那还能做么？怪不得人家是秀才造反，三年不成呢！""前怕龙后怕虎"，当是由"前怕狼后怕虎"的另一种说法。

明火执仗。亦作"明火持杖"、"明火持刀"、"明火执杖"。——书出第302页。典出明人王守仁《申明赏罚以厉人心疏》："虽不系聚众草贼，但系有名强盗，肆行劫掠，贼势凶恶，或白昼拦截，或明火持杖，不拘人数多少，一面设法缉捕，即时差人申报。"又见，明人无名氏《临潼斗宝·楔子》："我是首将来皮豹，善晓六韬知三略，明火持杖打劫人，随着展雄做强盗。"又见，清人秦鐩《归州纪事诗》："昏夜招呼集群丑，明火持刀叩门户。"又见，明人沈采《千金记·起盗》："明火执杖就为强盗，我和你挖孔弄就为小偷。"又见，《红楼梦》第111回："营官着急道：'并非明火执杖，怎么便算是强盗呢？'"又见，元人无名氏《盆儿鬼》第2折："我在这瓦窑居住，做些本分生涯；何曾明火执仗？无非赤手求财。"又见，《水浒全传》第104回："段三娘、段二、段五在后，把庄上前后都放把火，发声喊，众人都执器械，一哄望西而走。邻舍及近村人家，平日畏段家人如虎，今日见他们明火执仗，又不知他们备细，都闭着门，那里有一个敢来拦当。"又见，清人夏敬渠《野叟曝言》第42回："这样近京之地，公然就有绿林，占据山城水泊，四出剽掠，德州河下凶徒，明火执仗，劫夺官女，天津卫大盗劫牢，杀死景王府长史家属，至今无获。"

兢兢业业。亦作"业业兢兢"、"兢业"、"矜矜业业"。——书出第304页。典出《尚书·皋陶谟》："有邦兢兢业业，一日二日万几。"又见，《太公兵法》引黄帝语："余居民上，摇摇，恐夕不至朝；慄慄，恐朝不及夕。兢兢业业，日慎一日。"又见，《诗经·大雅·云汉》："旱既大甚，则不可推。兢兢业业，如霆如雷。周余黎民，靡有孑遗！昊天上帝，则不我遗。胡不相畏？先祖于摧。"《云汉》中所言的是：周宣王在接暴君周厉王后，有一次全国发生了大旱。周厉王时，已经把老百姓搞得民穷财尽了。现在又出现大旱，周宣王害怕老百姓造反。在这首诗中这样写道：旱情既然如此严重，灾祸难除真是可怕。兢兢业业忧又怕，好像霹雳如炸雷。周朝的黎民们，没有一人不遭罪！昊天上帝降大旱，不对我们来慰问。怎么不令我畏惧旱灾？我的先祖神灵何所归！……朱熹注："兢兢，恐也；业业，危也。"又见，《红楼梦》第14回："于是宁府中人才知凤姐利害，自此俱各兢兢业业，不敢偷安。"又见，同书第107回："只愿儿子们托老太太的福，过了些时，都邀了恩眷，那时兢兢业业的治起家来，以赎前愆，奉养老太太到百岁。"亦有颠倒词序而用，如：宋人陆游《渭南文集·修史谢丞

957

相启》："备述巍巍荡荡之功，曲尽业业兢兢之指。"又见，《三国志·王基传》："（司马景王新统政，基书戒之曰）天下至广，万机至猥，诚不可不矜矜业业，坐而待旦也。"又有概缩而用，如：唐人张九龄《贺雨晴状》："伏惟陛下明德自广，兢业载怀。"又见，明人张居正《与南刑部谢泰东》："仆自当事以来，日夕兢业，惟恐蹈于矫枉之过。"

用典探妙：

毛泽东在这个约8000字的讲话中，只在9处用了典故，而且绝大多数均是成语形式的典故。从整个讲话的用典情况来看，其用典特色是：毛泽东虽非刻意用典，却有借典增添描写对象的文化背景之妙。从而使用于描写对象的语言显得生动和别有风趣。

何谓不是刻意用典？就是说，毛泽东在讲话之时，其所用之典故，在评说人物与事件时，是随着他的丰富知识量自然而然流泻而出，赋予其所要表达的对象以思想感情。

比如在第302页，毛泽东在描写富裕中农的特点时，用了成语形式的典故"垂头丧气"与"患得患失"，这两个典故语的运用，一方面，烘托了毛泽东在论及这个阶级时的思想感情，另一方面，由于这两个成语形式的典故的出处详明，它们本身就有其丰富的历史文化内涵，这就同时赋予了富裕中农这个阶级以丰富的文化历史内涵。当我们洞悉这两个典故的丰富的文化背景之后，再细心读一读毛泽东对于富裕中农描写的这一段话，便会觉得形象生动、风趣盎然！

在这同一页中"前怕龙后怕虎"和"明火执仗"的运用，同样有其绝妙的艺术效果！此不逐一品析。

320."中国革命的经验" "建立农村根据地"
——毛泽东在《我们党的一些历史经验》中所用典故探妙

用典缘起：

1956年9月25日，毛泽东同参加中国共产党第八次全国代表大会的拉丁美洲一些党的代表谈话。其谈话的一部分，在编入《毛泽东选集》第5卷时题为《我们党的一些历史经验》。在这部分谈话中用了下列典故。

典故内容：

打成一片。——书出第306页。典出明人吕式耜《救刘湘客等五臣疏》："以臣揆之，公论之人，即参疏之人也；而恐惠皇上行法之人，即与参疏之人打成一片者也。"

走马看花。——书出第308、309页（七出）。典出唐人孟郊《登科后》："春风得意马蹄疾，一日看尽长安花。"又见，宋人杨万里《和同年李子西通判》："走马看花拂绿杨，曲江同赏牡丹香。"又见，宋人刘克庄《赐第谢丞相启》："向春风夸得意，非复走马看花之时；以纪传易编年，徒有绝笔获麟之感。"又见，清人夏敬渠《野叟曝言》第47回："李姓道：吾兄用意甚深，走马看花，未能领略，望勿介意。"

不是冤家不聚头。 亦作"不是冤家不聚会"、"不是冤家不对头"。——书出第309页。典出宋人宗杲《大慧普觉禅师语录》："师云：'读书人已在这里，且作么生与伊相见？'乃顾视左右云：'不是冤家不聚头。'"又见，元人郑廷玉《楚昭公》第2折："你每做的来不周，结下了父兄仇，抵多少不是冤家不聚头，今日在杀场上争驰骤。"又见，明人高则诚《琵琶记·糟糠自餍》："相看到此，不由人不珠泪流，不是冤家不聚头。"又见，明人冯梦龙《警世通言·庄子休鼓盆成大道》："庄子休心下不平。回到家中，坐于草堂，看了纨扇，口中叹出四句：'不是冤家不聚头，冤家相聚几时休？早知死后无情义，索把生前恩爱勾。'"又见，《红楼梦》第29回："真是俗话说的，'不是冤家不聚头'。几时我闭了这眼，断了这口气，凭着这两个冤家闹上天去，我眼不见心不烦，也就罢了。"又见，清人褚人获《坚瓠四集》卷2："今俗有欢喜冤家小说，始则两情眷恋，终或至于仇杀，真所谓'不是冤家不聚头'也。"宋元时期无名氏《京本通俗小说·西山一窟鬼》："这个不是冤家不聚会。好教官人得知，却有一头好亲在这里，一千贯钱卧房，带一个从嫁，又好人材，却有一床乐器都会，又写得算得；又是啴嘁大官府第出身。只要嫁个读书官人，教授却是要也不要？"又见，明人冯梦龙《警世通言》卷14："（婆子道）这个不是冤家不聚会，好教官人得知，却有一头好亲在这里。"又见，清人褚人获《隋唐演义》第18回："正在找寻间，见宇文公子到了。果然短棍有几百条，如狼牙相似。公子穿了艳服，坐在马上，后边簇拥家丁。自古道：不是冤家不对头。"

适可而止。 ——书出第309页。典出《论语·乡党》："不多食。"宋人朱熹注："适可而止，无贪心也。"

物极必反。 亦作"物极则反"、"极则反"、"物至而反"、"至则反"、"物至则反"、"物极则衰"、"物盛则衰"、"势极必反"、"物极必返"。——书出第310页。典出战国末期《鹖冠子·环流》："美恶相饰，命曰复周；物极则反，命曰环流。"又见，春秋·辛计然《文子》："天道极则反，盈即损，日月是也。"又见，《史记·春申君传》："臣闻之物至而反，冬夏是也。"又见，《管子·重令》："天道之数，至则反，盛则衰。"又见，汉人刘向《新序·善谋》："物至则反，冬夏是也；到高则危，累棋是也。"又见，《史记·李斯传》："（李斯叹曰）当今人臣之位无居臣上者，可谓富贵极矣。物极则衰，吾未知所税驾也！"又见，《史记·田叔列传》："夫月满则亏，物盛则衰，天地之常也。"又见，宋人张君房《云笈七签》："日中则移，月满则亏，乐极悲来，物盛则衰，有生死是天地人之常数也。"又见，清人孔尚任《桃花扇·归山》："门户党援，何代无之；总之，君子小人，互为盛衰，事

959

久则变，势极必反。"又见，宋人朱熹、吕祖谦《近思录·道体》："《复卦》言七日来复，其间元不断续，阳已复生，物极必返，其理须如是。"又见，清人纪昀《阅微草堂笔记·姑妄听之》："盖愚者恒为智者败。而物极必反，亦往往于所备之外，有智出其上者，突起而胜之。"

用典探妙：

毛泽东在这篇约4000字的部分谈话中，于11处用了典故。每处用典，均具特色，尤以如下两个方面，更为凸显。

一是一典多用，有揭示与剖析调查研究方法之妙！

其一云：借助对成语形式典故"走马看花"的推衍，由"走马看花"而得出"下马看花"，这就从总体上形象生动地揭示了调查研究的两种基本方法。有让人易记、易懂、易理解、好运用之妙！

其二云：借助对成语形式典故"走马看花"的分析品评，有评说"走马看花"与"下马看花"两种调查方法优劣之妙。毛泽东指出，"走马看花，不深入"，"下马看花"就是"过细看花"，就是"分析一朵'花'"，就是"解剖一个'麻雀'"，毛泽东正是借助对这个典故的分析与品评，将"典型"与"一般"相结合的哲理，妙入读者之心田。

二是借用俗语形式的喻指工人阶级与民族资产阶级之间的关系，有以小喻大、通俗易懂之妙。

"冤家"，有多重意思。一般是指仇人、死对头之意；又指对所爱之人的昵称。诸如，黄庭坚《昼夜乐》词云："其奈冤家无定据，约朝云又还雨暮。"还指矛盾的双方有时却偏偏碰到一起。如《红楼梦》中黛玉与宝玉时常呕气，贾母急得不时抱怨道："我这老冤家是那世里的孽障，偏生遇见了这么两个不省事的小冤家，没有一天不叫我操心。"有时是特指夫妻。如，清人吴有光《吴下谚联》卷2：《无冤不成夫妇 无债不成父子》条云："无冤不成夫妇，夫受冤乎？无债不成父子，父欠债乎，子欠债乎？素史氏曰：似皆有焉。世间恩爱夫妻，称为冤家欢喜；反目夫妻，称为欢喜冤家。……此谚语也，亦以谚解之。"（中华书局1982年8月版，第67页）由此可见，"不是冤家不聚头"这俗语形式的典故，是何等的通俗，从典故的角度来看，其内涵又是何等的丰富。毛泽东以其开阔的视野，抓住这一俗语形式的典故的既矛盾、又斗争、又统一的辩证关系，跳出了其仅指个人之间、夫妻之间的恩恩怨怨的小圈子，用以论述工人阶级与民族资产阶级在当时的关系，有以小喻大、令人易于理解之妙；又因"不是冤家不聚头"其本义多指夫妻，毛泽东将其用以比喻工人阶级与民族资产阶级在历史上与现实中的关系，又不乏有幽默风趣之妙。

321.孙中山改造中国 耗费了毕生精力
——毛泽东在《纪念孙中山先生》中所用典故探妙

用典缘起：

1956年11月12日，为纪念孙中山先生诞辰90周年，毛泽东写下了《纪念孙中山先生》的文章。在这篇文章中用了下列典故。

典故内容：

鞠躬尽瘁。——书出第312页。典出《论语·乡党》："鞠躬如也，屏气似不息者。"又见，《诗经·小雅·北山》："或燕燕居息，或尽瘁国事。""鞠躬"，乃恭敬谨慎之貌；"尽瘁"，乃言竭尽心力、兢兢业业而至过度劳累之状。又见，明人瞿式耜《引咎乞罢疏》："若不早引退，别请贤才，将来覆𬭼偾辕，仰负高天厚地，臣虽鞠躬尽瘁，终何救于艰危之万一？"又见，明人归有光《封中宪大夫兴化府知府周公行状》："况臣若病既死，则鞠躬尽瘁，臣之分愿已毕。"又见，清人蒲松龄《聊斋志异·续黄粱》："异史氏曰：'福善祸淫，天之常道。闻作宰相而欢然于中者，必非喜其鞠躬尽瘁可知矣。'"

死而后已。亦作"死而后止"。——书出第312页。典出《国语·晋语》："夫二子之良，将勤营其君，复使立于外，死而后止，何日以来。"又见，《论语·泰伯》："曾子曰：'士不可以不弘毅，任重而道远。仁以为己用，不亦重乎？死而后已，不亦远乎？'"又见，《魏书·李彪传》："推名求利，欲罢不能，荷恩佩泽，死而后已。"又见，《旧唐书·李晟传》："晟谓将吏曰：'夫子播越于外，人臣当百舍一息，死而后已。'"又见，《水浒全传》第83回："臣披肝沥胆，尚不能补报皇上之恩。今奉诏命，敢不竭力尽忠，死而后已！"又见，清人顾炎武《病起与蓟门当事书》："仁己为己任，死而后已，故一病垂危，神思不乱。"

鞠躬尽瘁，死而后已。——书出第312页。典出三国蜀人诸葛亮《后出师表》："凡事如是，难可逆料。臣鞠躬尽力，死而后已。"又见，《三国演义》第97回："……然后吴更违盟，关羽毁败，秭归蹉跌，曹丕称帝：凡事如是，难可逆见。臣鞠躬尽瘁，死而后已；至于成败利钝，非臣之明所能逆睹也。"又见，明人王世贞《鸣凤记·二相争朝》："我老臣不能为玉烛于光天，岂忍见铜驼于荆棘，明日奏过圣上，亲总六师，鞠躬尽瘁，死而后已。"又见，明人李清《三垣笔记·附识中·崇祯》："上（即崇祯）一日召诸阁臣语曰：'朕昨夕梦故辅杨嗣昌稽颡庭下曰："臣鞠躬尽瘁，死而后已。"'"又见，清人黄宗羲《巡抚天津右金都御史留仙冯公神道碑铭》："臣兄荷皇上知遇，鞠躬尽瘁，死而后已，不敢言病。"又见，《清史稿·陈鹏年传》："上闻，谕曰：'鹏年积劳成疾，没于公所。闻其家有八旬老母，室如悬磬。此真鞠躬尽瘁，死

而后已之臣。'"又见，清人阮葵生《茶余客话·评酒评诗》："南山如诸葛亮出师，鞠躬尽瘁，死而后已。"

用典探妙：

毛泽东在这篇不足1300字的纪念文章中，实际上只用了一个典故。这个典故之妙，妙在其既有局部性质的典故之功，又有全局性典故之效，它有统括评说孙中山高尚人格之妙。

所谓有局部性典故之功，就是说，"鞠躬尽瘁，死而后已"一典，有修饰孙中山"全心全意地为了改造中国而耗费了毕生的精力"之功；所谓其有全局性典故之效，就是说，用"鞠躬尽瘁，死而后已"一典，它完全可以表现孙中山这个伟大人物一生的奋斗情景和他的崇高的人格精神品质。

322.对问题全面分析 "才能解决得妥当"
——毛泽东在《在中国共产党第八届中央委员会第二次全体会议上的讲话》中所用典故探妙

用典缘起：

1956年11月10日至15日，中国共产党第八届中央委员会举行第二次全体会议。于15日，毛泽东发表了《在中国共产党第八届中央委员会第二次全体会议上的讲话》。在这个讲话中用了下列典故。

典故内容：

参差不齐。亦即"参差不一"。——书出第313页。典出《诗经·周南·关雎》："关关雎鸠，在河之洲。窈窕淑女，君子好逑。参差荇菜，左右流之。窈窕淑女，寤寐求之。"又见，汉人扬雄《法言·序目》："国君将相，卿士名臣，参差不齐，一概诸圣。"

飞鸟之景，未尝动也。——书出第313页。典出《庄子·天下篇》："凿不围枘。飞鸟之景（影）未尝动也。"这是一句战国时的名言。其意是说：对于卯眼与榫头而言，卯眼虽说是为榫头所凿，但还是有其空隙，不可能完全地紧贴在一起；对于在飞动着的鸟与其影子而言，影子对于其他的物体来说，影子是动的，而对于飞鸟自身来说，影子却并没有动。这里涉及一个相对性的哲学命题。

孔夫子说，他七十岁干什么都合乎客观规律了。——书出第314页。典出《论语·为政第二》："子曰：'吾十有五而志于学，三十而立，四十而不惑，五十而知天命，六十而耳顺，七十而从心所欲，不逾矩。"这一段话的意思是说：孔子说，他15岁立志于学习，30岁便自立处世，40岁不再有什么迷惑，50岁能够知道人力所不能支配决定的事，60岁听到各种言论时，不会感到不顺耳，70岁时便能随心所欲，不会超越规矩了。

吹牛皮。——书出第314页。典出明人冯梦龙《笑府》。《笑府》里有一个《说大话》的故事。故事云：世上有甲某乙某二人。他俩善于吹嘘。有一天，甲某对乙某说，他家的一面鼓，敲响时，100多里远也能听到。乙某则说，他家有大牛一头，牛在江南，其头可伸到江北去喝水。甲某听后连连摇头，称这是胡说八道，世上根本就不可能有这么大的牛。乙某便反问说，没有这么大的牛，怎么会蒙得出你家那么大的一面鼓呢？又见，清人八宝王郎《冷眼观》第12回："并不是我替他吹牛皮，还是个堂堂的前任江南盐巡道呢，而且做过制造局督办。"

不甚了了。——书出第315页。典出南朝宋人刘义庆《世说新语·言语》："小时了了，大未必佳。"这里有一个故事。言汉末孔融，从小就长于辞令。在他12岁的这一年，他随同其父去洛阳，并以"世交"的身份去拜访河南太守李元礼。李元礼与其见面时，看到他是个小孩子，颇为奇怪。孔融马上解释说：我是孔子的20世孙，先祖孔子和你老人家的先祖老子很有交情。你我二人不就是世交吗？李元礼及其在场的宾客们无不惊叹！然而，大中大夫陈韪却不以为然地说：小时候很聪明，长大了未必就怎么样。孔融听后，就对陈韪说：想必您小时候一定是很聪明了。招来了众人的哄堂大笑，陈韪尴尬得半天无话可说。又见，宋人洪迈《夷坚丁志·黄州野人》："百果粟豆成实，每苦为物所窃食。密伺之，见如人而毛者，搏之则逝，追之不及，百计罗络，因结绳置垅间而获焉。初不甚了了，养之数日，始能言，乃实人也。"又见，清人吴趼人《二十年目睹之怪现状》第27回："我不甚了了，听说大约三百多银子一年。"又见，清人文康《儿女英雄传》第39回："凡是老爷的寿礼以及合家带寄各人的东西，老爷自己却不甚了了。"又见，清人周生《扬州梦·梦中事》："正面山重水复，不甚了了；背面青天一月，丛树小山。"

谷贱伤农。——书出第317页。典出《汉书·食货志上》："籴甚贵伤民，甚贱伤农，民伤则离散，农伤则国贫。故甚贵与甚贱，其伤一也，善为国者，使民毋伤而农益劝。"这一段话的意思是说，粮价太贵，则有损士、工、商者的利益，若太贱则有损农民的利益；故而太贵与太贱，都是一种损害。擅长于治理国家的人，应当做到既不伤害士、工、商的利益，同时也要使农民们乐于耕种。又见，《汉书·昭帝纪》："（诏曰）夫谷贱伤农，今三辅、大常谷减贱，其令以叔（菽）粟当今年赋。"又见，唐人陆长源《上宰相书》："今岁丰年稔，谷贱伤农，诚宜出价以敛籴，实太仓之储。"又见，《新五代史·周书·冯道传》："明宗问曰：'天下虽丰，百姓济否？'道曰：'谷贵饿农，谷贱伤农。'"

有福共享，有祸同当。——书出第317页。典出《风俗常言疏证·祸福》引《杭州俗语杂对》："吃酒图醉，吃饭图饱。有福同享，有祸同当。"又见，清人李宝嘉《官场

现形记》第5回："还有一件：从前老爷有过话，是'有福同享，有难同当'。现在老爷有得升官发财，我们做家人的出了力、赔了钱，只落得一个半途而废。"又见，其《文明小史》第20回："有福同享，有难同当。不要说只有这几个，就是再多些，我用了也不伤天害理。"

罪大恶极。——书出第317页。典出宋人罗大经《鹤林玉露·补遗》："刽如桧（秦桧）者，密奉虏谋，胁君误国，罪大恶极。"又见，清人褚人获《隋唐演义》第91回："杨国忠召乱起衅，罪大恶极，人人痛恨，仆（王思礼）曾劝哥舒翰将军上表，请杀之，惜其不从我言。"

君子动口不动手。亦即"君子动口，小人动手"。——书出第319页。典出清人李宝嘉《官场现形记》第44回："有什么话，我们当面讲讲开。俗话说的好，叫做是'君子动口，小人动手'，怎么你二位连这两句话都不晓得吗？"

一阴一阳之谓道。——书出第320页。典出《易·系辞上》："一阴一阳之谓道，继之者善也，成之者性也。"又见，汉人班固《白虎通·三纲六纪》："君臣、父子、夫妻，六人也，所以称三纲何？一阴一阳之谓道，阳得阴而成，阴得阳而序，刚柔相配，故六人为三纲。"又见，唐人李鼎祚《周易集解序》："阴阳不测之谓神，一阴一阳之谓道。范围天地而不过，曲成万物而不遗。"又见，宋人程颐《河南程氏遗书》卷3："一阴一阳之谓道。道非阴阳也，所以一阴一阳者道也。"又见，清人姚鼐《复鲁絜非书》："且夫阴、阳、刚、柔，其本二端，造物者糅而气有多寡，进绌，则品次亿万，以至于不可穷，万物生焉。故曰：'一阴一阳之为道，夫文之多变，亦若是已。'"又见，清人和邦额《夜谭随录·闵预》："尝闻一阴一阳之谓道，夫唱妇随之谓伦。"这里的所谓"阴"与"阳"，是相对而言的。我国古代的哲学家们，已经体味到了一切现象均有阴阳相对而又互相联系的两个方面。

不是东风压倒西风，就是西风压倒东风。——书出第321页。典出《红楼梦》第82回："黛玉从不闻袭人背地里说人，今听此话有因，便说道：'这也难说。但凡家庭之事，不是东风压了西风，就是西风压了东风。'袭人道：'做了旁边人，心里先怯了，那里倒敢去欺负人呢。'"

自食其果。当由"自食其言"和"自食其力"换字而成。——书出第323页。典出明人李昌祺《泰山御史传》："（宋珪）居贫，自食其力。"又见，明人冯梦龙《醒世恒言》卷2："我若今日复出应诏，是自食其言了。"

轰轰烈烈。——书出第324页。典出明人瞿式耜《丙戌九月二十日书寄》："邑中在庠诸友，轰轰烈烈，成一千古之名，彼其真恶生而乐死乎？诚以名节所关，政有甚于生者。"

舍得一身剐，敢把皇帝拉下马。——书出第324页。典出明人兰陵笑笑生《金瓶梅》

第25回："我的仇恨，与他结的有天来大。常言道：'一不做，二不休'，到跟前再说话，'破着一命剐，便把皇帝打'。"又见，《红楼梦》第68回："凤姐儿又冷笑道：'你们饶压着我的头干了事……倒是小子们说："原是二奶奶许了他的。他如今正是急了，冻死饿死也是个死；现在有这个理他抓着，纵然死了，死的倒比冻死饿死还值些。怎么怨的他告呢。这事原是爷做的太急了。国孝一层罪，家孝一层罪，背着父母私娶一层罪，停妻再娶一层罪。俗话说，拼着一身剐，敢把皇帝拉下马。他穷疯了的人，什么事作不出来，……"嫂子说，我便是个韩信张良，听了这话也把智谋吓回去了。'"

高枕无忧。——书出第325页。典出《旧五代史·高季兴传》："且游猎旬日不回，中外之情，其何以堪，吾高枕无忧。"

横行霸道。亦作"霸道横行"。——书出第325页。典出清人文康《儿女英雄传》："还有等刁民恶棍，结交官府，盘剥乡愚，仗着银钱霸道横行，无恶不作。"又见，《红楼梦》第9回："（贾瑞）又助着薛蟠图些银钱酒肉，一任薛蟠横行霸道，他不但不去管约，反'助纣为虐'讨好儿。"

佛菩萨。——书出第326页。即佛教的创始人释迦牟尼（约公元前565—公元前486年）。姓乔达摩，名悉达多，释迦族人。释迦牟尼意即"释迦族的圣人"。又见，《水浒传》第45回："普度众生，救苦救难，诸佛菩萨！"又见，明人周清源《西湖二集》卷28："佛菩萨在那里痛哭流涕，金刚韦驮在那里摩拳擦掌。"

穷凶极恶。亦即"极恶穷凶"、"穷极凶恶"、"穷凶极虐"、"穷凶极逆"、"穷凶极悖"、"穷凶极暴"。——书出第327页。典出晋人庾阐《为郗车骑讨苏峻盟文》："贼臣祖约，苏峻……残害忠良，祸虐烝民，穷凶极暴，毒流四海。"又见，《宋书·少帝纪》："义符长嗣，属当天位，不谓穷凶极悖，一至如此！"又见，晋人庾阐《为庾稚恭檄石虎文》："石勒因衅，剪覆旧京，穷凶极逆，伪号累祀，百姓受灰没之酷，王室有黍离之哀。"又见，南朝梁人任昉《宣德皇后令》："惟彼狡僮，穷凶极虐；衣冠泯绝，礼乐崩丧。"又见，南朝宋人文帝《诛徐羡之等诏》："穷凶极虐，荼酷备加。"又见，唐人元结《元次山集·订古五篇序》："（君臣父子兄弟夫妇朋友之道）上古失之，中古乱之，至于近世，有穷极凶恶者矣。"又见，宋人高斯得《耻堂存稿·编局》："乃知能掉三寸舌，极恶穷凶犹可恃。"又见，《汉书·王莽传赞》："（莽）乃始恣睢，奋其威诈，滔天虐民，穷凶极恶，毒流诸夏。"又见，《三国志·吴书·孙权传》："皇纲失叙，逆臣乘衅，劫夺国柄，始于董卓，终于曹操，穷凶极恶，以覆四海。"又见，明人冯梦龙《喻世明言》卷40："表上备说严嵩父子……招权纳贿，穷凶极恶，欺君误国十大罪。"

任凭风浪起，稳坐钓鱼船。——书出第327页。典出明人冯梦龙《警世通言》卷22："任从波浪翻天起，自有中流稳渡舟。"又见，清人曾国藩《曾国藩谋略宝典·湘军征

965

战歌》："任凭谣言风流起，我们稳坐钓鱼船。"

不教而诛。亦作"不教而杀"。——书出第328页。典出《论语·尧曰》："子张曰：'何谓四恶？'子曰：'不教而杀谓之虐；不戒视成谓之暴；慢令致期谓之贼；犹之与人也，出纳之吝，谓之有司。"这几句话是孔子就其学生子张问什么叫"四恶"时所回答的话。其意思是说：平时不进行任何教育，一犯有错误就杀戮，这是残暴；是非行止没有规定，就去论说成败，这就叫做粗暴；对待下属平时不闻不问，而有时却突然作出期限的限定，这种行为叫做不正派；自己能够给人好处而又吝啬，这是一种小吏作风。又见，《荀子·富国》："不教而诛，则刑繁而邪不胜；教而诛，则奸民不惩；诛而不赏，则勤勉之民不劝；诛赏而不类，则下疑，俗俭（险）而百姓不一。"荀子的"不教而诛"，与孔子的"不教而杀（诛）"，又有其新意。其意是说，不进行教育就作出惩罚，将会使刑罪越来越频繁，这样就会使犯罪率增高；只有教育而不作出惩罚，那么，犯罪分子就会逍遥法外，这样一来，则犯罪现象会越来越猖獗；只有惩罚而无奖励，则勤勉的老百姓就不愿意奋发进取；而赏罚没有法律标准，下边就易于造成纠纷，使老百姓无所适从。又见，《汉书·董仲舒》："为政而任刑，不顺于天，故先王莫之肯为也。今废先王德教之官，而独任执法之吏治民，毋乃任刑之意与！孔子曰：'不教而诛谓之虐。'虐政用于下，而欲德教之被四海，故难成也。"又见，清人李宝嘉《官场现形记》第20回："大人限他们三个月叫他们戒烟，宽之以期限，动之以利害，不忍不教而诛。"

用典探妙：

毛泽东在这篇约11000字的讲话中，计于16处用了典故。这些典故的运用，归纳起来，有如下几个方面的特点。

其一是：借助富于丰富哲理的典故的运用，有阐释当今事件的哲理性、增添典故的新意之妙。

比如在第313页，毛泽东为了说明"净是不动没有，净是动也没有。动是绝对的，静是暂时的，有条件的"这样一个颇为复杂的辩证法问题。《庄子》中的"飞鸟之景，未尝动也"这句名言，也是人们常见的一种形象生动的自然现象，更是一个哲理内涵十分丰富的典故。这句名言，已经流传于世近2300年了，用以说明"动"与"静"的辩证关系，人们是易于理解的。人们对于"动"与"静"的关系理解了，则"我们的计划经济，又平衡又不平衡。平衡是暂时的，有条件的"规律就不难理解了。

又如在第320页，毛泽东为了批判"形而上学"，为了论说我们的一些同志不讲辩证法，引用了《周易》中的名言"一阴一阳之谓道"。其中的所谓"阴"与"阳"是相对而言的。如上面是"阳"则下面就是"阴"，正面是"阳"则反面就是"阴"。"阴"与"阳"的辩证之说，在中国的影响十分深远，就是在中国的农村也可以说是知之者甚多。毛泽东在这里搬出老祖宗几千年前就有的两点论，可以说，这是对当今那些对事不肯作具体分析、仍犯"形而上学"错误的同志的最为形象生动的教诲，有令人猛省之妙。

"飞鸟之景，未尝动也"与"一阴一阳之谓道"，均是我们几千年的老祖宗的名言名典。毛泽东将其挪近时空，引入当代，说明当今已经出现的问题，让这些"陈言古典"增添了新意，在当今的社会舞台上，展现出了耀眼的容姿！

其二是：提炼典意成文，有使文章的前后文衔接自然、典故与文意丝丝入扣之妙。

比如在第314页。毛泽东在论说"人会犯错误"这个问题的过程中，提出了"青年要犯错误，老年就不犯错误呀？"的命题时，他引用了孔夫子"七十而从心所欲，不逾矩"的名言。如果毛泽东直接一字不变地引用，则有"突兀生硬"之感、文意一时"难通"之弊。对于后面评其"吹牛皮"一语，则难于一针见血。作为语言学家的毛泽东，有其高超的语言应变技巧，他不予生搬硬引孔子的这名言，而是练其意而用之。这样一来，前后便衔接自然、评说孔子"吹牛皮"一语，更显通俗易懂、使读者领会深刻。

其三是：俗语形式典故的运用，有以小喻大、恰到好处、幽默风趣之妙。

比如在第321页，毛泽东在谈到与高岗里通外国的斗争时，妙用《红楼梦》中林黛玉这个小说人物的一句俗语名言。林黛玉在讲封建家庭内部斗争时，用了"不是东风压了西风，就是西风压了东风"。此语借"东风""西风"设喻，十分形象生动地说明了封建家庭两派的斗争，不是这一派胜利，就是那一派得势。毛泽东将林妹妹此语妙用入文，将其上升到正确与错误的两条路线斗争的状况与结果，与林黛玉此语一样，同具形象生动、事理明晰之巧，同时亦不乏幽默风趣之妙！

又如在第324页，毛泽东为了论说搞大民主的必要性和其好处，号召无产阶级不要害怕大民主，借用了凤姐精心设计的、张华将要状告尤二姐时，她说出来的"拼着一身剐，敢把皇帝拉下马"的威吓二姐的这一句话。"拼着一身剐，敢把皇帝拉下马"与《红楼梦》第103回中的"一人拼命，万夫莫当"这一句俗语形式的典故语颇为义近。都是说明一个人只要敢于拼了命，就什么事情都敢干。但是，"拼着一身剐，敢把皇帝拉下马"更富情节性、戏剧性、故事性与形象性。毛泽东将这一个俗语形式的典故语的意义，提升地运用到一个人只要具有为革命，具体而言，就是为了对付阶级敌人和对付官僚主义，而要有敢于牺牲一切的无产阶级的革命精神，那就什么也不怕，什么顾虑也没有。此语用在这里，可谓通俗易懂、透彻而明晰、境界崇高。

然而，毛泽东并不仅仅运用此典而已，他在运用此典之后，紧接着写道："这是古人有言，其人叫王熙凤，又名凤姐儿，就是她说的。"这几句话，并不是毛泽东随便说说而已，其作用有二：一是点明了此语的出处之所用，二是引出了此语所暗含的复杂的故事情节，三是使语气显得幽默而风趣。

967

323.抓思想动向问题 增强政治免疫力
——毛泽东在《在省市自治区党委书记会议上的讲话》中所用典故探妙

用典缘起：

1957年1月，中共中央在北京召开省市自治区党委书记会议，毛泽东在会议上发表了讲话。在这个讲话中用了下列典故。

典故内容：

争名夺利。——书出第330页。典出《战国策·秦策一》："（张仪曰）臣闻争名者于朝，争利者于市。"又见，元人马致远《黄粱梦》第1折："想世人争名夺利，何苦如此！"又见，明人柯丹丘《荆钗记·迎请》："倘登高第，雁塔题名身荣贵，若能够赠母封妻，也枉不了争名夺利。"

唯利是图。——书出第330页。典出晋人葛洪《抱朴子·勤求》："名过其实，由于夸诳，内抱贪浊，惟（同"唯"）利是图。"又见，明人凌濛初《初刻拍案惊奇》卷20："每见贪酷小人，惟利是图，不过使几家治下百姓，卖儿贴妇，充其囊橐。"

唐绍仪当县长。——书出第330页。典出中国近百年史等方面的资料。唐绍仪（1860－1938年），字少川，又作绍怡。广东中山县人。曾留学美国。光绪十一年（1885年）赴朝鲜，任袁世凯的书记官。1895年回国后，历任天津海关道、外务部侍郎、奉天巡抚、署邮传部尚书等职。1912年任中华民国内阁总理，1917年任护法军政府财政部长，1918年任护法军政府的七总裁之一。1931年曾兼任中山县县长。

无精打采。亦即"没精打采"、"无精打彩"。——书出第331页。典出《红楼梦》第23回："小红待要过去，只得悄悄向潇湘馆，取喷壶而回，无精打采，自向房内躺着。"又见，清人李宝嘉《官场现形记》第40回："公子也明白他老人家这番意思，只得答应一声，无精打采，告辞而去。"又见，《红楼梦》第29回："宝玉因得罪了黛玉，二人总未见面，心中正自后悔，无精打彩，那里还有心肠去看戏？"又见，清人李宝嘉《中国现在记》第12回："安尊荣心中只是闷闷不乐，终日里无精打采的。"又见，《红楼梦》第87回："贾宝玉满肚疑团，没精打采的归至怡红院中。"又见，清人羽衣女士《东欧豪杰传》第3回："只见左边厢房里头有两三位新认得的朋友，满脸愁容的正在那里出神，见得烈回来，没精打采的迎将上来。"

百花齐放。——书出第333页。典出清人褚人获《隋唐演义》第28回："陛下要不寂寞，有何难哉！妾等今夜虔祷天宫，管取明朝百花齐放。"

百家争鸣。——书出第333页（两出）。典出《荀子·解蔽》："今诸侯异政，百家异说，则必或是或非，或治或乱。"又见，《汉书·艺文志》："凡诸子百八十九家……蜂出并作，各引一端，崇其所善，以此驰说，取舍诸侯。"又见，清人俞樾《春在堂随笔》："百家争鸣，或传或不传，而定之有故、持之成理者，屈指可尽。"

老于世故。亦即"老于事"、"老世故"。——书出第333页。典出唐人韩愈《石鼓歌》："中朝大官老于事，讵肯感激徒媕婀。"又见，明人海瑞《复周柳塘琼州知府》："如此不执，虽熟人情老世故，百凡见融，失己失人，全无用处。"又见，宋人楼钥《杨惠懿公傒覆谥议》："然因所职而建言，类老于世故者。"

复辟。——书出第333页。典出《尚书·咸有一德》："伊尹既复政厥辟，将告归。"又见，《明史·英宗后纪赞》："乃复辟而后，犹追念不已，抑何其惑溺之深也。"

墙上一蔸草，风吹两边倒。——书出第334页。典出民国初年古今图书局《古今笔记精华录》："墙头一株草，风吹两边倒。言中立派也。"毛泽东在讲话中是用来比喻某些见风使舵的风派人物的，更为形象生动。

乌龟王八。——书出第334页。典出清人李宝嘉《官场现形记》第13回："文七爷一听这话，越发生气，一跳跳得三丈高，骂道：'喝酒的人都是我的朋友，你们想赖我的朋友做贼吗！况且昨天晚上，除掉客人，就是叫的局；一个局来了，总有两三个乌龟王八跟了来……'"

多事之秋。亦即"有事之秋"、"多务之秋"、"多难之秋"、"多垒之秋"。——书出第339页（两出）。典出清人李宝嘉《官场现形记》第41回："现在国家有事之秋，正当破格用人之际。"又见，宋人李季可《松窗百说·主盟》："当天下多务之秋，人主宵旰，有才难之叹。"又见，宋人袁燮《论蜀札子（其二）》："而不知其时之不同，多难之秋，正藉其力，庸可抑乎？"又见，宋人葛胜仲《贺耿左丞启》："逮兹多垒之秋，尽出万全之策。"又见，唐人崔致远《桂苑笔耕集·前宣州当涂县令王翱摄扬子县令》："况逢多事之秋，而乃有令患风。"又见，宋人孙光宪《北梦琐言》卷12："所以多事之秋，灭迹匿端，无为绿林之嚆矢也。"又见，宋人袁甫《经筵进讲论李允则疏》："天下多事之秋，使得任阃外寄者，善谋如此，可以宽忧顾矣。"又见，《水浒传》第86回："汝等文武群臣，当国家多事之秋，如何处置？"又见，《封神演义》第71回："今当国家多事之秋，不思报本，以分主忧，而反说此贪生之话。"

另起炉灶。亦作"起炉作灶"、"自起炉灶"、"另起楼台"。——书出第340页。典出宋人陆九渊《语录下》："见理未明，宁是放过去，不要起炉作灶。……今既于本上有所知，可略略地顺风吹火，随时建立，但莫去起炉作灶。"又见，清人黄宗羲《答万充宗论格物书》："（叶）静远苟明夫意，则格物之工夫即在其中，更不必起炉作灶也。"又见，清人文康《儿女英雄传》第29回："此后便要入安龙媒正传。入安龙媒正传，若撇开'双凤'，重烦笔墨，另起楼台，通部便有'失之两橛，不成一贯'之

病。"又见，清人陆陇其《答嘉善李子乔书》："辄欲以胸臆所见，自辟门户，自起炉灶。"又见，清人李汝珍《镜花缘》第14回："多九公说：'他以腐臭之物，如数给仆婢尽量饱食，倒也罢了；不但忍饥不能吃饱，并且三次、四次之粪，还令吃而再吃，必至闹到"出而哇之"，饭粪莫辨，这才"另起炉灶"。'"又见，清人但明伦《陈云楼》评（会校会注会评本《聊斋志异》11）："文情既不寂寞，至后而亦不至另起炉灶，且不嫌鹘突也。"又见，清人李绿园《歧路灯》第108回："姑太太道：'衙门甚为便宜，何必更为迁移？'抚台道：'非是我好另起炉灶，只为那边侄子迎亲，有许多不便处。'"又见，清人无名氏《少年登场》："我索要辛辛苦苦，轰轰烈烈，另起炉灶，重铸新民脑。"

各得其所。——书出第340页（两出）。典出《周易·系辞下》："交易而退，各得其所。"又见，《汉书·东方朔传》："陛下行之，是以四海之内元元之民，各得其所，天下幸甚！"

千方百计。——书出第340页（三出）。典出宋人黎靖德《朱子语类·论语》："譬如捉贼相似，须是著起气力精神，千方百计去赶捉他。"又见，《红楼梦》第67回："再者：这里老太太们为姑娘的病体，千方百计请好大夫配药诊治，也为是姑娘的病好。这如今才好些，又这样哭哭啼啼，岂不是自己遭塌了自己身子，叫老太太看着添了愁烦了么？"

老奸巨猾。——书出第341页。典出《宋史·食货志上六》："老奸巨猾，匿身州县，舞法扰民。"

后悔无及。——书出第343页。典出《左传·哀公六年》："国之多难，贵宠之由，尽去之而后君定。既成谋矣，盍及其未作也？先诸？作而后悔，亦无及也。"又见，《后汉书·光武帝纪上》："反水无收，后悔无及。"又见，《后汉书·皇甫嵩传》："且今竖官群居，同恶如市，上命不行……谗人侧目。如不早图，后悔无及。"又见，《周书·王思政传》："景乃请援乞师，当时未即应接。思政以为若不因机进取，后悔无及。"又见，清人李汝珍《镜花缘》第97回："挨了半日，只听他说了句'后悔无及'，早已气断身亡。"

利令智昏。亦作"欲令智昏"、"智以利昏"、"利以昏智"。——书出第344、345页（三出）。典出《红楼梦》第64回："自古道：'欲令智昏'。贾琏只顾贪图二姐美色，听了贾蓉一篇话，遂为计出万全。"又见，晋人孙绰《答许询诗（其一）》："机过患生，吉凶相拂；智以利昏，识由情屈。"又见，《北史·孙腾等传论》："鄙语曰'利以昏智'，况（娄）定远非智者乎。"又见，《史记·平原君虞卿列传》："鄙语曰：'利令智昏'，平原君贪冯亭邪说，使赵陷长平兵四十余万众，邯郸几亡。"又见，宋人洪迈《容斋随笔·战国自取亡》："赵以上党之地，代韩受兵，利令智昏，轻用民死，同日坑于长平者过四十万。"又见，清人李宝嘉《官场现形记》第4回："这藩台是不能久的。他便利令智昏，叫他的幕友、官亲，四下里替他招揽买卖。"

法宝。——书出第345页。典出清人无名氏《薛仁贵征东》第25回："盖苏文见破了飞刀，急得面如土色，叫声：'小蛮子，你敢破我法宝，本帅与你势不两立……'""法宝"，多指神话中能够杀伤或制服对方、击败妖魔的一种宝物；或是比喻运用起来有着特殊意义的方法、经验。

孔子。——书出第346页（两出）。典出《史记》等资料。是春秋末期杰出的思想家、教育家。

老子。——书出第346页。典出《史记》等资料。老子，即李耳，老子是李耳的号。字伯阳，外字聃，亦称老聃。楚国苦县（今河南鹿邑）人。是春秋末杰出的思想家、道家的创始人。著有《道德经》。

牛鬼蛇神。亦即"蛇神牛鬼"。——书出第349页（两出）。典出唐人杜牧《李贺集序》："鲸呿鳌掷，牛鬼蛇神，不足为其虚荒诞幻也。"这里的"牛鬼蛇神"，是指李贺诗的意境虚幻而浪漫；又见，明人王世贞《弇州山人四部稿·祝京兆季静园亭卷》："以大令笔，作颠史体，纵横变化，莫可端倪……然书道止此耳，过则牛鬼蛇神矣。"又见，清人夏敬渠《野叟曝言》第46回："个个称扬，人人传说，把素臣说得牛鬼蛇神，竟是天上下来的一般。"又见，《红楼梦》第82回："更有一种可笑的，肚子里原没有什么，东拉西扯，弄的牛鬼蛇神，还自以为博奥。"这里的"牛鬼蛇神"，多指稀奇古怪、虚幻荒唐的人与物；又见，清人刘鹗《老残游记·续集二》："近来风气可大不然了，到是做买卖的生意人还顾点体面，若官幕两途，牛鬼蛇神，无所不有。"又见，清人文康《儿女英雄传》第40回："至于外省那班作幕的，真真叫作牛鬼蛇神，无般不有，这都是我领教过的。"又见，清人感惺《断头台·党争》："创几许同业联盟、名士联盟，一样是蛇神牛鬼。"这里的"牛鬼蛇神"和"蛇神牛鬼"，多是指各色各样的坏人；又见，清人李必恒《谒浮山禹庙次昌黎石鼓韵作歌》："楚俗纷纷竞淫祀，蛇神牛鬼争嫽娜。"这里的"蛇神牛鬼"，当是指楚地戴着各种各样的牛鬼蛇神面具"跳傩神"的一种民俗情况。

实事求是。——书出第352页。典出《汉书·景十三王传》："河间献王德以孝景前二年立，修学好古，实事求是。"唐人颜师古注："务得事实，每求真是也。"

呜呼哀哉。亦作"於乎哀哉"。——书出第353页。典出《诗经·大雅·召旻》："昔先王受命，有如召公。日辟国百里，今也日蹙国百里。於乎哀哉！维今之人，不尚有旧？"这段话的意思是说，从前先王受天之命，贤臣们皆有如召公一样。每日开拓疆土达百余里，而今则每日沦丧百里。唉！这多么的可叹！只有今天的这些人，不

会念及还有旧的贤臣？又见，《荀子·乐论》："乱世善恶，不此听也。於乎哀哉，不得成也。"这里的"於乎哀哉"，泛指悲哀或感叹之意；又见，《左传·哀公十六年》："孔丘卒，公诔之曰：……旻旻余在疚，呜呼哀哉，尼父！无自律。"晋人杜预注："律，法也。言丧尼父无以自为法。"又见，《三国志·魏书·文帝纪》南朝宋人裴松之注引《魏氏春秋》曰："惟黄初七年五月七日，大行皇帝崩，呜呼哀哉！"又见，唐人韩愈《祭柳子厚文》："念子永归，无复来期，设祭棺前，矢心以辞。呜呼哀哉，尚飨！"又见，唐人刘禹锡《祭柳员外文》："魂兮来思，知我深旨。呜呼哀哉！尚飨！"这里的"呜呼哀哉"，意为对死者的哀悼；又见，明人凌濛初《初刻拍案惊奇》："程金便一把叉住喉咙，叉得手重，口又不得通气，一霎呜呼哀哉了。"又见，明人冯梦龙《喻世明言》卷4："阮二用手摇也不动，口鼻全无气息，仔细看时，呜呼哀哉了。"又见，《红楼梦》第16回："（秦邦业）将秦钟打了一顿，自己气的老病发了，三五日，便呜呼哀哉了。"这里的"呜呼哀哉"，是"死"的代替语。

虚晃一枪，回马便走。——书出第353页。典出清人无名氏《薛丁山征西》第75回："武三思命副将冲上山中，杀散喽罗，放火烧山，连山寨都烧了。薛刚抬头一看，见满山俱红，自思不能取胜，虚晃一枪，跳出圈子，落荒而走。"又见，同书第77回："薛刚上前与公主战了数十合，薛刚虚晃一枪，假败下山。公主不料是计，追上去，被薛刚活捉过马。"又见，同书第79回："姜兴不慌不忙，把手中大刀抵住。刀枪并举，战有二十合。郭青虚晃一枪，往左营而走。姜兴不舍，把马一鞭追上前来。郭青见来将近，即按住钢枪，取弓在手，搭箭当弦，照定来将尽力一箭。姜兴听得弦响，急待要躲，来不及，正中咽喉，倒撞马下而死。"又见，清人钱彩《说岳全传》第39回："岳元帅记念有康王在山，恐惊了驾，勾开斧，虚晃一枪，转马回山去了。"

赤地千里。——书出第353页。典出《史记·乐书》："晋国大旱，赤地千里。"又见，《汉书·夏侯胜传》："蝗虫大起，赤地数千里，或人民相食，畜积至今未复。"又见，宋人朱熹《辞免直秘阁状一》："赤地千里，民不聊生。"又见，清人蒲松龄《聊斋志异·水灾》："康熙二十一年，山东旱，自春徂夏，赤地千里。"

赤壁鏖兵。亦作"鏖兵赤壁"。——书出第354页。典出《三国志·吴书·孙权传》："瑜、普为左右督，各领万人，与备俱进，遇于赤壁，大破曹公军。"又见，元人无名氏《两军师隔江斗智》第1折："幼习兵书苦用功，鏖兵赤壁显威风，曹刘岂是无雄将，只俺周郎名振大江东。"又见，元人无名氏《两军师隔江斗智》第1折："（周瑜云）回耐刘备那厮，暗地夺取荆州。想他赤壁鏖兵，全仗我东吴力气。"又见，《三国演义》第47回："赤壁鏖兵用火攻，运筹决策尽皆同。"同上书第50回："三江水战，赤壁鏖兵。"

诚惶诚恐。亦作"诚恐诚惶"、"诚惶诚惧"。——书出第355页。典出《后汉书·杜诗传》：“臣诗伏自惟忖，本以史吏一介之才，遭陛下创制大业，贤俊在外，空乏之闲，超受大恩，收养不称，奉职无劾（效），久窃禄位，今功臣怀愠，诚惶诚恐。……愿退大郡，受小职。”又见，《三国志·蜀书·诸葛亮传》：“臣寿诚惶诚恐，顿首顿首，死罪死罪。”又见，三国魏人曹植《上责躬应诏诗表》：“臣植诚惶诚恐，顿首顿首，死罪死罪。”又见，唐人韩愈《潮州刺史谢上表》：“臣某诚惶诚恐，顿首顿首。”又见，相传为明人纪振伦或熊大木所著《杨家将演义》第9回：“臣杨景诚惶诚恐，稽顿首具疏，不胜战栗，死罪之至。”又见，清人文康《儿女英雄传》第8回：“安公子听了这话，惭惶满面，说道：‘姑娘，你问到这里，我安骥诚惶诚恐，愧悔无地。如今真人面前讲不得假话。’”又见，宋人张君房《云笈七签》卷103：“真君事迹三卷，谨随表上进以闻，臣诚惶诚惧，顿首顿首，谨言。”又见，明人汤显祖《南柯记·朝议》：“念臣梦诚恐诚惶，墬江城遭寇与拦当。”

多行不义必自毙。——书出第355页。典出《左传·隐公元年》：“公曰：‘多行不义，必自毙，子姑待之。’”

后发制人。——书出第355页。典出《荀子·议兵》：“临武君与孙卿子议兵于赵孝成王前，王曰：‘请问兵要。’临武君对曰：‘上得天时，下得地利，观敌之变动，后之发，先之至，此用兵之要术也。’”又见，《汉书·项籍传》：“方今江西皆反秦，此亦天亡秦时人。先发制人，后发制于人。”“后发制人”当由“后发制于人”而来。

先发制人。——书出第355页。典出同上。又见，《隋书·李密传》：“（李密说翟让曰）百万之众，一朝可集，先发制人，此机不可失也。”又见，《明史·徐学诗传》：“盖嵩之权力足以假手下石，机械足以先发制人。”又见，明人李清《三垣笔记·崇祯》：“郑庶常鄤入京，以温辅体仁异调，恐阻己入馆，逢人肆诟，谓‘吾必纠体仁’。然特以恐吓为胁制耳，实无意纠也。体仁知之，遂为先发制人计，而蔑伦词臣之疏出。”

吞吞吐吐。——书出第356页。典出清人文康《儿女英雄传》第5回：“怎么问了半日，你一味的吞吞吐吐，支支吾吾，你把我作何等人看待？”

措手不及。——书出第358页。典出元人无名氏《千里独行·楔子》：“咱今晚间，领着百十骑人马，偷营劫寨，走一遭去，杀他个措手不及。”

引为鉴戒。——书出第358页。典出《国语·楚语下》：“人之求多闻善败以鉴戒也。今子闻而弃之，犹蒙耳也。”

束手束脚。亦作“缩手缩脚”、“束手缚脚”、“缚手缚脚”。——书出第359页（两出）。典出明人凌濛初《二刻拍案惊奇》卷2：“（妙观）勉强就局，没一子下去是得手的，觉是触着便碍。正所谓‘棋高一着，缚手缚脚’。况是心意不安的，把平日的力量一发减了。”又见，清人张南庄《何典》第8回：“冒失鬼一味粗心浮气目中无人，

到处以强为胜，一遇鬼谷先生，早已束手缚脚，有力无用处。"这里的"缚手缚脚"和"束手缚脚"，均是讲因有顾忌而不敢放手去干某一件事情；又见，清人刘鹗《老残游记》第6回："喊了许久，店家方拿了一盏灯，缩手缩脚的进来，嘴里还喊道：'好冷呀！'"

天下大乱。——书出第360页。典出《汉书·高帝纪》："前日天下大乱，兵革并起，万民苦殃。"又见，三国蜀人诸葛亮《兵法秘诀》："天下大乱，诸侯争雄。"又见，宋人欧阳修《新五代史·冯道传》："当是时，天下大乱，戎夷交侵，生民之命，急于倒悬。"

竭泽而渔。——书出第361页。典出《吕氏春秋·义赏》："竭泽而渔，岂不获得，而明年无鱼。"又见，《淮南子·本经训》："焚林而田，竭泽而渔。""田"，在这里的意思是"打猎"。

用典探妙：

毛泽东在这篇约22000字的讲话中，于45处用了典故。而且这些典故，绝大多数是成语形式的典故，因而，看来都是易懂、易记、易理解的，看似是没有什么用典的特色可言。其实并非如此。现就其突出的两大特色揭示于后。

其一是：对某些成语形式的典故紧扣文意的诠释，有给人印象难忘之妙。

比如在第340页，毛泽东用了"千方百计"这句人所共知的成语形式的典故。对于这个典故，由杭州大学中文系《古书典故辞典》编写组编写，江西人民出版社1984年9月出版的《古书典故辞典》第51页，对"千方百计"的诠释是"想尽一切办法"。这无疑是千真万确地把握了"千方百计"这一典故的真谛之所在。这个"大众化"了的典故，用上去了就意义明确，可以说是没有必要再作出诠释了。谁要重作解释，都会有画蛇添足之嫌。然而，作为语言学家的毛泽东在用上此典时，却反其道而行之。他通过对"千方百计"的重新解说，不仅不会使此典冗赘，反而更闪光辉。毛泽东这样写道："……我们那个时候提出要千方百计克服困难。什么叫千方百计呢？千方者，就是九百九十九方加一方，百计者，就是九十九计加一计。""千方百计"是一个带数字的成语形式的典故，毛泽东就抓住了这个典故的组成特点，将其中的数字进行分拆组合，通过多个数字的重复、组合、运算，暗含幽默之趣，让人读后以终生难忘之妙！

又如在第334页，毛泽东运用了民间一条俗语形式的典故"墙上一蔸草，风吹两边倒"。此典之本意比喻人对人对物取中立态度。而毛泽东在文章中是用以写政治立场、政治态度的，极富形象性，同样给人以难忘的印象。

其二是：对于旧小说语言典故的恰当引入，有表意幽默、形象生动、意味无穷之妙。

比如在第353页，毛泽东谈到什么事情都要考虑到最坏的一方面，当讲到要永远保住无产阶级的天下时，用了一句旧时小说中常可见到的"虚晃一枪，回马便走"。这个语典十分形象地描绘了酣战双方，当有一方要退却或是拟以退为进作出新的反击时，为了掩护自己的一个习惯性的防御动作就是"虚晃一枪，回马便走"。此典的运用，一有对前面"大家就鸣呼哀哉，痛哭流涕？"的问话的暗自回答之妙，二有对"敌人"进攻展示对付办法之妙，三有形象生动、幽默风趣之妙。总而言之，这个旧小说中的"虚晃一枪，回马便走"的恰当运用，大大地激活了毛泽东这一段话语的生动性与幽默性，令人读后深感妙趣无穷！

324."分清敌我的问题"　"分清是非的问题"
——毛泽东在《关于正确处理人民内部矛盾的问题》中所用典故探妙

用典缘起：

1957年2月27日，毛泽东在最高国务会议第十一次（扩大）会议上，发表了《关于正确处理人民内部矛盾的问题》的重要讲话。在这个讲话中用了下列典故。

典故内容：

一去不复返。——书出第363页。典出《史记·荆轲列传》："风萧萧兮易水寒，壮士一去兮不复还！"又见，唐人崔颢《黄鹤楼》："黄鹤一去不复返，白云千载空悠悠。"

成千上万。亦即"成千累万"。——书出第367页。典出清人蒋士铨《雪中人·眠雪》："今日数文，明日数文，积攒起来，成千累万。"

归根结蒂。亦即"归根结柢"。——书出第368页。典出清人张南庄《何典》第2回："归根结柢，把一场着水人命一盘捵归去，还亏有钱使得鬼推磨。"

相辅相成。——书出第369页。典出清人梁启超《初归国演说辞》："二派所用手段虽有不同，然何尝不相辅相成。"

不可收拾。亦作"不能收拾"、"莫可收拾"。——书出第369页。典出《后汉书·光武帝纪下》："（制诏曰）日者地震，南阳尤甚……吏人死亡，或在坏垣毁屋之下，而家羸弱不能收拾者，其以见钱谷取佣，为寻求之。"又见，明人归有光《震川集·与周淀山四首（其三）》："纪纲决裂，风俗颓靡，人心纷乱而莫可收拾。"又见，唐人韩愈《送高闲上人序》："泊与淡相遭，颓堕委靡，溃败不可收拾。"又见，宋人陈亮《龙川文集·问答上》："而不能与天下共其利，则其势必分裂四出而不可收拾矣。"又见，宋人陆游《绍兴府修学记》："不幸自周季以来，世衰道微，俗流而不返，士散而无统，乱于杨墨，贼于申韩，大坏于释老，烂漫横流，不可收拾。"又见，

明人沈德符《万历野获编·滇南宝井》："国体至此，已糜烂不可收拾。仅一切付之羁縻，古人不贵异物，有以哉！"这里的"不可收拾"，当主要是指事物败坏到不能以整顿或是不可救药的地步；又见，宋人真德秀《知庆元县承议张公墓志铭》："张叔澄大强项，不可收拾。"又见，清人黄宗羲《绿萝庵诗序》："人世怨毒酸苦之境，陷于心坎，则其发之为诗，当必慷慨而不可收拾。"又见，清人李宝嘉《文明小史》第15回："兄弟三人身到此时，不禁手舞足蹈，乐得不可收拾。"又见，其《官场现形记》第18回："赵不了顶没用，也分到一百五十两银子，比起统领顶得意的门上曹二爷虽觉不如，在他已经乐的不可收拾了。"又见，清人吴趼人《糊涂世界》第12回："戚老爷却是一笑不可收拾，赶紧想板过脸来，无奈五官都不听差遣。"这里的"不可收拾"，当主要是指情感或行动达到了极点，或是难以控制的地步。

惩前毖后。——书出第369－370页。典出《诗经·周颂·小毖》："予其惩而毖后患。"又见，明人张居正《答河道吴自湖计河漕》："顷丹阳浅阻，当事诸公毕智竭力，仅克有济，惩前毖后，预为先事之图可也。"

治病救人。——书出第370页。典出晋人葛洪《神仙传》："沈羲，吴郡人，学道于蜀，能治病救人，甚有恩德。"

兴风作浪。——书出第370页。典出明人陈与郊《灵宝刀·府主平反》："有一虞侯陆谦，常常与小人来往，惯会兴风作浪，簸是扬非，想必他于中交构。"

缩手缩脚。——书出第372页。典出同上一篇。

自食其力。——书出第383页。典出《礼记·礼器》："食力无数。"元人陈澔集说："食力，自食其力之人。"

百花齐放，百家争鸣。——书出第388、392页（四出）。典出同上一篇。

半途而废。——书出第394页。典出《礼记·中庸》："君子遵道而行，半途而废，吾弗能已矣。"

千辛万苦。——书出第395页。典出《敦煌变文集·父母恩重经讲经文》："前来经文说父母种种养育，千辛万苦，不惮而喧（暄），乞求长大成人，且要绍继宗祖。"又见，宋人裘万顷《竹斋诗话·灯下偶次前韵》："北风吹雨正寒，北窗吟诗舌欲干。千辛万苦浪如许，饭颗山头谁著汝？"又见，元人关汉卿《五侯宴》第4折："与人家担水运浆，吃打吃骂，千辛万苦，看看至死，不久身亡。"

老子。——书出第397页。典出同上一篇。

祸兮福所倚，福兮祸所伏。亦作"祸福相倚"、"祸福倚伏"、"福倚祸伏"。——书出第397页。典出《旧唐书·魏徵传》："祸福相倚，吉凶同域，唯人所召，安可不思。"又见，清人单可惠《张灯曲》："自来尤物倾家国，男有奇才女奇色；不有福德何以堪，福倚祸伏安可测？"又见，宋人陈亮《问答上（其四）》："心有亲疏，则祸福倚伏于无穷，虽圣智不得而防也。"老子《道德经》第58章："其政闷闷，其民淳淳；其政察察，其民缺缺。祸兮福之所倚，福兮祸之所伏。孰知其极？其无政。正复为奇，善复为妖，人之迷，其日固久。"这一大段话的意思是说：假若政治清静宽宏的话，人民就会变得纯正而质朴；假若政治严厉而苛刻的话，则老百姓就会心怀不满。福祉倚托于在灾祸之中，而灾祸往往又隐藏在福祉之内。试想，有谁能够明知"福"与"祸"的界限和其终极的道理呢？因为它们之间并不是永恒不变的，正义变成诡诈，善良化为丑恶，世人对此的迷惑不解已经很长久了！又见，汉人贾谊《鵩鸟赋》："祸兮福所倚，福兮祸所伏，忧喜集于门兮，吉凶同域。"

用典探妙：

毛泽东在这个约达26000字的讲话中，计于14处用了典故，而且大多数是成语形式的典故。虽说如此，但是，这些典故嵌入讲话之中，能使其话语生色添辉。特别是其中的"祸兮福所倚，福兮祸所伏"一典的运用，尤显其光辉独具。

其一是，此典对于"坏事能否变成好事？"这一章而言，它是一个全局性的典故，它是"坏事能否变成好事？"的哲理性答案，可谓言简意明，其意有让人心领神会之妙。

其二是，此典对于"坏事能否变成好事？"这一章而言，除了是一个总体性的答案之外，亦有承上启下之妙。

所谓承上，就是说，它是对"群众闹事"、"匈牙利事件"、"世界性的风潮"的两面性的科学的解说，同时也是对"胜败"、"乱子"、"穷富"等问题的矛盾变化最为精辟的分析、归纳与总结。"祸兮福所倚，福兮祸所伏"在这一章中，有一典带动全章之妙！

其三是，毛泽东对此典的运用，有其创造性之妙。

中华民族是智慧的民族。2000多年前的老子，就通晓事物能够向对立面转化，这是了不起的。但是，他没有论述其中转化的条件性，以及人的主观努力与客观条件之间的辩证之关系。而毛泽东在运用此典之时，则处处、事事顾及到了"福"与"祸"之间的辩证关系，因而，其所论及的每一个问题，都能给人们以深刻的启迪。

325.中国"唯一的出路" "即社会主义制度"
——毛泽东在《在中国共产党全国宣传工作会议上的讲话》中所用典故探妙

用典缘起：

1957年3月6日至13日，中共中央在北京召开了有党外人士参加的全国宣传工作会议。于12日，毛泽东在会上发表了讲话。在这个讲话中用了下列典故。

977

典故内容：

兴风作浪。——书出第404页。典出同上一篇。

走马看花。——书出第408页（含"下马看花"两出）。典出唐人孟郊《登科后》："春风得意马蹄疾，一日看尽长安花。"又见，宋人杨万里《和同年李子西通判》："走马看花拂绿杨，曲江同赏牡丹香。"又见，明人毕魏《三报恩·嘱托》："场中看文，如走马看花。"

百花齐放。——书出第414、415页（三出）。典出同上一篇。

百家争鸣。——书出第409、414、415页（四出）。典出同上一篇。

格格不入。——书出第409页。典出《礼记》："发然后禁，则扞格而不胜。"又见，清人陈确《与张考夫书》："弟言极朴直，虽三尺童子读之，皆了然言下，而学道家每格格不入，未知何故。"又见，清人袁枚《寄房师邓逊斋书》："以前辈之典型，合后来之花样，自然格格不入。"又见，清人无名氏《杜诗言志》："无奈世之于我，格格不一。"

惩前毖后，治病救人。——书出第410、412页（两出）。典出同上一篇。

不屈不挠。亦即"不挠不屈"。——书出第411页。典出《汉书·叙传下》："乐昌笃实，不桡（挠）不诎（屈）。"又见，清人颐琐《黄绣球》第29回："教皇捉了他问，他在堂上不屈不挠，定归开出信教自由的理数。"又见，清人陈天华《论中国宜改创民主政体》："吾民族以不屈不挠之气概，与外族战，与土番战，与寒暑战，卒能斩荆披棘。"

志士仁人。亦即"仁人志士"。——书出第411页。典出《论语·卫灵公》："子曰：'志士仁人，无求生以害仁，有杀身以成仁。'"又见，西汉人韩婴《韩诗外传》："勇士不忘丧其元，志士仁人不忘在沟壑。"又见，宋人陆游《跋傅给事帖》："会秦丞相用事，掠以为功变恢复为和戎，非复诸公初意矣。志士仁人，抱愤入地者，可胜数哉！"又见，清人黄宗羲《吴山益然大师塔铭》："志士仁人，兴亡之数，鸿纤亿刹，常如视诸掌。"又见，宋人陆游《剑南诗稿·山中观残菊，追怀眉山师伯浑》："君不见仁人志士穷死眉山阳，空使后世传文章。"

舍得一身剐，敢把皇帝拉下马。——书出第412页。典出明人兰陵笑笑生《金瓶梅》第25回："一日，来旺儿吃醉了，和一般家人小厮在前边恨骂西门庆，说：'……我的仇恨，与他结的有天来大。常言道："一不做，二不休。"到跟前再说话，"破着一命剐，便把皇帝打"。'……"又见，《红楼梦》第68回："凤姐儿又冷笑道：'你们饶压着我的头干了事……"原是二奶奶许了他的。……俗话说："拼着一身剐，敢把皇帝拉下马。"他穷疯了的人，什么事作不出来，……"'"

背道而驰。亦即"背驰于道"、"背道而行"。——书出第413页。典出唐人白居易《为人上宰相书》：“自贞元以来，斯道寝微，鲜能知者。岂唯不知乎，不行乎，又将背古道而驰者也。”又见，宋人叶适《水心文集·别集·六·庄子》：“又变于俗而趋于利，故其势不得不背道而驰，则君子哀之可也。”又见，唐人柳宗元《杨评事文集后序》：“其余各探一隅，相与背驰于道者，其去弥远。”又见，明人归有光《震川集·别集一·应制论·史称安隗素行何如》：“蹈道而行之，谓之君子；背道而行之，谓之小人……背道而行者，则淫佚放纵，无所不为矣。”

装腔作势。亦作“拿班做势”、“拿腔做势”、“拿腔作势”、“装腔做势”、“装乔作势”、“装幺做势”、“装模作势”、“捉班做势”。——书出第413页。典出元人萧德祥《杨氏女钉狗劝夫》第4折：“没半盏茶时，求和到两回三次；你枉做个顶天立地的男儿，教那厮越粧（即“装”）模越作势。”又见，清人钱彩《说岳全传》第65回：“赵大、钱二，还要装腔作势，地方邻舍，俱来替他讨情，二人方才应允。”又见，明人凌濛初《二刻拍案惊奇》卷33：“元来他这妻子姓苏，也不是平常的人。原是一个娼家女子，模样也只中中，却是拿班做势，不肯轻易见客。”又见，清人吴敬梓《儒林外史》第5回：“两个秀才拿班做势，在馆里又不肯来。”又见，《红楼梦》第25回：“那贾环便来到王夫人炕上坐着，命人点了蜡烛，拿腔做势的抄写。”又见，清人李宝嘉《官场现形记》第24回：“你拿镜子照照你的脑袋，一个冬瓜脸，一片大麻子，这副模样还要拿腔作势，我不稀罕！”又见，《红楼梦》第46回：“太太是多疑的人，只怕疑我走了风声，叫他拿腔作势的。”又见，清人吴趼人《糊涂世界》第2回：“黎大人听见他不要谢钱仪，心上不过是不肯拿钱出去，既是他不要，就是了，还要装腔做势，勒令他三天要把小姐医得全好。”又见，清人李渔《怜香伴·诮笑》：“争奈新来的中尊，是个青年进士，粧（即“装”）乔作势，不肯亲近斯文。”又见，元人关汉卿《望江亭中秋切鲙》第1折：“夫人，你不要这等粧（即“装”）幺做势，那个着你到我这观里来！”又见，明人冯梦龙《醒世恒言》卷3：“只是寻得主顾来，你却莫要捉班做势。”

二者必取其一。——书出第415页。典出《孟子·公孙丑下》：“陈臻问曰：‘前日于齐，王馈兼金一百，而不受；于宋，馈七十镒而受；于薛，馈五十镒而受。前日之不受是，则今日之受非也；今日之受是，则前日之不受非也。夫子必居一于此矣。”

牛鬼蛇神。——书出第416、417页（五出）。典出唐人杜牧《李贺集序》：“鲸呿鳌掷，牛鬼蛇神，不足为其虚荒诞幻也。”又见，《红楼梦》第82回：“更有一种可笑的，肚子里原没有什么，东拉西扯，弄的牛鬼蛇神，还自以为博奥。”

用典探妙：

毛泽东在这篇约10000字的讲话中，于23处用了典故。因典故是历史文化的积淀与反映，所以在这23处用了典故的地方，往往使其话语的表达意义独显精妙而警策。特别是

在第416至417页中"牛鬼蛇神"一典指代义的重复运用，使毛泽东所要反复阐述的对于错误的东西的种种态度，让听众有听得清楚明白、易于理解之妙。

我们看到，在第416至417页，毛泽东重复地运用了"牛鬼蛇神"一典，以代替出现在舞台上社会上的种种错误的、荒诞的东西，因为"牛鬼蛇神"一典，它隐含着三大方面的丰富内涵，一是指奇形怪状各种鬼神的总称，极具形象性，使其讲话极富形象生动、发人联想之妙。二是指虚幻荒唐的人与事，有准确地涵盖毛泽东其讲话中所要批判的内容之妙。三是丑恶人物的一种比喻，毛泽东重复地五用"牛鬼蛇神"一典，有加重对种种错误现象的批判力度之妙。

326.要加强政治工作 "要密切联系群众"
——毛泽东在《坚持艰苦奋斗，密切联系群众》中所用典故探妙

用典缘起：

1957年3月18日毛泽东在济南党员干部会议上讲话的一部分和1957年3月19日毛泽东在南京党员干部会议上讲话的一部分，在编入《毛泽东选集》第5卷时，将这两部分组合成题为《坚持艰苦奋斗，密切联系群众》一文。在这篇文章中用了下列典故。

典故内容：

争名夺利。——书出第419页。典出《战国策·秦策一》："（张仪曰）臣闻争名者于朝，争利者于市。"又见，元人马致远《黄粱梦》第1折："想世人争名夺利，何苦如此！"

男儿有泪不轻弹，只因未到伤心处。——书出第420页。典出元人李洞《夜行船·送友归吴》："丈夫双泪不轻弹，都付酒杯间。苏台景物非虚诞，年前倚棹曾看。野水鸥边萧寺，乱云马首吴山。"又见，明人李开先《宝剑记·林冲夜奔》中有："登高欲穷千里目，愁云低锁衡阳路。鱼书不至雁无凭，几番空作悲秋赋。回首西山月又斜，天涯孤客真难度。丈夫有泪不轻弹，只因未到伤心处。"

拼命三郎石秀。——书出第420页。典出《水浒传》第44至46等回目之中。他是《水浒传》中的主要人物之一。建康府人氏，屠户出身，流落在蓟州卖柴。其人豪侠，遇路见不平，即肯舍命相救，富于反抗精神。故人称"拼命三郎"。石秀在与杨雄结为兄弟之后，因受杨妻之冤而巧妙地查清杨妻潘巧云与和尚的奸情，杀死了和尚。杨雄杀死其妻，二人同上梁山。在三打祝家庄时，他探明盘陀路的秘密，显现其机智勇敢、沉着精细，以及其对百姓的关心爱护。在大名府，卢俊义被绑赴法场处斩，他跳楼相救。终因寡不敌众而被捕。在公堂上，他大骂梁中书，并说义军就要攻城，因而梁中书不敢加害

于他。展现过人之智慧与胆识。后在征讨方腊时阵亡。"拼命三郎石秀"这个名字，在《水浒传》中多次出现。如《水浒传》第44回："自小学得些枪棒在身，一生执意，路见不平，但要去相助，人都呼小弟作'拼命三郎'。……以此都唤小人做'拼命三郎'。……身似山中猛虎，性如火上浇油。……掀天身价满皇州，拼命三郎石秀。"

打成一片。——书出第421、422页（五出）。典出宋人朱熹《朱子全书·存养》："吸要常自提撕，分寸积累将去，久之自然接续，打成一片耳。"

发号施令。亦作"发号布令"、"发号出令"。——书出第421页。典出《尚书·冏命》："发号施令，罔有不臧。"意为发布命令，使民共晓。又见，春秋·辛计然《文子·下德》："内能治身，外得人心，发号施令，天下从风。"又见，《淮南子·原道训》："夫能理三苗，朝羽民，徙裸国，纳肃慎，未发号施令而移风易俗者，其唯心行者乎！"又见，《东周列国志》第70回："但子干在位，若发号施令，收拾民心，不可图矣。"又见，《礼记·经解》："发号出令而民说谓之和，上下相亲谓之仁。"又见，战国人吴起《吴子·励士》："夫发号布令而人乐闻，兴师动众而人乐战，交兵接刃而人乐死。此三者，人主之所恃也。"

用典探妙：

毛泽东在这个约2600字的讲话中，于9处用了典故。这里的用典特色有如下显著的两点。

其特色之一是：以引用典故的方式提出问题，以改造典故的方式论说问题，典故的引用与改用相辅相成，相得益彰，有对人民内部错误行为予以恰当的嘲讽、批评、教育之妙。显现了毛泽东以高度的文明方式抒发情趣之妙。

所谓以引用典故的方式提出问题，就是说，当毛泽东得知我们革命队伍中有的同志在评级时闹得双泪长流时，他没有火冒三丈，他在概括这些现象之后，引用了明人李开先"男儿有泪不轻弹，只因未到伤心处"（本人所查当是"丈夫有泪不轻弹，只因未到伤心处"，这也许是毛泽东所据版本不同所致）的诗句，一下子就将革命者不该为争名夺利而流泪的问题提到了人格的高度，一个革命者难道还不如古人吗？这已是一种带笑的严厉批评。毛泽东并没有到此为止，他接着就将这一典故诗语改用成"男儿有泪不轻弹，只因未到评级时"，并结合所改用之诗句，紧扣所引出的问题进行分析与品评。将为评级不理想而流泪，上升到革命意志衰退的原则高度来看问题，在毛泽东的这一段分析文字中，展现了毛泽东的幽默与诙谐，是带笑的批评，是善意的劝慰，亦是谆谆的教导，这样的批评帮助，战友们是容易接受与记起的，革命精神是能够重新振作的。宋人黄庭坚有云："古之能为文章者，其能陶冶万物，虽取古人之陈言入于翰墨，如灵丹一粒，点铁成金也。"通观毛泽东在这里引用与改用典故之妙，可以说，他就是这样的"能为文章"、"能陶冶万物"、"点铁成金"者，他就是这样的用典高手！

其特色之二是：借用小说中的人物形象、人物故事、人物精神等典型特点，挪近时空，比照社会现实斗争激励人们艰苦奋斗、勇往直前，创造性地提出了革命者要有一种为了革命事业，而应有的一种拼命精神品质。

《水浒传》一书，其中不少人物形象、人物的事迹，是深深地扎根于中国人民的心目之中，石秀这个人物形象，是一个为推翻封建统治而拼命的人物形象，是一个对敌勇猛打击、对友怀赤诚之心的有着高尚人格的人物形象，是一个世世代代能够激励后人勇往直前的高大的人物形象。毛泽东运用这一个人物之典，一有将"拼命精神"的具体形象与事迹落到实处激励人心之妙！又因为石秀这个人物极具故事性，故这一人物典故的运用，便二有活跃讲话内容、沟通读者心理之妙！

327.发挥群众主动性 提高群众责任心
——毛泽东在《做革命的促进派》中所用典故探妙

用典缘起：

1957年10月9日，毛泽东在中国共产党第八届中央委员会扩大的第三次全体会议上发表了《做革命的促进派》的讲话。在这个讲话中用了下列典故。

典故内容：

和风细雨。——书出第468页。典出宋人张先《八宝装》："锦屏罗幌初睡起。花阴转、重门闭。正不寒不暖，和风细雨，困人天气。……"

打成一片。——书出第468页。典出宋人朱熹《朱子全书·存养》："吸要常自提撕，分寸积累将去，久之自然接续，打成一片耳。"

参差不齐。——书出第470—471页。典出《汉书·扬雄传》："仲尼以来，国君将相卿士名臣参差不齐，一概诸圣。"

十年树木，百年树人。亦即"一树百获"、"树人如树木"、"百年树人"。——书出第472页。典出《管子·权修》："一年之计，莫如树谷；十年之计，莫如树木；终身之计，莫如树人。一树一获者，谷也；一树十获者，木也；一树百获者，人也。"唐人房玄龄注："人有百年之寿，虽使无百年，子孙亦有嗣之而报德者，故曰百获也。"又见，清人梁章钜《楹联丛话·廨宇》："实学斋集句云：刚日读经，柔日读史；十年树木，百年树人。"又见，《续孽海花》楔子："不过培植花草，一年就有效验；培植国民，至少须有数十年。所以古人说：'十年树人，百年树木。'"又见，明人张岱《石匮书·烈帝本纪》："（上）问保举考选，孰为得人，少詹事黄道周对曰：'树人如树木，须养之数十年。近来人才远不及古，况摧残之后，必深加培养。'"又见，清人陈确《与许芝田书》："仁兄优游山中，正可时时课督，以观其成。百年之计树人殆谓此也。"

　　逼上梁山。——书出第473页。典出《水浒传》。"逼上梁山"是整部《水浒传》的一大特点。水泊梁山上的英雄好汉们，或为贫穷所逼，或为灾难所逼，或为中吴用之计所逼……最后集中一点，都是为官府所逼，官逼则民反。在整部"水浒"中，塑造了一个又一个官逼民反的鲜活的英雄群像。如林冲、如杨志、如阮氏三雄……　使"逼上梁山"这一句成语形式的典故，典意浓浓、故事诱人、魅力无穷。《水浒传》第11回的回目就是："朱贵水亭施号箭　林冲雪夜上梁山。"

　　实事求是。——书出第474页。典出《汉书·河间献王传》："河间献王德以孝景前二年立，修学好古，实事求是。"

　　复辟。——书出第474页。典出《尚书·咸有一德》："伊尹既复政厥辟，将告归。"

　　树欲静而风不止。亦即"树欲静乎风不定"、"树欲静而风不宁"、"树欲息而风不停"、"树欲静而风不停"、"风树不静"、"风木"、"风树"。——书出第476页。典出汉人韩婴《韩诗外传》卷9："夫树欲静而风不止，子欲养而亲不待。往而不可追者，年也；去而不可得见者，亲也。"又见，唐人白居易《柳公绰等八人亡父同制》："古人有云：树欲静而风不止，子欲养而亲不待。向无显扬褒赠之事，则何以旌选臣德，慰后嗣心乎？"又见，元人高明《琵琶记·书馆百万逢》："孔子听得高皋鱼哭啼，问其故，皋鱼说道：'树欲静而风不止，子欲养而亲不待。'"又见，汉人刘向《说苑·敬慎》："孔子行游中路闻哭者生，其音甚悲，……丘吾子也，拥镰带索而哭。曰：'吾有三失。……吾少好学问，周遍天下，还后吾亲亡，一失也。事君奢骄，谏不遂，是二失也。厚交友而后绝，三失也。树欲静乎风不定，子欲养吾亲不待，往而不来者，年也，不可得再见者，亲也。请从此辞！'则自刎而死。"又见，明人高则诚《琵琶记·风木余恨》："蔡相公，你腰金衣紫，可惜令尊令堂相继谢世，不得尽你孝心。正是树欲静而风不宁，子欲养而亲不逮。"又见，明人天然痴叟《石点头王立本天涯求父》："还有一等，早年家计贫薄，菽水藜藿，犹或不周，虽欲厚养，力不从心。及至后来一旦富贵，食则珍羞罗列，衣则玉帛赢余，然而父母已丧，不能得享一丝一窝。所以说树欲静而风不宁，子欲养而亲不在。"又见，明人凌濛初《二刻拍案惊奇》卷21："王爵道：'敢问师傅法号？'尼姑道：'小尼贱名真静。'王爵笑道：'只怕树欲静而风不宁，便动动也不妨。'"又见，《孔子家语·致思》："夫树欲静而风不停，子欲养而亲不待。往而不来者年也，不可再见者亲也。"又见，宋人陈亮《祭凌存仲母夫人文》："树欲息而风不停，子欲养而亲不待。"又见，南朝梁人萧绎《高祖武皇帝谥议》："烦冤荼毒，贯切心髓，风树不静，陟岵何期！"又见，宋人刘克庄《夫人宗氏墓志铭》："吾成名父不及见，吾昔远宦，使吾母没于楚东荒叠，夕晚授钺于名

都巨屏，朝菌之荣浅，风木之悲深。"又见，明人邵璨《香囊记·逼试》："李密《陈情》，犹怀乌鸟之私；皋鱼出仕，致有风木之恨。"又见，宋人陆游《剑南诗稿·焚黄》："早岁已兴风木叹，余生永废《蓼莪》诗。"又见，《南齐书·虞玩之传》："（上表告退曰）特以丁运孤贫，养礼多阙，风树之感，夙自缠心。"

蠢蠢欲动。亦即"蠢蠢而动"、"蠢动"。——书出第476－477页。典出南朝宋人刘敬叔《异苑·句容水脉》："吴孙权赤乌八年，遣校尉陈勋漕句容中道凿破瑶，掘得一黑物，无有首尾，形如数百斛舡，长数十丈，蠢蠢而动。"又见，明人张岱《陶庵梦忆·金山竞渡》："金山上人团簇，隔江望之，蚁附蜂动，蠢蠢欲动。"这里的"蠢蠢而动"和"蠢蠢欲动"，主要是指缓缓移动之状有如虫子在爬动；又见，《左传·昭公二十四年》："今王室实蠢蠢焉，吾小国惧矣。"晋人杜预注："蠢蠢，动扰貌。"又见，宋人王质《论庙谋疏》："越千里以伐人，而强晋蠢蠢然又有欲动之势，形孤而心摇，必不能久矣。"又见，《三国志·吕岱传》："会武陵蛮夷蠢动，岱与太常潘濬共讨定之。"这里的"蠢蠢欲动"和"蠢动"，主要说敌人或坏人在活动、在准备进攻与骚扰。

君子动口不动手。亦即"君子动口，小人动手"。——书出第478页。典出清人李宝嘉《官场现形记》第44回："有什么话，我们当面讲讲开。俗话说的好，叫做是'君子动口，小人动手'，怎么你二位连这两句话都不晓得吗？"

百花齐放。——书出第478页（两出）。典出清人褚人获《隋唐演义》第28回："陛下要不寂寞，有何难哉！妾等今夜虔祷天宫，管取明朝百花齐放。"

百家争鸣。——书出第178页（两出）。典出《汉书·艺文志》："凡诸子百八十九家……蜂出并作，各引一端，崇其所善，以此驰说，取合诸侯。"

用典探妙：

毛泽东在这篇约4700字的讲话中，计于12处用了典故。在这12处的用典中，最有特色的当属对"十年树木，百年树人"一典的运用。这个典故的运用之妙，其妙就妙在：

首先是对于原有典故的典意的补充"完善"（所谓完善，是指为表意而完善典意）之妙。

要了解毛泽东对于"十年树木，百年树人"这一典故语的典意的补充之妙，我们必须先看一看"十年树木，百年树人"的本意。在2600余年前的管仲，为了说明富国强兵、重视人才培养的重要性，他以树木、树人的关系去阐明这个总问题写道："一年之计，莫如树谷；十年之计，莫如树木；终身之计，莫如树人。一树一获者，谷也；一树十获者，木也；一树百获者，人也。"人们从这一至理名言中，总括出两个有名的典故。这就是"十年树木，百年树人"和"一树百获"。笔者品味管仲之意，觉得这一段话语十分经典。其意是说：一年种谷可以见到收获；植树十年可以成林；培养大批的人才，并能代代相传下去、乃是一个有预先性的百年大计。树人与树木相比，树人是有其难度和特殊性的。这是"十年树木，百年树人"的典意的一个方面。

毛泽东在用到这个典故的时候，顾及到了其典意的另一个方面，也是人们初涉此典时会想到的一个方面。毛泽东在第472页中这样写道："中国有句古话，'十年树木，百年树人'。百年树人，减少九十年，十年树人。十年树木是不对的，在南方要二十五年，在北方要更多的时间。十年树人倒是可以的。"《增广贤文》中有名言云："山中也有千年树，世上难逢百岁人。"人生有限，岁月永恒。有道是"十年磨一剑"，人有十年的教育培养一般是足以成才的，就一代人而言，"十年树人"是真理，是"百年树人"这一典意中所隐含的一个方面。毛泽东的"十年树人"一说，无疑是"百年树人"一说的补充与发挥。

毛泽东挖掘"百年树人"中的"十年树人"这一特别典意，更为重要的，还是要让这典故语更好地为现实服务。毛泽东紧接着就这样写道："十年树人倒是可以的。我们已经过了八年，加上十年，是十八年，估计可能基本上造成工人阶级的有马克思主义思想的专家队伍。十年以后就扩大这个队伍，提高这个队伍。"毛泽东的"十年树人"之典意的发挥，有展望了培养一代又一代革命事业接班人的光辉前景之妙！

其次是俗语典故的分析运用，有高度概括所要表达的文意且给人以印象难忘之妙。

这里最为典型的一条俗话是"君子动口不动手"的运用。毛泽东在运用这条俗话时，一方面将其上升为无产阶级的一种斗争策略和斗争方法。另一方面，又在"君子动手不动口"的基础上，推演出新句"小人要动手，老子也动手"，将无产阶级的斗争策略与方法，解说得通俗易懂，令人读后印象难忘。

328.搞"社会主义革命" "对我们都是新的"
——毛泽东在《坚定地相信群众的大多数》中所用典故探妙

用典缘起：

1957年10月13日，毛泽东在最高国务会议第十三次会议上发表了《坚定地相信群众的大多数》的讲话。在这个讲话中用了下列典故。

典故内容：

金鼓齐鸣。——书出第480页。典出《周礼·地官·鼓人》："掌教六鼓四金之声，以节声乐，以和军旅，以正田役。"又见，《吕氏春秋·慎势》："有金鼓，所以一耳。"又见，明人徐渭《英烈全传》第41回："前军报道：'却是汀州鹤鸣山下，前边金鼓齐鸣，想是有贼人截战。'"又见，《水浒全传》第60回："呼延灼便叫急回旧路。走不到百十步，只见四下金鼓齐鸣，喊声震地，一望都是火把。晁盖众将引军夺路

而走……"

有则改之。——书出第481页。典出《论语·学而》："曾子曰：'吾日三省吾身。'"宋人朱熹集注："曾子以此三者日省其身，有则改之，无则加勉，其自治诚且如此，可谓得为学之本矣。"又见，《明实录·英宗正统实录六八》："如或受谄谀，纳侵润，则贤受抑，不肯者得志，孰与成功？尔等有则改之，无则加勉。"

天下……大乱。——书出第483页（两出）。典出《汉书·高帝纪》："前日天下大乱，兵革并起，万民苦殃。"

百花齐放。——书出第485页（两出）。典出同上一篇。

百家争鸣。——书出第485页（两出）。典出同上一篇。

归根结底。亦即"归根结柢"。——书出第485页。典出清人张南庄《何典》第2回："归根结柢，把一场着水人命一盘揽归去，还亏有钱使得鬼推磨。"

一分为二。——书出第486页。典出《易传·系辞》："易有太极，是生两仪。"宋人黎靖德编《朱子语类·性理》："问先生以为一分为二，二分为四，四分为八，又细分将去，程子说性中只有仁义礼智四者而已。"

皮之不存，毛将焉附。——书出第487、490页（两出）。典出《左传·僖公十四年》："秦饥，使乞籴于晋，晋人弗与。庆郑曰：'背施无亲，幸灾不仁，贪爱不祥，怒邻不义；四德皆失，何以守国？'虢射曰：'皮之不存，毛将安（即"焉"）傅（即"附"）？'"

五张皮。——书出第490页（三出）。典出唐人李白《鞠行歌》："秦穆五羊皮，买死百里奚。""五张皮"当是由"五羊皮"联想改字而成。

梁上君子。亦即"陈寔遗盗"。——书出第487页。典出《后汉书·陈寔传》："有盗夜入其室，止于梁上。寔阴见之，乃起自整拂，呼命子孙，正色训之曰：'夫人不可不自勉，不善之人，未必本恶，习以性成，遂至如此，梁上君子者是矣！'盗大惊，自投于地，稽颡归罪。"

急风暴雨。亦即"疾风暴雨"。——书出第487、488页（两出）。典出《淮南子·兵略训》："大寒甚暑，疾风暴雨，大雾冥晦，因此而为变者也。"

和风细雨。——书出第488、491页（三出）。典出宋人张先《八宝装》："正不寒不暖，和风细雨，困人天气。"

脱胎换骨。亦作"夺胎换骨"、"换骨脱胎"、"抽胎换骨"。——书出第489页（两出）。典出宋人释惠洪《冷斋夜话·换骨夺胎法》："山谷云：诗意无穷，而人之才有限，以有限之才，追无穷之意，虽渊明、少陵不得工也。然不易其意而造其语，谓之换骨法；窥入其意而形容之，谓之夺胎法。"又见，宋人陈善《扪虱新话·文章有夺胎换骨法》："文章虽要不蹈袭古人一言一句，然古人自有夺胎换骨等法，所谓灵丹一粒，点铁成金也。"又见，宋人周必大《益公题跋·跋初寮先生帖》："当政、间，禁切苏学，一涉近似，旋坐废锢，而先生以夺胎换骨之手，挥毫禁林，初无疑者。"又见，清人黄宗宪《以莲菊桃杂供一瓶作歌》诗："化工造物先造质，控搏从质亦多术。安知夺胎换骨无金丹，不使此莲此菊此桃万亿化身合为一。"又见，宋人葛长庚《沁园春·赠胡葆元》："常温养，使脱胎换骨，身在云端。"又见，明人冯梦龙《警世通言》卷27："凡人成仙，脱胎换骨，定然先将俗肌消尽，然后重换仙体。"又见，金人侯善渊《杨柳枝》词："换骨脱胎归旧路，返童颜。"又见，明人无名氏《李云卿》第3折："李云卿，你今日一悟，三千行满，百百功成，已服大丹，抽胎换骨了也。"又见，《金瓶梅》第67回："你也尝尝，吃了牙老重生，抽胎换骨。"

三教九流。——书出第490页。"三教"即"儒、道、佛"三教。典出《周书·武帝纪上》："帝升高座，辨释三教先后。以儒教为先，道教为次，佛教为后。""九流"即"儒家、道家、阴阳家、法家、名家、墨家、纵横家、杂家、农家"九家。后亦泛指宗教、学术中的各种派别。又见，《汉书·叙传下》："刘向司籍，九流以别。"又见，《后汉书·班固传》："及长，遂博贯载籍，九流百家之言，无不穷究。"又见，宋人赵彦卫《云麓漫钞》："（梁武）帝问三教九流及汉朝旧事，了如目前。"又见，《三国演义》第23回："（曹）操怒曰：'汝有何能？'（祢）衡曰：'天文地理，无一不通；三教九流，无所不晓。'"又见，《水浒传》第69回："原来董平心灵机巧，三教九流，无所不通，品竹调弦，无有不会。"又见，同书第71回："有篇言语，单道梁山泊的好处，怎见得：……其人则有帝子神孙，富豪将吏，并三教九流，乃至猎户渔人，屠儿刽子，都一般儿哥弟称呼，不分贵贱。"又见，元人王实甫《西厢记》第1本第1折："南来北往，三教九流，过者无不瞻仰。"又见，同书第4本第2折："一个通彻三教九流，一个晓尽描鸾刺绣。"又见，明人冯梦龙《醒世恒言》卷35："自幼聪明好学，该博三教九流，贯串诸子百家。"又见，清人李汝珍《镜花缘》第99回："细细看去，士农工商，三教九流，无一不有。"

阎王。亦即"阎罗"、"阎罗王"。——书出第492页（两出）。典出《隋书·韩擒虎传》："生为上柱国，死作阎罗王"。又见，《宋史·包拯传》："关节不到，有阎罗包老"。又见，唐人道世编撰《法苑珠林》："阎罗王者，昔为沙毗国王……"又见，清人郑板桥《自挽联》："张长哥，李矮哥，慢慢同行，胆小休教吓我；地藏王，阎罗王，粗粗相会，面狠好不惊人。"

骨气。——书出第492页。典出南朝梁人钟嵘《诗品》："魏陈思王植诗，其源出于国风。骨气甚高，词采华茂。"又见，南朝梁人袁昂《古今书评》："蔡邕书骨气洞达，爽爽有神。"又见，南朝宋人刘义庆《世说新语·品藻》："时人道阮思旷骨气不及右军。"

用典探妙：

毛泽东在这篇约10000字的讲话中，计于25处用了典故。借助这些典故多种的运用，大大地增强了语言的论辩力度。特别是"皮之不存，毛将焉附"与"五张皮"二典的隔篇重复而用，有反复强调中国的知识分子与中国无产阶级之间的关系之妙。

什么是"皮之不存，毛将焉附"与"五张皮"二典的隔篇重复而用呢？我们知道：在本书的第452至453页中，毛泽东一用"皮之不存，毛将焉附"，五用"五张皮"。而在本书的第490至492页，一用"皮之不存，毛将焉附"，三用"五张皮"。在这两处除所用的这两个典故相同之外，在语言的运用上，也大致相同或相似，这就大大地强调了毛泽东对于中国知识分子与中国无产阶级这种依附与被依附的关系的总体看法，同时也反映了毛泽东对于无产阶级要有自己的知识分子队伍的关心。这种看法与关心，正是通过在典故语言运用的效果和分析上，可谓作了精妙至极的表述。

正因为如此，所以毛泽东在本书的第472页这样写道："无产阶级没有自己的庞大的技术队伍和理论队伍，社会主义是不能建成的。我们要在这十年内……建立无产阶级知识分子的队伍。我们的党员和党外积极分子都要努力争取变成无产阶级知识分子。各级特别是省、地、县这三级要有培养无产阶级知识分子的计划……我们已经过了八年，加上十年，是十八年，估计可能基本上造成工人阶级的有马克思主义思想的专家队伍。十年以后就扩大这个队伍，提高这个队伍。"今天，中国的知识分子，同样是劳动者，是中国工人阶级的重要组成部分。

329."对犯错误的同志" "采取辩证的方法"
——毛泽东在《党内团结的辩证方法》中所用典故探妙

用典缘起：

1957年11月18日，毛泽东在莫斯科共产党和工人党代表会议上发言，将其发言节录编入《毛泽东选集》第5卷时题为《党内团结的辩证方法》。在这篇发言节录中用了下列典故。

典故内容：

荷花虽好，也要绿叶扶持。——书出第496页。典出明人顾起元《客座赘语》："南都中闾巷中常谚往往有粗俚而可味者，如曰……'牡丹虽好，绿叶扶持。'"又见，《红楼梦》第110回："独有李纨瞧出凤姐的苦处，也不敢替他说话，只自叹道：'俗话说的，"牡丹虽好，全仗绿叶扶持"，太太们不亏了凤丫头，那些人还帮着吗！……'"又见，清人杜文澜《古谣谚》卷50第633页："牡丹虽好，绿叶扶持。"

三个臭皮匠，合成一个诸葛亮。——书出第496页。典出清人范寅《越谚》下卷：

"三个缝皮匠，抵个诸葛亮。《任子》：一人之智，不如众人之愚。此谚当源于此。"又见，清末民初·蔡东藩《清史通俗演义》第58回："想了半日，尚无妙策，就邀了几位幕宾，同议剿匪事宜。三个缝皮匠，比个诸葛亮，竟想出一个奏报北京迅派大员的计策。"

　　不可救药。——书出第497页（两出）。典出《诗经·大雅·板》："多将熇熇，不可救药。"唐人孔颖达疏："熇熇是炽盛之貌，而言不可救止，故知是多行惨酷毒害之恶，谁能止其祸，如人病甚，不可救以药。"又见，明人宋濂《傅守刚墓碣》："鱼烂河决，不可救药，君子每为之太息。"

　　一分为二。——书出第498页。典出同上一篇。

用典探妙：

　　毛泽东的这篇约2000字的节录，计于5处用了典故。这5处典故中，其中最为突出的一点，就是俗语形式的典故与俗语的结合并连续运用，有环环相扣、强烈鲜明、令人叹服、令人倾倒的效应之妙。

　　俗语"一个好汉也要三个帮，一个篱笆也要三个桩"，与俗语形式的典故"荷花虽好，也要绿叶扶持"和"三个臭皮匠，合成一个诸葛亮"，是毛泽东最为喜欢运用的俗语与俗语形式的典故。如1928年3月他在对部队的讲话中，运用这些俗语与俗语典故，与指战员共勉；1945年1月11日，运用这些俗语与俗语典故，嘉勉劳动英雄；1955年在一次大会的讲话中，运用这些俗语与俗语形式的典故，谈团结互助问题……（参见吴直雄：《毛泽东妙用诗词》（上、下册），京华出版社1998年6月版，第351－354页）从毛泽东在上面三处所运用的情况来看，这三条诗化了的俗语与俗语形式的典故，其意蕴异常丰富，具有说明问题的多重功能。

　　毛泽东在本书的第496页，所要说明与论证的是："不犯错误的人全世界一个也没有。任何一个人都要人支持。"而这些诗化了的俗语与俗语典故，它们是人们长期经验累积的高度概括，形象而简练，富有浓烈的哲理，是人们喜闻乐见的一种形式。毛泽东在论证"不犯错误的人全世界一个也没有"与"任何一个人都要人支持"时，连续地运用这三个意义相近、言简意明的俗语与俗语形式的典故，大大地增强了自己的论辩力度，同时为下面一段评说对犯错误的同志应采取辩证的方法，作出了必要之铺垫！

330.反动派是纸老虎　因他们脱离人民
　　——毛泽东在《一切反动派都是纸老虎》中所用典故探妙

用典缘起：

　　1957年11月18日，毛泽东在莫斯科共产党和工人党代表会议上作了发言。在《毛泽

东选集》第5卷的编辑时，将其发言节录编入，题为《一切反动派都是纸老虎》。在这个节录中用了下列典故。

典故内容：

纸老虎。亦即"纸糊老虎"、"纸虎"。——书出第499页（八出）。典出清人吴趼人《糊涂世界》第2回："伍琼芳听见把他纸老虎戳破，心上大不高兴。"又见，清人沈起凤《伏虎韬》第4折："闲人闪开，纸糊老虎来了。"又见，《水浒传》第25回："那妇人（潘金莲）顶住着门，慌做一团，口里便说道：'闲常时，只如鸟嘴卖弄杀好拳棒。急上场时，便没些用，见个纸虎，也吓一交。'那妇人这几句话，分明教西门庆来打武大，夺路了走。"又见，明人潘问奇《五人墓》："竖刁任挟冰山势，缇绮俄成纸虎威。"

用典探妙：

毛泽东在这一段不足1000字的发言节录中，计有8处用了一个典故。我们知道，在本书第289至292页，毛泽东在同两位拉丁美洲人士的谈话中，专门论证了"美帝国主义是纸老虎"的问题，时隔1年零4个月之后，毛泽东进一步提出了"一切反动派都是纸老虎"的著名论断。在运用典故的问题上，较之前一篇，又有其新的特色。这就是：八处重复用一典，典典紧扣事实，有环环相扣、夹叙夹议、复而不厌、赜而不乱、气势贯通、酣畅淋漓之妙。

毛泽东在这篇节录中的标题和文中的问题的提出，就十分明确地提出："我说一切所有号称强大的反动派统统不过是纸老虎。"这个问题的提出，十分诱人，一下子就会落入世人的眼球，让人非得读下去不可。这个论点，可以说是有石破天惊之妙！

事实胜于雄辩。这是颠扑不破的真理。毛泽东该怎么论证这样重大的战略命题呢？他采用了将典故与事实处处挂钩相扣之法，将"纸老虎"一典，与"希特勒"、"沙皇"、"中国皇帝"、"日寇"、"蒋介石"这些被革命人民扫入了历史的垃圾堆的反动人物相扣合，酣畅淋漓地批判了这些反动头子，雄辩有力、无懈可击地论证了这一般人想也不敢想的重要的战术问题，令人在事实面前不得不叹服。

从修辞的角度来看，毛泽东所提出的"一切反动派都是纸老虎"这一著名论断，又具有最为生动而形象的比喻之妙。这正如在延安时期听过毛泽东这一讲话的斯特朗这样写道："毛直率的谈吐，渊博的知识，和诗一般的比喻，使他的谈话成为一次我所经历的最为鼓舞人心的谈话。我从来未见过有人使用如此鲜明而又充满诗意的比喻。"（参见沈世鸣《新的世界　新的文学——中国解放区文学书系编后札记》，《文艺理论与批评》1992年第4期，第25页）

六　深邃的历史画卷　睿智的治国蓝图
——毛泽东在《毛泽东著作选读》（新编本上下册）中所用典故探妙

《毛泽东著作选读》（新编本上下册），以下简称《选读》。"是为了向广大干部和青年提供毛泽东的最重要、最基本的科学著作，以便于读者学习和研究中国共产党所领导的中国革命和建设的历史，学习和研究马克思列宁主义基本原理同中国革命和建设实践相结合的科学成果——毛泽东思想。"《选读》分上下两册，共编选了毛泽东自1921年至1965年期间68篇著作，除去笔者在《毛泽东选集》第1至第5卷中已经将含有典故的文章进行了"探妙"之外，尚有9篇文章中所运用的典故的情况，需要挖掘、研究和探讨。毛泽东在这些文章中，计约于107处用了典故。在这些文章中的典故的运用，与第1至第5卷中所用的典故一样，或是言简意赅，或是概括事理，或是道古论今，或是烘托效果，或是化腐为奇……虽说只是片言只语，经毛泽东的活用妙用，便成了毛泽东文章中的璀璨珠玑，这寥寥数字的典故，深刻地揭示了毛泽东所要阐发的严密哲理，使毛泽东的这些作品文锋犀利、议论风生、一语中的、熠然生辉。下面，就按照《选读》（新编本上下册）中尚未探妙的用典文章的先后顺序予以探讨之。

331."仍然是我的先生"　将"还是我的先生"
——毛泽东在《为徐特立六十岁生日写的贺信》中所用典故探妙

用典缘起：

1937年1月30日，是徐特立同志60岁生日，为此，毛泽东写了贺信。在这封贺信中用了下列典故。

典故内容：

畏葸不前。亦即"畏缩不前"。——书出第118页。典出宋人魏泰《东轩笔录》："唐介始弹张尧佐，谏官皆上疏，及弹文彦博，则吴奎畏缩不前，当时谓拽动阵脚。"又见，《清史稿·高宗本纪》："丁卯，以扈从行围畏葸不前，褫丰安公爵、田国思侯爵，阿里衮罢领侍卫内大臣。"

用典探妙：

毛泽东在这封不足1000字的贺信只用了一个典故，且是一个成语形式的典故。要理解毛泽东的这一用典之妙，首先必须了解毛泽东的这封贺信的写作之妙。毛泽东的这封贺信的最大写作特点是：运用对比的手法突出徐特立同志的高贵品质。而"畏葸不前"一典的

运用，则是通过对于某些人的缺点的批判并对比徐特立同志，有进一步凸显了徐特立同志不畏老、不怕身体精神不行、敢于藐视困难与障碍的崇高的革命精神品质之妙。

332.从改造中去认识 从认识中去改造
——毛泽东在《自由是必然的认识和世界的改造》中所用典故探妙

用典缘起：

1941年，毛泽东在驳斥王明"左"倾路线的时候，写了一篇文章，这篇文章中的一段在编入《选读》下册时题为《自由是必然的认识和世界的改造》。在这篇文章中用了下列典故。

典故内容：

一塌糊涂。——书出第486页。典出清人曾朴《孽海花》第30回："与其顾惜场面、硬充好汉，到临了弄的一塌糊涂，还不如一老一实，揭破真情，自寻生路。"又见，清人梁启超《教育与政治》："十年来的政治乃至其他各种公共事业为什么闹得一塌糊涂，病根就在欠这一点点。"

盲人骑瞎马，夜半临深池。亦省用为"盲人骑瞎马"、"盲人瞎马"、"瞎马临池"。——书出第486页。典出南朝宋人刘义庆《世说新语·排调》："桓南郡（即桓玄）、殷仲堪、顾恺之作危语（说形容危险的话）。桓曰：'矛头淅米（淘米）剑头炊。'殷曰：'百岁老翁攀枯枝。'顾曰：'井上辘轳卧婴儿。'殷有一参军（参谋）在坐，曰：'盲人骑瞎马，夜半临深池。'殷曰：'咄咄逼人！'仲堪眇（一只眼睛）目故也。"又见，金人许安仁《草木虫鱼咏》："蝇钻故纸竟不悟，蛾扑明灯甘丧生；大似盲人骑瞎马，不知平地有深坑。"又见，清人梁启超《论教育当定宗旨》："今乃以乱弹之曲，鱼目之珠，盲人瞎马，夜半临池，天下可悲可惧之事，安有过此者耶！"又见，清人张问陶《观我》其二中有："飞花堕溷春难挽，瞎马临池夜可惊。"又见，清末·康有为《上清帝第五书》："积重难返，良有所困。夜行无烛，瞎马临池，今日大患，莫大于昧。"

用典探妙：

毛泽东在这篇不足1200字的短论中，仅用了两个典故。这两个典故的运用，十分形象生动地批判了王明的"左"倾思想路线，指出他们不懂得中国革命的现状，却要充当中国革命的领路人。他们对于中国革命的构想是主观随意的，是一塌糊涂的，如若让他们来指导中国革命，其结果只能是"盲人骑瞎马，夜半临深池"一样危险可怕，这样的描绘与批判，实有一针见血之妙！

再是毛泽东将这两个典故用于文章之尾，有总括全文之旨的点题之妙！

在这两个典故之前，毛泽东运用马克思列宁主义的理论，从理论与实践上，阐述了改造中国、改造世界与认识中国、认识世界的关系及其重要性，最后批判王明这些主观主义的老爷们，并用这两个蕴涵深刻典故于结尾之中，说古以喻今，比况王明，其比况之自如，有无斧凿之痕之妙！而说古喻今，批判王明，指出其主观主义的严重恶果，有令人警醒之妙！

333."空话都是无用的" "是给人民以东西"
——毛泽东在《必须给人民看得见的物质福利》中所用典故探妙

用典缘起：

1942年12月，毛泽东撰写了《经济问题与财政问题》一书。其中的两段文字在编入《选读》时题为《必须给人民看得见的物质福利》。在这篇文章中用了下列典故。

典故内容：

夜以继日。亦作"夜以续日"、"夜以接日"、"夜以继昼"、"以夜继日"、"以日继夜"。——书出第564页。典出《庄子·至乐》："夫贵者，夜以继日，思虑善否，其为形也亦疏矣！"唐人成玄英疏："夫位高虑远，禄重忧深，是以昼夜思量，献可替否，劳形怵心，无时暂息。"这些话的意思是说：那些有权有势的人，他们日夜所思考的是其官运昌否亨通之类的问题，他们既然是这个样子，那对于人生保养之类的事，就未免疏远了一些。又见，《孟子·离娄下》："周公思兼三王，以施四事；其有不合者，仰而思之，夜以继日；幸而得之，坐以待旦。"这一段话的意思是说：周公旦所思虑的是如何才可以兼得夏、商、周三代君主的统治经验，得以实施禹、汤、周文王及周武王所行之功业；如果遇到了与自己主张相左的，便由夜到天亮地思考着；如果侥幸地思考周全了，即坐待天明，并力求尽快实行之。又见，三国魏人阮籍《乐论》："殷之季君，亦奏斯乐。酒池肉林，夜以继日。"又见，宋人苏轼《上神宗皇帝万言书》："思之经月，夜以继日，书成复毁，至于再三。"又见，《管子·禁藏》："夫凡人之情，见利莫能勿就，见害莫能勿避。其商人通贾，倍道兼行，夜以续日，千里而不远者，利在前也。"又见，《晏子春秋·内篇谏下一》："今齐国丈夫耕，女子织，夜以接日，不足以奉上。"又见《后汉书·郅恽传》："昔文王不敢槃于游田，以万人惟忧，而陛下远猎山林，夜以继昼，其如社稷宗庙何？"又见，汉人刘向《说苑·权谋》："中山之俗，以昼力夜，以夜继日，男女切踦，固无休息，淫昏康乐，歌讴好悲，其主不知恶，此亡国之风也。"又见，《晋书·车胤传》："家贫不常得油，夏月

则练囊盛数十萤火以照书，以夜继日焉。"又见，唐人韩愈《为裴相公让官表》："圣君难逢，重德宜报，苦心焦思，以日继夜。苟利于国，知无不为。"

打成一片。——书出第564页。典出宋人释普济《五灯会元·益州青城香林院澄远禅师》："宋（公玘）曰：'大善知识去住自由。'师谓众曰：'老僧四十年方打成一片。'"又见，宋人朱熹《答石子重（其五）》："正要就日用纯熟处识得便无走作，非如今之学者前后自为两段，行解各不相资也；近方见此意思，亦患未得打成一片耳。"

不闻不问。——书出第565页。典出清人石玉昆《三侠五义》第76回："也不想想朝廷家平空的丢了一个太守，也就不闻不问，焉有是理。"又见，清人文康《儿女英雄传》缘起首回："（唐明皇）为了一个杨贵妃，焚香密誓……除了选色征歌之外，一概付之不闻不问。"

董仲舒。——书出第565页。典出《二十四史》等资料。董仲舒（公元前179－公元前104年）。广川（今河北枣强东）人。是西汉哲学家与今文经学大师。有《春秋繁露》、《董子文集》等著作传世。

正其谊不谋其利，明其道不计其功。亦即"正谊明道"。——书出第565、566页（实为两出）。典出《汉书·董仲舒传》："夫仁人者，正其谊不谋其利，明其道不计其功。"又见，宋人叶适《习学记言序目·汉书三》："仁人正谊不谋利，明道不计功。此语初看极好，细看全疏阔。"又见，清人方苞《关公训言序》："董子曰：'正其谊不谋其利，明其道不计其功。'程朱宗之。其教人以为善而去恶也，必先夺其祸福之见。"又见，清人颜元《四书正误》："以义为利，贤圣平正之道也……利者，义之和也……义之利，君子所贵也。后儒乃云：'正其谊不谋其利，明其道不计其功'，过矣。"

学也，禄在其中。亦单用作"禄在其中"。——书出第565页。典出《论语·卫灵公》："君子谋道不谋食。耕也，馁在其中矣；学也，禄在其中矣。"又见，《抱朴子·遐览》："苦意极思，攻微索引，竟不能禄在其中，免此垄亩。"又见，《梁书·武帝纪中》："天监八年五月壬午诏曰：'学以从政，殷勤往哲，禄在其中，抑亦前事。'"又见，《隋书·儒林传序》："古之学者，禄在其中；今之学者，困于贫贱。"又见，《南史·儒林传论》："语云：'上有好者，下必有甚焉者'，是以邹缨齐紫，且以移俗，况禄在其中，可无尚欤？"

食之者众，生之者寡，用之者疾，为之者舒。——书出第566页。典出《礼记·大学》："生财有大道。生之者众，食之者寡，为之者疾，用之者舒，则财恒足矣。"

用典探妙：

毛泽东在这篇不足2500字的文章中，计于8处用了典故。这8处所用典故之文，在文章中形成了8大亮点。其中最为鲜亮之处，是借对于名人名言（典故）的批判与改造，以凸显经济问题与财政问题的重要性，有给人以深刻难忘的印象之妙！

在第565页，毛泽东在讲到我们不少的干部不重视经济工作时，他不是单纯地讲述经济工作是如何如何的重要，而是分如下三个层次论证之：

首先是引用汉朝大儒董仲舒的名言——"正其谊不谋其利，明其道不计其功"；并幽默地在"董仲舒"的名字后加上一个"们"字。这既是毛泽东用人名典故的风趣之笔，更是其用人名典故的深意之所在：因为这一"们"字，一表董仲舒的这一经济观点，古有其追随者，二表在当今之世亦不泛有其赞同者。这将某些同志不重视经济工作的问题，予以追根溯源地批判之，从而使批判有力度和深度。

其次是用《论语》中的名言——"学也，禄在其中"，指出这种观点与抗日的时代精神相悖。最后，又将董仲舒的名言概缩成"正谊明道"再一次批判之，并指出："我们不能饿着肚子去'正谊明道'，我们必须弄饭吃，我们必须注意经济工作。"将"民以食为天"的古训作了人人都能理解接受的科学的阐释。

最后，将《大学》中"生财有道"的一大段名言，予以调换字词语序反其意而用之为："食之者众，生之者寡，用之者疾，为之者舒，是要塌台的。"这就将经济工作与革命的成败、与政权的存亡，提高到了令人不得不特别注意与必须重视的高度。而这种高度之所以能产生令人信服、令人警醒的艺术效果，这与毛泽东运用典故去追根溯源地进行批判与改造是分不开的。

334. "艺术有形式问题" "有民族形式问题"
——毛泽东在《同音乐工作者的谈话》中所用典故探妙

用典缘起：

1956年8月24日，毛泽东在会见中国音乐家协会的负责同志时，发表了《同音乐工作者的谈话》，在这个谈话中用了下列典故。

典故内容：

独树一帜。——书出第746页。典出清人袁枚《随园诗话》："欧公学韩文，而所作文全不似韩，此八家中所以独树一帜也。"又见，清人曾朴《孽海花》第3回："拿经史百家的学问，全纳入时文里面，打破有明以来江西派和云间派的门户，独树一帜。"

标新立异。亦作"标新领异"、"标新竞异"、"标新取异"、"拔新领异"、"领异拔新"、"领异标新"。——书出第750页（三出）。典出南朝宋人刘义庆《世说新语·文学》："支道林在白马寺中，将冯太常（冯怀）共语，因及《逍遥》，支卓然标新理于二家（即注《庄子》之郭象与向秀）之表，立异义于众贤之外，皆是诸名贤寻

味之所不得。"这里所说的是：东晋之高僧支道林在白马寺中与冯怀闲谈，当他们议及《庄子·逍遥游》时，支道林的见解不同一般，不仅与经学家郭象、向秀的解说不同，而且与其他各注家的解说亦不尽一致，颇多新意。冯怀对于支道林的见解是赞同的。又见，清人褚人获《隋唐演义》第31回："但今作者，止取体绝句娇，标新立异而已，原没甚骨力规则。"又见，清人蒋士铨《雪中人·脱网》："休疑，不是我藏头露尾，标新立异。家爷说要压奇惊须怪喜。"又见，清人顾炎武《答俞右吉书》："至宋孙、刘出而掊击古人，几无余蕴，文定因之以痛哭流涕之怀，发标新领异之论，其去游、夏之传，益以远矣。"又见，清人梁启超《欧游心影录节录·凡尔登》："我于军事是十二分外行，里头各种设备的标新领异，实在无从理会。"又见，清人平步青《霞外攟屑·文人害国》："得一二标新竞异之文，安得不亟赏之而亟拔之。"又见，清人褚人获《隋唐演义》第28回："秦妃子即能标新取异，剪彩为花，与湖山增胜，众美人还只管歌这些旧曲，甚不相宜。"又见，南朝宋人刘义庆《世说新语·文学》："孙兴公谓王（逸少）曰：'支道林拔新领异，胸怀所及，乃自佳，卿欲见不？'"又见，宋人杨万里《诚斋集·杉溪集后序》："凡杉溪先生拔新领异之诗，登峰造极之文，既摛张发挥不遗余矣。"又见，明人胡应麟《少室山房笔丛》："又如畸流洽客，领异拔新，时出一编，人所未睹。"又见，清人郑板桥《自题联》："删繁就简三秋树；领异标新二月花。"

"唐明皇"即"唐玄宗""李隆基"。——书出第751页。典出《旧唐书》、《新唐书》等资料。唐明皇（685年—762年），公元712—756年在位。

唐明皇不会做皇帝，前半辈会做，后半辈不会做。——书出第751页。典出《旧唐书》、《新唐书》等资料。所谓"前半辈会做"，当是指唐明皇于开元年间任用姚崇、宋璟为相，开创了开元盛世。而"后半辈不会做"，当是指其后来任用奸臣李林甫、杨国忠为相，朝政不断腐败，招致天宝之乱。唐明皇在李林甫、杨国忠把持朝政期间，终日沉湎于声色。

他（唐明皇）是懂艺术的。——书出第751页。典出《新唐书》等资料。据《新唐书·礼乐志》载："明皇既知音律，又酷爱法曲；选坐部伎子弟三百，教于梨园，声有误者，帝必觉而正之，号皇帝梨园弟子；宫女数百，亦称梨园弟子。"唐人杜甫《观公孙大娘弟子舞剑器行》诗中有云："梨园弟子散如烟，女乐余姿映寒日。"这就是所谓的"梨园"、"梨园弟子"的典故。

孔子。——书出第751页。典出《史记》等资料。孔子，即孔丘，字仲尼，鲁国陬邑（今山东曲阜）人，公元前551—公元前479年在世。是我国儒学的开创者，是春秋末期知名的思想家与教育家。作为教育家，孔子有弟子三千，贤人七十二。这些贤人，即身通六艺者。六艺者，即礼、乐、诗、书、易、春秋；或云：礼、乐、射、御（驭）、书、数。

西太后。——书出第752页。典出《清史稿》等资料。西太后，叶赫那拉氏，亦即那拉太后、慈禧太后（1835—1908年）。满洲镶黄旗人。咸丰的妃子。她是清末同治、光绪两朝的实际统治者。对内，她实行残暴的统治；对外，在妥协投降的同时，又盲目地排外。是清末顽固势力的总代表。

非驴非马。——书出第752页（两出）。典出《汉书·西域传下》："（龟兹王）后数来朝贺，乐汉衣服制度，归其国，治宫室，作缴道周卫，出入传呼，撞钟鼓，如汉家仪。外国胡人皆曰：'驴非驴，马非马，若龟兹王，所谓赢（骡）也。'"又见，宋人孙觌《读类说二首（其一）》："络纬那堪织，提壶岂解酤？龟兹堪一笑，非马亦非驴。"又见，晚清人蔡东藩、许廑父《民国通俗演义》第69回："屈从巡按使兼总司令，布告中外，非驴非马，惊骇万状。"

和风细雨。——书出第753页。典出宋人张先《八宝装》："正不寒不暖，和风细雨，困人天气。"

用典探妙：

毛泽东在这个谈话中计于12处用了典故。这些典故的运用，都用得十分的辩证、十分的得体，为有效地揭示中国音乐的民族特色起到重要的作用。特别是其中的人名典故的运用，将中华民族音乐的悠久历史和其巨大成就展示出来。即早在孔子时代，就设有专门的音乐教育，而唐朝有名的皇帝玄宗，就是著名的音乐专家，这样的用典，对于小视民族音乐的人就是一个很好的教育。特别是在用唐明皇这个人名典故时，有典中含典之妙！

毛泽东在用这个典故时这样写道："唐明皇不会做皇帝，前半辈会做，后半辈不会做。他是懂艺术的，他是导演，也会打鼓，但是没有把东西传下来。"毛泽东的这一段话，实际上是暗用了"梨园"或曰"梨园子弟"这一典故。这一典故的暗用，一是说明了中国音乐、中国艺术的源远流长，成就巨大。早在唐朝时，连一个皇帝也成了知名的艺术大师，在世界上可谓独一无二；二是说明在国外回来的艺术家们，决不能小视了祖国的音乐艺术；三是指出了中国的音乐工作者，不论是中国的还是在国外学有所成回国的，都应该有继承与发扬中国的音乐艺术的神圣责任；四是这一典故的暗用，为毛泽东在后面所提出的中国音乐"应该越搞越中国化，而不是越搞越洋化"的论点论述，打下了一个基础。这就是毛泽东的暗用典故的精妙之所在！

335.战略上藐视敌人 战术上重视敌人

——毛泽东在《关于帝国主义和一切反动派是不是真老虎的问题》中所用典故探妙

用典缘起：

1958年12月1日，毛泽东在武昌举行的中国共产党第八届中央委员会第六次全体会议期间，写下了《关于帝国主义和一切反动派是不是真老虎的问题》这篇文章。在这篇文章中用了下列典故。

典故内容：

纸老虎。亦即"纸虎"、"纸糊老虎"。——书出第806、807、808页（六出）。典出《水浒传》第25回："那妇人（潘金莲）顶住门，慌做一团，口里便说道：'闲常时，只如鸟嘴卖弄杀好拳棒。急上声时，便没些用，见个纸虎，也吓一交。'"又见，明人潘问奇《五人墓》："竖刁任侠冰山势，缇绮俄成纸虎威。"又见，清人吴趼人《糊涂世界》第2回："伍琼芳听见把他纸老虎戳破，心上大不高兴。"又见，清人沈起凤《伏虎韬》第4折："闲人闪开，纸糊老虎来了！"

成千成万。亦即"成千累万"。——书出第807页（两出）。典出清人蒋士铨《雪中人·眠雪》："今日数文，明日数文，积攒起来，成千累万。"又见，《清史稿·高士奇传》："凡督、抚、藩、臬、道、府、厅、县及在内大小卿员，皆鸿绪、楷等为之居停，哄骗馈至，成千累万。"

轻而易举。——书出第807页（两出）。典出汉人王充《论衡·状留》："草木之生者湿，湿者重，死者枯，枯而轻者易举，湿而重者难移也。"又见，《诗经·大雅·烝民》："人亦有言，德辅如毛，民鲜克举之。"宋人朱熹注："言人皆言德甚轻而易举，然人莫能举也。"又见，宋人文天祥《己未上皇帝书》："古人抽丁之法……惟于二十家取其一，则众轻而易举，州县号召之无难，数月之内其事必集。"又见，清人吴趼人《二十年目睹之怪现状》第70回："雪航又道：'不如我和你想个法子罢，轻而易举，绝不费事的，不知你可肯做？'"

掉以轻心。亦即"轻心掉之"、"轻心掉过"、"掉以粗心"。——书出第807页。典出唐人柳宗元《答韦中立论师道书》："吾子好道而可吾文，或者其于道不远矣。故吾每为文章，未尝敢以轻心掉之，惧其剽而不留也。"又见，清人赵翼《瓯北诗话·小引》："因念世之有才者何限，度亦如余之轻心掉过，必待晚而始知，则何以余晚年所见，使诸才人早见及之，可以省数十年之熟视无睹。"又见，清人梁章钜《归田琐记·缝人》："夫一技虽细，而既专司其事，即未可掉以粗心。"又见，《清史稿·德宗纪一》："临事而惧，古有明训。切勿掉以轻心，致他日言行不相顾。"又见，晚清人刘坤一《覆陈防营改操饷项支绌摺》："臣受恩深重，职守悠关，断不敢掉以轻心，稍存大意。"

无忧无虑。亦作"无虑无忧"。——书出第807—808页。典出元人无名氏《渔隐》曲："无忧无虑度朝昏，但得年年生意好。"又见，明人无名氏《群仙朝圣》第3折："俺出家儿无忧无虑乐淘淘，到处随缘任逍遥。"又见，《西游记》第90回："正是：无虑无忧来佛界，诚心诚意上雷音。"

忧患与生俱来。——书出第808页。典出《庄子·至乐篇》："人之生也，与忧俱生，寿者惛惛，久忧不死，何苦也！其为形也亦远矣。"又见，《孟子·告子下》："入则无法家拂士，出则无敌国外患者，国恒亡。然后知生于忧患，而死于安乐也。"又见，宋人陆九渊《与苏宰书》："屯难困顿者，乃所以成君子之美也，故曰生于忧患而死于安乐。"又见，清人文康《儿女英雄传》第30回："又道是'生于忧患，死于安乐'，古人何必无端的作此等危言，未必不有见于此。"

三灾八难。——书出第808页。典出明人胡文焕《群音类选·陈大声〈粉蝶儿·病寒叙事〉》："如来也有三灾八难，老子也有七病八疾。"又见，《红楼梦》第45回："从小儿三灾八难，花的银子照样打出你这个银人儿来了。"

五痨七伤。即"五劳七伤"。——书出第808页。典出宋人苏轼《东坡志林·论医和语》："五劳七伤，皆热中而蒸，晦淫者不为蛊则中风，皆热之所生也。"又见，清人李宝嘉《中国现在记》第3回："衙门后头有个剃头的王司务，推拿本事极高，任你是五劳七伤，一切疑难杂症，一经他治，无不手到病除。"

天有不测风云，人有旦夕祸福。亦或只用"天有不测风云"或"人有旦夕祸福"。——书出第808页。典出宋人无名氏《张协状元》第32出："天有不测风云，人有旦夕祸福。"又见，元人无名氏《合同文字》第4折："天有不测风云，人有旦夕祸福。那小厮恰才无病，怎生下在牢里便有病？"又见，《水浒全传》第101回："王庆叫声道：'阿也苦也！'不踢时，万事皆休，一踢时，迍邅立至。正是天有不测风云，人有旦夕祸福。……"又见，《金瓶梅》第9回："武二道：'我的哥哥从来不曾有这病，如何心疼便死了？'王婆道：'天有不测风云，人有旦夕祸福。今晚脱了鞋和袜，未审明朝穿不穿？'"又见，《红楼梦》第11回："凤姐听了，眼圈儿红了一会子，方说道：'天有不测风云，人有旦夕祸福。这点年纪，倘或因这个病上有个长短，人生在世，还有什么趣儿呢？'"又见，《三国演义》第49回："孔明笑道：''天有不测风云'，人又岂能料乎？'"又见，《西游记》第10回："李定道：'天有不测风云，人有暂时祸福。'你怎么就保得无事？"

不可胜数。亦作"不可胜计"、"不可胜纪"、"不可胜论"、"不可胜载"、"不可悉数"、"何可胜数"。——书出第808页（两出）。典出《墨子·非攻中》：

999

"今唯毋废一时，则百姓饥寒冻馁而死者，不可胜数。"又见，《史记·封禅书》："驺衍以阴阳主运显于诸侯，而齐燕海上之方士传其术不能通，然则怪迂阿谀苟合之徒自此兴，不可胜数也。"又见，唐人白居易《与元九书》："唐兴二百年，其间诗人，不可胜数。"又见，明人方孝孺《与王微仲书》："孔子之门豪俊之士，不可胜数，颜子独处其上，而莫能先之。"又见，明人冯梦龙《喻世明言》卷22："一时乱将起来，舳舻簸荡，乍分乍合，溺死者不可胜数。"又见，《汉书·食货志下》："而缘河之郡堤塞，河辄坏决，费不可胜计。"又见，汉人刘向《新序·善谋下》："且三秦王为秦，将秦弟子，数岁所杀亡不可胜计。"又见，《隋书·贺若弼传》："弼家珍玩不可胜计，婢妾曳绮者数百，时人荣之。"又见，宋人王楙《野客丛书·文帝薄葬》："建兴二年，盗发霸、杜陵及薄太后陵，金玉彩帛，不可胜计。"又见，《列子·杨朱篇》："太古至于今日，年数固不可胜纪。"又见，《隋书·经籍志四》："而金丹玉液长生之事，历代靡费，不可胜纪，竟无效焉。"又见，宋人无名氏《宣和画谱·花鸟三·黄居采》："初事两蜀伪主孟昶为翰林待诏，遂图画墙壁屏障不可胜纪。"又见，汉人张衡《西京赋》："众形殊声，不可胜论。"又见，《汉书·严安传》："豪士并起，不可胜载也。"又见，清人黄子云《野鸿诗的》："若此者不可悉数，在学者审择所处而已。"又见，宋人欧阳修《论捕贼赏罚札子》："然人所不知抑而不申者，何可胜数！"

用典探妙：

早在1946年8月6日，毛泽东在《和美国记者安娜·路易斯·斯特朗的谈话》中，就提出了"一切反动派都是纸老虎"的著名论点。在1956年7月14日，毛泽东专门撰写了《美帝国主义是纸老虎》的文章，1957年11月18日，毛泽东又撰写了《一切反动派都是纸老虎》的文章，时隔1年左右之后，毛泽东就这个问题，又写下了《关于帝国主义和一切反动派是不是真老虎的问题》，可见毛泽东对于这一论断的高度重视。在这篇不足1900字的论文中，毛泽东计有17处用了典故，计算起来，与前面关于帝国主义是纸老虎的文章相比，这篇文章的用典是颇为丰富、颇为独特、颇为精妙的。

一是多个典故的重复而用，有突出与强调文章论点之妙！

比如"纸老虎"一典，在这篇不足1900字的文章中6处出现，"成千成万"一典，在文章中两次出现，而每一处的出现，都强调了帝国主义和一切反动派"它们终究转化成了纸老虎，死老虎，豆腐老虎"的历史事实，令人不能不诚服这一论点和这一战略眼光的客观性与科学性，它是社会发展的必然规律与真理。

二是多个典故的高度集中而用，形成"典故块状"，使文意深沉、致有"尺水足以兴波"之妙！

毛泽东在这篇文章中的用典的一个显著特点是：往往将多个典故集中在一段话中综

合交织而用，这在加重文章的语意、强调和突出文章的意境等方面，虽说文章中只是一小段的文字，却有"尺水可以兴波"之妙。比如下面一段话："学生们怕考试，儿童怕父母有偏爱，三灾八难，五痨七伤，发烧四十一度，以及'天有不测风云，人有旦夕祸福'之类，不可胜数。"这里只有48个字，其中毛泽东的用典文字就达24个，正好占了一半。用上这些用典文字，深刻地揭示了人生中的某种心绪、社会上的一个小侧面，读后给人以深沉之感，催人思考，令人难忘，在人的内心深处实有"尺水兴波"之妙！

三是暗用典故，有巧组文句、巧于表达、了无斧凿之痕之妙！

如果说，在这篇文章中，毛泽东妙用比喻，将帝国主义和一切反动派从战略上将其比成纸老虎，是最为形象、最为生动的表述的话，那末，毛泽东暗用典故"生于忧患，死于安乐"更有了无斧凿痕迹之妙。在第808页，毛泽东有这么一句话："每一个人都是忧患与生俱来。"这句在文中独显重要，它承接上文"一点不怕，无忧无虑，真正单纯的乐神，从来没有"。它开启了下文"学生们怕考试，儿童……"。"每一个人都是忧患与生俱来"，实际上是典故"生于忧患，死于安乐"的一种更为通俗的叙说。孟子的这一句名言名典，深深地扎根于中国老百姓的心中，几千年来激励着人们要勇于面对困难，要有所作为。对于这句名言名典，毛泽东暗而用之，用自己的话语说出来，避免了直接运用时的突兀生硬之感，有妙连上下之文、了无斧凿之痕之妙。

336. "真正调动积极性" "达到增产的目的"
——毛泽东在《党内通信》中所用典故探妙

用典缘起：

1959年2月27日至3月5日，中共中央举行了政治局扩大会议（第二次郑州会议）之后，为纠正农村工作中的高指标、瞎指挥、浮夸风等错误倾向，毛泽东于1959年4月29日写下这封信。在这封信中用了下列典故。

典故内容：

机不可失，时不再来。或单用其一，如"机不可失"、"时不再来"、"时无再来"。"机不可失，时不再来"或可能是由"机不可失"和"时不再来"合而成之。——书出第811页。典出《宋书·范晔传》："兼云人情乐乱，机不可失，谶讳天文，并有征验。"又见，《旧唐书·李靖传》："兵贵神速，机不可失。"又见，《南史·陈伯之传》："此万世一时，机不可失。"又见，《宋书·蔡兴宗传》："此万世一时，机不可失。"又见，《国语·越语下》："臣闻之，得时无怠，时不再来，天予不取，反之为灾。"又见，《史记·淮阴侯传》："夫功者难成而易败，时者难得而易失也。'时乎时，不再来。'"唐人颜师古注："此古语，叹时之不可失。"又见，唐

人皇甫枚《三水小牍·宋柔》："群谓思礼等曰：'机不旋踵，时不再来，必发今宵，无贻后悔。'"又见，《新唐书·武平一传》："恩崇者议积，位厚者衅速，故月满必亏，日中则移，时不再来，荣难久籍。"又见，宋人邵雍《不再吟》："春无再至，花无再开；人无再少，时无再来。"又见，《旧五代史·晋书·安重荣传》："仰认睿旨，深惟匿瑕，其如天道人心，至务胜残去虐，须知机不可失，时不再来。"

归根到底。亦即"归根结柢"。——书出第812页。典出清人张南庄《何典》第2回："归根结柢，把一场着水人命一盘搋归去，还亏有钱使得鬼推磨。"

谢天谢地。——书出第813页。典出清人翟灏《通俗编·天文》载有："邵子《击壤集》：'每日清晨一炷香，谢天谢地谢三光。'"又见，明人汤显祖《还魂记·闻喜》："俺儿，谢天谢地，老爷平安回京了。他那知世间有此重生之事！"

用典探妙：

毛泽东在这篇不足1900字的短信中，计用了3个典故，且都是成语形式的典故。我们知道：毛泽东的这一封短信是号召干部和农民朋友们一道起来纠正高指标、瞎指挥、浮夸风的。用上这些通俗易懂的成语形式的典故，除了表意简明之外，更有表达毛泽东对于曾经遭到各种"左"的作风之害的广大干部与农民的一片深情厚谊之妙！

比如"机不可失，时不再来"一语，用在这里，充分地表达了毛泽东对于农民吃饭问题解决的急切之情，结尾的"谢天谢地"一典，更见其"真正调动积极性，达到增产的目的"的一片赤子之情！

337.　"充分地发扬民主"　　"正确地总结经验"
——毛泽东在《在扩大的中央工作会议上的讲话》中所用典故探妙

用典缘起：

1962年1月30日，毛泽东在扩大的中央工作会议上发表了讲话。在这个讲话中用了下列典故。

典故内容：

文王拘而演周易，仲尼厄而作春秋。屈原放逐，乃赋离骚。左丘失明，厥有国语。孙子膑脚，兵法修列。不韦迁蜀，世传吕览。韩非囚秦，说难孤愤。诗三百篇，大抵贤圣发愤之所为作也。——书出第817页。典出汉人司马迁《报任安书》："盖文王拘而演《周易》；仲尼厄而作《春秋》；屈原放逐，乃赋《离骚》；左丘失明，厥有《国语》；孙子膑脚，《兵法》修列；不韦迁蜀，世传《吕览》；韩非囚秦，《说难》《孤愤》。《诗》三百篇，大抵贤圣发愤之所为作也。"这一段话，从某种意义上说来，均由人名典故与事典组成。当是一个"相对性大典故"。今将这一段的诸多"相对性小典故"、"绝对性小典故"分别简释于后。

文王拘而演《周易》。——书出第817页。典出《史记》等资料。文王，即周文王姬昌。是周的国王、政治家。在崇（今陕西西安沣水西岸）建立丰邑，定为国都。文王在位50年。商纣王曾封其为西伯，亦或称伯昌。所谓"文王拘"，就是指他曾经一度被商纣王囚禁于羑里这个地方。所谓"演《周易》"，相传文王被囚禁于羑里时，依据伏羲所画之八卦，推演为六十四卦，是为《周易》的主要部分。《周易》是我国古代卜筮（古代用蓍草占卦）方面的名著。

仲尼厄而作《春秋》。——书出第817页。典出《史记》等资料。仲尼即孔子（前551—前479年）。孔子名丘字仲尼。是春秋末期杰出的思想家与教育家。所谓"仲尼厄"，是指孔夫子在周游列国时，四处碰壁，他曾受攻于匡，绝粮于陈蔡。《史记·孔子世家》中有孔子自叹云："弗乎弗乎，君子疾没世而不称焉，吾道不行矣，吾何以自见于后世哉？"他返回鲁国后便改订鲁国史官所编之《春秋》，故有"作《春秋》"一说。《春秋》，是为鲁国的史记。其上起隐公，下讫哀公十四年，共十二公。

屈原放逐，乃赋《离骚》。——书出第817页。典出《史记》等资料。屈原（约前340—约前278年）。名平字原，号灵均，又名正则。楚国人，是我国战国时期的伟大诗人与政治家。所谓"屈原放逐"，是指屈原因遭谗而去职，顷襄王将其长期流放于沅湘流域一带。所谓"乃赋《离骚》"，是指屈原在流放期间，见国势日衰，自己曾想为楚国要有一番作为付之东流，在其极度的悲愤中，写下了千古名著《离骚》。

左丘失明，厥有《国语》。——书出第817页。典出《史记》等资料。"左丘"即春秋时期杰出的史学家左丘明。左丘明，大约是孔子前后的人物，生卒年待考。所谓"失明"，即左丘明的眼睛瞎了。左丘明据《春秋》而著《左传》。相传《国语》亦为其所著。《国语》，是一部载有春秋时期周、鲁、晋、郑、楚、吴、越等诸国自西周穆王至东周贞定王，前后500余年史事的国别史。左丘明失明后著《国语》一说，均出自司马迁《史记》。

孙子膑脚，《兵法》修列。——书出第817页。典出《史记》等资料。孙子，即孙膑，他是大军事家孙武的后世子孙。齐国阿（今山东阳谷东）与鄄（今河南范县西南）之间的人物。是战国时期最为杰出的军事家。所谓"孙子膑脚"，是指孙膑曾与庞涓同学兵法于鬼谷子。庞涓任魏国大将时，因忌恨其才华超过自己，将其诓骗入魏，找借口对其处以膑刑，即去掉其膝盖骨的刑罚。故称孙膑。后设法逃回了齐国，在齐、魏大战中，全歼魏军100000，演出了擒庞涓的动人"话剧"，由此，孙膑名显诸侯。所谓"《兵法》修列"，即著述有《孙膑兵法》之意。

不韦迁蜀，世传《吕览》。——书出第817页。典出《史记》等资料。"不韦"即吕

不韦（？—前235年）曾为秦国丞相。吕不韦发迹于用"奇货可居"之法。他是卫国濮阳（今属河南）人，原为阳翟（今河南禹县）的大商人。他在赵国国都邯郸遇见在赵为人质的秦国公子子楚，认定这是"奇货"，便入秦游说秦孝文王王后华阳夫人，立子楚为太子。子楚即位后，是为秦庄襄王，他便被拜为相国，封为文信侯。就是这个"奇货可居"的高明商人，相传他将已有身孕的美人赵姬敬献庄襄王，生子政，即后来的秦始皇。他被尊为亚父，年幼的秦始皇亲政，不韦继任相国。不韦门下有宾客3000，家奴上万。他曾令宾客集合众家之说，编纂《吕氏春秋》。其内容包括八览、六论、十二纪，故又省称《吕览》。后被免职。秦始皇十年，秦始皇命令吕不韦举家迁蜀，吕不韦自杀。

韩非囚秦，《说难》《孤愤》。——典出《史记》等资料。韩非（前280？—前233年）。他是韩国的贵族。是战国末期杰出的思想家。在当时诸侯纷争的情况下，他建议韩王变法图强而遭冷落。于是便发愤著书。撰有《说难》、《孤愤》、《说林》、《五蠹》等。这就是所谓的《说难》《孤愤》。所谓"韩非囚秦"，是指韩非的著作传到了秦始皇那里之后，引起了秦始皇的特别重视，被邀请至秦国，不幸为李斯、姚贾所陷害，最终被李斯毒死于狱中。

《诗》三百篇，大抵贤圣发愤之所为作也。——典出《史记》等资料。《诗》三百篇。即《诗经》305篇。所谓"三百篇"，皆是取其成数。所谓"大抵贤圣发愤之所为作也"，是说《诗经》中《国风》中的大部分和《小雅》中的小部分，多是作者们"饥者歌其食，劳者歌其事"之作，其诗意当是作者们郁结的产物。毛泽东曾说："司马迁对《诗经》评价很高，说是三百篇皆古圣贤发愤之所为作也。大部分是风诗，是老百姓的民歌。老百姓也是圣贤。'发愤之所为作'，心里没有气，他写诗？'不稼不穑，胡取禾三百廛兮？不狩不猎，胡瞻尔庭有悬特兮？彼君子兮，不素餐兮，''尸位素餐'就是从这里来的。这是怨天，反对统治者的诗。"（参见魏国英主编：《毛泽东圈注史传诗文集成·诗词卷》，吉林人民出版社1996年5月版，第2页）

青红皂白。亦作"皂白青红"、"皂白清浊"。——书出第817页。典出明人无名氏《梁山七虎闹铜台》第3折："（王太守云）也不管他青红皂白。左右！且拿一面大枷来，把他枷着，送在牢中，再做计较。"又见，《金瓶梅》第13回："你不问个青红皂白，就把他屈了，却不难为他了？"又见，《红楼梦》第34回："宝钗忙劝道：'妈妈和哥哥且别叫喊，消消停停的，就有个青红皂白了。'"又见，明人金銮《闲适五首（其五）》中有云："得朦胧处且朦胧，管甚么皂白青红。"又见，清人文康《儿女英雄传》第15回："我邓某虽不才，还分得个皂白清浊；这事无论闹到怎的，场中绝不相累。"

项羽。——书出第820、821页（五出）。典出《史记》等资料。项羽，名籍字羽

（公元前232年—前202年）。出身楚国贵族，有扛鼎之大力。下相（今江苏宿迁西）人。赴陈胜、吴广起义之时，他与叔父项梁于吴（今江苏苏州）起兵，在巨鹿大战中，他一举歼灭秦军主力。秦亡之后，他自立为西楚霸王，并分封诸侯。在与刘邦的争战失败，自刎于乌江（今安徽和县东北）。

范增。——书出第821页（两出）。典出《史记》等资料。范增（公元前277—前204年）。精于谋划，是项羽的主要谋士。辅佐项羽称霸诸侯。刘邦行反间计，使范增失权而离开项羽，不久病死于彭城（今徐州）。

刘邦。——书出第821页（十二出）。典出《史记》等资料。刘邦即刘季、汉高祖（公元前256—前195年，一说前247—前195年）。沛县（今属江苏）人。刘邦作为西汉王朝的创建者、政治家。他在陈胜起义之时，与项梁、项羽一道起兵反秦。当推翻秦王朝时，他约法三章，废秦之严刑苛法，获取民心。在与项羽的斗争中，他由弱致强，败项羽于垓下。当了皇帝后，他承秦制，实行中央集权，采取了一系列巩固中央集权和恢复社会经济的措施。

郦食其。——书出第821页（五出）。典出《史记》等资料。郦食其（？—公元前203年），陈留高阳乡（今河南杞县）人。其人家贫好学，是秦汉之际的策士。归刘邦之后，献计克陈留封为广野君。公元前204年，劝说齐王归汉，不战而得齐地70余城。韩信乘机袭齐，齐王以为其出卖，怒而烹之。

高阳酒徒。亦作"高阳徒侣"、"高阳狂客"。——书出第821页。典出《史记·郦生陆贾列传》："初，沛公引兵过陈留，郦生踵军门上谒曰：'高阳贱民郦食其，窃闻沛公暴露，将兵助楚讨不义。敬劳从者，愿得望见，口划天下便事。'使者入通，沛公方洗，问使者曰：'何如人也？'使者对曰：'状貌类大儒，衣儒衣，冠侧注。'沛公曰：'为我谢之，言我方以天下为事，未暇见儒人也。'郦生瞋目案剑，叱使者曰：'走！复入言沛公，吾高阳酒徒也，非儒人也。'"又见，唐人李白《梁甫吟》："君不见高阳酒徒起草中，长揖山东隆准公。"又见，唐人高适《田家春望》："可叹无知己，高阳一酒徒。"又见，元人秦简夫《东堂老》第3折："你醒也波高阳哎酒徒，担着这两篮儿白菜，你可觅了他这几贯青蚨。"又见，明人张景《飞丸记·访旧寻盟》："斜阳古渡，问行踪高阳酒徒，佩奚囊满贮明珠，负青萍价值论都。"又见，唐人李商隐《寄罗劭兴》："混沌何由凿，青冥未有梯；高阳旧徒侣，时复一相携。"又见，明人汪廷讷《狮子吼·叙别》："更怕是呼卢浮白，被高阳狂客，羁绊归舟。"

豁达大度。亦作"大度豁达"、"宏达大度"、"恢廓大度"、"豁度"。——书出第821页。典出《史记·高祖本纪》："高祖为人……仁而爱人，喜施，意豁如也，常有大度。"又见，晋人潘岳《西征赋》："观夫汉高之兴也，非徒聪明神武，豁达大度而已也。"又见，唐人陈子昂《申宗人冤狱书》："陛下豁达大度，至圣宽仁，观于

1005

汉祖，固已远矣。龌龊小吏，何足为陛下深责哉。"又见，宋人陈亮《酌古论一·光武》："虽料敌明，遇敌勇，豁达大度，善御诸将，顾亦何用哉！"又见，明人无名氏《骗英布》第3折："俺主公豁达大度，海量宽洪，纳谏如流，有尧舜禹汤之德。"又见，明人黄元吉《流星马》第2折："大度豁达义深，决胜千里辨输赢。"又见，《晋书·苻坚载记》："（权翼进曰）陛下宏达大度，善驭英豪，神武卓荦，录功舍过，有汉祖之风。"又见，《后汉书·马援传》："（援曰）今见陛下，恢廓大度，同符高祖，乃知帝王自有真也。"又见，清人庄肇奎《示儿仲方》："学做英雄须豁度，要担忠孝必痴情。"

从谏如流。亦作"从诲如流"。——书出第821页。典出汉人班彪《王命论》："（高祖）知人善任使，加之以信诚好谋，达于听受，见善如不及，用人如由己，从谏如顺流，趣时如响赴。"又见，汉人荀悦《汉纪·元帝纪下》："是以功光前世，号为中宗，然不甚用儒术。从谏如流，下善齐肃，宾礼旧老，优容宽直。其仁心文德，足以为贤主矣。"又见，唐人韩愈《争臣论》："使四方后代，知朝廷有直言骨鲠之臣，天子有不僭赏从谏如流之美。"又见，宋人范仲淹《答赵元昊书》："今皇帝坐朝至晏，从谏如流，有忏雷霆，虽死必赦。"又见，清人洪昇《长生殿·定情》："任人不二，委姚、宋于朝堂；从谏如流，列张、韩于省闼。"又见，后汉人蔡邕《袁满来墓碑》："明习《易》学，从诲如流，百家众氏，过目能识，事不再举，问一及三。"

霸王别姬。——书出第821页（两出）。典出《史记·项羽本纪》："项王军壁垓下，兵少食尽。汉军及诸侯兵围之数重。夜闻汉军四面楚歌，项王乃大惊，曰：'汉皆已得楚乎？是何楚人之多也！'项王则夜起，饮帐中。有美人名虞，常幸从；骏马名骓，常骑之。于是项王乃悲歌慷慨，自为诗曰：'力拔山兮气盖世，时不利兮骓不逝。骓不逝兮可奈何？虞兮虞兮奈若何？'歌数阕，美人和之。项王泣数行下，左右皆泣，莫能仰视。"虞姬深知项羽要突围而又放心不下自己，便和其歌后自刎而死。其和歌云："汉军已略地，四面楚歌声。大王意气尽，贱妾何聊生！"这样悲惨凄切而又壮烈的场面，常令世人感慨不已。将其写成戏剧，名曰：《霸王别姬》。告诫着人们：凡事如若不警惕，将有如霸王别姬，乃至造成生离死别的后果！

鸦雀无声。亦作"乌鹊无声"、"鸦默雀静"、"鸦雀无闻"、"鸦鹊无声"、"悄不闻鸦"。——书出第822页。典出宋人释道原《景德传灯录·益州保唐寺无住禅师》："于时庭树鸦鸣，公（杜鸿渐）问：'师闻否？'曰：'闻。'鸦已去已，又问：'师闻否？'曰：'闻。'公曰：'鸦去无声，云何言闻？'"又见，《红楼梦》第29回："紫鹃一面收拾了吐的药，一面拿扇子替黛玉轻轻地搧着，见三个人都鸦雀无声，各自哭各自的，索性也伤心起来，也拿着绢子拭泪。"又见，同书第30回："各处主仆人等多半都因日长神倦，宝玉背着手，到一处，一处鸦雀无声。"又见，清人李

（页码）
1006

汝珍《镜花缘》第73回："刚才妹子听您们五琴合弹，到得末后正热闹之际，猛然鸦雀无声，恰恰一齐住了，实在难得！"又见，宋人苏轼《绝句三首》中有："天风吹雨入阑干，乌鹊无声夜向阑。"又见，宋人秦观《四绝（其三）》中有："天风吹月入栏干，乌鹊无声子夜阑。"又见，《红楼梦》第50回："我因为到了老祖宗那里，鸦没雀静的，问小丫头子们，他又不肯叫我找到园里来。"又见，清人文康《儿女英雄传》第27回："我两个同张老大、女婿、大侄儿都在这厢房里鸦默雀静儿的把饭吃在肚子里了。"又见，《红楼梦》第32回："却说宝钗来至王夫人处，只见鸦雀无闻，独有王夫人在里间房内坐着垂泪。"又见，同书第36回："宝钗独自行来，顺路进了怡红院，意欲寻宝玉谈讲以解午倦。不想一入院来，鸦雀无闻，一并连两只仙鹤在芭蕉下都睡着了。"又见，清人吴趼人《痛史》第2回："此时只觉得静悄悄的鸦鹊无声。"又见，金人董解元《西厢记》："蓦观仪门开处，两廊下悄不闻鸦。"

惩前毖后。——书出第824页。典出《诗经·周颂·小毖》："予其惩而毖后患。"又见，明人张居正《答河道吴自湖计河漕》："顷丹阳浅阻，当画诸公毕智竭力，仅克有济，惩前毖后，预为先事之图可也。"

治病救人。——书出第824页。典出晋人葛洪《神仙传》："沈羲，吴郡人，学道于蜀，能治病救人，甚有恩德。"

乾隆。即"清高宗弘历"。——书出第828页（两出）。典出《清史稿》等资料。弘历（1711—1799年），爱新觉罗氏，弘历是其名。满族。1735—1796年在位。是有清一代有作为的皇帝。

曹雪芹。——书出第828页。典出"清小说家"等方方面面的资料。曹雪芹（？—1763年或作？—1764年）。名霑，字梦阮，号雪芹、芹溪。汉军正白旗人。原籍丰润（今属河北）。是有清一代最伟大的小说家。

贾宝玉。——书出第828页。典出《红楼梦》。是小说中的主人公。小说中的荣国府贾政之次子。

谢天谢地。——书出第828页。典出同上一篇。

翻天覆地。亦作"番天覆地"、"天翻地覆"、"地覆天翻"、"海覆天翻"、"海沸天翻"、"翻天搅地"、"翻天作地"、"覆地翻天"。——书出第828页。典出《西游记》第53回："着老孙翻天覆地，请天兵水火与佛祖丹砂，尽被他使一个白森森的圈子套去。"又见，《红楼梦》第105回："那时，一屋子人，拉这个，扯那个，正闹得翻天覆地。"又见，清人羽衣女士《东欧女豪杰》第3回："又道造物生人，本来没有偏憎偏爱，若叫他多数的人永远受那少数的人的压制，这就是翻天覆地的事情了。"又见，清人曾朴《孽海花》第9回："那潘胜芝、贝效亭、谢山芝一班熟人，摆擂台，寻唐僧，翻天覆地的闹起酒来。"又见，明人无名氏《精忠记·胜敌》："膻羯狗，快

送二圣皇帝出来，万事全休，不然交你番天覆地，社稷荡为丘墟，生灵涂作魑魅。"又见，宋人刘克庄《水龙吟·林中书生日·六月十九日》："地覆天翻，河清海浅，朱颜常驻。"又见，明人梅鼎祚《玉合记·逆萌》："地覆天翻，稳坐那黄金殿。"又见，清人褚人获《隋唐演义》第13回："那辕门内监旗官地覆天翻喊叫：'老爷坐后堂审事，叫潞州解子带军犯秦琼听审。'"又见，唐人刘商《胡笳十八拍》："怪得春光不来久，胡中风土无花柳；天翻地覆谁得知，如今正南看北斗。"又见，宋人汪元量《燕山九日》："天翻地覆英雄尽，暑往寒来岁月催。"又见，宋人文天祥《立春》："天翻地覆三生劫，岁晚江空万里囚。"又见，明人凌濛初《二刻拍案惊奇》卷13："世间人事改常，变怪不一，真个是天翻地覆的事。"又见，《金瓶梅》第3回："那时院子里，闹得天翻地覆，桂姐两面劝解，那里劝解得开。"又见，清人曾朴《孽海花》第26回："可是不放她出去，她又闹得你天翻地覆，鸡犬不宁，真叫我左右为难。"又见，明人孟称舜《郑节度残唐再创·赚煞》："非是咱落第的黄巢命蹇，有分教十八叶唐朝反掌间，海覆天翻。"又见，清人丘逢甲《岭南海日楼诗钞·五月二十八夜不寐》："夜来忽忆儿时事，海沸天翻四十年。"又见，明人周清源《西湖二集》第4回："从来道：'宁养顽子，莫养呆子。'那顽子翻天搅地，……日后定有升腾的日子。"又见，明人冯梦龙《醒世恒言》卷27："那孩子抱住父亲，放声号恸。李雄见打得这般光景，暴躁如雷，翻天作地，闹将起来。"又见，明人臧晋叔编《元曲选·包龙图智赚合同文字》第1折："不觉的肉颤身摇，眼晕头旋，挪一步早前合后偃……哎哟，叫一声覆地翻天。"又见，明人杨珽《龙膏记·脱难》："你道他两个覆地翻天，射影吹沙，舞爪张牙，那恢恢天网，终久还他带锁披枷。"

穷凶极恶。——书出第835页。典出《汉书·王莽传赞》："（莽）乃始恣睢，奋其威诈，滔天虐民，穷凶极恶，毒流诸夏。"

罪大恶极。——书出第835页（两出）。典出宋人欧阳修《纵囚论》："信义行于君子，而刑戮施于小人。刑入于死者，乃罪大恶极，此又小人之尤甚者也。"

倾箱倒箧。亦即"倾囊倒箧"、"倾筐倒庋"。——书出第837页。典出南朝宋人刘义庆《世说新语·贤媛》："王右军（羲之）郗夫人谓二弟司空（愔）、中郎（昙）曰：'王家见二谢（谢安、谢万），倾箱倒庋；见汝辈来平平尔；汝可无烦复往。'"又见，宋人王安石《次韵酬微之赠池纸并诗》："倾囊倒箧聊一报，安敢坐以秦为雄！"又见，明人冯梦龙《古今小说》第1回："陈大郎早起要穿时，不见了衫儿，与老婆取讨；平氏那里肯认。急得陈大郎性发，倾箱倒箧的寻个遍，只是不见，便破口骂老婆起来。"

用典探妙：

毛泽东在这篇约16000字的讲话中，实际上于50处用了典故。这些典故的巧妙运用，使毛泽东的这篇讲话或庄或谐，言简意赅，形象生动，妙趣天成，闪耀着璀璨的民族文化色彩之光。这篇讲话的用典颇为精妙，具体体现在：

（一）用典与释典紧相结合之妙。

毛泽东擅长引用典故论证观点，在引用典故的过程中又一一解释所引用的典故，在解释的过程中加深人们对自己所提出的论点的理解。

如在第816页至第817页，毛泽东为了说明一个人职位的下降或调动，"不论正确与否，都是有益处的，可以锻炼革命意志，可以调查和研究许多新鲜情况，增加有益的知识"。奋起者昌，沉沦者亡，文章憎命达，逆境显英豪。毛泽东为了论说自己革命意志的锻炼问题，运用了司马迁的一段名言。这一段名言，均是我国古代的名人处于受屈辱遭摧残的逆境中，展现了他们的毅力和忍耐力。通过他们的艰苦卓绝的奋斗，为人类作出了巨大的贡献。苦难成就了这些伟人。无疑，这是最有说服力的典故。然而，毛泽东的用典并不只是拘泥于一般的引用，而是逐一的作出解说，在解说的过程中紧扣自己所提出的论点进行论证，大有加强论辩之妙！此其一；再是，毛泽东所引用的司马迁的名言，虽说只是用其典意说理，但这些典故毕竟远离我们的时代，毛泽东充分地注意到了这一点，并在解说中不忘作出必要的说明，在说明中凸显幽默之趣。如他说道："我在这里申明，我不是提倡对干部，对同志，对任何人，可以不分青红皂白，作出错误处理，像古代人拘文王，厄孔子，放逐屈原，去掉孙膑的膝盖骨那样。……"这既是解说，更是一种幽默与风趣。让人听后颇感轻松、微带笑意！

（二）多个人名典故的重复对比而用，有强调、加强论点的说服力之妙！

这里的所谓多个人名典故的重复对比而用，主要是指在第820至821页，在这两页中，毛泽东为了说明要一个人、一个干部要有听得进意见、尤其是第一书记要有听得进各种意见的大度的重要性时，用了人名典故项羽、范增，刘邦、郦食其这四个人名典故，而且在叙述的过程中，讲述着他们在楚汉相争的过程中，是如何如何地斗争的，颇具故事性之妙，此其一；

再是项羽刚愎自用，刘邦则从谏如流，结果是，本来强大的项羽，只落得乌江自刎，而刘邦则是一统天下。这样的用典，实有强烈的对比之妙，此其二；

在这一段讲述中，项羽之名六次出现，范增之名两次出现，刘邦之名十二次出现，郦食其之名七次出现。这些个性独特的人物在这不多的文字中的反复出现，实有强调与加强论点之妙，此其三。

（三）用典有拉近时空，妙作比照，带笑讽刺之妙！

同在第820页至第821页，毛泽东在批评某些第一书记"称霸"时，马上冠之以"霸王"，并将此"霸王"与2000余年前的"西楚霸王"相比照，虽说此"霸王"不是彼"霸王"，但在刚愎自用、独断专行这一点上是颇为相似的，毛泽东的带笑讽刺与点题

还在后头，他这样写道："我们现在有些第一书记，连封建时代的刘邦都不如，倒有点像项羽。这些同志如果不改，最后要垮台的。不是有一出戏叫《霸王别姬》吗？这些同志如果总是不改，难免有一天要"别姬"就是了。（笑声）"这样含笑的讽刺，这样幽默的话语，其语言效果远胜严重的警告！

（四）历史人名典故与小说人名典故的结合运用之妙。

小说，从某一种意义上说来，是作者用艺术手法写成的历史，是一个民族的风俗史，是该民族人民的心灵史。毛泽东充分地看到了这一点。不管是在其讲话中或是政论文章中，他常常会妙用小说中的人物或情节，为自己的讲话或政论文章服务。毛泽东在这个讲话中，为了说明"中国已经有了一些资本主义生产关系的萌芽"这样一个时代的特点，毛泽东就将历史人名典故"乾隆弘历"和"曹雪芹"与小说中人名典故"贾宝玉"这三个人名典故连用，确能起到其论证能给人以内蕴丰富、印象深刻而具体之妙！

338. "人们的社会存在" "决定人们的思想"
——毛泽东在《人的正确思想是从哪里来的？》中所用典故探妙

用典缘起：

1963年5月，毛泽东在修改《中共中央关于目前农村工作中若干问题的决定（草案）》时增写了一段话，这段话在编入《毛泽东著作选读》（下册）时题为《人的正确思想是从哪里来的？》，在这篇文章中用了下列典故。

典故内容：

滔滔不绝。亦作"滔滔不竭"、"滔滔不断"、"滔滔不尽"、"滔滔何穷"、"滔滔不息"。——书出第840页。典出清人钱彩《说岳全传》第17回："看那金兵如潮似浪，滔滔不绝。"又见，清人俞万春《荡寇志》120回："成英反复议论，滔滔不绝，口若悬河。"又见，清人李汝珍《镜花缘》第18回："多九公见紫衣女子所说书名倒像素日熟读一般，口中滔滔不绝。"又见，清人陈忱《水浒后传》第20回："斡离不得汪豹献了杨刘隘口，无人阻当，滔滔不绝，把十万大兵尽数渡了黄河。"又见，《乐府诗集·郊庙歌辞·积善舞》："饮福受胙，舞降歌迎。滔滔不竭，洪惟水行。"又见，后唐人王仁裕《开元天宝遗事》："张九龄善谈论，每与宾客议论经旨，滔滔不竭，如下阪走丸也。时人服其俊辩。"又见，清人石玉昆《三侠五义》第5回："张老仿佛背书的一般：他姓甚名谁，家住那里，他家有何人，作何生理，怎么遇害，是谁害的，滔滔不断说了一回，清清楚楚。"又见，《红楼梦》第120回："说到这里，那眼泪也不知从何处来的，滔滔不断了。"又见，清人李汝珍《镜花缘》第86回："我故意弄这冷题目问他一声，果然滔滔不断，竟说出一大篇来。"又见，《清史稿·傅山传》："与客谈中州文献，滔滔不尽。"又见，南朝宋人鲍照《登大雷岸与妹书》："西则回江永指，长波天合，滔滔何穷，漫漫安竭。"又见，南朝梁人简文帝《大壑赋》："其深无极，悠悠既凑，滔滔不息。"

用典探妙：

毛泽东在这段不足1300字的增写文字中，只用了一个典故，且是一个成语形式的典故。这个成语形式的典故是一个局部性质的典故，用以修饰演说一语的，将人们说话的连续不断与流畅自如，有形象的描绘与富于激情的表述之妙。

339. "学习马克思主义" "不断地总结经验"
——毛泽东在《学习马克思主义的认识论和辩证法》中所用典故探妙

用典缘起：

从1963年到1965年间，毛泽东反复提倡学习马克思主义的认识论和辩证法。在编撰《毛泽东著作选读》（下册）时，将这一时期的5段文字编撰成文，取题为《学习马克思主义的认识论和辩证法》。在这篇文章中用了下列典故。

典故内容：

固步自封。亦即"故步自封"。——书出第842、843、844页（三出）。典出《汉书·叙传上》："昔有学步于邯郸者，曾未得其髣髴，又复失其故步，遂匍匐而归耳！"又见，清人陆师《之官真州述怀》："纵然违时趋，努力守故步。"又见，晋人庾阐《断酒戒》："是以达人畅而不壅，抑其小节，而济大通。子独区区，捡情自封，无或口闭其味，而心驰其所听者乎！""故步"与"自封"合而为"故步自封"。清人梁启超《爱国论》："妇人缠足十载，解其缚而犹不能行，故步自封，少见多怪，曾不知天地间有所谓民权二字。"

骄傲自满。——书出第842、843、844、845页（四出）。典出宋人王明清《挥尘后录》卷8："（徐师川）既登宥密，颇骄傲自满。"

一分为二。——书出第842页。典出《易传·系辞》："易有太极，是生两仪。"宋人黎靖德编《朱子语类·性理》："问先生以为一分为二，二分为四，四分为八，又细分将去，程子说性中只有仁义礼智四者而已。"

夜郎自大。亦省作"夜郎"。——书出第843页。典出《史记·西南夷列传》："滇王与汉使者言曰：'汉孰与我大？'及夜郎侯亦然。以道不通故，各自以为一州主，不知汉广大。"后人依据"汉孰与我大"改说为"夜郎自大"，以说明妄自尊大、孤陋寡

闻、浅薄无知的人与现象。又见，清人袁枚《随园诗话》："《记》曰：'学然后知不足。'可见知足者，皆不学之人，无怪其夜郎自大也。"又见，清人蒲松龄《聊斋志异·绛妃》："古有贤豪，乘而破者万里；世无高士，御以往者几人？驾砲车之狂云，遂以夜郎自大；恃贪狼之逆气，漫以河伯为尊。"又见，清人曾朴《孽海花》第24回："饿虎思斗，夜郎自大，我国若不大张挞伐，一奋神威，靠各国的空文劝阻，他哪里肯甘心就范呢！"又见，清人梁启超《新中国未来记·绪言》："读者幸谅此意，毋哂其为夜郎。"

敷衍……了事。亦作"搪塞了事"。——书出第843页。典出清人李宝嘉《官场现形记》第1回："礼生见他们参差不齐，也只好由着他们敷衍了事。"又见，同书第14回："胡统领道：'贵府退贼之功，兄弟亦早有所闻。但兄弟总恐怕不能斩尽杀绝，将来一发而不可收拾，不但上宪跟前兄弟无以交代，就着老哥们也不好看，好像我们敷衍了事，不肯出力似的。'"又见，明人李清《三垣笔记》："（杨光先谓陈启新曰）公一味真方假药，恕己责人，寻人小疵，搪塞了事。异日被上看破，讨不得个明哲保身，思予言晚矣。"

视若无睹。——书出第843页。典出《老子》第13章："视之不见，名曰夷；听之不闻，名曰希；搏之不提，名曰微。"又见，《庄子·知北游》："光曜不得问，而熟视其状貌，窅然空然，终日视之而不见，听之而不闻，搏之而不得也。"又见，《礼记·大学》："心不在焉，视而不见，听而不闻，食而不知其味。"又见，《管子·君臣上》："虽有明君，百步之外，听而不闻；间之堵墙，窥而不见也。"又见，战国末期《鹖冠子·度万八》："知无道，上乱天文，下灭地理，中绝人和，治渐终始，故听而无闻，视而不见，白昼而暗，有义而失谊。"又见，宋人张君房《云笈七签》卷2："唯吾老君犹处空玄寂寞之外，玄虚之中，视之不见，听之不闻。"又见，唐人韩愈《应科目时与人书》："是以有力者遇之，熟视之若无睹也。""视若无睹"，当是综合了"视而不见"、"熟视无睹"、"熟视之若无睹"诸义而成。

高官厚禄。亦作"高官重禄"、"官高禄厚"、"禄厚官高"、"尊官厚禄"、"高位厚禄"、"高爵丰禄"、"高爵重禄"。——书出第844页。典出秦人孔鲋《孔丛子·公仪》（一说伪托）："今徒以高官厚禄钓饵君子，无信任之意。"又见，《魏书·韩麒麟传》："而令凶徒奸党，迭相树置，高官厚禄，任情自取，非但臣等痛恨终身，抑为圣朝怀渐负愧。"又见，宋人朱熹《庚子应诏封事》："陛下亦闻其说之可喜，而未究其实，往往误加奖宠，畀以事权，是以比年以来，此辈类皆高官厚禄，志满气得。"又见，金人丘处机《满庭芳·述怀》："漂泊形骸，颠狂踪跡，状同不系之舟。逍遥终日，食饱恣遨游。任使高官重禄，金鱼袋、肥马轻裘。休休。吾省也，贪财恋色，多病多忧。且麻袍葛屦，闲度春秋。逐疃巡村过处，儿童尽、呼饭相留。深知我，面柯梦，心上别无求。"又见，明人李贽《焚书·书答·又与焦弱侯》："今之患得患失，志于高官重禄，也田宅，美风水，以为子孙荫者，皆其托名于林汝宁，以为舍不得李卓老者也。"又见，明人沈德符《万历野获编·文臣改武》："按宋韩、范经略西夏，亦曾以杂学士换观察使，时用兵方谋帅，事理亦宜；乃二公尚以官高禄厚为辞，终不屑受，盖意薄之也。"又见，宋人陈杰《自堂存稿·小惠》："初持小惠钓声华，禄厚官高誉转加。"又见，汉人司马迁《报任安书》："下之不能积日累劳，取尊官厚禄，以为宗族交游光宠。"又见，《史记·日者传》："尊官厚禄，世之所高也，贤才处之。"又见，后汉人王符《潜夫论·论荣》："所谓贤人君子者，非必高位厚禄富贵荣华之谓也。"又见，《荀子·议兵》："是高爵丰禄之所加也，荣孰大焉？将以为害邪？则高爵丰禄以持养之，生民之属，孰不愿也。"又见，《韩非子·说疑》："大者不难卑身撙位以下之，小者高爵重禄以利之。"

养尊处优。——书出第844页。典出宋人苏洵《上韩枢密书》："天子者，养尊而处优，树恩而收名，与天下为喜乐者也。"又见，清人李汝珍《镜花缘》第54回："父亲孤身在外，无人侍奉，甥却在家中养尊处优，一经想起，更是坐立不宁。"又见，清人吴趼人《二十年目睹之怪现状》："从此恽来便住在咸水妹处，一连几个月，居然养尊处优的，养得又白又胖起来。"

一窍不通。亦作"不通一窍"、"一隙不通"。——书出第846页。典出《吕氏春秋·过理》："纣杀比干而视其心，不适也。孔子闻之，曰：'其窍通，则比干不死矣。'"汉人高诱注："圣人心达性通；纣性不仁，心不通，安于为恶，杀比干。故孔子言其一窍不通，若其通，则比干不见杀也。"又见，元人张国宝《罗李郎》第1折："阿，这老爹一窍也不通。"又见，明人东鲁古狂生《醉醒石》："我道还是一窍不通，广居厚积，所以常守贵也。"又见，明人冯梦龙《醒世恒言》卷35："这萧颖士又非黑漆皮灯，泥塞竹管，是那一窍不通的蠢物。"又见，清人李宝嘉《官场现形记》第56回："这位大人乃是一窍不通的，只得请了枪手，代为枪替。"又见，清人冯班《钝吟杂录·以人而论至》："知此人胸中不通一窍，不识一字，东牵西扯而已。"又见，明人宋应星《野议·学政议》："而书旨、文字一隙不通者，百人之中，不下三十人。"有歇后语云："擀面杖吹火——一窍不通；两头不通。"

用典探妙：

毛泽东在这篇不足3500字的文章中，计于13处用了典故。这些典故，绝大多数是成语形式的典故。这些典故运用中的最大特点是：多个典意相近的典故的连用，在表达语意上，有绘声绘色、形神毕肖、感情强烈之妙！

如在第844页，毛泽东将"高官厚禄、养尊处优、骄傲自满、固步自封"四个成语形式的典故连用，绘声绘色、形神毕肖地描绘了那些官僚主义者们的生活状况与其形态作

为，语言气势十分强烈，充分地表达了毛泽东对官僚主义者的厌恶之情。

七　语妙情真的宝卷　精彩精深的鸿文
——毛泽东在《毛泽东新闻工作文选》中所用典故探妙

新闻，作为一种简要而又能及时反映客观实际的文学样式，它有着题材新、内容真、速度快的特质。毛泽东一生与新闻写作结下了不解之缘，《毛泽东新闻工作文选》中的作品，就是其新闻写作中的典范，是为了适应广大新闻工作者学习和研究毛泽东新闻理论与实践的需要而编辑出版的。本书分为论述、作品、改稿三大部分。时间是1925年至1955年。从毛泽东近30年间的新闻作品中选取论述、作品、改稿总计123篇。在这123篇新闻稿中，除却包含在《毛泽东选集》1至5卷和《毛泽东著作选读》（新编本上下册）中的用典作品，已经探妙品味者不再重复之外，毛泽东的这部新闻文稿，计有41篇文章于140处用了典故。这些典故的运用，紧扣作品的内容，紧扣了广大受众心理，旗帜鲜明、特点凸现、形象生动、引人注目、精彩精深、语妙情真，往往有画龙点睛之妙，而其中的绝大多数，都是围绕着如何战胜封建军阀，战胜蒋介石国民党反动派，驱逐日本帝国主义出中国，以及如何取得社会主义革命和社会主义建设服务的。

新闻文稿与其他方面的文稿相比，是有其独特性的。在精短的新闻文稿中，所用的典故，一般是不太多的。但是，往往其中一个典故，就是这篇文稿的一个亮点，或是这篇文稿的"文眼"，它在这精短的新闻文稿中，不时能起到引人入胜的作用，而这一个又一个的"亮点"、"文眼"，使毛泽东的新闻文稿醇厚如歌，有如那绚丽多姿的画卷，恰似那光彩照人的丰碑，让人读后心旷神怡、印象深刻难忘！

《毛泽东新闻工作文选》，是毛泽东新闻写作的精妙之笔，是典入新闻的范本之作。通过对《毛泽东新闻工作文选》的用典探妙，我们可以进一步领悟毛泽东在其新闻写作中的用典艺术特色和风格。

340.用革命工作事实　"打破反革命宣传"
——毛泽东在《〈政治周报〉发刊理由》中所用典故探妙

用典缘起：

为了"向反革命宣传反攻，以打破反革命宣传"。1925年12月5日，时任《政治周报》主编的毛泽东撰写了《〈政治周报〉发刊理由》这篇文章。在这篇文章中用了下列典故。

典故内容：

贪官污吏。亦作"滥官污吏"、"污吏滥官"、"污吏贪官"。——书出第4页（三出）。典出元人无名氏《鸳鸯被》第4折："一应贪官污吏，准许先斩后闻。"又见，明人冯梦龙《喻世明言》卷39："因借府库之资，招徕豪杰，跌宕江淮，驱除这些贪官污吏，使威名盖世。"又见，明人冯梦龙《平妖传》第17回："如有真正贪官污吏，破戒和尚，秽行道士，方许下击。"又见，清人黄宗羲《南雷文案·子齐子行状上》："而最为民厉者，无如贪官污吏。"又见，元人杨显之《临江驿潇湘秋夜雨》第3折："这圣意无非着老夫体察滥官污吏，审理不明词讼。"又见，元人郝经《立政议》："污吏滥官，黜责殆遍，其愿治之心亦切也。"又见，清人吴璿《飞龙全传》第25回："凡过往客商，秋毫无犯……若遇污吏贪官、土豪势恶，劫上山去，尽行诛戮。"

无所不用其极。亦作"无所不用其至"。——书出第4页（两出）。典出《礼记·大学》："《诗》曰：'周虽旧邦，其命维新。'是故君子无所不用其极。"汉人郑玄注："常尽心力而不有余也。"又见，宋人陆九渊《书与赵宰》："九重勤恤民隐，无所不用其极。"又见，宋人袁燮《轮对陈人君宜达民隐札子》："凡可加惠吾民者，无所不用其极。"这里的"无所不用其极"，主要表达办事用尽了心力之意；又见，清人钱曾《读书敏求记·徂徕文集》："翻《徂徕集》因思小人欺君，无所不用其极，为之掩卷失声。"这里的"无所不用其极"，当主要是指干坏事的人，不管什么手段都使得出来之意。又见，宋人叶绍翁《四朝闻见录·又臣寮上言》："凡可以裕民生、厚邦本者，无所不用其至。"

水深火热。——书出第5页。典出《孟子·梁惠王下》："以万乘之国伐万乘之国，箪食壶浆以迎王师，岂有他哉？避水火也。如水益深，如火益热，亦运而已矣。"又见，清人李雨堂《万花楼杨包狄演义》第62回："况陈州连年灾荒，穷困不堪，即有一二富厚之家设法施救穷民，无奈一连六七岁，颗粒无收，人民已是水深火热，目今得皇儿敕免征课，实乃万民之幸了。"又见，孙中山《三民主义·民权主义》："欧洲人民当时受那种不自由的痛苦，真是水深火热。"

民不聊生。——书出第5页。典出《史记·春申君列传》："鬼神孤伤，无所血食。民不聊生，族类离散。"又见，《史记·张耳、陈余传》："财匮力尽，民不聊生。"又见，宋人朱熹《辞免直秘阁状一》："赤地千里，民不聊生，据罪论刑，岂因幸免。"又见，宋元间人无名氏《宣和遗事·元集》："天下骚然，民不聊生。"又见，清人羽衣女士《东欧女豪杰》第1回："奸贼当朝，正人避地，弄得国势危弱，民不聊生。"

用典探妙：

毛泽东在这篇不足1600字的短论中，于7处用了典故，这里所用典故的最大特点是：

重复运用与连续运用相结合，有加强表达效果、增强论辩气势之妙。

毛泽东为了加强表达效果、增强反击阶级敌人的论辩气势，在文章中往往驱遣几个典故重复运用与"典故块"的运用相结合，如在第4页中的"贪官污吏"三次重复而用，而"无所不用其极"之后，又用"亦无所不用其极"，在第5页中连续引用"水深火热，民不聊生"，并立刻以"请看事实"否定之。这就将"土豪劣绅贪官污吏"的反动与凶残、以及革命人民的反抗之强烈的场面与揭批敌人的咒诅中伤凌厉气势，正是借助这些典故的重复运用与连续运用的结合而跃然于纸上。

341. "宣传上有大影响" "宣传上收效极大"
——毛泽东在《两年来宣传工作的回顾》中所用典故探妙

用典缘起：

1926年1月8日，毛泽东在中国国民党第二次全国代表大会上作了《宣传报告》。在编辑《毛泽东新闻工作文选》时，将这个报告的四、五、六部分以题为《两年来宣传工作的回顾》编入。在这篇文章中用了下列典故。

典故内容：

穷乡僻壤。——书出第8页。典出宋人曾巩《元丰类稿·叙盗》："城郭之内，粜官粟以赈民，而犹有不得食者；穷乡僻壤、大川长谷之间，自中家以上，日昃待钱，无告籴之所。"又见，清人周永年《儒藏说》："穷乡僻壤，寒门窭士。"又见，清人李宝嘉《文明小史》第8回："无奈这穷乡僻壤，既无读书之人，那里来的书店。"

无所不用其极。——书出第10页。典出同上一篇。

人自为战。——书出第11页。典出《史记·淮阴侯列传》："此所谓驱市人而战之，其势非置之死地，使人人自为战。"又见，《后汉书·吴汉传》："若能同心一力，人自为战，大功可立。"又见，清人梁启超《爱国论》："人自为战，大天之大勇，莫过于是。"

用典探妙：

毛泽东在这段约有2700字的报告中，只在3处用了典故。这三个典故，均是局部性质的典故。其中"无所不用其极"一典，取用其贬义，将当时的香港、上海、天津、北京、奉天、汉口各外报，及外国通讯社之造谣诬蔑挑拨中伤的各种手段，从总体上进行了揭露；而"人自为战"一典，这本是一个军事典故，毛泽东将其活用于此，形象地描绘了在失去统一指挥的情况下分散进行宣传战的状况，给人以十分深刻的印象。

342. "实际政策的决定" "要根据具体情况"
——毛泽东在《〈兴国调查〉前言》中所用典故探妙

用典缘起：

1931年1月26日，毛泽东在征战中于宁都小布圩整理其《兴国调查》，《〈兴国调查〉前言》即是其整理之后记。在这篇文章中用了下列典故。

典故内容：

粗枝大叶。——书出第24页。典出宋人黎靖德编《朱子语类》："《书序》恐不是孔安国做，汉文粗枝大叶，今《书序》细腻，只是似六朝时人文字。"又见，宋人叶梦得《文章轨范·序》："此集皆粗枝大叶之文，本于义礼，老于事实，合于人情。"又见，清人李汝珍《镜花缘》第16回："老夫于学问一道，虽未十分精通，至于眼前文义，粗枝大叶，也还略知一二。"又见，清人张南庄《何典》第10回："（活死人）也将别后事情，粗枝大叶说与他听了。"这里的"粗枝大叶"，多是指文字或是话语简略概括之意；又见，元人石君宝《诸宫调风月紫云庭》楔子："我看不的你这般粗枝大叶，听不的你那里野调山声。"又见，清人刘熙载《艺概·诗概》："陆士衡诗粗枝大叶，有失出，无失入，平实处不妨屡见。"这里的"粗枝大叶"，多是指不大细腻、富于粗犷之意；又见，清人梦麟《淡道人秋色梧桐图歌》："粗枝大叶气横出，披拂尽作秋声鸣。"这里的"粗枝大叶"，实指枝茎儿粗壮、叶子又阔大。

想当然。——书出第25页。典出《后汉书·孔融传》："初，曹操攻屠邺城，袁氏父子多见侵略，而操子丕私纳袁熙妻甄氏。融乃与操书，称'武王伐纣，以妲己赐周公'。操不悟，后问出何经典，对曰：'以今度之，想当然耳。'"又见，宋人龚颐正《芥隐笔记·杀之三·宥之三》："东坡刑赏忠厚之至论，其中有云：皋陶曰：杀之三；尧曰：宥之三。梅圣愈问出何书，答曰：'想当然耳。'"

诱敌深入。——书出第25页。典出《孙子兵法·计篇》："利而诱之。"

用典探妙：

毛泽东在这篇不足1100字的"整理后记"中，计于3处用了三个典故。首先，我们可以见到，毛泽东在这篇文章中，所要强调的是："实际政策的决定，一定要根据具体情况……详细的科学的实际调查，乃非常之必须。"这是这篇文章的主旨之所在。而所用之典故"粗枝大叶"、"想当然"与"诱敌深入"，则有局部性典故与全局性典故二者均可得兼之妙！

何谓"有局部性典故与全局性典故二者均可得兼之妙"？就是说，"粗枝大叶"、"想当然"、"诱敌深入"，作为局部性典故，它们各自修饰着其所在的句子。即"粗枝大叶"是对马虎潦草、不深入调查的书面报告的批评与否定，而"想当然"，则是对

那些毫无调查、与客观事实大相径庭的报告的富于形象的描绘与否定，而"诱敌深入"的由来，益是调查研究之果。这三个典故，在其所在的句子中，是两个闪光的亮点，能给人以不可磨灭的印象。此其一。

如前所述，这篇文章的主旨是强调调查研究的重要性。就全文而言，"粗枝大叶"、"想当然"、"诱敌深入"在文中的出现，均是与全文之主旨背道而驰的，它们在文中的出现，有如"文眼"在文中闪耀其光，修饰着全文，告诫着人们：决不能"粗枝大叶"、更不能"想当然"，否则"那是危险的"。

343. "看上去明明朗朗"　"看完了爽爽快快"
——毛泽东在《普遍地举办〈时事简报〉》中所用典故探妙

用典缘起：

1931年3月间，毛泽东为中央革命军事委员会总政治部写下了在红色区域普遍举办《时事简报》的通令和关于怎样办《时事简报》的小册子。在《毛泽东新闻工作文选》的编辑中，以题为《普遍地举办〈时事简报〉》编入。在这篇文章中用了下列典故。

典故内容：

井里虾蟆井里跳。亦即"井蛙"、"井底之蛙"、"井底虾蟆"、"井中蛙"、"坎井之蛙"、"井蛙之见"、"井底蛙"。——书出第27页。典出《庄子·秋水》："井蛙不可以语于海者，拘于虚也；夏虫不可以语于冰者，笃于时也；曲士不可以语于道者，束于教也。"　后人多以比喻见闻偏狭且见识短浅之人。如：《后汉书·马援传》："子阳（公孙述）井底蛙耳！而妄自尊大，不如专意东方。"又见，明人无名氏《女真观》第2折："先生江海之学，小道是井底之蛙，焉敢于班门弄斧。"又见，《水浒全传》第87回："汝小将年幼学浅，如井底之蛙，只知此等阵法，以为绝高。"又见，宋人释普济《五灯会元·潭州云盖用清禅师》："师曰：'一瓶净水一炉香。'（僧）曰：'此犹是井底虾蟆。'"又见，明人袁宏道《与黄绮石书》："弟生平好作迂谈，此谈尤迂之甚，然在弟受用于此，亦怪井底虾蟆不得也。"又见，宋人陆游《自诒（其二）》诗中有云："人生须广大，勿作井中蛙。"又见，《荀子·正论》："语曰：'浅不足与测深，愚不足与谋知，坎井之蛙不可与语东海之乐。'此之谓也。"这句话的意思是说：俗话有云：以浅的东西不足以去测量深的东西，而愚昧之人是不足以去参与智谋一类的活动的，一个坎井里的青蛙是不足以去谈论在东海里的乐趣的。又见，金人元好问《论诗三首（其一）》："坎井鸣蛙自一天，江山放眼更超然。"

有用作见识短浅且狭隘之比喻的。如：南朝梁人僧祐《弘明集·明佛论》："夫一局之弈，形筭之浅，而弈秋之心，何尝有得，而乃欲率井蛙之见，妄抑大猷，至独陷神于天阱之下，不以甚乎。"又见，明人沈德符《万历野获编·杂剧院本》："世人未曾遍观，逐队吠声，诧为绝唱，真井蛙之见也。"又见，清人李汝珍《镜花缘》："婢子见闻既寡，何敢以井蛙之见妄发议论。"

川流不息。亦作"川流不舍"。——书出第28页。典出《论语·子罕》："子在川上曰：'逝者如斯夫！不舍昼夜。'"又见，南朝梁人周兴嗣《千字文》："川流不息，渊澄取映。"又见，隋人侯白《启颜录·千字文语乞社》："礼别尊卑，乐殊贵贱，酒则川流不息，肉则似兰斯馨。"又见，宋人朱熹《答张敬夫（其三）》："夫岂别有一物拘于一时限于一处而名之哉？即夫日用之间，浑然全体，如川流之不息，天运之不穷耳。"这里的"川流不息"，多是指时光及自然万物之发展之无穷无尽、连续不断；又见，清人吴敬梓《儒林外史》第27回："两个丫头川流不息的在家前屋后的走，叫的太太一片声响。"又见，清人李宝嘉《官场现形记》第47回："三个随员，虽不戴大帽子，却一齐穿了方马褂上来，围着炉子，川流不息的监察。"又见，同书第58回："他是掌院，又是尚书，自然有些门生属吏，川流不息地前来瞧他。"这里的"川流不息"，多是指行人、车马、船只往来之多。又见，南朝梁人萧绎（梁元帝）《金楼子·后妃》："川流不舍，往而不还者，年也。"

画蛇添足。亦作"画蛇著足"、"妄画蛇足"、"为蛇画足"、"为蛇添足"、"蛇足"。——书出第29页。典出《战国策·齐策二》："……臣窃为公譬可也。楚有祠者，赐其舍人卮酒。舍人相谓曰：'数人饮之不足，一人饮之有余，请画地为蛇，先成者饮酒。'一人蛇先成，引酒且饮之，乃左手持卮，右手画蛇，曰：'吾能为之足。'未成，一人之蛇成，夺其卮曰：'蛇固无足，子安能为之足？'遂饮其酒。为蛇足者，终亡其酒。"这里是一个故事：战国之时，楚之大将昭阳攻败魏国，取其八城，并拟攻齐。齐王遣使者陈轸至楚。陈轸在见昭阳时，先夸其军功。接着就问按楚之法律可得何官何爵。昭阳说：官可封仅次于宰相的上柱国，爵可为附于君王的上执珪。陈轸听后就说：比这再大的官爵是什么呢？昭阳说：这就只有令尹（宰相）了。陈轸马上话锋一转说：可是一个国家不可能有两个令尹呀！接着就为昭阳讲了这个"画蛇添足"的故事。告诉昭阳，如要攻齐，就有如"画蛇添足"，将会什么也得不到的。昭阳省悟，终于打消了攻齐的念头。又见，明人刘希稷《田间四时行乐诗跋》："余乃门下人欲为之注释，恐不能详，又或有戾原旨，难免画蛇添足之诮。"又见，《三国演义》第110回：张翼谏曰："将军功绩已成，威声大震，可以止矣。今若前进，倘不如意，正如'画蛇添足'也。"又见，该书第110回："成功不必添蛇足，讨贼犹思奋虎威。"又见，唐人韩愈《感春四首（其四）》："今者无端读史书，智慧只足劳精神；画蛇著足无处用，两鬓霜白趋埃尘。"又见，《后汉书·袁谭传》："（审配献书于谭曰）何意凶臣郭图，妄画蛇足，曲辞诏媚，交乱懿亲。"又见，三国魏人曹操《手书答朱灵》：

"吕蠡测海，为蛇画足，将言前后百选，辄不用之。"又见，《三国志·张翼传》："（姜）维至狄道，大破魏雍州刺史王经，经众死于洮水者以万计。翼曰：'可止矣！不宜复进，进或毁此大功。'维大怒。（翼）曰：'为蛇画足。'"又见，《晋书·姚泓传》："王国为蛇画足，国之罪人，已就囚执，听诏而戮之。"又见，金人王若虚《滹南诗话》："苏（轼）、黄（庭坚）各因玄真子（张志和）《渔父词》增为长短句，而互相讥评……予谓此皆为蛇画足耳，不作可也。"又见，明人王廷相《答何柏斋造化论》："此论为蛇添足，又岂自然而然之道哉。"又见，唐人韩偓《安贫》："谋身拙为安蛇足，报国危曾捋虎须。"又见，明人沈德符《万历野获编·抗疏中辍》："此等追叙，似乎蛇足。"又见，明人朱之瑜《答安东守约书》："何乃多为蛇足，以乱人意？"

用典探妙：

毛泽东在这篇约有3800字的文章中，虽说只用了3个典故，但是，这3个典故，均具一典多名，这充分说明了其表现力的丰富。然而，即使是这样表现力丰富的典故，毛泽东也是不忘其创造性地运用这些典故的。如"井底之蛙"一典，毛泽东并没有搬而用之，而是创造性地写成"井里虾蟆井里跳"，这一创用，一是使"井底之蛙"一典具有形象的比喻性之妙。这个"井底之蛙"在"跳"，说明它（比喻见闻狭隘的人）是在想摆脱井对它拘限，给人以如见其物之感，其比喻意义更为深刻；二是使"井底之蛙"一典加强了其哲理性。一般地说来，落井之蛙是永远也跳不出深井的，但是它还是时常要尝试着一"跳"的。这是一种富于哲理的现象。"井里的虾蟆井里跳"一典的运用，便使这种哲理现象富于形象性。如何解决这种"井里的虾蟆井里跳"的现象，那么，办《时事简报》的重要性与必要性便凸显出来了，引动人们办好《时事简报》的兴趣也就被激发出来了。这就是毛泽东用典富有生气而又超出常人的精妙之所在！

344. "发扬民族自尊心" "我们一定要胜利"
——毛泽东在《高度发扬民族自尊心和自信心》中所用典故探妙

用典缘起：

1938年10月间，毛泽东在党的第六届中央委员会扩大的第六次全体会议上作了报告。报告的第四部分是《全民族的当前紧急任务》。在编辑《毛泽东新闻工作文选》时，将第四部分的第一节以题为《高度发扬民族自尊心和自信心》编入。在这篇文章中用了下列典故。

典故内容：

为国捐躯。亦即"捐躯报国"、"捐躯殉国"。——书出第40页。典出三国魏人曹植《白马篇》："捐躯赴国难，视死忽如归。"又见，《三国志·魏书·陈思王植传》："夫忧国忘家，捐躯济难，忠臣之志也。"又见，《明史·伍文定传》："非真有捐躯赴难之义，戮力报主之忠，孰肯甘虀粉之祸，从赤族之诛，踏必死之地，以希万一难济之功乎！"又见，《封神演义》第52回："太师大叫一声，跃将下来。云中子在外面发雷，四处有霹雳之声，火势凶猛。可怜成汤首相，为国捐躯。"又见，清人钱彩《说岳全传》第39回："为国捐躯赴战场，丹心可并日争光。"又见，《清史稿·承顺传》："在承顺为国捐躯，光明俊伟，于愿足矣。遗爱在民，汉、番男女老幼呼为活佛。"

慷慨捐输。——书出第40页。典出清人洪昇《长生殿·埋玉》："娘娘既慷慨捐生，望万岁爷以社稷为重，勉强割恩罢！"

用典探妙：

毛泽东在这篇不足1000字的文章中，只用了两个典故，且均是成语形式的典故。这里用典的特色是改用之妙。在第40页的括弧中，毛泽东列举了8种已经产生并正在继续产生的民族革命典型。其中的"慷慨捐输"在成语形式的典故中在笔者所掌握的资料中是难于查找到的。但是，"慷慨捐生"则是可以找到的，如果搬用"慷慨捐生"，当然可以，然而会与前面的"为国捐躯"意义重复，当将"慷慨捐生"改用为"慷慨捐输"之后，则完全切合和高度概括了当时海内外中华民族的优秀儿女们，既为祖国的危亡献出宝贵的生命，又为祖国的抗战捐献金钱物资等，积极抗击日本侵略者种种爱国行为，这就是高度发扬民族自尊心和自信心的具体展现。

345. "中国沦陷区问题" "研究是刻不容缓"
——毛泽东在《研究沦陷区》中所用典故探妙

用典缘起：

1939年10月1日，毛泽东为《时事问题丛书》撰写了题为《研究沦陷区》的文章。在这篇文章中用了下列典故。

典故内容：

刻不容缓。亦作"不容缓"、"事不容缓"、"刻不容迟"、"刻不容弛"。——书出第45页。典出《清史稿·高宗纪》："乙卯、谕曰：'江南水灾地亩涸出，耕种刻不容缓。"又见，清人李汝珍《镜花缘》第40回："胎前产后以及难产各症，不独刻不容缓，并且两命攸关。"又见，清人李宝嘉《官场现形记》第53回："但是今时这两件事情都是刻不容缓的，所以卑府才赶到省里来面回大帅，若等卑府把大字学好了，那可来不及

了。"又见，清人林则徐《亲勘海塘各工片》："臣此次亲诣覆勘，所估各段，皆系刻不容缓之工。"又见，宋人郑准《昆山学租田记》："厥既养之矣，则教之固不容缓。"又见，宋人无名氏《水调歌头·贺真西山》："……仁义阴阳道立，父母乾坤位正，六子发辉光。一日不容缓，此意久弥昌。……"又见，宋人周密《齐东野语》："帝王即位，即是好日。兼官历又吉，何疑？事不容缓，宜亟行之。"又见，清人方苞《请复河南漕运旧制札子》："厥土坟壤，一经雨雪，牛车淖陷，日行不能十里；而漕期刻不容迟，雇夫盘驳，价且十倍。"又见，明人朱之瑜《答安东守约书》："细阅诸作，志大而任重，忧深而虑远，尚论古人，卓有独见。退自徹策，刻不容弛。"

瞎子摸鱼。——书出第46页。典出明人沈榜《宛署杂记·民风·瞎摸鱼》："群儿牵绳为圆城，空其中方丈。城中轮著二儿，各用帕厚蒙其目如瞎状。一儿手执木鱼，时敲一声，而误之。一儿候声往摸，以巧遇夺鱼为胜。"又见，《涅槃经》："有王告大臣，汝牵一象来示盲者。众盲各以手触。大王唤众盲者问之：'汝见象类何物？'触其牙者言象形如萝卜根；触其耳者言如箕；触其腹者言如瓮；触其尾者言如绳。王嘱如来正偏知。"又见，宋人释道原《景德传灯录·襄州清溪山洪进禅师》："有僧问：'众盲摸象，各说异端忽遇明眼人，又作么生？'师曰：'汝但举似诸方。'"又见，宋人朱熹《答许顺之》："彼不知用力于此者，固徇于物欲而不自知，余即悉如来示。盖不能用其力之语，亦似有病了，真如众盲摸象，达者见之，可会一笑。""瞎子摸鱼"，当由"瞎摸鱼"亦或是由"众盲摸象"、"瞎子摸象"化用而来。

用典探妙：

毛泽东在这篇不足1600字的文章中，只用了两个典故，且都是成语形式的典故。这两个典故，虽说均是局部性质的典故，就是说，它们都是起到修饰其所在句子的作用，"刻不容缓"在句子中强调了"沦陷区总问题研究"的紧迫性，而"瞎子摸鱼"则说明了调查的方式与方法及调查时的工作作风。然而，因为全篇文章所要讲的问题，就是对于沦陷区研究的重要与紧迫，就是要解决研究的方式、方法与研究的作风等问题，故而，这两个典故的典意对于全篇而言，同样有其警省全篇之妙。

346. "中国的内政政策" "必须是民主政策"
——毛泽东在《延安〈解放日报〉发刊词》中所用典故探妙

用典缘起：

1941年5月16日，毛泽东为延安的《解放日报》写了发刊词。在这篇发刊词中用了下列典故。

典故内容：

陆沉之忧。——书出第55页。陆沉。——典出汉人王充《论衡·谢短篇》："夫知古不知今，谓之陆沉；……夫知今不知古，谓之盲瞽。"这里的意思是指不合时宜。又见，《晋书·桓温传》："……慨然曰：'遂使神州陆沉，百年丘墟，王夷甫诸人不得不任其责。'"又见，南朝宋人刘义庆《世说新语·轻诋》："桓公（桓温）入洛，过维泗，践北境，与诸僚属登平乘楼眺瞩中原，慨然曰：'遂使神州陆沉，百年丘墟，王夷甫诸人不得不任其责。'袁虎率而答曰：'运自有废兴，岂必诸人之过？'桓公懔然作色，顾谓四坐曰：'诸君颇闻刘景升不？有大牛重千斤，嗷刍豆十倍于常牛，负重致远曾不若羸牸（瘦弱之牛）。魏武入荆州，烹以飨士卒，于时莫不称快。'意以况袁，四坐既骇，袁亦失色。"又见，宋人辛弃疾《水龙吟·甲辰岁寿韩南涧尚书》："夷甫诸人，神州沉陆，几曾回首！"又见，宋人陈人杰《沁园春·丁酉岁感事》："谁使神州，百年陆沉，青毡未还？"又见，清人丘逢甲《题梅州人境庐联》："陆沉欲借舟权住；天问翻无壁受呵。"这里的"陆沉"、"沉陆"，当是指人为所致的大陆沉沦之危。又见，北周·庾信《幽居值春》："山人久陆沉，幽径忽春临。"又见，唐人白居易《赠能七伦》："苦节二十年，无人振陆沉。"又见，唐人刘威《尉迟将军》："明妃若遇英雄世，青冢何由怨陆沉。"这里的"陆沉"，当是指怀才不遇、被沉沦埋没之意。

存亡绝续。——书出第56页。典出清人梁启超《新中国未来记》："这六十年中，算是中国存亡绝续的大关头……其中可惊、可恼、可悲、可喜之事，不知多少。"

与人为善。——书出第56页。典出《孟子·公孙丑上》："取诸人以为善，是与人为善者也。故君子莫大乎与人为善。"又见，宋人刘敞《皋陶戒舜在知人赋》："然则一心之所谋，其智也浅；一力之所济，其功也鲜。故道莫贵于因众以宁，德莫大乎与人为善。"又见，元人卢挚《与姚江村先生书》："盖见义勇为，乐与人为善。"又见，清人纪昀《阅微草堂笔记·槐西杂志二》："必执《春秋》大义，责不读之儿女，岂与人为善之道哉？"又见，清人李宝嘉《文明小史》第9回："想你们教士也是与人为善，断不肯叫我为难。"

用典探妙：

毛泽东在这篇不足1100字的发刊词中，计用了3个典故。这里用典的最大特点是创造性地运用典故。

何谓创造性地运用典故？就是说，毛泽东凭着他那深厚的文史功夫，在原有典故"陆沉"的基础上，创造出适合文意的新典"陆沉之忧"。

"陆沉"一典，一是出自《庄子·则阳》。其中有云："仲尼曰：'是圣人仆也。是自埋于民，自藏于畔。其声销，其志无穷，其口虽言，其心未尝言，方且与世违，而

心不屑与之俱，是陆沉者也。'"西晋人郭象注："人中隐者，譬无水而沉者也，谓之陆沉。"除此归隐之义外，陆沉还有如前所说的"不合时宜"、"沉沦埋没"之意。毛泽东之所谓"陆沉之忧"中的"陆沉"，显然只是取《晋书·桓温传》、《世说新语·轻诋》中桓公所说的"陆沉"和辛词、陈词、丘联中的"沉陆"、"陆沉"之意，即人为使之大陆沉沦。毛泽东将其变化为新典"陆沉之忧"，从而在发刊词中组成了绝妙的对偶之句："世界有陆沉之忧，人类有毁灭之祸。"这一新创的典故入文，一则警告批判了帝国主义战争犯罪的恶果；一则说明了反对侵略战争、争取世界和平乃事关人类命运之大事。

347. "调查会开得很好" "报告也写得很好"
——毛泽东在《〈鲁忠才长征记〉一文按语》中所用典故探妙

用典缘起：

1941年8月26日，毛泽东在看了高克林所写的关于鲁忠才带领运输队，到陕甘宁边区所属的盐边、靖边、定边地区长途运盐的《鲁忠才长征记》这篇调查报告后，写下了按语。在按语中用了下列典故。

典故内容：

下笔千言、离题万里。亦即"落笔千言，离题万里"。——书出第58页。典出唐人刘长卿《送薛据宰涉县》："雄辞变文名，高价喧时议，下笔盈万言，皆合古人意。"又见，宋人曾巩《送丰稷》："读书一见若经诵，下笔千言能立成。"又见，明人冯梦龙《醒世恒言》卷7："下笔千言立就，挥笔四座皆惊。"又见，明人东鲁古狂生《醉醒石》第6回："（李微）少年博学，诗词书翰，无有不通。真是下笔千言，倚马可待。"又见，北齐人颜之推《颜氏家训·勉学》："如此诸贤，故为上品，以外率多田里间人，音辞鄙陋，风操蚩拙，相与专固，无所堪能，问一言辄酬数百，责其指归，或无要会。邺下谚云：'博士买驴，书券三纸，未有驴字。'" "下笔千言"又怎么与"离题万里"结合在一起的呢？《颜氏家训·勉学》中的"博士买驴，书券三纸，未有驴字"一语所道及的故事相关。故事言：有一个自称高才的人，世人讽称其为"博士"。有一天，"博士"家买驴，要写一张买卖契，这个"博士"在写这张买卖契时，连续写了三张，都是一些与买驴无关的废话，仍不见写到一个驴字。这就是所谓的"下笔千言、离题万里"之意。

千篇一律。亦作"一律千篇"、"千篇一体"、"千人一律"、"千幅一律"、"千手一律"。——书出第58页。典出明人王世贞《全唐诗说》："（白居易）少年与元稹角靡逞博，意在警戒痛快，晚更作知足语，千篇一律，诗道未成，慎勿轻看，最能易人心手。"又见，明人袁宏道《与陈正甫提学》："庸谈陈诂，千篇一律，看之令人闷闷，未若审单口词之明白易省也。"又见，明人张岱《陶庵梦忆·扬州瘦马》："看中者，用金簪或钗一般插其鬓……然看至五六十人，白面红衫，千篇一律，如学字者一字写至百至千，连此字亦不认得矣。"又见，明人沈德符《万历野获编·科场·会场搜检》："至嘉靖末年，时文冗滥，千篇一律，记诵稍多。"又见，清人梁启超《请议报一百册祝辞并论报馆之责任及本馆之经历》："大抵'沪滨冠盖'、'瀛眷南来'、'祝融肆虐'、'图窃不成'、'惊散鸳鸯'、'甘为情死'等字样，阗塞纸面，千篇一律。"又见，明人胡应麟《诗薮·内编》："用事非诗正体，然景物有限，格调易穷，一律千篇，只供厌饫。"又见，南朝梁人钟嵘《诗品·晋司空张华》："谢康乐云：'张公虽复千篇，犹一体耳。'"又见，宋人刘克庄《刘圻父诗序》："余尝病世之为唐律者，胶挛浅易，窘局才思，千篇一体。"又见，宋人苏轼《答王庠书》："今程试文字，千人一律，考官亦厌之。"又见，宋人刘克庄《后村全集·题跋·小米画》："墨画盛于本朝，始惟文与可……王清叔亦著名，然元晖千幅一律。"又见，清人朱庭珍《筱园诗话》："靡靡之音，陈陈之套，千手一律，万口同腔。"

夸夸其谈。——书出第58页（两出）。典出《南史·袁淑传》："淑喜夸，每为时人所嘲。"

1025

用典探妙：

关于写文章，早在三国时期的魏文帝曹丕就在其《典论·论文》中说："盖文章，经国之大业，不朽之盛事。"南朝宋人范晔在其《狱中与诸甥姪书》中就提出：文章"当以意为主，以文传意"。至于"文贵精"、"文主情"、"文章千古事"、"文以载道"等等，则为人所常见。中华民族对于如何写好文章的精妙论述实在是值得细心研究。然而，在写文章时，又臭又长、言之无物、文不对题等毛病亦时可见。毛泽东在这个不足190字的按语中，计用了三个典故的运用，将人们写文章时这些常见的毛病作了生动的描绘与揭示，有大大地增强毛泽东关于写文章要"用简洁文字反映实际情况"的论点之妙。

其中的"下笔千言，离题万里"、"夸夸其谈"、"千篇一律"三个典故，前两个是讽刺那种冗长而又远离题旨的所谓"文章高手"，后一个是批评那种写文章时，将文章写成毫无生气、生搬硬套的公式化令人看了生厌的东西。毛泽东这个不足190字的按语，用上了这三个典故之后，一扫党八股之"八股"之气，大有"片言可以明百意"之妙。给人写文章时以警省，给人以不可磨灭的印象！

348.“详细地占有材料”　“搜集得愈多愈好”
——毛泽东在《关于农村调查》中所用典故探妙

用典缘起:

1941年9月13日,毛泽东在延安对中央妇委和中共中央西北局联合组成的妇女生活调查团发表了《关于农村调查》的讲话。在这个讲话中用了下列典故。

典故内容:

自以为是。——书出第59页。典出《孟子·尽心下》:“居之似忠信,行之似廉洁,众皆悦之,自以为是,而不可与入尧舜之道,故曰:‘德之贼’也。”又见,《荀子·荣辱》:“凡斗者,必自以为是,而以人为非也。”又见,宋人朱熹《答汪尚书》:“又自以为是,而大为穿凿附会以文之,此其所以重得罪于圣人之门也。”又见,清人李汝珍《镜花缘》第84回:“世人往往自以为是,自夸其能,别人看着,口里虽然称赞,心里却是厌烦。”

文章之道,有开有合。——书出第62页。关于此典的出处问题,笔者遍查手头所据有的资料,及发动相关学者查寻,均未见到此语。网上称是“古俗语”。然笔者查遍手头所有的俗语书籍,并未查见,毛泽东在其《关于农村调查》中说:古人说:文章之道,有开有合。他既未打上引号,也许是他综合古人之话语而成,也许因为他知识渊博,看到此语就是俗语,而觉得不必加上引号并标明出处。但是,关于“文章之道,有开有合”,相类似说法,却可谓时可见到。如:明人李维桢《太函集序》中有:“文章之道,有才有法。”也许,“文章之道,有开有合”当由此套用而出。又如:王葆心《古文辞通义·文之作法十三》中称:“笔尚变化,似无成法可拘。然阴阳开合,造化之机,为文之道,亦其外是。故虽笔之变化无常,而有一定之开合。其曰断曰续,曰纵曰擒者,皆得统名之开合。故以一篇之开合言之,或一段反一段正,一段虚一段实,此开合之大者,则局为之也。以一段之开合言之,或时而断时而续,时而纵时而擒,此开合之小者,则笔为之也。笔之所以妙者,惟在熟于开合,使断续纵擒无不如志而已。盖有断与纵者,以离而远之;有续而擒者,以收而近之,此之谓善于用笔。”对此,周振甫先生妙解道:“文章的开合本于自然。事物的道理本来有正面的有反面的,有虚的有实的。讲道理时,有从正面讲的,有从反面引起的,有务虚的,有务实的。先务虚,不接触正题,就是开;务虚以后归到正题,就是合。归到正题后有时还需要放开,这又是开。放开的目的为了更好地说理,再归到正题,这是合。讲道理时,有时要经过多次反复,即由开到合,则合到开,最后再到合。讲道理就是这样的过程,所以写说理的文章也要像这样运用开合。这不是写文章运用的花巧,因为在生活中进行说理本来就是这样的。”周振甫先生还以《韩非子·难一》为例进行了令人信服的剖析。(参见《周振甫文集》第3卷，中国青年出版社2003年版，第148－149页）又见，冯李骅《春秋左传·僖公二十八年》："文章妙用，全在多作开合之至奇极变者。如'齐秦未可'则一开，宋人之界则一合；楚子入申则一开，伯棼请战则一合；宛春告释又一开，曹卫告绝又一合；子玉怒，从晋师，竟可合矣，又退三舍着实一开。使读者一闪一闪急不得就，方才落到次于城濮，以为今而后可以写战事矣。忽然接写晋侯听诵而疑，则又开；再写梦搏而惧，则又开。然后跌落斗勃请战，晋侯观师，着实一合，而以叙战终焉。一路无数峰峦，层层起伏。文章巨观，其是之谓乎？"（参见同上书第151－154页）谦虚和善、平易近人的周振甫先生（先生来江西大学讲学时，笔者曾接待过先生，先生之音容笑貌、大学者风范，至今深深留在我的脑海之中）在品析之段文字时，他不仅仅是一位文章高手，简直就是一位洞悉战争风云的大战略家，在评析文章与战争的忽开忽合的事态起伏与人物心理开合变化，令人百读不厌！

八面受敌。——书出第62页（两出）。典出宋人苏轼《答王庠书》："书富如入海，百货皆有之，人之精力，不能兼收尽取，但得其所欲求者耳。……此虽迂钝，而他日学成，八面受敌，与涉猎者不可同日而语也。"

四面受敌。——书出第62页。典出同上。当由"八面受敌"推演而成。

走马看花。——书出第62页。典出唐人孟郊《登科后》："春风得意马蹄疾，一日看尽长安花。"又见，明人毕魏《三报恩·嘱托》："场中看文，如走马看花。"

一事无成。——书出第62页。典出唐人白居易《除夜寄微之》："鬓毛不觉白毶毶，一事无成百不堪。"又见，宋人释普济《五灯会元·翠微学禅师法嗣》："一事无成，一生空度。"又见，《东周列国志》第72回："员乃投镜于地，痛哭曰：'一事无成，双鬓已斑，天乎，天乎！'"

熟视无睹。——书出第63页。典出晋人刘伶《酒德颂》："无思无虑，其乐陶陶，兀然而醉，豁尔而醒，静听不闻雷霆之声，熟视不睹泰山之形，不觉寒暑之切肤，利欲之感情。"又见，唐人韩愈《应科目时与人书》："若俯首帖耳摇尾而乞怜者，非我之志也。是以有力者遇之，熟视之若无睹也。"又见，宋人林正大《括沁园春》词："静听无闻，熟视无睹，以醉为乡乐性真。"又见，清人壮者《扫迷帚》第19回："相彼小民，既醉生梦死，沉迷不悟；绅衿官吏，亦熟视无睹，漠不关怀。"

深思熟虑。——书出第63页。典出宋人欧阳修《辞免第二状》："臣子至荣，人所愿得；苟非深思熟虑，理须避让。"又见，宋人张孝祥《代揔得居士与叶参政》："今者相公既专宥密之寄，深思熟虑，目不暇给，将以裁外侮而隆内治。"又见，明人焦竑《玉堂丛语·规讽》："窃思三杨辅政之初，一几也，不深思熟虑，身任其责，惟阳敛阴施，掩人耳目，虽曰自保，其实误国。"

细微末节。亦即"细故小节"、"末节细故"、"细枝末节"。——书出第64页。

典出宋人韩淲《涧泉日记》："近时汪玉山是正讨论而已，颇切切于细故小节，甚微密矣。"又见，宋人胡梦昱《竹林愚溪集·宝庆乙酉八月二十二日应诏上封事》："天理之或缺或全，人伦之或暌或合，乃国家安危治乱之所由判焉。陛下未可以为末节细故而忽之。"又见，《礼记·乐记》："铺筵席，陈尊俎，设笾豆，以升降为礼者，礼之末节也。"

用典探妙：

毛泽东在这个约4200字的讲话中，计于9处用了典故。这些典故，多是成语形式的典故。这个讲话中用典的最大一个特点是：有依据旧典创造新典之妙。

具体而言，就是在第62页，当毛泽东在论述"要注意的是分析。应该是分析而又综合，就是在第二步骤的分析中，也有小的综合"时，毛泽东连续地运用了两个典故。当在运用"'八面受敌'法"这个典故时，毛泽东运用了苏轼在《又答王庠书》中的语典"'八面受敌'法"，在肯定苏轼在运用这种方法研究历史与研究宋朝的同时，毛泽东马上就来了一个"'四面受敌'法"，将其紧扣当时中国的革命现实，从政治的、经济的、文化的、军事的四大方面的研究，与其所独创的"'四面受敌'法"这个新典挂上钩。这样一来，毛泽东所创造的这个新典，便自然而然地产生了如下妙处：

一是"'八面受敌'法"，据笔者目前所掌握的资料而言，确实是苏轼所独创，这一方法作为一个典故出现，给人以新奇之感与印象深刻之妙。而毛泽东依据这个典故，推演出一个新典"'四面受敌'法"，同样有如上引人入胜之妙。

二是毛泽东在独创新典"'四面受敌'法"的基础上，将其"四面受敌"面面"落实"下来，明确划定研究范围，给人以内容清晰、正确且全面之妙。

349.　"今天来整顿三风"　"要好好利用报纸"
——毛泽东在《在〈解放日报〉改版座谈会上的讲话》中所用典故探妙

用典缘起：

1942年3月31日，在杨家岭召开的、有延安各部门负责同志和作家70多人参加的《解放日报》改版的座谈会将要结束时，毛泽东发表了讲话。这讲话的要点编入了《毛泽东新闻工作文选》。在这个要点中用了下列典故。

典故内容：

与人为善。——书出第91页。典出《孟子·公孙丑上》："取诸人以为善，是与人为善者也。故君子莫大乎与人为善。"

冷嘲暗箭。——书出第91页（两出）。"冷嘲"。——典出明人张岱《周宛委墓志铭》："先生洗垢吹毛，寻其瘢痣，热唱冷嘲，乞一生活地不可得。"又见，清人吴趼人《二十年目睹之怪现状》第20回："神出鬼没母子动身，冷嘲热谑世伯受窘。"又见，清人黄景仁《两当轩集·一九·迈陂塘·蝙蝠》："羞他鸡犬相共，寄人檐下须臾事，且耐冷嘲闲讽。"又见，清人颐琐《黄绣球》第10回："这些人物，就只可陈设在中国博览会中，供中西各国的人冷嘲热笑了。"又见，晚清人蔡东藩《后汉通俗演义》第20回："郭皇后暗中窥透，当然怀嫌，因此对着帝前，往往冷嘲热讽，语带蹊跷。光武不能容，遂致夫妻反目，动有违言。" "暗箭"。——典出宋人邵博《闻见后录》卷30："贡父曰：'中司自可鸣鼓儿，老夫难为暗箭子。'"又见，宋人刘炎《迩言》卷6："暗箭中人，其深次骨，人之怨之，亦必次骨，以其掩人所不备也。"又见，元人无名氏《刘千病打独角牛》："孩儿也，一了说明枪好躲，暗箭难防。"又见，明人无名氏《闹铜台》："明枪易躲，暗箭难防；不如跳入水内浮出去罢。"又见，明人王镀《春芜记·构衅》："央他夜夜往李府后门带领我家小厮们四下巡逻，倘若拿着宋玉事儿发作，季老夫人得知，一定卖那泼贱到隔江过海去，不然也打他几十下，消了我这恶气。正是明枪容易躲，暗箭最难防。"又见，清人石玉昆《三侠五义》第31回："且言邓彪虽落水，他原是会水之人，虽然被擒，不肯服气，连声叫道：'好吓！好吓！你敢用暗箭伤人，万不能与你们干休。'"又见，清人李汝珍《镜花缘》第58回："有荼毒生灵的强盗，有暗箭伤人的强盗，有借刀杀人的强盗。"

用典探妙：

毛泽东在这个不到600字的讲话要点中，计于5处用了典故。所用之典别有特色。

其一是：典故的综合新创之妙。

所谓"典故的综合新创之妙"，就是说，毛泽东将两个典故综合成一个典故，使这个典故语不仅简明扼要，而且兼具原有的这两个典故之典意。具体地说来，本文中的"冷嘲暗箭"这一个新典，实际上就是由成语形式的典故"冷嘲热讽"与典故"暗箭伤人"综合而成的一个新典。"冷嘲暗箭"这一个新典，较之"冷嘲热讽"与"暗箭伤人"相比，一是文字更为精炼，二是兼具"冷嘲热讽"与"暗箭伤人"之义，可谓有"言论"与"行动"二者得兼之妙。

其二是：文中所用的这两个典故，有强烈对比之妙。

"与人为善"是赞助他人或是偕同他人一起做积善积德、做好事的意思。而"冷嘲暗箭"，则是与"与人为善"完全相反的行为。两个典故共用于一段文字之中，形成了强烈的对比，给人以明断是非之妙。

350.发表党外的言论 欢迎善意的批评
——毛泽东在《党报应吸收党外人员发表言论》中所用典故探妙

用典缘起：

1942年3月14日，毛泽东给周恩来发了电报，同年3月的一天，毛泽东为中共中央起草的《关于共产党员与党外人士的关系的决定（草案）》中写了两段话。在编辑《毛泽东新闻工作文选》时，以《党报应吸收党外人员发表言论》为题编入。在这篇文章中用了下列典故。

典故内容：

文过饰非。亦作"饰非文过"、"文过遂非"、"纵过饰非"、"护过饰非"。——书出第94页。典出《论语·子张》："小人之过也，必文。"即品格低下之人，喜用虚伪之言辞以掩饰自己之过错的意思。又见，《汉书·杨敞传》："言鄙陋之愚心，若逆指而文过。"唐人颜师古注："逆足下之意旨，而自文饰其过。"又见，《庄子·盗跖》："强足以距敌，辩足以饰非。"又见，唐人刘知几《史通·惑经》："斯则圣人设教，其理含弘，或援誓以表心，或称非以受屈。岂与夫庸儒末学，文过饰非，使夫问者缄辞杜口，怀疑不展，若斯而已哉？"又见，《清史稿·陈庆镛传》："今该御史请收回成命，朕非文过饰非之君，岂肯回护？"又见，唐人刘知几《史通·曲笔》："其有舞辞弄札，饰非文过，……斯乃作者之丑行，人伦所同疾也。"又见，《汉书·贾捐之传》："顺非而泽，不听而诛。"唐人颜师古注："谓人有坚为辩言，不以诚质，学于非道，虽博无用，饰非文过，辞语顺泽，不听教命，有如此者，皆诛杀也。"又见，宋人苏轼《再论时政书》："人皆谓陛下圣明神武，必能徙义修慝以致太平，而近日之事乃有文过遂非之风，此臣之所以愤懑太息而不能已也。"又见，宋人罗大经《鹤林玉露补遗》卷3："世之人举动差谬，文过遂非，不肯认错者多矣。"又见，后汉人王充《论衡·寒温篇》："若当怒反喜，纵过饰非，一室之中，宜有寒温。由此言之，变非喜怒所生明矣。"又见，《清史稿·和珅传》："故事，实录不载武试策问，和珅率对不以实，诏斥护过饰非。"

缄口不言。亦即"三缄口"、"三缄其口"、"缄舌闭口"。——书出第94页。典出《孔子家语·观周》："孔子观周，遂入太祖后稷之庙，庙堂右阶之前，有金人焉，三缄其口，而铭其背曰：'古之慎言人也。'"又见，汉人蔡邕《铭论》："周庙金人，缄口以慎"又见，唐人权德舆《诚言》："方寸虽浩然，因之三缄口。"又见，《明史·何遵传》："正德间，给事、御史挟势凌人，趋权择便，凡朝廷大阙失，群臣大奸恶，缄口不言。"又见，元人亢文苑《一枝花·为玉叶儿作》："看别人苦眼铺眉，笑自己缄舌闭口。"

用典探妙：

毛泽东在这篇不足1000字的话语中，计用了两个典故。这两个典故，一道缘由，即以"文过饰非"揭示党内主观主义与宗派主义的特点；一说恶果，即以"缄口不言"描绘党内主观主义者与宗派主义者拒绝党外人员批评，或曲解其批评为攻击，所造成的恶果。有因果分明、前后呼应、敲人以警钟之妙。

351. "与其做地方工作" "不如做翻译工作"
——毛泽东在《给何凯丰的信》中所用典故探妙

用典缘起：

1942年9月15日，毛泽东在给何凯丰的信中用了下列典故。

典故内容：

唐三藏。——书出第99页。典出《新唐书》、《旧唐书》以及杨廷福《唐僧取经》（中华书局1981年3月北京版）等史料。唐三藏（公元600年——664年）。即"三藏法师"、"唐僧"、"玄奘"、"陈祎"。河南洛阳缑氏（今河南偃师）人。13岁即出家。他一生跋山涉水、历尽艰险、发誓西行、留学印度，以其高深的学问，名震五印（即东印度、南印度、北印度、西印度、中印度），在印度人民的心目中视为圣人。历经17年后回到长安。玄奘回到长安之后，拒绝了唐太宗请他还俗做官的旨意，以其谨严的笔法、高超的译技，经19年的艰苦努力，共译出75部、1335卷、达1300余万字之多的经、论。我国当代大学者季羡林先生在其《五四谈翻译》中称："玄奘的翻译对原文忠实，读起来又不别扭，达到了登峰造极的地步。"赵朴初在评价玄奘的译经则称："兼综大小内外，空有显密，决择精审，义类分明，炼字铸词，义丰文约，一语一言，靡不贯穿玄理，冥契机枢，其广博精深，况之历代，未有能与之比肩者也。"（据河北省佛教协会流通处发行《玄奘全书》）这是中国翻译史上的辉煌之著，也是世界翻译史上划时代的一页。其所著的《大唐西域记》12卷，被誉为世界上三大名著之一，并译成了多种文字。为后人研究印度、尼泊尔、巴基斯坦、孟加拉、斯里兰卡及中亚等地的古代历史、地理及从事考古等，保存了极为珍贵的资料。

功德无量。——书出第99页。典出《汉书·丙吉传》："所以拥全神灵，成育圣躬，功德已无量矣。"又见，《旧唐书·狄仁杰传》："伏惟圣朝，功德无量，何必要营大像，而以劳费为名。"这里的"功德无量"，是指功业与德行非常之大；又见，宋人释道原《景德传灯录·南阳慧忠国师》："其金刚大士，功德无量，非口所说，非意所陈。"又见，《西游记》第75回："行者笑道：'师父，才这一去，一则是东土众生

有缘有分，二来是师父功德无量无边，三也亏弟子法！'"又见，清人颐琐《黄绣球》第13回："最好赴十九菩萨过生日这一天，去许个愿替菩萨装个金身，助一盏琉璃长明灯，是功德无量的。"这里的"功德无量"，是作为佛教用语，指诵经、念佛、布施等事项。

用典探妙：

毛泽东在这封约600字的短信中计用了两个典故。在这封短信中，毛泽东是旨在动员吴亮平去主持编译部工作的。毛泽东并没有用命令的语气，而是借助"唐三藏"这个人名之典所隐含的舍身求法、令人景仰的惊世伟绩和"功德无量"这个语典，去启迪吴亮平，去激励吴亮平，以论证吴亮平为什么"与其做地方工作，不如做翻译工作"的正确理由之所在。并借助典故的运用，将做翻译工作的艰巨性和重要意义凸显出来，有给人以深刻教育、令人心悦诚服、并给以莫大鼓舞之妙！

352."采取谨慎的态度" 作风就更切实了
——毛泽东在《讲真话，不偷、不装、不吹》中所用典故探妙

用典缘起：

1945年4月24日，毛泽东在中国共产党第七次全国代表大会上，就《论联合政府》书面政治报告中的一些问题作了阐述。这篇《讲真话，不偷、不装、不吹》就是其中的一部分。在这个报告中用了下列典故。

典故内容：

知之为知之，不知为不知。——书出第126、128页（三出）。典出《论语·为政》："子曰：'由！诲女（汝）知之乎？知之为知之，不知为不知，是知也。'"这是孔子针对其弟子仲由（子路）"好以不知为知"的毛病而开导他的话。又见，《荀子·儒效》："知之曰知之，不知曰不知，内不自以诬，外不自以欺。"又见，西汉人韩婴《韩诗外传》卷5："知之为知之，不知为不知，内不自诬，外不诬人。"又见，汉人刘向《说苑·杂言》："故君子知之为知之，不知为不知，言之要也。"又见，宋人陆九渊《与朱元晦书二》："古人质实，不尚智巧，言论未详，事实先著。知之为知之，不知为不知。"又见，元人马致远《荐福碑》第1折："此人满腹文章，留在庄上教些学生读书。我偷听他几句言语：知之为知之，不知为不知。"又见，清人李威《岭云轩琐记》卷3："奈何诠释之家，以意卜度，一字不肯放过，自以为完书。而其中舛驳如麻，取讥大雅。儿不闻多闻阙疑，慎言其余，知之为知之，不知为不知之训乎？"又见，清人李渔《闲情偶寄·器玩部·制度》："'知之为知之，不知为不知'，此圣贤

无欺之学，不敢以细事而忽之也。"

观音菩萨。——书出第126页。典出《道藏》本《搜神记·南无观世音菩萨》："……后，庄王病恶，剜目断臂救王。王往礼之，尔时道成，空中现千手千眼灵感观世音菩萨奇妙之相，永为香山显迹云。"

用典探妙：

毛泽东在这篇约1700字的部分报告中，计于4处用了典故。这段报告中所用典故的最显著特点有二：

其一是，对于同一个典故一而再、再而三地解释而用，有反复强调要实事求是、要讲真话之妙。

如在第126页连用了"知之为知之，不知为不知"一典，在指出其来由、阐述其精义之所在的同时，对于弄虚作假的种种社会现象，进行了批判，进而阐释了马克思主义的真谛就是要"实报实销"讲真话。

其二是，对于同一个典故在运用时，谐其音而"衍生"与该典故读音相似的话语，使其在语含幽默之趣的同时，给人以深刻的印象之妙。

如在第128页。毛泽东再一次地说到了要讲真话，举了打仗缴枪不报虚数时，由孔夫子的"知之为知之，不知为不知，是知也"，谐音套用出"一支为一支，两支为两支，是知也"，这不仅是对于以往"内报一支是一支，外报一支是两支"这种做法的批评，同时因声谐义恰而产生幽默之趣，更是对要讲真话这一号召的突出与强调。读后给人以永远难忘之妙。

353. "只宣传约法八章" 不要另外提口号
——毛泽东在《宣传约法八章，不要另提口号》中所用典故探妙

用典缘起：

1949年1月26日，毛泽东为中共中央起草了给东北野战军并告北平市委、天津市委、各中央局、各野战军、各有关单位的电报。在编辑《毛泽东新闻工作文选》时，取题为《宣传约法八章，不要另提口号》。在这个电报中用了下列典故。

典故内容：

约法八章。当由"约法三章"而来。——书出第159、160页（六出）。典出《史记·高祖本纪》："（沛公曰）与父老约法三章耳：杀人者死，伤人及盗抵罪。"又见，《汉书·刑法志》："汉兴，高祖初入关，约法三章曰：'杀人者死，伤人及盗抵罪……取其宜于时者，作律九章。"又见，宋人刘克庄《沁园春·寄竹溪》："老子衰

颏，晚与亲朋，约法三章。……"又见，元人耶律楚材《怀古一百韵寄张敏之》："约法三章日，恩垂四百基。"又见，《三国演义》第65回："昔高祖约法三章，黎民皆感其德，愿军师宽刑省法，以慰民望。"又见，清人吴趼人《二十年目睹之怪现状》第51回："这位继室夫人生得十分精明强干，成亲的第三天，便和督办约法三章，约定从此以后，不许再娶姨太太。"又见，清人文康《儿女英雄传》第22回："因姑娘当日在青云山庄有'一路不见外人'的约法三章，早分付过公子沿路无事，不必到姑娘船上去。"

用典探妙：

毛泽东在这封不足1000字的电报中，只用了一个典故。这个典故，是由刘邦"约法三章"变用而来，"约法三章"与"约法八章"，虽说相距2100余年，但有历史方面的某些相似性，刘邦因有"约法三章"，而获得民心民意，为日后的大一统开了一个好头，由此，"约法三章"有自然而然地映衬"约法八章"的特殊政治意义之妙。此其一；更为重要的是：毛泽东在运用这个典故之时，他将这个典故在电报中6次（包括题目）地运用，这就不仅对于"约法八章"有极强的强调意义，同时亦有强调"不要另提口号"的政治、政策意义之妙。

354."一切较长的文电" "先用极简要文句"
——毛泽东在《纠正文字缺点》中所用典故探妙

用典缘起：

1951年2月间，毛泽东在审定《中共中央关于纠正电报、报告、指示、决定等文字缺点的指示》时，加写了几段话。在编辑《毛泽东新闻工作文选》时，以题为《纠正文字缺点》编入。在这段文字中用了下列典故。

典故内容：

开门见山。——书出第167页。典出唐人刘得仁《青龙寺僧院》："此地堪终日，开门见数峰。"又见，宋人戴复古《题蔡仲卿青在堂二首（其一）》："潇潇洒洒屋三间，日日开门见好山。"又见，宋人严羽《沧浪诗话·诗评》："太白天才豪逸，语多自然而成者，……太白发句，谓之开门见山。"又见，明人王骥德《论引子》："《琵琶》引子，首首皆佳，所谓开门见山手段。"又见，明人张岱《快园记》："园在龙山后麓……段段选胜，开门见山，开牖见水。"又见，清人李渔《闲情偶寄》："予谓词曲中开场一折，即古文之冒头，时文之破题，务使开门见山，不当借帽覆顶，即将本传中立言大意，包括成文。"又见，清人李绿园《歧路灯》第2回："孔耘轩道：'说话要开门见山，谭兄之意，欲以世兄读书之事，烦潜老照管哩。'"

立片言以居要，乃一篇之警策。——书出第167页。典出晋人陆机《文赋》："或文繁理富，而意不指适。极无两致，尽不可益。立片言而居要，乃一篇之警策。……"唐人李善注："以文喻马也。言马因警策而弥骏，以喻文资片言而益明也。夫驾之法，以策驾乘；策以一言之好，最于众辞，若策驱驰，故云警策。论语子曰：'片言可以折狱。'……"又见，清人王夫之《读四书大全说》卷7："横渠（张载）学问思辨之功，古今无两，其言物理也，曰：'想孔子也大段辛苦来。'可谓片言居要。"

用典探妙：

毛泽东在这段不足630字的话语中，计用了两个典故。这两个典故都是谈如何撰写电报、报告、指示、决定等文字的。仅用上这两个典故，就可领悟毛泽东关于写作这类文字的精髓旨意所在之妙！

"开门见山"一典，所讲的是：写文章之时，一开头就要直接地触及文章的题旨，毛泽东在用了此典之后，随即所作的解说，有如开门见青山之美，有如开卷即见文章题旨之妙！而"立片言以居要，乃一篇之警策"一典，毛泽东妙改"而"字为"以"，一有省去"硬引"之嫌，使之读来更切加写话语文意之妙！二是此语与"开门见山"一样，颇具形象之感。因为陆机的"立片言而居要，乃一篇之警策"，是以挥鞭策马的形象比喻行文时，要简明深刻立论以统率全文或全段的要旨，毛泽东以此形象的语典，十分深刻地揭示怎样去"纠正文字缺点"方式、方法的内涵之所在，于人为文，大有裨益。这两个典故的运用，同样是对那种"下笔千言，离题万里"写作作风的有力批判。

355.："重视人民的来信" 给 "以恰当的处理"
——毛泽东在《重视人民来信》中所用典故探妙

用典缘起：

《重视人民来信》，是1951年5月16日毛泽东对中共中央办公厅秘书室《关于三个月处理群众来信工作向毛主席的报告》所作的批语，在这个批语中用了下列典故。

典故内容：

掉以轻心。——书出第173页。典出唐人柳宗元《答韦中立论师道书》："故吾每为文章，未尝敢以轻心掉之。"又见，《清史稿·德宗纪一》："临事而惧，古有明训。切勿掉以轻心，致他日言行不相顾。"又见，晚清人刘坤一《覆陈防营改操饷项支绌摺》："臣受恩深重，职守攸关，断不敢掉以轻心，稍存大意。"

置之不理。——书出第173页。典出清人顾炎武《华阴王氏宗祠记》："人主之于民，赋敛之而已尔，役使之而已尔，凡所以为厚生正德之事，一切置之不理，而听民之所自为。"

毛泽东在这个不足230字的批语中，用了两个成语形式的典故。这两个典故是连续而用，用以对人民的来信所采取的官僚主义态度的批判，两个典故的连用，使用语富于气势，令人读后有酣畅淋漓之感，兼具令人警省之妙。

356. "学习马克思主义" 搞好新闻出版业
——毛泽东在《同新闻出版界代表的谈话》中所用典故探妙

用典缘起：

1957年3月10日，在中国共产党全国宣传工作会议上，毛泽东召集新闻出版界部分代表开了一次座谈会。在会上，毛泽东谈了新闻工作中的若干问题。这个谈话就是毛泽东整个谈话的节录。在这个节录中用了下列典故。

典故内容：

逼上梁山。——书出第186页。典出《水浒传》。在整个《水浒传》中，不少英雄好汉，在官府和贪官污吏的逼迫下，纷纷在山东的水泊梁山造反。后来，人们以此典实比喻被迫反抗或不得不有所行动。这就是所谓的"逼上梁山"。《水浒传》第11回中就写下的回目《朱贵水亭施号箭 林冲雪夜上梁山》，就是林冲被"逼上梁山"的典型一回。

琴棋书画。——书出第188页。典出宋人孙光宪《北梦琐言》卷5："唐高测，彭州人。聪明博识，文翰纵横。至于天文历数，琴棋书画，长笛胡琴，率皆精巧，乃梁朝朱异之流。"又见，明人徐霖《绣襦记·厌习风尘》："久弃琴棋书画，浑忘雪月风花。"又见，明人冯梦龙《喻世明言》卷12："年二十五岁，丰姿洒落，人才出众，琴棋书画，无所不通，至于吟诗作赋，尤其本等。"又见，清人张南庄《何典》第7回："不拘描龙绣凤，件件皆精，琴棋书画，般般都会。"

引人入胜。亦作"引人着胜"、"引人胜地"。——书出第190页。典出晋人郭澄之《郭子》："王佛大（王忱）叹曰：'三日不饮酒，觉形神不复相亲；酒自引人入胜地耳。'"又见，《清史稿·髡残传》："画山水奥境奇辟，缅邈幽深，引人入胜。"又见，清人丘逢甲《燕子岩》："引人渐入胜，平步势不陡。"又见，清人黄虞稷《书影序》："标新领异，引人入胜者，盖未之有也。"又见，南朝宋人刘义庆《世说新语·任诞》："王卫军云，酒正自引人着胜地。"又见，清人周亮工《读画录·叶荣木》："盖此老善结构，能就目前所见，一一运之纸，一经其笔，虽极无意物，亦有如许灵异，故往往引人胜地。"

舍得一身剐，敢把皇帝拉下马。——书出第190页。典出《金瓶梅》第25回："我的仇，与他结的有天来大。常言道：'一不做，二不休'，到跟前再说话，'破着一命刷，便把皇帝打'。"又见，《红楼梦》第68回："凤姐儿又冷笑道：'……俗话说："拼着一身剐，敢把皇帝拉下马。"他穷疯了的人……'"

书香门第。——书出第191页。典出宋人刘克庄《后村集序》："至若以文名世者，家有贤子孙，能绍祖父书香，昭箕裘之不坠，则其文久而弥彰。流传不朽矣。"又见，清人文康《儿女英雄》第40回："如今眼看着书香门第是接下去了，衣饭生涯是靠得住了。"

百家争鸣。——书出第194页。典出《汉书·艺文志》："凡诸子百八十家……蜂出并作，各引一端，崇其所善，以此驰说，取合诸侯。"又见，清人俞樾《春在堂随笔》："百家争鸣，或传或不传，而定之有故、持之成理者，屈指可尽。"

用典探妙：

毛泽东在这篇约有4600字的谈话节录中，只于6处用了典故，且大多数只是成语形式的典故。这6处典故，镶嵌在各个谈话的段落的句子之中，均属局部性质的典故，或是用作比喻，如第186页中的"逼上梁山"，形象地说明了不少的事情是靠"逼"出来的，而在188页中的"琴棋书画"用作说明报纸的活跃，等等。它们均在修饰着其所在的句子，妙如点点星星闪耀于其谈话中的字里行间！

1037

357."报纸应该有方向" "不要临时抱佛脚"
——毛泽东在《报纸一个时期要有一定的方向》中所用典故探妙

用典缘起：

《报纸一个时期要有一定的方向》一文，是毛泽东于1958年9月间对吴冷西谈话的摘要。在这个摘要中用了下列典故。

典故内容：

临时抱佛脚。亦即"临死抱佛脚"、"垂老抱佛脚"、"急来抱佛脚"、"急则抱佛脚"。——书出第209页。典出宋人刘攽《刘贡父诗话》中说，王安石与宾客聊天，谈到佛学有关的问题。王安石想到自己年事已高，而官场生涯又屡经坎坷，颇有心灰意冷之感，于是脱口而吟曰："投老欲依僧！"有个宾客接口而对曰："急来抱佛脚！"王安石说："投老欲依僧是古诗！"那位宾客说："急来抱佛脚是俗谚！"众人赞叹不已。由此可知，"急来抱佛脚"一语在宋时就作为诗句或俗语一类在民间广为流传了。又见，宋人张世南《宦游纪闻》："云南之南有番国，俗尚释教，人犯罪应诛者，捕之急，趋往寺中抱佛脚悔过，愿髡发为僧以赎前罪，即贳之。谚云：'闲来不烧香，急则抱佛脚'，本此。"又见，清人王应奎《柳南随笔》中云："谚云：'急来抱佛脚。'

盖言平时不为善，面临难求救于佛也。孟郊诗云：'垂老抱佛脚，教妻读黄经。'可知此语自唐时已有之。"（"黄经"即道教之《黄庭经》）又见，成书于明代，历经明清文人增补的佚名《增广贤文》中有："闲时不烧香，急时抱佛脚。"又见，《水浒传》第17回："阿嫂便道：'阿叔，胡乱救你哥哥，也是弟兄情分。……'何清道：'嫂嫂，你须知我……'何涛见他话眼有些来历，慌忙取一个十两银子，放在桌上，说道：'兄弟，权将这锭银收了。日后捕得贼人时，金银缎匹赏赐，我一力包办。'何清笑道：'哥哥正是"急来抱佛脚，闲时不烧香"。我若要你银子时，便是兄弟勒掯你。……'"又见，清人杜文澜《古谣谚》写作："闲时不烧香，急则抱佛脚。"又见，清人李宝嘉《官场现形记》第6回："只有三年大阅是他们的一重关煞，那一种急来抱佛脚的情形，比起那些秀才们三年岁考还要急。"

用典探妙：

毛泽东在这篇不足400字的谈话摘要中只用了一个典故。虽说只用一个典故，但这个典故的运用，有一典立全文骨架之妙！

首先，"临时抱佛脚"一语，不论其是作为诗、对联或是俗语、谚语，它都隐含着其上句——"闲时不烧香"。而"闲时不烧香，临时抱佛脚"一语，是有其丰富的哲理的，它喻指平时不关注事态的发展变化，而一旦事到临头，则毫无准备，只好急于求助或是慌忙准备。

毛泽东在这个讲话摘要中是谈办报，谈办报"对国际问题应该有研究，有一定的看法"，而要真正做到这一点，"报纸一个时期要有一个方向"，而要有一个方向，就要对这个方向的相关问题有一定的研究，有了一定的研究，就不是"闲时不烧香"，这个"闲时烧香"，就是平时对问题要有研究，而对问题有了研究，一旦需要，就可以派上用场。毛泽东所用的"临时抱佛脚"一典，有尽纳全文语意之妙！

358. "记者头脑要冷静" "记者要善于比较"
——毛泽东在《记者头脑要冷静》中所用典故探妙

用典缘起：

《记者头脑要冷静》一文，是1958年11月21日毛泽东对吴冷西的谈话摘要。在这个谈话摘要中用了下列典故。

典故内容：

"勾推法"。亦或"钩距法"。——书出第212页。典出《汉书·赵广汉传》："尤善为钩距，以得事情。钩距者，设欲知马贾（价），则先问狗，已问羊，又问牛，然后及马，参伍其贾，以类相准，则知马之贵贱，不失实矣。"清人王先谦补注："钩若钩取物也，距与致同，钩距谓钩而致之。"又见，唐人张说《故括州刺史赠工部尚书冯公神道碑》："伟哉冯公，秉斯操矣。公讳昭泰，字遇圣。长乐人也……公清白传家，信义高世，门有奇士，室无长物。夫其善于钩距，长于衿带，法严令峻，人宽吏急，当官而行，不避谀詈之口，除恶务本，不求恺悌之誉。"又见，《旧唐书·宇文融传》："融，开元初累转富平主簿，明辩有吏干……俄拜监察御史。时天下户口逃亡，免役多伪滥，朝廷深以为患。融乃陈便宜，奏请检查伪滥，搜括逃户。玄宗纳其言，因令融充使推勾。无几，获伪滥，特加朝散大夫……"又见，《旧唐书·毛若虚传》："毛若虚，绛州太平人也。眉毛覆于眼，其性残忍。初为蜀川县尉，使司以推勾见任。"勾推或曰钩距或曰推勾，意为一种盘问人的方法，辗转推问，以获取实情。

人云亦云。——书出第212页。典出宋人苏轼《次韵定慧钦长老见寄八首（其二）》："'我醉君且去'，陶云吾亦云。"又见，金人蔡松年《槽声同彦高赋》："槽床过竹春泉句，他日人云吾亦云。"又见，清人吴趼人《二十年目睹之怪现状》第101回："虽然是非曲直，自有公论；但是现在的世人，总是人云亦云的居多。"又见，清人吴雷发《说诗菅蒯》："余凡立论，断不肯拾人牙慧，宁为人所讪笑，而人云亦云，终有所不能为也。"

用典探妙：

毛泽东在这篇不足1100字的谈话摘要中，实际上共用了3个典故。其中的"唐朝有一个太守，他问官司，先去了解原告被告周围的人和周围的情况，然后再审原告被告。这叫作'勾推法'。"这一人物典事，具体实指何人，笔者遍查相关典籍，问及相关学者，查阅《旧唐书》、《新唐书》、《唐律疏议》、《唐律研究》（钱大群著）、《唐律研究》（乔伟著）、《唐律初探》（杨廷福著）、《唐代司法制度》（汪潜著）、《折狱龟鉴》（郑克著）、《历代刑法考》（沈家本著）、《通典》、《文献通考》、《中国审判制度史》、《中国法制通史》、《中国法制史考证》等，均一时难于具体地落实到唐朝的"某一人"。不少学者提出这可能是"泛指"，笔者却不以为然。因为："毛泽东有一个习惯，每到一地，总喜欢找书找报，以便了解当地历史掌故、诗词歌赋和风土人情等。当时不可能在偏僻的石厢子马上找到报纸和地方史志书籍，于是，毛泽东派人去请了一个熟悉情况的当地'私塾'先生来详细询问情况。"（颜林《毛泽东在彝乡石厢子开会过年》，《人民政协报》2004年4月22日）这是毛泽东于长征途中"鸡鸣三省"驻足"石厢子"这个地方学习的一个侧面，凭着他那极强的记忆力，也许，这个妙用"勾推法"的唐朝太守就记载在某个地方志书之中。这使我想到在写作《毛泽东妙用诗词》一书时，当写到："凡在毛泽东身边工作的人员所写的回忆录式的文章中，几乎都谈到过这样的体会：当毛泽东与他们初次见面时，总要先问对方的姓名、籍里乃至家庭状况，然后便有可能根据这些状况引出相应的典故。例如，当他得知师哲的原籍是

韩城（今陕西，汉时称夏阳）人时，他立刻就说："噢，你和司马迁是同乡。'……接着，他又谈到'禹门三级浪，平地一声雷'的出处，……"（于冰《论毛泽东运用典故的艺术》，载《内蒙古社会科学》1992年第5期，第82页）在这里，毛泽东明指了有其出处。然而不少知名的学者无处可查。这肯定是毛泽东从当地志书上看到并牢记于心。后来笔者在一个偶然的机会惊喜地看到：这两名句出自元代至大年间绘于韩城滩子村薛家祖祠墙上的这《龙门瞰图》上的一首题画诗。其诗云："禹门三级浪，平地一声雷。韩邑第一景，万古最为奇。"这样美妙的诗句，毛泽东有可能是实地考察而得，有可能是看当地志书所记。同样，唐朝的这个太守，也有可能是毛泽东从志书等渠道中所记，或是在某地实地考察时所得。

尽管毛泽东在这里并未明指是哪一个太守，但是他点明了这位太守在调查研究时那一种善于比较的方式方法。隐指了："古人尚能如此，况当今的人民记者乎？"这种以古比今之法式的用典，并配之以与所用典故内容相一致的典故语于论说之中，实能给人以便于牢记、印象深刻之妙！

359."经验要自己取得" "要反对多端寡要"
——毛泽东在《要政治家办报》中所用典故探妙

用典缘起：

《要政治家办报》一文，是1959年6月间毛泽东对吴冷西的谈话摘要。在这个谈话摘要中用了下列典故。

典故内容：

务虚名而得实祸。——书出第215页。典出三国魏人曹操《让县自明本志令》："然欲孤便尔委捐所典兵众，以还执事，归就武平侯国，实不可也。何者？诚恐己离兵为人所祸也。既为子孙计，又己败则国家倾危，是以不得慕虚名而处实祸，此所不得为也。……江湖未静，不可让位；至于邑土，可得而辞。"这里讲的是曹操自己讲述不肯交出兵权的缘由。他称自己不能贪图一个让权的虚名，而使自己遭受到实际上的祸害。在复杂的统一与割据的斗争中，曹操的头脑一直是比较清醒的。当孙权鼓动曹操攻击刘备，而劝曹操当皇帝时，曹操一眼就看穿孙权企图坐收渔利的鬼把戏。《三国志·魏书·武帝纪》注引《魏略》中说："孙权上书称臣，称说天命。（魏）王以权书示外曰：'是儿欲踞吾著炉火上邪！'"《三国演义》第78回更有形象而生动的描绘。书中写道："（曹操）病势愈重，又忧吴、蜀之事。正虑间，近臣忽奏东吴遣使上书。操取书拆视之，略曰：'臣孙权久知天命归主上，伏望早正在位，遣将剿灭刘备，扫平两川，臣即率群下纳土归降矣。'操观毕大笑，出示群臣曰：'是儿欲使吾炉火上邪！'"

多谋寡断。亦即"好谋善断"、"好谋能断"、"能谋善断"的变用。——书出第215页。典出晋人陆机《辨亡论》上："畴咨俊茂，好谋善断。"又见，宋人曾巩《元丰类稿·兵部尚书制》："某明达事机，好谋能断，列于侍从，忠益居多。"又见，宋人李新《王允论》："允结吕布刺（董）卓，复杀蔡邕，可谓能谋善断者矣。"很显然，"多谋善断"则是上述诸典的变用。

刘备。——书出第215页。典出《三国志》等资料。刘备（公元162—223年），字玄德。刘备"多谋寡断"的性格特点，在《三国演义》中有多处细致的描述。

孙权。——书出第215页。典出《三国志》等资料。孙权（182—252年），字仲谋。孙权"多谋寡断"的性格特点，同样在《三国演义》中有多处细致的描绘。

袁绍。——书出第215——216页（三出）。典出《三国志》等资料。袁绍（？—202年），字本初。这个出身四世三公的大官僚的"多谋寡断"的性格特点，在《三国演义》中表现得可谓淋漓尽致。

曹操。——书出第215页（两出）。典出《三国志》等资料。曹操（155—220年），即魏武帝、曹孟德、曹吉利、曹阿瞒。作为三国时的政治家、军事家、诗人，他那"多谋善断"的性格特点，在《三国演义》中处处有生动形象的描绘。

多谋善断。即"好谋善断"。——书出第215页。典出同上。

多端寡要。——书出第215页。典出《三国志·郭嘉传》："（嘉谓袁绍谋臣辛评、郭图曰）袁公徒欲效周公之下士，而未知用人之机。多端寡要，好谋无决，欲与共济天下大难，定霸王之业，难矣！"

言不及义。——书出第215页。典出《论语·卫灵公》："群居终日，言不及义，好行小慧，难矣哉！"又见，《魏书·阳尼列传》："臣位卑识昧，言不及义，属圣明广访，敢献瞽言。"又见，清人吴趼人《二十年目睹之怪现状》第104回："他俩个便无话不谈，真所谓'言不及义'，那里有好事情串出来。"

志大而智小，色厉而胆薄。——书出第215－216页。典出《三国志·武帝纪》："吾知绍之为人，志大而智小，色厉而胆薄，忌克而少威，兵多而分画不明，将骄而政令不一，土地虽广，粮食虽丰，适足以为吾奉也。"

政令不一。——书出第216页。典出同上。又见，《左传·昭公二十三年》："帅贱多宠，政令不壹。"又见，《晋书·应詹传》："时政令不一，诸蛮怨望，并谋背叛。"

用典探妙：

毛泽东这篇不足470字的谈话摘要中，计于13处用了典故。其用典之量，算来是多的，其用典之妙，也是奇特的。其中最为奇特之处在于：

一是典故与人事对比相结合，以使要论证的问题变得简单而明了。

比如在该篇摘要的第3段。毛泽东论述政治家与书生办报的各自不同特点时，全段只

用了62个字，借助6个典故的对比，就将"政治家"与"书生"办事之优劣简单展现在读者的眼前，给人以深刻难忘的印象。如若没有这些典故的对比运用，是很难有如此论证效果的。

二是用典与释典紧相结合，有着盐于水而难见盐之形却有盐味十足之妙！

这个特点，体现得最为出色的在将要结尾的这一段。在这一段，毛泽东提出"要一下子看到问题所在"。这一段也不过是98个字，借助7处用典，就将这么一个复杂的命题说得简明而扼要。如果说这98个字中的"多端寡要"、"言不及义"、"曹操"、"袁绍"、"志大而智小，色厉而胆薄"、"政令不一"这6个典故是可见之"盐"的话，那么，这6个典故各自所隐含的大量史实、故事在这一段的论述中，则是起到已溶于水中之"盐"的作用，此其一；再是毛泽东所述的"兵多而分工不明……完全可为我所用"诸语，则是笔者在标示"志大而智小，色厉而胆薄"出典中一语典的化用，虽说让读者难见其"盐"之形，然而，在论证问题时，却"盐味十足"（即说服力十足）地将毛泽东提出的"要一下子看到问题所在"说得简单而明白如话。

通览全文，毛泽东正是利用《三国演义》中曹操、刘备、孙权、袁绍等人平生所深入人心、家喻户晓的故事，将"要政治家办报"的重大命题用了通俗易懂而又令人信服的论述。其用典之妙，可谓令人神往！

360.介绍苏德之战况 抨击德日侵略者
——毛泽东在《历史教训》中所用典故探妙

用典缘起：

《历史教训》一文，是毛泽东在1942年10月14日为延安的《解放日报》所写的社论。在这篇社论中用了下列典故。

典故内容：

避实击虚。亦作"避实就虚"、"就虚避实"。——书出第226页。典出《孙子·虚实篇》："夫兵形像水，水之形避高而趋下，兵之形避实而击虚。"又见，宋人辛弃疾《美芹十论·详战》："臣以为天下之势，避实击虚，不过如此。"又见，明人刘基《赠弈棋相子先序》："避实击虚，投间抵隙，兼弱取乱之道，无所不备。"又见，《淮南子·要略》："击危乘势以为资，清静以为常，避实就虚，若驱群羊，此所以言兵也。"又见，《清史稿·洪承畴传》："若闻我师西进，必且避实就虚，合力内犯。"这里的"避实击虚"、"避实就虚"，均是指避开强势，攻击虚弱之处。在军事上来讲，即是避开强敌，击其弱势一方；又见，明人朱之瑜《批古文奇赏四十九条（其十七）》："陶渊明《孟嘉传》……先生于外祖，固难极口赞扬，只称扬之人，而其美自见。此是避实击虚法。"又见，清人吴敬梓《儒林外史》（卧闲草堂本）第24回评："行文深得避实击虚之妙。"又见，《清史稿·洪秀全传》："尤喜用间谍，混入敌营，又能取远势，声东击西，就虚避实。"这里的"避实击虚"、"就虚避实"，多是指回避实质性的要害的内容，而多是触及空泛之处。

可望而不可即。亦即"可望而不可当"、"可望而不可干"、"可望不可即"、"可望不可及"、"可望不可攀"、"可望不可亲"、"可望不可至"、"可闻不可即"、"可想而不可即"。——书出第227页。典出明人宋濂《危孝子传》："视吾真昉，则若威风之翔于千仞，可望而不可即，得与失又为如何哉。"又见，秦末·黄石公《三略》（即《黄石公记》、《太公兵法》、圮上老人《黄石公三略》）："良将之统军也……战如风发，攻如河决，故其众可望而不可当，可下而不可胜。"又见，晋人葛洪《军术》："夫良将刚则法天，可望而不可干；柔则像渊，可观而不可入。"又见，唐人张说《游洞庭湖湘》："缅邈洞庭岫，葱蒙水雾色。宛在太湖中，可望不可即。"又见，宋人周必大《寄题高仲一夔殿撰识山堂长韵》："最爱五老山，峻嶒美所钟。可望不可即，有意容相从。"又见，明人刘基《登卧龙山写怀二十八韵》："白云在青天，可望不可即。浩歌梁甫吟，忧来凭胸臆。"又见，清人吴趼人《二十年目睹之怪现状》第98回："所以虽是牛鬼蛇神的妓女，他见就如海上神仙一般，可望不可即的了。"又见，宋人惠洪《次韵朝阴二首（其一）》："此诗丽如春，妍暖破岑寂。如追蓟子训，可望不可及。"又见，唐人李白《自梁园至敬亭山见会公，谈陵阳山水，兼期同游，因有此赠》："相思如明月，可望不可攀。"又见，唐人杜甫《前出塞九首（其七）》："浮云暮南征，可望不可攀。"又见，南齐·刘绘《入琵琶峡望织布矶呈玄晖》："巉岩如刻削，可望不可亲。"又见，唐人宋之问《明河篇》："明河可望不可亲，愿得乘槎一问津。"又见，南朝梁人沈约《临高台行》："所思爱何在，洛阳南陌台。可望不可至，何用解人忧？"又见，清人黄宗羲《四明山九题考》："世虽竞传之，顾今四明山中居人乃不知异境，果安所在？盖与华山之华阳，武陵之桃源，皆神仙境，可闻而不可即者也。"又见，清人张谦宜《李义山》："恍惚缥缈，使人可想而不可即。鬼神文字如此做，真是不可思议。"

天鹅肉。——书出第227页。典出明人杨珽《龙膏记》第17出："自古道癞丝虾蟆想天鹅肉吃，一世也不能够。你今日犯了不赦的罪，又撞了冤家，怎么还想出去？"又见，《水浒全传》第101回："王庆那敢则声，抱头鼠窜，奔出庙门来，噗一口唾，叫声道：'碎！我直恁这般呆！癞虾蟆怎想吃天鹅肉！'当晚忍气吞声，惭愧回家。"又见，清人吴敬梓《儒林外史》第3回："范进因没有盘费，走去同丈人商议，被胡屠户一口啐在脸上，骂了一个狗血喷头，道：'不要失了你的时了！你自己只觉得中了一个相公，就"癞虾蟆想吃起天鹅肉"来！……'"又见，《红楼梦》第11回："凤姐儿遂将

九月里宁府园子里遇见他的光景，他说的话，都告诉了平儿。平儿说道：'癞虾蟆想天鹅肉吃，没人伦的混帐东西，起这个念头，叫他不得好死！'凤姐儿道：'等他来了，我自有道理。'"

用典探妙：

毛泽东的这篇不足2100字的社论，只用了3个典故。这3个典故的运用，各有特色、各有情趣。其中"天鹅肉"一典，是中国民间的一句俗语形式的典故。这个典故的运用，在于毛泽东的"截用"之巧，隐藏含蓄之趣，辛辣的讽刺之妙！因为只要一用到"天鹅肉"一词，人们就必然会想到其全称是"癞虾蟆想吃天鹅肉"，由此可知，毛泽东是视希特勒想打到"巴库"这个地方，实在是有如在地上爬都爬不快的癞虾蟆一样，怎能吃到高飞于云天的天鹅呢？这样的讽刺，有如锋利之剑，直刺希特勒法西斯侵略者！

361.完全用实事说话 揭露内战之阴谋
——毛泽东在《中共"七七"宣言在重庆被扣》中所用典故探妙

用典缘起：

《中共"七七"宣言在重庆被扣》一文，是毛泽东在1943年7月11日为新华社写的一则消息。在这则消息中用了下列典故。

典故内容：

调兵遣将。亦即"点兵派将"、"遣兵调将"、"遣将调兵"。——书出第231页。典出《水浒传》第67回："梁中书的夫人躲得在后花园逃得性命，便教丈夫写表申奏朝廷写书教太师知道；早早调兵遣将，剿除贼寇报仇。"又见，明人无名氏《鸣凤记·文华祭海》："我闻得海上倭贼利害，自去厮杀不成？只是调兵遣将，罚罪赏功而已。"又见，《红楼梦》第12回："凤姐在这里便点兵派将，设下圈套。"又见，明人冯梦龙《古今小说》卷40："杨顺不敢出兵救援，直待鞑虏去后，方才遣兵调将，为追袭之计。"又见，清人曾朴《孽海花》第24回："我国严词驳斥了几回，日本就日日遣兵调将，势将与我国决裂。"又见，明人徐光启《辽东阽危已甚疏》："且遣将调兵，措饷修守。"

山雨欲来风满楼。——书出第231页。典出唐人许浑《咸阳城东楼》："一上高楼万里愁，蒹葭杨柳似汀州。溪云初起日沉阁，山雨欲来风满楼。鸟下绿芜秦苑夕，蝉鸣黄叶汉宫秋。行人莫问当年事，故国东来渭水流。"

讳莫如深。——书出第231页。典出《穀梁传·庄公三十二年》："公子庆父如齐。

此奔也，其曰'如'，何也？讳莫如深，深则隐，苟有所见，莫如深也。"

用典探妙：

毛泽东在这则不足1000字的消息中，计用了3个典故。这3个典故，均是局部性质的典故，它们均是用来修饰其所在的句子的，毛泽东以其敏捷的思维，妙用其传神之笔，将这3个典故高度集中地放置在这则消息的最末尾的一个句子之中，大大地增加了这个句子的容量，这既是对于上述国民党压制民主、制造分裂、破坏抗战团结的大量事实的控诉，同时也就高度集中地揭露与批判了国民党反动派正在挑起内战无耻行径。毛泽东将这3个典故的集中运用，使句子的气势贯通、渲泻而下，从而大大地展示了批判语言的气度与力度，大有义正词严、理直气壮地给敌以致命一击之妙。

362.抨击王世杰谈话 批判蒋介石独裁
——毛泽东在《新华社记者评王世杰谈话》中所用典故探妙

用典缘起：

《新华社记者评王世杰谈话》，是毛泽东在1945年3月8日为新华社写下的一篇评论。在这篇评论中用了下列典故。

典故内容：

独夫。亦即"一夫"。——书出第243、245页（四出）。典出《尚书·泰誓下》："古人有言曰：'抚我则后，虐我则仇。独夫受（受，纣王名），洪惟作威，乃汝世仇，树德务滋，除恶务本。'"又见，唐人杜牧《阿房宫赋》："使天下之人，不敢言而敢怒。独夫之心，日益骄固。"又见，《封神演义》第89回："纣王酷虐古今无，淫酗贪婪听美姝。孕妇无辜遭恶劫，行人有难罹凶途。遗讥简册称残贼，留与人间骂独夫。天道悠悠难究竟，且将浊酒对花奴。"又见，清人谭嗣同《仁学》："独夫民贼，固甚乐，三纲之名。"又见，《孟子·梁惠王下》："残贼之人，谓之'一夫'。闻诛一夫纣矣，示闻弑其君也。"

二者必居其一。——书出第245页。典出《孟子·公孙丑》："前日之不受是，则今日之受非也；今日之受是，则前日之不受非也。夫子必居一于此矣。"

不肖子孙。亦即"子孙不肖"。——书出第245页。典出《孟子·万章上》："丹朱之不肖，舜之子亦不肖。"又见，《庄子·天地》："亲之所言而然，所行而善，则世俗谓之不肖子。"又见，宋人邵雍《盛衰吟》："克肖子孙，振起家门；不肖子孙，破败家门。"又见，清人颐琐《黄绣球》第8回："我黄家却是这种不肖子孙最多，开了家塾，把这些不肖的教化几个，也是很要紧的事。"又见，明人朱国祯《涌幢小品·己丑馆选》："一切仇怨，不但自家当忘，亦不可示子孙留笔札。何则？子孙不肖，方且流

落，自救不暇。"

祸国殃民。亦作"病国殃民"、"辱国殃民"、"误国殃民"。——书出第245页。典出清人方东树《大意尊行·立行》："古今堕名丧节，亡身赤族，祸国殃民，无不出于有过人之才智者。"又见，明人桑绍良《独乐园》楔子："只因误用了王安石，创立新法，招呼党类，病国殃民，天下骚然。"又见，明人冯梦龙《古今小说》卷22："韩侂胄……轻开边衅，辱国殃民。"又见，明人余继登《典故纪闻》："兵部尚书王琼尝言：'中国之于夷狄，顺则抚之，然抚之过则纳侮，逆则拒之，然拒之甚则黩兵。天下事惟有是非两端，夫苟知其为是，而必可行，又计后来之成败，而不果于行，未有不误国殃民者也。'"

用典探妙：

毛泽东在这篇不足1100字的评论中，计于7处用了典故。这7处的用典之妙在于："独夫"一典的重用，在全文中有画龙点睛之妙。

国民党的宣传部长王世杰，实际上是蒋介石的喉舌。他关于"现在政府决议将关于国民大会的召集问题，提付国民参政会审议"的谈话，就其实质，实际上就是蒋介石在玩弄独裁的一种手段而已。毛泽东在抨击王世杰谈话的同时，紧紧地抓住了王世杰背后蒋介石的这一只大黑手，在文中四次重复而用"独夫"一典，同时列举了蒋介石在搞独裁的种种事实，在列举这些客观事实的同时，四次恰如其分配上"独夫"一典，给以深刻的揭露与批判，使其在整篇文章中，有画龙点睛之妙！

363.参政会是反动的 不出席以示抗议
——毛泽东在《中共不出席这届参政会》中所用典故探妙

用典缘起：

《中共不出席这届参政会》，是1945年6月15日毛泽东为新华社写的答记者问。在这个答问中用了下列典故。

典故内容：

一手包办。亦即"一手包揽"。——书出第247页（两出）。典出清人李绿园《歧路灯》第43回："你一手包揽，我只睹我的头钱。"

一意孤行。亦即"孤行一意"。——书出第247页。典出宋人吴泳《祭陈业司文》："亶一意孤行，羌众兆之所弃。"又见，清人赵翼《廿二史札记·东汉尚名节》："自战国豫让、聂政、荆轲、侯嬴之徒，以意气相尚，一意孤行，能为人所不敢为，世竞慕之。"又见，清人袁枚《随园诗话》卷3："盖一意孤行之士，细行不矜，孔子所谓'观过知仁'，正此类也。"又见，《史记·酷吏列传》："公卿相造请禹，禹终不报谢，务在绝知友宾客之请，孤立行一意而已。"又见，清人黄宗羲《翰林院庶吉士子一魏先生墓志铭》："然（魏）子一孤行一意，不肯附会。"

用典探妙：

毛泽东在这篇不足1100字的答记者问中，计于3处用了典故。在这个答记者问中，所用的这两个典故，就其所处的位置而言，均属于局部性质的典故，按理，它们只是修饰其所在处的句子的。但是，"一意孤行"与"一手包办"这两个典故，毛泽东所取用的典意均是指蒋介石一切都是按其反共、反人民、反民主、反民族的己意行事的，因此，这两个典故，有如全文之纲要，亦有统览全文文意之妙！

364."飞将军从天而降" "敌逃跑也来不及"
——毛泽东在《东北我军全线进攻，辽西蒋军五个军被我包围击溃》中所用典故探妙

用典缘起：

1948年10月27日，毛泽东为新华社写下了《东北我军全线进攻，辽西蒋军五个军被我包围击溃》这则消息。在这则消息中用了下列典故。

典故内容：

走投无路。亦即"飞走无路"、"走投没路"、"走头没路"、"走头无路"。——书出第257页。典出元人杨显之《临江驿潇湘秋夜雨》第3折："淋的我走投无路，知他这沙门岛是何处鄷都。"又见，《封神演义》第48回："闻太师这一会神魂飘荡，心乱如麻，一时间走投无路。"又见，唐人杨谭《兵部奏桂州破西原贼露布》："左右夹攻，飞走无路。"又见，《水浒全传》第61回："又见双枪将呼延灼、金枪手徐宁，也领一彪军马，摇旗呐喊，从山西边杀出来，吓得卢俊义走投没路。"又见，元人秦简夫《东堂老劝破家子弟》第3折："你如今走投没路，我和你去李家叔叔讨口饭吃咱。"又见，明人冯梦龙《喻世明言》卷18："一等倭贼战酣之际，埋伏四起，火器一齐发作，杀得他走头没路，大败亏输。"又见，明人凌濛初《初刻拍案惊奇》卷22："母亲弟弟家人等，俱不知一个去向，慌慌张张，走头无路。"又见，清人夏敬渠《野叟曝言》44回："趁着那沙威火焰，泼风也似的直毬过来，众人魂不附体，走头无路。"

飞将军。亦即"飞将"。——书出第257页。典出《史记·李将军列传》："……广居右北平，匈奴闻之，号曰'汉之飞将军'，避之。数岁，不敢入右北平。"又见，清人吴伟业《宣宗御用戗金蟋蟀盆歌》："贫士征夫尽流涕，惜哉不遇飞将军。"又见，《三国志·魏志·吕布传》："布使弓马，膂力过人，号为飞将。"又见，唐人王昌龄

《出塞》："但使龙城飞将在，不教胡马度阴山。"又见，清人吴敬梓《儒林外史》第39回："甘棠有荫，空留后人之思；飞将难封，徒博数奇之叹。"

从天而降。亦即"从天而下"。——书出第257页。典出唐人张鷟《朝野佥载》："天后内史宗楚客性谄佞。时薛师有谬毒之宠，遂为作传二卷，论薛师之圣从天而降，不知何代人也，释迦重出，观音再世。"又见，《西游记》第31回："哥哥，你真是从天而降也！万乞救我一救！"又见，明人史可法《复多尔衮书》："今倥偬之际，忽奉琬琰之章，真不啻从天而降也。"又见，《汉书·周亚夫传》："且兵事上神密，将军何不从此右去，走蓝田，出武关，抵雒阳，间不过差一二日，直入武库，击鸣鼓。诸侯闻之，以为将军从天而下也。"

飞将军从天而降。亦即"天上将"、"天上下将军"。——书出第257页。典出《汉书·周亚夫传》（见上）。又见，北周·庾信《同卢记室从军》诗："《河洛》论阵气，《金匮》辨星文。地中鸣鼓角，天上下将军。"又见，唐人陈子昂《和陆明府赠将军重出塞》诗："忽闻天上将，关塞重横行。始返楼兰国，还向朔方城。"

用典探妙：

毛泽东在这篇不足600字的消息中，共用了4个典故。这4个典故的运用，使这则消息短小精悍、紧贴主旨，尤其状写敌人是"走投无路"，而我军则如"飞将军""从天而降"，大有"飞将军自重霄入"之概。这样一对比，不仅加强了这则消息的语言气势，有揭示整篇消息的中心思想之妙，而且有大长我军军威、大挫敌人之锐气，读后令人有志得意满、人心大快之感。

365．"蒋介石不是项羽"　"梦想偷袭石家庄"
——毛泽东在《评蒋傅军梦想偷袭石家庄》中所用典故探妙

用典缘起：

1948年10月31日，毛泽东为新华社写了《评蒋傅军梦想偷袭石家庄》一篇述评。在这篇述评中用了下列典故。

典故内容：

走投无路。——书出第261页。典出同上一篇。

项羽。——书出第262页。典出《史记》等资料。项羽，即西楚霸王、项籍。项羽（公元前232——公元前202年）。秦末农民起义军领袖。宋人李清照《夏日绝句》："生当作人杰，死亦为鬼雄，至今思项羽，不肯过江东。"

无面目见江东父老。亦即"江东父老"、"无面江东"、"无颜以见江东"、"羞见江东"。——书出第262页。典出《史记·项羽本纪》："项王笑曰：'天之亡我，我何渡为！且籍与江东子弟八千人渡江而西，今无一人还，纵江东父兄怜而王我，我何面目见之？纵彼不言，籍独不愧于心乎！'"又见，明人凌濛初《二刻拍案惊奇》卷37："程宰弟兄两人因做折了本钱，怕归来受人笑话，羞惭惨沮，无面目见江东父老，不思量还乡去了。"又见，明人无名氏《鼓掌绝尘》："只是今日束手空归故土，怎么重见江东父老？"又见，清人王韬《淞隐漫录·王蟾香》："（生曰）必稍有进境，然后言旋；否则，何面目见江东父老？"又见，唐人窦常《项亭怀古》："有心裁帐下，无面到江东。命厄留锥处，年销逐鹿中。"又见，清人吴趼人《发财秘诀》第10回："因闻得人言上海地方易于谋事，所以前年到此，以为比家乡略胜，谁知大失所望；欲要回去，又无面江东。所以特来求教。"又见，明人胡文焕《跃鲤记·芦林相会》："待回归，有何颜见得江东父老兄妹。"又见，清人无名氏《世无匹》："小弟深负哥哥恩德，实无颜以见江东，愿受鞭责，稍释罪戾。"又见，清人夏敬渠《野叟曝言》第52回："众妇女中，也有出于无奈的，巴不得插翅回去……也有羞见江东，怕受公姑丈夫凌辱的。"又见，清人文康《儿女英雄传》第16回："他此去报仇，只怕就未必得着机会下手。那时大事不成，羞见江东父老，便不回来了。"

挖空心思。——书出第262页。清人俞万春《荡寇志》第126回："今此贼挖空心思，用到如许密计，图我安如泰山之郓城。"

1049

用典探妙：

毛泽东的这篇约1000字的述评，计用了4个典故，这4个典故的运用，可谓精妙绝伦，将蒋介石国民党反动派在临终之前的垂死挣扎，以机智、幽默而又辛辣异常的笔调展现在世人的眼前，可谓妙笔传千古。其中用得最为精彩的是"项羽"与"无面目见江东父老"两个典故的连用，实在是令人读后拍案叫绝！

"项羽"的个性、"项羽"的武功、"项羽"的义气、"项羽"的霸业、"项羽"的悲剧……从某种意义上说来，他留给后世是一笔宝贵的财富，更留给诗人们无尽的吟咏话题。唐人杜牧有《题乌江亭》诗云："胜败兵家事不期，包羞忍耻是男儿。江东子弟多才俊，卷土重来未可知。"也许，在杜牧看来，富有"义气"、推翻秦王朝主力的项羽，就是不应该败在"流氓"刘邦的手下，应过江东、应吸取教训再干……宋人李清照在其《绝句》中云："生当作人杰，死亦为鬼雄。至今思项羽，不肯过江东。"李清照借称颂项羽不肯忍辱偷生，笔锋直指宋廷的苟且偷安。这两首诗可以说是深入人心。毛泽东的"蒋介石不是项羽，并无'无面目见江东父老'那种羞耻心理"一语中的两个典故，尽隐杜牧、李清照二人诗中之精妙典意，将蒋介石的垂死挣扎和无耻行径，揭批得有力透纸背、入木三分之妙！

再是这两处用典，还有类比讥讽之妙。所谓"类比讥讽之妙"，就是说，"项羽"与"无面目见江东父老"二典，再现了《史记·项羽本纪》中的这样一个特定的场面：

当项羽败走至乌江边之时，乌江亭长立刻撑船靠岸，规劝项羽从速过江称王再干。项羽悲壮而笑曰：天亡我也，我为什么还要渡江再干！我带领8000江东子弟渡江西征，今无一生还，即使江东父老兄弟可怜我，再度拥戴我为王，我又有什么面目与他们相见，我内心将是惭愧不已……时空挪至1948年发动内战的蒋介石，他的处境与2100余年前的项羽相比，同样是穷途末路。这就是毛泽东将蒋介石与项羽所作类比之妙。然而，更为主要的还是在于其讥讽之妙。毛泽东借助这两个人物在特定情况下所作的特定对比，其讥讽之效果，确有匕首投枪之锐！

366.中原我军占南阳 一笔妙抵军百万
——毛泽东在《中原我军占领南阳》中所用典故探妙

用典缘起：

1948年11月5日，毛泽东为新华社写下了《中原我军占领南阳》的一则消息。在这则消息中用了下列典故。

典故内容：

南阳为古宛县。——书出第263页。典出《二十四史》等资料。南阳本为战国时代楚国的城邑，后被强秦所兼并，秦昭襄王在此置县。有关资料还记有范蠡、文种等名贤在这个古宛县的风云业绩。

曹操。——书出第263页。典出《三国志》等资料。曹操（公元155——220年），即魏武帝、曹孟德、曹吉利、曹阿瞒。是三国时的政治家、军事家、著名诗人。

张绣。——书出第263页。典出《三国志》等资料。张绣（公元？——207年）武威祖厉（今甘肃靖远西南）人。他是董卓部将张济之侄。张济死后，张绣统领其众，屯兵宛城（今河南之南阳）。在曹操的势力到宛城时降曹，后又破曹（这就是毛泽东在第263页中所说的"三国时曹操与张绣曾于此城发生争夺战"。《三国演义》第17、18等回中描写曹操与张绣在南阳的大战，可谓有绘神绘色之妙）。待曹操征袁绍时，他又一次降曹，为扬武将军，并在官渡大战中立功。建安十二年，从曹操远征乌桓而死于途中。

刘秀。——书出第263页。典出《后汉书》等资料。刘秀（公元前6年——公元57年）。即汉光武帝、刘文叔。南阳蔡阳（今湖北枣阳西南）人。是汉高祖刘邦的九世孙。他利用农民起义之机起兵，大破王莽军。联合贵族势力而一统天下。

王莽。——书出第263页。典出《汉书》等资料。王莽（公元前45年——公元23年）。即王巨君。是汉元帝皇后之侄。西汉末被封为新都侯，于公元8年称帝，建立新朝。由于政治腐败而引发农民起义，并为农民起义军所杀。

二十八宿。——书出第263页。"二十八宿"，从作为一个典故来看，它典出诸多方面的资料，有其十分丰富的内容，可谓典意浓浓。据《辞海》所载：有关二十八宿与四象的记载，早在公元前五世纪的战国初期，其形成年代也许应当更早。"二十八宿亦称'二十八舍'或'二十八星'"。是我国古代天文家为观测天象及日、月五星在天空中的运行，在黄道带与赤道带的两侧绕天一周选取了二十八星官作为观测时的一种标志，称其为"二十八星宿"。这"二十八星宿"又分为四组，每组为七宿，与东、西、南、北四个方位和苍龙、白虎、朱雀、玄武（龟蛇）四种动物形象相配，称其为四象。二十八宿以北斗斗柄所指之角宿为起点，由西向东排列，它们的名称与四象所组成的关系是：东方苍龙——角、亢、氐、房、心、尾、箕；北方玄武——斗、牛、女、虚、危、室、壁；西方白虎——奎、娄、胃、昴、毕、觜、参；南方朱雀——井、鬼、柳、星、张、翼、轸等。二十八宿与三垣结合在一起，成为我国古代划分天区的标准。这是"二十八宿"的来源。然而，后世之人为了将其崇拜的人物神化，将人世间的某些人物说成是天上的星宿"下凡"，特别是那些阴阳家、占卜家、道家，则将星命之说与"二十八宿"相附会，于是"二十八宿"便与这些神化了的人物对应起来，或是认为这些星座主管着天下各区的吉凶祸福，决定着世人的命运。《封神演义》第99回《姜子牙归国封神》就将二十八宿定位为：二十八宿名（内有八人封在水、火二部管事，俱万仙阵亡）：角木蛟——柏林、斗木豸——杨信、奎木狼——李雄、井木犴——沈庚、牛金牛——李弘、鬼金羊——赵白高、娄金狗——张雄、亢金龙——李道通、女土蝠——郑元、胃土雉——宋庚、柳土獐——吴坤、氐土貉——高丙、星日马——吕能、昴日鸡——黄仓、虚日鼠——周宝、房日兔——姚公伯、毕日乌——金绳阳、危月燕——侯太乙、心月狐——苏元、张月鹿——薛定。中国民间的所谓"二十八宿"即东汉光武帝手下的28位名将，可见明人谢诏《东汉演义》第110回："一日，帝独闲坐，追思中兴功臣，不可殒灭其像。次早登殿，文武朝罢，传旨，令画28将于南宫云台，传名后世。以邓禹为首，次马成、吴汉、王梁、贾复、陈俊、耿弇、杜茂、寇恂、傅俊、岑彭、坚谭、冯异、王霸、朱祐、任光、祭遵、李忠、景丹、万修、盖延、邳彤、铫期、刘植、耿纯、臧宫、马武、刘隆……悉于图上。"又见，晚清人蔡东藩《后汉通俗演义》第24回中所载："惟明帝即尊礼师傅，复追忆功臣，物就南宫云台中，图绘遗像，共行28将……当时诸人多已物故，赖有云台遗迹，表著千秋，物将官爵姓名，照录于下：太傅高密侯邓禹　中山太守全椒侯马成　大司马广平侯吴汉　河南尹阜成侯王梁　左将军胶东侯贾复　琅琊太守祝阿侯陈俊　建威大将军好畤侯耿弇　骠骑大将军参蘧侯杜茂　执金吾雍奴侯寇恂　积弩将军昆阳侯傅俊　征南大将军舞阳侯岑彭　左曹合肥侯坚谭　征西大将军阳夏侯冯异　上谷太守淮阳侯王霸　建义大将军鬲侯朱祐　信阳太守阿陵侯任光　征虏将军颍阳侯祭遵　豫章太守中水侯李忠　骠骑大将军栎阳侯景丹　右将军槐里侯万修　虎牙大将军安平侯盖延　太常录寿侯邳彤　卫尉安成侯铫期　骁骑将军昌成侯

刘植　东郡太守东光侯耿纯　城门校尉郎陵侯臧宫　捕虏将军扬虚侯马武　骠骑将军慎侯刘隆　……惟自邓禹至刘隆，共28将，并佐光武帝中兴，相传为上应28宿，或竟说他是星君下凡，这未免穿凿附会，不值一辩，所发小子亦不敢妄录。"这些人物多是出生于南阳一带。如邓禹为南阳新野人，岑彭为南阳棘阳人，马武为南阳湖阳人……笔者以为，这种奇特的做法，来源于中国古代天人合一的思想，如中国先秦的思想家们，往往将政治与星象的关系密切化，将星象与大地上灾祸联系起来，甚至将国君与具体的星辰联系起来，后来发展到将天空中闪光之星，以地上的杰出人物对应地命名之，我们如果去掉其迷信的外壳，取其表彰杰出人物的内核，则以星命名之法当是中华民族的一大创举，现为世界所效法！

江淮河汉。——书出第264页。典出《孟子·滕文公下》："水由地中行，江淮河汉是也。"又见，《尔雅·释水》："江淮河济为四渎。"又见，《金瓶梅》第6回："江淮河济添新水，翠竹开榴洗濯清。"这里的"江淮河济"即是：江——长江、淮——淮河、河——黄河、济——济水。"江淮河济"在我国古代称为"四渎"。"江淮河汉"其中的"汉"即汉水。

用典探妙：

毛泽东的这篇约1600字的消息写得特别不同凡响，"郑州解放，毛泽东写的报道消息才仅仅170个字。南京解放，毛泽东写的报导消息只有488个字。南阳这个小小的城镇的解放，毛泽东在中原决战的前夕，日理万机的繁忙之中，竟写出了1000余字的通讯报道，胡乔木指出：'这在古今中外的新闻史上，也没有第二篇。'"（李保铨：《毛泽东执笔撰文报导南阳解放》，载《卧龙论坛》1999年第2期，第10页）在论及毛泽东在这篇文章的用典之妙之前，我们必须要了解下列情况：

毛泽东何以如此重视南阳的解放？且看蒋介石与其爱将王凌云的密谈："凌云，我让你出任第13绥靖区司令官兼行政长官，是我的一个严肃决策。南阳民性刁钻，好争善斗、匪患丛生。你善于剿匪，坐镇南阳，非你莫属。你两次带兵驻防南阳，且剿匪功勋卓著，……所以，你坐镇南阳，占有地利、人和。"（出处同上）又说："南阳的军事成败，关系着党国的存亡。如果打不败共产党，我们将死无葬身之地。"（李保铨《毛泽东要求记者多写如像占领南阳之类的新闻报道》载《卧龙论坛》1999年第10期第11页）作为大军事家的毛泽东，当然更比蒋介石了解自古以来，"南北纷争，以南阳为孔道"的南阳战略上的重要性，他在高瞻远瞩地精心布阵的同时，先后向刘伯承、邓小平、粟裕、陈士榘、唐亮、陈赓等我军将领连发了10个命令。我中国人民解放军遵令经巧妙部署之后，以一气横扫千军如卷席、迅雷不及掩耳之势，于1948年11月4日一举下南阳。毛泽东得此重大喜讯，文思激荡，一气呵成这篇千古雄文。

毛泽东的这篇雄文之妙，可谓大气纵横、雄视千古。而犹以用典之妙，为古今消息报道所仅见。

其妙之一是：集中性用典，有妙选重要典故组成雄文之妙。

毛泽东在这篇文章中的用典的一个特别之处是：集中性地用典，在集中用典的同时，妙选其中最为重要的典故成文，以囊括古今战事、给人以丰富的联想之妙。

这就是说，毛泽东在文章的开头，即以92个字（含标点）的方式建构了一个"大典故"，在这个"大典故"中，有历史地理典故"南阳为古宛县"，有人名典故曹操、张绣、刘秀、王莽、二十八宿，正是借助这些人名典故所隐含的丰富无比的历史事件、故事，如毛泽东所点出来的"古宛县"、张绣战曹操、光武帝刘秀起兵、民间二十八宿的战绩等等。正是通过这些历史人物再现风起云涌的战况，在文章的开头，就展现了南阳古今的重要地理位置，真可谓"南北纷争，以南阳为孔道"也！毛泽东妙用这样一段典故，非常精辟，真乃《中原我军占领南阳》这则消息的破题之妙！

其妙之二是：成段的"母子式"典故运用，有凸显成功的无限喜悦之妙！

中国历史上强秦的历代君王、刘秀、曹操等，他们足智多谋、兵多将勇，他们都能在南阳这个地方立足发展，他们都是成功者。而在当今的我军，更是人才济济、战绩辉煌，在占领南阳之后，兵贵神速地奏响了打倒蒋介石、解放全中国的凯歌！毛泽东的这一大段典故的运用，可以说是他与我党我军全体指战员激昂斗志与无限喜悦之情的展露。

总而言之，毛泽东的这一大段典故的运用，绝非闲笔百余字，巧妙破题似点睛。将新闻与历史妙相糅合，直接说话与间接说话双管齐下，胜利的消息溶入议论，典故洋溢着文采，富于魅力地勾连着古今英雄之气概，加重了这篇新闻报道的历史厚度，开阔了读者智力所及的时空域，延续了这篇报道的生命年轮……这既是毛泽东用兵的得意之笔，也是毛泽东高超新闻写作技巧的精彩而绝妙的展现。细细地品味全文，我们似乎听到了古代500年（从南阳易主置县到刘秀称帝）来战场上的冲锋陷阵的啸啸战马之鸣，又仿佛看到了我刘邓大军穷追猛打的英雄群像……

367. "应有清醒的头脑" 不为空谈所迷惑
——毛泽东在《中共发言人就和谈问题发表谈话》中所用典故探妙

用典缘起：

1949年1月25日，毛泽东为新华社写下了《中共发言人就和谈问题发表谈话》这则消息，在消息中用了下列典故。

典故内容：

装腔作势。——书出第271页。典出清人钱彩《说岳全传》第65回："赵大、钱二还要装腔作势，地方邻舍俱来替他讨情，二人方才应允，叫张老把小猪赶到他们家里去。"

卷土重来。——书出第271页。典出唐人杜牧《题乌江亭》："胜败兵家事不期，包羞忍耻是男儿。江东子弟多才俊，卷土重来未可知。"

用典探妙：

毛泽东在这则不足1000字消息中，只用了两个典故。这两个典故，属局部形式的典故，它们只是修饰其所在的句子。"装腔作势"一典，有对南京反动政府虚伪和谈进行生动形象描绘之妙，而"卷土重来"一典，则是对南京反动政府打着和谈幌子的阴谋的彻底揭露与抨击。这两个典故，犹如两颗闪光之星，有照应全则消息和照亮人心之妙！

368. "有许多阿Q语调" 似乎增长了诚意
——毛泽东在《毛泽东主席电复李宗仁》中所用典故探妙

用典缘起：

1949年4月8日，毛泽东为新华社编辑了一组稿件，在毛泽东所写的复电和"新华社按"以及所援引之电中用了下列典故。

典故内容：

与人为善。——书出第283页。典出《孟子·公孙丑》上："取诸人以为善，是与人为善者也。故君子莫大乎与人为善。"

迎刃而解。——书出第284页。典出《晋书·杜预传》："今兵威已振，譬如破竹，数节之后，皆迎刃而解，无复著手处也。"又见，宋人宋祁《登科记序》："惟公深博有谋，惠训不倦，善断也如竹，迎刃而解；善教也若草，望风而偃。"又见，宋人释普济《五灯会元·黄龙南禅师法嗣》："知有底人於一切言句如破竹，虽百节当迎刃而解，讵容声於拟议乎。"又见，清人蒲松龄《聊斋志异·陆判》："着力如切腐状，迎刃而解。"又见，清人魏源《活篇七》："何谓大猷？批却导窾，迎刃而解，棋局一著胜人千百者是也。"

化干戈为玉帛。亦作"干戈化玉帛"。——书出第284页。典出《左传·僖公十五年》："穆姬闻晋侯将至，以太子罃，弘与女简璧登台而履薪焉。使以免服衰绖逆，且告曰：'上天降灾，使我两君匪以玉帛相见，而以兴戎。若晋君朝以入，则婢子夕以死；夕以入，则朝以死。唯君裁之。'乃舍诸灵台。"在中国历史上，秦晋曾世代通婚。春秋之时，晋与秦交战于韩地。结果是晋军大败，晋惠公夷吾为秦穆公所俘获。穆公拟将夷吾这个战利品带回国都。然而，穆公的夫人是晋惠公夷吾的同父异母兄妹。当她得到这个信息之后，她认为惠公与秦战是忘恩负义而成为了阶下囚的，这是她的最大耻辱，因而反对将惠公带回国都。怎么办呢？于是她带着太子罃与儿子弘及女儿简璧，一齐登上一座高台，在台下堆积着柴草，准备烧死自己和孩子们。与此同时，她派人告诉穆公说：秦晋本是友好之邦，但却不能以玉帛相见，而是大兴兵戈，这是上天降下的灾祸。我决不能见夷吾，如果你将夷吾早晨带入了国都，我们则晚上自焚而死；若晚上将夷吾押入国都，我们则早上就自焚而死。请你拿定主意吧！秦穆公实在是没有好的办法，只得将夷吾暂时留在灵台这个地方，后来又决定将其放归晋国，同时同意晋国与秦国讲和。这就是后人所说的"化干戈为玉帛"，亦即"干戈化玉帛"。也就是比喻由相互争斗残杀而转变为友好和平之意。干（盾）戈（平头戟）。又见，《礼记·檀弓下》："能执干戈以卫社稷。"又见，唐人杜甫《寄题江外草堂》："干戈未偃息，安得酣歌眠！" 玉帛：在这里当是指相见时的礼物的意思。又见，《左传·哀公七年》："禹合诸侯于涂山，执玉帛者万国。"又见，唐人常建《塞下曲》："玉帛朝回望帝乡，乌孙归去不称王。"

用典探妙：

毛泽东在这不足540个字的复电和"新华社按"中，实际上只用了1个典故。这个典故就是"与人为善"。这"与人为善"一典用在电文之始，即有清楚明白地表明我党对于国共和谈的真诚态度之妙。毛泽东在其所引的李宗仁电中，李宗仁倒是连用了两个典故，信誓旦旦地表示和谈之"诚意"，毛泽东在其短短的按语中，用了"此电尚有许多阿Q语调，对于自己吹擂颇饶兴趣。……似乎已增长了某些希望和平成功的诚意。是否如此，且看将来"，毛泽东的这几句评论，可谓言简意赅、而又一针见血。

369.解放军横渡长江 突破敌阵占南岸
——毛泽东在《我三十万大军胜利南渡长江》中所用典故探妙

用典缘起：

1949年4月22日，毛泽东为新华社写下了《我三十万大军胜利南渡长江》这一消息。在这则消息中用了下列典故。

典故内容：

摧枯拉朽。亦作"摧枯折腐"、"拉朽摧枯"、"拉枯折朽"。——书出第286页。典出《汉书·异姓诸侯王表》："镌金石者难为功，摧枯朽者易为力，其势然也。"又见，《晋书·甘卓传》："（邓骞又谓卓曰）将军之举武昌，若摧枯拉朽，何所顾

虑乎？”又见，《苻坚载记》："（王猛曰）臣奉陛下神算，击垂亡之虏，若摧枯拉朽，何足虑也！"又见，《水浒全传》第109回："杀散左哨军兵，如摧枯拉朽的直冲过来。"又见，《宋史·曹彬传》："以国家兵甲精锐，剪太原之孤垒，如摧枯拉朽尔。"又见，《后汉书·耿弇传》："（弇按剑曰）我至长安……反覆数十日，归发突骑以轥乌合之众，如摧枯折腐耳！"又见，《旧五代史·唐庄宗纪一》："（帝谓将佐曰）若简练兵甲，倍道兼行，出其不意，以吾愤激之众，击彼骄惰之师，拉朽摧枯，未云其易，解围定霸，在此一役。"又见，宋人陆游《上丞相参政及宫观启》："拉朽摧枯，竟为排陷；哀穷悼屈，孰借声光。"又见，元人无名氏《云台门》第3折："你在吾行扬威耀武，觑贼徒拉朽摧枯。"又见，宋人释文莹《玉壶清话》："（尹继）伦举兵一麾，如拉枯折朽。"

风平浪静。亦即"风恬浪静"、"风休浪静"、"波平风静"、"平风静浪"、"风静波平"。——书出第286页。典出宋人杨万里《泊光口》诗："风平浪静不生纹，水面浑如镜面新。"又见，宋人陆九渊《语录》下："因提公昨晚所论事，只是胜心。风平浪静时，都不如此。"又见，明人冯梦龙《醒世恒言》卷40："须臾，雾散云收，风平浪静，满船之人俱各无事，唯有王勃乃作神仙去矣！"又见，清人吴趼人《二十年目睹之怪现状》第17回："我又带上房门，到舱面上去看看，只见天水相连，茫茫无际，喜得风平浪静，船也甚稳。"又见，唐人裴铏《传奇·郑德璘》："物触轻舟心自知，风恬浪静月光微。"又见，宋人释普济《五灯会元》卷7："僧问：'风恬浪静时如何？'师曰：'吹倒南墙。'"又见，宋人释道原《景德传灯录·韶州云门山文偃禅师》："瞬目千差，风恬浪静。"又见，宋人朱敦儒《西江月（其二）》："闲来自觉有精神，心海风恬浪静。"又见，宋人宋祁《景文集·小池》："风休浪静如圆鉴，时有文禽照影飞。"又见，元人揭傒斯《白杨河看月》："波平风静棹歌来，万顷冲融镜面开。"又见，宋人张端义《贵耳集》上："浪静风平月正中，自摇柔橹驾孤篷。"又见，清人陈朗《雪月梅传》第10回："昨日江上平风静浪，谅无他虞。"又见，《三国演义》第91回："次日，孔明引大军俱到泸水南岸，但见云收雾散，风静浪平。"

用典探妙：

毛泽东在这则约250个字的消息中，用了两个典故。这两个典故的运用，在这则消息中起到了闪光点的作用。"摧枯拉朽"一典，充分地展现了敌我双方的力量对比和我军南下的斗志与气势，"风平浪静"一典，一写长江天险的自然之景，二表天时、地利、兵强之况。这两个典故嵌入消息之中，抒写了毛泽东对于胜利的无限喜悦情怀。

毛泽东的这篇短新闻的用典所产生的修辞效果之妙，其影响之大，甚至连外国记者也赞叹不已。"一位美国记者读了毛主席此文，曾写下这样的评论：'不同凡响的两处夸张、笔致精巧地镶嵌其间，仅寥寥数笔，便把一幅气势磅礴、雄伟壮丽的"渡江图"

呈现在读者眼前，同时，更诱人产生由此及彼地联想，近视，形似"枯木"、"枯枝"的国民党政权土崩瓦解，已是屈指可数了，远视，人民解放军犹如一颗"新星"正在东方升空。"（肖晓燕《新闻中的夸张用法》，《文科教学》1996年第1期，第102页）

370."解放军英勇善战"　"破敌阵横渡长江"
——毛泽东在《人民解放军百万大军横渡长江》中所用典故探妙

用典缘起：

1949年4月22日，毛泽东为新华社写了《人民解放军百万大军横渡长江》的消息。在这则消息中用了下列典故。

典故内容：

锐不可当。亦即"锋不可当"、"锐未可当"。——书出第289页。典出《史记·淮阴侯列传》："此乘胜而去国远斗，其锋不可当。"又见，宋人黄庭坚《观秘阁西苏子美题壁及中人张侯家墨迹十九纸，率同舍钱才翁学士赋之》："苏郎如虎豹，孤啸翰墨场；风流映海岱，俊锋不可当。"又见，《后汉书·邓禹传》："赤眉新拔长安，财富充实，锋锐未可当也。"又见，《新五代史·杂传·王峻传》："峻屏左右谓守素曰：'晋州城坚不可近，而刘旻兵锐亦未可当。'"又见，明人凌濛初《初刻拍案惊奇》卷31："侯元领了千余人，直突其阵，锐不可当。"又见，清人褚人获《隋唐演义》第90回："在下连日血战，贼锋锐不可当。"又见，清人朱庭珍《筱园诗话》："黄仲则才力恣肆，笔锋锐不可当。"

用典探妙：

毛泽东在这则简短的消息中只用了一个典故。这是一个局部性的成语形式的典故。按照常理，它只能是修饰"人民解放军英勇善战"的。但是，这个局部性典故比较特别，它亦有统领与修饰整则消息之妙。因为整则消息均是描绘人民解放军英勇善战的，故有一典"立骨"之妙！

371.百万大军渡长江　联合进攻难阻挡
——毛泽东在《人民解放军战胜英帝国主义国民党军舰的联合进攻》中所用典故探妙

用典缘起：

《人民解放军战胜英帝国主义国民党军舰的联合进攻》这篇述评，是毛泽东在1949

年4月22日为新华社所写。在这篇述评新闻中用了下列典故。

典故内容：

狼狈。"狼狈不堪"（用作比喻时）、"狼狈为奸"（喻相互勾结为非作歹时）——书出第292页。典出《三国志·马超传》："（梁）宽、（赵）衢闭冀城门，超不得入。进退狼狈，乃奔汉中依张鲁。"又见，唐人段成式《酉阳杂俎·广动植》："狼狈是两物，狈前足绝短，每行常驾两狼，狈失狼则不能动，故世言事乖者称狼狈。"《酉阳杂俎》一书又记云："临济郡有狼冢。近世曾有人独行于野，遇狼数十头，其人窘急，遂登草积上。有两狼乃入穴中，负出一老狼。老狼至，以口拔数茎草，狼群遂竞拔之。积将崩，遇猎者救之而免……疑老狼即狈也。"《酉阳杂俎》一书，世人锁定其为笔记小说，称其为小说之翘楚。笔者以为，就此篇而言，可以说不是小说而是记事。且看杨绛所记，几乎与此篇记事"大同小异"。她写道：我有个亲戚是地质勘探队员。有一次他所在的钻机组的几个钻头都坏了，他要到离工作点颇远的镇上去领取四个钻头。当他领到钻头之后，已是黄昏时分。但亲戚为了不耽误组里的工作，还是急急地往回赶路。当他急速穿过长长的荒凉林子，将要到一个村子时，似乎觉得后面有一个什么家伙在跟着。亲戚在心焦中飞速赶路，同时放开嗓子轰喝一声，指望着尽快地甩掉和吓走这个家伙。此时月色明亮，亲戚尽快地飞奔下山，当他往后瞄一眼时，发现身后不是一头狼，而是一大群。这时，他没命地朝村子飞奔着，同时大喊"救命！"但村民此时睡意正浓，或许逆风之故，无人出来救命。幸好村子的场地上有一个柴垛。他急上柴垛，狼群便将他团团围了起来并试图往柴垛上爬，可是因其跳不高，腿太细，总是爬不上来，双方只好对峙着。一会儿后，有两只狼离开了，可其他的仍然把守着。不久刚走的两只狼回来了，同时还来了一只很大的怪东西，颇像一只熊，但细瞧又不是，是两只狼架在一起：一只狼的身上架着另一只很大的狼。大狼与其他三四只狼将头聚在一起，似乎在商议什么。不一会儿，大事不好了，狼们一只只一口一口地衔走柴垛下的柴草，柴垛不须一刻的工夫，就要倒塌，命在旦夕！亲戚嘶喊着救命！可村民们仍然在酣睡着，此时正是午夜三点左右，正可谓是叫天天不灵、呼地地不应之际，亲戚摸到了口袋中的一个打火机，脱下身上的棉袄烧了起来，柴垛也在燃烧起来，亲戚再次向村里呼叫："救火呀！救火呀！着火了！着火了！……"火光与烟气终于惊醒了村民，他们的救火行动吓跑了狼群，而那个大家伙的狼却没有跑，让村民给逮住了。原来它的前腿特别的短，不能跑。它不是狼，它就是狈。我们经常说的"狼狈为奸"，好像只是成语而已，这是因为狈之少见之故。亲戚亲眼见到了"狼狈为奸"的事实。狈比狼刁猾，但若无狼的支持，它只好被人给逮了。（参见杨绛《狼和狈的故事》，《书摘》2004年第9期，第28—29页）又见，宋人朱熹《与政府札子》："风痰大作，头目旋晕，几欲僵仆，今已累日，精神愈见昏慢，委是狼狈不堪。"又见，清人梁启超《过渡时代论》："然当过去已去将来未来之际，最为人生狼狈不堪之境遇。"又见，清人名教中人《好逑传》第1回："这韩愿情急追赶拦截，又被他打得狼狈不堪。"又见，清人褚人获《隋唐演义》第85回："安禄山向同李林甫狼狈为奸。"又见，清人吴趼人《二十年目睹之怪现状》第16回："好在彼此都是狼狈为奸的，虽然彰明较著，亦不妨事。"又见，同书第95回："他此时功名倒也不在心上，一心只愁两年多与童佐阊狼狈为奸所积聚的一注钱，万一给他查抄了去，以后便难于得此机会了。"又见，清人昭梿《啸亭杂录·王述庵书》："惟是时承审之员，非该令平日结纳上司，即系狼狈为奸之寅好。"又见，清人林则徐《审拟监利县粮书抗土闹局各情折》："又有库总六人，狼狈为奸，被控未结。"

横行无忌。——书出第292页。典出《明史·赵南星传》："（疏陈天下四大害）乡官之权大于守令，横行无忌，莫敢谁何！"又见，《三国演义》第13回："其时李傕自为大司马，郭汜自为大将军，横行无忌，朝廷无人敢言。"又见，清人褚人获《隋唐演义》第75回："他倚了夫家之势，又会谄媚太后，得其欢心，因便骄奢淫佚，与太平公主一样的横行无忌。"

日暮途穷。亦作"暮途"、"日暮道远"、"日暮路远"、"日莫途远"、"日暮途远"、"日暮穷途"、"途穷日暮"。——书出第292页。典出唐人杜甫《投赠哥舒开府翰二十韵》："几年春草歇，今日暮途穷。"又见，宋人李昉《太平广记·二六五·陈通方》引《闽川名士传》："陈通方登正元进士第，与王播同年。播年五十六，通方甚少。因期集，（陈）抚播背曰：'王老奉赠一第。'言其日暮途穷，及第同赠官也。播恨之。"又见，宋人郭祥正《将归行》："君不见日暮途穷逆行客，一饷荣华速殊痤。"又见，明人陆采《明珠记·会内》："孤身日暮途穷，镇长愁一命终。幸刑官念我含冤痛，朝夕里好看供。"又见，清人侯方域《癸未去金陵日与阮光禄书》："君子稍知礼仪，何至甘心作贼！万一有焉，此必日暮途穷，倒行而逆施。"又见，清人黄景仁《两当轩集·颍州南楼》："飞扬无限意，奈此暮途何！"又见，战国人吴起《吴子·治兵》："凡马不伤于末，必伤于始；不伤于饥，必伤于饱。日暮道远，必数上下；宁劳于人，慎勿劳马；常令有余，备敌覆我，能明此者，横行天下。"又见，战国人尉缭《尉缭子·兵教下》："日暮路远，还有挫气；师老将贪，争掠易败。"又见，《史记·伍子胥传》："伍子胥曰：'为我谢申包胥曰，吾日莫途远，吾故倒行而逆施之。'"又见，北周人庾信《哀江南赋》："日暮途远，人间何世！将军一去，大树飘零；壮士不还，寒风萧瑟。"又见，五代人王定保《唐摭言·怨怒》："而亲之在堂，终莫有慰，日暮途远，不知所为。"又见，宋人朱熹《自论为学工夫》："若撩东劄西，徒然多看，事事不了，日暮途远，将来荒忙不济事。"又见，明人汤显祖《紫箫记·惜别》："只有老夫日暮途远，恐当没齿边陲，星星白发，无相见期矣。"又见，唐人钱起《七盘岭阻寇，闻李端公先到南楚》："日暮穷途泪满襟，

1059

云天南望羡飞禽。"又见，唐人黄滔《莆田黄御史集·翰林薛舍人启》："非不三省九思，沉吟笔管，而以途穷日暮，恐惧风波。"又见，清人黄遵宪《群公》："途穷日暮更何求，白首同拼一死休。"

用典探妙：

毛泽东在这篇约1000字的述评新闻中，共用了3个典故。这3个典故均属局部性质的典故，但极具描绘简洁、形象生动之妙。

老牌的英帝国主义的军舰又梦想中国社会像清末政府那样，他们只要开来几艘军舰，并与"日暮途穷"的国民党反动派勾结一起，就可以在中华大地"横行无忌"，中国政府就会屈膝投降，他们的美梦就会成真。然而，在解放了的中国人民和中国共产党所领导的中国人民解放军面前，他们的下场只能是"狼狈不堪"地逃窜。这3个典故，在当时，注入了这一时期特定的时代烙印，记录了蕴藏在中国人民心底的情感，它们是中国人民在中国共产党领导之下在前进中的难忘的独特旋律，它们有如三盏闪光之灯鼓舞着人心，今天读来，亦然勾起了人们幸福的记忆，给后世之人留下不尽的启迪！

372.人民虽焦急万分 "无法自动去支援"
——毛泽东在修改《衡阳失守后国民党将如何》中所用典故探妙

用典缘起：

1944年8月12日，延安《解放日报》写了社论《论衡阳的陷落》。毛泽东将其从题目到文字进行了修改。在其修改的文字中用了下列典故。

典故内容：

一言以蔽之曰。亦即"一言以蔽之"、"一言蔽之曰"、"一言以蔽"、"蔽以一言"、"一言蔽"。——书出第305页。典出《论语·为政》："诗三百，一言以蔽之曰：'思无邪。'"又见，清人李绿园《歧路灯》第3回："只是教幼学之法，慢不得，急不得，松不得，紧不得，一言以蔽之曰：难而已。"又见，清人裘廷梁《论白话为维新之本》："吾今为一言以蔽之曰：文言兴而后实学废，白话行而后实感兴。"又见，宋人邵雍《秋怀三十六首（其一二）》："此心固不动，此事极难处，一言以蔽之，尚恐费言语。"又见，《宋书·索虏传》："因此而推胜负，殆可以一言蔽之。"又见，清人方苞《书淮阴侯列传后》："其击楚破代，亦约其成功，至定三秦则以一言蔽之，而其事反散见于他传。"又见，唐人刘子玄《论史上萧至忠书》："凡此不可，其流实多，一言以蔽，三隅自反。"又见，宋人洪迈《容斋续笔》卷12："诗著靡他之誓，百代可知；礼垂不嫁之文，一言以蔽。"又见，宋人苏轼《祭韩忠献公文》："惟其大节，蔽以一言，忠以事君。"又见，晋人陆机《五等诸侯论》："然则探八代之制，几可以一理贯；秦、汉之典，殆可以一言蔽矣。"

原封不动。——书出第305页。典出元人王仲文《救孝子贤母不认尸》第4折："（赛卢医云）是你的老婆，这等呵，我可也原封不动，送还你罢。"又见，明人凌濛初《初刻拍案惊奇》卷18："丹客厉声问道：'你在此看炉，做了甚事？丹俱败了。'小娘子道：'日日与主翁来看炉，是原封不动的，不知何故？'"又见，明人冯梦龙《古今小说》卷1："（三巧儿）临嫁之夜，兴哥雇了人夫，将楼上十六个箱笼，原封不动，连匙钥送到吴知县船上，交割与三巧儿，当个赔嫁。"又见，明人冯梦龙《醒世恒言》卷30："再说房德的老婆，见丈夫回来，大事已就，礼物原封不动，喜得满脸都是笑靥。"

虚晃一枪，回马就走。亦即"虚点一枪，转马就走"。——书出第306页。典出明人诸圣邻《大唐秦王词话》第55回："战不数合，秃欢、野仙虚点一枪，拨转马就走。程咬金、高士廉随后追赶。直追至燕山，只听得一声号头，四下里闪出番兵，不知其数，各执弓弩，乱箭齐发。"又见，清人钱彩《说岳全传》第39回："岳元帅记念有康王在山，恐惊了驾，勾开斧，虚晃一枪，转马回山去了。"又见，清人无名氏《薛丁山征西》75回："薛刚抬头一看，见满山俱红，自思不能取胜，虚晃一枪，跳出圈子，落荒而走。"又见，同书第77回："薛刚上前与公主战了数十合，薛刚虚晃一枪，假败下山。公主不料是计，追上去，被薛刚活捉过马。"又见，同书第79回："郭青虚晃一枪，往左营而走。"

有识人士。亦即"有识之士"。——书出第306页。典出汉人刘向《说苑·善说》："天下有识之士，无不为足下寒心酸鼻者，千秋万岁之后，庙堂必不血食矣。"又见，《后汉书·何皇后纪》："时有识之士心独怪之，后遂因何氏倾没汉祚焉。"又见，宋人苏轼《朝辞赴定州状》："有识之士皆谓陛下厌闻人言，意轻边事，其兆见于此矣。"

用典探妙：

这篇社论计约1600字。其中毛泽东修改添加达471个字。在这471字中，毛泽东计用了4个典故。其用典之量，按字数算来是颇多的。然而其运用是异常精妙的：

一是古典小说家语言典故的运用，有涉笔成趣之妙。

"虚晃一枪，回马便走"，是中国古典小说中常见的语言典故。这一典故的运用，使揭露国民党反动派的所谓"磁铁战术"实际上是被日本兵追得节节败走的惨状，形象化、生动化，这就是已经被人们看穿了的"西洋景"。真可谓有涉笔成趣之妙！

二是这些典故的运用，有对蒋介石国民党反动派的本质揭露得更为深刻的力透纸背之妙。

如在第305页在揭露蒋介石国民党反动派当局消极抗日、积极反共时，前面讲到了美英苏再三呼吁把包围边区的50万军队调去抗日时，民意民心要求国民党军队抗日时，中国共产党反复加强国共团结一致抗日时，蒋介石政府又怎样呢？毛泽东连用两个典故高度概括地说："一言以蔽之曰：原封不动。"这样的概括，是何等的简明！这样的揭露，又是何等的深透！这样的承上启下的用典，可谓精妙绝伦。

373.国民党腐败无能 "已经成了定论了"
——毛泽东在修改《欢迎美军观察组的战友们》中所用典故探妙

用典缘起：

1944年8月15日，毛泽东修改了延安《解放日报》所撰写的《欢迎美军观察组的战友们》的社论。在修改的文字中用了下列典故。

典故内容：

坐山观虎斗。亦即"管庄子刺虎"或曰"卞庄子刺虎"。——书出第318页。典出《战国策·秦策二》："有两虎争人而斗者，管庄子将刺之，管与止之，曰：'虎者，戾虫；人者，甘饵也，今两虎争人而斗，小者必死，大者必伤，子待伤虎而刺之，则是一举而兼两虎也，……"又见，《史记·张仪列传》："卞庄子欲刺虎，馆竖子止之曰：'两虎方且食牛，食甘必争，争则必斗，斗则大者伤，小者死；从伤而刺之，一举必有双虎之名。'"又见，《红楼梦》第16回："咱们家所有的这些管家奶奶，哪一个是好缠的？……'坐山观虎斗'，'借剑杀人'，'引风吹火'，'站干岸儿'，'推倒油瓶不扶'，都是全挂子的武艺。"又见，同书第69回："凤姐虽恨秋桐，且喜借他先发脱二姐，用'借刀杀人'之法，'坐山观虎斗'，等秋桐杀了尤二姐，自己再杀秋桐。"

挖空心思。——书出第319页。典出清人俞万春《荡寇志》第126回："今此贼挖空心思，用到如许密计，图我安于泰山之郓城。"

自相矛盾。——书出第319页。典出《韩非子·难势》："客有鬻矛与楯（"楯"即"盾"）者，誉其楯之坚：'物莫能陷也。'俄而又誉其矛曰：'吾矛之利，物无不陷也。'人应之曰：'以子之矛，陷子之楯，何如？'其人弗能应也。"又见，《魏书·明亮传》："辞勇及武，自相矛盾。"又见，唐人刘知几《史通·杂说上》："观孟坚（班固）《纪》《志》所言，前后自相矛盾者矣。"又见，《梁书·韦粲传》："臣当戮力同心，岂可自相矛盾。"又见，宋人王观国《学林·言行》："圣贤言行，要当顾践，毋使自相矛盾。"

遮天手掌、一掌遮天。亦即"一手遮天"、"一手障天"、"只手障天"、"只手遮天"。——书出第321页。典出宋人计有功《唐诗纪事·曹邺》："读《李斯传》云:'欺暗常不然,欺明当自戮。难将一人手,掩得天下目。'"又见,明人张岱《石匮书·马士英阮大铖传》:"弘光好酒喜内,日导以荒淫,毫不省外事,而士英一手遮天,靡所不为矣。"又见,清人钱谦益《文林郎陕西道监察御史李君墓志铭》:"谗夫高张,欲以一手障天,无人臣礼。"又见,清人赵宾《杂兴》:"片言能死人,只手可障天。"又见,明人瞿式耜《送洪半石归楚》:"古来循吏政多拙,只保冰心同玉洁;只手遮天曾几时?万人有口终能说。"

用典探妙:

这篇约2500字的社论,其中经由毛泽东修改的文字就约达1400字,占全文的二分之一。在这约二分之一的文字中,毛泽东以铁的事实为依据,列数了我党我军和我国革命人民,在抗击日寇中所起到的中流砥柱的作用,彻底地击破了蒋介石国民党反动派对我党我军和我革命人民在抗日战争中的诋毁与诬蔑。

毛泽东在其修改文字中所用的5个典故,虽说是局部性质的典故,但是,这5个典故,它们在其所在的句子中紧扣毛泽东所列举的事实,有如4把出鞘的利剑,将蒋介石国民党反动派的造谣诬蔑击得粉碎。如以"坐山观虎斗"一典,高度概括了在民族存亡之秋蒋介石国民党反动派所惯用伎俩的卑鄙;以"挖空心思"和"自相矛盾"两典揭示蒋介石国民党反动派无视事实、封锁消息的无耻;以"一掌遮天"一典,紧扣社论的题旨,由于观察组的战友们的到来,蒋介石国民党反动派对于中国共产党的丑诋、恶骂、造谣、诬蔑,在观察组所看到的事实面前终于彻底破产了!值得一提的是:毛泽东对于"一掌遮天"一典的活用。且看在第321页中毛泽东这样写道:"这些是从国民党遮天手掌的指缝中间透露出去的关于中共情况的反映。"在这句话中,毛泽东将"一掌遮天"活用作"遮天手掌",指出美军观察组的战友们现在在延安所看到的事实,只不过是国民党的"遮天手掌"的指缝中间所透露出的一点点情况而已,这一典故的活用,就将蒋介石国民党反动派长期以来对于解放区的封锁,作了入木三分的揭露与批判。

1063

374.蒋介石说话不当 "林虎氏予以批驳"
——毛泽东在修改《国民参政会开会,蒋介石氏说话不当,林虎氏予以批驳》中所用典故探妙

用典缘起:

1944年9月6日,毛泽东对新华社的述评加了标题,并进行了修改,在其修改文字中用了下列典故。

典故内容：

针锋相对。——书出第323页。典出清人刘熙载《艺概·经义概》："文要针锋相对：起对收，收对起，起收对中间。但有一字一句不针对为无着，即为不纯。"又见，清人文康《儿女英雄传》第12回："（安老爷向公子道）方才听你说起那情景来，他（十三妹）句句话与你针锋相对，分明是豪客剑侠一流人物，岂为财色两字而来？"

坐收渔利。亦即"鹬蚌相持，渔人得利"、"鹬蚌相持"、"鹬蚌相争"、"渔人得利"、"鹬蚌相持，渔人获利"。——书出第324页。典出《战国策·燕策二》："蚌方出曝，而鹬啄其肉，蚌合而钳其喙。鹬曰：'今日不雨，明日不雨，即有死蚌。'蚌亦曰：'今日不出，明日不出，即有死鹬。'两者不肯相舍，渔者得而并擒之。"又见，清人玩花主人《缀白裘·初集·三国志·刀会》："东吴耗费钱粮，玄德公坐收渔人之利。"又见，明人冯梦龙《喻世明言》卷10："这正叫做'鹬蚌相持，渔人得利'。若是倪善继存心忠厚，兄弟和睦，肯将家私平等分析，这千两黄金，弟兄大家该五百两，怎到得滕大尹之手？"又见，《明史·外国·占城》："王能保境息民，则福可长享；如必驱兵苦战，胜负不可知，而鹬蚌相持，渔人得利，他日悔之，不亦晚乎。"又见，元人无名氏《气英布》第2折："权待他鹬蚌相持俱毙日，也等咱渔人含笑再中兴。"又见，清人肖山湘灵子《轩亭冤·哭墓》："波翻血海全球悯，问谁敢野蛮法律骂强秦？笑他鹬蚌相争演出风云阵。"又见，清人梁启超《新中国未来记》："那各省人的感情的利益总是不能一致的，少不免自己争竞起来这越发鹬蚌相持，渔人获利，外国乘势诱胁，那瓜分政策更是行所无事。"

讳疾忌医。亦即"护疾忌医"。——书出第324页。典出《韩非子》："扁鹊见蔡桓公，立有间，扁鹊曰：'君有疾在腠里，不治将恐深。'桓侯曰：'寡人无疾。'扁鹊出，桓侯曰：'医之好治不病以为功！'居十日，扁鹊复见，曰：'君之病在肌肤，不治将益深。'桓侯不应。扁鹊出，桓侯又不悦。居十日，扁鹊望桓侯而还走。桓侯使人问之。扁鹊曰：'疾在腠里，汤熨之所及也；在肌肤，鍼石之所及也；在肠胃，火齐之所及也；在骨髓，司命之所属，无奈何也。今在骨髓，臣是以无请也。'居五日，桓侯体痛，使人索扁鹊，已逃秦矣。桓侯遂死。"又见，宋人朱熹《与田侍郎书》："此须究其根源，深加保养，不可归咎求节，讳疾忌医也。"又见，宋人周敦颐《周子通书·过》："今人有过，不喜人规，如护疾而忌医，宁灭其身而无悟也。"又见，清人夏敬渠《野叟曝言》第20回："素娥道：'婢子实不知自己病原，怎肯讳疾忌医。'"

用典探妙：

毛泽东所修改的这篇述评约2100字。其中毛泽东的修改文字约达500字。在这约500字中用了3个典故。这3个典故，以其生动而又凝练的特点出现在这些述评文字之中，向世人昭示："针锋相对"——是蒋介石的寡头政治统一论与全国人民要求的民主统一论针锋相对；"坐收渔利"——是指蒋介石的说话与作为让日本侵略者坐收渔利；"讳疾忌医"——是指蒋介石拒绝对于其军事政治经济等方面改革及对其腐败行为进行遏制的讳疾忌医。这就大大地深化了对于蒋介石的寡头政治统一论的揭露与批判，有深化这篇述评的主题之妙。

375. "新四军胜利出击" "扩大自己的队伍"
——毛泽东在修改《新四军的胜利出击与中国的救国事业》中所用典故探妙

用典缘起：

1944年10月1日，毛泽东对延安《解放日报》所写的社论《新四军胜利出击》作了修改。在其修改的文字中用了下列典故。

典故内容：

赵子龙。暗用"一身是胆"。——书出第332页。典出《三国志》、《三国演义》等资料。赵子龙即赵云。赵云（公元？——229年），是三国时期蜀国智勇兼备的一代名将。常山真定（今河北正定）人。他曾数次在抗曹操、拒孙权、取益州等等战斗中屡建战功。特别是当曹操取荆州，击败刘备于当阳长板坡弃妻抛子而逃后，他力战曹操将官，救护甘夫人与刘备之子刘禅。当刘备入川攻刘璋时，他与张飞等溯江西指，平定郡县使刘备得益州并助其取汉中。典故"一身是胆"讲的就是赵子龙的故事。《三国志·蜀志·赵云传》南朝宋人裴松之注引《赵云别传》："先主（刘备）明旦自来，至云营围视昨战处，曰：'子龙一身都是胆也！'作乐饮宴至螟，军中号云为'虎威将军'。"

用典探妙：

在这篇约2700字的社论中，毛泽东所修改添加的字数约1200字左右。在这些修改的文字中只用了一个人名典故"赵子龙"。此典之用，可谓妙有千古。何者？因为，一用上赵子龙这个人名典故，人们就会想到"一身是胆"这个典故，就会想到赵子龙在其一生的征战生涯中的"一身是胆"的英雄形象，实有一典二用之妙！二是赵子龙这个英雄形象的确立，大多数是在独立作战中显示出来的。由于《三国演义》在中国家喻户晓、影响深远，不少的英雄姓名、事迹也永留中国老百姓心头。而我新四军当时的处境，正是四面受敌，不仅有日寇的凶狂进剿，还有蒋介石国民党顽军的虎视眈眈和突然袭击，更有日伪经常性的联合进攻。这样的险恶环境，比之于赵子龙的处境，可谓有过之而无不及。在这样险恶的环境之中，新四军不仅没有被消灭，而且日益发展，日益的壮大，充分地展现了中国共产党所领导的新四军的大无畏的英雄气概。毛泽东的一句"比之为

赵子龙"，就将我新四军的这种大无畏的英雄气概永远地留在中国人民的心中，将我新四军与老百姓的鱼水关系和在老百姓心中的崇高威信尽情地展现在世人的眼前。

376."蒋介石无法无天"　反动派活动猖狂
——毛泽东在修改《中共中央宣传部陆定一部长驳斥国民党中宣部声明，所谓和平方案全系欺骗》中所用典故探妙

用典缘起：

由新华社播发的《中共中央宣传部陆定一部长驳斥国民党中宣部声明，所谓和平方案全系欺骗》一文，经由毛泽东、周恩来、刘少奇审阅修改，其中毛泽东修改部分用了下列典故。

典故内容：

背信弃义。亦作"背恩弃义"、"弃义背理"、"弃信忘义"、"弃信违义"、"背义忘恩"。——书出第359、360页（两出）。典出汉人桓宽《盐铁论·未通》："为斯君者亦病矣，反以身劳民，民犹背恩弃义而远流亡，避匿上公之事。"又见，《汉书·张敞传》："背恩忘义，伤化薄俗。"又见，《晋书·刘聪传》："沈等皆刀锯之余，背恩忘义之类。"又见，明人冯梦龙《警世通言》卷30："小女蒙活命之恩，岂敢背恩忘义。"又见，汉人枚乘《止书谏吴王》："积德累行，不知其善，有时而用；弃义背理，不知其恶，有时而亡。"又见，《北史·周三纪下》："（诏曰）伪主高纬，放命燕齐，怠慢典刑，傲扰天纪，加以背惠怒邻，弃信忘义。"又见，清人陈确《分三秦论》："使（项）羽终杀沛公（刘邦），则不义；自都关中，则不信。弃信违义而背叛天下之共主，以自行其智，虽得天下，其亡益速。"又见，元人杨梓《豫让吞炭》第4折："我怎肯二意三心，背义忘恩，有始无终。"又见，清人洪昇《长生殿·骂贼》："享荣华，受富贵，那一件不是朝廷恩典，如今却一个个贪生怕死，背义忘恩，争去投降不迭。"

殷鉴不远，就在去年。"殷鉴不远"，亦简作"殷鉴"。——书出第362页。典出《诗经·大雅·荡》："殷鉴不远，在夏后之世。"汉人郑玄笺："此言殷之明镜不远，近在夏之世，谓汤诛桀也。后武王伐纣，今之王者，何以不用为戒乎？"又见，汉人桓宽《盐铁论·结和》："语曰：'前车鉴，后车戒。'殷鉴不远，在夏后之世矣。"又见，汉人王符《潜夫论·思贤》："故曰：虽有尧舜之美，必考于《周颂》；虽有桀纣之恶，必讥于《版》《荡》。殷鉴不远，在夏后之世。"又见，《晋书·刘聪传》："昔齐恒公任易牙而乱，孝怀委黄皓而灭，此皆覆车于前，殷鉴不远。"又见，《梁书·萧子恪传》："我政言江左以来，代谢必相诛戮，此是伤于和气，所以国祚例

不灵长。所谓殷鉴不远，在夏后之世。"又见，唐人吴兢《贞观政要·务农》："亡隋之辙，殷鉴不远。"又见，唐人徐浩《论书》："德成而上，艺成而下，则殷鉴不远，何学书为？"又见，《旧唐书·张文瓘传》："百姓不堪其弊，必构祸难，殷鉴不远，近在隋朝。"又见，清人赵翼《廿十四史札记·贞观中直谏者不止魏徵》："马周亦言炀帝笑齐、魏失国，今之视炀帝，犹炀帝之视齐、魏也。此当时君臣动色相戒，皆由殷鉴不远，警于目而惕于心，故臣以进言为忠，君以听言为急。"又见，清人梁启超《与上海某某等报馆主笔书》："殷鉴不远，吾辈岂宜尤而效之。" 五代人刘威《三闾大夫》："青史已书殷鉴在，词人劳咏楚江深。"又见，宋人袁豹《伐蜀檄》："故知逆顺有势，能以力抗，斯又目前殷鉴，深切著明者也。"又见，宋人李清照《浯溪中兴颂碑诗和张文潜韵二首》（其一）："夏为殷鉴当深戒，简策汗青今具在。"又见，清人玄烨《金陵旧紫禁城怀古》："治理艰勤重殷鉴，斜阳衰草系情多。"

用典探妙：

毛泽东在这篇不足3000字的新华社电讯新闻稿中，只是添加修改了约165个字。在这约165个字中，计于3处用了两个典故。这3处的用典，其妙在于：

一是用典有精辟地总结陆定一对于蒋介石在军事上、政治上反共反人民挑起内战的系统批判之妙。

陆定一以大量的事实，揭露蒋介石破坏停战协定、不断地向解放区进犯的罪恶行径。毛泽东在第359页则以"背信弃义"一典高度总括之；陆定一揭露蒋介石单方召开"国大"，以通过其伪宪，毛泽东在第360页又以"背信弃义"一典统括之。蒋介石这样横行无忌，中国共产党和中国人民是决不会答应的，以"背信弃义"一典总括之，不仅恰如其分，而且成了本文的"文眼"，有准确、鲜明、生动、揭露深透之妙。

二是用典有统揽全文、警醒世人之妙。

陆定一在其新闻稿中，将蒋介石的无法无天可谓批深批透。毛泽东则在这全文的结尾之处妙用了"'殷鉴不远'，就在去年"。"'殷鉴不远'就在去年"，实际上就是典故"殷鉴不远，在夏后之世"的化用，时跨3000余年，当今之桀纣就在眼前，"'殷鉴不远'，就在去年"一典，用在这篇电讯新闻稿的结尾，可谓是对蒋介石无法无天行径的统揽性批判，有总括全文之妙，更有警醒世人之妙！

1067

377."使人民解放战争" "早日在全国胜利"
——毛泽东在修改《庆祝济南解放的伟大胜利》中所用典故探妙

用典缘起：

1948年新华社撰写了《庆祝济南解放》的社论，经刘少奇、周恩来修改后，毛泽东在最后的修改审定中用了下列典故。

典故内容：

将功折罪。——书出第372页。典出元人无名氏《谢金吾》第3折："我这两个孩儿，当日有功，今日有罪，也合将功折罪。"又见，明人臧晋叔编《元曲选·两军师隔江斗智（楔子）》："如今权饶你将功折罪，点起人马，随我追赶去来。"又见，明人凌濛初《初刻拍案惊奇》卷26："便思量一个计较，周全他，等他好将功折罪。"又见，《西游记》第57回："纵是弟子不善，也当将功折罪，不该这样逐我。"

用典探妙：

毛泽东在这篇约1700字的新华社社论中，添加修改了约80个字。在这些修改添加文字中仅用一个典故，且是一个成语形式的典故。"将功折罪"一典，从典故的分类角度来看，它是一个局部性质的典故，从典故的典源和其运用的一贯情况来看，它是一个富于政策性意义的典故。毛泽东将此典用于该文之尾，有赋旧典以新意之妙。蒋介石曾号称其军有800万之众，这是他向中国共产党和中国人民发起进攻的"资本"，然其中不少人是被其欺骗而上当的，毛泽东在中国革命战争节节胜利之时，时刻不忘政策和策略是党的生命，为"使人民解放战争早日在全国胜利"，在"数十万军队的覆灭，现正等待着国民党"，蒋介石的政治、军事、经济各方面的基础根本上已在崩溃的时候，对于不再愿为蒋介石国民党反动派卖命的人"网开一面"，用上"将功折罪"这个极富政策和策略性的成语形式的典故，实在是革命家气魄、眼光、远见与智慧的展现。

378.回顾光辉的历程 总结战斗的经验
——毛泽东在修改《纪念中国人民解放军的创建》中所用典故探妙

用典缘起：

1949年7月31日，是中国人民解放军的22周年纪念日。为此，新华社撰写了《纪念中国人民解放军的创建》的社论。毛泽东将这个题目改为《我们是能够克服困难的——纪念中国人民解放军的二十二周年》，同时，对这篇社论进行了修改添加，在其修改添加的文字中用了下列典故。

典故内容：

天灾人祸。亦即"人祸天灾"。——书出第397页。典出《管子·内业》："不逢天灾，不遇人祸，谓之圣人。"这里的"天灾人祸"与后文中的"人祸天灾"，当是实写自然灾害或说人为造成的祸害。又见，明人臧用叔编《元曲选·冯玉兰夜月泣江舟》第4折："（屠世雄云）屠世雄并无此事，敢是另有天灾人祸，假称屠世雄的么？"又见，清人吴敬梓《儒林外史》第20回："匡超人洗了脸，走进去见丈母，被丈母敲桌子，打板凳，哭着一场数说：'总是你这天灾人祸的，把我一个娇滴滴的女儿生生的送死了！'"这里的"天灾人祸"，当是民间的咒语，用以骂别人危害他人的话语。清人西周生《醒世姻缘传》第34回："至于遇着失落的遗金，这是那人一家性命相关，身家所系，得了他的未必成用，断是人祸天灾。"

用典探妙：

毛泽东在这篇约3200字的社论中，添加修改的文字约达1200字左右。毛泽东只用了一个成语形式的典故。这个典故，是一个局部性质的典故。这个典故主要是用以解释造成新解放区人民在遇到暂时的经济困难和个人生活困难，因而顿感惶惑的一种原因。这是毛泽东添加修改文字较多，而用典较少的一篇修改文章。

379.开展"三反"的斗争 发动群众是关键
——毛泽东修改《在反贪污、反浪费、反官僚主义的伟大斗争中，发动群众的关键何在？》中所用典故探妙

用典缘起：

1952年1月4日，毛泽东对《人民日报》将要发表的《在反贪污、反浪费、反官僚主义的伟大斗争中，发动群众的关键何在？》进行了修改添加，在其修改文字中用了下列典故。

典故内容：

雷厉风行。亦作"雷动风行"、"雷厉风飞"、"风行雷厉"、"风飞雷厉"。——书出第416页。典出唐人李观《古受降城铭序》："云挠雷厉，风行川浮。"又见，宋人曾巩《亳州谢到任表》："运独断之明，则天清水止；昭不杀之武，则雷厉风行。"又见，明人凌濛初《二刻拍案惊奇》卷26："且说御史到了福建，巡历地方，祛蠹除奸，雷厉风行，且是做得利害。"又见，清人裘曰修《恭读御制土尔扈特归顺记书后》："胜算在握要领得，如雷斯厉如风行。"又见，清人李渔《蜃中楼·献寿》："大丈夫做事，雷厉风行。"又见，清人刘鹗《老残游记》第3回："现在被这玉佐臣

雷厉风行的一办，盗案竟自没有了。"又见，清人李宝嘉《官场现形记》第33回："今天调卷，明天捉人，颇觉雷厉风行。"又见，唐人白居易《策林》："上苟好利，则天下聚敛之臣将置力焉。雷动风行，日引月长，上益其侈，下成其私，其费尽出于人，人实何堪其弊？"又见，宋人陆游《闻虏政衰乱，扫荡有期，喜成口号》："遗虏游魂岂足忧，汉家方运幄中筹。天开地辟逢千载，雷动风行遍九州。"又见，唐人韩愈《潮州刺史谢上表》："陛下即位以来，躬亲听断，旋乾转坤，关机阖开，雷厉风飞，日月清照，天戈所麾，莫不宁顺。"又见，清人龚自珍《皇朝硕辅颂二十首存序》："声灵则雷厉风飞，景运则天翊神赞。"又见，宋人岳珂《宝真斋法书赞》："昭回之秘天所示，风行雷厉动一世。"又见，明人许自昌《水浒记·纵骑》："官差紧者，为黄巾钩党严者，风行雷厉莫停者，怕鼠窜掉头者，东溪望望忙行也。"又见，清人洪楝园《警黄钟·廷诤》："伏愿速下谕旨，风行雷厉，勿迟疑。"又见，宋人蔡戡《水调歌头·送赵帅镇成都》："趁良时，摅豹略，勇声欢。风飞雷厉，威行逆虏胆生寒。"

用典探妙：

毛泽东在这篇约2700字的社论中，添加修改约160字。在这约160字中，毛泽东只用了"雷厉风行"这个典故。这是一个局部性质的典故。这个典故在其所在的句子当中起修饰作用有其独特之妙，它充分地展现了毛泽东对于开展反贪污、反浪费、反官僚主义的决心之大、信心之足、要求之严格与具体。

380．"真正放弃了剥削"　"得到更大的进步"
——毛泽东在修改《统一认识，全面规划，认真地做好改造资本主义工商业的工作》中所用典故探妙

用典缘起：

1955年11月22日《人民日报》撰写发表的社论《统一认识，全面规划，认真地做好改造资本主义工商业的工作》，经由毛泽东、刘少奇、周恩来、陈云、邓小平等审阅。毛泽东先后进行了两次修改。其中重要修改的文字中用了下列典故。

典故内容：

自食其力。亦即"各食其力"。——书出第431页。典出《礼记·礼器》："食力无数。"汉人郑玄注："食力谓工商农也。"唐人孔颖达疏："但陈力就业乃得食，故呼食也。"又见，《国语·晋语四》："庶人食力。"三国吴人韦昭注："各由其力。"又见，汉人贾谊《论积贮疏》："今驱民而归之农，皆著于本，使天下各食其力。"又见，明人李昌祺《剪灯余话·泰山御史传》："（宋珪）居贫，自食其力，隐田里间，以教授为业，非义不为，人敬惮之。"又见，《东周列国志》第86回："又公族五世以

上者，令自食其力，比于编氓。"又见，清人蒲松龄《聊斋志异·黄英》："自食其力不为贪，贩花为业不为俗。"

十五个吊桶打水，七上八下。亦或单用作"七上八下"、"七上八落"。——书出第431页。典出宋人宗杲说《大慧普觉禅师语录》："方寸里七上八下，如咬生铁橛，没滋味时，切莫退志。"又见，宋人赵令畤《侯鲭录》：："傅钦之为御史中丞，尝有章论刘仲冯。一日，贡父（刘攽）邂逅见之，问曰：'小侄何事敢烦台评？'钦之惭云：'三平二满文字。'贡父笑曰：'七上八下人才。'"又见，宋人黎靖德编《朱子语类》卷121："圣贤真可到，言语不误人。今被引得七上八下，殊可笑。"又见，金人董解元《西厢记·三·仙吕调·乐神令》："君瑞心头怒发，忿得来七上八下，烦恼身心怎按纳。"又见，《水浒全传》第26回："那胡正卿心头十五个吊桶打水，七上八下，暗暗地寻思道：'既是好意请我吃酒，如何却这般相待，不许人动身？'"又见，元人贾仲名《荆楚臣重对玉梳记》第2折："俺这粉面油头，便是非灾横祸……弄的个七上八落，只待睁着眼跳黄河。"又见，明人凌濛初《二刻拍案惊奇·满少卿饥附饱飏》："心里真似十五个吊桶打水，七上八落，反添了许多不快活。"又见，《红楼梦》第91回："薛蟠此时被宝蟾鬼混了一阵，心中七上八下，竟不知如何是好。"又见，清人文康《儿女英雄传》第40回："急得她心里好像十五个吊桶打水，七上八下。一时越着急，越没话；越没话，越要哭。"

用典探妙：

毛泽东对这篇约7500字的社论先后两次作了精心的修改，其中在本文中对其重要修改的文字标示出来的约330字。在这些修改文字中，毛泽东只在第431页用了两个典故，"自食其力"属成语形式的典故，而"十五个吊桶打水，七上八下"则是众所周知的一句歇后语。如若从典故的角度来看，从其古老的出处来看，它却是一个以歇后语形式出现的典故。这里所说的毛泽东的用典之妙，就在于：社论原来只用了"七上八下"，用以描绘某些工商业者那种皇皇无主的心态，而将"十五个吊桶打水""藏之"，这样就失去了其形象的比喻部分。这，对于大多数人来说，对于这个作为典故形式出现的歇后语，对于其"藏头"部分是清楚的。即使是这样，毛泽东仍然是坚持要让绝大多数的人一看就懂的观点，在"七上八下"之前，还是加上了"十五个吊桶打水"这个"藏头"部分。这样一加，一有形象鲜明富情趣之妙，能给人以强烈而深刻的印象；二有使原句更为顺畅自然之妙。如果不加这个"藏头"的形象描绘部分，则原句是："……这就是自己掌握了自己的命运，这就不至于皇皇无主，七上八下。""皇皇无主"与"七上八下"之间，有语显突兀之嫌、欠顺畅自如之妙。

八　真挚感人的遗产　光彩照人的丰碑
——毛泽东在《毛泽东书信选集》中所用典故探妙

书信，是毛泽东一生传达信息、交流情感的重要交际工具。毛泽东曾说："待朋友：做事以事论，私交以私交论，做事论理论法，私交论情。……人哪能有可以征服者，征服必用'力'，力只可用于法，用于法则有效；力不可用于私人之交谊，用于私人之交谊则绝对无效。岂惟无效，反动随之矣。我觉得吾人惟有主义之争，而无私人之争，主义之争，出于不得不争，所争者主义，非私人也。私人之争，世亦多有，则大概是可以相让的。"（《毛泽东书信选集》，人民出版社1983年版，第18—19页）读罢一部《毛泽东书信选集》，我们可以从书信这一个侧面，看到他与党内同志、党外友人、亲戚、故旧等交往中，重情义，平等、宽容、公私昭明的交际特点的方方面面，"选入了毛泽东同志1920年至1965年期间的三百七十二封书信，其中大多数是第一次公开发表。"（见该书"出版说明"，下面引号中所引，均同此出处，不再注明）这些书信，"从一个侧面反映了毛泽东同志的革命实践活动，反映了他同党内同志、党外朋友、亲属、故旧的交往；不少书信论及重要的政治原则、理论观点、方针政策，以及党性修养、思想方法、工作方法、学习方法。"这，"对于学习和研究毛泽东思想，学习和研究党的历史，有重要的意义。"在这372封书信中，除却在《毛泽东诗词》、《毛泽东选集》第1至第5卷、《毛泽东著作选读》（新编本上下册）、《毛泽东新闻工作文选》所涉及用了典故而所品评探妙的诗文之外，尚有52封信中于240处用了典故。

书信这种文体，是毛泽东著作中一个相对独立的、展现其波澜壮阔、灿烂辉煌、情洒人间的独特文字，是以书信展现毛泽东思想的一种重要形式。这些书信，它广涉革命情、国家爱、战友谊、儿女亲、故园思，等等深情厚谊的方方面面。毛泽东所撰写的书信，其本身就是精练闪光的明珠，而寥寥数字的典故，本来就具有高度的凝练性，有的典故，还有其博大精深的内涵与外延，堪称人类文化的精华，是人类智慧的结晶，从某种意义上说来，它就是语言中的宝石，而用上了典故的书信，则使书信更显凝练，有的用典书信，在表情达意方面，有其包举宇内的力度和并吞八荒的深度，可谓脍炙人口、绚丽多彩，有其过目难忘的感染力，故笔者以为，毛泽东所撰写书信中的用典文字，有摇笔成文如散珠，动墨蕴情似披锦之妙。因此，探讨毛泽东书信中的用典，是我们研究毛泽东思想、毛泽东书信写作的风格、语言特色的一个不可或缺的重要方面。

381.新民学会之方针 "改造中国与世界"
——毛泽东在《致蔡和森等》信中所用典故探妙

用典缘起:

1920年12月1日,毛泽东写了《致蔡和森等》的信。在信中用了下列典故。

典故内容:

无可如何。亦即"不可如何"、"不可奈何"、"无可奈何"、"莫可奈何"、"无如之何"、"无计奈何"、"无计所奈"、"如之奈何"、"奈如之何"、"为之奈何"、"无可奈"、"可奈何"。——书出第6页。典出《红楼梦》第17回:"只有宝玉日日感悼,思念不已,然亦无可如何了。"又见,清人陈确《书示仲儿(癸卯六月十日)》:"贤不肖之攸分,克己不克己而已。惟自甘不肖者,直无可如何耳。"又见,清人李宝嘉《官场现形记》第44回:"他虽如此说,无奈人家只是不肯送,便也无可如何,只得罢了。"又见,《周易·小过》:"飞鸟已凶,不可如何也。"又见,《庄子·人世间》:"知其不可奈何而安之若命,德之至也。"又见,《战国策·燕策三》:"太子闻之,驰往,伏尸大哭,极哀。既已,无可奈何,乃遂收盛樊於期之首,函封之。"又见,《史记·屈原贾生列传》:"其存君兴国而欲反复之,一篇之中三致志焉。然终无可奈何,故不可以反。"又见,《史记·周本纪》:"当幽王三年,王之后宫见而爱之,生子伯服,竟废申后及太子,以褒姒为后,伯服为太子。太史伯阳曰:'祸成矣,无可奈何!'"又见,唐人白居易《无可奈何歌》:"无可奈何兮,白日走而朱颜颓,少日往兮老日催。"又见,宋人晏殊《浣溪沙》:"无可奈何花落去,似曾相识燕归来,小园香径独徘徊。"又见,明人许三阶《节侠记·虏侠》:"春寂寞,影徘徊,片月寒生玉镜台,无可奈何花落去,似曾相识燕归来。"又见,清人吴敬梓《儒林外史》第54回:"那人跳了一回,无可奈何,只得去了。"又见,《西游记》第13回:"苦得个法师分身无地,真个有万分凄楚,已自忖必死,莫可奈何。"又见,明人叶盛《陆放翁家训》:"子孙才分有限,无如之何,然不可不使读书。"又见,《水浒传》第53回:"今次宋公明哥哥因去高唐州救柴进大官人,致被知府高廉两三阵用妖法赢了,无计奈何,只得教小可和李逵径来寻请足下。"又见,元人关汉卿《刘夫人庆赏五侯宴》楔子:"不想王屠下世,争奈家中一贫如洗,无钱使用。妾身无计所奈,我将这孩儿长街市上卖的些小钱物,埋殡他父亲。"又见,唐人顾非熊《妙女传》:"(妙女)言久在人世,恋慕娘子,不忍舍去,如此数日涕泣,又言不合与世人往来,汝意须住,如之奈何!"又见,清人吴璿《飞龙全传》第31回:"(郭威心中暗喜,说道)虽承美意保佐本帅起兵,只怕德薄福微,不能成事;日后偾败,不但辜负众位之心,且使本帅亦无存身之地奈如之何?"又见,元人滕安上《祭砚司业先生文》:"公之归老,

犹振颓波；遽云逝矣，为之奈何！"又见，唐人武元衡《酬太常从史留别》："别离无可奈，万恨锦江流。"又见，宋人张舜民《打麦》："丰岁自少凶岁多，田家辛苦可奈何！"

山穷水尽。亦作"水尽山穷"、"水穷山尽"、"山穷水绝"、"地穷山尽"、"山穷水断"。——书出第6页。典出宋人洪咨夔《龙洲免运粮碑跋》："山穷水尽之邦，刀耕火种之俗。"又见，清人蒲松龄《聊斋志异·李八缸》："月生固哀之，（李八缸）怒曰：'汝尚有二十余年坎壈未历，即予千金，亦立尽耳。苟不至山穷水尽时，勿望给予也！'"又见，清人李宝嘉《官场现形记》第47回："到得此时，斥革功名，抄没家产都不算，一定还要拷打监追；及至山穷水尽，一无法想。"又见，清人朱梅叔《埋忧集·诸天骥》："至于山穷水尽，而窜迹龙沙，投珠海国，亦谓琵琶别抱，庶几雪恨九泉也。"又见，明人郝景春《寄二子二首（其二）》："平生大节自操持，水尽山穷任所之。"又见，清人刘鹗《老残游记》第16回："论做官的道理呢，原该追究个水尽山穷；然既已如此，先让他把这个供画了。"又见，明人侯峒曾《陶庵枉和除岁诗叠韵再呈二首（其二）》："顾此茫茫集百端，水穷山尽又年残。"又见，清人洪棣园《后南柯·情引第六》："此编自前出辞职以后，水穷山尽，已有蜂腰之势，下半本戏文做不下去。"又见，宋人陆游《冬夜吟》："造物有意娱诗人，供与诗材次第新。饥鸿病鹤自无寐，山穷水绝谁为邻？"又见，唐人许浑《晓发鄞江并渡寄崔韩二先辈》："南北信多歧，生涯半别离；地穷山尽处，江泛水寒时。"又见，北周·庾信《周克州刺史广饶公宇文公神道碑》："溪涧峥嵘，岩崖豁嶮，山穷水断，马束桥飞。"

教学如扶醉人，扶得东来西又倒。亦简作"扶东倒西"、"东扶西倒"、"东扶西倾"。——书出第6页。典出宋人程颢、程颐《二程集·河南程氏遗书》卷18："与学者语，正如扶醉人，东边扶起却倒向西边，西边扶起却倒向东边，终不能得伊卓立中途。"又见，宋人朱熹《近思录·为学》："与贤者说话，却似扶醉汉，救得一边，倒了一边，只怕人执著一边。"又见，宋人黎靖德编《朱子语类·中兴至今日人物上》卷131："张魏公（浚）才极短，虽大义极分明而全不晓事，扶得东边，倒了西边；知得这里，忘了那里。"又见，同上书卷125："如某此身已衰耗，如破屋相似，东扶西倒，虽欲修养，亦何能有益耶。"又见，宋人杨万里《过南荡》："笑杀槿篱能耐事，东扶西倒野酴醾。"又见，宋人陈亮《又乙巳春书之一》："使世人争骛高远以求之，东扶西倒而卒不着实而适应，则诸儒之所以引之者亦过矣。"又见，明人海瑞《赠罗近云代文定安田序》："开端既差，末流之弊，莫可禁止。东扶西倾，朝更暮改，百病之所由生。"

不到黄河心不死。亦作"不到乌江心不死"、"不到乌江不肯休"、"不到乌江不尽头"（乌江，即安徽和县霸王自刎之地）。——书出第7页。典出清人蒋士铨《清容外集·虎穷》："我一路何等劝你，你这样人，不到黄河心不死，还说什么亲戚！"又见，清人李宝嘉《官场现形记》第31回："单统领道：'你们众位请听，他到如今还说自己冤枉。不到黄河心不死，我一定不能饶他！'"又见，清人梁启超《革命相续之原理及其恶果》："古诗曰：'公无渡河，公竟渡河，堕河而死，将奈公何！'而俗谚櫽括其旨曰：不到黄河心不死。"又见，宋人释普济《五灯会元·隆兴府泐潭洪英禅师》："（僧）曰：'重整衣甲时如何？'师曰：'不到乌江畔，知君未肯休。'"又见，明人凌濛初《初刻拍案惊奇》卷15："我道：'你不到乌江心不死，今已到了乌江，这心原也该死了。'"又见，明人冯梦龙《醒世恒言》卷26："世上死生皆为利，不到乌江不肯休。"　同上书卷9："世局千腾万变，转盼皆空，政如下棋的较胜争强，眼红喉急，分明似孙庞斗智，赌个你死我活，又如刘项争天下，不到乌江不尽头。"

这山望见那山高。亦即"这山望着那山高"。——书出第7页。典出《吕氏春秋·先识览·观世》："譬之若登山，登山者处已高矣，左右视，尚巍巍焉山在其上。"又见，明人冯惟敏《仙吕点绛唇·改官谢恩》："前程万里，仕路千条。常言道今日不知明日事，俺怎肯这山望见那山高？"又见，明人李开先《词谑·仙吕》："看归栖鸟雀，听问对渔樵。今日不知明日事，这山望着那山高。只俺这潜头的争比出头的乖，安心的越显的劳心的躁。"

人心不知足，得陇又望蜀。亦简作"得陇望蜀"、"据陇盼蜀"、"陇蜀"。——书出第7页。典出《后汉书·岑彭传》："两城若下，便可将兵南击蜀俘。人苦不知足，既平陇，复望蜀。"此语是刘秀给平南大将岑彭的诏书中所说的话。又见，唐人李白《古风五十九首（其二十三）》："物苦不知足，得陇又望蜀；人心若波澜，世路有屈曲。"又见，明人王世贞《鸣凤记》："使他知我假途灭虢之计，消彼得陇望蜀之谋，岂非一举两得乎？"又见，《红楼梦》第48回："香菱笑道：'好姑娘，趁着这个功夫，你教给我作诗罢！'宝钗笑道：'我说你得陇望蜀呢，我劝你且缓一缓。'"又见，同书第76回："湘云笑道：'得陇望蜀，人之常情。'"又见，清人查慎行《初至皖城，喜遇同年姚别峰、兼招程松皋舍人》："人情得陇每望蜀，便想同时兼两美。"又见，清人李绿园《歧路灯》第54回："输了想捞个够本，赢了又得陇望蜀，割舍不断。"又见，清人李渔《与陈学山少宰》："以其为人叵测，胸伏甲兵，不则见事风生，工于影射，不则据陇望蜀，诛求无已。"又见，清人蒲松龄《聊斋志异·香玉》："一夕，女惨然入，曰：'君陇不能守，尚望蜀耶？今作长别矣。'"又见，清人无名氏《萤窗异草·田一桂》："蜀不可望，而思陇得之，亦甚欣慰。"又见，明人马世奇《庚辰限三字韵咏怀（其一四）》："闭关经岁未移龛，陇蜀人情已饱参。"又见，清人王士禛《池北偶谈·葛端肃公家训》："若如所请，将来陇蜀之请，又不知其如何。"

用典探妙：

毛泽东在这封约5300字的信中，计于6处用了典故。这些典故的运用，颇有特色。

其一是：用典颇具形象性之妙。

企望以教育救国，以教育来改造中国社会，是中国几代知识分子梦寐以求的期盼，且这种观点已经深入人心。然而，在中国，要救国、要改造中国，就必须推翻帝国主义、封建主义和官僚资本主义在中国的统治。光用教育是难于达目的的。如何论证这个问题呢？毛泽东在这里用了朱、程的名言。这条名言将用教育去改造中国的效果作了形象而生动的描绘，可谓一语破的，有让人如见其情景、如见其状况之妙。将萧子昇等"以教育为工具的革命"的主张，是"在理论上说得通，在事实上做不到"进行了富于形象而彻底的否定。

其二是：俗语形式典故的连用以形成"典故块"之妙。

这里的所谓"俗语典故的连用之妙"，包括了两个方面的内容。一是"人不到黄河心不死"，"这山望见那山高"，"人心不知足，得陇又望蜀"三个俗语形式的典故的连用，有增强语言气势之妙；二是这三个典故的连用，有揭露帝国主义、封建主义和官僚资本主义贪婪而疯狂的阶级本性之妙；三是这三个典故各自有其产生的历史背景，毛泽东在运用时，可谓有化腐为奇之妙。如"人心不知足，得陇又望蜀"，这本是刘秀富于进取的激励性言语，可是毛泽东用在这里，其所表现的却是对所有剥削阶级本性的深刻揭示。真可谓有用典如着盐于水之效。

382. 重"惟有主义之争" 提倡"无私人之争"
——毛泽东在《致彭璜》信中所用典故探妙

用典缘起：

1921年1月28日，毛泽东在《致彭璜》的信中用了下列典故。

典故内容：

疾恶如仇。亦作"疾恶若仇"、"黜恶若仇"、"疾恶如风"、"嫉恶如仇"。——书出第17页。典出《后汉书·陈蕃传》："蕃乃独上疏曰：'……又前山阳太守翟超、东海相黄浮，奉公不桡，疾恶如仇。"又见，汉人孔融《荐祢衡表》："（祢衡）忠果正直，志怀霜雪，见善若惊，疾恶若仇。"又见，《新唐书·李邕传》："邕少习文章，疾恶如仇，不容于众，邪佞切齿，诸儒侧目。"又见，《晋书·傅咸传》："刚简有大节，风格峻整，识性明悟，疾恶如仇。"又见，汉人桓宽《盐铁论·除狭》："举善若不足，黜恶若仇雠。"又见，《后汉书·朱震》："谚曰：'车如鸡栖马如狗，疾恶如风朱伯厚。'"意为在朱伯厚的面前，无论多大的官都不在其眼下，视大官所乘的车如鸡窝，所乘之马如同走狗。又见，《旧唐书·孔纬传》："纬器志方雅，嫉恶如仇。"

自知之明。——书出第18页。典出《老子》第33章："知人者智，自知者明。胜人者有力，自胜者强。"又见，《韩非子·喻老》："故知之难，不在见人，在自见。故曰：'自见之谓明。'"又见，唐人韩愈《伯夷颂》："夫岂有求而为哉！信道笃而自知明也。"又见，宋人苏轼《与叶进叔书》："仆闻有自知之明者，乃所以知人；有自达之聪者，乃所以达物。"又见，明人李贽《初潭集·兄弟下》："真自知之明，知兄之明也。"又见，清人李汝珍《镜花缘》第90回："这句说的不是你是谁！真有自知之明！"

天下惟至柔者至刚。——书出第18页。典出《老子》第76章："人之生也柔弱，其死也坚强。草木之生也柔脆，其死也枯槁。故坚强者，死之徒；柔弱者，生之徒。"这一段话的意思是说：人刚刚出生之时，看上去他是柔弱的，而到老时其表现形态则是刚强的；草木在其初生之时，看上去它是极为脆弱的，到老时其表面形态是坚硬的。所以说，坚强的往往是将要接近死亡的，而柔弱的，则往往又是富于生机的。这就是《老子》在其第36章中所说的"柔弱胜刚强"的意思。《老子》在其第78章中的一段话对于我们理解上面这一段话语也同样有其价值。在第78章中这样写道："天下莫柔弱于水，而攻坚强者莫之能胜，以其无以易之。弱之胜强，柔之胜刚，天下莫不知，莫能行。"这就正如《老子》在其第43章所言："以天下之至柔，驰骋天下之至刚。"

1077

明知故犯。亦即"知而故犯"、"明知明犯"。——书出第18页。典出明人郑若庸《玉玦记·改名》："正是明知故犯，也因业在其中，咎喜，前日颇有家资，因为这李娟奴，两三年间，破费几尽。"又见，清人钱大昕《十驾斋养新录·律诗失粘》："如陆放翁字务观，观本读去声，而当时即有押入平声为放翁所讥者。朱锡鬯诗'石湖居士范成大，鉴曲诗人陆务观'，正用此事，所谓明知故犯，欲自矜其奥博也。"又见，清人李汝珍《镜花缘》第61回："此物既与人无益，为何令尊伯却又栽这许多？岂非明知故犯么？"又见，宋人释普济《五灯会元》卷19："（僧）问：'一切含灵具有佛性，既有佛性，为甚么却撞入驴胎马腹？'师曰：'知而故犯。'"又见，宋人陈世崇《随隐漫录》："西山蔡先生训子书曰：'识些道理，若不做好人，天地鬼神亦深恶之。盖不识好恶，如童稚、如醉人，虽有罪可赦，若知而故犯，王法不可免也。'"又见，宋人倪思《经钅且堂杂志·林希》："名节一坏，遗臭后世，明知而明犯之，甚矣，官职之能坏人也。"

反其道而行之。亦即"反其道"、"反其道而行"。——书出第18页。典出《史记·淮阴侯列传》："项王所过无不残灭者，天下多怨，百姓不亲附，特劫于威强耳。名虽为霸，实失天下心。故曰其强易弱。今大王诚能反其道，任天下勇武，何所不诛！"又见，清人吴趼人《痛史》第14回："贤弟真是了不得！有了这个本事，还是这般虚心。只是宗兄劝你去做教习，你却去做学生，未免反其道而行了！"

与人为善。——书出第18页。典出《孟子·公孙丑上》："孟子曰：'子路，人告之以有过，则喜。禹闻善言，则拜。大舜有大焉，善与人同，舍己从人，乐取于人以为善。自耕稼、陶、渔以至为帝，无非取于人者。取诸人以为善，是与人为善者也，故君子莫大乎与人为善。'""与人为善"一典，在前面曾多取用典例，在引用此典时，并未较为完整地引用全文，更未细诠其意。这一段话的意思是说：孟夫子讲，孔子的学生子路，当一听到别人向他指出了有什么过错，他就特别的高兴。大禹听到了别人向他说出了有益的话语，他就要向别人表示拜谢。而舜则更是了不起，他总是喜欢与别人一道行善，经常放弃自己的不正确意见，而服从他人的正确主张，十分愉快地取他人之长处去行善。他从种植庄稼到烧制陶器，从烧制陶器到捕鱼，及至后来做了帝王，他一生的长处无不是认真地从他人身上学习得来的。学习别人的优点以行善，实际上也是对别人的赞许与共同行善。所以说对于有道德的人来说，没有比称许别人并与别人一道行善这样更高的标准了！

用典探妙：

因彭璜与当时任文化书社经理的易礼容产生了矛盾。当彭璜将这些情况写信告诉毛泽东时，毛泽东回了这封与友人晤谈之信。此信虽说不足1300字，却共用了6个典故。这6个典故的运用，便使信的境界得到了升华，令人读后有身临其境之妙。其用典之妙最为突出之处在于：

概缩先贤的语言精华成典，借助该典中关于强弱的对立统一关系，有巧解了战友间的隔膜之妙。

如"天下惟至柔者至刚"一典的出处所示，这一典故语是毛泽东在吃透了老子朴素辩证法思想的精神实质之后，所总结出来的最为经典性的语典。围绕这一语典，毛泽东还用上了"自知之明"、"明知故犯"、"反其道而行之"、"与人为善"诸典。毛泽东在用这些语典时，首先用来批评、反省与检讨自己，然后批评彭璜对于易礼容的评说未免过当，提出对朋友要"柔"，这个"柔"，就是要眼界开阔，就是要有气量，就是"做事论理论法，私交论情"，就是要与人为善，从而达到"至刚"的境界。这就从哲理的高度、从革命利益的高度、从你（彭璜）我（毛泽东）他（易礼容）三者的关系的角度上，用对立统一的观点，妙解了战友间的不协调关系，这是毛泽东在这封信中用典最为灵活最为生动的一笔。

383."此国亡无日关头" "实舍救国无急务"
——毛泽东在《致高桂滋》信中所用典故探妙

用典缘起：

1936年，在日寇占领全中国的野心暴露无遗的情况下，这年夏的一天，由毛泽东起草，以中国抗日红军西北革命军事委员会主席毛泽东，副主席周恩来、彭德怀的名义，给当时颇具抗日思想的国民党军第84师师长高桂滋写了这封信。在信中用了下列典故。

典故内容：

食毛践土。——书出第30页。典出《左传·昭公七年》："天子经略，诸侯正封，古之制也。封略之内，何非君土？食土之毛，谁非君臣？故《诗》曰：'普天之下，莫非王土；率土之滨，莫非王臣。'"又见，清人纪昀《阅微草堂笔记·如是我闻二》："甲食毛践土已三十余年，当吴三桂拒命之时，彼已手戮桂王，断不得称楚之三户。"又见，清人林则徐《附奏夷人带鸦片罪名应议专条夹片》："彼终年之间，住内地之日甚多，在该国之日转少，非独食毛践土，且皆积聚资财，比之内地民人，受恩更重。"又见，清人李宝嘉《官场现形记》第47回："做百姓的食毛践土，连国课都要欠起来不还，这还了得吗？"

从长计议。亦即"从长商量"、"从长计较"。——书出第31页。典出《左传·僖公四年》："初，晋献公欲以骊姬为夫人，卜之不吉，筮之吉。公曰：'从筮。'卜人曰：'筮短龟长，不如从长。且其繇曰：'专之渝，攘公之羭。一薰一莸，十年尚犹有臭。'必不可。'弗听。"这里所说的是，晋献公想将骊姬立为第一夫人，就去请教卜筮。占卜的结果是不行的，而占筮则是可行的。这个晋献公便取筮而去卜。卜者劝说道：占筮之中，象是长的，而数是短的，有长有短，不如从长为好。因为占卜辞中说了：专一是要变的，要除去你的美德。一为香草一为臭草时，香易失去而臭难消失。立骊姬肯定是不行的。占卜者请献公从长考虑，可是晋献公不听。又见，元人李行道《包待制智赚灰阑记》楔子："且待女儿到来，慢慢的与他从长计议，有何不可？"又见，《东周列国志》第92回："怀王道：'卿勿忧，容寡人从长计议。'"又见，清人吴趼人《二十年目睹之怪现状》第89回："少奶奶到此时，真是无可如何，只得说道：'公公婆婆，且先请进，凡事可以从长计议。'"又见，宋人蔡襄《请改军法疏》："朝廷每有指挥事件，多下逐路并令钤辖都监都同巡检等司共从长商量。"又见，明人冯梦龙《警世通言》卷35："孤孀不是好守的，替邵氏从长计较，到不如明明改个丈夫，虽做不得上等之人，还不失为中等，不到得后来出丑。"又见，清人陈忱《水浒后传》第10回："今夜且尽欢吃酒，明日从长计较。"

嘤其鸣矣，求其友声。亦即"嘤鸣求友声"、"嘤鸣求友"、"求其友声"、"嘤

鸣"。——书出第32页。典出《诗经·小雅·伐木》："嘤其鸣矣，求其友声。相彼鸟矣，犹求友声；矧伊人矣，不求友生。"又见，宋人范成大《喜沈叔晦至》："澹若论交味，嘤鸣求友声。江湖几鱼沫，风雨一鸡鸣。"又见，唐人杨炯《为薛令祭刘少监文》："言念平生，求其友声，适我愿兮，共得朋从之道。"又见，南朝梁人刘孝标《广绝交论》："故絪缊相感，雾涌云蒸，嘤鸣相召，星流电激。是以王阳登则贡公喜，罕生（子皮）逝而国子（子产）悲。"

用典探妙：

毛泽东在这封约1300字的信中，计用了3个典故。这封信的用典的最显著特点是：典故语与毛泽东创作的美语的排比而用，有极富感染力之妙。

毛泽东的这封信，有如一首散文诗，他用诗一般的美丽语言，面对日寇的大举入侵，在"寇深情急"之际，怀着激愤之情，为民族生存而发出了誓死抗战的号召，令人读后为之热血沸腾。特别是在结尾那个"嘤其鸣矣，求其友声"的典故的运用，尤其精妙至极：一有总揽全文"中华民族面临亡国灭种要一致对外奋起抗日"的主旨之妙；二有承接结尾诸句句意之妙；三有与"暴虎入门，懦夫奋臂"组成排比句式，使语言有抑扬顿挫、生动形象之妙。有的毛泽东诗词选集将这四句收入"诗词选集"之中，是有其一定道理的。

384."对付共同之公敌" "贤者决难坐视也"
——毛泽东在《致阎锡山》信中所用典故探妙

用典缘起：

1936年5月25日，毛泽东给当时任国民党政府军事委员会副委员长、太原绥靖公署主任的阎锡山写信，在这封《致阎锡山》的信中用了下列典故。

典故内容：

一手一足。——书出第34页。典出《礼记·表记》："后稷天下之为烈也，岂一手一足哉！"又见，清人梁启超《国家思想变迁异同论》："其得此思想也，非一朝一夕所骤至，非一手一足所幸成，或自外界刺激之，或自内界启牖之。"

千回百折。亦即"百折千回"、"百转千回"、"千回百转"、"千盘百折"。——书出第34页。典出清人韩邦庆《海上花列传》第46回："那山势千回百折，如游龙一般。"又见，清人刘鹗《老残游记》第2回："那王小玉唱到极高的三四叠后，陡然一落，又极力骋其千回百折的精神，如一条飞蛇在黄山三十六峰半中腰里盘旋穿插，顷刻之间，周匝数遍。"又见，明人杨基《长江万里图》："三巴春霁雪初消，百折千回向东去。"又见，明人汪砢玉《珊瑚网法书题跋·姚丹丘书咏物诗册·线板》：

"美人丝缕藉渠缠，百转千回断复连。"又见，元人范居中《秋思》："我这里千回百转自彷徨，撇不下多情数桩。"又见，宋人杨万里《过石塘》："万石中通一线流，千盘百折过孤舟。"

楚失楚得。亦即"楚弓楚得"、"楚得楚弓"、"楚弓"。——书出第34页。典出《吕氏春秋·贵公》："荆人有遗弓者，而不肯索，曰：'荆人遗之，荆人得之，又何索焉？'孔子闻之曰：'去其"荆"而可矣。'老聃闻之曰：'去其"人"而可矣。'故老聃则至公矣。"又见，汉人刘向《说苑·至公》："楚共王出猎，而遗其弓。左右请求之。共王曰：'止！楚人遗弓，楚人得之，又何求焉？'仲尼闻之曰：'惜乎其不大，亦曰人遗弓人得之而已，何必楚也。'仲尼所谓大公也。"又见，清人袁枚《寄庆树斋少少宰》："为仆计者，将沉珠于渊耶？将买其椟而还其珠耶？抑将视作走盘之珠，仍使楚弓楚得耶？"又见，明人苏复之《金印记传奇》第12回："喜楚得楚弓，免被旁人笑。"又见，清人孙枝蔚《陆放翁砚歌为毕载积题》："塞马楚弓那是问，船中书画聊自娱。"

芥蒂。亦即"蒂芥"。——书出第34页。典出汉人司马相如《子虚赋》："吞若云梦者八九于其胸中，曾不蒂芥。"又见，宋人苏轼《送路都曹》："恨无乖崖老，一洗芥蒂胸。"

贤者。亦即"贤人"。——书出第35页。典出《庄子·德充符》："鉴明则尘垢不止，止则不明也。久与贤人处则无过。"乃"明镜无尘，亲贤无过"之意。又见，《孟子·公孙丑上》："贤者在位，能者在职……"又见，汉人桓宽《盐铁论·备胡》："大夫曰：'鄙语曰："贤者容不辱。"以世俗言之，乡曲有桀，人尚辟之。'"

坐视。亦即"坐视成败"、"坐观成败"、"坐看成败"、"坐视不救"的缩用。——书出第35页。典出《晋书·王敦传》："臣备位宰辅，与国存亡……志存社稷，岂忍坐视成败，以亏圣美。"又见，《史记·田叔列传》："见兵事起，欲坐观成败，见胜者欲合从之，有两心。"又见，北魏人杨衒之《洛阳伽蓝记》："吾世荷国恩，不能坐看成败。"又见，元人郑德辉《㑇梅香》第2折："小生现在颠沛之间，小娘子争忍坐视不救？"又见，清人钱彩《说岳全传》第16回："倘或有失，那奸臣必然上本，反说相公坐视不救。"

用典探妙：

毛泽东在这封不足500字的短信中，计用了6个典故。这6个典故的运用，紧扣消除矛盾共同抗日的写信之旨。其中尤以"楚失楚得"一典用得十分特别，可以说是精妙之处有三：

一是典故的活用之妙。

这个典故语，从其出处来看，它总是离不开一个"弓"字，毛泽东如果在运用时，

不去掉这个"弓"字的话，则易于使人产生费解，明明讲的是武器弹药的事，怎么出现一个"弓"字呢，毛泽东将其"弓"字换成"失"字，不仅妙合典故之典意，更在于紧扣了当时的社会现实之妙。

二是选用典故具有一定的故事性与哲理性之妙。

从"楚弓楚得"一典的几个出处来看，楚王因失"弓"的言说到自己失去的东西落到自己人的手中的深层喻意，以及孔子与老子就此事的发挥，其中的故事性与哲理性都有令人回味之妙。

三是有"典中含典"之妙。

何谓"典中含典"之妙？就是说，"楚失楚得"这个典，在毛泽东运用时，有了新的历史事件，或曰有了新的"事典"。这就是：长期统治山西的军阀、人称山西王的阎锡山并不是那么热衷于抗日事业的。当毛泽东与彭德怀率领中国人民红军抗日先锋军从陕北渡过黄河，入山西东征日寇时。这个山西王不仅不支持，反而是派出其第66师第392团等部拦截。结果，其392团被歼，团长郭步瀛为我军所俘获。毛泽东则收缴败军之武器弹药，而遣郭持信致阎锡山，督其"对付共同之公敌"，"楚失楚得"一典，可谓有"典中含典"新意顿出之妙。

385.抗日救国时机熟 "甚望加速推动之"
——毛泽东在《致杜斌丞》信中所用典故探妙

用典缘起：

1936年8月13日，毛泽东在《致杜斌丞》信中用了下列典故。

典故内容：

变本加厉。——书出第36页。典出南朝梁人萧统《文选序》："盖踵其事而增华，变其本而加厉，物既有之，文亦宜然。"又见，明人张岱《赠沈歌叙序》："若歌叙之与倪氏邻也，亦生死以之，则歌叙之意气肝胆，较之素先，又变本而加厉矣。"又见，清人吴趼人《二十年目睹之怪现状》第86回："大约当日河工极险的时候，曾经有人提倡神明之说，以壮那工人的胆，未尝没有小效应；久而久之，变本加厉，就闹出这邪说诬民的举动来了。"

百尺竿头，更进一步。亦省作"更进一竿"、"百尺竿头"、"竿百尺，进一步"、"竿头进步"、"进步竿头"。——书出第36页。典出宋人释道原《景德传灯录·招贤大师》："师示一偈云：'百尺竿头不动人，虽然得入未为真。百尺竿头须进步，十方世界是全身。"又见，宋人释普济《五灯会元·慧升禅师》："然虽如是，更须向百尺竿头，自进一步。""百尺竿头"即百尺高的竿子。佛教喻其修养到了最高的一种境界。后来用以勉励人们不要满足于已有的成就，要不断努力，更加上进。又见，宋人朱熹《朱子文集·与陈同甫书》："百尺竿头，进取一步，将来不作三代以下人物。"又见，宋人朱熹《答巩仲至之四》："故聊复言之，恐或可以少助百尺竿头更进一步之势也。"又见，《红楼梦》第120回："后人见这本传奇，亦曾题过四句，为作者缘起之言更转一竿云：'说到辛酸处，荒唐愈可悲。由来同一梦，休笑世人痴！'"又见，唐人柳曾《险竿行》："山险警摧辀，水险能覆舟。奈何平地不肯立，走上百尺高竿头……百尺高竿百度缘，一足参差一家哭。……"又见，唐人吴融《商人》："百尺竿头五两斜，此生何处不为家。"又见，宋人萧廷之《南乡子》："百尺竿头牢把线，掀援。从此元神命永存。"又见，元人张养浩《折桂令》曲："功名百尺竿头，自古及今，有几个干休。"又见，宋人李曾伯《水龙吟·再和送吴季申赴省》："向临歧赋别，丁宁祝望，竿百尺、进一步。"又见，元人尹志平《临江仙》："万语千言终未悟，悟来一字成非。竿头进步勿生疑。"又见，清人阎尔梅《黄山集序》："今徐子一起而丕变之，而又不自满假，就正殷勤，竿头进步，曷可限量耶！"又见，宋人杨万里《登乌石寺》："高峰高寺更高阁，进步竿头若为脚？"

一言兴邦。亦即"一言可以兴邦"。——书出第36页。典出《论语·子路》："定公问：'一言而可以兴邦，有诸？'孔子对曰：'言不可以若是其几也。人之言曰：为君难，为臣不易。如知为君之难也，不几乎一言而兴邦乎？'曰：'一言而丧邦，有诸？'孔子对曰：'言不可以若是其几也。人之言曰：予无乐乎为君，唯其言而莫予违也。如其善而莫之违也，不亦善乎？如不善而莫之违也，不几乎一言而丧邦乎？'"这段话所讲的是：在公元前500年，有一次鲁定公问孔夫子：有没有一句话就能使国家兴旺起来的事呢？孔夫子说，话是不能这样机械而简单地说的。如若君王知晓为君之难，知晓为臣子的不容易，不就是近乎用一句话能使国家兴盛起来吗？定公又问：有没有一句话可以丧邦之说呢？孔夫子说道，话也是不可以这样机械简单地说的。假若君王的话是对的，而无人违背，这就很好了。假若君王的话是错的，而无人敢于违背，这不就是等于一句话可以丧邦吗？又见，《后汉书·邳彤传》："邳彤之廷对，其为几乎，语曰'一言可以兴邦'，斯近之矣。"又见，唐人魏徵《十渐不克终疏》："臣自擢居左右，十有余年，每侍帷幄，屡奉明旨，常许仁义之道，守之而不失，俭约之志，始终而不渝。'一言兴邦'，斯之谓也。"又见，唐人骆宾王《钓矶应诘文》："况疗饥者，半菽可以充腹；为政者，一言可以兴邦。"又见，《周书·达奚武传论》："武协规太祖，得俊小间，周瑜赤壁之谋，贾诩乌巢之策，何能以尚？一言兴邦，斯近之矣。"又见，唐人刘禹锡《唐故相国李公集纪》："古所谓一言兴邦，信哉！"又见，五代南唐人阙名《对不受敌判》："一言可以兴邦，独行可以振古。"又见，宋人胡仔《苕溪渔隐丛话后集·杜子美一》："元礼首议诛太真国忠辈，近乎一言兴邦。"

用典探妙：

毛泽东在这封约300字的短信中，共用了3个典故。这3个典故的运用，使整封信有凸显杜斌丞的抗日救国的崇高精神之妙。

一是用典有对比之妙。

成语形式的典故"变本加厉"，描写了日寇的猖狂。而"百尺竿头，更进一步"与"一言兴邦"两个典故的运用，则表现了杜斌丞在抗日救国中所起的作用。在这封短信中，只要一看这3个典故在各自所在的句子中的作用，略加对比，则杜斌丞在伟大的抗日战争中的表现和作用，便凸显在人们的眼前。

二是用典有紧契人物身份事迹之妙。

所谓"用典有紧契人物身份事迹之妙"，首先是说，"百尺竿头，更进一步"与"一言兴邦"，从其典源来看，是有一定深度与难度的，而杜斌丞是高级知识分子，他毕业于北京高等师范，这样的典故，对于他来说，是一看即能心领神会的，这正好契合他这个知识分子的身份和其所任职务的地位与作用；其次是说，"百尺竿头，更进一步"与"一言兴邦"的典意，完全契合杜斌丞在抗日战争中的种种表现。杜斌丞曾任国民党十七路军杨虎城部的总参议、甘肃与陕西省政府的秘书长等职。当蒋介石迫令十七路军进攻陕北红军时，是他促成了十七路军与红军互不侵犯协定的订立。他对于西安事变起了推动作用。他在整个抗日战争及抗战胜利后的反蒋发动内战，直到最后为中国人民的解放事业而牺牲，这两个典故的典意，都紧契了他的革命生涯。

杜斌丞于1947年10月7日，在西安不幸被国民党反动派杀害了。在延安为他举行了追悼会，毛泽东给他的题词是："为人民而死，虽死犹生。"今天重读毛泽东的这封思想内容层层深入，用典环环妙合之信，品味信中之典，令人心情激动，深受教育！

386. "虚与委蛇的办法" "当非先生之本意"
——毛泽东在《致杨虎城》信中所用典故探妙

用典缘起：

为尽早促成联合抗日阵线，1936年8月13日，毛泽东致信杨虎城。在这封信中用了下列典故。

典故内容：

虚与委蛇。亦常省用为"委蛇"。——书出第38页。典出《庄子·应帝王》："吾与之虚而委蛇，不知其谁何。"唐人成玄英疏："委蛇，随顺之貌也。至人应物，虚己忘怀，随顺逗机，不执宗本。"又见，《封神演义》第11回："十里长亭饯酒卮，只因直语欠委蛇。若非天数羁羑里，焉得姬侯赞伏羲。"又见，清人方苞《安溪李相国遗事》：“公恐为门户之祸，故不能无所委蛇。”又见，《清史稿·廖寿恒传》：“风闻法使至天津，称越南既议款，因以分界兵事约李鸿章，鸿章不允，拟即来都磋商译署。论者谓当虚与委蛇。”又见，清人谭嗣同《致汪康中》：“复钱信，虚与委蛇，极得体。大抵贵人好以权势迫人，而应之者惟以拖延二字，绝不与之触连，彼自无可如何，此官场之秘诀也。”

覆巢之下，将无完卵。亦即“覆巢之下无完卵”、“覆巢毁卵”、“覆巢破卵”、“巢倾卵破”、“巢倾卵毁”、“卵覆巢破”。——书出第38页。典出南朝宋人刘义庆《世说新语·言语》：“孔融被收，中外惶怖。时融儿大者九岁，小者八岁，二儿故琢钉戏，了无遽容。融谓使者云：‘冀罪止于身，二儿可得全不？’儿徐进曰：‘大人岂见覆巢之下，复有完卵乎？’寻亦收至。”　春秋·辛计然《文子·上礼》：“覆巢毁卵，凤凰不翔。”又见，《战国策·赵策四》：“臣闻之：有覆巢毁卵而凤凰不翔，刳胎焚夭而骐骥不至。”又见，《史记·孔子世家》：“竭泽涸渔则蛟龙不合阴阳，覆巢毁卵而凤凰不翔。”又见，汉人贾谊《新语·辅政》：“秦以刑罚为巢，故有覆巢破卵之患。”又见，《三国志·吴志·陆凯传》：“有覆巢破卵之忧。”又见，唐人李咸用《寄题从兄坤载村居》：“覆巢破卵方堪惧，取次梧桐凤且栖。”又见，《北齐书·高乾传》：“乾临死，神色不变……曰：‘吾兄弟分张，各在异处，今日之事，想无全者，儿子既小，未有所识，亦恐巢倾卵破，夫欲何言！’”又见，清人黄百家《上顾宁先人书》：“（先母）茹荼吞蓼，左撑右拄，恐恐焉惟惧堤澜颓，巢倾卵毁，以支持此衰危之门户。”又见，清人沈天宝《公无渡河歌》：“一朝失足蹈危机，卵覆巢倾亦如此。”

半壁江山。亦即“半壁”、“半壁河山”、“山河半壁”、“江山半壁”。——书出第38页。典出宋人吕颐浩《送张德远宣抚川陕》：“每愤中原沦半壁，拟将孤剑斩长鲸。”又见，清人潘耒《韩蕲王墓碑歌》：“麾日之戈射潮弩，半壁江山留宋土。”又见，清人钱彩《说岳全传》第65回：“我那岳伯父拼身舍命与金人厮杀，才保得半壁江山。”又见，清人蒋士铨《冬青树·提纲》：“半壁江山，比五季朝廷尤小。”又见，清人钮琇《觚剩·虎林军营唱和》：“将军野战最知名，半壁河山一力撑。”又见，清人沈德潜《吴山怀古（四首之四）》：“襄樊失守势飘摇，半壁河山付北朝。”又见，清人玩花主人《缀白裘·一捧雪·代戮》：“持钺镇天骄，玉帐貔貅环绕，风雷号令，山河半壁永保。”又见，清人筱波山人《爱国魂》：“难怪他江山半壁且因循，究何曾卧薪尝胆，起一度风云阵。”

立于无损有益之地。——书出第38页。典出《孙子·形篇》：“故善战者，立于不败之地，而不失敌之败也。”又见，《新唐书·张廷珪传》：“荆、益奴婢多国家户口，奸豪掠买，一入于官，永无免期。南北异宜，至必生疾，此有损无益也。”又见，

宋人朱熹《答张敬夫书》："若朝廷果以此义存心，发为号令，则虽瘖聋跛躄之人，亦且增百倍之气矣，何患怨之不报，耻之不雪，中原之不得，陵庙梓宫之不复，而为是纰缪倒置、有损无益之举哉！"毛泽东的"立于无损有益之地"可能是将"立于不败之地"与反用"有损无益"综合而出的新句。

不尽欲言。当由"书不尽言"而来。——书出第39页。典出《周易·系辞上》："子曰：'书不尽言，言不尽意。'"

用典探妙：

毛泽东在这封不足570个字的信中，共用了6个典故。这6个典故的运用，可谓各尽其妙。

一是用典有直观、形象、写真之妙。

杨虎城将军虽然对中国工农红军有所了解并怀有好感，但在日寇大举进攻中国、蒋介石又不断督促他进攻红军之时，他的思想曾一度有所动摇，故对我党我军的联合政策取迟疑态度。对于这种态度及其作法等等，毛泽东以"虚与委蛇"概括之，这可以说是杨虎城当时动摇时的态度的写真。但毛泽东即使是这样的批评，也是极有分寸的，立即指出这"当非先生之本意。"

二是用典对于蒋介石的反动政策有揭露深刻之妙。

在中华民族面临亡国灭种的危险时刻，蒋介石取逃跑政策避走西南以自保。毛泽东一句"覆巢之下，将无完卵"，这是对蒋介石这种可耻政策的全盘否定，是对其自保的无耻阴谋以深刻揭露，亦是对其这种狡猾可鄙行为所造成的恶果的严重警告。这个典故的运用，极具说服力，有一典胜千言之妙！

三是用典有扩充、添加"兼容"之妙。

所谓"用典有扩充、添加之妙"，就是说毛泽东在运用典故之时，绝不会生搬硬套，而是"兵"在我手，驱使神妙。典故"覆巢之下无完卵"，直接用于文中，当然可以，但不及添一"将"字更妙，因为这更切合毛泽东对蒋介石当时政策结果的科学预见。而"立于不败之地"一典，毛泽东去其"不败"二字，将"有损无益"这一成语形式的典故反而用之，添作为"无损有益"，可谓有切人、切事、切情、切景之妙。同时也展现了我党我军对友军的公正无私与宏大气度。

387. "慨然御侮"义声播 "奋力边陲"中外钦
—— 毛泽东在《致宋哲元》信中所用典故探妙

用典缘起：

1936年8月14日，正是日寇得寸进尺鲸吞我领土之时，毛泽东致信宋哲元。在这封信中用了下列典故。

典故内容：

得寸进尺。亦作"得寸觑尺"、"得寸思尺"、"得寸入尺"、"得步进步"。——书出第40页。典出清人平步青《彭尚书奏折》："（彭玉麟奏折云）泰西各国，乃乘隙窜入，要挟百端，请求万亿……得寸进尺，得尺进丈，至于今日，气焰益张。"又见，清人梁启超《中国法理学发达史论》："此言专制国虽或偶得英明神武之主，行开明专制，国运骤进，然不能以此自安，以其不能长也。法治国虽进不必骤，而得寸进尺、计日程功。两者比较，惟法治可以为安也。"又见，清人彭光斗《读剑南书癖不可医平生喜栽花二语分赋》："贫家少藏书，无奈性所癖……用此颇自豪，得寸觑盈尺。"又见，《清史稿·食货志四》："小民惟利是图，往往得寸思尺。"又见，清人梁启超《论民族竞争之大势》："其奈得寸入尺、获陇望蜀者，既眈眈相逼于前；而政府之慑狐威者，今日许以寸，明日予以尺。"又见，《西游记》第94回："我们出家人，得一步就进一步。"又见，清人李宝嘉《文明小史》第2回："他们这些人，是得步进步，越扶越醉，不必过于迁就他。"又见，清人曾朴《孽海花》第6回："自北宁失败以后，法人得步进步，海疆处处戒严。"

蠢蠢欲动。简作"蠢动"。——书出第40页。典出《左传·昭公二十四年》："今王室实蠢蠢焉，吾小国惧矣。"晋人杜预注："蠢蠢，动扰貌。"又见，南朝宋人刘敬叔《异苑·句容水脉》："吴孙权赤乌八年，遣校尉陈勋漕句容中道凿破瑶，掘得一黑物，无有首尾，形如数百斛舡，长数十丈，蠢蠢而动。"又见，宋人王质《论庙谋疏》："越千里以伐人，而强晋蠢蠢然又有欲动之势，形孤而心摇，必不能久矣。"又见，明人张岱《陶安梦忆·金山竞渡》："金山上人团簇，隔江望之，蚁附蜂屯，蠢蠢欲动。"又见，《三国志·吕岱传》："会武陵蛮夷蠢动，岱与太常潘濬共讨定之。""蠢蠢欲动"、"蠢动"，或描绘虫子蠕动之状，或喻敌人、坏人开始活动之情。

用典探妙：

毛泽东在这封约620字的信中，以其如椽之笔论理言事，虽说只用了两个典故。但这两个典故的运用，一批判日寇"得寸进尺"的猖狂，二揭露伪蒙傀儡的"蠢蠢欲动"。在这种形势之下，毛泽东挥笔凸显宋哲元以往闪光历史的同时，更重当今严峻现实，有倾叙衷诚、激励友军共同抗日功效之妙。

388. "自相煎艾则亡" 国 "举国奋战则存" 种

——毛泽东在《致傅作义》信中所用典故探妙

用典缘起：

1936年8月14日，毛泽东致信傅作义，在信中用了下列典故。

典故内容：

咄咄逼人。亦作"逼人咄咄"。——书出第43页。典出南朝宋人刘义庆《世说新语·排调》："桓南郡（玄）与殷荆州（仲堪）语次，……次复作危语，……殷有一参军在坐，云：'盲人骑瞎马，夜半临深池。'殷曰：'咄咄逼人！'仲堪眇目故也。"又见，清人梁启超《论中国国民之品格》："肆意凌辱，咄咄逼人。"这里的"咄咄逼人"，主要是指说话尖刻之意；又见，晋人卫铄《与释某书》："卫有一弟子王逸少，甚能学卫真书，咄咄逼人，笔势洞精字体遒媚。"又见，唐人张怀瓘《书断》："子敬（王献之）每省（王）修书，云：'咄咄逼人。'"这里的"咄咄逼人"，多是用来评说诗文字画之气势或指于前人有所超越之意。又见，宋人章甫《自鸣集·六言（其六）》："儿女逼人咄咄，交朋笑我悠悠。"

卧榻之侧，岂容他人鼾睡。亦作"卧榻之侧，岂许他人酣睡"、"睡榻之侧，岂容他人咳唾"、"卧榻之旁，岂容他人鼾睡"、"榻边鼾睡"、"卧榻"。——书出第43页。典出宋人李焘《续资治通鉴长编·宋太祖纪·开宝八年》："宋伐江南，徐铉入奏，请太祖缓兵。太祖曰：'江南亦有何罪，但天下一家，卧榻之侧，岂容他人鼾睡乎！'"又见，《红楼梦》第76回："……到今日便弃了咱们，自己赏月去了。社也散了，诗也不作了。倒是他们父子叔侄纵横起来。你可知宋太祖说的好：'卧榻之侧，岂许他人酣睡。'他们不作，咱们不作，咱们两个竞联起句来。"又见，宋人阙名《碧湖杂记·宫禁不严》："且君门九重，睡榻之侧，岂容他人咳唾？"又见，清人夏敬渠《野叟曝言》第145回："细按图册，贼已在我撑中，百日之说，犹谦辞耳！昔人云'卧榻之旁，岂容他人鼾睡'，'养痈致患'，猝然一发，势若燎原矣。"又见，清人玄烨《行围所经灰发、叶赫、哈达诸地，皆我祖宗之所开并遗迹存焉，赋诗二首（其一）》："榻边鼾睡声先定，始布中原一着棋。"又见，元人刘因《书事（其二）》："卧榻而今又属谁，江南回首见旌旗。"又见，明人朱之瑜《代安南国王书》："靖彼睡駒之卧榻，完兹无缺之金瓯。"

自相煎艾。——书出第43页。典当是由"自相残害"、"自相残杀"、"自相鱼肉"及曹植"七步诗"和屈原心中"煎烤"、"煎熬"之典意糅合而成。典出《晋书·石季龙载记下》："季龙十三子，五人为冉闵所杀，八人自相残害。"又见，明人徐渭《英烈全传》第3回："忽闻炮响一声，四面伏兵尽起……贼兵自相残害，但折去大半。"又见，《旧五代史·唐庄宗纪》："（帝谓张承业曰）季父所为如此，无犹子之情，骨肉不可自相鱼肉，予当避路，则祸乱不作矣。"又见，南朝宋人刘义庆《世说新语·文学》："文帝（曹丕）尝命东阿王（曹植）七步中作诗，不成者行大法。（曹植）应声便为诗曰：'煮豆持作羹，漉菽以为汁。萁在釜下燃，豆在釜中泣。本是同根生，相煎何太急？'帝深有惭色。"又见，《三国演义》第79回："煮豆燃豆萁，豆在釜中泣。本是同根生，相煎何太急？"又见，《楚辞·九思·怨上》："我心兮煎熬，惟是兮用忧。"

用典探妙：

毛泽东在这封不足330字的信中，计用了3个典故。这3个典故的运用，在表达致信傅作义就是要联合抗日的主旨与目的上，可谓各尽其妙。

一是用典在揭露日寇之狼子野心和侵略本性上，有一针见血之妙。

"卧榻之侧，岂容他人鼾睡"一典，从其产生的历史及其不断演化来看，就是侵占与残杀无理可讲。今天用之于日寇，就是说，日本帝国主义侵略中国是其既定的国策，那么，中华民族要避亡国灭种之祸，就只有大联合，就只有与万恶的日本帝国主义决一死战，才能图存、才能图强。毛泽东妙用此典的说服力与号召力，有无与伦比之妙！而配之"咄咄逼人"，则蒙古傀儡国之恶狗形象亦彰显而出。国人有不联合之理吗？有不抗日之理吗？

二是有撷取诸典之义新创典故之妙。

据笔者目前所撑握的资料，未见到"自相煎艾"一典。但毛泽东并不是在生造典故。由"自相煎艾"一典，我们是很快地能够联想到"自相残杀"、"自相残害"及曹植的"七步诗"，甚至也会想到周恩来的"千古奇冤，江南一叶，同室操戈，相煎何急！？"的名诗。同时还会想到"鹬蚌相争，渔翁得利"、"坐山观虎斗"等典故。这样典意浓浓的典故，实为警语，实能促人毅然抗战、从速救亡图存之妙。

389．"复归于联合战线"　"排斥卖国贼汉奸"
——毛泽东在《致宋子文》信中所用典故探妙

用典缘起：

1936年8月14日，毛泽东在《致宋子文》信中用了下列典故。

典故内容：

竿头更进。即"百尺竿头，更进一步"。——书出第45页。典出宋人朱熹《答巩仲至》："故聊复言之，恐或可以少助百尺竿头更进一步之势也。"

情切嘤鸣。——书出第45页。典出《诗经·小雅·伐木》："伐木丁丁，鸟鸣嘤

嘤。出自幽谷，迁于乔木。嘤其鸣矣，求其友声。相彼鸟矣，犹求友声；矫伊人矣，不求友生？神之听之，终和且平。”“情切嘤鸣”即嘤鸣急切求友之意。

风雨同舟。也作“同舟共济”。——书出第45页。典出《孙子·九地》："夫吴人与越人相恶也，当其同舟而济，遇风，其相救也如左右手。"又见，三国时期·文钦《与郭淮书》："夫当仁不让，况救君之难，度道远艰，故不果其要耳。然同舟共济，安危势同，祸痛已连，非言饰所解，自公侯所明也。"又见，唐人杜甫《哭李尚书》："风雨嗟何及，江湖涕泣然。"又见，唐人杨衡《寄赠田仓曹浠湾》诗："若因风雨晦，应念寂寥居。"又见，宋人范成大《送文处厚归蜀类赋》："死生契阔心如铁，风雨飘摇鬓如丝。"

不尽欲言。——书出第45页。典出《周易·系辞上》："子曰：'书不尽言，言不尽意。'"

用典探妙：

毛泽东在这封约300字的信中，计用了4个典故。这4个典故，在信中有如四颗明珠，闪亮发光。且看：

因为宋子文时有抗日绪论。故"竿头更进"一典，有其承上启下之妙。所谓"承前"，就是说有总结与承接"先生邦国闻人，时有抗日绪论，甚佩甚佩"三语语意之妙。所谓"启下"，就是开启了信中"竿头更进"后面的一大段话，即表达了我党我军的殷切希望之意。

而"情切嘤鸣，风雨同舟"两典的连用成"典故块"状和"书不尽言"的接续而用，则有加强语势之妙，这就更能衷心地表达我党我军期待合作、共同抗击日寇之诚意殷切之妙。特别是其中的"风雨同舟"一典，其典意实比"同舟共济"更深了一层，它除了含有"同舟共济"一典的典意之外，还兼及"风雨"的典意，这就有紧扣当时外寇入侵、社会动乱的形势之妙。

390."非抗日无以图存"　"非合作无以抗日"
——毛泽东在《致易礼容》信中所用典故探妙

用典缘起：
1936年8月14日，毛泽东致信易礼容，在信中用了下列典故。

典故内容：
今非昔比。——书出第47页。典出宋人汪应辰《与张魏公（其二）》："今日居外，尤非昔比，事体势大，又不同矣。"又见，宋人崔与之《与循州宋守书》："循为南中佳郡，今非昔比矣。"又见，宋人李曾伯《贺新郎·自和前韵》："问讯南州守。

怅吾生、今非昔比，后犹今否？"又见，元人关汉卿《谢天香》第4折："小官今非昔比，官守所拘，功名在念，岂敢饮酒。"又见，清人李宝嘉《官场现形记》第35回："他总觉得太尊上海地方面子大，扯得动，一个电报去，自然有几十万汇下来。那里晓得今非昔比，呼应不灵！"

不尽欲言。——书出第48页。典出同上一篇。

用典探妙：

毛泽东在这封约530字的信中只用了两个典故，而且是两个成语形式的典故。这两个典故的运用之妙，体现在下列方面。一是讲革命形势在发生根本性质的变化，即指救国与自救的工作已经全面地转向了联合抗日；二是因为红军胜利地到达了陕北并走上了抗日的最前线，故而"精神较前更好，十年磨炼，尚堪告慰"，这种告慰老朋友之意，亦有展现毛泽东及红军指战员精神面貌之妙。

391.蒋介石挑拨离间 毛泽东洞察秋毫
——毛泽东在《致王以哲》信中所用典故探妙

用典缘起：

为了努力使东北军成为抗日军，在1936年毛泽东给王以哲写了这封信。在这封信中用了下列典故。

典故内容：

高瞻远瞩。——书出第49页。典出清人夏敬渠《野叟曝言》第2回："遂把这些粉白黛绿，莺声燕语，都付之不见不闻，一路高瞻远瞩，要领略湖山真景。"

挑拨离间。——书出第50页。典出《北史·长孙晟传》："内怀猜忌，外示和同，难以力征，易可离间。"

排除异己。亦即"排斥异己"、"排挤异己"、"挤排异己"、"驱除异己"。——书出第50页。典出明人杨士聪《玉堂荟记》卷下："至当路者借以异己，遇有反唇则以优升杜其口。"又见，明人李清《三垣笔记·崇祯》："（袁恺具疏云）凡科道升缺，宜一内一外，如旧制，不得越次外迁，启排挤异己之路。"又见，宋人邵伯温《邵氏闻见前录》："（司马光上章曰）今观（王）安石汲引亲党，盘据要津，挤排异己，占固权宠。"又见，清人黄宗羲《南雷文案·子刘子行状·上》："尤愿阁臣体一人好生之心，勿驱除异己，构朝士以大狱。"

真心实意。亦作"真情实意"、"真情挚意"、"真心诚意"。——书出第50页。典出宋人曾觌《柳梢青·山林堂席上以主人之意解嘲》："但是条冶叶无情，犹为他、千思万忆。据您当初，真心实意，如何亏得？"又见，元人无名氏《百花亭》第3折：

"常言道海深须见底，各办着个真心实意。"又见，宋人崔与之《第五次辞免参知政事》："兹累疏连章之有请，而真情实意之未孚。"又见，明人李贽《焚书·豫约》："劝尔等勿哭勿哀，而我复言之哀哀，真情实意，固自不可强也。"又见，明人吴讷《文章辨体序说·祭文》："迨后韩、柳、欧、苏，与夫宋世道学诸君子，或因水旱而祷于神，或因丧葬而祭亲旧，真情实意，溢出言辞之表，诚学者所当取法者也。"又见，清人梁章钜《浪迹丛谈·续谈八·致刘玉坡督部韵珂书·附玉坡覆书》："接读手札，再三捧读，仰见真情挚意，流露行间。"又见，清人李绿园《歧路灯》第28回："又连各色小事件，扣算只费二千金，这也是他们大商真心诚意置买。"

用典探妙：

毛泽东在这封不足1000字的信中，驱遣自如地用了4个典故，且都是成语形式的典故。这4个典故，就其各自所在的位置而言，它均为局部性质的典故，其中"高瞻远瞩"与"真心实意"二典，都是称赞王以哲及其与张学良的"联俄联共抗日救亡之主张"的，而以"挑拨离间"、"排除异己"去揭露蒋介石的阴贼险狠政策的。这4个典故的运用，渗透着我党我军对于东北军的关心支持与团结之情，更有其烘托无限情境之妙。

392. "今又有合的机会" "无不能合作之理"
——毛泽东在《致邵力子》信中所用典故探妙

用典缘起：

为了逼蒋抗日，毛泽东于1936年9月8日致信邵力子，在信中用了下列典故。

典故内容：

贤者。——书出第54页。典出《孟子·公孙丑》："贤者在位，能者在职，国家闲暇，及是时，明其政刑。虽大国，必畏之矣。"

面目全变。亦即"面目全非"。——书出第54页。典出清人蒲松龄《聊斋志异·陆判》："举首则面目全非，又骇极。"又见，清人无名氏《葛仙翁全传》："因见先生面目全非，故此失笑。"

一路哭。亦即"一家哭"、"一路之哭"。——书出第54页。典出宋人朱熹《五朝名臣贤行录·参政范文正公》载：范仲淹为参知政事后，"公取班簿，视不才监司，每见一人姓名，一笔勾之，以次更易。富公素以丈事公，谓公曰：'十二丈则是一笔，焉知一家哭矣！'公曰：'一家哭，何如一路哭耶！'遂悉罢之。"这里所说的是：范仲淹担任参政（相当于宰相）时，为了改革吏治，拿出诸路（路，当时相当于一省的地方行政区域）监司官的名册，将那些不称职的监司官一笔一笔地勾除。富弼则说：十二丈（即范仲淹）只是一笔，怎知笔下的一家将是大哭啊！范仲淹回答他说：一家人之哭，何如一路人之哭呢？又见，明人海瑞《教约》："夫上官果贤，则诸生以文章为事，歌之咏之，传之序之，又不然而行人口碑之，贤者得以光不朽矣；不贤而歌颂及焉，是诸生忍见一路之哭，灭是非心矣。"又见，清人杨潮观《吟风阁杂剧·夜香台持斋训子》："（老旦）似你这样为官，果然强干，但教我做娘的寝食难安……（生）孩儿西去，就有些小出入，也只一家哭，不到得一路哭。"又见，明人袁宏道《答王继津大司马》："奈何盛年壮志，遂抱宿草之痛，哀哉！此非独一家之哭，实某等之不幸也。"

越人弯弓而射之，则己弯弓而射之，其兄弯弓而射之，则己垂涕泣而道之。——书出第54页。典出《孟子·告子下》："公孙丑问曰：'高子曰：《小弁》，小人之诗也。'孟子曰：'何以言之？'曰：'怨。'曰：'固哉，高叟之为诗也！有人于此，越人关弓而射之，则己谈笑而道之；无他，疏之也。其兄关弓而射之，则己涕泣而道之；无他，戚之也。《小弁》之怨，亲亲也。亲亲，仁也。固矣夫，高叟之为诗也！'"这一段话的意思是：公孙丑问孟子说：高子说《小弁》是小人所作的诗。是这样的吗？于是孟子反问公孙丑说，他是根据什么这样说的呢？公孙丑说，是根据所表现出来的怨的情绪这样说的。孟子说：高老先生的这种说法未免太机械了一些。比如这里有一个人，假定越国有人曾想用弓去射杀他，他可以平静地笑着去讲述着这件事；这无别的什么原因，因为他与越国人本来就是很疏远的。如果是其兄长曾这样用弓要去射杀他，他必然会流着眼泪陈述着这件事，这里的主要原因是因为是自己的亲人曾这样干。《小弁》中所显现的怨，是出于对亲人的爱，是仁的一种表现。故而高老先生的说法未免过于机械了一些。

垂涕而道。——书出第54页。典出同上中的"垂涕泣而道"。

河汉。——书出第54页。典出《庄子·逍遥游》："肩吾问于连叔曰：'吾闻言于接舆，大而无当，往而不返；吾惊怖其言，犹河汉而无极也。'"这段话的意思是说：肩吾有一次对连叔说，我听接舆说的话，其言口气大而无当，不切合实际情况，难于自圆其说，只是耸人听闻。其言有如天上的银河一般，令人不着边际、感觉不近人情。又见，南朝宋人刘义庆《世说新语·言语》："谢公（安）云：'圣贤去人，其间亦尔。'子侄未之许。公叹曰：'若都超闻此语，必不至河汉。'"

先生之志则大矣，先生之办法则不可。——书出第54页。典出《孟子·告子下》："曰：'先生之志则大矣，先生之号则不可。……'"这是孟子用以劝说宋国人宋牼的话。

询谋佥同。——书出第54页。典出《尚书·大禹谟》："朕志先定，询谋佥同，鬼神依顺。"这是帝舜所说的话。舜要将帝位让与大禹，大禹固辞不受。于是舜帝说，我的主意已定，向人询问，与众商量，还卜于鬼神，鬼神也依顺了，其意思都是这样的。

国人皆曰可行。——书出第54页。典出《孟子·梁惠王下》："曰：'……左右皆

毛泽东妙用典故精粹

曰可杀，勿听；诸大夫皆曰可杀，勿听；国人皆曰可杀，然后察之，见可杀焉，然后杀之。""国人皆曰可行"，显然是由"国人皆曰可杀"换字化用而成。

天下大势，合久必分，分久必合。——书出第54－55页。典出《三国演义》第1回："话说天下大势，分久必合，合久必分：周末七国（即战国时期的秦、楚、齐、燕、韩、赵、魏）分争，并入于秦；及秦灭之后，楚、汉分争，又并入于汉；汉自高祖斩白蛇而起义，一统天下，后来光武中兴，传至献帝，遂分为三国。"

书不尽意。——书出第55页。典出《周易·系辞上》："子曰：'书不尽言，言不尽意。'"又见，《北齐书·文苑传·祖鸿勋》："与阳休之书曰：'……已矣哉，书不尽意。'"

用典探妙：

毛泽东在这封约500字的信中，共用了11个典故，几乎每40多个字就用了1个典故，这在毛泽东的文章中用典"频率"可以说是很高的。在用典的的艺术特色上，更是独树一帜。

（一）选典富有高难度，有擅长于看准接受对象之妙。

毛泽东的这封信特别的短，而内容却是特别的丰富，这与毛泽东大量的用典、且直接用文言不无关系。在这封短信中所用之典故，主要来自《孟子》、《尚书》等典籍，而且多为文言文，这对一般人来说，并不是一眼就能看得懂的。说话、写文章要看对象，这是毛泽东一贯所倡导的准则。这封信收信者并非一般之人，而是一位曾任过主编的文章家与政治家，毛泽东在信中这样选典用典，于他自己，更能表达其情浓意深，更利于动之以情、晓之以理。而对于收信一方的邵力子，是完全适合于他这样的高级知识分子的身份和其理解力的，自然而然地会为毛泽东的真心诚意所感染，这从邵力子从此以后的一贯表现是可以得到证实的。

（二）有改造典故、活用典故之妙。

对于所选用的典故进行必要的改造而用之，是毛泽东用典的一大特色。在这封信中，毛泽东选用了不少的文言典，而且这些文言典距今已达2200余年，搬用是不行的，毛泽东对其妙用，往往是进行合情合理的改造。如这封信中的"越人弯弓而射之，则己弯弓而射之，其兄弯弓而射之，则己垂涕泣而道之。"，其原文是："越人关弓而射之，则己谈笑而道之；无他，疏之也。其兄关弓而射之，则己涕而泣而道之；无他，戚之也。"我们只将毛泽东所引之典，对比一下这一段原文，就会发现：一是毛泽东有挑选语典中关键性的用语而用之妙；二有改造所选语典的关键性典语语词而用之妙。原文中的"则己谈笑而道之"，被毛泽东改为"则己弯弓而射之"，这字词的小变，则将2200余年前的时空拉至当今战火纷飞的抗日大业中来了。因为这个"越人"，已经不是孟子时代所说的越人了，而是其时穷凶极恶的日本鬼子，故而以眼还眼、以牙还牙地喊出了"则己弯弓而射之"，毛泽东这一改造，可谓精妙到了绝点。同样，在下面的"先生之志则大矣，先生之办法则不可"，亦是《孟子》中的"先生之志则大矣，先生之号则不可"改造而成，经毛泽东这样一改，不仅语言通俗易懂，而且意蕴深厚，同样精断至绝。

（三）用典有推演加深典意、生发新意之妙。

所谓"用典有推演加深典意、生发新意之妙"，就是说，毛泽东不仅是用典而已，而且在用了典故之后，在原有典故的基础上，往往又将这个典故推演而用。

如，毛泽东在用了"一路哭"这个典故之后，马上推演出"一国一民族哭矣"这样一句与典故"一路哭"相关的话语，其新意在于：这就将在蒋介石统治下的中国现状，作了形象的描绘与深刻的揭露。尔后又推演出"一国一民族添欢喜乎"一语，给老朋友邵力子以鞭策，寄老朋友邵力子以厚望！

又如，毛泽东在用了"越人……"这一段语典之后，又将其中的"则己垂涕泣而道之"推演而用之为"此垂涕泣而道之言也……"，这就将中国共产党人一切为了民族利益不计旧怨前嫌的真心诚意展现出来了。此后的"先生之志则大矣，先生之办法则不可"、"国人皆曰可行"等均有精妙的推演陈述，均在原有典故的基础上生发出新的典意，这是毛泽东用典中的得意与绝妙之笔！

393."无胶固不解之冤" "有同舟共济之责"
——毛泽东在《致朱绍良》信中所用典故探妙

用典缘起：

1936年9月8日，为了结成广泛的民族统一战线，毛泽东抛嫌释怨，给蒋介石的爱将朱绍良去信。在信中用了下列典故。

典故内容：

鹬蚌相持。——书出第58页。典出《战国策·燕策二》："赵且伐燕，苏代为燕谓惠王曰：'今者臣来过易水，蚌方出曝，而鹬啄其肉，蚌合而拑其喙。鹬曰："今日不雨，明日不雨，即有死蚌。"蚌亦谓鹬曰："今日不出，明日不出，即有死鹬。"两者不肯相舍渔者得而并擒之。'"

同舟共济。亦即"同舟而济"。——书出第58页。典出《孙子·九地》："夫吴人与越人相恶也，当其同舟而济，遇风，其相救也，若左右手。"又见，汉人朱穆《复奏记梁冀》："夫将相大臣，均体元首，共舆而驰，同舟而济，舆倾舟覆，患实共之。"又见，《三国志·魏志·毋丘俭传》南朝宋人裴松之注引文钦《与郭淮书》："夫当仁不让，况救君之难，度道远艰，故不果期要耳。然同舟共济，安危势同，祸痛已连，非

言饰所解，自公侯所明也。"

无胶固不解之冤，有同舟共济之责。——书出第58页。典出宋人刘克庄《贺宋总领除农少启》："公独忧民而体国……有同舟共济之心，无袖手旁观之意。"

长驱而入。亦即"长驱径入"、"深入长驱"、"长驱深入"、"长驱直入"、"长驱直突"。——书出第58页。典出三国魏人曹操《劳徐晃令》："吾用兵三十余年，及所闻古今善用兵者，未有长驱径入敌围者。"又见，《汉书·韩安国传》："今将卷甲轻举，深入长驱，难以为功。"又见，《新旧书·李德裕传》："至元颖时，遇隙而发，故长驱深入，蹂踢千里，荡无孑遗。"又见，《水浒全传》第107回："自此，卢俊义等无南顾之忧，兵马长驱直入。"又见，清人俞万春《荡寇志》第91回："那厮若得了清真山，长驱直入，为患不小。"又见，《东周列国志》第85回："乐羊长驱直入，所向皆破……勇智难敌。"又见，南朝宋人袁淑《大兰王九锡文》："有敌必攻，长驱直突，阵无前锋，此君之勇也。"

书不尽意。——书出第58页。典出同上一篇。

用典探妙：

毛泽东在这封约300余字的短信中，共用了5个典故。虽说是常见之典故，但用得形象生动，有大大地增强短信的艺术与政治的感染力、说服力之妙。

朱绍良是蒋介石手下反共剿共的刽子手和得力的干将，为了建立抗日民族统一战线，毛泽东抛嫌释怨，给这样的对手写信。在信的开篇，毛泽东以其幽默嘲讽之笔点出了朱绍良的反共经历，马上就以典故"鹬蚌相持"切入正题，并借用此典，严正的指出日寇这个"渔人"正虎视眈眈地"伺其侧"，在这样的情况之下，为"鹬蚌者"国共两党两军"不亦危乎"！妙喻国共两党非联合抗日不可。毛泽东这一用典论政，可谓恰如其分而又有无比透彻之妙！为开启整封信的所要论述的"两党两军之间，无胶固不解之冤，有同舟共济之责"的诸多方面的内容，以及紧紧地扣住读者的心绪，所化用"有同舟共济之心，无袖手旁观之意"为"无胶固不解之冤，有同舟共济之责"，则是在信中落下了最为有分量的浓抹重彩一笔！

394."当民族危亡之顷"　"作狂澜逆挽之谋"
——毛泽东在《致蔡元培》信中所用典故探妙

用典缘起：
在寇深祸急之时，毛泽东于1936年9月22日致信蔡元培，在信中用了下列典故。

典故内容：
存亡绝续。——书出第66页。典出清人梁启超《新中国未来记》："这六十年中，算是中国存亡绝续的大关头……其中可惊、可恼、可喜之事，不知多少。"

　　旷古旷世。——书出第66页。典出《北史·赵彦深传》："彦深小心恭慎，旷古绝伦。"又见，《旧唐书·颜真卿传》："如今日之事，旷古未有，虽李林甫、杨国忠犹不敢公然如此。"又见，明人屠隆《彩毫记·祖饯都门》："李公旷世奇才，正宜匡扶社稷。"又见，清人蒲松龄《聊斋志异·狐梦》："至夜，焚香坐伺，妇果携女至。态度娴婉，旷世无匹。""旷古旷世"，当是毛泽东综合"旷古绝伦"、"旷古未有"、"旷世奇才"、"旷世无匹"中的"旷古"、"旷世"而成的新典。此典的新创，其典意则概及古今。

　　无与伦比。亦作"无与为比"、"无有伦比"、"未有伦比"、"无伦比"、"无伦"。——书出第66页。典出《旧唐书·郭子仪传》："自秦、汉已还，勋力之盛，无与伦比。"又见，唐人卢氏《逸史·华阳李尉》："置于州，张宠敬无与伦比。"又见，宋人阙名《宣和画谱·李公麟》："考公麟平生所长，其文章则有建安风格，书体则如晋、宋间人，画则追顾、陆，至于辨钟鼎古器，博闻强识，当世无与伦比。"又见，三国魏人华歆《请受禅上言》："主率土者，非陛下孰能任之？所谓论德无与为比，考功无推让矣。"又见，宋人张耒《敢言》："此子妒贤忌能，无与为比。"又见，唐人白行简《李娃传》："生，聪明者也。无何，曲尽其妙，虽长安无有伦比。"又见，唐人韩愈《论佛骨表》："（陛下）神圣英武，数千百年已来，未有伦比。"又见，唐人朱逵《怀素上人草书歌》："于今年少尚如此，历观远代无伦比；妙绝当动鬼神泣，崔、蔡幽魂更心死。"又见，宋人李昉《太平广记·萧洞玄》引《河东记》："（慎微）娶妻一年，生一男，端敏惠黠，略无伦比。"又见，汉人杨雄《法言·五百》："贵无敌，富无伦，利孰大焉。"又见，唐人郎士元《闻吹杨叶者二首（其二）》："天生一艺更无伦，寥亮幽音妙入神。"

　　国人皆曰可行。——书出第66页。典出《孟子·梁惠王下》："曰：'国君进贤……国人皆曰贤，然后察之；……国人皆曰不可，然后察之；……国人皆曰可杀，然后察之；……'""国人皆曰可行"一典，当是由上"国人皆曰可……"推演而出。

　　衮衮诸公。亦作"诸公衮衮"、"衮衮群公"。——书出第66页。典出宋人廖行之《凤栖梧·寿外舅》："衮衮诸公名又利，谁似高标，摆却人间事。"又见，唐人杜甫《醉时歌》："诸公衮衮登台省，广文先生官独冷。"又见，宋人范成大《木兰花慢·送郑伯昌》："更筑就山房，躬耕谷口，名动京师。诸公任他衮衮，与杜陵野老共襟期。"又见，清人壮者《扫迷帚》第12回："衮衮诸公，曾有改寺观为学堂的条议，却未能实见施行，化无用为有用。"又见，清人丘逢甲《读史书感》："衮衮群公翊庙谟，匡时伟略未全无……空山独抱遗书哭，牢落乾坤一腐儒。"

　　麻木不仁。亦即"麻痹不仁"。——书出第66页。典出明人周顺昌《与文湛持孝廉

毛泽东妙用典故精粹

书》：“我祖宗养士二百余年，风流到今，浑是一团庸靡顽顿之气，结成一个麻木不仁病证，可恨也。”又见，明人薛己《薛氏医案·疬疡机要》：“一曰皮死麻木不仁，二曰肉死针刺不痛。”又见，清人文康《儿女英雄传》第27回：“天下作女孩儿的，除了那班天日不懂、麻木不仁的姑娘外，是个女儿便有个女儿情态。”又见，明人李贽《寄答留都》：“今但以仁体称兄，恐合邑士大夫皆以我为麻痹不仁之人矣。”

不可收拾。亦即“不能收拾”、“莫可收拾”。——书出第67页。典出唐人韩愈《送高闲上人序》：“泊与淡相遭，颓堕委靡，溃败不可收拾。”又见，宋人陆游《绍兴府修学记》：“不幸自周季以来，世衰道微，俗流而不返，士散而无统，乱于杨墨，贼于申韩，大坏于释老，烂漫横流，不可收拾。”又见，宋人陈亮《龙川文集·问答上》：“而不能与天下共其利，则其势必分裂四出而不可收拾矣。”又见，宋人真德秀《知庆元县承议张公墓志铭》：“张叔澄大强项，不可收拾。”又见，明人沈德符《万历野获编·滇南宝井》：“国体至此，已糜烂不可收拾。仅一切付之羁縻，古人不贵异物，有以哉！”又见，清人黄宗羲《绿萝庵诗序》：“人世怨毒酸苦之境，陷于心坎，则其发之为诗，当必慷慨而不可收拾。”又见，清人李宝嘉《官场现形记》第18回：“赵不了顶没用，也分到一百五十两银子，比起统领顶得意的门上曹二爷虽觉不如，在他已经乐的不可收拾了。”又见，清人吴趼人《糊涂世界》第12回：“戚老爷却是一笑不可收拾，赶紧想板过脸来，无奈五官都不听差遣。”又见，《后汉书·光武帝纪下》：“（制诏曰）日者地震，南阳尤甚……吏人死亡，或在坏垣毁屋之下，而家赢弱不能收拾者，其以见钱谷取佣，为寻求之。”又见，明人归有光《与周淀山》：“纪纲决裂，风俗颓靡，人心纷乱而莫可收拾。”

百尺竿头，更进一步。——书出第67页。典出宋人朱熹《答巩仲至》：“故聊复言之，恐或可以少助百尺竿头更进一步之势也。”

狂澜逆挽。亦即“力挽狂澜”、“力砥狂澜”、“力砥颓波”、“力障狂澜”、“力挽颓波”、“力挽颓澜”、“力挽颓风”。——书出第67页。典出唐人韩愈《进学解》：“……抵排异端，攘斥佛老；补苴罅漏，张皇幽眇，寻坠绪之茫茫，独旁搜而远绍。障百川而东之，回狂澜于既倒。先生之于儒，可谓劳矣。”这段话的意思是说：反对异端之邪说，排除那佛教、释教之说，补儒学之不足，发圣德之隐微，探求那茫然将失之道术，使那百川东流顺利入海，力挽那为狂澜所倾倒之险情，使其不能泛滥成灾。先生对于儒家学说之主张，可谓是相当的劳苦了！又见，元人王恽《挽李子阳》：“笔端力挽狂澜倒，袖里亲携太华来。”又见，清人丘逢甲《村居书感次嵩甫韵二首（其二）》：“乾坤苍莽正风尘，力挽狂澜仗要人。”又见，清人梁章钜《王谢优劣》：“而兰亭痛悼、力砥狂澜如右军者，庶足风世。”又见，明人朱之瑜《答木下贞干书》：“独是狂澜既倒之日，乃能力砥颓波，未谂何以遂能臻此？”又见，宋人李曾伯《沁园春·乙卯初度和程都大韵》："耆旧二三，甲兵百万，力障狂澜回巨川。秋声静，共巍楼把酒，自足筹边。"又见，明人王骥德《曲律》："松陵词隐沈宁庵……斤斤返古，力障狂澜，中兴之功，良可没。"又见，清人丁福保《清诗话·师友诗传录》："至于元人，品格愈下，虽有虞（集）、杨（维桢）、揭（侯斯）、范（德机），亦不能力挽颓波。盖风气使然，不可强也。"又见，清人周亮工《书影》："吾产忧之，乃以唐、宋诸大家，力挽颓澜。"又见，清人赵翼《杭州晤同年谢蕴山藩伯》："早闻力挽颓风处，先凛冰霜素节坚。"

水深火热。——书出第67页。典出《孟子·梁惠王下》："如水益深，如火益热，亦运而已矣。"又见，清人李雨堂《万花楼杨包狄演义》第62回："况陈州连年灾荒，穷困不堪，即有一二富厚之家设法施救穷民，无奈一连六七岁，颗粒无收，人民已是水深火热，目今得皇儿敕免征课，实乃万民之幸了。"又见，孙中山《三民主义·民权主义》："欧洲人民当时受那种种不自由的痛苦，真是水深火热。"

风雨同舟。亦即"同舟共济"。——书出第69页。典出同上一篇。

用典探妙：

毛泽东在这封不足1600字的信中，计用了11个典故。尤其在这些运用了典故的句子之后，毛泽东三用"先生将何以处此耶？"叩问之，大大地加深了抗日救亡的紧迫之感，使整封信具有无比感动人心的人格力量之妙。之所以如此，具体而言，主要展现在如下一些方面：

一是将典故推演而用，使话语说理透彻而又简明，且有力拔千钧之妙。

如"国人皆曰可行"一典，是由"国人皆曰可杀"一典化用而成，毛泽东将其运用于全国人民称赞"共产党创议的抗日统一战线"。而在"国人皆曰可行"之后，毛泽东之活用典故则有如制帽，连续推演出"先生亦必曰可行"、"……或则曰不可行"、"或则曰要缓行"。毛泽东将这三个推演化用的新典，分别用在不同的对象之上，这样一来，谁站在革命人民一边，谁站在反动派一边，其恶果是什么便一清二楚，其说理之透，便不言自明，读罢此段，对于蒋介石消极抗日之态度，令人义愤填膺，整段语言的批判之力实重千钧！

二是将典故语言与相邻用语组成对偶之句，使语句有飘逸流畅、雄浑挥洒之妙。

人所共知：当人们将典故巧妙地嵌入诗词时，则诗词的意蕴会独显浑厚，当人们将典故巧妙地嵌入对偶句中时，则该对偶句会平添文化背景的深刻内涵。毛泽东在这封信中，在不少句子中嵌入了典故，并将这些句子组成对偶句。如在第67页的"百尺竿头，更进一步"一典与"持此大义，起而率先"形成对偶之句。将中国共产党人对蔡元培先生赞扬与希望，在字里行间情感炽热而浓烈地作了尽情的表述，让人读后深感气势一贯而下挥洒流畅之妙；又如接下去的"当民族危亡之顷"与"作狂澜逆挽之谋"这一对偶

之句，毛泽东在这个对偶句中镶嵌了"狂澜逆挽"一典，全句雄浑飘逸，读后令人心情激动，这是对于蔡元培的爱国主义和高尚民族精神的高度评价与赞许；再如第69页即结尾的一页中的"寇深祸急，率尔进言"与"风雨同舟，愿闻明教"既有如四言诗，同时也是对偶之句，在里面镶嵌了"风雨同舟"一典，在民族存亡的危急关头，中国共产党人一切以民族大义为重的坦诚态度跃然纸上，有令人掩卷难忘之妙。

395. "政策之重要一着" "立抗日救国协定"
——毛泽东在《致李济深、李宗仁、白崇禧》信中所用典故探妙

用典缘起：

为了尽快地订立抗日救国协定，1936年9月22日，毛泽东致信李济深、李宗仁、白崇禧，在信中用了下列典故。

典故内容：

高瞻远瞩。——书出第70页。典出后汉人王充《论衡·别通篇》："夫闭户塞意，不高瞻览者，死人之徒也哉！"又见，清人赵翼《前接雨村观察续寄诗话……再次寄答》："角立纵支三足鼎，高瞻须更一层楼。"又见，宋人曾巩《元丰类稿·山水屏》："深堂得欹眠，高枕生远瞩。"又见，清人夏敬渠《野叟曝言》第2回："遂把这些粉白黛绿，莺声燕语，都付之不见不闻，一路高瞻远瞩，要领略湖山真景。"

……而后已。——书出第71页。典出三国蜀人诸葛亮《后出师表》："臣鞠躬尽力，死而后已；至于成败利钝，非臣之所能逆睹也。"

用典探妙：

毛泽东在这封不足1000字的信中，计用了2个典故。这封信里的用典在于其："抽句抽字"与"填句填字"式的暗用典故之妙。

众所周知："鞠躬尽瘁，死而后已"是诸葛亮的名言。它用以表达办事的小心谨慎、勤勤恳恳与竭尽全力，以及一定要办好某一件事的决心之大。毛泽东将这个典故中的"鞠躬尽瘁，死"5个字抽出，填之以"务达抗日救亡之目的"，则"订立与实施抗日救国协定"之重要，以及中国共产党人为达此目的决心之大、意志之坚充溢于全信之中。

396. "接近了抗日阵地" "进行真正之抗日"
——毛泽东在《致蒋光鼐、蔡廷锴》信中所用典故探妙

用典缘起：

为了促成抗日统一战线之伟业，1936年9月22日，毛泽东致信蒋光鼐、蔡廷锴，在信中用了下列典故。

典故内容：

岁月不居，时节如流。——书出第73页。典出汉人孔融《论盛孝章书》："岁月不居，时节如流。五十之年，忽焉已至。"又见，《三国志·吴书·孙诏传》南朝宋人裴松之注引《会稽录》："岁月不居，时节如流。"

水深火热。——书出第73页。典出《孟子·梁惠王下》："如水益深，如火益热，亦运而已矣。"

再接再厉。——书出第73页。典出唐人孟郊《斗鸡联句》："事爪深能解，嗔睛时未息；一喷一醒然，再接再砺乃。"又见，清人刘坤一《书牍二·禀两省部院》："贼却而复前，我勇再接再厉，贼遂披靡。"

用典探妙：

毛泽东在这封不足1000字的信中，计用了3个典故。其中以"岁月不居，时节如流"最富特色。

1932年日寇猛攻上海，作为曾任国民党军第19路军总指挥的蒋光鼐与曾任国民党军第19路军军长的蔡廷锴组织指挥了著名的淞沪抗战。而在1933年10月至1934年1月间，蒋光鼐与蔡廷锴等组织的福建人民革命政府，同中华苏维埃临时中央政府及工农红军签订了停战协定和抗日反蒋协定。正由于有这么一段历史背景，所以毛泽东在这封信的开篇即用之以"岁月不居，时节如流"一典，一下子就拉近了中国共产党人与蒋光鼐、蔡廷锴之间曾有过共同抗日的感情距离，让当年淞沪的抗日战火再次地展现在二位将军的眼前，让当年二位将军与我工农红军签订停战协定和抗日反蒋协定的辉煌岁月又一次地浮现在二位将军的脑海之中。由此，则这封信有切入"订立根据于新的纲领之抗日救国协定"这一正题之妙，亦即有开启了全文写作主旨之妙！

397. "寇深祸急"国难亟 "愿先生速起图之"
——毛泽东在《致张学良》信中所用典故探妙

用典缘起：

为了尽快谈判停战抗日的具体条件，1936年10月5日，毛泽东致信张学良。在信中用

了下列典故。

典故内容：

当机立断。亦作"应机立断"。——书出第78页。典出汉人陈琳《答东阿王笺》："君侯体高世之才，秉青萍、干将之器，拂钟无声，应机立断。此乃天然异禀，非钻仰者所庶几也。"又见，南朝梁人刘勰《文心雕龙·神思》："若夫骏发之士，心总要术，敏在虑前，应机立断；覃思之人，情饶歧路，鉴在疑后，研虑方定。"又见，唐人郤昂《岐邠泾宁四州八马坊碑颂序》："心悬规镜，家韬赐书，投刃靡全，应机立断。"又见，清人朱琦《读王子寿论史诗广其义五首（其四）》："汉高落落英雄姿，当机立断不复疑。"

用典探妙：

毛泽东在这封不足530字的信中，只用了1个典故，且为成语形式的典故。全信以其极强的感召之力，令人读罢慷慨激昂。而信中"当机立断"一典，虽说是局部性质的典故，但在"寇深祸急"的非常时期，同样有顾及全篇督请张学良对"谈判停战抗日的具体条件"应当"速起图之"之妙！

398.·"与先生接洽一切" "希建立直接通讯"
——毛泽东在《致傅作义》信中所用典故探妙

用典缘起：

为了尽快地正面抗击日寇，1936年10月25日，毛泽东致信傅作义，在信中用了下列典故。

典故内容：

小试。亦即"牛刀小试"、"小试牛刀"、"小试割鸡"。亦隐含"小试锋芒"之意。——书出第82页。典出《论语·阳货》："子之武城，闻弦歌之声，夫子莞尔而笑曰：'割鸡焉用牛刀？'子游对曰：'昔者偃也闻诸夫子曰："君子学道则爱人，小人学道则易使也"。'子曰：'二三子！偃之言是也。前言戏之耳。'"这段话的意思是说：孔老夫子来到鲁国一个小地方武城，他的学生子游时任武城地方官，常用礼乐教化老百姓。孔子听到了弦歌的声音时，他便微笑着说：这么一个小地方何必要用音乐去教育百姓。这就好比杀一只鸡，何必要用杀牛的大刀呢？子游听了后回答道：从前我听老师您说过，君子学了道就会爱人，小人学了道就易于指使。于是孔子说：学生们，子游的话是对的。我刚才的话不过是开个玩笑罢了！又见，《三国演义》第5回："吕布背后一人高声出曰：'割鸡焉用牛刀？'不劳温侯亲往。吾斩众诸侯首级，如探囊取物耳！"又见，《史记·孙武列传》："阖庐曰：'子之十三篇，吾尽观之矣，可以小试勒兵乎？"又见，宋人朱熹《答蔡季通》："旋运只是劳心之所致，小试参同之万一，当如牛刀之割鸡也。"又见，金人路铎《题邹公所藏渊明归去来图》："牛刀小试义熙前，一日怀归岂偶然。"又见，宋人陈造《再次韵，雪应时可喜……》："令尹活人手，小试牛刀割。"又见，明人冯惟敏《双调新水令·贺凤渚公镇易州》："一处处边尘尽扫，一家家民病都消。当日个小试牛刀，至于今大展龙韬。"又见，明人海瑞《复王七峰琼山知县》："执事满怀经济，小试割鸡，顾此僻邑，何幸！何幸！"

退避三舍。——书出第82页。典出《左传·僖公二十三年》："晋、楚治兵，遇于中原，其辟君三舍。"又见，《僖公二十八年》："子犯曰：'……微楚之惠不及此，退三舍辟之，所以报也。'"又见，明人叶宪祖《鸾 记·京唔》："似你这般诗才，不怕杜羔不退避三舍。"又见，清人李汝珍《镜花缘》第56回："可见二位姐姐学问，非独本郡众人所不能及，即天下闺才，亦当'退避三舍'哩。"又见，清人文康《儿女英雄传》第39回："把个冉望华吓得退避三舍。"

箭在弦上。亦即"矢在弦上"。——书出第82页。典出宋人李昉《太平御览》卷597引《魏书》：陈琳为袁绍写檄文一篇，辱骂曹操的父亲和祖父。袁绍败，陈琳归附曹操，曹问陈："君昔为本初檄书，但罪孤而已，何乃上及父祖乎？"陈琳说："矢在弦上，不得不发。"又见，《三国演义》第32回："众将请曹操入城。操方欲起行，只见刀斧手拥一人至，操视之，乃陈琳也。操谓之曰：'汝前为本初作檄，但罪状孤，可也；何乃辱及祖、父耶？'琳答曰：'箭在弦上，不得不发耳。'左右劝操杀之；操怜其才，乃赦之，命为从事。"又见，清人陈康祺《郎潜纪闻·士大夫之谄媚》："余之纪此，将使十钻千拜之流，稍自顾其名节；而才士之笔端剽悍者，亦当稍留地步，勿谓箭在弦上，不得不发也。"

比邻。——书出第83页。典出唐人王勃《杜少府之任蜀州》："海内存知己，天涯若比邻。"

同仇。亦即"同仇敌忾"、"敌忾同仇"。——书出第83页。典出《诗经·秦风·无衣》："岂曰无衣？与子同袍。王于兴师，修我戈矛，与子同仇。"又见，清人赵翼《阅邸抄贼……大获全胜，喜赋（其二）》："勒成部伍如军令，战死杀场亦鬼雄；都是国家培养出，同仇敌忾到儿童。"又见，清人梁章钜《归田琐记·讷亲》："金川虽云小丑，而老师糜饷，克捷无期；凡在臣子，皆有同仇敌忾之念。"又见，清人梁启超《论教育当定宗旨》："则宜法德意志，使欲造成君国一体；同仇敌忾之国民也。"又见，清人屠倬《张铁枪歌》："奋臂激忠义，敌忾皆同仇。"又见，清人陈康祺《郎潜纪闻初笔·剿夷谕》："原望中外臣庶，敌忾同仇，除边患而壮国威，在此举也。"又见，《清史稿·李宗羲传》："如蒙皇上乾纲立断，速谕停工，天下臣民，知皇上有卧薪尝胆之思，必共振敌忾同仇之气。"

用典探妙：

毛泽东在这封约530字的信中，计用了5个典故。这封信中所用典故之显著特色是：截用典故入文，有使用典时不为典故字数所囿之妙。

如信的开首就说，当日寇西侵之时，傅作义"小试锋芒"，就使日寇"退避三舍"。毛泽东在这里除了运用成语"小试锋芒"之外，实际上还用了"小试牛刀"一典。但是，毛泽东不为"小试牛刀"四字所囿，只截用"小试"二字，一可避免搬用"小试牛刀"造成用语上的生硬，二是仍含"小试牛刀"之典意，三是使用语内蕴更为丰富。"小试锋芒"意即"你所率抗日之部队，对日寇一战，仅仅是小试牛刀而已，即锋芒展露"。同样在信之结尾中的"叨在比邻，愿同仇之共赋"，这里截用的"比邻"、"同仇"，同样含有"海内存知己，天涯若比邻"中的"比邻"与《诗经》中"无衣"的典意，可谓有语言顺畅而又言简意赅之妙！

399. 曷然"又数年不见" "兄依然奋斗不懈"
——毛泽东在《致陈公培》信中所用典故探妙

用典缘起：

1936年11月4日，毛泽东在致陈公培的信中用了下列典故。

典故内容：

化干戈为玉帛。亦即"干戈化玉帛"。——书出第86页。典出《左传·僖公十五年》："上天降灾，使我两君匪以玉帛相见，而以兴戎。"这一段话的意思是说：苍天降下了灾祸，使我们两国的国君不是友好地相见，而是引发了战争。后来人们反其意而用之，便有了"化干戈为玉帛"的典故。

疾风劲草。亦即"疾风知劲草"、"劲草疾风"、"烈风劲草"、"凌风知劲节"、"秋风劲草"。——书出第86页。典出《后汉书·王霸传》："及光武为大司马，以霸为功曹令史，从度河北。宾客从霸者数十人，稍稍引去。光武谓霸曰：'颍川从我者皆逝，而子独留。努力！疾风知劲草。'"又见，唐太宗李世民《赐萧瑀》："疾风知劲草，板荡识诚臣；勇夫安知义？智者必怀仁。"又见，《宋书·顾觊之传》："尔乃松柳异质，荠荼殊性，故疾风知劲草，严霜识贞木，何异忠孝之质，资行夙昭。"又见，《周书·裴宽传》："太祖顾谓诸公曰：'被坚执锐，或有其人；疾风劲草，岁寒方验。'"又见，南朝梁人裴之横《答贞阳侯书》："寒松负雪，诚愧节者之徒；劲草疾风，宁忘烈士之慨。"又见，《北齐书·暴显等传赞》："傅子之辈，逢兹不造，未遇烈风，谁知劲草。"又见，南朝梁人范云《咏寒松诗》："修条拂层汉，密叶帐天浔，凌风知劲节，负霜见直心。"又见，清人徐震《后七国志》第17回：

"（乐英曰）今燕城俱被齐兵复去，我若也随众归降，何以见秋风劲草？"

用典探妙：

毛泽东在这封不足200字的信中，计用了2个典故。这2个典故的运用，一有高度评价陈公培工作成就之妙；二有激励陈公培继续奋斗不懈之妙。

所谓有高度评价陈公培工作之妙，就是指"化干戈为玉帛"这一典故的运用。陈公培早年参加过中国共产党，在1933年的福建人民革命政府时期，他作为19路军与红军的联络代表，从中为19路军与红军之间，做了大量的工作，化解了19路军与红军之间的不少矛盾与误会，协同双方为抗日而战……对这一系列的工作成就，毛泽东以"化干戈为玉帛"一典概括之，可谓是对陈公培工作的充分肯定与高度评价。

所谓有激励陈公培继续奋斗不懈之妙，就是说，毛泽东用"疾风劲草"，以王霸能自始至终坚守节操的典事，激励陈公培在为国家为民族而奋斗的光辉道路上，要不断做出新的成绩，作出新的贡献。

全信由于能够妙用典故，故而言简而意深，令人读后有情绪高涨、催人奋进之妙！

400. "停止自杀之内战" "早上抗日之战场"
——毛泽东在《致蒋介石》信中所用典故探妙

用典缘起：

为督促蒋介石国民党政府尽快停止内战，以一致抗日，毛泽东于1936年12月1日致信蒋介石。在信中用了下列典故。

典故内容：

翻然变计。或由"翻然改图"而来。——书出第87页。典出《孟子·万章上》："汤三使往聘之，既而幡（翻）然改。"又见，《荀子·大略》："君子之学如蜕，幡然迁之。"又见，《左传·哀公二年》："郓不足以辱社稷，君其改图。"又见，汉人审配《献书袁谭》："何图凶险谗慝之人，造饰无端，诱导奸利，至令将军翻然改图，忘孝友之仁，听豺狼之谋，诬先公废立之言。"又见，《三国志·吕凯传》："（凯答雍闿檄曰）将军若能翻然改图，易迹更步，古人不难追，鄙士何足宰哉？"又见，宋人范仲淹《让观察使第一表》："当未危之时，勉以从事，及既危之后，翻然改图，劫长吏以应贼，皆此类也。"

其势汹汹。亦即"气势汹汹"。——书出第87页。典出《荀子·天论》："君子不为小人之汹汹也辍行。"

人心……向背。——书出第88页。典出《旧唐书·陆贽传》："此乃人情向背之秩，无意去就之际。"又见，宋人叶适《水心文集·君德》："人心之向背，是岂可不

留意而详择也！"又见，宋人魏了翁《直前奏事札子二（其一）》："师老财殚，币轻物贵，常产既竭，本根易摇，此人心向背之机也。"又见，《宋史·魏了翁传》："入奏，极言事变倚伏，人心向背，邻寇动静。"又见，《元史·燕木儿传》："人心向背之机，间不容发，一或失之，噬脐无及。"又见，明人余继登《典故纪闻》卷4："顾自古国家未有不以勤而兴以怠而衰者，天命去留，人心背向，皆决于是。"又见，清人毕沅《续资治通鉴·宋纪高宗绍兴四年》："彼刘豫挟金为重，签军本吾赤子，人心向背，久当自携。"

清夜扪心。亦作"扪心清夜"、"午夜扪心"、"心清夜扪"。——书出第88页。典出清人王夫之《龙源夜话·陈言疏》："且（雷）德复之造端本末，授受机关，抑路人知之，即德复清夜扪心，亦自悉之，臣又何敢过为吹索。"又见，清人朱庭珍《筱园诗话》："诸如此类，岂非词坛干进之媒，雅道趋然之径！清夜扪心，良知如动，应自忸怩，不待非议及矣。"又见，清人吴锡麒《移居以来同人多以诗酒相招，醉后成篇》："自东徂西归路远，每听城上三更乌；扪心清夜无惭怍，能令衾枕生欢娱。"又见，清人八宝王郎《冷眼观》第20回："任凭他不信神权，藐视天道，我也总恐怕一经午夜扪心，未能自己罢？"又见，清人阮葵生《赈粥谣》："抚字成何心，因之以为市。是心清夜扪，忍此沟中髓？"

前车可鉴。亦即"前车覆，后车戒"、"前车之鉴"。——书出第88页。典出汉人刘向《说苑·善说》引《周书》："前车覆，后车戒。"又见，《汉书·贾谊传》："前车覆，后车戒。秦世之所以亟绝者，其辙迹可见也，然而不避，是后车又将覆也。"又见，汉人桓宽《盐铁论·结和》："语曰：'前车覆，后车戒。'殷鉴不远，在夏后之世矣。"又见，宋人刘黻《率太学诸生上书》："自昔天下之患，莫大于举朝无公论，空国无君子。向使刘安世、陈瓘诸贤尚无恙，杨畏、张商英、周秩辈不久台纲，其祸岂至此烈！古语云：'前车覆，后车鉴。'"又见，《三国志·蜀后主传》南朝宋人裴松之注引王隐《蜀记》："（邓）艾报书云：'……隗嚣凭陇而亡，公孙述据蜀而灭，此皆前世覆车之鉴也。'"又见，清人陈忱《水浒后传》第25回："关胜（谏刘豫）道：'……张邦昌亦受金命册为楚帝，宗留守统兵恢复，张邦昌已被诛了。前车之鉴，请自三思。'"又见，《清史稿·刘韵珂传》："洋人在粤，曾经就抚，迨给银后，滋扰不休，反覆性成，前车可鉴。"

一念之转。或由"一念之差"、"一念之错"改用而成。——书出第88页。典出宋人陆游《丈人观》："我亦诵经五千文，一念之差堕世纷。"又见，明人沈德符《万历野获编·甲戌状元》："归之夜正酣寝，忽大恸以号。其父惊怪，叩其故。则曰：'一念之差，遂不可救矣。'"又见，明人冯梦龙《警世通言》卷35："这般会合，那些个男欢女爱，是偶然一念之差。"又见，明人周清源《西湖二集·巧妓佐夫成名》："只因一念之差，误落风尘。"又见，清人夏敬渠《野叟曝言》第48回："守其在我，听其在天，是或一道，所怕者，磨易磷，涅易淄，一念之错，终身之悔耳。"

图诸凌烟。亦即"凌烟阁"、"凌烟像"、"画凌烟"、"凌云阁"。——书出第88页。典出《新唐书·太宗纪》："（十七年）二月己亥，虑囚。戊申，图功臣于凌烟阁。"又见，《旧唐书·太宗纪》："贞观十七年正月……诏图画司徒赵国公无忌等勋臣二十四人于凌烟阁。"又见，唐人李贺《南园》诗之一："男儿何不带吴钩，收取关山五十州？请君暂上凌烟阁，若个书生万户侯。"又见，唐人于濆《戍卒伤春》："凌烟阁上人，未必皆忠烈。"又见，唐人许浑《寄远》："两叶愁眉愁不开，独含惆怅上层台。……功名待寄凌烟阁，力尽辽城不肯回。"又见，元人马谦斋《快活三过期朝天子四边静》："先生豪放，志不在凌烟阁上。"又见，宋人陆游《青玉案·与朱景参会北岭》："千岩高卧，五湖归棹，替却凌烟像。"又见，清人黄宗宪《题黄佐廷赠尉遗像》诗中有云："不将褒鄂画凌烟，飒爽英姿尚凛然。"又见，明人冯梦龙《喻世明言》卷21："贵逼身来不自由，几年辛苦踏山丘。满堂花醉三千客，一剑霜寒十四州。莱子衣裳宫锦窄，谢公篇咏绮霞羞。他年名上凌云阁，岂羡当时万户侯！"

馨香百世。——书出第88页。"馨香"。——典出《尚书·酒诰》："弗惟德馨香祀，登闻于天，诞惟民怨，庶群自酒，腥闻在上，故天降丧于殷，罔爱于殷，惟逸。"又见，《诗经·大雅·凫鹥》："尔酒既清，尔殽既馨。"毛传云："馨，香之远闻也。"又见，《晋书·苻坚载记》："垂馨千祀。"

当机立断。——书出第88页。典出清人朱琦《读王子寿论史诗广其义五首（其四）》："汉高落落英雄姿，当机立断不复疑。"

二者择一。当由"二者必居其一"而来。——书出第88页。典出《孟子·公孙丑下》："前日之不受者是，则今日之受者非也；今之受是，则前日之不受非也。夫子必居一于此矣。"

过则勿惮改。——书出第89页。典出《论语·子罕》："子曰：'主忠信，毋友不如己者，过则勿惮改。'"这段话的意思是说：孔夫子说：要以忠信为主，不与自己不同道的人交朋友，有了过错时，就不要怕改正。

放下屠刀，立地成佛。——书出第89页。典出宋人普济《五灯会元·东山觉禅师》："广额正是个杀人不眨眼的汉，放下屠刀，立地成佛。"又见，宋人黎靖德编《朱子语类》卷30："今不必问过之大小，怒之深浅，只不迁不贰，是甚力量，便见工夫，佛家所谓放下屠刀，立地成佛。"又见，明人彭大翼《山堂肆考·征集》卷1："屠儿在涅槃会上，放下屠刀，立地成佛。"又见，清人纪昀《阅微草堂笔记·滦阳消夏录四》："夫佛法广大，容人忏悔，一切恶业，应念皆消，放下屠刀，立地成佛，汝不闻之乎？"又见，清人文康《儿女英雄传》第21回："从来说：'孽海茫茫，回头是岸；

放下屠刀，立地成佛。’你们众人，今日这番行事，才不枉称世界上的英雄，才不枉作人家的儿女。”又见，清人李汝珍《镜花缘》第10回："此非放下屠刀，立地成佛么？可见上天原许众生回心向善的。”

用典探妙：

这封以毛泽东、朱德等19人的名义致蒋介石的信中，不足1300字，计用了12个典故。此信所用典故之最大妙处在于：

全信所用的12个典故之典意，有如金线穿珠，紧紧地扣住信的内容层递而进，对于革命人民和有志于抗日事业的人们来说，有如换上了"火眼金睛"，使他们头脑清醒、眼睛雪亮地看清楚蒋介石在"抗日降日"这个大是大非问题上的真实面目之妙，对于蒋介石及其一伙热衷打内战的反动分子而言，则有警醒、昭戒、督促其非走抗日之路不可之妙！

这12个典故中的"翻然变计"、"人心向背"、"清夜扪心"、"前车可鉴"四典，其典意统率其所在位置前后的内容，希望蒋介石"停止自杀之内战，早上抗日之战场"；而"一念之转"、"图诸凌烟"、"馨香百世"、"当机立断"、"二者择一"五典，其典意亦统率着其前后相关联的内容，指出蒋介石在抗日与降日的问题上，是不可回避的，其前景是：抗日则"图诸凌烟，馨香百世"，降日则国为之毁，身为之奴，遭千秋之骂；结尾的"过则勿惮改"与"放下屠刀，立地成佛"二典的连用，则尤为精当，可谓言重情切、正义凛然，有警醒蒋介石、警醒对蒋介石抱有幻想的糊涂者、感情色彩特别强烈的震慑人心之妙。

401.“在亡国惨祸面前” “救亡是天经地义”
——毛泽东在《致冯玉祥》信中所用典故探妙

用典缘起：

为了尽快地合作抗日，1936年12月5日毛泽东致信冯玉祥。在这封信中用了下列典故。

典故内容：

天经地义。——书出第91页。典出《左传·昭公二十五年》："夫礼，天之经也，地之义也，民之行也。"《孝经》"三才章"中云："夫孝，天之经也，地之义也，民之行也。"又见，晋人潘岳《世祖武皇帝诔》："咏言孝思，天经地义；问谁赞事，英彦髦士。"又见，南朝梁人沈约《齐故安陆昭王碑文》："立行可模，置言成范；英华外发，清明内昭。天经地义之德，因心必尽。"又见，唐人杨炯《唐右将军魏哲神道碑》："天经地义，钦承避席之谈；日就月将，虔奉趋庭之教。"又见，清人李宝嘉

《文明小史》第30回："又着实恭维黄詹事的话是天经地义，颠扑不破的。"又见，清人曾朴《孽海花》第30回："她想就是雯青在天之灵，也会原谅她的苦衷。所以不守节，去自由，在她是天经地义的办法，不必迟疑的。"

登高一呼，众山齐应。——书出第91页。典出《荀子·劝学篇》："吾尝终日而思矣，不如须臾之所学也；吾尝跂而望矣，不如登高之博见也。登高而招，臂非加长也，而见者远；顺风而呼，声非加疾也，而闻者彰。"这段话的意思是说：我曾经整天地想问题，不如学习一会儿的收获大；我曾经跂起脚后跟相望得远，哪比得上登高的效果呢？人在山顶上招手，手臂并没有加长，然而远处的人也能看得到；顺着风势呼喊，声音并没有加大，但听的人却很清楚。荀子的这一段话的语意，已有"登高一呼"之意。又见，《吕氏春秋·贵直论第三·过理》："宋王（筑）为蘖帝，鸥夷（盛）血，（著甲胄）高悬之，（射着甲胄）从下（射），血坠流地。左右皆贺曰：'王之贤过于汤、武矣。汤、武胜人，今王胜天，贤不可加矣。'宋王大悦，饮酒。室中有呼万岁者，堂上尽应，堂上已应，堂下尽应，门外庭中闻之，莫敢不应，不适也。"这一段话所说的是：春秋时宋国国君筑台饮酒作乐，群臣歌功颂德之况。亦有"堂上一呼，阶下百诺"、"一呼百诺"之意。又见，元人无名氏《南牢记》第1折："厅上一呼百诺应，白金横带锦袍宽。"又见，明人臧晋叔《元曲选·〈孟德曜举案齐眉〉》中有："堂上一呼，阶下百诺。"又见，清人孔尚任《桃花扇·第13出·哭主》："罗公独坐当中，一呼百诺，掌着生杀之权。"又见，清人西周生《醒世姻缘传》第94回："他如今做了这几年官，前呼后拥，一呼百诺的，叫人奉承惯了性儿。"又见，清人李宝嘉《官场现形记》第13回："果然现任县太爷一呼百诺，令出如山，只吩咐得一句，便有一个门上，带了好几个衙役，拿着铁链子，把这船上的老板、伙计一齐锁上岸去了。"

前车可鉴。——书出第91页。典出同上一篇。

日蹙国百里。——书出第91页。典出《诗经·大雅·召旻》："昔先王受命，有如召公，日辟国百里，今也，日蹙国百里，於乎哀哉！维今之人，不尚有旧？"《召旻》一文，是讽刺周幽王政败国亡，皆由内乱而起。具体到这段话的意思是说：从前的先王受天之命，而贤臣则有如召公之辈。每日开拓疆土达百里之遥。而今，则是每日沦丧百里。唉，这真是可哀叹呀！只有今天这些人，不念及还有旧的贤臣？

噬脐而无及。亦即"噬脐无及"、"噬脐莫及"、"噬脐何及"、"噬脐"。——书出第91页。典出《元史·燕铁木儿传》："人心向背之机，间不容发，一或失之，噬脐无及。"又见，明人朱鼎《玉镜台记·丹阳兵报》："事在预防，待羽翼成后，噬脐无及。"又见，清人蔡东藩《唐史通俗演义》第37回："朝邑尉刘幽求亦语桓彦范敬晖道：'三思尚存，公等终无葬地，若不早图，噬脐无及。'彦晖二人，仍付诸一笑，全然不睬。"又见，清人梁启超《上粤都李傅相书》："今不为曲突徙薪之计，后必有噬

脐无及之忧。"又见，明人焦竑《玉堂丛话·规讽》："宜鉴覆辙，为宗社生灵永远之谋，失今不图，噬脐莫及。"又见，明人陆采《怀香记·鞫询香情》："差之毫厘，缪以千里，倘有后悔，噬脐莫及。"又见，北齐人颜之推《颜氏家训·省事》："纵得免死，莫不破家，然后噬脐，亦复何及？"又见，《隋书·李密传》："但今英雄况起，实恐他人我先，一朝失之，噬脐何及。"又见，《封神演义》第42回："如若拒抗，真火焰昆冈，俱为齑粉，噬脐何及？"又见，《左传·庄公六年》："亡邓国者，必此人也，若不早图，后君噬脐，其及图之乎？"这段话的是"噬脐无及"一典的缘起。事由公元前688年，楚文王在路过邓国去攻打申国时，邓祁侯因楚文王是他的外甥而予以盛情款待。在此之时，邓国有三位大夫（骓甥、聃甥、养甥）看出了楚文王的野心，劝说邓祁侯趁机杀了楚文王。邓祁侯不允许。三位大夫（即三甥）说，他今日灭申，明日灭邓必定是此人。如不及时下手，今后你"噬脐，其及图之乎？"就是说，日后你会像咬自己的肚脐一样，咬得着吗？后果然如此。申国一灭，楚文王就灭了邓国。又见，唐人胡曾《咏史诗·邓城》："不用三甥谋楚计，临危方觉噬脐难。"又见，唐人韩偓《故都》："天涯烈士空垂涕，地下强魂必噬脐。"又见，宋人楼钥《观文殿学士钱公行状》："恐一失机会，后必噬脐。"

书不尽意。——书出第92页。典出《北齐书·文苑传·祖鸿勋》："与阳休之书曰：'……已矣哉，书不尽意。'"

用典探妙：

毛泽东这封不足450字的信，文字特别简洁有力，包容量极大，可以说是魅力无穷。之所以有如此政治与艺术上的效果，与毛泽东在此信中妙用典故关系极大。在这不足450字的信中，毛泽东计用了7个典故。而其中的每个典故的运用，均可谓妙绝千古。

（一）用典有切合接受对象的经历与文化水准之妙。

何谓用典有切合对象的经历与文化水准之妙？所谓用典切合对象的经历，就是说，用典切合冯玉祥的反蒋抗日经历。1931年的"9·18事变"后，冯玉祥将军即以其革命行动反对蒋介石的对日采取不抵抗政策和法西斯独裁统治，并为此付出了自己的实际行动。毛泽东在信中用的"天经地义"、"登高一呼，众山齐应"二典，就是对冯玉祥在抗日战争中的巨大影响力的充分肯定与高度赞扬。

所谓有用典切合对象的文化水准之妙，就是说，毛泽东在这里所用的7个典故，其中的"日蹙国百里"、"噬脐而无及"等，是伴随着文言文写出的，用语十分精当且读来有一定的理解难度。一般人以为冯玉祥出身行伍，没有较高的文化水准。其实，冯玉祥博学多才，爱好广泛，会作诗，擅书法，其隶书尤为精妙。毛泽东是十分了解他的。他曾看见"民主之家"四个大字，"觉得这一笔隶书，清劲秀逸，再看落款处，霍然入目者，是冯玉祥的大名，笑对张澜道：'冯将军行伍出身，能写这么一笔好字，不简单啊！既武既文，亦俗亦雅，不虚儒将风范。'"（邵康：《毛泽东和党外朋友们》，团结出版社1996年9月版，第77页）所以毛泽东在给冯玉祥的这封信中，相当多的文字是伴以典故用文言文词句写出，独显凝练、整饬，是完全切合冯玉祥将军的。今天读来，仍有韵味无穷之妙！

（二）创造通俗化、形象化新典之妙。

这里所说的"创造通俗化、形象化新典"，主要是指"登高一呼，众山齐应"一典的创造，从其出处来看，它熔铸了"登高而招"、"一呼百诺"等若干语言典故的典意而成，同时也熔铸了毛泽东诸多生活中的实践体验和登山时呼号时的那种回音的体验。而将这样一个典故语用之于冯玉祥将军，一有形象地表现其声望地位之高和所发号召响应者必众；二有形象地表现其影响力之大，三有激励和调动其出来做好停止内战调停工作的积极性之妙。

（三）三个典故连续而用，形成"典故块"以加强语势，有唤起对于时局的紧迫感之妙。

这里所说的三典连用，是指"前车之鉴"、"日蹙国百里"、"噬脐无及"的连用。这三个典故，用在这封信中，已不是一般的历史典故的陈述，而是紧切当时的社会现实，"前车可鉴"与"日蹙国百里"二典，紧切了长城淞沪诸战役中由于蒋介石对日寇采取不抵抗政策所导致的严重恶果，从而唤起了一切爱国者对于时局的紧迫之感。而在此之后就用上"噬脐无及"一典，告之以如不停止内战一致抗日，则亡国在即。这样的典故连用，对于任何一个爱国者都不能不激起爱国的热情，而对于像冯玉祥这样的爱国将军，则更会激发和激励其肩负起救国救民的历史重任。

402．"继承孙先生传统" "惟有斗争" "能胜利"
——毛泽东在《致何香凝》信中所用典故探妙

用典缘起：

为了结成更为广泛的统一战线，1937年6月25日毛泽东致信何香凝。在这封信中用了下列典故。

典故内容：

骨气。——书出第106页。典出南朝梁人钟嵘《诗品》："魏陈思王植诗，其源出于国风。骨气甚高，词采华茂。"又见，南朝梁人袁昂《古今书评》："蔡邕书骨气洞达，爽爽有神。"这里的"骨气"是讲书法的笔力及诗文之气势；又见，南朝宋人刘义庆《世说新语·品藻》："时人道阮思旷骨气不及右军。"这里的"骨气"，是讲人的操守、人格。毛泽东称柳亚子是"有骨气的旧文人"，即是称赞其人格之高尚。

人中麟凤。亦即"人中骐骥"、"人中之龙"、"人中龙虎"、"人中龙"之意。——书出第106页。典出《南史·徐勉传》:"勉幼孤贫,早砺清节。年六岁,属霖雨,家人祈霁,率尔为文,见称耆宿。及长好学,宗人孝嗣见之叹曰:'此所谓人中骐骥,必能致千里。'"又见,《晋书·宋纤传》:"酒泉太守马岌,高尚之士也,具威仪,鸣铙鼓,造焉。纤高楼重阁,距而不见。岌叹曰:'名可闻而身不见,德可仰而形不可睹,吾而今而后知先生人中之龙也。'"这里所讲的是:晋代有个叫宋纤的读书人,志向远大,颇有才名。但他厌恶官场黑暗,长期隐居不肯做官。太守马岌仰慕其才名,寻其住处,请他出来做官。他拒绝不见。于是太守马岌颇有感慨地说:虽可听到宋纤的大名,敬仰他的才德,却不能见其身影。先生可谓人中之龙啊!又见,明人张凤翼《红拂记·侠女私奔》:"不枉了女中丈夫,人中龙虎。"又见,宋人家铉翁《过沛题旅壁》:"单吕早识隆准公,择婿能得人中龙。"又见,宋人胡仔《苕溪渔隐丛话前集·东坡一》引《冷斋夜话》:"公(王安石)展读于风檐,喜见须眉,曰:'子瞻(苏东坡)人中龙也。'"又见,唐人杜甫《幽人》:"麟凤在赤霄,何当一来仪。"

用典探妙:

毛泽东在这封不足400字的信中,用了2个典故。在探索用典之妙之前,有必要就"人中麟凤"是否当"人中骐骥"、"人中之龙"、"人中龙虎"、"人中龙"理解简作辨析。

"麟凤",一般比喻世间圣贤之人。杜甫《幽人》诗云:"麟凤在赤霄,何当一来仪。""人中麟凤",即可理解为人中之圣贤。而据"人中之龙"中的"宋纤"典事,将"人中麟凤"解作"人中之龙",则更切合柳亚子对蒋介石政权的反抗态度。

"人中麟凤"在这封信中是一个局部性质的典故。毛泽东将该典用在这里,它与"骨气"一典相辅相成。一有总体评说柳亚子对蒋介石斗争中的一身骨气、一身正气之妙,二有评说柳亚子的题画诗的具体内容之妙,三有兼及称赞何香凝对蒋介石国民党反动派进行不懈斗争的骨气之妙。

403. "不容赦免的大罪" "自己行为决定的"
——毛泽东在《致雷经天》信中所用典故探妙

用典缘起:

毛泽东在收到雷经天与黄克功的信后,于1937年10月10日给雷经天复了这封信。在信中用了下列典故。

典故内容:

卑鄙无耻。亦即"卑鄙龌龊"、"卑陋龌龊"。——书出第110页。典出清人李宝嘉《官场现形记》第27回："贾某总办河工，浮开报销，滥得保举。到京之后，又复花天酒地，任意招摇，并串通市侩黄某，到处钻营，卑鄙无耻。"又见，清人张春帆《宦海》："拿着别人的功名性命来博自己的一时富贵，这位术师老爷的卑鄙龌龊也就可想而知了。"又见，清人华伟生《开国奇冤·追悼》："他们的那种卑陋龌龊的性质，终久是改不了的！"

前车之戒。亦即"前车之鉴"。——书出第111页。典出《荀子·成相》："前车已覆，后未知更何觉时！"又见，《汉书·贾谊传》："又曰：'前车覆，后车诫。'"又见，清人赵执信《道旁碑》："去者不思来者怒，后车恐蹈前车危。"

用典探妙：

毛泽东的这封短信只用了两个典故。这两个典故的运用，是围绕着黄克功的罪行和为什么要处以极刑所进行的简明阐述，有言简意赅之妙。

成语形式的典故"卑鄙无耻"的运用，将黄克功逼婚未遂而枪杀爱国青年女学生刘茜的行为与性质，进行了有力的批判，阐明了自己的观点和立场。而典故"前车之戒"的运用，则是对黄克功情杀案处理的理由和目的的典型概括。

这两个典故在信中的运用，有对人对事处理的理直情激、公正无私的充分体现之妙！

1113

404.要执行"共同纲领" "需要各方面努力"
——毛泽东在《致范长江》信中所用典故探妙

用典缘起：

在1937年和1938年初，范长江两次致信毛泽东，谈到事关国家全局的重大问题。1938年2月15日毛泽东写了这封复信。在信中用了下列典故。

典故内容：

前事不忘后事之师。亦即"前事不忘，后事之戒"、"前事不忘，后代之元龟"、"去事之戒，来事之师"、"前事之师"。——书出第121页。典出《战国策·赵策一》："（张孟谈对曰）臣观成事，闻往古，天下之美同，臣主之权均能美，未之有也。前事不忘，后事之师。君能弗图，则臣力不足。"又见，汉人贾谊《过秦论》："鄙谚云：'前事之不忘，后事之师。'"又见，汉人张衡《上陈事疏》："故恭俭畏忌，必蒙祉祚，奢淫诡慢，鲜不夷戮。前事不忘，后事之师也。"又见，《后汉书·东平宪王苍传》："昔象封有鼻，不任以政，诚由爱深，不忍扬其过恶。前事之不忘，后事之师也。"又见，《三国志·吴志·吴主权传》南朝宋人裴松之注引《魏略》："文景守成，忘战戢役，骄纵吴楚，养虺成蛇，既为社稷大忧，盖前事不忘，后事之师

也。"又见，唐人陈子昂《谏用刑书》："臣每读《汉书》至此，未尝不为戾太子流涕也。古人云：'前世不忘，后事之师。'伏愿陛下念之。"又见，《资治通鉴·齐纪·东昏侯永元二年》："（柳）忱曰：'朝廷狂悖日滋，京师贵人莫不重足累息。独不见萧令君乎？以精兵数千，破崔氏十万众，竟为群邪所陷，祸酷相寻。前事之不忘，后事之师也。'"又见，清人包世臣《徐季雅博议补序》："苏子瞻刻于持论，其既也，言行相顾，颠沛不负所学。前事不忘，后事之师，固无以易此也。"又见，《晋书》中有云："汉高皇帝数置酒于庭，欲废太子，后四皓为师，子房为傅，竟复成就。前事不忘，后事之戒。"又见，晋人刘琨《劝进表》："昔惠公虏秦，晋国震骇，吕郤之谋，欲立子围外以绝敌人之志，内以固阃境之情……前事不忘，后代之元龟也。"又见，汉人陆贾《新语·至德》："是三君皆强其盛而失国，急其刑而自贼，斯乃去事之戒，来事之师也。"又见，清人赵翼《廿二史札记·两帝捕盗法不同》："同一捕盗也，一则法愈严而盗愈多，一则法稍疏而盗易散，此亦前事之师也。"

从心所欲。亦即"随心所欲"、"随心所愿"、"纵心所欲"、"恣心所欲"。——书出第122页。典出《论语·为政》："子曰：'吾十有五而志于学，三十而立，四十而不惑，五十而知天命，六十而耳顺，七十而从心所欲，不逾矩。'"这段话的意思是说：孔夫子说：我15岁立志于学习，到30岁便能自立处世，40岁时就不再迷惑，50岁时能知天命，60岁时，当听到各种言论不会感到不顺耳，70岁便随心所欲，不会超越有关的规矩了。又见，《红楼梦》第9回："宝玉终是个不能安分守理的人，一味的随心所欲。"又见，唐人道世编撰 《法苑珠林·悬幡篇·引证部》："于其亡日，造作黄幡悬着刹上，使获福德，离八难苦，得生十方诸佛净土，幡盖供养，随心所愿，至成菩提。"又见，元人王恽《与左山商公论书序》："如杨少师维摩等帖，天真烂漫，上法二王，下与鲁公争衡，至纵心所欲，皆寓正笔而不逾矩。"又见，东汉人仲长统《述志诗二首（其二）》："六合之内，恣心所欲；人事可遗，何为局促？"又见，《梁书·中天竺国传》："其宫殿皆雕文镂刻，街曲市里，屋舍楼观，钟鼓音乐，服饰香华，水陆通流，百贾交会，奇玩珍玮，恣心所欲。"

用典探妙：

毛泽东在这封约1500字的信中，只用了两个典故。毛泽东以其深广的思虑，用其高屋建瓴、雄视全局之笔，回答和分析了范长江所提出的问题。而其中的"前事不忘后事之师"一典的运用，有总结历史经验教训着眼其时之妙。

所谓"前事不忘后事之师"有总结历史经验教训之妙，就是说，这一句"前事不忘"，将国民党在与共产党的十年内战中所造成的流血事件的责任，以"前事不忘"四字囊括而尽。所谓有着眼当今之妙，就是说要保证国共双方谁也不允许撕毁共同纲领，这是有关中国的前途和进步的大事。"后事之师"四字可以说是对国民党现政府日后再次要挑起内战的警醒与告诫。

405."东汉班超的事业" "不在侵略范围"内
——毛泽东在《致何干之》信中所用典故探妙

用典缘起:

1939年1月17日,毛泽东给历史学家何干之回信。在信中用了下列典故。

典故内容:

兼弱攻昧。亦即"弱兼昧攻"。——书出第136页。典出《尚书·仲虺之诰》:"佑贤辅德,显忠遂良。兼弱攻昧,取乱侮亡。推亡固存,邦乃其昌。"又见,《左传·宣公十二年》:"见可而进,知难而退,军之善政也。兼弱攻昧,武之善经也。"又见,《三国志·魏志·陈留王纪》:"夫兼弱攻昧,武之善经。致人而不致于人,兵家之上略。"又见,《周书·长孙俭传》:"荆州军资器械,储积已久,若大军西讨,必无匮乏之虑。且兼弱攻昧,武之善经。"又见,晋人卢湛《理刘司农表》:"取乱侮亡,仲虺之遗言也;兼弱攻昧,随季之善经也。"又见,《旧唐书·长孙无忌传》:"突厥颉利可汗已盟而政乱,诸将请遂讨之,帝以问大臣,萧瑀曰:'兼弱攻昧,讨之便。'"又见,《三国演义》第60回:"且'兼弱攻昧'、'逆取顺守',汤武之道也。"又见,清人谭嗣同《思纬氤氲台短书·报贝元征》:"至于取人之国,专尚阴谋狡险,此兵家之道,所谓'兼弱攻昧,取乱侮亡'。"又见,宋人袁燮《论备边札子》:"其弱也易兼,其昧也易攻,摧枯拉朽,不劳余力。"

好大喜功。亦即"喜功好大"、"好大喜夸"、"侈功好大"。——书出第136页。典出宋人罗泌《路史·前纪》卷4:"昔者汉之武帝,好大而喜功。"又见,《新唐书·太宗纪赞》:"至其牵于多爱,复立浮图,好大喜功,勤兵于远,此中材庸主之所常为。"又见,宋人朱熹《郑公艺圃折衷》:"秦始皇、汉武帝、唐太宗欲无夷狄,是皆好大喜功,穷兵黩武之过啊!"又见,宋人陈亮《勉强行道大有功论》:"说者以为武帝好大喜功而不知勉强学问。"又见,明人梁辰鱼《浣纱记·被围》第6出:"既侈其好大喜功之念,又发其戕贤用佞之心。"又见,明人朱国祯《涌幢小品·日本》:"元世祖征日本,固是好大喜功,却有深意。"又见,清人李宝嘉《官场现形记》第17回:"偏偏又碰着这位胡统领好大喜功,定要打草惊蛇,下乡搜捕。"又见,清人平步青《彭尚书奏折》:"喜功好大,妄逞才能。"又见,宋人钱时《两汉笔记》:"武帝竭中国之力,以逞其好大喜夸之志。"又见,明人胡应麟《少室山房笔丛》:"自以极天下之观,而不知好大喜夸之弊,不亡国杀身,有不已者。"又见,元人邓文原《帝禹庙碑》:"至于封泰山,禅会稽,则尤为后世侈功好大者之论,而非圣人崇德务本之意也。"

东汉班超的事业。亦有"投笔从戎"、"小子安知壮士志"、"投笔事戎"、"弃笔从戎"、"投笔"等典的暗用之妙。——书出第137页。典出《后汉书·班超列传》等资料。班超（公元32—102年）。据《后汉书·班超列传》载："班超，字仲升，徐令彪之少子也。为人有大志，不修细节。然内孝谨，居家常执勤苦，不为劳辱。有口辩，而涉猎书传。永平五年，史固被召诣校书郎，超与母随至洛阳。家贫，常为官佣书以供养。久劳苦，尝辍业投笔叹曰：'大丈夫无它志略，犹当效傅介子、张骞立功异域，以取封侯，安能久事笔研间乎？'左右皆笑之，超曰：'小子安知壮士志哉！'"后班超果然投笔从戎。由于自刘秀修文偃武，不愿用兵，西域一带，均为北匈奴所控，对汉时为寇掠，乃至大举入寇，直指云中诸地。班超于公元73年从窦固击北匈奴。后奉命率吏士36人出使西域。他攻杀匈奴派驻鄯善、于阗之人员，继而废去亲附匈奴的疏勒王，从而巩固了汉在西域的统治。班超从公元87年至公元94年，他陆续将莎车、龟兹、焉耆诸国等地的贵族变乱予以平定，击退月氏的入侵，畅通了西域的"丝绸之路"。公元91年出任"西域都护"。后被封为定远侯。从此西域诸国归附于汉朝。班超在西域达31年之久，其所遣使者甘英，曾远行至条支的西海（今之波斯湾）。于公元102年回归洛阳病逝。

投笔从戎。亦即"投笔事戎"、"弃笔从戎"、"投笔"。——书出第137页（暗用）。典出同上《后汉书·班超列传》。又见，唐人陈子昂《为金吾将军陈令英请免官表》："始年十八，投笔从戎，西逾流沙，东绝沧海，南征北伐，无所不至。"又见，清人曾朴《孽海花》第25回："你道珏斋为何安安稳稳的抚台不要做，要自告奋勇去打仗呢？虽出于书生投笔从戎的素志，然在发端的时候，还有一段小小的考古轶史。"又见，唐人魏徵《述怀》："中原初逐鹿，投笔事戎轩。纵横计不就，慷慨志犹存。"又见，唐人张文成《游仙窟》："兄及夫主，弃笔从戎，身死寇场，营魂莫返。"又见，唐人刘希夷《从军行》："平生怀仗剑，慷慨即投笔。"又见，宋人寇准《塞上》："我欲思投笔，期封定远侯。"又见，清人洪亮吉《天山歌》："控弦纵逊骠骑霍，投笔或似扶风班。"又见，清人赵翼《同年王惺园见廿二史札记……》诗："身退敢思投笔奋，官高共仰运筹长。"

用典探妙：

毛泽东在这封不足520字的信中，计明用了3个典故。这里的用典，均用在最为关键的部位。所谓的关键部位，就是，毛泽东借用典故的集中运用，用"兼弱攻昧"、"好大喜功"修饰"侵略政策"，指出了其本质之所在，以说明什么是侵略政策。以"东汉班超的事业"为典实，修饰"积极抵抗政策"，揭示了对于侵略者的反击的正义性，说明了什么是积极的抵抗政策。给人以明辨是非、且印象十分深刻之妙！这些典故的运用，对于当时反对民族投降主义，鼓舞革命人民拿起刀枪与投降主义者、与汉奸卖国贼、与日本鬼子作坚决的斗争，具有重要的现实意义。

这3个典故的运用之妙，还在于"东汉班超的事业"这一典故在明用之时，兼及其暗用之妙。"东汉班超的事业"当属明用，这个明用，当属大的方面的明用，即班超的一生的伟业丰功，同时亦暗含有班超人生中最为闪光的一笔，即"投笔从戎"一典的暗用。因为凡是对于中国历史有所了解的人，一提到"东汉班超的事业"，无不会想到班超"投笔从戎"的豪言壮语，无不会想到文人从军的悲壮情怀。因而"东汉班超的事业"的运用，因暗含"投笔从戎"一典，这就给"为抵抗而进攻，不在侵略范围之内"这个结论增添了无穷的韵味。在抗日战争进入到最为艰苦的年代，"投笔从戎"一典的暗用，无疑增添了社会现实斗争意义的无限光彩。

406.借儒墨两家名言　"肯定质的安定性"
——毛泽东在《致陈伯达》信中所用典故探妙

用典缘起：

毛泽东在看了陈伯达的《墨子哲学思想》后，于1939年2月1日去信陈伯达。在信中用了下列典故。

典故内容：

望文生义。亦即"缘文生义"、"望文生训"。——书出第140页。典出清人王念孙《读书杂志·战国策第三·虎挚》："鲍（彪）、吴（师道）皆读'挚'为'前有挚兽'之'挚'，望文生义，近于皮傅矣。"又见，清人叶廷琯《吹网录·胡注望文生义之误》："昔顾涧翁谓梅涧虽熟乙部，间有望文生义，乃违本事。"又见，清人曾朴《孽海花》第4回："不论一名一物，都要切实证据，才许你下论断，不能望文生义；就是圣经贤传，非经过他们自己的一番考验，不肯瞎崇拜。"又见，宋人朱熹《答吕子约·论语》："读书穷理，须识正意，切忌如此缘文生义，附会穿穴。"又见，清人朱骏声《说文通训定声·临部》："《左（传）·襄二十六（年）》：'王夷师燖'注：'吴、楚之间谓火灭为"燖"。'按即'潜'字之变。杜（预）望文生训耳。"

燎原之火。亦即"星火燎原"。——书出第141页（两出）。典出《尚书·盘庚上》："汝曷弗告朕，而胥动以浮言恐沈于众。若火之燎于原，不可向迩，其犹可扑灭！则维汝众，自作弗靖，非予有咎！"又见，明人张居正《答云南巡抚何莱山论夷情》："究观近年之事，皆起于不才武职、贪黩有司及四方无籍奸徒窜入其中者激而搆扇之，星星之火，遂成燎原。"

欲正权利，恶正权害：——书出第141页。典出《墨子·经上》："欲正权利，且恶正权害。"

两而无偏。——书出第141、142页（三出）。典出《墨子·经说上》："仗者，两而勿偏。"孙诒让《墨子闲诂》中的"仗"作"权"。

正而不可摇。——书出第141页。典出《墨子·经下》："正而不可担。"孙诒让《墨子闲诂》中的"担"作"摇"。

执两用中。——书出第141、142页。典出《礼记·中庸》："子曰：'舜其大知也与，舜好问而好察迩言，隐恶而扬善，执其两端，用其中于民，其斯以为舜乎。'"汉人郑玄注："两端，过与不及也，用其中于民，贤与不肖皆能行之也。"

择乎中庸服膺勿失。——书出第141页。典出《礼记·中庸》："子曰：'回之为人也，择乎中庸，得一善，则拳拳服膺，而弗失之矣。'"

中立不倚。——书出第141页。典出《礼记·中庸》："君子和而不流，强哉矫；中立而不倚，强哉矫；国有道，不变塞焉，强哉矫；国无道，至死不变，强哉矫。"唐人孔颖达疏："中立而不倚"谓"中正独立，而不偏倚"。又见，唐人白居易《除裴度中书舍人制》："况中立不倚，道直气平，介然风规，有光近侍。"

至死不变。——书出第141页。典出同上。又见，宋人楼钥《雪窦足庵禅师塔铭》："师天资朴厚，见地真实，业履孤峻，苦行坚密，至死不少变。"

过犹不及。——书出第142页（两出）。典出《论语·先进》："子贡问：'师与商也孰贤？'子曰：'师也过，商也不及。'曰：'然则师愈与？'子曰：'过犹不及。'"又见，《荀子·王霸》："既能治近，又务治远；既能治明，又务见幽；既能当一，又务正百；是过者也，过犹不及也。"又见，唐人韩愈《改葬服议》："俭之与奢，则俭固愈於奢矣，虽然，未若合礼之为懿也，过犹不及，其此类之谓乎。"又见，清人李汝珍《镜花缘》第14回："多九公道：'据老夫看来：这是"过犹不及"。大约两耳过长，反觉没用。'"

用典探妙：

毛泽东在这封约1600字的信中，计于15处用了典故。毛泽东在肯定《墨子哲学思想》一书的大前提后，以十分谦虚的态度起笔，然后就其中的学术问题谈自己的看法。如果从用典的角度来看，其用典的最大特点是：引典有对比论证学术观点之妙。

如在第141页中的"墨家的'欲正权利，恶正权害'、'两而无偏'、'正而不可摇'，与儒家的'执两用中'、'择乎中庸服膺勿失'、'中立不倚'、'至死不变'是一个意思，都是肯定质的安定性……"在这一段话中用了墨子的语典3个，用了儒家的语典4个，然后将其对比分析剖析之，陈述自己的学术观点，阐释辩证法。给人以生动具体，便于理解之妙！

407.析孔子正名之意 道我党正名之实
——毛泽东在《致张闻天》信中所用典故探妙

用典缘起：

1939年2月20日，毛泽东因受张闻天之请，再次看了陈伯达的《孔子哲学》后，给张闻天致信。在信中用了下列典故。

典故内容：

望文生义。——书出第144页。典出同上一篇。

名不正则言不顺，言不顺则事不成。亦省作"名正言顺"。——书出第144、145页（三出）。典出《论语·子路》："名不正，则言不顺；言不顺，则事不成。"又见，宋人苏轼《太常少卿赵瞻可户部侍郎外制》："先王之论理财也，必继之以正辞，名正而言顺，则财可得而理，民可得而正。"又见，元人郑德辉《迷青琐倩女离魂》第2折："老夫人许了亲事，待小生得官回来，谐两姓之好，却不名正言顺。你今私自赶来，有玷风化，是何道理？"又见，《三国演义》第22回："必须数操之恶，驰檄各郡，声罪致讨，然后名正言顺。"又见，《红楼梦》第48回："他既说的名正言顺，妈妈就打量着丢了一千、八百银子，竟交与他试一试。"又见，清人钱彩《说岳全传》第34回："目今康王现在金陵即位，名正言顺。"又见，清人刘献廷《广阳杂记》卷1引王昆绳曰："二十一史中，两汉、晋、六朝、隋、唐皆曰书；南北、五代、宋、辽、金、元皆曰史。不知史乃官名，不可以名书也。虞、夏、商、周皆名书。而《史记》云者，史官所记也。名不正则言不顺，千年以来，无人发此义。"

移孝作忠。亦即"移孝为忠"。——书出第145页。典出《孝经·广扬名章》："君子之事亲孝，故忠可移于君。"又见，唐人张说《郑国夫人神道碑奉敕撰》："传云：去食存信，信而有征。经云：移孝为忠，孝则不匮。"

过犹不及。——书出第145页（两出）。典出同上一篇。

舜其大知也与，舜好问而好察迩言……执其两端用其中于民。——书出第146页。典出同上一篇。

回之为人也，择乎中庸得一善则拳拳服膺而弗失之。——书出第146页。典出同上一篇。

两端谓众论不同之极致……无过不及而道之所以行也。——书出第146页。典出宋人朱熹《四书集注·中庸》。

患得患失。——书出第147页。典出《论语·阳货》："鄙夫可与事君也与哉？其未得也，患得之；既得之，患失之。苟患失之，无所不至矣。"这段话的意思是说：有一次，孔夫子与其学生们，讲到应该与怎样的人共事时。他指出，可不要与那种品质不

好，庸俗而鄙陋之人共事。这样的人私心杂念过重。他们只会打着自己的小算盘。当他们尚未得到名利之时，他们就生怕自己得不到。当他们得到了之后，又生怕失去。当他们生怕失去时，为了保住自己的既得利益，他们就会挖空心思使出坏主意，以保住其既得之利益。又见，宋人汪应辰《廷试策》："而不贤者，往往旅进而旅退，患得而患失。"又见，宋人李吕《跋晦翁游大隐屏诗》："且知晦翁雅志，未尝不在泉石间，其视富贵，真若浮云。彼世之患得患失者，睹公之诗，能无愧乎？"又见，宋人胡宏《胡子知言·好恶》："故患得患失，无所不为。"又见，《宋史·王钦若等传赞》："竦阴谋猜阻，钩致成事，一居政府，排斥相踵，何其患得患失也！"又见，明人王守仁《徐昌国墓志》："此与世之谋声利，苦心焦劳，患得患失，逐逐终其身，耗劳其神气，奚啻百倍。"又见，清人梁启超《乐利主义泰斗边沁之学说》："货利之乐，往往心计经营，患得患失，其烦恼亦过于贫子。"

义者事之宜。——书出第148页。典出宋人朱熹《四书集注·孟子·梁惠王章句上》："仁者心之德爱之理；义者心之制事之宜也。"

一塌糊涂。——书出第148页。典出清人曾朴《孽海花》第30回："与其顾惜场面，硬充好汉，到临了弄的一塌糊涂，还不如一老一实，揭破真情，自寻生路。"又见，清人梁启超《教育与政治》："十年来的政治乃至其他各种公共事业为什么闹得一塌糊涂，病根就在欠这一点点。"

用典探妙：

毛泽东在这封约2600字的信中，计于12处用了典故。这封信中用典的最大特点当是：将典故语对比添加，以使论理有简洁、清晰、明白之妙。

比如在第144页中所用的"名正言顺"一典，毛泽东将"名不正则言不顺，言不顺则事不成"一典引出之后，为了在论说其"作为实践论来说是对的"时，选用了人们最易于理解的"没有正确理论就没有正确实践"与之对比，则世人便有一见就知"作为实践论来说是对的"的真谛所在之妙！而在论证"名不正则言不顺，言不顺则事不成"一典语，在"作为哲学的整个纲领来说是观念论"时，毛泽东则运用了添加之法，即毛泽东在这一典故语之前加上"实不明则名不正"，就去掉了"名不正则言不顺，言不顺则事不成"的片面性以及对于世人的误导。从而简单而明了地指出了我们正名与孔子正名的根本区别之所在。

408. "将来可倒置过来" "以社会科学为主"
——毛泽东在《致毛岸英、毛岸青》信中所用典故探妙

用典缘起:

毛泽东在多次收到毛岸英、毛岸青的信后,在日理万机的百忙之中,于1941年1月31日抽空回信。在信中用了下列典故。

典故内容:

得意忘形。——书出第166页。典出《晋书·阮籍传》:"嗜酒能啸,善弹瑟;当其得意,忽忘形骸。"又见,元人鲜于必仁《折桂令·画》:"得意忘形,眼兴迢遥。"

实事求是。——书出第166页。典出《汉书·河间献王传》:"河间献王德以孝景前二年立,修学好古,实事求是。"

用典探妙:

毛泽东在这封不足530字的信中,以殷切的期望与谆谆的教导之情给两个儿子去信。在信中虽说只用了两个典故,且都是局部性质的典故,但是,这两个典故同用一句话语之中,有强调接受恭维抬举的坏处与危险之妙!

毛泽东在谈到人在受到恭维抬举后的两种结果时,虽说是一分为二的、辩证的,但看一看他的用词的具体情况时,确实是在强调后者。特别是"得意忘形"与不"实事求是"同用于后者,不仅形象生动,而且展现了毛泽东对于儿辈的特别提醒与关爱。

409. "精兵简政为中心" "开会以后应检查"
——毛泽东在《致谢觉哉、陈正人》信中所用典故探妙

用典缘起:

1942年8月19日,毛泽东在《致谢觉哉、陈正人》的信中用了下列典故。

典故内容:

耳边风。亦即"耳旁风"。——书出第199页。典出唐人杜荀鹤《赠题兜率寺闲上人院》:"百岁有涯砂上雪,万般无染耳边风。"又见,清人李宝嘉《官场现形记》第53回:"我说的乃是金玉之言,外交秘诀,老哥,你千万不要当做耳旁风。"又见,《红楼梦》第8回:"我平日和你说的,全当耳旁风;怎么他说了你就依,比圣旨还快呢!"

用典探妙:

毛泽东在这封约200字的短信中只用了一个典故。这是一个极为通俗的典故。但是用在这封短信中,一方面强调了反对官僚主义、实行精兵简政的重要性,另一方面又对以往在这些工作方面的严重不足提出了批评。故"耳边风"一典的运用,有一击二鸣之妙!

410. "大益于中国人民" "精神决不会白费"
——毛泽东在《致郭沫若》信中所用典故探妙

用典缘起:

1944年8月下旬,郭沫若收到了周恩来捎给他的在延安给他出版的史论《甲申三百年祭》和史剧《屈原》的单行本之后,异常激动地给毛泽东写信表示感谢。1944年11月21日,毛泽东给他回信。在信中用了下列典故。

典故内容:

大手笔。亦即"大笔如椽"、"如椽大笔"、"如椽健笔"、"如椽笔"、"笔如椽"、"椽笔"。——书出第241页。典出《晋书·王珣列传》:"珣梦人以大笔如椽与之。既觉,语人云:'此当有大手笔事。'俄而帝崩,哀册谥议,皆珣所草。"又见,《新唐书·苏颋列传》:"(颋)自景龙后,与张说以文章显,称望略等,故时号燕、许大手笔。"又见,宋人邵雍《大字吟》:"诗成半醉正陶然,更用如椽大笔抄。"又见,宋人杨万里《谢邵德称示淳熙圣孝诗》:"古人浪语笔如椽,何人解把笔题天;昆仑为笔点海水,青天借作一张纸。"又见,宋人陆游《十二月十一日视筑堤》:"安得椽笔高始终,插江石崖坚可砻。"又见,宋人黄庭坚《寄题荣州祖元大师此君轩》:"公家周彦笔如椽,此君语意当能转。"又见,宋人辛弃疾《满江红·送李正之提刑入蜀》:"把功名,收拾付君侯,如椽笔。"又见,宋人张镃《观花诗》:"戈挥就借如椽笔,不信湖边日易沉。"又见,金·高永《大江东去·滕王阁》:"遥忆才子当年,如椽健笔,坐上题佳句。"又见,元人程钜夫《和寅夫惠教游鼓山》:"烦公更泚如椽笔,摹写云天不尽容。"又见,清人宣瘦梅《夜雨秋灯录·迦陵配》:"突见墨荷,惊为八大再来人。问谁之大手笔,髡某以生对。"又见,清人陶曾佑《论小说之势力及其影响》:"词清若玉,笔大如椽。"

一模一样。亦即"一般无二"。——书出第241页。典出元人高道宽《逍遥令》:"真大道,脱体做神仙。两个一般无二样,功成行满玉皇宣。鹤驾赴朝元。"又见,清人吴敬梓《儒林外史》第54回:"聘娘本来是认得的,今日抬头一看,却见他黄着脸,秃着头,就和前日梦里揪他的师姑一模一样,不觉就懊恼起来。"

兢兢业业。又作"兢兢翼翼"、"矜矜业业"、"业业兢兢"、"兢业"。——书出第241页。典出《尚书·皋陶谟》:"兢兢业业,一日二日万几。"又见,《诗经·大雅·云汉》:"兢兢业业,如霆如雷。"又见,《太公兵法》引皇帝语:"余居民上,摇摇,恐夕不至朝;慄慄,恐朝不及夕。兢兢业业,日慎一日。"又见,唐人韩愈《潮州刺史谢上表》:"早朝晚罢,兢兢业业,惟恐四海之内、天地之中,一物不得其所。"又见,元人汤式《一枝花·赠人同前意》:"友朋切切偲偲,礼法兢兢业业,规模念念孜孜。"又见，《红楼梦》第107回："过了些时，都邀了恩眷，那时兢兢业业治起家来，以赎前愆，奉养老太太到一百岁。"又见，魏陈思王植《卞太后诔》："恒劳庶事，兢兢翼翼，亲桑蚕馆。"又见，《三国志·王基传》："（司马景王新统政，基书戒之曰）天下至广，万机至猥，诚不可不矜矜业业，坐而待旦也。"又见，宋人陆游《修史谢丞相启》："备述巍巍荡荡之功，曲尽业业兢兢之指。"又见，唐人张九龄《曲江集·贺雨晴状》："伏惟陛下明德自广，兢业载怀。"又见，明人张居正《与南刑部谢泰东》："仆自当事以来，日夕兢业，惟恐蹈于矫枉之过。"

用典探妙：

毛泽东在这封不足530字的信中，计用了3个典故。这3个典故的运用，在信中各显特色。尤以"大手笔"一典的运用，独具精妙。

一是有紧切郭沫若身份特点之妙。

尽管郭沫若一身多任，担任着各种各样的显要职务，但是，人们一提及郭沫若，首先的一个印象：他是一位大诗人、大作家，总之是一个大文豪。毛泽东在这封信中称其为大手笔，从总体上有紧切其身份特点之妙。

二是"大手笔"一典，用之于此时的郭沫若，其内涵有特别丰富之妙。

抗战一开始，郭沫若在周恩来的直接领导之下，在从事各项抗日救亡事业的同时，撰写并发表了《屈原》、《虎符》、《棠棣之花》等历史剧和数量可观的诗文。完成了《韩非子批判》、《从周代农事诗到周代社会》等一批高质量的研究论文。这可以说，这就是"大手笔"的实指内涵之所在。

尤其是郭沫若在1944年3月间在重庆《新华日报》所发表的《甲申三百年祭》，在全国产生了轰动效应。蒋介石国民党反动派手下的一批御用文人，如陶希圣之流，利用他们手中的权力和他们所操纵的舆论工具，对郭沫若的《甲申三百年祭》进行了轮番的重点轰炸。毛泽东的一句"大手笔"，就是对这一伙御用文人的有力回击，也是"大手笔"一典的丰富内涵之所在；而在与此同时的延安，郭沫若的这篇《甲申三百年祭》则是另一种轰动效应："毛泽东高瞻远瞩，对《甲申》一文给予高度的重视。4月上旬，毛泽东先将《甲申》印成内部文本，供党的高级干部学习；同月18、19日，毛泽东又让延安《解放日报》对《甲申》进行全文转载，供党员干部讨论；5月下旬，毛泽东又让延安新华书店总店正式出版《甲申》单行本，作为整风运动的新的学习文件。不仅如此，4月12日，毛泽东在给共产党的高级干部作《学习与时局》的报告时，特别讲道：'近日我们印了郭沫若论李自成的文章，也是叫同志们引以为戒，不要犯胜利时骄傲的错误。'6月7日，中共中央宣传部和中央军委总政治部联合发出通知，号召党和军队的干部认真学习《甲申》，也特别指出：'首先是高级领导同志，无论遇到何种有利形势与实际胜利，无论自己如何功在党国，德高望重，必须永远保持清醒与学习的态度，千万不可冲

错头脑，忘其所以，重踏李自成的覆辙。' "（参见任昉《〈甲申三百年祭〉发表后的反响及其启示》，《团结报》2004年4月17日第3版）从上述对于《甲申》学习的日程安排和毛泽东对于《甲申》的高度评价可见，毛泽东在致郭沫若信中所用的"大手笔"一典，展现了我党我军及其伟大领袖光明磊落、勇于接受监督的广阔胸怀，同时也为典故"大手笔"在新的历史条件下赋予了崭新的内涵。是"大手笔"一典，在中国抗日战争进入到新的历史时期的精巧妙用！

411. "整个党在政治上" "现在是日见成熟"
——毛泽东在《致陈毅》信中所用典故探妙

用典缘起：

1944年10月间，新四军政委饶漱石利用整风之机攻击陈毅。11月上旬，毛泽东电召陈毅赴延安参加七大。在与毛泽东的谈话中，陈毅深受启发，于12月1日致信毛泽东，毛泽东便立刻回了这封信。在信中用了下列典故。

典故内容：

一通百通。当是由典故"一窍不通"、"一窍通，百窍通"、"一法通，百法通"化用而来。——书出第247页。典出《吕氏春秋·过理》："剖孕妇而观其化，杀比干而视其心，不道也。"汉人高诱注："纣性不仁，心不通，安于为恶，杀比干，故孔子言其一窍不通，若其通，则比干不见杀也。"又见，元人张国宝《罗李郎》第1折："阿，这老爹一窍也不通。"又见，清人李宝嘉《官场现形记》第56回："这位大人乃是一窍不通的，只得请了枪手，代为枪替。""一窍通，百窍通"。——典出《西游记》第2回："这是他弄的个法术儿，有何难也！我如今一窍通，百窍通，我也会弄。"又见，清人文康《儿女英雄传》第18回："先生便把丝弦、竹管、羯鼓、方响各样乐器，一一的教他。他一窍通，百窍通，会得更觉容易。"又见，清人李宝嘉《官场现形记》第57回："俗话说得好：'一法通，百法通。'他八股做得精通，自然办起事来亦就面面俱到了。"

迎刃而解。——书出第247页。典出《晋书·杜预传》："今兵威已振，譬如破竹，数节之后，皆迎刃而解。"又见，宋人王楙《野客丛书·韩信之幸》："其后以之取燕，以之拔齐，势如破竹，皆迎刃而解者。"又见，宋人释普济《五灯会元·黄龙南禅师法嗣》："知有底人於一切言句如破竹，虽百节当迎刃而解，讵容声於拟议乎。"又见，清人蒲松龄《聊斋志异·陆判》："着力如切腐状，迎刃而解。"又见，清人魏源《活篇七》："何谓大猷？批却导窾，迎刃而解，棋局一着胜千人百者是也。"

毛泽东妙用典故精粹

1124

用典探妙：

毛泽东以谈心的口气，以真挚亲切的语言写下了这封不足530字的短信，在信中计用了两个典故。这是两个十分普通而又常见常用的典故。这两个典故重在其比喻剀切、形象生动之妙。

陈毅遭饶漱石的污蔑，在赴延安时颇有含冤之气别离根据地，他这样写道："战斗相依久，初别意怆然。……知我二三子，情亲转无言。……明朝策骏马，萧瑟唯此心。……"（《赴延安留别华中诸同志》1943年11月）到了延安之后，由于毛泽东做了思想工作，陈毅的怨愤、猜测情绪得以消除。陈毅坚信"路遥知马力，日久见人心"。思想上的问题解决了。毛泽东在信中所用的"一通百通"和"迎刃而解"两个典故，正是陈毅当时思想情绪的真实写照。

412. "你长期不被信任" "但真金不怕火烧"
——毛泽东在《致刘昆林》信中所用典故探妙

用典缘起：

1945年在中共中央党校学习的刘昆林，因1928年曾脱党的问题受到过审查。于是他多次给毛泽东去信。毛泽东于1945年1月11日给他回信。在信中用了下列典故。

典故内容：

真金不怕火烧。亦即"真金任百炼"、"真金不怕火"。——书出第252页。典出明人姚夔《挽年尚书》："美玉冈纤疵，真金任百炼。"又见，明人天然知叟《石点头》卷4："真金不怕火烧，凭他调嘴何妨。"又见，清人名教中人《好逑传》第8回："你前日留了这铁公子在家养病，莫说外人，连我也有些怪你。谁知你们真金不怕火，礼则礼，情则情，全无一毫苟且之心，到如今才访知了，方才敬服。"又见，清人杨潮观《韩文公雪拥蓝关》："从来是这样人，偏有许多磨难。喜的是真金不怕火，他头顶儿上呵，他一道罡风迎浩气，直冲黑雾贯丹霄。"

用典探妙：

毛泽东在这封只有100余字的信中，只用了一个俗语形式的典故。虽说此典只是一句常见常用之语，但它饱含着毛泽东对一个同志的十分理解、高度信任、热情鼓舞和无限关怀之情、战友之爱。短短一句俗语典，有立起全篇书信主旨之妙！

413."先生诗慨当以慷" "我又引以自豪了"
——毛泽东在《致柳亚子》信中所用典故探妙

用典缘起:

毛泽东于1945年8月28日飞赴重庆参加国共谈判期间,与柳亚子频有兴晤。柳亚子亦多次赋诗赞颂毛泽东的大智大勇。10月4日,毛泽东在日理万机之中给柳亚子写了这封信。在信中用了下列典故。

典故内容:

诲人不倦。亦作"诲人不厌"。——书出第261页。典出《论语·述而》:"默而识之,学而不厌,诲人不倦,何有于我哉!"又见,唐人白居易《唐河南元府君夫人墓志铭序》:"家贫,无师以授业,夫人亲执诗书,诲人不倦,四五年间,二子皆以能经入仕。"又见,明人朱之瑜《答奥村庸礼书》:"不佞于孔子不啻天壤,独是诲人不倦之心,则于孔子无少间之也。"又见,《红楼梦》第48回:"黛玉笑道:'圣人说:"诲人不倦",他又来问我,我岂有不说的理!'"又见,《史记·孔子世家》:"其为人也,学道不倦,诲人不厌,发愤忘食,乐以忘忧。"

引为同调。——书出第261页。典出南朝宋人谢灵运《七里濑》:"谁谓古今殊,异代可同调。"又见,唐人李白《古风·齐有倜傥生》:"吾亦澹荡人,拂衣可同调。"又见,清人归庄《蒋路然诗序》:"余素以孤傲得狂名,路然之狂,不减于余,一见知心,引为同调。"

慨当以慷。——书出第261页。典出三国魏人曹操《短歌行》:"慨当以慷,忧思难忘。何以解忧,唯有杜康。"又见,清人侯方域《复倪玉纯书》:"与知己别来十年,而此书遭际,慨当以慷,乃有出于契阔之外者。"

陆游。——书出第261页。典出《宋史》等资料。陆游(1125—1210年),字务观,号放翁。山阴(今浙江绍兴)人。是南宋最为杰出的爱国诗人。隆兴初赐进士出身。曾遭秦桧所忌。桧死后,始为宁德主簿。孝宗即位,被任为枢密院编修。后知夔、严二州。后为范成大荐为参议官,以宝章阁待制致仕。陆游幼时即饱尝金兵南侵之苦。中年有9年戎马生涯,力图收复失地。虽壮志未酬,但报国信念不减。一生以其超人的才气写下不少诗作,留诗9000余首。多风格豪放清新之作,有写尽英雄本色之妙,属"慨当以慷"风格。这正如梁启超在其《题放翁集》诗中所写:"诗界千年靡靡风,兵魂销尽国魂空;篇中什九从军乐,亘古男儿一放翁!"存有《剑南诗稿》、《渭南文集》、《入蜀记》、《南唐书》、《天彭牡丹谱》、《老学庵笔记》、《放翁词》等作品存世。

陈亮。——书出第261页。典出《宋史》等资料。陈亮(1143—1194年),字同甫,学者称其为龙川先生。婺州永康(今属浙江)人。南宋思想家、文学家。绍熙进士第一。授签书建康府判官，未赴任即卒。陈亮一生力主抗金，为当权者所嫉，乃至被捕入狱。他才华横溢、豪气冲天、喜言兵事，诗作大义凛然，气势磅礴。词作豪放凌厉，甚于辛弃疾。故有云："龙川词实独具风格，其一种斩截痛快，雄放恣肆之气，又有非稼轩词所能并比者。龙川之词，干戈森立，如奔风逸足，直欲吞虎食牛，而语出肺腑，无少矫饰，实可见其胸襟怀抱。"（姜书阁：《陈亮龙川词笺注·陈亮龙川词笺注序》，人民文学出版社1980年9月版）诗名词名文名名震一时。属典型的"慨当以慷"一路风格。有《三国纪年》、《欧阳文粹》、《龙川文集》40卷、《龙川词》4卷存世。

用典探妙：

毛泽东在这封不足530字的短信中，计用了5个典故。这5个典故，均是谈论柳亚子诗作的。信以典故评诗起兴、以典故论诗作结，可谓有以典评诗论人之妙！

毛泽东开笔即以"诲人不倦"一典论及柳亚子之诗及信札，即有评诗论人论世事之妙，然后娓娓道及时局及倾诉情怀，赋出了富于哲理的、启人心智的名言："前途是光明的，道路是曲折的。"

结尾评柳亚子诗时，"引为同调"、"慨当以慷"、"陆游"、"陈亮"四典连用，高度评价了柳亚子诗的高妙、高明、大气、豪放风格。由于四典的连用，乃使用语特别简洁而超妙，暗揽曹操、陆游、陈亮三位大家"慨当以慷"的诗词风格特点于信札之中，将柳亚子的诗风形象而生动地映衬在读者的眼前，展现了毛泽东用典评人评诗论事的独到之妙！

414.见大雪填词一首 "于先生诗格略近"
——毛泽东在《致柳亚子》信中所用典故探妙

用典缘起：

因柳亚子曾向毛泽东索要诗句。1945年10月7日，毛泽东赠之以《沁园春·雪》，并附信。在信中用了下列典故。

典故内容：

赤膊上阵。亦即"赤体上阵"。——书出第263页。典出《三国演义》第59回："许褚性起，飞回阵中，卸下盔甲，浑身筋突，赤体提刀，翻身上马，来与马超决战。两军大骇。"

了如指掌。亦作"了若指掌"、"明若指掌"、"洞如指掌"。——书出第263页。典出《论语·八佾》："或问禘之说。子曰：'不知也。知其说者之于天下也，其如示诸斯乎！'指其掌。"三国魏人何晏《论语集解》引包咸曰："如指示掌中之物，言其易了。"《八佾》中的这段话的意思是说：有人问及禘礼（天子诸侯宗庙的夏祭）的规

定时，孔子（因其对鲁文公禘祭违礼不满）说，我不知道。知道禘礼规定的人在治理天下时，就像将东西放在这里一样明白吧！孔子边说边指着自己的手掌。又见，清人阎尔梅《知人论》："其言之使利害情形大势了如指掌者，其人必留心攻守之术、能御侮、治军旅者也。"又见，清人俞万春《荡寇志》第103回："虽未出兵打仗，而战阵攻取之法，了如指掌。"又见，清人许旭《闽中纪略》："洋洋二千余言矣，大抵首事势，次粮饷，次兵将，次间谍，次外国，聚米画沙，了如指掌。"又见，《宋史·道学传序》："（周敦颐）作《太极图说》《通书》，推阴阳五行之理，命于天而性于人者，了若指掌。"又见，唐人陆贽《论裴延龄奸蠹书》："又有御史监临，旬旬相承，月月相继，明若指掌，端如贯珠。"又见，清人李清《三垣笔记·弘光》："（张）有誉不与（朱国弼）辨，惟历陈漕事原委，洞如指掌，国弼一语不能对。"

置之脑后。——书出第263页。典出清人李宝嘉《文明小史》第6回："孔黄二人自问无愧，遂亦置之脑后。"

用典探妙：

这是毛泽东在赠《沁园春·雪》与柳亚子时，词的前面附有这封不足200字的短信中，除了提及赠《沁园春·雪》之外，主要是论及斗争策略，所用的3个典故，均是有效地表达了对敌斗争所应取的态度。这3个典故语凸显于这封短信之中，对于对蒋介石国民党反动派作斗争时有急躁情绪的柳亚子来说，均有提醒与强调之妙。

415．"国民党骂人之作" "鸦鸣蝉噪" 可喷饭
——毛泽东在《致黄齐生》信中所用典故探妙

用典缘起：

1945年12月29日，毛泽东致信王若飞的舅父、教育家黄齐生老人。在信中用了下列典故。

典故内容：

喷饭。亦即"可以喷饭"、"令人喷饭"。——书出第264页。典出宋人苏轼《文与可画筼筜谷偃竹记》："……筼筜谷在洋州，与可尝令予作《洋州三十咏》，《筼筜谷》其一也。予诗云：'汉川修竹贱如蓬，斤斧何曾赦箨龙。料得清贫馋太守，渭滨千亩在胸中。'与可是日与其妻游谷中，烧笋晚食，发函得诗，失笑喷饭满案。"这里的"失笑喷饭"，是指文与可看到诗中的"料得清贫馋太守，渭滨千亩在胸中"这一嬉戏之语，正好言中自己与妻子在谷中"烧笋晚食"，令其"失笑喷饭满案"。这里的"喷饭"并无讥讽之意，却是契合那亲密无间的友情的展现。又见，宋人惠洪《冷斋夜话》卷2："一座大笑，喷饭满案。"又见，清人周亮工《书影》："今人演《武三思素娥》

杂剧,鄙俚荒唐,见之令人喷饭。"又见,清人壮者《扫迷帚》第12回:"就中幻说惑人,足令人喷饭者,莫如对脐一事。"

用典探妙:

毛泽东在这封仅约120字的短信中,只用了一个典故。此典之妙,妙在一典能敌万言,有对攻击者的无耻谰言给以讽刺蔑视之妙。

自从毛泽东的《沁园春·雪》在重庆被传抄出来之后,整个山城轰动了,整个中国诗界也轰动了。一切主张进步的人们对于这首雄视古今、独步百代的绝妙词作,由衷地推崇、赞许、感奋,众口一辞地赞叹不已;而以蒋介石为首的反动派则惶恐无措、气急败坏、大肆发难,利用他们手中的所有权力、所有的舆论工具,连篇累牍攻击诬蔑,其势汹汹,乃至辱骂。对此,毛泽东以"喷饭"一典总括回击之,对其丑恶面目极尽讽刺轻蔑之意。

416."心上温馨生感激" "归来絮语告山妻"
——毛泽东在《致柳亚子》信中所用典故探妙

用典缘起:

1946年1月28日,毛泽东致信柳亚子,在信中用了下列典故。

典故内容:

慷慨陈词。亦作"陈词慷慨"、"慷慨陈义"、"慷慨直辞"、"抗言陈词"。——书出第267页。典出清人潘德舆《养一斋诗话》:"元末群盗纵横,时事不堪言矣。诗家慷慨陈词,多衰飒无余地。"又见,清人顾炎武《答原一公肃两甥书》:"酸枣之陈词慷慨,尚记臧洪;睢阳之断指淋漓,最伤南八。"又见,宋人陆九渊《荆国王文公祠堂记》:"元丰之末,附丽匪人,自为定策,至造诈以诬首相,则畴昔从容问学,慷慨陈义,而诸君子之所深与者也。"又见,宋人晁冲之《夷门行赠秦夷仲》:"一生好色(司)马相如,慷慨直辞犹谏猎。"又见,《宋书·王弘传》:"弘又表曰:'……但成旨已决,涣汗难反,加臣懦劣,少无此志,进不能抗言陈词,以死自固……'"

快何如之。——书出第267页。典出南朝人江淹《别赋》:"春草碧色,春水绿波,送君南浦,伤如之何。""快何如之"当是由"伤如之何"反义而成之佳句。

心上温馨生感激,归来絮语告山妻。——书出第267页。典出柳亚子《毛主席招谈于红岩嘴办事处,归后有作,兼简恩来、若飞》:"后车载我过磻溪,骏骨黄金意岂迷。兴汉早闻三足鼎,封秦宁用一丸泥。最难鲍叔能知管,倘用夷吾定霸齐。心上温馨生感激,归来絮语告山妻。得坐光风霁月中,矜平躁释百忧空。与君一席肺肝语,胜我十年

萤雪功。后起多才堪活国，颓龄渐老意犹童。中山卡尔双源合，天下英雄见略同。"

相期为国。——书出第267页。典出《左传·昭公元年》："叔孙归，曾夭御季孙以劳之。旦及日中，不出。曾夭谓曾阜曰：'旦及日中，吾知罪矣。鲁以相忍为国也。忍其外，不忍其内，焉用之？'"国"相期为国"当由"相忍为国"换字而成。

用典探妙：

毛泽东在这封不足200字的短信中，计用了4个典故。从用典的数量来说，算是颇多的。柳亚子当时担任反对蒋介石独裁卖国政策的三民主义同志联合会文教委员会主任委员，并在纪念"一二·一"运动中牺牲的昆明南菁中学教员于再追悼会上发言。毛泽东连用"慷慨陈词"、"快何如之"赞扬柳亚子那种富于正义之感、敢于向反动势力作斗争的革命精神。这两个典故的运用，极富形象性之妙！

在谈完对敌斗争之后，信中说及私人关系、私人交往。毛泽东巧用柳亚子赠诗中那写得特别质朴、清新、畅达、形象生动、人情味十足的"心上温馨生感激，归来絮语告山妻"于信中，一有再次重温二人情感之妙，二有表达答谢受赠后的感激、亲切之妙。

417."所以限制的斗争" "将是经常不断的"
——毛泽东在《致刘少奇》信中所用典故探妙

用典缘起：

1948年10月26日，毛泽东在看完刘少奇对中共中央修改过的张闻天《关于东北经济构成及经济建设基本方针的提纲》后，给刘少奇写了这封信。在信中用了下列典故。

典故内容：

国计民生。亦即"民生国计"。——书出第306页（四出）。典出《荀子·富国》："如是，则上下俱富，交无所藏之，是知国计之极也。"又见，《左传·宣公十二年》："民生在勤，勤则不匮。""国计"与"民生"合而成典。又见，宋人郑兴裔《请罢建康行宫疏》："伏望敕下留司即罢其役，国计民生幸甚！"又见，《明史·王家屏传》："天灾物怪，罔彻宸聪，国计民生，莫关圣虑。"又见，《明史·刘健传》："忧在于民生国计，则若罔闻知，事涉于近幸贵戚，则牢不可破。"

用典探妙：

毛泽东在这封仅160余字的信中，四次重用"国计民生"这一成语形式的典故，有凸显和强调"限制私人资本"的严格政策界线之妙。

418．"亿兆后起的人民" "表现了英雄气概"
——毛泽东在《致李济深、沈钧儒、马叙伦、郭沫若等》信中所用典故探妙

用典缘起：

李济深、沈钧儒、马叙伦、郭沫若等56人，是一批有影响的爱国人士。他们于1949年2月1日联名致信毛泽东。毛泽东于2月2日给他们回信。在回信中用了下列典故。

典故内容：

前仆后继。亦作"前仆后踣"、"前仆后颠"、"前仆后起"。——书出第317页。典出宋人王楙《野客丛书·后宫嫔御》："情欲之不可制如此，故士大夫以粉白黛绿丧身殒命何可胜数，前仆后继，曾不知悟。"又见，清人岭南羽衣女士《东欧女豪杰》第1回："总是临机应变，因势而施，前者仆，后者继，天地悠悠，务必达其目的而后已。"又见，同书第2回："又说这去生死难知，总要前仆后继。"又见，清人秋瑾《吊吴烈士樾》："可怜懵懵天竟瞽，致使英雄志未伸……前仆后继人应在，如君不愧轩辕孙！"又见，《清史稿·曾国荃传》："贼环攻六昼夜，彭毓橘等乘其乏出击，破贼营四。贼悉向东路，填壕而进，前仆后继。"又见，唐人孙樵《祭梓潼帝君文》："跛马愠仆，前仆后踣。"又见，明人沈德符《万历野获编·武宗游幸之始》："枵腹之众，奔趋赴家，前仆后颠，互相蹂践。"又见，清人黄宗宪《近世爱国志士歌序》："而有志之士，前仆后起，踵趾相接，视死如归。"

锦绣山河。亦作"山河锦绣"、"锦绣湖山"、"锦绣江山"。——书出第317页。典出宋人杨万里《寄贺建康留守范参政端明》："春生锦绣山河早，秋到江淮草木迟。"又见，元人戴良《秋兴五首（其二）》："王侯第宅苍茫外，锦绣山河感慨中。"又见，清人曾朴《孽海花》第1回："正是华丽境域，锦绣山河，好不动人歆羡呀！"又见，唐人杜甫《清明二首（其二）》："秦城楼阁烟花里，汉主山河锦绣中。"又见，宋人俞德邻《癸未游杭，因事怀旧，杂以俚语，不复诠择四首（其一）》："十年南国足风埃，锦绣湖山得再来。"又见，元人赵孟頫《金陵怀古》："烟花楼阁西风里，锦绣湖山落照中。"又见，宋人王十朋《禹庙歌》："吴越国王三节还，尽将锦绣裹江山。"又见，元人白朴《梧桐雨》第2折："统精兵直指潼关，料唐家无计遮拦，单要抢贵妃一个，非专为锦绣江山。"又见，清人钱彩《说岳全传》第47回："不听忠言，信任奸邪，将一座锦绣江山，弄得粉碎。"

同德同心。亦即"同心同德"。——书出第318页。典出《尚书·泰誓中》："受（纣）有亿兆夷人，离心离德。予有乱臣十人，同心同德。"唐人孔颖达疏："《释诂》云，乱，治也。故谓我治理之臣有十人也。十人皆是上智，咸识周是殷非，故人数

虽少而心能同，同佐武王，欲共灭纣也。"又见，《国语·晋语》："同德则同心，同心则同志。"

再接再厉。亦即"再接再砺"。——书出第318页。典出唐人韩愈《昌黎先生集·斗鸡联句》："争扑深未解，嗔睛时未息；一喷一醒然，再接再砺乃。"

用典探妙：

毛泽东在这封不足1000字的信中，计用了4个典故。其中有的是成语形式的典故。这些典故的运用，在信中展现了如下之妙。

一有抚今追昔、抒发感慨之妙。

毛泽东在列出56位民主人士的大名之后，立刻将当今即将彻底胜利的中国人民的解放事业与中国人民百余年来的革命事业联系起来，其中"前赴后继"、"锦绣山河"两个成语形式的典故嵌入其中，将中国共产党人与全国人民和各民主党派的共同奋斗目标紧密地联系一起，既有共同抚今追昔之感，又有共同分享即将取得彻底胜利果实愉快心情之妙。展现了中国共产党人的伟大胸怀。

二有警惕阴谋、共进共勉之妙。

毛泽东在信的结尾，以其精妙的文字揭露残敌的阴谋。他以富于气势、铿锵有力的语言、形象而生动地描写道："求喘息谓为求和平，待外援名曰待谈判。"其表现形式是："口诵八条，手庇战犯，眼望美国，脚向广州。"面对此种情景，毛泽东连用"同德同心"，"再接再厉"两个典故，再一次将中国共产党人与全国革命人民和各民主党派，要高度警惕、共进共勉地努力完成共同所要奋斗的目标凸显出来。

419. "某同志妄评大著" "望先生出以宽大"
——毛泽东在《致柳亚子》信中所用典故探妙

用典缘起：

在收到柳亚子的来信和作品后，毛泽东于1949年5月21日致信柳亚子。在信中用了下列典故。

典故内容：

惠我琼瑶。——书出第321页。典出《诗经·卫风·木瓜》："投我以木瓜，报之以琼琚。匪报也，永以为好也！ 投我以木桃，报之以琼瑶。匪报也，永以为好也！ 投我以木李，报之以琼玖。匪报也，永以为好也！""琼瑶"，系赤色美玉。毛泽东将诗经《木瓜》中的诗意提炼成"惠我琼瑶"一典。

不以为然。——书出第321页。典出宋人杨万里《宋故少保左丞相郇国余公墓铭》："宣教郎王定国者，以宜都市御之功得官。宰掾修怨诬之，以为伪官，白之中书。时宰主之独参政。周公必大，不以为然。"又见，明人冯梦龙《醒世恒言》卷34："那僧不以为然，想着：'这罐子有多少大嘴，能容得车儿？明明是说谎。'"

醉尉夜行。亦即"霸陵醉尉"、"霸陵尉"、"霸陵呵夜"。——书出第321页。典出《史记·李将军列传》："顷之，家居数岁。广家与故颍阴侯孙屏野居蓝田南山中射猎。尝夜从一骑出，从人田间饮。还至霸陵亭，霸陵尉醉，呵止广。广骑曰：'故李将军。'尉曰：'今将军尚不得夜行，何乃故也！'止广宿亭下。居无何，匈奴入杀辽西太守，败韩将军，后韩将军徙右北平。于是天子乃召拜广为右北平太守。广即请霸陵尉俱，至军而斩之。"又见，北周·庾信《周大将军怀德公吴明彻墓志铭》："霸陵醉尉，侵辱可知；东陵故侯，生平已矣。"又见，宋人苏轼《铁钩行赠乔太博》诗："明年定起故将军，未肯先诛霸陵尉。"又见，宋人辛弃疾《贺新郎·又和三山雨中游西湖》词："千骑而今遮白发，忘却沧浪亭树。但记得，霸陵呵夜。"

射虎将军右北平，只今乘醉夜难行，芦沟未落登埠月，易水还流击筑声。——书出第321页。此诗用了多个典故。一二句即用了《史记·李将军列传》中的典故。

英雄所见，略有不同。亦即"英雄所见略同"的变用。——书出第321页。典出《三国志·蜀书·庞统传》南朝宋人裴松之注引《江表传》："天下智谋之士，所见略同耳。"又见，宋人高斯得《耻堂存稿·莫恃势行》："奇哉天下士，英雄见略同。"又见，宋元间无名氏《五代史平话·汉史上》："（刘知远曰）公（郭威）之谋，与吾意暗合，可谓英雄所见相同也！"又见，清人文康《儿女英雄传》第16回："自来说英雄所见略同。"又见，清人曾朴《孽海花》第11回："您们听这番议论，不是与剑云的议论，倒不谋而合的。英雄所见略同，可见这里头是有这么一个道理。"

用典探妙：

毛泽东这封不足530字的短信，写得十分幽默而且富有情趣，达到了开解柳亚子的思想情绪，规劝其搞好与各方面的关系的效果。之所以有如此精妙的效果，与毛泽东妙用的5个典故颇有关系。

用典有拉近与老友之间的感情距离与见解之妙。

主要展现在其中的"惠我琼瑶"、"不以为然"、"英雄所见，略有不同"3个典故的运用上，毛泽东借此3典的运用，将自己的感情距离、见解都与柳亚子拉到了非常之近的地步，展现了毛泽东对老友的一片深情厚谊。这是毛泽东用典之妙独特之处的表现。

用典有"诗家语言互通"之妙。

而更为精妙的是"醉尉夜行"一典与"射虎将军右北平……"诗典的运用。有"诗家语言互通"之妙。这就更有利于做柳亚子的思想政治工作。

何谓"诗家语言互通"之妙？柳亚子的《感事呈毛主席一首》是其正式发表稿，即修改稿。可其原稿是："开天辟地君大健，信仰依违我大难。醉尉夜行呵李广，无车弹

毛泽东妙用典故精粹

铗怨冯驩。周旋早悔平生拙，生死宁忘一寸丹！安得南征驰捷报，分湖便是子陵滩。"（李海珉：《读柳亚子〈感事呈毛主席〉手稿札记》，《苏州大学学报·哲学社会科学版》1998年第2期）毛泽东在1937年6月25日致何香凝的信中称柳亚子是有骨气的旧文人，是人中麟凤；在1945年10月4日致柳亚子的信中，称柳亚子诗慨当以慷，卑视陆游陈亮，读之使人感发兴起；毛泽东在1945年10月7日致其信中，甚至称自己的诗词与柳亚子的信中称其诗与己诗的诗格略近。而现在居然有某同志妄评其著，在柳亚子这位诗坛老将看来，这简直是遭醉尉之辱。故以"醉尉夜行呵李广"喻指有某同志妄评其诗文事，可谓妙绝。毛泽东在致柳亚子信中两次用上了"醉尉夜行"一典，从某种意义上说来，这就是对柳亚子的"醉尉夜行呵李广"一典的重用，也可以说是诗词大家的语言互通之妙。这种互通，非同一般。一方面，可以说是对柳亚子的一种尊重。另一方面，从毛泽东在信所论及的"醉尉夜行"事来看，同时也是对柳亚子的一种绝妙的教育！这就是说，在革命的新形势下，在百废待举之际，发生"将军难行"之类的事，不足为怪，遇有"难行"者，不管是妄评大著也好，或是待遇一时不周也好，均应泰然处之才是。这也是对于老朋友的绝妙规劝以求体谅的由衷之言。

420."骏骨未凋"生气在 "尊著旧诗尚祈"多
——毛泽东在《致周世钊》信中所用典故探妙

用典缘起：

毛泽东在收到好友周世钊的电报、书信后，于1949年10月15日回信周世钊。在信中用了下列典故。

典故内容：

骏骨。亦即"骏马骨"。——书出第345页。典出《战国策·燕策》："郭隗先生曰：'臣闻古之君人有以千金求千里马者，三年不能得。涓人言於君曰："请求之。"君遣之，三月，得千里马，马已死，买其首五百金，反以报君。君大怒曰："所求者生马，安事死马而捐五百金？"涓者曰："死马且买之五百金，况生马乎？天下必以王能市马，马今至矣。"於是不能期年千里马至者三。今王诚欲致士，先从隗始，隗且见事，况贤於隗者乎，岂远千里哉！'於是昭王为隗筑宫而师之，乐毅自魏往，剧辛自赵往，士争凑燕。"这就是"骏骨"的由来。"骏骨"即千里马也。又见，汉人孔融《论盛孝章书》："燕君市骏马之骨，非欲以骋道里，乃当以招绝足也。"又见，南朝梁人任昉《天监三年策秀才文》："朕倾心骏骨，非惧真龙，辐骈青紫，如拾地芥。"又见，唐太宗李世民《咏饮马》："骏骨饮长泾，奔流洒络缨。"又见，唐人李白《经乱离后，天恩流夜郎，忆旧游书怀赠江夏韦太守良宰》诗中有云："揽涕黄金台，呼天哭昭王。无人贵骏骨，骈耳空腾骧。乐毅傥再生，于今亦奔亡。蹉跎不得意，驱马还贵乡。"又见，宋人辛弃疾《贺新郎·同父见和再用韵答之》："汗血盐车无人顾，千里空收骏骨。"又见，元人刘时中《代马诉冤（双调·新水令）》："命乖我自知，眼见的千金骏骨无人贵。"又见，清人袁枚《与汪可舟书》："悠悠人也，本少知音，骏骨牵盐，玄文覆酱……文人之所以没没人间，含光隐耀者，身列布衣，未遇真知风雅之人故也。"又见，清人黎简《答同学问仆》诗："吾希御风返，谁与恃源往？自非骏马骨，焉得蒙上赏。"

多多益善。——书出第345页。典出《史记·淮阴侯列传》："上问曰：'如我，能将几何？'信曰：'陛下不过能将十万。'上曰：'于君何如？'曰：'臣多多益善耳。'"

民生憔悴。——书出第345页。典出《孟子·公孙丑上》："民之憔悴于虐政，未有甚于此时者也。"

用典探妙：

毛泽东在这封不足530字的短信中，计用了3个典故。这3个典故的运用之妙与前面一封信一样。

一是有对好友以赞扬、鼓励和充满着感情与殷切的期待之妙。

其中3个典故尤以"骏骨"一典内涵特别丰富。

"骏骨"一典，一是有赞扬周世钊是"千里马"式的才华横溢的人物之妙，有赞扬其革命精神、为人民服务的精神有增无减之妙。这从信中是完全可以体味出来的。

二是有勾连周世钊诗的诗情、增强革命友情、鼓舞战友之妙。

周世钊虽未与毛泽东一道转战南北，但是他的心与毛泽东自始至终是相通相随的。1946年初，他在各种困难的打击下，在国民党、三青团骨干教师的排挤下，写下了《七律·感愤》以示反击。其诗云："人世纷纷粉墨场，独惊岁月去堂堂。沐猴加冕终贻笑，载鬼同车亦自伤。卅载青毡凋骏骨，九州明月系离肠。烟尘满眼天如晦，我欲高歌学楚狂。"（参见周彦瑜、吴美潮：《毛泽东与周世钊》，吉林人民出版社1993年版，第101——102页）诗中有"凋骏骨"一语，而毛泽东在信中则谓："兄为一师校长，深庆得人，可见骏骨未凋，尚有生气。"这既与周世钊诗的诗情勾连，更是对他的鼓舞、勉励，真可谓拳拳友情，鼓励、关怀、鞭策备至！

421. "四日信早已收到" "字册便时当代询"
——毛泽东在《致柳亚子》信中所用典故探妙

用典缘起:

1949年12月2日,毛泽东回了柳亚子一信,在信中用了下列典故。

典故内容:

周公。——书出第352页。典出《史记》等资料。周公,姬姓,是周武王之弟,名旦。又称周公旦。是西周初年的大政治家。《史记·周本纪第四》:"武王即位,太公望为师,周公旦为辅。"在陕西岐山县城北建于唐代的《周公庙》有无名氏联赞其功勋云:"官礼功成,宗国馨香传永世;图书象演,尼山统绪接前型。"

周公确有吐握之劳。亦即"周公吐哺"、"吐哺握发"、"握发吐哺"、"握发吐餐"、"吐哺捉发"、"吐哺"、"握发"、"吐握"、"三哺"。——书出第352页。典出西汉人韩婴《韩诗外传》卷3:"成王封伯禽于鲁,周公诫之曰:'往矣!子其无以鲁国骄士。吾文王之子,武王之弟,成王之叔父也,又相天子,吾于天下亦不轻矣。然一沐三握发,一饭三吐哺,犹恐失天下之士。'"又见,《吕氏春秋·谨听》:"昔者禹一沐三捉发,一食而三起,以礼有道之士,通乎己之不足也。"又见,汉人无名氏《汉乐府·君子行》:"周公下白屋,吐哺不及餐,一沐三握发,后世称圣贤。"又见,三国魏人曹植《君子行》:"周公下白屋,吐哺不及餐,一沐三握发,后人称圣贤。"又见,唐人韩愈《后二十九日复上(宰相)书》:"今虽不能如周公吐哺握发,亦宜引而进之,察其所以而去就之,不宜默默而已也。"又见,宋人陆游《谢费枢密启》:"虽吐哺握发之劳,曾靡遗于一士;然引坐解颜之遇,顾岂在于他人。"又见,《宋书·张畅传》:"孝伯曰:'周公握发吐哺,二王何独贵远?'畅曰:'握发吐餐,本施中国耳。'"又见,唐人陆贽《兴元论解姜公辅状》:"陛下握发吐哺之日,宵衣旰食之辰,士无贤愚,咸宜录用;言无大小,皆务招延,固不可复有忤逆之嫌、甘辛之忌也。"又见,南朝宋人何承天《宋鼓吹铙歌·思悲公篇》:"万国康,犹弗已。握发吐餐,下群士。惟我君,继殷周。"又见,唐人韩愈《后二十九日复上(宰相)书》:"(周公)将不暇食与沐矣,岂特吐哺捉发为勤而止哉!"又见,《后汉书·马援传》:"天下雄雌未定,公孙(述)不吐哺迎国士,与图成败,反修饰边幅,如偶人形,此子何足久稽天下士乎?"又见,三国魏人曹操《短歌行》:"山不厌高,海不厌深。周公吐哺,天下归心。"又见,唐人钱起《送任先生任唐山丞》:"上公频握发,才子共垂帷。"又见,汉人王褒《圣主得贤臣颂》:"昔周公躬吐握之劳,故有圉空之隆。"又见,唐人白居易《和微春日投简五十韵》:"重士过三哺,轻才抵一铢。"

用典探妙：

毛泽东在这封不足90字的短信中，实际上只用了一个典故。这个典故的运用，有类比精切、出语幽默之妙。

时任中央人民政府委员和政务院文化教育委员会委员的柳亚子，在1949年的一天，曾将《羿楼纪念册之一》送请毛泽东等领导人题字。这年11月4日给毛泽东去信问及题字之事与筹建中央文史馆的问题。此事毛泽东交由周恩来去办理。而周恩来又太忙。故而毛泽东说出了"周公确有吐握之劳，或且忘记了"的话。

这里所用的是一个精妙的典故。此典之妙，妙在类比精切而又幽默。

一是因姬旦采邑在周，被称为周公。周公之周与周恩来之姓妙相切合。

二是周公所处之身份地位与周恩来所处之身份地位均较为相当且特别繁忙，周公与周恩来均是国家栋梁之材。他们都在为国事操劳着，这就是所谓类比精切之妙。

然周公与周恩来却是两种社会、两种不同制度下的英雄人物，其原则上又是不能相比拟的，故而这是毛泽东以切名切事的用典手法运用"同中显趣"的幽默的方式，肯定和赞扬周恩来不知疲劳地为党为人民忘我地工作着，让读者穿越中华人类文明的时光隧道，让当今周公之辉煌比照那昔日周公之成就，给人以不可忘怀的印象！

1137

422. "但最困难的人民" "尽可能给以照顾"
——毛泽东在《致毛逸民》信中所用典故探妙

用典缘起：

1950年5月8日，毛泽东给毛逸民回信。在信中用了下列典故。

典故内容：

青黄不接。——书出第364页。典出宋人欧阳修《言青苗第二劄子》："若夏料钱于春中俵散，犹是青黄不接之时。"又见，宋人彭龟年《乞权住湖北和籴疏》："臣已令本府将现籴未足米数，权且住籴，以待回降，庶使青黄不接之交，留得此米，接济百姓。"又见，清人翟灏《通俗编》："元典章，诏云：即目正是青黄不接之际。按黄谓旧谷，青谓新秋。"

用典探妙：

毛泽东在这封不足530字的信中，只用了一个典故。这是一个局部性质的典故，一方面，它对句子起一种修饰作用，十分准确地告知了对于"最困难的人民"，"应当尽可能给以照顾"三种情况之一；另一方面，它反映了党和政府以及人民领袖，将人民的冷暖牢记心中，并努力采取措施以解决之情况。

423. "采取了一个步骤" "剥夺敌方的借口"
——毛泽东在《致黄炎培》信中所用典故探妙

用典缘起：

1951年7月15日，毛泽东给黄炎培的回信中用了下列典故。

典故内容：

能战然后能和。亦即"能战能和"。——书出第416页。典出《三国演义》第100回："汉丞相、武乡侯诸葛亮，致书于大司马曹子丹之前：窃谓夫为将者，能去能就，能柔能刚；能进能退，能弱能强。"又见，清人申涵煜《省心短语》："能守而后可战，能战而后可和。""能战然后能和"，当是由上述句式推演浓缩其意而来。

用典探妙：

毛泽东在这封不足100字的短信中，只用了一个典故。此典看似是一个十分平常的典故，可它深含哲理之妙，十分辩证地阐明了"战"与"和"两者之间的关系。具体对美国侵略者来说，就是只有在战场上击败了它，才能谈得上"和谈"的问题，"和谈"才会有利。

古有名言：败军之将，何以言勇。同样，战而败者，只能是受辱，何言和谈条件。旧中国的近百年史，教训惨痛。战败言和，结果只能是赔款、割地求和这就是令人为之心痛的明证！

424. "私营问题的中心" 和公营问题一样
——毛泽东在《致黄炎培、陈叔通》信中所用典故探妙

用典缘起：

1953年5月15日，毛泽东在致黄炎培、陈叔通的信中用了下列典故。

典故内容：

迎刃而解。——书出第459页。典出《晋书·杜预传》："今兵威已振，譬如破竹，数节之后，皆迎刃而解，无复著手处也。"

用典探妙：

毛泽东在这封不足100字的短信中，只用了一个典故。此典运用之妙，在于言简意赅地点明了"民主改革与增产节约"和"劳资关系等问题"二者之间，在处理过程中的先后与轻重关系。

425. "不至于要见上帝" "然而甚矣吾衰矣"
——毛泽东在《致宋庆龄》信中所用典故探妙

用典缘起：

1956年的元旦，为了表达对毛泽东的新年祝福，宋庆龄给毛泽东寄了一张贺年卡。毛泽东在收到贺年卡之后，于1月26日给宋庆龄写了这封信。在信中用了下列典故。

典故内容：

甚矣吾衰矣。——书出第508页。典出《论语·述而》："子曰：'甚矣吾衰也，久矣吾不复梦见周公。'"又见，宋人赵鼎臣《念奴娇》："量减杯中，雪添头上，甚矣吾衰矣。酒徒相向，为言憔悴如此。"又见，宋人辛弃疾《贺新郎》："甚矣吾衰矣，怅平生交游零落，只今余几？"又见，宋人刘克庄《水龙吟·己亥自寿二首》："吾衰久矣，我辰安在，老之将至。"

用典探妙：

毛泽东在这封信中，以聊家常的语言，谈及生活琐事，给人以平易亲切、温暖如春之感。在信将结尾之时，毛泽东出语不凡地用了一个典故，这就是"甚矣吾衰矣"。这本是前贤自叹衰老、略显悲慨惆怅之词，但毛泽东此典是承接"我仍如旧，十分能吃，七分能睡。最近几年大概还不至于要见上帝"而说的，所以此典用在这里，细细品味，并不见感伤之情，反而使语势顿颇起波澜，平易中显现出奇特，进而展现了一个革命者的豁达大度、幽默与风趣之妙！

426. "应以新诗为主体" "旧诗可以写一些"
——毛泽东在《致臧克家等》信中所用典故探妙

用典缘起：

1957年1月12日，毛泽东在致当时任中国作家协会书记处书记、诗刊主编臧克家等同志的信中用了下列典故。

典故内容：

谬种流传。——书出第520页。典出《宋史·选举志二》："所取之士既不精，数年之后，复俾之主文，是非颠倒逾甚，时谓之谬种流传。"又见，明人焦竑《与友人论文书》："谬种流传，浸以成习。"又见，明人汤显祖《答门人邓君迁》："闻君迁笃明无上之理……第时课穿杂，谬种流传，纵浚发于慧心，或取惊于拙目。"又见，清人恽敬《与饶陶南》："然有可解者，谬种流传已数十年。"又见，清人梁启超《变法通论·论科举》："后人废其学校之阔议，而沿其终义之编制，谬种流传，遗毒遂日甚一日。"

用典探妙：

毛泽东在这封致臧克家等同志的短信中只用一典，这个典故的运用，异常精妙。

一是有有效地展现了毛泽东的诗格和人格之妙。

凡是对毛泽东诗词有所研究的人都知道：在中国共产党中所涌现的这个诗人群体中，毛泽东的旧体诗词是最富特色的，是世所公认写得最好，而毛泽东却说自己的诗针对是旧体来说是"谬种流传"，是荒谬的或说是有错误的。一方面，是毛泽东对自己诗作评定的一种谦虚和谨慎态度的表示。另一方面，也是毛泽东"诗难，不易写，经历者如鱼饮水，冷暖自知，不足为外人道也"（1959年9月7日毛泽东《致胡乔木同志》）的一种富于形象的艺术表达。

二是有有效地强调应提倡写新诗之妙。

"诗当然应以新诗为主体，旧诗可以写一些"，可以说，这就是毛泽东的诗歌主张，也是《诗刊》的刊旨之所在，亦是毛泽东新中国诗歌事业殷切期望。在毛泽东寄去其18首旧体诗词即将发表之际，毛泽东以典故"谬种流传"来评说旧体诗词"体裁束缚思想，又不易学"，这也是对于某些人迷恋旧体诗词的一种警省与提醒。

427. "你不感到寂寞吧？" "你可看点理论书"
——毛泽东在《致林克》信中所用典故探妙

用典缘起：

1957年8月4日，毛泽东致信其秘书林克时，在信中用了下列典故。

典故内容：

如倒啖蔗，渐入佳境。亦即"佳境渐入"、"啖蔗入佳境"、"倒餐蔗"、"啖蔗"、"啖蔗过尾"。——书出第530页。典出南朝宋人刘义庆《世说新语·排调》："（顾恺之）每食蔗，自尾至本。人或问，曰：'渐入佳境。'"又见，宋人唐庚《立冬后作》诗："啖蔗入佳境，冬来幽兴长。"又见，宋人李弥逊《将至徽川道中作》："端如啖蔗及佳境，快意不复嘲天悭。"又见，宋人葛胜仲《次长清寺》："松筠引幽步，以渐入佳境。"又见，宋人戴复古《送吴伯成归建昌》："无因暗投璧，有味倒餐蔗。"又见，宋人王安石《次韵酬宋玘》："美似狂醒初啖蔗，快如衰病得观涛。"又见，《西游记》第82回："长老携着那怪，步赏花园，看不尽的奇葩异卉。行过了许多亭阁，真个是渐入佳境。"又见，清人梁廷枏《曲话》："郑廷玉作《楚昭王》杂剧，第一、二折曲词平易……第三折以下，则字字珠玑，言言玉屑，自尾倒尝，渐入佳境。"又见，清人李汝珍《镜花缘》第38回："今日忽然现出'若花'二字，莫非从此渐入佳境？——倒要留意了。"又见，清人金兆燕《文殊院》："佳境知渐入，未敢言观止。"又见，清人查慎行《从姊丁节母八十寿令子修远来乞诗》："乾坤岂终靳雨露，松柏要必经冰霜；蓼荼茹尽蔗味出，佳境渐入今方将。"又见，清人黄宗宪《番客篇》："啖蔗过蔗尾，剖瓜余瓜囊。流连与波罗，争以果为粮。"

用典探妙：

毛泽东在这封约110字的短信中，只用了一个典故。这个典故是谈读理论书如何培养兴趣的问题。其用典有重在形象化地指导读理论书之法与读理论书之心得体会之妙。

众所周知：初读理论书，均有枯燥乏味之感，从某种意义上说来，兴趣是最好的老师。如果对理论书缺乏兴趣，则学不好理论。因此，对于学习理论的兴趣的培养是十分重要和必要的。毛泽东借用这个典故，以形象地比喻啃理论书的兴趣培养的情况与过程，这较之一般的说理，更有其一语揭示学习理论书应渐自领会其中的理论真谛、逐步养成兴趣的途径与办法之妙。

428. "'儿童'是贺之儿女" "纯是臆测" "无确据"
——毛泽东在《致刘少奇》信中所用典故探妙

用典缘起：

在1958年初，刘少奇在与毛泽东的一次谈话中，刘少奇提及"儿童相见不相识"中的儿童当是贺知章的儿女，并推说古代官吏为官上任时禁带眷属。为了这个学术问题，毛泽东经过考证后，致信刘少奇。在信中用了下列典故。

典故内容：

贺知章。——书出第535、536页（十五出）。典出《旧唐书》、《新唐书》等资料。贺知章（659－744年）。字季真，自号四明狂客。会稽（今浙江绍兴）人。证圣进士，唐朝著名诗人，以清新通俗的绝句见长。开元中任礼部侍郎兼集贤院学士，迁太子宾客，授秘书监。书法家，尤善草隶。贺知章性格旷达，好饮酒，与李白友善。其诗作名篇《回乡偶书》长期传流于世，为人所爱好。

儿童相见不相识。——书出第535页。典出唐人贺知章《回乡偶书》："少小离家老大回，乡音无改鬓毛衰。儿童相见不相识，笑问客从何处来。"

李白。——书出第535页。典出《旧唐书》、《新唐书》等资料。李白（701－762年）。字太白，号青莲居士。祖籍陇西成纪（今甘肃秦安）人，隋末其先代因罪徙西域。幼时随父迁居绵州彰明青莲乡（即今之四川江油）。天宝初，由贺知章与道士吴筠荐于玄宗。后遭谗去职而出游。安史之乱至江州，后为永王李璘幕僚。璘败后而负罪流放夜郎，中途遇赦。暮年穷困，病卒于当涂。李白是中国最伟大的诗人。有《李太白集》存世。

明皇。即唐玄宗李隆基。——书出第535页（两出）。典出《旧唐书》、《新唐书》等资料。李隆基（685－762年）是唐朝英武有才略的一个皇帝。惜后期任奸执政，自己沉湎于声色之中，至奢侈荒淫之程度，致发安史之乱而逃至四川。太子李亨即位后被尊为太上皇。回长安后，郁闷而死。

少小离家。——书出第536页。典出同"儿童相见不相识"。

用典探妙：

毛泽东在这封不足1000字的信中，探讨和论证了一个学术问题，可谓简单而又明瞭。之所以有如此效果，正如毛泽东在信的结尾所说"睡不着觉，偶触及此事"，除了毛泽东在从政之余，还能一丝不苟做学问，有勇于探索的精神之外。从用典的角度来看，还得益于毛泽东妙用人名典故。

在这封信中，贺知章（包括用"他"）的名字出现达15次之多。毛泽东正是通过贺知章（包括"他"）勾连出贺知章的里籍、经历、性格、爱好、信仰、年龄、名诗、与李白的关系、与玄宗的关系等等，同时辅之以历史文献，得出了"有说'儿童'是贺之儿女者，纯是臆测，毫无确据"的结论。用人名典故达到论证学术问题时，有层层递进、水到渠成、结论可信之妙。

429. "我认为聪明老实" "能够做好事情的"
——毛泽东在《致周世钊》信中所用典故探妙

用典缘起：

1958年10月17日，周世钊给毛主席写信，谈了自己当选湖南省副省长后的一些心理顾虑。10月25日，毛泽东即回了这封信。在信中用了下列典故。

典故内容：

拈轻怕重。从典故的角度来看，可能是由"怕重怜轻"或是"拈轻掇重"化用而来。——书出第548页。典出唐人杨巨源《名姝咏》："阿娇年未多，体弱性能和。怕重愁拈镜，怜轻喜曳罗。"又见，元人无名氏《施仁义刘弘嫁婢》第2折："怎下的着他拈轻掇重，可便扫床也波叠被。"

拈重鄙轻。——书出第548页。典出同上。当是毛泽东据上述诸语创用而成。

贤者在位，能者在职。——书出第548页。典出《孟子·公孙丑上》："贤者在位，能者在职，国家闲暇，及是时，明其政刑。虽大国，必畏之矣。"又见，《汉书·匡衡传》："臣闻教化之流，非家至而人说之也。贤者在位，能者在职，朝廷崇礼，百僚敬让，道德之行，由内及外，自近者始。"又见，宋人陈亮《勉强行道大有功》："贤者在位，能者在职，而无一民之不安，无一物之不养，则大有功之验也。"

二者不可得而兼。亦即"二者不可得兼"。——书出第548页。典出《孟子·告子上》："鱼，我所欲也，熊掌亦我所欲也；二者不可得兼，舍鱼而取熊掌也。"又见，清人王士禛《带经堂诗话·真诀类》："夫诗之道，有根柢焉，有兴会焉，二者率不可得兼。"又见，清人李渔《闲情偶寄·颐养部·行乐》："鹤鹿二种之当蓄，以其有仙风道骨也。麟凤龟龙而外，不得不推二物居先矣。乃世人好此二物，又分轻重于其间，二者不可得兼，必将舍鹿而取鹤矣。"又见，清人章太炎《菿汉闲话》："余尝谓宋代小说最知名者，莫如《容斋随笔》。时俗小说最知名者，莫如《红楼梦》。二者不可得兼。能兼之者，其惟《越缦堂日记》乎！"

目笑存之。——书出第548页。典出《史记·平原君虞卿列传》："平原君竟与毛遂偕。十九人相与目笑之而未废也。"

临事而惧。——书出第548页。典出《论语·述而》："必也，临事而惧，好谋而成者也。"又见，三国蜀人诸葛亮《街亭之败戮马谡疏》："不能训章明法，临事而惧，至有街亭违命之阙，箕谷不戒之失，咎皆在臣授任无方。"又见，《三国志·吴书·诸葛恪传》裴松之注引《志林》："言其明略而定，貌无忧色，况长宁以为君子临事而惧，好谋而成者。"

实事求是。——书出第548页。典出《汉书·河间献王传》："河间献王德以孝景前二年立，修学好古，实事求是。"

持之以恒。亦即"持之以久"。——书出第548页。典出宋人楼钥《雷雨应诏封事》："凡天下之事，一切行之以诚，持之以久。"又见，清人曾国藩《家训谕纪泽》："尔之短处，在言语欠钝讷，举止欠端重，看书不能深入，而作文不能峥嵘。若能从此三事上下一番苦工，进之以猛，持之以恒，不过一二年，自尔精进而不觉。"

行之有素。——书出第548页。典出清人魏源《复蒋中堂论南漕书》："昔人论河海并运，比于富室别辟旁门，然必行之有素，相习为常。"

士别三日，应当刮目相看。亦即"刮目相待"、"刮目相看"、"刮目相观"、"刮目视之"、"刮眼看"、"刮目"。——书出第548页。典出《三国志·吴志·吕蒙传》南朝宋人裴松之注引《江表传》："（吕）蒙曰：'士别三日，即更刮目相待。'"又见，宋人陈亮《与吴益恭安抚书》："三四年来，伯恭规模宏阔，非复往时之比，钦夫、元晦已愿在下风矣，未可以寻常论也。君举亦甚别，皆应刮目相待。"又见，清人吴趼人《二十年目睹之怪现状》第90回："只他这一番言语举动，便把个大舅爷骗得心花怒放，说'士别三日，即当刮目相待'。"又见，宋人杨万里《送乡僧德璘监寺缘化结夏归天童山》："一别璘公十二年，故当刮目为相看。"又见，宋人陆九渊《与胥必先书》："士别三日，刮目相观，吾犹以故意待足下，则诚有罪，然足下果能勉于此乎？"又见，《北齐书·杨愔传》："子恭后谓津曰：'常谓秦王不甚察慧，从今已

后，更欲刮目视之。’”又见，宋人陆游《赠刘改之秀才》："放翁七十病欲死，相逢尚能刮目看。"又见，元人辛文房《唐才子传·韦楚老》："杰制颇多，俱当刮目。"

岂有此理。——书出第549页。典出《宋书·休若传》："刘辅国蒙朝廷生成之恩，岂容有此理？"又见，《魏书·裴粲传》："时青州叛贼耿翔受萧衍假署，寇乱三齐。粲唯高谈虚论，不事防御之术。翔乘其无备，掩袭州城。左右白言贼至，粲云：‘岂有此理。’"又见，《南齐书·虞悰传》："郁林废，悰窃叹曰：‘王（晏）、徐（孝嗣）遂缚袴废天子，天下岂有此理邪？’"又见，宋人苏轼《论赏罚及修河事》："白日杀人，不辨男女，岂有此理。"又见，清人李宝嘉《文明小史》第5回："无论是猫是狗，一个个都爬上来要欺负我们，真正是岂有此理。"

牛郎。——书出第549页（三出）。典出南朝梁人宗懔《荆楚岁时记》："西晋人傅玄《拟天问》云：‘七月七日，牵牛织女，时会天河。’""牛郎"即"牵牛星"。中国神话中的"牵牛星"是由人间的"牛郎"变化而成的。关于牛郎的神话传说，在民间的影响也是很深远的。

用典探妙：

毛泽东在这封约1000字的短信中，计于13处用了典故。这些典故的运用，基于对自己的挚友的深刻了解和拳拳情意的基础之上。早在"1920年3月，毛泽东首函周世钊中曾称周是‘真能爱我又真能于我有益的人’。"在1950年9月30日将要见周世钊时曾对人说："这位同学相当老实憨厚，就是胆子小。"在第一次重新相见时，对周世钊说："您们过去搞了几十年教育工作，教书就是有益于人民的，就算是有益的贡献嘛！"（周彦瑜、吴美潮：《毛泽东与周世钊》，吉林人民出版社1993年版，第116、109、112页）正因为毛泽东对周世钊是如此的知心和了解，所以毛泽东在致其信中所用之典故，特有其妙。

一是所用之典，有处处落到"实处"的鼓舞人心之妙。

所谓所用之典有处处落到"实处"的鼓舞人心之妙。就是说，毛泽东在致信中所用之典，能够典典落到实处。如在信的开头，毛泽东这样写道："古人有云：贤者在位，能者在职，二者不可得而兼。"在这里，毛泽东连用了两个典故之后，马上就下结论道："我看你这个人是可以得兼的。"毛泽东在这里一反古人之说，这给予了周世钊的是多么大的鼓舞力量啊！

二是所用之典，能扣住周世钊的性格特点，有精妙地阐释毛泽东对周世钊所下论断之妙。从而给周世钊以鼓舞力量。

如前所述：毛泽东认为周世钊老实憨厚胆子小。所以毛泽东对他作的结论亦是立足于他的这些特点说道："我认为聪明、老实二义，足以解决一切困难问题。"紧接着，毛泽东就对这个论断予以解说，特别是"士别三日，应当刮目相看了"一典的运用，真可谓情意拳拳、肝胆相照、劝告忠言、情趣无限！这真是：人逢难处思知己，知己指点信心增。

430. "学问之事庸何伤！" "此足为今日参考"
——毛泽东在《致章士钊》信中所用典故探妙

用典缘起：

1959年6月的一天，章士钊给毛泽东去信。6月7日，毛泽东即回信章士钊。在信中用了下列典故。

典故内容：

实事求是。——书出第559页。典出同上一篇。

借先生之箸，为之筹策。亦即"借箸代筹"、"请箸为筹"、"借箸"、"借箸筹"、"借前筹"、"张良借箸"。——书出第559页。典出《史记·留侯世家》："（郦）食其未行，张良从外来谒。汉王方食，曰：'子房，前！客有为我计桡楚权者。'具以郦生语告，曰：'于子房何如？'良曰：'谁为陛下画此计者？陛下事去矣。'汉王曰：'何哉？'张良对曰：'臣请借前箸为大王筹之。'"南朝宋人裴骃《史记集解》引张晏曰："求所食之箸用指画也。"又见，清人刘鹗《老残游记》第7回目："借箸代筹一县策，纳楹闲访百城书。"又见，南朝陈人徐陵《使东魏值侯景乱与北齐尚书令求还书》："不劳请箸为筹，便当屈指能算。"又见，唐人杜牧《河湟》诗中云："元载相公曾借箸，宪宗皇帝亦留神。旋见衣冠就东市，忽遗弓剑不西巡。"又见，唐人柳宗元《送邠宁独孤书记赴辟命序》："吾子历览古今之变，而通其得失，是将述密画于借筋（即"箸""筷子"）之宴，发群谋于章奏之笔。"又见，清人高鹗《怀龙二丈朴存》："借箸筹全局，飞觞续胜游。"又见，清人丘逢甲《次韵晓沧淮徐海水荒奉檄劝赈之作》："诏书哀痛与民谋，重起书生借箸筹。"又见，唐人高适《东平旅游奉赠薛太守廿四韵》诗："军书陈上策，廷议借前筹。"又见，其《古乐府飞龙曲留上陈左相》："能为吉甫颂，善用子房筹。"又见，明人汤显祖《牡丹亭》第50出："分明军令，杯前借箸题筹。"

馨香祷祝。——书出第560页。典出《尚书·酒诰》："弗惟德馨香祀，登闻于天，诞为民怨，庶群自酒，腥闻在上，故天降丧于殷，罔爱于殷，惟逸。"又见，宋人蔡沈《书经集传》："弗事上帝，无馨香之德以格天，大惟民怨，惟群酗腥秽之德以闻于上，故上天降丧于殷，无有眷爱之意者，亦惟受（受，商纣王的名字）纵逸故也。"又见，清人谭嗣同《致邹岳生》："依依天末，住去两点，惟有馨香祷之而已。"

用典探妙：

毛泽东在这封致章士钊的信（包括毛泽东代为所拟的"出版说明"在内），总计不足1000字，所用典故达3个之多。其中用得最为精妙之典，当是"借先生之箸，为之筹策"的妙用。

其妙之一是：所用的主要典故的本身极具故事性，能给人以深刻的启迪、给人以智慧之妙！

在漫长的楚汉相争当中，经过双方的反复较量，最后，强盛一时的项羽以自刎乌江而告终。这其间，有双方的谋士在智谋上的较量，亦有本营垒内谋士智慧的较量与角力。"张良借箸"一典，就是刘邦手下两位著名谋士智慧的较量与角力。是颇有故事性、趣味性的，于人亦是颇启迪的。

公元前203年，项羽围刘邦于荥阳城内，刘邦异常惊恐。如何化解项羽的势力呢？刘邦找来了手下的大谋士郦食其，向他讨教对策。郦食其的化解方案是：从前汤伐桀，汤封桀的后人于杞；而武王伐纣，封其后人于宋；而秦灭六国之后，让其后人无立锥之地，若陛下复六国之后，使其感陛下之恩德，自会做您的臣仆，则您的力量不就强大起来了么？刘邦以为可行，心里乐滋滋的。拟刻六国之印，叫他去分封六国之后。有一天，刘邦正在吃饭，正好张良来了。刘邦将复六国之后的想法告诉了张良。张良大吃一惊地问：这是谁给您出的主意啊？如果照此办理，您的大事就完了！刘邦大为不解地问其原因。张良不慌不忙地说：请借您的筷子让我筹画一下吧。张良用刘邦之箸比画着当时的形势解说道：以往商汤伐桀、周武伐纣之时，采取分封他们的后人的办法去孤立他们的君王，是因为他们当时已有那个条件、有他们的力量去致敌于死地。故而有把握达到目的。今天陛下有致项王于死地的条件吗？显然是没有的。如果今天陛下采取同样的办法，去分封六国的后人，那么他们就会返回其故里，为自己去卖力，到那时，有谁来为您打天下呢？当复了六国之后，哪个国家肯削弱自己的力量来服从您的调遣呢？如果您用了郦食其的谋略，则您的事业不就这样毁了吗？刘邦听后，恍然大悟，不禁停食吐哺，大声地骂道：这儒生小子，几乎坏了我的大事！于是打消了分封六国后人的念头。平心而论，郦食其的设想不能不说是美妙的。可惜他没有根据具体情况作出具体的分析。张良远之智胜郦食其数筹，要害的问题是：张良之谋多在善于具体问题作出具体的分析，其一谋一划，谋划精断，无不情系汉王朝的得失兴亡。故而筹筹神机妙算。后来郦食其想借韩信之力立定齐之不朽大功，结果被烹。身死于齐，而张良则大功告成之后仍能全其身，刘邦为他留下的千古名言是："夫运筹策帷帐之中，决胜千里外，吾不如子房。"这都是可发人深省的。

其妙之二是：毛泽东的"借先生之箸，为之筹策"，在于其幽默活用之妙！

章士钊是颇看重其1917年的旧著《逻辑指要》的。1943年在重庆出版后，1961年经修订后由三联书店出版，毛泽东也深受感动地说："垂老之年，有此心境，敬为公贺。"毛泽东不仅在口头上以鼓励，在行动上多所支持，亲自为其代为拟写"出版说明"，就是非同寻常的一例。但是，毛泽东这样做，并不直接说出，而是用"借箸代筹"一典道出，拉近时空，让人联想张良、刘邦之谊，令人不禁为之幽默一笑！

再是毛泽东在运用"借箸代筹"一典之时，并未生搬硬套，而是恰当地添加词语于此典之中，完全切合其时的语言环境特点，使典故在用后有鲜活自如之妙。

431. "你似以迁地疗养" "如此可能好得快"
——毛泽东在《致胡乔木》信中所用典故探妙

用典缘起：

胡乔木在病休中仍挂念工作。1961年8月17日给毛泽东写信，表示在短期休息后就投入工作。8月25日，毛泽东收信后回了他这封信。在信中用了下列典故。

典故内容：

盈缩之期，不独在天。养怡之福，可以永年。——书出第585页。典出三国魏人曹操《龟虽寿》："神龟虽寿，犹有竟时；腾蛇乘雾，终为土灰。老骥伏枥，志在千里；烈士暮年，壮心不已。盈缩之期，不独在天；养怡之福，可得永年。幸甚至哉！歌以咏志。"

游山玩水。——书出第585页。典出宋人释道原《景德传灯录》："问：'如何是学人自己？'师曰：'游山玩水去。'"又见，宋人朱熹《与陈师道书》："熹闰月二十七日受代，即日出城，游山玩水，自江州界渡江，在道十余日。"又见，元人张养浩《普天乐》曲："游山玩水，吟风弄月，其乐无涯。"又见，明人冯梦龙《喻世明言》卷30："（圆泽）每与（李）源游山玩水，吊古寻幽，怡情遣兴，诗赋文词，山川殆遍。"

用典探妙：

毛泽东在这封不足520字的短信中，只用了两个典故。可其中的曹操诗典非同一般，它是曹操《龟虽寿》这首名诗中的主要部分。从典故学的角度来看，毛泽东运用此诗的四句，当有如下妙处。

一是毛泽东所用之典，其典意重在点破了人生命运"不独在天"，而在乎自己掌握，从而紧扣了写信的主旨之所在。

这是一种朴素的唯物论观点。毛泽东曾说过："曹操讲盈缩之期，不但（原文如此——引者）在天，养怡之福，可得永年……这都是唯物的"（参见徐涛：《毛泽东的保健养生之道》，载《缅怀毛泽东》，中央文献出版社1993年版，第613页）。又说：

1147

"曹操多年军旅生涯不会很安逸，可在1700多年前，医疗条件也不会怎么好，他懂得自己掌握命运，活了65岁，该算是会养生的长寿老人啰"（出处同上）。这样的诗句，这样的观点，对于正在养病期间力战病魔的胡乔木来说，确实大有启迪与激励之妙！

二是用典深含人生哲理、有益于身心健康之妙。

曹操的这首诗，写于建安十二年（公元207年）征伐乌桓的凯旋途中。全诗慷慨激昂，抒豪情、寄壮志，深含人生哲理。毛泽东告知胡乔木说："此诗宜读。"因为多读这首艺术性强、格调高雅、意境深邃之作是有益于胡乔木健康的。这正如韦伟所言：多读与吟诵诗词，不但可以给人以美的享受，还能产生多种心理效应。诸如启蒙解惑，荡涤肺腑，陶冶情操，宁神忘忧等。我国中医认为"气顺则无疾"，而读诗吟诗则能疏气，疏则气顺。当今海内外"诗歌疗疾"已成时尚。（参见韦伟《吟诗与健康》，《人民日报》（海外版）1993年7月8日）黄炳麟则在《诗歌疗疾》一文中列举大量的事例，说明读诗可以疗疾。（参见黄炳麟《诗歌疗话》，《羊城晚报》1994年8月8日）毛泽东更是深知此理，当"1959年刘思齐生了一场大病，8月6日，毛泽东写信引用李白的这四句诗鼓励她道：'你身体是不是好了些……"登高壮观天地间，大江茫茫去不还。黄云万里动风色，白波九道流雪山"。这是李白的几句诗。……可起消愁破闷的作用……'"

（参见吴直雄著《毛泽东妙用诗词》（下），京华出版社1998年版，第1020页）毛泽东不仅从疗养的方式、方法、休假的时日等方方面面都替胡乔木作出了指导，而且对因工作而急于要出院的胡乔木来说，引曹操这首放达、乐观、积极进取的诗为典相赠，这又不失为是乔木疗养治病的一剂良药。这是对战友、对部下最大关怀。读来令人感动不已！

432. "浪赞成你的意见"   "我甚好"   "堪以告慰"
——毛泽东在《致周世钊》信中所用典故探妙

用典缘起：
1961年12月26日，毛泽东致信周世钊，在信中用了下列典故。

典故内容：
秋风万里芙蓉国，暮雨朝云薜荔村。——书出第588页。典出唐人谭用之《秋宿湘江遇雨》："湘上阴云锁梦魂，江边深夜舞刘琨。秋风万里芙蓉国，暮雨千家薜荔村。乡思不堪悲橘柚，旅游谁肯重王孙。渔人相见不相问，长笛一声归岛门。"笔者认为：毛泽东所用之诗句"暮雨朝云薜荔村"与该诗中的"暮雨千家薜荔村"略有不同，可能是所据版本不一、或是误记所致。

西南云气来衡岳，日夜江声下洞庭。——书出第588页。典出清人黄道让《七律·重登岳麓》："万壑风来雨乍晴，登高一览最松惺。西南云气开衡岳，日夜江声下洞庭。我发实从近年白，此山犹似旧时青。读书老友今何在，古木秋声爱晚亭。"笔者认为："西南云气来衡岳"已化成对联，可以与原诗句有别。

用典探妙：

毛泽东在这封不足100字的短信中用了两个典故。这两个典故，均为诗中描绘湖南美景的最为精华的诗句。其妙在于：

谁不说俺的家乡美。当1961年国家的形势在不断地好转时，毛泽东满怀高兴与兴奋之情地收到当时任湖南省副省长的好友周世钊的来信时，用这样最能表现家乡美景的诗句嵌入信中，一有表现与周世钊曾在此美妙之地共度不平凡岁月的美好回忆之妙，二有唤起与友人共同对家乡的喜爱与眷恋情怀之妙。

433．"我们两家" "是一家" "是一家" "不分彼此"
——毛泽东在《致杨开智》信中所用典故探妙

用典缘起：

1962年11月15日，毛泽东惊悉杨开智、杨开慧的母亲逝世，给杨开智写了一信，在信中用了下列典故。

典故内容：

同穴。——书出第590页。典出《诗经·王风·大车》："穀则异室，死则同穴。谓予不信，有如皦日。"又见，晋人潘岳《寡妇赋》："要吾君兮同穴，之死兮靡佗。"又见，唐人白居易《赠内》诗："生为同室亲，死为同穴尘。"毛泽东用"同穴"，取关系亲密无间之意。

不分彼此。亦即"不分彼我"、"何分彼此"、"无分彼此"。——书出第590页。典出宋人陈亮《谢安比王导论》："故（谢）安一切以大体弥缝之，号令无所变更，而任用不分彼此。"又见，元人尹志平《西江月·秋阳观作》（其三）："我爱秋阳道众，人人谦让温和。终朝豁畅恣高歌，日用不分彼我。福地安居自在，松间闲步煙萝。先人后己行功多，永没非灾横祸。"又见，《宋史·岳飞传》："李宝自楚来归，韩世忠留之。宝痛哭，愿归飞。世忠以书来诶，飞复曰：'均为国家，何分彼此？'世忠叹服。"又见，明人冯梦龙《醒世恒言》卷7："翁婿一家，何分彼此？"又见，清人吕留良《与陈执斋书》："在某亲疏之谊，亦无分彼此也。"

节哀顺变。——书出第590页。典出《礼记·檀弓下》："丧礼，哀戚之至也；节哀，顺变也，君子念始之者也。"又见，明人周清源《西湖二集》第27回："（小姐停了一会，方才出声道）吾兄节哀顺变，保全金玉之躯，服阕上官，别议佳偶。"

用典探妙：

毛泽东在这封短信中，共用了三个典故。这三个典故看似一般，然所包含的内容十分丰富。

一表两家亲戚友谊之深；二言悲哀难过之情；三道不要过于沉湎哀伤之意；四有归纳全文哀悼内容之作用。真可谓用典有情真意切之妙！

434. "奉上桃杏各五斤" "投报相反" "乞谅解"
——毛泽东在《致章士钊》信中所用典故探妙

用典缘起：

年已80高龄的章士钊费5年之功，完成了他那100万字、分上下两部的《柳文指要》初稿。当毛泽东收到了他的上部书稿时，于1965年6月26日写了这封信。在信中用了下列典故。

典故内容：

义正词严。亦作"辞严义正"、"辞严意正"、"词严理正"、"义正辞约"、"辞顺理正"、"义切辞严"、"正义严辞"。——书出第601页。典出明人胡应麟《秋胡妻》："（刘）子玄之论，义正词严，圣人复起，弗能易矣。"又见，清人李宝嘉《官场现形记》第17回："魏竹冈拆开看时，不料上面写的甚是义正词严。"又见，宋人张孝祥《明守赵敷文》："欧公书岂惟翰墨之妙，而辞严义正，千载之下见者兴起，某何足以辱公此赐也哉。"又见，清人夏敬渠《野叟曝言》第6回："世兄侃侃而谈，词（同辞）严义正，孩儿汗下通体。"又见，宋人欧阳修《读张、李二生文，赠石先生》："辞严意正质非俚，古味虽淡醇不薄。"又见，宋人朱熹《跋曾南丰帖》："熹未冠而读南丰（曾巩）先生之文，爱其词严而理正，居常诵习，以为人之言，必当如此。"又见，晋人潘尼《乘舆箴·序》："先儒既援古义，举内外之殊，而高祖亦序六官，论成败之要，义正辞约，又尽善矣。"又见，《三国志·诸葛瑾传》："（孙）权又有诏磋瑾等……瑾辄因事以答，辞顺理正。"又见，明人李开先《十朝诏令序》："其文之古，惟今上足以同之；其治之盛，亦惟今上足以继之。义切辞严，固已见于中兴之诏。"又见，明人海瑞《复徐继斋尚宝少卿》："今日归曲直，责意虽不善，其所指则正义严辞不可破也。"

投我以木桃，报之以琼瑶。——书出第601页。典出《诗经·卫风·木瓜》："投我以木瓜，报之以琼琚。……投我以木桃，报之以琼瑶。……投我以木李，报之以琼玖。匪报也，永以为好也！"

用典探妙：

毛泽东在这封不足80字的信中用了两个典故。这两个典故的运用，可以说是各尽其妙。

一是成语形式的典故"义正词严"的运用，表达了毛泽东对章士钊《柳文指要》的高度评价之妙。

这一典故的运用，除了毛泽东在信中以"敬服之至"表达了对其大作高度评价之外，具体而言，还也包括了下面的丰富内容——毛泽东认为此书"颇有新意，大抵扬柳抑韩，翻二王、八司马之冤案，这是不错的。又辟桐城而颂阳湖，讥帖括而尊古义，亦有可取之处。"（参见孙琴安等：《毛泽东与名人》，江苏人民出版社1993年版，第153—154页）

二是典故"投我以木桃，报之以琼瑶"的运用，它除了表达毛泽东对于章士钊所赠之书的高度评价之外，亦有幽默风趣之妙。

"投我以木桃，报之以琼瑶"一典后，毛泽东称其为"投报相反"，其典意深深：一指章士钊与毛泽东本人和我党一些领导人之间的关系长期的友好，章士钊所给予的帮助极大；二指1920年章士钊为毛泽东、同时也是为我党筹备湖南共产党的成立和一部分同志去法国留学筹集并赠送银元两万元之多事项；三指"奉上桃杏各五斤，哂纳为盼！"这样落实到眼前之事，顿生幽默之趣！

总览全信，虽说不足80字，但读后既令人妙趣横生又回味无穷，可谓书信往来中的千古名篇！

435."诗要用形象思维" "不能如散文那样"
——毛泽东在《致陈毅》信中所用典故探妙

用典缘起：

1965年，陈毅将自己的诗词近作奉请毛泽东斧正。1965年7月21日，毛泽东给陈毅回了此信。在信中用了下列典故。

典故内容：

比兴。——书出第608页（两出）。典出《诗·大序》："故诗有六义焉：一曰风，二曰赋，三曰比，四曰兴，五曰雅，六曰颂。"比和兴，是诗的两种创作方法。

赋比兴。——书出第608页。典出《诗·大序》："故诗有六义焉：一曰风，二曰赋，三曰比，四曰兴，五曰雅，六曰颂。"这里讲的是诗的三种表现创作手法。赋：铺陈其事；比：以彼例此；兴：托物兴词。

杜甫。——书出第608页。典出《旧唐书》、《新唐书》等资料。杜甫（公元712—

770年）。字子美，自称少陵野老、杜陵野客。是唐朝一位伟大的诗人。原籍襄阳（今属湖北），出生于巩县（今属河南）。是唐朝被称为"文章四友"之一的著名诗人杜审言的孙子。少时家贫好学，政治抱负远大。曾漫游吴、越、齐、赵等地，于公元744年与大诗人李白相识于洛阳并结下了深厚的友谊。历经安史之乱后，奔至凤翔谒见肃宗被拜为左拾遗，又因房琯事触怒肃宗而被贬为华州司功参军。后弃官流落至剑南。曾任剑南节度使严武之参谋、检校工部员外郎，故又有"杜工部"之称。晚年出蜀，病死于湘江途中。杜甫与李白齐名，李白被尊为"诗仙"，杜甫被尊为"诗圣"。故世又称"李杜"。今仍有1300余首诗作名世，有《杜工部集》等传世。

敷陈其事而直言之。——书出第608页。典出宋人朱熹《诗集传·周南·葛覃》。《葛覃》的第1段云："葛之覃兮，施于谷中，维叶萋萋。黄鸟于飞，集于灌木，其鸣喈喈。"这一段的意思是说：葛草长得长长的，在谷的中央蔓生着，叶儿茂盛而其色苍苍。成群的黄鹂鸟儿在飞翔，他们都落在那灌木之上，在叽叽啾啾地尽情地欢唱。朱熹在注此段时写道："……赋也。……赋者，敷陈其事而直言之者也。盖后妃既成絺绤而赋其事、追叙初夏之时、葛叶方盛、而有黄鸟鸣于其上也。后凡言赋者放此。"（此引据中华书局上海编辑所编辑：宋人朱熹集注《诗集传》，中华书局1958年7月版。下所引同此出处）

比者，以彼物比此物也。——书出第608页。典出宋人朱熹《诗集传·周南·螽斯》。《螽斯》的第1段云："螽斯羽，诜诜兮。宜尔子孙，振振兮。"这一段的意思是说：蝗虫呀，蝗虫振翅发出鸣响，飞来飞去呀一群一群。你的子孙是这么的多啊，好比那蝗虫一样的繁盛！朱熹在注此段时写道："……比也。……比者，以彼物比此物也。后妃不妒忌而子孙众多，故众妾以螽斯之群处和集而子孙众多之比。言其有是德而宜有是福也。后凡言比者放此。"

兴者，先言他物以引起所咏之词也。——书出第608页。典出宋人朱熹《诗集传·周南·关雎》。《关雎》第1段云："关关雎鸠，在河之洲。窈窕淑女，君子好逑。"这一段的意思是说：水鸟关关地应和着，在那沙洲上愉快地歌唱着。美丽而又善良的姑娘呀！这正是我要找的好对象。朱熹在注此段时这样写道："……兴也。……兴者，先言他物以引起所咏之词也。周之文王生有圣德、又得圣女姒氏以为之配。宫中之人、於其始至、见其有幽闲贞静之德、故作是诗。言彼关关然之雎鸠、则相与和鸣於河洲之上矣。此窈窕之淑女、则岂非君子之善匹乎。言其相与和乐而恭敬、亦若雎鸠之情挚而有别也。后凡言兴者、其文意皆放此。"

韩愈。——书出第608页。典出《旧唐书》、《新唐书》等资料。韩愈（公元768—824年）。字退之。邓州南阳（今属河南）人。世称韩昌黎。是唐朝著名散文家、诗人、哲学家。早孤，由其嫂抚养成长。愈少年即能刻苦自学，贞元八年即公元792年中进士。

韩愈从政为文均敢于说话，性格耿直，肯奖励后进，反对藩镇割据，尊儒排佛。因而仕途坎坷不平，也因此而历炼多磨。贞元十九年即公元803年任监察御史，时关中旱灾，上书请宽民徭而被贬为山阳令；元和十二年即公元817年，随裴度平定淮西吴元济之乱；元和十四年即公元819年谏阻宪宗迎佛骨而被贬为潮州刺史；长庆元年即公元821年才重返京城升任吏部侍郎。韩愈一生作品多多，有《韩昌黎集》行世。

味同嚼蜡。亦即"味如嚼蜡"、"嚼蜡"。——书出第608页。典出清人吴敬梓《儒林外史》第1回："'人生南北多歧路，将相神仙，也要凡人做。百代兴亡朝复暮，江风吹倒前朝树。 功名富贵无凭据，费尽心情，总把流光误。浊酒三杯沉醉去，水流花谢知何处？'这一首词，也是个老生常谈。不过说人生富贵功名，是身外之物；但世人一见了功名，便舍着性命去求他，及至到手之后，味同嚼蜡。自古及今，那一个是看得破的！"又见，清人李汝珍《镜花缘》第12回："因燕窝价贵，一看可抵十肴之费，故宴会必以此物为首，既不恶其形似粉条，亦不厌其味同嚼蜡。"又见，唐人般刺密帝、弥伽释迦、房融共译《楞严经》卷8："我无欲心，应汝行事，于横陈时，味如嚼蜡。"又见，宋人洪迈《野处类稿·书僧房》："味如嚼蜡那禁咀，茶甘未回君莫去。"又见，宋人陆游《杂书》："世味渐阑如嚼蜡，惟诗直恐死方休。"又见，元人乔吉《闲适二曲》："飘飘好梦随落花，纷纷世味如嚼蜡。"又见，清人梁启超《中国韵文里头所表现的感情》："如曹子建也有一首远游诗，读去便味如嚼蜡。"又见，金人蔡松年《念奴娇·辛亥新正五日，天气晴暖，偶出，道逢卖灯者，晚至一人家，饮橙酒，以滴蜡黄梅侑樽。醉归感叹节物，顾念身世，殆无以为怀，作此自解》："……老去嚼蜡心情，偶然流坎，岂悲欢人力。莫望家山桑海变，唯有孤云落日。……"

李白。——书出第608页。典出《旧唐书》、《新唐书》等资料。李白（公元701年——762年）。字太白，号青莲居士。唐时伟大的诗人。因本书多次出现李白的资料，此处从简。

李贺。——书出第608页（两出）。典出《旧唐书》、《新唐书》等资料。李贺（公元791年——817年），字长吉。系唐王室远支。福昌（今河南宜阳）人。因避家讳而不得应进士考。他是唐时杰出的诗人之一。李贺才气横溢。其诗词采精妙，想象驰骋，意境奇瑰，多富浪漫气息。年少时即有"东京才子"、"文章巨公"之称。然一生不得志，只任小官奉礼郎，更惜乎短命。有《昌谷集》传世。

用典探妙：

在中国共产党党内，形成了一个以毛泽东为首的诗词群体。他们在繁忙的革命斗争之余，也时会写诗填词乃至探索诗法，妙论诗理。毛泽东在这封约1000字的信中，就是他与陈毅元帅改诗、谈诗、论诗的典型一例。在这封信中，在探讨诗词创作时，信的后一部分论述了诗词创作的形象思维的基本内容，并分别就赋、比、兴的诗词创作手法举

例作出了中肯的分析，全面地论证了比兴等形象思维方法，是写好律诗的一个主要的方法。为了简明地论证这个问题，毛泽东运用了涉及关于诗的典故达10个之多，有如一串璀璨的明珠嵌入其信中，跃入世人的眼球，让人们深知作诗真谛之所在。从典故的角度来看，信中用典的一个显著特点当是：

"比兴等形象思维"之法，是诗歌创作的核心方法，借助用典以论证"比兴等形象思维"之法，有一石三鸟之妙。

首先是，以典型的人名典故与语言典故为例证，肯定了赋比兴这一种有生命力的艺术作诗手法，是经历了长期实践的作诗根本方法。为论证这个问题，毛泽东用了杜甫、韩愈、李白、李贺这四个人名之典，当然主要是指这四位诗歌大家的诗歌创作在运用赋比兴创作诗歌的伟大成就。同时，毛泽东还用朱熹对赋、比、兴所下结论之语典，结合上述人名典故一道运用。因为朱熹的结论是做过细致研究的。朱熹的上述三结论是有其事实为基础和有其历史来源为依据的，朱熹"把《诗经》中的'赋、比、兴'全部注了出来，而且是以'章'为单位。在这方面朱老先生是花了大功夫的，他把'305'篇分析为1141章，注明'赋也'的727章，注明'比也'的111章，注明'兴也'的274章，注为兼类（如"兴而比也"、"赋而比也"等）的29章。在《毛传》所注'兴也'的116条，朱熹从中分出19条归入'赋'，31条归入'比'"（董正春：《古今"毛诗"：赋、比、兴》，何火任、吴正裕主编：《毛泽东诗词研究丛刊》（第2辑）上册，中央文献出版社2005年版，第201页）。在尔后明代的谢榛，从批驳洪兴祖的角度出发，也有过例似的统计。他这样写道："予尝考之三百篇，赋720，兴370，比110。"（《四溟诗话》卷2）毛泽东用朱熹这三个语典为证是很有其说服力。二三千年前的《诗经》是如此地妙用赋、比、兴，唐代这几位大家有如此成就，也无不与妙用赋比兴相关相切，毛泽东自己的诗词创作则更是形象思维的光辉典范。这可谓是毛泽东运用人名典与名人语典的历史论证之妙。

其次是，正如郭沫若所言：毛泽东本人就是"形象思维第一流，文章经纬冠千秋"（参见公木《诗人毛泽东》，珠海出版社1999年9月版，第127页中的郭沫若诗句）的诗词大家，他以自己诗词创作的深刻体会和用诗家和诗词鉴赏家的眼光，用历史的眼光，以唐宋诗坛的诗歌创作用与不用"比兴等形象思维"的两种截然不同的艺术效果作出对比，再次论证了"比兴等形象思维"之法是不能不用的。

其三是，对于诗词的"赋、比、兴""形象思维"的创作方法问题，其实有的人并不认同。如有郑季翘就在《红旗》1966年第5期发表题为《文艺领域必须坚持马克思主义的认识论——形象思维的批判》的长篇文章批判形象思维论。然而，"是否善于用形象思维的比兴，被毛泽东视为诗之不易的一个重要因素，视为作品是否有诗意、诗境的一个重要前提。诗是形象思维绽开的花朵，而非纯逻辑思维和直叙议论的产物，这在他心目中是不可移易的艺术规律。即使在'文革'已经发动之际，有人在《红旗》杂志上发表长篇文章批判形象思维论，并把问题提到是否在文艺领域坚持马克思主义认识论的高度，毛泽东看后仍然认为：该文反对形象思维说，但'文学要形象，不能搞抽象'，又说：这篇文章读后不大好懂，应该把形象思维理论的历史来源搞清楚"（参见陈晋《毛泽东与文艺传统》，中央文献出版社1992年版，第319页）。毛泽东在《致陈毅》信中列举了杜甫、韩愈用赋的手法作诗的成功，所提及的李白、李贺运用形象思维作诗达到美不胜收的效果的成功之例则更为人所知，同时举出宋人作诗不用形象思维的后果是"味同嚼蜡"。这就再一次揭示了运用形象思维作诗的鉴赏诗词的奥妙之所在。

综上所述，毋庸置疑，毛泽东的上述讲话和《致陈毅》关于"诗要用形象思维"观点的发表，全面地揭示了作诗和鉴赏诗词运用赋比兴的生命活力和艺术魅力之根本所在，是毛泽东诗歌理论思想的核心所在。这对于人们全面认识诗词的创作方法，无疑是大有裨益的。

本书的典故、典例、名言、格言、箴言、名诗、名联、警句、佳句、秀句、隽语索引

（本索引以首字笔画多少为序；同笔画以一、丨、丿、丶、乛笔顺为序；首字以黑体醒目，以方便读者查找）

一　画

1161

1163

二　画

（一　起）

二

1171

三 画

大

1177

1179

1183

1184

1185

1187

1189

1193

飞

已

四 画

（一 起）

不

1197

毛泽东妙用典故精粹

1199

1201

1203

1204

1205

毛泽东妙用典故精粹

1207

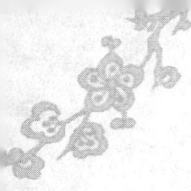

1213

毛泽东妙用典故精粹

1215

1217

1219

1221

（丿起）

今

1225

公

毛

　　毛泽东的工作是那样繁忙，他能有多少时间看书学习呀？！宋朝著名的文学家欧阳修挤时间读书的方法，称之谓"三上"；即"马上""枕上"及"厕上"，其实这种"三上"早就被毛泽东用得淋漓尽致了。毛泽东在睡前、醒后、工作中的间隙、视察工作的路上，都手持书卷，津津有味地读着。同时，他把看书当作解决消除脑力劳动疲劳的良方秘药。这大概也是毛泽东的一个创造吧。1976 年 9 月 8 日毛泽东在与病魔、死神的搏斗中，在极度困难痛苦的情况下，看文件、看书多达 11 次之多，累计有两小时五十分之久。毛泽东一生中最后一次看文件达 30 分钟，是在当天的 16 时 37 分。此后，病情加重，插上了鼻咽管。这正如他说的"饭可以一日不吃，觉可以一日不睡，书不可以一日不读"。

　　毛若虚，绛州太平人也。眉毛覆于眼，其性残忍。初为蜀川县尉，使司以推勾见任

1233

毛泽东妙用典故精粹

文帝四年中,人上书言意,以刑罪当传西之长安。意有五女,随而泣。意怒骂曰:"生子不生男,缓急无可使者!"于是,少女缇萦伤父之言,乃随父西。上书曰:"妾父为吏,

齐中称其廉平，今坐法当刑。妾切痛死者不可复生，而刑者不可复续，虽欲改过自新，其道莫由，终不可得。妾愿入身为官婢，以赎父刑罪，使得改行自新也。"书闻上，悲其意。此岁中亦除肉刑法

（一 起）

水

双

孔

1243

毛泽东妙用典故精粹

五　画

[一　起]

平

1245

1247

1249

1251

1254

1259

1265

生

1267

1269

1273

1275

六　画

毛泽东妙用典故精粹

1281

1283

1285

毛泽东妙用典故精粹

因

毛泽东妙用典故精粹

1295

1299

毛泽东妙用典故精粹

1301

1303

毛泽东妙用典故精粹

1309

1312

毛泽东妙用典故精粹

污

汝

1315

1317

1319

1321

毛泽东妙用典故精粹

1323

如陆放翁字务观，观本读去声，而当时即有押入平声为放翁所讥者。朱锡鬯诗"石湖居士范成大，鉴曲诗人陆务观"，正用此事，所谓明知故犯，欲自矜其奥博也 ·········

毛泽东妙用典故精粹

阴

七　画

（一　起）

吾

1333

毛泽东妙用典故撷萃

1343

毛泽东妙用典故精粹

1349

毛泽东妙用典故精粹

1351

1353

毛泽东妙用典故精粹

1356

1359

1361

1365

诏

毛泽东妙用典故精粹

1373

1375

八 画

1378

1381

毛泽东妙用典故精粹

1383

事平，朝议封瓘。瓘以克蜀之功，群帅之力；二将跋扈，自取灭亡；虽运智谋，而无搴旗之效，固让不受 ·· 822

1391

1395

1397

1399

1401

1405

1409

1413

1417

1418

1419

九　画

（一　起）

要

政

残

毛泽东妙用典故精粹

（ㄕ 起 ）

是

1433

1435

1441

1445

1447

毛泽东妙用典故精粹

毛泽东妙用典故精粹

1452

1457

1459

（一 起）

绚

1460

1461

毛泽东妙用典故精粹

1463

毛泽东妙用典故精粹

陛下自夏秋以来，执政从官之死者皆不信，卒之果然乎？不然乎？建康赵济死，武兴吴挺死，今尚不以为然，则事有几微乎朕兆者，可谏陛下乎？万一变起萧墙，祸生肘腋，陛下必将以为不信，坐受危亡矣 ···628

十　画

（一　起）

损

毛泽东妙用典故精粹

1469

1471

1473

1481

1485

1487

衰

席

诸

1493

1495

陷（坎）井之蛙谓东海之鳖曰："吾乐与！出跳梁乎井干之上，入休乎缺甃之崖，赴水则接腋持颐，蹶泥则没足灭跗，还虷蟹与蝌蚪，莫吾能若也。且夫擅一壑之水，面跨跱坎井之乐，此亦至矣，夫子奚不时来入观乎！"东海之鳖，左足未入，而右膝已絷矣

十一画

（一 起）

1501

1507

1510

1511

1512

1517

毛泽东妙用典故精粹

1518

孰知朕视为一德，彼竟有二心，招权纳贿，擅作威福，欺罔悖负，朕岂能姑息养奸耶？

1521

十二画

（一　起）

雁

1527

毛泽东妙用典故精粹

毛泽东妙用典故精粹

1533

1535

1537

1539

1541

善

遂

普

1545

1547

十三画

（一起）

1549

1551

毛泽东妙用典故精粹

1557

十四画

（一　起）

1563

十五画

1570

撰

磊

磅

醉

飘

1573

题古迹能翻陈出新最妙。河南邯郸壁上或题云："四十年中公与侯，虽然是梦也风流。我今落魂邯郸道，要替先生借枕头。"严子陵钓台或题云："一着羊裘便有心，虚名传诵到如今。当时若着篑衣去，烟水茫茫何处寻？"凡事不能无弊，学诗亦然。学汉、魏文选者，其弊常流于假；学李、杜、韩、苏者，其弊常失于粗；学王、孟、韦、柳者，其弊常失于弱；学元、白、放翁者，其弊常失于浅；学温、李、冬郎者，其弊常失于纤。人能取诸家之精华，而吐其糟粕，则诸弊尽捐。大概杜、韩以学力胜，学之，刻鹄不成，犹类鹜也。太白、东坡以天分胜，学之，画虎不成，反类狗也。佛云："学我者死。"无佛之聪明而学佛，自然死矣。 ·································· 683

十六画

1579

十七画

毛泽东妙用典故精粹

（ 、起 ）

1585

十九画

二十画

二十一画

毛泽东妙用典故精粹

主要引用书目和参考书目

《毛泽东选集》（1—4卷），人民出版社1991年6月版。

《毛泽东选集》第5卷，人民出版社1977年4月版。

《毛泽东著作选读》（新编本，上下册），人民出版社1986年8月版。

《毛泽东新闻工作文选》，新华出版社1983年12月版。

《毛泽东书信选集》，人民出版社1983年12月版。

中共中央文献研究室编：《毛泽东诗词集》，中央文献出版社2003年12月版。

中共中央文献研究室编：《毛泽东文艺论集》，中央文献出版社2002年5月版。

吴正裕主编，李捷、陈晋副主编：《毛泽东诗词全编鉴赏》，中央文献出版社2003年12月版。

郭永文主编、徐永军副主编：《毛泽东诗词故事》，中央文献出版社1998年11月版。

中共中央文献研究室编：《关于建国以来党的若干历史问题的决议注释本》，人民出版社1983年6月版。

中共中央文献研究室编：《毛泽东选集一至四卷注释校订本》，中共中央文献出版社1992年2月版。

《毛泽东文集》（1—8卷），人民出版社1996年8月版、1996年9月版、1996年9月版、1996年8月版、1996年8月版、1999年8月版、1999年8月版、1999年6月版、1999年8月版。

中共中央文献研究室、中国人民解放军军事科学院合编：《毛泽东军事文集》（1—6卷），军事科学出版社、中央文献出版社1993年12月版。

中共中央文献研究室编：《建国以来毛泽东文稿》（1—8册），中共文献出版社1989年9月版、1993年10月版、1992年1月版、1990年9月版、1991年2月版、1992年1月版、1992年8月版、1993年1月版。

逄选知主编：《毛泽东年谱》（1893—1949年）（上卷、中卷、下卷），人民出版社、中央文献出版社1993年12月版。

金冲及主编：《毛泽东传》（1893—1949年），中央文献出版社1996年8月版。

中共中央文献研究室编，逄先知、金冲及主编：《毛泽东传》（1949—1976年），中央文献出版社2004年3月版。

叶显林、周小滨编著：《毛泽东诗词书法赏析》，人民文学出版社2005年2月版。

任放主编：《毛泽东瞻目的文人骚客》，长江文艺出版社2003年3月版。

任放主编：《毛泽东瞩目的著名战役》，长江文艺出版社2003年3月版。

詹全友主编：《毛泽东瞩目的巾帼红颜》，长江文艺出版社2003年3月版。

詹全友主编：《毛泽东瞩目的中国政委》，长江文艺出版社2004年1月版。

叶绪民、刘海清主编：《毛泽东瞩目的现代名流》，长江文艺出版社2000年8月版。

叶绪民、刘海清主编：《毛泽东瞩目的现代俊杰》，长江文艺出版社2003年11月版。

叶绪民、刘海清主编：《毛泽东瞩目的著名将帅》，长江文艺出版社2003年12月版。

刘汉民编著：《毛泽东诗话词话书话集观》，长江文艺出版社2002年10月版。

刘汉民：《毛泽东诗词十美》，长江文艺出版社1992年1月版。

刘汉民、舒欣编著：《毛泽东诗词对联书法集观》，长江文艺出版社1998年3月版。

陈晋主编：《毛泽东读书笔记解析》。（上下册），广东人民出版社1996年7月版。

陈晋：《文人毛泽东》，上海人民出版社1997年12月版。

陈晋：《毛泽东与文艺传统》，中央文献出版社1992年3月版。

陈晋：《毛泽东的文化性格》，中国青年出版社1991年12月版。

陈晋：《毛泽东之魂》，吉林人民出版社1993年10月版。

陈晋：《独领风骚——毛泽东心路解读》，万卷出版公司2004年1月版。

中共中央文献研究室、中共湖南省委《毛泽东早期文稿》编辑组：《毛泽东早期文稿》，湖南出版社1990年7月版。

中共中央文献研究室：《毛泽东哲学批注集》，中央文献出版社1988年3月版。

王树山、王健夫主编：《毛泽东书信赏析》，山东人民出版社1997年11月版。

臧克家主编, 蔡清富、李捷副主编：《毛泽东诗词鉴赏》，河北人民出版社1992年6月版。

蔡清富、黄辉映编著：《毛泽东诗词大观》，四川人民出版社1992年7月版。

蔡清富、吴万刚、黄辉映：《毛泽东与中国古今诗人》，岳麓书社1999年8月版。

周振甫：《毛泽东诗词欣赏》，上海书店1995年10月版。

公木：《毛泽东诗词鉴赏》，长春出版社1996年1月版。

公木等：《诗人毛泽东》（注释赏析·美学漫步·掌故佳话·格律鉴赏·诗友唱和），珠海出版社1999年9月版。

徐涛编著：《毛泽东诗词全编》，湖北教育出版社1995年10月版。

张涤华：《毛泽东诗词小笺》（修订本），安徽文艺出版社1991年11月版。

石森：《毛泽东诗词注释》，漓江出版社1991年6月版。

胡忆肖等：《毛泽东诗词白话全译》，武汉出版社1996年4月版。

肖毅、胡敏编著：《毛泽东诗词评析及墨迹欣赏》，湖北教育出版社2001年5月版。

杨庆旺：《毛泽东和他的平民朋友》，中央文献出版社2001年3月版。

孙琴安等：《毛泽东与名人》，江苏人民出版社1993年2月版。

付建舟：《毛泽东诗词全集评注》，山西高校联合出版社1996年5月版。

王臻中、钟振振：《毛泽东诗词鉴赏》，江苏古籍出版社1991年5月版。

陶柏康：《毛泽东与诗词》，浙江人民出版社1996年1月版。

鲁歌：《毛泽东诗词论稿》，文化艺术出版社1983年12月版。

柏桦：《毛泽东诗词全集（91首）全译全析》，成都出版社1995年12月版。

萧永义：《毛泽东诗词对联辑注》湖南文艺出版社1992年4月版。

萧永义：《毛泽东诗词史话》，东方出版社1996年12月版。

何联华：《毛泽东诗词新探》，武汉出版社1995年12月版。

张明武、毕桂发主编：《毛泽东评阅的古典诗词》，海燕出版社1995年6月版。

吴战垒、王翼奇主编：《毛泽东欣赏的古典诗词》，浙江古籍出版社1992年10月版。

刘勋华主编：《毛泽东手书古诗文鉴赏》，宁夏人民出版社1993年11月版。

马连礼主编：《毛泽东诗词美学论》，山东人民出版社1994年12月版。

马连礼、耿建华、章亚昕：《毛泽东诗词纵横论》，山东人民出版社2000年1月版。

胡哲峰：《毛泽东武略》，人民出版社2001年5月版。

邢福义主编，卢卓群、萧国政副主编：《毛泽东著作语言论析》，湖北教育出版社1993年12月版。

王永盛、张伟主编，路则逢等编著：《毛泽东的诗词艺术》，山东大学出版社1991年6月版。

王永盛、张伟编著：《毛泽东的语言艺术》，山东大学出版社1991年6月版。

王永盛、张伟主编，张同夫等编著：《毛泽东的思维艺术》，山东大学出版社1991年6月版。

王永盛、张伟主编，张健等编著：《毛泽东的军事艺术》，山东大学出版社1991年10月版。

李少冰：《毛泽东的语言技巧》，中国青年出版社1993年7月版。

魏国英主编、吴戈副主编：《毛泽东圈注史传诗文集成·诗词卷》，吉林人民出版社1996年5月版。

赵为民主编：《毛泽东圈注史传诗文集成·文赋卷》，吉林人民出版社1996年9月

版。

《怀念毛泽东同志》，人民文学出版社1980年2月版。

《毛泽东同志八十五诞辰纪念文选》，人民出版社1979年4月版。

《难忘的回忆——怀念毛泽东同志》，中国青年出版社1985年1月版。

《学习毛泽东》，上海人民出版社1979年8月版。

龚育之、逄先知、石仲泉：《毛泽东的读书生活》，生活·读书·新知三联书店1980年9月版。

石仲泉：《毛泽东的艰辛开拓》（增订本），中共党史出版社1992年8月版。

刘学琦主编：《毛泽东风范词典》，中国工人出版社1991年5月版。

郑松生：《毛泽东与美学》，福建教育出版社1992年9月版。

黄丽镛：《毛泽东读古书实录》，上海人民出版社1994年6月版。

李锐：《毛泽东早年读书生活》，辽宁人民出版社1992年4月版。

李锐：《毛泽东的早年与晚年》，贵州人民出版社1992年12月版。

王漫宇主编：《毛泽东谈话艺术》，天津人民出版社1993年11月版。

萧三：《毛泽东同志的青年时代和初期革命活动》，中国青年出版社1980年7月版。

中共中央文献研究室《缅怀毛泽东》编辑组：《缅怀毛泽东》（上），中央文献出版社1993年7月版。

中共中央文献研究室《缅怀毛泽东》编辑组：《缅怀毛泽东》（下），中央文献出版社1993年12月版。

薄一波：《若干重大决策与事件的回顾》（上卷），中共中央党校出版社1991年7月版。

薄一波：《若干重大决策与事件的回顾》（下卷），中共中央党校出版社1993年6月版。

袁愈荌译诗、唐莫尧注释：《诗经全译》，贵州人民出版社1991年9月版。

向熹编：《诗经词典》，四川人民出版社1986年8月版。

胡念贻：《楚辞选注及考证》，岳麓书社1984年11月版。

马茂元选注：《楚辞选》，人民文学出版社1980年7月版。

朱季海撰：《楚辞解故》，上海古籍出版社1980年3月版。

唐人李商隐著，清人冯浩笺注：《玉溪生诗集笺注》，上海古籍出版社1979年10月版。

唐人李贺著，清人王琦等注：《李贺诗歌集注》，上海古籍出版社1978年4月版。

唐人李白著，清人王琦注：《李太白全集》（全三册），中华书局1977年9月版。

余冠英选注：《汉魏六朝诗选》，人民文学出版社1978年12月版。

张志烈主编：《杜诗全集》（今注本），天地出版社1999年12月版。

钱伯诚主编：《古文观止新编》，上海古籍出版社1989年1月版。

《唐诗鉴赏辞典》，上海辞书出版社1985年2月版。

《唐宋词鉴赏辞典》（唐·五代·北宋）卷，上海辞书出版1991年6月版。

《唐宋词鉴赏辞典》（南宋·辽·金）卷，上海辞书出版1991年1月版。

《宋诗鉴赏辞典》，上海辞书出版社1987年12月版。

《全唐诗》（全二册），上海古籍出版社1992年3月版。

李春祥主编：《乐府诗鉴赏辞典》，中州古籍出版社1990年3月版。

唐圭璋：《全宋词》（全五册），中华书局1980年12月版。

隋树森：《全元散曲》（全二册），中华书局1981年1月版。

孔范今主编：《全唐五代词释注》，陕西人民出版社1998年10月版。

《诸子集成》（全十册），岳麓书社1996年10月版。

杨国宜等：《全文译注四书》，南京大学出版社1993年12月版。

朱安群、徐奔、周洪、刘松来编著：《十三经直释》（第1卷、第3卷），江西人民出版社1993年12月版。

张崇琛主编：《名赋百篇评注》，三秦出版社1997年5月版。

张世安、张腾飞编著：《毛泽东名联趣话》，山东人民出版社2003年11月版。

龚国基：《毛泽东与诗》，中国文联出版公司1998年6月版。

易孟醇：《毛泽东诗词笺析》（增订本），湖南大学出版社1996年12月版。

易孟醇、易维：《诗人毛泽东》，人民出版社2003年11月版。

吴功正主编：《毛泽东诗词鉴赏》，江苏古籍出版社2001年6月版。

刘健屏主编、吴伟斌副主编：《新编毛泽东诗词鉴赏》，江苏文艺出版社2005年1月版。

吕祖荫：《毛泽东诗词解读》，同心出版社1999年1月版。

胡国强主编：《毛泽东诗词疏证》，西南师范大学出版社1993年7月版。

田秉锷编著：《毛泽东诗词鉴赏》，花城出版社2004年1月版。

张仲举编注：《毛泽东诗词全集译注》，陕西人民出版社2000年1月版。

郭金荣：《毛泽东的晚年生活》，教育科学出版社1993年2月版。

中共中央党史研究室编：《中共党史大事年表》，人民出版社1987年4月版。

中共江西省委党校党史教研室编：《中共党史百题解答》（增订本），江西人民出版社1983年12月版。

何火任、蔡清富、吴正裕主编：《毛泽东诗词研究丛刊》（第1辑），中央文献出版社2000年10月版。

毛泽东妙用典故精粹

何火任、吴正裕主编：《毛泽东诗词研究丛刊》（第2辑），中央文献出版社2005年10月版。

苏桂主编：《毛泽东诗词大典》，广西人民出版社1997年7月版。

王希文主编，李淑清、杨丽华副主编：《毛泽东诗词研究》，黑龙江人民出版社2003年6月版。

毕桂发主编：《毛泽东评说古今名将》，解放军出版社2001年1月版。

毕桂发主编：《毛泽东评说中外战争》，解放军出版社2001年1月版。

吴冷西：《忆毛主席——我亲身经历的若干重大历史事件片断》，新华出版社1995年3月版。

胡真编：《中国第一人——毛泽东》，湖南人民出版社1999年3月版。

王凤贤主编，谢宝森、滕复副主编：《毛泽东与中国传统文化》，安徽人民出版社1996年12月版。

周溯源编著：《毛泽东评点古今人物》（上下卷），红旗出版社1998年1月版。

[俄]尼·费德林：《费德林回忆录：我所接触的中苏领导人》，周爱琦译，新华出版社1995年7月版。

[美]埃德加·斯诺：《西行漫记》，董乐山译，生活·读书·新知三联书店1979年12月版。

王伯福主编：《毛泽东轶事大观》，山东人民出版社1997年1月版。

张静如主编：《毛泽东研究全书》（1—6卷），长春出版社1997年10月版。

陈安吉：《毛泽东诗词版本丛谈》，中央文献出版社、南京出版社2003年12月版。

李晓航编：《毛泽东诗词书目提要》，中国文联出版社2000年8月版。

王鹤滨：《走近伟人——毛泽东的保健医生兼秘书的难忘回忆》，长征出版社2004年1月版。

陶永祥主编：《毛泽东笔下的诗文典故》，中央文献出版社2004年1月版。

陈绍伟编著：《毛泽东诗词辞典》，长江文艺出版社2004年7月版。

李毓芙选注：《成语典故文选》（上、下），山东教育出版社1997年10月版。

《古诗词典故辞典》，江西教育出版社1992年6月版。

包启新、俞沛铭主编：《中国典故故事大观》，少年儿童出版社1996年4月版。

黄弗同编著：《古诗词常用典故例释》，武汉大学出版社1986年12月版。

辛夷：《中国典故说粹》（上、下册），山西人民出版社1987年7月版。

王国荣、吴克礼等主编：《世界成语典故辞典》，文汇出版社1989年9月版。

林书武主编：《外国典故词典》，上海辞书出版1995年11月版。

张永军编著：《典故中的人生智慧》（漫画版），台海出版社2002年6月版。

袁林、沈同衡编：《成语典故》，辽宁人民出版社1983年6月版。

周心慧、邹晓棣、桑思奋主编：《中外典故大词典》，1989年7月版。

于石、王光汉、徐成志编：《常用典故词典》，上海辞书出版社1985年9月版。

袁世全主编：《中华典故大辞典》，安徽文艺出版社1995年6月版。

王晓文、孙敏编著：《中国常用典故故事》，四川人民出版社1997年8月版。

杭州大学中文系：《古书典故辞典》，1984年9月版。

王玉琼、卢玉珂主编：《毛泽东著作典故集注》，中国工人出版社1992年2月版。

山东师范学院聊城分院《汉语成语词典》编辑室：《毛泽东、周恩来、朱德、董必武、陈毅诗词成语典故注释》，天津人民出版社1980年9月版。

邓立勋：《毛泽东用典》，海南出版社1993年4月版。

马济彬、贺新辉编著：《毛泽东诗文词语典故辞典》，中央文献出版社1994年5月版。

张宝荣：《常用典故选释》（第3集），内蒙古人民出版社1984年4月版。

张宝荣：《常用典故选释》（第4集），内蒙古人民出版社1985年6月版。

唐彦生主编：《马克思主义经典著作典故辞典》，蓝天出版社1991年3月版。

陈钧编著：《〈毛泽东选集〉典故》，中国广播电视出版社19912年5月版。

山东师范学院聊城分院中文系《汉语成语词典》编写组：《〈毛泽东选集〉里的成语故事》，中国少年儿童出版社1978年5月版。

陆尊梧、李志江编著：《历代典故辞典》，作家出版社1990年12月版。

吕薇芬：《全元散曲典故辞典》，湖北辞书出版社1985年9月版。

四川省社会科学院哲学研究所毛泽东哲学思想研究室编：《毛泽东八篇著作成语典故人物简注简介》，重庆出版社1982年9月版。

陈琦等选编：《毛泽东的语言艺术——妙用成语典籍》，辽宁人民出版社1993年3月版。

张静如主编、王学启副主编：《毛泽东研究全书》（1—6卷），长春出版社1997年10月版。

北京大学中文系汉语专业编：《〈毛泽东选集〉成语典故注释》，北京人民出版社1977年8月版。

朱瑞玫：《实用写作成语辞典》，北京燕山出版社1990年4月版。

刘洁修编著：《汉语成语考释词典》，商务印书馆1989年9月版。

余清逸主编：《古汉语成语典故词典》，黑龙江人民出版社1989年1月版。

章俗、谷超编撰：《成语典故源流故事赏析辞书》，教育科学出版社1990年6月版。

王大伦、冯超：《〈毛泽东选集〉中的成语典故》，黑龙江人民出版社2002年6月

版。

施善玉编著：《毛泽东的精辟比喻》，中国物资出版社1993年4月版。

明人余继登撰：《典故纪闻》，中华书局1981年7月版。

陈光磊、胡奇光、李行杰编著：《中国古代名句辞典》，上海辞书出版社1986年7月版。

徐培均、范民声主编：《诗词典名句辞典》，汉语大词典出版社1996年5月版。

苏若舟、柯理：《军事成语》，山西人民出版社1983年1月版。

王涛等编：《中国成语大辞典》，上海辞书出版社1989年5月版。

李玉川：《熟语趣话》，世界知识出版社1990年10月版。

张毅编著：《常用谚语词典》，上海辞书出版社1990年10月版。

巨才选编：《辞赋一百篇》，山西人民出版社1996年10月版。

上海市红楼梦学会、上海师范大学文学研究所编：《红楼梦鉴赏辞典》，上海古籍出版社1988年5月版。

上海红楼梦学会、上海师范大学文学研究所编：《金瓶梅鉴赏辞典》，上海古籍出版社1990年1月版。

朱祖延编著：《引用语大辞典》，武汉出版社2000年9月版。

朱良明主编：《书报引用古诗文浅释》，陕西人民出版社1981年5月版。

姜葆夫、韦良成选注：《常用古诗》，漓江出版社1982年10月版。

王英华编：《古诗常用句类编》，吉林人民出版社1984年9月版。

马兴荣主编：《中国古代诗词曲词典》，江西人民出版社1989年6月版。

侯健主编、俞长江副主编：《新编诗词典赋辞典》，江西人民出版社1989年2月版。

张葆全主编：《中国古代诗话词话辞典》，广西师范大学出版社1997年8月版。

喻怀澄编著：《历代名句赏析辞典》，宇航出版社1988年11月版。

吕自扬编著：《历代诗词名句辞典》，作家出版社1986年12月版。

《中国诗词名句鉴赏辞典》，内蒙古人民出版社1994年10月版。

李夏、薛进官等编纂：《警语名句词典》，长征出版社1984年10月版。

温端政主编，王树山、沈慧云副主编：《中国俗语大辞典》，上海辞书出版社1996年2月版。

陈绍伟：《诗歌辞典》，花城出版社1987年12月版。

何满子、李时人主编：《明清小说鉴赏辞典》，浙江古籍出版社1992年9月版。

侯健主编：《中国小说大辞典》，作家出版社1991年12月版。

《全注全译史记》（全三册），天津古籍出版社1997年7月版。

《中国古典名著英雄谱》（全四册），北京燕山出版社1999年11月版。

张洁逊： 《唐诗分类研究》，江苏教育出版社1990年10月版。

吴直雄： 《中国楹联鉴赏辞典·作法篇》，百花洲文艺出版社1991年5月版。

吴直雄： 《钢笔书法唐诗三百首·诗解意》，开明出版社1993年12月版。

吴直雄： 《钢笔书法宋词元曲（各）百首·词曲解意》，开明出版社1993年6月版。

吴直雄： 《钢笔书法千家诗·诗解意》，开明出版社1994年6月版。

吴直雄： 《毛泽东楹联艺术鉴赏》，当代世界出版社1995年8月版。

吴直雄： 《实用标点符号手册》，国际文化出版公司1996年10月版。

吴直雄： 《中国谜语概论》，巴蜀书社1989年11月版。

吴直雄： 《古今诗谜百首欣赏》，陕西人民教育出版社1989年12月版。

吴直雄： 《毛泽东妙用诗词》（上、下卷），京华出版社1998年6月版。

吴直雄： 《楹联巨匠毛泽东》，广东人民出版社2003年1月版。

后　记

　　金猪放歌随冬去，银鼠翩然伴春来。每当看到人们贴出"爆竹声声辞旧岁；梅花点点迎新春""爆竹声声脆；梅花朵朵红"之类的古旧楹联时，便让我思绪联翩、感慨万千！因为来到江西大学（今为南昌大学）约三十年的"旧岁"岁末的爆竹声，声声催我搁笔"过年"；而那新春"梅花"的阵阵清香，仿佛在说："宝剑锋从磨砺出；梅花香自苦寒来""男儿不再壮，百岁如风狂。"（《昌黎先生集·此日足可惜赠张籍》）它又警醒着我尽快挥毫奋战。三十年过头飞雪，功夫不负苦心人。至今，由我责编、主编出版的各类文稿、书稿达1500余万字，独著600余万字的论著亦先后面世。这部两百余万字的《毛泽东妙用典故精粹》也终于完稿。三十年在"学海"的惊涛骇浪中遨游，让我饱览了那浩翰无边的旖旎风光，不时生发出辛勤耕耘后那实实在在的欣慰！我仿佛又重上了一次大学。特别是对毛泽东妙用典故的研究，让我更进一步体味到毛泽东那"有了学问，好比站在高山上，可以看到很远很多的东西；没有学问，如在暗沟里走路，摸索不着，那会苦煞人"（郭金荣：《毛泽东的晚年生活》，教育科学出版社1993年版，第63页）一段名言精彩精深的深层意蕴！

　　书稿寄送到中央文献出版社，得到了中共中央文献研究室副主任李捷、副主任陈晋等领导的关心，中共中央文献研究室原一编室副主任、毛泽东研究专家吴正裕研究员欣然为之作序；中央文献出版社编辑二部王春明主任接纳书稿并在读完主要部分后提出：书名应为《毛泽东妙用典故精粹》。"精粹"者，"精美纯粹"之谓也。笔者揣其书名之意有三：一是就典故的本身而言，它是民族语言宝库中的珍品、文化积累的精粹；二是就本书取典的论著而言，它是经过中共中央有关领导和专家、学者们多年努力，反复精选的毛泽东系列经典论著中的经典，是经过数次再版深受广大干部、人民群众爱不释手的惊世之作。毛泽东在这些经典著作中所筛选取用的典故，理所当然是典故珍品中的精粹；三是典故的生命在于活用。就毛泽东在这些经典著作中借助"聚锦参合选优式"等法取用的典故而言，都与中国革命和中国建设相切相关，经他独具手眼、自成新格地妙用之后，其品位得到了大大的提升而熠熠闪光，均为睿语珍言而别样精粹。故而笔者以为，王春明主任为本书所更之名，是完全切合书稿实际的。然令人感奋的是：在王春明主任的编辑出版任务特重的情况下，为了使是书尽早面世，本人请求人民出版社着手编辑出版，得到社领导的鼎力支持，社领导任超等同志和政治编辑室负责人张振明，北京中联华旭文化艺术交流中心、北京善堂文化总经理冯成平先生等同志，为是书的编辑出版，认真把关、细心笔削、费尽心劳，令人难忘。令人激动的是：在书稿即将付梓之际，文化部原党组书记、代部长，著名诗人、剧作家贺敬之先生应邀挥笔题签，使本书殊增光彩。

岁月之河飞流奔腾，典故之海碧波荡漾，"人生二百年"未见突破。"落木无边江不尽，此身此日更须忙。"（宋人陈师道《次韵李节推九日登南山》）为了能多干点实事，本人在做编辑工作和研究中华诗联（目前重点对毛泽东诗文进行研究）的同时，连续几年为本校中文系带研究生。但不时遇到困难，特别是那些令人厌恶的幽灵似的人为障碍费时而心烦。然一个人要办成几件事没有领导和同事的鼓励帮助是难于成功的。正如古人所言："人非人不济，马非马不走，土非土不高，水非水不流。"（《大戴礼记·曾子制言上》）本人在力图做好上述三项工作的过程中，曾得到原副省长黄懋衡同志、校长潘际銮（院士）博导、校党委书记周绍森博导、主管学报的副校长潘传康博导等领导的关心支持，使本人数百万字的研究论著得以完成并出版，令人铭感。仅就近几年而言，曾得到过所在单位主管副校长甘筱青博导多方面的帮助，得到过主管教学副校长扶名福博导和省委宣传部副部长陈东有博导的鼓励，特别是南昌大学新任党委书记郑克强博导，对本人的情况予以关心过问，使本人得以尽快地完善《毛泽东妙用典故精粹》一书，实在是莫大的鼓舞！与我相识共事数十年的周声柱主编，对我的编辑、研究、带研究生的三项工作予以鼎力支持，为人正直、相处数十年的好友朱盛桂、熊雪梅同志在资料等方面不时给予臂助。还值得一提的是：我的子女对我"挤占"全家的时间给予了充分的理解，我的妻子饶忆梅揽下了几乎全部家务……为了挤到更多的时间，我有时不得不"怠慢"到访的亲戚、朋友、同学，以致得不到他们的理解，只好心中深怀歉意……做学问的滋味，真可谓如鱼在水，冷暖自知！

光阴有如江河水，只能流去不流回。人生在世当自强，"莫负光阴千金贵"（《白雪遗言·天降琼瑶》），"得时无怠，时不再来"（《国语·越语》）。能得到上述领导、同事、朋友以及全家人的支持，在日后的研究道路上，我奢望着能：海阔凭鱼跃，天高任鸟飞！"光阴似箭催人老，日月如梭趱少年。"（元人高明《瑟琶记》）有道是"书山有路勤为径，学海无涯苦作舟"。我期盼着在"学海"中以苦为舟，能不时舟载"瑰宝"、"珠玑"，以此向所有关心和支持过我的领导、同志、朋友们以表示衷心的谢忱！

对于个人来说，此书可谓卷帙浩繁，工作量大。由于笔者学力有限，舛误与疏漏之处在所难免，敬请方家及广大读者不吝指教，以利改正。

吴直雄　　2008年4月23日

封面题字：贺敬之

责任编辑：王能雄　吴学金
　　　　　阮宏波　吴继平

责任校对：徐林香

图书在版编目（CIP）数据

毛泽东妙用典故精粹/吴直雄著.
—北京：人民出版社，2009.5
ISBN 978-7-01-007836-6
Ⅰ.毛…　Ⅱ.吴…　Ⅲ.毛泽东著作研究-成语-典故　Ⅳ.A841
中国版本图书馆CIP数据核字（2009）第044262号

毛泽东妙用典故精粹
MAO ZEDONG MIAO YONG DIANGU JINGCUI

吴直雄　著

人民出版社　出版发行
（100706　北京朝阳门内大街166号）

北京新华印刷厂印刷　新华书店经销
2009年5月第1版　2009年5月北京第1次印刷
开本：787毫米×1092毫米　1/16
印张：122　字数：2448千字

ISBN 978-7-01-007836-6　　定价：399.00元（上下册）

邮购地址100706　北京朝阳门内大街166号
人民东方图书销售中心　电话（010）65250042　65289539